Statistisches Jahrbuch 1983

für die Bundesrepublik Deutschland

Herausgeber: Statistisches Bundesamt / Wiesbaden
Verlag: W. Kohlhammer GmbH / Stuttgart und Mainz

Erschienen im August 1983

Nachdruck – auch auszugsweise – nur mit Quellenangabe gestattet

Preis: DM 93,–

Bestellnummer: 1010100–83700

ISBN: 3–17–003260–7

Gedruckt in der Bundesdruckerei, Berlin

Vorwort

Zahlen und Daten sind Entscheidungsgrundlagen für Wirtschaft und Verwaltung, ja für jeden Einzelnen. Die amtliche Statistik ist bemüht, die erforderlichen Angaben bereitzustellen und möglichst leicht zugänglich zu machen; sie leistet damit einen wichtigen Beitrag zu wirtschaftlich und sozial planvollem Handeln.

Von den Veröffentlichungen des Statistischen Bundesamtes bietet das Statistische Jahrbuch den umfassendsten Überblick über das Zahlenangebot der amtlichen Statistik; rd. 500 000 Daten aus fast allen Bereichen des wirtschaftlichen und sozialen Lebens sind hier in übersichtlich gegliederter Form für den an verläßlichen Statistikdaten interessierten Benutzer zusammengestellt. Dabei reicht das Spektrum der nachgewiesenen Zahlen von der Bevölkerung, dem Bildungswesen und dem Arbeitsmarkt über die Staatsfinanzen bis zu den Preisen, der Wirtschaft mit ihren unterschiedlichen Bereichen und den Volkswirtschaftlichen Gesamtrechnungen. Vergleichsdaten für die Deutsche Demokratische Republik und ein internationaler Zahlenteil vervollständigen das Gesamtbild.

Besonderer Wert wird auf die Kontinuität der Berichterstattung gelegt, die dem Benutzer das Arbeiten mit diesem Standardwerk erleichtert und ihm die Möglichkeit bietet, durch Vergleiche Strukturveränderungen zu erkennen und Entwicklungen zu verfolgen. Dies findet auch in einer Vielzahl von Zeitreihen seinen Ausdruck.

Auf der anderen Seite ist es das Ziel, die statistischen Nachweisungen stets den aktuellen Bedürfnissen anzupassen und das vorhandene Zahlenangebot zu vervollständigen und fortzuentwickeln. So werden in der Ausgabe 1983 des Jahrbuchs u. a. erste Ergebnisse aus dem geänderten Berichtssystem im Handel und Gastgewerbe veröffentlicht. Erwähnt seien ferner die neuen Angaben aus den turnusmäßig durchgeführten Arbeitskostenerhebungen sowie aus den Kostenstruktur-, Steuer- und Umweltstatistiken. Erstmals werden auch Informationen zum Naturschutz gebracht.

Allen Stellen, die das Statistische Bundesamt auch in diesem Jahr wieder mit Zahlenmaterial aus eigenen Statistiken unterstützt haben, danke ich für ihre bereitwillige Mitarbeit. Mein Dank gilt ebenso den Befragten, die ihrer Auskunftspflicht – trotz der damit verbundenen Belastungen – durchweg mit viel Verständnis nachkommen und damit dieses Zahlenwerk erst möglich gemacht haben.

Wiesbaden, im August 1983

Der Präsident des Statistischen Bundesamtes
Egon Hölder

Inhalt (nach Abschnitten)

Inhaltsverzeichnis

5 Kirchliche Verhältnisse

6 Erwerbstätigkeit

7 Unternehmen und Arbeitsstätten

8 Land- und Forstwirtschaft, Fischerei

16 Bildung und Kultur

17 Gesundheitswesen

18 Sozialleistungen

19 Finanzen und Steuern

20 Wirtschaftsrechnungen und Versorgung

21 Löhne und Gehälter

22 Preise

Anhang 1

Deutsche Demokratische Republik und Berlin (Ost)

Seite

13 Öffentliche Finanzen und Sozialleistungen

14 Wirtschaftsrechnungen und Versorgung

15 Löhne und Gehälter

Seite

16 Preise

17 Volkswirtschaftliche Gesamtrechnungen

Anhang 2

Internationale Übersichten

1 Geographische und meteorologische Angaben

2 Zusammenfassende Übersichten

3 Bevölkerung

4 Erwerbstätigkeit

5 Land- und Forstwirtschaft, Fischerei

Allgemeine Vorbemerkungen

Quellen

Die für die Bundesrepublik Deutschland veröffentlichten Zahlen stammen zum größten Teil aus Statistiken, die vom Statistischen Bundesamt und den Statistischen Landesämtern bearbeitet werden. Hierauf wird nicht besonders hingewiesen. Quellen sind nur bei Tabellen angegeben, deren Material von anderen Stellen zugeliefert wurde.

Näheres über die Fundstellen weiterer Ergebnisse in den Veröffentlichungen des Statistischen Bundesamtes, der Bundesministerien und anderer Bundesbehörden sowie in den Statistischen Berichten der Statistischen Landesämter enthält der Quellennachweis auf Seite 741 ff.

Über die Herkunft der Angaben für die Anhänge 1 und 2 unterrichten die allgemeinen Vorbemerkungen auf den Seiten 579 und 618.

Gebietsstand

Bei Angaben für die Bundesrepublik Deutschland ist Berlin (West) generell in die Summe für das Bundesgebiet einbezogen. Hiermit sind keine rechtlichen Aussagen verbunden. Falls Angaben für Berlin (West) ausnahmsweise nicht in der Bundessumme enthalten sind, so wird ausdrücklich in einer Fußnote darauf hingewiesen. Das gleiche gilt für das Fehlen des Saarlandes in der Zeit bis einschließlich 1959.

Über den Gebietsstand im Anhang 1 »Deutsche Demokratische Republik und Berlin (Ost)« und im Anhang 2 »Internationale Übersichten« geben die allgemeinen Vorbemerkungen auf den Seiten 579 und 616 f. Auskunft.

Geheimhaltung

Wenn aus Gründen der statistischen Geheimhaltung Einzelangaben nicht gemacht werden können, so ist dies jeweils ausdrücklich erwähnt. Die Einzelangaben sind aber in den Zwischen- und Endsummen enthalten.

Auf- und Abrundungen

Im allgemeinen ist ohne Rücksicht auf die Endsumme auf- bzw. abgerundet worden. Deshalb können sich bei der Summierung von Einzelangaben geringfügige Abweichungen in der Endsumme ergeben.

Tabellenüberschriften

Zur Entlastung der Tabellenüberschrift wird auf die Zeitangabe verzichtet, wenn diese aus dem Inhalt der Tabelle zu ersehen ist.

Auf- und Ausgliederungen, Summenbildung

Die vollständige Aufgliederung einer Summe ist durch das Wort **davon** kenntlich gemacht, die teilweise Ausgliederung durch das Wort **darunter.** Bei teilweiser Ausgliederung nach verschiedenen, nicht summierbaren Merkmalen sind die Worte **und zwar** gebraucht worden. Auf die Bezeichnung »davon« bzw. »darunter« ist verzichtet worden, wenn aus Aufbau und Wortlaut von Tabellenkopf und Vorspalte unmißverständlich hervorgeht, daß es sich um eine Auf- bzw. Ausgliederung handelt.

Im allgemeinen sind Pluszeichen (+) und Minuszeichen (−) in Tabellenköpfen und -vorspalten als Rechenvorschrift anzusehen, im Zahlenfeld als Vorzeichen. Beim Zusammentreffen von zwei Minuszeichen als Rechenvorschrift und Vorzeichen errechnet sich also das Ergebnis durch Addition.

Begriffserklärungen

Methodische Hinweise und Erläuterungen der in den Tabellen vorkommenden Begriffe sind im allgemeinen jeweils in den Vorbemerkungen zu den einzelnen Abschnitten enthalten.

Systematiken

Bei fachlich untergliederten Tabellen ist in den Anmerkungen jeweils die zugrundeliegende Systematik angegeben. Soweit möglich, sind die ausführlichen Bezeichnungen der systematischen Positionen übernommen worden. Aus Raumgründen war es jedoch – vor allem bei der »Systematik der Wirtschaftszweige« – erforderlich, einheitliche Kurzbezeichnungen zu verwenden, die aber den vollen Inhalt der angegebenen Position abdecken. Die Verwendung von Kurzbezeichnungen ist ausdrücklich vermerkt.

Abkürzungen

Maßeinheiten

St = Stück
P = Paar
Mill. = Million
Mrd. = Milliarde
% = Prozent
mm = Millimeter
cm = Zentimeter
cm^3 = Kubikzentimeter
m = Meter
m^2 = Quadratmeter
m^3 = Kubikmeter
km = Kilometer
km^2 = Quadratkilometer

a = Ar
ha = Hektar
m^3 oR = Kubikmeter ohne Rinde
l = Liter
hl = Hektoliter
BRT = Bruttoregistertonne
NRT = Nettoregistertonne
g = Gramm
kg = Kilogramm
dt = Dezitonne
t = Tonne
s = Sekunde
h = Stunde

Pkm = Personenkilometer
tkm = Tonnenkilometer
W = Watt
kW = Kilowatt
MW = Megawatt
kWh = Kilowattstunde
MWh = Megawattstunde
kVA = Kilovoltampere
J = Joule (1 J = 0,239 Kalorie)
kJ = Kilojoule
GJ = Gigajoule (= 10^9 Joule)
TJ = Terajoule (= 10^{12} Joule)

Sonstige Abkürzungen

Vj = Vierteljahr
Hj = Halbjahr
D = Durchschnitt (bei nicht addierfähigen Größen)
MD = Monatsdurchschnitt
HjD = Halbjahresdurchschnitt
JD = Jahresdurchschnitt
WjD = Wirtschaftsjahresdurchschnitt
Wj = Wirtschaftsjahr (1.7.-30.6.)
Fwj = Forstwirtschaftsjahr (1.10.-30.9.)
a.n.g. = anderweitig nicht genannt
o.a.S. = ohne ausgeprägten Schwerpunkt

c. and f. = cost and freight
Kosten und Fracht inbegriffen
cif = cost, insurance, freight
Kosten, Versicherungen und Fracht inbegriffen
ex = Teil aus
fas = free alongside ship
frei Längsseite des Schiffes
fob = free on bord
frei an Bord
fot = free on truck
frei Fahrzeug
RB = Regierungsbezirk

SchH = Schleswig-Holstein
Hmb = Hamburg
Ndsa = Niedersachsen
Brm = Bremen
NW = Nordrhein-Westfalen
Hess = Hessen
RhPf = Rheinland-Pfalz
BaWü = Baden-Württemberg
Bay = Bayern
Saar = Saarland
BlnW = Berlin (West)

Eine Aufstellung mit ausländischen **Maß-, Gewichts- und Währungseinheiten** befindet sich auf den Seiten 619 ff. des Anhangs 2 »Internationale Übersichten«.

Zeichenerklärung

0 = weniger als die Hälfte von 1 in der letzten besetzten Stelle, jedoch mehr als nichts
– = nichts vorhanden
... = Angabe fällt später an
/ = keine Angaben, da Zahlenwert nicht sicher genug

. = Zahlenwert unbekannt oder geheimzuhalten
× = Tabellenfach gesperrt, weil Aussage nicht sinnvoll
() = Aussagewert eingeschränkt, da der Zahlenwert Fehler aufweisen kann
| oder — = grundsätzliche Änderung innerhalb einer Reihe, die den zeitlichen Vergleich beeinträchtigt

Bundesrepublik Deutschland

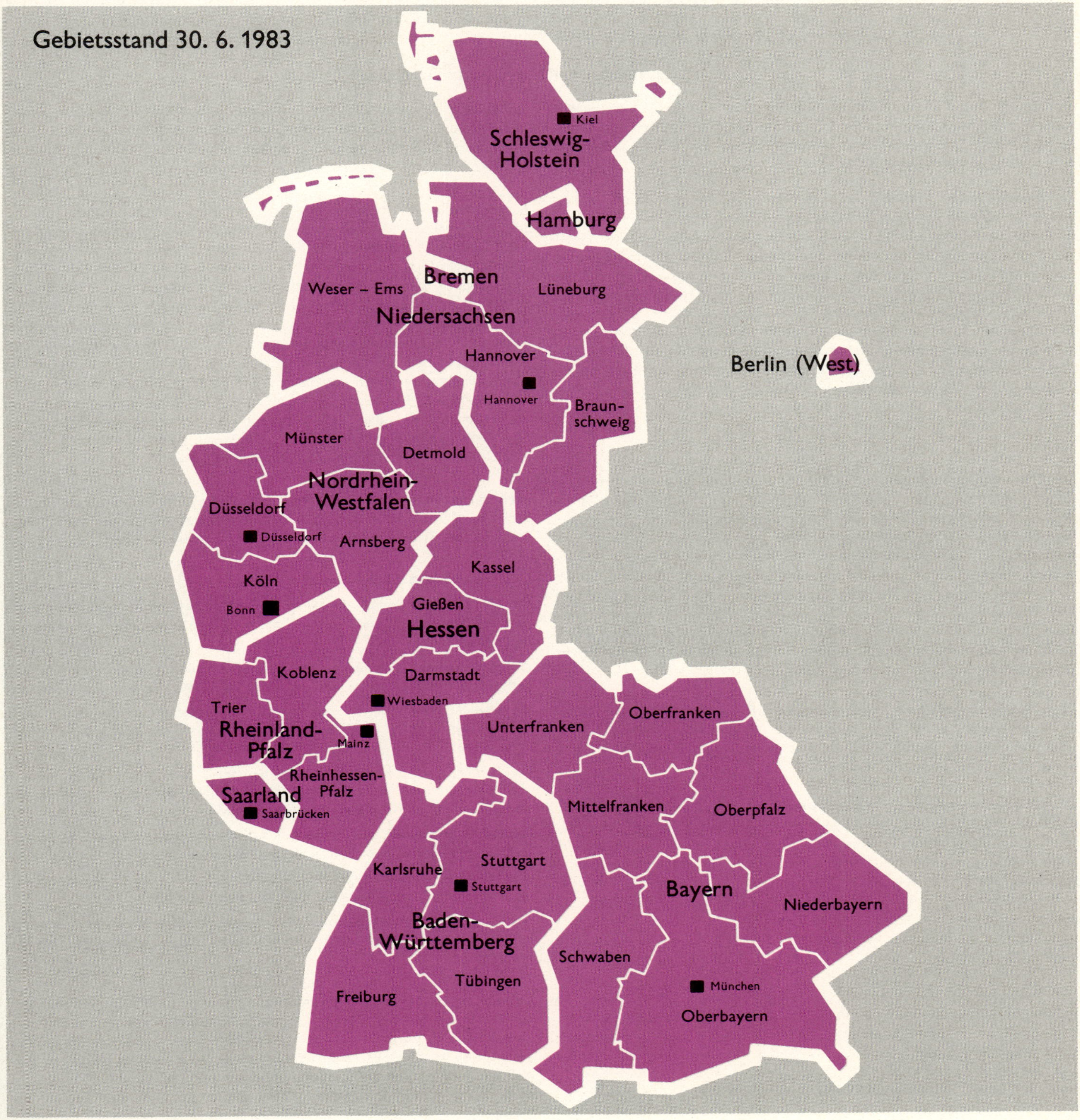

Statistisches Bundesamt 83 0241

1 Geographische und meteorologische Angaben, Naturschutz

Geographische Angaben: Bearbeitet vom Institut für Angewandte Geodäsie, Frankfurt am Main
Meteorologische Angaben: Bearbeitet vom Deutschen Wetterdienst, Zentralamt Offenbach am Main und vom Seewetteramt Hamburg
Angaben zum Naturschutz: Bearbeitet von der Bundesforschungsanstalt für Naturschutz und Landschaftsökologie, Bonn

1.0 Landschaft, Klima, Bodenschätze

Von der Nord- und Ostsee bis zu den Alpen im Süden gliedert sich die Bundesrepublik Deutschland geographisch in das Norddeutsche Tiefland, die Mittelgebirgsschwelle, das Südwestdeutsche Mittelgebirgsstufenland, das Süddeutsche Alpenvorland und die Bayerischen Alpen.

Das **Norddeutsche Tiefland** südlich der Nord- und Ostseeküste mit den vorgelagerten Inseln ist ein von den nordischen Vereisungen überformter westlicher Ausläufer des osteuropäischen Flachlands. Durch seenreiche, hügelige Geest- und Lehmplatten, die im Nordwesten von Heiden und Mooren durchsetzt sind, sowie durch breite, feuchte Niederungen und Urstromtäler ist es reich gegliedert. Fruchtbare Lößgefilde (Börden) liegen vor dem Fuß der Mittelgebirgsschwelle, in die klimatisch begünstigte Tieflandbuchten südwärts tief eingreifen: Die Rheinische und die Westfälische Bucht. Im Norden des Tieflands hat die Bundesrepublik Anteil an den Marschen der Nordseeküste, die bis zum Geestrand reichen. Die schleswig-holsteinische Ostseeküste ist durch Förden reich gegliedert. Die wichtigsten Inseln sind in der Nordsee die Ostfriesischen Inseln (u. a. Borkum, Norderney), die Nordfriesischen Inseln (Amrum, Föhr, Sylt und die Halligen), Helgoland in der Helgoländer Bucht sowie Fehmarn in der Ostsee.

Die **Mittelgebirgsschwelle,** in welcher sich mehrere geologisch-tektonische Zonen unterscheiden, ist von großer Mannigfaltigkeit. Zu ihr gehören u. a. das Rheinische Schiefergebirge mit den Hauptteilen Hunsrück, Eifel (mit Hohem Venn), Taunus (879 m), Westerwald, Bergisches Land und Sauerland mit Rothaargebirge (843 m), das Hessische, das Weser- und Leinebergland sowie ostwärts davon die Gebirgsinsel des Harzes, die sich bis zu 1 142 m Höhe heraushebt; ferner rechnen dazu die Rhön, der Bayerische Wald (1 456 m), der Oberpfälzer Wald, das Fichtelgebirge und der Frankenwald. Diese Mittelgebirgsschwelle trennt den Norden vom Süden Deutschlands; in ihr dienen aber das Durchbruchstal des Mittelrheins zwischen Bingen und Bonn und die hessischen Senken, die sich im Leinegraben fortsetzen, als natürliche Leitlinien des Nord-Süd-Verkehrs.

Zum **Südwestdeutschen Mittelgebirgs-Stufenland** gehören die Oberrheinische Tiefebene mit ihren Randgebirgen Schwarzwald (1 493 m), Odenwald und Spessart, Pfälzer Wald mit Haardt und das Schwäbisch-Fränkische Stufenland mit der hochgelegenen Alb.

Das den Alpen breit vorgelagerte **Süddeutsche Alpenvorland,** die Schwäbisch-Bayerische Hochebene mit ihren Hügeln und großen Seen im Süden (Chiemsee u. a.), ihren weiten Schotterebenen, dem Unterbayerischen Hügelland und der Donauniederung, hat eine mittlere Höhe von 500 m. Über tertiären Sedimenten liegen hier mehr oder weniger mächtig die von den z. T. weit ins Vorland vorgedrungenen pleistozänen Alpengletschern und ihren Schmelzwässern abgelagerten Moränen und Schotter. Dazu kommt in den nördlichen Randzonen auch Löß, ein aus Schottern ausgeblasener und äolisch abgelagerter, kalk- und quarzreicher Feinstaub.

Der Alpenanteil der Bundesrepublik Deutschland zwischen dem Bodensee und Salzburg umfaßt nur einen schmalen Ausschnitt dieses jungen Faltengebirgssystems. Auf eine besonders im Allgäu ausgebildete mattenreiche Voralpenzone aus Sandsteinen folgen die zu den Nördlichen Kalkalpen gehörenden Ketten, darunter die zwischen dem Bregenzer Wald und dem Lech gelegenen Allgäuer Hochalpen (Hochfrottspitze 2 649 m, Mädelegabel 2 645 m, Hochvogel 2 593 m), die sogenannten Nordtiroler Kalkalpen zwischen Fernpaß und Tiroler Ache mit dem wilden Wettersteingebirge (Zugspitze 2 962 m – zugleich höchster Punkt der Bundesrepublik), dem Karwendel (Östliche Karwendelspitze 2 537 m) und malerische Gebirgsseen (Walchensee, Eibsee) und schließlich eindrucksvolle Teile der Salzburger Kalkalpen im Berchtesgadener Land (Watzmann 2 713 m, Königssee).

Für das **Klima** der Bundesrepublik ist ihre Lage in der gemäßigten Zone mit häufigem Wetterwechsel bestimmend. Winde aus vorwiegend westlichen Richtungen und Niederschläge zu allen Jahreszeiten sind charakteristisch. Die jährlichen Niederschlagsmengen betragen im Norddeutschen Tiefland unter 500 bis 700 mm, in den Mittelgebirgen um 700 bis über 1 500 mm und in den Alpen bis über 2 000 mm. Vom Nordwesten nach Osten und Südosten fortschreitend, macht sich ein allmählicher Übergang vom mehr ozeanischen zum mehr kontinentalen Klima bemerkbar. Die Tagesschwankungen wie auch die jahreszeitlichen Temperaturunterschiede sind aber nirgendwo extrem. Die Durchschnittstemperaturen des Januar, des kältesten Monats im Jahr, liegen im Tiefland um +1,5°C bis −0,5°C; in den Gebirgen erreichen sie je nach der Höhenlage bis unter −6°C. Die mittleren Julitemperaturen betragen im Norddeutschen Tiefland +17°C bis +18°C, im Oberrheintalgraben bis zu +20°C. Die durchschnittliche Jahrestemperatur liegt bei +9°C.

Hydrographisch gehört der Süden der Bundesrepublik teilweise zum Einzugsgebiet der Donau, die in das Schwarze Meer mündet. Alle übrigen Landschaften werden durch Rhein, Ems, Weser und Elbe zur Nordsee entwässert.

Unter den **Bodenschätzen** sind zu nennen:

die Steinkohlevorkommen des rheinisch-westfälischen Industriegebietes beiderseits des Niederrheins und zwischen Ruhr und Lippe (Ruhrgebiet), des Aachener und des Saarreviers;

die großen Braunkohlenlager in der Rheinischen Bucht (westlich von Köln), in geringerem Umfang auch in der Westhessischen Senke und in der Oberpfalz;

die Eisenerzvorkommen im Rheinischen Schiefergebirge (im Siegerland sowie im Dill- und Lahntal), im Osten der Fränkischen Alb und im nördlichen Harzvorland (von Salzgitter im Süden bis nach Gifhorn);

die Erdöllager Nordwestdeutschlands, besonders im Emsland sowie nördlich von Hannover und in Schleswig-Holstein (geringe Vorkommen auch in der Oberrheinebene und im Bayerischen Alpenvorland);

die Erdgasvorkommen im Norddeutschen Tiefland nordwestlich von Hannover, im Oberrheinischen Tiefland und im Bayerischen Alpenvorland;

die Steinsalzlager in Niedersachsen (nordöstlich von Hannover sowie nördlich von Helmstedt) und Bayern (Bad Reichenhall und Berchtesgaden);

die bergbaulich gewonnenen Kalisalze in Niedersachsen (östlich von Hannover), in Hessen (an der Werra und südlich von Fulda) und in Südbaden (südlich von Freiburg).

Gebiete hoher **Bevölkerungsverdichtung** sind in den letzten Jahrzehnten zu beiden Seiten des Rheins (Rheinachse), insbesondere im Gebiet des Oberrheins, im Rhein-Neckar- und Rhein-Main-Raum, im Kölner Raum und im rheinisch-westfälischen Industriegebiet, entstanden. Auch im nördlichen Vorland der Mittelgebirge um Hannover, Braunschweig und Salzgitter hat sich die Bevölkerung stärker konzentriert. Das gleiche gilt für das Umland der Millionenstädte Hamburg und München.

1.1 Äußerste Grenzpunkte

Äußerster Grenzpunkt[1])	Nördliche Breite	Östliche Länge von Greenwich	Gemeinde	Landkreis	Land
Im Norden	55° 04′	8° 25′	List	Nordfriesland	Schleswig-Holstein
Im Osten	48° 46′	13° 51′	Gemeindefr. Gebiet nördl. Neureichenau	Freyung-Grafenau	Bayern
Im Süden	47° 16′	10° 11′	Oberstdorf	Oberallgäu	Bayern
Im Westen	51° 03′	5° 52′	Selfkant	Heinsberg	Nordrhein-Westfalen

[1]) Entfernung zwischen nördlichstem und südlichstem Punkt (Luftlinie) = etwa 876 km, zwischen westlichstem und östlichstem Punkt (Luftlinie) = etwa 627 km.

1.2 Länge der Grenzen*)

Gemeinsame Grenze mit (Land)	km	Gemeinsame Grenze mit (Land)	km
Dänemark	67	Schweiz	334[1])
Niederlande	576	Österreich	784[2])
Belgien	155	Tschechoslowakei	356
Luxemburg	135	Deutsche Demokratische Republik	1 378
Frankreich	446	**Insgesamt**	**4 231**

*) Nach Angaben der beteiligten Landesvermessungsämter.
[1]) Mit Exklave (Gebietsausschluß) Büsingen, aber ohne Bodensee.
[2]) Ohne Bodensee.

1.3 Ortshöhenlagen

in m über Normal-Null – Mittlere Höhenlage des Ortskerns

Ort	m	Ort	m	Ort	m	Ort	m
Aachen	173	Duisburg	33	Koblenz	62	Passau	262
Albstadt (Stadtteil Ebingen)	730	Emden	1	Köln	53	Pforzheim	273
Amberg	374	Erlangen	280	Konstanz	405	Pirmasens	400
Ansbach	405	Essen	76	Krefeld	38	Recklinghausen	75
Aschaffenburg	138	Flensburg	12	Leverkusen	40	Regensburg	343
Augsburg	494	Frankfurt am Main	98	Lindau (Bodensee)	401	Remscheid	350
Bad Homburg v. d. Höhe	197	Freiburg im Breisgau	278	Ludwigshafen am Rhein	95	Rosenheim	446
Bad Kissingen	201	Freudenstadt	728	Lübeck	13	Rothenburg ob der Tauber	430
Bad Mergentheim	206	Fulda	257	Lüneburg	20	Saarbrücken	192
Bad Reichenhall	470	Garmisch-Partenkirchen	708	Mainz	82	Salzgitter	120
Bad Tölz	660	Gelsenkirchen	52	Mannheim	97	Sankt Andreasberg	580
Baden-Baden	181	Gießen	159	Marburg	186	Sankt Wendel	282
Bamberg	262	Göttingen	150	Memmingen	601	Schweinfurt	226
Bayreuth	340	Goslar	255	Minden	48	Siegen	280
Berchtesgaden	572	Hagen	110	Mönchengladbach	60	Solingen	221
Bergisch Gladbach	100	Hamburg	6	Moers	30	Stuttgart	245
Berlin (West)	34	Hamm	63	Mülheim a. d. Ruhr	40	Titisee-Neustadt (Stadtteil Neustadt)	826
Bielefeld	118	Hannover	55	München	518	Trier	125
Bochum	100	Heidelberg	114	Münster	60	Tübingen	341
Bonn	60	Heilbronn	157	Neuss	40	Ulm	478
Bottrop	55	Herne	65	Nördlingen	441	Weiden i. d. OPf.	397
Braunschweig	74	Hildesheim	93	Nordhorn	23	Wesel	27
Bremen	3	Höchenschwand	1 008	Nürnberg	309	Wiesbaden	115
Bremerhaven	2	Hof	500	Oberhausen	42	Wilhelmshaven	2
Celle	40	Ingolstadt	374	Oberstdorf	843	Winterberg	668
Coburg	292	Kaiserslautern	240	Offenbach am Main	98	Witten	130
Darmstadt	144	Karlsruhe	115	Offenburg	163	Wolfsburg	63
Detmold	135	Kassel	167	Oldenburg (Oldenburg)	4	Worms	90
Dortmund	76	Kempten (Allgäu)	674	Osnabrück	63	Würzburg	177
Düsseldorf	36	Kiel	5	Paderborn	110	Wuppertal	160

1.4 Ausgewählte Inseln

Insel	Fläche in km²	Kreis
Nordsee		
Deutsche Bucht		
Helgoland (mit Düne)	2,1	Pinneberg
Ostfriesische Inseln		
Borkum	30,7	Leer
Norderney	26,3	Aurich
Langeoog	19,7	Wittmund
Spiekeroog	17,5	Wittmund
Juist	16,2	Aurich
Baltrum	6,5	Aurich
Memmert	5,2	Aurich
Wangerooge	4,7	Friesland
Inseln vor der Elbemündung		
Scharhörn	4,1	Hamburg
Neuwerk	2,9	Hamburg
Nordfriesische Inseln		
Sylt	99,1	Nordfriesland
Föhr	82,1	Nordfriesland
Nordstrand	50,1	Nordfriesland
Pellworm	37,1	Nordfriesland
Amrum	20,5	Nordfriesland
Nordmarsch-Langeneß, Hallig	11,6	Nordfriesland
Hooge, Hallig	5,9	Nordfriesland
Gröde-Appelland, Hallig	2,8	Nordfriesland
Ostsee		
Schleswig-Holsteinische Inseln		
Fehmarn	185,3	Ostholstein
Lotseninsel	1,1	Schleswig-Flensburg
Binnenlandgewässer		
Reichenau (Bodensee)	4,4	Konstanz
Herreninsel (Chiemsee)	3,3	Rosenheim
Mainau (Bodensee)	0,4	Konstanz

1.5 Ausgewählte Bodenerhebungen (Berge)*)

Alpen

Nördliche Kalkalpen

Berg	Höhe in m über NN[1])	Gebirge bzw. Landschaft
Zugspitze	2 962	Wettersteingebirge
Watzmann	2 713	Berchtesgadener Alpen
Hochfrottspitze	2 649	Allgäuer Hochalpen
Mädelegabel	2 645	Allgäuer Hochalpen
Alpspitze	2 628	Wettersteingebirge
Hochkalter	2 607	Berchtesgadener Alpen
Hochvogel	2 593	Allgäuer Hochalpen
Östliche Karwendelspitze	2 537	Karwendelgebirge
Hoher Göll	2 522	Berchtesgadener Alpen
Stadelhorn	2 285	Berchtesgadener Alpen
Soiernspitze	2 259	Karwendelgebirge
Nebelhorn	2 224	Allgäuer Hochalpen
Scharfreiter	2 102	Karwendelgebirge

Schwäbisch-Oberbayerische Voralpen

Berg	Höhe in m über NN[1])	Gebirge bzw. Landschaft
Kreuzspitze	2 185	Ammergebirge
Säuling	2 047	Ammergebirge
Rotwand	1 885	Mangfallgebirge
Wendelstein	1 838	Mangfallgebirge
Benediktenwand	1 801	Kocheler Berge
Hochstaufen	1 771	Chiemgauer Alpen
Herzogstand	1 761	Kocheler Berge
Grünten	1 738	Vilser Gebirge (Allgäuer Voralpen)

Alpenvorland

Berg	Höhe in m über NN[1])	Gebirge bzw. Landschaft
Ursersberg	1 129	Adelegg
Peißenberg	988	Ammer-Loisach-Hügelland
Hohentwiel	686	Hegau

Mittelgebirge

Schwarzwald, Oberrheinisches Tiefland

Berg	Höhe in m über NN[1])	Gebirge bzw. Landschaft
Feldberg	1 493	Hochschwarzwald
Belchen	1 414	Hochschwarzwald
Schauinsland	1 284	Hochschwarzwald
Hornisgrinde	1 164	Grindenschwarzwald
Totenkopf	557	Kaiserstuhl

Oberpfälzer und Bayerischer Wald

Berg	Höhe in m über NN[1])	Gebirge bzw. Landschaft
Großer Arber	1 456	Hinterer Bayerischer Wald
Rachel	1 453	Hinterer Bayerischer Wald
Lusen	1 371	Hinterer Bayerischer Wald
Dreisesselberg	1 332	Hinterer Bayerischer Wald
Großer Falkenstein	1 312	Hinterer Bayerischer Wald
Einödriegel	1 121	Vorderer Bayerischer Wald
Breitenauriegel	1 114	Vorderer Bayerischer Wald
Entenbühl	901	Hinterer Oberpfälzer Wald
Signalberg	886	Hinterer Oberpfälzer Wald
Dachsriegel	826	Hinterer Oberpfälzer Wald
Schwarzwöhrberg	706	Vorderer Oberpfälzer Wald

West- und Süddeutsches Stufen- und Bergland

Berg	Höhe in m über NN[1])	Gebirge bzw. Landschaft
Lemberg	1 015	Hohe Schwabenalb
Hohenzollern	855	Vorland der westlichen Schwäbischen Alb
Hesselberg	689	Vorland der Südlichen Frankenalb
Donnersberg	686	Glan-Alsenz-Berg- und Hügelland
Hohenstaufen	684	Vorland der mittleren Schwäbischen Alb
Kalmit	673	Haardt (Pfälzer Wald)
Poppberg	652	Mittlere Frankenalb
Wülzburg	628	Südliche Frankenalb
Katzenbuckel	626	Sandstein-Odenwald
Neunkircher Höhe	605	Vorderer Odenwald
Geiersberg	585	Sandstein-Spessart
Schaumberg	569	Oberes Nahebergland
Rothenberg	557	Nördliche Frankenalb
Staffelberg	539	Nördliche Frankenalb
Ehrenbürg (Walberla)	530	Vorland der Nördlichen Frankenalb
Melibocus (Malchen)	517	Vorderer Odenwald
Hohenlandsberg	498	Steigerwald

Rheinisches Schiefergebirge

Berg	Höhe in m über NN[1])	Gebirge bzw. Landschaft
Großer Feldberg	879	Hoher Taunus
Langenberg	843	Hochsauerland (Rothaargebirge)
Kahler Asten	841	Hochsauerland (Rothaargebirge)
Erbeskopf	818	Hoch- und Idarwald (Hunsrück)
Hohe Acht	747	Östliche Hocheifel
Schwarzer Mann	698	Westliche Hocheifel (Schneifel)
Nordhelle	663	Südsauerländer Bergland (Ebbegebirge)
Ellerspring	657	Soonwald (Hunsrück)
Fuchskauten	656	Hoher Westerwald
Simmernkopf	653	Soonwald (Hunsrück)
Kalte Herberge	619	Hoher Taunus (Rheingau-Gebirge)
Großer Ölberg	460	Unteres Mittelrheingebiet (Siebengebirge)
Drachenfels	321	Unteres Mittelrheingebiet (Siebengebirge)

Hessisches Berg- und Hügelland

Berg	Höhe in m über NN[1])	Gebirge bzw. Landschaft
Wasserkuppe	950	Lange Rhön (Hohe Rhön)
Kreuzberg	928	Lange Rhön (Hohe Rhön)
Taufstein	773	Hoher Vogelsberg (Oberwald)
Hoher Meißner	754	Fulda-Werra-Bergland (Meißner)
Wüstegarten	675	Kellerwald
Bielstein	641	Fulda-Werra-Bergland (Kaufunger Wald)
Eisenberg	636	Knüll
Hohes Gras	615	Habichtswälder Bergland

Weser- und Leinebergland, Harz

Berg	Höhe in m über NN[1])	Gebirge bzw. Landschaft
Wurmberg	971	Oberharz
Große Blöße	528	Solling
Köterberg	497	Lipper Bergland
Hoher Hagen (Brunsberg)	478	Sollingvorland
Bröhn	405	Calenberger Bergland (Deister)
Grotenburg	386	Bielefelder Osning (Teutoburger Wald)

Fichtelgebirge und Frankenwald

Berg	Höhe in m über NN[1])	Gebirge bzw. Landschaft
Schneeberg	1 051	Hohes Fichtelgebirge
Döbraberg	795	Nordwestlicher Frankenwald

Tiefland

Berg	Höhe in m über NN[1])	Gebirge bzw. Landschaft
Kuxberg	322	Ostbraunschweigisches Hügelland (Elm)
Stemweder Berg	181	Rahden-Diepenauer Geest (Dümmer-Geestniederung)
Wilseder Berg	169	Hohe Heide (Lüneburger Heide)
Bungsberg	168	Ostholsteinisches Hügel- und Seenland

*) Auswahl unter den höchsten Bergen der Naturlandschaftsräume innerhalb des Bundesgebietes.

[1]) Normal-Null.

1.6 Schiffbare Flüsse*)

Fluß	Länge insgesamt	Länge darunter schiffbar	Einzugsbereich	Fluß	Länge insgesamt	Länge darunter schiffbar	Einzugsbereich
	km	km	km²		km	km	km²
Donau	647	386	56 215	Leine²)	241	112	6 006
Naab	165	20	5 225	Lesum/Wümme	128	29	2 225
Rhein	865	778	102 111	Hunte	189	26	2 785
Neckar	367	203	13 958	Geeste	43	29	337
Main	524	396	26 507	Oste	160	82	1 714
Regnitz	58	5	7 540	Elbe³)	227	227	14 945
Lahn	245	148	5 947	Ilmenau	107	29	2 869
Mosel	242	242	9 387	Este	50	13	361
Saar	120	120	3 575	Luhe	55	13	204
Ruhr	213	41	4 489	Schwinge	35	5	199
Ems	371¹)	238	12 649	Pinnau	44	20	358
Leda	75	27	1 917	Krückau	37	11	247
Weser	440	440	41 094	Stör	88	51	1 800
Fulda	218	109	6 947	Eider	188	120	1 891
Werra²)	292	79	1 417	Trave	118	53	1 854
Aller²)	211	117	14 446				

*) Innerhalb des Bundesgebietes. – Anteil von Berlin (West) an der Havel 30 km, an der Spree 15 km.
¹) Bis zum Eintritt in den Dollart.
²) Einschl. Anteil der Deutschen Demokratischen Republik.
³) Einschl. 93 km Flußlänge unterhalb der Alandmündung (Nordufer Deutsche Dem. Rep. – Bez. Schwerin, Südufer Bundesrepublik Deutschland – Land Niedersachsen).

1.7 Seen*)

See	Fläche	Größte Tiefe	Mittlere Tiefe	Seespiegelhöhe über NN¹)
	km²	m	m	m
Alpen				
Walchensee	16,4	192	92	802
Tegernsee	8,9	72	36	725
Königssee	5,2	189	93	603
Schliersee	2,2	39	24	777
Eibsee	1,8	32	14	973
Alpsee (bei Füssen)	0,9	59	27	814
Alpenvorland				
Bodensee	538,0²)	252	90	395
Chiemsee	82,0	74	29	518
Starnberger See	57,2	127	54	584
Ammersee	47,5	83	38	533
Waginger und Tachinger See	9,0	27	16	442
Staffelsee	7,7	15	10	649
Simssee	6,5	23	13	470
Kochelsee	5,9	67	31	599
Wörthsee	4,5	33	14	560
Alpsee (bei Immenstadt)	2,5	23	14	724
Bannwaldsee	2,3	12	6	786
Hopfensee	2,2	11	5	785
Schwarzwald				
Schluchsee	5,1³)	61	15	930
Titisee	1,1	40	21	846
Feldsee	0,1	32	19	1 109
Eifel				
Laacher See	3,2	51	33	275
Pulvermaar	0,4	74	38	411
Nordwestdeutsches Tiefland				
Steinhuder Meer	29,4	3	2	38
Dümmer	16,0	3	2	37
Zwischenahner Meer	5,2	5	3	5
Holsteinische Seenplatte				
Großer Plöner See	29,0	60	14	21
Selenter See	22,4	34	17	37
Wittensee	10,1	27	.	4
Westensee	8,2	20	.	6
Kellersee	5,6	28	13	24
Mecklenburgische Seenplatte				
Schaalsee	23,3⁴)	72	17	35
Ratzeburger See	14,1	24	12	4
Märkische Seenplatte				
Tegeler See	4,1	16	7	31
Wannsee	2,7	9	4	30

*) Alle natürlichen Seen über 15 km² Spiegelfläche sowie bekannte kleinere Seen.
¹) Normal-Null.
²) Gesamtfläche einschl. 5,1 km² Inseln; darunter Anteil der Bundesrepublik Deutschland: 305 km².
³) Gestaut; ursprünglich 1,0 km².
⁴) Gesamtfläche einschl. des Anteils der Deutschen Demokratischen Republik.

1.8 Schiffahrtskanäle*)

Kanal	Verbindung	Eröffnungsjahr	Länge	Schleusen	Tragfähigkeit
			km	Anzahl	t je Schiffseinheit
Mittellandkanal	Bergeshövede-Rothensee bei Magdeburg	1938	258,7[1])	2	unter 1 000
Dortmund-Ems-Kanal[2])	Dortmund-Borsumer Schleuse bei Emden	1899	266,0	16	unter 1 500
Elbeseitenkanal (Nord-Süd-Kanal)	Artlenburg-Edesbüttel	1976	112,5	1[3])	unter 1 500
Nord-Ostsee-Kanal	Brunsbüttel-Kiel-Holtenau	1895	98,7	2	Seeschiffe
Main-Donau-Kanal	Bamberg-Nürnberg	1972	72,0	7	unter 1 500
Küstenkanal	Dörpen (Ems)-Oldenburg (Oldenburg)	1935	69,6	2	unter 1 000
Elbe-Lübeck-Kanal	Lauenburg/Elbe-Lübeck	1900	62,0	7	unter 1 000
Wesel-Datteln-Kanal	Wesel-Datteln	1929	60,2	6	unter 1 500
Datteln-Hamm-Kanal	Datteln-östlich Hamm	1915	47,1	2	unter 1 000
Rhein-Herne-Kanal	Duisburg-Ruhrort-Henrichenburg	1914	45,6	6	unter 1 500

*) Schiffahrtskanäle mit einer Länge von über 40 km und einer Tragfähigkeit von mindestens 250 t.
[1]) Innerhalb des Bundesgebietes; Gesamtlänge: 321,3 km.
[2]) Benutzt streckenweise die Ems.
[3]) Sowie ein Schiffshebewerk.

1.9 Talsperren*)

Talsperre (Wasserlauf)	Inhalt	Maximale Fläche	Größte Stauhöhe	Jahr der Fertigstellung	Bestimmung[1])	Gemeinde (Kreis)
	Mill. m³	km²	m			
Donaugebiet						
Forggensee (Lech)	165,0	16,0	40	1952	En, Ho	Füssen und Roßhaupten (Ostallgäu)
Sylvensteinsee (Isar)	108,0	6,2	41	1959	Ho, En	Lenggries (Bad Tölz-Wolfratshausen)
Mauthaus (Nurner Ködel)	21,0	0,9	61	1973	Wa, En, Ho	Steinwiesen (Kronach)
Dornau (Lech)	20,9	2,1	22	1959	En, Ho	Schongau (Weilheim-Schongau)
Grüntensee (Wertach-Lech)	16,0	2,5	16	1961	En, Ho	Oy-Mittelberg (Oberallgäu)
Speichersee (Mittlere Isar)	14,5	6,0	6	1924	En	Finsing (Erding)
Rheingebiet						
Bigge (Bigge–Lenne–Ruhr)	150,0	7,1	52	1965	En, Ho	Attendorn und Olpe (Olpe)
Möhne (Möhne–Ruhr)	134,5	10,4	35	1913	En, Re	Möhnesee (Soest)
Schluchsee (Schwarza-Wutach)	108,0	5,1	40	1932	En	Schluchsee (Breisgau-Hochschwarzwald)
Dhünn (Dhünn)	81,0	.	59	1974	En, Tr	Kürten, Odenthal und Wermelskirchen (Rheinisch-Bergischer Kreis)
Sorpe (Sorpe–Röhr–Ruhr)	70,0	3,3	60	1935	Re, En	Sundern (Hochsauerlandkreis)
Wahnbach (Wahnbach–Sieg)	41,3	2,2	48	1958	Wa	Siegburg (Rhein-Sieg-Kreis)
Henne (Henne–Ruhr)	38,4	2,1	57	1955	Re, En	Meschede (Hochsauerlandkreis)
Verse (Verse–Lenne–Ruhr)	32,8	1,7	54	1952	Re, Wa, En	Lüdenscheid (Märkischer Kreis)
Wiehl (Wiehl–Agger–Sieg)	31,5	.	50	1973	En, Tr	Reichshof (Oberbergischer Kreis)
Bever (Bever–Wipper–Wupper)	23,7	2,0	33	1939	Ho, Re	Hückeswagen (Oberbergischer Kreis)
Lister (Bigge–Lenne–Ruhr)	22,0	1,7	35	1912	Re, En, Wa	Attendorn (Olpe) und Meinerzhagen (Märkischer Kreis)
Nonnweiler (Prims–Saar)	19,0	.	60	1975	En, Tr	Nonnweiler (Sankt Wendel)
Agger (Agger–Sieg)	17,3	1,2	40	1929	Ho, En, Wa	Bergneustadt und Gummersbach (Oberbergischer Kreis)
Kerspe (Kerspe–Wipper–Wupper)	15,5	1,6	28	1912	En, Wa, Ho	Wipperfürth (Oberbergischer Kreis), Halver und Kierspe (Märkischer Kreis)
Obernau (Obernaubach–Sieg)	14,9	0,9	44	1972	Wa	Netphen (Siegen)
Halterner Stausee (Stever–Lippe)	14,4	2,2	4	1930	Wa	Haltern (Recklinghausen)
Schwarzenbach (Schwarzenbach–Murg)	14,3	0,7	44	1926	En	Forbach (Rastatt)
Ennepe (Ennepe–Volme–Ruhr)	12,6	1,0	45	1904	Wa, Re	Breckerfeld (Ennepe-Ruhr-Kreis)
Baldeneysee (Ruhr)	9,0	2,4	6	1933	En	Essen
Genkel (Genkel–Agger–Sieg)	8,2	0,6	40	1953	Wa, Ho	Meinerzhagen (Märkischer Kreis)
Maasgebiet						
Schwammenauel (Rur)[2])	205,0	7,8	68	1959	Wa, En, Ho	Simmerath (Aachen) und Heimbach (Düren)
Urft (Urft–Rur)	45,5	2,2	54	1905	Ho, Re, En	Schleiden (Euskirchen)
Olef (Olef–Urft–Rur)	19,3	1,1	54	1961	Ho, Wa, En	Hellenthal (Euskirchen)
Emsgebiet						
Thülsfelder Stausee (Soeste–Leda)	9,5	3,8	7	1926	En	Garrel und Molbergen (Cloppenburg)
Wesergebiet						
Edersee (Eder–Fulda)	202,0	12,0	42	1914	Re, En, Ho	Edertal (Waldeck-Frankenberg)
Oker (Oker–Aller)	47,4	2,2	66	1956	Ho, Re, En	Schulenberg im Oberharz (Goslar)
Grane (Innerste–Leine–Aller)	45,0	2,1	61	1969	Wa	Langelsheim (Goslar)
Oder (Oder–Rhume–Leine–Aller)	30,6	1,4	51	1934	Ho, Re, En	Bad Lauterberg im Harz (Osterode am Harz)
Söse (Söse–Rhume–Leine–Aller)	25,5	1,2	56	1932	Wa, Ho, En	Osterode am Harz (Osterode am Harz)
Diemel (Diemel)	20,0	1,7	34	1923	Re, Ho, En	Diemelsee (Waldeck-Frankenberg) und Marsberg (Hochsauerlandkreis)
Innerste (Leine–Aller)	20,0	1,5	35	1966	Ho, Re	Langelsheim (Goslar)
Ecker (Ecker–Oker–Aller)	12,6	0,7	57	1942	Wa, Ho, En	Bad Harzburg (Goslar)

*) Stauanlagen mit einem Stauvermögen von etwa 8 Mill. m³ aufwärts.
[1]) Abkürzungen: En = Energiegewinnung, Ho = Hochwasserschutz, Re = Regulierung von Wasserständen (insbesondere für schiffbare Wasserwege), Tr = Trinkwasserversorgung, Wa = Wasserversorgung.
[2]) Einschl. Vorsperre Paulushof.

1.10 Ausgewählte Heilbäder, heilklimatische Kurorte, Seebäder*)

Name	Landschaft	Höhe in m über NN[1])	Kennzeichnung	Natürliche Kurmittel
			Küste und Tiefland	
Bad Bevensen	Lüneburger Heide	39	Heilbad, Kneippkurort	Fe- und jodhaltige Thermalsole
Borkum	Ostfriesische Inseln	2	Nordseeheilbad	Schlick, Meerwassertrinkkur
Büsum	Dithmarschen	5	Nordseeheilbad	Schlick
Burg auf Fehmarn	Fehmarn	10	Ostseeheilbad	Meerwassertrinkkur
Cuxhaven	Außenelbe (Nordsee)	2	Nordseeheilbad	Schlick, Meerwassertrinkkur
Damp	Schleswig-Holsteinisches Hügelland	11	Ostseeheilbad	—
Grömitz	Lübecker Bucht	10	Ostseeheilbad	Meerwassertrinkkur
Juist	Ostfriesische Inseln	3	Nordseeheilbad	Meerwassertrinkkur
Langeoog	Ostfriesische Inseln	5	Nordseeheilbad	Meerwassertrinkkur
Norderney	Ostfriesische Inseln	5	Nordseeheilbad	Schlick, Meerwassertrinkkur
Sankt Peter-Ording	Eiderstedt (Nordsee)	10	Nordseeheil- und Schwefelbad	Schlick, S-haltige Sole
Timmendorfer Strand	Lübecker Bucht	3	Ostseeheilbad	Meerwassertrinkkur
Travemünde (Lübeck)	Lübecker Bucht	3	Ostseeheilbad	Meerwassertrinkkur
Westerland	Nordfriesische Inseln	5	Nordseeheilbad	Schlick, Meerwassertrinkkur
Wyk auf Föhr	Nordfriesische Inseln	5	Nordseeheilbad	Schlick, Meerwassertrinkkur
			Mittelgebirge einschließlich Vorländer und Stufenland	
Bad Driburg	Weserbergland (Egge)	215	Heilbad	Fe-haltiger Ca-SO_4-HCO_3-Säuerling, Ca-Mg-HCO_3-SO_4-Säuerling, Ca-Mg-SO_4-HCO_3-Säuerling, Schwefelmoor
Bad Dürrheim	Baar	703	Solbad, Heilklimat. Kurort	Sole, Ca-SO_4-HCO_3-Quelle
Bad Herrenalb	Nördlicher Schwarzwald	365	Heilbad, Heilklimat. Kurort	Na-Ca-Cl-SO_4-Therme
Bad Kissingen	Südliches Rhönvorland	200	Mineral- und Moorbad	Fe-haltiger Na-Cl-Säuerling, Na-Cl-Säuerlinge, Fe-haltiger Na-Ca-Cl-HCO_3-SO_4-Säuerling, Moor
Bad Krozingen	Südteil der Freiburger Bucht	234	Mineralheilbad	Ca-Na-SO_4-HCO_3-Thermal-Säuerling
Bad Lippspringe	Lipper Bergland	140	Heilbad, Heilklimat. Kurort	Ca-SO_4-HCO_3-Thermen, Ca-Na-SO_4-HCO_3-Quelle
Bad Mergentheim	Tauberland	205	Mineralheilbad	Ca-Na-SO_4-Cl-Quelle, Na-Cl-SO_4-Quelle, Na-Cl-SO_4-Säuerling, CO_2-haltige Sole
Bad Nauheim	Wetterau	148	Heilbad	Fe- und CO_2-haltige Thermalsole, Na-Cl-Säuerlinge, Na-Ca-Cl-HCO_3-Säuerlinge
Bad Neuenahr-Ahrweiler	Unteres Ahrtal (Mittelrhein)	90	Mineralbad	Na-Mg-HCO_3-Thermalsäuerlinge, Fango
Bad Oeynhausen	Ravensberger Hügelland	55	Mineralheilbad	Fe- und CO_2-haltige Thermalsole, Fe-haltige Thermalsole, Fe- und CO_2-haltige SO_4-Thermalsole, Fe- und CO_2-haltige Sole, Na-Ca-Cl-Quelle
Bad Orb	Spessart	189	Heilbad	Fe-haltige Na-Cl-Säuerlinge, Fe-haltiger Na-Ca-Cl-Säuerling, Moor
Bad Pyrmont	Weserbergland	110	Heilbad	Fe-haltiger Ca-Mg-SO_4-HCO_3-Säuerling, Ca-Mg-HCO_3-SO_4-Säuerling, Na-Cl-Säuerling, Na-Ca-Cl-SO_4-Säuerling, Fe- und CO_2-haltige Sole, Kohlensäuregasquellen, Moor
Bad Sachsa	Südrand des Harzes	310	Heilklimatischer Kurort	—
Bad Salzuflen	Lipper Bergland	85	Mineralheilbad	Na-Cl-Quelle, Na-Ca-Cl-SO_4-Quelle, Ca-Na-SO_4-Cl-Quelle, Fe- und CO_2-haltige Thermalsolen, Sole
Bad Soden-Salmünster	Nördliches Spessartvorland	157	Mineralheilbad	Fe- und CO_2-haltige Sole, Na-Cl-Quelle, Na-Cl-HCO_3-Quelle
Bad Sooden-Allendorf	Unteres Werratal	200	Heilbad	Radonhaltige Sole, Sole
Bad Wildungen	Kellerwald	273	Heilbad	Na-Mg-Ca-HCO_3-Cl-Säuerling, Ca-Mg-HCO_3-Säuerling
Baden-Baden	Nördlicher Schwarzwald	181	Mineralheilbad	Na-Cl-Therme
Badenweiler	Südlicher Schwarzwald	425	Thermalheilbad	Na-Ca-Cl-HCO_3-Therme, Akratotherme
Braunlage	Harz	560	Heilklimatischer Kurort	—
Freudenstadt	Nördlicher Schwarzwald	728	Heilklimatischer Kurort	—
Hahnenklee (Goslar)	Harz	550	Heilklimatischer Kurort	—
Horn-Bad Meinberg	Lipper Bergland	200	Heilbad	Kohlensäuregasquellen, Ca-SO_4-Quelle, Na-Ca-Cl-Säuerling, Na-Ca-SO_4-Quelle, Schwefelmoor
Schmallenberg	Hochsauerland	450	Kneippkurort	—
Wiesbaden	Taunusvorland	115	Heilbad	Na-Cl-Quelle, Na-Cl-Thermen
Wildbad im Schwarzwald	Nördlicher Schwarzwald	425	Thermalheilbad	Akratothermen
Willingen (Upland)	Hochsauerland	560	Heilklimatischer Kurort, Kneippkurort	—
Winterberg	Hochsauerland	700	Heilklimatischer Kurort	—
			Alpenvorland und Alpen	
Bad Füssing	Inntal (Pockinger Heide)	324	Thermalbad	S-haltige Na-HCO_3-Cl-Therme
Bad Reichenhall	Chiemgauer Alpen	473	Mineral- und Moorheilbad	Na-Cl-Quellen, Sole, Moor
Bad Tölz	Isar-Alpenvorland	657	Jodbad, Heilklimat. Kurort	Jodhaltige Na-Cl-Quellen, Moor
Bad Wiessee	Tegernseer Land	730	Jod- und Schwefelbad	Jod- und S-haltige Na-Cl-Therme
Bad Wörishofen	Schwäbisches Alpenvorland	631	Kneippheilbad	—
Berchtesgaden	Berchtesgadener Alpen	571	Heilklimatischer Kurort	Sole
Füssen – Bad Faulenbach	Lech-Vorberge	803	Mineral- und Moorbad, Kneippkurort	Ca-SO_4-Quelle, Moor
Garmisch-Partenkirchen	Werdenfelser Land	707	Heilklimatischer Kurort	—
Hindelang mit Bad Oberdorf	Allgäuer Alpen	819	Heilklimat. Kurort, Kneippkurort, Schwefel-Moorbad	S-haltige Ca-SO_4-HCO_3-Quelle, Moor
Oberstaufen	Oberallgäu	800	Heilklimatischer Kurort	—
Oberstdorf	Allgäuer Alpen	813	Heilklimatischer Kurort, Kneippkurort	—
Schönau a. Königssee	Berchtesgadener Alpen	578	Heilklimatischer Kurort	Sole

*) Bäder und Kurorte mit mehr als 600 000 Übernachtungen im Kalenderjahr 1980; Kennzeichnung und natürliche Kurmittel nach »Deutscher Bäderkalender 1979«, herausgegeben vom Deutschen Bäderverband e. V., Bonn.

1) Normal-Null.

1.11 Naturschutz

Naturparke sind einheitlich zu entwickelnde und zu pflegende großräumige Gebiete, die sich wegen ihrer landschaftlichen Voraussetzung für die Erholung besonders eignen. Sie sind nach den Grundsätzen und Zielen der Raumordnung und Landesplanung für die Erholung oder den Fremdenverkehr vorgesehen.

Naturschutzgebiete sind rechtsverbindlich festgesetzte Gebiete, in denen ein besonderer Schutz von Natur und Landschaft in ihrer Ganzheit oder in einzelnen Teilen zur Erhaltung von Lebensgemeinschaften oder Lebensstätten bestimmter wildwachsender Pflanzen- oder wildlebender Tierarten, aus wissenschaftlichen, naturgeschichtlichen oder landeskundlichen Gründen oder wegen ihrer Seltenheit, besonderen Eigenart oder hervorragenden Schönheit erforderlich ist.

Nationalparke sind rechtsverbindlich festgesetzte großräumige Gebiete von besonderer Eigenart, die zum überwiegenden Teil die Voraussetzung eines Naturschutzgebietes erfüllen und vornehmlich der Erhaltung eines artenreichen heimischen Pflanzen- und Tierbestandes dienen.

Feuchtgebiete, insbesondere als Lebensräume für Wasser- und Wattvögel, sind Feuchtwiesen, Moor- und Sumpfgebiete oder Gewässer, die natürlich oder künstlich, dauernd oder zeitweilig, stehend oder fließend, Süß-, Brack- oder Salzwasser sind, einschließlich solcher Meeresgebiete, die eine Tiefe von sechs Metern bei Niedrigwasser nicht übersteigen.

1.11.1 Naturparke und Nationalparke*)

Name	Land	Fläche in km²
	Naturparke	
Altmühltal	Bayern	2 908
Arnsberger Wald	Nordrhein-Westfalen	448
Augsburg-Westliche Wälder	Bayern	1 175
Aukrug	Schleswig-Holstein	380
Bayerische Rhön	Bayern	1 090
Bayerischer Spessart	Bayern	1 670
Bayerischer Wald	Bayern	2 030
Bergisches Land	Nordrhein-Westfalen	1 910
Bergstraße-Odenwald	Hessen/Bayern	1 603
Diemelsee	Hessen/Nordrhein-Westfalen	334
Dümmer	Niedersachsen/Nordrhein-Westfalen	472
Ebbegebirge	Nordrhein-Westfalen	777
Eggegebirge und südlicher Teutoburger Wald	Nordrhein-Westfalen	593
Elbufer-Drawehn	Niedersachsen	750
Elm-Lappwald	Niedersachsen	340
Fichtelgebirge	Bayern	1 004
Fränkische Schweiz-Veldensteiner Forst	Bayern	2 346
Frankenhöhe	Bayern	1 070
Frankenwald	Bayern	1 116
Habichtswald	Hessen	474
Harburger Berge	Hamburg	38
Harz	Niedersachsen	950
Haßberge	Bayern	778
Hessenreuther und Manteler Wald mit Parkstein	Bayern	270
Hessische Rhön	Hessen	700
Hessischer Spessart	Hessen	729
Hochtaunus	Hessen	1 202
Hohe Mark	Nordrhein-Westfalen	1 009
Hoher Vogelsberg	Hessen	384
Homert	Nordrhein-Westfalen	550
Hüttener Berge-Wittensee	Schleswig-Holstein	260
Kottenforst-Ville	Nordrhein-Westfalen	160
Lauenburgische Seen	Schleswig-Holstein	444
Lüneburger Heide	Niedersachsen	200
Meißner-Kaufunger Wald	Hessen	421
Münden	Niedersachsen	195
Nassau	Rheinland-Pfalz	560
Neckartal-Odenwald	Baden-Württemberg	1 292
Nördlicher Teutoburger Wald-Wiehengebirge	Niedersachsen/Nordrhein-Westfalen	1 112
Nördlicher Oberpfälzer Wald	Bayern	670
Nordeifel	Nordrhein-Westfalen/Rheinland-Pfalz	1 763
Obere Donau	Baden-Württemberg	813
Oberer Bayerischer Wald	Bayern	1 513
Oberpfälzer Wald-Nabburg	Bayern	235
Oberpfälzer Wald-Neunburg	Bayern	253
Oberpfälzer Wald-Oberviechtach-Schönsee	Bayern	236
Pfälzer Wald	Rheinland-Pfalz	1 793
Rhein-Taunus	Hessen	808
Rhein-Westerwald	Rheinland-Pfalz	446
Rothaargebirge	Nordrhein-Westfalen	980
Saar-Hunsrück	Saarland/Rheinland-Pfalz	1 671
Schönbuch	Baden-Württemberg	156
Schwäbisch-Fränkischer Wald	Baden-Württemberg	900
Schwalm-Nette	Nordrhein-Westfalen	435
Siebengebirge	Nordrhein-Westfalen	42
Solling-Vogler	Niedersachsen	527
Steigerwald	Bayern	1 280
Steinhuder Meer	Niedersachsen	310
Steinwald	Bayern	250
Stromberg-Heuchelberg	Baden-Württemberg	309
Südeifel	Rheinland-Pfalz	426
Südheide	Niedersachsen	500
Weserbergland-Schaumburg-Hameln	Niedersachsen	1 116
Westensee	Schleswig-Holstein	260
	Nationalparke	
Bayerischer Wald	Bayern	130
Berchtesgaden	Bayern	210

*) Stand: 1. 1. 1982.

1.11 Naturschutz

1.11.2 Naturparke und deren Finanzierung*)

Land	Naturparke[1])	Fläche	Anteil an der Landesfläche	Finanzierungsmittel[2]) insgesamt	Finanzierungsmittel[2]) Land
	Anzahl	km²	%	Mill. DM	
Schleswig-Holstein	4	1 344	8,6	760	364
Hamburg	1	38	5,1	239	166
Niedersachsen	11	6 206	13,1	5 156	1 006
Bremen	—	—	—	28[3])	28[3])
Nordrhein-Westfalen	14	8 654	25,4	2 822	1 809
Hessen	9	6 157	29,2	2 520	966
Rheinland-Pfalz	6	4 552	22,9	1 971	1 105
Baden-Württemberg	5	3 470	9,7	7 107	3 882
Bayern	19	20 268	28,7	6 327	3 535
Saarland	1	750	29,2	138	134
Bundesgebiet ohne Berlin	**64**	**51 439**	**20,7**	**27 068**	**12 996**

*) Stand: 1. 1. 1982.
[1]) Anteile an länderüberschreitenden Naturparken wurden als Naturpark in dem betreffenden Land mitgezählt, in der Summe für das Bundesgebiet jedoch nur einmal berücksichtigt.
[2]) Ausgaben für 1980.
[3]) Zuschuß für den Naturpark Lüneburger Heide.

1.11.3 Naturschutzgebiete*)

Land	Naturschutzgebiete	Davon mit einer Fläche von . . . bis unter . . . ha: unter 1	1 — 5	5 — 10	10 — 20	20 — 50	50 — 100	100 — 200	200 und mehr	Fläche insgesamt	Anteil an der Landesfläche
	Anzahl									km²	%
Schleswig-Holstein	102	—	7	8	16	21	18	10	22	129	0,82
Hamburg	15	—	—	—	2	1	5	3	4	24	3,24
Niedersachsen	287	1	42	43	41	60	29	32	39	543	1,15
Bremen	3	—	3	—	—	—	—	—	—	0,6	0,02
Nordrhein-Westfalen	251	6	74	50	38	34	22	17	10	162	0,48
Hessen	156	—	16	27	34	34	24	14	7	102	0,48
Rheinland-Pfalz	119	3	14	13	23	31	20	8	7	85	0,43
Baden-Württemberg	309	14	65	51	49	65	32	15	18	227	0,64
Bayern	199	1	19	25	38	49	23	20	24	880	1,25
Saarland	17	3	7	1	3	3	—	—	—	1,7	0,07
Berlin (West)	14	1	3	4	4	1	1	—	—	2	0,46
Bundesgebiet	**1 472**	**29**	**250**	**222**	**248**	**299**	**174**	**119**	**131**	**2 116**	**0,87**

*) Stand: 1. 1. 1982. – Ohne Naturschutzgebiete, die ganz oder überwiegend im deutschen Wattenmeer liegen.

1.11.4 Feuchtgebiete*)

Feuchtgebiet	Fläche in km²	Feuchtgebiet	Fläche in km²	Feuchtgebiet	Fläche in km²
Wattenmeer Elbe-Weser-Dreieck	430,0	Diepholzer Moorniederung	150,0	Lech-Donau-Winkel	2,3
Jadebusen und westl. Wesermündung	495,0	Steinhuder Meer	58,0	Ismaninger Speichersee mit Fischteichen	9,0
Ostfriesisches Wattenmeer mit Dollart	1 200,0	Rhein zwischen Eltville und Bingen	4,8	Ammersee	65,0
Niederelbe zwischen Barnkrug und Otterndorf	117,0	Bodensee, Teilgebiete Wollmatinger Ried-Giehrenmoos-Hegnebucht des Gnadensee und Mindelsee bei Radolfzell	10,8	Starnberger See	57,2
Elbaue zwischen Schnackenburg und Lauenburg	75,0	Donauauen und Donaumoos	80,0	Chiemsee	85,0
Dümmer	36,0			Unterer Inn zwischen Haiming und Neuhaus	20,0

*) Stand: 1. 1. 1982. – Feuchtgebiete von internationaler Bedeutung im Sinne des Übereinkommens über Feuchtgebiete (Ramsar, Iran 1971).

1.12 Klimatische

Lfd. Nr.	Beobachtungsstation (Höhe in m über NN)[1] a = 1981/82 b = langjähriger Durchschnitt[2])		Mittlere Lufttemperatur in °C[3]) Nov.	Dez.	Jan.	Febr.	März	April	Mai	Juni	Juli	Aug.	Sept.	Okt.	Jahr[7])	Frost- tage[4]) Dez. — März	Eis- tage[4]) Dez. — März
1	Flensburg .... (41)	a	4,6	−3,7	−2,6	−0,2	3,6	6,2	10,8	14,9	17,4	16,5	13,6	10,0	7,6	82	40
		b	5,1	2,3	0,2	0,2	2,3	6,6	11,2	14,7	16,6	16,2	13,3	9,0	8,7	62	18
2	Emden-Nesserland[8]) ... (6)	a	6,2	−1,6	−0,3	1,8	4,9	7,3	12,3	16,5	18,5	17,7	15,7	11,5	9,2	61	24
		b	5,7	2,8	1,0	1,4	4,0	7,9	12,1	15,4	17,0	16,8	14,1	9,8	9,0	55	15
3	Bremen (Flughafen) ... (4)	a	5,4	−2,6	−1,1	1,0	4,7	7,1	12,1	16,2	18,8	17,1	15,2	10,5	8,7	76	30
		b	5,3	2,2	0,6	0,9	4,0	8,2	12,8	16,0	17,4	17,1	14,0	9,4	9,0	57	17
4	Hamburg-Fuhlsbüttel ... (13)	a	5,2	−3,3	−2,6	0,9	4,7	7,3	12,2	16,2	18,8	17,5	15,1	10,4	8,5	77	35
		b	4,9	1,8	0,0	0,4	3,3	7,6	12,2	15,6	17,3	16,8	13,6	9,1	8,6	56	19
5	Aachen (Observatorium) (202)	a	6,4	0,9	2,2	4,1	5,6	7,8	13,4	16,8	19,0	17,3	17,0	11,3	10,2	49	15
		b	6,0	3,1	1,8	2,1	5,5	8,8	12,8	15,9	17,5	17,2	14,5	10,0	9,6	47	11
6	Köln-Wahn (Flughafen) . (73)	a	6,3	0,4	−0,0	2,0	5,1	8,0	13,8	17,2	19,9	17,8	16,3	10,8	9,8	75	15
		b	6,2	2,9	1,7	2,3	5,6	9,4	13,5	16,6	18,2	17,6	14,8	10,2	9,9	—	—
7	Essen ....(154)	a	5,9	−0,1	1,7	3,1	5,7	8,1	13,5	16,6	19,5	17,5	17,1	11,1	10,0	51	16
		b	5,8	2,8	1,5	1,9	5,3	8,9	13,1	16,0	17,5	17,3	14,6	10,0	9,6	46	10
8	Münster (Westf.) ..... (60)	a	6,0	−0,6	0,4	2,5	5,3	8,0	13,5	16,8	19,8	17,6	16,5	11,3	9,8	63	17
		b	5,8	2,7	1,3	1,8	5,0	9,0	13,3	16,3	17,7	17,4	14,4	9,8	9,5	58	14
9	Hannover-Langenhagen (53)	a	5,5	−2,4	−0,7	1,3	4,8	7,3	12,9	16,5	19,3	18,0	16,2	10,7	9,1	72	26
		b	5,1	1,9	0,2	0,6	3,7	8,2	12,9	16,1	17,6	17,2	13,9	9,1	8,9	57	18
10	Lüchow .... (17)	a	5,3	−3,1	−2,9	0,3	4,6	7,2	12,7	16,5	19,4	17,9	15,4	10,2	8,6	71	35
		b	4,6	1,2	−0,4	−0,1	3,3	8,0	12,9	16,3	17,8	17,4	14,1	8,8	8,7	—	—
11	Lübeck (Burgfeld) ..... (8)	a	5,6	−2,7	−2,5	0,7	4,8	7,5	12,4	16,2	18,9	17,9	15,3	10,5	8,7	74	36
		b	5,2	2,0	0,1	0,5	3,2	7,5	12,0	15,7	17,7	17,1	13,9	9,4	8,7	65	21
12	Berlin-Dahlem .... (51)	a	4,9	−2,7	−2,4	0,1	5,2	7,7	13,7	17,2	20,4	18,5	16,0	10,4	9,1	78	39
		b	4,5	1,0	−0,7	0,0	3,6	8,6	13,8	17,1	18,7	17,9	14,2	9,1	9,0	—	—
13	Lüdenscheid ....(444)	a	3,9	−1,8	0,3	1,7	3,7	6,0	11,8	15,0	17,9	15,9	15,5	9,2	8,3	76	26
		b	3,9	0,8	−0,5	0,0	3,6	7,2	11,6	14,6	16,0	15,7	13,0	8,3	7,8	—	—
14	Kassel-Süd ....(231)	a	4,7	−2,0	−2,4	0,5	4,5	7,2	13,0	16,6	19,9	18,1	16,6	10,0	8,9	80	30
		b	4,8	1,3	−0,1	0,8	4,6	8,8	13,2	16,4	17,9	17,3	14,1	9,1	9,0	62	22
15	Trier (Petrisberg) .....(265)	a	5,5	0,2	−1,3	1,9	5,1	7,7	13,2	16,6	19,7	17,2	16,7	9,8	9,4	70	21
		b	5,2	1,7	0,7	1,5	5,5	9,0	13,2	16,3	17,9	17,3	14,5	9,4	9,4	57	12
16	Saarbrücken-St. Arnual (191)	a	6,1	1,4	0,0	2,6	6,2	8,8	14,4	18,0	20,9	18,1	17,3	10,6	10,4	63	17
		b	5,4	2,0	0,9	1,7	5,4	9,4	13,7	16,8	18,2	17,4	14,4	9,3	9,6	—	—
17	Bad Kreuznach ....(159)	a	6,0	−0,5	−1,9	0,3	5,5	8,6	13,5	17,8	19,9	18,0	17,1	10,3	9,6	73	29
		b	5,2	1,7	0,5	1,4	5,4	9,7	14,0	17,2	18,8	18,2	14,7	9,5	9,7	—	—
18	Geisenheim ....(109)	a	6,3	−0,0	−1,3	1,0	5,9	8,8	13,8	18,3	20,9	18,4	17,2	10,2	10,0	68	24
		b	5,4	1,9	0,7	1,7	5,8	9,9	14,2	17,2	18,8	18,1	14,8	9,7	9,9	62	14
19	Frankfurt am Main (Stadt) ....(125)	a	5,9	−0,7	−2,0	0,8	5,8	8,4	13,8	17,9	21,0	18,9	16,6	10,1	9,7	73	27
		b	5,6	2,0	0,8	1,9	6,0	10,4	14,6	17,8	19,4	18,6	15,2	9,9	10,2	55	16
20	Karlsruhe ....(112)	a	6,4	0,7	−1,0	1,7	6,2	8,8	14,6	18,5	21,4	18,8	17,7	10,5	10,4	64	23
		b	5,3	1,7	0,8	1,8	6,0	10,1	14,4	17,7	19,5	18,6	15,2	9,8	10,1	60	16
21	Stuttgart (Alexanderstr.) (286)	a	6,5	1,2	−0,1	2,1	6,0	8,4	14,3	18,4	21,0	18,4	17,5	10,6	10,4	56	21
		b	5,4	1,8	0,8	1,8	5,8	9,8	14,1	17,3	19,0	18,4	15,2	10,0	9,9	56	18
22	Freiburg (Stefan-Meier-Str.) . . (269)	a	6,8	2,2	0,4	3,1	6,5	9,4	15,6	18,9	21,5	18,8	18,3	11,1	11,1	53	17
		b	5,5	2,0	1,2	2,3	6,4	10,3	14,3	17,6	19,4	18,8	15,7	10,2	10,3	59	15
23	Freudenstadt (Kienberg) (797)	a	2,6	−1,9	−0,6	−0,7	1,7	4,1	10,4	14,1	17,0	14,4	14,6	7,6	6,9	90	32
		b	2,8	−0,6	−1,9	−1,2	2,4	5,9	10,1	13,2	15,0	14,6	11,9	7,4	6,6	89	32
24	Würzburg (Stein) .....(268)	a	5,2	−1,5	−2,8	−0,3	4,8	7,8	13,5	17,6	20,3	18,1	16,9	9,5	9,1	84	33
		b	4,4	0,7	−0,7	0,4	4,6	9,2	13,6	16,8	18,4	17,7	14,4	9,1	9,1	65	18
25	Nürnberg (Flughafen) . . (310)	a	4,8	−1,5	−2,9	−0,5	4,4	6,8	13,5	17,7	20,4	17,8	16,2	9,5	8,9	89	32
		b	3,8	0,1	−1,4	−0,4	3,7	8,2	13,0	16,6	18,2	17,4	13,8	8,4	8,5	—	—
26	Weiden/Oberpfalz ....(438)	a	3,4	−3,2	−4,2	−1,8	3,8	5,6	12,5	16,4	18,8	16,9	15,8	8,8	7,7	98	46
		b	2,7	−0,9	−2,5	−1,3	2,8	7,3	12,1	15,4	16,9	16,0	12,6	7,5	7,4	—	—
27	Metten, Kr. Deggendorf (313)	a	3,4	−2,6	−4,6	−2,2	4,0	6,1	13,3	16,3	19,0	16,9	15,5	9,3	7,9	100	33
		b	2,9	−1,1	−3,1	−1,8	3,0	8,0	12,9	15,9	17,3	16,6	13,2	7,8	7,6	92	26
28	Ulm/Donau ....(522)	a	3,5	−2,2	−3,4	−1,5	3,6	6,2	12,3	16,6	19,1	16,5	15,0	8,4	7,8	95	31
		b	3,3	−0,5	−1,8	−0,4	3,9	8,3	12,8	16,0	17,7	17,0	13,7	8,1	8,2	87	28
29	München-Nymphenburg (515)	a	4,0	−1,7	−3,4	−1,3	4,0	6,1	12,8	16,8	19,4	16,7	15,5	8,9	8,2	90	34
		b	3,0	−0,7	−2,1	−0,9	3,3	8,0	12,5	15,8	17,5	16,6	13,4	7,9	7,9	91	36
30	Konstanz ....(443)	a	4,6	0,4	−0,6	0,1	4,6	7,8	13,5	17,5	19,8	17,6	16,5	9,6	9,3	72	21
		b	4,2	0,5	−1,0	0,2	4,1	8,6	13,2	16,7	18,4	17,6	14,3	8,9	8,8	82	21
31	Oberstdorf ....(810)	a	1,7	−2,2	−1,6	−2,3	0,9	3,6	10,4	14,4	17,2	14,8	14,0	7,2	6,5	113	18
		b	1,8	−2,2	−3,4	−2,3	1,4	5,6	10,2	13,6	15,3	14,5	11,7	6,6	6,1	105	25

*) Die Stationen sind nach regionalen Klimabereichen geordnet. In Abweichung von der Zeichenerklärung bedeutet hier ein Strich (—) = Angaben fehlen und ein Punkt (.) = Merkmal nicht eingetreten. Nähere Erläuterungen in »Monatlicher Witterungsbericht« (Amtsblatt des Deutschen Wetterdienstes), Offenbach am Main.

[1]) Normal-Null.

[2]) Mittlere Lufttemperatur und Niederschlagsmenge: 1931 bis 1960; Sonnenscheindauer: 1951 bis 1960; Frost-, Eis- und Sommertage: verschiedene Perioden.

[3]) In 2 m Höhe über dem Erdboden gemessen. Die Tagesmittel sind berechnet nach der Formel

$$\frac{7^h + 14^h + 2 \times 21^h}{4}$$

Verhältnisse*)

Niederschlagsmenge in mm[5])													Tage mit ≧1 mm Niederschlag[5])				Tage mit Schneedecke[6])				Lfd. Nr.
Nov.	Dez.	Jan.	Febr.	März	April	Mai	Juni	Juli	Aug.	Sept.	Okt.	Jahr[7])	Mai	Juni	Juli	Aug.	Dez.	Jan.	Febr.	März	
74	23	56	23	53	38	64	86	65	148	41	78	749	9	11	6	19	25	22	.	1	1
65	61	62	50	40	53	48	54	88	99	79	79	778	—	—	—	—	—	—	—	—	
103	45	60	24	50	34	40	111	21	74	18	115	695	12	15	4	13	22	16	.	.	2
73	60	60	49	41	46	54	62	98	93	71	71	778	10	10	11	13	—	—	—	—	
82	36	56	12	54	31	71	60	24	77	15	93	611	12	14	6	16	24	18	.	.	3
60	54	57	48	42	50	56	59	92	79	60	58	715	10	10	11	12	—	—	—	—	
88	45	76	15	53	48	65	102	31	82	16	82	703	10	10	9	17	25	21	.	.	4
57	58	57	47	38	52	55	64	82	84	61	59	714	9	10	12	13	—	—	—	—	
101	106	72	22	64	54	124	134	37	109	49	153	1 025	13	19	9	12	20	13	.	2	5
67	62	72	59	49	63	67	77	75	82	68	64	805	11	11	12	12	—	—	—	—	
94	91	74	18	57	55	79	112	37	78	68	161	924	13	13	6	10	20	17	.	.	6
55	51	51	47	37	52	56	83	75	82	58	54	701	—	—	—	—	—	—	—	—	
119	97	84	21	67	36	109	120	23	104	54	104	938	12	17	4	17	22	7	.	.	7
84	79	83	71	49	64	71	83	99	98	77	75	933	—	—	—	—	—	—	—	—	
98	61	74	18	63	28	68	85	13	68	19	79	674	12	15	3	15	23	11	.	.	8
62	58	68	58	44	52	51	62	90	79	60	58	742	10	11	12	12	—	—	—	—	
71	69	53	14	52	43	51	94	27	73	35	71	653	14	13	5	16	24	1	.	.	9
52	46	48	46	38	48	52	64	84	73	54	56	661	10	10	12	12	—	—	—	—	
37	35	39	11	38	32	44	65	33	54	7	47	442	10	11	6	10	25	20	1	.	10
43	41	37	33	33	40	50	62	67	66	45	46	563	—	—	—	—	—	—	—	—	
49	28	66	9	39	33	57	74	43	68	15	83	564	12	12	7	17	24	22	.	.	11
54	51	54	45	39	48	56	62	85	85	60	59	698	9	9	11	2	—	—	—	—	
56	66	47	13	32	22	63	36	32	46	15	38	466	11	9	4	5	24	23	.	.	12
46	41	43	40	31	41	46	62	70	68	46	47	581	—	—	—	—	—	—	—	—	
195	140	128	25	119	71	97	106	21	117	66	135	1 220	13	13	3	15	31	13	1	4	13
115	116	131	125	92	97	85	99	110	124	93	106	1 293	—	—	—	—	—	—	—	—	
126	87	87	9	39	50	66	51	15	37	13	68	648	9	13	2	7	30	24	.	2	14
49	46	47	42	33	47	60	64	70	66	52	53	629	9	10	11	11	—	—	—	—	
61	104	91	16	78	35	33	94	32	84	42	129	799	8	17	4	10	18	21	3	2	15
60	62	60	51	37	51	62	74	70	80	58	54	719	10	10	11	11	—	—	—	—	
67	163	105	10	108	30	26	105	79	80	40	199	1 012	5	17	6	11	17	21	1	.	16
68	70	77	64	47	55	58	70	68	79	66	59	781	—	—	—	—	—	—	—	—	
48	93	54	14	31	19	33	36	38	54	21	91	532	5	10	4	8	21	21	6	.	17
40	40	35	33	27	35	50	57	57	66	43	37	520	—	—	—	—	—	—	—	—	
52	92	64	12	31	38	61	30	51	30	18	90	569	8	9	5	6	20	20	3	.	18
42	42	43	35	30	37	54	56	54	60	44	39	536	9	9	9	9	—	—	—	—	
54	111	64	14	46	31	50	49	36	28	25	146	654	7	13	7	8	22	21	4	.	19
47	45	50	41	32	38	49	65	67	74	49	47	604	9	9	10	10	—	—	—	—	
61	146	84	11	62	28	59	136	110	63	35	136	931	11	15	5	12	18	21	6	.	20
57	52	66	56	43	59	66	84	76	80	66	56	761	10	11	11	11	—	—	—	—	
60	113	76	19	38	29	83	98	50	138	33	87	824	10	16	8	13	20	22	6	.	21
48	40	48	42	38	51	74	94	79	79	62	48	703	11	11	11	11	—	—	—	—	
83	168	101	19	81	30	63	136	162	128	46	149	1 166	8	15	10	14	14	22	7	.	22
64	49	57	50	50	59	76	105	96	95	86	62	849	12	12	12	12	—	—	—	—	
180	337	225	27	152	77	101	195	106	133	48	296	1 877	12	21	11	15	31	31	28	31	23
132	132	173	167	108	105	100	125	122	131	116	109	1 520	—	—	—	—	—	—	—	—	
48	104	51	8	45	37	44	49	36	45	17	61	545	9	10	5	10	26	22	6	.	24
47	48	54	47	35	45	56	72	72	68	53	49	646	10	10	11	10	—	—	—	—	
62	90	49	12	30	30	45	97	91	62	24	47	639	5	11	10	11	31	24	5	3	25
41	42	43	39	35	40	55	71	90	75	46	46	623	—	—	—	—	—	—	—	—	
64	93	59	14	35	31	32	55	62	66	13	67	591	9	12	8	9	31	27	6	3	26
47	48	51	47	38	41	58	76	93	67	56	50	672	—	—	—	—	—	—	—	—	
126	121	106	12	34	22	34	105	67	129	23	40	819	6	14	8	13	31	31	28	10	27
59	69	82	70	49	56	68	99	121	88	68	70	899	12	11	12	12	—	—	—	—	
53	105	69	6	41	20	43	95	92	71	45	117	757	10	15	9	13	31	28	18	4	28
47	42	49	43	40	44	77	101	110	81	68	52	754	11	12	12	11	—	—	—	—	
68	111	121	9	26	31	71	128	107	164	29	36	901	10	15	10	14	27	29	14	2	29
53	44	55	50	46	59	103	121	137	96	84	62	910	13	14	14	13	—	—	—	—	
48	135	97	17	46	30	41	128	158	116	56	78	950	11	15	14	16	23	22	7	4	30
48	46	51	46	43	50	79	101	110	94	81	55	806	12	12	12	12	—	—	—	—	
149	278	283	15	108	71	107	290	160	225	88	85	1 859	12	19	12	16	31	31	28	31	31
115	103	147	141	115	114	148	206	218	193	161	115	1 776	—	—	—	—	—	—	—	—	

4) Frosttag: Tiefsttemperatur in 2 m Höhe weniger als 0°C; Eistag: Höchsttemperatur weniger als 0°C.

5) 1 mm = 1 l/m², ≧ = mindestens.

6) Die Höhe der Schneedecke beträgt um 7^{h} 0 cm und mehr (»0 cm« bedeutet entweder geschlossene Schneedecke von weniger als 0,5 cm Höhe oder eine Schneedecke, die mehr als die Hälfte der Erdoberfläche in der Umgebung der Meßstelle bedeckt).

7) Wasserwirtschaftsjahr (November – Oktober).

8) Langjähriger Durchschnitt Emden-Wolthusen.

9) Sommertag: Höchsttemperatur mindestens 25°C.

10) Sonnenscheinwerte z. T. Frankfurt a. M. (Flughafen).

1.12 Klimatische Verhältnisse*)

Beobachtungsstation (Höhe in m über NN)¹) a = 1981/82 b = langjähriger Durchschnitt²)		Sommertage⁹)				Sonnenscheindauer in Stunden											
		Mai	Juni	Juli	Aug.	Nov.	Dez.	Jan.	Febr.	März	April	Mai	Juni	Juli	Aug.	Sept.	Okt.
Flensburg .... (41)	a	1	6	7	8	67	36	47	57	98	208	232	212	299	231	144	70
	b	1	2	5	2	47	27	52	64	120	190	256	246	247	200	171	99
Emden-Nesserland⁸) ... (6)	a	4	6	8	7	58	29	66	102	133	222	248	213	273	197	169	73
	b	2	3	5	3	55	34	50	66	116	192	234	217	202	183	160	100
Bremen (Flughafen) ... (4)	a	2	6	11	7	61	27	65	93	135	192	233	216	266	195	172	61
	b	2	4	6	4	50	33	47	68	117	185	231	218	207	182	164	104
Hamburg-Fuhlsbüttel ... (13)	a	2	6	11	7	60	36	54	84	130	202	222	204	304	200	157	74
	b	1	3	5	3	44	28	51	64	131	186	230	222	220	183	171	100
Aachen (Observatorium) (202)	a	5	8	12	4	45	23	78	125	139	175	214	175	210	184	197	111
	b	3	6	8	6	62	49	51	74	125	178	205	200	190	188	160	123
Köln-Wahn (Flughafen) . (73)	a	5	10	17	9	44	26	82	122	129	194	213	178	231	177	185	72
	b	—	—	—	—	—	—	—	—	—	—	—	—	—	—	—	—
Essen .... (154)	a	5	6	13	6	53	22	82	123	126	176	221	184	241	183	179	82
	b	4	4	7	5	53	34	40	61	119	173	212	204	179	171	150	93
Münster (Westf.) ..... (60)	a	5	8	13	7	61	20	78	109	130	200	242	204	261	175	178	85
	b	4	7	9	6	56	36	43	71	123	187	226	212	194	175	160	102
Hannover-Langenhagen (53)	a	4	6	16	7	46	6	65	97	137	185	239	206	272	210	185	78
	b	2	5	7	5	52	34	47	69	120	184	227	214	206	188	165	105
Lüchow .... (17)	a	4	6	19	10	65	28	55	93	137	221	240	217	316	221	202	82
	b	—	—	—	—	52	36	53	72	139	196	241	236	226	194	182	106
Lübeck (Burgfeld) ...... (8)	a	4	6	14	8	60	33	49	76	119	215	225	206	313	208	154	84
	b	2	4	6	3	45	31	55	68	138	196	250	239	246	202	189	110
Berlin-Dahlem .... (51)	a	5	7	19	11	59	38	61	114	164	199	250	213	312	227	230	111
	b	—	—	—	—	50	36	56	78	151	193	239	244	242	212	194	123
Lüdenscheid .... (444)	a	3	6	10	4	40	22	80	130	124	177	217	172	231	172	176	72
	b	—	—	—	—	49	34	36	67	123	149	186	169	155	145	138	99
Kassel-Süd .... (231)	a	4	8	16	8	56	17	54	108	135	203	221	202	229	210	206	55
	b	4	7	9	7	51	28	48	73	137	188	221	213	203	181	150	103
Trier (Petrisberg) ..... (265)	a	5	9	18	9	65	15	62	106	129	203	240	199	243	196	201	49
	b	5	9	12	9	42	26	41	73	133	187	219	203	207	184	157	102
Saarbrücken-St. Arnual (191)	a	8	10	20	9	32	8	16	68	107	154	177	164	183	129	116	33
	b	—	—	—	—	48	32	45	73	127	189	218	198	207	199	162	102
Bad Kreuznach .... (159)	a	5	10	18	12	61	25	33	69	134	207	220	198	230	187	204	36
	b	—	—	—	—	38	27	44	69	135	186	230	207	218	199	166	101
Geisenheim .... (109)	a	5	11	19	10	64	36	38	94	153	220	241	214	244	199	215	31
	b	6	11	13	12	40	27	46	70	142	192	234	214	219	197	163	99
Frankfurt am Main (Stadt)¹⁰) .... (125)	a	5	11	19	11	42	20	32	83	121	221	247	227	232	197	207	29
	b	5	9	12	9	44	29	46	69	144	188	230	211	218	196	162	103
Karlsruhe .... (112)	a	9	12	20	14	74	46	44	125	135	212	252	237	253	202	225	51
	b	5	9	13	10	48	43	52	72	152	188	236	214	239	218	181	128
Stuttgart (Alexanderstr.) (286)	a	5	11	16	9	65	41	65	112	125	206	224	219	228	187	219	80
	b	4	9	13	11	56	48	57	80	141	176	223	200	233	218	176	132
Freiburg (Stefan-Meier-Str.) .. (269)	a	8	12	20	12	103	33	26	98	119	202	240	208	231	187	201	64
	b	5	10	14	11	—	—	—	—	154	180	231	217	235	225	174	132
Freudenstadt (Kienberg) (797)	a	.	5	10	1	97	34	70	105	121	202	239	195	235	194	214	80
	b	1	4	7	6	65	57	60	79	140	169	217	190	224	206	174	136
Würzburg (Stein) ..... (268)	a	3	10	19	9	66	40	55	88	143	210	224	221	228	171	204	41
	b	4	8	12	9	48	31	50	74	149	195	237	222	235	206	168	115
Nürnberg (Flughafen) .. (310)	a	4	12	18	10	59	20	47	96	148	213	219	234	235	192	227	65
	b	—	—	—	—	54	39	55	81	153	189	231	221	229	214	175	125
Weiden/Oberpfalz .... (438)	a	2	9	16	6	45	22	50	92	134	187	218	197	207	190	207	72
	b	—	—	—	—	49	36	56	74	154	182	228	216	222	206	170	120
Metten, Kr. Deggendorf (313)	a	5	10	18	8	47	30	39	103	166	206	246	206	231	181	194	77
	b	4	9	13	9	—	—	—	—	161	187	233	217	233	219	174	125
Ulm/Donau .... (522)	a	2	8	15	6	72	34	53	89	144	221	229	223	237	193	175	59
	b	3	6	10	8	43	38	60	74	142	180	221	203	239	218	173	111
München-Nymphenburg (515)	a	2	9	14	6	68	29	65	108	149	179	242	205	237	183	187	80
	b	1	4	8	6	54	41	56	72	142	173	217	201	226	211	176	130
Konstanz .... (443)	a	4	9	18	7	97	28	25	75	146	202	238	210	252	204	161	68
	b	3	9	13	11	47	37	46	66	145	180	219	207	236	222	168	100
Oberstdorf .... (810)	a	.	6	15	3	80	29	70	106	135	152	216	166	212	145	180	126
	b	1	3	7	5	83	70	72	90	146	152	180	155	182	176	155	132

Fußnoten siehe S. 28 f.

2 Zusammenfassende Übersichten

2.1 Bundesgebiet

Nähere **Erläuterungen** zu den hier nachgewiesenen Zahlen sind den entsprechenden Tabellen zu entnehmen (siehe Seitenhinweis in der letzten Spalte).

Gegenstand der Nachweisung	1)	Einheit	1973	1974	1975	1976	1977	1978	1979	1980	1981	1982	Seite
							Bevölkerung						
Wohnbevölkerung	D	1 000	61 976	62 054	61 829	61 531	61 400	61 327	61 359	61 566	61 682	61 638	52
männlich	D	1 000	29 646	29 669	29 499	29 316	29 243	29 210	29 253	29 417	29 501	29 482	—
weiblich	D	1 000	32 330	32 385	32 330	32 215	32 157	32 116	32 106	32 149	32 181	32 156	—
Einwohner je km²	D	Anzahl	*249*	*250*	*249*	*247*	*247*	*247*	*247*	*248*	*248*	*248*	52
Ausländer	30. 9.	1 000	3 966	4 127	4 090	3 948	3 948	3 981	4 144	4 453	4 630	4 667	68
Privathaushalte	April²)	1 000	23 233	23 651	23 722	23 943	24 165	24 221	24 486	24 811	25 100	25 336	67
Einpersonenhaushalte	April²)	1 000	6 071	6 431	6 554	6 867	7 062	7 093	7 353	7 493	7 730	7 926	66
Mehrpersonenhaushalte	April²)	1 000	17 162	17 221	17 168	17 076	17 103	17 128	17 133	17 318	17 370	17 410	66
Eheschließungen	JS	1 000	395	377	387	366	358	328	345	362	360	362	70
Gerichtliche Ehelösungen	JS	1 000	90	99	107	108	75	33	80	96	110	...	78
Lebendgeborene	JS	1 000	636	626	601	603	582	576	582	621	625	621	70
Gestorbene	JS	1 000	731	728	749	733	705	723	712	714	722	716	70
Überschuß der Geborenen (+) bzw. Gestorbenen (−)	JS	1 000	− 95	−101	−149	−130	−123	−147	−130	− 93	− 98	− 95	70
Zuzüge über die Grenzen	JS	1 000	968	630	456	499	540	576	667	753	625	421	79
Fortzüge über die Grenzen	JS	1 000	584	639	655	571	507	461	421	441	473	496	79
Zu- (+) bzw. Abwanderungsüberschuß (−)	JS	1 000	+384	− 9	−199	− 72	+ 33	+115	+246	+312	+152	− 75	79
Wanderungen innerhalb des Bundesgebietes	JS	1 000	3 675	3 432	2 984	2 950	2 996	2 957	2 937	3 024	2 969	2 906	79
							Erwerbstätigkeit						
Wohnbevölkerung mit überwiegendem Lebensunterhalt durch:													
Erwerbstätigkeit	April²)	1 000	24 728	24 628	23 903	23 739	23 695	24 262	24 287	24 772	24 804	24 769	96
Arbeitslosengeld, -hilfe, Rente u. dgl.	April²)	1 000	10 439	11 028	11 545	11 922	11 867	11 776	11 973	12 080	12 372	13 017	96
Angehörige	April²)	1 000	26 736	26 404	26 439	25 881	25 858	25 283	25 056	24 665	24 479	23 874	96
Erwerbstätige³)	D	1 000	26 922	26 565	25 810	25 591	25 547	25 699	26 039	26 302	26 123	25 668	98
männlich	D	1 000	17 012	16 713	16 202	16 063	16 071	16 173	16 381	16 466	16 305	15 965	—
weiblich	D	1 000	9 910	9 852	9 608	9 528	9 476	9 526	9 658	9 836	9 818	9 703	—
nach Wirtschaftsbereichen													
Land- und Forstwirtschaft, Tierhaltung und Fischerei	D	1 000	1 924	1 842	1 773	1 682	1 589	1 536	1 479	1 436	1 406	1 382	98
Produzierendes Gewerbe	D	1 000	12 796	12 394	11 686	11 459	11 395	11 421	11 553	11 633	11 369	10 957	98
Handel und Verkehr	D	1 000	4 907	4 860	4 752	4 719	4 742	4 765	4 804	4 841	4 816	4 739	98
Sonstige Wirtschaftsbereiche (Dienstleistungen)	D	1 000	7 295	7 469	7 599	7 731	7 821	7 977	8 203	8 392	8 532	8 590	98
nach der Stellung im Beruf													
Selbständige	D	1 000	2 518	2 487	2 445	2 402	2 379	2 361	2 372	2 361	2 326	2 329	98
Mithelfende Familienangehörige	D	1 000	1 498	1 438	1 351	1 250	1 139	1 074	1 008	955	920	884	98
Abhängige	D	1 000	22 906	22 640	22 014	21 939	22 029	22 264	22 659	22 986	22 877	22 455	98
Beschäftigte ausländische Arbeitnehmer⁴)	30. 6.	1 000	2 595	2 331	2 071	1 937	1 889	1 869	1 934	2 072	1 930	1 784	104
dar.: Griechen	30. 6.	1 000	250	235	204	179	162	147	140	133	124	116	108
Italiener	30. 6.	1 000	450	341	297	276	281	289	300	309	291	259	108
Jugoslawen	30. 6.	1 000	535	473	419	390	377	370	367	357	341	313	108
Türken	30. 6.	1 000	605	618	553	527	517	515	540	591	581	554	108
Arbeitslose	D	1 000	273	582	1 074	1 060	1 030	993	876	889	1 272	1 833	110
Arbeitslosenquote	D	%	*1,2*	*2,6*	*4,7*	*4,6*	*4,5*	*4,3*	*3,8*	*3,8*	*5,5*	*7,5*	110
Offene Stellen	D	1 000	572	315	236	235	231	246	304	308	208	105	110
Kurzarbeiter	D	1 000	44	292	773	277	231	191	88	137	347	606	111
							Unternehmen						
Kapitalgesellschaften													
AG und KGaA	JE	Anzahl	2 260	2 218	2 189	2 177	2 149	2 141	2 139	2 141	1 879	1 875	116
Grundkapital	JE	Mrd. DM	67,3	71,0	76,3	79,2	83,6	86,1	88,6	92,0	86,8	90,1	116
GmbH	JE	Anzahl	112 063	122 248	133 382	147 233	168 463	195 890	225 209	255 940	236 005	247 712	115
Stammkapital	JE	Mrd. DM	58,8	64,7	69,1	73,4	79,3	85,1	92,4	99,1	88,7	95,1	115
Zahlungsschwierigkeiten													
Beantragte Konkursverfahren	JS	Anzahl	5 277	7 352	8 942	9 221	9 444	8 639	8 253	9 059	11 580	15 807	132
Eröffnete Vergleichsverfahren	JS	Anzahl	301	462	355	181	147	104	81	94	107	152	132
Wechselproteste	JS	1 000	247	267	217	192	168	146	141	149	169	189	133
	JS	Mill. DM	1 007	1 237	1 020	917	780	707	851	967	1 279	1 532	133

¹) D = Durchschnitt, JS = Jahressumme, JE = Jahresende.
²) 1973, 1975, 1976 und 1981: Mai.
³) Revidierte Ergebnisse.
⁴) 1973: 30.9., geschätzt; 1982: 31. 3. – Ab 1974 nur Sozialversicherungspflichtige.

2.1 Bundesgebiet

Gegenstand der Nachweisung	1)	Einheit	1973	1974	1975	1976	1977	1978	1979	1980	1981	1982	Seite
Land- und Forstwirtschaft, Fischerei													
Landwirtschaftliche Betriebe²)	JS	1 000	968	926	905	889	859	844	810	797	780	764	137
Landwirtschaftlich genutzte Fläche³)	JS	1 000 ha	13 429	13 344	13 303	13 270	13 218	13 176	12 314	12 248	12 197	12 137	147
dar. Ackerland³)	JS	1 000 ha	7 552	7 553	7 538	7 532	7 497	7 506	7 290	7 270	7 263	7 244	147
Getreideernte	JS	1 000 t	21 177	22 653	21 255	19 134	21 611	23 940	22 872	23 087	22 826	24 625	148
Kartoffelernte	JS	1 000 t	13 676	14 548	10 853	9 808	11 368	10 510	8 716	6 694	7 585	7 049	149
Zuckerrübenernte	JS	1 000 t	15 858	16 499	18 203	18 011	20 206	18 777	18 340	19 122	24 380	22 732	149
Obsternte⁴)	JS	1 000 t	3 202	2 282	2 906	2 589	2 011	3 010	3 049	3 129	1 387	4 217	152
Gemüseernte⁵)	JS	1 000 t	1 280	1 182	1 115	983	1 199	1 151	1 124	971	1 134	1 173	—
Weinmosternte	JS	1 000 hl	10 697	6 805	9 241	8 659	10 389	7 297	8 181	4 635	7 159	15 403	156
Holzeinschlag	FwjS	1 000 m³ oR	30 680	32 022	26 103	28 603	29 425	28 065	27 267	30 327	29 439	...	157
Schweinebestand	3. 12.	1 000	20 452	20 234	19 805	20 589	21 386	22 641	22 374	22 553	22 310	22 478	158
Rindviehbestand	3. 12.	1 000	14 364	14 430	14 493	14 496	14 763	15 007	15 050	15 069	14 992	15 098	159
dar. Milchkühe	3. 12.	1 000	5 487	5 393	5 395	5 387	5 417	5 443	5 443	5 469	5 438	5 530	159
Milcherzeugung	JS	1 000 t	21 265	21 508	21 604	22 165	22 523	23 296	23 907	24 779	24 858	25 465	160
Buttererzeugung	JS	1 000 t	510	508	518	542	533	563	567	576	544	556	160
Schlachtmenge (inländischer Tiere)	JS	1 000 t	3 777	4 071	4 033	4 170	4 205	4 429	4 594	4 689	4 600	4 518	161
Fangmengen der Hochsee- und Küstenfischerei	JS	1 000 t	456	493	434	426	395	395	330	287	300	276	163
Produzierendes Gewerbe													
Bergbau und Verarbeitendes Gewerbe													
Unternehmen⁶)⁷)	D	Anzahl	43 682	43 088	41 733	31 136	40 248	39 868	39 171	39 011	38 649	37 875	169
Beschäftigte⁶)⁷)	D	1 000	8 566	8 243	7 724	7 451	7 492	7 527	7 575	7 647	7 465	7 198	169
Umsatz⁶)⁸)	JS	Mrd. DM	740	844	841	913	959	1 003	1 113	1 208	1 254	1 288	169
Investitionen⁹)	JS	Mill. DM	35 757	35 097	34 263	38 650	41 245	41 875	47 522	55 220	54 733	...	167
Betriebe¹⁰)	D	Anzahl	.	.	.	.	50 015	49 649	49 176	48 777	48 307	47 215	174
Beschäftigte	D	1 000	8 664	8 434	7 888	7 698	7 632	7 584	7 607	7 660	7 489	7 227	174
Geleistete Arbeiterstunden	JS	Mill.	11 426	10 709	9 573	9 651	9 493	9 266	9 254	9 153	8 707	8 275	174
Lohn- und Gehaltsumme	JS	Mill. DM	169 198	185 027	186 171	197 491	212 444	223 156	238 515	257 175	265 580	267 745	174
Umsatz⁸)	JS	Mrd. DM	743	836	819	917	963	1 000	1 105	1 197	1 256	1 283	174
dar. Auslandsumsatz	JS	Mrd. DM	152	193	183	212	228	240	266	290	327	348	174
Verbrauch¹⁰)													
Elektrizität	JS	Mrd. kWh	155	159	145	157	158	161	171	169	168	162	182
Orts- und Kokereigas (einschl. Ferngas)	JS	Mill. m³	6 829	7 330	7 243	6 754	6 371	5 809	6 108	6 333	5 811	5 557	182
Erdgas (einschl. Erdölgas)	JS	Mill. m³	17 312	18 274	17 184	19 033	21 512	21 666	23 621	22 769	21 984	20 148	182
Kohle	JS	1 000 t	46 095	49 724	37 442	37 792	36 415	37 668	40 943	41 389	41 546	38 581	182
Heizöl	JS	1 000 t	33 827	29 928	26 905	28 245	26 696	26 461	25 999	23 109	19 111	16 653	182
Index des Auftragseingangs													
Verarbeitendes Gewerbe	D	1976 = 100	*82,8*	*89,7*	*88,0*	*100*	*101,3*	*106,3*	*117,8*	*122,2*	*127,7*	*126,4*	183
Grundstoff- und Produktionsgütergewerbe	D	1976 = 100	*83,3*	*100,1*	*88,0*	*100*	*97,1*	*101,2*	*115,4*	*121,0*	*126,5*	*123,3*	183
Investitionsgüter produzierendes Gewerbe	D	1976 = 100	*81,4*	*84,7*	*88,0*	*100*	*103,0*	*108,5*	*119,5*	*123,2*	*130,5*	*129,8*	183
Verbrauchsgüter produzierendes Gewerbe	D	1976 = 100	*86,3*	*88,3*	*87,8*	*100*	*103,1*	*108,2*	*116,7*	*121,6*	*122,1*	*121,8*	183
Index des Auftragsbestands													
Verarbeitendes Gewerbe	D	1976 = 100	*84,3*	*93,3*	*96,8*	*100*	*99,2*	*104,8*	*120,2*	*127,2*	*133,9*	*134,1*	183
Grundstoff- und Produktionsgütergewerbe	D	1976 = 100	*115,6*	*152,6*	*90,7*	*100*	*86,3*	*93,5*	*116,9*	*117,0*	*110,6*	*104,5*	183
Investitionsgüter produzierendes Gewerbe	D	1976 = 100	*80,3*	*87,8*	*98,5*	*100*	*100,6*	*106,0*	*121,1*	*129,1*	*137,7*	*138,4*	183
Verbrauchsgüter produzierendes Gewerbe	D	1976 = 100	*98,1*	*89,9*	*81,8*	*100*	*97,9*	*104,3*	*113,5*	*114,7*	*112,9*	*115,6*	183
Index der Nettoproduktion¹¹)													
Produzierendes Gewerbe	D	1976 = 100	*103,0*	*100,6*	*93,8*	*100*	*102,7*	*104,9*	*110,6*	*110,2*	*108,1*	*104,4*	185
Elektrizitäts- und Gasversorgung	D	1976 = 100	*83,5*	*88,7*	*90,2*	*100*	*101,3*	*107,6*	*113,7*	*113,3*	*114,4*	*113,9*	185
Bergbau	D	1976 = 100	*108,7*	*107,6*	*103,4*	*100*	*95,0*	*94,2*	*98,3*	*98,2*	*98,9*	*97,0*	185
Verarbeitendes Gewerbe	D	1976 = 100	*102,5*	*100,2*	*93,5*	*100*	*102,9*	*104,5*	*109,9*	*109,9*	*108,2*	*105,1*	185
Baugewerbe (ohne Ausbaugewerbe)	D	1976 = 100	*116,8*	*108,7*	*96,6*	*100*	*103,5*	*110,0*	*117,4*	*114,2*	*105,3*	*95,5*	186
Index der Bruttoproduktion¹¹)													
Investitions- und Verbrauchsgüter													
Investitionsgüter	D	1976 = 100	*102,3*	*100,5*	*98,1*	*100*	*102,5*	*102,6*	*107,4*	*111,6*	*113,4*	*110,6*	187
Verbrauchsgüter	D	1976 = 100	*101,4*	*93,1*	*91,5*	*100*	*107,5*	*108,4*	*110,6*	*105,3*	*100,7*	*99,2*	187
Index der Arbeitsproduktivität													
Produktionsergebnis je Arbeiterstunde	D	1976 = 100	*85,9*	*89,4*	*93,4*	*100*	*104,3*	*108,1*	*113,7*	*115,4*	*119,5*	*122,8*	189
Produktion													
Steinkohle (Förderung)	JS	Mill. t	97	95	92	89	85	84	86	87	88	89	190
Braunkohle, roh	JS	Mill. t	119	126	123	135	123	124	131	130	131	127	190
Motorenbenzin	JS	1 000 t	16 759	16 407	16 560	17 346	18 338	19 066	21 506	21 447	19 733	20 202	190
Heizöle	JS	1 000 t	70 604	62 802	52 278	58 618	56 360	54 758	60 427	52 990	43 825	42 854	190
Zement (ohne Zementklinker)	JS	1 000 t	41 011	35 977	33 500	34 155	32 163	34 000	35 659	34 552	31 498	30 079	190

1) D = Durchschnitt, JS = Jahressumme, FwjS = Forstwirtschaftsjahressumme.
2) Mit 1 ha landwirtschaftlich genutzter Fläche und mehr.
3) Ab 1979 Änderung der unteren Erfassungsgrenze.
4) Ohne Strauchbeerenobst.
5) Ernte von wichtigeren Gemüsearten aus Anbau für den Verkauf.
6) Bis 1976 Ergebnis der jährl. Unternehmens- und Investitionserhebung; ab 1977 Ergebnis des Monatsberichts im Bergbau und im Verarbeitenden Gewerbe. – Bis einschl. 1975 Unternehmen mit 10 Beschäftigten und mehr. Ab 1976 neue systematische Abgrenzung (SYPRO); Unternehmen mit im allgemeinen 20 Beschäftigten und mehr; ab 1977 einschl. Handwerk.
7) Bis einschl. 1976 Stichtag: 30. 9.
8) Ohne Umsatz-(Mehrwert-)steuer.
9) Ergebnis der jährlichen Investitionserhebung. – Bis einschl. 1975 Ergebnisse für Unternehmen mit 50 Beschäftigten und mehr; ab 1976 für Unternehmen mit 20 Beschäftigten und mehr; ab 1977 einschl. Handwerk.
10) Ergebnis für Betriebe von Unternehmen mit im allgemeinen 20 Beschäftigten und mehr einschl. Handwerk, entsprechend der ab 1976 geltenden Systematik der Wirtschaftszweige, Ausgabe 1979, Fassung für die Statistik im Produzierenden Gewerbe (SYPRO). – 1973 bis 1976 rückgerechnete Ergebnisse; die Anzahl der Betriebe wurde nicht rückgerechnet.
11) Von Kalenderunregelmäßigkeiten bereinigt.

2.1 Bundesgebiet

Gegenstand der Nachweisung	1)	Einheit	1973	1974	1975	1976	1977	1978	1979	1980	1981	1982	Seite
Mauerziegel	JS	1 000 m³	12 934	10 650	10 185	11 500	9 368	10 213	11 422	11 202	10 278	8 779	190
Stahlrohblöcke und -brammen	JS	1 000 t	48 924	52 602	39 746	41 848	38 473	40 762	45 495	43 300	41 096	35 414	191
Hüttenaluminium	JS	1 000 t	533	689	678	697	742	740	742	731	729	723	191
Elektrolytkupfer	JS	1 000 t	301	313	319	334	341	319	302	303	304	314	191
Weich- und Feinblei	JS	1 000 t	260	279	230	235	257	256	261	.	261	261	191
Halbzeug aus Aluminium und -legierungen	JS	1 000 t	771	813	664	898	880	940	1 043	1 018	984	1 008	191
Metallbearbeitungsmaschinen	JS	1 000 t	361	393	368	350	334	352	360	396	397	352	192
Landmaschinen	JS	1 000 t	295	311	290	303	302	296	311	286	277	282	192
Personenkraftwagen	JS	1 000	3 359	2 575	2 691	3 309	3 573	3 635	3 669	3 250	3 295	3 504	193
Liefer- und Lastkraftwagen	JS	1 000	277	228	247	291	276	267	282	317	274	266	193
Rundfunkempfangsgeräte	JS	1 000	5 953	5 340	4 571	5 488	5 725	4 715	4 472	3 707	2 845	2 864	193
Fernsehempfangsgeräte	JS	1 000	3 684	4 165	3 472	3 982	4 370	4 391	4 105	4 425	4 610	4 201	193
Kunststoffe	JS	1 000 t	6 482	6 314	5 085	6 498	6 320	6 758	7 318	6 787	6 611	6 333	194
Chemiefasern	JS	1 000 t	980	940	746	914	846	884	924	879	917	844	194
Flachglas (ohne Spiegelglas)	JS	1 000 t	646	534	414	393	378	337	311	291	234	197	195
Hohlglas	JS	1 000 t	3 004	3 223	2 939	3 306	3 317	3 188	3 237	3 261	3 194	3 135	195
Schnittholz	JS	1 000 m³	10 201	9 905	9 028	10 303	10 348	10 011	10 245	10 348	9 270	8 595	195
Papier und Pappe (unveredelt)	JS	1 000 t	6 719	6 920	5 635	6 837	7 116	7 331	7 900	7 958	8 132	8 019	196
Verbrauchszucker	JS	1 000 t	2 203	2 238	2 248	2 401	3 250	2 705	2 745	2 643	3 116	3 266	198
Margarine	JS	1 000 t	543	527	509	532	523	519	509	511	518	516	198
Bier	JS	1 000 hl	87 450	87 688	88 426	91 391	90 017	87 919	87 851	89 569	90 857	91 183	198
Zigaretten	JS	Mrd.	141	143	144	149	141	152	156	161	164	147	198
Baugewerbe													
Bauhauptgewerbe													
Unternehmen²)³)⁴)	30. 9.	Anzahl	14 361	13 284	12 124	12 350	11 930	12 253	12 859	12 943	12 502	...	199
Beschäftigte⁴)	30. 9.	1 000	1 186	1 023	922	927	889	915	949	955	912	...	199
Umsatz⁴)⁵)⁶)	JS	Mill. DM	71 376	68 131	64 920	68 061	76 603	64 455	80 083	90 286	89 806	...	199
Investitionen⁴)⁷)	JS	Mill. DM	3 509	2 183	2 464	2 695	2 928	3 773	4 726	4 568	3 524	...	201
Betriebe²)	30. 6.	Anzahl	62 139	60 771	58 468	58 354	58 160	59 589	60 666	60 294	62 511	63 411	202
Beschäftigte⁸)	D	1 000	1 508	1 352	1 211	1 192	1 168	1 190	1 240	1 263	1 226	1 152	202
Geleistete Arbeitsstunden⁸)	JS	Mill.	2 352	2 070	1 830	1 783	1 722	1 687	1 724	1 745	1 614	1 523	202
dar. für den Wohnungsbau⁸)	JS	Mill.	1 012	821	701	710	712	696	717	715	659	620	202
Lohn- und Gehaltsumme⁸)	JS	Mill. DM	29 971	29 064	27 629	28 233	28 743	30 418	33 853	37 442	37 586	37 400	202
Baugewerblicher Umsatz⁵)⁸)	JS	Mill. DM	77 339	75 356	72 248	75 089	86 128	77 984	92 080	112 484	110 929	104 665	202
Ausbaugewerbe													
Unternehmen²)³)⁴)⁹)	30. 9.	Anzahl	3 355	3 230	2 758	3 200	5 357	5 368	5 688	5 624	5 571	...	199
Beschäftigte⁴)	30. 9.	1 000	.	.	.	.	233	226	240	240	240	...	199
Umsatz⁴)⁵)	JS	Mill. DM	.	.	.	.	17 570	15 476	17 968	19 795	20 490	...	199
Investitionen⁴)⁷)	JS	Mill. DM	213	151	144	202	356	344	414	438	419	...	201
Betriebe³)	30. 6.	Anzahl	.	.	.	.	.	4 724	4 819	4 932	4 945	4 776	203
Beschäftigte¹⁰)	D	1 000	.	.	.	.	.	196	201	207	208	204	203
Geleistete Arbeitsstunden¹⁰)	JS	Mill.	.	.	.	.	.	300	304	311	307	298	203
Lohn- und Gehaltsumme¹⁰)	JS	Mill. DM	.	.	.	.	.	5 027	5 440	5 947	6 273	6 423	203
Baugewerblicher Umsatz⁵)¹⁰)	JS	Mill. DM	.	.	.	.	.	12 482	14 222	16 621	17 695	17 678	203
Index des Auftragseingangs (Bauhauptgew.)	D	1976 = 100	*111,5*	*99,7*	*106,6*	*100*	*115,6*	*142,5*	*160,8*	*165,2*	*140,9*	*141,8*	205
Index des Auftragsbestands (Bauhauptgew.)	D	1976 = 100	*117,0*	*100,4*	*99,3*	*100*	*94,6*	*120,1*	*151,3*	*157,1*	*146,8*	*130,1*	205
Produktionsindex für das Baugewerbe¹¹)	D	1976 = 100	.	.	.	*100*	*103,5*	*107,3*	*114,8*	*113,1*	*104,6*	*95,7*	205
Bauhauptgewerbe	D	1976 = 100	*116,8*	*108,7*	*96,6*	*100*	*103,5*	*110,0*	*117,4*	*114,2*	*105,3*	*95,5*	205
Ausbaugewerbe	D	1976 = 100	.	.	.	*100*	*103,5*	*101,7*	*109,3*	*111,0*	*103,2*	*96,1*	205
Energie- und Wasserversorgung													
Unternehmen	JE	Anzahl	.	.	3 314	2 781	2 945	2 960	2 990	3 024	3 193	...	206
Beschäftigte	30. 9.	1 000	.	.	273	271	269	278	281	284	287	...	206
Geleistete Arbeiterstunden	JS	Mill.	.	.	267	264	267	258	257	258	259	...	206
Lohn- und Gehaltsumme	JS	Mill. DM	.	.	7 861	8 366	8 887	9 432	10 023	10 826	11 604	...	206
Umsatz⁵)	JS	Mill. DM	.	.	60 686	69 737	74 185	80 926	88 596	101 748	112 199	...	206
Investitionen⁷)	JS	Mill. DM	.	.	14 235	13 508	12 525	13 398	14 016	16 345	16 843	...	206
Elektrizitätserzeugung	JS	Mrd. kWh	299	312	302	334	335	353	372	369	369	367	208
Gaserzeugung/-gewinnung	JS	Mill. m³	46 998	47 651	42 157	43 515	42 071	43 119	45 362	42 832	40 619	36 814	209

1) D = Durchschnitt, JS = Jahressumme, JE = Jahresende.
2) Ab 1976 neue systematische Abgrenzung (SYPRO).
3) Unternehmen bzw. Betriebe mit 20 Beschäftigten und mehr.
4) Revidiertes Ergebnis für 1979.
5) Ohne Umsatz-(Mehrwert-)steuer.
6) Bis einschl. 1976 Jahresbauleistung und sonstige Umsätze.
7) Ab 1975 ohne Investitionssteuer.
8) Ab 1977 neue systematische Abgrenzung (SYPRO).
9) Ab 1977 neuer Berichtskreis.
10) Laut Monatsberichtskreis.
11) Von Kalenderunregelmäßigkeiten bereinigt.

2.1 Bundesgebiet

Gegenstand der Nachweisung	1)	Einheit	1973	1974	1975	1976	1977	1978	1979	1980	1981	1982	Seite
Handwerk[2])													
Beschäftigte	D	1976 = 100	.	.	.	*100*	.	*100*	*103*	*105*	*104*	*101*	212
Umsatz[3])	D	1976 = 100	.	.	.	*100*	.	*109*	*121*	*133*	*134*	*132*	212
Bautätigkeit und Wohnungen													
Baugenehmigungen, Wohnungen	JS	1 000	659	418	369	380	352	426	384	381	356	335	215
Baufertigstellungen, Wohnungen	JS	1 000	714	604	437	392	409	368	358	389	365	347	219
Wohnungsbestand	JE	1 000	22 638	23 212	23 621	23 986	24 369	24 708	25 040	25 406	25 748	...	226
Handel, Gastgewerbe, Reiseverkehr													
Großhandel													
Meßzahlen des Umsatzes	D	1980 = 100	*65*	*73*	*71*	*79*	*82*	*85*	*95*	*100*	*106*	*107*	229
dar.: Feste Brennstoffe, Mineralölerzeugnisse	D	1980 = 100	*49*	*60*	*59*	*67*	*69*	*75*	*95*	*100*	*112*	*115*	228
Erze, Stahl, NE-Metalle, usw.	D	1980 = 100	*73*	*96*	*78*	*84*	*78*	*82*	*92*	*100*	*108*	*106*	228
Holz, Baustoffe, Installationsbedarf	D	1980 = 100	*68*	*66*	*63*	*71*	*76*	*80*	*92*	*100*	*96*	*91*	228
Nahrungsmittel, Getränke, Tabakwaren	D	1980 = 100	*72*	*74*	*78*	*85*	*91*	*93*	*96*	*100*	*104*	*111*	228
Fahrzeuge, Maschinen, techn. Bedarf	D	1980 = 100	*58*	*60*	*67*	*79*	*87*	*93*	*99*	*100*	*104*	*102*	228
Meßzahlen der Beschäftigten	D	1980 = 100	*109*	*105*	*100*	*97*	*97*	*97*	*98*	*100*	*98*	*95*	229
Einzelhandel													
Meßzahlen des Umsatzes	D	1980 = 100	*64*	*68*	*74*	*79*	*85*	*89*	*95*	*100*	*104*	*105*	234
dar.: Nahrungsmittel, Getränke, Tabakwaren	D	1980 = 100	*64*	*68*	*73*	*79*	*84*	*88*	*93*	*100*	*107*	*114*	233
Textilien, Bekleidung, Schuhe, Lederwaren	D	1980 = 100	*67*	*71*	*77*	*79*	*84*	*89*	*92*	*100*	*102*	*100*	233
Einrichtungsgegenstände (oh. elektrotechn. usw.)	D	1980 = 100	*66*	*69*	*72*	*76*	*84*	*88*	*93*	*100*	*102*	*98*	233
Elektrotechn. Erzeugn., Musikinstrumente usw.	D	1980 = 100	*72*	*79*	*80*	*83*	*90*	*92*	*93*	*100*	*105*	*107*	233
Fahrzeuge, Fahrzeugteile und -reifen	D	1980 = 100	*59*	*55*	*70*	*81*	*93*	*101*	*104*	*100*	*101*	*102*	234
Meßzahlen der Vollbeschäftigten	D	1980 = 100	*109*	*105*	*102*	*101*	*101*	*101*	*101*	*100*	*99*	*98*	234
Meßzahlen der Teilzeitbeschäftigten	D	1980 = 100	*89*	*91*	*90*	*92*	*94*	*95*	*17*	*100*	*102*	*100*	—
Gastgewerbe													
Meßzahlen des Umsatzes	D	1980 = 100	*70*	*73*	*77*	*81*	*86*	*90*	*94*	*100*	*105*	*106*	238
Beherbergungsgewerbe	D	1980 = 100	*65*	*68*	*73*	*78*	*84*	*88*	*94*	*100*	*105*	*106*	238
Gaststättengewerbe	D	1980 = 100	*72*	*75*	*79*	*83*	*87*	*91*	*95*	*100*	*105*	*105*	238
Meßzahlen der Vollbeschäftigten	D	1980 = 100	*103*	*102*	*101*	*101*	*99*	*100*	*101*	*100*	*98*	*97*	238
Meßzahlen der Teilzeitbeschäftigten	D	1980 = 100	*74*	*76*	*79*	*83*	*88*	*91*	*96*	*100*	*98*	*95*	—
Reiseverkehr													
Betten in Beherbergungsbetrieben	1. 4.	1 000	1 147	1 212	1 270	1 303	1 343	1 391	1 423	1 450	...	.	—
Betten in Privatquartieren	1. 4.	1 000	511	523	539	557	561	566	567	563	.	.	—
Ankünfte	JS	Mill.	43	43	45	47	49	51	52	54	52	51	240
dar. Auslandsgäste	JS	Mill.	7	7	7	8	8	9	9	10	9	9	240
Übernachtungen	JS	Mill.	213	217	227	227	232	239	244	250	210	196	—
dar. Auslandsgäste	JS	Mill.	16	15	16	18	19	20	21	23	21	21	—
Warenverkehr mit Berlin (West)													
Lieferungen aus Berlin (West)	JS	Mill. DM	19 435	20 702	20 849	22 782	23 673	24 902	26 390	28 428	28 559	30 782	244
Lieferungen nach Berlin (West)	JS	Mill. DM	17 596	18 433	18 544	20 273	20 852	21 256	22 531	23 322	23 256	23 656	244
Warenverkehr mit der Deutschen Demokratischen Republik und Berlin (Ost)													
Lieferungen	JS	Mill. DM	2 998	3 671	3 922	4 269	4 409	4 575	4 720	5 293	5 575	6 382	245
Bezüge	JS	Mill. DM	2 660	3 252	3 342	3 877	3 961	3 900	4 589	5 580	6 051	6 639	245
Außenhandel													
Spezialhandel													
Einfuhr[4])	JS	Mill. DM	145 417	179 733	184 313	222 173	235 178	243 707	292 040	341 380	369 179	376 464	247
nach Warengruppen													
Ernährungswirtschaft	JS	Mill. DM	28 029	29 348	31 127	36 037	39 306	38 605	39 947	43 363	47 779	49 662	248
Gewerbliche Rohstoffe	JS	Mill. DM	18 754	34 653	30 144	36 097	35 154	30 786	42 703	58 929	64 048	59 298	248
Gewerbliche Halbwaren	JS	Mill. DM	21 578	30 406	27 648	34 689	35 454	37 526	50 124	59 918	66 448	69 821	248
Gewerbliche Fertigwaren	JS	Mill. DM	75 370	83 241	92 953	112 488	122 168	133 471	155 619	174 859	186 212	192 430	248
Vorerzeugnisse	JS	Mill. DM	22 873	25 703	25 202	31 423	33 256	35 342	42 245	45 187	46 170	47 463	248
Enderzeugnisse	JS	Mill. DM	52 498	57 538	67 752	81 064	88 912	98 129	113 374	129 672	140 042	144 967	248
nach Ländergruppen (Herstellungsländer)													
Industrialisierte westliche Länder	JS	Mill. DM	114 744	130 966	138 581	165 491	175 513	187 253	221 440	254 101	277 963	286 321	265
Entwicklungsländer	JS	Mill. DM	23 937	40 188	36 835	45 444	48 055	43 686	54 325	69 557	71 647	68 478	265
Staatshandelsländer	JS	Mill. DM	6 619	8 409	8 661	10 977	11 370	12 565	16 021	17 493	19 287	21 359	265

[1]) D = Durchschnitt, JS = Jahressumme, JE = Jahresende.
[2]) Ergebnisse der auf den Berichtskreis der Handwerkszählung 1977 umgestellten Handwerksberichterstattung (ohne Nebenbetriebe).
[3]) Einschl. Umsatz-(Mehrwert-)steuer.
[4]) Einschl. Rückwaren und Ersatzlieferungen, Polargebiete, Schiffs- und Luftfahrzeugbedarf und Nicht ermittelte Länder.

2.1 Bundesgebiet

Gegenstand der Nachweisung	1)	Einheit	1973	1974	1975	1976	1977	1978	1979	1980	1981	1982	Seite
Ausfuhr[2])	JS	Mill. DM	178 396	230 578	221 589	256 642	273 614	284 907	314 469	350 328	396 898	427 741	247
nach Warengruppen													
Ernährungswirtschaft	JS	Mill. DM	8 016	9 953	10 397	11 412	13 723	13 790	15 698	18 471	23 100	23 871	248
Gewerbliche Rohstoffe	JS	Mill. DM	4 071	5 516	5 304	5 692	5 657	6 098	6 555	6 792	7 547	7 220	248
Gewerbliche Halbwaren	JS	Mill. DM	13 244	20 596	16 129	18 688	18 281	20 415	24 796	30 520	33 416	34 242	248
Gewerbliche Fertigwaren	JS	Mill. DM	152 078	193 275	188 350	219 396	234 305	242 787	265 286	292 045	330 106	359 533	248
Vorerzeugnisse	JS	Mill. DM	33 334	51 133	40 334	45 638	46 579	49 905	58 688	62 630	69 002	70 651	248
Enderzeugnisse	JS	Mill. DM	118 744	142 142	148 016	173 758	187 726	192 882	206 598	229 415	261 104	288 882	248
nach Ländergruppen (Verbrauchsländer)													
Industrialisierte westliche Länder	JS	Mill. DM	146 694	181 862	167 030	196 599	209 308	219 051	249 580	277 722	304 917	332 887	265
Entwicklungsländer	JS	Mill. DM	20 509	32 088	36 442	41 835	46 777	47 461	45 083	51 723	70 558	72 686	265
Staatshandelsländer	JS	Mill. DM	10 836	15 903	17 425	17 432	16 704	17 635	18 841	19 399	19 545	20 522	265
Ausfuhrüberschuß (+)	JS	Mill. DM	+32 979	+50 846	+37 276	+34 469	+38 436	+41 200	+22 429	+8 947	+27 720	+51 277	247
Index des Volumens													
Einfuhr	D	1976 = 100	*90,1*	*86,9*	*87,4*	*100*	*103,7*	*111,5*	*121,6*	*124,3*	*119,7*	*120,5*	249
Ausfuhr	D	1976 = 100	*91,1*	*101,5*	*89,8*	*100*	*105,4*	*109,8*	*117,6*	*122,5*	*129,0*	*131,8*	250
Index der Durchschnittswerte													
Einfuhr	D	1976 = 100	*72,7*	*93,1*	*94,9*	*100*	*102,0*	*98,4*	*108,1*	*123,6*	*138,9*	*140,6*	249
Ausfuhr	D	1976 = 100	*76,3*	*88,5*	*96,1*	*100*	*101,1*	*101,1*	*104,2*	*111,5*	*119,9*	*126,4*	250
Austauschverhältnis (Terms of Trade)	D	1976 = 100	*105,0*	*95,1*	*101,3*	*100*	*99,1*	*102,7*	*96,4*	*90,2*	*86,3*	*89,9*	—
Verkehr													
Eisenbahnverkehr													
Bestand[3]) an:													
Lokomotiven	JE	Anzahl	8 385	8 353	8 129	7 987	7 875	7 777	7 598	7 507	7 512	7 414	277
Personenwagen	JE	Anzahl	18 048	17 802	17 567	16 588	15 739	15 131	14 636	14 471	14 263	13 928	277
Güterwagen (ohne Privatwagen)	JE	1 000	286	289	291	292	291	287	285	287	288	280	277
Beförderte Personen	JS	Mill.	1 093	1 124	1 079	1 025	1 029	1 049	1 085	1 165	1 170	1 167	277
Geleistete Personenkilometer	JS	Mill.	39 765	40 568	37 727	36 451	36 543	36 798	38 016	38 862	40 268	40 605	277
Beförderte Güter	JS	Mill. t	386	404	329	343	324	337	371	364	346	318	278
Geleistete Tariftonnenkilometer	JS	Mill.	69 304	71 343	57 254	61 432	57 876	59 534	68 150	66 803	63 482	58 782	278
Straßenverkehr													
Straßen des überörtlichen Verkehrs	1. 1.	km	166 668	167 452	168 155	169 143	169 568	170 053	170 661	171 521	172 392	172 490	281
dar. Bundesautobahnen	1. 1.	km	5 258	5 481	5 748	6 207	6 435	6 711	7 029	7 292	7 538	7 784	281
Bestand an Kraftfahrzeugen[4])	1. 7.	1 000	20 266	20 633	21 224	22 328	23 530	24 814	26 296	27 116	27 858	28 452	281
dar.: Personenkraftwagen	1. 7.	1 000	17 023	17 341	17 898	18 920	20 020	21 212	22 535	23 192	23 731	24 105	281
Lastkraftwagen	1. 7.	1 000	1 139	1 136	1 121	1 122	1 146	1 175	1 236	1 277	1 307	1 291	281
Zulassung fabrikneuer Kraftfahrzeuge[5])	JS	1 000	2 301	1 919	2 356	2 609	2 854	2 986	2 972	2 791	2 763	2 578	284
dar.: Personenkraftwagen	JS	1 000	2 031	1 693	2 106	2 312	2 561	2 664	2 623	2 426	2 330	2 156	284
Lastkraftwagen	JS	1 000	118	90	91	116	115	132	142	144	119	97	284
Personenbeförderung													
Linienverkehr													
Beförderte Personen	JS	Mill.	6 508	6 590	6 641	6 463	6 383	6 376	6 484	6 621	6 691	6 421	276
Geleistete Personenkilometer	JS	Mill.	49 759	50 182	50 614	49 718	49 253	48 982	49 883	50 628	50 767	47 841	276
Gelegenheitsverkehr													
Beförderte Personen	JS	Mill.	81	85	91	93	99	104	106	109	105	108	276
Geleistete Personenkilometer	JS	Mill.	14 660	15 826	17 048	17 789	19 912	21 310	22 436	23 273	24 879	25 836	276
Fernverkehr mit Lastkraftfahrzeugen[6])													
Beförderte Güter	JS	Mill. t	217	225	230	262	271	286	294	298	297	296	276
Geleistete Tariftonnenkilometer	JS	Mill.	55 862	58 528	59 325	68 603	71 481	75 173	78 719	80 017	80 195	80 392	276
Binnenschiffahrt													
Güterschiffe (Tragfähigkeit)	JE	1 000 t	4 448	4 312	4 222	4 135	4 020	3 859	3 791	3 672	3 548	3 459	289
Beförderte Güter	JS	Mill. t	246	252	227	230	233	246	246	241	232	222	276
Geleistete Effektivtonnenkilometer	JS	Mill.	48 480	50 972	47 565	45 804	49 254	51 489	50 987	51 435	50 010	49 401	276
dar. auf Schiffen der Bundesrepublik Deutschland	JS	Mill.	27 350	28 620	26 470	25 455	26 713	27 956	27 512	27 737	26 846	26 203	292
Seeschiffahrt													
Handelsschiffe[7])	JE	1 000 BRT	7 432	8 297	8 689	9 024	9 313	8 493	7 866	7 608	7 403	6 671	295
Beförderte Güter	JS	Mill. t	142	155	131	145	142	144	162	154	142	136	276
dar. im grenzüberschreitenden Verkehr	JS	Mill. t	138	150	127	140	137	139	156	149	137	131	297
Luftverkehr													
Beförderte Personen	JS	1 000	25 820	26 647	27 719	29 369	31 000	33 181	36 237	35 879	35 891	35 025	276
Geleistete Personenkilometer	JS	Mill.	7 781	8 085	8 430	8 952	9 286	9 898	10 894	10 960	10 927	10 683	276
Beförderte Güter	JS	1 000 t	414	430	412	484	554	596	629	604	593	586	276
Geleistete Effektivtonnenkilometer	JS	Mill.	150	156	153	186	213	224	236	222	223	221	276

1) D = Durchschnitt, JS = Jahressumme, JE = Jahresende.
2) Einschl. Rückwaren und Ersatzlieferungen, Polargebiete, Schiffs- und Luftfahrzeugbedarf und Nicht ermittelte Länder.
3) Einschl. Nichtbundeseigene Eisenbahnen.
4) Ohne Kraftfahrzeuge mit Versicherungskennzeichen.
5) Einschl. Anmeldung fabrikneuer zulassungsfreier Kraftfahrzeuge mit amtlichem Kennzeichen.
6) Ab 1979 ohne Werkfernverkehr mit Lastkraftwagen bis einschl. 4 t Nutzlast und Zugmaschinen mit einer Leistung bis einschl. 40 kW.
7) Handelsschiffe mit 100 BRT und mehr.

2.1 Bundesgebiet

Gegenstand der Nachweisung	[1])	Einheit	1973	1974	1975	1976	1977	1978	1979	1980	1981	1982	Seite
Nachrichtenverkehr													
Briefsendungen	JS	Mill.	10 425	10 490	10 479	11 131	11 460	12 163	12 176	12 240	12 738	12 923	303
Orts- und Ferngespräche	JS	Mill.	13 517	13 897	14 063	15 299	16 267	17 727	19 301	22 193	22 779	25 564	303
Güterverkehr in Rohrfernleitungen													
Befördertes Rohöl	JS	1 000 t	90 958	82 410	71 830	80 155	76 358	75 748	87 634	76 115	62 732	56 999	303
Geleistete Effektivtonnenkilometer	JS	Mill.	16 831	15 157	13 086	14 494	13 983	13 863	15 960	13 096	11 243	9 133	303
Straßenverkehrsunfälle mit Personenschaden	JS	1 000	354	331	338	360	379	380	368	379	363	359	304
dabei: Getötete	JS	1 000	16	15	15	15	15	15	13	13	12	12	304
Verletzte	JS	1 000	488	447	458	481	508	509	486	500	476	467	304
Geld und Kredit, Versicherungen													
Geldvolumen M3	JE	Mill. DM	416 749	452 205	490 890	532 027	591 473	656 595	696 213	739 431	776 033	830 957	308
Geldvolumen M2	JE	Mill. DM	265 861	279 603	279 318	298 180	331 812	375 408	406 492	440 616	478 132	502 200	308
Geldvolumen M1	JE	Mill. DM	142 862	158 432	179 898	186 852	208 076	237 909	247 869	257 335	255 277	273 047	308
Deutsche Bundesbank													
Währungsreserven[2])	JE	Mill. DM	92 458	83 441	86 417	88 503	90 226	107 211	107 045	104 382	103 674	107 961	309
Kreditinstitute													
Kredite an Nichtbanken	JE	Mill. DM	768 873	831 912	918 020	1 022 018	1 126 664	1 260 378	1 410 666	1 542 852	1 680 768	1 788 985	310
dar.: Buchkredite und Darlehen	JE	Mill. DM	663 138	712 376	786 305	878 599	965 824	1 091 437	1 238 689	1 365 791	1 493 155	1 587 536	310
Wechseldiskontkredite	JE	Mill. DM	31 065	38 029	40 879	44 573	45 269	45 874	48 157	53 394	57 790	58 825	310
Einlagen und Kredite von Nichtbanken	JE	Mill. DM	646 863	697 748	789 478	858 242	942 170	1 040 310	1 116 866	1 185 331	1 254 217	1 328 633	310
dar. Spareinlagen	JE	Mill. DM	282 651	312 824	378 182	413 449	440 880	470 727	482 887	490 538	488 051	523 904	310
darunter bei:													
Sparkassen[3])	JE	Mill. DM	158 081	173 982	205 018	222 114	235 591	249 751	255 900	258 726	258 825	279 487	312
Kreditgenossenschaften[4])	JE	Mill. DM	58 716	66 112	84 388	95 657	105 487	115 763	121 127	123 975	121 622	130 617	312
Bausparkassen[5])													
Spareinlagen	JE	Mill. DM	61 873	67 828	75 614	82 940	89 469	96 696	104 352	110 605	115 918	120 854	315
Hypothekar- und Zwischenkredite	JE	Mill. DM	54 496	60 369	66 466	73 776	82 106	90 958	103 959	115 409	126 813	133 019	315
Wertpapiermarkt													
Umlauf festverz. Wertpapiere[6])	JE	Mill. DM	241 286	267 939	316 863	365 224	416 894	461 515	503 648	548 645	615 787	690 302	316
dar.: Pfandbriefe	JE	Mill. DM	65 346	69 818	75 191	78 934	86 168	94 360	97 945	103 885	110 650	120 049	316
Kommunalobligationen	JE	Mill. DM	75 795	85 062	109 032	130 484	147 135	163 442	179 368	204 011	240 945	278 160	316
Anleihen d. öffentl. Hand	JE	Mill. DM	48 688	54 720	68 192	85 075	106 266	120 505	125 798	130 737	127 807	156 596	316
Index der Aktienkurse	JE	29. 12. 1972 = 100	*82,4*	*80,0*	*103,5*	*96,7*	*103,9*	*111,3*	*98,8*	*97,7*	*98,6*	*108,6*	317
Lebensversicherungen													
Bruttobeiträge	JS	Mill. DM	15 118	16 026	17 913	19 604	22 010	24 336	27 127	30 688	32 517	29 904	321
Kapitalanlagen	JE	Mill. DM	76 454	86 418	96 967	109 243	122 724	138 140	155 012	173 103	194 210	216 410	321
Rechtspflege													
Rechtskräftig Verurteilte	JS	1 000	699	699	665	699	723	739	719	732	747	...	334
Jugendliche	JS	1 000	58	60	59	65	71	76	78	80	85	...	334
Heranwachsende	JS	1 000	90	87	85	92	95	98	96	99	103	...	334
Erwachsene	JS	1 000	551	552	521	543	557	564	545	553	560	...	334
Bildung und Kultur													
Schüler an:													
Schulen der allgemeinen Ausbildung	Okt.	1 000	9 715	9 882	9 995	10 025	9 904	9 677	9 393	9 089	8 768	8 375	344
Schulen der allgemeinen Fortbildung	Okt.	1 000	35	37	38	36	36	36	37	39	42	42	344
Schulen der beruflichen Ausbildung	Okt.	1 000	2 045	2 067	2 077	2 053	2 128	2 265	2 401	2 477	2 491	2 494	344
Schulen der beruflichen Fortbildung	Okt.	1 000	200	214	211	186	171	174	182	192	204	208	344
Auszubildende	Okt.	1 000	1 331	1 331	1 329	1 317	1 397	1 517	1 645	1 715	1 677	1 676	351
Studenten (an):	WS	1 000	727	789	836	872	906	939	970	1 032	1 121	1 203	354
Universitäten	WS	1 000	589	640	676	700	725	751	774	818	880	932	354
Kunsthochschulen	WS	1 000	15	15	15	15	15	16	17	18	19	20	355
Fachhochschulen	WS	1 000	123	133	145	157	166	172	180	195	223	251	355
Hauptberufliche Lehrer	Okt.	1 000	433	458	483	505	524	541	557	572	583	586	344
Hochschullehrer	Okt.	1 000	95	99	104	107	.	112	114	127	130	...	344
Hörfunkteilnehmer[7])	JE	1 000	19 329	19 396	19 558	20 244	20 646	20 724	22 721	23 323	23 748	24 158	369
Fernsehteilnehmer[7])	JE	1 000	17 351	17 556	17 796	18 481	18 909	19 019	20 763	21 190	21 491	21 836	369
Gesundheitswesen													
Ärzte	JE	1 000	111	115	119	122	125	130	136	139	143	...	386
Zahnärzte	JE	1 000	31	32	32	32	32	32	33	33	34	...	386

[1]) JS = Jahressumme, JE = Jahresende, WS = Wintersemester.
[2]) Einschl. sonstiger Auslandsaktiva.
[3]) Einschl. Girozentralen (einschl. Deutsche Girozentrale).
[4]) Einschl. Genossenschaftliche Zentralbanken (einschl. Deutsche Genossenschaftsbank).
[5]) Einschl. Bausparverträge mit Vertragspartnern, deren Wohnsitz außerhalb des Bundesgebietes liegt.
[6]) Inländische Emittenten.
[7]) Bis 1978 nur gebührenpflichtige, ab 1979 einschl. gebührenbefreiter Hörfunk- und Fernsehteilnehmer.

2.1 Bundesgebiet

Gegenstand der Nachweisung	[1]	Einheit	1973	1974	1975	1976	1977	1978	1979	1980	1981	1982	Seite
Krankenpflegepersonen[2]	JE	1 000	195	210	224	228	236	245	254	263	270	...	386
dar. Krankenschwestern	JE	1 000	124	131	138	139	143	148	155	163	169	...	386
Krankenhäuser	JE	Anzahl	3 494	3 483	3 481	3 436	3 416	3 328	3 286	3 234	3 189	...	387
Planmäßige Betten in Krankenhäusern	JE	1 000	707	717	730	727	723	715	712	708	696	...	387
Sozialleistungen													
Gesetzliche Krankenversicherung													
Mitglieder (einschl. Rentner)	D	1 000	33 216	33 494	33 493	33 582	33 835	34 379	34 838	35 395	35 705	...	393
Ausgaben	JS	Mill. DM	43 365	51 809	60 990	66 563	69 823	74 789	81 063	89 834	96 391	...	394
Gesetzliche Unfallversicherung[3]													
Rentenbestand	JE	1 000	1 026	1 027	1 018	1 014	1 014	1 010	1 009	1 005	999	...	395
Ausgaben	JS	Mill. DM	6 483	7 288	8 197	8 921	9 504	9 995	10 701	11 356	11 975	...	395
Rentenversicherung der Arbeiter													
Rentenbestand	JE	1 000	7 471	7 740	7 958	8 137	8 295	8 365	8 423	8 509	8 557	8 625	397
Ausgaben	JS	Mill. DM	46 958	54 288	61 725	69 641	74 248	74 385	76 777	80 145	83 755	...	398
Rentenversicherung der Angestellten													
Rentenbestand	JE	1 000	2 810	2 978	3 150	3 351	3 487	3 612	3 729	3 871	3 980	4 114	397
Ausgaben	JS	Mill. DM	24 313	30 965	43 178	51 280	56 200	56 784	55 823	57 131	61 837	...	398
Knappschaftliche Rentenversicherung													
Rentenbestand	JE	1 000	738	739	731	722	726	732	726	727	727	726	397
Ausgaben	JS	Mill. DM	7 952	8 865	9 751	10 932	11 884	12 391	12 687	13 303	13 914	...	398
Zusatzversicherung[4]													
Rentenbestand	JE	1 000	550	584	600	628	655	678	696	722	746	769	399
Ausgaben	JS	Mill. DM	1 637	2 043	2 394	2 573	2 774	3 092	3 903	3 935	4 383	4 750	399
Arbeitslosengeld und -hilfe													
Leistungsempfänger[5]	D	1 000	176	392	817	780	721	673	582	576	868	1 217	400
Ausgaben	JS	Mill. DM	1 538	3 925	9 007	8 715	8 155	8 150	9 655	10 220	16 512	23 597	400
Kindergeld													
Kinder, für die Kindergeld gezahlt wird	JE	1 000	5 379	5 196	14 065	13 741	13 458	13 124	12 888	12 541	12 299	11 593	400
Ausgezahlte Beträge	JS	Mill. DM	3 119	3 054	11 530	11 334	11 041	11 956	13 318	13 393	14 610	12 714	400
Kriegsopferversorgung													
Anerkannte Versorgungsberechtigte[6]	JE	1 000	2 385	2 352	.	2 205	2 141	2 080	2 015	1 952	1 885	1 819	401
Sozialhilfe													
Empfänger	JS	1 000	1 730	1 916	2 049	2 109	2 164	2 120	2 095	2 144	2 083	...	402
Ausgaben	JS	Mill. DM	5 656	7 136	8 405	9 597	10 452	11 349	12 129	13 266	14 783	...	402
Kriegsopferfürsorge, Ausgaben	JS	Mill. DM	797	894	974	935	915	925	1 003	1 111	1 209	...	403
Jugendhilfe, Ausgaben	JS	Mill. DM	2 352	2 932	3 369	3 711	4 085	4 427	4 759	5 313	5 680	...	403
Wohngeld													
Empfänger	JE	1 000	1 302	1 650	1 666	1 585	1 467	1 549	1 518	1 486	1 609	1 611	406
Ausgaben	JS	Mill. DM	1 134	1 487	1 643	1 615	1 473	1 789	1 857	1 835	2 433	2 667	—
Lastenausgleich, Empfänger	1. 1.	1 000	470	426	396	368	341	317	296	275	256	237	408
Finanzen und Steuern													
Gesamtausgaben[7]	JS	Mill. DM	277 665	315 437	354 774	370 369	387 658	423 802	458 904	498 071	529 054	547 163	416
Bund	JS	Mill. DM	122 571	135 185	160 147	166 708	174 197	191 221	205 063	217 579	234 474	246 110	416
Lastenausgleichsfonds	JS	Mill. DM	2 984	2 894	3 101	3 121	2 926	2 649	2 496	2 106	2 048	1 953	416
ERP-Sondervermögen	JS	Mill. DM	1 329	1 746	2 062	2 220	1 994	2 407	2 827	3 491	3 865	3 471	416
Länder	JS	Mill. DM	115 847	134 056	146 273	154 386	161 590	176 518	191 826	208 648	216 232	223 019	416
Gemeinden/Gv.	JS	Mill. DM	84 074	95 859	101 404	104 322	108 408	118 201	130 356	145 562	152 715	152 695	416
Kassenmäßige Steuereinnahmen von Bund,													
Ländern und Gemeinden/Gv.[8]	JS	Mill. DM	223 489	238 179	241 097	266 582	298 287	318 175	342 784	364 935	370 336	378 590	418
EG-Anteile an Zöllen u. Umsatzsteuer[9]	JS	Mill. DM	2 163	2 761	5 933	6 488	7 857	8 838	10 144	10 619	12 200	12 585	418
Steuereinnahmen des Bundes[8]	JS	Mill. DM	114 958	119 413	120 012	131 784	144 943	155 183	167 413	177 542	181 934	184 572	418
Steuereinnahmen der Länder	JS	Mill. DM	76 486	83 347	81 560	90 579	103 192	110 485	120 015	125 474	126 189	130 392	418
Steuereinnahmen der Gemeinden/Gv.	JS	Mill. DM	29 882	32 658	33 591	37 731	42 295	43 669	45 212	51 299	50 013	51 041	418
Außerdem Lastenausgleichsabgaben	JS	Mill. DM	1 297	1 299	1 241	1 320	1 343	888	264	75	−0	1	—
Fundierte Schulden[10]	JE	Mill. DM	165 312	188 811	253 142	292 252	325 218	365 457	409 102	460 886	534 059	605 720	428
Bund[11]	JE	Mill. DM	57 114	69 420	107 094	125 344	147 903	176 202	201 517	229 988	269 009	308 477	428
dar. Lastenausgleichsfonds	JE	Mill. DM	5 754	5 373	5 176	4 808	3 771	3 128	2 891	2 529	2 423	2 339	428
ERP-Sondervermögen	JE	Mill. DM	1 151	1 156	1 297	1 753	1 634	1 325	2 056	3 200	4 664	5 226	428
Länder	JE	Mill. DM	39 447	47 152	66 333	81 758	89 744	101 960	115 880	136 032	162 476	187 185	428
Gemeinden/Gv.	JE	Mill. DM	61 846	60 676	67 750	73 098	75 703	76 389	80 051	84 742	90 684	97 252	428
Kommunale Zweckverbände	JE	Mill. DM	.	5 033	5 493	5 491	6 463	6 453	6 707	6 924	7 225	7 580	428

[1] D = Durchschnitt, JS = Jahressumme, JE = Jahresende.
[2] Mit staatlicher Prüfung.
[3] Ohne Schülerunfallversicherung.
[4] Versorgungsanstalt des Bundes und der Länder, Bundesbahn-Versicherungsanstalt und Versorgungsanstalt der Deutschen Bundespost.
[5] Bis einschl. 1976 Unterhaltsgeld nach § 44 Abs. 5 Arbeitsförderungsgesetz (AFG) für Personen, die innerhalb von 6 Monaten nach Abschluß einer Maßnahme zur beruflichen Fortbildung und Umschulung arbeitslos geworden sind.
[6] 1974: 30. 6.
[7] Bis 1980 Jahresrechnungsergebnisse, ab 1981 Vierteljahresergebnisse einschl. z. T. geschätzter Ausgaben der Krankenhäuser und Hochschulkliniken mit kaufmännischem Rechnungswesen.
[8] Nach der Steuerverteilung. – 1973 und 1974 ohne stillgelegte Investitionssteuer.
[9] Umsatzsteuer ab 1975.
[10] Ohne Schulden bei Verwaltungen und ohne Kassenkredite; Schulden des Bundes ohne Verpflichtungen aus der Beteiligung an internationalen Einrichtungen; Anleihen ohne Stücke im eigenen Bestand der Emittenten.
[11] Ab 1980 einschl. der ab 1. 1. 1980 mitübernommenen Schulden des Lastenausgleichsfonds.

2.1 Bundesgebiet

Gegenstand der Nachweisung	1)	Einheit	1973	1974	1975	1976	1977	1978	1979	1980	1981	1982	Seite
Vollbeschäftigtes Personal im unmittelbaren öffentlichen Dienst[2][3]	30. 6.	1 000	3 387	3 431	3 471	3 462	3 452	3 499	3 569	3 598	3 639	3 640	430
Bund	30. 6.	1 000	319	320	322	320	315	315	316	316	318	317	430
Länder	30. 6.	1 000	1 368	1 409	1 440	1 468	1 481	1 514	1 552	1 568	1 583	1 589	430
Gemeinden/Gv.	30. 6.	1 000	816	825	850	847	853	870	902	920	936	933	430
Kommunale Zweckverbände	30. 6.	1 000	20	21	22	23	22	29	31	30	31	31	430
Deutsche Bundesbahn	30. 6.	1 000	429	428	418	397	378	361	345	338	338	332	430
Deutsche Bundespost	30. 6.	1 000	434	427	419	408	403	411	423	426	433	438	430
						Löhne und Gehälter							
Industrie													
Wochenarbeitszeit													
Bezahlte Stunden	D	Stunden	42,8	41,9	40,5	41,6	41,7	41,6	41,9	41,6	41,2	40,7	467
Index der bezahlten Stunden	D	1976 = 100	*103,3*	*101,2*	*98,1*	*100*	*100,2*	*100,3*	*101,0*	*100,3*	*99,2*	*98,0*	465
Bruttostundenverdienste	D	DM	8,23	9,13	9,85	10,49	11,27	11,88	12,55	13,41	14,19	14,89	467
männlicher Arbeiter	D	DM	8,76	9,68	10,40	11,08	11,89	12,52	13,25	14,16	14,94	15,66	467
weiblicher Arbeiter	D	DM	6,16	6,90	7,52	8,02	8,64	9,13	9,62	10,25	10,83	11,38	467
Index der Bruttostundenverdienste	D	1976 = 100	*79,1*	*87,2*	*94,0*	*100*	*107,1*	*112,8*	*119,3*	*127,2*	*134,4*	*140,6*	465
männlicher Arbeiter	D	1976 = 100	*79,5*	*87,4*	*94,1*	*100*	*107,1*	*112,7*	*119,4*	*127,3*	*134,4*	*140,6*	465
weiblicher Arbeiter	D	1976 = 100	*77,0*	*85,7*	*93,8*	*100*	*107,3*	*113,5*	*119,4*	*126,9*	*134,1*	*140,5*	465
Bruttowochenverdienste	D	DM	353	382	402	438	471	496	527	559	584	606	467
männlicher Arbeiter	D	DM	382	412	430	469	503	528	562	596	622	642	467
weiblicher Arbeiter	D	DM	248	273	289	319	343	363	384	408	428	444	467
Index der Bruttowochenverdienste	D	1976 = 100	*81,8*	*88,3*	*92,3*	*100*	*107,3*	*113,1*	*120,6*	*127,5*	*133,3*	*137,7*	465
männlicher Arbeiter	D	1976 = 100	*82,4*	*88,7*	*92,4*	*100*	*107,2*	*112,9*	*120,6*	*127,4*	*133,2*	*137,6*	465
weiblicher Arbeiter	D	1976 = 100	*78,3*	*85,7*	*91,0*	*100*	*107,9*	*114,1*	*120,5*	*127,9*	*133,4*	*138,7*	465
Industrie und Handel													
Bruttomonatsverdienste	D	DM	1 743	1 950	2 113	2 265	2 433	2 583	2 755	2 965	3 126	3 286	474
männlicher Angestellter	D	DM	2 062	2 290	2 468	2 637	2 820	2 986	3 181	3 421	3 598	3 777	474
weiblicher Angestellter	D	DM	1 280	1 441	1 570	1 681	1 809	1 926	2 050	2 202	2 325	2 447	474
Index der Bruttomonatsverdienste	D	1976 = 100	*78,8*	*86,9*	*94,0*	*100*	*106,9*	*113,0*	*119,9*	*128,3*	*134,7*	*141,1*	472
männlicher Angestellter	D	1976 = 100	*79,3*	*87,2*	*94,0*	*100*	*106,8*	*112,9*	*119,8*	*128,1*	*134,4*	*140,7*	472
weiblicher Angestellter	D	1976 = 100	*77,6*	*86,1*	*93,9*	*100*	*107,0*	*113,5*	*120,3*	*128,7*	*135,6*	*142,4*	472
Landwirtschaft													
Index der Tariflöhne (Arbeiter insgesamt)	D	1976 = 100	*73,4*	*84,1*	*90,7*	*100*	*107,9*	*113,6*	*120,8*	*129,4*	*135,4*	*142,4*	482
schwere Arbeiten	D	1976 = 100	*73,5*	*84,2*	*90,7*	*100*	*107,9*	*113,7*	*120,8*	*129,5*	*135,6*	*142,6*	482
leichte Arbeiten	D	1976 = 100	*73,4*	*83,9*	*90,5*	*100*	*107,8*	*113,6*	*120,6*	*129,0*	*134,9*	*141,8*	482
Gewerbliche Wirtschaft und Gebietskörperschaften													
Index der tariflichen Stundenlöhne	D	1976 = 100	*77,6*	*86,8*	*94,7*	*100*	*106,9*	*112,7*	*119,0*	*126,7*	*133,9*	*139,8*	480
Index der tariflichen Monatsgehälter	D	1976 = 100	*78,7*	*87,7*	*95,0*	*100*	*106,5*	*111,8*	*117,3*	*124,2*	*130,6*	*136,3*	481
						Preise							
Index der Einkaufspreise landwirtschaftlicher Betriebsmittel[4]	D	1976 = 100	*82,2*	*88,2*	*93,3*	*100*	*102,5*	*100,8*	*106,0*	*112,7*	*121,9*	*127,0*	485
Index der Erzeugerpreise													
landwirtschaftlicher Produkte[4]	D	1976 = 100	*81,9*	*79,2*	*89,7*	*100*	*98,9*	*95,5*	*96,9*	*99,3*	*104,6*	*107,3*	486
forstwirtschaftlicher Produkte[4][5]	D	1970 = 100	*102,7*	*121,1*	*119,8*	*125,0*	*148,3*	*160,8*	*168,0*	*187,9*	*204,8*	*193,3*	487
gewerblicher Produkte[4]	D	1980 = 100	*69,4*	*78,7*	*82,3*	*85,4*	*87,7*	*88,7*	*93,0*	*100*	*107,8*	*114,1*	491
Index der Grundstoffpreise	D	1976 = 100	*78,7*	*93,8*	*94,0*	*100*	*100,9*	*98,3*	*107,1*	*120,4*	*133,6*	*138,0*	489
land- und forstwirtschaftlicher Herkunft	D	1976 = 100	*86,5*	*87,4*	*89,5*	*100*	*107,9*	*100,6*	*103,2*	*105,3*	*112,0*	*114,6*	489
des Produzierenden Gewerbes	D	1976 = 100	*76,4*	*95,5*	*95,2*	*100*	*99,8*	*97,9*	*107,7*	*122,8*	*137,0*	*141,6*	489
Preisindex für Wohngebäude[6][7]	D	1980 = 100	*65,7*	*70,5*	*72,1*	*74,6*	*78,2*	*83,1*	*90,4*	*100*	*105,9*	*108,9*	498
Preisindex für den Straßenbau[6][7]	D	1980 = 100	*64,4*	*70,6*	*72,3*	*73,4*	*75,4*	*80,3*	*88,7*	*100*	*102,6*	*100,3*	498
Index der Großhandelsverkaufspreise[4]	D	1976 = 100	*80,9*	*91,4*	*94,5*	*100*	*101,8*	*101,0*	*108,0*	*116,5*	*126,1*	*133,4*	500
Index der Einzelhandelspreise[7]	D	1976 = 100	*85,7*	*91,9*	*96,9*	*100*	*103,9*	*106,4*	*110,1*	*116,1*	*122,2*	*128,6*	503

1) D = Durchschnitt.
2) Ohne Soldaten. – 1973 = 2. 10.
3) Ohne Beurlaubte, für Länder erst ab 1980 ohne Beurlaubte.
4) Ohne Umsatz-(Mehrwert-)steuer.
5) Aus Staatsforsten.
6) Bauleistungen am Bauwerk.
7) Einschl. Umsatz-(Mehrwert-)steuer.

2.1 Bundesgebiet

Gegenstand der Nachweisung	[1])	Einheit	1973	1974	1975	1976	1977	1978	1979	1980	1981	1982	Seite
Preisindex für die Lebenshaltung													
Alle privaten Haushalte	D	1976 = 100	*84,6*	*90,5*	*95,9*	*100*	*103,7*	*106,5*	*110,9*	*117,0*	*123,9*	*130,5*	506
darunter:													
Nahrungs- und Genußmittel	D	1976 = 100	*86,7*	*90,8*	*95,6*	*100*	*104,9*	*106,4*	*108,2*	*112,7*	*118,2*	*125,5*	506
Kleidung, Schuhe	D	1976 = 100	*85,6*	*92,0*	*96,7*	*100*	*104,8*	*109,4*	*114,2*	*120,8*	*126,8*	*132,5*	506
Wohnungsmiete	D	1976 = 100	*85,2*	*89,5*	*95,2*	*100*	*103,4*	*106,4*	*109,8*	*115,4*	*120,4*	*126,4*	506
4-Personen-Haushalte von Angestellten und Beamten mit höherem Einkommen	D	1976 = 100	*84,5*	*90,5*	*95,9*	*100*	*103,7*	*106,7*	*111,1*	*117,3*	*124,5*	*130,9*	508
4-Personen-Arbeitnehmerhaushalte mit mittlerem Einkommen	D	1976 = 100	*84,6*	*90,3*	*95,8*	*100*	*103,5*	*106,1*	*110,2*	*116,0*	*122,8*	*129,2*	508
2-Personen-Haushalte von Renten- und Sozialhilfeempfängern	D	1976 = 100	*83,8*	*89,3*	*95,2*	*100*	*103,5*	*105,7*	*109,3*	*114,8*	*121,4*	*128,0*	508
Einfache Lebenshaltung eines Kindes	D	1976 = 100	*81,3*	*87,3*	*93,9*	*100*	*102,7*	*105,1*	*109,2*	*115,0*	*121,8*	*127,9*	508
Index der													
Einfuhrpreise	D	1976 = 100	*74,6*	*95,8*	*94,2*	*100*	*101,5*	*97,7*	*109,1*	*125,3*	*142,9*	*145,0*	512
Ausfuhrpreise	D	1976 = 100	*79,2*	*92,7*	*96,3*	*100*	*101,7*	*103,3*	*108,2*	*115,1*	*121,3*	*126,5*	514
Sozialprodukt													
in jeweiligen Preisen													
Bruttoinlandsprodukt[2])	JS	Mrd. DM	917,3	984,6	1 026,5	1 119,7	1 196,1	1 285,1	1 392,5	1 481,1	1 543,9	1 602,5	528
Bruttowertschöpfung[3])	JS	Mrd. DM	855,6	921,3	958,9	1 046,5	1 118,1	1 196,1	1 293,0	1 371,4	1 429,3	1 487,0	533
Land- und Forstwirtschaft, Fischerei	JS	Mrd. DM	26,6	25,9	28,5	30,5	31,4	31,9	30,6	30,5	32,6	36,3	532
Warenproduzierendes Gewerbe	JS	Mrd. DM	430,9	455,9	454,9	499,9	529,5	562,8	611,5	640,5	653,7	674,3	532
Handel und Verkehr	JS	Mrd. DM	141,3	149,0	157,3	173,1	185,6	200,3	218,9	228,2	234,1	239,9	532
Dienstleistungsunternehmen	JS	Mrd. DM	171,4	193,8	213,4	232,0	253,4	276,0	297,9	327,5	360,8	395,3	532
Staat, private Haushalte und private Organisationen ohne Erwerbszweck	JS	Mrd. DM	112,8	130,5	141,8	149,9	160,1	170,9	183,9	199,1	212,3	219,1	533
Bruttosozialprodukt	JS	Mrd. DM	918,9	985,6	1 028,9	1 123,0	1 196,3	1 290,0	1 395,3	1 484,2	1 543,1	1 600,0	528
Privater Verbrauch	JS	Mrd. DM	495,4	533,7	585,5	633,5	680,9	725,3	779,0	834,7	874,1	899,2	541
Staatsverbrauch	JS	Mrd. DM	163,2	190,2	210,5	222,3	234,7	252,5	273,5	298,4	319,8	330,3	541
Anlageinvestitionen	JS	Mrd. DM	219,3	212,7	209,4	226,0	243,0	266,8	304,8	338,0	339,3	328,6	541
Ausrüstungen	JS	Mrd. DM	75,3	72,4	78,0	86,3	95,7	106,4	119,7	127,9	128,8	124,8	541
Bauten	JS	Mrd. DM	144,0	140,3	131,4	139,7	147,3	160,4	185,2	210,1	210,5	203,7	541
Vorratsveränderung	JS	Mrd. DM	+ 12,5	+ 5,0	− 6,5	+ 12,2	+ 8,9	+ 7,9	+ 27,0	+ 17,5	− 1,4	+ 5,4	541
Außenbeitrag	JS	Mrd. DM	+ 28,6	+ 43,9	+ 29,9	+ 29,0	+ 28,8	+ 37,4	+ 11,0	− 4,3	+ 11,4	+ 36,5	541
Nettosozialprodukt zu Marktpreisen	JS	Mrd. DM	824,3	879,1	913,0	999,0	1 063,8	1 147,2	1 239,0	1 310,9	1 355,1	1 399,5	528
Nettosozialprodukt zu Faktorkosten (Volkseinkommen)	JS	Mrd. DM	721,9	773,0	803,1	879,2	936,0	1 009,3	1 086,9	1 147,9	1 185,9	1 226,6	528
Einkommen aus unselbständiger Arbeit	JS	Mrd. DM	510,9	563,1	587,0	631,2	675,6	720,9	776,7	841,7	881,2	901,4	536
Einkommen aus Unternehmertätigkeit und Vermögen	JS	Mrd. DM	211,0	209,8	216,0	248,0	260,4	288,4	310,3	306,2	304,7	325,2	536
in Preisen von 1976													
Bruttosozialprodukt	JS	Mrd. DM	1 075,9	1 080,8	1 063,9	1 123,0	1 154,1	1 194,0	1 241,6	1 264,3	1 261,9	1 248,6	528
Bruttoinlandsprodukt je Erwerbstätigen	D	1970 = 100	*111,1*	*113,1*	*114,5*	*121,8*	*125,7*	*128,8*	*132,4*	*133,4*	*134,5*	*135,6*	534
Zahlungsbilanz													
Leistungsbilanz													
Warenverkehr (fob-Werte)													
Ausfuhr einschl. Ergänzungen zum Warenverkehr	JS	Mill. DM	170 929	223 481	214 794	247 371	263 154	273 970	301 759	335 232	383 871	415 459	554
Einfuhr einschl. Ergänzungen zum Warenverkehr	JS	Mill. DM	131 350	168 903	174 527	207 942	219 036	226 190	272 327	320 578	348 041	356 595	554
Transithandel (Saldo)	JS	Mill. DM	+ 1 009	+ 2 849	+ 3 065	+ 2 537	+ 1 838	+ 3 420	+ 2 586	+ 4 232	+ 4 572	+ 4 886	554
Dienstleistungsverkehr													
Einnahmen	JS	Mill. DM	42 702	49 520	53 881	61 323	64 134	71 609	77 874	88 624	107 591	115 151	554
Ausgaben	JS	Mill. DM	55 410	64 315	69 401	75 491	82 371	86 917	99 839	111 507	135 823	142 744	554
Übertragungen (unentgeltliche Leistungen)													
aus dem Ausland	JS	Mill. DM	5 185	5 749	5 691	6 782	9 073	11 723	11 360	11 592	11 100	11 324	554
an das Ausland	JS	Mill. DM	20 712	21 799	23 571	24 665	27 294	29 504	32 601	36 137	37 963	39 413	554
Saldo der Leistungsbilanz	JS	Mill. DM	+12 354	+26 581	+ 9 932	+ 9 915	+ 9 498	+18 111	−11 189	−28 541	−14 693	+ 8 067	554
Kapitalbilanz (Bestandsveränderungen)[4])													
Verbindlichkeiten	JS	Mill. DM	+16 895	+11 624	+32 821	+26 898	+20 759	+30 630	+42 089	+54 290	+66 999	+28 043	554
Ansprüche	JS	Mill. DM	+30 178	+35 017	+43 883	+36 721	+31 496	+44 964	+26 631	+22 551	+55 535	+36 244	554
Zu- (+) bzw. Abnahme (−) des Netto-Auslandsvermögens	JS	Mill. DM	+13 283	+23 393	+11 062	+ 9 823	+10 737	+14 334	−15 458	−31 739	−11 464	+ 8 201	554
Ungeklärte Beträge	JS	Mill. DM	− 931	+ 3 189	− 1 131	+ 92	− 1 239	+ 3 776	+ 4 269	+ 3 198	− 3 228	− 133	554

[1]) D = Durchschnitt, JS = Jahressumme.
[2]) Das Bruttoinlandsprodukt ergibt sich aus der Bruttowertschöpfung zuzüglich nicht abzugsfähiger Umsatzsteuer und Einfuhrabgaben.
[3]) Die Summe der Bruttowertschöpfung der Wirtschaftsbereiche weicht von der Bruttowertschöpfung insgesamt um die unterstellten Entgelte für Bankdienstleistungen ab.
[4]) Einschl. Neubewertung (Ansprüche) sowie Ausgleichsposten (Verbindlichkeiten) zur Auslandsposition der Deutschen Bundesbank.

2.2 Bund

Lfd. Nr.	Gegenstand der Nachweisung	Einheit	Jahr Monat Stichtag	Bundesgebiet	Schleswig-Holstein	Hamburg
						Bevöl
1	Fläche	km^2	1. 1. 1982	248 692	15 720	755
2	Wohnbevölkerung	1 000	31. 12. 1982	61 546	2 618	1 624
3	männlich	1 000	31. 12. 1982	29 428	1 263	760
4	weiblich	1 000	31. 12. 1982	32 118	1 355	864
5	Einwohner je km^2	Anzahl	31. 12. 1982	248	167	2 152
6	Ausländer	1 000	30. 9. 1982	4 667	95	173
7	Privathaushalte	1 000	April 1982	25 336	1 080	790
8	Einpersonenhaushalte	1 000	April 1982	7 926	337	321
9	Mehrpersonenhaushalte	1 000	April 1982	17 410	743	469
10	Eheschließungen	1 000	1982	362	14	9
11	Gerichtliche Ehelösungen	1 000	1981	110	5	5
12	Lebendgeborene	1 000	1982	621	24	13
13	Gestorbene	1 000	1982	716	32	24
14	Überschuß der Geborenen (+) bzw. Gestorbenen (−)	1 000	1982	−95	−7	−10
15	Zuzüge über die Grenzen	1 000	1982	421	11	15
16	Fortzüge über die Grenzen	1 000	1982	496	12	14
17	Zu- (+) bzw. Abwanderungsüberschuß (−)	1 000	1982	−75	−1	+ 1
						Wah
	Wahl zum Deutschen Bundestag					
18	Wahlberechtigte	1 000	6. 3. 1983	44 089	1 975	1 246
19	Wahlbeteiligung	%	6. 3. 1983	*89,1*	*89,2*	*88,7*
20	Gültige Zweitstimmen	1 000	6. 3. 1983	38 941	1 748	1 101
21	dar.: SPD	%	6. 3. 1983	*38,2*	*41,7*	*47,4*
22	CDU, in Bayern CSU	%	6. 3. 1983	*48,8*	*46,5*	*37,6*
23	F.D.P.	%	6. 3. 1983	*7,0*	*6,3*	*6,3*
24	GRÜNE	%	6. 3. 1983	*5,6*	*5,2*	*8,2*
25	Sitze	Anzahl	6. 3. 1983	520[1])	21	13
						Erwerbs
	Wohnbevölkerung mit überwiegendem Lebensunterhalt durch:					
26	Erwerbstätigkeit	1 000	April 1982	24 769	995	679
27	Arbeitslosengeld, -hilfe, Rente und dgl.	1 000	April 1982	13 017	574	389
28	Angehörige	1 000	April 1982	23 874	1 051	565
29	Erwerbstätige	1 000	April 1982	26 774	1 123	746
30	männlich	1 000	April 1982	16 592	697	435
31	weiblich	1 000	April 1982	10 182	426	311
	nach Wirtschaftsbereichen					
32	Land- und Forstwirtschaft, Fischerei	1 000	April 1982	1 346	69	8
33	Produzierendes Gewerbe	1 000	April 1982	11 725	368	221
34	Handel und Verkehr	1 000	April 1982	4 728	227	206
35	Sonstige Wirtschaftsbereiche (Dienstleistungen)	1 000	April 1982	8 977	459	311
	nach der Stellung im Beruf					
36	Selbständige	1 000	April 1982	2 324	105	64
37	Mithelfende Familienangehörige	1 000	April 1982	818	31	7
38	Abhängige	1 000	April 1982	23 633	987	675
39	Beschäftigte ausländische Arbeitnehmer[2])	1 000	31. 3. 1982	1 784	29	62
40	dar.: Griechen	1 000	31. 3. 1982	116	1	2
41	Italiener	1 000	31. 3. 1982	259	1	3
42	Jugoslawen	1 000	31. 3. 1982	313	2	9
43	Türken	1 000	31. 3. 1982	554	13	20
44	Arbeitslose	Anzahl	D 1982	1 833 244	91 418	52 662
45	Arbeitslosenquote	%	D 1982	*7,5*	*9,1*	*7,4*
46	Offene Stellen	Anzahl	D 1982	104 871	3 737	3 308
47	Kurzarbeiter	Anzahl	D 1982	606 064	15 383	9 840
						Unter
48	Unternehmen	Anzahl	27. 5. 1970	1 908 060	69 843	67 631
49	Aus: Land- und Forstwirtschaft, Tierhaltung und Fischerei[3])	Anzahl	27. 5. 1970	21 591	1 982	512
50	Energiewirtschaft und Wasserversorgung, Bergbau	Anzahl	27. 5. 1970	3 357	102	14
51	Verarbeitendes Gewerbe (ohne Baugewerbe)	Anzahl	27. 5. 1970	417 456	13 189	9 134
52	Baugewerbe	Anzahl	27. 5. 1970	156 340	6 182	3 583
53	Handel	Anzahl	27. 5. 1970	646 904	23 479	27 191
54	Verkehr, Nachrichtenübermittlung	Anzahl	27. 5. 1970	73 964	3 040	5 091
55	Kreditinstitute, Versicherungsgewerbe	Anzahl	27. 5. 1970	43 265	1 519	1 378
56	Dienstleistungen von Unternehmen und Freien Berufen	Anzahl	27. 5. 1970	545 183	20 350	20 728

[1]) Einschl. je eines Überhangmandats in Hamburg und Bremen (SPD).

[2]) Einschl. der Personen ohne Angabe des Landes.

und Länder

Niedersachsen	Bremen	Nordrhein-Westfalen	Hessen	Rheinland-Pfalz	Baden-Württemberg	Bayern	Saarland	Berlin (West)	Lfd. Nr.
kerung									
47 431	404	34 066	21 114	19 848	35 752	70 546	2 571	480	1
7 257	685	16 961	5 600	3 637	9 271	10 967	1 058	1 870	2
3 483	323	8 105	2 691	1 738	4 464	5 248	501	852	3
3 774	363	8 856	2 908	1 898	4 807	5 718	556	1 018	4
153	1 696	498	265	183	269	155	411	3 894	5
301	52	1 444	523	171	920	710	46	235	6
2 854	322	7 031	2 298	1 405	3 729	4 389	414	1 024	7
825	117	2 182	693	357	1 148	1 307	103	536	8
2 028	205	4 849	1 606	1 048	2 581	3 082	310	488	9
41	4	102	31	23	54	65	7	12	10
11	2	33	9	6	14	15	2	7	11
71	6	169	54	37	100	117	10	19	12
86	9	195	64	44	93	123	13	35	13
−14	−3	−26	−10	−6	+ 7	−6	−3	−16	14
28	6	104	41	18	82	75	6	35	15
30	6	133	51	19	112	83	5	30	16
− 2	−1	−29	−10	−1	−30	−8	+1	+ 5	17
len									
5 480	523	12 577	4 072	2 817	6 545	8 013	841	—	18
89,6	*88,3*	*89,5*	*90,2*	*90,4*	*88,4*	*87,6*	*90,6*	—	19
4 875	458	11 176	3 642	2 502	5 723	6 965	752	—	20
41,3	*48,7*	*42,8*	*41,6*	*38,4*	*31,1*	*28,9*	*43,8*	—	21
45,6	*34,2*	*45,2*	*44,3*	*49,6*	*52,6*	*59,5*	*44,8*	—	22
6,9	*6,5*	*6,4*	*7,6*	*7,0*	*9,0*	*6,2*	*6,0*	—	23
5,7	*9,7*	*5,2*	*6,0*	*4,5*	*6,8*	*4,7*	*4,8*	—	24
63	5	146	48	31	74	89	8	22	25
tätigkeit									
2 767	263	6 500	2 268	1 453	3 985	4 703	381	775	26
1 589	171	3 476	1 149	738	1 812	2 327	217	576	27
2 907	256	7 046	2 191	1 448	3 486	3 930	463	530	28
3 067	282	6 884	2 450	1 586	4 280	5 148	407	803	29
1 917	174	4 485	1 541	1 009	2 566	3 045	279	445	30
1 150	109	2 398	908	577	1 714	2 104	128	357	31
224	/	158	89	95	210	475	7	9	32
1 223	93	3 191	1 049	675	2 144	2 275	200	286	33
573	80	1 255	454	279	614	843	73	124	34
1 047	107	2 279	858	536	1 312	1 556	129	383	35
271	19	535	206	142	361	530	26	64	36
129	/	91	57	55	125	313	6	/	37
2 667	261	6 258	2 187	1 389	3 794	4 305	375	736	38
102	18	491	187	57	431	297	23	86	39
6	/	38	11	2	33	19	/	3	40
12	1	65	31	9	93	34	7	3	41
12	2	61	33	7	104	66	1	15	42
35	9	169	49	17	109	87	2	43	43
259 158	28 775	566 993	138 764	100 365	182 365	305 163	38 093	69 488	44
9,5	*10,1*	*8,6*	*6,2*	*7,1*	*4,8*	*6,9*	*9,7*	*8,7*	45
10 504	1 335	22 771	9 986	5 945	20 543	21 966	1 077	3 699	46
81 877	5 886	161 492	50 866	27 349	114 817	109 865	17 469	11 220	47
nehmen									
217 574	21 527	481 556	184 808	121 490	289 471	350 784	35 659	67 717	48
3 804	96	5 180	2 257	912	4 122	1 931	361	434	49
414	6	549	197	430	539	1 004	96	6	50
42 645	3 168	97 405	42 364	27 847	75 389	89 066	5 703	11 546	51
18 468	1 446	39 689	14 498	10 215	29 015	27 732	2 182	3 330	52
79 044	8 184	170 888	60 176	41 774	84 400	112 182	15 866	23 720	53
7 703	1 417	17 252	7 065	4 613	9 290	12 847	1 129	4 517	54
4 818	443	10 101	4 329	2 730	8 110	8 113	593	1 131	55
60 678	6 767	140 492	53 922	32 969	78 606	97 909	9 729	23 033	56

[3]) Soweit in den Erhebungsbereich der Arbeitsstättenzählung 1970 fallend.

Lfd. Nr.	Gegenstand der Nachweisung	Einheit	Jahr Monat Stichtag	Bundesgebiet	Schleswig-Holstein	Hamburg
1	Beschäftigte	1 000	27. 5. 1970	21 264	608	838
2	Aus: Land- und Forstwirtschaft, Tierhaltung und Fischerei[1])	1 000	27. 5. 1970	100	8	3
3	Energiewirtschaft und Wasserversorgung, Bergbau	1 000	27. 5. 1970	534	8	13
4	Verarbeitendes Gewerbe (ohne Baugewerbe)	1 000	27. 5. 1970	10 310	247	296
5	Baugewerbe	1 000	27. 5. 1970	2 174	87	61
6	Handel	1 000	27. 5. 1970	3 608	133	201
7	Verkehr, Nachrichtenübermittlung	1 000	27. 5. 1970	1 445	20	76
8	Kreditinstitute, Versicherungsgewerbe	1 000	27. 5. 1970	660	16	49
9	Dienstleistungen von Unternehmen und Freien Berufen	1 000	27. 5. 1970	2 433	90	138
	Zahlungsschwierigkeiten					
10	Beantragte Konkursverfahren	Anzahl	1982	15 807	673	466
11	Eröffnete Vergleichsverfahren	Anzahl	1982	152	3	2
12	Wechselproteste[2])	Anzahl	1982	189 224	4 857	4 311
13		Mill. DM	1982	1 532	42	47
						Land
14	Landwirtschaftliche Betriebe[3])	Anzahl	1982	764 123	32 106	1 463
15	Landwirtschaftliche Arbeitskräfte[4])	1 000	April 1982	1 828	73	.
16	dar. Familienarbeitskräfte	1 000	April 1982	1 735	64	.
17	Landwirtschaftlich genutzte Fläche	1 000 ha	1982	12 137	1 095	16
18	dar. Ackerland	1 000 ha	1982	7 244	613	8
19	Getreideernte	1 000 t	1982	24 625	2 413	27
20	Kartoffelernte	1 000 t	1982	7 049	142	1
21	Zuckerrübenernte[5])	1 000 t	1982	22 732	890	1
22	Obsternte[6])	1 000 t	1982	4 217	121	78
23	Weinmosternte	1 000 hl	1982	15 403	—	—
24	Schweinebestand	1 000	3. 12. 1982	22 478	1 740	10
25	Rindviehbestand	1 000	3. 12. 1982	15 098	1 565	13
26	dar. Milchkühe	1 000	3. 12. 1982	5 530	541	3
27	Milcherzeugung	1 000 t	1982	25 465	2 585	15
28	Buttererzeugung	1 000 t	1982	556	79	.
29	Schlachtmenge (inländische Tiere)	1 000 t	1982	4 518	360	40
						Produzierendes
	Bergbau und Verarbeitendes Gewerbe					
30	Unternehmen[7])	Anzahl	1981	38 649	1 256	755
31	Beschäftigte	1 000	1981	7 465	149	199
32	Umsatz[8])	Mill. DM	1981	1 253 913	23 955	123 034
33	Investitionen	Mill. DM	1981	54 733	1 256	2 179
34	Betriebe[9])	Anzahl	1982	47 215	1 651	917
35	Beschäftigte	1 000	1982	7 227	174	160
36	Geleistete Arbeiterstunden	Mill.	1982	8 275	208	153
37	Lohn- und Gehaltsumme	Mill. DM	1982	267 745	6 099	6 972
38	Umsatz[8])	Mill. DM	1982	1 282 689	33 846	80 996
39	dar. Auslandsumsatz	Mill. DM	1982	347 995	6 490	9 258
	Verbrauch[9])					
40	Elektrizität	Mrd. kWh	1982	162	3	4
41	Orts- und Kokereigas (einschl. Ferngas)	Mill. m³	1982	5 557	8	0
42	Erdgas (einschl. Erdölgas)	Mill. m³	1982	20 148	423	322
43	Kohle[10])	1 000 t	1982	38 581	264	.[11])
44	Heizöl	1 000 t	1982	16 653	904	411
	Baugewerbe					
45	Unternehmen des Bauhauptgewerbes[12])	Anzahl	1981	12 502	606	244
46	Beschäftigte	1 000	1981	912	36	20
47	Umsatz[8])	Mill. DM	1981	89 806	3 433	2 172
48	Investitionen	Mill. DM	1981	3 524	120	69

[1]) Soweit in den Erhebungsbereich der Arbeitsstättenzählung 1970 fallend.
[2]) Die bei Instituten mit Sonderaufgaben zu Protest gegebenen Wechsel können länderweise nicht zugeordnet werden und sind deshalb nur in der Gesamtsumme (Bundesgebiet) nachgewiesen.
[3]) Mit 1 ha landwirtschaftlich genutzter Fläche (LF) und mehr.
[4]) Familienarbeitskräfte und ständig beschäftigte familienfremde Arbeitskräfte; in landwirtschaftlichen Betrieben mit 1 ha LF und mehr; unterhalb dieser Flächengrenze nur Betriebe, deren natürliche Erzeugungseinheiten mindestens dem durchschnittlichen Wert einer jährlichen landwirtschaftlichen Markterzeugung von 1 ha LF entsprechen.
[5]) Addition zum Bundesergebnis nicht möglich (siehe auch Fußnote 3, S. 149).
[6]) Ohne Strauchbeerenobst.

und Länder

Niedersachsen	Bremen	Nordrhein-Westfalen	Hessen	Rheinland-Pfalz	Baden-Württemberg	Bayern	Saarland	Berlin (West)	Lfd. Nr.
2 030	295	6 305	2 514	949	3 352	3 405	324	644	1
16	9	22	9	3	18	8	1	3	2
57	5	289	30	11	32	47	31	11	3
946	111	2 939	1 058	458	2 027	1 813	148	267	4
251	26	581	213	122	329	412	29	62	5
392	58	1 090	357	184	463	537	63	131	6
54	40	613	450	19	58	76	6	33	7
53	7	155	137	21	84	114	9	16	8
261	39	617	261	130	340	398	36	121	9
1 816	215	5 045	1 524	792	2 135	2 230	281	630	10
28	7	44	8	8	32	15	2	3	11
19 862	2 050	62 931	20 542	13 674	25 633	24 593	7 014	3 757	12
130	21	466	164	100	237	240	44	41	13
wirtschaft									
119 699	484	96 926	60 385	59 367	131 855	257 093	4 606	139	14
275	.	224	147	158	332	609	10	.	15
254	.	208	141	150	315	593	9	.	16
2 753	10	1 646	778	750	1 533	3 484	69	1	17
1 620	2	1 082	508	436	845	2 085	42	1	18
5 657	9	4 222	1 997	1 565	2 717	5 882	134	2	19
2 239	0	645	325	349	585	2 748	14	0	20
7 712	0	4 649	1 118	1 210	1 234	4 911	1	—	21
614	13	655	190	191	1 765	454	103	34	22
—	—	1	446	10 561	3 769	609	17	—	23
6 849	5	5 713	1 270	658	2 202	3 983	44	4	24
3 166	17	1 974	853	638	1 833	4 967	71	1	25
1 125	5	638	287	228	683	1 993	26	0	26
5 940	23	3 160	1 299	942	2 766	8 617	117	2	27
162	.	61	22	23	53	131	.	.	28
1 068	48	1 139	228	167	491	959	17	3	29
Gewerbe									
3 662	345	9 481	3 141	2 335	8 264	8 008	444	958	30
646	83	2 120	682	323	1 572	1 359	127	205	31
109 629	16 370	352 925	111 653	55 800	230 945	179 558	19 745	30 300	32
5 214	472	14 815	5 518	2 406	11 990	8 300	1 093	1 491	33
4 700	384	11 182	3 986	2 843	10 003	9 832	592	1 125	34
678	85	2 070	632	378	1 417	1 316	150	168	35
825	95	2 432	685	448	1 557	1 504	189	179	36
24 539	3 331	79 857	23 969	13 670	53 078	44 566	5 512	6 152	37
130 095	19 433	368 307	97 609	75 201	218 755	199 266	24 361	34 820	38
37 565	4 561	100 126	27 319	27 372	63 709	59 877	7 655	4 064	39
16	2	72	10	11	18	20	4	2	40
342	—	4 623	—	8	7	0	539	29	41
4 315	299	7 572	1 761	2 074	1 130	1 905	349	—	42
2 927	.[11])	24 957	584	964	1 054	1 361	4 950	34	43
1 682	122	4 712	1 189	1 445	2 808	2 912	199	270	44
1 754	116	2 952	951	801	1 714	2 843	218	303	45
100	12	224	84	50	141	208	14	22	46
9 096	1 147	23 266	8 235	4 900	14 997	19 056	1 502	2 002	47
338	37	826	326	192	648	829	53	87	48

7) Ergebnisse für Unternehmen, Beschäftigte und Umsatz aus dem Monatsbericht im Bergbau und im Verarbeitenden Gewerbe; Unternehmen mit im allgemeinen 20 Beschäftigten und mehr einschl. Handwerk. Investitionen aus der jährlichen Investitionserhebung; Unternehmen mit 20 Beschäftigten und mehr einschl. Handwerk. – Systematik der Wirtschaftszweige, Ausgabe 1979, Fassung für die Statistik im Produzierenden Gewerbe (SYPRO), Kurzbezeichnungen.

8) Ohne Umsatz-(Mehrwert-)steuer.

9) Ergebnisse für Betriebe von Unternehmen mit im allgemeinen 20 Beschäftigten und mehr einschl. Handwerk, entsprechend der ab 1976 geltenden Systematik (SYPRO).

10) Heizwert = 29,3076 Gigajoule/t = 7 Gigacal/t = 1 Steinkohleneinheit (SKE).

11) Aus Gründen der Geheimhaltung von Einzelangaben nicht veröffentlicht, aber in den Summen enthalten.

12) Unternehmen mit 20 Beschäftigten und mehr.

2.2 Bund

Lfd. Nr.	Gegenstand der Nachweisung	Einheit	Jahr Monat Stichtag	Bundesgebiet	Schleswig-Holstein	Hamburg
1	Betriebe des Bauhauptgewerbes[1]	Anzahl	30. 6. 1982	63 411	2 912	1 192
2	Beschäftigte	1 000	1982	1 152	49	27
3	Geleistete Arbeitsstunden	Mill.	1982	1 523	64	35
4	Lohn- und Gehaltsumme	Mill. DM	1982	37 400	1 509	1 127
5	Baugewerblicher Umsatz[2]	Mill. DM	1982	104 665	4 303	3 221
6	Betriebe des Ausbaugewerbes[1]	Anzahl	30. 6. 1982	4 776	198	248
7	Beschäftigte[3]	1 000	1982	204	8	11
8	Geleistete Arbeitsstunden[3]	Mill.	1982	298	12	16
9	Lohn- und Gehaltsumme[3]	Mill. DM	1982	6 423	236	402
10	Baugewerblicher Umsatz[2][3]	Mill. DM	1982	17 678	671	1 058
	Energie- und Wasserversorgung					
11	Unternehmen	Anzahl	31. 12. 1981	3 193	106	12
12	Beschäftigte	1 000	30. 9. 1981	287	9	14
13	Geleistete Arbeiterstunden	Mill.	JS 1981	259	9	14
14	Lohn- und Gehaltsumme	Mill. DM	JS 1981	11 604	356	644
15	Umsatz	Mill. DM	JS 1981	112 199	3 157	6 148
16	Investitionen	Mill. DM	JS 1981	16 843	538	770
						Bautätigkeit
17	Baugenehmigungen, Wohnungen[4]	Anzahl	1982	334 839	13 902	5 809
18	Baufertigstellungen, Wohnungen[4]	Anzahl	1982	347 109	15 491	5 542
19	Wohnungsbestand	1 000	31. 12. 1981	25 748	1 125	789
						Reise
20	Betten	1 000	1. 1. 1981	...	...	...
21	Ankünfte	1 000	1982	51 326	2 541	1 491
22	dar. Auslandsgäste	1 000	1982	9 460	244	473
23	Übernachtungen	1 000	1982	196 091	14 559	2 754
24	dar. Auslandsgäste	1 000	1982	20 865	448	958
						Außen
25	Einfuhr nach Zielländern (Generalhandel)[6]	Mill. DM	1982	385 588[7]	8 953	44 985
26	Güter der Ernährungswirtschaft	Mill. DM	1982	52 149[7]	1 408	10 833
27	Güter der gewerblichen Wirtschaft	Mill. DM	1982	328 187[7]	7 546	34 152
28	Rohstoffe	Mill. DM	1982	60 174[7]	2 350	7 536
29	Halbwaren	Mill. DM	1982	70 706[7]	1 257	4 943
30	Fertigwaren	Mill. DM	1982	197 307[7]	3 939	21 673
31	Ausfuhr nach Herstellungsländern (Spezialhandel)[6]	Mill. DM	1982	427 741[8]	8 132	10 662
32	Güter der Ernährungswirtschaft	Mill. DM	1982	23 871[8]	1 423	1 605
33	Güter der gewerblichen Wirtschaft	Mill. DM	1982	400 995[8]	6 709	9 057
34	Rohstoffe	Mill. DM	1982	7 220[8]	166	73
35	Halbwaren	Mill. DM	1982	34 242[8]	738	1 752
36	Fertigwaren	Mill. DM	1982	359 533[8]	5 805	7 232
						Ver
	Eisenbahnverkehr					
	Güterverkehr					
37	Versand	1 000 t	1982	260 680	2 748	12 276
38	Empfang	1 000 t	1982	264 787	3 852	12 887
	Straßenverkehr					
39	Straßen des überörtlichen Verkehrs	km	1. 1. 1982	172 490	9 695	230
40	dar. Bundesautobahnen	km	1. 1. 1982	7 784	343	74
41	Bestand an Kraftfahrzeugen[9]	1 000	1. 7. 1982	28 452[10]	1 180	640
42	dar.: Personenkraftwagen	1 000	1. 7. 1982	24 105[10]	999	570
43	Lastkraftwagen	1 000	1. 7. 1982	1 291[10]	55	36
44	Zulassung fabrikneuer Kraftfahrzeuge[11]	1 000	1982	2 578[10]	103	68
45	dar.: Personenkraftwagen	1 000	1982	2 156[10]	86	58
46	Lastkraftwagen	1 000	1982	97[10]	4	4
47	Beförderte Personen	Mill.	1982	6 528[10]	186	374
48	Linienverkehr	Mill.	1982	6 421[10]	180	372
49	Gelegenheitsverkehr	Mill.	1982	108[10]	6	2

1) Betriebe mit 20 Beschäftigten und mehr.
2) Ohne Umsatz-(Mehrwert-)steuer.
3) Laut Monatsberichtskreis.
4) In Wohn- und Nichtwohngebäuden.
5) Ohne Jugendherbergen, Kinderheime und Campingplätze.
6) Einschl. Rückwaren und Ersatzlieferungen.
7) Einschl. Nicht ermittelte Zielländer.

und Länder

Niedersachsen	Bremen	Nordrhein-Westfalen	Hessen	Rheinland-Pfalz	Baden-Württemberg	Bayern	Saarland	Berlin (West)	Lfd. Nr.
7 532	572	17 891	4 325	3 966	10 668	11 863	996	1 494	1
134	13	274	97	70	195	240	20	33	2
177	17	358	124	99	260	319	26	42	3
4 102	469	9 043	3 107	2 138	6 268	7 691	632	1 313	4
11 597	1 265	24 221	8 967	6 050	18 328	20 858	2 013	3 843	5
504	82	1 065	446	232	724	895	81	301	6
21	4	45	19	10	31	39	4	13	7
33	6	68	27	15	43	56	5	18	8
605	123	1 411	589	294	1 077	1 124	106	456	9
1 709	340	3 859	1 604	794	2 891	3 320	292	1 139	10
274	3	374	332	263	742	1 027	55	5	11
25	5	88	25	14	40	51	5	11	12
23	4	83	22	12	32	46	4	9	13
995	202	3 993	952	487	1 487	1 836	194	458	14
11 055	1 640	39 805	8 246	4 311	15 869	17 131	2 647	2 190	15
1 416	218	5 439	1 104	690	2 587	3 160	508	413	16
und Wohnungen									
36 040	2 576	79 981	25 167	21 870	65 394	70 256	5 435	8 409	17
37 318	2 461	85 057	24 828	23 051	62 969	76 762	5 368	8 262	18
2 945	323	6 934	2 325	1 518	3 750	4 481	447	1 110	19
verkehr[5])									
...	...	...	...	...	...	...	...	...	20
5 581	343	7 719	5 987	4 081	8 171	13 639	366	1 407	21
497	82	1 358	1 697	725	1 631	2 452	57	243	22
21 215	635	27 134	22 269	14 181	32 054	56 207	1 120	3 963	23
1 124	168	3 427	3 262	2 093	3 489	5 066	105	724	24
handel									
32 527	11 522	109 228	36 826	17 888	49 840	53 423	6 251	4 875	25
4 834	4 738	14 145	2 502	2 232	4 531	4 263	869	1 751	26
27 692	4 784	95 082	34 324	15 656	45 308	49 161	5 382	3 124	27
5 842	1 468	17 209	1 853	3 294	7 780	11 258	1 402	176	28
9 369	1 049	25 473	7 212	4 454	7 504	7 951	554	600	29
12 481	4 266	52 400	25 259	7 907	30 023	29 952	3 427	2 347	30
38 121	5 660	116 196	32 395	26 883	72 105	60 598	8 366	6 587	31
3 621	1 059	3 295	630	1 616	2 134	5 882	158	588	32
34 500	4 601	112 901	31 764	25 266	69 971	54 716	8 208	5 999	33
719	182	3 467	261	228	336	750	320	58	34
2 539	818	9 974	2 426	1 702	3 042	3 378	915	156	35
31 242	3 601	99 460	29 077	23 337	66 593	50 587	6 974	5 784	36
kehr									
30 891	8 279	132 977	9 058	9 266	14 132	24 596	15 966	491	37
34 743	12 852	104 626	9 190	7 922	20 546	36 159	16 533	5 477	38
27 886	127	29 523	16 589	18 508	27 771	39 858	2 169	134	39
1 009	45	1 823	897	717	929	1 704	202	41	40
3 339	268	7 423	2 697	1 811	4 501	5 343	483	663	41
2 798	240	6 560	2 312	1 500	3 774	4 292	426	582	42
150	15	326	117	79	191	224	21	38	43
304	24	647	256	153	424	485	45	57	44
257	21	548	218	125	356	395	39	46	45
11	1	24	8	5	14	17	1	4	46
496	123	1 618	452	207	675	933	63	549	47
483	122	1 596	441	201	660	908	62	547	48
13	1	22	11	6	15	25	1	2	49

[8]) Einschl. Waren ausländischen Ursprungs. Nicht ermittelte Herstellungsländer und Sendungen mit Werten bis 2 000 DM.

[9]) Ohne Kraftfahrzeuge mit Versicherungskennzeichen.

[10]) Einschl. der nicht regional aufteilbaren Angaben der Deutschen Bundesbahn und Deutschen Bundespost.

[11]) Einschl. Anmeldung fabrikneuer zulassungsfreier Kraftfahrzeuge mit amtlichem Kennzeichen.

2.2 Bund

Lfd. Nr.	Gegenstand der Nachweisung	Einheit	Jahr Monat Stichtag	Bundesgebiet	Schleswig-Holstein	Hamburg
	Beförderte Güter im Fernverkehr[1])					
1	Versand	1 000 t	1981	247 599	6 954	9 490
2	Empfang	1 000 t	1981	249 680	8 843	7 692
	Binnenschiffahrt					
	Güterverkehr					
3	Versand	1 000 t	1981	128 427	2 375	5 709
4	Empfang	1 000 t	1981	167 438	2 403	4 859
	Luftverkehr					
	Personenverkehr					
5	Zusteiger	1 000	1982	22 617	35	2 063
6	Aussteiger	1 000	1982	22 723	35	2 067
	Güterverkehr					
7	Einladung	1 000 t	1982	409	0	10
8	Ausladung	1 000 t	1982	349	0	14
9	Straßenverkehrsunfälle mit Personenschaden	Anzahl	1982	358 652	17 393	10 196
10	dabei: Getötete	Anzahl	1982	11 594	485	178
11	Verletzte	Anzahl	1982	467 155	22 399	13 074
						Geld und
	Kreditinstitute[2])					
12	Kredite an in- und ausländische Nichtbanken[3])	Mill. DM	31. 12. 1982	1 590 987	61 662	94 930
13	Kurzfristige Kredite	Mill. DM	31. 12. 1982	315 074	9 443	18 772
14	Mittelfristige Kredite	Mill. DM	31. 12. 1982	179 977	7 838	11 399
15	Langfristige Kredite	Mill. DM	31. 12. 1982	1 095 936	44 381	64 759
16	Einlagen und aufgenommene Kredite von in- und ausländischen Nichtbanken	Mill. DM	31. 12. 1982	1 218 163	38 800	54 025
17	dar. Spareinlagen	Mill. DM	31. 12. 1982	493 688	14 539	15 015
	darunter bei:					
18	Sparkassen[4])	Mill. DM	31. 12. 1982	275 771	8 446	9 538
19	Kreditgenossenschaften[6])	Mill. DM	31. 12. 1982	130 251	2 904	1 203
	Bausparkassen[7])					
20	Spareinlagen	Mill. DM	31. 12. 1982	120 238	4 295	2 017
21	Hypothekar- und Zwischenkredite	Mill. DM	31. 12. 1982	132 058	5 293	2 423
						Rechts
22	Rechtskräftig Verurteilte	Anzahl	1981	747 463	31 835	21 086
23	Jugendliche	Anzahl	1981	85 062	3 115	811
24	Heranwachsende	Anzahl	1981	102 815	4 157	1 668
25	Erwachsene	Anzahl	1981	559 586	24 563	18 607
						Bildung und
	Schüler an					
26	Schulen der allgemeinen Ausbildung	Anzahl	Okt. 1982	8 375 075	363 646	198 907
27	Schulen der allgemeinen Fortbildung	Anzahl	Okt. 1982	42 056	1 064	1 166
28	Schulen der beruflichen Ausbildung	Anzahl	Okt. 1982	2 493 550	108 033	71 377
29	Schulen der beruflichen Fortbildung	Anzahl	Okt. 1982	207 749	8 748	6 463
30	Auszubildende	Anzahl	31. 12. 1982	1 675 768	75 420	45 545
31	Studenten an:	Anzahl	WS 1982/83	1 203 121	28 573	54 087
32	Universitäten	Anzahl	WS 1982/83	931 874	20 545	41 637
33	Kunsthochschulen	Anzahl	WS 1982/83	19 883	359	1 470
34	Fachhochschulen	Anzahl	WS 1982/83	251 364	7 669	10 980
35	Hauptberufliche Lehrer	Anzahl	Okt. 1982	586 452	23 572	16 697
36	Hochschullehrer	Anzahl	Okt. 1981	129 781	3 533	6 453
37	Hörfunkteilnehmer[8])	1 000	31. 12. 1982	24 158	— 4 532[9]) —	
38	Fernsehteilnehmer[8])	1 000	31. 12. 1982	21 836	— 4 151[9]) —	

[1]) Ohne 5,5 Mill. t Stückgut und ohne 9,6 Mill. t im Durchgangsverkehr.
[2]) Ohne Kreditinstitute mit überregionalen Aufgaben ohne Filialnetz sowie ohne Postscheck- und Postsparkassenämter.
[3]) Einschl. Wechseldiskontkredite, aber ohne Schatzwechselkredite, Wertpapierbestände, Ausgleichs- und Deckungsforderungen, für die keine regionale Aufgliederung vorliegt.
[4]) Ohne Girozentralen.
[5]) Einschl. Berlin (West).

und Länder

Niedersachsen	Bremen	Nordrhein-Westfalen	Hessen	Rheinland-Pfalz	Baden-Württemberg	Bayern	Saarland	Berlin (West)	Lfd. Nr.
34 080	4 780	68 690	19 859	20 911	33 141	43 237	3 032	3 424	1
35 646	4 743	59 095	23 758	15 642	37 489	46 273	4 059	6 440	2
11 393	1 757	58 222	3 305	16 393	18 526	7 355	109	3 282	3
12 278	4 290	75 441	13 017	18 062	23 541	8 588	292	4 667	4
970	322	4 469	8 232	3	1 228	3 188	72	2 035	5
986	324	4 480	8 267	3	1 254	3 206	73	2 028	6
4	1	38	330	0	7	16	0	3	7
4	2	39	260	0	7	17	0	6	8
42 109	4 448	94 055	32 142	21 526	50 333	67 209	6 354	12 887	9
1 710	67	2 520	1 001	722	1 727	2 772	194	218	10
54 566	5 188	120 086	41 909	28 552	66 967	90 463	8 320	15 631	11
Kredit									
145 016	31 774	369 229	236 199	71 596	202 596	301 518	20 292	56 105	12
30 256	5 086	82 772	38 418	15 349	45 768	56 957	4 658	7 595	13
14 284	2 637	41 569	32 222	9 195	25 477	26 348	2 234	6 774	14
100 476	24 051	244 958	165 559	47 052	131 351	218 213	13 400	41 736	15
108 437	16 087	315 007	140 474	58 699	181 293	232 757	16 851	55 733	16
50 489	5 344	134 551	48 211	28 924	78 574	95 679	8 089	14 273	17
27 252	9 705[5])	81 689	26 377	17 023	41 372	49 342	5 027	.	18
13 986	422	30 709	14 770	9 278	29 371	24 050	2 420	1 138	19
13 507	1 127	26 900	10 078	7 702	26 541	23 651	2 031	2 389	20
16 274	1 241	32 233	10 124	8 537	28 608	23 023	2 342	1 960	21
pflege									
86 503	10 335	212 939	61 731	44 099	106 281	128 605	12 540	31 509	22
11 196	472	226 551	6 341	6 048	14 216	13 123	1 266	1 923	23
12 994	867	27 154	7 787	6 865	17 077	19 636	1 719	2 891	24
62 313	8 996	159 234	47 603	31 186	74 988	95 846	9 555	26 695	25
Kultur									
1 053 276	94 260	2 403 160	730 263	476 245	1 286 151	1 417 386	127 451	224 330	26
1 781	794	15 981	4 575	835	6 138	6 354	403	2 965	27
305 308	34 892	664 383	206 125	152 107	410 830	439 302	50 823	50 370	28
22 788	2 777	46 447	17 859	14 676	30 176	40 825	4 531	12 459	29
202 718	22 193	440 320	138 299	107 323	252 383	321 176	32 354	38 037	30
109 751	13 399	374 980	106 967	53 949	171 128	183 790	18 084	88 413	31
87 729	7 977	296 452	79 369	39 788	128 441	138 141	15 380	76 415	32
1 651	—	5 451	1 085	—	3 600	2 313	271	3 683	33
20 371	5 422	73 077	26 513	14 161	39 087	43 336	2 433	8 315	34
73 385	8 028	163 662	46 911	33 633	96 938	94 665	9 703	19 258	35
12 673	1 962	29 472	15 350	5 212	21 220	19 260	2 249	12 396	36
———	309	6 329	2 237	——— 5 283[9]) ———		4 079	416	974	37
———	277	5 954	2 009	——— 4 485[9]) ———		3 687	383	888	38

[6]) Ohne Genossenschaftliche Zentralbanken.

[7]) Ohne Bausparverträge mit Vertragspartnern, deren Wohnsitz außerhalb des Bundesgebietes liegt – bei Spareinlagen 616 Mill. DM, bei Hypothekar- und Zwischenkrediten 961 Mill. DM.

[8]) Einschl. der gebührenbefreiten Hörfunk- und Fernsehteilnehmer.

[9]) Durch größere Überschneidungen der Ländergrenzen mit den Sendebereichen lassen sich keine Landesergebnisse bilden.

2.2 Bund

Lfd. Nr.	Gegenstand der Nachweisung	Einheit	Jahr Monat Stichtag	Bundesgebiet	Schleswig-Holstein	Hamburg
						Gesundheits
1	Ärzte	Anzahl	31. 12. 1981	142 934	5 944	6 029
2	Zahnärzte	Anzahl	31. 12. 1981	33 501	1 554	1 350
3	Krankenpflegepersonen[1]	Anzahl	31. 12. 1981	270 149	10 067	10 384
4	dar. Krankenschwestern	Anzahl	31. 12. 1981	169 127	5 457	7 021
5	Krankenhäuser	Anzahl	31. 12. 1981	3 189	124	49
6	Planmäßige Betten in Krankenhäusern	Anzahl	31. 12. 1981	695 603	27 433	18 632
						Sozial
7	Gesetzliche Krankenversicherung, Mitglieder (einschl. Rentner)	1 000	1. 10. 1981	35 924	1 343	1 277
8	Kriegsopferversorgung, anerkannte Versorgungsberechtigte	1 000	31. 12. 1982	1 819	75	52
	Sozialhilfe					
9	Empfänger	1 000	1981	2 083	95	97
10	Ausgaben	Mill. DM	1981	14 783	736	702
11	Kriegsopferfürsorge, Ausgaben	Mill. DM	1981	1 209	55	37
12	Jugendhilfe, Ausgaben	Mill. DM	1981	5 680	195	301
	Wohngeld					
13	Empfänger	1 000	31. 12. 1982	1 611	101	61
14	Ausgaben	Mill. DM	1982	2 677	158	100
						Finanzen
15	Gesamtausgaben der Länder[3][4]	Mill. DM	1982	216 975	8 419	11 207
16	Gesamtausgaben der Gemeinden/Gv.[3][4]	Mill. DM	1982	135 728	4 881	—
17	Gesamtausgaben der Länder und Gemeinden/Gv.[3][4]	Mill. DM	1982	311 819	11 942	11 207
18	dar. Personalausgaben	Mill. DM	1982	126 104	4 923	4 804
19	Steuereinnahmen der Länder	Mill. DM	1982	130 392	4 894	5 102
20	Steuereinnahmen der Gemeinden/Gv.	Mill. DM	1982	51 041	1 749	2 271
21	Kassenmäßige Steuereinnahmen der Länder und Gemeinden/Gv.	Mill. DM	1982	181 433	6 643	7 373
	Fundierte Schulden[5]					
22	Länder	Mill. DM	31. 12. 1982	187 185	10 389	10 303
23	Gemeinden/Gv.[6]	Mill. DM	31. 12. 1982	97 252	2 164	—
24	Vollbeschäftigtes Personal im unmittelbaren öffentlichen Dienst[7]	Anzahl	30. 6. 1982	3 639 684	158 861	136 247
25	Bund (einschl. Deutsche Bundesbahn und Deutsche Bundespost)	Anzahl	30. 6. 1982	1 086 715	60 045	45 416
26	Länder	Anzahl	30. 6. 1982	1 588 717	57 294	90 831
27	Gemeinden/Gv.	Anzahl	30. 6. 1982	933 028	40 971	—
28	Kommunale Zweckverbände	Anzahl	30. 6. 1982	31 224	551	—
						Löhne und
	Industrie					
29	Bezahlte Wochenstunden	Stunden	1982	40,7	40,9	41,5
30	Bruttostundenverdienste	DM	1982	14,89	14,89	16,97
31	männlicher Arbeiter	DM	1982	15,66	15,65	17,69
32	weiblicher Arbeiter	DM	1982	11,38	11,08	12,14
33	Bruttowochenverdienste	DM	1982	606	610	704
34	männlicher Arbeiter	DM	1982	642	646	737
35	weiblicher Arbeiter	DM	1982	444	437	486
	Industrie und Handel					
36	Bruttomonatsverdienste	DM	1982	3 286	3 062	3 430
37	männlicher Angestellter	DM	1982	3 777	3 533	3 890
38	weiblicher Angestellter	DM	1982	2 447	2 301	2 757
						Sozial
39	Bruttoinlandsprodukt[9]	Mill. DM	1981	1 552 850	56 045	75 359
40	Bruttowertschöpfung[10]	Mill. DM	1981	1 496 310	54 580	68 780
41	Land- und Forstwirtschaft, Fischerei	Mill. DM	1981	34 010	2 993	299
42	Warenproduzierendes Gewerbe	Mill. DM	1981	728 590	22 378	25 120
43	Handel und Verkehr	Mill. DM	1981	231 220	8 218	18 938
44	Dienstleistungsunternehmen	Mill. DM	1981	368 940	13 351	20 181
45	Staat, private Haushalte und private Organisationen ohne Erwerbszweck	Mill. DM	1981	211 970	10 477	7 900

1) Mit staatlicher Prüfung.
2) Außerdem 5 Krankenhäuser ohne planmäßige Betten.
3) Kumulierte Vierteljahresergebnisse, ohne Krankenhäuser und Hochschulkliniken mit kaufmännischem Rechnungswesen.
4) Bereinigt um Doppelzählungen aus dem Zahlungsverkehr zwischen den öffentlichen Haushalten.
5) Ohne Schulden bei Verwaltungen und ohne Kassenkredite.
6) Ohne kommunale Zweckverbände.

und Länder

Niedersachsen	Bremen	Nordrhein-Westfalen	Hessen	Rheinland-Pfalz	Baden-Württemberg	Bayern	Saarland	Berlin (West)	Lfd. Nr.
wesen									
14 071	1 870	36 835	12 885	7 786	22 361	24 553	2 403	8 197	1
3 364	412	7 773	3 249	1 629	5 448	6 743	468	1 511	2
28 939	4 131	75 636	23 461	14 278	41 055	43 310	5 186	13 702	3
17 861	2 460	47 674	14 544	8 923	25 823	27 710	3 035	8 619	4
339	19	604	318	207	641	728[2])	44	116	5
71 674	8 851	185 787	61 302	43 297	106 231	124 797	12 737	34 862	6
leistungen									
3 914	482	9 761	3 279	1 959	5 587	6 295	646	1 382	7
221	28	448	175	116	281	325	30	68	8
253	41	657	184	92	206	270	45	144	9
1 904	305	4 607	1 319	645	1 560	1 676	255	1 073	10
151	17	406	114	61	140	148	16	64	11
529	127	1 919	493	371	676	369	76	623	12
200	36	546	117	70	156	212	20	92	13
364	64	981	191	112	226	308	39	125	14
und Steuern									
24 295	4 711	54 594	17 481	11 947	30 921	34 189	3 938	17 943	15
16 429	—	42 874	13 790	7 418	23 613	24 737	1 984	—	16
34 986	4 711	84 045	28 140	17 237	47 233	51 700	5 368	17 943	17
14 231	2 052	34 266	11 326	6 881	18 443	20 589	2 135	6 454	18
13 561	1 590	36 166	12 335	7 016	21 746	22 781	1 974	3 227	19
5 097	783	14 313	4 900	2 712	8 533	9 014	671	999	20
18 658	2 373	50 479	17 235	9 728	30 279	31 795	2 645	4 226	21
22 905	7 562	51 806	16 806	12 062	23 414	19 142	4 910	7 886	22
14 150	—	34 555	11 932	6 614	13 029	12 702	2 106	—	23
416 374	57 967	888 845	358 586	209 776	514 667	635 384	64 369	198 608	24
137 316	18 689	261 283	118 276	69 696	134 347	192 187	19 550	29 910	25
167 001	39 278	342 014	137 067	86 681	219 074	252 499	28 280	168 698	26
108 307	—	278 070	100 914	51 823	158 120	179 396	15 427	—	27
3 750	—	7 478	2 329	1 576	3 126	11 302	1 112	—	28
Gehälter									
40,0	41,6	41,3	40,5	41,0	40,6	40,2	40,6	40,0	29
15,13	15,45	15,17	15,01	14,64	14,93	13,93	15,31	14,76	30
15,77	16,04	15,76	15,70	15,39	15,82	14,89	15,78	15,89	31
11,74	11,24	11,23	11,59	11,01	11,80	10,92	11,10	11,65	32
601	641	626	606	600	606	561	618	592	33
631	669	654	638	639	649	606	640	643	34
449	451	441	454	430	462	424	433	453	35
3 170	3 201	3 329	3 333	3 154	3 405	3 187	3 213	3 196	36
3 647	3 613	3 840	3 748	3 682	3 890	3 687	3 742	3 715	37
2 327	2 399	2 431	2 565	2 267	2 508	2 395	2 228	2 560	38
produkt[8])									
159 564	23 308	419 207	146 393	85 511	241 961	265 126	24 968	55 408	39
154 065	21 725	403 196	141 615	82 428	234 364	256 579	24 300	54 677	40
7 271	90	5 672	2 037	2 155	4 405	8 796	179	114	41
73 068	9 809	200 449	57 385	45 781	130 697	122 040	13 786	28 076	42
21 406	5 030	63 157	24 010	10 565	29 874	39 162	3 260	7 599	43
33 759	4 741	100 045	46 603	16 013	52 042	66 340	4 785	11 080	44
26 617	3 198	55 175	19 068	12 253	29 764	33 817	3 570	10 132	45

7) Ohne Soldaten, einschl. Bedienstete im Ausland. – Ohne Beurlaubte.

8) Quelle: Arbeitskreis Volkswirtschaftliche Gesamtrechnungen der Länder. Die Werte für das Bundesgebiet entsprechen dem Berechnungsstand vor Abschluß der Revision der Volkswirtschaftlichen Gesamtrechnungen des Statistischen Bundesamtes 1982.

9) Das Bruttoinlandsprodukt ergibt sich aus der Bruttowertschöpfung zuzüglich Einfuhrabgaben.

10) Die Summe der Bruttowertschöpfung der Wirtschaftsbereiche weicht von der Bruttowertschöpfung insgesamt um die unterstellten Entgelte für Bankdienstleistungen sowie um den Vorsteuerabzug an Umsatzsteuer auf Investitionen ab.

3 Bevölkerung

3.0 Vorbemerkung

Grundlage des Systems der Bevölkerungsstatistik in der Bundesrepublik Deutschland sind die in etwa zehnjährigen Abständen stattfindenden Volkszählungen (zuletzt am 6. 6. 1961 und 27. 5. 1970), die demographische Grunddaten – auch über Haushalte und Familien und über die sozioökonomische Struktur der Bevölkerung – in tiefer regionaler Gliederung bereitstellen. Die ursprünglich durch das Volkszählungsgesetz 1983 auf den Stichtag 27. 4. 1983 festgesetzte Volks-, Berufs-, Wohnungs- und Arbeitsstättenzählung ist durch einstweilige Anordnung des Bundesverfassungsgerichts vom 13. 4. 1983 bis zur endgültigen Entscheidung über die eingereichten Verfassungsbeschwerden ausgesetzt worden.

Die Ergebnisse von Volkszählungen dienen auch als Auswahlgrundlage für nachfolgende Stichprobenerhebungen, insbesondere für den Mikrozensus (jährliche Repräsentativstatistik der Bevölkerung und des Erwerbslebens mit einem Auswahlsatz von 1 %), sowie als Ausgangsbasis für die laufende Fortschreibung der Bevölkerung zwischen den Zählungen. Hierzu werden die Statistiken der natürlichen Bevölkerungsbewegung (Geburten, Sterbefälle, Eheschließungen und Ehelösungen) und der räumlichen Bevölkerungsbewegung (Zu- und Fortzüge = Wanderungen) herangezogen. Zu beachten ist hierbei, daß die Bevölkerungsfortschreibung, wie die Ergebnisse der Volkszählungen von 1961 und 1970 gezeigt haben, mit zunehmendem zeitlichen Abstand von der zugrundeliegenden Zählung Abweichungen aufweist, die in erster Linie auf nicht erfolgte Abmeldungen insbesondere von Ausländern zurückzuführen sind. Eine wichtige Ergänzung bildet die Ausländerstatistik nach dem Ausländerzentralregister. Zum ständigen Arbeitsprogramm der Bevölkerungsstatistik gehören auch analytische Berechnungen über Sterblichkeit, Heirats- und Geburtenhäufigkeit, Ehedauer usw. sowie die zwischen Bund und Ländern koordinierten Bevölkerungsvorausschätzungen.

Ausführliche methodische Erläuterungen sowie fachlich und regional tiefer gegliederte Ergebnisse enthalten die Veröffentlichungen der Fachserie 1 »Bevölkerung und Erwerbstätigkeit«, Reihen 1 bis 3 (siehe hierzu auch »Fundstellennachweis«, S. 750 ff.).

Gebiet

Die Angaben über das Gebiet (Landfläche bis zur sogenannten Küstenlinie – d. h. der Grenze zwischen Meer und Festland bei einem mittleren Wasserstand – einschließlich der Binnengewässer, aber ohne den Bodensee) beruhen auf Unterlagen der Vermessungs- bzw. Katasterämter. Flächenänderungen ohne Grenzänderungen gehen auf Neuvermessungen zurück.

Regional und verwaltungsmäßig ist das Bundesgebiet nach dem Stand vom 1. 1. 1983 in 11 Länder, 26 Regierungsbezirke, 328 Kreise (davon 91 kreisfreie Städte und 237 Landkreise) und 8 505 Gemeinden gegliedert. Als Gemeinden sind auch die Länder Hamburg, Bremen (2 Gemeinden) und Berlin (West) sowie alle kreisfreien Städte und bewohnten gemeindefreien Gebiete gezählt. Für Baden-Württemberg werden zusätzlich »Regionen« nachgewiesen. So bezeichnet man dort die Gebiete der 12 Regionalverbände, die nach dem Regionalverbandsgesetz vom 26. 7. 1971 als Körperschaften des öffentlichen Rechts Träger der Regionalplanung sind und bei der Landesplanung mitwirken. In einigen Bundesländern bestehen darüber hinaus Gemeindeverbände. Hierbei handelt es sich um einen freiwilligen Zusammenschluß von Gemeinden unter Beibehaltung ihrer Rechte. Die Gemeindeverbände beraten und unterstützen ihre Mitgliedsgemeinden in fachlicher und verwaltungsmäßiger Hinsicht bei der Erfüllung ihrer Aufgaben.

Bevölkerungsstand

Wohnbevölkerung: Bei der Feststellung der Bevölkerung werden die Personen in ihrer Wohngemeinde gezählt. Zur Vermeidung von Mehrfachzählungen werden Personen mit mehreren Wohnungen derjenigen Gemeinde zugeordnet, von der aus sie ihrer Arbeit bzw. Ausbildung nachgehen oder in der sie sich – sofern sie weder berufstätig noch in Ausbildung sind – überwiegend aufhalten. Personen mit weiterer Wohnung im Ausland (z. B. Arbeiter auf Montage; Deutsche, die im Ausland studieren) werden der Wohnbevölkerung ihrer im Bundesgebiet gelegenen Heimatgemeinde zugerechnet.

Ebenso zählen Soldaten im Grundwehrdienst oder auf Wehrübung zur Wohnbevölkerung der Gemeinde vor ihrer Einberufung. Berufssoldaten, Soldaten auf Zeit, Angehörige des Bundesgrenzschutzes und der Bereitschaftspolizei rechnen – sofern sie in Gemeinschaftsunterkünften leben – zur Wohnbevölkerung ihrer Standortgemeinde.

Patienten in Krankenhäusern zählen zur Wohnbevölkerung ihrer Heimatgemeinde. Im Gegensatz dazu werden Dauerinsassen von Anstalten (z. B. Altenheime) sowie das darin wohnende Personal der Wohnbevölkerung der Anstaltsgemeinde zugerechnet.

Personen in Untersuchungshaft zählen zur Wohnbevölkerung ihrer Heimatgemeinde, Strafgefangene dagegen zur Wohnbevölkerung der Anstaltsgemeinde.

Zur Wohnbevölkerung gehören auch die im Bundesgebiet gemeldeten Ausländer (einschließlich der Staatenlosen).

Nicht zur Wohnbevölkerung gerechnet werden hingegen die Angehörigen der ausländischen Stationierungsstreitkräfte sowie der ausländischen diplomatischen und konsularischen Vertretungen mit ihren Familienangehörigen.

Die Bevölkerungsdurchschnittszahlen für ein Kalenderjahr sind das arithmetische Mittel aus 12 Monatsdurchschnitten; die Monatsdurchschnitte werden aus dem Bevölkerungsstand am Anfang und Ende der Monate berechnet. Für Volkszählungsjahre wird häufig das Zählungsergebnis als Jahresdurchschnitt ausgewiesen. Eine Verteilung der Differenz zwischen dem Ergebnis der Volkszählung vom 27. 5. 1970 und dem Fortschreibungsergebnis zum gleichen Stichtag (857 707 Personen oder 1,4 %) auf die Jahre zwischen 1961 und 1970 wurde nur für die Tabelle 3.1 vorgenommen.

Modellrechnungen zur Bevölkerungsentwicklung unterscheiden sich von Bevölkerungsvorausschätzungen hinsichtlich ihrer Aufgabenstellung. Bevölkerungsvorausschätzungen berechnen eine aus heutiger Sicht wahrscheinliche Entwicklung. Sie werden normalerweise für einen relativ kurzen Zeitraum (10 bis 15 Jahre) erstellt, weil mit zunehmendem Vorausrechnungszeitraum die Wahrscheinlichkeit des Eintretens der Annahmen unsicherer wird. Modellrechnungen sollen dagegen lediglich aufzeigen, wie sich Bevölkerungszahlen und Bevölkerungsstruktur unter bestimmten demographischen Annahmen über einen längeren Zeitraum (z. B. 50 Jahre) entwickeln würden.

Für die Veröffentlichung in Tabelle 3.20 wurden die Ergebnisse von zwei Modellrechnungen ausgewählt, die zumindest für die nächsten 10 bis 15 Jahre eine gewisse Wahrscheinlichkeit der Realisierung haben. Die Modellrechnungen basieren bei der deutschen Bevölkerung auf den Fortschreibungsergebnissen zum 1. 1. 1979 und bei der ausländischen Bevölkerung auf den Fortschreibungsergebnissen zum 1. 1. 1980, jeweils getrennt nach Alter und Geschlecht. Sie wurde durch Fortschreibung der Ergebnisse der Volkszählung 1970 gewonnen. Für die deutsche Bevölkerung wurde das Geburtenniveau des Jahres 1978 (Nettoreproduktionsrate 0,627) für den gesamten Vorausrechnungszeitraum beibehalten. Es wurde von den Sterblichkeitsverhältnissen der deutschen Bevölkerung in den Jahren 1976/78 und von einem nach Alter und Geschlecht ausgeglichenen Wanderungssaldo ausgegangen. Für die ausländische Bevölkerung wurde das Geburtenniveau des Jahres 1979 (Nettoreproduktionsrate 0,941) bis zum Jahr 2000 auf eine Nettoreproduktionsrate von 0,840 verringert. Die in den Jahren 1976/78 bestehenden Sterblichkeitsverhältnisse der ausländischen Bevölkerung wurden bis zum Jahr 1990 an die der Deutschen der Jahre 1976/78 angeglichen. Für 1980 wurde von einem Zuwanderungsüberschuß von 312 000, für 1981 bis 1987 von 55 000, für 1988 bis 1992 von 85 000 und ab 1993 wiederum von 55 000 ausgegangen. Die Angaben für die deutsche und die ausländische Bevölkerung wurden getrennt berechnet und die Einzelergebnisse zur gesamten Wohnbevölkerung zusammengefaßt.

Religionszugehörigkeit: Die Angaben beziehen sich nicht auf die religiöse Überzeugung, sondern auf die rechtliche Zugehörigkeit zu einer Kirche, Religionsgesellschaft oder Weltanschauungsgemeinschaft.

Familienstand: Es wird zwischen Ledigen, Verheirateten (zusammen- oder getrenntlebend), Verwitweten und Geschiedenen unterschieden. Personen, deren Ehepartner vermißt ist, gelten als verheiratet und Personen, deren Ehepartner für tot erklärt worden ist, als verwitwet. Verheiratet Getrenntlebende sind solche Personen, deren Ehepartner sich am Stichtag der Erhebung zeitweilig oder dauernd nicht im befragten Haushalt aufgehalten hat und bei denen für den Ehepartner keine Angaben gemacht wurden.

Haushalte und Familien

Haushalt (Privathaushalt): Zusammenwohnende und eine wirtschaftliche Einheit bildende Personengemeinschaft sowie Personen, die allein wohnen und wirtschaften (z. B. Einzeluntermieter). Zum Haushalt können verwandte und familienfremde Personen gehören (z. B. Hauspersonal). Anstalten gelten nicht als Haushalte, können aber Privathaushalte beherbergen (z. B. Haushalt des Anstaltsleiters). Haushalte mit mehreren Wohnungen werden u. U. mehrfach gezählt.

Familie: Familien sind Ehepaare bzw. alleinstehende Väter oder Mütter, die mit ihren ledigen Kindern zusammenleben (Zweigenerationenfamilie). In der Familienstatistik wird von einem idealtypisch abgegrenzten Familienzyklus ausgegangen; das bedeutet, daß als Familie auch Ehepaare vor der Geburt eines Kindes gelten (sog. »Kernfamilie«). Haben die Kinder den elterlichen Haushalt verlassen, verbleibt eine »Restfamilie«. Zur Kategorie der Restfamilien gehören auch verheiratet Getrenntlebende, Verwitwete und Geschiedene, d. h. Personen, die zu einem früheren Zeitpunkt verheiratet waren, nicht jedoch alleinstehende Ledige. Nach dieser Abgrenzung des Familienbegriffs können in einem Privathaushalt mehrere Familien leben.

Bezugsperson: Um die Haushalte und Familien in der Statistik typisieren zu können, wird eine Bezugsperson angegeben. Das ist die Person, die sich im Erhebungsbogen als solche bezeichnet. Ihre Erhebungsmerkmale (z. B. Alter, Familienstand, Nettoeinkommen) werden dann in der Statistik nachgewiesen.

Kinder: Ledige Personen, die mit ihren Eltern oder einem Elternteil, etwa der geschiedenen Mutter, in einem Haushalt zusammenleben. Eine Altersbegrenzung für die Zählung als Kind besteht nicht.

Ausländer

Alle Personen, die nicht Deutsche im Sinne des Art. 116 Abs. 1 GG sind. Dazu zählen auch die Staatenlosen und die Personen mit ungeklärter Staatsangehörigkeit. Deutsche, die zugleich eine fremde Staatsangehörigkeit besitzen, gehören nicht zu den Ausländern. Die Mitglieder der Stationierungsstreitkräfte sowie der ausländischen diplomatischen und konsularischen Vertretungen im Bundesgebiet unterliegen mit ihren Familienangehörigen nicht den Bestimmungen des Ausländergesetzes und werden somit auch statistisch nicht erfaßt.

Natürliche Bevölkerungsbewegung

Erhebungsgrundlagen für die Statistik der Eheschließungen, Geburten und Sterbefälle sind Zählkarten, die der Standesbeamte ausfüllt, der den Personenstandsfall beurkundet (regionale Zuordnung der Eheschließungen nach dem Registrierort, der Geburten nach der Wohngemeinde der Mutter, der Sterbefälle nach der Wohngemeinde des Gestorbenen). Auf ähnliche Weise werden die Angaben über die gerichtlichen Ehelösungen (insbesondere Ehescheidungen) ermittelt. Hier werden die Zählkarten für rechtskräftige Urteile in Ehesachen ausgewertet, die seit Inkrafttreten des neuen Ehe- und Familienrechts am 1. 7. 1977 von den Familiengerichten bei den Amtsgerichten auszufüllen sind; zuvor waren die Landgerichte zuständig.

Eheschließungen: Hier werden die standesamtlichen Trauungen gezählt, auch die von Ausländern, mit Ausnahme der Fälle, in denen beide Ehegatten zu den im Bundesgebiet stationierten ausländischen Streitkräften bzw. zu den ausländischen diplomatischen und konsularischen Vertretungen und ihren Familienangehörigen gehören.

Heiratshäufigkeit: Heiratsziffer der Ledigen = eheschließende Ledige bestimmten Alters je 1 000 Ledige entsprechenden Alters.

Geborene (= Geburten): Die Unterscheidung zwischen ehelich und nichtehelich Geborenen richtet sich nach den Vorschriften des Bürgerlichen Gesetzbuches: Ein Kind, das nach Eingehen der Ehe oder bis zu 302 Tagen nach Auflösung der Ehe geboren wird, gilt, unbeschadet der Möglichkeit einer späteren Anfechtung, als ehelich.

Als Lebendgeborene werden Kinder gezählt, bei denen nach der Scheidung vom Mutterleib entweder das Herz geschlagen, die Nabelschnur pulsiert oder die natürliche Lungenatmung eingesetzt hat; die übrigen Kinder gelten als Totgeborene oder Fehlgeburten. Als Totgeborene zählen seit 1. 7. 1979 nur Kinder, deren Geburtsgewicht mindestens 1 000 g beträgt (vorher mindestens 35 cm Körperlänge). Fehlgeburten (seit 1. 7. 1979 unter 1 000 g Geburtsgewicht, vorher weniger als 35 cm lang) werden vom Standesbeamten nicht registriert und bleiben daher in der Statistik der natürlichen Bevölkerungsbewegung außer Betracht.

Geburtenhäufigkeit: Allgemeine Fruchtbarkeitsziffer = Anzahl der Lebendgeborenen, bezogen auf 1 000 Frauen im Alter von 15 bis unter 45 Jahren; allgemeine bzw. eheliche altersspezifische Fruchtbarkeitsziffern = Lebendgeborene aller Mütter bzw. der verheirateten Mütter bestimmten Alters je 1 000 Frauen bzw. je 1 000 verheiratete Frauen entsprechenden Alters.

Allgemeine Geburtenziffer = Anzahl der Lebendgeborenen bezogen auf 1 000 Einwohner; allgemeine altersspezifische Geburtenziffer = Anzahl der Lebendgeborenen von Müttern bestimmten Alters je 1 000 Frauen entsprechenden Alters. Die in Tabelle 3.25 angegebene Summe der allgemeinen altersspezifischen Geburtenziffern (= zusammengefaßte Geburtenziffer) ist eine von den Veränderungen der Altersgliederung bereinigte Ziffer, bei der die Zahl der Frauen in jeder Altersgruppe gleich 1 000 gesetzt ist.

Gestorbene: Nicht berücksichtigt werden Totgeborene, standesamtlich beurkundete Kriegssterbefälle und gerichtliche Todeserklärungen.

Sterblichkeit: Sterbeziffern nach Alter und Geschlecht = Gestorbene bestimmten Alters und Geschlechts je 1 000 Lebende entsprechenden Alters und Geschlechts.

Bei der Standardisierten Sterbeziffer sind die Veränderungen im Altersaufbau der Bevölkerung durch Zugrundelegung einer einheitlichen Alters- und Geschlechtsgliederung (hier von 1970) ausgeschaltet.

Säuglingssterblichkeit: Im ersten Lebensjahr Gestorbene, bezogen auf die Lebendgeborenen eines gleich langen Berichtszeitraums, soweit möglich unter Berücksichtigung der Geburtenentwicklung in den Monaten, in denen die gestorbenen Säuglinge geboren sind.

Sterbetafel: Die Sterbetafel stellt ein mathematisches Modell der Sterblichkeitsverhältnisse einer Bevölkerung während eines bestimmten Beobachtungszeitraums dar. Sie dient insbesondere zur Berechnung altersspezifischer Sterbe- und Überlebenswahrscheinlichkeiten sowie der durchschnittlichen Lebenserwartung. Im oberen Teil der Tabelle 3.28 ist dargestellt, wie sich eine Zahl von 100 000 männlichen bzw. weiblichen Neugeborenen unter den Sterblichkeitsverhältnissen der angegebenen Jahre laufend vermindert (Absterbeordnung); im mittleren Teil ist die Wahrscheinlichkeit angegeben, mit der eine Person des angegebenen Geschlechts und Alters innerhalb eines Jahres, beispielsweise vom Alter 25 bis zum Erreichen des Alters 26, stirbt. Der untere Teil enthält die durchschnittliche Lebenserwartung der Personen verschiedenen Alters nach diesen Sterblichkeitsverhältnissen. Danach haben z. B. die 35jährigen Männer unter den Sterblichkeitsverhältnissen 1970/72 im Durchschnitt noch 36,35 Jahre oder 36 Jahre und rund 4 Monate zu leben. Die letzten 5 Zeilen geben an, wieviele Lebensjahre unter den Sterblichkeitsverhältnissen der angegebenen Jahre durchschnittlich in den großen Lebensabschnitten zwischen der Geburt und dem vollendeten Alter von 15, 45, 65 Jahren und insgesamt von einem Neugeborenen durchlebt werden. Die Altersangaben in der Tabelle 3.28 beziehen sich auf Personen, die das angegebene Lebensjahr gerade vollendet haben.

Ehelösungen: Hierzu zählen die Ehelösungen durch gerichtliches Urteil (drei Arten: Nichtigkeit der Ehe, Aufhebung der Ehe und Ehescheidung; siehe Tabelle 3.31 f.) oder durch Tod (siehe Tabelle 3.29, Spalte Verheiratete).

Scheidungshäufigkeit: Ehescheidungen je 10 000 Einwohner bzw. je 10 000 bestehende Ehen, hier auch unterschieden nach der Ehedauer.

Räumliche Bevölkerungsbewegung (Wanderungen)

Die Wanderungsstatistik wertet die nach den landesgesetzlichen Bestimmungen über das Meldewesen bei einem Wohnungswechsel gegenüber den Meldebehörden abzugebenden An- und Abmeldungen aus. Sie erstreckt sich auf die Wanderungen über die Grenzen des Bundesgebietes (Bundesaußenwanderung) und Wanderungen innerhalb des Bundesgebietes (Bundesbinnenwanderung).

In die Außenwanderung sind auch Personen einbezogen, die die Absicht haben, im Ausland oder im Bundesgebiet nur vorübergehend Wohnung zu nehmen. Das Melderecht sieht keine Abmeldung in den Fällen vor, in denen die bisherige Wohnung neben einer neuen Wohnung beibehalten wird; es werden daher nur solche Fortzüge über die Grenzen des Bundesgebiets gezählt, die mit einer Aufgabe der Wohnung im Bundesgebiet verbunden sind.

Wegen der starken Verringerung der Zahl der Gemeinden und Kreise durch die kommunale Gebietsreform ist hinsichtlich der Binnenwanderung ein Zeitvergleich derzeit nur für die Wanderungen zwischen den Ländern möglich. Es wird jeder Wohnungswechsel von einer Gemeinde nach einer anderen gezählt, einschließlich der Fälle, in denen jemand unter Beibehaltung seiner bisherigen Wohnung eine weitere Wohnung bezieht oder unter Aufgabe dieser weiteren Wohnung in die beibehaltene Wohnung zurückkehrt. Umzüge innerhalb der Gemeinden werden nicht nachgewiesen. Die Einberufung und Entlassung von Wehrpflichtigen gelten nicht als Wanderungen.

Vertriebene: Inhaber des Bundesvertriebenenausweises A oder B und Wohnsitzvertriebene sowie die Kinder dieser Personengruppen. Daten über die Vertriebenen liegen zuletzt aus dem Mikrozensus vom April 1974 vor.

Aussiedler: Deutsche Staats- oder Volkszugehörige, die nach Abschluß der allgemeinen Vertreibungsmaßnahmen, d. h. ab 1951, aus osteuropäischen Gebieten zugezogen sind.

3.1 Bevölkerungsentwicklung*)

Jahr	Bevölkerung 1 000	Bevölkerung je km^2	Jahr	Bevölkerung 1 000	Bevölkerung je km^2	Jahr	Bevölkerung 1 000	Bevölkerung je km^2	Jahr	Bevölkerung 1 000	Bevölkerung je km^2
1816	13 720	*55*	1880	22 820	*92*	1946[1])	46 190	*186*	1965[2])	58 619	*236*
1819	14 150	*57*	1890	25 433	*102*	1947	46 992	*189*	1966[2])	59 148	*238*
1822	14 580	*59*	1900	29 838	*120*	1948	48 251	*194*	1967[2])	59 286	*238*
1825	15 130	*61*	1910	35 590	*143*	1949	49 198	*198*	1968[2])	59 500	*239*
1828	15 270	*61*	1925	39 017	*157*	1950	50 809	*204*	1969[2])	60 067	*242*
1831	15 860	*64*	1926	39 351	*158*	1951	50 528	*203*	1970[3])	60 651	*244*
1834	16 170	*65*	1927	39 592	*159*	1952	50 859	*205*	1971	61 284	*247*
1837	16 570	*67*	1928	39 861	*160*	1953	51 350	*207*	1972	61 672	*249*
1840	17 010	*68*	1929	40 107	*161*	1954	51 880	*209*	1973	61 976	*249*
1843	17 440	*70*	1930	40 334	*162*	1955	52 382	*211*	1974	62 054	*250*
1846	17 780	*72*	1931	40 527	*163*	1956	53 008	*213*	1975	61 829	*249*
1849	17 970	*72*	1932	40 737	*164*	1957	53 656	*216*	1976	61 531	*247*
1852	18 230	*73*	1933	40 956	*165*	1958	54 292	*218*	1977	61 400	*247*
1855	18 230	*73*	1934	41 168	*166*	1959	54 876	*221*	1978	61 327	*247*
1858	18 600	*75*	1935	41 457	*167*	1960	55 433	*223*	1979	61 359	*247*
1861	19 050	*77*	1936	41 781	*168*	1961	56 185	*226*	1980	61 566	*248*
1864	19 600	*79*	1937	42 118	*169*	1962[2])	56 837	*229*	1981	61 682	*248*
1867	19 950	*80*	1938	42 576	*171*	1963[2])	57 389	*231*	1982[4])	61 638	*248*
1871	20 410	*82*	1939	43 008	*173*	1964[2])	57 971	*233*			

*) 1816 bis 1910 im Dezember, 1925 und 1933 im Juni, 1939 im Mai, 1946 im Oktober, 1950 im September und 1961 im Juni, 1926 bis 1932, 1934 bis 1938 Jahresmitte, 1947 bis 1949, 1951 bis 1960 und ab 1971 Jahresdurchschnitt nach dem Gebietsstand des Bundesgebietes am 1. 1. 1971.

[1]) Einschl. Personen in Kriegsgefangenen-, Zivilinternierten- und Flüchtlingslagern, mit Ausnahme von Hamburg, Bremen, Saarland und Berlin (West), jedoch ohne Ausländer in IRO-Lagern (International Refugee Organization = Internationale Flüchtlingsorganisation).

[2]) Rückgerechnete Bevölkerungszahlen siehe Vorbemerkung S. 50.

[3]) Ergebnis der Volkszählung am 27. 5. 1970; gilt zugleich als Jahresdurchschnitt (siehe Vorbemerkung S. 50).

[4]) Vorläufiges Ergebnis.

3.2 Wohnbevölkerung nach Ländern

1 000

Jahr	Bundesgebiet	Schleswig-Holstein	Hamburg	Niedersachsen	Bremen	Nordrhein-Westfalen	Hessen	Rheinland-Pfalz	Baden-Württemberg	Bayern	Saarland	Berlin (West)
					Durchschnitt[1])							
1961[2])	56 185	2 317	1 832	6 641	706	15 912	4 814	3 417	7 759	9 515	1 073	2 197
1964	58 266	2 392	1 857	6 824	729	16 463	5 051	3 530	8 196	9 921	1 112	2 193
1965	59 012	2 423	1 857	6 892	738	16 661	5 137	3 567	8 360	10 053	1 123	2 201
1966	59 638	2 457	1 851	6 951	746	16 807	5 215	3 602	8 507	10 178	1 131	2 191
1967	59 873	2 487	1 840	6 981	751	16 835	5 251	3 620	8 548	10 254	1 132	2 174
1968	60 184	2 515	1 827	7 015	754	16 888	5 296	3 635	8 635	10 339	1 130	2 151
1969	60 848	2 545	1 820	7 069	755	17 044	5 380	3 660	8 818	10 492	1 129	2 137
1970[3])	60 651	2 494	1 794	7 082	723	16 914	5 382	3 645	8 895	10 479	1 120	2 122
1971	61 284	2 529	1 789	7 155	738	17 072	5 462	3 671	9 014	10 632	1 122	2 099
1972	61 672	2 554	1 774	7 199	737	17 167	5 513	3 685	9 112	10 738	1 121	2 073
1973	61 976	2 573	1 758	7 237	732	17 223	5 560	3 698	9 206	10 818	1 115	2 054
1974	62 054	2 583	1 743	7 263	727	17 230	5 582	3 696	9 238	10 851	1 108	2 034
1975	61 829	2 584	1 726	7 252	721	17 176	5 564	3 678	9 194	10 830	1 100	2 004
1976	61 531	2 583	1 708	7 232	714	17 096	5 543	3 657	9 135	10 804	1 093	1 967
1977	61 400	2 586	1 688	7 227	707	17 052	5 539	3 645	9 121	10 813	1 085	1 938
1978	61 327	2 589	1 672	7 225	701	17 015	5 546	3 634	9 130	10 819	1 077	1 918
1979	61 359	2 595	1 659	7 227	696	17 002	5 563	3 632	9 160	10 849	1 070	1 905
1980	61 566	2 605	1 650	7 246	695	17 044	5 589	3 639	9 233	10 899	1 068	1 899
1981	61 682	2 616	1 641	7 262	693	17 049	5 605	3 642	9 275	10 942	1 065	1 892
1982[4])	61 638	2 620	1 631	7 263	689	17 008	5 607	3 639	9 281	10 963	1 060	1 879
					Jahresende							
1961	56 589	2 329	1 841	6 675	712	16 029	4 861	3 439	7 839	9 594	1 083	2 189
1964	58 587	2 406	1 857	6 854	733	16 554	5 087	3 545	8 257	9 976	1 117	2 200
1965	59 297	2 439	1 854	6 921	742	16 736	5 170	3 582	8 426	10 101	1 127	2 197
1966	59 793	2 473	1 847	6 967	750	16 835	5 240	3 613	8 534	10 217	1 132	2 185
1967	59 948	2 500	1 833	6 993	752	16 843	5 263	3 625	8 565	10 280	1 131	2 163
1968	60 463	2 529	1 823	7 039	754	16 951	5 333	3 645	8 714	10 406	1 129	2 141
1969	61 195	2 557	1 817	7 100	756	17 130	5 423	3 671	8 910	10 569	1 127	2 134
1970	61 001	2 511	1 794	7 122	735	17 005	5 425	3 659	8 954	10 561	1 121	2 115
1971	61 503	2 543	1 782	7 181	739	17 138	5 490	3 679	9 055	10 691	1 122	2 084
1972	61 809	2 564	1 766	7 215	734	17 193	5 533	3 690	9 154	10 779	1 119	2 063
1973	62 101	2 580	1 752	7 259	729	17 246	5 584	3 701	9 239	10 853	1 112	2 048
1974	61 991	2 584	1 734	7 265	724	17 218	5 576	3 688	9 226	10 849	1 103	2 024
1975	61 645	2 582	1 717	7 239	717	17 130	5 550	3 666	9 153	10 810	1 096	1 985
1976	61 442	2 583	1 699	7 227	710	17 073	5 538	3 649	9 119	10 804	1 089	1 951
1977	61 353	2 587	1 680	7 224	703	17 030	5 541	3 639	9 120	10 819	1 081	1 927
1978	61 322	2 591	1 664	7 225	698	17 006	5 554	3 631	9 138	10 831	1 073	1 910
1979	61 439	2 599	1 653	7 234	695	17 017	5 576	3 633	9 190	10 871	1 069	1 902
1980	61 658	2 611	1 645	7 256	694	17 058	5 601	3 642	9 259	10 928	1 066	1 896
1981	61 713	2 619	1 637	7 267	691	17 046	5 612	3 641	9 288	10 959	1 063	1 889
1982	61 546	2 618	1 624	7 257	685	16 961	5 600	3 637	9 271	10 967	1 058	1 870

[1]) Errechnet aus Vierteljahres- bzw. Monatsdurchschnitten (siehe Vorbemerkung S. 50).

[2]) Ergebnis der Volkszählung am 6. 6. 1961; gilt zugleich als Jahresdurchschnitt.

[3]) Ergebnis der Volkszählung am 27. 5. 1970; gilt zugleich als Jahresdurchschnitt (siehe Vorbemerkung S. 50).

[4]) Vorläufiges Ergebnis.

3.3 Verwaltungsgliederung am 1. 1. 1983

Land	Regierungsbezirke	Kreise			Gemeinden[1])		Gemeindeverbände[2])
		insgesamt	kreisfreie Städte	Landkreise	insgesamt	dar. Mitgliedsgemeinden von Gemeindeverbänden[2])	
Schleswig-Holstein	—	15	4	11	1 131	1 026	119
Hamburg	—	1	1	—	1	—	—
Niedersachsen	4	47	9	38	1 031	744	142
Bremen	—	2	2	—	2	—	—
Nordrhein-Westfalen	5	54	23	31	396	—	—
Hessen	3	26	5	21	427	—	—
Rheinland-Pfalz	3	36	12	24	2 303	2 253	163
Baden-Württemberg	4	44	9	35	1 111	922	272
Bayern	7	96	25	71	2 050	1 085	346
Saarland	—	6	—	6	52	—	—
Berlin (West)	—	1	1	—	1	—	—
Bundesgebiet	**26**	**328**	**91**	**237**	**8 505**	**6 030**	**1 042**

[1]) Einschl. der bewohnten gemeindefreien Gebiete.
[2]) In Schleswig-Holstein: Amt bzw. Kirchspielslandgemeinde; in Niedersachsen: Samtgemeinde; in Rheinland-Pfalz: Verbandsgemeinde; in Baden-Württemberg und Bayern: Verwaltungsgemeinschaft.

3.4 Fläche und Wohnbevölkerung nach Ländern und Regierungsbezirken*)

Land Regierungsbezirk	Fläche	Kreisfreie Städte und Landkreise	Gemeinden	Wohnbevölkerung[1])				Bevölkerungsdichte			
				17. 5. 1939	13. 9. 1950	6. 6. 1961	27. 5. 1970	17. 5. 1939	13. 9. 1950	6. 6. 1961	27. 5. 1970
	km²	Anzahl		1 000				Einwohner je km²			
Schleswig-Holstein	15 695,62	15	1 158	1 589,0	2 594,6	2 317,4	2 494,1	*101*	*165*	*148*	*159*
Hamburg	747,53	1	1	1 711,9	1 605,7	1 832,4	1 793,8	*2 290*	*2 148*	*2 451*	*2 400*
Niedersachsen	47 415,35	46	1 030	4 539,2	6 796,5	6 640,1	7 081,5	*96*	*143*	*140*	*149*
RB Braunschweig	8 087,80	11	187	1 007,7	1 625,1	1 599,8	1 659,1	*125*	*201*	*198*	*205*
RB Hannover	9 040,62	8	222	1 327,5	1 893,7	1 940,8	2 057,4	*147*	*210*	*215*	*228*
RB Lüneburg	15 338,74	11	367	812,5	1 396,2	1 242,5	1 335,9	*53*	*91*	*81*	*87*
RB Weser-Ems	14 948,19	16	254	1 391,5	1 881,5	1 857,0	2 029,2	*93*	*126*	*124*	*136*
Bremen	403,77	2	2	562,9	558,6	706,4	722,7	*1 394*	*1 383*	*1 749*	*1 790*
Nordrhein-Westfalen	34 069,29	54	396	11 945,1	13 207,8	15 912,4	16 914,7	*351*	*388*	*467*	*497*
RB Düsseldorf	5 287,74	15	66	.	4 137,1	5 163,1	5 366,4	.	*782*	*977*	*1 015*
RB Köln	7 373,13	12	99	.	2 626,2	3 293,9	3 690,3	.	*357*	*447*	*501*
RB Münster	6 896,08	8	78	.	1 883,7	2 232,8	2 361,2	.	*273*	*324*	*342*
RB Detmold	6 514,46	7	70	.	1 502,3	1 611,1	1 746,5	.	*231*	*247*	*268*
RB Arnsberg	7 997,88	12	83	.	3 058,6	3 611,5	3 750,3	.	*382*	*452*	*469*
Hessen	21 113,24	26	423	3 479,1	4 323,8	4 814,4	5 381,7	*165*	*205*	*228*	*255*
RB Darmstadt	11 562,39	18	262	2 471,7	3 011,3	3 506,4	3 974,7	*214*	*260*	*303*	*344*
RB Kassel	9 550,85	8	161	1 007,4	1 312,5	1 308,1	1 407,0	*105*	*137*	*137*	*147*
Rheinland-Pfalz	19 838,85	36	2 321	2 960,0	3 004,8	3 417,1	3 645,4	*149*	*151*	*172*	*184*
RB Koblenz	8 093,28	11	1 116	1 058,7	1 127,1	1 256,1	1 354,3	*131*	*139*	*155*	*167*
RB Trier	4 923,89	5	561	457,0	436,0	465,1	482,4	*93*	*89*	*94*	*98*
RB Rheinhessen-Pfalz	6 821,68	20	644	1 444,3	1 441,7	1 695,9	1 808,8	*212*	*211*	*249*	*265*
Baden-Württemberg	35 751,33	44	1 111	5 476,4	6 430,2	7 759,1	8 895,0	*153*	*180*	*217*	*249*
RB Stuttgart	10 557,81	13	343	1 870,4	2 371,5	2 924,2	3 367,0	*177*	*225*	*277*	*319*
RB Karlsruhe	6 919,81	12	211	1 547,1	1 742,3	2 047,7	2 328,5	*224*	*252*	*296*	*337*
RB Freiburg	9 356,87	10	302	1 170,2	1 280,0	1 557,5	1 782,3	*125*	*137*	*167*	*191*
RB Tübingen	8 916,84	9	255	888,7	1 036,4	1 229,9	1 417,3	*100*	*116*	*138*	*159*
Bayern	70 546,92	96	3 898	7 084,1	9 184,5	9 515,5	10 479,4	*100*	*130*	*135*	*149*
RB Oberbayern	17 531,48	23	789	1 999,4	2 542,4	2 832,6	3 325,1	*114*	*145*	*162*	*190*
RB Niederbayern	10 374,20	12	461	757,2	1 042,7	928,6	977,9	*73*	*101*	*90*	*94*
RB Oberpfalz	9 622,30	10	420	692,7	904,1	896,4	961,7	*72*	*94*	*93*	*100*
RB Oberfranken	7 184,47	13	560	788,2	1 086,3	1 054,5	1 077,6	*110*	*151*	*147*	*150*
RB Mittelfranken	7 283,99	12	391	1 066,7	1 275,0	1 372,3	1 487,5	*146*	*175*	*188*	*204*
RB Unterfranken	8 535,55	12	609	845,0	1 039,3	1 090,3	1 181,6	*99*	*122*	*128*	*138*
RB Schwaben	10 014,93	14	668	934,9	1 294,6	1 340,8	1 468,1	*93*	*129*	*134*	*147*
Saarland	2 568,23	6	50	889,5	955,4[2])	1 072,6	1 119,7	*346*	*372*[2])	*418*	*436*
Berlin (West)	480,19	1	1	2 750,5	2 147,0	2 197,4	2 122,3	*5 728*	*4 464*	*4 569*	*4 421*
Bundesgebiet	**248 630,32**	**327**	**10 391**	**42 987,7**	**50 808,9**	**56 184,9**	**60 650,6**	***173***	***204***	***226***	***244***
Kreisfreie Städte	12 526,13	92	92	12 827,3[3])	18 759,2	22 601,3	23 024,5	*1 024*[3])	*1 498*	*1 804*	*1 838*
Landkreise	236 104,19	235	10 299	18 215,2[3])	32 049,8	33 583,6	37 626,1	*77*[3])	*136*	*142*	*159*

*) Gebietsstand: 1. 2. 1978 (unter Berücksichtigung der kommunalen Neugliederung in Niedersachsen).
[1]) Ergebnisse der Volkszählungen.
[2]) Saarland: 14. 11. 1951.
[3]) Ohne Nordrhein-Westfalen.

3.5 Fläche und Wohnbevölkerung der kreisfreien Städte und Landkreise am 30. 6. 1982

Kreisfreie Stadt Landkreis	Fläche[1])	Wohnbevölkerung			Einwohner je km²
		insgesamt	männlich	weiblich	
	km²	1 000			Anzahl
Schleswig-Holstein					
Kreisfreie Städte					
Flensburg	56,35	87,0	41,0	46,0	*1 544*
Kiel	110,39	249,4	118,1	131,3	*2 259*
Lübeck	214,22	218,5	101,5	117,0	*1 020*
Neumünster	71,56	79,9	37,7	42,3	*1 117*
Kreise					
Dithmarschen	1 405,39	131,0	62,7	68,3	*93*
Hzgt. Lauenburg	1 263,00	157,2	76,7	80,5	*124*
Nordfriesland	2 041,77	162,2	79,2	83,1	*79*
Ostholstein	1 390,49	194,0	91,8	102,1	*139*
Pinneberg	662,25	260,9	126,2	134,7	*394*
Plön	1 081,40	116,3	57,2	59,1	*108*
Rendsburg-Eckernförde	2 185,53	246,7	120,8	125,9	*113*
Schleswig-Flensburg	2 071,14	182,8	91,4	91,4	*88*
Segeberg	1 344,31	212,4	103,7	108,7	*158*
Steinburg	1 055,89	128,5	62,0	66,5	*122*
Stormarn	766,30	192,5	93,2	99,3	*251*
Land insgesamt	**15 719,99**	**2 619,4**	**1 263,2**	**1 356,2**	***167***
Kreisfreie Städte	452,52	634,9	298,3	336,6	*1 403*
Kreise	15 267,47	1 984,5	964,9	1 019,6	*130*
Hamburg					
Land insgesamt	**754,69**	**1 630,4**	**762,7**	**867,7**	***2 160***
Niedersachsen					
RB Braunschweig	**8 094,03**	**1 628,4**	**777,6**	**850,8**	***201***
Kreisfreie Städte	619,46	496,6	235,8	260,8	*807*
Braunschweig	192,00	258,8	120,5	138,3	*1 348*
Salzgitter	223,89	112,5	53,5	58,9	*502*
Wolfsburg	203,57	125,3	61,8	63,6	*616*
Landkreise	7 474,57	1 131,8	541,8	590,0	*151*
Gifhorn	1 560,48	125,7	62,5	63,3	*81*
Göttingen	1 116,70	262,9	126,7	136,2	*235*
Goslar	964,82	170,0	81,0	89,0	*176*
Helmstedt	673,39	98,7	46,8	51,8	*147*
Northeim	1 266,12	150,3	71,2	79,2	*119*
Osterode am Harz	636,66	90,7	42,3	48,3	*142*
Peine	534,27	117,7	56,2	61,5	*220*
Wolfenbüttel	722,13	115,8	55,2	60,6	*160*
RB Hannover	**9 041,42**	**2 048,8**	**969,7**	**1 079,2**	***227***
Kreisfreie Stadt					
Hannover	204,23	527,5	243,2	284,4	*2 583*
Landkreise	8 837,19	1 521,3	726,5	794,8	*172*
Diepholz	1 986,14	183,2	89,9	93,3	*92*
Hameln-Pyrmont	795,90	157,6	72,5	85,2	*198*
Hannover	2 084,05	547,4	264,4	283,0	*263*
Hildesheim	1 205,19	283,8	132,6	151,1	*235*
Holzminden	692,36	83,4	39,4	44,0	*120*
Nienburg (Weser)	1 398,00	113,3	55,0	58,3	*81*
Schaumburg	675,55	152,7	72,7	79,9	*226*
RB Lüneburg	**15 345,55**	**1 466,4**	**715,1**	**751,3**	***96***
Landkreise					
Celle	1 543,84	165,8	79,0	86,8	*107*
Cuxhaven	2 129,67	193,6	94,6	99,0	*91*
Harburg	1 244,19	189,2	92,6	96,6	*152*
Lüchow-Dannenberg	1 219,45	49,0	23,4	25,6	*40*
Lüneburg	1 069,74	133,3	64,1	69,2	*125*
Osterholz	650,31	94,3	47,0	47,3	*145*
Rotenburg (Wümme)	2 069,78	139,7	69,7	70,1	*68*
Soltau-Fallingbostel	1 873,07	126,9	62,1	64,8	*68*
Stade	1 304,83	166,9	82,0	84,9	*128*
Uelzen	1 452,98	95,8	46,1	49,7	*66*
Verden	787,69	111,8	54,5	57,3	*142*
RB Weser-Ems	**14 950,15**	**2 118,0**	**1 022,6**	**1 095,4**	***142***
Kreisfreie Städte	500,72	517,1	243,8	273,3	*1 033*
Delmenhorst	62,33	72,1	34,7	37,4	*1 157*
Emden	112,35	51,0	24,4	26,6	*454*
Oldenburg (Oldenburg)	102,88	137,9	64,1	73,8	*1 340*
Osnabrück	119,79	156,8	72,4	84,4	*1 309*
Wilhelmshaven	103,37	99,3	48,3	51,0	*961*
Landkreise	14 449,43	1 600,9	778,8	822,1	*111*
Ammerland	727,99	91,4	44,7	46,8	*126*
Aurich	1 277,92	168,6	80,7	88,0	*132*
Cloppenburg	1 417,01	110,6	54,3	56,3	*78*
Emsland	2 879,52	242,9	119,3	123,6	*84*
Friesland	607,25	96,0	46,1	49,9	*158*
Grfsch. Bentheim	980,34	116,4	56,2	60,2	*119*
Leer	1 085,74	142,1	68,6	73,5	*131*
Oldenburg (Oldenburg)	1 062,97	98,3	49,4	49,0	*93*
Osnabrück	2 121,18	288,3	138,6	149,7	*136*
Vechta	812,15	99,8	49,2	50,6	*123*
Wesermarsch	821,72	92,7	45,7	47,1	*113*
Wittmund	655,64	53,6	26,1	27,5	*82*
Land insgesamt	**47 431,15**	**7 261,6**	**3 485,0**	**3 776,6**	***153***
Kreisfreie Städte	1 324,41	1 541,3	722,8	818,5	*1 164*
Landkreise	46 106,74	5 720,3	2 762,2	2 958,1	*124*
Bremen					
Kreisfreie Städte					
Bremen	326,72	551,0	256,9	294,1	*1 686*
Bremerhaven	77,51	138,0	67,6	70,4	*1 781*
Land insgesamt	**404,23**	**689,0**	**324,5**	**364,5**	***1 704***
Nordrhein-Westfalen					
RB Düsseldorf	**5 287,89**	**5 183,3**	**2 454,2**	**2 729,1**	***980***
Kreisfreie Städte	1 468,97	3 349,5	1 565,2	1 784,4	*2 280*
Düsseldorf	217,07	585,9	270,7	315,3	*2 699*
Duisburg	232,96	551,7	260,6	291,0	*2 368*
Essen	210,24	641,5	297,2	344,3	*3 051*
Krefeld	137,49	223,8	103,7	120,1	*1 628*
Mönchengladbach	170,50	258,6	120,9	137,7	*1 517*
Mülheim a. d. Ruhr	91,26	178,8	83,4	95,4	*1 959*
Oberhausen	77,03	228,2	109,5	118,7	*2 963*
Remscheid	74,61	127,5	60,9	66,6	*1 709*
Solingen	89,45	163,5	76,9	86,6	*1 827*
Wuppertal	168,36	390,0	181,3	208,7	*2 317*
Kreise	3 818,92	1 833,7	889,0	944,7	*480*
Kleve	1 230,72	260,6	126,9	133,7	*212*
Mettmann	407,10	483,4	232,6	250,8	*1 187*
Neuss	576,50	411,5	202,8	208,7	*714*
Viersen	562,46	261,7	124,7	137,0	*465*
Wesel	1 042,14	416,5	202,0	214,5	*400*

[1]) Gebietsstand: 1. 1. 1982.

3.5 Fläche und Wohnbevölkerung der kreisfreien Städte und Landkreise am 30. 6. 1982

Kreisfreie Stadt Landkreis	Fläche¹)	Wohnbevölkerung insgesamt	Wohnbevölkerung männlich	Wohnbevölkerung weiblich	Einwohner je km²
	km²	1 000	1 000	1 000	Anzahl
RB Köln	**7 368,57**	**3 932,4**	**1 901,3**	**2 031,1**	***534***
Kreisfreie Städte	786,14	1 663,4	796,0	867,4	*2 116*
Aachen	160,85	244,0	119,6	124,5	*1 517*
Bonn	141,32	292,2	137,6	154,5	*2 067*
Köln	405,12	967,7	461,0	506,7	*2 389*
Leverkusen	78,85	159,5	77,8	81,7	*2 023*
Kreise	6 582,43	2 269,0	1 105,3	1 163,7	*345*
Aachen	550,19	288,8	140,0	148,8	*525*
Düren	941,05	237,9	116,9	121,0	*253*
Erftkreis	704,78	402,0	198,0	204,0	*570*
Euskirchen	1 249,60	158,7	77,3	81,4	*127*
Heinsberg	627,78	215,1	105,9	109,3	*343*
Oberbergischer Kreis	916,45	247,8	118,7	129,1	*270*
Rheinisch-Bergischer Kreis	439,07	248,5	119,5	129,0	*566*
Rhein-Sieg-Kreis	1 153,51	470,1	229,0	241,1	*408*
RB Münster	**6 896,90**	**2 419,2**	**1 167,1**	**1 252,1**	***351***
Kreisfreie Städte	507,53	685,4	324,6	360,7	*1 350*
Bottrop	100,59	114,0	54,8	59,2	*1 133*
Gelsenkirchen	104,83	299,7	142,3	157,5	*2 859*
Münster	302,11	271,6	127,5	144,1	*899*
Kreise	6 389,37	1 733,9	842,4	891,4	*271*
Borken	1 416,48	302,5	148,4	154,1	*214*
Coesfeld	1 108,43	173,7	85,3	88,4	*157*
Recklinghausen	759,83	629,4	301,6	327,8	*828*
Steinfurt	1 790,75	380,3	186,0	194,2	*212*
Warendorf	1 313,88	248,0	121,2	126,8	*189*
RB Detmold	**6 514,69**	**1 812,1**	**861,6**	**950,4**	***278***
Kreisfreie Stadt Bielefeld	259,10	311,1	143,8	167,3	*1 201*
Kreise	6 255,59	1 501,0	717,8	783,2	*240*
Gütersloh	966,04	287,1	140,5	146,6	*297*
Herford	448,43	230,8	108,3	122,5	*515*
Höxter	1 199,36	143,2	69,7	73,5	*119*
Lippe	1 246,51	327,5	155,0	172,5	*263*
Minden-Lübbecke	1 150,80	284,7	134,5	150,2	*247*
Paderborn	1 244,45	227,8	109,8	118,0	*183*
RB Arnsberg	**7 998,20**	**3 663,4**	**1 750,6**	**1 912,9**	***458***
Kreisfreie Städte	863,30	1 565,7	741,1	824,6	*1 814*
Bochum	145,36	396,0	187,2	208,8	*2 725*
Dortmund	280,18	603,0	285,8	317,2	*2 152*
Hagen	160,34	215,6	101,5	114,0	*1 345*
Hamm	226,04	171,0	82,1	88,9	*756*
Herne	51,38	180,1	84,5	95,6	*3 506*
Kreise	7 134,90	2 097,8	1 009,5	1 088,3	*294*
Ennepe-Ruhr-Kreis	408,06	344,5	163,5	181,0	*844*
Hochsauerlandkreis	1 957,33	266,6	128,3	138,3	*136*
Märkischer Kreis	1 058,84	421,7	200,7	221,0	*398*
Olpe	709,93	123,0	60,6	62,4	*173*
Siegen	1 131,31	284,0	136,4	147,6	*251*
Soest	1 327,20	268,6	130,3	138,3	*202*
Unna	542,23	389,4	189,6	199,8	*718*
Land insgesamt	**34 066,25**	**17 010,4**	**8 134,8**	**8 875,6**	***499***
Kreisfreie Städte	3 885,04	7 575,0	3 570,7	4 004,3	*1 950*
Kreise	30 181,21	9 435,4	4 564,1	4 871,3	*313*
Hessen					
RB Darmstadt	**7 445,75**	**3 441,9**	**1 652,9**	**1 789,0**	***462***
Kreisfreie Städte	620,27	1 145,1	536,6	608,5	*1 846*
Darmstadt	122,36	138,4	66,3	72,1	*1 131*
Frankfurt am Main	249,05	622,5	291,3	331,2	*2 500*
Offenbach am Main	44,85	110,0	51,3	58,7	*2 453*
Wiesbaden	204,01	274,1	127,6	146,5	*1 344*
Landkreise	6 825,48	2 296,8	1 116,4	1180,5	*337*
Bergstraße	719,16	239,7	116,0	123,6	*333*
Darmstadt-Dieburg	658,35	249,8	122,9	126,9	*379*
Groß-Gerau	453,67	233,0	117,1	115,9	*514*
Hochtaunuskreis	481,63	206,6	97,7	108,9	*429*
Main-Kinzig-Kreis	1 398,01	366,8	177,8	189,0	*262*
Main-Taunus-Kreis	222,39	201,6	97,8	103,8	*906*
Odenwaldkreis	623,94	85,5	41,1	44,3	*137*
Offenbach	356,30	295,8	143,3	152,5	*830*
Rheingau-Taunus-Kreis	811,44	165,0	79,8	85,2	*203*
Wetteraukreis	1 100,59	253,1	122,8	130,3	*230*
RB Gießen	**5 380,29**	**974,2**	**473,1**	**501,1**	***181***
Landkreise					
Gießen	854,63	234,1	113,2	120,9	*274*
Lahn-Dill-Kreis	1 066,04	239,1	115,8	123,3	*224*
Limburg-Weilburg	738,20	151,6	72,6	78,9	*205*
Marburg-Biedenkopf	1 262,46	240,2	118,0	122,2	*190*
Vogelsbergkreis	1 458,96	109,2	53,3	55,8	*75*
RB Kassel	**8 288,40**	**1 190,3**	**570,4**	**619,9**	***144***
Kreisfreie Stadt Kassel	106,95	193,3	88,8	104,5	*1 807*
Landkreise	8 181,45	997,0	481,5	515,4	*122*
Fulda	1 380,32	191,1	90,9	100,2	*138*
Hersfeld-Rotenburg	1 096,90	127,4	61,3	66,0	*116*
Kassel	1 292,47	223,7	108,8	114,9	*173*
Schwalm-Eder-Kreis	1 538,29	181,7	88,7	93,0	*118*
Waldeck-Frankenberg	1 848,57	155,4	75,2	80,1	*84*
Werra-Meißner-Kreis	1 024,90	117,7	56,5	61,2	*115*
Land insgesamt	**21 114,44**	**5 606,3**	**2 696,3**	**2 910,0**	**266**
Kreisfreie Städte	727,22	1 338,4	625,4	713,0	1 840
Landkreise	20 387,22	4 267,9	2 070,9	2 197,0	*209*
Rheinland-Pfalz					
RB Koblenz	**8 091,76**	**1 362,0**	**652,9**	**709,1**	***168***
Kreisfreie Stadt Koblenz	105,03	113,3	53,8	59,5	*1 078*
Landkreise	7 986,73	1 248,7	599,1	649,7	*156*
Ahrweiler	787,17	110,7	52,3	58,4	*141*
Altenkirchen (Westerwald)	641,89	122,0	59,0	62,9	*190*
Bad Kreuznach	863,45	146,2	68,4	77,8	*169*
Birkenfeld	798,00	86,9	41,9	45,0	*109*
Cochem-Zell	718,78	60,9	29,8	31,1	*85*
Mayen-Koblenz	817,10	188,7	91,7	97,0	*231*
Neuwied	626,79	155,2	73,6	81,6	*248*
Rhein-Hunsrück-Kreis	963,04	90,7	44,0	46,8	*94*
Rhein-Lahn-Kreis	782,34	118,1	56,5	61,7	*151*
Westerwaldkreis	988,17	169,3	82,0	87,3	*171*
RB Trier	**4 925,57**	**471,1**	**223,8**	**247,3**	***96***
Kreisfreie Stadt Trier	117,46	94,3	42,3	52,0	*803*
Landkreise	4 808,11	376,8	181,5	195,3	*78*
Bernkastel-Wittlich	1 177,29	107,1	51,1	56,0	*91*
Bitburg-Prüm	1 627,33	89,1	42,5	46,5	*55*
Daun	910,99	56,0	27,4	28,5	*61*
Trier-Saarburg	1 092,50	124,7	60,4	64,3	*114*
RB Rheinhessen-Pfalz	**6 830,24**	**1 805,9**	**863,4**	**942,5**	***264***
Kreisfreie Städte	842,64	773,4	365,5	407,9	*918*
Frankenthal (Pfalz)	43,56	43,6	21,0	22,6	*1 002*
Kaiserslautern	139,70	98,5	47,0	51,5	*705*
Landau in der Pfalz	82,99	36,4	16,4	20,0	*438*
Ludwigshafen am Rhein	77,85	158,7	75,5	83,1	*2 038*
Mainz	97,73	186,6	89,7	96,9	*1 910*
Neustadt an der Weinstraße	117,11	49,9	23,4	26,5	*426*
Pirmasens	61,43	48,2	21,8	26,4	*785*

¹) Gebietsstand: 1. 1. 1982.

3.5 Fläche und Wohnbevölkerung der kreisfreien Städte und Landkreise am 30. 6. 1982

Kreisfreie Stadt Landkreis	Fläche[1])	Wohnbevölkerung			Einwohner je km²
		insgesamt	männlich	weiblich	
	km²	1 000			Anzahl
Speyer	42,57	43,8	20,2	23,6	*1 029*
Worms	108,74	73,3	34,4	39,0	*674*
Zweibrücken	70,96	34,3	16,0	18,3	*484*
Landkreise	5 987,60	1 032,5	497,9	534,6	*172*
Alzey-Worms	588,13	96,8	46,9	49,9	*165*
Bad Dürkheim	594,88	116,7	55,6	61,1	*196*
Donnersbergkreis	645,64	66,8	32,2	34,6	*104*
Germersheim	463,21	101,5	49,2	52,2	*219*
Kaiserslautern	639,77	95,4	46,2	49,3	*149*
Kusel	551,88	74,7	35,9	38,8	*135*
Ludwigshafen	304,66	126,7	61,7	64,9	*416*
Mainz-Bingen	605,94	159,8	77,2	82,5	*264*
Pirmasens	953,74	98,6	47,5	51,1	*103*
Südliche Weinstraße	639,75	95,4	45,4	50,0	*149*
Land insgesamt	**19 847,57**	**3 639,0**	**1 740,0**	**1 898,9**	***183***
Kreisfreie Städte	1 065,13	981,0	461,6	519,4	*921*
Landkreise	18 782,44	2 658,0	1 278,5	1 379,6	*142*
Baden-Württemberg					
RB Stuttgart	**10 557,87**	**3 481,4**	**1 686,9**	**1 794,6**	***330***
Stadtkreise	307,01	686,8	327,3	359,5	*2 237*
Landkreise	10 250,86	2 794,7	1 359,6	1 435,1	*273*
Region Mittlerer Neckar	**3 654,57**	**2 365,7**	**1 149,4**	**1 216,3**	***647***
Stadtkreis Stuttgart	207,15	575,2	274,5	300,8	*2 777*
Landkreise	3 447,42	1 790,5	874,9	915,6	*519*
Böblingen	617,94	308,3	152,2	156,1	*499*
Esslingen	641,64	459,8	225,5	234,4	*717*
Göppingen	642,35	231,1	111,4	119,8	*360*
Ludwigsburg	687,22	435,1	213,0	222,1	*633*
Rems-Murr-Kreis	858,27	356,2	172,9	183,3	*415*
Region Franken	**4 764,58**	**715,4**	**345,1**	**370,3**	***150***
Stadtkreis Heilbronn	99,86	111,5	52,8	58,7	*1 117*
Landkreise	4 664,72	603,8	292,2	311,6	*129*
Heilbronn	1 099,59	247,2	120,2	127,0	*225*
Hohenlohekreis	776,68	84,4	40,9	43,5	*109*
Schwäbisch Hall	1 483,88	150,9	72,6	78,3	*102*
Main-Tauber-Kreis	1 304,57	121,4	58,4	62,9	*93*
Region Ostwürttemberg	**2 138,72**	**400,3**	**192,4**	**207,9**	***187***
Landkreise					
Heidenheim	627,20	124,1	59,2	64,9	*198*
Ostalbkreis	1 511,52	276,3	133,2	143,0	*183*
RB Karlsruhe	**6 919,53**	**2 409,3**	**1 155,3**	**1 254,0**	***348***
Stadtkreise	665,24	863,7	408,8	454,9	*1 298*
Landkreise	6 254,29	1 545,7	746,6	799,1	*247*
Region Mittlerer Oberrhein	**2 137,32**	**871,1**	**416,9**	**454,2**	***408***
Stadtkreise	313,67	320,4	150,5	169,8	*1 021*
Baden-Baden	140,21	49,1	21,3	27,8	*350*
Karlsruhe	173,46	271,3	129,2	142,1	*1 564*
Landkreise	1 823,65	550,7	266,4	284,4	*302*
Karlsruhe	1 084,82	361,2	175,6	185,5	*333*
Rastatt	738,83	189,5	90,7	98,8	*257*
Region Unterer Neckar	**2 442,22**	**1 034,4**	**497,9**	**536,5**	***424***
Stadtkreise	253,78	437,9	209,5	228,4	*1 726*
Heidelberg	108,83	134,1	61,7	72,4	*1 232*
Mannheim	144,95	303,8	147,8	156,0	*2 096*
Landkreise	2 188,44	596,5	288,4	308,0	*273*
Neckar-Odenwald-Kreis	1 126,33	129,2	62,8	66,4	*115*
Rhein-Neckar-Kreis	1 062,11	467,2	225,6	241,6	*440*
Region Nordschwarzwald	**2 339,99**	**503,8**	**240,5**	**263,3**	***215***
Stadtkreis Pforzheim	97,79	105,4	48,8	56,6	*1 078*
Landkreise	2 242,20	398,5	191,8	206,7	*178*
Calw	797,53	134,3	64,9	69,4	*168*
Enzkreis	574,01	163,7	79,3	84,4	*285*
Freudenstadt	870,66	100,5	47,6	52,9	*115*
RB Freiburg	**9 356,97**	**1 872,3**	**895,2**	**977,1**	***200***
Stadtkreis	153,05	177,7	81,0	96,7	*1 161*
Landkreise	9 203,92	1 694,6	814,3	880,4	*184*
Region Südlicher Oberrhein	**4 071,89**	**868,5**	**412,8**	**455,8**	***213***
Stadtkreis Freiburg im Breisgau	153,05	177,7	81,0	96,7	*1 161*
Landkreise	3 918,84	690,9	331,8	359,0	*176*
Breisgau-Hochschwarzwald	1 378,32	202,6	97,8	104,7	*147*
Emmendingen	679,93	132,8	64,0	68,9	*195*
Ortenaukreis	1 860,59	355,5	170,0	185,5	*191*
Region Schwarzwald-Baar-Heuberg	**2 529,11**	**436,7**	**209,6**	**227,0**	***173***
Landkreise					
Rottweil	769,46	127,1	60,6	66,4	*165*
Schwarzwald-Baar-Kreis	1 025,25	198,3	94,9	103,3	*193*
Tuttlingen	734,40	111,4	54,1	57,3	*152*
Region Hochrhein-Bodensee	**2 755,97**	**567,1**	**272,8**	**294,3**	***206***
Landkreise					
Konstanz	818,08	231,2	110,9	120,4	*283*
Lörrach	806,80	191,2	92,0	99,2	*237*
Waldshut	1 131,09	144,6	69,9	74,7	*128*
RB Tübingen	**8 917,33**	**1 518,0**	**734,8**	**783,2**	***170***
Stadtkreis	118,73	100,1	48,3	51,8	*843*
Landkreise	8 798,60	1 418,0	686,5	731,5	*161*
Region Neckar-Alb	**2 530,90**	**586,7**	**281,3**	**305,5**	***232***
Landkreise					
Reutlingen	1 094,07	238,6	113,7	124,9	*218*
Tübingen	519,10	175,5	85,3	90,2	*339*
Zollernalbkreis	917,73	172,6	82,2	90,4	*188*
Region Donau-Iller	**2 885,87**	**413,1**	**202,1**	**211,0**	***143***
Stadtkreis Ulm	118,73	100,1	48,3	51,8	*843*
Landkreise	2 767,14	313,0	153,8	159,2	*113*
Alb-Donau-Kreis	1 357,28	160,9	79,5	81,4	*119*
Biberach	1 409,86	152,1	74,3	77,8	*108*
Region Bodensee-Oberschwaben	**3 500,56**	**518,2**	**251,4**	**266,8**	***148***
Landkreise					
Bodenseekreis	664,49	171,6	83,1	88,6	*258*
Ravensburg	1 631,69	232,1	112,0	120,1	*142*
Sigmaringen	1 204,38	114,5	56,3	58,1	*95*
Land insgesamt	**35 751,70**	**9 281,1**	**4 472,2**	**4 808,9**	***269***
Stadtkreise	1 244,03	1 828,2	865,4	962,8	*1 470*
Landkreise	34 507,67	7 452,9	3 606,9	3 846,1	*208*

[1]) Gebietsstand: 1. 1. 1982.

3.5 Fläche und Wohnbevölkerung der kreisfreien Städte und Landkreise am 30. 6. 1982

Kreisfreie Stadt Landkreis	Fläche[1])	Wohnbevölkerung insgesamt	männlich	weiblich	Einwohner je km²
	km²	1 000			Anzahl
Bayern					
RB Oberbayern	**17 529,88**	**3 674,0**	**1 775,0**	**1 898,9**	***210***
Kreisfreie Städte	480,58	1 431,0	690,6	740,4	*2 978*
Ingolstadt	133,40	90,7	44,0	46,7	*680*
München	310,07	1 288,2	621,8	666,4	*4 155*
Rosenheim	37,11	52,1	24,8	27,2	*1 403*
Landkreise	17 049,30	2 243,0	1 084,5	1 158,5	*132*
Altötting	569,41	92,7	43,4	49,3	*163*
Bad Tölz-Wolfratshausen	1 110,65	98,0	46,5	51,6	*88*
Berchtesgadener Land	839,84	91,8	41,9	49,9	*109*
Dachau	577,78	102,6	49,9	52,6	*178*
Ebersberg	549,26	97,1	47,7	49,4	*177*
Eichstätt	1 214,63	95,5	47,6	47,9	*79*
Erding	870,97	87,4	43,2	44,1	*100*
Freising	801,38	115,9	57,7	58,2	*145*
Fürstenfeldbruck	434,78	172,7	84,2	88,5	*397*
Garmisch-Partenkirchen	1 012,13	82,3	38,0	44,2	*81*
Landsberg a. Lech	804,37	79,4	39,7	39,7	*99*
Miesbach	863,51	81,1	37,6	43,5	*94*
Mühldorf a. Inn	805,18	91,4	43,8	47,7	*114*
München	666,83	253,4	126,0	127,3	*380*
Neuburg-Schrobenhausen	739,82	74,8	36,5	38,3	*101*
Pfaffenhofen a. d. Ilm	760,66	84,3	41,9	42,4	*111*
Rosenheim	1 435,68	186,7	90,0	96,7	*130*
Starnberg	487,94	107,9	50,8	57,0	*221*
Traunstein	1 538,01	142,4	66,5	75,9	*93*
Weilheim-Schongau	966,47	105,8	51,5	54,2	*109*
RB Niederbayern	**10 330,44**	**1 004,5**	**475,7**	**528,8**	***97***
Kreisfreie Städte	202,45	150,3	68,7	81,6	*743*
Landshut	65,10	56,3	25,3	31,0	*865*
Passau	69,71	51,4	23,6	27,7	*737*
Straubing	67,64	42,7	19,8	22,9	*631*
Landkreise	10 127,99	854,1	407,0	447,2	*84*
Deggendorf	860,17	100,9	48,1	52,8	*117*
Dingolfing-Landau	877,41	73,4	35,3	38,2	*84*
Freyung-Grafenau	984,32	73,0	34,5	38,5	*74*
Kelheim	1 067,18	86,5	41,8	44,6	*81*
Landshut	1 348,88	110,4	53,5	56,9	*82*
Passau	1 530,40	155,9	73,8	82,1	*102*
Regen	975,23	74,7	35,0	39,6	*77*
Rottal-Inn	1 281,40	100,6	46,9	53,7	*79*
Straubing-Bogen	1 203,00	78,7	38,0	40,7	*65*
RB Oberpfalz	**9 686,51**	**968,4**	**463,8**	**504,5**	***100***
Kreisfreie Städte	198,65	219,7	102,1	117,6	*1 106*
Amberg	49,99	44,0	20,2	23,8	*880*
Regensburg	80,89	132,3	62,1	70,2	*1 635*
Weiden i. d. OPf.	67,77	43,4	19,7	23,7	*641*
Landkreise	9 487,86	748,7	361,7	386,9	*79*
Amberg-Sulzbach	1 251,17	93,7	45,5	48,2	*75*
Cham	1 509,70	115,5	54,5	60,9	*76*
Neumarkt i. d. OPf.	1 344,14	100,7	48,9	51,8	*75*
Neustadt a. d. Waldnaab	1 428,97	90,3	43,1	47,2	*63*
Regensburg	1 394,94	140,9	69,7	71,2	*101*
Schwandorf	1 472,54	130,1	63,3	66,8	*88*
Tirschenreuth	1 086,40	77,4	36,6	40,8	*71*
RB Oberfranken	**7 230,30**	**1 048,6**	**493,4**	**555,2**	***145***
Kreisfreie Städte	225,21	239,4	108,5	130,9	*1 063*
Bamberg	53,31	70,9	31,3	39,6	*1 330*
Bayreuth	66,89	70,6	32,2	38,4	*1 056*
Coburg	47,10	45,1	21,1	24,1	*958*
Hof	57,91	52,7	23,9	28,8	*910*
Landkreise	7 005,09	809,2	384,9	424,3	*116*
Bamberg	1 168,80	116,7	57,3	59,4	*100*
Bayreuth	1 273,96	96,1	46,1	50,1	*75*
Coburg	591,62	82,6	39,7	43,0	*140*
Forchheim	642,70	95,7	46,2	49,5	*149*
Hof	892,25	109,7	51,3	58,4	*123*
Kronach	651,47	75,9	35,8	40,1	*116*
Kulmbach	656,41	74,9	35,1	39,8	*114*
Lichtenfels	521,84	65,7	31,2	34,5	*126*
Wunsiedel i. Fichtelgebirge	606,04	91,9	42,3	49,6	*152*
RB Mittelfranken	**7 244,07**	**1 526,6**	**727,3**	**799,3**	***211***
Kreisfreie Städte	465,87	757,4	354,1	403,3	*1 626*
Ansbach	99,39	38,1	17,3	20,8	*383*
Erlangen	76,44	102,7	49,4	53,2	*1 343*
Fürth	63,45	99,9	46,7	53,2	*1 574*
Nürnberg	185,88	481,0	223,7	257,3	*2 588*
Schwabach	40,71	35,8	17,0	18,7	*879*
Landkreise	6 778,20	769,2	373,2	396,0	*113*
Ansbach	1 972,65	155,4	74,5	80,9	*79*
Erlangen-Höchstadt	564,33	101,8	50,2	51,6	*180*
Fürth	307,63	92,1	44,5	47,5	*299*
Neustadt a. d. Aisch-Bad Windsheim	1 267,40	84,3	40,5	43,7	*66*
Nürnberger Land	800,92	147,8	70,8	77,1	*185*
Roth	895,42	103,3	52,9	50,4	*115*
Weißenburg-Gunzenhausen	969,85	84,4	39,7	44,7	*87*
RB Unterfranken	**8 531,28**	**1 198,5**	**575,2**	**623,3**	***140***
Kreisfreie Städte	186,38	241,0	109,3	131,7	*1 293*
Aschaffenburg	62,59	59,7	27,8	31,9	*953*
Schweinfurt	35,88	52,1	23,8	28,4	*1 453*
Würzburg	87,91	129,2	57,8	71,4	*1 470*
Landkreise	8 344,90	957,5	465,9	491,6	*115*
Aschaffenburg	699,13	149,0	72,5	76,5	*213*
Bad Kissingen	1 138,15	102,0	48,6	53,4	*90*
Haßberge	956,60	77,4	37,9	39,5	*81*
Kitzingen	684,24	79,6	38,6	41,0	*116*
Main-Spessart	1 321,94	120,3	58,2	62,0	*91*
Miltenberg	715,69	112,1	54,3	57,9	*157*
Rhön-Grabfeld	1 020,14	78,2	38,5	39,7	*77*
Schweinfurt	841,47	102,5	50,3	52,3	*122*
Würzburg	967,54	136,4	67,0	69,4	*141*
RB Schwaben	**9 993,84**	**1 540,8**	**736,4**	**804,4**	***154***
Kreisfreie Städte	320,30	384,9	177,7	207,3	*1 202*
Augsburg	146,85	247,5	114,2	133,3	*1 685*
Kaufbeuren	40,01	42,0	19,4	22,6	*1 049*
Kempten (Allgäu)	63,28	57,5	26,3	31,2	*908*
Memmingen	70,16	38,0	17,8	20,1	*541*
Landkreise	9 673,54	1 155,9	558,8	597,1	*119*
Aichach-Friedberg	763,95	97,7	47,9	49,8	*128*
Augsburg	1 092,32	186,2	91,6	94,6	*170*
Dillingen a. d. Donau	790,89	78,7	37,9	40,8	*100*
Donau-Ries	1 275,94	115,5	56,2	59,4	*91*
Günzburg	758,70	109,0	53,7	55,3	*144*
Lindau (Bodensee)	323,37	69,5	32,5	37,0	*215*
Neu-Ulm	515,43	143,1	69,3	73,8	*278*
Oberallgäu	1 527,73	130,4	61,6	68,8	*85*
Ostallgäu	1 395,05	110,8	53,2	57,6	*79*
Unterallgäu	1 230,16	114,9	54,8	60,1	*93*
Land insgesamt	**70 546,32**	**10 961,3**	**5 246,9**	**5 714,4**	***155***
Kreisfreie Städte	2 079,44	3 423,7	1 610,9	1 812,7	*1 646*
Landkreise	68 466,88	7 537,6	3 636,0	3 901,6	*110*
Saarland					
Stadtverband Saarbrücken	410,56	362,5	169,8	192,7	*883*
Landkreise					
Merzig-Wadern	554,74	99,7	47,6	52,1	*180*
Neunkirchen	249,84	149,7	70,4	79,3	*599*
Saarlouis	459,06	206,9	98,9	108,0	*451*
Saar-Pfalz-Kreis	420,70	151,8	72,9	78,9	*361*
Sankt Wendel	476,04	89,8	43,4	46,5	*189*
Land insgesamt	**2 570,94**	**1 060,4**	**503,0**	**557,4**	***412***
Berlin (West)					
Land insgesamt	**480,07**	**1 879,1**	**854,8**	**1 024,3**	***3 914***
Bundesgebiet					
Insgesamt	**248 687,35**	**61 637,9**	**29 483,3**	**32 154,6**	***248***
Kreisfreie Städte	12 416,78	21 520,8	10 097,0	11 423,8	*1 733*
Landkreise	236 270,57	40 117,1	19 386,4	20 730,7	*170*

[1]) Gebietsstand: 1. 1. 1982.

3.6 Wohnbevölkerung der Gemeinden mit 20 000 Einwohnern und mehr am 30. 6. 1982

1 000

Gemeinde	Land	Wohnbevölkerung
Aachen	NW	244,0
Aalen	BaWü	62,9
Achern	BaWü	20,6
Achim	Ndsa	27,8
Ahaus	NW	28,4
Ahlen	NW	53,7
Ahrensburg	SchH	26,7
Albstadt	BaWü	47,6
Alfeld (Leine)	Ndsa	23,4
Alsdorf	NW	46,4
Altena	NW	23,9
Amberg	Bay	44,0
Andernach	RhPf	27,1
Ansbach	Bay	38,1
Arnsberg	NW	77,0
Aschaffenburg	Bay	59,7
Attendorn	NW	21,3
Augsburg	Bay	247,5
Aurich	Ndsa	34,5
Backnang	BaWü	29,2
Bad Berleburg	NW	20,1
Bad Harzburg	Ndsa	24,5
Bad Hersfeld	Hess	28,4
Bad Homburg v. d. Höhe	Hess	51,1
Bad Honnef	NW	20,7
Bad Kissingen	Bay	22,0
Bad Kreuznach	RhPf	40,6
Bad Nauheim	Hess	27,1
Bad Neuenahr-Ahrweiler	RhPf	25,8
Bad Oeynhausen	NW	44,1
Bad Oldesloe	SchH	20,4
Bad Pyrmont	Ndsa	22,0
Bad Salzuflen	NW	51,2
Bad Vilbel	Hess	25,8
Bad Zwischenahn	Ndsa	23,9
Baden-Baden	BaWü	49,1
Baesweiler	NW	23,7
Balingen	BaWü	29,5
Bamberg	Bay	70,9
Barsinghausen	Ndsa	33,1
Baunatal	Hess	21,6
Bayreuth	Bay	70,6
Beckum	NW	37,5
Bensheim	Hess	32,9
Bergheim	NW	54,6
Bergisch Gladbach	NW	101,5
Bergkamen	NW	48,5
Berlin (West)	BlnW	1 879,1
Biberach an der Riß	BaWü	28,2
Bielefeld	NW	311,1
Bietigheim-Bissingen	BaWü	34,5
Bingen	RhPf	23,1
Blieskastel	Saar	22,5
Bocholt	NW	65,3
Bochum	NW	396,0
Böblingen	BaWü	41,6
Bonn	NW	292,2
Borken	NW	32,8
Bornheim	NW	34,8
Bottrop	NW	114,0
Bramsche	Ndsa	23,7
Braunschweig	Ndsa	258,8
Bremen	Brm	551,0
Bremerhaven	Brm	138,0
Bretten	BaWü	23,2
Brilon	NW	24,6
Bruchsal	BaWü	37,2
Brühl	NW	42,4
Buchholz in der Nordheide	Ndsa	29,3
Bückeburg	Ndsa	20,5
Bühl	BaWü	22,3
Bünde	NW	39,9
Burgdorf	Ndsa	28,5
Butzbach	Hess	21,3
Buxtehude	Ndsa	32,4
Calw	BaWü	23,2
Castrop-Rauxel	NW	78,0
Celle	Ndsa	72,1
Cloppenburg	Ndsa	21,1
Coburg	Bay	45,1
Coesfeld	NW	31,1
Crailsheim	BaWü	24,8
Cuxhaven	Ndsa	58,2
Dachau	Bay	33,3
Darmstadt	Hess	138,4
Datteln	NW	37,3
Deggendorf	Bay	30,8
Delbrück	NW	21,7
Delmenhorst	Ndsa	72,1
Detmold	NW	67,5
Dietzenbach	Hess	25,6
Dillenburg	Hess	23,3
Dillingen/Saar	Saar	20,6
Dinslaken	NW	60,2
Ditzingen	BaWü	22,2
Dormagen	NW	57,3
Dorsten	NW	71,7
Dortmund	NW	603,0
Dreieich	Hess	38,8
Duderstadt	Ndsa	22,9
Dülmen	NW	39,3
Düren	NW	86,0
Düsseldorf	NW	585,9
Duisburg	NW	551,7
Eckernförde	SchH	23,2
Ehingen (Donau)	BaWü	22,0
Einbeck	Ndsa	28,6
Ellwangen (Jagst)	BaWü	21,2
Elmshorn	SchH	41,5
Emden	Ndsa	51,0
Emmendingen	BaWü	24,8
Emmerich	NW	29,4
Emsdetten	NW	31,2
Ennepetal	NW	34,9
Erding	Bay	24,1
Erftstadt	NW	43,5
Erkelenz	NW	35,9
Erkrath	NW	44,0
Erlangen	Bay	102,7
Eschwege	Hess	23,6
Eschweiler	NW	53,2
Espelkamp	NW	22,9
Essen	NW	641,5
Esslingen am Neckar	BaWü	89,1
Ettlingen	BaWü	37,2
Euskirchen	NW	44,9
Fellbach	BaWü	40,5
Filderstadt	BaWü	37,5
Flensburg	SchH	87,0
Forchheim	Bay	28,8
Frankenthal (Pfalz)	RhPf	43,6
Frankfurt am Main	Hess	622,5
Frechen	NW	43,5
Freiburg im Breisgau	BaWü	177,7
Freising	Bay	34,9
Friedberg	Bay	25,2
Friedberg (Hessen)	Hess	24,2
Friedrichsdorf	Hess	23,5
Friedrichshafen	BaWü	52,0
Fröndenberg	NW	20,5
Fürstenfeldbruck	Bay	32,1
Fürth	Bay	99,9
Fulda	Hess	56,8
Gaggenau	BaWü	28,3
Ganderkesee	Ndsa	25,5
Garbsen	Ndsa	58,0
Garmisch-Partenkirchen	Bay	28,1
Geesthacht	SchH	25,3
Geilenkirchen	NW	22,1
Geislingen an der Steige	BaWü	26,9
Geldern	NW	26,7
Gelsenkirchen	NW	299,7
Georgsmarienhütte	Ndsa	31,1
Geretsried	Bay	20,1
Germering	Bay	35,3
Gevelsberg	NW	31,4
Gießen	Hess	76,1
Gifhorn	Ndsa	33,8
Gladbeck	NW	78,9
Goch	NW	28,8
Göppingen	BaWü	53,1
Göttingen	Ndsa	131,5
Goslar	Ndsa	52,1
Greven	NW	28,7
Grevenbroich	NW	59,0
Griesheim	Hess	20,2
Gronau (Westf.)	NW	41,1
Groß-Gerau	Hess	21,9
Gütersloh	NW	78,4
Gummersbach	NW	48,8
Haan	NW	28,5
Hagen	NW	215,6
Haltern	NW	31,3
Hamburg	Hmb	1 630,4
Hameln	Ndsa	57,7
Hamm	NW	171,0
Hamminkeln	NW	22,6
Hanau	Hess	86,3
Hannover	Ndsa	527,5
Hattersheim am Main	Hess	23,8
Hattingen	NW	56,9
Heide	SchH	21,0
Heidelberg	BaWü	134,1
Heidenheim an der Brenz	BaWü	48,0
Heilbronn	BaWü	111,5
Heiligenhaus	NW	29,4
Heinsberg	NW	36,3
Helmstedt	Ndsa	26,5
Hemer	NW	32,4
Hennef (Sieg)	NW	29,5
Heppenheim (Bergstraße)	Hess	24,0
Herborn	Hess	21,3
Herdecke	NW	24,2
Herford	NW	62,1
Herne	NW	180,1
Herrenberg	BaWü	25,5
Herten	NW	69,2
Herzogenrath	NW	43,2
Hilden	NW	54,2
Hildesheim	Ndsa	102,4
Höxter	NW	32,3
Hof	Bay	52,7
Hofheim am Taunus	Hess	33,5
Holzminden	Ndsa	22,2
Homburg	Saar	41,8
Horb a. Neckar	BaWü	21,0
Hückelhoven	NW	35,8
Hürth	NW	50,7
Husum	SchH	24,1
Ibbenbüren	NW	42,3
Idar-Oberstein	RhPf	34,8
Ingelheim am Rhein	RhPf	20,1
Ingolstadt	Bay	90,7
Iserlohn	NW	92,7
Itzehoe	SchH	33,0
Jüchen	NW	20,9
Jülich	NW	30,4
Kaarst	NW	38,6
Kaiserslautern	RhPf	98,5
Kamen	NW	44,1
Kamp-Lintfort	NW	37,6
Karlsruhe	BaWü	271,3
Kassel	Hess	193,3
Kaufbeuren	Bay	42,0
Kehl	BaWü	29,8
Kelkheim (Taunus)	Hess	27,0
Kempen	NW	30,4
Kempten (Allgäu)	Bay	57,5
Kerpen	NW	54,6
Kevelaer	NW	21,8
Kiel	SchH	249,4
Kirchheim unter Teck	BaWü	32,5
Kitzingen	Bay	20,4
Kleve	NW	44,0
Koblenz	RhPf	113,3
Köln	NW	967,7
Königswinter	NW	34,8
Konstanz	BaWü	69,1
Korbach	Hess	22,5
Kornwestheim	BaWü	26,8
Korschenbroich	NW	26,6
Krefeld	NW	223,8
Kreuztal	NW	29,7
Kulmbach	Bay	27,9
Laatzen	Ndsa	36,1
Lage	NW	32,1

3.6 Wohnbevölkerung der Gemeinden mit 20 000 Einwohnern und mehr am 30. 6. 1982

1 000

Gemeinde	Land	Wohnbevölkerung
Lahr/Schwarzwald	BaWü	35,4
Lampertheim	Hess	31,1
Landau in der Pfalz	RhPf	36,4
Landshut	Bay	56,3
Langen	Hess	28,8
Langenfeld (Rheinland)	NW	47,8
Langenhagen	Ndsa	46,7
Lauf a. d. Pegnitz	Bay	21,7
Lebach	Saar	20,6
Leer (Ostfriesland)	Ndsa	30,8
Lehrte	Ndsa	38,5
Leichlingen (Rheinland)	NW	24,3
Leinfelden-Echterdingen	BaWü	35,3
Lemgo	NW	39,7
Lengerich	NW	20,5
Lennestadt	NW	26,0
Leonberg	BaWü	39,2
Leverkusen	NW	159,5
Lichtenfels	Bay	20,2
Limburg a. d. Lahn	Hess	28,7
Lindau (Bodensee)	Bay	23,9
Lingen (Ems)	Ndsa	44,4
Lippstadt	NW	61,1
Löhne	NW	36,9
Lörrach	BaWü	40,9
Lohmar	NW	24,0
Ludwigsburg	BaWü	80,2
Ludwigshafen am Rhein	RhPf	158,7
Lübbecke	NW	21,6
Lübeck	SchH	218,5
Lüdenscheid	NW	74,4
Lüneburg	Ndsa	61,9
Lünen	NW	85,6
Maintal	Hess	37,3
Mainz	RhPf	186,6
Mannheim	BaWü	303,8
Marburg	Hess	78,1
Marl	NW	88,5
Marsberg	NW	21,9
Mayen	RhPf	20,4
Mechernich	NW	21,8
Meerbusch	NW	49,7
Melle	Ndsa	40,7
Memmingen	Bay	38,0
Menden (Sauerland)	NW	53,0
Meppen	Ndsa	28,5
Merzig	Saar	29,5
Meschede	NW	30,9
Mettmann	NW	36,4
Minden	NW	76,7
Mönchengladbach	NW	258,6
Mörfelden-Walldorf	Hess	30,2
Moers	NW	99,4
Monheim	NW	40,8
Mosbach	BaWü	23,0
Mühlacker	BaWü	24,2
Mühlheim am Main	Hess	24,2
Mülheim a. d. Ruhr	NW	178,8
München	Bay	1 288,2
Münden	Ndsa	25,1
Münster	NW	271,6
Nagold	BaWü	20,5
Neckarsulm	BaWü	22,2

Gemeinde	Land	Wohnbevölkerung
Netphen	NW	22,4
Nettetal	NW	37,2
Neuburg a. d. Donau	Bay	24,4
Neu-Isenburg	Hess	35,2
Neukirchen-Vluyn	NW	25,6
Neumarkt i. d. OPf.	Bay	31,1
Neumünster	SchH	79,9
Neunkirchen/Saar	Saar	51,4
Neuss	NW	148,1
Neustadt am Rübenberge	Ndsa	38,2
Neustadt an der Weinstraße	RhPf	49,9
Neu-Ulm	Bay	47,4
Neuwied	RhPf	59,8
Niederkassel	NW	26,5
Nienburg (Weser)	Ndsa	29,8
Norden	Ndsa	24,3
Nordenham	Ndsa	30,1
Norderstedt	SchH	65,5
Nordhorn	Ndsa	48,2
Northeim	Ndsa	31,8
Nürnberg	Bay	481,0
Nürtingen	BaWü	35,9
Oberhausen	NW	228,2
Obertshausen	Hess	21,1
Oberursel (Taunus)	Hess	39,0
Oelde	NW	27,7
Oer-Erkenschwick	NW	27,6
Offenbach am Main	Hess	110,0
Offenburg	BaWü	50,2
Oldenburg (Oldenburg)	Ndsa	137,9
Olpe	NW	22,5
Osnabrück	Ndsa	156,8
Osterholz-Scharmbeck	Ndsa	23,8
Osterode am Harz	Ndsa	27,9
Ostfildern	BaWü	28,7
Overath	NW	22,1
Paderborn	NW	110,1
Papenburg	Ndsa	28,0
Passau	Bay	51,4
Peine	Ndsa	47,4
Petershagen	NW	23,8
Pforzheim	BaWü	105,4
Pfungstadt	Hess	23,6
Pinneberg	SchH	36,5
Pirmasens	RhPf	48,2
Plettenberg	NW	28,3
Porta Westfalica	NW	34,3
Püttlingen	Saar	20,5
Pulheim	NW	46,4
Radevormwald	NW	23,4
Radolfzell am Bodensee	BaWü	23,8
Rastatt	BaWü	37,4
Ratingen	NW	89,1
Ravensburg	BaWü	42,3
Recklinghausen	NW	119,5
Regensburg	Bay	132,3
Reinbek	SchH	25,4
Remscheid	NW	127,5
Rendsburg	SchH	31,9
Reutlingen	BaWü	95,6
Rheda-Wiedenbrück	NW	38,1

Gemeinde	Land	Wohnbevölkerung
Rheinbach	NW	22,0
Rheinberg	NW	26,3
Rheine	NW	71,2
Rheinfelden (Baden)	BaWü	27,6
Rietberg	NW	23,7
Rinteln	Ndsa	25,8
Rodgau	Hess	36,3
Rödermark	Hess	22,5
Rösrath	NW	21,4
Rosenheim	Bay	52,1
Roth	Bay	22,5
Rottenburg am Neckar	BaWü	32,0
Rottweil	BaWü	23,4
Rüsselsheim	Hess	60,3
Saarbrücken	Saar	191,5
Saarlouis	Saar	38,3
Salzgitter	Ndsa	112,5
Sankt Augustin	NW	49,9
Sankt Ingbert	Saar	41,6
Sankt Wendel	Saar	26,5
Schleswig	SchH	29,4
Schloß Holte-Stukenbrock	NW	20,7
Schmallenberg	NW	25,0
Schorndorf	BaWü	33,7
Schortens	Ndsa	20,1
Schwabach	Bay	35,8
Schwäbisch Gmünd	BaWü	56,6
Schwäbisch Hall	BaWü	31,1
Schwandorf	Bay	26,7
Schweinfurt	Bay	52,1
Schwelm	NW	30,8
Schwerte	NW	47,8
Seelze	Ndsa	30,2
Seesen	Ndsa	22,2
Seevetal	Ndsa	36,7
Selb	Bay	21,1
Selm	NW	25,1
Siegburg	NW	34,8
Siegen	NW	111,0
Sindelfingen	BaWü	55,8
Singen (Hohentwiel)	BaWü	43,0
Sinsheim	BaWü	27,0
Soest	NW	41,2
Solingen	NW	163,5
Sonthofen	Bay	20,6
Speyer	RhPf	43,8
Springe	Ndsa	30,0
Sprockhövel	NW	24,2
Stade	Ndsa	42,9
Stadtallendorf	Hess	20,1
Stadthagen	Ndsa	22,7
Steinfurt	NW	32,1
Stolberg (Rhld.)	NW	57,4
Straubing	Bay	42,7
Stuhr	Ndsa	26,4
Stuttgart	BaWü	575,2
Sulzbach/Saar	Saar	20,5
Sundern (Sauerland)	NW	25,5
Taunusstein	Hess	25,9
Tönisvorst	NW	22,0
Trier	RhPf	94,3
Troisdorf	NW	59,2

Gemeinde	Land	Wohnbevölkerung
Tübingen	BaWü	74,3
Tuttlingen	BaWü	31,2
Übach-Palenberg	NW	22,7
Uelzen	Ndsa	36,2
Ulm	BaWü	100,1
Unna	NW	56,8
Vaihingen an der Enz	BaWü	22,8
Varel	Ndsa	24,2
Vechta	Ndsa	23,3
Velbert	NW	92,2
Verden (Aller)	Ndsa	24,5
Viernheim	Hess	29,5
Viersen	NW	80,7
Villingen-Schwenningen	BaWü	78,2
Völklingen	Saar	44,6
Voerde (Niederrhein)	NW	32,0
Waiblingen	BaWü	44,9
Waldkraiburg	Bay	22,3
Waldshut-Tiengen	BaWü	21,5
Walsrode	Ndsa	22,5
Waltrop	NW	27,4
Wangen im Allgäu	BaWü	23,2
Warburg	NW	21,8
Warendorf	NW	33,2
Warenstein	NW	28,1
Wedel (Holstein)	SchH	30,5
Wedemark	Ndsa	23,5
Wegberg	NW	24,6
Weiden i. d. OPf.	Bay	43,4
Weil am Rhein	BaWü	26,1
Weingarten	BaWü	22,2
Weinheim	BaWü	41,7
Weinstadt	BaWü	23,4
Werdohl	NW	20,9
Werl	NW	25,9
Wermelskirchen	NW	34,6
Werne	NW	27,6
Wesel	NW	56,2
Wesseling	NW	29,5
Wetter (Ruhr)	NW	29,6
Wetzlar	Hess	51,2
Weyhe	Ndsa	23,2
Wiehl	NW	21,3
Wiesbaden	Hess	274,1
Wiesloch	BaWü	22,0
Wilhelmshaven	Ndsa	99,3
Willich	NW	39,4
Winnenden	BaWü	22,3
Winsen (Luhe)	Ndsa	26,1
Wipperfürth	NW	20,7
Witten	NW	105,2
Wolfenbüttel	Ndsa	49,9
Wolfsburg	Ndsa	125,3
Worms	RhPf	73,3
Wülfrath	NW	21,0
Würselen	NW	34,4
Würzburg	Bay	129,3
Wunstorf	Ndsa	37,7
Wuppertal	NW	390,0
Zirndorf	Bay	21,0
Zweibrücken	RhPf	34,3

3.7 Bevölkerungsstand und -veränderung in den Ländern

Jahr / Land	Wohnbevölkerung am Jahresanfang	Überschuß der Geborenen (+) bzw. Gestorbenen (−)	Überschuß der Zu- (+) bzw. Fortzüge (−)	Bevölkerungszu- (+) bzw. abnahme (−)		Wohnbevölkerung am Jahresende insgesamt	männlich	weiblich
	1 000				je 1 000 Einwohner	1 000		
				Deutsche				
1980	57 188,7	−165,6	+ 65,7	− 96,9	− 2	57 091,8	26 904,9	30 186,9
1981	57 091,8	−169,1	+ 66,1	−100,2	− 2	56 991,6	26 874,9	30 116,6
1982	56 991,6	−159,1	+ 39,4	−119,8	− 2	56 871,8	26 837,5	30 034,4
				Insgesamt				
1980	61 439,3	− 93,5	+311,9	+218,6	+ 4	61 657,9	29 481,0	32 176,9
1981	61 657,9	− 97,6	+152,4	+ 54,7	+ 1	61 712,7	29 522,9	32 189,8
1982	61 712,7	− 94,7	− 71,9	−166,6	− 3	61 546,1	29 427,9	32 118,2
davon (1982):								
Schleswig-Holstein	2 619,2	− 7,1	+ 6,1	− 1,0	− 0	2 618,2	1 262,7	1 355,4
Hamburg	1 637,1	− 10,5	− 2,8	− 13,3	− 8	1 623,8	759,8	864,1
Niedersachsen	7 267,1	− 14,5	+ 4,1	− 10,3	− 1	7 256,8	3 482,7	3 774,1
Bremen	691,4	− 2,9	− 3,0	− 6,0	− 9	685,4	322,7	362,7
Nordrhein-Westfalen	17 046,0	− 25,9	− 59,0	− 84,8	− 5	16 961,2	8 104,7	8 856,4
Hessen	5 611,9	− 9,6	− 2,5	− 12,1	− 2	5 599,8	2 691,5	2 908,3
Rheinland-Pfalz	3 641,2	− 6,4	+ 1,7	− 4,7	− 1	3 636,5	1 738,3	1 898,2
Baden-Württemberg	9 287,9	+ 7,1	− 24,4	− 17,3	− 2	9 270,6	4 463,9	4 806,7
Bayern	10 959,2	− 6,5	+ 14,0	+ 7,5	+ 1	10 966,7	5 248,5	5 718,2
Saarland	1 063,0	− 2,5	− 2,9	− 5,5	− 5	1 057,5	501,5	556,1
Berlin (West)	1 888,7	− 15,9	− 3,2	− 19,1	−10	1 869,6	851,7	1 017,9

3.8 Gemeinden und Wohnbevölkerung am 30. 6. 1982 nach Gemeindegrößenklassen und Ländern

Gemeinden mit ... bis unter ... Einwohnern	Schleswig-Holstein	Hamburg	Niedersachsen	Bremen	Nordrhein-Westfalen	Hessen	Rheinland-Pfalz	Baden-Württemberg	Bayern	Saarland	Berlin (West)	Bundesgebiet	
	absolut												%
						Zahl der Gemeinden[1])							
unter 100	50[2])	—	1[3])	—	—	1[6])	145	1	—	—	—	198	2,3
100 — 200	114	—	—	—	—	—	290	9[7])	1	—	—	414	4,9
200 — 500	326	—	27	—	—	—	705	40	—	—	—	1 098	12,9
500 — 1 000	303	—	249	—	—	1	553	47	239	—	—	1 392	16,4
1 000 — 2 000	161	—	272[4])	—	—	10	310	159	674	—	—	1 586	18,6
2 000 — 3 000	46	—	103	—	—	31	124	193	333	—	—	830	9,8
3 000 — 5 000	39	—	87	—	7	97	68	225	365	—	—	888	10,4
5 000 — 10 000	45	—	120	—	74	138	69	238	266	12	—	962	11,3
10 000 — 20 000	29	—	98	—	127	102	19	120	122	27	—	644	7,6
20 000 — 50 000	13	—	57	—	122	35	13	59	33	11	—	343	4,0
50 000 — 100 000	3	—	9	—	37	7	4	12	11	1	—	84	1,0
100 000 — 200 000	—	—	6	1	13	3	3	5	3	1	—	35	0,4
200 000 — 500 000	2	—	1	—	11	1	—	2	2	—	—	19	0,2
500 000 und mehr	—	1	1	1	5	1	—	1	1	—	1	12	0,1
Insgesamt	**1 131[2])**	**1**	**1 031[5])**	**2**	**396**	**427[6])**	**2 303**	**1 111[7])**	**2 050**	**52**	**1**	**8 505**	**100**
						Wohnbevölkerung in 1 000							
unter 100	3,1	—	0,0[3])	—	—	0,0[6])	9,7	0,1	—	—	—	12,8	0,0
100 — 200	17,5	—	—	—	—	—	44,5	1,6[7])	0,2	—	—	63,7	0,1
200 — 500	110,0	—	12,3	—	—	—	240,2	14,1	—	—	—	376,6	0,6
500 — 1 000	220,3	—	187,6	—	—	0,9	389,7	33,3	197,4	—	—	1 029,2	1,7
1 000 — 2 000	227,4	—	377,9[4])	—	—	15,9	429,3	247,4	969,9	—	—	2 267,8	3,7
2 000 — 3 000	109,9	—	249,7	—	—	78,2	296,2	468,9	818,0	—	—	2 021,0	3,3
3 000 — 5 000	147,5	—	341,6	—	32,1	392,0	260,9	882,5	1 387,6	—	—	3 444,2	5,6
5 000 — 10 000	320,0	—	906,3	—	573,5	985,2	461,1	1 634,8	1 826,5	92,3	—	6 799,7	11,0
10 000 — 20 000	394,4	—	1 347,5	—	1 809,8	1 391,8	274,8	1 618,9	1 672,1	398,4	—	8 907,7	14,5
20 000 — 50 000	368,9	—	1 703,7	—	3 790,3	944,1	448,2	1 783,1	994,9	326,9	—	10 360,0	16,8
50 000 — 100 000	232,5	—	582,3	—	2 534,3	459,9	325,9	817,3	713,8	51,4	—	5 717,3	9,3
100 000 — 200 000	—	—	766,5	138,0	1 789,7	441,7	458,6	628,8	364,1	191,5	—	4 778,9	7,8
200 000 — 500 000	467,9	—	258,8	—	3 130,9	274,1	—	575,1	728,5	—	—	5 435,3	8,8
500 000 und mehr	—	1 630,4	527,5	551,0	3 349,8	622,5	—	575,2	1 288,2	—	1 879,1	10 423,7	16,9
Insgesamt	**2 619,4**	**1 630,4**	**7 261,6[5])**	**689,0**	**17 010,4**	**5 606,3[6])**	**3 639,0**	**9 281,1[7])**	**10 961,3**	**1 060,4**	**1 879,1**	**61 637,9**	**100**

1) Mitgliedsgemeinden von Gemeindeverbänden sind in Tabelle 3.3, S. 53 nachgewiesen.
2) Einschl. Forstgutbezirke Buchholz und Sachsenwald.
3) Ein bewohntes gemeindefreies Gebiet mit 1 Einwohner.
4) Einschl. zweier bewohnter gemeindefreier Gebiete mit insgesamt 2 235 Einwohnern.
5) Einschl. dreier bewohnter gemeindefreier Gebiete mit insgesamt 2 236 Einwohnern.
6) Einschl. eines bewohnten gemeindefreien Gebietes mit 2 Einwohnern.
7) Einschl. eines bewohnten gemeindefreien Gebietes mit 195 Einwohnern.

3.9 Wohnbevölkerung 1981 nach dem Alter

1 000

Alter von ... bis unter ... Jahren[1])	Durchschnitt[2]) insgesamt	Durchschnitt[2]) männlich	Durchschnitt[2]) weiblich	Jahresende insgesamt	Jahresende männlich	Jahresende weiblich
unter 1	619,1	317,4	301,6	621,0	318,5	302,5
1 — 2	598,7	306,6	292,2	617,0	316,1	300,9
2 — 3	578,6	296,5	282,2	581,5	297,5	284,1
3 — 4	579,2	297,4	281,9	577,7	296,4	281,2
4 — 5	590,6	302,7	287,9	582,8	299,2	283,5
Zusammen	2 966,2	1 520,5	1 445,7	2 979,9	1 527,7	1 452,3
5 — 6	594,6	304,3	290,3	600,0	306,8	293,2
6 — 7	598,0	305,3	292,7	587,6	300,7	286,9
7 — 8	614,3	312,9	301,4	607,1	309,1	298,0
8 — 9	657,4	335,4	322,0	623,9	318,0	305,9
9 — 10	734,5	375,8	358,7	694,1	354,5	339,5
Zusammen	3 198,8	1 633,7	1 565,1	3 112,6	1 589,0	1 523,6
10 — 11	793,9	406,6	387,3	778,4	398,9	379,5
11 — 12	863,1	442,4	420,7	814,2	417,1	397,1
12 — 13	947,6	486,5	461,1	916,5	470,2	446,3
13 — 14	998,7	512,6	486,1	983,0	505,3	477,8
14 — 15	1 034,6	531,0	503,6	1 019,3	523,0	496,3
Zusammen	4 637,9	2 379,1	2 258,9	4 511,4	2 314,5	2 196,9
15 — 16	1 058,1	545,0	513,1	1 058,7	544,9	513,8
16 — 17	1 073,4	554,1	519,3	1 064,0	549,3	514,7
17 — 18	1 080,4	558,1	522,3	1 089,0	562,7	526,3
18 — 19	1 056,5	545,3	511,2	1 077,9	556,4	521,5
19 — 20	1 033,6	531,9	501,7	1 039,7	535,4	504,3
Zusammen	5 302,1	2 734,4	2 567,6	5 329,3	2 748,7	2 580,6
20 — 21	1 018,5	523,3	495,2	1 033,4	530,7	502,7
21 — 22	993,4	511,8	481,6	1 009,9	519,3	490,5
22 — 23	962,0	498,2	463,8	983,3	508,2	475,1
23 — 24	936,6	486,6	450,0	946,2	491,2	455,1
24 — 25	918,9	477,9	441,0	931,5	484,3	447,2
Zusammen	4 829,4	2 497,7	2 331,7	4 904,3	2 533,7	2 370,7
25 — 26	892,6	463,1	429,6	910,7	473,7	437,0
26 — 27	879,0	452,2	426,7	878,1	454,0	424,0
27 — 28	866,5	442,3	424,2	883,1	451,9	431,2
28 — 29	857,8	437,2	420,6	852,1	433,8	418,4
29 — 30	855,5	436,3	419,2	865,2	441,3	423,9
Zusammen	4 351,4	2 231,1	2 120,3	4 389,1	2 254,6	2 134,5
30 — 31	862,7	441,7	421,0	847,1	432,0	415,1
31 — 32	878,2	453,0	425,1	878,9	451,5	427,4
32 — 33	856,0	442,8	413,2	877,4	454,1	423,3
33 — 34	809,4	417,3	392,0	834,3	430,8	403,4
34 — 35	753,3	387,0	366,4	784,1	403,0	381,0
Zusammen	4 159,6	2 141,8	2 017,8	4 221,8	2 171,5	2 050,3
35 — 36	673,7	345,5	328,2	722,0	370,0	352,0
36 — 37	719,6	368,5	351,2	624,8	320,0	304,8
37 — 38	823,5	422,6	400,9	813,9	415,9	398,0
38 — 39	825,4	426,1	399,3	832,2	428,1	404,1
39 — 40	900,7	464,8	435,9	817,4	422,7	394,8
Zusammen	3 942,8	2 027,5	1 915,4	3 810,3	1 956,7	1 853,6
40 — 41	1 023,3	526,9	496,4	983,0	505,6	477,4
41 — 42	1 056,2	543,8	512,4	1 062,3	546,6	515,8
42 — 43	1 019,9	524,8	495,1	1 048,3	539,1	509,2
43 — 44	961,6	494,3	467,3	989,9	508,8	481,1
44 — 45	927,2	475,8	451,4	931,4	478,0	453,5
Zusammen	4 988,2	2 565,7	2 422,6	5 014,9	2 578,0	2 437,0
45 — 46	911,1	466,8	444,3	920,8	471,6	449,2
46 — 47	874,4	448,1	426,3	899,1	459,9	439,1
47 — 48	773,3	396,4	376,9	847,0	434,0	413,1
48 — 49	701,6	358,0	343,5	697,0	356,6	340,4
49 — 50	715,0	362,9	352,1	703,4	357,2	346,2
Zusammen	3 975,4	2 032,4	1 943,1	4 067,4	2 079,4	1 988,0

Alter von ... bis unter ... Jahren[1])	Durchschnitt[2]) insgesamt	Durchschnitt[2]) männlich	Durchschnitt[2]) weiblich	Jahresende insgesamt	Jahresende männlich	Jahresende weiblich
50 — 51	751,1	380,1	370,9	723,4	366,2	357,3
51 — 52	769,5	388,4	381,1	774,9	391,2	383,7
52 — 53	768,1	386,7	381,4	759,9	382,4	377,5
53 — 54	750,7	370,3	380,4	771,6	387,5	384,2
54 — 55	724,8	340,8	384,0	725,0	349,7	375,3
Zusammen	3 764,1	1 866,3	1 897,8	3 754,9	1 876,9	1 878,0
55 — 56	724,8	324,4	400,5	719,3	328,3	391,0
56 — 57	704,8	299,6	405,1	724,9	316,8	408,2
57 — 58	678,9	278,2	400,7	678,9	278,8	400,0
58 — 59	693,2	283,4	409,9	672,8	273,7	399,2
59 — 60	724,8	294,7	430,1	706,4	288,5	417,9
Zusammen	3 526,6	1 480,3	2 046,3	3 502,4	1 486,1	2 016,3
60 — 61	735,3	293,9	441,4	735,2	295,7	439,5
61 — 62	644,9	255,5	389,5	726,7	286,6	440,0
62 — 63	466,0	184,4	281,7	556,0	219,7	336,3
63 — 64	365,9	144,4	221,5	370,5	145,5	224,9
64 — 65	375,5	147,6	227,9	355,6	139,8	215,8
Zusammen	2 587,6	1 025,7	1 561,8	2 744,0	1 087,4	1 656,6
65 — 66	450,5	174,7	275,8	388,4	151,0	237,4
66 — 67	573,9	219,7	354,3	502,8	192,6	310,3
67 — 68	640,8	244,9	395,9	632,0	239,1	392,8
68 — 69	643,0	246,5	396,5	634,7	242,0	392,7
69 — 70	621,6	236,8	384,8	634,6	241,4	393,2
Zusammen	2 929,8	1 122,5	1 807,3	2 792,5	1 066,1	1 726,5
70 — 71	598,6	224,5	374,1	591,2	222,6	368,6
71 — 72	592,3	219,3	373,0	586,3	215,5	370,8
72 — 73	573,5	210,3	363,2	576,3	211,3	365,0
73 — 74	543,7	198,3	345,4	547,5	197,0	350,5
74 — 75	511,1	185,0	326,1	515,5	186,8	328,6
Zusammen	2 819,3	1 037,4	1 781,8	2 816,8	1 033,2	1 783,6
75 — 76	476,6	172,7	303,9	480,8	170,1	310,7
76 — 77	443,9	161,5	282,4	445,2	161,6	283,6
77 — 78	405,1	144,5	260,7	414,5	147,6	266,8
78 — 79	368,6	127,8	240,9	368,0	128,1	240,0
79 — 80	335,2	112,9	222,3	340,5	114,5	226,0
Zusammen	2 029,5	719,4	1 310,1	2 049,0	721,9	1 327,2
80 — 81	294,5	96,6	197,9	301,8	99,2	202,6
81 — 82	253,7	79,9	173,8	260,3	82,8	177,5
82 — 83	218,7	65,3	153,4	221,3	66,8	154,4
83 — 84	185,0	52,6	132,4	192,1	54,8	137,2
84 — 85	154,3	42,0	112,4	155,6	42,7	113,0
Zusammen	1 106,3	336,5	769,8	1 131,1	346,3	784,8
85 — 86	128,1	33,7	94,4	132,2	34,6	97,6
86 — 87	103,3	26,4	76,9	105,2	26,9	78,3
87 — 88	83,5	21,2	62,3	85,0	21,1	63,9
88 — 89	65,5	16,9	48,6	67,3	17,0	50,3
89 — 90	50,6	13,2	37,4	51,4	13,3	38,2
Zusammen	430,9	111,4	319,5	441,1	112,8	328,4
90 und mehr	136,2	38,0	98,2	139,7	38,5	101,2
Insgesamt	**61 682,0**	**29 501,3**	**32 180,7**	**61 712,7**	**29 522,9**	**32 189,8**
und zwar:						
unter 6	3 560,8	1 824,8	1 736,0	3 579,9	1 834,5	1 745,4
6 — 15	7 242,1	3 708,5	3 533,7	7 024,1	3 596,7	3 427,3
15 — 18	3 212,0	1 657,2	1 554,8	3 211,6	1 656,9	1 554,8
18 — 21	3 108,6	1 600,5	1 508,1	3 151,0	1 622,5	1 528,5
15 — 45	27 573,5	14 198,2	13 375,3	27 669,7	14 243,1	13 426,6
45 — 65	13 853,7	6 404,7	7 449,0	14 068,7	6 529,8	7 538,9
65 und mehr	9 451,8	3 365,2	6 086,6	9 370,3	3 318,8	6 051,6

[1]) Für Jahresende: Altersjahr unter 1 = Geburtsjahr 1981; Altersjahr 1 bis unter 2 = Geburtsjahr 1980; Altersjahr 2 bis unter 3 = Geburtsjahr 1979 usw.

[2]) Siehe Vorbemerkung S. 50

3.10 Wohnbevölkerung am 31. 12. 1981 nach Altersgruppen und Ländern

Land (i = insgesamt, m = männlich, w = weiblich)		Insgesamt	Davon im Alter von . . . bis unter . . . Jahren							
			unter 6	6 — 15	15 — 18	18 — 21	21 — 45	45 — 60	60 — 65	65 und mehr
		1 000								
Schleswig-Holstein	i	2 619,2	145,5	312,8	142,4	131,6	908,7	446,9	114,8	416,5
	m	1 262,7	74,7	161,0	73,3	68,6	477,1	212,4	45,1	150,6
	w	1 356,2	70,8	151,8	69,1	63,0	431,6	234,4	69,8	265,9
Hamburg	i	1 637,1	75,5	147,5	72,8	73,6	578,7	302,3	80,6	306,1
	m	765,6	38,4	74,9	37,4	37,1	301,5	140,0	31,4	104,9
	w	871,5	37,2	72,7	35,4	36,5	277,1	162,3	49,1	201,2
Niedersachsen	i	7 267,1	424,6	889,6	398,0	377,5	2 423,6	1 299,3	319,7	1 134,8
	m	3 487,8	218,2	454,3	204,7	195,5	1 256,1	619,6	126,8	412,6
	w	3 779,3	206,4	435,3	193,3	182,0	1 167,5	679,7	192,9	722,1
Bremen	i	691,4	34,7	71,7	34,4	33,9	238,8	124,1	34,0	119,8
	m	325,9	17,7	36,9	17,8	17,5	123,2	57,1	13,3	42,4
	w	365,4	17,0	34,9	16,6	16,4	115,6	66,9	20,7	77,4
Nordrhein-Westfalen	i	17 046,0	978,3	1 938,8	895,6	872,6	5 844,4	3 282,6	758,3	2 475,4
	m	8 155,1	501,5	994,1	462,8	448,6	2 984,4	1 594,8	305,9	863,0
	w	8 890,9	476,8	944,7	432,8	424,1	2 860,0	1 687,8	452,4	1 612,4
Hessen	i	5 611,9	318,7	612,9	277,1	274,7	1 989,0	1 030,2	253,5	855,7
	m	2 699,6	163,6	315,1	143,4	141,2	1 023,3	499,9	102,2	310,9
	w	2 912,2	155,0	297,9	133,7	133,5	965,7	530,4	151,3	544,9
Rheinland-Pfalz	i	3 641,2	213,9	415,4	196,1	195,8	1 199,6	693,0	166,7	560,7
	m	1 740,8	109,7	212,8	100,8	101,0	614,7	332,5	66,2	203,0
	w	1 900,5	104,2	202,7	95,3	94,8	584,9	360,5	100,5	357,7
Baden-Württemberg	i	9 287,9	569,2	1 095,0	498,0	492,2	3 270,9	1 666,0	389,3	1 307,3
	m	4 477,6	291,1	559,1	257,5	252,7	1 681,3	810,7	153,3	471,9
	w	4 810,3	278,1	535,8	240,5	239,5	1 589,6	855,3	236,0	835,5
Bayern	i	10 959,2	658,6	1 254,3	562,4	560,6	3 831,2	1 962,0	493,4	1 636,7
	m	5 246,3	337,2	642,2	289,7	287,3	1 971,3	934,2	194,0	590,4
	w	5 712,9	321,3	612,1	272,7	273,4	1 860,0	1 027,8	299,4	1 046,3
Saarland	i	1 063,0	59,1	112,8	56,1	58,6	360,1	212,4	49,6	154,4
	m	504,2	30,2	57,6	28,5	30,3	182,7	100,9	20,1	54,0
	w	558,8	28,9	55,2	27,6	28,3	177,4	111,5	29,5	100,4
Berlin (West)	i	1 888,7	101,9	173,1	78,7	79,9	662,2	305,8	84,1	402,9
	m	857,2	52,2	88,7	40,9	42,8	348,2	140,1	29,1	115,1
	w	1 031,5	49,7	84,3	37,8	37,2	313,9	165,7	55,0	287,8
Bundesgebiet	**i**	**61 712,7**	**3 579,9**	**7 024,1**	**3 211,6**	**3 151,0**	**21 307,1**	**11 324,7**	**2 744,0**	**9 370,3**
	m	29 522,9	1 834,5	3 596,7	1 656,9	1 622,5	10 963,8	5 442,4	1 087,4	3 318,8
	w	32 189,8	1 745,4	3 427,3	1 554,8	1 528,5	10 343,3	5 882,3	1 656,6	6 051,6
		Prozent								
Bundesgebiet	i	*100*	*5,8*	*11,4*	*5,2*	*5,1*	*34,5*	*18,4*	*4,4*	*15,2*
	m	*100*	*6,2*	*12,2*	*5,6*	*5,5*	*37,1*	*18,4*	*3,7*	*11,2*
	w	*100*	*5,4*	*10,6*	*4,8*	*4,7*	*32,1*	*18,3*	*5,1*	*18,8*
dagegen: 27. 5. 1970	i	*100*	*9,5*	*13,7*	*3,9*	*4,0*	*33,0*	*16,6*	*6,1*	*13,2*
	m	*100*	*10,2*	*14,8*	*4,2*	*4,3*	*35,7*	*14,7*	*5,4*	*10,7*
	w	*100*	*8,8*	*12,8*	*3,7*	*3,7*	*30,5*	*18,4*	*6,7*	*15,4*
6. 6. 1961	i	*100*	*9,4*	*12,3*	*3,6*	*4,6*	*32,6*	*20,7*	*5,7*	*11,1*
	m	*100*	*10,2*	*13,4*	*3,9*	*5,0*	*33,3*	*19,4*	*5,3*	*9,4*
	w	*100*	*8,6*	*11,3*	*3,3*	*4,2*	*32,0*	*21,8*	*6,1*	*12,6*
13. 9. 1950	i	*100*	*8,1*	*15,2*	*4,5*	*4,2*	*34,1*	*19,9*	*4,6*	*9,4*
	m	*100*	*8,9*	*16,6*	*4,9*	*4,6*	*32,4*	*19,3*	*4,3*	*9,0*
	w	*100*	*7,4*	*14,0*	*4,2*	*3,9*	*35,6*	*20,4*	*4,9*	*9,7*
		Frauen je 1 000 Männer								
Bundesgebiet		*1 090*	*951*	*953*	*938*	*942*	*943*	*1 081*	*1 523*	*1 823*
dagegen: 27. 5. 1970		*1 101*	*952*	*950*	*955*	*955*	*943*	*1 373*	*1 359*	*1 589*
6. 6. 1961		*1 127*	*951*	*952*	*962*	*947*	*1 085*	*1 263*	*1 297*	*1 505*
13. 9. 1950		*1 142*	*954*	*962*	*980*	*962*	*1 253*	*1 205*	*1 301*	*1 237*

Altersaufbau der Wohnbevölkerung am 31. 12. 1981

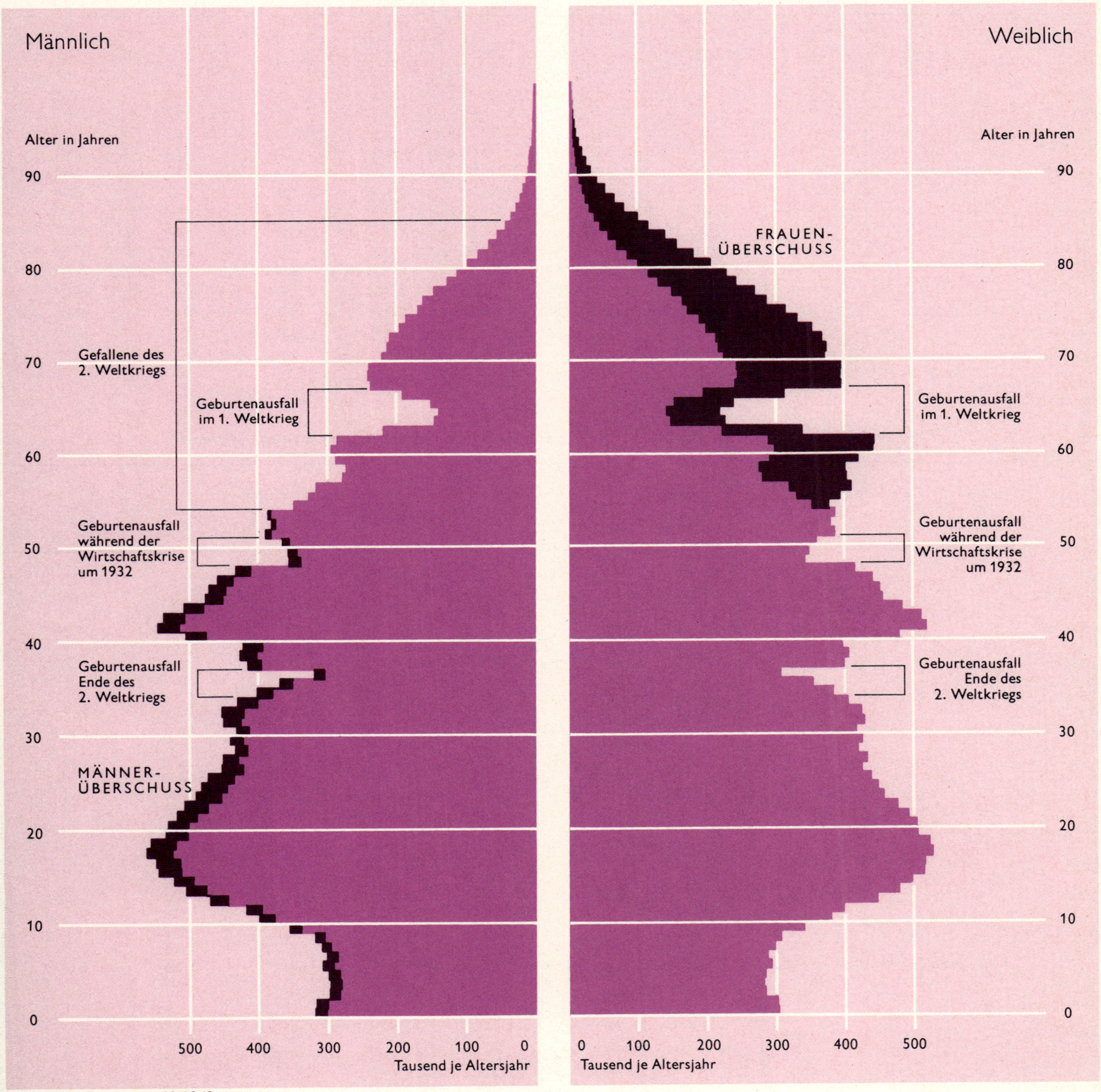

Statistisches Bundesamt 83 0242

3.11 Wohnbevölkerung am 31. 12. 1981 nach Altersgruppen und Familienstand

Alter von ... bis unter ... Jahren	Ledig				Verheiratet				Verwitwet				Geschieden			
	männlich		weiblich		männlich		weiblich		männlich		weiblich		männlich		weiblich	
	1 000	%	1 000	%	1 000	%	1 000	%	1 000	%	1 000	%	1 000	%	1 000	%
unter 15	5 431,2	*100*	5 172,7	*100*	—	—	0,0	*0,0*	—	—	—	—	—	—	0,0	*0,0*
15 — 20	2 739,1	*99,7*	2 500,1	*96,9*	9,6	*0,3*	79,9	*3,1*	0,0	*0,0*	0,2	*0,0*	0,0	*0,0*	0,4	*0,0*
20 — 25	2 162,8	*85,3*	1 486,3	*62,7*	361,9	*14,3*	857,7	*36,2*	0,3	*0,0*	2,1	*0,1*	8,7	*0,3*	24,5	*1,0*
25 — 30	1 103,6	*48,9*	558,0	*26,1*	1 099,5	*48,8*	1 493,9	*70,0*	1,6	*0,1*	7,5	*0,4*	49,9	*2,2*	75,1	*3,5*
30 — 35	542,9	*25,0*	225,8	*11,0*	1 527,3	*70,3*	1 699,4	*82,9*	4,8	*0,2*	16,9	*0,8*	96,5	*4,4*	108,3	*5,3*
35 — 40	286,8	*14,7*	126,8	*6,8*	1 554,7	*79,5*	1 583,2	*85,4*	7,0	*0,4*	27,3	*1,5*	108,2	*5,5*	116,3	*6,3*
40 — 45	271,2	*10,5*	143,1	*5,9*	2 159,0	*83,7*	2 090,8	*85,8*	15,4	*0,6*	63,5	*2,6*	132,3	*5,1*	139,5	*5,7*
45 — 50	160,4	*7,7*	122,9	*6,2*	1 805,0	*86,8*	1 670,1	*84,0*	21,8	*1,0*	96,3	*4,8*	92,2	*4,4*	98,6	*5,0*
50 — 55	103,1	*5,5*	140,1	*7,5*	1 671,7	*89,1*	1 486,6	*79,2*	35,5	*1,9*	165,5	*8,8*	66,7	*3,6*	85,8	*4,6*
55 — 60	63,3	*4,3*	185,5	*9,2*	1 334,7	*89,8*	1 418,0	*70,3*	44,5	*3,0*	316,5	*15,7*	43,6	*2,9*	96,3	*4,8*
60 — 65	39,4	*3,6*	145,2	*8,8*	970,0	*89,2*	972,0	*58,7*	49,0	*4,5*	457,5	*27,6*	29,1	*2,7*	82,0	*4,9*
65 — 70	40,1	*3,8*	143,4	*8,3*	915,7	*85,9*	767,8	*44,5*	84,1	*7,9*	738,9	*42,8*	26,2	*2,5*	76,4	*4,4*
70 — 75	40,7	*3,9*	157,2	*8,8*	827,8	*80,1*	593,3	*33,3*	141,8	*13,7*	965,3	*54,1*	22,9	*2,2*	67,9	*3,8*
75 und mehr	54,7	*4,5*	284,4	*11,2*	771,1	*63,2*	407,9	*16,0*	376,0	*30,8*	1 786,3	*70,3*	17,7	*1,4*	63,0	*2,5*
Insgesamt	**13 039,3**	***44,2***	**11 391,5**	***35,4***	**15 007,9**	***50,8***	**15 120,5**	***47,0***	**781,7**	***2,6***	**4 643,8**	***14,4***	**694,0**	***2,4***	**1 034,1**	***3,2***
dagegen am 31. 12. 1980	12 982,9	*44,0*	11 389,2	*35,4*	15 065,6	*51,1*	15 151,1	*47,1*	780,6	*2,6*	4 644,2	*14,4*	652,0	*2,2*	992,4	*3,1*

3.12 Wohnbevölkerung am 27. 5. 1970 nach Religionszugehörigkeit und Ländern*)

Land (i = insgesamt, m = männlich)		Insgesamt	Angehörige (der) evangelischen Kirchen[1])	Angehörige (der) römisch-katholischen Kirche	Angehörige (der) anderer christlicher Kirchen oder Gemeinschaften	Angehörige (der) jüdischen Religionsgemeinschaft	Angehörige (der) sonstiger Religionsgemeinschaften	Gemeinschaftslos, ohne Angabe
				1 000				
Schleswig-Holstein	i	2 494,1	2 156,4	150,1	18,8	0,3	20,3	148,3
	m	1 187,7	1 006,6	75,1	8,7	0,1	11,5	85,7
Hamburg	i	1 793,8	1 320,7	146,0	19,4	1,5	23,8	282,3
	m	827,7	576,5	70,5	8,9	0,8	14,3	156,7
Niedersachsen	i	7 082,2	5 282,5	1 386,5	56,0	2,9	63,4	290,9
	m	3 386,4	2 480,3	673,7	26,5	1,7	36,3	167,9
Bremen	i	722,7	595,4	73,5	4,9	0,2	8,7	40,2
	m	339,5	272,9	35,2	2,2	0,1	5,3	23,9
Nordrhein-Westfalen	i	16 914,1	7 079,7	8 874,1	179,6	5,7	241,7	533,3
	m	8 087,1	3 314,0	4 201,7	90,3	3,0	156,5	321,5
Hessen	i	5 381,7	3 253,7	1 763,2	62,8	5,7	84,8	211,5
	m	2 589,6	1 529,2	848,6	31,4	3,2	53,1	124,2
Rheinland-Pfalz	i	3 645,4	1 483,2	2 031,7	22,5	0,8	29,9	77,3
	m	1 738,2	700,0	966,0	10,9	0,4	17,9	42,9
Baden-Württemberg	i	8 895,0	4 073,2	4 219,7	175,0	3,0	179,1	245,0
	m	4 286,2	1 903,6	2 045,2	84,1	1,7	108,5	143,1
Bayern	i	10 479,4	2 691,7	7 325,7	88,4	5,6	122,7	245,2
	m	4 970,6	1 255,7	3 457,5	43,6	3,3	75,2	135,3
Saarland	i	1 119,7	270,3	826,0	5,6	0,4	4,5	13,0
	m	532,5	127,3	392,0	2,6	0,2	2,7	7,7
Berlin (West)	i	2 122,3	1 489,7	264,4	26,7	5,5	39,8	296,3
	m	921,2	611,6	114,4	11,1	2,7	22,0	159,5
Bundesgebiet	**i**	**60 650,6**	**29 696,5**	**27 060,8**	**659,6**	**31,7**	**818,6**	**2 383,2**
	m	28 866,7	13 777,6	12 879,8	320,3	17,3	503,3	1 368,4
				Prozent				
Bundesgebiet	i	*100*	*49,0*	*44,6*	*1,1*	*0,1*	*1,3*	*3,9*
dagegen: 6. 6. 1961	i	*100*	*51,1*	*44,1*	*0,8*	*0,0*	*0,4*	*3,5*
13. 9. 1950	i	*100*	*51,5*	*44,3*	*0,1*	*0,0*	*0,0*	*4,0*

*) Ergebnis der Volkszählung 1970.

[1]) Gliedkirchen der EKD und evangelische Freikirchen.

3.13 Wohnbevölkerung im April 1982 nach Art des Krankenversicherungsschutzes*)

Versicherungsschutz	Insgesamt		Davon: pflichtversichert		freiwillig versichert		als Rentner versichert		als Familienmitglied mitversichert		bes. Versicherungsschutz[1]) und nicht krankenversichert	
	1 000	%	1 000	%[2])	1 000	%[2])	1 000	%[2])	1 000	%[2])	1 000	%[2])
Männlich												
Ortskrankenkasse[3])	12 202	*41,4*	6 638	*54,4*	655	*5,4*	2 020	*16,6*	2 889	*23,7*	×	×
Betriebskrankenkasse[4])	3 919	*13,3*	1 973	*50,3*	353	*9,0*	654	*16,7*	940	*24,0*	×	×
Innungskrankenkasse	1 498	*5,1*	868	*57,9*	145	*9,7*	144	*9,6*	342	*22,8*	×	×
Landwirtschaftliche Krankenkasse	898	*3,0*	515	*57,4*	12	*1,3*	140	*15,6*	231	*25,7*	×	×
Bundesknappschaft	789	*2,7*	306	*38,8*	20	*2,6*	308	*39,0*	154	*19,6*	×	×
Ersatzkasse	6 606	*22,4*	2 202	*33,3*	1 746	*26,4*	708	*10,7*	1 951	*29,5*	×	×
Private Krankenversicherung	2 585	*8,8*	×	×	2 044	*79,1*	×	×	541	*20,9*	×	×
Sonstiger Versicherungsschutz	914	*3,1*	×	×	×	×	×	×	×	×	914	*100*
Nicht krankenversichert	84	*0,3*	×	×	×	×	×	×	×	×	84	*100*
Zusammen	**29 495**	***100***	**12 502**	***42,4***	**4 973**	***16,9***	**3 975**	***13,5***	**7 047**	***23,9***	**998**	***3,4***
Erwerbstätige	16 592	*56,3*	11 585	*69,8*	4 203	*25,3*	109	*0,7*	38	*0,2*	656	*4,0*
Erwerbslose und Nichterwerbspersonen	12 903	*43,7*	916	*7,1*	770	*6,0*	3 866	*30,0*	7 009	*54,3*	342	*2,6*
Weiblich												
Ortskrankenkasse[3])	13 585	*42,2*	3 781	*27,8*	323	*2,4*	3 469	*25,5*	6 012	*44,3*	×	×
Betriebskrankenkasse[4])	3 764	*11,7*	770	*20,5*	90	*2,4*	694	*18,4*	2 210	*58,7*	×	×
Innungskrankenkasse	1 196	*3,7*	302	*25,3*	33	*2,8*	139	*11,6*	721	*60,3*	×	×
Landwirtschaftliche Krankenkasse	921	*2,9*	192	*20,9*	8	*0,9*	174	*18,8*	547	*59,4*	×	×
Bundesknappschaft	856	*2,7*	37	*4,3*	8	*0,9*	299	*34,9*	513	*59,9*	×	×
Ersatzkasse	9 110	*28,3*	3 694	*40,5*	581	*6,4*	1 066	*11,7*	3 769	*41,4*	×	×
Private Krankenversicherung	2 290	*7,1*	×	×	1 230	*53,7*	×	×	1 061	*46,3*	×	×
Sonstiger Versicherungsschutz	362	*1,1*	×	×	×	×	×	×	×	×	362	*100*
Nicht krankenversichert	82	*0,3*	×	×	×	×	×	×	×	×	82	*100*
Zusammen	**32 166**	***100***	**8 777**	***27,3***	**2 272**	***7,1***	**5 840**	***18,2***	**14 832**	***46,1***	**444**	***1,4***
Erwerbstätige	10 182	*31,7*	8 038	*78,9*	1 156	*11,4*	120	*1,2*	856	*8,4*	13	*0,1*
Erwerbslose und Nichterwerbspersonen	21 983	*68,3*	739	*3,4*	1 117	*5,1*	5 720	*26,0*	13 977	*63,6*	431	*2,0*
Insgesamt												
Ortskrankenkasse[3])	25 786	*41,8*	10 419	*40,4*	978	*3,8*	5 489	*21,3*	8 901	*34,5*	×	×
Betriebskrankenkasse[4])	7 683	*12,5*	2 744	*35,7*	443	*5,8*	1 348	*17,5*	3 149	*41,0*	×	×
Innungskrankenkasse	2 694	*4,4*	1 170	*43,4*	178	*6,6*	284	*10,5*	1 063	*39,4*	×	×
Landwirtschaftliche Krankenkasse	1 819	*3,0*	708	*38,9*	20	*1,1*	314	*17,2*	778	*42,8*	×	×
Bundesknappschaft	1 644	*2,7*	343	*20,9*	28	*1,7*	607	*36,9*	667	*40,6*	×	×
Ersatzkasse	15 716	*25,5*	5 896	*37,5*	2 327	*14,8*	1 774	*11,3*	5 720	*36,4*	×	×
Private Krankenversicherung	4 875	*7,9*	×	×	3 273	*67,1*	×	×	1 602	*32,9*	×	×
Sonstiger Versicherungsschutz	1 276	*2,1*	×	×	×	×	×	×	×	×	1 276	*100*
Nicht krankenversichert	166	*0,3*	×	×	×	×	×	×	×	×	166	*100*
Insgesamt	**61 660**	***100***	**21 279**	***34,5***	**7 246**	***11,8***	**9 815**	***15,9***	**21 879**	***35,5***	**1 442**	***2,3***
Erwerbstätige	26 774	*43,4*	19 623	*73,3*	5 359	*20,0*	229	*0,9*	894	*3,3*	670	*2,5*
Erwerbslose und Nichterwerbspersonen	34 886	*56,6*	1 655	*4,7*	1 887	*5,4*	9 587	*27,5*	20 985	*60,2*	773	*2,2*

*) Ergebnis des Mikrozensus.
1) Anspruchsberechtigt als Sozialhilfeempfänger, Kriegsschadenrentner oder Empfänger von Unterhalt aus dem Lastenausgleich, freier Heilfürsorge der Polizei und Bundeswehr.
2) Anteil an Spalte »Insgesamt«.
3) Einschl. der ausländischen Krankenkasse.
4) Einschl. der Betriebskrankenkasse der Deutschen Bundesbahn, der Deutschen Bundespost und des Bundesverkehrsministeriums sowie der See-Krankenkasse.

3.14 Privathaushalte nach Zahl der Personen, Ländern und Gemeindegrößenklassen

Jahr[1]) / Land / Gemeinden mit ... bis unter ... Einwohnern	Insgesamt	Davon mit ... Person(en) 1	2	3	4	5 und mehr	Haushalts-mitglieder	Personen je Haushalt
	1 000							Anzahl
13. 9. 1950	16 650	3 229	4 209	3 833	2 692	2 687	49 850	2,99
6. 6. 1961	19 460	4 010	5 156	4 389	3 118	2 787	56 012	2,88
27. 5. 1970	21 991	5 527	5 959	4 314	3 351	2 839	60 176	2,74
April 1982	25 336	7 926	7 283	4 474	3 636	2 017	61 560	2,43
April 1982 nach Ländern								
Schleswig-Holstein	1 080	337	324	184	157	78	2 586	2,39
Hamburg	790	321	250	112	76	30	1 624	2,06
Niedersachsen	2 854	825	815	507	436	272	7 226	2,53
Bremen	322	117	105	51	34	16	699	2,17
Nordrhein-Westfalen	7 031	2 182	2 054	1 264	1 009	522	16 985	2,42
Hessen	2 298	693	673	428	345	160	5 564	2,42
Rheinland-Pfalz	1 405	357	408	284	226	131	3 643	2,59
Baden-Württemberg	3 729	1 148	1 016	645	591	329	9 283	2,49
Bayern	4 389	1 307	1 226	803	639	415	11 042	2,52
Saarland	414	103	125	87	64	33	1 051	2,54
Berlin (West)	1 024	536	286	109	61	33	1 858	1,81
April 1982 nach Gemeindegrößenklassen								
unter 5 000	3 115	631	812	618	591	464	9 083	2,92
5 000 — 20 000	5 725	1 380	1 597	1 132	1 002	613	15 358	2,68
20 000 — 100 000	6 619	1 934	1 913	1 234	1 028	511	16 354	2,47
100 000 und mehr	9 876	3 981	2 961	1 490	1 015	429	20 765	2,10

[1]) 1950, 1961 und 1970 Ergebnis der Volkszählung; 1982 Ergebnis des Mikrozensus.

3.15 Mehrpersonenhaushalte im April 1982 nach Haushaltsgröße, Altersgruppen und Zahl der ledigen Kinder im Haushalt*)

1 000

Haushalte mit ... Personen	Insgesamt	Und zwar mit ... Kind(ern) unter 18 Jahren: zusammen	1	2	3	4 und mehr	mit ... Kind(ern) unter 6 Jahren: zusammen	1	2	3	4 und mehr
2	7 283	382	382	×	×	×	82	82	×	×	×
3	4 474	2 813	2 649	164	×	×	1 057	1 044	13	×	×
4	3 636	3 089	815	2 235	39	×	1 001	572	427	/	×
5 und mehr	2 017	1 863	370	483	739	272	595	387	154	50	/
Insgesamt	**17 410**	**8 146**	**4 216**	**2 881**	**778**	**272**	**2 734**	**2 084**	**593**	**52**	/

*) Ergebnis des Mikrozensus.

3.16 Privathaushalte im April 1982 nach Altersgruppen und Familienstand der Bezugsperson*)

1 000

Alter der Bezugsperson von ... bis unter ... Jahren	Insgesamt	Davon ledig	verheiratet	verwitwet	geschieden	Einpersonen-haushalte	Davon ledig	verheiratet	verwitwet	geschieden
mit männlicher Bezugsperson										
unter 25	823	503	315	/	/	391	381	7	/	/
25 — 45	7 505	1 006	6 209	28	262	1 091	750	153	11	177
45 — 65	6 731	239	6 148	155	189	498	185	97	79	137
65 und mehr	3 174	80	2 572	475	47	528	61	25	403	40
Zusammen	**18 233**	**1 828**	**15 245**	**658**	**502**	**2 507**	**1 376**	**282**	**493**	**357**
mit weiblicher Bezugsperson										
unter 25	550	500	30	/	18	448	427	12	/	8
25 — 45	1 250	547	191	99	413	628	440	52	15	121
45 — 65	1 872	426	101	991	353	1 244	356	45	629	215
65 und mehr	3 431	379	46	2 844	163	3 099	333	33	2 583	150
Zusammen	**7 103**	**1 853**	**368**	**3 936**	**947**	**5 419**	**1 556**	**142**	**3 228**	**493**
Insgesamt										
unter 25	1 374	1 004	346	/	22	839	808	19	/	11
25 — 45	8 755	1 553	6 400	127	675	1 718	1 190	205	26	297
45 — 65	8 603	666	6 250	1 146	542	1 741	540	142	707	352
65 und mehr	6 604	458	2 618	3 319	209	3 627	394	58	2 985	190
Insgesamt	**25 336**	**3 681**	**15 613**	**4 594**	**1 448**	**7 926**	**2 932**	**423**	**3 720**	**850**

*) Ergebnis des Mikrozensus. — Siehe Vorbemerkung S. 50.

3.17 Privathaushalte im April 1982 nach Haushaltsgröße und monatlichem Haushaltsnettoeinkommen*)

1 000

Privathaushalte mit . . . Person(en)	Insgesamt	Mit einem monatlichen Haushaltsnettoeinkommen von . . . bis unter . . . DM								Sonstige Haushalte[1]
		unter 600	600 — 1 200	1 200 — 1 800	1 800 — 2 500	2 500 — 3 000	3 000 — 4 000	4 000 — 5 000	5 000 und mehr	
					mit männlicher Bezugsperson[2]					
1	2 507	196	540	832	540	128	106	34	36	96
2	6 197	36	384	1 237	1 711	863	1 065	372	298	232
3 und mehr	9 529	9	121	812	2 281	1 471	2 249	1 092	924	570
Zusammen	**18 233**	**242**	**1 046**	**2 880**	**4 532**	**2 462**	**3 420**	**1 498**	**1 257**	**897**
					darunter verheiratet					
1	282	9	35	101	76	15	20	9	10	7
2	5 622	32	354	1 164	1 567	755	938	336	271	204
3 und mehr	9 341	8	117	796	2 246	1 449	2 205	1 072	906	544
Zusammen	**15 245**	**49**	**506**	**2 061**	**3 888**	**2 219**	**3 162**	**1 417**	**1 188**	**755**
					mit weiblicher Bezugsperson[2]					
1	5 419	450	2 260	1 646	642	123	84	18	19	177
2	1 086	22	155	246	301	129	136	41	22	36
3 und mehr	598	7	72	115	126	69	105	44	30	31
Zusammen	**7 103**	**478**	**2 486**	**2 007**	**1 068**	**321**	**324**	**103**	**70**	**245**
					Insgesamt					
1	7 926	646	2 800	2 478	1 182	251	189	52	55	273
2	7 283	57	539	1 482	2 012	992	1 201	413	319	268
3 und mehr	10 127	16	193	927	2 407	1 540	2 354	1 136	953	601
Insgesamt	**25 336**	**720**	**3 532**	**4 887**	**5 600**	**2 783**	**3 744**	**1 601**	**1 327**	**1 142**

*) Ergebnis des Mikrozensus.
[1]) Haushalte, deren Bezugsperson Selbständiger Landwirt oder Mithelfender Familienangehöriger ist sowie Haushalte ohne Angabe.
[2]) Siehe Vorbemerkung S. 50.

3.18 Familien im April 1982 nach Zahl der ledigen Kinder in der Familie und Familienstand der Bezugsperson*)

1 000

Familien / Zahl der ledigen Kinder in der Familie	Insgesamt	Ehepaare	Alleinstehende Bezugspersonen									
			zusammen	Männer				Frauen				
				zusammen[1]	darunter			zusammen	davon			
					verheiratet getrenntlebend	verwitwet	geschieden		ledig	verheiratet getrenntlebend	verwitwet	geschieden
						Familien						
Insgesamt	**22 882**	**15 117**	**7 765**	**1 746**	**370**	**773**	**589**	**6 019**	**148**	**321**	**4 493**	**1 057**
						ohne Kinder						
Familien	12 030	5 924	6 107	1 476	312	646	518	4 631	×	174	3 847	609
						mit Kindern (ohne Altersbegrenzung)						
Familien	10 852	9 193	1 658	270	58	128	71	1 388	148	146	646	448
1	5 130	4 015	1 116	188	38	86	52	928	128	82	456	262
2	3 881	3 497	384	60	15	29	15	324	15	46	128	135
3	1 296	1 188	108	15	/	7	/	94	/	12	43	35
4 und mehr	544	493	51	8	/	5	/	43	/	7	19	16
Kinder	19 216	16 781	2 435	387	85	189	96	2 048	175	239	928	707
						und zwar: **mit Kindern unter 18 Jahren**						
Familien	8 167	7 240	927	145	38	46	51	782	121	123	186	352
1	4 245	3 617	628	107	28	32	39	521	106	72	124	220
2	2 879	2 652	227	28	8	10	9	199	12	38	46	103
3	772	722	51	7	/	/	/	44	/	9	12	20
4 und mehr	271	249	22	/	/	/	/	19	/	/	/	10
Kinder	13 511	12 181	1 329	197	52	67	65	1 133	142	193	270	528
						mit Kindern unter 15 Jahren						
Familien	6 661	5 979	683	94	25	26	34	588	109	103	107	269
1	3 845	3 345	500	75	19	20	27	425	95	66	78	185
2	2 174	2 030	145	15	/	/	6	130	11	28	23	68
3	493	465	28	/	/	/	/	25	/	6	5	12
4 und mehr	149	139	10	/	/	/	—	9	/	/	/	/
Kinder	10 316	9 399	916	119	32	35	41	797	127	152	143	375

*) Ergebnis des Mikrozensus. — Siehe Vorbemerkung S. 50.
[1]) Einschl. männlicher lediger Bezugspersonen mit ledigen Kindern.

3.19 Ausländer nach Altersgruppen, Familienstand und Aufenthaltsdauer*)

Stichtag 30. 9. / Gegenstand der Nachweisung	Insgesamt		Darunter nach der Staatsangehörigkeit							
			Türkei	Jugoslawien	Italien	Griechenland	Österreich	Spanien	Niederlande	Portugal
	1 000	%	1 000							
1980	4 453,3	×	1 462,4	631,8	617,9	297,5	172,6	180,0	107,8	112,3
1981	4 629,7	×	1 546,3	637,3	624,5	299,3	176,3	177,0	108,7	109,4
1982	4 666,9	*100*	1 580,7	631,7	601,6	300,8	175,0	173,5	109,0	106,0
1982 nach dem Geschlecht										
Männlich	2 709,0	*58,0*	926,1	355,9	369,5	161,4	100,4	99,5	57,6	56,7
Weiblich	1 957,9	*42,0*	654,6	275,8	232,1	139,4	74,6	74,0	51,4	49,3
1982 nach Ländern										
Schleswig-Holstein	94,5	*2,0*	39,2	5,8	3,9	2,9	3,0	3,0	1,7	2,3
Hamburg	172,6	*3,7*	57,7	21,5	7,6	8,0	4,3	4,0	2,1	8,3
Niedersachsen	300,6	*6,4*	109,4	27,1	29,1	15,5	6,3	17,3	14,4	7,4
Bremen	51,7	*1,1*	28,2	4,2	1,5	1,0	0,9	0,9	0,9	2,5
Nordrhein-Westfalen	1 443,6	*30,9*	555,5	144,5	165,5	102,2	26,1	63,7	68,5	45,1
Hessen	522,8	*11,2*	140,4	72,7	76,0	31,9	15,2	35,8	5,7	12,7
Rheinland-Pfalz	170,9	*3,7*	55,5	17,3	27,2	6,8	5,1	5,1	3,4	4,5
Baden-Württemberg	919,8	*19,7*	265,3	184,0	188,0	73,5	29,4	28,8	5,4	17,7
Bayern	709,7	*15,2*	220,0	124,6	78,4	50,9	78,4	12,6	4,8	4,5
Saarland	46,0	*1,0*	7,3	1,8	17,5	0,6	1,1	0,4	0,4	0,4
Berlin (West)	234,7	*5,0*	102,0	28,3	6,9	7,6	5,2	1,8	1,7	0,6
1982 nach Altersgruppen										
Alter von ... bis unter ... Jahren										
unter 6	400,0	*8,6*	194,9	53,1	51,0	21,2	4,1	10,1	2,0	8,0
6 — 10	328,2	*7,0*	159,5	45,5	35,8	23,5	5,5	10,1	2,8	8,1
10 — 15	387,4	*8,3*	186,3	39,4	44,6	30,7	10,2	14,5	5,8	10,7
15 — 18	217,9	*4,7*	109,8	15,4	26,8	16,5	6,3	8,4	3,9	5,4
18 — 21	227,2	*4,9*	106,1	12,6	34,8	13,0	7,0	7,4	4,3	4,8
21 — 35	1 362,2	*29,2*	331,9	187,1	204,5	64,6	61,7	38,9	32,0	22,5
35 — 45	959,5	*20,6*	331,0	161,9	98,0	63,6	45,2	35,7	20,3	30,1
45 — 55	502,1	*10,8*	139,9	90,0	66,8	52,5	14,8	34,4	11,2	13,4
55 — 65	182,3	*3,9*	17,5	22,1	29,8	12,4	11,0	12,3	12,2	2,6
65 und mehr	99,9	*2,1*	3,8	4,6	9,5	2,9	9,1	1,9	14,5	0,5
1982 nach dem Familienstand										
Ledig	2 410,7	*51,7*	869,6	276,5	341,4	151,1	85,3	92,1	41,8	50,8
Verheiratet	2 150,0	*46,1*	695,7	338,7	253,2	145,3	80,2	79,4	60,6	54,3
Verwitwet/geschieden	106,3	*2,3*	15,3	16,5	7,0	4,4	9,5	2,0	6,5	0,9
1982 nach der Aufenthaltsdauer[1])										
Aufenthalt von ... bis unter ... Jahren										
unter 1	209,1	*4,5*	52,2	12,6	21,1	6,9	6,2	2,5	3,1	1,8
1 — 4	879,8	*18,9*	343,3	62,0	94,9	24,5	21,9	9,5	9,5	9,5
4 — 6	409,4	*8,8*	171,3	39,7	53,8	15,4	10,0	6,6	4,8	7,6
6 — 8	362,0	*7,8*	164,2	39,7	36,2	19,0	8,6	8,5	4,7	11,5
8 — 10	594,1	*12,7*	275,3	89,7	58,0	28,7	15,8	18,8	7,0	26,8
10 — 15	1 449,9	*31,1*	474,6	327,4	187,9	126,6	51,4	66,4	17,3	38,5
15 — 20	413,5	*8,9*	87,0	42,9	86,7	55,2	24,3	39,7	12,1	9,3
20 und mehr	349,1	*7,5*	12,7	17,6	63,0	24,5	36,8	21,6	50,4	1,1

*) Ergebnis einer Auszählung des Ausländerzentralregisters beim Bundesverwaltungsamt (Köln) durch das Statistische Bundesamt. – Ohne Angehörige der Stationierungsstreitkräfte sowie der ausländischen diplomatischen und konsularischen Vertretungen mit ihren Familienangehörigen.

[1]) Die Aufenthaltsdauer ergibt sich ohne Berücksichtigung von Aufenthaltsunterbrechungen als Differenz zwischen Auszählungsstichtag und Datum der ersten Einreise. – Ein Ausländer, der beispielsweise vom 1. 1. 1972 bis zum 31. 12. 1976 im Bundesgebiet wohnte und ab 1. 1. 1982 seinen Wohnsitz erneut im Geltungsbereich des Ausländergesetzes hat, hielt sich am 30. 9. 1982 10 bis unter 11 Jahre im Bundesgebiet auf.

3.20 Modellrechnung der Wohnbevölkerung bis 2000

Alter von ... bis unter ... Jahren	1. 1. 1980		1. 1. 1985		1. 1. 1990		1. 1. 1995		1. 1. 2000	
	1 000	%	1 000	%	1 000	%	1 000	%	1 000	%
					Männlich					
unter 5	1 488,6	*5,1*	1 557,9	*5,3*	1 671,3	*5,7*	1 642,6	*5,6*	1 424,8	*4,9*
5 — 10	1 776,4	*6,1*	1 500,4	*5,1*	1 561,9	*5,3*	1 676,6	*5,7*	1 645,1	*5,7*
10 — 15	2 545,2	*8,7*	1 794,2	*6,1*	1 516,3	*5,2*	1 576,9	*5,4*	1 688,0	*5,8*
15 — 20	2 646,9	*9,0*	2 588,3	*8,8*	1 828,1	*6,2*	1 551,6	*5,3*	1 603,5	*5,5*
20 — 25	2 351,0	*8,0*	2 710,9	*9,3*	2 622,8	*8,9*	1 872,6	*6,4*	1 584,7	*5,5*
25 — 30	2 180,0	*7,4*	2 426,9	*8,3*	2 746,6	*9,4*	2 666,7	*9,1*	1 906,0	*6,6*
30 — 35	1 974,0	*6,7*	2 209,9	*7,5*	2 430,3	*8,3*	2 752,3	*9,4*	2 665,3	*9,2*
35 — 40	2 322,9	*7,9*	1 962,6	*6,7*	2 189,7	*7,5*	2 408,8	*8,2*	2 726,2	*9,4*
40 — 45	2 468,7	*8,4*	2 284,8	*7,8*	1 930,8	*6,6*	2 153,4	*7,4*	2 370,0	*8,2*
45 — 50	1 923,7	*6,6*	2 406,1	*8,2*	2 226,3	*7,6*	1 881,2	*6,4*	2 098,6	*7,2*
50 — 55	1 795,4	*6,1*	1 850,7	*6,3*	2 316,8	*7,9*	2 140,9	*7,3*	1 811,1	*6,3*
55 — 60	1 465,9	*5,0*	1 693,8	*5,8*	1 746,2	*6,0*	2 185,8	*7,5*	2 017,8	*7,0*
60 — 65	889,2	*3,0*	1 335,5	*4,6*	1 545,6	*5,3*	1 591,8	*5,4*	1 994,2	*6,9*
65 und mehr	3 439,3	*11,8*	2 983,7	*10,2*	2 977,8	*10,2*	3 185,9	*10,9*	3 421,9	*11,8*
Zusammen	**29 267,2**	***100***	**29 305,6**	***100***	**29 310,3**	***100***	**29 287,0**	***100***	**28 957,2**	***100***
					Weiblich					
unter 5	1 416,1	*4,4*	1 481,6	*4,7*	1 589,7	*5,1*	1 562,4	*5,1*	1 355,2	*4,5*
5—10	1 703,0	*5,3*	1 430,6	*4,5*	1 488,2	*4,8*	1 597,6	*5,2*	1 567,3	*5,2*
10—15	2 420,1	*7,5*	1 724,2	*5,4*	1 447,6	*4,6*	1 505,1	*4,9*	1 610,4	*5,3*
15—20	2 504,3	*7,8*	2 452,0	*7,7*	1 745,9	*5,6*	1 471,1	*4,8*	1 522,6	*5,0*
20—25	2 210,8	*6,9*	2 550,3	*8,0*	2 480,1	*7,9*	1 779,1	*5,8*	1 496,0	*5,0*
25—30	2 103,0	*6,6*	2 243,7	*7,1*	2 562,8	*8,2*	2 496,6	*8,1*	1 791,3	*5,9*
30—35	1 858,0	*5,8*	2 106,8	*6,6*	2 241,1	*7,2*	2 560,0	*8,3*	2 492,2	*8,3*
35—40	2 182,0	*6,8*	1 855,2	*5,8*	2 100,2	*6,7*	2 233,9	*7,2*	2 550,1	*8,4*
40—45	2 328,3	*7,3*	2 171,8	*6,8*	1 845,4	*5,9*	2 088,5	*6,8*	2 220,2	*7,4*
45—50	1 843,0	*5,7*	2 304,1	*7,3*	2 146,7	*6,9*	1 825,2	*5,9*	2 064,3	*6,8*
50—55	1 947,4	*6,1*	1 810,2	*5,7*	2 261,4	*7,2*	2 106,3	*6,8*	1 791,6	*5,9*
55—60	2 119,6	*6,6*	1 893,1	*6,0*	1 759,4	*5,6*	2 197,8	*7,1*	2 045,8	*6,8*
60—65	1 347,6	*4,2*	2 028,9	*6,4*	1 811,7	*5,8*	1 683,9	*5,5*	2 103,7	*7,0*
65 und mehr	6 084,3	*19,0*	5 692,6	*17,9*	5 849,2	*18,7*	5 754,1	*18,6*	5 575,3	*18,5*
Zusammen	**32 067,5**	***100***	**31 745,0**	***100***	**31 329,2**	***100***	**30 861,6**	***100***	**30 186,1**	***100***
					Insgesamt					
unter 5	2 904,7	*4,7*	3 039,5	*5,0*	3 261,0	*5,4*	3 204,9	*5,3*	2 780,0	*4,7*
5—10	3 479,4	*5,7*	2 931,0	*4,8*	3 050,1	*5,0*	3 274,1	*5,4*	3 212,4	*5,4*
10—15	4 965,3	*8,1*	3 518,4	*5,8*	2 963,9	*4,9*	3 081,9	*5,1*	3 298,4	*5,6*
15—20	5 151,2	*8,4*	5 040,3	*8,3*	3 574,0	*5,9*	3 022,7	*5,0*	3 126,2	*5,3*
20—25	4 561,8	*7,4*	5 261,3	*8,6*	5 102,9	*8,4*	3 651,7	*6,1*	3 080,7	*5,2*
25—30	4 283,0	*7,0*	4 670,6	*7,7*	5 309,4	*8,8*	5 163,3	*8,6*	3 697,3	*6,3*
30—35	3 832,1	*6,2*	4 316,7	*7,1*	4 671,4	*7,7*	5 312,3	*8,8*	5 157,5	*8,7*
35—40	4 504,9	*7,3*	3 817,8	*6,3*	4 289,8	*7,1*	4 642,7	*7,7*	5 276,3	*8,9*
40—45	4 797,0	*7,8*	4 456,5	*7,3*	3 776,1	*6,2*	4 241,9	*7,1*	4 590,2	*7,8*
45—50	3 766,7	*6,1*	4 710,1	*7,7*	4 373,0	*7,2*	3 706,5	*6,2*	4 162,9	*7,0*
50—55	3 742,9	*6,1*	3 660,9	*6,0*	4 578,2	*7,5*	4 247,2	*7,1*	3 602,6	*6,1*
55—60	3 585,6	*5,8*	3 586,8	*5,9*	3 505,6	*5,8*	4 383,6	*7,3*	4 063,7	*6,9*
60—65	2 236,8	*3,6*	3 364,4	*5,5*	3 357,3	*5,5*	3 275,8	*5,4*	4 097,9	*6,9*
65 und mehr	9 523,5	*15,5*	8 676,3	*14,2*	8 826,9	*14,6*	8 940,0	*14,9*	8 997,2	*15,2*
Insgesamt	**61 334,7**	***100***	**61 050,6**	***100***	**60 639,5**	***100***	**60 148,6**	***100***	**59 143,3**	***100***

3.21 Eheschließungen, Geborene und Gestorbene

3.21.1 Grundzahlen

Jahr / Land	Eheschließungen	Lebendgeborene insgesamt	Lebendgeborene und zwar Ausländer²)	Lebendgeborene und zwar männlich	Lebendgeborene und zwar nichtehelich	Totgeborene insgesamt	Totgeborene darunter nichtehelich³)	Gestorbene¹) insgesamt	Gestorbene¹) und zwar Ausländer	Gestorbene¹) und zwar männlich	Gestorbene¹) und zwar im 1. Lebensjahr	Gestorbene¹) und zwar in den ersten 7 Lebenstagen	Überschuß der Geborenen (+) bzw. Gestorbenen (−) insgesamt	Überschuß der Geborenen (+) bzw. Gestorbenen (−) Ausländer
1950	535 708	812 835	.	420 944	79 075	18 118	2 723	528 747	.	266 895	45 252	22 813⁴)	+284 088	.
1955	461 818	820 128	.	423 235	64 427	16 558	1 912	581 872	.	299 280	34 284	19 699	+238 256	.
1960	521 445	968 629	11 141	498 182	61 330	15 049	1 343	642 962	3 593	332 503	32 724	20 137	+325 667	+ 7 548
1965	492 128	1 044 328	37 858	536 930	48 977	12 901	956	677 628	5 535	347 968	24 947	17 342	+366 700	+32 323
1970	444 510	810 808	63 007	416 321	44 280	8 351	703	734 843	8 005	369 975	19 165	13 301	+ 75 965	+55 002
1973	394 603	635 633	99 086	326 181	39 843	5 686	529	731 028	9 635	365 703	14 569	9 060	− 95 395	+89 451
1974	377 265	626 373	108 270	321 480	39 277	5 387	504	727 511	9 277	360 254	13 232	8 128	−101 138	+98 993
1975	386 681	600 512	95 873	309 135	36 774	4 689	426	749 260	8 991	371 074	11 875	6 967	−148 748	+86 882
1976	365 728	602 851	86 953	309 385	38 251	4 444	448	733 140	8 563	361 325	10 506	5 936	−130 289	+78 390
1977	358 487	582 344	78 271	299 735	37 649	3 794	379	704 922	8 037	347 948	9 022	4 916	−122 578	+70 234
1978	328 215	576 468	74 993	296 348	40 141	3 650	396	723 218	8 044	355 488	8 482	4 314	−146 750	+66 949
1979	344 823	581 984	75 560	298 175	41 504	3 325	348	711 732	8 090	346 826	7 855	4 026	−129 748	+67 470
1980	362 408	620 657	80 695	318 480	46 923	3 308	383	714 117	8 511	348 015	7 821	3 904	− 93 460	+72 184
1981	359 658	624 557	80 009	320 633	49 363	3 204	364	722 192	8 529	349 080	7 257	3 401	− 97 635	+71 480
1982⁵)	361 573	621 173	72 981	319 293	52 750	2 996	...	715 857	8 524	344 275	6 782	3 000	− 94 684	+64 457
davon (1982):														
Schleswig-Holstein	14 416	24 481	1 386	12 549	2 575	112	17	31 601	205	15 162	253	103	− 7 120	+ 1 181
Hamburg	8 991	13 262	2 434	6 847	2 115	53	6	23 761	296	10 984	151	65	− 10 499	+ 2 138
Niedersachsen	40 938	71 407	4 642	36 631	6 349	368	47	85 867	574	41 775	746	312	− 14 460	+ 4 068
Bremen	3 726	5 892	802	3 014	885	39	2	8 824	88	4 288	54	18	− 2 932	+ 714
Nordrhein-Westfalen	102 049	169 191	23 605	87 033	12 611	899	90	195 044	2 610	94 846	2 134	969	− 25 853	+20 995
Hessen	30 596	54 015	7 856	27 698	4 283	259	28	63 603	813	30 887	533	229	− 9 588	+ 7 043
Rheinland-Pfalz	23 002	37 132	2 576	19 218	2 662	171	27	43 567	350	21 117	408	176	− 6 435	+ 2 226
Baden-Württemberg	53 768	100 268	15 395	51 440	7 036	461	49	93 197	1 562	45 350	974	447	+ 7 071	+13 833
Bayern	65 371	116 576	9 439	59 905	9 810	499	70	123 033	1 552	59 548	1 152	516	− 6 457	+ 7 887
Saarland	7 213	10 287	584	5 295	773	57	7	12 832	111	6 307	110	50	− 2 545	+ 473
Berlin (West)	11 503	18 662	4 262	9 663	3 651	78	21	34 528	363	14 011	267	115	− 15 866	+ 3 899

3.21.2 Verhältniszahlen

Jahr / Land	Eheschließungen	Lebendgeborene	Gestorbene¹)	Überschuß der Geborenen (+) bzw. Gestorbenen (−)	Nichtehelich Lebendgeborene	Gestorbene Säuglinge im 1. Lebensjahr⁶)	Gestorbene Säuglinge in den ersten 7 Lebenstagen⁷)	Totgeborene je 1 000 Lebend- und Totgeborene	Knaben je 1 000 lebendgeborene Mädchen	Männliche Gestorbene je 1 000 weibliche Gestorbene
	je 1 000 Einwohner				je 1 000 Lebendgeborene					
1950	10,7	16,2	10,5	+5,7	97,3	55,3	28,7⁴)	21,8	1 074	1 019
1955	8,8	15,7	11,1	+4,5	78,6	41,9	24,0	19,8	1 066	1 059
1960	9,4	17,4	11,6	+5,9	63,3	33,8	20,8	15,3	1 059	1 071
1965	8,3	17,7	11,5	+6,2	46,9	23,8	16,6	12,2	1 058	1 056
1970	7,3	13,4	12,1	+1,3	54,6	23,4	16,4	10,2	1 055	1 014
1973	6,4	10,3	11,8	−1,5	62,7	22,7	14,3	8,9	1 054	1 001
1974	6,1	10,1	11,7	−1,6	62,7	21,1	13,0	8,5	1 054	981
1975	6,3	9,7	12,1	−2,4	61,2	19,7	11,6	7,7	1 061	981
1976	5,9	9,8	11,9	−2,1	63,5	17,4	9,8	7,3	1 054	972
1977	5,8	9,5	11,5	−2,0	64,7	15,4	8,4	6,5	1 061	975
1978	5,4	9,4	11,8	−2,4	69,6	14,7	7,5	6,3	1 058	967
1979	5,6	9,5	11,6	−2,1	71,3	13,6	6,9	5,7	1 051	950
1980	5,9	10,1	11,6	−1,5	75,6	12,7	6,3	5,3	1 054	951
1981	5,8	10,1	11,7	−1,6	79,0	11,6	5,4	5,1	1 055	936
1982⁵)	5,9	10,1	11,6	−1,5	84,9	10,9	4,8	4,8	1 058	927
davon (1982):										
Schleswig-Holstein	5,5	9,3	12,1	−2,7	105,2	10,3	4,2	4,6	1 052	922
Hamburg	5,5	8,1	14,6	−6,4	159,5	11,4	4,9	4,0	1 067	860
Niedersachsen	5,6	9,8	11,8	−2,0	88,9	10,4	4,4	5,1	1 053	947
Bremen	5,4	8,6	12,8	−4,3	150,2	9,2	3,1	6,6	1 047	945
Nordrhein-Westfalen	6,0	9,9	11,5	−1,5	74,5	12,6	5,7	5,3	1 059	947
Hessen	5,5	9,6	11,3	−1,7	79,3	9,9	4,2	4,8	1 052	944
Rheinland-Pfalz	6,3	10,2	12,0	−1,8	71,7	11,0	4,7	4,6	1 073	941
Baden-Württemberg	5,8	10,8	10,0	+0,8	70,2	9,7	4,5	4,6	1 053	948
Bayern	6,0	10,6	11,2	−0,6	84,2	9,9	4,4	4,3	1 057	938
Saarland	6,8	9,7	12,1	−2,4	75,1	10,7	4,9	5,5	1 061	967
Berlin (West)	6,1	9,9	18,4	−8,4	195,6	14,3	6,2	4,2	1 074	683

¹) Ohne Totgeborene, nachträglich beurkundete Kriegssterbefälle und gerichtliche Todeserklärungen.
²) Zuordnung gemäß Reichs- und Staatsangehörigkeitsgesetz in der jeweils gültigen Fassung, zuletzt geändert zum 1. 1. 1975.
³) In der Aufgliederung nach Ländern liegen nur Ergebnisse für 1981 vor.
⁴) Ohne Saarland.
⁵) Vorläufiges Ergebnis.
⁶) Unter Berücksichtigung der Geburtenentwicklung in den vorangegangenen 12 Monaten.
⁷) Bezogen auf die Lebendgeborenen des Berichtszeitraums.

Bevölkerungsbewegung

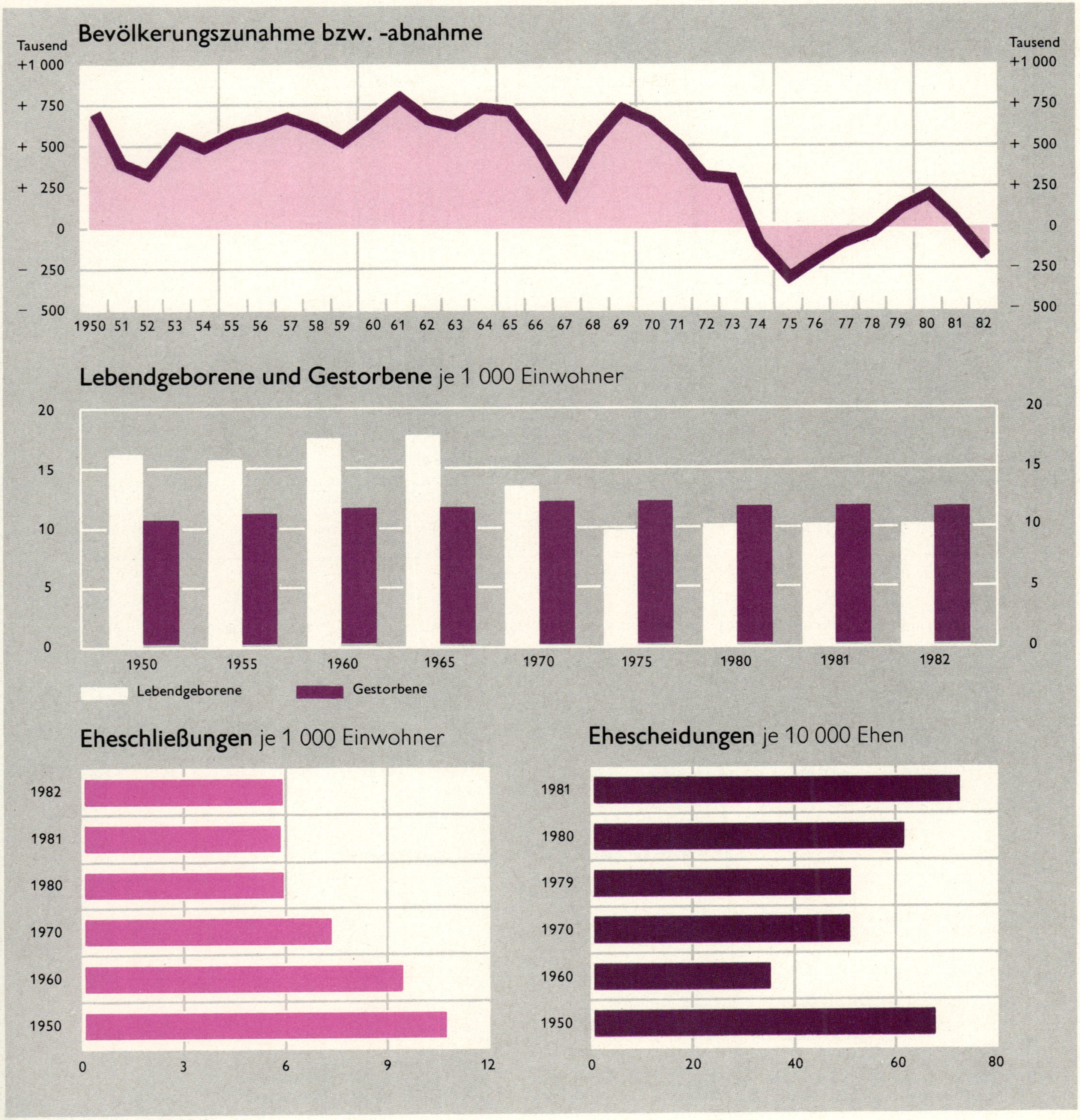

Statistisches Bundesamt 83 0243

3.22 Durchschnittliches Heiratsalter nach dem bisherigen Familienstand der Ehepartner*)

Jahr	Durchschnittliches Heiratsalter in Jahren							
	Männer				Frauen			
	insgesamt	Familienstand vor der Eheschließung			insgesamt	Familienstand vor der Eheschließung		
		ledig	verwitwet	geschieden		ledig	verwitwet	geschieden
1950	31,0	28,1	48,7	39,5	27,4	25,4	36,3	34,8
1955	29,8	27,0	52,5	40,7	26,2	24,4	41,7	36,5
1960	28,5	25,9	54,7	40,7	25,2	23,7	45,6	36,7
1965	28,5	26,0	56,1	39,3	25,4	23,7	47,1	35,4
1970	28,3	25,6	57,1	38,4	24,9	23,0	48,1	35,0
1971	28,2	25,5	57,3	38,5	24,9	22,9	48,3	35,0
1972	28,3	25,5	57,5	38,3	25,0	22,9	48,4	35,0
1973	28,5	25,5	57,5	38,4	25,1	22,9	48,8	35,0
1974	28,7	25,6	57,7	38,1	25,3	22,9	48,5	34,8
1975	28,4	25,3	57,8	37,9	25,1	22,7	49,6	34,6
1976	28,8	25,6	57,9	37,8	25,4	22,9	49,4	34,5
1977	28,8	25,7	57,3	37,6	25,5	22,9	49,5	34,4
1978	28,9	25,9	57,7	38,4	25,5	23,1	49,4	35,0
1979	29,0	26,0	57,8	38,8	25,7	23,2	49,8	35,2
1980	29,0	26,1	57,4	38,5	25,8	23,4	49,5	35,1
1981	29,3	26,3	57,7	38,6	26,1	23,6	49,3	35,3

*) 1950 und 1955 Bundesgebiet ohne Saarland.

3.23 Eheschließungen 1981

3.23.1 Nach der Staatsangehörigkeit der Ehepartner

Staatsangehörigkeit	Eheschließende	Darunter Ehepartner mit der Staatsangehörigkeit nachstehender Länder										
		Deutschland	Frankreich	Griechenland	Großbrit. u. Nordirl.	Italien	Jugoslawien	Niederlande	Österreich	Spanien	Türkei	Vereinigte Staaten
Eheschließende Männer												
Deutscher	331 276	321 596	550	258	334	546	1 142	560	1 028	333	527	361
Ausländer	28 382	19 427	109	924	163	1 053	639	69	110	366	3 810	351
Insgesamt	**359 658**	**341 023**	**659**	**1 182**	**497**	**1 599**	**1 781**	**629**	**1 138**	**699**	**4 337**	**712**
Eheschließende Frauen												
Deutsche	341 023	321 596	667	387	1 031	2 185	988	806	1 230	413	3 982	2 180
dar. mit einem Mitglied der fremden Streitkräfte	1 823	—	53	—	253	—	—	45	—	—	—	1 346
Ausländerin	18 635	9 680	60	876	87	1 222	515	54	104	325	3 874	428
dar. mit einem Mitglied der fremden Streitkräfte	301	—	9	—	4	—	—	5	—	—	—	271
Insgesamt	**359 658**	**331 276**	**727**	**1 263**	**1 118**	**3 407**	**1 503**	**860**	**1 334**	**738**	**7 856**	**2 608**

3.23.2 Nach der Religionszugehörigkeit der Ehepartner

Religionszugehörigkeit des Mannes	Religionszugehörigkeit der Frau						Insgesamt	Darunter von Männern mit Frauen gleicher Konfession
	evangelisch	römisch-katholisch	anders christlich	jüdisch	sonstige Religion	freireligiös, gemeinschaftslos und ohne Angabe		
	Anzahl							%
Evangelisch	93 349	43 503	920	29	470	5 841	144 112	64,8
Römisch-katholisch	42 282	111 515	833	19	398	3 401	158 448	70,4
Anders christlich	923	915	2 983	—	11	196	5 028	×
Jüdisch	36	45	1	61	1	33	177	34,5
Sonstige Religion	3 438	2 522	81	4	3 647	863	10 555	×
Freireligiös, gemeinschaftslos und ohne Angabe	16 684	9 572	363	21	267	14 431	41 338	×
Insgesamt	**156 712**	**168 072**	**5 181**	**134**	**4 794**	**24 765**	**359 658**	×
dar. von Frauen mit Männern gleicher Konfession in %	59,6	66,3	×	45,5	×	×	×	×

3.24 Eheschließende nach dem bisherigen Familienstand sowie Heiratsziffern Lediger*)

Alter von ... bis unter ... Jahren	Eheschließende 1981					Heiratsziffern Lediger					
	Familienstand vor der Eheschließung			insgesamt	dar. Ausländer (-innen)	1910/11	1938	1950	1970	1980	1981
	ledig	verwitwet¹)	geschieden²)								
	Anzahl					Eheschließende Ledige je 1 000 Ledige gleichen Alters					
Männer											
unter 18	225	—	—	225	190	*0*	*0*	*0*	*0*	*0*	*0*
18 — 19	2 590	1	3	2 594	533	*0*	*0*	*3*	*9*	*5*	*5*
19 — 20	8 957	—	16	8 973	1 008	*1*	*2*	*13*	*33*	*20*	*17*
20 — 21	14 964	2	31	14 997	1 521	*4*	*6*	*29*	*56*	*35*	*30*
21 — 22	21 141	2	74	21 217	2 027	*25*	*28*	*95*	*145*	*50*	*45*
22 — 23	26 775	8	211	26 994	2 248	*60*	*29*	*106*	*147*	*69*	*63*
23 — 24	30 066	13	386	30 465	2 429	*98*	*57*	*132*	*172*	*86*	*79*
24 — 25	30 635	27	673	31 335	2 328	*138*	*113*	*158*	*189*	*99*	*91*
25 — 26	29 090	20	1 020	30 130	2 382	*163*	*169*	*176*	*181*	*107*	*101*
26 — 27	25 361	42	1 300	26 703	1 944	*169*	*191*	*200*	*185*	*109*	*104*
27 — 28	21 195	41	1 708	22 944	1 619	*176*	*204*	*225*	*178*	*107*	*102*
28 — 29	16 712	55	2 061	18 828	1 476	*167*	*216*	*234*	*153*	*100*	*95*
29 — 30	13 364	59	2 331	15 754	1 222	*165*	*214*	*243*	*143*	*88*	*88*
30 — 31	10 663	79	2 699	13 441	1 042	*148*	*206*	*230*	*123*	*79*	*79*
31 — 32	8 083	89	2 921	11 093	943	*142*	*192*	*240*	*109*	*70*	*66*
32 — 33	6 332	98	2 958	9 388	836	*124*	*170*	*233*	*94*	*61*	*60*
33 — 34	4 568	107	2 843	7 518	710	*112*	*158*	*228*	*77*	*57*	*52*
34 — 35	3 519	94	2 663	6 276	571	*98*	*141*	*218*	*68*	*44*	*49*
35 — 40	9 556	588	11 515	21 659	1 554	*71*	*110*	*177*	*47*	*34*	*33*
40 — 45	4 668	981	9 681	15 330	877	*34*	*62*	*104*	*28*	*18*	*18*
45 — 50	1 442	1 083	4 972	7 497	403	*18*	*33*	*53*	*17*	*9*	*9*
50 — 55	543	1 511	3 078	5 132	213	*9*	*18*	*24*	*11*	*5*	*5*
55 — 60	253	1 583	1 744	3 580	140	*5*	*9*	*11*	*6*	*3*	*4*
60 — 65	163	1 300	921	2 384	81	*0*	*0*	*0*	*5*	*3*	*4*
65 — 70	68	1 459	584	2 111	53	*0*	*0*	*0*	*3*	*2*	*2*
70 und mehr	112	2 518	460	3 090	32	*0*	*0*	*0*	*0*	*0*	*0*
Insgesamt	**291 045**	**11 760**	**56 853**	**359 658**	**28 382**	×	×	×	×	×	×
dar. Ausländer	24 006	361	4 015	28 382	×	×	×	×	×	×	×
davon heirateten eine:											
ledige Frau	263 375	3 307	27 526	294 208	.	×	×	×	×	×	×
verwitwete Frau	2 228	3 722	2 581	8 531	.	×	×	×	×	×	×
geschiedene Frau	25 442	4 731	26 746	56 919	.	×	×	×	×	×	×
Frauen											
unter 16	148	—	—	148	127	*0*	*0*	*0*	*1*	*0*	*0*
16 — 17	1 596	—	—	1 596	426	*2*	*3*	*4*	*17*	*4*	*3*
17 — 18	4 704	—	4	4 708	824	*7*	*12*	*15*	*50*	*11*	*9*
18 — 19	21 673	3	18	21 694	1 555	*21*	*39*	*42*	*112*	*53*	*44*
19 — 20	28 149	12	92	28 253	1 458	*45*	*60*	*75*	*166*	*73*	*63*
20 — 21	35 342	11	298	35 651	1 411	*75*	*96*	*103*	*206*	*102*	*88*
21 — 22	37 379	45	655	38 079	1 378	*116*	*142*	*145*	*286*	*121*	*110*
22 — 23	34 749	43	1 051	35 843	1 222	*140*	*157*	*165*	*269*	*132*	*124*
23 — 24	29 276	60	1 595	30 931	1 127	*162*	*207*	*183*	*258*	*134*	*128*
24 — 25	23 859	91	2 037	25 987	948	*175*	*223*	*194*	*248*	*134*	*129*
25 — 26	18 398	86	2 349	20 833	848	*174*	*233*	*192*	*217*	*126*	*124*
26 — 27	13 945	100	2 561	16 606	873	*165*	*231*	*193*	*204*	*114*	*112*
27 — 28	10 225	121	2 816	13 162	748	*155*	*218*	*190*	*173*	*102*	*98*
28 — 29	7 733	129	2 938	10 800	757	*133*	*198*	*175*	*141*	*90*	*90*
29 — 30	5 621	137	3 081	8 839	685	*124*	*178*	*161*	*128*	*82*	*78*
30 — 31	4 241	132	2 902	7 275	540	*101*	*151*	*130*	*105*	*75*	*71*
31 — 32	3 217	141	2 966	6 324	587	*87*	*129*	*122*	*92*	*67*	*65*
32 — 33	2 315	128	2 786	5 229	424	*73*	*106*	*107*	*76*	*53*	*57*
33 — 34	1 615	141	2 460	4 216	367	*63*	*92*	*93*	*65*	*49*	*47*
34 — 35	1 238	128	2 162	3 528	332	*52*	*76*	*83*	*57*	*38*	*43*
35 — 40	3 487	731	8 548	12 766	954	*38*	*51*	*54*	*38*	*26*	*27*
40 — 45	2 020	950	7 184	10 154	462	*18*	*25*	*24*	*20*	*15*	*14*
45 — 50	1 201	1 054	3 898	6 153	267	*10*	*14*	*13*	*13*	*10*	*10*
50 — 55	852	1 121	2 122	4 095	148	*5*	*6*	*6*	*8*	*6*	*6*
55 — 60	676	1 117	1 218	3 011	99	*2*	*3*	*3*	*4*	*4*	*4*
60 — 65	315	862	646	1 823	33	*0*	*0*	*0*	*2*	*2*	*2*
65 — 70	136	745	365	1 246	24	*0*	*0*	*0*	*1*	*1*	*1*
70 und mehr	98	443	167	708	11	*0*	*0*	*0*	*0*	*0*	*0*
Insgesamt	**294 208**	**8 531**	**56 919**	**359 658**	**18 635**	×	×	×	×	×	×
dar. Ausländerinnen	15 445	302	2 888	18 635	×	×	×	×	×	×	×

*) 1910/11 und 1938 Reichsgebiet, jeweiliger Gebietsstand; 1950 Bundesgebiet ohne Berlin.
¹) Einschl. Personen, deren früherer Ehegatte für tot erklärt worden ist.
²) Einschl. »Frühere Ehe aufgehoben«.

3.36 Wanderungen zwischen dem Bundesgebiet und dem Ausland 1981

3.36.2 Nach der Staatsangehörigkeit

Land der Staatsangehörigkeit	Zuzüge			Fortzüge			Überschuß der Zu- (+) bzw. Fortzüge (−)		
	insgesamt	männlich	weiblich	insgesamt	männlich	weiblich	insgesamt	männlich	weiblich
Deutschland	104 450	52 511	51 939	55 001	26 974	28 027	+ 49 449	+25 537	+23 912
Griechenland	18 554	11 210	7 344	15 789	9 193	6 596	+ 2 765	+ 2 017	+ 748
Großbritannien und Nordirland	22 472	13 989	8 483	17 017	10 614	6 403	+ 5 455	+ 3 375	+ 2 080
Italien	65 285	41 498	23 787	81 139	53 197	27 942	− 15 854	−11 699	− 4 155
Jugoslawien	34 217	18 290	15 927	40 382	23 437	16 945	− 6 165	− 5 147	− 1 018
Österreich	20 768	14 848	5 920	19 217	14 587	4 630	+ 1 551	+ 261	+ 1 290
Spanien	5 275	3 199	2 076	8 678	5 084	3 594	− 3 403	− 1 885	− 1 518
Türkei	84 583	49 476	35 107	71 615	49 662	21 953	+ 12 968	− 186	+13 154
Vereinigte Staaten	14 866	8 458	6 408	12 896	7 237	5 659	+ 1 970	+ 1 221	+ 749
Übrige	235 159	139 972	95 187	148 791	91 064	57 727	+ 86 368	+48 908	+37 460
Insgesamt	**605 629**	**353 451**	**252 178**	**470 525**	**291 049**	**179 476**	**+135 104**	**+62 402**	**+72 702**

3.36.3 Nach Altersgruppen und Familienstand

Geschlecht / Alter am Jahresende von ... bis unter ... Jahren	Zuzüge						Fortzüge					
	Deutsche			Ausländer			Deutsche			Ausländer		
	insgesamt	darunter ledig	darunter verheiratet	insgesamt	darunter ledig	darunter verheiratet	insgesamt	darunter ledig	darunter verheiratet	insgesamt	darunter ledig	darunter verheiratet
Männlich												
unter 18	13 821	13 821	—	73 177	73 023	153	6 765	6 765	—	47 292	47 262	30
18 — 25	7 044	6 122	904	76 830	67 250	9 340	4 010	3 562	438	57 053	50 979	5 927
25 — 40	16 554	4 195	11 444	105 921	40 643	61 676	9 609	3 248	5 611	104 298	38 143	63 262
40 — 50	8 588	775	7 023	26 001	2 447	22 057	4 165	536	3 075	32 395	2 982	28 031
50 — 65	4 576	232	3 913	14 461	807	12 525	1 673	125	1 336	18 075	1 004	15 968
65 und mehr	1 927	96	1 459	4 551	234	3 304	752	66	509	4 962	255	3 733
Weiblich												
unter 18	12 969	12 956	12	53 803	51 912	1 880	6 381	6 352	29	37 395	37 123	267
18 — 25	7 692	4 830	2 731	50 746	33 893	16 431	6 238	3 521	2 623	32 008	24 101	7 646
25 — 40	15 664	2 075	12 522	53 522	13 524	36 907	9 744	2 063	6 891	44 325	10 432	31 835
40 — 50	7 086	397	5 905	16 905	951	14 155	2 881	294	2 251	14 160	977	11 816
50 — 65	5 278	418	3 495	16 924	919	10 821	1 631	161	1 071	15 816	972	10 454
65 und mehr	3 292	222	922	8 297	433	2 225	1 152	75	241	7 745	387	2 163
Insgesamt	**104 491**	**46 139**	**50 330**	**501 138**	**286 036**	**191 474**	**55 001**	**26 768**	**24 075**	**415 524**	**214 617**	**181 132**

3.36.4 Von Erwerbspersonen

Personenkreis	Bundesgebiet	Schleswig-Holstein	Hamburg	Niedersachsen	Bremen	Nordrhein-Westfalen	Hessen	Rheinland-Pfalz	Baden-Württemberg	Bayern	Saarland	Berlin (West)
Zuzüge												
Deutsche	54 081	1 235	1 485	4 166	750	20 308	4 639	2 164	9 155	8 236	655	1 288
dar. männlich	32 010	814	919	2 509	607	11 989	2 695	1 257	5 243	4 790	409	778
Ausländer	233 836	6 258	12 281	15 483	4 083	56 383	24 047	7 978	45 301	44 217	2 141	15 664
dar. männlich	175 339	4 525	9 133	11 642	2 923	43 582	17 965	5 968	34 795	32 361	1 687	10 758
Insgesamt	**287 917**	**7 493**	**13 766**	**19 649**	**4 833**	**76 691**	**28 686**	**10 142**	**54 456**	**52 453**	**2 796**	**16 952**
dar. männlich	207 349	5 339	10 052	14 151	3 530	55 571	20 660	7 225	40 038	37 151	2 096	11 536
Fortzüge												
Deutsche	25 394	1 139	796	2 075	605	6 127	2 695	1 716	5 020	3 619	436	1 166
dar. männlich	15 332	813	516	1 317	481	3 946	1 524	908	2 831	2 006	257	733
Ausländer	176 550	4 056	7 117	11 218	2 500	42 616	19 303	7 420	48 699	21 645	1 330	10 646
dar. männlich	140 638	3 082	5 572	9 163	1 917	35 474	15 091	5 998	39 048	16 621	1 113	7 559
Insgesamt	**201 944**	**5 195**	**7 913**	**13 293**	**3 105**	**48 743**	**21 998**	**9 136**	**53 719**	**25 264**	**1 766**	**11 812**
dar. männlich	155 970	3 895	6 088	10 480	2 398	39 420	16 615	6 906	41 879	18 627	1 370	8 292

3.37 Vertriebene im April 1974 nach Altersgruppen, Familienstand und Erwerbstätigkeit*)

1 000

Alter von . . . bis unter . . . Jahren	Insgesamt	Und zwar					Von den Vertriebenen waren erwerbstätig		
		männlich	weiblich	ledig	verheiratet	verwitwet, geschieden	zusammen	männlich	weiblich
unter 15	1 684	859	824	1 684	—	—	/	/	/
15 — 25	1 287	705	582	1 192	93	/	729	418	312
25 — 35	878	446	431	191	653	34	640	411	229
35 — 45	1 411	705	706	108	1 235	68	1 031	686	345
45 — 55	1 491	681	810	99	1 263	130	1 038	641	397
55 — 65	1 112	475	637	71	797	244	517	356	161
65 und mehr	1 577	610	968	105	777	695	88	64	24
Insgesamt	**9 440**	**4 482**	**4 958**	**3 449**	**4 819**	**1 173**	**4 043**	**2 575**	**1 468**

*) Letzte veröffentlichte Ergebnisse aus dem Mikrozensus.

3.38 Aussiedler nach Herkunftsgebieten und Altersgruppen

Herkunftsgebiet / Alter von . . . bis unter . . . Jahren / Geschlecht	1968/76	1977	1978	1979	1980	1981	1982
Insgesamt	**241 544**	**54 256**	**58 130**	**54 887**	**52 071**	**69 455**	**48 170**
nach Herkunftsgebieten							
Polnischer Bereich	115 445	32 861	36 102	36 274	26 637	50 983	30 355
darunter:							
Ostpreußen (südlicher Teil)	26 529	6 470	5 938	4 897	3 293	4 177	2 941
Oberschlesien	58 463	21 096	24 278	24 519	14 595	22 773	14 191
Sowjetischer Bereich	32 551	9 274	8 455	7 226	6 954	3 773	2 071
Bulgarien	96	5	9	14	15	18	16
Jugoslawien	8 292	237	202	190	287	234	213
Rumänien	41 932	10 989	12 120	9 663	15 767	12 031	12 972
Tschechoslowakei	37 160	612	904	1 058	1 733	1 629	1 776
Ungarn	3 646	189	269	370	591	667	589
Sonstige Länder	2 422	89	69	92	87	120	178
nach Altersgruppen							
unter 6	18 717	3 442	3 885	4 079	3 851	5 351	3 594
6 — 18	55 830	12 438	12 237	10 873	9 567	11 516	7 674
18 — 25	21 642	7 098	7 784	7 696	7 289	9 983	6 166
25 — 45	78 962	16 549	17 880	17 075	16 457	25 377	14 861
45 — 65	44 208	10 002	11 464	10 532	10 456	12 937	11 112
65 und mehr	22 185	4 727	4 880	4 632	4 451	4 291	4 763
nach dem Geschlecht							
Männlich	112 709	25 658	27 909	26 517	24 925	34 578	22 824
unter 6	9 530	1 753	1 964	2 074	2 014	2 749	1 855
6 — 18	28 543	6 396	6 331	5 599	4 869	5 941	3 981
18 — 25	10 111	3 404	3 753	3 679	3 358	4 860	2 976
25 — 45	39 539	8 139	9 037	8 848	8 413	13 531	7 524
45 — 65	16 837	4 326	5 108	4 740	4 777	6 016	4 709
65 und mehr	8 149	1 640	1 716	1 577	1 494	1 481	1 779
Weiblich	128 835	28 598	30 221	28 370	27 146	34 877	25 346
unter 6	9 187	1 689	1 921	2 005	1 837	2 602	1 739
6 — 18	27 287	6 042	5 906	5 274	4 698	5 575	3 693
18 — 25	11 531	3 694	4 031	4 017	3 931	5 123	3 190
25 — 45	39 423	8 410	8 843	8 227	8 044	11 846	7 337
45 — 65	27 371	5 676	6 356	5 792	5 679	6 921	6 403
65 und mehr	14 036	3 087	3 164	3 055	2 957	2 810	2 984

Quelle: Bundesausgleichsamt, Bad Homburg v. d. H.

4.2 Wahlen zum Deutschen Bundestag*)

Gegenstand der Nachweisung	Wahl	Einheit	Bundesgebiet ohne Berlin	Schleswig-Holstein	Hamburg	Niedersachsen	Bremen	Nordrhein-Westfalen	Hessen	Rheinland-Pfalz	Baden-Württemberg	Bayern	Saarland
Wahlberechtigte	1961	1 000	37 440,7	1 626,1	1 386,4	4 613,1	507,8	11 085,8	3 395,3	2 348,1	5 211,9	6 551,7	714,5
	1965	1 000	38 510,4	1 687,3	1 393,0	4 748,3	525,7	11 322,6	3 516,0	2 403,8	5 425,1	6 752,3	736,2
	1969	1 000	38 677,2	1 711,5	1 341,5	4 760,9	524,1	11 259,6	3 573,3	2 410,2	5 510,3	6 851,6	734,1
	1972	1 000	41 446,3	1 839,2	1 348,6	5 126,5	540,9	11 992,8	3 841,1	2 623,7	5 960,7	7 375,1	797,6
	1976	1 000	42 058,0	1 864,0	1 287,5	5 205,7	528,3	12 118,5	3 899,5	2 676,9	6 118,5	7 547,8	811,3
	1980	1 000	43 231,7	1 928,1	1 253,3	5 363,6	523,2	12 374,3	4 001,7	2 759,8	6 370,5	7 827,4	829,8
	1983	1 000	44 088,9	1 975,1	1 246,1	5 480,5	523,3	12 576,6	4 072,0	2 816,6	6 544,8	8 013,0	841,1
dar. mit Wahlschein	1983	1 000	4 394,2	186,1	162,3	488,2	46,6	1 304,9	418,2	258,3	597,2	849,2	83,2
Wähler	1961	1 000	32 849,6	1 431,7	1 227,8	4 083,5	447,9	9 799,4	3 028,2	2 069,9	4 419,7	5 714,5	626,8
	1965	1 000	33 416,2	1 449,0	1 202,9	4 145,8	452,8	9 920,1	3 073,0	2 114,3	4 598,7	5 803,0	656,5
	1969	1 000	33 523,1	1 471,9	1 175,0	4 164,7	452,4	9 827,9	3 151,9	2 097,3	4 690,4	5 837,7	653,9
	1972	1 000	37 761,6	1 665,0	1 242,8	4 684,9	492,4	11 005,8	3 522,5	2 404,0	5 377,0	6 626,2	740,9
	1976	1 000	38 165,8	1 688,0	1 173,1	4 757,4	475,6	11 066,5	3 585,3	2 448,9	5 452,4	6 764,8	753,8
	1980	1 000	38 292,2	1 716,6	1 113,2	4 790,8	459,2	11 008,7	3 598,1	2 480,8	5 518,1	6 854,8	752,0
	1983	1 000	39 279,5	1 761,3	1 105,8	4 909,1	462,1	11 254,4	3 673,1	2 546,3	5 785,6	7 020,1	761,9
dar. Briefwähler	1983	%	*10,5*	*9,6*	*14,0*	*9,4*	*9,5*	*10,9*	*10,7*	*9,4*	*9,8*	*11,4*	*10,4*
	1983	1 000	4 135,8	168,8	154,3	459,8	43,7	1 232,2	393,5	239,8	565,4	799,2	79,1
Wahlbeteiligung	1961	%	*87,7*	*88,0*	*88,6*	*88,5*	*88,2*	*88,4*	*89,2*	*88,2*	*84,8*	*87,2*	*87,7*
	1965	%	*86,8*	*85,9*	*86,4*	*87,3*	*86,1*	*87,6*	*87,4*	*88,0*	*84,8*	*85,9*	*89,2*
	1969	%	*86,7*	*86,0*	*87,6*	*87,5*	*86,3*	*87,3*	*88,2*	*87,0*	*85,1*	*85,2*	*89,1*
	1972	%	*91,1*	*90,5*	*92,2*	*91,4*	*91,0*	*91,8*	*91,7*	*91,6*	*90,2*	*89,8*	*92,9*
	1976	%	*90,7*	*90,6*	*91,1*	*91,4*	*90,0*	*91,3*	*91,9*	*91,5*	*89,1*	*89,6*	*92,9*
	1980	%	*88,6*	*89,0*	*88,8*	*89,3*	*87,8*	*89,0*	*89,9*	*89,9*	*86,6*	*87,6*	*90,6*
	1983	%	*89,1*	*89,2*	*88,7*	*89,6*	*88,3*	*89,5*	*90,2*	*90,4*	*88,4*	*87,6*	*90,6*
Ungültige Zweitstimmen	1983	%	*0,9*	*0,7*	*0,5*	*0,7*	*1,0*	*0,7*	*0,9*	*1,8*	*1,1*	*0,8*	*1,3*
	1983	1 000	338,8	13,2	5,0	34,2	4,4	78,0	31,6	44,6	63,0	55,2	9,7
Gültige Zweitstimmen	1961	1 000	31 550,9	1 363,4	1 193,7	3 943,0	428,2	9 518,2	2 878,7	1 969,9	4 189,2	5 487,0	579,6
	1965	1 000	32 620,4	1 416,7	1 187,1	4 052,7	444,2	9 751,2	2 988,5	2 055,7	4 452,2	5 641,5	630,5
	1969	1 000	32 966,0	1 454,8	1 166,8	4 105,6	447,4	9 687,1	3 098,0	2 056,1	4 584,8	5 730,5	634,9
	1972	1 000	37 459,8	1 654,2	1 237,1	4 652,5	488,9	10 934,6	3 498,8	2 377,9	5 322,1	6 563,8	729,9
	1976	1 000	37 822,5	1 680,1	1 168,1	4 659,0	473,0	10 989,6	3 558,0	2 429,3	5 405,5	6 713,7	746,3
	1980	1 000	37 939,0	1 703,9	1 106,5	4 755,1	455,5	10 919,4	3 565,2	2 451,6	5 454,0	6 786,4	741,4
	1983	1 000	38 940,7	1 748,1	1 100,9	4 874,8	457,7	11 176,3	3 641,5	2 501,7	5 722,6	6 964,9	752,2
davon:													
SPD	1961	%	*36,2*	*36,4*	*46,9*	*38,7*	*49,7*	*37,3*	*42,8*	*33,5*	*32,1*	*30,1*	*33,5*
Sozialdemokratische Partei	1965	%	*39,3*	*38,8*	*48,3*	*39,8*	*48,5*	*42,6*	*45,7*	*36,7*	*33,0*	*33,1*	*39,8*
Deutschlands	1969	%	*42,7*	*43,5*	*54,6*	*43,8*	*52,0*	*46,8*	*48,2*	*40,1*	*36,5*	*34,6*	*39,9*
	1972	%	*45,8*	*48,6*	*54,4*	*48,1*	*58,1*	*50,4*	*48,5*	*44,9*	*38,9*	*37,8*	*47,9*
	1976	%	*42,6*	*46,4*	*52,6*	*45,7*	*54,0*	*46,9*	*45,7*	*41,7*	*36,6*	*32,8*	*46,1*
	1980	%	*42,9*	*46,7*	*51,7*	*46,9*	*52,5*	*46,8*	*46,4*	*42,8*	*37,2*	*32,7*	*48,3*
	1983	%	*38,2*	*41,7*	*47,4*	*41,3*	*48,7*	*42,8*	*41,6*	*38,4*	*31,1*	*28,9*	*43,8*
	1983	1 000	14 865,8	728,9	521,5	2 015,7	222,9	4 782,2	1 513,4	959,7	1 777,5	2 014,4	329,4
CDU bzw. CSU	1961	%	*45,3*[1]	*41,8*	*31,9*	*39,0*	*27,0*	*47,6*	*34,9*	*48,9*	*45,3*	*54,9*	*49,0*
Christlich Demokratische	1965	%	*47,6*[1]	*48,2*	*37,6*	*45,8*	*34,0*	*47,1*	*37,8*	*49,3*	*49,9*	*55,6*	*46,8*
Union Deutschlands,	1969	%	*46,1*[1]	*46,2*	*34,0*	*45,2*	*32,3*	*43,6*	*38,4*	*47,8*	*50,7*	*54,4*	*46,1*
in Bayern	1972	%	*44,9*[1]	*42,0*	*33,3*	*42,7*	*29,6*	*41,0*	*40,3*	*45,9*	*49,8*	*55,1*	*43,4*
(1957 auch im Saarland)	1976	%	*48,6*[1]	*44,1*	*35,9*	*45,7*	*32,5*	*44,5*	*44,8*	*49,9*	*53,3*	*60,0*	*46,2*
Christlich-Soziale Union	1980	%	*44,5*[1]	*38,9*	*31,2*	*39,8*	*28,8*	*40,6*	*40,6*	*45,6*	*48,5*	*57,6*	*42,3*
	1983	%	*48,8*[1]	*46,5*	*37,6*	*45,6*	*34,2*	*45,2*	*44,3*	*49,6*	*52,6*	*59,5*	*44,8*
	1983	1 000	18 998,5	812,2	414,1	2 224,0	156,6	5 046,8	1 614,6	1 241,9	3 010,5	4 140,9	337,0
F.D.P.	1961	%	*12,8*	*13,8*	*15,7*	*13,2*	*15,2*	*11,8*	*15,2*	*13,2*	*16,6*	*8,7*	*12,9*
Freie Demokratische Partei	1965	%	*9,5*	*9,4*	*9,4*	*10,9*	*11,7*	*7,6*	*12,0*	*10,2*	*13,1*	*7,3*	*8,6*
	1969	%	*5,8*	*5,2*	*6,3*	*5,6*	*9,3*	*5,4*	*6,7*	*6,3*	*7,5*	*4,1*	*6,7*
	1972	%	*8,4*	*8,6*	*11,2*	*8,5*	*11,1*	*7,8*	*10,2*	*8,1*	*10,2*	*6,1*	*7,1*
	1976	%	*7,9*	*8,8*	*10,2*	*7,9*	*11,8*	*7,8*	*8,5*	*7,6*	*9,1*	*6,2*	*6,6*
	1980	%	*10,6*	*12,7*	*14,1*	*11,3*	*15,1*	*10,9*	*10,6*	*9,8*	*12,0*	*7,8*	*7,8*
	1983	%	*7,0*	*6,3*	*6,3*	*6,9*	*6,5*	*6,4*	*7,6*	*7,0*	*9,0*	*6,2*	*6,0*
	1983	1 000	2 706,9	109,9	68,9	338,4	29,9	716,4	275,8	174,7	514,4	433,7	44,9
GRÜNE	1980	%	*1,5*	*1,4*	*2,3*	*1,6*	*2,7*	*1,2*	*1,8*	*1,4*	*1,8*	*1,3*	*1,1*
DIE GRÜNEN	1983	%	*5,6*	*5,2*	*8,2*	*5,7*	*9,7*	*5,2*	*6,0*	*4,5*	*6,8*	*4,7*	*4,8*
	1983	1 000	2 167,4	91,1	90,2	278,6	44,6	581,4	218,9	113,2	389,9	323,9	35,8
Sonstige Parteien	1961	%	*5,7*	*8,1*	*5,5*	*9,1*	*8,2*	*3,4*	*7,1*	*4,4*	*6,0*	*6,2*	*4,6*
	1965	%	*3,6*	*3,6*	*4,7*	*3,5*	*5,8*	*2,7*	*4,4*	*3,8*	*4,0*	*3,9*	*4,8*
	1969	%	*5,5*	*5,1*	*5,1*	*5,4*	*6,4*	*4,2*	*6,7*	*5,8*	*5,3*	*7,0*	*7,3*
	1972	%	*0,9*	*0,8*	*1,0*	*0,7*	*1,2*	*0,8*	*1,0*	*1,1*	*1,1*	*1,0*	*1,6*
	1976	%	*0,9*	*0,7*	*1,4*	*0,7*	*1,6*	*0,8*	*1,0*	*0,9*	*1,0*	*1,0*	*1,1*
	1980	%	*0,5*	*0,4*	*0,8*	*0,4*	*1,0*	*0,5*	*0,5*	*0,5*	*0,4*	*0,5*	*0,6*
	1983	%	*0,5*	*0,3*	*0,6*	*0,4*	*0,8*	*0,4*	*0,5*	*0,5*	*0,5*	*0,7*	*0,7*
	1983	1 000	202,0	6,0	6,2	18,1	3,7	49,5	18,7	12,2	30,3	52,1	5,0

*) Die Ergebnisse der Wahlen 1949 bis 1957 sind zuletzt im Jahrbuch 1980 veröffentlicht.

[1]) 1961: CDU 35,8, CSU 9,6; 1965: CDU 38,0, CSU 9,6; 1969: CDU 36,6, CSU 9,5; 1972: CDU 35,2, CSU 9,7; 1976: CDU 38,0, CSU 10,6; 1980: CDU 34,2, CSU 10,3; 1983: CDU 38,2, CSU 10,6.

Stimmanteile bei den Bundestagswahlen [1]

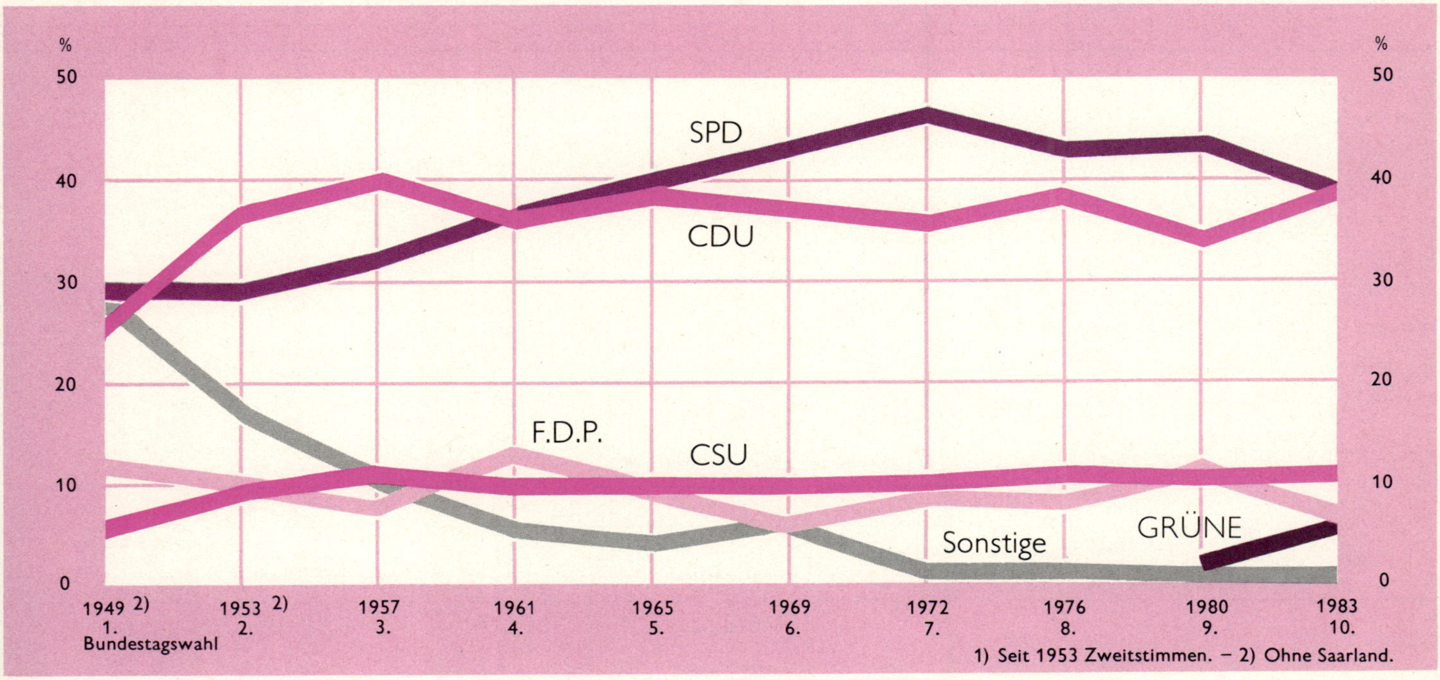

1) Seit 1953 Zweitstimmen. – 2) Ohne Saarland.

Sitze im 10. Deutschen Bundestag

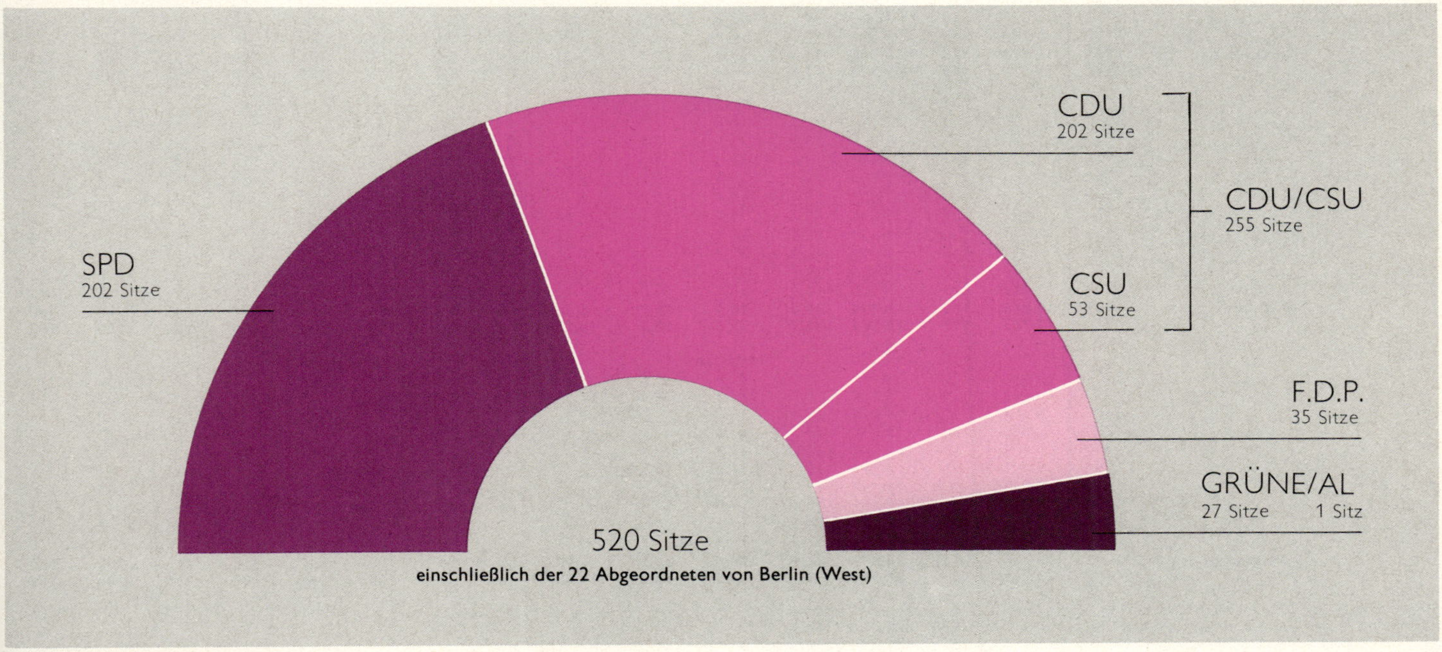

einschließlich der 22 Abgeordneten von Berlin (West)

Statistisches Bundesamt 83 0261

4.3 Wahlbeteiligung und Stimmabgabe der Männer und Frauen bei den Bundestagswahlen*)

4.3.1 Wahlberechtigte und Wähler

Ungefähres Alter von ... bis unter ... Jahren	Wahljahr	Wahlberechtigte¹)			Wähler¹)					
		insgesamt	Männer	Frauen	insgesamt	Männer	Frauen	insgesamt	Männer	Frauen
		1 000						je 100 Wahlberechtigte²)		
18 — 21	1983	2 053	1 055	998	1 731	900	831	84,3	85,4	83,2
	1980	2 342	1 184	1 158	1 884	966	918	80,4	81,6	79,2
21 — 25	1983	3 276	1 669	1 608	2 669	1 372	1 297	81,5	82,2	80,6
	1980	2 932	1 495	1 437	2 314	1 193	1 121	78,9	79,8	78,0
25 — 30	1983	3 546	1 801	1 745	2 971	1 510	1 461	83,8	83,9	83,7
	1980	3 258	1 642	1 616	2 678	1 344	1 334	82,2	81,9	82,6
30 — 35	1983	3 371	1 703	1 668	2 933	1 476	1 457	87,0	86,6	87,4
	1980	3 130	1 582	1 548	2 698	1 357	1 341	86,2	85,8	86,6
35 — 40	1983	2 992	1 511	1 480	2 672	1 345	1 327	89,3	89,0	89,7
	1980	3 230	1 622	1 607	2 863	1 429	1 434	88,6	88,1	89,2
40 — 45	1983	3 888	1 968	1 920	3 540	1 787	1 753	91,1	90,8	91,3
	1980	4 077	2 057	2 020	3 683	1 857	1 825	90,3	90,3	90,4
45 — 50	1983	3 874	1 947	1 926	3 570	1 797	1 773	92,2	92,3	92,0
	1980	3 251	1 632	1 619	2 963	1 494	1 470	91,2	91,6	90,8
50 — 60	1983	6 153	2 934	3 219	5 702	2 735	2 967	92,7	93,2	92,2
	1980	6 069	2 749	3 320	5 600	2 560	3 040	92,3	93,1	91,6
60 und mehr	1983	10 543	3 906	6 637	9 306	3 553	5 752	88,3	91,0	86,7
	1980	9 659	3 606	6 053	8 574	3 300	5 274	88,8	91,5	87,1
Insgesamt	**1983**	**39 695**	**18 494**	**21 201**	**35 093**	**16 475**	**18 618**	**88,4**	**89,1**	**87,8**
	1980	**37 947**	**17 569**	**20 378**	**33 257**	**15 501**	**17 756**	**87,6**	**88,2**	**87,1**

4.3.2 Stimmabgabe

Ungefähres Alter von ... bis unter ... Jahren	Wahljahr	Zweitstimmen³)			Von 100 gültigen Zweitstimmen³)											
		insgesamt	ungültig	gültig	der Wähler vorstehenden Alters entfallen auf						für die einzelnen Wahlvorschläge entfallen auf Wähler vorstehenden Alters					
		1 000			SPD	CDU	CSU	F.D.P.	GRÜNE	Sonstige	SPD	CDU	CSU	F.D.P.	GRÜNE	Sonstige
Männer																
18 — 25	1983	2 295	13	2 282	37,6	32,3	9,8	5,4	14,2	0,7	13,7	12,0	13,3	10,4	33,5	15,5
	1980	2 174	14	2 160	47,6	26,0	9,6	10,9	5,3	0,7	15,5	10,7	13,1	14,6	45,4	16,1
25 — 35	1983	2 982	14	2 968	38,3	32,9	10,2	6,3	11,5	0,7	18,1	16,0	18,1	15,8	35,3	18,4
	1980	2 699	14	2 685	46,4	27,4	10,2	12,8	2,6	0,7	18,8	14,0	17,3	21,3	28,1	19,5
35 — 45	1983	3 128	17	3 112	35,7	39,5	10,8	8,8	4,7	0,5	17,7	20,1	20,0	23,2	15,0	14,1
	1980	3 287	21	3 266	40,3	35,3	10,4	12,6	0,9	0,4	19,9	22,1	21,6	25,6	11,7	13,5
45 — 60	1983	4 512	40	4 472	39,7	39,1	10,1	8,0	2,4	0,7	28,3	28,6	26,8	30,3	10,8	26,9
	1980	4 055	35	4 019	42,2	36,8	10,1	9,7	0,6	0,6	25,6	28,3	25,8	24,2	9,3	26,9
60 und mehr	1983	3 558	44	3 516	39,9	40,4	10,5	6,8	1,5	0,9	22,3	23,2	21,8	20,3	5,4	25,0
	1980	3 304	42	3 261	41,2	39,9	10,7	7,1	0,4	0,7	20,3	24,9	22,2	14,3	5,6	24,0
Zusammen	**1983**	**16 476**	**128**	**16 348**	**38,4**	**37,4**	**10,3**	**7,2**	**5,9**	**0,7**	**100**	**100**	**100**	**100**	**100**	**100**
	1980	**15 519**	**126**	**15 393**	**43,1**	**34,0**	**10,2**	**10,5**	**1,6**	**0,6**	**100**	**100**	**100**	**100**	**100**	**100**
Frauen																
18 — 25	1983	2 145	14	2 130	40,7	30,6	9,7	5,2	13,5	0,4	11,9	9,2	10,5	9,5	32,7	13,8
	1980	2 054	16	2 039	50,3	23,9	9,1	11,9	4,3	0,4	13,3	8,3	10,4	12,8	40,8	16,0
25 — 35	1983	2 926	16	2 910	40,4	32,6	10,2	6,2	10,1	0,5	16,2	13,4	15,0	15,6	33,4	21,2
	1980	2 671	16	2 655	47,9	25,9	9,7	13,9	2,1	0,5	16,5	11,6	14,4	19,5	26,1	22,9
35 — 45	1983	3 073	21	3 052	36,4	40,0	10,9	8,3	4,1	0,3	15,3	17,2	16,9	21,8	14,2	13,5
	1980	3 255	27	3 228	40,7	34,4	10,2	13,6	0,8	0,2	17,0	18,8	18,3	23,2	12,6	12,6
45 — 60	1983	4 741	50	4 691	39,6	40,1	10,8	6,7	2,4	0,4	25,6	26,5	25,6	26,9	12,0	26,5
	1980	4 519	50	4 469	42,5	35,9	10,6	10,1	0,6	0,3	24,6	27,2	26,2	23,8	13,0	24,9
60 und mehr	1983	5 783	88	5 696	39,7	42,4	11,1	5,4	1,1	0,3	31,0	33,8	32,0	26,2	6,7	25,1
	1980	5 288	89	5 198	42,6	38,7	10,6	7,5	0,3	0,3	28,7	34,1	30,8	20,7	7,5	23,6
Zusammen	**1983**	**18 668**	**189**	**18 479**	**39,4**	**38,5**	**10,7**	**6,3**	**4,8**	**0,3**	**100**	**100**	**100**	**100**	**100**	**100**
	1980	**17 787**	**197**	**17 589**	**43,9**	**33,5**	**10,2**	**10,8**	**1,2**	**0,3**	**100**	**100**	**100**	**100**	**100**	**100**
Insgesamt																
18 — 25	1983	4 440	27	4 412	39,0	31,4	9,8	5,3	13,9	0,6	12,7	10,4	11,7	10,0	33,1	14,9
	1980	4 228	30	4 199	48,9	25,0	9,4	11,4	4,8	0,6	14,3	9,4	11,7	13,6	43,3	16,0
25 — 35	1983	5 908	30	5 878	39,4	32,8	10,2	6,2	10,8	0,6	17,1	14,6	16,4	15,7	34,4	19,4
	1980	5 370	30	5 340	47,1	26,6	10,0	13,3	2,4	0,6	17,5	12,8	15,8	20,3	27,2	20,8
35 — 45	1983	6 201	37	6 164	36,0	39,7	10,9	8,6	4,4	0,4	16,4	18,5	18,3	22,5	14,6	13,9
	1980	6 542	47	6 494	40,5	34,9	10,3	13,1	0,9	0,3	18,3	20,4	19,8	24,3	12,1	13,2
45 — 60	1983	9 253	90	9 163	39,6	39,7	10,4	7,3	2,4	0,5	26,8	27,5	26,2	28,6	11,8	26,7
	1980	8 574	85	8 489	42,4	36,3	10,3	9,9	0,6	0,5	25,1	27,7	26,0	24,0	11,0	26,2
60 und mehr	1983	9 342	132	9 210	39,8	41,7	10,9	5,9	1,2	0,5	26,9	28,9	27,3	23,2	6,0	25,1
	1980	8 591	132	8 460	42,1	39,1	10,7	7,4	0,4	0,4	24,8	29,7	26,8	17,8	6,5	23,9
Insgesamt	**1983**	**35 144**	**316**	**34 827**	**38,9**	**38,0**	**10,5**	**6,7**	**5,3**	**0,5**	**100**	**100**	**100**	**100**	**100**	**100**
	1980	**33 305**	**324**	**32 982**	**43,5**	**33,8**	**10,2**	**10,6**	**1,4**	**0,4**	**100**	**100**	**100**	**100**	**100**	**100**

*) Reihenfolge der Parteien nach den erzielten gültigen Stimmen bei der Bundestagswahl 1983. – Ergebnisse der Repräsentativstatistiken. Stichprobenumfang 1983 bzw. 1980: 1 795 bzw. 1 763 Wahlbezirke oder jeweils 3,4% für die Feststellung der Wahlbeteiligung und 1 896 bzw. 1 863 oder jeweils 3,6% für die Feststellung der Stimmabgabe.

¹) Ohne Personen mit Wahlschein.
²) Wahlbeteiligung.
³) Ohne Stimmen der Briefwähler.

4.4 Sitze im Deutschen Bundestag 1976, 1980 und 1983*)

Land (a = in Wahlkreisen und aus Landeslisten, b = in Wahlkreisen)		Insgesamt 8.	Insgesamt 9.	Insgesamt 10.	SPD 8.	SPD 9.	SPD 10.	CDU 8.	CDU 9.	CDU 10.	CSU 8.	CSU 9.	CSU 10.	F.D.P. 8.	F.D.P. 9.	F.D.P. 10.	GRÜNE 10.
		Bundestagswahl															
Schleswig-Holstein	a	22	23	21	10	11	9	10	9	10	—	—	—	2	3	1	1
	b	11	11	11	6	11	2	5	—	9	—	—	—	—	—	—	—
Hamburg	a	14	13	13	8	7	7	5	4	5	—	—	—	1	2	—	1
	b	8	7	7	8	7	7	—	—	—	—	—	—	—	—	—	—
Niedersachsen	a	62	63	63	29	30	26	28	26	29	—	—	—	5	7	4	4
	b	30	31	31	18	23	10	12	8	21	—	—	—	—	—	—	—
Bremen	a	5	4	5	3	3	3	2	1	2	—	—	—	—	—	—	—
	b	3	3	3	3	3	3	—	—	—	—	—	—	—	—	—	—
Nordrhein-Westfalen	a	148	147	146	70	70	63	66	60	65	—	—	—	12	17	10	8
	b	73	71	71	45	44	32	28	27	39	—	—	—	—	—	—	—
Hessen	a	47	46	48	22	22	20	21	19	21	—	—	—	4	5	4	3
	b	22	22	22	17	19	5	5	3	17	—	—	—	—	—	—	—
Rheinland-Pfalz	a	31	32	31	13	14	12	16	15	16	—	—	—	2	3	2	1
	b	16	16	16	6	6	5	10	10	11	—	—	—	—	—	—	—
Baden-Württemberg	a	71	72	74	26	27	23	38	36	39	—	—	—	7	9	7	5
	b	36	37	37	4	6	1	32	31	36	—	—	—	—	—	—	—
Bayern	a	88	89	89	29	30	26	—	—	—	53	52	53	6	7	6	4
	b	44	45	45	4	5	1	—	—	—	40	40	44	—	—	—	—
Saarland	a	8	8	8	4	4	4	4	4	4	—	—	—	—	—	—	—
	b	5	5	5	3	3	2	2	2	3	—	—	—	—	—	—	—
Bundesgebiet ohne Berlin	**a**	**496**	**497**[1])	**498**[2])	**214**	**218**[1])	**193**[2])	**190**	**174**	**191**	**53**	**52**	**53**	**39**	**53**	**34**	**27**
	b	**248**	**248**	**248**	**114**	**127**	**68**	**94**	**81**	**136**	**40**	**40**	**44**	—	—	—	—
Berlin (West)		22	22	22	10	10	9	11	11	11	—	—	—	1	1	1	1[3])
Bundesgebiet		**518**	**519**[1])	**520**[2])	**224**	**228**[1])	**202**[2])	**201**	**185**	**202**	**53**	**52**	**53**	**40**	**54**	**35**	**28**

*) Reihenfolge der Parteien nach den erzielten gültigen Stimmen bei der Bundestagswahl 1983. – Stand nach dem Ergebnis der Wahl.
1) Einschl. eines Überhangmandats in Schleswig-Holstein.
2) Einschl. je eines Überhangmandats in Hamburg und Bremen.
3) Alternative Liste – Für Demokratie und Umweltschutz (AL).

4.5 Landtagswahlen

Gegenstand der Nachweisung	Einheit	Schleswig-Holstein 13. 3. 1983	Hamburg 19. 12. 1982	Niedersachsen 21. 3. 1982	Bremen 7. 10. 1979	Nordrhein-Westfalen 11. 5. 1980	Hessen 26. 9. 1982	Rheinland-Pfalz 6. 3. 1983	Baden-Württemberg 16. 3. 1980	Bayern 10. 10. 1982	Saarland 27. 4. 1980	Berlin (West) 10. 5. 1981
Wahlberechtigte	1 000	1 965,9	1 239,9	5 412,4	521,4	12 342,3	4 050,7	2 811,7	6 320,0	7 962,1	826,2	1 514,6
Abgegebene Stimmen	1 000	1 667,3	1 041,3	4 206,9	409,1	9 874,4	3 498,4	2 541,8	4 549,5	12 423,3[1])	702,5	1 291,8
gültig	1 000	1 662,5	1 032,8	4 178,5	406,9	9 818,5	3 465,5	2 515,4	4 513,0	12 167,2	694,7	1 262,2
ungültig	1 000	4,8	8,4	28,4	2,2	55,9	32,9	26,4	36,5	256,1	7,7	29,7[2])
Wahlbeteiligung	%	*84,8*	*84,0*	*77,7*	*78,5*	*80,0*	*86,4*	*90,4*	*72,0*	*78,0*	*85,0*	*85,3*
Von den gültigen Stimmen entfallen auf:												
SPD	1 000	726,6	530,1	1 526,3	201,1	4 756,1	1 483,9	995,8	1 468,9	3 877,0	315,4	483,8
	%	*43,7*	*51,3*	*36,5*	*49,4*	*48,4*	*42,8*	*39,6*	*32,5*	*31,9*	*45,4*	*38,3*
CDU bzw. CSU[3])	1 000	814,6	398,5	2 118,1	130,0	4 240,9	1 581,0	1 306,1	2 407,8	7 091,4	305,6	605,3
	%	*49,0*	*38,6*	*50,7*	*31,9*	*43,2*	*45,6*	*51,9*	*53,4*	*58,3*	*44,0*	*48,0*
F.D.P.	1 000	35,8	26,5	247,0	43,7	489,2	106,9	88,3	374,6	430,2	48,0	70,5
	%	*2,2*	*2,6*	*5,9*	*10,7*	*4,9*	*3,1*	*3,5*	*8,3*	*3,5*	*6,9*	*5,6*
GRÜNE	1 000	59,4	70,5[4])	273,3	20,9[5])	291,4	278,5	113,8	241,3[6])	558,7	19,9	90,7[7])
	%	*3,6*	*6,8*[4])	*6,5*	*5,1*[5])	*3,0*	*8,0*	*4,5*	*5,3*[6])	*4,6*	*2,9*	*7,2*[7])
Sonstige	1 000	26,1	7,2	13,7	11,2	40,9	15,2	11,4	20,4	209,9	5,8	11,9
	%	*1,6*	*0,7*	*0,3*	*2,7*	*0,4*	*0,4*	*0,5*	*0,5*	*1,7*	*0,8*	*0,9*

1) Jeder Wähler hatte 2 Stimmen.
2) Einschl. der abgegebenen Wahlumschläge ohne Stimmzettel für das Abgeordnetenhaus.
3) CSU nur in Bayern.
4) Grün-Alternative Liste (GAL).
5) Bremer Grüne Liste (GRÜNE).
6) DIE GRÜNEN Baden-Württemberg (GRÜNE).
7) Alternative Liste – Für Demokratie und Umweltschutz (AL).

4.6 Sitze der Parteien in den Länderparlamenten*)

Landtag	Datum der Landtagswahl	Abgeordnete insgesamt	SPD	CDU, in Bayern CSU	F.D.P.	GRÜNE	Sonstige
Schleswig-Holstein	13. 3. 1983	74	34	39	—	—	1[1])
Hamburg	19. 12. 1982	120	64	48	—	8[2])	—
Niedersachsen	21. 3. 1982	171	63	87	10	11	—
Bremen	7. 10. 1979	100	52	33	11	4[3])	—
Nordrhein-Westfalen	11. 5. 1980	201	106	95	—	—	—
Hessen	26. 9. 1982	110	49	52	—	9	—
Rheinland-Pfalz	6. 3. 1983	100	43	57	—	—	—
Baden-Württemberg	16. 3. 1980	124	40	68	10	6[4])	—
Bayern	10. 10. 1982	204	71	133	—	—	—
Saarland	27. 4. 1980	51	24	23	4	—	—
Berlin (West)	10. 5. 1981	132	51	65	7	9[5])	—

*) Stand nach dem Ergebnis der Wahl.
1) Südschleswigscher Wählerverband (SSW).
2) Grün-Alternative Liste (GAL).
3) Bremer Grüne Liste (GRÜNE).
4) DIE GRÜNEN Baden-Württemberg (GRÜNE).
5) Alternative Liste – Für Demokratie und Umweltschutz (AL).

4.7 Parteizugehörigkeit der Mitglieder der Bundesregierung und der Länderregierungen sowie Stimmenzahl der Länder im Bundesrat am 13. 3. 1983

Bundesregierung Landesregierung	Datum der Bundestags- bzw. Landtagswahl	Parteizugehörigkeit des Bundeskanzlers bzw. des Ministerpräsidenten[1])	Parteizugehörigkeit der Minister[2])				Stimmenzahl im Bundesrat
			SPD	CDU, in Bayern CSU	F.D.P.	Parteilos	
Bundesregierung	6. 3. 1983	CDU	—	13[3])	3	—	×
Schleswig-Holstein	13. 3. 1983	CDU	—	7	—	—	4
Hamburg	19. 12. 1982	SPD	11	—	—	1	3
Niedersachsen	21. 3. 1982	CDU	—	9	—	—	5
Bremen	7. 10. 1979	SPD	12	—	—	—	3
Nordrhein-Westfalen	11. 5. 1980	SPD	10	—	—	—	5
Hessen	26. 9. 1982	SPD	6	—	—	—	4
Rheinland-Pfalz	6. 3. 1983	CDU	—	7	—	—	4
Baden-Württemberg	16. 3. 1980	CDU	—	9	—	—	5
Bayern	10. 10. 1982	CSU	—	9	—	—	5
Saarland	27. 4. 1980	CDU	—	5	2	—	3
Berlin (West)	10. 5. 1981	CDU	—	9	—	1	4

[1]) In Hamburg: Erster Bürgermeister; in Bremen: Präsident des Senats; in Berlin (West): Regierender Bürgermeister.

[2]) In Hamburg, Bremen und Berlin (West): Senatoren.

[3]) Darunter 5 CSU.

4.8 Tätigkeit des Deutschen Bundestages und des Bundesrates

Gegenstand der Nachweisung	1.	2.	3.	4.	5.	6.	7.	8.	9.[1])
	Wahlperiode								
Gesetzesvorlagen									
der Bundesregierung	445	431	394	368	415	351	461	322	155
des Bundestages	301	414	207	245	225	171	136	111	58
des Bundesrates	29	16	5	8	14	24	73	52	38
Insgesamt	**775**	**861**	**606**	**621**	**654**	**546**	**670**	**485**	**251**
Gesetzesbeschlüsse auf Initiative von:									
Bundesregierung	392	371	348	326	372	259	427	288	104
Bundestag	141	132	74	97	80	58	62	39	16
Bundesrat	12	8	2	3	9	13	17	15	8
Bundesregierung/Bundestag/Bundesrat[2])	.	.	.	.	.	5	10	12	11
Insgesamt	**545**	**511**	**424**	**426**	**461**	**335**	**516**	**354**	**139**
Vermittlungsausschuß angerufen durch:									
Bundesregierung	3	3	3	3	4	2	7	7	3
Bundestag	2	3	—	2	1	—	1	1	—
Bundesrat	70	59	46	34	34	31	96	69	17
Insgesamt	**75**	**65**	**49**	**39**	**39**	**33**	**104**	**77**	**20**
dar. als Gesetz verkündet	63	56	47	35	29	30	89	57[3])	17
Sonstige Tätigkeit									
Bundestag									
Regierungsvorlagen } EG-Vorlagen }	27	70	48	480	670	633	79	76	194
EG-Vorlagen							1 189	1 761	1 355
Vorlagen von Abgeordneten, die keinen Gesetzesentwurf enthalten (früher: selbständige Vorlagen)	1 081	479	158	181	187	102	141	139	165
Große Anfragen	160	97	49	34	45	31	23	47	32
Kleine Anfragen	355	377	410	308	487	569	483	434	297
Mündliche und schriftliche Fragen[4])	392	1 069	1 536	4 786	10 733	11 073	18 497	23 467	14 384
Aktuelle Stunden	—	—	—	2	17	8	18	9	12
Sonstige Vorlagen[5])	374	263	328	469	563	499	718	681	273
Petitionen	27 400	33 000	333 357[6])	583 949[6])	33 232	22 882	49 204	139 646[6])	29 749
Bundesrat									
Verordnungen	425	586	465	692	651	485	730	553	298
Verwaltungsvorschriften	110	70	54	72	60	60	81	78	45
Vorlagen aus den Europäischen Gemeinschaften	—	—	28	475	897	685	1 053	660	405
Sonstige Vorlagen	300	282	261	319	297	307	391	336	183
Plenarsitzungen									
des Bundestages	282	227	168	198	247	199	259	230	142
des Bundesrates	116	69	54	50	56	43	55	51	28
Sitzungen von Ausschüssen und Unterausschüssen									
des Bundestages	5 474	4 389	2 493	2 986	2 692	1 449	2 223	1 955	1 099
des Bundesrates	1 092	887	718	705	803	650	820	796	436[7])
Fraktions- und Fraktionsvorstandssitzungen des Bundestages	1 774	1 777	675	727	802	529	718	674	400
Ältestenratssitzungen des Bundestages	185	172	96	96	114	102	103	86	53

[1]) Stand: Ende 9. Wahlperiode.

[2]) Ohne Zuordnung des Schwerpunktes der Initiative.

[3]) Zu 71 Gesetzesbeschlüssen.

[4]) Mündliche Fragen werden in der Fragestunde beantwortet.

[5]) Dazu zählen z. B.: Sammelübersichten des Petitionsausschusses über Anträge zu Petitionen; Entschließungen des Europäischen Parlaments.

[6]) 3. Wahlperiode: Einschl. 14 940 bzw. 288 858 Eingaben mit jeweils übereinstimmendem Wortlaut; 4. Wahlperiode: Einschl. 8 210 Eingaben zur Verkehrssicherheit, zur Aufnahme diplomatischer Beziehungen zu Israel, zur Krankenversicherungsreform und zur Notstandsgesetzgebung, 500 000 Eingaben zur Urheberrechtsreform, 45 746 Eingaben zum Ablauf der Verjährungsfrist für NS-Verbrechen; 8. Wahlperiode: Einschl. 90 800 Masseneingaben zum Tierschutz (Tötung von Robben).

[7]) Davon 289 Sitzungen Ständiger Ausschüsse und 147 Sitzungen von Unterausschüssen.

Quelle: Deutscher Bundestag, Bonn und ab Position »Sonstige Tätigkeit« Bundesrat, Bonn (soweit es dessen Tätigkeit betrifft)

4.9 Rechtsvorschriften des Bundes

4.9.1 Gesetze

Gesetzentwurf	Eingebrachte Gesetze insgesamt			Zustandegekommen (Art. 78, 82 GG)			Anderweitig erledigt			Nicht mehr erledigt		
	7.	8.	9.	7.	8.	9.	7.	8.	9.	7.	8.	9.
	Wahlperiode											
Gesetzentwürfe der Bundesregierung	484	328	155	430	288	102	6	7	10	48	33	34
davon federführendes Ressort[1]):												
Auswärtiges	24	11	5	21	11	5	—	—	—	3	—	—
Arbeit und Sozialordnung	64	38	17	58	36	8	1	—	4	5	2	1
Ernährung, Landwirtschaft und Forsten	35	13	7	30	13	6	1	—	—	4	—	1
Finanzen[2])	77	71	31	70	66	22	1	4	1	6	1	3
Inneres	59	36	24	50	31	17	1	—	1	8	5	6
Justiz	70	59	29	57	43	11	1	—	1	12	16	16
Verkehr } Post- und Fernmeldewesen	44	39	17	42	33	15	1	2	—	1	4	2
Verteidigung	8	6	1	7	6	1	—	—	—	1	—	—
Wirtschaft[3])	55	28	11	53	28	8	—	—	—	2	—	3
Städtebau, Wohnungswesen	7	7	4	5	6	1	—	1	3	2	—	—
Familien- und Jugendfragen } Gesundheitswesen	27	14	7	24	10	6	—	—	—	3	4	2
Innerdeutsche Beziehungen	2	—	—	2	—	—	—	—	—	—	—	—
Bildung und Wissenschaft	7	4	2	6	3	2	—	—	—	1	1	—
Forschung und Technologie	5	2	—	5	2	—	—	—	—	—	—	—
Gesetzentwürfe												
des Bundestages	138	111	58	59	36	15	53	52	12	26	23	18
des Bundesrates	96	53	38	17	15	8	52	20	6	27	18	22
Vereinigungen von Initiativen	—	—	—	—	—	11	—	—	—	—	—	—
Insgesamt	**718**	**492**	**251**	**506**	**339**	**136**	**111**	**79**	**28**	**101**	**74**	**74**

4.9.2 Rechtsverordnungen

Federführendes Ressort[1])[4])	Rechtsverordnungen insgesamt			Veröffentlicht im					
				Bundesgesetzblatt			Bundesanzeiger		
	7.	8.	9.	7.	8.	9.	7.	8.	9.
	Wahlperiode								
Auswärtiges	13	13	1	13	13	1	—	—	—
Arbeit und Sozialordnung	118	117	68	94	110	64	24	7	4
Ernährung, Landwirtschaft und Forsten	202	172	96	165	151	77	37	21	19
Finanzen[2])	271[5])	254[6])	124[7])	231	185	100	40	69	24
Inneres	121[8])	120[9])	50[9])	121	111	47	—	9	3
Justiz	28	35[10])	15[10])	28	35	15	—	—	—
Verkehr	557[11])	533[11])	271[11])	162	144	82	395	389	189
Post- und Fernmeldewesen	51	46	26	51	46	26	—	—	—
Verteidigung	15	14	6	15	13	5	—	1	1
Wirtschaft[3])	199[12])	171[12])	112	153	123	89	46	48	23
Städtebau, Wohnungswesen	6	7	6	6	7	6	—	—	—
Familien- und Jugendfragen } Gesundheitswesen	122[13])	103	63	120	103	63	2	—	—
Innerdeutsche Beziehungen	1	—	—	1	—	—	—	—	—
Bildung und Wissenschaft	20	30	14	20	30	14	—	—	—
Forschung und Technologie	2	—	—	2	—	—	—	—	—
Präsident des Deutschen Bundestages	—	—	1	—	—	1	—	—	—
Insgesamt	**1 726**	**1 615**	**853**	**1 182**	**1 071**	**590**	**544**	**544**	**263**

[1]) Stand: 6. Wahlperiode.
[2]) Einschl. »Wirtschaftlicher Besitz des Bundes«.
[3]) Einschl. »Wirtschaftliche Zusammenarbeit«.
[4]) Unberücksichtigt ist, ob die Rechtsverordnung von der Bundesregierung, mehreren Bundesministern oder von einer nachgeordneten Stelle erlassen wurde.
[5]) Einschl. der von der Deutschen Bundesbank, vom Bundesausgleichsamt und der Bundesmonopolverwaltung für Branntwein erlassenen Rechtsverordnungen.
[6]) Einschl. der von der Deutschen Bundesbank und der Bundesmonopolverwaltung für Branntwein erlassenen Rechtsverordnungen.
[7]) Einschl. der von der Bundesmonopolverwaltung für Branntwein und den Bundesaufsichtsämtern für das Kreditwesen und das Versicherungswesen erlassenen Rechtsverordnungen.
[8]) Einschl. einer vom Chef des Bundeskanzleramtes erlassenen Rechtsverordnung.
[9]) Einschl. der vom Bundesausgleichsamt erlassenen Rechtsverordnungen.
[10]) Einschl. der vom Deutschen Patentamt erlassenen Rechtsverordnungen.
[11]) Einschl. der vom Luftfahrt-Bundesamt, der Bundesanstalt für Flugsicherung und den Wasser- und Schiffahrtsdirektionen erlassenen Rechtsverordnungen.
[12]) Einschl. der von den Bundesaufsichtsämtern für das Kreditwesen und das Versicherungswesen erlassenen Rechtsverordnungen.
[13]) Einschl. der vom Bundesgesundheitsamt erlassenen Rechtsverordnungen.

Quelle: Deutscher Bundestag, Bonn und Bundesminister der Justiz, Bonn

5 Kirchliche Verhältnisse

5.0 Vorbemerkung

Die Evangelische Kirche in Deutschland (EKD) umfaßt im Bundesgebiet 17 Gliedkirchen. Die Katholische Kirche gliedert sich in 22 Diözesen (5 Erzbistümer und 17 Bistümer). Die 65 jüdischen Gemeinden sind in Landesverbänden bzw. Großgemeinden zusammengefaßt.

Das Besteuerungsrecht der öffentlich-rechtlichen Religionsgesellschaften ist durch Artikel 140 GG in Verbindung mit Artikel 137 Weimarer Reichsverfassung verfassungsrechtlich garantiert. Danach sind die als Körperschaften des öffentlichen Rechts anerkannten Religionsgesellschaften berechtigt, nach Maßgabe der landesrechtlichen Bestimmungen (Kirchensteuergesetze, Steuerordnungen) von ihren Mitgliedern Steuern zu erheben.

Die Kirchensteuer wird als Zuschlagsteuer in unterschiedlicher Höhe und nach unterschiedlichen Bemessungsgrundlagen erhoben. Die finanziell größte Bedeutung hat die Kirchensteuer als Zuschlag zur Einkommensteuer und Lohnsteuer. Sie beträgt 9% bzw. 8% der Einkommen- bzw. Lohnsteuerschuld. Alternativ oder ergänzend kann die Kirchensteuer als Zuschlag zur Vermögensteuer und zu den Grundsteuer-Meßbeträgen sowie als Kirchgeld nach besonderen Tarifen erhoben werden. Während die Kircheneinkommen- und Kirchenlohnsteuer in allen Bundesländern nach einheitlichem Verfahren als Diözesan- oder Landeskirchensteuer erhoben wird, gelten für die übrigen Zuschlagsteuern und für das Kirchgeld unterschiedliche landesrechtliche Regelungen.

Die Kirchenlohnsteuer und die Kircheneinkommensteuer werden von den Finanzämtern gegen Erstattung der Verwaltungskosten verwaltet und an die zuständigen Kirchensteuergläubiger abgeführt.

Steuerpflichtig sind grundsätzlich alle getauften Kirchenmitglieder, die im Bereich einer steuerberechtigten Kirche oder Religionsgesellschaft ihren Wohnsitz oder dauernden Aufenthalt haben. Im Kirchenlohnsteuerabzugsverfahren erfolgt die Einbehaltung unmittelbar am Sitz der Betriebstätte.

5.1 Evangelische Kirche

5.1.1 Kirchliches Leben 1981

Gliedkirche[1])	Kirchengemeinden	Geistliche	Glieder der Gemeinden	Äußerungen des kirchlichen Lebens					
				Taufen	Bestattungen	Aufnahmen	Austritte	Trauungen	Abendmahlsgäste
	Anzahl		1 000	Anzahl					1 000
Baden	542	1 102	1 344	12 551	17 117	1 315	3 731	6 187	642
Bayern	1 509	1 933	2 563	23 983	34 226	2 045	7 349	9 938	1 479
Berlin-Brandenburg (West)	172	540	977	5 318	19 126	2 485	10 694	1 582	243
Braunschweig	396	302	538	4 857	7 425	574	2 974	1 840	168
Bremen	69	147	372	2 355	5 273	814	3 629	787	75
Hannover	1 559	1 820	3 587	33 579	47 464	3 582	15 489	12 487	1 133
Hessen und Nassau	1 159	1 397	2 124	18 802	28 808	2 030	8 628	7 869	806
Kurhessen-Waldeck	947	661	1 065	9 984	14 023	812	2 121	4 421	401
Lippe	68	119	238	1 967	3 148	144	509	802	77
Nordelbien	671	1 339	2 836	21 798	36 774	6 111	25 604	7 134	673
Nordwestdeutschland	128	134	197	1 955	2 362	217	375	849	36
Oldenburg	120	240	518	4 948	6 591	726	2 846	1 719	113
Pfalz	440	464	659	6 328	9 527	509	1 469	2 909	219
Rheinland	827	1 881	3 350	27 897	45 896	4 465	14 842	10 661	1 099
Schaumburg-Lippe	21	35	71	673	1 067	68	141	315	25
Westfalen	645	1 676	3 042	26 521	42 947	3 306	8 867	11 887	1 187
Württemberg	1 388	1 963	2 419	23 509	28 594	2 345	6 754	10 146	932
Insgesamt	**10 661**	**15 808**[2])	**25 898**	**227 025**	**350 368**	**31 548**	**116 022**	**91 533**	**9 307**

[1]) Die Gebiete der Gliedkirchen stimmen mit der regionalen Gliederung der Bundesrepublik Deutschland nur in Ausnahmefällen überein.

[2]) Einschl. 55 Geistlicher, die in gesamtkirchlichen Zusammenschlüssen tätig sind.

Quelle: Evangelische Kirche in Deutschland, Hannover

5.1 Evangelische Kirche

5.1.2 Kirchensteuern und Kirchgeld 1982*)

1 000 DM

Gliedkirche¹)	Insgesamt	Kirchensteuern		Kirchgeld
		vom Einkommen/Arbeitslohn²)	Sonstige	
Baden	275 487	275 487	—	—
Bayern	519 541	512 419	52	7 070
Berlin-Brandenburg (West)	237 439	237 439	—	—
Braunschweig	95 119	94 976	—	143
Bremen	65 807	65 807	—	—
Hannover	535 430	533 010	—	2 420
Hessen und Nassau	462 470	462 450	20	—
Kurhessen-Waldeck	163 008	162 002	939	67
Lippe	40 585	40 585	—	—
Nordelbien	438 438	437 433	1 001	4

Gliedkirche¹)	Insgesamt	Kirchensteuern		Kirchgeld
		vom Einkommen/Arbeitslohn²)	Sonstige	
Nordwestdeutschland	28 690	28 091	—	599
Oldenburg	84 078	82 801	—	1 277
Pfalz	130 600	129 850	750	—
Rheinland	743 157	742 707	296	155
Schaumburg-Lippe	10 585	10 585	—	—
Westfalen	544 016	543 900	115	—
Württemberg	557 444	555 673	—	1 771
Insgesamt	**4 958 378³)**	**4 941 699³)**	**3 174**	**13 505**

*) Istaufkommen.
¹) Die Gebiete der Gliedkirchen stimmen mit der regionalen Gliederung der Bundesrepublik Deutschland nur in Ausnahmefällen überein.
²) Abzüglich der Erhebungskosten der Finanzämter und unter Berücksichtigung des gegenseitigen Verrechnungsverkehrs.
³) Einschl. Militärseelsorge in Höhe von 26 484 000 DM.

Quelle: Evangelische Kirche in Deutschland, Hannover

5.2 Katholische Kirche

5.2.1 Kirchliches Leben 1980*)

Bistum	Pfarreien und Seelsorgebezirke¹)	Geistliche¹)		Äußerungen des kirchlichen Lebens						
		insgesamt	darunter Ordensgeistliche	Taufen	Beerdigungen	Übertritte		Austritte	Trauungen	Teilnehmer am sonntägl. Gottesdienst
						insgesamt	darunter Wiedereintritte			
	Anzahl									1 000
Aachen	549	1 130	317	12 080	16 045	418	204	2 366	5 754	344
Augsburg	1 033	1 382	370	15 517	16 649	331	160	1 882	7 332	490
Bamberg²)	344	681	174	7 882	9 000	201	83	1 270	4 381	244
Berlin (West)	85	275	116	1 583	3 010	212	92	2 448	444	42
Eichstätt	277	501	106	4 525	4 169	84	32	496	2 392	157
Essen	325	965	184	9 135	14 976	537	266	4 315	4 334	234
Freiburg²)	1 085	1 754	349	21 414	22 273	601	264	4 682	11 142	609
Fulda³)	244	483	111	3 980	4 678	128	32	1 105	1 997	152
Hildesheim³)	355	592	97	5 417	7 432	292	109	3 653	2 474	164
Köln²)	815	2 148	698	21 021	28 683	1 095	651	10 128	9 179	536
Limburg	331	771	300	7 006	8 993	327	201	3 266	3 110	195
Mainz	346	653	107	7 471	9 135	263	128	3 146	3 485	186
München²)	757	1 776	524	17 308	21 290	563	364	6 926	7 440	473
Münster	686	1 740	445	22 807	20 100	575	188	3 314	10 757	698
Osnabrück³)	367	785	195	7 929	7 232	332	111	3 862	3 773	285
Paderborn²)³)	782	1 556	306	17 333	19 442	515	203	3 525	8 935	577
Passau	307	607	162	6 111	5 583	80	40	243	2 949	180
Regensburg	764	1 317	233	14 392	14 472	196	70	592	7 373	548
Rottenburg-Stuttgart	1 031	1 541	318	20 694	17 291	444	207	5 717	9 034	514
Speyer	350	579	69	6 311	7 324	163	71	1 236	3 483	184
Trier	971	1 644	566	17 580	20 483	231	110	1 486	9 727	599
Würzburg³)	613	962	268	10 088	9 875	145	44	780	5 834	357
Insgesamt	**12 417**	**23 842**	**6 015**	**257 584**	**288 135**	**7 733**	**3 630**	**66 438**	**125 329**	**7 769**

*) Anzahl der Katholiken am 31. 12. 1980 = 26 710 000 (revidiertes Fortschreibungsergebnis auf der Basis der Volkszählung 1970). – Ergebnisse für 1981 lagen bei Redaktionsschluß noch nicht vor.
¹) 31. 12. 1979.
²) Erzbistum.
³) Ohne Bistumsteile in der Deutschen Demokratischen Republik.

Quelle: Sekretariat der Deutschen Bischofskonferenz – Referat Statistik – Bonn

5.2 Katholische Kirche

5.2.2 Kirchensteuern und Kirchgeld 1982*)

1 000 DM

Bistum	Kirchensteuern		Kirchgeld	Insgesamt (brutto)	Verwaltungskosten	Insgesamt (netto)
	vom Einkommen/ Arbeitslohn[1])	Sonstige				
Aachen	260 901	—	—	260 901	5 875	255 026
Augsburg	239 247	37[3])	1 100[3])	240 384	6 766	233 618
Bamberg[2])	142 047	19	418	142 484	3 463	139 021
Berlin (West)	76 647	—	—	76 647	2 110	74 537
Eichstätt	64 203	258	59	64 520	2 455	62 065
Essen	235 655	—	—	235 655	7 304	228 351
Freiburg[2])	372 915	—	—	372 915	10 265	362 650
Fulda	61 494	234[4])	1 582[4])	63 310	1 718	61 592
Hildesheim	132 539	—	181[4])	132 720	4 641	128 079
Köln[2])	566 382	15	—	566 397	23 617	542 780
Limburg	143 120	—	793[3])	143 913	7 587	136 326
Mainz	185 820	—	—	185 820	4 512	181 308
München-Freising[2])	470 847	393	965	472 205	14 319	457 886
Münster						
Nordrhein-Westfalen	318 204	—	—	318 204	6 912	311 292
Oldenburg	37 781	—	—	37 781	1 281	36 500
Osnabrück	119 068	—	5 000	124 068	6 262	117 806
Paderborn[2])	305 082	—	—	305 082	9 085	295 997
Passau	57 500	108	256[4])	57 864	1 875	55 989
Regensburg	165 425	1 152	406[3])	166 983	4 768	162 215
Rottenburg-Stuttgart	369 998	2 457	82[4])	372 537	13 436	359 101
Speyer	120 535	—	—	120 535	3 800	116 735
Trier	261 596	622	—	262 218	10 947	251 271
Würzburg	132 261	1	1 880[3])	134 142	3 702	130 440
Insgesamt	**4 839 267**	**5 296**	**12 722**	**4 857 285**	**156 700**	**4 700 585**

*) Istaufkommen.
1) Unter Berücksichtigung des gegenseitigen Verrechnungsverkehrs, einschl. Zahlungen 1982 für zurückliegende Jahre.
2) Erzbistum.
3) Istaufkommen 1981.
4) Sollzahlen 1982.

Quelle: Steuerkommission des Verbandes der Diözesen Deutschlands, Münster

5.3 Jüdische Gemeinden 1982*)

Landesverband bzw. Großgemeinde	Mitglieder der jüdischen Gemeinden[1])	Gemeinden	Rabbiner	Synagogen	Betsäle	Ritualbäder	Gemeinde-bibliotheken	Friedhöfe
Hamburg und Schleswig-Holstein	1 385	1	—	2	1	1	2	5
Niedersachsen	521	8	—	2	—	1	2	7
Bremen	159	1	—	1	—	1	1	1
Nordrhein	2 827	8	1	8	—	3	7	22
Köln	1 283	1	1	2	1	1	3	1
Westfalen	756	10	1	7	2	2	6	19
Hessen	1 683	9	1	6	2	1	2	10
Frankfurt am Main	4 864	1	2	5	1	1	2	2
Rheinland-Pfalz	545	6	1	4	3	1	6	2
Baden	1 327	5	1	2	2	1	6	5
Württemberg-Hohenzollern	703	1	1	1	1	2	2	6
Bayern	5 397	12	2	8	6	2	4	2
Saarland	264	1	—	1	—	5	12	13
Berlin (West)	6 558	1	2	4	2	1	1	5
Insgesamt	**28 272**	**65**	**13**	**53**	**21**	**22**	**54**	**99**

*) Stand: 31. 12.
1) Die Gesamtzahl der Juden wird auf ca. 30 000 geschätzt.

Quelle: Zentralrat der Juden in Deutschland, Düsseldorf

6 Erwerbstätigkeit

6.0 Vorbemerkung

Die Angaben über die Beteiligung der Bevölkerung am Erwerbsleben stammen aus verschiedenen Quellen. Das reichhaltigste Material fällt in etwa zehnjährigen Abständen (zuletzt 1961 und 1970) aus den Volks- und Berufszählungen an, die als Totalzählungen u. a. einen Nachweis der Erwerbstätigen in tiefer fachlicher und regionaler Gliederung ermöglichen. Aktuelle Zahlen über die Erwerbstätigkeit vermittelt die jährliche Mikrozensuserhebung (Repräsentativstatistik der Bevölkerung und des Erwerbslebens mit einem Auswahlsatz von 1%).

Bei den Ergebnissen des Mikrozensus handelt es sich stets um hochgerechnete Zahlen. Die Basis für die Hochrechnung bilden die Eckzahlen der laufenden Bevölkerungsfortschreibung (siehe Vorbemerkung zu Abschnitt 3 »Bevölkerung«, S. 50). Dabei ist zu beachten, daß die Bevölkerungsfortschreibung mit zunehmendem zeitlichen Abstand zur letzten Volkszählung Abweichungen aufweist, die in erster Linie auf nicht erfolgte Abmeldungen, insbesondere von Ausländern, zurückzuführen sind. Derartige Abweichungen – erfahrungsgemäß meist Überhöhungen – wirken sich bei der Anpassung des Mikrozensus an die Eckzahlen der Bevölkerungsfortschreibung auch auf die Stichprobenergebnisse aus.

Im Gegensatz zu der Befragung von Personen in den Erwerbstätigkeitsstatistiken basieren die Statistiken der Beschäftigten auf der Auswertung von Betriebsmeldungen. Hierdurch werden Beschäftigtenfälle erfaßt, d. h. Personen mit mehreren Arbeitsverhältnissen werden mehrfach gezählt. Die Arbeitsstättenzählung als Rahmenzählung findet ungefähr alle zehn Jahre statt; Angaben über Beschäftigte (Beschäftigungsfälle) aus verschiedenen Bereichszählungen sowie aus Statistiken mit kurzfristigerer Periodizität werden im Statistischen Jahrbuch getrennt nach Wirtschaftsbereichen nachgewiesen. Zahlen über Beschäftigte im öffentlichen Dienst werden im Rahmen der Personalstandstatistik erhoben (siehe Tabellen 19.11.1 bis 19.11.3). Eine Sonderstellung nimmt die Statistik der sozialversicherungspflichtig beschäftigten Arbeitnehmer auf der Grundlage des integrierten Meldeverfahrens zur Sozialversicherung (Beschäftigtenstatistik, siehe Tabellen 6.8 und 6.9) ein, welche die von den Betrieben ausgehenden Meldungen personenbezogen zusammenführt und damit Auswertungen für Personen und Beschäftigungsfälle ermöglicht.

Die Ergebnisse der Volkszählung, des Mikrozensus, der Bereichszählungen und der Beschäftigtenstatistik werden auch für ergänzende Schätzungen der Erwerbstätigen (Jahres- und Vierteljahresdurchschnitte; siehe Tabelle 6.4) herangezogen.

Die geschätzten Erwerbstätigenzahlen wurden für die Jahre 1971 bis 1981 revidiert. Die Überarbeitung war aufgrund der Ergebnisse verschiedener Bereichszählungen, neuerer Angaben aus der Beschäftigtenstatistik (Jahresangaben über Beschäftigte und Arbeitsentgelte) und im Hinblick auf die Abstimmung mit den revidierten Volkswirtschaftlichen Gesamtrechnungen erforderlich.

Die Arbeitsmarktstatistiken (siehe Tabellen 6.10 bis 6.13) werden von der Arbeitsverwaltung bearbeitet und beruhen auf Auszählungen der Arbeitsämter.

Ausführliche methodische Erläuterungen sowie fachlich und regional tiefer gegliederte Ergebnisse enthalten die Veröffentlichungen der Fachserie 1 »Bevölkerung und Erwerbstätigkeit« (siehe hierzu auch »Fundstellennachweis«, S. 750ff.).

Beteiligung am Erwerbsleben (Erwerbskonzept): In der Gliederung nach der Beteiligung am Erwerbsleben wird zwischen Erwerbspersonen und Nichterwerbspersonen unterschieden.

Erwerbspersonen sind alle Personen mit Wohnsitz im Bundesgebiet (Inländerkonzept), die eine unmittelbar oder mittelbar auf Erwerb gerichtete Tätigkeit ausüben oder suchen (Selbständige, Mithelfende Familienangehörige, Abhängige), unabhängig von der Bedeutung des Ertrages dieser Tätigkeit für ihren Lebensunterhalt und ohne Rücksicht auf die von ihnen tatsächlich geleistete oder vertragsmäßig zu leistende Arbeitszeit.

Die Erwerbspersonen setzen sich zusammen aus den Erwerbstätigen und den Erwerbslosen. **Erwerbstätige** sind Personen, die in einem Arbeitsverhältnis stehen (einschl. Soldaten und Mithelfende Familienangehörige) oder selbständig ein Gewerbe oder eine Landwirtschaft betreiben oder einen freien Beruf ausüben. **Erwerbslose** sind Personen ohne Arbeitsverhältnis, die sich um eine Arbeitsstelle bemühen, unabhängig davon, ob sie beim Arbeitsamt als Arbeitslose gemeldet sind. Insofern ist der Begriff der Erwerbslosen umfassender als der Begriff der Arbeitslosen. Andererseits zählen Arbeitslose, die vorübergehend geringfügige Tätigkeiten ausüben, nach dem Erwerbskonzept (Volkszählung, Mikrozensus) nicht zu den Erwerbslosen, sondern zu den Erwerbstätigen.

Nach der Stellung im Beruf ergibt sich die Unterscheidung der **Erwerbstätigen** nach Selbständigen, Mithelfenden Familienangehörigen und Abhängigen.

Selbständige: Personen, die einen Betrieb oder eine Arbeitsstätte gewerblicher oder landwirtschaftlicher Art wirtschaftlich und organisatorisch als Eigentümer oder Pächter leiten (einschl. selbständige Handwerker) sowie alle freiberuflich Tätigen, Hausgewerbetreibenden und Zwischenmeister.

Mithelfende Familienangehörige: Familienangehörige, die in einem landwirtschaftlichen oder nichtlandwirtschaftlichen Betrieb, der von einem Familienmitglied als Selbständiger geleitet wird, mithelfen, ohne hierfür Lohn oder Gehalt zu erhalten und ohne daß für sie Pflichtbeiträge zur gesetzlichen Rentenversicherung gezahlt werden.

Abhängige: Beamte, Angestellte, Arbeiter und Auszubildende.

Beamte: Personen in einem öffentlich-rechtlichen Dienstverhältnis des Bundes, der Länder, der Gemeinden und sonstiger Körperschaften des öffentlichen Rechts (einschl. der Beamtenanwärter und der Beamten im Vorbereitungsdienst), Richter und Soldaten, ferner Geistliche der zur Evangelischen Kirche in Deutschland gehörenden Kirchen und der Römisch-Katholischen Kirche.

Angestellte: Alle nichtbeamteten Gehaltsempfänger. Für die Zuordnung ist grundsätzlich die Stellung im Betrieb und nicht die Art des Versicherungsverhältnisses bzw. die Mitgliedschaft in der Rentenversicherung für Angestellte entscheidend. Leitende Angestellte gelten ebenfalls als Angestellte, sofern sie nicht Miteigentümer sind.

Arbeiter: Alle Lohnempfänger, unabhängig von der Lohnzahlungs- und Lohnabrechnungsperiode und der Qualifikation, ferner Heimarbeiter und Hausgehilfinnen.

Auszubildende in anerkannten Ausbildungsberufen: Personen, die in praktischer Berufsausbildung stehen (einschl. Praktikanten und Volontäre). Normalerweise münden kaufmännische und technische Ausbildungsberufe in einen Angestelltenberuf, gewerbliche Ausbildungsberufe in einen Arbeiterberuf ein. Die Auszubildenden sind, sofern nicht gesondert nachgewiesen, in den Zahlen der Angestellten bzw. Arbeiter enthalten.

Nichterwerbspersonen sind alle Personen, die keinerlei auf Erwerb gerichtete Tätigkeit ausüben oder suchen.

Überwiegender Lebensunterhalt (Unterhaltskonzept): Die Zuordnung erfolgt hier nach der Quelle des überwiegenden Lebensunterhalts. Unterhaltsquellen sind: Erwerbstätigkeit, Arbeitslosengeld oder -hilfe, Rente u. dgl. (neben Einkommen aus öffentlichen Sozialleistungen auch solche aus Pensionen oder Erträge aus Vermögen u. ä.), Angehörige (Unterhalt durch Eltern, Ehepartner, Kinder oder andere Familienangehörige).

Sozialversicherungspflichtig beschäftigte Arbeitnehmer: Arbeiter, Angestellte und Personen in beruflicher Ausbildung, die in der gesetzlichen Rentenversicherung, Krankenversicherung und/oder Arbeitslosenversicherung pflichtversichert sind oder für die Beitragsteile zur gesetzlichen Rentenversicherung gezahlt werden. Als Arbeiter wird gezählt, wer Mitglied in der gesetzlichen Rentenversicherung der Arbeiter ist, als Angestellter, wer bei der gesetzlichen Rentenversicherung der Angestellten pflichtversichert ist.

Kurzarbeiter: Erwerbstätige, die im Abrechnungszeitraum, in den der Stichtag fällt, Anspruch auf Kurzarbeitergeld hatten. Ein Anspruch besteht, wenn in einem Betrieb ein unvermeidbarer, vorübergehender Arbeitsausfall eintritt und beim Arbeitsamt angezeigt wurde. Wegen der Anspruchsvoraussetzungen siehe §§ 63ff. Arbeitsförderungsgesetz.

Arbeitslose: Personen ohne (dauerhaftes) Arbeitsverhältnis, die als Arbeitsuchende beim Arbeitsamt registriert sind.

Offene Stellen: Zu besetzende Arbeitsplätze, die die Arbeitgeber dem Arbeitsamt gemeldet haben.

Arbeitsvermittlungen: Durch Arbeitsämter in abhängige Beschäftigungsverhältnisse vermittelte Arbeitsuchende.

Die Berichterstattung über **Streiks und Aussperrungen** erstreckt sich auf alle Arbeitskämpfe, an denen mindestens zehn Arbeitnehmer beteiligt waren und die mindestens einen Tag dauerten oder insgesamt einen Verlust von mehr als einhundert Arbeitstagen verursachten.

6.5 Erwerbstätige im April 1982*)

6.5.1 Nach Altersgruppen und Stellung im Beruf

1 000

Alter von ... bis unter ... Jahren	Insgesamt				Männlich				Weiblich			
	insgesamt	Selbständige	Mithelfende Familienangehörige	Abhängige	zusammen	Selbständige	Mithelfende Familienangehörige	Abhängige	zusammen	Selbständige	Mithelfende Familienangehörige	Abhängige
15 — 20	2 091	6	28	2 058	1 177	/	17	1 156	914	/	11	902
20 — 25	3 268	46	31	3 191	1 798	31	13	1 754	1 470	15	18	1 437
25 — 30	2 903	125	42	2 736	1 719	92	9	1 618	1 184	34	33	1 118
30 — 35	3 009	233	57	2 719	1 905	179	6	1 720	1 104	54	52	999
35 — 40	2 824	267	62	2 495	1 805	204	/	1 600	1 019	63	60	896
40 — 45	3 754	392	124	3 238	2 411	308	/	2 100	1 343	84	121	1 139
45 — 50	3 136	339	123	2 674	2 054	280	/	1 771	1 083	60	120	904
50 — 55	2 676	328	103	2 245	1 774	269	/	1 503	901	59	99	743
55 — 60	2 019	268	93	1 659	1 238	209	/	1 024	782	58	89	635
60 — 65	720	159	52	509	497	127	6	364	223	32	46	146
65 — 70	180	76	46	58	103	58	17	28	77	18	29	30
70 — 75	118	53	37	29	69	39	17	12	49	13	20	16
75 und mehr	77	32	23	21	44	24	11	9	33	9	12	12
Insgesamt	**26 774**	**2 324**	**818**	**23 633**	**16 592**	**1 824**	**110**	**14 659**	**10 182**	**500**	**708**	**8 974**

6.5.2 Nach Ländern, Stellung im Beruf und Wirtschaftsbereichen**)

1 000

Stellung im Beruf	Bundesgebiet	Schleswig-Holstein	Hamburg	Niedersachsen	Bremen	Nordrhein-Westfalen	Hessen	Rheinland-Pfalz	Baden-Württemberg	Bayern	Saarland	Berlin (West)
Land- und Forstwirtschaft, Tierhaltung und Fischerei												
Selbständige	483	27	/	81	/	63	31	35	75	166	/	/
Mithelfende Familienangehörige	601	23	/	102	/	40	38	42	89	263	/	/
Beamte, Angestellte¹)	47	/	/	7	/	12	6	/	8	/	/	/
Arbeiter²)	215	16	/	35	/	43	14	15	38	41	/	5
Zusammen	**1 346**	**69**	**8**	**224**	/	**158**	**89**	**95**	**210**	**475**	**7**	**9**
Produzierendes Gewerbe												
Selbständige	574	21	11	59	/	147	55	33	104	117	6	17
Mithelfende Familienangehörige	71	/	/	9	/	14	5	/	14	19	/	/
Beamte, Angestellte¹)	3 447	119	82	305	33	990	349	197	646	595	45	87
Arbeiter²)	7 633	226	127	851	56	2 041	640	442	1 380	1 544	147	181
Zusammen	**11 725**	**368**	**221**	**1 223**	**93**	**3 191**	**1 049**	**675**	**2 144**	**2 275**	**200**	**286**
Handel und Verkehr												
Selbständige	552	25	22	63	7	150	51	33	72	109	8	14
Mithelfende Familienangehörige	70	/	/	11	/	18	6	/	9	16	/	/
Beamte, Angestellte¹)	2 777	138	117	340	49	740	283	168	352	479	43	67
Arbeiter²)	1 329	61	66	158	23	348	115	74	182	240	21	43
Zusammen	**4 728**	**227**	**206**	**573**	**80**	**1 255**	**454**	**279**	**614**	**843**	**73**	**124**
Sonstige Wirtschaftsbereiche (Dienstleistungen)												
Selbständige	716	31	29	68	8	176	70	41	110	138	12	32
Mithelfende Familienangehörige	76	/	/	9	/	19	8	/	13	16	/	/
Beamte, Angestellte¹)	6 304	320	221	737	74	1 664	618	377	904	1 040	90	260
Arbeiter²)	1 882	105	60	235	23	420	161	114	285	362	26	90
Zusammen	**8 977**	**459**	**311**	**1 047**	**107**	**2 279**	**858**	**536**	**1 312**	**1 556**	**129**	**383**
Insgesamt												
Selbständige	2 324	105	64	271	19	535	206	142	361	530	26	64
Mithelfende Familienangehörige	818	31	7	129	/	91	57	55	125	313	6	/
Beamte, Angestellte¹)	12 574	579	419	1 388	157	3 406	1 257	745	1 909	2 118	179	417
Arbeiter²)	11 059	407	255	1 279	104	2 852	930	644	1 884	2 187	196	319
Insgesamt	**26 774**	**1 123**	**746**	**3 067**	**282**	**6 884**	**2 450**	**1 586**	**4 280**	**5 148**	**407**	**803**

*) Ergebnis des Mikrozensus.
**) Systematik der Wirtschaftszweige, Fassung für den Mikrozensus 1971.

1) Einschl. Auszubildende in anerkannten kaufmännischen und technischen Ausbildungsberufen.
2) Einschl. Auszubildende in anerkannten gewerblichen Ausbildungsberufen.

6.7 Erwerbstätige Frauen im Alter von 15 Jahren und mehr im April 1982 nach Zahl und Alter der Kinder*)

Frauen / Kinder	Insgesamt: insgesamt	Insgesamt: außerhalb der Land- und Forstwirtschaft	Davon ledig[1]): zusammen	ledig[1]): außerhalb der Land- und Forstwirtschaft	verheiratet: zusammen	verheiratet: außerhalb der Land- und Forstwirtschaft	verwitwet: zusammen	verwitwet: außerhalb der Land- und Forstwirtschaft	geschieden: zusammen	geschieden: außerhalb der Land- und Forstwirtschaft
Grundzahlen in 1 000										
Erwerbstätige Frauen										
Frauen	10 183	9 526	3 080	3 007	6 057	5 521	435	390	612	608
ohne Kinder unter 18 Jahren										
Frauen	6 676	6 345	3 003	2 931	2 949	2 730	354	315	372	370
mit Kindern unter 18 Jahren										
Frauen	3 507	3 181	78	77	3 108	2 791	81	75	240	238
mit ... Kind(ern)										
1	2 013	1 890	71	70	1 718	1 600	55	51	169	169
2	1 150	1 034	6	6	1 061	946	21	20	62	62
3 und mehr	343	258	/	/	329	244	/	/	9	8
Kinder	5 449	4 795	87	85	4 928	4 287	114	105	320	318
und zwar: mit Kindern unter 15 Jahren										
Frauen	2 772	2 519	68	67	2 488	2 240	44	41	172	171
mit ... Kind(ern)										
1	1 788	1 675	61	61	1 559	1 448	34	32	135	134
2	798	709	5	5	750	663	8	8	34	34
3 und mehr	186	135	/	/	180	129	/	/	/	/
Kinder	3 990	3 526	75	74	3 645	3 189	57	53	212	210
mit Kindern unter 6 Jahren										
Frauen	978	890	36	36	911	824	/	/	27	27
mit ... Kind(ern)										
1	816	754	34	34	753	692	/	/	25	25
2 und mehr	162	136	/	/	158	132	/	/	/	/
Kinder	1 151	1 032	39	38	1 080	962	/	/	29	28
Erwerbstätigenquoten in Prozent[2])										
Erwerbstätige Frauen										
Frauen	*37,7*	*35,3*	*50,7*	*49,5*	*39,4*	*35,9*	*9,7*	*8,7*	*57,8*	*57,5*
ohne Kinder unter 18 Jahren										
Frauen	*35,1*	*33,3*	*50,4*	*49,2*	*36,5*	*33,8*	*8,2*	*7,3*	*52,7*	*52,4*
mit Kindern unter 18 Jahren										
Frauen	*44,1*	*40,0*	*64,2*	*63,4*	*42,6*	*38,3*	*43,6*	*40,4*	*68,0*	*67,6*
mit ... Kind(ern)										
1	*49,1*	*46,1*	*66,8*	*66,1*	*47,1*	*43,8*	*44,5*	*41,3*	*77,0*	*76,7*
2	*40,7*	*36,5*	*47,9*	*47,1*	*39,8*	*35,5*	*46,0*	*43,6*	*60,1*	*59,7*
3 und mehr	*33,7*	*25,2*	/	/	*33,9*	*25,1*	/	/	*28,7*	*27,7*
Kinder[3])	*41,3*	*36,4*	*61,3*	*60,3*	*40,2*	*35,0*	*42,3*	*38,9*	*60,7*	*60,1*
und zwar: mit Kindern unter 15 Jahren										
Frauen	*42,6*	*38,7*	*61,9*	*61,2*	*41,4*	*37,2*	*41,0*	*38,5*	*63,9*	*63,4*
mit ... Kind(ern)										
1	*47,9*	*44,9*	*64,4*	*63,7*	*46,2*	*42,9*	*43,1*	*40,8*	*72,7*	*72,5*
2	*37,2*	*33,0*	*47,7*	*46,8*	*36,7*	*32,4*	*35,2*	*33,0*	*50,4*	*49,5*
3 und mehr	*29,7*	*21,5*	/	/	*29,9*	*21,5*	/	/	/	/
Kinder[3])	*39,5*	*35,0*	*59,2*	*58,3*	*38,6*	*33,8*	*39,6*	*36,8*	*56,6*	*56,1*
mit Kindern unter 6 Jahren										
Frauen	*36,4*	*33,1*	*52,5*	*51,7*	*35,8*	*32,4*	/	/	*43,5*	*43,0*
mit ... Kind(ern)										
1	*39,8*	*36,8*	*54,0*	*53,2*	*39,2*	*36,0*	/	/	*46,8*	*46,8*
2 und mehr	*25,4*	*21,2*	/	/	*25,3*	*21,2*	/	/	/	/
Kinder[3])	*34,0*	*30,4*	*51,3*	*50,3*	*33,4*	*29,8*	/	/	*40,4*	*39,5*

*) Ergebnis des Mikrozensus. – Bevölkerung in Privathaushalten.
1) Einschl. Ledige, die Kinder in einer Familie sind.
2) In Prozent der Frauen entsprechenden Familienstandes und entsprechender Zahl und Altersgruppe der Kinder in der Familie.
3) Anteil der Kinder erwerbstätiger Mütter an den Kindern insgesamt der jeweiligen Altersgruppe.

6.8 Beschäftigte Arbeitnehmer*)

6.8.1 Nach Wirtschaftszweigen und Staatsangehörigkeit**)

1 000

Nr. der Systematik[1])	Wirtschaftsgliederung	1978		1979		1980		1981		1982			
		insgesamt	dar. Ausländer	insgesamt	dar. Ausländer	insgesamt	dar. Ausländer	insgesamt	dar. Ausländer	insgesamt		dar. Ausländer	
										insgesamt	männlich	zusammen	männlich
0	Land- und Forstwirtschaft, Fischerei	202,2	16,4	213,5	16,5	215,9	17,4	217,6	17,2	214,7	156,3	16,4	13,8
1	Energiewirtschaft, Wasserversorg., Bergbau[2])	480,8	35,4	484,1	34,7	439,9	26,5	484,5	35,0	466,2	422,4	34,0	33,3
2	Verarbeitendes Gewerbe (ohne Baugewerbe)	8 450,6	1 108,0	8 549,4	1 127,0	8 701,5	1 190,4	8 522,6	1 108,4	8 208,0	5 872,3	1 016,4	726,6
20	Chemische Industrie, Mineralölverarbeitung	610,0	54,4	609,6	54,6	619,1	57,9	611,8	54,9	607,9	449,8	52,2	40,0
21	Kunststoff-, Gummi- und Asbestverarbeitung	330,1	61,0	339,5	63,7	353,2	70,3	340,8	64,0	333,6	224,2	60,7	42,0
22	Gew. und Verarb. von Steinen und Erden, Feinkeramik, Glas	367,1	48,9	372,1	49,9	378,7	52,9	361,9	48,8	337,5	267,1	42,1	35,8
23	Metallerzeugung und -bearbeitung	738,6	126,7	734,6	128,5	741,4	137,2	722,5	130,6	678,5	586,6	118,8	106,2
24, 25 07 1	Stahl-, Maschinen- und Fahrzeugbau, ADV	2 422,8	307,5	2 475,5	316,4	2 543,5	334,3	2 507,9	308,8	2 463,5	2 090,6	294,8	259,0
25 (ohne 25 07 1)	Elektrotechnik (ohne ADV), Feinmechanik, EBM-Waren usw.	1 673,8	248,9	1 692,0	252,7	1 720,5	264,7	1 683,5	245,1	1 616,7	1 029,3	220,8	115,5
26	Holz-, Papier- und Druckgewerbe	818,0	84,1	839,3	86,7	859,2	92,1	847,5	86,5	804,2	594,8	75,7	56,7
27	Leder-, Textil- und Bekleidungsgewerbe	768,1	114,2	758,7	112,3	751,6	114,5	715,1	105,6	654,4	220,4	93,1	40,5
28/29	Nahrungs- und Genußmittelgewerbe	722,1	62,2	728,2	62,3	734,2	66,5	731,6	64,3	711,6	409,5	58,2	30,9
3	Baugewerbe	1 539,7	176,8	1 609,7	189,6	1 673,5	209,8	1 647,4	198,3	1 512,9	1 382,2	167,6	164,9
30	Bauhauptgewerbe	1 123,1	154,7	1 176,6	166,9	1 220,0	184,2	1 193,0	173,5	1 077,9	1 006,5	144,9	143,2
31	Ausbau- und Bauhilfsgewerbe	416,6	22,1	433,1	22,7	453,4	25,6	454,4	24,8	435,0	375,7	22,7	21,7
4	Handel	2 806,0	108,8	2 875,4	115,8	2 933,8	134,3	2 935,2	123,5	2 860,3	1 303,2	116,7	70,4
40/41	Großhandel	984,9	46,6	1 009,2	49,9	1 028,4	56,4	1 020,2	52,4	990,5	640,1	49,7	36,5
42	Handelsvermittlung	150,0	8,0	153,3	8,4	159,3	9,9	162,2	9,4	160,1	98,1	8,9	6,1
43	Einzelhandel	1 671,0	54,2	1 712,9	57,5	1 746,0	68,0	1 752,9	61,7	1 709,7	565,0	58,1	27,8
5	Verkehr, Nachrichtenübermittlung	942,0	68,9	963,9	70,0	991,7	75,6	1 010,6	73,0	992,0	729,8	69,3	59,5
50 0	Eisenbahnen	168,4	17,5	161,0	16,7	161,3	17,1	164,1	17,4	160,2	144,8	16,7	15,6
50 7	Deutsche Bundespost	185,9	7,7	199,1	7,9	208,4	8,6	227,7	8,8	222,4	103,8	8,3	6,3
50 (ohne 50 0, 7)	Verkehr (ohne Eisenbahnen, Bundespost)	587,8	43,7	603,9	45,4	621,9	49,8	618,7	46,7	609,4	481,3	44,3	37,6
6	Kreditinstitute, Versicherungsgewerbe	723,6	12,1	742,4	12,8	763,8	14,7	774,5	13,3	778,0	380,3	12,7	5,3
60	Kreditinstitute u. ä.	505,5	8,2	520,6	8,8	538,8	10,0	549,6	9,3	552,6	256,0	8,9	3,5
61	Versicherungsgewerbe	218,1	3,9	221,9	4,0	225,0	4,7	224,9	4,0	225,4	124,3	3,8	1,7
7	Dienstleistungen, a. n. g.	3 198,2	263,7	3 347,8	275,6	3 507,8	306,6	3 568,2	293,2	3 632,7	1 227,9	291,7	126,5
70 0	Gaststätten- und Beherbergungsgewerbe	545,1	94,0	568,0	97,4	587,8	104,7	596,2	100,8	609,7	203,5	101,4	50,0
70 1–2	Reinigung, Körperpflege	288,5	29,9	295,0	30,9	301,9	34,3	306,1	35,4	311,0	58,3	38,4	9,5
70 6–8	Wissenschaft, Bildung, Kunst, Publizistik	735,5	37,8	772,2	40,2	802,4	45,9	802,2	42,8	804,8	314,1	41,9	21,0
71 0–1	Gesundheits- und Veterinärwesen	911,3	67,2	947,8	68,6	997,3	74,5	1 027,4	70,0	1 060,0	195,6	68,7	16,1
71 2–7	Rechts- und Wirtschaftsberatung usw.	511,8	18,3	543,5	20,7	578,2	26,3	594,9	24,9	609,5	285,7	23,7	15,6
71 8	Sonstige Dienstleistungen	206,0	16,5	221,4	17,8	240,2	21,0	241,4	19,3	237,6	170,7	17,6	14,2
8	Organisationen ohne Erwerbscharakter, Private Haushalte	333,7	11,9	344,7	12,6	356,6	14,6	363,0	13,4	372,5	124,1	13,3	4,9
	darunter:												
80 0	Kirchen, rel. und weltansch. Vereinigungen	95,1	2,9	98,2	3,0	101,2	3,5	103,3	3,3	107,5	33,8	3,2	1,4
80 1–7	Organisationen ohne Erwerbscharakter (ohne Kirchen u. ä.)	190,0	7,3	198,9	7,8	209,3	9,1	216,4	8,4	223,3	87,0	8,4	3,3
9	Gebietskörperschaften, Sozialversicherung	1 310,3	46,0	1 329,1	46,5	1 339,5	49,8	1 350,6	46,5	1 348,4	721,3	45,5	27,5
90	Gebietskörperschaften	1 150,9	43,4	1 167,5	44,1	1 179,2	47,3	1 188,9	44,4	1 184,1	657,3	43,6	26,9
96	Sozialversicherung	159,4	2,6	161,6	2,4	160,4	2,5	161,6	2,0	164,4	64,0	1,9	0,7
	Ohne Angabe	10,1	0,8	14,8	1,5	10,5	0,9	2,3	0,3	2,5	1,4	0,2	0,2
	Insgesamt	**19 997,2**	**1 848,8**	**20 474,9**	**1 902,6**	**20 934,6**	**2 040,7**	**20 876,6**	**1 922,0**	**20 388,1**	**12 321,2**	**1 783,9**	**1 232,9**

*) Sozialversicherungspflichtig beschäftigte Arbeitnehmer.
**) Stichtag: 31. 3.
[1]) Systematik der Wirtschaftszweige, Fassung für die Berufszählung 1970, Kurzbezeichnungen.
[2]) Aus meldetechnischen Gründen Zeitvergleich nur eingeschränkt möglich.

Quelle: Bundesanstalt für Arbeit, Nürnberg

6.8 Beschäftigte Arbeitnehmer*)

6.8.2 Nach Wirtschaftszweigen und Ländern

1 000

Nr. der Systematik[1])	Stichtag 31. 3. / Wirtschaftsgliederung	Bundesgebiet[2])	Schleswig-Holstein	Hamburg	Niedersachsen	Bremen	Nordrh.-Westfalen	Hessen	Rheinland-Pfalz	Baden-Württemberg	Bayern	Saarland	Berlin (West)
	1980	20 934,6	724,3	768,5	2 171,3	306,4	5 661,4	1 972,9	1 103,1	3 443,9	3 700,2	350,4	727,3
	1981	20 876,6	721,5	762,0	2 160,2	304,4	5 648,2	1 940,5	1 099,8	3 441,3	3 712,3	352,0	726,6
	1982	20 388,1	702,9	748,3	2 100,8	297,4	5 496,3	1 884,2	1 065,7	3 391,4	3 641,6	346,3	707,0
	1982 nach Wirtschaftszweigen												
0	Land- und Forstwirtschaft, Fischerei	214,7	18,3	3,2	36,8	1,9	38,5	14,6	15,1	32,3	44,3	1,5	3,8
1	Energiewirtschaft, Wasserversorg., Bergbau[3])	466,2	9,9	9,0	43,9	4,3	250,1	22,2	12,6	32,1	40,1	30,9	11,0
2	Verarbeitendes Gewerbe (ohne Baugewerbe)	8 208,0	220,2	169,9	782,5	89,2	2 220,7	728,2	435,9	1 646,2	1 574,6	141,5	199,1
20	Chemische Industrie, Mineralölverarbeitung	607,9	14,0	23,4	36,8	1,2	218,0	95,4	70,6	66,7	67,6	2,5	11,8
21	Kunststoff-, Gummi- und Asbestverarbeitung	333,6	7,9	9,9	39,7	0,6	77,8	43,3	24,0	66,9	52,4	6,4	4,7
22	Gew. und Verarb. von Steinen und Erden, Feinkeramik, Glas	337,5	9,5	2,5	32,5	1,8	77,1	25,2	33,3	43,7	98,0	10,3	3,7
23	Metallerzeugung und -bearbeitung	678,5	6,7	9,6	50,8	8,3	355,6	37,6	22,8	79,9	58,8	40,9	7,5
24, 25 07 1	Stahl-, Maschinen- und Fahrzeugbau, ADV	2 463,5	73,8	57,7	294,8	38,5	581,9	225,1	111,8	554,2	438,5	41,6	45,6
25 (ohne 25 07 1)	Elektrotechnik (ohne ADV), Feinmechanik, EBM-Waren usw.	1 616,7	41,5	29,5	107,6	15,1	377,8	137,0	50,7	410,6	362,4	14,3	70,2
26	Holz-, Papier- und Druckgewerbe	804,2	26,8	12,8	74,2	4,1	211,6	67,0	44,8	166,1	169,3	9,2	18,4
27	Leder-, Textil- und Bekleidungsgewerbe	654,4	7,6	3,1	46,9	3,1	157,4	46,5	39,0	155,7	178,9	4,8	11,3
28/29	Nahrungs- und Genußmittelgewerbe	711,6	32,5	21,3	99,1	16,7	163,6	51,1	39,0	102,2	148,6	11,4	26,0
3	Baugewerbe	1 512,9	63,5	43,8	171,8	16,8	380,3	134,2	87,6	252,6	292,5	23,3	46,5
30	Bauhauptgewerbe	1 077,9	45,1	27,7	123,9	11,7	272,1	93,9	63,8	179,8	213,4	17,2	29,3
31	Ausbau- und Bauhilfsgewerbe	435,0	18,4	16,1	47,9	5,1	108,3	40,3	23,8	72,8	79,1	6,0	17,2
4	Handel	2 860,3	112,4	146,0	301,6	53,8	793,0	272,1	143,3	402,4	493,6	44,1	98,1
40/41	Großhandel	990,5	34,2	66,9	105,1	21,8	278,0	96,3	50,9	145,6	160,1	12,2	19,4
42	Handelsvermittlung	160,1	4,8	10,5	10,2	4,2	40,3	22,4	6,1	26,6	27,0	2,9	5,1
43	Einzelhandel	1 709,7	73,4	68,7	186,3	27,8	474,7	153,4	86,3	230,1	306,5	29,0	73,5
5	Verkehr, Nachrichtenübermittlung	992,0	33,1	99,0	92,9	38,0	242,9	113,9	40,8	123,0	154,9	13,8	39,6
50 0	Eisenbahnen	160,2	4,7	7,6	17,6	3,8	42,8	19,3	7,6	20,3	32,6	3,8	0,2
50 7	Deutsche Bundespost	222,4	7,8	14,6	22,1	4,5	54,7	25,9	12,4	35,1	34,1	3,1	8,0
50 (ohne 50 0, 7)	Verkehr (ohne Eisenbahnen, Bundespost)	609,4	20,6	76,8	53,2	29,6	145,4	68,7	20,9	67,5	88,3	7,0	31,5
6	Kreditinstitute, Versicherungsgewerbe	778,0	25,5	52,1	75,8	11,9	194,2	93,0	32,8	119,4	140,6	11,1	21,6
60	Kreditinstitute u. ä.	552,6	20,8	25,6	57,2	8,6	132,0	70,5	26,7	88,9	98,8	8,3	15,2
61	Versicherungsgewerbe	225,4	4,7	26,5	18,6	3,4	62,2	22,4	6,0	30,5	41,8	2,8	6,4
7	Dienstleistungen, a. n. g.	3 632,7	137,2	170,4	394,0	57,3	946,7	341,8	178,3	534,0	619,9	56,2	196,9
70 0	Gaststätten- und Beherbergungsgewerbe	609,7	29,6	24,0	72,8	7,5	135,6	56,9	30,9	93,1	124,9	8,9	25,4
70 1–2	Reinigung, Körperpflege	311,0	13,2	13,6	35,5	4,5	83,6	26,9	16,7	40,7	53,0	4,6	18,8
70 6–8	Wissenschaft, Bildung, Kunst, Publizistik	804,8	23,5	42,9	94,9	15,6	204,5	68,0	40,2	123,6	133,1	10,6	47,8
71 0–1	Gesundheits- und Veterinärwesen	1 060,0	40,6	33,0	113,6	15,3	291,3	99,9	57,2	163,6	167,8	20,3	57,2
71 2–7	Rechts- und Wirtschaftsberatung usw.	609,5	21,9	37,9	54,3	9,5	165,5	64,8	23,2	89,1	105,7	8,4	29,1
71 8	Sonstige Dienstleistungen	237,6	8,3	19,0	22,8	4,9	66,3	25,3	10,1	23,7	35,3	3,4	18,6
8	Organisationen ohne Erwerbscharakter, Private Haushalte	372,5	14,3	13,3	34,5	5,6	107,8	38,3	16,6	52,7	63,4	5,0	21,1
	darunter:												
80 0	Kirchen, rel. und weltansch. Vereinigungen	107,5	4,7	3,4	10,0	1,1	30,3	9,3	6,3	17,3	19,1	1,0	5,1
80 1–7	Organisationen ohne Erwerbscharakter (ohne Kirchen u. ä.)	223,3	7,8	9,0	20,3	4,1	66,4	26,5	8,0	28,5	34,3	3,3	15,2
9	Gebietskörperschaften, Sozialversicherung	1 348,4	68,4	41,5	167,0	18,7	321,9	125,7	102,8	196,7	217,5	18,9	69,3
90	Gebietskörperschaften	1 184,1	63,1	32,2	148,1	16,7	278,1	113,4	95,0	174,7	192,2	16,4	54,1
96	Sozialversicherung	164,4	5,3	9,3	18,9	2,0	43,8	12,3	7,8	22,0	25,3	2,6	15,2
	Ohne Angabe	2,5	0,0	0,0	0,0	0,0	0,1	0,2	0,0	0,1	0,2	0,0	0,0
	1982 nach dem Geschlecht												
	Männlich	12 321,2	407,1	439,2	1 268,7	183,9	3 483,7	1 147,6	654,9	2 017,0	2 109,2	232,4	374,0
	Weiblich	8 066,8	295,9	309,1	832,2	113,5	2 012,6	736,5	410,8	1 374,5	1 532,5	113,9	330,0

*) Sozialversicherungspflichtig beschäftigte Arbeitnehmer.
[1]) Systematik der Wirtschaftszweige, Fassung für die Berufszählung 1970, Kurzbezeichnungen.
[2]) Einschl. der Personen ohne Angabe des Landes.
[3]) Aus meldetechnischen Gründen kann das Ergebnis einen Fehler aufweisen.

Quelle: Bundesanstalt für Arbeit, Nürnberg

6.8 Beschäftigte Arbeitnehmer*)

6.8.3 Nach Wirtschaftszweigen und Stellung im Beruf

1 000

Nr. der Systematik[1])	Stichtag 31. 3. / Wirtschaftsgliederung	Insgesamt	Vollbeschäftigte					Teilzeitbeschäftigte		
			zusammen	Arbeiter		Angestellte		zusammen	Arbeiter	Angestellte
				zusammen	dar. Ausländer	zusammen	dar. Ausländer			
	1980	20 934,6	19 284,1	10 857,9	1 711,8	8 426,2	269,6	1 650,5	714,0	936,5
	1981	20 876,6	19 154,2	10 604,9	1 616,5	8 549,3	247,5	1 722,3	751,1	971,3
	1982	20 388,1	18 626,8	10 119,3	1 485,2	8 507,6	238,4	1 761,2	739,6	1 021,7
	1982 nach Wirtschaftszweigen									
0	Land- und Forstwirtschaft, Fischerei	214,7	204,3	180,4	15,2	23,9	0,5	10,4	7,9	2,5
1	Energiewirtschaft, Wasserversorg., Bergbau[2])	466,2	455,9	302,5	31,7	153,4	2,0	10,3	7,1	3,2
2	Verarbeitendes Gewerbe (ohne Baugewerbe)	8 208,0	7 901,7	5 507,1	950,3	2 394,6	54,6	306,3	177,1	129,2
20	Chemische Industrie, Mineralölverarbeitung	607,9	588,5	319,9	44,7	268,6	6,8	19,4	9,0	10,4
21	Kunststoff-, Gummi- und Asbestverarbeitung	333,6	320,4	237,5	58,2	82,9	2,0	13,2	8,5	4,7
22	Gew. und Verarb. von Steinen und Erden, Feinkeramik, Glas	337,5	327,3	248,9	40,6	78,3	1,3	10,2	6,0	4,3
23	Metallerzeugung und -bearbeitung	678,5	665,8	515,9	116,0	149,9	2,3	12,8	5,7	7,1
24, 25 07 1	Stahl-, Maschinen- und Fahrzeugbau, ADV	2 463,5	2 416,4	1 677,4	275,9	739,0	17,4	47,2	16,1	31,1
25 (ohne 25 07 1)	Elektrotechnik (ohne ADV), Feinmechanik, EBM-Waren usw.	1 616,7	1 545,7	1 026,3	200,7	519,4	16,1	71,0	42,3	28,7
26	Holz-, Papier- und Druckgewerbe	804,2	765,5	586,9	72,1	178,6	2,6	38,7	23,8	14,9
27	Leder-, Textil- und Bekleidungsgewerbe	654,4	595,4	466,8	88,5	128,6	2,6	59,0	48,3	10,6
28/29	Nahrungs- und Genußmittelgewerbe	711,6	676,8	427,5	53,6	249,3	3,5	34,8	17,3	17,6
3	Baugewerbe	1 512,9	1 487,8	1 242,8	162,1	245,0	5,0	25,1	4,9	20,2
30	Bauhauptgewerbe	1 077,9	1 064,4	882,9	140,4	181,4	4,2	13,5	2,7	10,8
31	Ausbau- und Bauhilfsgewerbe	435,0	423,4	359,9	21,7	63,6	0,8	11,6	2,2	9,4
4	Handel	2 860,3	2 432,6	694,7	64,0	1 737,9	43,6	427,7	88,2	339,5
40/41	Großhandel	990,5	917,0	307,2	31,6	609,8	16,5	73,5	24,0	49,5
42	Handelsvermittlung	160,1	147,8	48,2	4,9	99,5	3,6	12,3	3,3	9,0
43	Einzelhandel	1 709,7	1 367,8	339,3	27,5	1 028,6	23,5	341,9	60,9	281,0
5	Verkehr, Nachrichtenübermittlung	992,0	892,1	602,4	55,7	289,7	11,6	99,9	67,0	32,9
50 0	Eisenbahnen	160,2	157,7	139,8	16,5	17,8	0,2	2,6	1,7	0,8
50 7	Deutsche Bundespost	222,4	146,8	108,3	6,7	38,5	0,4	75,5	57,5	18,0
50 (ohne 50 0, 7)	Verkehr (ohne Eisenbahnen, Bundespost)	609,4	587,7	354,3	32,5	233,4	11,0	21,7	7,7	14,0
6	Kreditinstitute, Versicherungsgewerbe	778,0	701,3	24,1	1,2	677,3	10,2	76,6	21,8	54,9
60	Kreditinstitute u. ä.	552,6	493,4	18,2	0,8	475,2	7,2	59,2	17,9	41,3
61	Versicherungsgewerbe	225,4	208,0	5,9	0,5	202,1	3,0	17,4	3,9	13,6
7	Dienstleistungen, a. n. g.	3 632,7	3 099,7	1 116,6	178,2	1 983,1	86,0	533,0	243,6	289,3
70 0	Gaststätten- und Beherbergungsgewerbe	609,7	552,2	374,7	87,5	177,5	10,4	57,5	40,1	17,3
70 1–2	Reinigung, Körperpflege	311,0	261,9	237,4	30,2	24,5	0,8	49,2	45,2	3,9
70 6–8	Wissenschaft, Bildung, Kunst, Publizistik	804,8	590,4	127,9	9,1	462,5	24,2	214,4	90,3	124,1
71 0–1	Gesundheits- und Veterinärwesen	1 060,0	920,7	164,7	29,2	756,0	33,5	139,2	48,2	91,0
71 2–7	Rechts- und Wirtschaftsberatung usw.	609,5	550,3	71,6	8,2	478,6	13,9	59,2	13,0	46,2
71 8	Sonstige Dienstleistungen	237,6	224,2	140,4	14,0	83,8	3,3	13,4	6,6	6,7
8	Organisationen ohne Erwerbscharakter, Private Haushalte	372,5	294,1	60,4	4,1	233,7	7,0	78,4	32,0	46,4
	darunter:									
80 0	Kirchen, rel. und weltansch. Vereinigungen	107,5	72,6	12,0	0,7	60,6	1,7	34,9	13,1	21,8
80 1–7	Organisationen ohne Erwerbscharakter (ohne Kirchen u. ä.)	223,3	186,3	24,6	2,3	161,7	4,9	36,9	13,5	23,4
9	Gebietskörperschaften, Sozialversicherung	1 348,4	1 155,2	387,0	22,5	768,1	17,9	193,3	89,8	103,5
90	Gebietskörperschaften	1 184,1	1 008,3	379,1	22,1	629,2	16,7	175,8	83,6	92,2
96	Sozialversicherung	164,4	146,9	7,9	0,4	139,0	1,2	17,5	6,2	11,2
	Ohne Angabe	2,5	2,1	1,2	0,2	0,9	0,1	0,3	0,2	0,2
	1982 nach dem Geschlecht									
	Männlich	12 321,2	12 206,7	7 921,3	1 092,6	4 285,4	133,4	114,5	52,3	62,2
	Weiblich	8 066,8	6 420,1	2 197,9	392,6	4 222,1	105,0	1 646,7	687,3	959,5

*) Sozialversicherungspflichtig beschäftigte Arbeitnehmer.

[1]) Systematik der Wirtschaftszweige, Fassung für die Berufszählung 1970, Kurzbezeichnungen.

[2]) Aus meldetechnischen Gründen kann das Ergebnis einen Fehler aufweisen.

Quelle: Bundesanstalt für Arbeit, Nürnberg

6.8 Beschäftigte Arbeitnehmer*)

6.8.4 Am 31. 3. 1982 nach Altersgruppen und Wirtschaftsabteilungen

1 000

Alter von ... bis unter ... Jahren¹)	Insgesamt	Wirtschaftsabteilung²)									
		Land- und Forstwirtschaft, Fischerei	Energiewirtschaft, Wasserversorgung, Bergbau³)	Verarbeitendes Gewerbe (ohne Baugewerbe)⁴)	Baugewerbe	Handel	Verkehr, Nachrichtenübermittlung	Kreditinstitute, Versicherungsgewerbe	Dienstleistungen, a. n. g.	Organisationen ohne Erwerbscharakter, Private Haushalte	Gebietskörperschaften, Sozialversicherung
Männlich											
unter 20	1 063,2	32,1	29,2	536,1	191,8	119,0	45,6	17,7	69,1	2,6	19,9
20 — 25	1 360,2	29,5	36,7	643,2	174,6	177,5	86,4	42,8	119,0	6,8	43,7
25 — 30	1 371,6	17,0	36,9	614,6	130,7	171,2	95,2	55,2	175,5	15,2	60,0
30 — 35	1 458,7	12,0	41,4	659,2	139,1	169,5	95,7	57,2	195,1	18,6	70,9
35 — 40	1 355,7	9,2	41,7	646,0	131,9	149,2	85,4	48,2	156,8	16,3	71,1
40 — 45	1 802,1	15,1	62,9	872,0	210,0	176,3	110,6	51,5	169,5	18,4	115,8
45 — 50	1 472,8	15,1	64,2	728,3	176,1	124,7	84,0	36,2	122,4	14,5	107,3
50 — 55	1 246,5	13,9	68,1	614,9	129,9	100,2	66,9	31,7	100,9	13,4	106,6
55 — 60	837,3	8,1	33,0	417,2	70,9	70,2	43,2	26,1	70,8	10,3	87,4
60 — 65	293,7	3,3	8,1	125,9	24,0	32,3	14,3	12,4	33,0	5,4	35,0
65 und mehr	59,5	0,9	0,2	16,2	3,3	13,0	2,4	1,3	15,8	2,7	3,7
Zusammen	**12 321,2**	**156,3**	**422,4**	**5 873,7**	**1 382,2**	**1 303,2**	**729,8**	**380,3**	**1 227,9**	**124,1**	**721,3**
Weiblich											
unter 20	888,0	14,6	2,8	233,0	13,4	209,5	23,3	32,8	305,3	18,0	35,4
20 — 25	1 418,3	12,0	6,9	376,7	15,6	269,2	40,7	85,5	485,2	35,6	90,6
25 — 30	1 007,7	4,7	5,9	268,6	13,5	168,8	27,7	71,3	336,5	31,3	79,5
30 — 35	857,5	3,7	4,6	252,6	16,4	151,8	27,3	48,1	261,3	25,5	66,1
35 — 40	766,8	3,4	4,2	224,5	16,9	153,4	27,2	36,6	214,3	23,8	62,5
40 — 45	993,5	5,0	5,6	306,3	21,6	203,8	35,7	42,4	256,9	32,3	83,9
45 — 50	782,5	4,5	4,7	259,7	14,0	153,1	28,8	30,5	195,3	25,7	66,2
50 — 55	640,7	4,5	4,1	214,5	9,3	118,2	25,2	23,8	158,9	22,7	59,5
55 — 60	560,7	4,6	4,3	169,8	7,5	98,8	22,1	22,2	140,3	24,0	67,2
60 — 65	117,9	1,0	0,6	24,3	1,8	22,6	3,4	3,7	38,7	7,1	14,7
65 und mehr	33,3	0,4	0,1	6,8	0,7	8,1	0,6	0,8	12,0	2,5	1,4
Zusammen	**8 066,8**	**58,4**	**43,8**	**2 336,7**	**130,7**	**1 557,1**	**262,1**	**397,7**	**2 404,8**	**248,4**	**627,1**
Insgesamt											
unter 20	1 951,2	46,7	32,0	769,2	205,1	328,5	68,9	50,5	374,4	20,6	55,3
20 — 25	2 778,5	41,6	43,6	1 019,9	190,2	446,7	127,2	128,3	604,3	42,4	134,3
25 — 30	2 379,3	21,7	42,8	883,3	144,2	340,0	123,0	126,4	512,0	46,4	139,5
30 — 35	2 316,2	15,7	46,1	911,8	155,5	321,3	123,1	105,3	456,4	44,0	137,0
35 — 40	2 122,5	12,6	45,9	870,5	148,8	302,6	112,6	84,8	371,1	40,1	133,6
40 — 45	2 795,6	20,1	68,5	1 178,3	231,6	380,1	146,3	93,9	426,4	50,7	199,7
45 — 50	2 255,3	19,6	68,9	988,0	190,1	277,8	112,8	66,7	317,8	40,1	173,5
50 — 55	1 887,2	18,4	72,3	829,3	139,2	218,4	92,0	55,5	259,8	36,2	166,1
55 — 60	1 398,0	12,7	37,3	587,0	78,4	169,0	65,4	48,3	211,0	34,3	154,6
60 — 65	411,5	4,4	8,7	150,1	25,8	54,9	17,8	16,2	71,6	12,4	49,7
65 und mehr	92,8	1,3	0,2	23,0	4,0	21,1	3,0	2,1	27,8	5,2	5,1
Insgesamt	**20 388,1**	**214,7**	**466,2**	**8 210,4**	**1 512,9**	**2 860,3**	**992,0**	**778,0**	**3 632,7**	**372,5**	**1 348,4**
darunter Ausländer											
unter 20	98,3	1,3	2,9	50,0	8,2	10,7	1,7	0,4	21,2	0,6	1,4
20 — 25	176,1	2,1	2,7	95,9	12,4	16,1	5,6	1,5	34,5	1,0	4,4
25 — 30	227,7	2,4	2,2	124,7	16,0	17,8	7,7	2,1	47,4	1,9	5,7
30 — 35	321,9	2,6	6,1	182,9	25,8	21,4	11,7	2,7	59,4	2,6	6,9
35 — 40	308,3	2,2	8,0	185,4	28,3	17,0	11,8	2,0	45,0	2,3	6,3
40 — 45	278,1	2,2	6,5	169,6	30,0	13,7	12,1	1,6	34,4	1,9	6,1
45 — 50	191,1	1,7	3,4	112,9	24,0	9,1	9,2	1,0	23,4	1,3	5,2
50 — 55	108,0	1,0	1,6	59,5	14,5	5,7	5,7	0,7	14,4	0,8	4,0
55 — 60	55,3	0,6	0,6	27,8	6,4	3,6	3,0	0,5	8,4	0,7	3,8
60 — 65	16,7	0,2	0,1	7,3	1,9	1,3	0,9	0,2	2,9	0,3	1,7
65 und mehr	2,4	0,0	0,0	0,7	0,2	0,4	0,1	0,0	0,9	0,1	0,2
Zusammen	**1 783,9**	**16,4**	**34,0**	**1 016,6**	**167,6**	**116,7**	**69,3**	**12,7**	**291,7**	**13,3**	**45,5**

*) Sozialversicherungspflichtig beschäftigte Arbeitnehmer.
¹) Altersjahrmethode.
²) Systematik der Wirtschaftszweige, Fassung für die Berufszählung 1970, Kurzbezeichnungen.
³) Aus meldetechnischen Gründen kann das Ergebnis einen Fehler aufweisen.
⁴) Einschl. der Personen ohne Angabe der Wirtschaftsabteilung.

Quelle: Bundesanstalt für Arbeit, Nürnberg

6.9 Beschäftigte ausländische Arbeitnehmer am 31. 3. 1982 nach Staatsangehörigkeit und Ländern*)

Land der Staatsangehörigkeit	Bundesgebiet[1])	Schleswig-Holstein	Hamburg	Niedersachsen	Bremen	Nordrhein-Westfalen	Hessen	Rheinland-Pfalz	Baden-Württemberg	Bayern	Saarland	Berlin (West)
Europa	**1 629 965**	**25 515**	**50 411**	**91 615**	**15 858**	**446 465**	**165 346**	**51 066**	**409 429**	**276 913**	**21 322**	**75 355**
EG-Länder	507 660	5 139	9 671	27 286	2 131	148 232	50 929	20 174	151 275	63 688	17 319	11 541
Belgien	9 276	91	200	276	48	6 305	653	364	555	584	53	136
Dänemark	3 360	1 092	563	298	78	375	230	52	250	257	18	146
Frankreich	48 812	225	722	830	169	3 691	2 757	6 503	19 076	2 738	10 201	1 869
Griechenland	115 581	1 045	2 344	5 753	349	38 082	10 697	2 221	32 653	19 386	140	2 882
Großbritannien und Nordirland	32 580	850	1 914	4 020	452	10 560	3 152	877	3 366	4 317	91	2 950
Irland	1 692	48	112	76	19	352	313	41	233	391	3	101
Italien	258 697	1 368	2 881	12 412	602	64 696	30 785	8 999	93 111	34 283	6 573	2 836
Luxemburg	1 326	14	33	48	13	351	161	233	163	135	120	52
Niederlande	36 336	406	902	3 573	401	23 820	2 181	884	1 868	1 597	120	569
Übrige europäische Länder	1 122 305	20 376	40 740	64 329	13 727	298 233	114 417	30 892	258 154	213 225	4 003	63 814
Bulgarien	1 053	31	60	80	14	226	134	62	137	208	9	92
Finnland	3 327	228	422	305	61	580	632	53	409	383	7	246
Island	628	84	32	61	3	137	42	11	160	71	7	20
Jugoslawien	312 627	2 460	9 214	12 386	1 735	61 463	32 988	7 009	103 974	65 687	769	14 881
Norwegen	998	79	149	101	51	171	116	27	116	128	7	51
Österreich	83 614	732	2 229	2 278	520	10 113	6 356	1 666	13 733	43 276	357	2 338
Polen	8 257	284	606	762	165	2 717	738	454	897	882	83	654
Portugal	50 855	1 279	4 026	3 676	1 459	20 665	5 995	1 704	9 427	2 230	137	250
Rumänien	3 304	48	116	156	26	740	448	116	576	940	35	96
Schweden	2 701	215	292	236	41	441	398	63	410	428	10	164
Schweiz	7 903	205	406	598	88	1 424	894	334	2 245	1 217	66	421
Sowjetunion	644	11	42	61	11	171	73	27	61	133	5	49
Spanien	76 411	1 443	2 489	7 828	551	26 855	14 580	2 032	13 939	5 712	170	782
Tschechoslowakei	8 488	76	254	330	60	1 541	1 310	246	1 367	2 925	40	335
Türkei	553 975	13 110	20 141	35 080	8 869	169 001	48 997	16 771	109 032	87 313	2 182	43 238
Ungarn	6 221	62	186	269	54	1 601	606	229	1 461	1 517	87	148
Sonstige	1 299	29	76	122	19	387	110	88	210	175	32	49
Afrika	**34 516**	**1 074**	**2 470**	**2 137**	**472**	**13 260**	**6 607**	**1 037**	**3 457**	**2 046**	**372**	**1 546**
Ägypten	2 014	26	120	133	26	537	252	53	303	197	15	349
Algerien	1 516	27	101	62	9	427	177	89	248	89	153	132
Ghana	4 020	474	1 153	303	93	779	140	144	570	147	42	173
Marokko	13 837	42	176	268	79	7 379	4 719	250	444	278	58	130
Nigeria	539	18	83	44	19	119	66	11	79	46	5	49
Südafrika	643	17	51	62	39	128	85	19	94	97	4	45
Sonstige	11 947	470	786	1 265	207	3 891	1 168	471	1 719	1 192	95	668
Amerika	**25 314**	**434**	**1 379**	**1 200**	**361**	**3 430**	**4 776**	**1 433**	**4 107**	**5 804**	**173**	**2 201**
Argentinien	865	25	97	40	20	239	109	16	129	122	9	57
Brasilien	1 164	30	128	63	21	240	147	153	137	163	20	62
Chile	1 412	33	205	112	42	298	253	36	172	119	12	130
Kanada	2 017	48	105	139	32	390	266	93	447	353	15	126
Mexiko	288	6	13	21	5	57	47	14	41	65	3	16
Peru	386	6	54	18	11	92	66	17	39	47	1	33
Vereinigte Staaten	17 424	224	513	687	197	1 720	3 680	1 043	2 879	4 724	106	1 642
Sonstige	1 758	62	264	120	33	394	208	61	263	211	7	135
Asien	**60 140**	**1 430**	**4 461**	**3 950**	**718**	**19 810**	**8 188**	**2 180**	**8 452**	**5 528**	**500**	**4 848**
Bangladesch	2 657	28	71	93	24	746	643	111	653	114	46	125
China (Taiwan)	645	25	161	54	12	183	56	9	72	30	4	39
China, Volksrepublik	802	27	69	84	35	277	46	40	69	96	11	48
Indien	10 285	283	644	540	90	3 715	1 512	349	1 705	934	58	440
Indonesien	2 058	53	391	197	52	532	323	43	162	141	14	148
Irak	701	9	40	67	3	166	79	24	60	108	5	140
Iran	4 263	99	449	432	48	1 090	529	146	418	548	74	427
Israel	2 101	9	69	72	20	339	731	49	205	276	12	317
Japan	2 977	83	480	72	18	1 313	334	36	200	269	21	145
Jordanien	2 873	26	161	147	22	889	453	74	502	287	18	291
Pakistan	9 171	321	266	634	85	3 242	906	391	1 621	1 149	84	452
Sonstige	21 607	467	1 660	1 558	309	7 318	2 576	908	2 785	1 576	153	2 276
Australien und Ozeanien	**2 158**	**73**	**510**	**107**	**78**	**338**	**214**	**64**	**265**	**343**	**6**	**155**
Staatenlos/ungeklärte Staatsangehörigkeit	**31 837**	**798**	**2 412**	**2 927**	**411**	**7 859**	**2 352**	**1 460**	**5 512**	**6 101**	**210**	**1 777**
Insgesamt	**1 783 930**	**29 324**	**61 643**	**101 936**	**17 898**	**491 162**	**187 483**	**57 240**	**431 222**	**296 735**	**22 583**	**85 882**
dar. weiblich	551 062	9 729	19 033	29 722	5 017	131 165	60 384	15 895	137 474	101 925	5 424	35 042

*) Sozialversicherungspflichtig beschäftigte Arbeitnehmer.
[1]) Einschl. der Personen ohne Angabe des Landes.

Quelle: Bundesanstalt für Arbeit, Nürnberg

6.10 Strukturdaten über Arbeitslose Ende September 1982

Gegenstand der Nachweisung	Insgesamt		Männlich		Weiblich	
	Anzahl	%	Anzahl	%	Anzahl	%
Insgesamt	**1 818 638**	***100***	**982 410**	***100***	**836 228**	***100***
	nach der Staatsangehörigkeit					
Deutsche	1 565 858	*86,1*	827 974	*84,3*	737 884	*88,2*
Ausländer	252 780	*13,9*	154 436	*15,7*	98 344	*11,8*
	nach Altersgruppen					
Alter von . . . bis unter . . . Jahren						
unter 20	194 848	*10,7*	96 928	*9,9*	97 920	*11,7*
20 — 25	356 298	*19,6*	183 512	*18,7*	172 786	*20,7*
25 — 30	280 366	*15,4*	139 716	*14,2*	140 650	*16,8*
30 — 35	209 386	*11,5*	111 256	*11,3*	98 130	*11,7*
35 — 40	157 944	*8,7*	88 338	*9,0*	69 606	*8,3*
40 — 45	165 074	*9,1*	96 838	*9,9*	68 236	*8,2*
45 — 50	136 592	*7,5*	80 230	*8,2*	56 362	*6,7*
50 — 55	122 208	*6,7*	69 156	*7,0*	53 052	*6,3*
55 — 60	141 144	*7,8*	76 614	*7,8*	64 530	*7,7*
60 — 65	54 778	3,0	39 822	*4,1*	14 956	*1,8*
	nach der gewünschten Arbeitszeit					
Vollzeitarbeit	1 585 640	*87,2*	977 576	*99,5*	608 064	*72,7*
Teilzeitarbeit (einschl. Heimarbeit)	232 998	*12,8*	4 834	*0,5*	228 164	*27,3*
	nach der Dauer der Arbeitslosigkeit					
Dauer von . . . bis unter . . . Monaten						
unter 1	218 170	*12,0*	123 392	*12,6*	94 778	*11,3*
1 — 3	424 866	*23,4*	228 090	*23,2*	196 776	*23,5*
3 — 6	332 236	*18,3*	174 080	*17,7*	158 156	*18,9*
6 — 12	457 226	*25,1*	251 714	*25,6*	205 512	*24,6*
12 — 24	275 548	*15,2*	144 110	*14,7*	131 438	*15,7*
24 und mehr	110 592	*6,1*	61 024	*6,2*	49 568	*5,9*
	nach der Schulbildung					
Ohne Hauptschulabschluß	279 924	*15,4*	177 560	*18,1*	102 364	*12,2*
Mit Hauptschulabschluß	1 095 946	*60,3*	593 802	*60,4*	502 144	*60,0*
Mittlere Reife	217 480	*12,0*	81 942	*8,3*	135 538	*16,2*
Hoch-/Fachhochschulreife	139 006	*7,6*	77 274	*7,9*	61 732	*7,4*
Ohne Angabe	86 282	*4,7*	51 832	*5,3*	34 450	*4,1*
	nach der Berufsausbildung					
Mit abgeschlossener Berufsausbildung	876 524	*48,2*	492 020	*50,1*	384 504	*46,0*
Praktische Berufsausbildung (Lehre)	701 620	*38,6*	411 676	*41,9*	289 944	*34,7*
Berufsfachschule	43 436	*2,4*	13 720	*1,4*	29 716	*3,6*
Fachschule	48 866	*2,7*	19 450	*2,0*	29 416	*3,5*
Fachhochschule	28 108	*1,5*	17 256	*1,8*	10 852	*1,3*
Hochschule	54 494	*3,0*	29 918	*3,0*	24 576	*2,9*
Ohne abgeschlossene Berufsausbildung	942 114	51,8	490 390	*49,9*	451 724	54,0
	nach der Wirtschaftsabteilung der letzten Tätigkeit[1])					
Land- und Forstwirtschaft, Tierhaltung und Fischerei	22 694	*1,2*	16 740	*1,7*	5 954	*0,7*
Energiewirtschaft und Wasserversorgung, Bergbau	14 306	*0,8*	12 892	*1,3*	1 414	*0,2*
Verarbeitendes Gewerbe (ohne Baugewerbe)	528 234	*29,0*	308 110	*31,4*	220 124	*26,3*
Baugewerbe	160 164	*8,8*	151 072	*15,4*	9 092	*1,1*
Handel	235 682	*13,0*	93 640	*9,5*	142 042	*17,0*
Verkehr und Nachrichtenübermittlung	48 018	*2,6*	37 374	*3,8*	10 644	*1,3*
Kreditinstitute und Versicherungsgewerbe	21 482	*1,3*	7 152	*0,7*	14 330	*1,7*
Dienstleistungen, soweit anderweitig nicht genannt	260 366	*14,3*	87 806	*8,9*	172 560	*20,6*
Organisationen ohne Erwerbscharakter und Private Haushalte	22 400	*1,2*	4 756	*0,5*	17 644	*2,1*
Gebietskörperschaften und Sozialversicherung	68 756	*3,8*	39 876	*4,1*	28 880	*3,5*
Ohne Angabe	436 536	*24,0*	222 992	*22,7*	213 544	*25,5*
	nach dem Leistungsbezug					
Empfänger von						
Arbeitslosengeld	802 002	*44,1*	424 130	*43,2*	377 872	*45,2*
Arbeitslosenhilfe	298 528	*16,4*	216 208	*22,0*	82 320	*9,8*
Personen, die Arbeitslosengeld/-hilfe beantragt haben	278 098	*15,3*	164 156	*16,7*	113 942	*13,6*
Personen ohne Anspruch auf Leistungen	440 010	*24,2*	177 916	*18,1*	262 094	*31,3*

[1]) Verzeichnis der Wirtschaftszweige für die Statistik der Bundesanstalt für Arbeit, Ausgabe 1973.

Quelle: Bundesanstalt für Arbeit, Nürnberg

6.11 Arbeitslose, Arbeitslosenquoten und offene Stellen nach Ländern*)

Jahres-durchschnitt[1])	Bundes-gebiet	Schleswig-Holstein	Hamburg	Nieder-sachsen	Bremen	Nord-rhein-Westfalen	Hessen	Rhein-land-Pfalz	Baden-Württem-berg	Bayern	Saarland	Berlin (West)
						Arbeitslose						
						insgesamt						
1972	246 433	12 441	4 532	39 884	5 932	72 507	19 641	12 985	15 630	46 380	5 720	10 781
1973	273 498	14 231	5 542	42 978	5 550	83 212	20 881	14 057	18 303	51 556	7 140	10 048
1974	582 481	28 843	12 121	78 110	8 900	179 402	49 253	35 059	51 662	107 198	14 256	17 677
1975	1 074 217	46 494	26 444	137 777	14 835	299 873	94 459	66 513	128 106	205 447	23 046	31 223
1976	1 060 336	46 999	26 897	138 520	15 166	303 876	90 579	62 624	119 287	199 857	25 243	31 288
1977	1 029 995	47 037	28 593	139 174	15 594	309 877	82 220	58 989	101 377	184 977	27 066	35 091
1978	992 948	44 068	29 107	133 811	15 420	311 934	73 934	55 749	91 728	172 249	28 287	36 661
1979	876 137	39 388	24 713	120 829	13 826	289 300	61 299	48 262	75 556	146 308	24 487	32 169
1980	888 900	39 246	23 084	122 270	14 764	291 122	61 296	50 144	81 326	147 714	23 903	34 031
1981	1 271 574	60 206	33 952	178 682	19 899	402 732	93 802	72 334	120 797	212 784	29 914	46 472
1982	1 833 244	91 418	52 662	259 158	28 775	566 993	138 764	100 365	182 365	305 163	38 093	69 488
						weiblich						
1972	105 815	5 747	2 004	18 982	2 353	27 549	8 904	5 174	8 270	20 422	2 136	4 274
1973	123 555	6 703	2 583	21 538	2 407	35 784	10 149	5 966	8 839	21 985	3 163	4 438
1974	257 796	12 021	4 890	36 359	4 030	80 173	22 420	13 444	24 749	46 640	5 746	7 324
1975	451 590	19 342	9 807	59 629	5 854	127 539	38 978	23 853	56 933	87 891	8 616	13 148
1976	493 825	22 904	12 319	64 807	6 831	139 422	43 139	26 356	58 879	95 046	9 992	14 130
1977	511 941	23 942	13 628	69 707	7 451	147 772	42 636	28 807	54 570	96 392	11 745	15 291
1978	504 116	22 911	13 847	69 683	6 919	149 440	38 840	28 450	51 596	94 113	12 351	15 966
1979	459 194	20 973	11 929	65 321	6 543	144 329	32 657	25 141	43 160	82 786	11 249	15 106
1980	462 483	20 436	10 890	66 760	7 178	145 974	32 435	26 137	44 696	81 492	10 996	15 489
1981	619 369	27 839	14 277	88 835	9 029	189 174	46 316	35 216	65 587	109 566	13 768	19 762
1982	812 154	37 811	19 893	114 186	11 942	244 615	62 339	44 241	91 253	141 047	16 163	28 664
						Ausländer						
1972	17 028	624		2 102		5 356	2 227	570	2 576	1 960	293	1 320
1973	19 750	803		2 269		6 601	2 174	729	2 958	2 710	376	1 130
1974	69 128	2 384		6 201		21 745	8 588	2 434	12 750	10 675	1 254	3 097
1975	151 493	5 397		12 797	1 399	40 689	17 333	5 310	32 918	25 887	2 735	7 028
1976	106 394	4 570		9 069	1 290	30 933	11 381	4 058	21 041	16 666	2 091	5 295
1977	97 692	5 273		8 135	1 497	30 953	9 918	3 887	15 942	14 216	2 002	5 869
1978	103 524	5 963		8 591	1 895	34 947	10 039	4 123	15 941	13 980	2 124	5 921
1979	93 499	2 145	3 205	8 119	1 735	33 969	8 417	3 595	13 712	11 722	1 859	5 021
1980	107 420	2 414	3 436	8 793	1 952	39 975	8 913	4 354	16 971	12 964	1 998	5 650
1981	168 492	3 909	6 071	14 494	2 919	60 932	14 769	6 627	25 170	22 075	2 506	9 020
1982	245 710	6 132	9 426	20 451	4 003	83 115	22 122	9 080	38 849	36 063	2 783	13 686
						Arbeitslosenquoten[2])						
1972	*1,1*	*1,5*	*0,6*	*1,7*	*1,7*	*1,2*	*1,0*	*1,1*	*0,5*	*1,2*	*1,5*	*1,2*
1973	*1,2*	*1,6*	*0,8*	*1,8*	*1,6*	*1,3*	*1,0*	*1,1*	*0,5*	*1,3*	*2,0*	*1,1*
1974	*2,6*	*3,2*	*1,7*	*3,2*	*2,6*	*2,9*	*2,4*	*2,8*	*1,4*	*2,7*	*3,9*	*2,0*
1975	*4,7*	*5,2*	*3,7*	*5,4*	*5,4*	*4,8*	*4,5*	*5,1*	*3,5*	*5,2*	*6,1*	*3,7*
1976	*4,6*	*5,2*	*4,0*	*5,4*	*5,6*	*4,9*	*4,4*	*4,8*	*3,4*	*4,9*	*6,7*	*3,9*
1977	*4,5*	*5,2*	*4,2*	*5,5*	*5,4*	*5,0*	*4,0*	*4,6*	*2,9*	*4,6*	*7,2*	*4,5*
1978	*4,3*	*4,8*	*4,3*	*5,2*	*5,4*	*5,0*	*3,6*	*4,3*	*2,6*	*4,2*	*7,6*	*4,6*
1979	*3,8*	*4,2*	*3,6*	*4,6*	*4,9*	*4,6*	*2,9*	*3,7*	*2,1*	*3,6*	*6,5*	*4,0*
1980	*3,8*	*4,2*	*3,4*	*4,7*	*5,3*	*4,6*	*2,8*	*3,8*	*2,3*	*3,5*	*6,5*	*4,3*
1981	*5,5*	*6,4*	*5,0*	*6,8*	*7,2*	*6,4*	*4,3*	*5,4*	*3,3*	*5,1*	*8,1*	*5,8*
1982	*7,5*	*9,1*	*7,4*	*9,5*	*10,1*	*8,6*	*6,2*	*7,1*	*4,8*	*6,9*	*9,7*	*8,7*
						Offene Stellen						
1972	545 849	18 768	18 716	49 539	7 310	149 807	55 397	26 920	99 526	96 952	5 158	17 756
1973	572 039	19 812	18 838	54 990	8 117	156 384	58 064	29 198	102 956	100 525	5 272	17 883
1974	315 375	13 533	13 315	31 477	5 289	90 069	30 075	14 850	51 920	49 938	3 136	11 773
1975	236 174	10 144	10 656	24 260	3 974	67 580	23 394	11 190	37 038	35 459	2 660	9 819
1976	234 997	9 450	9 196	24 527	3 010	64 861	22 302	11 292	42 521	36 671	2 217	8 950
1977	231 227	9 299	8 824	22 715	3 041	60 112	22 143	11 131	44 872	38 892	2 008	8 190
1978	245 555	9 751	8 565	25 256	3 439	59 130	22 708	12 232	47 474	45 769	2 192	9 039
1979	304 016	12 248	9 703	31 901	4 382	71 434	27 201	15 375	59 076	59 092	3 278	10 326
1980	308 348	11 752	9 963	31 346	4 379	73 969	27 377	15 683	58 947	61 218	3 159	10 555
1981	207 928	7 903	6 798	20 637	2 911	47 175	19 267	10 740	41 326	41 699	2 097	7 375
1982	104 871	3 737	3 308	10 504	1 335	22 771	9 986	5 945	20 543	21 966	1 077	3 699

*) Ergebnis der Auszählung der Arbeitnehmerkartei der Arbeitsämter.

[1]) Durchschnitte jeweils errechnet aus den Werten von Januar bis November, dem halben Dezember des Vorjahres und dem halben Dezember des laufenden Jahres.

[2]) Arbeitslose in Prozent der abhängigen Erwerbspersonen (ohne Soldaten).

Quelle: Bundesanstalt für Arbeit, Nürnberg

6.12 Arbeitslose, offene Stellen und Arbeitsvermittlungen 1982 nach Berufsabschnitten*)

Berufsabschnitt	Arbeitslose¹)			Dar. Teilzeitarbeitsuchende¹)		Offene Stellen¹)		Arbeitsvermittlungen		
	insgesamt	männlich	weiblich	zusammen	weiblich	insgesamt	darunter für Teilzeitarbeit	insgesamt	Männer	Frauen
Pflanzenbauer, Tierzüchter, Fischereiberufe	36 002	26 030	9 972	1 398	1 342	3 270	80	40 737	35 733	5 004
Bergleute, Mineralgewinner	8 296	8 062	234	23	11	268	—	2 954	2 900	54
Steinbearbeiter, Baustoffhersteller	8 267	7 941	326	45	39	255	—	2 924	2 878	46
Keramiker, Glasmacher	6 766	3 682	3 084	581	575	140	3	1 995	1 305	690
Chemiearbeiter, Kunststoffverarbeiter	28 648	15 688	12 960	2 742	2 712	744	15	11 504	8 033	3 471
Papierhersteller, -verarbeiter, Drucker	21 110	11 149	9 961	2 327	2 303	1 015	29	10 858	7 378	3 480
Holzaufbereiter, -warenfertiger und verwandte Berufe	13 239	9 086	4 153	943	917	213	1	3 842	3 235	607
Metallerzeuger, -bearbeiter	47 145	38 851	8 294	1 452	1 410	2 618	10	17 909	16 488	1 421
Schlosser, Mechaniker und zugeordnete Berufe	115 926	110 668	5 258	1 303	1 178	7 212	29	52 533	51 182	1 351
Elektriker	35 543	32 573	2 970	685	647	2 537	7	19 111	18 550	561
Montierer und Metallberufe, a. n. g.	96 515	44 691	51 824	9 447	9 334	1 167	37	30 065	19 023	11 042
Textil- und Bekleidungsberufe	53 500	6 729	46 771	14 247	14 220	1 949	165	17 346	2 976	14 370
Lederhersteller, Leder- und Fellverarbeiter	11 465	2 959	8 506	2 678	2 661	686	35	4 068	1 464	2 604
Ernährungsberufe	59 084	25 600	33 484	6 268	6 233	6 414	393	51 464	26 500	24 964
Bauberufe	138 575	138 463	112	69	13	5 716	4	108 736	108 505	231
Bau-, Raumausstatter, Polsterer	21 551	19 835	1 716	459	447	1 550	4	11 788	11 367	421
Tischler, Modellbauer	24 420	22 770	1 650	240	207	1 447	4	14 432	14 097	335
Maler, Lackierer und verwandte Berufe	29 824	28 103	1 721	326	308	1 565	4	22 036	21 672	364
Warenprüfer, Versandfertigmacher	60 320	16 339	43 981	11 094	11 009	663	84	35 251	19 618	15 633
Hilfsarbeiter ohne nähere Tätigkeitsangabe	50 167	33 835	16 332	3 306	3 100	608	64	85 754	77 722	8 032
Maschinisten und zugehörige Berufe	16 971	16 638	333	35	26	671	1	6 212	6 175	37
Ingenieure, Chemiker, Physiker, Mathematiker	18 977	16 593	2 384	309	259	5 857	7	7 012	6 570	442
Techniker, Technische Sonderfachkräfte	36 706	24 506	12 200	3 648	3 594	3 975	115	12 932	9 020	3 912
Warenkaufleute	140 346	38 485	101 861	40 580	40 466	8 738	1 079	58 555	13 648	44 907
Dienstleistungskaufleute und zugehörige Berufe	21 275	9 759	11 516	5 997	5 968	3 501	63	9 968	5 033	4 935
Verkehrsberufe	160 814	142 182	18 632	5 237	4 903	4 070	221	348 455	336 243	12 212
Organisations-, Verwaltungs-, Büroberufe	212 061	47 134	164 927	68 962	68 649	11 926	1 898	113 256	24 883	88 373
Ordnungs-, Sicherheitsberufe	27 734	24 146	3 588	1 018	802	1 353	97	8 337	7 101	1 236
Schriftwerkschaffende, schriftwerkordnende sowie künstlerische Berufe	17 982	9 539	8 443	1 090	1 055	803	57	114 809	80 357	34 452
Gesundheitsdienstberufe	46 517	6 225	40 292	13 198	13 163	7 848	538	20 654	2 639	18 015
Sozial- und Erziehungsberufe; geistes- und naturwissenschaftliche Berufe, a. n. g.	66 870	20 902	45 968	7 887	7 763	3 901	480	22 221	7 501	14 720
Allgemeine Dienstleistungsberufe	130 601	25 923	104 678	27 817	27 754	12 620	3 664	127 027	33 277	93 750
Sonstige Arbeitskräfte	48 107	23 611	24 496	1 204	1 128	—	—	—	—	—
Insgesamt	**1 811 324**	**1 008 697**	**802 628**	**236 615**	**234 196**	**105 300**	**9 188**	**1 394 745**	**983 073**	**411 672**

*) Ergebnis der Auszählung der Arbeitnehmerkartei der Arbeitsämter.
¹) Jahresdurchschnitt. – Wegen unterschiedlicher Berechnungsmethoden weicht die Summe der Jahresdurchschnittszahlen nach Berufsabschnitten von der Insgesamt-Zahl ab.

Quelle: Bundesanstalt für Arbeit, Nürnberg

6.13 Kurzarbeiter*)

Nr. der Systematik¹)	Wirtschaftszweig	Jahresdurchschnitt										
		1972	1973	1974	1975	1976	1977	1978	1979	1980	1981	1982
05–08	Bergbau	1 249	78	29	2 431	30 325	24 613	22 408	40	46	20	1 189
09–10	Chemie	} 1 710	926	5 679	43 080	6 899	4 236	3 087	739	3 402	3 631	7 820
12	Kunststoff			10 746	21 468	3 333	2 602	3 095	1 581	5 353	10 818	15 820
14	Steine und Erden	} 3 615	1 788	4 440	9 037	3 778	3 664	1 754	1 325	962	6 788	10 455
15–16	Feinkeramik, Glas			9 067	27 093	5 001	3 106	3 734	2 044	1 837	8 344	12 616
17–18	Metallerzeugung	} 16 090	2 340	2 546	65 433	32 621	53 585	22 013	3 393	7 856	24 006	54 368
19–22	Metallverformung			8 988	37 873	12 111	9 246	11 519	2 671	7 797	18 775	34 669
23–25	Stahl- und Leichtmetallbau	} 17 113	4 032	4 216	8 009	3 980	4 377	4 697	3 226	1 354	5 958	11 803
26–27	Maschinenbau			19 909	121 085	57 794	30 012	27 014	10 597	9 413	47 244	90 195
28–30	Straßenfahrzeugbau	13 085	2 295	85 975	75 191	3 377	1 654	8 137	5 589	40 728	30 750	55 537
33–34	Elektrotechnik	7 287	1 038	33 676	123 184	40 089	30 597	25 520	19 331	12 061	52 095	66 915
35–36	Feinmechanik und Optik, Uhren	1 757	115	6 834	20 058	5 862	3 256	3 339	1 389	2 753	8 496	10 522
37	EBM-Waren²)	.	.	15 394	34 568	9 039	4 763	6 931	3 005	6 551	15 130	26 318
40–42	Holz	640	2 167	12 430	27 927	8 789	4 598	6 087	7 503	9 121	30 744	46 700
43	Papier	433	159	4 366	21 611	3 983	3 174	2 448	595	1 632	5 517	9 389
45	Leder	318	554	1 443	1 590	848	1 014	792	476	1 529	2 164	2 720
46	Schuhe	2 164	3 951	4 390	3 179	1 063	1 469	770	412	403	2 537	2 728
47–51	Textil	5 491	5 427	19 903	38 631	10 893	14 919	9 654	4 199	6 552	21 124	23 956
52	Bekleidung	1 380	16 573	12 925	15 368	10 231	7 957	4 715	5 328	6 108	12 727	16 596
54–58	Nahrungs-, Genußmittel	272	199	2 140	2 626	1 558	1 342	841	924	658	1 793	5 497
59–61	Bau	286	316	8 513	31 027	11 334	8 684	5 577	2 506	2 237	16 839	58 263
	Übrige Wirtschaftsgruppen	3 373	1 752	18 794	42 865	14 100	12 461	16 582	10 740	8 209	21 359	41 988
	Insgesamt	**76 263**	**43 710**	**292 403**	**773 334**	**277 008**	**231 329**	**190 714**	**87 613**	**136 562**	**346 859**	**606 064**

*) Personen, die in dem Abrechnungszeitraum des Stichtages Anspruch auf Kurzarbeitergeld hatten.
¹) Verzeichnis der Wirtschaftszweige für die Statistik der Bundesanstalt für Arbeit, Ausgabe 1973, Kurzbezeichnungen.
²) Bis 1973 in »Metallerzeugung und Metallverformung« (17–22) enthalten.

Quelle: Bundesanstalt für Arbeit, Nürnberg

6.14 Streiks und Aussperrungen nach Wirtschaftszweigen und Ländern

Nr. der Systematik[1])	Wirtschaftsgliederung / Land	1981						1982					
		Betroffene bzw. beteiligte Betriebe	Durchschnittlich beteiligte bzw. betroffene Arbeitnehmer				Verlorene Arbeitstage	Betroffene bzw. beteiligte Betriebe	Durchschnittlich beteiligte bzw. betroffene Arbeitnehmer				Verlorene Arbeitstage
			insgesamt	bei beendeten Streiks und Aussperrungen von ... bis ... Arbeitstagen					insgesamt	bei beendeten Streiks und Aussperrungen von ... bis ... Arbeitstagen			
				unter 7	7 — 24	25 und mehr				unter 7	7 — 24	25 und mehr	
	Insgesamt	**297**	**253 334**	**253 141**	**17**	**176**	**58 398**	**40**	**39 981**	**39 720**	**195**	**66**	**15 106**
	nach Wirtschaftszweigen												
227	Herstellung und Verarbeitung von Glas	2	1 611	1 611	—	—	450	—	—	—	—	—	—
230	Hochofen-, Stahl- und Warmwalzwerke (ohne Herstellung von Stahlrohren)	1	602	602	—	—	151	7	8 146	8 146	—	—	1 311
233	NE-Metallerzeugung, NE-Metallhalbzeugwerke	1	321	321	—	—	110	—	—	—	—	—	—
234	Eisen-, Stahl- und Tempergießerei	2	1 539	1 539	—	—	627	1	800	800	—	—	100
237	Ziehereien, Kaltwalzwerke	2	2 497	2 497	—	—	417	2	740	740	—	—	223
240	Herstellung von Stahl- und Leichtmetallkonstruktionen, Weichenbau	1	480	480	—	—	195	1	2 500	2 500	—	—	313
241	Kessel- und Behälterbau	2	1 857	1 857	—	—	296	—	—	—	—	—	—
242	Maschinenbau	122	60 034	60 034	—	—	9 573	—	—	—	—	—	—
243	Herstellung von Büromaschinen, Datenverarbeitungsgeräten und -einrichtungen	1	1 590	1 590	—	—	199	—	—	—	—	—	—
244	Herstellung von Kraftwagen und deren Teilen	46	100 429	100 429	—	—	25 157	7	21 992	21 992	—	—	4 159
245	Straßenfahrzeugbau (ohne Herstellung von Kraftwagen)	2	4 501	4 501	—	—	562	—	—	—	—	—	—
246	Schiffbau	9	11 538	11 538	—	—	1 647	—	—	—	—	—	—
247	Schienenfahrzeugbau	1	553	553	—	—	207	—	—	—	—	—	—
248	Luft- und Raumfahrzeugbau	2	1 950	1 950	—	—	460	—	—	—	—	—	—
250	Elektrotechnik	63	45 527	45 527	—	—	9 169	2	3 526	3 526	—	—	441
252	Feinmechanik, Optik	2	1 706	1 706	—	—	291	—	—	—	—	—	—
256	Herstellung von Eisen-, Blech- und Metallwaren	31	15 851	15 851	—	—	3 451	—	—	—	—	—	—
258	Herstellung von Musikinstrumenten, Spielwaren, Sportgeräten, Schmuck u. ä.	—	—	—	—	—	—	1	96	96	—	—	576
261	Holzverarbeitung	—	—	—	—	—	—	15	2 013	1 818	195	—	5 847
268	Druckerei, Vervielfältigung	3	92	65	17	10	570	—	—	—	—	—	—
275	Textilgewerbe	1	53	—	—	53	1 325	—	—	—	—	—	—
429	Versandhandelsvertretung	1	450	450	—	—	450	—	—	—	—	—	—
439	Einzelhandel mit sonstigen Waren, Waren verschiedener Art	1	40	40	—	—	40	—	—	—	—	—	—
512	Straßenverkehr, Parkplätze und -häuser	—	—	—	—	—	—	1	60	60	—	—	180
513	Binnenschiffahrt, -wasserstraßen und -häfen	—	—	—	—	—	—	1	26	26	—	—	26
515	Luftfahrt, Flugplätze	—	—	—	—	—	—	1	16	16	—	—	16
741	Reinigung von Gebäuden, Räumen, Inventar (ohne Fassadenreinigung)	—	—	—	—	—	—	1	66	—	—	66	1 914
760	Verlagsgewerbe	1	113	—	—	113	3 051	—	—	—	—	—	—
	nach Ländern												
	Schleswig-Holstein	25	15 266	15 266	—	—	2 206	—	—	—	—	—	—
	Hamburg	18	8 660	8 643	17	—	1 697	—	—	—	—	—	—
	Niedersachsen	15	52 176	52 176	—	—	8 066	3	102	102	—	—	222
	Bremen	3	4 362	4 362	—	—	544	1	66	—	—	66	1 914
	Nordrhein-Westfalen	38	54 165	54 165	—	—	12 278	11	12 186	12 186	—	—	1 947
	Hessen	9	7 290	7 290	—	—	1 435	—	—	—	—	—	—
	Rheinland-Pfalz	12	8 672	8 609	—	63	3 140	2	2 500	2 500	—	—	838
	Baden-Württemberg	177	102 743	102 630	—	113	29 032	23	25 127	24 932	195	—	10 185
	Bayern	—	—	—	—	—	—	—	—	—	—	—	—
	Saarland	—	—	—	—	—	—	—	—	—	—	—	—
	Berlin (West)	—	—	—	—	—	—	—	—	—	—	—	—

[1]) Systematik der Wirtschaftszweige, Ausgabe 1979.

7 Unternehmen und Arbeitsstätten

7.0 Vorbemerkung

In fast allen Wirtschaftsstatistiken gehört die Erfassung der Wirtschaftseinheiten (Unternehmen, Betriebe und Arbeitsstätten), ihrer Strukturen und Aktivitäten zu den grundlegenden Bestandteilen des statistischen Merkmalskatalogs. Die entsprechenden Nachweisungen für einzelne Wirtschaftsbereiche finden sich in den jeweiligen Kapiteln des Statistischen Jahrbuchs. Im Kapitel 7 »Unternehmen und Arbeitsstätten« sind zusammenfassend alle Angaben dargestellt, die sich nicht nur auf Ausschnitte der Wirtschaft erstrecken, sondern alle oder fast alle Wirtschaftsbereiche einbeziehen.

Ausführliche methodische Erläuterungen sowie fachlich und regional tiefer gegliederte Ergebnisse enthalten die Veröffentlichungen der Fachserie 2 »Unternehmen und Arbeitsstätten« (siehe hierzu auch »Fundstellennachweis«, S. 750 ff.).

Unternehmen und Arbeitsstätten

Das umfassendste Strukturbild der gesamten Volkswirtschaft (mit Ausnahme des Agrarbereichs) vermitteln **Arbeitsstättenzählungen,** die in der Bundesrepublik Deutschland bisher in Übereinstimmung mit internationalen Empfehlungen in ungefähr zehnjährigen Abständen – jeweils in Verbindung mit einer Volkszählung – durchgeführt wurden. Die letzte Arbeitsstättenzählung fand am 27. 5. 1970 statt. Die Bedeutung der Arbeitsstättenzählungen liegt vor allem in der Darstellung der wichtigsten Strukturdaten der wirtschaftlichen Institutionen in tiefer branchenmäßiger und regionaler Gliederung. Darüber hinaus sind Arbeitsstättenzählungen als Abgrenzungsgrundlage für nachgehende Bereichszählungen sowie für den Aufbau und Ergänzung von Unternehmens- und Betriebskarteien unentbehrlich.

Der Erhebungsbereich von Arbeitsstättenzählungen erstreckt sich auf die Bereiche Produzierendes Gewerbe, Handel, Verkehr und Nachrichtenübermittlung (darunter Deutsche Bundesbahn und Deutsche Bundespost), Kreditinstitute und Versicherungsgewerbe, von Unternehmen und Freien Berufen erbrachte Dienstleistungen (Gastgewerbe, Bildungs-, Gesundheitswesen, Rechtsberatung) sowie auf Organisationen ohne Erwerbscharakter (z. B. von Kirchen und Verbänden), Gebietskörperschaften (Behörden), Sozialversicherung und deren Anstalten und Einrichtungen (wie Schulen, Krankenhäuser u. ä.). Außerdem werden einige wenige Betriebe der Land- oder Forstwirtschaft einbezogen, sofern sie der Besteuerung als Gewerbebetrieb unterliegen. Von der Zählung ausgenommen sind dagegen alle übrigen land- und forstwirtschaftlichen Arbeitsstätten, die privaten Haushalte sowie Dienststellen der Bundeswehr, der Stationierungsstreitkräfte u. ä.

Als Arbeitsstätten gelten örtliche Einheiten, d. h. abgegrenzte Räumlichkeiten, in denen eine oder mehrere Person(en) haupt- oder nebenberuflich erwerbstätig sind. Unternehmen sind dagegen definiert als die kleinsten, gesondert bilanzierenden und rechtlich selbständigen Wirtschaftseinheiten. In der Mehrzahl der Fälle, und zwar bei sogenannten Einbetriebsunternehmen, d. h. Unternehmen mit nur einer Niederlassung, sind Arbeitsstätten und Unternehmen identisch. Deckungsgleichheit ist nicht gegeben, wenn ein Unternehmen mehrere Arbeitsstätten umfaßt, d. h. aus einer Haupt- und mehreren Zweigniederlassungen besteht (Mehrbetriebsunternehmen). Der Nachweis von Unternehmensergebnissen ist nur für den Sektor »Unternehmen und Freie Berufe« (Abteilung 0 bis 7 der Systematik der Wirtschaftszweige in der Fassung für die Arbeitsstättenzählung 1970), nicht aber für die übrigen nichterwerbswirtschaftlichen Bereiche möglich.

Als Beschäftigte werden in der Arbeitsstättenzählung Tätige Inhaber, Mithelfende Familienangehörige sowie alle in abhängiger Tätigkeit stehenden Personen nachgewiesen, unabhängig davon, ob diese Tätigkeit haupt- oder nebenberuflich bzw. als Voll- oder Teilzeitbeschäftigung ausgeübt wurde.

Die Statistik der **Kapitalgesellschaften** berichtet über Zahl und Nominalkapital aller Aktiengesellschaften und Gesellschaften mit beschränkter Haftung. Sie beruht auf der Auswertung der Eintragungen in den Handelsregistern und wird als Fortschreibung vom Statistischen Bundesamt durchgeführt. Zu- und Abgänge werden nach Art der Veränderung nachgewiesen. Hierbei decken sich Zahl und Betrag der Kapitalerhöhungen nicht mit den Ergebnissen der Emissionsstatistik der Deutschen Bundesbank, weil der Zeitpunkt der Ausgabe junger Aktien meist nicht mit der Eintragung im Handelsregister zusammenfällt. Änderungen in der Zuordnung nach Wirtschaftszweigen sind in den Tabellen nicht nachgewiesen; der Endbestand zum 31. 12. 1982 läßt sich deshalb nicht ohne weiteres anhand der Zu- und Abgänge auf den Anfangsbestand zum 1. 1. 1982 zurückrechnen.

Kostenstruktur

Kostenstrukturstatistiken mit freiwilliger Auskunftserteilung werden vom Statistischen Bundesamt auf repräsentativer Grundlage in vierjährlichem Turnus abwechselnd für folgende Bereiche durchgeführt (in Klammern jeweils das letzte Jahr, für das Ergebnisse vorliegen): Handwerk (1978), Großhandel, Buch- und ähnliche Verlage (1980), Handelsvertreter und Handelsmakler (1980), Einzelhandel (1977), Gastgewerbe (1977), Verkehrsgewerbe (1979), Freie Berufe (1979). Daneben ordnet das Gesetz über die Statistik im Produzierenden Gewerbe vom 6. 11. 1975 (BGBl. I S. 2779) ab 1975 jährliche repräsentative Kostenstrukturerhebungen im Produzierenden Gewerbe mit Auskunftspflicht an (s. hierzu Abschnitt 9 »Produzierendes Gewerbe«).

Erhebungs- und Darstellungseinheit der Kostenstrukturstatistiken ist das Unternehmen bzw. die Praxis. Kombinierte Unternehmen werden nach ihrem wirtschaftlichen Schwerpunkt zugeordnet. Die Gliederung nach Kostenarten wird im Statistischen Jahrbuch in verkürzter Form nachgewiesen.

Abschlüsse der Unternehmen

Die Bilanzstatistik wertet die Jahresabschlüsse von Unternehmen und Konzernen aus, die aufgrund des Aktiengesetzes vom 6. 9. 1965 (BGBl. I S. 1089) bzw. des Publizitätsgesetzes vom 15. 8. 1969 (BGBl. I S. 1189) zur Veröffentlichung ihrer Jahresrechnung verpflichtet sind. Der Statistik liegen die Pflichtveröffentlichungen im Bundesanzeiger zugrunde. Die Statistik der Jahresabschlüsse öffentlicher Wirtschaftsunternehmen, die auf einer jährlichen Erhebung bei den öffentlichen Versorgungs- und Verkehrsunternehmen beruht, erfaßt die Jahresabschlüsse von kommunalen Eigenbetrieben sowie von Gesellschaften (AG, GmbH), deren Kapital- oder Stimmrechtsanteile ausschließlich (bei den Eigengesellschaften) oder überwiegend in unmittelbarem oder mittelbarem Besitz von Bund, Ländern, Gemeinden und/oder Gemeindeverbänden liegen. In den Ergebnissen sind auch die Angaben für Gesellschaften enthalten, die in den Tabellen 7.11 bis 7.16 ausgewiesen sind.

Die Zahlen über Herkunft und Verwendung der langfristigen Finanzierungsmittel (Finanzierungsrechnung) basieren auf den Veränderungen der Bilanzposten jeweils derselben Aktiengesellschaften.

Insolvenzen und Zahlungsschwierigkeiten

Die Insolvenzstatistik beruht auf den Meldungen der Amtsgerichte über die eröffneten und mangels Masse abgelehnten Konkursverfahren sowie über die eröffneten Vergleichsverfahren. Finanzielle Ergebnisse liegen nur zu den eröffneten Konkurs- und Vergleichsverfahren vor. Außergerichtliche Vergleichsverfahren werden statistisch nicht erfaßt. Abgerundet wird das Bild der Zahlungsschwierigkeiten durch die Angaben über Anzahl und Betrag der Wechselproteste und nicht eingelösten Schecks, die von der Deutschen Bundesbank zusammengestellt werden.

7.1 Arbeitsstätten und Beschäftigte am 27. 5. 1970*)

Nr. der Systematik¹)	Wirtschaftsgliederung (H. v. = Herstellung von)	Arbeitsstätten	Beschäftigte					
			insgesamt		darunter Arbeitnehmer			
					zusammen		darunter Ausländer	
			insgesamt	weiblich	zusammen	weiblich	zusammen	weiblich
0	Land- und Forstwirtschaft, Fischerei²)	22 084	96 063	26 690	61 061	13 814	7 850	388
00 2,9	Landwirtschaftliche Tierhaltung, Dienstleistungen	7 328	21 177	5 488	10 880	2 620	1 222	66
05 0,5	Fischerei (ohne Binnen-), gewerbliche Gärtnerei, Tierhaltung	14 756	74 886	21 202	50 181	11 194	6 628	322
1	Energiewirtschaft, Wasserversorgung, Bergbau	6 639	496 868	37 029	496 031	36 819	22 905	236
10	Energiewirtschaft, Wasserversorgung	5 977	207 117	26 787	206 515	26 626	1 604	165
11	Bergbau	662	289 751	10 242	289 516	10 193	21 301	71
2	Verarbeitendes Gewerbe (ohne Baugewerbe)	450 050	10 245 944	3 056 701	9 668 183	2 890 286	1 057 631	332 884
20	Chemische Industrie, Mineralölverarbeitung	6 042	645 371	179 523	640 229	178 112	49 599	13 214
21	Kunststoff-, Gummi- und Asbestverarbeitung	6 518	338 285	115 906	331 486	114 343	51 799	17 128
22	Gewinnung und Verarbeitung von Steinen und Erden, Feinkeramik, Glasgewerbe	19 360	491 981	87 919	471 053	83 763	57 938	8 892
23	Metallerzeugung und -bearbeitung	29 226	925 364	118 882	889 702	113 418	128 361	15 369
24, 25 07 1	Stahl-, Maschinen- und Fahrzeugbau, Herstellung von ADV-Geräten u. ä.	65 698	2 638 596	383 156	2 559 780	367 736	260 724	33 675
25 (ohne 25 07 1)	Elektrotechnik (ohne H. v. ADV-Geräten u. ä.), Feinmechanik, H. v. EBM-Waren usw.	45 356	1 931 227	730 069	1 879 292	718 156	247 327	121 013
26	Holz-, Papier- und Druckgewerbe	78 850	1 067 068	280 504	967 386	263 396	78 507	21 330
27	Leder-, Textil- und Bekleidungsgewerbe	97 450	1 236 516	777 457	1 122 492	732 924	133 891	77 046
28/29	Nahrungs- und Genußmittelgewerbe	101 550	971 536	383 285	806 763	318 438	49 485	25 217
3	Baugewerbe	160 228	2 117 456	132 836	1 912 705	96 138	214 795	869
30	Bauhauptgewerbe	65 615	1 564 782	69 404	1 483 743	57 294	201 191	611
31	Ausbau- und Bauhilfsgewerbe	94 613	552 674	63 432	428 962	38 844	13 604	258
4	Handel	732 271	3 727 417	1 856 797	2 819 373	1 458 376	50 297	15 052
40/41	Großhandel	131 804	1 239 325	404 901	1 087 352	361 958	26 207	5 251
42	Handelsvermittlung	93 868	205 704	67 634	88 742	34 126	1 806	376
43	Einzelhandel	506 599	2 282 388	1 384 262	1 643 279	1 062 292	22 284	9 425
5	Verkehr, Nachrichtenübermittlung	121 733	1 466 126	270 131	1 369 456	247 995	45 833	3 908
6	Kreditinstitute, Versicherungsgewerbe	69 169	659 150	301 804	617 687	292 364	4 421	2 397
60	Kreditinstitute u. ä.	35 932	427 236	205 623	419 866	204 143	3 035	1 641
61	Versicherungsgewerbe	33 237	231 914	96 181	197 821	88 221	1 386	756
7	Dienstleistungen von Unternehmen und Freien Berufen	577 379	2 450 428	1 391 477	1 641 458	1 035 328	83 547	45 754
70 0	Gaststätten- und Beherbergungsgewerbe	206 424	720 960	419 658	362 627	224 653	41 216	23 195
70 1–2	Reinigung, Körperpflege	104 765	507 275	368 879	383 173	308 453	23 182	14 784
70 6–8	Wissenschaft, Bildung, Kunst, Publizistik	39 571	226 469	102 971	181 905	87 967	4 644	1 783
71 0–1	Gesundheits- und Veterinärwesen	87 746	317 528	221 964	201 502	178 920	4 625	3 470
71 2–7	Rechts- und Wirtschaftsberatung usw.	110 951	539 925	225 485	408 856	196 978	6 872	1 600
71 8	Sonstige Dienstleistungen	27 922	138 271	52 520	103 395	38 357	3 008	922
8	Organisationen ohne Erwerbscharakter³)	53 163	585 795	409 952	585 795	409 952	18 411	14 256
9	Gebietskörperschaften, Sozialversicherung⁴)	95 723	2 561 641	1 007 314	2 561 641	1 007 314	42 953	22 863
90	Gebietskörperschaften⁴)	90 028	2 383 719	919 329	2 383 719	919 329	40 671	21 125
96	Sozialversicherung	5 695	177 922	87 985	177 922	87 985	2 282	1 738
0–9	**Insgesamt**	**2 288 439**	**24 406 888**	**8 490 731**	**21 733 390**	**7 488 386**	**1 548 643**	**438 607**

*) Ergebnis der Arbeitsstättenzählung vom 27. 5. 1970; einschl. Zivilbedienstete von Bundeswehr und Bundesgrenzschutz, ohne bemannte Schiffe als Arbeitsstätten und ohne Arbeitsstätten von Arbeitsgemeinschaften des Baugewerbes (»Argen«); die dort Beschäftigten sind – gegebenenfalls auch unter anderen systematischen Positionen – bei den Arbeitsstätten der Schiffseigner bzw. der an den »Argen« beteiligten Firmen gemeldet.

¹) Systematik der Wirtschaftszweige, Fassung für die Arbeitsstättenzählung 1970, Kurzbezeichnungen.

²) Bei der Arbeitsstättenzählung gehören zum Erhebungsbereich nur landwirtschaftliche Tierhaltung und -zucht, Dienstleistungen auf der land- und forstwirtschaftlichen Erzeugerstufe, Hochsee- und Küstenfischerei, gewerbliche Gärtnerei und gewerbliche Tierhaltung.

³) Die privaten Haushalte, die ebenfalls in den Bereich dieser Abteilung gehören, werden durch die Arbeitsstättenzählung nicht erfaßt.

⁴) Ohne Vertretungen fremder Staaten, Dienststellen der Stationierungsstreitkräfte u. ä.

7.2 Entwicklung von Zahl und Kapital der Kapitalgesellschaften*)

Gegenstand der Nachweisung	Insgesamt[1])		Darunter in den Wirtschaftsbereichen[1]): Produzierendes Gewerbe		Handel		Dienstleistungen von Unternehmen	
	Anzahl	Mill. DM	Anzahl	Mill. DM	Anzahl	Mill. DM	Anzahl	Mill. DM
Aktiengesellschaften (einschl. Kommanditgesellschaften auf Aktien)								
Bestand am 31. 12. 1980	1 871	83 693	735[2])	53 162[2])	136[2])	3 777[2])	497[2])	11 277[2])
Zugang	57	3 848	17	1 908	5	238	26	567
Neugründung, Umwandlung	52	192	16	151	5	2	24	26
Fortsetzung	—	—	—	—	—	—	—	—
Kapitalerhöhung								
gegen Einlagen	(193)	3 030	(72)	1 418	(15)	112	(29)	417
aus Gesellschaftsmitteln	(40)	599	(19)	327	(6)	124	(7)	124
Sonstige Zugänge	5	27	1	12	—	—	2	0
Abgang	49	705	18	221	4	94	19	223
Liquidationseröffnung	5	8	1	5	—	—	3	0
Konkurseröffnung	7	28	4	22	—	—	3	6
Fusion und Umwandlung	25	329	10	100	3	15	9	206
Kapitalherabsetzung	(14)	256	(8)	81	(2)	70	(1)	4
Sonstige Abgänge	12	84	3	13	1	9	4	7
Kapitalumstellung	—	—	—	—	—	—	—	—
Bestand am 31. 12. 1981	1 879	86 836	737[2])	54 867[2])	135[2])	3 912[2])	504[2])	11 614[2])
Zugang	60	4 115	16	2 437	10	99	25	530
Neugründung, Umwandlung	45	185	12	67	8	24	18	62
Fortsetzung	—	—	—	—	—	—	—	—
Kapitalerhöhung								
gegen Einlagen	(168)	2 639	(65)	1 737	(16)	39	(35)	309
aus Gesellschaftsmitteln	(68)	1 068	(25)	498	(1)	8	(15)	143
Sonstige Zugänge	15	223	4	135	2	28	7	16
Abgang	64	812	20	473	10	91	26	108
Liquidationseröffnung	4	67	1	27	—	—	2	0
Konkurseröffnung	6	34	2	16	—	—	4	18
Fusion und Umwandlung	38	313	10	67	8	69	15	82
Kapitalherabsetzung	(17)	256	(10)	234	(2)	15	(4)	5
Sonstige Abgänge	16	142	7	129	2	7	5	3
Kapitalumstellung	—	—	—	—	—	—	—	—
Bestand am 31. 12. 1982	1 875	90 139	717[2])	56 427[2])	136[2])	3 708[2])	514[2])	12 598[2])
Gesellschaften mit beschränkter Haftung								
Bestand am 31. 12. 1980	215 226	82 182	64 735	39 458	57 271	11 571	80 703	25 255
Zugang	31 407	9 031	9 404	3 932	8 915	1 630	11 308	2 789
Neugründung, Umwandlung	30 300	2 684	9 153	1 106	8 599	685	10 848	790
Fortsetzung	—	—	—	—	—	—	—	—
Kapitalerhöhung								
gegen Einlagen } aus Gesellschaftsmitteln	(10 041)	5 599	(2 977)	2 477	(2 787)	770	(3 656)	1 781
Sonstige Zugänge	1 107	748	251	349	316	175	460	218
Abgang	10 629	2 539	3 025	1 340	3 370	499	3 925	632
Liquidationseröffnung	3 339	383	870	90	1 074	56	1 176	224
Konkurseröffnung	1 379	204	537	145	352	25	418	30
Fusion und Umwandlung	305	698	81	427	104	54	94	169
Kapitalherabsetzung	(143)	284	(59)	203	(40)	36	(37)	34
Sonstige Abgänge	5 602	971	1 632	473	1 715	301	1 941	172
Berichtigung (Saldo)	−4	+ 1	+ 95	− 2	−125	−27	−296	− 3
Kapitalumstellung	+1	+ 1	—	—	—	—	+ 1	+ 1
Bestand am 31. 12. 1981	236 005	88 675	71 114	42 050	62 816	12 702	88 087	27 413
Zugang	25 044	9 354	7 514	3 962	7 249	1 713	8 713	3 319
Neugründung, Umwandlung	23 828	2 399	7 259	1 007	6 870	602	8 216	678
Fortsetzung	—	—	—	—	—	—	—	—
Kapitalerhöhung								
gegen Einlagen } aus Gesellschaftsmitteln	(10 304)	6 297	(2 939)	2 774	(2 791)	1 019	(3 692)	2 260
Sonstige Zugänge	1 216	658	255	181	379	92	517	381
Abgang	13 337	2 896	3 890	1 410	4 403	550	4 377	900
Liquidationseröffnung	3 811	455	956	60	1 278	85	1 373	292
Konkurseröffnung	1 942	316	795	211	485	54	566	43
Fusion und Umwandlung	443	468	123	143	155	131	143	192
Kapitalherabsetzung	(152)	643	(43)	424	(34)	18	(61)	191
Sonstige Abgänge	7 137	1 034	2 190	488	2 204	187	2 355	343
Berichtigung (Saldo)	−4	+20	+174	−84	−281	−75	+ 60	+161
Kapitalumstellung	—	—	—	—	—	—	—	—
Bestand am 31. 12. 1982	247 712	95 133	74 738	44 602	65 662	13 865	92 443	29 832

*) Nur Gesellschaften mit DM-Nennkapital. – Die Zahl der Kapitalerhöhungen und -herabsetzungen wurde in Klammern ( ) gesetzt, da sich durch sie die Zahl der vorhandenen Gesellschaften nicht ändert.

1) Vorläufiges Ergebnis; ohne Baden-Württemberg.

2) Abweichungen zwischen fortgeschriebenem Anfangsbestand und Endbestand durch Wirtschaftsgruppenänderungen.

7.3 Zahl und Kapital der Kapitalgesellschaften nach Wirtschaftszweigen*)

Nr. der Systematik[1])	Wirtschaftsgliederung	Aktiengesellschaften[2])				Gesellschaften mit beschränkter Haftung			
		Bestand am 31. 12.							
		1981[3])		1982[3])		1981[3])		1982[3])	
		Anzahl	Mill. DM	Anzahl	Mill. DM	Anzahl	Mill. DM	Anzahl	Mill. DM
0	**Land- und Forstwirtschaft, Fischerei**	**4**	**43**	**4**	**43**	**1 118**	**124**	**1 144**	**122**
1–3	**Produzierendes Gewerbe**	**737**	**54 867**	**717**	**56 427**	**71 114**	**42 050**	**74 738**	**44 602**
1	Energie- und Wasserversorgung, Bergbau	121	15 446	118	15 960	602	6 470	638	6 818
10	Elektriz.-, Gas-, Fernwärme- und Wasserversorgung	104	12 106	104	13 074	410	5 757	433	6 080
110	Steinkohlenbergbau und -brikettherstellung, Kokerei	4	1 627	3	1 210	13	156	14	157
111–8	Bergbau (ohne Steinkohlenbergbau, Kokerei)	13	1 713	11	1 676	179	557	191	581
2	Verarbeitendes Gewerbe	588	38 942	570	39 946	46 070	33 701	48 121	35 675
200–1	Chemische Industrie, Herstellung und Verarbeitung von Spalt- und Brutstoffen	51	10 075	49	10 482	2 515	5 962	2 597	5 946
205	Mineralölverarbeitung	8	5 880	8	6 180	86	533	85	716
210	Herstellung von Kunststoffwaren	8	104	9	120	2 385	1 120	2 485	1 316
213–6	Gummiverarbeitung	12	553	12	553	223	481	239	535
221–3,6	Gewinnung und Verarbeitung von Steinen und Erden	35	502	36	502	2 648	1 375	2 704	1 474
224	Feinkeramik	12	116	12	116	244	170	254	167
227	Herstellung und Verarbeitung von Glas	10	570	10	570	404	643	416	648
23 (ohne 233,6)	Metallerzeugung und -bearbeitung (ohne NE-Metalle)	28	5 388	28	5 561	2 055	2 054	2 255	2 129
233,6	NE-Metallerzeugung, -halbzeugwerke und -gießerei	12	1 144	12	1 183	308	1 022	331	1 003
240–1	Stahl- und Leichtmetallbau	8	344	6	84	2 652	1 053	2 475	1 043
242	Maschinenbau	78	3 185	80	3 404	6 000	5 846	6 219	5 973
243, 249 5	Herstellung von Büromaschinen, ADV-Geräten und -Einrichtungen usw.	3	286	3	371	220	332	261	390
244–5, 247–249 1	Fahrzeugbau (ohne Schiffbau), Reparatur von Kfz. usw.	17	3 682	16	3 775	2 387	1 382	2 633	1 512
246	Schiffbau	8	382	8	394	171	125	178	130
250, 259 1	Elektrotechnik, Reparatur von Haushaltsgeräten	34	3 546	35	3 704	4 891	3 525	5 048	3 765
252–4, 259 4–7	Feinmechanik, Optik, Herstellung und Reparatur von Uhren usw.	11	234	11	222	2 163	538	2 373	594
256	Herstellung von EBM-Waren	16	133	15	106	1 646	1 130	1 787	1 323
257–8	Herstellung von Musikinstrumenten, Spielwaren, Füllhaltern usw.	—	—	—	—	612	82	659	113
260–1,9	Holzbe- und -verarbeitung usw.	9	31	7	25	3 365	585	3 503	637
264	Zellstoff-, Holzschliff-, Papier- und Pappeerzeugung	12	412	10	363	173	467	184	587
265–8	Papier- und Pappeverarbeitung, Druckerei, Vervielfältigung	11	105	12	175	3 500	866	3 724	988
270	Ledererzeugung	1	2	1	2	59	13	55	13
271–2,9	Lederverarbeitung, Reparatur von Schuhen usw.	6	37	6	40	456	135	488	159
275	Textilgewerbe	51	475	48	461	1 093	682	1 098	725
276	Bekleidungsgewerbe	5	89	4	84	2 049	349	2 128	384
285	Zuckerindustrie	23	100	22	97	18	59	17	83
293	Brauerei, Mälzerei	72	678	69	661	198	239	208	264
Rest 28/29	Übriges Ernährungsgewerbe, Tabakverarbeitung	47	889	41	711	3 549	2 933	3 717	3 058
3	Baugewerbe	28	479	29	521	24 442	1 879	25 979	2 109
4–7	**Sonstige Wirtschaftsbereiche**	**1 138**	**31 926**	**1 154**	**33 669**	**163 773**	**46 501**	**171 830**	**50 409**
4	Handel	135	3 912	136	3 708	62 816	12 702	65 662	13 865
40–42	Großhandel, Handelsvermittlung	112	2 597	115	2 409	42 126	9 677	43 122	10 503
43	Einzelhandel	23	1 315	21	1 299	20 690	3 025	22 540	3 362
5 (ohne 511 1, 517)	Verkehr, Nachrichtenübermittlung (ohne Bundesbahn, -post)	104	3 070	101	3 089	9 184	3 020	9 774	3 176
511 5	Eisenbahnen (ohne Deutsche Bundesbahn)	21	88	20	87	69	195	65	193
512	Straßenverkehr, Parkplätze und -häuser	34	829	34	862	3 187	430	3 322	462
513–4	Schiffahrt, Wasserstraßen, Häfen	32	520	31	489	990	427	1 005	478
515–6, 55	Übriger Verkehr und Nachrichtenübermittlung	17	1 633	16	1 651	4 938	1 968	5 382	2 043
6	Kreditinstitute, Versicherungsgewerbe	395	13 330	403	14 273	3 686	3 366	3 951	3 536
60	Kreditinstitute	158	9 856	162	10 487	302	3 053	287	3 119
61	Versicherungsgewerbe	217	3 432	219	3 710	739	37	712	38
65	Mit dem Kredit- und Versicherungsgewerbe verbundene Tätigkeiten	20	42	22	76	2 645	276	2 952	379
7	Dienstleistungen von Unternehmen und Freien Berufen	504	11 614	514	12 599	88 087	27 413	92 443	29 832
71	Gastgewerbe	14	41	15	53	4 398	503	4 675	617
789 3	Vermögensverwaltung (ohne Beteiligungsges.)	73	411	76	451	10 229	2 526	10 290	2 765
794 1	Wohnungsunternehmen	73	1 259	72	1 304	3 848	4 253	3 825	4 275
794 5–9	Grundstücks- und Wohnungswesen (ohne Wohnungsunternehmen)	91	595	104	671	13 552	2 635	14 757	3 097
797	Beteiligungsgesellschaften	151	8 737	143	9 574	21 727	11 885	22 141	13 593
Rest 7	Übrige Dienstleistungen von Unternehmen und Freien Berufen	102	571	104	546	34 333	5 611	36 755	5 485
0–7 (ohne 511 1, 517)	**Insgesamt**	**1 879**	**86 836**	**1 875**	**90 139**	**236 005**	**88 675**	**247 712**	**95 133**

*) Kapitalgesellschaften mit DM-Grund- bzw. -Stammkapital.
[1]) In Anlehnung an die Systematik der Wirtschaftszweige, Ausgabe 1979, Kurzbezeichnungen.
[2]) Einschl. Kommanditgesellschaften auf Aktien. (1982 = 29 Gesellschaften mit 1 871 Mill. DM).
[3]) Vorläufiges Ergebnis; ohne Baden-Württemberg.

7.4 Kostenstruktur des Handwerks 1978*)

% der Gesamtproduktion (Gesamtleistung))**

Gesamtproduktion (Gesamtleistung) von ... bis unter ... DM	Material- und Wareneinsatz usw.				Kosten					Betriebsergebnis	Nachrichtlich: Nettoproduktion (Nettoleistung)²)
	insgesamt	Material- und Wareneinsatz	Verbrauch von Brennstoffen, Energie u. dgl.	Fremdleistungen	insgesamt	darunter für Personal	Mieten und Pachten	Kraftfahrzeughaltung	steuerliche Abschreibungen¹)		
					Zentralheizungs- und Lüftungsbauer						
Zusammen	**49,4**	**45,9**	**0,9**	**2,6**	**43,6**	**32,7**	**1,4**	**1,9**	**1,6**	**7,0**	**50,9**
darunter:											
20 000 — 100 000	49,1	46,6	1,7	0,8	25,9	7,6	3,0	6,0	3,3	25,0	51,3
100 000 — 250 000	46,4	44,8	1,0	0,6	35,1	21,5	1,3	3,5	2,0	18,5	53,9
250 000 — 500 000	49,0	47,1	1,0	0,9	39,2	25,2	1,6	3,0	2,3	11,8	51,3
500 000 — 1 Mill.	50,0	47,9	0,9	1,2	42,7	32,0	1,3	2,2	1,8	7,3	50,3
1 Mill. — 2 Mill.	48,5	45,4	0,7	2,4	45,1	34,8	1,3	1,8	1,3	6,4	51,7
2 Mill. — 5 Mill.	49,8	45,8	0,7	3,3	43,4	33,5	1,2	1,6	1,4	6,8	50,5
5 Mill. — 10 Mill.	47,7	42,6	0,9	4,2	46,5	36,6	1,3	1,6	1,6	5,8	52,8
10 Mill. — 25 Mill.	(50,6)	(44,8)	(1,0)	(4,8)	(46,9)	(35,6)	(2,4)	(1,4)	(1,5)	(2,5)	(50,0)
					Möbeltischler						
Zusammen	**45,5**	**42,5**	**1,6**	**1,4**	**44,9**	**30,1**	**2,2**	**1,7**	**2,6**	**9,6**	**55,4**
darunter:											
20 000 — 100 000	43,2	40,3	2,1	0,8	32,5	11,1	3,6	4,8	4,5	24,3	57,3
100 000 — 250 000	44,0	41,8	1,8	0,4	42,9	27,0	3,3	2,5	3,2	13,1	56,4
250 000 — 500 000	45,4	43,1	1,3	1,0	40,9	27,7	2,2	2,3	2,8	13,7	55,3
500 000 — 1 Mill.	45,7	42,7	1,6	1,4	44,0	30,6	2,0	1,7	2,4	10,3	55,6
1 Mill. — 2 Mill.	44,8	41,6	1,9	1,3	49,5	35,0	1,6	1,0	3,8	5,7	56,4
2 Mill. — 5 Mill.	42,7	38,8	2,0	1,9	50,2	34,4	2,9	1,2	2,5	7,1	58,2
5 Mill. — 10 Mill.	(45,0)	(40,4)	(2,0)	(2,6)	(48,6)	(35,4)	(1,8)	(1,1)	(2,4)	(6,4)	(56,2)
10 Mill. — 25 Mill.	(51,3)	(48,8)	(1,3)	(1,2)	(42,0)	(25,4)	(1,5)	(1,6)	(1,6)	(6,7)	(49,6)
					Bäcker						
Zusammen	**53,2**	**49,6**	**2,8**	**0,8**	**34,6**	**21,6**	**2,6**	**1,5**	**2,9**	**12,2**	**47,7**
darunter:											
30 000 — 40 000	(51,5)	(42,6)	(8,0)	(0,9)	(18,9)	—	(5,9)	(3,4)	(1,7)	(29,6)	(49,3)
40 000 — 100 000	54,2	48,0	5,4	0,8	24,3	9,6	3,7	2,9	3,3	21,5	46,5
100 000 — 250 000	51,2	47,1	3,4	0,7	28,5	14,6	2,8	1,8	3,0	20,3	49,5
250 000 — 500 000	55,1	51,5	2,7	0,9	32,4	19,8	2,6	1,5	2,9	12,5	45,8
500 000 — 1 Mill.	56,4	53,4	2,3	0,7	32,9	20,8	2,4	1,4	2,7	10,7	44,3
1 Mill. — 2 Mill.	51,4	48,0	2,4	1,0	42,3	29,4	2,3	1,2	3,0	6,3	49,6
2 Mill. — 5 Mill.	46,4	42,8	2,4	1,2	46,5	32,9	2,8	1,5	2,9	7,1	54,8
5 Mill. — 10 Mill.	(41,5)	(38,2)	(2,3)	(1,0)	(55,4)	(41,1)	(2,4)	(1,8)	(2,6)	(3,1)	(59,5)
					Fleischer						
Zusammen	**70,4**	**67,8**	**1,8**	**0,8**	**22,2**	**12,7**	**1,7**	**0,9**	**1,8**	**7,4**	**30,3**
darunter:											
100 000 — 250 000	68,2	64,4	2,9	0,9	18,7	7,5	2,5	1,7	1,9	13,1	32,7
250 000 — 500 000	68,1	64,9	2,4	0,8	22,0	10,9	2,0	1,2	2,2	9,9	32,7
500 000 — 1 Mill.	66,5	63,6	2,1	0,8	24,5	14,0	1,9	0,9	2,2	9,0	34,2
1 Mill. — 2 Mill.	66,7	63,8	1,9	1,0	26,7	16,5	1,8	0,8	2,0	6,6	34,1
2 Mill. — 5 Mill.	68,5	65,8	1,7	1,0	25,7	15,9	1,8	0,7	1,9	5,8	32,3
5 Mill. — 10 Mill.	77,5	75,6	1,1	0,8	18,1	10,7	1,5	0,6	1,3	4,4	23,1
10 Mill. — 25 Mill.	80,2	78,9	0,7	0,6	16,7	9,9	1,2	0,6	1,1	3,1	20,2
25 Mill. — 50 Mill.	(84,2)	(83,2)	(0,5)	(0,5)	(12,1)	(7,5)	(0,7)	(0,5)	(0,7)	(3,7)	(16,0)
					Wäscher und Plätter						
Zusammen	**17,0**	**5,8**	**7,7**	**3,5**	**71,7**	**48,2**	**4,4**	**3,1**	**5,0**	**11,3**	**85,1**
darunter:											
12 000 — 50 000	27,5	3,8	11,7	12,0	41,7	15,7	5,4	4,8	6,1	30,8	74,6
50 000 — 100 000	20,9	7,5	9,7	3,7	56,3	35,7	5,9	4,1	2,8	22,8	81,2
100 000 — 250 000	18,2	5,6	8,9	3,7	61,8	40,4	3,9	3,4	5,3	20,0	83,6
250 000 — 500 000	17,1	5,8	7,9	3,4	72,0	49,2	3,1	2,6	6,3	10,9	85,1
500 000 — 1 Mill.	15,9	4,8	8,0	3,1	75,8	53,4	4,3	2,9	5,4	8,3	86,6
1 Mill. — 2 Mill.	(17,8)	(6,7)	(7,1)	(4,0)	(74,4)	(53,9)	(3,4)	(2,9)	(5,0)	(7,8)	(84,9)

*) Hochgerechnetes Ergebnis für ausgewählte Handwerkszweige. Die Bezeichnung der Handwerkszweige wurde weitgehend dem »Verzeichnis der Gewerbe, die als Handwerk betrieben werden können« (Anlage A der Handwerksordnung vom 28. 12. 1965 – BGBl. 1966 I S. 1) angeglichen.

**) Umsatz ohne Umsatz-(Mehrwert-)steuer (ausgenommen Unternehmen, die ihren Umsatz nach § 19 UStG versteuern) plus/minus Bestandsveränderung an unfertigen und fertigen Erzeugnissen einschl. angefangener Arbeiten plus selbsterstellte Anlagen.

¹) Ohne Abschreibungen auf betrieblich genutzte Gebäude, Außenanlagen u. dgl.

²) Gesamtproduktion (Gesamtleistung) minus Material- und Wareneinsatz, Verbrauch von Brennstoffen, Energie u. dgl. sowie von sonstigen Betriebsstoffen, fremde Lohnarbeiten sowie Nachunternehmerleistungen.

7.5 Kostenstruktur des Großhandels 1980*)

% der Gesamtleistung)**

Gesamtleistung von ... bis unter ... DM	Material- und Wareneinsatz usw.: insgesamt	Material- und Wareneinsatz usw.: Material- und Wareneinsatz	Material- und Wareneinsatz usw.: Verbrauch v. Brennstoffen, Energie u. dgl.	Kosten: insgesamt	Kosten: darunter für Personal	Kosten: darunter für Mieten und Pachten	Kosten: darunter für Fuhr- und Wagenpark	Kosten: darunter für Werbung und Reisen	Kosten: darunter für steuerliche Abschreibungen[1])	Betriebsergebnis	Nachrichtlich: Rohertrag[2])
401 14 Großhandel mit Getreide, Saaten, Futtermitteln											
Zusammen	**94,2**	**94,1**	**0,1**	**4,9**	**1,6**	**0,2**	**0,4**	**0,1**	**0,3**	**0,9**	**5,9**
darunter:											
250 000 — 500 000	82,7	81,8	0,9	11,0	2,3	1,3	1,8	0,5	1,8	6,3	18,2
500 000 — 1 Mill.	82,5	81,8	0,7	13,9	4,0	1,0	1,4	0,5	2,1	3,6	18,2
1 Mill. — 2 Mill.	81,5	80,8	0,7	14,7	6,5	1,1	1,1	0,6	1,1	3,8	19,2
2 Mill. — 5 Mill.	88,2	87,8	0,4	10,3	4,3	0,7	1,3	0,2	1,0	1,4	12,2
5 Mill. — 10 Mill.	87,2	86,8	0,4	11,8	5,0	0,6	1,1	0,3	1,2	1,0	13,2
10 Mill. — 25 Mill.	89,9	89,7	0,2	9,7	2,8	0,5	0,9	0,2	0,8	0,4	10,3
25 Mill. — 50 Mill.	(88,7)	(88,5)	(0,2)	(8,4)	(3,1)	(0,3)	(0,6)	(0,2)	(0,9)	(2,8)	(11,5)
407 40 Großhandel mit Baustoffen, Bauelementen aus mineralischen Stoffen											
Zusammen	**81,4**	**81,1**	**0,3**	**16,3**	**7,6**	**1,0**	**1,5**	**0,6**	**1,3**	**2,3**	**18,9**
darunter:											
250 000 — 500 000	70,9	70,0	0,9	22,3	9,4	1,8	2,7	0,9	2,6	6,7	30,0
500 000 — 1 Mill.	74,0	73,6	0,4	19,9	8,5	1,2	2,5	0,8	2,4	6,1	26,4
1 Mill. — 2 Mill.	78,7	78,2	0,5	18,5	7,9	1,4	2,1	0,6	1,7	2,9	21,8
2 Mill. — 5 Mill.	76,3	76,0	0,3	20,6	10,1	1,3	2,8	0,5	1,8	3,1	24,0
5 Mill. — 10 Mill.	79,0	78,7	0,3	18,5	8,7	0,9	2,2	0,5	1,6	2,5	21,3
10 Mill. — 25 Mill.	81,8	81,5	0,3	16,4	8,1	1,1	1,4	0,6	1,2	1,8	18,5
25 Mill. — 50 Mill.	83,6	83,3	0,3	14,7	7,7	0,9	0,9	0,7	0,9	1,7	16,7
50 Mill. — 100 Mill.	86,8	86,4	0,4	11,7	4,5	0,7	0,5	0,5	0,7	1,5	13,6
411 10 Großhandel mit Nahrungsmitteln, Getränken, Tabakwaren[3])											
Zusammen	**91,3**	**91,1**	**0,2**	**8,4**	**4,3**	**0,9**	**0,4**	**0,4**	**0,5**	**0,2**	**8,9**
darunter:											
250 000 — 500 000	(84,0)	(83,2)	(0,8)	(10,9)	(3,8)	(1,2)	(1,6)	(0,6)	(1,2)	(5,1)	(16,8)
500 000 — 1 Mill.	82,2	81,7	0,5	16,0	6,7	1,7	1,8	0,5	1,0	1,8	18,3
1 Mill. — 2 Mill.	81,2	80,7	0,5	16,3	8,3	1,1	1,2	1,0	1,1	2,5	19,3
2 Mill. — 5 Mill.	84,6	84,2	0,4	14,2	6,8	1,0	1,5	0,6	1,2	1,2	15,8
5 Mill. — 10 Mill.	84,5	84,1	0,4	13,7	7,2	0,9	1,0	0,5	0,9	1,8	15,9
10 Mill. — 25 Mill.	90,2	89,9	0,3	8,8	5,0	0,5	0,4	0,3	0,5	1,1	10,1
25 Mill. — 50 Mill.	89,6	89,4	0,2	10,2	5,1	0,8	0,5	0,4	0,4	0,2	10,6
50 Mill. — 100 Mill.	90,0	89,8	0,2	9,4	5,0	0,9	0,4	0,6	0,6	0,6	10,2
100 Mill. — 250 Mill.	91,5	91,3	0,2	7,9	4,6	0,7	0,3	0,4	0,4	0,6	8,7
412 45 Großhandel mit Pullovern u. ä., Säuglingsbekleidung und -bekleidungszubehör, Strümpfen, Kurzwaren, Schneidereibedarf											
Zusammen	**78,0**	**77,7**	**0,3**	**17,8**	**7,8**	**1,5**	**0,6**	**0,8**	**0,7**	**4,2**	**22,3**
darunter:											
250 000 — 500 000	(66,8)	(66,0)	(0,8)	(21,3)	(8,0)	(1,9)	(1,9)	(1,0)	(1,5)	(12,0)	(34,1)
500 000 — 1 Mill.	(72,6)	(72,0)	(0,6)	(20,8)	(11,3)	(1,6)	(1,6)	(0,9)	(0,7)	(6,7)	(28,0)
1 Mill. — 2 Mill.	74,8	74,3	0,5	21,8	10,5	1,7	0,8	1,0	0,8	3,5	25,7
2 Mill. — 5 Mill.	70,2	69,7	0,5	27,3	12,6	1,6	0,8	1,3	1,2	2,5	30,3
5 Mill. — 50 Mill.	78,4	78,1	0,3	16,4	7,0	1,5	0,4	0,7	0,6	5,1	21,9
413 20 Großhandel mit elektrotechnischen Erzeugnissen, a. n. g.											
Zusammen	**78,8**	**78,5**	**0,3**	**18,0**	**9,9**	**1,3**	**0,7**	**1,3**	**0,7**	**3,2**	**21,5**
darunter:											
250 000 — 500 000	72,5	71,8	0,7	20,2	7,6	1,3	2,1	2,4	1,3	7,3	28,2
500 000 — 1 Mill.	73,2	72,7	0,5	21,1	10,3	1,3	1,4	1,7	0,9	5,7	27,3
1 Mill. — 2 Mill.	70,6	70,0	0,6	22,6	12,6	1,6	0,8	1,1	1,1	6,9	30,0
2 Mill. — 5 Mill.	75,3	74,9	0,4	21,1	11,4	1,5	0,8	1,4	1,0	3,6	25,1
5 Mill. — 10 Mill.	74,7	74,3	0,4	20,8	11,9	1,1	0,7	0,9	0,8	4,5	25,7
10 Mill. — 50 Mill.	78,2	78,0	0,2	17,7	10,1	1,1	0,6	1,1	0,7	4,1	22,0
418 10 Großhandel mit pharmazeutischen Erzeugnissen											
Zusammen	**88,2**	**88,0**	**0,2**	**11,3**	**6,0**	**0,8**	**0,4**	**0,5**	**0,5**	**0,5**	**12,0**
darunter:											
500 000 — 2 Mill.	67,0	66,7	0,3	23,3	11,5	1,3	1,0	2,4	0,6	9,7	33,3
2 Mill. — 10 Mill.	79,6	79,3	0,3	17,9	8,5	1,0	0,5	2,1	0,9	2,5	20,7
10 Mill. — 50 Mill.	(84,1)	(84,0)	(0,1)	(13,7)	(7,6)	(0,5)	(0,4)	(1,4)	(0,5)	(2,2)	(16,0)
50 Mill. — 250 Mill.	(89,4)	(89,2)	(0,2)	(9,7)	(5,6)	(0,7)	(0,4)	(0,1)	(0,5)	(0,9)	(10,8)

*) Hochgerechnetes Ergebnis für ausgewählte Zweige der Systematik der Wirtschaftszweige, Ausgabe 1979.

**) Umsatz ohne Umsatz-(Mehrwert-)steuer plus/minus Bestandsveränderung an selbsthergestellten und bearbeiteten Erzeugnissen plus selbsterstellte Anlagen.

1) Ohne Abschreibungen auf betrieblich genutzte Gebäude, Außenanlagen u. dgl.

2) Gesamtleistung minus Material- und Wareneinsatz.

3) Ohne ausgeprägten Schwerpunkt.

7.6 Kostenstruktur der Handelsvertreter und Handelsmakler 1980*)

% der Gesamtleistung**)

Gesamtleistung von . . . bis unter . . . DM	Material- und Wareneinsatz usw.			Kosten						Betriebsergebnis	Nachrichtlich: Rohertrag²)
	insgesamt	Material- und Wareneinsatz	Verbrauch v. Brennstoffen, Energie u. dgl.	insgesamt	darunter für						
					Personal	Mieten und Pachten	Kraftfahrzeughaltung	Reisen (Spesen, Tagegelder u. ä.)	steuerliche Abschreibungen¹)		
422 6, 424 61, 425 8, 427 (ohne 427 71, 427 77) Vermittlung von Erzen, Stahl, NE-Metallen, Stahl- und NE-Metallhalbzeug, Fahrzeugen, Maschinen, technischem Bedarf³), Heimtextilien, Bodenbelägen, Bettwaren, Lacken, Farben, Tapeten											
Unternehmen ohne Handel, Herstellung u. dgl.											
Zusammen	**0,9**	—	**0,9**	**51,8**	**17,0**	**2,3**	**7,2**	**5,4**	**4,5**	**47,3**	—
darunter:											
12 000 — 20 000	1,5	—	1,5	53,1	3,8	3,1	14,3	8,6	10,5	45,4	—
20 000 — 50 000	1,3	—	1,3	48,3	4,7	2,8	13,2	9,4	7,3	50,4	—
50 000 — 100 000	1,1	—	1,1	46,1	7,2	2,4	10,5	7,5	6,0	52,8	—
100 000 — 250 000	0,8	—	0,8	47,1	12,3	1,9	7,4	5,6	4,7	52,1	—
250 000 — 500 000	0,7	—	0,7	51,3	20,1	1,7	5,0	3,5	3,4	48,0	—
500 000 — 2 Mill.	0,7	—	0,7	65,3	34,5	3,3	3,3	3,2	2,0	34,0	—
Unternehmen mit Handel, Herstellung u. dgl.											
Zusammen	**52,5**	**51,8**	**0,7**	**34,2**	**16,9**	**2,3**	**2,1**	**1,2**	**1,7**	**13,3**	**48,2**
darunter:											
12 000 — 50 000	31,1	29,6	1,5	39,0	1,9	3,4	12,5	4,6	6,4	30,0	70,4
50 000 — 100 000	28,6	27,5	1,1	37,8	5,8	2,0	9,1	5,8	4,6	33,7	72,5
100 000 — 250 000	29,3	28,5	0,8	39,3	10,8	2,2	6,7	4,4	3,9	31,4	71,5
250 000 — 500 000	34,4	33,7	0,7	38,2	13,1	2,6	4,3	2,2	2,7	27,4	66,3
500 000 — 1 Mill.	29,7	29,0	0,7	46,0	21,2	2,8	3,6	2,4	3,2	24,4	71,0
1 Mill. — 2 Mill.	54,2	53,7	0,5	31,4	15,2	1,5	2,0	1,6	1,6	14,4	46,4
2 Mill. — 5 Mill.	50,6	49,8	0,8	37,7	20,2	2,0	1,4	0,8	2,7	11,7	50,2
5 Mill. — 10 Mill.	(63,2)	(62,6)	(0,6)	(29,5)	(16,3)	(2,5)	(1,1)	(0,4)	(0,5)	(7,3)	(37,4)
423 (ohne 423 9) Vermittlung von Nahrungsmitteln, Getränken											
Unternehmen ohne Handel, Herstellung u. dgl.											
Zusammen	**0,9**	—	**0,9**	**63,6**	**29,9**	**2,3**	**6,5**	**6,3**	**4,5**	**35,5**	—
darunter:											
12 000 — 20 000	1,6	—	1,6	58,0	7,5	4,4	14,3	8,8	10,7	40,4	—
20 000 — 50 000	1,3	—	1,3	48,9	5,9	2,9	12,4	9,5	7,0	49,8	—
50 000 — 100 000	1,0	—	1,0	47,7	8,6	2,0	10,4	7,5	5,9	51,3	—
100 000 — 250 000	1,0	—	1,0	54,7	19,4	2,8	8,2	4,7	4,4	44,3	—
250 000 — 500 000	0,7	—	0,7	64,0	31,0	2,5	5,6	5,0	3,7	35,3	—
500 000 — 1 Mill.	0,7	—	0,7	70,1	38,8	2,3	5,1	3,5	3,5	29,2	—
1 Mill. — 2 Mill.	(0,7)	—	(0,7)	(89,1)	(62,3)	(1,6)	(1,9)	(7,7)	(2,8)	(10,2)	—
Unternehmen mit Handel, Herstellung u. dgl.											
Zusammen	**59,1**	**58,8**	**0,3**	**27,6**	**10,6**	**1,3**	**2,5**	**1,7**	**1,8**	**13,3**	**41,2**
darunter:											
20 000 — 50 000	34,7	33,3	1,4	33,8	6,5	2,7	8,4	3,5	5,0	31,5	66,7
50 000 — 100 000	21,1	20,0	1,1	43,7	7,9	2,3	9,6	6,0	5,9	35,2	80,0
100 000 — 250 000	30,2	29,3	0,9	39,2	12,5	2,1	6,4	3,4	3,6	30,6	70,7
250 000 — 500 000	30,3	29,5	0,8	44,5	17,5	2,4	4,4	3,1	2,5	25,2	70,5
500 000 — 1 Mill.	46,4	46,1	0,3	39,9	16,3	1,4	3,1	3,0	2,1	13,7	53,9
1 Mill. — 5 Mill.	66,5	66,3	0,2	23,2	9,8	1,3	1,8	1,0	1,3	10,3	33,7
425 15, 425 71, 426 3 Vermittlung von elektrotechnischen, feinmechanischen, Foto- und optischen Erzeugnissen											
Unternehmen ohne Handel, Herstellung u. dgl.											
Zusammen	**1,0**	—	**1,0**	**53,3**	**16,9**	**3,3**	**7,8**	**6,2**	**4,5**	**45,7**	—
darunter:											
12 000 — 20 000	(1,1)	—	(1,1)	(48,6)	(1,6)	(2,5)	(17,5)	(13,7)	(5,7)	(50,3)	—
20 000 — 50 000	1,2	—	1,2	46,7	3,4	2,4	13,7	10,9	6,6	52,1	—
50 000 — 100 000	1,0	—	1,0	48,6	7,5	2,9	11,0	9,0	5,5	50,4	—
100 000 — 250 000	1,0	—	1,0	48,1	13,7	2,8	6,9	5,2	4,3	50,9	—
250 000 — 500 000	0,9	—	0,9	61,6	27,9	3,4	5,2	3,8	3,0	37,5	—
500 000 — 2 Mill.	1,0	—	1,0	61,3	32,0	3,4	3,0	3,0	2,7	37,7	—
Unternehmen mit Handel, Herstellung u. dgl.											
Zusammen	**27,4**	**26,7**	**0,7**	**55,9**	**30,7**	**4,2**	**3,0**	**2,9**	**2,4**	**16,7**	**73,3**
darunter:											
50 000 — 100 000	21,9	21,0	0,9	43,1	4,8	2,4	11,1	6,1	6,5	35,1	79,0
100 000 — 250 000	24,3	23,4	0,9	43,7	14,0	3,2	5,7	3,2	4,0	32,1	76,6
250 000 — 500 000	27,1	26,4	0,7	48,2	23,5	3,0	4,0	2,5	2,5	24,7	73,6
500 000 — 1 Mill.	30,4	29,7	0,7	49,6	24,0	4,2	2,8	2,0	2,4	20,0	70,3
1 Mill. — 5 Mill.	27,0	26,4	0,6	62,2	38,1	4,8	2,1	3,0	1,9	10,8	73,6

*) Hochgerechnetes Ergebnis für ausgewählte Zweige der Systematik der Wirtschaftszweige, Ausgabe 1979.

**) Umsatz ohne Umsatz-(Mehrwert-)steuer plus/minus Bestandsveränderung an selbsthergestellten und bearbeiteten Erzeugnissen plus selbsterstellte Anlagen.

¹) Ohne Abschreibungen auf betrieblich genutzte Gebäude, Außenanlagen u. dgl.

²) Gesamtleistung minus Material- und Wareneinsatz.

³) Ohne technischen Spezialbedarf und -maschinen für bestimmte Wirtschaftszweige, Schuhmacherbedarf.

7.7 Kostenstruktur des Einzelhandels 1977*)

% der Gesamtleistung)**

Gesamtleistung von . . . bis unter . . . DM	Material- und Wareneinsatz usw.			Kosten						Betriebsergebnis	Nachrichtlich: Rohertrag²)
	insgesamt	Material- und Wareneinsatz	Verbrauch v. Brennstoffen, Energie u. dgl.	insgesamt	darunter für						
					Personal	Mieten und Pachten	Kraftfahrzeughaltung	Werbung und Reisen	steuerliche Abschreibungen¹)		
43 10 0 Einzelhandel mit Nahrungs- und Genußmitteln verschiedener Art (ohne Eh. mit Reformwaren)³)											
Zusammen	**80,2**	**79,1**	**1,1**	**17,3**	**9,6**	**2,7**	**0,5**	**0,7**	**1,0**	**2,5**	**21,9**
darunter:											
50 000 — 100 000	83,9	82,5	1,4	8,7	0,5	2,8	1,1	0,2	0,9	7,4	17,5
100 000 — 250 000	82,7	81,5	1,2	9,7	3,0	1,7	1,1	0,2	0,9	7,6	18,5
250 000 — 500 000	82,1	81,1	1,0	11,4	4,9	1,5	0,9	0,3	0,9	6,5	18,9
500 000 — 1 Mill.	81,7	80,8	0,9	13,6	7,2	1,4	0,7	0,4	0,9	4,7	19,2
1 Mill. — 2 Mill.	81,9	80,9	1,0	14,8	8,4	1,6	0,5	0,4	1,0	3,3	19,1
2 Mill. — 5 Mill.	81,5	80,6	0,9	16,0	9,6	1,7	0,4	0,6	0,9	2,5	19,4
5 Mill. — 10 Mill.	81,1	80,3	0,8	16,7	9,9	2,1	0,3	0,8	0,9	2,2	19,7
10 Mill. — 25 Mill.	82,3	81,4	0,9	16,7	10,0	2,2	0,2	0,8	0,8	1,0	18,6
25 Mill. — 100 Mill.	82,2	81,2	1,0	17,0	9,7	2,8	0,2	1,1	0,9	0,8	18,8
100 Mill. — 500 Mill.	78,0	76,6	1,4	21,7	12,8	3,8	0,3	0,9	1,2	0,3	23,4
43 19 0 Einzelhandel mit Tabakwaren											
Zusammen	**83,9**	**83,4**	**0,5**	**10,1**	**4,6**	**1,5**	**0,5**	**0,2**	**0,5**	**6,0**	**16,6**
darunter:											
20 000 — 100 000	80,7	79,4	1,3	8,7	2,3	2,5	0,6	0,2	0,3	10,6	20,6
100 000 — 250 000	82,4	81,7	0,7	8,3	2,8	1,6	0,6	0,1	0,5	9,3	18,3
250 000 — 500 000	82,3	81,8	0,5	9,3	4,1	1,5	0,6	0,1	0,5	8,4	18,2
500 000 — 1 Mill.	83,1	82,7	0,4	10,3	5,1	1,4	0,4	0,2	0,5	6,6	17,3
1 Mill. — 2 Mill.	84,5	84,1	0,4	11,7	5,8	1,7	0,5	0,2	0,5	3,8	15,9
2 Mill. — 5 Mill.	86,9	86,7	0,2	10,7	4,8	1,7	0,4	0,3	0,4	2,4	13,3
5 Mill. — 25 Mill.	86,8	86,5	0,3	11,1	5,4	1,2	0,4	0,3	0,5	2,1	13,5
43 22 7 Einzelhandel mit Oberbekleidung für Damen, Mädchen und Kinder											
Zusammen	**60,3**	**59,2**	**1,1**	**32,4**	**17,4**	**4,4**	**0,5**	**3,0**	**1,1**	**7,3**	**40,8**
darunter:											
100 000 — 250 000	65,7	64,4	1,3	23,8	8,7	4,9	1,4	1,1	1,4	10,4	35,6
250 000 — 500 000	64,4	63,2	1,2	27,2	13,3	4,1	0,9	1,5	1,1	8,4	36,8
500 000 — 1 Mill.	63,4	62,2	1,2	29,5	15,9	3,9	0,8	1,8	1,2	7,1	37,8
1 Mill. — 2 Mill.	62,3	61,3	1,0	31,4	17,4	4,5	0,6	1,9	1,0	6,2	38,7
2 Mill. — 5 Mill.	60,6	59,6	1,0	32,0	18,5	4,3	0,5	2,2	1,0	7,4	40,4
5 Mill. — 10 Mill.	59,8	58,9	0,9	33,6	18,9	4,3	0,3	3,0	1,0	6,6	41,1
10 Mill. — 50 Mill.	56,6	55,5	1,1	36,4	19,7	4,7	0,2	4,7	1,2	7,1	44,5
43 28 0 Einzelhandel mit Schuhen und Schuhwaren											
Zusammen	**61,5**	**60,2**	**1,3**	**30,3**	**17,3**	**4,3**	**0,6**	**1,5**	**1,2**	**8,2**	**39,8**
darunter:											
20 000 — 50 000	69,5	66,7	2,8	16,9	1,8	4,2	2,2	0,5	1,7	13,6	33,3
50 000 — 100 000	70,1	68,3	1,8	16,7	4,4	3,2	1,5	0,8	0,9	13,2	31,7
100 000 — 250 000	67,6	66,3	1,3	19,1	7,8	2,9	1,0	0,7	1,3	13,3	33,7
250 000 — 500 000	64,1	62,9	1,2	24,8	12,6	3,0	1,0	1,2	1,3	11,1	37,1
500 000 — 1 Mill.	64,4	63,2	1,2	28,6	15,9	3,7	0,7	1,7	1,2	7,0	36,8
1 Mill. — 2 Mill.	62,3	61,0	1,3	30,8	17,5	4,2	0,5	1,8	1,3	7,0	39,0
2 Mill. — 5 Mill.	60,5	59,3	1,2	33,0	19,9	4,5	0,4	1,9	1,1	6,5	40,7
5 Mill. — 25 Mill.	57,8	56,5	1,3	36,4	21,2	6,4	0,3	1,8	1,5	5,8	43,5
25 Mill. — 100 Mill.	52,0	50,8	1,2	40,6	27,9	5,5	0,1	1,2	0,6	7,4	49,2
43 36 0 Einzelhandel mit Möbeln und sonstigen Einrichtungsgegenständen (ohne Eh. mit gebrauchten Möbeln und Antiquitäten)											
Zusammen	**63,7**	**62,5**	**1,2**	**31,2**	**15,3**	**4,8**	**1,2**	**3,6**	**1,1**	**5,1**	**37,5**
darunter:											
100 000 — 250 000	68,2	66,9	1,3	21,7	6,1	3,0	2,7	0,8	2,4	10,1	33,1
250 000 — 500 000	68,0	66,5	1,5	27,6	13,0	4,3	1,7	1,2	1,5	4,4	33,5
500 000 — 1 Mill.	65,5	64,2	1,3	26,9	13,4	4,1	1,5	1,4	1,3	7,5	35,8
1 Mill. — 2 Mill.	64,2	63,0	1,2	28,8	15,1	3,9	1,3	1,8	1,0	7,0	37,0
2 Mill. — 5 Mill.	64,8	63,6	1,2	30,1	15,4	4,1	1,0	3,2	1,0	5,1	36,4
5 Mill. — 10 Mill.	62,4	61,3	1,1	33,1	17,0	4,1	0,9	4,2	1,0	4,5	38,7
10 Mill. — 50 Mill.	61,7	60,7	1,0	33,6	15,7	4,7	0,8	5,5	1,1	4,7	39,3

*) Hochgerechnetes Ergebnis für ausgewählte Zweige der Systematik der Wirtschaftszweige, Stand 1970.

**) Umsatz ohne Umsatz-(Mehrwert-)steuer (ausgenommen Unternehmen, die ihren Umsatz nach § 19 UStG versteuern) plus/minus Bestandsveränderung an selbsthergestellten und bearbeiteten Erzeugnissen plus selbsterstellte Anlagen.

¹) Ohne Abschreibungen auf betrieblich genutzte Gebäude, Außenanlagen u. dgl.

²) Gesamtleistung minus Material- und Wareneinsatz.

³) Ohne ausgeprägten Schwerpunkt.

7.8 Kostenstruktur des Gastgewerbes 1977*)

% der Gesamtleistung)**

Gesamtleistung von ... bis unter ... DM	Material- und Wareneinsatz usw. insgesamt	Material- und Wareneinsatz usw.: Material- und Wareneinsatz	Material- und Wareneinsatz usw.: Verbrauch v. Brennstoffen, Energie u. dgl.[1])	Kosten insgesamt	Kosten darunter für: Personal	Kosten darunter für: Mieten und Pachten	Kosten darunter für: Instandhaltung	Kosten darunter für: Steuern	Kosten darunter für: steuerliche Abschreibungen[2])	Betriebsergebnis	Nachrichtlich: Rohertrag[3])
70 00 0 Hotels und Gasthöfe											
Zusammen	**35,1**	**29,3**	**5,8**	**57,7**	**29,5**	**9,8**	**2,4**	**1,5**	**2,6**	**7,2**	**70,7**
darunter:											
20 000 — 50 000	43,5	33,0	10,5	35,5	5,0	10,6	2,2	2,7	2,6	21,0	67,0
50 000 — 100 000	45,3	36,3	9,0	40,9	9,9	9,4	2,7	1,1	3,8	13,8	63,7
100 000 — 250 000	43,9	37,0	6,9	43,2	15,1	8,7	2,3	1,3	3,7	12,9	63,0
250 000 — 500 000	42,3	36,7	5,6	46,9	22,0	7,8	2,0	1,5	3,0	10,8	63,3
500 000 — 1 Mill.	41,3	36,0	5,3	51,5	27,1	7,6	2,0	1,6	2,9	7,2	64,0
1 Mill. — 2 Mill.	35,6	30,1	5,5	59,7	33,4	8,5	2,4	1,6	2,6	4,7	69,9
2 Mill. — 5 Mill.	27,9	22,4	5,5	67,0	37,9	11,6	2,9	1,6	2,0	5,1	77,6
5 Mill. — 10 Mill.	28,5	22,5	6,0	67,8	39,1	9,7	3,2	1,6	2,2	3,7	77,5
10 Mill. — 25 Mill.	23,4	19,0	4,4	71,4	38,8	12,8	2,9	1,3	2,5	5,2	81,0
70 04 0 Gast- und Speisewirtschaften mit Ausschank alkoholischer Getränke (ohne Bahnhofswirtschaften)											
Zusammen	**47,3**	**42,7**	**4,6**	**39,5**	**18,9**	**6,7**	**1,3**	**1,6**	**2,3**	**13,2**	**57,3**
darunter:											
20 000 — 50 000	55,0	49,1	5,9	25,9	2,5	7,9	1,5	2,1	1,9	19,1	50,9
50 000 — 100 000	50,4	44,6	5,8	30,6	7,7	8,1	1,3	1,1	2,2	19,0	55,4
100 000 — 250 000	48,9	44,1	4,8	34,6	13,2	6,8	1,2	1,5	2,6	16,5	55,9
250 000 — 500 000	47,1	42,8	4,3	42,5	22,6	6,0	1,3	1,6	2,6	10,4	57,2
500 000 — 1 Mill.	44,2	40,5	3,7	47,2	28,4	5,7	1,0	1,8	2,4	8,6	59,5
1 Mill. — 2 Mill.	40,3	36,3	4,0	53,1	34,6	6,5	1,4	1,8	1,8	6,6	63,7
2 Mill. — 10 Mill.	38,2	34,3	3,9	55,7	36,8	7,9	1,5	1,6	1,7	6,1	65,7
70 04 4 Bahnhofswirtschaften											
Zusammen	**51,4**	**47,9**	**3,5**	**41,8**	**27,8**	**6,4**	**0,7**	**1,2**	**0,9**	**6,8**	**52,1**
darunter:											
50 000 — 100 000	52,2	46,6	5,6	29,8	10,7	5,3	0,5	0,4	2,1	18,0	53,4
100 000 — 250 000	55,8	51,9	3,9	29,5	13,9	4,7	0,7	1,0	1,5	14,7	48,1
250 000 — 500 000	56,0	52,8	3,2	33,7	19,0	5,6	0,6	1,4	1,3	10,3	47,2
500 000 — 1 Mill.	53,4	50,0	3,4	40,6	27,3	5,7	0,7	0,9	1,3	6,0	50,0
1 Mill. — 10 Mill.	48,7	45,4	3,3	47,6	34,5	6,4	0,7	1,4	0,7	3,7	54,6
70 05 0 Cafés											
Zusammen	**40,5**	**36,3**	**4,2**	**49,3**	**28,1**	**6,2**	**1,6**	**1,8**	**3,0**	**10,2**	**63,7**
darunter:											
50 000 — 100 000	47,7	41,2	6,5	35,9	10,7	7,6	1,7	1,0	3,1	16,4	58,8
100 000 — 250 000	44,9	39,7	5,2	41,7	17,9	7,0	1,6	1,7	4,2	13,4	60,3
250 000 — 500 000	40,6	36,8	3,8	49,6	29,0	5,9	1,6	1,8	3,1	9,8	63,2
500 000 — 1 Mill.	37,8	35,0	2,8	52,5	32,9	5,3	1,5	2,0	2,5	9,7	65,0
1 Mill. — 5 Mill.	35,5	31,6	3,9	58,5	39,1	5,9	1,7	2,1	2,3	6,0	68,4
70 05 2 Bars, Tanz- und Vergnügungslokale											
Zusammen	**26,1**	**22,2**	**3,9**	**61,5**	**31,2**	**9,3**	**1,5**	**3,9**	**3,4**	**12,4**	**77,8**
darunter:											
50 000 — 100 000	28,9	23,5	5,4	54,2	17,8	12,3	1,5	4,2	3,8	16,9	76,5
100 000 — 250 000	28,4	24,1	4,3	56,4	23,8	12,1	1,5	3,4	3,3	15,2	75,9
250 000 — 500 000	26,0	22,7	3,3	61,2	31,8	9,0	1,6	4,0	3,3	12,8	77,3
500 000 — 1 Mill.	22,4	19,2	3,2	65,7	37,5	8,0	1,4	4,1	2,8	11,9	80,8
1 Mill. — 5 Mill.	24,7	21,2	3,5	66,5	40,1	6,4	1,5	4,3	2,9	8,8	78,8

*) Hochgerechnetes Ergebnis für ausgewählte Zweige der Systematik der Wirtschaftszweige, Stand 1970.

**) Umsatz ohne Umsatz-(Mehrwert-)steuer (ausgenommen Unternehmen, die ihren Umsatz nach § 19 UStG versteuern) plus/minus Bestandsveränderung an selbsthergestellten und bearbeiteten Erzeugnissen plus selbsterstellte Anlagen.

1) Einschl. sonstiger Hilfs- und Betriebsstoffe.

2) Ohne Abschreibungen auf betrieblich genutzte Gebäude, Außenanlagen u. dgl.

3) Gesamtleistung minus Material- und Wareneinsatz.

7.9 Kostenstruktur des Verkehrsgewerbes 1979*)

% der Gesamtleistung**)

Gesamtleistung von . . . bis unter . . . DM	Stoffverbrauch usw. insgesamt	Stoffverbrauch usw. Verbrauch von Roh-, Hilfs- u. Betriebsstoffen, Energie u. dgl.¹)	Stoffverbrauch usw. Fremdleistungen	Kosten insgesamt	darunter für Personal	darunter für Mieten und Pachten	darunter für Wagen- und Schiffspark	darunter für Reisen (Spesen, Tagegelder, Auslösungen u. ä.)	darunter für steuerliche Abschreibungen²)	Betriebsergebnis	Nachrichtlich: Nettoleistung³)
Gewerblicher Güterkraftverkehr und Spedition											
512 71 Erlaubnispflichtiger Straßen-Güternahverkehr (ohne Umzugsverkehr)											
Zusammen	**22,6**	**9,6**	**13,0**	**65,9**	**24,4**	**1,7**	**23,6**	**1,6**	**7,6**	**11,5**	**65,7**
darunter:											
20 000 — 50 000	2,1	1,8	0,3	54,5	5,6	2,0	28,9	1,9	8,4	43,4	85,3
50 000 — 100 000	3,2	2,5	0,7	59,1	10,1	1,6	28,1	2,5	8,6	37,7	83,3
100 000 — 250 000	4,9	3,7	1,2	69,2	17,5	1,5	29,1	1,8	11,1	25,9	81,3
250 000 — 500 000	6,2	4,5	1,7	77,6	25,6	1,6	30,3	1,4	10,7	16,2	79,5
500 000 — 1 Mill.	12,3	9,3	3,0	76,8	28,1	1,7	28,9	1,3	9,4	10,9	74,2
1 Mill. — 2 Mill.	14,4	9,8	4,6	77,9	30,2	1,9	28,0	1,6	9,1	7,7	71,7
2 Mill. — 5 Mill.	22,4	12,1	10,3	70,5	27,5	1,7	24,6	1,5	8,1	7,1	65,2
5 Mill. — 10 Mill.	(39,3)	(31,7)	(7,6)	(54,7)	(21,9)	(1,4)	(18,6)	(1,2)	(6,1)	(6,0)	(51,3)
10 Mill. — 100 Mill.	35,5	8,4	27,1	60,2	26,8	1,9	18,3	1,7	5,0	4,3	54,9
512 74 Genehmigungspflichtiger Straßen-Güterfernverkehr (ohne Umzugsverkehr)											
Zusammen	**11,0**	**3,2**	**7,8**	**79,8**	**26,7**	**1,9**	**29,9**	**3,6**	**8,7**	**9,2**	**72,9**
darunter:											
50 000 — 100 000	1,2	1,2	0,0	61,8	2,9	1,6	34,1	3,3	10,4	37,0	81,3
100 000 — 250 000	2,1	0,9	1,2	77,2	12,0	1,7	36,5	3,8	11,8	20,7	79,3
250 000 — 500 000	4,0	2,7	1,3	82,6	22,6	1,3	34,0	3,9	11,0	13,4	77,8
500 000 — 1 Mill.	4,3	2,2	2,1	85,1	25,4	1,5	34,1	4,2	9,8	10,6	77,6
1 Mill. — 2 Mill.	8,0	2,5	5,5	83,0	27,8	2,0	30,9	3,8	9,1	9,0	75,5
2 Mill. — 5 Mill.	13,8	4,5	9,3	78,8	29,0	2,0	28,0	3,4	7,9	7,4	70,6
5 Mill. — 10 Mill.	22,4	3,0	19,4	71,7	27,9	2,3	23,5	3,0	7,0	5,9	64,8
10 Mill. — 25 Mill.	32,6	7,8	24,8	63,0	27,6	1,9	19,4	2,4	5,3	4,4	56,6
25 Mill. — 50 Mill.	(31,4)	(3,7)	(27,7)	(66,3)	(31,8)	(4,5)	(15,7)	(2,1)	(4,3)	(2,3)	(59,8)
551 10 Spedition (ohne Umzugsverkehr)											
Zusammen	**65,5**	**3,3**	**62,2**	**32,1**	**17,1**	**2,5**	**4,8**	**0,6**	**2,2**	**2,4**	**32,7**
darunter:											
50 000 — 100 000	5,4	2,1	3,3	53,5	7,8	2,8	23,8	2,1	7,9	41,1	84,0
100 000 — 250 000	12,8	4,2	8,6	64,0	28,5	2,9	17,1	0,6	7,1	23,2	79,4
250 000 — 500 000	13,6	7,5	6,1	72,4	29,0	4,3	24,8	1,7	6,5	14,0	74,6
500 000 — 1 Mill.	30,0	2,8	27,2	61,3	28,0	3,7	13,6	1,5	5,8	8,7	63,9
1 Mill. — 2 Mill.	43,5	3,3	40,2	51,3	26,5	2,8	9,6	1,2	3,9	5,2	52,2
2 Mill. — 5 Mill.	53,7	1,1	52,6	42,0	21,6	2,1	8,6	1,0	3,0	4,3	42,4
5 Mill. — 10 Mill.	58,6	1,6	57,0	37,3	18,5	2,0	8,1	1,1	2,4	4,1	37,4
10 Mill. — 25 Mill.	68,5	6,9	61,6	28,5	14,9	1,8	5,1	0,7	1,9	3,0	29,0
25 Mill. — 50 Mill.	68,3	3,0	65,3	29,6	16,4	1,7	4,3	0,7	2,0	2,1	29,8
50 Mill. — 250 Mill.	76,0	1,1	74,9	22,9	13,7	1,9	1,9	0,3	1,3	1,1	23,5
Binnenschiffahrt (Güterbeförderung)											
513 14 Güterbeförderung in der Binnenschiffahrt durch Reedereien											
Zusammen	**55,3**	**5,6**	**49,7**	**42,4**	**18,2**	**2,8**	**9,6**	**0,3**	**4,0**	**2,3**	**39,4**
darunter:											
100 000 — 250 000	2,0	1,7	0,3	70,6	20,9	1,0	22,9	0,8	7,8	27,4	86,1
250 000 — 500 000	3,8	3,5	0,3	78,2	26,8	1,6	27,6	0,5	5,8	18,0	80,7
500 000 — 2 Mill.	9,6	3,6	6,0	82,9	30,9	0,6	23,3	0,2	10,9	7,5	77,1
2 Mill. — 5 Mill.	25,8	6,3	19,5	68,7	31,2	0,5	19,9	0,2	7,2	5,5	62,6
5 Mill. — 25 Mill.	55,0	17,0	38,0	41,8	16,0	2,9	11,9	0,2	3,7	3,2	38,1
25 Mill. — 250 Mill.	(59,2)	(2,6)	(56,6)	(39,2)	(17,5)	(2,9)	(7,8)	(0,3)	(3,7)	(1,6)	(36,8)
513 17 Güterbeförderung in der Binnenschiffahrt durch Partikuliere											
Zusammen	**5,4**	**4,8**	**0,6**	**75,5**	**18,5**	**1,3**	**30,5**	**0,6**	**8,7**	**19,1**	**79,3**
darunter:											
20 000 — 50 000	3,9	3,0	0,9	59,6	4,8	0,8	29,0	1,9	5,7	36,5	82,0
50 000 — 60 000	2,1	2,1	—	62,2	5,5	0,6	29,0	1,6	6,9	35,7	83,2
60 000 — 70 000	1,7	1,7	0,0	65,4	7,2	0,6	30,6	1,2	7,2	32,9	81,5
70 000 — 80 000	2,6	2,6	—	59,5	10,7	0,8	25,8	1,2	5,9	37,9	85,2
80 000 — 90 000	2,0	2,0	—	67,7	11,5	3,4	28,7	0,8	7,6	30,3	82,6
90 000 — 100 000	2,0	2,0	0,0	61,0	11,6	0,7	25,4	0,8	5,8	37,0	84,1
100 000 — 250 000	2,8	2,6	0,2	72,2	15,7	1,1	30,7	0,8	8,0	25,0	81,9
250 000 — 500 000	5,2	4,4	0,8	79,3	17,8	1,1	34,2	0,4	10,2	15,5	77,4
500 000 — 1 Mill.	9,1	7,7	1,4	83,7	24,3	2,1	32,1	0,4	10,3	7,2	75,1
1 Mill. — 5 Mill.	(12,5)	(11,8)	(0,7)	(75,0)	(28,8)	(1,1)	(20,4)	(0,2)	(6,9)	(12,5)	(78,1)

*) Hochgerechnetes Ergebnis für ausgewählte Zweige der Systematik der Wirtschaftszweige, Ausgabe 1979.

**) Umsatz ohne Umsatz-(Mehrwert-)steuer (ausgenommen Unternehmen, die ihren Umsatz nach § 19 UStG versteuern) plus/minus Bestandsveränderung an selbsthergestellten und bearbeiteten Erzeugnissen plus selbsterstellte Anlagen.

¹) Sowie Wareneinsatz.

²) Ohne Abschreibungen auf betrieblich genutzte Gebäude, Außenanlagen u. dgl.

³) Gesamtleistung minus Verbrauch von Roh-, Hilfs- und Betriebsstoffen, Energie u. dgl., ggf. Wareneinsatz, Fremdfrachten u. ä. sowie Verbrauch von Kraft-, Brenn- und Schmierstoffen, ferner sonstige laufende Betriebskosten für Fahrzeuge aller Art.

7.10 Kostenstruktur der Freien Berufe 1979*)

7.10.1 Ärzte und Zahnärzte

% der Einnahmen**)

Einnahmen von ... bis unter ... DM	Kosten								Reinertrag
	insgesamt	darunter für							
		Medikamente, Material, eigener Laborbedarf	Strom, Gas, Wasser, Heizung	Personal	Mieten und Pachten	Kraftfahrzeughaltung	KV/KZV[1])-Verwaltung	steuerliche Abschreibungen[2])	
771 11 Arztpraxen (ohne Zahn- und Tierarztpraxen)									
30 000 — 50 000	(38,0)	(1,5)	(3,5)	(8,4)	(7,9)	(4,7)	(2,0)	(2,7)	(62,0)
50 000 — 80 000	46,4	2,6	3,1	17,2	7,1	5,6	1,9	0,8	53,6
80 000 — 100 000	49,3	2,8	2,8	20,5	5,9	4,6	1,8	1,7	50,7
100 000 — 120 000	51,3	2,2	2,6	21,5	6,8	4,6	2,1	2,0	48,7
120 000 — 150 000	51,7	2,7	2,5	22,8	5,3	4,1	2,0	3,0	48,3
150 000 — 200 000	49,2	3,0	1,9	22,5	4,7	3,3	2,0	2,5	50,8
200 000 — 250 000	48,5	2,9	1,7	22,2	4,1	3,1	2,0	2,8	51,5
250 000 — 300 000	46,7	2,7	1,6	22,1	3,9	2,8	1,9	3,0	53,3
300 000 — 400 000	46,9	3,2	1,4	21,8	3,6	2,5	1,9	3,4	53,1
400 000 — 500 000	47,9	4,2	1,4	21,9	3,5	2,1	1,9	3,7	52,1
500 000 — 600 000	44,1	4,3	1,3	19,5	3,2	2,0	1,9	3,6	55,9
600 000 — 700 000	43,8	3,3	1,4	19,4	2,9	1,9	1,9	3,6	56,2
700 000 — 800 000	54,9	6,4	1,2	20,1	3,8	1,7	2,0	8,1	45,1
800 000 — 1 Mill.	50,3	5,7	1,2	19,1	3,1	1,3	2,0	7,9	49,7
1 Mill. und mehr	(63,3)	(11,5)	(1,0)	(24,1)	(2,6)	(0,9)	(1,6)	(9,0)	(36,7)
771 14 Zahnarztpraxen									
100 000 — 150 000	61,8	6,0	1,7	18,3	3,5	0,9	0,9	1,5	38,2
150 000 — 200 000	58,9	7,0	1,7	14,2	3,4	1,4	0,8	3,7	41,1
200 000 — 250 000	57,9	5,1	1,1	13,4	3,0	1,5	0,9	2,3	42,1
250 000 — 300 000	59,0	5,6	1,2	13,2	2,6	1,1	0,7	3,8	41,0
300 000 — 400 000	58,8	4,9	1,1	15,6	2,4	1,2	0,7	2,9	41,2
400 000 — 500 000	60,5	5,2	1,0	15,2	2,2	0,9	0,8	3,4	39,5
500 000 — 600 000	60,4	5,5	0,8	14,3	2,2	0,8	0,8	3,3	39,6
600 000 — 700 000	58,4	5,7	0,9	13,4	1,9	0,9	0,7	3,3	41,6
700 000 — 800 000	60,5	6,5	0,7	13,6	1,7	0,7	0,7	3,6	39,5
800 000 — 900 000	58,5	5,9	0,6	14,5	1,6	0,7	0,7	2,9	41,5
900 000 — 1 Mill.	61,1	7,5	0,7	16,0	1,6	0,8	0,7	3,8	38,9
1 Mill. — 2 Mill.	59,3	7,6	0,6	17,1	1,4	0,7	0,7	3,1	40,7

7.10.2 Rechtsanwälte, Wirtschaftsprüfer, Steuerberater und Steuerbevollmächtigte

% der Einnahmen**)

Einnahmen von ... bis unter ... DM	Kosten								Reinertrag
	insgesamt	darunter für							
		Strom, Gas, Wasser, Heizung	Personal	Mieten und Pachten	Kraftfahrzeughaltung	Reisen (Spesen, Tagegelder u. ä.)	Versicherungsprämien	steuerliche Abschreibungen[2])	
781 13 Rechtsanwaltspraxen ohne Notariat									
20 000 — 30 000	51,0	3,0	12,5	8,4	8,3	1,7	2,4	0,9	49,0
30 000 — 50 000	52,6	2,6	12,2	8,0	8,1	1,3	1,8	1,9	47,4
50 000 — 80 000	52,5	2,2	17,7	7,6	6,8	1,1	1,5	2,0	47,5
80 000 — 100 000	52,2	1,8	22,6	6,4	5,9	0,6	1,0	1,5	47,8
100 000 — 250 000	51,4	1,4	24,6	5,3	4,6	0,7	0,9	1,5	48,6
250 000 — 500 000	50,0	1,0	26,6	4,2	3,3	0,8	0,9	1,1	50,0
500 000 — 1 Mill.	48,9	0,9	26,7	4,1	3,0	0,8	0,9	1,2	51,1
1 Mill. — 5 Mill.	45,1	0,7	22,7	4,1	2,0	1,0	0,9	1,1	54,9
aus 781 71 Praxen von Wirtschaftsprüfern[3])									
50 000 — 100 000	(41,7)	(1,4)	(4,3)	(5,4)	(7,8)	(4,7)	(1,9)	(1,6)	(58,3)
100 000 — 250 000	53,1	1,2	23,2	3,8	4,8	2,1	1,3	2,1	46,9
250 000 — 500 000	58,9	0,9	35,1	3,5	2,8	1,0	0,8	1,9	41,1
500 000 — 1 Mill.	65,0	0,8	41,8	3,4	2,0	1,5	0,7	1,5	35,0
1 Mill. — 2 Mill.	69,6	0,8	44,0	3,7	1,9	1,3	0,6	1,3	30,4
aus 781 41 Praxen von Steuerberatern									
20 000 — 50 000	48,1	2,3	8,1	6,0	9,9	2,0	1,4	2,6	51,9
50 000 — 100 000	44,1	1,5	14,7	3,9	7,1	1,9	0,9	2,1	55,9
100 000 — 250 000	55,0	1,2	30,0	3,6	4,0	0,9	0,6	2,2	45,0
250 000 — 500 000	64,5	1,0	40,2	3,4	2,9	0,8	0,5	2,3	35,5
500 000 — 1 Mill.	67,9	1,0	44,6	3,6	2,2	0,8	0,4	2,1	32,1
1 Mill. — 2 Mill.	70,1	1,0	46,4	3,2	2,0	1,4	0,4	2,4	29,9
781 45 Praxen von Steuerbevollmächtigten									
20 000 — 50 000	45,1	1,8	9,7	4,5	9,0	1,5	1,4	2,0	54,9
50 000 — 100 000	45,7	1,3	15,3	4,4	7,0	1,1	1,0	2,2	54,3
100 000 — 250 000	59,2	1,3	33,0	3,8	4,5	1,0	0,6	2,2	40,8
250 000 — 500 000	65,7	1,1	42,6	3,5	2,8	0,9	0,5	2,4	34,3
500 000 — 1 Mill.	75,1	0,7	48,2	4,2	3,3	1,0	0,5	1,9	24,9

*) Ausgewählte Zweige der Systematik der Wirtschaftszweige, Ausgabe 1979.
**) Aus selbständiger beruflicher Tätigkeit ohne Umsatz-(Mehrwert-)steuer (ausgenommen Praxen, die ihren Umsatz nach § 19 UStG versteuern).

1) Kassenärztliche/Kassenzahnärztliche Vereinigung.
2) Ohne Abschreibungen auf betrieblich genutzte Gebäude, Außenanlagen u. dgl.
3) Mit der weiteren Berufsqualifikation als Steuerberater.

7.11 Bilanzen von

Nr. der Systematik[1])	Wirtschaftsgliederung	Erfaßte Abschlüsse	Aktiva: Anlagevermögen[2]): Sachanlagen[3])	Aktiva: Anlagevermögen[2]): Finanzanlagen	Aktiva: Umlaufvermögen: Vorräte	Aktiva: Umlaufvermögen: Forderungen: aus Lieferungen und Leistungen[4])	Aktiva: Umlaufvermögen: Forderungen: an verbundene Unternehmen	Aktiva: Umlaufvermögen: Forderungen: andere	Aktiva: Umlaufvermögen: Flüssige Mittel	Aktiva: Sonstige Aktiva
		Anzahl								**Grundzahlen**
0	**Land- und Forstwirtschaft, Fischerei**	**5**	**42**	**35**	**39**	**19**	**30**	**18**	**6**	**1**
1–3	**Produzierendes Gewerbe**	**822**	**136 867**	**53 760**	**105 903**	**48 995**	**36 256**	**22 195**	**34 340**	**587**
1	Energiewirtschaft, Wasserversorgung, Bergbau	142	63 115	12 360	8 020	11 046	4 491	7 970	4 738	252
10 0,5,7	Energiewirtschaft (o. a. S.), Fernheizung, Wassergewinnung und -verteilung	49	18 389	1 515	773	3 349	278	625	597	45
10 1	Elektrizitätserzeugung und -verteilung	67	32 433	7 007	4 037	4 189	1 851	4 234	2 294	72
10 3	Gaserzeugung und -verteilung	11	2 629	519	269	1 563	327	192	420	7
11 0	Steinkohlenbergbau, Kokerei	3	6 235	2 198	1 799	1 348	878	2 442	1 114	120
11 1–9	Übriger Bergbau	12	3 429	1 121	1 142	598	1 157	477	312	8
2	Verarbeitendes Gewerbe (ohne Baugewerbe)	653	72 313	41 036	86 283	35 872	30 883	13 359	25 088	327
20 0	Chemische Industrie[8])	48	14 693	12 815	10 548	6 482	3 860	1 170	2 662	20
20 04	Herstellung von Chemiefasern	3	362	154	356	197	113	44	97	1
20 5	Mineralölverarbeitung	8	5 761	3 973	10 660	3 719	2 860	1 469	1 224	55
21 0	Kunststoffverarbeitung	9	135	67	105	78	48	22	56	0
21 5	Gummi- und Asbestverarbeitung	14	1 365	295	1 172	544	718	67	71	8
22 0	Gewinnung und Verarbeitung von Steinen und Erden[9])	27	385	99	476	175	66	50	129	2
22 02	Herstellung von Zement u. ä.	8	697	450	235	33	62	67	79	2
22 4	Feinkeramik	12	166	53	170	114	31	12	25	1
22 7	Herstellung und Verarbeitung von Glas	10	934	270	481	243	234	76	297	5
23 0,4,8–9	Eisen- und Stahlerzeugung usw.	32	13 316	6 494	8 239	3 787	6 470	1 186	821	75
23 2,6	NE-Metallerzeugung, -gießerei	15	2 004	1 272	2 803	1 555	661	664	836	11
24 0	Stahl- und Leichtmetallbau	13	238	361	2 871	604	533	275	869	3
24 2	Maschinenbau[10])	81	3 886	2 734	12 989	4 948	2 284	1 703	1 939	31
24 25, 25 07 1	Herstellung von Büromaschinen, ADV-Geräten u. ä.	5	518	695	733	355	328	47	107	3
24 4,8	Straßen- und Luftfahrzeugbau	17	14 054	3 695	9 081	2 390	4 517	3 073	8 961	27
24 6	Schiffbau	8	856	117	2 907	425	319	889	431	4
25 0	Elektrotechnik[11])	34	5 710	4 767	15 303	7 318	6 543	1 681	5 488	21
25 2–4	Feinmechanik, Optik, Herstellung und Rep. von Uhren	15	462	124	656	357	144	35	67	3
25 6–8	Herstellung von EBM-Waren, Musikinstrumenten, Spielwaren, Schmuck usw.	20	272	103	608	254	36	54	41	4
26 0–1	Holzbe- und -verarbeitung	8	42	17	91	25	3	7	4	0
26 4	Zellstoff-, Papier- und Pappeerzeugung	14	1 292	152	622	257	48	50	73	3
26 5–8	Papierverarbeitung, Druckerei	16	227	17	163	92	45	10	19	3
27 0–2	Ledergewerbe	7	123	51	224	97	16	7	14	1
27 5	Textilgewerbe	71	975	271	1 683	717	227	117	103	13
27 6	Bekleidungsgewerbe	4	46	9	115	18	73	7	1	1
28 1	Mahl- und Schälmühlen	5	45	2	35	13	9	6	3	1
28 5	Zuckerindustrie	23	762	48	1 516	128	17	71	53	3
29 3	Brauerei, Mälzerei	85	2 095	1 199	414	388	221	240	338	16
ex 29 47	Sektkellereien	7	41	9	87	72	21	8	30	0
Rest 28/29	Übriges Nahrungs- und Genußmittelgewerbe	34	853	723	940	487	377	253	251	8
3	Baugewerbe	27	1 439	363	11 600	2 076	881	865	4 514	7
4	**Handel**	**130**	**6 882**	**3 015**	**7 934**	**6 415**	**2 753**	**2 088**	**2 379**	**105**
40–42	Großhandel, Handelsvermittlung	109	2 074	2 086	4 240	5 341	2 323	1 883	1 537	54
ex 43	Warenhausunternehmen	9	3 968	689	2 846	495	221	151	633	36
ex 43	Einzelhandel (ohne Warenhausunternehmen)	12	840	240	848	579	208	53	208	15
5	**Verkehr, Nachrichtenübermittlung**	**107**	**8 314**	**900**	**639**	**1 252**	**867**	**623**	**487**	**220**
50 05	Eisenbahnen (ohne Bundesbahn)	23	264	22	10	14	28	20	20	4
50 1	Straßenverkehr	41	2 375	116	107	143	503	140	175	8
50 2–3	Schiffahrt, Wasserstraßen, Häfen	28	1 712	562	34	397	205	114	154	178
Rest 5	Übriger Verkehr, Nachrichtenübermittlung	15	3 962	200	488	698	131	349	138	30
7	**Dienstleistungen von Unternehmen und Freien Berufen**	**445**	**19 841**	**23 834**	**2 190**	**820**	**5 916**	**1 961**	**2 867**	**175**
70 0	Gaststätten- und Beherbergungsgewerbe	13	106	47	9	18	24	6	19	0
71 25	Wirtschaftliche Unternehmensberatung u. ä.	37	103	363	3	203	158	79	157	1
71 70 0	Wohnungsunternehmen	75	16 282	874	879	225	210	293	522	118
71 70 4–7	Sonstiges Grundstücks- und Wohnungswesen	74	756	126	103	48	162	42	106	5
71 75 0	Beteiligungsgesellschaften	111	1 069	21 684	52	95	4 653	1 389	1 827	17
71 75 4–7	Sonstige Vermögensverwaltung u. ä.	83	506	612	5	9	408	98	162	18
Rest 7	Übrige Dienstleistungen von Unternehmen und Freien Berufen	52	1 019	128	1 137	222	301	53	74	16
0–7	**Insgesamt**[12])	**1 509**	**171 945**	**81 543**	**116 704**	**57 501**	**45 822**	**26 886**	**40 079**	**1 088**
		Anzahl								**% der Netto**
1	Energiewirtschaft, Wasserversorgung, Bergbau	142	*56,3*	*11,0*	*7,1*	*9,8*	*4,0*	*7,1*	*4,2*	*0,2*
2	Verarbeitendes Gewerbe (ohne Baugewerbe)	653	*23,6*	*13,4*	*28,1*	*11,7*	*10,1*	*4,4*	*8,2*	*0,1*
3	Baugewerbe	27	*6,6*	*1,7*	*53,3*	*9,5*	*4,1*	*4,0*	*20,8*	*0,0*
4	Handel	130	*21,7*	*9,5*	*25,1*	*20,3*	*8,7*	*6,6*	*7,5*	*0,3*
5	Verkehr, Nachrichtenübermittlung	107	*62,3*	*6,7*	*4,8*	*9,4*	*6,5*	*4,7*	*3,6*	*1,6*

1) Systematik der Wirtschaftszweige, Stand 1970, Kurzbezeichnungen.
2) Buchwert nach Abzug der Wertberichtigungen zum Anlagevermögen.
3) Einschl. immaterieller Anlagewerte.
4) Buchwert nach Abzug der Pauschalwertberichtigungen auf Forderungen.
5) Nominalkapital abzüglich der ausstehenden Einlagen und des Buchwertes der eigenen Aktien.
6) Einschl. Lastenausgleichs-Vermögensabgabe.
7) Sonderwertberichtigungen gemäß § 36 Investitionshilfegesetz, Steuerbegünstigte Rücklagen, Empfangene Ertragszuschüsse.

Aktiengesellschaften 1980

Ausgewiesene Bilanzverluste	Nettobilanzsumme	Passiva: Grundkapital[5])	Rücklagen[6])	Posten mit Rücklageanteil[7])	Rückstellungen: Pensionsrückstellungen	Rückstellungen: andere	Verbindlichkeiten langfristig: gegenüber Kreditinstituten	Verbindlichkeiten langfristig: andere	Verbindlichkeiten kurzfristig: aus Lieferungen und Leistungen	Verbindlichkeiten kurzfristig: gegenüber verbundenen Unternehmen	Verbindlichkeiten kurzfristig: andere	Sonstige Passiva	Ausgewiesene Bilanzgewinne	Dividendensumme	Nr. der Systematik[1])
Mill. DM															
6	**196**	**46**	**41**	**5**	**26**	**17**	**14**	**14**	**3**	**16**	**14**	**0**	**1**	**0**	0
1 585	**440 487**	**58 855**	**57 047**	**17 758**	**54 562**	**46 663**	**33 857**	**20 004**	**31 195**	**30 711**	**82 763**	**530**	**6 541**	**5 746**	1–3
182	112 175	17 242	12 537	9 788	14 638	12 908	12 941	8 479	7 338	4 873	9 765	203	1 463	1 204	1
58	25 628	4 641	2 260	3 123	2 755	682	4 417	1 572	1 816	1 461	2 689	29	183	182	10 0,5,7
9	56 127	8 702	8 090	5 695	6 754	6 084	6 153	4 893	2 634	1 820	4 185	165	952	821	10 1
5	5 932	1 149	548	314	507	761	364	202	1 366	20	565	6	131	129	10 3
110	16 243	1 493	659	256	3 909	3 687	1 404	1 432	1 016	495	1 889	2	2	—	11 0
1	8 245	1 258	982	399	713	1 693	603	379	507	1 078	437	0	196	72	11 1–9
1 398	306 560	41 175	43 647	7 708	39 428	31 702	20 744	11 475	21 163	25 733	58 521	327	4 937	4 460	2
109	52 359	9 556	12 289	1 309	8 148	3 900	2 755	4 008	3 005	2 537	3 560	5	1 287	1 243	20 0
1	1 325	256	128	—	292	198	154	39	67	84	106	0	—	0	20 04
9	29 732	5 490	1 432	3 863	2 820	1 834	812	330	1 995	4 244	5 725	47	1 141	1 125	20 5
1	512	89	128	7	81	69	15	24	30	30	26	0	13	12	21 0
2	4 243	779	292	15	378	303	277	376	205	689	860	0	68	61	21 5
3	1 387	290	166	22	128	167	165	92	100	22	215	0	19	17	22 0
—	1 624	301	261	11	386	208	176	39	93	9	111	0	30	26	22 02
1	571	95	85	6	62	43	43	17	51	26	132	0	11	10	22 4
25	2 564	530	464	129	336	350	115	107	122	205	134	0	73	71	22 7
198	40 587	5 327	5 650	544	5 867	2 693	5 940	2 793	2 305	5 484	3 721	6	256	253	23 0, 4, 8–9
2	9 808	1 289	942	245	592	1 045	1 064	301	1 419	463	2 286	14	147	87	23 2, 6
11	5 764	368	576	1	117	550	336	14	422	156	3 201	1	23	14	24 0
17	30 532	2 895	2 906	204	2 579	3 336	1 323	505	2 401	2 175	11 964	6	239	175	24 2
79	2 865	372	624	2	218	209	46	17	98	510	744	2	22	13	24 25, 25 07 1
874	46 671	5 376	7 884	470	8 584	8 671	1 358	825	4 265	2 538	5 866	20	814	625	24 4, 8
4	5 952	372	166	5	127	540	213	80	422	33	3 978	0	14	12	24 6
5	46 836	3 972	6 520	336	5 949	5 697	3 610	1 301	1 966	5 117	11 771	172	423	413	25 0
—	1 848	406	252	19	171	189	137	62	90	181	287	0	55	43	25 2–4
5	1 377	185	179	60	159	108	112	111	89	80	278	0	17	15	25 6–8
0	189	34	23	10	17	12	15	11	22	0	41	0	2	2	26 0–1
2	2 498	402	157	66	328	131	525	33	329	239	273	3	11	6	26 4
2	578	141	71	5	77	34	117	8	36	7	70	2	12	9	26 5–8
1	535	83	85	3	98	50	57	6	33	6	101	0	12	10	27 0–2
27	4 134	712	460	48	321	346	462	102	323	220	1 082	0	56	48	27 5
1	270	95	45	1	16	13	24	1	10	4	60	—	0	0	27 6
—	114	8	5	5	5	3	30	5	6	1	44	0	1	1	28 1
—	2 599	172	375	151	208	335	96	68	705	88	374	0	27	23	28 5
6	4 915	822	872	118	834	388	541	156	259	206	602	43	73	61	29 3
—	269	30	48	2	39	18	24	—	17	5	77	—	8	7	ex 29 47
12	3 905	729	562	50	490	262	200	47	276	375	830	3	81	77	Rest 28/29
5	21 752	438	864	262	496	2 054	172	50	2 693	105	14 477	0	141	82	3
87	**31 657**	**3 450**	**3 492**	**385**	**2 636**	**1 560**	**2 571**	**935**	**4 290**	**4 738**	**7 298**	**54**	**248**	**212**	4
82	19 621	1 976	1 550	268	1 101	1 014	888	260	2 758	3 834	5 845	18	109	78	40–42
5	9 045	1 050	1 803	0	1 141	437	1 553	620	841	314	1 121	34	130	128	ex 43
—	2 991	424	139	117	395	109	130	55	691	590	332	2	8	6	ex 43
42	**13 344**	**3 227**	**861**	**254**	**1 474**	**1 153**	**2 680**	**718**	**757**	**636**	**1 287**	**269**	**27**	**17**	5
7	389	97	53	61	59	26	13	13	28	2	35	1	0	0	50 05
30	3 597	1 017	268	129	766	134	449	260	151	144	259	19	1	1	50 1
6	3 361	477	79	57	322	240	1 351	62	137	46	340	243	7	6	50 2–3
0	5 997	1 636	461	7	326	753	867	384	442	444	653	6	18	11	Rest 5
602	**58 206**	**11 653**	**11 002**	**534**	**1 955**	**2 429**	**16 235**	**4 914**	**891**	**4 054**	**3 361**	**151**	**1 027**	**842**	7
0	230	36	20	8	10	14	70	10	17	15	26	0	4	3	70 0
0	1 068	209	92	11	314	206	27	9	29	11	119	2	39	36	71 25
0	19 404	1 218	1 563	3	251	91	11 477	3 186	475	522	538	3	76	26	71 70 0
4	1 354	317	127	24	79	60	267	26	92	146	187	3	25	22	71 70 4–7
38	30 824	8 695	8 727	367	987	1 768	3 846	1 296	85	2 306	1 914	2	829	715	71 75 0
10	1 828	625	274	102	146	109	234	73	19	74	130	3	39	28	71 75 4–7
549	3 499	552	198	19	168	180	313	314	174	981	446	138	15	12	Rest 7
2 322	**543 890**	**77 232**	**72 443**	**18 936**	**60 654**	**51 823**	**55 357**	**26 585**	**37 135**	**40 156**	**94 722**	**1 004**	**7 844**	**6 818**	0–7
bilanzsumme															
0,2	*100*	*15,4*	*11,2*	*8,7*	*13,0*	*11,5*	*11,5*	*7,6*	*6,5*	*4,3*	*8,7*	*0,2*	*1,3*	×	1
0,5	*100*	*13,4*	*14,2*	*2,5*	*12,9*	*10,3*	*6,8*	*3,7*	*6,9*	*8,4*	*19,1*	*0,1*	*1,6*	×	2
0,0	*100*	*2,0*	*4,0*	*1,2*	*2,3*	*9,4*	*0,8*	*0,2*	*12,4*	*0,5*	*66,6*	*0,0*	*0,6*	×	3
0,3	*100*	*10,9*	*11,0*	*1,2*	*8,3*	*4,9*	*8,1*	*3,0*	*13,6*	*15,0*	*23,1*	*0,2*	*0,8*	×	4
0,3	*100*	*24,2*	*6,5*	*1,9*	*11,0*	*8,6*	*20,1*	*5,4*	*5,7*	*4,8*	*9,6*	*2,0*	*0,2*	×	5

[8]) Ohne 20 04 = Herstellung von Chemiefasern.
[9]) Ohne 22 02 = Herstellung von Zement u. ä.
[10]) Ohne 24 25, 25 07 1 = Herstellung von Büromaschinen, ADV-Geräten u. ä.
[11]) Ohne 25 07 1 = Herstellung von ADV-Geräten und -Einrichtungen.
[12]) Ohne 6 = Kreditinstitute, Versicherungsgewerbe.

7.12 Erfolgsrechnungen

Nr. der Systematik[1])	Wirtschaftsgliederung	Erfaßte Abschlüsse	Umsatzerlöse	Gesamtleistung	Materialverbrauch usw.[2])	Rohertrag	Ausweispflichtige Erträge: Erträge aus Verlustübernahme	Ausweispflichtige Erträge: Übrige	Ausweis: Löhne und Gehälter	Ausweis: Soziale Abgaben	Ausweis: Aufwendungen für Altersversorgung und Unterstützung
		Anzahl									Grundzahlen
0	**Land- und Forstwirtschaft, Fischerei**	**5**	**122**	**114**	**63**	**51**	**—**	**53**	**36**	**5**	**3**
1–3	**Produzierendes Gewerbe**	**822**	**555 457**	**569 977**	**331 189**	**238 788**	**1 024**	**32 663**	**105 709**	**16 308**	**11 063**
1	Energiewirtschaft, Wasserversorgung, Bergbau	142	99 466	100 739	60 910	39 829	77	7 119	15 234	3 064	2 829
10 0,5,7	Energiewirtschaft (o. a. S.), Fernheizung, Wassergewinnung und -verteilung	49	19 515	19 757	11 772	7 986	73	884	2 438	361	544
10 1	Elektrizitätserzeugung und -verteilung	67	39 697	40 031	24 102	15 929	4	2 654	4 441	641	1 114
10 3	Gaserzeugung und -verteilung	11	11 685	11 720	10 079	1 641	—	285	385	55	111
11 0	Steinkohlenbergbau, Kokerei	3	18 795	18 994	9 948	9 046	—	2 470	6 387	1 678	919
11 1–9	Übriger Bergbau	12	9 775	10 237	5 009	5 227	—	827	1 584	330	141
2	Verarbeitendes Gewerbe (ohne Baugewerbe)	653	442 006	453 781	261 581	192 199	947	24 954	86 584	12 693	8 084
20 0	Chemische Industrie[4])	48	67 819	69 113	36 212	32 901	13	3 812	13 805	1 853	1 479
20 04	Herstellung von Chemiefasern	3	2 259	2 310	1 301	1 009	63	187	629	90	46
20 5	Mineralölverarbeitung	8	88 448	90 194	65 127	25 067	56	2 969	1 565	186	461
21 0	Kunststoffverarbeitung	9	822	826	412	413	—	30	177	28	29
21 5	Gummi- und Asbestverarbeitung	14	6 207	6 412	3 283	3 128	—	236	1 744	282	90
22 0	Gewinnung und Verarbeitung von Steinen und Erden[5])	27	1 898	1 943	830	1 114	5	110	530	96	28
22 02	Herstellung von Zement u. ä.	8	1 797	1 819	850	968	—	121	296	50	46
22 4	Feinkeramik	12	942	950	268	682	—	57	405	70	12
22 7	Herstellung und Verarbeitung von Glas	10	3 354	3 411	1 335	2 076	4	353	885	140	119
23 0,4,8–9	Eisen- und Stahlerzeugung usw.	32	44 634	45 363	26 537	18 827	425	3 466	9 696	1 613	889
23 2,6	NE-Metallerzeugung, -gießerei	15	17 161	17 803	13 062	4 741	17	987	2 059	339	148
24 0	Stahl- und Leichtmetallbau	13	3 025	3 694	2 277	1 417	—	287	807	123	20
24 2	Maschinenbau[6])	81	29 739	31 002	15 638	15 363	117	1 769	8 874	1 306	421
24 25, 25 07 1	Herstellung von Büromaschinen, ADV-Geräten u. ä.	5	2 818	2 985	1 534	1 451	157	265	933	135	27
24 4,8	Straßen- und Luftfahrzeugbau	17	88 168	89 069	50 622	38 447	—	4 109	20 880	2 963	2 628
24 6	Schiffbau	8	2 699	3 938	2 375	1 563	72	475	1 207	213	27
25 0	Elektrotechnik[7])	34	43 638	45 772	21 084	24 687	6	3 545	14 854	2 096	1 205
25 2–4	Feinmechanik, Optik, Herstellung und Rep. von Uhren	15	2 740	2 826	1 210	1 616	—	138	902	135	35
25 6–8	Herstellung von EBM-Waren, Musikinstrumenten, Spielwaren, Schmuck usw.	20	2 077	2 147	939	1 207	—	97	695	104	37
26 0–1	Holzbe- und -verarbeitung	8	346	351	210	141	—	15	76	13	3
26 4	Zellstoff-, Papier- und Pappeerzeugung	14	3 531	3 612	2 039	1 573	—	130	698	107	37
26 5–8	Papierverarbeitung, Druckerei	16	1 098	1 107	587	520	—	44	280	41	14
27 0–2	Ledergewerbe	7	990	1 002	506	496	1	65	286	46	13
27 5	Textilgewerbe	71	6 911	7 055	3 924	3 130	5	409	1 778	281	55
27 6	Bekleidungsgewerbe	4	484	479	210	269	5	27	123	19	3
28 1	Mahl- und Schälmühlen	5	351	352	297	55	—	11	19	3	1
28 5	Zuckerindustrie	23	3 034	3 229	2 193	1 036	—	130	283	45	30
29 3	Brauerei, Mälzerei	85	6 027	6 025	1 960	4 065	1	646	1 285	198	109
ex 29 47	Sektkellereien	7	376	380	181	200	—	12	31	4	5
Rest 28/29	Übriges Nahrungs- und Genußmittelgewerbe	34	8 614	8.612	4 576	4 036	—	454	781	113	66
3	Baugewerbe	27	13 986	15 457	8 698	6 760	1	590	3 891	551	150
4	**Handel**	**130**	**84 921**	**85 033**	**67 766**	**17 266**	**95**	**2 611**	**6 733**	**1 019**	**414**
40–42	Großhandel, Handelsvermittlung	109	48 998	49 107	42 322	6 785	95	1 505	2 512	369	164
ex 43	Warenhausunternehmen	9	19 383	19 383	12 245	7 138	—	806	3 664	570	186
ex 43	Einzelhandel (ohne Warenhausunternehmen)	12	16 540	16 543	13 199	3 344	—	301	556	80	64
5	**Verkehr, Nachrichtenübermittlung**	**107**	**13 330**	**13 398**	**5 342**	**8 056**	**965**	**1 543**	**4 253**	**605**	**378**
50 05	Eisenbahnen (ohne Bundesbahn)	23	179	180	68	112	32	109	115	20	14
50 1	Straßenverkehr	41	2 038	2 081	681	1 400	919	613	1 582	243	204
50 2–3	Schiffahrt, Wasserstraßen, Häfen	28	3 436	3 439	2 290	1 149	14	382	603	95	42
Rest 5	Übriger Verkehr, Nachrichtenübermittlung	15	7 677	7 697	2 303	5 394	0	440	1 953	247	119
7	**Dienstleistungen von Unternehmen und Freien Berufen**	**445**	**9 230**	**9 072**	**3 500**	**5 572**	**110**	**5 718**	**2 476**	**318**	**282**
70 0	Gaststätten- und Beherbergungsgewerbe	13	315	315	75	240	1	25	120	19	2
71 25	Wirtschaftliche Unternehmensberatung u. ä.	37	623	604	33	571	—	158	344	34	50
71 70 0	Wohnungsunternehmen	75	2 931	3 140	1 581	1 559	—	192	261	36	43
71 70 4–7	Sonstiges Grundstücks- und Wohnungswesen	74	376	383	128	255	1	88	28	3	19
71 75 0	Beteiligungsgesellschaften	111	894	897	446	451	77	4 625	321	34	114
71 75 4–7	Sonstige Vermögensverwaltung u. ä.	83	972	973	111	861	1	399	574	95	21
Rest 7	Übrige Dienstleistungen von Unternehmen und Freien Berufen	52	3 120	2 760	1 126	1 633	30	232	827	97	31
0–7	**Insgesamt**[8])	**1 509**	**663 060**	**677 594**	**407 861**	**269 733**	**2 194**	**42 589**	**119 207**	**18 255**	**12 139**
		Anzahl									% der Gesamt
1	Energiewirtschaft, Wasserversorgung, Bergbau	142	*98,7*	*100*	*60,5*	*39,5*	*0,1*	*7,1*	*15,1*	*3,0*	*2,8*
2	Verarbeitendes Gewerbe (ohne Baugewerbe)	653	*97,4*	*100*	*57,6*	*42,4*	*0,2*	*5,5*	*19,1*	*2,8*	*1,8*
3	Baugewerbe	27	*90,5*	*100*	*56,3*	*43,7*	*0,0*	*3,8*	*25,2*	*3,6*	*1,0*
4	Handel	130	*99,9*	*100*	*79,7*	*20,3*	*0,1*	*3,1*	*7,9*	*1,2*	*0,5*
5	Verkehr, Nachrichtenübermittlung	107	*99,5*	*100*	*39,9*	*60,1*	*7,2*	*11,5*	*31,7*	*4,5*	*2,8*

1) Systematik der Wirtschaftszweige, Stand 1970, Kurzbezeichnungen.
2) Aufwendungen für Roh-, Hilfs- und Betriebsstoffe sowie für bezogene Waren.
3) Einschl. Lastenausgleichs-Vermögensabgabe.
4) Ohne 20 04 = Herstellung von Chemiefasern.

von Aktiengesellschaften 1980

pflichtige Aufwendungen								Jahresüberschüsse (+) bzw. -fehlbeträge (−)	Entnahmen aus Rücklagen	Einstellung in Rücklagen	Gewinn- (+) bzw. Verlustvortrag (−)	Bilanzgewinne (+) bzw. -verluste (−)	Nr. der Systematik¹)
Abschreibungen und Wertberichtigungen auf		Verluste aus Anlagenabgang und Abgang des Umlaufvermögens	Zinsen und ähnliche Aufwendungen	Steuern vom Einkommen usw.³)	Sonstige Steuern	Aufgrund von Verträgen abgeführte Gewinne	Übrige						
Sachanlagen und immaterielle Anlagewerte	Finanzanlagen												
Mill. DM													
6	**1**	**7**	**6**	**4**	**0**	**9**	**29**	**− 4**	**—**	**0**	**− 0**	**− 5**	0
25 031	**1 345**	**1 179**	**8 505**	**14 879**	**17 308**	**1 152**	**62 717**	**+7 279**	**1 202**	**2 663**	**− 862**	**+4 956**	1–3
8 097	92	181	2 030	3 435	692	643	8 755	+1 974	58	608	− 142	+1 281	1
1 968	8	26	533	478	4	318	2 004	+ 261	15	116	− 34	+ 125	10 0,5,7
4 379	46	48	994	2 087	15	76	3 520	+1 227	2	284	− 2	+ 943	10 1
304	5	13	57	445	2	—	305	+ 245	4	125	+ 2	+ 126	10 3
513	28	26	317	120	80	—	1 487	− 38	38	—	− 109	− 108	11 0
933	6	69	129	305	591	249	1 440	+ 278	—	84	0	+ 195	11 1–9
16 447	1 246	950	6 411	11 045	16 605	509	52 486	+5 039	1 144	1 929	− 714	+3 540	2
3 360	434	159	915	2 265	117	1	10 761	+1 576	—	311	− 87	+1 178	20 0
135	17	8	25	15	1	2	340	− 49	48	—	+ 0	− 1	20 04
990	80	28	519	2 045	13 645	90	7 262	+1 220	4	86	− 7	+1 132	20 5
32	1	2	5	26	0	1	124	+ 18	—	5	− 0	+ 13	21 0
239	4	10	181	112	3	2	630	+ 67	0	9	+ 7	+ 65	21 5
84	28	5	30	51	1	2	345	+ 28	0	8	− 5	+ 16	22 0
164	7	2	21	70	1	2	388	+ 43	—	12	+ 0	+ 30	22 02
45	3	5	18	21	1	0	147	+ 12	1	2	− 0	+ 10	22 4
229	3	6	42	161	1	1	688	+ 158	—	58	− 53	+ 47	22 7
2 016	102	86	1 612	618	16	104	5 681	+ 287	264	97	− 396	+ 58	23 0,4,8–9
565	32	33	202	337	6	9	1 830	+ 184	—	61	+ 21	+ 144	23 2,6
64	2	8	42	49	4	9	549	+ 27	0	3	− 13	+ 12	24 0
866	145	133	583	628	20	113	3 889	+ 271	138	135	− 52	+ 222	24 2
182	26	25	139	49	3	6	399	− 52	—	4	− 0	− 57	24 25, 25 07 1
4 059	186	126	464	2 972	21	1	7 698	+ 557	268	790	− 94	− 59	24 4,8
119	5	7	45	35	1	—	455	− 3	17	0	− 3	+ 10	24 6
1 560	61	211	967	812	18	28	6 115	+ 311	324	222	+ 5	+ 418	25 0
119	1	4	35	80	1	16	364	+ 62	0	8	+ 1	+ 55	25 2–4
68	1	14	46	39	2	—	286	+ 12	6	4	− 2	+ 12	25 6–8
9	0	0	6	8	0	—	38	+ 4	—	1	− 0	+ 2	26 0–1
204	0	3	76	41	1	10	513	+ 13	2	3	− 2	+ 9	26 4
41	0	2	13	25	3	—	130	+ 15	4	7	− 2	+ 10	26 5–8
22	2	2	15	28	1	—	127	+ 19	3	9	− 0	+ 11	27 0–2
262	13	28	151	145	7	26	735	+ 64	7	28	− 14	+ 29	27 5
5	—	1	7	2	0	—	141	− 0	—	0	− 0	− 0	27 6
8	—	0	6	1	1	4	21	+ 1	—	0	+ 0	+ 1	28 1
197	11	0	39	73	83	0	367	+ 37	0	11	+ 0	+ 27	28 5
609	74	31	89	183	606	12	1 482	+ 35	59	17	− 10	+ 67	29 3
8	—	0	6	17	62	—	67	+ 12	—	4	+ 0	+ 8	ex 29 47
187	6	12	112	137	1 979	71	916	+ 110	2	35	− 9	+ 69	Rest 28/29
488	7	47	64	399	11	1	1 476	+ 266	—	125	− 6	+ 135	3
990	**35**	**116**	**997**	**530**	**1 632**	**213**	**7 018**	**+ 275**	**72**	**151**	**− 36**	**+ 161**	4
337	30	76	690	234	429	153	3 218	+ 175	3	116	− 34	+ 27	40–42
509	5	38	267	270	9	—	2 338	+ 88	70	30	− 2	+ 125	ex 43
144	0	3	40	26	1 195	61	1 462	+ 13	0	5	+ 0	+ 8	ex 43
1 357	**8**	**24**	**327**	**181**	**13**	**9**	**3 336**	**+ 73**	**71**	**86**	**− 74**	**− 16**	5
59	0	1	3	1	1	2	41	− 4	3	0	− 5	− 6	50 05
481	1	5	75	9	2	0	287	+ 41	42	56	− 55	− 28	50 1
280	2	3	122	53	2	5	347	− 9	26	2	− 14	+ 1	50 2–3
538	4	14	127	117	8	1	2 661	+ 45	—	28	+ 1	+ 18	Rest 5
972	**618**	**91**	**1 490**	**1 515**	**103**	**164**	**2 168**	**+1 203**	**118**	**370**	**− 526**	**+ 425**	7
15	1	1	7	7	2	—	91	+ 3	1	0	+ 0	+ 4	70 0
11	5	6	6	74	1	0	142	+ 56	3	17	− 3	+ 39	71 25
355	1	21	604	80	1	5	227	+ 116	9	55	+ 5	+ 76	71 70 0
67	3	2	44	42	0	12	93	+ 29	—	6	− 2	+ 21	71 70 4–7
223	602	34	743	1 227	18	65	827	+ 946	103	258	+ 1	+ 791	71 75 0
110	4	12	31	49	80	46	182	+ 55	0	18	− 9	+ 29	71 75 4–7
192	1	15	56	35	1	35	606	− 2	2	16	− 518	− 533	Rest 7
28 358	**2 006**	**1 417**	**11 326**	**17 109**	**19 057**	**1 548**	**75 268**	**+8 826**	**1 463**	**3 270**	**−1 498**	**+5 522**	0–7
leistung													
8,0	*0,1*	*0,2*	*2,0*	*3,4*	*0,7*	*0,6*	*8,7*	*+ 2,0*	*0,1*	*0,6*	*− 0,1*	*+ 1,3*	1
3,6	*0,3*	*0,2*	*1,4*	*2,4*	*3,7*	*0,1*	*11,6*	*+ 1,1*	*0,3*	*0,4*	*− 0,2*	*+ 0,8*	2
3,2	*0,0*	*0,3*	*0,4*	*2,6*	*0,1*	*0,0*	*9,5*	*+ 1,7*	—	*0,8*	*− 0,0*	*+ 0,9*	3
1,2	*0,0*	*0,1*	*1,2*	*0,6*	*1,9*	*0,3*	*8,3*	*+ 0,3*	*0,1*	*0,2*	*− 0,0*	*+ 0,2*	4
10,1	*0,1*	*0,2*	*2,4*	*1,4*	*0,1*	*0,1*	*24,9*	*+ 0,5*	*0,5*	*0,6*	*− 0,6*	*− 0,1*	5

⁵) Ohne 22 02 = Herstellung von Zement u. ä.
⁶) Ohne 24 25, 25 07 1 = Herstellung von Büromaschinen, ADV-Geräten u. ä.
⁷) Ohne 25 07 1 = Herstellung von ADV-Geräten und -Einrichtungen.
⁸) Ohne 6 = Kreditinstitute, Versicherungsgewerbe.

7.13 Entwicklung der Sachanlagen von Aktiengesellschaften*)

Mill. DM

Anlagengruppe	Zugang	Abschreibungen	Nettobestand	Zugang	Abgang	Saldo der Umbuchungen und Berichtigungen	Abschreibungen	Nettobestand
	im Geschäftsjahr 1979		Ende 1979[1])	im Geschäftsjahr 1980				Ende 1980[1])
Grundstücke und Gebäude	3 552	4 010	62 908	4 346	780	2 929	4 391	65 013
Grundstücke mit Geschäfts-, Fabrik- und anderen Bauten	2 461	3 144	41 132	3 158	427	2 444	3 468	42 838
Grundstücke mit Wohnbauten	494	416	16 523	439	188	325	439	16 659
Grundstücke ohne Bauten	284	140	2 948	412	129	− 33	115	3 084
Bauten auf fremden Grundstücken	313	310	2 305	337	36	194	368	2 432
Maschinen und maschinelle Anlagen	11 874	17 060	76 655	13 160	587	5 856	17 366	77 717
Betriebs- und Geschäftsausstattung	5 595	5 272	11 643	6 134	176	831	5 728	12 705
Anlagen in Bau und Anzahlungen auf Anlagen	10 098	410	13 127	12 340	204	−9 146	675	15 441
Konzessionen, gewerbliche Schutzrechte, Lizenzen u. ä.	158	212	1 011	231	7	32	197	1 069
Insgesamt	**31 276**	**26 964**	**165 344**	**36 211**	**1 754**	**502**	**28 358**	**171 945**

*) Ohne Kreditinstitute und Versicherungsgewerbe.

1) Buchwert nach Abzug der Wertberichtigungen zum Anlagevermögen; einschl. immaterieller Anlagewerte.

7.14 Herkunft und Verwendung langfristiger Finanzierungsmittel von Aktiengesellschaften*)

Bilanzposten	1977	1978	1979	1980			
	insgesamt					darunter Produzierendes Gewerbe	
	1 529 Gesellschaften	1 534 Gesellschaften	1 529 Gesellschaften	1 509 Gesellschaften		822 Gesellschaften	
	% der Mittelverwendung			Mill. DM	% der Mittelverwendung	Mill. DM	% der Mittelverwendung
Mittelherkunft							
Zugang bei							
Rücklagen[1])	*9,6*	*10,9*	*13,9*	5 662	*10,3*	4 424	*9,8*
abzüglich Agio	*−3,0*	*−3,8*	*−5,7*	−2 061	*−3,7*	−1 500	*−3,3*
Sonderposten mit Rücklagenanteil[2])	*1,9*	*1,5*	*6,8*	2 534	*4,6*	2 353	*5,2*
Langfristigen Rückstellungen[3]) und Sozialverbindlichkeiten	*9,8*	*9,9*	*13,8*	7 850	*14,2*	7 319	*16,2*
Im Unternehmen gebildetes Kapital	*18,3*	*18,6*	*28,8*	13 984	*25,4*	12 596	*27,9*
Abschreibungen und Anlagenabgang[4])	*65,9*	*65,6*	*60,9*	31 198	*56,6*	27 248	*60,4*
Innenfinanzierung	*84,2*	*84,2*	*89,7*	45 182	*82,0*	39 843	*88,4*
Zugang bei							
Grundkapital (vor Berichtigung)	*4,7*	*4,0*	*3,8*	3 434	*6,2*	2 421	*5,4*
zuzüglich Agio	*+3,0*	*+3,8*	*+5,7*	+2 061	*+3,7*	+1 500	*+3,3*
Sonderposten mit Rücklagenanteil[5])	*1,5*	*1,2*	*1,2*	643	*1,2*	628	*1,4*
Langfristigen Verbindlichkeiten	*17,1*	*12,1*	*8,5*	4 724	*8,6*	3 257	*7,2*
Außenfinanzierung	*26,2*	*21,1*	*19,2*	10 863	*19,7*	7 806	*17,3*
Insgesamt	***110,4***	***105,3***	***108,9***	**56 045**	***101,7***	**47 650**	***105,7***
Mittelverwendung							
Zugang bei							
Sachanlagen[6])	*69,2*	*63,5*	*65,5*	36 713	*66,6*	32 135	*71,3*
Finanzanlagen	*10,1*	*12,0*	*13,7*	7 786	*14,1*	4 529	*10,0*
Zusammen	*79,3*	*75,5*	*79,2*	44 499	*80,8*	36 665	*81,3*
Entnahme bzw. Tilgung bei							
Grundkapital	*0,8*	*0,7*	*1,7*	812	*1,5*	417	*0,9*
Rücklagen[1]) (vor Berichtigung)	*2,6*	*1,5*	*2,1*	942	*1,7*	749	*1,7*
Sonderposten mit Rücklagenanteil[2])[5])	*3,0*	*4,2*	*1,1*	998	*1,8*	793	*1,8*
Langfristigen Verbindlichkeiten[7])	*14,2*	*18,1*	*16,0*	7 855	*14,3*	6 453	*14,3*
Zusammen	*20,7*	*24,5*	*20,8*	10 606	*19,2*	8 412	*18,7*
Insgesamt	***100***	***100***	***100***	**55 105**	***100***	**45 077**	***100***
Überdeckung	*10,4*	*5,3*	*8,9*	939	*1,7*	2 573	*5,7*

*) Ohne Kreditinstitute und Versicherungsgewerbe.
1) Einschl. Lastenausgleichs-Vermögensabgabe.
2) Steuerbegünstigte Rücklagen, Sonderwertberichtigungen.
3) Überwiegend Pensionsrückstellungen.
4) Sachanlagen und Finanzanlagen.
5) Empfangene Ertragszuschüsse.
6) Einschl. des Saldos aus Umbuchungen und Berichtigungen.
7) Einschl. langfristiger Rückstellungen.

Vermögens- und Kapitalaufbau der Aktiengesellschaften 1980 nach ausgewählten Wirtschaftszweigen

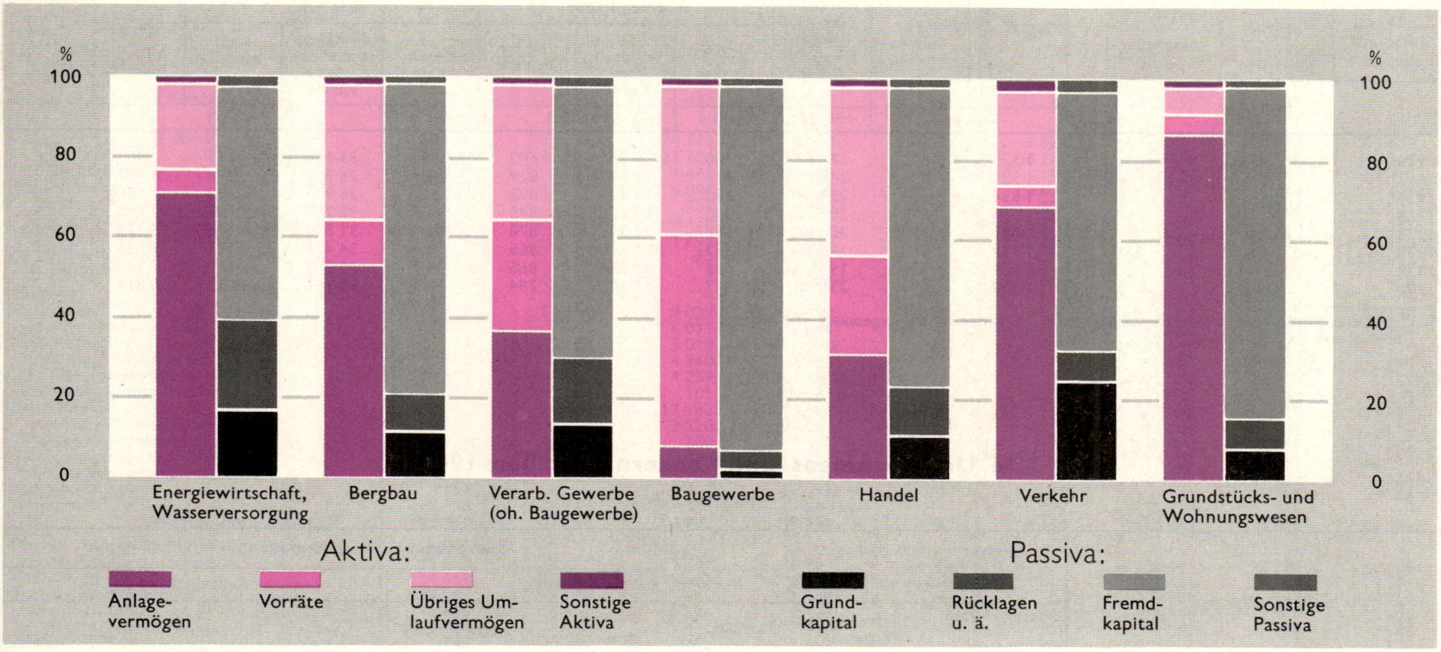

Zahlungsschwierigkeiten

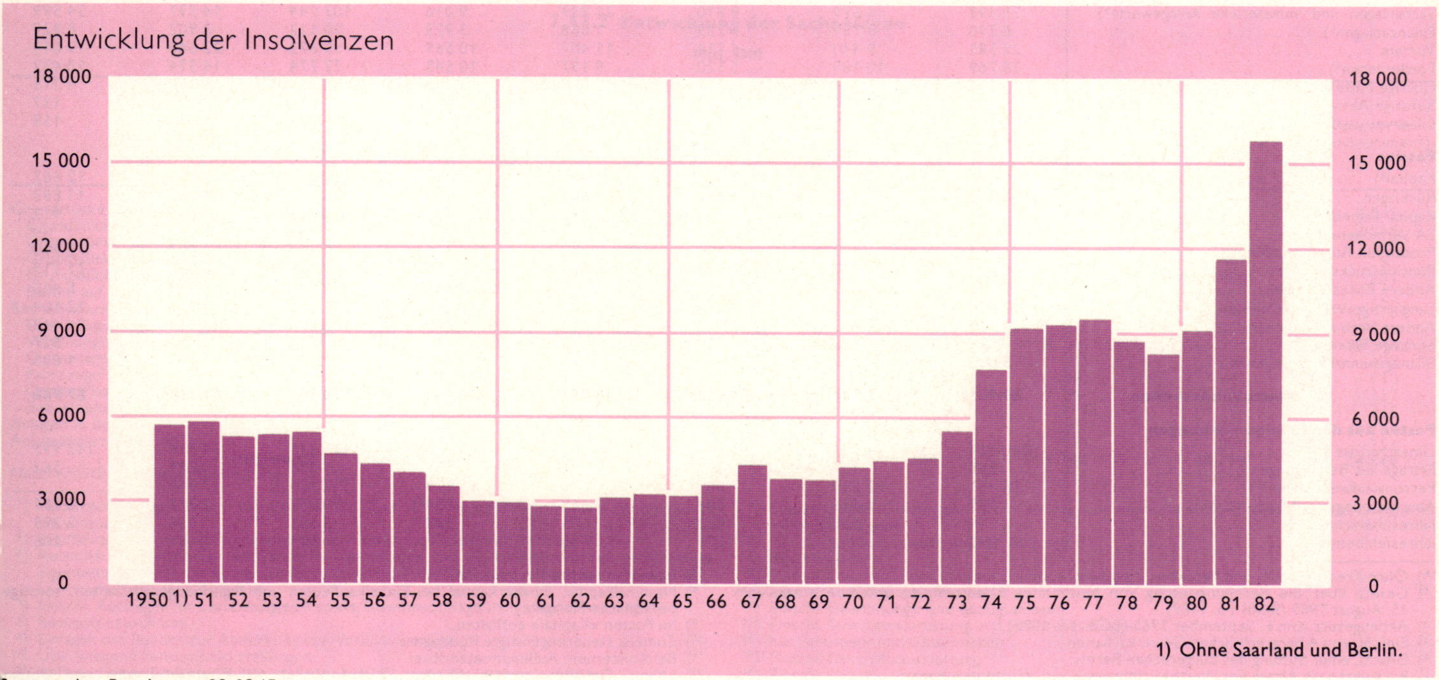

Statistisches Bundesamt 83 0245

8.3 Landwirtschaftliche Betriebe 1981*)

8.3.1 Nach Betriebssystemen der landwirtschaftlich genutzten Fläche

1 000

Betriebssystem	Landwirtschaftlich genutzte Fläche von . . . bis unter . . . ha							Insgesamt	Darunter 1 ha und mehr
	unter 2	2 — 5	5 — 10	10 — 20	20 — 30	30 — 50	50 und mehr		
Betriebsbereich Landwirtschaft	101,4	129,2	132,5	169,8	98,3	75,0	31,5	737,5	711,1
davon:									
Marktfruchtbetriebe	29,5	40,3	25,1	23,8	14,2	14,2	13,2	160,2	159,6
Spezialbetriebe	19,6	23,0	13,3	9,6	5,3	5,6	7,2	83,5	83,0
dar. Extensivfruchtbetriebe	13,4	18,9	10,9	6,5	2,6	2,4	3,5	58,1	58,1
Verbundbetriebe	9,9	17,3	11,8	14,2	9,0	8,6	6,0	76,8	76,6
Futterbaubetriebe	23,7	54,7	75,2	107,4	63,2	45,0	12,9	382,2	380,1
Spezialbetriebe	16,5	29,4	33,4	50,0	30,5	23,5	6,8	190,1	188,4
dar. Milchviehbetriebe	5,8	20,0	28,4	45,9	29,0	22,1	6,0	157,1	156,3
Verbundbetriebe	7,2	25,3	41,8	57,5	32,6	21,6	6,2	192,1	191,7
Veredelungsbetriebe	13,8	11,8	10,9	11,1	6,9	5,4	1,7	61,7	55,5
Spezialbetriebe	9,7	5,4	3,5	2,8	1,5	0,6	0,1	23,6	18,2
dar. Schweinebetriebe	7,5	4,3	3,2	2,5	1,4	0,6	0,1	19,5	15,0
Verbundbetriebe	4,1	6,5	7,4	8,3	5,4	4,8	1,6	38,1	37,3
Dauerkulturbetriebe	30,5	12,9	7,9	5,8	1,8	0,6	0,1	59,6	42,3
Spezialbetriebe	28,5	10,5	5,4	2,9	0,6	0,2	0,1	48,2	31,1
dar. Weinbaubetriebe	22,0	8,8	4,1	1,9	0,3	0,1	0,0	37,2	24,2
Verbundbetriebe	2,0	2,4	2,5	2,9	1,1	0,4	0,1	11,4	11,2
Landwirtschaftliche Gemischtbetriebe	3,8	9,5	13,3	21,6	12,3	9,8	3,6	73,8	73,6
dar.: Landwirtschaft mit Marktfrucht	1,4	3,6	4,3	5,6	3,0	2,8	1,4	21,9	21,9
Landwirtschaft mit Futterbau	1,3	4,4	6,5	11,5	6,5	4,8	1,5	36,5	36,4
Betriebsbereich Gartenbau	13,2	2,8	1,2	0,7	0,2	0,1	0,1	18,3	8,9
dar.: Gemüsebetriebe	2,6	0,9	0,4	0,1	0,0	0,0	0,0	4,1	2,6
Zierpflanzenbetriebe	9,5	1,0	0,2	0,1	0,0	0,0	0,0	10,8	3,4
Baumschulbetriebe	1,1	0,9	0,6	0,5	0,2	0,1	0,1	3,4	2,9
Übrige Betriebsbereiche[1])	9,8	10,2	6,4	4,4	1,3	0,9	0,6	33,7	33,0
Insgesamt	**124,4**	**142,2**	**140,2**	**174,8**	**99,9**	**76,0**	**32,2**	**789,5**	**753,0**

8.3.2 Nach Betriebssystemen und Größenklassen des Standardbetriebseinkommens

1 000

Betriebssystem	Insgesamt	Standardbetriebseinkommen von . . . bis unter . . . DM							
		unter 5 000	5 000 — 10 000	10 000 — 15 000	15 000 — 20 000	20 000 — 30 000	30 000 — 50 000	50 000 — 75 000	75 000 und mehr
Betriebsbereich Landwirtschaft	737,5	239,1	102,1	66,3	51,5	81,2	99,3	57,5	40,7
davon:									
Marktfruchtbetriebe	160,2	91,1	14,2	6,8	5,3	8,5	12,2	9,9	12,3
Spezialbetriebe	83,5	55,3	6,1	2,9	2,0	3,2	4,4	3,5	6,2
dar. Extensivfruchtbetriebe	58,1	44,9	4,4	1,9	1,0	1,3	1,6	1,1	1,9
Verbundbetriebe	76,8	35,8	8,1	3,9	3,2	5,3	7,9	6,5	6,2
Futterbaubetriebe	382,2	91,2	59,1	41,5	33,3	53,5	62,5	29,1	12,1
Spezialbetriebe	190,1	51,1	25,9	17,7	15,8	26,6	31,3	15,3	6,5
dar. Milchviehbetriebe	157,1	25,3	23,6	16,6	15,0	25,6	30,2	14,6	6,2
Verbundbetriebe	192,1	40,1	33,3	23,7	17,5	26,9	31,2	13,9	5,6
Veredelungsbetriebe	61,7	19,6	8,9	5,2	3,7	5,0	6,1	6,0	7,4
Spezialbetriebe	23,6	10,2	3,4	1,9	1,6	1,5	1,7	1,4	2,0
dar. Schweinebetriebe	19,5	7,7	3,1	1,7	1,4	1,2	1,5	1,3	1,7
Verbundbetriebe	38,1	9,4	5,5	3,3	2,1	3,5	4,4	4,6	5,3
Dauerkulturbetriebe	59,6	21,0	9,8	5,4	3,7	5,1	6,6	4,3	3,8
Spezialbetriebe	48,2	17,8	8,4	4,4	2,9	4,1	5,0	2,9	2,7
dar. Weinbaubetriebe	37,2	11,1	7,4	3,9	2,5	3,5	4,3	2,4	2,0
Verbundbetriebe	11,4	3,2	1,4	1,0	0,8	1,0	1,6	1,4	1,1
Landwirtschaftliche Gemischtbetriebe	73,8	16,2	10,1	7,4	5,6	9,2	12,0	8,1	5,2
dar.: Landwirtschaft mit Marktfrucht	21,9	6,7	3,1	2,1	1,4	2,0	2,9	2,0	1,6
Landwirtschaft mit Futterbau	36,5	7,1	5,0	4,0	3,1	5,3	6,1	4,0	2,0
Betriebsbereich Gartenbau	18,3	1,8	2,0	1,9	1,5	2,7	2,9	2,0	3,7
dar.: Gemüsebetriebe	4,1	0,6	0,4	0,4	0,4	0,6	0,7	0,4	0,5
Zierpflanzenbetriebe	10,8	1,1	1,3	1,1	0,9	1,6	1,8	1,2	1,8
Baumschulbetriebe	3,4	0,0	0,2	0,3	0,2	0,4	0,4	0,4	1,5
Übrige Betriebsbereiche[1])	33,7	23,3	3,1	1,6	1,3	1,6	1,4	0,7	0,7
Insgesamt	**789,5**	**264,2**	**107,1**	**69,8**	**54,3**	**85,4**	**103,6**	**60,1**	**45,1**

*) Ergebnis der Agrarberichterstattung (Repräsentativergebnis). – Landwirtschaftliche Betriebe in der Abgrenzung nach der Hauptproduktionsrichtung (HPR) mit 1 ha landwirtschaftlich genutzter Fläche (LF) und mehr; unterhalb 1 ha LF (einschl. Betriebe ohne LF) nur landwirtschaftliche Betriebe, deren Erzeugungseinheiten mindestens dem durchschnittlichen Wert einer jährlichen Markterzeugung von 1 ha LF entsprechen.

[1]) Forstwirtschaft, Kombinationsbetriebe, Kombinierte Verbundbetriebe.

8.4 Landwirtschaftliche Betriebe 1981 nach Besitzverhältnissen der landwirtschaftlich genutzten Fläche*)

Besitzverhältnis	Landwirtschaftlich genutzte Fläche von . . . bis unter . . . ha							Insgesamt	Darunter 1 ha und mehr
	unter 2	2 — 5	5 — 10	10 — 20	20 — 30	30 — 50	50 und mehr		
	Betriebe in 1 000								
Landwirtschaftliche Betriebe	124,4	142,2	140,2	174,8	99,9	75,9	32,1	789,5	753,0
und zwar:									
mit selbstbewirtschaftetem Eigenland	115,0	135,6	134,1	168,0	94,8	70,5	29,0	747,0	715,6
mit selbstbewirtschaftetem Pachtland	26,3	53,4	80,3	124,1	78,3	61,1	25,8	449,3	442,7
gepachtet von:									
Familienangehörigen¹)	6,9	12,1	14,2	18,9	13,0	11,1	4,7	80,8	78,7
sonstigen Personen²)	20,4	46,0	74,2	118,5	75,4	58,5	24,7	417,7	413,0
	Landwirtschaftlich genutzte Fläche in 1 000 ha								
der landwirtschaftlichen Betriebe	143,5	478,2	1 022,5	2 546,3	2 440,8	2 864,4	2 513,2	12 009,0	11 990,3
darunter:									
selbstbewirtschaftetes Eigenland	124,8	392,1	798,0	1 875,4	1 649,9	1 812,1	1 511,5	8 163,8	8 147,3
selbstbewirtschaftetes Pachtland	17,6	81,2	217,8	664,3	785,6	1 047,5	994,2	3 808,3	3 806,2
gepachtet von:									
Familienangehörigen¹)	4,6	19,2	43,2	100,6	116,2	165,4	131,8	580,9	580,2
sonstigen Personen²)	13,1	62,1	174,7	563,7	669,4	882,1	862,4	3 227,4	3 226,0

*) Ergebnis der Agrarberichterstattung (Repräsentativergebnis). – Landwirtschaftliche Betriebe in der Abgrenzung nach der Hauptproduktionsrichtung (HPR) mit 1 ha landwirtschaftlich genutzter Fläche (LF) und mehr; unterhalb 1 ha LF (einschl. Betriebe ohne LF) nur landwirtschaftliche Betriebe, deren Erzeugungseinheiten mindestens dem durchschnittlichen Wert einer jährlichen Markterzeugung von 1 ha LF entsprechen.

¹) Eltern, Großeltern, Geschwister, Kinder des Betriebsinhabers bzw. seines Ehegatten als Verpächter.

²) Sonstige natürliche oder juristische Personen als Verpächter.

8.5 Jahrespachtentgelt der landwirtschaftlichen Betriebe mit gepachteter landwirtschaftlich genutzter Fläche*)

Jahr	Landwirtschaftlich genutzte Fläche von . . . bis unter . . . ha							Insgesamt	Darunter 1 ha und mehr
	unter 2	2 — 5	5 — 10	10 — 20	20 — 30	30 — 50	50 und mehr		
	Betriebe in 1 000								
1975	24,6	59,6	86,8	133,7	74,8	47,7	18,0	445,1	440,3
1977	21,8	56,1	83,2	130,5	75,1	50,5	18,8	436,1	431,6
1979	21,4	51,5	77,7	124,5	75,5	54,0	21,2	425,8	421,2
1981	19,9	45,4	73,4	117,3	74,9	58,1	24,3	413,3	408,8
	Landwirtschaftlich genutzte Fläche in 1 000 ha								
1975	32,2	208,5	647,3	1 955,7	1 817,7	1 782,7	1 421,5	7 865,6	7 862,7
1977	29,0	195,5	621,8	1 911,0	1 830,8	1 892,2	1 456,9	7 937,3	7 933,8
1979	27,2	179,0	579,2	1 824,4	1 843,6	2 028,8	1 599,6	8 081,8	8 079,0
1981	25,4	160,4	545,4	1 729,0	1 833,4	2 192,5	1 873,2	8 359,4	8 356,7
	dar. Pachtfläche in 1 000 ha								
1975	15,7	79,8	205,4	628,9	648,7	699,0	632,7	2 910,2	2 908,5
1977	13,3	73,0	190,6	606,3	654,3	746,5	643,4	2 927,3	2 925,5
1979	12,8	66,7	181,9	580,8	656,6	804,6	709,6	3 013,1	3 011,6
1981	12,7	61,2	172,9	559,0	664,8	874,9	840,4	3 185,9	3 184,6
	Jahrespachtentgelt 1 000 DM								
1975	7 078,1	20 200,3	47 973,2	155 198,8	158 778,2	166 339,4	157 685,4	713 253,6	710 721,7
1977	6 311,8	19 330,4	47 762,7	159 086,1	174 736,5	198 446,2	177 889,8	783 563,6	781 828,9
1979	6 801,2	19 930,7	50 606,1	166 296,4	194 344,5	234 457,2	220 297,1	892 733,2	890 431,0
1981	7 798,2	21 333,4	53 450,5	178 753,2	219 394,4	283 994,9	295 568,4	1 060 292,6	1 057 273,0
	DM je ha Pachtfläche								
1975	452	253	234	247	245	238	249	245	244
1977	475	265	251	262	267	266	276	268	267
1979	530	299	278	286	296	291	310	296	296
1981	612	349	309	320	330	325	352	333	332

*) Ergebnis der Agrarberichterstattung (Repräsentativergebnis): Landwirtschaftliche Betriebe in der Abgrenzung nach der Hauptproduktionsrichtung mit 1 ha landwirtschaftlich genutzter Fläche (LF) und mehr; unterhalb 1 ha LF nur landwirtschaftliche Betriebe, deren Erzeugungseinheiten mindestens dem durchschnittlichen Wert einer jährlichen Markterzeugung von 1 ha LF entsprechen. Ohne Pachtungen (LF gepachteter Einzelgrundstücke und als Ganzes gepachteter Betriebe) von Familienangehörigen (Eltern, Großeltern, Geschwister oder Kinder des Betriebsinhabers bzw. dessen Ehegatten als Verpächter); Betriebe mit von familienfremden Personen (als Verpächter) gepachteter LF, die keine Angaben über die Höhe des Pachtentgeltes gemacht haben, sind in den Ergebnissen nicht enthalten. Der Nachweis ist jeweils auf die selbstbewirtschaftete Fläche bezogen.

8.6 Landwirtschaftliche Betriebe 1979 nach dem Anteil des Eigenlandes an der landwirtschaftlich genutzten Fläche*)

Gegenstand der Nachweisung	Merkmal	Einheit	Landwirtschaftlich genutzte Fläche von ... bis unter ... ha: unter 2	2 — 5	5 — 10	10 — 20	20 — 30	30 — 50	50 und mehr	Insgesamt	Darunter 1 ha und mehr	Dagegen 1971 insgesamt
Insgesamt	**Betriebe**	**Anzahl**	**145 037**[1]	**156 822**	**152 966**	**186 424**	**103 887**	**74 562**	**30 250**	**849 948**[1]	**807 437**	**1 011 784**
	LF	**1 000 ha**	**165,9**	**522,4**	**1 113,7**	**2 708,2**	**2 535,8**	**2 802,4**	**2 364,2**	**12 212,7**	**12 190,9**	**12 587,5**
und zwar mit:												
Eigenland	Betriebe	Anzahl	134 104	149 830	147 492	180 012	99 163	69 734	27 399	807 734	771 005	950 471
	Eigenfläche	1 000 ha	144,2	428,6	878,3	2 005,7	1 744,3	1 829,6	1 465,1	8 496,0	8 476,8	8 938,4
davon mit einem Anteil des Eigenlandes an der LF des Betriebes von ... bis unter ... %												
100	Betriebe	Anzahl	*109 022*	*92 812*	*64 165*	*53 004*	*23 078*	*16 009*	*6 441*	*364 531*	*333 004*	*382 421*
	Eigenfläche	1 000 ha	*124,9*	*302,1*	*455,9*	*753,9*	*560,7*	*601,6*	*516,2*	*3 315,4*	*3 298,1*	*3 741,4*
75 — 100	Betriebe	Anzahl	*8 959*	*24 073*	*40 878*	*57 224*	*28 939*	*18 479*	*7 522*	*186 074*	*184 240*	*254 535*
	Eigenfläche	1 000 ha	*9,9*	*72,8*	*262,9*	*717,9*	*608,2*	*603,5*	*516,9*	*2 792,2*	*2 791,2*	*3 113,4*
50 — 75	Betriebe	Anzahl	*7 969*	*17 641*	*25 590*	*43 998*	*27 049*	*17 782*	*5 843*	*145 872*	*144 145*	*181 660*
	Eigenfläche	1 000 ha	*6,5*	*38,6*	*121,9*	*411,7*	*413,7*	*413,4*	*268,1*	*1 673,9*	*1 673,3*	*1 523,4*
25 — 50	Betriebe	Anzahl	*4 853*	*9 620*	*11 204*	*18 411*	*14 907*	*12 835*	*4 863*	*76 693*	*75 671*	*88 904*
	Eigenfläche	1 000 ha	*2,4*	*12,6*	*32,1*	*108,0*	*144,6*	*186,8*	*136,8*	*623,3*	*623,0*	*485,9*
0,01 — 25	Betriebe	Anzahl	*3 301*	*5 684*	*5 655*	*7 375*	*5 190*	*4 629*	*2 730*	*34 564*	*33 945*	*42 951*
	Eigenfläche	1 000 ha	*0,6*	*2,6*	*5,4*	*14,2*	*17,1*	*24,3*	*27,1*	*91,2*	*91,1*	*74,3*
Pachtland	Betriebe	Anzahl	30 547	60 707	86 643	131 938	80 303	58 219	23 669	472 026	464 761	621 895
	Pachtfläche	1 000 ha	20,3	88,5	227,3	691,0	783,2	963,6	890,9	3 664,8	3 662,3	3 612,9
sonstigem Land[2])	Betriebe	Anzahl	2 820	4 977	4 267	3 818	1 650	1 149	440	19 121	18 586	18 693
	sonst. Fläche	1 000 ha	1,4	5,2	8,0	11,6	8,2	9,2	8,2	51,9	51,7	36,2

*) Ergebnis der Landwirtschaftszählung 1979 (Totalergebnis). – Landwirtschaftliche Betriebe in der Abgrenzung nach der Hauptproduktionsrichtung mit 1 ha landwirtschaftlich genutzter Fläche (LF) und mehr; unterhalb 1 ha LF (einschl. Betriebe ohne LF) nur landwirtschaftliche Betriebe, deren Erzeugungseinheiten mindestens dem durchschnittlichen Wert einer jährlichen Markterzeugung von 1 ha LF entsprechen. – Der Nachweis ist jeweils auf die selbstbewirtschaftete Fläche bezogen.

1) Einschl. Betriebe ohne LF.

2) Unentgeltlich zur Bewirtschaftung erhaltene landwirtschaftlich genutzte Fläche (z. B. Dienstland, aufgeteilte Allmende, Heuerlingsland u. dgl. vom Betrieb bewirtschaftete sonstige Fläche).

8.7 Ausbildung der Inhaber landwirtschaftlicher Betriebe und ihrer Ehegatten 1979*)

1 000

Landwirtschaftlich genutzte Fläche von ... bis unter ... ha / Alter von ... bis unter ... Jahren	Betriebsinhaber: insgesamt	und zwar mit landwirtschaftlicher Ausbildung[1]) zusammen	und zwar mit praktischer[3]) Ausbildung	und zwar mit schulischer[4]) Ausbildung	mit außerlandwirtschaftlicher schulischer Ausbildung[2])	Ehegatten der Betriebsinhaber: insgesamt	und zwar mit landwirtschaftlicher Ausbildung[1]) zusammen	und zwar mit praktischer[3]) Ausbildung	und zwar mit schulischer[4]) Ausbildung	mit außerlandwirtschaftlicher schulischer Ausbildung[2])
Insgesamt	**827,1**	**435,9**	**112,9**	**427,8**	**172,2**	**680,7**	**240,0**	**42,7**	**235,4**	**88,0**
nach Größenklassen der landwirtschaftlich genutzten Fläche										
unter 2	132,8	34,1	11,1	32,2	43,8	104,6	13,1	2,3	12,8	18,0
2 — 5	152,1	42,9	6,9	41,9	51,3	124,2	23,1	2,0	22,8	17,2
5 — 10	148,8	67,3	9,8	66,3	36,4	121,0	35,4	2,8	34,9	13,6
10 — 20	187,0	121,8	23,0	120,2	24,5	152,8	67,2	7,4	66,4	15,7
20 — 30	104,0	82,4	24,4	81,6	8,2	88,4	47,9	9,7	47,0	9,7
30 — 50	73,6	62,3	24,1	61,3	5,4	64,4	37,8	11,4	36,8	8,8
50 und mehr	28,7	25,2	13,7	24,6	2,6	25,3	15,5	7,1	14,7	5,0
nach Altersgruppen										
unter 35	106,4	70,3	27,2	69,2	29,6	113,9	46,2	10,9	45,2	34,6
35 — 45	221,1	140,9	32,3	139,0	49,3	220,1	96,7	16,3	95,2	28,6
45 — 55	277,4	147,1	37,6	144,2	53,5	222,8	73,2	12,4	71,8	16,5
55 — 65	154,5	62,5	13,5	61,0	26,6	96,6	21,1	2,9	20,5	6,8
65 und mehr	67,8	15,0	2,3	14,4	13,2	27,4	2,7	0,2	2,7	1,5

*) Fußnote siehe Tabelle 8.8, S. 141.

1) Einschl. Aus- bzw. Fortbildung in Gartenbau, Weinbau, Tierhaltung, landwirtschaftlicher Technologie u. ä. sowie ländlicher Hauswirtschaft.

2) Alle Aus- und Fortbildungen mit Abschlußzeugnis einer Berufs-, Fach-, Fachhoch- oder Hochschule für einen außerlandwirtschaftlichen Beruf.

3) Mit Gehilfen- oder ähnlicher Prüfung oder mit der Meisterprüfung abgeschlossene landwirtschaftliche Aus- oder Fortbildung.

4) Alle Aus- und Fortbildungen mit Abschlußzeugnis einer Berufs-, Berufsfach-, Landwirtschaftsschule, Höheren Landbau- oder Technikerschule, Fachhochschule, Universität, landwirtschaftlichen Hochschule.

8.8 Betriebsinhaber u. ihre auf dem Betrieb lebenden Familienangehörigen in den landwirtschaftl. Betrieben 1979*)

1 000

Landwirtschaftlich genutzte Fläche von ... bis unter ... ha	insgesamt	Und zwar: unter 15[1]) Jahren	15 Jahre und älter: zusammen	15 Jahre und älter: Betriebsinhaber	im Betrieb beschäftigt: zusammen	im Betrieb beschäftigt: vollbeschäftigt zusammen	im Betrieb beschäftigt: vollbeschäftigt Betriebsinh.	anderweitig erwerbstätig: zusammen	anderweitig erwerbstätig: vollbeschäftigt zusammen	anderweitig erwerbstätig: vollbeschäftigt Betriebsinh.
				Insgesamt						
Insgesamt	**3 594,9**	**736,5**	**2 858,4**	**827,1**	**1 862,5**	**504,2**	**361,7**	**895,3**	**787,4**	**311,4**
dagegen 1971[2])	4 815,1	1 187,2	3 627,9	1 042,3	2 606,1	677,3	458,7	1 168,7	887,1	331,6
				davon (1979) lebten in einem: Ein-Generationen-Haushalt						
unter 2	74,4	—	74,4	43,6	60,0	4,9	4,2	20,8	16,8	14,3
2 — 5	51,1	—	51,1	29,3	43,9	5,0	4,2	18,5	15,7	13,6
5 — 10	28,8	—	28,8	16,5	26,2	6,6	5,8	9,6	7,4	6,7
10 — 20	26,3	—	26,3	15,0	24,7	11,3	9,9	5,3	3,8	3,1
20 — 30	10,8	—	10,8	6,2	10,1	5,7	5,1	1,0	0,6	0,4
30 — 50	7,7	—	7,7	4,4	7,2	4,0	3,6	0,6	0,4	0,3
50 und mehr	4,8	—	4,8	2,8	4,0	2,0	1,9	0,6	0,3	0,2
Zusammen	**203,8**	—	**203,8**	**117,8**	**176,2**	**39,6**	**34,7**	**56,4**	**45,1**	**38,6**
dagegen 1971[2])	208,7	—	208,7	121,2	185,1	39,4	35,2	55,4	36,7	31,6
				Zwei-Generationen-Haushalt[3])						
unter 2	237,0	44,0	193,0	61,2	111,3	10,8	7,4	92,1	83,1	35,4
2 — 5	291,7	52,2	239,5	73,8	149,2	11,7	8,1	119,9	109,8	47,2
5 — 10	285,4	52,6	232,8	70,5	157,5	24,4	17,5	107,9	97,6	41,5
10 — 20	345,0	64,3	280,7	83,9	198,1	71,6	53,7	89,5	77,6	20,8
20 — 30	189,4	39,3	150,1	44,7	108,5	52,3	37,9	29,3	24,7	3,2
30 — 50	132,5	28,3	104,1	31,3	75,4	40,4	28,2	15,5	13,0	0,8
50 und mehr	56,2	13,8	42,5	13,4	29,5	16,3	11,7	4,4	3,4	0,3
Zusammen	**1 537,2**	**294,5**	**1 242,7**	**378,7**	**829,6**	**227,6**	**164,4**	**458,7**	**409,3**	**149,1**
dagegen 1971[2])	1 834,4	412,2	1 422,2	441,1	1 048,6	274,6	190,9	556,4	434,8	151,7
				Drei- und Mehr-Generationen-Haushalt[3])						
unter 2	113,7	26,9	86,8	20,9	44,1	4,3	2,4	33,9	30,1	12,7
2 — 5	202,1	50,0	152,2	36,1	85,1	4,5	2,5	60,6	55,2	26,1
5 — 10	255,5	67,9	187,5	43,4	112,5	11,6	7,1	68,0	60,9	30,2
10 — 20	348,9	94,6	254,2	59,6	160,0	46,8	33,5	63,2	53,4	20,1
20 — 30	215,4	60,7	154,6	36,1	100,5	42,9	31,4	21,1	17,0	2,6
30 — 50	157,0	44,1	112,8	26,3	74,0	34,3	24,1	10,4	7,9	0,6
50 und mehr	54,5	15,5	39,0	9,1	24,6	12,0	8,3	2,5	1,8	0,1
Zusammen	**1 347,0**	**359,8**	**987,2**	**231,4**	**600,8**	**156,5**	**109,4**	**259,7**	**226,3**	**92,5**
dagegen 1971[2])	2 014,0	617,7	1 396,3	339,8	964,8	237,9	155,9	386,5	287,4	113,3
				Erweiterten Haushalt[4])						
unter 2	29,6	3,6	26,0	7,2	14,0	1,7	1,0	9,2	8,4	2,9
2 — 5	57,8	7,0	50,7	12,9	28,5	2,8	1,6	20,7	18,5	7,9
5 — 10	90,9	13,1	77,7	18,5	46,8	8,2	4,6	30,1	27,0	11,2
10 — 20	146,8	23,5	123,2	28,6	76,3	25,3	17,3	35,4	30,7	8,0
20 — 30	94,1	17,2	76,9	17,0	47,6	21,3	14,9	14,8	12,9	1,0
30 — 50	67,7	13,8	53,9	11,7	33,2	16,2	10,8	8,4	7,4	0,3
50 und mehr	20,1	3,9	16,2	3,4	9,6	4,9	3,1	2,1	1,7	0,0
Zusammen	**506,9**	**82,2**	**424,7**	**99,3**	**256,0**	**80,5**	**53,2**	**120,5**	**106,7**	**31,2**
dagegen 1971[2])	758,0	157,2	600,7	140,2	407,6	125,5	76,6	170,4	128,2	35,0

*) Ergebnis der Landwirtschaftszählung 1979 (Repräsentativergebnis). – Landwirtschaftliche Betriebe, deren Inhaber natürliche Personen sind, in der Abgrenzung nach der Hauptproduktionsrichtung (HPR) mit 1 ha landwirtschaftlich genutzter Fläche (LF) und mehr; unterhalb 1 ha LF (einschl. Betriebe ohne LF) nur landwirtschaftliche Betriebe, deren Erzeugungseinheiten mindestens dem durchschnittlichen Wert einer jährlichen Markterzeugung von 1 ha LF entsprechen.

[1]) 1971 unter 14 Jahren.
[2]) Bundesgebiet ohne Bremen und Berlin.
[3]) Haushalte, in denen nur in gerader Linie mit dem Betriebsinhaber bzw. seinem Ehegatten verwandte Personen leben.
[4]) Haushalte, in denen auch Personen leben, die nicht in gerader Linie mit dem Betriebsinhaber bzw. seinem Ehegatten verwandt sind.

8.9 Zimmervermietung u. Ausstattung des Wohnhauses der Betriebsinhaber in den landwirtschaftl. Betrieben 1979*)

Gegenstand der Nachweisung	Landwirtschaftlich genutzte Fläche von ... bis unter ... ha: unter 2	2 — 5	5 — 10	10 — 20	20 — 30	30 — 50	50 — 100	100 u. mehr	Insgesamt	Darunter 1 ha und mehr	Dagegen 1971 insgesamt
				Zimmervermietung an Ferien- oder Kurgäste[1]) Anzahl							
Betriebe mit Zimmervermietung	**2 433**	**3 178**	**3 369**	**5 045**	**2 781**	**1 757**	**852**	**143**	**19 558**	**18 972**	**22 362**
davon mit ... bis ... Übernachtungen[2])											
1 — 49	436	387	328	389	196	148	40	11	1 935	1 770	2 548
50 — 99	374	392	385	547	313	194	93	11	2 309	2 207	3 017
100 — 199	459	666	642	1 002	516	323	161	18	3 787	3 676	4 695
200 — 399	561	752	884	1 378	758	500	245	37	5 115	5 003	6 071
400 — 599	245	395	484	745	434	255	117	20	2 695	2 649	2 819
600 und mehr	358	586	646	984	564	337	196	46	3 717	3 667	3 212
Übernachtungen je Betrieb	*348*	*360*	*387*	*373*	*392*	*377*	*460*	*600*	*379*	*383*	*307*
				Ausstattung des Wohnhauses des Betriebsinhabers bzw. -leiters mit sanitären Einrichtungen[3]) 1 000							
Betriebe	**133,9**	**153,0**	**149,3**	**187,3**	**104,2**	**73,9**	**25,5**	**3,8**	**831,0**	**794,7**	**1 009,3**
und zwar: mit Warmwasserbereitung für die Hauswirtschaft	89,4	95,5	96,9	132,4	82,2	62,8	23,0	3,4	585,6	559,1	561,9
mit Sammelheizung	72,1	70,2	67,1	90,6	63,5	54,1	21,3	3,3	442,2	419,8	334,1
mit Bad- oder Duschraum	118,3	134,8	131,7	168,4	98,8	71,7	25,1	3,7	752,5	719,6	753,7

*) Ergebnis der Landwirtschaftszählung 1979. – Landwirtschaftliche Betriebe in der Abgrenzung nach der Hauptproduktionsrichtung (HPR) mit 1 ha landwirtschaftlich genutzter Fläche (LF) und mehr; unterhalb 1 ha LF (einschl. Betriebe ohne LF) nur landwirtschaftliche Betriebe, deren Erzeugungseinheiten mindestens dem durchschnittlichen Wert einer jährlichen Markterzeugung von 1 ha LF entsprechen.

[1]) Totalergebnis der Landwirtschaftszählung. – Ohne Vermietung von Zimmern, die zu einem Hotel, Gasthof oder einer Pension gehören.
[2]) Die Übernachtungen beziehen sich auf das Jahr 1978 bzw. 1971.
[3]) Repräsentativergebnis der Landwirtschaftszählung.

8.10 Bodennutzung in den landwirtschaftlichen Betrieben 1981*)

Betriebe mit . . .	Landwirtschaftlich genutzte Fläche von . . . bis unter . . . ha							Insgesamt	Darunter 1 ha und mehr
	0 — 2	2 — 5	5 — 10	10 — 20	20 — 30	30 — 50	50 und mehr		
				Betriebe					
				1 000					
Betriebsfläche	124,4	142,2	140,2	174,8	99,9	76,0	32,2	789,5	753,0
Waldfläche	29,1	52,9	70,0	102,5	57,8	42,0	18,6	372,8	367,2
Landw. genutzter Fläche	121,6	142,2	140,2	174,8	99,9	76,0	32,2	786,7	753,0
darunter:									
Ackerland	75,7	118,1	126,1	160,8	93,8	71,9	30,7	677,1	661,6
Dauergrünland	63,1	111,7	121,9	160,6	93,0	70,5	28,1	648,9	642,9
Rebland	24,3	12,4	8,2	7,1	3,0	1,2	0,3	56,5	43,0
Obstanlagen	14,6	9,5	8,9	11,2	4,9	3,4	1,5	53,8	47,0
Baumschulflächen	1,7	1,1	0,8	0,7	0,3	0,1	0,1	4,7	3,8
Vom Ackerland entfallen auf:									
Getreide	53,1	107,8	121,3	156,0	90,6	69,3	29,9	627,9	624,2
darunter:									
Weizen	30,0	73,2	92,1	121,1	68,6	51,0	22,7	458,6	456,8
Roggen	10,0	25,3	35,0	48,2	31,0	27,1	13,9	190,4	189,9
Sommergerste	18,2	46,8	61,2	81,9	46,8	35,2	14,9	304,9	304,0
Wintergerste	12,9	39,1	62,7	103,7	68,9	56,2	25,6	369,1	368,3
Hafer	18,5	53,2	74,5	105,3	62,3	47,0	17,8	378,5	377,9
Körnermais	2,7	5,5	6,3	7,8	5,0	4,8	2,5	34,5	34,3
Kartoffeln	43,0	80,7	82,8	91,0	40,3	22,7	7,6	368,0	364,0
Zuckerrüben	0,9	2,3	6,1	19,8	18,9	17,9	11,9	77,6	77,6
Futterhackfrüchte	14,0	44,6	62,2	79,8	40,5	24,3	5,6	270,8	269,6
Gartengewächse einschl. gärtnerischem Samenanbau	17,7	7,1	4,4	4,5	2,0	1,6	1,5	38,7	28,2
Handelsgewächse¹)	0,7	1,6	4,3	7,3	4,8	6,6	7,6	32,8	32,7
dar. Raps und Rübsen	0,4	0,7	2,4	3,9	3,3	5,5	7,0	23,1	23,1
Futterpflanzen²)	8,3	29,4	61,5	104,4	66,7	49,5	16,5	336,3	335,7
dar. Grün- und Silomais	1,4	12,2	41,4	85,2	59,1	44,3	14,8	258,4	258,3
				Fläche					
				1 000 ha					
Betriebsfläche	209,8	608,8	1 255,5	3 038,0	2 824,2	3 253,7	3 014,5	14 204,5	14 170,7
Waldfläche	32,4	87,2	173,7	393,0	294,7	276,3	356,3	1 613,6	1 609,2
Landw. genutzter Fläche	143,5	478,2	1 022,5	2 546,4	2 441,0	2 864,5	2 513,3	12 009,5	11 990,8
darunter:									
Ackerland	63,3	239,7	553,1	1 416,3	1 420,1	1 711,0	1 794,7	7 198,2	7 192,0
Dauergrünland	52,8	204,8	431,3	1 083,8	997,6	1 137,6	703,5	4 611,4	4 609,5
Rebland	15,9	20,0	20,4	18,7	8,3	4,3	2,8	90,5	83,7
Obstanlagen	6,1	6,3	9,0	14,5	7,0	3,6	3,1	49,7	47,0
Baumschulflächen	1,1	2,3	3,0	4,6	2,2	2,1	4,3	19,5	19,1
Vom Ackerland entfallen auf:									
Getreide	41,9	183,2	418,3	1 002,8	974,6	1 202,7	1 261,8	5 085,2	5 083,8
darunter:									
Weizen	12,5	53,6	121,3	301,7	295,5	368,1	464,9	1 617,7	1 617,3
Roggen	4,8	17,8	39,8	87,2	83,2	114,1	131,7	478,5	478,4
Sommergerste	9,0	36,2	78,1	167,6	141,9	164,9	139,8	737,6	737,3
Wintergerste	6,1	30,3	79,2	221,1	248,6	333,4	371,5	1 290,2	1 289,9
Hafer	6,9	31,8	70,9	162,3	144,2	156,3	103,8	676,2	676,0
Körnermais	0,8	4,0	7,7	18,9	22,4	34,8	38,3	126,9	126,9
Kartoffeln	7,1	19,2	29,1	52,3	41,9	40,1	51,6	241,4	240,9
Zuckerrüben	0,2	1,3	7,0	50,1	77,8	114,3	191,5	442,1	442,1
Futterhackfrüchte	1,7	9,0	20,8	44,2	31,3	24,5	8,2	139,6	139,5
Gartengewächse einschl. gärtnerischem Samenanbau	8,3	7,2	6,5	7,5	4,5	6,1	12,6	52,5	48,6
Handelsgewächse¹)	0,5	1,6	6,4	18,0	16,8	33,2	108,5	184,9	184,9
dar. Raps und Rübsen	0,3	0,6	3,1	8,5	10,7	28,0	101,7	152,9	152,9
Futterpflanzen²)	2,7	16,3	62,7	237,9	270,8	287,3	154,8	1 032,5	1 032,4
dar. Grün- und Silomais	0,6	6,2	33,4	155,0	195,4	219,0	120,7	730,3	730,2

*) Ergebnis der Agrarberichterstattung (Repräsentativergebnis) – Landwirtschaftliche Betriebe in der Abgrenzung nach der Hauptproduktionsrichtung (HPR) mit 1 ha landwirtschaftlich genutzter Fläche (LF) und mehr; unterhalb 1 ha LF (einschl. Betriebe ohne LF) nur landwirtschaftliche Betriebe, deren Erzeugungseinheiten mindestens dem durchschnittlichen Wert einer jährlichen Markterzeugung von 1 ha LF entsprechen.

¹) Raps und Rübsen, Hopfen, Tabak, Rüben und Gräser zur Samengewinnung, alle anderen Handelsgewächse (Mohn, Körnersenf, Flachs, Hanf, Heil- und Gewürzpflanzen usw.).

²) Grün- und Silomais, Klee, Kleegras, Klee-Luzerne-Gemisch, Luzerne, Grasanbau auf dem Ackerland, Serradella u. a.

8.11 Viehhaltung in den landwirtschaftlichen Betrieben 1981*)

Betriebe mit ...	Landwirtschaftlich genutzte Fläche von ... bis unter ... ha							Insgesamt	Darunter 1 ha und mehr
	unter 2	2 — 5	5 — 10	10 — 20	20 — 30	30 — 50	50 und mehr		
	Betriebe **Anzahl**								
Pferden[1])	8 671	11 338	10 460	14 519	11 101	12 446	8 441	76 976	74 924
Rindvieh	19 931	66 666	101 272	147 566	87 920	64 738	22 893	510 986	507 537
dar. Jungvieh 1 bis unter 2 Jahren									
männlich	3 376	12 091	30 501	67 617	47 241	36 214	13 522	210 562	209 644
weiblich	6 864	27 304	60 218	111 871	72 863	53 748	17 409	350 277	348 657
Milchkühen in Beständen mit ... bis ... Tieren									
1 — 4	10 026	38 991	31 626	11 674	2 484	1 500	572	96 873	95 830
5 — 10	1 067	9 214	46 587	59 029	11 688	2 726	350	130 661	130 108
11 — 19	205	173	6 018	46 413	36 003	15 741	1 997	106 550	106 397
20 — 39	73	34	226	12 230	26 148	28 564	7 274	74 549	74 489
40 und mehr	12	3	10	151	1 563	6 282	6 143	14 164	14 153
Zusammen	11 383	48 415	84 467	129 497	77 886	54 813	16 336	422 797	420 977
Schafen (jeden Alters)	7 177	8 157	6 176	6 521	4 082	4 129	3 083	39 325	37 855
Schweinen (einschl. Ferkel)	43 780	77 539	94 687	123 630	70 332	49 281	16 856	476 105	465 416
dar. Zuchtsauen[2]) in Beständen mit ... bis ... Tieren									
1 — 2	4 177	7 135	12 925	18 685	7 529	3 052	478	53 981	52 366
3 — 5	3 658	4 779	7 357	13 223	7 128	3 647	629	40 421	38 688
6 — 9	2 186	2 960	4 512	7 768	5 423	3 408	719	26 976	25 786
10 und mehr	2 232	3 316	8 245	21 676	19 444	16 097	5 393	76 403	75 048
Zusammen	12 253	18 190	33 039	61 352	39 524	26 204	7 219	197 781	191 888
Ferkeln[3])	12 018	19 142	32 395	57 221	38 123	27 025	8 401	194 325	188 792
Legehennen[4]) in Beständen mit ... bis ... Tieren									
bis 99	36 733	61 722	73 161	91 306	46 359	28 210	8 162	345 653	338 871
100 — 249	355	303	408	1 108	1 102	961	405	4 642	4 463
250 — 499	281	187	216	516	391	397	199	2 187	2 010
500 und mehr	866	523	794	1 226	997	958	745	6 109	5 431
Zusammen	38 235	62 735	74 579	94 156	48 849	30 526	9 511	358 591	350 775
Schlacht- und Masthähnen und -hühnern[5])	7 417	12 407	15 545	18 682	8 625	4 824	1 343	68 843	67 188
Gänsen, Enten, Truthühnern[6])	5 352	6 851	7 643	10 324	6 418	5 243	2 479	44 310	42 711
	Tiere **1 000**								
Pferden[1])	23	36	34	46	34	43	45	259	254
Rindvieh	123	367	1 130	3 562	3 698	3 993	2 082	14 955	14 897
dar. Jungvieh 1 bis unter 2 Jahren									
männlich	10	25	79	279	309	372	262	1 337	1 332
weiblich	16	51	138	432	466	510	254	1 866	1 860
Milchkühen in Beständen mit ... bis ... Tieren									
1 — 4	19	99	93	31	5	3	1	252	249
5 — 10	7	54	313	461	99	23	3	961	957
11 — 19	3	2	78	650	534	245	32	1 545	1 542
20 — 39	2	1	5	291	664	773	209	1 945	1 944
40 und mehr	1	0	1	7	71	306	355	740	739
Zusammen	32	157	489	1 441	1 375	1 350	599	5 442	5 431
Schafen (jeden Alters)	100	111	119	160	107	136	258	990	946
Schweinen (einschl. Ferkel)	703	777	1 686	4 599	4 979	5 703	3 781	22 227	21 776
dar. Zuchtsauen[2]) in Beständen mit ... bis ... Tieren									
1 — 2	6	10	18	27	11	5	1	79	76
3 — 5	14	18	28	50	28	14	3	155	148
6 — 9	16	21	33	57	40	25	5	197	188
10 und mehr	45	58	168	557	595	525	223	2 171	2 142
Zusammen	81	108	247	692	673	569	231	2 602	2 554
Ferkeln[3])	196	249	574	1 560	1 520	1 332	603	6 034	5 914
Legehennen[4]) in Beständen mit ... bis ... Tieren									
bis 99	463	766	1 052	1 549	900	585	177	5 491	5 384
100 — 249	56	43	58	154	155	137	59	662	632
250 — 499	95	65	73	175	135	135	68	746	687
500 und mehr	16 311	1 924	2 647	3 252	3 028	3 708	4 905	35 776	20 222
Zusammen	16 924	2 798	3 831	5 131	4 218	4 565	5 209	42 675	26 925
Schlacht- und Masthähnen und -hühnern[5])	11 063	1 429	718	1 469	1 866	3 390	2 587	22 523	12 020
Gänsen, Enten, Truthühnern[6])	573	158	235	399	482	414	383	2 643	2 130

*) Ergebnis der Agrarberichterstattung (Totalergebnis); Abgrenzung der Betriebe siehe *) Fußnote zu Tabelle 8.10, S. 142.
1) Einschl. Ponys und Kleinpferde.
2) Einschl. zur Zucht bestimmter Jungsauen mit 50 kg und mehr Lebendgewicht.
3) Unter 20 kg Lebendgewicht.
4) ½ Jahr und älter.
5) Schlacht- und Masthähne und -hühner (einschl. der hierfür bestimmten Küken) und sonstige Hähne.
6) Einschl. deren Küken.

8.12 Produktionswert und Verkaufserlöse der Landwirtschaft*)

Mill. DM

Gegenstand der Nachweisung	Wirtschaftsjahr 1978/79 Produktionswert	1978/79 Verkaufserlöse	1979/80 Produktionswert	1979/80 Verkaufserlöse	1980/81 Produktionswert	1980/81 Verkaufserlöse	1981/82[1]) Produktionswert	1981/82[1]) Verkaufserlöse
Pflanzliche Erzeugnisse	**16 775**	**14 875**	**17 203**	**15 267**	**17 371**	**15 385**	**18 394**	**16 115**
Getreide	5 453	5 376	5 068	5 152	5 460	5 436	5 293	5 280
Kartoffeln	895	809	1 022	944	914	849	1 118	1 012
Hülsenfrüchte	10	9	10	9	7	6	6	5
Zuckerrüben, -schnitzel	1 999	1 999	2 288	2 288	2 144	2 144	2 620	2 620
Speisekohlrüben	1	1	1	1	2	2	2	2
Ölsaaten	294	294	291	291	350	350	355	355
Gemüse	987	681	899	618	1 107	741	992	674
Champignons	124	124	115	115	118	118	107	107
Obst	2 169	1 109	1 943	1 036	2 284	1 196	1 941	852
Weinmost[2])	1 550	1 670	1 956	1 738	1 391	1 519	2 285	2 128
Hopfen	180	180	224	224	222	222	288	288
Tabak	56	56	69	69	51	51	63	63
Blumen und Zierpflanzen	2 195	1 705	2 355	1 820	2 290	1 720	2 245	1 650
Baumschulerzeugnisse	638	638	730	730	785	785	808	808
Sämereien u. ä.	224	224	232	232	246	246	271	271
Tierische Erzeugnisse[3])	**35 545**	**33 948**	**37 713**	**35 753**	**37 886**	**36 827**	**40 968**	**39 363**
Rinder	8 531	8 326	8 944	8 459	8 961	9 142	9 508	9 240
Kälber	800	768	779	759	690	685	761	794
Schweine	10 105	9 350	11 020	10 210	10 803	10 172	12 365	11 613
Geflügel	829	817	945	925	940	930	1 019	1 011
Kaninchen	158	63	155	62	140	56	152	61
Pferde	34	52	28	53	15	68	58	96
Schafe	127	66	163	66	159	57	151	50
Milch	12 820	12 480	13 438	13 097	13 722	13 393	14 551	14 224
Eier	2 037	1 930	2 134	2 024	2 311	2 189	2 217	2 100
Wolle	13	13	13	13	13	13	13	13
Honig	91	83	94	85	132	122	173	161
Dienstleistungen auf der landwirtschaftlichen Erzeugerstufe[4])	11	×	50	×	71	×	55	×
Insgesamt	**52 331**	**48 823**	**54 966**	**51 020**	**55 328**	**52 212**	**59 417**	**55 478**

*) Ohne Umsatz-(Mehrwert-)steuer.
1) Vorläufiges Ergebnis.
2) Einschl. Wertzuwachs bei Weiterverarbeitung von Weinmost zu Wein.
3) Bestandsveränderungen wurden bei der Berechnung der Produktionswerte berücksichtigt.
4) Neuanpflanzungen von Dauerkulturen.

Quelle: Bundesministerium für Ernährung, Landwirtschaft und Forsten, Bonn

8.13 Fremdkapital und Zinsleistungen der landwirtschaftlichen Betriebe

Stichtag 30. 6.	Fremdkapital insgesamt Mill. DM	insgesamt %	kurzfristige[1]) Verbindlichkeiten Mill. DM	kurzfristige[1]) %	mittelfristige[2]) Verbindlichkeiten Mill. DM	mittelfristige[2]) %	langfristige[3]) Verbindlichkeiten Mill. DM	langfristige[3]) %	Guthaben, Forderungen Mill. DM	Zinsleistungen im Wirtschaftsjahr[4]) Zinsleistungen Mill. DM	Zinsleistungen im Wirtschaftsjahr[4]) Durchschnittlicher Zinssatz %
1978	35 217	*100*	8 984	*25*	5 231	*15*	21 002	*60*	7 940	2 059	*6,1*
1979	37 251	*100*	9 024	*24*	6 061	*16*	22 166	*60*	8 036	2 246	*6,2*
1980	39 630	*100*	9 926	*25*	6 208	*16*	23 496	*59*	8 280	2 608	*6,8*
1981	43 576	*100*	11 249	*26*	6 326	*14*	26 001	*60*	8 394	3 180	*7,6*
1982[5])	43 811	*100*	11 289	*26*	6 175	*14*	26 347	*60*	8 847	3 377	*7,7*

1) Unter 1 Jahr.
2) 1 bis unter 10 Jahren.
3) 10 Jahre und mehr.
4) 1977/78 bis 1981/82.
5) Vorläufiges Ergebnis.

Quelle: Bundesministerium für Ernährung, Landwirtschaft und Forsten, Bonn

8.14 Aufwendungen der Landwirtschaft für Vorleistungen anderer Wirtschaftsbereiche*)

Mill. DM

Art der Aufwendungen	Wirtschaftsjahr						
	1975/76	1976/77	1977/78	1978/79	1979/80	1980/81	1981/82[1])
Saatgut[2])	715	773	849	958	982	1 028	1 184
Futtermittel	8 163	11 228	10 284	10 876	11 275	11 217	11 540
Düngemittel[3])	3 397	3 681	3 636	3 746	4 225	4 747	4 678
Stickstoff	1 701	1 832	1 843	1 890	2 157	2 607	2 506
Phosphat	1 039	1 150	1 071	1 113	1 237	1 300	1 319
Kali	533	595	607	628	672	679	669
Düngekalk	124	104	115	115	159	161	184
Pflanzenschutz- und Schädlingsbekämpfungsmittel	558	632	686	727	786	849	873
Energie[4])	3 266	3 395	3 530	3 810	4 707	5 112	5 688
Treibstoffe	1 672	1 719	1 773	1 860	2 279	2 501	2 735
Schmierstoffe	345	366	396	406	432	464	484
Brennstoffe	631	661	671	819	1 251	1 332	1 550
dar. Heizöl	613	643	653	801	1 233	1 314	1 532
Elektrischer Strom	618	649	690	725	745	815	919
Vieh	133	136	179	173	220	188	219
Unterhaltung Wirtschaftsgebäude	770	830	870	840	880	855	960
Unterhaltung Maschinen	2 745	2 830	3 040	3 215	3 300	3 360	3 610
Allgemeine Wirtschaftsausgaben[5])	2 275	2 410	2 530	2 670	3 015	3 240	3 450
Sonstiges[6])	210	225	230	259	449	460	330
Insgesamt	**22 232**	**26 140**	**25 834**	**27 274**	**29 839**	**31 056**	**32 532**

*) Ohne Umsatz-(Mehrwert-)steuer.
1) Vorläufiges Ergebnis.
2) Einschl. zugekauften inländischen Saatguts.
3) Einschl. Verpackungskosten und Kleinmengenzuschläge (1975/76 = 10 %, ab 1976/77 = 5 %).
4) Für Dieselkraftstoff unverbilligter Preis.
5) Einschl. Landwirtschaftsabgabe.
6) Einschl. Vorleistungen für Dienstleistungen auf der landwirtschaftlichen Erzeugerstufe (einschl. Unterausgleich Umsatz-(Mehrwert-)steuer).

Quelle: Bundesministerium für Ernährung, Landwirtschaft und Forsten, Bonn

8.15 Investitionen und Abschreibungen in der Landwirtschaft*)

Mill. DM

Gegenstand der Nachweisung	Wirtschaftsjahr						
	1975/76	1976/77	1977/78	1978/79	1979/80	1980/81	1981/82[1])
Bauten[2])[3])	1 410	1 560	1 690	1 680	1 840	1 760	1 690
Ausrüstungen[3])	5 690	6 320	7 320	7 570	7 740	6 790	6 790
Ackerschlepper	1 720	1 940	2 160	2 050	2 080	1 410	1 650
Kraftfahrzeuge	570	660	740	780	740	690	630
Sonstige[4])	3 400	3 720	4 420	4 740	4 920	4 690	4 510
Dauerkulturen	45	52	18	11	50	71	55
Viehbestandsveränderungen	+270	+102	+ 49	−33	+371	−280	+137
Rinder	+179	+ 48	− 69	−19	+312	−229	+182
Schweine	+ 66	+ 38	+104	−18	+ 45	− 38	− 19
Pferde	+ 17	+ 14	+ 11	+ 4	+ 4	− 13	− 12
Schafe	+ 8	+ 2	+ 3	0	+ 10	0	− 14
Bruttoanlageinvestitionen	**7 415**	**8 034**	**9 077**	**9 228**	**10 001**	**8 341**	**8 672**
Abschreibungen	6 500	6 870	7 300	7 760	8 330	8 890	9 410
Nettoinvestitionen	915	1 164	1 777	1 468	1 671	−549	−738

*) Ohne Umsatz-(Mehrwert-)steuer.
1) Vorläufiges Ergebnis.
2) Ohne Wohnbauten sowie ohne landwirtschaftlichen Wegebau und andere staatliche Infrastrukturmaßnahmen für die Landwirtschaft.
3) Durch Revision der Volkswirtschaftlichen Gesamtrechnungen berichtigtes Ergebnis.
4) Landmaschinen und Geräte, sonstige nicht fest mit dem Gebäude verbundene Ausrüstungen.

Quelle: Bundesministerium für Ernährung, Landwirtschaft und Forsten, Bonn

8.16 Kaufwerte für landwirtschaftliche Grundstücke*)

Jahr / Fläche der landwirtschaftlichen Nutzung von ... bis unter ... ha / Land	Veräußerungsfälle	Fläche der landw. Nutzung (FdlN)	Kaufwerte insgesamt	Durchschnittliche Kaufwerte je Hektar Fläche der landwirtschaftlichen Nutzung (FdlN): insgesamt	davon mit einer Ertragsmeßzahl¹) in 100 von ... bis unter ... je ha FdlN: unter 30	30 — 40	40 — 50	50 — 60	60 und mehr
	Anzahl	ha	1 000 DM	DM					
1979	27 922	26 070	794 440	*30 474*	*22 629*	*23 141*	*29 323*	*35 947*	*45 150*
1980	25 997	25 151	906 319	*36 036*	*27 613*	*28 417*	*33 825*	*43 125*	*53 428*
1981	25 853	27 955	1 097 078	*39 245*	*28 025*	*30 561*	*37 520*	*44 887*	*60 687*
1981 nach Größenklassen der Fläche der landwirtschaftlichen Nutzung									
0,1 — 0,25	6 843	1 141	50 248	*44 027*	*26 942*	*28 085*	*35 432*	*48 329*	*65 144*
0,25 — 1	11 458	6 054	237 915	*39 302*	*26 379*	*27 903*	*34 615*	*44 721*	*62 927*
1 — 2	4 110	5 735	237 244	*41 369*	*29 503*	*30 311*	*38 449*	*48 925*	*66 049*
2 — 5	2 673	7 986	313 397	*39 244*	*28 261*	*32 542*	*40 813*	*46 227*	*59 504*
5 und mehr	769	7 039	258 274	*36 691*	*27 806*	*30 793*	*35 937*	*39 996*	*54 152*
1981 nach Ländern									
Schleswig-Holstein	981	4 032	106 449	*26 404*	*18 433*	*21 586*	*25 648*	*28 469*	*42 203*
Niedersachsen	5 280	10 223	353 945	*34 623*	*29 314*	*31 080*	*33 401*	*37 514*	*48 367*
Nordrhein-Westfalen	2 288	3 069	207 220	*67 531*	*48 645*	*54 616*	*60 637*	*68 870*	*92 181*
Hessen	2 015	1 302	38 159	*29 298*	*21 440*	*21 078*	*24 450*	*28 822*	*49 336*
Rheinland-Pfalz	5 329	2 726	72 951	*26 765*	*11 227*	*12 657*	*18 750*	*36 242*	*55 805*
Baden-Württemberg	5 113	2 425	103 693	*42 753*	*22 168*	*28 026*	*34 884*	*46 510*	*72 453*
Bayern	4 216	3 919	210 243	*53 646*	*29 704*	*41 016*	*56 968*	*68 459*	*77 889*
Saarland	631	259	4 418	*17 050*	*15 419*	*16 157*	*18 311*	*18 321*	*11 935*

*) Bundesgebiet ohne Hamburg, Bremen und Berlin. – Flächen der landwirtschaftlichen Nutzung (ohne Gebäude und ohne Inventar), die zur weiteren landwirtschaftlichen Nutzung gekauft werden.

¹) Die Ertragsmeßzahl wird anhand der Ergebnisse der amtlichen Bodenschätzung berechnet und kennzeichnet die Ertragfähigkeit des Bodens aufgrund der natürlichen Ertragsbedingungen (sie wird üblicherweise in Hundert angegeben).

8.17 Arbeitskräfte und betriebliche Arbeitsleistung in der Landwirtschaft*)

Jahr / Landwirtschaftlich genutzte Fläche von ... bis unter ... ha¹)	Familienarbeitskräfte²): insgesamt	männlich	Betriebsinhaber: zusammen	Betriebsinhaber: vollbeschäftigt zusammen	Betriebsinhaber: vollbeschäftigt männlich	Familienangehörige: zusammen	Familienangehörige: vollbeschäftigt zusammen	Familienangehörige: vollbeschäftigt männlich	Familienfremde Arbeitskräfte²): ständig beschäftigt	nicht ständig beschäftigt
Arbeitskräfte										
1 000										
1980	1 821,2	1 077,2	803,3	354,8	343,7	1 017,9	139,7	83,0	90,1	84,9
1981	1 770,8	1 049,0	782,6	347,6	337,2	988,2	134,9	80,5	95,1	101,3
1982	1 734,8	1 031,7	763,7	344,1	335,0	971,1	130,3	77,4	93,3	91,8
davon (1982):										
unter 1	62,1	36,8	33,7	7,7	7,2	28,3	3,3	1,4	13,4	8,4
1 — 2	140,9	86,1	80,9	6,8	6,4	60,0	2,5	1,1	8,2	7,3
2 — 5	279,9	168,5	138,3	16,3	14,5	141,7	6,6	2,7	9,6	14,6
5 — 10	313,5	183,8	136,5	32,4	30,4	176,9	14,0	5,7	7,9	13,0
10 — 20	412,5	242,1	169,0	101,1	98,5	243,5	31,9	16,2	8,9	14,4
20 — 30	248,7	147,0	97,2	82,6	81,6	151,6	30,0	19,7	5,8	9,6
30 — 50	196,7	117,3	75,4	68,2	67,6	121,2	29,3	21,0	10,6	10,3
50 — 100	71,8	44,1	28,4	25,6	25,4	43,5	11,4	8,7	14,6	9,1
100 und mehr	8,8	5,9	4,3	3,4	3,3	4,5	1,2	1,0	14,4	5,0
Betriebliche Arbeitsleistung										
1 000 AK-Einheiten										
1980	876,8	581,4	486,9	354,8	343,7	389,9	125,7	71,0	77,9	25,2
1981	856,0	569,7	477,1	347,6	337,2	378,9	122,6	69,9	82,1	29,9
1982	837,3	562,2	467,1	344,1	335,0	370,2	120,2	68,8	80,7	26,5
davon (1982):										
unter 1	22,6	14,4	13,3	7,7	7,2	9,3	3,2	1,3	11,7	2,4
1 — 2	35,9	23,1	22,0	6,8	6,4	13,8	2,4	1,0	6,5	2,0
2 — 5	86,9	52,5	48,1	16,3	14,5	38,8	6,0	2,2	7,7	4,4
5 — 10	126,3	75,8	66,9	32,4	30,4	59,3	12,0	4,0	6,6	3,6
10 — 20	223,7	149,3	127,1	101,1	98,5	96,6	29,0	13,8	7,4	4,1
20 — 30	158,0	111,8	88,4	82,6	81,6	69,6	28,0	17,9	4,8	2,6
30 — 50	130,3	94,4	71,0	68,2	67,6	59,3	27,6	19,5	9,1	2,9
50 — 100	48,0	36,2	26,6	25,6	25,4	21,4	10,8	8,2	13,2	2,7
100 und mehr	5,7	4,7	3,6	3,4	3,3	2,1	1,2	0,9	13,6	1,7

*) Bundesgebiet ohne Hamburg, Bremen und Berlin. – Ergebnisse der repräsentativen Arbeitskräfteerhebungen (Berichtsmonat April).
¹) Landwirtschaftliche Betriebe in der Abgrenzung nach der Hauptproduktionsrichtung (HPR) mit 1 ha landwirtschaftlich genutzter Fläche (LF) und mehr; unterhalb 1 ha LF (einschl. Betriebe ohne LF) nur landwirtschaftliche Betriebe, deren Erzeugungseinheiten mindestens dem durchschnittlichen Wert einer jährlichen Markterzeugung von 1 ha LF entsprechen.
²) Im Betrieb beschäftigt.

8.18 Gesamtfläche nach Nutzungsarten*)

1 000 ha

Jahr / Land	Gesamtfläche	Gebäude- und Freifläche[1]) zusammen	darunter Wohnen	darunter Gewerbe, Industrie	Betriebsfläche[2]) zusammen	darunter Abbauland	Erholungsfläche[3]) zusammen	darunter Grünanlage
1979	24 864,3	1 287,7[4])	.	.	130,8[5])	.	122,5	.
1981	24 869,2	1 360,2	.	.	142,1	68,5	128,5	.
davon (1981):								
Schleswig-Holstein	1 572,0	78,0	.	.	7,8	4,5	9,5	.
Hamburg	75,5	25,2	12,3	3,2	0,8	0,1	5,7	4,9
Niedersachsen	4 743,1	230,8	133,4	20,7	48,3	21,5	20,4	8,2
Bremen	40,4	11,6	.	.	0,2	0,0	2,3	1,9
Nordrhein-Westfalen	3 406,6	328,9	189,4	53,9	30,7	14,7	28,8	15,8
Hessen	2 111,4	116,5	.	.	6,9	4,1	8,1	3,5
Rheinland-Pfalz	1 984,7	90,8	.	.	8,2	4,2	7,5	.
Baden-Württemberg	3 575,2	199,0	.	.	9,2	5,1	13,7	.
Bayern	7 055,1	238,9	.	.	23,3	14,1	26,9	10,9
Saarland	257,0	20,9	16,7	4,2	6,1	0,3	1,4	1,1
Berlin (West)	48,0	19,5	11,6	2,3	0,6	0,0	4,2	3,4

Jahr / Land	Verkehrsfläche[6]) zusammen	darunter Straße, Weg, Platz	Landwirtschaftsfläche[7]) zusammen	darunter Moor	darunter Heide	Wald-[8]) fläche	Wasser-[9]) fläche	Flächen anderer Nutzung[10]) zusammen	darunter Unland
1979	1 137,4	.	14 091,5	116,5	79,2	7 317,5	424,5	352,3	154,6
1981	1 169,0	1 061,2	13 953,7	117,4	75,4	7 328,0	429,8	358,0	157,3
davon (1981):									
Schleswig-Holstein	60,3	55,8	1 188,0	10,3	6,5	137,4	71,1	19,9	9,9
Hamburg	8,2	6,6	24,1	0,1	0,8	3,1	6,1	2,2	1,0
Niedersachsen	214,9	197,7	3 085,3	88,6	60,8	977,3	96,3	69,9	18,8
Bremen	4,8	3,0	14,7	0,1	0,2	0,7	4,6	1,6	0,3
Nordrhein-Westfalen	200,6	178,4	1 897,9	1,4	5,7	835,8	50,1	33,8	7,5
Hessen	130,0	120,5	977,3	0,0	0,1	833,5	24,4	14,6	8,7
Rheinland-Pfalz	100,2	94,8	953,8	0,2	0,4	770,8	24,1	29,2	6,6
Baden-Württemberg	171,7	155,8	1 812,6	2,9	0,3	1 302,4	30,7	35,9	20,6
Bayern	256,6	231,1	3 872,9	13,7	0,4	2 373,9	117,2	145,3	81,4
Saarland	13,9	12,1	123,5	0,0	0,2	85,4	2,0	3,9	2,5
Berlin (West)	7,7	5,6	3,5	0,0	0,0	7,7	3,2	1,7	0,0

*) Ergebnis der allgemeinen Flächenerhebung. – Veränderungen von 1979 bis 1981 dürften z. T. auch methodisch bedingt sein (Bereinigung, Umstellung und Aktualisierung des Liegenschaftskatasters). – Die Begriffsbestimmungen (gekürzt) sind dem Nutzungsartenkatalog der Arbeitsgemeinschaft der Vermessungsverwaltungen der Länder entnommen (ausführliche Erläuterungen siehe »Wirtschaft und Statistik« 1/79, S. 31ff. und Fachserie 3, Reihe 3.1.1).
[1]) Flächen mit Gebäuden und baulichen Anlagen sowie unbebaute Flächen (Freiflächen), die den Zwecken der Gebäude untergeordnet sind (Vor- und Hausgärten, Spiel- und Stellplätze, Betriebsgelände usw.).
[2]) Unbebaute Flächen, vorherrschend gewerblich oder industriell (Halden, Lagerplätze usw.) sowie zur Ver- und Entsorgung genutzt.
[3]) Unbebaute Flächen für Sport, Erholung, Freizeitgestaltung, auch Kleingärten, Wochenend- und Campingplätze, parkähnlich angelegte Friedhöfe.
[4]) Einschl. Betriebsfläche des Saarlandes.
[5]) Ohne Saarland.
[6]) Flächen für Straßen-, Schienen-, Luftverkehr (einschl. Trenn- und Seitenstreifen, Brücken, Böschungen, Rad- und Gehwege, Parkstreifen usw.) sowie Plätze für Fahrzeuge, Märkte, Veranstaltungen.
[7]) Flächen des Ackerbaus, der Wiesen- und Weidewirtschaft, des Garten- und Weinbaus sowie Moor und Heide. Infolge anderer Abgrenzungen nicht identisch mit der »Landwirtschaftlich genutzten Fläche« in Tab. 8.1 u. 8.19.
[8]) Hauptsächlich forstwirtschaftlich genutzt, auch Waldblößen, Pflanzgärten, Wildäsungsflächen usw.
[9]) Ständig oder zeitweise mit Wasser bedeckt, gleichgültig, ob das Wasser in natürlichen oder künstlichen Betten abfließt oder steht; auch Böschungen, Leinpfade usw.
[10]) Flächen anderer als der vorgenannten Nutzungsarten (Übungsgelände, Felsen, Dünen, stillgelegtes Abbauland usw.).

8.19 Landwirtschaftlich genutzte Fläche nach Kulturarten*)

1 000 ha

Jahr / Land	Insgesamt[1])	Ackerland	Haus- und Nutzgärten (Gartenland)	Obstanlagen	Baumschulen	Dauergrünland zusammen	Wiesen	Mähweiden	Weiden u. Almen ohne Hutungen	Hutungen, Streuwiesen	Rebland	Korbweiden-, Pappelanlagen[2])
1980	12 248,3	7 269,6	51,5	54,6	19,0	4 754,2	2 489,6	1 000,3	1 143,9	120,5	95,7	3,7
1981	12 196,5	7 262,7	46,6	53,1	19,1	4 714,0	2 454,6	1 007,3	1 130,3	121,8	97,8	3,2
1982	12 136,7	7 243,9	45,6	51,7	18,5	4 675,0	2 438,6	999,9	1 120,8	115,6	98,6	3,5
davon (1982):												
Schleswig-Holstein	1 094,6	613,2	4,0	1,3	4,3	471,6	121,9	72,5	267,5	9,7	—	0,3
Hamburg	16,5	8,1	0,0	1,5	0,1	6,7	1,6	1,6	3,2	0,3	—	0,1
Niedersachsen	2 753,0	1 620,2	9,1	12,0	3,6	1 106,9	286,0	390,5	416,0	14,4	—	1,1
Bremen	10,5	2,4	0,1	—	0,0	8,0	1,8	3,2	3,0	0,0	—	0,0
Nordrhein-Westfalen	1 646,4	1 082,4	5,7	3,9	3,8	549,8	159,7	194,3	182,9	13,0	0,0	0,7
Hessen	777,8	508,0	2,2	1,6	0,9	261,8	122,4	92,8	38,0	8,6	3,0	0,4
Rheinland-Pfalz	750,2	436,2	2,4	6,7	0,9	236,7	110,3	72,3	46,7	7,3	67,1	0,3
Baden-Württemberg	1 532,7	845,3	5,2	17,7	2,7	637,6	510,2	54,9	58,9	13,6	24,0	0,3
Bayern	3 484,4	2 085,5	16,7	6,5	1,8	1 369,1	1 110,9	110,1	99,6	48,5	4,3	0,6
Saarland	69,3	41,6	0,3	0,4	0,1	26,8	13,9	7,6	5,0	0,2	0,1	0,0
Berlin (West)	1,3	1,1	0,0	—	0,1	0,1	0,1	0,0	0,0	0,0	—	—

*) Ergebnis der Bodennutzungshaupterhebung.
[1]) Einschl. Flächen der Betriebe mit weniger als 1 ha landwirtschaftlich genutzter Fläche, daher sind die Zahlen größer als in Tab. 8.1.
[2]) Einschl. Weihnachtsbaumkulturen außerhalb des Waldes.

8.21 Anbau und Ernte von Gemüse*)

8.21.1 Auf dem Freiland

Jahr / Land	Weiß-kohl	Rot-kohl	Wirsing[1])	Grün-kohl	Rosen-kohl	Blumen-kohl	Kohlrabi	Kopfsalat[1])	Spinat[1])	Möhren und Karotten
					Anbaufläche in ha					
1976/81 D	6 026	2 398	1 654	824	600	3 669	1 433	3 925	2 755	4 347
1980	5 536	2 055	1 532	1 082	613	3 704	1 292	3 689	2 750	3 660
1981	5 905	2 288	1 621	961	570	3 564	1 371	3 682	2 814	4 264
1982	6 129	2 363	1 534	806	472	3 646	1 469	3 607	2 825	4 149
davon (1982):										
Schleswig-Holstein	2 019	537	98	69	35	252	60	11	0	377
Hamburg	60	27	22	7	17	110	104	152	23	28
Niedersachsen	305	154	84	369	85	472	191	196	440	1 709
Bremen	0	0	0	2	0	1	1	2	1	3
Nordrhein-Westfalen	1 321	804	849	279	109	1 224	502	948	1 027	609
Hessen	448	130	98	15	37	175	78	281	160	215
Rheinland-Pfalz	194	107	110	11	56	647	150	717	473	466
Baden-Württemberg	855	270	112	38	92	363	171	657	606	196
Bayern	904	313	138	12	35	389	188	603	87	509
Saarland	22	20	22	3	6	12	10	39	4	27
Berlin (West)	1	1	1	1	0	1	14	1	4	11
					Ertrag in dt je ha					
1976/81 D	*519*	*414*	*257*	*157*	*107*	*218*	*211*	*178*	*142*	*299*
1980	*476*	*374*	*258*	*147*	*110*	*222*	*211*	*190*	*141*	*302*
1981	*562*	*438*	*275*	*172*	*121*	*232*	*214*	*197*	*145*	*321*
1982	*597*	*427*	*279*	*180*	*119*	*244*	*227*	*196*	*149*	*320*
davon (1982):										
Schleswig-Holstein	*896*	*733*	*433*	*192*	*101*	*318*	*180*	*115*	.	*446*
Hamburg	*295*	*226*	*224*	*195*	*184*	*207*	*195*	*169*	*160*	*241*
Niedersachsen	*557*	*415*	*303*	*167*	*94*	*215*	*319*	*181*	*176*	*327*
Bremen	*286*	*345*	*455*	*134*	*88*	*272*	*194*	*96*	*137*	*285*
Nordrhein-Westfalen	*358*	*304*	*259*	*187*	*93*	*207*	*191*	*162*	*111*	*263*
Hessen	*539*	*448*	*372*	*281*	*212*	*391*	*311*	*229*	*182*	*315*
Rheinland-Pfalz	*416*	*347*	*274*	*193*	*129*	*269*	*257*	*212*	*183*	*292*
Baden-Württemberg	*571*	*393*	*270*	*202*	*128*	*258*	*258*	*262*	*166*	*378*
Bayern	*412*	*305*	*238*	*130*	*103*	*240*	*187*	*161*	*93*	*293*
Saarland	*230*	*211*	*200*	*173*	*138*	*138*	*141*	*113*	*109*	*199*
Berlin (West)	*207*	*199*	*186*	*128*	*121*	*182*	*162*	*114*	*70*	*141*
					Erntemenge in t					
1976/81 D	312 968	99 125	42 463	12 964	6 437	80 103	30 288	69 678	39 063	130 179
1980	263 701	76 823	39 579	15 924	6 725	82 299	27 308	70 256	38 744	110 519
1981	331 698	100 304	44 612	16 545	6 900	82 638	29 283	72 364	40 906	137 075
1982	365 747	100 936	42 734	14 505	5 599	88 987	33 392	70 542	41 979	132 941
davon (1982):										
Schleswig-Holstein	180 819	39 368	4 242	1 327	354	8 010	1 078	126	.	16 800
Hamburg	1 770	611	492	137	312	2 276	2 032	2 572	368	674
Niedersachsen	16 977	6 393	2 544	6 177	796	10 146	6 087	3 537	7 730	55 951
Bremen	4	1	5	28	0	20	24	19	16	77
Nordrhein-Westfalen	47 333	24 425	22 025	5 202	1 011	25 379	9 590	15 317	11 352	16 008
Hessen	24 162	5 817	3 649	421	784	6 834	2 423	6 429	2 907	6 772
Rheinland-Pfalz	8 071	3 716	3 012	221	728	17 427	3 860	15 165	8 650	13 627
Baden-Württemberg	48 811	10 603	3 026	769	1 173	9 380	4 413	17 222	10 070	7 410
Bayern	37 270	9 571	3 285	156	362	9 349	3 510	9 705	808	14 931
Saarland	510	410	438	51	79	158	147	437	49	535
Berlin (West)	21	21	16	18	2	9	226	14	28	156

*) Anbau für den Verkauf.

[1]) Ohne überwinternde Arten.

8.21 Anbau und Ernte von Gemüse*)

8.21.1 Auf dem Freiland

Jahr / Land	Sellerie	Porree	Spargel	Frisch-erbsen	Busch-bohnen	Stangen-bohnen	Dicke Bohnen	Einlege-gurken	Schäl-gurken	Tomaten
Anbaufläche in ha										
1976/81 D	1 353	1 521	3 410	4 024	4 689	351	1 107	1 020	320	280
1980	1 337	1 485	3 231	3 296	3 544	333	1 016	959	328	214
1981	1 311	1 512	3 163	3 575	4 015	311	870	1 055	356	160
1982	1 343	1 457	3 147	3 739	4 147	290	752	912	320	156
davon (1982):										
Schleswig-Holstein	78	30	43	296	445	0	4	10	1	0
Hamburg	86	100	0	1	11	4	5	2	1	12
Niedersachsen	117	173	1 281	2 016	1 297	13	259	96	14	4
Bremen	1	2	—	0	0	—	1	0	—	0
Nordrhein-Westfalen	343	616	207	424	1 040	100	468	33	4	24
Hessen	73	63	486	322	261	26	10	57	46	4
Rheinland-Pfalz	154	134	311	103	155	23	4	23	42	35
Baden-Württemberg	182	145	432	545	331	95	1	303	140	49
Bayern	295	176	386	31	600	25	0	384	72	27
Saarland	14	15	0	1	3	4	0	3	0	1
Berlin (West)	0	3	1	0	4	0	—	1	—	0
Ertrag in dt je ha										
1976/81 D	269	220	33	44	93	139	108	180	204	339
1980	264	224	31	43	84	143	104	161	187	302
1981	297	238	35	45	100	163	112	223	254	380
1982	289	238	34	53	104	165	133	257	265	442
davon (1982):										
Schleswig-Holstein	272	189	42	42	121	.	238	179	260	148
Hamburg	275	246	.	32	120	138	140	152	182	220
Niedersachsen	235	232	31	60	100	180	150	257	210	273
Bremen	162	144	—	51	×	—	111	200	—	185
Nordrhein-Westfalen	244	200	57	46	112	137	123	159	157	193
Hessen	350	328	32	42	96	184	160	305	333	418
Rheinland-Pfalz	339	306	36	52	104	145	119	177	233	421
Baden-Württemberg	316	292	34	48	93	179	98	210	274	578
Bayern	321	262	34	38	96	226	70	305	241	585
Saarland	158	182	26	43	106	127	104	116	127	136
Berlin (West)	128	120	62	32	60	60	—	55	—	126
Erntemenge in t										
1976/81 D	36 391	33 452	11 092	17 622	43 599	4 887	11 967	18 382	6 530	9 472
1980	35 252	33 270	10 075	14 062	29 691	4 763	10 608	15 388	6 134	6 453
1981	38 986	35 947	10 981	16 136	39 944	5 073	9 723	23 472	9 051	6 085
1982	38 819	34 698	10 794	19 798	43 060	4 796	10 005	23 441	8 468	6 901
davon (1982):										
Schleswig-Holstein	2 119	566	179	1 240	5 371	.	95	179	26	0
Hamburg	2 361	2 463	.	3	132	55	70	30	18	264
Niedersachsen	2 753	4 006	3 966	12 021	12 943	233	3 873	2 471	294	109
Bremen	11	27	—	0	41	—	6	0	—	0
Nordrhein-Westfalen	8 364	12 308	1 169	1 935	11 600	1 367	5 744	525	63	464
Hessen	2 554	2 066	1 536	1 352	2 511	479	160	1 737	1 530	167
Rheinland-Pfalz	5 204	4 107	1 132	535	1 605	342	44	408	965	1 469
Baden-Württemberg	5 751	4 240	1 477	2 589	3 065	1 704	10	6 363	3 835	2 833
Bayern	9 475	4 604	1 328	117	5 736	564	0	11 693	1 736	1 580
Saarland	222	277	1	4	31	49	3	31	1	11
Berlin (West)	5	35	5	0	25	2	—	3	—	4

*) Anbau für den Verkauf.

8.21 Anbau und Ernte von Gemüse*)

8.21.2 Unter Glas

Jahr / Land	Kohlrabi	Kopfsalat	Gurken	Tomaten	Rettich	Radies	Übrige Arten
			Anbaufläche in 1 000 m²				
1976/81 D	1 502	2 125	1 913	2 312	1 652	1 226	2 801
1980	1 377	2 036	1 815	2 250	1 660	1 215	2 982
1981	1 400	2 104	1 817	2 186	1 388	1 102	3 450
1982	1 389	2 063	1 668	2 118	1 310	896	3 398
davon (1982):							
Schleswig-Holstein	5	10	9	31	0	6	4
Hamburg	52	234	187	293	37	102	161
Niedersachsen	68	138	222	212	20	146	174
Bremen	2	1	1	2	—	0	2
Nordrhein-Westfalen	699	815	345	444	72	82	754
Hessen	54	37	41	139	47	31	84
Rheinland-Pfalz	73	76	27	45	33	46	93
Baden-Württemberg	248	466	537	580	584	305	1 668
Bayern	183	277	298	367	516	178	450
Saarland	3	8	1	4	1	1	3
Berlin (West)	1	0	2	2	—	0	6
			Erntemenge in t				
1976/81 D	6 000	8 000	25 500	19 600	7 300	2 800	7 800
1980	5 500	8 100	24 200	18 300	6 900	2 900	7 800
1981	5 600	8 100	25 700	18 700	6 600	2 400	9 400
1982	5 200	7 800	24 500	19 700	6 400	2 100	9 200

*) Anbau für den Verkauf.

8.22 Obsternte*)

Tonnen

Jahr / Land	Insgesamt	Äpfel	Birnen	Süß- und Sauerkirschen	Pflaumen aller Art	Aprikosen und Pfirsiche	Walnüsse	Erdbeeren[1])
1976/81 D	2 529 223	1 508 266	342 211	212 402	403 906	21 670	8 388	32 380
1980	3 128 550	1 880 065	394 284	241 505	535 125	29 373	13 299	34 899
1981	1 386 992	772 817	276 144	117 478	169 233	12 499	2 608	36 215
1982	4 217 198	2 637 089	533 768	298 448	655 069	36 641	15 995	40 189
davon (1982):								
Schleswig-Holstein	121 205	77 291	14 271	8 655	15 718	82	98	5 089
Hamburg	77 770	55 143	9 105	5 112	7 641	90	79	600
Niedersachsen	613 601	447 823	51 166	50 828	55 249	911	674	6 950
Bremen	12 901	8 386	1 989	663	1 791	48	17	8
Nordrhein-Westfalen	655 189	370 732	95 539	57 555	113 182	10 486	1 916	5 778
Hessen	189 511	79 395	19 877	23 394	59 455	3 857	1 014	2 519
Rheinland-Pfalz	191 136	89 833	15 668	37 164	40 681	5 903	976	910
Baden-Württemberg	1 765 008	1 151 788	253 963	75 910	254 082	12 887	6 952	9 426
Bayern	453 501	274 721	53 020	29 602	82 578	1 309	3 588	8 685
Saarland	102 979	64 699	13 040	5 661	18 849	460	184	84
Berlin (West)	34 399	17 277	6 129	3 905	5 844	609	495	140

*) Ohne Strauchbeerenobst.

1) Anbau für den Verkauf.

8.23 Pflanzenbestände in Baumschulen

Obstgehölze[1])	1981 (1 000)	1982 (1 000)
Äpfel	1 263	1 127
Birnen und Quitten	552	476
Kirschen	815	728
Aprikosen und Pfirsiche	138	150
Pflaumen und Zwetschen	409	328
Mirabellen und Renekloden	128	110
Walnüsse	41	42
Haselnüsse	64	68
Himbeeren	1 804	1 854
Johannisbeeren	2 750	2 538
Stachelbeeren	1 211	1 100
Insgesamt	**9 175**	**8 521**

Ziergehölze[2])	1981 (1 000)	1982 (1 000)
Laubbäume	7 956	7 775
Ziersträucher	26 541	25 292
dar. Containerpflanzen	2 589	2 863
Nadelgehölze	28 225	28 079
dar. Containerpflanzen	6 458	6 840
Heckenpflanzen	25 875	25 270
dar. Containerpflanzen	1 323	1 368
Rosen	27 275	27 572
dar. Containerpflanzen	288	389
Rhododendron und Freiland-azaleen	10 798	10 121
dar. Containerpflanzen	757	807
Bodendecker	36 779	35 794
dar. Containerpflanzen	19 758	16 302
Schling- und Kletterpflanzen	1 065	1 362
Sonstige	13 523	13 807
dar. Containerpflanzen	2 803	2 310
Insgesamt	**178 037**	**175 072**

Forstpflanzen[3])	1981 (Mill.)	1982 (Mill.)
Nadelholzpflanzen	945	860
Fichten	536	510
Kiefern	132	103
Tannen	89	77
Lärchen	43	38
Sonstige	145	132
Laubholzpflanzen	259	257
Rotbuchen	59	58
Roterlen	22	21
Eichen	40	53
Pappeln	2	1
Sonstige	136	124
Insgesamt	**1 204**	**1 117**

1) Ohne Obstunterlagen.
2) Nur veredelte und verpflanzte Bäume und Sträucher; Containerpflanzen sind einzeln in Behältern von mindestens 2 l Inhalt zu Verkaufszwecken kultiviert.
3) Ein- bis dreijährige Sämlinge und zwei- bis fünfjährige verschulte Pflanzen.

Betriebe und Fläche

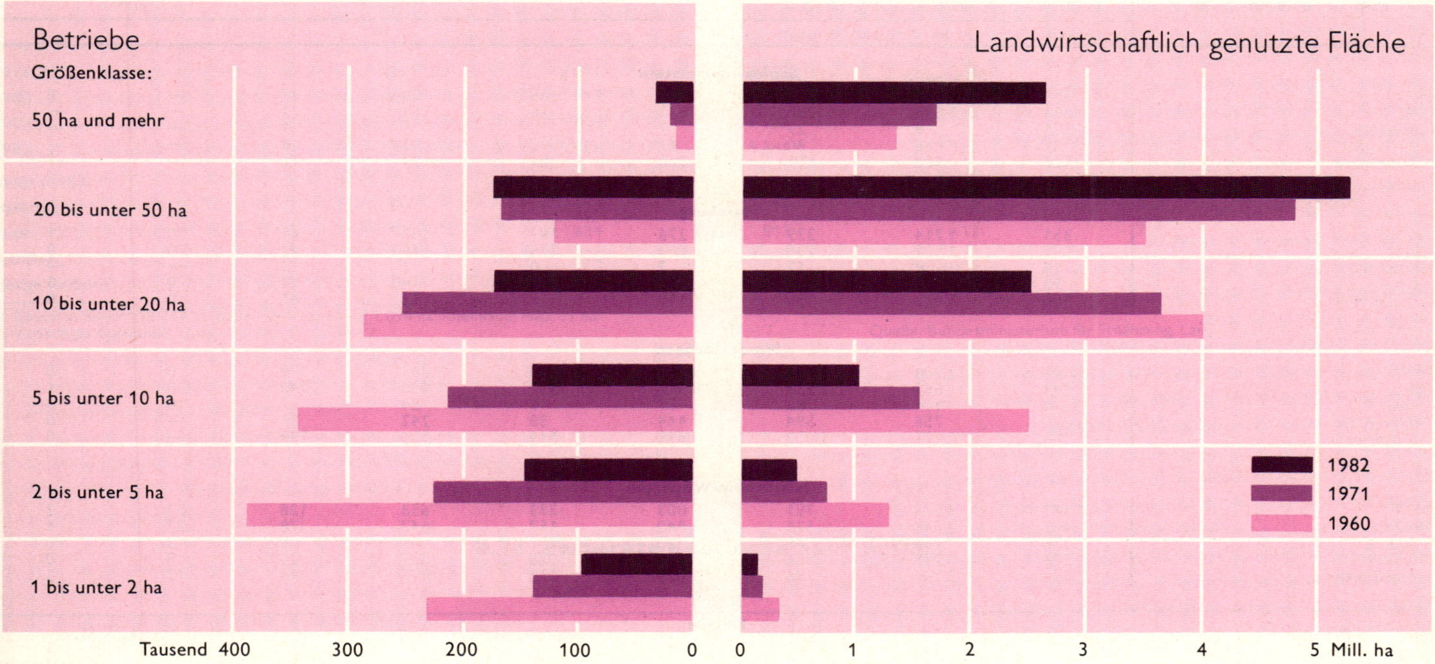

Gesamtfläche 1981 nach Nutzungsarten

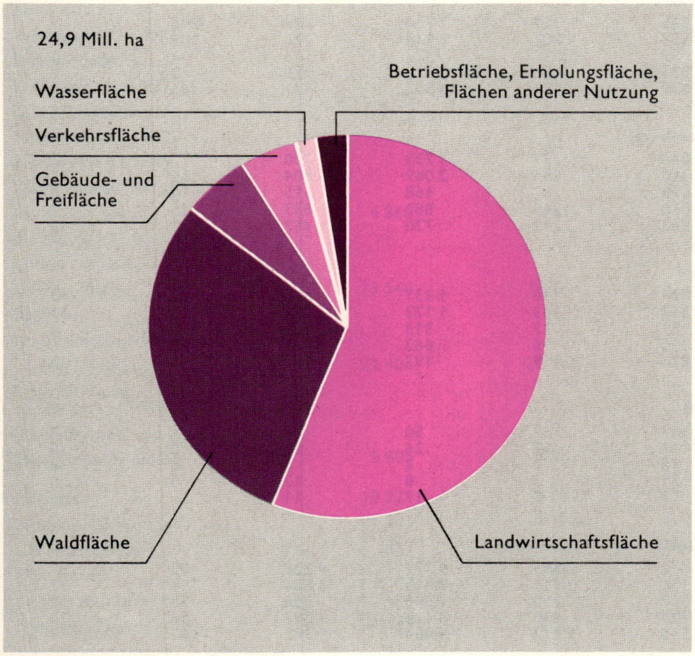

Landwirtschaftlich genutzte Fläche[1] 1982

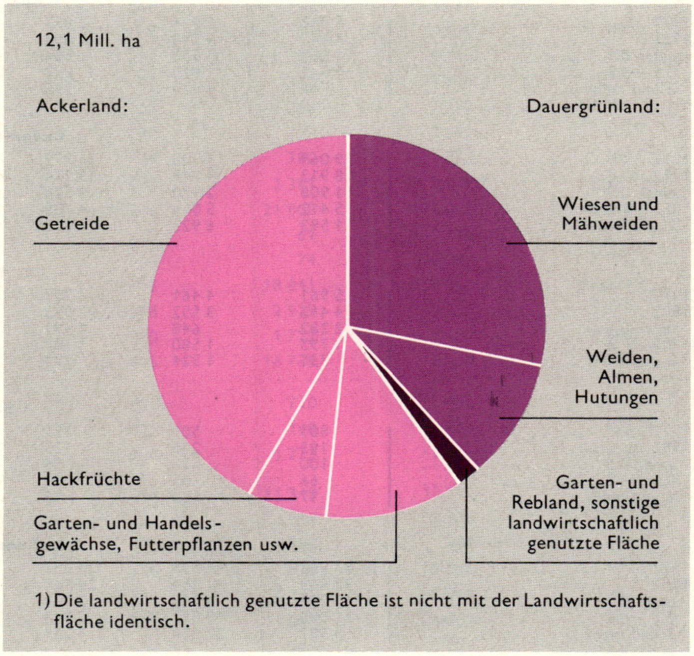

1) Die landwirtschaftlich genutzte Fläche ist nicht mit der Landwirtschaftsfläche identisch.

Statistisches Bundesamt 83 0246

8.37 Jagdfläche 1982

1 000 ha

Jagdbezirk	Bundesgebiet ohne Berlin	Schleswig-Holstein	Hamburg	Niedersachsen	Bremen	Nordrhein-Westfalen	Hessen	Rheinland-Pfalz	Baden-Württemberg	Bayern	Saarland
Staatsjagden	2 223,3	77,8	2,7	364,0	0,8	100,0	341,3	219,2	350,1	732,2	35,3
Privatjagden	21 036,5	1 379,1	36,0	3 886,0	19,8	3 201,1	1 708,4	1 767,0	3 073,7	5 753,9	211,5
Insgesamt	**23 259,8**	**1 456,9**	**38,7**	**4 250,0**	**20,6**	**3 301,1**	**2 049,7**	**1 986,2**	**3 423,8**	**6 486,1**	**246,8**

Quelle: Deutscher Jagdschutz-Verband, Bonn

8.38 Jahresjagdscheininhaber

Stichtag 1. 1.	Bundesgebiet	Schleswig-Holstein	Hamburg	Niedersachsen	Bremen	Nordrhein-Westfalen	Hessen	Rheinland-Pfalz	Baden-Württemberg	Bayern	Saarland	Berlin (West)
1979	257 406	16 803	3 291	51 976	1 296	69 245	19 692	16 082	28 818	45 809	3 274	1 120
1980	257 562	16 454	3 301	52 204	1 308	70 155	18 482	15 948	29 211	46 165	3 327	1 007
1981	261 068	16 912	2 513	52 218	1 295	71 794	19 590	15 857	30 300	46 079	3 329	1 181
1982	261 909	17 007	2 504	53 063	1 536	72 319	19 396	16 043	29 272	46 205	3 394	1 170

Quelle: Deutscher Jagdschutz-Verband, Bonn

8.39 Jagdstrecke*)

Jagdjahr[1]) / Land	Rotwild	Damwild	Schwarzwild	Rehwild	Hasen	Kaninchen	Fasanen	Rebhühner	Enten	Ringeltauben	Füchse	Marder
Jahresstrecke												
Anzahl												
1960/61	24 011	4 110	16 984	540 213	1 036 728	443 012	423 324	493 111	135 733	175 131	108 575	3 213
1965/66	29 599	6 464	22 836	567 120	769 952	378 808	484 248	162 059	222 158	238 884	104 322	5 941
1970/71	27 530	7 063	27 243	523 442	1 079 227	624 453	1 180 017	342 952	365 123	478 846	113 014	19 888
1975/76	31 510	10 568	52 126	637 412	1 033 184	1 398 046	896 928	307 051	438 389	778 862	219 550	26 479
1976/77	31 487	10 721	39 239	673 381	1 096 367	1 513 560	820 675	250 959	410 107	738 564	186 814	21 317
1977/78	33 439	11 465	59 468	711 626	1 009 414	1 592 841	855 527	243 880	434 349	800 638	194 030	38 814
1978/79	33 339	11 230	43 766	717 320	733 314	1 095 844	528 593	139 398	460 450	821 497	177 001	38 358
1979/80	32 154	10 959	31 521	669 078	447 408	536 193	369 378	46 403	424 424	559 225	169 374	44 315
1980/81	31 699	11 092	34 585	675 237	720 488	702 855	484 263	33 483	506 845	601 429	191 599	52 455
1981/82	30 499	10 221	38 272	669 423	804 637	633 711	539 371	33 871	555 616	569 230	185 617	53 259
davon (1981/82):												
Schleswig-Holstein	567	3 498	1 602	19 975	60 944	63 349	24 644	450	125 084	39 953	8 154	4 605
Hamburg	12	11	8	559	1 597	10 440	1 535	13	3 040	3 559	187	38
Niedersachsen	5 640	3 395	10 559	78 065	172 510	114 832	107 543	4 596	160 491	133 138	34 809	9 018
Bremen	—	—	—	110	1 547	1 549	419	—	1 670	1 897	89	46
Nordrhein-Westfalen	2 435	1 396	4 558	71 972	211 257	291 912	220 707	10 604	88 701	287 765	27 368	5 330
Hessen	5 401	949	6 425	67 941	56 219	30 830	16 837	3 130	22 392	22 632	17 556	3 117
Rheinland-Pfalz	3 598	181	6 423	57 193	80 176	72 675	52 666	3 431	15 886	22 124	13 779	2 379
Baden-Württemberg	1 631	482	4 266	146 821	68 853	25 218	46 365	2 347	32 035	17 014	28 724	7 238
Bayern	11 015	308	3 849	219 405	146 037	19 637	67 404	9 160	103 727	38 901	53 629	21 217
Saarland	200	1	582	7 382	5 497	3 269	1 251	140	2 590	2 247	1 322	271
Wert der Jahresstrecke[2])												
Mill. DM												
1960/61	—	—	—	25,1	15,4	—	—	—	—	—	—	—
1965/66	6,2	0,9	3,1	33,2	8,4	5,7	3,4	0,5	0,8	0,3	0,5	—
1970/71	8,1	1,5	5,5	34,0	11,9	1,2	7,7	1,0	1,1	0,7	0,6	0,4
1975/76	12,1	4,2	16,4	62,1	15,5	4,2	6,7	1,5	2,2	1,6	7,7	1,6
1976/77	14,1	4,3	12,4	61,3	16,4	4,5	6,6	1,3	2,1	1,5	6,5	1,9
1977/78	18,2	5,4	22,7	78,6	15,1	4,8	6,8	1,5	2,2	1,6	8,7	2,3
1978/79	20,3	5,9	18,7	88,6	11,7	3,3	4,8	1,0	2,8	2,1	8,9	2,7
1979/80	19,6	5,8	13,5	82,6	7,2	1,6	3,3	0,3	2,5	1,4	8,5	3,1
1980/81	20,3	6,1	15,6	87,8	12,2	2,1	4,8	0,3	3,5	1,8	9,6	3,7
1981/82												

*) Bundesgebiet ohne Berlin. – Ausgewählte Tierarten; einschl. Fallwild und Notabschuß.
[1]) April/März.
[2]) Preise ab Revier.

Quelle: Deutscher Jagdschutz-Verband, Bonn

8.40 Fangmengen und Verkaufserlöse der Hochsee- und Küstenfischerei*)

Anlandejahr — Fischart	Insgesamt		Große Hochsee- und Loggerfischerei		Kleine Hochsee- und Küstenfischerei	
	Menge	Erlös	Menge	Erlös	Menge	Erlös
	t	1 000 DM	t	1 000 DM	t	1 000 DM
1979	330 198	343 422	252 554	256 319	77 644	87 103
1980	286 861	304 381	194 941	209 928	91 920	94 453
1981	300 345	342 795	205 756	233 497	94 589	109 299
1982	276 349	359 730	182 868	244 693	93 480	115 038
davon (1982):						
Hering	17 791	15 053	8 803	9 917	8 989	5 137
Kabeljau, Dorsch	70 783	108 292	36 317	61 939	34 466	46 353
Schellfisch	2 880	3 522	1 646	2 253	1 234	1 269
Seelachs, Köhler	20 087	28 125	15 885	24 419	4 202	3 706
Rotbarsch	58 801	78 757	58 800	78 754	1	2
Krabben und Krebse	19 628	39 832	—	—	19 628	39 832
Muscheln	18 375	4 581	—	—	18 375	4 581
Sonstige	68 003	81 569	61 418	67 411	6 586	14 158

*) Angelandete Fangmengen und erzielte Verkaufserlöse deutscher Fischereifahrzeuge im Inland.

8.41 Fangmengen der Hochsee- und Küstenfischerei nach Fanggebieten und wichtigsten Fischarten*)

Anlandejahr — Fanggebiet	Aufgewendete Fangtage[1])	Fangmenge		Davon				
		je Fangtag[1])	insgesamt	Hering	Kabeljau	Seelachs	Rotbarsch	Sonstige
	Anzahl	t						
1979	10 030	*22,3*	343 233	7 825	56 233	35 689	47 752	195 734
1980	7 696	*24,0*	299 491	10 133	63 088	24 024	53 036	149 210
1981	6 077	*32,5*	309 106	14 545	61 716	17 259	57 008	158 578
1982	5 646	*30,4*	286 360	17 887	73 275	21 215	58 801	115 183
davon (1982):								
Nordsee (Kanal, Skagerrak und Kattegat)	.	.	84 318	207	18 583	13 518	327	51 684
Westbritische Gewässer	758	*42,8*	32 432	8 735	8	442	604	22 644
Ostsee	.	.	30 203	8 929	19 247	0	—	2 027
Färöer	468	*20,1*	9 401	—	1 491	19	4 660	3 231
Nördlich der Azoren	231	*72,2*	16 674	—	9 958	—	5 575	1 141
Norwegische Küste	687	*21,0*	14 398	17	1 663	7 230	3 177	2 311
Barentssee	8	*17,0*	136	—	112	—	10	14
Grönland-Ost	2 571	*22,6*	58 169	—	7 771	6	37 226	13 166
Grönland-West	568	*31,8*	18 036	—	7 282	—	7 086	3 668
Labrador	140	*52,8*	7 388	—	6 987	—	91	311
Neufundland	6	*10,8*	65	—	—	—	41	24
Sonstige Fanggebiete	209	*72,4*	15 140	—	175	—	3	14 962

*) Angelandete Fangmengen deutscher Fischereifahrzeuge im In- und Ausland.

[1]) Ohne Nordsee und Ostsee.

8.42 Fischereiflotte*)

Stichtag 31. 12.	Fischdampfer und Fischereimotorschiffe		Logger		Motorkutter		Küstenfischereifahrzeuge	
					Nordseeküste	Ostseeküste	Nordseeküste	Ostseeküste
	Anzahl	BRT	Anzahl	BRT	Anzahl			
1975	71	121 601	5	1 474	524	222	1 174	528
1976	66	114 011	5	1 474	507	208	1 188	488
1977	66	111 447	5	1 474	465	198	123[1])	415
1978	62	107 641	5	1 474	475	192	115	407
1979	47	91 961	2	574	441	239	111	345
1980	37	81 569	2	574	436	224	107	330
1981	32	70 490	2	574	415	231	105	303

*) Registrierte Fischereifahrzeuge einschl. der für Fischereiforschung und -schutz vercharterten Fahrzeuge. – Zahlen für 1982 lagen bei Redaktionsschluß noch nicht vor.

[1]) Ab 1977 ohne Sportfischereiboote.

Quelle: Bundesministerium für Ernährung, Landwirtschaft und Forsten, Bonn und die Fischereiämter Hamburg, Bremerhaven und Kiel

9 Produzierendes Gewerbe

9.0 Vorbemerkung

Das Gesetz über die Statistik im Produzierenden Gewerbe vom 6. November 1975 (BGBl. I S. 2779), in der Fassung der Bekanntmachung vom 30. 5. 1980 (BGBl. I S. 641), in Verbindung mit dem Gesetz über die Statistik für Bundeszwecke (Bundesstatistikgesetz – BStatG) vom 14. 3. 1980 (BGBl. I S. 289) faßt die Statistiken in diesem Bereich zusammen und vereinheitlicht sie u. a. in bezug auf Inhalt, Berichtskreis und Periodizität. Außerdem ordnet es jährliche zentrale Kostenstrukturerhebungen im Produzierenden Gewerbe mit Auskunftspflicht an (siehe auch Abschnitt 7 »Unternehmen und Arbeitsstätten«) und schreibt vor, als Basis für die übrigen Erhebungen in mehrjährigen Abständen Zensen im Produzierenden Gewerbe durchzuführen und zentrale Material- und Wareneingangserhebungen im Bergbau und Verarbeitenden Gewerbe sowie im Baugewerbe vorzunehmen.

Der Übergang auf das neue System vollzog sich – mit Ausnahme der kurzfristigen Statistiken im Baugewerbe – nach einem Stufenplan. Nach Einführung der neuen Systematik für das Produzierende Gewerbe (SYPRO) im Jahre 1976 trat zum 1. 1. 1977 die Neuabgrenzung des Berichtskreises in Kraft, in den grundsätzlich alle Unternehmen mit 20 Beschäftigten und mehr mit wirtschaftlichem Schwerpunkt im Produzierenden Gewerbe (einschließlich Produzierendes Handwerk) und deren Betriebe sowie produzierende Betriebe mit 20 Beschäftigten und mehr der anderen Unternehmen einbezogen sind. Das Produzierende Gewerbe umfaßt die Bereiche Energie- und Wasserversorgung, Bergbau und Verarbeitendes Gewerbe sowie Baugewerbe und schließt jeweils das Produzierende Handwerk ein. Die Übergänge und die endgültigen Regelungen werden in den folgenden Anmerkungen bzw. in den Fußnoten zu den Tabellen erläutert.

Einen zusammenfassenden Überblick über das Produzierende Gewerbe vermittelt Tabelle 9.1. Für den Bereich Bergbau und Verarbeitendes Gewerbe stammen die Angaben mit Ausnahme des Merkmals »Investitionen« aus dem Monatsbericht für Unternehmen im Bergbau und Verarbeitenden Gewerbe. Die Investitionen werden für diesen Bereich im allgemeinen in der jährlichen Investitionserhebung im Bergbau und im Verarbeitenden Gewerbe oder im Rahmen des Zensus ermittelt. Sämtliche Angaben für die anderen Bereiche (Energie- und Wasserversorgung, Baugewerbe) sind aus den Ergebnissen der Jahres- und Investitionserhebungen in der Energie- und Wasserversorgung sowie im Baugewerbe zusammengestellt worden.

Die Angaben werden für alle Unternehmen mit 20 Beschäftigten und mehr ausgewiesen. Die Ergebnisse aus dem Monatsbericht im Bergbau und Verarbeitenden Gewerbe enthalten darüber hinaus für ausgewählte Wirtschaftszweige auch Angaben für Unternehmen mit 10 bis 19 Beschäftigten.

Die Investitionen werden nach Investitionsarten in der Tabelle 9.2 für die Unternehmen im Produzierenden Gewerbe mit 20 Beschäftigten und mehr dargestellt. Die Gliederung der Ergebnisse entspricht der »Systematik der Wirtschaftszweige, Ausgabe 1979, Fassung für die Statistik im Produzierenden Gewerbe (SYPRO)«. Die Zuordnung der Unternehmen zu den Wirtschaftszweigen erfolgte nach dem Schwerpunkt ihrer wirtschaftlichen Tätigkeit, in der Regel gemessen an der Beschäftigtenzahl.

Ausführliche methodische Erläuterungen sowie fachlich und regional tiefer gegliederte Ergebnisse finden sich in den Veröffentlichungen der Fachserie 4 »Produzierendes Gewerbe« (siehe hierzu auch »Fundstellennachweis«, S. 750ff.).

Bergbau und Verarbeitendes Gewerbe

In den Tabellen 9.4 und 9.5 werden ausgewählte Ergebnisse der Kostenstrukturerhebung im Bergbau und Verarbeitenden Gewerbe, die seit 1975 jährlich auf Stichprobenbasis durchgeführt wird, nachgewiesen. Die Ergebnisse beziehen sich auf Unternehmen im Bergbau und Verarbeitenden Gewerbe mit 20 Beschäftigten und mehr in der Gliederung der SYPRO. Es werden abgeleitete Leistungsgrößen sowie ausgewählte Kostenarten als Anteil des Bruttoproduktionswertes dargestellt.

Die Tabellen 9.6 und 9.7 enthalten die endgültigen Ergebnisse des Zensus im Produzierenden Gewerbe, der für das Jahr 1979 durchgeführt wurde. Zu dieser Statistik waren alle Unternehmen mit 20 Beschäftigten und mehr meldepflichtig, soweit sie nicht in der Kostenstrukturerhebung erfaßt wurden. Bei der Darstellung der Ergebnisse wurden die Angaben aus der Kostenstrukturerhebung 1979 einbezogen. Wegen der unterschiedlichen Erhebungsverfahren weichen die Ergebnisse des Zensus von denen der Kostenstrukturerhebung und des Monatsberichts ab.

Für den Nachweis der Rechtsformen in Tabelle 9.6 war eine Zusammenführung der Zensusergebnisse mit der Kartei im Produzierenden Gewerbe erforderlich.

Zur Erstellung von Tabelle 9.7 wurden die Zensusergebnisse 1967 auf die SYPRO umgeschlüsselt, um die Vergleichbarkeit mit den Ergebnissen für das Jahr 1979 zu gewährleisten.

Aus dem kurzfristigen Berichtssystem werden in der Tabelle 9.3 die Ergebnisse des Monatsberichts für Unternehmen im Bergbau und Verarbeitenden Gewerbe veröffentlicht, in den Tabellen 9.8, 9.9, 9.11 bis 9.14 die Ergebnisse des Monatsberichts für Betriebe im Bergbau und Verarbeitenden Gewerbe. Als erster Schritt der Umstellung wurde den Statistiken für das Berichtsjahr 1976 die neue Systematik der Wirtschaftszweige, Ausgabe 1979, Fassung für die Statistik im Produzierenden Gewerbe (SYPRO), zugrunde gelegt. Die Zuordnung der Betriebe zu den Wirtschaftszweigen erfolgte nach dem Schwerpunkt ihrer wirtschaftlichen Tätigkeit, in der Regel gemessen an der Beschäftigtenzahl. Ab Berichtsjahr 1977 wurde von der früheren Erfassung der Industriebetriebe mit im allgemeinen 10 Beschäftigten und mehr auf die Erfassung von Betrieben mit im allgemeinen 20 Beschäftigten und mehr übergegangen. Ab Januar 1977 ist zusätzlich der Betriebsbegriff erweitert worden. Während sich die Ergebnisse bis einschl. 1976 nur auf die industriellen Tätigkeiten der Betriebe bezogen, sind nunmehr etwa vorhandene baugewerbliche und sonstige Betriebsteile (Handel, Verkehr usw.) einbezogen.

Die Daten bis 1976 wurden aus einer Rückrechnung aufgrund von Doppelaufbereitungen der Jahre 1976 und 1977 gewonnen.

Die Endstufe der Umstellung der kurzfristigen Statistiken im Bergbau und Verarbeitenden Gewerbe wurde im Laufe des Jahres 1978 erreicht. Der Berichtskreis umfaßt, um eine bessere Verzahnung mit den Jahreserhebungen zu ermöglichen, die Betriebe des Bergbaus und Verarbeitenden Gewerbes – unabhängig von ihrer Größe – von Unternehmen des Produzierenden Gewerbes mit 20 Beschäftigten und mehr sowie die entsprechenden Betriebe mit 20 Beschäftigten und mehr von Unternehmen außerhalb des Produzierenden Gewerbes, und zwar jeweils einschl. der Betriebe des Produzierenden Handwerks.

Totalergebnisse für die Industrie zum Stichtag 30. 9. können aufgrund der neuen Rechtsgrundlage nicht mehr aufbereitet und dargestellt werden. Statt dessen werden in Tabelle 9.10 die September-Ergebnisse aus dem Monatsbericht für Betriebe im Bergbau und Verarbeitenden Gewerbe nach Beschäftigtengrößenklassen nachgewiesen (s. Einführung zu Fachserie 4, Reihe 4.1.2 Betriebe, Beschäftigte und Umsatz im Bergbau und im Verarbeitenden Gewerbe nach Beschäftigtengrößenklassen).

In den Tabellen 9.15 bis 9.19 werden Ergebnisse der Indexberechnungen dargestellt. Ausgewählte Produktionsangaben enthält Tabelle 9.20.

Die folgenden Definitionen gelten auch für die Energie- und Wasserversorgung und für das Baugewerbe, soweit sie betroffen sind und nichts anderes vermerkt ist.

Unternehmen: Rechtliche Einheit (ohne rechtlich selbständige Tochtergesellschaften).

Betrieb: Örtlich getrennte Niederlassungen der Unternehmen einschl. der zugehörigen oder in der Nähe liegenden Verwaltungs- und Hilfsbetriebe. Der Begriff »Betrieb« ist nicht identisch mit dem der »Arbeitsstätte«. Die Ergebnisse für Betriebe (ab Januar 1977 einschl. baugewerblicher und sonstiger Betriebsteile) werden nach Wirtschaftsgruppen und -zweigen dargestellt. Dabei werden kombinierte Betriebe (die mehreren Wirtschaftsgruppen angehören) jeweils derjenigen Wirtschaftsgruppe zugerechnet, in der das Schwergewicht des Betriebes, in der Regel gemessen an der Beschäftigtenzahl, liegt.

Beschäftigte: Tätige Inhaber, Tätige Mitinhaber und Mithelfende Familienangehörige, soweit sie mindestens ein Drittel der üblichen Arbeitszeit tätig sind, sowie alle Personen (einschl. Auszubildende, aber ohne Heimarbeiter), die in einem arbeitsrechtlichen Verhältnis zum Unternehmen/Betrieb stehen oder von anderen Unternehmen/Betrieben gegen Entgelt zur Arbeitsleistung überlassen wurden.

Lohn- und Gehaltsumme: Bruttosumme einschl. aller Zuschläge und Zulagen, jedoch ohne Pflichtanteile der Arbeitgeber zur Sozialversicherung, ohne allgemeine soziale Aufwendungen sowie ohne Vergütungen, die als Spesenersatz anzusehen sind.

Geleistete Arbeiterstunden: Alle von Arbeitern (einschl. gewerblich Auszubildender) tatsächlich geleisteten (nicht die bezahlten) Stunden.

Umsatz: Erlöse aus eigenen Erzeugnissen und industriellen/handwerklichen Dienstleistungen, außerdem aus dem Verkauf von Handelsware und aus sonstigen nichtindustriellen/nichthandwerklichen Tätigkeiten. Als Umsatz gilt, unabhängig vom Zahlungseingang, der Gesamtbetrag ohne Umsatz-(Mehrwert-)steuer der abgerechneten Lieferungen und Leistungen an Dritte einschl. etwa darin enthaltener Verbrauchsteuern und Kosten für Fracht, Porto und Verpackung, auch wenn diese gesondert berechnet werden. Für Betriebe und für Unternehmen, die zum Monatsbericht im Bergbau und Verarbeitenden Gewerbe melden, sind die Umsätze des Kalenderjahres angegeben.

Auslandsumsatz: Umsatz mit Abnehmern im Ausland und – soweit einwandfrei erkennbar – Umsatz mit deutschen Exporteuren. Die »Exportquote« wird berechnet als Anteil der Auslandslieferungen an der Gesamtheit des Umsatzes. Dieser enthält auch Lieferungen innerhalb des Bergbaus und Verarbeitenden Gewerbes, die sich aber aus methodischen Gründen nicht ausschalten lassen. Wählte man einen Gesamtumsatz als Bezugsgröße, bei dem die Lieferungen innerhalb des Bergbaus und Verarbeitenden Gewerbes ausgeschaltet sind, so läge die errechnete Exportquote über den hier angegebenen Werten.

Bruttoproduktionswert: Umsatz ohne Umsatz-(Mehrwert-)steuer plus/minus Bestandsveränderung an unfertigen und fertigen Erzeugnissen aus eigener Produktion plus selbsterstellte Anlagen.

Nettoproduktionswert: Bruttoproduktionswert minus Materialverbrauch, Einsatz an Handelsware, Kosten für Lohnarbeiten.

Nettowertschöpfung zu Faktorkosten: Bruttoproduktionswert minus Vorleistungen minus Abschreibungen minus indirekte Steuern (ohne Umsatzsteuern) abzüglich Subventionen.

Bruttowertschöpfung zu Marktpreisen: Nettowertschöpfung zu Faktorkosten plus Abschreibungen plus indirekte Steuern (einschl. Umsatzsteuern) abzüglich Subventionen.

Kostenstruktur: Ausgewählte Kostenarten als Anteile am Bruttoproduktionswert.

Investitionen: Wert der Bruttozugänge an Sachanlagen der Unternehmen im Geschäftsjahr einschl. im Bau befindlicher Anlagen, Ersatzinvestitionen und aktivierter geringwertiger Wirtschaftsgüter, ohne Anzahlungen auf noch nicht gelieferte Investitionsgüter, soweit sie nicht bereits aktiviert wurden. Einbezogen sind ferner selbsterstellte Anlagen. Kosten der Finanzierung des Erwerbs von Beteiligungen, Wertpapieren usw., des Erwerbs von Konzessionen, Patenten usw. und des Erwerbs von ganzen Unternehmen oder Betrieben bleiben außer Betracht.

Der **Index des Auftragseingangs** im Verarbeitenden Gewerbe wird auf der Basis 1976 = 100 sowohl in jeweiligen Preisen (Wertindex) als auch in Preisen von 1976 (Volumenindex) errechnet. Dem Wertindex in Tabelle 9.15 liegen als Gewichtung die Auftragseingangsanteile im Basisjahr zugrunde. Bis Ende 1976 wurde der Auftragseingang monatlich in ausgewählten Zweigen des Verarbeitenden Gewerbes bei Betrieben mit im allgemeinen 25 Beschäftigten und mehr erhoben und auf Betriebe mit 10 Beschäftigten und mehr hochgerechnet. Ab Januar 1977 wird entsprechend der Auftragseingang bei Betrieben von Unternehmen mit im allgemeinen 20 Beschäftigten und mehr erfaßt.

Der **Index des Auftragsbestands** im Verarbeitenden Gewerbe wird als Wertindex auf der Basis 1976 = 100 ermittelt. Als Gewichte dienen die Auftragsbestandsanteile der in den Index einbezogenen Zweige des Verarbeitenden Gewerbes im Basisjahr.

Der **Index der Nettoproduktion für das Produzierende Gewerbe** auf Basis 1976 wird auf repräsentativer Grundlage unter Ausschaltung der Preisveränderungen berechnet, d. h. bei den Wirtschaftszweigen erfolgt die Fortschreibung im allgemeinen mit einer Auswahl von Erzeugnissen, deren Entwicklung der jeweiligen Gesamtentwicklung entspricht (insgesamt 470 Reihen). Die einzelnen Wirtschaftszweige sind mit der Bruttowertschöpfung zu Marktpreisen des Jahres 1976 gewichtet.

Der **Index der Bruttoproduktion für Investitions- und Verbrauchsgüter** auf Basis 1976 zeigt unter Ausschaltung der Preisveränderungen die Entwicklung des Ausstoßes der vom Produzierenden Gewerbe hergestellten investitions- und verbrauchsreifen Waren. Die Gewichtung der einzelnen Erzeugnisreihen erfolgt mit den Bruttoproduktionswerten des Jahres 1976. Bei diesem Index sind – im Gegensatz zum Index der Nettoproduktion für das Produzierende Gewerbe mit einer Gruppierung nach Wirtschaftszweigen – die Waren nach ihrem vermutlichen Verwendungszweck gruppiert.

Der **Index der Arbeitsproduktivität** (Produktionsergebnis je Beschäftigten, je Beschäftigtenstunde, je Arbeiter und je Arbeiterstunde) auf der Basis 1976 zeigt die Entwicklung der Produktion (gemessen am Index der Nettoproduktion für das Produzierende Gewerbe) im Verhältnis zum personellen Aufwand.

Die Angaben über die **Produktion ausgewählter Erzeugnisse** erstrecken sich auf Güter bzw. Güterarten, die nach dem Systematischen Güterverzeichnis für Produktionsstatistiken, Ausgabe 1982, gruppiert und zum Absatz bestimmt sind. In manchen Fällen (vor allem bei den Grundstoffen) wird die Gesamtproduktion ausgewiesen. Hierbei handelt es sich um die zum Absatz bestimmte und die zur Weiterverarbeitung im selben Betrieb sowie in anderen Betrieben desselben Unternehmens bestimmte Erzeugung in einer Summe, die jeweils durch Fußnote gekennzeichnet ist. Der Bewertung der für den Absatz bestimmten Erzeugung liegen die erzielten Verkaufspreise ab Werk einschl. Verpackung – jedoch ohne Umsatz-(Mehrwert-)steuer – und vermindert um gewährte Rabatte sowie um in den Preisen enthaltene Verbrauchsteuern zugrunde.

Brennstoff- und Energieverbrauch: Gesamtverbrauch an Strom, Gas, Kohle und Heizöl einschl. der Mengen, die in andere Energiearten umgewandelt werden.

Stromverbrauch: Verbrauch einschl. Eigenverbrauch industrieller Stromerzeugungsanlagen.

Gasverbrauch: Verbrauch (auch als Rohstoff) von Orts- und Kokereigas (auch Ferngas), d. h. Bezüge von Gasversorgungsunternehmen und Kokereien sowie von Erdgas (auch Erdölgas). Nicht berücksichtigt sind Generatorgas, Methangas, Flüssiggas, Raffineriegas, Gichtgas und alle übrigen Gase, sofern diese selbst erzeugt oder in unveränderter Form bezogen werden.

Kohleverbrauch: Verbrauch für Fabrikation (auch als Rohstoff), Heizung, Strom-, Gas- und Dampferzeugung usw., im Kohlenbergbau und in der Eisenschaffenden Industrie jedoch ohne Einsatzkohle für Brikett- und Koksherstellung.

Heizölverbrauch: Alle Heizöle, die zur Erzeugung von Wärme (auch zur Erzeugung von Dampf, Heißluft usw.) sowie als Rohstoffe für die Produktion verwendet werden, gleichgültig, ob aus Erdöl oder aus Rohteer hergestellt.

Baugewerbe

Das Baugewerbe setzt sich zusammen aus den Unternehmen und Betrieben des Bauhaupt- und Ausbaugewerbes. Nach der »Systematik der Wirtschaftszweige, Ausgabe 1979, Fassung für die Statistik im Produzierenden Gewerbe (SYPRO)« wurden diese Bereiche gegenüber der bisher geltenden Systematik der Wirtschaftszweige (WZ), Ausgabe 1961 und 1970, neu abgegrenzt.

In das Bauhauptgewerbe waren 8 Zweige zusätzlich aufzunehmen. Hierbei handelt es sich um den Fertigteilbau im Hochbau mit 4 Zweigen, das ehemalige Bauhilfsgewerbe mit seinen 3 Zweigen und den Zweig »Bergbauliche Tiefbohrung, Aufschließung, Schachtbau (ohne Erdölbohrung)«. Ferner wurden die früheren Zweige Tief- und Ingenieurtiefbau (ohne Straßenbau) sowie Dämmung und Abdichtung (Isolierbau) tiefer gegliedert. Damit umfaßt das Bauhauptgewerbe 22 Zweige anstelle der früheren 11 Zweige.

In das Ausbaugewerbe wurden die Zweige Installation von Heizungs-, Lüftungs-, Klima- und gesundheitstechnischen Anlagen, Bautischlerei (Einbau von Tischlereierzeugnissen in Bauten) sowie Sonstiges Ausbaugewerbe (ohne Ofen- und Herdsetzerei) zusätzlich aufgenommen. Das Bauhilfsgewerbe wurde – wie bereits erwähnt – zum Bauhauptgewerbe umgesetzt. Weitere Zweige wurden durch Ausgliederung aus bisherigen Zweigen gebildet, so daß nun 14 anstelle von bisher 11 Zweigen zum Ausbaugewerbe zählen.

Der Nachweis für das Baugewerbe umfaßt auch die Unternehmen und Betriebe, deren Inhaber oder Leiter in die Handwerksrolle eingetragen sind.

In Tabelle 9.21 werden – beginnend mit dem Berichtsjahr 1977 – für das gesamte Baugewerbe Ergebnisse aus der jährlichen Unternehmens- und Investitionserhebung veröffentlicht.

In den Tabellen 9.22 und 9.23 werden ausgewählte Ergebnisse der jährlichen Kostenstrukturerhebung im Baugewerbe ausgewiesen. Für Unternehmen mit 20 Beschäftigten und mehr werden abgeleitete Leistungsgrößen sowie ausgewählte Kostenarten in Prozent des Bruttoproduktionswertes gemäß SYPRO dargestellt.

In Tabelle 9.26 werden in der Gliederung nach Wirtschaftszweigen Betriebe und Beschäftigte sowohl für das Bauhauptgewerbe (Totalerhebung) als auch für das Ausbaugewerbe nachgewiesen. Die Angaben über den Gerätebestand in Tabelle 9.27 beziehen sich dagegen nur auf das Bauhauptgewerbe.

Unternehmen: Als Unternehmen gilt die rechtliche Einheit einschl. ihrer Zweigniederlassungen und Betriebe sowie einschl. der nicht zum Bauhauptgewerbe gehörenden gewerblichen und nichtgewerblichen Unternehmensteile, aber ohne Zweigniederlassungen im Ausland und ohne rechtlich selbständige Tochtergesellschaften. Die Anteile der Unternehmen an Arbeitsgemeinschaften werden in die Unternehmensdaten einbezogen.

Betrieb: Als Einheit gilt der Baubetrieb und nicht die Baustelle oder das Bauunternehmen. Filialbetriebe eines Bauunternehmens werden wie selbständige Betriebe behandelt. Wenn Baustellen eigene Bau- oder Lohnbüros haben, so gelten sie als selbständige Betriebe.

Beschäftigte: Siehe unter »Bergbau und Verarbeitendes Gewerbe« S. 164.

Lohn- und Gehaltsumme: Bruttosumme ohne Pflichtanteile des Arbeitgebers zur Sozialversicherung, Beiträge zur Lohnausgleichs-, Urlaubs- und Zusatzversorgungskasse des Baugewerbes sowie Winterbau-Umlage, Lohn- und Gehaltszuschläge (einschl. Gratifikationen). Vergütungen, soweit sie vom Baubetrieb ohne Erstattung durch die Lohnausgleichs- bzw. Urlaubskasse oder das Arbeitsamt getragen werden, und Lohnfortzahlung im Krankheitsfall sind einbezogen. Ferner sind die vom Arbeitgeber abgeführten Sparanteile gemäß den Vermögensbildungsgesetzen sowie die Arbeitgeberzulagen gemäß Vermögensbildungstarifverträgen enthalten. Nicht erfaßt werden dagegen soziale Aufwendungen sowie Vergütungen, die als Spesenersatz anzusehen sind.

Geleistete Arbeitsstunden: Alle von Inhabern, Angestellten, Arbeitern und Auszubildenden auf Baustellen tatsächlich geleisteten (nicht die bezahlten) Stunden.

Umsatz: Der Gesamtbetrag setzt sich zusammen aus dem Umsatz aus Bauleistungen (baugewerblicher Umsatz), den Umsätzen aus sonstigen eigenen Erzeugnissen und Leistungen sowie aus Nebengeschäften. Erlöse aus dem Verkauf von Sachanlagen sind nicht einbezogen. Es handelt sich hierbei um den steuerlichen Umsatz; das sind die dem Finanzamt für die Umsatzsteuer zu meldenden steuerbaren Beträge im Bundesgebiet. Die Umsätze werden in der Regel nach den vereinbarten Entgelten besteuert und ohne Umsatz-(Mehrwert-)steuer erfaßt; seit dem 1.1.1980 werden auch Anzahlungen für Teilleistungen oder Vorauszahlungen vor Ausführung der entsprechenden Lieferungen oder Leistungen ab 10000 DM versteuert und damit in die Meldungen einbezogen.

Bruttoproduktionswert, Nettoproduktionswert, Nettowertschöpfung zu Faktorkosten, Bruttowertschöpfung zu Marktpreisen, Kostenstruktur: Siehe unter »Bergbau und Verarbeitendes Gewerbe« S. 164f.

Wohnungsbau: Bauten, die überwiegend Wohnzwecken dienen (einschl. solcher für Angehörige der Bundeswehr oder der im Bundesgebiet stationierten ausländischen Streitkräfte) sowie der Umbau oder die Erweiterung bisher anderweitig genutzter Gebäude und Räume zu Wohnungen.

Landwirtschaftlicher Bau: Ställe, Scheunen, Garagen für Traktoren sowie Bauten, die der Intensivierung der Landwirtschaft dienen.

Gewerblicher und industrieller Bau: Überwiegend gewerblichen Zwecken dienende Bauten, auch der Bau von Wasser-, Gas- und Elektrizitätswerken, Pipelines, Kinos, Hotels, Bürogebäuden, Lager- und Kühlhäusern, Markthallen usw.

Öffentlicher und Verkehrsbau: Bauten, die überwiegend bei Ausübung staatlicher und kommunaler Funktionen benötigt werden (z. B. Gerichte, Finanzämter, Kasernen, Kanalisation, Sportanlagen, Schulen), ferner überwiegend dem Verkehr dienende Bauten (z. B. Straßen, Häfen, Brücken).

Investitionen: Siehe unter »Bergbau und Verarbeitendes Gewerbe« S. 165.

Verkauf von Sachanlagen: Verkaufserlöse aus dem Abgang von Gebäuden und bebauten Grundstücken sowie unbebauten Grundstücken, Baugeräten, Maschinen, Werkzeugen, Baustellen-, Betriebs- und Geschäftsausstattungen.

Der **Index des Auftragseingangs** im Bauhauptgewerbe wird auf der Basis 1976 = 100 monatlich sowohl in jeweiligen Preisen (Wertindex) als auch in Preisen von 1976 (Volumenindex) errechnet. Als Auftragseingänge gelten die im Berichtsmonat eingegangenen und vom Betrieb akzeptierten Bauaufträge entsprechend der Verdingungsordnung für Bauleistungen.

Der **Index des Auftragsbestands** im Bauhauptgewerbe gibt die Entwicklung der akzeptierten, noch nicht ausgeführten Bestellungen in den Zweigen des Bauhauptgewerbes wieder. Er wird als Wertindex auf der Basis 1976 = 100 vierteljährlich berechnet. Gewichte = Auftragsbestandsanteile der Zweige im Basisjahr.

Der **Produktionsindex für das Baugewerbe** auf der Basis 1976 wird auf repräsentativer Grundlage unter Ausschaltung der Preisveränderungen aus einem Produktionsindex für das Bauhauptgewerbe und einem Produktionsindex für das Ausbaugewerbe errechnet. Während der Produktionsindex für das Bauhauptgewerbe durch den Baustoff-Produktionsindex repräsentiert wird (Fortschreibung mit 57 ausgewählten Baustoffen), erfolgt beim Produktionsindex für das Ausbaugewerbe die Fortschreibung mit preisbereinigten Umsatzwerten aus der vierteljährlichen Handwerksberichterstattung. Der Gewichtung der einzelnen Teilbereiche liegt die Bruttowertschöpfung zu Marktpreisen des Jahres 1976 zugrunde.

Energie- und Wasserversorgung

In den Tabellen 9.30 und 9.31 werden die Ergebnisse der jährlichen Unternehmens- und Investitionserhebungen in der Energie- und Wasserversorgung dargestellt. Die Erhebungen erstrecken sich auf sämtliche Unternehmen der Elektrizitäts- und Gasversorgung, auf Unternehmen der Fernwärmeversorgung mit einer Wärmeleistung von mindestens 20,9 GJ/h (5 Gcal/h) oder mit einer Versorgungsleistung von mindestens 500 Wohnungen und auf Unternehmen der Wasserversorgung mit einer jährlichen Wasserabgabe von 200 000 m³ und mehr. Die Ergebnisse werden nach der SYPRO gegliedert. Die Zuordnung der Unternehmen zu den Wirtschaftszweigen erfolgt nach dem Schwerpunkt ihrer wirtschaftlichen Tätigkeit, in der Regel gemessen an der Beschäftigtenzahl. Außerdem werden die Ergebnisse in der Energie- und Wasserversorgung institutionell nach fachlichen Unternehmensteilen dargestellt, die den Versorgungsbereichen »Elektrizität«, »Gas«, »Fernwärme« und »Wasser« entsprechen. In der Position »Sonstiges« sind die Tätigkeiten der Unternehmen der Energie- und Wasserversorgung in anderen Bereichen wie Verkehr, Bäder, Hafenanlagen u. ä., zusammengefaßt.

Die Tabellen 9.32 und 9.33 enthalten ausgewählte Ergebnisse der jährlichen Kostenstrukturerhebung in der Energie- und Wasserversorgung. Für Unternehmen mit 20 Beschäftigten und mehr werden abgeleitete Leistungsgrößen sowie ausgewählte Kostenarten als Anteile des Bruttoproduktionswertes dargestellt.

Die in Tabelle 9.34 nachgewiesenen Zahlen über Aufkommen und Verwendung von Elektrizität, Leistung und Brennstoffverbrauch der Kraftwerke erstrecken sich auf Kraftwerke der Elektrizitätsversorgungsunternehmen, Stromerzeugungsanlagen im Bergbau und Verarbeitenden Gewerbe sowie für die Deutsche Bundesbahn.

In Tabelle 9.35 sind nur die im Bergbau und Verarbeitenden Gewerbe für Stromerzeugungsanlagen getätigten Investitionen angegeben (Nachweis der Gesamtinvestitionen im Produzierenden Gewerbe siehe Tabelle 9.1).

Die Tabelle 9.36 enthält die gesamte Gasdarbietung aus inländischer Gewinnung/Erzeugung und aus Einfuhr sowie die Gasabgabe der Gasversorgungsunternehmen an die verschiedenen Abnehmergruppen. Zu den Gasversorgungsunternehmen zählen Ortsgasversorgungsunternehmen, Ferngasgesellschaften, Kokereien und Erdgasgewinnungsunternehmen, soweit diese Gas an Letztverbraucher liefern.

Beschäftigte, Lohn- und Gehaltsumme, Geleistete Arbeiterstunden, Umsatz, Bruttoproduktionswert, Nettoproduktionswert, Nettowertschöpfung zu Faktorkosten, Investitionen, Kostenstruktur: Siehe unter »Bergbau und Verarbeitendes Gewerbe« S. 164f.

Inlandsversorgung: Gesamte für den inländischen Verbrauch zur Verfügung stehende Energiemenge der jeweils nachgewiesenen Energieart.

Engpaßleistung: Maximale Dauerleistung des Kraftwerkes, die bestimmt wird durch den engsten Querschnitt der Anlageteile (Kesselanlagen, Maschinensätze, Transformatoren oder Kühlanlagen einschl. in Reparatur befindlicher oder in Reserve stehender Anlageteile). Wenn der in Kesselanlagen gewonnene Dampf sowohl für die Elektrizitätserzeugung als auch für andere Zwecke dient (z. B. Betriebsdampf), wird nur der Teil der Kesselleistung berücksichtigt, der für die Elektrizitätserzeugung zur Verfügung steht.

Verfügbare Leistung: Mit Rücksicht auf alle technischen und betrieblichen Verhältnisse tatsächlich erreichbare Dauerleistung der Stromerzeugungsanlage einschl. der in Reserve stehenden, innerhalb 24 Stunden einsatzbereiten Leistung.

Höchstleistung: Bei den Kraftwerken der Elektrizitätsversorgungsunternehmen die Summe der jeweils an einem Stichtag im Dezember aufgetretenen Höchstbelastungen, bei den Stromerzeugungsanlagen im Bergbau und Verarbeitenden Gewerbe dagegen die Summe der an beliebigen Tagen des Kalenderjahres jeweils aufgetretenen Höchstbelastungen.

Elektrizitätserzeugung: Bruttoerzeugung (ab Generator) einschl. Eigenverbrauch der Stromerzeugungsanlage.

Brennstoffverbrauch der Elektrizitätswerke: Nur die für die Elektrizitätserzeugung benötigten Brennstoffmengen (nicht also Brennstoffmengen zur Erzeugung von Betriebsdampf im selben Kessel). Bei gleichzeitiger Verwendung verschiedener Kohlenarten ist der Kohlenverbrauch einheitlich, auf einen Heizwert von 29,308 Gigajoule/t bezogen, ausgewiesen.

Handwerk

Nachgewiesen werden hochgerechnete Ergebnisse der vierteljährlichen, repräsentativen Handwerksberichterstattung auf der Basis 1976. Die Ergebnisse dieser Erhebung sind nicht mit den Ergebnissen der Handwerksberichterstattung auf der Basis 1968 vergleichbar.

Beschäftigte: Siehe unter »Bergbau und Verarbeitendes Gewerbe« S. 164.

Umsatz: Gesamtbetrag der abgerechneten Lieferungen und Leistungen an Dritte (ohne Umsatz-(Mehrwert-)steuer), einschl. der steuerfreien Umsätze, der Handelsumsätze sowie der Erlöse aus Lieferungen und Leistungen an mit dem Unternehmen verbundene selbständige Konzern- und Verkaufsgesellschaften.

9.1 Unternehmen, Beschäftigung, Umsatz und Investitionen im Produzierenden Gewerbe 1981*)

Nr. der Systematik[1])	Wirtschaftsgliederung (H. v. = Herstellung von)	Unternehmen[2])	Beschäftigte[2])	Lohn- und Gehaltsumme	Umsatz[3])	Investitionen
		Anzahl	1 000	Mill. DM		
10	**Elektrizitäts-, Gas-, Fernwärme- und Wasserversorgung**	**744**	**265**	**11 273**	**108 756**	**15 005**
1010	Elektrizitätsversorgung	462	223	9 563	85 945	12 247
1030	Gasversorgung	109	23	969	18 922	1 585
1050	Fernwärmeversorgung	14	2	73	712	62
1070	Wasserversorgung	159	17	669	3 176	1 111
21	**Bergbau**	**83**	**238**	**9 533**	**32 072**	**3 216**
	darunter:					
2111	Steinkohlenbergbau und -brikettherstellung, Kokerei	9	199	7 923	25 712	1 435
2114	Braunkohlenbergbau und -brikettherstellung	5	21	911	2 809	.
2160	Gew. von Erdöl, Erdgas	6	4	162	1 409	.
	Verarbeitendes Gewerbe	**38 567**	**7 227**	**256 907**	**1 221 842**	**51 516**
	Grundstoff- und Produktionsgütergewerbe	**7 185**	**1 540**	**60 432**	**408 596**	**16 256**
22	Mineralölverarbeitung	54	41	2 284	110 330	1 563
24	H. und Verarb. von Spalt- und Brutstoffen	6	2	107	328	24
25	Gew. und Verarb. von Steinen und Erden	2 315	179	6 472	29 000	2 071
27	Eisenschaffende Industrie	103	287	10 660	50 902	2 749
28	NE-Metallerzeugung, NE-Metallhalbzeugwerke	152	73	2 738	21 374	857
29	Gießerei	469	112	3 970	11 955	467
3011	Stabziehereien, Kaltwalzwerke	61	10	373	2 238	74
3015	Drahtziehereien (einschl. H. v. Drahterzeugnissen)	184	28	983	4 891	142
3030	Mechanik, a. n. g.	175	7	207	679	22
40	Chemische Industrie	1 177	586	25 325	140 286	6 569
53	Holzbearbeitung	2 144	54	1 598	9 432	276
55	Zellstoff-, Holzschliff-, Papier- und Pappeerzeugung	137	53	2 054	13 132	809
59	Gummiverarbeitung	207	106	3 661	14 050	634
	Investitionsgüter produzierendes Gewerbe	**14 871**	**3 712**	**138 223**	**493 079**	**23 449**
3021	H. v. Gesenk- und leichten Freiformschmiedestücken, schweren Preßteilen	239	36	1 255	4 514	217
3025	Stahlverformung, a. n. g., Oberflächenveredlung, Härtung	875	80	2 572	8 185	461
31	Stahl- und Leichtmetallbau, Schienenfahrzeugbau	1 288	159	6 091	20 791	607
32	Maschinenbau	4 553	1 018	38 292	126 420	4 850
33	Straßenfahrzeugbau, Rep. von Kraftfahrzeugen usw.	1 937	795	31 498	135 495	8 039
34	Schiffbau	113	56	2 110	6 573	183
35	Luft- und Raumfahrzeugbau	41	57	2 564	7 310	502
36	Elektrotechnik, Rep. von Haushaltsgeräten	2 276	989	35 583	120 070	4 843
37	Feinmechanik, Optik, H. v. Uhren	1 276	163	5 254	15 936	673
38	H. v. EBM-Waren	2 195	290	9 344	34 481	1 374
50	H. v. Büromaschinen, ADV-Geräten und -Einrichtungen	78	71	3 661	13 304	1 701
	Verbrauchsgüter produzierendes Gewerbe	**12 483**	**1 459**	**41 876**	**165 679**	**6 532**
39	H. v. Musikinstrumenten, Spielwaren, Füllhaltern usw.	675	59	1 612	6 113	207
51	Feinkeramik	153	54	1 470	3 757	224
52	H. und Verarb. von Glas	298	73	2 445	8 982	584
54	Holzverarbeitung	2 425	226	7 113	27 059	792
56	Papier- und Pappeverarbeitung	779	111	3 409	15 771	884
57	Druckerei, Vervielfältigung	1 849	156	5 628	17 798	1 089
58	H. v. Kunststoffwaren	1 671	189	5 944	25 709	1 272
61	Ledererzeugung	71	7	194	1 135	36
62	Lederverarbeitung	581	71	1 633	6 303	140
63	Textilgewerbe	1 594	286	7 612	32 723	1 023
64	Bekleidungsgewerbe	2 381	226	4 813	20 320	281
65	Rep. von Gebrauchsgütern (ohne elektrische Geräte)	6	0	3	9	0
	Nahrungs- und Genußmittelgewerbe	**4 028**	**516**	**16 376**	**154 488**	**5 279**
68	Ernährungsgewerbe	3 985	492	15 464	138 375	4 966
	darunter:					
6831	Molkerei, Käserei	278	37	1 257	19 404	478
6836	H. v. Dauermilch, Milchpräparaten, Schmelzkäse	34	12	388	5 330	187
6871	Brauerei	515	68	2 617	12 962	1 260
69	Tabakverarbeitung	43	24	912	16 112	313
	Baugewerbe	**18 073**	**1 151**	**37 105**	**110 298**	**3 943**
72–75	Bauhauptgewerbe	12 502	912	30 308	89 806	3 524
76–77	Ausbaugewerbe	5 571	240	6 798	20 492	419
	Insgesamt	**57 467**	**8 881**	**314 818**	**1 472 968**	**73 680**

*) Angaben zum Bereich »Bergbau und Verarbeitendes Gewerbe« für die Merkmale: Unternehmen, Beschäftigte, Lohn- und Gehaltsumme und Umsatz aus dem Monatsbericht für Unternehmen im Bergbau und im Verarbeitenden Gewerbe (Unternehmen mit im allgemeinen 20 Beschäftigten und mehr einschl. Handwerk). – Ergebnisse der Investitionen aus der jährlichen Investitionserhebung bei Unternehmen mit 20 Beschäftigten und mehr einschl. Handwerk.

1) Systematik der Wirtschaftszweige, Ausgabe 1979, Fassung für die Statistik im Produzierenden Gewerbe (SYPRO), Kurzbezeichnungen.

2) Bergbau und Verarbeitendes Gewerbe: Durchschnitt errechnet aus 12 Monaten. Elektrizitäts-, Gas-, Fernwärme- und Wasserversorgung sowie Baugewerbe: Stichtag jeweils Ende September.

3) Ohne Umsatz-(Mehrwert-)steuer.

9.2 Investitionen im Produzierenden Gewerbe 1981*)

Mill. DM

Nr. der Systematik[1]	Wirtschaftsgliederung (H. v. = Herstellung von) — Unternehmen mit . . . bis . . . Beschäftigten	Insgesamt	Bebaute Grundstücke und Bauten	Grundstücke ohne Bauten	Maschinen, masch. Anlagen, Betriebs- u. Geschäftsausstattung
	Insgesamt	**73 680**	**12 456**	**973**	**60 251**
	nach Wirtschaftszweigen				
10	**Elektrizitäts-, Gas-, Fernwärme- und Wasserversorgung**	**15 005**	**1 758**	**94**	**13 153**
1010	Elektrizitätsversorgung	12 247	1 429	70	10 747
1030	Gasversorgung	1 585	83	3	1 499
1050	Fernwärmeversorgung	62	2	3	57
1070	Wasserversorgung	1 111	245	17	849
21	**Bergbau**	**3 216**	**582**	**172**	**2 462**
	darunter:				
2111	Steinkohlenbergbau und -brikettherstellung, Kokerei	1 435	241	28	1 165
2114	Braunkohlenbergbau und -brikettherstellung	.[2]	.[2]	.[2]	.[2]
2160	Gew. von Erdöl, Erdgas	.[2]	.[2]	.[2]	.[2]
	Verarbeitendes Gewerbe	**51 516**	**9 491**	**543**	**41 482**
	Grundstoff- und Produktionsgütergewerbe	**16 256**	**2 598**	**265**	**13 392**
22	Mineralölverarbeitung	1 563	175	11	1 376
24	H. und Verarb. von Spalt- und Brutstoffen	24	7	—	17
25	Gew. und Verarb. von Steinen und Erden	2 071	309	142	1 619
27	Eisenschaffende Industrie	2 749	396	7	2 346
28	NE-Metallerzeugung, NE-Metallhalbzeugwerke	857	119	2	736
29	Gießerei	467	55	4	407
3011	Stabziehereien, Kaltwalzwerke	74	7	1	65
3015	Drahtziehereien (einschl. H. v. Drahterzeugnissen)	142	15	4	122
3030	Mechanik, a. n. g.	22	6	0	15
40	Chemische Industrie	6 569	1 234	85	5 251
53	Holzbearbeitung	276	46	3	227
55	Zellstoff-, Holzschliff-, Papier- und Pappeerzeugung	809	128	1	680
59	Gummiverarbeitung	634	101	5	528
	Investitionsgüter produzierendes Gewerbe	**23 449**	**4 451**	**151**	**18 848**
3021	H. v. Gesenk- und leichten Freiformschmiedestücken, schweren Preßteilen	217	40	4	173
3025	Stahlverformung, a. n. g., Oberflächenveredelung, Härtung	461	94	3	365
31	Stahl- und Leichtmetallbau, Schienenfahrzeugbau	607	145	7	455
32	Maschinenbau	4 850	968	48	3 834
33	Straßenfahrzeugbau, Rep. von Kraftfahrzeugen usw.	8 039	1 672	27	6 339
34	Schiffbau	183	.[2]	.[2]	139
35	Luft- und Raumfahrzeugbau	502	187	1	314
36	Elektrotechnik, Rep. von Haushaltsgeräten	4 843	631	39	4 172
37	Feinmechanik, Optik, H. v. Uhren	673	153	7	513
38	H. v. EBM-Waren	1 374	267	12	1 095
50	H. v. Büromaschinen, ADV-Geräten und -Einrichtungen	1 701	.[2]	.[2]	1 449
	Verbrauchsgüter produzierendes Gewerbe	**6 532**	**1 353**	**77**	**5 102**
39	H. v. Musikinstrumenten, Spielwaren, Füllhaltern usw.	207	33	2	173
51	Feinkeramik	224	51	2	171
52	H. und Verarb. von Glas	584	118	7	459
54	Holzverarbeitung	792	210	17	564
56	Papier- und Pappeverarbeitung	884	196	9	679
57	Druckerei, Vervielfältigung	1 089	195	9	885
58	H. v. Kunststoffwaren	1 272	247	13	1 012
61	Ledererzeugung	36	9	0	26
62	Lederverarbeitung	140	44	2	94
63	Textilgewerbe	1 023	183	11	829
64	Bekleidungsgewerbe	281	68	3	209
65	Rep. von Gebrauchsgütern (ohne elektrische Geräte)	0	—	—	0
	Nahrungs- und Genußmittelgewerbe	**5 279**	**1 089**	**50**	**4 140**
68	Ernährungsgewerbe	4 966	1 034	48	3 885
	darunter:				
6831	Molkerei, Käserei	478	83	4	391
6836	H. v. Dauermilch, Milchpräparaten, Schmelzkäse	187	41	0	146
6871	Brauerei	1 260	252	9	999
69	Tabakverarbeitung	313	55	2	256
	Baugewerbe	**3 943**	**625**	**164**	**3 154**
72 — 75	Bauhauptgewerbe	3 524	528	156	2 839
76 — 77	Ausbaugewerbe	419	96	8	315
	nach Beschäftigtengrößenklassen				
	20 — 49	4 433	927	118	3 388
	50 — 99	4 774	964	106	3 704
	100 — 199	6 408	1 217	107	5 084
	200 — 499	8 703	1 583	121	6 998
	500 und mehr	49 363	7 765	521	41 078

*) Unternehmen mit 20 Beschäftigten und mehr einschl. Handwerk. – Ergebnisse der jährlichen Investitionserhebung.

[1]) Systematik der Wirtschaftszweige, Ausgabe 1979, Fassung für die Statistik im Produzierenden Gewerbe (SYPRO), Kurzbezeichnungen.

[2]) Aus Gründen der Geheimhaltung von Einzelangaben nicht veröffentlicht, aber in den Summen enthalten.

9.3 Unternehmen, Beschäftigung und Umsatz im Bergbau und Verarbeitenden Gewerbe*)

Nr. der Systematik[1])	Wirtschaftsgliederung (H. v. = Herstellung von)	Unternehmen[2])		Beschäftigte[2])		Lohn- und Gehaltsumme		Umsatz[3])	
		1981	1982[4])	1981	1982[4])	1981	1982[4])	1981	1982[4])
		Anzahl		1 000		Mill. DM			
21	**Bergbau**	**83**	**87**	**238**	**238**	**9 533**	**9 921**	**32 072**	**32 900**
	darunter:								
2111	Steinkohlenbergbau und -brikettherstellung, Kokerei	9	10	199	198	7 923	8 202	25 712	26 317
2114	Braunkohlenbergbau und -brikettherstellung	5	5	21	21	911	969	2 809	3 160
2160	Gew. von Erdöl, Erdgas	6	6	4	4	162	219	1 409	1 432
	Verarbeitendes Gewerbe	**38 567**	**37 789**	**7 227**	**6 960**	**256 907**	**259 059**	**1 221 842**	**1 254 836**
	Grundstoff- und Produktionsgütergewerbe	**7 185**	**6 998**	**1 540**	**1 481**	**60 432**	**60 617**	**408 596**	**410 843**
22	Mineralölverarbeitung	54	56	41	41	2 284	2 392	110 330	114 733
24	H. und Verarb. von Spalt- und Brutstoffen	6	6	2	2	107	115	328	389
25	Gew. und Verarb. von Steinen und Erden	2 315	2 246	179	167	6 472	6 272	29 000	28 672
27	Eisenschaffende Industrie	103	98	287	269	10 660	10 225	50 902	48 124
28	NE-Metallerzeugung, NE-Metallhalbzeugwerke	152	154	73	68	2 738	2 688	21 374	19 940
29	Gießerei	469	458	112	103	3 970	3 726	11 955	11 408
3011	Stabziehereien, Kaltwalzwerke	61	61	10	11	373	417	2 238	2 701
3015	Drahtziehereien (einschl. H. v. Drahterzeugnissen)	184	178	28	27	983	957	4 891	4 739
3030	Mechanik, a. n. g.	175	176	7	7	207	237	679	734
40	Chemische Industrie	1 177	1 168	586	579	25 325	26 251	140 286	142 978
53	Holzbearbeitung	2 144	2 057	54	50	1 598	1 532	9 432	8 676
55	Zellstoff-, Holzschliff-, Papier- und Pappeerzeugung	137	133	53	52	2 054	2 032	13 132	13 239
59	Gummiverarbeitung	207	205	106	104	3 661	3 771	14 050	14 510
	Investitionsgüter produzierendes Gewerbe	**14 871**	**14 779**	**3 712**	**3 616**	**138 223**	**140 805**	**493 079**	**517 295**
3021	H. v. Gesenk- und leichten Freiformschmiedestücken, schweren Preßteilen	239	237	36	35	1 255	1 267	4 514	4 733
3025	Stahlverformung, a. n. g., Oberflächenveredlung, Härtung	875	855	80	75	2 572	2 531	8 185	8 177
31	Stahl- und Leichtmetallbau, Schienenfahrzeugbau	1 288	1 307	159	159	6 091	6 262	20 791	21 056
32	Maschinenbau	4 553	4 567	1 018	991	38 292	38 615	126 420	132 749
33	Straßenfahrzeugbau, Rep. von Kraftfahrzeugen usw.	1 937	1 920	795	793	31 498	32 683	135 495	145 268
34	Schiffbau	113	107	56	56	2 110	2 117	6 573	7 423
35	Luft- und Raumfahrzeugbau	41	42	57	57	2 564	2 667	7 310	8 567
36	Elektrotechnik, Rep. von Haushaltsgeräten	2 276	2 287	989	954	35 583	36 549	120 070	124 556
37	Feinmechanik, Optik, H. v. Uhren	1 276	1 251	163	150	5 254	5 008	15 936	15 147
38	H. v. EBM-Waren	2 195	2 135	290	277	9 344	9 281	34 481	34 868
50	H. v. Büromaschinen, ADV-Geräten und -Einrichtungen	78	73	71	70	3 661	3 826	13 304	14 751
	Verbrauchsgüter produzierendes Gewerbe	**12 483**	**12 075**	**1 459**	**1 365**	**41 876**	**40 956**	**165 679**	**164 919**
39	H. v. Musikinstrumenten, Spielwaren, Füllhaltern usw.	675	642	59	57	1 612	1 613	6 113	6 480
51	Feinkeramik	153	155	54	53	1 470	1 497	3 757	3 821
52	H. und Verarb. von Glas	298	291	73	70	2 445	2 472	8 982	9 076
54	Holzverarbeitung	2 425	2 335	226	209	7 113	6 726	27 059	25 637
56	Papier- und Pappeverarbeitung	779	766	111	105	3 409	3 357	15 771	16 103
57	Druckerei, Vervielfältigung	1 849	1 815	156	147	5 628	5 535	17 798	17 651
58	H. v. Kunststoffwaren	1 671	1 668	189	185	5 944	6 054	25 709	26 570
61	Ledererzeugung	71	68	7	6	194	198	1 135	1 263
62	Lederverarbeitung	581	547	71	66	1 633	1 605	6 303	6 229
63	Textilgewerbe	1 594	1 527	286	262	7 612	7 308	32 723	32 312
64	Bekleidungsgewerbe	2 381	2 253	226	206	4 813	4 586	20 320	19 762
65	Rep. von Gebrauchsgütern (ohne elektrische Geräte)	6	6	0	0	3	5	9	15
	Nahrungs- und Genußmittelgewerbe	**4 028**	**3 937**	**516**	**498**	**16 376**	**16 681**	**154 488**	**161 780**
68	Ernährungsgewerbe	3 985	3 898	492	475	15 464	15 751	138 375	145 191
	darunter:								
6831	Molkerei, Käserei	278	272	37	36	1 257	1 293	19 404	20 856
6836	H. v. Dauermilch, Milchpräparaten, Schmelzkäse	34	32	12	11	388	377	5 330	5 448
6871	Brauerei	515	493	68	65	2 617	2 636	12 962	13 571
69	Tabakverarbeitung	43	39	24	23	912	930	16 112	16 589
	Insgesamt	**38 649**	**37 875**	**7 465**	**7 198**	**266 440**	**268 981**	**1 253 913**	**1 287 736**

*) Unternehmen mit im allgemeinen 20 Beschäftigten und mehr einschl. Handwerk. – Ergebnisse aus dem Monatsbericht für Unternehmen.

[1]) Systematik der Wirtschaftszweige, Ausgabe 1979, Fassung für die Statistik im Produzierenden Gewerbe (SYPRO), Kurzbezeichnungen.

[2]) Durchschnitt errechnet aus 12 Monaten.

[3]) Ohne Umsatz-(Mehrwert-)steuer.

[4]) Vorläufiges Ergebnis.

9.4 Brutto- und Nettoproduktionswert sowie Nettowertschöpfung im Bergbau und Verarbeitenden Gewerbe 1980*)

Nr. der Systematik[1]	Wirtschaftsgliederung (H. v. = Herstellung von) — Unternehmen mit ... bis ... Beschäftigten	Bruttoproduktionswert[2])		Nettoproduktionswert[3])			Nettowertschöpfung zu Faktorkosten[4])		
		insgesamt	je Beschäftigten[5])	insgesamt	je Beschäftigten[5])	Anteil am Bruttoproduktionswert	insgesamt	je Beschäftigten[5])	Anteil am Bruttoproduktionswert
		Mill. DM	1 000 DM	Mill. DM	1 000 DM	%	Mill. DM	1 000 DM	%
	Insgesamt	**1 232 346**	***159,8***	**575 929**	***74,7***	***46,7***	**369 252**	***47,9***	***30,0***
	nach Wirtschaftszweigen								
21	**Bergbau**	**30 433**	***127,2***	**19 959**	***83,4***	***65,6***	**13 684**	***57,2***	***45,0***
	Verarbeitendes Gewerbe	**1 201 913**	***160,8***	**555 970**	***74,4***	***46,3***	**355 568**	***47,6***	***29,6***
	Grundstoff- und Produktionsgütergewerbe	**397 000**	***251,7***	**163 565**	***103,7***	***41,2***	**88 023**	***55,8***	***22,2***
	darunter:								
22	Mineralölverarbeitung	105 101	*2 594,6*	32 319	*797,8*	*30,8*	7 490	*184,9*	*7,1*
25	Gew. und Verarb. von Steinen und Erden	30 288	*162,0*	16 262	*87,0*	*53,7*	9 390	*50,2*	*31,0*
27	Eisenschaffende Industrie	51 530	*172,0*	21 689	*72,4*	*42,1*	13 568	*45,3*	*26,3*
28	NE-Metallerzeugung, NE-Metallhalbzeugwerke	22 594	*299,8*	6 344	*84,2*	*28,1*	4 131	*54,8*	*18,3*
29	Gießerei	12 197	*104,1*	6 861	*58,6*	*56,3*	5 201	*44,4*	*42,6*
3011	Stabziehereien, Kaltwalzwerke	2 602	*227,5*	906	*79,3*	*34,8*	622	*54,4*	*23,9*
3015	Drahtziehereien (einschl. H. v. Drahterzeugnissen)	5 058	*169,6*	1 866	*62,6*	*36,9*	1 347	*45,2*	*26,6*
40	Chemische Industrie	133 103	*223,8*	61 873	*104,0*	*46,5*	35 977	*60,5*	*27,0*
53	Holzbearbeitung	8 057	*184,3*	3 109	*71,1*	*38,6*	1 993	*45,6*	*24,7*
55	Zellstoff-, Holzschliff-, Papier- und Pappeerzeugung	11 594	*215,4*	4 962	*92,2*	*42,8*	2 926	*54,4*	*25,2*
59	Gummiverarbeitung	13 783	*121,3*	6 841	*60,2*	*49,6*	4 989	*43,9*	*36,2*
	Investitionsgüter produzierendes Gewerbe	**488 212**	***127,5***	**251 690**	***65,7***	***51,6***	**183 259**	***47,9***	***37,5***
3021	H. v. Gesenk- und leichten Freiformschmiedestücken, schweren Preßteilen	4 732	*124,7*	2 458	*64,8*	*51,9*	1 845	*48,6*	*39,0*
3025	Stahlverformung, a. n. g., Oberflächenveredlung, Härtung	8 742	*103,3*	4 926	*58,2*	*56,3*	3 660	*43,3*	*41,9*
31	Stahl- und Leichtmetallbau, Schienenfahrzeugbau	23 957	*134,3*	11 597	*65,0*	*48,4*	8 632	*48,4*	*36,0*
32	Maschinenbau	127 073	*122,7*	68 774	*66,4*	*54,1*	49 662	*48,0*	*39,1*
33	Straßenfahrzeugbau, Rep. von Kraftfahrzeugen usw.	128 053	*157,2*	56 641	*69,5*	*44,2*	40 942	*50,3*	*32,0*
34	Schiffbau	6 809	*121,4*	2 763	*49,3*	*40,6*	2 226	*39,7*	*32,7*
35	Luft- und Raumfahrzeugbau	6 704	*123,6*	4 058	*74,8*	*60,5*	3 094	*57,0*	*46,2*
36	Elektrotechnik, Rep. von Haushaltsgeräten	118 488	*115,5*	64 125	*62,5*	*54,1*	47 694	*46,5*	*40,3*
37	Feinmechanik, Optik, H. v. Uhren	16 026	*94,6*	9 538	*56,3*	*59,5*	7 281	*43,0*	*45,4*
38	H. v. EBM-Waren	34 904	*116,9*	18 469	*61,8*	*52,9*	13 243	*44,3*	*37,9*
50	H. v. Büromaschinen, ADV-Geräten und -Einrichtungen	12 724	*174,5*	8 340	*114,4*	*65,5*	4 981	*68,3*	*39,2*
	Verbrauchsgüter produzierendes Gewerbe	**168 678**	***109,6***	**84 729**	***55,0***	***50,2***	**59 887**	***38,9***	***35,5***
	darunter:								
39	H. v. Musikinstrumenten, Spielwaren, Füllhaltern usw.	6 245	*97,9*	3 547	*55,6*	*56,8*	2 541	*39,8*	*40,7*
51	Feinkeramik	3 897	*68,8*	2 757	*48,7*	*70,8*	2 099	*37,1*	*53,9*
52	H. und Verarb. von Glas	9 444	*122,0*	5 570	*72,0*	*59,0*	3 724	*48,1*	*39,4*
54	Holzverarbeitung	28 618	*118,6*	14 303	*59,3*	*50,0*	10 136	*42,0*	*35,4*
56	Papier- und Pappeverarbeitung	14 972	*132,5*	7 122	*63,0*	*47,6*	4 719	*41,8*	*31,5*
57	Druckerei, Vervielfältigung	17 834	*109,9*	10 952	*67,5*	*61,4*	7 900	*48,7*	*44,3*
58	H. v. Kunststoffwaren	25 733	*132,3*	12 616	*64,9*	*49,0*	8 492	*43,7*	*33,0*
61	Ledererzeugung	1 101	*171,5*	365	*56,9*	*33,2*	262	*40,8*	*23,8*
62	Lederverarbeitung	6 600	*86,5*	3 315	*43,5*	*50,2*	2 519	*33,0*	*38,2*
63	Textilgewerbe	33 175	*109,9*	14 930	*49,5*	*45,0*	10 633	*35,2*	*32,1*
64	Bekleidungsgewerbe	21 058	*85,5*	9 253	*37,6*	*43,9*	6 862	*27,9*	*32,6*
	Nahrungs- und Genußmittelgewerbe	**148 023**	***280,7***	**55 986**	***106,2***	***37,8***	**24 400**	***46,3***	***16,5***
68	Ernährungsgewerbe	131 953	*262,4*	42 020	*83,6*	*31,8*	23 012	*45,8*	*17,4*
69	Tabakverarbeitung	16 070	*658,8*	13 965	*572,5*	*86,9*	1 388	*56,9*	*8,6*
	nach Beschäftigtengrößenklassen								
	20 — 49	68 182	*124,3*	31 651	*57,7*	*46,4*	22 344	*40,7*	*32,8*
	50 — 99	77 551	*127,1*	36 321	*59,5*	*46,8*	25 313	*41,5*	*32,6*
	100 — 199	103 334	*142,9*	46 828	*64,8*	*45,3*	31 359	*43,4*	*30,3*
	200 — 499	158 513	*142,5*	73 662	*66,2*	*46,5*	49 299	*44,3*	*31,1*
	500 — 999	123 038	*153,7*	58 079	*72,6*	*47,2*	36 845	*46,0*	*29,9*
	1 000 und mehr	701 729	*179,1*	329 388	*84,1*	*46,9*	204 092	*52,1*	*29,1*

*) Unternehmen mit 20 Beschäftigten und mehr einschl. Handwerk. – Ohne Umsatz-(Mehrwert-)steuer.

[1]) Systematik der Wirtschaftszweige, Ausgabe 1979, Fassung für die Statistik im Produzierenden Gewerbe (SYPRO), Kurzbezeichnungen.

[2]) Umsatz ohne Umsatz-(Mehrwert-)steuer plus/minus Bestandsveränderung an unfertigen und fertigen Erzeugnissen aus eigener Produktion plus selbsterstellte Anlagen.

[3]) Bruttoproduktionswert minus Materialverbrauch, Einsatz an Handelsware, Kosten für Lohnarbeiten.

[4]) Nettoproduktionswert minus Kosten für sonstige industrielle/handwerkliche Dienstleistungen, Mieten und Pachten, sonstige Kosten, Abschreibungen, indirekte Steuern abzüglich Subventionen.

[5]) Ohne Heimarbeiter.

9.5 Kostenstruktur im Bergbau und Verarbeitenden Gewerbe 1980*)

Nr. der Systematik¹)	Wirtschaftsgliederung (H. v. = Herstellung von) / Unternehmen mit ... bis ... Beschäftigten	Bruttoproduktionswert²)	Personalkosten	Materialverbrauch, Einsatz an Handelsware, Kosten für Lohnarbeiten: insgesamt	Materialverbrauch: zusammen	Materialverbrauch: Energieverbrauch	Einsatz an Handelsware	Kosten für Lohnarbeiten	Kosten für sonstige ind./handw. Dienstleistungen	Mieten und Pachten	Sonstige Kosten³)	Kostensteuern	Abschreibungen auf Sachanlagen	Fremdkapitalzinsen
		Mill. DM	Anteil am Bruttoproduktionswert in %											
	Insgesamt	**1 232 346**	**26,2**	**53,3**	**42,0**	**3,0**	**9,4**	**1,8**	**1,9**	**0,9**	**7,4**	**3,6**	**3,2**	**1,4**
	nach Wirtschaftszweigen													
21	**Bergbau**	**30 433**	**41,1**	**34,4**	**24,3**	**7,6**	**8,1**	**2,0**	**14,8**	**0,7**	**6,1**	**1,0**	**4,1**	**1,5**
	Verarbeitendes Gewerbe	**1 201 913**	**25,8**	**53,7**	**42,5**	**2,9**	**9,5**	**1,8**	**1,6**	**0,9**	**7,5**	**3,6**	**3,2**	**1,4**
	Grundstoff- und Produktionsgütergewerbe	**397 000**	**18,6**	**58,8**	**45,3**	**5,2**	**12,2**	**1,3**	**2,1**	**0,7**	**7,6**	**5,4**	**3,4**	**1,5**
	darunter:													
22	Mineralölverarbeitung	105 101	2,8	69,2	47,9	1,5	19,6	1,7	0,9	0,5	4,0	17,0	1,3	0,6
25	Gew. und Verarb. von Steinen und Erden	30 288	26,3	46,3	38,2	9,7	7,0	1,1	4,0	1,2	10,2	1,6	5,9	1,5
27	Eisenschaffende Industrie	51 530	26,8	57,9	51,8	11,4	4,3	1,8	2,6	0,7	7,3	0,9	4,4	3,5
28	NE-Metallerzeugung, NE-Metallhalbzeugwerke	22 594	15,0	71,9	58,7	5,4	12,3	0,9	1,7	0,7	4,0	0,8	2,7	1,7
29	Gießerei	12 197	39,7	43,7	36,6	5,5	5,5	1,7	2,0	0,7	6,6	0,8	3,8	1,5
3011	Stabziehereien, Kaltwalzwerke	2 602	19,8	65,2	62,7	3,3	1,9	0,6	1,7	0,5	4,9	0,9	3,0	1,7
3015	Drahtziehereien (einschl. H. v. Drahterzeugnissen)	5 058	24,4	63,1	57,4	3,0	4,7	1,0	1,3	0,7	4,9	0,8	2,6	1,9
40	Chemische Industrie	133 103	22,7	53,5	40,4	4,7	12,1	1,0	2,4	0,9	11,0	1,4	4,1	1,3
53	Holzbearbeitung	8 057	20,0	61,4	51,6	4,3	9,1	0,7	2,4	0,7	6,3	0,8	3,7	2,0
55	Zellstoff-, Holzschliff-, Papier- und Pappeerzeugung	11 594	20,9	57,2	51,8	10,0	5,2	0,2	3,5	0,5	7,7	0,9	5,0	1,8
59	Gummiverarbeitung	13 783	33,1	50,4	33,9	3,0	16,1	0,3	1,7	1,0	6,5	0,8	3,5	2,0
	Investitionsgüter produzierendes Gewerbe	**488 212**	**34,0**	**48,4**	**37,7**	**1,4**	**8,7**	**2,1**	**1,3**	**1,0**	**7,4**	**1,2**	**3,3**	**1,4**
3021	H. v. Gesenk- und leichten Freiformschmiedestücken, schweren Preßteilen	4 732	32,8	48,1	43,6	4,0	2,1	2,3	2,3	0,9	4,9	1,2	3,8	1,3
3025	Stahlverformung, a. n. g., Oberflächenveredlung, Härtung	8 742	36,3	43,7	36,7	3,4	4,0	2,9	2,1	1,2	6,0	1,2	4,0	1,7
31	Stahl- und Leichtmetallbau, Schienenfahrzeugbau	23 957	33,4	51,6	39,9	1,3	2,8	8,9	1,3	1,0	7,4	0,8	2,0	1,3
32	Maschinenbau	127 073	35,5	45,9	38,2	1,5	5,2	2,5	1,3	1,0	8,9	1,1	2,8	1,9
33	Straßenfahrzeugbau, Rep. von Kraftfahrzeugen usw.	128 053	30,0	55,8	41,3	1,3	13,0	1,5	1,3	0,7	5,5	1,2	3,7	0,8
34	Schiffbau	6 809	36,1	59,4	52,7	1,7	1,6	5,2	1,0	1,0	5,0	0,6	2,6	1,2
35	Luft- und Raumfahrzeugbau	6 704	41,3	39,5	32,5	1,2	2,4	4,5	0,9	2,2	7,0	1,6	2,8	1,4
36	Elektrotechnik, Rep. von Haushaltsgeräten	118 488	35,8	45,9	33,9	1,2	11,0	0,9	1,3	1,1	7,2	1,1	3,2	1,7
37	Feinmechanik, Optik, H. v. Uhren	16 026	39,5	40,5	28,6	1,2	9,4	2,4	1,2	1,2	7,3	1,5	3,0	1,4
38	H. v. EBM-Waren	34 904	31,8	47,1	38,9	1,9	6,5	1,7	1,6	1,2	8,1	1,2	3,0	1,4
50	H. v. Büromaschinen, ADV-Geräten und -Einrichtungen	12 724	35,0	34,5	27,0	0,9	6,4	1,1	0,8	1,3	13,4	2,3	8,9	1,3
	Verbrauchsgüter produzierendes Gewerbe	**168 678**	**30,3**	**49,8**	**40,8**	**2,4**	**5,6**	**3,4**	**1,5**	**1,2**	**7,9**	**1,1**	**3,1**	**1,6**
	darunter:													
39	H. v. Musikinstrumenten, Spielwaren, Füllhaltern usw.	6 245	32,5	43,2	35,1	1,4	6,5	1,5	1,2	1,2	9,1	1,5	3,1	2,1
51	Feinkeramik	3 897	47,3	29,2	24,4	6,6	4,6	0,2	2,3	0,5	9,5	1,2	3,7	1,4
52	H. und Verarb. von Glas	9 444	32,7	41,0	34,7	7,7	5,9	0,5	2,5	0,9	9,6	1,7	5,1	1,3
54	Holzverarbeitung	28 618	30,3	50,0	43,3	1,6	5,4	1,3	1,5	1,2	8,5	1,0	2,4	1,5
56	Papier- und Pappeverarbeitung	14 972	26,8	52,4	44,3	2,5	7,3	0,9	1,9	1,2	8,2	1,1	3,7	1,4
57	Druckerei, Vervielfältigung	17 834	37,0	38,6	32,2	1,5	1,7	4,7	1,6	2,1	8,0	1,3	4,1	1,2
58	H. v. Kunststoffwaren	25 733	27,3	51,0	44,5	2,5	5,7	0,9	1,8	1,3	8,1	1,0	3,9	1,4
61	Ledererzeugung	1 101	19,8	66,8	63,7	2,5	1,6	1,5	1,8	0,7	4,2	0,8	2,0	2,0
62	Lederverarbeitung	6 600	31,7	49,8	37,3	0,9	10,4	2,1	0,9	1,2	7,2	0,9	1,9	1,4
63	Textilgewerbe	33 175	28,5	55,0	44,6	3,0	5,0	5,4	1,5	0,9	6,6	0,9	3,1	2,0
64	Bekleidungsgewerbe	21 058	29,1	56,1	39,1	1,0	7,2	9,7	0,7	1,3	7,3	0,9	1,2	1,5
	Nahrungs- und Genußmittelgewerbe	**148 023**	**13,1**	**62,2**	**52,9**	**1,9**	**9,0**	**0,2**	**1,3**	**1,0**	**7,1**	**10,1**	**2,6**	**1,0**
68	Ernährungsgewerbe	131 953	13,8	68,2	58,0	2,1	9,9	0,2	1,4	1,1	7,1	2,9	2,7	1,0
69	Tabakverarbeitung	16 070	7,4	13,1	11,3	0,4	1,8	0,0	0,4	0,5	6,8	69,1	1,6	0,5
	nach Beschäftigtengrößenklassen													
	20 — 49	68 182	26,0	53,6	42,4	2,4	9,3	1,9	1,6	1,3	6,3	1,7	3,0	1,4
	50 — 99	77 551	26,9	53,2	42,9	2,4	8,1	2,1	1,7	1,2	7,1	1,6	2,9	1,4
	100 — 199	103 334	25,1	54,7	45,6	2,4	7,1	2,0	1,5	1,0	7,6	2,0	2,9	1,4
	200 — 499	158 513	26,5	53,5	44,6	2,6	7,1	1,8	1,6	0,9	7,8	2,4	3,0	1,4
	500 — 999	123 038	26,0	52,8	43,4	2,8	7,4	1,9	1,6	1,0	8,1	3,7	3,1	1,5
	1 000 und mehr	701 729	26,3	53,1	40,6	3,3	10,8	1,7	2,2	0,9	7,4	4,5	3,4	1,4

*) Unternehmen mit 20 Beschäftigten und mehr einschl. Handwerk. – Ohne Umsatz-(Mehrwert-)steuer.

¹) Systematik der Wirtschaftszweige, Ausgabe 1979, Fassung für die Statistik im Produzierenden Gewerbe (SYPRO), Kurzbezeichnungen.

²) Umsatz ohne Umsatz-(Mehrwert-)steuer plus/minus Bestandsveränderung an unfertigen und fertigen Erzeugnissen aus eigener Produktion plus selbsterstellte Anlagen.

³) Werbe- und Vertreterkosten, Provisionen, Prüfungs-, Beratungs- und Rechtskosten, Ausgangsfrachten, Versicherungsprämien u. ä.

9.6 Unternehmen, Beschäftigung, Umsatz, Brutto- und Nettoproduktionswert und Investitionen im Bergbau und Verarbeitenden Gewerbe 1979 nach Rechtsformen*)

Rechtsform Unternehmen mit ... bis ... Beschäftigten	Unternehmen	Beschäftigte[1])	Lohn- und Gehaltsumme[2])	Umsatz[3])	Brutto- produktionswert[3])	Netto- produktionswert[3])	Investitionen
	Anzahl	1 000	Mill. DM				
Insgesamt	**36 873**	**7 703**	**245 264**	**1 123 120**	**1 140 064**	**557 677**	**47 522**
			nach Rechtsformen				
Bergbau	81	236	8 197	27 858	26 853	17 891	2 067
Personengesellschaften	41	3	59	212	215	164	14
Kapitalgesellschaften	35	223	7 810	26 715	25 733	17 041	1 957
Sonstige Rechtsformen	5	10	329	931	905	686	96
Verarbeitendes Gewerbe	36 792	7 467	237 066	1 095 263	1 113 210	539 786	45 455
Grundstoff- und Produktionsgütergewerbe	5 239	1 584	56 401	353 249	358 933	159 518	13 773
Personengesellschaften	3 480	384	12 052	58 285	58 826	29 654	2 987
Kapitalgesellschaften	1 730	1 193	44 053	293 224	298 346	128 917	10 689
Sonstige Rechtsformen	29	8	296	1 740	1 762	948	97
Investitionsgüter produzierendes Gewerbe	14 880	3 796	125 679	447 514	458 097	241 588	20 253
Personengesellschaften	9 968	1 254	36 537	127 975	129 668	72 254	5 064
Kapitalgesellschaften	4 843	2 523	88 487	317 433	326 245	168 137	15 133
Sonstige Rechtsformen	69	19	656	2 106	2 183	1 197	56
Verbrauchsgüter produzierendes Gewerbe	12 771	1 557	39 961	156 183	157 393	82 591	6 792
Personengesellschaften	9 311	949	23 343	92 053	92 700	48 563	3 965
Kapitalgesellschaften	3 402	597	16 318	63 171	63 725	33 425	2 788
Sonstige Rechtsformen	58	11	299	959	968	604	39
Nahrungs- und Genußmittelgewerbe	3 902	530	15 025	138 317	138 787	56 088	4 637
Personengesellschaften	2 779	281	7 263	61 346	61 556	24 607	2 158
Kapitalgesellschaften	880	224	7 018	64 156	64 376	28 078	2 167
Sonstige Rechtsformen	243	24	744	12 814	12 855	3 404	312
			nach Beschäftigtengrößenklassen				
Personengesellschaften	25 579	2 870	79 253	339 871	342 966	175 242	14 187
20 — 49	12 998	416	10 065	46 357	46 523	24 069	2 124
50 — 99	6 227	435	11 211	49 066	49 371	25 274	2 161
100 — 199	3 463	481	13 032	57 414	57 823	28 595	2 557
200 — 499	2 082	628	17 729	75 567	76 266	37 915	3 026
500 — 999	536	363	10 540	44 716	45 246	22 766	1 794
1 000 und mehr	273	547	16 676	66 751	67 736	36 623	2 526
Kapitalgesellschaften	10 890	4 760	163 686	764 699	778 425	375 598	32 734
20 — 49	4 069	133	3 800	16 045	16 140	8 335	801
50 — 99	2 443	171	4 824	21 730	21 919	10 843	1 071
100 — 199	1 677	235	6 885	32 525	32 907	15 672	1 205
200 — 499	1 466	461	14 163	64 517	65 201	31 657	2 546
500 — 999	610	428	13 723	64 376	65 105	31 579	2 668
1 000 und mehr	625	3 331	120 290	565 507	577 154	277 512	24 443
Sonstige Rechtsformen	404	73	2 324	18 550	18 673	6 838	600

*) Unternehmen mit 20 Beschäftigten und mehr einschl. Handwerk. — Ergebnis des Zensus im Produzierenden Gewerbe 1979. Zur Vergleichbarkeit mit den Ergebnissen der Kostenstrukturerhebung und des Monatsberichts siehe auch Vorbemerkung S. 164.

1) Ohne Heimarbeiter.
2) Ohne Heimarbeiterlöhne.
3) Ohne Umsatz-(Mehrwert-)steuer.

9.7 Lohn- und Gehaltsumme und Investitionen je Beschäftigten im Bergbau und Verarbeitenden Gewerbe*)

Nr. der Systematik¹)	Wirtschaftsgliederung (H. v. = Herstellung von)	Lohn- und Gehaltsumme²)						Investitionen					
		je Beschäftigten³)		Anteil am				je Beschäftigten³)		Anteil am			
				Umsatz		Nettoproduktionswert⁴)				Umsatz		Nettoproduktionswert⁴)	
		1967	1979	1967⁵)	1979⁴)	1967	1979	1967	1979	1967⁵)	1979⁴)	1967	1979
		DM		%				DM		%			
21	**Bergbau**	**12 048**	**34 782**	**34,5**	**29,4**	**49,2**	**45,8**	**3 594**	**8 771**	**10,3**	**7,4**	**14,7**	**11,6**
	Verarbeitendes Gewerbe	**10 864**	**31 748**	**20,9**	**21,6**	**41,6**	**43,9**	**2 913**	**6 087**	**5,6**	**4,2**	**11,2**	**8,4**
	Grundstoff- und Produktionsgütergewerbe	**12 434**	**35 597**	**17,8**	**16,0**	**34,9**	**35,4**	**5 354**	**8 693**	**7,7**	**3,9**	**15,0**	**8,6**
22	Mineralölverarbeitung	17 889	50 193	3,9	2,2	7,9	6,0	38 559	27 788	8,4	1,2	17,0	3,3
24	H. und Verarb. von Spalt- und Brutstoffen⁶)	(13 752)	40 932	(29,5)	30,6	(53,4)	50,0	(4 788)	8 228	(10,3)	6,1	(18,6)	10,0
25	Gew. und Verarb. von Steinen und Erden	11 424	32 334	22,8	21,4	37,2	37,0	4 082	11 038	8,2	7,3	13,3	12,6
27	Eisenschaffende Industrie	12 363	34 213	21,5	21,8	45,8	50,6	3 629	6 646	6,3	4,2	13,5	9,8
28	NE-Metallerzeugung, NE-Metallhalbzeugwerke	11 467	34 230	14,5	13,7	53,0	42,9	5 475	9 253	6,9	3,7	25,3	11,6
29	Gießerei	11 009	32 256	32,3	34,0	55,9	58,0	1 450	4 078	4,3	4,3	7,4	7,3
ex 30	Ziehereien, Kaltwalzwerke, Mechanik, a. n. g.	10 511	31 894	16,1	18,1	35,0	50,5	2 555	4 771	3,9	2,7	8,5	7,6
40	Chemische Industrie	13 702	38 926	19,0	17,7	34,2	36,5	6 443	9 424	8,9	4,3	16,1	8,8
53	Holzbearbeitung	9 899	28 073	19,3	17,8	44,8	44,0	3 015	7 988	5,9	5,1	13,6	12,5
55	Zellstoff-, Holzschliff-, Papier- und Pappeerzeugung	12 167	35 396	19,4	18,2	42,5	39,4	4 885	13 921	7,8	7,2	17,1	15,5
59	Gummiverarbeitung	11 065	31 501	26,0	28,6	49,6	55,1	2 869	4 660	6,7	4,2	12,9	8,1
	Investitionsgüter produzierendes Gewerbe	**11 126**	**33 109**	**26,3**	**28,1**	**50,1**	**52,0**	**2 048**	**5 336**	**4,9**	**4,5**	**9,2**	**8,4**
ex 30	Stahlverformung, Oberflächenveredlung, Härtung	10 525	29 910	29,0	29,5	63,8	50,9	2 057	5 499	5,7	5,4	12,5	9,4
31	Stahl- und Leichtmetallbau, Schienenfahrzeugbau	11 386	34 640	26,7	29,8	53,0	56,0	1 155	3 715	2,7	3,2	5,4	6,0
32	Maschinenbau	11 200	33 995	26,5	29,4	48,0	53,4	1 655	4 178	3,9	3,6	7,1	6,6
33	Straßenfahrzeugbau, Rep. von Kraftfahrzeugen usw.	11 623	34 997	21,5	22,9	46,7	49,3	3 401	8 106	6,3	5,3	13,7	11,4
34	Schiffbau	12 097	32 706	29,3	39,3	69,4	73,1	1 610	3 976	3,9	4,8	9,2	8,9
35	Luft- und Raumfahrzeugbau	12 170	39 791	29,0	40,8	48,4	56,6	2 374	5 725	5,7	5,9	9,4	8,1
36	Elektrotechnik, Rep. von Haushaltsgeräten	11 196	31 621	29,4	30,6	53,2	53,6	1 576	4 195	4,1	4,1	7,5	7,1
37	Feinmechanik, Optik, H. v. Uhren	9 689	28 795	32,8	33,8	53,5	53,6	1 575	3 404	5,3	4,0	8,7	6,3
38	H. v. EBM-Waren	10 234	28 866	25,7	27,0	47,2	48,6	1 911	4 173	4,8	3,9	8,8	7,0
50	H. v. Büromaschinen, ADV-Geräten und -Einrichtungen	11 204	45 136	24,1	29,6	43,8	42,1	6 226	20 227	13,4	13,3	24,3	18,9
	Verbrauchsgüter produzierendes Gewerbe	**9 034**	**25 664**	**24,4**	**25,6**	**47,6**	**48,4**	**1 704**	**4 362**	**4,6**	**4,3**	**9,0**	**8,2**
39	H. v. Musikinstrumenten, Spielwaren, Füllhaltern usw.	8 833	23 857	27,6	26,5	47,1	44,2	1 689	4 138	5,3	4,6	9,0	7,7
51	Feinkeramik	9 347	24 775	41,3	39,9	58,0	55,4	1 468	2 918	6,5	4,7	9,1	6,5
52	H. und Verarb. von Glas	10 778	30 287	27,0	28,5	44,4	47,2	2 427	5 908	6,1	5,6	10,0	9,2
54	Holzverarbeitung	9 774	27 946	23,4	25,8	44,2	47,8	1 665	4 203	4,0	3,9	7,5	7,2
56	Papier- und Pappeverarbeitung	9 386	27 401	21,6	23,2	43,8	45,7	2 679	6 149	6,2	5,2	12,5	10,3
57	Druckerei, Vervielfältigung	10 918	32 490	32,3	31,9	49,8	50,6	2 150	6 193	6,4	6,1	9,8	9,6
58	H. v. Kunststoffwaren	9 991	27 563	23,4	22,7	45,9	43,2	2 912	6 943	6,8	5,7	13,4	10,9
61	Ledererzeugung	10 266	25 920	20,6	14,8	52,9	41,8	2 184	5 040	4,4	2,9	11,2	8,1
62	Lederverarbeitung	8 020	20 562	26,4	26,0	50,6	50,0	823	2 041	2,7	2,6	5,2	5,0
63	Textilgewerbe	8 845	24 431	21,7	23,7	48,4	50,4	1 881	4 134	4,6	4,0	10,3	8,5
64	Bekleidungsgewerbe	7 122	19 243	22,8	24,4	48,4	52,0	663	1 551	2,1	2,0	4,5	4,2
65	Rep. von Gebrauchsgütern (ohne elektrische Geräte)⁶)	(9 690)	20 042	(11,8)	40,7	(21,8)	57,0	(1 319)	625	(1,6)	1,3	(3,0)	1,8
	Nahrungs- und Genußmittelgewerbe	**10 490**	**28 372**	**10,0**	**10,9**	**23,8**	**26,8**	**4 689**	**8 755**	**4,5**	**3,4**	**10,6**	**8,3**
68	Ernährungsgewerbe	10 515	28 095	10,9	11,5	31,1	33,1	4 837	8 593	5,0	3,5	14,3	10,1
69	Tabakverarbeitung	10 137	34 140	4,3	5,4	5,2	6,3	2 518	12 137	1,1	1,9	1,3	2,2
	Insgesamt	**10 914**	**31 841**	**21,3**	**21,8**	**41,9**	**44,0**	**2 942**	**6 170**	**5,7**	**4,2**	**11,3**	**8,5**

*) Unternehmen mit 20 Beschäftigten und mehr einschl. Handwerk. – Ergebnisse der Zensen im Produzierenden Gewerbe 1967 und 1979.

¹) Systematik der Wirtschaftszweige, Ausgabe 1979, Fassung für die Statistik im Produzierenden Gewerbe (SYPRO), Kurzbezeichnungen. Zur Vergleichbarkeit der Zensusergebnisse 1967 siehe Vorbemerkung S. 164.

²) Ohne Heimarbeiterlöhne.

³) Ohne Heimarbeiter.

⁴) Ohne Umsatz-(Mehrwert-)steuer.

⁵) Einschl. der im Materialverbrauch enthaltenen Umsatzsteuer.

⁶) Für 1967 fiktive Werte.

9.10 Betriebe und Beschäftigte im Bergbau und Verarbeitenden

Nr. der Systematik[1])	Wirtschaftsgliederung (H. v. = Herstellung von)	Betriebe insgesamt	mit . . . bis . . . Beschäftigten 1 — 19	20 — 49	50 — 99	100 — 199	200 — 499	500 — 999	1 000 u. mehr
21	**Bergbau**	**319**	**38**	**66**	**50**	**26**	**50**	**34**	**55**
	darunter:								
2111	Steinkohlenbergbau und -brikettherstellung, Kokerei	119	7	5	14	8	27	13	45
2114	Braunkohlenbergbau und -brikettherstellung	32	2	—	5	4	6	7	8
2160	Gew. von Erdöl, Erdgas	49	13	8	9	7	9	3	—
	Verarbeitendes Gewerbe	**47 921**	**6 364**	**18 745**	**9 962**	**6 151**	**4 302**	**1 399**	**998**
	Grundstoff- und Produktionsgütergewerbe	**9 658**	**3 515**	**2 853**	**1 308**	**794**	**683**	**260**	**245**
22	Mineralölverarbeitung	89	6	17	13	15	16	15	7
24	H. und Verarb. von Spalt- und Brutstoffen	8	—	2	—	3	1	2	—
25	Gew. und Verarb. von Steinen und Erden	3 843	1 585	1 369	530	200	123	29	7
27	Eisenschaffende Industrie	177	2	20	19	29	38	20	49
28	NE-Metallerzeugung, NE-Metallhalbzeugwerke	207	11	35	36	36	47	22	20
29	Gießerei	548	23	189	128	79	81	30	18
3011	Stabziehereien, Kaltwalzwerke	78	5	22	18	14	15	3	1
3015	Drahtziehereien (einschl. H. v. Drahterzeugnissen)	217	10	94	40	42	22	5	4
3030	Mechanik, a. n. g.	193	22	132	32	7	—	—	—
40	Chemische Industrie	1 606	113	507	338	256	207	81	104
53	Holzbearbeitung	2 236	1 715	351	73	48	37	9	3
55	Zellstoff-, Holzschliff-, Papier- und Pappeerzeugung	180	6	30	34	29	51	21	9
59	Gummiverarbeitung	276	17	85	47	36	45	23	23
	Investitionsgüter produzierendes Gewerbe	**18 569**	**1 144**	**7 440**	**4 106**	**2 580**	**1 948**	**734**	**617**
3021	H. v. Gesenk- und leichten Freiformschmiedestücken, schweren Preßteilen	261	9	91	50	55	40	13	3
3025	Stahlverformung, a. n. g., Oberflächenveredlung, Härtung	962	58	484	227	116	61	10	6
31	Stahl- und Leichtmetallbau, Schienenfahrzeugbau	1 504	82	656	365	202	111	46	42
32	Maschinenbau	5 350	274	1 859	1 231	866	698	256	166
33	Straßenfahrzeugbau, Rep. v. Kraftfahrzeugen usw.	2 829	187	1 531	544	235	173	59	100
34	Schiffbau	130	6	37	30	16	21	7	13
35	Luft- und Raumfahrzeugbau	67	3	12	13	6	12	4	17
36	Elektrotechnik, Rep. von Haushaltsgeräten	3 296	200	956	724	512	476	221	207
37	Feinmechanik, Optik, H. v. Uhren	1 483	148	770	278	155	78	32	22
38	H. v. EBM-Waren	2 561	168	1 017	618	400	257	74	27
50	H. v. Büromaschinen, ADV-Geräten und -Einrichtungen	126	9	27	26	17	21	12	14
	Verbrauchsgüter produzierendes Gewerbe	**14 925**	**1 134**	**6 469**	**3 551**	**2 092**	**1 297**	**289**	**93**
39	H. v. Musikinstrumenten, Spielwaren, Füllhaltern usw.	748	57	387	154	79	62	6	3
51	Feinkeramik	205	6	54	29	37	46	26	7
52	H. und Verarb. von Glas	360	20	142	67	49	46	22	14
54	Holzverarbeitung	2 667	150	1 303	645	327	200	33	9
56	Papier- und Pappeverarbeitung	933	51	344	212	167	130	24	5
57	Druckerei, Vervielfältigung	2 029	105	1 063	461	234	117	36	13
58	H. v. Kunststoffwaren	1 995	163	831	479	302	171	35	14
61	Ledererzeugung	73	5	31	15	16	5	1	—
62	Lederverarbeitung	768	73	322	188	106	62	16	1
63	Textilgewerbe	2 129	206	694	498	362	280	64	25
64	Bekleidungsgewerbe	3 010	295	1 293	803	413	178	26	2
65	Rep. von Gebrauchsgütern (ohne elektrische Geräte)	8	3	5	—	—	—	—	—
	Nahrungs- und Genußmittelgewerbe	**4 769**	**571**	**1 983**	**997**	**685**	**374**	**116**	**43**
68	Ernährungsgewerbe	4 689	562	1 963	979	678	364	105	38
	darunter:								
6831	Molkerei, Käserei	407	46	179	89	51	35	6	1
6836	H. v. Dauermilch, Milchpräparaten, Schmelzkäse	60	4	14	8	14	12	7	1
6871	Brauerei	547	13	242	131	82	51	24	4
69	Tabakverarbeitung	80	9	20	18	7	10	11	5
	Insgesamt	**48 240**	**6 402**	**18 811**	**10 012**	**6 177**	**4 352**	**1 433**	**1 053**

*) Siehe Vorbemerkung S. 164 sowie auch Einführung zur Fachserie 4, Reihe 4.1.2. – Betriebe von Unternehmen mit im allgemeinen 20 Beschäftigten und mehr einschl. Handwerk. – Kombinierte Betriebe werden derjenigen Wirtschaftsgruppe zugerechnet, in der der Schwerpunkt der wirtschaftlichen Tätigkeit des Betriebes, gemessen an der Beschäftigtenzahl, liegt.

Produzierendes Gewerbe

Umsatz und Beschäftigte im Bergbau und Verarbeitenden Gewerbe 1982

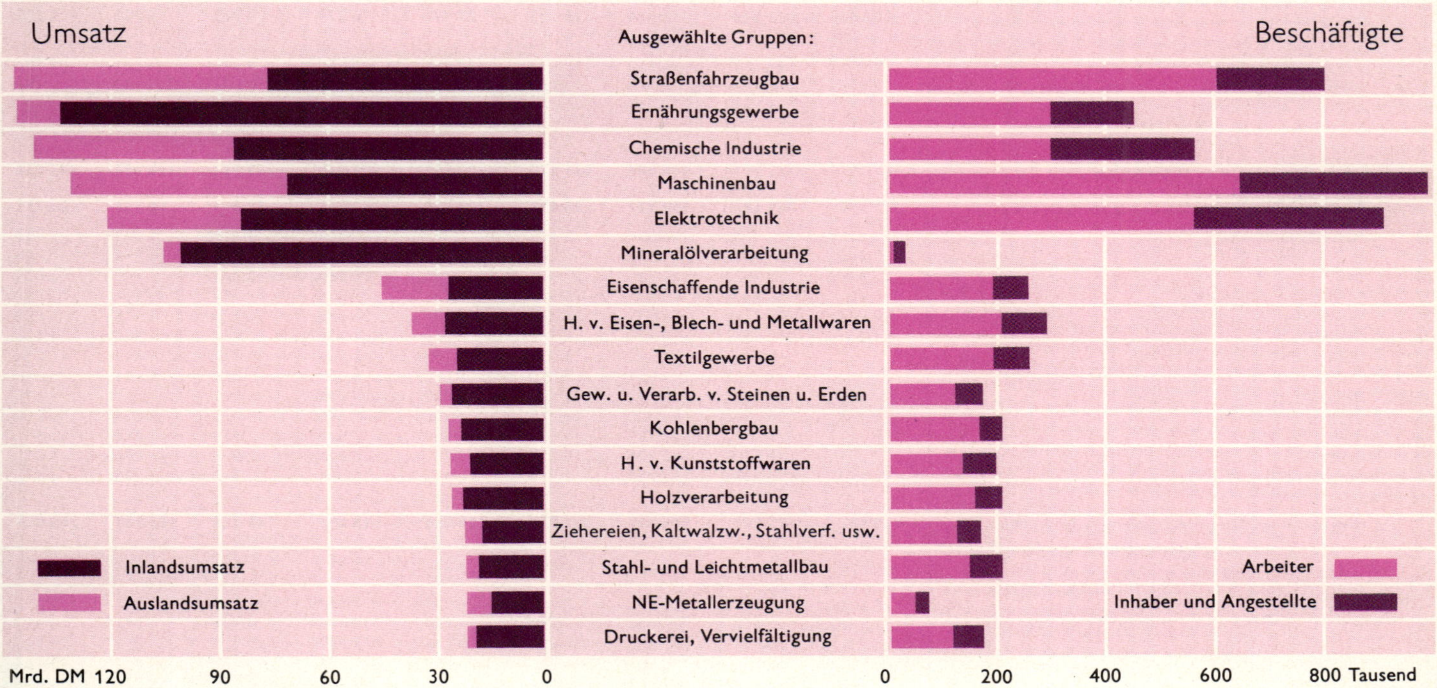

Index der Nettoproduktion für das Produzierende Gewerbe 1976 = 100

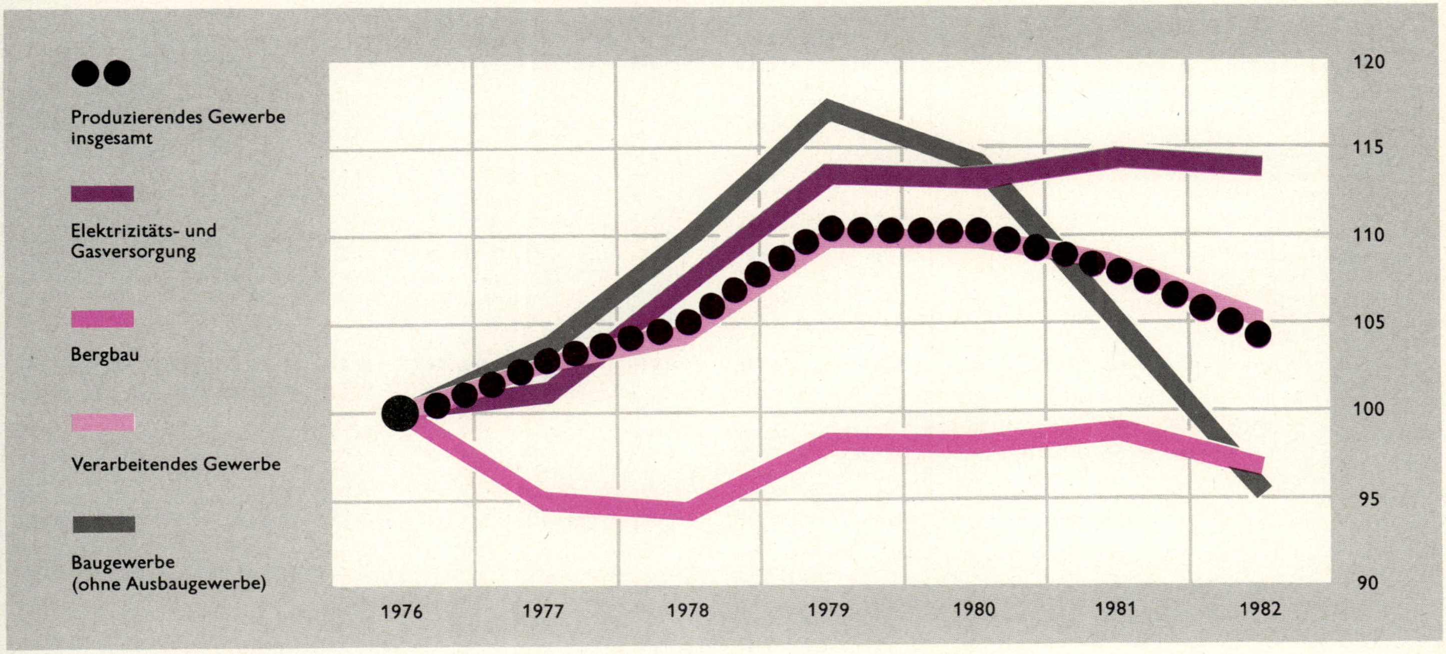

Statistisches Bundesamt 83 0247

9.12 Umsatz der Betriebe im Bergbau und Verarbeitenden Gewerbe*)

Mill. DM

Nr. der Systematik[1])	Wirtschaftsgliederung (H. v. = Herstellung von)	Insgesamt			Inlandsumsatz			Auslandsumsatz		
		1980	1981	1982[2])	1980	1981	1982[2])	1980	1981	1982[2])
21	**Bergbau**	**29 240**	**32 546**	**33 304**	**24 275**	**27 495**	**28 874**	**4 965**	**5 052**	**4 429**
	darunter:									
2111	Steinkohlenbergbau u. -brikettherstellung, Kokerei	21 908	23 653	24 326	17 643	19 374	20 620	4 266	4 280	3 706
2114	Braunkohlenbergbau u. -brikettherstellung	2 116	2 452	2 740	2 042	2 362	2 648	74	90	92
2160	Gew. v. Erdöl, Erdgas	3 248	4 334	4 240	.[3])	.[3])	.[3])	.[3])	.[3])	.[3])
	Verarbeitendes Gewerbe	**1 167 303**	**1 223 391**	**1 249 386**	**881 772**	**901 302**	**905 819**	**285 531**	**322 089**	**343 566**
	Grundstoff- und Produktionsgütergewerbe	**381 258**	**401 681**	**398 829**	**294 417**	**303 330**	**298 117**	**86 841**	**98 351**	**100 711**
22	Mineralölverarbeitung	97 275	107 454	106 078	93 465	102 842	100 305	3 810	4 612	5 773
24	H. u. Verarb. v. Spalt- u. Brutstoffen	363	343	370	305	270	325	58	73	45
25	Gew. u. Verarb. v. Steinen u. Erden	29 878	29 200	28 915	27 402	26 460	26 084	2 476	2 740	2 831
27	Eisenschaffende Industrie	47 450	48 343	45 313	31 319	30 036	27 326	16 132	18 307	17 987
28	NE-Metallerzeugung, NE-Metallhalbzeugwerke	25 333	23 122	21 397	18 757	16 999	15 568	6 576	6 123	5 829
29	Gießerei	11 101	10 911	10 675	9 365	9 043	8 752	1 737	1 868	1 922
3011	Stabziehereien, Kaltwalzwerke	3 302	2 941	3 443	2 331	2 112	2 509	971	829	933
3015	Drahtziehereien (einschl. H. v. Drahterzeugnissen)	4 910	4 828	4 639	3 866	3 711	3 581	1 043	1 116	1 058
3030	Mechanik, a. n. g.	634	703	743	626	692	728	7	11	15
40	Chemische Industrie	126 475	138 096	141 760	79 299	83 209	85 544	47 175	54 887	56 216
53	Holzbearbeitung	10 351	9 587	8 781	9 417	8 689	7 886	933	898	894
55	Zellstoff-, Holzschliff-, Papier- u. Pappeerzeugung	11 289	12 620	12 835	8 313	8 927	8 824	2 976	3 693	4 011
59	Gummiverarbeitung	12 899	13 534	13 881	9 952	10 338	10 684	2 947	3 196	3 197
	Investitionsgüter produzierendes Gewerbe	**470 800**	**492 851**	**515 647**	**307 572**	**309 084**	**315 608**	**163 228**	**183 767**	**200 039**
3021	H. v. Gesenk- u. leichten Freiformschmiedestücken, schweren Preßteilen	5 319	5 340	5 488	4 407	4 335	4 462	912	1 005	1 026
3025	Stahlverformung, a. n. g., Oberflächenveredlung, Härtung	8 624	8 231	8 355	7 362	6 974	7 063	1 262	1 257	1 292
31	Stahl- u. Leichtmetallbau, Schienenfahrzeugbau	21 591	21 642	22 459	17 145	17 400	18 448	4 446	4 242	4 010
32	Maschinenbau	122 781	125 627	131 066	69 867	69 288	71 688	52 914	56 339	59 378
33	Straßenfahrzeugbau, Rep. v. Kraftfahrzeugen usw.	126 924	136 954	146 563	75 752	76 697	77 411	51 172	60 257	69 152
34	Schiffbau	5 161	6 718	7 669	3 161	3 440	4 467	2 000	3 278	3 202
35	Luft- u. Raumfahrzeugbau	7 780	8 898	10 338	5 116	5 474	5 686	2 664	3 423	4 653
36	Elektrotechnik, Rep. v. Haushaltsgeräten	112 762	117 739	121 557	81 290	82 327	83 871	31 472	35 411	37 686
37	Feinmechanik, Optik, H. v. Uhren	15 833	15 577	15 210	10 694	10 276	9 832	5 139	5 301	5 378
38	H. v. EBM-Waren	36 765	37 040	37 315	29 066	28 687	28 389	7 699	8 353	8 926
50	H. v. Büromaschinen, ADV-Geräten u. -Einrichtungen	7 261	9 086	9 627	3 712	4 185	4 292	3 549	4 901	5 335
	Verbrauchsgüter produzierendes Gewerbe	**172 936**	**172 500**	**171 894**	**147 778**	**144 994**	**142 248**	**25 158**	**27 506**	**29 646**
39	H. v. Musikinstrumenten, Spielwaren, Füllhaltern usw.	6 262	6 257	6 618	4 671	4 586	4 807	1 591	1 671	1 811
51	Feinkeramik	4 037	4 102	3 998	2 724	2 714	2 584	1 313	1 388	1 415
52	H. u. Verarb. v. Glas	8 897	8 769	8 685	7 088	6 815	6 543	1 809	1 954	2 142
54	Holzverarbeitung	28 959	27 717	25 996	26 220	24 923	23 081	2 740	2 794	2 915
56	Papier- u. Pappeverarbeitung	15 601	16 685	17 254	13 931	14 593	14 812	1 670	2 092	2 442
57	Druckerei, Vervielfältigung	20 657	21 128	21 394	19 440	19 780	19 974	1 217	1 348	1 420
58	H. v. Kunststoffwaren	26 030	26 005	26 920	21 612	21 147	21 559	4 417	4 858	5 361
61	Ledererzeugung	1 092	1 096	1 227	.[3])	.[3])	.[3])	.[3])	.[3])	.[3])
62	Lederverarbeitung	7 654	7 486	7 456	6 496	6 308	6 192	1 158	1 179	1 264
63	Textilgewerbe	33 025	32 771	32 483	26 624	25 625	24 895	6 401	7 147	7 588
64	Bekleidungsgewerbe	20 713	20 472	19 844	18 098	17 670	16 868	2 615	2 802	2 976
65	Rep. v. Gebrauchsgütern (ohne elektrische Geräte)	9	10	17	.[3])	.[3])	.[3])	.[3])	.[3])	.[3])
	Nahrungs- und Genußmittelgewerbe	**142 309**	**156 358**	**163 016**	**132 005**	**143 894**	**149 846**	**10 304**	**12 465**	**13 170**
68	Ernährungsgewerbe	131 583	139 984	146 138	121 780	128 302	133 842	9 803	11 682	12 296
	darunter:									
6831	Molkerei, Käserei	18 378	19 314	20 946	16 766	17 406	18 835	1 612	1 907	2 111
6836	H. v. Dauermilch, Milchpräparaten, Schmelzkäse	5 563	6 026	6 339	4 514	4 727	4 998	1 049	1 299	1 341
6871	Brauerei	12 154	12 747	13 390	11 819	12 314	12 873	335	433	516
69	Tabakverarbeitung	10 726	16 375	16 878	10 226	15 592	16 004	501	783	874
	Insgesamt	**1 196 543**	**1 255 937**	**1 282 689**	**906 046**	**928 796**	**934 694**	**290 496**	**327 141**	**347 995**

*) Siehe Vorbemerkung S. 164. – Betriebe von Unternehmen mit im allgemeinen 20 Beschäftigten und mehr einschl. Handwerk. – Kombinierte Betriebe werden derjenigen Wirtschaftsgruppe zugerechnet, in der der Schwerpunkt der wirtschaftlichen Tätigkeit des Betriebes, gemessen an der Beschäftigtenzahl, liegt. – Ohne Umsatz-(Mehrwert-)steuer.

[1]) Systematik der Wirtschaftszweige, Ausgabe 1979, Fassung für die Statistik im Produzierenden Gewerbe (SYPRO), Kurzbezeichnungen.

[2]) Vorläufiges Ergebnis.

[3]) Aus Gründen der Geheimhaltung von Einzelangaben nicht veröffentlicht, aber in den Summen enthalten.

9.13 Umsatz der Betriebe im Bergbau und Verarbeitenden Gewerbe je Beschäftigten, Lohn- und Exportquote*)

Nr. der Systematik¹)	Wirtschaftsgliederung (H. v. = Herstellung von)	Umsatz je Beschäftigten			Anteil der Lohn- und Gehaltsumme am Gesamtumsatz			Anteil des Auslandsumsatzes am Gesamtumsatz		
		1980	1981	1982²)	1980	1981	1982²)	1980	1981	1982²)
		1 000 DM			%					
21	**Bergbau**	**126,4**	**138,4**	**142,5**	**29,4**	**28,8**	**29,1**	**17,0**	**15,5**	**13,3**
	darunter:									
2111	Steinkohlenbergbau u. -brikettherstellung, Kokerei	117,7	125,0	129,4	31,2	31,4	31,6	19,5	18,1	15,2
2114	Braunkohlenbergbau u. -brikettherstellung	100,4	114,7	128,3	40,9	38,1	35,9	3,5	3,7	3,3
2160	Gew. v. Erdöl, Erdgas	480,1	632,0	599,7	8,7	7,5	8,6	.³)	.³)	.³)
	Verarbeitendes Gewerbe	**157,1**	**168,7**	**178,6**	**21,3**	**20,9**	**20,7**	**24,5**	**26,3**	**27,5**
	Grundstoff- und Produktionsgütergewerbe	**246,9**	**267,4**	**275,5**	**15,0**	**14,6**	**14,8**	**22,8**	**24,5**	**25,3**
22	Mineralölverarbeitung	2 903,2	3 123,0	3 090,7	1,7	1,7	1,8	3,9	4,3	5,4
24	H. u. Verarb. v. Spalt- u. Brutstoffen	154,9	143,6	158,8	27,8	31,2	30,3	16,0	21,2	12,2
25	Gew. u. Verarb. v. Steinen u. Erden	154,7	158,5	167,5	22,2	22,6	22,1	8,3	9,4	9,8
27	Eisenschaffende Industrie	167,0	177,1	176,2	21,7	21,2	21,8	34,0	37,9	39,7
28	NE-Metallerzeugung, NE-Metallhalbzeugwerke	316,7	297,5	291,2	11,5	12,6	13,6	26,0	26,5	27,2
29	Gießerei	95,8	99,9	103,8	35,2	35,1	34,5	15,6	17,1	18,0
3011	Stabziehereien, Kaltwalzwerke	223,5	225,7	249,9	16,2	16,2	15,0	29,4	28,2	27,1
3015	Drahtziehereien (einschl. H. v. Drahterzeugnissen)	163,3	172,7	174,1	20,1	20,2	20,4	21,3	23,1	22,8
3030	Mechanik, a. n. g.	91,3	94,5	96,2	29,6	30,6	32,3	1,2	1,6	2,0
40	Chemische Industrie	222,8	244,5	253,7	18,2	17,6	17,8	37,3	39,7	39,7
53	Holzbearbeitung	176,8	173,1	173,0	15,9	16,9	17,7	9,0	9,4	10,2
55	Zellstoff-, Holzschliff-, Papier- u. Pappeerzeugung	213,7	242,4	254,3	17,0	15,9	15,7	26,4	29,3	31,2
59	Gummiverarbeitung	123,6	134,4	143,3	26,4	25,6	25,1	22,8	23,6	23,0
	Investitionsgüter produzierendes Gewerbe	**123,6**	**131,4**	**141,1**	**28,3**	**28,1**	**27,2**	**34,7**	**37,3**	**38,8**
3021	H. v. Gesenk- u. leichten Freiformschmiedestücken, schweren Preßteilen	123,6	127,5	136,9	27,3	27,7	26,8	17,2	18,8	18,7
3025	Stahlverformung, a. n. g., Oberflächenveredlung, Härtung	101,7	101,0	107,5	30,4	31,6	31,1	14,6	15,3	15,5
31	Stahl- u. Leichtmetallbau, Schienenfahrzeugbau	101,8	104,0	109,3	35,4	36,2	35,6	20,6	19,6	17,9
32	Maschinenbau	119,9	122,8	131,2	29,8	30,4	29,4	43,1	44,8	45,3
33	Straßenfahrzeugbau, Rep. v. Kraftfahrzeugen usw.	158,3	174,0	185,9	23,4	22,5	22,0	40,3	44,0	47,2
34	Schiffbau	91,0	118,0	133,5	39,4	32,2	28,3	38,8	48,8	41,8
35	Luft- u. Raumfahrzeugbau	127,4	138,8	162,4	32,9	33,7	28,6	34,2	38,5	45,0
36	Elektrotechnik, Rep. v. Haushaltsgeräten	115,6	124,2	133,6	29,2	28,8	28,1	27,9	30,1	31,0
37	Feinmechanik, Optik, H. v. Uhren	95,0	96,6	98,4	32,7	33,7	34,3	32,5	34,0	35,4
38	H. v. EBM-Waren	116,8	120,5	128,5	26,3	26,8	26,1	20,9	22,6	23,9
50	H. v. Büromaschinen, ADV-Geräten u. -Einrichtungen	104,1	125,8	139,1	40,2	35,9	35,2	48,9	53,9	55,4
	Verbrauchsgüter produzierendes Gewerbe	**109,2**	**114,1**	**121,2**	**25,1**	**25,4**	**25,0**	**14,5**	**15,9**	**17,2**
39	H. v. Musikinstrumenten, Spielwaren, Füllhaltern usw.	96,8	102,5	112,9	26,5	26,6	25,3	25,4	26,7	27,4
51	Feinkeramik	70,0	72,0	73,8	37,8	38,9	39,0	32,5	33,8	35,4
52	H. u. Verarb. v. Glas	115,4	119,2	124,0	27,2	27,9	28,3	20,3	22,3	24,7
54	Holzverarbeitung	120,4	120,3	123,6	25,0	26,1	26,1	9,5	10,1	11,2
56	Papier- u. Pappeverarbeitung	137,0	147,3	158,7	21,2	20,9	20,3	10,7	12,5	14,2
57	Druckerei, Vervielfältigung	112,4	116,8	123,0	31,4	31,6	31,5	5,9	6,4	6,6
58	H. v. Kunststoffwaren	125,6	129,2	136,7	23,3	24,0	23,7	17,0	18,7	19,9
61	Ledererzeugung	166,2	171,5	196,0	16,7	17,2	15,7	.³)	.³)	.³)
62	Lederverarbeitung	96,7	101,0	108,2	22,9	23,2	22,9	15,1	15,7	17,0
63	Textilgewerbe	108,7	115,8	124,8	23,6	23,1	22,4	19,4	21,8	23,4
64	Bekleidungsgewerbe	83,3	88,7	94,6	24,3	24,0	23,5	12,6	13,7	15,0
65	Rep. v. Gebrauchsgütern (ohne elektrische Geräte)	52,1	52,6	78,8	52,0	45,6	37,7	.³)	.³)	.³)
	Nahrungs- und Genußmittelgewerbe	**290,1**	**320,4**	**345,4**	**10,3**	**9,9**	**9,7**	**7,2**	**8,0**	**8,1**
68	Ernährungsgewerbe	281,3	300,9	324,5	10,6	10,5	10,2	7,5	8,3	8,4
	darunter:									
6831	Molkerei, Käserei	523,7	551,5	606,1	6,1	6,1	5,8	8,8	9,9	10,1
6836	H. v. Dauermilch, Milchpräparaten, Schmelzkäse	420,5	466,9	504,6	7,2	7,0	6,9	18,9	21,6	21,2
6871	Brauerei	181,7	195,9	212,6	19,9	19,8	19,1	2,8	3,4	3,9
69	Tabakverarbeitung	470,8	721,2	781,4	7,1	4,9	5,1	4,7	4,8	5,2
	Insgesamt	**156,2**	**167,7**	**177,5**	**21,5**	**21,1**	**20,9**	**24,3**	**26,0**	**27,1**

*) Siehe Vorbemerkung S. 164. – Betriebe von Unternehmen mit im allgemeinen 20 Beschäftigten und mehr einschl. Handwerk. – Kombinierte Betriebe werden derjenigen Wirtschaftsgruppe zugerechnet, in der der Schwerpunkt der wirtschaftlichen Tätigkeit des Betriebes, gemessen an der Beschäftigtenzahl, liegt. – Ohne Umsatz-(Mehrwert-)steuer.

¹) Systematik der Wirtschaftszweige, Ausgabe 1979, Fassung für die Statistik im Produzierenden Gewerbe (SYPRO), Kurzbezeichnungen.

²) Vorläufiges Ergebnis.

³) Aus Gründen der Geheimhaltung von Einzelangaben nicht veröffentlicht, aber in den Summen enthalten.

9.14 Strom-, Gas-, Kohle- und Heizölverbrauch im Bergbau und Verarbeitenden Gewerbe*)

Nr. der Systematik[1])	Wirtschaftsgliederung (H. v. = Herstellung von)	Strom		Orts- und Kokereigas (einschl. Ferngas)[2])		Erdgas (einschl. Erdölgas)[2])		Kohle		Heizöl[3])	
		1981	1982[4])	1981	1982[4])	1981	1982[4])	1981	1982[4])	1981	1982[4])
		Mill. kWh		Mill. m³				1 000 t[5])		1 000 t	
21	**Bergbau**	**14 429**	**14 498**	**2 316**	**2 293**	**1 311**	**1 237**	**10 501**	**10 172**	**177**	**156**
	darunter:										
2111	Steinkohlenbergbau u. -brikettherstellung, Kokerei	8 947	9 058	2 316	2 293	2	4	9 373[6])	9 065[6])	102	98
2114	Braunkohlenbergbau u. -brikettherstellung	3 834	3 942	—	—	—	—	1 126[6])	1 106[6])	7	6
2160	Gew. v. Erdöl, Erdgas	439	451	—	—	790	792	—	—	1	1
	Verarbeitendes Gewerbe	**153 260**	**147 700**	**3 495**	**3 264**	**20 673**	**18 912**	**31 045**	**28 409**	**18 934**	**16 497**
	Grundstoff- und Produktionsgütergewerbe	**104 507**	**98 896**	**3 016**	**2 908**	**14 304**	**12 586**	**29 726**	**27 152**	**11 856**	**10 063**
22	Mineralölverarbeitung	5 525	5 153	96	125	267	241	0	0	3 106	3 019
24	H. u. Verarb. v. Spalt- u. Brutstoffen	27	27	—	—	—	—	—	—	2	2
25	Gew. u. Verarb. v. Steinen u. Erden	6 785	6 436	19	15	1 791	1 306	2 563	3 076	1 602	929
27	Eisenschaffende Industrie	19 561	17 733	2 535	2 357	3 227	2 724	19 161[6])	16 469[6])	734	545
28	NE-Metallerzeugung, NE-Metallhalbzeugwerke	16 533	16 424	55	49	543	501	1 076	1 088	284	235
29	Gießerei	2 636	2 556	42	44	316	293	790	531	140	124
3011	Stabziehereien, Kaltwalzwerke	347	361	1	11	75	65	0	0	12	14
3015	Drahtziehereien (einschl. H. v. Drahterzeugnissen)	615	572	12	13	100	92	0	0	20	18
3030	Mechanik, a. n. g.	16	16	0	0	0	0	0	0	4	4
40	Chemische Industrie	41 077	38 265	253	288	6 812	6 201	5 447	5 246	4 151	3 624
53	Holzbearbeitung	1 353	1 284	—	—	48	43	36	33	247	208
55	Zellstoff-, Holzschliff-, Papier- u. Pappeerzeugung	8 448	8 475	4	6	926	937	554	577	1 378	1 188
59	Gummiverarbeitung	1 583	1 594	0	1	200	183	99	131	175	154
	Investitionsgüter produzierendes Gewerbe	**26 135**	**26 058**	**337**	**220**	**2 680**	**2 773**	**611**	**566**	**2 573**	**2 346**
3021	H. v. Gesenk- u. leichten Freiformschmiedestücken, schweren Preßteilen	740	730	31	28	211	194	3	1	59	50
3025	Stahlverformung, a. n. g., Oberflächenveredlung, Härtung	952	947	11	11	177	168	1	1	94	85
31	Stahl- u. Leichtmetallbau, Schienenfahrzeugbau	680	657	13	13	111	102	19	18	127	112
32	Maschinenbau	5 676	5 539	92	95	562	534	156	143	672	605
33	Straßenfahrzeugbau, Rep. v. Kraftfahrzeugen usw.	8 358	8 513	147	36	889	1 055	346	324	725	703
34	Schiffbau	459	429	—	—	42	38	0	0	39	34
35	Luft- u. Raumfahrzeugbau	361	374	—	—	51	51	4	4	29	19
36	Elektrotechnik, Rep. v. Haushaltsgeräten	5 426	5 364	20	16	305	287	65	59	452	414
37	Feinmechanik, Optik, H. v. Uhren	525	527	1	1	38	57	8	8	60	53
38	H. v. EBM-Waren	2 280	2 240	22	19	245	232	9	8	292	251
50	H. v. Büromaschinen, ADV-Geräten u. -Einrichtungen	679	737	0	1	49	55	0	0	25	20
	Verbrauchsgüter produzierendes Gewerbe	**14 903**	**14 909**	**103**	**110**	**2 447**	**2 289**	**289**	**281**	**2 140**	**1 922**
39	H. v. Musikinstrumenten, Spielwaren, Füllhaltern usw.	219	221	1	1	9	10	2	2	29	24
51	Feinkeramik	588	563	2	2	469	453	3	3	44	37
52	H. u. Verarb. v. Glas	2 117	2 137	71	76	794	720	1	1	580	530
54	Holzverarbeitung	1 271	1 181	1	1	14	14	13	10	134	117
56	Papier- u. Pappeverarbeitung	1 427	1 454	7	5	212	229	47	41	228	189
57	Druckerei, Vervielfältigung	1 260	1 288	8	5	71	78	4	5	98	91
58	H. v. Kunststoffwaren	3 446	3 563	8	16	241	219	18	18	207	200
61	Ledererzeugung	79	81	0	—	2	3	17	16	31	30
62	Lederverarbeitung	145	141	0	0	4	5	0	0	27	23
63	Textilgewerbe	3 997	3 943	5	3	610	541	183	185	660	591
64	Bekleidungsgewerbe	353	336	1	1	19	16	1	1	101	89
65	Rep. v. Gebrauchsgütern (ohne elektrische Geräte)	0	0	—	—	0	—	—	—	0	0
	Nahrungs- und Genußmittelgewerbe	**7 716**	**7 837**	**38**	**27**	**1 241**	**1 263**	**419**	**410**	**2 365**	**2 166**
68	Ernährungsgewerbe	7 502	7 634	37	26	1 218	1 242	418	409	2 343	2 147
	darunter:										
6831	Molkerei, Käserei	772	798	1	2	127	141	1	1	260	234
6836	H. v. Dauermilch, Milchpräparaten, Schmelzkäse	317	325	—	—	144	160	7	9	115	93
6871	Brauerei	1 021	1 018	7	6	195	205	58	53	266	240
69	Tabakverarbeitung	214	204	1	1	23	22	1	1	22	19
	Insgesamt	**167 689**	**162 198**	**5 811**	**5 557**	**21 984**	**20 148**	**41 546**	**38 581**	**19 111**	**16 653**

*) Betriebe von Unternehmen mit im allgemeinen 20 Beschäftigten und mehr einschl. Handwerk. – Kombinierte Betriebe werden derjenigen Wirtschaftsgruppe zugerechnet, in der der Schwerpunkt der wirtschaftlichen Tätigkeit des Betriebes, gemessen an der Beschäftigtenzahl, liegt. – Die Angaben stimmen aus erhebungstechnischen und methodischen Gründen nicht mit den Angaben auf S. 208 überein.

1) Systematik der Wirtschaftszweige, Ausgabe 1979, Fassung für die Statistik im Produzierenden Gewerbe (SYPRO), Kurzbezeichnungen.

2) Umgerechnet auf einen oberen Heizwert von 35 169 kJ/m³.

3) Einschl. des Eigenverbrauchs der Raffinerien.

4) Vorläufiges Ergebnis.

5) Heizwert = 29,3076 Gigajoule/t = 7 Gigacal/t = 1 Steinkohleneinheit (SKE).

6) Ohne Einsatzkohle für Brikett- und Koksherstellung, jedoch einschl. Einsatzkohle für die Zechenkraftwerke.

9.15 Index des Auftragseingangs für das Verarbeitende Gewerbe*)

1976 = 100

Nr. der Systematik[1])	Wirtschaftsgliederung (H. v. = Herstellung von)	Gewichtung	1975	1976	1977	1978	1979	1980	1981	1982
	Verarbeitendes Gewerbe[2])	**100**	**88,0**	**100**	**101,3**	**106,3**	**117,8**	**122,2**	**127,7**	**126,4**
	Grundstoff- und Produktionsgütergewerbe	**29,5**	**88,0**	**100**	**97,1**	**101,2**	**115,4**	**121,0**	**126,5**	**123,3**
25	Gew. u. Verarb. v. Steinen u. Erden	2,2	89,7	100	100,4	108,0	120,7	128,0	123,9	122,7
2711	Hochofen-, Stahl- u. Warmwalzwerke (oh. Stahlrohre)	4,9	98,2	100	95,3	97,7	110,8	111,8	107,4	97,8
2910	Eisen-, Stahl- u. Tempergießerei	1,1	94,4	100	95,8	96,7	110,1	105,1	106,1	101,3
3011–15	Ziehereien, Kaltwalzwerke	1,3	83,2	100	95,7	102,4	110,9	110,3	103,8	103,8
2850	NE-Metallhalbzeugwerke	1,3	75,0	100	89,5	99,0	126,4	138,6	135,3	125,7
40	Chemische Industrie	14,0	85,5	100	99,0	103,3	119,4	125,0	136,2	137,3
53	Holzbearbeitung	1,1	.	100	98,8	100,6	112,1	125,1	120,2	107,0
55	Zellstoff-, Holzschliff-, Papier- u. Pappeerzeugung	1,4	80,2	100	95,7	97,1	106,9	115,6	129,9	133,2
59	Gummiverarbeitung	1,4	.	100	97,0	96,3	107,6	113,5	119,1	121,9
	Investitionsgüter produzierendes Gewerbe	**51,6**	**88,0**	**100**	**103,0**	**108,5**	**119,5**	**123,2**	**130,5**	**129,8**
31	Stahl- u. Leichtmetallbau, Schienenfahrzeugbau	2,6	102,9	100	104,3	94,6	124,9	123,4	132,1	131,5
32	Maschinenbau	15,6	89,1	100	94,2	100,7	111,8	117,7	126,3	119,3
33	Straßenfahrzeugbau, Rep. v. Kraftfahrzeugen usw.	10,0	83,9	100	116,0	124,9	130,7	127,3	143,3	152,4
34	Schiffbau	0,6	157,3	100	180,3	165,8	198,5	166,9	215,7	193,6
36	Elektrotechnik, Rep. v. Haushaltsgeräten	14,1	86,0	100	99,3	104,9	113,5	121,0	123,6	122,3
3711–60	Feinmechanik, Optik	1,5	85,9	100	105,4	112,9	122,2	126,3	128,9	125,5
3021–25	Stahlverformung, Oberflächenveredlung, Härtung	1,8	84,7	100	101,2	104,1	121,3	123,7	120,2	120,7
38	H. v. EBM-Waren	4,3	85,2	100	103,3	108,8	118,0	123,2	122,0	122,1
50	H. v. Büromaschinen, ADV-Geräten u. -Einrichtungen	1,1	84,3	100	113,9	119,4	153,7	164,6	167,2	185,8
	Verbrauchsgüter produzierendes Gewerbe	**18,9**	**87,8**	**100**	**103,1**	**108,2**	**116,7**	**121,6**	**122,1**	**121,8**
51	Feinkeramik	0,5	79,7	100	102,0	107,5	118,2	130,7	128,2	127,1
52	H. u. Verarb. v. Glas	1,0	88,1	100	107,2	110,9	121,9	129,7	127,4	127,5
5421–24	H. v. Holzmöbeln, Polstermöbeln	2,5	93,0	100	110,4	115,3	119,9	127,8	120,6	116,4
56	Papier- u. Pappeverarbeitung	1,8	91,9	100	102,7	107,5	117,9	128,8	138,3	141,3
57	Druckerei, Vervielfältigung	2,2	.	100	107,2	115,2	128,9	139,8	142,3	143,2
58	H. v. Kunststoffwaren	3,1	80,4	100	106,5	112,9	133,1	139,9	139,8	144,3
61	Ledererzeugung	0,2	76,5	100	102,4	100,0	118,1	101,8	106,4	120,9
62	Lederverarbeitung	0,9	.	100	100,3	104,7	112,2	110,1	108,0	109,7
63	Textilgewerbe	4,5	90,3	100	96,1	99,4	101,6	100,8	101,9	98,8
64	Bekleidungsgewerbe	2,2	86,5	100	100,5	106,3	107,5	107,9	110,1	107,9

*) Auftragseingang berechnet nach Auftragswerten in jeweiligen Preisen (Wertindizes). – Berechnungsmethode 1976 = 100 in »Wirtschaft und Statistik«, 9/1980, S. 585ff. – Betriebe von Unternehmen mit im allgemeinen 20 Beschäftigten und mehr einschl. Handwerk; bis einschl. 1976 Industriebetriebe mit 20 Beschäftigten und mehr.

[1]) Systematik der Wirtschaftszweige, Ausgabe 1979, Fassung für die Statistik im Produzierenden Gewerbe (SYPRO), Kurzbezeichnungen.

[2]) Ausgewählte Wirtschaftszweige (ohne Nahrungs- und Genußmittelgewerbe).

9.16 Index des Auftragsbestands für das Verarbeitende Gewerbe*)

1976 = 100

Nr. der Systematik[1])	Wirtschaftsgliederung (H. v. = Herstellung von)	Gewichtung	1975	1976	1977	1978	1979	1980	1981	1982
	Verarbeitendes Gewerbe[2])	**100**	**96,8**	**100**	**99,2**	**104,8**	**120,2**	**127,2**	**133,9**	**134,1**
	Grundstoff- und Produktionsgütergewerbe	**8,3**	**90,7**	**100**	**86,3**	**93,5**	**116,9**	**117,0**	**110,6**	**104,5**
25	Gew. u. Verarb. v. Steinen u. Erden	1,1	104,8	100	100,3	108,3	132,5	131,1	124,7	117,6
2711	Hochofen-, Stahl- u. Warmwalzwerke (oh. Stahlrohre)	4,1	88,4	100	80,3	90,2	119,0	118,5	111,9	102,8
2910	Eisen-, Stahl- u. Tempergießerei	1,1	103,7	100	96,4	91,7	108,6	115,0	111,6	110,4
2720, 3011–15	Ziehereien, Kaltwalzwerke, H. v. Präzisionsstahlrohren	1,4	79,2	100	84,8	86,2	97,7	97,4	84,9	86,3
ex 55	Papier- u. Pappeerzeugung	0,6	85,2	100	100,0	118,5	147,4	140,1	142,3	133,6
	Investitionsgüter produzierendes Gewerbe	**85,5**	**98,5**	**100**	**100,6**	**106,0**	**121,1**	**129,1**	**137,7**	**138,4**
31	Stahl- u. Leichtmetallbau, Schienenfahrzeugbau	9,0	105,6	100	93,7	95,6	106,1	123,1	136,1	151,5
32	Maschinenbau	39,8	88,1	100	105,2	114,3	133,3	142,4	151,5	149,5
	H. v. Maschinen für das Produktionsgütergewerbe	19,9	80,6	100	103,6	127,4	159,8	170,8	178,2	158,5
	H. v. Maschinen für das Verbrauchsgüter produzierende Gewerbe	12,9	87,2	100	99,4	113,3	120,8	127,8	133,7	139,6
	H. v. Maschinen für die Bauwirtschaft	3,2	77,3	100	127,7	132,1	154,4	143,8	216,2	227,4
	H. v. Maschinen für die Landwirtschaft	3,8	102,3	100	100,9	86,9	103,4	87,8	101,0	119,6
ex 3313	H. v. Liefer- u. Lastkraftwagen, Kommunalfahrzeugen, Omnibussen, Obussen	3,1	119,0	100	99,4	91,3	101,7	112,5	110,2	112,3
34	Schiffbau	6,8	149,3	100	62,8	54,7	71,5	89,4	105,2	97,1
ex 36	H. v. starkstrom-, nachrichten- u. informationstechnischen Erzeugnissen	25,6	93,6	100	106,2	110,7	116,9	117,9	127,7	128,0
	H. v. starkstromtechnischen Erzeugnissen	16,9	86,0	100	106,3	105,1	104,1	98,6	109,0	110,4
	H. v. nachrichten- u. informationstechnischen Erzeugnissen	8,7	103,7	100	106,4	120,0	137,8	155,2	164,0	160,7
3711–60	Feinmechanik, Optik	1,2	102,8	100	109,6	122,8	159,1	193,3	209,2	237,0
	Verbrauchsgüter produzierendes Gewerbe	**6,2**	**81,8**	**100**	**97,9**	**104,3**	**113,5**	**114,7**	**112,9**	**115,6**
6251	H. v. Schuhen	0,5	95,8	100	110,3	120,2	140,1	128,6	122,4	138,6
63	Textilgewerbe	3,7	80,6	100	94,7	101,6	115,9	111,9	109,0	112,5
64	Bekleidungsgewerbe	2,0	80,7	100	100,7	105,3	101,7	116,3	118,6	117,5
6413	H. v. Herrenoberbekleidung	0,9	101,4	100	110,7	119,6	114,6	121,3	118,9	114,2
6414	H. v. Damen- u. Kinderoberbekleidung	1,1	72,0	100	96,5	99,4	96,7	112,5	118,7	120,6

*) Auftragsbestand berechnet nach Auftragsbestandswerten in jeweiligen Preisen (Wertindizes). – Berechnungsmethode 1976 = 100 in »Wirtschaft und Statistik«, 9/1980, S. 585ff. – Ausgewählte Unternehmen des Verarbeitenden Gewerbes.

[1]) Systematik der Wirtschaftszweige, Ausgabe 1979, Fassung für die Statistik im Produzierenden Gewerbe (SYPRO), Kurzbezeichnungen.

[2]) Ausgewählte Wirtschaftszweige (ohne Nahrungs- und Genußmittelgewerbe).

9.17 Index der Nettoproduktion für das Produzierende Gewerbe*)

1976 = 100

Nr. der Systematik[1])	Wirtschaftsgliederung (H. v. = Herstellung von)	Gewichtung	1975	1976	1977	1978	1979	1980	1981	1982
	kalendermonatlich									
	Produzierendes Gewerbe insgesamt[2])	**100**	**92,5**	**100**	**102,0**	**103,8**	**109,2**	**109,2**	**106,9**	**103,8**
	Produzierendes Gewerbe (ohne Baugewerbe)[2])	**90,42**	**92,2**	**100**	**101,9**	**103,3**	**108,5**	**108,8**	**107,2**	**104,7**
1010–30	**Elektrizitäts- und Gasversorgung**	**5,73**	**89,4**	**100**	**100,8**	**107,0**	**112,9**	**112,8**	**113,7**	**113,4**
1010	Elektrizitätsversorgung	5,40	89,1	100	100,6	106,5	112,0	111,8	112,9	113,6
1030	Gasversorgung	0,33	95,0	100	103,1	114,6	128,1	129,8	127,2	110,9
	Bergbau und Verarbeitendes Gewerbe[3])	**84,69**	**92,4**	**100**	**102,0**	**103,1**	**108,2**	**108,5**	**106,8**	**104,1**
21	**Bergbau**	**2,48**	**102,4**	**100**	**94,4**	**93,3**	**96,8**	**97,1**	**97,7**	**96,1**
	darunter:									
2111–14	Kohlenbergbau	2,14	102,6	100	92,8	91,2	94,8	95,8	96,7	96,7
2130	Eisenerzbergbau	0,00	141,3	100	99,8	61,9	63,6	71,8	57,4	46,5
2141	NE-Metallerzbergbau	0,01	101,8	100	99,1	77,7	.	.	.	.
2150	Kali- u. Steinsalzbergbau, Salinen	0,11	100,6	100	112,2	115,8	128,9	123,6	128,2	104,6
2160	Gew. v. Erdöl, Erdgas	0,17	99,2	100	100,9	104,0	102,8	95,7	96,2	85,8
	Verarbeitendes Gewerbe[3])	**82,21**	**92,1**	**100**	**102,2**	**103,4**	**108,6**	**108,8**	**107,1**	**104,4**
	Grundstoff- und Produktionsgütergewerbe	**22,02**	**90,1**	**100**	**100,1**	**103,4**	**111,6**	**107,9**	**103,7**	**98,2**
22	Mineralölverarbeitung	3,29	93,8	100	101,7	101,4	116,1	108,4	95,9	93,9
25	Gew. u. Verarb. v. Steinen u. Erden	2,64	94,9	100	101,5	106,5	116,0	113,3	103,5	97,1
27	Eisenschaffende Industrie	2,93	95,4	100	94,5	99,6	110,1	106,3	103,3	90,2
28	NE-Metallerzeugung, NE-Metallhalbzeugwerke	0,76	83,2	100	100,0	103,7	110,6	110,2	106,8	106,6
2910	Eisen-, Stahl- u. Tempergießerei	0,76	98,9	100	96,7	94,1	101,1	95,3	89,4	84,2
2950	NE-Metallgießerei	0,22	84,3	100	105,0	109,1	116,9	115,5	109,1	104,4
3011–15, 3030	Ziehereien, Kaltwalzwerke, Mechanik, a. n. g.	1,18	85,5	100	95,0	100,8	105,9	104,4	99,8	89,7
40	Chemische Industrie	7,78	86,5	100	100,6	105,1	111,0	106,5	107,5	102,0
	darunter:									
4090	H. v. Chemiefasern	.	79,8	100	91,5	94,6	98,2	93,0	97,0	90,6
ex 52	H., Verarb. u. Veredlg. v. Flachglas	0,32	84,9	100	112,3	111,9	120,1	129,3	116,1	111,9
53	Holzbearbeitung	0,60	89,1	100	101,5	102,1	105,8	105,0	97,5	90,4
55	Zellstoff-, Holzschliff-, Papier- u. Pappeerzeugung	0,57	84,4	100	104,0	108,2	116,6	118,3	126,1	125,9
59	Gummiverarbeitung	0,97	88,8	100	104,3	102,8	107,3	107,0	101,5	107,4
	Investitionsgüter produzierendes Gewerbe	**35,75**	**92,3**	**100**	**104,1**	**104,1**	**108,9**	**111,6**	**111,5**	**110,8**
31	Stahl- u. Leichtmetallbau, Schienenfahrzeugbau	1,63	99,7	100	98,7	92,7	94,7	101,0	101,0	100,5
32	Maschinenbau	9,78	96,9	100	99,5	98,8	103,2	107,0	107,0	104,4
33	Straßenfahrzeugbau, Rep. v. Kraftfahrzeugen usw.	8,05	87,7	100	105,6	106,4	112,3	107,6	110,9	112,9
34	Schiffbau	0,54	101,9	100	93,0	82,0	76,3	79,9	83,4	84,6
36	Elektrotechnik, Rep. v. Haushaltsgeräten	8,99	90,6	100	105,8	106,4	108,8	112,6	110,3	110,1
37	Feinmechanik, Optik, H. v. Uhren	1,60	93,5	100	103,9	101,2	109,2	113,8	98,4	90,9
3711–60	Feinmechanik, Optik	1,47	93,8	100	104,0	101,2	109,3	114,5	98,4	91,6
3771	H. v. Uhren	0,13	89,5	100	102,5	100,9	108,2	105,7	97,9	85,0
3021–25	Stahlverformung, Oberflächenveredlung, Härtung	1,14	93,0	100	97,9	94,3	103,3	106,9	100,9	98,7
38	H. v. EBM-Waren	2,82	87,5	100	107,3	106,6	111,8	115,8	111,9	107,7
50	H. v. Büromaschinen, ADV-Geräten u. -Einrichtungen	1,20	90,0	100	130,5	146,7	164,6	187,9	208,5	217,5
5060	H. v. Büromaschinen	0,26	99,8	100	110,8	111,7	112,0	109,3	74,5	73,3
5080	H. v. ADV-Geräten u. -Einrichtungen	0,94	87,2	100	136,0	156,5	179,3	210,0	246,1	258,0
	Verbrauchsgüter produzierendes Gewerbe	**14,01**	**92,5**	**100**	**102,8**	**102,8**	**106,3**	**105,3**	**100,0**	**96,4**
51	Feinkeramik	0,42	92,9	100	99,2	94,7	95,3	97,4	94,1	88,5
ex 52	H., Verarb. u. Veredlg. v. Hohlglas	0,41	91,4	100	102,4	101,6	102,4	103,5	104,9	106,3
54	Holzverarbeitung	2,91	94,1	100	107,4	105,8	106,7	107,4	97,4	87,9
39	H. v. Musikinstrum., Spielwaren, Füllhaltern usw.	0,61	89,8	100	113,1	115,5	111,8	96,7	92,7	96,8
56	Papier- u. Pappeverarbeitung	1,00	91,7	100	105,5	106,9	112,5	114,8	113,8	113,7
57	Druckerei, Vervielfältigung	2,03	92,3	100	104,4	108,1	116,9	121,2	118,2	115,7
58	H. v. Kunststoffwaren	1,56	83,1	100	106,4	114,0	126,1	123,4	120,3	121,3
61	Ledererzeugung	0,07	92,5	100	98,9	98,5	98,0	91,2	101,5	100,8
6211	Lederverarbeitung (oh. H. v. Schuhen)	0,23	93,0	100	96,3	93,2	94,5	86,2	81,6	73,0
6251	H. v. Schuhen	0,38	97,6	100	98,8	94,4	94,4	93,2	89,9	85,4
63	Textilgewerbe	2,50	91,5	100	96,9	94,2	96,4	95,3	87,0	86,0
64	Bekleidungsgewerbe	1,89	99,5	100	96,8	93,4	93,2	88,7	82,5	76,0

*) Siehe Vorbemerkung S. 165. – Berechnungsmethode in »Wirtschaft und Statistik«, 5/1981, S. 315ff. – Betriebe von Unternehmen mit im allgemeinen 20 Beschäftigten und mehr einschl. Handwerk.

[1]) Systematik der Wirtschaftszweige, Ausgabe 1979, Fassung für die Statistik im Produzierenden Gewerbe (SYPRO), Kurzbezeichnungen.

[2]) Ohne Fernwärmeversorgung, Elektrizitäts-, Gas- und Fernwärmeversorgung, o. a. S., Wasserversorgung, H. u. Verarbeitung von Spalt- und Brutstoffen, Luft- und Raumfahrzeugbau, Reparatur von Gebrauchsgütern (ohne elektrische Geräte).

[3]) Ohne H. u. Verarbeitung von Spalt- und Brutstoffen, Luft- und Raumfahrzeugbau, Reparatur von Gebrauchsgütern (ohne elektrische Geräte).

9.17 Index der Nettoproduktion für das Produzierende Gewerbe*)

1976 = 100

Nr. der Systematik[1]	Wirtschaftsgliederung (H. v. = Herstellung von)	Gewichtung	1975	1976	1977	1978	1979	1980	1981	1982
			kalendermonatlich							
	Nahrungs- und Genußmittelgewerbe	**10,43**	**95,6**	**100**	**99,5**	**101,8**	**104,0**	**106,3**	**108,6**	**106,3**
68	Ernährungsgewerbe	8,13	96,0	100	100,7	101,9	103,8	106,2	108,7	108,7
	darunter:									
6811	Mahl- u. Schälmühlen	0,15	96,1	100	105,5	106,6	113,3	118,6	114,5	109,3
6812	H. v. Teigwaren	0,03	90,5	100	87,2	90,3	91,5	94,8	98,1	93,5
6813	H. v. Nährmitteln (oh. Teigwaren)	0,18	95,1	100	101,8	103,4	105,1	109,9	114,3	117,3
6819	H. v. Dauerbackwaren	0,09	95,3	100	109,2	103,5	104,3	112,0	116,4	117,7
6821	Zuckerindustrie	0,17	91,2	100	110,7	108,4	109,5	106,9	132,2	139,4
6825	Obst- u. Gemüseverarbeitung	0,18	95,7	100	97,2	101,6	109,1	122,3	137,6	149,7
6828	H. v. Süßwaren (oh. Dauerbackwaren)	0,40	94,6	100	101,6	106,6	109,3	114,4	117,6	117,2
6831	Molkerei, Käserei	0,26	95,3	100	100,7	106,2	106,3	110,5	125,2	120,2
6836	H. v. Dauermilch, Milchpräparaten, Schmelzkäse	0,10	96,8	100	104,1	110,4	117,9	127,7	127,9	128,2
6844	H. v. Margarine u. ä. Nahrungsfetten	0,16	96,8	100	100,8	100,8	100,6	101,8	99,7	98,5
6853	Fleischwarenindustrie (oh. Talgschmelzen u. ä.)	0,34	94,3	100	105,6	109,1	113,2	119,0	118,7	120,6
6856	Fischverarbeitung	0,06	92,4	100	92,9	95,6	92,2	97,2	84,9	78,2
6860	Verarb. v. Kaffee, Tee, H. v. Kaffeemitteln	0,25	99,8	100	98,0	112,6	127,7	126,7	133,5	132,7
6871	Brauerei	1,44	97,7	100	98,6	95,8	95,8	96,5	98,0	99,1
6875	H. v. Spirituosen	0,44	87,4	100	79,0	92,4	92,9	89,4	89,6	81,7
6879	Mineralbrunnen, H. v. Mineralwasser, Limonaden	0,38	91,3	100	115,8	120,1	123,9	130,1	137,6	144,0
69	Tabakverarbeitung	2,30	94,4	100	95,1	101,3	104,6	106,4	108,1	97,6
72–75	**Baugewerbe**[2]	**9,58**	**95,0**	**100**	**102,7**	**108,7**	**115,7**	**112,8**	**104,1**	**94,8**
	Hochbau	6,04	92,2	100	104,1	109,8	117,8	116,1	106,6	95,3
	Tiefbau	3,54	99,7	100	100,2	106,7	112,1	107,2	99,8	94,0
			von Kalenderunregelmäßigkeiten bereinigt							
	Produzierendes Gewerbe insgesamt[3]	**100**	**93,8**	**100**	**102,7**	**104,9**	**110,6**	**110,2**	**108,1**	**104,4**
	Produzierendes Gewerbe (oh. Baugewerbe)[3]	**90,42**	**93,5**	**100**	**102,6**	**104,4**	**109,8**	**109,8**	**108,4**	**105,4**
1010–30	**Elektrizitäts- und Gasversorgung**	**5,73**	**90,2**	**100**	**101,3**	**107,6**	**113,7**	**113,3**	**114,4**	**113,9**
1010	Elektrizitätsversorgung	5,40	89,9	100	101,1	107,2	112,8	112,3	113,6	114,1
1030	Gasversorgung	0,33	95,3	100	103,4	114,9	128,5	129,8	127,5	111,2
	Bergbau und Verarbeitendes Gewerbe[4]	**84,69**	**93,8**	**100**	**102,7**	**104,2**	**109,6**	**109,6**	**108,0**	**104,8**
21	**Bergbau**	**2,48**	**103,4**	**100**	**95,0**	**94,2**	**98,3**	**98,2**	**98,9**	**97,0**
	darunter:									
2111–14	Kohlenbergbau	2,14	103,7	100	93,5	92,2	96,4	97,0	98,1	97,8
2130	Eisenerzbergbau	0,00	141,8	100	100,6	62,4	63,8	71,8	57,6	46,7
2141	NE-Metallerzbergbau	0,01	101,8	100	100,0	78,6	.	.	.	.
2150	Kali- u. Steinsalzbergbau, Salinen	0,11	101,3	100	112,9	116,5	129,8	124,1	128,9	105,1
2160	Gew. v. Erdöl, Erdgas	0,17	99,5	100	101,2	104,3	103,1	95,7	96,4	86,0
	Verarbeitendes Gewerbe[4]	**82,21**	**93,5**	**100**	**102,9**	**104,5**	**109,9**	**109,9**	**108,2**	**105,1**
	Grundstoff- und Produktionsgütergewerbe	**22,02**	**91,0**	**100**	**100,6**	**104,1**	**112,6**	**108,5**	**104,5**	**98,7**
22	Mineralölverarbeitung	3,29	94,1	100	102,0	101,7	116,4	108,4	96,1	94,1
25	Gew. u. Verarb. v. Steinen u. Erden	2,64	96,2	100	102,1	107,5	117,3	114,3	104,6	97,6
27	Eisenschaffende Industrie	2,93	96,1	100	94,6	100,1	110,6	106,7	103,8	90,7
28	NE-Metallerzeugung, NE-Metallhalbzeugwerke	0,76	84,2	100	100,6	104,7	111,9	111,2	107,8	107,2
2910	Eisen-, Stahl- u. Tempergießerei	0,76	100,6	100	97,5	95,2	102,7	96,5	90,5	84,9
2950	NE-Metallgießerei	0,22	85,7	100	105,8	110,3	118,5	116,7	110,5	105,1
3011–15, 3030	Ziehereien, Kaltwalzwerke, Mechanik, a. n. g.	1,18	86,9	100	95,8	102,0	107,6	105,6	101,0	90,4
40	Chemische Industrie	7,78	87,3	100	101,1	105,8	111,9	107,0	108,3	102,5
	darunter:									
4090	H. v. Chemiefasern	0,59	80,0	100	91,8	94,8	98,5	93,0	97,3	90,8
ex 52	H., Verarb. u. Veredlg. v. Flachglas	0,32	85,8	100	113,0	112,9	121,2	130,2	117,2	112,6
53	Holzbearbeitung	0,60	90,6	100	102,3	103,4	107,3	106,1	98,7	91,1
55	Zellstoff-, Holzschliff-, Papier- u. Pappeerzeugung	0,57	85,4	100	104,5	109,3	117,6	119,1	127,3	126,7
59	Gummiverarbeitung	0,97	90,3	100	105,1	104,0	108,9	108,3	102,8	108,1

*) Siehe Vorbemerkung S. 165. – Berechnungsmethode in »Wirtschaft und Statistik«, 5/1981, S. 315ff. – Betriebe von Unternehmen mit im allgemeinen 20 Beschäftigten und mehr einschl. Handwerk.

1) Systematik der Wirtschaftszweige, Ausgabe 1979, Fassung für die Statistik im Produzierenden Gewerbe (SYPRO), Kurzbezeichnungen.

2) Ohne Ausbaugewerbe.

3) Ohne Fernwärmeversorgung, Elektrizitäts-, Gas- und Fernwärmeversorgung, o. a. S., Wasserversorgung, H. u. Verarbeitung von Spalt- und Brutstoffen, Luft- und Raumfahrzeugbau, Reparatur von Gebrauchsgütern (ohne elektrische Geräte).

4) Ohne H. u. Verarbeitung von Spalt- und Brutstoffen, Luft- und Raumfahrzeugbau, Reparatur von Gebrauchsgütern (ohne elektrische Geräte).

9.17 Index der Nettoproduktion für das Produzierende Gewerbe*)

1976 = 100

Nr. der Systematik[1])	Wirtschaftsgliederung (H. v. = Herstellung von)	Gewichtung	1975	1976	1977	1978	1979	1980	1981	1982
			von Kalenderunregelmäßigkeiten bereinigt							
	Investitionsgüter produzierendes Gewerbe	**35,75**	**93,9**	**100**	**104,9**	**105,3**	**110,4**	**112,9**	**112,9**	**111,6**
31	Stahl- u. Leichtmetallbau, Schienenfahrzeugbau	1,63	101,4	100	99,5	93,8	96,2	102,2	102,3	101,2
32	Maschinenbau	9,78	98,5	100	100,3	100,0	104,7	108,2	108,3	105,1
33	Straßenfahrzeugbau, Rep. v. Kraftfahrzeugen usw.	8,05	89,2	100	106,4	107,6	113,9	108,9	112,3	113,5
34	Schiffbau	0,54	103,5	100	93,4	82,7	77,2	80,9	84,4	85,0
36	Elektrotechnik, Rep. v. Haushaltsgeräten	8,99	92,2	100	106,6	107,7	110,3	113,9	111,6	110,8
37	Feinmechanik, Optik, H. v. Uhren	1,60	95,1	100	104,7	102,4	110,7	115,0	99,6	91,6
3711–60	Feinmechanik, Optik	1,47	95,5	100	104,8	102,4	110,8	115,8	99,7	92,3
3771	H. v. Uhren	0,13	90,9	100	103,3	102,1	109,5	106,7	99,0	85,6
3021–25	Stahlverformung, Oberflächenveredlung, Härtung	1,14	94,6	100	98,7	95,5	104,9	108,2	102,1	99,5
38	H. v. EBM-Waren	2,82	89,0	100	108,1	107,9	113,5	117,1	113,3	108,5
50	H. v. Büromaschinen, ADV-Geräten u. -Einrichtungen	1,20	91,5	100	131,6	148,4	167,0	190,1	211,1	218,9
5060	H. v. Büromaschinen	0,26	101,5	100	111,6	113,0	113,5	110,6	75,5	73,8
5080	H. v. ADV-Geräten u. -Einrichtungen	0,94	88,7	100	137,2	158,3	182,0	212,3	249,1	259,5
	Verbrauchsgüter produzierendes Gewerbe	**14,01**	**94,0**	**100**	**103,6**	**104,0**	**107,8**	**106,5**	**101,2**	**97,1**
51	Feinkeramik	0,42	94,6	100	100,2	96,0	96,8	98,7	95,3	89,1
ex 52	H., Verarb. u. Veredlg. v. Hohlglas	0,41	91,8	100	102,8	102,1	102,9	103,6	105,3	106,7
54	Holzverarbeitung	2,91	95,7	100	108,3	107,1	108,3	108,6	98,6	88,6
39	H. v. Musikinstrum., Spielwaren, Füllhaltern usw.	0,61	91,4	100	114,1	117,0	113,4	97,7	93,8	97,5
56	Papier- u. Pappeverarbeitung	1,00	93,3	100	106,3	108,2	114,1	116,1	115,2	114,5
57	Druckerei, Vervielfältigung	2,03	93,9	100	105,2	109,4	118,6	122,6	119,7	116,5
58	H. v. Kunststoffwaren	1,56	84,5	100	107,3	115,4	127,9	124,8	121,8	122,2
61	Ledererzeugung	0,07	94,2	100	99,5	99,5	99,2	92,2	102,8	101,4
6211	Lederverarbeitung (oh. H. v. Schuhen)	0,23	94,7	100	97,1	94,4	95,9	87,3	82,7	73,6
6251	H. v. Schuhen	0,38	99,3	100	99,7	95,6	95,9	94,3	91,0	86,1
63	Textilgewerbe	2,50	93,1	100	97,6	95,4	97,8	96,3	88,0	86,6
64	Bekleidungsgewerbe	1,89	101,3	100	97,6	94,6	94,5	89,7	83,5	76,6
	Nahrungs- und Genußmittelgewerbe	**10,43**	**97,1**	**100**	**100,0**	**102,9**	**105,3**	**107,4**	**109,8**	**106,9**
68	Ernährungsgewerbe	8,13	97,5	100	101,3	103,0	105,1	107,3	109,9	109,4
	darunter:									
6811	Mahl- u. Schälmühlen	0,15	97,7	100	106,2	107,8	114,9	120,0	115,9	110,0
6812	H. v. Teigwaren	0,03	92,0	100	87,9	91,4	92,7	95,8	99,3	94,2
6813	H. v. Nährmitteln (oh. Teigwaren)	0,18	96,7	100	102,6	104,6	106,6	111,1	115,7	118,1
6819	H. v. Dauerbackwaren	0,09	96,9	100	110,0	104,7	105,8	113,3	117,8	118,5
6821	Zuckerindustrie	0,17	92,2	100	111,1	108,8	110,1	107,5	133,5	140,3
6825	Obst- u. Gemüseverarbeitung	0,18	97,2	100	97,9	102,8	110,6	123,8	139,3	150,6
6828	H. v. Süßwaren (oh. Dauerbackwaren)	0,40	96,3	100	102,3	107,7	110,8	115,8	119,0	117,9
6831	Molkerei, Käserei	0,26	96,5	100	101,4	107,2	107,5	111,4	126,2	120,8
6836	H. v. Dauermilch, Milchpräparaten, Schmelzkäse	0,10	98,5	100	105,0	111,6	119,4	129,2	129,4	129,1
6844	H. v. Margarine u. ä. Nahrungsfetten	0,16	98,4	100	101,4	101,8	101,9	102,9	100,9	99,0
6853	Fleischwarenindustrie (oh. Talgschmelzen u. ä.)	0,34	95,9	100	106,3	110,3	114,8	120,4	120,2	121,4
6856	Fischverarbeitung	0,06	93,9	100	93,3	96,4	93,4	98,4	85,9	78,6
6860	Verarb. v. Kaffee, Tee, H. v. Kaffeemitteln	0,25	101,4	100	98,5	113,6	129,3	128,2	135,1	133,3
6871	Brauerei	1,44	99,4	100	99,4	97,0	97,2	97,6	99,2	99,8
6875	H. v. Spirituosen	0,44	88,8	100	79,4	93,3	94,1	90,4	90,7	82,2
6879	Mineralbrunnen, H. v. Mineralwasser, Limonaden	0,38	92,9	100	116,7	121,5	125,7	131,7	139,3	145,0
69	Tabakverarbeitung	2,30	96,1	100	95,6	102,3	106,0	107,7	109,4	98,1
72–75	**Baugewerbe**[2])	**9,58**	**96,6**	**100**	**103,5**	**110,0**	**117,4**	**114,2**	**105,3**	**95,5**
	Hochbau	6,04	93,8	100	104,9	111,1	119,5	117,5	107,9	96,0
	Tiefbau	3,54	101,4	100	101,0	108,0	113,7	108,5	101,0	94,7

*) Siehe Vorbemerkung S. 165. – Berechnungsmethode in »Wirtschaft und Statistik«, 5/1981, S. 315ff. – Betriebe von Unternehmen mit im allgemeinen 20 Beschäftigten und mehr einschl. Handwerk.

[1]) Systematik der Wirtschaftszweige, Ausgabe 1979, Fassung für die Statistik im Produzierenden Gewerbe (SYPRO), Kurzbezeichnungen.

[2]) Ohne Ausbaugewerbe.

9.18 Index der Bruttoproduktion für Investitions- und Verbrauchsgüter*)

9.18.1 Investitionsgüter

1976 = 100, von Kalenderunregelmäßigkeiten bereinigt

Nr. der Systematik¹)	Gütergruppe	Gewichtung	1975	1976	1977	1978	1979	1980	1981	1982
	Investitionsgüter insgesamt	**100**	**98,1**	**100**	**102,5**	**102,6**	**107,4**	**111,6**	**113,4**	**110,6**
	ohne Personen- und Kombinationskraftwagen	**89,41**	**98,8**	**100**	**102,5**	**101,2**	**106,1**	**111,2**	**111,8**	**108,0**
ex 31	Stahlbauerzeugnisse und Schienenfahrzeuge	8,04	100,9	100	99,4	93,9	96,1	101,9	102,2	101,3
ex 32	Maschinenbauerzeugnisse	40,35	97,9	100	100,1	99,9	104,3	107,5	108,5	105,2
3211,12	Metallbearbeitungsmaschinen	4,83	103,5	100	95,6	99,6	104,6	112,8	114,9	99,1
3241–44	Maschinen für die Landwirtschaft	4,41	91,7	100	104,6	96,1	101,9	92,4	97,6	104,5
3245,46	Nahrungsmittelmaschinen und Maschinen für verwandte Gebiete der Nahrungsmittelherstellung	3,04	99,8	100	104,4	103,3	100,9	107,1	104,7	99,3
3265,69, ex 3267	Textil- und Nähmaschinen, Maschinen für die Leder-, Schuh- und Lederwarenherstellung	2,37	99,5	100	89,9	87,1	92,6	96,6	90,5	82,7
ex 32, Rest	Sonstige Maschinenbauerzeugnisse	25,70	97,5	100	100,6	101,4	106,2	110,1	111,5	109,5
ex 33	Straßenfahrzeuge soweit Investitionsgut	22,74	97,6	100	101,3	101,5	108,0	111,3	116,2	116,3
3311,12	Personenkraftwagen und Kombinationskraftwagen	10,59	92,3	100	102,6	114,5	118,8	114,5	126,7	131,8
3313,14	Liefer- und Lastkraftwagen, Kommunalfahrzeuge	8,24	105,1	100	96,0	89,2	97,0	106,3	103,6	99,2
3315,21, 45,87	Sonstige Straßenfahrzeuge	3,91	96,1	100	109,0	92,7	101,9	113,0	114,3	104,6
ex 36	Elektrotechnische Investitionsgüter	16,21	100,6	100	103,9	106,5	112,5	118,9	118,9	115,5
50	Büromaschinen, Datenverarbeitungsgeräte und -einrichtungen	3,40	93,3	100	136,4	154,3	168,0	180,4	192,4	186,4
501	Büromaschinen	1,11	103,8	100	110,4	111,2	110,2	103,8	90,1	85,6
505	Geräte und Einrichtungen für die automatische Datenverarbeitung	2,29	88,2	100	149,0	175,1	196,0	217,5	241,9	235,2
	Sonstige im Index erfaßte Investitionsgüter	9,26	95,1	100	103,9	98,4	98,3	100,7	97,9	92,0

9.18.2 Verbrauchsgüter (ohne Nahrungs- und Genußmittel)

1976 = 100, von Kalenderunregelmäßigkeiten bereinigt

Nr. der Systematik¹)	Gütergruppe	Gewichtung	1975	1976	1977	1978	1979	1980	1981	1982
	Verbrauchsgüter insgesamt	**100**	**91,5**	**100**	**107,5**	**108,4**	**110,6**	**105,3**	**100,7**	**99,2**
	ohne Personen- und Kombinationskraftwagen	**78,52**	**94,7**	**100**	**105,8**	**105,7**	**108,0**	**106,4**	**101,5**	**98,0**
ex 33	Straßenfahrzeuge soweit Verbrauchsgut	22,26	80,4	100	113,7	117,7	119,3	101,4	97,9	102,3
3311,12	Personenkraftwagen und Kombinationskraftwagen	21,48	80,1	100	113,7	118,3	120,2	101,2	97,9	103,3
3371,75	Krafträder und Fahrräder	0,78	87,9	100	114,2	99,3	96,6	108,5	97,0	75,3
ex 36	Elektrotechnische Verbrauchsgüter	13,55	85,2	100	109,7	110,6	106,2	106,7	104,1	105,7
ex 3661,63	Rundfunk-, Fernseh- und phonotechnische Geräte	6,57	85,0	100	114,5	119,0	105,2	103,9	100,9	108,7
ex 36, Rest	Sonstige elektrotechnische Verbrauchsgüter	6,98	85,3	100	105,2	102,7	107,1	109,2	107,0	102,9
ex 40	Chemische Verbrauchsgüter	7,64	97,4	100	102,7	105,0	110,7	110,7	113,5	116,6
ex 542	Möbel	10,36	95,8	100	108,9	108,4	105,9	105,4	98,8	86,8
ex 625–64	Schuhe, Textilien und Bekleidung	23,61	98,6	100	98,3	95,9	97,5	93,7	87,6	81,0
	Sonstige im Index erfaßte Verbrauchsgüter	22,58	95,0	100	110,5	112,1	120,5	118,4	111,4	110,3

*) Siehe Vorbemerkung S. 165. – Berechnungsmethode in »Wirtschaft und Statistik«, 5/1981, S. 315ff. – Betriebe von Unternehmen mit im allgemeinen 20 Beschäftigten und mehr einschl. Handwerk.

¹) Bis 1981 Warenverzeichnis für die Industriestatistik, Ausgabe 1975; ab 1982 Systematisches Güterverzeichnis für Produktionsstatistiken, Ausgabe 1982.

9.19 Index der Arbeitsproduktivität für den Bergbau und das Verarbeitende Gewerbe*)

9.19.1 Produktionsergebnis je Beschäftigten und je Beschäftigtenstunde

1976 = 100

Nr. der Systematik[1])	Wirtschaftsgliederung (H. v. = Herstellung von)	Produktionsergebnis je Beschäftigten 1979	1980	1981	1982	Produktionsergebnis je Beschäftigtenstunde 1979	1980	1981	1982
	Bergbau und Verarbeitendes Gewerbe[2])	**111,2**	**110,6**	**111,6**	**112,3**	**113,5**	**114,8**	**117,6**	**119,8**
21	**Bergbau**	**105,8**	**104,7**	**103,7**	**102,6**	**108,2**	**107,4**	**106,3**	**105,5**
	darunter:								
2111–14	Kohlenbergbau	103,5	103,2	102,6	103,2	105,9	105,9	105,1	105,6
2130	Eisenerzbergbau	125,3	144,2	115,0	103,5	127,5	141,9	121,4	105,4
2141	NE-Metallerzbergbau	.	.	.	.	.	.	.	.
2150	Kali- u. Steinsalzbergbau, Salinen	130,8	122,9	126,6	107,8	123,0	117,8	120,6	110,3
2160	Gew. v. Erdöl, Erdgas	107,5	98,2	97,2	84,1	115,9	106,1	107,5	89,5
	Verarbeitendes Gewerbe[2])	**111,2**	**110,7**	**111,8**	**112,8**	**113,7**	**115,0**	**118,1**	**120,3**
	Grundstoff- und Produktionsgütergewerbe	**117,4**	**112,8**	**111,9**	**110,2**	**119,3**	**116,6**	**117,2**	**117,4**
22	Mineralölverarbeitung	116,5	106,3	91,6	90,3	119,1	111,5	96,4	94,9
25	Gew. u. Verarb. v. Steinen u. Erden	124,4	120,1	115,3	115,4	125,4	123,4	122,5	125,5
27	Eisenschaffende Industrie	119,8	117,0	118,6	109,0	121,3	119,6	122,7	117,4
28	NE-Metallerzeugung, NE-Metallhalbzeugwerke	114,2	112,7	112,5	117,2	115,1	115,2	119,3	124,5
2910	Eisen-, Stahl- u. Tempergießerei	109,1	104,9	104,6	103,9	109,8	109,0	110,2	113,0
2950	NE-Metallgießerei	112,6	106,5	105,6	105,0	114,4	110,3	112,4	114,0
3011–15, 3030	Ziehereien, Kaltwalzwerke, Mechanik, a.n.g.	112,2	110,0	109,9	102,5	112,5	112,9	115,1	110,1
40	Chemische Industrie	114,1	108,4	110,2	107,0	116,1	112,0	113,8	111,5
53	Holzbearbeitung	115,7	115,7	114,0	116,3	120,1	121,2	124,4	127,3
55	Zellstoff-, Holzschliff-, Papier- u. Pappeerzeugung	126,6	127,8	139,3	143,2	128,1	131,2	144,1	150,4
59	Gummiverarbeitung	114,6	114,0	112,8	123,7	117,3	119,3	120,5	130,3
	Investitionsgüter produzierendes Gewerbe	**109,6**	**110,7**	**112,7**	**114,3**	**111,7**	**114,8**	**118,9**	**122,2**
	darunter:								
31	Stahl- u. Leichtmetallbau, Schienenfahrzeugbau	94,9	100,1	100,2	100,1	99,0	104,6	106,8	107,6
32	Maschinenbau	107,8	110,2	110,8	109,9	107,3	111,5	115,6	117,3
33	Straßenfahrzeugbau, Rep. v. Kraftfahrzeugen usw.	101,2	95,2	100,0	100,8	104,8	102,4	107,5	109,8
36	Elektrotechnik, Rep. v. Haushaltsgeräten	112,3	115,9	116,7	120,8	114,4	119,7	122,4	127,3
37	Feinmechanik, Optik, H. v. Uhren	112,6	114,5	101,9	99,3	113,3	117,2	106,3	104,0
3021–25	Stahlverformung, Oberflächenveredlung, Härtung	106,1	107,1	104,8	106,8	107,8	110,8	111,6	115,2
38	H. v. EBM-Waren	114,3	116,5	117,0	119,4	117,4	122,4	125,0	129,1
50	H. v. Büromaschinen, ADV-Geräten u. -Einrichtungen	154,3	154,8	169,0	183,0	153,5	155,8	173,9	186,7
	Verbrauchsgüter produzierendes Gewerbe	**110,0**	**109,4**	**108,7**	**111,3**	**112,7**	**114,1**	**115,6**	**118,8**
51	Feinkeramik	95,8	97,1	94,7	93,1	98,1	99,6	98,8	98,8
52	H. u. Verarb. v. Glas	112,6	116,9	117,8	122,9	115,7	122,5	126,1	130,5
54	Holzverarbeitung	103,3	103,7	98,3	96,7	107,5	109,8	108,1	108,0
39	H. v. Musikinstrum., Spielwaren, Füllhaltern usw.	108,4	93,8	95,4	103,1	111,6	98,7	100,7	109,9
56	Papier- u. Pappeverarbeitung	115,5	114,3	114,1	118,0	116,7	117,5	118,5	124,1
57	Druckerei, Vervielfältigung	116,2	117,7	116,8	118,3	118,7	122,3	122,7	124,9
58	H. v. Kunststoffwaren	113,5	110,7	111,2	114,1	117,5	117,3	119,2	122,5
61	Ledererzeugung	111,5	107,3	121,4	122,2	117,1	114,3	129,3	129,7
6211	Lederverarbeitung (oh. H. v. Schuhen)	106,6	102,5	106,3	106,1	110,0	109,4	114,1	116,4
6251	H. v. Schuhen	95,5	94,3	96,4	96,5	98,4	98,8	103,3	101,9
63	Textilgewerbe	108,4	109,1	106,8	114,1	111,1	113,3	114,3	121,8
64	Bekleidungsgewerbe	100,9	98,9	99,5	100,5	103,3	103,1	105,6	106,6
	Nahrungs- und Genußmittelgewerbe	**110,5**	**112,5**	**115,8**	**116,4**	**114,5**	**118,1**	**122,3**	**123,5**
68	Ernährungsgewerbe	110,2	112,7	116,2	119,4	114,3	118,4	122,8	126,5
	darunter:								
6811	Mahl- u. Schälmühlen	136,1	143,4	140,1	141,6	135,0	143,2	140,1	143,4
6813	H. v. Nährmitteln (oh. Teigwaren)	105,9	107,6	109,6	113,9	106,3	108,7	112,4	118,2
6825	Obst- u. Gemüseverarbeitung	110,4	127,2	146,2	162,3	115,0	134,1	155,5	171,3
6828	H. v. Süßwaren (oh. Dauerbackwaren)	111,8	118,5	122,8	126,8	115,3	123,9	128,4	131,8
6831	Molkerei, Käserei	121,6	122,8	139,1	134,7	136,3	138,6	161,8	157,1
6836	H. v. Dauermilch, Milchpräparaten, Schmelzkäse	90,5	94,7	96,8	99,8	92,4	97,1	101,7	106,5
6844	H. v. Margarine u. ä. Nahrungsfetten	109,2	112,3	113,9	123,9	110,5	116,5	116,7	130,8
6853	Fleischwarenindustrie (oh. Talgschmelzen u. ä.)	106,1	111,6	113,4	122,0	109,6	117,2	119,3	129,5
6856	Fischverarbeitung	91,5	95,2	88,5	89,5	95,7	102,1	98,4	98,7
6871	Brauerei	114,4	117,9	122,9	127,6	117,0	122,0	126,9	132,0
6875	H. v. Spirituosen	107,5	107,2	113,8	111,4	108,0	108,0	115,9	117,7
69	Tabakverarbeitung	112,3	106,6	108,6	102,8	115,5	111,2	111,8	106,3

*) Siehe Vorbemerkung S. 165. – Berechnungsmethode in »Wirtschaft und Statistik«, 5/1981, S. 315ff. – Betriebe von Unternehmen mit im allgemeinen 20 Beschäftigten und mehr einschl. Handwerk.

[1]) Systematik der Wirtschaftszweige, Ausgabe 1979, Fassung für die Statistik im Produzierenden Gewerbe (SYPRO), Kurzbezeichnungen.

[2]) Ohne H. u. Verarbeitung von Spalt- und Brutstoffen, Luft- und Raumfahrzeugbau, Reparatur von Gebrauchsgütern (ohne elektrische Geräte).

9.19 Index der Arbeitsproduktivität für den Bergbau und das Verarbeitende Gewerbe*)

9.19.2 Produktionsergebnis je Arbeiter und je Arbeiterstunde

1976 = 100

Nr. der Systematik¹)	Wirtschaftsgliederung (H. v. = Herstellung von)	Produktionsergebnis							
		je Arbeiter				je Arbeiterstunde			
		1979	1980	1981	1982	1979	1980	1981	1982
	Bergbau und Verarbeitendes Gewerbe²)	**111,3**	**111,0**	**113,2**	**115,0**	**113,7**	**115,4**	**119,5**	**122,8**
21	**Bergbau**	**106,5**	**105,3**	**104,2**	**103,4**	**108,8**	**108,0**	**106,9**	**106,3**
	darunter:								
2111–14	Kohlenbergbau	103,9	103,5	102,8	103,6	106,3	106,2	105,3	106,0
2130	Eisenerzbergbau	126,6	143,0	113,8	103,8	128,7	140,8	120,1	105,4
2141	NE-Metallerzbergbau	.	.	.	.	.	.	.	.
2150	Kali- u. Steinsalzbergbau, Salinen	136,1	127,5	131,1	112,3	127,9	122,4	125,0	114,9
2160	Gew. v. Erdöl, Erdgas	108,1	99,1	99,9	90,2	116,6	107,2	110,4	96,0
	Verarbeitendes Gewerbe²)	**111,3**	**111,1**	**113,4**	**115,6**	**113,8**	**115,5**	**119,9**	**123,4**
	Grundstoff- und Produktionsgütergewerbe	**118,3**	**113,9**	**114,5**	**113,9**	**120,0**	**117,7**	**120,0**	**121,6**
22	Mineralölverarbeitung	111,8	102,1	89,1	89,1	114,2	107,2	93,8	93,8
25	Gew. u. Verarb. v. Steinen u. Erden	124,4	120,1	116,5	117,9	125,4	123,4	123,7	128,1
27	Eisenschaffende Industrie	120,5	117,5	119,9	110,6	121,8	120,2	124,0	119,2
28	NE-Metallerzeugung, NE-Metallhalbzeugwerke	113,6	112,2	113,4	119,1	114,6	114,7	120,1	126,6
2910	Eisen-, Stahl- u. Tempergießerei	108,7	104,6	105,0	104,7	109,4	108,7	110,8	113,8
2950	NE-Metallgießerei	110,6	104,7	104,5	104,8	112,4	108,5	111,2	113,8
3011–15, 3030	Ziehereien, Kaltwalzwerke, Mechanik, a.n.g.	111,9	110,1	110,9	103,4	112,2	112,9	116,2	111,2
40	Chemische Industrie	116,7	111,3	114,5	112,5	118,8	115,0	118,1	117,1
53	Holzbearbeitung	115,1	115,5	114,9	118,3	119,4	121,1	125,5	129,5
55	Zellstoff-, Holzschliff-, Papier- u. Pappeerzeugung	127,3	128,6	139,9	144,6	128,8	131,9	144,6	152,1
59	Gummiverarbeitung	112,8	112,7	112,8	124,3	115,4	118,0	120,5	130,8
	Investitionsgüter produzierendes Gewerbe	**109,4**	**110,9**	**114,2**	**116,7**	**111,6**	**115,2**	**120,5**	**124,9**
	darunter:								
31	Stahl- u. Leichtmetallbau, Schienenfahrzeugbau	93,9	99,2	99,5	99,8	98,0	103,7	105,9	107,4
32	Maschinenbau	107,6	109,7	111,2	111,5	107,2	111,1	115,9	118,9
33	Straßenfahrzeugbau, Rep. v. Kraftfahrzeugen usw.	100,6	95,7	101,6	102,8	104,2	103,0	109,3	112,0
36	Elektrotechnik, Rep. v. Haushaltsgeräten	113,5	117,1	120,1	126,2	115,6	120,8	125,9	133,0
37	Feinmechanik, Optik, H. v. Uhren	113,0	115,9	104,6	102,2	113,6	118,5	109,0	107,1
3021–25	Stahlverformung, Oberflächenveredlung, Härtung	105,6	106,5	104,8	107,3	107,4	110,1	111,6	115,8
38	H. v. EBM-Waren	113,8	116,4	118,0	121,4	117,1	122,2	126,2	131,3
50	H. v. Büromaschinen, ADV-Geräten u. -Einrichtungen	162,6	167,3	191,4	216,7	161,7	168,4	196,9	221,0
	Verbrauchsgüter produzierendes Gewerbe	**110,0**	**109,6**	**109,8**	**113,8**	**112,8**	**114,4**	**116,9**	**121,3**
51	Feinkeramik	96,1	96,6	94,4	93,7	98,5	99,1	98,5	99,3
52	H. u. Verarb. v. Glas	112,5	117,2	119,4	125,8	115,5	122,9	127,9	133,7
54	Holzverarbeitung	101,8	102,3	97,6	96,8	105,9	108,4	107,4	108,0
39	H. v. Musikinstrum., Spielwaren, Füllhaltern usw.	108,1	93,9	95,7	104,3	111,1	98,8	101,0	111,1
56	Papier- u. Pappeverarbeitung	115,0	113,9	114,9	120,1	116,2	117,3	119,4	126,3
57	Druckerei, Vervielfältigung	116,2	119,5	120,8	124,7	118,7	124,2	127,1	131,8
58	H. v. Kunststoffwaren	112,6	109,2	111,0	114,5	116,5	115,7	119,0	123,0
61	Ledererzeugung	114,2	109,2	123,4	124,7	119,8	116,3	131,3	132,5
6211	Lederverarbeitung (oh. H. v. Schuhen)	108,0	104,2	110,0	110,2	111,6	111,2	118,3	121,1
6251	H. v. Schuhen	95,1	93,8	96,6	97,3	97,9	98,3	103,6	102,6
63	Textilgewerbe	108,7	109,4	107,8	116,2	111,3	113,6	115,4	124,1
64	Bekleidungsgewerbe	100,7	99,1	100,2	101,9	103,2	103,3	106,3	108,0
	Nahrungs- und Genußmittelgewerbe	**110,3**	**112,8**	**116,6**	**118,0**	**114,5**	**118,6**	**123,1**	**125,2**
68	Ernährungsgewerbe	109,8	112,6	116,5	120,5	114,1	118,4	123,2	127,9
	darunter:								
6811	Mahl- u. Schälmühlen	138,9	145,5	145,2	148,6	137,8	145,3	145,3	150,6
6813	H. v. Nährmitteln (oh. Teigwaren)	102,6	104,6	109,0	114,8	103,0	105,8	111,8	119,1
6825	Obst- u. Gemüseverarbeitung	109,6	127,8	146,3	163,9	114,1	134,7	155,7	172,9
6828	H. v. Süßwaren (oh. Dauerbackwaren)	111,2	118,2	122,8	128,0	114,8	123,5	128,4	133,2
6831	Molkerei, Käserei	118,8	120,4	136,0	132,3	133,0	135,9	158,1	154,3
6836	H. v. Dauermilch, Milchpräparaten, Schmelzkäse	88,4	91,9	93,6	96,5	90,3	94,2	98,3	102,9
6844	H. v. Margarine u. ä. Nahrungsfetten	104,0	104,9	103,0	109,2	105,3	108,9	105,6	115,2
6853	Fleischwarenindustrie (oh. Talgschmelzen u. ä.)	107,0	112,3	114,6	122,8	110,4	118,1	120,5	130,2
6856	Fischverarbeitung	97,3	101,9	95,8	99,2	101,9	109,3	106,5	109,4
6871	Brauerei	116,7	120,6	126,4	132,4	119,5	124,8	130,5	136,7
6875	H. v. Spirituosen	107,9	108,1	117,9	119,0	108,4	108,9	120,1	125,5
69	Tabakverarbeitung	116,4	116,6	119,0	115,1	119,7	121,3	122,6	119,2

*) Siehe Vorbemerkung S. 165. – Berechnungsmethode in »Wirtschaft und Statistik«, 5/1981, S. 315 ff. – Betriebe von Unternehmen mit im allgemeinen 20 Beschäftigten und mehr einschl. Handwerk.

¹) Systematik der Wirtschaftszweige, Ausgabe 1979, Fassung für die Statistik im Produzierenden Gewerbe (SYPRO), Kurzbezeichnungen.

²) Ohne H. u. Verarbeitung von Spalt- und Brutstoffen, Luft- und Raumfahrzeugbau, Reparatur von Gebrauchsgütern (ohne elektrische Geräte).

9.20 Produktion ausgewählter Erzeugnisse*)

Erzeugnis	Einheit	Menge				Wert in Mill. DM			
		1979	1980	1981	1982	1979	1980	1981	1982
Bergbauliche Erzeugnisse[2])									
Steinkohle (Verwertbare Förderung)	1 000 t[1])	86 319	87 146	88 460	89 014	.	.	.	.
aus Förderung zum Absatz verfügbar	1 000 t	58 742	56 761	58 840	60 459	9 410	10 721	12 546	13 515
Steinkohlenbriketts	1 000 t[1])	1 673	1 455	1 332	1 283	.	.	.	.
zum Absatz verfügbare Produktion[3])	1 000 t	1 354	1 438	1 316	1 274	263	356	365	363
Steinkohlenkoks; Zechenkoks	1 000 t[1])	18 685	20 567	20 096	19 212	.	.	.	.
zum Absatz verfügbare Produktion[3])	1 000 t	17 776	20 294	19 815	18 926	4 143	5 477	5 500	5 751
Steinkohlenkoks; Hüttenkoks	1 000 t[1])	7 816	7 927	7 818	6 998	.	.	.	.
zum Absatz verfügbare Produktion[3])	1 000 t	7 816	7 927	7 818	6 998	1 804	1 907	2 166	2 126
Braunkohle, roh	1 000 t[1])	130 579	129 833	130 619	127 307	.	.	.	.
aus Förderung zum Absatz verfügbar	1 000 t	113 575	112 429	113 716	111 377	1 485	1 537	1 724	1 977
Braunkohlenbriketts	1 000 t[1])	4 752	4 446	4 169	3 951	.	.	.	.
zum Absatz verfügbare Produktion[3])	1 000 t	4 596	4 446	4 169	3 951	375	394	467	504
Braunkohlenstaub und Trockenkohle	1 000 t[1])	1 414	1 935	2 250	2 071	.	.	.	.
zum Absatz verfügbare Produktion	1 000 t	1 413	1 935	2 250	2 071	93	142	225	244
Steinkohlenrohteer aus Zechen- und Hüttenkokereien	1 000 t[1])	1 029	1 100	1 089	1 040	208	310	407	341
aus Gaswerken	1 000 t[1])	39	30	4	.	.	.	.	.
Rohbenzol aus Zechen- und Hüttenkokereien	1 000 t[1])	290	318	319	305	175	198	254	222
aus Gaswerken	1 000 t[1])	10	7	1	.	.	.	.	.
Erdöl, roh	1 000 t[1])	4 774	4 631	4 459	4 256	933	1 611	2 220	.
Erdgas	Mill. m³[1])	20 362	18 662	19 058	16 573	2 901	3 132	4 954	.
Erdölgas	Mill. m³[1])	290	276	103	250	68	105	148	.
Eisenerz-Rohförderung effektiv	1 000 t[1])	1 655	1 945	1 572	1 304	.	.	.	.
Fe-Inhalt	1 000 t[1])	529	596	476	384	.	.	.	.
Absatzfähiges Roheisenerz, auch aufbereitet und gesintert effektiv	1 000 t[1])	1 642	1 940	1 568	1 310	.	.	.	.
Fe-Inhalt	1 000 t[1])	523	594	474	385	.	.	.	.
Kalirohsalze (Förderung) effektiv	1 000 t[1])	27 674	29 317	28 192	22 536	.	.	.	.
ber. auf K_2O	1 000 t[1])	3 170	3 307	3 142	2 497	.	.	.	.
Absatzfähige Kalisalze ber. auf K_2O	1 000 t[1])	2 616	2 737	2 592	2 057	.	.	.	.
Stein- und Hüttensalz ber. auf NaCl	1 000 t[1])	9 270	7 197	8 212	7 044	.	.	.	.
Salinensalz (Siedesalz)	1 000 t	893	880	836	842	.	.	.	.
Mineralölerzeugnisse									
Rohbenzin (Leichtbenzin)	1 000 t[1])	.	.	7 366	6 917	.	.	.	.
Motorenbenzin	1 000 t	21 506	21 447	19 733	20 202	6 470	9 427	9 720	9 827
Flugbenzin und Flugturbinenkraftstoff	1 000 t	1 291	1 314	1 475	1 387	460	658	715	638
Dieselkraftstoff	1 000 t	12 096	11 710	11 896	12 135	3 843	4 996	5 697	6 520
Heizöle	1 000 t	60 427	52 990	43 825	42 854	15 321	18 132	17 559	17 708
Flüssiggas	1 000 t[1])	2 705	2 667	2 495	2 577	.	.	.	.
Schmierstoffe	1 000 t	1 630	1 502	1 429	1 636	1 758	2 094	2 647	2 723
Bitumen	1 000 t[1])	4 043	3 511	3 160	3 048	.	.	.	.
Steine und Erden, Schleifmittel									
Natursteine für den Tiefbau[4])	1 000 t	127 886	122 122	106 767	106 534	974	984	890	896
Kalk- und Dolomitstein, roh, gebrochen oder zerkleinert	1 000 t[1])	57 187	55 762	50 104	43 977	.	.	.	.
Bausand, Baukies, Kies für den Wegebau	1 000 t	198 637	190 255	164 437	150 016	1 179	1 260	1 202	1 169
Zement (ohne Zementklinker)	1 000 t[1])	35 659	34 551	31 498	30 079	.	.	.	.
Kalkstein, Kalkspat und Dolomitstein, gemahlen	1 000 t[1])	6 088	4 523	4 538	4 325	.	.	.	.
Kalkstein, -spat, Dolomitstein, gebrannt oder gesintert	1 000 t[1])	9 238	8 575	7 916	6 898	.	.	.	.
Bearbeiteter Gips	1 000 t	2 075	2 312	2 176	2 038	229	273	279	276
Gipskartonplatten[5])	1 000 m²	90 947	84 800	75 382	62 332	196	188	180	163
Transportbeton	1 000 m³	41 654	40 362	36 229	34 451	3 215	3 363	3 241	3 283
Mauerziegel	1 000 m³	11 422	11 202	10 278	8 779	1 055	1 135	1 051	914
Dachziegel	Mill. St	356	372	374	405	299	352	389	438

*) Die Ergebnisse beziehen sich auf die Produktion von Betrieben der Unternehmen des Bergbaus und Verarbeitenden Gewerbes mit im allgemeinen 20 Beschäftigten und mehr.

[1]) »Gesamtproduktion«; siehe Vorbemerkung S. 165.

[2]) Quellen: Statistik der Kohlenwirtschaft e. V. für Kohlen, für Rohteer und Rohbenzol aus Zechenkokereien; Bundesamt für gewerbl. Wirtschaft für Metallerze; Bundesministerium für Wirtschaft für Rohbenzol aus Gaswerken; Wirtschaftsverband Erdölgewinnung e. V. für Erdöl.

[3]) Gesamterzeugung vermindert um Einsatzkohlen für Brikettherstellung, Kokserzeugung in Zechenkraftwerken sowie Selbstverbrauch und Deputate.

[4]) Ohne bituminöses, geteertes und asphaltiertes Mischgut.

[5]) Auf 9,5 mm Plattendicke umgerechnet.

9.20 Produktion ausgewählter Erzeugnisse*)

Erzeugnis	Einheit	Menge				Wert in Mill. DM			
		1979	1980	1981	1982	1979	1980	1981	1982
Geformte feuerfeste Erzeugnisse	1 000 t	1 663	1 747	1 618	1 416	1 256	1 330	1 406	1 391
Kalksandsteine	1 000 m^3	10 933	9 966	8 724	7 486	524	510	483	451
Voll-, Hohlblocksteine, Bauplatten aus Leichtbeton	1 000 m^3	3 502	3 469	3 010	2 623	136	143	130	123
Betondachsteine	Mill. St	780	803	704	668	436	483	445	468
Betonerzeugnisse für den Tiefbau	1 000 t	19 101	19 742	18 435	17 208	1 572	1 642	1 567	1 528
Dämm- und Leichtbauplatten aus Holzwolle[2])	1 000 m^2	21 498	21 252	17 012	14 365	88	106	91	84
Schleifscheiben und sonstige Schleifkörper	1 000 t	45	48	48	45	399	449	459	448
Schleifpapiere und -gewebe	1 000 m^2	47 225	44 453	41 281	41 581	320	308	303	322
Eisen und Stahl									
Roheisen einschl. Hochofen-Ferrolegierungen	1 000 t[1])	35 167	33 873	31 876	27 621	.	.	.	.
Rohstahl (einschl. Flüssigstahl für Stahlguß)	1 000 t[1])	46 040	43 838	41 610	35 880	.	.	.	.
dar. Stahlrohblöcke und -brammen	1 000 t[1])	45 495	43 300	41 096	35 414	.	.	.	.
Walzstahl, auch plattiert	1 000 t	31 842	30 771	29 866	25 782	25 256	25 455	25 256	24 239
Gleisoberbauerzeugnisse	1 000 t	531	456	477	380	466	431	474	428
Formstahl	1 000 t	1 693	1 930	1 721	1 324	1 252	1 461	1 440	1 282
Stabstahl	1 000 t[1])	4 834	4 432	3 755	3 154	4 234	4 051	3 443	3 135
Walzdraht	1 000 t[1])	4 016	3 626	3 384	2 846	2 871	2 706	2 443	2 172
Breitflachstahl und Blech	1 000 t[1])	13 755	13 635	13 453	12 190	11 764	12 377	12 698	12 784
Bandstahl und Warmbreitband	1 000 t[1])	6 684	6 413	6 821	5 704	4 283	4 168	4 505	4 225
Weiterverarbeiteter Walzstahl									
Weißblech und -band, Feinstblech und -band, lackiert und unlackiert	1 000 t[1])	925	989	871	878	1 207	1 406	1 380	1 437
Sonstiges überzogenes (einschl. verzinktes und verbleites) Blech und Band	1 000 t[1])	2 264	2 296	2 362	2 392	2 094	2 216	2 401	2 814
Nahtlose Stahlrohre	1 000 t[1])	1 759	1 786	2 155	1 655	2 576	2 671	3 865	3 652
Geschmiedete Stäbe	1 000 t[1])	248	232	218	196	651	659	578	527
Freiformschmiedestücke und geschmiedete oder gewalzte Ringe über 125 kg	1 000 t[1])	398	406	415	295	1 389	1 471	1 581	1 371
Rollendes Eisenbahnzeug[3])	1 000 t[1])	64	91	84	71	150	229	229	214
NE-Metalle und -Metallhalbzeug[4])									
Hüttenaluminium, nicht legiert	1 000 t[1])	742	731	729	723	.	.	.	.
Reinst- und Reinaluminium U (umgeschmolzen)	1 000 t[1])	45	40	41	41	136	136	134	122
Umschmelz-Aluminiumlegierungen	1 000 t[1])	381	368	360	367	1 093	1 176	1 053	1 015
Elektrolytkupfer (Kathoden)	1 000 t[1])	302	303	304	314	1 072	1 195	1 194	1 127
Raffinadekupfer[5])	1 000 t[1])	79	71	83	80	431	463	549	474
Kupferlegierungen	1 000 t[1])	44	44	41	37	144	167	155	134
Weich- und Feinblei	1 000 t[1])	261	.[6])	261	261	555	.[6])	424	341
Umschmelzzink und Zinklegierungen	1 000 t[1])	121	121	116	112	183	180	227	227
Halbzeug aus									
Aluminium und -legierungen	1 000 t[1])	1 043	1 018	984	1 008	4 782	5 483	5 268	5 243
Kupfer und -legierungen[7])	1 000 t[1])	1 342	1 121	1 062	1 044	6 200	6 004	5 766	5 434
Blei und -legierungen[7])	1 000 t[1])	38	44	41	42	105	107	104	89
Zink und -legierungen[7])	1 000 t[1])	65	64	66	66	144	150	191	197
Gießereierzeugnisse									
Gußeisen (nicht legiert und legiert)	1 000 t[1])	3 647	3 436	3 256	3 113	6 636	6 538	6 345	6 690
Stahlguß (nicht legiert und legiert)	1 000 t[1])	301	294	281	252	1 844	1 978	2 036	1 900
Temperguß (nicht legiert und legiert)	1 000 t[1])	217	187	147	136	743	696	544	531
Formguß aus									
Leichtmetallen	1 000 t[1])	328	325	320	306	3 035	3 205	3 296	3 179
Schwermetallen	1 000 t[1])	140	137	131	112	1 085	1 149	1 152	1 008
Erzeugnisse der Stahlverformung									
Schmiedestücke	1 000 t	1 020	1 057	1 016	964	3 387	3 763	3 730	3 815
Preß-, Zieh- und Stanzteile[8])	1 000 t	436	451	447	444	1 453	1 600	1 607	1 768
Federn (ohne Matratzen- und Uhrfedern)	1 000 t	289	301	293	276	1 461	1 569	1 513	1 524
Ketten (ohne Stahlgelenkketten)	1 000 t	76	77	75	74	407	438	417	458
Schrauben, Norm- und Fassondrehteile aus Stahl und NE-Metallen	1 000 t	682	713	626	602	3 620	4 000	3 777	3 830

*) Die Ergebnisse beziehen sich auf die Produktion von Betrieben der Unternehmen des Bergbaus und Verarbeitenden Gewerbes mit im allgemeinen 20 Beschäftigten und mehr.
[1]) »Gesamtproduktion«; siehe Vorbemerkung S. 165.
[2]) Auf 2,5 cm Plattendicke umgerechnet.
[3]) Auch gewalzt.
[4]) Quelle: Bundesamt für gewerbliche Wirtschaft.
[5]) Einschl. Umschmelzkupfer.
[6]) Aus Gründen der Geheimhaltung von Einzelangaben nicht veröffentlicht.
[7]) Ohne Auflageanteil von plattiertem Material.
[8]) Ohne leichte Preß-, Zieh- und Stanzteile.

9.20 Produktion ausgewählter Erzeugnisse*)

Erzeugnis	Einheit	Menge				Wert in Mill. DM			
		1979	1980	1981	1982	1979	1980	1981	1982
Stahlbauerzeugnisse und Schienenfahrzeuge									
Brücken aus Stahl und Leichtmetall (auch beweglich)[1]	1 000 t	54	42	38	35	280	195	174	216
Sonstige Konstruktionen aus Stahl und Leichtmetall	1 000 t	1 635	1 739	1 680	1 623	5 795	6 524	6 484	7 026
Dampfkessel (Dampferzeuger)[2]	1 000 t	129	109	107	119	1 067	966	1 111	1 263
Feuerungen und Hilfsapparate für Dampferzeuger[3]	1 000 t	60	60	67	75	468	508	687	717
Behälter und Rohrleitungen[3]	1 000 t	216	280	265	304	1 019	1 434	1 485	1 747
Lokomotiven[3]	1 000 t	17	19	20	24	271	258	304	389
Maschinenbauerzeugnisse (einschl. Ackerschlepper)									
Metallbearbeitungsmaschinen	1 000 t	360	396	397	352	8 598	9 888	10 272	9 789
der spanabhebenden Formung[3]	1 000 t	204	226	221	194	5 870	6 856	7 109	6 705
der spanlosen Formung[3]	1 000 t	156	170	176	158	2 728	3 032	3 163	3 084
Hütten- und Walzwerkseinrichtungen[3]	1 000 t	136	139	172	172	1 638	1 723	2 178	2 370
Holzbe- und -verarbeitungsmaschinen[3]	1 000 t	118	127	122	99	1 781	2 109	2 118	1 849
Maschinen- und Präzisionswerkzeuge[4]	1 000 t	135	150	173	153	3 061	3 471	3 646	3 646
Verbrennungsmotoren[3][5]	1 000 t	153	147	153	154	3 373	3 429	3 829	4 201
dar. Dieselmotoren	1 000 t	147	140	148	149	3 246	3 288	3 699	4 101
Kompressoren und Vakuumpumpen, Druckluftgeräte, -werkzeuge und -bremsen[3][6]	1 000 t	95	93	91	88	1 818	1 988	1 997	2 048
Lufttechnische Einzelapparate und Anlagen[2]	1 000 t	292	318	287	289	2 595	2 918	2 857	2 895
Baumaschinen[3]	1 000 t	543	560	553	496	4 872	5 302	5 313	4 876
Baustoff-, Keramik- und Glasmaschinen[3]	1 000 t	157	159	169	173	1 583	1 670	1 842	1 958
Trocknungsanlagen und -maschinen[3]	1 000 t	68	75	63	64	906	1 062	914	996
Landmaschinen	1 000 t	311	286	277	282	2 505	2 391	2 521	2 692
Zubehör, Einzel- und Ersatzteile für Landmaschinen	1 000 t	79	79	76	84	547	542	551	638
Milchwirtschaftliche Maschinen[3]	1 000 t	14	16	14	13	297	303	315	308
Ackerschlepper (einschl. Einachsschlepper u. a. einachsige Motorgeräte)	1 000 t	337	298	283	309	2 991	2 733	2 713	3 314
Zubehör, Einzel- und Ersatzteile für Ackerschlepper (einschl. für Einachsschlepper u. a. einachsige Motorgeräte)	1 000 t	88	72	60	67	646	562	580	703
Nahrungsmittelmaschinen[3]	1 000 t	119	124	131	116	1 743	1 844	1 926	1 976
Maschinen für verwandte Gebiete der Nahrungsmittelherstellung[3]	1 000 t	23	23	29	62	438	494	610	1 689
Verpackungsmaschinen[3]	1 000 t	89	103	97	56	2 834	3 233	3 381	2 470
Einzelapparate und -maschinen für die chemische und verwandte Industrie[3]	1 000 t	134	149	146	145	1 792	2 153	2 256	2 279
Anlagen für die chemische und verwandte Industrie[3]	1 000 t	82	105	115	115	832	1 080	1 167	1 246
Maschinen und Einrichtungen für den Bergbau[3]	1 000 t	320	302	280	266	2 532	2 335	2 380	2 274
Krane und Hebezeuge (ohne Baukrane)[3]	1 000 t	167	170	183	226	1 629	1 802	1 985	2 640
Serienhebezeuge und handbetriebene Krane sowie Flurförderzeuge[3]	1 000 t	231	246	222	215	2 391	2 567	2 388	2 371
Stetigförderer, Gleis- und Drahtseilförderer (ohne solche für Bergbau und Landwirtschaft)[3]	1 000 t	195	219	186	226	1 554	1 784	1 838	2 209
Aufzüge (ohne Bauaufzüge, Schräg- u. Güterumlaufaufzüge)[3]	1 000 t	103	109	110	114	799	856	944	1 023
Papierherstellungsmaschinen[3]	1 000 t	36	50	46	38	538	833	782	729
Papierzurichtungsmaschinen[3]	1 000 t	19	21	16	19	374	396	333	431
Papierverarbeitungsmaschinen[3]	1 000 t	44	45	45	41	1 052	1 122	1 227	1 129
Druckmaschinen sowie Maschinen und Geräte für die Satz- und Reproduktionstechnik[3]	1 000 t	116	122	116	109	2 959	3 320	3 592	3 477
Waagen[3]	1 000 t	28	23	25	22	723	703	702	708
Textilmaschinen[2]	1 000 t	151	158	149	134	2 736	2 899	2 893	2 886
Zubehörteile für Textilmaschinen	1 000 t	30	32	29	23	763	808	774	642

*) Die Ergebnisse beziehen sich auf die Produktion von Betrieben der Unternehmen des Bergbaus und Verarbeitenden Gewerbes mit im allgemeinen 20 Beschäftigten und mehr.
[1]) Neubauten, neue Konstruktionsteile für Verstärkungen, Umbauten, Wiederherstellungen; aber keine Einzel- und Ersatzteile.
[2]) Einschl. Einzel- und Ersatzteile.
[3]) Einschl. Zubehör, Einzel- und Ersatzteile.
[4]) Auch für die Werkstoffbearbeitung.
[5]) Ohne Motoren für Straßen- und Luftfahrzeuge.
[6]) Ohne Druckluftlokomotiven, Druckluftmaschinen und Einrichtungen für den Bergbau.

9.20 Produktion ausgewählter Erzeugnisse*)

Erzeugnis	Einheit	Menge				Wert in Mill. DM			
		1979	1980	1981	1982	1979	1980	1981	1982
Leder	t[1])	37 191	34 612	35 883	36 676	1 070	956	962	1 100
Lederwaren (ohne Schuhe)									
Feintäschner- und Galanteriewaren									
aus Leder	.	.	.	.	.	898	870	776	748
aus Austauschstoffen[2])	.	.	.	.	.	805	782	735	724
Lederhandschuhe (ohne Arbeiterschutzhandschuhe)	1 000 P	1 772	1 784	1 703	1 512	42	45	44	41
Schuhe (ohne Schuhe ganz aus Kunststoff oder Gummi)	1 000 P	102 263	103 765	95 079	93 321	3 572	3 837	3 704	3 730
darunter:									
Arbeits- und Sportschuhe einschl. Stiefel	1 000 P	12 390	13 614	12 203	12 137	427	481	448	449
Straßenschuhe mit Oberteil aus Leder	1 000 P	56 152	55 358	53 581	50 894	2 575	2 732	2 700	2 665
für Herren	1 000 P	17 573	16 317	16 579	15 457	776	797	814	791
für Damen	1 000 P	31 921	32 216	31 328	30 383	1 596	1 710	1 694	1 704
für Kinder und Kleinkinder	1 000 P	6 658	6 825	5 674	5 054	203	225	192	170
Sandalen und futterlose Sandaletten[3])	1 000 P	29 273	29 921	26 130	26 919	475	524	483	539
Textilien									
Garn, auch gezwirnt[4])[5])									
Baumwollgarn[6])	1 000 t	161	170	148	168	1 179	1 332	1 241	1 419
Wollgarn[6])	1 000 t	56	60	52	47	860	983	931	917
Bastfasergarn	1 000 t	16	13	10	9	65	59	45	46
dar. Jutegarn	1 000 t	9	8	6	5	22	20	16	14
Garn aus synthetischen Fasern[6])	1 000 t	194	190	177	166	1 872	2 010	1 922	1 886
Garn aus zellulosischen Fasern[6])	1 000 t	42	34	30	28	268	233	209	201
Texturiertes Garn	1 000 t	141	134	171	157	1 047	1 018	1 250	1 278
Näh- und Stopfmittel, Handstrick- und Handarbeitsgarn	1 000 t	20	21	21	21	762	791	806	836
Meterware (ohne gewirkten und gestrickten Stoff)[5])									
Fertiggewebe für Bekleidung und Leibwäsche	Mill. m²	559	547	513	533	3 504	3 496	3 258	3 307
darunter:									
Stoff für Herren- und Knabenoberbekleidung	Mill. m²	173	175	142	154	1 243	1 270	1 091	1 136
Stoff für Damen-, Mädchen- und Kleinkinderoberbekleidung	Mill. m²	193	183	172	193	1 152	1 193	1 045	1 114
Samt und Plüsch für Bekleidung	Mill. m²	49	40	53	38	538	430	521	414
Leibwäschestoff	Mill. m²	96	97	87	93	354	361	322	377
Futterstoff	Mill. m²	217	241	221	181	482	565	480	395
Heim- und Haustextilien[5])									
Haus-, Bett- und Tischwäschestoff	Mill. m²	164	179	157	144	592	653	611	598
Möbel- und Dekorationsstoff (dichtes Gewebe)	Mill. m²	132	126	119	111	1 148	1 115	1 098	1 038
Gardinenstoff (Meterware)	Mill. m²	157	156	139	128	549	586	555	529
Teppiche, Läufer und Bodenbelag (ohne Matten)	Mill. m²	159	153	149	136	2 110	2 181	2 069	1 930
Weiche Beläge aus Kunststoff in Platten und Bahnen auf textiler Unterlage	Mill. m²	21	17	16	14	97	87	84	79
Beschichtete Gewebe und andere textile Trägerbahnen	Mill. m²	122	101	93	85	598	544	524	522
Wirk- und Strickwaren[5])									
Gewirkter oder gestrickter Stoff	1 000 t	66	64	55	52	1 115	1 121	956	937
Herrenoberbekleidung	Mill. St	13	12	11	9	332	317	340	291
Damenoberbekleidung	Mill. St	49	52	48	42	1 528	1 734	1 722	1 479
Kinderoberbekleidung	Mill. St	46	46	43	40	405	417	402	406
Herrenwäsche	Mill. St	99	96	79	68	741	745	688	568
Damenwäsche	Mill. St	184	177	159	139	791	805	815	818
Kinderwäsche	Mill. St	38	38	40	55	126	128	163	243
Damenstrümpfe	Mill. P	59	67	66	68	137	165	180	196
dar. Damenfeinstrümpfe	Mill. P	47	51	46	43	96	105	95	90
Strumpfhosen	Mill. St	382	351	332	284	657	613	615	573
Herrenstrümpfe und -socken	Mill. P	70	67	59	62	225	226	214	238
Kinderstrümpfe	Mill. P	42	40	35	34	112	106	102	108

*) Die Ergebnisse beziehen sich auf die Produktion von Betrieben der Unternehmen des Bergbaus und Verarbeitenden Gewerbes mit im allgemeinen 20 Beschäftigten und mehr.
1) »Gesamtproduktion« siehe Vorbemerkung S. 165.
2) Ohne solche aus Leder.
3) Einschl. Hausschuhe.
4) Einschl. Garn, das zur Weiterverarbeitung für handelsfertige Aufmachung bestimmt ist.
5) Nur Produktion für eigene Rechnung.
6) Einschl. Mischgarn.

9.20 Produktion ausgewählter Erzeugnisse*)

Erzeugnis	Einheit	Menge				Wert in Mill. DM			
		1979	1980	1981	1982	1979	1980	1981	1982
Bekleidung[1])									
Oberbekleidung für Herren und Knaben	1 000 St	61 116	57 454	53 517	51 135	3 242	3 196	3 114	2 888
darunter:									
Anzüge	1 000 St	5 706	5 519	5 224	4 381	911	899	893	783
Sakkos und Jacken	1 000 St	7 163	6 744	5 722	5 144	585	588	553	505
Hosen	1 000 St	45 536	42 435	40 258	39 234	1 475	1 426	1 414	1 379
Mäntel	1 000 St	1 925	1 857	1 533	1 267	248	260	234	195
Oberbekleidung für Damen und Mädchen	1 000 St	173 390	175 483	164 656	155 659	7 222	7 490	7 283	7 035
darunter:									
Kostüme (auch Komplets)	1 000 St	3 357	3 361	3 391	2 692	402	424	449	382
Röcke	1 000 St	44 898	48 085	42 975	37 781	1 263	1 493	1 384	1 242
Hosen	1 000 St	24 007	24 107	26 166	27 552	694	695	774	816
Blusen	1 000 St	37 717	40 398	40 233	39 257	866	976	1 063	1 124
Kleider	1 000 St	41 409	37 678	32 515	31 318	2 263	2 129	1 924	1 948
Mäntel	1 000 St	14 093	12 721	10 938	10 020	1 396	1 358	1 296	1 192
Arbeits-, Berufs- und Spezialschutzbekleidung[2])	1 000 St	33 295	34 912	26 165	23 273	400	440	390	341
Sport-, Bade- und Strandbekleidung	1 000 St	21 686	24 269	17 971	16 977	620	649	542	539
Lederbekleidung (ohne Arbeiterschutzartikel aus Leder)	1 000 St	1 541	1 247	1 111	1 008	370	355	343	313
Herrenwäsche	1 000 St	31 753	26 293	22 615	20 085	480	427	363	346
Damenwäsche und Schürzen	1 000 St	32 044	29 161	23 956	21 862	340	314	289	261
Kinderwäsche	1 000 St	8 033	7 710	6 816	7 369	51	46	41	33
Miederwaren	.	.	.	.	.	358	325	270	239
Kopfbedeckungen	.	.	.	.	.	133	142	142	131
Steppbetten, Stepp- und Daunendecken	1 000 St	3 312	3 379	3 707	3 703	192	212	246	251
Erzeugnisse des Ernährungsgewerbes									
Mehl	1 000 t	2 904	3 091	2 977	2 858	1 943	2 098	2 062	2 042
Weizen-, Roggen- und Maiserzeugnisse für Futterzwecke	1 000 t	895	958	970	912	297	329	350	349
Teigwaren	1 000 t	190	196	211	201	489	520	570	588
Sonstige Nährmittel	1 000 t	449	472	491	497	2 176	2 370	2 585	2 747
Stärke und Stärkeerzeugnisse	1 000 t	321	324	381	426	290	309	377	443
Brot, Pumpernickel, Knäckebrot	.	.	.	.	.	2 189	2 328	2 439	2 632
Verbrauchszucker	1 000 t	2 745	2 643	3 116	3 266	3 326	3 332	3 926	4 237
Obstkonserven	1 000 t	137	130	116	154	240	205	218	253
Gemüsekonserven	1 000 t	168	162	169	171	210	217	258	260
Marmelade, Gelee, Konfitüre, Pflaumenmus	1 000 t	165	178	183	179	490	538	577	582
Fruchtsäfte und -nektare	Mill. l	991	1 191	1 499	1 583	994	1 141	1 469	1 686
Dauerbackwaren	1 000 t	295	320	328	339	1 524	1 715	1 812	1 909
Schokoladenerzeugnisse	1 000 t	392	424	438	433	3 687	3 973	4 018	4 018
Zuckerwaren	1 000 t	311	324	332	334	1 688	1 838	1 939	1 997
Hart-, Schnitt- und Weichkäse	1 000 t	316	360	391	404	1 991	2 295	2 600	2 838
Frischkäse	1 000 t	320	335	346	361	792	870	928	1 007
Milchpulver	1 000 t	697	765	695	767	2 104	2 354	2 235	2 546
Kondensvollmilch und sterilisierte Sahne	1 000 t	493	508	567	602	1 123	1 181	1 373	1 554
Schmelzkäse	1 000 t	112	115	121	118	752	772	827	846
Margarine	1 000 t	509	511	518	516	1 421	1 470	1 521	1 529
Platten- u. a. Nahrungsfette	1 000 t	102	106	93	101	310	322	306	324
Wurst- und Fleischwaren	1 000 t	827	862	873	889	6 715	7 179	7 562	8 065
Wurst-, Fleisch- und Mischkonserven	1 000 t	298	311	322	327	1 430	1 489	1 596	1 614
Fischerzeugnisse	1 000 t	187	183	172	175	1 091	1 060	1 182	1 254
Bier[3])[4])	1 000 hl	87 851	89 569	90 857	91 183	8 488	8 901	9 441	9 932
Spirituosen[4])	Mill. l	393	388	365	328	1 915	1 969	1 930	1 844
Traubenschaumwein[4])	1 000 l	205 409	201 676	209 279	188 960	817	697	719	698
Natürliche Mineralwässer	Mill. l	2 181	2 341	2 493	2 799	763	875	927	1 081
Limonaden	Mill. l	3 658	3 703	4 037	4 127	2 693	2 763	3 179	3 358
Mischfutter (Fertigfutter)	1 000 t	12 289	13 419	13 260	13 144	6 461	7 261	7 488	7 459
Tabakwaren[4])									
Zigaretten	Mill. St	156 273	160 993	163 979	146 713	4 172	4 325	4 569	4 607
Zigarren, Stumpen, Zigarillos	Mill. St	2 100	2 051	1 997	1 701	312	319	317	273
Rauchtabak	t	6 859	6 878	6 866	10 528	181	181	184	304

*) Die Ergebnisse beziehen sich auf die Produktion von Betrieben der Unternehmen des Bergbaus und Verarbeitenden Gewerbes mit im allgemeinen 20 Beschäftigten und mehr.
[1]) Produktion für eigene und für fremde Rechnung.
[2]) Ohne solche aus Gummi, Asbest und Leder.
[3]) Ausstoß der Brauereien (gem. Biersteuerbuch).
[4]) Produktionswert ohne Verbrauchsteuer.

9.21 Unternehmen, Beschäftigung und Umsatz im Baugewerbe*)

Jahr / Wirtschaftszweig[1]) / Unternehmen mit ... bis ... Beschäftigten	Unternehmen[2])	Beschäftigte[2]) insgesamt	Beschäftigte[2]) darunter in Arbeitsgemeinschaften tätig[4])	Lohn- und Gehaltsumme insgesamt	Lohn- und Gehaltsumme je Beschäftigten	Umsatz[3]) insgesamt	Umsatz[3]) darunter in Arbeitsgemeinschaften[4])	Umsatz[3]) je Beschäftigten
	Anzahl	1 000	1 000	Mill. DM	1 000 DM	Mill. DM	Mill. DM	1 000 DM
1977	17 287	1 121	×	28 287	*25*	94 173	×	*84*
1978	17 621	1 141	×	30 023	*26*	79 931	×	*70*
1979[5])	18 547	1 188	×	34 093	*29*	98 050	×	*83*
1980	18 567	1 195	×	36 657	*31*	110 080	×	*92*
1981	18 073	1 151	×	37 105	*32*	110 296	×	*96*
				davon (1981):				
				Bauhauptgewerbe				
Zusammen	**12 502**	**912**	**39**	**30 308**	***33***	**89 806**	**7 129**	***99***
				nach Wirtschaftszweigen				
Hoch- und Tiefbau, o.a.S.	2 562	323	29	11 165	*35*	32 978	5 603	*102*
Hochbau (ohne Fertigteilbau)	5 129	249	6	7 550	*30*	21 470	772	*86*
Straßenbau	1 349	114	2	3 724	*33*	11 616	320	*102*
Tiefbau, a.n.g.	1 362	88	1	3 026	*34*	8 237	258	*93*
Übrige Zweige	2 100	138	0	4 843	*35*	15 505	175	*113*
				nach Beschäftigtengrößenklassen				
20 — 49	8 028	246	0	7 125	*29*	20 159	32	*82*
50 — 99	2 824	193	1	6 018	*31*	17 264	134	*89*
100 — 199	1 087	147	3	4 884	*33*	14 302	356	*97*
200 — 499	456	133	6	4 718	*35*	14 289	1 110	*107*
500 — 999	62	42	3	1 579	*37*	5 281	552	*125*
1 000 und mehr	45	150	25	5 983	*40*	18 511	4 944	*123*
				Ausbaugewerbe				
Zusammen	**5 571**	**240**	—	**6 798**	***28***	**20 490**	—	***86***
				nach Wirtschaftszweigen				
Klempnerei, Gas- und Wasserinstallation	849	31	—	853	*27*	2 602	—	*84*
Installation von Heizungs-, Klima- und gesundheitstechnischen Anlagen	1 442	75	—	2 290	*31*	7 257	—	*97*
Elektroinstallation	1 277	56	—	1 380	*25*	4 311	—	*77*
Maler- und Lackierergewerbe, Tapetenkleberei	1 210	49	—	1 311	*27*	3 033	—	*62*
Fliesen-, Platten- und Mosaiklegerei	324	11	—	392	*35*	1 288	—	*114*
Übrige Zweige	469	18	—	572	*32*	1 999	—	*114*
				nach Beschäftigtengrößenklassen				
20 — 49	4 531	130	—	3 378	*26*	10 386	—	*80*
50 — 99	763	50	—	1 478	*29*	4 337	—	*86*
100 — 199	215	29	—	883	*31*	2 652	—	*92*
200 und mehr	62	31	—	1 059	*35*	3 115	—	*102*

*) Unternehmen mit 20 Beschäftigten und mehr.
1) Systematik der Wirtschaftszweige, Ausgabe 1979, Fassung für die Statistik im Produzierenden Gewerbe (SYPRO), Kurzbezeichnungen.
2) Stichtag 30. 9.
3) Ohne Umsatz-(Mehrwert-)steuer.
4) Nur im Bauhauptgewerbe.
5) Revidiertes Ergebnis.

9.22 Brutto- und Nettoproduktionswert sowie Nettowertschöpfung der Unternehmen im Baugewerbe 1980*)

Nr. der Systematik[1])	Wirtschaftszweig / Unternehmen mit ... bis ... Beschäftigten	Bruttoproduktionswert[2]) insgesamt	Bruttoproduktionswert[2]) je Beschäftigten	Nettoproduktionswert[3]) insgesamt	Nettoproduktionswert[3]) je Beschäftigten	Nettoproduktionswert[3]) Anteil am Bruttoproduktionswert	Nettowertschöpfung zu Faktorkosten[4]) insgesamt	Nettowertschöpfung zu Faktorkosten[4]) je Beschäftigten	Nettowertschöpfung zu Faktorkosten[4]) Anteil am Bruttoproduktionswert
		Mill. DM	1 000 DM	Mill. DM	1 000 DM	%	Mill. DM	1 000 DM	%
	Insgesamt	**115 191**	**96**	**65 866**	**55**	**57,2**	**52 520**	**44**	**45,6**
	nach Wirtschaftszweigen								
	Bauhauptgewerbe	**94 958**	**99**	**54 606**	**57**	**57,5**	**43 228**	**45**	**45,5**
72	Hoch- und Tiefbau	87 248	99	50 249	57	57,6	39 739	45	45,5
7210	Hoch- und Tiefbau, o.a.S.	35 805	105	20 446	60	57,1	16 575	49	46,3
7220	Hochbau (ohne Fertigteilbau)	22 216	85	12 423	48	55,9	10 374	40	46,7
7231–37	Fertigteilbau im Hochbau	5 110	154	2 164	65	42,4	1 496	45	29,3
7243	Straßenbau	12 480	103	7 227	60	57,9	5 304	44	42,5
7249	Tiefbau, a.n.g.	8 601	94	5 905	65	68,7	4 478	49	52,1
Rest 72	Übriger Hoch- und Tiefbau	3 036	99	2 082	68	68,6	1 512	49	49,8
73	Spezialbau	3 345	106	1 901	60	56,8	1 467	47	43,9
74	Stukkateurgewerbe, Gipserei, Verputzerei	1 230	79	795	51	64,6	677	44	55,0
75	Zimmerei, Dachdeckerei	3 135	101	1 661	54	53,0	1 345	43	42,9
7510	Zimmerei, Ingenieurholzbau	1 148	97	597	50	52,0	491	41	42,8
7550	Dachdeckerei	1 987	104	1 064	56	53,6	854	45	43,0
	Ausbaugewerbe	**20 233**	**84**	**11 261**	**47**	**55,7**	**9 291**	**39**	**45,9**
76	Bauinstallation	13 860	85	7 398	46	53,4	6 105	38	44,0
77	Ausbaugewerbe (ohne Bauinstallation)	6 373	82	3 863	50	60,6	3 187	41	50,0
	nach Beschäftigtengrößenklassen								
	Bauhauptgewerbe	**94 958**	**99**	**54 606**	**57**	**57,5**	**43 228**	**45**	**45,5**
	20 — 49	20 986	83	12 695	50	60,5	10 226	40	48,7
	50 — 99	17 561	88	10 706	54	61,0	8 585	43	48,9
	100 — 199	15 047	97	8 846	57	58,8	7 023	45	46,7
	200 — 499	15 069	107	8 285	59	55,0	6 375	45	42,3
	500 und mehr	26 295	127	14 074	68	53,5	11 019	53	41,9
	Ausbaugewerbe	**20 233**	**84**	**11 261**	**47**	**55,7**	**9 291**	**39**	**45,9**
	20 — 49	10 106	78	5 670	44	56,1	4 710	36	46,6
	50 — 99	4 431	85	2 463	47	55,6	1 993	38	45,0
	100 — 199	2 729	93	1 493	51	54,7	1 253	43	45,9
	200 und mehr	2 966	102	1 635	56	55,1	1 336	46	45,0

Fußnoten siehe Tabelle 9.23.

9.23 Kostenstruktur der Unternehmen im Baugewerbe 1980*)

Nr. der Systematik[1])	Wirtschaftszweig / Unternehmen mit ... bis ... Beschäftigten	Bruttoproduktionswert[2])	Personalkosten	Materialverbrauch, Einsatz an Handelsware, Kosten für Lohnarbeiten: insgesamt	Materialverbrauch	Einsatz an Handelsware	Kosten f. Lohnarbeiten	Kosten f. sonstige ind./handw. Dienstleistungen	Mieten und Pachten	Sonstige Kosten[5])	Kostensteuern	Abschreibungen auf Sachanlagen	Fremdkapitalzinsen
		Mill. DM	Anteil am Bruttoproduktionswert in %										
	Insgesamt	**115 191**	**37,6**	**42,8**	**29,0**	**1,3**	**12,5**	**1,7**	**1,3**	**4,5**	**1,1**	**3,0**	**1,0**
	nach Wirtschaftszweigen												
	Bauhauptgewerbe	**94 958**	**37,7**	**42,5**	**27,5**	**0,5**	**14,4**	**1,8**	**1,4**	**4,4**	**1,1**	**3,3**	**1,0**
72	Hoch- und Tiefbau	87 248	37,5	42,4	27,1	0,4	14,8	1,9	1,4	4,3	1,1	3,5	1,0
7210	Hoch- und Tiefbau, o.a.S.	35 805	36,9	42,9	24,7	0,3	17,9	1,7	1,5	3,6	0,9	3,2	0,9
7220	Hochbau (ohne Fertigteilbau)	22 216	40,1	44,1	28,3	0,7	15,1	1,2	0,8	3,7	1,0	2,5	1,2
7231–37	Fertigteilbau im Hochbau	5 110	27,4	57,6	35,9	0,6	21,2	1,0	0,8	8,1	0,8	2,4	1,2
7243	Straßenbau	12 480	36,1	42,1	33,3	0,3	8,4	2,9	1,7	4,6	1,5	4,7	0,8
7249	Tiefbau, a.n.g.	8 601	40,9	31,3	23,2	0,4	7,7	3,3	1,9	4,6	1,7	5,1	1,0
Rest 72	Übriger Hoch- und Tiefbau	3 036	40,2	31,4	17,6	1,1	12,7	2,5	2,4	7,2	1,4	5,4	1,0
73	Spezialbau	3 345	42,3	43,2	28,7	2,0	12,5	1,1	1,4	7,7	0,8	1,9	0,9
74	Stukkateurgewerbe, Gipserei, Verputzerei	1 230	46,5	35,4	24,4	0,8	10,2	1,1	0,9	4,2	1,3	2,1	1,0
75	Zimmerei, Dachdeckerei	3 135	32,1	47,0	39,3	1,2	6,5	0,9	1,1	5,0	1,1	2,0	1,3
7510	Zimmerei, Ingenieurholzbau	1 148	32,7	48,0	38,3	1,5	8,1	0,8	0,9	4,4	1,0	2,1	1,5
7550	Dachdeckerei	1 987	31,8	46,4	39,8	1,0	5,6	1,0	1,1	5,4	1,2	1,9	1,2
	Ausbaugewerbe	**20 233**	**37,6**	**44,3**	**35,8**	**4,9**	**3,6**	**1,0**	**1,1**	**5,1**	**1,1**	**1,5**	**1,2**
76	Bauinstallation	13 860	36,3	46,6	39,7	3,8	3,1	1,0	0,9	5,0	1,1	1,4	1,2
77	Ausbaugewerbe (ohne Bauinstallation)	6 373	40,4	39,4	27,3	7,2	4,9	1,0	1,5	5,2	1,2	1,8	1,2
	nach Beschäftigtengrößenklassen												
	Bauhauptgewerbe	**94 958**	**37,7**	**42,5**	**27,5**	**0,5**	**14,4**	**1,8**	**1,4**	**4,4**	**1,1**	**3,3**	**1,0**
	20 — 49	20 986	39,5	39,5	29,8	0,7	9,0	1,7	1,1	4,1	1,4	3,5	1,3
	50 — 99	17 561	39,7	39,0	29,2	0,8	9,1	2,2	1,2	3,7	1,4	3,6	1,2
	100 — 199	15 047	38,8	41,2	27,7	0,7	12,8	2,2	1,4	3,8	1,3	3,4	1,0
	200 — 499	15 069	36,9	45,0	27,6	0,4	17,0	2,0	1,3	4,8	1,0	3,5	0,8
	500 und mehr	26 295	34,6	46,5	24,5	0,2	21,8	1,3	1,7	5,2	0,5	2,9	0,7
	Ausbaugewerbe	**20 233**	**37,6**	**44,3**	**35,8**	**4,9**	**3,6**	**1,0**	**1,1**	**5,1**	**1,1**	**1,5**	**1,2**
	20 — 49	10 106	37,1	43,9	35,3	5,6	3,1	0,7	1,0	5,1	1,2	1,5	1,4
	50 — 99	4 431	38,2	44,4	35,4	4,8	4,2	1,8	1,5	4,9	1,1	1,3	1,1
	100 — 199	2 729	36,8	45,3	38,0	4,4	2,9	0,6	1,1	4,8	1,0	1,3	1,1
	200 und mehr	2 966	39,1	44,9	36,4	3,1	5,4	1,1	0,8	5,5	0,9	1,8	0,6

*) Unternehmen mit 20 Beschäftigten und mehr. – Ohne Umsatz-(Mehrwert-)steuer.

1) Systematik der Wirtschaftszweige, Ausgabe 1979, Fassung für die Statistik im Produzierenden Gewerbe (SYPRO), Kurzbezeichnungen.

2) Umsatz ohne Umsatz-(Mehrwert-)steuer plus/minus Bestandsveränderung an unfertigen und fertigen Erzeugnissen aus eigener Produktion plus selbsterstellte Anlagen.

3) Bruttoproduktionswert minus Materialverbrauch, Einsatz an Handelsware, Kosten für Lohnarbeiten.

4) Nettoproduktionswert minus Kosten für sonstige industrielle/handwerkliche Dienstleistungen, Mieten u. Pachten, Sonst. Kosten, Abschreibungen, indirekte Steuern abzügl. Subventionen.

5) Werbe- und Vertreterkosten, Provisionen, Prüfungs-, Beratungs- und Rechtskosten, Versicherungsprämien u. ä.

9.24 Investitionen der Unternehmen im Baugewerbe*)

Jahr / Wirtschaftszweig[1]) / Unternehmen mit ... bis ... Beschäftigten	Unternehmen[2]) insgesamt	Unternehmen[2]) darunter mit Investitionen	Investitionen: Bebaute Grundstücke und Bauten	Investitionen: Grundstücke ohne Bauten	Investitionen: Baugeräte, Maschinen, Betriebsausstattung usw.	Investitionen: insgesamt	Investitionen: darunter selbsterstellte Anlagen	Investitionen: Anteil am Umsatz	Investitionen: je Beschäftigten[2])	Verkauf von Sachanlagen
	Anzahl	Anzahl	Mill. DM	Mill. DM	Mill. DM	Mill. DM	Mill. DM	%	DM	Mill. DM
1972	18 365	16 961	682	198	3 468	4 347	362	.	*3 502*	350
1973	17 716	15 536	724	141	2 856	3 722	377	.	*2 807*	273
1974	16 514	13 792	406	67	1 861	2 333	210	.	*2 016*	264
1975	14 882	12 988	338	72	2 198	2 608	176	.	*2 510*	311
1976[3])	14 538	12 743	.	.	.	2 734	705	.	.	.
1976	15 550	13 636	354	62	2 481	2 897	192	.	*2 608*	379
1977[4])	17 287	15 020	480	97	2 707	3 284	256	*3,5*	*2 930*	407
1978	17 621	15 389	489	131	3 497	4 117	237	*5,2*	*3 610*	581
1979[5])	18 547	16 053	571	199	4 370	5 139	285	*5,2*	*4 325*	500
1980	18 567	15 796	645	173	4 187	5 005	368	*4,5*	*4 189*	532
1981	18 073	14 942	625	164	3 154	3 943	351	*3,6*	*3 425*	500
davon (1981):										
Bauhauptgewerbe										
Zusammen	**12 502**	**10 583**	**528**	**156**	**2 839**	**3 524**	**336**	**3,9**	**3 865**	**449**
nach Wirtschaftszweigen										
Hoch- und Tiefbau, o. a. S.	2 562	2 216	219	38	1 074	1 331	161	*4,0*	*4 125*	225
Hochbau (ohne Fertigteilbau)	5 129	4 304	136	77	565	778	88	*3,6*	*3 122*	58
Straßenbau	1 349	1 179	38	16	435	489	20	*4,2*	*4 307*	70
Tiefbau, a. n. g.	1 362	1 181	37	7	345	390	15	*4,7*	*4 410*	35
Übrige Zweige	2 100	1 703	98	17	420	535	51	*3,5*	*3 890*	62
nach Beschäftigtengrößenklassen										
20 — 49	8 028	6 510	90	33	622	745	42	*3,7*	*3 032*	73
50 — 99	2 824	2 524	84	27	554	666	53	*3,9*	*3 449*	77
100 — 199	1 087	1 005	72	23	453	548	39	*3,8*	*3 719*	60
200 — 499	456	440	85	28	425	538	58	*3,8*	*4 036*	62
500 — 999	62	59	42	35	163	240	41	*4,6*	*5 684*	21
1 000 und mehr	45	45	155	10	622	788	103	*4,3*	*5 243*	157
Ausbaugewerbe										
Zusammen	**5 571**	**4 359**	**96**	**8**	**315**	**419**	**16**	**2,0**	**1 748**	**51**
nach Wirtschaftszweigen										
Klempnerei, Gas- und Wasserinstallation	849	676	10	1	37	48	1	*1,9*	*1 548*	3
Installation von Heizungs-, Klima- und gesundheitstechnischen Anlagen	1 442	1 151	22	2	90	114	3	*1,6*	*1 518*	16
Elektroinstallation	1 277	970	28	1	80	109	8	*2,5*	*1 967*	8
Maler- und Lackierergewerbe, Tapetenkleberei	1 210	935	17	2	57	75	1	*2,5*	*1 546*	6
Fliesen-, Platten- und Mosaiklegerei	324	245	5	0	13	18	0	*1,4*	*1 636*	3
Übrige Zweige	469	382	14	1	38	53	3	*2,7*	*3 026*	15
nach Beschäftigtengrößenklassen										
20 — 49	4 531	3 453	57	5	154	217	6	*2,1*	*1 672*	33
50 — 99	763	651	13	1	61	75	1	*1,7*	*1 484*	11
100 — 199	215	197	7	0	34	42	0	*1,6*	*1 439*	2
200 und mehr	62	58	19	1	66	86	8	*2,8*	*2 802*	6

*) Unternehmen mit 20 Beschäftigten und mehr.
1) Bis 1975 Systematik der Wirtschaftszweige, Ausgabe 1961, ab 1976 Systematik der Wirtschaftszweige, Ausgabe 1979, Fassung für die Statistik im Produzierenden Gewerbe (SYPRO), Kurzbezeichnungen.
2) Stichtag 30. 9.
3) Nach der alten Systematik.
4) Vorjahresvergleich wegen Neuaufbau des Berichtskreises im Ausbaugewerbe nicht möglich.
5) Revidiertes Ergebnis.

9.25 Betriebe, Beschäftigung und Umsatz im Baugewerbe*)

9.25.1 Bauhauptgewerbe**)

Jahr / Land	Betriebe[1])	Beschäftigte[2])							Lohn-	Gehalt-
		insgesamt	Tätige Inhaber	Kaufm. und techn. Angestellte einschl. Auszubildende	Übrige Beschäftigte				summe	
					zusammen	Fach-arbeiter[3])	Fachwerker und Werker	Gewerblich Auszubildende[4])		
	Anzahl	1 000							Mill. DM	
1980	60 294	1 262,8	59,8	158,7	1 044,4	678,2	296,6	69,7	31 269	6 173
1981	62 511	1 226,0	59,1	160,5	1 006,4	664,5	270,3	71,5	31 011	6 575
1982	63 411	1 152,4	60,9	157,0	934,6	636,1	228,3	70,2	30 742	6 658
davon (1982):										
Schleswig-Holstein	2 912	49,0	2,8	5,8	40,4	27,6	8,0	4,7	1 284	226
Hamburg	1 192	27,5	1,0	4,9	21,5	16,2	4,0	1,3	876	251
Niedersachsen	7 532	133,8	7,0	17,1	109,6	75,1	26,3	8,2	3 456	646
Bremen	572	13,0	0,5	2,1	10,5	7,4	2,2	0,8	368	100
Nordrhein-Westfalen	17 891	273,7	19,4	39,0	215,2	147,4	50,7	17,1	7 290	1 754
Hessen	4 325	97,5	4,1	15,5	77,9	54,8	17,7	5,4	2 450	657
Rheinland-Pfalz	3 966	70,4	3,7	8,7	57,9	37,5	15,3	5,1	1 806	332
Baden-Württemberg	10 668	194,9	9,6	25,4	159,9	98,7	48,3	12,9	5 198	1 070
Bayern	11 863	240,2	11,2	31,1	198,0	142,0	43,8	12,2	6 413	1 277
Saarland	996	19,7	0,5	2,7	16,5	10,2	5,0	1,3	520	112
Berlin (West)	1 494	32,8	0,9	4,7	27,2	19,2	7,0	1,1	1 081	232

Jahr / Land	Arbeits-tage[5])	Geleistete Arbeitsstunden									
		insgesamt	Wohnungsbau	Landwirtschaftlicher Bau	Gewerblicher und industrieller Bau			Öffentlicher und Verkehrsbau			
					zusammen	Hochbau	Tiefbau	zusammen	Hochbau	Tiefbau	
										Straßenbau	Sonstiger Tiefbau
	Anzahl	Mill. Stunden									
1980	20,8	1 745	715	19	402	292	110	609	153	203	253
1981	20,8	1 614	659	16	382	280	103	556	151	178	228
1982	20,9	1 523	620	17	371	271	100	514	146	163	205
davon (1982):											
Schleswig-Holstein	21,1	64	27	2	13	9	4	22	6	7	9
Hamburg	21,1	35	10	—	14	10	3	12	3	3	6
Niedersachsen	21,1	177	77	4	37	25	12	60	16	21	23
Bremen	21,1	17	5	—	6	5	1	6	2	1	3
Nordrhein-Westfalen	20,9	358	139	2	111	69	42	106	26	35	45
Hessen	21,0	124	45	1	30	23	7	48	13	14	21
Rheinland-Pfalz	20,9	99	40	1	22	16	6	36	8	15	13
Baden-Württemberg	20,8	260	115	3	55	46	9	87	27	28	32
Bayern	20,8	319	137	5	66	54	12	110	37	31	41
Saarland	20,9	26	9	0	7	6	2	10	2	4	4
Berlin (West)	21,1	42	15	—	10	8	2	17	7	4	7

Jahr / Land	Gesamt-umsatz[6])	Darunter baugewerblicher Umsatz									
		zusammen	Wohnungsbau	Landwirtschaftlicher Bau	Gewerblicher und industrieller Bau			Öffentlicher und Verkehrsbau			
					zusammen	Hochbau	Tiefbau	zusammen	Hochbau	Tiefbau	
										Straßenbau	Sonstiger Tiefbau
	Mill. DM										
1980	114 606	112 484	42 617	1 055	27 647	20 589	7 058	41 166	9 944	13 894	17 328
1981	112 909	110 929	41 713	1 007	27 930	20 845	7 086	40 279	10 758	13 250	16 271
1982	106 633	104 665	38 651	1 116	26 911	20 213	6 698	37 988	10 588	12 324	15 077
davon (1982):											
Schleswig-Holstein	4 350	4 303	1 740	105	836	564	272	1 623	402	617	603
Hamburg	3 274	3 221	825	—	1 329	1 074	256	1 067	224	340	503
Niedersachsen	11 708	11 597	4 555	247	2 522	1 791	731	4 273	1 137	1 490	1 646
Bremen	1 279	1 265	288	—	496	367	129	481	133	91	257
Nordrhein-Westfalen	24 551	24 221	8 808	159	7 889	5 176	2 713	7 365	1 984	2 385	2 997
Hessen	9 154	8 967	2 862	59	2 196	1 721	475	3 851	922	1 062	1 867
Rheinland-Pfalz	6 121	6 050	2 251	48	1 360	1 024	336	2 392	570	1 066	756
Baden-Württemberg	18 772	18 328	7 116	181	4 248	3 648	599	6 783	2 182	2 194	2 407
Bayern	21 454	20 858	8 248	315	4 643	3 735	908	7 651	2 249	2 354	3 049
Saarland	2 057	2 013	594	3	522	407	115	894	148	350	396
Berlin (West)	3 913	3 843	1 363	—	870	707	163	1 610	640	374	596

*) Die für das Bauhauptgewerbe dargestellten Ergebnisse beziehen sich auf alle Betriebe, die für das Ausbaugewerbe nur auf die monatlich erfaßten Betriebe mit im allgemeinen 20 Beschäftigten und mehr einschl. Handwerk. Dies schließt eine Zusammenfassung zu Ergebnissen für das Baugewerbe aus.

**) Alle Betriebe mit Schwerpunkt im Bauhauptgewerbe; Ergebnisse des Monatsberichts im Bauhauptgewerbe mit Ausnahme der Betriebszahlen, die aus der jährlichen Totalerhebung im Bauhauptgewerbe stammen. – Ergebnisse des neuen Berichtssystems nach der Systematik der Wirtschaftszweige, Ausgabe 1979, Fassung für die Statistik im Produzierenden Gewerbe (SYPRO).

1) Ergebnisse der Totalerhebung jeweils Ende Juni.
2) Durchschnitt aus 12 Monatswerten.
3) Einschl. angestelltenversicherungspflichtiger Poliere und Meister.
4) Einschl. Anlernlinge, Umschüler und Praktikanten.
5) Monatsdurchschnitt.
6) Ohne Umsatz-(Mehrwert-)steuer.

9.25 Betriebe, Beschäftigung und Umsatz im Baugewerbe*)

9.25.2 Ausbaugewerbe**)

Jahr / Land	Betriebe[1])	Beschäftigte[2]) insgesamt	Beschäftigte[2]) Arbeiter[3])	Lohn-summe	Gehalt-summe	Geleistete Arbeitsstunden	Gesamtumsatz[4])	Darunter baugewerblicher Umsatz
	Anzahl	1 000		Mill. DM		Mill. Stunden	Mill. DM	
1980	4 932	207	168	4 668	1 280	311	18 015	16 621
1981	4 945	208	169	4 878	1 395	307	19 071	17 695
1982	4 776	204	165	4 965	1 458	298	18 917	17 678
davon (1982):								
Schleswig-Holstein	198	8	7	183	53	12	756	671
Hamburg	248	11	9	307	95	16	1 095	1 058
Niedersachsen	504	21	17	488	117	33	1 797	1 709
Bremen	82	4	3	94	28	6	361	340
Nordrhein-Westfalen	1 065	45	36	1 082	330	68	4 124	3 859
Hessen	446	19	15	457	131	27	1 724	1 604
Rheinland-Pfalz	232	10	8	229	64	15	877	794
Baden-Württemberg	724	31	25	811	266	43	3 153	2 891
Bayern	895	39	32	878	246	56	3 544	3 320
Saarland	81	4	3	77	29	5	323	292
Berlin (West)	301	13	10	359	97	18	1 163	1 139

*) Die für das Bauhauptgewerbe dargestellten Ergebnisse beziehen sich auf alle Betriebe, die für das Ausbaugewerbe nur auf die monatlich erfaßten Betriebe mit im allgemeinen 20 Beschäftigten und mehr einschl. Handwerk. Dies schließt eine Zusammenfassung zu Ergebnissen für das Baugewerbe aus.

**) Ergebnisse des Monatsberichts im Ausbaugewerbe mit Ausnahme der Betriebszahlen, die aus der jährlichen Erhebung im Ausbaugewerbe stammen.

1) Betriebe mit 20 Beschäftigten und mehr laut jährlicher Erhebung im Ausbaugewerbe jeweils Ende Juni.

2) Durchschnitt aus 12 Monatswerten. – Einschl. gewerblich Auszubildender.

3) Einschl. angestelltenversicherungspflichtiger Poliere und Meister sowie gewerblich Auszubildender.

4) Ohne Umsatz-(Mehrwert-)steuer.

9.26 Betriebe und Beschäftigte im Baugewerbe Ende Juni 1982 nach Wirtschaftszweigen

9.26.1 Bauhauptgewerbe*)

Betriebe mit ... bis ... Beschäftigten / Stellung im Betrieb	Insgesamt	Hoch- und Tiefbau[1])	Hochbau (ohne Fertigteilbau); Gerüstbau, Fassadenreinigung	Fertigteilbau im Hochbau[2])	Tiefbau (ohne Straßenbau)[3])	Straßenbau	Spezialbau[4])	Stukkateurgewerbe, Gipserei, Verputzerei	Zimmerei, Ingenieurholzbau	Dachdeckerei
Betriebe										
1 — 19	50 170	3 748	15 524	239	4 522	1 184	4 472	7 251	7 451	5 779
20 — 49	8 559	1 253	3 963	94	1 099	682	284	363	321	500
50 — 99	2 896	772	991	73	408	431	87	54	24	56
100 — 199	1 212	458	296	69	179	222	50	10	3	16
200 — 499	481	236			53	74	27		—	
500 und mehr	93	67	4	8	7	4	3	—	—	—
Insgesamt	**63 411**	**6 534**	**20 778**	**483**	**6 268**	**2 597**	**4 923**	**7 678**	**7 799**	**6 351**
Beschäftigte										
1 — 19	341 710	29 895	125 430	1 715	25 346	9 666	18 589	37 482	47 565	46 022
20 — 49	258 288	39 885	117 789	2 959	34 239	22 038	8 579	10 163	8 777	13 859
50 — 99	197 644	53 840	66 097	5 167	27 696	30 284	6 033	3 524	1 353	3 650
100 — 199	165 013	63 444	48 542	13 597	24 262	29 906	7 012	1 450	381	2 377
200 — 499	137 310	68 358			14 704	20 407	7 883		—	
500 und mehr	82 639	58 036	2 289	5 095	12 628	2 661	1 930	—	—	—
Insgesamt	**1 182 604**	**313 458**	**360 147**	**28 533**	**138 875**	**114 962**	**50 026**	**52 619**	**58 076**	**65 908**
davon:										
Tätige Inhaber (auch selbständige Handwerker)	55 417	5 521	17 554	308	5 139	2 079	4 172	7 280	7 730	5 634
Mithelfende Familienangehörige	5 939	408	1 673	22	719	180	629	1 061	726	521
Kaufmännische Angestellte einschl. Auszubildende	96 680	26 073	25 936	3 718	9 981	8 317	6 060	4 673	4 985	6 937
Technische Angestellte einschl. Auszubildende	61 050	25 399	11 681	3 377	8 006	6 605	3 205	699	880	1 198
Facharbeiter einschl. Poliere und Meister	670 209	185 025	224 757	14 479	64 679	56 972	26 335	31 072	30 727	36 163
Fachwerker und Werker	232 474	57 061	56 508	5 633	48 743	38 610	8 039	4 516	4 460	8 904
Gewerblich Auszubildende und Umschüler	60 835	13 971	22 038	996	1 608	2 199	1 586	3 318	8 568	6 551

*) Ergebnisse der jährlichen Totalerhebung im Bauhauptgewerbe nach der Systematik der Wirtschaftszweige, Ausgabe 1979, Fassung für die Statistik im Produzierenden Gewerbe (SYPRO).

1) Ohne ausgeprägten Schwerpunkt.

2) Herstellung und Montage von Fertigteilbauten aus Beton oder Holz im Hochbau.

3) Erdbewegungsarbeiten, Landeskulturbau; Wasser- und Wasserspezialbau; Brunnenbau, nichtbergbauliche Tiefbohrung; bergbauliche Tiefbohrung, Aufschließung, Schachtbau (ohne Erdölbohrung); Tiefbau a. n. g.

4) Schornstein-, Feuerungs- und Industrieofenbau; Gebäudetrocknung; Abdichtung gegen Wasser, Feuchtigkeit; Abdämmung gegen Kälte, Wärme, Schall, Erschütterung; Abbruch-, Spreng- und Enttrümmerungsgewerbe.

9.26 Betriebe und Beschäftigte im Baugewerbe Ende Juni 1982 nach Wirtschaftszweigen

9.26.2 Ausbaugewerbe*)

Betriebe / Beschäftigte	Insgesamt	Klempnerei, Gas- und Wasserinstallation	Installation von Heizungs-, Klima- und gesundheitstechnischen Anlagen	Elektroinstallation	Ausbaugewerbe o. a. S. (ohne Bauinstallation)	Glasergewerbe	Maler- und Lackierergewerbe, Tapetenkleberei	Bautischlerei, Parkettlegerei	Fußboden-, Fliesen- und Plattenlegerei	Sonstiges Ausbaugewerbe
Insgesamt										
Betriebe	13 225	2 162	2 726	2 995	76	288	3 064	730	1 126	58
Beschäftigte	310 358	45 450	84 863	65 930	2 128	5 632	68 834	12 119	23 937	1 465
dar. Arbeiter[1])	251 844	36 834	63 847	54 673	1 829	4 323	59 667	10 212	19 256	1 203
darunter: **Betriebe mit 20 Beschäftigten und mehr**										
Betriebe	4 776	715	1 369	960	21	83	1 044	158	407	19
Beschäftigte	197 910	26 030	66 134	40 186	1 435	2 914	41 343	4 563	14 332	973
dar. Arbeiter[1])	159 973	21 189	49 143	33 678	1 243	2 270	36 240	3 849	11 554	807

*) Ergebnisse der jährlichen Erhebung im Ausbaugewerbe nach der Systematik der Wirtschaftszweige, Ausgabe 1979, Fassung für die Statistik im Produzierenden Gewerbe (SYPRO); erfaßte Betriebe des Ausbaugewerbes mit im allgemeinen 10 Beschäftigten und mehr sowie Arbeitsgemeinschaften.

1) Einschl. angestelltenversicherungspflichtiger Poliere und Meister sowie gewerblich Auszubildender.

9.27 Bestand an wichtigen Geräten im Bauhauptgewerbe Ende Juni 1982*)

Geräteart	Verfügbare Geräte[1])	Eigene Geräte	Von den verfügbaren Geräten entfielen auf Betriebe mit ... bis ... Beschäftigten: 1 — 19	20 — 49	50 — 99	100 — 199	200 — 499	500 und mehr
Betonmischer	129 063	127 382	60 603	33 776	16 812	8 474	6 222	3 176
Transportmischer und Agitatoren	2 187	2 124	186	421	523	542	340	175
Turmdrehkrane	42 098	40 325	12 912	11 706	7 326	4 644	3 468	2 042
Mobil- und Autokrane	4 474	4 219	1 336	1 007	682	613	485	351
Förderbänder	13 487	13 288	6 007	3 168	1 725	1 092	785	710
Betonpumpen aller Art[2])	1 875	1 726	426	397	322	304	234	192
Mörtelförder- und Verputzgeräte	18 266	17 910	11 228	4 080	1 515	680	423	340
Lastkraftwagen (einschl. Zugmaschinen mit Ladefläche)	105 006	101 588	46 263	23 723	14 465	10 932	6 926	2 697
Vorderkipper, Dumper (Schütter)	8 517	8 242	862	1 561	1 676	1 842	1 464	1 112
Universalbagger	43 959	42 152	9 504	10 348	9 208	7 465	5 167	2 267
Seilbagger	7 423	7 196	1 472	1 444	1 446	1 283	1 045	733
Hydraulikbagger	36 536	34 956	8 032	8 904	7 762	6 182	4 122	1 534
Planierraupen	7 584	7 279	1 641	1 657	1 516	1 347	1 020	403
Lader	37 696	36 322	9 661	9 723	7 594	5 525	3 574	1 619
Straßenhobel (Grader)	3 124	2 982	339	667	790	703	455	170
Rammbären aller Art (ohne Handrammen)	5 537	5 361	630	1 004	1 270	1 174	778	681
Verdichtungsmaschinen (Stampf- und Rüttelgeräte sowie Walzen)	112 883	110 172	22 710	25 509	22 332	19 691	15 152	7 489
Straßenbaumaschinen für:								
Schwarzdecken								
Mischanlagen	497	479	18	58	114	124	123	60
Fertiger	3 861	3 712	368	863	1 002	820	571	237
Gußasphaltkocher	1 895	1 845	270	342	387	351	384	161
Betonstraßen								
Fertiger und Verteiler	799	766	61	110	119	155	172	182
Kompressoren aller Art	59 185	57 663	20 847	13 509	9 190	6 934	5 204	3 501
Stahlrohr- und Stahlprofilgerüste in t	306 280	299 937	102 483	74 862	50 142	23 806	30 528	24 460

*) Ergebnisse der jährlichen Totalerhebung im Bauhauptgewerbe nach der Systematik der Wirtschaftszweige, Ausgabe 1979, Fassung für die Statistik im Produzierenden Gewerbe (SYPRO).

1) Eigene Geräte zuzüglich von Baubetrieben und anderen Unternehmen gemietete Geräte, abzüglich an Baubetriebe und andere Unternehmen vermietete Geräte.

2) Ohne Betonspritzen.

9.28 Index des Auftragseingangs und Auftragsbestands für das Bauhauptgewerbe*)

1976 = 100

Art der Bauten und Auftraggeber	Gewichtung	1977	1978	1979	1980	1981	1982
		Auftragseingang					
Bauhauptgewerbe	**100**	**115,6**	**142,5**	**160,8**	**165,2**	**140,9**	**141,8**
Hochbau	61,6	111,4	138,7	157,9	164,3	148,7	148,3
Wohnungsbau	26,8	120,3	158,2	172,0	169,8	152,1	153,6
Sonstiger Hochbau	34,8	105,0	124,2	147,0	160,0	146,0	144,3
Gewerblicher und industrieller Bau für Unternehmen sowie landwirtschaftlicher Bau	21,3	106,5	123,5	149,1	166,2	154,2	153,3
Bauten für Bundesbahn und Bundespost	0,6	127,5	131,4	154,0	172,9	117,8	166,8
Bauten für Gebietskörperschaften, Organisationen ohne Erwerbszweck sowie sonstige öffentliche Auftraggeber	12,9	101,4	124,9	143,2	149,0	134,0	128,2
Tiefbau	38,4	122,7	148,9	165,4	166,6	128,5	131,5
Straßenbau	15,9	124,8	145,0	157,1	142,9	112,4	116,3
Sonstiger Tiefbau	22,5	121,1	151,7	171,3	183,4	139,9	142,2
Gewerblicher und industrieller Bau für Unternehmen	4,6	124,6	140,2	180,0	198,9	175,3	185,2
Bauten für Bundesbahn und Bundespost	2,1	134,8	165,3	183,7	226,0	188,5	196,7
Bauten für Gebietskörperschaften, Organisationen ohne Erwerbszweck sowie sonstige öffentliche Auftraggeber	15,8	118,3	153,2	167,2	173,4	123,3	122,7
		Auftragsbestand					
Bauhauptgewerbe	**100**	**94,6**	**120,1**	**151,3**	**157,1**	**146,8**	**130,1**
Hochbau	63,3	91,0	112,8	144,9	152,1	148,5	134,0
Wohnungsbau	26,9	90,0	122,7	159,3	159,6	149,9	135,1
Sonstiger Hochbau	36,4	92,3	106,3	134,2	146,6	147,5	133,2
Gewerblicher und industrieller Bau für Unternehmen sowie landwirtschaftlicher Bau	20,2	93,4	105,0	133,6	146,5	146,5	139,7
Bauten für Bundesbahn und Bundespost	0,9	112,3	104,9	136,3	152,0	139,8	152,5
Bauten für Gebietskörperschaften, Organisationen ohne Erwerbszweck sowie sonstige öffentliche Auftraggeber	15,3	89,8	108,1	134,9	146,3	149,3	123,6
Tiefbau	36,7	101,4	133,7	162,5	165,7	143,9	123,3
Straßenbau	13,3	113,3	142,0	172,8	156,4	127,2	110,0
Sonstiger Tiefbau	23,4	94,6	128,9	156,6	171,0	153,5	130,8
Gewerblicher und industrieller Bau für Unternehmen	3,8	82,5	108,5	134,9	174,8	182,5	166,7
Bauten für Bundesbahn und Bundespost	1,6	119,8	153,4	199,8	228,1	237,3	221,3
Bauten für Gebietskörperschaften, Organisationen ohne Erwerbszweck sowie sonstige öffentliche Auftraggeber	18,0	95,0	131,0	157,4	165,2	140,2	115,6

*) Betriebe mit im allgemeinen 20 Beschäftigten und mehr. – Wertindex. – Berechnungsmethode 1976 = 100 in »Wirtschaft und Statistik«, 4/1981, S. 245 ff.

9.29 Produktionsindex für das Baugewerbe*)

1976 = 100

Nr. der Systematik[1])	Wirtschaftszweig	Gewichtung	1977	1978	1979	1980	1981	1982
			kalendermonatlich					
72–77	**Baugewerbe**	**100**	**102,7**	**106,0**	**113,1**	**111,8**	**103,4**	**95,0**
	Hochbau[2])	75,15	103,5	105,8	113,4	113,3	104,6	95,3
	Tiefbau[3])	24,85	100,2	106,7	112,1	107,2	99,8	94,0
72–75	Bauhauptgewerbe	67,18	102,7	108,7	115,7	112,8	104,1	94,8
	Hochbau	42,33	104,1	109,8	117,8	116,1	106,6	95,3
	Tiefbau	24,85	100,2	106,7	112,1	107,2	99,8	94,0
76–77	Ausbaugewerbe	32,82	102,7	100,5	107,8	109,7	101,9	95,4
7610	Klempnerei, Gas- und Wasserinstallation	5,75	101,1	96,2	101,1	99,3	94,4	89,6
7640	Installation von Heizungsanlagen[4])	7,11	104,5	98,3	112,8	119,8	107,7	97,0
7670	Elektroinstallation	6,11	103,6	101,6	106,8	110,3	104,1	98,0
7731	Glasergewerbe	0,77	104,7	111,1	123,7	128,1	118,9	105,4
7734, 37	Maler- und Lackierergewerbe, Tapetenkleberei	7,14	98,2	99,2	105,6	104,4	100,2	97,2
	Übriges Ausbaugewerbe	5,94	106,2	106,6	109,9	111,0	100,0	93,0
			von Kalenderunregelmäßigkeiten bereinigt					
72–77	**Baugewerbe**	**100**	**103,5**	**107,3**	**114,8**	**113,1**	**104,6**	**95,7**
	Hochbau[2])	75,15	104,3	107,0	115,1	114,7	105,8	96,0
	Tiefbau[3])	24,85	101,0	108,0	113,7	108,5	101,0	94,7
72–75	Bauhauptgewerbe	67,18	103,5	110,0	117,4	114,2	105,3	95,5
	Hochbau	42,33	104,9	111,1	119,5	117,5	107,9	96,0
	Tiefbau	24,85	101,0	108,0	113,7	108,5	101,0	94,7
76–77	Ausbaugewerbe	32,82	103,5	101,7	109,3	111,0	103,2	96,1
7610	Klempnerei, Gas- und Wasserinstallation	5,75	101,9	97,3	102,6	100,5	95,6	90,2
7640	Installation von Heizungsanlagen[4])	7,11	105,3	99,5	114,4	121,2	109,0	97,7
7670	Elektroinstallation	6,11	104,4	102,8	108,3	111,6	105,4	98,7
7731	Glasergewerbe	0,77	105,5	112,4	125,4	129,5	120,4	106,1
7734, 37	Maler- und Lackierergewerbe, Tapetenkleberei	7,14	98,9	100,3	107,1	105,6	101,4	97,9
	Übriges Ausbaugewerbe	5,94	107,0	107,8	111,5	112,3	101,2	93,7

*) Siehe Vorbemerkung S. 166. – Berechnungsmethode in »Wirtschaft und Statistik«, 5/1981, S. 315 ff.
[1]) Systematik der Wirtschaftszweige, Ausgabe 1979, Fassung für die Statistik im Produzierenden Gewerbe (SYPRO).
[2]) Hochbau im Bauhauptgewerbe einschl. Ausbaugewerbe.
[3]) Entspricht dem Tiefbau im Bauhauptgewerbe.
[4]) Einschl. Installation von Lüftungs-, Klima- und gesundheitstechnischen Anlagen.

9.30 Unternehmen, Beschäftigung und Umsatz in der Energie- und Wasserversorgung 1981*)

Nr. der Systematik¹)	Wirtschaftsgliederung — Unternehmen mit ... bis ... Beschäftigten	Unternehmen — Fachliche Unternehmensteile	Beschäftigte²) insgesamt⁴)	Beschäftigte²) Arbeiter	Beschäftigte²) Angestellte und Beamte	Bruttolohnsumme	Bruttogehaltsumme	Geleistete Arbeiterstunden	Umsatz³)
		Anzahl				Mill. DM		Mill. Stunden	Mill. DM
10	**Elektrizitäts-, Gas-, Fernwärme- und Wasserversorgung**	**3 193**	**286 820**	**155 033**	**119 562**	**5 928**	**5 675**	**259**	**112 199**
	nach Wirtschaftszweigen der Unternehmen⁵)								
1010	Elektrizitätsversorgung	984	232 332	128 408	97 222	4 968	4 668	212	86 982
1030	Gasversorgung	165	23 611	12 074	11 399	437	547	21	19 340
1050	Fernwärmeversorgung	34	1 771	856	840	35	43	2	896
1070	Wasserversorgung	2 010	29 106	13 695	10 101	488	417	24	4 981
	nach Wirtschaftszweigen der fachlichen Unternehmensteile								
1010	Elektrizitätsversorgung	1 094	163 763	84 913	72 635	3 373	3 571	140	71 018
1030	Gasversorgung	510	35 185	17 402	17 589	624	832	29	29 327
1050	Fernwärmeversorgung	161	8 415	4 847	3 494	178	173	8	3 008
1070	Wasserversorgung	2 532	41 622	19 893	16 333	700	671	34	6 780
	Sonstiges⁶)	268	37 835	27 978	9 511	1 053	429	47	2 066
	nach Beschäftigtengrößenklassen der Unternehmen								
	bis 19	2 449	15 443	5 145	4 409	168	162	9	3 443
	20 — 49	301	9 836	4 923	4 312	158	171	8	3 874
	50 — 99	150	10 707	5 561	4 975	187	197	9	5 070
	100 — 199	103	14 886	7 803	6 812	282	310	13	8 568
	200 — 499	92	30 758	16 542	13 087	599	602	28	13 034
	500 — 999	39	27 319	15 431	11 139	558	530	26	11 877
	1 000 und mehr	59	177 871	99 628	74 828	3 976	3 704	165	66 333

*) Alle Unternehmen der Elektrizitäts- und Gasversorgung, Unternehmen der Fernwärmeversorgung mit einer Wärmeleistung von mindestens 20,9 GJ/h (5 Gcal/h) oder mit einer Versorgungsleistung von mindestens 500 Wohnungen sowie Unternehmen der Wasserversorgung mit einer jährlichen Wasserabgabe von 200 000 m³ und mehr.
¹) Systematik der Wirtschaftszweige, Ausgabe 1979, Fassung für die Statistik im Produzierenden Gewerbe (SYPRO).
²) Ende September.
³) Ohne Umsatz-(Mehrwert-)steuer und Ausgleichsabgabe.
⁴) Einschl. Tätiger Inhaber und Mitinhaber sowie regelmäßig zeitweise eingesetzter Arbeitskräfte.
⁵) Zuordnung nach dem wirtschaftlichen Schwerpunkt des Unternehmens.
⁶) Verkehr, Häfen, Bäder u. ä.

9.31 Investitionen in der Energie- und Wasserversorgung 1981*)

Mill. DM

Nr. der Systematik¹)	Wirtschaftsgliederung — Unternehmen mit ... bis ... Beschäftigten	Insgesamt	Und zwar in aktienrechtlicher Gliederung: Bebaute Grundstücke und Bauten	Grundstücke ohne Bauten	Maschinen und maschinelle Anlagen²)	Und zwar in fachlicher Gliederung: Anlagen zur Erzeugung u. Gewinnung	Anlagen zur Speicherung	Leitungs- und Rohrnetz	Zähler und Meßgeräte	Sonstige Anlagen³)	Andere Anlagen
10	**Elektrizitäts-, Gas-, Fernwärme- und Wasserversorgung**	**16 843**	**2 227**	**114**	**14 502**	**4 416**	**436**	**7 467**	**394**	**2 143**	**1 986**
	nach Wirtschaftszweigen der Unternehmen⁴)										
1010	Elektrizitätsversorgung	12 947	1 687	72	11 187	3 975	102	5 013	311	1 972	1 574
1030	Gasversorgung⁵)	1 664	84	4	1 577	60	135	1 159	50	108	152
1050	Fernwärmeversorgung	118	6	3	109	25	—	66	2	21	5
1070	Wasserversorgung	2 113	449	35	1 629	357	199	1 229	31	41	255
	nach Wirtschaftszweigen der fachlichen Unternehmensteile										
1010	Elektrizitätsversorgung	9 402	1 287	51	8 064	3 675	—	2 856	244	1 866	760
	Erzeugung einschl. Fremdbezug	5 244	602	43	4 600	1 329	—	1 881	157	1 425	452
	Erzeugung ohne Fremdbezug	2 643	485	3	2 154	2 346	—	108	14	77	97
	Verteilung ohne Erzeugung	1 515	200	5	1 310	—	—	867	73	364	211
1030	Gasversorgung⁵)	2 843	143	4	2 696	39	189	2 111	101	191	213
	Erzeugung einschl. Fremdbezug	604	30	0	573	19	111	373	25	33	43
	Erzeugung ohne Fremdbezug	67	1	0	66	20	3	36	2	2	4
	Verteilung ohne Erzeugung	2 172	112	4	2 057	—	75	1 702	74	155	166
1050	Fernwärmeversorgung	832	63	3	767	205	—	561	13	32	21
	Gewinnung einschl. Fremdbezug	374	39	3	333	116	—	219	6	25	8
	Gewinnung ohne Fremdbezug	436	23	0	412	89	—	322	6	6	12
	Verteilung ohne Gewinnung	22	1	—	22	—	—	20	1	1	1
1070	Wasserversorgung	3 001	532	48	2 420	497	247	1 939	35	55	227
	Gewinnung einschl. Fremdbezug	1 655	281	26	1 348	274	145	1 062	19	32	124
	Gewinnung ohne Fremdbezug	1 161	233	21	906	223	93	723	13	19	89
	Verteilung ohne Gewinnung	185	18	1	166	—	9	154	3	4	14
	Sonstiges⁶)	765	202	8	555	—	—	—	—	—	765
	nach Beschäftigtengrößenklassen der Unternehmen										
	bis 19	1 838	469	20	1 349	691	135	849	26	54	84
	20 — 49	832	184	4	643	221	25	393	16	35	141
	50 — 99	667	84	10	573	76	26	412	21	59	72
	100 — 199	1 686	209	7	1 471	928	4	498	23	104	128
	200 — 499	2 043	249	10	1 784	667	28	846	40	150	313
	500 — 999	1 090	120	8	963	75	25	613	37	139	201
	1 000 und mehr	8 686	912	55	7 719	1 758	193	3 855	231	1 602	1 047

*) Alle Unternehmen der Elektrizitäts- und Gasversorgung, Unternehmen der Fernwärmeversorgung mit einer Wärmeleistung von mindestens 20,9 GJ/h (5 Gcal/h) oder mit einer Versorgungsleistung von mindestens 500 Wohnungen sowie Unternehmen der Wasserversorgung mit einer jährlichen Wasserabgabe von 200 000 m³ und mehr.
¹) Systematik der Wirtschaftszweige, Ausgabe 1979, Fassung für die Statistik im Produzierenden Gewerbe (SYPRO).
²) Einschl. Leitungs- und Rohrnetz, Zähler und Meßgeräte, Betriebs- und Geschäftsausstattung.
³) Zur Fortleitung und Verteilung.
⁴) Zuordnung nach dem wirtschaftlichen Schwerpunkt des Unternehmens.
⁵) Außerdem Investitionen der Erdgas- bzw. Erdölgas-Gewinnungs- und -Transportunternehmen für die öffentliche Gasversorgung = 595 Mill. DM.
⁶) Verkehr, Häfen, Bäder u. ä.

9.32 Brutto- und Nettoproduktionswert sowie Nettowertschöpfung in der Energie- und Wasserversorgung 1981*)

Nr. der Systematik[1])	Wirtschaftsgliederung Unternehmen mit ... bis .... Beschäftigten	Bruttoproduktionswert[2])		Nettoproduktionswert[3])			Nettowertschöpfung zu Faktorkosten[4])		
		insgesamt	je Beschäftigten[5])	insgesamt	je Beschäftigten[5])	Anteil am Bruttoproduktionswert	insgesamt	je Beschäftigten[5])	Anteil am Bruttoproduktionswert
		Mill. DM	1 000 DM	Mill. DM	1 000 DM	%	Mill. DM	1 000 DM	%
10	**Elektrizitäts-, Gas-, Fernwärme- und Wasserversorgung**	**110 121**	***405,7***	**42 723**	***157,4***	***38,8***	**21 431**	***79,0***	***19,5***
	nach Wirtschaftszweigen								
1010	Elektrizitätsversorgung	86 999	*379,4*	35 729	*155,8*	*41,1*	18 055	*78,8*	*20,8*
1030	Gasversorgung	19 125	*826,0*	4 483	*193,6*	*23,4*	2 148	*92,8*	*11,2*
1050	Fernwärmeversorgung	720	*442,3*	266	*163,6*	*37,0*	131	*80,7*	*18,3*
1070	Wasserversorgung	3 277	*188,9*	2 245	*129,4*	*68,5*	1 096	*63,2*	*33,5*
	nach Beschäftigtengrößenklassen								
	20 — 49	4 003	*406,9*	1 421	*144,5*	*35,5*	685	*69,6*	*17,1*
	50 — 99	5 187	*484,5*	1 623	*151,6*	*31,3*	796	*74,3*	*15,3*
	100 — 199	8 718	*585,6*	2 691	*180,7*	*30,9*	888	*59,6*	*10,2*
	200 — 499	13 222	*429,9*	4 839	*157,3*	*36,6*	2 319	*75,4*	*17,5*
	500 — 999	12 051	*441,1*	3 928	*143,9*	*32,6*	2 105	*77,0*	*17,5*
	1 000 und mehr	66 940	*376,3*	28 221	*158,6*	*42,2*	14 638	*82,3*	*21,9*

*) Unternehmen mit 20 Beschäftigten und mehr. – Ohne Umsatz-(Mehrwert-)steuer und Ausgleichsabgabe.
1) Systematik der Wirtschaftszweige, Ausgabe 1979, Fassung für die Statistik im Produzierenden Gewerbe (SYPRO).
2) Umsatz ohne Umsatz-(Mehrwert-)steuer plus/minus Bestandsveränderung an unfertigen und fertigen Erzeugnissen aus eigener Produktion plus selbsterstellte Anlagen.
3) Bruttoproduktionswert minus Materialverbrauch, Einsatz an fremdbezogener(m) Energie und Wasser zur Weiterverteilung, Einsatz an Handelsware.
4) Nettoproduktionswert minus Kosten für fremdbezogene Dienstleistungen, Mieten und Pachten, Sonstige Kosten, Abschreibungen, indirekte Steuern abzüglich Subventionen.
5) Einschl. regelmäßig zeitweise eingesetzter Arbeitskräfte.

9.33 Kostenstruktur in der Energie- und Wasserversorgung 1981*)

Nr. der Systematik[1])	Wirtschaftsgliederung Unternehmen mit ... bis ... Beschäftigten	Bruttoproduktionswert[2])	Personalkosten	Materialverbrauch und Wareneinsatz				Kosten für fremdbezogene Dienstleistungen[4])	Mieten u. Pachten	Sonstige Kosten[5])	Kostensteuern[6])	Abschreibungen auf Sachanlagen	Fremdkapitalzinsen
				insgesamt	Materialverbrauch	Einsatz an fremdbezogener(m) Energie u. Wasser[3])	Einsatz an Handelsware						
		Mill. DM	Anteil am Bruttoproduktionswert in %										
10	**Elektrizitäts-, Gas-, Fernwärme- und Wasserversorgung**	**110 121**	***13,8***	***61,2***	***16,3***	***44,8***	***0,1***	***4,0***	***0,9***	***2,7***	***4,6***	***8,3***	***2,8***
	nach Wirtschaftszweigen												
1010	Elektrizitätsversorgung	86 999	*14,9*	*58,9*	*18,9*	*39,9*	*0,1*	*4,1*	*0,7*	*2,9*	*5,0*	*8,9*	*3,0*
1030	Gasversorgung	19 125	*6,7*	*76,6*	*4,5*	*72,0*	*0,1*	*2,9*	*1,6*	*1,8*	*2,7*	*4,1*	*1,4*
1050	Fernwärmeversorgung	720	*12,5*	*63,0*	*41,2*	*21,7*	*0,1*	*6,4*	*2,0*	*3,6*	*1,4*	*5,5*	*1,5*
1070	Wasserversorgung	3 277	*27,2*	*31,5*	*9,9*	*21,5*	*0,1*	*8,2*	*0,3*	*4,8*	*5,8*	*17,1*	*8,6*
	nach Beschäftigtengrößenklassen												
	20 — 49	4 003	*10,2*	*64,5*	*7,1*	*57,2*	*0,2*	*2,9*	*0,3*	*2,7*	*4,4*	*8,6*	*4,0*
	50 — 99	5 187	*9,1*	*68,7*	*3,6*	*65,0*	*0,1*	*2,7*	*0,2*	*1,6*	*4,1*	*7,6*	*3,8*
	100 — 199	8 718	*8,5*	*69,1*	*14,4*	*54,5*	*0,2*	*4,0*	*0,4*	*4,6*	*4,1*	*8,0*	*4,4*
	200 — 499	13 222	*11,7*	*63,4*	*10,9*	*52,2*	*0,3*	*4,1*	*0,4*	*3,3*	*4,3*	*7,8*	*3,6*
	500 — 999	12 051	*11,7*	*67,4*	*8,5*	*58,8*	*0,1*	*3,2*	*0,6*	*1,9*	*4,0*	*6,2*	*2,2*
	1 000 und mehr	66 940	*15,9*	*57,8*	*20,5*	*37,2*	*0,1*	*4,4*	*1,1*	*2,5*	*4,9*	*8,9*	*2,5*

*) Unternehmen mit 20 Beschäftigten und mehr. – Ohne Umsatz-(Mehrwert-)steuer und Ausgleichsabgabe.
1) Systematik der Wirtschaftszweige, Ausgabe 1979, Fassung für die Statistik im Produzierenden Gewerbe (SYPRO).
2) Umsatz ohne Umsatz-(Mehrwert-)steuer plus/minus Bestandsveränderung an unfertigen und fertigen Erzeugnissen aus eigener Produktion plus selbsterstellte Anlagen.
3) Zur Weiterverteilung.
4) Reparaturen, Instandhaltungen, Installationen, Montagen u. ä.
5) Werbe- und Vertreterkosten, Provisionen, Prüfungs-, Beratungs- und Rechtskosten, Versicherungsprämien u. ä.
6) Einschl. Konzessionsabgaben, öffentlicher Gebühren und Beiträge.

9.34 Kraftwerke der Elektrizitätsversorgungsunternehmen, Stromerzeugungsanlagen im Bergbau und Verarbeitenden Gewerbe sowie für die Deutsche Bundesbahn

9.34.1 Aufkommen und Verwendung von Elektrizität

Gegenstand der Nachweisung	1978	1979	1980	1981	1978	1979	1980	1981
	Mill. kWh				Terajoule[1])			
Elektrizitätserzeugung								
von Kraftwerken der Elektrizitätsversorgungsunternehmen	283 727	298 536	298 345	301 777	1 021 417	1 074 730	1 074 042	1 086 397
davon aus:								
Wärmekraft	267 692	282 389	281 980	284 302	963 691	1 016 601	1 015 128	1 023 487
Wasserkraft	16 035	16 147	16 365	17 475	57 726	58 129	58 914	62 910
von Stromerzeugungsanlagen im Bergbau und Verarbeitenden Gewerbe[2])	63 921	67 321	64 045	60 711	230 116	242 355	230 562	218 560
davon aus:								
Wärmekraft	62 530	65 987	62 769	59 244	225 108	237 553	225 968	213 278
Wasserkraft	1 391	1 334	1 276	1 467	5 008	4 802	4 594	5 281
von Stromerzeugungsanlagen für die Deutsche Bundesbahn	5 712	6 326	6 380	6 322	20 563	22 774	22 968	22 759
davon aus:								
Wärmekraft	4 691	5 281	5 371	5 305	16 887	19 012	19 336	19 098
Wasserkraft	1 021	1 045	1 009	1 017	3 676	3 762	3 632	3 661
Insgesamt	**353 360**	**372 183**	**368 770**	**368 810**	**1 272 096**	**1 339 859**	**1 327 572**	**1 327 716**
− Elektrizitätsverbrauch der Pumpspeicherwerke[3])	2 027	2 160	1 769	2 486	7 297	7 776	6 368	8 950
− Eigenverbrauch der Kraftwerke der Elektrizitätsversorgungsunternehmen	16 878	17 557	17 434	17 702	60 761	63 205	62 762	63 727
+ Einfuhr[4])	16 416	15 631	19 221	21 927	59 098	56 271	69 196	78 937
− Ausfuhr[5])	13 331	15 002	13 463	14 028	47 992	54 007	48 467	50 501
= Inlandsversorgung (einschl. Leitungsverluste)	**337 540**	**353 095**	**355 325**	**356 521**	**1 215 144**	**1 271 142**	**1 279 170**	**1 283 475**
davon:								
Bergbau und Verarbeitendes Gewerbe	161 450	170 542	169 251	167 689	581 220	613 951	609 304	603 680
Verkehr	9 549	10 531	10 680	10 796	34 376	37 912	38 448	38 866
aus öffentlichem Netz	3 949	4 287	4 399	4 515	14 216	15 433	15 836	16 254
von Stromerzeugungsanlagen für die Deutsche Bundesbahn	5 600	6 244	6 281	6 281	20 160	22 479	22 612	22 612
Handel und Kleingewerbe	32 568	33 530	34 162	35 687	117 245	120 708	122 983	128 473
Landwirtschaft	7 135	7 261	7 099	7 214	25 686	26 140	25 556	25 970
Haushalte	80 694	83 232	85 551	86 841	290 498	299 635	307 984	312 628
Sonstige Verbraucher	33 774	34 664	34 059	33 127	121 586	124 790	122 612	119 257
Verluste[6])	12 370	13 335	14 523	15 167	44 532	48 006	52 283	54 601

9.34.2 Engpaßleistung und verfügbare Leistung, Elektrizitätserzeugung und Brennstoffverbrauch*)

Leistung — Elektrizitätserzeugung — Brennstoffverbrauch	Einheit	Kraftwerke der Elektrizitätsversorgungsunternehmen				Stromerzeugungsanlagen im Bergbau und Verarbeitenden Gewerbe[7])				Stromerzeugungsanlagen für die Deutsche Bundesbahn			
		1978	1979	1980	1981	1978	1979	1980	1981	1978	1979	1980	1981
Engpaßleistung[8])	1 000 kW	69 199	71 466	71 211	73 543	14 714	14 617	14 472	14 507	1 362	1 370	1 370	1 370
betrieben mit													
Wasser	1 000 kW	5 918	5 914	5 929	5 928	197	179	170	172	338	339	339	339
Steinkohle[9])[10])	1 000 kW	19 216	20 856	20 269	21 086	8 195	7 997	7 697	7 654	651	658	658	658
Rohbraunkohle	1 000 kW	13 284	13 284	13 238	13 110	744	744	742	775	—	—	—	—
Heizöl	1 000 kW	11 441	11 435	11 686	10 930	2 921	2 980	2 976	2 930	—	100	100	—
Gas	1 000 kW	10 528	10 520	10 867	11 943	2 296	2 335	2 479	2 579	215	115	115	215
Kernenergie	1 000 kW	8 517	9 149	8 905	10 205	—	—	—	—	158	158	158	158
Sonstigem[11])	1 000 kW	295	308	317	341	361	383	408	397	—	—	—	—
Verfügbare Leistung[8])	1 000 kW	60 104	61 810	64 134	66 316	13 540	13 710	13 606	13 536	1 226	1 233	1 233	1 233
Höchstleistung	1 000 kW	50 716	51 152	51 162	52 019	12 475	12 751	12 605	11 858	—	—	—	—
Elektrizitätserzeugung nach Energieträgern	Mill. kWh	283 727	298 536	298 345	301 777	63 432	66 635	63 514	59 830	5 712	6 326	6 380	6 322
Wasser	Mill. kWh	16 035	16 123	16 365	17 475	1 170	1 071	1 059	1 069	1 021	1 045	1 010	1 017
Steinkohle[9])	Mill. kWh	72 611	76 630	83 627	90 994	29 476	30 488	29 253	29 130	2 244	2 635	2 580	2 557
Rohbraunkohle	Mill. kWh	83 498	86 179	86 276	88 660	3 796	4 087	4 255	4 236	—	—	—	—
Heizöl	Mill. kWh	18 421	15 303	14 138	9 931	12 252	11 715	11 201	9 397	304	495	237	287
Gas	Mill. kWh	56 889	61 372	53 654	40 722	14 455	16 753	15 394	13 938	1 204	1 461	1 467	1 314
Kernenergie	Mill. kWh	35 003	41 601	42 614	52 484	—	—	—	—	939	690	1 086	1 147
Sonstige[11])	Mill. kWh	1 270	1 329	1 671	1 511	2 283	2 521	2 353	2 060	—	—	—	—
Brennstoffverbrauch													
Steinkohle[9])	1 000 t[12])	23 388	24 679	26 892	29 078	9 745	9 969	9 514	9 477	804	969	903	899
Rohbraunkohle	1 000 t	109 481	112 918	113 100	117 520	4 109	4 140	4 199	4 118	—	—	—	—
Heizöl	1 000 t	4 141	3 439	3 150	2 222	2 023	1 988	1 842	1 524	66	125	56	68
Gas	Mill. m^3 [13])	15 537	15 344	13 277	10 030	3 787	4 310	4 087	3 258	325	432	413	367
Dieselkraftstoff	t	947	1 405	3 300	4 300	2 051	2 440	1 235	1 237	—	—	—	—

*) Siehe hierzu Vorbemerkung S. 166.
1) 1 Mill. kWh = 3,6 Terajoule (TJ).
2) Einschl. Anlagen unter 1 000 kVA Nennleistung der Stromerzeuger.
3) Pumpspeicherwerke der Elektrizitätsversorgungsunternehmen und der Stromerzeugungsanlagen für die Deutsche Bundesbahn.
4) Einschl. Bezüge aus der Deutschen Demokratischen Republik und Berlin (Ost).
5) Einschl. Lieferungen an die Deutsche Demokratische Republik und Berlin (Ost).
6) Einschl. Übertragungsverluste des öffentlichen Netzes.
7) Nur Anlagen über 1 000 kVA Nennleistung der Stromerzeuger.
8) Am Jahresende.
9) Einschl. Braunkohlenbriketts und tschechischer Hartbraunkohle.
10) Einschl. Anlagen mit Mischfeuerung.
11) Dieselkraftstoff, Ölschiefer, Holz u. ä., Müll sowie Abhitze und bezogener Dampf.
12) Heizwert = 29,308 GJ/t.
13) Heizwert = 35 169 kJ/m^3.

9.35 Investitionen im Bergbau und Verarbeitenden Gewerbe für Stromerzeugungsanlagen

1 000 DM

Nr. der Systematik[1])	Wirtschaftsgliederung	1975	1976[2])	1977	1978	1979	1980	1981
2111	Steinkohlenbergbau und -brikettherstellung, Kokerei	84 027	132 072	74 191	109 267	31 823	31 131	49 373
2114	Braunkohlenbergbau und -brikettherstellung	1 189	11 769	5 320	4 609	1 901	4 009	3 867
Rest aus 21	Übriger Bergbau	1 465	5 839	4 977	6 805	5120	3 706	6 028
22	Mineralölverarbeitung	9 299	32 093	58 569	47 991	41 349	108 296	12 398
40	Chemische Industrie	75 136	58 649	70 419	77 677	56 939	47 886	155 804
27, 2910	Eisenschaffende Industrie, Eisen-, Stahl- und Tempergießerei	16 123	95 960	7 181	4 098	2 679	22 985	27 365
30 — 38	Metallbe- und -verarbeitung[3])	12 460	3 794	1 124	1 727	11 167	37 761	57 679
55 — 57	Papiererzeugung und -verarbeitung, Druckerei	31 224	31 177	17 663	30 701	12 578	35 027	78 295
63	Textilgewerbe	3 365	6 824	2 829	9 305	5 495	11 492	21 755
68	Ernährungsgewerbe	31 721	37 482	19 751	33 955	35 372	58 313	47 691
	Übrige Wirtschaftszweige des Verarbeitenden Gewerbes	5 378	3 159	5 318	7 051	13 027	17 332	16 212
	Insgesamt	**271 387**	**418 818**	**267 342**	**333 186**	**217 450**	**377 938**	**476 467**

1) Systematik der Wirtschaftszweige, Ausgabe 1979, Fassung für die Statistik im Produzierenden Gewerbe (SYPRO).

2) 1976 wurden einige Wärmekraftwerke des Bergbaus und Verarbeitenden Gewerbes dem Wirtschaftszweig Elektrizitätsversorgung zugeordnet, Vergleiche mit den Vorjahren sind daher nur bedingt möglich.

3) Ziehereien, Kaltwalzwerke, Stahlverformung, a.n.g., Stahl-, Maschinen- und Fahrzeugbau, Elektrotechnik, Feinmechanik, Optik, Herstellung von Eisen-, Blech- und Metallwaren.

9.36 Aufkommen, Verwendung und Abgabe von Gasen

9.36.1 Gaserzeugung und -darbietung insgesamt

Mill. m³ (Heizwert = 35 169 kJ/m³)

Gegenstand der Nachweisung	Jahr	Gasarten								
		insgesamt	Kokereigas	Ortsgas	Hochofengas	Erdgas	Erdölgas	Flüssiggas	Raffineriegas[1])	sonstige Gase[2])
Erzeugung/Gewinnung	1979	45 362	6 069	640	6 021	20 685	380	3 614	6 460	1 493
	1980	42 832	6 509	608	5 648	18 645	362	3 660	5 812	1 588
	1981	40 619	6 435	454	5 259	18 495	322	3 393	4 697	1 565
− Eigenverbrauch	1979	12 427	2 117	94	1 902	940	104	918	5 162	1 190
	1980	12 347	2 375	76	1 833	1 156	114	959	4 716	1 118
	1981	11 361	2 337	17	1 830	1 133	127	993	3 822	1 102
− Verluste	1979	1 340	5	—	421	789	32	6	10	77
	1980	1 240	15	—	395	554	26	40	18	192
	1981	1 165	9	—	368	574	26	18	14	156
± Bestandsveränderung[3])	1979	+108	0	—	0	− 8	—	+117	− 1	—
	1980	− 9	0	—	0	− 3	—	− 28	+22	—
	1981	− 40	—	—	—	−17	—	+ 7	−30	—
+ Einfuhr[4])	1979	40 666	—	—	—	40 066	—	600	—	—
	1980	43 572	—	—	—	42 716	—	856	—	—
	1981	41 303	—	—	—	40 398	—	905	—	—
− Ausfuhr[5])	1979	949	—	1	—	432	—	516	—	—
	1980	3 254	—	1	—	2 661	—	592	—	—
	1981	3 777	—	0	—	3 039	—	738	—	—
= Inlandsversorgung	1979	71 420	3 947	545	3 698	58 582	244	2 891	1 287	226
	1980	69 554	4 119	531	3 420	56 987	222	2 897	1 100	278
	1981	65 579	4 088	437	3 061	54 130	169	2 556	831	307

Fußnoten siehe Seite 210.

9.36 Aufkommen, Verwendung und Abgabe von Gasen

9.36.1 Gaserzeugung und -darbietung insgesamt

Terajoule

Gegenstand der Nachweisung	Jahr	Gasarten								
		insgesamt	Kokereigas	Ortsgas	Hochofengas	Erdgas	Erdölgas	Flüssiggas	Raffineriegas[1])	sonstige Gase[2])
Erzeugung/Gewinnung	1979	1 595 358	213 436	22 524	211 762	727 473	13 370	127 107	227 179	52 507
	1980	1 506 352	228 928	21 381	198 622	655 721	12 741	128 710	204 394	55 855
	1981	1 429 112	226 301	15 958	184 974	650 456	11 308	119 317	165 760	55 039
− Eigenverbrauch	1979	437 064	74 468	3 307	66 907	33 049	3 649	32 279	181 555	41 850
	1980	434 261	83 522	2 677	64 446	40 672	4 019	33 741	165 874	39 310
	1981	400 081	82 185	583	64 354	39 836	4 458	34 914	134 990	38 762
− Verluste	1979	47 154	192	—	14 823	27 743	1 132	222	347	2 695
	1980	43 644	531	—	13 904	19 477	927	1 425	637	6 743
	1981	40 962	332	—	12 948	20 190	903	632	478	5 478
± Bestandsveränderung[3])	1979	+3 807	0	—	0	−277	—	+4 126	− 42	—
	1980	− 320	0	—	0	−105	—	− 999	+ 784	—
	1981	−1 402	—	—	—	−608	—	+ 265	−1 059	—
+ Einfuhr[4])	1979	1 430 178	—	—	—	1 409 065	—	21 113	—	—
	1980	1 532 387	—	—	—	1 502 277	—	30 110	—	—
	1981	1 452 596	—	—	—	1 420 764	—	31 832	—	—
− Ausfuhr[5])	1979	33 389	—	30	—	15 205	—	18 154	—	—
	1980	114 437	—	31	—	93 581	—	20 825	—	—
	1981	132 854	—	6	—	106 881	—	25 966	—	—
= Inlandsversorgung	1979	2 511 736	138 776	19 187	130 032	2 060 264	8 589	101 691	45 235	7 962
	1980	2 446 077	144 875	18 673	120 272	2 004 163	7 795	101 830	38 667	9 802
	1981	2 306 409	143 784	15 369	107 672	1 903 705	5 947	89 901	29 234	10 799

9.36.2 Aufkommen und Abgabe der Gasversorgungsunternehmen*)

Aufkommen und Abgabe	1978	1979	1980	1981	1978	1979	1980	1981
	Mill. m³ (Heizwert = 35 169 kJ/m³)				Terajoule			
Aufkommen[6])	63 152	68 791	69 955	66 037	2 220 993	2 419 311	2 460 247	2 322 455
Eigenverbrauch	4 238	4 504	4 816	5 599	149 046	158 401	169 374	196 911
Zur Abgabe an Letztverbraucher verfügbar	58 914	64 287	65 139	60 438	2 071 947	2 260 910	2 290 874	2 125 544
Ortsgasversorgungsunternehmen	30 222	32 540	32 634	31 629	1 062 878	1 144 399	1 147 705	1 112 360
Ferngasgesellschaften	21 813	24 736	25 584	23 096	767 141	869 940	899 764	812 263
Kokereien	4 074	4 254	4 496	3 637	143 279	149 609	158 120	127 910
Erdgasgewinnungsunternehmen	2 805	2 757	2 425	2 076	98 649	96 961	85 285	73 011
Abgabe an inländische Abnehmer	57 654	62 996	62 496	57 404	2 027 634	2 215 506	2 197 922	2 018 841
Bergbau und Verarbeitendes Gewerbe	24 609	27 199	27 603	25 294	865 474	956 562	970 770	889 565
Elektrizitätserzeugung	16 394	17 689	15 728	11 747	576 561	622 104	553 138	413 130
Haushalte	10 603	11 961	12 627	13 463	372 897	420 656	444 079	473 480
Handel und Kleingewerbe	2 109	2 241	2 526	2 822	74 171	78 814	88 837	99 247
Öffentliche Einrichtungen	2 124	2 214	2 345	2 530	74 699	77 864	82 471	88 978
Sonstige Abnehmer	1 815	1 692	1 667	1 556	63 832	59 506	58 627	54 723
Ausfuhr[5])	285	382	2 643	3 034	10 023	13 435	92 952	106 702
Nicht abgerechnete Mengen	—	—	—	−8	—	—	—	−281
Verluste	975	909	—	—	34 290	31 969	—	—

*) Einschl. Kokereien und Erdgasgewinnungsunternehmen.
[1]) Einschl. Normgas.
[2]) Grubengas, Klärgas sowie Generator-, Spalt- und Wassergas im Bergbau und Verarbeitenden Gewerbe.
[3]) + = Bestandsminderung, − = Bestandserhöhung.
[4]) Einschl. Bezüge aus der Deutschen Demokratischen Republik und Berlin (Ost).
[5]) Einschl. Lieferungen an die Deutsche Demokratische Republik und Berlin (Ost).
[6]) Ohne unmittelbar bezogenes Raffinerie- und Flüssiggas.

9.37 Aufkommen und Verwendung von Kohle und Mineralölerzeugnissen

Gegenstand der Nachweisung	1980	1981	1982	1980	1981	1982
	1 000 Tonnen			Terajoule[1]		
Steinkohle einschl. Steinkohlenbriketts und -koks						
Steinkohlenförderung[2]	87 146	88 460	89 014	2 590 674	2 628 939	2 640 410
Einsatz von Steinkohle in Zechenkokereien, -kraftwerken, Brikettfabriken, Selbstverbrauch u. Deputate	30 937	30 101	28 933	919 720	894 575	858 550
Brikettherstellung	1 455	1 332	1 283	45 693	41 816	40 280
Einsatz von Briketts, Selbstverbrauch und Deputate	316	328	336	9 914	10 289	10 562
Zechenkokserzeugung	20 567	20 096	19 212	588 137	574 662	549 375
Einsatz von Koks, Selbstverbrauch und Deputate	909	901	879	26 002	25 757	25 128
Haldenbestände[3]	7 464	10 436	19 714	218 176	305 733	576 343
Steinkohle und Steinkohlenbriketts	4 144	6 477	11 645	123 236	192 530	345 585
Bestandsveränderung[4]	− 798	−2 332	−5 168	−23 752	−69 331	−153 055
Zechenkoks	3 320	3 959	8 069	94 940	113 203	230 758
Bestandsveränderung[4]	+ 321	− 639	−4 110	+ 9 186	−18 262	−117 555
Einfuhr	10 199	11 302	11 544	301 966	334 810	341 581
Steinkohle und Steinkohlenbriketts	9 124	10 320	10 634	271 235	306 715	315 567
Steinkohlenkoks	1 075	982	910	30 731	28 095	26 014
Ausfuhr[5]	20 847	18 862	14 462	611 146	553 883	425 280
Steinkohle und Steinkohlenbriketts	12 727	12 361	10 294	378 929	367 971	306 056
Steinkohlenkoks	8 121	6 501	4 157	232 217	185 912	118 878
Inlandsversorgung	65 880	68 028	67 153	1 945 122	2 008 130	1 981 884
Steinkohle und Steinkohlenbriketts	52 947	54 990	56 178	1 575 287	1 635 304	1 668 056
Steinkohlenkoks	12 933	13 038	10 975	369 835	372 826	313 828
Braunkohle einschl. Braunkohlenbriketts, -koks, Staub- und Trockenkohle						
Braunkohlenförderung	129 833	130 619	127 307	1 068 132	1 089 102	1 087 839
Einsatz von Braunkohle in Brikettfabriken, Kokereien, f. Staub- u. Trockenkohle, in eig. Kraftw., f. Sonstiges, Selbstverbrauch u. Deputate	17 464	16 903	15 949	143 676	141 073	136 283
Brikett- und Braunkohlenkoksherstellung	4 545	4 265	4 059	92 334	86 695	82 668
Selbstverbrauch und Deputate	138	129	122	2 767	2 600	2 462
Herstellung von Staub- und Trockenkohle	1 935	2 250	2 071	38 890	48 054	44 232
Selbstverbrauch und Deputate	9	12	10	188	267	217
Haldenbestände an Braunkohlenbriketts und -koks	1	6	9	12	112	207
Bestandsveränderung[4]	+ 5	− 5	− 3	+ 119	− 100	− 95
Einfuhr[6]	3 371	4 095	4 243	59 611	69 486	72 958
Braunkohlenbriketts und -koks	1 253	1 381	1 566	26 618	29 042	33 551
Österreichische und Tschechische Hartbraunkohle	2 118	2 714	2 262	32 993	40 444	39 407
Ausfuhr	920	861	759	15 638	14 387	12 908
Braunkohle	275	260	218	2 264	2 167	1 863
Braunkohlenbriketts und -koks	645	601	541	13 374	12 220	11 045
Inlandsversorgung	121 158	123 303	120 825	1 096 817	1 134 910	1 135 459
Braunkohle	112 094	113 683	111 145	922 192	947 888	949 729
Braunkohlenbriketts und -koks	5 020	4 911	4 957	102 930	100 817	102 308
Staub- und Trockenkohle	1 926	2 238	2 061	38 702	47 787	44 015
Österreichische und Tschechische Hartbraunkohle	2 118	2 471	2 662	32 993	38 418	39 407
Heizöl[7]						
Erzeugung[8][9]	47 555	38 645	36 586	2 000 316	1 624 100	1 538 012
Bestandsveränderung[4]	− 445	+1 123	+ 959	−19 453	+47 854	+ 40 308
Umwidmungen	− 934	2 060	+ 907	+38 753	+87 025	+ 38 585
Lieferungen an Großbunker[10]	2 409	2 597	2 200	98 843	106 557	90 268
Einfuhr[6][11]	17 504	13 909	13 586	739 874	587 808	574 448
Ausfuhr[5][11]	4 082	3 891	4 119	169 092	160 653	169 722
Inlandsversorgung	59 057	49 249	45 719	2 491 555	2 079 577	1 931 363
Dieselkraftstoff[7]						
Erzeugung[9][12]	11 747	11 802	12 120	501 656	504 006	517 584
Bestandsveränderung[4]	− 55	+ 41	− 49	− 2 349	+ 1 748	− 2 092
Umwidmungen	+ 191	328	+ 268	+ 8 157	+14 007	+ 11 445
Lieferungen an Großbunker[10]	477	522	540	20 370	22 290	23 061
Einfuhr[6][10]	2 849	2 517	2 307	121 666	107 488	98 521
Ausfuhr[5][10]	492	505	512	21 011	21 566	21 865
Inlandsversorgung	13 763	13 661	13 594	587 749	583 393	580 532
Motorenbenzin[7]						
Erzeugung[9][12][13]	20 052	18 799	18 946	873 124	818 565	824 966
Bestandsveränderungen[4]	− 623	− 645	+ 178	−27 127	−28 086	+ 7 753
Umwidmungen	+1 007	+1 539	+1 175	+43 848	+67 012	51 163
Einfuhr[6][11]	3 321	3 529	3 851	144 606	153 664	167 684
Ausfuhr[5][11]	915	827	1 215	39 842	36 010	52 907
Inlandsversorgung	22 842	22 395	22 935	994 609	975 145	998 659

1) Für die Umrechnung der in spezifischen Einheiten erfaßten Mengen in Wärmemengen (Joule) wurden für die einzelnen Energiearten folgende Heizwerte (jeweils kJ/kg) verwendet; Steinkohle = 29 894, Steinkohlenbriketts = 31 401, Steinkohlenkoks = 28 596, Rohbraunkohle = 8 081, Braunkohlenbriketts, Staub- und Trockenkohle = 20 097, Braunkohlenkoks (Inland) = 30 145, Braunkohlenkoks (Einfuhr) = 22 609, Hartbraunkohle = 14 235, Heizöl leicht = 42 705, Heizöl schwer = 41 031, Dieselkraftstoff = 42 705, Motorenbenzin = 43 543.
2) Einschl. Kleinbetriebe.
3) Ohne Steinkohlenreserve Deutscher Kohlenbergbau.
4) + = Bestandsminderung, − = Bestandserhöhung.
5) Einschl. Lieferungen an die Deutsche Demokratische Republik und Berlin (Ost).
6) Einschl. Bezüge aus der Deutschen Demokratischen Republik und Berlin (Ost).
7) Quelle: Bundesamt für gewerbliche Wirtschaft.
8) Einschl. Zusätze, ohne Heizöl aus Kohleveredlung.
9) Nettoerzeugung ohne Eigenverbrauch, Wiedereinsatz und Rücklauf aus der Chemischen Industrie.
10) Ohne Bedarf für in See gehende Schiffe.
11) Ohne Lagergut für ausländische Rechnung in Zoll- und Freihafenlager (u. a. ohne Bedarf für in See gehende Schiffe).
12) Einschl. Zusätze.
13) Ohne Erzeugung aus Braunkohlenschwelung und Destillation von Steinkohlenteer.

9.38 Beschäftigte und Umsatz im Handwerk*)

9.38.1 Nach Wirtschaftszweigen

Nr. der Systematik[1])	Wirtschaftsgliederung (H. v. = Herstellung von)	Beschäftigte[2])						Umsatz[3])					
		1980[4])	1981[4])	1982[4])	1980	1981	1982	1980	1981	1982	1980	1981	1982
		1 000			1976 = 100[5])			Mill. DM			1976 = 100		
	Verarbeitendes Gewerbe	**1 454**	**1 435**	**1 392**	**102**	**101**	**98**	**138 257**	**139 065**	**137 336**	**128**	**129**	**127**
22	Gew. u. Verarb. v. Steinen u. Erden, Feinkeramik, Glas	35	33	31	88	83	80	3 214	3 116	3 081	124	120	119
222	dar. Verarb. v. Steinen u. Erden (oh. Grobkeramik)	29	27	26	88	84	80	2 689	2 610	2 580	124	121	119
23	Metallerzeugung u. -bearbeitung	120	120	116	100	100	97	10 563	10 555	10 489	137	137	136
239 1	Schlosserei, Schmiederei u. ä., a. n. g.	79	79	76	102	103	100	6 382	6 399	6 311	151	151	149
239 5	Reparaturwerkstätten f. Landmaschinen	23	23	22	94	92	88	2 663	2 615	2 652	112	110	111
24	Stahl-, Maschinen- u. Fahrzeugbau, H. v. ADV-Einrichtungen	355	349	337	104	102	99	39 241	38 833	38 199	136	135	132
240	H. v. Stahl- u. Metallkonstruktionen, Weichenbau	35	35	34	105	105	101	3 705	3 598	3 468	152	147	142
242	Maschinenbau	91	91	89	106	106	104	8 815	8 873	8 765	143	144	142
249 1	Rep. v. Kraftfahrzeugen, Fahrrädern, Lackierung	191	186	178	103	100	96	22 976	22 678	22 343	131	129	127
25	Elektrotechnik, Feinmechanik, H. v. EBM-Waren usw.	203	201	199	105	104	103	17 104	17 781	17 002	138	143	137
250	Elektrotechnik	48	47	45	93	91	87	4 252	4 327	4 251	128	130	128
252	Feinmechanik, Optik	90	90	91	116	116	117	7 483	7 904	7 369	146	154	144
259	Rep. v. Gebrauchsgütern	24	24	24	97	97	95	2 163	2 222	2 202	130	134	133
26	Holz-, Papier- u. Druckgewerbe	193	193	186	102	102	98	16 585	16 388	15 630	140	139	132
261 1	H. v. Bauelementen aus Holz (oh. Fertigteilbauten)	56	58	56	102	106	101	5 101	5 173	4 806	145	147	137
261 3–4	H. v. Holzmöbeln u. sonst. Holzwaren	95	93	89	102	100	96	8 266	7 978	7 657	137	132	127
268 1	Druckerei	24	24	23	105	104	100	2 035	2 078	2 062	144	147	146
27	Leder-, Textil- u. Bekleidungsgewerbe	87	84	78	87	84	78	4 790	4 582	4 250	120	115	107
276	Bekleidungsgewerbe	55	52	48	87	83	77	2 951	2 847	2 631	117	113	104
279	Rep. v. Schuhen, Gebrauchsgütern aus Leder u. ä., Schirmen	16	15	14	86	84	79	677	617	581	137	125	118
28/29	Ernährungsgewerbe, Tabakverarbeitung	444	439	431	105	104	102	44 763	45 793	46 684	115	118	120
284	H. v. Backwaren	230	230	227	107	106	105	15 237	15 544	15 659	125	127	128
291 4	Fleischverarbeitung (oh. Talgschmelzen u. ä.)	195	191	185	103	101	97	24 655	25 295	25 965	110	113	116
	Baugewerbe	**1 637**	**1 605**	**1 535**	**103**	**101**	**96**	**128 810**	**127 809**	**122 991**	**142**	**141**	**135**
30	Bauhauptgewerbe[6])	901	882	832	104	102	96	74 185	73 023	68 990	146	144	136
31	Ausbaugewerbe	736	723	703	101	100	97	54 625	54 786	54 001	136	136	135
310 1	Klempnerei, Gas- u. Wasserinstallation	126	123	120	95	93	90	9 517	9 619	9 659	122	123	124
310 3	Install. v. Heizungs-, Klima- u. gesundh.-techn. Anlagen	116	114	111	114	113	109	10 807	10 933	10 635	142	144	140
310 5	Elektroinstallation	163	159	156	102	99	97	11 225	11 285	11 184	136	137	136
316 21	Glasergewerbe	20	21	20	110	112	111	2 072	2 048	1 901	159	157	146
316 24–27	Maler- u. Lackierergewerbe, Tapetenkleberei	178	177	172	97	96	93	9 230	9 430	9 557	132	135	137
316 31	Bautischlerei	65	61	60	100	95	92	5 354	4 894	4 721	144	132	127
316 5	Fußboden-, Fliesen- u. Plattenlegerei	53	52	49	96	95	89	5 097	5 123	4 859	132	132	125
	Handel	**226**	**227**	**232**	**106**	**107**	**109**	**37 344**	**38 424**	**39 678**	**125**	**128**	**132**
43	Einzelhandel	206	207	211	106	106	108	31 529	32 507	33 736	125	129	134
	davon:												
431	Eh. m. Nahrungsmitteln, Getränken, Tabakwaren	19	20	25	113	117	149	2 428	2 620	3 191	125	134	164
432	Eh. m. Textilien, Bekleidung, Schuhen, Lederwaren	16	16	16	77	75	73	1 564	1 577	1 545	96	97	95
434	Eh. m. elektrotechn. Erzeugnissen, Musikinstrumenten	19	20	21	101	103	107	2 593	2 671	2 867	126	130	139
438	Eh. m. Fahrzeugen	105	105	103	120	120	118	18 860	19 405	19 716	135	139	141
433, 435–437, 439	Übriger Einzelhandel	46	47	47	92	93	92	6 083	6 234	6 418	110	112	116
	Dienstleistungen v. Unternehmen u. Freien Berufen	**611**	**634**	**632**	**118**	**123**	**122**	**12 262**	**12 820**	**13 081**	**138**	**144**	**147**
73	Wäsch., Körperpflege u. a. persönl. Dienstleistungen	246	243	238	102	101	99	6 872	7 031	7 094	133	136	137
731	Wäscherei, Reinigung	28	27	26	93	90	87	971	984	990	114	115	116
735 1	Friseurgewerbe	207	205	202	104	103	101	5 098	5 235	5 338	139	142	145
739 1	Fotografisches Gewerbe	10	10	10	94	93	90	754	758	712	125	126	118
74	Gebäudereinig., Abfallbeseitg. u. a. hygien. Einrichtungen	351	376	378	133	143	143	4 328	4 677	4 852	147	159	165
741 9	dar. Sonst. Gebäudereinigung u. ä. (oh. Fassadenreinigung)	327	350	352	133	142	143	3 504	3 785	3 923	147	159	165
	Insgesamt	**3 930**	**3 903**	**3 793**	**105**	**104**	**101**	**317 090**	**318 419**	**313 376**	**133**	**134**	**132**

*) Ohne handwerkliche Nebenbetriebe.

1) Systematik der Wirtschaftszweige, Fassung für die Handwerkszählung 1977, Kurzbezeichnungen.

2) Ohne Heimarbeiter, einschl. Auszubildende.

3) Ohne Umsatz-(Mehrwert-)steuer.

4) Durchschnitt aus den Beschäftigtenzahlen am jeweiligen Vierteljahresende wie folgt berechnet: $\frac{1}{8}$ des 4. Vj des Vorjahres plus $\frac{1}{4}$ des 1. bis 3. Vj plus $\frac{1}{8}$ des 4. Vj des Berichtsjahres.

5) Stichtag 30. 9.

6) Für das handwerkliche Bauhauptgewerbe werden im 1. bis 3. Vj des Jahres jeweils die vorläufigen Angaben der monatlichen Berichterstattung im Bauhauptgewerbe übernommen.

9.38 Beschäftigte und Umsatz im Handwerk*)

9.38.2 Nach Gewerbezweigen

Nr. der Systematik[1])	Gewerbegruppe, Gewerbezweig	Beschäftigte[2])						Umsatz[3])					
		1980[4])	1981[4])	1982[4])	1980	1981	1982	1980	1981	1982	1980	1981	1982
		1 000			1976 = 100[5])			Mill. DM			1976 = 100		
	Bau- und Ausbaugewerbe	**1 191**	**1 168**	**1 110**	***102***	***100***	***95***	**92 867**	**91 878**	**87 752**	***142***	***140***	***134***
	darunter:												
101–102, 107	Maurer, Beton-, Stahlbeton- und Straßenbauer[6])	716	695	643	*107*	*104*	*96*	58 663	57 733	53 381	*150*	*148*	*136*
105	Zimmerer[6])	58	57	57	*87*	*85*	*84*	4 936	4 395	4 154	*115*	*103*	*97*
106	Dachdecker[6])	61	62	65	*102*	*103*	*108*	5 698	5 478	5 877	*143*	*137*	*147*
109	Fliesen-, Platten- und Mosaikleger	41	41	38	*96*	*95*	*90*	3 876	3 865	3 679	*122*	*122*	*116*
110	Betonstein- und Terrazzohersteller	10	9	8	*83*	*76*	*71*	976	913	900	*120*	*112*	*111*
113	Steinmetzen und Steinbildhauer	18	18	17	*94*	*91*	*90*	1 585	1 611	1 638	*127*	*130*	*132*
114	Stukkateure[6])	49	48	48	*102*	*101*	*100*	3 441	3 321	3 426	*160*	*154*	*159*
115	Maler und Lackierer	190	188	184	*97*	*96*	*94*	9 878	10 101	10 243	*132*	*135*	*137*
	Metallgewerbe	**1 145**	**1 130**	**1 098**	***104***	***103***	***100***	**118 499**	**119 368**	**118 797**	***134***	***135***	***134***
	darunter:												
201	Schmiede	22	21	20	*96*	*94*	*87*	1 760	1 745	1 610	*132*	*131*	*121*
202	Schlosser	119	118	115	*103*	*103*	*100*	11 330	11 174	11 110	*149*	*147*	*146*
204	Maschinenbauer (Mühlenbauer)	58	59	58	*113*	*114*	*113*	6 829	6 892	6 650	*155*	*156*	*151*
207, 207a	Mechaniker (Nähmaschinen-, Zweiradmechaniker), Kälteanlagenbauer	18	19	18	*99*	*102*	*100*	1 920	1 950	1 881	*131*	*134*	*129*
209	Kraftfahrzeugmechaniker	268	263	253	*110*	*108*	*104*	39 572	39 946	39 744	*133*	*134*	*134*
211	Landmaschinenmechaniker	29	29	28	*95*	*93*	*92*	4 397	4 396	4 704	*108*	*108*	*115*
214–215	Klempner, Gas- und Wasserinstallateure	131	128	125	*93*	*91*	*89*	9 974	10 051	10 123	*117*	*118*	*119*
216	Zentralheizungs- und Lüftungsbauer	115	114	110	*120*	*119*	*115*	10 899	10 995	10 834	*149*	*151*	*148*
218	Elektroinstallateure	186	182	178	*99*	*97*	*94*	13 105	13 220	13 097	*130*	*131*	*130*
222	Radio- und Fernsehtechniker	30	30	31	*101*	*102*	*103*	3 682	3 752	3 899	*132*	*135*	*140*
223	Uhrmacher	18	18	17	*97*	*94*	*90*	1 770	1 750	1 746	*123*	*121*	*121*
	Holzgewerbe	**246**	**243**	**236**	***104***	***102***	***99***	**22 317**	**21 666**	**20 744**	***144***	***140***	***134***
301	dar. Tischler	207	204	198	*103*	*102*	*99*	18 733	18 136	17 364	*144*	*139*	*133*
	Bekleidungs-, Textil- und Ledergewerbe	**120**	**116**	**110**	***85***	***82***	***78***	**7 730**	**7 588**	**7 214**	***110***	***108***	***103***
	darunter:												
401–402	Herren- und Damenschneider	28	26	24	*77*	*72*	*67*	885	845	836	*93*	*89*	*88*
413	Schuhmacher	23	23	22	*83*	*81*	*77*	1 352	1 331	1 232	*116*	*114*	*106*
418	Raumausstatter	34	34	32	*93*	*92*	*88*	2 802	2 768	2 635	*114*	*112*	*107*
	Nahrungsmittelgewerbe	**479**	**475**	**472**	***106***	***105***	***104***	**49 641**	**50 942**	**52 626**	***116***	***119***	***123***
	darunter:												
501	Bäcker	208	208	208	*107*	*107*	*107*	14 710	15 115	15 349	*124*	*127*	*129*
502	Konditoren	41	40	40	*108*	*107*	*105*	2 255	2 221	2 227	*130*	*128*	*128*
503	Fleischer	211	207	205	*104*	*102*	*101*	29 254	30 122	31 457	*111*	*115*	*120*
	Gewerbe für Gesundheits- und Körperpflege sowie chemisches und Reinigungsgewerbe	**655**	**677**	**675**	***118***	***122***	***122***	**17 105**	**17 990**	**17 621**	***141***	***149***	***146***
	darunter:												
601	Augenoptiker	24	24	24	*107*	*107*	*105*	2 470	2 523	2 393	*129*	*132*	*125*
606	Zahntechniker	45	47	47	*120*	*123*	*124*	3 501	3 817	3 343	*162*	*176*	*155*
607	Friseure	209	206	203	*104*	*103*	*101*	5 150	5 283	5 389	*138*	*142*	*145*
608, 610	Textilreiniger	28	28	27	*93*	*91*	*88*	992	1 011	1 019	*114*	*116*	*117*
611	Gebäudereiniger	331	354	356	*133*	*142*	*143*	3 543	3 827	3 967	*148*	*160*	*166*
	Glas-, Papier-, keramische und sonstige Gewerbe	**95**	**95**	**93**	***103***	***103***	***101***	**8 931**	**8 988**	**8 624**	***141***	***142***	***136***
	darunter:												
701	Glaser	24	24	24	*107*	*109*	*107*	2 475	2 474	2 289	*148*	*148*	*137*
707	Fotografen	13	13	12	*95*	*93*	*90*	1 054	1 043	1 008	*123*	*122*	*118*
709	Buchdrucker: Schriftsetzer; Drucker	23	23	22	*105*	*104*	*101*	1 951	2 009	2 012	*145*	*150*	*150*
	Insgesamt	**3 930**	**3 903**	**3 793**	***105***	***104***	***101***	**317 090**	**318 419**	**313 376**	***133***	***134***	***132***

*) Ohne handwerkliche Nebenbetriebe.

[1]) Nach dem Verzeichnis der Gewerbe, die als Handwerk betrieben werden können (Anlage A der Handwerksordnung vom 28. 12. 1965 in der Fassung vom 1. 8. 1978).

[2]) Ohne Heimarbeiter, einschl. Auszubildende.

[3]) Ohne Umsatz-(Mehrwert-)steuer.

[4]) Durchschnitt aus den Beschäftigtenzahlen am jeweiligen Vierteljahresende wie folgt berechnet: ⅛ des 4. Vj des Vorjahres plus ¼ des 1. bis 3. Vj plus ⅛ des 4. Vj des Berichtsjahres.

[5]) Stichtag 30. 9.

[6]) Die Angaben für die Positionen werden der monatlichen Berichterstattung im Bauhauptgewerbe in der Gliederung nach Wirtschaftszweigen entnommen und schematisiert nach Gewerbezweigen umgeschlüsselt.

10 Bautätigkeit und Wohnungen

10.0 Vorbemerkung

Die Baustatistiken (Bauberichterstattung und Bautätigkeitsstatistik) verfolgen das Ziel, das Baugeschehen von der Planung der Bauvorhaben über den Einsatz der Produktionsfaktoren bis hin zum fertigen Bauergebnis zu erfassen. Die Bauberichterstattung, die in das System der Statistiken im Produzierenden Gewerbe integriert ist (siehe hierzu Abschnitt 9), steuert hierzu wichtige Konjunkturindikatoren über die Bauwirtschaft bei. Sie werden ergänzt durch die Angaben der Bautätigkeitsstatistik über Baugenehmigungen, Baufertigstellungen sowie den Bauüberhang. Bauvorhaben, die ganz oder teilweise mit öffentlichen Mitteln finanziert werden, weist die Statistik der Bewilligungen im sozialen Wohnungsbau gesondert nach.

Die Statistiken des Wohnungswesens sind demgegenüber auf die quantitative und qualitative Erfassung des Gesamtbestandes an Gebäuden und Wohnungen gerichtet. Wichtige Strukturdaten hierzu erbringen in tiefer regionaler Gliederung die totalen Gebäude- und Wohnungszählungen, die allerdings nur in längerfristigen Zeitabständen stattfinden (zuletzt am 25. 10. 1968). Für die Zeit zwischen den Zählungen werden diese Daten mit Hilfe der Bautätigkeitsstatistik fortgeschrieben und in mehrjährigen Abständen durch Wohnungsstichproben ergänzt. Über die Aktualisierung der Zählungsergebnisse hinaus dienen die Wohnungsstichproben vor allem zur Ermittlung von Sachverhalten, die eine Totalzählung aus sachlichen und finanziellen Gründen überfordern würden. Wohnungsstichproben haben bisher 1957, 1960, 1965, 1972 und 1978 stattgefunden. Damit in noch kürzeren Zeitabständen zuverlässige Daten über das Mietengefüge, die Mietenentwicklung und die Art der Unterbringung, u. a. in Abhängigkeit von der sozialen Struktur der Haushalte, zur Verfügung stehen, sind nach dem Gesetz über die Durchführung einer Repräsentativstatistik der Bevölkerung und des Erwerbslebens (Mikrozensus) vom 15. 7. 1975, BGBl. I S. 1909, im Abstand von zwei Jahren Angaben über die Mietbelastung und Unterbringung der Haushalte zu erfassen. Die erste derartige Erhebung (Auswahlsatz 1%) fand als Ergänzungserhebung zum Mikrozensus im April 1980 statt.

Ausführliche methodische sowie fachlich und regional tiefer gegliederte Ergebnisse enthalten die Veröffentlichungen der Fachserie 5 »Bautätigkeit und Wohnungen« (siehe hierzu auch »Fundstellennachweis«, S. 750 ff.).

Bautätigkeit

Die Bautätigkeitsstatistik erstreckt sich auf alle genehmigungs- oder zustimmungsbedürftigen Baumaßnahmen im Hochbau, bei denen Wohnraum oder sonstiger Nutzraum geschaffen oder verändert wird. Im Nichtwohnbau – mit Ausnahme von Gebäuden mit Wohnraum – sind Bagatellbauten erst ab 350 m³ Rauminhalt und mehr oder ab 25 000 DM veranschlagte Kosten einbezogen. Erfaßt wird die Zahl der erteilten **Baugenehmigungen** für Gebäude und Wohnungen anhand der Anträge der Bauwilligen sowie die Zahl der **Baufertigstellungen** (Gebäude und Wohnungen) anhand der Unterlagen der Bauaufsichtsbehörden über die abgeschlossenen Baumaßnahmen. Durch die Erhebung des **Bauüberhangs** werden am Jahresende die genehmigten, aber noch nicht fertiggestellten Bauvorhaben nach dem erreichten Baufortschritt festgestellt.

Mit der Verabschiedung des Zweiten Gesetzes über die Durchführung von Statistiken der Bautätigkeit und die Fortschreibung des Gebäudebestandes (2. BauStatG) vom 27. 7. 1978 (BGBl. I S. 1 118) wurde die Bautätigkeitsstatistik auf ein neues Erhebungs- und Aufbereitungssystem umgestellt. Inhaltlich blieb der Erhebungsbereich von der Neugestaltung der Hochbaustatistik im großen und ganzen unberührt, so daß die Kontinuität und Vergleichbarkeit mit früheren Erhebungen voll gewahrt ist.

In der Statistik der **Bewilligungen im sozialen Wohnungsbau** werden aufgrund der Meldungen der Bewilligungsstellen Gebäude und Wohnungen nachgewiesen, die im Rahmen des 1. und 2. Förderungsweges gefördert werden. Im 1. Förderungsweg wird der Wohnungsbau für den nach § 25 des Zweiten Wohnungsbauförderungsgesetzes (II. WoBauG) begünstigten Personenkreis gefördert, und zwar mit öffentlichen Mitteln im Sinne des § 6 Abs. 1 II. WoBauG. Der 1. Förderungsweg umfaßt damit den traditionellen »öffentlich geförderten sozialen Wohnungsbau«. Im 2. Förderungsweg werden mit Mitteln aus öffentlichen Haushalten, die nicht als öffentliche Mittel im Sinne des § 6 Abs. 1 II. WoBauG gelten, Bauvorhaben im Rahmen des steuerbegünstigten Wohnungsbaus auch für Personen mit höherem Einkommen gefördert.

Gebäude: Selbständig benutzbare, überdachte Bauwerke, die auf Dauer errichtet sind. Bei Doppel-, Gruppen- oder Reihenhäusern gilt jeder Teil, der von dem anderen durch eine Trennungswand geschieden ist, als selbständiges Gebäude. Nicht zu dem Gebäuden zählen Unterkünfte, wie z. B. Behelfsheime, Baracken.

Wohngebäude: Gebäude, die mindestens zur Hälfte (gemessen an der Gesamtnutzfläche) Wohnzwecken dienen.

Nichtwohngebäude: Gebäude, die überwiegend für Nichtwohnzwecke (gemessen an der Gesamtnutzfläche) bestimmt sind. Zu den Nichtwohngebäuden zählen z. B. Anstaltsgebäude, Büro- und Verwaltungsgebäude, landwirtschaftliche Betriebsgebäude und nichtlandwirtschaftliche Betriebsgebäude, wie Fabrikgebäude, Hotels u. dgl.

Wohneinheiten: Hierunter fallen Wohnungen und sonstige Wohneinheiten. Sonstige Wohneinheiten sind Wohneinheiten ohne Küche (bzw. Kochnische oder Kochschrank).

Wohnung: Gesamtheit der Räume, welche die Führung eines Haushalts ermöglichen, darunter stets eine Küche oder ein Raum mit Kochnische oder Kochschrank.

Räume: Wohn- und Schlafräume (einschl. zweckentfremdeter Räume) mit 6 m² und mehr sowie alle Küchen (ohne Rücksicht auf die Größe).

Wohnfläche: Fläche aller Wohn- und Schlafräume, auch außerhalb des Wohnungsabschlusses (z. B. Mansarden), Küchen, Nebenräume und gewerblich genutzten Wohnräume. Unberücksichtigt bleiben die nicht zum Wohnen bestimmten Boden-, Keller- und Wirtschaftsräume.

Veranschlagte Kosten des Bauwerkes: Hierzu gehören die Kosten der Baukonstruktion (einschl. Erdarbeiten) sowie die Kosten aller festverbundenen Einbauten, die Bestandteil des Bauwerkes sind, und die Kosten für besondere Bauausführungen. Die veranschlagten Kosten werden zum Zeitpunkt der Baugenehmigung ermittelt. Abgerechnete Baukosten werden auch bei der Baufertigstellung nicht erhoben.

Fertigteilbau: Ein Bauwerk gilt als Fertigteilbau, wenn für Außen- oder Innenwände geschoßhohe oder raumbreite Fertigteile (vorgefertigte Bauteile) verwendet werden.

Wohnungen

Der Bestand an Wohngebäuden und Wohnungen (in Wohn- und Nichtwohngebäuden) wird bis zur nächsten totalen Gebäude- und Wohnungszählung durch Fortschreibung der Ergebnisse der Gebäude- und Wohnungszählung 1968 mit Hilfe der Bautätigkeitsstatistik ermittelt. Zusätzlich werden Veränderungen bei den von ausländischen Streitkräften in Anspruch genommenen Gebäuden und Wohnungen berücksichtigt. Dabei hat sich gezeigt, daß die Ergebnisse der Fortschreibung mit wachsender zeitlicher Entfernung vom Zählungsstichtag ungenauer werden. Der Grund hierfür liegt darin, daß die Bautätigkeitsstatistik Zugänge nahezu vollständig erfaßt, in Bezug auf den Nachweis der Abgänge aber Lücken aufweist. Die Abgänge von Wohngebäuden und Wohnungen gehen in der Regel nur dann in die Statistik ein, wenn sie mit Verwaltungsmaßnahmen verknüpft sind. Diese Voraussetzungen sind vor allem bei Abgängen ganzer Gebäude oder von Gebäudeteilen gegeben, wenn sie auf Maßnahmen der Bauaufsicht, z. B. Schadensfälle oder Abbruch, zurückgehen. Dagegen fehlen häufig entsprechende Anhaltspunkte bei Abgängen durch Nutzungsänderung (Zweckentfremdung bzw. Umwandlung von Wohnungen).

Mit der Mikrozensus-Ergänzungserhebung über die Mietbelastung und Unterbringung der Haushalte werden nur die bewohnten Wohneinheiten erfaßt. Außer den leerstehenden Einheiten fehlen auch die von Angehörigen ausländischer Streitkräfte privatrechtlich gemieteten Wohneinheiten. Im Gegensatz zu den 1%-Wohnungsstichproben muß aus erhebungstechnischen Gründen auf die Ermittlung von Angaben zum »Gebäude« verzichtet werden. Die Vergleichbarkeit mit den Daten der Wohnungsstichproben ist deshalb eingeschränkt.

Da es sich bei den Ergebnissen der Mikrozensus-Ergänzungserhebung um hochgerechnete Zahlen einer Repräsentativstatistik handelt, stimmen die Angaben auch nicht völlig mit den entsprechenden Globalzahlen aus Totalstatistiken (Gebäude- und Wohnungszählungen und Bautätigkeitsstatistik) überein.

Die Definitionen der Bautätigkeitsstatistik gelten – soweit nicht anders vermerkt – auch für den Bereich »Wohnungen«. Zusätzlich werden in den Nachweisungen der Mikrozensus-Ergänzungserhebung folgende Begriffe und Abgrenzungen verwendet:

Reine Mietwohnungen: Alle Mietwohnungen mit Ausnahme der Dienst-, Werks-, Stifts-, Berufs-, Geschäftsmietwohnungen und Wohnungen mit Dauerwohnrecht. Außerdem ohne die verbilligten oder kostenlos abgegebenen Wohnungen, die von Angehörigen ausländischer Streitkräfte privatrechtlich gemieteten sowie die nur von Untermietern bewohnten Wohnungen ohne Wohnungsinhaber.

Miete: Mit dem Vermieter für die Überlassung der ganzen Wohnung (einschl. der zugehörenden untervermieteten Räume) vereinbarter Betrag, unabhängig davon, ob er tatsächlich gezahlt wurde oder nicht.

Im monatlichen Mietbetrag sind finanzielle Vorleistungen (Mietvorauszahlungen, Mieterdarlehen, Baukostenzuschuß) und die Beträge für Wasser, Kanalisation, Straßenreinigung, Müllabfuhr usw. enthalten oder – falls getrennt angegeben – der Monatsmiete zugerechnet worden. Nicht einbezogen sind die monatlichen Umlagen, wie Beträge für Zentralheizung, Warmwasserversorgung, Garagenmiete, Untermieterzuschlag, Zuschlag für Möblierung und dgl.

10.1 Baugenehmigungen im Hochbau

10.1.1 Nach Gebäudeart und Bauherren

Gegenstand der Nachweisung	Insgesamt[1])					Errichtung neuer Gebäude					
	Gebäude/ Baumaßnahmen	Wohnungen	Nutzfläche	Wohn-[2]) fläche	Veranschl. Kosten der Bauwerke	Gebäude	Rauminhalt	Wohnungen	Nutzfläche	Wohn-[2]) fläche	Veranschl. Kosten der Bauwerke
	Anzahl		1 000 m²		Mill. DM	Anzahl	1 000 m³	Anzahl	1 000 m²		Mill. DM
Wohn- und Nichtwohnbau											
1980	297 113	380 609	36 790	38 640	96 642	235 376	389 154	364 451	33 295	35 886	87 141
1981	256 698	355 981	32 145	34 613	93 320	197 379	343 739	337 050	29 408	31 808	83 791
1982[3])	219 996	334 839	29 733	30 724	89 185	163 361	305 251	314 033	27 122	27 917	79 610
Wohnbau											
1980	243 592	371 307	3 860	37 798	61 722	196 515	215 351	355 589	3 967	35 102	57 164
1981	209 418	347 065	3 249	33 805	59 858	163 259	189 110	328 635	3 422	31 056	54 909
1982[3])	175 345	325 617	3 251	29 959	56 000	131 556	165 320	305 402	3 490	27 210	51 084
1982 nach der Gebäudeart[3])											
Wohngebäude mit 1 Wohnung	.	.	.	.	.	78 213	66 017	78 213	1 278	9 684	19 775
Wohngebäude mit 2 Wohnungen	.	.	.	.	.	36 351	40 962	72 702	820	6 726	12 638
Wohngebäude mit 3 Wohnungen und mehr	.	.	.	.	.	16 707	56 065	148 537	1 303	10 557	17 871
Wohnheime	400	6 084	83	252	905	285	2 258	5 950	90	243	800
Zusammen	175 345	325 617	3 251	29 959	56 000	131 556	165 320	305 402	3 490	27 210	51 084
dar. Wohngebäude mit Eigentumswohnungen	10 006	77 103	672	5 570	9 321	8 694	28 523	74 813	726	5 398	9 009
1982 nach Bauherren[3])											
Öffentliche Bauherren[4])	1 194	5 143	71	362	1 086	813	2 533	5 011	83	335	908
Unternehmen	32 048	122 065	975	9 503	16 510	29 763	50 638	119 978	1 032	9 299	15 996
davon:											
Gemeinnützige Wohnungsunternehmen[5])	6 310	33 476	205	2 533	4 354	5 900	13 151	33 320	214	2 501	4 236
Sonstige Wohnungsunternehmen	20 161	73 646	618	5 690	9 632	19 436	30 148	72 537	647	5 611	9 436
Immobilienfonds	750	3 916	26	282	574	710	1 582	3 798	30	274	547
Sonstige Unternehmen (ohne Wohnungsunternehmen)	4 827	11 027	126	999	1 949	3 717	5 762	10 323	141	914	1 777
Private Haushalte	142 103	198 409	2 205	20 094	38 404	100 980	112 149	180 413	2 376	17 577	34 180
darunter in Fertigteilbauweise											
Wohngebäude mit 1 Wohnung	.	.	.	.	.	9 615	6 738	9 615	100	1 045	2 066
Wohngebäude mit 2 Wohnungen	.	.	.	.	.	4 081	3 852	8 162	71	681	1 215
Wohngebäude mit 3 Wohnungen und mehr	.	.	.	.	.	230	924	2 518	20	177	287
Wohnheime	.	.	.	.	.	15	142	269	8	10	56
Zusammen	.	.	.	.	.	13 941	11 660	20 564	200	1 914	3 623
dar. Wohngebäude mit Eigentumswohnungen	.	.	.	.	.	171	496	1 320	11	94	145
Nichtwohnbau											
1980	53 521	9 302	32 930	843	34 919	38 861	173 803	8 862	29 327	784	29 977
1981	47 280	8 916	28 896	808	33 461	34 120	154 629	8 415	25 986	752	28 883
1982[3])	44 651	9 222	26 482	765	33 185	31 805	139 931	8 631	23 632	706	28 526
1982 nach der Gebäudeart[3])											
Anstaltsgebäude	600	381	1 086	15	3 066	347	4 960	430	962	19	2 554
Büro- und Verwaltungsgebäude	3 406	1 656	3 173	125	6 651	2 009	15 637	1 757	2 793	139	5 730
Landwirtschaftl. Betriebsgebäude	13 684	479	3 900	54	2 002	10 925	19 527	292	3 538	33	1 687
Nichtlandwirtschaftl. Betriebsgebäude	22 483	6 200	15 564	525	16 080	15 601	85 003	5 575	13 890	462	13 957
darunter:											
Fabrik- und Werkstattgebäude	7 194	1 012	5 615	119	5 620	5 056	32 354	845	4 936	96	4 897
Handels- einschl. Lagergebäude	9 972	4 400	7 438	341	6 961	6 990	42 639	4 091	6 653	313	6 024
Hotels und Gaststätten	1 990	531	741	43	1 391	770	3 079	405	588	34	1 036
Sonstige Nichtwohngebäude	4 478	506	2 760	48	5 386	2 923	14 802	577	2 451	53	4 598
Zusammen	44 651	9 222	26 482	765	33 185	31 805	139 931	8 631	23 632	706	28 526
dar. ausgewählte Infrastrukturgebäude	6 050	916	4 542	67	10 407	4 044	24 432	1 039	4 068	76	9 010
1982 nach Bauherren[3])											
Öffentliche Bauherren[4])	6 002	749	4 558	51	10 654	4 115	22 829	843	4 078	59	9 138
Unternehmen	34 218	6 686	20 266	572	20 687	24 847	109 124	6 214	18 071	522	17 812
davon:											
Land- und Forstwirtschaft, Tierhaltung, Fischerei	13 408	439	3 868	49	1 990	10 783	19 440	316	3 512	36	1 689
Produzierendes Gewerbe	9 223	1 187	7 420	127	6 953	6 516	42 849	1 013	6 527	106	6 012
Handel, Kreditinstitute und Versicherungsgewerbe, Dienstleistungen	11 135	5 020	8 553	392	11 080	7 216	44 546	4 841	7 658	377	9 606
Verkehr und Nachrichtenübermittlung	452	40	425	5	664	332	2 289	44	375	5	506
Private Haushalte	4 431	1 787	1 659	143	1 844	2 843	7 987	1 574	1 483	125	1 575
darunter in Fertigteilbauweise											
Anstaltsgebäude	.	.	.	.	.	32	884	4	122	0	612
Büro- und Verwaltungsgebäude	.	.	.	.	.	396	3 107	92	585	8	864
Landwirtschaftl. Betriebsgebäude	.	.	.	.	.	2 101	4 731	20	876	3	332
Nichtlandwirtschaftl. Betriebsgebäude	.	.	.	.	.	5 348	43 756	526	6 817	48	5 288
darunter:											
Fabrik- und Werkstattgebäude	.	.	.	.	.	1 970	18 292	185	2 739	20	2 339
Handels- einschl. Lagergebäude	.	.	.	.	.	2 675	23 240	310	3 549	25	2 507
Hotels und Gaststätten	.	.	.	.	.	55	284	17	51	1	115
Sonstige Nichtwohngebäude	.	.	.	.	.	570	4 020	40	615	4	882
Zusammen	.	.	.	.	.	8 447	56 491	682	9 015	62	7 978
dar. ausgewählte Infrastrukturgebäude	.	.	.	.	.	777	6 800	47	1 027	5	1 911

1) Einschl. Baumaßnahmen an bestehenden Gebäuden.
2) In Wohnungen.
3) Vorläufiges Ergebnis.
4) Gebietskörperschaften einschl. Sozialversicherung und Organisationen ohne Erwerbszweck.
5) Einschl. ländlicher Siedlungsunternehmen.

10.1 Baugenehmigungen im Hochbau

10.1.2 Nach Art der Konstruktion 1981*)

Gebäudeart	Gebäude insgesamt	Davon: Skelettbau zusammen	Skelettbau davon: Stahl	Stahlbeton	Holz	sonstiger Baustoff	Massivbau zusammen	Massivbau davon: Stahlbeton	Ziegel	sonstiger Mauerstein	sonstiger Baustoff
	Anzahl	%									
Wohnbau											
Wohngebäude mit:											
1 Wohnung	101 010	11,3	1,3		9,1	0,9	88,7	4,1	41,5	42,0	1,1
2 Wohnungen	46 857	11,0	0,6		9,6	0,8	89,0	3,7	41,7	42,2	1,4
3 Wohnungen und mehr	15 180	1,5	0,8		0,6	0,1	98,5	8,4	42,2	47,4	0,5
Wohnheime	212	7,6	—		6,6	1,0	92,4	15,6	33,0	42,9	0,9
Insgesamt	**163 259**	**10,3**	**1,1**		**8,4**	**0,8**	**89,7**	**4,4**	**41,6**	**42,6**	**1,1**
Nichtwohnbau											
Anstaltsgebäude	391	13,3	0,8	9,2	1,8	1,5	86,7	17,6	35,0	32,5	1,6
Büro- und Verwaltungsgebäude	2 133	25,9	3,5	15,8	5,2	1,4	74,1	15,0	30,7	27,2	1,2
Landwirtschaftl. Betriebsgebäude	10 543	26,3	7,9	2,8	14,0	1,6	73,7	4,3	30,9	33,9	4,6
Nichtlandwirtschaftl. Betriebsgebäude	17 529	37,8	16,1	15,4	4,3	2,0	62,2	14,1	21,5	24,6	2,0
darunter:											
Fabrik- und Werkstattgebäude	5 760	43,5	20,0	17,9	3,2	2,4	56,5	12,1	19,5	22,9	2,0
Handels- einschl. Lagergebäude	7 747	42,7	18,7	15,4	6,3	2,3	57,3	10,2	20,1	24,9	2,1
Hotels und Gaststätten	786	9,4	0,8	4,1	4,4	0,1	90,6	8,0	47,7	33,6	1,3
Sonstige Nichtwohngebäude	3 524	22,0	3,7	8,6	8,4	1,3	78,0	11,2	32,6	32,1	2,1
Insgesamt	**34 120**	**31,6**	**11,3**	**10,7**	**7,8**	**1,8**	**68,4**	**10,9**	**26,3**	**28,5**	**2,7**
dar. ausgewählte Infrastrukturgebäude	4 866	22,1	4,6	9,9	6,2	1,4	77,9	14,6	31,6	29,6	2,1

10.1.3 Nach Art der Beheizung 1981*)

Art der Beheizung / Heizenergie	Wohngebäude: darunter Gebäude mit ... Wohnungen: 1	2	3 und mehr[1]	insgesamt[2]	dar. mit Eigentumswohnungen	Nichtwohngebäude: insgesamt	darunter: Anstaltsgebäude	Büro- und Verwaltungsgebäude	ausgew. Infrastrukturgebäude
nach Art der Beheizung									
Anzahl									
Gebäude mit:									
Fernheizung	1 202	455	1 044	2 731	390	950	73	180	307
Blockheizung	900	429	742	2 084	252	434	31	55	130
Zentralheizung	93 719	44 138	11 832	149 845	6 580	13 690	276	1 715	3 148
Etagenheizung	453	495	1 083	2 033	580	225	—	35	54
Einzelraumheizung	4 736	1 340	479	6 566	248	2 166	11	148	596
Gebäude ohne Heizung	—	—	—	—	—	16 655	—	—	631
Insgesamt	**101 010**	**46 857**	**15 180**	**163 259**	**8 050**	**34 120**	**391**	**2 133**	**4 866**
nach der vorwiegenden Heizenergie[3])									
Prozent									
Koks/Kohle	3,0	2,2	0,3	2,5	0,4	2,5	2,3	0,6	1,8
Heizöl	46,6	53,1	26,7	46,6	28,7	41,6	43,7	36,8	36,5
Gas	40,0	34,0	58,1	40,0	57,4	36,8	31,2	42,2	36,9
Strom	7,8	8,0	7,4	7,8	7,9	10,4	3,3	10,2	15,6
Sonstige[4])	2,6	2,7	7,5	3,1	5,6	8,7	19,5	10,2	9,2

*) Errichtung neuer Gebäude.
1) Ohne Wohnheime.
2) Einschl. Wohnheime.
3) Nur für beheizte Gebäude.
4) Holz, Energie aus Wärmepumpen, Solarenergie, Fernwärme.

10.2 Ausgewählte Infrastrukturgebäude im Nichtwohnbau 1981 nach Baugebieten*)

Gebäudeart	Genehmigte Gebäude insgesamt	Davon in Wohn- gebieten	Dorf- gebieten	Misch- gebieten	Gewerbe- gebieten	Sonder- gebieten
Gebäude für öffentliche Sicherheit und Ordnung	415	59	120	62	74	100
Gebäude im kulturellen Bereich	321	78	69	69	13	92
Gebäude für Bildung, Wissenschaft und Forschung	390	100	16	90	35	149
darunter:						
Allgemein- und berufsbildende Schulen	290	86	14	72	14	104
Wissenschaftliche und sonstige Hochschulen	23	5	—	2	—	16
Gebäude des Gesundheitswesens	378	149	35	100	18	76
dar. Krankenhäuser aller Art	75	12	3	11	—	49
Gebäude des Sozialwesens	255	120	25	46	1	63
davon für:						
Kinder und Jugendliche	151	81	21	25	—	24
Behinderte	33	7	1	6	1	18
ältere Menschen	71	32	3	15	—	21
Gebäude für Freizeit, Erholung und Sport	1 577	286	306	306	90	589
Gebäude der Ver- und Entsorgung	402	37	39	65	151	110
davon für:						
Versorgung	360	33	38	60	139	90
Entsorgung	42	4	1	5	12	20
Gebäude des Verkehrs- und Nachrichtenwesens	206	41	26	58	47	34
Insgesamt	**3 944**	**870**	**636**	**796**	**429**	**1 213**

*) Bundesgebiet ohne Bayern. – Errichtung neuer Gebäude.

10.3 Genehmigte Gebäude 1981 nach städtebaulichen Festsetzungen*)

Baugebiet / Lage	Genehmigte Wohngebäude insgesamt	davon Wohngebäude mit 1 und 2 Wohnungen	Wohngebäude mit 3 und mehr Wohnungen	Wohnheime	Genehmigte Nichtwohngebäude insgesamt	davon Anstaltsgebäude	Büro- und Verwaltungsgebäude	landwirtschaftliche Betriebsgebäude	nichtlandwirtschaftliche Betriebsgebäude	sonstige Nichtwohngebäude
Wohngebiete	99 187	89 133	9 952	102	2 828	77	261	194	1 596	700
Dorfgebiete	14 285	13 722	557	6	6 505	22	132	4 529	1 353	469
Mischgebiete	9 186	7 103	2 048	35	4 661	45	465	891	2 660	600
Gewerbegebiete	1 149	1 069	77	3	7 594	11	785	117	6 484	197
Sondergebiete	2 180	2 065	84	31	2 115	167	96	312	621	919
Insgesamt	**125 987**	**113 092**	**12 718**	**177**	**23 703**	**322**	**1 739**	**6 043**	**12 714**	**2 885**
davon:										
im Geltungsbereich eines qualifizierten Bebauungsplanes	85 027	76 853	8 084	90	9 808	117	967	776	6 772	1 176
innerhalb von im Zusammenhang bebauten Ortsteilen	37 327	32 744	4 518	65	8 897	127	671	2 259	4 676	1 164
mit einfachem Bebauungsplan	11 245	9 710	1 516	19	2 053	44	194	287	1 217	311
ohne Bebauungsplan	26 082	23 034	3 002	46	6 844	83	477	1 972	3 459	853
im Außenbereich	3 633	3 495	116	22	4 998	78	101	3 008	1 266	545

*) Bundesgebiet ohne Bayern. – Errichtung neuer Gebäude.

10.11 Bewohnte Wohneinheiten in Wohngebäuden nach Ausstattung und Größe*)

Gegenstand der Nachweisung	Insgesamt	Bad/Dusche		WC		Sammelheizung¹)		Ausstattungstypen			Durchschnittsfläche je Wohneinheit
		mit	ohne	in der Wohneinheit	außerhalb der Wohneinheit bzw. kein WC	mit	ohne	mit Bad, WC und Sammelheizung	mit Bad, WC, ohne Sammelheizung	sonstige Ausstattung	
	1 000	%									m²
1978											
nach Art der Wohneinheit											
Eigentümerwohneinheiten	8 365,3	92,8	7,2	94,5	5,5	67,9	32,1	64,6	25,7	9,7	103
Mietwohneinheiten²)	13 889,2	87,1	12,9	91,8	8,2	60,8	39,2	55,6	28,7	15,7	67
nach dem Baualter des Gebäudes											
bis 1971	19 444,9	88,3	11,7	92,0	8,0	59,4	40,6	54,7	30,6	14,7	79
1972 und später	2 809,6	95,8	4,2	98,3	1,7	91,7	8,3	88,6	6,8	4,6	93
Insgesamt	**22 254,5**	**89,2**	**10,8**	**92,8**	**7,2**	**63,4**	**36,6**	**59,0**	**27,6**	**13,4**	**81**
1980											
nach Art und Baualter der Wohneinheit											
Eigentümerwohneinheiten											
bis 1971	7 148,2	92,5	7,5	94,5	5,5	64,8	35,2	61,3	28,2	10,5	101
1972 und später	1 741,9	97,9	2,1	99,2	0,8	93,7	6,3	91,0	6,1	2,9	119
Zusammen	8 890,1	93,6	6,4	95,4	4,6	70,5	29,5	67,1	23,9	9,0	104
Mietwohneinheiten²)											
bis 1971	12 158,0	86,4	13,6	92,3	7,7	59,0	41,0	54,2	29,4	16,4	66
1972 und später	1 752,4	96,9	3,1	98,5	1,5	93,1	6,9	89,6	6,2	4,2	74
Zusammen	13 910,4	87,7	12,3	93,0	7,0	63,3	36,7	58,7	26,5	14,8	67
Wohneinheiten insgesamt											
bis 1971	19 306,2	88,7	11,3	93,1	6,9	61,2	38,8	56,8	29,0	14,2	79
1972 und später	3 494,3	97,4	2,6	98,8	1,2	93,4	6,6	90,3	6,1	3,6	96
Insgesamt	**22 800,5**	**90,0**	**10,0**	**94,0**	**6,0**	**66,1**	**33,9**	**62,0**	**25,4**	**12,6**	**82**

*) Ergebnisse der Wohnungsstichprobe 1978 und der Ergänzungserhebung zum Mikrozensus vom April 1980. – Berechnungsmethode in »Wirtschaft und Statistik«, 11/1982, S. 822 ff.

¹) Fern-, Block-, Zentral- und Etagenheizung.

²) Einschl. völlig untervermieteter Wohneinheiten.

10.12 Bewohnte reine Mietwohnungen in Wohngebäuden nach Größe und Durchschnittsmieten*)

Gegenstand der Nachweisung	1978		1980			
	Durchschnittsmiete		Bewohnte reine Mietwohnungen	Durchschnittsmiete		Durchschnittsfläche je Wohnung
	je Wohnung	je m² Wohnfläche		je Wohnung	je m² Wohnfläche	
	DM		1 000	DM		m²
Insgesamt	**290**	**4,32**	**10 845,0**	**323**	**4,82**	**67**
Baualter bis 1971¹)						
Wohnfläche von ... bis unter ... m²						
unter 40	163	5,14	873,0	185	5,90	31
40 — 80	246	4,14	6 276,3	273	4,60	59
80 — 120	371	4,07	1 938,0	405	4,46	91
120 und mehr	553	3,89	312,8	607	4,34	140
Zusammen	274	4,15	9 400,1	303	4,60	66
darunter:						
mit Bad, WC und Sammelheizung	330	4,71	5 180,7	361	5,20	69
mit Bad, WC, ohne Sammelheizung	227	3,51	2 835,9	248	3,83	65
Baualter 1972 und später¹)						
Wohnfläche von ... bis unter ... m²						
unter 40	266	8,46	113,3	289	9,12	32
40 — 80	352	5,63	741,0	386	6,27	62
80 — 120	485	5,24	518,9	531	5,78	92
120 und mehr	708	5,01	71,7	760	5,46	139
Zusammen	406	5,51	1 444,9	449	6,07	74
darunter:						
mit Bad, WC und Sammelheizung	410	5,56	1 315,8	452	6,10	74
mit Bad, WC, ohne Sammelheizung	393	5,06	77,5	422	5,67	74

*) Ergebnisse der Wohnungsstichprobe 1978 und der Ergänzungserhebung zum Mikrozensus vom April 1980. – Nur Wohnungen mit Mietangabe. – Berechnungsmethode in »Wirtschaft und Statistik«, 11/1982, S. 822 ff.

¹) 1978: Baualter des Gebäudes, 1980: Baualter der Wohneinheit.

10.13 Hauptmieterhaushalte in reinen Mietwohnungen 1980*)

10.13.1 Nach der Höhe der Wohnungsmiete

Gegenstand der Nachweisung	Insgesamt	Davon mit einer monatlichen Miete von . . . bis unter . . . DM								Durchschnittsmiete je Wohnung
		unter 150	150 — 200	200 — 250	250 — 300	300 — 400	400 — 500	500 — 600	600 und mehr	
	1 000	%								DM
Insgesamt	**10 845,0**	***9,0***	***11,8***	***14,3***	***14,1***	***24,7***	***13,9***	***6,5***	***5,7***	***323***
				nach der Haushaltsgröße						
mit 1 Person	3 976,9	*15,7*	*17,4*	*17,6*	*15,6*	*20,6*	*7,9*	*3,0*	*2,2*	*264*
dar. weiblich	2 817,7	*15,5*	*18,0*	*18,5*	*15,9*	*20,5*	*7,4*	*2,6*	*1,6*	*259*
2 Personen	3 311,9	*6,5*	*10,9*	*14,8*	*15,1*	*27,0*	*14,3*	*6,4*	*5,0*	*326*
3 Personen	1 794,8	*3,8*	*6,9*	*11,3*	*12,6*	*28,5*	*20,0*	*8,8*	*8,1*	*369*
4 Personen	1 197,9	*3,5*	*6,0*	*9,0*	*10,8*	*26,5*	*20,6*	*11,4*	*12,2*	*402*
5 Personen und mehr	563,5	*4,8*	*6,7*	*9,3*	*10,2*	*22,6*	*19,6*	*14,0*	*12,8*	*401*
				nach dem Alter des Wohnungsmieters						
von . . . bis unter . . . Jahren										
unter 25	793,8	*11,0*	*14,9*	*15,8*	*16,8*	*25,6*	*11,0*	*3,4*	*1,5*	*281*
25 — 30	1 130,0	*5,5*	*8,2*	*11,8*	*14,1*	*29,1*	*18,4*	*7,8*	*5,1*	*341*
30 — 40	2 109,5	*4,8*	*7,3*	*9,8*	*11,5*	*25,6*	*19,4*	*10,4*	*11,2*	*384*
40 — 50	1 766,6	*5,9*	*7,9*	*11,3*	*12,3*	*26,3*	*17,9*	*9,5*	*8,9*	*367*
50 — 60	1 486,9	*7,3*	*11,8*	*15,7*	*14,8*	*25,4*	*13,6*	*6,0*	*5,4*	*323*
60 — 65	587,2	*9,8*	*14,2*	*16,8*	*16,5*	*24,7*	*10,2*	*4,4*	*3,4*	*294*
65 und mehr	2 971,0	*15,3*	*17,5*	*18,8*	*15,5*	*20,7*	*7,5*	*2,8*	*1,9*	*262*
				nach dem Haushaltsnettoeinkommen[1])						
von . . . bis unter . . . DM										
unter 800	750,2	*28,2*	*22,5*	*17,6*	*12,7*	*13,3*	*3,7*	*1,1*	*0,9*	*214*
800 — 1 600	3 409,0	*13,9*	*17,5*	*18,7*	*16,5*	*21,8*	*7,9*	*2,5*	*1,2*	*262*
1 600 — 2 000	1 735,9	*6,8*	*11,3*	*15,1*	*15,8*	*28,4*	*14,3*	*5,5*	*2,8*	*311*
2 000 — 2 500	1 709,6	*4,7*	*8,4*	*13,3*	*14,7*	*29,6*	*17,4*	*7,3*	*4,6*	*338*
2 500 — 3 000	1 149,3	*3,4*	*7,1*	*10,9*	*12,8*	*29,2*	*20,5*	*9,4*	*6,7*	*362*
3 000 — 5 000	1 604,3	*2,1*	*4,1*	*7,9*	*9,9*	*24,8*	*22,0*	*13,8*	*15,4*	*426*
5 000 und mehr	226,3	*(1,2)*	*1,9*	*3,6*	*4,7*	*15,4*	*16,1*	*15,6*	*41,5*	*606*

10.13.2 Nach der Mietbelastung**)

Gegenstand der Nachweisung	Insgesamt	Davon mit einer monatlichen Mietbelastung von . . . bis unter . . . % des Haushaltsnettoeinkommens						
		unter 10	10 — 15	15 — 20	20 — 25	25 — 30	30 — 35	35 und mehr
	1 000	%						
Insgesamt	**10 358,3**	***17,6***	***27,4***	***21,3***	***14,4***	***8,1***	***4,5***	***6,7***
				nach der Haushaltsgröße				
mit 1 Person	3 857,4	*9,7*	*19,9*	*21,0*	*18,0*	*11,9*	*7,5*	*12,0*
dar. weiblich	2 745,5	*6,9*	*17,9*	*20,9*	*19,1*	*13,2*	*8,7*	*13,3*
2 Personen	3 159,5	*22,7*	*33,4*	*21,0*	*11,4*	*5,4*	*2,7*	*3,4*
3 Personen	1 703,2	*22,7*	*31,2*	*21,5*	*12,5*	*5,8*	*2,6*	*3,7*
4 Personen	1 118,7	*20,0*	*29,6*	*23,6*	*14,4*	*6,4*	*3,1*	*2,9*
5 Personen und mehr	519,5	*24,0*	*28,4*	*20,6*	*12,6*	*6,7*	*3,6*	*4,1*
				nach dem Alter des Wohnungsmieters				
von . . . bis unter . . . Jahren								
unter 25	777,0	*13,1*	*23,5*	*19,3*	*15,5*	*10,3*	*6,0*	*12,3*
25 — 30	1 097,1	*15,3*	*27,9*	*22,8*	*15,2*	*7,9*	*4,2*	*6,7*
30 — 40	1 994,7	*18,0*	*28,7*	*22,8*	*14,4*	*7,5*	*3,6*	*5,0*
40 — 50	1 649,6	*22,8*	*30,6*	*20,9*	*12,8*	*5,8*	*3,0*	*4,1*
50 — 60	1 404,2	*23,6*	*30,5*	*19,7*	*11,6*	*5,8*	*3,5*	*5,3*
60 — 65	562,4	*16,6*	*26,1*	*21,6*	*14,9*	*8,6*	*4,9*	*7,3*
65 und mehr	2 873,3	*13,8*	*24,0*	*21,4*	*16,1*	*10,2*	*6,2*	*8,3*
				nach dem Haushaltsnettoeinkommen				
von . . . bis unter . . . DM								
unter 800	750,2	*1,7*	*5,5*	*10,0*	*12,9*	*14,3*	*11,8*	*43,8*
800 — 1 600	3 409,0	*7,3*	*18,7*	*22,2*	*20,5*	*13,7*	*8,6*	*9,0*
1 600 — 2 000	1 735,9	*13,4*	*27,7*	*26,8*	*18,5*	*8,6*	*3,1*	*1,9*
2 000 — 2 500	1 709,6	*20,1*	*35,0*	*25,9*	*12,9*	*4,0*	*1,2*	*0,9*
2 500 — 3 000	1 149,3	*28,6*	*40,1*	*21,2*	*7,2*	*2,0*	*0,5*	*(0,4)*
3 000 — 5 000	1 604,3	*41,0*	*38,2*	*14,2*	*4,6*	*1,2*	*0,5*	*(0,3)*

*) Ergänzungserhebung zum Mikrozensus vom April 1980. – Nur Haushalte mit Angabe über Miete, in Wohngebäuden; ohne völlig untervermietete Wohneinheiten. – Berechnungsmethode in »Wirtschaft und Statistik«, 11/1982, S. 822 ff.

**) Nur für Haushalte mit Einkommensangabe und mit einem Einkommen bis unter DM 5 000.

[1]) Nur Haushalte mit Einkommensangabe.

10.14 Bestand an Wohngebäuden und Wohnungen*)

1 000

Land	31. 12.							
	1978		1979		1980		1981	
	Wohngebäude	Wohnungen	Wohngebäude	Wohnungen	Wohngebäude	Wohnungen	Wohngebäude	Wohnungen
Schleswig-Holstein	524	1 072	535	1 089	548	1 107	558	1 125
Hamburg	195	778	196	780	198	785	199	789
Niedersachsen	1 430	2 809	1 460	2 854	1 492	2 902	1 518	2 945
Bremen	114	317	116	319	117	321	118	323
Nordrhein-Westfalen	2 639	6 685	2 683	6 761	2 731	6 851	2 773	6 934
Hessen	1 014	2 240	1 032	2 267	1 050	2 297	1 066	2 325
Rheinland-Pfalz	813	1 449	827	1 471	842	1 495	856	1 518
Baden-Württemberg	1 653	3 559	1 686	3 620	1 720	3 687	1 750	3 750
Bayern	2 012	4 269	2 054	4 340	2 096	4 412	2 133	4 481
Saarland	243	431	246	436	249	442	252	447
Berlin (West)	171	1 099	172	1 103	174	1 107	175	1 110
Bundesgebiet	**10 808**	**24 708**	**11 007**	**25 040**	**11 217**	**25 406**	**11 398**	**25 748**

*) Fortschreibung der Gebäude- und Wohnungszählung 1968. – Wohnungen mit eigener Küche oder Kochnische in Wohn- und sonstigen Gebäuden mit Wohnraum; ohne die von den im Bundesgebiet stationierten ausländischen Streitkräften in Anspruch genommenen Wohngebäude und Wohnungen. Erläuterungen zur Abgrenzung gegenüber der Wohnungsstichprobe (Tab. 10.11 und 10.12) siehe Vorbemerkung S. 214.

10.15 Wohnungsbestand

Wohnungen	31. 12.							
	1974	1975	1976	1977	1978	1979	1980	1981
	1 000							
mit ... Räumen¹)								
1	478	502	519	536	548	557	566	577
2	1 981	2 010	2 034	2 060	2 076	2 092	2 112	2 131
3	5 741	5 799	5 846	5 896	5 930	5 964	6 007	6 052
4	7 268	7 362	7 437	7 510	7 567	7 625	7 689	7 755
5	3 984	4 081	4 172	4 269	4 363	4 455	4 553	4 639
6	2 024	2 087	2 153	2 224	2 299	2 371	2 448	2 514
7 und mehr	1 737	1 780	1 825	1 874	1 925	1 976	2 031	2 080
Insgesamt	**23 212**	**23 621**	**23 986**	**24 369**	**24 708**	**25 040**	**25 406**	**25 748**
	Anzahl							
Räume je Wohnung	*4,16*	*4,17*	*4,18*	*4,18*	*4,20*	*4,21*	*4,22*	*4,22*

[1]) Wohn- und Schlafräume mit 6 m² und mehr, einschl. gewerblich genutzter Räume sowie aller Küchen. – Erläuterungen zur Abgrenzung gegenüber der Wohnungsstichprobe (Tab. 10.11 und 10.12) siehe Vorbemerkung S. 214.

10.16 Wohnungsbaugenossenschaften*)

Jahr	Wohnungsbaugenossenschaften		Berichtende Wohnungsbaugenossenschaften			Ertragbringende eigene Wohnungen		Eigene Bauherrschaft			Finanzierung d. in eig. Bauherrsch. fertiggest. Wohnungen und sonst. Mieteinheiten	
	insgesamt	dar. als gemeinnützig anerkannt	Genossenschaften	Mitglieder	Geschäftsanteile	Bestand am Jahresende	Mietaufkommen im Dezember	Baubeginne (im Kalenderjahr)	Fertigstellungen (im Kalenderjahr)	Bauüberhang am Jahresende	insgesamt	darunter Hypotheken¹)
	Anzahl						Mill. DM	Anzahl			Mill. DM	
1974	1 311	1 221	1 281	1 565 893	4 573 427	957 270	171,2	13 469	23 523	19 317	2 394,4	1 162,3
1975	1 277	1 201	1 253	1 570 359	5 049 488	964 394	195,6	11 806	16 387	14 718	1 827,4	920,1
1976	1 263	1 199	1 250	1 577 975	5 258 293	970 500	207,1	9 214	12 114	11 812	1 450,9	708,1
1977	1 246	1 192	1 239	1 585 104	5 464 213	974 792	216,5	10 159	11 208	10 763	1 400,8	457,0
1978	1 235	1 185	1 219	1 587 255	5 607 886	976 056	224,4	10 954	7 067	11 776	1 060,0	169,8²)
1979	1 228	1 172	1 223	1 599 661	5 742 445	981 947	243,2	9 543	8 523	12 785	1 330,6	242,4²)
1980	1 217	1 162	1 216	1 612 825	5 905 530	986 873	257,8	9 441	9 705	12 419	1 599,0	246,8²)
1981	1 205	1 162	1 202	1 629 537	6 071 799	991 725	275,9	9 374	9 425	11 627	1 709,0	262,6²)

*) Dem Gesamtverband gemeinnütziger Wohnungsunternehmen angeschlossene Wohnungsbaugenossenschaften.

[1]) Gesamtbetrag der durch den Kapitalmarkt zur Verfügung gestellten Hypotheken.

[2]) Nur Mietwohnungen, ohne Eigenheime und Eigentumswohnungen.

Quelle: Gesamtverband gemeinnütziger Wohnungsunternehmen, Köln

11 Handel, Gastgewerbe, Reiseverkehr

11.0 Vorbemerkung

Handel, Gastgewerbe

Das System der Statistiken im Handel und Gastgewerbe umfaßt nach der Neuregelung durch das Handelsstatistikgesetz (HdlStatG) vom 10. 11. 1978 (BGBl. I S. 1733) monatliche Erhebungen, Jahresstatistiken, die in mehrjährigen Abständen durch Ergänzungserhebungen erweitert werden, sowie Handels- und Gaststättenzählungen in längerfristiger Periodizität. Durch den Ausbau der monatlichen und jährlichen Berichterstattung konnten die in größeren Zeitabständen unerläßlichen Totalzählungen erheblich vereinfacht und gestrafft werden. Der Übergang auf das neue Berichtssystem ist mit der Handels- und Gaststättenzählung 1979 eingeleitet worden. Damit stand eine Auswahlgrundlage für die Stichprobenziehung für die laufenden repräsentativen Berichterstattungen zur Verfügung. In diese Stichprobe wurden aus dem Großhandel und aus der Handelsvermittlung je 10 000, aus dem Einzelhandel 25 000 und aus dem Gastgewerbe 8 000 Unternehmen einbezogen. Bei den ausgewählten Unternehmen wurden Angaben zu den Jahreserhebungen in allen genannten Bereichen und zu den Monatserhebungen im Groß- und Einzelhandel sowie im Gastgewerbe erfaßt. Es werden jedoch nur Unternehmen mit einem bestimmten jährlichen Mindestumsatz repräsentiert; im Großhandel beträgt dieser Mindestumsatz 1 Mill. DM, im Einzelhandel 250 000 DM, in der Handelsvermittlung und im Gastgewerbe 50 000 DM. Die ersten Ergebnisse dieser neuen repräsentativen Monatsstatistiken werden in den Tabellen 11.1, 11.6 und 11.11 nachgewiesen. Ergebnisse der jährlichen Erhebungen bringen die Tabellen 11.2 bis 11.5, 11.7, 11.8, 11.12 und 11.13. In den Tabellen 11.9 und 11.10 werden aus der Handels- und Gaststättenzählung 1979 weitere Ergebnisse für Arbeitsstätten und Ladengeschäfte des Einzelhandels dargestellt.

Unternehmen: Rechtlich selbständige Wirtschaftseinheiten einschl. etwaiger bereichsfremder Unternehmensteile und Tätigkeiten, mit Ausnahme von land- und forstwirtschaftlichen Betrieben sowie von Zweigniederlassungen im Ausland.

Arbeitsstätten: Alle räumlich voneinander getrennten Verkaufsfilialen, Werkstätten, Produktions-, Verwaltungs- und Hilfsbetriebe, Lager, Fuhrparks usw., in denen mindestens eine Person regelmäßig (auch nur stundenweise) tätig ist.

Unternehmen und Arbeitsstätten mit verschiedenen Tätigkeiten (z. B. Kombination von Groß- und Einzelhandel) werden nach dem wirtschaftlichen Schwerpunkt eingeordnet. Die fachliche Zuordnung erfolgt zu dem Wirtschaftsbereich, der diejenige(n) Tätigkeit(en) umfaßt, auf die der größte Teil der im Unternehmen entstandenen Wertschöpfung entfällt. Innerhalb der Wirtschaftsbereiche Großhandel, Handelsvermittlung und Einzelhandel werden die einzelnen Unternehmen und Arbeitsstätten den Wirtschaftszweigen nach Art und Zusammensetzung des Warensortiments zugeordnet, im Gastgewerbe nach der von den Inhabern angegebenen Betriebsart. Die Ergebnisse werden nach der Systematik der Wirtschaftszweige, Ausgabe 1979, dargestellt.

Beschäftigte: Tätige Inhaber, Mithelfende Familienangehörige und Arbeitnehmer, die in einem Voll- oder Teilzeitbeschäftigungsverhältnis zu dem Unternehmen stehen. Teilzeitbeschäftigte sind Personen, deren durchschnittliche Arbeitszeit kürzer ist als die orts-, branchen- oder betriebsübliche Wochenarbeitszeit.

Umsatz: Gesamtbetrag aller in Rechnung gestellten Lieferungen und Leistungen (Eigengeschäft) sowie Provisionseinnahmen und Kostenvergütungen (Fremdgeschäft) des Unternehmens einschl. Eigenverbrauch. Der Umsatz wird in Großhandel und Handelsvermittlung ohne, in Einzelhandel und Gastgewerbe einschl. Umsatz-(Mehrwert-)steuer ausgewiesen.

Wareneinsatz: Wareneingang zuzüglich Lageranfangsbestand minus Lagerendbestand (alles bewertet zu Einstandspreisen ohne Vorsteuer).

Lagerumschlagshäufigkeit: Wareneinsatz je durchschnittlichen Lagerbestand.

Rohertrag: Umsatz minus Wareneinsatz. Dabei wird der Umsatz wiederum in Großhandel und Handelsvermittlung ohne, in Einzelhandel und Gastgewerbe einschl. Umsatz-(Mehrwert-)steuer ausgewiesen.

Investitionen: Wert der Bruttozugänge an Sachanlagen.

Durchschnittlicher Provisionssatz: Provisionen und Kostenvergütungen bezogen auf den Gesamtwert der gegen Provision vermittelten Waren.

Reiseverkehr

Die Beherbergungsstatistik erfaßt die Unterbringungskapazität von Beherbergungsstätten sowie deren Inanspruchnahme durch Reisende. Nach dem Gesetz über die Statistik der Beherbergung im Reiseverkehr (BeherbstatG) vom 14. 7. 1980 (BGBl. I S. 953) gelten als Beherbergungsstätten neben den gewerblichen (z. B. Hotels, Gasthöfe) weiterhin auch nicht gewerblich betriebene Einrichtungen (z. B. Erholungs- und Ferienheime von Organisationen ohne Erwerbszweck); nicht mehr einbezogen sind dagegen die Kleinstbeherbergungsstätten mit weniger als 9 Gästebetten.

Die Beherbergungskapazität, die bisher jährlich ermittelt wurde, wird ab 1981 (Stichtag: 1. 1.) in sechsjährlichem Abstand erhoben (Ergebnisse für 1980 siehe Statistisches Jahrbuch 1982, S. 238).

Repräsentative Angaben über Urlaubs- und Erholungsreisen (mit einer Dauer von mindestens 5 Tagen), die sich auf die gesamte Wohnbevölkerung beziehen, werden durch Haushaltsbefragungen im Rahmen des Mikrozensus erhoben. Erfaßt werden Angaben über die Person des Reisenden (Reisebeteiligung; Reisehäufigkeit), die Reisemerkmale (u. a. Ziele im In- und Ausland, Dauer, Verkehrsmittel, Unterkunftsart) sowie über Reiseausgaben, die für gemeinsam gereiste Personen (Haushaltsreise) in einer Summe ermittelt werden.

Messen und Ausstellungen

Das Zahlenmaterial wurde vom Ausstellungs- und Messeausschuß der Deutschen Wirtschaft (AUMA), Köln, zur Verfügung gestellt und ist nur zur Beobachtung der Entwicklung innerhalb einer Messestadt, nicht aber für einen Vergleich der Messen untereinander geeignet.

Warenverkehr mit Berlin (West)

Grundlage für die Ermittlung des Warenverkehrs mit Berlin (West) bilden die hierfür vorgeschriebenen Warenbegleitscheine. Die Ergebnisse beziehen sich im allgemeinen auf die Angaben der Versender über die Versandwerte und -mengen; sie umfassen auch den Warenverkehr zwischen Niederlassungen derselben Firma. In den Zahlen über die Lieferungen aus Berlin ist auch der Warenverkehr zwischen Berlin (West) und dem Ausland enthalten, soweit die Lieferungen aus Berlin das übrige Bundesgebiet im Durchgangsverkehr berühren. Post- und Kleinsendungen sowie Luftfrachtsendungen sind nicht einbezogen. Umzugsgut, gebrauchtes Verpackungsmaterial u. dgl. sind nur in den Verkehrsnachweisen enthalten.

Warenverkehr mit der Deutschen Demokratischen Republik und Berlin (Ost)

In dieser Statistik werden im wesentlichen alle Waren nachgewiesen, die zum Gebrauch oder Verbrauch, zur Bearbeitung oder Verarbeitung bezogen oder geliefert werden, einschl. Rückwaren und Ersatzlieferungen. Als Grundlage für die Ermittlung der Zahlen dienen die Angaben auf den von den Zolldienststellen abgefertigten Warenbegleitscheinen.

Die Werte stellen im allgemeinen Rechnungswerte dar. Bei Waren, die in einem Veredelungs- oder Reparaturverkehr bezogen oder geliefert werden, wird stets der volle Warenwert – bei Bezügen bzw. Lieferungen nach Lohnveredelung jeweils einschl. der Veredelungs- und Versandkosten – erfaßt.

Ausführliche methodische Erläuterungen sowie fachlich und regional tiefer gegliederte Ergebnisse enthält die Fachserie 6 »Handel, Gastgewerbe, Reiseverkehr« (siehe hierzu auch »Fundstellennachweis«, S. 750 ff.).

11.1 Meßzahlen für Beschäftigte und Umsatz im Großhandel

1980 = 100

Nr. der Systematik[1])	Wirtschaftsgliederung (Gh. m. = Großhandel mit . . .)	Beschäftigte						Umsatz[3])			
		insgesamt				Vollbeschäftigte[2])					
		1979	1980	1981	1982	1981	1982	1979	1980	1981	1982
401	Gh. m. Getreide, Futter- und Düngemitteln, Tieren	98,8	100	99,1	95,7	100,4	96,7	93,4	100	109,8	112,3
	darunter mit:										
401 11	Getreide, Futter- und Düngemitteln, o. a. S. . .	100,3	100	97,0	91,8	97,3	92,2	94,5	100	104,1	106,8
401 14	Getreide, Saaten, Futtermitteln	98,2	100	100,4	97,8	97,5	94,6	93,3	100	114,9	115,1
401 30	Blumen, Pflanzen, Blumenbindereibedarf	—	100	102,0	99,5	142,3	139,2	—	100	114,1	111,3
401 51	lebendem Vieh	98,0	100	97,4	97,7	92,0	93,0	98,9	100	103,9	118,8
402	Gh. m. textilen Rohstoffen und Halbwaren, Häuten usw.	—	100	96,4	94,9	94,9	93,3	—	100	104,1	108,1
	darunter mit:										
402 11	Garnen (ohne Handarbeitsgarne u. ä.)	—	100	97,4	93,9	96,4	89,0	—	100	103,7	100,3
402 19	sonstigen textilen Rohstoffen und Halbwaren	—	100	97,3	99,1	95,8	97,6	—	100	99,7	98,3
402 50	Häuten, Fellen	101,2	100	95,9	89,9	95,2	90,5	149,2	100	102,5	111,6
402 70	Leder	—	100	90,5	84,3	89,0	81,7	—	100	94,3	95,4
404	Gh. m. techn. Chemikalien, Rohdrogen, Kautschuk	98,6	100	100,3	101,4	99,2	100,3	93,3	100	109,0	107,0
	davon mit:										
404 10	technischen Chemikalien, Rohdrogen	98,7	100	100,3	102,2	97,2	98,9	93,1	100	109,4	107,7
404 60	rohen techn. Fetten und Ölen, Kautschuk . . .	—	100	100,8	94,3	99,0	94,8	—	100	104,7	98,6
405	Gh. m. festen Brennstoffen, Mineralölerzeugnissen	96,5	100	99,9	97,8	99,6	97,4	95,4	100	112,2	115,0
	davon mit:										
405 10	festen Brennstoffen, Mineralölerzeugnissen, o. a. S.	—	100	98,9	96,9	97,5	96,6	—	100	118,0	126,5
405 40	festen Brennstoffen	107,1	100	98,4	102,0	95,6	97,6	115,0	100	111,6	104,5
405 70	Mineralölerzeugnissen	94,8	100	100,0	97,6	100,0	97,5	92,9	100	112,1	115,4
406	Gh. m. Erzen, Stahl, NE-Metallen usw.	99,9	100	96,3	93,0	95,9	92,7	92,4	100	107,8	106,2
	darunter mit:										
406 1	Erzen	—	100	91,8	80,1	94,8	80,3	—	100	100,3	101,1
406 4	Eisen und Stahl und -halbzeug	—	100	96,0	93,3	95,5	92,9	—	100	108,1	102,4
406 71	NE-Metallen	98,6	100	98,7	94,5	99,6	95,5	81,3	100	112,2	126,8
407	Gh. m. Holz, Baustoffen, Installationsbedarf . . .	95,9	100	97,7	92,1	97,5	91,5	91,8	100	96,2	91,4
	davon mit:										
407 11	Rohholz	—	100	93,1	80,1	94,3	80,5	—	100	88,1	75,9
407 14	Schnittholz	—	100	99,3	92,2	97,5	90,7	—	100	96,5	87,9
407 17	sonst. Holzhalbwaren, Bauelementen aus Holz	—	100	97,5	90,2	97,8	90,1	—	100	93,4	86,6
407 40	Baustoffen, Bauelementen aus mineralischen Stoffen	95,9	100	98,4	93,1	97,5	91,6	93,4	100	97,1	94,8
407 60	Flachglas	—	100	89,6	83,5	96,0	89,5	—	100	96,6	76,7
407 81	Installationsbedarf für Gas und Wasser	95,9	100	99,1	95,7	98,4	94,8	92,1	100	97,9	94,7
407 85	Installationsbedarf für Heizung	—	100	97,6	92,1	97,9	92,2	—	100	94,1	89,2
408	Gh. m. Altmaterial, Reststoffen	91,7	100	97,8	93,0	97,3	92,5	100,3	100	95,3	90,4
	darunter mit:										
408 31	Eisen- und Stahlschrott	—	100	95,6	89,6	96,7	90,8	—	100	96,9	93,7
408 35	NE-Metallschrott	—	100	96,3	91,8	96,2	89,9	—	100	91,4	79,6
411	Gh. m. Nahrungsmitteln, Getränken, Tabakwaren	98,5	100	97,5	95,7	97,3	95,2	96,0	100	104,1	110,6
	darunter mit:										
411 10	Nahrungsmitteln, Getränken, Tabakwaren, o. a. S.	99,0	100	93,2	89,9	93,6	90,4	94,6	100	100,4	109,4
411 25	Gemüse, Obst, Früchten	—	100	99,9	96,3	102,4	97,9	—	100	105,4	100,9
411 31	Zucker	—	100	98,9	100,9	97,2	100,9	—	100	107,7	94,2
411 36	Süßwaren	97,6	100	100,0	92,2	98,5	92,5	97,2	100	102,9	103,9
411 41	Milcherzeugnissen, Fettwaren	95,9	100	101,2	100,5	99,8	98,3	104,8	100	98,3	112,4
411 45	Eiern	98,2	100	90,9	88,1	85,5	86,8	91,1	100	103,7	96,2
411 55	Fleisch, Fleischwaren	—	100	100,9	100,4	99,4	99,6	—	100	108,8	107,9
411 61	Kaffee, Tee, Rohkakao	—	100	96,1	94,1	95,9	93,4	—	100	97,7	106,9
411 79	sonstigen Nahrungsmitteln, a. n. g.	—	100	99,6	95,6	99,8	96,4	—	100	110,2	108,6
411 81	Wein	—	100	97,3	94,8	99,2	94,6	—	100	105,4	101,5
411 83	Spirituosen	—	100	101,1	88,0	103,0	86,7	—	100	137,2	130,5
411 87	Bier, alkoholfreien Getränken	100,0	100	100,4	101,0	97,9	97,8	95,9	100	111,7	129,4
411 90	Tabakwaren	96,9	100	99,3	97,9	96,2	94,5	94,8	100	103,2	107,5

[1]) Systematik der Wirtschaftszweige, Ausgabe 1979, Kurzbezeichnungen.
[2]) Erstmals 1980 erhoben.
[3]) Umsatzwerte in jeweiligen Preisen, ohne Umsatz-(Mehrwert-)steuer.

11.1 Meßzahlen für Beschäftigte und Umsatz im Großhandel

1980 = 100

Nr. der Systematik[1])	Wirtschaftsgliederung (Gh. m. = Großhandel mit . . .)	Beschäftigte insgesamt				Beschäftigte Vollbeschäftigte[2])		Umsatz[3])			
		1979	1980	1981	1982	1981	1982	1979	1980	1981	1982
412	Gh. m. Textilien, Bekleidung, Schuhen, Lederwaren	—	100	96,4	90,2	95,2	88,6	—	100	98,9	95,6
	darunter mit:										
412 10	Textil., Bekleidung, Schuhen, Lederwaren, o. a. S.	99,4	100	94,2	91,6	93,3	89,7	94,4	100	104,3	107,6
412 20	Meterware für Bekleidung und Wäsche	—	100	89,1	81,6	83,2	82,4	—	100	91,9	97,1
412 30	Oberbekleidung	—	100	99,2	92,1	99,3	93,0	—	100	97,8	96,4
412 45	Pullovern, Säuglingsbekleidung, Kurzwaren u. a.	—	100	94,0	89,4	96,2	88,2	—	100	99,1	102,3
412 60	Kürschnerwaren	—	100	93,5	83,4	94,6	83,8	—	100	85,0	68,3
412 71	Heimtextilien, Bodenbelägen	—	100	97,7	89,4	96,1	87,8	—	100	97,5	92,0
412 80	Schuhen	102,6	100	100,5	95,5	96,6	90,7	94,0	100	93,4	91,2
412 95	Galanteriewaren, Geschenkartikel	—	100	106,4	95,3	100,6	89,9	—	100	103,9	93,0
413	Gh. m. Metallwaren, Einrichtungsgegenständen	—	100	99,0	94,8	98,4	94,3	—	100	101,9	99,2
	darunter mit:										
413 11	Metall- und Kunststoffwaren, o. a. S.	—	100	100,8	95,8	99,7	94,8	—	100	103,6	104,4
413 12	Schrauben, Norm- und Fassondrehteilen	—	100	99,4	102,2	98,8	101,3	—	100	104,3	113,9
413 14	Kleineisenwaren usw.	—	100	102,2	96,8	101,3	95,3	—	100	98,5	94,6
413 15	Hausrat aus Metall und Kunststoff, a. n. g.	—	100	108,0	107,8	103,2	104,1	—	100	108,6	109,2
413 18	sonstigen Metall- und Kunststoffwaren, a. n. g.	—	100	100,7	98,6	98,9	96,6	—	100	106,8	94,8
413 20	elektrotechnischen Erzeugnissen, a. n. g.	—	100	96,8	92,8	96,3	92,4	—	100	98,9	97,8
413 30	Feinkeramik und Glaswaren für den Haushalt	—	100	100,6	95,7	99,4	95,3	—	100	102,2	99,1
413 60	Möbeln, Kunstgegenständen u. ä.	—	100	97,2	92,2	96,4	90,8	—	100	94,7	87,7
413 71	Rundfunk-, Fernseh- und phonotechnischen Geräten	101,4	100	95,2	86,0	98,1	88,9	96,5	100	107,1	105,7
413 80	Lacken, Farben, Tapeten	—	100	100,6	95,4	99,8	95,6	—	100	99,9	98,6
414	Gh. m. feinmechanischen und optischen Erzeugnissen, Schmuck usw.	—	100	99,9	95,1	99,3	93,9	—	100	100,8	96,8
	davon mit:										
414 31	Foto- und Kinogeräten, fototechnischen und -chemischem Material	—	100	104,1	100,2	103,1	99,5	—	100	102,2	103,0
414 35	sonst. feinmech. und opt. Erzeugnissen	—	100	96,8	86,5	94,1	83,8	—	100	99,2	119,9
414 61	Uhren	101,1	100	94,7	93,0	96,4	94,4	102,6	100	91,0	82,4
414 65	Edelmetallwaren, Schmuck u. ä.	98,9	100	100,6	95,8	99,1	93,7	92,7	100	96,7	82,9
414 94	Spielwaren	—	100	99,1	94,8	99,1	93,6	—	100	101,6	90,8
414 96	Sport- u. Campingartikeln (ohne Campingmöbel)	—	100	97,3	91,7	99,5	91,7	—	100	118,3	113,3
416	Gh. m. Fahrzeugen, Maschinen, technischem Bedarf	98,1	100	98,6	96,3	98,1	95,4	98,7	100	104,4	101,7
	darunter mit:										
416 11	Kraftwagen	—	100	95,6	89,1	96,3	89,4	—	100	105,9	98,1
416 14	Kraftfahrzeugteilen und -reifen	—	100	99,7	99,5	99,1	97,1	—	100	104,4	103,6
416 20	Landmaschinen, landwirtschaftlichen Geräten	—	100	93,7	88,9	94,1	88,8	—	100	95,7	100,1
416 41	Werkzeugmaschinen	94,3	100	100,8	94,5	103,1	97,4	87,4	100	149,0	113,0
416 42	Baumaschinen, Baugeräten	—	100	94,2	84,5	95,2	85,3	—	100	80,9	83,2
416 44	Büromaschinen, ADV-Geräten u. -Einrichtungen	96,0	100	101,8	103,8	99,9	102,1	88,5	100	102,5	109,3
416 49	sonstigen Maschinen (ohne Land- und Spezialmaschinen)	—	100	101,4	97,4	101,1	98,7	—	100	98,7	92,9
416 53	technischem Fleischereibedarf	—	100	101,6	99,6	100,3	101,4	—	100	107,8	107,5
416 65	technischem Bedarf, a. n. g.	101,1	100	99,7	96,8	99,2	96,6	94,3	100	98,4	97,5
418	Gh. m. pharmazeut. kosmet. u. ä. Erzeugnissen	—	100	98,7	94,5	97,0	93,5	—	100	107,6	110,7
	darunter mit:										
418 10	pharmazeutischen Erzeugnissen	100,3	100	98,1	94,9	94,7	92,0	92,4	100	108,7	112,8
418 31	Dentalbedarf	—	100	100,7	95,9	99,8	94,9	—	100	104,1	97,6
418 35	Laborbedarf, sonstigen medizinischen und orthopädischen Artikeln	—	100	102,9	100,9	105,7	108,1	—	100	106,0	112,0
418 60	kosmetischen Erzeugnissen, Körperpflegemitteln	92,7	100	93,4	81,0	93,5	79,3	95,7	100	107,8	104,3
419	Gh. m. Papier, Druckerzeugnissen, Waren verschiedener Art, o. a. S.	—	100	97,9	98,2	101,8	96,7	—	100	104,4	103,8
	darunter mit:										
419 11	Schreib- und Druckpapier	98,5	100	98,9	97,5	96,8	95,4	94,1	100	105,0	100,8
419 13	Papier (ohne Schreib- und Druckpapier)	—	100	100,9	99,6	97,0	96,5	—	100	108,2	101,5
419 17	Schreib- und Papierwaren, Schul- und Büroartikeln	97,1	100	97,4	109,2	98,0	95,5	89,6	100	103,3	102,8
419 41	Büchern, Fachzeitschriften, Musikalien	—	100	97,3	91,8	97,1	91,6	—	100	102,3	99,4
419 45	Unterhaltungszeitschriften, Zeitungen	—	100	100,9	99,5	99,0	96,0	—	100	108,9	119,4
419 83	Fertigwaren, o. a. S.	102,3	100	97,2	93,5	110,6	101,1	92,6	100	98,8	101,1
40/41	**Insgesamt**	**98,0**	**100**	**98,2**	**95,0**	**98,1**	**94,4**	**94,6**	**100**	**105,9**	**106,9**

1) Systematik der Wirtschaftszweige, Ausgabe 1979, Kurzbezeichnungen.
2) Erstmals 1980 erhoben.
3) Umsatzwerte in jeweiligen Preisen, ohne Umsatz-(Mehrwert-)steuer.

11.2 Beschäftigung, Umsatz, Wareneingang, Lagerbestand und Rohertrag im Großhandel 1979

Nr. der Systematik[1])	Wirtschaftsgliederung (Gh. m. = Großhandel mit . . .)	Beschäftigte[2]) insgesamt	Beschäftigte[2]) Arbeitnehmer	Bruttolohn- und -gehaltsumme	Umsatz[3])	Wareneingang	Lagerbestand am Jahresende	Lagerbestand Veränderung (+/−) gegenüber Jahresanfang	Lagerumschlagshäufigkeit	Rohertrag insgesamt	Rohertrag Anteil am Umsatz
		1 000		Mill. DM				%		Mill. DM	%
401	Gh. m. Getreide, Futter- und Düngemitteln, Tieren	81,7	76,4	2 059	74 153	69 277	4 421	+12,0	16,4	5 348	7,2
	darunter mit:										
401 11	Getreide, Futter- und Düngemitteln, o. a. S. . .	35,9	35,3	908	22 200	20 317	2 043	+ 9,8	10,3	2 066	9,3
401 14	Getreide, Saaten, Futtermitteln	27,2	25,8	740	34 738	33 020	2 158	+14,3	16,2	1 989	5,7
401 30	Blumen, Pflanzen, Blumenbindereibedarf	6,3	5,7	149	2 155	1 747	68	+17,2	27,6	418	19,4
401 51	lebendem Vieh	10,7	8,0	210	13 052	12 340	64	+ 8,5	200,6	717	5,5
402	Gh. m. textilen Rohstoffen und Halbwaren, Häuten usw.	4,3	3,9	127	5 119	4 596	649	+ 5,5	7,2	556	10,9
	darunter mit:										
402 50	Häuten, Fellen	1,3	1,2	37	1 161	1 026	75	+10,3	14,2	142	12,3
404	Gh. m. techn. Chemikalien, Rohdrogen, Kautschuk	10,9	10,5	419	11 842	10 298	750	+30,4	15,3	1 718	14,5
	darunter mit:										
404 10	technischen Chemikalien, Rohdrogen	10,0	9,7	385	10 823	9 366	647	+28,9	16,0	1 603	14,8
405	Gh. m. festen Brennstoffen, Mineralölerzeugnissen	33,5	32,6	1 204	113 400	104 747	3 857	+52,0	32,3	9 971	8,8
	davon mit:										
405 10	festen Brennstoffen, Mineralölerzeugnisen, o. a. S.	1,8	1,8	54	2 390	2 173	99	+19,3	23,7	234	9,8
405 40	festen Brennstoffen	1,4	1,3	55	6 188	6 011	121	+61,3	60,9	223	3,6
405 70	Mineralölerzeugnissen	30,3	29,5	1 094	104 822	96 563	3 636	+52,8	31,7	9 515	9,1
406	Gh. m. Erzen, Stahl, NE-Metallen usw.	67,2	66,3	2 279	73 841	67 536	5 470	+17,9	13,2	7 135	9,7
	darunter mit:										
406 4	Eisen und Stahl und -halbzeug	59,2	58,5	1 969	56 289	50 907	4 362	+19,0	12,5	6 077	10,8
406 71	NE-Metallen	4,4	4,4	194	13 026	12 408	809	+ 7,3	15,8	673	5,2
407	Gh. m. Holz, Baustoffen, Installationsbedarf . . .	113,8	109,2	3 246	41 793	33 977	4 341	+15,4	8,2	8 394	20,1
	darunter mit:										
407 14	Schnittholz	11,8	11,0	339	3 978	3 056	744	+18,3	4,3	1 037	26,1
407 17	sonst. Holzhalbwaren, Bauelementen aus Holz	11,6	10,9	333	4 103	3 278	679	+20,0	5,1	939	22,9
407 40	Baustoffen, Bauelementen aus mineralischen Stoffen	51,1	48,8	1 472	21 627	17 899	1 513	+14,4	12,5	3 919	18,1
407 81	Installationsbedarf für Gas und Wasser	19,0	18,7	513	5 503	4 477	708	+13,1	6,6	1 108	20,1
407 85	Installationsbedarf für Heizung	10,5	10,3	321	3 772	3 089	441	+14,0	7,3	737	19,5
408	Gh. m. Altmaterial, Reststoffen	12,5	11,7	370	7 373	6 054	477	+37,1	14,4	1 448	19,6
	darunter mit:										
408 31	Eisen- und Stahlschrott	8,4	8,0	256	4 921	4 017	315	+23,5	13,9	963	19,6
411	Gh. m. Nahrungsmitteln, Getränken, Tabakwaren	179,3	171,5	4 737	133 509	119 742	6 818	+ 7,3	18,1	14 227	10,7
	darunter mit:										
411 10	Nahrungsmitteln, Getränken, Tabakwaren, o. a. S.	60,6	60,1	1 537	39 838	35 971	2 133	+ 5,8	17,3	3 984	10,0
411 25	Gemüse, Obst, Früchten	19,0	17,5	522	13 743	12 197	322	+17,5	40,8	1 595	11,6
411 31	Zucker	0,9	0,8	32	5 051	4 957	212	+50,4	27,7	164	3,3
411 36	Süßwaren	4,4	4,1	111	2 310	1 911	196	+ 7,1	10,0	412	17,8
411 41	Milcherzeugnissen, Fettwaren	11,5	11,1	339	13 841	12 847	340	− 0,6	37,7	991	7,2
411 55	Fleisch, Fleischwaren	20,5	19,5	591	22 214	20 275	512	+ 2,4	40,0	1 951	8,8
411 61	Kaffee, Tee, Rohkakao	3,9	3,8	100	5 841	5 529	587	+36,8	10,6	471	8,1
411 79	sonstigen Nahrungsmitteln, a. n. g.	11,8	11,5	325	6 878	6 055	372	+ 5,4	16,7	842	12,2
411 81	Wein	8,7	8,3	235	4 101	3 048	1 052	− 2,7	2,9	1 024	25,0
411 87	Bier, alkoholfreien Getränken	14,7	13,6	372	4 015	3 199	144	+ 1,4	22,4	818	20,4
411 90	Tabakwaren	19,6	9,3	242	8 070	7 331	448	− 0,2	16,3	739	9,2
412	Gh. m. Textilien, Bekleidung, Schuhen, Lederwaren	50,3	47,9	1 280	18 466	14 971	3 349	+15,5	4,6	3 944	21,4
	darunter mit:										
412 10	Textil., Bekleidung, Schuhen, Lederwaren, o. a. S.	9,1	8,8	205	2 960	2 425	427	+11,8	5,9	580	19,6
412 30	Oberbekleidung	8,3	8,1	228	3 749	3 108	430	+15,3	7,6	698	18,6
412 45	Pullovern, Säuglingsbekleidg., Kurzwaren u. ä.	6,4	6,1	153	1 839	1 390	255	+12,3	5,7	477	25,9
412 71	Heimtextilien, Bodenbelägen	12,0	11,5	339	3 764	2 984	940	+14,9	3,3	903	24,0
412 80	Schuhen	3,8	3,6	101	1 727	1 440	333	+33,2	4,7	371	21,5

[1]) Systematik der Wirtschaftszweige, Ausgabe 1979, Kurzbezeichnungen.
[2]) Stand: 31. 12. 1979.
[3]) Ohne Umsatz-(Mehrwert-)steuer.

11.2 Beschäftigung, Umsatz, Wareneingang, Lagerbestand und Rohertrag im Großhandel 1979

Nr. der Systematik[1])	Wirtschaftsgliederung (Gh. m. = Großhandel mit ...)	Beschäftigte[2]) insgesamt	Beschäftigte[2]) Arbeitnehmer	Bruttolohn- und -gehaltsumme	Umsatz[3])	Wareneingang	Lagerbestand am Jahresende	Lagerbestand Veränderung (+/−) gegenüber Jahresanfang	Lagerumschlagshäufigkeit	Rohertrag insgesamt	Rohertrag Anteil am Umsatz
		1 000		Mill. DM				%		Mill. DM	%
413	Gh. m. Metallwaren, Einrichtungsgegenständen	140,3	135,8	3 971	45 462	35 749	6 283	+10,3	5,9	10 299	22,7
	darunter mit:										
413 11	Metall- und Kunststoffwaren, o.a.S.	13,3	13,1	326	2 859	2 270	477	+ 9,7	4,9	632	22,1
413 14	Kleineisenwaren usw.	13,3	12,9	347	3 458	2 607	483	+ 9,5	5,6	893	25,8
413 18	sonstigen Metall- und Kunststoffwaren, a.n.g.	15,3	14,6	452	4 955	3 820	689	+10,8	5,7	1 202	24,3
413 20	elektrotechnischen Erzeugnissen, a.n.g.	40,1	38,9	1 195	13 180	10 489	1 671	+ 9,8	6,5	2 840	21,5
413 60	Möbeln, Kunstgegenständen u. ä.	14,2	13,5	378	4 781	3 667	584	+16,8	6,6	1 198	25,1
413 71	Rundfunk-, Fernseh- und phonotechnischen Geräten	15,2	14,9	467	8 364	7 009	1 221	+ 8,1	5,9	1 447	17,3
413 80	Lacken, Farben, Tapeten	11,3	10,8	307	2 879	2 202	390	+13,7	5,9	724	25,1
414	Gh. m. feinmechanischen und optischen Erzeugnissen, Schmuck usw.	20,6	19,7	604	8 513	6 475	1 770	+ 3,4	3,7	2 096	24,6
	darunter mit:										
414 31	Foto- und Kinogeräten, fototechnischem und -chemischem Material	4,8	4,7	173	3 131	2 486	383	+ 2,7	6,6	655	20,9
414 35	sonst. feinmech. und opt. Erzeugnissen	2,1	2,0	74	731	518	128	+37,6	4,4	248	33,9
414 65	Edelmetallwaren, Schmuck u. ä.	6,4	5,9	160	2 097	1 577	753	− 3,2	2,1	495	23,6
416	Gh. m. Fahrzeugen, Maschinen, technischem Bedarf	160,8	155,3	4 922	62 982	51 053	9 334	+14,1	5,7	13 081	20,8
	darunter mit:										
416 11	Kraftwagen	20,5	20,2	625	18 367	16 581	2 342	+17,8	7,5	2 140	11,7
416 14	Kraftfahrzeugteilen und -reifen	37,0	35,9	987	9 292	7 174	1 387	+ 9,3	5,3	2 237	24,1
416 20	Landmaschinen, landwirtschaftlichen Geräten	20,5	19,6	472	5 646	4 753	1 186	+ 9,8	4,1	999	17,7
416 42	Baumaschinen, Baugeräten	10,5	10,2	340	4 006	3 227	692	+12,9	4,8	859	21,4
416 44	Büromaschinen, ADV-Geräten u. -Einrichtungen	24,8	24,4	975	5 039	2 898	1 100	+14,1	2,7	2 278	45,2
416 49	sonstigen Maschinen (ohne Land- und Spezialmaschinen)	16,0	15,3	559	8 517	6 941	791	+10,9	9,1	1 655	19,4
416 65	technischem Bedarf, a.n.g.	8,9	8,3	265	3 071	2 371	324	+18,2	7,8	750	24,4
418	Gh. m. pharmazeut., kosmet. u. ä. Erzeugnissen	46,4	45,6	1 246	16 412	13 198	1 739	+ 9,3	7,8	3 362	20,5
	darunter mit:										
418 10	pharmazeutischen Erzeugnissen	27,9	27,8	655	10 879	9 323	1 070	+ 7,1	8,9	1 626	14,9
418 35	Laborbedarf, sonstigen medizinischen und orthopädischen Artikeln	7,3	7,0	224	2 254	1 648	258	+21,1	6,8	652	28,9
419	Gh. m. Papier, Druckerzeugnissen, Waren verschiedener Art, o.a.S.	69,3	67,8	1 774	29 305	24 985	2 152	+ 7,2	11,9	4 465	15,2
	darunter mit:										
419 11	Schreib- und Druckpapier	6,1	6,0	201	3 925	3 417	348	+16,4	10,4	557	14,2
419 17	Schreib- u. Papierwaren, Schul- u. Büroartikeln	15,2	14,6	366	2 755	1 993	344	+16,6	6,1	811	29,4
419 45	Unterhaltungszeitschriften, Zeitungen	9,8	9,7	209	2 852	2 288	52	+10,6	46,1	569	20,0
419 83	Fertigwaren, o.a.S.	22,3	22,0	542	11 658	10 335	823	+ 0,1	12,6	1 325	11,4
40/41	**Insgesamt**	**990,7**	**954,6**	**28 237**	**642 168**	**562 658**	**51 410**	**+14,6**	**11,6**	**86 045**	**13,4**

1) Systematik der Wirtschaftszweige, Ausgabe 1979, Kurzbezeichnungen.
2) Stand: 31. 12. 1979.
3) Ohne Umsatz-(Mehrwert-)steuer.

11.3 Unternehmen, Investitionen und Aufwendungen für gemietete oder gepachtete Sachanlagen im Großhandel 1979

Nr. der Systematik[1])	Wirtschaftsgliederung (Gh. m. = Großhandel mit ...)	Unternehmen insgesamt	Unternehmen mit Investitionen zusammen	Bruttoanlageinvestitionen: bebaute Grundstücke und andere Bauten	Bruttoanlageinvestitionen: Grundstücke ohne eigene Bauten	Bruttoanlageinvestitionen: Fahrzeuge, Maschinen, Einrichtungsgegenstände, Geräte u. ä.	Bruttoanlageinvestitionen: zusammen	Bruttoanlageinvestitionen: je 1 000 DM Umsatz	außerdem nicht aktivierte geringwertige Wirtschaftsgüter	Aufwendungen für gemietete oder gepachtete Sachanlagen	Erlöse aus dem Verkauf von Sachanlagen
		Anzahl		Mill. DM				DM	1 000 DM	Mill. DM	
401	Gh. m. Getreide, Futter- und Düngemitteln, Tieren	4 792	3 316	308	29	438	775	12	16 056	111	118
402	Gh. m. textilen Rohstoffen und Halbwaren, Häuten usw.	332	228	10	0	14	24	5	1 115	6	2
404	Gh. m. techn. Chemikalien, Rohdrogen, Kautschuk	418	277	16	2	50	69	6	6 376	31	4
405	Gh. m. festen Brennstoffen, Mineralölerzeugnissen	1 092	872	75	6	410	492	5	17 983	231	38
406	Gh. m. Erzen, Stahl, NE-Metallen usw.	1 287	1 055	122	19	182	323	5	10 093	118	47
407	Gh. m. Holz, Baustoffen, Installationsbedarf	4 403	3 534	306	25	534	865	23	20 277	172	115
408	Gh. m. Altmaterial, Reststoffen	632	558	16	2	131	149	22	2 122	22	14
411	Gh. m. Nahrungsmitteln, Getränken, Tabakwaren	7 552	5 580	318	27	724	1 069	9	63 193	378	98
412	Gh. m. Textilien, Bekleidung, Schuhen, Lederwaren	2 195	1 512	82	21	141	244	16	23 301	144	30
413	Gh. m. Metallwaren, Einrichtungsgegenständen	4 627	3 538	249	10	317	576	15	29 529	292	36
414	Gh. m. feinmechanischen und optischen Erzeugnissen, Schmuck usw.	922	664	53	5	60	118	16	5 063	47	17
416	Gh. m. Fahrzeugen, Maschinen, technischem Bedarf	5 575	4 501	264	20	566	850	15	40 647	356	193
418	Gh. m. pharmazeut. kosmet. u. ä. Erzeugnissen	885	661	45	4	101	151	10	8 452	121	12
419	Gh. m. Papier, Druckerzeugnissen, Waren verschiedener Art, o.a.S.	1 604	1 198	89	9	131	229	8	13 551	167	28
40/41	**Insgesamt**	**36 318**	**27 493**	**1 954**	**180**	**3 799**	**5 932**	**10**	**257 757**	**2 196**	**750**

1) Systematik der Wirtschaftszweige, Ausgabe 1979, Kurzbezeichnungen.

11.4 Beschäftigung, Umsatz, Wareneingang und Rohertrag in der Handelsvermittlung 1979

Nr. der Systematik[1])	Wirtschaftsgliederung (V. v. = Vermittlung von ...)	Beschäftigte[2])		Brutto-lohn- und -gehalt-summe	Umsatz[3])		Gesamt-wert der gegen Provision vermittelten Waren	Durch-schnitt-licher Provisions-satz	Waren-ein-gang	Rohertrag[4])	
		insgesamt	Arbeit-nehmer		insgesamt	aus Handels-vermitt-lung				insgesamt	Anteil am Umsatz insgesamt
		1 000		Mill. DM		%	Mill. DM	%	Mill. DM		%
421	V. v. landwirtschaftlichen Grundstoffen, Tieren, textilen Rohstoffen usw.	3,1	1,8	44	440	*53,6*	14 885	*1,6*	202	248	*56,4*
422	V. v. technischen Chemikalien, Erzen, Holz, Baustoffen usw.	10,2	6,7	204	1 216	*77,7*	40 381	*2,3*	255	969	*79,7*
423	V. v. Nahrungsmitteln, Getränken, Tabakwaren	12,8	8,8	191	1 469	*64,2*	34 197	*2,8*	603	871	*59,3*
424	V. v. Textilien, Bekleidung, Schuhen, Lederwaren	16,2	9,1	241	1 584	*83,7*	28 049	*4,7*	224	1 365	*86,2*
425	V. v. Metallwaren, Einrichtungsgegenständen	22,3	14,4	356	2 324	*69,5*	32 039	*5,0*	764	1 578	*67,9*
426	V. v. feinmechanischen und optischen Erzeugnissen, Schmuck usw.	2,2	1,4	35	202	*72,9*	2 616	*5,6*	46	157	*77,7*
427	V. v. Fahrzeugen, Maschinen, technischem Bedarf	21,1	16,1	402	2 831	*49,6*	22 842	*6,2*	1 047	1 818	*64,2*
428	V. v. sonstigen Waren, Waren verschiedener Art, o. a. S.	8,2	5,1	116	998	*66,3*	16 373	*4,0*	334	666	*66,8*
429	Versandhandelsvertretung	1,0	0,5	8	65	*80,1*	749	*7,0*	9	56	*86,7*
42	Handelsvermittlung	97,0	63,7	1 599	11 129	*65,9*	192 132	*3,8*	3 483	7 729	*69,5*
437 10	Tankstellen (Absatz in fremdem Namen)	38,2	26,8	412	2 668	*40,4*	20 863	*5,2*	1 021	1 693	*63,4*
42, 437 10	**Insgesamt**	**135,2**	**90,5**	**2 010**	**13 797**	***60,9***	**212 995**	***3,9***	**4 504**	**9 422**	***68,3***

[1]) Systematik der Wirtschaftszweige, Ausgabe 1979, Kurzbezeichnungen.
[2]) Stand: 31. 12. 1979.
[3]) Ohne Umsatz-(Mehrwert-)steuer.
[4]) Provisionen und Rohertrag im Eigengeschäft.

11.5 Unternehmen, Investitionen und Aufwendungen für gemietete oder gepachtete Sachanlagen in der Handelsvermittlung 1979

Nr. der Systematik[1])	Wirtschaftsgliederung (V. v. = Vermittlung von ...)	Unter-nehmen insgesamt	Unternehmen mit Investitionen								
			zusammen	Bruttoanlageinvestitionen					außerdem nicht aktivierte gering-wertige Wirt-schafts-güter	Auf-wendungen für gemietete oder gepachtete Sach-anlagen	Erlöse aus dem Verkauf von Sach-anlagen
				bebaute Grund-stücke und andere Bauten	Grund-stücke ohne eigene Bauten	Fahrzeuge, Maschinen, Ein-richtungs-gegen-stände, Geräte u. ä.	zusammen	je 1 000 DM Umsatz			
		Anzahl		Mill. DM				DM	1 000 DM	Mill. DM	
421	V. v. landwirtschaftlichen Grundstoffen, Tieren, textilen Rohstoffen usw.	975	378	2	0	11	12	*47*	420	1	2
422	V. v. technischen Chemikalien, Erzen, Holz, Baustoffen usw.	3 038	1 394	17	0	35	52	*65*	1 976	10	8
423	V. v. Nahrungsmitteln, Getränken, Tabakwaren	3 408	1 426	15	0	34	50	*61*	1 650	7	10
424	V. v. Textilien, Bekleidung, Schuhen, Lederwaren	6 145	2 542	28	2	62	92	*115*	3 588	12	12
425	V. v. Metallwaren, Einrichtungsgegenständen	6 827	3 197	59	1	79	139	*87*	3 892	25	16
426	V. v. feinmechanischen und optischen Erzeugnissen, Schmuck usw.	707	258	4	1	8	13	*114*	364	1	1
427	V. v. Fahrzeugen, Maschinen, technischem Bedarf	4 546	2 060	34	1	64	99	*47*	4 950	20	16
428	V. v. sonstigen Waren, Waren verschiedener Art, o. a. S.	2 836	1 180	13	1	36	50	*72*	1 550	6	6
429	Versandhandelsvertretung	398	112	2	0	2	5	*156*	100	1	0
42	Handelsvermittlung	28 881	12 548	174	6	331	512	*71*	18 432	84	72
437 10	Tankstellen (Absatz in fremdem Namen)	9 535	4 828	20	2	79	100	*63*	5 200	47	19
42, 437 10	**Insgesamt**	**38 415**	**17 376**	**194**	**8**	**410**	**612**	***69***	**23 868**	**131**	**91**

[1]) Systematik der Wirtschaftszweige, Ausgabe 1979, Kurzbezeichnungen.

11.6 Meßzahlen für Beschäftigte und Umsatz im Einzelhandel

1980 = 100

Nr. der Systematik[1])	Wirtschaftsgliederung (Eh. m. = Einzelhandel mit . . .)	Beschäftigte						Umsatz[3])			
		insgesamt[2])		Vollbeschäftigte							
		1981	1982	1979	1980	1981	1982	1979	1980	1981	1982
431	Eh. m. Nahrungsmitteln, Getränken, Tabakwaren	101,3	101,6	99,2	100	101,2	101,9	92,6	100	107,1	112,9
	darunter mit:										
431 11	Nahrungsmitteln, Getränken usw. (ohne Reformwaren), o. a. S.	101,5	102,2	98,8	100	101,7	102,6	91,4	100	107,4	113,7
431 15	Reformwaren	106,8	110,1	99,4	100	100,1	99,2	93,7	100	112,1	115,5
431 41	Milch, Fettwaren, Eiern	98,8	95,4	107,6	100	92,3	90,4	100,9	100	106,7	104,2
431 46	Fleisch, Fleischwaren	101,3	101,7	—	100	101,2	101,9	—	100	107,3	113,1
431 48	Kartoffeln, Gemüse, Obst	101,7	98,1	107,7	100	94,0	90,1	97,7	100	103,1	103,2
431 61	Wein, Spirituosen	97,1	96,3	100,2	100	97,5	93,9	95,8	100	94,4	93,7
431 65	Bier, alkoholfreien Getränken	94,2	93,8	104,4	100	94,1	96,6	96,5	100	102,3	110,4
431 90	Tabakwaren	102,3	100,2	95,0	100	101,3	101,3	96,5	100	104,7	110,5
432	Eh. m. Textilien, Bekleidung, Schuhen, Lederwaren	98,3	94,7	101,2	100	96,5	92,4	92,2	100	101,6	100,1
	darunter mit:										
432 10	Textilien, Bekleidung, o. a. S.	96,1	92,7	101,8	100	94,6	90,3	94,6	100	101,7	100,0
432 20	Meterware für Bekleidung und Wäsche	97,1	98,7	105,6	100	97,1	100,9	98,4	100	99,5	99,4
432 31	Oberbekleidung, o. a. S.	100,1	97,9	98,8	100	97,7	95,8	89,4	100	102,5	102,7
432 33	Herrenoberbekleidung	99,3	96,1	102,3	100	97,9	94,3	95,0	100	102,2	99,8
432 35	Damenoberbekleidung	97,1	93,1	104,9	100	94,5	89,3	94,1	100	102,3	101,7
432 45	Damenwäsche, Miederwaren	107,7	100,0	—	100	103,1	99,4	—	100	106,7	103,6
432 55	Handarbeiten, Handarbeitsbedarf	106,7	113,0	100,3	100	101,8	105,8	90,8	100	109,7	110,6
432 60	Kürschnerwaren	101,7	89,2	102,0	100	95,6	85,1	94,2	100	97,2	88,8
432 71	Gardinen, Dekorationsstoff	91,5	81,3	—	100	94,5	85,7	—	100	92,9	87,3
432 72	Teppichen	95,8	90,2	—	100	96,2	88,7	—	100	97,6	92,2
432 73	Bodenbelägen (ohne Teppiche)	93,5	85,7	—	100	95,2	87,8	—	100	97,3	92,3
432 74	Bettwaren	97,2	91,8	—	100	94,5	89,5	—	100	101,4	93,8
432 77	Haus- und Tischwäsche	98,4	93,0	—	100	97,9	91,9	—	100	102,2	97,1
432 81	Schuhen	101,2	99,9	98,2	100	100,1	97,9	89,3	100	101,3	101,6
432 85	Leder- und Täschnerwaren (ohne Schuhe)	94,6	88,2	101,0	100	91,9	86,4	95,4	100	95,8	90,9
433	Eh. m. Einrichtungsgegenständen (ohne elektrotechnische usw.)	100,6	97,1	99,8	100	100,3	97,0	92,6	100	101,6	98,4
	darunter mit:										
433 11	Metall- und Kunststoffwaren, o. a. S.	102,9	102,2	—	100	101,3	100,6	—	100	103,3	104,6
433 13	Kleineisenwaren, Werkzeugen, Bauartikeln u. ä.	101,7	103,4	—	100	100,2	101,9	—	100	104,7	107,3
433 15	Hausrat aus Metall und Kunststoff, a. n. g.	101,4	96,6	—	100	101,5	98,2	—	100	105,9	108,9
433 30	Feinkeramik und Glaswaren für den Haushalt	103,3	101,2	101,8	100	100,5	97,7	93,9	100	105,9	107,8
433 40	Möbeln (ohne Büromöbel)	98,1	93,5	99,2	100	98,3	93,8	92,0	100	99,6	94,6
433 70	Tapeten	100,5	91,3	—	100	102,4	93,9	—	100	98,9	95,9
434	Eh. m. elektrotechnischen Erzeugnissen, Musikinstrumenten usw.	99,5	96,9	101,8	100	98,0	95,4	92,5	100	104,7	106,6
	darunter mit:										
434 11	elektrotechn. Erzeugnissen, a. n. g.	99,1	95,6	100,9	100	97,4	93,2	92,3	100	104,6	104,8
434 15	Öfen, Kühlschränken, Waschmaschinen	102,0	100,3	103,9	100	95,8	92,0	93,8	100	105,9	105,3
434 20	Leuchten	96,1	91,6	106,0	100	95,5	91,9	96,9	100	97,9	96,7
434 40	Rundfunk-, Fernseh- und phonotechn. Geräten	99,6	97,7	101,2	100	98,8	96,9	92,1	100	105,0	109,2
434 50	Musikinstrumenten, Musikalien	100,6	97,2	—	100	98,0	95,8	—	100	102,7	93,5
434 70	Näh- und Strickmaschinen	93,4	85,4	—	100	93,6	85,6	—	100	105,4	100,0
435	Eh. m. Papierwaren, Druckerzeugnissen, Büromaschinen	98,9	98,5	99,3	100	98,1	97,0	92,4	100	103,6	105,4
	darunter mit:										
435 11	Schreib- und Papierwaren, Schul- und Büroartikeln	98,9	97,0	101,2	100	95,9	94,0	93,4	100	99,9	101,5
435 41	Büchern, Fachzeitschriften	98,7	98,6	98,4	100	99,6	99,1	92,2	100	104,8	106,6
435 45	Unterhaltungszeitschriften, Zeitungen	97,2	97,1	102,4	100	95,2	95,4	94,3	100	105,0	109,5
435 60	Büromaschinen, Büromöbeln, Organisationsmitteln	100,0	102,4	—	100	99,8	98,5	—	100	100,9	104,0
436	Eh. m. pharmazeutischen, kosmetischen und medizinischen Erzeugnissen usw.	99,6	98,5	101,2	100	98,6	97,0	94,6	100	105,4	107,2
	darunter in/mit:										
436 10	Apotheken	100,0	99,9	101,0	100	98,9	98,0	94,4	100	105,8	107,2
436 40	medizin. und orthopäd. Artikeln	93,9	92,4	—	100	100,2	99,8	—	100	103,3	107,9
436 50	kosmet. Erzeugn., Körperpflegemitteln	100,5	101,9	97,9	100	99,5	101,3	90,1	100	109,1	114,5
436 61	Drogerien u. ä.	98,6	94,2	103,3	100	96,9	92,2	97,1	100	102,7	104,2
436 80	Lacken, Farben	96,9	90,1	98,9	100	98,8	92,8	97,4	100	102,3	102,5
437	Eh. m. Kraft- und Schmierstoffen (Tankstellen)	94,2	90,7	106,0	100	96,2	92,9	95,4	100	120,3	119,5
437 50	Tankstellen (Absatz in eigenem Namen)	94,2	90,7	106,0	100	96,2	92,9	95,4	100	120,3	119,5

1) Systematik der Wirtschaftszweige, Ausgabe 1979, Kurzbezeichnungen.
2) Erstmals 1980 erhoben.
3) Umsatzwerte in jeweiligen Preisen, einschl. Umsatz-(Mehrwert-)steuer.

11.6 Meßzahlen für Beschäftigte und Umsatz im Einzelhandel

1980 = 100

Nr. der Systematik[1])	Wirtschaftsgliederung (Eh. m. = Einzelhandel mit . . .)	Beschäftigte						Umsatz[3])			
		insgesamt[2])		Vollbeschäftigte							
		1981	1982	1979	1980	1981	1982	1979	1980	1981	1982
438	Eh. m. Fahrzeugen, Fahrzeugteilen und -reifen . .	97,1	93,7	101,3	100	97,5	94,3	104,4	100	100,6	102,1
	davon mit:										
438 11	Kraftwagen	97,1	93,4	—	100	97,4	93,8	—	100	100,5	102,3
438 15	Kraftwagenteilen und -reifen	98,8	100,1	—	100	97,9	100,5	—	100	102,7	108,9
438 50	Zweirädern, Zweiradteilen und -reifen	94,9	89,5	—	100	99,6	96,4	—	100	99,3	86,2
439	Eh. m. sonst. Waren, Waren verschiedener Art . .	97,3	92,5	100,8	100	97,2	91,2	96,4	100	102,6	101,3
	darunter mit:										
439 10	Blumen, Pflanzen	98,5	98,8	93,0	100	100,1	100,2	89,8	100	104,3	107,9
439 20	zoologischem Bedarf, lebenden Tieren, Sämereien	98,3	95,1	—	100	100,6	97,8	—	100	106,5	109,7
439 41	Foto- und Kinogeräten, fototechnischem und -chem. Material	100,0	97,3	98,9	100	100,4	98,8	94,4	100	102,9	100,4
439 45	sonst. feinmech. und opt. Erzeugnissen	101,7	98,2	99,7	100	100,2	97,1	94,8	100	106,6	101,9
439 50	Uhren, Edelmetallwaren, Schmuck	99,8	98,5	99,6	100	101,5	99,0	93,9	100	101,2	100,0
439 61	Spielwaren	102,4	101,5	100,4	100	103,0	101,4	93,8	100	108,1	107,7
439 65	Sport- und Campingartikeln (ohne Campingmöbel)	98,8	100,6	93,5	100	99,4	100,7	88,4	100	108,1	101,3
439 70	Brennstoffen	94,7	87,0	101,0	100	95,5	86,8	103,2	100	106,8	104,2
439 81	Waren verschiedener Art (ohne Nahrungsmittel)	102,0	94,7	—	100	99,6	86,4	—	100	103,2	99,4
439 82	Waren verschiedener Art, Hauptrichtung Nicht-Nahrungsmittel	94,0	87,9	—	100	93,9	87,4	—	100	97,4	95,2
439 83	Waren verschiedener Art, Hauptrichtung Nahrungsmittel	101,9	99,4	—	100	102,5	100,8	—	100	106,9	110,2
439 91	sonst. Waren, a. n. g. (ohne Gebrauchtwaren, a. n. g.)	100,4	96,4	—	100	100,7	94,7	—	100	102,4	103,7
43 (ohne 437 10)	**Insgesamt** . . .	**99,0**	**96,4**	**100,6**	**100**	**98,3**	**95,3**	**94,7**	**100**	**103,8**	**105,0**

1) Systematik der Wirtschaftszweige, Ausgabe 1979, Kurzbezeichnungen.
2) Erstmals 1980 erhoben.
3) Umsatz in jeweiligen Preisen, einschl. Umsatz-(Mehrwert-)steuer.

11.7 Beschäftigung, Umsatz, Wareneingang, Lagerbestand und Rohertrag im Einzelhandel 1979

Nr. der Systematik[1])	Wirtschaftsgliederung (Eh. m. = Einzelhandel mit . . .)	Beschäftigte[2])		Brutto-lohn- und -gehalt-summe	Umsatz[3])	Waren-eingang[4])	Lagerbestand		Lager-umschlags-häufig keit	Rohertrag	
		ins-gesamt	Arbeit-nehmer				am Jahres-ende	Ver-änderung (+/−) gegenüber Jahres-anfang		ins-gesamt	Anteil am Umsatz
		1 000		Mill. DM				%		Mill. DM	%
431	Eh. m. Nahrungsmitteln, Getränken, Tabakwaren	506,6	440,4	7 425	94 621	70 512	5 999	+ 6,4	12,2	24 469	25,9
	darunter mit:										
431 11	Nahrungsmitteln, Getränken usw. (ohne Reformwaren), o. a. S.	388,3	347,1	5 913	77 469	58 707	4 903	+ 7,4	12,3	19 099	24,7
431 15	Reformwaren	4,2	3,4	57	536	352	56	+ 3,7	6,4	186	34,7
431 41	Milch, Fettwaren, Eiern	3,9	3,0	44	565	399	19	0	20,9	167	29,5
431 46	Fleisch, Fleischwaren	27,8	23,8	373	3 131	2 010	87	+ 4,8	23,6	1 125	35,9
431 48	Kartoffeln, Gemüse, Obst	9,2	6,6	78	1 125	800	34	0	23,5	325	28,9
431 61	Wein, Spirituosen	6,3	5,3	137	1 189	685	216	+ 0,5	3,2	506	42,5
431 65	Bier, alkoholfreien Getränken	11,0	8,1	150	2 122	1 532	133	+ 4,7	11,7	595	28,1
431 90	Tabakwaren	26,4	18,2	287	5 891	4 517	426	+ 0,7	10,6	1 377	23,4
432	Eh. m. Textilien, Bekleidung, Schuhen, Lederwaren	369,4	335,5	6 559	47 823	27 094	9 524	+ 8,0	2,9	21 432	44,8
	darunter mit:										
432 10	Textilien, Bekleidung, o. a. S.	73,7	69,1	1 257	8 703	4 800	1 588	+ 5,9	3,1	3 992	45,9
432 20	Meterware für Bekleidung und Wäsche	5,6	4,9	78	513	272	95	+ 4,4	2,9	245	47,7
432 31	Oberbekleidung, o. a. S.	67,7	63,8	1 332	11 628	6 820	1 715	+ 9,8	4,1	4 960	42,7
432 33	Herrenoberbekleidung	18,7	16,5	379	2 900	1 634	645	+ 0,9	2,5	1 272	43,9
432 35	Damenoberbekleidung	68,1	61,9	1 157	8 422	4 795	1 681	+ 4,2	2,9	3 694	43,9
432 45	Damenwäsche, Miederwaren	4,1	3,3	57	363	192	88	0	2,2	170	47,0
432 55	Handarbeiten, Handarbeitsbedarf	4,0	3,5	73	489	226	84	+ 7,7	2,7	269	55,0
432 60	Kürschnerwaren	6,3	5,5	114	905	500	385	+ 4,9	1,3	422	46,7
432 71	Gardinen, Dekorationsstoff	12,1	10,1	190	1 088	565	180	+ 4,0	3,1	531	48,8
432 72	Teppichen	7,8	6,9	170	1 342	803	572	+16,0	1,4	618	46,1
432 73	Bodenbelägen (ohne Teppiche)	6,8	6,0	143	1 074	602	193	+12,9	3,2	494	46,0
432 74	Bettwaren	3,8	3,4	166	419	222	62	+ 3,3	3,6	199	47,5
432 77	Haus- und Tischwäsche	3,5	3,2	68	427	219	72	+ 5,9	3,1	212	49,6
432 81	Schuhen	62,8	56,6	994	6 871	3 955	1 604	+15,7	2,5	3 134	45,6
432 85	Leder- und Täschnerwaren (ohne Schuhe)	8,8	7,7	144	996	531	239	+ 5,8	2,2	479	48,1
433	Eh. m. Einrichtungsgegenständen (ohne elektrotechnische usw.)	132,2	117,4	2 847	23 973	14 346	4 003	+ 9,0	3,7	9 958	41,5
	darunter mit:										
433 11	Metall- und Kunststoffwaren, o. a. S.	7,2	6,3	116	915	578	185	+ 6,9	3,2	349	38,2
433 13	Kleineisenwaren, Werkzeugen, Bauartikeln u. ä.	12,1	10,6	235	2 046	1 260	294	+11,4	4,4	816	39,9
433 15	Hausrat aus Metall und Kunststoff, a. n. g.	9,2	7,8	145	1 330	791	277	+12,6	2,9	569	42,8
433 30	Feinkeramik und Glaswaren für den Haushalt	10,5	9,0	160	1 169	657	296	+ 5,3	2,2	527	45,1
433 40	Möbeln (ohne Büromöbel)	76,5	70,1	1 944	16 102	9 673	2 404	+ 9,3	4,1	6 633	41,2
433 70	Tapeten	3,5	2,7	54	422	239	74	+ 4,2	3,2	187	44,2

1) Systematik der Wirtschaftszweige, Ausgabe 1979, Kurzbezeichnungen.
2) Stand: 31. 12. 1979.
3) Einschl. Umsatz-(Mehrwert-)steuer.
4) Einschl. Aufwendungen für vergebene Lohnarbeiten.

11.7 Beschäftigung, Umsatz, Wareneingang, Lagerbestand und Rohertrag im Einzelhandel 1979

Nr. der Systematik[1])	Wirtschaftsgliederung (Eh. m. = Einzelhandel mit ...)	Beschäftigte[2]) insgesamt	Beschäftigte[2]) Arbeitnehmer	Bruttolohn- und -gehaltsumme	Umsatz[3])	Wareneingang[4])	Lagerbestand am Jahresende	Lagerbestand Veränderung (+/−) gegenüber Jahresanfang	Lagerumschlagshäufigkeit	Rohertrag insgesamt	Rohertrag Anteil am Umsatz
		1 000	1 000	Mill. DM	Mill. DM	Mill. DM	Mill. DM	%		Mill. DM	%
434	Eh. m. elektrotechnischen Erzeugnissen, Musikinstrumenten usw.	82,4	71,4	1 420	12 218	7 851	2 094	+11,6	3,8	4 585	37,5
	darunter mit:										
434 11	elektrotechnischen Erzeugnissen, a. n. g.	14,3	12,9	264	1 899	1 176	391	+38,7	3,2	833	43,9
434 15	Öfen, Kühlschränken, Waschmaschinen	5,8	5,1	105	876	578	132	+10,0	4,5	310	35,4
434 20	Leuchten	3,0	2,7	47	283	151	47	+ 6,8	3,2	136	47,8
434 40	Rundfunk-, Fernseh- und phonotechnischen Geräten	50,9	43,6	835	7 969	5 245	1 291	+ 6,3	4,1	2 801	35,1
434 50	Musikinstrumenten, Musikalien	4,7	3,9	80	815	518	190	+11,1	2,8	315	38,7
434 70	Näh- und Strickmaschinen	3,5	3,3	90	376	183	43	− 2,3	4,3	191	50,8
435	Eh. m. Papierwaren, Druckerzeugnissen, Büromaschinen	51,5	43,9	858	7 125	4 460	838	+ 8,8	5,5	2 733	38,4
	darunter mit:										
435 11	Schreib- und Papierwaren, Schul- und Büroartikeln	14,5	11,4	188	1 578	1 015	249	+ 7,3	4,1	581	36,8
435 41	Büchern, Fachzeitschriften	23,1	20,3	393	3 273	2 058	383	+ 8,5	5,5	1 245	38,0
435 45	Unterhaltungszeitschriften, Zeitungen	5,9	5,1	102	925	543	39	+ 8,3	14,2	385	41,6
435 60	Büromaschinen, Büromöbeln, Organisationsmitteln	7,1	6,4	161	1 138	707	118	+12,4	6,2	444	39,0
436	Eh. m. pharmazeutischen, kosmetischen und medizinischen Erzeugnissen usw.	136,9	115,5	2 242	22 397	12 840	2 569	+ 7,7	5,1	9 740	43,5
	darunter in/mit:										
436 10	Apotheken	92,7	77,4	1 550	15 785	9 266	1 528	+ 7,2	6,2	6 621	41,9
436 40	medizinischen und orthopädischen Artikeln	2,7	2,4	55	390	219	44	+ 4,8	5,0	173	44,3
436 50	kosmet. Erzeugnissen, Körperpflegemitteln	6,5	6,0	119	862	450	165	+13,0	2,8	431	49,9
436 61	Drogerien u. ä.	26,8	22,8	377	4 288	2 238	586	+ 6,5	3,9	2 087	48,7
436 80	Lacken, Farben	5,2	4,2	92	702	421	127	+10,4	3,4	293	41,7
437	Eh. m. Kraft- und Schmierstoffen (Tankstellen)	5,6	4,3	90	2 774	2 230	101	+13,5	23,3	556	20,1
437 50	Tankstellen (Absatz in eigenem Namen)	5,6	4,3	90	2 774	2 230	101	+13,5	23,3	556	20,1
438	Eh. m. Fahrzeugen, Fahrzeugteilen und -reifen	229,3	215,3	4 700	47 070	32 959	6 591	+17,5	5,2	15 093	32,1
	davon mit:										
438 11	Kraftwagen	203,6	193,2	4 216	42 849	30 187	5 889	+17,9	5,4	13 556	31,6
438 15	Kraftwagenteilen und -reifen	15,7	14,1	342	2 646	1 700	381	+18,7	4,7	1 006	38,0
438 50	Zweirädern, Zweiradteilen und -reifen	10,0	8,0	142	1 575	1 073	321	+ 9,9	3,4	532	33,8
439	Eh. m. sonst. Waren, Waren verschiedener Art	521,1	495,4	10 661	96 928	63 199	11 440	+ 9,3	5,7	34 702	35,8
	darunter mit:										
439 10	Blumen, Pflanzen	18,9	15,4	222	1 660	957	81	+12,5	12,3	712	42,9
439 20	zoologischem Bedarf, lebenden Tieren, Sämereien	6,5	5,3	98	1 178	834	131	+ 8,3	6,5	354	30,1
439 41	Foto- und Kinogeräten, fototechnischem und -chem. Material	14,7	13,1	291	2 797	1 665	375	+ 3,3	4,5	1 144	40,9
439 45	sonst. feinmech. und opt. Erzeugnissen	3,7	3,4	83	404	163	45	+ 9,8	3,7	245	60,7
439 50	Uhren, Edelmetallwaren, Schmuck	28,0	22,9	456	3 648	2 055	1 543	+10,9	1,3	1 746	47,8
439 61	Spielwaren	11,2	9,8	160	1 129	690	291	+ 9,8	2,4	465	41,2
439 65	Sport- und Campingartikeln (ohne Campingmöbel)	12,7	10,7	211	1 911	1 207	496	+ 8,5	2,4	743	38,9
439 70	Brennstoffen	21,2	15,9	393	17 821	14 125	336	+31,8	47,4	3 777	21,2
439 81	Waren verschiedener Art (ohne Nahrungsmittel)	67,6	66,8	1 607	13 589	7 429	1 614	+ 7,2	4,7	6 269	46,1
439 82	Waren verschiedener Art, Hauptrichtung Nicht-Nahrungsmittel	260,7	260,2	5 784	34 399	20 570	4 812	+ 7,8	4,4	14 177	41,2
439 83	Waren verschiedener Art, Hauptrichtung Nahrungsmittel	58,6	57,3	995	14 919	11 232	1 201	+11,7	9,8	3 814	25,6
439 91	sonst. Waren, a. n. g. (ohne Gebrauchtwaren, a. n. g.)	15,5	13,6	333	3 161	2 060	418	+12,7	5,1	1 147	36,3
43 (ohne 437 10)	**Insgesamt**	**2 035,0**	**1 839,1**	**36 802**	**354 929**	**235 491**	**43 159**	**+ 9,7**	**5,6**	**123 267**	**34,7**

1) Systematik der Wirtschaftszweige, Ausgabe 1979, Kurzbezeichnungen.
2) Stand: 31. 12. 1979.
3) Einschl. Umsatz-(Mehrwert-)steuer.
4) Einschl. Aufwendungen für vergebene Lohnarbeiten.

11.8 Unternehmen, Investitionen und Aufwendungen für gemietete oder gepachtete Sachanlagen im Einzelhandel 1979

Nr. der Systematik[1])	Wirtschaftsgliederung (Eh. m. = Einzelhandel mit . . .)	Unternehmen insgesamt[2])	Unternehmen mit Investitionen								
			zusammen	Bruttoanlageinvestitionen						Aufwendungen für gemietete oder gepachtete Sachanlagen	Erlöse aus dem Verkauf von Sachanlagen
				bebaute Grundstücke und andere Bauten	Grundstücke ohne eigene Bauten	Fahrzeuge, Maschinen, Einrichtungsgegenstände, Geräte u. ä.	zusammen	je 1 000 DM Umsatz	außerdem nicht aktivierte geringwertige Wirtschaftsgüter		
		Anzahl		Mill. DM				DM	1 000 DM	Mill. DM	
431	Eh. m. Nahrungsmitteln, Getränken, Tabakwaren	49 481	24 142	415	11	956	1 382	*18*	80 711	1 206	154
432	Eh. m. Textilien, Bekleidung, Schuhen, Lederwaren	27 178	13 736	337	33	587	957	*26*	52 913	953	75
433	Eh. m. Einrichtungsgegenständen (ohne elektrotechnische usw.)	11 740	6 367	273	28	234	535	*30*	23 237	375	69
434	Eh. m. elektrotechnischen Erzeugnissen, Musikinstrumenten usw.	8 751	5 216	97	10	145	253	29	29 229	111	27
435	Eh. m. Papierwaren, Druckerzeugnissen, Büromaschinen	6 071	2 767	28	4	79	112	*23*	8 247	67	11
436	Eh. m. pharmazeutischen, kosmetischen und medizinischen Erzeugnissen usw.	18 762	9 674	90	7	198	296	*21*	18 633	238	51
437 50	Tankstellen (Absatz in eigenem Namen)	1 097	622	11	1	28	40	*20*	995	8	4
438	Eh. m. Fahrzeugen, Fahrzeugteilen und -reifen	12 451	8 619	462	44	430	936	*23*	56 964	221	104
439	Eh. m. sonstigen Waren, Waren verschiedener Art	20 537	11 890	779	13	969	1 762	*20*	95 935	1 156	130
43 (ohne 437 10)	**Insgesamt**	**156 066**	**83 033**	**2 493**	**152**	**3 626**	**6 272**	**22**	**366 864**	**4 335**	**625**

1) Systematik der Wirtschaftszweige, Ausgabe 1979, Kurzbezeichnungen.
2) Stand: 31. 12. 1979

11.9 Arbeitsstätten, Beschäftigte und Umsatz im Einzelhandel*)

Nr. der Systematik[1])	Vertriebsform / Wirtschaftsgliederung (Eh. m. = Einzelhandel mit . . .)	Arbeitsstätten	Beschäftigte				Geschäftsfläche	Umsatz 1978[2])			
			insgesamt	und zwar		je Arbeitsstätte		insgesamt	je		
				Teilzeitbeschäftigte	Arbeitnehmer				Arbeitsstätte	Beschäftigten	m² Geschäftsfläche
		am 31. 3. 1979									
		Anzahl					1 000 m²	Mill. DM	1 000 DM		100 DM
	Ladengeschäfte	338 003	2 070 814	581 041	1 650 979	*6*	104 309	310 219	*918*	*150*	*30*
	darunter:										
431	Eh. m. Nahrungsmitteln, Getränken, Tabakwaren	112 936	532 515	194 906	393 043	*5*	20 106	92 804	*822*	*174*	*46*
432	Eh. m. Textilien, Bekleidung, Schuhen, Lederwaren	73 214	421 409	142 636	334 119	*6*	14 319	48 880	*668*	*116*	*34*
439	Eh. m. sonstigen Waren, Waren verschiedener Art	47 101	483 216	125 157	424 190	*10*	20 076	66 777	*1 418*	*138*	*33*
	Fester Straßenverkaufsstand oder Kiosk	10 999	23 724	7 423	10 481	*2*	514	2 520	*229*	*106*	*49*
	darunter:										
431	Eh. m. Nahrungsmitteln, Getränken, Tabakwaren	8 542	18 137	5 898	7 589	*2*	264	1 910	*224*	*105*	*72*
435	Eh. m. Papierwaren, Druckerzeugnissen, Büromaschinen	1 062	2 466	703	1 412	*2*	27	285	*268*	*116*	*105*
439	Eh. m. sonstigen Waren, Waren verschiedener Art	815	1 685	470	769	*2*	134	146	*179*	*86*	*11*
	Versandhandel	5 481	49 955	9 984	43 343	*9*	2 461	14 504	*2 646*	*290*	*59*
	darunter:										
433	Eh. m. Einrichtungsgegenständen (ohne elektrotechnische usw.)	883	3 724	806	2 653	*4*	227	856	*970*	*230*	*38*
435	Eh. m. Papierwaren, Druckerzeugnissen, Büromaschinen	1 496	7 035	1 806	5 216	*5*	153	1 205	*805*	*171*	*79*
439	Eh. m. sonstigen Waren, Waren verschiedener Art	1 030	24 050	4 155	22 753	*23*	1 079	8 724	*8 470*	*363*	*81*
	Handel vom Lager (Lagerplatz)	24 159	92 379	13 900	62 852	*4*	15 043	24 105	*998*	*261*	*16*
	darunter:										
431	Eh. m. Nahrungsmitteln, Getränken, Tabakwaren	4 020	10 064	2 440	4 796	*3*	603	1 502	*374*	*149*	*25*
438	Eh. m. Fahrzeugen, Fahrzeugteilen und -reifen	5 896	34 110	2 628	27 608	*6*	6 343	6 508	*1 104*	*191*	*10*
439	Eh. m. sonstigen Waren, Waren verschiedener Art	9 285	34 258	6 344	22 405	*4*	7 077	13 758	*1 482*	*402*	*19*
	Ambulanter Handel	22 738	44 713	10 838	13 602	*2*	725	3 667	*161*	*82*	*51*
	darunter:										
431	Eh. m. Nahrungsmitteln, Getränken, Tabakwaren	13 165	29 390	8 000	10 082	*2*	421	2 599	*197*	*88*	*62*
432	Eh. m. Textilien, Bekleidung, Schuhen, Lederwaren	4 482	6 189	680	857	*1*	63	347	*77*	*56*	*55*
439	Eh. m. sonstigen Waren, Waren verschiedener Art	2 581	5 351	1 606	1 962	*2*	184	493	*191*	*92*	*27*
	Sonstige Vertriebsform	2 016	5 751	1 158	3 348	*3*	218	1 554	*771*	*270*	*71*
	darunter:										
431	Eh. m. Nahrungsmitteln, Getränken, Tabakwaren	911	3 073	636	1 945	*3*	43	1 071	*1 176*	*349*	*250*
433	Eh. m. Einrichtungsgegenständen (ohne elektrotechnische usw.)	339	516	93	125	*2*	5	55	*163*	*107*	*107*
438	Eh. m. Fahrzeugen, Fahrzeugteilen und -reifen	148	349	34	187	*2*	75	47	*319*	*135*	*6*
	Tankstellen (Absatz in eigenem Namen)	2 444	8 627	1 571	5 756	*4*	1 528	3 371	*1 379*	*391*	*22*
43	**Insgesamt**[3])	**405 840**	**2 295 963**	**625 915**	**1 790 361**	**6**	**124 799**	**359 940**	**887**	**157**	**29**

*) Ergebnis der Handels- und Gaststättenzählung 1979. – Zur Methode siehe »Wirtschaft und Statistik«, 12/1980, S. 842 ff.
1) Systematik der Wirtschaftszweige, Ausgabe 1979, Kurzbezeichnungen.
2) Einschl. Umsatz-(Mehrwert-)steuer.
3) Ohne Agenturtankstellen.

11.10 Ladengeschäfte, Beschäftigte und Umsatz im Einzelhandel*)

Nr. der Systematik[1])	Wirtschaftsgliederung (Eh. m. = Einzelhandel mit ...)	Ladengeschäfte	Beschäftigte insgesamt	Beschäftigte und zwar Teilzeitbeschäftigte	Beschäftigte und zwar Arbeitnehmer	Verkaufsfläche	Umsatz 1978[2]) insgesamt	Umsatz 1978[2]) darunter aus Einzelhandel	Umsatz 1978[2]) je Ladengeschäft	Umsatz 1978[2]) je Beschäftigten	Umsatz 1978[2]) je m² Verkaufsfläche
		am 31. 3. 1979									
		Anzahl				1 000 m²	Mill. DM		1 000 DM		100 DM
431	Eh. m. Nahrungsmitteln, Getränken, Tabakwaren	112 936	532 515	194 906	393 043	12 972	92 804	91 134	*822*	*174*	*72*
	darunter mit:										
431 11	Nahrungsmitteln, Getränken usw. (ohne Reformwaren), o. a. S.	74 222	409 307	157 072	317 776	11 358	78 540	77 755	*1 058*	*192*	*69*
431 15	Reformwaren	1 384	5 037	1 803	3 430	75	537	535	*388*	*107*	*72*
431 41	Milch, Fettwaren, Eiern	1 370	3 798	1 150	1 932	54	426	403	*311*	*112*	*79*
431 44	Süßwaren	1 746	4 733	1 755	3 428	67	488	481	*280*	*103*	*73*
431 46	Fleisch, Fleischwaren	5 676	29 358	8 489	22 375	253	3 154	2 955	*556*	*107*	*125*
431 47	Brot, Konditorwaren	3 833	19 557	5 288	14 199	162	1 260	1 134	*329*	*64*	*78*
431 48	Kartoffeln, Gemüse, Obst	4 005	11 165	3 542	5 413	159	1 054	1 018	*263*	*94*	*66*
431 65	Bier, alkoholfreien Getränken	5 182	10 024	2 621	5 013	309	1 456	1 363	*281*	*145*	*47*
431 90	Tabakwaren	11 462	27 224	9 120	11 966	349	4 424	4 137	*386*	*163*	*127*
432	Eh. m. Textilien, Bekleidung, Schuhen, Lederwaren	73 214	421 409	142 636	334 119	9 617	48 880	47 951	*668*	*116*	*51*
	darunter mit:										
432 10	Textilien, Bekleidung, o. a. S.	14 218	93 089	30 959	75 489	2 225	8 988	8 862	*632*	*97*	*40*
432 20	Meterware für Bekleidung und Wäsche	1 415	5 006	1 968	3 555	102	383	373	*271*	*77*	*38*
432 31	Oberbekleidung, o. a. S.	6 500	51 546	17 817	44 660	1 241	6 632	6 559	*1 020*	*129*	*53*
432 33	Herrenoberbekleidung	3 173	20 011	5 300	16 541	477	2 931	2 910	*924*	*146*	*61*
432 35	Damenoberbekleidung	13 016	94 625	38 490	79 726	2 019	13 954	13 898	*1 072*	*147*	*69*
432 41	Pullovern, Herrenwäsche, Damenblusen usw.	3 179	11 307	4 035	7 197	210	1 006	999	*316*	*89*	*48*
432 55	Handarbeiten, Handarbeitsbedarf	2 865	7 560	2 791	4 033	122	547	544	*191*	*72*	*45*
432 60	Kürschnerwaren	1 187	7 037	1 449	5 549	95	887	774	*747*	*126*	*93*
432 73	Bodenbelägen (ohne Teppiche)	1 646	7 937	1 359	6 065	442	1 136	1 012	*690*	*143*	*26*
432 74	Bettwaren	722	4 394	1 426	3 425	109	434	420	*601*	*99*	*40*
432 81	Schuhen	13 302	68 158	22 499	52 497	1 316	6 939	6 835	*522*	*102*	*53*
432 85	Leder- und Täschnerwaren (ohne Schuhe)	2 420	10 820	3 618	7 917	225	1 124	1 100	*464*	*104*	*50*
433	Eh. m. Einrichtungsgegenständen (ohne elektrotechnische usw.)	28 487	148 021	32 490	111 347	10 987	23 164	22 237	*813*	*156*	*21*
	darunter mit:										
433 15	Hausrat aus Metall und Kunststoff, a. n. g.	3 481	16 473	4 187	11 567	529	1 699	1 584	*488*	*103*	*32*
433 30	Feinkeramik und Glaswaren für den Haushalt	2 405	11 949	3 713	8 652	318	1 170	1 136	*486*	*98*	*37*
433 40	Möbeln (ohne Büromöbel)	8 731	72 603	14 039	62 130	8 719	15 436	15 127	*1 768*	*213*	*18*
433 60	Galanteriewaren, Geschenkartikeln	2 130	5 324	1 533	2 573	123	430	421	*202*	*81*	*35*
434	Eh. m. elektrotechnischen Erzeugnissen, Musikinstrumenten usw.	17 949	88 699	12 297	66 751	1 759	12 731	11 610	*709*	*144*	*72*
	darunter mit:										
434 11	elektrotechnischen Erzeugnissen, a. n. g.	3 459	15 780	1 943	11 364	321	1 826	1 576	*528*	*116*	*57*
434 15	Öfen, Kühlschränken, Waschmaschinen	1 257	7 274	1 020	5 843	200	1 032	947	*821*	*142*	*52*
434 40	Rundfunk-, Fernseh- und phonotechnischen Geräten	10 507	54 721	6 821	41 578	961	8 436	7 736	*803*	*154*	*88*
434 50	Musikinstrumenten, Musikalien	1 426	5 486	1 265	3 707	145	811	770	*568*	*148*	*56*
434 70	Näh- und Strickmaschinen	752	2 536	543	2 014	47	334	321	*444*	*132*	*71*
435	Eh. m. Papierwaren, Druckerzeugnissen, Büromaschinen	13 578	57 525	16 946	39 564	898	6 552	6 251	*483*	*114*	*73*
	darunter mit:										
435 11	Schreib- und Papierwaren, Schul- und Büroartikeln	6 003	21 469	6 502	12 738	365	2 042	1 946	*340*	*95*	*56*
435 41	Büchern, Fachzeitschriften	3 986	21 540	7 234	16 881	331	2 709	2 654	*680*	*126*	*82*
435 45	Unterhaltungszeitschriften, Zeitungen	2 052	5 515	1 777	2 844	74	558	543	*272*	*101*	*75*
436	Eh. m. pharmazeutischen, kosmetischen und medizinischen Erzeugnissen usw.	29 121	148 343	43 908	110 293	1 964	21 066	20 814	*723*	*142*	*107*
	darunter in/mit:										
436 10	Apotheken	14 625	94 176	29 080	72 175	807	14 755	14 652	*1 009*	*157*	*183*
436 40	medizinischen und orthopädischen Artikeln	522	2 897	694	2 326	36	310	266	*594*	*107*	*86*
436 61	Drogerien u. ä.	9 140	33 540	9 235	22 948	763	4 054	4 026	*444*	*121*	*53*
437 50 438	Tankstellen (Absatz in eigenem Namen) Eh. m. Fahrzeugen, Fahrzeugteilen und -reifen	} 15 617	191 086	12 701	171 672	7 171	38 245	30 523	*2 449*	*200*	*53*
	darunter mit:										
438 11	Kraftwagen	9 368	162 575	9 039	151 181	6 247	34 231	27 248	*3 654*	*211*	*55*
438 15	Kraftwagenteilen und -reifen	2 424	16 175	1 597	13 474	578	2 425	1 886	*1 000*	*150*	*42*
438 50	Zweirädern, Zweiradteilen und -reifen	3 807	12 241	2 060	6 927	341	1 548	1 356	*407*	*126*	*45*

*) Ergebnis der Handels- und Gaststättenzählung 1979. – Zur Methode siehe »Wirtschaft und Statistik«, 12/1980, S. 842 ff.

[1]) Systematik der Wirtschaftszweige, Ausgabe 1979, Kurzbezeichnungen.
[2]) Einschl. Umsatz-(Mehrwert-)steuer.

11.10 Ladengeschäfte, Beschäftigte und Umsatz im Einzelhandel*)

Nr. der Systematik[1])	Wirtschaftsgliederung (Eh. m. = Einzelhandel mit . . .)	Ladengeschäfte	Beschäftigte insgesamt	Beschäftigte und zwar Teilzeitbeschäftigte	Beschäftigte und zwar Arbeitnehmer	Verkaufsfläche	Umsatz 1978[2]) insgesamt	Umsatz darunter aus Einzelhandel	Umsatz je Ladengeschäft	Umsatz je Beschäftigten	Umsatz je m² Verkaufsfläche
		am 31. 3. 1979									
		Anzahl				1 000 m²	Mill. DM		1 000 DM		100 DM
439	Eh. m. sonstigen Waren, Waren verschiedener Art	47 101	483 216	125 157	424 190	11 397	66 777	64 240	*1 418*	*138*	59
	darunter mit:										
439 10	Blumen, Pflanzen	11 226	35 164	9 246	20 026	740	2 231	2 175	*199*	*63*	30
439 20	zoologischem Bedarf, lebenden Tieren, Sämereien	3 480	9 446	2 281	4 968	285	859	815	*247*	*91*	30
439 50	Uhren, Edelmetallwaren, Schmuck	8 882	34 301	7 291	21 888	388	3 840	3 564	*432*	*112*	99
439 61	Spielwaren	2 352	11 754	3 682	8 410	313	1 179	1 163	*501*	*100*	38
439 70	Brennstoffen	807	3 168	602	2 154	115	1 140	1 020	*1 412*	*360*	99
439 81	Waren verschiedener Art (ohne Nahrungsmittel)	4 097	41 497	9 293	36 862	1 395	5 352	5 144	*1 306*	*129*	38
439 82	Waren verschiedener Art, Hauptrichtung Nicht-Nahrungsmittel	1 953	235 906	60 806	234 544	4 582	30 935	29 914	*15 840*	*131*	68
439 83	Waren verschiedener Art, Hauptrichtung Nahrungsmittel	2 332	62 556	22 379	60 243	2 295	14 411	14 166	*6 180*	*230*	63
439 91	sonstigen Waren, a.n.g. (ohne Gebrauchtwaren, a.n.g.)	2 473	11 689	1 815	8 742	510	1 800	1 548	*728*	*154*	35
43 (ohne 437 10)	**Insgesamt**	**338 003**	**2 070 814**	**581 041**	**1 650 979**	**56 763**	**310 219**	**294 708**	***918***	***150***	**55**

*) Ergebnis der Handels- und Gaststättenzählung 1979. – Zur Methode siehe »Wirtschaft und Statistik«, 12/1980, S. 842 ff.

1) Systematik der Wirtschaftszweige, Ausgabe 1979, Kurzbezeichnungen.
2) Einschl. Umsatz-(Mehrwert-)steuer.

11.11 Meßzahlen für Beschäftigte und Umsatz im Gastgewerbe

1980 = 100

Nr. der Systematik[1])	Wirtschaftsgliederung	Beschäftigte insgesamt[2]) 1981	Beschäftigte insgesamt[2]) 1982	Vollbeschäftigte 1979	Vollbeschäftigte 1980	Vollbeschäftigte 1981	Vollbeschäftigte 1982	Umsatz[3]) 1979	Umsatz[3]) 1980	Umsatz[3]) 1981	Umsatz[3]) 1982
711	Beherbergungsgewerbe	98,9	96,5	99,9	100	98,6	98,7	93,7	100	105,0	105,8
	darunter:										
711 11	Hotels	99,5	98,4	100,4	100	100,1	100,9	94,0	100	104,5	106,3
711 13	Gasthöfe	98,3	94,5	100,1	100	96,0	95,4	93,8	100	106,0	107,0
711 15	Pensionen	92,2	80,2	—	100	95,0	83,6	—	100	100,4	90,0
711 17	Hotels garnis	102,2	100,0	—	100	99,4	100,2	—	100	107,6	107,6
711 9	Sonstige Beherbergungsstätten (ohne Wohnheime usw.)	89,0	88,2	—	100	90,6	92,8	—	100	102,1	102,0
713	Gaststättengewerbe	100,1	95,6	100,6	100	97,9	95,1	94,8	100	104,6	105,3
	davon:										
713 11	Speisewirtschaften	99,6	96,1	—	100	98,4	96,6	—	100	104,2	104,7
713 15	Imbißhallen	97,9	96,1	—	100	95,1	97,0	—	100	105,6	111,2
713 91	Schankwirtschaften	102,6	95,8	—	100	98,2	92,2	—	100	106,4	106,1
713 93	Bars, Tanzlokale u. ä.	99,8	90,0	105,3	100	95,1	88,7	95,5	100	103,8	101,5
713 95	Cafés	99,8	100,4	100,8	100	101,5	101,2	96,3	100	105,5	107,1
713 96	Eisdielen	91,5	90,9	99,1	100	92,7	89,7	96,3	100	100,2	105,8
713 97	Trinkhallen	93,5	94,8	—	100	90,8	88,3	—	100	99,0	103,5
715	Kantinen	102,1	102,0	103,8	100	100,0	100,7	95,1	100	110,2	114,1
71	**Insgesamt**	**99,8**	**96,1**	**100,5**	**100**	**98,2**	**96,5**	**94,4**	**100**	**105,0**	**105,8**

1) Systematik der Wirtschaftszweige, Ausgabe 1979, Kurzbezeichnungen.
2) Erstmals 1980 erhoben.
3) Umsatzwerte in jeweiligen Preisen, einschl. Umsatz-(Mehrwert-)steuer.

11.12 Beschäftigung, Umsatz, Wareneingang, Lagerbestand und Rohertrag im Gastgewerbe 1979

Nr. der Systematik[1])	Wirtschaftsgliederung	Beschäftigte[2])		Brutto-lohn- und -gehalt-summe	Umsatz[3])	Waren-eingang[4])	Lagerbestand		Lager-umschlags-häufig-keit	Rohertrag	
		ins-gesamt	Arbeit-nehmer				am Jahres-ende	Ver-änderung (+/−) gegenüber Jahres-anfang		ins-gesamt	Anteil am Umsatz
		1 000		Mill. DM				%		Mill. DM	%
711	Beherbergungsgewerbe	212,6	170,2	2 570	12 029	3 362	264	*+ 4,3*	13,0	8 656	*72,0*
	davon:										
711 11	Hotels	113,4	101,0	1 689	6 727	1 745	143	*+ 5,9*	12,6	4 978	*74,0*
711 13	Gasthöfe	58,5	41,9	492	3 127	1 197	88	*+ 1,1*	13,7	1 927	*61,5*
711 15	Pensionen	11,4	7,2	93	568	159	11	*+ 1,1*	15,2	408	*71,8*
711 17	Hotels garnis	22,3	15,0	217	1 200	178	12	*0*	15,2	1 019	*84,9*
711 9	Sonstige Beherbergungsstätten (ohne Wohnheime usw.)	7,0	5,1	80	406	82	10	*0*	8,3	324	*79,6*
713	Gaststättengewerbe	422,5	297,3	3 866	22 503	8 375	447	*+ 4,2*	19,1	14 136	*62,8*
	davon:										
713 11	Speisewirtschaften	202,6	153,9	2 261	11 670	4 406	265	*+ 6,9*	17,1	7 276	*62,3*
713 15	Imbißhallen	23,2	16,0	168	1 301	576	10	*0*	57,6	725	*55,7*
713 91	Schankwirtschaften	122,9	69,8	688	5 860	2 258	101	*0*	22,4	3 597	*61,4*
713 93	Bars, Tanzlokale u. ä.	37,1	30,6	418	1 742	382	32	*+ 3,2*	12,2	1 360	*78,0*
713 95	Cafés	20,5	16,6	230	1 003	350	26	*+ 8,3*	14,0	654	*65,2*
713 96	Eisdielen	13,2	8,4	86	558	152	8	*0*	19,0	406	*72,8*
713 97	Trinkhallen	3,8	2,0	16	368	250	6	*− 14,3*	38,5	118	*32,0*
715	Kantinen	23,0	19,4	301	1 502	833	34	*+ 6,3*	25,2	671	*44,7*
71	**Insgesamt**	**658,0**	**486,9**	**6 738**	**36 033**	**12 569**	**745**	***+ 4,3***	**17,2**	**23 462**	***65,1***

[1]) Systematik der Wirtschaftszweige, Ausgabe 1979, Kurzbezeichnungen.
[2]) Stand: 31. 12. 1979.
[3]) Einschl. Umsatz-(Mehrwert-)steuer.
[4]) Ohne Aufwendungen für vergebene Lohnarbeiten.

11.13 Unternehmen, Investitionen und Aufwendungen für gemietete oder gepachtete Sachanlagen im Gastgewebe 1979

Nr. der Systematik[1])	Wirtschaftsgliederung	Unter-nehmen ins-gesamt	Unternehmen mit Investitionen								
			zu-sammen	Bruttoanlageinvestitionen					außerdem nicht aktivierte gering-wertige Wirt-schafts-güter	Auf-wendungen für gemietete oder gepachtete Sach-anlagen	Erlöse aus dem Verkauf von Sach-anlagen
				bebaute Grund-stücke und andere Bauten	Grund-stücke ohne eigene Bauten	Fahrzeuge, Maschinen, Ein-richtungs-gegen-stände, Geräte u. ä.	zu-sammen	je 1 000 DM Umsatz			
		Anzahl		Mill. DM				DM	1 000 DM	Mill. DM	
711	Beherbergungsgewerbe	26 990	17 702	636	22	427	1 085	*112*	88 234	196	75
	davon:										
711 11	Hotels	8 300	6 175	396	6	229	632	*109*	59 174	129	43
711 13	Gasthöfe	10 204	6 652	148	9	113	270	*115*	14 074	27	27
711 15	Pensionen	2 362	1 773	27	0	37	64	*137*	4 597	5	1
711 17	Hotels garnis	4 704	2 548	51	6	38	96	*118*	8 474	30	3
711 9	Sonstige Beherbergungsstätten (ohne Wohnheime usw.)	1 421	555	14	0	9	23	*92*	1 915	5	1
713	Gaststättengewerbe	90 316	43 033	327	9	742	1 078	*76*	75 833	364	125
	davon:										
713 11	Speisewirtschaften	34 157	19 441	225	7	373	605	*73*	42 645	207	68
713 15	Imbißhallen	5 793	2 805	14	0	48	62	*75*	2 088	16	8
713 91	Schankwirtschaften	38 258	14 255	58	1	151	210	*78*	12 130	65	22
713 93	Bars, Tanzlokale u. ä.	4 880	2 637	16	1	83	100	*86*	5 545	38	13
713 95	Cafés	2 934	1 683	12	0	35	48	*66*	10 570	19	6
713 96	Eisdielen	2 901	1 869	3	—	49	51	*123*	2 797	17	8
713 97	Trinkhallen	1 392	343	—	—	2	2	*19*	58	2	—
715	Kantinen	3 084	1 300	6	0	24	30	*31*	1 946	8	7
71	**Insgesamt**	**120 390**	**62 035**	**969**	**32**	**1 192**	**2 193**	***88***	**166 013**	**569**	**207**

[1]) Systematik der Wirtschaftszweige, Ausgabe 1979, Kurzbezeichnungen.

11.14 Ankünfte und Übernachtungen im Reiseverkehr*)

11.14.1 Nach Ländern, Gemeindegruppen und Betriebsarten

1 000

Land Gemeindegruppe Betriebsart	Winterhalbjahr 1981/82				Sommerhalbjahr 1982			
	Ankünfte		Übernachtungen		Ankünfte		Übernachtungen	
	insgesamt	Auslandsgäste	insgesamt	Auslandsgäste	insgesamt	Auslandsgäste	insgesamt	Auslandsgäste
Insgesamt	**20 621,7**	**3 143,3**	**72 788,4**[1])	**7 207,2**	**30 834,4**	**6 313,7**	**127 010,4**[2])	**13 788,4**
			nach Ländern					
Schleswig-Holstein	719,5	76,9	2 796,2	163,5	1 814,8	175,4	11 867,5	301,5
Hamburg	644,2	193,8	1 237,8	433,7	868,0	292,7	1 578,6	569,0
Niedersachsen	2 207,8	157,6	6 789,1	378,1	3 444,2	342,8	14 767,7	760,6
Bremen	152,7	32,8	298,0	76,1	190,4	50,0	343,9	97,5
Nordrhein-Westfalen	3 632,8	524,2	12 105,0	1 321,9	4 102,6	832,2	15 659,7	2 138,9
Hessen	2 559,7	577,4	9 311,0	1 121,6	3 480,2	1 089,5	13 640,2	2 104,6
Rheinland-Pfalz	1 442,2	175,1	4 763,0	458,9	2 621,3	541,7	9 456,3	1 600,9
Baden-Württemberg	3 254,1	494,1	12 391,9	1 084,1	4 980,9	1 143,4	20 378,7	2 411,3
Bayern	5 169,5	782,7	20 679,1	1 785,0	8 382,0	1 668,2	36 550,1	3 320,6
Saarland	173,8	23,5	537,8	45,2	196,1	36,0	599,8	65,7
Berlin (West)	665,3	105,0	1 879,5	339,1	754,1	141,7	2 167,8	417,7
			nach Gemeindegruppen					
Großstädte	7 381,0	1 916,5	15 309,0	4 089,2	8 859,5	3 108,9	17 756,6	5 890,3
Heilbäder (ohne Seebäder)	2 808,5	198,8	25 189,1	679,1	4 202,0	493,1	37 877,5	1 595,0
Mineral- und Moorbäder	1 489,2	89,9	15 818,8	238,1	2 236,5	243,4	23 036,2	647,1
Heilklimatische Kurorte	817,5	66,8	5 809,1	283,6	1 176,1	141,0	9 053,1	547,6
Kneippkurorte	501,8	42,2	3 561,2	157,4	789,4	108,7	5 788,2	400,3
Seebäder	340,7	11,3	2 067,9	27,8	1 386,3	22,7	13 344,3	61,0
Luftkurorte	1 585,9	102,9	8 214,3	369,1	2 628,9	324,2	16 204,3	1 159,8
Erholungsorte	1 787,7	107,6	7 742,7	353,9	3 065,1	309,7	16 858,2	1 116,4
Sonstige Berichtsgemeinden	6 718,0	806,0	14 265,4	1 688,0	10 692,7	2 055,1	24 969,4	3 965,9
			nach Betriebsarten					
Betriebe des Beherbergungsgewerbes	18 156,5	3 067,8	46 087,0	6 720,8	27 459,1	6 146,5	85 403,6	12 381,0
Hotels	11 400,4	2 224,6	24 389,9	4 364,8	16 034,2	4 321,7	37 691,1	8 045,2
Hotels garnis	2 717,8	479,8	6 486,2	1 201,5	3 860,6	869,8	11 561,1	1 836,3
Gasthöfe	2 655,7	222,1	7 055,4	619,6	4 880,8	683,2	14 960,1	1 578,5
Fremdenheime und Pensionen	1 382,6	141,2	8 155,5	534,9	2 683,5	271,7	21 191,4	920,9
Erholungs- und Ferienheime	1 415,1	18,8	7 166,1	110,0	1 613,8	38,4	11 990,7	213,2
Heilstätten und Sanatorien	563,2	3,7	16 063,3	56,2	612,4	7,9	17 255,6	101,3
Ferienhäuser und Ferienwohnungen	486,9	53,0	3 472,0	320,2	1 149,1	120,9	12 360,5	1 092,9

11.14.2 Nach der Herkunft der Gäste

1 000

Ständiger Wohnsitz (nicht Staatsangehörigkeit)	Sommerhalbjahr 1980		Winterhalbjahr 1980/81		Sommerhalbjahr 1981		Winterhalbjahr 1981/82		Sommerhalbjahr 1982	
	Ankünfte	Übernachtungen	Ankünfte	Übernachtungen[3])	Ankünfte	Übernachtungen	Ankünfte	Übernachtungen	Ankünfte	Übernachtungen
Deutschland	**26 743,4**	**154 710,5**	.	**67 627,6**	**25 318,6**	**121 797,8**	**17 478,4**	**65 581,2**	**24 520,8**	**113 222,0**
Ausland	**6 677,8**	**15 585,9**	.	**7 076,7**	**6 332,9**	**14 170,3**	**3 143,3**	**7 207,2**	**6 313,7**	**13 788,4**
Europa	4 816,8	11 679,7	.	.	4 740,1	10 805,8	2 228,5	5 129,9	4 545,1	10 127,9
EG-Mitgliedsländer	3 391,0	8 721,4	.	3 240,1	3 268,2	7 773,8	1 413,8	3 188,7	3 154,7	7 351,9
Belgien-Luxemburg	397,5	986,1	.	307,0	360,3	835,5	127,3	280,9	301,6	675,0
Dänemark	354,2	676,0	.	269,2	368,3	714,7	142,3	309,0	346,7	673,0
Frankreich	414,6	836,0	.	414,8	414,5	777,0	201,9	420,0	387,2	726,9
Griechenland	.[4])	.[4])	.	79,9	41,6	97,2	34,7	83,8	43,8	98,6
Großbritannien und Nordirland	688,4	1 510,1	.	670,5	622,8	1 313,1	293,0	632,7	665,2	1 319,8
Irland	15,2	40,7	.	23,2	12,0	32,5	8,3	20,3	11,8	25,6
Italien	231,9	448,1	.	344,0	243,2	465,3	168,9	350,6	259,2	489,5
Niederlande	1 289,2	4 224,5	.	1 131,5	1 205,6	3 538,5	437,5	1 091,3	1 139,3	3 343,5
Übriges Europa	1 425,8	2 958,3	.	.	1 471,9	3 032,0	814,7	1 941,3	1 390,4	2 776,0
darunter:										
Norwegen	109,9	171,6	.	.	127,2	205,4	45,1	84,9	139,2	216,6
Österreich	240,9	503,0	.	318,3	246,8	490,4	147,5	326,1	234,0	463,4
Schweden	342,6	514,4	.	207,4	345,4	528,9	128,5	230,3	354,1	524,4
Schweiz	278,0	602,9	.	364,2	267,6	557,6	163,3	359,5	280,3	592,9
Spanien	82,5	169,5	.	.	88,5	186,8	54,8	129,2	91,8	185,8
Afrika	96,7	291,8	.	.	89,8	278,6	68,0	218,8	97,4	287,7
dar. Südafrika	44,1	92,8	.	.	31,1	74,2	23,0	56,5	31,2	76,9
Asien	372,9	986,7	.	.	395,8	953,6	254,3	633,2	432,7	991,5
darunter:										
Israel	45,6	149,7	.	.	54,1	152,7	32,0	69,6	66,2	180,4
Japan	181,8	338,0	.	214,7	207,1	369,2	126,9	245,4	217,7	386,5
Amerika	1 309,4	2 477,8	.	.	1 039,9	2 009,9	557,4	1 153,4	1 173,5	2 263,1
darunter:										
Kanada	82,0	154,8	.	.	71,0	137,1	37,8	77,9	76,0	145,3
Vereinigte Staaten	1 091,2	2 016,0	.	870,7	839,7	1 601,4	442,6	906,4	968,2	1 836,0
Australien	78,6	142,8	.	.	61,1	108,7	31,5	64,3	61,2	111,2
Nicht näher bezeichnetes Ausland	3,4	7,1	.	.	6,1	13,6	3,6	7,6	3,8	7,0
Insgesamt	**33 421,2**	**170 296,3**	.	**74 704,3**	**31 651,5**	**135 968,1**	**20 621,7**	**72 788,4**	**30 834,4**	**127 010,4**

*) 1980 alle Beherbergungsstätten, einschl. Privatquartiere, in rd. 2 400 Gemeinden mit 5 000 Gästeübernachtungen und mehr jährlich; ab 1981 alle Beherbergungsstätten mit 9 Gästebetten und mehr.

1) Außerdem in Jugendherbergen 2,7 Mill. und in Kinderheimen 1,0 Mill. Übernachtungen.

2) Außerdem in Jugendherbergen 7,4 Mill., in Kinderheimen 2,3 Mill. und auf Campingplätzen 17,5 Mill. Übernachtungen.

3) Geschätzt.

4) In »Übriges Europa« enthalten.

Handel, Gastgewerbe, Reiseverkehr

Umsatz des Groß- und Einzelhandels 1980 = 100

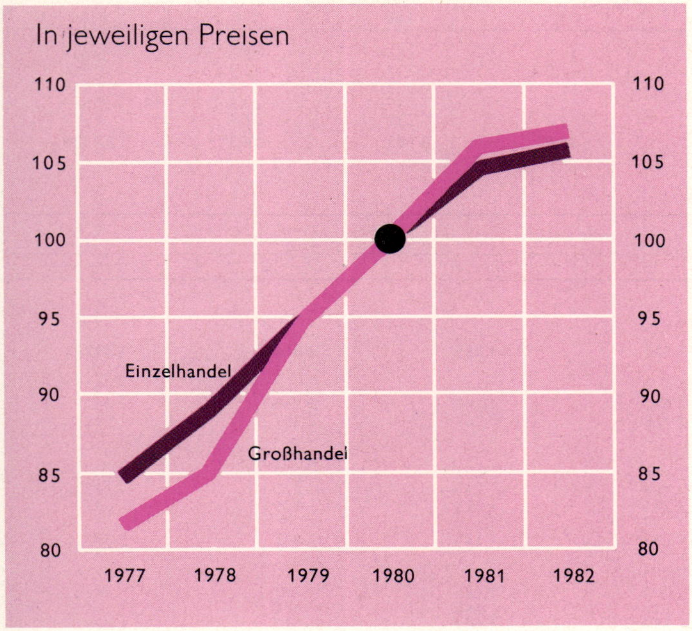

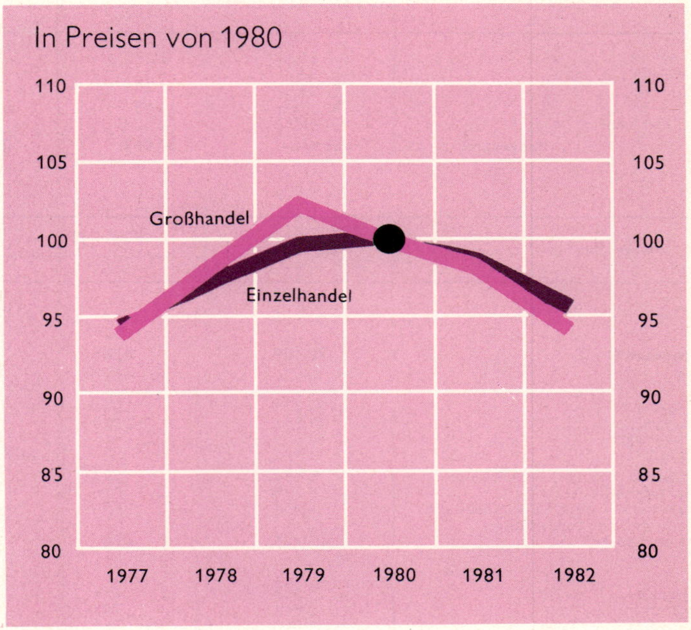

Übernachtungen im Reiseverkehr

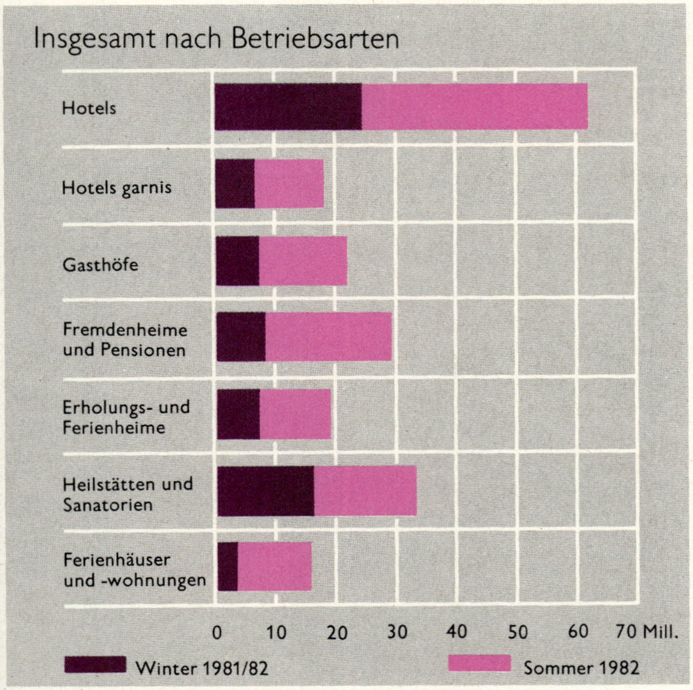

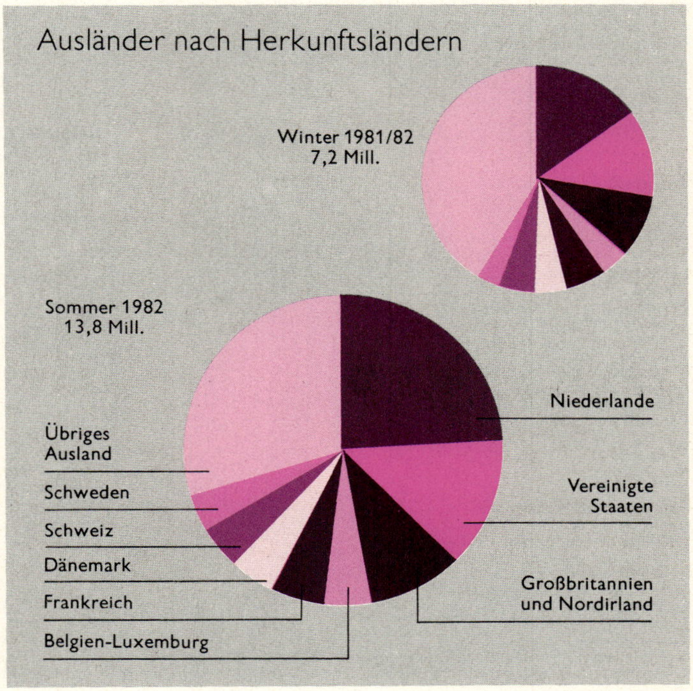

Statistisches Bundesamt 83 0249

11.15 Urlaubs- und Erholungsreisen 1980/81*)

Personen im Alter von ... bis unter ... Jahren	Wohnbevölkerung[1])	Nicht gereiste Personen	Reisende zusammen		darunter mit 2 Reisen und mehr		Gesamtzahl der Reisen
	1 000			%[2])	1 000	%[3])	1 000
unter 14	9 552	5 175	4 377	*45,8*	683	*15,6*	5 251
14 — 25	10 920	6 112	4 808	*44,0*	737	*15,3*	5 811
25 — 45	17 097	7 459	9 638	*56,4*	2 002	*20,8*	12 341
45 — 65	14 398	6 941	7 457	*51,8*	1 549	*20,8*	9 513
65 und mehr	9 688	6 375	3 313	*34,2*	732	*22,1*	4 393
Insgesamt	**61 655**	**32 062**	**29 593**	***48,0***	**5 703**	***19,3***	**37 309**

Gegenstand der Nachweisung	Insgesamt[4])	Reisedauer von ... bis ... Tagen 5 — 7	8 — 14	15 — 21	22 — 28	29 und mehr
			Reisen 1 000			
Insgesamt	**37 309**	**5 385**	**15 550**	**11 255**	**3 516**	**1 597**
			nach Reisezielen			
Inland	15 318	3 055	6 422	4 148	1 249	443
Ausland	21 991	2 330	9 128	7 107	2 267	1 154
			nach Reisearten			
Pauschal- oder Gesellschaftsreise	6 113	823	2 916	2 071	234	/
Kur oder Verschickung	1 224	/	156	340	520	185
Verwandten- oder Bekanntenbesuch	6 686	1 654	2 236	1 259	889	647
Sonstige Reise (ohne Reiseveranstalter)	23 286	2 885	10 242	7 585	1 873	696
			nach Verkehrsmitteln			
Eisenbahn	5 133	666	1 985	1 425	763	294
Bus	2 864	742	1 292	642	130	/
Flugzeug	4 646	312	1 839	1 604	512	379
Personenkraftwagen[5])	23 996	3 561	10 203	7 397	1 999	832
Sonstiges Verkehrsmittel	670	104	231	187	112	/
			nach Unterkunftsarten			
Hotel, Gasthof, Fremdenheim, Pension	13 981	2 069	6 688	4 229	770	225
Heilstätte und Sanatorium	602	/	/	/	335	154
Privatquartier gegen Entgelt	5 312	581	2 475	1 695	412	149
Privatquartier ohne Entgelt	7 063	1 765	2 461	1 326	861	649
Ferienhaus/Bungalow/Appartement	5 020	320	2 045	2 066	461	125
Campingplatz	2 921	252	1 000	1 118	408	143
Sonstige Unterkunftsart[6])	2 410	396	848	743	269	152
			Ausgaben für Haushaltsreisen Mill. DM			
Insgesamt	**32 585**	**2 243**	**11 893**	**11 676**	**4 224**	**2 542**
			nach Teilnehmerzahlen und Reisezielen			
Inland	9 338	961	3 480	3 378	1 126	392
Ausland	23 247	1 282	8 413	8 298	3 098	2 151
1 Haushaltsmitglied	10 396	907	3 659	3 286	1 454	1 087
Inland	3 078	413	1 050	897	480	237
Ausland	7 318	494	2 610	2 389	974	850
2 Haushaltsmitglieder	12 311	863	4 570	4 524	1 497	851
Inland	3 534	323	1 311	1 337	455	108
Ausland	8 777	540	3 259	3 187	1 043	743
3 Haushaltsmitglieder	5 040	254	2 077	1 882	532	295
Inland	1 404	122	606	549	99	/
Ausland	3 636	132	1 471	1 333	433	268
4 Haushaltsmitglieder und mehr	4 839	219	1 587	1 983	741	309
Inland	1 322	103	513	595	91	/
Ausland	3 516	116	1 074	1 388	649	289
			nach Unterkunftsarten			
Hotel, Gasthof, Fremdenheim, Pension	15 932	1 265	6 801	5 734	1 434	698
Heilstätte und Sanatorium	530	/	/	94	276	133
Privatquartier gegen Entgelt	4 044	239	1 602	1 534	441	228
Privatquartier ohne Entgelt	3 868	396	951	936	743	841
Ferienhaus/Bungalow/Appartement	4 296	136	1 411	1 924	603	217
Campingplatz	1 995	77	517	818	412	171
Sonstige Unterkunftsart[6])	1 921	129	585	636	315	255

*) Ergebnis der Mikrozensusbefragung über Urlaubs- und Erholungsreisen (mit einer Dauer von mindestens 5 Tagen) vom Mai 1981 für den Berichtszeitraum von April 1980 bis März 1981.
[1]) Stand: 30. 4. 1981.
[2]) Anteil an der Wohnbevölkerung.
[3]) Anteil an den Reisenden.
[4]) Einschl. der Fälle ohne Angaben zur Reisedauer.
[5]) Eigener und fremder Personenkraftwagen.
[6]) Einschl. Ferien- und Erholungsheime.

11.16 Messen und Ausstellungen 1982*)

Stadt / Veranstaltung	Ausstellungszeitraum	Belegte Bruttofläche	Vermietete Nettofläche[1])	Aussteller insgesamt	Aussteller Inland	Aussteller Ausland	Zusätzlich vertretene Firmen[2])	Besucher
		1 000 m²	1 000 m²	Anzahl	Anzahl	Anzahl	Anzahl	Anzahl
Berlin								
Int. Grüne Woche	22. 1. — 31. 1.	90,0	27,0	764	438	326	428	467 325
Int. Tourismus-Börse-ITB Berlin	27. 2. — 5. 3.	63,5	31,2	1 310	366	944	52	73 061
Übersee-Import-Messe »Partner des Fortschritts« Berlin	8. 9. — 12. 9.	21,0	11,1	731	—	731	396	30 084
Düsseldorf								
boot-Düsseldorf – Int. Bootsausstellung	23. 1. — 31. 1.	125,0	59,9	971	673	298	375	314 329
METAV – Ausstellung Metallbearbeitung Düsseldorf	13. 2. — 17. 2.	69,7	32,3	508	508	—	405	48 174
IGEDO – Int. Modemesse[3])	7. 3. — 10. 3.	108,0	—	1 562	1 213	349	—	42 749
GDS – Int. Schuhmesse	20. 3. — 22. 3.	59,8	32,5	662	122	540	—	19 361
DRUPA – Int. Messe Druck und Papier	4. 6. — 17. 6.	152,0	104,3	1 275	581	694	—	293 059
hifi – Int. Ausstellung	20. 8. — 26. 8.	78,2	43,1	353	281	72	—	245 255
hogatec – Int. Fachmesse Hotellerie, Gastronomie und Catering	8. 11. — 12. 11.	44,7	22,3	473	406	67	5	28 950
MEDICA	17. 11. — 20. 11.	50,0	24,6	624	579	45	134	65 417
Essen								
REIFEN – Int. Fachmesse für Reifenhandel	19. 5. — 22. 5.	11,6	4,8	82	44	38	1	8 782
CARAVAN-SALON – Int. Fachmesse[3])	25. 9. — 3. 10.	57,8	37,9	233	200	33	3	120 215
SECURITY – Int. Sicherheits-Fachmesse	11. 10. — 15. 10.	20,8	8,9	267	170	97	139	15 342
BLECH – Int. Ausstellung für Blechbearbeitung und -verformung	9. 11. — 13. 11.	36,6	16,1	317	231	86	66	19 631
Frankfurt								
HEIMTEXTIL – Int. Fachmesse für Heim- und Haustextilien	13. 1. — 17. 1.	131,0	84,2	1 290	593	697	112	58 925
Musikmesse Frankfurt	13. 2. — 17. 2.	59,4	33,4	716	270	446	48	40 755
Int. Frankfurter Messe	27. 2. — 3. 3.	191,0	122,6	3 685	2 446	1 239	—	87 584
	28. 8. — 1. 9.	160,0	101,4	3 140	2 194	946	—	67 226
Int. PELZ-Messe Frankfurt[3])	17. 4. — 21. 4.	49,4	31,1	549	357	192	—	23 168
interstoff – Fachmesse für Bekleidungstextilien	4. 5. — 7. 5.	60,0	38,7	944	175	769	111	20 083
automechanika	14. 9. — 19. 9.	116,0	69,6	1 459	825	634	62	98 303
Frankfurter Buchmesse[3])	6. 10. — 11. 10.	82,1	31,6	4 076	1 462	2 614	1 612	173 467
HOGA – Fachausstellung Hotel- und Gaststättengewerbe	24. 10. — 28. 10.	28,0	11,6	329	306	23	—	27 824
Friedrichshafen								
INTERBOOT – Int. Bootsausstellung am Bodensee	25. 9. — 3. 10.	56,9	26,0	452	339	113	265	80 084
Hamburg								
InternorGa – Int. Fachausstellung für Gastronomie und Catering	12. 3. — 17. 3.	53,7	28,5	682	590	92	313	94 519
Deutsche Boots-Ausstellung International mit EMTEC Trade Days	21. 10. — 31. 10.	57,5	30,1	614	454	160	419	152 377
Hannover								
CONSTRUCTA – Die Fachmesse des Bauens	3. 2. — 10. 2.	186,0	110,3	1 788	1 376	412	322	194 001
didacta – Int. Fachmesse für Schule, Bildung und Training	8. 3. — 12. 3.	53,2	24,2	647	516	131	65	58 767
Hannover-Messe	21. 4. — 28. 4.	751,3	448,1	5 694	4 046	1 648	761	574 544
FAB – Fachausstellung für Anstaltsbedarf	11. 5. — 14. 5.	53,2	27,4	510	471	39	16	39 476
Köln								
Int. Möbelmesse	19. 1. — 24. 1.	212,0	158,4	1 523	728	795	—	97 295
ISM – Int. Süßwaren-Messe	1. 2. — 4. 2.	40,0	22,4	621	281	340	85	10 240
DOMOTECHNICA	10. 2. — 13. 2.	76,0	53,0	570	264	306	111	34 878
Int. Hausratmesse	11. 2. — 14. 2.	55,0	28,5	780	347	433	73	20 147
Int. Eisenwarenmesse	13. 2. — 16. 2.	78,0	45,1	1 232	818	414	164	37 803
Int. Herren-Mode-Woche Köln	26. 2. — 28. 2.	65,0	31,1	754	526	228	62	25 888
Int. Messe – KIND + JUGEND	12. 3. — 14. 3.	33,0	13,2	454	276	178	—	7 133
Fachausstellung DACH + WAND	17. 6. — 20. 6.	37,0	18,1	297	257	40	75	29 505
SPOGA – Int. Fachmesse f. Sportartikel, Campingbedarf u. Gartenmöbel	4. 9. — 7. 9.	94,0	50,5	954	384	570	94	24 441
Int. Gartenfachmesse	5. 9. — 7. 9.	76,0	34,0	641	347	294	122	23 515
photokina – Weltmesse der Photographie	6. 10. — 12. 10.	128,0	72,2	1 149	453	696	65	120 794
ORGATECHNIK Köln – Int. Büromesse	26. 10. — 31. 10.	133,0	76,9	1 154	847	307	191	103 302
München								
INHORGENTA	13. 2. — 16. 2.	34,5	19,1	799	520	279	54	16 027
ISPO – Int. Sportartikelmesse	25. 2. — 28. 2.	80,0	49,7	992	457	535	137	27 179
IHM – Int. Handwerksmesse	13. 3. — 21. 3.	99,0	53,9	1 714	1 148	566	565	418 723
MODE-WOCHE-MÜNCHEN[3])	28. 3. — 31. 3.	82,5	40,0	1 455	1 110	345	—	42 785
57. DLG-Ausstellung, Int. Landwirtschaftsschau	20. 5. — 26. 5.	258,7	130,6	1 372	985	387	448	335 247
TRANSPORT-Verkehrssysteme für Güter und Personen	15. 6. — 19. 6.	39,1	19,4	297	201	96	94	17 568
INTERFORST	29. 6. — 4. 7.	47,0	16,8	222	127	95	79	21 642
IKOFA – Int. Fachmesse der Ernährungswirtschaft	21. 9. — 26. 9.	62,5	36,7	1 356	566	790	98	44 981
electronica – Int. Fachmesse f. Bauelemente u. Baugruppen der Elektronik	9. 11. — 13. 11.	79,9	40,2	1 066	694	372	776	84 044
Nürnberg								
Int. Spielwarenmesse	4. 2. — 10. 2.	79,7	58,8	1 777	1 040	737	516	39 863
IWA – Int. Fachmesse für Jagd- und Sportwaffen sowie Zubehör	12. 3. — 15. 3.	13,3	7,2	299	151	148	147	5 271
IKK – Int. Fachausstellung Kälte-Klimatechnik	7. 10. — 9. 10.	12,0	6,5	200	173	27	28	5 960
Offenbach								
Int. Lederwarenmesse	27. 2. — 2. 3.	17,0	11,7	502	390	112	7	8 079
Pirmasens								
Pirmasenser Lederwoche International[3])	9. 11. — 11. 11.	12,0	6,0	480	157	323	—	.

*) Ausgewählte Messen und Ausstellungen nach den Richtlinien der Gesellschaft zur freiwilligen Kontrolle von Messe- und Ausstellungszahlen (FKM-Verfahren).
[1]) Vermietete Standfläche.
[2]) Firmen, die nur durch ihre Erzeugnisse, nicht aber durch Firmenmitglieder vertreten sind.
[3]) Nicht unter Kontrolle des FKM-Verfahrens.

Quelle: Ausstellungs- und Messe-Ausschuß der Deutschen Wirtschaft e. V. – AUMA, Köln

11.17 Warenverkehr mit Berlin (West)

Nr. der Systematik[1])	Gütergruppe — Verkehrszweig	Lieferungen aus Berlin (West) 1981 1 000 t	Lieferungen aus Berlin (West) 1981 Mill. DM	Lieferungen aus Berlin (West) 1982 1 000 t	Lieferungen aus Berlin (West) 1982 Mill. DM	Lieferungen nach Berlin (West) 1981 1 000 t	Lieferungen nach Berlin (West) 1981 Mill. DM	Lieferungen nach Berlin (West) 1982 1 000 t	Lieferungen nach Berlin (West) 1982 Mill. DM
	Insgesamt	**4 155**	**28 559**	**4 240**	**30 782**	**10 364**	**23 256**	**10 368**	**23 656**
	nach Gütern								
	Erzeugnisse der Land- und Forstwirtschaft, Fischerei	**37**	**110**	**32**	**52**	**659**	**2 688**	**707**	**3 104**
01	Pflanzliche Erzeugnisse der Landwirtschaft und der gewerblichen Gärtnerei	28	65	25	28	618	2 541	651	2 927
02	Lebende Tiere und tierische Erzeugnisse usw.	7	41	6	22	31	98	43	124
05	Forstwirtschaftliche Erzeugnisse	0	2	1	1	4	4	6	4
07	Fischereierzeugnisse	1	3	1	2	7	45	8	49
21	**Bergbauliche Erzeugnisse**	**26**	**4**	**38**	**6**	**2 051**	**369**	**2 057**	**382**
	Erzeugnisse des Grundstoff- und Produktionsgütergewerbes[2])	**1 020**	**3 019**	**978**	**3 199**	**3 776**	**4 627**	**3 758**	**4 756**
22	Mineralölerzeugnisse	10	7	8	9	1 475	691	1 482	877
24	Spalt- und Brutstoffe	0	0	0	0	0	0	0	0
25	Steine und Erden, Asbestwaren, Schleifmittel	90	83	63	61	921	178	965	199
27	Eisen und Stahl	285	200	291	232	290	334	276	331
28	NE-Metalle und -Metallhalbzeug	290	1 019	288	1 005	318	1 136	295	1 051
29	Gießereierzeugnisse	7	23	7	25	48	127	45	122
30	Erzeugnisse der Ziehereien, Kaltwalzwerke und der Stahlverformung	25	53	15	29	87	190	69	151
40	Chemische Erzeugnisse	173	1 441	161	1 665	363	1 488	360	1 548
53	Schnitt-, Sperrholz und sonstiges bearbeitetes Holz	40	31	42	27	79	78	73	81
55	Holzschliff, Zellstoff, Papier und Pappe	94	114	99	109	179	319	179	314
59	Gummiwaren	7	47	6	38	16	85	15	83
	Erzeugnisse des Investitionsgüter produzierenden Gewerbes[3])	**615**	**6 676**	**601**	**6 922**	**433**	**3 939**	**426**	**3 948**
31	Stahlbauerzeugnisse und Schienenfahrzeuge	29	124	20	139	22	88	18	75
32	Maschinenbauerzeugnisse (einschl. Ackerschlepper)	87	1 252	76	1 207	40	553	39	596
33	Straßenfahrzeuge (ohne Ackerschlepper)	61	902	53	886	52	826	48	801
34	Wasserfahrzeuge	0	8	0	4	1	11	1	10
35	Luft- und Raumfahrzeuge	0	0	0	0	0	1	0	0
36	Elektrotechnische Erzeugnisse	364	3 458	363	3 279	85	1 150	80	1 057
37	Feinmechanische und optische Erzeugnisse; Uhren	1	35	1	30	1	42	1	30
38	Eisen-, Blech- und Metallwaren	64	351	78	449	134	616	137	677
50	Büromaschinen; Datenverarbeitungsgeräte, -einrichtungen	7	540	9	926	9	606	6	658
70	Fertigteilbauten im Hochbau	2	5	1	1	90	46	96	43
	Erzeugnisse des Verbrauchsgüter produzierenden Gewerbes	**344**	**1 965**	**362**	**2 092**	**633**	**3 306**	**612**	**3 231**
39	Musikinstrumente, Spielwaren, Sportgeräte, Schmuck usw.	2	36	2	30	3	53	3	54
51	Feinkeramische Erzeugnisse	2	19	2	21	22	78	21	70
52	Glas und Glaswaren	33	34	38	45	111	179	108	181
54	Holzwaren	36	108	34	89	125	659	120	645
56	Papier- und Pappewaren	106	405	130	506	188	505	181	477
57	Druckereierzeugnisse, Vervielfältigungen	42	216	40	195	48	244	47	246
58	Kunststofferzeugnisse	65	237	66	323	81	379	81	387
61	Leder	0	2	0	2	0	3	0	3
62	Lederwaren und Schuhe	0	3	0	3	3	82	4	78
63	Textilien	54	673	47	652	40	409	37	387
64	Bekleidung	4	232	4	226	9	715	9	702
	Erzeugnisse des Nahrungs- und Genußmittelgewerbes	**1 232**	**14 528**	**1 281**	**16 011**	**1 446**	**5 112**	**1 430**	**5 073**
68	Erzeugnisse des Ernährungsgewerbes	1 118	6 137	1 176	6 776	1 434	4 753	1 418	4 698
69	Tabakwaren	114	8 391	105	9 235	12	359	12	375
	Sammelsendungen[4])	**137**	**2 258**	**149**	**2 499**	**276**	**3 217**	**275**	**3 161**
	Waren ohne Handelswert	**743**	.	**798**	.	**1 089**	.	**1 102**	.
	nach Verkehrszweigen[5])								
	Straßenverkehr	3 386	25 777	3 492	27 921	5 957	19 628	6 010	19 941
	Eisenbahnverkehr	380	2 070	356	2 167	1 698	2 325	1 908	2 476
	Binnenschiffahrt	389	712	393	694	2 709	1 303	2 450	1 238

1) Systematisches Güterverzeichnis für Produktionsstatistiken, Ausgabe 1982.
2) Einschl. Güterzweig 302 (Erzeugnisse der Stahlverformung).
3) Ohne Güterzweig 302 (Erzeugnisse der Stahlverformung).
4) Spediteur-Sammelgut, Warensortimente u. dgl.
5) Einschl. Waren ohne Handelswert.

11.18 Warenverkehr mit der Deutschen Demokratischen Republik und Berlin (Ost)

Nr. der Systematik[1])	Gütergruppe / Verkehrszweig	Lieferungen des Bundesgebietes				Bezüge des Bundesgebietes			
		1981		1982		1981		1982	
		1 000 t	Mill. DM	1 000 t	Mill. DM	1 000 t	Mill. DM	1 000 t	Mill. DM
	Insgesamt	**4 088**	**5 575**	**4 140**	**6 382**	**10 808**	**6 051**	**11 574**	**6 639**
	nach Gütern								
	Erzeugnisse der Land- und Forstwirtschaft, Fischerei	**14**	**27**	**254**	**181**	**604**	**465**	**586**	**476**
01	Pflanzliche Erzeugnisse der Landwirtschaft und der gewerblichen Gärtnerei	5	21	239	167	371	184	359	189
02	Lebende Tiere und tierische Erzeugnisse usw.	0	0	0	1	85	252	84	260
05	Forstwirtschaftliche Erzeugnisse	8	5	13	8	146	22	142	19
07	Fischereierzeugnisse	0	1	2	5	2	7	2	8
21	**Bergbauliche Erzeugnisse**	**2 331**	**1 040**	**1 445**	**820**	**1 598**	**203**	**1 958**	**241**
	Erzeugnisse des Grundstoff- und Produktionsgütergewerbes	**1 157**	**2 009**	**1 571**	**2 754**	**7 918**	**3 181**	**8 261**	**3 366**
22	Mineralölerzeugnisse	27	23	33	28	2 380	1 629	2 434	1 705
24	Spalt- und Brutstoffe	0	0	0	1	0	1	0	1
25	Steine und Erden, Asbestwaren, Schleifmittel	40	39	40	40	3 948	114	4 078	126
27	Eisen und Stahl	393	322	705	613	520	274	370	243
28	NE-Metalle und -Metallhalbzeug	60	391	81	560	80	250	86	251
29	Gießereierzeugnisse	1	8	1	5	11	15	13	17
30 1	Erzeugnisse der Ziehereien und Kaltwalzwerke	23	60	23	71	36	28	32	30
40	Chemische Erzeugnisse	499	982	615	1 290	680	705	765	779
53	Schnitt-, Sperrholz und sonstiges bearbeitetes Holz	88	76	46	52	140	42	370	93
55	Holzschliff, Zellstoff, Papier und Pappe	19	47	21	49	112	94	99	81
59	Gummiwaren	7	62	6	44	11	30	13	40
	Erzeugnisse des Investitionsgüter produzierenden Gewerbes[2])	**83**	**1 426**	**79**	**1 283**	**122**	**608**	**138**	**694**
30 2	Erzeugnisse der Stahlverformung	1	7	1	5	15	25	17	33
31	Stahlbauerzeugnisse und Schienenfahrzeuge	28	67	24	54	16	29	23	42
32	Maschinenbauerzeugnisse (einschl. Ackerschlepper)	33	972	33	886	18	158	21	188
33	Straßenfahrzeuge (ohne Ackerschlepper)	2	38	2	38	3	24	3	24
34	Wasserfahrzeuge	1	4	3	14	9	34	3	13
36	Elektrotechnische Erzeugnisse	8	214	8	177	36	193	41	228
37	Feinmechanische und optische Erzeugnisse; Uhren	0	48	0	33	1	43	1	49
38	Eisen-, Blech- und Metallwaren	10	67	6	58	22	92	27	107
50	Büromaschinen; Datenverarbeitungsgeräte, -einrichtungen	0	10	0	18	0	8	0	10
70	Fertigteilbauten im Hochbau	0	0	0	0	1	2	0	1
	Erzeugnisse des Verbrauchsgüter produzierenden Gewerbes	**35**	**471**	**39**	**523**	**365**	**1 343**	**424**	**1 590**
39	Musikinstrumente, Spielwaren, Sportgeräte, Schmuck usw.	0	17	0	15	7	61	8	71
51	Feinkeramische Erzeugnisse	0	4	0	4	27	74	20	75
52	Glas und Glaswaren	7	12	9	15	111	87	147	104
54	Holzwaren	2	13	2	11	112	268	120	301
56	Papier- und Pappewaren	4	16	4	14	22	36	21	33
57	Druckereierzeugnisse, Vervielfältigungen	3	40	3	40	2	32	2	35
58	Kunststofferzeugnisse	4	52	4	50	15	47	20	61
61	Leder	1	40	1	68	3	4	3	5
62	Lederwaren und Schuhe	1	47	1	37	4	44	5	50
63	Textilien	12	187	15	236	50	386	62	451
64	Bekleidung	1	44	0	33	12	304	17	403
	Erzeugnisse des Nahrungs- und Genußmittelgewerbes	**439**	**533**	**727**	**746**	**194**	**214**	**198**	**230**
68	Erzeugnisse des Ernährungsgewerbes	438	509	726	719	194	211	197	221
69	Tabakwaren	1	25	2	27	0	3	1	9
	Rückwaren, Ersatzlieferungen u. ä.	**19**	**68**	**16**	**75**	**5**	**36**	**6**	**42**
	Waren ohne Handelswert	**8**	.	**9**	.	**5**	.	**4**	.
	nach Verkehrszweigen[3])								
	Straßenverkehr	405	2 864	478	3 053	2 507	3 164	2 972	3 523
	Eisenbahnverkehr	2 140	1 828	1 889	2 208	6 010	2 667	6 224	2 887
	Binnenschiffahrt	471	182	644	378	2 277	188	2 374	190
	Seeschiffahrt	0	3	47	41	13	6	3	13
	Übrige[4])	1 071	698	1 081	702	0	26	0	28

1) Systematisches Güterverzeichnis für Produktionsstatistiken, Ausgabe 1982.
2) Einschl. Luft- und Raumfahrzeuge (Gütergruppe 35).
3) Einschl. Waren ohne Handelswert.
4) Nicht ermittelte Verkehrszweige sowie Postverkehr.

12 Außenhandel

12.0 Vorbemerkung

Die **Außenhandelsstatistik** der Bundesrepublik Deutschland stellt den grenzüberschreitenden Warenverkehr des Erhebungsgebietes (siehe unten) mit dem Ausland dar. Ausland im Sinne der Außenhandelsstatistik ist das Gebiet außerhalb des Erhebungsgebietes und außerhalb der Deutschen Demokratischen Republik und Berlin (Ost). Der Warenverkehr mit der Deutschen Demokratischen Republik und Berlin (Ost) wird gesondert nachgewiesen (siehe S. 245) und ist in der Außenhandelsstatistik nicht enthalten.

Das **Erhebungsgebiet** der Außenhandelsstatistik umfaßt die Bundesrepublik Deutschland (ohne den Zollausschluß Büsingen) und die österreichischen Gemeinden Jungholz und Mittelberg (als Zollanschlüsse).

Den Ergebnissen der Außenhandelsstatistik liegen im allgemeinen die Angaben der Einführer und Ausführer zugrunde.

Ausführlichere methodische Vorbemerkungen sowie fachlich und regional tiefer gegliederte Ergebnisse enthalten die Veröffentlichungen der Fachserie 7: Außenhandel (siehe hierzu auch »Fundstellennachweis«, S. 750 ff.). Für die Ergebnisse früherer Berichtszeiten gelten die Vorbemerkungen in den entsprechenden Statistischen Jahrbüchern.

Spezialhandel

Der **Spezialhandel** umfaßt die unmittelbare Einfuhr von Waren und die Einfuhr von ausländischen Waren aus Lager

in den freien Verkehr, zur aktiven Veredelung, auch Ausbesserung (Eigenveredelung und Lohnveredelung), nach passiver Veredelung, auch Ausbesserung, und als Schiffs- und Luftfahrzeugbedarf ausgehender deutscher Seeschiffe und Luftfahrzeuge

sowie die Ausfuhr von Waren

aus dem freien Verkehr, nach aktiver Veredelung, auch Ausbesserung (Eigenveredelung und Lohnveredelung), zur passiven Veredelung, auch Ausbesserung, und als Schiffs- und Luftfahrzeugbedarf ausgehender fremder Seeschiffe und Luftfahrzeuge.

Gold und Silber für internationale Zahlungen werden nicht nachgewiesen.

Die **Gruppierung** der Waren erfolgt nach Warengruppen und -untergruppen der Ernährungswirtschaft und der Gewerblichen Wirtschaft, Teilen und Abschnitten des Internationalen Warenverzeichnisses für den Außenhandel (SITC-Rev. II), Warengruppen und -zweigen des Warenverzeichnisses für die Industriestatistik sowie nach Investitions- und Verbrauchsgütern.

Ein Vergleich der Außenhandelsergebnisse in der Gruppierung des Warenverzeichnisses für die Industriestatistik mit den Ergebnissen der Industriestatistik über den Auslandsumsatz und die Produktion ist aus methodischen Gründen nur mit Vorbehalten möglich, da in beiden Statistiken z. B. das Erhebungsgebiet, die Wertstellung, der Kreis der Auskunftspflichtigen und der Zeitpunkt der Anmeldung unterschiedlich definiert sind. Die Produktionsbereiche, zu denen die Warengruppen und -zweige in Tab. 12.6 und 12.7 auf den Seiten 259 und 260 zusammengefaßt sind, vermitteln keine Anhaltspunkte über den Anteil der Investitions- und Konsumgüter am Außenhandel, da wichtige Konsumgüter (wie Fernsehapparate und Kühlschränke) z. B. als elektrotechnische Erzeugnisse im Bereich des Investitionsgüter produzierenden Gewerbes nachgewiesen werden.

Die **Mengen** sind nach Eigengewicht (t = 1 000 kg) angegeben.

Die **Werte** beziehen sich grundsätzlich auf den Grenzübergangswert, d. h. auf den Wert frei Grenze des Erhebungsgebietes, in der Einfuhr ohne die deutschen Eingangsabgaben.

Das **Volumen** stellt im Gegensatz zu den tatsächlichen Werten (s. vorstehenden Absatz) einen nachträglich berechneten Wert dar. Es wird durch Bewertung der für die Berichtszeit angemeldeten Menge je Warennummer und Ländergruppe mit dem Durchschnittswert je Warennummer und Ländergruppe (Wert je Mengeneinheit) von 1976 ermittelt. Das Volumen ist mithin der Wert, der sich ergeben hätte, wenn die Durchschnittswerte (Preise) des Jahres 1976 in den nachgewiesenen Berichtszeiten unverändert geblieben wären. Zur Methode der Berechnung der Außenhandelsindizes siehe Aufsatz: »Neuberechnung des Außenhandelsvolumens und der Außenhandelsindizes auf Basis 1976« in »Wirtschaft und Statistik«, Heft 1/1979, Seite 36 ff.

Als **Bezugs- und Absatzgebiete** werden in den Tabellen 12.9 und 12.11 bis 12.13 die Herstellungs- bzw. Verbrauchsländer und in den Tabellen 12.11, 12.13 und 12.14 die Einkaufs- bzw. Käuferländer nachgewiesen. Die Länder sind zum Teil abgekürzt bezeichnet; die vollständige Benennung der Länder und die Bezeichnung ihres Gebietsumfanges sind in dem »Länderverzeichnis für die Außenhandelsstatistik der Bundesrepublik Deutschland« enthalten.

Weitere Darstellungsformen

Der **Generalhandel** enthält übereinstimmend mit dem Spezialhandel die unmittelbare Einfuhr und die Ausfuhr (siehe hierzu unter Spezialhandel).

Der Unterschied zwischen dem Generalhandel und dem Spezialhandel beruht auf der verschiedenen Nachweisung der auf Lager eingeführten ausländischen Waren einschließlich einiger Sonderfälle. Vom Lagerverkehr werden nachgewiesen

im **Generalhandel** alle Einfuhren auf Lager, und zwar im Zeitpunkt ihrer Einlagerung, alle Wiederausfuhren ausländischer Waren aus Lager im Zeitpunkt ihrer Ausfuhr,

im **Spezialhandel** nur diejenigen Einfuhren auf Lager, die nicht zur Wiederausfuhr gelangen, im Zeitpunkt ihrer Einfuhr aus Lager (siehe hierzu Abs. 1 unter Spezialhandel).

Gegenstand der Statistik des **Lagerverkehrs** sind die auf Lager eingeführten ausländischen Waren einschließlich einiger Sonderfälle.

Lager im Sinne der Außenhandelsstatistik sind ab 1962 die Zollgutlager und die Freihafenlager, ab 1970 die Freihafenlager und Zollager – ab 1974 einschließlich offener Zollager –.

Der Lagerverkehr gliedert sich in die Einfuhr unmittelbar aus dem Ausland auf Lager (nachgewiesen im Generalhandel), die Einfuhr aus Lager in den freien Verkehr und in die unter Spezialhandel Abs. 1 genannten Einfuhrarten (nachgewiesen im Spezialhandel), die Wiederausfuhr aus Lager – auch Schiffs- und Luftfahrzeugbedarf für fremde Seeschiffe und Luftfahrzeuge – (nachgewiesen im Generalhandel).

Gegenstand der Statistik des **Veredelungsverkehrs** ist die aktive und die passive Veredelung (Einfuhr und Ausfuhr) von Waren.

Aktive Veredelung ist die zollamtlich bewilligte Veredelung (Bearbeiten, Verarbeiten und Ausbessern) von ausländischen Waren im Zollgebiet sowie die besonders zugelassene Bearbeitung oder Verarbeitung von abgabenpflichtigen ausländischen Waren in den Zollfreigebieten (ausgenommen im Schiffbau); dabei ist Eigenveredelung die Veredelung von ausländischen Waren im Erhebungsgebiet für Rechnung des im Erhebungsgebiet ansässigen Eigentümers; Eigenveredelung ist jedoch auch die Veredelung von ausländischen Waren für Rechnung einer anderen in den Europäischen Gemeinschaften ansässigen Person, sofern dem Auftraggeber eine Eigenveredelung bewilligt wurde. Lohnveredelung ist die Veredelung von ausländischen Waren im Erhebungsgebiet für Rechnung einer außerhalb des Erhebungsgebietes ansässigen Person.

Passive Veredelung ist die zollamtlich bewilligte Veredelung (Bearbeiten, Verarbeiten und Ausbessern) von Waren des freien Verkehrs im Ausland.

Die im Rahmen der Außenhandelsstatistik geführte **Durchfuhrstatistik** stellt die Beförderung von Waren aus dem Ausland durch das Erhebungsgebiet unmittelbar in das Ausland – ohne Anmeldung zu einer Einfuhrart – dar. Ab 1973 werden nur noch die Durchfuhren erfaßt, die über die wichtigsten Seehäfen eingehen bzw. ausgehen, sowie der Seeumschlag.

In den Angaben sind nicht enthalten: Sendungen, die an Bord von Seeschiffen in das Erhebungsgebiet eingehen und ohne Umladung wieder ausgehen sowie der Durchgang von Waren aus dem Ausland durch das Erhebungsgebiet in die Deutsche Demokratische Republik und Berlin (Ost) und in umgekehrter Richtung, ferner Sendungen unter 500 kg. Die **Mengen** sind nach Rohgewicht (t = 1 000 kg), für Pferde und Wasserfahrzeuge nach Stück angegeben.

12.1 Ein- und Ausfuhr*)

Jahr	Tatsächliche Werte					Index des Volumens[1])			
	insgesamt			je Einwohner		insgesamt		je Einwohner	
	Einfuhr	Ausfuhr	Ausfuhrüberschuß (+)	Einfuhr	Ausfuhr	Einfuhr	Ausfuhr	Einfuhr	Ausfuhr
	Mill. DM			DM		1976 = 100			
1967	70 183	87 045	+16 862	*1 172*	*1 454*	*45,2*	*49,2*	*46,5*	*50,6*
1968	81 179	99 551	+18 372	*1 349*	*1 654*	*52,8*	*56,5*	*54,0*	*57,8*
1969	97 972	113 557	+15 584	*1 610*	*1 866*	*61,8*	*62,6*	*62,5*	*63,3*
1970	109 606	125 276	+15 670	*1 807*	*2 066*	*73,6*	*71,6*	*74,7*	*72,6*
1971	120 119	136 011	+15 892	*1 959*	*2 219*	*79,6*	*74,8*	*79,9*	*75,1*
1972	128 744	149 023	+20 278	*2 088*	*2 416*	*85,5*	*79,7*	*85,3*	*79,5*
1973	145 417	178 396	+32 979	*2 346*	*2 878*	*90,1*	*91,1*	*89,4*	*90,5*
1974	179 733	230 578	+50 846	*2 896*	*3 716*	*86,9*	*101,5*	*86,1*	*100,6*
1975	184 313	221 589	+37 276	*2 981*	*3 584*	*87,4*	*89,8*	*87,0*	*89,4*
1976	222 173	256 642	+34 469	*3 611*	*4 171*	*100*	*100*	*100*	*100*
1977	235 178	273 614	+38 436	*3 830*	*4 455*	*103,7*	*105,4*	*104,0*	*105,6*
1978	243 707	284 907	+41 200	*3 974*	*4 646*	*111,5*	*109,8*	*111,9*	*110,1*
1979	292 040	314 469	+22 429	*4 760*	*5 125*	*121,6*	*117,6*	*121,9*	*117,9*
1980	341 380	350 328	+ 8 947	*5 545*	*5 690*	*124,3*	*122,5*	*124,2*	*122,4*
1981	369 179	396 898	+27 720	*5 985*	*6 435*	*119,7*	*129,0*	*119,4*	*128,7*
1982	376 464	427 741	+51 277	*6 111*	*6 943*	*120,5*	*131,8*	*120,3*	*131,7*

*) Spezialhandel.

1) 1967 bis 1969 umgerechnet von Originalbasis 1962.

12.2 Ein- und Ausfuhr nach Warengruppen*)

Jahr	Insgesamt¹)	Ernährungswirtschaft: zusammen	Ernährungswirtschaft: Lebende Tiere	Nahrungsmittel tierischen Ursprungs	Nahrungsmittel pflanzlichen Ursprungs	Genußmittel	Gewerbliche Wirtschaft: zusammen	Rohstoffe	Halbwaren	Fertigwaren: zusammen	Fertigwaren: Vorerzeugnisse	Fertigwaren: Enderzeugnisse
Werte der Einfuhr – Mill. DM												
1967	70 183	16 599	220	3 311	10 637	2 431	52 648	11 828	10 961	29 859	9 454	20 406
1968	81 179	17 083	272	3 689	10 591	2 530	63 035	13 645	13 630	35 761	12 649	23 111
1969	97 972	19 331	360	4 128	12 044	2 799	77 404	14 487	16 720	46 196	15 767	30 429
1970	109 606	20 924	338	4 815	12 870	2 901	87 233	14 809	17 660	54 763	16 999	37 764
1971	120 119	22 829	319	5 262	14 064	3 185	95 636	15 868	16 327	63 442	18 686	44 755
1972	128 744	24 959	517	6 341	14 739	3 361	102 162	15 857	16 439	69 865	20 726	49 139
1973	145 417	28 029	579	7 115	16 909	3 426	115 702	18 754	21 578	75 370	22 873	52 498
1974	179 733	29 348	509	6 950	18 949	2 940	148 300	34 653	30 406	83 241	25 703	57 538
1975	184 313	31 127	604	7 295	19 724	3 504	150 746	30 144	27 648	92 953	25 202	67 752
1976	222 173	36 037	565	8 588	21 802	5 083	183 274	36 097	34 689	112 488	31 423	81 064
1977	235 178	39 306	606	8 606	23 084	7 009	192 775	35 154	35 454	122 168	33 256	88 912
1978	243 707	38 605	650	9 084	22 783	6 088	201 783	30 786	37 526	133 471	35 342	98 129
1979	292 040	39 947	678	9 263	23 615	6 392	248 446	42 703	50 124	155 619	42 245	113 374
1980	341 380	43 363	657	10 200	25 752	6 753	293 706	58 929	59 918	174 859	45 187	129 672
1981	369 179	47 779	690	11 293	28 540	7 256	316 709	64 048	66 448	186 212	46 170	140 042
1982	376 464	49 662	650	11 873	29 104	8 034	321 549	59 298	69 821	192 430	47 463	144 967
Prozent												
1967	*100*	*23,7*	*0,3*	*4,7*	*15,2*	*3,5*	*75,0*	*16,9*	*15,6*	*42,5*	*13,5*	*29,1*
1968	*100*	*21,0*	*0,3*	*4,5*	*13,0*	*3,1*	*77,6*	*16,8*	*16,8*	*44,1*	*15,6*	*28,5*
1969	*100*	*19,7*	*0,4*	*4,2*	*12,3*	*2,9*	*79,0*	*14,8*	*17,1*	*47,2*	*16,1*	*31,1*
1970	*100*	*19,1*	*0,3*	*4,4*	*11,7*	*2,6*	*79,6*	*13,5*	*16,1*	*50,0*	*15,5*	*34,5*
1971	*100*	*19,0*	*0,3*	*4,4*	*11,7*	*2,7*	*79,6*	*13,2*	*13,6*	*52,8*	*15,6*	*37,3*
1972	*100*	*19,4*	*0,4*	*4,9*	*11,4*	*2,6*	*79,4*	*12,3*	*12,8*	*54,3*	*16,1*	*38,2*
1973	*100*	*19,3*	*0,4*	*4,9*	*11,6*	*2,4*	*79,6*	*12,9*	*14,8*	*51,8*	*15,7*	*36,1*
1974	*100*	*16,3*	*0,3*	*3,9*	*10,5*	*1,6*	*82,5*	*19,3*	*16,9*	*46,3*	*14,3*	*32,0*
1975	*100*	*16,9*	*0,3*	*4,0*	*10,7*	*1,9*	*81,8*	*16,4*	*15,0*	*50,4*	*13,7*	*36,8*
1976	*100*	*16,2*	*0,3*	*3,9*	*9,8*	*2,3*	*82,5*	*16,2*	*15,6*	*50,6*	*14,1*	*36,5*
1977	*100*	*16,7*	*0,3*	*3,7*	*9,8*	*3,0*	*82,0*	*14,9*	*15,1*	*51,9*	*14,1*	*37,8*
1978	*100*	*15,8*	*0,3*	*3,7*	*9,3*	*2,5*	*82,8*	*12,6*	*15,4*	*54,8*	*14,5*	*40,3*
1979	*100*	*13,7*	*0,2*	*3,2*	*8,1*	*2,2*	*85,1*	*14,6*	*17,2*	*53,3*	*14,5*	*38,8*
1980	*100*	*12,7*	*0,2*	*3,0*	*7,5*	*2,0*	*86,0*	*17,3*	*17,6*	*51,2*	*13,2*	*38,0*
1981	*100*	*12,9*	*0,2*	*3,1*	*7,7*	*2,0*	*85,8*	*17,3*	*18,0*	*50,4*	*12,5*	*37,9*
1982	*100*	*13,2*	*0,2*	*3,2*	*7,7*	*2,1*	*85,4*	*15,8*	*18,5*	*51,1*	*12,6*	*38,5*
Werte der Ausfuhr – Mill. DM												
1967	87 045	2 476	212	750	1 064	449	84 166	2 880	7 573	73 713	16 570	57 143
1968	99 551	2 985	246	956	1 217	566	96 098	3 163	8 563	84 373	18 264	66 109
1969	113 557	3 657	376	1 198	1 508	574	109 308	3 080	8 900	97 328	21 141	76 187
1970	125 276	4 380	432	1 330	1 992	625	120 194	3 188	9 577	107 430	23 034	84 395
1971	136 011	5 097	457	1 894	2 038	709	130 145	3 258	10 480	116 407	23 874	92 533
1972	149 023	5 946	706	1 921	2 526	793	142 184	3 388	10 445	128 351	25 861	102 490
1973	178 396	8 016	692	2 456	3 893	976	169 392	4 071	13 244	152 078	33 334	118 744
1974	230 578	9 953	408	3 402	5 097	1 047	219 387	5 516	20 596	193 275	51 133	142 142
1975	221 589	10 397	700	3 821	4 666	1 210	209 784	5 304	16 129	188 350	40 334	148 016
1976	256 642	11 412	571	4 024	5 210	1 606	243 775	5 692	18 688	219 396	45 638	173 758
1977	273 614	13 723	456	4 951	6 347	1 968	258 243	5 657	18 281	234 305	46 579	187 726
1978	284 907	13 790	509	5 171	6 098	2 011	269 301	6 098	20 415	242 787	49 905	192 882
1979	314 469	15 698	527	6 448	6 384	2 339	296 637	6 555	24 796	265 286	58 688	206 598
1980	350 328	18 471	596	7 549	7 694	2 632	329 357	6 792	30 520	292 045	62 630	229 415
1981	396 898	23 100	795	9 182	9 914	3 210	371 069	7 547	33 416	330 106	69 002	261 104
1982	427 741	23 871	891	9 579	9 811	3 590	400 995	7 220	34 242	359 533	70 651	288 882
Prozent												
1967	*100*	*2,8*	*0,2*	*0,9*	*1,2*	*0,5*	*96,7*	*3,3*	*8,7*	*84,7*	*19,0*	*65,6*
1968	*100*	*3,0*	*0,2*	*1,0*	*1,2*	*0,6*	*96,5*	*3,2*	*8,6*	*84,8*	*18,3*	*66,4*
1969	*100*	*3,2*	*0,3*	*1,1*	*1,3*	*0,5*	*96,3*	*2,7*	*7,8*	*85,7*	*18,6*	*67,1*
1970	*100*	*3,5*	*0,3*	*1,1*	*1,6*	*0,5*	*95,9*	*2,5*	*7,6*	*85,8*	*18,4*	*67,4*
1971	*100*	*3,7*	*0,3*	*1,4*	*1,5*	*0,5*	*95,7*	*2,4*	*7,7*	*85,6*	*17,6*	*68,0*
1972	*100*	*4,0*	*0,5*	*1,3*	*1,7*	*0,5*	*95,4*	*2,3*	*7,0*	*86,1*	*17,4*	*68,8*
1973	*100*	*4,5*	*0,4*	*1,4*	*2,2*	*0,5*	*95,0*	*2,3*	*7,4*	*85,2*	*18,7*	*66,6*
1974	*100*	*4,3*	*0,2*	*1,5*	*2,2*	*0,5*	*95,1*	*2,4*	*8,9*	*83,8*	*22,2*	*61,6*
1975	*100*	*4,7*	*0,3*	*1,7*	*2,1*	*0,5*	*94,7*	*2,4*	*7,3*	*85,0*	*18,2*	*66,8*
1976	*100*	*4,4*	*0,2*	*1,6*	*2,0*	*0,6*	*95,0*	*2,2*	*7,3*	*85,5*	*17,8*	*67,7*
1977	*100*	*5,0*	*0,2*	*1,8*	*2,3*	*0,7*	*94,4*	*2,1*	*6,7*	*85,6*	*17,0*	*68,6*
1978	*100*	*4,8*	*0,2*	*1,8*	*2,1*	*0,7*	*94,5*	*2,1*	*7,2*	*85,2*	*17,5*	*67,7*
1979	*100*	*5,0*	*0,2*	*2,1*	*2,0*	*0,7*	*94,3*	*2,1*	*7,9*	*84,4*	*18,7*	*65,7*
1980	*100*	*5,3*	*0,2*	*2,2*	*2,2*	*0,8*	*94,0*	*1,9*	*8,7*	*83,4*	*17,9*	*65,5*
1981	*100*	*5,8*	*0,2*	*2,3*	*2,5*	*0,8*	*93,5*	*1,9*	*8,4*	*83,2*	*17,4*	*65,8*
1982	*100*	*5,6*	*0,2*	*2,2*	*2,3*	*0,8*	*93,7*	*1,7*	*8,0*	*84,1*	*16,5*	*67,5*

*) Spezialhandel.

¹) Rückwaren und Ersatzlieferungen sind nicht in den einzelnen Warengruppen, sondern nur in der Gesamtein- bzw. -ausfuhr enthalten.

12.3 Index der tatsächlichen Werte, des Volumens und der Durchschnittswerte nach Warengruppen*)

12.3.1 Einfuhr**)

1976 = 100

Jahr	Insgesamt¹)	Ernährungswirtschaft: zusammen	Ernährungswirtschaft: Lebende Tiere	Nahrungsmittel tierischen Ursprungs	Nahrungsmittel pflanzlichen Ursprungs	Genußmittel	Gewerbliche Wirtschaft: zusammen	Rohstoffe	Halbwaren	Fertigwaren: zusammen	Fertigwaren: Vorerzeugnisse	Fertigwaren: Enderzeugnisse
Insgesamt												
Index der tatsächlichen Werte												
1974	80,9	81,4	90,2	80,9	86,9	57,8	80,9	96,0	87,7	74,0	81,8	71,0
1975	83,0	86,4	106,9	84,9	90,5	68,9	82,3	83,5	79,7	82,6	80,2	83,6
1976	100	100	100	100	100	100	100	100	100	100	100	100
1977	105,9	109,1	107,4	100,2	105,9	137,9	105,2	97,4	102,2	108,6	105,8	109,7
1978	109,7	107,1	115,2	105,8	104,5	119,8	110,1	85,3	108,2	118,7	112,5	121,1
1979	131,4	110,8	120,0	107,9	108,3	125,8	135,6	118,3	144,5	138,3	134,4	139,9
1980	153,7	120,3	116,4	118,8	118,1	132,9	160,3	163,3	172,7	155,4	143,8	160,0
1981	166,2	132,6	122,2	131,5	130,9	142,8	172,8	177,4	191,6	165,5	146,9	172,8
1982	169,4	137,8	115,2	138,2	133,5	158,1	175,4	164,3	201,3	171,1	151,0	178,8
Index des Volumens												
1974	86,9	87,4	107,3	88,5	89,0	76,5	86,9	102,8	90,7	80,5	83,2	79,5
1975	87,4	91,8	115,0	91,9	91,1	91,9	86,5	91,2	85,0	85,4	82,0	86,8
1976	100	100	100	100	100	100	100	100	100	100	100	100
1977	103,7	98,5	108,3	97,6	98,3	100,0	104,7	97,1	104,1	107,3	106,5	107,6
1978	111,5	106,5	120,9	106,7	106,1	106,4	112,5	96,3	112,9	117,5	114,6	118,6
1979	121,6	111,2	128,2	109,2	109,3	120,5	123,7	107,9	114,3	131,6	127,7	133,1
1980	124,3	115,1	123,5	114,3	113,3	123,5	125,9	101,4	112,0	138,1	127,5	142,2
1981	119,7	115,8	122,4	114,4	112,7	130,4	120,2	86,2	102,8	136,5	123,3	141,6
1982	120,5	119,1	110,9	120,3	115,4	134,3	120,3	80,6	106,5	137,4	123,1	142,9
Index der Durchschnittswerte												
1974	93,1	93,2	84,1	91,4	97,6	75,7	93,2	93,4	96,6	91,9	98,3	89,3
1975	94,9	94,1	93,0	92,5	99,3	75,0	95,1	91,5	93,7	96,7	97,8	96,3
1976	100	100	100	100	100	100	100	100	100	100	100	100
1977	102,0	110,7	99,2	102,7	107,7	138,0	100,5	100,3	98,1	101,2	99,4	101,9
1978	98,4	100,5	95,3	99,1	98,5	112,5	97,9	88,5	95,8	101,0	98,1	102,1
1979	108,1	99,7	93,6	98,7	99,1	104,4	109,6	109,7	126,4	105,1	105,3	105,1
1980	123,6	104,5	94,3	103,9	104,3	107,6	127,3	160,9	154,2	112,6	112,8	112,5
1981	138,9	114,5	99,8	114,9	116,2	109,5	143,8	206,0	186,3	121,3	119,1	122,0
1982	140,6	115,7	103,8	115,0	115,7	117,7	145,8	203,9	189,0	124,5	122,7	125,2
EG-Länder²)												
Index der tatsächlichen Werte												
1979	131,9	108,9	115,0	105,0	108,2	132,1	136,9	254,0	134,1	133,5	128,9	135,6
1980	147,0	119,4	110,2	115,2	118,9	149,1	152,8	418,2	147,7	144,9	138,4	147,8
1981	160,5	133,3	118,0	129,3	132,4	166,9	166,2	567,1	169,6	151,0	140,4	155,6
1982	166,6	140,0	109,7	133,9	141,0	174,9	172,1	537,2	174,8	158,4	143,4	164,9
Index des Volumens												
1979	120,7	109,1	123,6	107,6	108,8	114,3	123,1	222,7	104,0	125,3	122,5	126,5
1980	121,1	115,1	118,1	112,7	115,8	120,5	122,2	256,3	96,5	125,0	121,5	126,6
1981	120,3	118,1	121,2	115,2	118,9	125,8	120,5	270,6	91,3	123,9	118,5	126,2
1982	122,3	121,6	107,5	119,8	122,0	133,8	122,2	259,4	89,5	126,9	116,8	131,3
Index der Durchschnittswerte												
1979	109,3	99,8	93,1	97,6	99,4	115,6	111,1	114,1	129,0	106,6	105,2	107,2
1980	121,4	103,8	93,3	102,2	102,7	123,7	125,1	163,2	153,1	115,9	113,9	116,8
1981	133,4	112,9	97,3	112,3	111,3	132,7	137,8	209,6	185,8	121,9	118,4	123,3
1982	136,2	115,1	102,0	111,8	115,6	130,7	140,9	207,1	195,2	124,8	122,8	125,6
Übrige Länder³)												
Index der tatsächlichen Werte												
1979	131,0	112,9	159,9	117,3	108,5	123,5	134,4	109,0	157,5	145,1	143,9	145,4
1980	159,9	121,3	166,4	130,6	117,4	127,3	167,0	145,8	204,2	170,2	153,0	175,8
1981	171,5	131,8	155,7	138,8	129,6	134,4	178,8	150,7	219,1	185,9	158,1	195,1
1982	172,1	135,4	159,1	152,7	126,8	152,3	178,5	138,7	234,5	188,7	164,0	196,9
Index des Volumens												
1979	122,5	113,4	165,1	114,8	109,8	122,7	124,1	100,0	127,3	140,5	136,7	141,8
1980	127,3	115,2	167,1	119,6	111,1	124,5	129,3	90,8	131,4	156,3	137,8	162,5
1981	119,0	113,2	132,3	112,1	107,2	131,9	119,9	73,5	117,3	154,1	131,5	161,5
1982	118,8	116,4	138,0	121,8	109,5	134,4	118,7	68,3	127,8	152,0	133,9	157,9
Index der Durchschnittswerte												
1979	107,0	99,6	96,8	102,1	98,8	100,7	108,2	109,0	123,7	103,2	105,3	102,6
1980	125,6	105,3	99,6	109,2	105,7	102,2	129,2	160,5	155,3	108,8	111,1	108,2
1981	144,0	116,4	117,7	123,9	120,9	101,9	149,2	205,0	186,7	120,6	120,2	120,8
1982	144,9	116,3	115,3	125,3	115,8	113,3	150,4	203,1	183,5	124,2	122,5	124,7

*) Berechnungsmethode in »Wirtschaft und Statistik«, 1/1979, S. 36ff. – Austauschverhältnis (Terms of Trade) siehe S. 35.
**) Spezialhandel. – Herstellungsländer.
¹) Rückwaren und Ersatzlieferungen sind nicht in den einzelnen Warengruppen, sondern nur in der Gesamteinfuhr enthalten.
²) Belgien-Luxemburg, Dänemark, Frankreich, Großbritannien und Nordirland, Irland, Italien, Niederlande; ohne Griechenland.
³) Einschl. Griechenland, Polargebiete, Schiffs- und Luftfahrzeugbedarf und Nicht ermittelte Länder.

12.3 Index der tatsächlichen Werte, des Volumens und der Durchschnittswerte nach Warengruppen*)

12.3.2 Ausfuhr**)

1976 = 100

Jahr	Insgesamt¹)	Ernährungswirtschaft: zusammen	Ernährungswirtschaft: Lebende Tiere	Nahrungsmittel tierischen Ursprungs	Nahrungsmittel pflanzlichen Ursprungs	Genußmittel	Gewerbliche Wirtschaft: zusammen	Rohstoffe	Halbwaren	Fertigwaren: zusammen	Fertigwaren: Vorerzeugnisse	Fertigwaren: Enderzeugnisse
Insgesamt												
Index der tatsächlichen Werte												
1974	89,8	87,2	71,5	84,5	97,8	65,2	90,0	96,9	110,2	88,1	112,0	81,8
1975	86,3	91,1	122,5	95,0	89,5	75,3	86,1	93,2	86,3	85,8	88,4	85,2
1976	100	100	100	100	100	100	100	100	100	100	100	100
1977	106,6	120,2	79,9	123,0	121,8	122,5	105,9	99,4	97,8	106,8	102,1	108,0
1978	111,0	120,8	89,1	128,5	117,0	125,2	110,5	107,1	109,2	110,7	109,4	111,0
1979	122,5	137,6	92,4	160,2	122,5	145,6	121,7	115,2	132,7	120,9	128,6	118,9
1980	136,5	161,9	104,4	187,6	147,7	163,8	135,1	119,3	163,3	133,1	137,2	132,0
1981	154,7	202,4	139,1	228,2	190,3	199,8	152,2	132,6	178,8	150,5	151,2	150,3
1982	166,7	209,2	156,0	238,0	188,3	223,5	164,5	126,9	183,2	163,9	154,8	166,3
Index des Volumens												
1974	101,5	93,4	90,1	95,5	98,5	72,9	101,9	113,6	113,5	100,6	112,8	97,4
1975	89,8	92,1	129,4	96,1	87,9	82,3	89,6	98,9	86,8	89,6	87,0	90,3
1976	100	100	100	100	100	100	100	100	100	100	100	100
1977	105,4	120,2	82,8	130,1	119,2	112,2	104,7	104,2	102,1	104,9	103,9	105,2
1978	109,8	125,9	83,3	138,3	120,7	127,1	109,0	120,0	118,0	107,9	116,6	105,6
1979	117,6	148,7	88,0	180,2	129,2	154,9	116,0	113,8	127,0	115,1	126,6	112,1
1980	122,5	157,8	98,8	182,6	144,4	159,8	120,6	106,4	126,6	120,5	130,9	117,7
1981	129,0	178,6	123,9	199,8	167,5	180,7	126,5	106,9	125,1	127,1	130,2	126,3
1982	131,8	183,9	141,8	197,8	174,9	193,4	129,2	97,2	121,5	130,7	126,6	131,8
Index der Durchschnittswerte												
1974	88,5	93,4	79,3	88,5	99,3	89,4	88,3	85,3	97,1	87,6	99,3	84,0
1975	96,1	98,9	94,7	98,8	101,9	91,5	96,0	94,2	99,4	95,8	101,6	94,3
1976	100	100	100	100	100	100	100	100	100	100	100	100
1977	101,1	100,0	96,5	94,6	102,2	109,2	101,2	95,4	95,8	101,8	98,2	102,7
1978	101,1	96,0	107,0	92,9	97,0	98,5	101,4	89,3	92,6	102,6	93,8	105,1
1979	104,2	92,5	105,0	88,9	94,8	94,0	104,9	101,2	104,5	105,0	101,6	106,1
1980	111,5	102,6	105,7	102,8	102,3	102,5	112,0	112,2	129,0	110,5	104,8	112,1
1981	119,9	113,4	112,3	114,2	113,6	110,6	120,3	124,1	143,0	118,4	116,1	119,0
1982	126,4	113,7	110,0	120,3	107,7	115,6	127,3	130,5	150,8	125,4	122,3	126,1
EG-Länder²)												
Index der tatsächlichen Werte												
1979	129,4	135,9	95,3	151,6	117,4	170,4	128,8	116,7	134,8	128,7	127,4	129,1
1980	143,4	150,1	104,3	168,5	129,0	187,2	142,7	114,1	169,2	140,9	136,4	142,3
1981	154,6	174,5	128,9	194,9	147,8	224,9	153,1	126,8	178,4	151,3	142,4	153,9
1982	171,5	189,9	143,3	208,9	160,9	255,2	170,2	124,1	191,0	169,8	151,0	175,4
Index des Volumens												
1979	123,2	137,2	89,3	153,0	115,9	185,3	122,2	118,9	128,1	121,7	123,0	121,3
1980	127,1	141,6	95,8	152,1	125,4	189,5	125,9	104,6	131,6	126,2	125,0	126,6
1981	128,4	154,8	104,7	167,2	134,3	214,7	126,4	102,1	125,6	127,5	121,1	129,4
1982	136,2	164,4	109,9	174,9	145,2	228,7	134,2	93,5	125,8	136,9	123,4	140,9
Index der Durchschnittswerte												
1979	105,0	99,1	106,6	99,1	101,3	92,0	105,4	98,1	105,2	105,8	103,6	106,4
1980	112,8	106,0	108,8	110,8	102,8	98,8	113,3	109,1	128,5	111,7	109,1	112,4
1981	120,4	112,7	123,1	116,6	110,1	104,8	121,1	124,2	142,0	118,7	117,6	118,9
1982	125,9	115,6	130,4	119,4	110,8	111,6	126,8	132,8	151,8	124,0	122,3	124,5
Übrige Länder³)												
Index der tatsächlichen Werte												
1979	116,8	141,1	72,1	196,0	130,8	118,0	115,9	111,5	129,8	115,1	129,7	111,6
1980	130,7	187,2	105,6	266,6	177,7	137,8	129,0	132,1	155,3	127,3	138,0	124,7
1981	154,7	262,7	210,7	365,9	258,7	171,9	151,5	146,7	179,4	149,8	159,0	147,7
1982	162,6	250,8	244,5	358,7	232,5	188,2	159,9	133,5	172,7	159,5	158,2	159,7
Index des Volumens												
1979	112,8	173,7	78,6	292,4	150,5	121,2	111,0	101,3	125,5	110,2	129,8	105,6
1980	118,6	192,7	119,6	308,6	175,0	126,9	116,4	110,9	119,8	116,2	136,2	111,5
1981	129,5	230,0	258,4	334,7	221,0	143,0	126,6	118,5	124,3	126,8	138,4	124,1
1982	128,1	226,2	364,9	292,5	222,6	154,2	125,3	106,3	115,6	126,1	129,5	125,3
Index der Durchschnittswerte												
1979	103,5	81,2	91,7	67,0	86,9	97,4	104,4	110,1	103,4	104,4	99,9	105,7
1980	110,3	97,1	88,2	86,4	101,6	108,7	110,8	119,2	129,6	109,5	101,3	111,9
1981	119,4	114,2	81,5	109,3	117,0	120,3	119,7	123,8	144,3	118,1	114,9	119,0
1982	126,9	110,9	67,0	122,6	104,4	122,1	127,7	125,6	149,4	126,4	122,2	127,5

*) Berechnungsmethode in »Wirtschaft und Statistik«, 1/1979, S. 36ff – Austauschverhältnis (Terms of Trade) siehe S. 35.

**) Spezialhandel. — Verbrauchsländer.

¹) Rückwaren und Ersatzlieferungen sind nicht in den einzelnen Warengruppen, sondern nur in der Gesamtausfuhr enthalten.

²) Belgien-Luxemburg, Dänemark, Frankreich, Großbritannien und Nordirland, Irland, Italien, Niederlande; ohne Griechenland.

³) Einschl. Griechenland, Polargebiete, Schiffs- und Luftfahrzeugbedarf und Nicht ermittelte Länder.

12.4 Einfuhr nach Warengruppen und -untergruppen*)

Warenbenennung	1980			1981			1982		
	Mengen	Tatsächliche Werte	Volumen[1])	Mengen	Tatsächliche Werte	Volumen[1])	Mengen	Tatsächliche Werte	Volumen[1])
	1 000 t	Mill. DM		1 000 t	Mill. DM		1 000 t	Mill. DM	
Ernährungswirtschaft	**35 217,0**	**43 363,0**	**41 496,4**	**34 689,4**	**47 779,3**	**41 714,2**	**36 079,2**	**49 661,8**	**42 932,8**
Lebende Tiere	**195,5**	**657,5**	**697,6**	**197,2**	**689,7**	**691,2**	**178,8**	**650,4**	**626,3**
Pferde	4,9[2])	35,7	24,8	3,7[2])	28,3	19,0	2,8[2])	20,1	15,1
Rindvieh	44,5[3])	214,6	221,5	37,1[3])	188,5	184,9	36,8[3])	199,9	185,0
Schweine	94,3[4])	249,5	297,0	123,2[4])	364,2	384,1	102,9[4])	321,9	320,4
Sonstige lebende Tiere	51,8	157,6	154,2	33,2	108,8	103,2	36,2	108,5	105,7
Nahrungsmittel tierischen Ursprungs	**2 887,7**	**10 200,2**	**9 819,1**	**2 868,3**	**11 292,9**	**9 828,5**	**3 151,1**	**11 873,1**	**10 327,4**
Milch	258,1	371,2	350,7	310,6	522,8	439,5	386,4	789,1	647,9
Butter	39,3	271,8	259,6	59,0	453,9	392,5	54,0	420,5	352,4
Käse	235,1	1 590,6	1 429,6	252,5	1 778,7	1 536,7	256,5	1 849,4	1 514,7
Fleisch und Fleischwaren	1 053,6	4 898,6	4 859,6	1 044,9	5 329,2	4 649,6	1 069,0	5 543,0	4 757,0
Därme	31,9	285,9	299,9	32,9	296,8	298,3	35,2	317,6	323,3
Fische und Fischzubereitungen	403,4	1 462,5	1 254,2	370,8	1 451,3	1 170,7	376,8	1 519,7	1 214,4
Walöl zur Ernährung	2,3	1,8	2,1	—	—	—	—	—	—
Schmalz, Talg und andere tierische Öle und Fette zur Ernährung	172,7	148,3	166,6	179,5	172,0	171,8	195,5	175,6	188,5
Eier, Eiweiß, Eigelb	310,6	772,7	818,6	324,2	894,3	847,6	341,1	770,0	894,5
Honig	65,7	144,6	136,5	74,8	170,0	154,7	76,1	182,4	157,7
Fischmehl u. dgl.	315,0	252,1	241,7	219,1	224,0	167,0	360,5	306,0	277,0
Nahrungsmittel pflanzlichen Ursprungs	**30 291,6**	**25 752,4**	**24 702,4**	**29 625,4**	**28 540,2**	**24 568,6**	**30 774,4**	**29 103,9**	**25 153,4**
Weizen	1 209,9	560,0	568,8	1 382,9	677,5	648,0	1 611,1	801,9	755,0
Roggen	36,3	15,3	15,6	33,9	16,0	14,7	37,1	18,4	17,1
Gerste	1 017,0	453,3	452,0	1 039,0	513,5	464,5	1 083,9	568,4	488,0
Hafer	107,2	39,9	41,8	83,9	36,5	31,6	92,2	39,8	36,7
Mais	2 337,2	803,2	922,5	2 129,8	887,2	845,6	1 822,9	771,0	756,1
Hirse und sonstiges Getreide	48,9	32,5	30,0	50,1	40,0	29,9	51,3	37,7	30,1
Reis	163,7	173,6	166,4	184,0	242,0	189,9	185,2	224,7	186,4
Müllereierzeugnisse	99,0	74,7	69,8	87,2	71,3	64,0	92,5	75,4	68,1
Malz	162,9	112,9	117,4	197,4	144,6	141,4	246,3	207,3	177,7
Nichtölhaltige Sämereien	40,0	153,2	110,2	40,5	165,1	109,6	47,5	178,6	123,2
Hülsenfrüchte zur Ernährung	72,0	78,9	73,5	62,1	83,6	66,3	71,1	91,3	74,5
Hülsenfrüchte zur Viehfütterung	46,6	28,6	28,7	41,3	34,5	25,7	36,6	28,6	22,8
Grün- und Rauhfutter	486,9	127,3	138,4	356,3	110,4	101,0	359,2	113,4	102,2
Kartoffeln	1 278,3	412,4	928,7	1 263,4	416,7	919,5	1 021,0	437,8	740,5
Andere Hackfrüchte	5,4	1,0	0,8	12,7	2,0	2,2	2,5	1,6	1,7
Gemüse und sonstige Küchengewächse	1 969,6	2 571,4	2 487,7	1 940,2	2 903,9	2 447,6	1 997,2	2 815,6	2 501,2
Obst, außer Südfrüchten	1 648,9	2 550,6	2 018,8	1 830,5	2 843,5	2 079,1	1 578,4	2 729,8	1 931,4
Südfrüchte	1 684,0	2 010,8	1 506,7	1 570,9	2 122,5	1 432,0	1 647,6	2 035,9	1 507,1
Gemüse-, Obstkonserven, Fruchtsäfte u. dgl.	1 574,5	2 481,7	2 429,5	1 686,3	2 896,2	2 599,8	1 607,8	3 000,0	2 470,5
Kakao, roh	165,8	949,0	627,4	171,8	784,7	649,9	196,4	831,7	743,0
Kakaoerzeugnisse	126,9	633,6	534,7	123,0	608,5	519,4	114,0	577,8	477,5
Gewürze	39,0	145,7	138,4	42,0	163,3	149,3	42,1	172,4	149,4
Zucker	309,2	288,6	387,4	315,3	322,8	387,6	376,1	408,3	417,5
Ölfrüchte zur Ernährung	5 405,3	3 096,3	3 321,7	4 566,9	3 485,4	2 911,8	5 108,4	3 688,5	3 185,2
Pflanzliche Öle und Fette zur Ernährung	556,6	980,8	853,3	568,2	1 067,9	875,5	584,5	1 060,5	926,9
Margarine und ähnliche Speisefette	81,0	117,5	153,8	90,0	140,0	184,0	93,1	144,1	184,6
Ölkuchen	4 642,0	1 848,6	1 916,3	4 511,9	2 281,8	1 891,5	4 778,3	2 310,3	2 000,0
Kleie	218,0	63,6	66,8	326,2	108,2	100,2	372,9	118,6	114,4
Sonstige Abfallerzeugnisse zur Viehfütterung	2 026,6	652,2	632,1	1 965,5	738,2	639,6	2 084,4	726,2	643,7
Sonstige pflanzliche Nahrungsmittel	2 414,1	2 280,1	2 119,8	2 636,3	2 556,1	2 246,5	3 097,8	2 711,6	2 442,0
Lebende Pflanzen und Erzeugnisse der Ziergärtnerei	318,6	2 015,2	1 843,4	315,7	2 076,3	1 801,0	335,2	2 176,6	1 878,7
Genußmittel	**1 842,2**	**6 753,0**	**6 277,2**	**1 998,5**	**7 256,4**	**6 625,8**	**1 974,9**	**8 034,5**	**6 825,7**
Hopfen	7,2	84,7	44,9	7,9	112,7	50,7	7,4	67,3	47,2
Kaffee	473,5	3 245,2	3 103,7	520,1	3 310,3	3 421,2	535,7	3 852,6	3 528,3
Tee	16,3	126,4	94,8	17,3	135,8	101,2	17,7	135,0	104,3
Rohtabak	156,8	987,8	1 087,5	159,6	1 107,7	1 049,6	165,4	1 328,8	1 099,5
Tabakerzeugnisse	20,9	201,9	176,4	24,3	245,9	208,0	31,1	348,0	290,5
Bier	70,4	67,6	51,6	74,6	74,7	54,5	70,0	76,5	50,7
Branntwein	153,2	640,1	523,5	170,0	708,8	521,2	148,3	642,0	544,1
Wein	943,8	1 399,2	1 194,8	1 024,7	1 560,5	1 219,5	999,2	1 584,1	1 161,0

*) Spezialhandel.
[1]) Mengen bewertet mit Durchschnittswerten von 1976.
[2]) 1980: 10 669 Stück; 1981: 8 061 Stück; 1982: 6 040 Stück.
[3]) 1980: 255 687 Stück; 1981: 211 749 Stück; 1982: 209 433 Stück.
[4]) 1980: 867 421 Stück; 1981: 1 096 391 Stück; 1982: 900 402 Stück.

12.4 Einfuhr nach Warengruppen und -untergruppen*)

Warenbenennung	1980			1981			1982		
	Mengen	Tatsächliche Werte	Volumen[1])	Mengen	Tatsächliche Werte	Volumen[1])	Mengen	Tatsächliche Werte	Volumen[1])
	1 000 t	Mill. DM		1 000 t	Mill. DM		1 000 t	Mill. DM	
Gewerbliche Wirtschaft	**338 744,0**	**293 706,4**	**230 776,5**	**306 206,8**	**316 708,5**	**220 283,5**	**288 904,0**	**321 548,9**	**220 541,0**
Rohstoffe	**201 239,2**	**58 929,1**	**36 613,9**	**176 312,7**	**64 048,3**	**31 098,4**	**160 741,8**	**59 298,2**	**29 077,0**
Abfallseide, Seidengehäuse	0,6	7,7	6,0	0,4	4,3	4,0	0,7	8,0	7,0
Zellwolle, synthetische Fasern und Abfälle von Chemiefasern	146,6	458,0	421,6	145,9	478,2	419,1	138,8	496,3	389,9
Wolle und andere Tierhaare, roh und bearbeitet, Reißwolle	115,4	956,9	918,8	104,3	1 049,7	822,6	93,5	967,0	748,1
Baumwolle, roh und bearbeitet, Reißbaumwolle, Abfälle	288,2	729,1	749,7	249,2	735,0	616,3	316,8	902,2	826,7
Flachs, Hanf, Jute, Hartfasern und sonstige pflanzliche Spinnstoffe	46,2	47,8	40,7	31,0	33,0	27,1	34,2	39,5	30,8
Abfälle von Gespinstwaren, Lumpen	37,7	23,0	23,4	32,6	22,5	23,2	37,8	26,8	29,0
Felle zu Pelzwerk, roh	5,0	1 016,9	917,9	4,3	814,3	736,3	3,0	670,8	642,1
Andere Felle und Häute	60,0	203,4	199,3	55,1	184,6	179,4	72,5	268,0	219,2
Bettfedern	11,1	166,3	115,1	8,9	189,3	90,7	7,6	161,5	76,9
Holz zu Holzmasse	763,9	59,7	43,5	874,3	87,7	50,7	587,1	55,4	34,8
Bau- und Nutzholz (Rundholz)	1 602,9	762,2	601,5	1 248,8	594,1	441,9	1 257,2	553,3	422,1
Pflanzliche Stoffe zum Färben oder Gerben	0,8	0,7	0,6	0,9	1,0	0,7	0,8	0,9	0,6
Kautschuk, Guttapercha, Balata	211,6	524,4	367,6	200,6	506,3	348,0	205,6	415,6	352,6
Rohgummen, Rohschellack, Balsame und Kopale	8,3	27,3	27,6	7,7	32,8	25,3	7,7	40,0	25,5
Ölfrüchte für technische Öle	213,2	131,9	170,5	224,8	188,0	179,1	142,1	117,1	112,7
Steinkohlen einschl. Preßkohlen	9 123,8	1 038,6	889,1	10 320,5	1 607,4	1 011,4	10 635,4	1 693,9	1 027,2
Braunkohlen einschl. Preßkohlen	2 142,0	83,5	60,6	2 728,4	143,4	76,8	2 681,1	160,5	75,4
Erdöl, roh	96 875,8	44 167,6	23 642,4	79 246,9	49 107,0	19 344,4	72 541,8	44 712,1	17 708,6
Eisenerze	50 173,8	2 526,2	2 670,1	44 612,3	2 561,1	2 373,4	39 170,5	2 564,7	2 105,5
Eisen-, manganhaltige Abbrände, Schlacken u. dgl.	1 790,9	33,3	42,9	1 626,3	29,9	39,9	1 557,6	35,4	37,8
Manganerze	149,3	23,7	24,9	282,7	51,7	41,4	132,6	29,7	23,3
Kupfererze und kupferhaltige Kiesabbrände	1 095,2	799,9	553,2	997,0	656,0	448,7	970,4	634,8	509,6
Bleierze	181,7	220,2	101,8	214,8	212,3	120,0	192,4	151,8	107,7
Zinkerze	619,0	286,4	336,1	506,1	308,3	270,3	556,9	350,8	298,5
Chromerze	328,8	57,4	82,6	268,2	48,8	67,1	244,3	43,8	61,0
Nickelerze	14,2	149,9	139,1	12,4	162,8	122,3	14,4	173,0	138,7
Schwefelkies	132,7	10,3	9,2	57,7	5,4	4,4	71,5	8,0	6,0
Sonstige Erze und Metallaschen	1 053,4	1 456,9	786,2	1 204,3	1 223,4	892,4	964,7	1 018,4	834,4
Bauxit, Kryolith	4 179,1	338,8	253,0	3 912,7	385,3	235,3	3 534,5	350,7	211,7
Speise- und Industriesalz	599,4	34,9	30,7	671,0	42,8	37,3	649,7	43,9	34,4
Kalirohsalze	0,0	0,0	0,0	—	—	—	0,0	0,0	0,0
Sonstige Steine und Erden	24 857,0	1 471,9	1 329,9	22 522,4	1 380,3	1 086,0	20 233,0	1 409,2	1 050,7
Rohphosphate	2 560,1	281,4	327,9	2 207,7	309,3	282,8	1 892,9	244,6	242,5
Sonstige Rohstoffe für chemische Erzeugnisse	799,7	372,1	332,1	671,5	427,0	316,1	680,2	457,8	315,9
Pflanzliche Flecht- und Polsterstoffe u. dgl.	18,7	33,6	25,1	15,6	30,8	20,7	14,6	32,4	18,9
Edelsteine, Schmucksteine und Perlen, roh	1,7	94,2	81,5	1,4	96,9	69,5	0,9	89,7	55,8
Sonstige Rohstoffe, auch Abfälle	1 031,6	333,0	291,5	1 044,1	337,4	273,8	1 096,8	370,7	295,7
Halbwaren	**102 067,9**	**59 918,3**	**38 845,4**	**95 990,1**	**66 448,4**	**35 676,3**	**95 057,8**	**69 820,6**	**36 944,0**
Rohseide und Seidengespinste	0,3	22,3	18,6	0,5	27,8	19,6	0,7	45,9	30,2
Reyon (Kunstseide), synthetische Fäden, auch gezwirnt	133,8	957,0	886,1	127,3	984,9	831,7	114,3	974,4	797,9
Gespinste aus:									
Zellwolle und synthetischen Fasern	67,1	694,0	625,4	62,1	667,0	591,2	58,7	670,5	577,0
Wolle und anderen Tierhaaren	19,5	401,2	341,2	16,4	387,1	300,0	14,0	392,5	263,4
Baumwolle	127,6	929,8	794,0	111,8	856,3	693,8	114,5	912,2	724,6
Flachs, Hanf, Jute, Hartfasern u. dgl.	14,5	55,8	48,2	13,6	55,7	43,9	12,2	53,3	38,8
Bau- und Nutzholz (Schnittholz)	3 175,1	2 355,8	1 940,2	2 508,7	1 902,5	1 521,8	2 431,4	1 734,7	1 455,2
Holzmasse, Zellstoffe	2 553,3	2 280,6	2 510,7	2 512,4	2 908,9	2 479,5	2 484,3	2 837,7	2 465,1
Kautschuk, bearbeitet	73,3	294,6	266,2	76,9	325,3	272,9	73,1	339,6	266,2
Glasmasse, Rohglas	6,7	32,3	29,3	7,5	35,9	31,1	6,7	39,1	32,8
Zement	1 360,0	120,0	113,2	1 369,8	133,7	118,8	1 228,5	138,8	105,2
Sonstige mineralische Baustoffe	2 581,3	957,7	832,3	2 320,6	913,5	778,8	2 122,3	863,3	708,1
Roheisen	271,3	94,0	117,3	202,4	71,4	84,1	224,8	82,6	92,2
Alteisen (Schrott)	1 506,7	405,1	381,3	1 340,7	330,0	336,1	1 292,2	303,6	316,8
Ferrolegierungen	884,0	1 344,6	1 363,8	659,7	1 217,0	1 087,9	678,0	1 094,5	1 039,2
Eisenhalbzeug	1 968,5	1 356,7	1 453,4	1 930,0	1 403,4	1 394,7	1 528,4	1 389,9	1 238,6

*) Spezialhandel.

[1]) Mengen bewertet mit Durchschnittswerten von 1976.

12.4 Einfuhr nach Warengruppen und -untergruppen*)

Warenbenennung	1980			1981			1982		
	Mengen	Tatsächliche Werte	Volumen¹)	Mengen	Tatsächliche Werte	Volumen¹)	Mengen	Tatsächliche Werte	Volumen¹)
	1 000 t	Mill. DM		1 000 t	Mill. DM		1 000 t	Mill. DM	
NE-Metalle, roh, auch Legierungen und Altmetalle:									
Aluminium	769,9	2 248,2	1 543,4	640,2	1 839,7	1 271,4	723,4	1 859,3	1 442,5
Kupfer	727,2	2 763,2	2 369,8	636,1	2 414,0	2 074,3	717,6	2 505,4	2 332,9
Nickel	48,5	562,6	529,5	47,6	650,7	535,1	51,5	624,2	576,5
Blei	204,1	421,3	223,7	150,5	278,3	158,3	189,8	299,4	210,4
Zinn	18,6	550,5	327,8	17,4	533,9	305,2	16,8	511,7	292,2
Zink	187,2	257,6	352,0	172,8	314,4	315,6	186,2	354,9	346,5
Sonstige unedle Metalle	48,5	623,0	357,9	41,3	481,7	295,3	42,9	416,5	290,5
Fettsäuren, Paraffin, Vaselin und Wachse	354,2	347,5	262,2	387,4	408,4	281,8	394,3	428,8	289,6
Sonstige technische Fette und Öle	359,0	396,1	354,4	417,8	507,8	403,8	410,7	492,7	408,0
Koks	1 074,7	193,0	168,7	982,7	207,5	166,0	909,7	211,3	152,9
Rückstände der Erdöl- und Steinkohlenteerdestillation	1 516,4	371,7	289,4	1 337,0	464,0	262,7	1 430,4	438,4	280,5
Kraftstoffe, Schmieröle; Erdgas	72 817,9	28 077,0	13 891,4	68 668,0	35 548,8	13 000,0	67 724,1	38 352,7	13 330,7
Teer und Teerdestillationserzeugnisse	2 577,0	1 726,7	1 145,7	2 337,9	2 035,8	1 066,8	2 340,1	1 884,0	1 073,7
Aufbereitete Kalidüngemittel	91,6	19,3	18,1	88,3	20,2	17,5	86,7	21,5	17,2
Thomasphosphatmehl	866,2	67,0	95,5	810,5	65,2	89,3	741,8	70,0	81,7
Sonstige Phosphordüngemittel	109,0	41,2	33,1	108,7	49,0	32,4	156,3	58,8	50,5
Stickstoff- und andere anderweitig nicht genannte Düngemittel	2 318,9	739,5	671,5	2 492,1	906,0	714,3	3 385,1	1 211,7	949,9
Gerbstoffauszüge	4,9	6,0	6,4	5,2	8,2	6,6	4,3	9,1	5,5
Sonstige chemische Halbwaren	3 154,5	2 459,0	1 891,6	3 267,9	2 996,4	1 952,5	3 083,3	2 978,6	1 864,5
Gold für gewerbliche Zwecke	0,3	2 746,8	1 181,6	0,2	2 090,3	767,4	0,2	2 669,2	1 161,3
Sonstige Halbwaren²)	76,4³)	2 999,8	1 410,6	120,4³)	2 408,0	1 374,2	78,4³)	2 549,9	1 635,3
Fertigwaren	**35 436,9**	**174 859,0**	**155 317,2**	**33 904,0**	**186 211,8**	**153 508,9**	**33 104,5**	**192 430,1**	**154 519,9**
Vorerzeugnisse	**23 561,1**	**45 186,6**	**40 061,8**	**23 031,1**	**46 169,7**	**38 757,5**	**22 191,4**	**47 463,0**	**38 686,8**
Gewebe, Gewirke u. dgl. aus:									
Seide, Reyon (Kunstseide) und synthetischen Fäden	64,8	1 388,5	1 319,9	61,9	1 389,1	1 235,2	55,1	1 388,4	1 168,6
Zellwolle und synthetischen Fasern	207,9	1 897,7	1 699,9	180,6	1 692,4	1 436,9	164,7	1 586,0	1 273,8
Wolle und anderen Tierhaaren	71,0	2 423,2	2 091,1	68,9	2 305,8	1 968,5	65,2	2 035,3	1 823,5
Baumwolle	99,8	1 537,7	1 332,3	81,9	1 419,4	1 173,2	85,5	1 525,8	1 183,0
Flachs, Hanf, Jute, Hartfasern u. dgl.	51,9	373,3	351,3	45,2	366,6	315,3	45,4	353,8	273,6
Leder	28,6	955,4	827,1	27,1	913,8	763,0	32,9	1 100,7	823,9
Felle zu Pelzwerk, bearbeitet	3,8	571,0	393,5	3,3	510,3	333,7	2,6	364,7	266,7
Papier und Pappe	3 780,5	4 579,1	4 326,8	3 734,4	5 042,7	4 286,1	3 574,9	4 963,0	4 055,3
Furniere, Sperrholz u. dgl.	1 463,4	1 641,5	1 404,3	1 280,7	1 533,6	1 252,5	1 165,4	1 403,3	1 149,9
Steinzeug-, Ton- und Porzellanerzeugnisse	984,7	1 015,9	842,3	895,5	993,9	770,3	824,0	884,0	702,1
Glas	434,7	559,5	473,0	403,4	623,8	478,1	420,5	661,1	469,7
Kunststoffe	2 596,8	6 894,4	5 986,0	2 520,9	7 204,9	5 979,0	2 582,0	7 560,4	6 225,1
Teerfarbstoffe	21,6	358,9	306,4	19,6	373,5	276,8	22,0	411,5	304,4
Sonstige Farbstoffe; Farben, Lacke und Kitte	213,0	674,7	615,4	205,6	741,7	617,6	198,1	784,2	611,2
Dextrine, Gelatine und Leime	238,6	245,8	221,0	235,5	265,5	215,1	236,8	288,6	213,5
Sprengstoffe, Schießbedarf, Zündwaren	18,4	92,3	88,3	17,4	102,8	81,7	18,8	108,6	88,7
Sonstige chemische Vorerzeugnisse	3 570,1	7 112,8	6 725,6	3 754,8	8 491,2	7 251,8	3 839,1	9 170,5	7 855,5
Gußröhren	37,9	46,5	39,0	37,5	47,2	37,9	36,7	50,5	37,7
Stahlröhren	273,5	527,4	493,5	295,9	572,4	498,7	289,2	614,8	508,6
Stab- und Formeisen	3 829,6	3 324,7	3 050,3	3 766,4	3 239,0	2 916,9	3 409,8	3 432,2	2 762,2
Blech aus Eisen	3 678,6	3 451,8	3 076,5	3 693,4	3 443,6	3 047,1	3 505,7	3 794,7	2 920,5
Draht aus Eisen	1 235,9	1 226,9	1 105,3	1 156,1	1 126,1	1 019,9	1 037,2	1 157,2	967,6
Eisenbahnoberbaumaterial	25,6	13,7	13,8	19,9	10,8	10,8	22,5	17,1	13,3
Schmiedbarer Guß, Schmiedestücke	38,8	91,1	95,5	35,9	93,6	89,6	28,9	88,4	71,9
Stangen, Bleche, Draht usw. aus:									
Kupfer, Kupferlegierungen	211,8	1 056,4	981,6	182,3	889,6	842,9	205,5	941,8	946,0
Aluminium, Aluminiumlegierungen	242,5	1 222,1	933,1	200,4	1 057,3	769,1	220,3	1 136,9	843,7
sonstigen unedlen Metallen	40,4	594,0	470,7	36,9	587,0	423,2	41,6	635,0	475,7
Edelmetallen	0,1	186,5	50,6	0,0	165,7	54,5	0,0	123,5	49,4
Edelsteine, Schmucksteine und Perlen, bearbeitet	0,0	919,8	569,8	0,0	784,1	467,0	0,0	693,6	452,1
Sonstige Vorerzeugnisse	96,9	203,9	177,9	69,5	182,3	145,2	60,9	187,3	149,5

*) Spezialhandel.
¹) Mengen bewertet mit Durchschnittswerten von 1976.
²) Einschl. elektrischen Stroms. – Der Außenhandel mit elektrischem Strom umfaßt die finanziellen Abrechnungen (einschl. einiger Sonderfälle).
³) Außerdem elektrischer Strom: 1980: 12 970 108 MWh; 1981: 14 697 789 MWh; 1982: 14 740 015 MWh.

12.4 Einfuhr nach Warengruppen und -untergruppen*)

Warenbenennung	1980			1981			1982		
	Mengen	Tatsächliche Werte	Volumen¹)	Mengen	Tatsächliche Werte	Volumen¹)	Mengen	Tatsächliche Werte	Volumen¹)
	1 000 t	Mill. DM		1 000 t	Mill. DM		1 000 t	Mill. DM	
Enderzeugnisse	**11 875,8**	**129 672,4**	**115 255,4**	**10 873,0**	**140 042,1**	**114 751,3**	**10 913,1**	**144 967,1**	**115 833,1**
Strick-, Wirkwaren u. dgl. aus:									
Seide oder Chemiefasern	73,2	2 890,2	2 453,6	66,9	2 862,7	2 230,6	67,5	2 854,2	2 194,5
Wolle und anderen Tierhaaren	12,1	905,2	713,2	13,4	1 150,1	789,1	10,3	883,4	588,6
Baumwolle	53,5	1 775,7	1 554,2	54,7	1 964,5	1 555,2	57,8	2 221,1	1 687,6
Sonstige Kleidung u. dgl. aus:									
Seide oder Chemiefasern	75,7	3 376,9	2 729,0	75,2	3 793,0	2 710,9	72,6	3 814,2	2 634,1
Wolle und anderen Tierhaaren	12,5	797,0	603,1	12,1	820,6	587,3	9,1	639,1	443,1
Baumwolle	121,0	3 597,4	3 054,3	108,6	3 647,4	2 758,7	113,6	4 114,0	3 002,8
Flachs, Hanf, Jute, Hartfasern u. dgl.	9,0	259,1	236,1	8,0	273,0	204,5	7,1	250,3	169,0
Hüte	3,8	141,5	116,5	3,7	154,2	111,1	3,5	155,6	109,8
Sonstige Spinnstoffwaren	130,5	1 353,3	1 158,1	119,9	1 382,7	1 132,3	116,4	1 350,8	1 119,9
Pelzwaren	5,4	1 096,9	717,8	4,5	1 046,8	570,3	3,5	834,5	433,2
Schuhe aus Leder	99,1	3 187,6	2 307,3	89,0	2 975,6	2 085,9	92,8	3 204,1	2 166,9
Andere Lederwaren	49,9	1 611,7	1 387,1	48,8	1 825,9	1 382,5	42,2	1 744,8	1 289,4
Papierwaren	447,5	1 239,6	1 227,8	464,0	1 405,1	1 257,5	458,5	1 403,1	1 228,1
Bücher, Karten, Noten, Bilder	133,7	1 158,7	1 006,0	133,9	1 216,1	1 009,3	126,9	1 188,0	996,5
Holzwaren	720,3	3 592,1	3 151,0	674,8	3 590,9	2 974,4	673,2	3 372,2	2 878,6
Kautschukwaren	423,6	2 806,3	2 429,4	406,5	3 067,5	2 330,4	414,0	3 053,2	2 362,8
Steinwaren	510,4	546,7	436,0	418,0	512,8	348,7	368,4	462,3	313,7
Steinzeug-, Ton-, Steingut- und Porzellanwaren	130,5	671,2	601,6	125,8	709,0	575,0	117,1	631,9	534,0
Glaswaren	478,7	1 125,0	1 031,9	449,6	1 192,2	994,9	459,3	1 195,9	1 023,9
Messerschmiedewaren	6,6	181,4	156,3	5,9	187,6	137,0	6,0	196,0	138,4
Werkzeuge und landwirtschaftliche Geräte	45,9	639,9	663,4	38,7	640,7	590,5	35,5	607,0	551,6
Sonstige Eisenwaren	1 712,2	5 473,6	5 264,3	1 568,1	5 298,0	4 745,3	1 518,1	5 528,1	4 751,5
Waren aus Kupfer und Kupferlegierungen	24,4	326,2	343,3	21,3	306,9	300,7	19,5	282,1	272,2
Edelmetallwaren, vergoldete und versilberte Waren	1,2	518,2	261,7	0,9	473,0	237,3	0,7	427,4	219,6
Sonstige Waren aus unedlen Metallen	172,5	1 750,1	1 602,9	161,2	1 720,4	1 459,4	150,3	1 634,5	1 381,9
Werkzeugmaschinen einschl. Walzwerksanlagen	155,1	2 349,5	2 093,1	136,5	2 261,0	1 896,4	110,0	1 989,0	1 525,6
Maschinen für die Spinnstoff-, Leder- und Lederwarenindustrie	41,2	843,9	792,1	36,7	811,0	721,9	32,3	762,2	648,9
Landwirtschaftliche Maschinen einschl. Ackerschlepper	136,1	1 040,7	934,0	111,1	930,8	762,0	125,7	1 065,0	870,9
Dampflokomotiven	.	.	.	.	.	.	.	.	.
Kraftmaschinen	32,0	681,7	638,6	35,4	937,6	812,8	39,5	1 132,9	896,5
Pumpen, Druckluftmaschinen u. dgl.	153,9	2 178,9	2 199,6	143,9	2 380,1	2 099,4	143,6	2 540,4	2 065,9
Fördermittel	161,2	1 091,9	1 149,1	130,3	988,7	947,6	111,4	900,0	842,0
Papier- und Druckmaschinen	36,9	752,3	745,2	33,5	735,6	682,9	28,3	638,8	553,7
Büromaschinen	42,3	5 784,9	6 574,4	42,6	6 969,5	6 926,8	41,2	7 454,0	6 965,5
Maschinen für die Nahrungs- und Genußmittelindustrie	17,9	445,8	387,8	16,3	434,3	353,4	16,3	403,5	335,5
Sonstige Maschinen	509,9	7 017,9	6 271,7	446,2	7 151,9	5 808,2	441,9	7 274,4	5 714,2
Elektrotechnische Erzeugnisse (auch elektrische Maschinen)	942,2	20 717,2	19 623,4	882,5	22 835,9	18 709,2	859,1	23 832,7	19 727,0
Uhren	3,8	792,8	1 278,2	3,0	752,5	1 367,2	3,1	712,4	929,9
Feinmechanische und optische Erzeugnisse	59,5	4 271,7	3 921,5	57,7	4 704,9	3 758,3	56,9	4 654,9	3 652,7
Waren aus Wachs oder Fetten; Seifen	34,3	136,3	135,2	31,8	137,0	122,8	32,6	145,0	131,6
Waren aus Kunststoffen	323,6	3 077,9	2 603,3	320,6	3 423,2	2 689,7	331,4	3 710,2	2 821,5
Spielfilme und andere belichtete Filme und Platten	0,8	126,4	111,2	0,8	127,4	103,9	0,9	123,6	99,1
Photochemische Erzeugnisse	52,2	1 336,3	1 131,3	53,8	1 497,0	1 134,5	53,7	1 549,0	1 143,1
Bleistifte und chemischer Bürobedarf	60,8	299,4	308,1	58,5	313,4	320,1	50,3	313,1	302,0
Pharmazeutische Erzeugnisse (auch unzubereitet)	67,0	3 250,3	2 539,8	72,3	3 714,1	2 962,0	75,4	3 988,9	3 012,5
Kosmetische Erzeugnisse	35,5	483,7	427,8	36,7	525,2	448,7	38,8	591,3	476,9
Sonstige chemische Erzeugnisse	843,6	1 821,4	1 711,8	855,2	1 956,2	1 715,2	928,8	2 149,7	1 833,1
Musikinstrumente	9,0	181,7	162,2	8,1	190,6	139,5	6,5	166,9	121,4
Kinderspielz., Christbaumschmuck	57,5	861,3	610,7	56,0	1 011,1	589,6	48,9	851,0	506,1
Wasserfahrzeuge	162,0²)	432,1	407,2	205,4²)	462,2	395,1	415,9²)	732,7	598,4
Luftfahrzeuge	13,0	6 166,1	5 588,2	16,0	10 462,6	8 954,7	13,8	12 425,3	10 120,3
Kraftfahrzeuge	1 640,3	15 437,1	13 007,5	1 649,3	16 551,3	13 178,7	1 614,8	16 797,8	12 971,5
Fahrräder	43,3	393,8	291,2	39,6	430,3	269,0	33,4	346,9	224,3
Sonstige Fahrzeuge	125,9	526,9	466,9	134,6	606,7	496,2	115,8	548,8	458,0
Sonstige Enderzeugnisse	661,8	6 151,3	3 938,6	185,0	4 523,1	3 307,3	199,3	5 119,1	3 793,2
Rückwaren	**284,0**	**4 196,7**	**3 739,9**	**296,3**	**4 559,6**	**3 752,3**	**298,9**	**5 117,7**	**4 107,3**
Ersatzlieferungen	**5,1**	**114,1**	**102,2**	**5,1**	**131,4**	**108,2**	**7,9**	**135,5**	**108,9**
Insgesamt	**374 250,1**	**341 380,3**	**276 114,9**	**341 197,5**	**369 178,8**	**265 858,3**	**325 290,0**	**376 463,9**	**267 689,9**

*) Spezialhandel.
¹) Mengen bewertet mit Durchschnittswerten von 1976.
²) 1980: 335 653 Stück; 1981: 259 118 Stück; 1982: 300 192 Stück.

12.5 Ausfuhr nach Warengruppen und -untergruppen*)

Warenbenennung	1980			1981			1982		
	Mengen	Tatsächliche Werte	Volumen[1])	Mengen	Tatsächliche Werte	Volumen[1])	Mengen	Tatsächliche Werte	Volumen[1])
	1 000 t	Mill. DM		1 000 t	Mill. DM		1 000 t	Mill. DM	
Ernährungswirtschaft	**18 763,5**	**18 471,1**	**18 002,7**	**20 508,4**	**23 100,2**	**20 378,2**	**21 280,4**	**23 871,3**	**20 988,8**
Lebende Tiere	**141,2**	**596,3**	**564,1**	**169,4**	**794,6**	**707,7**	**177,6**	**890,6**	**809,6**
Pferde	6,0[2])	29,9	30,7	8,1[2])	51,4	42,8	9,1[2])	56,8	46,7
Rindvieh	92,3[3])	415,5	374,6	128,5[3])	599,4	522,7	135,9[3])	674,9	613,5
Schweine	27,8[4])	78,1	88,3	23,7[4])	74,7	77,7	22,4[4])	78,7	70,8
Sonstige lebende Tiere	15,1	72,9	70,4	9,1	69,1	64,5	10,1	80,2	78,6
Nahrungsmittel tierischen Ursprungs	**3 504,4**	**7 549,4**	**7 347,1**	**3 765,8**	**9 181,6**	**8 039,5**	**3 937,9**	**9 579,4**	**7 960,8**
Milch	2 068,7	2 194,4	2 431,2	2 220,6	2 261,3	2 255,3	2 436,0	2 575,8	2 497,1
Butter	236,7	1 073,9	1 081,7	251,6	1 505,2	1 126,4	151,9	1 119,8	680,5
Käse	215,3	1 114,3	1 081,0	247,7	1 437,6	1 244,6	261,4	1 592,5	1 268,3
Fleisch und Fleischwaren	486,4	2 159,7	1 785,7	537,8	2 838,9	2 430,1	491,8	3 001,1	2 385,7
Därme	23,3	111,9	115,0	24,8	128,4	117,4	25,7	138,7	130,8
Fische und Fischzubereitungen	126,3	466,1	409,0	121,8	491,8	393,9	118,4	555,0	417,7
Walöl zur Ernährung	—	—	—	—	—	—	—	—	—
Schmalz, Talg und andere tierische Öle und Fette zur Ernährung	207,5	225,3	242,9	207,2	251,6	245,4	199,0	253,0	238,4
Eier, Eiweiß, Eigelb	27,1	77,4	73,4	27,0	88,0	71,4	37,5	101,7	105,7
Honig	8,5	30,2	33,0	14,1	49,4	53,9	13,2	48,6	51,3
Fischmehl u. dgl.	104,5	96,2	94,1	113,2	129,4	101,2	203,0	193,3	185,2
Nahrungsmittel pflanzlichen Ursprungs	**14 493,9**	**7 693,7**	**7 524,3**	**15 859,5**	**9 913,9**	**8 727,8**	**16 366,5**	**9 811,1**	**9 111,5**
Weizen	773,8	335,9	344,6	495,6	224,3	212,8	924,8	364,3	386,0
Roggen	258,3	78,9	78,5	238,7	86,5	73,8	54,7	24,1	18,7
Gerste	213,1	76,7	77,2	580,2	238,1	206,8	437,3	202,7	160,3
Hafer	9,6	5,2	5,0	12,0	6,5	5,3	1,3	1,1	1,0
Mais	125,3	71,6	71,9	162,5	90,1	96,3	149,9	80,5	71,8
Hirse und sonstiges Getreide	0,9	1,2	1,2	1,4	1,7	1,8	0,8	1,1	1,1
Reis	29,1	39,2	46,5	31,3	48,3	49,8	37,5	57,0	56,6
Müllereierzeugnisse	987,4	527,0	482,1	891,6	573,6	455,4	742,8	435,5	382,0
Malz	159,6	97,7	95,4	178,5	126,4	108,2	168,6	133,6	100,0
Nichtölhaltige Sämereien	8,8	97,0	69,9	12,1	144,3	110,3	8,9	113,3	66,6
Hülsenfrüchte zur Ernährung	6,1	11,0	13,8	8,1	12,8	13,0	7,7	15,7	15,5
Hülsenfrüchte zur Viehfütterung	2,1	1,6	2,0	1,7	1,3	1,5	1,9	1,5	1,5
Grün- und Rauhfutter	279,4	35,9	39,6	292,5	34,1	41,0	328,6	44,4	47,4
Kartoffeln	159,2	33,8	74,5	133,0	33,6	59,7	183,7	47,0	93,4
Andere Hackfrüchte	26,6	2,8	2,3	62,7	6,3	6,3	67,4	6,5	6,8
Gemüse und sonstige Küchengewächse	56,8	97,7	96,4	66,1	125,7	107,8	99,0	165,6	147,1
Obst, außer Südfrüchten	82,3	138,4	122,3	88,9	186,0	139,7	106,6	209,6	171,4
Südfrüchte	34,6	79,0	52,5	35,2	82,3	63,1	45,3	84,3	65,4
Gemüse-, Obstkonserven, Fruchtsäfte u. dgl.	243,8	433,4	478,7	313,4	560,2	607,0	311,0	625,7	663,9
Kakao, roh	1,6	9,0	5,4	2,0	9,1	6,9	2,4	11,8	8,5
Kakaoerzeugnisse	84,9	481,2	377,2	103,4	563,1	458,1	108,7	597,3	489,8
Gewürze	4,0	36,2	28,8	4,4	43,1	34,7	4,6	46,8	35,3
Zucker	977,9	944,3	966,6	1 273,9	1 559,8	1 223,9	1 321,4	1 139,6	1 290,3
Ölfrüchte zur Ernährung	51,3	49,3	50,5	60,8	75,9	64,0	85,6	86,8	76,8
Pflanzliche Öle und Fette zur Ernährung	617,2	999,2	1 005,7	653,2	1 132,3	1 055,8	690,8	1 142,0	1 097,7
Margarine und ähnliche Speisefette	158,8	268,6	258,7	162,8	297,4	264,1	146,6	256,2	239,7
Ölkuchen	1 088,6	506,7	534,7	1 383,5	808,8	676,6	1 556,1	897,7	781,8
Kleie	159,6	57,1	61,7	151,6	58,2	56,6	132,3	50,1	46,5
Sonstige Abfallerzeugnisse zur Viehfütterung	445,1	40,6	36,1	525,9	56,2	47,6	653,2	59,3	55,7
Sonstige pflanzliche Nahrungsmittel[5])	7 415,8	2 005,6	1 920,5	7 899,6	2 586,3	2 350,0	7 951,9	2 752,9	2 390,4
Lebende Pflanzen und Erzeugnisse der Ziergärtnerei	32,3	132,1	123,8	33,1	141,6	129,9	35,3	157,5	142,5
Genußmittel	**624,0**	**2 631,6**	**2 567,2**	**713,7**	**3 210,1**	**2 903,3**	**798,4**	**3 590,2**	**3 106,9**
Hopfen	19,7	320,0	220,2	19,8	382,5	212,9	20,8	328,2	222,2
Kaffee	51,9	607,8	647,5	62,0	671,8	778,8	70,1	803,5	844,5
Tee	1,6	12,7	11,4	2,2	17,2	16,8	2,1	18,2	15,9
Rohtabak	10,0	28,9	53,6	12,0	31,7	45,4	13,1	47,7	60,9
Tabakerzeugnisse	41,6	651,6	678,0	46,3	832,8	767,3	46,5	947,9	771,4
Bier	292,5	306,4	292,5	340,6	397,9	347,3	393,0	480,4	396,4
Branntwein	18,7	73,4	86,0	22,2	89,4	93,1	24,8	98,9	103,8
Wein	188,0	630,8	577,9	208,6	786,8	641,6	227,8	865,4	691,8

*) Spezialhandel.
1) Mengen bewertet mit Durchschnittswerten von 1976.
2) 1980: 12 164 Stück; 1981: 16 726 Stück; 1982: 18 703 Stück.
3) 1980: 448 016 Stück; 1981: 540 188 Stück; 1982: 593 016 Stück.
4) 1980: 406 180 Stück; 1981: 379 478 Stück; 1982: 326 774 Stück.
5) Darunter natürliches Wasser: 1980: 5 838 750 t, 2,0 Mill. DM; 1981: 5 755 781 t, 1,9 Mill. DM; 1982: 5 742 469 t, 2,3 Mill. DM.

12.5 Ausfuhr nach Warengruppen und -untergruppen*)

Warenbenennung	1980			1981			1982		
	Mengen	Tatsächliche Werte	Volumen[1])	Mengen	Tatsächliche Werte	Volumen[1])	Mengen	Tatsächliche Werte	Volumen[1])
	1 000 t	Mill. DM		1 000 t	Mill. DM		1 000 t	Mill. DM	
Gewerbliche Wirtschaft	**150 241,0**	**329 356,8**	**294 060,5**	**147 760,5**	**371 069,3**	**308 358,8**	**138 702,2**	**400 995,4**	**315 055,6**
Rohstoffe	**51 162,5**	**6 791,6**	**6 055,8**	**47 884,6**	**7 547,0**	**6 082,2**	**44 436,1**	**7 220,3**	**5 533,6**
Abfallseide, Seidengehäuse	0,4	4,8	3,7	0,3	2,9	2,1	0,4	4,9	3,8
Zellwolle, synthetische Fasern und Abfälle von Chemiefasern	270,9	916,2	917,0	321,0	1 173,9	1 080,0	251,3	994,2	822,0
Wolle und andere Tierhaare, roh und bearbeitet, Reißwolle	27,2	235,0	212,4	26,9	274,1	210,5	23,3	242,5	178,2
Baumwolle, roh und bearbeitet, Reißbaumwolle, Abfälle	60,5	119,8	119,4	59,6	132,7	113,9	63,6	148,8	126,7
Flachs, Hanf, Jute, Hartfasern und sonstige pflanzliche Spinnstoffe	1,5	1,8	1,7	1,2	1,4	1,2	1,3	1,7	1,4
Abfälle von Gespinstwaren, Lumpen	147,2	138,7	115,4	148,9	160,6	122,8	142,0	164,3	111,6
Felle zu Pelzwerk, roh	2,3	130,9	108,0	2,1	125,6	98,0	1,7	83,0	83,9
Andere Felle und Häute	103,5	247,0	256,8	118,6	299,4	295,7	109,2	335,6	271,1
Bettfedern	3,7	61,0	36,2	3,7	83,8	36,6	3,1	62,6	30,4
Holz zu Holzmasse	1 157,7	152,8	114,5	980,8	123,9	96,0	984,0	120,5	96,5
Bau- und Nutzholz (Rundholz)	794,8	192,9	154,1	768,8	200,0	143,6	724,1	176,1	130,4
Pflanzliche Stoffe zum Färben oder Gerben	0,1	0,4	0,3	0,2	0,5	0,5	0,2	0,6	0,5
Kautschuk, Guttapercha, Balata	29,5	19,1	15,6	36,5	22,5	21,0	39,0	26,1	23,3
Rohgummen, Rohschellack, Balsame und Kopale	3,2	17,5	17,1	3,1	23,5	18,2	3,2	26,3	19,7
Ölfrüchte für technische Öle	0,9	1,6	1,7	2,1	2,5	2,3	0,8	1,9	1,4
Steinkohlen einschl. Preßkohlen	12 661,3	2 249,2	2 183,1	11 610,2	2 603,6	2 008,0	10 177,2	2 483,3	1 776,7
Braunkohlen einschl. Preßkohlen	877,5	112,9	75,3	848,2	129,1	72,9	741,4	126,6	64,7
Erdöl, roh	70,2	34,1	14,7	0,1	0,1	0,0	60,5	37,4	12,6
Eisenerze	3,8	1,1	0,8	5,7	1,1	1,0	5,8	1,0	1,0
Eisen-, manganhaltige Abbrände, Schlacken u. dgl.	2 813,4	45,4	38,3	2 465,5	43,1	39,5	2 656,2	42,4	42,1
Manganerze	1,4	0,6	0,8	2,2	1,3	1,1	1,5	0,8	0,8
Kupfererze und kupferhaltige Kiesabbrände	1,6	1,7	1,5	0,3	0,3	0,3	0,1	0,2	0,2
Bleierze	2,0	0,8	0,9	0,3	0,4	0,1	0,1	0,0	0,0
Zinkerze	88,1	34,3	46,6	61,6	36,6	33,8	93,2	60,2	50,5
Chromerze	5,4	1,7	2,4	3,5	1,3	1,5	13,0	4,1	5,5
Nickelerze	0,3	3,3	2,8	0,1	0,8	0,6	0,1	0,9	0,7
Schwefelkies	1,0	1,0	1,0	2,1	1,2	2,0	2,0	1,1	1,9
Sonstige Erze und Metallaschen	196,6	563,9	300,9	237,6	464,7	302,6	252,9	358,0	308,8
Bauxit, Kryolith	21,8	10,3	9,2	21,2	9,6	8,9	30,7	14,7	12,9
Speise- und Industriesalz	1 840,7	75,0	73,4	2 047,7	91,1	83,4	1 941,6	96,7	79,9
Kalirohsalze	35,6	2,7	2,5	39,9	3,2	2,8	38,6	3,3	2,7
Sonstige Steine und Erden	27 278,2	823,2	721,3	25 254,7	886,0	736,9	23 236,5	879,4	712,7
Rohphosphate	0,2	0,1	0,1	0,0	0,0	0,0	0,0	0,0	0,0
Sonstige Rohstoffe für chemische Erzeugnisse	1 023,5	269,1	230,4	1 035,8	320,1	240,9	1 097,6	379,0	262,9
Pflanzliche Flecht- und Polsterstoffe u. dgl.	1,5	8,2	6,8	1,8	9,2	6,4	1,9	11,2	7,0
Edelsteine, Schmucksteine und Perlen, roh	0,3	22,7	19,7	0,2	26,7	22,8	0,3	26,5	23,1
Sonstige Rohstoffe, auch Abfälle	1 634,8	290,9	249,4	1 772,3	290,4	274,5	1 737,9	304,5	265,8
Halbwaren	**48 143,1**	**30 519,7**	**23 662,1**	**47 274,5**	**33 416,3**	**23 373,3**	**43 371,8**	**34 242,0**	**22 705,9**
Rohseide und Seidengespinste	0,2	14,3	9,9	0,2	18,7	12,9	0,2	16,8	11,7
Reyon (Kunstseide), synthetische Fäden, auch gezwirnt	362,4	2 480,0	2 425,4	390,3	2 812,3	2 622,8	354,9	2 926,3	2 581,5
Gespinste aus:									
Zellwolle und synthetischen Fasern	55,6	625,6	617,1	60,0	682,2	670,2	62,4	718,5	689,6
Wolle und anderen Tierhaaren	10,0	185,2	164,1	11,6	242,4	196,0	11,1	245,1	188,0
Baumwolle	17,9	169,5	155,6	18,9	192,0	171,4	24,7	242,9	211,4
Flachs, Hanf, Jute, Hartfasern u. dgl.	3,7	21,6	20,7	3,0	17,8	16,9	1,7	17,0	13,8
Bau- und Nutzholz (Schnittholz)	573,5	337,7	262,7	560,3	348,5	257,7	531,4	335,7	243,1
Holzmasse, Zellstoffe	123,3	123,5	120,7	115,1	137,9	116,4	108,9	139,2	115,6
Kautschuk, bearbeitet	118,6	506,1	455,3	107,8	522,2	421,8	110,4	573,6	431,8
Glasmasse, Rohglas	39,2	142,6	122,4	40,0	153,5	132,3	39,1	165,2	134,9
Zement	2 215,7	210,9	173,7	2 621,0	258,6	194,9	2 672,7	295,0	204,3
Sonstige mineralische Baustoffe	1 817,1	1 074,7	982,6	1 733,2	1 115,9	971,5	1 684,7	1 181,5	953,0
Roheisen	1 022,1	358,9	408,4	851,0	305,3	336,7	735,2	289,2	280,8
Alteisen (Schrott)	3 167,3	794,6	757,5	3 604,9	857,5	867,8	3 253,7	803,9	788,7
Ferrolegierungen	147,0	314,7	303,4	191,3	415,2	396,5	161,2	358,2	340,7
Eisenhalbzeug	3 587,8	2 401,7	2 282,8	3 420,9	2 478,1	2 224,1	3 133,7	2 576,7	2 125,0

*) Spezialhandel.

[1]) Mengen bewertet mit Durchschnittswerten von 1976.

12.5 Ausfuhr nach Warengruppen und -untergruppen*)

Warenbenennung	1980			1981			1982		
	Mengen	Tatsächliche Werte	Volumen[1])	Mengen	Tatsächliche Werte	Volumen[1])	Mengen	Tatsächliche Werte	Volumen[1])
	1 000 t	Mill. DM		1 000 t	Mill. DM		1 000 t	Mill. DM	
NE-Metalle, roh, auch Legierungen und Altmetalle:									
Aluminium	300,9	923,4	647,7	329,9	1 013,5	711,7	329,1	937,4	713,9
Kupfer	181,9	697,2	611,6	160,2	585,8	533,3	146,8	516,7	487,5
Nickel	12,3	126,0	158,0	12,8	117,6	127,4	17,6	169,0	207,8
Blei	118,0	263,6	159,6	113,6	247,4	162,5	114,1	230,4	164,9
Zinn	3,3	95,1	60,2	4,9	142,7	87,9	4,0	106,4	71,8
Zink	126,9	176,9	241,1	139,6	269,5	267,7	113,4	223,6	215,9
Sonstige unedle Metalle	6,9	243,2	119,4	7,0	168,7	113,2	6,8	155,9	112,4
Fettsäuren, Paraffin, Vaselin und Wachse	342,5	598,9	497,6	371,8	681,6	558,5	377,6	701,3	561,6
Sonstige technische Fette und Öle	205,2	252,4	269,8	225,4	297,3	290,2	196,0	261,5	246,9
Koks	7 260,7	1 981,6	1 819,2	6 030,7	2 000,5	1 514,5	3 955,0	1 382,3	992,5
Rückstände der Erdöl- und Steinkohlenteerdestillation	1 061,7	435,3	336,5	990,4	537,8	306,5	906,6	490,8	285,3
Kraftstoffe, Schmieröle; Erdgas	16 530,3	7 162,7	4 333,2	16 317,2	9 343,8	4 276,8	16 216,5	9 914,7	4 306,0
Teer- und Teerdestillationserzeugnisse	675,6	511,6	357,4	721,1	679,1	386,0	820,7	760,7	433,4
Aufbereitete Kalidüngemittel	700,4	180,8	163,3	679,3	219,8	161,2	498,0	162,8	112,3
Thomasphosphatmehl	34,3	3,0	3,2	16,4	2,8	2,7	18,6	3,6	3,2
Sonstige Phosphordüngemittel	25,3	8,6	9,3	25,4	10,5	9,0	19,7	8,1	7,4
Stickstoff- und andere anderweitig nicht genannte Düngemittel	1 739,4	483,6	444,4	1 587,5	512,2	397,5	1 711,9	576,3	483,5
Gerbstoffauszüge	0,1	0,3	0,3	0,1	0,2	0,1	0,2	0,5	0,3
Sonstige chemische Halbwaren	5 424,7	3 205,9	2 663,8	5 681,5	3 739,1	2 653,6	4 896,9	3 616,6	2 484,7
Gold für gewerbliche Zwecke	0,0	903,0	374,8	0,0	983,8	313,9	0,1	1 820,7	658,5
Sonstige Halbwaren[2])	131,4[3])	2 504,9	1 129,5	130,5[3])	1 304,4	889,2	136,4[3])	1 318,0	842,3
Fertigwaren	**50 935,4**	**292 045,5**	**264 342,7**	**52 601,4**	**330 106,0**	**278 903,2**	**50 894,3**	**359 533,1**	**286 816,1**
Vorerzeugnisse	**30 838,4**	**62 630,2**	**59 748,3**	**31 199,9**	**69 002,4**	**59 431,0**	**28 832,9**	**70 651,2**	**57 786,6**
Gewebe, Gewirke u. dgl. aus:									
Seide, Reyon (Kunstseide) und synthetischen Fäden	102,3	2 046,2	1 887,2	108,2	2 182,1	1 942,0	99,4	2 212,8	1 866,6
Zellwolle und synthetischen Fasern	104,3	1 712,9	1 521,9	102,1	1 836,1	1 512,1	96,6	1 901,0	1 449,0
Wolle und anderen Tierhaaren	23,5	649,3	556,0	19,9	667,8	532,8	17,8	670,0	506,6
Baumwolle	89,1	1 778,1	1 553,8	91,8	1 950,7	1 605,8	107,0	2 327,2	1 805,6
Flachs, Hanf, Jute, Hartfasern u. dgl.	44,2	453,0	381,0	46,8	521,6	412,5	46,0	553,4	404,4
Leder	25,1	448,5	403,5	27,5	527,4	461,5	27,1	594,9	475,3
Felle zu Pelzwerk, bearbeitet	2,0	775,2	593,9	2,0	795,4	602,1	1,5	650,6	497,6
Papier und Pappe	1 717,5	2 775,8	2 769,2	1 952,0	3 406,2	3 067,1	2 070,3	3 694,9	3 189,6
Furniere, Sperrholz u. dgl.	607,1	727,5	599,8	603,9	755,8	591,4	650,4	792,8	610,9
Steinzeug-, Ton- und Porzellanerzeugnisse	608,1	874,8	744,0	634,8	961,2	771,3	596,6	916,7	731,3
Glas	483,8	785,4	689,5	451,5	850,1	651,4	495,3	930,0	705,5
Kunststoffe	3 555,4	11 160,9	9 876,3	3 645,6	12 088,0	10 384,6	3 552,1	12 363,4	10 322,5
Teerfarbstoffe	100,2	2 165,8	1 962,6	107,6	2 406,0	2 090,7	102,7	2 398,4	1 998,2
Sonstige Farbstoffe; Farben, Lacke und Kitte	721,9	2 197,7	1 992,1	762,6	2 516,5	2 131,4	743,1	2 648,7	2 155,6
Dextrine, Gelatine und Leime	318,9	489,4	458,1	299,4	542,1	462,2	298,6	573,0	480,3
Sprengstoffe, Schießbedarf, Zündwaren	20,5	159,6	148,9	23,2	198,9	166,5	27,5	226,9	182,7
Sonstige chemische Vorerzeugnisse	7 357,9	12 267,9	13 720,9	7 256,4	13 733,7	11 103,8	6 942,3	14 250,4	11 401,4
Gußröhren	161,9	181,8	224,7	222,6	259,2	297,5	287,2	370,7	374,8
Stahlröhren	1 462,4	2 529,8	2 772,5	2 083,1	3 948,7	3 977,2	1 719,2	4 081,5	3 282,4
Stab- und Formeisen	4 485,8	4 938,1	4 898,9	4 110,7	4 829,1	4 595,9	3 341,7	4 558,7	3 947,5
Blech aus Eisen	6 475,2	6 241,6	5 901,8	6 229,8	6 492,9	5 785,8	5 459,1	6 429,4	5 209,4
Draht aus Eisen	1 262,6	1 414,6	1 330,3	1 190,4	1 346,5	1 268,5	953,4	1 221,9	1 077,6
Eisenbahnoberbaumaterial	208,3	191,9	193,4	284,3	264,3	256,7	225,7	233,6	196,8
Schmiedbarer Guß, Schmiedestücke	135,8	423,1	385,1	136,2	467,2	395,8	132,4	488,3	379,3
Stangen, Bleche, Draht usw. aus:									
Kupfer, Kupferlegierungen	330,3	1 895,5	1 750,4	367,5	2 086,5	1 917,5	366,2	2 031,3	1 914,8
Aluminium, Aluminiumlegierungen	290,0	1 506,5	1 147,7	307,7	1 637,9	1 209,4	350,4	1 842,3	1 369,3
sonstigen unedlen Metallen	47,0	732,4	551,4	40,3	639,0	473,4	41,0	632,4	491,6
Edelmetallen	0,5	359,4	134,5	0,5	324,5	145,0	0,5	297,0	151,9
Edelsteine, Schmucksteine und Perlen, bearbeitet	0,0	435,2	303,3	0,0	436,8	307,3	0,0	454,6	345,7
Sonstige Vorerzeugnisse	96,8	312,2	295,4	91,3	330,4	311,8	81,6	304,6	262,5

*) Spezialhandel.
1) Mengen bewertet mit Durchschnittswerten von 1976.
2) Einschl. elektrischen Stroms. – Der Außenhandel mit elektrischem Strom umfaßt die finanziellen Abrechnungen (einschl. einiger Sonderfälle).
3) Außerdem elektrischer Strom: 1980: 10 170 158 MWh; 1981: 9 257 489 MWh; 1982: 9 690 901 MWh.

12.5 Ausfuhr nach Warengruppen und -untergruppen*)

Warenbenennung	1980			1981			1982		
	Mengen	Tatsächliche Werte	Volumen¹)	Mengen	Tatsächliche Werte	Volumen¹)	Mengen	Tatsächliche Werte	Volumen¹)
	1 000 t	Mill. DM		1 000 t	Mill. DM		1 000 t	Mill. DM	
Enderzeugnisse	**20 096,9**	**229 415,3**	**204 594,4**	**21 401,5**	**261 103,6**	**219 472,3**	**22 061,5**	**288 881,9**	**229 029,5**
Strick-, Wirkwaren u. dgl. aus:									
Seide oder Chemiefasern	17,7	1 202,1	1 035,9	17,7	1 214,3	1 038,1	17,4	1 198,0	1 025,3
Wolle und anderen Tierhaaren	1,7	182,3	157,1	1,9	200,7	163,6	1,7	193,6	135,4
Baumwolle	9,1	491,8	436,6	9,3	520,5	443,2	10,1	585,1	482,8
Sonstige Kleidung u. dgl. aus:									
Seide oder Chemiefasern	18,8	1 303,2	1 053,1	20,0	1 494,6	1 126,4	20,6	1 690,7	1 201,4
Wolle und anderen Tierhaaren	9,3	966,9	823,4	8,8	961,2	775,9	7,8	939,7	693,1
Baumwolle	19,9	821,3	668,7	22,1	952,2	745,6	20,9	1 078,9	786,7
Flachs, Hanf, Jute, Hartfasern u. dgl.	2,6	126,0	110,4	3,2	161,5	125,8	3,0	169,6	116,1
Hüte	0,9	45,1	41,6	1,0	50,7	42,7	1,0	60,3	43,1
Sonstige Spinnstoffwaren	95,4	1 052,1	1 025,7	97,5	1 154,4	1 042,2	107,3	1 304,0	1 116,8
Pelzwaren	0,9	252,8	182,8	0,9	276,8	168,4	1,0	291,1	166,4
Schuhe aus Leder	13,2	661,3	505,8	13,1	678,0	486,1	14,3	761,6	525,5
Andere Lederwaren	9,5	404,9	346,7	9,7	461,9	382,3	9,2	491,8	368,5
Papierwaren	544,6	2 025,4	1 978,6	624,7	2 407,2	2 205,0	684,4	2 813,8	2 434,9
Bücher, Karten, Noten, Bilder	307,1	2 566,4	2 379,5	321,2	2 862,7	2 484,1	339,6	2 975,7	2 523,6
Holzwaren	677,0	3 317,3	2 695,2	680,4	3 481,2	2 705,4	666,8	3 566,3	2 702,6
Kautschukwaren	406,7	2 969,7	2 700,2	400,2	3 292,3	2 703,4	412,2	3 431,7	2 838,3
Steinwaren	86,0	300,8	298,3	81,0	319,6	256,7	69,8	307,3	224,2
Steinzeug-, Ton-, Steingut- und Porzellanwaren	144,4	1 010,4	754,5	154,5	1 071,5	766,0	148,7	1 134,6	782,0
Glaswaren	480,9	1 176,6	1 072,2	484,1	1 274,1	1 079,9	505,5	1 407,1	1 131,8
Messerschmiedewaren	11,1	469,6	439,9	10,6	477,9	408,3	10,6	511,3	399,5
Werkzeuge und landwirtschaftliche Geräte	76,0	1 676,2	1 533,8	78,7	1 783,6	1 575,1	69,1	1 748,3	1 413,8
Sonstige Eisenwaren	3 323,3	12 229,5	11 645,6	3 777,3	13 765,8	12 643,5	3 949,4	15 422,6	12 965,2
Waren aus Kupfer und Kupferlegierungen	43,4	657,2	678,3	46,8	725,6	730,8	45,5	752,6	694,5
Edelmetallwaren, vergoldete und versilberte Waren	1,4	1 011,0	522,6	1,2	1 094,9	526,8	1,2	1 132,3	565,3
Sonstige Waren aus unedlen Metallen	264,9	2 935,8	2 474,3	282,2	3 246,0	2 617,5	294,1	3 473,3	2 733,2
Werkzeugmaschinen einschl. Walzwerksanlagen	386,6	8 345,2	7 447,4	392,9	9 122,1	7 892,2	341,2	8 769,7	6 937,7
Maschinen für die Spinnstoff-, Leder- und Lederwarenindustrie	172,8	4 685,5	4 247,4	164,2	4 807,5	4 022,8	152,7	4 753,3	3 654,0
Landwirtschaftliche Maschinen einschl. Ackerschlepper	447,8	3 773,9	3 305,8	448,1	4 203,8	3 325,7	463,1	4 715,3	3 454,8
Dampflokomotiven	.	.	.	.	.	.	.	.	.
Kraftmaschinen	97,4	2 517,2	2 212,2	105,1	2 754,9	2 343,5	98,9	3 132,6	2 359,7
Pumpen, Druckluftmaschinen u. dgl.	258,2	5 435,6	5 016,8	255,9	5 736,7	5 040,9	245,9	6 078,4	4 857,1
Fördermittel	296,5	3 421,4	3 106,8	316,1	3 928,5	3 279,4	326,0	4 244,4	3 377,2
Papier- und Druckmaschinen	130,5	3 637,3	3 089,7	134,4	4 015,0	3 211,4	126,5	4 071,0	3 048,9
Büromaschinen	46,3	5 438,3	7 034,3	47,6	6 456,3	8 295,1	49,1	7 202,7	9 825,1
Maschinen für die Nahrungs- und Genußmittelindustrie	73,2	2 223,7	1 819,4	76,3	2 413,1	1 870,1	79,5	2 778,8	1 984,3
Sonstige Maschinen	1 447,1	23 064,5	21 541,8	1 471,5	25 655,0	21 728,9	1 430,1	27 492,3	21 384,2
Elektrotechnische Erzeugnisse (auch elektrische Maschinen)	1 422,1	34 018,8	31 604,5	1 459,3	37 083,5	32 921,6	1 480,3	40 932,1	34 219,5
Uhren	10,6	751,0	703,8	11,2	820,8	774,8	10,3	796,3	752,5
Feinmechanische und optische Erzeugnisse	83,7	6 613,8	6 215,4	87,6	7 277,6	6 589,6	88,8	8 035,6	6 958,9
Waren aus Wachs oder Fetten; Seifen	52,6	201,1	381,9	58,8	235,9	441,5	49,9	214,3	338,8
Waren aus Kunststoffen	408,8	4 114,0	3 635,1	432,0	4 617,7	4 013,5	452,1	5 141,3	4 418,4
Spielfilme und andere belichtete Filme und Platten	0,4	83,0	73,6	0,3	86,9	72,5	0,4	85,2	67,7
Photochemische Erzeugnisse	62,5	1 311,1	1 156,2	66,9	1 480,3	1 294,7	72,9	1 552,1	1 439,6
Bleistifte und chemischer Bürobedarf	50,9	398,1	395,8	69,9	508,8	503,1	80,7	570,5	574,1
Pharmazeutische Erzeugnisse (auch unzubereitet)	142,2	5 479,1	4 648,5	149,6	6 410,4	5 109,0	150,5	6 964,2	5 397,5
Kosmetische Erzeugnisse	50,0	526,3	489,3	57,2	607,9	556,1	61,8	701,6	609,7
Sonstige chemische Erzeugnisse	2 604,8	6 219,7	6 320,4	2 502,4	7 003,4	6 335,9	2 624,6	7 463,6	6 844,8
Musikinstrumente	6,1	271,7	208,1	6,7	310,0	224,8	6,4	326,0	211,3
Kinderspielz., Christbaumschmuck	41,2	664,0	568,9	43,7	757,9	608,3	42,8	779,5	589,5
Wasserfahrzeuge	430,0²)	1 398,1	1 246,0	594,9²)	2 352,2	1 964,6	483,7²)	2 077,2	1 631,3
Luftfahrzeuge	9,4	5 147,6	4 552,2	11,7	8 110,2	6 777,9	14,2	11 689,7	9 295,0
Kraftfahrzeuge	4 272,7	51 801,8	41 837,2	4 645,1	60 579,4	45 469,7	5 037,7	71 218,7	49 725,1
Fahrräder	36,7	332,8	271,9	34,2	348,6	261,2	30,1	319,3	228,9
Sonstige Fahrzeuge	226,3	1 689,9	1 371,0	287,0	2 081,2	1 583,8	301,2	2 245,1	1 633,1
Sonstige Enderzeugnisse	263,8	5 995,2	4 531,9	322,9	7 408,7	5 717,0	349,2	7 090,2	5 140,6
Rückwaren	**206,8**	**1 842,9**	**1 653,6**	**199,1**	**2 063,3**	**1 733,7**	**198,6**	**2 148,7**	**1 707,2**
Ersatzlieferungen	**47,3**	**656,9**	**594,2**	**37,1**	**665,5**	**560,5**	**38,0**	**725,6**	**574,2**
Insgesamt	**169 258,6**	**350 327,7**	**314 311,0**	**168 505,1**	**396 898,3**	**331 031,2**	**160 219,2**	**427 740,9**	**338 325,8**

*) Spezialhandel.
¹) Mengen bewertet mit Durchschnittswerten von 1976.
²) 1980: 43 864 Stück; 1981: 59 843 Stück; 1982: 44 011 Stück.

12.6 Einfuhr nach Warengruppen und -zweigen des Warenverzeichnisses für die Industriestatistik*)

Nr. der Systematik	Warenbenennung	1978	1979	1980	1981	1982	1980	1981	1982
		Mill. DM					%		
	Erzeugnisse der Land-, Forst-, Jagdwirtschaft und Fischerei	**24 546**	**25 231**	**27 267**	**28 891**	**29 539**	**8,0**	**7,8**	**7,8**
	Erzeugnisse des Nahrungs- und Genußmittelgewerbes	**17 970**	**18 942**	**20 759**	**23 454**	**24 446**	**6,1**	**6,4**	**6,5**
	Elektrizität, Gas, Fernwärme, Wasser	**639**	**693**	**921**	**1 141**	**1 268**	**0,3**	**0,3**	**0,3**
	Bergbauliche Erzeugnisse	**29 920**	**41 856**	**60 640**	**70 794**	**67 338**	**17,8**	**19,2**	**17,9**
21 1	Kohle, Briketts, Koks, Rohteer und -benzol	752	958	1 341	1 984	2 080	*0,4*	*0,5*	*0,6*
21 2	Erdöl, Erdgas und bituminöse Gesteine	25 412	36 095	53 973	63 482	60 192	*15,8*	*17,2*	*16,0*
21 3	Eisenerze	1 962	2 272	2 509	2 542	2 548	*0,7*	*0,7*	*0,7*
21 4	NE-Metallerze und Schwefelkies	1 456	2 162	2 369	2 308	2 095	*0,7*	*0,6*	*0,6*
21 5	Kalisalze und Rohphosphate	221	231	301	330	266	*0,1*	*0,1*	*0,1*
21 6	Stein-, Hütten- und Salinensalz, Sole	36	49	35	43	44	*0,0*	*0,0*	*0,0*
21 7	Flußspat, Schwerspat, Graphit, sonstige bergbauliche u. ä. Erzeugnisse	75	79	95	93	106	*0,0*	*0,0*	*0,0*
21 8	Torf	6	10	17	12	7	*0,0*	*0,0*	*0,0*
	Erzeugnisse des Grundstoff- und Produktionsgütergewerbes	**64 354**	**83 538**	**93 463**	**97 642**	**102 045**	**27,4**	**26,4**	**27,1**
24	Spalt- und Brutstoffe	1 423	1 885	1 281	1 728	2 222	*0,4*	*0,5*	*0,6*
25	Steine und Erden, Asbestwaren, Schleifmittel	2 813	3 237	3 718	3 583	3 524	*1,1*	*1,0*	*0,9*
27	Eisen und Stahl[1])	9 555	11 150	11 144	10 917	11 234	*3,3*	*3,0*	*3,0*
29 1	Eisen-, Stahl- und Temperguß	303	345	421	398	416	*0,1*	*0,1*	*0,1*
30 1	Erzeugnisse der Ziehereien und Kaltwalzwerke	1 067	1 244	1 323	1 195	1 375	*0,4*	*0,3*	*0,4*
28	NE-Metalle und -Metallhalbzeug[2])	8 689	11 735	16 178	13 146	13 882	*4,7*	*3,6*	*3,7*
29 5	NE-Metallguß (einschl. Edelmetallguß)	45	52	66	70	66	*0,0*	*0,0*	*0,0*
22	Mineralölerzeugnisse	11 829	17 896	18 711	21 701	23 382	*5,5*	*5,9*	*6,2*
40	Chemische Erzeugnisse	18 594	23 982	26 548	30 003	31 477	*7,8*	*8,1*	*8,4*
53	Schnittholz, Sperrholz und sonstiges bearbeitetes Holz	2 785	3 410	4 006	3 452	3 157	*1,2*	*0,9*	*0,8*
55	Holzschliff, Zellstoff, Papier und Pappe	5 017	6 008	7 024	8 114	7 985	*2,1*	*2,2*	*2,1*
59	Gummiwaren	2 234	2 593	3 045	3 333	3 325	*0,9*	*0,9*	*0,9*
	Erzeugnisse des Investitionsgüter produzierenden Gewerbes	**60 784**	**68 605**	**78 312**	**87 807**	**91 573**	**22,9**	**23,8**	**24,3**
31	Stahlbauerzeugnisse und Schienenfahrzeuge	757	960	1 187	1 161	1 149	*0,3*	*0,3*	*0,3*
32	Maschinenbauerzeugnisse (einschl. Ackerschlepper)	12 208	13 869	16 419	16 690	16 613	*4,8*	*4,5*	*4,4*
33	Straßenfahrzeuge (ohne Ackerschlepper)	15 241	16 241	15 994	17 112	17 269	*4,7*	*4,6*	*4,6*
34	Wasserfahrzeuge	810	556	415	448	715	*0,1*	*0,1*	*0,2*
35	Luft- und Raumfahrzeuge[3])	3 555	4 658	6 167	10 463	12 426	*1,8*	*2,8*	*3,3*
36	Elektrotechnische Erzeugnisse	15 613	17 457	20 779	22 857	23 976	*6,1*	*6,2*	*6,4*
37	Feinmechanische und optische Erzeugnisse; Uhren	3 719	4 189	4 859	5 286	5 114	*1,4*	*1,4*	*1,4*
30 2	Erzeugnisse der Stahlverformung	716	881	1 135	1 140	1 237	*0,3*	*0,3*	*0,3*
38	Eisen-, Blech- und Metallwaren	4 056	4 600	5 429	5 523	5 523	*1,6*	*1,5*	*1,5*
50	Büromaschinen; Datenverarbeitungsgeräte und -einrichtungen	4 012	5 067	5 785	6 970	7 454	*1,7*	*1,9*	*2,0*
70	Fertigteilbauten im Hochbau	98	128	144	160	96	*0,0*	*0,0*	*0,0*
	Erzeugnisse des Verbrauchsgüter produzierenden Gewerbes	**40 055**	**46 644**	**52 471**	**51 519**	**50 888**	**15,4**	**14,0**	**13,5**
51	Feinkeramische Erzeugnisse	1 082	1 249	1 551	1 554	1 351	*0,5*	*0,4*	*0,4*
52	Glas und Glaswaren	1 318	1 456	1 705	1 833	1 886	*0,5*	*0,5*	*0,5*
54	Holzwaren	2 662	3 025	3 578	3 571	3 388	*1,0*	*1,0*	*0,9*
39	Musikinstrumente, Spielwaren, Sportgeräte, Schmuck, belichtete Filme, Füllhalter u. ä.	3 719	5 037	5 867	4 116	3 531	*1,7*	*1,1*	*0,9*
56	Papier- und Pappewaren	913	1 094	1 232	1 389	1 389	*0,4*	*0,4*	*0,4*
57	Druckereierzeugnisse, Lichtpaus- und verwandte Waren	845	908	1 040	1 106	1 107	*0,3*	*0,3*	*0,3*
58	Kunststofferzeugnisse	2 831	3 407	3 985	4 166	4 420	*1,2*	*1,1*	*1,2*
61	Leder	890	1 072	962	920	1 107	*0,3*	*0,2*	*0,3*
62 1	Lederwaren (einschl. Reiseartikel)	847	998	1 133	1 182	1 023	*0,3*	*0,3*	*0,3*
62 5	Schuhe	2 489	3 112	3 569	3 328	3 531	*1,0*	*0,9*	*0,9*
63	Textilien	14 041	15 649	17 309	17 244	17 066	*5,1*	*4,7*	*4,5*
64	Bekleidung	8 417	9 637	10 540	11 111	11 089	*3,1*	*3,0*	*2,9*
	Sonstige Waren[4])	**5 438**	**6 532**	**7 547**	**7 931**	**9 366**	**2,2**	**2,1**	**2,5**
	Insgesamt	**243 707**	**292 040**	**341 380**	**369 179**	**376 464**	**100**	**100**	**100**

*) Spezialhandel. – Warenverzeichnis für die Industriestatistik, Ausgabe 1975.
1) Erzeugnisse der Eisen schaffenden und Ferrolegierungs-Industrie.
2) Einschl. Edelmetalle und deren Halbzeug.
3) Einschl. Flugbetriebs-, Rettungs-, Sicherheits- und Bodengeräte.
4) Waren, die nicht zugeordnet werden konnten.

12.7 Ausfuhr nach Warengruppen und -zweigen des Warenverzeichnisses für die Industriestatistik*)

Nr. der Systematik	Warenbenennung	1978	1979	1980	1981	1982	1980	1981	1982
		Mill. DM					%		
	Erzeugnisse der Land-, Forst-, Jagdwirtschaft und Fischerei	**3 025**	**3 309**	**3 712**	**4 860**	**5 281**	**1,1**	**1,2**	**1,2**
	Erzeugnisse des Nahrungs- und Genußmittelgewerbes	**11 707**	**13 496**	**15 918**	**19 463**	**19 821**	**4,5**	**4,9**	**4,6**
	Elektrizität, Gas, Fernwärme, Wasser	**332**	**618**	**605**	**681**	**770**	**0,2**	**0,2**	**0,2**
	Bergbauliche Erzeugnisse	**6 527**	**6 886**	**8 128**	**9 438**	**8 853**	**2,3**	**2,4**	**2,1**
21 1	Kohle, Briketts, Koks, Rohteer und -benzol	4 681	4 824	4 352	4 740	4 005	*1,4*	*1,2*	*0,9*
21 2	Erdöl, Erdgas und bituminöse Gesteine	1 154	1 052	2 522	3 491	3 828	*0,7*	*0,9*	*0,9*
21 3	Eisenerze	1	1	1	1	1	*0,0*	*0,0*	*0,0*
21 4	NE-Metallerze und Schwefelkies	98	348	470	330	274	*0,1*	*0,1*	*0,1*
21 5	Kalisalze und Rohphosphate	360	398	529	616	485	*0,2*	*0,2*	*0,1*
21 6	Stein-, Hütten- und Salinensalz, Sole	74	101	75	91	97	*0,0*	*0,0*	*0,0*
21 7	Flußspat, Schwerspat, Graphit, sonstige bergbauliche u. ä. Erzeugnisse	102	104	112	101	86	*0,0*	*0,0*	*0,0*
21 8	Torf	57	58	67	68	77	*0,0*	*0,0*	*0,0*
	Erzeugnisse des Grundstoff- und Produktionsgütergewerbes	**72 628**	**85 511**	**95 190**	**105 681**	**109 478**	**27,2**	**26,6**	**25,6**
24	Spalt- und Brutstoffe	857	603	593	636	1 182	*0,2*	*0,2*	*0,3*
25	Steine und Erden, Asbestwaren, Schleifmittel	3 095	3 301	3 541	3 866	3 966	*1,0*	*1,0*	*0,9*
27	Eisen und Stahl[1])	15 702	17 948	18 676	21 047	21 214	*5,3*	*5,3*	*5,0*
29 1	Eisen-, Stahl- und Temperguß	754	858	898	1 008	1 098	*0,3*	*0,3*	*0,3*
30 1	Erzeugnisse der Ziehereien und Kaltwalzwerke	2 183	2 433	2 681	2 682	2 717	*0,8*	*0,7*	*0,6*
28	NE-Metalle und -Metallhalbzeug[2])	5 951	7 111	9 934	8 990	9 635	*2,8*	*2,3*	*2,3*
29 5	NE-Metallguß (einschl. Edelmetallguß)	71	79	102	120	128	*0,0*	*0,0*	*0,0*
22	Mineralölerzeugnisse	2 480	3 506	5 048	6 307	6 534	*1,4*	*1,6*	*1,5*
40	Chemische Erzeugnisse	35 585	42 967	46 189	52 452	53 929	*13,2*	*13,2*	*12,6*
53	Schnittholz, Sperrholz und sonstiges bearbeitetes Holz	903	994	1 104	1 164	1 186	*0,3*	*0,3*	*0,3*
55	Holzschliff, Zellstoff, Papier und Pappe	2 219	2 654	3 074	3 725	4 029	*0,9*	*0,9*	*0,9*
59	Gummiwaren	2 828	3 057	3 350	3 683	3 860	*1,0*	*0,9*	*0,9*
	Erzeugnisse des Investitionsgüter produzierenden Gewerbes	**153 308**	**162 971**	**180 081**	**204 987**	**229 000**	**51,4**	**51,6**	**53,5**
31	Stahlbauerzeugnisse und Schienenfahrzeuge	3 744	3 474	3 758	4 407	4 808	*1,1*	*1,1*	*1,1*
32	Maschinenbauerzeugnisse (einschl. Ackerschlepper)	49 839	51 459	57 314	62 600	66 298	*16,4*	*15,8*	*15,5*
33	Straßenfahrzeuge (ohne Ackerschlepper)	43 941	49 721	52 818	62 157	72 407	*15,1*	*15,7*	*16,9*
34	Wasserfahrzeuge	2 395	1 113	1 396	2 350	2 076	*0,4*	*0,6*	*0,5*
35	Luft- und Raumfahrzeuge[3])	2 841	3 801	5 148	8 110	11 691	*1,5*	*2,0*	*2,7*
36	Elektrotechnische Erzeugnisse	29 977	30 995	34 351	37 454	41 502	*9,8*	*9,4*	*9,7*
37	Feinmechanische und optische Erzeugnisse; Uhren	5 873	6 377	6 945	7 663	8 119	*2,0*	*1,9*	*1,9*
30 2	Erzeugnisse der Stahlverformung	2 067	2 268	2 568	2 689	2 863	*0,7*	*0,7*	*0,7*
38	Eisen-, Blech- und Metallwaren	8 421	9 148	10 238	10 957	11 957	*2,9*	*2,8*	*2,8*
50	Büromaschinen; Datenverarbeitungsgeräte und -einrichtungen	3 992	4 470	5 438	6 456	7 203	*1,6*	*1,6*	*1,7*
70	Fertigteilbauten im Hochbau	219	145	106	144	76	*0,0*	*0,0*	*0,0*
	Erzeugnisse des Verbrauchsgüter produzierenden Gewerbes	**32 163**	**36 118**	**40 396**	**43 332**	**46 149**	**11,5**	**10,9**	**10,8**
51	Feinkeramische Erzeugnisse	1 244	1 358	1 548	1 618	1 673	*0,4*	*0,4*	*0,4*
52	Glas und Glaswaren	1 653	1 831	2 097	2 266	2 492	*0,6*	*0,6*	*0,6*
54	Holzwaren	2 974	3 096	3 327	3 468	3 625	*0,9*	*0,9*	*0,8*
39	Musikinstrumente, Spielwaren, Sportgeräte, Schmuck, belichtete Filme, Füllhalter u. ä.	2 708	2 962	4 243	3 987	4 002	*1,2*	*1,0*	*0,9*
56	Papier- und Pappewaren	1 416	1 614	1 905	2 284	2 667	*0,5*	*0,6*	*0,6*
57	Druckereierzeugnisse, Lichtpaus- und verwandte Waren	2 117	2 378	2 710	3 006	3 150	*0,8*	*0,8*	*0,7*
58	Kunststofferzeugnisse	4 754	5 584	6 214	6 766	7 467	*1,8*	*1,7*	*1,7*
61	Leder	392	487	450	530	598	*0,1*	*0,1*	*0,1*
62 1	Lederwaren (einschl. Reiseartikel)	325	361	376	407	435	*0,1*	*0,1*	*0,1*
62 5	Schuhe	550	664	761	788	883	*0,2*	*0,2*	*0,2*
63	Textilien	10 345	11 546	12 115	13 101	13 882	*3,5*	*3,3*	*3,2*
64	Bekleidung	3 685	4 237	4 650	5 110	5 275	*1,3*	*1,3*	*1,2*
	Sonstige Waren[4])	**5 216**	**5 560**	**6 297**	**8 457**	**8 389**	**1,8**	**2,1**	**2,0**
	Insgesamt	**284 907**	**314 469**	**350 328**	**396 898**	**427 741**	**100**	**100**	**100**

*) Spezialhandel. — Warenverzeichnis für die Industriestatistik, Ausgabe 1975.
1) Erzeugnisse der Eisen schaffenden und Ferrolegierungs-Industrie.
2) Einschl. Edelmetalle und deren Halbzeug.
3) Einschl. Flugbetriebs-, Rettungs-, Sicherheits- und Bodengeräte.
4) Waren, die nicht zugeordnet werden konnten.

12.8 Ein- und Ausfuhr nach Teilen und Abschnitten des Internationalen Warenverzeichnisses für den Außenhandel*)

Nr. der Systematik	Warenbenennung[1])	Einfuhr 1980	Einfuhr 1981	Einfuhr 1982	Einfuhr 1982	Ausfuhr 1980	Ausfuhr 1981	Ausfuhr 1982	Ausfuhr 1982
		Mill. DM			%	Mill. DM			%
0	**Nahrungsmittel, leb. Tiere, vorw. z. Ernährung**	**33 255**	**36 585**	**37 842**	***10,1***	**15 041**	**18 915**	**19 414**	***4,5***
00	Lebende Tiere, vorwiegend zur Ernährung	630	661	623	*0,2*	587	784	879	*0,2*
01	Fleisch und Fleischwaren	4 873	5 297	5 507	*1,5*	2 157	2 838	2 999	*0,7*
02	Molkereierzeugnisse und Eier	2 992	3 634	3 819	*1,0*	4 444	5 277	5 378	*1,3*
03	Fische, Krebs- u. Weichtiere u. Zubereitungen davon	1 462	1 451	1 520	*0,4*	466	492	555	*0,1*
04	Getreide und Getreideerzeugnisse	2 867	3 291	3 382	*0,9*	1 693	1 933	1 930	*0,5*
05	Gemüse, Küchenkräuter und Früchte	10 740	12 010	11 906	*3,2*	1 039	1 316	1 433	*0,3*
06	Zucker, Zuckerwaren und Honig	767	801	911	*0,2*	1 105	1 765	1 353	*0,3*
07	Kaffee, Tee, Kakao, Gewürze und Waren daraus	5 431	5 332	5 913	*1,6*	1 386	1 568	1 746	*0,4*
08	Futtermittel (ausgenommen Getreide)	3 000	3 553	3 697	*1,0*	1 462	2 085	2 276	*0,5*
09	Verschiedene Nahrungsmittel u. -zubereitungen	492	555	565	*0,2*	702	857	866	*0,2*
1	**Getränke und Tabak**	**3 405**	**3 803**	**4 077**	***1,1***	**1 795**	**2 260**	**2 562**	***0,6***
11	Getränke	2 216	2 449	2 400	*0,6*	1 115	1 396	1 566	*0,4*
12	Tabak und Tabakwaren	1 190	1 354	1 677	*0,4*	680	865	996	*0,2*
2	**Rohstoffe (ohne Nahrungsm., mineral. Brennst.)**	**26 506**	**26 327**	**26 066**	***6,9***	**7 179**	**7 975**	**7 588**	***1,8***
21	Häute, Felle und Pelzfelle, roh	1 222	1 000	940	*0,2*	324	369	386	*0,1*
22	Ölsaaten und ölhaltige Früchte	3 230	3 676	3 810	*1,0*	56	85	94	*0,0*
23	Rohkautschuk (einschl. synth. u. regen. Kautschuk)	1 169	1 190	1 183	*0,3*	625	742	787	*0,2*
24	Kork und Holz	3 519	2 883	2 611	*0,7*	775	779	744	*0,2*
25	Papierhalbstoffe und Papierabfälle	2 427	3 056	2 997	*0,8*	245	247	244	*0,1*
26	Spinnstoffe und Abfälle davon	2 061	2 137	2 270	*0,6*	1 584	1 936	1 777	*0,4*
27	Mineral. Rohstoffe (ausg. Erze, Brennst., Schmuckst.)	2 020	1 972	1 946	*0,5*	977	1 084	1 127	*0,3*
28	Metallurgische Erze und Metallabfälle	7 806	7 226	6 953	*1,8*	1 894	1 895	1 610	*0,4*
29	Rohstoffe tier. und pflanzl. Ursprungs, a. n. g.	3 051	3 189	3 356	*0,9*	699	839	821	*0,2*
3	**Mineral. Brennstoffe, Schmiermittel u. dgl.**	**76 236**	**89 776**	**88 366**	***23,5***	**13 225**	**16 080**	**16 016**	***3,7***
32	Kohle, Koks und Briketts	1 332	1 971	2 073	*0,6*	4 411	4 801	4 069	*1,0*
33	Erdöl, Erdölerzeugnisse und verwandte Waren	63 836	71 852	69 000	*18,3*	5 488	6 722	6 962	*1,6*
34	Gas	10 147	14 813	16 025	*4,3*	2 724	3 881	4 219	*1,0*
35	Elektrischer Strom[2])	921	1 140	1 268	*0,3*	602	677	766	*0,2*
4	**Tierische und pflanzliche Öle, Fette und Wachse**	**1 444**	**1 726**	**1 738**	***0,5***	**1 541**	**1 756**	**1 710**	***0,4***
41	Tierische Öle und Fette	327	391	399	*0,1*	139	165	175	*0,0*
42	Fette, pflanzliche Öle	866	1 032	996	*0,3*	844	971	939	*0,2*
43	Tier. u. pflanzl. Öle u. Fette, verarbeitet, Wachse	251	303	343	*0,1*	558	620	597	*0,1*
5	**Chemische Erzeugnisse**	**24 161**	**27 469**	**29 159**	***7,7***	**44 127**	**49 454**	**51 349**	***12,0***
51	Organische Chemikalien	6 741	8 301	8 411	*2,2*	11 242	12 963	13 309	*3,1*
52	Anorganische Chemikalien	3 189	3 710	4 157	*1,1*	4 001	4 438	4 870	*1,1*
53	Farbstoffe, Gerbstoffe und Farben	1 031	1 115	1 197	*0,3*	4 459	5 052	5 179	*1,2*
54	Medizinische und pharmazeutische Erzeugnisse	2 340	2 657	2 824	*0,8*	4 126	4 770	5 085	*1,2*
55	Äther. Öle u. Riechst.; Körperpflege-, Waschmittel	1 173	1 300	1 455	*0,4*	2 098	2 312	2 530	*0,6*
56	Chemische Düngemittel	899	1 085	1 403	*0,4*	1 146	1 306	1 148	*0,3*
57	Pulver u. Sprengstoffe; pyrotechnische Artikel	68	74	80	*0,0*	111	146	166	*0,0*
58	Kunststoffe, Zelluloseäther und -ester	6 536	6 836	7 142	*1,9*	11 240	12 107	12 339	*2,9*
59	Chemische Erzeugnisse, a.n.g.	2 184	2 392	2 490	*0,7*	5 706	6 360	6 722	*1,6*
6	**Bearbeitete Waren vorw. nach Beschaffenh. gegliedert**	**61 006**	**59 201**	**59 285**	***15,7***	**71 182**	**76 934**	**80 197**	***18,7***
60	Waren f. vollst. Fabrikationsanl. Kap. 62, 68–70, 73, 76, 82	.	.	.		486	843	674	*0,2*
61	Leder, Lederwaren, a.n.g., zugerichtete Pelzfelle	1 834	1 735	1 791	*0,5*	1 491	1 599	1 498	*0,4*
62	Kautschukwaren, a.n.g.	2 715	3 012	3 026	*0,8*	3 068	3 366	3 512	*0,8*
63	Kork- und Holzwaren (ausgen. Möbel)	2 274	2 227	2 073	*0,6*	1 297	1 375	1 379	*0,3*
64	Papier u. Pappe; Waren daraus u. aus Papierhalbst.	6 157	6 761	6 655	*1,8*	4 994	6 092	6 823	*1,6*
65	Garne, Gewebe, fertiggest. Spinnstofferz. u. verw. Erz.	12 672	12 221	12 013	*3,2*	11 535	12 680	13 499	*3,2*
66	Waren aus mineralischen Stoffen, a.n.g.	5 938	5 853	5 508	*1,5*	6 423	6 857	7 192	*1,7*
67	Eisen und Stahl	12 191	11 976	12 512	*3,3*	20 942	23 350	23 756	*5,6*
68	NE-Metalle	11 032	9 219	9 417	*2,5*	8 894	7 863	7 860	*1,8*
69	Metallwaren, a.n.g.	6 193	6 198	6 290	*1,7*	12 051	12 909	14 003	*3,3*
7	**Maschinenbauerz., elektrot. Erz. u. Fahrzeuge**	**63 716**	**72 592**	**76 475**	***20,3***	**155 254**	**177 513**	**199 522**	***46,6***
70	Waren f. vollst. Fabrikationsanl. Kap. 84–87	.	.	.		3 152	3 773	4 555	*1,1*
71	Kraftmaschinen u. Kraftmaschinenausrüstungen	3 481	4 296	4 725	*1,3*	9 634	10 536	12 247	*2,9*
72	Arbeitsmaschinen für besondere Zwecke	5 638	5 324	5 128	*1,4*	22 481	24 799	25 906	*6,1*
73	Metallbearbeitungsmaschinen	2 181	2 141	1 983	*0,5*	7 327	7 846	7 726	*1,8*
74	Maschinen, Apparate, Geräte f. versch. Zw., a.n.g.	7 955	8 240	8 451	*2,2*	23 328	25 301	26 754	*6,3*
75	Büromaschinen, automat. Datenverarbeitungsmasch.	6 523	7 861	8 318	*2,2*	6 150	7 137	7 847	*1,8*
76	Geräte f. Nachrichtent.; Bild- u. Tonaufn. u. -wiedergabegeräte	5 309	6 320	6 607	*1,8*	7 040	7 703	8 238	*1,9*
77	Elektrische Maschinen, Apparate, Geräte, a.n.g.	11 378	12 098	12 556	*3,3*	19 506	20 787	22 725	*5,3*
78	Straßenfahrzeuge (einschl. Luftkissenfahrzeuge)	15 042	15 929	15 976	*4,2*	49 663	58 669	69 038	*16,1*
79	Andere Beförderungsmittel	6 209	10 381	12 729	*3,4*	6 973	10 961	14 486	*3,4*
8	**Sonstige bearbeitete Waren**	**39 462**	**41 349**	**41 319**	***11,0***	**32 644**	**36 114**	**38 896**	***9,1***
80	Waren f. Fabrikationsanl. Kap. 90, 94	.	.	.		109	84	119	*0,0*
81	Sanitäre Anl., Heizungs- u. Beleuchtungseinr. u. Zubehör, a.n.g.	891	812	799	*0,2*	1 122	1 133	1 136	*0,3*
82	Möbel und Teile davon	3 065	3 143	2 951	*0,8*	3 701	3 980	4 198	*1,0*
83	Reiseartikel, Handtaschen u. ähnl. Behältnisse	776	835	735	*0,2*	273	295	322	*0,1*
84	Bekleidung und Bekleidungszubehör	15 083	16 108	16 196	*4,3*	5 217	5 637	6 061	*1,4*
85	Schuhe	3 880	3 608	3 810	*1,0*	766	800	913	*0,2*
87	Meß-, Prüf- u. Kontrollinstrumente u. -geräte, a.n.g.	3 658	4 087	4 432	*1,2*	6 532	7 574	8 482	*2,0*
88	Fotogr. App. u. Zubehör; opt. Waren, a.n.g.; Uhrmacherw.	4 024	4 259	4 002	*1,1*	4 402	4 792	4 874	*1,1*
89	Sonstige bearbeitete Waren, a.n.g.	8 085	8 497	8 396	*2,2*	10 521	11 819	12 793	*3,0*
9	**Waren u. Warenverkehrsvorgänge a.n. erfaßt**	**12 189**	**10 351**	**12 136**	***3,2***	**8 339**	**9 896**	**10 485**	***2,5***
	Insgesamt	**341 380**	**369 179**	**376 464**	***100***	**350 328**	**396 898**	**427 741**	***100***

*) Spezialhandel. – Standard International Trade Classification (SITC II), Ausgabe 1976.
1) Aus Raummangel sind einige Bezeichnungen gekürzt.
2) Umfaßt die finanziellen Abrechnungen (einschl. einiger Sonderfälle).

12.9 Ein- und Ausfuhr 1982 nach Teilen und Abschnitten des Internationalen

Mill.

Nr. der Systematik	Warenbenennung[1])	Einfuhr										
		insgesamt[2])	Industrialisierte westliche Länder					Entwicklungsländer[3])				
			zusammen	EG-Länder[4])	andere europ. Länder[5])	Verein. Staaten u. Kanada	übrige Länder[6])	zusammen	Afrika	Amerika	Asien	Ozeanien
0	**Nahrungsmittel, leb. Tiere, vorw. z. Ernährung**	**37 842**	**26 619**	**20 812**	**2 436**	**2 540**	**831**	**9 924**	**2 161**	**5 617**	**2 022**	**124**
00	Lebende Tiere, vorwiegend zur Ernährung	623	591	541	47	3	—	0	0	0	0	—
01	Fleisch und Fleischwaren	5 507	4 478	4 223	110	50	95	548	15	509	24	—
02	Molkereierzeugnisse und Eier	3 819	3 796	3 629	133	10	23	0	—	0	0	0
03	Fische, Krebs- u. Weichtiere u. Zubereitungen davon	1 520	1 243	802	316	97	28	213	33	40	138	2
04	Getreide und Getreideerzeugnisse	3 382	3 276	2 647	109	503	18	72	5	57	11	—
05	Gemüse, Küchenkräuter und Früchte	11 906	8 814	6 414	1 484	468	447	2 589	334	1 082	1 172	0
06	Zucker, Zuckerwaren und Honig	911	697	634	37	13	13	144	15	102	26	0
07	Kaffee, Tee, Kakao, Gewürze und Waren daraus	5 913	944	851	91	2	1	4 919	1 671	2 834	293	120
08	Futtermittel (ausgenommen Getreide)	3 697	2 234	634	33	1 365	202	1 426	89	991	345	2
09	Verschiedene Nahrungsmittel u. -zubereitungen	565	547	438	76	29	4	13	0	1	12	—
1	**Getränke und Tabak**	**4 077**	**3 367**	**2 403**	**377**	**580**	**8**	**564**	**124**	**269**	**171**	**0**
11	Getränke	2 400	2 225	1 887	302	28	7	65	12	52	2	0
12	Tabak und Tabakwaren	1 677	1 142	515	74	551	1	499	112	218	170	—
2	**Rohstoffe (ohne Nahrungsm., mineral. Brennst.)**	**26 066**	**19 047**	**7 167**	**3 819**	**6 200**	**1 861**	**5 444**	**1 352**	**2 413**	**1 281**	**398**
21	Häute, Felle und Pelzfelle, roh	940	821	330	203	204	83	43	1	18	23	0
22	Ölsaaten und ölhaltige Früchte	3 810	3 410	828	22	2 509	51	318	17	151	115	35
23	Rohkautschuk (einschl. synth. u. regen. Kautschuk)	1 183	734	569	14	115	34	402	18	13	371	—
24	Kork und Holz	2 611	1 588	315	896	367	11	618	266	33	319	0
25	Papierhalbstoffe und Papierabfälle	2 997	2 721	195	1 248	1 277	2	206	12	188	6	—
26	Spinnstoffe und Abfälle davon	2 270	1 425	559	309	160	396	581	250	285	46	—
27	Mineral. Rohstoffe (ausg. Erze, Brennst., Schmuckst.)	1 946	1 561	736	297	445	83	160	88	24	49	—
28	Metallurgische Erze und Metallabfälle	6 953	4 199	1 385	666	1 032	1 116	2 634	629	1 585	57	362
29	Rohstoffe tier. und pflanzl. Ursprungs, a. n. g.	3 356	2 589	2 250	165	90	84	481	71	117	294	0
3	**Mineral. Brennstoffe, Schmiermittel u. dgl.**	**88 366**	**43 732**	**33 004**	**9 114**	**1 201**	**412**	**34 402**	**16 764**	**1 658**	**15 979**	—
32	Kohle, Koks und Briketts	2 073	1 562	571	15	584	392	0	0	0	0	—
33	Erdöl, Erdölerzeugnisse und verwandte Waren	69 000	28 537	24 985	2 915	617	20	34 276	16 756	1 650	15 870	—
34	Gas	16 025	12 365	7 185	5 180	0	—	126	8	9	109	—
35	Elektrischer Strom[8])	1 268	1 268	263	1 005	—	—	—	—	—	—	—
4	**Tierische und pflanzliche Öle, Fette und Wachse**	**1 738**	**1 092**	**687**	**152**	**180**	**72**	**619**	**59**	**162**	**370**	**29**
41	Tierische Öle und Fette	399	350	100	52	131	68	44	4	40	0	—
42	Fette, pflanzliche Öle	996	472	362	70	38	2	508	53	108	318	29
43	Tier. u. pflanzl. Öle u. Fette, verarbeitet, Wachse	343	269	226	30	11	2	67	2	13	52	—
5	**Chemische Erzeugnisse**	**29 159**	**27 387**	**19 529**	**3 988**	**3 090**	**780**	**496**	**124**	**178**	**194**	**0**
51	Organische Chemikalien	8 411	7 914	6 270	840	576	228	142	31	41	70	0
52	Anorganische Chemikalien	4 157	3 593	1 883	318	1 101	290	109	50	25	34	—
53	Farbstoffe, Gerbstoffe und Farben	1 197	1 174	774	289	87	25	15	0	6	8	—
54	Medizinische und pharmazeutische Erzeugnisse	2 824	2 673	1 498	782	326	67	81	20	46	16	—
55	Äther, Öle u. Riechst.; Körperpflege-, Waschmittel	1 455	1 417	1 059	243	109	5	22	2	11	10	—
56	Chemische Düngemittel	1 403	1 264	977	234	44	8	42	22	5	15	—
57	Pulver u. Sprengstoffe; pyrotechnische Artikel	80	49	33	14	1	0	10	0	0	10	—
58	Kunststoffe, Zelluloseäther und -ester	7 142	6 896	5 383	916	498	99	38	0	17	21	—
59	Chemische Erzeugnisse, a. n. g.	2 490	2 409	1 652	352	347	58	37	0	27	10	0
6	**Bearbeitete Waren vorw. nach Beschaffenh. gegliedert**	**59 285**	**50 705**	**31 962**	**14 154**	**2 499**	**2 090**	**5 643**	**882**	**1 774**	**2 944**	**43**
60	Waren f. Fabrikationsanl. Kap. 62, 68—70, 73, 76, 82	.	.	.	.	.	.	.	.	.	.	.
61	Leder, Lederwaren, a. n. g., zugerichtete Pelzfelle	1 791	1 429	978	367	59	25	326	20	143	163	0
62	Kautschukwaren, a. n. g.	3 026	2 902	2 149	495	120	138	94	0	8	86	0
63	Kork- und Holzwaren (ausgen. Möbel)	2 073	1 705	850	623	225	8	269	45	48	175	0
64	Papier u. Pappe; Waren daraus u. aus Papierhalbst.	6 655	6 463	2 864	3 049	440	110	61	2	35	24	—
65	Garne, Gewebe, fertiggest. Spinnstofferz. u. verw. Erz.	12 013	9 548	6 916	2 103	251	279	1 970	251	344	1 376	0
66	Waren aus mineralischen Stoffen, a. n. g.	5 508	4 877	3 679	741	279	179	373	9	57	307	0
67	Eisen und Stahl	12 512	11 097	7 098	3 274	172	553	586	86	387	70	43
68	NE-Metalle	9 417	6 908	3 919	1 928	563	499	1 655	464	739	452	—
69	Metallwaren, a. n. g.	6 290	5 776	3 509	1 576	392	299	310	4	15	291	0
7	**Maschinenbauerz., elektrot. Erz. u. Fahrzeuge**	**76 475**	**72 857**	**42 368**	**11 631**	**10 366**	**8 493**	**3 024**	**92**	**438**	**2 494**	**0**
70	Waren f. vollst. Fabrikationsanl. Kap. 84—87	.	.	.	.	.	.	.	.	.	.	.
71	Kraftmaschinen u. Kraftmaschinenausrüstungen	4 725	4 440	2 386	995	876	184	229	23	105	101	—
72	Arbeitsmaschinen für besondere Zwecke	5 128	4 953	2 621	1 485	631	215	61	1	11	49	—
73	Metallbearbeitungsmaschinen	1 983	1 872	777	784	145	166	35	0	5	30	—
74	Maschinen, Apparate, Geräte f. versch. Zw., a. n. g.	8 451	8 190	4 429	2 180	1 185	396	153	7	49	97	—
75	Büromaschinen, automat. Datenverarbeitungsmasch.	8 318	8 112	3 449	553	2 958	1 150	191	1	30	160	—
76	Geräte f. Nachrichtent.; Bild- u. Tonaufn.- u. -wiedergabegeräte	6 607	5 733	1 551	924	496	2 762	839	5	13	821	0
77	Elektrische Maschinen, Apparate, Geräte, a. n. g.	12 556	11 251	5 625	2 452	2 176	999	1 198	37	50	1 112	0
78	Straßenfahrzeuge (einschl. Luftkissenfahrzeuge)	15 976	15 691	10 960	1 722	419	2 590	212	1	149	62	0
79	Andere Beförderungsmittel	12 729	12 615	10 569	536	1 479	31	105	17	25	62	—
8	**Sonstige bearbeitete Waren**	**41 319**	**31 661**	**19 072**	**7 653**	**2 738**	**2 198**	**7 465**	**482**	**216**	**6 767**	**0**
80	Waren f. vollst. Fabrikationsanl. Kap. 90, 94	.	.	.	.	.	.	.	.	.	.	.
81	Sanitäre Anl., Heizungs- u. Beleuchtungseinr. u. Zubehör, a. n. g.	799	760	521	227	11	2	22	0	1	22	—
82	Möbel und Teile davon	2 951	2 543	1 762	730	41	10	67	1	4	62	—
83	Reiseartikel, Handtaschen u. ähnl. Behältnisse	735	360	312	32	6	11	334	6	12	316	—
84	Bekleidung und Bekleidungszubehör	16 196	9 364	6 471	2 665	156	72	5 453	445	147	4 861	0
85	Schuhe	3 810	3 392	2 555	821	11	5	283	6	15	262	—
87	Meß-, Prüf- u. Kontrollinstrumente u. -geräte, a. n. g.	4 432	4 311	1 988	897	1 150	275	89	3	7	80	0
88	Fotogr. App. u. Zubehör; opt. Waren, a. n. g.; Uhrmacherw.	4 002	3 618	1 418	667	570	964	366	2	2	362	0
89	Sonstige bearbeitete Waren, a. n. g.	8 396	7 313	4 045	1 614	795	859	850	18	29	803	0
9	**Waren u. Warenverkehrsvorgänge, a. n. erfaßt**	**12 136**	**9 853**	**4 144**	**2 767**	**2 179**	**763**	**899**	**80**	**254**	**565**	**0**
	Insgesamt	**376 464**	**286 321**	**181 148**	**56 092**	**31 573**	**17 508**	**68 478**	**22 119**	**12 979**	**32 786**	**594**

*) Spezialhandel. – Standard International Trade Classification (SITC II), Ausgabe 1976. – Die Zuordnung der Herstellungs- und Verbrauchsländer zu den einzelnen Ländergruppen erfolgte nach dem Stande vom Januar 1981.

1) Aus Raummangel sind einige Bezeichnungen gekürzt.

2) Einschl. Polargebiete, Schiffs- und Luftfahrzeugbedarf und Nicht ermittelte Länder.

3) Afrika ohne Südafrika, Amerika ohne Vereinigte Staaten und Kanada, Asien ohne Japan un ohne Staatshandelsländer, Ozeanien ohne Neuseeland.

4) Belgien-Luxemburg, Dänemark, Frankreich, Griechenland, Großbritannien und Nordirland, Ir land, Italien, Niederlande.

Warenverzeichnisses für den Außenhandel und nach Ländergruppen*)

DM

Staatshandelsländer		Ausfuhr														Nr. der Systematik
			Industrialisierte westliche Länder					Entwicklungsländer[3])					Staatshandelsländer			
zusammen[7])	darunter Europa	insgesamt[2])	zusammen	EG-Länder[4])	andere europ. Länder[5])	Verein. Staaten u. Kanada	übrige Länder[6])	zusammen	Afrika	Amerika	Asien	Ozeanien	zusammen[7])	darunter Europa	
1 299	**1 030**	**19 415**	**15 382**	**12 834**	**1 816**	**440**	**292**	**2 627**	**1 246**	**167**	**1 206**	**8**	**1 406**	**1 382**	0
31	31	879	758	716	36	6	0	110	75	1	35	—	11	11	00
481	479	2 999	2 654	2 605	45	2	2	137	22	1	114	0	208	208	01
23	23	5 378	4 206	3 956	150	49	50	1 072	635	49	387	0	100	100	02
64	49	555	500	413	73	4	10	17	6	3	8	0	38	38	03
33	32	1 930	1 129	818	244	26	41	519	200	55	265	0	282	259	04
504	318	1 433	1 329	1 010	176	86	56	85	24	21	39	0	19	19	05
71	34	1 353	610	393	176	17	25	421	202	19	192	7	322	322	06
50	25	1 746	1 668	1 154	291	136	88	52	10	4	38	0	26	26	07
37	35	2 276	1 806	1 286	490	26	4	92	24	10	59	0	377	377	08
6	4	866	721	483	135	87	16	121	47	6	69	0	24	24	09
145	**135**	**2 562**	**2 360**	**1 633**	**174**	**499**	**54**	**186**	**42**	**39**	**104**	**0**	**16**	**16**	1
109	108	1 566	1 455	788	120	493	53	105	38	37	31	0	6	6	11
36	26	996	905	845	53	6	1	80	4	2	74	0	10	10	12
1 575	**1 236**	**7 588**	**6 691**	**4 545**	**1 854**	**170**	**123**	**538**	**193**	**105**	**237**	**2**	**359**	**342**	2
77	56	386	362	279	80	2	0	1	0	0	1	0	22	22	21
82	44	94	92	80	12	0	0	1	0	0	0	0	1	1	22
47	41	787	581	365	178	11	27	139	20	55	64	0	68	66	23
404	404	744	713	333	376	1	2	24	13	1	11	0	6	6	24
70	70	244	240	164	75	0	1	3	1	1	2	0	1	1	25
264	220	1 777	1 469	1 042	361	30	35	154	82	12	60	0	154	141	26
225	170	1 127	980	742	220	9	10	116	47	8	59	2	31	31	27
120	85	1 610	1 567	1 174	307	79	8	18	1	5	12	0	25	25	28
286	146	821	688	366	246	37	39	82	31	23	28	0	51	49	29
10 221	**10 191**	**16 016**	**13 783**	**10 810**	**2 844**	**67**	**62**	**427**	**150**	**72**	**205**	**1**	**248**	**243**	3
511	511	4 069	3 840	3 561	277	0	2	154	54	17	83	0	75	75	32
6 177	6 146	6 962	4 961	2 989	1 846	65	60	271	94	54	122	1	173	168	33
3 534	3 534	4 219	4 216	3 754	460	2	0	2	2	—	0	0	1	1	34
—	—	766	766	505	260	—	—	—	—	—	—	—	—	—	35
27	**19**	**1 710**	**1 244**	**1 022**	**199**	**4**	**19**	**382**	**299**	**11**	**71**	**2**	**85**	**85**	4
5	5	175	146	137	7	0	1	28	15	3	10	0	1	1	41
16	8	939	645	504	128	2	12	258	234	2	21	2	36	36	42
7	7	597	453	381	64	2	6	96	49	6	41	0	47	47	43
1 276	**1 037**	**51 349**	**39 847**	**24 353**	**9 985**	**3 041**	**2 468**	**8 195**	**1 756**	**2 229**	**4 203**	**7**	**3 307**	**2 814**	5
355	268	13 309	10 596	6 928	2 138	992	538	1 729	222	661	845	0	985	740	51
454	403	4 870	3 849	2 141	818	640	250	727	138	218	370	1	294	266	52
9	8	5 179	3 676	1 946	1 071	331	327	1 088	281	239	567	1	415	338	53
70	29	5 085	3 651	1 713	1 078	296	564	1 291	296	308	686	1	143	138	54
16	9	2 530	1 891	1 173	569	63	86	427	120	82	224	0	212	211	55
98	98	1 148	859	609	180	12	59	240	26	58	155	1	48	25	56
21	2	166	100	50	47	2	1	60	38	3	19	0	7	7	57
209	197	12 339	10 007	6 439	2 806	409	353	1 578	414	376	787	1	754	662	58
43	24	6 722	5 219	3 354	1 279	296	291	1 054	221	284	549	1	449	428	59
2 938	**2 523**	**80 197**	**63 092**	**39 843**	**16 555**	**5 048**	**1 646**	**11 219**	**3 116**	**1 557**	**6 536**	**10**	**5 886**	**5 368**	6
.	.	674	22	5	11	1	5	552	199	28	325	—	101	35	60
36	23	1 498	1 352	909	372	41	30	100	23	7	69	0	46	46	61
31	31	3 512	3 086	2 011	729	221	125	315	92	45	177	2	111	109	62
99	96	1 379	1 205	780	387	23	15	162	45	5	112	0	12	12	63
131	127	6 823	6 168	4 852	1 027	129	161	433	109	55	269	0	222	221	64
495	282	13 499	11 243	7 263	3 255	336	390	1 272	551	75	645	1	983	938	65
258	244	7 192	6 018	3 697	1 537	575	210	980	208	137	633	2	194	190	66
829	827	23 756	16 230	9 328	4 126	2 605	172	4 040	1 038	746	2 255	0	3 486	3 114	67
854	758	7 860	6 890	4 450	1 735	530	175	631	178	96	358	0	340	324	68
204	137	14 003	10 877	6 548	3 377	589	363	2 734	673	364	1 694	4	391	379	69
594	**579**	**199 522**	**149 055**	**86 770**	**35 340**	**18 168**	**8 777**	**42 688**	**9 944**	**5 738**	**26 953**	**53**	**7 779**	**6 820**	7
.	.	4 555	273	62	106	47	58	3 318	713	251	2 354	—	964	653	70
56	53	12 247	8 478	4 542	2 328	692	915	3 433	858	504	2 067	3	336	198	71
114	114	25 906	17 620	8 481	4 885	2 697	1 558	6 502	1 762	1 054	3 672	14	1 784	1 622	72
76	74	7 726	5 174	2 129	1 759	773	513	1 290	194	450	645	1	1 263	1 213	73
108	101	26 754	19 330	10 258	5 961	1 906	1 205	5 784	1 311	984	3 485	4	1 640	1 555	74
15	15	7 847	7 310	4 849	1 555	686	221	442	82	73	285	2	95	92	75
36	36	8 238	6 255	3 819	1 857	200	379	1 900	474	303	1 124	0	82	68	76
107	107	22 725	17 663	10 220	5 256	1 376	811	4 479	776	660	3 040	3	582	555	77
74	71	69 038	54 306	31 255	10 535	9 465	3 051	13 884	3 037	1 233	9 589	25	849	820	78
9	8	14 486	12 646	11 155	1 098	326	67	1 655	736	226	692	1	185	43	79
2 193	**1 736**	**38 896**	**33 650**	**18 980**	**10 673**	**2 686**	**1 312**	**4 246**	**833**	**715**	**2 689**	**9**	**1 001**	**880**	8
.	.	119	11	0	4	0	7	94	8	14	72	—	13	11	80
16	15	1 136	924	603	277	24	20	207	42	9	155	0	6	5	81
340	316	4 198	3 702	2 346	1 114	159	83	483	65	17	401	0	13	12	82
40	27	322	287	125	125	14	23	34	6	3	24	0	1	1	83
1 379	1 095	6 061	5 674	3 540	1 983	92	58	296	125	17	153	1	90	89	84
136	117	913	805	415	330	44	16	83	7	9	67	1	25	25	85
32	29	8 482	6 737	3 389	1 819	1 093	436	1 264	223	303	737	1	480	434	87
18	15	4 874	4 087	2 204	1 085	527	271	696	116	130	448	2	91	82	88
233	123	12 793	11 423	6 357	3 936	732	398	1 089	240	213	632	4	281	221	89
1 090	**790**	**10 485**	**7 783**	**5 093**	**1 957**	**526**	**206**	**2 179**	**380**	**451**	**1 346**	**1**	**436**	**401**	9
21 359	**19 274**	**427 741**	**332 887**	**205 884**	**81 395**	**30 648**	**14 960**	**72 686**	**17 960**	**11 084**	**43 550**	**92**	**20 522**	**18 352**	

5) Ohne Staatshandelsländer.
6) Südafrika, Japan, Australien und Neuseeland.

7) Einschl. der asiatischen Staatshandelsländer.
8) Umfaßt die finanziellen Abrechnungen (einschl. einiger Sonderfälle).

12.10 Ein- und Ausfuhr von Investitions- und Verbrauchsgütern*)

Jahr	Insgesamt[1])	Investitionsgüter[2]) zusammen	darunter Stahlbauerzeugnisse	darunter Maschinenbauerzeugnisse	darunter Straßenfahrzeuge[4])	darunter Elektrotechnische Investitionsgüter	darunter Büromaschinen[5])	Verbrauchsgüter[3]) zusammen	darunter Straßenfahrzeuge[6])	darunter Elektrotechn. Verbrauchsgüter	darunter Chemische Verbrauchsgüter	darunter Möbel	darunter Schuhe, Textilien und Bekleidung
Einfuhr													
Tatsächliche Werte in Mill. DM													
1979	292 040	24 421	851	8 096	2 591	4 278	3 627	53 447	8 124	4 222	1 029	1 658	19 364
1980	341 380	27 617	1 036	9 330	2 138	4 938	3 988	58 586	8 164	5 061	1 226	1 982	21 787
1981	369 179	32 125	971	9 151	2 530	5 510	4 634	58 906	7 963	5 824	1 394	1 982	22 443
1982	376 464	34 588	919	8 921	2 292	5 990	4 856	58 527	7 558	5 911	1 533	1 858	22 596
Volumen in Mill. DM[7])													
1979	270 188	23 574	808	7 762	2 287	3 818	4 094	44 597	6 981	4 255	987	1 513	17 102
1980	276 115	25 374	966	8 339	1 797	4 487	4 202	45 794	6 701	4 938	1 069	1 716	17 895
1981	265 858	26 809	815	7 541	2 045	4 312	4 128	42 729	6 247	4 917	1 118	1 637	16 881
1982	267 690	27 475	718	6 962	1 749	4 471	4 061	41 268	5 761	4 868	1 191	1 606	16 594
Index der tatsächlichen Werte (1976 = 100)													
1979	*131,4*	*145,2*	*122,3*	*139,6*	*199,3*	*145,8*	*152,6*	*138,5*	*128,8*	*125,0*	*138,0*	*159,7*	*132,5*
1980	*153,7*	*164,2*	*148,8*	*160,9*	*164,5*	*168,3*	*167,8*	*151,9*	*129,4*	*149,9*	*164,4*	*190,8*	*149,0*
1981	*166,2*	*191,0*	*139,5*	*157,8*	*194,6*	*187,8*	*195,0*	*152,7*	*126,2*	*172,5*	*186,9*	*190,8*	*153,5*
1982	*169,4*	*205,6*	*132,1*	*153,8*	*176,3*	*204,2*	*204,3*	*151,7*	*119,8*	*175,0*	*205,6*	*178,9*	*154,6*
Index des Volumens (1976 = 100)													
1979	*121,6*	*140,1*	*116,1*	*133,8*	*175,9*	*130,2*	*172,3*	*115,6*	*110,7*	*126,0*	*132,4*	*145,7*	*117,0*
1980	*124,3*	*150,8*	*138,8*	*143,8*	*138,2*	*152,9*	*176,8*	*118,7*	*106,2*	*146,2*	*143,3*	*165,2*	*122,4*
1981	*119,7*	*159,4*	*117,1*	*130,0*	*157,3*	*147,0*	*173,7*	*110,8*	*99,0*	*145,6*	*149,9*	*157,6*	*115,5*
1982	*120,5*	*163,3*	*103,2*	*120,0*	*134,5*	*152,4*	*170,9*	*107,0*	*91,3*	*144,1*	*159,8*	*154,7*	*113,5*
Index der Durchschnittswerte (1976 = 100)													
1979	*108,1*	*103,6*	*105,3*	*104,3*	*113,3*	*112,1*	*88,6*	*119,8*	*116,4*	*99,2*	*104,3*	*109,6*	*113,2*
1980	*123,6*	*108,8*	*107,2*	*111,9*	*119,0*	*110,1*	*94,9*	*127,9*	*121,8*	*102,5*	*114,7*	*115,5*	*121,7*
1981	*138,9*	*119,8*	*119,1*	*121,4*	*123,7*	*127,8*	*112,3*	*137,9*	*127,5*	*118,4*	*124,7*	*121,1*	*133,0*
1982	*140,6*	*125,9*	*128,0*	*128,1*	*131,1*	*134,0*	*119,6*	*141,8*	*131,2*	*121,4*	*128,7*	*115,7*	*136,2*
Ausfuhr													
Tatsächliche Werte in Mill. DM													
1979	314 469	74 524	3 163	35 846	14 851	10 687	3 035	40 832	16 555	5 866	1 274	1 996	6 413
1980	350 328	82 093	3 349	39 655	15 520	11 399	3 735	45 340	17 319	6 380	1 555	2 121	7 078
1981	396 898	96 583	3 949	43 255	20 173	13 101	4 239	48 992	19 349	6 862	1 757	2 178	7 603
1982	427 741	109 584	4 225	45 634	24 737	15 185	4 725	54 422	23 108	7 086	2 001	2 221	8 141
Volumen in Mill. DM[7])													
1979	301 775	69 879	2 499	34 635	12 989	10 095	3 300	36 429	13 986	6 005	1 271	1 666	5 658
1980	314 311	73 035	2 937	36 103	12 059	10 537	4 084	37 433	13 320	6 498	1 629	1 681	5 916
1981	331 031	80 253	3 412	36 337	14 442	11 622	4 571	38 416	13 819	6 675	1 786	1 669	6 029
1982	338 326	84 118	3 275	35 197	15 990	12 485	5 293	40 752	15 788	6 627	1 905	1 656	6 086
Index der tatsächlichen Werte (1976 = 100)													
1979	*122,5*	*109,7*	*107,3*	*104,9*	*134,3*	*119,7*	*111,4*	*125,1*	*130,1*	*106,9*	*124,6*	*123,0*	*130,1*
1980	*136,5*	*120,8*	*113,6*	*116,0*	*140,3*	*127,7*	*137,1*	*138,9*	*136,1*	*116,3*	*152,1*	*130,7*	*143,6*
1981	*154,7*	*142,1*	*134,0*	*126,5*	*182,4*	*146,8*	*155,5*	*150,0*	*152,1*	*125,1*	*171,8*	*134,2*	*154,2*
1982	*166,7*	*161,3*	*143,4*	*133,5*	*223,6*	*170,1*	*173,4*	*166,7*	*181,6*	*129,1*	*195,7*	*136,9*	*165,1*
Index des Volumens (1976 = 100)													
1979	*117,6*	*102,8*	*84,8*	*101,3*	*117,4*	*113,1*	*121,1*	*111,6*	*109,9*	*109,4*	*124,3*	*102,7*	*114,8*
1980	*122,5*	*107,5*	*99,7*	*105,6*	*109,0*	*118,0*	*149,8*	*114,6*	*104,7*	*118,4*	*159,3*	*103,6*	*120,0*
1981	*129,0*	*118,1*	*115,8*	*106,3*	*130,6*	*130,2*	*167,7*	*117,7*	*108,6*	*121,7*	*174,6*	*102,8*	*122,3*
1982	*131,8*	*123,8*	*111,2*	*103,0*	*144,6*	*139,9*	*194,2*	*124,8*	*124,1*	*120,8*	*186,3*	*102,0*	*123,4*
Index der Durchschnittswerte (1976 = 100)													
1979	*104,2*	*106,6*	*126,6*	*103,5*	*114,3*	*105,9*	*92,0*	*112,1*	*118,4*	*97,7*	*100,2*	*119,8*	*113,4*
1980	*111,5*	*112,4*	*114,0*	*109,8*	*128,7*	*108,2*	*91,5*	*121,1*	*130,0*	*98,2*	*95,4*	*126,2*	*119,6*
1981	*119,9*	*120,3*	*115,7*	*119,0*	*139,7*	*112,7*	*92,7*	*127,5*	*140,0*	*102,8*	*98,4*	*130,5*	*126,1*
1982	*126,4*	*130,3*	*129,0*	*129,7*	*154,7*	*121,6*	*89,3*	*133,5*	*146,4*	*106,9*	*105,1*	*134,1*	*133,8*

*) Spezialhandel.
1) Alle Waren (einschl. Investitions- und Verbrauchsgüter).
2) Ohne Bauinvestitionsgüter.
3) Ohne Nahrungs- und Genußmittel.
4) Personenkraftwagen über 2 l, Kombinationskraftwagen über 1,5 l Hubraum, Liefer- und Lastkraftwagen, Zugmaschinen und Anhänger.
5) Einschl. Datenverarbeitungsgeräte und -einrichtungen.
6) Personenkraftwagen bis 2 l, Kombinationskraftwagen bis 1,5 l Hubraum, Krafträder und Fahrräder.
7) Mengen bewertet mit Durchschnittswerten des Jahres 1976.

12.11 Ein- und Ausfuhr nach Ländergruppen*)

Mill. DM

Ländergruppe	Herstellungs- bzw. Verbrauchsland				Einkaufs- bzw. Käuferland			
	1979	1980	1981	1982	1979	1980	1981	1982
				Einfuhr				
Industrialisierte westliche Länder	221 440	254 101	277 963	286 321	249 619	289 414	312 859	321 096
EG-Länder[1])	143 672	160 153	174 784	181 148	158 865	175 777	185 454	193 318
Andere europäische Länder[2])	41 285	49 382	53 700	56 092	47 757	55 216	60 468	63 616
Vereinigte Staaten und Kanada	23 378	29 293	31 666	31 573	32 837	45 616	51 876	49 633
Übrige Länder[3])	13 105	15 273	17 814	17 508	10 161	12 805	15 062	14 529
Entwicklungsländer[4])	54 325	69 557	71 647	68 478	28 931	37 092	40 926	38 740
Afrika	17 784	23 321	22 391	22 119	6 360	8 708	9 542	8 796
Amerika	10 428	11 191	11 200	12 979	7 815	8 148	8 599	9 757
Asien	25 571	34 332	37 418	32 786	14 403	19 796	22 310	19 729
Ozeanien	543	713	637	594	352	441	476	458
dar. OPEC-Länder	26 966	37 417	37 449	32 824	7 785	12 608	15 296	12 203
Staatshandelsländer[5])	16 021	17 493	19 287	21 359	13 236	14 645	15 112	16 323
Europa	14 901	15 672	17 415	19 274	12 377	13 224	13 664	14 687
Asien	1 120	1 821	1 872	2 085	859	1 421	1 448	1 636
Schiffs- und Luftfahrzeugbedarf[6])	254	230	281	305	254	229	281	305
Insgesamt	**292 040**	**341 380**	**369 179**	**376 464**	**292 040**	**341 380**	**369 179**	**376 464**
				Ausfuhr				
Industrialisierte westliche Länder	249 580	277 722	304 917	332 887	253 279	282 155	310 550	338 692
EG-Länder[1])	155 516	171 993	186 034	205 884	155 841	172 512	187 208	207 103
Andere europäische Länder[2])	61 408	71 139	76 185	81 395	64 942	74 665	80 667	86 073
Vereinigte Staaten und Kanada	23 086	23 656	28 716	30 648	23 165	24 304	28 976	30 877
Übrige Länder[3])	9 569	10 935	13 982	14 960	9 331	10 674	13 699	14 640
Entwicklungsländer[4])	45 083	51 723	70 558	72 686	42 525	48 548	66 244	68 097
Afrika	12 188	14 603	18 832	17 960	11 233	13 260	17 185	16 279
Amerika	9 653	11 490	13 755	11 084	9 534	11 034	13 316	10 656
Asien	23 156	25 552	37 877	43 550	21 682	24 189	35 661	41 085
Ozeanien	87	78	94	92	77	65	82	76
dar. OPEC-Länder	19 180	22 814	34 883	38 043	17 642	20 893	31 991	34 909
Staatshandelsländer[5])	18 841	19 399	19 545	20 522	17 700	18 141	18 226	19 306
Europa	15 942	17 223	17 144	18 352	14 970	16 105	16 012	17 362
Asien	2 899	2 176	2 400	2 170	2 730	2 037	2 214	1 944
Schiffs- und Luftfahrzeugbedarf[6])	965	1 484	1 879	1 646	965	1 483	1 878	1 646
Insgesamt	**314 469**	**350 328**	**396 898**	**427 741**	**314 469**	**350 328**	**396 898**	**427 741**
				Einfuhr- (−) bzw. Ausfuhrüberschuß (+)				
Industrialisierte westliche Länder	+28 139	+23 621	+26 953	+46 566	+ 3 660	− 7 259	− 2 309	+17 596
EG-Länder[1])	+11 844	+11 840	+11 250	+24 736	− 3 024	− 3 265	+ 1 754	+13 785
Andere europäische Länder[2])	+20 124	+21 757	+22 485	+25 303	+17 185	+19 449	+20 199	+22 457
Vereinigte Staaten und Kanada	− 293	− 5 637	− 2 949	− 925	− 9 672	−21 312	−22 900	−18 756
Übrige Länder[3])	− 3 536	− 4 339	− 3 832	− 2 548	− 830	− 2 131	− 1 363	+ 111
Entwicklungsländer[4])	− 9 242	−17 834	− 1 090	+ 4 208	+13 594	+11 456	+25 318	+29 357
Afrika	− 5 596	− 8 718	− 3 559	− 4 159	+ 4 872	+ 4 553	+ 7 643	+ 7 483
Amerika	− 775	+ 300	+ 2 555	− 1 895	+ 1 718	+ 2 887	+ 4 717	+ 900
Asien	− 2 415	− 8 780	+ 458	+10 764	+ 7 279	+ 4 393	+13 352	+21 356
Ozeanien	− 456	− 635	− 543	− 502	− 276	− 376	− 394	− 382
dar. OPEC-Länder	− 7 786	−14 603	− 2 567	+ 5 219	+ 9 857	+ 8 284	+16 695	+22 706
Staatshandelsländer[5])	+ 2 820	+ 1 906	+ 258	− 837	+ 4 464	+ 3 496	+ 3 114	+ 2 983
Europa	+ 1 041	+ 1 551	− 270	− 922	+ 2 593	+ 2 881	+ 2 348	+ 2 675
Asien	+ 1 779	+ 355	+ 528	+ 85	+ 1 871	+ 616	+ 766	+ 309
Schiffs- und Luftfahrzeugbedarf[6])	+ 712	+ 1 254	+ 1 598	+ 1 340	+ 712	+ 1 254	+ 1 597	+ 1 340
Insgesamt	**+22 429**	**+ 8 947**	**+27 720**	**+51 277**	**+22 429**	**+ 8 947**	**+27 720**	**+51 277**

*) Spezialhandel. – Die Zuordnung der Länder zu den einzelnen Ländergruppen erfolgte nach dem Stand vom Januar 1982 für alle aufgeführten Berichtsjahre.
[1]) Belgien-Luxemburg, Dänemark, Frankreich, Griechenland, Großbritannien und Nordirland, Irland, Italien, Niederlande.
[2]) Andorra, Färöer, Finnland, Gibraltar, Island, Jugoslawien, Malta, Norwegen, Österreich, Portugal, Schweden, Schweiz, Spanien, Türkei, Vatikanstadt.
[3]) Südafrika, Japan, Australien und Neuseeland.
[4]) Afrika ohne Südafrika, Amerika ohne Vereinigte Staaten und Kanada, Asien ohne Japan und ohne Staatshandelsländer, Ozeanien ohne Neuseeland.
[5]) Albanien, Bulgarien, Dem. Volksrep. Korea, Mongolei, Polen, Rumänien, Sowjetunion, Tschechoslowakei, Ungarn, Vietnam, Volksrep. China.
[6]) Einschl. Polargebiete und Nicht ermittelte Länder.

12.12 Ein- und Ausfuhr nach Erdteilen und Ländern*)

Mill. DM

Herstellungs- bzw. Verbrauchsland	Einfuhr				Ausfuhr			
	1979	1980	1981	1982	1979	1980	1981	1982
Europa	**199 857,7**	**225 206,2**	**245 898,3**	**256 514,3**	**232 867,1**	**260 354,6**	**279 363,0**	**305 630,9**
Albanien	37,6	16,4	35,3	41,0	32,8	37,6	59,6	86,7
Andorra	2,4	4,2	3,1	2,2	33,1	30,1	31,3	28,8
Belgien-Luxemburg	23 402,2	24 461,6	24 674,8	25 480,2	26 753,7	27 481,7	28 907,0	31 081,6
Bulgarien	357,9	324,2	466,4	483,0	721,8	872,4	1 131,1	1 235,3
Dänemark	4 641,4	5 735,2	5 926,9	6 547,1	6 837,1	6 668,4	7 525,8	8 451,6
Färöer	28,5	41,2	54,2	48,8	4,4	4,4	4,7	7,2
Finnland	2 476,1	2 953,9	3 363,8	3 201,2	2 514,3	3 309,4	3 697,1	4 220,1
Frankreich	33 195,2	36 591,0	40 123,8	42 878,0	39 992,1	46 614,8	51 909,9	60 128,7
Gibraltar	0,2	0,2	0,7	0,1	3,7	4,0	8,7	7,5
Griechenland	2 396,8	2 754,2	2 946,5	2 747,7	3 765,2	3 774,2	4 653,0	4 686,2
Großbritannien und Nordirland	17 215,9	22 859,7	27 502,2	27 001,9	21 033,6	22 917,3	26 162,9	31 316,7
Irland	1 174,7	1 520,1	1 724,8	1 837,3	1 302,9	1 327,5	1 685,2	1 700,4
Island	133,2	172,8	150,5	140,4	135,7	187,8	244,4	247,5
Italien	25 803,9	27 083,4	27 562,0	28 710,0	24 534,1	29 935,9	31 306,5	32 374,8
Jugoslawien	2 200,5	2 335,0	2 570,1	2 912,8	5 797,6	5 192,3	5 057,1	4 864,7
Malta	272,7	273,7	297,4	298,0	198,0	228,2	256,5	267,5
Niederlande	35 841,8	39 147,5	44 322,9	45 946,3	31 297,7	33 273,3	33 884,0	36 144,1
Norwegen	5 332,0	7 737,8	9 418,1	9 901,4	3 305,0	4 016,4	4 950,3	5 536,6
Österreich	8 403,9	9 825,4	10 279,3	11 115,1	16 461,2	19 257,4	20 009,7	20 620,4
Polen	2 206,5	2 495,4	2 127,8	2 136,5	2 464,3	2 660,8	2 159,9	2 141,9
Portugal	903,4	1 199,5	1 239,1	1 450,2	1 633,4	2 090,5	2 592,6	2 671,0
Rumänien	1 630,7	1 598,6	1 495,7	1 357,7	1 977,9	1 623,0	1 508,1	911,4
Schweden	6 152,9	7 223,9	7 681,5	7 496,2	9 118,9	10 127,4	10 426,7	11 350,0
Schweiz	10 637,1	12 139,2	12 615,2	12 927,6	16 398,4	20 007,2	20 727,8	21 691,2
Sowjetunion	7 381,2	7 517,4	9 224,8	11 357,7	6 623,7	7 943,2	7 621,4	9 395,0
Spanien	3 840,0	4 410,8	4 662,4	5 036,6	4 457,5	5 068,2	6 283,9	7 462,8
Tschechoslowakei	1 600,3	1 901,1	2 069,4	2 050,7	1 981,6	1 892,0	2 007,5	1 952,9
Türkei	901,7	1 062,7	1 363,7	1 560,0	1 345,5	1 613,6	1 891,3	2 413,6
Ungarn	1 686,6	1 818,6	1 995,2	1 847,6	2 140,2	2 193,9	2 656,6	2 628,6
Vatikanstadt	0,3	1,2	0,6	0,9	1,8	1,9	2,4	6,0
Afrika	**21 425,2**	**26 583,2**	**25 575,3**	**25 194,1**	**15 324,0**	**19 198,0**	**24 992,7**	**24 088,8**
Ägypten	344,4	386,5	633,8	1 052,5	1 509,2	1 857,9	2 540,2	2 774,3
Äquatorialguinea	1,2	7,2	15,2	14,3	1,0	0,9	0,6	4,1
Algerien	3 071,0	4 147,5	5 326,3	3 825,7	2 278,8	2 501,1	2 816,1	3 282,0
Äthiopien	48,6	62,8	89,6	130,5	112,9	101,5	122,8	134,6
Angola	10,1	5,2	52,8	2,8	145,7	187,8	182,3	141,0
Benin	12,0	23,2	8,0	9,8	37,6	28,9	52,6	79,2
Botsuana	2,2	0,9	1,3	12,7	5,1	10,4	5,9	4,4
Brit. Gebiete im Indischen Ozean	—	0,2	0,0	—	0,0	0,1	0,0	0,2
Burundi	28,8	41,4	28,2	72,4	24,0	23,6	27,4	39,6
Ceuta und Melilla	0,6	0,0	0,1	0,0	18,1	15,8	27,3	19,5
Dschibuti[1])	0,6	0,0	0,5	0,1	5,4	6,4	27,8	15,0
Elfenbeinküste	636,7	593,2	524,0	540,3	193,9	219,3	175,3	149,6
Gabun	290,1	415,7	286,7	207,7	43,3	62,2	83,3	80,7
Gambia	0,0	1,5	1,8	1,8	16,1	14,4	16,9	24,1
Ghana	190,2	271,9	187,5	212,7	190,3	210,7	242,7	111,3
Guinea	83,3	119,2	174,5	129,1	13,3	24,2	47,4	26,1
Guinea-Bissau	0,2	0,3	0,1	0,0	5,5	4,0	3,0	5,4
Kamerun	239,8	341,3	621,3	562,1	190,1	156,9	168,0	268,6
Kanarische Inseln	77,4	80,7	125,6	79,7	170,6	184,2	185,4	214,7
Kap Verde	0,1	0,0	0,0	0,2	6,5	6,7	7,5	15,0
Kenia	309,4	345,3	297,1	289,3	258,8	318,6	342,1	270,1
Komoren	5,2	2,7	8,6	7,4	2,9	1,3	2,0	1,2
Kongo	50,4	102,2	262,1	261,1	39,2	43,6	60,0	77,1
Lesotho	4,3	7,8	8,2	9,8	5,6	9,4	12,3	22,4
Liberia	426,4	440,4	476,0	446,0	199,9	260,4	285,5	281,2
Libyen	5 540,5	7 865,8	7 417,1	7 232,0	2 159,6	2 282,5	3 379,9	2 835,0
Madagaskar	50,7	67,9	67,9	65,1	89,1	92,1	86,8	39,3
Malawi	32,8	40,0	42,2	53,4	58,6	41,9	25,5	32,0
Mali	29,9	33,3	25,4	24,2	52,8	46,2	34,6	62,7
Marokko	492,8	506,6	481,9	535,2	418,1	430,6	491,9	521,5
Mauretanien	36,7	38,2	35,9	33,7	23,7	25,7	49,9	45,2
Mauritius	24,4	35,0	51,8	46,9	30,0	32,5	32,9	37,1
Mayotte	—	—	—	—	0,0	0,0	0,0	0,0
Mosambik	16,6	37,6	30,6	29,0	30,0	58,2	50,8	69,9
Niger	82,3	150,7	38,8	0,1	41,4	66,6	102,8	119,8
Nigeria	4 353,7	5 513,1	3 450,6	4 411,4	2 081,3	3 320,3	4 904,4	3 681,0

*) Spezialhandel.

[1]) Ehem. Afar- und Issa-Territorium.

12.12 Ein- und Ausfuhr nach Erdteilen und Ländern*)

Mill. DM

Herstellungs- bzw. Verbrauchsland	Einfuhr				Ausfuhr			
	1979	1980	1981	1982	1979	1980	1981	1982
Obervolta	12,4	11,1	12,8	14,8	16,4	21,9	23,6	26,0
Réunion	0,8	1,4	2,4	1,7	28,7	35,4	34,1	42,4
Ruanda	63,3	34,4	28,3	42,3	25,1	25,6	30,1	32,2
Sambia	182,8	185,1	112,8	139,9	106,7	161,3	150,5	150,4
Sao Tomé und Principe	10,1	17,2	18,6	8,7	1,3	2,7	3,1	2,7
Senegal	31,4	24,2	14,9	54,8	77,3	78,3	73,8	88,4
Seschellen	0,1	0,4	0,4	0,3	4,8	4,4	4,7	3,0
Sierra Leone	21,0	52,6	54,9	50,6	42,2	50,4	45,3	41,3
Simbabwe[1])	—	134,2	219,1	261,5	2,4	45,7	186,7	241,9
Somalia	1,6	2,5	0,4	1,8	35,0	45,7	66,2	74,7
St. Helena	—	0,0	0,0	0,1	0,0	0,0	0,1	0,1
Sudan	65,3	75,7	85,0	81,0	195,4	219,3	241,4	230,5
Südafrika	3 641,5	3 262,5	3 184,0	3 075,5	3 136,2	4 595,0	6 160,5	6 128,9
Swasiland	30,3	23,6	15,1	10,4	2,1	2,1	5,2	6,6
Tansania	147,3	167,4	198,1	198,7	214,4	192,6	192,3	182,2
Togo	61,7	60,2	56,8	35,1	44,4	50,9	43,6	60,6
Tschad	19,1	20,5	34,8	14,7	9,8	5,7	10,3	7,6
Tunesien	400,4	572,2	495,4	584,1	650,1	677,6	806,4	977,0
Uganda	45,2	38,8	38,3	65,3	19,4	48,9	78,1	84,6
Zaire	194,9	207,1	218,5	234,3	246,6	281,3	236,0	215,6
Zentralafrikanische Republik	2,6	6,8	12,9	19,4	7,0	6,1	7,0	6,9
Amerika	**33 806,2**	**40 484,0**	**42 866,3**	**44 552,2**	**32 738,3**	**35 146,2**	**42 471,4**	**41 731,8**
Amerikanische Jungferninseln	0,2	0,3	0,2	0,1	12,4	8,6	11,2	6,0
Antillen, Niederländische	86,8	78,4	127,6	280,0	37,2	65,5	93,8	61,4
Argentinien	1 442,4	1 289,5	1 125,8	1 399,5	1 623,4	2 285,3	2 360,6	1 495,7
Bahamas	635,5	652,6	57,6	15,7	16,9	17,7	107,5	33,4
Barbados	1,1	1,1	1,9	2,5	12,8	11,6	15,8	20,3
Belize	2,4	2,5	2,3	3,2	1,4	0,8	1,7	1,5
Bermuda	8,5	13,2	4,6	11,3	17,0	10,5	51,0	11,7
Bolivien	69,0	50,8	42,5	80,8	119,3	73,2	172,0	63,1
Brasilien	2 531,4	2 908,7	3 449,4	4 191,7	2 379,2	2 798,6	2 277,1	2 162,6
Caimaninseln	1,9	1,9	1,9	0,0	2,8	0,9	0,7	3,2
Chile	1 022,4	1 096,5	1 046,7	1 187,9	490,5	501,8	732,0	481,5
Costa Rica	232,9	212,4	276,7	252,5	97,6	90,1	71,8	56,1
Dominica	.	0,0	0,4	0,0	.	0,3	0,7	0,6
Dominikanische Republik	13,9	14,4	17,0	7,5	48,6	57,9	67,8	59,6
Ecuador	146,9	131,9	139,2	130,6	246,2	247,5	369,3	347,5
El Salvador	439,5	394,4	463,8	365,2	80,4	42,1	51,9	66,1
Falklandinseln	0,1	0,1	0,1	0,0	0,0	0,1	0,1	0,5
Grenada	6,7	4,3	4,8	3,9	1,0	0,4	0,9	2,1
Grönland	43,1	36,1	51,7	47,9	1,9	1,2	1,6	0,8
Guadeloupe	1,6	3,7	2,1	0,8	25,7	28,8	29,5	27,2
Guatemala	250,5	220,0	207,3	162,3	167,9	140,7	175,6	134,7
Guayana, Französisch-	0,2	0,1	0,3	0,4	4,0	3,8	6,3	24,0
Guyana	19,7	40,4	48,0	31,3	9,0	7,6	11,3	21,1
Haiti	11,3	17,6	21,6	32,0	17,2	17,3	18,5	27,5
Honduras	170,6	200,6	163,5	173,3	32,7	35,6	45,3	31,0
Jamaika	12,3	13,3	13,3	12,3	35,7	25,2	53,1	56,2
Kanada	3 104,0	3 603,4	3 278,3	3 360,9	2 326,4	2 178,3	2 740,6	2 528,1
Kolumbien	1 246,3	1 252,6	1 272,4	1 474,5	525,6	527,4	584,0	641,1
Kuba	55,8	105,3	60,6	78,2	192,2	188,1	208,2	155,8
Martinique	13,4	18,9	10,9	21,0	23,7	30,1	27,8	29,8
Mexiko	440,1	584,4	678,8	595,4	1 494,0	2 222,4	3 342,4	2 510,3
Nicaragua	135,7	93,1	80,2	89,8	19,8	28,1	56,2	33,2
Panama	124,2	157,8	218,2	236,2	215,9	165,8	284,3	179,5
Paraguay	117,3	102,8	83,6	73,0	67,6	114,8	94,0	64,7
Peru	255,7	308,6	260,2	326,7	296,0	349,8	853,5	597,8
St. Lucia	.	0,0	0,0	0,0	.	0,8	2,0	1,0
St. Pierre und Miquelon	0,0	0,0	0,1	0,1	1,0	0,6	0,7	0,6
St. Vincent	.	0,0	0,1	0,1	.	0,2	0,7	0,6
Surinam	94,9	160,4	48,9	117,6	22,6	23,9	43,2	33,6
Trinidad und Tobago	98,6	82,6	115,0	144,4	56,7	55,5	57,4	91,4
Turks-, Caicosinseln	0,0	0,0	0,0	—	0,2	0,1	0,2	0,6
Uruguay	244,6	253,2	272,4	225,6	181,3	211,5	222,5	166,1
Venezuela	448,4	684,9	828,1	1 202,2	1 071,3	1 094,1	1 246,5	1 377,0
Vereinigte Staaten	20 274,4	25 689,9	28 387,5	28 212,6	20 759,3	21 477,6	25 975,9	28 120,1
Westindien	1,8	1,4	0,6	1,2	4,0	3,9	4,5	5,1

*) Spezialhandel.

[1]) Ehem. Südrhodesien.

12.12 Ein- und Ausfuhr nach Erdteilen und Ländern*)

Mill. DM

Herstellungs- bzw. Verbrauchsland	Einfuhr				Ausfuhr			
	1979	1980	1981	1982	1979	1980	1981	1982
Asien	**34 602,6**	**46 587,5**	**52 200,4**	**47 517,9**	**30 205,4**	**31 687,5**	**45 035,9**	**50 886,1**
Afghanistan	103,9	109,8	94,3	87,2	75,5	51,4	61,1	57,6
Bahrain	12,8	10,7	12,1	57,6	136,3	83,0	196,3	323,3
Bangladesch	44,2	44,2	31,4	51,3	160,1	116,6	160,5	122,7
Bhutan	—	0,1	0,2	0,1	0,1	0,1	0,4	0,1
Birma	23,2	12,4	11,9	23,7	132,4	115,6	108,6	170,4
Brunei	0,2	0,1	0,4	0,4	14,0	9,6	27,5	20,6
China (Taiwan)	1 608,3	2 162,9	2 392,2	2 251,4	923,8	1 025,8	1 194,5	1 296,5
China, Volksrepublik	975,5	1 467,0	1 728,1	1 699,1	2 734,4	2 078,4	2 286,5	2 068,5
Hongkong	2 676,6	3 189,4	3 294,6	3 409,9	1 012,0	1 066,9	1 305,5	1 389,9
Indien	1 002,0	1 134,8	1 278,6	1 267,9	1 284,8	1 372,2	2 249,4	2 102,1
Indonesien	733,2	703,4	685,5	579,1	746,4	1 092,4	2 574,5	2 790,9
Irak	604,0	1 156,9	176,8	562,5	2 085,0	3 275,6	6 568,3	7 609,7
Iran	4 225,3	3 381,9	1 527,0	1 738,5	2 349,2	2 734,4	3 639,5	3 402,9
Israel	963,7	1 112,1	1 077,1	1 043,8	1 282,4	1 304,2	1 724,4	1 917,0
Japan	7 912,1	10 434,3	12 910,0	12 646,6	4 150,8	3 960,0	4 758,7	5 165,8
Jemen, Arabische Republik	1,3	1,3	1,4	5,1	124,7	137,2	176,0	255,8
Jemen, Demokratische Volksrep.	1,8	2,6	1,1	52,8	24,4	32,9	46,3	42,4
Jordanien	11,0	17,6	13,7	13,3	387,0	469,2	964,6	974,1
Kamputschea	0,0	0,0	—	0,0	1,2	7,1	1,9	0,9
Katar	151,9	96,3	204,8	275,3	152,8	169,5	295,0	363,5
Korea, Republik	1 473,6	1 817,7	2 094,5	2 056,0	1 465,7	958,9	998,3	1 185,1
Korea, Demokratische Volksrep.	133,3	340,6	129,3	373,8	61,9	59,5	67,8	81,1
Kuwait	997,0	685,6	623,1	517,4	691,6	898,7	1 409,4	1 977,2
Laos	0,1	0,6	0,1	0,0	2,9	3,0	1,2	4,8
Libanon	14,1	15,8	12,9	10,0	349,9	445,7	502,2	594,2
Macau	133,9	199,2	224,1	236,3	11,5	6,3	6,8	1,2
Malaysia	1 213,9	1 445,1	1 331,1	1 295,9	709,9	835,1	876,9	995,1
Malediven	0,2	0,0	1,4	0,1	3,0	4,9	5,9	2,6
Mongolei	2,3	1,8	2,4	2,4	2,6	3,6	3,4	2,9
Nepal	15,1	17,0	23,4	28,6	10,0	10,9	16,1	24,8
Oman	94,7	594,9	1 557,5	1 071,8	151,4	153,2	220,9	394,6
Pakistan	253,3	334,7	312,1	327,5	510,8	470,4	667,1	721,9
Philippinen	724,8	740,4	951,2	934,9	464,7	494,8	622,9	619,6
Saudi-Arabien	4 300,0	9 907,0	14 502,9	10 567,6	4 409,8	4 276,3	6 195,6	8 540,8
Singapur	788,9	1 189,5	991,0	984,9	1 063,5	1 296,2	1 515,2	1 847,5
Sri Lanka	112,6	131,3	150,7	160,3	128,7	108,8	176,3	153,4
Syrien	257,3	236,3	337,6	250,2	687,6	818,9	991,5	885,7
Thailand	888,1	1 105,0	1 160,6	1 289,5	590,5	663,6	730,9	717,8
Verein. Arab. Emirate	2 103,9	2 726,9	2 281,1	1 573,3	864,1	859,9	1 400,9	1 754,7
Vietnam	8,7	11,8	12,2	9,5	100,0	34,4	42,8	17,7
Zypern	35,6	48,3	59,7	62,1	148,1	182,6	244,4	289,0
Australien und Ozeanien	**2 094,7**	**2 289,8**	**2 357,3**	**2 380,1**	**2 369,4**	**2 468,8**	**3 165,2**	**3 760,3**
Australien	1 288,7	1 298,1	1 405,6	1 487,9	1 987,3	2 092,5	2 703,9	3 193,5
Fidschi	4,9	9,1	1,6	1,5	6,0	6,8	6,1	7,9
Kiribati¹)	.	0,0	0,0	0,0	.	0,0	0,3	0,9
Nauru	0,0	0,0	0,0	0,0	0,1	0,1	0,1	0,0
Neukaledonien	76,8	108,4	76,3	43,0	16,0	18,6	21,9	17,6
Neuseeland	262,8	278,2	314,4	297,9	294,8	287,1	358,5	471,8
Ozeanien, Amerikanisch-	0,5	0,4	0,1	0,0	2,3	2,2	1,2	1,1
Ozeanien, Australisch-	0,1	0,1	0,2	0,2	0,9	1,1	1,7	3,1
Ozeanien, Neuseeländisch-	0,2	3,2	0,1	0,5	0,8	0,7	0,3	6,2
Papua-Neuguinea	429,2	558,4	512,8	513,2	14,0	21,4	22,2	20,6
Pitcairninseln	.	.	—	—	.	.	0,0	—
Polargebiet	—	—	—	—	0,0	11,0	8,9	2,5
Polynesien, Französisch-	0,1	0,2	0,0	0,2	22,3	23,6	30,4	31,5
Salomonen²)	16,5	14,8	6,7	4,3	1,1	0,4	0,7	0,5
Tonga	0,9	1,5	0,4	0,0	20,7	1,5	6,8	0,2
Tuvalu³)	.	0,0	0,0	0,0	.	0,0	0,0	0,1
Vanuatu⁴)	6,4	7,2	26,2	28,1	1,4	0,5	0,4	0,6
Wallis und Futuna	—	0,0	—	—	0,0	0,0	0,0	0,0
Westsamoa	7,6	10,1	12,8	3,4	1,7	1,3	1,8	2,1
Schiffs- und Luftfahrzeugbedarf	**253,7**	**229,5**	**281,2**	**305,3**	**965,2**	**1 472,6**	**1 870,0**	**1 643,2**
Insgesamt	**292 040,1**	**341 380,3**	**369 178,8**	**376 463,9**	**314 469,4**	**350 327,7**	**396 898,3**	**427 740,9**

*) Spezialhandel.
[1]) Ehem. Gilbert-Inseln.
[2]) Ehem. Britisch-Ozeanien.
[3]) Ehem. Ellice-Inseln.
[4]) Ehem. Neue Hebriden.

Einfuhr 1982

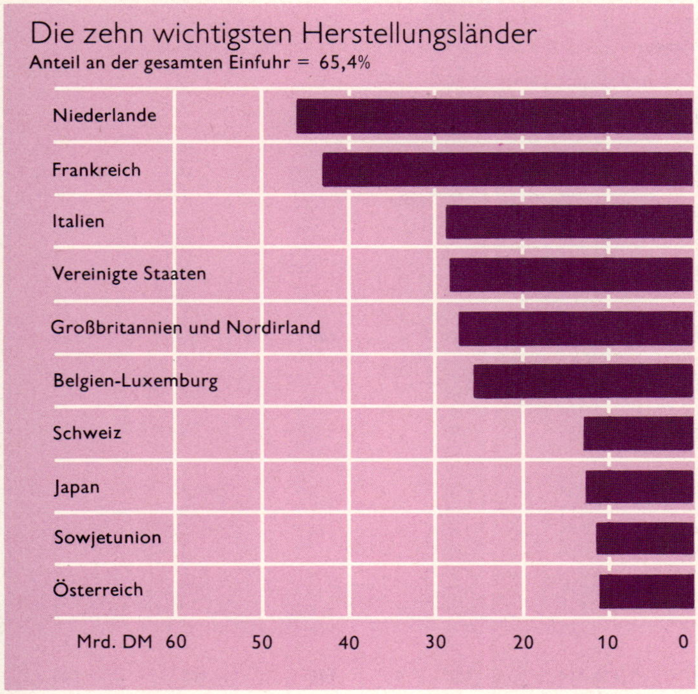

Ausfuhr 1982

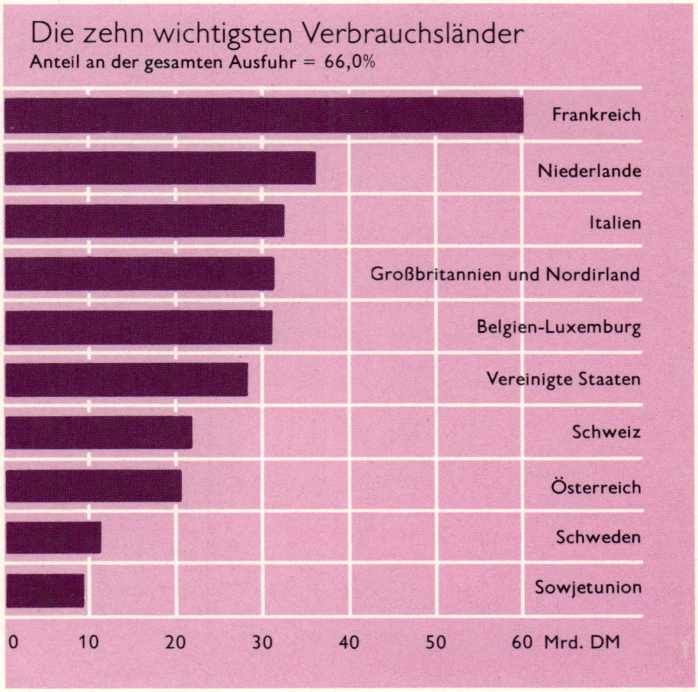

Anteile der Ein- und Ausfuhr 1982 nach Warengruppen

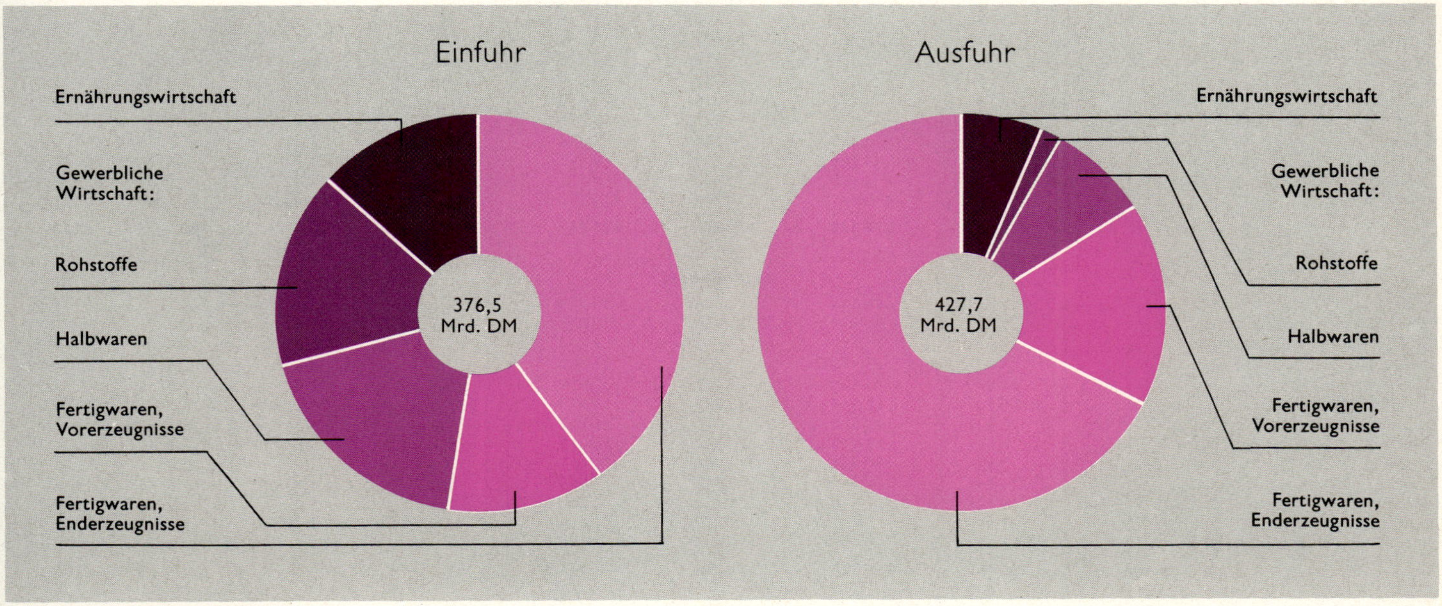

Statistisches Bundesamt 83 0250

12.13 Wichtige Länder der Ein- und Ausfuhr*)

Land	1979	1980	1981	1982	1979	1980	1981	1982
	Mill. DM				%			
Einfuhr								
Herstellungsländer								
Niederlande	35 842	39 147	44 323	45 946	*12,3*	*11,5*	*12,0*	*12,2*
Frankreich	33 195	36 591	40 124	42 878	*11,4*	*10,7*	*10,9*	*11,4*
Italien	25 804	27 084	27 562	28 710	*8,8*	*7,9*	*7,5*	*7,6*
Vereinigte Staaten	20 274	25 690	28 388	28 213	*6,9*	*7,5*	*7,7*	*7,5*
Großbritannien und Nordirland	17 216	22 860	27 502	27 002	*5,9*	*6,7*	*7,4*	*7,2*
Belgien-Luxemburg	23 402	24 468	24 675	25 480	*8,0*	*7,2*	*6,7*	*6,8*
Schweiz	10 637	12 139	12 615	12 928	*3,6*	*3,6*	*3,4*	*3,4*
Japan	7 912	10 434	12 910	12 647	*2,7*	*3,1*	*3,5*	*3,4*
Sowjetunion	7 381	7 517	9 225	11 358	*2,5*	*2,2*	*2,5*	*3,0*
Österreich	8 404	9 825	10 279	11 115	*2,9*	*2,9*	*2,8*	*3,0*
Saudi-Arabien	4 300	9 907	14 503	10 568	*1,5*	*2,9*	*3,9*	*2,8*
Norwegen	5 332	7 738	9 418	9 901	*1,8*	*2,3*	*2,6*	*2,6*
Übrige Herstellungsländer	92 340	107 979	107 655	109 719	*31,6*	*31,6*	*29,2*	*29,1*
Insgesamt	**292 040**	**341 380**	**369 179**	**376 464**	***100***	***100***	***100***	***100***
Einkaufsländer								
Niederlande	37 508	41 188	46 102	47 954	*12,8*	*12,1*	*12,5*	*12,7*
Vereinigte Staaten	30 064	42 459	49 049	46 865	*10,3*	*12,4*	*13,3*	*12,4*
Frankreich	34 677	38 855	41 499	43 940	*11,9*	*11,4*	*11,2*	*11,7*
Großbritannien und Nordirland	28 900	33 733	34 346	34 590	*9,9*	*9,9*	*9,3*	*9,2*
Italien	25 236	26 868	27 516	28 724	*8,6*	*7,9*	*7,5*	*7,6*
Belgien-Luxemburg	24 332	25 056	25 382	27 041	*8,3*	*7,3*	*6,9*	*7,2*
Schweiz	19 051	20 405	21 699	22 854	*6,5*	*6,0*	*5,9*	*6,1*
Österreich	8 626	10 070	10 684	11 500	*3,0*	*2,9*	*2,9*	*3,1*
Japan	6 859	9 186	11 319	10 917	*2,3*	*2,7*	*3,1*	*2,9*
Norwegen	4 047	5 958	7 631	8 272	*1,4*	*1,7*	*2,1*	*2,2*
Sowjetunion	5 437	5 590	6 353	7 518	*1,9*	*1,6*	*1,7*	*2,0*
Schweden	6 257	7 385	7 607	7 465	*2,1*	*2,2*	*2,1*	*2,0*
Übrige Einkaufsländer	61 047	74 628	79 990	78 824	*20,9*	*21,9*	*21,7*	*20,9*
Insgesamt	**292 040**	**341 380**	**369 179**	**376 464**	***100***	***100***	***100***	***100***
Ausfuhr								
Verbrauchsländer								
Frankreich	39 992	46 615	51 910	60 129	*12,7*	*13,3*	*13,1*	*14,1*
Niederlande	31 298	33 273	33 884	36 144	*10,0*	*9,5*	*8,5*	*8,5*
Italien	24 534	29 936	31 306	32 375	*7,8*	*8,5*	*7,9*	*7,6*
Großbritannien und Nordirland	21 034	22 917	26 163	31 317	*6,7*	*6,5*	*6,6*	*7,3*
Belgien-Luxemburg	26 754	27 482	28 907	31 082	*8,5*	*7,8*	*7,3*	*7,3*
Vereinigte Staaten	20 759	21 478	25 976	28 120	*6,6*	*6,1*	*6,5*	*6,6*
Schweiz	16 398	20 007	20 728	21 691	*5,2*	*5,7*	*5,2*	*5,1*
Österreich	16 461	19 257	20 010	20 620	*5,2*	*5,5*	*5,0*	*4,8*
Schweden	9 119	10 127	10 427	11 350	*2,9*	*2,9*	*2,6*	*2,7*
Sowjetunion	6 624	7 943	7 621	9 395	*2,1*	*2,3*	*1,9*	*2,2*
Saudi-Arabien	4 410	4 276	6 196	8 541	*1,4*	*1,2*	*1,6*	*2,0*
Dänemark	6 837	6 668	7 526	8 451	*2,2*	*1,9*	*1,9*	*2,0*
Übrige Verbrauchsländer	90 250	100 347	126 245	128 526	*28,7*	*28,6*	*31,8*	*30,0*
Insgesamt	**314 469**	**350 328**	**396 898**	**427 741**	***100***	***100***	***100***	***100***
Käuferländer								
Frankreich	39 761	46 556	52 084	60 173	*12,6*	*13,3*	*13,1*	*14,1*
Niederlande	31 661	33 634	33 963	35 863	*10,1*	*9,6*	*8,6*	*8,4*
Großbritannien und Nordirland	21 903	23 759	27 852	33 710	*7,0*	*6,8*	*7,0*	*7,9*
Italien	24 121	29 480	30 801	31 888	*7,7*	*8,4*	*7,8*	*7,5*
Belgien-Luxemburg	26 685	27 486	28 818	30 998	*8,5*	*7,8*	*7,3*	*7,2*
Vereinigte Staaten	20 909	22 164	26 330	28 428	*6,6*	*6,3*	*6,6*	*6,6*
Schweiz	20 022	23 661	25 070	26 222	*6,4*	*6,8*	*6,3*	*6,1*
Österreich	16 671	19 413	20 284	20 912	*5,3*	*5,5*	*5,1*	*4,9*
Schweden	9 374	10 457	10 769	11 617	*3,0*	*3,0*	*2,7*	*2,7*
Sowjetunion	6 264	7 459	7 057	8 810	*2,0*	*2,1*	*1,8*	*2,1*
Dänemark	6 724	6 619	7 508	8 244	*2,1*	*1,9*	*1,9*	*1,9*
Saudi-Arabien	3 984	3 917	5 677	7 918	*1,3*	*1,1*	*1,4*	*1,9*
Übrige Käuferländer	86 390	95 723	120 685	122 958	*27,5*	*27,3*	*30,4*	*28,7*
Insgesamt	**314 469**	**350 328**	**396 898**	**427 741**	***100***	***100***	***100***	***100***

*) Spezialhandel. – Geordnet nach der Höhe der Werte von 1982. – Weitere Herstellungs-, Einkaufs-, Verbrauchs- und Käuferländer siehe Tabellen 12.11 und 12.12, S. 265 ff.

12.14 Ein- und Ausfuhr nach Einkaufs- und Käuferländern*)

Mill. DM

Land	Einfuhr nach Einkaufsländern						Ausfuhr nach Käuferländern					
	insgesamt		hergestellt				insgesamt		gemeldet zum Verbrauch			
			im Einkaufsland		in anderen Ländern				im Käuferland		in anderen Ländern	
	1981	1982	1981	1982	1981	1982	1981	1982	1981	1982	1981	1982
Europa	259 586	271 621	223 349	233 855	36 237	37 766	283 887	310 537	271 839	297 688	12 048	12 849
darunter:												
Frankreich	41 499	43 940	38 369	41 152	3 130	2 787	52 084	60 173	50 875	59 069	1 209	1 105
Belgien-Luxemburg	25 382	27 041	22 794	23 859	2 588	3 182	28 818	30 998	28 066	30 278	752	720
Niederlande	46 102	47 954	39 758	41 536	6 345	6 419	33 963	35 863	32 804	34 729	1 159	1 134
Großbritannien und Nordirland	34 346	34 590	22 303	22 369	12 043	12 222	27 852	33 710	25 629	30 798	2 223	2 912
Schweiz	21 699	22 854	12 520	12 827	9 179	10 028	25 070	26 222	20 578	21 553	4 492	4 670
Afrika	12 051	11 117	12 003	11 028	47	89	23 195	22 328	23 103	22 179	92	149
Amerika	60 475	59 389	34 347	34 896	26 128	24 494	42 292	41 533	40 931	40 266	1 361	1 267
dar. Vereinigte Staaten	49 049	46 865	24 215	23 739	24 835	23 126	26 330	28 428	25 421	27 568	909	860
Asien	35 076	32 281	33 768	30 950	1 309	1 331	42 581	48 093	41 855	47 286	726	807
Australien und Ozeanien	1 710	1 750	1 704	1 726	6	24	3 074	3 607	3 048	3 579	26	28
Insgesamt[1])	**369 179**	**376 464**	**305 452**	**312 760**	**63 727**	**63 704**	**396 898**	**427 741**	**382 646**	**412 641**	**14 253**	**15 100**

*) Spezialhandel. – Unmittelbare und mittelbare Ein- und Ausfuhr.

[1]) Einschl. Polargebiete, Schiffs- und Luftfahrzeugbedarf und Nicht ermittelte Länder.

12.15 Ausfuhr nach Herstellungsländern und Warengruppen*)

Jahr / Warengruppe	Insgesamt[1])	Von den Waren wurden hergestellt in (im)										
		Schleswig-Holstein	Hamburg	Niedersachsen	Bremen	Nordrhein-Westfalen	Hessen	Rheinland-Pfalz	Baden-Württemberg	Bayern	Saarland	Berlin (West)
						Mill. DM						
1977	273 614	6 092	7 138	26 398	4 760	83 310	21 505	16 729	45 575	35 419	5 908	4 842
1978	284 907	5 246	7 203	26 614	4 034	87 322	22 970	16 341	47 698	38 013	6 077	5 073
1979	314 469	5 607	7 176	28 510	3 650	95 811	25 304	18 621	53 109	41 999	7 108	5 117
1980	350 328	6 137	8 549	32 886	4 498	100 423	27 835	21 678	59 287	47 179	7 436	5 314
1981	396 898	8 516	9 720	35 705	5 978	111 302	30 466	26 120	66 299	54 524	7 855	6 035
1982	427 741	8 132	10 662	38 121	5 660	116 196	32 395	26 883	72 105	60 598	8 366	6 587
darunter (1982):												
Ernährungswirtschaft	23 871	1 423	1 605	3 621	1 059	3 295	630	1 616	2 134	5 882	158	588
Lebende Tiere	891	14	0	190	1	139	10	6	46	469	1	0
Nahrungsmittel												
tierischen Ursprungs	9 579	835	179	1 633	285	922	135	157	1 040	3 669	78	80
pflanzlichen Ursprungs	9 811	430	1 261	1 687	201	2 045	420	483	965	903	58	359
Genußmittel	3 590	143	165	110	572	188	66	970	84	841	21	149
Gewerbliche Wirtschaft	400 995	6 709	9 057	34 500	4 601	112 901	31 764	25 266	69 971	54 716	8 208	5 999
Rohstoffe	7 220	166	73	719	182	3 467	261	228	336	750	320	58
Halbwaren	34 242	738	1 752	2 539	818	9 974	2 426	1 702	3 042	3 378	915	156
Fertigwaren	359 533	5 805	7 232	31 242	3 601	99 460	29 077	23 337	66 593	50 587	6 974	5 784
Vorerzeugnisse	70 651	671	1 015	5 431	655	31 952	6 073	7 362	5 942	5 986	2 168	241
Enderzeugnisse	288 882	5 133	6 217	25 811	2 945	67 509	23 004	15 975	60 650	44 601	4 806	5 543
						Prozent						
1977	*100*	*2,2*	*2,6*	*9,6*	*1,7*	*30,4*	*7,9*	*6,1*	*16,7*	*12,9*	*2,2*	*1,8*
1978	*100*	*1,8*	*2,5*	*9,3*	*1,4*	*30,6*	*8,1*	*5,7*	*16,7*	*13,3*	*2,1*	*1,8*
1979	*100*	*1,8*	*2,3*	*9,1*	*1,2*	*30,5*	*8,0*	*5,9*	*16,9*	*13,4*	*2,3*	*1,6*
1980	*100*	*1,8*	*2,4*	*9,4*	*1,3*	*28,7*	*7,9*	*6,2*	*16,9*	*13,5*	*2,1*	*1,5*
1981	*100*	*2,1*	*2,4*	*9,0*	*1,5*	*28,0*	*7,7*	*6,6*	*16,7*	*13,7*	*2,0*	*1,5*
1982	*100*	*1,9*	*2,5*	*8,9*	*1,3*	*27,2*	*7,6*	*6,3*	*16,9*	*14,2*	*2,0*	*1,5*
darunter (1982):												
Ernährungswirtschaft	*100*	*6,0*	*6,7*	*15,2*	*4,4*	*13,8*	*2,6*	*6,8*	*8,9*	*24,6*	*0,7*	*2,5*
Lebende Tiere	*100*	*1,6*	*0,0*	*21,4*	*0,1*	*15,7*	*1,1*	*0,6*	*5,2*	*52,6*	*0,1*	*0,0*
Nahrungsmittel												
tierischen Ursprungs	*100*	*8,7*	*1,9*	*17,0*	*3,0*	*9,6*	*1,4*	*1,6*	*10,9*	*38,3*	*0,8*	*0,8*
pflanzlichen Ursprungs	*100*	*4,4*	*12,8*	*17,2*	*2,0*	*20,8*	*4,3*	*4,9*	*9,8*	*9,2*	*0,6*	*3,7*
Genußmittel	*100*	*4,0*	*4,6*	*3,1*	*15,9*	*5,2*	*1,8*	*27,0*	*2,3*	*23,4*	*0,6*	*4,2*
Gewerbliche Wirtschaft	*100*	*1,7*	*2,3*	*8,6*	*1,1*	*28,2*	*7,9*	*6,3*	*17,4*	*13,6*	*2,0*	*1,5*
Rohstoffe	*100*	*2,3*	*1,0*	*10,0*	*2,5*	*48,0*	*3,6*	*3,2*	*4,7*	*10,4*	*4,4*	*0,8*
Halbwaren	*100*	*2,2*	*5,1*	*7,4*	*2,4*	*29,1*	*7,1*	*5,0*	*8,9*	*9,9*	*2,7*	*0,5*
Fertigwaren	*100*	*1,6*	*2,0*	*8,7*	*1,0*	*27,7*	*8,1*	*6,5*	*18,5*	*14,1*	*1,9*	*1,6*
Vorerzeugnisse	*100*	*1,0*	*1,4*	*7,7*	*0,9*	*45,2*	*8,6*	*10,4*	*8,4*	*8,5*	*3,1*	*0,3*
Enderzeugnisse	*100*	*1,8*	*2,2*	*8,9*	*1,0*	*23,4*	*8,0*	*5,5*	*21,0*	*15,4*	*1,7*	*1,9*

*) Spezialhandel.

[1]) Einschl. der aus der Bundesrepublik Deutschland ausgeführten Waren, die in anderen als den nebenstehend genannten Ländern hergestellt oder gewonnen wurden (z.B. Rückwaren) oder deren Herstellungsland nicht festgestellt werden konnte.

12.16 Ein- und Ausfuhr im Generalhandel nach Warengruppen

Jahr	Insgesamt[1]	Ernährungswirtschaft: zusammen	Ernährungswirtschaft: Lebende Tiere	Nahrungsmittel tierischen Ursprungs	Nahrungsmittel pflanzlichen Ursprungs	Genußmittel	Gewerbliche Wirtschaft: zusammen	Rohstoffe	Halbwaren	Fertigwaren: zusammen	Fertigwaren: Vorerzeugnisse	Fertigwaren: Enderzeugnisse
Einfuhr												
Werte in Mill. DM												
1967	71 148	16 884	220	3 380	10 658	2 625	53 328	11 871	11 011	30 446	9 570	20 877
1968	82 261	17 484	272	3 763	10 683	2 766	63 716	13 740	13 686	36 290	12 751	23 539
1969	98 762	19 430	360	4 193	12 094	2 783	78 095	14 604	16 781	46 709	15 859	30 850
1970	111 023	21 439	338	4 893	12 978	3 230	88 136	14 932	17 759	55 445	17 125	38 320
1971	121 200	23 071	319	5 316	14 150	3 286	96 475	16 000	16 403	64 072	18 743	45 329
1972	129 994	25 311	517	6 409	14 796	3 589	103 059	15 993	16 519	70 547	20 789	49 758
1973	146 916	28 417	579	7 209	16 951	3 679	116 813	18 885	21 671	76 257	23 002	53 256
1974	186 632	32 007	510	7 152	20 444	3 901	152 541	34 906	30 977	86 658	26 339	60 320
1975	190 334	33 235	604	7 432	21 144	4 055	154 660	30 750	28 513	95 398	25 642	69 756
1976	229 060	38 771	565	8 801	23 628	5 778	187 427	36 726	35 319	115 382	31 946	83 436
1977	240 774	41 414	606	8 775	24 154	7 879	196 263	35 659	35 975	124 629	33 737	90 892
1978	249 606	40 473	650	9 243	23 777	6 803	205 814	31 448	38 594	135 772	35 644	100 128
1979	298 418	42 063	678	9 499	24 791	7 096	252 707	43 464	50 735	158 508	42 738	115 770
1980	350 590	46 085	657	10 413	27 331	7 683	300 194	60 407	61 136	178 652	45 913	132 740
1981	379 512	50 392	690	11 467	30 107	8 128	324 429	64 961	67 848	191 619	46 635	144 984
1982	385 588	52 149	651	12 254	30 619	8 624	328 187	60 174	70 706	197 307	48 106	149 201
Prozent												
1967	*100*	*23,7*	*0,3*	*4,8*	*15,0*	*3,7*	*75,0*	*16,7*	*15,5*	*42,8*	*13,4*	*29,3*
1968	*100*	*21,3*	*0,3*	*4,6*	*13,0*	*3,4*	*77,5*	*16,7*	*16,6*	*44,1*	*15,5*	*28,6*
1969	*100*	*19,7*	*0,4*	*4,2*	*12,2*	*2,8*	*79,1*	*14,8*	*17,0*	*47,3*	*16,1*	*31,2*
1970	*100*	*19,3*	*0,3*	*4,4*	*11,7*	*2,9*	*79,4*	*13,4*	*16,0*	*49,9*	*15,4*	*34,5*
1971	*100*	*19,0*	*0,3*	*4,4*	*11,7*	*2,7*	*79,6*	*13,2*	*13,5*	*52,9*	*15,5*	*37,4*
1972	*100*	*19,5*	*0,4*	*4,9*	*11,4*	*2,8*	*79,3*	*12,3*	*12,7*	*54,3*	*16,0*	*38,3*
1973	*100*	*19,3*	*0,4*	*4,9*	*11,5*	*2,5*	*79,5*	*12,9*	*14,8*	*51,9*	*15,7*	*36,2*
1974	*100*	*17,1*	*0,3*	*3,8*	*11,0*	*2,1*	*81,7*	*18,7*	*16,6*	*46,4*	*14,1*	*32,3*
1975	*100*	*17,5*	*0,3*	*3,9*	*11,1*	*2,1*	*81,3*	*16,2*	*15,0*	*50,1*	*13,5*	*36,6*
1976	*100*	*16,9*	*0,2*	*3,8*	*10,3*	*2,5*	*81,8*	*16,0*	*15,4*	*50,4*	*13,9*	*36,4*
1977	*100*	*17,2*	*0,3*	*3,6*	*10,0*	*3,3*	*81,5*	*14,8*	*14,9*	*51,8*	*14,0*	*37,7*
1978	*100*	*16,2*	*0,3*	*3,7*	*9,5*	*2,7*	*82,5*	*12,6*	*15,5*	*54,4*	*14,3*	*40,1*
1979	*100*	*14,1*	*0,2*	*3,2*	*8,3*	*2,4*	*84,7*	*14,6*	*17,0*	*53,1*	*14,3*	*38,8*
1980	*100*	*13,1*	*0,2*	*3,0*	*7,8*	*2,2*	*85,6*	*17,2*	*17,4*	*51,0*	*13,1*	*37,9*
1981	*100*	*13,3*	*0,2*	*3,0*	*7,9*	*2,1*	*85,5*	*17,1*	*17,9*	*50,5*	*12,3*	*38,2*
1982	*100*	*13,5*	*0,2*	*3,2*	*7,9*	*2,2*	*85,1*	*15,6*	*18,3*	*51,2*	*12,5*	*38,7*
Ausfuhr												
Werte in Mill. DM												
1967	88 075	2 856	212	793	1 175	676	84 815	2 914	7 703	74 198	16 696	57 501
1968	100 520	3 353	246	1 008	1 351	748	96 699	3 214	8 706	84 778	18 352	66 426
1969	114 574	4 039	376	1 241	1 639	782	109 944	3 157	9 042	97 745	21 229	76 516
1970	126 292	4 746	432	1 374	2 111	829	120 843	3 253	9 705	107 885	23 124	84 761
1971	137 069	5 421	457	1 933	2 126	904	130 880	3 325	10 616	116 940	23 968	92 971
1972	150 118	6 298	706	1 963	2 623	1 005	142 927	3 464	10 549	128 914	25 949	102 965
1973	179 675	8 383	692	2 486	3 987	1 218	170 304	4 166	13 399	152 739	33 456	119 283
1974	233 998	11 318	408	3 475	6 127	1 307	221 442	5 696	20 943	194 803	51 397	143 406
1975	226 125	12 277	700	3 888	6 209	1 481	212 440	5 459	16 784	190 197	40 619	149 578
1976	261 753	13 636	571	4 104	6 982	1 979	246 662	5 933	19 129	221 599	45 982	175 617
1977	278 504	15 481	456	5 043	7 467	2 514	261 375	5 932	18 738	236 705	46 981	189 724
1978	289 795	15 377	509	5 272	7 126	2 470	272 602	6 469	21 061	245 072	50 261	194 811
1979	321 121	17 404	527	6 557	7 512	2 807	301 583	7 276	26 173	268 134	59 137	208 997
1980	357 449	20 605	596	7 666	9 112	3 230	334 344	7 782	31 027	295 535	63 198	232 337
1981	405 438	25 686	795	9 306	11 623	3 962	377 023	8 257	34 147	334 619	69 711	264 908
1982	436 462	26 227	891	9 693	11 377	4 266	407 361	7 864	34 964	364 533	71 397	293 137
Prozent												
1967	*100*	*3,2*	*0,2*	*0,9*	*1,3*	*0,8*	*96,3*	*3,3*	*8,7*	*84,2*	*19,0*	*65,3*
1968	*100*	*3,3*	*0,2*	*1,0*	*1,3*	*0,7*	*96,2*	*3,2*	*8,7*	*84,3*	*18,3*	*66,1*
1969	*100*	*3,5*	*0,3*	*1,1*	*1,4*	*0,7*	*96,0*	*2,8*	*7,9*	*85,3*	*18,5*	*66,8*
1970	*100*	*3,8*	*0,3*	*1,1*	*1,7*	*0,7*	*95,7*	*2,6*	*7,7*	*85,4*	*18,3*	*67,1*
1971	*100*	*4,0*	*0,3*	*1,4*	*1,6*	*0,7*	*95,5*	*2,4*	*7,7*	*85,3*	*17,5*	*67,8*
1972	*100*	*4,2*	*0,5*	*1,3*	*1,7*	*0,7*	*95,2*	*2,3*	*7,0*	*85,9*	*17,3*	*68,6*
1973	*100*	*4,7*	*0,4*	*1,4*	*2,2*	*0,7*	*94,8*	*2,3*	*7,5*	*85,0*	*18,6*	*66,4*
1974	*100*	*4,8*	*0,2*	*1,5*	*2,6*	*0,6*	*94,6*	*2,4*	*9,0*	*83,2*	*22,0*	*61,3*
1975	*100*	*5,4*	*0,3*	*1,7*	*2,7*	*0,7*	*93,9*	*2,4*	*7,4*	*84,1*	*18,0*	*66,1*
1976	*100*	*5,2*	*0,2*	*1,6*	*2,7*	*0,8*	*94,2*	*2,3*	*7,3*	*84,7*	*17,6*	*67,1*
1977	*100*	*5,6*	*0,2*	*1,8*	*2,7*	*0,9*	*93,8*	*2,1*	*6,7*	*85,0*	*16,9*	*68,1*
1978	*100*	*5,3*	*0,2*	*1,8*	*2,5*	*0,9*	*94,1*	*2,2*	*7,3*	*84,6*	*17,3*	*67,2*
1979	*100*	*5,4*	*0,2*	*2,0*	*2,3*	*0,9*	*93,9*	*2,3*	*8,2*	*83,5*	*18,4*	*65,1*
1980	*100*	*5,8*	*0,2*	*2,1*	*2,5*	*0,9*	*93,5*	*2,2*	*8,7*	*82,7*	*17,7*	*65,0*
1981	*100*	*6,3*	*0,2*	*2,3*	*2,9*	*1,0*	*93,0*	*2,0*	*8,4*	*82,5*	*17,2*	*65,3*
1982	*100*	*6,0*	*0,2*	*2,2*	*2,6*	*1,0*	*93,3*	*1,8*	*8,0*	*83,5*	*16,4*	*67,2*

[1]) Rückwaren und Ersatzlieferungen sind nicht in den einzelnen Warengruppen, sondern nur in der Gesamtein- bzw. -ausfuhr enthalten.

12.17 Einfuhr im Generalhandel nach Verkehrszweigen*)

Jahr	Insgesamt¹)	Eisenbahnverkehr	Straßenverkehr	Binnenschiffsverkehr	Seeverkehr	Luftverkehr	Rohrleitungsverkehr	Postverkehr
				Mengen				
				1 000 Tonnen				
1978	361 627	25 375	46 515	89 288	100 208	261	98 264	4
1979	394 199	28 099	49 967	89 173	113 939	232	110 932	8
1980	383 869	28 751	51 231	87 360	108 715	242	105 830	5
1981	348 316	27 087	52 427	82 971	89 895	243	94 225	4
1982	331 597	23 901	51 985	80 728	82 675	178	90 582	4
				Prozent				
1978	*100*	*7,0*	*12,9*	*24,7*	*27,7*	*0,1*	*27,2*	*0,0*
1979	*100*	*7,1*	*12,7*	*22,6*	*28,9*	*0,1*	*28,1*	*0,0*
1980	*100*	*7,5*	*13,3*	*22,8*	*28,3*	*0,1*	*27,6*	*0,0*
1981	*100*	*7,8*	*15,1*	*23,8*	*25,8*	*0,1*	*27,1*	*0,0*
1982	*100*	*7,2*	*15,7*	*24,3*	*24,9*	*0,1*	*27,3*	*0,0*
				Werte²)				
				Mill. DM				
1978	249 613	25 206	108 320	20 107	52 002	16 826	19 624	1 796
1979	298 427	27 701	123 539	24 250	65 666	20 430	27 909	2 265
1980	350 607	28 986	138 237	26 463	79 936	25 077	41 277	2 447
1981	379 531	28 051	146 200	29 675	86 099	27 569	50 563	2 431
1982	385 613	26 982	151 817	31 024	79 775	32 548	50 640	2 147
				Prozent				
1978	*100*	*10,1*	*43,4*	*8,1*	*20,8*	*6,7*	*7,9*	*0,7*
1979	*100*	*9,3*	*41,4*	*8,1*	*22,0*	*6,8*	*9,4*	*0,8*
1980	*100*	*8,3*	*39,4*	*7,5*	*22,8*	*7,2*	*11,8*	*0,7*
1981	*100*	*7,4*	*38,5*	*7,8*	*22,7*	*7,3*	*13,3*	*0,6*
1982	*100*	*7,0*	*39,4*	*8,0*	*20,7*	*8,4*	*13,1*	*0,6*

*) Nachgewiesen im Zeitpunkt des Grenzüberganges.
¹) Einschl. Warenverkehrsvorgänge, die nicht zugeordnet werden.
²) Die Abweichungen gegenüber den Tabellen 12.16 und 12.18 sind auf die verschiedenartige Rundung der Einzelzahlen zurückzuführen.

12.18 Einfuhr im Generalhandel nach Zielländern und Warengruppen

Jahr / Warengruppe	Insgesamt¹)	Von den Waren wurden eingeführt nach (dem)										
		Schleswig-Holstein	Hamburg	Niedersachsen	Bremen	Nordrhein-Westfalen	Hessen	Rheinland-Pfalz	Baden-Württemberg	Bayern	Saarland	Berlin (West)
						Mill. DM						
1980	350 590	7 905	37 833	28 679	9 329	103 250	36 216	16 947	46 540	46 973	5 850	4 386
1981	379 512	9 099	41 174	32 160	10 905	109 070	37 592	18 116	50 106	53 060	6 333	4 478
1982	385 588	8 953	44 985	32 527	11 522	109 228	36 826	17 888	49 840	53 423	6 251	4 875
darunter (1982):												
Ernährungswirtschaft	52 149	1 408	10 833	4 834	4 738	14 145	2 502	2 232	4 531	4 263	869	1 751
Lebende Tiere	651	33	3	110	15	333	13	31	42	66	2	2
Nahrungsmittel												
tierischen Ursprungs	12 254	458	1 620	1 265	605	4 751	669	299	781	1 091	452	260
pflanzlichen Ursprungs	30 619	705	7 067	3 228	1 293	8 428	1 495	1 133	3 319	2 575	344	1 005
Genußmittel	8 624	212	2 143	232	2 824	633	325	769	389	531	71	484
Gewerbliche Wirtschaft	328 187	7 546	34 152	27 692	6 784	95 082	34 324	15 656	45 308	49 161	5 382	3 124
Rohstoffe	60 174	2 350	7 536	5 842	1 468	17 209	1 853	3 294	7 780	11 258	1 402	176
Halbwaren	70 706	1 257	4 943	9 369	1 049	25 473	7 212	4 454	7 504	7 951	554	600
Fertigwaren	197 307	3 939	21 673	12 481	4 266	52 400	25 259	7 907	30 023	29 952	3 427	2 347
Vorerzeugnisse	48 106	886	2 692	3 176	664	16 210	6 406	3 285	7 304	6 146	751	547
Enderzeugnisse	149 201	3 053	18 981	9 306	3 602	36 190	18 853	4 622	22 719	23 806	2 676	1 801
						Prozent						
1980	*100*	*2,3*	*10,8*	*8,2*	*2,7*	*29,5*	*10,3*	*4,8*	*13,3*	*13,4*	*1,7*	*1,3*
1981	*100*	*2,4*	*10,8*	*8,5*	*2,9*	*28,7*	*9,9*	*4,8*	*13,2*	*14,0*	*1,7*	*1,2*
1982	*100*	*2,3*	*11,7*	*8,4*	*3,0*	*28,3*	*9,6*	*4,6*	*12,9*	*13,9*	*1,6*	*1,3*
darunter (1982):												
Ernährungswirtschaft	*100*	*2,7*	*20,8*	*9,3*	*9,1*	*27,1*	*4,8*	*4,3*	*8,7*	*8,2*	*1,7*	*3,4*
Lebende Tiere	*100*	*5,1*	*0,4*	*16,9*	*2,4*	*51,2*	*2,0*	*4,8*	*6,5*	*10,1*	*0,3*	*0,3*
Nahrungsmittel												
tierischen Ursprungs	*100*	*3,7*	*13,2*	*10,3*	*4,9*	*38,8*	*5,5*	*2,4*	*6,4*	*8,9*	*3,7*	*2,1*
pflanzlichen Ursprungs	*100*	*2,3*	*23,1*	*10,5*	*4,2*	*27,5*	*4,9*	*3,7*	*10,8*	*8,4*	*1,1*	*3,3*
Genußmittel	*100*	*2,5*	*24,9*	*2,7*	*32,7*	*7,3*	*3,8*	*8,9*	*4,5*	*6,2*	*0,8*	*5,6*
Gewerbliche Wirtschaft	*100*	*2,3*	*10,4*	*8,4*	*2,1*	*29,0*	*10,5*	*4,8*	*13,8*	*15,0*	*1,6*	*1,0*
Rohstoffe	*100*	*3,9*	*12,5*	*9,7*	*2,4*	*28,6*	*3,1*	*5,5*	*12,9*	*18,7*	*2,3*	*0,3*
Halbwaren	*100*	*1,8*	*7,0*	*13,3*	*1,5*	*36,0*	*10,2*	*6,3*	*10,6*	*11,2*	*0,8*	*0,8*
Fertigwaren	*100*	*2,0*	*11,0*	*6,3*	*2,2*	*26,6*	*12,8*	*4,0*	*15,2*	*15,2*	*1,7*	*1,2*
Vorerzeugnisse	*100*	*1,8*	*5,6*	*6,6*	*1,4*	*33,7*	*13,3*	*6,8*	*15,2*	*12,8*	*1,6*	*1,1*
Enderzeugnisse	*100*	*2,0*	*12,7*	*6,2*	*2,4*	*24,3*	*12,6*	*3,1*	*15,2*	*16,0*	*1,8*	*1,2*

¹) Einschl. der für die Deutsche Demokratische Republik und Berlin (Ost) und der zur Wiederausfuhr bestimmten Einfuhr sowie der Einfuhren, bei denen die Zielländer nicht ermittelt werden konnten.

12.19 Ein- und Ausfuhr im Lagerverkehr

Jahr	Einfuhr auf Lager		Einfuhr aus Lager		Ausfuhr aus Lager	
	Mill. DM	%[1])	Mill. DM	%[2])	Mill. DM	%[3])
1967	4 110	5,8	3 146	4,5	1 030	1,2
1968	4 266	5,2	3 183	3,9	969	1,0
1969	4 123	4,2	3 333	3,4	1 018	0,9
1970	4 689	4,2	3 272	3,0	1 016	0,8
1971	4 519	3,7	3 437	2,9	1 058	0,8
1972	4 742	3,6	3 493	2,7	1 096	0,7
1973	5 034	3,4	3 535	2,4	1 278	0,7
1974	13 099	7,0	6 199	3,4	3 420	1,5
1975	14 484	7,6	8 462	4,6	4 536	2,0
1976	18 157	7,9	11 271	5,1	5 111	2,0
1977	19 471	8,1	13 875	5,9	4 890	1,8
1978	18 835	7,5	12 936	5,3	4 888	1,7
1979	20 665	6,9	14 287	4,9	6 651	2,1
1980	25 406	7,2	16 196	4,7	7 121	2,0
1981	28 802	7,6	18 470	5,0	8 540	2,1
1982	29 060	7,5	19 936	5,3	8 721	2,0

[1]) Anteil der Einfuhr am Generalhandel.
[2]) Anteil der Einfuhr am Spezialhandel.
[3]) Anteil der Ausfuhr am Generalhandel.

12.20 Ein- und Ausfuhr im Veredelungsverkehr

Jahr	Aktiver Veredelungsverkehr								Passiver Veredelungsverkehr			
	Einfuhr zur				Ausfuhr nach				Ausfuhr zur		Einfuhr nach	
	Eigenveredelung		Lohnveredelung		Eigenveredelung		Lohnveredelung		Veredelung			
	Mill. DM	%[1])	Mill. DM	%[1])	Mill. DM	%[1])	Mill. DM	%[1])	Mill. DM	%[1])	Mill. DM	%[1])
1967	3 096	4,4	828	1,2	13 307	15,3	1 189	1,4	1 597	1,8	1 834	2,6
1968	2 114	2,6	811	1,0	13 214	13,3	1 177	1,2	1 035	1,0	1 184	1,5
1969	1 801	1,8	790	0,8	10 877	9,6	1 033	0,9	545	0,5	700	0,7
1970	2 197	2,0	637	0,6	11 841	9,5	945	0,8	650	0,5	910	0,8
1971	2 085	1,7	642	0,5	13 986	10,3	911	0,7	901	0,7	1 177	1,0
1972	1 918	1,5	761	0,6	15 468	10,4	1 040	0,7	1 066	0,7	1 465	1,1
1973	2 265	1,6	867	0,6	16 621	9,3	1 294	0,7	1 310	0,7	1 762	1,2
1974	3 077	1,7	1 042	0,6	19 766	8,6	1 423	0,6	1 615	0,7	2 150	1,2
1975	3 025	1,6	1 159	0,6	18 533	8,4	1 640	0,7	1 619	0,7	2 390	1,3
1976	4 426	2,0	1 245	0,6	22 048	8,6	1 675	0,7	1 776	0,7	2 594	1,2
1977	4 862	2,1	1 207	0,5	21 977	8,0	1 735	0,6	1 548	0,6	2 352	1,0
1978	3 692	1,5	1 095	0,4	16 597	5,8	1 318	0,5	1 432	0,5	2 190	0,9
1979	4 619	1,6	953	0,3	16 827	5,4	1 120	0,4	1 626	0,5	2 622	0,9
1980	5 955	1,7	1 002	0,3	19 295	5,5	1 123	0,3	1 749	0,5	2 937	0,9
1981	8 595	2,3	1 125	0,3	23 478	5,9	1 236	0,3	1 740	0,4	2 850	0,8
1982	13 201	3,5	1 361	0,4	29 507	6,9	1 366	0,3	1 967	0,5	2 867	0,8

[1]) Anteil der Ein- bzw. Ausfuhr am Spezialhandel.

12.21 Durchfuhr im Seeverkehr und Seeumschlag

1 000 t

Jahr	Insgesamt	Kapitel und Warenbenennung des Einheitlichen Güterverzeichnisses für die Verkehrsstatistik der EG (NST)									
		0	1	2	3	4	5	6	7	8	9
		Land- und forstw. Erzeugnisse, lebende Tiere[1])	Andere Nahrungs- und Futtermittel	Feste mineralische Brennstoffe	Erdöl, Mineralölerzeugnisse, Gas	Erze und Metallabfälle	Eisen, Stahl und NE-Metalle (einschl. Halbzeug)	Steine und Erden, Baustoffe	Düngemittel	Chemische Erzeugnisse	Fahrzeuge, Maschinen[2])
					Eingang von See						
1980	4 999	1 119	654	68	3	34	167	148	1 258	369	1 178
1981	4 382	924	592	55	5	34	144	120	1 138	308	1 062
1982	4 204	931	570	—	2	24	182	119	848	350	1 178
					Ausgang nach See						
1980	3 906	692	564	0	12	6	597	188	82	466	1 298
1981	4 097	680	630	—	13	6	702	172	42	526	1 326
1982	4 190	706	643	—	22	7	590	198	21	604	1 399
					Seeumschlag						
1980	2 296	711	616	1	39	32	80	45	4	206	562
1981	3 233	1 175	663	1	68	64	105	52	9	238	858
1982	2 505	587	713	—	7	23	108	46	9	297	715

[1]) Ohne das Gewicht für Pferde.
[2]) Einschl. sonstiger Halb- und Fertigwaren sowie besonderer Transportgüter. – Ohne das Gewicht für Wasserfahrzeuge.

13 Verkehr

13.0 Vorbemerkung

Die verkehrsstatistischen Daten werden für die einzelnen Verkehrsträger getrennt erfaßt, aufbereitet und dargestellt. Der Nachweis von Transportketten, d. h. die Bestimmung des ursprünglichen Versandortes oder des Endzielortes bei Wechsel des Transportmittels, ist deshalb nicht möglich. Auch die Addition der Ergebnisse des Personen- oder des Güterverkehrs der Verkehrszweige (insbesondere in den beiden zusammenfassenden Tabellen 13.1 und 13.2) ist nicht sinnvoll, weil in den Summen in unbekannter Höhe Mehrfachzählungen durch Umsteigen oder Umladen enthalten wären. Ausführliche methodische Erläuterungen sowie fachlich und regional tiefer gegliederte Ergebnisse enthalten die Veröffentlichungen der Fachserie 8 »Verkehr« (siehe hierzu auch »Fundstellennachweis«, S. 750ff.).

Erhebungsgebiet in der Verkehrsstatistik ist das Bundesgebiet. **Grenzüberschreitender Verkehr** ist der Verkehr des Erhebungsgebietes mit Gebieten außerhalb des Erhebungsgebietes sowie außerhalb der Deutschen Demokratischen Republik und Berlin (Ost). **Durchgangsverkehr** ist der Verkehr zwischen Gebieten außerhalb des Erhebungsgebietes durch das Erhebungsgebiet. Es wird der ungebrochene Durchgangsverkehr (= ohne Wechsel des Transportmittels) nachgewiesen; ausgenommen hiervon ist der Güterverkehr mit Luftfahrzeugen, bei dem auch der gebrochene Durchgangsverkehr nachgewiesen wird.

Die Abgrenzung der **Warenarten** (Güterhauptgruppen) erfolgt auf der Grundlage des »Güterverzeichnisses für die Verkehrsstatistik, Ausgabe 1969«. Die regionale Aufteilung des Bundesgebietes in **Verkehrsbezirke** richtet sich nach dem »Verzeichnis der Verkehrsbezirke und Häfen, Ausgabe 1980«. Die Ergebnisse für die Jahre bis 1979 wurden nach dem Verkehrsbezirksverzeichnis von 1969 nachgewiesen und sind regional nur noch in der Zusammenfassung nach Bundesländern mit den Ergebnissen späterer Jahre vergleichbar.

Das **Gewicht** der beförderten Güter wird als Bruttogewicht erfaßt.

Tonnenkilometer sind eine Maßeinheit für Verkehrsleistungen im Güterverkehr (Gewicht mal Transportweite).

Eisenbahnverkehr

Die **Eisenbahnstatistik** erfaßt die Unternehmen, die dem öffentlichen Verkehr dienende Eisenbahnen betreiben (Deutsche Bundesbahn und nichtbundeseigene Eisenbahnen), und erstreckt sich nur auf den Schienenverkehr. Neben Bestandszahlen (Eisenbahnnetz, Fahrzeugbestand) werden Verkehrsleistungen (in Personen-, Expreßgut-, Güter- und Großcontainerverkehr gegliedert) nachgewiesen.

Straßenverkehr

Im Rahmen der Erhebungen über den Straßenverkehr werden der Straßen- und Kraftfahrzeugbestand, der gewerbliche Personenverkehr und der Güterverkehr mit Kraftfahrzeugen erfaßt.

Die **öffentlichen Straßen** werden unterschieden nach solchen des überörtlichen Verkehrs (Bundesautobahnen, Bundes-, Land(es)- bzw. Staats-, Kreisstraßen) und Gemeindestraßen. Die Länge der Straßen des überörtlichen Verkehrs wird jährlich, die Fahrbahnbreite und Deckenart in mehrjährigen Abständen ermittelt. Für Gemeindestraßen liegen entsprechende Angaben zuletzt für 1976 vor.

Der **Bestand an Kraftfahrzeugen** mit seinen Veränderungen (Neuzulassungen, Besitzumschreibungen, Löschungen) wird aus der Zentraldatei beim Kraftfahrt-Bundesamt ermittelt, die ihrerseits auf den Meldungen der Kraftfahrzeug-Zulassungsstellen basiert. Die Unternehmensstatistik im gewerblichen Personenverkehr (ohne Taxi- und Mietwagenverkehr) erfaßt den verfügbaren Bestand.

Der **Personenverkehr** wird aufgrund der Meldungen der Straßenbahn- (einschl. Stadt-, Hoch- und U-Bahn), Obus- und Kraftomnibusunternehmen mit Sitz im Bundesgebiet (einschl. Deutsche Bundesbahn und Deutsche Bundespost) zusammengestellt. Dabei wird nicht die Zahl der Personen gezählt, sondern jeder einzelne Beförderungsfall. Der Individualverkehr (Personenverkehr mit Personenkraftwagen, Krafträdern und Mopeds) wird nicht amtlich ermittelt, aber jährlich vom Bundesministerium für Verkehr geschätzt. (Beförderte Personen 1981: 27,0 Mrd., Personenkilometer 1981: 444,0 Mrd.)

Beim **Güterverkehr** mit Kraftfahrzeugen wird nach Nah- und Fernverkehr unterschieden. Nahverkehr ist jede Beförderung von Gütern innerhalb der Grenzen eines Gemeindebezirks oder innerhalb der Nahzone. Die Nahzone umschließt das Gebiet innerhalb eines Umkreises von 50 km Luftlinie um den Standort des Fahrzeuges; der Verkehr über die Grenzen der Nahzone hinaus oder außerhalb der Nahzone gilt als Fernverkehr. Der Straßengüternahverkehr innerhalb des Bundesgebietes wird nur in mehrjährigen Abständen ermittelt und für die Zwischenjahre geschätzt. Die hier nachgewiesenen Ergebnisse für den Fernverkehr umfassen die Verkehrsleistungen deutscher (mit Ausnahme der in der Deutschen Demokratischen Republik und Berlin (Ost) beheimateten) und ausländischer Lastkraftfahrzeuge, soweit diese das Bundesgebiet berühren.

Binnenschiffahrt

Als regelmäßig von der gewerblichen Schiffahrt befahrene **Wasserstraßen** werden Flüsse und Kanäle nachgewiesen, die von Schiffen mit mindestens 50 t Tragfähigkeit benutzt werden können.

Der **Schiffsbestand** der Binnenflotte umfaßt alle in der Bundesrepublik Deutschland registrierten Schiffe (ohne Fährschiffe) und wird aufgrund der beim Statistischen Bundesamt geführten Bestandskartei ermittelt; die Unternehmensstatistik weist demgegenüber die für den Güter- und Personenverkehr verfügbaren Schiffe (ohne Fähr- und Hafenschiffe) nach.

Der **Güterverkehr** umfaßt die Transporte deutscher und ausländischer Schiffe auf den Binnenwasserstraßen des Bundesgebietes sowie den Umschlag in den Häfen und sonstigen Lade- und Löschplätzen einschließlich des Seeverkehrs der Binnenhäfen mit Seehäfen des Bundesgebietes und mit Häfen außerhalb des Bundesgebietes (Binnen-See-Verkehr). Nicht angeschrieben werden u. a. der Leichterverkehr, der Verkehr von Binnenfischereifahrzeugen, von Baggerfahrzeugen sowie die Gütertransporte für den Eigenbedarf der Schiffe.

Seeschiffahrt

Der **Bestand an Seeschiffen** umfaßt die unter der Flagge der Bundesrepublik Deutschland fahrenden Schiffe; die Zahlen werden durch das Bundesverkehrsministerium ermittelt. Der Nachweis erfolgt nach der Anzahl, der Art und dem Raumgehalt in Brutto-Registertonnen.

In der Statistik des **Schiffsverkehrs** werden Anzahl und Netto-Registertonnen der im Seeverkehr in den Seehäfen des Bundesgebietes »zu Handelszwecken« ankommenden und abgehenden deutschen und ausländischen Schiffe nachgewiesen. Als Seeverkehr gilt jede Fahrt, die außerhalb der deutschen Seegrenzen stattfindet oder bei der die Seegrenzen überschritten werden. Schiffe, die im Verkehr mit Häfen außerhalb des Bundesgebietes auf der gleichen Reise mehrere Häfen des Bundesgebietes angelaufen haben (sog. Zwischenhäfen), sind in den Tabellen, in denen der Schiffsverkehr für die einzelnen Häfen nachgewiesen wird, für jeden Hafen gezählt. In den übrigen Tabellen über den Schiffsverkehr ist die Ankunft bzw. der Abgang aus bzw. nach Häfen außerhalb des Bundesgebietes nur einmal gezählt.

In der Statistik des **Güterverkehrs** werden die Güter erfaßt, die im Seeverkehr in den Seehäfen des Bundesgebietes eingeladen oder ausgeladen werden; hierin ist auch der Seeverkehr der Küstenhäfen mit Binnenhäfen des Bundesgebietes enthalten. Der Seeverkehr der Binnenhäfen mit Häfen außerhalb des Bundesgebietes ist nicht einbezogen. Unberücksichtigt bleiben die Eigengewichte der beförderten Fahrzeuge des Reise- und Güterverkehrs, der Container, Trailer und Trägerschiffsleichter. Nicht erfaßt werden der Schiffsbedarf und die Anlandungen der Gewinnungsfahrzeuge (z. B. Fischereifahrzeuge).

Luftverkehr

Der **Bestand an Luftfahrzeugen** insgesamt wird aus der beim Luftfahrt-Bundesamt geführten Luftfahrzeugrolle übernommen; die Unternehmensstatistik weist dagegen nur den für gewerbliche Luftfahrttätigkeit verfügbaren Bestand nach.

Die Angaben über die **Verkehrsmengen** beziehen sich auf den gewerblichen Personen-, Fracht- und Postverkehr deutscher und ausländischer Luftfahrzeuge auf den Flugplätzen des Bundesgebietes. Die Starts umfassen den gewerblichen Luftverkehr sowie den nichtgewerblichen Flugbetrieb mit Motor- und Segelflugzeugen.

Verkehrsunfälle

Die Statistik der Straßenverkehrsunfälle stützt sich auf die Durchschriften der Unfallanzeigen der Polizei.

Ein meldepflichtiger Verkehrsunfall liegt vor, wenn infolge des Fahrverkehrs auf öffentlichen Wegen und Plätzen Personen getötet oder verletzt wurden oder Sachschäden bei einem der Beteiligten entstanden sind.

Die Verunglückten werden als Getötete nachgewiesen, wenn sie am Unfallort oder innerhalb von 30 Tagen an den Unfallfolgen starben, als Schwerverletzte, wenn sie in eine Krankenanstalt zur stationären Behandlung eingeliefert wurden, als Leichtverletzte, wenn sie ambulant behandelt wurden.

13.1 Personenverkehr der Verkehrszweige

Mill.

Verkehrszweig	1978		1979		1980		1981		1982[1]	
	Beförderte Personen	Personen-kilometer	Beförderte Personen	Personen-kilometer	Beförderte Personen	Personen-kilometer	Beförderte Personen	Personen-kilometer	Beförderte Personen	Personen-kilometer
Eisenbahnverkehr	1 049	36 798	1 085	38 016	1 165	38 862	1 170	40 268	1 167	40 605
Straßenverkehr	6 480	70 292	6 590	72 319	6 730	73 901	6 797	75 639	6 528	73 677
Allgemeiner Linienverkehr[2]	5 759	37 779	5 870	38 574	6 002	39 341	6 087	39 996	5 841	38 407
Sonderformen des Linienverkehrs[3]	617	11 203	614	11 309	619	11 287	604	10 771	579	9 434
Gelegenheitsverkehr[4]	104	21 310	106	22 436	109	23 273	105	24 872	108	25 836
Luftverkehr[5]	33	9 898	36	10 894	36	10 960	36	10 927	35	10 683

1) Vorläufiges Ergebnis.
2) Verkehr mit Straßenbahnen und Obussen sowie Kraftfahrzeug-Linienverkehr nach § 42 Personenbeförderungsgesetz (PBefG) ohne dessen Sonderformen.
3) § 43 PBefG (Berufsverkehr, Schülerfahrten, Markt- und Theaterfahrten) und Freigestellter Schülerverkehr.
4) § 48 PBefG (Ausflugsfahrten, Ferienziel-Reisen) und § 49 Abs. 1 PBefG (Verkehr mit Mietomnibussen).
5) Bei Personenkilometern sind nur die im Inland geflogenen nachgewiesen. Diese Angaben sind nicht mit den Nachweisungen in Tabelle 9.7, S. 686 vergleichbar.

13.2 Güterverkehr der Verkehrszweige

13.2.1 Entwicklung des Güterverkehrs

Verkehrszweig	1978		1979		1980		1981		1982[1]	
	Beförderte Güter	Tonnen-kilometer	Beförderte Güter	Tonnen-kilometer	Beförderte Güter	Tonnen-kilometer	Beförderte Güter	Tonnen-kilometer	Beförderte Güter	Tonnen-kilometer
	Mill. t	Mill. tkm	Mill. t	Mill. tkm	Mill. t	Mill. tkm	Mill. t	Mill. tkm	Mill. t	Mill. tkm
Eisenbahnverkehr	337,1	59 534	371,4	68 150	364,3	66 803	346,0	63 482	317,7	58 782
Fernverkehr mit Lastkraftfahrzeugen[2]	286,0	73 173	293,8	78 719	298,2	80 017	297,5	80 195	295,6	80 391,9
Nahverkehr mit Lastkraftfahrzeugen[3]	2 177,4	42 758	2 300,0	45 200	2 255,0	44 422	2 100,0	41 538	...	...
Binnenschiffsverkehr	246,3	51 489	246,5	50 987	241,0	51 435	231,7	50 010	221,9	49 401
Seeverkehr	144,4	.	161,5	.	154,0	.	142,1	.	136,2	.
Luftverkehr	0,6	224	0,6	236	0,6	222	0,6	223	0,6	221
Rohrfernleitungen[4]	75,7	13 863	87,6	15 960	76,1	13 096	62,7	11 243	57,0	9 133

13.2.2 Güterverkehr 1981 nach Hauptverkehrsbeziehungen

Mill. t

Verkehrszweig	Beförderte Güter insgesamt	Verkehr innerhalb des Bundesgebietes	Verkehr mit der Deutschen Demokratischen Republik und Berlin (Ost)		Grenzüberschreitender Verkehr		Durchgangsverkehr
V = Versand, E = Empfang →		V = E	V	E	V	E	
Eisenbahnverkehr	346,0	248,7	4,5	9,8	34,0	27,1	7,4
Fernverkehr mit Lastkraftfahrzeugen[2]	297,5	219,5	0,1	0,4	33,1	34,9	9,6
Binnenschiffsverkehr	231,7	76,4	3,6	2,2	48,4	88,8	12,3
Seeverkehr	142,1	5,0	0,1	0,1	40,4	96,6	—
Luftverkehr	0,6	.	—	—	0,2	0,2	0,1
Rohrfernleitungen[4]	62,7	14,2	—	—	—	48,5	—

1) Vorläufiges Ergebnis.
2) Ab 1979 ohne Werkfernverkehr deutscher Lastkraftwagen bis einschl. 4 t Nutzlast und Zugmaschinen mit einer Leistung bis einschl. 40 kW.
3) Ohne grenzüberschreitenden Verkehr und ohne freigestellten Verkehr. – Quelle: Bundesministerium für Verkehr, Bonn. Außer Angaben für 1978.
4) Nur Transport von rohem Erdöl.

13.3 Bestände und Verkehrsleistungen der Eisenbahnen

Gegenstand der Nachweisung	Einheit	1980			1981		
		insgesamt	Deutsche Bundesbahn	Nichtbundeseigene Eisenbahnen[1])	insgesamt	Deutsche Bundesbahn	Nichtbundeseigene Eisenbahnen[1])
Streckenlängen[2])							
Eigentumslänge	km	31 497	28 497	3 000	31 357	28 375	2 982
und zwar:							
elektrifiziert	km	11 447	11 150	297	11 467	11 170	297
nichtelektrifiziert	km	20 050	17 347	2 703	19 891	17 205	2 686
Vollspurbahnen	km	31 248	28 472	2 776	31 111	28 350	2 761
Schmalspurbahnen	km	249	25	224	246	25	221
eingleisig	km	19 070	16 229	2 841	18 939	16 116	2 823
mehrgleisig	km	12 427	12 268	159	12 418	12 259	159
Bahnübergänge[2])	Anzahl	32 770	24 716	8 054	32 245	24 290	7 955
mit technischer Sicherung	Anzahl	13 403	11 926	1 477	13 244	11 750	1 494
Schranken	Anzahl	7 130	6 954	176	6 836	6 665	171
Blinklichter mit Halbschranken	Anzahl	2 539	2 232	307	2 735	2 420	315
Blinklichter ohne Halbschranken	Anzahl	3 734	2 740	994	3 673	2 665	1 008
ohne technische Sicherung	Anzahl	19 367	12 790	6 577	19 001	12 540	6 461
Bahnhöfe[2])[3])	Anzahl	3 599	3 168	431	3 553	3 137	416
Haltepunkte und Haltestellen[2])[3])	Anzahl	466	337	129	427	298	129
Privatgleisanschlüsse[2])	Anzahl	12 697	11 098	1 599	12 715	11 122	1 593
Hauptanschlüsse	Anzahl	8 652	7 372	1 280	8 558	7 283	1 275
Nebenanschlüsse	Anzahl	4 045	3 726	319	4 157	3 839	318
Personalbestand	Anzahl	340 866	333 404	7 462	338 649	331 322	7 327
Beamte	Anzahl	180 467	180 420	47	176 267	176 227	40
Angestellte	Anzahl	12 583	8 347	4 236	12 433	8 288	4 145
Arbeiter	Anzahl	133 641	130 686	2 955	132 708	129 845	2 863
Nachwuchskräfte	Anzahl	14 175	13 951	224	17 241	16 962	279
Fahrzeugbestand[2])							
Triebfahrzeuge	Anzahl	10 160	9 500	660	10 176	9 521	655
Dampflokomotiven	Anzahl	2	—	2	4	—	4
Elektrische Lokomotiven	Anzahl	2 735	2 715	20	2 741	2 725	16
Diesellokomotiven und Lokomotiven besonderer Bauart[4])	Anzahl	4 770	4 381	389	4 767	4 369	398
Elektrische Triebwagen	Anzahl	1 945	1 833	112	1 970	1 864	106
Dieseltriebwagen und Triebwagen besonderer Bauart	Anzahl	708	571	137	694	563	131
Fahrzeuge für die Personenbeförderung[5])							
Elektrische Triebwagen	Anzahl	1 961	1 833	128	1 988	1 864	124
Dieseltriebwagen und Triebwagen besonderer Bauart	Anzahl	694	571	123	691	563	128
Personenwagen	Anzahl	14 471	14 326	145	14 263	14 115	148
Triebwagenanhänger, Steuer- und Beiwagen	Anzahl	1 318	1 222	96	1 297	1 201	96
Gepäckwagen[6])	Anzahl	1 725	1 687	38	1 665	1 622	43
Güterwagen							
Bahneigene Wagen	Anzahl	287 432	284 175	3 257	287 535	284 431	3 104
darunter:							
gedeckte Güterwagen	Anzahl	69 791	69 599	192	69 317	69 141	176
offene Wagen	Anzahl	67 458	66 535	923	62 039	61 128	911
Private Wagen[7])	Anzahl	50 087	50 060	27	50 845	50 765	80
Dienstgüterwagen	Anzahl	4 863	4 740	123	4 727	4 607	120
Verkehrsleistungen (einschl. Schiffsverkehr)							
Öffentlicher Personenverkehr							
Beförderte Personen	Mill.	1 165	1 105	60	1 170	1 109	61
davon (auf):							
Fahrausweisen des Grundtarifs	Mill.	404	388	16	398	383	15
Zeitkarten des Berufsverkehrs	Mill.	365	350	15	375	360	15
Zeitkarten des Schülerverkehrs	Mill.	264	243	21	262	242	20
Sonstige Ermäßigungen	Mill.	132	123	9	135	125	10
Personenkilometer	Mill.	38 862	38 353	509	40 268	39 762	506
davon (auf):							
Fahrausweisen des Grundtarifs	Mill.	13 935	13 795	140	14 096	13 959	138
Zeitkarten des Berufsverkehrs	Mill.	5 988	5 858	130	6 524	6 389	135
Zeitkarten des Schülerverkehrs	Mill.	3 767	3 593	174	3 959	3 791	168
Sonstige Ermäßigungen	Mill.	15 172	15 106	66	15 688	15 624	64
Mittlere Reiseweite insgesamt	km	33	35	8	34	36	8
Expreßgutverkehr							
Beförderte Güter	1 000 t	573	551	22	538	518	20
Tariftonnenkilometer	Mill.	173	173	1	164	163	1

Fußnoten siehe S. 278.

13.3 Bestände und Verkehrsleistungen der Eisenbahnen

Gegenstand der Nachweisung	Einheit	1980 insgesamt	1980 Deutsche Bundesbahn	1980 Nichtbundeseigene Eisenbahnen[1])	1981 insgesamt	1981 Deutsche Bundesbahn	1981 Nichtbundeseigene Eisenbahnen[1])
Güterverkehr							
Beförderte Güter[8])	1 000 t	364 300	331 925	70 363	346 024	314 176	68 486
Frachtpflichtiger Verkehr	1 000 t	349 576	317 450	70 114	334 479	302 826	68 291
Wagenladungsverkehr	1 000 t	346 028	314 085	69 930	331 415	299 920	68 134
dar. in Großcontainern	1 000 t	.	6 200	.	.	6 450	.
Stückgutverkehr	1 000 t	3 548	3 365	184	3 064	2 907	157
Dienstgutverkehr	1 000 t	14 724	14 475	249	11 545	11 350	195
Tariftonnenkilometer	Mill.	66 803	65 746	1 057	63 482	62 538	945
Frachtpflichtiger Verkehr	Mill.	64 686	63 631	1 055	61 854	60 911	943
Wagenladungsverkehr	Mill.	63 603	62 553	1 049	60 871	59 933	938
Stückgutverkehr	Mill.	1 083	1 078	5	983	978	5
Dienstgutverkehr	Mill.	2 117	2 115	2	1 628	1 627	2
Mittlere Versandweite[9])	km	183	198	15	183	199	14
Verkehrseinnahmen[10])							
Personen- und Gepäckverkehr	Mill. DM	4 109	4 035	74	4 460	4 378	82
Expreßgut- und Güterverkehr	Mill. DM	8 903	8 507	396	8 932	8 536	396

1) 111 Unternehmen.
2) Am Ende des Kalenderjahres.
3) Nur mit stationärem Personal besetzte.
4) Darunter: 1980 = 1 318 und 1981 = 1 312 Kleinlokomotiven.
5) Eigentumsbestand.
6) Einschl. 1980 = 810 und 1981 = 765 Bahnpostwagen.
7) Darunter: 1980 = 742 und 1981 = 807 Wagen, die von der Deutschen Bundesbahn an Private vermietet und von diesen als Privatwagen in den Wagenpark der Deutschen Bundesbahn eingestellt werden.
8) Die Beförderungsmengen im Wechselverkehr des frachtpflichtigen Wagenladungsverkehrs (1980 = 37 987 000 t, 1981 = 36 638 000 t) werden sowohl bei der Deutschen Bundesbahn als auch bei den Nichtbundeseigenen Eisenbahnen gezählt, in der Spalte insgesamt jedoch nur einmal.
9) Durchschnitt aus den zugrunde gelegten Tarifentfernungen (Tariftonnenkilometer durch Beförderungsmenge).
10) Einnahmen aus dem Schienen- und Schiffsverkehr ohne Umsatz-(Mehrwert-)steuer.

13.4 Güterverkehr mit Eisenbahnen 1981

13.4.1 Frachtpflichtiger Wagenladungsverkehr nach Entfernungsstufen und ausgewählten Güterhauptgruppen

Nr. der Systematik[1])	Güterhauptgruppe	Insgesamt	Davon Entfernung von ... bis ... km: bis 50	51–100	101–150	151–200	201–250	251–300	301–400	401–500	501–700	701 und mehr
	Beförderte Güter in 1 000 t											
	Insgesamt	**331 415**	**131 020**	**38 894**	**26 714**	**19 742**	**20 210**	**18 345**	**28 536**	**12 982**	**21 582**	**13 391**
	darunter:											
00–03, 06, 11–16	Nahrungs- und Genußmittel	15 457	5 217	3 161	950	947	546	450	923	711	1 330	1 220
	darunter:											
01	Getreide	1 564	510	577	120	114	59	14	62	22	32	52
21–23	Feste mineralische Brennstoffe	88 244	52 289	9 295	3 699	2 244	4 959	3 746	5 572	1 728	3 046	1 667
31–34, 83	Mineralöl, -erzeugnisse, Benzol	26 917	4 630	5 508	5 244	3 832	2 013	2 196	1 451	663	936	443
41, 45, 46	Erze und Metallabfälle	43 281	17 503	6 873	3 830	1 751	4 527	1 476	4 533	335	1 038	1 414
51–55	Eisen und Stahl, einschl. Halbzeug	58 231	31 006	4 188	4 261	2 760	2 409	3 770	4 441	1 463	2 843	1 092
61	Sand, Kies, Bims, Ton, Schlacken	7 189	2 084	929	1 603	497	336	252	226	644	448	150
62, 63, 65	Steine u. a. Rohmineralien, Salz	13 398	6 086	3 422	2 078	1 083	479	482	805	362	418	183
64, 69, 95	Mineralische Baustoffe, Glas, Glaswaren u. ä.	7 184	2 287	900	762	915	386	439	563	302	393	237
71, 72	Düngemittel	14 148	2 605	1 546	1 013	1 525	998	1 118	2 334	1 114	1 269	626
92–94, 96, 97	Maschinen, elektrotechnische Erzeugnisse, Metall- u. a. Halb- und Fertigwaren	8 197	1 004	409	337	467	557	584	1 124	870	1 525	1 320
	Geleistete Tariftonnenkilometer in Mill.[2])											
	Insgesamt	**61 061**	**2 929**	**2 813**	**3 303**	**3 448**	**4 556**	**5 015**	**9 865**	**5 813**	**12 683**	**10 635**
	darunter:											
00–03, 06, 11–16	Nahrungs- und Genußmittel	3 366	151	230	120	166	121	124	324	320	781	1 029
	darunter:											
01	Getreide	207	16	44	15	20	13	4	22	10	20	43
21–23	Feste mineralische Brennstoffe	10 595	1 049	674	457	400	1 175	1 032	1 936	779	1 799	1 293
31–34, 83	Mineralöl, -erzeugnisse, Benzol	4 650	147	469	629	656	448	606	496	301	555	343
41, 45, 46	Erze und Metallabfälle	6 275	402	425	470	315	961	387	1 520	139	603	1 053
51–55	Eisen und Stahl, einschl. Halbzeug	8 190	622	283	550	481	549	1 025	1 526	658	1 661	835
61	Sand, Kies, Bims, Ton, Schlacken	1 242	42	74	188	90	79	71	76	277	259	118
62, 63, 65	Steine u. a. Rohmineralien, Salz	1 796	173	90	259	183	108	131	296	162	247	148
64, 69, 95	Mineralische Baustoffe, Glas, Glaswaren u. ä.	1 342	67	68	95	154	86	118	192	134	231	197
71, 72	Düngemittel	3 694	85	113	128	266	227	307	839	502	731	498
92–94, 96, 97	Maschinen, elektrotechnische Erzeugnisse, Metall- u. a. Halb- und Fertigwaren	3 222	22	31	43	52	126	162	393	386	905	1 072

1) Güterverzeichnis für die Verkehrsstatistik, Ausgabe 1969.
2) Ohne Schiffsverkehr, internationalen Militärgüterverkehr und bahneigene Lademittel.

13.4 Güterverkehr mit Eisenbahnen 1981

13.4.2 Nach Güterhauptgruppen

1 000 t

Nr. der Systematik[1])	Güterhauptgruppe	Beförderte Güter insgesamt	Verkehr: innerhalb des Bundesgebietes	Verkehr: mit der Deutschen Demokratischen Republik und Berlin (Ost)		Grenzüberschreitender Verkehr		Durchgangsverkehr
	V = Versand, E = Empfang →		V = E	V	E	V	E	
00	Lebende Tiere	122,5	8,7	—	0,0	101,4	0,5	11,8
01	Getreide	1 563,6	639,6	367,8	103,3	226,2	216,2	10,6
02	Kartoffeln	761,7	234,7	0,0	—	16,9	263,8	246,2
03	Frische Früchte, frisches und gefrorenes Gemüse	2 574,7	979,4	10,1	—	227,1	991,7	366,4
04	Spinnstoffe und textile Abfälle	687,5	227,1	33,1	34,0	257,1	78,8	57,2
05	Holz und Kork	3 570,5	1 303,9	51,0	238,8	558,3	1 128,4	290,1
06	Zuckerrüben	6 179,1	6 178,4	—	—	0,2	0,5	—
09	Sonstige pflanzl., tierische u. verwandte Rohstoffe	393,3	121,5	21,1	15,6	76,5	83,3	75,4
11	Zucker	901,6	474,9	139,2	24,6	249,1	7,4	6,4
12	Getränke	879,1	312,7	5,2	10,1	40,9	394,4	115,7
13	Genußmittel, Nahrungsmittelzubereitungen, a. n. g.	939,4	508,0	93,5	13,4	178,7	70,0	75,9
14	Fleisch, Fische, Fleisch- und Fischwaren, Eier, Milch und Milcherzeugnisse, Speisefette	954,5	227,6	12,9	0,2	527,5	21,9	164,3
16	Getreide-, Obst- und Gemüseerzeugnisse, Hopfen	580,7	256,8	11,9	11,8	120,2	136,9	43,1
17	Futtermittel	3 762,7	1 629,6	919,0	0,3	1 080,9	52,0	80,8
18	Ölsaaten, -früchte, pflanzl. u. tierische Öle u. Fette	663,1	250,3	147,9	16,2	98,5	108,0	42,2
21	Steinkohle und Steinkohlenbriketts	60 973,9	54 849,8	488,9	—	4 855,4	666,1	113,7
22	Braunkohle, Braunkohlenbriketts und Torf	7 782,5	3 495,9	0,6	1 046,7	494,9	2 732,2	12,3
23	Steinkohlen- und Braunkohlenkoks	19 487,4	13 119,7	477,7	71,8	5 145,3	387,8	285,1
31	Rohes Erdöl	1 198,3	1 193,3	—	—	0,4	4,5	0,2
32	Kraftstoffe und Heizöl	20 745,0	16 150,1	94,4	3 394,9	390,0	662,5	53,1
33	Natur-, Raffinerie- und verwandte Gase	1 909,5	1 223,1	10,3	86,8	263,3	212,0	114,0
34	Mineralölerzeugnisse, a. n. g.	1 945,7	1 546,5	24,2	119,1	123,1	81,1	51,7
41	Eisenerze (ohne Schwefelkiesabbrände)	27 713,5	21 811,3	110,2	—	1 111,9	4 679,4	0,8
45	NE-Metallerze, -abfälle und -schrott	1 676,5	1 375,8	71,0	17,9	105,0	82,1	24,6
46	Eisen-, Stahlabfälle, -schrott, Schwefelkiesabbrände	13 890,8	11 829,0	103,5	20,4	1 567,8	357,4	12,6
51	Roheisen, Ferrolegierungen, Rohstahl	6 772,7	5 915,8	57,2	204,7	508,6	69,1	17,3
52	Stahlhalbzeug	21 518,5	19 529,6	103,6	215,1	668,9	805,3	196,1
53	Stab- u. Formstahl, Draht, Eisenbahnoberbaumat.	11 292,7	8 040,6	29,3	351,4	1 009,5	1 742,4	119,4
54	Stahlbleche, Bandstahl, Weißblech und -band	12 462,7	8 657,4	315,5	508,9	1 251,6	1 522,5	206,8
55	Rohre, Gießereierzeugnisse, Schmiedestücke aus Eisen und Stahl	6 184,6	5 148,2	24,3	54,0	600,1	212,5	145,5
56	NE-Metalle und NE-Metallhalbzeug	1 080,0	726,1	13,2	21,7	149,4	78,2	91,4
61	Sand, Kies, Bims, Ton, Schlacken	7 189,4	5 230,2	6,1	787,3	929,4	207,3	29,1
62	Salz, Schwefelkies, Schwefel	2 790,7	2 355,5	0,2	0,3	417,6	11,1	5,9
63	Sonstige Steine, Erden und verwandte Rohmineralien	10 537,8	9 479,1	8,7	218,6	274,9	458,8	97,7
64	Zement und Kalk	4 765,7	4 349,9	0,1	104,7	68,9	238,5	3,7
65	Gips	69,3	52,7	—	3,6	12,8	0,1	0,0
69	Sonstige mineralische Baustoffe u. ä. (ohne Glas)	1 393,6	816,0	11,8	110,3	207,9	174,6	72,9
71	Natürliche Düngemittel	2 254,7	823,1	—	581,6	842,4	7,2	0,4
72	Chemische Düngemittel	11 893,7	8 710,2	10,4	687,4	1 131,9	1 314,0	39,8
81	Chemische Grundstoffe (ohne Aluminiumoxyd usw.)	10 641,7	6 668,9	167,8	331,0	1 539,5	1 308,2	626,3
82	Aluminiumoxyd und -hydroxyd	715,5	452,5	75,7	—	102,9	79,2	5,2
83	Benzol, Teere u. ä. Destillationserzeugnisse	1 118,0	657,0	22,5	99,0	126,2	177,0	36,4
84	Zellstoff und Altpapier	1 947,9	1 244,7	3,6	3,4	252,6	191,5	252,1
89	Sonstige chemische Erzeugnisse (einschl. Stärke)	5 049,6	2 797,7	128,4	86,0	1 058,6	518,3	460,6
91	Fahrzeuge	6 314,6	3 967,7	31,1	13,4	1 499,4	490,7	312,2
92	Landwirtschaftliche Maschinen	395,7	146,9	1,1	7,6	152,6	39,7	47,8
93	Elektrotechnische Erzeugnisse, andere Maschinen	2 341,3	1 223,3	56,3	40,4	445,6	311,0	264,6
94	Baukonstruktionen aus Metall; EBM-Waren	1 453,1	1 029,8	14,3	32,6	151,0	176,1	49,2
95	Glas, Glaswaren, feinkeram. u. ä. mineral. Erzeugn.	1 025,1	607,0	5,8	17,4	143,2	136,2	115,6
96	Leder, Lederwaren, Textilien, Bekleidung	436,6	181,5	23,2	7,6	73,5	100,3	50,6
97	Sonstige Halb- und Fertigwaren	3 569,9	1 675,0	124,1	47,8	364,4	785,3	573,3
99	Besondere Transportgüter, Sammelgut (ohne Stückgut)	14 342,9	8 271,6	45,2	51,8	2 199,5	2 491,6	1 283,2
	Frachtpflichtiger Wagenladungsverkehr	**331 415,3**	**248 705,9**	**4 472,9**	**9 813,6**	**33 999,9**	**27 065,6**	**7 357,4**
	Stückgutverkehr	**3 063,8**	**2 827,2**	**5,0**	**8,2**	**164,3**	**59,2**	.
	Dienstgutverkehr	**11 544,5**	**11 544,5**	.	.	.	.	.
	Insgesamt	**346 023,6**	**263 077,6**	.	.	.	.	.

[1]) Güterverzeichnis für die Verkehrsstatistik, Ausgabe 1969.

13.4 Güterverkehr mit Eisenbahnen 1981

13.4.3 Frachtpflichtiger Wagenladungsverkehr nach Verkehrsbezirken

1 000 t

Nr. des Verkehrsbezirks[1]	Verkehrsbezirk	Verkehr innerhalb des Bundesgebietes		Verkehr mit der Deutschen Demokratischen Republik und Berlin (Ost)		Grenzüberschreitender Verkehr	
	V = Versand, E = Empfang →	V	E	V	E	V	E
011	Flensburg	126,6	400,9	3,8	33,8	27,6	33,8
014	Itzehoe	1 156,7	659,8	1,9	55,0	140,2	107,5
015	Kiel	100,2	192,6	0,3	7,8	9,7	19,6
016	Neumünster	92,3	766,3	1,1	28,7	27,0	28,0
017	Eutin	85,2	137,4	0,2	19,2	18,6	19,1
018	Lübeck	571,9	1 097,1	267,9	154,8	413,6	155,5
019	Segeberg/Ratzeburg	203,4	306,4	5,5	54,2	25,7	67,4
020	Hamburg	7 636,5	5 851,3	1 868,1	3 646,4	4 451,6	1 411,9
031	Stade/Harburg	646,9	935,7	13,2	51,8	186,4	126,8
032	Uelzen	1 395,0	1 943,6	17,5	19,2	96,6	119,9
033	Verden	1 089,2	677,3	0,8	25,4	178,7	99,7
041	Emden	1 634,1	815,5	43,9	1,6	38,0	11,1
042	Oldenburg	4 407,8	2 175,0	24,2	9,8	401,7	137,1
043	Osnabrück	682,0	1 843,3	9,5	15,5	101,0	156,6
044	Emsland	1 411,2	1 045,3	1,2	4,2	82,2	66,6
051	Braunschweig	17 045,3	21 414,5	225,6	322,4	732,0	251,7
052	Hannover	2 419,4	3 261,7	37,9	87,5	244,0	226,1
053	Hildesheim	1 897,3	1 135,0	11,7	30,5	98,7	62,1
054	Göttingen	637,2	614,4	29,4	60,9	69,0	213,6
061	Bremen	3 481,4	11 901,9	37,4	59,9	496,2	506,2
062	Bremerhaven	4 289,3	1 298,8	7,8	2,9	182,9	158,0
071	Münster	2 572,3	1 126,5	100,5	7,1	724,2	135,8
072	Wesel	8 165,6	3 334,2	68,5	13,6	880,4	69,7
081	Duisburg	15 112,8	15 257,2	114,8	39,9	375,5	233,6
082	Essen	45 616,2	34 413,2	116,3	88,2	3 785,0	747,6
083	Dortmund	29 948,9	24 122,0	44,0	44,5	2 133,6	2 680,6
091	Hagen	3 600,7	5 657,4	147,6	19,4	268,0	255,2
092	Düsseldorf	7 277,8	4 686,3	24,8	19,8	436,8	388,4
093	Krefeld	2 758,0	4 396,9	52,9	66,4	478,3	436,4
094	Aachen	4 451,0	3 419,2	62,1	4,5	2 280,8	337,7
095	Köln	8 829,3	6 379,9	148,7	23,5	1 658,6	843,4
101	Bielefeld	925,9	2 253,9	11,1	75,0	109,3	216,4
102	Paderborn	360,5	519,4	7,2	14,3	55,5	87,9
103	Arnsberg	1 253,5	1 000,3	17,0	14,9	125,9	94,2
104	Siegen	1 770,0	2 301,6	29,5	16,4	173,4	200,1
111	Kassel	2 537,4	1 631,9	54,1	139,8	524,5	241,0
112	Marburg	180,5	463,3	0,3	1,5	18,0	28,0
121	Gießen	698,5	1 425,7	7,9	8,9	189,0	99,3
122	Fulda	875,1	268,9	13,3	2,1	50,8	41,5
123	Frankfurt	2 735,7	3 494,0	30,2	34,6	283,2	428,3
124	Darmstadt	1 144,6	1 397,7	8,1	5,3	232,5	168,5
131	Montabaur	1 004,7	1 103,3	10,6	12,3	449,9	90,1
132	Koblenz	720,6	1 115,1	19,0	3,6	85,7	109,8
133	Trier	396,8	619,0	2,4	1,6	93,8	150,2
141	Mainz	1 263,2	831,2	22,1	4,4	158,7	275,6
142	Kaiserslautern	2 596,6	1 523,4	0,9	3,8	209,8	163,7
143	Ludwigshafen	2 457,0	2 248,1	14,7	23,4	519,8	390,7
151	Mannheim	1 312,2	3 008,2	3,6	33,5	378,5	516,4
152	Karlsruhe	4 600,0	1 433,1	6,2	3,5	353,6	281,9
153	Pforzheim	62,7	296,8	1,3	3,8	33,9	91,5
161	Heilbronn	1 342,0	2 042,7	4,7	5,1	88,7	169,3
162	Stuttgart	2 257,6	6 705,8	9,1	24,9	285,1	636,4
163	Ulm	1 357,3	1 252,8	5,8	3,0	197,0	207,6
164	Tübingen	363,5	272,7	1,5	0,5	72,2	37,0
165	Ravensburg	404,6	980,2	1,0	0,8	71,2	166,2
171	Freiburg	1 189,5	1 118,1	1,5	2,1	236,8	591,8
172	Donaueschingen	157,6	488,4	0,0	0,5	90,2	45,9
173	Konstanz/Lörrach	631,9	1 098,0	8,1	4,8	222,8	333,7
181	Aschaffenburg/Würzburg	860,4	2 435,6	3,3	75,1	100,5	178,9
182	Schweinfurt	417,5	720,8	6,6	20,4	63,0	64,4
183	Bayreuth	681,2	1 354,7	13,9	406,6	214,2	2 121,4
184	Nürnberg	928,2	3 632,8	20,1	70,4	189,1	266,7
185	Ansbach	275,1	368,9	0,3	10,8	20,3	55,3
191	Regensburg	3 079,6	3 107,8	7,6	65,1	493,9	744,6
192	Amberg/Weiden	2 326,7	2 968,4	8,8	184,5	481,0	1 524,1
193	Passau	1 073,3	1 407,3	2,4	22,0	150,5	174,2
194	Landshut	463,5	393,8	0,1	10,2	165,7	118,3
201	Ingolstadt	6 438,5	1 115,5	2,6	89,0	302,1	356,4
202	Augsburg	998,3	2 340,3	13,2	32,7	135,9	205,4
203	München	1 637,1	5 543,9	8,2	36,8	701,3	948,1
204	Kempten	104,9	492,4	2,7	3,6	72,4	48,9
205	Garmisch-Partenkirchen	67,9	447,1	0,0	3,2	59,9	65,7
206	Rosenheim	1 718,8	2 435,2	46,1	19,2	578,9	249,6
207	Memmingen	340,0	1 029,0	7,1	11,2	185,9	139,1
211	Saarland	12 977,7	14 771,1	467,7	67,6	3 689,3	3 806,1
221	Berlin (West)	375,8	1 981,5	81,9	3 222,3	43,6	28,8
	Insgesamt	**248 705,9**	**248 705,9**	**4 472,9**	**9 813,6**	**33 999,9**	**27 065,6**

[1]) Verzeichnis der Verkehrsbezirke und Häfen, Ausgabe 1980.

13.5 Straßen des überörtlichen Verkehrs

km

Stichtag 1. 1. / Land	Straßen des überörtlichen Verkehrs: insgesamt	Straßen des überörtlichen Verkehrs: darunter Ortsdurchfahrten	Bundesautobahnen	Bundesstraßen: zusammen	Bundesstraßen: darunter Ortsdurchfahrten	Land(es)-, Staatsstraßen: zusammen	Land(es)-, Staatsstraßen: darunter Ortsdurchfahrten	Kreisstraßen: zusammen	Kreisstraßen: darunter Ortsdurchfahrten
1979	170 661	34 276	7 029	32 252	7 121	65 377	13 832	66 003	13 323
1980	171 521	34 322	7 292	32 248	7 083	65 543	14 007	66 438	13 232
1981	172 392	34 234	7 538	32 558	7 105	65 637	14 014	66 659	13 114
1982	172 490	34 535	7 784	32 356	7 037	65 643	13 989	66 707	13 509
davon (1982):									
Schleswig-Holstein	9 695	1 939	343	1 985	403	3 498	733	3 869	803
Hamburg	230	138	74	156	138	—	—	—	—
Niedersachsen	27 886	5 044	1 009	5 194	890	8 684	1 817	12 999	2 337
Bremen	127	49	45	82	49	—	—	—	—
Nordrhein-Westfalen	29 523	7 243	1 823	5 524	1 702	12 259	3 257	9 917	2 284
Hessen	16 589	3 569	897	3 574	758	7 134	1 574	4 984	1 237
Rheinland-Pfalz	18 508	3 781	717	3 241	598	6 923	1 422	7 627	1 761
Baden-Württemberg	27 771	5 254	929	4 856	1 007	12 704	2 501	9 282	1 746
Bayern	39 858	6 691	1 704	7 228	1 271	13 675	2 384	17 251	3 036
Saarland	2 169	756	202	423	150	766	301	778	305
Berlin (West)	134	71	41	93	71	—	—	—	—

Quelle: Bundesministerium für Verkehr, Bonn

13.6 Bestand an Kraftfahrzeugen und Kraftfahrzeuganhängern*)

13.6.1 Nach Fahrzeugarten

1 000

Stichtag 1. 7. / Land	Zugelassene und zulassungsfreie Kraftfahrzeuge mit amtlichem Kennzeichen: zusammen	Krafträder	Personenkraftwagen	Kraftomnibusse einschl. Obusse	Lastkraftwagen: zusammen	Lastkraftwagen: davon mit Normalaufbau	Lastkraftwagen: davon mit Spezialaufbau[1])	Zugmaschinen	Übrige[2])	Kraftfahrzeuge mit Versicherungskennzeichen[3])	Motorisierte Fahrzeuge insgesamt	Kraftfahrzeuganhänger
1979	26 295,9	654,7	22 535,5	68,4	1 236,1	1 158,8	77,4	1 624,7	176,6	2 014,1	28 310,0	1 225,2
1980	27 116,2	738,2	23 191,6	70,5	1 277,2	1 194,4	82,7	1 640,1	198,6	2 110,2	29 226,4	1 329,0
1981	27 858,4	880,0	23 730,6	71,2	1 306,5	1 221,3	85,2	1 647,8	222,4	1 879,5	29 737,9	1 421,5
1982	28 452,0	1 078,1	24 104,5	71,3	1 290,8	1 206,4	84,4	1 660,4	246,8	1 808,8	30 260,8	1 505,9
davon (1982):												
Schleswig-Holstein	1 179,9	39,0	998,5	2,8	55,4	51,3	4,1	72,6	11,6	65,4	1 245,2	73,0
Hamburg	639,8	19,7	570,3	1,8	36,0	34,1	1,8	4,7	7,3	17,0	656,8	32,8
Niedersachsen	3 338,7	109,2	2 798,5	8,9	150,1	138,7	11,4	242,5	29,5	215,2	3 553,9	210,3
Bremen	268,3	7,8	239,6	0,7	15,3	14,3	1,0	2,2	2,7	15,2	283,5	17,7
Nordrhein-Westfalen	7 423,4	259,9	6 560,2	17,2	326,2	306,0	20,1	205,9	54,0	443,5	7 866,9	367,3
Hessen	2 697,3	104,0	2 312,1	5,7	116,6	109,6	7,0	136,4	22,5	175,0	2 872,4	113,3
Rheinland-Pfalz	1 811,3	71,1	1 500,3	4,9	78,6	74,0	4,6	143,3	13,1	127,1	1 938,5	93,3
Baden-Württemberg	4 500,8	192,8	3 774,0	8,8	191,3	177,8	13,5	295,7	38,3	328,5	4 829,3	279,4
Bayern	5 343,0	227,6	4 292,2	12,7	224,0	206,7	17,4	540,3	46,2	383,2	5 726,2	250,3
Saarland	482,8	17,8	426,4	1,6	21,1	19,8	1,3	12,2	3,8	24,7	507,5	28,7
Berlin (West)	662,6	28,2	581,7	2,3	38,1	36,1	2,1	3,0	9,3	14,1	676,7	32,8
Deutsche Bundesbahn	11,8	0,3	4,0	2,6	3,4	3,3	0,1	0,9	0,6	—	11,8	2,7
Deutsche Bundespost	92,2	0,7	46,9	1,4	34,9	34,8	0,0	0,5	7,8	—	92,2	4,3

13.6.2 Am 1. 7. 1982 nach Zulassungsjahren

1 000

Jahr der ersten Zulassung bzw. Anmeldung fabrikneuer Fahrzeuge	Krafträder	Personenkraftwagen	Kraftomnibusse einschl. Obusse	Lastkraftwagen	Zugmaschinen	Übrige[2])	Kraftfahrzeuganhänger
1982	174,1	1 215,1	2,7	49,1	23,8	10,0	65,9
1981	241,2	2 307,9	5,3	116,9	46,8	20,8	127,6
1980	136,2	2 389,2	6,4	140,1	52,4	20,8	137,4
1979	108,7	2 574,5	6,2	137,9	62,9	18,5	128,1
1978	88,7	2 583,5	6,0	124,7	64,6	16,0	113,5
1977	68,9	2 431,7	5,5	105,2	67,9	15,2	101,9
1976	58,7	2 119,3	5,0	101,4	66,6	14,2	86,9
1975	40,1	1 826,1	4,6	72,9	64,7	12,4	78,2
1974	28,0	1 355,5	4,8	64,9	55,0	12,6	72,7
1973	27,5	1 426,4	4,6	79,3	56,2	14,6	79,3
1972	17,7	1 228,1	4,5	77,9	53,7	15,3	74,2
1971	10,7	974,4	3,7	68,5	58,5	13,4	66,1
1970	6,6	661,7	3,2	52,8	64,1	10,9	55,4
1969	3,5	381,1	2,7	32,4	69,0	8,0	44,3
1968	3,0	217,5	1,9	20,2	56,5	6,5	33,5
1967 bis 1952	58,2	408,0	4,2	46,1	782,6	36,6	220,5
1951 und früher	6,3	4,5	0,0	0,5	15,1	1,0	20,4
Insgesamt	**1 078,1**	**24 104,5**	**71,3**	**1 290,8**	**1 660,4**	**246,8**	**1 505,9**

Fußnoten siehe S. 282.

13.6 Bestand an Kraftfahrzeugen und Kraftfahrzeuganhängern*)

13.6.3 Am 1. 7. 1982 nach Wirtschaftszweig und Stellung im Beruf des Fahrzeughalters

Wirtschaftsgliederung / Stellung im Beruf	Kraftfahrzeuge insgesamt	Krafträder	Personenkraftwagen	Kraftomnibusse einschl. Obusse	Lastkraftwagen		Zugmaschinen	Übrige[2])	Kraftfahrzeuganhänger
					zusammen	dar. mit Spezialaufbau[1])			
Insgesamt	**28 451 972**	**1 078 114**	**24 104 523**	**71 331**	**1 290 809**	**84 373**	**1 660 439**	**246 756**	**1 505 907**
				nach dem Wirtschaftszweig des Fahrzeughalters					
Unternehmen und Selbständige	**6 985 861**	**74 466**	**4 041 391**	**67 807**	**1 133 012**	**81 268**	**1 577 198**	**91 987**	**705 703**
Land- und Forstwirtschaft, Fischerei	2 208 758	9 984	684 811	48	38 825	1 392	1 472 334	2 756	119 309
dar. Allgemeine Landwirtschaft	2 045 099	8 945	609 279	20	8 490	903	1 417 239	1 126	97 025
Energiewirtschaft und Bergbau	49 854	134	27 737	578	16 184	239	1 957	3 264	10 615
Verarbeitendes Gewerbe (ohne Baugewerbe)	1 210 304	9 434	855 200	1 169	304 504	20 124	21 549	18 448	157 531
Chem. Industrie, Mineralölverarbeitung	92 732	196	69 334	57	19 552	1 561	1 918	1 675	8 495
Gew. u. Verarb. v. Steinen u. Erden	69 997	266	36 006	23	27 427	6 143	3 828	2 447	14 246
Eisen- und NE-Metallerzeugung	69 658	554	50 833	32	16 103	362	1 242	894	8 996
Stahl- und Maschinenbau	215 690	1 188	147 640	133	60 684	760	2 923	3 122	18 465
Fahrzeugbau	87 360	2 575	69 247	603	10 405	615	1 477	3 053	12 210
Elektrotechnik	125 368	837	95 115	56	25 906	274	1 429	2 025	11 812
Feinmech., Optik, Herst. v. EBM-Waren	79 163	718	66 469	44	10 574	301	562	796	6 291
Säge- und Holzbearbeitungswerke	16 022	84	10 456	3	4 469	305	792	218	3 162
Holzverarbeitung	111 029	818	73 883	65	32 620	1 285	2 528	1 115	24 905
Zellstoff- und Papiererzeugung	6 437	12	4 425	5	1 682	99	211	102	999
Papierverarbeitung, Druckerei	41 126	265	34 430	12	5 957	135	274	188	2 090
Ledergewerbe	14 292	146	12 923	25	1 026	21	92	80	1 005
Textilgewerbe	21 329	86	17 118	23	3 664	95	257	181	1 459
Bekleidungs-, Dekorateurgewerbe	34 299	196	29 371	40	4 295	114	261	136	2 178
Verarbeitung von Getreide und Kartoffeln	76 462	711	53 720	7	19 943	598	754	1 327	5 649
Milchverwertung	11 859	6	3 925	6	7 388	2 667	385	149	2 136
Schlachterei und Fleischverarbeitung	61 565	641	43 986	3	15 893	1 928	599	443	19 913
Getränkeherstellung	39 533	60	14 855	12	23 491	2 052	964	151	8 456
Sonstiges Nahrungsmittelgewerbe	36 383	75	21 464	20	13 425	809	1 053	346	5 064
Baugewerbe	645 404	3 855	379 367	607	237 988	5 255	9 952	13 635	92 860
Bauhauptgewerbe	402 299	1 977	214 641	579	164 068	3 969	8 953	12 081	66 392
Ausbau- und Bauhilfsgewerbe	243 105	1 878	164 726	28	73 920	1 286	999	1 554	26 468
Großhandel	447 932	1 678	260 758	125	169 820	19 998	12 203	3 348	58 226
Getreide, Futter- und Düngemittel	36 808	130	18 033	6	16 893	5 988	1 534	212	10 766
Kohle und Mineralölerzeugnisse	23 005	86	9 574	14	11 629	6 129	1 469	233	4 355
Erze, Eisen, NE-Metalle und Halbzeug	19 763	74	11 908	1	5 961	560	1 699	120	3 080
Baustoffe, Installationsbedarf	73 043	283	39 092	14	29 633	1 998	3 271	750	15 168
Gemüse, Obst, Gewürze	13 183	62	5 544	3	7 258	93	274	42	2 254
Getränke	42 348	165	18 937	11	22 809	1 363	332	94	4 553
Sonstige Nahrungs- und Genußmittel	52 109	94	24 215	13	25 633	437	1 665	489	4 947
Bekleidung, Wäsche, Sportartikel	14 613	51	11 762	4	2 699	30	39	58	516
Sonstiger Großhandel	173 060	733	121 693	59	47 305	3 400	1 920	1 350	12 587
Handelsvermittlung	77 225	954	71 163	38	4 325	299	214	531	5 883
Einzelhandel	732 767	11 888	587 547	888	116 586	4 681	6 125	9 733	62 810
Nahrungs- und Genußmittel	105 318	922	80 421	31	20 886	258	780	2 278	15 744
Bekleidung, Wäsche, Sportartikel	101 374	844	89 691	40	10 027	122	205	567	6 126
Eisen-, Metallwaren, Hausrat	60 313	328	40 049	18	19 164	551	399	355	4 977
Brennstoffe	10 865	56	4 215	1	6 167	1 682	376	50	1 698
Kraftfahrzeuge, Zubehör	205 806	6 466	169 479	665	23 205	1 082	1 437	4 554	14 731
Sonstiger Einzelhandel	249 091	3 272	203 692	133	37 137	986	2 928	1 929	19 534
Verkehr, Nachrichtenübermittlung	528 378	4 243	228 464	62 845	178 100	24 882	37 440	17 286	131 262
Straßenverkehr	373 927	2 900	150 877	56 190	123 471	22 057	32 529	7 960	109 064
Spedition und Lagerei	31 419	180	12 555	175	14 867	2 614	3 199	443	13 825
Schiffahrt, Wasserstraßen und Häfen	7 198	42	6 326	27	581	46	137	85	666
Sonstiger Verkehr	115 834	1 121	58 706	6 453	39 181	165	1 575	8 798	7 707
Kreditinstitute, Versicherungsgewerbe	72 278	748	64 961	10	4 661	568	1 105	793	2 996
Dienstleistungen	1 012 961	31 548	881 383	1 499	62 019	3 830	14 319	22 193	64 211
Gaststätten-, Beherbergungsgewerbe	178 238	2 189	165 981	87	7 322	95	1 549	1 110	15 446
Reinigung und Körperpflege	78 134	727	68 703	50	7 244	237	384	1 026	3 867
Wissenschaft, Bildung, Kunst, Publizistik	114 807	20 259	86 462	463	4 847	129	1 451	1 325	5 546
Gesundheits- und Veterinärwesen	182 489	2 480	174 687	85	1 560	90	1 559	2 118	7 682
Rechts- und Wirtschaftsberatung	126 179	1 268	117 289	63	4 578	83	2 277	704	4 482
Architektur- und Ingenieurbüros	98 596	1 384	91 376	24	4 162	103	442	1 208	4 995
Sonstige Dienstleistungen	234 518	3 241	176 885	727	32 306	3 093	6 657	14 702	22 193
Organisationen ohne Erwerbszweck	**65 200**	**320**	**48 974**	**643**	**4 734**	**192**	**2 623**	**7 906**	**6 872**
Gebietskörperschaften u. Sozialvers.	**209 807**	**4 190**	**76 806**	**1 622**	**38 015**	**1 168**	**25 420**	**63 754**	**29 711**
Arbeitnehmer u. Nichterwerbspers.	**21 191 104**	**999 138**	**19 937 352**	**1 259**	**115 048**	**1 745**	**55 198**	**83 109**	**763 621**
				nach der Stellung im Beruf des Fahrzeughalters[4])					
Beamte	2 198 450	71 523	2 104 672	73	6 129	70	2 826	13 227	92 792
Angestellte	8 188 423	225 569	7 871 154	453	44 302	884	10 197	36 748	283 839
Arbeiter	7 683 385	449 015	7 129 092	602	48 565	602	36 645	19 466	325 180
Nichterwerbspersonen und ohne Angabe	3 120 846	253 031	2 832 434	131	16 052	189	5 530	13 668	61 810

*) Einschl. vorübergehend abgemeldeter Fahrzeuge.
[1]) Kraftfahrzeuge zum Transport bestimmter Güter, wie z. B. Tankkraftwagen, Betontransport- und Liefermischer, Vieh-, Langmaterial-, Silofahrzeuge.
[2]) Sonderkraftfahrzeuge nicht zur Lastenbeförderung (z. B. Wohnwagen, Krankenkraftwagen, Feuerwehrfahrzeuge, selbstfahrende Arbeitsmaschinen).
[3]) Mofas 25, Mopeds, Mokicks und 3 743 maschinell angetriebene Krankenfahrstühle.
[4]) Nur Kraftfahrzeuge von Arbeitnehmern und Nichterwerbspersonen.

Quelle: Kraftfahrt-Bundesamt, Flensburg

Verkehr

Personen- und Güterverkehr 1982 nach Verkehrszweigen

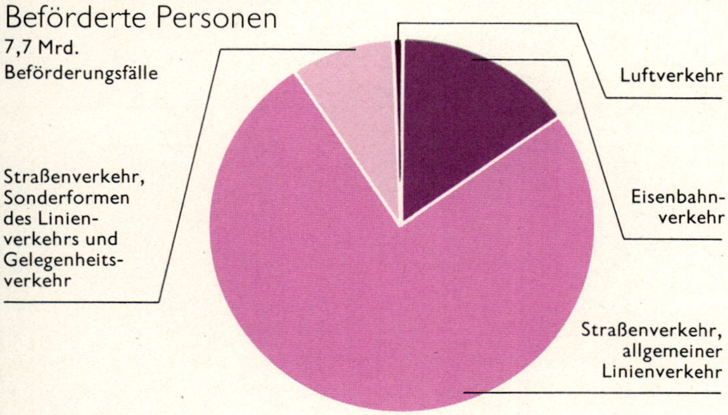

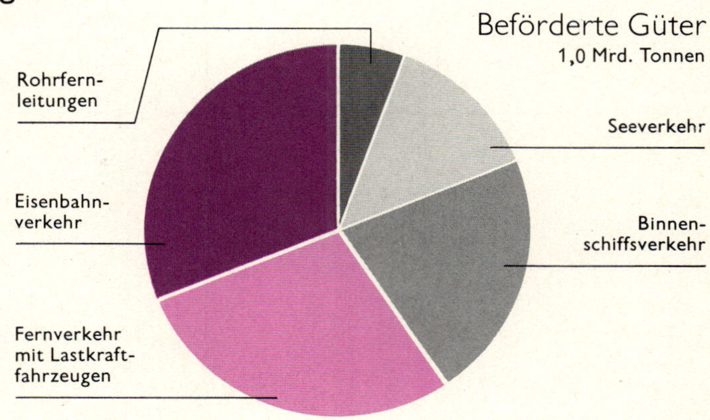

Bestand an Personenkraftwagen

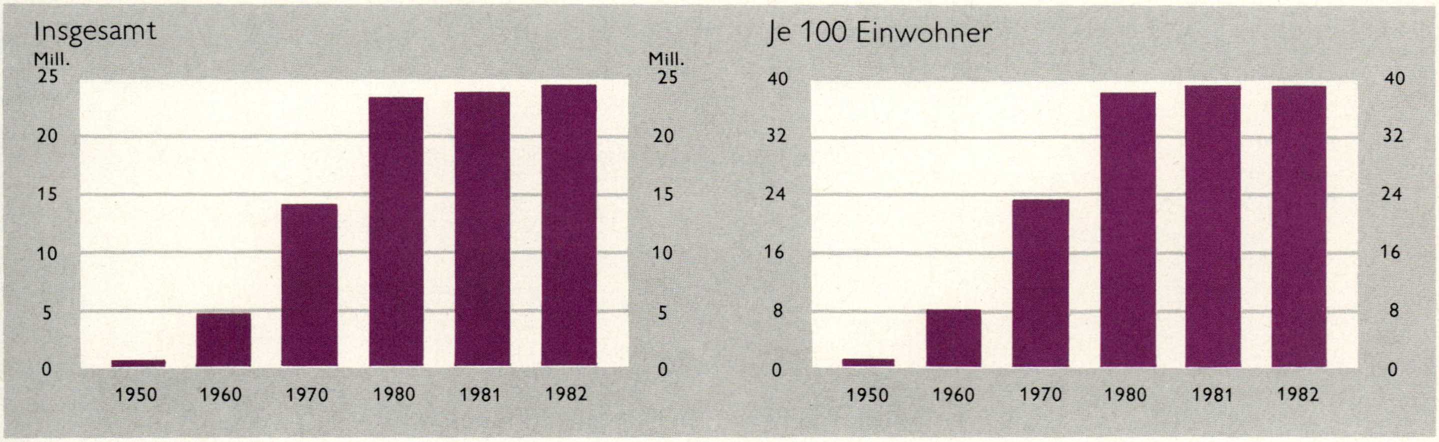

Bei Straßenverkehrsunfällen getötete Personen

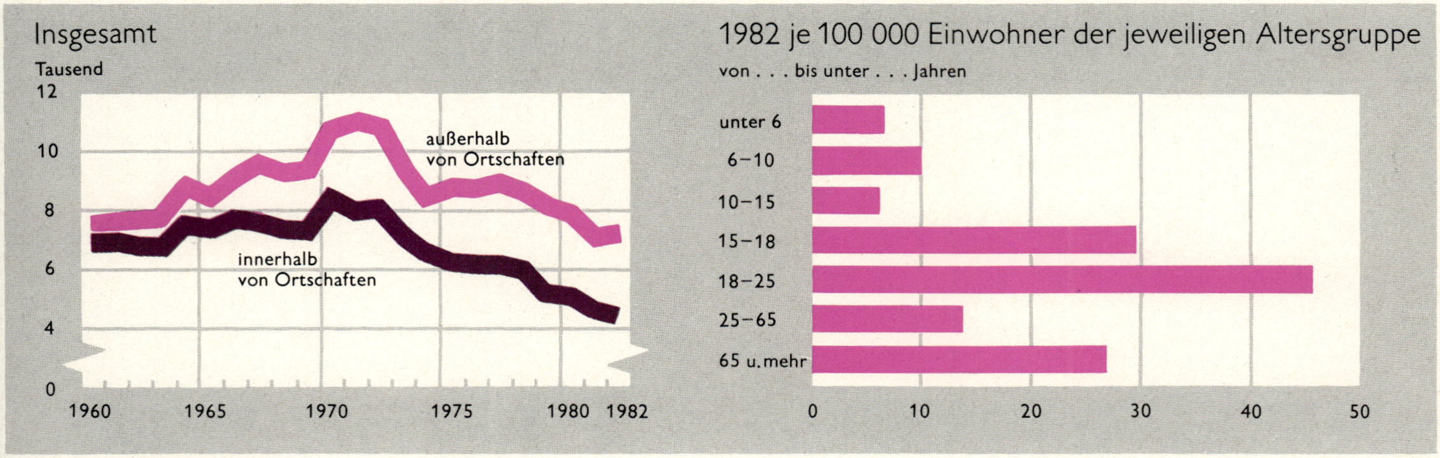

Statistisches Bundesamt 83 0251

13.7 Neuzulassungen und Besitzumschreibungen von Kraftfahrzeugen und Kraftfahrzeuganhängern

Jahr / Fahrzeugart	Zulassungen und Anmeldungen fabrikneuer Kraftfahrzeuge/-anhänger					Besitzumschreibungen gebrauchter Kraftfahrzeuge/-anhänger				
	insgesamt	darunter für				insgesamt	darunter für			
		Unternehmen und Selbständige[1])	Beamte	Angestellte	Arbeiter		Unternehmen und Selbständige[1])	Beamte	Angestellte	Arbeiter
Kraftfahrzeuge[2])										
1979	2 972 264	1 018 236	212 756	847 576	648 270	5 533 651	715 511	414 624	1 702 248	2 018 316
1980	2 790 682	1 013 142	183 749	768 483	590 772	5 510 845	715 632	394 013	1 665 435	2 038 003
1981	2 762 819	1 015 560	175 005	738 165	561 031	5 381 666	699 203	380 127	1 636 288	1 966 471
1982	2 578 030	934 485	161 934	699 556	497 027	5 685 977	699 752	412 486	1 791 225	2 010 831
davon (1982):										
Krafträder[3])	256 698	26 439	14 294	51 558	86 882	278 161	10 068	19 437	62 226	125 205
Personenkraftwagen	2 155 537	750 272	146 789	643 974	407 990	5 153 166	520 067	386 537	1 699 748	1 850 196
davon mit einem Hubraum von ... bis ... cm³										
bis 999	129 151	39 734	9 418	44 074	16 577	480 319	32 629	36 733	184 997	133 429
1 000 — 1 499	755 471	175 391	64 498	250 360	163 139	2 001 054	140 667	155 056	690 682	695 193
1 500 — 1 999	958 123	344 089	64 942	280 463	195 469	2 015 131	198 818	156 078	611 597	824 187
2 000 und mehr	312 145	190 777	7 902	68 870	32 723	654 471	147 608	38 470	211 586	196 857
mit Rotationskolben- und Elektromotor	647	281	29	207	82	2 191	345	200	886	530
Lastkraftwagen[4])	96 951	93 099	288	1 963	1 239	145 475	94 929	2 880	16 954	22 262
davon mit einer Nutzlast von ... bis ... kg										
bis 1 999	61 543	57 900	285	1 837	1 172	93 730	49 817	2 668	14 735	18 871
2 000 — 3 999	19 578	19 427	2	94	46	29 746	24 083	197	1 861	2 893
4 000 — 7 499	7 254	7 227	1	19	5	9 906	9 245	12	234	345
7 500 und mehr	8 576	8 545	—	13	16	12 093	11 784	3	124	153
Kraftomnibusse einschl. Obusse	4 917	4 897	1	14	4	6 789	6 251	28	183	259
Zugmaschinen	46 939	46 490	16	132	267	70 226	60 153	575	2 183	6 148
Sattelzugmaschinen	5 559	5 539	—	7	10	6 850	6 626	7	101	98
Ackerschlepper[5])	41 380	40 951	16	125	257	63 376	53 527	568	2 082	6 050
Übrige Kraftfahrzeuge[6])	16 988	13 288	546	1 915	645	32 160	8 284	3 029	9 931	6 761
Kraftfahrzeuganhänger 1982										
Zur Lastenbeförderung[4])	87 803	43 288	4 309	14 607	21 929	61 348	31 819	2 817	9 435	14 660
Übrige Kraftfahrzeuganhänger[7])	33 869	7 857	3 312	11 313	8 093	44 716	6 704	4 651	14 586	14 291
dar. für Wohnzwecke	29 361	3 965	3 300	11 021	7 842	41 290	4 391	4 615	14 180	13 763
Insgesamt	121 672	51 145	7 621	25 920	30 022	106 064	38 523	7 468	24 021	28 951
dar. Sattelanhänger	4 264	4 251	—	6	7	5 628	5 522	—	44	52

[1]) Einschl. Organisationen ohne Erwerbszweck sowie Gebietskörperschaften und Sozialversicherung.
[2]) Einschl. Anmeldungen fabrikneuer bzw. Besitzumschreibungen zulassungsfreier Kraftfahrzeuge mit amtlichem Kennzeichen.
[3]) Einschl. zulassungsfreier Kleinkrafträder.
[4]) Mit Normal- und Spezialaufbau.
[5]) Einschl. gewöhnlicher Straßenzugmaschinen und Geräteträger.
[6]) Sonderkraftfahrzeuge nicht zur Lastenbeförderung (z. B. Wohnwagen, Krankenkraftwagen, Feuerwehrfahrzeuge, selbstfahrende Arbeitsmaschinen).
[7]) Wohn-, Verkaufs-, Ausstellungs- und Feuerwehranhänger sowie nach § 18 (7) StVZO zugelassene Arbeitsmaschinen u. ä.

Quelle: Kraftfahrt-Bundesamt, Flensburg

13.8 Erteilungen von Fahr- und Fahrlehrerlaubnissen*)

Jahr / Land	Allgemeine Fahrerlaubnisse														Fahrlehrerlaubnisse
	insgesamt	dar. an weibliche Personen	der Klasse ... [1])												
			1		1 b		2		3		4		5		
			zusammen	dar. an weibliche Personen	zusammen	dar. an weibliche Personen	zusammen	dar. an weibliche Personen	zusammen	dar. an weibliche Personen	zusammen	dar. an weibliche Personen	zusammen	dar. an weibliche Personen	
1979	2 072 661	669 169	357 646	40 273	—	—	132 623	1 288	1 341 772	602 846	229 109	23 536	11 511	1 226	4 739
1980	2 109 555	643 336	380 122	44 863	114 651	12 540	142 787	1 626	1 343 260	568 206	121 695	15 433	7 040	668	5 080
1981	1 950 055	594 012	392 828	49 532	128 275	9 924	133 681	1 696	1 271 641	530 112	11 079	1 105	12 551	1 643	4 020
1982	1 974 910	581 000	403 931	52 135	156 164	13 732	132 281	1 526	1 259 840	510 890	8 389	978	14 305	1 739	3 314[2])
davon (1982):															
Schleswig-Holstein	80 249	23 735	15 458	2 210	6 078	546	6 293	74	51 070	20 775	343	33	1 007	97	289
Hamburg	38 776	12 291	6 375	992	1 981	174	2 242	29	28 088	11 085	46	6	44	5	46
Niedersachsen	234 413	70 591	45 989	6 004	19 052	1 688	17 687	234	148 199	62 350	1 109	66	2 377	249	439
Bremen	22 315	6 490	4 419	636	1 254	132	1 887	25	14 595	5 676	43	4	117	17	28
Nordrhein-Westfalen	554 291	153 391	122 240	14 711	34 947	2 714	33 800	345	359 440	135 161	2 195	339	1 669	121	617
Hessen	164 849	49 841	32 959	4 546	13 310	1 434	10 521	71	106 867	43 652	474	46	718	92	385
Rheinland-Pfalz	132 084	37 080	28 864	3 574	11 169	834	9 076	65	81 725	32 492	766	81	484	34	217
Baden-Württemberg	308 844	94 456	64 128	9 241	28 099	2 742	19 177	267	193 640	81 654	1 820	261	1 980	291	412
Bayern	367 024	109 623	70 124	8 257	35 809	3 149	27 386	299	226 577	96 964	1 309	130	5 819	824	759
Saarland	35 379	11 139	6 012	630	2 437	159	2 826	39	23 757	10 296	273	6	74	9	55
Berlin (West)	36 686	12 363	7 363	1 334	2 028	160	1 386	78	25 882	10 785	11	6	16	—	67

*) Einschl. Erweiterungen, Umschreibungen und erneuter Erteilungen, ohne Ersterteilungen von Fahr- und Fahrlehrerlaubnissen der Bundeswehr, der Bundesbahn, der Bundespost, des Bundesgrenzschutzes und der Polizei sowie einschl. Umschreibungen von Fahrerlaubnissen aus der Deutschen Demokratischen Republik und Berlin (Ost).
[1]) Abgrenzung und Klassenbezeichnung nach der neuen, am 1. 4. 1980 in Kraft getretenen »Verordnung straßenverkehrsrechtlicher Vorschriften« vom 6. 11. 1979 (BGBl. I S. 1794); deshalb Angaben im Bereich der Klassen 4 und 5 nur bedingt vergleichbar, da Teile hieraus in die neue Klasse 1 b übernommen wurden.
[2]) Ferner 1 068 Ausbildungs-Erlaubnisse nach § 31 des Fahrlehrergesetzes.

Quelle: Kraftfahrt-Bundesamt, Flensburg

13.9 Personenverkehr der Straßenverkehrsunternehmen*)

13.9.1 Unternehmen, Beschäftigte und Umsatz

Land[1])	Unternehmen am 30. 9. 1982	Beschäftigte am 30. 9. 1982 insgesamt	davon Fahrer und Schaffner	davon Sonst. Personal im Fahrdienst	davon Technisches Personal	davon Verwaltungspersonal	Umsatz 1981[2]) insgesamt	Umsatz 1981[2]) dar. tarifl. Abgeltungszahlungen
	Anzahl						1 000 DM	
Schleswig-Holstein	208	4 440	3 018	212	719	491	325 084	24 304
Hamburg	58	7 248	3 811	1 090	1 700	647	437 161	66 970
Niedersachsen	677	12 316	8 232	526	2 193	1 365	922 358	103 063
Bremen	26	2 607	1 314	222	763	308	166 355	59 560
Nordrhein-Westfalen	992	38 157	21 911	3 193	8 971	4 082	2 402 201	279 104
Hessen	540	10 588	6 318	404	2 375	1 491	708 596	64 692
Rheinland-Pfalz	567	6 469	4 598	200	804	867	411 787	23 523
Baden-Württemberg	827	14 319	8 955	647	2 950	1 767	1 071 141	88 424
Bayern	1 493	19 711	13 302	1 052	3 507	1 850	1 515 106	120 835
Saarland	77	1 957	1 317	100	336	204	139 432	15 006
Berlin (West)	99	15 275	6 239	3 693	4 261	1 082	590 318	137 121
Deutsche Bundesbahn	1	8 246	5 687	603	1 241	715	816 454	119 318
Deutsche Bundespost	1	5 182	3 017	420	784	961	478 756	111 477
Insgesamt	**5 566**	**146 515**	**87 719**	**12 362**	**30 604**	**15 830**	**9 984 749**	**1 213 397**

13.9.2 Unternehmen, Fahrzeugbestand, Linienlänge und Wagen-Kilometer**)

Jahr / Land[1])	Kraftomnibusverkehr Unternehmen	Kraftomnibusverkehr Verfügbare Motorwagen[3])	Kraftomnibusverkehr In Betrieb befindliche Linien	Kraftomnibusverkehr Wagen-Kilometer	Straßenbahnverkehr[4]) Unternehmen	Straßenbahnverkehr[4]) Verfügbare Trieb- u. Beiwagen	Straßenbahnverkehr[4]) In Betrieb befindliche Linien	Straßenbahnverkehr[4]) Wagen-Kilometer	Obusverkehr Unternehmen	Obusverkehr Verfügbare Triebwagen	Obusverkehr In Betrieb befindliche Linien	Obusverkehr Wagen-Kilometer
	Anzahl		km	Mill.	Anzahl		km	Mill.	Anzahl		km	Mill.
1979	5 369	66 309	584 915	2 719	45	6 843	3 162	365	3	109	70	4
1980	5 431	67 074	571 175	2 808	46	6 800	3 078	371	3	106	71	4
1981	5 472	67 612	558 821	2 839	46	6 756	3 067	385	3	104	72	4
1982	5 517	67 942	556 532	2 854	46	6 637	3 058	381	3	105	73	4
davon (1982):												
Schleswig-Holstein	207	2 302	20 901	112}	2	888	101	53	—	—	—	—
Hamburg	57	1 659	5 036	90}								
Niedersachsen	674	7 024	47 427	303}	4	707	270	35}				
Bremen	25	579	1 212	28}								
Nordrhein-Westfalen	972	14 111	96 027	624	19	1 547	1 283	81}	3	105	73	4
Hessen	535	4 331	42 044	191}	7	668	491	34}				
Rheinland-Pfalz	564	3 272	24 253	123}								
Baden-Württemberg	820	7 110	38 207	280	6	731	474	39}				
Bayern	1 487	12 200	129 905	463}								
Saarland	77	1 137	9 515	43}	8	2 096	439	139	—	—	—	—
Berlin (West)	97	2 046	6 684	102}								
Deutsche Bundesbahn	1	7 533	93 516	321	—	—	—	—	—	—	—	—
Deutsche Bundespost	1	4 638	41 805	174	—	—	—	—	—	—	—	—

13.9.3 Leistungen und Einnahmen

Jahr / Land[1])	Beförderte Personen insgesamt[5])	darunter Allgem. Linienverkehr	darunter Gelegenheitsverkehr	Personen-Kilometer insgesamt[5])	darunter Allgem. Linienverkehr	darunter Gelegenheitsverkehr	Wagen-Kilometer insgesamt[5])	darunter Allgem. Linienverkehr	darunter Gelegenheitsverkehr	Einnahmen[2]) insgesamt[6])	darunter Allgem. Linienverkehr	darunter Gelegenheitsverkehr
	Mill.									Mill. DM		
1979	6 590	5 870	106	72 319	38 574	22 436	3 089	1 823	743	6 230	4 535	1 304
1980	6 730	6 002	109	73 901	39 341	23 273	3 183	1 863	772	6 564	4 694	1 453
1981	6 797	6 087	105	75 639	39 996	24 872	3 229	1 912	774	7 172	5 168	1 569
1982	6 528	5 841	108	73 677	38 407	25 836	3 239	1 922	803	7 383	5 325	1 648
davon (1982):												
Schleswig-Holstein	186	169	6	3 231	1 222	1 737	113	66	34	259	172	82
Hamburg	374	368	2	3 089	2 329	707	142	119	20	353	302	46
Niedersachsen	496	400	13	7 159	2 647	3 163	326	150	101	586	347	193
Bremen	123	120	1	967	695	246	41	32	7	105	84	16
Nordrhein-Westfalen	1 618	1 500	22	14 103	8 222	3 722	709	441	159	1 854	1 396	342
Hessen	452	395	11	4 365	2 071	1 787	221	104	82	501	332	151
Rheinland-Pfalz	207	162	6	3 346	887	1 928	127	40	54	247	123	103
Baden-Württemberg	675	613	15	8 275	3 569	4 625	319	159	134	784	492	288
Bayern	933	780	25	13 689	4 349	6 606	527	207	172	1 075	636	334
Saarland	63	50	1	1 059	347	462	43	19	13	95	55	23
Berlin (West)	549	546	2	4 483	3 906	563	176	153	21	480	427	53
Deutsche Bundesbahn	568	482	1	6 368	5 160	273	321	275	6	700	625	16
Deutsche Bundespost	281	255	0	3 543	3 002	16	174	157	0	343	333	1

*) Straßenbahn- (einschl. Stadt-, Hoch- und U-Bahn) sowie Obus- und Kraftomnibusverkehr. – Vorläufiges Ergebnis.
**) Zahl der Unternehmen, Fahrzeugbestand und Linienlänge Ende September.
1) Nach dem Sitz der Unternehmen.
2) Einschl. Umsatz-(Mehrwert-)steuer.
3) Einschl. Personenkraftwagen mit Linien- und Gelegenheitsverkehr 1979: 2 714; 1980: 2 542; 1981: 2 580; 1982: 2 783.
4) Einschl. Stadt-, Hoch- und U-Bahnverkehr.
5) Einschl. Sonderformen des Linienverkehrs nach § 43 Personenbeförderungsgesetz (PBefG) und Freigestellten Schülerverkehrs.
6) Einschl. Sonderformen des Linienverkehrs nach § 43 PBefG.

13.10 Fernverkehr mit Lastkraftfahrzeugen 1981

13.10.1 Nach Güterhauptgruppen*)

1 000 t

Nr. der Systematik[1])	Güterhauptgruppe	Beförderte Güter insgesamt	Verkehr innerhalb des Bundesgebietes	Verkehr mit der Deutschen Demokratischen Republik und Berlin (Ost)		Grenzüberschreitender Verkehr		Durchgangsverkehr
	V = Versand, E = Empfang →		V = E	V	E	V	E	
00	Lebende Tiere	800,5	549,5	8,4	77,9	21,5	88,8	54,4
01	Getreide	2 134,7	1 906,2	0,0	0,8	67,4	135,9	24,4
02	Kartoffeln	1 432,5	776,0	0,0	.	50,7	483,7	122,2
03	Frische Früchte, frisches und gefrorenes Gemüse	6 043,1	2 161,2	0,7	0,8	264,2	3 103,5	512,7
04	Spinnstoffe und textile Abfälle	905,2	375,8	.	.	306,3	152,4	70,7
05	Holz und Kork	9 450,9	7 121,5	0,9	42,1	907,7	1 204,6	174,1
06	Zuckerrüben	501,9	494,7	.	0,2	2,5	4,5	0,1
09	Sonstige pflanzl., tierische u. verwandte Rohstoffe	2 236,0	1 001,7	1,0	0,6	362,5	563,3	306,9
11	Zucker	1 384,7	1 125,3	0,3	5,4	117,8	130,1	5,9
12	Getränke	13 606,2	11 800,9	0,8	0,9	584,1	1 030,0	189,5
13	Genußmittel, Nahrungsmittelzubereitungen, a. n. g.	7 338,1	6 044,7	0,6	7,6	452,2	593,2	239,8
14	Fleisch, Fische, Fleisch- und Fischwaren, Eier, Milch und Milcherzeugnisse, Speisefette	14 377,6	9 278,5	0,7	1,1	2 006,3	1 990,8	1 100,2
16	Getreide-, Obst- und Gemüseerzeugnisse, Hopfen	9 069,5	6 857,0	1,4	3,4	460,2	1 473,3	274,2
17	Futtermittel	8 984,8	7 677,2	1,1	8,6	816,3	336,6	145,0
18	Ölsaaten, -früchte, pflanzl. u. tierische Öle u. Fette	2 005,1	1 028,6	0,3	0,9	522,2	322,9	130,3
21	Steinkohle und Steinkohlenbriketts	521,6	452,4	.	.	61,6	6,7	1,0
22	Braunkohle, Braunkohlenbriketts und Torf	2 127,5	1 842,5	0,1	.	244,1	29,5	11,3
23	Steinkohlen- und Braunkohlenkoks	160,5	125,8	.	.	26,0	6,9	1,8
31	Rohes Erdöl	6,6	1,0	.	.	2,2	3,0	0,3
32	Kraftstoffe und Heizöl	11 205,4	10 411,3	0,1	0,2	432,4	349,1	12,3
33	Natur-, Raffinerie- und verwandte Gase	727,4	645,3	.	.	52,7	25,9	3,6
34	Mineralölerzeugnisse, a. n. g.	2 501,4	1 894,6	0,2	15,5	374,8	158,3	58,0
41	Eisenerze (ohne Schwefelkiesabbrände)	28,1	21,9	.	.	3,0	2,6	0,7
45	NE-Metallerze, -abfälle und -schrott	1 188,4	778,3	0,2	.	124,2	262,5	23,2
46	Eisen-, Stahlabfälle, -schrott, Schwefelkiesabbrände	1 596,0	895,2	.	.	586,7	110,1	4,0
51	Roheisen, Ferrolegierungen, Rohstahl	1 035,1	238,5	.	.	329,9	346,6	120,1
52	Stahlhalbzeug	446,2	376,7	.	.	39,8	28,9	0,9
53	Stab- u. Formstahl, Draht, Eisenbahnoberbaumat.	4 650,9	3 024,3	0,7	0,1	626,1	890,5	109,1
54	Stahlbleche, Bandstahl, Weißblech und -band	6 746,8	4 252,6	0,2	0,1	1 075,0	1 264,5	154,5
55	Rohre, Gießereierzeugnisse, Schmiedestücke aus Eisen und Stahl	4 045,8	2 789,8	0,3	0,2	581,2	525,3	149,0
56	NE-Metalle und NE-Metallhalbzeug	3 133,6	1 507,3	0,1	0,3	597,8	802,1	226,1
61	Sand, Kies, Bims, Ton, Schlacken	9 512,2	8 128,2	0,2	15,6	860,9	485,9	21,3
62	Salz, Schwefelkies, Schwefel	2 190,5	1 956,8	0,1	2,6	78,1	147,6	5,2
63	Sonstige Steine, Erden und verwandte Rohmineralien	9 294,5	7 416,2	0,7	3,4	649,9	1 087,7	136,5
64	Zement und Kalk	8 358,6	6 956,6	9,0	58,6	1 085,0	236,1	13,4
65	Gips	1 182,0	963,1	0,2	7,8	99,6	109,7	1,5
69	Sonstige mineralische Baustoffe u. ä. (ohne Glas)	18 403,9	15 138,2	1,3	2,2	1 269,4	1 795,7	197,1
71	Natürliche Düngemittel	366,5	277,6	.	0,4	62,4	25,8	0,4
72	Chemische Düngemittel	1 466,6	1 106,4	0,3	0,8	79,8	275,5	3,7
81	Chemische Grundstoffe (ohne Aluminiumoxyd usw.)	5 349,9	2 947,4	35,3	3,4	1 087,1	909,4	367,2
82	Aluminiumoxyd und -hydroxyd	86,6	34,6	.	.	46,0	4,7	1,3
83	Benzol, Teere u. ä. Destillationserzeugnisse	317,9	215,9	0,3	0,5	34,4	64,2	2,7
84	Zellstoff und Altpapier	2 029,7	1 334,1	.	.	319,2	325,7	50,7
89	Sonstige chemische Erzeugnisse (einschl. Stärke)	21 136,1	11 410,9	23,7	73,6	4 685,0	3 588,1	1 354,8
91	Fahrzeuge	6 569,8	4 167,9	0,2	0,2	1 391,0	763,4	247,1
92	Landwirtschaftliche Maschinen	434,2	235,0	0,0	0,1	111,7	58,6	28,9
93	Elektrotechnische Erzeugnisse, andere Maschinen	7 184,0	3 670,4	2,0	1,5	1 761,0	1 100,2	648,9
94	Baukonstruktionen aus Metall; EBM-Waren	8 719,6	7 046,1	2,6	1,6	822,0	635,4	211,9
95	Glas, Glaswaren, feinkeram. u. ä. mineral. Erzeugn.	5 462,6	3 983,0	1,5	1,2	614,5	638,3	224,1
96	Leder, Lederwaren, Textilien, Bekleidung	2 806,2	1 264,0	0,5	0,1	522,0	657,8	361,8
97	Sonstige Halb- und Fertigwaren	30 474,9	21 255,5	2,5	8,8	3 945,6	4 162,6	1 099,9
99	Besondere Transportgüter, Sammelgut (ohne Stückgut)	30 296,1	27 764,5	3,3	7,0	1 145,1	1 096,9	279,4
	Zusammen	**292 034,8**	**214 728,7**	**101,6**	**356,4**	**32 768,6**	**34 595,4**	**9 484,2**
	Stückgut[2])	**5 456,1**	**4 772,2**	—	**0,2**	**300,7**	**281,9**	**101,0**
	Insgesamt	**297 490,9**	**219 500,9**	**101,6**	**356,6**	**33 069,3**	**34 877,3**	**9 585,2**
	davon im:							
	Gewerblichen Fernverkehr	190 269,5	121 994,1	61,7	255,2	29 031,7	30 046,4	8 880,4
	dar. mit deutschen Fahrzeugen	139 093,9	121 994,1	61,7	255,2	8 590,4	8 070,3	122,2
	Werkfernverkehr	107 221,3	97 506,9	39,9	101,3	4 037,5	4 830,9	704,8
	dar. mit deutschen Fahrzeugen	100 380,4	97 506,9	39,9	101,3	1 512,5	1 214,3	5,5

*) Verkehrsleistungen der im Bundesgebiet beheimateten Lastkraftfahrzeuge; im grenzüberschreitenden Verkehr und Durchgangsverkehr einschl. der Leistungen ausländischer Lastkraftfahrzeuge. Ohne Werkfernverkehr deutscher Lastkraftfahrzeuge bis 4 t Nutzlast und Zugmaschinen bis 40 kW Motorleistung.

[1]) Güterverzeichnis für die Verkehrsstatistik, Ausgabe 1969.

[2]) Im gewerblichen Güterfernverkehr deutscher Fahrzeuge Beförderungen von tariflichem Stückgut: 4 240 357 t; im gewerblichen Fernverkehr ausländischer Fahrzeuge Beförderungen von Mengen bis 2 500 kg: 419 811 t; im Werkfernverkehr deutscher und ausländischer Fahrzeuge Beförderungen von Mengen bis 500 kg: 786 270 t bzw. 9 677 t.

Quelle: Bundesanstalt für den Güterfernverkehr, Köln und Kraftfahrt-Bundesamt, Flensburg

13.10 Fernverkehr mit Lastkraftfahrzeugen 1981

13.10.2 Nach Verkehrsbezirken*)

1 000 t

Nr. des Verkehrsbezirks[1])	Verkehrsbezirk	Verkehr innerhalb des Bundesgebietes		Verkehr mit der Deutschen Demokratischen Republik und Berlin (Ost)		Grenzüberschreitender Verkehr	
	V = Versand, E = Empfang →	V	E	V	E	V	E
011	Flensburg	761,1	1 558,5	0,2	0,5	82,9	139,0
014	Itzehoe	1 633,9	1 358,8	0,6	1,0	217,4	203,6
015	Kiel	365,5	740,6	0,2	0,1	50,3	102,2
016	Neumünster	944,7	1 179,6	0,4	5,7	51,9	169,0
017	Eutin	300,2	494,4	.	0,1	17,9	28,0
018	Lübeck	1 021,2	967,9	.	2,6	133,7	167,6
019	Segeberg/Ratzeburg	1 304,0	1 519,6	0,7	7,3	67,7	196,8
020	Hamburg	7 985,1	5 926,6	8,5	5,4	1 496,0	1 760,0
031	Stade/Harburg	2 189,4	2 648,6	0,8	5,2	255,0	276,1
032	Uelzen	2 628,4	3 007,9	9,6	2,9	150,8	203,5
033	Verden	2 335,0	2 402,6	0,0	0,4	267,0	252,2
041	Emden	665,6	1 355,3	.	0,1	50,2	86,7
042	Oldenburg	2 973,1	3 903,1	0,8	3,1	357,0	408,6
043	Osnabrück	3 368,5	3 476,7	0,1	0,4	368,4	374,7
044	Emsland	1 753,8	2 101,5	0,7	1,9	288,1	197,9
051	Braunschweig	4 890,3	4 159,0	4,2	41,3	281,1	417,9
052	Hannover	4 420,5	4 855,8	2,4	6,7	366,4	620,9
053	Hildesheim	3 313,4	2 092,6	0,2	4,4	235,7	182,6
054	Göttingen	2 658,2	2 336,0	0,4	1,8	245,3	217,8
061	Bremen	3 589,8	3 265,7	0,7	1,3	462,4	571,0
062	Bremerhaven	604,7	710,8	0,0	0,0	122,5	194,4
071	Münster	5 487,2	5 780,9	0,7	0,2	735,9	737,7
072	Wesel	2 813,3	1 479,5	0,1	0,9	266,7	191,1
081	Duisburg	2 383,8	1 230,9	0,8	1,3	395,3	383,2
082	Essen	7 068,5	5 318,4	8,5	5,5	1 445,6	1 247,8
083	Dortmund	3 389,9	2 836,1	0,3	1,9	622,2	776,7
091	Hagen	3 549,0	2 401,4	1,0	0,5	783,9	636,8
092	Düsseldorf	5 370,8	4 369,9	2,3	3,8	1 222,2	1 361,7
093	Krefeld	4 112,9	2 928,1	1,6	2,5	856,6	648,6
094	Aachen	2 527,3	2 787,7	0,4	1,5	382,5	482,1
095	Köln	7 921,0	6 684,4	6,9	16,6	2 423,9	2 103,0
101	Bielefeld	5 596,7	6 725,6	1,6	11,4	614,9	1 076,0
102	Paderborn	1 496,4	1 699,2	0,4	1,1	210,2	200,4
103	Arnsberg	3 949,2	2 665,9	8,1	9,2	862,5	278,9
104	Siegen	1 759,3	1 748,0	0,6	1,0	409,4	257,8
111	Kassel	2 601,7	4 044,5	0,9	4,3	230,3	305,1
112	Marburg	969,8	1 557,9	0,6	0,2	109,8	134,5
121	Gießen	2 002,0	2 376,3	0,6	0,4	290,1	260,5
122	Fulda	1 263,9	1 476,8	0,6	2,0	89,5	127,9
123	Frankfurt	7 091,8	7 864,1	4,5	18,1	1 071,0	1 628,3
124	Darmstadt	3 779,2	3 305,4	0,7	2,4	352,3	649,1
131	Montabaur	2 326,7	1 520,5	0,8	2,0	674,5	227,1
132	Koblenz	4 917,1	2 855,2	0,5	5,3	599,2	413,7
133	Trier	2 110,7	2 082,4	1,2	0,4	255,7	263,0
141	Mainz	2 888,9	2 483,4	0,3	1,0	602,2	603,7
142	Kaiserslautern	2 042,2	2 819,5	0,7	0,9	325,2	445,4
143	Ludwigshafen	2 979,2	1 469,6	1,4	2,2	1 184,7	446,7
151	Mannheim	4 476,4	4 181,1	1,2	5,3	627,3	776,8
152	Karlsruhe	4 128,3	3 231,5	0,1	2,9	521,4	581,2
153	Pforzheim	847,8	953,9	.	0,1	75,5	157,8
161	Heilbronn	3 274,1	3 055,9	0,2	2,4	306,7	422,1
162	Stuttgart	6 114,0	7 938,7	5,3	24,0	925,5	1 583,7
163	Ulm	3 293,5	3 146,7	0,1	0,7	534,0	423,9
164	Tübingen	1 051,8	1 488,8	0,0	0,4	114,3	205,6
165	Ravensburg	1 304,3	1 999,1	.	0,3	242,3	265,5
171	Freiburg	2 507,0	2 733,6	1,9	4,5	295,1	471,0
172	Donaueschingen	942,0	1 449,4	0,7	1,5	99,9	243,2
173	Konstanz/Lörrach	1 267,2	1 846,7	0,1	0,7	183,1	290,0
181	Aschaffenburg/Würzburg	3 422,9	3 107,0	2,1	4,0	438,9	390,6
182	Schweinfurt	1 123,7	1 348,2	0,1	1,4	131,1	122,7
183	Bayreuth	3 305,2	3 779,9	1,1	21,1	334,3	391,7
184	Nürnberg	3 471,2	4 560,2	2,4	11,0	530,7	706,6
185	Ansbach	1 441,8	1 406,4	0,1	2,8	175,2	143,6
191	Regensburg	3 442,3	2 328,9	1,3	24,3	538,2	371,1
192	Amberg/Weiden	2 379,8	1 595,0	0,8	14,7	406,9	156,0
193	Passau	1 957,2	2 521,0	0,1	3,4	203,9	193,5
194	Landshut	1 381,0	1 775,8	0,4	0,5	219,3	155,7
201	Ingolstadt	3 165,5	1 397,4	0,4	0,6	400,4	119,0
202	Augsburg	2 789,9	2 970,7	0,4	1,1	376,6	361,3
203	München	4 550,8	6 996,3	0,7	5,5	922,4	1 512,5
204	Kempten	902,8	1 624,7	0,1	5,4	179,1	149,1
205	Garmisch-Partenkirchen	726,5	1 210,1	0,2	0,4	157,6	87,3
206	Rosenheim	1 938,4	2 325,7	1,6	8,3	451,0	330,8
207	Memmingen	1 559,5	1 826,8	0,2	2,7	200,9	200,4
211	Saarland	2 633,7	3 561,3	0,2	0,9	398,3	496,5
221	Berlin (West)	3 225,6	5 794,8	3,2	16,5	194,8	628,8
	Insgesamt	**214 728,7**	**214 728,7**	**101,6**	**356,4**	**32 768,5**	**34 595,4**

*) Verkehrsleistungen der im Bundesgebiet beheimateten Lastkraftfahrzeuge; im grenzüberschreitenden Verkehr einschl. der Leistungen ausländischer Lastkraftfahrzeuge. Ohne Werkfernverkehr deutscher Lastkraftfahrzeuge bis 4 t Nutzlast und Zugmaschinen bis 40 kW Motorleistung sowie ohne Stückgut.

[1]) Verzeichnis der Verkehrsbezirke und Häfen, Ausgabe 1980.

Quelle: Bundesanstalt für den Güterfernverkehr, Köln und Kraftfahrt-Bundesamt, Flensburg

13.10 Fernverkehr mit Lastkraftfahrzeugen 1981

13.10.3 Nach Entfernungsstufen und ausgewählten Güterhauptgruppen*)

Nr. der Systematik[1])	Güterhauptgruppe	Insgesamt	Davon Entfernung von ... bis ... km: bis 50[2])	51 — 100	101 — 150	151 — 200	201 — 250	251 — 300	301 — 400	401 — 500	501 — 700	701 und mehr
	Beförderte Güter in 1 000 t											
	Fernverkehr											
	Insgesamt	**292 034,8**	**10 274,7**	**35 278,7**	**52 428,5**	**43 312,4**	**29 945,5**	**24 199,4**	**33 986,3**	**22 035,6**	**26 976,8**	**13 596,8**
	darunter:											
00–03, 06, 11–16	Nahrungs- und Genußmittel	56 688,7	1 803,5	8 146,9	10 658,2	7 995,4	5 311,6	4 276,6	6 323,4	4 086,4	4 745,7	3 341,1
	darunter:											
01	Getreide	2 134,7	93,1	508,9	583,5	343,4	242,0	140,3	101,3	42,3	44,6	35,2
21–23	Feste mineralische Brennstoffe	2 809,6	76,9	277,9	298,3	981,5	445,1	170,6	267,4	103,2	142,6	46,0
31–34, 83	Mineralöl, -erzeugnisse, Benzol	14 758,7	715,0	2 328,1	5 345,2	3 053,2	1 566,5	712,8	528,9	188,9	199,3	121,1
41, 45, 46	Erze, Metallabfälle	2 812,5	58,2	393,4	504,8	420,1	264,8	341,7	375,9	200,0	189,5	64,1
51–55	Eisen und Stahl, einschl. Halbzeug	16 924,8	355,8	1 710,6	2 688,1	2 458,2	1 544,6	1 660,7	2 355,9	1 632,2	1 765,9	752,8
61	Sand, Kies, Bims, Ton, Schlacken	9 512,2	693,0	1 747,8	3 059,4	1 705,4	890,4	434,6	367,7	210,7	353,0	50,3
62, 63, 65	Steine u. a. Rohmineralien, Salz	12 667,0	1 065,5	1 708,3	2 802,3	2 133,2	1 453,1	1 039,7	1 035,7	464,2	623,3	341,6
64, 69, 95	Mineralische Baustoffe, Glas, Glaswaren u. ä.	32 225,1	919,5	4 665,4	7 777,6	6 548,7	3 369,5	2 323,2	2 980,4	1 472,2	1 502,2	666,5
71, 72	Düngemittel	1 833,1	50,4	283,8	378,1	310,2	223,8	151,9	170,8	101,8	131,5	30,5
92–94, 96, 97	Maschinen, elektrotechnische Erzeugnisse, Metall- u. a. Halb- und Fertigwaren	49 618,9	1 384,5	4 045,0	5 705,6	5 632,4	4 892,1	4 623,7	7 540,8	5 492,3	6 830,2	3 472,7
	darunter Gewerblicher Fernverkehr											
	Zusammen	**185 609,4**	**5 095,3**	**13 897,8**	**23 104,3**	**24 494,4**	**18 983,1**	**17 475,3**	**27 386,8**	**18 636,3**	**23 963,0**	**12 573,0**
	darunter:											
00–03, 06, 11–16	Nahrungs- und Genußmittel	28 225,6	823,0	2 226,1	3 195,8	3 497,5	2 461,2	2 334,3	4 231,3	2 865,7	3 680,3	2 910,7
	darunter:											
01	Getreide	590,6	17,4	80,5	145,0	95,1	63,5	37,4	54,1	24,4	39,3	33,9
21–23	Feste mineralische Brennstoffe	1 738,6	18,0	173,9	93,7	733,1	198,9	112,8	186,7	65,6	118,2	37,8
31–34, 83	Mineralöl, -erzeugnisse, Benzol	5 573,4	189,2	413,1	2 423,2	936,6	505,2	276,0	383,2	153,5	176,8	116,2
41, 45, 46	Erze, Metallabfälle	1 697,2	13,8	142,0	217,9	208,4	172,6	273,4	293,4	159,8	158,1	57,9
51–55	Eisen und Stahl, einschl. Halbzeug	13 765,2	289,5	968,1	1 705,6	1 933,2	1 298,1	1 469,9	2 181,8	1 527,4	1 660,9	730,2
61	Sand, Kies, Bims, Ton, Schlacken	2 841,9	21,6	257,8	387,7	652,6	445,2	288,3	276,5	173,4	291,1	47,6
62, 63, 65	Steine u. a. Rohmineralien, Salz	6 273,5	146,0	490,2	899,9	1 058,9	905,1	739,1	778,5	386,4	555,6	313,9
64, 69, 95	Mineralische Baustoffe, Glas, Glaswaren u. ä.	17 905,7	407,2	1 828,6	3 567,5	3 448,2	1 915,5	1 397,0	2 151,0	1 224,2	1 336,0	630,5
71, 72	Düngemittel	1 333,6	30,0	137,4	231,0	222,6	180,3	131,8	151,9	93,5	125,4	29,6
92–94, 96, 97	Maschinen, elektrotechnische Erzeugnisse, Metall- u. a. Halb- und Fertigwaren	38 222,6	1 110,2	2 334,3	3 427,9	3 890,5	3 559,6	3 604,7	6 296,4	4 704,4	6 061,0	3 233,7
	Geleistete Tonnenkilometer in Mill.											
	Fernverkehr											
	Insgesamt	**79 054,8**	**308,4**	**2 781,3**	**6 614,2**	**7 565,1**	**6 711,5**	**6 654,3**	**11 765,6**	**9 890,0**	**15 816,5**	**10 947,8**
	darunter:											
00–03, 06, 11–16	Nahrungs- und Genußmittel	15 368,4	57,4	648,2	1 334,1	1 392,7	1 188,3	1 176,5	2 193,0	1 832,2	2 804,8	2 740,8
	darunter:											
01	Getreide	376,5	3,1	39,7	73,3	59,4	53,9	38,3	34,7	19,0	25,9	29,2
21–23	Feste mineralische Brennstoffe	635,0	2,7	19,6	37,9	172,2	98,7	47,0	90,1	46,6	84,2	35,9
31–34, 83	Mineralöl, -erzeugnisse, Benzol	2 434,8	22,1	185,5	675,0	532,7	349,5	194,1	177,0	83,9	116,7	98,5
41, 45, 46	Erze, Metallabfälle	703,2	1,8	31,0	63,6	73,6	59,9	94,2	128,1	90,7	108,7	51,5
51–55	Eisen und Stahl, einschl. Halbzeug	4 875,9	10,0	136,9	339,6	425,8	348,0	455,9	813,6	731,7	1 025,3	588,9
61	Sand, Kies, Bims, Ton, Schlacken	1 614,4	21,1	135,9	380,9	297,3	196,5	118,7	125,6	94,5	204,8	39,4
62, 63, 65	Steine u. a. Rohmineralien, Salz	2 703,8	29,6	135,4	355,9	373,2	325,1	286,4	354,3	209,4	360,0	274,6
64, 69, 95	Mineralische Baustoffe, Glas, Glaswaren u. ä.	7 012,7	29,2	371,2	988,8	1 136,8	754,3	637,4	1 029,5	656,9	876,8	531,7
71, 72	Düngemittel	422,3	1,7	22,2	48,1	54,0	49,7	41,6	59,0	45,7	76,6	23,9
92–94, 96, 97	Maschinen, elektrotechnische Erzeugnisse, Metall- u. a. Halb- und Fertigwaren	16 328,8	39,4	316,2	720,8	986,0	1 100,4	1 273,9	2 628,8	2 467,9	4 009,7	2 785,5
	darunter Gewerblicher Fernverkehr											
	Zusammen	**59 607,7**	**140,4**	**1 078,5**	**2 949,2**	**4 292,0**	**4 263,3**	**4 815,7**	**9 495,7**	**8 371,1**	**14 064,9**	**10 136,8**
	darunter:											
00–03, 06, 11–16	Nahrungs- und Genußmittel	9 756,9	23,1	174,7	406,5	611,1	552,1	644,4	1 472,8	1 286,4	2 185,8	2 400,0
	darunter:											
01	Getreide	146,7	0,5	6,4	18,5	16,5	14,1	10,3	18,6	10,9	22,8	28,1
21–23	Feste mineralische Brennstoffe	418,3	0,6	11,5	11,9	129,1	42,5	31,3	62,0	29,7	70,0	29,7
31–34, 83	Mineralöl, -erzeugnisse, Benzol	1 101,5	5,9	32,1	314,6	165,4	111,5	76,3	129,3	68,0	103,8	94,7
41, 45, 46	Erze, Metallabfälle	500,8	0,4	11,4	28,1	36,8	39,1	75,5	99,6	72,4	90,8	46,7
51–55	Eisen und Stahl, einschl. Halbzeug	4 306,9	7,8	76,8	217,4	334,9	293,4	403,7	752,8	685,0	964,1	571,2
61	Sand, Kies, Bims, Ton, Schlacken	743,4	0,7	19,9	49,8	116,1	98,7	79,2	95,1	77,7	169,0	37,3
62, 63, 65	Steine u. a. Rohmineralien, Salz	1 766,2	4,1	39,2	115,9	185,8	202,5	204,3	266,8	174,3	320,7	252,5
64, 69, 95	Mineralische Baustoffe, Glas, Glaswaren u. ä.	4 596,2	11,8	142,0	456,3	594,7	430,1	383,5	745,5	547,9	780,8	503,7
71, 72	Düngemittel	346,3	1,0	10,7	29,4	38,9	39,9	36,1	52,3	41,9	73,0	23,3
92–94, 96,97	Maschinen, elektrotechnische Erzeugnisse, Metall- u. a. Halb- und Fertigwaren	13 593,9	30,0	179,0	435,1	682,7	801,9	994,8	2 197,1	2 115,1	3 561,9	2 596,1

*) Verkehrsleistungen der im Bundesgebiet beheimateten Lastkraftfahrzeuge; im grenzüberschreitenden Verkehr und Durchgangsverkehr einschl. der Leistungen ausländischer Lastkraftfahrzeuge. Ohne Werkfernverkehr deutscher Lastkraftfahrzeuge bis 4 t Nutzlast und Zugmaschinen bis 40 kW Motorleistung sowie ohne Stückgut.

[1]) Güterverzeichnis für die Verkehrsstatistik, Ausgabe 1969.

[2]) Beförderungen über die Grenze der Nahzone hinaus nach § 3 Güterkraftverkehrsgesetz (GüKG) sowie außerhalb der Nahzone.

Quelle: Bundesanstalt für den Güterfernverkehr, Köln und Kraftfahrt-Bundesamt, Flensburg

13.11 Länge der Wasserstraßen 1981

km

Wasserstraßen	Länge	Davon entfallen auf die Wasserstraßenklasse (mit einer Tragfähigkeit von ... bis ... Tonnen)						
		0 (50 — 249)	I (250 — 399)	II (400 — 649)	III (650 — 999)	IV (1 000 — 1 499)	V (1 500 — 2 999)	VI (3 000 und mehr)
Flüsse	3 016	87	123	256	256	1 331	648	315
Kanäle	1 440	149	—	9	538	579	—	165
Insgesamt	**4 456**	**236**	**123**	**265**	**794**	**1 910**	**648**	**480**
Benutzte Länge[1])	4 390	222	111	265	794	1 910	608	480

[1]) Nur regelmäßig von der gewerblichen Schiffahrt befahrene (benutzte) Wasserstraßen.

13.12 Bestand an Binnenschiffen am 31. 12. 1981

Tragfähigkeit von ... bis ... t	Insgesamt			Baujahr der Schiffe von ... bis ...									
	Schiffe	Tragfähigkeit	Maschinenleistung	vor 1910	1910 — 1919	1920 — 1929	1930 — 1939	1940 — 1949	1950 — 1959	1960 — 1969	1970 — 1979	1980	1981
	Anzahl	t	kW	Anzahl									
				Gütermotorschiffe									
20 — 250	155	24 583	14 185	39	23	26	13	2	23	18	11	—	—
251 — 400	302	99 293	44 555	84	53	63	45	6	22	21	8	—	—
401 — 650	463	240 515	107 431	149	86	65	60	19	53	21	7	1	2
651 — 1 000	773	634 116	267 561	197	100	141	82	52	148	48	5	—	—
1 001 — 1 500	674	826 938	351 575	43	12	95	35	61	208	142	74	1	3
1 501 — 3 000	166	308 601	122 741	9	1	7	—	2	5	35	89	12	6
Zusammen	**2 533**	**2 134 046**	**908 048**	**521**	**275**	**397**	**235**	**142**	**459**	**285**	**194**	**14**	**11**
				Tankmotorschiffe									
20 — 250	5	782	676	—	—	1	—	—	1	3	—	—	—
251 — 400	5	1 747	938	—	—	2	1	1	—	1	—	—	—
401 — 650	13	6 914	3 810	1	—	—	5	—	7	—	—	—	—
651 — 1 000	103	91 229	40 733	1	1	—	3	19	45	23	11	—	—
1 001 — 1 500	290	360 688	152 300	1	—	3	1	7	124	75	75	1	3
1 501 — 3 000	78	131 878	63 706	—	—	—	—	—	18	9	51	—	—
3 001 und mehr	5	15 627	7 355	—	—	—	—	—	—	—	5	—	—
Zusammen	**499**	**608 865**	**269 518**	**3**	**1**	**6**	**10**	**27**	**195**	**111**	**142**	**1**	**3**
				Güterschleppkähne									
20 — 250	16	2 109	×	2	3	3	2	1	4	1	—	—	—
251 — 400	13	4 159	×	1	1	6	1	1	3	—	—	—	—
401 — 650	17	9 062	×	10	5	2	—	—	—	—	—	—	—
651 — 1 000	46	38 299	×	14	13	10	5	3	1	—	—	—	—
1 001 — 1 500	40	50 888	×	12	5	13	3	3	4	—	—	—	—
1 501 — 3 000	3	5 142	×	3	—	—	—	—	—	—	—	—	—
Zusammen	**135**	**109 659**	×	**42**	**27**	**34**	**11**	**8**	**12**	**1**	—	—	—
				Tankschleppkähne									
20 — 250	11	1 819	×	3	1	2	1	1	3	—	—	—	—
251 — 400	8	2 600	×	—	1	3	—	1	1	2	—	—	—
401 — 650	8	4 771	×	—	—	—	—	1	—	1	2	3	1
651 — 1 000	6	5 009	×	—	1	—	—	4	—	1	—	—	—
1 001 — 1 500	1	1 034	×	1	—	—	—	—	—	—	—	—	—
Zusammen	**34**	**15 233**	×	**4**	**3**	**5**	**1**	**7**	**4**	**4**	**2**	**3**	**1**
				Schubleichter[1])									
20 — 250	14	2 577	×	2	3	—	—	—	2	5	2	—	—
251 — 400	15	5 291	×	—	3	—	—	—	1	1	6	2	2
401 — 650	60	27 922	×	2	1	—	—	2	—	14	37	—	4
651 — 1 000	16	12 862	×	1	2	1	—	2	2	3	5	—	—
1 001 — 1 500	41	53 487	×	2	—	12	1	—	11	8	7	—	—
1 501 — 3 000	262	577 865	×	1	—	1	—	—	2	71	169	12	6
Zusammen	**408**	**680 004**	×	**8**	**9**	**14**	**1**	**4**	**18**	**102**	**226**	**14**	**12**
				Schlepper									
Zusammen	**340**	×	**67 856**	**55**	**27**	**64**	**61**	**33**	**53**	**38**	**8**	**1**	—
				Schubboote									
Zusammen	**99**	×	**74 789**	**1**	**5**	**12**	**10**	**6**	**3**	**25**	**36**	**1**	—
				Schuten und Leichter									
Zusammen	**1 671**	**363 457**	×	**284**	**223**	**299**	**97**	**109**	**212**	**389**	**49**	**5**	**4**
				Fahrgastschiffe[2])									
Zusammen	**591**	**168 318**	**106 293**	**23**	**16**	**102**	**93**	**23**	**115**	**110**	**92**	**10**	**7**

Ohne Trägerschiffsleichter.

[2]) In Spalte »Tragfähigkeit« ist die Personenkapazität angegeben.

13.13 Güterverkehr auf Binnenwasserstraßen 1981

13.13.1 Nach Güterhauptgruppen

1 000 t

Nr. der Systematik[1])	Güterhauptgruppe	Beförderte Güter insgesamt	Verkehr innerhalb des Bundesgebietes	Verkehr mit der Deutschen Demokratischen Republik und Berlin (Ost)		Grenzüberschreitender Verkehr		Durchgangsverkehr
	V = Versand, E = Empfang →		V = E	V	E	V	E	
00	Lebende Tiere	—	—	—	—	—	—	—
01	Getreide	5 622,4	958,4	156,1	174,3	832,8	2 898,9	601,9
02	Kartoffeln	1,0	1,0	—	—	—	—	—
03	Frische Früchte, frisches und gefrorenes Gemüse	67,6	7,3	—	—	5,1	55,2	—
04	Spinnstoffe und textile Abfälle	88,7	55,8	0,7	—	4,3	25,3	2,5
05	Holz und Kork	853,2	257,1	—	0,3	64,0	493,3	38,6
06	Zuckerrüben	—	—	—	—	—	—	—
09	Sonstige pflanzl., tierische u. verwandte Rohstoffe	13,9	0,9	—	—	1,2	10,2	1,7
11	Zucker	221,4	51,2	—	—	111,1	41,4	17,8
12	Getränke	82,6	50,1	—	—	19,3	11,3	1,9
13	Genußmittel, Nahrungsmittelzubereitungen, a. n. g.	143,8	22,9	—	—	56,4	31,5	33,1
14	Fleisch, Fische, Fleisch- und Fischwaren, Eier, Milch und Milcherzeugnisse, Speisefette	78,9	8,7	4,2	—	64,1	1,2	0,6
16	Getreide-, Obst- und Gemüseerzeugnisse, Hopfen	799,2	173,8	0,6	0,9	463,3	106,3	54,3
17	Futtermittel	6 081,0	1 354,6	52,1	0,2	844,9	3 635,5	193,7
18	Ölsaaten, -früchte, pflanzl. u. tierische Öle u. Fette	5 348,3	731,9	373,5	—	719,9	3 391,5	131,4
21	Steinkohle und Steinkohlenbriketts	22 033,0	10 514,8	245,4	26,4	6 240,5	3 570,5	1 435,4
22	Braunkohle, Braunkohlenbriketts und Torf	298,4	181,2	—	32,0	69,5	12,8	2,9
23	Steinkohlen- und Braunkohlenkoks	2 394,0	435,6	17,4	34,6	1 146,8	581,8	177,8
31	Rohes Erdöl	573,6	227,1	—	—	—	346,5	—
32	Kraftstoffe und Heizöl	38 704,6	18 243,7	—	2,5	1 785,6	15 911,2	2 761,5
33	Natur-, Raffinerie- und verwandte Gase	801,0	433,2	—	—	73,7	287,9	6,2
34	Mineralölerzeugnisse, a. n. g.	1 929,3	648,1	—	1,8	185,4	802,8	291,2
41	Eisenerze (ohne Schwefelkiesabbrände)	32 900,3	269,9	44,9	—	1 049,6	30 217,0	1 318,8
45	NE-Metallerze, -abfälle und -schrott	3 569,2	1 191,5	36,3	0,4	58,7	2 202,1	80,2
46	Eisen-, Stahlabfälle, -schrott, Schwefelkiesabbrände	3 124,3	1 132,1	6,9	0,2	801,7	975,9	207,6
51	Roheisen, Ferrolegierungen, Rohstahl	1 238,0	174,2	1,0	26,6	242,4	719,8	74,0
52	Stahlhalbzeug	2 336,9	292,0	—	57,4	1 343,5	542,8	101,2
53	Stab- u. Formstahl, Draht, Eisenbahnoberbaumaterial	4 253,8	780,4	—	21,8	1 593,0	1 167,9	690,7
54	Stahlbleche, Bandstahl, Weißblech und -band	4 341,2	346,0	2,9	32,0	2 005,2	1 517,1	438,0
55	Rohre, Gießereierzeugnisse, Schmiedestücke aus Eisen und Stahl	1 283,5	127,6	0,4	1,8	1 023,7	65,6	64,4
56	NE-Metalle und NE-Metallhalbzeug	1 195,3	338,9	15,5	16,7	130,3	535,3	158,6
61	Sand, Kies, Bims, Ton, Schlacken	48 804,0	22 025,3	0,5	1 376,5	15 066,4	8 668,9	1 666,4
62	Salz, Schwefelkies, Schwefel	4 563,2	3 476,0	—	23,2	493,7	521,4	48,9
63	Sonstige Steine, Erden und verwandte Rohmineralien	14 050,7	4 594,9	2 574,3	130,6	3 970,4	2 583,7	196,9
64	Zement und Kalk	1 723,4	644,2	—	—	859,5	216,9	2,9
65	Gips	230,9	91,9	—	4,2	90,2	40,6	4,1
69	Sonstige mineralische Baustoffe u. ä. (ohne Glas)	516,9	220,3	—	34,5	73,8	176,4	11,8
71	Natürliche Düngemittel	1 678,4	315,6	7,7	23,4	104,5	1 055,0	172,3
72	Chemische Düngemittel	3 758,7	822,5	25,8	86,6	1 544,7	998,8	280,4
81	Chemische Grundstoffe (ohne Aluminiumoxyd usw.)	8 198,0	3 051,2	—	71,7	2 648,2	2 184,4	242,5
82	Aluminiumoxyd und -hydroxyd	609,9	163,7	—	—	19,0	254,0	173,1
83	Benzol, Teere u. ä. Destillationserzeugnisse	1 286,9	658,8	—	—	126,2	496,4	5,5
84	Zellstoff und Altpapier	1 696,2	706,3	0,5	—	14,6	613,6	361,3
89	Sonstige chemische Erzeugnisse (einschl. Stärke)	470,5	87,6	—	—	260,6	114,5	7,8
91	Fahrzeuge	92,0	7,1	—	—	67,8	11,8	5,3
92	Landwirtschaftliche Maschinen	68,1	0,0	—	—	59,3	8,5	0,3
93	Elektrotechnische Erzeugnisse, andere Maschinen	425,7	85,4	0,7	—	143,3	108,7	87,6
94	Baukonstruktionen aus Metall; EBM-Waren	189,3	49,4	—	1,1	64,1	52,2	22,5
95	Glas, Glaswaren, feinkeram. u. ä. mineral. Erzeugn.	91,4	45,2	—	—	3,4	30,7	12,0
96	Leder, Lederwaren, Textilien, Bekleidung	9,6	2,6	—	—	5,3	1,2	0,4
97	Sonstige Halb- und Fertigwaren	464,4	129,2	—	3,2	27,6	290,1	14,3
99	Besondere Transportgüter, Sammel- und Stückgut	2 408,5	231,2	0,0	1,9	1 862,7	246,6	66,2
	Insgesamt	**231 715,2**	**76 418,4**	**3 567,5**	**2 186,8**	**48 440,8**	**88 833,2**	**12 268,5**

[1]) Güterverzeichnis für die Verkehrsstatistik, Ausgabe 1969.

13.13 Güterverkehr auf Binnenwasserstraßen 1981

13.13.2 Nach Verkehrsbezirken*)

1 000 t

Nr. des Verkehrsbezirks[1])	Verkehrsbezirk	Verkehr				Grenzüberschreitender Verkehr	
		innerhalb des Bundesgebietes		mit der Deutschen Demokratischen Republik und Berlin (Ost)			
	V = Versand, E = Empfang →	V	E	V	E	V	E
011	Flensburg	12,2	4,7	—	—	—	—
014	Itzehoe	1 542,2	809,3	—	6,5	2,5	28,6
015	Kiel	63,8	397,9	—	—	3,9	0,6
016	Neumünster	61,2	380,9	—	3,3	2,0	15,3
017	Eutin	4,4	6,3	—	—	—	—
018	Lübeck	359,9	543,9	—	8,5	2,2	28,5
019	Segeberg/Ratzeburg	311,4	85,5	0,4	73,1	9,0	10,4
020	Hamburg	4 236,0	3 897,6	709,6	342,9	763,1	618,1
031	Stade/Harburg	274,4	469,4	—	4,1	2,4	3,8
032	Uelzen	247,6	178,5	—	2,4	3,4	28,1
033	Verden	1 418,1	379,5	—	0,6	26,4	59,0
041	Emden	1 513,9	1 428,0	—	3,3	180,4	568,1
042	Oldenburg	1 825,5	1 438,6	34,6	3,1	234,1	242,9
043	Osnabrück	119,0	500,4	—	4,8	21,9	822,1
044	Emsland	823,1	899,5	—	0,3	266,5	409,5
051	Braunschweig	1 679,6	2 372,4	0,7	41,6	305,0	363,9
052	Hannover	912,9	1 067,0	—	11,7	174,4	367,8
053	Hildesheim	777,7	434,1	—	23,9	539,2	148,7
054	Göttingen	9,8	1,1	—	—	2,7	—
061	Bremen	1 329,4	2 810,1	1,0	3,0	164,2	320,9
062	Bremerhaven	261,0	1 113,0	—	—	1,0	43,4
071	Münster	261,8	1 830,8	0,4	13,9	269,0	761,9
072	Wesel	5 864,4	575,4	—	12,0	10 341,4	2 347,8
081	Duisburg	4 465,6	2 963,2	136,1	25,0	11 245,5	34 243,2
082	Essen	7 498,5	1 393,1	16,3	31,0	4 056,2	3 211,3
083	Dortmund	1 680,6	4 121,9	91,5	58,6	1 656,4	3 983,5
092	Düsseldorf	147,0	429,8	—	13,7	489,0	1 610,9
093	Krefeld	1 110,1	1 559,0	1,8	7,7	1 559,3	3 617,9
095	Köln	4 310,5	5 572,4	0,8	22,9	1 874,6	6 034,4
101	Bielefeld	1 079,4	733,4	—	5,8	47,2	260,1
102	Paderborn	11,1	—	—	—	7,6	—
111	Kassel	—	—	—	—	0,7	—
121	Gießen	0,6	—	—	—	—	—
123	Frankfurt	898,2	6 058,4	—	0,6	983,4	2 774,0
124	Darmstadt	1 170,0	2 042,1	—	—	252,6	2 142,3
131	Montabaur	370,8	803,7	—	—	738,1	648,7
132	Koblenz	1 875,6	2 079,2	—	—	2 950,4	1 386,5
133	Trier	228,5	266,4	—	0,5	129,0	559,5
141	Mainz	1 695,4	2 747,7	—	—	746,1	2 190,1
142	Kaiserslautern	1 383,2	419,7	—	0,5	97,5	241,8
143	Ludwigshafen	4 899,7	3 804,1	—	—	1 279,0	2 913,6
151	Mannheim	1 976,2	4 279,2	—	0,3	828,4	2 867,2
152	Karlsruhe	6 485,0	2 526,6	—	0,5	946,4	3 257,7
161	Heilbronn	1 876,1	1 868,3	—	—	155,9	1 563,0
162	Stuttgart	94,1	1 759,8	—	0,9	16,1	2 368,9
171	Freiburg	3 654,8	993,5	—	—	2 185,9	771,9
173	Konstanz/Lörrach	84,8	182,7	—	—	222,7	1 099,8
181	Aschaffenburg/Würzburg	3 023,8	3 062,5	—	0,8	371,0	1 101,8
182	Schweinfurt	384,0	838,5	—	—	29,8	72,8
183	Bayreuth	1 231,0	842,6	—	—	65,0	206,8
184	Nürnberg	11,6	573,7	—	—	66,3	553,2
191	Regensburg	135,9	137,1	—	—	1 974,2	1 030,6
193	Passau	38,7	37,4	—	—	23,6	130,7
211	Saarland	40,9	16,9	—	—	68,4	275,2
221	Berlin (West)	647,7	2 681,8	2 574,3	1 459,1	60,1	526,5
	Insgesamt	**76 418,4**	**76 418,4**	**3 567,5**	**2 186,8**	**48 440,8**	**88 833,2**

*) Nur Verkehrsbezirke mit schiffbaren Binnenwasserstraßen.

1) Verzeichnis der Verkehrsbezirke und Häfen, Ausgabe 1980.

13.13 Güterverkehr auf Binnenwasserstraßen 1981

13.13.3 Nach Entfernungsstufen und ausgewählten Güterhauptgruppen

Nr. der Systematik[1])	Güterhauptgruppe	Insgesamt	Davon Entfernung von ... bis ... km: bis 50	51 — 100	101 — 150	151 — 200	201 — 250	251 — 300	301 — 400	401 — 500	501 — 700	701 und mehr
	Beförderte Güter in 1 000 t											
	Insgesamt	**231 715**	**29 534**	**62 893**	**29 291**	**22 733**	**13 150**	**10 472**	**17 364**	**17 287**	**26 550**	**2 439**
	darunter:											
00–03, 06, 11–16	Nahrungs- und Genußmittel	7 017	301	1 197	1 452	580	435	226	762	838	1 162	64
	darunter:											
01	Getreide	5 622	214	1 021	1 227	334	355	179	613	665	958	57
21–23	Feste mineralische Brennstoffe	24 725	709	5 251	2 080	1 754	346	1 891	4 497	3 640	3 955	602
31–34, 83	Mineralöl, -erzeugnisse, Benzol	43 295	5 136	9 008	6 397	7 028	1 401	1 449	3 289	3 026	6 486	78
41, 45, 46	Erze und Metallabfälle	39 594	167	29 610	2 511	2 162	316	1 607	315	710	2 108	89
51–55	Eisen und Stahl, einschl. Halbzeug	13 453	263	4 370	2 288	1 227	896	252	644	1 040	2 228	243
61	Sand, Kies, Bims, Ton, Schlacken	48 804	16 223	7 016	5 561	3 940	4 507	2 845	1 895	965	5 327	523
62, 63, 65	Steine u. a. Rohmineralien, Salz	18 845	3 503	1 665	3 275	1 658	3 198	1 072	1 870	1 142	1 263	197
64, 69, 95	Mineralische Baustoffe, Glas, Glaswaren u. ä.	2 332	48	199	380	376	288	176	557	97	162	51
71, 72	Düngemittel	5 437	194	545	582	407	389	150	1 005	1 334	637	194
92–94, 96, 97	Maschinen, elektrotechnische Erzeugnisse, Metall- u. a. Halb- und Fertigwaren	1 157	28	152	251	144	21	59	72	219	188	24
	Geleistete Effektivtonnenkilometer in Mill.											
	Insgesamt	**50 010**	**772**	**4 958**	**3 692**	**3 952**	**3 001**	**2 854**	**6 177**	**7 624**	**15 031**	**1 949**
	darunter:											
00–03, 06, 11–16	Nahrungs- und Genußmittel	1 935	8	108	185	100	99	62	277	367	676	53
	darunter:											
01	Getreide	1 564	5	93	156	58	81	49	223	292	560	47
21–23	Feste mineralische Brennstoffe	7 459	20	415	241	304	81	536	1 581	1 618	2 207	457
31–34, 83	Mineralöl, -erzeugnisse, Benzol	9 770	137	684	806	1 210	316	388	1 195	1 340	3 632	61
41, 45, 46	Erze und Metallabfälle	5 214	4	2 371	340	380	72	421	110	313	1 127	76
51–55	Eisen und Stahl, einschl. Halbzeug	3 290	7	345	297	221	205	67	230	467	1 251	202
61	Sand, Kies, Bims, Ton, Schlacken	8 699	459	521	687	693	1 012	780	636	436	3 070	406
62, 63, 65	Steine u. a. Rohmineralien, Salz	3 998	70	132	413	294	745	291	670	498	722	164
64, 69, 95	Mineralische Baustoffe, Glas, Glaswaren u. ä.	618	1	17	46	64	67	48	199	43	94	41
71, 72	Düngemittel	1 799	6	48	76	72	88	41	359	577	371	161
92–94, 96, 97	Maschinen, elektrotechnische Erzeugnisse, Metall- u. a. Halb- und Fertigwaren	334	1	11	31	24	5	15	25	96	107	19

13.13.4 Nach Flaggen

Flagge (Registrierungsland)	Gesamtverkehr		Verkehr: innerhalb des Bundesgebietes		Verkehr: mit Häfen außerhalb des Bundesgebietes[2])		Durchgangsverkehr	
	absolut	%	absolut	%	absolut	%	absolut	%
Beförderte Güter in 1 000 t								
Bundesrepublik Deutschland	119 437	51,5	68 315	89,4	49 000	34,3	2 122	17,3
Deutsche Demokratische Republik	5 471	2,6	10	0,0	5 340	3,7	121	1,0
Belgien	9 868	4,3	602	0,8	8 424	5,9	842	6,9
Frankreich	5 427	2,3	176	0,2	3 387	2,4	1 864	15,2
Niederlande	72 285	31,1	4 828	6,3	63 758	44,6	3 699	30,1
Österreich	1 513	0,7	1	0,0	1 512	1,1	—	—
Polen	833	0,4	3	0,0	732	0,5	98	0,8
Schweiz	13 587	5,9	2 255	3,0	7 899	5,5	3 433	28,0
Tschechoslowakei	1 124	0,5	0	0,0	1 123	0,8	0	0,0
Übrige Flaggen	2 172	0,9	229	0,3	1 853	1,3	90	0,7
Insgesamt	**231 715**	**100**	**76 418**	**100**	**143 028**	**100**	**12 269**	**100**
Geleistete Effektivtonnenkilometer in Mill.								
Bundesrepublik Deutschland	26 846	53,7	13 648	90,0	12 017	43,0	1 181	17,1
Deutsche Demokratische Republik	392	0,8	3	0,0	332	1,2	56	0,8
Belgien	2 139	4,3	116	0,8	1 561	5,6	462	6,7
Frankreich	1 960	3,9	41	0,3	913	3,3	1 005	14,6
Niederlande	13 126	26,2	869	5,7	10 176	36,4	2 080	30,1
Österreich	270	0,5	0	0,0	270	1,0	—	—
Polen	168	0,3	1	0,0	118	0,4	49	0,7
Schweiz	4 595	9,2	477	3,1	2 093	7,5	2 024	29,3
Tschechoslowakei	166	0,3	0	0,0	166	0,6	0	0,0
Übrige Flaggen	351	0,7	13	0,1	293	1,0	46	0,7
Insgesamt	**50 010**	**100**	**15 168**	**100**	**27 938**	**100**	**6 904**	**100**

[1]) Güterverzeichnis für die Verkehrsstatistik, Ausgabe 1969.

[2]) Verkehr mit der Deutschen Demokratischen Republik und Berlin (Ost) sowie grenzübe schreitender Verkehr.

13.13 Güterverkehr auf Binnenwasserstraßen 1981

13.13.5 Nach Wasserstraßen

Wasserstraße	Länge der Wasserstraße	Beförderte Güter		Geleistete Effektivtonnenkilometer		Mittlere Transportweite[1]	Güterverkehrsdichte[2]
		insgesamt	auf ausländischen Schiffen	insgesamt	von ausländischen Schiffen		
	km	1 000 t		Mill. tkm		km	1 000 t
Elbegebiet							
Elbe von Schnackenburg bis Hamburg	146	9 912,3	1 469,2	916,4	185,8	92,4	6 276,7
Ilmenau	28	92,2	—	0,8	—	8,5	28,0
Elbe-Lübeck-Kanal bis Lübeck	67	1 282,5	27,4	70,2	1,7	54,7	1 047,7
Trave von Lübeck bis Seegrenze	21	8,7	0,1	0,2	0,0	21,0	8,7
Elbe-Seitenkanal	115	4 633,6	341,8	517,0	38,7	111,6	4 496,0
Elbe von Hamburg bis Seegrenze	105	12 264,8	1 491,9	257,2	9,2	21,0	2 449,4
Este	12	—	—	—	—	—	—
Lühe	12	—	—	—	—	—	—
Schwinge ab Stade	5	20,3	—	0,1	—	5,0	20,3
Pinnau ab Uetersen	10	147,3	15,7	1,5	0,2	10,0	147,3
Krückau ab Elmshorn	12	48,7	0,3	0,6	0,0	12,0	48,7
Stör ab Kellinghusen	50	221,2	4,1	6,1	0,1	27,5	121,8
Oste ab Bremervörde	75	63,9	3,8	1,8	0,2	28,3	24,1
Hadelner Kanal und Bederkesa-Geeste-Kanal	45	208,5	3,8	9,4	0,2	45,0	208,5
Nord-Ostsee-Kanal mit Kieler Förde	109	3 454,5	160,0	176,0	16,1	51,0	1 614,7
Eider und Gieselau-Kanal	90	4,4	—	0,3	—	60,5	2,9
Schlei ab Schleswig	40	—	—	—	—	—	—
Wesergebiet							
Fulda von Kassel bis Hann.-Münden	27	0,7	0,7	0,0	0,0	27,0	0,7
Weser von Hann.-Münden bis Minden	206	669,0	33,7	16,0	1,3	23,9	77,7
Weser von Minden bis Bremen	140	4 359,2	110,0	477,2	10,1	109,5	3 408,3
Aller von Hademstorf bis zur Weser	49	0,3	0,3	0,0	0,0	49,0	0,3
Aller von Celle bis Hademstorf	68	2,5	0,3	0,1	0,0	19,9	0,7
Weser von Bremen bis Seegrenze	83	7 543,5	878,7	227,9	28,3	30,2	2 745,3
Hunte ab Oldenburg	26	2 872,4	600,8	64,8	13,0	22,6	2 493,4
Geeste ab Bramel	19	208,5	3,8	4,0	0,1	19,0	208,5
Mittellandkanalgebiet							
Mittellandkanal von Bergeshövede bis Minden	102	12 223,2	2 588,2	1 043,5	200,8	85,4	10 230,4
Zweigkanal nach Osnabrück	14	655,8	96,7	9,0	1,3	13,7	641,5
Mittellandkanal von Minden bis Braunschweig	118	12 010,5	1 644,5	958,5	142,8	79,8	8 122,5
Zweigkanal nach Misburg	2	947,6	94,4	1,9	0,2	2,0	947,6
nach Hannover-Linden	11	576,6	42,5	6,2	0,5	10,7	560,1
nach Hildesheim	15	1 189,2	251,0	16,6	3,4	14,0	1 109,1
nach Salzgitter	18	2 326,0	133,5	37,2	2,1	16,0	2 065,9
Mittellandkanal von Braunschweig bis Rühen	39	6 743,2	747,5	144,8	20,2	21,5	3 714,0
Westdeutsches Kanalgebiet							
Ruhrwasserstraße	12	390,5	266,5	3,5	2,4	9,0	292,8
Rhein-Herne-Kanal	49	18 198,1	6 260,7	610,3	198,9	33,5	12 454,2
Wesel-Datteln-Kanal	60	16 932,2	7 030,6	822,6	351,2	48,6	13 710,8
Datteln-Hamm-Kanal	47	6 154,5	1 254,4	152,9	33,8	24,8	3 252,5
Dortmund-Ems-Kanal von Dortmund bis Datteln	21	12 400,3	2 592,8	134,8	35,9	10,9	6 418,1
von Datteln bis Bergeshövede	87	17 231,2	3 291,3	1 411,8	264,2	81,9	16 227,4
von Bergeshövede bis Herbrum	105	8 201,7	2 017,2	660,7	135,9	80,6	6 292,1
und Ems von Herbrum bis Emden	56	5 945,4	2 268,9	279,8	96,4	47,1	4 997,3
Dollart von Emden bis Seegrenze	13	3 185,4	2 166,5	41,4	28,2	13,0	3 185,4
Ems-Vechte-Kanal	20	2,0	1,6	0,0	0,0	17,0	1,7
Haren-Rütenbrocker-Kanal	14	—	—	—	—	—	—
Küsten-Kanal	70	2 881,2	952,7	171,8	50,1	59,6	2 454,6
Ems-Jade-Kanal	70	32,9	0,3	1,2	0,0	34,9	16,4
Rheingebiet							
Rhein von Rheinfelden bis zur niederländischen Grenze	622	189 771,6	99 994,4	34 419,9	18 769,9	181,4	55 337,4
Rhein von Rheinfelden bis Straßburg	55	11 902,6	8 292,4	436,0	318,1	36,6	7 927,1
von Straßburg bis Neuburgweier	60	29 469,3	13 258,7	1 481,1	711,4	50,3	24 685,1
von Neuburgweier bis Mannheim	74	54 365,1	20 738,2	2 735,4	1 081,0	50,3	36 964,3
von Mannheim bis Bingen	99	61 119,8	25 205,5	4 608,5	2 128,3	75,4	46 550,6
von Bingen bis Lülsdorf	139	65 772,7	32 569,3	7 645,8	3 844,6	116,2	55 006,0
von Lülsdorf bis Orsoy	128	136 000,8	79 017,1	9 332,5	5 215,8	68,6	72 910,1
von Orsoy bis zur niederländischen Grenze	67	137 438,7	89 784,4	8 180,6	5 470,7	59,5	122 098,3
Lahn ab Steeden	68	1,6	1,0	0,1	0,1	57,6	1,4
Mosel ab französischer Grenze	242	9 446,2	5 092,7	2 149,7	1 189,8	227,6	8 883,1
Saar von Völklingen bis Saargemünd	31	118,3	44,9	2,7	1,1	22,8	86,8
Spoy-Kanal (einschl. Griethauser Altrhein)	9	1 006,5	896,1	9,1	8,1	9,0	1 006,5
Main-Donau-Kanal vom Main bis Nürnberg	72	2 142,6	176,7	76,0	8,6	35,5	1 056,1
Main von Mündung Main-Donau-Kanal bis Würzburg	137	6 235,4	436,0	425,9	30,0	68,3	3 108,5
von Würzburg bis Aschaffenburg	164	7 409,4	867,0	759,4	80,3	102,5	4 630,8
von Aschaffenburg bis Offenbach	46	8 825,2	1 842,9	307,2	51,3	34,8	6 677,6
von Offenbach bis zum Rhein	41	17 172,9	4 009,8	522,0	117,0	30,4	12 732,0
Neckar von Plochingen bis zum Rhein	203	10 858,5	1 426,7	1 392,4	203,5	128,2	6 858,9
Donaugebiet							
Donau von Kelheim bis Regensburg	35	3 141,8	2 360,2	5,5	3,9	1,8	157,6
von Regensburg bis Vilshofen	130	3 265,0	2 463,9	397,9	310,6	121,9	3 060,7
von Vilshofen bis zur österreichischen Grenze	48	3 183,6	2 495,4	151,3	119,1	47,5	3 152,9
Gebiet Berlin (West)	105	7 949,6	380,6	135,1	6,5	17,0	1 287,1
Insgesamt	**4 456**	**231 715,2**[3]	**106 807,5**[3]	**50 010,1**	**22 772,8**	**215,8**	×
dar. Durchgangsverkehr	×	12 268,5	10 025,9	6 903,8	5 666,9	562,7	×

[1] Geleistete Effektivtonnenkilometer dividiert durch Beförderungsmenge.
[2] Geleistete Effektivtonnenkilometer dividiert durch Länge der Wasserstraße.
[3] Infolge Doppelzählungen ergibt die Addition der Einzelpositionen nicht die Gesamtsumme.

13.14 Güterumschlag in Binnenhäfen 1981

1 000 t

Wasserstraßengebiet — Hafen	Insgesamt	Ein-	Aus-
		ladungen	
Elbegebiet	**16 921**	**8 966**	**7 955**
darunter:			
Brunsbüttel	1 836	1 431	405
Hamburg	10 796	5 940	4 856
Kiel	458	60	399
Lübeck	937	357	581
Wesergebiet	**13 454**	**6 289**	**7 165**
darunter:			
Brake	899	767	132
Bremen	5 177	1 818	3 359
Bremerhaven	1 423	267	1 156
Nordenham	1 355	1 234	121
Oldenburg	952	27	925
Mittellandkanalgebiet	**11 940**	**5 266**	**6 674**
darunter:			
Braunschweig	576	304	272
Hannover	1 133	154	978
Hildesheim	978	622	356
Misburg	1 082	685	398
Osnabrück	753	228	525
Peine	349	180	169
Salzgitter-Beddingen	2 258	1 177	1 081
Westdeutsches Kanalgebiet	**38 199**	**19 032**	**19 167**
darunter:			
Bottrop	1 248	1 248	—
Castrop-Rauxel	905	393	511
Dorsten (Hervest)	407	295	111
Dortmund	5 466	1 749	3 717
Emden	2 936	1 559	1 377
Essen	915	37	878
Gelsenkirchen	4 710	3 064	1 646
Hamm	2 721	336	2 385
Hamm-Bossendorf	1 658	1 658	—
Herne	—	—	—
Leer	709	142	567
Lünen	2 791	1 041	1 750
Marl-Brassert	1 506	900	607
Mülheim/Ruhr	376	72	304
Münster	1 625	15	1 610
Rhein-Lippe-Hafen	2 093	1 550	543
Wanne-Eickel	1 954	1 884	71

Wasserstraßengebiet — Hafen	Insgesamt	Ein-	Aus-
		ladungen	
Rheingebiet	**203 880**	**83 238**	**120 642**
darunter:			
Andernach	3 419	2 760	660
Aschaffenburg	850	58	793
Bamberg	871	134	738
Bingen	551	9	542
Breisach	731	358	373
Brohl	728	701	27
Düsseldorf	2 330	545	1 785
Duisburger Häfen	54 111	16 880	37 231
darunter:			
Homberg	3 207	2 854	352
Rheinhausen	5 470	501	4 969
Walsum	3 698	2 716	982
Emmerich	788	171	617
Frankfurt	5 810	1 089	4 721
Gernsheim	608	53	555
Gustavsburg	955	382	573
Hanau	1 281	463	818
Heilbronn	5 058	1 897	3 161
Karlsruhe	9 932	4 406	5 526
Kehl	1 862	479	1 383
Koblenz	1 762	419	1 343
Köln	11 805	4 276	7 529
Krefeld-Uerdingen	3 626	1 296	2 331
Lahnstein	596	73	523
Leverkusen	2 642	884	1 758
Ludwigshafen	7 824	2 334	5 489
Mainz	3 564	630	2 935
Mannheim	8 564	2 522	6 042
Neuss	4 233	1 379	2 854
Neuwied	1 651	416	1 234
Offenbach	890	34	856
Orsoy	1 166	514	652
Rheinberg-Ossenberg	2 148	2 114	34
Schweinfurt	435	37	398
Speyer	1 780	1 053	728
Stuttgart	1 782	78	1 704
Weil	708	28	680
Wesel	585	39	545
Wesseling	2 208	1 610	599
Wiesbaden	1 182	53	1 129
Worms	1 164	119	1 045
Würzburg	1 201	123	1 079
Donaugebiet	**3 510**	**2 174**	**1 336**
dar. Regensburg	3 071	1 982	1 088
Gebiet Berlin (West)	**7 935**	**3 268**	**4 667**
Insgesamt	**295 839**	**128 233**	**167 606**

13.15 Güterverkehr auf dem Rhein von Rheinfelden bis Emmerich

1 000 t

Verkehrsbeziehung	V = Versand E = Empfang	1977	1978	1979	1980	1981
Verkehr der deutschen Rheinhäfen						
untereinander	V = E	22 537	22 421	24 638	23 161	21 909
mit anderen Häfen des Bundesgebietes[1])	V	16 368	16 186	17 774	16 294	15 684
	E	6 914	6 831	8 254	6 797	7 411
mit niederländischen, belgischen und nordfranzösischen Häfen[1])	V	33 243	37 342	33 318	31 983	31 076
	E	52 447	58 900	61 858	59 053	56 668
mit französischen Rhein- bzw. Moselhäfen und der Schweiz	V	2 741	2 436	2 745	2 349	1 914
	E	4 847	5 704	5 654	5 539	5 334
mit anderen Häfen außerhalb des Bundesgebietes[1])	V	172	212	175	277	571
	E	850	906	897	816	959
Verkehr der deutschen Nichtrheinhäfen über den Rhein						
untereinander	V = E	2 660	2 700	2 838	2 624	2 605
mit niederländischen, belgischen und nordfranzösischen Häfen[1])	V	9 484	10 526	8 527	7 920	8 131
	E	17 612	17 865	16 084	15 744	16 402
mit französischen Rhein- bzw. Moselhäfen und der Schweiz[1])	V	1 850	2 027	2 132	2 071	1 757
	E	4 702	4 902	4 994	4 922	4 357
mit anderen Häfen außerhalb des Bundesgebietes[1])	V	62	126	241	88	213
	E	87	51	60	65	147
Internationaler Durchgangsverkehr	zu Tal	4 385	4 238	3 963	4 242	3 389
	zu Berg	9 807	8 915	9 071	9 708	8 876
Rhein-See-Verkehr	zu Tal	739	894	897	1 145	1 284
	zu Berg	714	784	865	1 007	1 083
Insgesamt		**192 218**	**203 966**	**204 986**	**195 805**	**189 772**

[1]) Ohne Rhein-See-Verkehr.

13.16 Unternehmen, verfügbare Schiffe, Beschäftigte und Umsätze der Binnenschiffahrt*)

Gegenstand der Nachweisung	Einheit	Unternehmen insgesamt	mit gewerblicher Binnenschiffahrt: zusammen	ausschließlich in der Binnenschiffahrt tätig	mit wirtschaftl. Schwerpunkt in der Binnenschiffahrt	mit nebengewerblicher Binnenschiffahrtstätigkeit: im sonstigen Verkehr	mit nebengewerblicher Binnenschiffahrtstätigkeit: außerhalb des Verkehrs	ausschließlich im Werkverkehr tätig
Unternehmen am 30. 6. 1981	Anzahl	2 111	2 040	1 804	157	28	51	71
Verfügbare Schiffe am 30. 6. 1981								
Güterschiffe[1])	Anzahl	3 270	3 012	1 973	804	143	92	258
	1 000 t	3 383	3 195	1 714	1 221	176	83	189
Schubboote und Schlepper[1])	Anzahl	166	127	74	42	7	4	39
	1 000 kW	93	82	23	53	5	1	11
Fahrgastschiffe[1])	Anzahl	470	470	186	220	35	29	—
	1 000[2])	149	149	37	91	14	7	—
Beschäftigte am 30. 6. 1981	Anzahl	12 271	11 668	6 244	4 383[3])	741	300	603
Fahrendes Personal	Anzahl	10 649	10 106	5 717	3 495	617	277	543
Schiffseigner u. Mithelf. Familienangehörige	Anzahl	2 325	2 321	2 197	95	3	26	4
Landpersonal	Anzahl	1 622	1 562	527	888	124	23	60
Umsatz 1980[4])	Mill. DM	×	2 020	694	1 136	151	40	×
aus Schub- und Schleppleistungen für andere Unternehmen	Mill. DM	×	23	16	6	—	0	×
aus Beförderungsleistungen mit eigenen und gemieteten Schiffen[5])	Mill. DM	×	1 250	582	545	84	38	×
in der Güterschiffahrt	Mill. DM	×	783	421	315	24	23	×
in der Tankschiffahrt	Mill. DM	×	336	138	136	50	12	×
in der Personenschiffahrt	Mill. DM	×	131	24	94	10	3	×

*) Nur Güter- und Personenverkehr betreibende Unternehmen, jedoch ohne die ausschl. in der Fähr- und Hafenschiffahrt tätigen Unternehmen.
1) Einschl. angemieteter Binnen- und Seeschiffe, abzüglich Vermietungen ins Ausland.
2) Personenplätze.
3) Außerdem wurden 1 928 Personen mit anderen Tätigkeiten als solchen in der Binnenschiffahrt beschäftigt.
4) Ohne Umsatz-(Mehrwert-)steuer, einschl. Umsätze aus Güterbeförderungen mit Hilfe von Unterfrachtführern.
5) Ohne Umsätze aus Güterbeförderungen mit Hilfe von Unterfrachtführern.

13.17 Bestand an Seeschiffen*)

13.17.1 Nach Art der Verwendung

Verwendungsart — Fahrzeugart	31. 12. 1980 insgesamt Anzahl	31. 12. 1980 insgesamt 1 000 BRT	31. 12. 1980 darunter Motorschiffe Anzahl	31. 12. 1980 darunter Motorschiffe 1 000 BRT	31. 12. 1981 insgesamt Anzahl	31. 12. 1981 insgesamt 1 000 BRT	31. 12. 1981 darunter Motorschiffe Anzahl	31. 12. 1981 darunter Motorschiffe 1 000 BRT
Handelsschiffe[1])	1 495	7 608	1 457	5 027	1 413	7 403	1 378	4 898
Fahrgastschiffe	146	94	145	94	151	127	150	127
Trockenfrachtschiffe[2])	1 211	4 747	1 193	4 372	1 115	4 469	1 099	4 125
Tankschiffe[1])	138	2 767	119	561	147	2 807	129	647
Seefischereifahrzeuge	100	91	100	91	91	79	91	79
Andere Fahrzeuge	472	306	328	168	465	305	320	169
Insgesamt	**2 067**	**8 005**	**1 885**	**5 286**	**1 969**	**7 787**	**1 789**	**5 146**

13.17.2 Handelsschiffe am 31. 12. 1981 nach Tonnageklassen und Baujahren

Schiffstonnage von ... bis ... BRT — Baujahr der Schiffe von ... bis ...	Handelsschiffe insgesamt Anzahl	Handelsschiffe insgesamt 1 000 BRT	Darunter Trockenfrachtschiffe[2]) Anzahl	Darunter Trockenfrachtschiffe[2]) 1 000 BRT	Darunter Tankschiffe[1]) Anzahl	Darunter Tankschiffe[1]) 1 000 BRT	Schiffstonnage von ... bis ... BRT — Baujahr der Schiffe von ... bis ...	Handelsschiffe insgesamt Anzahl	Handelsschiffe insgesamt 1 000 BRT	Darunter Trockenfrachtschiffe[2]) Anzahl	Darunter Trockenfrachtschiffe[2]) 1 000 BRT	Darunter Tankschiffe[1]) Anzahl	Darunter Tankschiffe[1]) 1 000 BRT
nach Tonnageklassen													
100 — 299	320	66	188	42	32	5	8 000 — 9 999	45	415	45	415	—	—
300 — 499	350	165	320	152	11	5	10 000 — 14 999	36	448	36	448	—	—
500 — 999	306	290	264	253	21	20	15 000 — 19 999	28	498	24	420	3	59
1 000 — 1 599	117	177	79	120	35	53	20 000 — 29 999	38	971	33	844	5	127
1 600 — 2 999	18	45	15	38	1	2	30 000 — 39 999	15	511	12	403	2	73
3 000 — 3 999	31	110	26	92	4	14	40 000 — 49 999	6	264	6	264	—	—
4 000 — 5 999	47	232	37	186	8	37	50 000 — 99 999	18	1 173	10	650	8	523
6 000 — 7 999	25	176	20	142	4	26	100 000 und mehr	13	1 863	—	—	13	1 863
nach Baujahren der Schiffe													
vor 1962	306	117	219	90	17	2	1972 — 1976	240	3 291	193	1 286	37	1 998
1962 — 1966	188	356	152	262	16	76	1977 — 1978	193	978	183	889	5	87
1967 — 1971	265	1 517	202	1 122	37	387	1979 — 1981	221	1 144	166	819	35	257

*) Schiffe von 100 BRT Raumgehalt und mehr; ohne Bundesmarine.
1) Einschl. Bunkerboote.
2) Einschl. 1 Massengut-Ölschiff mit 42 384 BRT.

Quelle: Bundesministerium für Verkehr, Bonn

13.18 Schiffsverkehr über See 1981*)

13.18.1 Nach Häfen

Hafen	Angekommene Schiffe						Abgegangene Schiffe					
	insgesamt		darunter mit Ladung im Verkehr mit Häfen				insgesamt		darunter mit Ladung im Verkehr mit Häfen			
			innerhalb des Bundesgebietes		außerhalb des Bundesgebietes				innerhalb des Bundesgebietes		außerhalb des Bundesgebietes	
	Anzahl	1 000 NRT	Anzahl	1 000 NRT	Anzahl	1 000 NRT	Anzahl	1 000 NRT	Anzahl	1 000 NRT	Anzahl	1 000 NRT
Ostseehäfen	**23 774**	**47 320**	**1 822**	**504**	**20 405**	**46 084**	**23 637**	**47 244**	**1 285**	**331**	**20 349**	**45 715**
Lübeck	6 121	17 516	94	63	5 192	17 079	6 119	17 515	10	3	5 616	17 086
Puttgarden	10 436	21 394	—	—	10 436	21 394	10 432	21 385	—	—	10 432	21 385
Kiel	2 179	5 447	31	23	2 026	5 179	2 062	5 393	3	1	1 756	5 062
Rendsburg	309	165	52	13	215	140	242	134	21	5	33	10
Flensburg	893	285	536	107	280	164	894	286	34	6	73	15
Übrige Ostseehäfen	3 836	2 513	1 109	298	2 256	2 129	3 888	2 532	1 217	317	2 439	2 157
Nordseehäfen	**77 373**	**153 475**	**42 711**	**15 002**	**22 814**	**108 327**	**77 765**	**151 310**	**42 807**	**14 814**	**24 332**	**81 315**
Brunsbüttel	847	4 740	84	92	339	4 006	905	4 594	270	92	326	645
Hamburg	15 699	63 800	609	738	9 815	48 930	16 206	62 866	1 252	889	11 547	40 293
Cuxhaven	992	1 049	515	633	399	369	910	1 032	447	575	142	233
Bremen Stadt	6 331	17 030	572	1 010	3 356	8 125	6 241	17 177	92	33	4 406	12 649
Bremerhaven	3 329	26 349	254	567	2 594	22 802	3 237	26 288	222	336	2 272	22 003
Bremische Häfen[1])	9 564	43 328	824	1 567	5 856	30 884	9 434	43 412	314	369	6 634	34 600
Brake	909	3 992	45	32	480	3 368	1 118	3 880	89	20	659	1 155
Nordenham	874	2 993	104	154	560	2 685	934	2 364	135	30	271	276
Wilhelmshaven	1 340	15 021	187	223	487	12 961	1 336	14 876	654	1 325	188	689
Emden	2 380	3 790	1 289	612	437	1 885	2 366	3 755	1 568	788	425	1 194
Übrige Nordseehäfen	44 672	14 712	39 052	10 942	4 347	3 198	44 512	14 479	38 078	10 727	4 096	2 178
Insgesamt	**101 147**	**200 795**	**44 533**	**15 506**	**43 219**	**154 411**	**101 402**	**198 554**	**44 092**	**15 145**	**44 681**	**127 030**

13.18.2 Nach Flaggen

Flagge	Angekommene Schiffe						Abgegangene Schiffe					
	aus Häfen außerhalb des Bundesgebietes				im Verkehr mit Häfen innerhalb des Bundesgebietes		nach Häfen außerhalb des Bundesgebietes				im Verkehr mit Häfen innerhalb des Bundesgebietes	
	insgesamt		darunter mit Ladung				insgesamt		darunter mit Ladung			
	Anzahl	1 000 NRT	Anzahl	1 000 NRT	Anzahl	1 000 NRT	Anzahl	1 000 NRT	Anzahl	1 000 NRT	Anzahl	1 000 NRT
Bundesrepublik Deutschland	20 180	32 348	17 937	30 781	47 079	16 943	20 491	32 828	18 524	29 613	47 150	17 015
Deutsche Demokratische Republik	439	1 375	276	776	9	20	432	1 318	257	881	8	37
Algerien	16	57	6	21	2	7	20	71	20	71	—	—
Belgien	181	2 319	152	1 977	15	171	181	2 236	121	1 425	6	137
China, Volksrepublik	209	1 430	152	1 081	16	93	212	1 454	101	589	6	43
Dänemark	11 249	21 344	10 504	20 827	156	91	11 218	21 194	10 783	20 591	156	114
Finnland	730	3 152	651	2 865	22	60	708	2 899	475	2 000	28	126
Frankreich	246	2 385	204	2 121	18	141	251	2 442	201	1 469	8	50
Griechenland	998	7 999	461	5 024	128	696	995	7 825	722	3 941	40	351
Großbritannien und Nordirland	1 661	13 810	1 185	12 383	133	517	1 665	14 002	1 018	6 374	133	559
Indien	122	1 279	57	774	4	37	119	1 092	93	668	6	171
Italien	71	990	53	849	5	31	70	902	26	191	2	15
Japan	240	4 069	178	3 658	8	67	244	4 223	143	2 223	6	73
Jugoslawien	47	411	26	264	3	14	48	396	34	199	1	3
Liberia	742	11 677	564	10 335	58	319	711	10 991	366	2 674	49	610
Niederlande	1 287	4 546	933	3 787	226	309	1 267	4 655	855	3 277	214	284
Norwegen	1 792	10 415	1 477	9 497	92	206	1 747	9 538	1 085	5 118	118	878
Panama	1 058	5 392	697	4 278	489	384	1 069	5 163	746	2 075	462	405
Polen	725	2 825	436	1 872	9	35	706	2 697	461	1 737	15	78
Schweden	2 930	9 727	2 493	8 973	102	204	2 900	9 528	2 499	7 887	125	271
Singapur	444	2 407	345	2 014	54	258	435	2 455	344	1 835	50	180
Sowjetunion	1 934	4 833	872	2 703	53	109	1 939	4 708	1 474	3 274	52	200
Spanien	196	980	138	868	21	46	200	943	122	214	19	36
Vereinigte Staaten	276	3 820	263	3 700	63	22	272	3 780	262	3 663	70	24
Zypern	277	575	160	328	85	189	269	559	155	299	75	159
Übrige Flaggen	1 937	11 392	1 331	8 397	197	966	1 956	11 349	1 585	8 721	128	798
Insgesamt	**49 987**	**161 555**	**41 551**	**140 153**	**49 047**	**21 934**	**50 125**	**159 245**	**42 472**	**111 008**	**48 927**	**22 614**

*) Tab. 13.18.1: einschl. Zwischenhäfen; Tab. 13.18.2: ohne Zwischenhäfen.
[1]) Die Bremischen Häfen umfassen die Häfen Bremen Stadt und Bremerhaven. Schiffe, die auf einer Reise Bremen Stadt und Bremerhaven angelaufen haben, sind nur einmal gezählt worden.

13.19 Güterverkehr über See

13.19.1 Nach Güterhauptgruppen 1981

1 000 t

Nr. der Systematik[1])	Güterhauptgruppe	Beförderte Güter insgesamt	Verkehr innerhalb des Bundesgebietes	Verkehr mit der Deutschen Demokratischen Republik und Berlin (Ost)		Grenzüberschreitender Verkehr zusammen		darunter mit europäischen Häfen	
	V = Versand, E = Empfang →		V = E	V	E	V	E	V	E
00	Lebende Tiere	4,5	3,6	—	—	0,4	0,5	0,3	0,5
01	Getreide	7 372,4	153,7	71,5	—	2 535,6	4 611,6	2 379,1	398,9
02	Kartoffeln	29,8	0,4	—	—	27,2	2,2	22,3	0,5
03	Frische Früchte, frisches und gefrorenes Gemüse	1 879,1	1,6	—	—	480,0	1 397,5	471,6	74,4
04	Spinnstoffe und textile Abfälle	567,1	1,3	—	—	134,2	431,6	30,4	85,0
05	Holz und Kork	2 148,9	9,1	—	—	321,8	1 818,0	280,3	940,9
06	Zuckerrüben	0,0	—	—	—	0,0	—	0,0	—
09	Sonstige pflanzl., tierische u. verwandte Rohstoffe	672,4	0,6	—	—	171,5	500,2	116,7	67,7
11	Zucker	861,7	0,7	—	—	654,7	206,2	145,2	9,8
12	Getränke	624,0	6,2	—	—	437,5	180,3	169,5	145,2
13	Genußmittel, Nahrungsmittelzubereitungen, a. n. g.	1 536,7	4,8	0,5	—	303,0	1 228,4	182,9	95,9
14	Fleisch, Fische, Fleisch- und Fischwaren, Eier, Milch und Milcherzeugnisse, Speisefette	1 204,2	5,6	—	—	712,8	485,7	80,7	295,7
16	Getreide-, Obst- und Gemüseerzeugnisse, Hopfen	1 390,6	3,3	—	—	606,8	780,5	246,5	174,2
17	Futtermittel	7 255,8	292,3	—	—	1 624,1	5 339,4	1 420,0	531,5
18	Ölsaaten, -früchte, pflanzl. u. tierische Öle u. Fette	3 599,6	136,7	—	—	471,9	2 990,9	251,7	660,8
21	Steinkohle und Steinkohlenbriketts	7 966,8	454,7	—	—	223,6	7 288,5	190,7	2 334,9
22	Braunkohle, Braunkohlenbriketts und Torf	38,0	8,7	—	0,5	19,3	9,4	8,9	8,8
23	Steinkohlen- und Braunkohlenkoks	537,3	3,6	—	—	471,5	62,2	335,2	51,9
31	Rohes Erdöl	31 314,8	243,0	—	—	119,3	30 952,4	119,2	16 596,0
32	Kraftstoffe und Heizöl	12 189,6	3 040,9	8,9	90,1	3 404,5	5 645,2	3 259,1	5 112,7
33	Natur-, Raffinerie- und verwandte Gase	110,0	0,5	—	—	46,1	63,3	46,1	54,0
34	Mineralölerzeugnisse, a. n. g.	779,8	6,8	—	—	437,0	336,0	307,4	247,1
41	Eisenerze (ohne Schwefelkiesabbrände)	10 457,1	—	—	—	1,3	10 455,8	0,9	2 901,8
45	NE-Metallerze, -abfälle und -schrott	4 347,3	0,0	—	—	129,7	4 217,5	110,9	578,6
46	Eisen-, Stahlabfälle, -schrott, Schwefelkiesabbrände	850,4	69,0	—	—	167,4	613,9	114,5	423,9
51	Roheisen, Ferrolegierungen, Rohstahl	418,9	5,5	—	—	232,6	180,8	166,0	178,5
52	Stahlhalbzeug	973,1	—	—	1,3	881,2	90,6	239,4	89,8
53	Stab- und Formstahl, Draht, Eisenbahnoberbaumat.	1 540,5	3,6	—	—	1 272,8	264,1	438,7	257,8
54	Stahlbleche, Bandstahl, Weißblech und -band	3 794,4	2,8	—	—	3 521,2	270,3	1 585,6	264,5
55	Rohre, Gießereierzeugnisse, Schmiedestücke aus Eisen und Stahl	2 333,6	13,9	—	—	2 232,6	87,1	975,3	60,9
56	NE-Metalle und NE-Metallhalbzeug	719,3	2,7	—	—	350,1	366,5	140,2	171,3
61	Sand, Kies, Bims, Ton, Schlacken	663,3	122,2	—	—	64,7	476,3	26,1	451,2
62	Salz, Schwefelkies, Schwefel	672,1	1,1	—	—	453,8	217,2	347,0	215,0
63	Sonstige Steine, Erden und verwandte Rohmineralien	2 583,5	45,8	—	—	234,9	2 302,9	172,2	2 088,2
64	Zement und Kalk	582,0	7,7	—	—	516,0	58,3	22,3	57,6
65	Gips	25,7	0,0	—	—	25,3	0,4	4,7	0,2
69	Sonstige mineralische Baustoffe u. ä. (ohne Glas)	715,2	47,5	—	—	475,5	192,2	87,1	133,2
71	Natürliche Düngemittel	1 588,5	1,6	—	—	18,6	1 568,3	18,2	806,4
72	Chemische Düngemittel	3 451,2	78,5	—	0,1	2 758,8	613,9	708,4	327,0
81	Chemische Grundstoffe (ohne Aluminiumoxyd usw.)	4 083,6	78,9	—	0,0	3 143,4	861,4	1 915,6	686,1
82	Aluminiumoxyd und -hydroxyd	222,4	—	—	—	210,2	12,2	152,9	4,5
83	Benzol, Teere u. ä. Destillationserzeugnisse	276,8	0,2	—	—	230,4	46,3	113,8	14,6
84	Zellstoff und Altpapier	1 865,7	2,5	—	—	83,7	1 779,5	39,5	1 045,0
89	Sonstige chemische Erzeugnisse (einschl. Stärke)	2 151,7	0,9	—	—	1 640,5	510,3	712,3	303,7
91	Fahrzeuge	1 874,3	1,8	—	0,0	1 470,0	402,5	418,1	119,7
92	Landwirtschaftliche Maschinen	133,6	0,2	—	—	112,3	21,1	42,2	11,1
93	Elektrotechnische Erzeugnisse, andere Maschinen	2 814,6	3,7	0,6	0,0	2 216,2	594,2	455,7	249,0
94	Baukonstruktionen aus Metall; EBM-Waren	775,5	3,1	0,5	0,0	602,3	169,6	135,4	75,4
95	Glas, Glaswaren, feinkeram. u. ä. mineral. Erzeugn.	380,6	6,4	—	0,0	253,4	120,8	95,6	63,0
96	Leder, Lederwaren, Textilien, Bekleidung	701,0	0,2	—	—	259,5	441,2	110,3	40,5
97	Sonstige Halb- und Fertigwaren	4 354,1	2,9	—	0,0	1 249,9	3 101,4	356,6	2 383,4
99	Besondere Transportgüter, Sammel- und Stückgut	4 657,6	105,9	0,1	0,3	2 345,4	2 206,0	1 690,6	1 495,6
	Insgesamt	**142 090,5**	**4 986,6**	**82,1**	**92,3**	**40 356,6**	**96 572,9**	**21 460,0**	**43 383,7**

[1]) Güterverzeichnis für die Verkehrsstatistik, Ausgabe 1969.

13.19 Güterverkehr über See

13.19.2 Nach Verkehrsbezirken 1981

1 000 t

Nr. des Verkehrsbezirks[1])	Verkehrsbezirk	Verkehr				Grenzüberschreitender Verkehr					
		innerhalb des Bundesgebietes		mit der Deutschen Demokratischen Republik und Berlin (Ost)		insgesamt		mit europäischen Häfen		mit außereuropäischen Häfen	
	V = Versand, E = Empfang →	V	E	V	E	V	E	V	E	V	E
012	Flensburg/Ostsee	29,6	280,8	—	0,5	45,7	446,1	45,7	443,6	—	2,5
013	Husum/Nordsee	163,8	258,0	—	—	11,9	160,4	11,9	160,4	—	—
014	Itzehoe	247,0	370,9	—	0,6	1 192,1	6 681,8	707,8	1 831,5	484,4	4 850,3
015	Kiel	1,7	55,4	0,8	—	504,3	777,9	419,1	610,6	85,2	167,3
016	Neumünster	29,1	37,2	—	—	39,3	352,6	39,3	313,1	—	39,5
017	Eutin	72,4	14,2	1,2	—	1 677,0	1 226,4	1 677,0	1 226,4	—	—
018	Lübeck	4,9	176,1	—	—	2 783,6	3 251,1	2 781,7	3 197,7	1,8	53,2
020	Hamburg	982,2	725,7	73,8	91,1	18 824,8	38 255,7	8 557,3	16 790,1	10 267,5	21 465,7
031	Stade/Harburg	16,2	68,2	—	—	994,9	2 095,5	863,9	802,3	131,0	1 293,2
041	Emden	533,1	199,6	—	—	859,7	4 080,8	444,0	2 005,8	415,7	2 075,1
042	Oldenburg	2 717,5	582,8	5,1	—	3 209,9	27 685,1	2 452,6	11 704,9	757,3	15 980,2
044	Emsland	13,3	0,1	0,5	—	11,4	100,6	11,4	100,6	—	—
061	Bremen	94,5	2 046,9	—	—	6 619,3	4 990,3	2 890,4	2 872,3	3 728,8	2 118,0
062	Bremerhaven	31,4	155,9	0,6	—	3 582,7	6 468,7	557,7	1 324,6	3 025,0	5 144,0
—	Übrige Verkehrsbezirke	49,8	14,6	—	—	—	—	—	—	—	—
	Insgesamt	**4 986,6**	**4 986,6**	**82,1**	**92,3**	**40 356,6**	**96 572,9**	**21 460,0**	**43 383,7**	**18 896,6**	**53 189,2**

13.19.3 Grenzüberschreitender Verkehr 1981 nach Aus- bzw. Einladeländern

1 000 t

Aus- bzw. Einladeland	Versand	Empfang
Europa	**21 463,6**	**43 383,7**
Albanien	—	—
Belgien	441,3	588,5
Bulgarien	4,9	5,5
Dänemark	4 003,0	3 094,1
Finnland	1 509,7	2 799,5
Frankreich	605,4	612,8
Griechenland	213,7	139,0
Großbritannien und Nordirland	2 599,1	15 683,2
Irland	409,7	150,3
Island	88,8	69,1
Italien	173,2	92,3
Jugoslawien	55,5	5,3
Malta	16,3	1,3
Niederlande	1 361,3	5 494,9
Norwegen	1 679,6	6 005,7
Polen	273,0	652,4
Portugal	365,6	294,2
Rumänien	136,5	80,9
Schweden	2 998,7	4 034,1
Sowjetunion	3 643,9	2 839,4
Spanien	452,7	503,2
Türkei	428,9	213,6
Übrige europäische Länder	2,7	24,3
Afrika	**4 395,6**	**13 435,0**
Ägypten	504,7	3 198,3
Algerien	498,1	1 648,9
Angola	27,5	150,0
Äthiopien	32,8	13,9
Benin	12,1	13,4
Dschibuti	21,6	0,5
Elfenbeinküste	106,9	251,2
Gabun	11,8	54,9
Ghana	80,0	69,9
Guinea	18,4	1 252,0
Kamerun	32,8	89,3
Kanarische Inseln	60,3	16,9
Kenia	103,8	68,6
Kongo	13,0	117,4
Liberia	26,2	795,7
Libyen	392,4	519,0
Madagaskar	21,7	12,8
Marokko	122,4	320,3
Mauretanien	1,5	—
Mauritius	6,2	2,9
Mosambik	39,2	39,8
Namibia	44,1	4,8
Nigeria	1 078,5	735,5
Senegal	58,4	12,0
Sierra Leone	23,6	4,1
Somalia	21,1	0,0
Sudan	83,0	26,2
Südafrika	637,2	3 720,5
Tansania	75,5	77,1
Togo	15,4	34,2
Tunesien	182,7	119,2
Zaire	23,5	58,9
Übrige afrikanische Länder	19,0	6,7
Asien	**7 742,9**	**12 322,7**
Bahrain	39,9	1,2
Bangladesch	51,7	14,4
Birma	37,9	23,9
China (Taiwan)	152,0	285,6
China, Volksrepublik	524,1	501,5
Hongkong	237,0	328,0
Indien	1 504,3	406,5
Indonesien[2])	292,0	326,1
Irak	4,8	—
Iran	475,0	11,3
Israel	209,3	171,9
Japan	550,0	775,0
Jemen, Arabische Republik	65,3	0,0
Jordanien	221,6	0,1
Katar	28,1	—
Korea, Republik	115,1	126,7
Korea, Volksdem. Republik	53,4	5,4
Kuwait	376,8	131,2
Libanon	178,5	1,1
Malaysia, Brunei	194,4	296,5
Oman	46,9	111,0
Pakistan	204,1	52,4
Philippinen	63,0	241,9
Saudi-Arabien	928,0	6 721,7
Singapur	478,7	266,9
Sri Lanka	108,6	39,3
Syrien	110,4	78,9
Thailand	146,2	694,0
Vereinigte Arabische Emirate	271,2	689,3
Vietnam	6,4	4,2
Zypern	53,1	15,9
Übrige asiatische Länder	15,2	0,6
Amerika	**6 304,5**	**24 073,0**
Antillen, Niederländische	12,2	66,2
Argentinien	192,5	996,5
Barbados, Grenada	13,2	0,1
Belize, Bahamas	3,3	55,8
Brasilien	463,8	3 270,1
Chile	134,1	447,9
Costa Rica	24,4	222,9
Dominikanische Republik	23,8	2,2
Ecuador	66,7	78,3
El Salvador	15,7	82,1
Guatemala	25,5	61,7
Guyana	8,7	8,3
Haiti	7,9	2,5
Honduras	38,3	118,6
Jamaika	31,5	10,2
Kanada	602,2	4 232,9
Kolumbien	114,4	296,2
Kuba	106,3	135,2
Mexiko	453,5	265,8
Nicaragua	34,7	45,5
Panama	13,5	207,2
Panamakanal-Zone	15,1	2,7
Peru	134,5	160,2
Puerto Rico	27,4	19,2
Surinam	11,8	1,7
Trinidad und Tobago	18,7	29,7
Uruguay	40,5	56,3
Venezuela	408,3	1 466,6
Vereinigte Staaten	3 243,5	11 720,1
Übrige amerikanische Länder	18,5	10,1
Australien und Ozeanien	**398,0**	**3 262,8**
Australien	329,8	2 932,0
Fidschi, Tonga	8,1	4,2
Hawaii (Vereinigte Staaten)	1,6	—
Irian Jaya[3])	0,0	27,4
Neuseeland	42,5	52,2
Papua-Neuguinea	5,4	245,4
Polynesien, Französisch-	8,5	1,2
Übrige australische und ozeanische Länder	2,2	0,4
Nicht ermittelte Länder	**52,0**	**95,8**
Insgesamt	**40 356,6**	**96 572,9**

[1]) Verzeichnis der Verkehrsbezirke und Häfen, Ausgabe 1980.
[2]) Ohne Irian Jaya.
[3]) Ehem. Westirian.

13.19 Güterverkehr über See

13.19.4 Nach Flaggen*)

1 000 t

Flagge	1979		1980		1981	
	Versand	Empfang	Versand	Empfang	Versand	Empfang
Bundesrepublik Deutschland	8 784,2	15 670,3	8 513,7	15 264,1	8 825,5	12 915,8
Deutsche Demokratische Republik	229,4	601,9	221,7	502,5	307,8	448,8
Algerien	182,8	942,7	50,5	315,9	47,2	0,5
Belgien	191,6	1 915,1	288,0	2 409,0	410,5	1 893,9
China, Volksrepublik	737,2	624,5	488,2	1 596,4	523,2	845,8
Dänemark	2 008,4	3 247,1	2 269,6	3 621,6	2 333,4	2 178,0
Finnland	660,5	2 165,1	798,0	1 606,9	770,1	2 212,7
Frankreich	341,4	2 399,6	302,9	1 695,1	403,5	1 158,1
Griechenland	2 844,8	10 436,0	2 564,0	8 144,9	3 246,7	7 322,5
Großbritannien und Nordirland	2 608,3	16 476,9	2 318,0	15 701,8	2 731,8	13 223,1
Indien	243,4	987,9	606,5	1 153,5	729,4	680,9
Italien	272,6	2 343,0	96,3	2 458,4	177,1	1 100,3
Japan	558,9	1 512,2	427,3	3 312,4	549,1	3 769,5
Jugoslawien	303,9	674,3	54,5	1 026,5	203,9	269,6
Liberia	1 757,6	22 328,9	1 111,9	20 549,8	1 748,4	13 609,4
Niederlande	1 249,7	4 337,0	1 243,8	4 284,3	1 304,0	3 103,3
Norwegen	1 641,1	7 815,3	1 903,4	7 427,2	2 068,2	8 952,6
Panama	1 118,5	2 504,1	944,9	2 768,4	1 559,8	5 314,4
Polen	418,4	2 032,2	402,6	1 700,2	667,7	992,3
Schweden	1 534,6	3 345,0	1 827,7	3 057,3	2 124,8	3 577,4
Singapur	1 345,4	3 963,0	1 149,4	2 916,0	839,4	1 497,3
Sowjetunion	2 643,7	6 942,4	3 405,6	4 955,1	3 953,9	3 260,7
Spanien	228,3	821,8	186,5	732,0	193,8	1 336,6
Vereinigte Staaten	696,9	1 368,2	687,4	1 299,5	868,8	890,7
Zypern	328,0	610,2	423,2	457,2	344,2	561,6
Übrige Flaggen	2 613,1	4 915,7	2 683,3	5 002,9	3 506,4	5 549,3
Insgesamt	**35 542,7**	**120 980,4**	**34 968,5**	**113 958,8**	**40 438,7**	**96 665,2**

*) Verkehr mit der Deutschen Demokratischen Republik und Berlin (Ost) sowie grenzüberschreitender Verkehr.

13.20 Güterumschlag in Seehäfen

1 000 t

Hafen	1980			1981		
	insgesamt	Einladungen	Ausladungen	insgesamt	Einladungen	Ausladungen
Ostseehäfen	**12 420,1**	**4 975,8**	**7 444,4**	**11 810,8**	**5 192,4**	**6 618,4**
Lübeck	6 422,4	2 594,5	3 827,9	6 218,1	2 790,9	3 427,2
Puttgarden	2 935,6	1 660,3	1 275,3	2 768,7	1 596,5	1 172,2
Kiel	1 347,5	395,8	951,7	1 339,2	505,9	833,3
Rendsburg	539,8	20,5	519,3	403,5	32,1	371,4
Flensburg	725,7	30,1	695,6	725,7	41,2	684,6
Übrige Ostseehäfen	449,1	274,6	174,5	355,5	225,8	129,7
Nordseehäfen	**146 555,0**	**35 041,5**	**111 513,5**	**135 103,0**	**40 084,2**	**95 018,9**
Brunsbüttel	5 488,2	692,5	4 795,7	6 847,0	1 382,5	5 464,5
Hamburg	60 685,0	16 650,9	44 034,1	58 965,4	19 892,9	39 072,5
Cuxhaven	446,8	24,1	422,7	460,6	36,1	424,5
Bremen Stadt	15 032,0	6 253,3	8 778,7	13 747,2	6 710,0	7 037,2
Bremerhaven	10 395,6	3 057,0	7 338,6	10 239,8	3 615,2	6 624,6
Brake	4 234,7	1 099,9	3 134,7	3 855,5	1 208,6	2 646,9
Nordenham	5 113,9	370,5	4 743,5	4 720,0	383,5	4 336,5
Wilhelmshaven	32 010,3	3 805,7	28 204,7	25 083,9	3 923,5	21 160,4
Emden	7 134,7	1 408,6	5 726,1	5 253,1	1 301,1	3 952,0
Übrige Nordseehäfen	6 013,8	1 679,0	4 334,7	5 930,5	1 630,8	4 299,7
Insgesamt	**158 975,2**	**40 017,3**	**118 957,9**	**146 913,8**	**45 276,6**	**101 637,2**

13.21 Verkehr auf dem Nord-Ostsee-Kanal

13.21.1 Schiffsverkehr*)

Art und Flagge der Schiffe	Schiffe 1979	Schiffe 1980	Schiffe 1981	Schiffe 1982	Raumgehalt 1979	Raumgehalt 1980	Raumgehalt 1981	Raumgehalt 1982
	Anzahl				1 000 NRT			
Handelsschiffe	50 570	51 676	48 392	44 729	48 448	52 057	52 479	51 720
dar. mit Ladung	37 375	38 434	35 747	32 796	32 319	35 030	34 360	33 321
Sonstige Schiffe	4 887	5 001	4 249	4 371	872	1 234	846	985
Insgesamt	**55 457**	**56 677**	**52 641**	**49 100**	**49 320**	**53 291**	**53 325**	**52 704**
dar. Schiffe der Bundesrep. Deutschland	33 238	33 654	30 366	27 539	10 936	11 087	10 503	10 067

13.21.2 Güterverkehr mit Handelsschiffen

1 000 t

Gütergruppe	Richtung West-Ost (Brunsbüttel-Holtenau) 1979	1980	1981	1982	Richtung Ost-West (Holtenau-Brunsbüttel) 1979	1980	1981	1982
	Beförderte Güter insgesamt							
Massengüter	17 666	18 862	19 361	17 507	21 657	21 247	18 334	17 894
Kohle	1 300	1 249	2 105	1 229	3 300	2 749	1 215	1 264
Eisen und Stahl	2 967	3 011	2 648	2 557	2 279	2 137	1 958	1 827
Holz	61	102	336	488	5 876	5 923	5 453	5 469
Getreide	2 121	3 032	4 002	2 871	732	787	553	941
Erze	827	827	704	644	214	199	334	334
Erdöl und -derivate	3 184	3 391	3 061	3 626	3 544	3 823	3 853	3 428
Übrige	7 206	7 250	6 505	6 093	5 712	5 629	4 968	4 631
Stückgüter	7 253	8 351	8 464	8 030	13 150	13 623	14 306	13 677
Insgesamt	**24 919**	**27 213**	**27 826**	**25 537**	**34 807**	**34 870**	**32 639**	**31 570**
	darunter auf Schiffen der Bundesrepublik Deutschland							
Massengüter	6 496	6 768	6 693	5 761	7 557	7 031	6 171	5 780
Kohle	414	445	353	221	127	63	60	55
Eisen und Stahl	940	997	867	850	570	558	519	403
Holz	15	36	153	184	2 526	2 189	1 669	1 670
Getreide	597	676	897	449	509	569	326	603
Erze	72	65	53	47	40	46	68	60
Erdöl und -derivate	1 631	1 656	1 605	1 554	2 052	1 864	1 816	1 481
Übrige	2 827	2 893	2 765	2 455	1 733	1 742	1 713	1 507
Stückgüter	1 737	1 834	1 748	1 843	2 344	2 590	3 165	2 876
Zusammen	**8 233**	**8 601**	**8 441**	**7 604**	**9 901**	**9 621**	**9 336**	**8 656**

*) Ausschl. der Sportfahrzeuge ohne Tonnageangabe (Ruder- und Paddelboote, Jollen usw.).

Quelle: Bundesministerium für Verkehr, Abt. Seeverkehr, Hamburg

13.22 Unternehmen, Beschäftigte, Umsatz und Luftfahrzeugausstattung*)

Art der Luftfahrttätigkeit / Wirtschaftsgliederung	Unternehmen 1. 7. 1981	Luftfahrtpersonal 1. 7. 1981 insgesamt	fliegendes Personal	sonstiges Luftfahrtpersonal	Luftfahrtumsatz 1981[1]) insgesamt	darunter Personenverkehr	darunter Güterverkehr	Luftfahrzeugbestand 1. 7. 1981[2])
	Anzahl				Mill. DM			Anzahl
Unternehmen mit Schwerpunkt in der Luftfahrt	**129**	**31 824**	**8 461**	**23 363**	**8 415**	**6 775**	**1 460**	**653**
Personen- und Güterbeförderung	90	31 540	8 331	23 209	8 377	6 774	1 459	455
Linienverkehr	1	27 617	6 107	21 510	6 509	5 059	1 310	108
Pauschalflugreise-, Tramp- und Anforderungsverkehr	7	3 213	1 803	1 410	1 706	1 561	145	52
Taxi- und sonstiger Nahluftverkehr	82	710	421	289	162	154	4	295
Flüge für andere Zwecke	39	284	130	154	38	1	1	198
Reklame- und Bildflüge	24	134	71	63	18	0	0	66
Sonstige Flüge[3])	15	150	59	91	20	1	1	132
Unternehmen mit nebengewerblicher Luftfahrttätigkeit	**13**	**92**	**72**	**20**	**23**	**21**	**0**	**56**
Verarbeitendes Gewerbe	10	79	62	17	21	19	0	52
Handel	1	2	1	1	0	—	—	1
Sonstige Tätigkeit[4])	2	11	9	2	2	2	—	3
Insgesamt	**142**	**31 916**	**8 533**	**23 383**	**8 438**	**6 796**	**1 460**	**709**

*) Bundesgebiet ohne Berlin.
[1]) Ohne Umsatz-(Mehrwert-)steuer.
[2]) Verfügbarer Bestand (Eigentumsbestand zuzüglich Anmietungen abzüglich Vermietungen).
[3]) Land- und forstwirtschaftliche Flüge, Schul- und Vermessungsflüge, Pipelineüberwachungsflüge.
[4]) Z. B. Vermietung von Luftfahrzeugen und Luftfahrzeugprüfgeräten, Flugplatzgaststätten, Luftfahrt-Versicherungen, Spedition und Lagerei.

13.23 Bestand an Luftfahrzeugen*)

Stichtag 31. 12.	Insgesamt	Flugzeuge mit einem Startgewicht über ... bis ... t						Hubschrauber	Motorsegler	Segelflugzeuge
		bis 2	2 — 5,7	5,7 — 14	14 — 20	über 20 zusammen	über 20 darunter mit Strahlturbinen			
1979	13 257	5 372	587	54	4	147	140	351	825	5 917
1980	13 753	5 727	621	59	5	153	146	366	838	5 984
1981	14 036	5 854	562	53	7	169	158	372	882	6 137
1982	14 117	5 861	549	56	5	166	155	371	915	6 194

*) Bundesgebiet ohne Berlin. – In die Luftfahrzeugrolle eingetragene Luftfahrzeuge einschl. Sport- und Privatflugzeuge.

Quelle: Luftfahrt-Bundesamt, Braunschweig

13.24 Verkehr auf Flugplätzen 1982

Flugplatz	Gestartete Flugzeuge		Fluggäste¹)			Fracht¹)			Post¹)		
	insgesamt	darunter im gewerblichen Verkehr	Zu-steiger²)	Aus-steiger²)	Durchgang³)	Ein-ladung²)	Aus-ladung²)	Durchgang³)	Ein-ladung²)	Aus-ladung²)	Durchgang³)
	1 000					t					
Hamburg	47	32	2 063	2 067	198	10 232	14 097	9 303	5 619	4 984	1 193
Hannover	31	19	856	871	78	4 279	4 144	257	2 017	2 024	189
Bremen	20	11	319	321	3	1 341	2 124	6	1 501	1 105	0
Düsseldorf	53	41	3 583	3 573	210	13 464	15 317	6 029	3 042	1 670	477
Köln/Bonn	34	20	820	841	83	24 224	23 816	1 922	4 609	3 776	214
Frankfurt am Main	107	102	8 229	8 264	740	329 516	259 506	31 933	47 174	47 869	1 742
Stuttgart	41	25	1 199	1 226	112	7 080	7 063	583	3 544	2 694	151
Nürnberg	25	9	364	367	22	844	2 224	174	2 773	1 747	9
München	67	47	2 806	2 822	284	15 158	14 561	7 383	5 428	5 239	415
Berlin (West)	26	25	2 035	2 028	—	3 257	6 268	1	5 232	5 291	—
Saarbrücken	13	8	72	73	6	66	2	—	—	—	—
Übrige Flugplätze	1 537	317	271	271	—	70	14	—	—	15	—
Insgesamt	**2 001**	**656**	**22 617**	**22 724**	**1 736**	**409 531**	**349 136**	**57 591**	**80 940**	**76 415**	**4 391**

¹) Nur gewerblicher Verkehr.
²) Einschl. Mehrfachzählungen des Umsteige- bzw. Umladeverkehrs.
³) Die auf der gleichen Strecke angekommenen und wieder abgegangenen Fluggäste sowie Fracht- und Postmengen; einschl. Mehrfachzählungen.

13.25 Grenzüberschreitender Güterverkehr mit Luftfahrzeugen 1982*)

13.25.1 Nach Ländern**)

Tonnen

Land	Versand	Empfang	Land	Versand	Empfang	Land	Versand	Empfang
Europa	**46 932**	**41 453**	Übrige Länder	1 083	622	**Asien**	**89 224**	**64 668**
Belgien	563	1 104				China (Taiwan)	1 056	1 065
Dänemark	1 467	1 908	**Afrika**	**31 032**	**12 184**	Hongkong	6 502	7 073
Finnland	1 469	466	Ägypten	5 764	1 159	Indien	4 932	8 667
Frankreich	2 880	3 974	Algerien	1 294	94	Indonesien	1 009	147
Griechenland	2 876	3 043	Kenia	1 353	5 138	Irak	2 803	126
Großbritannien und Nordirland	10 281	10 872	Libyen	3 422	75	Iran	3 257	492
Irland	1 099	931	Nigeria	5 565	512	Israel	23 879	22 886
Italien	3 865	3 225	Südafrika	5 736	2 969	Japan	12 141	10 006
Jugoslawien	1 131	1 412	Tunesien	1 236	774	Kuwait	3 169	299
Niederlande	550	596	Übrige Länder	6 662	1 463	Libanon	681	158
Norwegen	1 217	210				Pakistan	1 481	2 837
Österreich	1 904	872	**Amerika**	**77 669**	**75 043**	Saudi-Arabien	8 422	865
Polen	131	62	Argentinien	1 163	681	Singapur	3 632	2 410
Portugal	1 340	1 147	Brasilien	4 556	3 270	Vereinigte Arabische Emirate	5 073	418
Schweden	2 639	737	Kanada	5 934	3 091	Übrige Länder	11 187	7 219
Schweiz	2 575	1 294	Kolumbien	1 491	2 924			
Sowjetunion	866	520	Mexiko	1 343	786	**Australien und Ozeanien**	**5 532**	**768**
Spanien	6 390	3 965	Venezuela	1 956	128	Australien	5 038	691
Türkei	1 942	4 265	Vereinigte Staaten	58 502	62 143	Übrige Länder	494	77
Ungarn	664	228	Übrige Länder	2 724	2 020	**Insgesamt**	**250 389**	**194 116**

*) Nur gewerblicher Verkehr.
**) Versand bzw. Empfang der Bundesrepublik Deutschland nach bzw. aus den in der Vorspalte genannten Ländern; ohne Durchgangsverkehr.

13.25 Grenzüberschreitender Güterverkehr mit Luftfahrzeugen 1982*)

13.25.2 Nach Güterhauptgruppen

Tonnen

Nr. der Systematik[1])	Güterhauptgruppe	Beförderte Güter insgesamt[2])	Verkehr mit Gebieten außerhalb des Bundesgebietes		Gebrochener Durchgangsverkehr[3])
			Versand	Empfang	
00	Lebende Tiere	4 582,5	3 672,8	363,1	546,7
	dar. Zootiere	898,9	336,5	285,3	277,1
01	Getreide	67,7	4,6	34,5	28,6
02	Kartoffeln	13,4	0,4	8,0	5,0
03	Frische Früchte, frisches und gefrorenes Gemüse	21 481,3	195,7	13 726,7	7 558,9
04	Spinnstoffe und textile Abfälle	104,5	40,8	46,9	16,9
05	Holz und Kork	10,7	3,8	2,0	4,9
06	Zuckerrüben	1,0	0,6	0,3	0,1
09	Sonstige pflanzliche, tierische und verwandte Rohstoffe	32 485,8	1 348,3	26 619,8	4 517,7
	dar. Schnittblumen	25 707,9	607,6	22 592,4	2 507,8
11	Zucker	41,7	0,4	40,2	1,1
12	Getränke	970,4	794,7	119,2	56,4
13	Genußmittel, Nahrungsmittelzubereitungen, a. n. g.	3 054,2	1 776,4	495,8	782,1
14	Fleisch, Fische, Fleisch- und Fischwaren, Eier, Milch und Milcherzeugnisse, Speisefette	8 459,9	3 697,6	2 553,0	2 209,2
16	Getreide-, Obst- und Gemüseerzeugnisse, Hopfen	340,6	175,3	58,9	106,4
17	Futtermittel	113,0	34,0	63,8	15,1
18	Ölsaaten, -früchte, pflanzliche und tierische Öle und Fette	55,6	20,5	21,8	13,3
21	Steinkohle und Steinkohlenbriketts	1,8	0,3	1,4	0,2
22	Braunkohle, Braunkohlenbriketts und Torf	1,2	0,1	0,4	0,7
23	Steinkohlen- und Braunkohlenkoks	0,3	0,0	0,2	0,0
31	Rohes Erdöl	2,3	0,5	0,2	1,5
32	Kraftstoffe und Heizöl	62,5	40,8	9,7	12,0
33	Natur-, Raffinerie- und verwandte Gase	57,3	25,8	13,3	18,3
34	Mineralölerzeugnisse, a. n. g.	87,8	26,6	29,9	31,4
41	Eisenerze (ohne Schwefelkiesabbrände)	1,6	0,1	0,4	1,1
45	NE-Metallerze, -abfälle und -schrott	23,4	4,5	3,5	15,4
46	Eisen- und Stahlabfälle, -schrott, Schwefelkiesabbrände	1,6	0,9	0,8	0,0
51	Roheisen, Ferrolegierungen, Rohstahl	3,0	1,4	1,2	0,4
52	Stahlhalbzeug	445,7	268,4	88,9	88,4
53	Stab- und Formstahl, Draht, Eisenbahnoberbaumaterial	29,7	19,1	3,4	7,2
54	Stahlbleche, Bandstahl, Weißblech und -band	12,2	6,2	1,6	4,3
55	Rohre, Gießereierzeugnisse, Schmiedestücke aus Eisen und Stahl	666,3	419,1	110,3	136,9
56	NE-Metalle und NE-Metallhalbzeug	1 799,1	983,2	455,3	360,6
61	Sand, Kies, Bims, Ton, Schlacken	263,5	250,4	3,9	9,2
62	Salz, Schwefelkies, Schwefel	4,3	3,0	1,0	0,3
63	Sonstige Steine, Erden und verwandte Rohmineralien	219,0	83,5	63,0	72,5
64	Zement und Kalk	3,4	2,3	0,5	0,5
65	Gips	3,4	3,3	0,0	0,1
69	Sonstige mineralische Baustoffe u. ä. (ohne Glas)	115,0	74,4	15,9	24,7
71	Natürliche Düngemittel	0,7	0,6	0,0	0,1
72	Chemische Düngemittel	13,1	4,4	1,5	7,1
81	Chemische Grundstoffe (ohne Aluminiumoxyd usw.)	2 448,9	1 675,8	369,6	403,5
82	Aluminiumoxyd und -hydroxyd	0,6	0,5	0,0	—
83	Benzol, Teere u. ä. Destillationserzeugnisse	18,1	0,1	0,1	18,0
84	Zellstoff und Altpapier	11,4	3,5	4,6	3,2
89	Sonstige chemische Erzeugnisse (einschl. Stärke)	25 889,3	17 935,1	3 276,7	4 677,4
91	Fahrzeuge	26 523,5	18 965,4	4 226,9	3 331,1
92	Landwirtschaftliche Maschinen	451,6	280,0	89,3	82,3
93	Elektrotechnische Erzeugnisse, andere Maschinen	114 744,6	68 083,4	26 236,9	20 424,3
	darunter:				
	Elektrotechnische Erzeugnisse	44 557,8	23 353,0	13 256,0	7 948,9
	Büromaschinen	13 105,6	3 475,5	5 886,4	3 743,7
	Nichtelektrische Motoren	907,9	494,8	226,4	186,7
	Maschinen, a. n. g.	55 147,7	40 259,9	6 589,4	8 298,4
94	Baukonstruktionen aus Metall; EBM-Waren	6 283,1	3 981,2	1 009,7	1 292,2
95	Glas, Glaswaren, feinkeramische u. ä. mineralische Erzeugnisse	1 779,2	1 160,6	336,3	282,3
96	Leder, Lederwaren, Textilien, Bekleidung	55 924,6	11 956,8	28 849,3	15 118,5
	dar. Bekleidung	26 815,0	3 334,4	16 726,0	6 754,5
97	Sonstige Halb- und Fertigwaren	53 825,9	27 245,8	15 440,3	11 139,7
	darunter:				
	Druckereierzeugnisse	21 483,1	11 159,0	6 679,4	3 644,7
	Feinmechanische, optische Erzeugnisse	7 769,5	4 599,0	1 598,7	1 571,9
	Kinofilme	1 789,5	806,5	671,3	311,7
	Musikinstrumente	2 161,1	1 046,6	677,5	436,9
	Schmuck, Goldwaren	363,8	73,8	140,9	149,1
99	Besondere Transportgüter, Sammel- und Stückgut	175 939,2	85 115,7	69 316,3	21 507,1
	Insgesamt	**539 440,0**	**250 388,7**	**194 116,1**	**94 935,2**

*) Nur gewerblicher Verkehr.
1) Güterverzeichnis für die Verkehrsstatistik, Ausgabe 1969.
2) Ohne Mehrfachzählungen des Umladeverkehrs und ohne ungebrochenen Durchgangsverkehr (34 294,1 t), der nicht nach Gütern aufgegliedert werden kann.
3) Im Bundesgebiet umgeladene Gütermenge des Verkehrs zwischen Gebieten außerhalb des Bundesgebietes.

13.26 Deutsche Bundespost

Gegenstand der Nachweisung	Einheit	1980	1981
Ämter und Amtsstellen[1])	Anzahl	**18 688**	**18 419**
des Postwesens	Anzahl	18 565	18 296
des Fernmeldewesens	Anzahl	123	123
Personalbestand[1])[2])	Anzahl	**494 835**	**503 943**
Beamte	Anzahl	291 334	294 608
Angestellte[3])	Anzahl	40 633	45 099
Arbeiter[3])	Anzahl	125 838	126 043
Posthalter	Anzahl	7 145	6 789
Beamtete Nachwuchskräfte	Anzahl	7 782	8 472
Nichtbeamtete Nachwuchskräfte[4])	Anzahl	22 103	22 932
Betriebseinrichtungen[1])			
Bahnpostwagen (posteigene)	Anzahl	816	756
Kraftfahrzeuge	Anzahl	85 738	88 014
darunter:			
für den Fernmeldedienst	Anzahl	43 652	45 175
posteigene Omnibusse	Anzahl	1 495	1 422
Münz-Wertzeichengeber[5])[6])	Anzahl	28 214	28 214
Postbriefkästen[6])	Anzahl	109 651	109 651
Benutzte Postfächer	Anzahl	513 330	527 829
Sprechstellen	1 000	28 554	30 122
Hauptanschlüsse[7])	1 000	20 695	21 931
Nebenanschlüsse (amtsberechtigt)	1 000	7 703	8 033
Öffentliche Sprechstellen	1 000	156	158
Telexanschlüsse	Anzahl	138 536	145 547
Verkehrsleistungen			
Briefsendungen[8])	Mill.	12 240	12 738
im Inland	Mill.	11 226	11 632
nach dem Ausland	Mill.	480	511
aus dem Ausland	Mill.	534	596
darunter:			
eingeschriebene Briefsendungen	Mill.	127	131
Päckchen	Mill.	242	242
Paketsendungen	Mill.	268	269
im Inland	Mill.	255	255
nach dem Ausland	Mill.	9	11
aus dem Ausland	Mill.	4	4
Zugelassene Zeitungen[1])	Anzahl	7 766	7 906
Eingelieferte Zeitungen[9])	Mill.	2 007	2 023
Ortsgespräche	Mill.	14 438	14 473
Ferngespräche	Mill.	7 755	8 306
nach dem Inland	Mill.	7 507	8 028
nach dem Ausland	Mill.	248	279
Übermittelte Telegramme	Mill.	13	12
im Inland	Mill.	7	6
nach dem Ausland	Mill.	3	3
aus dem Ausland	Mill.	3	2
Telexverkehr			
im Inland			
in Gebühreneinheiten	Mill.	1 771	1 840
nach dem Ausland			
in Minuten	Mill.	164	171
Funktelegramme	1 000	398	390
Funkgespräche	1 000	415	427
Einzahlungen auf Zahlkarten und Postanweisungen	Mill.	286	279
	Mill. DM	317 398	338 418
Auszahlungen auf Zahlungs- und Postanweisungen	Mill.	30	28
	Mill. DM	58 469	63 171
Nachnahmesendungen	Mill.	58	58
	Mill. DM	5 433	5 986
Postsparkassendienst			
Konten[1])	1 000	18 966	19 333
Guthaben auf den Konten[1])	Mill. DM	28 359	28 663
Einlagen[10])	1 000	41 072	41 250
	Mill. DM	13 541	13 864
Rückzahlungen	1 000	20 177	21 034
	Mill. DM	12 071	13 560
Postscheckdienst			
Konten[1])	1 000	3 868	3 998
Guthaben auf den Konten[1])	Mill. DM	12 380	12 192
Gutbuchungen	Mill.	875	899
	Mrd. DM	1 027	1 085
darunter:			
Einzahlungen mit Zahlkarten	Mill.	275	267
	Mrd. DM	297	316
Überweisungen	Mill.	600	632
	Mrd. DM	730	769
Lastbuchungen	Mill.	735	773
	Mrd. DM	1 027	1 085
Gewinn- und Verlustrechnung			
Erträge	Mill. DM	39 843	42 212
Umsatzerlöse	Mill. DM	37 504	39 475
Postdienst	Mill. DM	10 628	10 886
Postscheck- und Postsparkassendienst	Mill. DM	1 564	1 801
Fernmeldedienst	Mill. DM	25 307	26 782
Sonstige Umsatzerlöse	Mill. DM	5	5
Andere betriebliche Erträge	Mill. DM	202	281
Zu aktivierende Eigenleistungen	Mill. DM	1 539	1 968
Nichtbetriebliche Erträge	Mill. DM	599	488
Aufwendungen	Mill. DM	37 053	39 900
Personal	Mill. DM	20 190	21 678
Sachaufwendungen für Betriebsführung und Unterhaltung	Mill. DM	4 607	5 339
Verzinsung von Postsparguthaben	Mill. DM	1 358	1 475
Abschreibungen	Mill. DM	5 573	5 769
Zinsen und ähnliche Aufwendungen	Mill. DM	1 400	1 654
Sonstige Aufwendungen	Mill. DM	6	150
Ablieferung an den Bund	Mill. DM	3 919	3 835
Rücklagen	Mill. DM	800	700
Gewinn (+)	Mill. DM	+1 990	+1 613

1) Stand jeweils Jahresende.
2) Teilzeitkräfte auf volle Kräfte umgerechnet.
3) Ohne Anlernkräfte.
4) Einschl. Anlernkräfte.
5) Nur eingesetzte Geräte.
6) Stand: Ende 1980 (Erhebung nur alle 2 Jahre).
7) Ohne öffentliche Sprechstellen.
8) Briefe, Postkarten, Drucksachen, Wurfsendungen, Büchersendungen, Blindensendungen, Warensendungen, Phonopost und Päckchen.
9) Zeitungsversand nach dem In- und Ausland.
10) Einschl. Zinsgutschriften.

Quelle: Bundesministerium für das Post- und Fernmeldewesen, Bonn

13.27 Transporte von rohem Erdöl in Rohrfernleitungen

Gegenstand der Nachweisung	Maßeinheit	1976	1977	1978	1979	1980	1981	1982
Länge der Rohölleitungen[1])	km	1 579	1 579	1 579	1 579	1 579	1 579	1 579
Befördertes Rohöl	1 000 t	80 155	76 358	75 748	87 634	76 115	62 732	56 999
Geleistete Effektivtonnenkilometer	Mill.	14 494	13 983	13 863	15 960	13 096	11 243	9 133

1) Stand jeweils Jahresende.

Quelle: Bundesamt für gewerbliche Wirtschaft, Frankfurt am Main

13.28 Verkehrsunfälle nach Verkehrszweigen*)

Jahr	Unfälle mit Personenschaden				Getötete Personen[1])				Verletzte Personen			
	Eisenbahnverkehr	Straßenverkehr[2])	Binnenschiffahrt[3])	Luftverkehr[4])	Eisenbahnverkehr	Straßenverkehr[2])	Binnenschiffahrt[3])	Luftverkehr[4])	Eisenbahnverkehr	Straßenverkehr[2])	Binnenschiffahrt[3])	Luftverkehr[4])
1977	1 134	379 046	74	164	350	14 978	11	96	1 198	508 142	88	159
1978	944	380 352	77	146	280	14 662	13	71	1 155	508 644	82	135
1979	945	367 500	54	154	281	13 222	8	89	1 197	486 441	59	146
1980	980	379 235	82	150	288	13 041	14	68	1 199	500 463	82	161
1981	1 069	362 617	63	163	315	11 674	6	83	1 146	475 944	63	143
1982	946	358 652[5])	71	162	234	11 594[5])	8	114	1 483	467 155[5])	95	164

*) Eisenbahnverkehr und Luftverkehr: Bundesgebiet ohne Berlin.
[1]) Einschl. innerhalb 30 Tagen Gestorbener; bei der Binnenschiffahrt nur auf der Stelle Getötete.
[2]) Unfälle beim Fahrverkehr auf öffentlichen Wegen und Plätzen.
[3]) Unfälle beim Fahrverkehr der Binnenschiffe.
[4]) Unfälle beim Betrieb von Luftfahrzeugen (einschl. Luftsport).
[5]) Vorläufiges Ergebnis.

13.29 Straßenverkehrsunfälle mit Personenschaden und Verunglückte 1981

Straßenart — Land	Innerhalb und außerhalb von Ortschaften				Innerhalb von Ortschaften				Außerhalb von Ortschaften			
	Unfälle mit Personenschaden	dabei Getötete	dabei Schwerverletzte	dabei Leichtverletzte	Unfälle mit Personenschaden	dabei Getötete	dabei Schwerverletzte	dabei Leichtverletzte	Unfälle mit Personenschaden	dabei Getötete	dabei Schwerverletzte	dabei Leichtverletzte
Insgesamt	**362 617**	**11 674**	**139 402**	**336 542**	**252 382**	**4 568**	**80 115**	**230 864**	**110 235**	**7 106**	**59 287**	**105 678**
					nach Straßenarten							
Autobahnen	15 104	797	5 870	17 680	—	—	—	—	15 104	797	5 870	17 680
Bundesstraßen	82 884	3 703	34 735	81 047	49 316	1 167	15 916	47 546	33 568	2 536	18 819	33 501
Landesstraßen	77 811	3 201	35 554	70 402	43 221	944	15 931	38 649	34 590	2 257	19 623	31 753
Kreisstraßen	34 306	1 496	16 103	29 819	18 874	461	7 174	16 573	15 432	1 035	8 929	13 246
Andere Straßen	152 512	2 477	47 140	137 594	140 971	1 996	41 094	128 096	11 541	481	6 046	9 498
					nach Ländern							
Schleswig-Holstein	17 427	521	5 844	16 648	11 706	186	3 351	10 815	5 721	335	2 493	5 833
Hamburg	11 104	229	2 457	11 725	10 874	219	2 392	11 454	230	10	65	271
Niedersachsen	42 087	1 628	17 260	38 032	26 228	521	8 471	23 285	15 859	1 107	8 789	14 747
Bremen	4 533	78	1 072	4 284	4 374	69	1 019	4 109	159	9	53	175
Nordrhein-Westfalen	93 810	2 497	37 429	82 920	69 850	1 142	24 318	60 979	23 960	1 355	13 111	21 941
Hessen	32 808	1 055	11 198	31 793	22 021	371	6 257	20 817	10 787	684	4 941	10 976
Rheinland-Pfalz	21 831	741	9 127	19 868	13 460	224	4 673	11 883	8 371	517	4 454	7 985
Baden-Württemberg	51 547	1 777	20 671	48 340	33 295	620	11 105	30 328	18 252	1 157	9 566	18 012
Bayern	67 189	2 716	29 214	62 306	42 397	883	14 309	38 687	24 792	1 833	14 905	23 619
Saarland	6 646	201	2 376	6 353	4 864	108	1 534	4 618	1 782	93	842	1 735
Berlin (West)	13 635	231	2 754	14 273	13 313	225	2 686	13 889	322	6	68	384

13.30 Bei Straßenverkehrsunfällen Verunglückte 1981 nach Art der Verkehrsbeteiligung und Altersgruppen

Alter von ... bis unter ... Jahren	Innerhalb von Ortschaften Verunglückte							Außerhalb von Ortschaften Verunglückte						
	insgesamt	darunter Fahrer und Mitfahrer von Fahrrädern	Mofas	Mopeds	Krafträdern, Kraftrollern	Personenkraftwagen	Fußgänger	insgesamt	darunter Fahrer und Mitfahrer von Fahrrädern	Mofas	Mopeds	Krafträdern, Kraftrollern	Personenkraftwagen	Fußgänger
							Getötete							
unter 6	154	4	—	—	—	9	140	71	6	—	—	—	46	18
6 — 10	156	43	—	—	—	3	110	79	26	—	—	—	21	31
10 — 15	145	73	5	2	4	7	51	155	64	5	2	1	56	26
15 — 18	329	30	51	41	123	54	28	599	24	77	52	132	268	37
18 — 25	806	14	24	9	293	382	71	2 308	23	33	22	528	1 589	78
25 — 65	1 458	194	62	29	70	545	513	3 051	152	58	23	156	2 258	255
65 und mehr	1 524	245	32	10	5	159	1 063	836	171	38	24	6	381	197
Ohne Angabe	2	—	—	—	1	—	1	1	—	—	—	—	—	1
Insgesamt[1])	**4 574**	**603**	**174**	**91**	**496**	**1 159**	**1 977**	**7 100**	**466**	**211**	**123**	**823**	**4 619**	**643**
dar. Kinder unter 15 Jahren	455	120	5	2	4	19	301	305	96	5	2	1	123	75
							Verletzte							
unter 6	8 931	941	13	5	5	2 263	5 596	2 308	91	8	—	1	1 974	191
6 — 10	14 249	4 470	16	11	9	1 792	7 849	2 528	446	3	2	11	1 708	276
10 — 15	21 254	12 301	267	217	310	2 564	5 310	5 325	1 395	65	51	121	2 964	369
15 — 18	45 136	5 738	10 302	9 149	11 775	5 591	2 295	15 990	798	2 138	1 819	3 553	7 049	335
18 — 25	80 610	4 757	3 686	2 755	19 292	44 706	4 003	57 886	606	864	503	8 835	44 578	545
25 — 65	118 870	14 562	5 180	2 133	4 681	72 207	14 922	73 340	2 305	1 189	548	2 301	60 598	1 281
65 und mehr	21 884	3 899	590	373	76	5 997	9 486	6 947	800	172	121	33	5 042	458
Ohne Angabe	497	103	42	14	34	114	176	189	17	4	5	15	122	14
Insgesamt[1])	**311 431**	**46 771**	**20 096**	**14 657**	**36 182**	**135 234**	**49 637**	**164 513**	**6 458**	**4 443**	**3 049**	**14 870**	**124 035**	**3 469**
dar. Kinder unter 15 Jahren	44 434	17 712	296	233	324	6 619	18 755	10 161	1 932	76	53	133	6 646	836

[1]) Die Abweichungen gegenüber Tab. 13.29 sind darauf zurückzuführen, daß in Tab. 13.30 die Autobahnunfälle für Berlin (West) als Innerortsunfälle und nicht als Unfälle außerhalb von Ortschaften (wie in Tab. 13.29) aufgeführt sind.

13.31 Unfälle, Verunglückte und Unfallbeteiligte im Straßenverkehr

Gegenstand der Nachweisung	1975	1976	1977	1978	1979	1980	1981	1982[1])
Unfälle								
mit Personenschaden	337 732	359 694	379 046	380 352	367 500	379 235	362 617	358 652
mit Getöteten	13 544	13 550	13 599	13 368	12 033	11 911	10 632	.
mit Verletzten	324 188	346 144	365 447	366 984	355 467	367 324	351 985	.
mit nur Sachschaden[2])	927 000	1 058 000	1 144 000	1 238 000	1 293 000	1 305 000	1 316 000	1 270 000
dar. von 1 000 DM und mehr bei einem der Beteiligten	234 344	292 301	345 517	398 032	430 568	462 110	482 261	478 799
Unfallbeteiligte								
bei Unfällen mit Personenschaden								
Mofas, Mopeds	34 787	39 942	45 653	49 660	52 127	53 285	44 602	37 057
Krafträder, Kraftroller	34 846	41 069	39 971	38 552	39 428	42 238	48 106	60 228
Personenkraftwagen	407 908	431 899	465 116	471 787	447 208	461 101	436 979	424 236
Kraftomnibusse, Obusse	5 974	6 260	6 665	6 511	6 642	6 523	6 718	5 770
Landwirtschaftliche Zugmaschinen	2 613	2 543	2 873	2 843	2 622	2 698	2 946	3 013
Güterkraftfahrzeuge[3])	34 191	36 665	37 502	37 754	36 671	35 214	33 042	29 633
Übrige Kraftfahrzeuge	1 228	1 479	1 540	1 808	1 886	1 908	2 088	2 114
Zusammen	**521 547**	**559 857**	**599 320**	**608 915**	**586 584**	**602 967**	**574 481**	**562 051**
Fahrräder	44 617	49 564	52 470	51 161	52 138	55 421	58 577	63 255
Fußgänger	65 587	67 038	67 573	65 236	61 186	61 448	57 667	54 793
Sonstige Fahrzeuge und andere Personen	6 843	6 410	5 826	5 965	6 299	5 942	5 091	4 969
Insgesamt	**638 594**	**682 869**	**725 189**	**731 277**	**706 207**	**725 778**	**695 816**	**685 068**
Bei Unfällen mit nur Sachschaden[4])								
Mofas, Mopeds	669	898	1 307	1 819	2 393	3 006	2 649	2 418
Krafträder, Kraftroller	1 388	2 060	2 544	3 036	3 596	4 455	5 605	7 396
Personenkraftwagen	396 615	501 312	601 007	697 794	749 865	803 721	834 753	831 753
Kraftomnibusse, Obusse	4 321	5 316	6 111	7 112	8 059	8 307	8 857	7 960
Landwirtschaftliche Zugmaschinen	2 168	2 365	2 910	3 159	3 225	3 331	3 788	3 929
Güterkraftfahrzeuge[3])	39 409	48 344	54 140	60 683	67 916	67 732	70 395	64 817
Übrige Kraftfahrzeuge	1 363	1 831	2 187	2 641	3 392	3 377	4 046	4 204
Zusammen	**445 933**	**562 126**	**670 206**	**776 244**	**838 446**	**893 929**	**930 093**	**922 477**
Fahrräder	442	633	754	761	926	1 083	1 263	1 356
Fußgänger	711	936	1 056	1 203	1 168	1 224	1 350	1 275
Sonstige Fahrzeuge und andere Personen	10 253	11 105	12 134	14 842	18 126	19 822	21 604	21 796
Insgesamt	**457 339**	**574 800**	**684 150**	**793 050**	**858 666**	**916 058**	**954 310**	**946 904**
Verunglückte								
Getötete	**14 870**	**14 820**	**14 978**	**14 662**	**13 222**	**13 041**	**11 674**	**11 594**
Führer und Mitfahrer von								
Mofas, Mopeds	721	841	880	851	799	765	599	533
Krafträdern, Kraftrollern	1 211	1 250	1 272	1 149	1 251	1 232	1 319	1 453
Personenkraftwagen	7 050	6 850	7 258	7 082	6 442	6 440	5 778	5 605
Kraftomnibussen, Obussen	40	23	30	30	28	43	24	22
Landwirtschaftlichen Zugmaschinen	107	100	77	68	64	46	44	52
Güterkraftfahrzeugen[3])	266	306	279	277	238	210	165	194
Übrigen Kraftfahrzeugen	29	25	30	31	21	28	30	37
Fahrrädern	1 409	1 389	1 360	1 349	1 174	1 142	1 069	1 083
Sonstigen Fahrzeugen	39	25	17	17	22	19	7	15
Fußgänger	3 973	3 991	3 748	3 788	3 159	3 095	2 620	2 588
Andere Personen[5])	25	20	27	20	24	21	19	12
Verletzte	**457 797**	**480 581**	**508 142**	**508 644**	**486 441**	**500 463**	**475 944**	**467 155**
Führer und Mitfahrer von								
Mofas, Mopeds	32 977	37 795	43 173	47 351	49 934	50 983	42 245	34 605
Krafträdern, Kraftrollern	37 730	44 625	43 005	41 569	42 495	45 387	51 052	63 499
Personenkraftwagen	269 066	273 734	293 917	294 938	271 950	279 649	259 269	245 952
Kraftomnibussen, Obussen	4 379	4 229	4 626	4 664	4 544	4 615	4 690	4 022
Landwirtschaftlichen Zugmaschinen	937	961	1 082	1 018	847	891	952	989
Güterkraftfahrzeugen[3])	9 692	10 557	10 576	10 736	10 365	9 852	9 164	8 101
Übrigen Kraftfahrzeugen	632	689	739	780	868	794	955	916
Fahrrädern	40 466	45 169	47 707	46 589	47 704	50 436	53 229	57 505
Sonstigen Fahrzeugen	1 522	1 174	989	963	1 026	1 001	890	907
Fußgänger	60 033	61 230	61 931	59 613	56 259	56 451	53 106	50 229
Andere Personen[5])	363	418	397	423	449	404	392	430

[1]) Vorläufiges Ergebnis.
[2]) Gerundete Zahlen.
[3]) Lastkraftwagen mit und ohne Spezialaufbau, Sattelschlepper und andere als landwirtschaftliche Zugmaschinen.
[4]) Unfälle mit einem Schaden von 1 000 DM und mehr bei einem der Beteiligten.
[5]) Z. B. Straßenbauarbeiter, Reiter u. dgl.

13.32 Polizeilich festgestellte Ursachen bei Straßenverkehrsunfällen mit Personenschaden 1981

13.32.1 Ursachen bei Fahrzeugführern und Fahrzeugen

Ursache	Bei Unfällen mit Personenschaden						Bei Unfällen mit Getöteten					
	insgesamt	darunter					zusammen	darunter				
		Fahrräder	Motorzweiräder	Kraftwagen				Fahrräder	Motorzweiräder	Kraftwagen		
				zusammen	darunter					zusammen	darunter	
					Personenkraftwagen	Güterkraftfahrzeuge[1]					Personenkraftwagen	Güterkraftfahrzeuge[1]
Ursachen bei Fahrzeugführern	**470 568**	**39 674**	**69 696**	**358 463**	**328 848**	**22 824**	**15 482**	**1 043**	**2 272**	**12 121**	**10 807**	**1 038**
Mangelnde Verkehrstüchtigkeit	47 267	2 173	7 628	37 432	36 171	1 064	2 394	113	289	1 988	1 899	77
darunter:												
Alkoholeinfluß	43 252	1 865	7 336	34 020	33 107	751	2 122	89	277	1 752	1 692	49
Übermüdung	2 084	17	59	2 007	1 757	238	134	—	—	134	111	22
Verstoß gegen das Rechtsfahrgebot oder andere Fehler bei der Fahrbahnbenutzung	35 287	7 375	7 028	20 566	18 977	1 199	1 353	108	234	1 011	935	66
Nicht angepaßte Geschwindigkeit	106 707	1 978	16 671	87 842	82 261	4 616	5 277	33	862	4 375	4 062	253
Ungenügender Sicherheitsabstand sowie starkes Bremsen des Vorausfahrenden ohne zwingenden Grund	32 515	993	4 271	27 125	23 665	2 975	285	4	39	240	181	53
Fehler beim Überholen	22 711	1 147	5 415	15 767	13 922	1 540	792	21	142	629	564	59
Fehler beim Vorbeifahren	1 916	153	223	1 531	1 286	179	24	—	9	15	13	2
Fehler beim Nebeneinanderfahren, fehlerhaftes Wechseln des Fahrstreifens beim Nebeneinanderfahren	3 398	386	313	2 623	2 242	338	39	12	3	24	20	4
Nichtbeachten der Vorfahrt	69 431	7 216	6 656	55 317	51 340	2 939	1 216	292	210	712	606	76
darunter:												
Nichtbeachten der die Vorfahrt regelnden Verkehrszeichen	49 274	4 487	3 909	40 744	38 004	2 041	891	218	149	523	460	48
Nichtbeachten der Regel »rechts vor links«	8 959	1 138	1 629	6 167	5 747	330	49	7	17	25	22	2
Fehler beim Abbiegen, Wenden, Rückwärtsfahren, Ein- und Anfahren	63 642	7 900	6 284	49 240	44 519	3 279	842	221	128	493	303	143
Falsches Verhalten gegenüber Fußgängern	24 294	1 485	2 415	20 068	18 450	1 036	1 030	8	64	945	804	99
Fehler beim Halten, Parken (Ruhender Verkehr, Verkehrssicherung)	3 624	28	46	3 510	3 024	388	65	1	2	62	27	28
Nichtbeachten der Beleuchtungsvorschriften	1 349	446	274	564	437	91	37	10	11	15	7	7
Fehlerhafte Ladung, Besetzung	1 744	321	448	897	309	504	50	4	11	34	11	17
Andere Fehler beim Fahrzeugführer	56 683	8 073	12 024	35 981	32 245	2 676	2 078	216	268	1 578	1 375	154
Ursachen bei Fahrzeugen	**6 824**	**1 171**	**1 693**	**3 861**	**2 924**	**656**	**238**	**16**	**47**	**173**	**118**	**38**
Mängel an der Beleuchtung	1 179	484	403	281	138	52	41	12	16	13	3	6
Mängel an der Bereifung	1 986	31	368	1 587	1 431	138	92	1	9	82	76	4
Mängel an den Bremsen	1 671	365	355	940	613	269	63	2	9	51	26	20
Mängel an der Lenkung	383	45	45	291	243	32	8	—	2	6	5	—
Mängel an der Zugvorrichtung	57	1	5	51	21	16	1	—	—	1	—	—
Andere Mängel	1 547	245	517	710	477	149	33	1	11	20	8	8

[1]) Lastkraftwagen mit und ohne Spezialaufbau, Sattelschlepper und andere als landwirtschaftliche Zugmaschinen.

13.32.2 Ursachen bei Fußgängern

Ursache	Bei Unfällen mit	
	Personenschaden	Getöteten
Mangelnde Verkehrstüchtigkeit	4 090	394
dar. Alkoholeinfluß	3 893	382
Falsches Verhalten beim Überschreiten der Fahrbahn	37 205	1 972
davon:		
an Stellen, an denen der Fußgängerverkehr durch Polizeibeamte oder Lichtzeichen geregelt war	2 912	156
auf Fußgängerüberwegen ohne Verkehrsregelung durch Polizeibeamte oder Lichtzeichen	319	12
in der Nähe von Kreuzungen oder Einmündungen, Lichtzeichenanlagen oder Fußgängerüberwegen bei dichtem Verkehr	3 424	229
an anderen Stellen:		
durch plötzliches Hervortreten hinter Sichthindernissen	7 530	191
ohne auf den Fahrzeugverkehr zu achten	20 900	1 203
durch sonstiges falsches Verhalten	2 120	181
Nichtbenutzen des Gehweges	523	37
Nichtbenutzen der vorgeschriebenen Straßenseite	444	66
Spielen auf oder neben der Fahrbahn	619	9
Andere Fehler der Fußgänger	1 876	154
Insgesamt	**44 757**	**2 632**

13.32.3 Straßenverhältnisse, Witterungseinflüsse, Hindernisse und sonstige Unfallursachen

Ursache	Bei Unfällen mit	
	Personenschaden	Getöteten
Straßenverhältnisse als Unfallursachen	46 215	1 278
dar. Glätte oder Schlüpfrigkeit der Fahrbahn durch:		
Schnee, Eis	24 278	650
Regen	17 813	544
Witterungseinflüsse als Unfallursachen	4 163	179
dar. Sichtbehinderung durch Nebel	1 260	73
Hindernisse und sonstige Unfallursachen	5 277	114
darunter:		
Wild auf der Fahrbahn	1 428	13
Anderes Tier auf der Fahrbahn	1 563	17

13.32.4 Zusammenfassung

Ursache	Bei Unfällen mit	
	Personenschaden	Getöteten
Ursachen bei Fahrzeugführern	470 568	15 482
Ursachen bei Fahrzeugen	6 824	238
Ursachen bei Fußgängern	44 757	2 632
Straßenverhältnisse als Unfallursachen	46 215	1 278
Witterungseinflüsse als Unfallursachen	4 163	179
Hindernisse und sonstige Unfallursachen	5 277	114
Unfallursachen von anderen Personen soweit nicht Fahrzeugführer oder Fußgänger	196	6
Insgesamt	**578 000**	**19 929**

14 Geld und Kredit, Versicherungen

14.0 Vorbemerkung

Die Statistiken des Geld- und Kreditwesens werden fast ausnahmslos von der Deutschen Bundesbank bearbeitet. Für die Statistiken im Bereich der Versicherungen ist das Bundesaufsichtsamt für das Versicherungswesen zuständig.

Geld und Kredit

Als **Bargeldumlauf** werden die Banknoten der Deutschen Bundesbank und die Scheidemünzen des Bundes einschl. der in den Kassenbeständen der Kreditinstitute vorhandenen Noten und Münzen nachgewiesen.

Bei der **Konsolidierten Bilanz des Bankensystems** handelt es sich um eine zusammengefaßte statistische Bilanz der Kreditinstitute einschl. der Deutschen Bundesbank.

Das Geldvolumen M1 setzt sich zusammen aus dem Bargeldumlauf (ohne Kassenbestände der Kreditinstitute) und den Sichteinlagen von Unternehmen, Privatpersonen und öffentlichen Haushalten (ohne Zentralbankeinlagen). Das Geldvolumen M2 umfaßt neben dem Geldvolumen M1 die Termingelder inländischer Nichtbanken mit einer Befristung bis unter vier Jahren von Unternehmen, Privatpersonen und öffentlichen Haushalten. Das Geldvolumen M3 schließt das Geldvolumen M2 sowie die Spareinlagen inländischer Nichtbanken mit gesetzlicher Kündigungsfrist ein.

Die Angaben über **Aktiva und Passiva der Kreditinstitute** beruhen auf den monatlichen Meldungen der Kreditinstitute an die Deutsche Bundesbank. Methodische Erläuterungen sind im Monatsbericht der Deutschen Bundesbank vom April 1969, S. 5 ff., enthalten.

Gegenwärtig bestehen im Bundesgebiet 18 private und 13 öffentliche **Bausparkassen.** Die Bauspareinlagen stellen wegen ihrer Zweckbindung Sparguthaben besonderer Art dar. Zu den Baudarlehen gehören zugeteilte Darlehen, Zwischenkredite und sonstige Baudarlehen. Wohnungsbauprämien sind staatliche Wohnungsbauförderungsmittel, die den Bausparern nach dem Wohnungsbauprämiengesetz vom 17. 3. 1952 (und den hierzu erlassenen Änderungsgesetzen) gewährt werden. Sie betragen bei Prämienberechtigten ohne Kinder ab 1. 1. 1982 14% der geleisteten Aufwendungen. Für jedes Kind unter 18 Jahren erhöht sich der Prämiensatz um 2%.

Wertpapiermärkte

Die Statistiken der Wertpapiermärkte weisen die Bewegungen und den Umlauf sowie die Kursentwicklung und die Erträge der **festverzinslichen Wertpapiere und Aktien** nach.

Der Bruttoabsatz der festverzinslichen Wertpapiere umfaßt die im Berichtszeitraum erstmals verkauften Wertpapiere. Der Umlauf gibt den Stand der am jeweiligen Stichtag im Verkehr befindlichen Schuldverschreibungen und Aktien wieder. Der Nettoabsatz ist gleich Bruttoabsatz abzüglich Tilgung. Negatives Vorzeichen bedeutet Überschuß der Tilgung über den im Berichtszeitraum neu abgesetzten Betrag.

Die Durchschnittskurse der **festverzinslichen Wertpapiere** werden für ausgewählte Schuldverschreibungen nach den Kursnotierungen an den vier Bankwochenstichtagen im Monat berechnet.

Der Durchschnittskurs von **Aktien** wird aus allen an der Börse notierten Stammaktien von Gesellschaften mit Sitz im Bundesgebiet als arithmetisches Mittel berechnet, wobei mit dem Nominalwert der börsennotierten Stammaktien der erfaßten Gesellschaften gewichtet wird. Bei der Berechnung der Durchschnittsdividende wird die Dividende der einzelnen Gesellschaften (einschl. Steuergutschrift aufgrund des Körperschaftsteuerreformgesetzes vom 31. 8. 1976, BGBl. I 1976, S. 2597) mit dem Nominalwert ihrer börsennotierten Stammaktien gewichtet. Die Durchschnittsrendite stellt das Verhältnis von Dividende und Aktienkurs dar.

Der Index der Aktienkurse wird vom Statistischen Bundesamt aus den Kursnotierungen der Aktien von rd. 270 ausgewählten Gesellschaften mit Sitz im Bundesgebiet berechnet, wobei eine Gewichtung mit dem Nominalwert der börsennotierten Stammaktien vom Basisstichtag 29. 12. 1972 vorgenommen wird. Nähere methodische Erläuterungen siehe »Wirtschaft und Statistik«, 12/1974, S. 832 ff.

Die Angaben über **Wertpapierkundendepots** basieren auf jährlichen Meldungen der Kreditinstitute (einschl. der Kapitalanlagegesellschaften) an die Deutsche Bundesbank über die für die inländischen Nichtbanken sowie die ausländische Kundschaft geführten Wertpapierdepots nach dem Stand am Jahresende. Die Statistik erfaßt auch die Wertpapierkundendepots der Deutschen Bundesbank sowie die bei der Bundesschuldenverwaltung eingetragenen Einzelschuldbuchforderungen an den Bund und seine Sondervermögen.

Zinsen

Die Angaben über **Soll- und Habenzinsen** beruhen auf monatlichen Meldungen von ca. 430 Kreditinstituten unterschiedlicher Größe aus allen Teilen der Bundesrepublik und aus allen Bankengruppen an die Deutsche Bundesbank. Gemeldet werden die in einem bestimmten – vierzehntägigen – Zeitraum am häufigsten mit der Kundschaft vereinbarten Zinssätze für einige typische Geschäftsarten. Die veröffentlichten Durchschnittssätze sind als ungewichtetes Mittel errechnet; für die Durchschnittsberechnung bleiben jeweils 5% der Meldungen mit den höchsten und den niedrigsten Zinssätzen unberücksichtigt. Nähere methodische Erläuterungen sind im Monatsbericht der Deutschen Bundesbank vom Oktober 1967, S. 46 ff., zuletzt im Monatsbericht Januar 1983, S. 14 ff., enthalten.

Devisenkurse

Für die amtlich an der Frankfurter Börse gehandelten Devisen sind die Kurse und die errechneten Vergleichswerte angegeben. Für weitere ausgewählte Länder wurden die Devisenkurse aus in der Regel zuverlässigen Quellen des jeweiligen Landes entnommen.

Versicherungen

In diesem Abschnitt werden in erster Linie Angaben aus den Ergebnissen der Versicherungsunternehmen über das Individual-(Privat-)versicherungsgeschäft (In- und Auslandsgeschäft) veröffentlicht. Dabei liegt ein Vertrag mit dem Versicherungsunternehmen zugrunde, durch den der Versicherungsnehmer selbst über Art und Höhe seiner Beiträge und der dadurch bedingten Ansprüche gegenüber der Versicherung entscheidet. (Ergebnisse der Sozialversicherungsträger sind in Abschnitt 19 »Finanzen und Steuern« nachgewiesen.)

Bei der Darstellung wird unterschieden zwischen Versicherungsunternehmen und Versicherungszweigen (-sparten). Der Versicherungszweig wird bestimmt durch die Art des Risikos, das das Versicherungsunternehmen tragen soll. Zum Teil wird von den Versicherungsunternehmen nur ein Versicherungszweig betrieben (Spezialinstitute), häufig erstreckt sich jedoch der Geschäftsbereich eines Unternehmens auf mehrere Versicherungszweige (Spartenkombination); dies gilt besonders für die Schaden- und Unfallversicherung. Bei den Angaben über die Kapitalanlagen wird diese Unterscheidung nicht getroffen.

14.1 Bargeldumlauf

Mill. DM

Stückelung	1975	1976	1977	1978	1979	1980	1981	1982
				Jahresende				
Banknoten	55 143	59 038	65 567	74 799	79 386	83 730	83 790	88 575
1 000,— DM	5 787	6 913	7 167	9 574	10 863	11 986	12 054	14 615
500,— DM	4 291	4 755	6 341	7 817	8 676	9 278	9 215	10 180
100,— DM	30 192	32 068	35 915	40 115	42 128	44 223	44 251	45 455
50,— DM	9 317	9 569	10 139	10 868	11 081	11 334	11 255	11 230
20,— DM	3 292	3 406	3 572	3 838	3 965	4 143	4 225	4 278
10,— DM	2 082	2 174	2 287	2 446	2 537	2 639	2 674	2 700
5,— DM	182	153	146	141	136	127	116	117
Scheidemünzen	5 406	5 700	6 098	6 578	6 988	7 461	7 817	8 120
10,— DM	951	949	951	953	953	957	960	960
5,— DM	1 819	1 972	2 189	2 433	2 624	2 857	3 044	3 228
2,— DM	652	684	740	806	873	938	985	1 006
1,— DM	994	1 045	1 094	1 176	1 241	1 320	1 365	1 402
—,50 DM	447	469	498	533	568	605	630	655
—,10 DM	325	346	374	403	434	467	494	513
—,05 DM	107	114	122	131	142	152	162	168
—,02 DM	49	54	59	65	71	77	82	87
—,01 DM	62	67	71	77	82	88	95	101
Insgesamt	**60 549**	**64 738**	**71 665**	**81 377**	**86 374**	**91 191**	**91 607**	**96 695**
Desgleichen ohne Kassenbestände der Kreditinstitute	56 480	60 571	67 505	76 203	79 877	83 962	84 194	88 641
				Durchschnitt[1])				
Insgesamt	**55 891**	**60 526**	**66 055**	**74 620**	**81 716**	**86 425**	**88 715**	**91 709**
DM je Einwohner	*904*	*984*	*1 076*	*1 217*	*1 332*	*1 404*	*1 438*	*1 489*

[1]) Errechnet aus 48 Ausweisstichtagen.

Quelle: Deutsche Bundesbank, Frankfurt am Main

14.2 Konsolidierte Bilanz des Bankensystems

Mill. DM

Gegenstand der Nachweisung	1975	1976	1977	1978	1979	1980	1981	1982
Inlandsaktiva	964 248	1 054 293	1 160 400	1 296 504	1 440 613	1 564 394	1 689 877	1 803 693
Kredite an inländische Nichtbanken	900 594	991 971	1 086 575	1 212 030	1 351 153	1 476 980	1 609 154	1 713 420
der Deutschen Bundesbank	16 995	11 895	10 279	13 055	11 103	14 988	17 110	15 433
an öffentliche Haushalte	12 970	11 187	9 947	11 180	10 046	13 400	15 738	13 892
an Deutsche Bundesbahn und Deutsche Bundespost	4 025	708	332	1 875	1 057	1 588	1 372	1 541
der Kreditinstitute	883 599	980 076	1 076 296	1 198 975	1 340 050	1 461 992	1 592 044	1 697 987
an Unternehmen und Privatpersonen	703 190	769 168	838 696	926 686	1 039 511	1 140 434	1 223 248	1 289 346
an öffentliche Haushalte	180 409	210 908	237 600	272 289	300 539	321 558	368 796	408 641
Sonstige Aktiva	63 654	62 322	73 825	84 474	89 460	87 414	80 723	90 273
Auslandsaktiva	189 172	204 933	215 739	244 240	253 575	275 534	299 102	307 016
Insgesamt	**1 153 420**	**1 259 226**	**1 376 139**	**1 540 744**	**1 694 188**	**1 839 928**	**1 988 979**	**2 110 709**
Inlandspassiva	1 092 441	1 183 618	1 292 014	1 426 704	1 545 667	1 659 323	1 800 423	1 917 403
Geldvolumen M 3	490 890	532 027	591 473	656 595	696 213	739 431	776 033	830 957
Spareinlagen[1]) mit gesetzlicher Kündigungsfrist	211 572	233 847	259 661	281 187	289 721	298 815	297 901	328 757
Geldvolumen M 2	279 318	298 180	331 812	375 408	406 492	440 616	478 132	502 200
Termingelder[1]) mit Befristung unter 4 Jahren	99 420	111 328	123 736	137 499	158 623	183 281	222 855	229 153
Geldvolumen M 1	179 898	186 852	208 076	237 909	247 869	257 335	255 277	273 047
Bargeldumlauf ohne Kassenbestände der Kreditinstitute	56 480	60 571	67 505	76 203	79 877	83 962	84 194	88 641
Sichteinlagen[1])	123 418	126 281	140 571	161 706	167 992	173 373	171 083	184 406
Sonstige Verbindlichkeiten[1])	511 344	570 542	614 404	668 427	745 849	809 468	897 269	945 492
Termingelder[1]) mit Befristung von 4 Jahren und darüber	141 612	153 230	166 947	183 898	202 574	217 140	230 939	238 365
Spareinlagen[1]) mit vereinbarter Kündigungsfrist	164 065	176 360	177 404	185 256	188 689	186 986	185 086	189 428
Sparbriefe[1])	30 096	40 449	53 839	64 121	78 939	96 718	110 756	122 719
Inhaberschuldverschreibungen im Umlauf[1])	130 121	149 399	159 801	173 203	208 276	236 762	291 946	307 466
Kapital und Rücklagen	45 450	51 104	56 413	61 949	67 371	71 862	78 542	87 514
Sonstige Passiva[2])	90 207	81 049	86 137	101 682	103 605	110 424	127 121	140 954
Auslandspassiva	60 979	75 608	84 125	114 040	148 521	180 605	188 556	193 306
Insgesamt	**1 153 420**	**1 259 226**	**1 376 139**	**1 540 744**	**1 694 188**	**1 839 928**	**1 988 979**	**2 110 709**

[1]) Inländischer Nichtbanken bei den Kreditinstituten.
[2]) Zentralbankeinlagen inländischer öffentlicher Haushalte, Überschuß der Interbankverbindlichkeiten sowie Guthaben auf Sonderkonten Bardepot.

Quelle: Deutsche Bundesbank, Frankfurt am Main

14.3 Aktiva und Passiva der Deutschen Bundesbank

Mill. DM

Gegenstand der Nachweisung	Jahresende					
	1977	1978	1979	1980	1981	1982
			Aktiva			
Währungsreserven und sonstige Auslandsaktiva	90 226	107 211	107 045	104 382	103 674	107 961
Gold	14 065	17 083	13 693	13 688	13 688	13 688
Devisen und Sorten	58 310	74 584	51 826	42 624	37 272	38 981
Reservepositionen im Internationalen Währungsfonds und Sonderziehungsrechte	8 595	11 147	9 006	8 100	9 186	12 219
Forderungen an den EFWZ im Rahmen des Europäischen Währungssystems[1])	—	—	28 488	35 936	39 940	40 617
Kredite und sonstige Forderungen an das Ausland	9 256	4 397	4 032	4 034	3 588	2 456
Kredite an inländische Kreditinstitute						
mit angekauften Geldmarktwechseln (Privatdiskonten)	19 588	24 252	36 246	57 554	68 056	74 874
Inlandswechsel	12 400	16 402	30 026	39 257	44 828	46 689
Im Offenmarktgeschäft mit Rücknahmevereinbarung aufgekaufte Wertpapiere	—	—	—	6 164	11 876	9 103
Auslandswechsel	1 629	1 685	3 089	4 425	5 367	7 051
Lombardforderungen	5 559	6 165	3 131	7 708	5 985	12 031
ohne angekaufte Geldmarktwechsel (Privatdiskonten)[2])	(18 091)	(22 497)	(33 781)	(54 627)	(65 203)	(71 639)
Kredite und Forderungen an inländische öffentliche Haushalte	9 588	8 839	8 992	11 120	13 428	10 079
Bund[3])	9 506	8 683	8 683	10 019	11 883	8 683
Buchkredite	823	—	—	1 336	3 200	—
Ausgleichsforderungen[4])	8 683	8 683	8 683	8 683	8 683	8 683
Länder	82	156	309	1 101	1 545	1 396
Kredite an Deutsche Bundesbahn und Deutsche Bundespost	—	—	—	—	—	—
Wertpapiere						
Anleihen und verzinsliche Schatzanweisungen des Bundes und der Länder	359	2 341	1 054	2 280	2 310	3 813
Anleihen und verzinsliche Schatzanweisungen der Deutschen Bundesbahn und Deutschen Bundespost[5])	334	1 877	1 060	1 607	1 422	1 593
Sonstige Aktivpositionen[6])	19 252	26 217	25 778	18 765	7 363	9 030
Insgesamt	**139 347**	**170 737**	**180 175**	**195 708**	**196 253**	**207 350**
			Passiva			
Banknotenumlauf	65 567	74 799	79 385	83 730	83 790	88 575
Einlagen von inländischen Kreditinstituten	52 491	59 366	64 780	53 845	50 609	51 875
Einlagen von öffentlichen Haushalten	2 120	4 631	2 939	1 015	767	1 258
darunter:						
Bund	296	2 384	1 842	396	293	724
Lastenausgleichsfonds und ERP-Sondervermögen	150	163	290	124	43	162
Länder	1 630	2 027	729	450	392	330
Sondereinlagen	—	—	—	—	—	—
Einlagen von inländischen Unternehmen und Privatpersonen	3 905	4 086	1 230	1 731	2 147	3 515
dar. Deutsche Bundespost	3 419	3 515	580	1 141	1 512	2 866
Guthaben auf Sonderkonten Bardepot	—	—	—	—	—	—
Ausländische Einleger	477	4 534	3 224	7 666	8 887	12 020
Ausgleichsposten für zugeteilte Sonderziehungsrechte	1 387	1 292	1 749	2 476	3 178	3 174
Verbindlichkeiten aus abgegebenen Mobilisierungs- und Liquiditätspapieren	5 366	13 205	6 687	4 192	4 905	4 652
Verbindlichkeiten gegenüber dem EFWZ im Rahmen des Europäischen Währungssystems[2])	—	—	—	4 228	—	—
Gegenposten im Zusammenhang mit der Bewertung der in den EFWZ vorläufig eingebrachten Gold- und Dollarreserven[2])	—	—	9 070	22 511	23 369	21 022
Rückstellungen	1 885	1 945	1 985	2 025	2 206	3 866
Grundkapital und Rücklagen	1 390	1 390	1 390	1 390	2 164	4 769
Sonstige Passivpositionen	4 759	5 489	7 736	10 899	14 231	12 624
Insgesamt	**139 347**	**170 737**	**180 175**	**195 708**	**196 253**	**207 350**

[1]) EFWZ = Europäischer Fonds für währungspolitische Zusammenarbeit.
[2]) Bei den in Klammern gesetzten Zahlen handelt es sich um nicht addierfähige Darunter-Positionen.
[3]) Einschl. Lastenausgleichsfonds und ERP-Sondervermögen.
[4]) Aus der Währungsumstellung von 1948 (einschl. unverzinslicher Schuldverschreibung wegen Geldumstellung in Berlin (West)), einschl. der in Schatzwechsel und unverzinsliche Schatzanweisungen umgetauschten und abgegebenen Beträge (siehe auch Position »Verbindlichkeiten aus abgegebenen Mobilisierungs- und Liquiditätspapieren«).
[5]) Einschl. ausländischer Wertpapiere.
[6]) Enthält auch die Ausweispositionen »Deutsche Scheidemünzen«, »Postscheckguthaben« und »Sonstige Aktiva« (einschl. Ausgleichsposten wegen Neubewertung der Währungsreserven und einschl. sonstiger Fremdwährungspositionen).

Quelle: Deutsche Bundesbank, Frankfurt am Main

14.4 Aktiva und Passiva

Mill.

Lfd. Nr.	Bilanzposten	Alle Kreditinstitute					
		1977	1978	1979	1980	1981	1982
1	Zahl der berichtenden Institute[2])	3 465	3 415	3 366	3 334	3 314	3 301
							Inlands- und
2	Barreserve	63 097	72 546	79 216	70 898	66 920	69 438
3	dar. Guthaben bei der Deutschen Bundesbank	58 689	67 082	72 333	63 200	59 084	60 963
4	Schecks und Inkassopapiere[3])	3 956	5 031	4 806	4 029	4 657	5 022
5	Kredite an Kreditinstitute[4])[5])	520 129	577 577	608 313	658 266	706 447	759 139
6	Guthaben und Darlehen[4])[5])	365 812	406 450	432 193	465 861	495 600	516 453
7	Wechseldiskontkredite	6 771	7 026	10 638	14 758	17 186	19 470
8	Durchlaufende Kredite	8 208	8 200	7 522	6 171	5 997	5 722
9	Bankschuldverschreibungen[6])	139 338	155 901	157 960	171 476	187 664	217 494
10	Kredite an Nichtbanken[7])[8])	1 126 664	1 260 378	1 410 666	1 542 852	1 680 768	1 788 985
11	Buchkredite und Darlehen (ohne durchlaufende Kredite)	965 824	1 091 437	1 238 689	1 365 791	1 493 155	1 587 536
12	bis 1 Jahr einschl.	162 066	173 046	202 186	231 010	254 356	267 276
13	über 1 Jahr	803 758	918 391	1 036 503	1 134 781	1 238 799	1 320 260
14	Wechseldiskontkredite	45 269	45 874	48 157	53 394	57 790	58 825
15	Durchlaufende Kredite	52 981	56 206	58 590	59 981	65 536	62 908
16	Schatzwechselkredite	6 984	7 077	5 650	3 273	5 851	10 430
17	Wertpapiere (ohne Bankschuldverschreibungen)	50 814	55 304	55 377	56 470	54 685	65 796
18	Ausgleichs- und Deckungsforderungen	4 792	4 480	4 203	3 943	3 751	3 490
19	Mobilisierungspapiere (Schatzwechsel und U-Schätze)	3 747	10 502	4 781	1 650	2 350	1 313
20	Schuldverschreibungen eigener Emissionen	4 029	5 310	5 902	4 909	4 341	5 467
21	Beteiligungen	15 893	16 486	17 602	19 061	20 221	21 787
22	Sonstige Aktiva[9])	38 315	40 344	44 755	49 595	52 708	58 507
23	**Geschäftsvolumen**[10])	**1 775 830**	**1 988 174**	**2 176 041**	**2 351 260**	**2 538 412**	**2 709 658**
24	Wechselbestand	33 223	30 895	21 559	19 705	18 607	17 579
25	dar. Bundesbankfähige Wechsel	21 444	19 098	10 805	9 820	9 671	8 712
26	Wertpapiere (einschl. Bankschuldverschreibungen)[6])	190 152	211 205	213 337	227 946	242 349	283 290
							Inlands- und
27	Einlagen und aufgenommene Kredite von Kreditinstituten[11])	411 782	481 137	545 920	601 521	629 103	664 792
28	Sicht- und Termingelder	380 001	443 867	489 236	528 322	543 676	575 084
	darunter:						
29	Sichtgelder	79 897	85 563	88 528	95 119	91 083	111 081
30	Termingelder von 1 Monat bis unter 3 Monate	45 392	47 301	51 238	57 056	63 482	53 757
31	Durchlaufende Kredite	10 415	11 873	13 591	16 223	19 600	19 068
32	Weitergegebene Wechsel	21 366	25 397	43 093	56 976	65 827	70 640
	darunter:						
33	eigene Akzepte im Umlauf	2 549	3 392	5 857	8 529	9 458	9 924
34	Indossamentsverbindlichkeiten[12])	17 985	20 921	36 576	47 836	55 710	60 141
35	Einlagen und aufgenommene Kredite von Nichtbanken[7])[13])	942 170	1 040 310	1 116 866	1 185 331	1 254 217	1 328 633
36	Sicht-, Termin- und Spargelder	891 396	987 777	1 064 345	1 135 402	1 202 284	1 279 071
37	Sichteinlagen	144 319	165 879	172 215	178 938	176 191	190 084
	Termingelder von:						
38	1 Monat bis unter 3 Monate	73 292	77 045	96 686	129 970	157 934	170 622
39	3 Monaten bis unter 4 Jahre	59 454	73 446	77 275	65 475	81 849	75 022
40	4 Jahren und darüber	119 299	136 130	155 689	172 890	186 477	195 516
41	Sparbriefe	54 152	64 550	79 593	97 591	111 782	123 923
42	Spareinlagen	440 880	470 727	482 887	490 538	488 051	523 904
43	Durchlaufende Kredite	50 774	52 533	52 521	49 929	51 933	49 562
44	Inhaberschuldverschreibungen im Umlauf[14])	303 450	334 649	372 495	413 594	484 437	530 775
45	Rückstellungen	13 064	14 301	15 544	16 193	17 977	19 594
46	Wertberichtigungen	4 260	4 649	5 256	5 804	6 306	6 503
47	Kapital (einschl. offene Rücklagen) gemäß § 10 KWG)	60 576	66 086	72 134	76 923	82 833	89 671
48	Sonstige Passiva[15])	40 528	47 042	47 826	51 894	63 539	69 690
49	**Geschäftsvolumen**[10])	**1 775 830**	**1 988 174**	**2 176 041**	**2 351 260**	**2 538 412**	**2 709 658**
50	Verbindlichkeiten aus Bürgschaften	99 372	106 644	114 044	129 647	144 564	147 396
51	Verbindlichkeiten aus Pensionsgeschäften (soweit nicht passiviert)	5 252	7 093	6 707	10 669	9 218	9 129

*) Stand am Jahresende.
1) Einschl. Deutsche Genossenschaftsbank.
2) Erfaßt sind diejenigen Kreditgenossenschaften, deren Bilanzsumme am Stichtag 31. 12. 1972 10 Mill. DM und mehr betrug, sowie kleinere Institute, die am 30. 11. 1973 bereits berichtspflichtig waren. Seit Änderung der Berichtspflicht im Dezember 1973 ist der Kreis der berichtenden Institute unverändert geblieben. Die Abnahme der Zahl der berichtenden Institute geht auf Fusionen zurück; die daraus sich ergebenden Änderungen der Bilanzposten blieben jedoch unberücksichtigt. – Die Gesamtzahl aller Kreditgenossenschaften (Volks- und Raiffeisenbanken) belief sich am 31. 12. 1982 auf 3 823 Institute mit einer Bilanzsumme von 337 759 Mill. DM und 9,3 Mill. Mitglieder.
3) Einschl. fälliger Schuldverschreibungen, Zins- und Dividendenscheine.
4) Einschl. Postscheckguthaben.
5) Einschl. Forderungen aus Namensschuldverschreibungen, jedoch ohne Kredite an Bausparkassen.
6) Ohne eigene Emissionen; ohne Namensschuldverschreibungen, aber einschl. im Offenmarktgeschäft mit Rücknahmeverpflichtung an die Bundesbahn verkaufter Wertpapiere.

der Kreditinstitute*)

DM

1982 nach Institutsgruppen								
Kreditbanken	Girozentralen	Sparkassen	Genossenschaftliche Zentralbanken¹)	Kreditgenossenschaften²)	Hypothekenbanken, öffentlich-rechtliche Grundkreditanstalten	Kreditinstitute mit Sonderaufgaben	Postscheck-, Postsparkassenämter und Teilzahlungskreditinstitute	Lfd. Nr.
240	12	595	9	2 263	38	16	128	1
Auslandsaktiva								
24 867	4 913	20 106	2 575	9 214	139	764	6 860	2
22 947	4 728	15 690	2 496	7 454	134	724	6 790	3
2 322	648	695	529	448	12	365	3	4
175 739	130 247	145 048	73 746	81 866	47 965	87 106	17 422	5
142 603	101 290	44 664	56 280	44 850	46 931	73 817	6 018	6
3 577	1 082	3 988	1 679	2 238	7	6 643	256	7
131	1 242	—	451	—	273	3 625	—	8
29 428	26 633	96 396	15 336	34 778	754	3 021	11 148	9
374 367	292 433	405 182	32 023	204 556	338 802	93 683	47 939	10
301 612	250 743	375 895	21 977	190 911	328 794	73 491	44 113	11
105 481	20 986	68 270	7 835	54 481	1 415	2 642	6 166	12
196 131	229 757	307 625	14 142	136 430	327 379	70 849	37 947	13
31 126	4 687	10 637	2 696	6 291	85	2 560	743	14
10 524	21 727	5 834	246	1 582	8 184	14 787	24	15
4 419	3 134	40	1 101	46	28	341	1 321	16
25 846	11 864	11 484	5 886	5 344	1 545	2 425	1 402	17
840	278	1 292	117	382	166	79	336	18
—	—	4	—	—	—	59	1 250	19
344	2 543	—	89	4	2 101	386	—	20
11 289	3 952	2 132	2 239	1 158	345	512	160	21
12 386	4 612	21 923	1 568	10 892	3 598	1 981	1 547	22
601 314	**439 348**	**595 090**	**112 769**	**308 138**	**392 962**	**184 856**	**75 181**	23
9 423	1 321	3 166	496	1 946	2	765	460	24
5 412	473	1 592	132	765	1	319	18	25
55 274	38 497	107 880	21 222	40 122	2 299	5 446	12 550	26
Auslandspassiva								
207 237	120 444	66 833	87 818	39 781	60 513	65 806	16 360	27
169 888	112 730	50 633	82 701	30 932	56 758	55 646	15 796	28
44 325	24 115	7 542	22 616	4 769	2 036	2 941	2 737	29
19 422	12 979	1 726	13 542	434	1 956	3 198	500	30
6 764	2 440	3 579	232	1 193	3 665	1 171	24	31
30 585	5 274	12 621	4 885	7 656	90	8 989	540	32
5 305	826	1 162	1 006	1 073	—	551	1	33
24 915	4 411	11 349	3 878	6 524	90	8 438	536	34
285 072	75 519	484 242	11 545	247 059	97 942	75 338	51 916	35
281 181	54 990	481 987	11 080	246 670	93 150	58 097	51 916	36
66 986	8 298	63 033	1 667	36 108	830	1 487	11 675	37
83 601	12 081	38 629	1 274	31 980	357	1 830	870	38
18 970	3 234	20 147	604	24 633	3 745	2 053	1 636	39
13 111	27 354	2 942	2 858	7 744	88 154	52 664	689	40
18 384	307	81 465	4 311	15 954	1	—	3 501	41
80 129	3 716	275 771	366	130 251	63	63	33 545	42
3 891	20 529	2 255	465	389	4 792	17 241	—	43
56 330	221 322	1 453	8 501	797	210 689	31 643	40	44
7 764	1 960	4 725	399	1 718	1 830	716	482	45
1 892	427	1 505	150	1 144	1 073	129	183	46
28 556	10 507	20 326	3 279	10 892	8 710	5 522	1 879	47
14 463	9 169	16 006	1 077	6 747	12 205	5 702	4 321	48
601 314	**439 348**	**595 090**	**112 769**	**308 138**	**392 962**	**184 856**	**75 181**	49
75 135	21 507	15 764	8 269	10 821	9 559	6 153	188	50
3 867	1 461	2 644	1 011	137	9	—	—	51

⁷) Zu den Nichtbanken zählen inländische Unternehmen und Privatpersonen, inländische öffentliche Haushalte und ausländische Nichtbanken.
⁸) Einschl. Schatzwechselkredite und Wertpapierbestände.
⁹) Einschl. Grundstücke und Gebäude, Betriebs- und Geschäftsausstattung, nicht eingezahlten Kapitals, eigener Aktien und Aktien einer herrschenden Gesellschaft.
¹⁰) Bilanzsumme zuzüglich Indossamentsverbindlichkeiten aus rediskontierten Wechseln, den Kreditnehmern abgerechnete eigene Ziehungen im Umlauf sowie aus dem Wechselbestand vor Verfall zum Einzug versandte Wechsel. Ohne Sparprämienforderungen.
¹¹) Einschl. Verbindlichkeiten aus Namensschuldverschreibungen, jedoch ohne Verbindlichkeiten gegenüber den Bausparkassen.
¹²) Einschl. den Kreditnehmern abgerechneter eigener Ziehungen im Umlauf.
¹³) Einschl. Verbindlichkeiten aus Namensschuld- und Inhabersparschuldverschreibungen, Sparkassenobligationen u. ä. und gegenüber Bausparkassen.
¹⁴) Einschl. verkaufter, noch zu liefernder Inhaberschuldverschreibungen; ohne Inhabersparschuldverschreibungen, Sparkassenobligationen u. ä.
¹⁵) Einschl. »Sonderposten mit Rücklageanteil«.

Quelle: Deutsche Bundesbank, Frankfurt am Main

14.5 Spareinlagen

14.5.1 Stand der Spareinlagen

Mill. DM

Jahresende	Insgesamt[1])	Davon bei Sparkassen einschl. Girozentralen[2])	Davon bei Kreditgenossenschaften[3])	Davon bei Kreditbanken	Davon bei Postscheck- und Postsparkassenämter	Davon bei übrigen Kreditinstituten	Nachrichtlich: Sparbriefe[4])
1977	440 880	235 591	105 487	74 168	23 438	2 196	54 152
1978	470 727	249 751	115 763	77 386	25 280	2 547	64 550
1979	482 887	255 900	121 127	76 444	26 906	2 510	79 593
1980	490 538	258 726	123 975	77 181	28 359	2 297	97 591
1981	488 051	258 825	121 622	76 440	28 663	2 501	111 782
1982	523 904	279 487	130 617	80 129	30 205	3 466	123 923

14.5.2 Spareinlagen nach Sparergruppen

Mill. DM

Jahresende	Spareinlagenbestand[1]) insgesamt	Inländische Privatpersonen zusammen	Inländische Privatpersonen darunter prämienbegünstigte Spareinlagen	Inländische Organisationen ohne Erwerbszweck	Inländische Unternehmen	Inländische öffentliche Haushalte	Ausländer[5])
1977	440 880	413 475	40 002	10 389	6 015	7 186	3 815
1978	470 727	441 490	38 188	11 034	6 335	7 584	4 284
1979	482 887	454 796	42 775	10 785	5 999	6 830	4 477
1980	490 538	463 995	47 980	10 409	6 019	5 378	4 737
1981	488 051	463 129	51 627	9 942	5 508	4 408	5 064
1982	523 904	498 029	51 538	10 178	5 451	4 527	5 719

14.5.3 Bewegung der Spareinlagen

Mill. DM

Jahr	Spareinlagenbestand am Jahresanfang[1])[6])	Gutschriften	Lastschriften	Saldo der Gut- und Lastschriften	Zinsen	Spareinlagenbestand am Jahresende insgesamt	Spareinlagenbestand am Jahresende darunter prämienbegünstigte Spareinlagen
			Insgesamt[1])				
1977	413 473	255 838	244 247	+11 491	15 378	440 880	40 002
1978	440 908	256 541	241 169	+15 372	14 045	470 727	38 188
1979	470 801	261 015	266 736	− 5 721	17 461	482 887	42 775
1980	482 919	277 396	294 197	−16 801	24 046	490 538	47 980
1981	490 571	307 670	337 400	−29 730	26 515	488 051	51 627
1982	488 052	335 415	327 504	+ 7 911	27 711	523 904	51 538
			darunter bei Sparkassen				
1977	218 752	129 675	124 385	+ 5 290	7 960	232 009	22 952
1978	232 009	128 468	121 663	+ 6 805	7 180	246 006	22 146
1979	246 006	130 452	133 164	− 2 712	8 999	252 293	24 862
1980	252 293	135 794	145 349	− 9 555	12 399	255 137	27 794
1981	255 137	149 469	163 015	−13 546	13 751	255 342	29 653
1982	255 342	163 095	157 303	+ 5 792	14 637	275 771	29 083

1) Alle Bankengruppen, jedoch ohne Bausparkassen. Für Kreditgenossenschaften nur Teilerhebung (siehe Fußnote 2, S. 310).
2) Einschl. Deutsche Girozentrale.
3) Einschl. Genossenschaftliche Zentralbanken und Deutsche Genossenschaftsbank.
4) Einschl. Verbindlichkeiten aus Inhabersparschuldverschreibungen, Sparkassenobligationen u. ä.
5) Ausländische Unternehmen und Privatpersonen sowie ausländische öffentliche Haushalte, jedoch ohne im Inland wohnende ausländische Arbeitnehmer.
6) Abweichungen gegenüber dem Endstand des Vorjahres sowie der Bestandsveränderungen von den Umsätzen sind auf Veränderungen des Berichtskreises infolge von Fusionen u. ä. der erfaßten Institute zurückzuführen.

Quelle: Deutsche Bundesbank, Frankfurt am Main

Spareinlagen inländischer Unternehmen und Privatpersonen bei Kreditinstituten

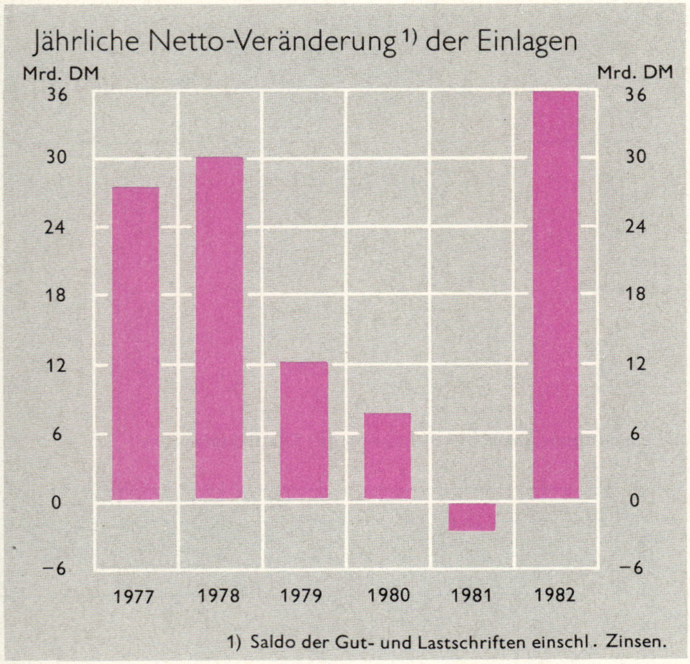

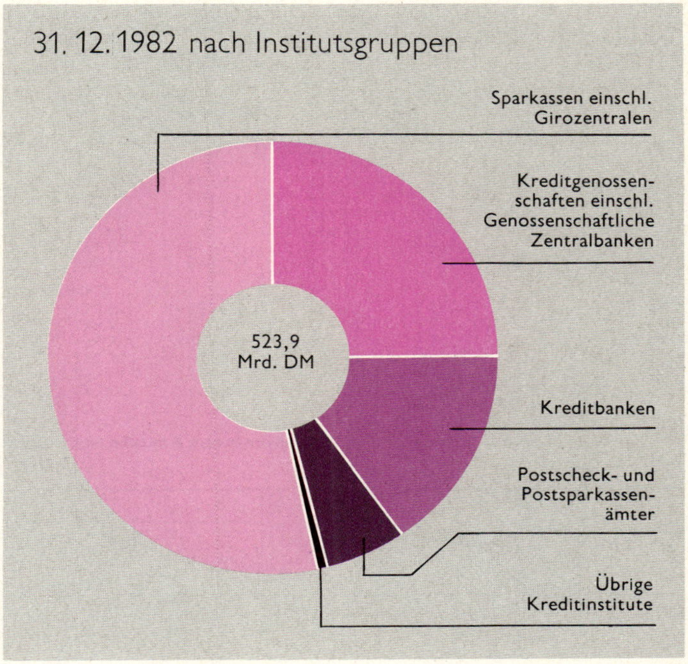

Index der Aktienkurse

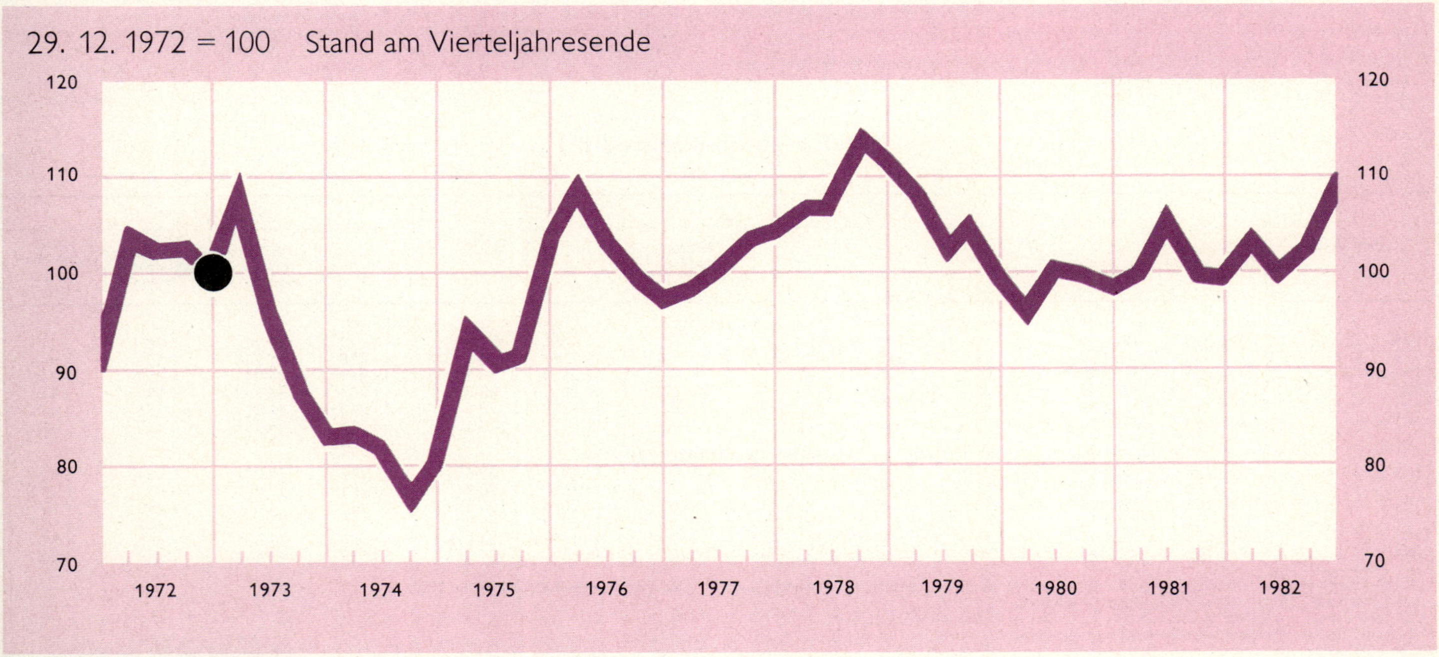

Statistisches Bundesamt 83 0252

14.6 Kredite und Einlagen

14.6.1 Kredite der Kreditinstitute an inländische Unternehmen und Privatpersonen*)

Mill. DM

Jahresende	Kredite										
	an Unternehmen und Selbständige[1])[2])						an Privatpersonen[2])[4])	an Organisationen ohne Erwerbszweck[2])[4])	Hypothekarkredite auf Wohngrundstücke[5])	insgesamt	dar. für Wohnungsbau
	zusammen	darunter an die Wirtschaftsbereiche[2])[3])									
		Energie- und Wasserversorgung, Bergbau	Verarbeitendes Gewerbe	Baugewerbe	Handel	Verkehr und Nachrichtenübermittlung					
					Insgesamt						
1978	491 952	30 725	128 601	21 598	81 089	51 306	151 211	6 932	258 233	908 328	343 420
1979	547 683	30 044	143 989	25 122	94 424	52 027	184 255	7 680	282 399	1 022 017	388 371
1980[6])	600 392	31 980	151 265	28 014	104 713	54 185	207 861	7 900	305 941	1 122 094	432 740
1980[6])	723 615	35 045	174 042	36 088	129 006	57 682	382 691	15 788	—[7])	1 122 094	437 239
1981	776 567	36 598	181 359	38 992	134 494	60 112	411 872	17 215	—[7])	1 205 654	477 952
1982	814 651	37 716	180 840	42 068	139 113	59 448	437 537	18 105	—[7])	1 270 293	515 805
					darunter langfristige Kredite						
1978	272 156	26 104	52 463	6 939	20 384	43 127	69 071	4 955	257 216	603 398	311 859
1979	295 673	24 981	56 512	7 971	24 988	43 819	92 765	5 313	281 344	675 095	352 620
1980[6])	317 556	25 420	56 778	8 964	28 875	45 453	108 828	5 459	303 921	735 764	390 123
1980[6])	440 522	28 637	79 709	17 282	53 210	48 758	282 792	13 367	—[7])	736 681	393 879
1981	465 584	29 190	81 427	18 460	56 175	50 099	305 512	14 439	—[7])	785 535	426 226
1982	491 060	30 635	82 112	20 186	59 282	48 814	323 227	15 134	—[7])	829 421	454 649

14.6.2 Einlagen und aufgenommene Kredite von inländischen Unternehmen und Privatpersonen bei Kreditinstituten

Mill. DM

Jahresende	Insgesamt[8])[9])	Sichteinlagen	Termingelder[8])				Sparbriefe[9])	Spareinlagen		Durchlaufende Kredite
			zusammen	mit Befristung von				zusammen	dar. mit gesetzlicher Kündigungsfrist	
				1 Monat bis unter 3 Monate	3 Monaten bis unter 4 Jahre	4 Jahren und darüber				
1978	860 495	149 606	187 085	55 950	55 210	75 925	63 428	458 859	277 891	1 517
1979	929 921	153 991	224 446	75 237	59 860	89 349	78 147	471 580	286 781	1 757
1980	991 393	160 705	252 723	105 707	51 734	95 282	95 717	480 423	296 279	1 825
1981	1 044 219	158 607	295 273	124 765	68 991	101 517	109 708	478 579	295 526	2 052
1982	1 114 544	171 192	305 976	135 277	63 146	107 553	121 552	513 658	326 037	2 166

*) Ohne Schatzwechselkredite und Wertpapierbestände.
1) Bis 1. Termin Dezember 1980 einschl. Hypothekarkredite auf gewerblich und landwirtschaftlich genutzte Grundstücke und Schiffe.
2) Ab 2. Termin Dezember 1980 einschl. aller Hypothekarkredite (auch auf Wohngrundstücke).
3) Bis 1. Termin Dezember 1980 ohne Hypothekarkredite auf Wohngrundstücke und gewerblich genutzte Grundstücke.
4) Bis 1. Termin Dezember 1980 ohne Hypothekarkredite.
5) Einschl. Hypothekarkredite auf sonstige Grundstücke, ab 2. Termin Dezember 1980 nur noch, soweit es sich um künftige Wohngrundstücke handelt. Seitdem nur noch nachrichtlich (in den vorstehend genannten Wirtschaftsbereichen enthalten).
6) Die Differenz zwischen den beiden Angaben zum Jahresende 1980 ist durch methodische Änderungen der Kreditnehmerstatistik bedingt.
7) Revidierter Betrag 1980 von Mill. DM 309 685, 1981 von Mill. DM 333 095, 1982 von Mill. DM 354 040 ist bereits in der Summe »Insgesamt« und deren Gliederungsspalten enthalten.
8) Einschl. Verbindlichkeiten aus Namensschuldverschreibungen.
9) Einschl. Verbindlichkeiten aus nicht börsenfähigen Inhabersparschuldverschreibungen, Sparkassenobligationen u. ä.

Quelle: Deutsche Bundesbank, Frankfurt am Main

14.7 Hypothekarkredit*)

Mill. DM

Jahresende	Insgesamt	Kreditinstitute						Bausparkassen	Versicherungen			
		zusammen	Boden- und Kommunalkreditinstitute	Kreditbanken	Sparkassen	Kreditgenossenschaften[1])	Übrige		zusammen	Lebensversicherungen	Sonstige Versicherungen	Sozialversicherungsträger[2])
					Insgesamt							
1978	446 996	335 961	182 850	5 713	90 368	19 725	37 305	70 696	40 339	28 220	5 905	6 214
1979	487 360	365 082	195 128	7 865	99 600	22 733	39 756	78 940	43 338	31 244	6 132	5 962
1980	532 273[3])	394 405	211 204	7 974	107 514	25 430	42 283	88 804	49 064	36 349	6 899	5 816
1980	536 223[3])	398 355	210 061	12 388	108 561	25 062	42 283	88 804	49 064	36 349	6 899	5 816
1981	581 212	426 986	223 740	12 657	117 156	27 085	46 348	98 673	55 553	41 934	7 958	5 661
1982[4])	619 413	455 232	242 932	11 590	125 255	28 345	47 110	104 464	59 717	45 487	8 630	5 600
					darunter auf Wohngrundstücke							
1978	359 228	250 617	125 559	4 026	69 442	14 391	37 199	70 696	37 915	27 077	5 434	5 404
1979	393 360	273 639	135 015	5 811	76 345	16 803	39 665	78 940	40 781	29 967	5 675	5 139
1980	431 296[3])	296 161	146 993	6 234	82 630	18 097	42 207	88 804	46 331	34 954	6 448	4 929
1980	444 820[3])	309 685	156 003	9 267	83 919	18 289	42 207	88 804	46 331	34 954	6 448	4 929
1981	483 635	333 095	167 436	9 289	90 277	19 912	46 181	98 673	51 867	39 621	7 405	4 841
1982[4])	514 102	354 040	182 134	8 270	95 904	20 821	46 911	104 464	55 598	43 650	7 148	4 800

*) Gegenüber früheren Jahrbuchtabellen wegen teilweiser Änderung des Erhebungsweges und der -methode z. T. rückwirkend geänderter Nachweis.
1) Einschl. Genossenschaftliche Zentralbanken und Deutsche Genossenschaftsbank.
2) Einschl. Zusatzversorgungsanstalten; teilweise geschätzt.
3) Die Differenz zwischen den beiden Angaben zum Jahresende 1980 ist durch methodische Änderungen der Kreditnehmerstatistik bedingt.
4) Vorläufiges Ergebnis, Stand: Mai 1983.

Quelle: Deutsche Bundesbank, Frankfurt am Main; Bundesaufsichtsamt für das Versicherungswesen, Berlin; Bundesminister für Arbeit und Sozialordnung, Bonn

14.8 Bausparkassen*)

14.8.1 Entwicklung des Bauspargeschäfts

Geschäftsart	Einheit	Bausparkassen								
		insgesamt			Private			Öffentliche		
		1980	1981	1982	1980	1981	1982	1980	1981	1982
Geschäftsvorfälle im Jahr										
Neugeschäft										
Eingelöste Neuabschlüsse	1 000	3 140	2 454	2 046	2 103	1 625	1 330	1 037	829	716
Bausparsumme	Mill. DM	107 344	86 294	71 126	74 779	60 477	48 347	32 565	25 817	22 779
Kündigungen										
Gekündigte Verträge	1 000	428	473	583	275	314	416	153	159	167
Bausparsumme	Mill. DM	12 672	14 973	19 279	8 608	10 356	14 186	4 064	4 617	5 093
Zuteilungen										
Zugeteilte Verträge	1 000	1 699	1 652	1 514	1 027	1 006	855	672	646	659
Bausparsumme	Mill. DM	48 564	49 238	45 091	32 566	33 519	28 718	15 998	15 719	16 373
Einzahlungen	Mill. DM	46 105	47 171	47 922	30 370	31 505	32 200	15 735	15 666	15 722
Spargeldeingänge[1])	Mill. DM	27 436	27 134	25 822	17 963	18 125	17 249	9 473	9 009	8 573
Wohnungsbauprämien[2])	Mill. DM	2 028	2 030	1 997	1 281	1 299	1 290	747	731	707
Zins- und Tilgungseingänge	Mill. DM	16 641	18 007	20 103	11 126	12 081	13 661	5 515	5 926	6 442
Auszahlungen	Mill. DM	48 093	48 960	44 370	30 864	32 453	27 586	17 229	16 507	16 784
Bauspareinlagen aus Zuteilungen	Mill. DM	16 809	17 179	15 752	10 960	11 140	9 592	5 849	6 039	6 160
Baudarlehen	Mill. DM	31 284	31 781	28 618	19 903	21 313	17 994	11 381	10 468	10 624
aus Zuteilungen[3])	Mill. DM	16 034	16 623	14 518	11 069	11 473	9 801	4 965	5 150	4 717
Zwischenkreditgewährung	Mill. DM	15 144	15 051	13 982	8 790	9 804	8 158	6 354	5 247	5 824
Sonstige Baudarlehen	Mill. DM	106	107	118	44	36	35	62	71	83
Bestand am Ende des Jahres										
Verträge	1 000	22 673	23 486	23 794	14 758	15 412	15 681	7 915	8 074	8 112
Nicht zugeteilte Verträge	1 000	15 792	16 056	15 966	10 534	10 790	10 811	5 258	5 266	5 154
Zugeteilte Verträge	1 000	6 881	7 430	7 828	4 224	4 622	4 870	2 657	2 808	2 958
Bausparsumme	Mill. DM	750 246	792 418	812 239	518 055	551 289	566 728	232 191	241 129	245 511
Nicht zugeteilte Bausparsumme	Mill. DM	496 893	513 526	513 571	345 930	359 838	361 675	150 963	153 688	151 896
Zugeteilte Bausparsumme	Mill. DM	253 353	278 892	298 668	172 125	191 452	205 053	81 228	87 441	93 615
Bauspareinlagen	Mill. DM	110 605	115 918	120 854	74 770	79 163	83 957	35 835	36 755	36 896
Aufgenommene Fremdmittel	Mill. DM	10 479	14 453	15 174	5 026	7 472	6 503	5 453	6 982	8 671
Baudarlehen	Mill. DM	116 075	127 521	133 784	77 953	86 124	89 796	38 122	41 396	43 988
aus Zuteilungen	Mill. DM	88 614	98 586	104 373	63 423	70 774	74 564	25 191	27 813	29 809
Zwischenkreditgewährung	Mill. DM	26 795	28 227	28 645	14 360	15 156	15 030	12 435	13 071	13 615
Sonstige Baudarlehen	Mill. DM	666	707	766	170	195	202	496	512	564

14.8.2 Neuabschlüsse von Bausparverträgen nach den Berufsgruppen der Bausparer

Berufsgruppe	Eingelöste Neuabschlüsse								
	Verträge			Bausparsumme[4])					
				insgesamt			je Vertrag		
	1980	1981	1982	1980	1981	1982	1980	1981	1982
	1 000			Mill. DM			DM		
Arbeiter (einschl. nicht selbständiger Handwerker)	1 010	762	606	29 009	22 411	18 160	*28 722*	*29 411*	*29 967*
Angestellte	1 111	884	728	38 077	30 955	25 456	*34 273*	*35 017*	*34 967*
Beamte	326	249	208	13 541	10 203	8 075	*41 537*	*40 976*	*38 822*
Sozialrentner, Pensionäre und Rentner	163	121	111	3 608	2 758	2 516	*22 135*	*22 793*	*22 667*
Selbständige in Handel, Handwerk und Industrie	132	103	88	7 681	6 613	5 553	*58 189*	*64 204*	*63 102*
Land- und Forstwirte	37	27	26	1 249	1 029	967	*33 757*	*38 111*	*37 192*
Freie Berufe	31	26	24	2 107	1 893	1 670	*67 968*	*72 808*	*69 583*
Juristische Personen und Handelsfirmen ohne juristische Persönlichkeit	14	12	7	3 660	3 165	1 945	*261 429*	*263 750*	*277 857*
Personen ohne Beruf und Hausfrauen	316	270	248	8 412	7 267	6 784	*26 620*	*26 915*	*27 355*
Insgesamt	**3 140**	**2 454**	**2 046**	**107 344**	**86 294**	**71 126**	***34 186***	***35 165***	***34 763***

*) Neuabschlüsse der privaten und öffentlichen Bausparkassen.
1) Ohne Zinsgutschriften.
2) Eingänge, nicht Gutschriften.
3) Reine Auszahlungen ohne die zur Ablösung von Zwischenkrediten dienenden Beträge.
4) Einschl. Erhöhungen.

Quelle: Verband der Privaten Bausparkassen e.V., Bonn und Bundesgeschäftsstelle Landesbausparkassen, Bonn

14.9 Wertpapiermärkte

14.9.1 Absatz, Tilgung und Umlauf festverzinslicher Wertpapiere und Aktien

Mill. DM (Nominalwert)

Jahr	Festverzinsliche Wertpapiere inländischer Emittenten								Nachrichtlich:		Aktien
	insgesamt	Bankschuldverschreibungen					Industrieobligationen	Anleihen der öffentlichen Hand[1]	Namensschuldverschreibungen insgesamt	DM-Anleihen ausländischer Emittenten[2]	
		zusammen	Pfandbriefe	Kommunalobligationen	Schuldverschreibungen von Spezialkreditinstituten	Sonstige Bankschuldverschreibungen					
	Bruttoabsatz[3]										
1978	95 422	72 590	14 920	33 277	5 537	18 858	119	22 712	15 982	15 285	3 441
1979	106 493	86 527	10 727	39 778	5 553	30 469	20	19 945	16 271	11 591	3 343
1980	137 453	109 550	13 836	51 553	6 997	37 168	19	27 884	12 668	14 945	4 940
1981	186 244	154 965	15 403	67 500	10 106	61 958	20	31 258	10 968	5 740	4 097
1982	211 623	163 742	25 754	73 357	13 618	51 014	118	47 761	16 564	12 868	4 239
	Tilgung[4]										
1978	50 801	41 186	6 729	16 968	3 085	14 404	1 141	8 472	4 306	5 002	778
1979	64 359	48 570	7 139	23 852	3 635	13 941	1 136	14 652	4 901	4 638	722
1980	92 457	68 227	7 896	26 910	5 159	28 264	1 283	22 944	6 786	5 878	1 440
1981	119 100	83 921	8 638	30 565	5 217	39 500	992	34 188	8 835	4 611	748
1982	137 148	117 422	16 354	36 141	9 059	55 868	752	18 972	12 997	9 562	790
	Nettoabsatz										
1978	44 620	31 404	8 190	16 307	2 450	4 455	−1 023	14 239	11 676	10 283	2 663
1979	42 134	37 956	3 587	15 927	1 918	16 529	−1 116	5 294	11 370	6 953	2 621
1980	44 997	41 323	5 937	24 641	1 838	8 903	−1 263	4 938	5 882	9 067	3 500
1981	67 142	71 044	6 765	36 934	4 888	22 457	− 972	−2 931	2 133	1 129	3 349
1982	74 474	46 318	9 398	37 215	4 558	−4 852	− 634	28 791	3 567	3 306	3 449
	Umlauf am Jahresende										
1978	461 515	334 067	94 360	163 442	23 468	52 798	6 942	120 505	56 515	63 168	85 013
1979	503 648	372 024	97 945	179 368	25 385	69 325	5 826	125 798	67 885	70 120	87 634
1980	548 645	413 346	103 885	204 011	27 223	78 227	4 562	130 737	73 767	79 188	91 134
1981	615 787	484 390	110 650	240 945	32 112	100 683	3 590	127 807	75 900	80 317	94 483
1982	690 302	530 749	120 049	278 160	36 670	95 870	2 957	156 596	79 467	83 624	97 932

14.9.2 Durchschnittskurse und Rendite der im Umlauf befindlichen tarifbesteuerten festverzinslichen Wertpapiere

Wertpapierart	1978	1979	1980	1981	1982	1982 Juni	1982 Dezember
			Durchschnittskurse				
5 % Pfandbriefe	96,6	91,7	87,1	78,1	84,9	84,2	88,4
Kommunalobligationen	97,7	92,0	87,9	79,3	84,5	81,8	88,1
Anleihen der öffentlichen Hand	97,9	91,5	90,0	88,3	—	—	—
6 % Pfandbriefe	98,0	90,5	87,0	80,8	87,4	86,5	92,1
Kommunalobligationen	98,4	91,7	88,0	81,2	87,5	86,9	92,0
Anleihen der öffentlichen Hand	99,3	91,2	87,4	81,3	86,8	85,8	93,1
7 % Pfandbriefe	103,8	96,9	92,6	85,5	91,1	90,6	95,5
Kommunalobligationen	103,5	96,5	92,6	85,7	91,6	90,8	96,0
Anleihen der öffentlichen Hand	105,5	98,3	94,2	88,0	93,4	92,2	97,8
8 % Pfandbriefe	107,2	101,7	97,4	90,2	95,8	95,2	100,0
Kommunalobligationen	107,3	101,5	97,0	89,6	95,4	94,7	99,9
Anleihen der öffentlichen Hand	109,3	102,4	97,6	89,3	95,7	94,5	100,8
9 % Pfandbriefe	108,7	104,5	101,1	94,0	99,7	99,0	103,8
Kommunalobligationen	110,8	104,7	101,2	93,9	99,7	98,8	104,0
Anleihen der öffentlichen Hand	114,2	105,4	102,1	93,2	100,2	99,2	104,7
			Rendite				
Pfandbriefe	6,4	7,7	8,7	10,6	9,1	9,3	8,0
Kommunalobligationen	6,3	7,7	8,7	10,6	9,1	9,3	8,0
Anleihen der öffentlichen Hand	5,7	7,4	8,5	10,4	9,0	9,1	7,9

[1]) Einschl. Kassenobligationen, verzinslicher Schatzanweisungen und Schuldbuchforderungen mit Wertpapiercharakter sowie Bundesschatzbriefe und Bundesobligationen.
[2]) DM-Anleihen, die unter deutscher Konsortialführung begeben wurde.
[3]) Bei Aktien: Zugang.
[4]) Bei Aktien: Abgang.

Quelle: Deutsche Bundesbank, Frankfurt am Main

14.9 Wertpapiermärkte

14.9.3 Index der Aktienkurse*)

29. 12. 1972 = 100

Wirtschaftsgliederung	1981					1982				
	Höchststand		Tiefststand		Jahresende	Höchststand		Tiefststand		Jahresende
	Stand	Tag	Stand	Tag		Stand	Tag	Stand	Tag	
Produzierendes Gewerbe	**113,4**	**19. 8.**	**98,8**	**28. 1.**	**102,5**	**112,2**	**30. 12.**	**97,4**	**17. 8.**	**112,2**
Energiewirtschaft, Montanindustrie[1]	**144,3**	**3. 8.**	**125,9**	**2. 1.**	**132,5**	**144,9**	**28. 12.**	**127,5**	**17. 8.**	**144,3**
Energiewirtschaft, Wasserversorgung	132,4	11. 12.	122,3	9. 3.	128,4	145,4	30. 12.	124,2	17. 8.	145,4
Steinkohlenbergbau	237,0	20. 8.	156,1	2. 1.	203,9	222,1	22. 4.	188,4	19. 8.	214,3
Übriger Bergbau	366,1	28. 7.	266,2	6. 1.	277,2	325,0	29. 11.	260,8	19. 8.	305,3
Eisen- und Stahlindustrie	108,0	3. 8.	92,1	28. 1.	99,6	117,2	5. 4.	95,5	5. 11.	103,9
Industrie (ohne Montan- und Bauindustrie)	**98,7**	**19. 8.**	**85,8**	**28. 1.**	**88,4**	**96,5**	**30. 12.**	**83,1**	**17. 8.**	**96,5**
Farbenwerte[2])	99,2	19. 8.	80,9	28. 1.	89,1	95,2	22. 4.	76,9	19. 8.	84,7
Chemische Industrie[3])	104,5	19. 8.	89,0	29. 1.	93,8	103,6	30. 12.	92,4	17. 8.	103,6
Kunststoff- und gummiverarbeitende Industrie	81,7	30. 4.	54,6	24. 11.	57,7	82,0	22. 12.	57,4	7. 1.	81,6
Zementindustrie	64,3	6. 1.	50,8	20. 11.	51,3	69,4	10. 12.	48,6	14. 1.	67,4
Industrie der Steine und Erden[4])	123,6	21. 1.	108,6	30. 12.	108,6	125,1	7. 12.	105,3	18. 1.	124,6
Feinkeramische und Glasindustrie	89,5	14. 7.	79,3	30. 12.	79,3	82,4	6. 12.	67,3	17. 8.	81,9
NE-Metallindustrie[5])	117,8	28. 4.	90,2	18. 12.	97,1	96,5	4. 1.	69,7	8. 9.	76,4
Stahl- und Leichtmetallbau	94,0	11. 8.	76,3	21. 12.	78,0	93,6	25. 3.	61,9	26. 10.	66,8
Maschinenbau	148,9	27. 7.	124,1	18. 12.	125,8	132,1	3. 3.	115,2	17. 8.	125,0
Straßenfahrzeugbau	125,4	1. 7.	92,5	27. 1.	108,6	143,2	30. 12.	105,2	18. 1.	143,2
Schiffbau	99,8	29. 4.	74,3	29. 10.	83,1	84,7	4. 1.	56,2	9. 9.	69,2
Elektrotechnische Industrie	76,6	3. 8.	62,5	24. 11.	64,4	77,3	9. 12.	63,2	18. 1.	77,3
Feinmechanische und optische Industrie	92,4	7. 5.	74,5	14. 12.	75,3	87,4	30. 12.	73,3	6. 9.	87,4
EBM-, Spiel- und Schmuckwarenindustrie	80,4	12. 1.	59,2	23. 12.	60,5	64,6	27. 4.	47,3	3. 9.	52,1
Holzindustrie	79,8	8. 1.	54,9	30. 12.	54,9	61,7	16. 4.	46,9	13. 9.	59,5
Papier- und Druckereiindustrie	116,3	27. 4.	74,3	27. 10.	87,0	91,7	5. 4.	69,8	17. 8.	83,0
Leder-, Textil- und Bekleidungsindustrie	66,4	6. 1.	53,6	19. 11.	55,1	63,9	30. 12.	53,8	15. 1.	63,9
dar. Textil- und Bekleidungsindustrie	61,3	6. 1.	49,2	19. 11.	50,5	57,3	13. 12.	49,9	15. 1.	57,3
Brauereien	57,8	22. 12.	44,8	30. 9.	56,6	75,2	6. 12.	52,6	15. 1.	71,6
Nahrungs- und Genußmittelindustrie[6])	107,3	7. 8.	90,2	27. 11.	91,3	110,6	1. 10.	89,9	6. 1.	105,9
Bauindustrie	**154,1**	**20. 8.**	**112,2**	**29. 1.**	**131,7**	**182,4**	**3. 12.**	**129,2**	**16. 8.**	**174,6**
Übrige Wirtschaftsbereiche	**87,6**	**28. 4.**	**74,3**	**27. 10.**	**76,4**	**89,9**	**9. 12.**	**75,9**	**6. 1.**	**88,6**
Warenhausunternehmen	56,5	1. 7.	45,8	21. 12.	46,1	55,8	9. 12.	42,6	16. 2.	53,4
Eisenbahnen, Straßen- und Luftverkehr	130,4	28. 4.	86,2	28. 12.	88,8	137,5	8. 12.	86,6	5. 1.	132,7
Schiffahrt	77,9	30. 7.	56,5	24. 11.	60,8	73,9	8. 3.	44,9	5. 11.	47,8
Kreditbanken	90,5	6. 1.	78,3	27. 10.	82,5	93,7	13. 4.	78,0	10. 9.	90,9
Hypothekenbanken	109,2	18. 3.	96,1	24. 11.	102,2	125,6	9. 12.	99,4	20. 1.	125,0
Insgesamt	**108,5**	**3. 8.**	**96,3**	**28. 1.**	**98,6**	**108,6**	**28. 12.**	**94,4**	**17. 8.**	**108,6**
darunter:										
Publikumsgesellschaften	103,3	3. 7.	91,0	28. 1.	93,4	105,2	30. 12.	89,7	17. 8.	105,2
Volksaktien[7])	125,4	20. 8.	102,6	28. 9.	109,7	119,8	26. 4.	104,8	13. 9.	119,1

*) Errechnet aus den Kursnotierungen der Stammaktien von rund 270 ausgewählten Gesellschaften. – Berechnungsmethode in »Wirtschaft und Statistik«, 12/1974, S. 832 ff.
1) Montanindustrie = Eisen- und Stahlindustrie, Bergbau.
2) Nachfolger der IG-Farbenindustrie.
3) Ohne Farbenwerte.
4) Ohne Zementindustrie.
5) Einschl. NE-Metallgießerei.
6) Ohne Brauereien.
7) Preussag, VW und Veba.

14.9 Wertpapiermärkte

14.9.4 Kurs, Dividende und Rendite börsennotierter Aktien*)

Wirtschaftsgliederung	Aktiengesellschaften		Grundkapital		Dar. börsennotierte Stammaktien		Kurs		Durchschnitts-Dividende[1])		Rendite[1])	
	1981	1982	1981	1982	1981	1982	1981	1982	1981	1982	1981	1982
	Anzahl		Mill. DM				DM/100 DM-Stück				%	
Produzierendes Gewerbe	**323**	**314**	**37 048**	**38 376**	**31 464**	**32 578**	**319,63**	**350,61**	**20,52**	**19,29**	**6,42**	**5,50**
Energiewirtschaft, Montanindustrie[2])	**49**	**48**	**11 296**	**11 708**	**8 512**	**8 738**	**280,81**	**304,97**	**18,09**	**16,86**	**6,44**	**5,53**
Energiewirtschaft, Wasserversorgung	29	29	5 885	6 226	3 827	3 965	372,42	411,88	20,84	21,05	*5,60*	*5,11*
Steinkohlenbergbau	1	1	150	150	126	126	85,00	55,00	—	—	—	—
Übriger Bergbau	5	5	826	826	684	684	456,16	502,67	47,42	43,21	*10,40*	*8,60*
Eisen- und Stahlindustrie	14	13	4 435	4 503	3 875	3 963	165,74	171,80	10,79	8,66	*6,51*	*5,04*
Industrie (ohne Montan- und Bauindustrie)	**265**	**257**	**25 326**	**26 180**	**22 531**	**23 354**	**328,99**	**360,23**	**21,28**	**19,97**	**6,47**	**5,54**
Farbenwerte[3])	4	4	6 722	6 974	6 587	6 974	245,81	232,12	21,83	21,84	*8,88*	*9,41*
Chemische Industrie[4])	21	20	3 250	3 264	2 862	2 878	335,65	372,65	22,49	22,40	*6,70*	*6,01*
Kunststoff- und gummiverarbeitende Industrie	9	9	504	504	469	469	168,79	223,98	12,70	8,46	*7,53*	*3,78*
Zementindustrie	6	6	269	269	224	224	347,55	461,10	19,66	17,69	*5,66*	*3,84*
Industrie der Steine und Erden[5])	9	9	182	195	179	191	204,36	228,42	14,21	10,39	*6,95*	*4,55*
Feinkeramische und Glasindustrie	12	12	579	579	440	440	312,38	353,62	23,05	16,86	*7,38*	*4,77*
NE-Metallindustrie[6])	5	5	689	724	620	702	407,54	368,75	17,15	18,31	*4,21*	*4,97*
Stahl- und Leichtmetallbau	7	6	300	297	232	229	334,44	279,68	10,36	14,36	*3,10*	*5,14*
Maschinenbau	42	40	2 549	2 767	2 135	2 263	366,63	352,96	17,85	16,99	*4,87*	*4,81*
Straßenfahrzeugbau	7	7	4 556	4 656	3 726	3 826	454,05	562,56	28,56	23,69	*6,29*	*4,21*
Schiffbau	5	5	156	167	156	156	127,41	102,47	23,68	4,82	*18,59*	*4,70*
Elektrotechnische Industrie	19	19	3 772	3 936	3 253	3 354	339,88	421,89	19,33	18,82	*5,69*	*4,46*
Feinmechanische und optische Industrie	6	6	58	58	51	52	285,68	341,67	24,06	20,46	*8,42*	*5,99*
EBM-, Spiel- und Schmuckwarenindustrie	10	9	112	111	92	90	260,86	235,49	16,68	4,10	*6,40*	*1,74*
Holzindustrie	3	3	26	26	26	26	169,31	178,89	11,42	1,91	*6,75*	*1,07*
Papier- und Druckereiindustrie	12	12	315	339	302	318	187,77	182,69	11,83	9,16	*6,30*	*5,01*
Leder-, Textil- und Bekleidungsindustrie	30	28	445	431	365	349	201,36	233,27	11,93	9,27	*5,93*	*3,97*
dar. Textil- und Bekleidungsindustrie	29	27	379	365	299	283	182,47	202,26	9,74	5,96	*5,34*	*2,95*
Brauereien	42	41	651	636	625	610	498,68	539,62	13,77	16,07	*2,76*	*2,98*
Nahrungs- und Genußmittelindustrie[7])	16	16	191	246	188	204	459,91	473,44	23,88	28,40	*5,19*	*6,00*
Bauindustrie	**9**	**9**	**426**	**489**	**421**	**486**	**604,33**	**709,16**	**29,16**	**30,20**	**4,82**	**4,26**
Übrige Wirtschaftsbereiche	**133**	**136**	**10 191**	**10 451**	**9 334**	**9 617**	**434,35**	**516,20**	**18,93**	**17,95**	**4,36**	**3,48**
Warenhausunternehmen	4	4	1 077	1 077	1 077	1 077	293,74	329,98	17,36	13,82	*5,91*	*4,19*
Handel (ohne Warenhausunternehmen)	16	16	496	495	288	294	248,17	280,04	13,39	11,84	*5,40*	*4,23*
Eisenbahnen, Straßen- und Luftverkehr	11	11	1 217	1 250	897	897	112,42	171,66	0,40	0,40	*0,36*	*0,23*
Schiffahrt	7	6	259	224	222	217	129,14	95,55	1,41	2,41	*1,09*	*2,52*
Übriger Verkehr	4	4	34	34	32	32	295,08	265,02	20,10	12,96	*6,81*	*4,89*
Kreditbanken	18	18	4 836	4 967	4 774	4 900	392,93	431,27	20,21	19,43	*5,14*	*4,51*
Hypothekenbanken	14	14	579	597	544	584	645,51	777,52	30,10	29,66	*4,66*	*3,81*
Versicherungsgewerbe	25	25	1 375[8])	1 450[8])	1 251[8])	1 328[8])	947,14	1 239,81	27,64	26,76	*2,92*	*2,16*
Sonstige[9])	34	38	317	355	249	288	464,95	450,64	21,77	17,09	*4,68*	*3,79*
Insgesamt	**456**	**450**	**47 239**	**48 827**	**40 798**	**42 196**	**345,88**	**388,35**	**20,16**	**18,99**	**5,83**	**4,89**
darunter:												
Publikumsgesellschaften	86	86	35 447	36 698	31 680	32 893	309,70	343,47	20,06	18,87	*6,48*	*5,50*
Volksaktien[10])	3	3	3 200	3 235	2 855	2 938	272,38	298,21	23,66	20,43	*8,68*	*6,85*
Aktien mit Dividende	356	340	40 871	41 934	35 504	36 506	372,37	420,43	23,17	21,94	*6,22*	*5,22*
Aktien ohne Dividende	100	110	6 368	6 893	5 294	5 690	168,22	182,51	×	×	×	×

*) Stammaktien von Gesellschaften mit Sitz im Bundesgebiet, die im amtlichen Handel und im geregelten Freiverkehr notiert werden. – Stand am Jahresende.
1) Einschl. Steuergutschrift nach dem Körperschaftsteuerrecht.
2) Montanindustrie = Eisen- und Stahlbauindustrie, Bergbau.
3) Nachfolger der IG-Farbenindustrie.
4) Ohne Farbenwerte.
5) Ohne Zementindustrie.
6) Einschl. NE-Metallgießerei.
7) Ohne Brauereien.
8) Eingezahltes Kapital.
9) Land- und Forstwirtschaft, Fischerei, Dienstleistungen, Vermögensverwaltungen u. a.
10) Preussag, VW und Veba.

14.10 Devisenkurse

14.10.1 Devisenkurse mit amtlicher Notiz*)

Land	Währungs-einheiten[1])	... Währungseinheit(en) = Deutsche Mark				Errechneter Vergleichswert 1 Deutsche Mark = Währungseinheit(en)			
		1979	1980	1981	1982	1979	1980	1981	1982
Belgien	100 bfrs	6,183	6,213	5,840	5,074	16,173	16,095	17,123	19,708
Dänemark	100 dkr	32,200	32,590	30,800	28,370	3,106	3,068	3,247	3,525
Finnland	100 Fmk	46,500	50,970	51,650	44,900	2,151	1,962	1,936	2,227
Frankreich	100 FF	42,920	43,145	39,430	35,280	2,330	2,318	2,536	2,834
Großbritannien und Nordirland	1 £	3,853	4,678	4,311	3,833	0,260	0,214	0,232	0,261
Irland	1 Ir£	3,709	3,724	3,560	3,320	0,270	0,269	0,281	0,301
Italien	1 000 Lit	2,147	2,107	1,876	1,734	465,766	474,608	533,049	576,701
Niederlande	100 hfl	90,890	92,080	91,100	90,470	1,100	1,086	1,098	1,105
Norwegen	100 nkr	35,070	37,800	38,775	33,690	2,851	2,646	2,579	2,968
Österreich	100 S	13,890	14,100	14,274	14,221	7,199	7,092	7,006	7,032
Portugal	100 Esc	3,500	3,695	3,470	2,700	28,571	27,064	28,818	37,037
Schweden	100 skr	41,750	44,680	40,730	32,560	2,395	2,238	2,455	3,071
Schweiz	100 sfr	108,400	110,950	125,200	119,100	0,923	0,901	0,799	0,840
Spanien	100 Ptas	2,619	2,475	2,335	1,892	38,183	40,404	42,827	52,854
Japan	100 ¥	0,7230	0,9685	1,0250	1,0130	138,313	103,252	97,561	98,717
Kanada	1 kan$	1,4798	1,6465	1,8980	1,9305	0,676	0,607	0,527	0,518
Vereinigte Staaten	1 US-$	1,7315	1,9590	2,2548	2,3765	0,578	0,510	0,444	0,421

14.10.2 Devisenkurse ausgewählter Länder 1981**)

Land	Währung	Devisen-Mittelkurs bzw. errechneter Vergleichswert: 1 Währungseinheit = DM	Devisen-Mittelkurs bzw. errechneter Vergleichswert: 1 DM = Währungseinheit(en)
Europa			
Bulgarien[2])	Lew	2,5536	0,3916
Griechenland	Drachme	0,0337	29,7090
Island	Isländische Krone	0,1430	6,9941
Jugoslawien	Jugoslawischer Dinar	0,0380	26,3052
Polen	Zloty	0,0284	35,2000
Rumänien[2])	Leu	0,5330[3])	1,8762[3])
		0,1906[4])	5,2466[4])
Sowjetunion	Rubel	3,3245	0,3008
Tschechoslowakei[2])	Tschechoslow. Krone	0,3906[5])	2,5600[5])
		0,2232[4])	4,4800[4])
Türkei	Türkisches Pfund	0,0127	79,0350
Ungarn	Forint	0,0604	16,5562
Afrika			
Ägypten[2])	Ägyptisches Pfund	2,8564[4])	0,3501[4])
Äthiopien	Birr	1,1456	0,8729
Algerien	Algerischer Dinar	0,5137	1,9468
Kenia	Kenia-Schilling	0,1864	5,3644
Libyen	Libyscher Dinar	8,0080	0,1249
Marokko	Dirham	0,3793	2,6363
Nigeria	Naira	3,5510	0,2816
Simbabwe[6])	Simbabwe-Dollar	2,5897	0,3862
Tunesien	Tunesischer Dinar	3,8637	0,2588
Zaire	Zaïre	0,4128	2,4223
Amerika			
Argentinien	Argentinischer Peso	0,000048	20 442,3150
Bolivien	Peso Boliviano	0,0119	83,7196
Brasilien	Cruzeiro	0,0094	106,5600
Chile[2])	Chilenischer Peso	0,0323[7])	31,0000[7])
Kuba	Kubanischer Peso	3,0021	0,3331
Mexiko[2])	Mexikanischer Peso	0,0159[7])	62,9218[7])
Peru	Sol	0,0024	418,1850
Venezuela	Bolivar	0,5540	1,8052
Asien			
Bahrain	Bahrain-Dinar	6,2933	0,1589
Bangladesch	Taka	0,0986	10,1419
China (Taiwan)	Neuer Taiwan-Dollar	0,0596	16,7700
China, Volksrepublik	Renminbi ¥uan	1,2300	0,8130
Hongkong	Hongkong-Dollar	0,3660	2,7320
Indien	Indische Rupie	0,2445	4,0900
Indonesien	Rupiah	0,0034	291,4950
Irak	Irak-Dinar	7,6321	0,1310
Iran[2])	Rial	0,0284	35,2000
Israel	Schekel	0,0707	14,1506
Jordanien	Jordan-Dinar	6,7545	0,1481
Korea, Republik	Won	0,0032	314,6300
Kuwait	Kuwait-Dinar	8,2203	0,1217
Libanon	Libanesisches Pfund	0,6234	1,6040
Malaysia	Malaysischer Ringgit	1,0174	0,9829
Pakistan	Pakistanische Rupie	0,1849	5,4096
Philippinen	Philippinischer Peso	0,2578	3,8783
Saudi-Arabien	Saudi Riyal	0,6864	1,4569
Singapur	Singapur-Dollar	1,1295	0,8854
Syrien[2])	Syrisches Pfund	0,4360[4])	2,2935[4])
Thailand	Baht	0,1032	9,6863
Vereinigte Arabische Emirate	Dirham	0,6437	1,5534
Australien und Ozeanien			
Australien	Australischer Dollar	2,3315	0,4289
Neuseeland	Neuseeland-Dollar	1,7418	0,5741

*) Amtliche Devisenkurse an der Frankfurter Börse; Kassa-Mittelkurse in DM. Telegrafische Auszahlung. Stand Jahresende.
**) Die Devisenkurse wurden in der Regel zuverlässigen Quellen des entsprechenden Landes entnommen. Stand Jahresende.
[1]) Siehe S. 620f.
[2]) Differenziertes Devisenkurssystem.
[3]) Nur für statistische Zwecke.
[4]) Überwiegend für nicht kommerzielle Transaktionen (Versorgungsleistungen usw.).
[5]) Überwiegend für kommerzielle Transaktionen.
[6]) Ehem. Südrhodesien.
[7]) Für die meisten Devisentransaktionen.

Quelle: Deutsche Bundesbank, Frankfurt am Main

14.14 Lebensversicherungsunternehmen

Jahr	Berichtende Unternehmen[1])	Selbst abgeschlossene Lebensversicherungen: Bestand am Anfang der Berichtszeit: Versicherungsverträge[4])	Bestand am Anfang der Berichtszeit: Versicherungssumme	Zugang[2]): Versicherungsverträge[4])	Zugang[2]): Versicherungssumme	Abgang[3]): Versicherungsverträge[4])	Abgang[3]): Versicherungssumme	Bestand am Ende der Berichtszeit: Versicherungsverträge[4])	Bestand am Ende der Berichtszeit: Versicherungssumme	Durchschnittliche Versicherungssumme: Bestand	Durchschnittliche Versicherungssumme: Eingelöste Versicherungsscheine
	Anzahl	1 000	Mill. DM	1 000	Mill. DM	1 000	Mill. DM	1 000	Mill. DM	DM	
Einzelversicherungen											
1978	.	55 489	490 819	5 021	101 305	4 111	41 103	56 399	551 021	9 770	18 181
1979	.	56 393	551 005	5 055	112 773	4 103	44 361	57 345	619 417	10 802	20 165
1980	.	57 813	619 307	4 910	117 809	4 331	51 185	58 392	685 931	11 747	21 303
1981	.	57 887	685 926	4 713	123 530	4 130	58 627	58 470	750 829	12 841	22 759
1982[5])	.	58 320	750 425	4 742	120 078	4 436	69 081	58 626	801 422	13 670	...
davon: Kapitalversicherungen ohne Vermögensbildungs- und Risikoversicherungen											
1978	.	46 544	388 387	3 195	75 362	2 624	22 876	47 115	440 873	9 357	21 103
1979	.	47 109	440 861	3 278	85 459	2 607	24 943	47 780	501 377	10 493	23 495
1980	.	47 676	501 294	3 218	90 375	2 667	30 135	48 227	561 534	11 644	24 936
1981	.	48 212	561 515	3 100	92 636	2 789	36 388	48 523	617 763	12 731	25 851
1982[5])	.	48 443	617 383	3 059	87 733	2 984	44 826	48 518	660 290	13 609	...
Vermögensbildungsversicherungen											
1978	.	5 352	57 356	279	4 809	156	4 902	5 475	57 263	10 459	13 851
1979	.	5 475	57 263	217	3 690	133	4 241	5 559	56 712	10 202	14 352
1980	.	5 558	56 708	172	3 128	132	3 884	5 598	55 952	9 995	14 056
1981	.	5 597	55 954	301	4 787	126	3 303	5 772	57 438	9 951	13 261
1982[5])	.	5 775	57 503	425	5 993	264	4 330	5 936	59 166	9 967	...
Risikoversicherungen											
1978	.	2 937	29 469	1 464	17 639	1 287	12 061	3 114	35 047	11 255	11 886
1979	.	3 114	35 049	1 475	19 987	1 319	13 920	3 270	41 116	12 574	13 019
1980	.	3 843	41 107	1 440	20 687	1 479	15 599	3 804	46 195	12 144	13 532
1981	.	3 331	46 209	1 225	22 319	1 167	17 162	3 389	51 366	15 157	16 777
1982[5])	.	3 386	51 227	1 187	22 743	1 141	17 935	3 432	56 035	16 327	...
Renten- und Pensionsversicherungen											
1978	.	656	15 607	83	3 495	44	1 264	695	17 838	25 666	39 812
1979	.	695	17 832	85	3 637	44	1 257	736	20 212	27 462	40 354
1980	.	736	20 198	80	3 619	53	1 567	763	22 250	29 161	41 577
1981	.	747	22 248	87	3 788	48	1 774	786	24 262	30 868	39 702
1982[5])	.	716	24 312	71	3 609	47	1 990	740	25 931	35 042	...
Gruppenversicherungen[6])											
1978	.	7 783	65 852	899	17 564	549	7 160	8 133	76 256	9 376	17 954
1979	.	8 133	76 261	839	20 482	624	8 124	8 348	88 619	10 616	22 212
1980	.	8 350	88 605	820	20 329	641	9 067	8 529	99 867	11 709	22 021
1981	.	8 529	99 888	810	20 802	582	9 761	8 757	110 929	12 667	22 472
1982[5])	.	8 650	110 849	741	18 507	596	10 965	8 795	118 391	13 461	...
Insgesamt											
1978	104	63 272	556 671	5 920	118 869	4 660	48 263	64 532	627 277	9 720	18 146
1979	104	64 526	627 266	5 894	133 255	4 727	52 485	65 693	708 036	10 778	20 468
1980	103[7])	66 163	707 912	5 730	138 138	4 972	60 252	66 921	785 798	11 742	21 409
1981	102[7])	66 416	785 814	5 523	144 332	4 712	68 388	67 227	861 758	12 819	22 715
1982[5])	101	66 970	861 274	5 483	138 585	5 032	80 046	67 421	919 813	13 643	...

1) Ohne in Liquidation befindliche Versicherungsunternehmen.
2) Eingelöste Versicherungsscheine, Wiederinkraftsetzung erloschener Versicherungen, Erhöhung der Versicherungssummen und Übertragung infolge der Änderung der Versicherungsart.
3) Abgang durch Nichteinlösung, Verfall, Verzicht, Rückkauf, Herabsetzung, Tod, Heirat, Pensionierung, Invalidität und Ablauf.
4) Bei Gruppen- und Risikoversicherungen Anzahl der versicherten Personen.
5) Vorläufiges Ergebnis, nach der Vierteljahresstatistik errechnet.
6) Die nach Einzeltarifen abgeschlossenen Gruppenversicherungen sind unter Einzelversicherungen erfaßt.
7) Von 1 Versicherungsunternehmen lagen die Angaben noch nicht vor.

Quelle: Bundesaufsichtsamt für das Versicherungswesen, Berlin

14.15 Krankenversicherungsunternehmen*)

14.15.1 Beiträge und Zahlungen für Versicherungsfälle

Jahr	Berichtende Unternehmen	Brutto-Beiträge einschl. Nebenleistungen[1]) insgesamt	Krankheitskosten-versicherung	Krankentagegeld-versicherung	Selbständige Krankenhaustagegeld-versicherung	Sonstige selbständige Teil-versicherung	Brutto-Zahlungen für Versicherungsfälle[1]) insgesamt	Krankheitskosten-versicherung	Krankentagegeld-versicherung	Selbständige Krankenhaustagegeld-versicherung	Sonstige selbständige Teil-versicherung
	Anzahl	Mill. DM									
1978	42	8 495	5 366	670	953	1 506	5 760	3 744	383	603	1 030
1979	43	8 970	5 595	723	1 006	1 646	6 347	4 141	427	631	1 148
1980	44	9 825	6 185	794	1 044	1 802	7 096	4 620	472	661	1 343
1981	48	10 870	6 831	843	1 096	2 100	7 850	5 167	508	677	1 498
1982[2])	46	11 824	7 523	905	1 118	2 278	8 314	...	...	...	...

14.15.2 Versicherungen nach Versicherungsarten**)

Jahr	Berichtende Unternehmen	Einzelversicherung: Bestand am Anfang des Geschäftsjahres	Zugang insgesamt	Zugang darunter Umstufungen	Abgang insgesamt	Abgang darunter Umstufungen	Bestand am Ende des Geschäftsjahres insgesamt	Männer	Frauen	Kinder	Gruppenversicherung: Bestand am Ende des Geschäftsjahres
	Anzahl	1 000									
		Krankheitskostenversicherung									
1978	.	7 067	1 994	1 191	1 872	1 168	7 189	2 942	2 632	1 615	431
1979	.	7 190	2 386	1 658	2 118	1 558	7 458	3 103	2 704	1 651	454
1980	.	7 460	2 887	2 135	2 647	2 019	7 700	3 268	2 768	1 664	479
1981	.	7 701	2 877	2 091	2 669	2 060	7 909	3 409	2 817	1 683	501
1982[2])	.	7 922	2 807	1 983	2 621	1 971	8 108	3 550	2 863	1 695	526
		Krankentagegeldversicherung									
1978	.	1 195	257	76	215	86	1 237	1 030	206	1	242
1979	.	1 238	341	161	237	106	1 342	1 121	220	1	254
1980	.	1 341	330	132	268	131	1 403	1 175	228	0	265
1981	.	1 403	293	74	214	70	1 482	1 239	243	0	273
1982[2])	.	1 484	365	132	290	130	1 559	1 306	253	0	278
		Selbständige Krankenhaustagegeldversicherung									
1978	.	5 457	752	319	700	345	5 509	2 837	2 205	467	280
1979	.	5 509	1 570	1 111	1 372	1 110	5 707	2 947	2 274	486	282
1980	.	5 707	856	383	724	401	5 839	3 010	2 314	515	285
1981	.	5 839	797	333	638	340	5 998	3 080	2 374	544	285
1982[2])	.	6 004	946	463	781	461	6 169	3 171	2 431	567	284
		Sonstige selbständige Teilversicherung									
1978	.	3 954	892	559	799	570	4 047	1 553	1 920	574	155
1979	.	4 047	960	657	874	671	4 133	1 579	1 968	586	166
1980	.	4 133	1 068	772	1 038	823	4 163	1 583	1 986	594	174
1981	.	4 163	1 211	932	1 172	946	4 202	1 590	2 009	603	178
1982[2])	.	4 212	1 132	855	1 046	808	4 298	1 631	2 048	619	179
		Insgesamt									
1978	42	17 673	3 895	2 145	3 586	2 169	17 982	8 362	6 963	2 657	1 108
1979	43	17 984	5 257	3 587	4 601	3 445	18 640	8 750	7 166	2 724	1 156
1980	44	18 641	5 141	3 422	4 677	3 374	19 105	9 036	7 296	2 773	1 203
1981	48	19 106	5 178	3 430	4 693	3 416	19 591	9 318	7 443	2 830	1 237
1982[2])	46	19 622	5 250	3 433	4 738	3 370	20 134	9 658	7 595	2 881	1 267

*) Laut Vierteljahres- bzw. Jahresstatistik der unter Bundesaufsicht stehenden Krankenversicherungsunternehmen und der unter Landesaufsicht stehenden öffentlich-rechtlichen Krankenversicherungsunternehmen. Die Angaben betreffen die selbst abgeschlossenen Versicherungen einschl. des davon in Rückdeckung gegebenen Teils. Der Anteil der nicht erfaßten, unter Landesaufsicht stehenden kleineren Krankenversicherungs-Vereine ist gering.

**) Nur Tarifversicherte.

[1]) Für das selbst abgeschlossene Versicherungsgeschäft.

[2]) Ermittelt aus den überwiegend vorläufigen Angaben der zur Vierteljahresstatistik berichtenden größeren Versicherungsunternehmen.

Quelle: Bundesaufsichtsamt für das Versicherungswesen, Berlin

14.16 Rückversicherungsunternehmen*)

Mill. DM

Versicherungszweig	Brutto-Beiträge einschl. Nebenleistungen						Aufwendungen der Rückversicherer für			
	insgesamt		Rückversicherer		Erstversicherer[1])		Versicherungsfälle für eigene Rechnung[2])		den Versicherungsbetrieb für eigene Rechnung	
	1979	1980	1979	1980	1979	1980	1979	1980	1979	1980
Lebensversicherung	2 282	2 633	1 732	2 014	550	619	466	553	502	597
Allgemeine Unfallversicherung	899	1 046	747	868	152	178	304	355	230	263
Allgemeine Haftpflichtversicherung	1 893	2 320	1 643	2 022	250	298	845	1 020	394	488
Kraftfahrtversicherung	5 009	5 453	4 248	4 661	761	792	2 432	2 779	740	803
Luftfahrtversicherung	264	328	188	253	76	75	149	193	31	40
Feuerversicherung	4 929	5 913	4 081	4 928	848	985	1 697	2 102	909	1 099
Transportversicherung	1 369	1 704	1 097	1 415	272	289	674	838	227	301
Sonstige Versicherungen	3 708	4 174	2 952	3 345	756	829	1 419	1 612	788	904
Gesamtgeschäft	**20 353**	**23 571**	**16 688**	**19 506**	**3 665**	**4 065**	**7 986**	**9 452**	**3 821**	**4 495**
Anzahl der berichtenden Versicherungsunternehmen	216	221	30	30	186	191	—	—	—	—

*) Einschl. Auslandsgeschäft.

1) Hier ist das in Rückdeckung übernommene Versicherungsgeschäft der Schaden-, Unfall- und Transportversicherungsunternehmen erfaßt.

2) Unter Berücksichtigung der Erträge bzw. Aufwendungen aus der Abwicklung der Vorjahresrückstellungen für noch nicht abgewickelte Versicherungsfälle.

Quelle: Bundesaufsichtsamt für das Versicherungswesen, Berlin

14.17 Schaden- und Unfallversicherung nach Versicherungszweigen*)

Versicherungszweig[1])	Berichtende Unternehmen		Brutto-Beiträge einschl. Nebenleistungen				Brutto-Aufwendungen für			
			gebuchte		verdiente		Versicherungsfälle[2])		Versicherungsbetrieb	
	1980	1981	1980	1981	1980	1981	1980	1981	1980	1981
	Anzahl		Mill. DM							
Allgemeine Unfallversicherung	118	119	2 938	3 263	2 786[3])	2 856[3])	1 349	1 477	1 156	1 290
Allgemeine Haftpflichtversicherung[4])	121	123	3 917	4 298	3 816	4 204	2 861	3 112	1 234	1 354
Kraftfahrtversicherung	101	106	15 459	16 616	15 508	16 575	14 427	15 148	2 361	2 501
davon:										
Kraftfahrzeug-Haftpflichtversicherung	100	106	11 170	11 699	11 229	11 725	10 905	11 181	1 370	1 403
Fahrzeugversicherung	100	105	3 758	4 349	3 748	4 280	3 332	3 788	716	797
Kraftfahrt-Unfallversicherung	99	104	531	568	531	570	190	179	275	301
Rechtsschutzversicherung[5])	41	43	1 680	1 860	1 624	1 832	1 049	1 210	592	653
Feuerversicherung	132	139	3 562	4 037	3 510	3 987	2 886	3 325	905	982
Einbruch-, Diebstahlversicherung	91	95	466	505	459	495	355	446	164	173
Leitungswasserversicherung	85	87	199	219	194	215	119	128	75	80
Glasversicherung	98	101	336	381	326	368	145	180	138	157
Sturmversicherung	81	85	163	179	160	177	48	79	47	51
Verbundene Hausratversicherung	113	114	1 725	1 939	1 662	1 862	1 118	1 323	695	757
Verbundene Wohngebäudeversicherung	109	111	1 321	1 566	1 273	1 496	888	1 098	419	472
Hagelversicherung	17	18	152	230	152	230	73	241	29	46
Tierversicherung	22	27	174	104	173	102	147	82	35	19
Technische Versicherung[6])	75	77	1 384	1 485	1 328	1 424	1 021	1 095	378	410
Einheitsversicherung[7])	31	32	47	48	46	48	39	44	15	15
Transportversicherung	168	169	1 783	1 975	1 767	1 954	1 366	1 484	418	458
Kreditversicherung	21	20	475	544	463	535	272	426	131	185
Sonstige Versicherungszweige	157	164	616	867	602	855	470	701	136	164
Insgesamt	**310**[8])	**319**[8])	**36 397**	**40 116**	**35 849**	**39 215**	**28 633**	**31 599**	**8 928**	**9 767**

*) Ergebnisse des selbst abgeschlossenen Versicherungsgeschäfts, ermittelt aus den Angaben aller Schaden-, Unfall- und Transportversicherungsunternehmen einschl. Nebenzweigen der Lebensversicherungsunternehmen, aber ohne Versicherungsunternehmen gem. § 53 Versicherungsaufsichtsgesetz, deren Brutto-Beiträge unter 1 Mill. DM lagen.

1) Angaben zu den Versicherungszweigen erfolgen nach Maßgabe von § 3 der Internen Verordnung über die Rechnungslegung der Versicherungsunternehmen.

2) Ohne Erträge bzw. Aufwendungen aus der Abwicklung der vorjährigen Rückstellung für noch nicht abgewickelte Versicherungsfälle.

3) Ohne Faktorenbeiträge für Unfallversicherungen mit Beitragsrückgewähr.

4) Z. B. Privathaftpflichtversicherung, Vermögensschadenhaftpflichtversicherung u. a.

5) Z. B. Verkehrsrechtsschutzversicherung, Fahrzeugrechtsschutzversicherung u. a.

6) Z. B. Montageversicherung einschl. Baugeräteversicherung, Schwachstromversicherung u. a.

7) Z. B. Juwelierwareneinheitsversicherung, Wäscheschutzeinheitsversicherung u. a.

8) Ohne 11 Versicherungsunternehmen (1980) und 6 (1981), deren Angaben noch nicht vorlagen.

Quelle: Bundesaufsichtsamt für das Versicherungswesen, Berlin

15 Rechtspflege

15.0 Vorbemerkung

Gerichte

Nachgewiesen werden die Gerichte, Kammern und Senate, die an den Gerichten tätigen Richter (besetzte Stellen), die Staatsanwälte, Rechtsanwälte und Notare sowie der Geschäftsanfall und die Geschäftserledigung bei den einzelnen Gerichten.

Amtsgerichte sind erstinstanzliche Gerichte in Zivil- und Strafsachen; in der Regel wird hier von einem Einzelrichter Recht gesprochen. **Landgerichte** können erst-, aber auch zweitinstanzliche Gerichte sein. **Oberlandesgerichte** entscheiden in bestimmten Strafsachen in erster und letzter Instanz. Landgerichte sind im übrigen Berufungsinstanz, Oberlandesgerichte Berufungs- und Revisionsinstanz, der Bundesgerichtshof ist Revisionsinstanz. Berufung richtet sich gegen die tatsächliche, Revision gegen die rechtliche Würdigung des Falles. Beschwerde ist das Rechtsmittel gegen eine gerichtliche Entscheidung, die kein Urteil ist.

Sitzen mehrere Richter zu Gericht, wird von Kollegialgerichten gesprochen. Sie werden bei den Landgerichten **Kammern,** bei den höheren Gerichten **Senate** genannt. Auch bei den Schöffen- und Schwurgerichten handelt es sich um Kollegialgerichte; erstere werden bei den Amtsgerichten, letztere bei den Landgerichten zur Aburteilung von schwereren und schwersten Straftaten gebildet. Schöffen sind ehrenamtliche Richter.

Der Erhaltung von Rechtsordnung und Rechtssicherheit auf dem Gebiete der Verwaltung dienen die allgemeinen und besonderen **Verwaltungsgerichte.** Zu letzteren zählen die Sozial-, die Finanz- und die Disziplinargerichte. Die **Arbeitsgerichte** sind keine Verwaltungsgerichte, sondern ein Teil der Zivilgerichtsbarkeit. Sie sind deshalb nach den ordentlichen Gerichten eingereiht.

Tatermittlung

Bekanntgewordene und aufgeklärte Straftaten sowie die polizeilich ermittelten Tatverdächtigen werden in der »Polizeilichen Kriminalstatistik« des Bundeskriminalamtes erfaßt. Diese Statistik weist alle Verbrechen und Vergehen mit Ausnahme der Staatsschutzdelikte und der Vergehen im Straßenverkehr nach.

Eine **Straftat** gilt als aufgeklärt, wenn nach dem polizeilichen Ermittlungsergebnis ein mindestens namentlich bekannter oder auf frischer Tat ergriffener Tatverdächtiger festgestellt worden ist.

Tatverdächtig ist jeder, der aufgrund des polizeilichen Ermittlungsergebnisses zumindest hinreichend verdächtigt ist, eine mit Strafe bedrohte Handlung begangen zu haben.

Strafverfolgung

Die Strafverfolgungsstatistik (bis 1953 »Kriminalstatistik«) weist die Abgeurteilten (Angeklagten) und Verurteilten nach. Erwachsene (21 Jahre und älter) werden nach allgemeinem, Jugendliche (14 bis unter 18 Jahre) nach Jugendstrafrecht behandelt. Heranwachsende (18 bis unter 21 Jahre) nehmen bezüglich der Anwendung des Strafrechts eine Sonderstellung ein. Seit Inkrafttreten des Jugendgerichtsgesetzes 1953 kann bei ihnen allgemeines oder Jugendstrafrecht zur Anwendung kommen.

Abgeurteilte sind diejenigen Personen, gegen die Strafbefehle erlassen wurden bzw. Strafverfahren nach Eröffnung des Hauptverfahrens durch Urteil oder Einstellungsbeschluß rechtskräftig abgeschlossen worden sind. Ihre Zahl setzt sich zusammen aus den Verurteilten und aus Personen, gegen die andere Entscheidungen getroffen wurden. Bei der Aburteilung von Straftaten, die in Tateinheit (§ 52 StGB) oder in Tatmehrheit (§ 53 StGB) begangen wurden, ist nur die Straftat statistisch erfaßt, die nach dem Gesetz mit der schwersten Strafe bedroht ist. Werden mehrere Straftaten derselben Person in verschiedenen Verfahren abgeurteilt, so wird der Angeklagte für jedes Strafverfahren gesondert gezählt.

Verurteilte sind Straffällige, gegen die nach allgemeinem Strafrecht Freiheitsstrafe, Strafarrest oder Geldstrafe verhängt worden ist, oder deren Straftat nach Jugendstrafrecht mit Jugendstrafe, Zuchtmittel oder Erziehungsmaßregel geahndet wurde. Zuchtmittel und Erziehungsmaßregeln werden Maßnahmen genannt; sie können nebeneinander angeordnet werden. Verurteilt kann nur eine Person werden, die im Zeitpunkt der Tat strafmündig, d. h. 14 Jahre oder älter war (§ 19 StGB).

Andere Entscheidungen sind Freispruch, Einstellung des Strafverfahrens, Absehen von Strafe, Anordnen von Maßregeln der Besserung und Sicherung sowie Überweisung an den Vormundschaftsrichter.

Die Unterschiede zwischen den Zahlen für die bekanntgewordenen bzw. aufgeklärten **Straftaten** sowie die **Tatverdächtigen** aus der polizeilichen Kriminalstatistik und den Zahlen für die **Verurteilten** aus der Strafverfolgungsstatistik ergeben sich dadurch, daß nicht alle bekanntgewordenen Straftaten aufgeklärt werden, nicht gegen alle von der Polizei ermittelten Tatverdächtigen Anklage erhoben wird und nicht jedes Hauptverfahren mit einer Verurteilung, sondern auch mit einer anderen Entscheidung beendet werden kann.

Strafvollzug

Die Strafvollzugsstatistik gibt Auskunft über die Justizvollzugsanstalten, deren Belegungsfähigkeit und tatsächliche Belegung an einem Stichtag (Gefangenenbestand) sowie die Zu- und Abgänge während des Berichtsjahres (Gefangenenbewegung). Persönliche (Alter, Familienstand) und kriminologische Merkmale (Straftat, Art und Höhe der Strafe, Vorstrafen) werden nur für die Strafgefangenen und Sicherungsverwahrten am Stichtag (31. 3.) festgestellt.

Bewährungshilfe

In der Bewährungshilfestatistik werden die hauptamtlichen Bewährungshelfer und die ihnen übertragenen Unterstellungen unter Bewährungsaufsicht gezählt. Bei den Unterstellungen handelt es sich um Fälle, bei denen dem Straffälligen entweder im Urteil Strafaussetzung oder nach Verbüßung eines Teils der erkannten Freiheits- bzw. Jugendstrafe vorzeitige Entlassung gewährt worden ist. Die Zahl der Unterstellungen ist größer als die der unterstellten Personen. Das ergibt sich vor allem daraus, daß eine Person, die wegen mehrerer Straftaten in verschiedenen Verfahren abgeurteilt worden ist, mehrfach unter Bewährungsaufsicht gestellt werden kann (Mehrfachunterstellung). In der Statistik werden die durch Bewährung beendeten Unterstellungen denjenigen gegenübergestellt, die durch Widerruf dieser Vergünstigung beendet worden sind.

Ausführliche methodische Erläuterungen und detaillierte Ergebnisse enthalten die Veröffentlichungen der Fachserie 10 »Rechtspflege« (siehe hierzu auch »Fundstellennachweis«, S. 750 ff.).

15.1 Gerichte am 1. 1. 1983*)

Land	Amtsgerichte	Landgerichte: Gerichte	Landgerichte: mit Zivil-[1]) kammern	Landgerichte: mit Straf-[2]) kammern	Oberlandesgerichte: Gerichte	Oberlandesgerichte: mit Zivil-[1]) senaten	Oberlandesgerichte: mit Straf-senaten	Arbeitsgerichte: Gerichte[3])	Arbeitsgerichte: Kammern bei den Landesarbeitsgerichten	Verwaltungsgerichte: Gerichte[3])	Verwaltungsgerichte: Senate bei den Oberverwaltungsgerichten[4])	Sozialgerichte: Gerichte[3])	Sozialgerichte: Senate bei den Landessozialgerichten	Finanzgerichte: Gerichte[3])	Finanzgerichte: mit Senaten
Schleswig-Holstein	30	4	46	36	1	22	4	6	5	1	—	4	6	1	5
Hamburg	6	1	50	37	1	20	4	1	7	1	7	1	6	1	7
Niedersachsen	79	11	129	119	3	43	9	15	14	4	21	8	10	1	11
Bremen	3	1	18	23	1	10	3	2	4	1	3	1	6	1	2
Nordrhein-Westfalen	131	19	320	240	3	95	15	30	41	7	20	8	18	3	37
Hessen	58	9	117	99	1	32	8	12	13	4	10	7	12	1	11
Rheinland-Pfalz	47	8	72	55	2	24	4	5	7	4	12	4	6	1	6
Baden-Württemberg	108	17	156	219	2	38	9	9	11	4	16	8	12	1	11
Bayern	72	21	186	197	4[5])	63[5])	13[5])	11	16	6	25	7	16	2	18
Saarland	11	1	19	14	1	9	2	3	2	1	6	1	2	1	2
Berlin (West)	7	1	60	44	1	26	6	1	12	1	8	1	16	1	7
Bundesgebiet	**552**	**93**	**1 173**	**1 083**	**20**	**382**	**77**	**95**	**132**	**34**	**128**	**50**	**110**	**14**	**117**

*) Gerichte der Länder. – Senate bei den obersten Bundesgerichten: Bundesverfassungsgericht 2, Bundesgerichtshof in Zivilsachen 11, in Strafsachen 5 (außerdem für beide Rechtsgebiete: 1 Kartellsenat, 1 Senat für Anwaltssachen, 1 Senat für Notarsachen, 1 Senat für Patentanwaltssachen, 1 Senat für Wirtschaftsprüfersachen, 1 Senat für Steuerberater- und Steuerbevollmächtigtensachen), Bundesarbeitsgericht 7, Bundesverwaltungsgericht 9 (außerdem: 2 Disziplinar- und 2 Wehrdienstsenate), Bundessozialgericht 12, Bundesfinanzhof 8.

1) Einschl. der Kammern bzw. Senate für Handelssachen, Wiedergutmachungssachen, Entschädigungssachen u. dgl.

2) Einschl. der Strafvollstreckungskammern.

3) Nur erstinstanzliche Gerichte.

4) In Hessen, Baden-Württemberg und Bayern: Verwaltungsgerichtshof. Schleswig-Holstein und Niedersachsen haben ein gemeinsames Oberverwaltungsgericht mit Sitz in Lüneburg.

5) Einschl. Bayerisches Oberstes Landesgericht mit 3 Zivilsenaten, 1 Fideikommißsenat, 6 Strafsenaten und 3 Senaten für Bußgeldsachen.

15.2 Richter im Landes- und Bundesdienst

Stichtag 1. 1. / Land	Richter[1]) insgesamt	Bei Verfassungs-gerichten	Bei Ordentlichen gerichten	Bei Arbeits-gerichten	Bei Verwaltungs-gerichten	Bei Sozial-gerichten	Bei Finanz-gerichten	Bei Dienst- und Disziplinar-gerichten
				Insgesamt				
1979	15 532	85	12 289	591	1 256	959	386	673
1981	16 657	90	12 968	629	1 536	997	472	667
1983	16 922	97	13 032	657	1 704	994	486	678
davon (1983):								
Landesdienst	16 429	81	12 765	632	1 652	955	439	630
Schleswig-Holstein	641	—	507	23	54	41	16	62
Hamburg	715	8	546	29	87	32	21	28
Niedersachsen	1 842	7	1 438	58	202	101	43	142
Bremen	232	7	174	16	28	12	6	69
Nordrhein-Westfalen	4 694	6	3 674	176	460	241	143	35
Hessen	1 477	11	1 171	65	142	68	39	34
Rheinland-Pfalz	949	7	744	35	92	55	23	32
Baden-Württemberg	2 029	5	1 556	75	209	141	48	100
Bayern	2 511	24	1 944	94	241	161	71	33
Saarland	289	6	218	10	31	24	6	57
Berlin (West)	1 050	—	793	51	106	79	23	38
Bundesdienst	493	16	267	25	52	39	47	48
				Weiblich				
1983	2 439	2	1 943	88	235	156	16	46
Landesdienst	2 415	1	1 928	87	232	154	15	45
Bundesdienst	24	1	15	1	3	2	1	1

1) Richter auf Lebenszeit, auf Zeit, kraft Auftrags und auf Probe. Die Spalte »Richter insgesamt« enthält die Summe der Zahlen für die einzelnen Gerichtszweige abzüglich der Zahlen für diejenigen Richter, die ihre Planstelle in einer anderen Gerichtsbarkeit haben.

Quelle: Bundesministerium der Justiz, Bonn

15.3 Staatsanwälte, Rechtsanwälte und Notare

Stichtag 1. 1.	Staatsanwälte insgesamt	Staatsanwälte männlich	Staatsanwälte weiblich	Andere Vertreter des öffentlichen Interesses[1])	Rechtsanwälte	Anwaltsnotare	Notare
1975	2 999	2 722	277	167	20 860	5 994	901
1977	3 233	2 906	327	188	25 141	6 026	902
1979	3 328	2 992	336	93	28 755	6 353	916
1981	3 593	3 168	425	103	30 510	6 802	960
1983	3 680	3 181	499	98	34 576	6 913	964

1) In der Verwaltungs- und Disziplinargerichtsbarkeit. – Bis 1977 einschl., ab 1979 ohne Wehrdisziplinaranwälte.

Quelle: Bundesministerium der Justiz, Bonn; Bundesrechtsanwaltskammer, Bonn und Bundesnotarkammer, Köln

15.4 Geschäftsanfall bei den Gerichten

15.4.1 Zivilgerichte

Zivilgerichte ohne Familiengerichte

Verfahren	1979	1980	1981
Amtsgerichte[1])			
Anhängige Verfahren	1 256 553	1 307 125	1 400 732
Aus den Vorjahren	329 896	335 404	352 777
Neuzugänge	926 657	971 721	1 047 955
Erledigte Verfahren[2])	881 923	915 059	977 064
Nach der Art der Erledigung			
Streitiges Urteil	249 699	264 166	284 799
Sonstiges Urteil	216 940	223 165	244 019
Beschluß[3])	46 022	49 446	53 110
Vergleich	89 524	91 614	90 632
Zurücknahme	143 754	147 703	158 541
Anderweitige Erledigung	135 984	138 965	145 963
Nach dem Gegenstand des Verfahrens			
Prozeßkostenhilfeverfahren	2 258	1 996	1 429
Gewöhnliche Prozesse	820 468	850 592	909 720
Urkunden-, Wechsel- oder Scheckprozesse	4 600	4 655	4 883
Entmündigungssachen	9 788	9 860	9 956
Arreste oder einstweilige Verfügungen	33 498	36 602	39 333
Aufgebotsverfahren	7 792	7 742	7 863
Sonstige Verfahren	3 519	3 612	3 880
Landgerichte 1. Instanz			
Anhängige Verfahren	446 765	501 396	574 860
Aus den Vorjahren	146 106	154 410	174 579
Neuzugänge	300 659	346 986	400 281
Erledigte Verfahren[2])	275 320	307 815	350 750
Nach der Art der Erledigung			
Streitiges Urteil	85 781	95 522	106 538
Sonstiges Urteil	49 010	56 267	69 588
Beschluß[3])	15 072	17 341	19 589
Vergleich	49 060	52 936	56 096
Zurücknahme	32 996	37 113	42 676
Anderweitige Erledigung	43 401	48 636	56 263
Nach dem Gegenstand des Verfahrens			
Prozeßkostenhilfeverfahren	2 047	2 400	2 327
Gewöhnliche Prozesse	240 898	270 413	310 645
Urkunden-, Wechsel- oder Scheckprozesse	6 627	7 564	9 243
Arreste oder einstweilige Verfügungen	18 679	21 157	22 931
Entschädigungssachen	4 379	3 508	2 695
Sonstige Verfahren	2 690	2 773	2 909
Berufungsinstanz			
Anhängige Verfahren	79 529	83 087	92 303
Aus den Vorjahren	21 248	20 949	23 396
Neuzugänge	58 281	62 138	68 907
Erledigte Verfahren[2])	56 153	57 309	63 064
Nach der Art der Erledigung			
Streitiges Urteil	31 620	32 481	35 551
Sonstiges Urteil	584	580	734
Beschluß[3])	3 302	3 627	4 005
Vergleich	7 949	7 705	8 080
Zurücknahme	11 334	11 568	13 191
Anderweitige Erledigung	1 364	1 348	1 503
Nach dem Gegenstand des Verfahrens			
Prozeßkostenhilfeverfahren	238	188	170
Gewöhnliche Prozesse	55 035	56 192	61 642
Urkunden-, Wechsel- oder Scheckprozesse	114	93	117
Arreste oder einstweilige Verfügungen	626	701	973
Sonstige Verfahren	140	135	162
Oberlandesgerichte Berufungsinstanz			
Anhängige Verfahren	73 948	77 594	85 021
Aus den Vorjahren	28 693	27 488	30 173
Neuzugänge	45 255	50 106	54 848
Erledigte Verfahren[2])	42 992	43 671	48 380
Nach der Art der Erledigung			
Streitiges Urteil	23 110	23 112	25 299
Sonstiges Urteil	583	642	712
Beschluß[3])	1 370	1 520	1 682
Vergleich	7 795	7 537	8 039
Zurücknahme	8 733	9 584	11 102
Anderweitige Erledigung	1 401	1 276	1 546
Nach dem Gegenstand des Verfahrens			
Prozeßkostenhilfeverfahren	198	178	149
Gewöhnliche Prozesse	39 004	40 125	44 747
Urkunden-, Wechsel- oder Scheckprozesse	234	247	350
Kindschaftssachen nach § 640 ZPO	609	550	454
Arreste oder einstweilige Verfügungen	860	963	1 094
Entschädigungssachen	1 837	1 336	1 301
Sonstige Verfahren	250	272	285
Bundesgerichtshof			
Anhängige Verfahren	6 913	6 787	6 859
Aus den Vorjahren	3 385	3 199	3 015
Neuzugänge	3 528	3 588	3 844
Erledigte Verfahren	3 714	3 772	3 847
Nach der Art der Erledigung			
Urteil in Revisionen	803	863	890
Sonstiges Urteil	16	23	22
Beschluß in Revisionen	3[4])	779[5])	895[5])
Beschluß in Nichtzulassungsbeschwerden	659	709	386
Beschluß in sonstigen Beschwerden	324	333	426
Anderweitige Erledigung	1 909	1 065	1 228
Nach dem Gegenstand des Verfahrens			
Revisionen	2 144	2 208	2 348
Berufungen in Patentsachen	39	45	44
Nichtzulassungsbeschwerden	729	751	401
Sonstige Beschwerden	434	406	647
Verwaltungsstreitverfahren	31	50	45
Gerichtsstandsbestimmungen	337	312	362

1) Amtsgericht nur als Prozeßgericht und ohne Mahnsachen.
2) Ohne Abgaben innerhalb des Gerichts.
3) Ohne Beschluß wegen Ruhens des Verfahrens oder Nichtbetriebs, Abgabe an ein anderes Gericht, Verbindung mit einer anderen Sache.
4) Beschluß gemäß Art. 1 Nr. 2 Gesetz zur Entlastung des Bundesgerichtshofes in Zivilsachen (EntlG.).
5) Ablehnungsbeschluß (§ 554 b ZPO).

15.4 Geschäftsanfall bei den Gerichten

15.4.1 Zivilgerichte

Familiengerichte

Verfahren	1979	1980	1981
Amtsgerichte			
Anhängige Verfahren	475 610	544 749	582 680
Aus den Vorjahren	179 561	219 367	240 024
Neuzugänge	296 049	325 382	342 656
Erledigte Verfahren insgesamt[1])	241 407	287 648	312 919
Nach dem Gegenstand des Verfahrens			
Scheidungsverfahren	114 555	131 742	146 879
Andere Eheverfahren	951	1 084	1 146
Verfahren über abgetrennte Scheidungsfolgesachen	7 057	18 307	16 690
Verfahren über allein anhängige andere Familiensachen	115 533	133 047	144 911
Prozeßkostenhilfeverfahren	3 311	3 468	3 293
Mit den Scheidungsverfahren waren an Folgesachen anhängig[2])			
Regelung der elterlichen Sorge	51 767	63 581	72 181
Regelung des Umgangs	5 269	5 216	4 643
Herausgabe eines Kindes	281	265	268
Unterhalt für ein Kind	21 906	23 654	23 260
Unterhalt für den Ehegatten	33 901	34 388	34 482
Versorgungsausgleich	114 555	131 742	146 879
Wohnung, Hausrat	27 671	28 196	28 016
Eheliches Güterrecht	18 570	18 842	18 429
Die Verfahren über allein anhängige andere Familiensachen hatten zum Gegenstand[2])			
Regelung der elterlichen Sorge	24 041	25 522	28 326
Regelung des Umgangs	12 080	11 698	11 399
Herausgabe eines Kindes	1 198	1 328	1 472
Unterhalt für ein Kind	41 465	47 304	49 796
Unterhalt für den Ehegatten	35 361	42 781	49 763
Versorgungsausgleich	5 243	8 754	8 683
Wohnung, Hausrat	5 397	6 751	7 715
Eheliches Güterrecht	3 184	3 683	4 460
darunter:			
Erledigte Eheverfahren	115 506	132 826	148 025
(Scheidungs- und andere Eheverfahren)			
Nach der Art der Erledigung			
Urteil	82 086	97 848	111 592
Beschluß[3])	611	670	666
Zurücknahme	13 386	13 603	13 261
Anderweitige Erledigung	19 423	20 705	22 506
Nach der Dauer des Verfahrens			
mehr als ... bis ... Monate			
bis 6	50 385	50 218	52 003
6 — 12	33 651	40 786	47 680
12 — 24	29 958	34 707	40 176
mehr als 24	1 512	7 115	8 166
Nach dem Gebührenstreitwert (in %)			
mehr als ... bis ... DM			
4 000 DM (Mindestgebührenstreitwert)	*16,7*	*13,2*	*11,2*
4 000 — 6 000	*15,4*	*13,9*	*12,7*
6 000 — 10 000	*34,2*	*34,9*	*34,5*
10 000 — 50 000	*32,1*	*36,2*	*39,8*
50 000 — 100 000	*1,0*	*1,2*	*1,1*
mehr als 100 000	*0,6*	*0,6*	*0,7*

Verfahren	1979	1980	1981
Oberlandesgerichte			
Berufungsverfahren und Beschwerden gegen Endentscheidungen			
Anhängige Verfahren	23 223	26 380	27 374
Aus den Vorjahren	6 138	8 684	8 894
Neuzugänge	17 085	17 696	18 480
Erledigte Verfahren[1])	13 168	16 722	16 796
Nach der Art der Erledigung			
Urteil	3 524	3 632	4 069
Beschluß[3])	3 582	4 714	4 741
Vergleich	2 040	2 399	2 687
Zurücknahme	3 310	5 201	4 605
Anderweitige Erledigung	712	776	694
Nach dem Gegenstand des Verfahrens			
Scheidungsverfahren	1 182	1 056	955
Andere Eheverfahren	435	105	124
Verfahren über abgetrennte Scheidungsfolgesachen und allein anhängige andere Familiensachen	11 288	15 314	15 469
Prozeßkostenhilfeverfahren	263	247	248
Nach der Dauer des Verfahrens			
(Ab Eingang beim OLG)			
mehr als ... bis ... Monate			
bis 6	9 313	11 625	11 898
6 — 12	3 067	3 513	3 296
12 — 24	760	1 444	1 335
mehr als 24	28	140	267
Nach dem Gebührenstreitwert (in %)			
mehr als ... bis ... DM			
bis 3 000	*38,5*	*41,4*	*40,6*
3 000 — 5 000	*29,3*	*25,4*	*23,4*
5 000 — 10 000	*20,9*	*21,1*	*21,4*
10 000 — 50 000	*10,4*	*11,1*	*13,1*
50 000 — 100 000	*0,6*	*0,6*	*0,9*
mehr als 100 000	*0,3*	*0,4*	*0,6*
Sonstige Beschwerden			
Anhängige Verfahren	13 881	14 681	17 319
Aus den Vorjahren	1 624	1 609	1 676
Neuzugänge	12 257	13 072	15 643
Erledigte Verfahren[1])	11 870	12 673	14 862
Nach der Art der Erledigung			
Beschluß	10 296	11 100	12 974
Vergleich	43	42	36
Zurücknahme	959	999	1 172
Anderweitige Erledigung	572	532	680
Nach dem Gegenstand des Verfahrens[2])			
Prozeßkostenhilfeverfahren	5 070	5 758	6 503
Einstweilige Anordnung (§ 620 c ZPO) über			
– die elterliche Sorge	839	786	725
– die Herausgabe eines Kindes	91	120	104
– die Ehewohnung	313	334	392
Aussetzung des Scheidungsverfahrens	51	36	30
Wert des Verfahrensgegenstandes	1 048	1 180	1 332
Kostenangelegenheit	2 130	2 109	3 143
Sonstige Angelegenheit	2 363	2 397	2 657

[1]) Ohne Abgaben innerhalb des Gerichts.
[2]) Enthält ein Verfahren mehrere Ansprüche, so ist dieses je nach Art der Ansprüche mehrmals gezählt worden; die Summe der erledigten Verfahren nach dem Gegenstand kann daher höher sein als die Zahl der erledigten Verfahren.
[3]) Ohne Beschluß wegen Ruhens des Verfahrens oder Nichtbetriebs, Abgabe an ein anderes Gericht, Verbindung mit einer anderen Sache.

15.4 Geschäftsanfall bei den Gerichten

15.4.2 Strafgerichte

Verfahren	1979	1980	1981
Amtsgerichte			
Anhängige Verfahren	1 828 078	1 855 535	1 856 325
Aus den Vorjahren	398 454	387 133	384 890
Neuzugänge	1 429 624	1 468 402	1 471 435
Erledigte Verfahren[1])	1 399 326	1 431 635	1 443 574
Nach der Art der Erledigung			
Urteil wegen Straftat	421 898	428 044	431 717
Urteil wegen Ordnungswidrigkeit	148 177	141 385	131 847
Beschluß nach §§ 70, 72 OWiG	76 849	77 826	73 433
Beschluß nach § 441 Abs. 2 StPO	406	658	803
Einstellung	292 678	300 713	308 970
Ablehnung/Zurückweisung	7 545	7 312	7 281
Zurücknahme	164 568	172 380	173 474
Anderweitige Erledigung	287 205	303 317	316 049
Nach dem Gegenstand des Verfahrens			
Verbrechen	5 202	5 222	5 915
Vergehen	711 160	736 056	753 655
Ordnungswidrigkeit	682 964	690 357	684 004
Landgerichte			
1. Instanz			
Anhängige Verfahren	17 715	18 615	18 639
Aus den Vorjahren	5 569	5 448	5 667
Neuzugänge	12 146	13 167	12 972
Erledigte Verfahren[1])	11 261	11 449	12 044
Nach der Art der Erledigung			
Urteil	8 375	8 620	8 793
Beschluß nach § 441 Abs. 2 StPO	1	5	27
Einstellung	691	739	808
Ablehnung	164	143	175
Zurücknahme	193	163	195
Anderweitige Erledigung	1 837	1 779	2 046
Nach dem Gegenstand des Verfahrens			
Verbrechen	5 243	5 072	5 278
Vergehen	6 018	6 377	6 766
Berufungsinstanz			
Anhängige Verfahren	89 725	87 754	85 657
Aus den Vorjahren	21 177	19 816	18 287
Neuzugänge	68 548	67 938	67 370
Erledigte Verfahren[1])	68 014	67 332	64 948
Nach der Art der Erledigung			
Urteil	42 392	40 897	38 920
Verwerfungsbeschluß (§ 322 Abs. 1 StPO)	384	435	463
Einstellung	7 548	7 634	7 205
Zurücknahme	15 685	16 436	16 599
Anderweitige Erledigung	2 005	1 930	1 761
Nach dem Gegenstand des Verfahrens			
Verbrechen	1 506	1 503	1 425
Vergehen	66 508	65 829	63 523
Oberlandesgerichte[2])			
1. Instanz			
Anhängige Verfahren	121	125	126
Aus den Vorjahren	33	49	42
Neuzugänge	88	76	84
Erledigte Verfahren[1])	55	68	69
Nach der Art der Erledigung			
Urteil	37	44	46
Einstellung	9	10	11
Ablehnung	1	2	4
Zurücknahme	1	—	1
Anderweitige Erledigung	7	12	7
Nach dem Gegenstand des Verfahrens			
Verbrechen	9	6	9
Vergehen	46	62	60
Rechtsmittelinstanz[3])			
Anhängige Verfahren	20 959	20 160	18 449
Aus den Vorjahren	1 780	1 689	1 542
Neuzugänge	19 179	18 471	16 907
Erledigte Verfahren[1])	19 230	18 564	17 038
Nach der Art der Erledigung			
Urteil wegen Straftat	994	808	633
Urteil wegen Ordnungswidrigkeit	27	14	8
Beschluß nach § 349 Abs. 1, 2, 4 StPO	8 018	7 806	7 401
Beschluß nach § 79 Abs. 5 S. 1 OWiG	2 835	3 026	2 884
Einstellung	429	379	342
Nichtzulassung	6 104	5 735	5 055
Zurücknahme	266	255	286
Anderweitige Erledigung	557	541	429
Nach dem Gegenstand des Verfahrens			
Verbrechen	146	119	127
Vergehen	8 832	8 586	7 909
Ordnungswidrigkeit	10 252	9 859	9 002
Bundesgerichtshof			
Anhängige Verfahren	4 720	4 503	4 570
Aus den Vorjahren	367	417	419
Neuzugänge	4 353	4 086	4 151
Erledigte Verfahren	4 303	4 084	4 194
Nach der Art der Erledigung			
Urteil in Revisionen	374	318	297
Sonstiges Urteil	6	8	4
Beschluß in Revisionen	3 252	3 190	3 304
Beschluß in Vorlegungssachen	20	12	22
Beschluß in Beschwerden	114	117	141
Sonstiger Beschluß/auf andere Weise	537	439	426
Nach dem Gegenstand des Verfahrens			
Revisionen	3 679	3 566	3 653
Vorlegungssachen	20	12	22
Beschwerden	274	295	288
Gerichtsstandsbestimmungen	223	149	132
Sonstige Verfahren	107	62	99

1) Ohne Abgaben innerhalb des Gerichts.
2) Einschl. Bayerisches Oberstes Landesgericht.
3) Revisionen in Strafsachen, Rechtsbeschwerden in Bußgeldverfahren und sonstigen Verfahren.

15.4 Geschäftsanfall bei den Gerichten

15.4.3 Arbeitsgerichte

Verfahren	1979	1980	1981
Arbeitsgerichte			
Anhängige Klagen	379 240	400 964	451 658
Aus den Vorjahren	105 262	98 362	104 138
Neuzugänge	273 978	302 602	347 520
darunter:			
durch Arbeitnehmer[1])	261 597	289 166	333 974
durch Arbeitgeber[2])	11 619	13 313	13 358
Erledigte Klagen	280 878	296 826	350 053
Nach der Art der Erledigung			
Vergleich	103 185	109 597	125 734
Streitiges Urteil	28 947	29 546	32 690
Sonstiges Urteil	34 858	38 144	40 348
Anderweitige Erledigung	113 888	119 539	151 281
Nach dem Gegenstand der Klage[3])			
Arbeitsentgelt	139 712	142 853	165 690
Arbeitszeit	360	394	372
Urlaub, Urlaubsentgelt	10 645	11 101	11 380
Kündigung (§ 61 a ArbGG)	106 931	114 913	145 972
Herausgabe von Arbeitspapieren	13 209	14 574	15 360
Zeugniserteilung und -berichtigung	4 979	5 366	5 924
Schadensersatz	5 314	5 543	5 794
Tarifliche Einstufungen	1 884	3 604	1 866
Sonstige Klagen	38 049	38 241	46 911
Anhängige Klagen am Jahresende	98 362	104 138	101 605

Verfahren	1979	1980	1981
Landesarbeitsgerichte			
Anhängige Berufungen	20 256	18 708	19 853
Aus den Vorjahren	6 535	5 876	5 720
Neuzugänge	13 721	12 832	14 133
Erledigte Berufungen	14 380	12 988	13 974
Nach der Art der Erledigung			
Vergleich	4 387	3 972	4 363
Streitiges Urteil	5 624	5 060	5 302
Sonstiges Urteil	298	153	168
Beschluß (§ 519b ZPO)	736	648	750
Anderweitige Erledigung	3 335	3 155	3 391
Anhängige Berufungen am Jahresende	5 876	5 720	5 879
Bundesarbeitsgericht			
Anhängige Revisionen	2 721	2 369	2 205
Aus den Vorjahren	1 439	1 734	1 629
Neuzugänge	1 282	635	576
Erledigte Revisionen	987	740	804
Nach der Art der Erledigung			
Vergleich	140	125	220
Streitiges Urteil	413	445	396
Sonstiges Urteil	2	6	7
Beschluß	137	28	41
Rücknahme	281	125	120
Anderweitige Erledigung	14	11	20
Anhängige Revisionen am Jahresende	1 734	1 629	1 401

Quelle: Bundesministerium für Arbeit und Sozialordnung, Bonn

15.4.4 Sozialgerichte

Verfahren	1979	1980	1981
Sozialgerichte			
Anhängige Klagen	289 975	297 450	308 365
Aus den Vorjahren	145 864	148 715	153 994
Neuzugänge	144 111	148 735	154 371
von Versicherten, Beschädigten oder ihren Hinterbliebenen	140 154	144 565	150 037
von sonstigen Klägern	3 957	4 170	4 334
Erledigte Klagen	141 263	143 481	150 824
Nach der Art der Erledigung			
Entscheidung	41 985	40 793	41 983
Gerichtlicher Vergleich	10 856	12 049	12 632
Außergerichtlicher Vergleich	8 827	9 796	11 254
Anerkenntnis	18 366	19 317	18 008
Zurücknahme	53 061	53 346	57 636
Anderweitige Erledigung	8 168	8 180	9 311
Nach dem Gegenstand der Klage			
Krankenversicherung	7 348	7 004	8 146
Unfallversicherung	20 567	21 042	22 914
Rentenversicherung der Arbeiter	37 379	36 981	35 408
Rentenversicherung der Angestellten	17 358	18 339	16 816
Arbeitslosenversicherung	19 873	18 713	18 568
Kriegsopferversorgung[4])	32 184	34 392	41 497
Sonstige Klagen	6 554	7 010	7 475
Anhängige Klagen am Jahresende	148 712	153 969	157 541
Landessozialgerichte			
Anhängige Berufungen	33 200	33 196	33 612
Aus den Vorjahren	17 036	17 390	17 026
Neuzugänge	16 164	15 806	16 586
von Versicherten, Beschädigten oder ihren Hinterbliebenen	13 071	12 806	13 458
von sonstigen Beteiligten	2 815	2 729	2 829
in sonstigen Verfahren	278	271	299
Erledigte Berufungen	15 807	16 170	16 266
Nach der Art der Erledigung			
Entscheidung	7 939	7 935	8 245
Gerichtlicher Vergleich	1 812	1 828	1 767
Außergerichtlicher Vergleich	505	672	602
Anerkenntnis	547	645	568
Zurücknahme	4 554	4 588	4 627
Anderweitige Erledigung	450	502	457
Nach dem Gegenstand der Berufung			
Krankenversicherung	1 038	1 105	1 190
Unfallversicherung	2 239	2 131	2 273
Rentenversicherung der Arbeiter	4 338	4 471	4 341
Rentenversicherung der Angestellten	2 033	2 304	2 276
Arbeitslosenversicherung	2 019	2 051	2 067
Kriegsopferversorgung[4])	3 374	3 340	3 325
Sonstige Berufungen	766	768	794
Anhängige Berufungen am Jahresende	17 393	17 026	17 346
Bundessozialgericht			
Anhängige Revisionen	1 590	1 572	1 579
Aus den Vorjahren	741	769	797
Neuzugänge	849	803	782
von Versicherten, Beschädigten oder ihren Hinterbliebenen	429	436	383
von sonstigen Beteiligten	288	261	289
in sonstigen Verfahren	132	106	110
Erledigte Revisionen	821	775	885
Nach dem Gegenstand der Revision			
Krankenversicherung	221	169	211
Unfallversicherung	100	96	105
Rentenversicherung der Arbeiter	139	142	164
Rentenversicherung der Angestellten	108	94	95
Arbeitslosenversicherung	119	133	184
Kriegsopferversorgung	63	78	53
Sonstige Revisionen	71	63	73
Anhängige Revisionen am Jahresende	769	797	694

[1]) Einschl. der von den Gewerkschaften und Betriebsräten eingereichten Klagen.
[2]) Und deren Organisationen.
[3]) Enthält eine Klage mehrere Ansprüche, so ist sie je nach Art der Ansprüche mehrmals gezählt worden; die Summe der erledigten Klagen nach dem Gegenstand ist daher höher als die Zahl der erledigten Klagen.
[4]) Einschl. Feststellung der Behinderung nach § 3 Schwerbehindertengesetz.

Quelle: Bundesministerium für Arbeit und Sozialordnung, Bonn

15.4 Geschäftsanfall bei den Gerichten

15.4.5 Verwaltungsgerichte

Verfahren	1979	1980	1981
Verwaltungsgerichte			
Klagen			
Am Jahresbeginn anhängige[1])	68 164	68 986	106 674
Neuzugänge	104 750	131 441	132 580
Erledigungen	87 444	97 752	123 423
Am Jahresende anhängige[1])	69 078	106 673	119 651
Eingänge an allen sonstigen Verfahren	66 469	79 987	82 900
Oberverwaltungsgerichte[2])			
Berufungen			
Am Jahresbeginn anhängige	17 998	18 417	17 935
Neuzugänge	14 406	14 032	18 421
Erledigungen	13 985	14 514	17 280
Am Jahresende anhängige	18 419	17 935	19 076
Beschwerden			
Am Jahresbeginn anhängige	13 527	9 297	10 247
Neuzugänge	28 055	28 468	32 499
Erledigungen	32 285	27 518	31 389
Am Jahresende anhängige	9 297	10 247	11 357
Insgesamt			
Am Jahresbeginn anhängige	31 525	27 714	28 182
Neuzugänge	42 461	42 500	50 920
Erledigungen	46 270	42 032	48 669
Am Jahresende anhängige	27 716	28 182	30 433
Eingänge aus allen sonstigen Verfahren	1 046	1 862	2 214

Verfahren	1979	1980	1981
Bundesverwaltungsgericht			
Revisionen			
Am Jahresbeginn anhängige	1 002	1 119	1 628
Neuzugänge	947	1 793	2 149
Erledigungen	830	1 284	1 938
Am Jahresende anhängige	1 119	1 628	1 839
Beschwerden			
Am Jahresbeginn anhängige	710	1 151	3 061
Neuzugänge	3 022	6 646	10 761
Erledigungen	2 581	4 736	8 921
Am Jahresende anhängige	1 151	3 061	4 901
Sonstige Sachen			
Am Jahresbeginn anhängige	55	88	116
Neuzugänge	312	367	428
Erledigungen	279	339	358
Am Jahresende anhängige	88	116	186
Insgesamt			
Am Jahresbeginn anhängige	1 767	2 358	4 805
Neuzugänge	4 281	8 806	13 338
Erledigungen	3 690	6 359	11 217
Am Jahresende anhängige	2 358	4 805	6 926

Quelle: Bundesministerium der Justiz, Bonn

15.4.6 Finanzgerichte

Verfahren	1979	1980	1981
Finanzgerichte			
Anhängige Verfahren	104 848	115 881	130 394
Aus den Vorjahren	60 027	66 501	72 643
Neuzugänge	44 821	49 380	57 751
Klagen	38 451	42 140	50 970
Sonstige Rechtsbehelfe oder Anträge	6 370	7 240	6 781
Erledigte Verfahren	38 347	43 238	47 189
Nach der Art der Erledigung			
Urteil oder Beschluß	35 142	38 523	41 905
Stattgabe	2 566	3 416	2 231
Teilweise Stattgabe	1 767	1 766	1 767
Abweisung	9 621	9 888	11 108
Verweisung an das zuständige Gericht	67	94	106
Einstellung des Verfahrens infolge Zurücknahme	9 981	11 503	12 963
Erledigung der Hauptsache	11 127	11 854	13 727
Zurückweisung an die Vorinstanz	13	2	3
Anderweitige Erledigung	3 205	4 715	5 284
Nach dem Gegenstand des Verfahrens			
Klagen	31 839	35 788	41 168
Sonstige Rechtsbehelfe oder Anträge	6 508	7 450	6 021
Anhängige Verfahren am Jahresende	66 501	72 643	83 205

Verfahren	1979	1980	1981
Bundesfinanzhof			
Anhängige Verfahren	5 426	5 563	6 247
Aus den Vorjahren	3 185	3 199	3 367
Neuzugänge	2 241	2 364	2 880
Revisionen	1 430	1 576	1 727
Beschwerden	658	628	861
Klagen	17	18	26
Erinnerungen	29	18	36
Sonstige Verfahren	107	124	230
Erledigte Verfahren	2 227	2 196	2 436
Nach der Art der Erledigung			
Urteil oder Beschluß	1 967	1 934	2 107
Unzulässig verworfen	508	470	501
Unbegründet zurückgewiesen	879	848	1 027
Nach Aufhebung der Vorentscheidung an die Vorinstanz zurückverwiesen	242	239	237
Nach Aufhebung der Vorentscheidung in der Sache selbst entschieden	338	377	342
Zurücknahme	260	262	329
Nach dem Gegenstand des Verfahrens			
Revisionen	1 428	1 451	1 461
Beschwerden	666	565	722
Klagen	18	22	17
Erinnerungen	21	25	37
Sonstige Verfahren	94	133	199
Anhängige Verfahren am Jahresende	3 199	3 367	3 811

[1]) Ohne Bayern.
[2]) In Hessen, Baden-Württemberg und Bayern Verwaltungsgerichtshöfe.

Quelle: Bundesministerium der Justiz und Bundesministerium der Finanzen, Bonn

15.4 Geschäftsanfall bei den Gerichten

15.4.7 Bundesverfassungsgericht

Verfahren	Erster Senat			Zweiter Senat		
	1980	1981	1982	1980	1981	1982
Anhängige Verfahren	2 602	2 433	2 629	2 009	2 002	2 329
Aus den Vorjahren	1 014	906	888	490	431	484
Im Berichtsjahr eingereichte						
Verfassungsbeschwerden	1 513	1 467	1 697	1 483	1 517	1 811
Normenkontrollverfahren	59	55	33	22	31	24
Andere Verfahren	16	5	11	14	23	10
Erledigte Verfahren	1 696	1 545	1 590	1 578	1 518	1 821
Nach der Art der Erledigung:						
Senatsentscheidungen	100	72	48	21	37	29
Gemäß § 93 a BVerfGG	1 074	1 036	1 106	1 482	1 398	1 704
dadurch mitentschieden	154	251	277	18	28	19
Abgabe an den anderen Senat	6	4	23	2	8	17
Auf andere Weise	362	182	136	55	47	52
Anhängige Verfahren am Jahresende	906	888	1 039	431	484	508

Quelle: Bundesverfassungsgericht, Karlsruhe

15.5 Deutsches Patentamt und Bundespatentgericht

15.5.1 Geschäftsanfall

Patentamt	1979	1980	1981
Patente[1])[2])			
Angemeldete			
Am Jahresbeginn anhängige	310 738	300 758	293 274
Zugegangene	55 184	48 583	49 002
Bekanntgemachte	25 774	23 063	×[4])
mit Einsprüchen	5 054	3 729[3])	×[4])
Am Jahresende unerledigte	300 758	293 274	300 081
Erteilte	22 534	20 188	13 429
Hauptpatente	21 796	19 453	12 945
Zusatzpatente	738	735	484
Versagte	3 214	2 566	×[4])
Vernichtete	15	7	×[4])
Abgelaufene	15 809	20 204	×[4])
Am Jahresende bestehende	138 062	138 039	×[4])
Gebrauchsmuster[1])			
Angemeldete	36 865	34 247	36 333
Eingetragene	13 654	12 131	12 254
Ohne Eintragung erledigte	26 843	26 730	17 271
Am Jahresende unerledigte	157 468	152 902	159 757
Am Jahresende bestehende	66 769	64 047	64 751
Warenzeichen und Dienstleistungsmarken			
Angemeldete	29 694	21 425	20 978
Eingetragene	14 217	16 844	14 699
Abgewiesene (einschl. zurückgegangene)	6 534	7 347	7 402
Gelöschte	9 679	10 343	10 385
Verlängerte	12 535	13 110	13 419
Am Jahresende bestehende	281 458	285 317	286 954
dar. Alt-Warenzeichen	38 355	35 713	33 036

Verfahren vor dem Bundespatentgericht	1979	1980	1981
Juristische Beschwerdesenate			
Am Jahresbeginn anhängige Verfahren	125	47	51
Neuzugänge	144	91	77
Erledigungen	222	87	93
Am Jahresende anhängige Verfahren	47	51	35
Gebrauchsmuster – Beschwerdesenat			
Am Jahresbeginn anhängige Verfahren	114	101	106
Neuzugänge	161	171	144
Erledigungen	174	166	170
Am Jahresende anhängige Verfahren	101	106	80
Technische Beschwerdesenate			
Am Jahresbeginn anhängige Verfahren	6 155	6 011	5 109
Neuzugänge	5 201	4 335	3 944
Erledigungen	5 345	5 237	4 730
Am Jahresende anhängige Verfahren	6 011	5 109	4 323
Warenzeichen – Beschwerdesenat			
Am Jahresbeginn anhängige Verfahren	1 310	1 035	840
Neuzugänge	1 067	1 049	1 406
Erledigungen	1 342	1 244	1 167
Am Jahresende anhängige Verfahren	1 035	840	1 079
Nichtigkeitssenate			
Am Jahresbeginn anhängige Verfahren	156	124	114
Neuzugänge	167	161	157
Erledigungen			
vor rechtskräftiger Entscheidung	50	6	6
durch Urteil (BPatG und BGH)	149	165	153
Am Jahresende anhängige Verfahren	124	114	112

15.5.2 Patente, Gebrauchsmuster und Warenzeichen 1981

Wohnsitz des Anmelders bzw. Sitz des Unternehmens	Patente[5])		Gebrauchsmuster		Warenzeichen und Dienstleistungsmarken	
	angemeldete	erteilte	angemeldete	eingetragene	angemeldete	eingetragene
Bundesgebiet	29 841	6 537	28 756	10 761	16 317	11 241
Deutsche Demokratische Republik und Berlin (Ost)	609	47	44	21	7	10
Europäisches Ausland	6 392	2 952	4 346	1 164	1 927	1 503
darunter:						
Frankreich	877	629	536	102	151	158
Großbritannien und Nordirland	712	372	338	76	685	503
Italien	759	175	580	217	80	52
Niederlande	471	343	385	91	90	93
Österreich	450	131	438	138	71	26
Schweden	486	187	375	58	172	174
Schweiz	1 256	534	983	250	263	205
Außereuropäisches Ausland	9 737	3 893	3 187	308	2 727	1 945
darunter:						
Japan	4 945	1 544	1 317	73	425	333
Kanada	199	56	52	11	53	48
Vereinigte Staaten	4 374	2 229	1 608	166	1 948	1 395
Insgesamt	**46 579**	**13 429**	**36 333**	**12 254**	**20 978**	**14 699**

1) Für 1980 beziehen sich die Angaben auf den Zeitraum 1. 1. bis 12. 12. 1980.
2) Für 1981 soweit bis 31. 12. 1981 datenmäßig erfaßt.
3) Nur für die 18 279 bekanntgemachten Anmeldungen Januar bis September 1980.
4) Auf Grund der Änderung des Patentgesetzes in der Fassung vom 1. 1. 1981 entfallen diese Angaben.
5) Soweit bis 31. 12. 1981 datenmäßig erfaßt.

Quelle: Deutsches Patentamt, München

15.6 Straftaten und Tatverdächtige*)

15.6.1 Nach Straftaten

Jahr / Straftat (§§ des Strafgesetzbuches)	Bekanntgewordene Straftaten: Anzahl	Bekanntgewordene Straftaten: je 100 000 Einwohner¹)	Aufgeklärte Straftaten: Anzahl	Aufgeklärte Straftaten: % der bekanntgewordenen²)	Strafmündige Tatverdächtige: Anzahl	Strafmündige Tatverdächtige: je 100 000 strafmündige Einwohner³)
1979	3 533 802	*5 761*	1 580 498	*44,7*	1 223 626	*2 419*
1980	3 815 774	*6 198*	1 714 715	*44,9*	1 334 330	*2 610*
1981	4 071 873	*6 603*	1 844 911	*45,3*	1 439 494	*2 784*
darunter (1981):						
Geld- und Wertzeichenfälschung einschl. Vorbereitungshandlungen (146, 148, 149)	142	*0,2*	142	*100,0*	145	*0,3*
Inverkehrbringen von Falschgeld (147)	216	*0,4*	214	*99,1*	234	*0,5*
Straftaten gegen die sexuelle Selbstbestimmung (174—184c)	42 284	*68,6*	29 383	*69,5*	23 171	*44,8*
darunter:						
Homosexuelle Handlungen (175)	988	*1,6*	912	*92,3*	714	*1,4*
Sexueller Mißbrauch von Kindern (176)	12 146	*19,7*	8 042	*66,2*	5 470	*10,6*
Vergewaltigung, Sexuelle Nötigung (177, 178)	10 504	*17,0*	7 209	*68,6*	7 459	*14,4*
Mord und Totschlag (211—213, 216)	2 940⁴)	*4,8*	2 804	*95,4*	3 102	*6,0*
Abbruch der Schwangerschaft (218, 218b, 219, 219a)	145	*0,2*	139	*95,9*	168	*0,3*
Fahrlässige Tötung (222)	664	*1,1*	659	*99,2*	849	*1,6*
Gefährliche und schwere Körperverletzung (223a, 224, 225, 227, 229)	68 876	*111,7*	57 803	*83,9*	77 412	*149,7*
Einfacher und schwerer Diebstahl (242—244, 247, 248a—c)	2 605 051	*4 224,5*	763 638	*29,3*	566 636	*1 095,9*
darunter:						
Diebstahl von:						
Kraftwagen (einschl. unbefugte Ingebrauchnahme)	71 916	*116,6*	25 774	*35,8*	25 268	*48,9*
Fahrrädern (einschl. unbefugte Ingebrauchnahme)	410 223	*665,2*	38 401	*9,4*	16 593	*32,1*
Taschendiebstahl	17 401	*28,2*	2 254	*13,0*	1 757	*3,4*
Einbruchdiebstahl in:						
Geldinstitute	1 155	*1,9*	278	*24,1*	351	*0,7*
Dienst-, Büro-, Fabrik-, Werkstatt- und Lagerräume	88 719	*143,9*	22 381	*25,2*	22 915	*44,3*
Wohnungen	113 261	*183,7*	29 471	*26,0*	23 483	*45,4*
Diebstahl in/aus Warenhäusern, Verkaufsräumen, Selbstbedienungsläden	393 709	*638,5*	331 881	*84,3*	261 705	*506,2*
dar. Ladendiebstahl	312 920	*507,4*	300 698	*96,1*	234 622	*453,8*
Unterschlagung (246, 247, 248a)	37 941	*61,5*	30 170	*79,5*	27 957	*54,1*
Raub, räuberische Erpressung, räuberischer Angriff auf Kraftfahrer (249—252, 255, 316a)	27 710	*44,9*	14 506	*52,3*	20 202	*39,1*
Betrug und Untreue (263, 264, 265, 265a, 265b, 266)	291 763	*473,1*	277 264	*95,0*	188 777	*365,1*
Urkundenfälschung (267, 268, 271—275, 277—279, 281)	37 556	*60,9*	35 246	*93,8*	29 543	*57,1*
Vorsätzliche Brandstiftung (306—308)	8 996	*14,6*	3 340	*37,1*	2 520	*4,9*
Fahrlässige Brandstiftung (309)	9 409	*15,3*	6 029	*64,1*	5 378	*10,4*

15.6.2 Strafmündige Tatverdächtige nach Personengruppen

Jahr / Land	Insgesamt			Jugendliche			Heranwachsende			Erwachsene		
	insgesamt	männlich	weiblich	zusammen	männlich	weiblich	zusammen	männlich	weiblich	zusammen	männlich	weiblich
	Anzahl											
1979	1 223 626	984 829	238 797	200 862	168 112	32 750	173 841	149 260	24 581	848 923	667 457	181 466
1980	1 334 330	1 077 361	256 969	214 476	179 722	34 754	192 855	166 039	26 816	926 999	731 600	195 399
1981	1 439 494	1 160 486	279 008	231 713	192 977	38 736	212 550	182 926	29 624	995 231	784 583	210 648
davon (1981):												
Schleswig-Holstein	68 969	57 355	11 614	12 015	10 195	1 820	10 291	9 207	1 084	46 663	37 953	8 710
Hamburg	71 984	58 598	13 386	10 283	8 452	1 831	10 058	8 560	1 498	51 643	41 586	10 057
Niedersachsen	141 199	112 862	28 337	24 315	20 109	4 206	20 593	17 600	2 993	96 291	75 153	21 138
Bremen	30 249	24 717	5 532	5 399	4 638	761	4 714	3 980	734	20 136	16 099	4 037
Nordrhein-Westfalen	349 767	280 486	69 281	64 884	53 743	11 141	54 984	47 402	7 582	229 899	179 341	50 558
Hessen	130 760	106 230	24 530	18 937	15 908	3 029	19 751	17 004	2 747	92 072	73 318	18 754
Rheinland-Pfalz	80 870	65 505	15 365	11 342	9 384	1 958	12 033	10 499	1 534	57 495	45 622	11 873
Baden-Württemberg	195 301	159 262	36 039	30 700	25 861	4 839	30 860	26 625	4 235	133 741	106 776	26 965
Bayern	233 776	184 817	48 959	33 957	28 063	5 894	31 925	27 138	4 787	167 894	129 616	38 278
Saarland	26 569	21 720	4 849	4 285	3 425	860	3 647	3 224	423	18 637	15 071	3 566
Berlin (West)	110 050	88 934	21 116	15 596	13 199	2 397	13 694	11 687	2 007	80 760	64 048	16 712
	je 100 000 Einwohner der gleichen Personengruppe³)											
1979	*2 419*	*4 151*	*889*	*4 867*	*7 949*	*1 628*	*6 086*	*10 179*	*1 768*	*1 947*	*3 313*	*773*
1980	*2 610*	*4 482*	*949*	*5 112*	*8 334*	*1 705*	*6 484*	*10 864*	*1 854*	*2 109*	*3 595*	*828*
1981	*2 784*	*4 759*	*1 021*	*5 436*	*8 785*	*1 875*	*6 931*	*11 588*	*1 991*	*2 243*	*3 807*	*886*

*) Ohne Vergehen im Straßenverkehr.
1) Straftatenziffer.
2) Aufklärungsquote.
3) Tatverdächtigenziffer.
4) Darunter 2 026 Fälle von Versuch.

Quelle: Bundeskriminalamt, Wiesbaden

15.7 Abgeurteilte und Verurteilte

15.7.1 Grundzahlen

Jahr / Land	Abgeurteilte[1])	Freigesprochene	Verurteilte								
			insgesamt			Jugendliche		Heranwachsende		Erwachsene	
			insgesamt	männlich	weiblich	zusammen	weiblich	zusammen	weiblich	zusammen	weiblich
1975	779 219	32 973	664 536	569 948	94 588	58 750	7 262	84 599	9 210	521 187	78 116
1976	839 679	35 584	699 339	595 985	103 354	64 511	8 081	91 769	10 090	543 059	85 183
1977	882 855	37 170	722 966	615 188	107 778	70 902	8 452	94 941	10 506	557 123	88 820
1978	917 532	38 064	739 044	627 665	111 379	76 177	8 735	98 374	10 798	564 493	91 846
1979	906 232	37 169	718 779	610 305	108 474	77 857	8 868	96 240	10 366	544 682	89 240
1980	928 906	36 951	732 481	621 393	111 088	80 424	9 152	98 845	10 554	553 212	91 382
1981	952 091	35 857	747 463	634 048	113 415	85 062	9 331	102 815	10 968	559 586	93 116
davon (1981):											
Schleswig-Holstein	38 474	1 661	31 835	27 824	4 011	3 115	222	4 157	278	24 563	3 511
Hamburg	31 009	1 442	21 086	18 202	2 884	811	71	1 668	135	18 607	2 678
Niedersachsen	112 247	5 208	86 503	75 845	10 658	11 196	1 068	12 994	1 129	62 313	8 461
Bremen	15 285	290	10 335	8 571	1 764	472	51	867	76	8 996	1 637
Nordrhein-Westfalen	280 002	9 960	212 939	176 284	36 655	26 551	3 018	27 154	2 949	159 234	30 688
Hessen	79 061	2 781	61 731	51 543	10 188	6 341	729	7 787	834	47 603	8 625
Rheinland-Pfalz	53 919	1 851	44 099	37 952	6 147	6 048	735	6 865	723	31 186	4 689
Baden-Württemberg	128 439	3 992	106 281	92 169	14 112	14 216	1 547	17 077	1 940	74 988	10 625
Bayern	154 517	5 854	128 605	109 149	19 456	13 123	1 516	19 636	2 394	95 846	15 546
Saarland	14 724	646	12 540	11 089	1 451	1 266	165	1 719	158	9 555	1 128
Berlin (West)	44 414	2 172	31 509	25 420	6 089	1 923	209	2 891	352	26 695	5 528

15.7.2 Verhältniszahlen

Jahr / Land	Abgeurteilte[2])	Verurteilte	Verurteilte								
	in % der		insgesamt			Jugendliche		Heranwachsende		Erwachsene	
	Tatverdächtigen[3])	Abgeurteilten[4])	insgesamt	männlich	weiblich	zusammen	weiblich	zusammen	weiblich	zusammen	weiblich
			je 100 000 Einwohner der gleichen Personengruppe[5])								
1975	42,9	85,3	1 343	2 458	360	1 582	403	3 293	731	1 207	336
1976	44,1	83,3	1 411	2 570	392	1 691	435	3 529	794	1 259	367
1977	43,7	81,9	1 452	2 641	407	1 809	442	3 554	807	1 290	382
1978	45,2	80,5	1 473	2 672	418	1 892	445	3 562	804	1 301	393
1979	42,9	79,3	1 421	2 572	404	1 887	441	3 369	746	1 249	380
1980	40,2	78,9	1 433	2 585	410	1 917	449	3 323	730	1 259	387
1981	39,4	78,5	1 446	2 600	415	1 996	452	3 353	737	1 261	392
davon (1981):											
Schleswig-Holstein	34,7	82,7	1 460	2 685	351	1 657	243	3 304	463	1 316	354
Hamburg	28,0	68,0	1 470	2 755	373	840	151	2 353	382	1 468	387
Niedersachsen	43,4	77,1	1 437	2 664	336	2 124	417	3 559	643	1 215	309
Bremen	32,9	67,6	1 742	3 113	555	1 040	232	2 635	478	1 747	584
Nordrhein-Westfalen	47,3	76,0	1 487	2 610	485	2 234	524	3 187	711	1 297	467
Hessen	36,2	78,1	1 306	2 297	410	1 726	411	2 916	642	1 163	397
Rheinland-Pfalz	38,4	81,8	1 444	2 637	381	2 302	576	3 585	777	1 200	337
Baden-Württemberg	38,2	82,7	1 380	2 514	350	2 154	485	3 554	829	1 143	305
Bayern	39,8	83,2	1 407	2 531	403	1 756	418	3 587	898	1 222	370
Saarland	30,4	85,2	1 386	2 620	301	1 661	441	2 964	566	1 240	271
Berlin (West)	28,7	70,9	1 921	3 510	665	1 860	419	3 824	1 003	1 827	665

1) Einschl. Straßenverkehrsvergehen.
2) Ohne Straßenverkehrsvergehen.
3) Anklagequote.
4) Verurteilungsquote.
5) Verurteiltenziffer.

15.8 Verurteilte nach Hauptdeliktsgruppen und ausgewählten Straftaten

15.8.1 Grundzahlen

Verbrechen und Vergehen (§§ des Strafgesetzbuches)	Insgesamt			Jugendliche			Heranwachsende			Erwachsene		
	1979	1980	1981	1979	1980	1981	1979	1980	1981	1979	1980	1981
Straftaten gegen den Staat, die öffentliche Ordnung (außer unerlaubtem Entfernen vom Unfallort) und im Amte (80—168 und 331—358, außer 142)	16 201	16 696	17 828	1 190	1 257	1 440	2 216	2 285	2 570	12 795	13 154	13 818
darunter:												
Widerstand gegen Vollstreckungsbeamte (113)	3 574	3 442	3 445	117	130	147	449	435	471	3 008	2 877	2 827
Hausfriedensbruch (123, 124)	3 457	3 583	3 887	244	275	308	400	427	507	2 813	2 881	3 072
Landfriedensbruch (125, 125 a)	89	113	134	15	29	41	29	53	37	45	31	56
Straftaten gegen die sexuelle Selbstbestimmung (174—184 c)	5 836	5 748	5 561	504	511	520	639	621	640	4 693	4 616	4 401
darunter:												
Homosexuelle Handlungen (175)	148	164	147	—	—	—	3	6	3	145	158	144
Sexueller Mißbrauch von Kindern (176)	1 856	1 790	1 714	183	167	189	125	123	139	1 548	1 500	1 386
Vergewaltigung (177)	1 166	1 177	1 310	105	113	128	232	205	211	829	859	971
Zuhälterei (181 a)	126	114	103	—	1	2	5	6	12	121	107	89
Andere Straftaten gegen die Person außer im Straßenverkehr (169—173, 185—241 a, außer 222, 230 i. V. mit Verkehrsunfall)	54 254	56 006	58 699	5 077	5 602	5 922	6 689	7 306	8 252	42 488	43 098	44 525
darunter:												
Beleidigung u. üble Nachrede, Verleumdung (185—189)	7 505	8 012	8 507	294	327	389	568	639	824	6 643	7 046	7 294
Mord (211)	226	235	243	43	25	30	44	47	51	139	163	162
Totschlag (212, 213)	451	447	441	19	20	27	55	51	38	377	376	376
Abbruch der Schwangerschaft (218, 218 b, 219, 219 a)	29	30	28	—	3	—	2	2	3	27	25	25
Körperverletzung (223)	14 468	15 132	16 076	1 515	1 773	1 826	2 103	2 292	2 502	10 850	11 067	11 748
Gefährliche Körperverletzung (223 a und b)	13 273	13 915	15 186	2 469	2 637	2 851	2 640	2 880	3 362	8 164	8 398	8 973
Diebstahl und Unterschlagung (242—248 c)	162 683	162 540	170 607	38 181	37 246	38 963	21 190	21 376	22 907	103 312	103 918	108 737
darunter:												
Diebstahl (242)	118 977	119 784	125 160	23 761	22 944	23 679	11 783	12 045	12 645	83 433	84 795	88 836
Schwerer Diebstahl (243, 244)	35 958	34 967	37 591	13 016	12 881	13 976	8 453	8 438	9 240	14 489	13 648	14 375
Unterschlagung (246)	5 855	5 804	5 783	873	862	814	599	536	610	4 383	4 406	4 359
Raub und Erpressung, räuberischer Angriff auf Kraftfahrer (249—256, 316 a)	5 560	5 294	6 078	1 622	1 502	1 801	1 433	1 379	1 599	2 505	2 413	2 678
darunter:												
Raub (249)	2 039	1 907	2 080	741	664	784	562	513	537	736	730	759
Schwerer Raub (250, 251)	1 195	1 186	1 396	243	271	292	350	358	411	602	557	693
Erpressung (253)	404	355	434	129	101	136	58	48	72	217	206	226
Andere Vermögensdelikte (257—305)	71 231	69 546	75 572	6 964	7 206	7 926	8 034	7 725	8 617	56 233	54 615	59 029
darunter:												
Begünstigung und Hehlerei (257—260)	6 157	5 837	6 391	1 523	1 526	1 552	998	941	1 076	3 636	3 370	3 763
Betrug und Untreue (263—266)	40 988	39 100	42 677	2 024	2 079	2 341	3 526	3 214	3 589	35 438	33 807	36 747
Urkundenfälschung, Falschbeurkundung (267, 268, 271—273)	13 975	14 064	15 195	1 489	1 479	1 819	1 765	1 828	2 024	10 721	10 757	11 352
Gemeingefährliche Straftaten — einschl. Umweltstraftaten — außer im Straßenverkehr (306—330 d außer 315 b und c, 316, 316 a und 323 a i. V. m. Verkehrsunfall)¹)	9 230	8 945	9 592	513	507	490	1 213	1 132	1 148	7 504	7 306	7 954
darunter:												
Vorsätzliche Brandstiftung (306—308)	489	494	616	97	99	111	85	92	122	307	303	383
Fahrlässige Brandstiftung (309)	295	331	337	39	46	65	18	29	26	238	256	246
Straftaten im Straßenverkehr (142, 315 b und c, 316; 222, 230, 323 a²) i. V. mit Verkehrsunfall und nach dem StVG)	320 913	329 300	321 614	19 853	22 688	23 814	45 346	46 685	46 074	255 714	259 927	251 726
Straftaten nach anderen Bundes- und Landesgesetzen (außer StGB und StVG)	72 871	78 406	81 912	3 953	3 905	4 186	9 480	10 336	11 008	59 438	64 165	66 718
Insgesamt	**718 779**	**732 481**	**747 463**	**77 857**	**80 424**	**85 062**	**96 240**	**98 845**	**102 815**	**544 682**	**553 212**	**559 586**

¹) 1979 und 1980: §§ 306–330 c außer 315 b und c, 316, 316 a und 330 a (alter Fassung) i. V. m. Verkehrsunfall.

²) 1979 und 1980: § 330 a (alter Fassung).

15.8 Verurteilte nach Hauptdeliktsgruppen und ausgewählten Straftaten

15.8.2 Verurteiltenziffern

(Verurteilte je 100 000 Einwohner der gleichen Personengruppe)

Verbrechen und Vergehen (§§ des Strafgesetzbuches)	Insgesamt			Jugendliche			Heranwachsende			Erwachsene		
	1979	1980	1981	1979	1980	1981	1979	1980	1981	1979	1980	1981
Straftaten gegen den Staat, die öffentliche Ordnung (außer unerlaubtem Entfernen vom Unfallort) und im Amte (80—168 und 331—358, außer 142)	32,0	32,7	34,5	28,8	30,0	33,8	77,6	76,8	83,8	29,3	29,9	31,1
darunter:												
Widerstand gegen Vollstreckungsbeamte (113)	7,1	6,7	6,7	2,8	3,1	3,4	15,7	14,6	15,4	6,9	6,5	6,4
Hausfriedensbruch (123, 124)	6,8	7,0	7,5	5,9	6,6	7,2	14,0	14,4	16,5	6,5	6,6	6,9
Landfriedensbruch (125, 125 a)	0,2	0,2	0,3	0,4	0,7	1,0	1,0	1,8	1,2	0,1	0,1	0,1
Straftaten gegen die sexuelle Selbstbestimmung (174—184 c)	11,5	11,2	10,8	12,2	12,2	12,2	22,4	20,9	20,9	10,8	10,5	9,9
darunter:												
Homosexuelle Handlungen (175)	0,3	0,3	0,3	—	—	—	0,1	0,2	0,1	0,3	0,4	0,3
Sexueller Mißbrauch von Kindern (176)	3,7	3,5	3,3	4,4	4,0	4,4	4,4	4,1	4,5	3,5	3,4	3,1
Vergewaltigung (177)	2,3	2,3	2,5	2,5	2,7	3,0	8,1	6,9	6,9	1,9	2,0	2,2
Zuhälterei (181 a)	0,2	0,2	0,2	—	0,0	0,0	0,2	0,2	0,4	0,3	0,2	0,2
Andere Straftaten gegen die Person außer im Straßenverkehr (169—173, 185—241 a, außer 222, 230 i. V. mit Verkehrsunfall)	107,2	109,6	113,5	123,0	133,5	138,9	234,2	245,6	269,1	97,4	98,1	100,3
darunter:												
Beleidigung u. üble Nachrede, Verleumdung (185—189)	14,8	15,7	16,5	7,1	7,8	9,1	19,9	21,5	26,9	15,2	16,0	16,4
Mord (211)	0,4	0,5	0,5	1,0	0,6	0,7	1,5	1,6	1,7	0,3	0,4	0,4
Totschlag (212, 213)	0,9	0,9	0,9	0,5	0,5	0,6	1,9	1,7	1,2	0,9	0,9	0,8
Abbruch der Schwangerschaft (218, 218 b, 219, 219 a)	0,1	0,1	0,1	—	0,1	—	0,1	0,1	0,1	0,1	0,1	0,1
Körperverletzung (223)	28,6	29,6	31,1	36,7	42,3	42,8	73,6	77,1	81,6	24,9	25,2	26,5
Gefährliche Körperverletzung (223 a und b)	26,2	27,2	29,4	59,8	62,9	66,9	92,4	96,8	109,6	18,7	19,1	20,2
Diebstahl und Unterschlagung (242—248 c)	321,6	317,9	330,0	925,2	887,8	914,1	741,8	718,7	747,0	236,9	236,4	245,0
darunter:												
Diebstahl (242)	235,2	234,3	242,1	575,8	546,9	555,5	412,5	405,0	412,4	191,3	192,9	200,2
Schwerer Diebstahl (243, 244)	71,1	68,4	72,7	315,4	307,0	327,9	295,9	283,7	301,3	33,2	31,1	32,4
Unterschlagung (246)	11,6	11,4	11,2	21,2	20,5	19,1	21,0	18,0	19,9	10,1	10,0	9,8
Raub und Erpressung, räuberischer Angriff auf Kraftfahrer (249—256, 316 a)	11,0	10,4	11,8	39,3	35,8	42,3	50,2	46,4	52,1	5,7	5,5	6,0
darunter:												
Raub (249)	4,0	3,7	4,0	18,0	15,8	18,4	19,7	17,2	17,5	1,7	1,7	1,7
Schwerer Raub (250, 251)	2,4	2,3	2,7	5,9	6,5	6,9	12,3	12,0	13,4	1,4	1,3	1,6
Erpressung (253)	0,8	0,7	0,8	3,1	2,4	3,2	2,0	1,6	2,3	0,5	0,5	0,5
Andere Vermögensdelikte (257—305)	140,8	136,0	146,2	168,7	171,8	185,9	281,3	259,7	281,0	128,9	124,3	133,0
darunter:												
Begünstigung und Hehlerei (257—260)	12,2	11,4	12,4	36,9	36,4	36,4	34,9	31,6	35,1	8,3	7,7	8,5
Betrug und Untreue (263—266)	81,0	76,5	82,5	49,0	49,6	54,9	123,4	108,1	117,0	81,3	76,9	82,8
Urkundenfälschung, Falschbeurkundung (267, 268, 271—273)	27,6	27,5	29,4	36,1	35,3	42,7	61,8	61,5	66,0	24,6	24,5	25,6
Gemeingefährliche Straftaten – einschl. Umweltstraftaten – außer im Straßenverkehr (306—330 d außer 315 b und c, 316, 316 a und 323 a i. V. m. Verkehrsunfall)[1])	18,2	17,5	18,6	12,4	12,1	11,5	42,5	38,1	37,4	17,2	16,6	17,9
darunter:												
Vorsätzliche Brandstiftung (306—308)	1,0	1,0	1,2	2,4	2,4	2,6	3,0	3,1	4,0	0,7	0,7	0,9
Fahrlässige Brandstiftung (309)	0,6	0,6	0,7	0,9	1,1	1,5	0,6	1,0	0,8	0,5	0,6	0,6
Straftaten im Straßenverkehr (142, 315 b und c, 316; 222, 230, 323 a[2]) i. V. mit Verkehrsunfall und nach dem StVG)	634,3	644,1	622,0	481,1	540,8	558,7	1 587,5	1 569,6	1 502,5	586,4	591,4	567,3
Straftaten nach anderen Bundes- und Landesgesetzen (außer StGB und StVG)	144,0	153,4	158,4	95,8	93,1	98,2	331,9	347,5	359,0	136,3	146,0	150,3
Insgesamt	**1 420,7**	**1 432,8**	**1 445,6**	**1 886,6**	**1 917,0**	**1 995,5**	**3 369,2**	**3 323,2**	**3 352,8**	**1 249,0**	**1 258,7**	**1 261,0**

[1]) 1979 und 1980: §§ 306—330 c außer 315 b und c, 316, 316 a und 330 a (alter Fassung) i. V. m. Verkehrsunfall.

[2]) 1979 und 1980: § 330 a (alter Fassung).

Verurteilte 1981 nach Personengruppen

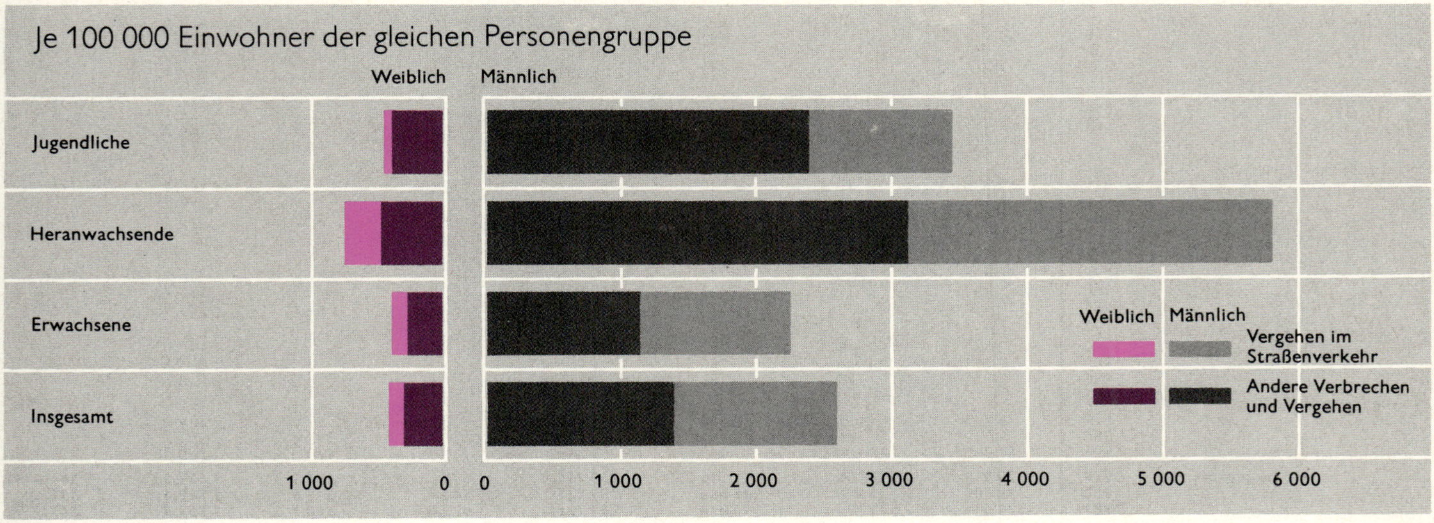

Verurteilte 1981 nach Hauptdeliktsgruppen

Statistisches Bundesamt 83 0253

15.9 Verurteilte wegen Vergehen im Straßenverkehr

Vergehen (§§ des Strafgesetzbuches)	Jahr	Insgesamt	Jugendliche	Heranwachsende	Erwachsene	Insgesamt	Jugendliche	Heranwachsende	Erwachsene
		Anzahl				je 100 000 Einwohner der gleichen Personengruppe[1])			
Unerlaubtes Entfernen vom Unfallort (142)	1979	42 621	1 058	7 493	34 070	*84,2*	*25,6*	*262,3*	*78,1*
	1980	43 338	1 171	7 671	34 496	*84,8*	*27,9*	*257,9*	*78,5*
	1981	44 650	1 069	7 894	35 687	*86,4*	*25,1*	*257,4*	*80,4*
Fahrlässige Tötung i. V. mit Verkehrsunfall (222)	1979	3 214	62	746	2 406	*6,4*	*1,5*	*26,1*	*5,5*
	1980	3 113	90	724	2 299	*6,1*	*2,1*	*24,3*	*5,2*
	1981	2 965	75	726	2 164	*5,7*	*1,8*	*23,7*	*4,9*
Fahrlässige Körperverletzung i. V. mit Verkehrsunfall (230)	1979	67 288	1 576	11 849	53 863	*133,0*	*38,2*	*414,8*	*123,5*
	1980	64 981	1 634	11 696	51 651	*127,1*	*38,9*	*393,2*	*117,5*
	1981	59 331	1 395	11 232	46 704	*114,7*	*32,7*	*366,3*	*105,2*
Gefährdung des Straßenverkehrs (315 b, 315 c Abs. 1 Nr. 1 a bis 2 g, 316)	1979	148 433	3 083	15 285	130 065	*293,4*	*74,7*	*535,1*	*298,2*
	1980	155 139	3 311	15 873	135 955	*303,5*	*78,9*	*533,7*	*309,3*
	1981	150 300	3 034	15 512	131 754	*290,7*	*71,2*	*505,9*	*296,9*
Volltrunkenheit i. V. mit Verkehrsunfall (323 a)[2])	1979	2 584	49	287	2 248	*5,1*	*1,2*	*10,0*	*5,2*
	1980	2 611	55	260	2 296	*5,1*	*1,3*	*8,7*	*5,2*
	1981	2 378	47	263	2 068	*4,6*	*1,1*	*8,6*	*4,7*
Vergehen gegen das Straßenverkehrsgesetz (StVG)	1979	56 773	14 025	9 686	33 062	*112,2*	*339,8*	*339,1*	*75,8*
	1980	60 118	16 427	10 461	33 230	*117,6*	*391,6*	*351,7*	*75,6*
	1981	61 990	18 194	10 447	33 349	*119,9*	*426,8*	*340,7*	*75,2*
Insgesamt	**1979**	**320 913**	**19 853**	**45 346**	**255 714**	***634,3***	***481,1***	***1 587,5***	***586,4***
	1980	**329 300**	**22 688**	**46 685**	**259 927**	***644,1***	***540,8***	***1 569,6***	***591,4***
	1981	**321 614**	**23 814**	**46 074**	**251 726**	***622,0***	***558,7***	***1 502,5***	***567,3***

1) Verurteiltenziffer.

2) 1979 und 1980: § 330 a (alter Fassung).

15.10 Verurteilte nach Altersgruppen

Jahr (i = insgesamt, m = männlich, w = weiblich)		Insgesamt	Davon zur Zeit der Tat im Alter von ... bis unter ... Jahren								
			14 — 16	16 — 18	18 — 21	21 — 25	25 — 30	30 — 40	40 — 50	50 — 60	60 und mehr
Grundzahlen											
Verbrechen und Vergehen (ohne Vergehen im Straßenverkehr)											
1981	i	425 849	25 529	35 719	56 741	67 486	58 741	84 585	57 694	25 335	14 019
	m	341 816	21 561	31 235	49 614	57 015	48 488	67 549	43 345	15 882	7 127
	w	84 033	3 968	4 484	7 127	10 471	10 253	17 036	14 349	9 453	6 892
Vergehen im Straßenverkehr											
1981	i	321 614	5 453	18 361	46 074	54 362	44 680	70 474	52 488	20 532	9 190
	m	292 232	5 253	17 682	42 233	49 494	40 205	62 636	47 739	18 679	8 311
	w	29 382	200	679	3 841	4 868	4 475	7 838	4 749	1 853	879
Verurteiltenziffern (Verurteilte je 100 000 Einwohner der gleichen Altersgruppe)											
Verbrechen und Vergehen (ohne Vergehen im Straßenverkehr)											
1979	i	*786*	*1 201*	*1 619*	*1 782*	*1 723*	*1 294*	*993*	*619*	*326*	*117*
	m	*1 342*	*1 990*	*2 749*	*3 020*	*2 827*	*2 078*	*1 543*	*903*	*462*	*169*
	w	*296*	*372*	*431*	*476*	*567*	*480*	*408*	*321*	*219*	*86*
1980	i	*789*	*1 172*	*1 584*	*1 754*	*1 715*	*1 303*	*997*	*627*	*338*	*117*
	m	*1 340*	*1 914*	*2 686*	*2 975*	*2 802*	*2 097*	*1 544*	*913*	*472*	*165*
	w	*300*	*388*	*417*	*463*	*557*	*479*	*415*	*326*	*231*	*90*
1981	i	*824*	*1 211*	*1 658*	*1 850*	*1 799*	*1 362*	*1 035*	*652*	*346*	*117*
	m	*1 402*	*1 988*	*2 808*	*3 143*	*2 930*	*2 196*	*1 604*	*955*	*477*	*163*
	w	*308*	*388*	*430*	*479*	*580*	*487*	*430*	*333*	*237*	*91*
Vergehen im Straßenverkehr											
1979	i	*634*	*230*	*743*	*1 587*	*1 507*	*1 084*	*902*	*599*	*284*	*80*
	m	*1 231*	*431*	*1 391*	*2 837*	*2 674*	*1 914*	*1 573*	*1 071*	*589*	*195*
	w	*108*	*20*	*61*	*270*	*285*	*223*	*188*	*103*	*48*	*12*
1980	i	*644*	*270*	*817*	*1 570*	*1 515*	*1 081*	*905*	*613*	*294*	*79*
	m	*1 246*	*503*	*1 523*	*2 802*	*2 666*	*1 904*	*1 572*	*1 091*	*602*	*194*
	w	*110*	*23*	*70*	*267*	*289*	*228*	*195*	*110*	*48*	*12*
1981	i	*622*	*259*	*852*	*1 502*	*1 449*	*1 036*	*862*	*593*	*280*	*77*
	m	*1 198*	*484*	*1 590*	*2 675*	*2 543*	*1 821*	*1 488*	*1 052*	*561*	*190*
	w	*108*	*20*	*65*	*258*	*270*	*212*	*198*	*110*	*46*	*12*

15.11 Strafen bei den nach allgemeinem Strafrecht Verurteilten

Jahr — Personengruppe	Freiheitsstrafe								Strafarrest	Geldstrafe
	bis einschl. 9 Monate	mehr als . . . bis einschl. 9 Monate — 1 Jahr	1 — 2	2 — 5 Jahre	5 — 15	lebenslange	insgesamt	darunter mit Strafaussetzung		
1977 Heranwachsende . .	2 948	508	186	81	13	2	3 738	2 747	603	45 843
Erwachsene	72 922	12 462	7 660	3 821	875	62	97 802	62 884	612	458 709
1978 Heranwachsende . .	2 996	505	202	71	27	—	3 801	2 814	558	45 400
Erwachsene	75 394	13 141	8 214	3 972	932	52	101 705	65 075	561	462 227
1979 Heranwachsende . .	2 689	418	189	81	17	2	3 396	2 516	418	43 047
Erwachsene	74 227	12 743	8 022	3 948	937	52	99 929	64 762	431	444 322
1980 Heranwachsende . .	2 638	388	145	62	18	—	3 251	2 533	415	42 954
Erwachsene	75 080	13 162	8 281	4 072	950	54	101 599	66 345	453	451 160
1981 Heranwachsende . .	2 600	383	160	57	24	1	3 225	2 513	325	42 810
Erwachsene	76 923	13 726	9 039	4 284	1 124	69	105 165	68 710	438	453 983

15.12 Strafen und Maßnahmen bei den nach Jugendstrafrecht Verurteilten

Jahr — Personengruppe	Jugendstrafen[1])				Zuchtmittel[1])				Erziehungsmaßregeln[1])			
	insgesamt	6 Monate (Mindeststrafe) bis 1 Jahr	mehr als 1 Jahr	unbestimmte Zeitdauer	insgesamt	Jugendarrest	Auferlegung besonderer Pflichten	Verwarnung nach § 14 JGG	insgesamt	Fürsorgeerziehung	Erziehungsbeistandschaft	Erteilung von Weisungen
1977 Jugendliche	6 501	4 907	1 325	269	69 477	16 357	24 083	29 037	24 175	186	424	23 565
Heranwachsende . .	11 518	7 885	3 442	191	42 113	8 433	21 336	12 344	5 897	2	20	5 875
1978 Jugendliche	6 821	5 200	1 377	244	73 273	17 454	24 885	30 934	27 881	159	388	27 334
Heranwachsende . .	11 852	8 114	3 575	163	46 729	9 209	23 674	13 846	6 928	1	5	6 922
1979 Jugendliche	6 487	4 950	1 336	201	74 350	17 414	25 364	31 572	30 526	138	337	30 051
Heranwachsende . .	11 558	8 007	3 434	117	48 243	9 519	24 486	14 238	7 463	2	9	7 452
1980 Jugendliche	6 158	4 690	1 289	179	76 663	17 085	26 748	32 830	32 876	129	334	32 413
Heranwachsende . .	11 824	8 081	3 625	118	50 452	10 098	25 949	14 405	8 436	4	5	8 427
1981 Jugendliche	6 941	5 254	1 507	180	78 253	18 158	26 802	33 293	36 777	122	311	36 344
Heranwachsende . .	13 081	8 803	4 133	145	52 326	10 914	26 138	15 274	10 884	9	9	10 866

[1]) Strafen und Maßnahmen können nebeneinander angeordnet werden.

15.13 Maßregeln der Besserung und Sicherung

Jahr	Jugendliche				Heranwachsende				Erwachsene					
	Unterbringung in einem psychiatrischen Krankenhaus	Unterbringung in einer Entziehungsanstalt	Anordnung von Führungsaufsicht	Entziehung der Fahrerlaubnis	Unterbringung in einem psychiatrischen Krankenhaus	Unterbringung in einer Entziehungsanstalt	Anordnung von Führungsaufsicht	Entziehung der Fahrerlaubnis	Unterbringung in einem psychiatrischen Krankenhaus	Unterbringung in einer Entziehungsanstalt	Sicherungsverwahrung	Berufsverbot	Anordnung von Führungsaufsicht	Entziehung der Fahrerlaubnis
1977	28	15	4	3 630	50	89	21	21 472	311	325	51	63	345	159 548
1978	21	13	9	3 755	42	93	19	22 706	314	377	35	59	469	165 460
1979	27	14	8	3 722	46	84	26	22 272	297	472	44	73	375	161 147
1980	19	9	6	3 975	43	77	31	23 307	304	499	41	63	316	167 697
1981	24	5	9	3 880	47	53	22	23 267	324	446	57	60	278	164 706

15.14 Justizvollzugsanstalten 1981

Land	Anstalten	Belegungsfähigkeit	Strafgefangene und Verwahrte						
			Zugänge[1])			Abgänge[2])			
						insgesamt	und zwar		
	am 31. 12. 1981		insgesamt	männlich	weiblich		männlich	weiblich	bedingt entlassen
Schleswig-Holstein	5	1 795	17 142	16 601	541	17 034	16 500	534	768
Hamburg	10	3 287	31 240	30 098	1 142	31 272	30 129	1 143	797
Niedersachsen	20	5 600	60 038	58 052	1 986	59 638	57 662	1 976	1 657
Bremen	5	1 245	5 528	5 353	175	5 470	5 293	177	323
Nordrhein-Westfalen	34	17 213	158 345	153 488	4 857	158 282	153 474	4 808	5 638
Hessen	14	4 651	50 212	47 593	2 619	50 258	47 637	2 621	1 446
Rheinland-Pfalz	10	3 210	27 531	26 765	766	27 498	26 720	778	1 192
Baden-Württemberg	19	6 774	63 010	60 510	2 500	62 543	60 026	2 517	2 329
Bayern	38	10 253	74 924	70 719	4 205	74 557	70 363	4 194	3 369
Saarland	4	832	5 468	5 468	—[3])	5 389	5 389	—[3])	410
Berlin (West)	5	3 817	17 243	15 218	2 025	17 032	15 005	2 027	616
Bundesgebiet	**164**	**58 677**	**510 681**	**489 865**	**20 816**	**508 973**	**488 198**	**20 775**	**18 545**

[1]) Nicht nur Strafantritt, auch z. B. Einweisung in Untersuchungshaft oder Überweisung aus einer anderen Anstalt.
[2]) Nicht nur Entlassung in die Freiheit, auch z. B. aus Untersuchungshaft in Strafhaft oder in eine andere Anstalt oder Tod.
[3]) Weibliche Untersuchungsgefangene sind in der Justizvollzugsanstalt Zweibrücken untergebracht, weibliche Strafgefangene werden in die Justizvollzugsanstalt Frankfurt am Main eingewiesen.

15.15 Strafgefangene und Sicherungsverwahrte

Jahr / Land	Einweisungen im Berichtsjahr[1])	Strafgefangene und Sicherungsverwahrte am 31. 3.								Entlassungen im Berichtsjahr[2])
		insgesamt	und zwar							
			männlich	weiblich	Jugendliche	Heranwachsende	Erwachsene			
							zusammen	männlich	weiblich	
1979	53 642	42 229	40 879	1 350	873	3 664	37 692	36 503	1 189	42 242
1980	52 936	42 235	40 779	1 456	760	3 730	37 745	36 442	1 303	43 833
1981	54 012	43 136	41 738	1 398	716	3 601	38 819	37 547	1 272	44 658
davon (1981):										
Schleswig-Holstein	2 032	1 399	1 341	58	20	132	1 247	1 191	56	1 726
Hamburg	942	1 912	1 905	7	15	86	1 811	1 804	7	1 888
Niedersachsen	4 430	4 173	4 085	88	58	362	3 753	3 674	79	5 152
Bremen	1 191	692	688	4	11	56	625	621	4	1 254
Nordrhein-Westfalen	16 068	12 206	11 793	413	232	1 107	10 867	10 499	368	12 386
Hessen	4 856	3 680	3 503	177	49	265	3 366	3 195	171	3 506
Rheinland-Pfalz	3 104	2 523	2 514	9	42	223	2 258	2 249	9	2 886
Baden-Württemberg	8 086	5 299	5 099	200	107	486	4 706	4 532	174	5 532
Bayern	9 282	7 741	7 408	333	116	622	7 003	6 699	304	7 505
Saarland	862	727	727	—[3])	35	88	604	604	—[3])	554
Berlin (West)	3 159	2 784	2 675	109	31	174	2 579	2 479	100	2 269

[1]) Nur Einweisungen zum Antritt einer Kriminalstrafe.
[2]) Nur Ende der Strafe oder Maßregel.
[3]) Weibliche Strafgefangene werden in die Justizvollzugsanstalt Frankfurt am Main eingewiesen.

15.16 Strafgefangene am 31. 3. 1981 nach Hauptdeliktsgruppen und Art der Freiheitsentziehung*)

Hauptdeliktsgruppe[1])	Insgesamt	Und zwar					Art der Freiheitsentziehung					
		männlich	weiblich	Jugendliche	Heranwachsende	Erwachsene	Freiheitsstrafe			Jugendstrafe		
							zusammen	männlich	weiblich	zusammen	männlich	weiblich
Gegen den Staat, die öffentliche Ordnung und im Amt	626	597	29	2	28	596	573	545	28	53	52	1
Gegen die sexuelle Selbstbestimmung	2 431	2 390	41	19	125	2 287	2 189	2 153	36	242	237	5
Andere gegen die Person	7 192	6 987	205	53	407	6 732	6 384	6 198	186	808	789	19
Diebstahl und Unterschlagung	14 096	13 761	335	459	1 873	11 764	10 900	10 623	277	3 196	3 138	58
Raub und Erpressung	5 158	5 075	83	135	649	4 374	4 032	3 970	62	1 126	1 105	21
Andere Vermögensdelikte	4 782	4 488	294	22	113	4 647	4 552	4 280	272	230	208	22
Gemeingefährliche	757	742	15	9	47	701	669	660	9	88	82	6
Im Straßenverkehr	3 638	3 618	20	7	110	3 521	3 473	3 453	20	165	165	—
Nach anderen Bundes- und Landesgesetzen	4 250	3 875	375	10	249	3 991	3 702	3 427	275	548	448	100
Insgesamt	**42 930**	**41 533**	**1 397**	**716**	**3 601**	**38 613**	**36 474**	**35 309**	**1 165**	**6 456**	**6 224**	**232**

*) Nur Strafgefangene mit Freiheits- und Jugendstrafe.
[1]) Genauere Inhalts- und Paragraphenangabe siehe Tabelle 15.8, S. 335.

15.17 Strafgefangene und Verwahrte nach Art der Freiheitsentziehung, Vollzugsdauer und Altersgruppen*)

Stichtag: 31. 3. / Geschlecht / Alter von . . . bis unter . . . Jahren	Strafgefangene und Sicherungsverwahrte									Sonstige Verwahrte¹)		
	insgesamt	Freiheitsstrafe					Jugendstrafe		Sicherungsverwahrung	insgesamt	davon in	
		Vollzugsdauer²)					Dauer					
		bis einschl. 9 Monate	mehr als . . . bis einschl. . . . 9 Monate—2 Jahre	2—5³) Jahre	5—15 Jahre	lebenslange	bestimmte	unbestimmte			Psychiatrischem Krankenhaus	Entziehungsanstalt
1979	42 229	12 596	12 026	6 842	3 163	967	5 837	544	254	3 351	2 847	504
1980	42 235	12 383	11 738	7 135	3 325	956	5 924	566	208	3 237	2 593	644
1981	43 136	12 576	11 950	7 409	3 578	961	6 018	438	206	3 242	2 515	727
1981 nach dem Geschlecht												
Männlich	41 738	12 077	11 580	7 228	3 501	923	5 793	431	205	3 075	2 421	654
Weiblich	1 398	499	370	181	77	38	225	7	1	167	94	73
1981 nach Altersgruppen												
unter 25	11 985	1 899	2 181	1 123	351	18	5 975	438	—	531	307	224
25 — 30	9 436	3 125	3 224	2 056	903	84	43	—	1	625	393	232
30 — 40	12 307	4 167	3 801	2 545	1 395	378	×	×	21	748	594	154
40 und mehr	9 408	3 385	2 744	1 685	929	481	×	×	184	1 338	1 221	117

*) In Anstalten der Justiz-, Innen- und Sozialverwaltungen.
¹) Aufgrund strafrichterlicher Entscheidung in Anstalten außerhalb der Justizverwaltung Untergebrachte.
²) Voraussichtliche Vollzugsdauer, d. h. ausschl. einer angerechneten Untersuchungshaft, aber einschl. eines evtl. auszusetzenden Strafrestes.
³) Einschl. der zu unbestimmter Jugendstrafe Verurteilten, die gemäß § 92 Jugendgerichtsgesetz (JGG) aus dem Jugendstrafvollzug ausgenommen sind.

15.18 Bewährungshelfer und Bewährungsaufsichten nach Unterstellungsgründen

Stichtag: 31. 12. / Land	Bewährungshelfer¹)	Unterstellungen unter Bewährungsaufsicht										
		insgesamt	nach allgemeinem Strafrecht					nach Jugendstrafrecht				
			zusammen	und zwar				zusammen	und zwar			
				Heranwachsende	Erwachsene	unterstellt nach Strafaussetzung²)	unterstellt nach Aussetzung des Strafrestes		Jugendliche	Heranwachsende	unterstellt nach Strafaussetzung³)	unterstellt nach Aussetzung des Strafrestes
1979	1 648	88 971	49 287	2 606	46 681	24 926	24 361	39 684	14 344	25 340	30 468	9 216
1980	1 759	93 840	53 472	2 632	50 840	27 263	26 209	40 368	14 717	25 651	30 833	9 535
1981	1 810	99 885	58 056	2 850	55 206	30 267	27 789	41 829	15 062	26 767	32 170	9 659
davon (1981):												
Schleswig-Holstein	51	3 456	2 096	48	2 048	1 013	1 083	1 360	406	954	1 014	346
Hamburg	73	4 287	2 950	20	2 930	1 590	1 360	1 337	366	971	1 043	294
Niedersachsen	238	11 271	7 205	331	6 874	4 341	2 864	4 066	1 428	2 638	3 267	799
Bremen	29	1 771	1 262	16	1 246	693	569	509	138	371	401	108
Nordrhein-Westfalen	562	31 428	18 472	1 057	17 415	8 776	9 696	12 956	4 583	8 373	10 003	2 953
Hessen	139	8 987	6 049	240	5 809	3 170	2 879	2 938	1 029	1 909	2 317	621
Rheinland-Pfalz	80	5 396	3 119	326	2 793	1 375	1 744	2 277	1 144	1 133	1 768	509
Baden-Württemberg	239	13 801	7 724	416	7 308	4 425	3 299	6 077	2 335	3 742	4 765	1 312
Bayern	249	12 823	5 459	274	5 185	2 849	2 610	7 364	2 711	4 653	5 313	2 051
Saarland	35	2 356	1 123	26	1 097	313	810	1 233	406	827	827	406
Berlin (West)	115	4 309	2 597	96	2 501	1 722	875	1 712	516	1 196	1 452	260

¹) Nur hauptamtliche Bewährungshelfer.
²) Einschl. der Fälle, bei denen die Anordnung des Berufsverbots zur Bewährung ausgesetzt wurde (1979: 44, 1980: 46, 1981: 66).
³) Einschl. Aussetzung der Verhängung der Jugendstrafe nach § 27 JGG.

15.19 Beendete Bewährungsaufsichten nach Beendigungsgründen

Jahr	Insgesamt	Nach allgemeinem Strafrecht					Nach Jugendstrafrecht				
		zusammen	Bewährung mit		Widerruf		zusammen	Bewährung mit		Widerruf¹)	
			Straferlaß/ Aufhebung der Unterstellung	Erledigung des Berufsverbots	nur oder auch wegen neuer Straftat	aus sonstigen Gründen		Tilgung des Schuldspruchs (§ 30 Abs. 2 JGG)	Erlaß der Jugendstrafe	nur oder auch wegen neuer Straftat	aus sonstigen Gründen
Unterstellungen männlicher Personen											
1979	25 433	12 424	6 975	3	4 349	1 097	13 009	1 020	7 100	4 267	622
1980	28 658	14 336	8 361	9	4 879	1 087	14 322	1 189	7 785	4 686	662
1981	30 962	16 018	9 570	5	5 351	1 092	14 944	1 228	8 353	4 667	696
Unterstellungen weiblicher Personen											
1979	1 938	806	487	—	239	80	1 132	185	644	219	84
1980	2 234	1 051	713	2	263	73	1 183	188	727	206	62
1981	2 562	1 348	938	1	311	98	1 214	180	756	201	77
Unterstellungen insgesamt											
1979	27 371	13 230	7 462	3	4 588	1 177	14 141	1 205	7 744	4 486	706
1980	30 892	15 387	9 074	11	5 142	1 160	15 505	1 377	8 512	4 892	724
1981	33 524	17 366	10 508	6	5 662	1 190	16 158	1 408	9 109	4 868	773

¹) Einschl. Verhängung der Jugendstrafe nach § 30 Abs. 1 JGG.

16 Bildung und Kultur

16.0 Vorbemerkung

Schulen (öffentliche und private)

Die Schulpflicht beginnt für alle Kinder nach der Vollendung des 6. Lebensjahres. Sie beträgt 12 Jahre, davon in der Regel neun Vollzeitschuljahre und drei Teilzeitschuljahre.

Schulen der allgemeinen Ausbildung

Schulkindergärten und Vorklassen: Schulkindergärten sind überwiegend den Grundschulen oder Sonderschulen angegliedert. Sie werden in der Regel von schulpflichtigen, aber noch nicht schulreifen Kindern besucht und bereiten auf den Eintritt in diese Schulen vor. Vorklassen an Grundschulen werden von Kindern besucht, die noch nicht schulpflichtig, jedoch schulfähig sind.

Grundschulen werden von allen Kindern besucht. Sie umfassen die ersten vier – in Berlin (West) die ersten sechs – Schuljahre und bereiten durch die Vermittlung von Grundkenntnissen auf den Besuch weiterführender Schulen vor.

Hauptschulen sind weiterführende Schulen; sie umfassen fünf bis sechs Schuljahre (Klassen 5 bis 9 bzw. 10), bei sechsjähriger Grundschule (Berlin (West)) oder zweijähriger schulformunabhängiger Orientierungsstufe drei bis vier Schuljahre (Klassen 7 bis 9 bzw. 10) und vermitteln eine allgemeine Bildung als Grundlage für eine praktische Berufsausbildung.

Grund- und Hauptschulen sind häufig zu einer Schuleinheit zusammengefaßt und können in diesem Fall auch die Bezeichnung Volksschule tragen.

Sonderschulen sind Einrichtungen mit Vollzeitschulpflicht zur Förderung und Betreuung körperlich, geistig oder seelisch benachteiligter oder sozial gefährdeter Kinder, die nicht oder nicht mit ausreichendem Erfolg in normalen Schulen unterrichtet werden können.

Realschulen sind weiterführende Schulen, die im Anschluß an die Grundschule oder an Klasse 6 der Hauptschule besucht werden. Das Abschlußzeugnis der Realschule bietet im allgemeinen die Grundlage für gehobene Berufe aller Art und berechtigt zum Besuch der Fachoberschule, des Fachgymnasiums oder zum Übergang auf ein Gymnasium in Aufbauform.

Gymnasien sind ebenfalls weiterführende Schulen, die im Normalfall unmittelbar an die Grundschule oder an Klasse 6 der Hauptschule anschließen. Die Schulbesuchsdauer beträgt im Regelfall neun (Klassen 5 bis 13) bzw. sieben Jahre (Klassen 7 bis 13). Es gibt außerdem Gymnasien in Aufbauform, deren Besuch im allgemeinen den Realschulabschluß voraussetzt. Das Abschlußzeugnis des Gymnasiums gilt als Befähigungsnachweis zum Studium an Hochschulen.

Gesamtschulen sind Schulen, in denen die verschiedenen Schularten in unterschiedlicher organisatorischer und inhaltlicher Ausgestaltung zusammengefaßt sind. Hier werden nur die integrierten Gesamtschulen, in denen alle Schüler ohne Zuordnung zu einer bestimmten Schulart unterrichtet werden, ab 1971 gesondert nachgewiesen. Zu den integrierten Gesamtschulen werden hier auch die Freien Waldorfschulen gezählt. Die Angaben für die additiven und kooperativen Gesamtschulen, bei denen die verschiedenen Schularten in einer gemeinsamen Schulanlage weiterbestehen, sind – soweit möglich – den Zahlen für die jeweiligen Schularten zugeordnet worden.

Schulen der allgemeinen Fortbildung
(Einrichtungen des sogenannten zweiten Bildungsweges)

Abendrealschulen führen Berufstätige in Abendkursen (sechs Semester) zum Realschulabschluß.

Abendgymnasien ermöglichen befähigten Berufstätigen in einem Zeitraum von in der Regel drei Jahren den Erwerb der Hochschulreife. Die Bewerber müssen eine abgeschlossene Berufsausbildung bzw. eine mindestens dreijährige geregelte Berufstätigkeit nachweisen, mindestens 19 Jahre alt sein und in der Regel vor Eintritt in den Hauptkurs einen einsemestrigen Vorkurs absolvieren. Die Teilnehmer müssen mit Ausnahme der letzten drei Semester berufstätig sein.

Kollegs sind Vollzeitschulen zur Erlangung der Hochschulreife. Die Aufnahmebedingungen sind die gleichen wie bei den Abendgymnasien. Die Kollegiaten dürfen keine berufliche Tätigkeit ausüben.

Die Technischen Oberschulen in Baden-Württemberg und die Berufsoberschulen in Bayern sind bei den Kollegs nachgewiesen, weil sie, obwohl zur fachgebundenen Hochschulreife führend, ähnliche Schulbesuchsbedingungen haben wie die Kollegs.

Schulen der beruflichen Ausbildung

Berufsschulen haben die Aufgabe, die Allgemeinbildung der Schüler zu vertiefen und die für den Beruf erforderliche fachtheoretische Grundausbildung zu vermitteln. Die Berufsschulen in Teilzeitform werden in der Regel pflichtmäßig nach Erfüllung der neun- bzw. zehnjährigen Vollzeitschulpflicht von Personen besucht, die in der beruflichen Erstausbildung mit Ausbildungsvertrag oder in einem anderen Arbeitsverhältnis stehen und das 18. Lebensjahr noch nicht vollendet haben. Als Berufsschulen in Vollzeitform werden hier das Berufsgrundbildungs- und das Berufsvorbereitungsjahr bezeichnet, in denen seit 1972 eine allgemeine und auf ein Berufsfeld bezogene berufliche Grundbildung vermittelt wird.

Berufssonderschulen sind meist Vollzeitschulen, die der beruflichen Förderung körperlich, geistig oder seelisch benachteiligter oder sozial gefährdeter Jugendlicher dienen.

Berufsaufbauschulen werden von Jugendlichen, die in einer Berufsausbildung oder Berufstätigkeit stehen oder gestanden haben, nach mindestens halbjährigem Besuch der Berufsschule neben derselben oder nach erfüllter Berufsschulpflicht besucht. Sie sind meist nach Fachrichtungen gegliedert; die Unterrichtsdauer beträgt bei Vollzeitschulen ein bis eineinhalb, bei Teilzeitschulen drei bis dreieinhalb Jahre. Der erfolgreiche Abschluß vermittelt die dem Realschulabschluß gleichgestellte Fachschulreife.

Berufsfachschulen sind Vollzeitschulen mit mindestens einjähriger Schulbesuchsdauer, die in der Regel freiwillig nach Erfüllung der Vollzeitschulpflicht zur Berufsvorbereitung oder auch zur vollen Berufsausbildung ohne vorherige praktische Berufsausbildung besucht werden können. Die Ausbildung endet mit einer Abschlußprüfung. Bei zweijährigem Schulbesuch entspricht der Abschluß der Fachschulreife.

Fachoberschulen bauen auf dem Realschulabschluß oder einem als gleichwertig anerkannten Abschluß auf. Der Schulbesuch dauert in der Regel zwei Jahre (Klassen 11 und 12). Der erfolgreiche Abschluß gilt als Befähigungsnachweis zum Studium an Fachhochschulen.

Fachgymnasien sind berufsbezogene Gymnasien, für deren Besuch der Realschulabschluß oder ein gleichwertiger Abschluß vorausgesetzt wird. Der Schulbesuch dauert drei Jahre (Klassen 11 bis 13). Der Abschluß des Fachgymnasiums gilt als Befähigungsnachweis für das Studium an Hochschulen.

Schulen der beruflichen Fortbildung

Fachschulen (einschl. Schulen des Gesundheitswesens) werden freiwillig nach einer bereits erworbenen Berufsausbildung und praktischen Berufserfahrung, teilweise auch nach langjähriger praktischer Arbeitserfahrung oder mit dem Nachweis einer fachspezifischen Begabung besucht und vermitteln eine weitergehende fachliche Ausbildung im Beruf (z. B. Meisterschulen, Technikerschulen). Die Dauer des Schulbesuchs liegt bei Vollzeitunterricht zwischen sechs Monaten und drei Jahren, bei Teilzeitunterricht beträgt sie im allgemeinen sechs bis acht Halbjahre. Die Schulen des Gesundheitswesens vermitteln die Ausbildung für Gesundheitsdienstberufe (z. B. Kranken- und Kinderkrankenpfleger, Hebammen, Masseure, Beschäftigungstherapeuten).

Schulabgänger

Schulabgänger **nach Beendigung der Vollzeitschulpflicht** sind Schüler der Hauptschulen (Volksschulen), Sonderschulen, Realschulen, Gymnasien und Gesamtschulen, die nach Beendigung der Vollzeitschulpflicht aus den allgemeinbildenden Schulen mit oder ohne Hauptschulabschluß entlassen werden.

Schulabgänger **mit Realschul- oder gleichwertigem Abschluß** sind Schüler mit dem Abschlußzeugnis einer Realschule, einer Realschulklasse an Hauptschulen oder einer Abendrealschule. Als gleichwertig gilt das Versetzungszeugnis in den 11. Schuljahrgang, das Abgangszeugnis aus dem 11., 12. oder 13. Schuljahrgang (ohne Hochschulreife) eines Gymnasiums oder einer Gesamtschule sowie das Abschlußzeugnis einer Berufsaufbau- oder zweijährigen Berufsfachschule.

Schulabgänger mit allgemeiner oder fachgebundener **Hochschulreife** sind Schüler mit dem Abschlußzeugnis der Gymnasien, Gesamtschulen, Abendgymnasien und Kollegs (einschl. Technische und Berufsoberschulen) sowie der Fachgymnasien. Schulabgänger mit **Fachhochschulreife** sind überwiegend Schüler mit dem Abschlußzeugnis der Fachoberschulen.

Lehrer

Hauptberufliche Lehrer sind alle im Schulunterricht tätigen Personen, die eine Planstelle innehaben oder im Angestelltenverhältnis stehen. Sie sind in der Regel mit voller Pflichtstundenzahl beschäftigt (vollbeschäftigte Lehrer). Die Pflichtstundenzahl kann aufgrund ländergesetzlicher Regelungen bis zu 50% ermäßigt werden (teilbeschäftigte Lehrer).

Berufliche Bildung

Auszubildende (früher: Lehrlinge) sind Personen, die aufgrund eines Ausbildungsvertrages nach dem Berufsbildungsgesetz eine betriebliche Berufsausbildung durchlaufen. Nicht als Auszubildende gelten Personen, deren berufliche Ausbildung ausschließlich an beruflichen Schulen erfolgt (z. B. Schüler an Berufsfachschulen oder Schulen des Gesundheitswesens) oder die in einem öffentlich-rechtlichen Dienstverhältnis ausgebildet werden (z. B. Beamte im Vorbereitungsdienst).

Hochschulen

Als Hochschulen werden alle nach Landesrecht anerkannten Hochschulen, unabhängig von der Trägerschaft, ausgewiesen. Sie dienen der Pflege und der Entwicklung der Wissenschaften und der Künste durch Forschung, Lehre und Studium und bereiten auf berufliche Tätigkeiten vor, die die Auswertung wissenschaftlicher Erkenntnisse und Methoden oder die Fähigkeit zu künstlerischer Gestaltung erfordern.

Das Studium an Universitäten, pädagogischen und theologischen Hochschulen sowie in den wissenschaftlichen Studiengängen der Gesamthochschulen setzt die allgemeine oder fachgebundene Hochschulreife voraus.

Zu den **Universitäten** zählen die technischen Universitäten und andere gleichrangige wissenschaftliche Hochschulen (außer den selbständigen pädagogischen und theologischen Hochschulen).

Gesamthochschulen umfassen Ausbildungsrichtungen von wissenschaftlichen und von Fachhochschulen, z. T. auch von Kunsthochschulen. Die Studiengänge können integriert (Kurz- und Langzeitstudium mit gemeinsamer Grundausbildung) oder nach Hochschulbereichen getrennt sein (kooperative Gesamthochschulen).

Pädagogische Hochschulen einschl. erziehungswissenschaftlicher Hochschulen sind wissenschaftliche Hochschulen mit Promotions-, z. T. auch Habilitationsrecht. Sie bestehen nur noch in wenigen Ländern als selbständige Einrichtungen.

Theologische Hochschulen sind kirchliche sowie staatliche philosophisch-theologische und theologische Hochschulen ohne die theologischen Fakultäten/Fachbereiche an Universitäten.

Kunsthochschulen sind Hochschulen für bildende Künste, Gestaltung, Musik, Film und Fernsehen. Die Aufnahmebedingungen sind unterschiedlich; die Aufnahme kann aufgrund von Begabungsnachweisen oder Eignungsprüfungen erfolgen.

Fachhochschulen sind größtenteils aus den früheren Ingenieurschulen, Verwaltungsschulen und höheren Fachschulen hervorgegangen. Ihr Besuch setzt die Fachhochschulreife voraus. Bei erfolgreichem Abschluß wird die allgemeine Hochschulreife erworben.

Studenten sind ordentliche (voll immatrikulierte/eingeschriebene) männliche und weibliche Studierende, ohne Beurlaubte, Besucher der Studienkollegs sowie Gast- und Nebenhörer.

Studienanfänger sind Studenten im 1. Hochschulsemester (Erstimmatrikulierte) an einer Hochschule im Bundesgebiet.

Prüfungen (Abschlußprüfungen) werden aufgrund von Meldungen der Prüfungsämter der Hochschulen, der Fakultäten sowie der staatlichen und kirchlichen Prüfungsämter nachgewiesen. Absolventen von wissenschaftlichen Studiengängen legen meist Diplom- oder Staatsprüfungen (einschl. Lehramtsprüfungen) ab. Doktorprüfungen setzen häufig eine andere erste Abschlußprüfung voraus, können aber auch der erste Abschluß sein. Das Studium in Fachhochschulstudiengängen führt zur Graduierung bzw. zur Diplomprüfung (FH). Kunsthochschulstudien werden z. T. mit Diplom- oder Staatsprüfungen abgeschlossen, z. T. legen die Absolventen keine förmliche Prüfung ab.

Personal

Das hauptberuflich tätige wissenschaftliche und künstlerische Personal besteht aus den Professoren, den Hochschulassistenten, den wissenschaftlichen und künstlerischen Mitarbeitern sowie den Lehrkräften für besondere Aufgaben.

Zum nebenberuflichen wissenschaftlichen und künstlerischen Personal gehören u. a. Emeriti, Honorarprofessoren und Lehrbeauftragte. Zum Verwaltungs-, technischen und sonstigen Personal zählen Beamte und Angestellte der Zentral- und Fachbereichsverwaltungen und Bibliotheken, Ingenieure und Techniker, Pflegepersonal an den Hochschulkliniken, Hausmeister, Pförtner usw.

Finanzen

Die Hochschulfinanzen werden nach § 8 Nr. 5 i. V. mit § 2 Nr. 1 des Hochschulstatistikgesetzes i. d. F. der Bekanntmachung vom 21. 4. 1980 (BGBl. I S. 453) erhoben. Dargestellt sind die Rechnungsergebnisse der öffentlichen und privaten Hochschulen nach Fächergruppen, Studienbereichen und Ausgabearten.

In der finanzstatistischen Darstellung der Hochschulfinanzen (siehe Abschnitt 19) sind für die privaten Hochschulen lediglich die Zuschüsse aus öffentlichen Haushalten erfaßt.

Ausbildungsförderung

In Tabelle 16.11 wird ausschließlich die Förderung nach dem Bundesausbildungsförderungsgesetz (BAföG) dargestellt. Es wird hierbei jeder Geförderte gezählt, unabhängig davon, ob er während des ganzen Kalenderjahres oder nur in bestimmten Monaten Leistungen erhalten hat.

Forschung

Die in den Tabellen 16.14.1 und 16.14.2 enthaltenen Angaben über Forschungsausgaben und Forschungspersonal insgesamt und für den öffentlichen Bereich sind vom Statistischen Bundesamt, dem Bundesministerium für Forschung und Technologie und von der Wissenschaftsstatistik GmbH im Stifterverband für die Deutsche Wissenschaft (Gemeinschaftsaktion der Wirtschaft zur Förderung der Wissenschaft in Forschung und Lehre sowie des wissenschaftlichen Nachwuchses) auf Anforderung internationaler Organisationen zusammengestellt worden. Für den Unternehmensbereich (Unternehmen und Institutionen für Gemeinschaftsforschung und -entwicklung) werden außerdem in Tabelle 16.14.3 Ergebnisse des Stifterverbandes unter Einschluß externer Ausgaben nachgewiesen. Darüber hinaus sind in Tabelle 16.14.4 die Bewilligungen der Deutschen Forschungsgemeinschaft (zentrale Forschungsförderungsorganisation, die insbesondere aus Mitteln des Bundes und der Länder Forschungsvorhaben fördert und sich um die Ausbildung des wissenschaftlichen Nachwuchses bemüht) sowie die von ihr geförderten Personen aufgeführt.

Weiterbildung

Die Angaben über die Beteiligung der Erwerbspersonen an Maßnahmen zur beruflichen Weiterbildung umfassen Fortbildungs- und Umschulungsmaßnahmen, zu denen Vorträge oder Wochenendkurse, der Besuch von Techniker- oder Meisterschulen sowie der Besuch von Lehrgängen, Kursen, Seminaren usw. zählen. Lehrgänge, die der Allgemeinbildung, der Berufsvorbereitung und -ausbildung dienen, sind hier nicht erfaßt.

Die Volkshochschulen bieten eine Vielzahl von Lehrgängen, Kursen und Arbeitsgemeinschaften zur allgemeinen und/oder beruflichen Weiterbildung an.

Presse

Die Angaben erstrecken sich auf alle Unternehmen, die Zeitungen und Zeitschriften verlegen, umfassen also nicht nur die reinen Zeitungs- und Zeitschriftenverlage, sondern auch Unternehmen in anderen Verlagsbereichen und auch solche außerhalb des Verlagswesens.

Als Zeitungen im Sinne der Pressestatistik gelten alle periodischen Veröffentlichungen, die im allgemeinen mindestens zweimal wöchentlich erscheinen und außerdem in ihrem redaktionellen Teil der kontinuierlichen, aktuellen und thematisch nicht auf bestimmte Stoff- oder Lebensgebiete begrenzten Nachrichtenübermittlung dienen. Sonntagszeitungen werden einbezogen.

Unter Zeitschriften werden alle periodischen Druckwerke mit kontinuierlicher Stoffdarbietung verstanden, die mit der Absicht eines zeitlich unbegrenzten Erscheinens mindestens viermal jährlich herausgegeben werden, soweit sie keine Zeitungen sind.

Filmwirtschaft

Zum Bereich Filmwirtschaft gehören alle Unternehmen, die sich ausschließlich oder überwiegend mit der Filmherstellung, dem Filmverleih und Filmvertrieb, der Filmvorführung (ortsfeste Filmtheater, Autokinos und sonstige gewerbliche Spielstellen) und der Erbringung filmtechnischer Leistungen (Ateliervermietung sowie Filmentwicklungs- oder Filmkopierleistungen) befassen.

Ausführliche methodische Erläuterungen und detaillierte Ergebnisse enthalten die Veröffentlichungen der Fachserie 11 »Bildung und Kultur« (siehe hierzu auch »Fundstellennachweis«, S. 750 ff.).

16.1 Ausgewählte Zahlen für das Bildungswesen

1 000

Gegenstand der Nachweisung	1974	1975	1976	1977	1978	1979	1980	1981	1982[1]
Schüler									
Schulkindergärten und Vorklassen[2]	86,0	88,4	83,3	78,7	70,8	67,0	66,4	65,5	59,8
Schulen der allgemeinen Ausbildung	9 881,7	9 995,4	10 025,2	9 903,8	9 677,0	9 393,1	9 089,1	8 767,6	8 375,1
Grund- und Hauptschulen	6 481,3	6 425,1	6 277,6	6 019,1	5 721,9	5 354,0	5 044,4	4 775,2	4 501,0
Sonderschulen	384,9	393,8	398,2	398,0	387,8	370,7	354,3	337,0	319,2
Realschulen	1 100,3	1 147,2	1 248,7	1 316,7	1 350,7	1 365,2	1 351,1	1 323,5	1 278,1
Gymnasien	1 779,8	1 863,5	1 914,0	1 971,7	2 013,4	2 088,8	2 119,0	2 106,4	2 050,5
Gesamtschulen	135,4	165,8	186,9	198,2	203,2	214,4	220,3	225,6	226,3
Schulen der allgemeinen Fortbildung	37,1	37,8	36,1	36,3	35,7	37,1	39,4	42,0	42,1
Abendrealschulen	11,5	11,6	10,6	10,0	9,1	8,9	8,9	9,4	9,3
Abendgymnasien	14,8	15,2	14,6	14,8	14,6	15,5	16,6	17,4	16,9
Kollegs	10,7	11,0	10,9	11,5	11,9	12,7	13,9	15,2	15,9
Schulen der beruflichen Ausbildung	2 067,4	2 077,4	2 053,1	2 128,2	2 264,6	2 400,9	2 477,1	2 490,7	2 493,6
Berufsschulen[3]	1 645,7	1 636,0	1 629,5	1 700,8	1 816,0	1 922,4	1 969,7	1 946,8	1 916,8
Berufsaufbauschulen	31,7	27,8	22,6	18,3	16,1	17,6	21,7	22,8	20,9
Berufsfachschulen	272,5	295,0	279,2	293,5	321,4	339,2	352,0	370,7	397,1
Fachoberschulen, Fachgymnasien	117,5	118,7	121,8	115,7	111,1	121,7	133,7	150,4	158,8
Schulen der beruflichen Fortbildung (Fachschulen)	214,3	211,1	186,4	171,0	173,6	181,7	191,6	203,7	207,7
Schulabgänger									
Nach Beendigung der Vollzeitschulpflicht	509,4	460,6	464,6	523,6	532,0	546,1	505,6	455,8	...
Mit Realschul- oder gleichwertigem Abschluß	258,0	291,3	277,3	304,6	342,7	368,5	380,9	398,5	...
Mit Hochschul- oder Fachhochschulreife	163,8	169,5	189,1	205,1	217,1	189,1	218,5	258,0	...
Auszubildende									
Ausbildungsbereiche	1 330,8	1 328,9	1 316,6	1 397,4	1 517,4	1 644,6	1 715,5	1 676,9	1 675,8
Industrie und Handel[4]	664,6	634,0	611,2	643,8	692,0	748,4	786,9	771,3	764,7
Handwerk	486,5	504,7	510,4	556,1	614,9	676,2	702,3	673,6	665,5
Sonstige Ausbildungsbereiche[5]	179,7	190,3	195,0	197,5	210,5	220,0	226,2	232,0	245,6
Bestandene Abschlußprüfungen in der beruflichen Ausbildung									
Ausbildungsbereiche	438,3	460,7	477,1	470,3	483,6	503,8	567,3	603,4	...
Industrie und Handel[4]	267,1	275,5	263,7	256,3	262,3	273,6	300,2	319,7	326,3
Handwerk	107,2	116,0	139,8	136,3	145,5	152,2	182,8	197,1	...
Sonstige Ausbildungsbereiche[5]	64,0	69,1	73,6	77,6	75,8	78,0	84,3	86,6	...
Studenten[6]									
Hochschulen	788,8	836,0	872,1	905,9	938,8	970,3	1 031,6	1 121,1	1 203,1
Universitäten[7]	640,5	675,9	699,8	725,1	750,9	773,6	818,5	879,6	931,9
Kunsthochschulen	15,2	15,3	15,3	15,4	16,2	16,8	18,0	18,9	19,9
Fachhochschulen	133,1	144,7	157,0	165,5	171,7	179,9	195,1	222,6	251,4
Studienanfänger[8]									
Hochschulen	159,4	164,6	157,3	165,0	161,5	171,3	175,8	197,0	217,3
Universitäten[7]	115,6	120,9	114,7	118,2	116,5	125,8	123,7	138,7	152,7
Kunsthochschulen	2,6	2,5	2,3	2,4	2,8	3,1	2,8	3,1	3,0
Fachhochschulen	41,2	41,2	40,3	44,3	42,1	42,4	49,3	55,3	61,5
Bestandene Prüfungen an Hochschulen[8]									
Diplom- und entsprechende Abschlußprüfungen[9]	33,6	33,7	36,5	37,5	39,8	42,8	46,3	46,9	...
Doktorprüfungen	10,7	11,4	11,5	11,4	11,8	11,9	12,2	12,3	...
Lehramtsprüfungen[10]	64,0	78,2	82,5	78,2	74,5	64,1	55,3	49,6	...
Diplomprüfungen (FH) und Graduierungen[11]	30,1	31,9	29,3	33,3	30,8	34,1	34,7	35,4	...
Lehrer[12]									
Schulen der allgemeinen Aus- und Fortbildung	402,7	422,1	443,0	459,0	471,6	483,4	494,7	501,5	501,9
Schulen der beruflichen Aus- und Fortbildung	55,4	59,6	61,9	65,2	69,1	73,1	77,4	81,6	84,6
Hochschullehrer[13]									
Hochschulen	99,4	103,6	106,8	.	112,3	114,0	127,4	129,8	...
Universitäten[7]	82,4	86,2	88,7	.	93,2	94,4	105,5	105,9	...
Kunsthochschulen	3,0	3,0	3,3	.	3,4	3,5	4,2	4,6	...
Fachhochschulen	14,1	14,3	14,8	.	15,7	16,1	17,7	19,3	...

1) Vorläufiges Ergebnis.
2) Einschl. Sonderschulkindergärten. – Angaben über Kindergärten und Kinderhorte siehe »Öffentliche Jugendhilfe«, Tab. 18.12, S. 403.
3) Einschl. Berufssonderschulen.
4) Einschl. Banken, Versicherungen, Gast- und Verkehrsgewerbe.
5) Landwirtschaft, Öffentlicher Dienst, Freie Berufe, Hauswirtschaft und Seeschiffahrt.
6) Jeweils Wintersemester (z. B. 1982 = WS 1982/83).
7) Einschl. pädagogischer und theologischer Hochschulen sowie Gesamthochschulen.
8) Jeweils Studien- bzw. Prüfungsjahr = Wintersemester und darauffolgendes Sommersemester (z. B. 1982 = WS 1981/82 und SS 1982).
9) Ohne Prüfungen in Fachhochschulstudiengängen.
10) Erste Staatsprüfungen für das Lehramt sowie Zusatz-, Ergänzungs- oder Erweiterungsprüfungen; einschl. Abschlußprüfungen an staatlichen und kirchlichen Prüfungsämtern. Mehrfachzählung: In der Regel erwirbt jeder Absolvent die Lehrbefähigung für zwei Unterrichtsfächer.
11) In Fachhochschulstudiengängen.
12) Hauptberufliche Lehrer (voll- und teilbeschäftigt).
13) Wissenschaftliches und künstlerisches Personal.

16.2 Schulen, Schüler und Lehrer im allgemeinen Schulwesen 1981*)

Land	Schulen der allgemeinen Ausbildung						Schulen der allgemeinen Fortbildung			
	insgesamt	Grund- und Hauptschulen	Sonder-schulen	Realschulen	Gymnasien	Gesamt-schulen	insgesamt	Abendreal-schulen	Abend-gymnasien	Kollegs
Schulen										
Schleswig-Holstein	1 495	1 011	204	177	98	5	8	5	3	—
Hamburg	644	304	64	157	91	28	6	2	3	1
Niedersachsen	4 016	3 034	303	401	258	20	9	—	5	4
Bremen	358	206	27	50	69	6	4	2	2	—
Nordrhein-Westfalen	6 747	4 746	748	557	645	51	53	24	14	15
Hessen	2 864	2 000	255	271	264	74	21	4	10	7
Rheinland-Pfalz	1 595	1 191	156	104	139	5	3	—	—	3
Baden-Württemberg	3 987	2 569	542	435	412	29	88	59	15	14
Bayern	4 042	2 829	409	398	396	10	36	5	4	27
Saarland	467	334	56	37	37	3	3	—	2	1
Berlin (West)	528	317	63	46	71	31	15	11	3	1
Bundesgebiet	**26 743**	**18 541**	**2 827**	**2 633**	**2 480**	**262**	**246**	**112**	**61**	**73**
Schüler										
insgesamt										
Schleswig-Holstein	382 531	187 767	18 428	85 046	87 395	3 895	1 055	563	492	—
Hamburg	209 209	86 294	8 670	28 727	67 239	18 279	1 224	192	833	199
Niedersachsen	1 103 444	660 920	40 652	166 885	210 219	24 768	1 756	—	1 056	700
Bremen	99 610	50 484	4 068	14 484	26 367	4 207	773	292	481	—
Nordrhein-Westfalen	2 511 612	1 346 300	106 393	354 284	648 148	56 487	15 622	3 687	6 986	4 949
Hessen	764 542	388 640	25 912	103 518	193 952	52 520	4 590	626	2 979	985
Rheinland-Pfalz	501 457	287 797	16 814	67 969	125 524	3 353	872	—	—	872
Baden-Württemberg	1 345 164	678 302	55 303	252 704	336 059	22 796	6 534	2 664	1 944	1 926
Bayern	1 480 661	891 429	46 469	207 806	328 179	6 778	6 293	666	1 000	4 627
Saarland	135 556	76 598	5 089	19 644	31 853	2 372	409	—	296	113
Berlin (West)	233 842	120 658	9 182	22 400	51 495	30 107	2 895	756	1 353	786
Bundesgebiet	**8 767 628**	**4 775 189**	**336 980**	**1 323 467**	**2 106 430**	**225 562**	**42 023**	**9 446**	**17 420**	**15 157**
männlich										
Schleswig-Holstein	196 412	99 595	11 467	40 366	42 970	2 014	597	335	262	—
Hamburg	107 375	45 164	5 479	14 350	32 877	9 505	516	106	333	77
Niedersachsen	563 140	345 944	24 944	78 629	100 733	12 890	834	—	498	336
Bremen	51 295	26 428	2 491	7 353	12 888	2 135	402	167	235	—
Nordrhein-Westfalen	1 286 776	708 727	64 206	166 301	317 778	29 764	8 233	2 119	3 530	2 584
Hessen	391 568	203 356	15 822	49 426	96 078	26 886	2 020	303	1 299	418
Rheinland-Pfalz	256 183	151 490	10 114	31 396	61 455	1 728	489	—	—	489
Baden-Württemberg	689 431	357 726	33 496	116 917	169 705	11 587	3 761	1 467	896	1 398
Bayern	757 262	466 844	28 342	89 774	168 833	3 469	3 659	365	435	2 859
Saarland	69 420	39 909	3 065	8 777	16 373	1 296	215	—	153	62
Berlin (West)	119 844	62 525	5 587	10 980	24 822	15 930	1 088	395	501	192
Bundesgebiet	**4 488 706**	**2 507 708**	**205 013**	**614 269**	**1 044 512**	**117 204**	**21 814**	**5 257**	**8 142**	**8 415**
weiblich										
Schleswig-Holstein	186 119	88 172	6 961	44 680	44 425	1 881	458	228	230	—
Hamburg	101 834	41 130	3 191	14 377	34 362	8 774	708	86	500	122
Niedersachsen	540 304	314 976	15 708	88 256	109 486	11 878	922	—	558	364
Bremen	48 315	24 056	1 577	7 131	13 479	2 072	371	125	246	—
Nordrhein-Westfalen	1 224 836	637 573	42 187	187 983	330 370	26 723	7 389	1 568	3 456	2 365
Hessen	372 974	185 284	10 090	54 092	97 874	25 634	2 570	323	1 680	567
Rheinland-Pfalz	245 274	136 307	6 700	36 573	64 069	1 625	383	—	—	383
Baden-Württemberg	655 733	320 576	21 807	135 787	166 354	11 209	2 773	1 197	1 048	528
Bayern	723 399	424 585	18 127	118 032	159 346	3 309	2 634	301	565	1 768
Saarland	66 136	36 689	2 024	10 867	15 480	1 076	194	—	143	51
Berlin (West)	113 998	58 133	3 595	11 420	26 673	14 177	1 807	361	852	594
Bundesgebiet	**4 278 922**	**2 267 481**	**131 967**	**709 198**	**1 061 918**	**108 358**	**20 209**	**4 189**	**9 278**	**6 742**

*) Schuljahr (Beginn: Herbst).

16.2 Schulen, Schüler und Lehrer im allgemeinen Schulwesen 1981*)

Land	Schulen der allgemeinen Ausbildung						Schulen der allgemeinen Fortbildung			
	insgesamt	Grund- und Hauptschulen	Sonderschulen	Realschulen	Gymnasien	Gesamtschulen	insgesamt	Abendrealschulen	Abendgymnasien	Kollegs
					Schüler					
					Deutsche					
Schleswig-Holstein	370 155	178 039	17 726	84 115	86 492	3 783	1 036	550	486	—
Hamburg	186 349	68 976	7 662	27 414	65 222	17 075	1 201	183	819	199
Niedersachsen	1 059 561	624 414	38 434	164 863	207 968	23 882	1 734	—	1 035	699
Bremen	90 809	43 396	3 754	13 709	25 919	4 031	750	275	475	—
Nordrhein-Westfalen	2 272 851	1 143 289	97 246	344 296	634 725	53 295	15 134	3 429	6 807	4 898
Hessen	695 341	334 501	22 972	99 473	188 648	49 747	4 419	565	2 878	976
Rheinland-Pfalz	478 849	267 961	16 148	67 123	124 337	3 280	868	—	—	868
Baden-Württemberg	1 207 054	568 459	45 062	244 031	327 866	21 636	6 259	2 493	1 865	1 901
Bayern	1 389 549	815 542	43 671	204 070	319 773	6 493	6 178	640	960	4 578
Saarland	129 569	71 722	4 826	19 276	31 488	2 257	406	—	294	112
Berlin (West)	193 705	89 221	7 598	20 671	49 478	26 737	2 738	692	1 281	765
Bundesgebiet	**8 073 792**	**4 205 520**	**305 099**	**1 289 041**	**2 061 916**	**212 216**	**40 723**	**8 827**	**16 900**	**14 996**
					Ausländer					
Schleswig-Holstein	12 376	9 728	702	931	903	112	19	13	6	—
Hamburg	22 860	17 318	1 008	1 313	2 017	1 204	23	9	14	—
Niedersachsen	43 883	36 506	2 218	2 022	2 251	886	22	—	21	1
Bremen	8 801	7 088	314	775	448	176	23	17	6	—
Nordrhein-Westfalen	238 761	203 011	9 147	9 988	13 423	3 192	488	258	179	51
Hessen	69 201	54 139	2 940	4 045	5 304	2 773	171	61	101	9
Rheinland-Pfalz	22 608	19 836	666	846	1 187	73	4	—	—	4
Baden-Württemberg	138 110	109 843	10 241	8 673	8 193	1 160	275	171	79	25
Bayern	91 112	75 887	2 798	3 736	8 406	285	115	26	40	49
Saarland	5 987	4 876	263	368	365	115	3	—	2	1
Berlin (West)	40 137	31 437	1 584	1 729	2 017	3 370	157	64	72	21
Bundesgebiet	**693 836**	**569 669**	**31 881**	**34 426**	**44 514**	**13 346**	**1 300**	**619**	**520**	**161**
					Hauptberufliche Lehrer[1])					
					insgesamt					
Schleswig-Holstein	20 184	8 805	1 864	4 196	5 049	270	35	21	14	—
Hamburg	13 266	4 834	1 130	1 702	4 297	1 303	76	10	47	19
Niedersachsen	62 393	34 412[2])	4 661[2])	7 076	12 906	3 338[3])	151	—	72	79
Bremen	6 725	1 762	582	2 693	1 208	480	40	6	34	—
Nordrhein-Westfalen	144 454	71 582	12 717	17 198	38 811	4 146	861	84	346	431
Hessen	39 768	14 376	2 859	2 928	8 555	11 050[3])	355	28	221	106
Rheinland-Pfalz	28 675	15 794	2 627	3 239	6 789	226	66	—	—	66
Baden-Württemberg	80 729	36 799	8 265	13 729	20 104	1 832	104	—	—	104
Bayern	79 016	44 923	4 940	9 873	18 833	447	347	17	36	294
Saarland	7 683	3 981	643	1 032	1 899[4])	128	12	—	12	.[5])
Berlin (West)	16 331	7 470	1 255	1 344	3 687	2 575	207	13	118	76
Bundesgebiet	**499 224**	**244 738**	**41 543**	**65 010**	**122 138**	**25 795**	**2 254**	**179**	**900**	**1 175**
					weiblich					
Schleswig-Holstein	11 232	6 015	1 242	2 213	1 649	113	9	7	2	—
Hamburg	7 688	3 622	759	868	1 753	686	19	4	12	3
Niedersachsen	34 780	22 347[2])	2 853[2])	3 439	4 603	1 538[3])	53	—	28	25
Bremen	3 691	1 261	384	1 406	409	231	12	2	10	—
Nordrhein-Westfalen	84 807	48 227	8 708	10 178	15 684	2 010	251	38	101	112
Hessen	21 168	9 957	1 784	1 329	3 100	4 998[3])	121	12	86	23
Rheinland-Pfalz	15 312	9 481	1 665	1 771	2 299	96	12	—	—	12
Baden-Württemberg	43 059	22 439	5 271	6 930	7 517	902	18	—	—	18
Bayern	39 037	25 730	2 623	4 767	5 683	234	100	5	11	84
Saarland	3 438	1 989	347	510	546[4])	46	1	—	1	.[5])
Berlin (West)	9 813	5 301	870	756	1 654	1 232	110	4	61	45
Bundesgebiet	**274 025**	**156 369**	**26 506**	**34 167**	**44 897**	**12 086**	**706**	**72**	**312**	**322**

*) Schuljahr (Beginn: Herbst).
[1]) Voll- und teilbeschäftigt.
[2]) Einschl. Schulkindergärten.
[3]) Einschl. kooperativer Gesamtschulen.
[4]) Einschl. Kollegs.
[5]) Bei Gymnasien nachgewiesen.

16.3 Schulen, Schüler und Lehrer im beruflichen Schulwesen 1981*)

Land	Schulen der beruflichen Ausbildung						Schulen der beruflichen Fortbildung (Fachschulen)
	insgesamt	Berufsschulen	Berufssonderschulen	Berufsaufbauschulen	Berufsfachschulen	Fachoberschulen/ Fachgymnasien	
				Schulen			
Schleswig-Holstein	322	139	—	12	126	45	112
Hamburg	198	93	1	12	62	30	67
Niedersachsen	1 185	364	5	53	551	212	378
Bremen	98	47	1	9	29	12	27
Nordrhein-Westfalen	1 424	691	16	124	352	241	710
Hessen	566	306	4	28	119	109	253
Rheinland-Pfalz	512	154	6	47	212	93	254
Baden-Württemberg	1 752	434	52	50	1 049	167	495
Bayern	721	195	73	131	264	58	485
Saarland	223	120	2	22	58	21	58
Berlin (West)	139	84	8	—	21	26	115
Bundesgebiet	**7 140**	**2 627**	**168**	**488**	**2 843**	**1 014**	**2 954**
				Schüler			
				insgesamt			
Schleswig-Holstein	105 413	87 548	—	464	11 189	6 212	8 493
Hamburg	69 307	54 020	67	409	9 980	4 831	6 456
Niedersachsen	300 808	239 067	585	1 449	41 096	18 611	22 049
Bremen	34 034	27 490	272	335	4 341	1 596	2 985
Nordrhein-Westfalen	665 951	485 699	2 932	5 008	142 406	29 906	45 452
Hessen	204 529	165 909	165	944	21 936	15 575	17 564
Rheinland-Pfalz	154 261	126 121	600	2 047	19 719	5 774	14 347
Baden-Württemberg	413 790	287 891	3 176	1 923	87 811	32 989	29 909
Bayern	444 485	380 138	4 824	8 465	21 732	29 326	39 763
Saarland	51 404	39 365	196	1 750	6 784	3 309	4 501
Berlin (West)	46 750	40 392	359	—	3 713	2 286	12 226
Bundesgebiet	**2 490 732**	**1 933 640**	**13 176**	**22 794**	**370 707**	**150 415**	**203 745**
				männlich			
Schleswig-Holstein	58 901	51 030	—	343	3 743	3 785	3 276
Hamburg	38 148	32 291	35	296	2 463	3 063	1 994
Niedersachsen	169 848	147 333	503	1 308	8 284	12 420	6 892
Bremen	19 298	16 619	151	256	1 334	938	1 115
Nordrhein-Westfalen	372 092	293 247	1 996	4 147	54 098	18 604	15 792
Hessen	117 707	98 276	118	737	8 034	10 542	5 761
Rheinland-Pfalz	87 967	75 379	464	1 637	6 417	4 070	4 436
Baden-Württemberg	231 469	172 831	1 822	1 349	36 675	18 792	13 662
Bayern	257 227	226 784	3 379	4 618	3 226	19 220	14 594
Saarland	29 272	23 452	146	1 322	2 238	2 114	2 118
Berlin (West)	26 629	23 864	244	—	1 023	1 498	3 501
Bundesgebiet	**1 408 558**	**1 161 106**	**8 858**	**16 013**	**127 535**	**95 046**	**73 141**
				weiblich			
Schleswig-Holstein	46 512	36 518	—	121	7 446	2 427	5 217
Hamburg	31 159	21 729	32	113	7 517	1 768	4 462
Niedersachsen	130 960	91 734	82	141	32 812	6 191	15 157
Bremen	14 736	10 871	121	79	3 007	658	1 870
Nordrhein-Westfalen	293 859	192 452	936	861	88 308	11 302	29 660
Hessen	86 822	67 633	47	207	13 902	5 033	11 803
Rheinland-Pfalz	66 294	50 742	136	410	13 302	1 704	9 911
Baden-Württemberg	182 321	115 060	1 354	574	51 136	14 197	16 247
Bayern	187 258	153 354	1 445	3 847	18 506	10 106	25 169
Saarland	22 132	15 913	50	428	4 546	1 195	2 383
Berlin (West)	20 121	16 528	115	—	2 690	788	8 725
Bundesgebiet	**1 082 174**	**772 534**	**4 318**	**6 781**	**243 172**	**55 369**	**130 604**

*) Schuljahr (Beginn: Herbst).

16.3 Schulen, Schüler und Lehrer im beruflichen Schulwesen 1981*)

Land	Schulen der beruflichen Ausbildung						Schulen der beruflichen Fortbildung (Fachschulen)
	insgesamt	Berufsschulen	Berufssonderschulen	Berufsaufbauschulen	Berufsfachschulen	Fachoberschulen/ Fachgymnasien	
			Schüler				
			Deutsche				
Schleswig-Holstein	103 331	85 670	—	454	11 035	6 172	8 419
Hamburg	64 981	50 438	55	398	9 466	4 624	6 321
Niedersachsen	293 640	233 268	279	1 425	40 307	18 361	21 713
Bremen	32 518	26 218	271	324	4 153	1 552	2 958
Nordrhein-Westfalen	629 384	455 764	2 880	4 896	137 132	28 712	44 466
Hessen	191 801	154 766	161	911	20 878	15 085	17 217
Rheinland-Pfalz	150 481	122 757	591	2 030	19 390	5 713	14 138
Baden-Württemberg	387 082	268 207	2 865	1 875	81 713	32 422	29 320
Bayern	424 118	361 307	4 702	8 336	20 922	28 851	39 054
Saarland	50 292	38 405	192	1 731	6 687	3 277	4 449
Berlin (West)	43 764	37 784	351	—	3 479	2 150	10 938
Bundesgebiet	**2 371 392**	**1 834 584**	**12 347**	**22 380**	**355 162**	**146 919**	**198 993**
			Ausländer				
Schleswig-Holstein	2 082	1 878	—	10	154	40	74
Hamburg	4 326	3 582	12	11	514	207	135
Niedersachsen	7 168	5 799	306	24	789	250	336
Bremen	1 516	1 272	1	11	188	44	27
Nordrhein-Westfalen	36 567	29 935	52	112	5 274	1 194	986
Hessen	12 728	11 143	4	33	1 058	490	347
Rheinland-Pfalz	3 780	3 364	9	17	329	61	209
Baden-Württemberg	26 708	19 684	311	48	6 098	567	589
Bayern	20 367	18 831	122	129	810	475	709
Saarland	1 112	960	4	19	97	32	52
Berlin (West)	2 986	2 608	8	—	234	136	1 288
Bundesgebiet	**119 340**	**99 056**	**829**	**414**	**15 545**	**3 496**	**4 752**
			Hauptberufliche Lehrer[1])				
			insgesamt				
Schleswig-Holstein	2 621	1 652	—	11	546	412	334
Hamburg	2 967	1 699	32	35	834	367	303
Niedersachsen[2])	8 573	5 200	13	80	2 260	1 020	1 349
Bremen[2])	1 168	672	23	26	331	116	120
Nordrhein-Westfalen[2])	19 733	9 730	118	285	8 248	1 352	706
Hessen	6 055	3 681	8	26	1 370	970	499
Rheinland-Pfalz[2])	4 010	2 389[3])	.[4])	95	1 179	347	731
Baden-Württemberg	14 435	5 971	118	89	5 608	2 649	1 675
Bayern	9 689	6 474	261	305	1 330	1 319	2 416
Saarland	1 509	888	13	39	426	143	167
Berlin (West)	1 844	1 063	71	—	490	220	679
Bundesgebiet	**72 604**	**39 419**	**657**	**991**	**22 622**	**8 915**	**8 979**
			weiblich				
Schleswig-Holstein	782	403	—	3	251	125	118
Hamburg	988	420	12	14	442	100	117
Niedersachsen[2])	2 233	859	2	7	1 178	187	810
Bremen[2])	306	126	6	10	144	20	70
Nordrhein-Westfalen[2])	6 202	2 183	28	42	3 697	252	188
Hessen	1 618	840	3	4	609	162	183
Rheinland-Pfalz[2])	1 112	570[3])	.[4])	16	463	63	389
Baden-Württemberg	4 193	1 107	27	27	2 385	647	693
Bayern	2 637	1 307	85	107	928	210	1 292
Saarland	472	229	2	20	183	38	92
Berlin (West)	602	257	26	—	262	57	464
Bundesgebiet	**21 145**	**8 301**	**191**	**250**	**10 542**	**1 861**	**4 416**

*) Schuljahr (Beginn: Herbst).
[1]) Voll- und teilbeschäftigt.
[2]) Z. T. geschätzt.
[3]) Einschl. Berufssonderschulen.
[4]) Bei Berufsschulen nachgewiesen.

16.4 Schulabgänger 1981

16.4.1 Nach Beendigung der Vollzeitschulpflicht

Land	Insgesamt		Davon Abgänger aus							
			Grund- und Hauptschulen		Sonderschulen		Realschulen		Gymnasien, Gesamtschulen	
	insgesamt	weiblich	zusammen	weiblich	zusammen	weiblich	zusammen	weiblich	zusammen	weiblich
Schleswig-Holstein	22 865	10 170	19 017	8 674	2 893	1 099	687	299	268	98
Hamburg	9 107	3 942	6 865	3 000	1 218	509	441	181	583	252
Niedersachsen	56 928	24 679	46 547	20 382	6 626	2 598	2 319	1 014	1 436	685
Bremen	3 498	1 452	2 397	991	452	175	277	126	372	160
Nordrhein-Westfalen	97 117	44 234	77 934	36 015	12 637	5 365	1 513[1])	635[1])	5 033	2 219
Hessen	33 162	14 408	23 324	10 394	3 698	1 413	726	294	5 414	2 307
Rheinland-Pfalz	36 838	16 791	32 584	15 084	2 822	1 081	688	293	744	333
Baden-Württemberg	76 058	34 305	63 312	28 810	7 910	3 169	2 553	1 225	2 283	1 101
Bayern	100 712	44 624	86 727	38 930	7 011	2 862	4 367	1 823	2 607	1 009
Saarland	10 254	4 773	8 563	4 036	980	412	348	155	363	170
Berlin (West)	9 244	4 023	5 435	2 372	1 207	444	543	270	2 059	937
Bundesgebiet	**455 783**	**203 401**	**372 705**	**168 688**	**47 454**	**19 127**	**14 462**[1])	**6 315**[1])	**21 162**	**9 271**
dar. ohne Hauptschulabschluß	101 894	39 316	53 792	20 039	39 070	15 437	3 925	1 670	5 107	2 170

16.4.2 Mit Realschul- oder gleichwertigem Abschluß

Land	Insgesamt		Davon Abgänger aus							
			Realschulen, Abendrealschulen		Gymnasien, Gesamtschulen		Berufsaufbauschulen		Berufsfachschulen	
	insgesamt	weiblich	zusammen	weiblich	zusammen	weiblich	zusammen	weiblich	zusammen	weiblich
Schleswig-Holstein	17 009	9 487	12 821	7 026	953	544	245	54	2 990	1 863
Hamburg	10 641	5 743	7 056	3 720	1 562	868	277	85	1 746	1 070
Niedersachsen	61 623	34 610	43 047	22 661	5 991	3 390	1 158	153	11 427	8 406
Bremen	5 177	2 737	3 324	1 728	1 292	691	238	80	323	238
Nordrhein-Westfalen	104 412	55 629	85 533	45 953	14 039	7 565	1 229	370	3 611	1 741
Hessen	40 741	22 347	20 539	10 968	12 086	6 537	568	109	7 548	4 733
Rheinland-Pfalz	22 273	12 950	11 954	6 688	2 644	1 603	1 172	313	6 503	4 346
Baden-Württemberg	63 651	35 479	38 623	20 835	8 617	4 571	1 554	461	14 857	9 612
Bayern	56 774	32 542	45 364	26 564	6 729	3 445	4 681	2 533	—	—
Saarland	5 641	2 900	3 899	2 182	625	347	647	232	470	139
Berlin (West)	10 533	5 673	5 453	2 931	4 496	2 381	352	217	232	144
Bundesgebiet	**398 475**	**220 097**	**277 613**	**151 256**	**59 034**	**31 942**	**12 121**	**4 607**	**49 707**	**32 292**

16.4.3 Mit Hochschul- oder Fachhochschulreife

Land	Insgesamt		Davon Abgänger mit							
			allgemeiner und fachgebundener Hochschulreife aus						Fachhochschulreife aus Schulen des allgemeinen und beruflichen Schulwesens	
			Gymnasien, Gesamtschulen		Abendgymnasien, Kollegs, Berufs- und Technischen Oberschulen		Fachgymnasien (Berufliche Gymnasien)			
	insgesamt	weiblich	zusammen	weiblich	zusammen	weiblich	zusammen	weiblich	zusammen	weiblich
Schleswig-Holstein	8 635	4 142	5 902	2 993	66	35	967	393	1 700	721
Hamburg	9 355	4 720	6 219	3 118	178	109	425	166	2 533	1 327
Niedersachsen	30 596	14 085	21 124	10 558	391	197	1 958	821	7 123	2 509
Bremen	4 287	2 083	2 862	1 403	110	57	—	—	1 315	623
Nordrhein-Westfalen	79 338	38 083	51 057	25 912	2 814	1 363	1 147	574	24 320	10 234
Hessen	26 044	12 082	19 230	9 667	970	571	1 516	626	4 328	1 218
Rheinland-Pfalz	14 100	6 348	10 845	5 370	165	58	543	208	2 547	712
Baden-Württemberg	38 237	16 836	25 650	12 047	802	281	6 976	2 669	4 809	1 839
Bayern	35 402	15 812	23 849	11 304	1 496	570	31	29	10 026	3 909
Saarland	4 687	2 112	2 669	1 207	63	36	—	—	1 955	869
Berlin (West)	7 271	3 429	5 872	2 820	536	345	—	—	863	264
Bundesgebiet	**257 952**	**119 732**	**175 279**	**86 399**	**7 591**	**3 622**	**13 563**	**5 486**	**61 519**	**24 225**

[1]) Einschl. 96 (weiblich: 48) Schulabgänger mit Hauptschulabschluß aus Abendrealschulen.

16.5 Abiturienten 1982*)

16.5.1 Nach Studienabsicht

Land	Insgesamt		Davon: mit Studienabsicht		Davon: ohne Studienabsicht		Davon: Unentschlossene	
	insgesamt	weiblich	zusammen	weiblich	zusammen	weiblich	zusammen	weiblich
Schleswig-Holstein	8 660	3 976	5 530	2 281	1 048	711	2 082	984
Hamburg	6 043	2 790	3 889	1 657	856	537	1 298	596
Niedersachsen	31 477	13 977	22 857	9 123	3 613	2 444	5 007	2 410
Bremen	3 648	1 675	2 262	912	482	336	904	427
Nordrhein-Westfalen	82 714	37 598	55 641	22 587	8 923	6 298	18 150	8 713
Hessen	26 572	11 770	16 169	6 083	3 680	2 455	6 723	3 232
Rheinland-Pfalz	14 346	6 337	10 973	4 349	1 754	1 209	1 619	779
Baden-Württemberg	33 596	15 414	21 756	8 625	3 908	2 825	7 932	3 964
Bayern	40 653	17 916	27 954	10 636	3 002	2 150	9 697	5 130
Saarland	4 616	1 887	3 268	1 206	349	215	999	466
Berlin (West)	8 575	4 105	4 788	2 071	1 043	648	2 744	1 386
Bundesgebiet	**260 900**	**117 445**	**175 087**	**69 530**	**28 658**	**19 828**	**57 155**	**28 087**

16.5.2 Mit Studienabsicht nach angestrebter Studienfachgruppe

Land	Angestrebte Studienfachgruppe: Sprach- und Kulturwissenschaften	Sport	Wirtschafts- und Gesellschaftswissenschaften: zusammen	darunter Rechtswissenschaft	Mathematik, Naturwissenschaften	Human-, Veterinärmedizin	Agrar-, Forst- und Ernährungswissenschaften	Ingenieurwissenschaften	Kunst, Kunstwissenschaft	Insgesamt[1])	Darunter mit Studienziel Lehrer[2])
Schleswig-Holstein	851	65	950	289	900	416	294	1 268	375	5 530	745
Hamburg	468	28	789	222	559	341	125	1 007	356	3 889	268
Niedersachsen	3 411	185	4 974	1 166	2 774	1 485	1 391	5 971	1 564	22 857	1 845
Bremen	262	12	445	107	291	137	101	610	278	2 262	125
Nordrhein-Westfalen	8 287	743	10 626	2 611	6 360	3 762	2 347	15 242	3 934	55 641	4 856
Hessen	1 956	146	2 979	660	2 045	980	806	4 506	1 045	16 169	899
Rheinland-Pfalz	1 506	163	2 400	482	1 438	759	669	2 965	746	10 973	623
Baden-Württemberg	3 083	318	3 460	829	3 370	2 054	1 095	4 642	1 512	21 756	1 878
Bayern	3 581	412	6 566	945	3 400	1 975	1 654	7 923	1 770	27 954	1 965
Saarland	345	53	743	130	461	212	111	1 000	195	3 268	201
Berlin (West)	719	99	1 011	218	785	457	152	921	404	4 788	442
Bundesgebiet	**24 469**	**2 224**	**34 943**	**7 659**	**22 383**	**12 578**	**8 745**	**46 055**	**12 179**	**175 087**	**13 847**

16.5.3 Ohne Studienabsicht nach Berufswunsch

Land	Insgesamt	Darunter am häufigsten genannter Berufswunsch: Bankkaufmann	Industriekaufmann	Groß- u. Einzelhandelskaufmann, Außenhandelskaufmann	Speditionskaufmann, Reiseverkehrskaufmann	Fachkraft im Hotel- und Gaststättengewerbe	Bürofachkraft[3])	Beruf im Bereich des öffentlichen Dienstes	Assistent im mathematisch-/naturwissenschaftlichen Bereich	Nichtakademischer Beruf im Gesundheitswesen	Beruf im Bereich der Sozialarbeit	Handwerklicher Beruf
Schleswig-Holstein	1 048	118	37	21	24	29	24	265	10	181	8	37
Hamburg	856	65	56	18	23	19	29	124	17	112	14	38
Niedersachsen	3 613	388	148	55	66	71	69	728	59	660	101	128
Bremen	482	73	20	13	33	11	10	67	4	77	7	21
Nordrhein-Westfalen	8 923	1 047	460	168	175	211	282	888	229	2 151	214	420
Hessen	3 680	418	234	42	81	61	207	555	83	580	100	120
Rheinland-Pfalz	1 754	196	63	30	27	38	52	348	43	361	33	60
Baden-Württemberg	3 908	328	298	45	56	83	159	622	67	846	109	171
Bayern	3 002	242	95	48	45	59	79	185	65	688	168	185
Saarland	349	54	10	2	4	1	11	82	4	81	3	9
Berlin (West)	1 043	59	19	5	31	24	21	236	15	187	21	48
Bundesgebiet	**28 658**	**2 988**	**1 440**	**447**	**565**	**607**	**943**	**4 100**	**596**	**5 924**	**778**	**1 237**

*) Studien- und Berufswünsche der Schüler, die die Hochschul- oder Fachhochschulreife anstreben. – Ergebnis der Abiturientenbefragung.
[1]) Einschl. ohne Angabe einer Studienfachgruppe.
[2]) Für das Lehramt an Grund- und Hauptschulen, Sonderschulen, Realschulen, Gymnasien und a[n] beruflichen Schulen.
[3]) Fremdsprachenkorrespondent, Anwaltsgehilfe, Sekretärin u. a.

16.6 Berufliche Bildung 1981

16.6.1 Auszubildende nach Ausbildungsbereichen, Berufsgruppen und Ausbildungsjahren sowie neu abgeschlossene Ausbildungsverhältnisse*)

Nr. der Systematik[1])	Ausbildungsbereich / Land / Berufsgruppe	Auszubildende							Neu abgeschlossene Ausbildungsverhältnisse[2])
		männlich	weiblich	insgesamt	davon im ... Ausbildungsjahr				
					1.	2.	3.	4.	
	Insgesamt	**1 029 113**	**647 764**	**1 676 877**	**475 033**	**615 409**	**515 269**	**71 166**	**620 788**
	nach Ausbildungsbereichen								
	Industrie und Handel[3])	436 557	334 790	771 347	222 284	290 100	227 204	31 759	302 019
	Handwerk	522 139	151 425	673 564	176 672	229 473	229 179	38 240	216 035
	Landwirtschaft	33 956	12 569	46 525	7 268	21 168	17 921	168	23 937
	Öffentlicher Dienst[4])	30 412	23 866	54 278	15 309	21 183	17 608	178	20 855
	Freie Berufe	5 153	118 493	123 646	51 308	49 569	21 974	795	54 343
	Hauswirtschaft[5])	9	6 615	6 624	1 891	3 631	1 102	—	3 261
	Seeschiffahrt	887	6	893	301	285	281	26	338
	nach Ländern								
	Schleswig-Holstein	44 550	29 640	74 190	22 896	25 578	22 723	2 993	27 936
	Hamburg	26 859	16 840	43 699	13 528	15 606	12 620	1 945	17 393
	Niedersachsen	121 341	78 096	199 437	50 563	75 878	64 754	8 242	75 398
	Bremen	13 306	8 380	21 686	6 756	7 427	6 455	1 048	8 485
	Nordrhein-Westfalen	270 894	170 770	441 664	121 671	165 808	136 520	17 665	157 098
	Hessen	85 573	53 654	139 227	42 758	51 048	39 869	5 552	52 950
	Rheinland-Pfalz	67 914	40 960	108 874	31 811	39 558	33 336	4 169	40 326
	Baden-Württemberg	156 066	98 430	254 496	68 648	93 072	80 174	12 602	95 477
	Bayern	200 197	125 250	325 447	94 596	116 844	99 431	14 576	118 066
	Saarland	20 713	12 253	32 966	9 345	12 149	10 360	1 112	12 756
	Berlin (West)	21 700	13 491	35 191	12 461	12 441	9 027	1 262	14 903
	nach Berufsgruppen								
01	Landwirte	18 561	813	19 374	2 337	8 587	8 402	48	10 246
02	Tierzüchter, Fischereiberufe	436	88	524	77	229	216	2	258
04	Landwirtschaftliche Arbeitskräfte, Tierpfleger	247	314	561	193	198	167	3	207
05	Gartenbauer	12 048	13 809	25 857	4 676	11 051	10 062	68	11 056
06	Forst-, Jagdberufe	1 963	—	1 963	504	793	655	11	823
07	Bergleute	9 395	—	9 395	3 416	4 384	1 595	—	3 692
09	Mineralaufbereiter	33	—	33	4	7	22	—	6
10	Steinbearbeiter	2 333	152	2 485	780	875	830	—	843
11	Baustoffhersteller	488	2	490	125	181	183	1	170
12	Keramiker	439	535	974	318	349	307	—	353
13	Glasmacher	855	146	1 001	291	407	283	20	315
14	Chemiearbeiter	5 309	613	5 922	2 223	2 278	1 417	4	2 316
15	Kunststoffverarbeiter	1 682	61	1 743	579	651	512	1	597
16	Papierhersteller, -verarbeiter	2 355	629	2 984	922	1 080	980	2	1 002
17	Drucker	8 695	3 518	12 213	3 392	4 543	4 257	21	3 924
18	Holzaufbereiter, Holzwarenfertiger und verwandte Berufe	1 236	121	1 357	403	510	444	—	432
19	Metallerzeuger, Walzer	1 458	—	1 458	476	524	452	6	531
20	Former, Formgießer	1 334	19	1 353	424	500	426	3	437
21	Metallverformer (spanlos)	253	9	262	106	133	23	—	113
22	Metallverformer (spanend)	15 029	501	15 530	4 897	5 744	4 873	16	5 354
23	Metalloberflächenbearbeiter, -vergüter, -beschichter	916	303	1 219	324	365	394	136	347
24	Metallverbinder	1 748	4	1 752	538	637	573	4	600
25	Schmiede	4 182	23	4 205	1 191	1 417	1 482	115	1 279
26	Feinblechner, Installateure	65 774	327	66 101	15 435	20 465	20 651	9 550	18 037
27	Schlosser	108 453	766	109 219	29 974	34 987	33 647	10 611	34 029
28	Mechaniker	136 877	2 370	139 247	35 860	45 723	47 585	10 079	42 594
29	Werkzeugmacher	27 938	509	28 447	6 533	8 343	8 120	5 451	7 590
30	Metallfeinbauer und zugeordnete Berufe	11 154	8 866	20 020	5 560	5 944	5 667	2 849	6 208
31	Elektriker	139 210	2 400	141 610	35 178	42 672	37 637	26 123	49 927
33	Spinnberufe	416	213	629	237	321	71	—	286
34	Textilhersteller	1 066	691	1 757	616	862	278	1	781
35	Textilverarbeiter	710	18 039	18 749	6 858	8 032	3 855	4	10 200
36	Textilveredler	581	107	688	218	303	165	2	334
37	Lederhersteller, Leder- und Fellverarbeiter	2 669	2 412	5 081	1 562	1 950	1 569	—	1 717
39	Back-, Konditorwarenhersteller	30 014	5 920	35 934	11 223	12 572	12 138	1	12 121
40	Fleisch-, Fischverarbeiter	20 349	463	20 812	5 847	7 385	7 578	2	6 349
41	Speisenbereiter	17 633	4 067	21 700	6 408	7 593	7 606	93	8 061
42	Getränke-, Genußmittelhersteller	1 519	33	1 552	483	546	520	3	530
43	Übrige Ernährungsberufe	1 097	138	1 235	371	504	353	7	507

Fußnoten siehe S. 352.

16.7 Studenten an Hochschulen

16.7.1 Im Wintersemester 1982/83 nach Ländern, Hochschularten und Hochschulen*)

Land / Hochschule	Insgesamt männlich	Insgesamt weiblich	Insgesamt insgesamt	Deutsche zusammen	Deutsche und zwar weiblich	Deutsche und zwar Studienanfänger	Ausländer zusammen	Ausländer und zwar weiblich	Ausländer und zwar Studienanfänger
Insgesamt	**744 747**	**458 374**	**1 203 121**	**1 136 913**	**438 293**	**178 670**	**66 208**	**20 081**	**9 613**
nach Ländern									
Schleswig-Holstein	17 099	11 474	28 573	27 266	11 107	4 230	1 307	367	224
Hamburg	32 805	21 282	54 087	51 177	20 313	5 830	2 910	969	240
Niedersachsen	68 621	41 130	109 751	105 316	39 969	17 460	4 435	1 161	661
Bremen	8 472	4 927	13 399	12 556	4 705	2 323	843	222	159
Nordrhein-Westfalen	230 993	143 987	374 980	356 000	138 772	54 400	18 980	5 215	2 091
Hessen	67 997	38 970	106 967	99 558	36 990	16 389	7 409	1 980	1 182
Rheinland-Pfalz	32 437	21 512	53 949	51 357	20 592	9 422	2 592	920	497
Baden-Württemberg	108 568	62 560	171 128	161 206	58 992	25 808	9 922	3 568	2 112
Bayern	112 288	71 502	183 790	176 410	68 731	33 945	7 380	2 771	1 587
Saarland	10 894	7 190	18 084	16 930	6 755	2 881	1 154	435	276
Berlin (West)	54 573	33 840	88 413	79 137	31 367	5 982	9 276	2 473	584
nach Hochschularten und Ländern									
Universitäten	**497 734**	**334 629**	**832 363**	**783 702**	**318 301**	**106 294**	**48 661**	**16 328**	**6 604**
Schleswig-Holstein	10 044	6 846	16 890	16 102	6 554	2 402	788	292	144
Kiel	9 661	6 644	16 305	15 543	6 363	2 402	762	281	144
Lübeck, Medizinische Hochschule	383	202	585	559	191	—	26	11	—
Hamburg	24 205	17 432	41 637	39 768	16 713	4 080	1 869	719	85
Hamburg, Universität	21 080	16 850	37 930	36 183	16 162	3 280	1 747	688	65
Hamburg-Harburg, Technische Universität	5	2	7	5	1	—	2	1	—
Hamburg, Hochschule der Bundeswehr	2 100	—	2 100	2 100	—	600	—	—	—
Hamburg, Hochschule für Wirtschaft und Politik	1 020	580	1 600	1 480	550	200	120	30	20
Niedersachsen	53 309	34 420	87 729	83 872	33 378	12 194	3 857	1 042	536
Braunschweig, Techn. Universität	8 877	3 856	12 733	12 108	3 727	2 070	625	129	108
Clausthal, Technische Universität	2 803	438	3 241	2 899	418	431	342	20	54
Göttingen[1])	16 318	11 388	27 706	26 334	10 900	2 931	1 372	488	165
Hannover, Universität	14 625	8 073	22 698	21 801	7 877	3 752	897	196	133
Hannover, Medizin. Hochschule	2 198	1 262	3 460	3 303	1 191	373	157	71	19
Hannover, Tierärztliche Hochschule	919	807	1 726	1 564	763	240	162	44	14
Hildesheim	523	1 156	1 679	1 660	1 141	295	19	15	2
Lüneburg	397	885	1 282	1 276	882	337	6	3	2
Oldenburg	3 711	3 594	7 305	7 115	3 547	710	190	47	29
Osnabrück	2 938	2 961	5 899	5 812	2 932	1 055	87	29	10
Bremen	4 521	3 456	7 977	7 436	3 280	970	541	176	84
Nordrhein-Westfalen	133 365	95 464	228 829	217 521	91 811	27 642	11 308	3 653	888
Aachen, Technische Hochschule	23 628	9 544	33 172	29 992	8 967	4 445	3 180	577	268
Bielefeld	6 772	6 032	12 804	12 395	5 862	1 759	409	170	36
Bochum	17 877	10 081	27 958	26 581	9 670	3 492	1 377	411	139
Bonn	20 311	17 188	37 499	36 114	16 600	4 511	1 385	588	78
Dortmund	9 678	6 513	16 191	15 658	6 410	2 543	533	103	56
Düsseldorf	7 146	6 514	13 660	12 892	6 194	1 611	768	320	61
Köln, Universität	22 139	18 675	40 814	38 706	17 782	4 030	2 108	893	149
Köln, Deutsche Sporthochschule	2 821	1 535	4 356	4 091	1 472	284	265	63	16
Münster	22 993	19 382	42 375	41 092	18 854	4 967	1 283	528	85
Hessen	42 480	27 930	70 410	65 570	26 362	9 562	4 840	1 568	757
Darmstadt, Technische Hochschule	11 082	2 271	13 353	12 194	2 109	2 372	1 159	162	207
Frankfurt am Main	14 861	12 047	26 908	24 748	11 212	2 923	2 160	835	243
Gießen	8 272	7 308	15 580	14 885	7 045	2 289	695	263	125
Marburg	8 265	6 304	14 569	13 743	5 996	1 978	826	308	182
Rheinland-Pfalz	21 025	15 353	36 378	34 361	14 544	5 175	2 017	809	371
Kaiserslautern	4 172	957	5 129	4 904	939	1 157	225	18	64
Mainz	13 517	11 514	25 031	23 587	10 859	2 787	1 444	655	199
Speyer, Hochschule für Verwaltungswissenschaft	263	99	362	339	94	—	23	5	—
Trier	3 073	2 783	5 856	5 531	2 652	1 231	325	131	108
Baden-Württemberg	75 060	41 114	116 174	108 067	38 086	16 339	8 107	3 028	1 813
Freiburg im Breisgau	12 498	8 484	20 982	19 515	7 780	2 327	1 467	704	515
Heidelberg	13 003	11 325	24 328	22 190	10 328	2 564	2 138	997	318
Hohenheim	2 670	1 734	4 404	4 147	1 680	693	257	54	39
Karlsruhe	11 977	2 018	13 995	12 950	1 846	2 801	1 045	172	161
Konstanz	2 855	1 981	4 836	4 460	1 821	997	376	160	140
Mannheim	5 124	3 045	8 169	7 684	2 867	1 436	485	178	136
Stuttgart	11 822	2 829	14 651	13 373	2 535	2 568	1 278	294	266
Tübingen	12 637	8 445	21 082	20 158	8 036	2 316	924	409	219
Ulm	2 474	1 253	3 727	3 590	1 193	637	137	60	19

Fußnoten siehe S. 355.

16.7 Studenten an Hochschulen

16.7.1 Im Wintersemester 1982/83 nach Ländern, Hochschularten und Hochschulen*)

Land — Hochschule	Insgesamt			Deutsche			Ausländer		
				zusammen	und zwar		zusammen	und zwar	
	männlich	weiblich	insgesamt		weiblich	Studienanfänger		weiblich	Studienanfänger
				nach Hochschularten und Ländern					
Bayern	77 905	57 097	135 002	128 944	54 630	21 416	6 058	2 467	1 260
Augsburg	2 958	2 685	5 643	5 476	2 616	1 026	167	69	62
Bamberg	1 650	1 925	3 575	3 511	1 895	650	64	30	26
Bayreuth	1 988	1 203	3 191	3 127	1 179	923	64	24	26
Eichstätt	875	1 149	2 024	1 973	1 138	374	51	11	8
Erlangen-Nürnberg	13 859	8 291	22 150	21 313	7 994	3 582	837	297	185
München, Universität	25 064	23 067	48 131	45 004	21 522	5 510	3 127	1 545	531
München, Technische Universität	14 892	4 516	19 408	18 552	4 392	3 682	856	124	180
Passau	1 413	1 195	2 608	2 541	1 171	910	67	24	18
Regensburg	6 459	5 598	12 057	11 788	5 475	2 161	269	123	100
Würzburg	8 747	7 468	16 215	15 659	7 248	2 598	556	220	124
Saarland	8 897	6 483	15 380	14 395	6 092	2 279	985	391	222
Saarbrücken	8 897	6 483	15 380	14 395	6 092	2 279	985	391	222
Berlin (West)	46 923	29 034	75 957	67 666	26 851	4 235	8 291	2 183	444
Berlin, Freie Universität[1])	27 270	22 377	49 647	45 984	20 859	2 534	3 663	1 518	236
Berlin, Technische Universität	19 653	6 657	26 310	21 682	5 992	1 701	4 628	665	208
Gesamthochschulen	**53 004**	**24 876**	**77 880**	**74 422**	**24 216**	**13 415**	**3 458**	**660**	**635**
Nordrhein-Westfalen	44 963	21 694	66 657	63 924	21 158	11 149	2 733	536	515
Duisburg	5 793	3 481	9 274	8 854	3 390	1 662	420	91	93
Essen	10 116	6 373	16 489	15 901	6 213	2 023	588	160	54
Hagen (Fernuniversität)	9 315	2 738	12 053	11 500	2 641	1 750	553	97	146
Paderborn	7 185	2 936	10 121	9 812	2 894	2 112	309	42	80
Siegen	5 559	2 436	7 995	7 633	2 380	1 680	362	56	50
Wuppertal	6 995	3 730	10 725	10 224	3 640	1 922	501	90	92
Hessen	5 474	3 032	8 506	7 845	2 909	1 351	661	123	114
Kassel	5 474	3 032	8 506	7 845	2 909	1 351	661	123	114
Bayern	2 567	150	2 717	2 653	149	915	64	1	6
München, Hochschule der Bundeswehr	2 427	—	2 427	2 365	—	816	62	—	6
Neuendettelsau	140	150	290	288	149	99	2	1	—
Pädagogische Hochschulen	**5 850**	**12 946**	**18 796**	**18 582**	**12 839**	**2 338**	**214**	**107**	**53**
Schleswig-Holstein	1 044	2 611	3 655	3 606	2 590	472	49	21	22
Rheinland-Pfalz	1 049	1 850	2 899	2 850	1 833	400	49	17	12
Baden-Württemberg	3 757	8 485	12 242	12 126	8 416	1 466	116	69	19
Theologische Hochschulen	**2 004**	**831**	**2 835**	**2 722**	**820**	**568**	**113**	**11**	**30**
Evangelisch:	821	464	1 285	1 265	460	297	20	4	3
Nordrhein-Westfalen	464	259	723	720	259	206	3	—	—
Hessen	87	17	104	99	17	40	5	—	3
Berlin (West)	270	188	458	446	184	51	12	4	—
Römisch-katholisch:	1 172	353	1 525	1 436	348	270	89	5	25
Nordrhein-Westfalen	230	13	243	235	13	45	8	—	—
Hessen	284	65	349	342	65	81	7	—	—
Rheinland-Pfalz	363	148	511	493	147	79	18	1	5
Bayern	295	127	422	366	123	65	56	4	20
Jüdisch:	11	14	25	21	12	1	4	2	2
Baden-Württemberg	11	14	25	21	12	1	4	2	2
Kunsthochschulen	**10 499**	**9 384**	**19 883**	**17 538**	**8 213**	**2 089**	**2 345**	**1 171**	**331**
Schleswig-Holstein	169	190	359	323	166	41	36	24	1
Hamburg	820	650	1 470	1 295	570	230	175	80	35
Niedersachsen	851	800	1 651	1 520	746	302	131	54	28
Nordrhein-Westfalen	2 948	2 503	5 451	4 696	2 110	538	755	393	43
Hessen	611	474	1 085	973	426	113	112	48	9
Baden-Württemberg	1 825	1 775	3 600	3 187	1 554	380	413	221	75
Bayern	1 260	1 053	2 313	2 029	923	241	284	130	71
Saarland	142	129	271	255	120	34	16	9	6
Berlin (West)	1 873	1 810	3 683	3 260	1 598	210	423	212	63
Fachhochschulen[2])	**175 656**	**75 708**	**251 364**	**239 947**	**73 904**	**53 966**	**11 417**	**1 804**	**1 960**
Schleswig-Holstein	5 842	1 827	7 669	7 235	1 797	1 315	434	30	57
Hamburg	7 780	3 200	10 980	10 114	3 030	1 520	866	170	120
Niedersachsen	14 461	5 910	20 371	19 924	5 845	4 964	447	65	97
Bremen	3 951	1 471	5 422	5 120	1 425	1 353	302	46	75
Nordrhein-Westfalen	49 023	24 054	73 077	68 904	23 421	14 820	4 173	633	645
Hessen	19 061	7 452	26 513	24 729	7 211	5 242	1 784	241	299
Rheinland-Pfalz	10 000	4 161	14 161	13 653	4 068	3 768	508	93	109
Baden-Württemberg	27 915	11 172	39 087	37 805	10 924	7 622	1 282	248	203
Bayern	30 261	13 075	43 336	42 418	12 906	11 308	918	169	230
Saarland	1 855	578	2 433	2 280	543	568	153	35	48
Berlin (West)	5 507	2 808	8 315	7 765	2 734	1 486	550	74	77

*) Vorläufiges Ergebnis.
1) Einschl. Beurlaubte.
2) Einschl. Verwaltungsfachhochschulen.

16.7 Studenten an Hochschulen

16.7.2 Im Wintersemester 1981/82 nach Fächergruppen und Studienbereichen

Fächergruppe Studienbereich	Insgesamt		Und zwar					
			Studienanfänger		Deutsche		Ausländer	
	insgesamt	weiblich	zusammen	weiblich	zusammen	weiblich	zusammen	weiblich
Sprach- und Kulturwissenschaften	254 148	151 131	34 634	23 985	239 904	143 074	14 244	8 057
Sprach- und Kulturwissenschaften allgemein	1 902	1 611	579	523	1 885	1 598	17	13
Theologie, Religionslehre	27 152	11 900	4 031	1 924	26 523	11 787	629	113
Philosophie	10 496	3 583	1 305	599	9 482	3 333	1 014	250
Geschichte	19 232	8 820	2 644	1 480	18 337	8 432	895	388
Bibliothekswesen, Dokumentation, Publizistik	6 095	3 174	872	550	5 794	3 032	301	142
Allgemeine und vergleichende Literatur- und Sprachwissenschaft	2 239	1 383	478	357	1 961	1 230	278	153
Altphilologie (klassische Philologie), Neugriechisch	3 300	1 656	594	363	3 211	1 618	89	38
Germanistik (Deutsch, germanische Sprachen ohne Anglistik)	60 487	38 874	9 612	7 122	55 100	35 517	5 387	3 357
Anglistik, Amerikanistik	28 806	20 104	3 949	3 119	27 500	19 214	1 306	890
Romanistik	16 911	13 427	2 624	2 297	15 624	12 416	1 287	1 011
Slawistik, Baltistik, Finno-Ugristik	2 649	1 916	325	260	2 349	1 707	300	209
Außereuropäische Sprach- und Kulturwissenschaften	7 294	4 083	944	616	6 673	3 783	621	300
Psychologie	20 012	11 059	2 072	1 337	18 943	10 443	1 069	616
Erziehungswissenschaften	47 573	29 541	4 605	3 438	46 522	28 964	1 051	577
Sport	21 820	8 971	2 220	1 152	21 273	8 822	547	149
Wirtschafts- und Gesellschaftswissenschaften	296 801	106 175	54 246	23 734	286 064	103 456	10 737	2 719
Wirtschafts- und Gesellschaftslehre allgemein	583	394	247	223	578	391	5	3
Politik- und Sozialwissenschaften	32 313	12 858	3 950	1 996	30 249	12 244	2 064	614
Sozialwesen	38 056	25 224	7 183	5 105	37 384	24 825	672	399
Rechtswissenschaft	77 529	26 876	12 813	5 794	76 024	26 409	1 505	467
Verwaltungswissenschaft, -wesen	22 829	8 627	6 497	2 635	22 808	8 624	21	3
Wirtschaftswissenschaften	115 771	31 375	22 138	7 782	110 204	30 198	5 567	1 177
Wirtschaftsingenieurwesen	9 720	821	1 418	199	8 817	765	903	56
Mathematik, Naturwissenschaften	170 788	58 142	27 637	10 896	162 155	56 069	8 633	2 073
Mathematik, Naturwissenschaften allgemein	855	678	341	284	852	675	3	3
Mathematik	30 640	10 991	4 540	2 097	29 796	10 833	844	158
Informatik	17 686	3 053	3 757	720	16 476	2 871	1 210	182
Physik, Astronomie	23 688	2 239	3 751	447	22 558	2 138	1 130	101
Chemie	31 940	9 666	6 083	2 424	29 683	9 114	2 257	552
Pharmazie	10 506	6 036	1 040	650	9 891	5 761	615	275
Biologie	31 556	16 862	4 567	2 702	30 433	16 305	1 123	557
Geowissenschaften (ohne Geographie)	10 598	2 498	1 643	518	9 365	2 339	1 233	159
Geographie	13 319	6 119	1 915	1 054	13 101	6 033	218	86
Humanmedizin	83 568	30 023	6 419	2 706	78 461	28 136	5 107	1 887
Humanmedizin (ohne Zahnmedizin)	73 345	27 401	5 657	2 469	68 802	25 755	4 543	1 646
Zahnmedizin	10 223	2 622	762	237	9 659	2 381	564	241
Veterinärmedizin	5 552	2 557	718	390	5 147	2 398	405	159
Agrar-, Forst- und Ernährungswissenschaften	30 119	13 459	5 522	2 647	28 569	13 142	1 550	317
Agrarwissenschaften	14 239	4 060	2 656	840	13 131	3 904	1 108	156
Gartenbau, Landespflege	5 296	2 299	973	494	5 149	2 242	147	57
Forstwissenschaft, Holzwirtschaft	2 737	243	498	44	2 608	225	129	18
Ernährungs- und Haushaltswissenschaften	7 847	6 857	1 395	1 269	7 681	6 771	166	86
Ingenieurwissenschaften	202 416	20 928	41 459	5 157	185 047	19 714	17 369	1 214
Ingenieurwissenschaften allgemein	410	111	10	6	406	109	4	2
Bergbau, Hüttenwesen	4 036	208	517	35	3 392	184	644	24
Maschinenbau/Verfahrenstechnik	76 594	4 375	16 853	1 176	70 107	4 148	6 487	227
Elektrotechnik	53 373	1 185	11 764	371	49 055	1 072	4 318	113
Nautik, Schiffstechnik	1 475	27	193	8	1 326	25	149	2
Architektur, Innenarchitektur	33 231	11 530	5 577	2 521	30 514	10 894	2 717	636
Raumplanung	1 930	453	239	89	1 833	436	97	17
Bauingenieurwesen	26 252	2 315	5 276	727	23 397	2 132	2 855	183
Vermessungswesen	5 115	724	1 030	224	5 017	714	98	10
Kunst, Kunstwissenschaft	55 538	30 507	7 428	4 466	51 827	28 553	3 711	1 954
Kunst, Kunstwissenschaft allgemein	15 664	10 537	2 002	1 540	15 033	10 097	631	440
Bildende Kunst	5 036	2 403	595	296	4 586	2 214	450	189
Gestaltung	12 983	6 985	1 824	1 008	12 508	6 782	475	203
Darstellende Kunst, Film und Fernsehen, Theaterwissenschaft	3 591	2 014	524	340	3 169	1 775	422	239
Musik	18 264	8 568	2 483	1 282	16 531	7 685	1 733	883
Sonstige Fächer/ohne Angabe	308	161	113	60	147	81	161	80
Insgesamt	**1 121 058**	**422 054**	**180 396**	**75 193**	**1 058 594**	**403 445**	**62 464**	**18 609**

16.7 Studenten an Hochschulen

16.7.3 Im Wintersemester 1981/82 nach Fächergruppen, Studienbereichen und Fachsemestern

Fächergruppe Studienbereich	Insgesamt	Davon waren im . . . Fachsemester									
		1.	2.	3.	4.	5.	6.	7. und 8.	9. und 10.	11. und 12.	13. und höheren
Sprach- und Kulturwissenschaften	254 148	44 163	13 048	32 247	9 878	27 602	9 731	33 867	27 489	20 681	35 442
Sprach- und Kulturwissenschaften allgemein	1 902	690	92	523	10	261	8	267	45	4	2
Theologie, Religionslehre	27 152	4 717	1 169	3 616	818	3 401	827	4 148	3 561	2 433	2 462
Philosophie	10 496	2 198	1 064	1 259	599	787	440	953	800	650	1 746
Geschichte	19 232	3 358	1 157	2 188	838	1 739	736	2 303	1 827	1 659	3 427
Bibliothekswesen, Dokumentation, Publizistik	6 095	1 202	384	1 059	359	831	269	629	458	244	660
Allgemeine und vergleichende Literatur- und Sprachwissenschaft	2 239	638	173	307	102	185	75	197	175	130	257
Altphilologie (klassische Philologie), Neugriechisch	3 300	675	137	442	109	344	102	391	337	321	442
Germanistik (Deutsch, germanische Sprachen ohne Anglistik)	60 487	10 682	3 007	7 594	2 346	6 081	2 220	7 555	6 099	5 195	9 708
Anglistik, Amerikanistik	28 806	4 761	1 199	3 502	908	2 799	1 117	3 997	3 457	2 887	4 179
Romanistik	16 911	3 322	934	2 089	622	1 528	575	2 021	1 804	1 462	2 554
Slawistik, Baltistik, Finno-Ugristik	2 649	407	116	269	84	231	77	281	319	267	598
Außereuropäische Sprach- und Kulturwissenschaften	7 294	1 525	636	927	459	582	332	703	593	456	1 081
Psychologie	20 012	2 922	548	2 611	551	2 421	578	2 863	2 526	1 842	3 150
Erziehungswissenschaften	47 573	7 066	2 432	5 861	2 073	6 412	2 375	7 559	5 488	3 131	5 176
Sport	21 820	2 741	1 008	2 808	1 004	2 755	1 071	3 493	2 830	2 002	2 108
Wirtschafts- und Gesellschaftswissenschaften	296 801	64 739	15 169	50 019	11 811	40 126	9 410	35 380	25 568	18 518	26 061
Wirtschafts- und Gesellschaftslehre allgemein	583	288	40	60	16	47	20	47	25	19	21
Politik- und Sozialwissenschaften	32 313	5 692	1 918	3 842	1 329	2 898	1 065	3 435	3 537	2 954	5 643
Sozialwesen	38 056	8 184	2 162	7 555	2 122	7 242	2 078	6 436	1 746	329	202
Rechtswissenschaft	77 529	14 463	3 087	10 756	2 463	8 790	1 993	9 178	8 542	7 257	11 000
Verwaltungswissenschaft, -wesen	22 829	7 254	1 301	7 248	627	4 865	329	875	269	51	10
Wirtschaftswissenschaften	115 771	26 580	5 964	18 975	4 790	15 194	3 571	14 287	10 682	7 374	8 354
Wirtschaftsingenieurwesen	9 720	2 278	697	1 583	464	1 090	354	1 122	767	534	831
Mathematik, Naturwissenschaften	170 788	32 962	5 705	22 373	4 552	18 708	4 262	21 847	18 452	15 103	26 824
Mathematik, Naturwissenschaften allgemein	855	388	15	145	6	135	3	130	23	8	2
Mathematik	30 640	5 598	691	3 552	510	3 089	553	3 877	3 527	3 372	5 871
Informatik	17 686	4 963	650	3 176	598	2 351	382	2 021	1 337	949	1 259
Physik, Astronomie	23 688	4 445	511	2 886	393	2 517	317	2 722	2 583	2 543	4 771
Chemie	31 940	6 693	1 101	3 654	720	2 896	647	3 637	3 606	3 017	5 969
Pharmazie	10 506	1 180	1 056	1 093	941	1 041	998	1 962	1 144	475	616
Biologie	31 556	5 350	655	4 767	665	4 135	706	4 638	3 785	2 667	4 188
Geowissenschaften (ohne Geographie)	10 598	2 050	423	1 218	249	951	209	1 086	1 075	1 016	2 321
Geographie	13 319	2 295	603	1 882	470	1 593	447	1 774	1 372	1 056	1 827
Humanmedizin	83 568	8 102	4 969	8 357	4 698	7 746	4 656	12 061	11 820	10 217	10 942
Humanmedizin (ohne Zahnmedizin)	73 345	7 090	4 189	7 366	4 010	6 767	3 891	10 385	10 251	9 065	10 331
Zahnmedizin	10 223	1 012	780	991	688	979	765	1 676	1 569	1 152	611
Veterinärmedizin	5 552	895	16	893	116	758	132	836	763	623	520
Agrar-, Forst- und Ernährungswissenschaften	30 119	6 334	780	5 384	812	4 931	862	4 678	3 063	1 597	1 678
Agrarwissenschaften	14 239	3 002	222	2 684	257	2 440	343	2 152	1 460	812	867
Gartenbau, Landespflege	5 296	1 165	190	986	189	845	157	800	420	211	333
Forstwissenschaft, Holzwirtschaft	2 737	569	138	465	140	415	130	353	236	123	168
Ernährungs- und Haushaltswissenschaften	7 847	1 598	230	1 249	226	1 231	232	1 373	947	451	310
Ingenieurwissenschaften	202 416	47 593	6 074	33 840	5 858	28 681	5 291	28 487	18 893	13 057	14 642
Ingenieurwissenschaften allgemein	410	34	15	33	13	42	40	80	49	48	56
Bergbau, Hüttenwesen	4 036	562	205	479	174	380	165	537	568	442	524
Maschinenbau/Verfahrenstechnik	76 594	18 849	2 266	12 829	2 370	10 878	2 138	11 123	6 907	4 541	4 693
Elektrotechnik	53 373	13 358	1 423	8 839	1 403	7 480	1 239	7 395	4 721	3 573	3 942
Nautik, Schiffstechnik	1 475	216	129	224	130	226	110	205	90	76	69
Architektur, Innenarchitektur	33 231	7 028	1 112	5 969	959	4 850	816	4 542	3 371	1 997	2 587
Raumplanung	1 930	302	37	295	21	295	35	266	245	208	226
Bauingenieurwesen	26 252	6 086	704	4 170	639	3 698	591	3 518	2 548	1 921	2 377
Vermessungswesen	5 115	1 158	183	1 002	149	832	157	821	394	251	168
Kunst, Kunstwissenschaft	55 538	9 591	2 924	7 967	2 743	7 082	2 659	8 602	6 007	3 368	4 595
Kunst, Kunstwissenschaft allgemein	15 664	2 671	755	1 985	667	1 777	656	2 051	1 683	1 145	2 274
Bildende Kunst	5 036	817	127	828	156	675	184	834	631	384	400
Gestaltung	12 983	2 182	643	2 081	647	1 964	668	2 337	1 412	633	416
Darstellende Kunst, Film und Fernsehen, Theaterwissenschaft	3 591	650	171	418	174	407	139	503	424	249	456
Musik	18 264	3 271	1 228	2 655	1 099	2 259	1 012	2 877	1 857	957	1 049
Sonstige Fächer/ohne Angabe	308	126	39	20	17	30	12	29	14	3	18
Insgesamt	**1 121 058**	**217 246**	**49 732**	**163 908**	**41 489**	**138 419**	**38 086**	**149 280**	**114 899**	**85 169**	**122 830**

16.7 Studenten an Hochschulen

16.7.4 Im Wintersemester 1981/82 in den 20 am stärksten besetzten Studienfächern

Studienfach	Deutsche Studenten			Und zwar					
				Studienanfänger			im 1. Fachsemester		
	Rangfolge	Anzahl	%[1])	Rangfolge	Anzahl	%[1])	Rangfolge	Anzahl	%[1])
				Männlich					
Rechtswissenschaft	1	49 069	7,5	3	6 686	6,8	3	7 730	6,4
Medizin (Allgemein-Medizin)	2	43 047	6,6	9	2 973	3,0	7	3 808	3,2
Maschinenbau/-wesen	3	41 198	6,3	1	9 315	9,5	2	10 164	8,4
Elektrotechnik/Elektronik	4	40 000	6,1	2	9 074	9,3	1	10 190	8,5
Betriebswirtschaftslehre	5	34 333	5,2	4	5 447	5,6	5	6 359	5,3
Wirtschaftswissenschaften	6	27 001	4,1	5	4 839	4,9	4	6 419	5,3
Bauingenieurwesen/Ingenieurbau	7	21 265	3,2	6	4 118	4,2	6	4 746	3,9
Physik	8	20 335	3,1	8	3 122	3,2	9	3 668	3,0
Chemie	9	19 452	3,0	7	3 262	3,3	10	3 617	3,0
Germanistik/Deutsch	10	19 018	2,9	16	1 707	1,7	15	2 177	1,8
Mathematik	11	18 742	2,9	12	2 240	2,3	12	2 909	2,4
Architektur	12	18 358	2,8	11	2 654	2,7	11	3 519	2,9
Biologie	13	14 011	2,1	15	1 748	1,8	16	2 134	1,8
Informatik	14	13 419	2,0	10	2 833	2,9	8	3 787	3,1
Erziehungswissenschaft (Pädagogik)	15	12 791	2,0	27	831	0,8	19	1 564	1,3
Sport/Sportwissenschaft	16	12 451	1,9	20	1 026	1,0	21	1 379	1,1
Volkswirtschaftslehre	17	10 572	1,6	14	1 973	2,0	14	2 482	2,1
Geschichte	18	8 891	1,4	23	960	1,0	22	1 272	1,1
Psychologie	19	8 500	1,3	30	689	0,7	28	1 062	0,9
Wirtschaftsingenieurwesen	20	8 052	1,2	19	1 181	1,2	17	1 855	1,5
Zusammen	×	**440 505**	**67,2**	×	**66 678**	**68,0**	×	**80 841**	**67,0**
				Weiblich					
Germanistik/Deutsch	1	34 693	8,6	1	5 695	8,0	1	6 482	7,7
Rechtswissenschaft	2	25 805	6,4	2	5 496	7,7	2	6 062	7,2
Medizin (Allgemein-Medizin)	3	25 755	6,4	6	2 287	3,2	7	2 866	3,4
Erziehungswissenschaft (Pädagogik)	4	18 989	4,7	9	2 090	2,9	5	2 990	3,5
Anglistik/Englisch	5	18 693	4,6	4	2 897	4,1	4	3 368	4,0
Biologie	6	16 201	4,0	5	2 557	3,6	6	2 925	3,5
Betriebswirtschaftslehre	7	12 994	3,2	3	3 084	4,3	3	3 407	4,0
Mathematik	8	10 728	2,7	10	2 037	2,9	10	2 369	2,8
Psychologie	9	10 443	2,6	16	1 243	1,7	15	1 680	2,0
Sozialarbeit/-hilfe	10	9 520	2,4	12	1 867	2,6	12	2 067	2,5
Sport/Sportwissenschaft	11	8 822	2,2	18	1 132	1,6	20	1 287	1,5
Architektur	12	8 574	2,1	11	1 989	2,8	11	2 335	2,8
Sozialpädagogik	13	8 512	2,1	14	1 632	2,3	14	1 775	2,1
Wirtschaftswissenschaften	14	8 304	2,1	8	2 153	3,0	8	2 554	3,0
Chemie	15	8 201	2,0	7	2 209	3,1	9	2 391	2,8
Geschichte	16	7 197	1,8	20	1 112	1,6	18	1 391	1,7
Sozialwesen	17	6 793	1,7	15	1 514	2,1	16	1 655	2,0
Haushalts- und Ernährungswissenschaft	18	6 771	1,7	17	1 242	1,7	17	1 408	1,7
Französisch	19	6 664	1,7	23	923	1,3	26	1 054	1,3
Geographie/Erdkunde	20	6 033	1,5	21	1 038	1,5	21	1 183	1,4
Zusammen	×	**259 692**	**64,4**	×	**44 197**	**62,1**	×	**51 249**	**60,8**
				Insgesamt					
Rechtswissenschaft	1	74 874	7,1	1	12 182	7,2	1	13 792	6,7
Medizin (Allgemein-Medizin)	2	68 802	6,5	8	5 260	3,1	7	6 674	3,3
Germanistik/Deutsch	3	53 711	5,1	5	7 402	4,4	6	8 659	4,2
Betriebswirtschaftslehre	4	47 327	4,5	4	8 531	5,0	4	9 766	4,8
Maschinenbau/-wesen	5	42 008	4,0	2	9 590	5,7	3	10 463	5,1
Elektrotechnik/Elektronik	6	40 831	3,9	3	9 357	5,5	2	10 516	5,1
Wirtschaftswissenschaften	7	35 305	3,3	6	6 992	4,1	5	8 973	4,4
Erziehungswissenschaft (Pädagogik)	8	31 780	3,0	18	2 921	1,7	14	4 554	2,2
Biologie	9	30 212	2,9	11	4 305	2,5	12	5 059	2,5
Mathematik	10	29 470	2,8	12	4 277	2,5	11	5 278	2,6
Chemie	11	27 653	2,6	7	5 471	3,2	8	6 008	2,9
Architektur	12	26 932	2,5	10	4 643	2,7	9	5 854	2,9
Anglistik/Englisch	13	26 653	2,5	14	3 648	2,2	15	4 369	2,1
Bauingenieurwesen/Ingenieurbau	14	23 397	2,2	9	4 797	2,8	10	5 508	2,7
Physik	15	22 462	2,1	15	3 547	2,1	17	4 215	2,1
Sport/Sportwissenschaft	16	21 273	2,0	21	2 158	1,3	21	2 666	1,3
Psychologie	17	18 943	1,8	25	1 932	1,1	20	2 742	1,3
Informatik	18	16 160	1,5	16	3 490	2,1	13	4 610	2,3
Geschichte	19	16 088	1,5	24	2 072	1,2	22	2 663	1,3
Sozialarbeit/-hilfe	20	14 801	1,4	19	2 701	1,6	19	3 101	1,5
Zusammen	×	**668 682**	**63,2**	×	**105 276**	**62,2**	×	**125 470**	**61,2**

[1]) Anteil an allen Personen der jeweiligen Gruppe.

Schüler an Schulen der allgemeinen Ausbildung[1]

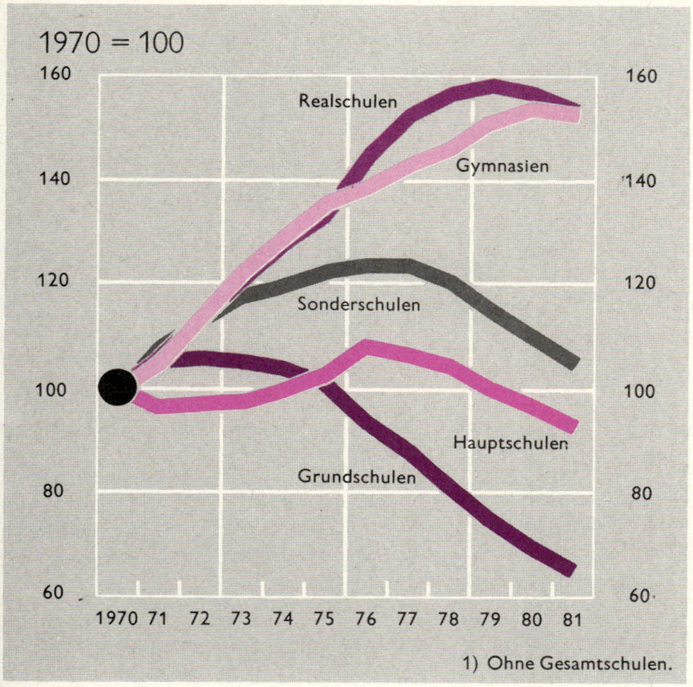

1) Ohne Gesamtschulen.

Auszubildende 1981 nach Ausbildungsbereichen

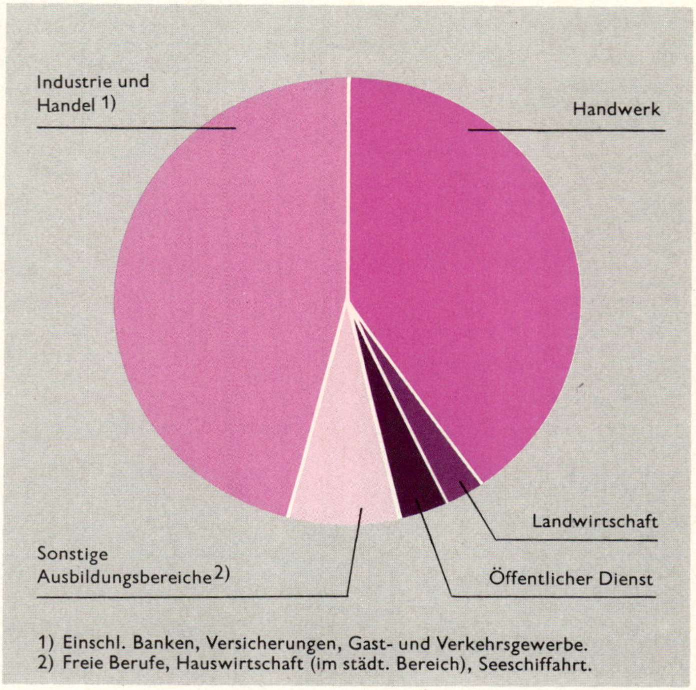

1) Einschl. Banken, Versicherungen, Gast- und Verkehrsgewerbe.
2) Freie Berufe, Hauswirtschaft (im städt. Bereich), Seeschiffahrt.

Studenten an Hochschulen im Wintersemester 1981/82 nach Fächergruppen

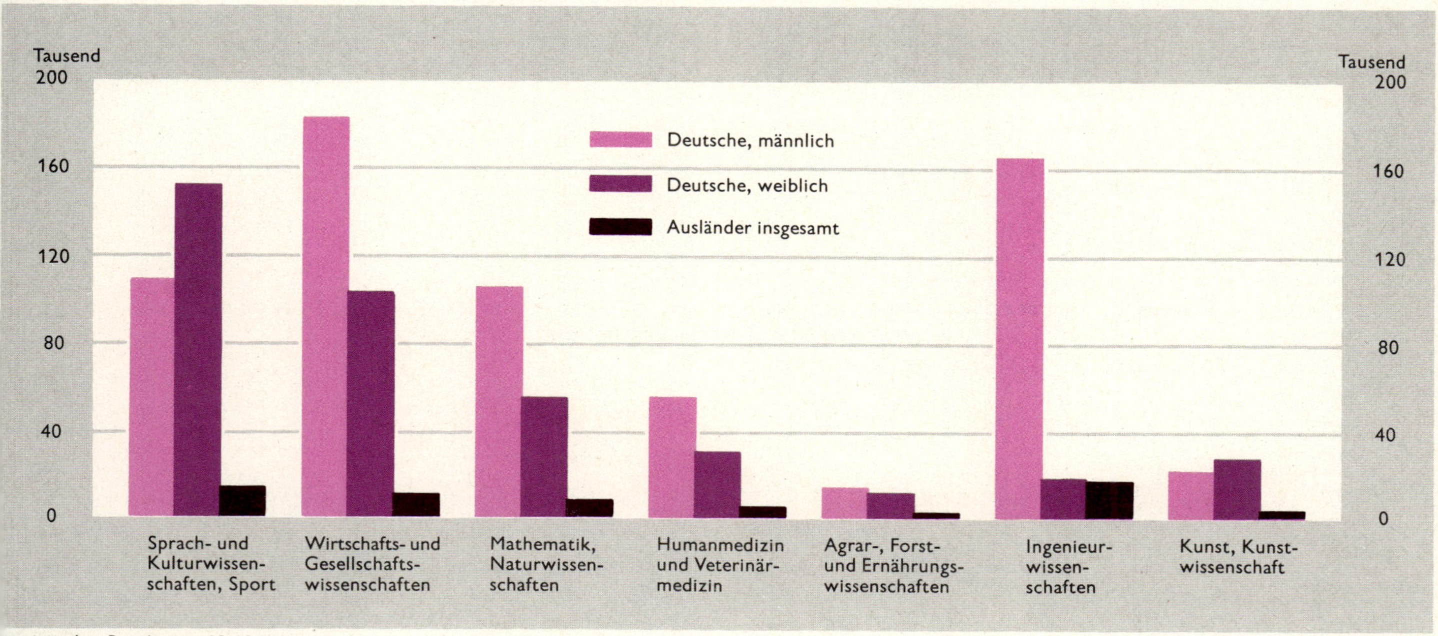

Statistisches Bundesamt 83 0254

16.8 Prüfungen an Hochschulen

Fächergruppe Studienbereich	Abgelegte Prüfungen im									
	Prüfungsjahr 1980[1]					Prüfungsjahr 1981[1]				
	Deutsche			Ausländer		Deutsche			Ausländer	
	insgesamt	bestanden zusammen	bestanden weiblich	insgesamt	bestanden	insgesamt	bestanden zusammen	bestanden weiblich	insgesamt	bestanden
	Diplom- und entsprechende Abschlußprüfungen[2]									
Sprach- und Kulturwissenschaften	6 815	6 401	3 197	454	379	6 682	6 339	3 040	427	354
dar.: Theologie, Religionslehre	1 213	1 143	283	31	28	1 446	1 334	338	46	38
Psychologie	1 631	1 591	858	96	90	1 539	1 496	796	74	70
Sport	247	246	85	26	25	269	269	96	32	32
Wirtschafts- und Gesellschaftswissenschaften	16 855	13 756	3 529	442	338	17 558	14 335	3 785	360	292
dar.: Rechtswissenschaft	7 610	5 699	1 620	40	25	8 360	6 351	1 864	49	30
Wirtschaftswissenschaften	6 939	5 841	1 140	271	191	6 654	5 575	1 106	194	163
Mathematik, Naturwissenschaften	6 417	6 120	1 573	381	355	7 247	6 989	1 878	352	329
dar.: Mathematik	1 178	1 098	165	32	30	1 121	1 059	178	22	19
Physik, Astronomie	1 080	1 042	65	48	46	1 231	1 201	82	38	37
Chemie	1 195	1 156	264	95	84	1 455	1 435	312	96	90
Pharmazie	1 073	982	520	37	31	1 305	1 226	674	50	44
Humanmedizin	8 518	8 071	2 348	524	448	7 255	7 054	2 046	416	362
dar. Zahnmedizin	1 118	1 106	233	40	40	1 066	1 049	210	47	42
Veterinärmedizin	460	459	135	36	35	493	493	165	32	32
Agrar-, Forst- und Ernährungswissenschaften	1 774	1 618	642	68	61	1 898	1 726	698	78	63
Ingenieurwissenschaften	6 689	6 085	397	734	625	6 951	6 285	411	585	499
dar.: Maschinenbau/Verfahrenstechnik	1 928	1 822	41	231	203	2 356	2 254	62	220	192
Elektrotechnik	1 785	1 529	10	182	151	1 913	1 623	17	125	107
Kunst, Kunstwissenschaft	1 084	1 072	507	240	237	1 158	1 147	522	280	279
Sonstige Fächer	—	—	—	—	—	—	—	—	—	—
Insgesamt	**48 859**	**43 828**	**12 413**	**2 905**	**2 503**	**49 511**	**44 637**	**12 641**	**2 562**	**2 242**
	Doktorprüfungen									
Sprach- und Kulturwissenschaften	985	980	261	102	99	1 022	1 018	291	114	112
Sport	8	8	2	2	2	9	9	2	—	—
Wirtschafts- und Gesellschaftswissenschaften	1 137	1 132	108	101	100	1 115	1 110	120	75	75
dar.: Rechtswissenschaft	438	438	33	19	19	447	444	43	22	22
Wirtschaftswissenschaften	456	455	30	38	37	409	408	28	20	20
Mathematik, Naturwissenschaften	2 503	2 499	306	244	240	2 489	2 484	317	233	231
dar.: Physik, Astronomie	497	497	17	32	32	687	686	21	37	36
Chemie	1 059	1 059	88	103	103	884	883	97	89	89
Humanmedizin	5 166	5 161	1 350	227	226	5 258	5 255	1 382	258	256
dar. Zahnmedizin	788	788	156	23	23	827	827	167	39	39
Veterinärmedizin	273	273	102	20	20	287	286	98	44	44
Agrar-, Forst- und Ernährungswissenschaften	259	259	57	72	72	245	245	66	72	72
Ingenieurwissenschaften	896	896	11	101	101	807	807	10	143	143
Kunst, Kunstwissenschaft	132	132	48	21	21	125	125	49	10	10
Sonstige Fächer	1	1	—	—	—	1	1	—	—	—
Insgesamt	**11 360**	**11 341**	**2 245**	**890**	**881**	**11 358**	**11 340**	**2 335**	**949**	**943**
	Lehramtsprüfungen[3]									
Sprach- und Kulturwissenschaften	31 433	29 371	18 510	329	286	27 753	25 784	16 195	214	189
dar.: Theologie, Religionslehre	2 262	2 196	1 403	7	6	2 724	2 624	1 730	8	8
Geschichte	3 015	2 829	1 410	18	13	3 007	2 802	1 378	10	9
Germanistik (Deutsch, germanische Sprachen, ohne Anglistik)	7 311	6 998	4 459	53	46	6 501	6 154	3 930	48	44
Anglistik, Amerikanistik	4 079	3 706	2 550	46	39	3 821	3 449	2 324	42	31
Romanistik	2 050	1 794	1 369	53	47	1 968	1 718	1 328	47	44
Erziehungswissenschaften	9 634	9 033	5 810	120	110	6 777	6 353	3 997	33	30
Sport	3 525	3 349	1 582	15	15	3 656	3 484	1 580	16	14
Wirtschafts- und Gesellschaftswissenschaften	4 724	4 458	1 934	16	15	3 718	3 471	1 512	10	9
dar.: Politik- und Sozialwissenschaften	3 437	3 237	1 403	13	12	2 657	2 494	1 058	9	8
Wirtschaftswissenschaften	894	832	256	—	—	759	685	230	—	—
Mathematik, Naturwissenschaften	13 414	12 198	6 046	47	40	12 795	11 613	5 766	49	40
dar.: Mathematik	5 023	4 485	2 174	13	10	4 822	4 234	2 036	14	12
Biologie	2 503	2 338	1 485	12	11	2 466	2 337	1 540	11	7
Geographie	2 657	2 462	1 284	11	9	2 487	2 296	1 179	14	12
Agrar-, Forst- und Ernährungswissenschaften	551	536	469	3	3	524	497	431	1	1
Ingenieurwissenschaften	1 148	1 095	139	10	10	1 173	1 108	162	12	10
Kunst, Kunstwissenschaft	4 050	3 935	2 758	27	26	3 519	3 395	2 421	19	19
Sonstige Fächer	8	8	2	—	—	4	4	1	—	—
Insgesamt	**58 853**	**54 950**	**31 440**	**447**	**395**	**53 142**	**49 356**	**28 068**	**321**	**282**
	Diplomprüfungen (FH) und Graduierungen[4]									
Sprach- und Kulturwissenschaften	761	705	503	28	19	822	767	567	28	17
Wirtschafts- und Gesellschaftswissenschaften	14 657	13 586	5 963	196	179	15 739	14 763	7 103	223	194
dar.: Sozialwesen	6 846	6 581	4 147	71	70	7 342	7 091	4 739	60	57
Wirtschaftswissenschaften	3 796	3 316	749	82	78	3 848	3 382	894	135	113
Mathematik, Naturwissenschaften	1 089	1 031	164	64	61	983	942	205	57	56
Agrar-, Forst- und Ernährungswissenschaften	1 571	1 472	469	39	38	1 712	1 663	566	52	45
Ingenieurwissenschaften	16 227	15 294	1 212	919	851	15 889	14 887	1 280	918	823
dar.: Maschinenbau/Verfahrenstechnik	5 998	5 751	325	389	371	6 270	5 923	360	414	378
Elektrotechnik	4 911	4 696	59	205	188	4 472	4 282	80	179	171
Architektur, Innenarchitektur	2 106	1 900	645	174	164	1 995	1 785	662	169	151
Bauingenieurwesen	2 105	1 911	123	116	99	2 066	1 881	120	132	101
Kunst, Kunstwissenschaft	1 439	1 385	788	55	54	1 303	1 238	681	31	30
Sonstige Fächer	—	—	—	—	—	—	—	—	—	—
Insgesamt	**35 744**	**33 473**	**9 099**	**1 301**	**1 202**	**36 448**	**34 260**	**10 402**	**1 309**	**1 165**

1) Prüfungsjahr = Wintersemester und darauffolgendes Sommersemester (z. B. 1981 = Wintersemester 1980/81 und Sommersemester 1981).
2) Ohne Prüfungen in Fachhochschulstudiengängen.
3) Erste Staatsprüfungen für das Lehramt sowie Zusatz-, Ergänzungs- oder Erweiterungsprüfungen. – Mehrfachzählung: In der Regel erwirbt jeder Absolvent die Lehrbefähigung für zwe Unterrichtsfächer.
4) In Fachhochschulstudiengängen.

16.9 Personal an Hochschulen 1981*)

16.9.1 Personal nach Hochschularten

Land	Insgesamt	Wissenschaftliches und künstlerisches Personal					Technisches, Verwaltungs- und sonstiges Personal				
		zusammen	davon an				zusammen	davon an			
			Universitäten[1])	Gesamthochschulen	Kunsthochschulen	Fachhochschulen[2])		Universitäten[1])	Gesamthochschulen	Kunsthochschulen	Fachhochschulen[2])
Schleswig-Holstein	10 611	3 533	2 746	—	126	661	7 078	6 807	—	11	260
Hamburg	15 199	6 453	5 074	—	304	1 076	8 746	8 254	—	91	402
Niedersachsen	34 011	12 674	10 677	—	397	1 600	21 338	20 518	—	102	718
Bremen	3 816	1 962	1 158	—	—	804	1 854	1 448	—	—	406
Nordrhein-Westfalen	81 994	29 473	19 141	5 656	949	3 727	52 522	38 861	9 944	334	3 384
Hessen	33 289	15 350	11 107	1 493	492	2 258	17 940	16 355	752	62	771
Rheinland-Pfalz	11 704	5 212	4 098	—	—	1 114	6 492	6 033	—	—	459
Baden-Württemberg	53 279	21 221	17 046	—	844	3 330	32 058	30 614	—	165	1 280
Bayern	45 928	19 260	15 138	668	572	2 882	26 668	24 672	585	109	1 302
Saarland	7 137	2 249	1 865	—	74	310	4 888	4 781	—	19	88
Berlin (West)	28 085	12 396	10 019	—	818	1 559	15 689	14 889	—	364	436
Bundesgebiet	**325 052**	**129 781**	**98 068**	**7 817**	**4 576**	**19 320**	**195 272**	**173 231**	**11 281**	**1 256**	**9 505**
dar. hauptberuflich Tätige	257 033	87 864	71 502	4 948	1 762	9 652	169 169	152 151	7 478	984	8 557

16.9.2 Hauptberufliches wissenschaftliches und künstlerisches Personal nach Fächergruppen und ausgewählten Lehr- und Forschungsbereichen

Fächergruppe Lehr- und Forschungsbereich	Insgesamt		Davon							
			Professoren		Hochschulassistenten		wissenschaftliche und künstlerische Mitarbeiter		Lehrkräfte für besondere Aufgaben	
	insgesamt	weiblich	zusammen	weiblich	zusammen	weiblich	zusammen	weiblich	zusammen	weiblich
Sprach- und Kulturwissenschaften	13 926	2 484	5 396	448	382	52	6 688	1 543	1 461	442
darunter:										
Theologie, Religionslehre	1 454	118	736	24	36	—	598	82	84	12
Geschichte	1 413	188	555	23	56	6	753	156	49	3
Germanistik (Deutsch, germanische Sprachen ohne Anglistik)	1 527	291	548	52	49	4	786	182	144	53
Anglistik, Amerikanistik	1 008	223	295	23	35	7	465	141	213	52
Romanistik	833	216	244	25	14	3	384	120	191	68
Psychologie	1 203	243	364	33	38	8	765	191	36	11
Erziehungswissenschaften	3 576	696	1 639	184	75	12	1 453	370	409	130
Sport	944	188	192	26	5	—	475	95	272	67
Wirtschafts- und Gesellschaftswissenschaften	11 228	1 358	5 053	417	230	22	5 122	782	823	137
darunter:										
Politik- und Sozialwissenschaften	1 846	300	627	40	69	10	1 097	241	54	9
Sozialwesen	1 548	411	1 169	276	7	2	166	42	206	91
Rechtswissenschaft	2 103	218	751	9	46	5	1 210	197	96	7
Wirtschaftswissenschaften	2 436	196	1 035	32	56	2	1 300	152	46	10
Mathematik, Naturwissenschaften	18 447	1 501	5 194	133	371	16	12 643	1 330	239	22
darunter:										
Mathematik	1 827	97	696	7	60	4	1 028	84	44	2
Physik, Astronomie	4 290	155	1 084	11	86	2	3 075	140	46	2
Chemie	4 725	392	1 013	31	41	1	3 633	357	37	2
Biologie	2 961	469	877	47	68	6	1 982	409	34	7
Geowissenschaften (ohne Geographie)	1 437	84	395	5	25	1	1 006	76	11	2
Geographie	735	69	278	16	21	—	411	50	25	3
Humanmedizin	18 598	3 657	3 283	149	347	28	14 948	3 474	20	6
Humanmedizin (ohne Zahnmedizin)	17 358	3 353	3 107	133	328	26	13 903	3 188	20	6
Zahnmedizin	1 240	304	176	16	19	2	1 045	286	—	—
Veterinärmedizin	896	176	217	7	16	2	663	167	—	—
Agrar-, Forst- und Ernährungswissenschaften	2 241	310	765	45	15	1	1 427	254	35	10
dar. Agrarwissenschaften	1 451	173	410	10	6	—	1 025	161	10	2
Ingenieurwissenschaften	15 124	346	6 816	73	71	—	8 011	257	227	16
darunter:										
Maschinenbau/Verfahrenstechnik	6 433	108	2 829	24	30	—	3 471	74	104	10
Elektrotechnik	3 257	33	1 556	6	12	—	1 629	27	60	—
Architektur, Innenarchitektur	1 471	99	913	33	6	—	521	61	31	5
Bauingenieurwesen	2 523	49	924	1	15	—	1 565	48	19	—
Kunst, Kunstwissenschaft	2 859	493	1 662	190	24	3	526	152	648	148
darunter:										
Gestaltung	826	112	547	44	8	3	87	28	184	37
Musik	1 237	263	705	109	4	—	218	73	310	81
Zentrale Einrichtungen/ohne Angabe	3 601	667	427	22	27	—	2 748	520	399	125
Insgesamt	**87 864**	**11 178**	**29 004**	**1 509**	**1 488**	**124**	**53 250**	**8 573**	**4 122**	**972**

*) Meldungen der Hochschulverwaltungen. Erläuterungen zur Abgrenzung der Personalgruppen siehe Vorbemerkung S. 343.

1) Einschl. pädagogischer und theologischer Hochschulen.

2) Einschl. Verwaltungsfachhochschulen.

16.10 Ausgaben der Hochschulen 1981

Mill. DM

Fächergruppe Lehr- und Forschungsbereich	Insgesamt	Laufende Ausgaben				Investitionsausgaben				
		zusammen	Personal-ausgaben	Sächl. Verwaltungs-ausgaben	Zuschüsse für laufende Zwecke	zusammen	Erwerb von Grundstücken	Baumaßnahmen	Ersteinrichtungen im Rahmen von Baumaßnahmen	Sonstiger Erwerb von beweglichen Sachen
Sprach- und Kulturwissenschaften	1 253	1 219	1 136	81	2	34	1	20	3	11
Sprach- und Kulturwissenschaften allgemein	111	97	88	9	0	14	—	12	0	2
Theologie, Religionslehre	141	139	130	9	0	2	—	1	0	1
Philosophie	49	48	45	3	0	1	—	0	0	0
Geschichte	130	128	119	9	0	2	—	0	0	1
Bibliothekswesen, Dokumentation, Publizistik	17	17	14	2	0	0	—	0	—	0
Altphilologie (klassische Philologie)	36	35	33	1	0	2	—	0	1	0
Germanistik (Deutsch, germanische Sprachen ohne Anglistik)	129	128	123	5	0	1	—	0	—	1
Anglistik, Amerikanistik	88	88	84	4	0	0	—	0	0	0
Romanistik	73	73	70	3	0	0	—	0	0	0
Slawistik, Baltistik, Finno-Ugristik	27	27	25	1	0	0	—	—	0	0
Außereuropäische Sprach- und Kulturwissenschaften	40	39	36	3	0	1	—	0	—	0
Psychologie	109	104	95	8	0	5	—	3	1	2
Erziehungswissenschaften	302	296	273	23	0	7	1	3	0	3
Sport	113	97	83	14	0	16	—	14	0	2
Rechts-, Wirtschafts- u. Sozialwissenschaften	1 067	1 022	934	86	2	46	—	36	2	8
Rechts-, Wirtschafts- u. Sozialwissenschaften allgemein	38	31	29	2	0	7	—	6	0	1
Politik- und Sozialwissenschaften	173	172	159	12	1	1	—	0	0	1
Sozialwesen	126	123	111	12	0	3	—	2	0	1
Rechtswissenschaften	205	202	180	22	0	3	—	1	0	1
Verwaltungswissenschaft, -wesen	77	69	58	10	1	8	—	7	0	1
Wirtschaftswissenschaften	432	409	382	27	1	23	—	19	1	3
Wirtschaftsingenieurwesen	16	15	14	1	0	1	—	0	—	1
Mathematik, Naturwissenschaften	2 431	2 033	1 769	260	3	398	—	248	36	115
Mathematik, Naturwissenschaften allgemein	56	30	25	5	0	26	—	21	1	5
Mathematik	237	216	207	9	0	20	—	18	0	2
Informatik	96	88	76	12	0	8	—	0	2	6
Physik, Astronomie	622	507	424	82	1	115	—	64	10	41
Chemie	616	506	439	66	1	111	—	69	12	31
Pharmazie	101	85	75	11	0	16	—	11	1	4
Biologie	455	368	326	42	0	86	—	63	9	15
Geowissenschaften (ohne Geographie)	181	167	139	27	0	14	—	3	1	10
Geographie	68	65	58	7	0	3	—	1	0	1
Humanmedizin	6 579	5 896	3 927	1 951	17	683	7	444	8	224
Veterinärmedizin	151	138	114	24	0	13	0	7	2	5
Agrar-, Forst- und Ernährungswissenschaften	307	287	242	44	1	20	—	7	2	10
Agrar-, Forst- und Ernährungswissenschaften allgemein	42	37	26	10	0	5	—	2	0	3
Agrarwissenschaften	161	152	129	22	1	9	—	3	2	4
Gartenbau, Landespflege	39	38	32	5	0	2	—	1	0	1
Forstwissenschaft, Holzwirtschaft	34	32	28	4	0	2	—	1	0	1
Ernährungs- und Haushaltswissenschaften	31	29	27	2	0	2	—	1	0	1
Ingenieurwissenschaften	1 862	1 636	1 423	206	7	226	—	81	54	90
Ingenieurwissenschaften allgemein	91	53	48	5	0	38	—	36	0	2
Bergbau, Hüttenwesen	66	59	50	9	0	7	—	2	0	5
Maschinenbau/Verfahrenstechnik	727	639	550	86	2	88	—	23	31	33
Elektrotechnik	420	375	325	50	1	45	—	9	13	23
Nautik, Schiffstechnik	62	48	42	6	0	14	—	5	0	9
Architektur	134	129	119	10	0	4	—	1	1	3
Raumplanung	23	23	21	1	1	0	—	0	0	0
Bauingenieurwesen	294	270	233	35	2	24	—	5	7	12
Vermessungswesen	45	40	36	4	0	5	—	0	2	3
Kunst, Kunstwissenschaft	322	304	283	20	0	18	—	11	1	6
Kunst, Kunstwissenschaft allgemein	27	27	25	2	0	0	—	0	—	0
Bildende Kunst, Kunsterziehung, Kunstgeschichte	75	71	65	5	0	4	—	3	0	2
Gestaltung	67	64	60	5	0	3	—	1	0	2
Darstellende Kunst, Film und Fernsehen, Theaterwissenschaft	15	15	12	3	0	0	—	0	—	0
Musik	137	127	121	6	0	10	—	7	1	2
Zentrale Einrichtungen/ohne Angabe	5 137	3 947	2 305	1 608	34	1 190	22	945	57	166
dar. Zentrale Einrichtungen[1])	3 065	2 252	1 601	639	14	813	1	635	45	132
Insgesamt	**19 222**	**16 578**	**12 217**	**4 294**	**68**	**2 644**	**30**	**1 812**	**165**	**638**

[1]) Einschl. Sportzentren.

16.11 Ausbildungsförderung 1981*)

Gegenstand der Nachweisung	Geförderte insgesamt	Davon an								
		Gymnasien[1])	Berufsaufbauschulen	Berufsfachschulen	Fachoberschulen	Fachschulen	Universitäten[2])	Kunsthochschulen	Fachhochschulen	sonstigen Schulen
Insgesamt	**1 269 758**	**245 837**	**25 522**	**355 749**	**74 734**	**57 545**	**332 005**	**5 884**	**133 629**	**38 853**
					nach dem Geschlecht					
Männlich	666 209	126 717	16 665	143 093	52 532	17 704	196 159	3 391	92 610	17 338
Weiblich	603 549	119 120	8 857	212 656	22 202	39 841	135 846	2 493	41 019	21 515
					nach dem Familienstand					
Ledig	1 207 168	244 818	24 046	353 559	72 048	54 807	299 027	5 298	118 401	35 164
Verheiratet	51 553	876	1 013	1 721	2 049	2 374	27 574	441	13 156	2 349
Dauernd getrennt lebend	3 403	69	176	195	221	123	1 513	52	614	440
Verwitwet	320	4	17	19	16	17	148	2	68	29
Geschieden	7 314	70	270	255	400	224	3 743	91	1 390	871
					nach der Wohnung während der Ausbildung					
Bei den Eltern	774 746	231 403	18 434	317 666	61 125	33 735	61 626	824	37 514	12 419
Nicht bei den Eltern	495 012	14 434	7 088	38 083	13 609	23 810	270 379	5 060	96 115	26 434
					nach der Staatsangehörigkeit					
Deutsche	1 229 729	241 499	25 120	330 826	73 475	57 110	326 571	5 764	131 370	37 994
Ausländer	38 010	3 978	388	24 493	1 189	412	4 644	97	2 043	766
EG-Länder	7 161	1 126	115	2 884	261	198	1 802	27	560	188
Andere Länder	30 849	2 852	273	21 609	928	214	2 842	70	1 483	578
Heimatlose und asylberechtigte Ausländer	2 019	360	14	430	70	23	790	23	216	93
					nach der Berufstätigkeit des Vaters[3])					
Selbständiger	169 999	36 905	2 862	43 157	8 479	17 755	40 968	692	15 909	3 272
Beamter	113 747	30 021	1 424	17 147	5 752	3 284	42 115	849	11 221	1 934
Angestellter	252 659	61 002	3 954	44 053	15 954	8 511	82 868	1 530	29 587	5 200
Arbeiter	407 662	74 960	9 178	179 013	25 611	16 493	61 649	776	32 924	7 058
Nicht bzw. nicht mehr berufstätig	172 010	20 881	3 705	34 852	9 402	5 438	58 123	1 158	25 150	13 301
					nach der Berufstätigkeit der Mutter[3])					
Selbständige	33 453	7 137	625	7 450	1 875	1 822	9 950	227	3 696	671
Beamtin	3 483	719	55	336	145	81	1 655	37	365	90
Angestellte	157 401	36 752	2 687	27 593	9 881	5 520	52 191	1 072	18 650	3 055
Arbeiterin	142 628	26 018	3 964	52 195	9 516	5 998	27 021	385	14 522	3 009
Nicht bzw. nicht mehr berufstätig	882 600	170 210	15 916	257 990	49 343	41 722	226 908	3 893	89 728	26 890
					nach dem monatlichen Förderungsbetrag					
mehr als ... bis ... DM										
bis 100	137 226	61 024	519	46 680	5 575	1 949	16 317	250	4 275	637
100 — 200	211 450	75 056	893	85 015	8 339	3 706	28 827	512	7 816	1 286
200 — 300	344 788	94 560	1 585	182 309	13 626	5 399	34 677	611	10 199	1 822
300 — 400	101 563	6 287	3 025	18 005	6 478	7 273	41 759	721	14 076	3 939
400 — 500	143 455	4 305	12 261	12 109	28 259	12 703	47 016	809	17 607	8 386
500 — 600	143 079	3 648	4 848	8 092	8 576	20 074	54 991	872	30 142	11 836
600 — 700	175 458	167	2 338	3 158	3 853	5 959	100 668	1 907	47 193	10 215
mehr als 700	12 739	790	53	381	28	482	7 750	202	2 321	732

*) Nach dem Bundesausbildungsförderungsgesetz (BAföG). Angaben für den letzten Förderungsmonat.
[1]) Einschl. Gesamtschulen.
[2]) Einschl. pädagogischer und theologischer Hochschulen sowie Gesamthochschulen.
[3]) Ohne Geförderte, deren Vater bzw. Mutter verstorben ist.

16.12 Studentenwohnheime am 1. 1. 1983

Land / Gemeinde	Studentenwohnheime	Wohnheimplätze für Studenten[1]
Schleswig-Holstein	29	2 263
Flensburg	2	170
Kiel	19	1 549
Lübeck	7	531
Molfsee	1	13
Hamburg	28	3 637
Niedersachsen	92	11 556
Braunschweig	14	2 095
Clausthal-Zellerfeld	9	951
Elsfleth	1	39
Göttingen	34	3 889
Hannover	18	2 301
Hildesheim	2	250
Lüneburg	2	81
Oldenburg	3	581
Osnabrück	4	866
Vechta	3	243
Wilhelmshaven	1	204
Wolfenbüttel	1	56
Bremen	9	1 194
Bremen	8	1 081
Bremerhaven	1	113
Nordrhein-Westfalen	244	39 206
Aachen	28	3 548
Bielefeld	16	2 604
Bochum	26	5 064
Bonn	36	3 927
Detmold	2	378
Dortmund	10	2 699
Düsseldorf	11	1 794
Duisburg	5	634
Essen	7	1 580
Gummersbach	1	63
Hagen	1	90
Höxter	1	80
Iserlohn	1	53
Jülich	1	136
Köln	33	4 461
Krefeld	1	280
Lemgo	1	216
Meschede	—	50
Minden	1	114
Mönchengladbach	4	556
Mülheim a. d. Ruhr	3	173
Münster	38	6 193
Paderborn	2	996
Siegen	3	956
Soest	1	84
St. Augustin	1	100
Steinfurt	2	426
Walberberg	1	73
Wuppertal	7	1 878
Hessen	68	9 609
Darmstadt	12	1 778
Frankfurt am Main	17	2 613
Friedberg	1	216
Fulda	2	76
Gießen	6	1 984
Kassel	5	483
Marburg	21	2 249
Oberursel	1	41
Witzenhausen	3	169
Rheinland-Pfalz	30	3 865
Bingen	—	20
Germersheim	5	401
Höhr-Grenzhausen	—	1
Kaiserslautern	4	599
Koblenz	2	195
Landau	—	31
Mainz	13	1 887
Trier	4	619
Vallendar	1	79
Worms	1	33
Baden-Württemberg	132	19 549
Aalen	2	179
Biberach	—	20
Esslingen	2	335
Freiburg i. Breisgau	14	2 526
Furtwangen	2	385
Heidelberg	19	2 551
Heilbronn	1	236
Karlsruhe	22	2 183
Konstanz	7	1 753
Ludwigsburg	2	464
Mannheim	7	728
Nürtingen	—	54
Offenburg	—	34
Pforzheim	2	237
Reutlingen	3	370
Rottenburg	1	18
Schwäbisch-Gmünd	1	278
Sigmaringen	1	29
Stuttgart	10	2 349
Stuttgart-Hohenheim	3	372
Trossingen	1	93
Tübingen	23	3 210
Ulm	4	671
Weingarten	5	474
Bayern	152	19 914
Augsburg	4	1 185
Bamberg	3	418
Bayreuth	6	386
Benediktbeuern	1	68
Coburg	4	428
Eichstätt	4	251
Erlangen	21	2 089
Freising	2	348
Kempten	—	37
Landshut	1	160
Münchberg	1	38
München	51	7 725
Neuendettelsau	2	104
Nürnberg	9	1 025
Passau	4	383
Regensburg	18	3 018
Rosenheim	1	109
Schweinfurt	2	257
Untermerzbach	1	29
Würzburg	17	1 856
Saarland	10	1 327
Homburg	3	363
Saarbrücken	7	964
Berlin (West)	40	7 254
Bundesgebiet	**834**	**119 374**

[1]) Einschl. Wohnheimplätze, die durch Einzelzimmerförderung geschaffen wurden.

Quelle: Deutsches Studentenwerk e. V. Bonn

16.13 Deutscher Akademischer Austauschdienst

Art der Förderung	Geförderte Personen								
	insgesamt			Deutsche			Ausländer		
	1980	1981	1982	1980	1981	1982	1980	1981	1982
Förderung der Aus- und Fortbildung durch Gewährung von Stipendien	10 028	9 953	9 921	3 322	3 273	3 111	6 706	6 680	6 810
davon an:									
Studenten und jüngere Wissenschaftler	7 487	7 611	7 218	2 593	2 561	2 439	4 894	5 050	4 779
Jahresstipendien	3 920	3 982	3 676	942	939	833	2 978	3 043	2 843
Semesterstipendien	684	677	622	392	371	338	292	306	284
Kurzstipendien	383	333	355	190	180	171	193	153	184
Übrige Stipendien	2 500	2 619	2 565	1 069	1 071	1 097	1 431	1 548	1 468
Hochschullehrer und Forscher	2 509	2 314	2 675	729	712	672	1 780	1 602	2 003
Berliner Künstlerprogramm	32	28	28	—	—	—	32	28	28
Vermittlung von Hochschulpraktikanten	3 895	3 750	3 619	1 516	1 590	1 622	2 379	2 160	1 997
Vermittlung deutscher wissenschaftlicher Lehrkräfte ins Ausland	611	638	661	611	638	661	—	—	—
Förderung von Informationsaufenthalten	7 285	6 884	7 311	2 232	1 431	1 844	5 053	5 453	5 467
Insgesamt	**21 819**	**21 225**	**21 512**	**7 681**	**6 932**	**7 238**	**14 138**	**14 293**	**14 274**

Quelle: Deutscher Akademischer Austauschdienst, Bonn

16.14 Forschungsausgaben und Forschungspersonal

16.14.1 Insgesamt nach durchführenden Bereichen

Bereich	Forschungsausgaben			Forschungspersonal[1])					
				insgesamt			dar. Wissenschaftler[2])		
	1977	1979	1981	1977	1979	1981	1977	1979	1981
	Mill. DM			Anzahl					
Öffentlicher Bereich[3])	4 136	4 861	5 521	49 132	50 920	52 686	16 956	17 757	18 956
Hochschulen	4 790	5 690	.	67 838	70 406	75 275	27 085	28 955	30 900
Unternehmen[4])	17 227	23 826[6])	27 500	197 800	237 962[6])	248 000	66 223	73 521	76 500
Private Organisationen ohne Erwerbszweck[5])	101	129	165	1 025	1 401	1 915	462	779	1 065
Insgesamt	**26 254**	**34 506**	.	**315 795**	**360 689**	**377 876**	**110 726**	**121 012**	**127 421**

16.14.2 Öffentlicher Bereich nach Institutionen und Forschungszielen*)

Institution / Forschungsziel (OECD-Konzept)	Forschungsausgaben			Forschungspersonal[1])					
				insgesamt			dar. Wissenschaftler[2])		
	1977	1979	1981	1977	1979	1981	1977	1979	1981
	Mill. DM			Anzahl					
Insgesamt	**4 136**	**4 861**	**5 521**	**49 132**	**50 920**	**52 686**	**16 956**	**17 757**	**18 956**
nach Institutionen									
Bundesanstalten	755	883	1 133	10 483	11 090	11 525	3 450	3 541	3 702
Länderanstalten	263	299	334	5 348	5 300	4 999	2 141	1 873	1 860
Gemeindeeinrichtungen	8	9	13						
Großforschungseinrichtungen	1 772	2 138	2 236	17 227	17 600	18 269	5 522	6 048	6 740
Max-Planck-Institute[7])	665	703	808	6 700	6 967	7 521	2 160	2 436	2 618
Fraunhofer-Institute	148	187	253	1 817	2 033	2 215	1 097	1 195	1 263
Sonstige Forschungseinrichtungen	313	376	437	4 744	4 985	5 161	2 060	2 103	2 197
Wissenschaftliche Bibliotheken und Museen (Forschungsanteile)	212	266	306	2 813	2 945	2 996	526	561	576
nach Forschungszielen									
Kernforschung	1 373	1 684	1 707	11 000	11 825	12 416	3 700	3 917	4 407
Weltraum	416	456	505	4 200	4 260	4 514	1 600	1 653	1 815
Verteidigung	36	41	46	542	574	572	300	318	271
Landwirtschaft	286	298	344	5 500	5 062	4 670	1 400	1 310	1 248
Bauwesen, Raum- und Städteplanung	98	113	199	1 250	1 324	1 399	450	480	568
Verkehrswesen	24	29	31	250	272	298	100	108	124
Gesundheit	346	434	534	4 890	5 813	6 177	1 450	1 693	1 866
Industrielle Technologie	139	135	167	2 000	1 661	1 644	800	787	733
Sonstige Naturwissenschaften	994	1 216	1 448	12 500	12 816	13 439	4 600	4 747	5 072
Sozial- und Geisteswissenschaften	423	455	541	7 000	7 313	7 557	2 556	2 744	2 852

*) Ohne Hochschulen und ohne Zahlungen an andere Bereiche.
1) Auf Vollzeitbeschäftigung umgerechnet.
2) Einschl. Fachhochschulabsolventen.
3) Öffentliche und überwiegend öffentlich finanzierte Einrichtungen ohne Hochschulen.
4) Ohne sozial- und geisteswissenschaftliche Forschung, einschl. externer Forschungs- und experimenteller Entwicklungs(FuE)-Ausgaben.
5) Soweit nicht überwiegend öffentlich finanziert.
6) Einschl. rd. 2 800 Mill. DM FuE-Ausgaben bzw. rd. 32 000 FuE-Beschäftigte kleinerer und mittlerer Unternehmen durch Einschluß eines erweiterten Berichtskreises (staatliches Förderungsprogramm).
7) Einschl. selbständiger Max-Planck-Institute.

Quelle: Statistisches Bundesamt, Wiesbaden; Bundesministerium für Forschung und Technologie, Bonn; Deutsche Forschungsgemeinschaft, Bonn; Stifterverband-Wissenschaftsstatistik GmbH., Essen

16.14 Forschungsausgaben und Forschungspersonal

16.14.3 Unternehmensbereich nach Wirtschaftszweigen

Wirtschaftsgliederung[1]) (H. v. = Herstellung von)	Forschungsaufwendungen[2])							Forschungspersonal		
	insgesamt	der Unternehmen			der Institutionen für Gemeinschaftsforschung und -entwicklung			insgesamt	davon	
		zusammen	darunter finanziert		zusammen	darunter finanziert			in Unternehmen	in Institut. f. Gemeinschaftsforschung u. -entw.
			von der Wirtschaft	vom Staat[3])		von der Wirtschaft	vom Staat[3])			
	Mill. DM							Anzahl		
1979[4])	23 826	23 327	19 648	3 095	499	210	277	237 962	234 098	3 864
1979[5])	20 947	20 448	16 824	3 041	499	210	277	206 013	202 149	3 864
1981[4])	27 500[6])	.	.	.	536	248	250	248 000[6])	.	3 694
1981[5])	25 288	24 752	20 972	3 408	536	248	250	213 567	209 873	3 694
davon (1981[5])):										
Energie- und Wasserversorgung, Bergbau	1 101	868	483	372	233	71	142	3 398	2 047	1 351
Elektrizitäts-, Gas-, Fernwärme- u. Wasserversorgung	268	258	211	47	10	6	4	598	524	73
Bergbau	832	610	272	325	223	66	138	2 800	1 522	1 278
Verarbeitendes Gewerbe	23 618	23 338	20 162	2 824	281	168	95	205 779	203 602	2 176
Chemische Industrie usw., Mineralölverarb.	6 256	6 247	5 945	267	9	4	4	52 749	52 693	57
Chemische Industrie	5 848	5 845	5 729	102	3	.	.	.	50 771	.
Metallerzeugung u. -bearbeitung	692	624	473	145	68	34	21	5 375	4 976	399
Eisenschaffende Industrie	402	360	245	110	42	19	10	2 912	2 721	205
NE-Metallerzeugung, NE-Metallhalbzeugwerke	134	131	114	15	3	.	.	.	1 097	.
Stahl-, Maschinen- u. Fahrzeugbau, H. v. ADV-Einrichtungen	8 866	8 805	7 140	1 550	62	32	29	71 920	71 767	153
Maschinenbau	2 503	2 448	2 255	175	55	28	27	24 084	23 985	99
H. v. Kraftwagen u. deren Teilen	3 878	3 877	3 726	89	1	.	.	.	30 406	.
Luft- u. Raumfahrzeugbau	1 758	1 758	481	1 242	—	—	—	11 016	11 016	—
Elektrotechnik, Feinmechanik, H. v. EBM-Waren usw.	6 919	6 902	5 864	847	17	11	6	66 601	66 463	137
Elektrotechnik	6 292	6 281	5 383	723	11	9	2	60 245	60 139	106
Feinmechanik, Optik	406	405	367	36	1	.	.	.	4 349	.
Übriges verarbeitendes Gewerbe	885	760	740	15	125	87	35	9 134	7 703	1 430
Baugewerbe	80	77	39	38	3	3	—	.	690	.
Verkehr, Nachrichtenübermittlung	186	186	178	9	—	—	—	1 174	1 174	—
Sonstige[7])	303	283	110	165	19	6	13	.	2 360	.

Quelle: Stifterverband-Wissenschaftsstatistik GmbH, Essen; Arbeitsgemeinschaft Industrieller Forschungsvereinigungen, Köln

16.14.4 Förderungsbereich der Deutschen Forschungsgemeinschaft nach Fachgebieten und Förderungsverfahren

Fachgebiet / Förderungsverfahren	Bewilligungen[8])			Forschungspersonal und Stipendiaten					
				insgesamt			darunter Wissenschaftler		
	1979	1980	1981	1979	1980	1981	1979	1980	1981
	Mill. DM			Anzahl					
Geistes- und Sozialwissenschaften	133,1	138,2	136,1	2 685	2 742	2 773	1 459	1 467	1 437
Gesellschaftswissenschaften	45,7	49,0	47,1	950	981	985	563	570	565
Geschichts- und Kunstwissenschaften	42,9	42,7	43,5	782	822	835	399	420	407
Sonstige Geisteswissenschaften	44,5	46,5	45,5	953	939	953	497	477	465
Biowissenschaften	288,6	311,4	313,0	4 610	4 961	5 025	2 031	2 312	2 326
Medizin, Ernährungsforschung	153,8	163,2	160,6	2 337	2 631	2 418	916	1 040	927
Biologie	101,8	105,1	111,5	1 609	1 510	1 859	782	863	1 015
Veterinärmedizin, Agrarwissenschaften	33,0	43,1	40,9	664	820	748	333	409	384
Naturwissenschaften	167,0	186,7	189,2	3 158	3 392	3 340	2 102	2 217	2 237
Mathematik, Physik	59,9	72,3	68,1	986	1 119	1 071	783	893	853
Chemie	50,0	49,3	49,0	864	822	799	716	696	711
Geowissenschaften	57,1	65,1	72,1	1 308	1 451	1 470	603	628	673
Ingenieurwissenschaften	166,8	179,1	180,2	3 257	3 304	3 586	1 462	1 435	1 591
Allgemeine Ingenieurwissenschaften[9])	109,2	115,6	119,2	2 172	2 235	2 431	903	919	1 013
Architektur, Städtbau, Bauingenieurwesen	24,1	32,1	27,0	508	476	469	237	199	208
Bergbau, Hüttenwesen und Elektrotechnik	33,5	31,4	34,0	577	593	686	322	317	370
Zusammen[10])	**755,5**	**815,4**	**818,5**	**13 710**	**14 399**	**14 724**	**7 054**	**7 431**	**7 591**
Fachgebietsübergreifende Förderungsverfahren									
Wissenschaftliches Bibliothekswesen	17,1	18,6	18,5	—	—	—	—	—	—
Wissenschaftliche Beziehungen zum Ausland	16,3	18,0	17,9	—	—	—	—	—	—
Sonstiges	20,4	11,6	26,4	—	—	—	—	—	—
Insgesamt[11])	**809,3**	**863,6**	**881,3**	**13 710**	**14 399**	**14 724**	**7 054**	**7 431**	**7 591**

Quelle: Deutsche Forschungsgemeinschaft, Bonn

[1]) Systematik der Wirtschaftszweige, Ausgabe 1979, Kurzbezeichnungen.
[2]) Einschl. externer Forschungsaufwendungen.
[3]) Nicht vergleichbar mit Angaben des Bundesministeriums für Forschung und Technologie wegen unterschiedlicher Definitionen und Zuordnungen zu Wirtschaftszweigen.
[4]) Daten aus der Stifterverband-Wissenschaftsstatistik unter Einbeziehung der Daten des FuE-Personalkostenzuschußprogramms; um Doppelzählungen bereinigt.
[5]) Berichtskreis der Stifterverband-Wissenschaftsstatistik (nur Unternehmen ab 50 Beschäftigte, ohne Unternehmen des FuE-Personalkostenzuschußprogramms).
[6]) Schätzung.
[7]) Land- und Forstwirtschaft, Fischerei, Handel, Kreditinstitute, Versicherungsgewerbe, Dienstleistungen, soweit von Unternehmen und Freien Berufen erbracht.
[8]) Bewilligungen in den entsprechenden Jahren einschl. Voraus- und Weiterbewilligungen für nachfolgende Jahre, ohne Berücksichtigung von zusätzlichen Bewilligungen und Löschungen.
[9]) Einschl. Maschinenwesen.
[10]) Normal- und Schwerpunktverfahren, Großgeräte (über 100 000 DM), Forschergruppen, Hilfseinrichtungen der Forschung und Sonderforschungsbereiche.
[11]) Außerdem Stipendiaten des Heisenberg-Programms (1979: 57 mit 11,2 Mill. DM; 1980: 62 mit 13,6 Mill. DM; 1981: 65 mit 13,1 Mill. DM).

16.15 Berufliche Weiterbildung von Erwerbspersonen*)

1 000

Alter von . . . bis unter . . . Jahren / Bildungsabschluß	Teilnehmer an Maßnahmen in der Zeit von Mai 1978 bis April 1980								
	insgesamt			Teilnahme					
				bereits beendet			noch nicht beendet		
	insgesamt	männlich	weiblich	zusammen	männlich	weiblich	zusammen	männlich	weiblich
Insgesamt	**2 368**	**1 652**	**717**	**2 257**	**1 577**	**680**	**111**	**75**	**36**
				nach Altersgruppen					
15 — 20	101	51	50	86	44	42	15	8	8
20 — 25	313	183	130	285	164	120	29	19	10
25 — 30	366	245	122	338	225	113	28	19	8
30 — 35	343	255	88	324	240	84	19	15	/
35 — 40	361	267	94	351	260	91	10	7	/
40 — 45	329	249	80	323	245	78	6	/	/
45 — 50	218	158	60	216	157	59	/	/	/
50 — 55	170	128	42	168	127	41	/	/	/
55 und mehr	167	115	52	166	115	51	/	/	/
				nach Bildungsabschluß					
				Allgemeine Schulausbildung					
Allgemeiner Schulabschluß	2 367	1 651	716	2 256	1 576	680	111	75	36
Volksschul-/Hauptschulabschluß	1 405	1 010	395	1 361	978	383	44	33	11
Realschul- oder gleichwertiger Abschluß	524	335	189	494	316	178	30	18	12
Fachhochschul-/Hochschulreife	438	306	132	401	282	119	37	24	13
				Schulische Berufsausbildung					
Mit beruflichem Schul-/Hochschulabschluß	2 096	1 513	582	1 997	1 444	553	99	70	29
dar.: Berufsfachschulabschluß[1])	148	87	60	139	82	57	9	5	/
Fachschulabschluß[2])	257	206	51	246	199	48	10	7	/
Fachhochschulabschluß	121	101	20	116	98	18	5	/	/
Hochschulabschluß[3])	231	154	77	211	142	70	20	12	8
Ohne beruflichen Schul-/Hochschulabschluß	273	138	134	260	133	127	12	5	7
				Praktische Berufsausbildung					
Mit praktischer Berufsausbildung	2 096	1 513	582	1 997	1 444	553	99	70	29
dar.: Lehrausbildung[4])	1 590	1 188	403	1 526	1 138	388	65	49	15
Praktikum/Volontärzeit	112	67	45	104	63	41	8	/	/
Beamtenausbildung	142	113	29	135	108	27	8	6	/
Ohne praktische Berufsausbildung	273	138	134	260	133	127	12	5	7

*) Ergebnis des Mikrozensus vom April 1980. – Personen im Alter von 15 Jahren und mehr.
[1]) Einschl. Abschluß an einer Berufsaufbauschule.
[2]) Einschl. Meister-/Technikerausbildung.
[3]) Einschl. Lehrerausbildung.
[4]) Einschl. ohne Angabe.

16.16 Volkshochschulen

31. 12. / Land	Volkshochschulen[1])						Arbeitsgemeinschaften, Kurse, Lehrgänge		Einzelveranstaltungen	
	mit dem Schulträger			insgesamt	mit					
	Gemeinde	eingetragener Verein	Kreis, Zweckverband		hauptamtlichem Leiter	nebenamtlichem Leiter	insgesamt	Belegungen[2])	insgesamt	Belegungen[2])
	Anzahl							1 000	Anzahl	1 000
1979	376	336	153	865	396	469	280 488	4 412	62 981	3 355
1980	359	330	189	878	421	457	301 444	4 633	68 091	3 412
1981	344	360	154	858	420	438	308 380	4 677	69 517	3 668
davon (1981):										
Schleswig-Holstein	70	72	4	146	16	130	13 483	209	3 524	202
Hamburg	—	—	1	1	1	—	2 614	53	173	7
Niedersachsen	24	18	28	70	61	9	40 600	577	4 473	179
Bremen	2	—	—	2	2	—	1 783	30	83	3
Nordrhein-Westfalen	74	—	49	123	122	1	77 944	1 292	17 540	715
Hessen	9	9	15	33	33	—	34 679	463	4 893	285
Rheinland-Pfalz	29	33	14	76	25	51	16 271	246	6 394	330
Baden-Württemberg	51	62	22	135	81	54	47 714	697	13 468	654
Bayern	68	157	16	241	61	180	57 687	839	15 497	1 120
Saarland	5	9	5	19	6	13	3 993	65	1 321	90
Berlin (West)	12	—	—	12	12	—	11 612	205	2 151	84

[1]) Ohne Außenstellen.
[2]) Mehrfachzählungen: Jeder Teilnehmer wird entsprechend der Zahl seiner Belegungen gezählt.

Quelle: Deutscher Volkshochschul-Verband e.V., Bonn-Bad Godesberg

16.17 Presse

16.17.1 Unternehmen, Beschäftigte, Umsatz sowie verlegte Zeitungen und Zeitschriften

Jahr / Unternehmensart	Unternehmen am 31. 12.	Beschäftigte am 31. 12.	Umsatz[1][2] insgesamt	Umsatz darunter aus Vertrieb	Umsatz darunter aus Anzeigen	Verlegte Zeitungen[3] (Hauptausgaben) am 31. 12.	Verlegte Zeitschriften[4] am 31. 12.
	Anzahl	Anzahl	Mill. DM	Mill. DM	Mill. DM	Anzahl	Anzahl
Unternehmen des Verlagsgewerbes[5]							
1978	1 879	179 254	18 465	7 944	8 147	332	4 551
1979	1 943	187 077	20 261	8 409	9 266	331	5 350
1980	1 964	197 323	21 207	8 907	9 701	333	5 530
davon (1980):							
Zeitungsverlage							
mit eigener Druckerei	224	89 051	7 360	2 201	3 822	240	221
ohne eigene Druckerei	85	42 170	3 205	927	2 180	91	68
Zusammen	309	131 221	10 565	3 128	6 002	331	289
dar. reine Zeitungsverlage	92	34 889	2 547	761	1 701	99	—
Zeitschriftenverlage							
mit eigener Druckerei	154	18 311	2 898	1 206	1 169	1	1 239
ohne eigene Druckerei	1 158	28 691	4 589	2 189	2 183	—	2 696
Zusammen	1 312	47 002	7 486	3 395	3 352	1	3 935
dar. reine Zeitschriftenverlage	798	20 637	3 635	1 656	1 923	—	2 055
Sonstige Verlage	343	19 100	3 155	2 384	346	1	1 306
Unternehmen außerhalb des Verlagsgewerbes[5]							
1978	442	33 019	2 825	304	306	39	717
1979	443	32 607	3 191	327	351	39	692
1980	453	30 215	3 113	311	317	35	713

16.17.2 Verlegte Zeitungen, Verkaufsauflage und Zeitungsumsatz

Jahr / Verkaufsauflage der Gesamtausgabe von ... bis unter ... Stück	Verlegte Zeitungen am 31. 12.[3] Hauptausgaben	Verlegte Zeitungen am 31. 12.[3] Nebenausgaben	Verkaufsauflage[6] insgesamt	Verkaufsauflage[6] Abonnement	Verkaufsauflage[6] Einzelverkauf	Zeitungsumsatz[1] insgesamt	Zeitungsumsatz[1] aus Vertrieb	Zeitungsumsatz[1] aus Anzeigen
	Anzahl	Anzahl	1 000	1 000	1 000	Mill. DM	Mill. DM	Mill. DM
1978	371	827	24 176	13 479	10 698	7 270	2 473	4 797
1979	370	847	25 016	14 129	10 887	8 034	2 643	5 391
1980	368	854	25 103	14 600	10 503	8 574	2 823	5 750
davon (1980):								
unter 5 000	77	1	199	184	15	75	25	49
5 000 — 10 000	70	4	501	469	32	216	72	144
10 000 — 50 000	127	120	2 949	2 713	235	1 390	452	938
50 000 — 125 000	43	226	3 418	3 062	355	1 602	523	1 079
125 000 — 250 000	36	383	6 309	5 204	1 104	2 937	914	2 024
250 000 und mehr	15	120	11 729	2 966	8 763	2 354	837	1 517

16.17.3 Verlegte Zeitschriften, Auflage und Zeitschriftenumsatz

Jahr / Art der Zeitschrift	Verlegte Zeitschriften am 31. 12.[4] insgesamt	mit lokaler/regionaler Verbreitung	mit überregionaler Verbreitung	Auflage[6] insgesamt	verkaufte Exemplare zusammen	verkaufte Exemplare darunter im Abonnement	Freiexemplare	Zeitschriftenumsatz[1] insgesamt	aus Vertrieb	aus Anzeigen
	Anzahl	Anzahl	Anzahl	1 000	1 000	1 000	1 000	Mill. DM	Mill. DM	Mill. DM
1978	5 268	1 689	3 579	223 553	132 098	76 227	91 455	6 894	3 468	3 426
1979	6 042	2 332	3 710	237 425	137 675	81 098	99 749	7 535	3 576	3 959
1980	6 243	2 419	3 824	245 864	141 702	83 923	104 163	8 115	3 890	4 225
davon (1980):										
Politische Wochenblätter	115	107	8	2 174	1 757	905	417	336	120	217
Konfessionelle Zeitschriften	306	81	225	8 741	7 917	7 615	824	187	166	21
Publikumszeitschriften	1 071	162	909	85 284	81 767	26 412	3 516	4 670	2 675	1 995
darunter:										
Illustrierte, Magazine usw.	123	35	88	35 844	33 494	10 600	2 349	2 460	1 316	1 144
Motor, Reise, Freizeit, Hobby	179	16	163	8 092	7 901	3 620	191	412	221	191
Frauen, Familie, Mode, Wohnen	58	1	57	22 777	22 532	7 247	244	1 095	562	533
Politik, Kultur, Populärwissenschaften	285	48	237	3 154	2 822	2 105	331	152	109	43
Fachzeitschriften	2 451	148	2 303	22 293	16 447	15 429	5 845	1 728	694	1 035
Kundenzeitschriften	94	14	80	40 022	—	—	40 022	127	88	39
Zeitschriften der Verbände usw.	453	230	223	35 795	31 029	31 003	4 766	231	80	151
Amtliche Blätter	905	885	20	2 355	2 261	2 247	93	85	38	47
Sonstige Zeitschriften[7]	848	792	56	49 203	523	312	48 680	751	29	721

1) Ohne Umsatz-(Mehrwert-)steuer.
2) Zeitungs-, Zeitschriften- und sonstiger Umsatz des Unternehmens.
3) Mit mindestens zweimal wöchentlichem Erscheinen einschl. der Sonntagsausgaben der Tageszeitungen.
4) Mit mindestens viermal jährlichem Erscheinen.
5) Soweit sie Zeitungen/Zeitschriften verlegen.
6) Durchschnittliche Auflage je Erscheinungstag im 4. Vierteljahr.
7) Z. B. Anzeigenblätter, Kommunale Amtsblätter.

16.18 Hörfunk- und Fernsehteilnehmer*)

1 000

Land	Sendebereich	Hörfunk 1980	Hörfunk 1981	Hörfunk 1982	Fernsehen 1980	Fernsehen 1981	Fernsehen 1982
Schleswig-Holstein, Hamburg, Niedersachsen [1])	Norddeutscher Rundfunk	4 395	4 461	4 532	4 050	4 092	4 151
Bremen	Radio Bremen	304	310	309	277	278	277
Nordrhein-Westfalen	Westdeutscher Rundfunk	6 138	6 240	6 329	5 790	5 874	5 954
Hessen	Hessischer Rundfunk	2 156	2 194	2 237	1 939	1 968	2 009
Rheinland-Pfalz, Baden-Württemberg [1])	Südwestfunk, Süddeutscher Rundfunk	5 026	5 156	5 283	4 307	4 388	4 485
Bayern	Bayerischer Rundfunk	3 925	4 001	4 079	3 562	3 620	3 687
Saarland	Saarländischer Rundfunk	393	405	416	367	375	383
Berlin (West)	Sender Freies Berlin	986	982	974	898	895	888
	Bundesgebiet	**23 323**	**23 749**	**24 158**	**21 190**	**21 490**	**21 834**

*) Gebührenpflichtige und gebührenbefreite Hörfunk- und Fernsehteilnehmer. – Stand: 31. 12.
[1]) Durch größere Überschneidungen der Ländergrenzen mit den Sendebereichen lassen sich keine Landesergebnisse bilden.

Quelle: Norddeutscher Rundfunk, Hamburg

16.19 Fernsehprogramm

16.19.1 Deutsches Fernsehen 1982

Art der Darbietung	Gemeinschaftsprogramm: I. Programm[1]) Stunden	I. Programm[1]) %	Vormittagsprogramm ARD Stunden	ARD %	Vormittagsprogramm ZDF Stunden	ZDF %
Sendungen mit Spielhandlung	570	*17,7*	—	—	—	—
Nummernsendungen	337	*10,5*	—	—	—	—
Musiksendungen	80	*2,5*	—	—	—	—
Informationssendungen	1 016	*31,6*	384	*77,7*	428	*86,6*
Mischinhalte und -formen	60	*1,9*	—	—	—	—
Sport	270	*8,4*	—	—	—	—
Spielfilme	383	*11,9*	—	—	—	—
Tagesschau/Tagesthemen/Wochenspiegel/Heute	369	*11,5*	89	*18,0*	47	*9,5*
Programmüberleitungen	129	*4,0*	21	*4,3*	19	*3,9*
Insgesamt	**3 214**	***100***	**494**	***100***	**494**	***100***

Rundfunkanstalt	Regionalprogramm insgesamt (Stunden)	Regionalprogramm dar. reine Werbung (Spots) (Stunden)	III. Fernsehprogramm (Stunden)
Norddeutscher Rundfunk[2])	566[3])	103	2 410[4])
Radio Bremen[2])	558[3])	102	.[4])
Westdeutscher Rundfunk	555[3])	102	2 637[4])[5])
Hessischer Rundfunk	561[3])	101	2 375[4])
Südwestfunk[6])[7])	404	51	2 615[4])
Süddeutscher Rundfunk[7])	322[3])	51	.
Bayerischer Rundfunk	563[3])	103	2 919[4])
Saarländischer Rundfunk[7])	565	95	.[4])
Sender Freies Berlin[2])	565[3])	102	.[4])

Quelle: Norddeutscher Rundfunk, Hamburg

16.19.2 Zweites Deutsches Fernsehen

Programmbereich	1981 Stunden	1981 %	1982 Stunden	1982 %
Kultur	713	*16,8*	675	*15,6*
Fernsehspiel und Film	810	*19,0*	803	*18,6*
Dokumentarspiel	105	*2,4*	101	*2,3*
Unterhaltung	323	*7,6*	345	*8,0*
Theater und Musik	223	*5,3*	230	*5,3*
Aktuelles	479	*11,3*	489	*11,3*
Innenpolitik	177	*4,2*	213	*5,0*
Außenpolitik	73	*1,7*	67	*1,6*
Gesellschaftspolitik	197	*4,6*	199	*4,6*
Magazine[8])	60	*1,4*	62	*1,4*
Sport	266	*6,2*	296	*6,9*
Vormittagsprogramm ARD/ZDF (ZDF-Anteil)	490	*11,5*	495	*11,5*
Programmverbindungen	236	*5,6*	238	*5,5*
Werbefernsehen (Spots)	101	*2,4*	101	*2,4*
Insgesamt	**4 253**	***100***	**4 314**	***100***

Quelle: Zweites Deutsches Fernsehen, Mainz

[1]) Dieses Programm wird täglich gleichzeitig von allen Fernsehsendern der Arbeitsgemeinschaft der öffentlich-rechtlichen Rundfunkanstalten der Bundesrepublik Deutschland (ARD) ausgestrahlt. Auf die Rundfunkanstalten entfallen folgende Pflichtbeiträge zum Sendeprogramm: Norddeutscher Rundfunk 19%, Westdeutscher Rundfunk 25%, Bayerischer Rundfunk 17%, Südwestfunk 9%, Hessischer Rundfunk, Süddeutscher Rundfunk und Sender Freies Berlin je 8%, Radio Bremen und Saarländischer Rundfunk je 3%.
[2]) Gemeinschaftliches Programm Schulfernsehen; das III. Programm wird zusätzlich mit dem Sender Freies Berlin veranstaltet.
[3]) Zusätzlich wurden 1 096 Stunden ausgestrahlt (NDR 79 Stunden, RB 69 Stunden, WDR 3 Stunden, HR 78 Stunden, SDR 6 Stunden, BR 14 Stunden, SFB 847 Stunden).
[4]) Zusätzlich haben NDR/RB 795 Stunden (1981: 1 294 Stunden), WDR 794 Stunden, HR 198 Stunden, SWF 198 Stunden, BR 264 Stunden, SR 61 Stunden und SFB 164 Stunden Schulfernsehen ausgestrahlt.
[5]) Parallel wurden 325 Stunden (vorwiegend Schulfernsehen) ausgestrahlt.
[6]) Einschl. Regionalprogramm für Rheinland-Pfalz 169 Stunden, für Baden-Württemberg 43 Stunden.
[7]) Gemeinschaftliches III. Programm.
[8]) Einschl. »Bilanz«, »ZDF-Magazin«, »Kennzeichen D«.

16.20 Hörfunkprogramm 1982

16.20.1 Erstes, Zweites und Drittes Programm

Programmgattung	Insgesamt		Nach Programmgattungen der Rundfunkanstalten								
			Bayerischer Rundfunk	Hessischer Rundfunk	Norddeutscher Rundfunk[1])	Radio Bremen	Saarländischer Rundfunk	Sender Freies Berlin	Süddeutscher Rundfunk	Südwestfunk	Westdeutscher Rundfunk[1])
	Stunden	%									
1. Programm											
Musik	40 201	54,2	60,2	61,3	33,6	66,7	30,5	51,9	54,8	56,8	62,6
Ernste Musik	3 556	4,8	10,3	0,5	8,5	0,4	—	22,0	1,5	0,3	5,1
Leichte Musik	36 645	49,4	49,9	60,8	25,1	66,3	30,5	29,9	53,3	56,5	57,5
Wort	32 298	43,5	37,1	37,1	66,4	30,2	66,5	44,0	42,0	40,8	37,4
Politik	14 326	19,3	19,6	18,0	34,3	15,8	8,6	19,5	18,9	20,5	24,4
Kultur, Bildung	3 437	4,7	2,7	3,3	3,9	2,8	0,9	18,9	4,5	2,1	5,6
Unterhaltung, Hörspiel	2 827	3,8	5,3	3,1	4,4	4,4	2,0	2,5	5,6	5,1	1,8
Sport	1 270	1,7	3,4	2,1	2,3	2,7	0,2	0,4	0,8	0,6	2,9
Familienprogramm	1 365	1,8	5,2	0,7	2,6	1,0	—	1,0	2,3	1,3	2,5
Magazine, Sonstiges	9 073	12,2	0,9	9,9	18,9	3,5	54,8	1,7	9,9	11,2	0,2
Werbefunk	1 693	2,3	2,7	1,6	—	3,1	3,0	4,1	3,2	2,4	—
Insgesamt	**74 192**	**100**	**100**	**100**	**100**	**100**	**100**	**100**	**100**	**100**	**100**
Anteil der Rundfunkanstalten	×	100	12,1	12,1	7,1	11,8	11,8	9,2	12,2	11,8	11,9
2. Programm											
Musik	37 484	57,1	55,6	71,4	26,8	67,1	64,6	43,8	64,3	68,6	55,2
Ernste Musik	22 951	35,0	45,6	58,2	—	39,8	56,7	—	57,7	64,1	2,8
Leichte Musik	14 533	22,1	10,0	13,2	26,8	27,3	7,9	43,8	6,6	4,5	52,4
Wort	27 741	42,3	44,4	28,6	70,1	29,1	35,4	56,2	35,7	31,4	44,8
Politik	7 926	12,1	23,1	3,6	26,0	1,7	5,5	6,5	11,5	10,1	15,8
Kultur, Bildung	8 256	12,5	15,9	19,1	1,7	25,3	15,9	3,6	17,9	18,4	0,6
Unterhaltung, Hörspiel	2 476	3,8	1,2	1,3	4,1	1,7	3,3	9,0	4,3	2,3	6,0
Sport	1 157	1,8	0,4	0,8	5,8	—	—	6,5	0,1	0,1	1,7
Familienprogramm	2 356	3,6	3,6	3,3	7,9	—	3,6	9,1	0,4	0,1	3,3
Magazine, Sonstiges	5 569	8,5	0,2	0,5	24,6	0,4	7,1	21,5	1,5	0,4	17,4
Werbefunk	430	0,6	—	—	3,1	3,8	—	—	—	—	—
Insgesamt	**65 655**	**100**	**100**	**100**	**100**	**100**	**100**	**100**	**100**	**100**	**100**
Anteil der Rundfunkanstalten	×	100	13,1	10,7	10,5	8,7	9,7	12,0	10,9	11,0	13,4
3. Programm[2])											
Musik	36 780	55,8	71,5	61,8	58,7	—	48,9	61,3	66,2	27,8	57,2
Ernste Musik	14 882	22,6	20,9	—	52,6	—	1,3	47,3	—	0,0	56,0
Leichte Musik	21 898	33,2	50,6	61,8	6,1	—	47,6	14,0	66,2	27,8	1,2
Wort	16 198	24,6	11,3	13,3	23,5	13,7	36,6	18,0	18,1	53,4	27,8
Politik	3 878	5,9	6,1	0,8	4,5	13,7	4,7	2,8	2,1	11,4	11,9
Kultur, Bildung	3 429	5,2	—	—	16,9	—	1,4	10,1	1,9	0,4	11,5
Unterhaltung, Hörspiel	1 071	1,6	—	2,7	1,3	—	4,1	2,3	0,9	0,2	2,4
Sport	1 275	1,9	0,8	0,7	—	—	2,7	—	5,4	6,5	—
Familienprogramm	507	0,8	—	1,8	0,2	—	0,4	2,0	0,4	0,1	1,4
Magazine, Sonstiges	6 038	9,2	4,4	7,2	0,5	—	23,3	0,8	7,5	34,8	0,7
Werbefunk	1 375	2,1	4,1	4,8	—	—	3,9	—	1,5	3,3	—
Ausländerprogramm	11 573	17,6	13,1	20,2	17,9	86,3	10,6	20,7	14,2	15,5	14,9
Insgesamt	**65 926**	**100**	**100**	**100**	**100**	**100**	**100**	**100**	**100**	**100**	**100**
Anteil der Rundfunkanstalten	×	100	14,1	11,0	11,7	2,5	10,3	11,7	13,0	11,9	13,9

16.20.2 Deutsche Welle und Deutschlandfunk*)

Rundfunkanstalt	Gesamtsendezeit	Deutsches Programm					Fremdsprachiges Programm				
		zusammen	Musiksendungen		Wortsendungen		zusammen	Musiksendungen		Wortsendungen	
	Stunden	Stunden	Stunden	%	Stunden	%	Stunden	Stunden	%	Stunden	%
Deutsche Welle	20 907	1 805[3])	399	1,9	1 406	6,7	19 102	2 681	12,8	16 421	78,6
Deutschlandfunk	13 482	8 972	4 057	30,1	4 915	36,4	4 510	497	3,7	4 013	29,8

*) Bei der Deutschen Welle sind alle Sendungen für das Ausland bestimmt. – Der Deutschlandfunk veranstaltet Rundfunksendungen für Deutschland und das europäische Ausland.

[1]) Das Erste Programm wird – abgesehen von den Regionalsendungen – gemeinsam vom WDR und NDR gestaltet.

[2]) Einschl. des Vierten Programms (überwiegend Ausländerprogramm).

[3]) Durch Wiederholungen erhöht sich die ausgestrahlte Sendezeit auf 9 020 Stunden.

Quelle: Norddeutscher Rundfunk, Hamburg

16.21 Filmwirtschaft*)

16.21.1 Filmherstellung

Jahr — Unternehmensart	Unternehmen	Beschäftigte[1]) insgesamt	Beschäftigte[1]) Teilzeitbeschäftigte	Hergestellte Filme insgesamt	Hergestellte Filme mit einer Vorführdauer von ... bis unter ... Min. 59 und mehr	Hergestellte Filme mit einer Vorführdauer von ... bis unter ... Min. 30 — 59	Umsatz[2]) insgesamt	Umsatz[2]) aus Filmherstellung
	am 31. 12.	am 31. 12.	am 31. 12.					
	Anzahl	Anzahl	Anzahl	Anzahl	Anzahl	Anzahl	1 000 DM	1 000 DM
1977	426	2 856	423	6 987	245	370	526 897	441 394
1978	459	2 540	441	8 211	299	505	562 919	493 129
1979	511	2 706	518	8 778	299	495	617 950	548 831
darunter (1979):								
Kinofilmhersteller	124	263	76	113	81	2	95 379	87 531
Fernsehfilmhersteller	172	1 328	214	3 425	201	418	337 255	311 901
mit Schwerpunkt Langfilme[3])	64	914	97	1 221	188	136	241 135	217 545
mit Schwerpunkt sonstige Filme	108	414	117	2 204	13	282	96 120	94 356
Werbefilmhersteller	58	449	61	4 381	4	26	97 291	94 075

16.21.2 Filmverleih und Filmvertrieb

Jahr — Unternehmensart	Unternehmen	Beschäftigte insgesamt	Beschäftigte Teilzeitbeschäftigte	Erworbene Auswertungsrechte insgesamt	Erworbene Auswertungsrechte Langfilme[3])	Umsatz[2]) insgesamt	Umsatz[2]) darunter aus Filmverleih	Umsatz[2]) darunter aus Filmvertrieb
	am 31. 12.	am 31. 12.	am 31. 12.					
	Anzahl	Anzahl	Anzahl	Anzahl	Anzahl	1 000 DM	1 000 DM	1 000 DM
1977	146	1 358	275	3 591	2 146	423 967	233 537	156 729
1978	165	1 323	263	3 774	2 126	471 173	268 333	173 838
1979	166	1 366	279	4 180	2 455	568 171	324 320	212 558
darunter (1979):								
Filmverleihunternehmen[4])	94	862	197	1 017	926	339 532	315 517	13 471
Filmvertriebsunternehmen	44	377	48	2 801	1 288	209 824	248	195 798

16.21.3 Filmtheater

Jahr — Unternehmen mit einem Umsatz von ... bis unter ... DM	Unternehmen	Beschäftigte insgesamt	Beschäftigte Teilzeitbeschäftigte	Spielstellen	Sitzplätze[5]) je Spielstelle	Vorstellungen je Spielstelle	Verkaufte Eintrittskarten insgesamt	Verkaufte Eintrittskarten je Vorstellung	Umsatz[2]) insgesamt	Umsatz[2]) Eintrittskartenerlös
	am 31. 12.	am 31. 12.	am 31. 12.	am 31. 12.	am 31. 12.					
	Anzahl	Anzahl	Anzahl	Anzahl	Anzahl	Anzahl	1 000	Anzahl	1 000 DM	1 000 DM
Filmtheaterunternehmen[6])										
1977	1 376	14 354	8 548	2 698	304	826	111 119	50	685 827	569 140
1978	1 343	14 436	8 700	2 770	285	857	123 424	52	794 731	657 717
1979	1 311	14 726	8 909	2 853	267	895	130 463	51	914 513	751 541
davon (1979):										
unter 100 000	297	979	860	318	219	265	3 547	42	17 073	14 976
100 000 — 250 000	382	1 997	1 584	452	257	487	11 323	51	64 209	54 328
250 000 — 1 Mill.	441	4 524	3 159	868	263	774	33 670	50	218 637	179 210
1 Mill. — 5 Mill.	171	4 388	2 248	803	280	1 159	47 757	51	344 712	287 452
5 Mill. und mehr	20	2 838	1 058	412	296	1 567	34 167	53	269 882	215 574
Autokinounternehmen 1979	13	474	382	16	703	603	3 114	323	27 107	17 567
Wanderkinounternehmen 1979[7])	43	161	118	671	.	27	1 425	79	7 566	6 416

16.21.4 Filmtechnische Betriebe

Jahr — Unternehmensart	Unternehmen	Beschäftigte	Filmaufnahmeateliers	Filmaufnahmeateliers	Rohfilmverbrauch	Umsatz[2]) insgesamt	Umsatz[2]) darunter aus Vermietung v. Raum, Personal, Ausstattung	Umsatz[2]) darunter aus Kopier- und Entwicklungsarbeiten
	am 31. 12.	am 31. 12.	am 31. 12.	am 31. 12.				
	Anzahl	Anzahl	Anzahl	m²	1 000 m	1 000 DM	1 000 DM	1 000 DM
1977	56	2 831	36	15 891	118 200	221 325	76 724	80 217
1978	73	3 312	39	16 715	201 248	278 930	91 032	107 343
1979	75	3 421	43	18 654	215 914	308 297	103 558	116 900
darunter (1979):								
Atelierbetriebe[8])	31	1 462	42	18 004	.[9])	132 453	96 338	.[9])
Kopierwerke[10])	17	1 752	1	650	214 374	156 400	6 657	115 243

*) Nur Ergebnisse von Unternehmen, bei denen filmwirtschaftliche Leistungen den Schwerpunkt der Wirtschaftstätigkeit darstellen.
[1]) Nur ständig Beschäftigte.
[2]) Ohne Umsatz-(Mehrwert-)steuer.
[3]) Filme mit einer Vorführdauer von 59 Minuten und mehr.
[4]) Ohne Schmalfilmverleihunternehmen.
[5]) Bei Autokinounternehmen Stellplätze.
[6]) Unternehmen, die ausschließlich oder überwiegend ortsfeste Filmtheater betreiben. 1979: Außerdem 155 Unternehmen mit 210 Spielstellen und 3,6 Mill. verkauften Eintrittskarten, bei denen der Schwerpunkt der Wirtschaftstätigkeit außerhalb der Filmwirtschaft liegt.
[7]) Einschl. Unternehmen, die stundenweise ortsfeste Filmtheater für Filmvorführungen mieten.
[8]) Unternehmen mit Schwerpunkt Vermietung von Raum, Personal, Ausstattung.
[9]) Aus Gründen der Geheimhaltung von Einzelangaben nicht veröffentlicht.
[10]) Unternehmen mit Schwerpunkt Kopier- und Entwicklungsarbeiten für Kunden.

16.22 Öffentliche Theater 1981/82*)

Land	Gemeinden mit Theatern[1])	Theaterunternehmen insgesamt	Theaterunternehmen Spielstätten[2])	Veranstaltungen am Ort	Gastspiele nach außerhalb	Besucher der eigenen und fremden Veranstaltungen am Ort (einschl. geschlossener Veranstaltungen) insgesamt	Opern und Ballette	Operetten, Musicals	Schauspiele	Kinder- und Jugendstücke	Konzerte der Theaterorchester
	Anzahl					1 000					
Schleswig-Holstein	3	3	16	1 576	79	705	176	102	249	105	73
Hamburg	1	3	7	1 219	10	984	522	2	434	18	8
Niedersachsen	9	10	29	3 493	234	1 750	468	277	665	232	108
Bremen	2	2	5	1 024	—	420	135	103	117	49	16
Nordrhein-Westfalen	21	23	72	8 440	478	4 399	1 653	604	1 587	437	118
Hessen	5	5	18	2 652	8	1 423	604	213	395	148	63
Rheinland-Pfalz	5	5	13	1 530	9	645	152	140	234	91	28
Baden-Württemberg	13	13	44	5 391	144	2 401	923	320	854	214	90
Bayern	13	15	42	5 072	76	2 878	1 045	501	1 032	205	95
Saarland	1	2	7	572	2	279	65	78	80	33	23
Berlin (West)	1	3	5	1 369	—	1 195	483	308	363	39	2
Bundesgebiet	**74**	**84**	**258**	**32 338**	**1 040**	**17 079**	**6 226**	**2 648**	**6 010**	**1 571**	**624**

Land	Plätze am 31. 12. 1981[3]) insgesamt	Plätze je 1 000 Einwohner[4])	Ausgaben	Eigene Einnahmen[5])	Zuweisungen[6]) insgesamt	Zuweisungen je Einwohner[4])	Einspielergebnis[7])	Betriebszuschuß je Besucher[8])
	Anzahl		1 000 DM			DM	%	DM
Schleswig-Holstein	8 923	*14,4*	63 628	8 991	53 805	*85,70*	*14,8*	*67,29*
Hamburg	6 181	*3,8*	123 485	29 176	94 309	*57,58*	*23,9*	*94,13*
Niedersachsen	19 230	*12,4*	154 109	25 114	128 987	*82,82*	*16,6*	*61,12*
Bremen	2 048	*3,0*	45 616	4 935	40 657	*58,79*	*11,0*	*95,19*
Nordrhein-Westfalen	38 849	*5,6*	524 593	70 717	451 438	*65,02*	*15,2*	*81,92*
Hessen	11 658	*8,9*	182 454	19 006	163 448	*124,71*	*11,0*	*108,13*
Rheinland-Pfalz	4 852	*8,8*	57 631	8 008	49 623	*88,65*	*14,1*	*60,33*
Baden-Württemberg	22 188	*10,5*	254 430	35 786	216 599	*106,82*	*14,8*	*80,02*
Bayern	25 425	*9,4*	297 731	53 213	242 418	*89,33*	*19,4*	*72,64*
Saarland	1 593	*8,3*	30 462	3 664	23 219	*111,87*	*14,8*	*71,09*
Berlin (West)	5 104	*2,7*	124 130	21 272	101 633	*53,81*	*17,6*	*83,39*
Bundesgebiet	**146 051**	***7,2***	**1 858 269**	**279 882**	**1 566 136**	***77,38***	***16,1***	***79,13***

Land	Theaterorchester Orchester	Theaterorchester Mitglieder	Kulturorchester Orchester	Kulturorchester Mitglieder	Kulturorchester Konzerte	Privattheater Spielstätten	Privattheater Plätze	Privattheater Veranstaltungen[9])	Privattheater Besucher[9])
	Anzahl								
Schleswig-Holstein	3	200	—	—	—	—	—	—	—
Hamburg	—	—	2	189	112	10	3 542	3 333	1 055 503
Niedersachsen	6	360	1	42	140	3	446	651	80 886
Bremen	1	52	1	99	31	4	838	653	191 938
Nordrhein-Westfalen	8	443	15	1 236	904	10	2 001	2 295	478 610
Hessen	5	388	1	115	20	8	2 153	1 770	324 584
Rheinland-Pfalz	3	173	2	167	87	2	370	484	80 154
Baden-Württemberg	5	337	10	406	708	11	1 557	2 535	345 136
Bayern	8	555	5	379	377	26	4 655	4 401	608 527
Saarland	1	74	—	—	—	—	—	—	—
Berlin (West)	2	173	1	115	122	14	6 213	3 467	1 200 047
Bundesgebiet	**42**	**2 755**	**38**	**2 748**	**2 501**	**88**	**21 775**	**19 589**	**4 365 385**

*) Spielzeit 1981/82.
1) Erfaßt wurden alle Gemeinden mit 20 000 und mehr Einwohnern.
2) Einschl. Konzertsäle und Freilichtbühnen öffentlicher Theater.
3) Einschl. 46 271 Plätze in Konzertsälen und Freilichtbühnen.
4) Bezogen auf die Einwohnerzahl vom 31. 12. 1981 der Gemeinden, die ein Theater besitzen.
5) Ohne Zuweisungen, Zuschüsse und Einnahmen aus Schuldenaufnahmen.
6) Einschl. Zuschüsse von privaten Stellen; Zuweisungen je Einwohner ohne Zuschüsse von privaten Stellen sowie ohne solche für Landesbühnen.
7) Eigene Betriebseinnahmen (ohne Zuweisungen) in % der Betriebsausgaben.
8) Betriebsausgaben abzüglich Betriebseinnahmen; Angaben einschl. der Landesbühnen mit ihren auswärtigen Besuchern.
9) Einschl. auswärtiger Gastspiele.

Quelle: Deutscher Städtetag, Köln

16.23 Bibliotheken

16.23.1 Nach Bestandsgrößenklassen, Unterhaltsträgern und Bibliotheksgattungen 1981

Bestand von ... bis ... Bänden / Unterhaltsträger	Insgesamt	National-biblio-theken[1])	Hochschulbibliotheken: Univer-sitäts-[2]) bibliotheken	Hochschulbibliotheken: Instituts-[3]) bibliotheken	Hochschulbibliotheken: Fachhoch-schul-[4]) bibliotheken	Regional-biblio-theken	Spezial-biblio-theken	Öffentliche Bibliotheken: Öffentl. Hand	Öffentliche Bibliotheken: Nicht öffentl. Hand[5])
Insgesamt	**19 292**	**3**	**56**	**3 175**	**169**	**33**	**1 645**	**6 178**	**8 033**
				nach Bestandsgrößenklassen					
unter 1 000	3 855	—	—	366	6	—	85	1 298	2 100
1 000 — 2 000	5 013	—	—	677	11	—	211	1 392	2 722
2 001 — 3 000	2 148	—	—	223	3	—	34	582	1 306
3 001 — 5 000	2 288	—	—	323	6	—	73	708	1 178
5 001 — 10 000	2 485	—	1	659	32	—	433	791	569
10 001 — 30 000	2 087	—	—	585	35	—	354	1 007	106
30 001 — 100 000	1 077	—	1	294	44	8	353	328	49
100 001 — 300 000	235	—	3	44	30	12	90	53	3
300 001 — 1 000 000	70	—	26	4	2	11	10	17	—
1 000 001 und mehr	34	3	25	—	—	2	2	2	—
				nach Unterhaltsträgern					
Bund	173	1	1	—	2	—	168	1	—
Land	3 642	1	52	2 990	122	18	391	68	—
Kreis, Gemeinde[6])	5 980	—	1	2	2	9	185	5 781	—
Kirche[7])	8 028	—	—	4	30	1	203	—	7 790
Sonstige öffentliche Träger	834	1	1	174	11	2	317	328	—
Private Träger[8])	635	—	1	5	2	3	381	—	243

16.23.2 Ausgewählte wissenschaftliche Bibliotheken

Bibliotheksort bzw. -name[9])	Biblio-theksart[10])	Buch-bestand am 31. 12. 1981	Laufende Zeit-schriften (Titel) 1981	Ausgaben für Erwerbung[11]) 1980	Ausgaben für Erwerbung[11]) 1981	Eingetragene Benutzer 1980	Eingetragene Benutzer 1981	Ausleihen 1981: insgesamt	Ausleihen 1981: dar. Fernleihverkehr[12]) Bestellungen	Ausleihen 1981: dar. Fernleihverkehr[12]) dar. positiv erledigt
		1 000	Anzahl	1 000 DM	1 000 DM	Anzahl	Anzahl	1 000	1 000	1 000
Aachen	UB	827	5 137	1 731	2 353	26 400	30 296	629	31	22
Berlin SBPK	NB	3 227	32 159	4 380	7 288	11 515	15 784	349	206	76
Berlin FU	UB	1 417	8 018	2 893	4 002	30 989	32 975	786	15	10
Berlin TU	UB	1 151	9 992	2 617	3 548	10 823	20 406	433	14	9
Bochum	UB	1 141	4 133	1 772	2 016	20 616	20 661	706	24	16
Bonn	UB	1 941	11 300	1 801	2 428	21 590	28 964	760	72	45
Bremen	UB	1 600	12 572	3 930	3 967	22 693	22 828	670	17	10
Düsseldorf	UB	1 854	9 254	2 637	4 095	11 432	13 608	604	34	21
Erlangen-Nürnberg	UB	1 980	6 287	891	1 615	14 594	23 981	398	32	18
Frankfurt am Main DB	NB	2 330	50 459	1 140	1 386	.	10 956	243	8	5
Frankfurt am Main	UB u. StB	2 243	12 240	2 527	3 746 }	37 723	39 042	815	113	77
Frankfurt am Main[13])	UB	894	6 788	866	923 }			110	49	34
Gießen	UB	950	6 600	932	1 089	10 429	10 484	258	23	21
Hamburg	UB u. SB	1 979	7 177	2 055	3 332	51 390	—	539	17	13
Hannover	TIB	503	14 118	189	2 384	1 800	—	—	399	—
Hannover	UB	706	4 874	988	1 223	16 202	18 965	—	—	—
Heidelberg	UB	2 195	5 945	1 942	3 009	23 760	27 221	440	29	—
Kiel	UB	1 387	7 711	1 338	1 871	13 569	14 731	432	34	18
Köln	UB u. StB	2 055	13 665	1 935	2 641	32 254	32 672	881	80	53
Köln	[14])	—	—	1 210	—	.	—	—	—	—
Konstanz	UB	1 072	6 965	2 426	4 294	.	17 139	316	23	16
Mannheim	UB	742	4 541	777	976	.	—	220	17	13
München BSB	NB	4 666	28 000	6 336	8 840	32 476	37 660	722	151	100
München	UB	1 832	3 553	502	1 083	.	—	341	18	11
Münster	UB	1 655	9 332	2 230	2 644	31 176	35 932	1 045	42	29
Regensburg	UB	1 798	8 947	2 669	2 948	14 685	15 808	367	45	36
Saarbrücken	UB	1 197	8 351	1 390	2 054	.	—	365	48	37
Stuttgart	LB	1 675	13 532	1 924	2 585	23 000	—	426	57	36
Würzburg	UB	994	6 342	738	2 088	13 693	—	251	25	13

1) Einschl. Zentralbibliotheken.
2) Zentrale Universitätsbibliotheken.
3) Einschl. Institutsbibliotheken von Fachhochschulen und sonstigen Hochschulen.
4) Einschl. sonstiger Hochschulbibliotheken.
5) Überwiegend kirchliche Bibliotheken.
6) Einschl. kommunaler Verbände.
7) Evangelische und katholische Kirche sowie sonstige Religionsgemeinschaften.
8) Natürliche und juristische Personen sowie ausländische Bibliotheken.
9) BSB = Bayerische Staatsbibliothek, DB = Deutsche Bibliothek, FU = Freie Universität, SBPK = Staatsbibliothek Preußischer Kulturbesitz, TU = Technische Universität.
10) LB = Landesbibliothek, NB = Nationalbibliothek, SB = Staatsbibliothek, StB = Stadtbibliothek, TIB = Technische Informationsbibliothek, UB = Universitätsbibliothek.
11) Einschl. Einbinden von Büchern.
12) Aktiver (gebender) Leihverkehr der Bibliotheken.
13) Senckenbergische Bibliothek.
14) Zentralbibliothek der Medizin.

Quelle: Redaktion der Deutschen Bibliotheksstatistik, Berlin

16.24 Buchproduktion*)

Sachgebiet	1979			1980			1981		
	insgesamt	Erstauflage	Neuauflage	insgesamt	Erstauflage	Neuauflage	insgesamt	Erstauflage	Neuauflage
Allgemeines, Buch und Schrift, Hochschulen	937	855	82	1 095	999	96	901	823	78
Religion, Theologie	3 085	2 441	644	3 845	3 035	810	3 082	2 343	739
Philosophie, Psychologie	1 616	1 235	381	1 769	1 294	475	1 838	1 343	495
Recht, Verwaltung	3 329	2 422	907	3 517	2 468	1 049	2 847	2 023	824
Wirtschafts- und Sozialwissenschaft, Statistik	5 312	4 676	636	6 658	5 807	851	5 598	4 942	656
Politik, Wehrwesen	1 406	1 264	142	1 737	1 559	178	1 256	1 107	149
Sprach- und Literaturwissenschaft	2 267	1 825	442	2 208	1 778	430	2 124	1 784	340
Schöne Literatur	12 453	9 961	2 492	12 404	9 972	2 432	11 963	8 885	3 078
Jugendschriften	2 932	2 142	790	3 115	2 254	861	2 659	1 950	709
Erziehung, Unterricht, Jugendpflege	3 376	2 830	546	3 572	3 039	533	2 600	2 255	345
Schulbücher	2 529	1 706	823	2 148	1 488	660	1 913	1 346	567
Bildende Kunst, Kunstgewerbe	3 348	2 856	492	3 861	3 423	438	3 219	2 919	300
Musik, Tanz, Theater, Film, Rundfunk	1 317	1 142	175	1 198	1 060	138	1 196	1 063	133
Geschichte, Kulturgeschichte, Volkskunde	2 630	2 225	405	2 969	2 568	401	2 665	2 296	369
Erd- und Völkerkunde, Reisen	1 416	1 180	236	1 730	1 381	349	1 667	1 347	320
Karten, Kartenwerke	2 416	1 706	710	2 415	1 719	696	2 600	1 898	702
Medizin	2 301	1 795	506	2 757	2 132	625	2 699	2 105	594
Naturwissenschaften	2 104	1 804	300	2 281	1 962	319	1 779	1 490	289
Mathematik	1 170	1 057	113	960	843	117	847	726	121
Technik, Industrie, Gewerbe	3 056	2 647	409	3 656	3 122	534	2 615	2 172	443
Verkehr	817	708	109	739	665	74	682	577	105
Land- und Forstwirtschaft, Hauswirtschaft	1 449	1 154	295	1 743	1 377	366	1 660	1 279	381
Turnen, Sport, Spiele	693	553	140	718	548	170	637	466	171
Verschiedenes	29	28	1	50	48	2	51	51	—
Kalender und Almanache	94	94	—	31	31	—	70	70	—
Insgesamt	**62 082**	**50 306**	**11 776**	**67 176**	**54 572**	**12 604**	**59 168**	**47 260**	**11 908**

*) Verlagsveröffentlichungen.

Quelle: Börsenverein des Deutschen Buchhandels, Frankfurt am Main

16.25 Jugendherbergen 1982

Land	Jugendherbergen	Betten	Übernachtungen			Davon von					
			männliche Gäste	weibliche Gäste	insgesamt	jugendlichen Einzelwanderern	Familien	Wandergruppen	Schulklassen bzw. Hochschulgruppen	Teilnehmern an Erholungsfreizeiten	Sonstigen¹)
Schleswig-Holstein	40	6 014	466 849	425 277	892 126	107 200	54 456	32 988	417 776	190 460	89 246
Hamburg	2	666	64 537	43 653	108 190	39 214	5 396	4 556	37 943	7 332	13 749
Niedersachsen	120	13 298	1 006 150	910 971	1 917 121	155 944	103 147	112 176	928 942	437 644	179 268
Bremen	3	284	36 511	23 080	59 591	12 712	1 880	11 570	25 229	2 279	5 921
Nordrhein-Westfalen	108	13 671	1 101 131	936 862	2 037 993	154 580	57 289	112 298	1 082 998	374 648	256 180
Hessen	55	7 776	501 611	445 851	947 462	53 616	31 385	65 000	498 970	162 463	136 028
Rheinland-Pfalz	44	6 312	490 112	427 054	917 166	83 578	26 405	34 676	550 979	130 136	91 392
Baden-Württemberg	82	10 834	806 418	711 504	1 517 922	185 685	58 779	74 989	815 392	234 233	148 844
Bayern	108	11 966	885 596	743 869	1 629 465	233 725	49 375	49 579	980 770	218 564	97 452
Saarland	6	723	48 746	36 451	85 197	5 087	1 565	5 537	43 575	14 215	15 218
Berlin (West)	4	930	110 105	87 868	197 973	34 152	2 350	23 969	119 553	—	17 949
Bundesgebiet	**572**	**72 474**	**5 517 766**	**4 792 440**	**10 310 206**	**1 065 493**	**392 027**	**527 338**	**5 502 127**	**1 771 974**	**1 051 247**

¹) Erwachsene, Teilnehmer an Lehrgängen und Tagungen.

Quelle: Deutsches Jugendherbergswerk, Hauptverband für Jugendwandern und Jugendherbergen e. V., Detmold

16.26 Deutscher Sportbund

16.26.1 Vereine und Mitglieder

Jahr / Landessportbund / Spitzenverband	Vereine	Aktive und passive Mitglieder		Davon im Alter von ... bis unter ... Jahren							
				unter 15		15 — 19		19 — 22		22 und mehr	
		männlich	weiblich	männlich	weiblich	männlich	weiblich	männlich	weiblich	männlich	weiblich
1980	53 451	9 511 283	4 929 935	2 025 714	1 566 646	1 186 353	664 617	1 283 840	547 638	5 015 376	2 151 034
1981	58 937	9 982 435	5 194 663	2 032 616	1 574 691	1 233 916	709 658	1 352 099	584 946	5 363 804	2 325 368
1982	59 871	10 134 055	5 389 138	1 965 687	1 508 457	1 303 213	783 105	1 398 135	637 344	5 467 020	2 460 232
1982 nach Sportbünden											
Baden-Württemberg	8 278	1 630 685	803 938	309 051	229 951	200 514	116 738	119 541	58 007	1 001 579	399 242
Bayern	8 734	1 839 462	920 023	285 032	207 377	214 690	124 062	135 264	66 206	1 204 476	522 378
Berlin (West)	1 314	232 198	115 344	40 890	30 237	25 278	12 968	41 000	14 286	125 030	57 853
Bremen	348	107 094	67 890	19 406	17 448	13 770	9 124	7 865	3 988	66 053	37 330
Hamburg	595	186 181	129 315	38 829	33 285	25 344	18 073	12 708	8 022	109 300	69 935
Hessen	6 068	1 028 958	528 473	186 379	144 310	133 276	84 953	709 303	299 210	—	—
Niedersachsen	7 036	1 237 248	800 465	268 387	233 313	168 620	119 471	97 345	55 944	702 896	391 737
Nordrhein-Westfalen	18 870	2 457 201	1 267 618	550 102	403 253	339 078	186 151	170 392	80 245	1 397 629	597 969
Rheinland-Pfalz	4 880	733 853	338 450	129 351	92 948	89 115	47 784	58 104	25 790	457 283	171 928
Saarland	1 629	246 745	122 243	37 760	26 969	32 059	19 115	16 046	7 732	160 880	68 427
Schleswig-Holstein	2 119	434 430	295 379	100 500	89 366	61 469	44 666	30 567	17 914	241 894	143 433
1982 nach Spitzenverbänden											
Badminton	.	48 188	37 679	5 860	5 658	8 885	7 958	7 489	6 173	25 954	17 890
Basketball	.	60 025	30 934	11 974	7 894	16 270	10 807	11 283	5 649	20 498	6 584
Behindertensport	.	78 036	32 359	2 778	2 399	2 002	1 480	9 229	4 665	64 027	23 815
Boxen	.	36 507	3 111	5 143	256	6 549	357	5 830	379	18 985	2 119
Eis- und Rollsport	.	86 674	40 193	9 966	16 246	8 406	5 208	7 634	4 031	60 668	14 708
Fechten	.	15 715	8 027	4 552	2 052	3 678	2 044	2 122	1 141	5 363	2 790
Fußball	.	4 094 101	407 102	778 285	62 635	612 391	.	.	.	2 703 425[2])	344 467[3])
Golf	.	28 793	23 429	1 478	1 297	1 708	1 113	1 243	687	24 364	20 332
Handball	.	490 979	224 683	103 695	63 934	91 557	62 401	76 749	35 582	218 978	62 766
Hockey	.	31 926	14 455	9 177	4 893	6 170	3 411	3 761	1 666	12 818	4 485
Judo	.	148 190	50 880	61 187	21 244	34 649	13 892	18 811	6 499	33 543	9 245
Kanu	.	58 966	29 433	8 973	5 302	9 023	4 042	7 737	3 490	33 233	16 599
Kegeln	.	154 109	66 360	4 744	3 117	8 374	4 215	19 822	8 122	121 169	50 906
Lebensrettungsgesellschaft	.	267 657	179 507	53 197	49 535	73 123	56 073	42 756	23 625	98 581	50 274
Leichtathletik	.	427 771	341 916	123 099	133 390	71 107	61 655	51 945	33 327	181 620	113 544
Radsport	.	66 430	20 488	8 011	5 302	8 667	3 232	10 197	2 880	39 555	9 074
Reiten	.	217 344	284 967	22 231	83 429	21 732	74 391	27 614	37 402	145 767	89 745
Ringen	.	68 041	151	11 027	—	6 775	—	4 038	—	46 201	151
Rudern	.	52 932	15 474	4 655	1 743	7 760	2 733	.	.	40 517[2])	10 998[2])
Schach	.	71 457	2 686	5 547	708	.	.	15 954[4])	764[4])	49 956	1 214
Schützen	.	951 204	196 215	45 409	15 254	77 057	19 668	73 343	17 992	755 395	143 301
Schwimmen	.	294 040	276 567	126 560	133 634	45 243	40 159	23 350	18 392	98 887	84 382
Segeln	.	119 948	30 596	—	—	18 944	8 788	.	.	101 004[2])	21 808[2])
Skisport	.	336 924	235 902	61 217	52 525	48 184	36 744	40 383	29 611	187 140	117 022
Sportfischer[1])	.	426 800	13 200	23 760	1 320	39 600	1 188	19 800	880	343 640	9 812
Squash	.	10 013	4 417	707	375	1 183	376	1 948	1 328	6 175	2 338
Tanzsport	.	39 589	41 893	1 474	3 521	3 711	5 440	2 822	2 946	31 582	29 986
Tennis	.	842 162	668 337	97 677	84 655	102 359	89 742	104 304	85 307	537 822	408 633
Tischtennis	.	490 628	179 951	95 065	51 070	98 366	43 843	82 958	28 721	214 239	56 317
Turnen	.	1 065 096	2 068 516	405 428	757 853	112 014	214 908	99 638	193 920	448 016	901 835
Volleyball	.	150 725	140 893	15 638	21 185	31 960	42 347	32 957	32 901	70 170	44 460
Wasserski	.	5 338	1 903	252	157	803	269	510	161	3 773	1 316

1) Gliederung nach Altersgruppen geschätzt.
2) Einschl. der 19- bis unter 22jährigen.
3) Einschl. der 15- bis unter 22jährigen.
4) Einschl. der 15- bis unter 19jährigen.

Quelle: Deutscher Sportbund, Frankfurt am Main

16.26 Deutscher Sportbund

16.26.2 Sportabzeichenverleihungen und Wiederholungsprüfungen

Jahr / Art des Sportabzeichens	Insgesamt			Deutsches Schülersportabzeichen		Deutsches Jugendsportabzeichen		Deutsches Sportabzeichen	
	insgesamt	männlich	weiblich	Jungen	Mädchen	Jungen	Mädchen	Männer	Frauen
Sportabzeichenverleihungen									
1980	433 744	223 568	210 176	91 132	114 565	65 408	74 572	67 028	21 039
1981	439 176	226 513	212 663	88 914	110 957	68 247	80 555	69 352	21 151
1982	457 961	237 816	220 145	89 741	111 832	75 458	86 636	72 617	21 677
davon (1982):									
Bronzeabzeichen	231 225	123 848	107 377	40 325	50 187	40 690	52 670	42 833	4 520
Bronzeabzeichen mit Silberkranz	51 344	24 516	26 828	—	—	24 516	26 828	—	—
Silberabzeichen	127 924	61 756	66 168	45 985	56 780	9 454	6 312	6 317	3 076
Goldabzeichen	47 468	27 696	19 772	3 431	4 865	798	826	23 467	14 081
Wiederholungsprüfungen									
1980	154 249	92 583	61 666	16 126	19 316	8 609	12 915	67 848	29 435
1981	159 683	96 620	63 063	14 577	18 860	10 274	12 160	71 769	32 043
1982	171 868	103 871	67 997	15 199	18 955	10 907	12 806	77 765	36 236

Quelle: Deutscher Sportbund, Frankfurt am Main

16.27 Deutscher Sängerbund

Stichtag 30. 7. / Mitgliedsbund	Sängerkreise	Vereinsorte	Bundesvereine	Bundeschöre			Mitglieder				
				insgesamt[1])	darunter Männerchöre	darunter Frauenchöre	insgesamt	singende zusammen[1])	singende darunter Männer	singende darunter Frauen	fördernde
1980	316	8 819	14 961	18 675	9 979	1 574	1 657 753	632 408	394 842	154 626	1 025 345
1981	315	8 834	14 942	18 704	9 859	1 565	1 680 321	638 930	397 331	161 285	1 041 391
1982	313	9 207	15 481	18 767	9 741	1 583	1 692 318	638 599	397 525	167 379	1 053 719
davon (1982):											
Badischer Sängerbund	20	809	1 408	1 952	1 067	163	239 527	71 694	46 615	15 987	167 833
Bayerischer Sängerbund	15	282	348	415	209	11	31 305	13 121	7 960	4 043	18 184
Berliner Sängerbund	4	1	82	82	28	2	5 631	3 812	1 376	1 410	1 819
Fränkischer Sängerbund	13	1 137	1 341	1 627	846	48	128 548	51 382	33 139	14 403	77 166
Sängerbund Hamburg	6	1	86	86	49	12	5 756	3 265	1 747	1 193	2 491
Hessischer Sängerbund	39	1 105	1 405	1 904	941	204	188 946	69 255	42 652	17 983	119 691
Maintal-Sängerbund	7	111	156	212	100	12	21 828	8 860	5 419	2 137	12 968
Mitteldeutscher Sängerbund	19	490	617	721	348	69	44 223	24 315	14 455	8 163	19 908
Sängerbund Nordrhein-Westfalen	60	441	3 137	3 305	2 288	262	298 467	124 652	88 298	23 212	173 815
Sängerbund Nordwestdeutschland	32	773	1 363	1 497	655	166	94 095	52 803	27 197	19 019	41 292
Pfälzischer Sängerbund	16	516	643	829	419	63	103 209	28 663	18 308	6 998	74 546
Sängerbund Rheinland-Pfalz	25	1 032	1 543	1 553	910	124	152 838	51 615	34 796	12 270	101 223
Saar-Sängerbund	7	256	358	400	248	12	44 705	13 722	9 968	2 785	30 983
Sängerbund Schleswig-Holstein	7	249	370	399	192	43	28 134	13 542	7 358	4 837	14 592
Schwäbischer Sängerbund	22	1 190	1 555	2 564	1 033	260	210 716	79 102	41 792	25 244	131 614
Schwäbisch-Bayer. Sängerbund	11	251	336	452	197	29	31 304	14 797	7 628	3 303	16 507
Deutsche Sängerschaft	—	26	26	26	26	—	4 400	400	400	—	4 000
Sondershäuser Verband	—	25	25	25	—	—	5 650	650	650	—	5 000
Sudetendeutscher Sängerbund	10	290	299	308	7	1	8 704	817	288	311	7 887
Deutsche Chöre im Ausland	—	222	383	410	178	102	44 332	12 132	7 479	4 081	32 200

[1]) Einschl. Kinder- und Jugendchöre bzw. deren Mitglieder.

Quelle: Deutscher Sängerbund e. V., Köln

17 Gesundheitswesen

17.0 Vorbemerkung

Umfassende statistische Unterlagen über das Gesundheitswesen liegen nicht vor, jedoch gibt es eine Reihe von Statistiken, aus denen wichtige Beiträge zu diesem Themenbereich entnommen werden können. Grundsätzlich läßt sich zwischen Erhebungen, die über den Gesundheitszustand der Bevölkerung, und Erhebungen, die über die medizinische Versorgung der Bevölkerung Auskunft geben, unterscheiden. Zur ersten Gruppe gehören die Statistiken der meldepflichtigen Krankheiten (Geschlechtskrankheiten, Tuberkulose, sonstige meldepflichtige Krankheiten), die gesundheitsstatistischen Angaben aus dem Mikrozensus, die Krankheitsartenstatistik der Ortskrankenkassen, die Statistik der gesetzlichen Rentenversicherung über Rentenzugänge wegen Berufs- und Erwerbsunfähigkeit, die Todesursachenstatistik sowie – im erweiterten Sinn – die Statistik der Schwangerschaftsabbrüche. Zur zweiten Gruppe rechnen die Krankenhausstatistik und die Statistik der Berufe des Gesundheitswesens.

Ausführliche methodische Erläuterungen sowie fachlich und regional tiefer gegliederte Ergebnisse enthalten die Veröffentlichungen der Fachserie 12 »Gesundheitswesen« (siehe hierzu auch »Fundstellennachweis«, S. 750ff.).

Meldepflichtige Krankheiten: Statistisch ausgewertet werden die Meldungen, die nach dem Bundes-Seuchengesetz bei Erkrankungen an bestimmten übertragbaren Krankheiten von den Berichtspflichtigen (in der Regel den behandelnden Ärzten) an die Gesundheitsämter abzugeben sind.

Die Tuberkulosestatistik, die Zugang und Bestand der an aktiver Tuberkulose Erkrankten nachweist, beruht auf den Meldungen der Tuberkulose-Fürsorgestellen bei den Gesundheitsämtern.

Für die Statistik der Geschlechtskrankheiten werden die von den Ärzten an das Gesundheitsamt zu erstattenden Meldungen über ansteckungsfähige Erkrankungen herangezogen. Da eine Kontrolle auf Vollzähligkeit nicht erfolgen kann, ist mit einer Untererfassung unbekannter Größenordnung zu rechnen.

In jedem mit **Arbeitsunfähigkeit** verbundenen Krankheitsfall werden die in ärztlicher Behandlung stehenden Erkrankten (Pflichtmitglieder) in der Krankheitsartenstatistik der Ortskrankenkassen unter Erfassung der Schlußdiagnose gezählt. Die Verschlüsselung wird nach der dreistelligen Fassung der Internationalen Klassifikation der Krankheiten, Verletzungen und Todesursachen (ICD) 1968 vorgenommen.

Die wegen **Berufs- und Erwerbsunfähigkeit** neu bewilligten Renten (Rentenzugänge) werden in der Statistik der gesetzlichen Rentenversicherung der Arbeiter und Angestellten nach der Krankheitsursache in der verkürzten dreistelligen Gliederung der ICD 1968 nachgewiesen.

Todesursachen: Für jeden Sterbefall muß vom Arzt eine Todesbescheinigung (Leichenschauschein) ausgestellt werden. In die Todesursachenstatistik geht nur das sogenannte Grundleiden ein, d. h. jene Krankheit oder Verletzung, die den Ablauf der zum Tode führenden Ereignisse ausgelöst hat (unikausale Statistik). Die Verschlüsselung der Todesursachen und die Auswahl des Grundleidens richten sich nach der vierstelligen Internationalen Klassifikation der Krankheiten, Verletzungen und Todesursachen (ICD) 1979 der Weltgesundheitsorganisation (WHO) und deren Klassifizierungsregeln. Die Säuglingssterbefälle werden nach ausgewählten Todesursachen gesondert nachgewiesen (Tab. 17.7).

Die allgemeinen Sterbeziffern beziehen sich auf 100 000 Lebende gleichen Alters und Geschlechts und sind damit vom jeweiligen Altersaufbau der Bevölkerung abhängig. In den standardisierten Sterbeziffern wird dagegen die im Zeitablauf eingetretene Änderung im Altersaufbau durch einheitliche Zugrundelegung der Geschlechts- und Altersgliederung von 1970 ausgeschaltet. Beim zeitlichen Vergleich ist den standardisierten Ziffern der Vorzug zu geben.

Schwangerschaftsabbrüche sind von den Ärzten, die aufgrund des § 218 a StGB Eingriffe vornehmen, an das Statistische Bundesamt zu melden. Nach Art. 4 des 5. Gesetzes zur Reform des Strafrechts umfassen die Erhebungstatbestände Angaben zur Person der Schwangeren (z. B. Alter, Familienstand) und zum Schwangerschaftsabbruch (z. B. Indikation, Dauer der abgebrochenen Schwangerschaft, Komplikationen).

Der statistische Nachweis der **Krankenhäuser** richtet sich nach der Wirtschaftseinheit, d. h. nach dem Kriterium der einheitlichen Verwaltung. Nach Art des Trägers werden unterschieden:

Öffentliche Krankenhäuser: Anstalten der Gebietskörperschaften und der Träger der Sozialversicherung.

Freie gemeinnützige Krankenhäuser: Anstalten, die von Stiftungen bzw. kirchlichen oder weltlichen Vereinigungen getragen werden.

Private Krankenhäuser: Anstalten, die von den höheren Verwaltungsbehörden gem. § 30 der Gewerbeordnung konzessioniert sind.

Krankenhäuser für Akutkranke nehmen im allgemeinen Kranke auf, die einer kurzfristigen stationären Behandlung bedürfen, ohne Rücksicht auf die Art der Krankheit. Sonderkrankenhäuser sind auf die Behandlung meist längerfristiger, z. T. chronischer Krankheiten eingerichtet (z. B. psychische Leiden, Tuberkulose). Ferner gehören zu dieser Kategorie Kurkrankenhäuser.

Fachabteilungen: Nach Fachdisziplinen abgegrenzte, dauernd von Ärzten mit Fachgebietsbezeichnung geleitete Abteilungen mit ständigen besonderen Behandlungseinrichtungen.

Planmäßige Betten: Betten, deren Aufstellung den Richtlinien für den Bau und die Einrichtung von Krankenhäusern entspricht.

Krankenhauspersonal: Erfaßt wird das im Krankenhaus tätige medizinische Personal, das Pflegepersonal, das sonstige in Heil- und Sozialberufen tätige Personal (z. B. Sozialarbeiter) sowie das Verwaltungs- und Wirtschaftspersonal.

Krankenbewegung: Die Nachweisungen erstrecken sich auf die stationär behandelten Kranken, die Pflegetage sowie die Verweildauer und durchschnittliche Bettenausnutzung.

Über die in **Berufen des Gesundheitswesens** tätigen Personen werden von den Gesundheitsämtern Nachweisungen geführt, die aufgrund von Angaben der Meldebehörden, aber auch anderer Stellen (z. B. Gewerbeaufsichtsämter, Kammern, Unternehmen) über diesen Personenkreis aktualisiert werden. Einbezogen werden Ärzte (nach Fachgebietsbezeichnung und Berufsausübung), Zahnärzte, Apotheker und Tierärzte sowie Krankenpflegepersonen, Hebammen und sonstige im Gesundheitswesen tätige Personen.

17.1 Erkrankungen an ausgewählten meldepflichtigen übertragbaren Krankheiten

17.1.1 Geschlechtskrankheiten

Art der Geschlechtskrankheit	1979	1980	1981	1982			1979	1980	1981	1982[1])		
				insgesamt	männlich	weiblich				insgesamt	männlich	weiblich
	Anzahl						je 100 000 Einwohner					
Syphilis	7 662	7 325	5 502	5 022	3 756	1 266	12,5	11,9	8,9	8,1	12,7	3,9
Tripper	50 421	50 118	49 014	47 160	33 871	13 289	82,2	81,2	79,5	76,5	114,9	41,3
Weicher Schanker	118	174	224	128	111	17	0,2	0,3	0,4	0,2	0,4	0,1
Venerische Lymphknotenentzündung	31	39	39	23	21	2	0,1	0,1	0,1	0,0	0,1	0,0
Mehrfachinfektionen	161	130	117	148	112	36	0,3	0,2	0,2	0,2	0,4	0,1
Insgesamt	**58 393**	**57 786**	**54 896**	**52 481**	**37 871**	**14 610**	**95,2**	**93,6**	**89,0**	**85,1**	**128,4**	**45,4**

17.1.2 Tuberkulose*)

Bestand / Zugang	1979	1980	1981			1979	1980	1981		
			insgesamt	männlich	weiblich			insgesamt	männlich	weiblich
	Anzahl					je 100 000 Einwohner				
Bestand der Erkrankten[2]) an										
Tuberkulose der Atmungsorgane	51 339	45 196	39 259	26 545	12 714	91,9	80,6	70,0	99,0	43,4
Tuberkulose anderer Organe	9 935	8 811	8 066	3 862	4 204	17,8	15,7	14,4	14,4	14,4
Insgesamt	**61 274**	**54 007**	**47 325**	**30 407**	**16 918**	**109,7**	**96,3**	**84,4**	**113,4**	**57,8**
Zugänge an										
Tuberkulose der Atmungsorgane	23 914	22 236	19 750	13 147	6 603	39,0	36,1	32,0	44,6	20,5
mit Nachweis von Tuberkulosebakterien	9 065	8 604	7 958	5 567	2 391	14,8	14,0	12,9	18,9	7,4
ohne Nachweis von Tuberkulosebakterien	14 849	13 632	11 792	7 580	4 212	24,2	22,1	19,1	25,7	13,1
Ersterkrankte	18 696	17 254	15 300	10 034	5 266	30,5	27,9	24,8	34,0	16,4
Wiedererkrankte	5 218	4 982	4 450	3 113	1 337	8,5	8,1	7,2	10,6	4,2
Tuberkulose anderer Organe	3 931	3 688	3 608	1 698	1 910	6,4	6,0	5,8	5,8	5,9
Insgesamt	**27 845**	**25 924**	**23 358**	**14 845**	**8 513**	**45,4**	**42,1**	**37,9**	**50,3**	**26,5**

17.1.3 Sonstige meldepflichtige übertragbare Krankheiten

Krankheit	1979	1980	1981	1982[1])	1979	1980	1981	1982[1])
	Anzahl				je 100 000 Einwohner			
Enteritis infectiosa	41 320	49 400	45 545	46 370	67,3	80,0	73,8	75,2
dar. Salmonellose	40 763	48 537	42 236	40 977	66,4	78,6	68,5	66,5
Paratyphus A, B und C[3])	172	212	191	196	0,3	0,3	0,3	0,3
Poliomyelitis	14	7	8	3	0,0	0,0	0,0	0,0
Shigellenruhr	1 252	1 272	1 693	1 466	2,0	2,1	2,7	2,4
Typhus abdominalis	284	352	287	231	0,5	0,6	0,5	0,4
Malaria	494	572	399	496	0,8	0,9	0,6	0,8
Meningitis/Encephalitis	6 429	6 120	6 066	5 484	10,5	9,9	9,8	8,9
dar. Meningokokken-Meningitis	1 400	1 145	1 153	953	2,3	1,9	1,9	1,5
Virushepatitis	20 176	20 011	19 813	19 369	32,9	32,4	32,1	31,4
Tetanus	24	15	14	16	0,0	0,0	0,0	0,0

*) Stichtag 31. 12.
[1]) Vorläufiges Ergebnis.
[2]) Ohne Hessen.
[3]) 1979 Paratyphus A und B.

17.2 Schwangerschaftsabbrüche

17.2.1 Nach Begründung des Abbruchs, Alter und Familienstand der Schwangeren sowie Dauer der abgebrochenen Schwangerschaft

Alter der Schwangeren von ... bis unter ... Jahren / Familienstand / Dauer der abgebrochenen Schwangerschaft von ... bis unter ... Wochen	Insgesamt	Davon nach Begründung des Abbruchs					
		allgemein-medizinische Indikation	psychiatrische Indikation	eugenische Indikation	ethische (kriminologische) Indikation	sonstige schwere Notlage	unbekannt
1980	87 702	17 655	2 444	3 053	101	63 289	1 160
1981	87 535	15 382	2 524	2 797	103	65 466	1 263
1982	91 064	15 214	2 339	2 306	74	70 000	1 131
1982 nach dem Alter der Schwangeren							
unter 15	142	17	4	3	3	115	—
15 — 18	4 299	379	101	31	16	3 715	57
18 — 25	29 490	3 428	657	490	25	24 521	369
25 — 30	19 194	2 925	470	464	11	15 072	252
30 — 35	17 579	3 293	475	501	8	13 097	205
35 — 40	11 444	2 538	382	382	6	8 012	124
40 — 45	6 966	2 009	188	335	4	4 361	69
45 und mehr	1 032	342	34	63	1	579	13
Unbekannt	918	283	28	37	—	528	42
1982 nach dem Familienstand der Schwangeren							
Ledig	37 339	3 985	855	515	50	31 470	464
Verheiratet	46 134	9 711	1 290	1 628	20	32 966	519
Verwitwet	578	99	23	13	—	436	7
Geschieden	4 977	703	127	97	4	3 975	71
Unbekannt	2 036	716	44	53	—	1 153	70
1982 nach der Dauer der abgebrochenen Schwangerschaft							
unter 6	3 024	278	67	44	2	2 603	30
6 — 8	24 917	3 479	828	553	19	19 801	237
8 — 10	36 815	5 963	803	783	28	28 890	348
10 — 13	17 037	3 286	374	418	13	12 738	208
13 — 23	1 046	282	91	216	3	442	12
23 und mehr	41	9	2	29	—	—	1
Unbekannt	8 184	1 917	174	263	9	5 526	295

17.2.2 Nach Alter der Schwangeren und vorangegangenen Schwangerschaften

Vorangegangene Schwangerschaften / Vorangegangene Lebendgeburten	Insgesamt	Davon Schwangere im Alter von ... bis unter ... Jahren								
		unter 15	15 — 20	20 — 25	25 — 30	30 — 35	35 — 40	40 — 45	45 und mehr	unbekannt
1980	87 702	129	11 632	19 604	18 560	16 602	11 932	7 258	962	1 023
1981	87 535	163	11 328	20 330	18 645	16 578	11 279	7 106	993	1 113
1982	91 064	142	11 385	22 404	19 194	17 579	11 444	6 966	1 032	918
1982 nach vorangegangenen Schwangerschaften										
Keine Schwangerschaft	35 910	139	10 128	14 131	6 552	2 819	1 137	623	82	299
1 Schwangerschaft	16 780	3	1 025	4 811	4 472	3 430	1 813	936	114	176
2 Schwangerschaften	18 320	—	195	2 368	4 482	5 293	3 506	2 036	234	206
3 Schwangerschaften	10 067	—	28	778	2 226	3 048	2 170	1 471	231	115
4 Schwangerschaften	4 983	—	9	230	933	1 536	1 281	780	162	52
5 Schwangerschaften	2 469	—	—	58	342	793	710	457	80	29
6 Schwangerschaften	1 215	—	—	20	128	332	384	286	49	16
7 Schwangerschaften	656	—	—	4	37	188	200	172	42	13
8 und mehr	664	—	—	4	22	140	243	205	38	12
1982 nach vorangegangenen Lebendgeburten										
Keine Lebendgeburt	40 761	140	10 580	15 845	7 924	3 557	1 481	776	102	356
1 Lebendgeburt	16 859	2	701	4 128	4 403	3 983	2 186	1 136	137	183
2 Lebendgeburten	19 736	—	97	1 928	4 672	5 981	4 100	2 435	294	229
3 Lebendgeburten	8 132	—	5	419	1 573	2 501	1 947	1 366	236	85
4 Lebendgeburten	3 200	—	2	61	468	946	961	598	124	40
5 Lebendgeburten	1 320	—	—	15	98	402	417	306	64	18
6 Lebendgeburten	613	—	—	3	43	141	205	184	34	3
7 Lebendgeburten	252	—	—	3	11	40	86	88	23	1
8 und mehr	191	—	—	2	2	28	61	77	18	3

17.3 Arbeitsunfähigkeit der Pflichtmitglieder der Allgemeinen Ortskrankenkassen

Pos.-Nr. der ICD[1])	Jahr / Krankheit	Männliche Mitglieder: insgesamt	Männliche: im Alter von ... bis unter ... Jahren: unter 20	Männliche: 20 — 45	Männliche: 45 und mehr	Männliche: Tage je Fall	Weibliche Mitglieder: insgesamt	Weibliche: im Alter von ... bis unter ... Jahren: unter 20	Weibliche: 20 — 45	Weibliche: 45 und mehr	Weibliche: Tage je Fall
		Fälle von Arbeitsunfähigkeit					Fälle von Arbeitsunfähigkeit				
	1978	7 003 166	717 592	4 506 199	1 779 375	17,1	3 596 142	379 676	2 179 110	1 037 356	18,1
	1979	7 359 121	764 977	4 708 706	1 885 438	17,1	3 788 426	410 601	2 302 892	1 074 933	18,0
	1980	7 549 055	771 289	4 796 597	1 981 169	17,0	3 856 635	399 208	2 349 822	1 107 605	17,9
	davon (1980):										
000–136	Infektiöse und parasitäre Krankheiten	384 837	46 397	263 025	75 415	10,3	192 304	26 643	121 327	44 334	10,3
010–019	dar. Tuberkulose	4 307	110	2 581	1 616	125,4	1 326	69	858	399	113,5
140–239	Neubildungen	40 053	2 232	19 959	17 862	55,4	46 086	1 886	24 433	19 767	57,0
140–199	dar. Bösartige Neubildungen	9 473	135	2 801	6 537	126,6	9 042	169	3 500	5 373	121,1
240–279	Störungen der Drüsen und Stoffwechselkrankheiten	58 568	1 176	31 009	26 383	25,3	27 114	1 134	13 661	12 319	38,0
290–389	Seelische Störungen, Krankheiten des Nervensystems und der Sinnesorgane	438 915	24 327	277 630	136 958	.	259 396	15 882	152 735	90 779	.
390–458	Krankheiten des Kreislaufsystems	400 767	19 112	198 386	183 269	30,5	304 808	21 415	163 402	119 991	22,9
410–414	dar.: Ischämische Herzkrankheiten	68 834	770	23 394	44 670	52,8	23 096	395	7 647	15 054	40,9
430–438	Hirngefäßkrankheiten	10 526	268	3 592	6 666	67,0	4 297	166	1 529	2 602	66,7
460–519	Krankheiten der Atmungsorgane	1 977 884	243 672	1 284 214	449 998	10,8	1 048 787	131 590	655 947	261 250	11,0
480–486	dar. Lungenentzündung	29 537	1 633	16 389	11 515	27,4	11 863	819	6 730	4 314	25,2
520–577	Krankheiten der Verdauungsorgane	814 076	64 746	556 157	193 173	18,2	366 359	42 518	233 747	90 094	16,4
570–577	dar. Krankheiten der Leber, Gallenblase und Bauchspeicheldrüse	71 857	1 389	41 615	28 853	44,7	44 815	1 382	23 580	19 853	37,2
580–629	Krankheiten der Harn- und Geschlechtsorgane	121 765	7 310	73 895	40 560	20,8	267 326	27 461	181 583	58 282	19,9
630–678	Komplikationen in der Schwangerschaft, bei Entbindung und im Wochenbett	×	×	×	×	×	149 025	14 928	132 640	1 457	19,1
680–709	Krankheiten der Haut und des Unterhautzellgewebes	195 605	22 036	124 919	48 650	15,2	93 382	11 967	53 529	27 886	15,5
710–738	Krankheiten des Skeletts, der Muskeln und des Bindegewebes	1 346 448	81 760	831 108	433 580	19,8	557 648	39 280	307 039	211 329	23,2
	darunter:										
710–718	Gelenkentzündung und Rheumatismus, ausgen. akuter Gelenkrheumatismus	495 361	25 387	297 086	172 888	18,2	178 142	9 543	91 680	76 919	22,3
720–729	Osteomyelitis und sonstige Krankheiten der Knochen und Gelenke	648 118	34 181	405 810	208 127	21,3	277 111	14 537	157 469	105 105	23,5
Rest	Sonstige und mangelhaft bezeichnete Krankheiten	290 243	22 713	171 034	96 496	.	205 960	17 322	119 215	69 423	.
800–999	Unfälle, Vergiftungen und Gewalteinwirkungen	1 479 894	235 808	965 261	278 825	16,7	338 440	47 182	190 564	100 694	19,0

[1]) Internationale Klassifikation der Krankheiten, Verletzungen und Todesursachen 1968.

Quelle: Bundesverband der Ortskrankenkassen, Bonn

17.4 Zugang an Renten wegen Erwerbs- und Berufsunfähigkeit

Pos.-Nr. der ICD[1])	Krankheit (Ursache der Rentengewährung)	Rentenversicherung der Arbeiter: 1979 männlich	1979 weiblich	1980 männlich	1980 weiblich	1981 männlich	1981 weiblich	Rentenversicherung der Angestellten: 1979 männlich	1979 weiblich	1980 männlich	1980 weiblich	1981 männlich	1981 weiblich
010–019	Tuberkulose	1 207	341	1 137	288	1 042	276	224	201	194	217	180	219
140–209	Bösartige Neubildungen[2])	5 955	7 218	6 187	7 436	6 640	7 655	2 127	5 103	2 201	5 460	2 205	4 968
250	Diabetes mellitus	1 030	1 460	1 161	1 726	1 200	1 764	413	531	476	692	460	720
290–358	Seelische Störungen und Krankheiten des Nervensystems	11 073	7 417	11 207	8 151	11 617	8 443	2 896	5 675	3 440	7 444	3 309	7 595
390–458	Krankheiten des Kreislaufsystems	39 804	43 043	40 807	48 643	42 838	48 468	14 463	15 959	15 061	19 416	13 792	19 846
491	Chronische Bronchitis und Emphysembronchitis	5 253	1 412	5 205	1 694	5 255	1 691	905	610	900	808	791	845
570–579	Krankheiten der Leber, Gallenblase und Bauchspeicheldrüse	3 437	1 220	3 690	1 362	3 748	1 401	926	851	958	1 056	840	897
710–719	Arthritis und Rheumatismus[3])	5 247	6 208	5 685	7 275	5 989	7 717	1 234	3 231	1 456	4 494	1 437	4 825
720–738	Osteomyelitis und sonst. Krankheiten der Knochen, Gelenke und Bewegungsorgane	10 289	10 240	11 422	13 005	12 447	15 013	2 393	6 917	3 042	10 003	2 898	10 892
800–999	Unfälle, Vergiftungen und Gewalteinwirkungen	3 606	1 338	3 833	1 577	4 212	1 915	529	541	635	835	555	726
Rest	Sonstige Krankheiten	14 122	14 282	14 493	17 011	15 721	16 442	3 127	4 774	3 604	6 021	3 403	6 091
000–999	**Insgesamt**	**101 023**	**94 179**	**104 827**	**108 168**	**110 709**	**110 785**	**29 237**	**44 393**	**31 967**	**56 446**	**29 870**	**57 624**

[1]) Internationale Klassifikation der Krankheiten, Verletzungen und Todesursachen 1968 (für Zwecke der Rentenversicherungsträger modifizierte Fassung).

[2]) Einschl. Neubildungen der lymphatischen und blutbildenden Organe.

[3]) Ohne akuten Gelenkrheumatismus.

Quelle: Verband Deutscher Rentenversicherungsträger, Frankfurt am Main

17.5 Sterbefälle nach ausgewählten Todesursachen*)

Pos.-Nr. der ICD¹)	Todesursache	1979			1980			1981		
		insgesamt	männlich	weiblich	insgesamt	männlich	weiblich	insgesamt	männlich	weiblich
					Anzahl					
010–018, 137	Tuberkulose	2 127	1 559	568	1 935	1 392	543	1 815	1 303	512
010–012	dar. der Atmungsorgane	1 517	1 159	358	1 369	1 006	363	1 279	962	317
140–199	Bösartige Neubildungen	146 265	72 762	73 503	148 109	73 907	74 202	149 676	74 582	75 094
	darunter:									
150–159	der Verdauungsorgane und des Bauchfells	60 035	27 839	32 196	60 413	27 797	32 616	59 851	27 605	32 246
160–165	der Atmungs- und intrathorakalen Organe	26 361	22 186	4 175	27 210	22 779	4 431	27 261	22 730	4 531
250	Diabetes mellitus	14 360	4 851	9 509	13 725	4 627	9 098	12 795	4 261	8 534
390–459	Krankheiten des Kreislaufsystems	354 470	160 778	193 692	359 503	163 669	195 834	367 187	165 106	202 081
	darunter:									
410–414	Ischämische Herzkrankheiten	125 035	70 210	54 825	129 520	72 410	57 110	132 086	73 188	58 898
430–438	Krankheiten des zerebrovaskulären Systems	102 796	40 218	62 578	102 329	40 269	62 060	104 203	40 048	64 155
480–486	Pneumonie	13 730	6 245	7 485	12 751	5 832	6 919	12 713	5 631	7 082
487	Grippe	859	323	536	463	176	287	692	245	447
571	Chronische Leberkrankheit und -zirrhose	16 876	11 177	5 699	16 418	10 909	5 509	16 594	10 981	5 613
797	Altersschwäche ohne Psychose	6 603	1 856	4 747	6 560	1 843	4 717	6 542	1 831	4 711
E 800–E 949	Unfälle	28 374	16 647	11 727	27 692	16 264	11 428	26 435	15 215	11 220
E 810–E 825	dar. Kraftfahrzeugunfälle	12 846	9 215	3 631	12 521	8 988	3 533	11 313	8 144	3 169
E 950–E 959	Selbstmord und Selbstbeschädigung	13 167	8 481	4 686	12 868	8 332	4 536	13 379	8 743	4 636
	Übrige Todesursachen	114 901	62 147	52 754	114 093	61 064	53 029	114 364	61 182	53 182
001–E 999	**Insgesamt**	**711 732**	**346 826**	**364 906**	**714 117**	**348 015**	**366 102**	**722 192**	**349 080**	**373 112**
					je 100 000 Einwohner des jeweiligen Jahres (Allgemeine Sterbeziffern)					
010–018, 137	Tuberkulose	*3,5*	*5,3*	*1,8*	*3,1*	*4,7*	*1,7*	*2,9*	*4,4*	*1,6*
010–012	dar. der Atmungsorgane	*2,5*	*4,0*	*1,1*	*2,2*	*3,4*	*1,1*	*2,1*	*3,3*	*1,0*
140–199	Bösartige Neubildungen	*238,4*	*248,7*	*228,9*	*239,9*	*250,6*	*230,2*	*242,7*	*252,8*	*233,4*
	darunter:									
150–159	der Verdauungsorgane und des Bauchfells	*97,8*	*95,2*	*100,3*	*97,9*	*94,2*	*101,2*	*97,0*	*93,6*	*100,2*
160–165	der Atmungs- und intrathorakalen Organe	*43,0*	*75,8*	*13,0*	*44,1*	*77,2*	*13,7*	*44,2*	*77,0*	*14,1*
250	Diabetes mellitus	*23,4*	*16,6*	*29,6*	*22,2*	*15,7*	*28,2*	*20,7*	*14,4*	*26,5*
390–459	Krankheiten des Kreislaufsystems	*577,7*	*549,6*	*603,3*	*582,4*	*554,9*	*607,5*	*595,3*	*559,7*	*628,0*
	darunter:									
410–414	Ischämische Herzkrankheiten	*203,8*	*240,0*	*170,8*	*209,8*	*245,5*	*177,2*	*214,1*	*248,1*	*183,0*
430–438	Krankheiten des zerebrovaskulären Systems	*167,5*	*137,5*	*194,9*	*165,8*	*136,5*	*192,5*	*168,9*	*135,8*	*199,4*
480–486	Pneumonie	*22,4*	*21,3*	*23,3*	*20,7*	*19,8*	*21,5*	*20,6*	*19,1*	*22,0*
487	Grippe	*1,4*	*1,1*	*1,7*	*0,8*	*0,6*	*0,9*	*1,1*	*0,8*	*1,4*
571	Chronische Leberkrankheit und -zirrhose	*27,5*	*38,2*	*17,8*	*26,6*	*37,0*	*17,1*	*26,9*	*37,2*	*17,4*
797	Altersschwäche ohne Psychose	*10,8*	*6,3*	*14,8*	*10,6*	*6,2*	*14,6*	*10,6*	*6,2*	*14,6*
E 800–E 949	Unfälle	*46,2*	*56,9*	*36,5*	*44,9*	*55,1*	*35,5*	*42,9*	*51,6*	*34,9*
E 810–E 825	dar. Kraftfahrzeugunfälle	*20,9*	*31,5*	*11,3*	*20,3*	*30,5*	*11,0*	*18,3*	*27,6*	*9,8*
E 950–E 959	Selbstmord und Selbstbeschädigung	*21,5*	*29,0*	*14,6*	*20,8*	*28,2*	*14,1*	*21,7*	*29,6*	*14,4*
	Übrige Todesursachen	×	×	×	×	×	×	×	×	×
001–E 999	**Insgesamt**	***1 160,0***	***1 185,6***	***1 136,6***	***1 156,8***	***1 179,8***	***1 135,7***	***1 170,8***	***1 183,3***	***1 159,4***
					des Jahres 1970 (Standardisierte Sterbeziffern)²)					
010–018, 137	Tuberkulose	*3,2*	*5,1*	*1,5*	*2,8*	*4,4*	*1,4*	*2,6*	*4,1*	*1,3*
010–012	dar. der Atmungsorgane	*2,3*	*3,8*	*1,0*	*2,0*	*3,2*	*0,9*	*1,8*	*3,0*	*0,8*
140–199	Bösartige Neubildungen	*216,8*	*234,6*	*200,7*	*215,4*	*234,5*	*198,1*	*215,5*	*234,8*	*197,9*
	darunter:									
150–159	der Verdauungsorgane und des Bauchfells	*87,0*	*89,5*	*84,8*	*85,7*	*87,9*	*83,8*	*83,9*	*86,5*	*81,4*
160–165	der Atmungs- und intrathorakalen Organe	*40,7*	*72,7*	*11,7*	*41,5*	*73,8*	*12,2*	*41,4*	*73,4*	*12,3*
250	Diabetes mellitus	*20,1*	*15,3*	*24,3*	*18,6*	*14,4*	*22,5*	*17,1*	*13,1*	*20,7*
390–459	Krankheiten des Kreislaufsystems	*483,8*	*503,4*	*465,9*	*477,3*	*502,5*	*454,3*	*478,0*	*502,1*	*456,1*
	darunter:									
410–414	Ischämische Herzkrankheiten	*179,0*	*225,8*	*136,4*	*181,1*	*229,1*	*137,5*	*182,2*	*229,9*	*138,9*
430–438	Krankheiten des zerebrovaskulären Systems	*136,4*	*122,7*	*148,9*	*131,6*	*119,7*	*142,3*	*131,0*	*117,9*	*142,8*
480–486	Pneumonie	*18,4*	*19,2*	*17,6*	*16,4*	*17,3*	*15,6*	*15,8*	*16,4*	*15,3*
487	Grippe	*1,1*	*1,0*	*1,3*	*0,6*	*0,5*	*0,6*	*0,9*	*0,7*	*1,0*
571	Chronische Leberkrankheit und -zirrhose	*26,2*	*36,9*	*16,4*	*25,1*	*35,4*	*15,7*	*25,3*	*35,6*	*15,9*
797	Altersschwäche ohne Psychose	*7,8*	*5,5*	*9,8*	*7,3*	*5,2*	*9,2*	*7,0*	*5,1*	*8,8*
E 800–E 949	Unfälle	*41,6*	*53,9*	*30,4*	*39,6*	*51,4*	*28,9*	*37,1*	*47,6*	*27,5*
E 810–E 825	dar. Kraftfahrzeugunfälle	*19,5*	*29,3*	*10,6*	*18,7*	*28,1*	*10,2*	*16,6*	*25,0*	*9,0*
E 950–E 959	Selbstmord und Selbstbeschädigung	*20,3*	*27,2*	*13,9*	*19,5*	*26,1*	*13,4*	*20,1*	*27,3*	*13,6*
	Übrige Todesursachen	×	×	×	×	×	×	×	×	×
001–E 999	**Insgesamt**	***1 012,8***	***1 107,0***	***927,2***	***990,7***	***1 088,7***	***901,7***	***984,7***	***1 081,4***	***896,9***

*) Ohne Totgeborene, nachträglich beurkundete Kriegssterbefälle und gerichtliche Todeserklärungen.

¹) Internationale Klassifikation der Krankheiten, Verletzungen und Todesursachen 1979, 9. Revision.

²) Die Berechnung »Standardisierter Sterbeziffern« dient dazu, die Einflüsse auf die Sterblichkeitsentwicklung auszuschalten, die auf Veränderungen des Altersaufbaus der Bevölkerung beruhen.

17.6 Sterbefälle 1981

Pos.-Nr. der ICD[1])	Todesursache	Gestorbene insgesamt		Gestorbene männliche						
				zusammen		davon im Alter von . . .				
		Anzahl	je 100 000 Einwohner	Anzahl	je 100 000 Einwohner	unter 1 Jahr	1 — 5	5 — 15	15 — 25	25 — 45
002.0	Typhoides Fieber (Typhus abdominalis)	9	*0,0*	6	*0,0*	—	—	1	1	—
004, 006	Bakterielle Ruhr und Amöbiasis	7	*0,0*	1	*0,0*	—	—	—	—	—
007–009	Intestinale Infektionen durch sonstige Erreger und mangelhaft bezeichnete Infektionen des Verdauungssystems	165	*0,3*	73	*0,2*	8	4	2	2	4
010–012	Tuberkulose der Atmungsorgane	1 279	*2,1*	962	*3,3*	—	—	—	2	67
013–018, 137	Sonstige Formen der Tuberkulose, einschließlich Spätfolgen	536	*0,9*	341	*1,2*	—	1	—	2	20
032	Diphtherie	—	—	—	—	—	—	—	—	—
033	Pertussis (Keuchhusten)	14	*0,0*	10	*0,0*	7	2	1	—	—
034	Streptokokken-Angina und Scharlach	1	*0,0*	1	*0,0*	1	—	—	—	—
036	Meningokokken-Infektion	107	*0,2*	56	*0,2*	19	11	5	5	5
045	Akute Poliomyelitis	7	*0,0*	3	*0,0*	—	—	—	—	1
055	Masern	9	*0,0*	3	*0,0*	—	1	1	1	—
084	Malaria	7	*0,0*	5	*0,0*	—	—	—	—	3
090–097	Syphilis	68	*0,1*	39	*0,1*	1	—	—	—	1
140–208	Bösartige Neubildungen, einschließlich des lymphatischen und hämatopoetischen Gewebes	158 589	*257,1*	79 065	*268,0*	10	49	158	434	2 902
151	Bösartige Neubildung des Magens	17 557	*28,5*	9 081	*30,8*	—	—	—	5	229
153, 154	Bösartige Neubildung des Dickdarmes und Mastdarmes	22 376	*36,3*	9 732	*33,0*	—	—	—	2	240
157	Bösartige Neubildung der Bauchspeicheldrüse	7 163	*11,6*	3 441	*11,7*	—	—	—	1	105
162	Bösartige Neubildung der Luftröhre, Bronchien und Lunge	25 090	*40,7*	21 068	*71,4*	—	1	1	5	492
174, 175	Bösartige Neubildung der Brustdrüse	12 900	*20,9*	92	*0,3*	—	—	—	—	6
179–182	Bösartige Neubildung der Gebärmutter	5 162	×	×	×	×	×	×	×	×
185	Bösartige Neubildung der Prostata	7 893	×	7 893	*26,8*	—	—	—	3	3
240–269	Endokrinopathien, Ernährungs- und Stoffwechselkrankheiten	13 518	*21,9*	4 433	*15,0*	13	4	3	9	177
250	Diabetes mellitus	12 795	*20,7*	4 261	*14,4*	2	1	2	8	165
280–285	Anämien	945	*1,5*	375	*1,3*	1	3	10	7	19
320	Bakterielle Meningitis	253	*0,4*	148	*0,5*	22	14	6	6	20
390–392	Akutes rheumatisches Fieber	35	*0,1*	9	*0,0*	—	—	—	—	2
393–398	Chronische rheumatische Herzkrankheiten	1 463	*2,4*	423	*1,4*	—	—	1	2	25
401–405	Hypertonie und Hochdruckkrankheiten	14 222	*23,1*	4 607	*15,6*	—	1	1	2	94
410	Akuter Myokardinfarkt	84 122	*136,4*	51 043	*173,0*	—	—	—	15	1 517
430–438	Krankheiten des zerebrovaskulären Systems	104 203	*168,9*	40 048	*135,8*	6	6	9	37	500
480–486	Pneumonie	12 713	*20,6*	5 631	*19,1*	49	13	12	23	140
487	Grippe	692	*1,1*	245	*0,8*	4	—	6	3	8
490, 491	Nicht näher bezeichnete und chronische Bronchitis	13 977	*22,7*	10 181	*34,5*	2	3	4	6	39
492, 493	Emphysem und Asthma	8 945	*14,5*	5 592	*19,0*	1	2	14	48	146
531–533	Magengeschwür und ulcus duodeni	3 767	*6,1*	2 118	*7,2*	—	—	1	6	110
540–543	Appendizitis	497	*0,8*	264	*0,9*	—	1	7	6	12
550–553, 560	Eingeweidebrüche und Darmverschluß ohne Angabe eines Eingeweidebruches	3 195	*5,2*	1 197	*4,1*	16	4	5	7	27
571	Chronische Leberkrankheit und -zirrhose	16 594	*26,9*	10 981	*37,2*	1	2	2	20	1 637
600	Prostatahyperplasie	1 367	×	1 367	*17,7*[3])	—	—	—	—	—
630–639	Schwangerschaft mit nachfolgender Fehlgeburt	20	×	×	×	×	×	×	×	×
640–676	Sonstige Komplikationen der Schwangerschaft, bei Entbindung und im Wochenbett	105	×	×	×	×	×	×	×	×
740–759	Kongenitale Anomalien	2 767	*4,5*	1 513	*5,1*	1 055	117	99	80	86
760–779	Bestimmte Affektionen, die ihren Ursprung in der Perinatalzeit haben	3 124	*5,1*	1 781	*6,0*	1 772	8	—	1	—
780–799	Symptome und schlecht bezeichnete Affektionen	16 721	*27,1*	7 628	*25,9*	553	32	44	173	814
Rest aus 001–799	Alle sonstigen Todesursachen	216 348	*350,7*	93 779	*317,9*	347	160	221	600	3 619
E 810– E 825	Kraftfahrzeugunfälle	11 313	*18,3*	8 144	*27,6*	4	90	346	3 147	2 036
E 950– E 959	Selbstmord und Selbstbeschädigung	13 379	*21,7*	8 743	*29,6*	—	—	90	1 107	2 964
E 960– E 999	Alle sonstigen Gewalteinwirkungen	1 987	*3,2*	1 194	*4,0*	21	14	30	171	464
001–999	**Insgesamt**	**722 192**[2])	***1 170,8***	**349 080**[2])	***1 183,3***	**4 175**	**731**	**1 333**	**6 474**	**18 759**

*) Ohne Totgeborene, nachträglich beurkundete Kriegssterbefälle und gerichtliche Todeserklärungen.

[1]) Internationale Klassifikation der Krankheiten, Verletzungen und Todesursachen 1979, 9. Revision.

nach Todesursachen*)

Personen			Gestorbene weibliche Personen										Pos.-Nr. der ICD[1])
bis unter . . . Jahren			zusammen		davon im Alter von . . . bis unter . . . Jahren								
45 — 65	65 — 75	75 und mehr	Anzahl	je 100 000 Einwohner	unter 1 Jahr	1 — 5	5 — 15	15 — 25	25 — 45	45 — 65	65 — 75	75 und mehr	
—	3	1	3	*0,0*	—	—	—	—	—	—	—	3	002.0
—	—	1	6	*0,0*	—	—	—	—	1	2	—	3	004, 006
9	16	28	92	*0,3*	11	1	—	—	1	5	19	55	007–009
277	291	325	317	*1,0*	—	3	1	1	14	72	68	158	010–012
111	112	95	195	*0,6*	—	—	—	2	9	34	58	92	013–018, 137
—	—	—	—	—	—	—	—	—	—	—	—	—	032
—	—	—	4	*0,0*	1	2	1	—	—	—	—	—	033
—	—	—	—	—	—	—	—	—	—	—	—	—	034
9	1	1	51	*0,2*	7	13	7	6	4	3	6	5	036
2	—	—	4	*0,0*	—	—	—	—	1	1	2	—	045
—	—	—	6	*0,0*	1	2	3	—	—	—	—	—	055
2	—	—	2	*0,0*	—	—	—	—	2	—	—	—	084
13	15	9	29	*0,1*	—	—	—	—	1	6	11	11	090–097
19 137	26 841	29 534	79 524	*247,1*	8	38	132	257	2 892	17 796	23 849	34 552	140–208
1 899	3 068	3 880	8 476	*26,3*	—	1	—	4	185	1 180	2 328	4 778	151
2 009	3 300	4 181	12 644	*39,3*	—	1	1	3	212	2 140	3 852	6 435	153, 154
979	1 200	1 156	3 722	*11,6*	—	1	—	2	47	655	1 224	1 793	157
5 972	8 270	6 327	4 022	*12,5*	—	1	—	—	93	1 029	1 397	1 502	162
19	37	30	12 808	*39,8*	—	—	—	1	903	4 358	3 486	4 060	174, 175
×	×	×	5 162	*16,0*	—	—	—	9	320	1 484	1 758	1 591	179–182
545	2 519	4 823	×	×	×	×	×	×	×	×	×	×	185
788	1 530	1 909	9 085	*28,2*	5	3	5	13	106	854	2 716	5 383	240–269
755	1 471	1 857	8 534	*26,5*	1	—	4	12	85	774	2 562	5 096	250
39	107	189	570	*1,8*	1	2	9	11	19	40	110	378	280–285
38	26	16	105	*0,3*	18	5	7	4	5	9	28	29	320
5	—	2	26	*0,1*	—	—	—	—	1	9	9	7	390–392
198	132	65	1 040	*3,2*	—	—	—	2	30	299	379	330	393–398
720	1 332	2 457	9 615	*29,9*	—	1	1	5	56	574	1 997	6 981	401–405
14 025	18 907	16 579	33 079	*102,8*	—	—	—	2	214	3 639	10 925	18 299	410
3 948	11 372	24 170	64 155	*199,4*	1	—	11	48	395	2 891	12 315	48 493	430–438
452	1 182	3 760	7 082	*22,0*	43	11	21	34	69	234	929	5 741	480–486
25	43	156	447	*1,4*	2	1	3	1	6	19	58	357	487
1 020	3 213	5 894	3 796	*11,8*	1	1	4	3	22	269	844	2 652	490, 491
918	1 854	2 609	3 353	*10,4*	—	2	12	57	130	592	862	1 698	492, 493
449	610	942	1 649	*5,1*	—	2	2	2	30	155	358	1 100	531–533
43	66	129	233	*0,7*	—	1	5	2	7	26	56	136	540–543
163	285	690	1 998	*6,2*	10	3	4	3	23	132	403	1 420	550–553, 560
4 800	2 828	1 691	5 613	*17,4*	—	—	8	10	645	1 964	1 490	1 496	571
22	219	1 126	×	×	×	×	×	×	×	×	×	×	600
×	×	×	20	*3,2*[4])	—	—	—	3	15	2	—	—	630–639
×	×	×	105	*16,8*[4])	—	—	—	22	82	1	—	—	640–676
55	14	7	1 254	*3,9*	841	129	62	61	64	61	21	15	740–759
—	—	—	1 343	*4,2*	1 336	6	1	—	—	—	—	—	760–779
1 682	1 285	3 045	9 093	*28,3*	383	31	15	83	300	755	1 122	6 404	780–799
14 359	24 800	49 673	122 569	*380,9*	232	165	201	372	1 767	8 689	22 961	88 182	Rest aus 001–799
1 294	645	582	3 169	*9,8*	6	72	223	768	520	509	477	594	E 810–E 825
2 597	1 120	865	4 636	*14,4*	—	—	16	315	1 057	1 589	973	686	E 950–E 959
319	97	74	793	*2,5*	15	17	20	121	224	188	104	103	E 960–E 999
68 952	**99 926**	**148 726**	**373 112**[2])	***1 159,4***	**3 082**	**630**	**872**	**2 315**	**8 948**	**41 937**	**84 060**	**231 266**	001–999

[2]) Einschl. 6 Gestorbene unbekannten Alters (4 männliche, 2 weibliche).
[3]) Je 100 000 männliche Einwohner im Alter von 50 Jahren und mehr.
[4]) Je 100 000 Lebendgeborene.

17.12 Krankenhauspersonal*)

Beruf	31. 12.			Und zwar (1981)			
	1979	1980	1981	männlich	weiblich	in Akut-krankenhäusern	in Sonder-krankenhäusern
Ärzte	70 038	72 540	74 656	59 150	15 506	66 078	8 578
und zwar:							
Hauptamtliche Ärzte[1])	62 875	65 493	67 527	54 225[3])	13 302[5])	.	.
Belegärzte	5 938	5 799	5 818	5 419[3])	399[5])	.	.
Sonstige Ärzte	1 225[3])	1 248[3])	1 311[4])	953[3])[4])	358[4])[5])	.	.
Ärzte ohne Fachgebietsbezeichnung[2])	38 106	39 625	40 633	30 290	10 343	36 238	4 395
Ärzte mit Fachgebietsbezeichnung	31 932	32 915	34 023	28 860	5 163	29 840	4 183
darunter							
Chirurgie	5 500	5 672	5 940	5 640	300	5 823	117
Frauenheilkunde und Geburtshilfe	3 669	3 734	3 847	3 484	363	3 779	68
Innere Medizin	6 956	7 146	7 407	6 333	1 074	5 836	1 571
Hauptamtliche Zahnärzte	897	930	963	704	259	958	5
Krankenpflegepersonen	269 851	281 651	285 293	44 103	241 190	239 955	45 338
davon:							
Krankenschwestern und -pfleger	173 609	182 797	187 520	30 130	157 390	162 393	25 127
Kinderkrankenschwestern und -pfleger	22 569	23 163	23 519	35	23 484	22 916	603
Krankenpflegehelfer	40 274	40 563	39 262	6 587	32 675	30 032	9 230
Säuglings- und Kinderpflegerinnen	2 112	2 047	1 757	1	1 756	1 297	460
Sonstige Pflegekräfte ohne staatliche Prüfung	31 287	33 081	33 235	7 350	25 885	23 317	9 918
Krankenpflegepersonen in Ausbildung	68 539	70 852	73 270	9 833	63 437	66 880	6 390
Hebammen	4 926	4 981	5 130	—	5 130	5 128	2
Hebammenschülerinnen	780	798	826	1	825	826	—
Wochenpflegerinnen	486	494	451	—	451	442	9
Apothekenpersonal	4 531	4 596	4 570	883	3 687	4 079	491
Medizinisch-technisches Personal	42 511	43 930	45 829	2 673	43 156	41 269	4 560
Krankengymnasten, Masseure und medizinische Bademeister	14 122	14 580	14 991	4 895	10 096	9 334	5 657
Sozialarbeiter	1 890	2 106	2 170	3 541	1 371	903	1 267
Beschäftigungstherapeuten	2 352	2 659	2 790	966	1 824	497	2 293
Verwaltungskräfte	53 966	55 806	56 374	16 834	39 540	44 582	11 792
Wirtschaftskräfte	185 260	186 028	183 602	43 412	140 190	139 622	43 980

*) 1981 ohne Landeswohlfahrtsverband Hessen (17 Psychiatrische Krankenhäuser).
[1]) Wegen Abweichungen in der Erhebungsmethode stimmen die Zahlen nicht mit denen der hauptamtlich im Krankenhaus tätigen Ärzte in Tab. 17.9 überein.
[2]) Z. B. Ärzte für Allgemeinmedizin und Ärzte in der Weiterbildung.
[3]) Einschl. weiblicher Ärzte in Hessen.
[4]) Ohne Nordrhein-Westfalen.
[5]) Ohne weibliche Ärzte in Hessen.

17.13 Krankenbewegung*)

Jahr / Zweckbestimmung	Krankenbestand am 1. 1.	Krankenzugang	Stationär behandelte Kranke	Krankenabgang		Krankenbestand am 31. 12.	Pflegetage der stationär behandelten Kranken	Durchschnittliche	
				insgesamt	darunter durch Tod			Verweildauer in Tagen[1])	Bettenausnutzung[2])
	1 000							Anzahl	%
Krankenhäuser insgesamt									
1979	434,1	10 917,6	11 351,7	10 926,7	393,0	425,0	219 672,3	*20,1*	*84,5*
1980	420,4	11 175,1	11 595,6	11 170,8	394,9	424,8	219 884,8	*19,7*	*84,9*
1981	417,4	11 138,2	11 555,5	11 133,4	387,8	422,1	213 718,6	*19,2*	*84,2*
Krankenhäuser für Akut-Kranke									
1979	278,6	9 533,8	9 812,4	9 546,5	375,1	265,8	145 393,1	*15,2*	*83,2*
1980	262,8	9 770,2	10 033,0	9 767,8	377,7	265,2	145 360,5	*14,9*	*83,3*
1981	263,9	9 713,6	9 977,6	9 710,2	372,0	267,4	142 373,7	*14,7*	*82,3*
davon (1981):									
Allgemeine Krankenhäuser									
ohne abgegrenzte Fachabteilungen	4,7	163,5	168,2	163,7	5,8	4,5	2 573,0	*15,7*	*76,4*
mit abgegrenzten Fachabteilungen	234,1	8 548,8	8 782,9	8 545,1	349,5	237,8	124 704,2	*14,6*	*82,5*
Krankenhäuser für innere Krankheiten	6,9	178,2	185,0	178,1	9,5	7,0	3 676,8	*20,6*	*84,4*
Säuglings- und Kinderkrankenhäuser	4,9	184,3	189,2	184,8	1,5	4,4	2 246,8	*12,2*	*72,2*
Krankenhäuser für Chirurgie[3])	4,3	211,2	215,5	211,1	3,6	4,3	2 766,6	*13,1*	*82,0*
Unfallkrankenhäuser	1,5	40,6	42,1	40,3	0,4	1,8	881,0	*21,8*	*94,8*
Orthopädische Krankenhäuser	3,7	92,4	96,1	92,3	0,4	3,8	2 417,9	*26,2*	*85,8*
Gynäkolog.-geburtshilfl. Krankenhäuser	2,1	185,2	187,3	185,2	0,3	2,0	1 578,5	*8,5*	*79,6*
Sonstige Fachkrankenhäuser	1,9	109,5	111,3	109,6	1,0	1,8	1 528,8	*14,0*	*80,0*
Sonderkrankenhäuser									
1979	155,5	1 383,8	1 539,3	1 380,2	17,9	159,2	74 279,2	*53,7*	*87,3*
1980	157,6	1 405,0	1 562,6	1 403,0	17,1	159,6	74 524,3	*53,1*	*88,1*
1981	153,5	1 424,5	1 578,0	1 423,3	15,9	154,7	71 344,9	*50,1*	*88,1*
davon (1981):									
Tuberkulose-Krankenhäuser	4,6	39,3	43,9	39,5	1,6	4,3	2 137,2	*54,2*	*78,4*
Krankenhäuser für Psychiatrie[4])	49,3	123,4	172,7	124,6	4,5	48,2	18 141,4	*146,3*	*90,1*
Krankenhäuser für Neurologie	1,7	22,6	24,3	22,5	0,2	1,8	851,2	*37,7*	*91,6*
Krankenhäuser für Psychiatrie u. Neurologie	33,0	107,7	140,7	108,3	3,5	32,4	12 311,0	*114,0*	*89,2*
Rheuma-Krankenhäuser	3,0	57,9	60,9	57,9	0,0	3,0	1 665,8	*28,8*	*93,1*
Krankenhäuser für chronisch Kranke[5])	8,8	19,3	28,1	19,1	4,6	9,0	3 316,1	*172,9*	*94,3*
Kur-Krankenhäuser	34,8	813,1	847,9	810,6	0,4	37,2	23 907,5	*29,4*	*85,3*
Sonstige Fachkrankenhäuser	18,3	241,2	259,5	240,7	1,0	18,8	9 014,7	*43,0*	*89,7*

*) 1981 ohne Landeswohlfahrtsverband Hessen (17 Psychiatrische Krankenhäuser).
[1]) Pflegetage mal 2 dividiert durch Zugang plus Abgang.
[2]) Pflegetage mal 100 dividiert durch planmäßige Betten mal 365.
[3]) Einschl. Urologie, Neurochirurgie sowie Zahn- und Kieferkrankheiten.
[4]) Einschl. Heil- und Pflegeanstalten.
[5]) Einschl. geriatrischer Kliniken.

18 Sozialleistungen

18.0 Vorbemerkung

In diesem Abschnitt werden zur Vermittlung eines Gesamtüberblicks zunächst die Sozialleistungen der staatlichen Einrichtungen, der öffentlichen Körperschaften und der Arbeitgeber in der Abgrenzung des **Sozialbudgets** der Bundesregierung nach Institutionen, Leistungs- und Finanzierungsarten dargestellt (Tabelle 18.1). In den folgenden Tabellen 18.2 bis 18.16 werden aus verschiedenen Erhebungen und Geschäftsstatistiken zusätzlich Angaben über einzelne **Sozialleistungen** in tieferer Detaillierung gebracht. Weil die Zahlen des Sozialbudgets z.T. definitorisch anders abgegrenzt bzw. bereinigt sind, besteht keine volle Vergleichbarkeit mit den Angaben aus den Statistiken der Sozialleistungen (insbesondere mit den Rechnungsabschlüssen der in Tabelle 18.2 bis 18.16 aufgeführten Sozialleistungsträger) bzw. mit den Ergebnissen der Finanzstatistik im Abschnitt 19 des Statistischen Jahrbuchs. Im folgenden werden – ausgehend von dem Gliederungssystem des Sozialbudgets – Erläuterungen zur Abgrenzung der einzelnen Sozialleistungen bzw. Institutionen des Sozialbudgets gegeben. Gegenüber den früheren Nachweisungen wurden einige Änderungen vorgenommen. Dies gilt insbesondere für die Beiträge, die von Einrichtungen der Sozialversicherung für ihre Leistungsempfänger an andere Zweige der Sozialversicherung gezahlt werden. Diese Zahlungen werden nunmehr in der Position »Barerstattungen« (und nicht wie bisher als »Verrechnungen« der Einrichtungen untereinander) dargestellt. Die Position »Barerstattungen« war bislang mit den »Waren und Dienstleistungen« zu dem Oberbegriff »Sachleistungen« zusammengefaßt. Wegen ihres besonderen Gewichts wurde sie nunmehr bei der Darstellung der Leistungen aus den Sachleistungen herausgelöst und gesondert nachgewiesen. Der Begriff »Sachleistungen« wird nicht mehr verwendet.

Ausführliche methodische Erläuterungen sowie fachlich und regional tiefer gegliederte Ergebnisse enthalten die Veröffentlichungen der Fachserie 13 »Sozialleistungen« (siehe hierzu auch »Fundstellennachweis«, S. 750 ff.).

Gesetzliche Rentenversicherung: Pflichtversichert in der **Rentenversicherung der Arbeiter** sind die als Arbeiter beschäftigten Personen (einschl. Auszubildende) sowie – unter bestimmten Voraussetzungen – die selbständigen Handwerker. Ferner sind in die Versicherungspflicht Personen einbezogen, die durch Beschäftigung in einer Einrichtung der Jugendhilfe für eine Erwerbstätigkeit befähigt werden sollen bzw. in Einrichtungen für Behinderte an einer berufsfördernden Maßnahme teilnehmen. Der Beitragspflicht in der **Rentenversicherung der Angestellten** unterliegen alle Angestellten (einschl. Auszubildende in kaufmännischen und technischen Ausbildungsberufen) und andere Personengruppen, insbesondere die Angehörigen bestimmter freier Berufe. Der **knappschaftlichen Rentenversicherung** gehören alle im Bergbau Beschäftigten an.

Darüber hinaus haben seit 1972 alle Selbständigen das Recht, innerhalb von zwei Jahren nach Aufnahme einer selbständigen Erwerbstätigkeit einen Antrag auf Einbeziehung in die gesetzliche Rentenversicherung zu stellen.

Beiträge für Pflichtversicherte werden grundsätzlich je zur Hälfte von diesen selbst und von den Arbeitgebern aufgebracht; eine Sonderregelung besteht bei der knappschaftlichen Rentenversicherung. Freiwillige Versicherung und Höherversicherung sind möglich.

Die Leistungen der gesetzlichen Rentenversicherungen dienen vor allem der Invaliden-, Alters- und Hinterbliebenenversorgung sowie der Erhaltung, Besserung oder Wiederherstellung der Erwerbsfähigkeit des Versicherten. Sie umfassen u. a. Altersruhegeld, Renten wegen Berufs- oder Erwerbsunfähigkeit (in der knappschaftlichen Rentenversicherung auch Bergmannsrente nach Vollendung des 50. Lebensjahres bzw. bei verminderter bergmännischer Berufsfähigkeit und Knappschaftsausgleichsleistung), Hinterbliebenenrenten sowie medizinische, berufsfördernde und ergänzende Leistungen zur Rehabilitation. Von den Trägern der Rentenversicherung getragene oder in der Rente enthaltene Beiträge zur Krankenversicherung der Rentner werden als »Barerstattungen« (bisher »Verrechnungen«) ausgewiesen.

Gesetzliche Krankenversicherung: Pflichtmitglieder sind Arbeiter ohne Rücksicht auf die Höhe ihres Verdienstes, Angestellte, deren regelmäßiger Jahresarbeitsverdienst 75% der für die Rentenversicherung der Arbeiter geltenden Beitragsbemessungsgrenze nicht übersteigt, Rentner sowie Auszubildende, Studenten und Arbeitslose. Außerdem gehören zum Kreis der Versicherungspflichtigen auch solche Personen, die in Einrichtungen für Behinderte beschäftigt sind oder dort an einer berufsfördernden Maßnahme teilnehmen, Personen, die wegen berufsfördernder Maßnahmen Übergangsgeld beziehen sowie Jugendliche, die durch die Beschäftigung in einer Einrichtung der Jugendhilfe für eine Erwerbstätigkeit befähigt werden sollen. Ferner sind die landwirtschaftlichen Unternehmer und ihre mitarbeitenden Familienangehörigen sowie einige kleinere Gruppen von Selbständigen pflichtversichert.

Die Beiträge für die Pflichtversicherten werden grundsätzlich je zur Hälfte von ihnen und von ihren Arbeitgebern getragen. Beiträge der Rentner zur Krankenversicherung werden als »Beiträge der Versicherten – sonstige Personen« (bisher in der Position »Verrechnungen« [Einnahmen] enthalten) ausgewiesen. Freiwillige Versicherung und Weiterversicherung sind möglich.

Die gesetzliche Krankenversicherung erbringt Leistungen für die Versicherten selbst und als Familienhilfe für unterhaltsberechtigte Angehörige. Die umfassende Krankenhilfe wird überwiegend als Sachleistung gewährt; in Form von Geldleistungen werden Krankengeld und Mutterschaftsgeld – als Ersatz für Verdienstausfall für die Zeit von sechs Wochen vor bis acht bzw. zwölf Wochen nach der Entbindung –, sonstige Hilfen und Sterbegeld erbracht. Außerdem gehören Maßnahmen zur Früherkennung von Krankheiten und zu ihrer Verhütung (Kuren) sowie das Mutterschafts-Urlaubsgeld zum Leistungskatalog.

Gesetzliche Unfallversicherung: Nach der Reichsversicherungsordnung sind alle in einem Arbeits-, Dienst- oder Ausbildungsverhältnis Beschäftigten (mit Ausnahme der Beamten), ein Teil der Selbständigen (z. B. Landwirte) sowie seit 1971 auch Kinder in Kindergärten, Schüler und Studenten in der gesetzlichen Unfallversicherung versichert. Unternehmer können freiwillig der Versicherung beitreten. Für die Beschäftigten werden die Beiträge von den Arbeitgebern aufgebracht.

Der Versicherungsschutz umfaßt Leistungen aufgrund von Arbeits- und Wegeunfällen. Als Arbeitsunfall gilt auch eine Berufskrankheit. Kinder in Kindergärten, Schüler und Studenten werden wie die übrigen Versicherten behandelt. Zu den Leistungen der Unfallversicherung gehören insbesondere Heilbehandlung (medizinische Leistungen zur Wiederherstellung der Erwerbsfähigkeit), Berufshilfe (berufsfördernde Leistungen zur Rehabilitation), Zahlung von Übergangsgeld während der Durchführung von Rehabilitationsmaßnahmen sowie Entschädigung des Verletzten oder seiner Hinterbliebenen durch Geldleistungen (Verletzten- und Hinterbliebenenrenten, Sterbegeld). Außerdem werden von den Versicherungsträgern Maßnahmen zur Unfallverhütung durchgeführt und gefördert.

Arbeitsförderung: Die Aufgaben nach dem Arbeitsförderungsgesetz (AFG) werden von der Bundesanstalt für Arbeit wahrgenommen. Sie umfassen u. a. Berufsberatung, Arbeitsvermittlung, Förderung der beruflichen Bildung, Gewährung von berufsfördernden Leistungen zur Rehabilitation, Maßnahmen zur Erhaltung und Schaffung von Arbeitsplätzen, Leistungen bei Arbeitslosigkeit (Zahlung von Arbeitslosengeld und -hilfe) sowie bei Zahlungsunfähigkeit des Arbeitgebers (Konkursausfallgeld). Beiträge für Leistungsempfänger der Bundesanstalt für Arbeit werden als »Barerstattungen« (bisher »Verrechnungen«) ausgewiesen.

Beitragspflichtig sind alle als Arbeiter oder Angestellte gegen Entgelt Beschäftigten oder zu ihrer Berufsausbildung beschäftigten Personen, außerdem jugendliche Behinderte, die in Einrichtungen für Behinderte an einer berufsfördernden Maßnahme teilnehmen und Jugendliche, die in Einrichtungen der Jugendhilfe für eine Erwerbstätigkeit befähigt werden sollen, Personen, die wegen einer berufsfördernden Rehabilitationsmaßnahme Übergangsgeld beziehen, Wehr- und Zivildienstleistende sowie unter bestimmten Voraussetzungen auch Strafgefangene. Der Beitragssatz ist in gleichen Teilen vom Arbeitgeber und Arbeitnehmer zu entrichten.

Kindergeld: Seit 1. 1. 1975 wird unter Wegfall von Einkommensgrenzen ein einheitliches, nach der Kinderzahl gestaffeltes Kindergeld vom ersten Kind an gewährt. Es beträgt monatlich für das erste Kind 50 DM. Für das zweite Kind wurde ab 1. 1. 1978 ein Kindergeld von monatlich 80 DM gezahlt, für das dritte und jedes weitere Kind zunächst 150 DM, ab 1. 1. 1979 200 DM. Ab 1. 7. 1979 wurde auch für das zweite Kind das Kindergeld auf 100 DM angehoben. Ab 1. 2. 1981 wurde es hier nochmals auf 120 DM erhöht, für das dritte und jedes weitere Kind wurde nunmehr ein Betrag von 240 DM monatlich gezahlt. Für die Zeit vom 1. 1. bis 31. 12. 1982 wurde das Kindergeld für das zweite Kind auf 100 DM monatlich, für das dritte Kind auf 220 DM festgesetzt; für das vierte und jedes weitere Kind blieb es bei 240 DM. Zum 1. 1. 1983 änderte sich die Höhe des Kindergeldbetrages erneut.

Altershilfe für Landwirte: Die Altershilfe für Landwirte soll den landwirtschaftlichen Unternehmern, ihren Familienangehörigen und Hinterbliebenen eine Grundsicherung im Alter und bei vorzeitiger Erwerbsunfähigkeit gewährleisten. Zu diesem Zweck werden von den landwirtschaftlichen Alterskassen als Träger der landwirtschaftlichen Altershilfe insbesondere Altersgeld und vorzeitiges Altersgeld, Landabgaberente, Zuschüsse zur Nachentrichtung von Beiträgen zur Rentenversicherung der Arbeiter und Angestellten sowie Hinterbliebenen- und Waisengeld gewährt. Zu den Leistungen gehören ferner Maßnahmen zur Erhaltung oder Wiederherstellung der Erwerbsfähigkeit des betroffenen Personenkreises, insbesondere Maßnahmen der stationären Heilbehandlung.

Beitragspflichtig zur Altershilfe ist jeder landwirtschaftliche Unternehmer; Befreiung ist möglich, z. B. bei Ansprüchen gegenüber den Rentenversicherungen.

Versorgungswerke: Basierend auf der berufsständischen Selbstverwaltung in öffentlich-rechtlichen Körperschaften mit Zwangsmitgliedschaft (Kammerverfassung) wurden aufgrund von Landesgesetzen für bestimmte freie Berufe Versicherungs- und Versorgungswerke zur Alters- und Hinterbliebenenversorgung errichtet. Einbezogen sind insbesondere Ärzte, Zahnärzte, Tierärzte, Apotheker, Rechtsanwälte und Notare, Wirtschaftsprüfer und Steuerberater, Architekten sowie Schornsteinfeger.

Pensionen: Ruhegehälter, Witwen- und Waisengelder, die von Gebietskörperschaften, ihren Wirtschaftsunternehmen und von sonstigen öffentlich-rechtlichen Körperschaften aufgrund von beamtenrechtlichen Vorschriften gezahlt werden.

Familienzuschläge: Erhöhungen des Ortszuschlags für Ehegatten und Kinder, die den aktiven oder ehemaligen Bediensteten von den unter »Pensionen« genannten Körperschaften gezahlt werden.

Beihilfen: Leistungen bei Krankheit, Mutterschaft und Tod aktiver oder ehemaliger Bediensteter sowie deren Angehöriger, die nach dem Beihilferecht von den unter »Pensionen« genannten Körperschaften gezahlt werden.

Zusatzversicherung im öffentlichen Dienst: Zusätzliche Alters- und Hinterbliebenenversorgung zu den Renten aus der gesetzlichen Rentenversicherung für Arbeiter und Angestellte öffentlicher Arbeitgeber, die bei der Versorgungsanstalt des Bundes und der Länder, der Bundesbahn-Versicherungsanstalt – Abt. B, der Versorgungsanstalt der Deutschen Bundespost, der Pensionskasse Deutscher Eisenbahnen und Straßenbahnen oder bei kommunalen und kirchlichen Zusatzversorgungseinrichtungen versichert sind.

Entgeltfortzahlung: Leistungen der Arbeitgeber nach dem Lohnfortzahlungsgesetz für Arbeiter und nach § 616 Abs. 2 BGB für Angestellte sowie entsprechende Leistungen nach den Beamtengesetzen bei Krankheit, Arbeitsunfall und im Rehabilitationsfall.

Betriebliche Altersversorgung: Die Leistungen umfassen Betriebsrenten aus Direktzusagen und Unterstützungskassen, Auszahlungen der Pensionskassen und Leistungen aus Direktversicherung bei Versicherungsunternehmen. Die Finanzierung enthält auch die Nettozuführung zu den Rückstellungen. Bei der Betrieblichen Altersversorgung sind nunmehr auch die Leistungen der ehemals selbständigen Institution »Zusatzversicherung für einzelne Berufe« einbezogen, die nicht mehr gesondert ausgewiesen wird.

Sonstige Arbeitgeberleistungen: Leistungen der Betriebe bei Krankheit und im Rahmen der Wohnungsfürsorge, ferner freiwillige Familienzuschläge.

Kriegsopferversorgung: Anspruch auf Kriegsopferversorgung besteht nach dem Bundesversorgungsgesetz (BVG) und nach den Bundesgesetzen zur Wiedergutmachung nationalsozialistischen Unrechts für Kriegsbeschädigte und deren Hinterbliebene sowie für Berechtigte nach den Gesetzen, die das BVG für anwendbar erklären (Angehörige von Kriegsgefangenen sowie ehemalige politische Häftlinge, Wehr- und Zivildienstbeschädigte und deren Hinterbliebene, Opfer von Gewalttaten sowie von Seuchen und Impfschäden). Zu den Versorgungsleistungen gehören insbesondere Heil- und Krankenbehandlung, Beschädigtenrente und Pflegezulage, Berufsschadensausgleich, Hinterbliebenenrente (Witwen-, Waisen- und Elternrente), Bestattungsgeld sowie Kapital- und Heiratsabfindung.

Ergänzend zur Kriegsopferversorgung tritt im Bedarfsfall die **Kriegsopferfürsorge** (§§ 25 bis 27 g BVG) mit ihren individuellen Hilfen ein. Auf den Einzelfall abgestellt werden berufsfördernde Leistungen zur Rehabilitation, Erziehungsbeihilfen, Erholungshilfe, Wohnungshilfe, Ergänzende Hilfe zum Lebensunterhalt und Hilfen in besonderen Lebenslagen (insbesondere Hilfe zur Pflege) gewährt.

Wiedergutmachung: Wiedergutmachungsleistungen dienen dem Ausgleich bestimmter Schäden durch nationalsozialistische Verfolgung, insbesondere Schäden an Leben, Gesundheit, Freiheit oder im beruflichen und wirtschaftlichen Fortkommen. Leistungen für reine Vermögensschäden sind in der Übersicht nicht enthalten.

Sonstige Entschädigungen: Leistungen nach dem Unterhaltssicherungsgesetz für Wehr- und Zivildienstleistende und ihre Angehörigen, ferner Eingliederungshilfen nach dem Kriegsgefangenen-Entschädigungsgesetz, dem Häftlingshilfegesetz und dem Allgemeinen Kriegsfolgengesetz; Krankenhilfe für Heimkehrer.

Sozialhilfe: Die Sozialhilfe wird nach dem Bundessozialhilfegesetz (BSHG) als Hilfe zum Lebensunterhalt oder als Hilfe in besonderen Lebenslagen an Personen, die sich in einer Notlage befinden, innerhalb und außerhalb von Einrichtungen gewährt. Sie greift immer dann ein, wenn andere Personen, andere Sozialleistungssysteme oder sonstige Stellen Leistungen nicht vorsehen oder keine zulänglichen Hilfen erbringen. Im Gegensatz zu den Leistungen anderer Sozialleistungsträger ist die Gewährung von Sozialhilfe nicht an die Zugehörigkeit zu einem bestimmten Personenkreis oder an Vorleistungen gebunden. Durch individuelle Leistungen nach dem Subsidiaritätsprinzip soll die Sozialhilfe dem Hilfeempfänger ein der Würde des Menschen entsprechendes Leben ermöglichen und ihn wieder zur Selbstvorsorge befähigen. Die Hilfe zum Lebensunterhalt, die die notwendigen Bedürfnisse des täglichen Lebens abdeckt, wird weitgehend nach Leistungspauschalen (Regelsätzen) berechnet; spezielle Notstände werden durch Hilfe in besonderen Lebenslagen behoben (u. a. Eingliederungshilfe für Behinderte, Tuberkulosehilfe, Hilfe zur Pflege, Krankenhilfe, Hilfe zum Aufbau oder zur Sicherung der Lebensgrundlage und Hilfe zur Überwindung besonderer sozialer Schwierigkeiten).

Jugendhilfe: Die Jugendhilfe nach dem Gesetz für Jugendwohlfahrt (JWG) erstreckt sich auf alle behördlichen Maßnahmen zur Förderung der Jugendwohlfahrt. Diese unterstützen, ergänzen oder ersetzen die Erziehung und Bildung in der Familie, in Schule und Berufsleben, zum Beispiel durch Aufsicht über die Pflegekinder, Amtspflegschaft, Amtsvormundschaft, Mitwirkung bei Adoptionen und Vaterschaftsfeststellungen, Jugendgerichtshilfe, Erziehungsbeistandschaft, Freiwillige Erziehungshilfe, Fürsorgeerziehung und Heimaufsicht sowie Jugendarbeit einschl. der internationalen Jugendarbeit. Die Tätigkeit der Träger der freien Jugendhilfe wird durch Zuschüsse aus öffentlichen Mitteln unterstützt.

Ausbildungsförderung: Mit dem Bundesausbildungsförderungsgesetz (BAföG) wird das Ziel verfolgt, Kindern aus wirtschaftlich und sozial schlechter gestellten Familien eine der Neigung, Eignung und Leistung entsprechende Ausbildung zu ermöglichen. Eine Förderung setzt voraus, daß die Kosten für Ausbildung und Lebensunterhalt der Schüler oder Studenten nicht anderweitig zur Verfügung stehen. Die Leistungen bestehen aus Zuschüssen oder Darlehen. Auf den Bedarf sind Einkommen und Vermögen des Auszubildenden, der Eltern und des Ehegatten anzurechnen (familienabhängige Förderung).

Behinderte: Nach dem Schwerbehindertengesetz stellen die Versorgungsämter auf Antrag das Vorliegen einer Behinderung und den Grad einer auf ihr beruhenden Minderung der Erwerbsfähigkeit (MdE-Grad) fest. Bei mehreren Behinderungen wird der MdE-Grad unter Berücksichtigung der Auswirkungen der Behinderungen in ihrer Gesamtheit festgesetzt. Personen, die infolge ihrer körperlichen, geistigen oder seelischen Behinderung in ihrer Erwerbsfähigkeit nicht nur vorübergehend um wenigstens 50 vH gemindert sind, können beim Versorgungsamt einen Ausweis als Schwerbehinderter beantragen. Der Ausweis dient dem Nachweis für die Inanspruchnahme von Rechten und Vergünstigungen, die Schwerbehinderten nach dem Schwerbehindertengesetz oder nach anderen Gesetzen zustehen. In der auf den Unterlagen der Versorgungsverwaltung beruhenden Statistik werden nur Behinderte mit einer MdE von 30 vH und mehr erfaßt.

Rehabilitationsmaßnahmen: Die Rehabilitation umfaßt medizinische und berufsfördernde Maßnahmen. Sie dienen der Eingliederung Behinderter oder von Behinderung bedrohter Personen in Arbeit, Beruf und Gesellschaft. Neben den bereits in die Statistik einbezogenen Rehabilitationsträgern gibt es weitere, bei denen die Voraussetzungen einer Einbeziehung zur Zeit geschaffen werden.

Wohngeld: Wohngeld wird auf Antrag von Mietern als **Mietzuschuß** und Eigentümern von Wohnraum als **Lastenzuschuß** gezahlt, wenn im Verhältnis zum Haushaltseinkommen unzumutbare Aufwendungen für eine angemessene Wohnung erbracht werden müssen. Die Höhe des Wohngeldes bestimmt sich nach Haushaltsgröße, Familieneinkommen und Wohnkosten, die bis zu bestimmten Höchstbeträgen berücksichtigungsfähig sind.

Öffentlicher Gesundheitsdienst: Einbezogen sind Leistungen der Gesundheitsämter und anderer öffentlicher Stellen zur Beobachtung und Wahrung gesundheitlicher Belange der Allgemeinheit (ohne von Krankenanstalten bereitgestellte Dienste der Gesundheitspflege).

Vermögensbildung: Leistungen nach dem Dritten Vermögensbildungsgesetz, dem Spar-Prämiengesetz und dem Wohnungsbau-Prämiengesetz.

Steuerermäßigungen: Hierzu gehören sozialpolitisch motivierte Steuerermäßigungen, insbesondere Freibeträge im Rahmen der Einkommen- und Vermögensteuer für Ehegatten, Körperbehinderte sowie Erlaß der Kfz-Steuer; ferner Altersfreibeträge und Freibeträge für Berufsausbildung und bestimmte außergewöhnliche Belastungen. Steuervergünstigungen werden ferner für Bausparer sowie in Form von Grundsteuerermäßigung und erhöhten Absetzungen für Wohngebäude gewährt.

Vergünstigungen im Wohnungswesen: Zinsermäßigungen, Zins- und Tilgungszuschüsse für den sozialen Wohnungsbau sowie Zinsermäßigungen im Rahmen der Wohnungsfürsorge der öffentlichen Arbeitgeber und des Lastenausgleichsfonds.

Lastenausgleich: Ziel des Lastenausgleichs ist es, die Schäden und Verluste, die sich infolge der Vertreibungen und Zerstörungen in der Kriegs- und Nachkriegszeit und infolge der Neuordnung des Geldwesens in der Währungsreform 1948 ergeben haben, nach dem Grundsatz der sozialen Gerechtigkeit zu verteilen. Es werden Ausgleichsleistungen für Vertreibungsschäden, Kriegssachschäden, Ostschäden, Sparerschäden und Schäden in der DDR erbracht. Sie werden als Leistungen mit Rechtsanspruch (u. a. Hauptentschädigung, Kriegsschadenrente, Hausratentschädigung, Entschädigung für Sparguthaben) oder als Leistungen ohne Rechtsanspruch (hauptsächlich Eingliederungs- und Aufbaudarlehen) gewährt. Die Leistungen werden aus der Vermögensabgabe, der Hypothekengewinnabgabe und der Kreditgewinnabgabe sowie aus Zuschüssen des Bundes und der Länder finanziert.

18.1 Sozialbudget nach Institutionen

Mill. DM

Jahr	Leistungen: insgesamt	Leistungen: Einkommensleistungen	Leistungen: Barerstattungen	Leistungen: Waren- und Dienstleistungen	Leistungen: Allg. Dienste und Leistungen[1]	Leistungen: Verrechnungen	Finanzierung: insgesamt	Beiträge der Versicherten: Arbeitnehmer und Selbständige	Beiträge der Versicherten: sonstige Personen	Beiträge der Arbeitgeber: tatsächliche	Beiträge der Arbeitgeber: unterstellte	Zuweisungen aus öffentlichen Mitteln	Zuweisungen aus nicht öffentlichen Mitteln	Sonstige Einnahmen	Verrechnungen
Sozialleistungen insgesamt[2])															
1981	512 692	349 131	38 805	97 240	27 516	—	536 866	101 896	33 520	119 044	78 432	180 592	13 659	9 723	—
1982	532 525	360 999	43 625	100 068	27 834	—	554 942	108 510	34 383	126 549	77 665	183 844	14 377	9 615	—
Direkte Leistungen															
Allgemeine Systeme															
Rentenversicherung der Arbeiter[3])															
1981	83 791	68 724	8 235	2 057	1 680	3 095	84 940	27 970	4 461	29 367	—	15 100	17	956	7 069
1982	88 479	72 552	8 694	2 066	1 589	3 578	89 189	28 013	4 253	29 412	—	18 462	—	756	8 293
Rentenversicherung der Angestellten[3])															
1981	61 820	46 473	5 496	1 476	974	7 401	64 800	27 345	3 610	28 021	—	4 428	4	1 203	189
1982	67 292	50 117	5 926	1 495	974	8 780	65 781	28 097	3 016	28 791	—	4 635	—	1 052	190
Knappschaftliche Rentenversicherung[3])															
1981	13 930	10 948	2 313	90	156	423	13 930	922	67	1 553	—	8 508	—	36	2 844
1982	14 583	11 510	2 409	73	160	431	14 583	943	69	1 588	—	8 563	—	12	3 408
Gesetzliche Krankenversicherung[4])															
1981	96 814	8 436	2 119	81 467	4 293	499	96 918	33 764	24 977	32 144	—	2 503	7	2 168	1 355
1982	98 687	7 691	2 275	83 697	4 512	512	102 437	35 866	26 586	34 344	—	2 080	7	2 134	1 420
Gesetzliche Unfallversicherung[5])[6])															
1981	10 588	7 102	276	1 630	1 250	330	11 506	248	—	9 571	—	710	—	967	10
1982	11 205	7 552	290	1 710	1 313	341	11 984	264	—	10 048	—	701	2	956	14
Arbeitsförderung[7])															
1981	31 375	16 247	9 670	—	5 178	280	31 622	9 027	—	10 236	—	12 074	92	122	71
1982	38 666	20 712	12 944	—	4 720	290	39 497	12 337	—	13 736	—	13 051	170	122	81
Kindergeld[5])															
1981	19 165	18 459	—	—	243	463	19 165	—	—	—	—	19 165	—	—	—
1982	16 898	16 191	—	—	260	447	16 898	—	—	—	—	16 898	—	—	—
Sondersysteme															
Altershilfe für Landwirte															
1981	2 904	2 590	1	229	77	7	2 908	577	1	—	—	2 316	2	12	—
1982	3 059	2 748	1	226	76	8	3 073	714	1	—	—	2 350	2	6	—
Versorgungswerke															
1981	943	874	5	—	64	—	2 928	1 517	400	—	—	—	—	1 011	—
1982	1 064	984	6	—	74	—	3 298	1 736	458	—	—	—	—	1 104	—
Beamtenrechtliche Systeme															
Pensionen[5])															
1981	36 327	33 920	217	—	2 190	—	36 327	—	—	—	19 053	13 626	2 872	1	775
1982	37 234	34 751	228	—	2 255	—	37 234	—	—	—	19 426	14 047	2 983	2	775
Familienzuschläge[5])															
1981	7 781	7 631	—	—	150	—	7 781	—	—	—	—	5 695	1 740	—	346
1982	7 920	7 768	—	—	152	—	7 920	—	—	—	—	5 791	1 770	—	357
Beihilfen[5])															
1981	6 339	12	6 074	—	253	—	6 339	—	—	—	5 979	188	77	14	81
1982	6 553	12	6 288	—	253	—	6 553	—	—	—	6 189	188	77	14	84
Zusatzversicherung															
Zusatzversicherung im öffentlichen Dienst															
1981	6 570	6 238	37	—	295	—	8 917	6	4	5 332	—	69	945	2 561	—
1982	7 018	6 731	40	—	247	—	9 462	—	—	5 670	—	81	978	2 733	—

Fußnoten siehe S. 392.

18.1 Sozialbudget nach Institutionen

Mill. DM

Jahr	Leistungen: insgesamt	Leistungen: Einkommensleistungen	Leistungen: Barerstattungen	Leistungen: Waren- und Dienstleistungen	Leistungen: Allg. Dienste und Leistungen[1])	Leistungen: Verrechnungen	Finanzierung: insgesamt	Finanzierung: Beiträge der Versicherten: Arbeitnehmer und Selbständige	Finanzierung: Beiträge der Versicherten: sonstige Personen	Finanzierung: Beiträge der Arbeitgeber: tatsächliche	Finanzierung: Beiträge der Arbeitgeber: unterstellte	Finanzierung: Zuweisungen aus öffentlichen Mitteln	Finanzierung: Zuweisungen aus nicht öffentlichen Mitteln	Finanzierung: Sonstige Einnahmen	Finanzierung: Verrechnungen
Arbeitgeberleistungen															
Entgeltfortzahlung															
1981	30 180	30 180	—	—	—	—	30 180	—	—	—	30 180	—	—	—	—
1982	29 570	29 570	—	—	—	—	29 570	—	—	—	29 570	—	—	—	—
Betriebliche Altersversorgung															
1981	8 530	8 530	—	—	—	—	22 970	520	—	2 820	19 630	—	—	—	—
1982	9 070	9 070	—	—	—	—	22 240	540	—	2 960	18 740	—	—	—	—
Sonstige Arbeitgeberleistungen															
1981	3 590	630	210	—	2 750	—	3 590	—	—	—	3 590	—	—	—	—
1982	3 740	660	220	—	2 860	—	3 740	—	—	—	3 740	—	—	—	—
Entschädigungen															
Soziale Entschädigung (Kriegsopferversorgung)[5])[8])[9])															
1981	13 789	10 682	874	747	1 244	242	13 789	—	—	—	—	13 787	—	2	—
1982	14 087	10 855	908	730	1 359	235	14 087	—	—	—	—	14 083	—	4	—
Lastenausgleich[5])															
1981	1 628	1 324	184	—	91	29	1 628	—	—	—	—	1 622	—	6	—
1982	1 584	1 278	186	—	91	29	1 584	—	—	—	—	1 578	1	5	—
Wiedergutmachung[5])															
1981	2 254	2 103	—	20	131	—	2 254	—	—	—	—	2 254	—	—	—
1982	2 231	2 081	—	20	130	—	2 231	—	—	—	—	2 231	—	—	—
Sonstige Entschädigungen[5])															
1981	464	413	27	3	21	—	464	—	—	—	—	464	—	—	—
1982	364	314	27	3	20	—	364	—	—	—	—	364	—	—	—
Soziale Hilfen und Dienste															
Sozialhilfe[5])[8])															
1981	14 781	7 163	632	5 526	1 460	—	14 781	—	—	—	—	12 942	1 810	—	29
1982	15 773	7 644	695	5 863	1 571	—	15 773	—	—	—	—	13 774	1 970	—	29
Jugendhilfe[5])[8])															
1981	7 248	276	13	3 995	2 964	—	7 248	—	—	—	—	6 693	360	195	—
1982	7 575	271	20	4 185	3 099	—	7 575	—	—	—	—	6 965	400	210	—
Ausbildungsförderung[5])															
1981	3 167	3 008	—	—	159	—	3 167	—	—	—	—	3 163	—	4	—
1982	3 158	3 000	—	—	158	—	3 158	—	—	—	—	3 152	—	6	—
Wohngeld[5])															
1981	2 664	—	2 422	—	242	—	2 664	—	—	—	—	2 664	—	—	—
1982	2 715	—	2 468	—	247	—	2 715	—	—	—	—	2 715	—	—	—
Öffentlicher Gesundheitsdienst															
1981	1 651	—	—	—	1 651	—	1 651	—	—	—	—	1 186	—	465	—
1982	1 714	—	—	—	1 714	—	1 714	—	—	—	—	1 215	—	499	—
Vermögensbildung															
1981	12 375	12 375	—	—	—	—	12 375	—	—	—	—	6 642	5 733	—	—
1982	12 430	12 430	—	—	—	—	12 430	—	—	—	—	6 413	6 017	—	—
Indirekte Leistungen															
Steuerermäßigungen															
1981	38 293	38 293	—	—	—	—	38 293	—	—	—	—	38 293	—	—	—
1982	40 297	40 297	—	—	—	—	40 297	—	—	—	—	40 297	—	—	—
Vergünstigungen im Wohnungswesen															
1981	6 500	6 500	—	—	—	—	6 500	—	—	—	—	6 500	—	—	—
1982	4 210	4 210	—	—	—	—	4 210	—	—	—	—	4 210	—	—	—

1) Leistungen allgemeiner Art, die nicht unmittelbar einer bestimmten begünstigten Person zugerechnet werden können. Sie sind in Zuschüsse, Maßnahmen und Innerer Dienst untergliedert.
2) Bei der Summenbildung heben sich Zahlungen der Institutionen untereinander (Verrechnungen) auf.
3) Rentenrückflüsse sind jeweils auf der Einnahmen- und Ausgabenseite abgesetzt.
4) Einschl. der vom Bund finanzierten Leistungen nach dem Mutterschutzgesetz und der von den Arbeitgebern zu tragenden Verwaltungskosten.
5) Einschl. Verwaltungskosten.
6) Zuführungen zu bzw. Entnahmen aus Betriebsmitteln und Rücklage sind abgesetzt.
7) Leistungen der Bundesanstalt für Arbeit nach dem Arbeitsförderungsgesetz (ohne Darlehen, Grunderwerb sowie Rücklagenzuführungen bzw. -entnahmen) sowie im Auftrag von Bund und Ländern, ferner gleichartige Leistungen des Bundes.
8) Ohne Ersatz von Sozialleistungsträgern und ohne Darlehen.
9) Einbezogen sind auch die Leistungen der Träger der Kriegsopferfürsorge und die Zuschüsse an Nahverkehrsbetriebe für die unentgeltliche Beförderung von Kriegs- und Wehrdienstbeschädigten.

Quelle: Bundesministerium für Arbeit und Sozialordnung, Bonn

18.2 Gesetzliche Krankenversicherung

18.2.1 Kassen und Mitglieder*)

Jahr / Kassenart	Kassen	Mitglieder			Pflichtmitglieder[1])		Freiwillig Versicherte		Rentner[2])	
		insgesamt	männlich	weiblich	männlich	weiblich	männlich	weiblich	männlich	weiblich
	Anzahl	1 000								
1978	1 358	34 379	19 144	15 234	11 728	8 023	3 388	1 065	4 028	6 147
1979	1 338	34 838	19 291	15 548	11 934	8 271	3 331	1 067	4 026	6 210
1980	1 319	35 395	19 474	15 921	12 094	8 544	3 366	1 088	4 014	6 289
1981	1 302	35 705	19 522	16 183	12 093	8 705	3 453	1 124	3 975	6 354
davon (1981):										
Ortskrankenkassen	270	16 507	9 041	7 466	6 371	3 457	686	316	1 984	3 693
Betriebskrankenkassen[3])	840	4 296	2 752	1 544	1 825	730	324	54	603	760
Innungskrankenkassen	156	1 865	1 346	519	1 061	327	130	34	156	157
Landwirtschaftliche Krankenkassen	19	852	604	248	432	49	7	8	165	190
See-Krankenkasse	1	60	50	10	30	1	12	1	8	8
Bundesknappschaft	1	979	616	363	276	18	28	9	312	336
Ersatzkassen für Arbeiter	8	456	342	113	242	66	59	7	42	41
Ersatzkassen für Angestellte	7	10 690	4 770	5 920	1 856	4 057	2 208	695	706	1 168

18.2.2 Mitglieder am 1. 10. 1981 nach Altersgruppen

Kassenart	Mitglieder[1])	Davon im Alter von . . . bis unter . . . Jahren						
		unter 15	15 — 25	25 — 35	35 — 45	45 — 55	55 — 65	65 und mehr
	1 000	%						
Männlich								
Ortskrankenkassen	7 098	*0,2*	*21,7*	*22,4*	*23,9*	*21,4*	*9,3*	*1,2*
Betriebskrankenkassen[3])	2 153	*0,1*	*16,5*	*19,9*	*25,9*	*25,9*	*11,5*	*0,4*
Innungskrankenkassen	1 211	*0,2*	*38,4*	*19,8*	*19,6*	*15,8*	*5,4*	*0,7*
Landwirtschaftliche Krankenkassen	442	*0,1*	*11,3*	*16,3*	*20,3*	*31,4*	*18,7*	*2,0*
See-Krankenkasse	42	*0,0*	*11,1*	*22,2*	*40,4*	*19,1*	*6,7*	*0,5*
Bundesknappschaft	303	*0,0*	*17,8*	*16,6*	*20,6*	*32,4*	*10,7*	*1,9*
Ersatzkassen für Arbeiter	307	*0,1*	*19,8*	*23,1*	*26,2*	*21,9*	*8,4*	*0,5*
Ersatzkassen für Angestellte	4 093	*1,7*	*12,6*	*25,9*	*26,9*	*19,9*	*11,5*	*1,5*
Zusammen	**15 647**	***0,6***	***19,5***	***22,5***	***24,6***	***21,7***	***10,1***	***1,2***
Weiblich								
Ortskrankenkassen	3 790	*0,4*	*24,2*	*20,6*	*21,1*	*20,8*	*10,6*	*2,3*
Betriebskrankenkassen[3])	787	*0,1*	*22,2*	*20,8*	*22,5*	*22,4*	*11,1*	*0,9*
Innungskrankenkassen	370	*0,7*	*43,0*	*17,2*	*18,2*	*13,5*	*5,9*	*1,4*
Landwirtschaftliche Krankenkassen	58	*0,4*	*21,8*	*11,3*	*11,8*	*23,3*	*25,8*	*5,7*
See-Krankenkasse	2	*0,5*	*18,6*	*26,5*	*24,5*	*15,6*	*10,1*	*4,1*
Bundesknappschaft	27	*0,2*	*18,1*	*20,0*	*13,0*	*15,1*	*13,8*	*19,8*
Ersatzkassen für Arbeiter	75	*0,4*	*39,7*	*20,9*	*16,8*	*15,2*	*6,1*	*0,8*
Ersatzkassen für Angestellte	4 831	*1,4*	*30,9*	*26,5*	*19,8*	*12,4*	*7,5*	*1,4*
Zusammen	**9 940**	***0,9***	***28,0***	***23,4***	***20,5***	***16,5***	***9,0***	***1,8***
Insgesamt								
Ortskrankenkassen	10 887	*0,3*	*22,5*	*21,8*	*22,9*	*21,2*	*9,7*	*1,5*
Betriebskrankenkassen[3])	2 940	*0,1*	*18,0*	*20,1*	*25,0*	*24,9*	*11,4*	*0,4*
Innungskrankenkassen	1 581	*0,3*	*39,5*	*19,3*	*19,3*	*15,4*	*5,5*	*0,8*
Landwirtschaftliche Krankenkassen	499	*0,1*	*12,4*	*15,7*	*19,3*	*30,5*	*19,5*	*2,3*
See-Krankenkasse	44	*0,0*	*11,4*	*22,4*	*39,6*	*18,9*	*6,9*	*0,7*
Bundesknappschaft	330	*0,0*	*17,9*	*16,9*	*20,0*	*31,0*	*11,0*	*3,5*
Ersatzkassen für Arbeiter	381	*0,2*	*23,7*	*22,7*	*24,4*	*20,7*	*8,0*	*0,4*
Ersatzkassen für Angestellte	8 924	*1,6*	*22,5*	*26,2*	*23,1*	*15,9*	*9,4*	*1,4*
Insgesamt	**25 587**	***0,7***	***22,8***	***22,8***	***22,9***	***19,8***	***9,7***	***1,3***

*) Durchschnitt errechnet aus 12 Monatswerten. Außerdem waren im April 1981 nach den Ergebnissen des Mikrozensus 22,5 Mill. Personen (7,3 Mill. männliche, 15,2 Mill. weibliche) als Familienmitglieder mitversichert.

1) Einschl. Studenten, ohne Rentner.

2) Bei den Landwirtschaftlichen Krankenkassen sind die Altenteiler und die sonstigen Versicherten enthalten.

3) Einschl. Betriebskrankenkassen der Deutschen Bundesbahn, der Deutschen Bundespost und des Bundesverkehrsministeriums.

Quelle: Bundesministerium für Arbeit und Sozialordnung, Bonn

18.2 Gesetzliche Krankenversicherung

18.2.3 Leistungsfälle

Jahr / Kassenart	Mitglieder (Pflichtmitglieder und freiwillig Versicherte ohne Rentner und ohne Studenten)									
	Arbeitsunfähigkeitsfälle				Arbeitsunfähigkeitstage					
	männlich	weiblich	männlich	weiblich	männlich	weiblich	männlich	weiblich	männlich	weiblich
	1 000		je 100 Mitglieder		1 000		je 100 Mitglieder		je Arbeitsunfähigkeitsfall	
1978	14 810	8 607	*99,3*	*95,7*	259 574	151 713	*1 741*	*1 686*	*17,5*	*17,6*
1979	15 338	8 967	*101,9*	*97,0*	268 300	156 811	*1 782*	*1 697*	*17,5*	*17,5*
1980	15 731	9 207	*103,2*	*96,7*	277 255	161 908	*1 819*	*1 700*	*17,6*	*17,6*
1981	15 076	9 163	*98,4*	*94,4*	264 611	156 101	*1 728*	*1 608*	*17,6*	*17,0*
davon (1981):										
Ortskrankenkassen	8 318	4 179	*118,7*	*111,5*	144 688	74 572	*2 065*	*1 989*	*17,4*	*17,8*
Betriebskrankenkassen[1]	2 666	1 000	*124,5*	*128,2*	47 633	18 424	*2 225*	*2 361*	*17,9*	*18,4*
Innungskrankenkassen	1 364	325	*114,8*	*90,2*	19 677	4 799	*1 656*	*1 331*	*14,4*	*14,8*
Landwirtschaftliche Krankenkassen	34	6	*7,8*	*11,1*	701	171	*160*	*301*	*20,4*	*27,1*
See-Krankenkasse	22	2	*52,5*	*73,3*	675	31	*1 610*	*1 515*	*30,6*	*20,7*
Bundesknappschaft	379	7	*125,3*	*27,1*	9 201	207	*3 042*	*779*	*24,3*	*28,7*
Ersatzkassen für Arbeiter	273	64	*91,5*	*89,2*	4 574	1 048	*1 531*	*1 454*	*16,7*	*16,3*
Ersatzkassen für Angestellte	2 019	3 579	*51,8*	*76,8*	37 462	56 849	*961*	*1 219*	*18,6*	*15,9*

Jahr / Kassenart	Mitglieder (Pflichtmitglieder einschl. Rentner und Studenten sowie freiwillig Versicherte)									
	Krankenhausfälle		Krankenhaustage				Mutterschaftshilfefälle		Sterbegeldfälle	
	männlich	weiblich	männlich	weiblich	männlich	weiblich	d. Mitglieder (einschl. Rentner) u. Familienangehörigen			
	1 000				je Krankenhausfall		1 000	je 100 Mitglieder	1 000	je 1000 Mitglieder
1978	2 551	2 512	51 772	52 558	*20,3*	*20,9*	516	*1,5*	623	*18,1*
1979	2 581	2 544	51 400	52 580	*19,9*	*20,7*	509	*1,5*	609	*17,5*
1980	2 674	2 649	51 834	53 725	*19,4*	*20,3*	547	*1,5*	614	*17,3*
1981	2 709	2 711	51 855	54 124	*19,1*	*20,0*	548	*1,5*	617	*17,3*
davon (1981):										
Ortskrankenkassen	1 418	1 419	27 106	29 596	*19,1*	*20,9*	237	*1,4*	361	*21,9*
Betriebskrankenkassen[1]	369	254	7 150	5 235	*19,4*	*20,6*	41	*1,0*	67	*15,7*
Innungskrankenkassen	159	77	2 899	1 380	*18,3*	*17,8*	26	*1,4*	20	*10,8*
Landwirtschaftliche Krankenkassen	71	42	1 508	1 054	*21,3*	*25,1*	11	*1,3*	29	*34,2*
See-Krankenkasse	6	2	122	40	*19,6*	*22,4*	1	*1,3*	1	*15,1*
Bundesknappschaft	125	77	2 548	1 926	*20,4*	*25,1*	7	*0,7*	41	*41,5*
Ersatzkassen für Arbeiter	35	15	633	291	*17,9*	*18,9*	5	*1,2*	5	*10,1*
Ersatzkassen für Angestellte	527	824	9 890	14 603	*18,8*	*17,7*	220	*2,1*	93	*8,7*

18.2.4 Einnahmen, Ausgaben und Vermögen

Jahr / Kassenart	Einnahmen		Ausgaben								Beiträge	Leistungen	Vermögen[4]
						darunter					je Mitglied (ohne Rentner, einschl. Studenten)		
	insgesamt	darunter Beiträge	insgesamt	Verwaltungskosten	Aufwendungen für Leistungen	Behandlung durch Ärzte[2]	Krankenhauspflege	Arzneien[3]	Krankengeld	Sonstige Ausgaben			
	Mill. DM										DM		Mill. DM
1978	76 434	73 193	74 789	3 192	71 460	18 209	21 865	20 250	5 308	137	*2 475*	*1 953*	13 291
1979	80 825	77 101	81 063	3 472	77 435	19 400	23 252	22 199	5 941	157	*2 580*	*2 074*	12 990
1980	88 452	83 527	89 834	3 752	85 956	20 942	25 465	24 804	6 654	126	*2 756*	*2 252*	11 634
1981[5]	96 486	90 990	96 391	4 060	92 204	22 497	27 321	27 014	6 440	127	*2 987*	*2 347*	11 815
davon (1981):													
Ortskrankenkassen	44 570	42 504	44 360	1 893	42 399	9 284	13 962	11 932	3 247	68	*2 987*	*2 313*	5 579
Betriebskrankenkassen[1]	11 615	11 023	11 609	57	11 537	2 789	3 498	3 401	930	15	*3 108*	*2 508*	2 014
Innungskrankenkassen	4 277	4 044	4 230	228	3 989	987	1 175	1 080	395	13	*2 565*	*1 942*	1 061
Landwirtschaftliche Krankenkassen	2 173	1 131	2 167	108	2 055	549	681	644	2	4	*2 234*	*2 132*	480
See-Krankenkasse	185	176	178	11	167	39	48	45	23	0	*3 748*	*2 646*	36
Bundesknappschaft	3 717	3 578	3 554	99	3 440	652	1 286	1 061	199	15	*3 855*	*3 548*	566
Ersatzkassen für Arbeiter	1 213	1 157	1 221	71	1 147	318	284	349	100	3	*3 124*	*2 349*	200
Ersatzkassen für Angestellte	28 738	27 377	29 072	1 593	27 470	7 879	6 388	8 502	1 544	9	*3 033*	*2 373*	1 878

1) Einschl. Betriebskrankenkassen der Deutschen Bundesbahn, der Deutschen Bundespost und des Bundesverkehrsministeriums.
2) Einschl. sonstiger Heilpersonen und Zahnärzte.
3) Einschl. Verband-, Heil- und Hilfsmittel und Zahnersatz.
4) Bestand am Jahresende. Einschl. Vermögen aus dem Ausgleich nach dem Lohnfortzahlungsgesetz.
5) Vorläufiges Ergebnis.

Quelle: Bundesministerium für Arbeit und Sozialordnung, Bonn

18.3 Gesetzliche Unfallversicherung

18.3.1 Versicherte und Rentenbestand*)

Jahr / Träger	Versicherte	Vollarbeiter[1])	Rentenbestand am Jahresende: insgesamt	Renten an Verletzte und Erkrankte	Witwen- und Witwerrenten	Waisenrenten	Renten an Verwandte aufsteigender Linie
	1 000		Anzahl				
1978	26 963[2])	24 668	1 010 134	796 790	156 531	56 113	700
1979	27 564[2])	25 236	1 008 920	799 082	155 047	54 137	654
1980	27 857[2])	25 597	1 004 540	798 329	153 265	52 318	628
1981	28 206[2])	25 448	998 918	797 390	151 100	49 845	583
davon (1981):							
Gewerbliche Berufsgenossenschaften	21 109[3])	20 098	724 543	562 769	120 660	40 626	488
Landwirtschaftliche Berufsgenossenschaften	3 169[3])	2 028	194 277	172 073	17 105	5 067	32
Gemeinde-Unfallversicherungsverbände	4 159[3])	1 556	23 533	19 129	2 847	1 546	11
Ausführungsbehörden[4])	4 469[3])	1 766	56 565	43 419	10 488	2 606	52

18.3.2 Schadensfälle, Entschädigungen und Hinterbliebenenrenten*)

Jahr / Träger	Angezeigte Unfälle und Erkrankungen: insgesamt	davon Arbeitsunfälle im engeren Sinne	davon Wegeunfälle[5])	davon Berufskrankheiten	Erstmals entschädigte Fälle: insgesamt	insgesamt	davon mit teilweiser Erwerbsunfähigkeit	davon mit völliger Erwerbsunfähigkeit	davon mit Todesfolge	Erstmals gezahlte Hinterbliebenenrenten: insgesamt	darunter an Witwen und Witwer	darunter an Kinder und Enkel
	1 000				Anzahl	je 1 000 Vollarbeiter	Anzahl					
1978	2 057	1 818	194	45	75 827	*3,1*	71 042	434	4 351	12 408	5 505	6 854
1979	2 181	1 902	234	45	80 624	*3,2*	75 916	446	4 262	12 214	5 188	6 989
1980	2 158	1 917	196	45	76 361	*3,0*	71 946	417	3 998	11 677	4 842	6 805
1981	2 003	1 763	198	43	76 382	*3,0*	72 103	422	3 857	12 360	5 772	6 588
davon (1981):												
Gewerbliche Berufsgenossenschaften	1 598	1 398	161	38	56 345	*2,8*	53 077	330	2 938	9 170	3 939	5 231
Landwirtschaftliche Berufsgenossenschaften	199	196	3	1	13 769	*6,8*	13 100	63	606	2 363	1 531	832
Gemeinde-Unfallversicherungsverbände	76	62	12	2	2 854	*1,8*	2 699	14	141	250	109	141
Ausführungsbehörden[4])	130	107	22	1	3 414	*1,9*	3 227	15	172	577	193	384

18.3.3 Einnahmen, Ausgaben und Vermögen*)

Mill. DM

Jahr / Träger	Einnahmen: insgesamt	darunter Beiträge	Ausgaben: insgesamt	Verwaltungskosten	Aufwendungen für Leistungen	darunter Renten	darunter Heilbehandlung[6])	darunter Übergangsgeld	darunter Unfallverhütung	Sonstige Ausgaben[7])	Vermögen[8])
1978	10 090	9 430	9 995	642	7 862	5 427	1 333	541	289	1 491	9 976
1979	10 819	10 105	10 701	689	8 401	5 746	1 461	606	319	1 612	10 882
1980	11 495	10 628	11 356	744	8 832	6 006	1 532	648	355	1 779	11 959
1981	12 144	11 133	11 975	798	9 316	6 290	1 639	677	392	1 861	12 857
davon (1981):											
Gewerbliche Berufsgenossenschaften	10 109	9 270	9 958	655	7 681	5 188	1 287	573	349	1 622	10 682
Landwirtschaftliche Berufsgenossenschaften	1 185	1 097	1 171	96	884	563	214	60	32	191	1 926
Gemeinde-Unfallversicherungsverbände	312	262	308	24	242	153	57	17	7	42	238
Ausführungsbehörden[4])	538	504	538	23	509	386	81	27	4	6	11

*) Ohne Schülerunfallversicherung.
1) Errechnet aufgrund der durchschnittlich im Jahr geleisteten Arbeitstage oder Arbeitsstunden.
2) Jahresdurchschnitt; um Doppelerfassungen bereinigte Zahlen.
3) Hier sind die von den Versicherungsträgern gemeldeten Zahlen angegeben. Eine Addition der Versicherten der einzelnen Versicherungsträger zu einer Gesamtsumme der versicherten Personen ist nicht möglich, da zahlreiche Personen bei mehr als einem Versicherungsträger versichert sind.
4) Einschl. Eigenunfallversicherung der Städte.
5) Unfälle auf dem Wege nach und von der Arbeitsstätte.
6) Leistungen für ambulante Heilbehandlung, Heilanstaltspflege, Zahnersatz und sonstige Heilbehandlungskosten.
7) Vermögensaufwendungen, Zuführungen zur Rücklage und zu den Betriebsmitteln, rechnungsmäßiges Defizit der eigenen Unternehmen, Beitragsausfälle aus der Umlage des Vorjahres, sonstige Aufwendungen, Verfahrenskosten und Konkursausfallgeld.
8) Bestand am Jahresende.

Quelle: Bundesministerium für Arbeit und Sozialordnung, Bonn

18.3 Gesetzliche Unfallversicherung

18.3.4 Versicherte, Rentenbestand, Schadensfälle, Entschädigungen und Ausgaben der Schülerunfallversicherung*)

Jahr Träger	Versicherte	Renten am Jahresende		Angezeigte meldepflichtige Fälle				Erstmals entschädigte Fälle			
		insgesamt	dar. an Verletzte und Erkrankte	insgesamt	Schul- und Kindergartenunfälle	Wegeunfälle	Berufskrankheiten	insgesamt	davon mit teilweiser Erwerbsunfähigkeit	davon mit völliger Erwerbsunfähigkeit	davon mit Todesfolge
	1 000	Anzahl									
1978	14 318	3 324	3 270	848 059	751 187	96 818	54	3 744	3 395	21	328
1979	14 400	3 862	3 799	908 915	801 705	107 138	72	4 041	3 788	16	237
1980	14 066	4 461	4 391	982 197	874 725	107 406	66	3 835	3 606	20	209
1981	14 050	4 875	4 798	981 892	879 358	102 448	86	3 834	3 629	26	179
davon (1981):											
Gemeinde-Unfallversicherungsverbände	10 166	3 641	3 620	769 263	686 725	82 499	39	2 999	2 837	24	138
Eigenunfallversicherung der Städte	787	245	245	64 659	58 970	5 689	—	219	215	—	4
Ausführungsbehörden der Länder	3 097	989	933	147 970	133 663	14 260	47	616	577	2	37

Jahr Träger	Ausgaben							
	insgesamt	Verwaltungskosten	Renten, Beihilfen, Abfindungen	Heilbehandlung[1])	Berufshilfe und ergänzende Leistungen	Unfallverhütung	Vermögensaufwendung[2])	Verfahrenskosten[3])
	1 000 DM							
1978	251 209	31 630	15 023	177 355	4 841	6 946	13 543	1 871
1979	279 187	35 794	18 984	199 598	5 304	7 616	9 770	2 120
1980	319 783	38 277	21 438	220 709	7 614	8 761	20 656	2 328
1981	349 967	43 576	25 545	251 005	8 880	10 153	8 236	2 571
davon (1981):								
Gemeinde-Unfallversicherungsverbände	273 008	31 979	18 086	197 874	7 479	7 525	8 062	2 003
Eigenunfallversicherung der Städte	19 816	2 549	1 236	14 843	348	514	173	153
Ausführungsbehörden der Länder	57 143	9 048	6 223	38 288	1 053	2 114	1	415

*) Unfallversicherung für Schüler und Studenten sowie für Kinder in Kindergärten.
1) Leistungen für ambulante Heilbehandlung, Heilanstaltspflege, Zahnersatz, Übergangsgeld und sonstige Heilbehandlungskosten.
2) Leistungen für umlagewirksame Vermögensaufwendungen, Zuführungen zur Rücklage und zu den Betriebsmitteln, sonstige Aufwendungen.
3) Leistungen zur Rechtsverfolgung, Unfalluntersuchung und Feststellung der Entschädigungen, Vergütung für Auszahlungen der Renten und für Beitragseinzug.

Quelle: Bundesministerium für Arbeit und Sozialordnung, Bonn

18.4 Gesetzliche Rentenversicherung

18.4.1 Pflichtmitglieder und Beitragszahler in der Rentenversicherung im April 1982 nach Versicherungsarten*)

1 000

Pflichtmitglied Beitragszahler	Insgesamt			Davon im Alter von ... bis unter ... Jahren								
				15 — 40			40 — 65			65 und mehr		
	insgesamt	männlich	weiblich	zusammen	männlich	weiblich	zusammen	männlich	weiblich	zusammen	männlich	weiblich
Insgesamt												
Pflichtmitglieder sowie Beitragszahler seit 1924	30 337	16 120	14 218	15 554	8 184	7 370	14 160	7 663	6 497	624	273	351
davon zahlten:												
Pflichtbeiträge am Stichtag	22 177	13 599	8 578	12 392	7 249	5 143	9 724	6 317	3 407	61	33	28
keine Pflichtbeiträge am Stichtag, aber in den letzten 12 Monaten Pflicht- und/oder freiwillige Beiträge	1 052	577	476	484	231	253	554	338	216	14	8	6
nach dem 1. 1. 1924 Pflicht- und/oder freiwillige Beiträge	7 108	1 944	5 165	2 678	705	1 973	3 882	1 008	2 874	548	231	317
darunter: **Rentenversicherung der Arbeiter**												
Pflichtmitglieder sowie Beitragszahler seit 1924	16 577	10 160	6 417	8 099	5 338	2 760	8 092	4 664	3 429	386	158	228
davon zahlten:												
Pflichtbeiträge am Stichtag	12 327	8 879	3 448	6 664	4 861	1 803	5 629	3 999	1 630	35	20	15
keine Pflichtbeiträge am Stichtag, aber in den letzten 12 Monaten Pflicht- und/oder freiwillige Beiträge	438	240	198	204	108	96	230	130	100	/	/	/
nach dem 1. 1. 1924 Pflicht- und/oder freiwillige Beiträge	3 811	1 040	2 771	1 231	370	861	2 234	535	1 698	347	135	211
Rentenversicherung der Angestellten												
Pflichtmitglieder sowie Beitragszahler seit 1924	13 373	5 635	7 738	7 299	2 722	4 577	5 860	2 817	3 043	215	96	119
davon zahlten:												
Pflichtbeiträge am Stichtag	9 550	4 453	5 097	5 590	2 272	3 318	3 934	2 168	1 766	26	13	13
keine Pflichtbeiträge am Stichtag, aber in den letzten 12 Monaten Pflicht- und/oder freiwillige Beiträge	603	329	274	277	121	156	318	203	115	8	5	/
nach dem 1. 1. 1924 Pflicht- und/oder freiwillige Beiträge	3 221	854	2 367	1 432	330	1 102	1 607	446	1 162	181	78	103

*) Ergebnis des Mikrozensus.

18.4 Gesetzliche Rentenversicherung

18.4.2 Rentenbestand und Rentenanträge der Rentenversicherung der Arbeiter und der Angestellten

1 000

Jahr	Bestand an laufenden Renten am Jahresende[1])												
	insgesamt	Renten an Versicherte								Witwen- und Witwerrenten	Waisenrenten		
		zusammen	wegen Berufsunfähigkeit	wegen Erwerbsunfähigkeit	Altersruhegeld nach Vollendung des 65. Lebensjahres	60.	60.[2])	63.	hinausgeschobenes Altersruhegeld		zusammen	an Halbwaisen	an Vollwaisen
Rentenversicherung der Arbeiter													
1978	8 365	5 474	170	1 264	2 815	769	65	388	3	2 522	369	358	11
1979	8 423	5 507	152	1 308	2 757	802	78	406	4	2 547	369	357	12
1980	8 509	5 575	138	1 379	2 675	852	110	417	4	2 570	364	353	11
1981	8 557	5 615	129	1 454	2 564	898	142	424	4	2 586	356	344	12
1982	8 625	5 676	124	1 536	2 451	951	175	434	5	2 605	344	333	11
Rentenversicherung der Angestellten													
1978	3 612	2 339	53	388	1 161	469	41	218	9	1 115	158	153	5
1979	3 729	2 436	48	421	1 164	503	53	235	12	1 134	159	154	5
1980	3 871	2 561	44	464	1 160	555	78	248	12	1 150	160	155	5
1981	3 980	2 659	42	504	1 138	605	102	256	12	1 162	159	154	5
1982	4 114	2 778	41	551	1 114	662	129	268	13	1 178	158	153	5

Jahr	Rentenanträge								
	Eingegangene Anträge	Erledigte Anträge							Unerledigte Anträge am Jahresende
		zusammen	bewilligt				abgelehnt	auf andere Weise erledigt	
			zusammen	Versichertenrenten	Witwen- u. Witwerrenten	Waisenrenten			
Rentenversicherung der Arbeiter									
1978	842	836	642	453	153	36	129	65	171
1979	854	845	652	461	154	37	128	65	180
1980	846	858	670	476	157	37	122	66	168
1981	830	830	648	454	157	37	120	62	168
1982	828	819	633	442	154	37	128	58	177
Rentenversicherung der Angestellten									
1978	383	383	319	239	65	15	32	31	101
1979	401	400	328	243	69	16	34	38	102
1980	422	423	348	263	68	17	33	42	101
1981	422	409	331	247	68	16	40	38	114
1982	429	417	338	253	68	17	44	35	126

18.4.3 Versicherte, Rentenbestand und Rentenanträge der knappschaftlichen Rentenversicherung

1 000

Jahr	Versicherte am Jahresende	Bestand an laufenden Renten am Jahresende[1])								Rentenanträge					
		insgesamt	Renten an Versicherte				Witwen- und Witwerrenten	Waisenrenten	Knappschaftssold und -ausgleichsleistung[3])	Eingegangene Anträge	Erledigte Anträge				Unerledigte Anträge am Jahresende
			zusammen	Bergmannsrenten	Knappschaftsrenten	Knappschaftsruhegelder					zusammen	bewilligt	abgelehnt	auf andere Weise erledigt	
1978	276	732	355	43	70	242	332	27	18	85	77	.	.	.	20[4])
1979	279	726	353	44	72	237	329	26	18	74	71	55	12	4	22
1980	284	727	354	45	73	236	329	25	19	74	78	62	12	4	18
1981	282	727	357	45	76	236	328	24	18	80	83	66	12	5	15
1982	278	726	358	44	78	236	327	23	18	78	75	60	12	3	18

[1]) Ohne ruhende Renten.
[2]) Bei Schwerbehinderung, Berufs- oder Erwerbsunfähigkeit; 1978: 62. Lebensjahr, 1979: 61. Lebensjahr.
[3]) Gem. § 98a Reichsknappschaftsgesetz.
[4]) Bereinigter Bestand am Jahresende.

Quelle: Bundesministerium für Arbeit und Sozialordnung, Bonn

18.4 Gesetzliche Rentenversicherung

18.4.4 Einnahmen, Ausgaben und Vermögen

Mill. DM

Jahr	Einnahmen					Ausgaben							Vermögen[4])
	insgesamt	Beiträge	Zahlungen aus öffentlichen Mitteln	Vermögenserträge	Sonstige Einnahmen[1])	insgesamt	Verwaltungs- und Verfahrenskosten	Aufwendungen für Leistungen	davon: Ausgezahlte Renten[2])	davon: Gesundheitsmaßnahmen[3])	davon: Beiträge zur Krankenversicherung der Rentner	Sonstige Ausgaben[1])	
Rentenversicherung der Arbeiter													
1978	75 243	49 072	14 591	420	11 160	74 385	1 454	70 221	60 513	2 499	7 209	2 710	8 799
1979	77 105	53 418	15 789	376	7 522	76 777	1 461	72 728	62 971	2 391	7 366	2 588	8 958
1980	80 876	57 549	17 283	614	5 430	80 145	1 575	76 098	65 821	2 575	7 702	2 472	9 582
1981	84 663	61 648	15 383	751	6 881	83 755	1 644	79 654	68 701	2 909	8 044	2 457	10 526
Rentenversicherung der Angestellten													
1978	50 096	45 280	3 542	1 006	268	56 784	910	44 391	38 484	1 450	4 457	11 483	13 194
1979	54 039	49 372	3 908	669	90	55 823	932	47 127	40 824	1 524	4 779	7 764	11 352
1980	59 301	53 656	4 832	724	89	57 131	1 029	50 374	43 551	1 725	5 098	5 728	13 129
1981	64 650	58 878	4 548	1 120	104	61 837	1 021	53 623	46 357	1 838	5 428	7 193	15 255
Knappschaftliche Rentenversicherung													
1978	12 391	1 974	7 658	20	2 739	12 391	141	11 603	9 719	110	1 774	647	495
1979	12 687	2 096	7 882	14	2 695	12 687	150	11 830	9 792	113	1 925	707	462
1980	13 303	2 303	8 320	13	2 667	13 303	164	12 397	10 172	120	2 105	742	363
1981	13 914	2 542	8 568	10	2 794	13 914	172	12 998	10 558	140	2 300	744	400

18.4.5 Durchschnittliche monatliche Rentenzahlbeträge

DM

Jahresanfang	Rentenversicherung der Arbeiter			Rentenversicherung der Angestellten			Knappschaftliche Rentenversicherung[5])		
	Versichertenrenten	Witwenrenten	Waisenrenten	Versichertenrenten	Witwenrenten	Waisenrenten	Versichertenrenten	Witwenrenten	Waisenrenten
1978	638	527	224	989	740	245	1 380	843	262
1979	661	550	226	1 017	772	249	1 370	843	263
1980	682	573	229	1 040	802	252	1 417	878	246
1981	704	595	231	1 063	832	255	1 471	915	274
1982	739	629	236	1 107	877	261	1 526	950	279
1983	736	628	236	1 092	875	260	1 613	1 004	287

18.4.6 Durchschnittliches Bruttojahresarbeitsentgelt, allgemeine Bemessungsgrundlage und Rentenanpassung in der Rentenversicherung der Arbeiter und der Angestellten

Jahr	Durchschnittl. Bruttojahresarbeitsentgelt (DM)	Allgemeine Bemessungsgrundlage (DM)	Jahr	Durchschnittl. Bruttojahresarbeitsentgelt (DM)	Allgemeine Bemessungsgrundlage (DM)	Stichtag der Rentenanpassung	Erhöhung bereits laufender Renten[6]): Steigerungssatz (%)	Erhöhung bereits laufender Renten[6]): Kumulativ[7]) (%)	Stichtag der Rentenanpassung	Erhöhung bereits laufender Renten[6]): Steigerungssatz (%)	Erhöhung bereits laufender Renten[6]): Kumulativ[7]) (%)
1959	5 602	4 812	1972	16 335	12 008	1.1.1959	6,1	6,1	1.1.1972	6,3	156,3
1960	6 101	5 072	1973	18 295	13 371	1.1.1960	5,94	12,4	1.7.1972	9,5	180,7
1961	6 723	5 325	1974	20 381	14 870	1.1.1961	5,4	18,5	1.7.1973	11,35	212,6
1962	7 328	5 678	1975	21 808	16 520	1.1.1962	5,0	24,4	1.7.1974	11,2	247,6
1963	7 775	6 142	1976	23 335	18 337	1.1.1963	6,6	32,6	1.7.1975	11,1	286,1
1964	8 467	6 717	1977	24 945	20 161	1.1.1964	8,2	43,5	1.7.1976	11,0	328,6
1965	9 229	7 275	1978	26 242	21 608	1.1.1965	9,4	57,0	1.7.1977	9,9	371,1
1966	9 893	7 857	1979	27 685	21 068	1.1.1966	8,3	70,0	1.1.1979	4,5	392,3
1967	10 219	8 490	1980	29 485	21 911	1.1.1967	8,0	83,6	1.1.1980	4,0	411,9
1968	10 842	9 196	1981	30 900	22 787	1.1.1968	8,1	98,5	1.1.1981	4,0	432,4
1969	11 839	9 780	1982	...	24 099	1.1.1969	8,3	114,9	1.1.1982	5,76	463,1
1970	13 343	10 318	1983	...	25 445	1.1.1970	6,35	128,6	1.7.1983	5,59	494,6
1971	14 931	10 967				1.1.1971	5,5	141,2			

1) Einschl. Zahlungen im Finanzverbund mit den anderen Rentenversicherungszweigen.
2) Rentenleistungen an Versicherte, Witwen (einschl. Witwenabfindungen) und Waisen.
3) Einschl. allgemeiner Maßnahmen zur Gesundheitsförderung.
4) Bar- und Anlagevermögen am Jahresende; Angaben aus der amtlichen Vermögensstatistik der Rentenversicherungsträger.
5) Ohne Knappschaftsausgleichsleistungen.
6) Aufgrund der Rentenanpassungsgesetze. Der Anpassung liegt jeweils die allgemeine Bemessungsgrundlage des vergangenen Jahres zugrunde.
7) Beispiel: Eine im Jahre 1977 bereits laufende Rente hat sich am 1. 1. 1979 um 4,5%, am 1. 1. 1980 um weitere 4,0%, am 1. 1. 1981 um weitere 4,0% und am 1. 1. 1982 um weitere 5,76% erhöht. Die Gesamterhöhung in diesen Jahren ergibt sich nicht aus der Addition der Steigerungsraten (4,5 + 4,0 usw.), sondern aus (100 mal 1,045 mal 1,040 mal 1,040 mal 1,0576) − 100 = 19,5%.

Quelle: Bundesministerium für Arbeit und Sozialordnung, Bonn

18.5 Zusatzversicherungen*)

Jahr	Versicherte	Rentenbestand: Versichertenrenten	Rentenbestand: Hinterbliebenenrenten	Einnahmen: insgesamt	Einnahmen darunter: Beiträge	Einnahmen darunter: Vermögenserträge	Ausgaben: insgesamt	Ausgaben: Verwaltungskosten	Ausgaben: Aufwendungen für Leistungen	Ausgaben darunter: Versichertenrenten	Ausgaben darunter: Hinterbliebenenrenten	Ausgaben: Sonstige Ausgaben	Vermögen¹)
	Anzahl			Mill. DM									
Versorgungsanstalt des Bundes und der Länder													
1978	1 335 357	309 605	109 039	2 666	1 510	1 143	1 943	36	1 728	1 445	258	179	16 360
1979	1 382 287	323 634	112 880	2 837	1 634	1 190	2 021	36	1 913	1 594	295	72	17 172
1980	1 398 387	343 852	117 472	3 022	1 741	1 245	2 342	39	2 230	1 861	334	73	17 824
1981	1 407 843	363 717	122 715	3 240	1 871	1 352	2 664	42	2 529	2 113	379	93	18 392
1982²)	1 395 545	382 211	127 198	3 334	1 886	1 406	3 011	47	2 838	2 387	413	125	18 768
Bundesbahn-Versicherungsanstalt, Abt. B (Zusatzversicherung)													
1978	154 326	92 621	83 875	430	319	1	619	—	614	458	155	4	−789
1979	152 248	91 724	83 551	2 172	249	50	1 312	6	1 294	977	317	11	109
1980	155 457	90 718	83 462	1 156	210	6	979	15	963	710	253	1	248
1981	166 062	87 604	82 192	1 192	214	21	1 050	17	983	730	253	50	391
1982	160 858	85 968	81 357	1 102	213	37	999	19	979	729	250	1	494
Versorgungsanstalt der Deutschen Bundespost													
1978	229 778	57 095	25 297	443	99	44	530	—	525	435	76	5	802
1979	250 049	58 594	25 582	474	107	41	570	—	559	472	80	10	706
1980	272 575	60 943	25 951	773	118	39	614	—	608	517	86	6	866
1981	293 867	63 883	26 232	822	1	67	669	—	663	567	93	6	1 018
1982	306 961	65 818	26 308	932	1	97	740	—	709	608	97	31	1 211

*) Ohne Pensionskasse Deutscher Eisenbahnen und Straßenbahnen, Versorgungsanstalt Deutscher Kulturorchester, Versorgungsanstalt Deutscher Bühnen sowie ohne kommunale Zusatzversorgungseinrichtungen.
¹) Bestand am Jahresende.
²) Vorläufiges Ergebnis.

Quelle: Versorgungsanstalt des Bundes und der Länder, Karlsruhe; Bundesbahnversicherungsanstalt, Frankfurt am Main; Versorgungsanstalt der Deutschen Bundespost, Stuttgart

18.6 Altershilfe für Landwirte

18.6.1 Versicherte und Empfänger von Altersgeld

Jahr	Versicherte: landwirtschaftliche Unternehmer¹)	Versicherte darunter: Beitragspflichtige	Versicherte darunter: Beitragszahlende Mitarbeit. Familienangehörige	Empfänger von Altersgeld²): landwirtschaftliche Unternehmer	Empfänger von Altersgeld²): Witwen und Witwer	Empfänger von Altersgeld²): Mitarbeit. Familienangehörige	Empfänger von vorzeitigem Altersgeld²): landwirtschaftliche Unternehmer	Empfänger von vorzeitigem Altersgeld²): Witwen und Witwer	Empfänger von vorzeitigem Altersgeld²): Mitarbeit. Familienangehörige
1977	663 987	627 589	1 630	252 216	205 497	24 120	53 944	21 812	9 127
1978	653 236	619 396	1 028	253 576	200 853	23 058	53 589	23 361	8 873
1979	639 976	607 738	609	249 894	200 605	21 958	53 769	24 370	8 526
1980	626 614	597 395	58	244 559	200 015	20 724	54 768	25 958	8 123
1981	617 599	586 516	25	237 111	197 827	19 247	57 720	26 666	8 027

18.6.2 Anträge auf Altersgeld, Einnahmen und Ausgaben

Jahr	Anträge auf Altersgeld: eingegangen	Altersgeld: erledigt	Altersgeld: darunter bewilligt	Altersgeld: unerledigt²)	vorzeitiges Altersgeld: eingegangen	vorzeitiges Altersgeld: erledigt	vorzeitiges Altersgeld: darunter bewilligt	vorzeitiges Altersgeld: unerledigt²)	Einnahmen: insgesamt	Einnahmen darunter: Beiträge	Einnahmen darunter: Öffentliche Mittel	Ausgaben: insgesamt	Ausgaben darunter: Verwaltungskosten	Ausgaben darunter: Altersgeld
	Anzahl								Mill. DM					
1977	25 288	25 679	24 046	2 396	11 747	12 017	10 240	1 634	2 114	515	1 593	2 114	44	1 874
1978	23 490	23 538	22 534	2 348	12 750	12 046	10 215	2 238	2 310	510	1 791	2 312	45	2 060
1979	22 434	22 546	21 843	2 236	12 304	11 958	10 252	2 584	2 435	528	1 899	2 433	48	2 150
1980	20 934	21 205	20 519	1 955	13 686	13 157	11 458	3 110	2 548	551	1 987	2 549	51	2 238
1981	18 413	18 669	17 947	1 699	14 883	14 527	12 619	3 466	2 671	577	2 081	2 669	56	2 312

¹) Einschl. deren Witwen und Witwer.
²) Am Jahresende.

Quelle: Bundesministerium für Arbeit und Sozialordnung, Bonn

18.7 Arbeitsförderung*)

18.7.1 Leistungsempfänger

1 000

Jahresdurchschnitt[1])	Arbeitslosengeld			Arbeitslosenhilfe						Unterhaltsgeld[2])			Kurzarbeitergeld		
				insgesamt			dar. im Anschluß an den Bezug von Arbeitslosengeld								
	insgesamt	männlich	weiblich	insgesamt	männlich	weiblich	zusammen	männlich	weiblich	insgesamt	männlich	weiblich	insgesamt	männlich	weiblich
1978	516	238	279	157	113	44	133	97	36	65	42	23	191	149	42
1979	448	201	248	134	94	41	113	80	33	77	50	28	88	59	28
1980	454	208	246	122	83	38	101	70	31	99	63	36	137	98	38
1981	698	353	344	170	119	51	142	100	41	130	83	47	347	239	108
1982	926	524	402	291	212	79	262	193	69	144	93	51	606	460	146

18.7.2 Einnahmen, Ausgaben und Vermögen der Bundesanstalt für Arbeit

Mill. DM

Jahr	Einnahmen		Ausgaben											Mittel des Bundes[3])			Vermögen[7])
				für (Leistungen)								Durchführung der Fachaufgaben[6])	sonstige Ausgaben	Einnahmen	Ausgaben		
				der Arbeitsmarktpolitik[4])		Arbeitsbeschaffung	Kurzarbeitergeld	Beschäftigungsförderung[5])	bei Arbeitslosigkeit einschl. Konkursausfallgeld								
										darunter							
	insgesamt	darunter Beiträge	insgesamt	zusammen	darunter Unterhaltsgeld				zusammen	Arbeitslosengeld	Anschlußarbeitslosenhilfe				insgesamt	Unterstützungen aus der Arbeitslosenhilfe	
1978	17 755[8])	14 740	17 522	2 778	744	796	596	1 487	7 886	6 270	1 393	2 414	1 565[8])	13	852	264	3 395
1979	17 502	15 926	19 739	4 042	1 180	1 032	334	2 205	9 324	7 468	1 644	2 676	125	18	877	331	1 158
1980	19 050[9])	17 321	21 674	5 301	1 498	1 025	471	1 974	9 857	8 110	1 540	2 909	137	22	1 158	363	373
1981	19 872	18 140	28 165	6 373	2 121	1 054	1 285	2 528	13 662	13 294	—	3 121	143	26	3 512	2 850	289
1982	26 314	24 287	33 365	5 991	2 186	965	2 216	2 218	18 582	18 027	—	3 248	145	25	5 592	5 015	242

*) Einschl. Arbeitslosenversicherung und berufliche Bildung.
1) Errechnet aus 12 Monatswerten.
2) Für die Teilnahme an Maßnahmen zur Förderung der beruflichen Bildung einschl. Übergangsgeld für Rehabilitanden.
3) Leistungen nach dem Arbeitsförderungsgesetz (AFG) und gleichartige Leistungen.
4) Berufliche Bildung, berufliche Rehabilitation.
5) Förderung der ganzjährigen Beschäftigung in der Bauwirtschaft; einschl. Schlechtwettergeld, Wintergeld, Mehrkostenzuschüsse und sonstige Leistungen.
6) Einschl. Auftragsangelegenheiten des Bundes und der Länder sowie der Verwaltung.
7) Rücklage (§ 220 AFG) jeweils 31. 12.
8) Einschl. 1 450 Mill. DM abgegoltene Pflichtbeiträge für die gesetzliche Rentenversicherung.
9) Ohne 1 840 Mill. DM Darlehen und Zuschüsse des Bundes gem. § 187 AFG.

Quelle: Bundesanstalt für Arbeit, Nürnberg

18.8 Kindergeld*)

Jahr	Berechtigte[1])			Kinder, für die an die Empfangsberechtigten Kindergeld gezahlt wurde[1])						Ausgezahlte Beträge[2])
					davon waren					
	insgesamt	Deutsche	Ausländer	insgesamt	1.	2.	3.	4.	5. und weitere	
					Kinder					
	1 000									Mill. DM
1978	7 150	6 304	846	13 124	6 960	3 929	1 463	494	279	11 956
1979	7 083	6 229	854	12 888	6 894	3 876	1 396	463	260	13 318
1980	6 932	6 147	785	12 541	6 798	3 777	1 308	430	229	13 393
1981	6 905	6 119	786	12 299	6 767	3 699	1 238	393	202	14 610
1982	6 704	5 931	773	11 593	6 578	3 473	1 086	316	140	12 714

*) Ohne Bedienstete von Bund, Ländern und Gemeinden/Gv.
1) Stand: November/Dezember jeden Jahres.
2) Ausgezahlte Beträge im Laufe des Jahres; ohne Geldrückläufe.

Quelle: Bundesanstalt für Arbeit, Nürnberg

18.9 Kriegsopferversorgung

18.9.1 Anerkannte Versorgungsberechtigte

1 000

Stichtag 31. 12. / Land	Insgesamt[1])	Beschädigte zusammen	Leicht-[2]) beschädigte	Schwer-[3]) beschädigte	Witwen und Witwer	Halbwaisen	Vollwaisen	Elternteile	Elternpaare[4])
1979	2 015	940	494	446	963	22	6	73	11
1980	1 952	910	478	432	941	20	6	66	9
1981	1 885	880	462	418	916	18	6	58	7
1982	1 819	848	444	404	891	17	6	51	6
davon (1982):									
Schleswig-Holstein	75	30	14	16	42	1	0	2	0
Hamburg	52	23	12	11	24	0	0	4	1
Niedersachsen	221	98	50	48	113	2	1	6	1
Bremen	28	12	7	5	15	0	0	1	0
Nordrhein-Westfalen	448	208	110	98	222	5	2	10	1
Hessen	175	82	43	39	84	1	1	6	1
Rheinland-Pfalz	116	57	29	28	55	1	0	3	0
Baden-Württemberg	281	138	71	67	129	3	1	9	1
Bayern	325	162	89	73	150	3	1	8	1
Saarland	30	15	8	7	14	0	0	1	0
Berlin (West)	68	23	11	12	43	1	0	1	0

18.9.2 Rentenberechtigte Beschädigte und Hinterbliebene nach der Höhe der Ausgleichsrente

Personenkreis	30. 9. 1981	30. 9. 1982
Beschädigte insgesamt	**887 004**	**855 469**
darunter:		
Empfänger von Ausgleichsrente	90 328	86 324
(von ... bis unter ...)		
unter 50 DM	5 784	5 564
50 — 150 DM	11 943	10 721
150 — 300 DM	16 981	15 316
300 — 450 DM	31 237	27 886
450 DM und mehr	24 383	26 837
Witwen und Witwer	**921 648**	**896 427**
darunter:		
Empfänger von Ausgleichsrente	404 142	391 606
(von mehr als ... bis ... des Höchstbetrages)		
bis 10%	25 924	26 072
10 — 40%	125 136	122 232
40 — 70%	126 380	121 321
70% des Höchstbetrages bis 1,— DM unter Höchstbetrag	55 427	53 365
in Höhe des Höchstbetrages bei Witwenrenten und vollen Witwenbeihilfen	69 761	67 047
Zweidrittel-Witwenbeihilfen	1 514	1 569

Personenkreis	30. 9. 1981	30. 9. 1982
Halbwaisen	**18 425**	**16 961**
darunter:		
Empfänger von Ausgleichsrente	13 469	12 483
(von mehr als ... bis ... des Höchstbetrages)		
bis 10%	180	159
10 — 40%	1 413	1 278
40 — 70%	4 154	3 408
70% des Höchstbetrages bis 1,— DM unter Höchstbetrag	1 882	1 972
in Höhe des Höchstbetrages bei Waisenrenten und vollen Waisenbeihilfen	5 390	5 235
Zweidrittel-Waisenbeihilfen	450	431
Vollwaisen	**5 798**	**5 886**
darunter:		
Empfänger von Ausgleichsrente	4 959	5 034
(von mehr als ... bis ... des Höchstbetrages)		
bis 10%	42	32
10 — 40%	364	376
40 — 70%	341	348
70% des Höchstbetrages bis 1,— DM unter Höchstbetrag	242	240
in Höhe des Höchstbetrages bei Waisenrenten und vollen Waisenbeihilfen	3 788	3 849
Zweidrittel-Waisenbeihilfen	182	189

Personenkreis	30. 9. 1981	30. 9. 1982
Elternteile	**59 850**	**52 662**
darunter:		
Empfänger von Rente	46 790	41 004
(von mehr als ... bis zu ... der vollen Elternrente)		
bis 10%	2 517	2 295
10 — 40%	10 881	9 485
40 — 70%	11 772	10 186
70 — 100%	14 436	12 706
mehr als 100%	7 184	6 332
Elternpaare	**3 778**	**2 884**
darunter:		
Empfänger von Rente	2 377	1 771
(von mehr als ... bis zu ... der vollen Elternrente)		
bis 10%	233	169
10 — 40%	718	517
40 — 70%	664	492
70 — 100%	526	406
mehr als 100%	236	187

1) Personen mit Anspruch auf laufende Versorgungsbezüge (Renten, Beihilfen, Härteausgleich) einschl. der Fälle, in denen das Recht auf Versorgung ganz oder teilweise ruht.
2) Beschädigte mit einer Minderung der Erwerbsfähigkeit bis unter 50vH.
3) Beschädigte mit einer Minderung der Erwerbsfähigkeit von 50vH und mehr.
4) Zahl der Personen.

Quelle: Bundesministerium für Arbeit und Sozialordnung, Bonn

18.10 Sozialhilfe

Hilfeart nach dem Bundessozialhilfegesetz / Land	Insgesamt				Außerhalb von Einrichtungen				In Einrichtungen			
	1978	1979	1980	1981	1978	1979	1980	1981	1978	1979	1980	1981
Hilfeempfänger in 1 000[1])												
Laufende Hilfe zum Lebensunterhalt	1 335	1 311	1 322	1 291	1 275	1 243	1 254	1 225	62	70	71	69
Hilfe in besonderen Lebenslagen	1 079	1 080	1 125	1 080	620	621	644	621	485	490	508	479
Hilfe zum Aufbau oder zur Sicherung der Lebensgrundlage	1	1	1	1	1	1	1	1	—	—	—	—
Ausbildungshilfe	24	17	14	12	22	15	13	11	2	2	1	1
Vorbeugende Gesundheitshilfe	70	68	65	59	16	14	13	11	54	54	52	48
Krankenhilfe[2])	371	364	377	353	322	318	329	311	60	60	61	53
Hilfe für werdende Mütter und Wöchnerinnen	5	4	5	3	3	3	3	2	3	2	2	1
Eingliederungshilfe für Behinderte	169	180	194	191	41	48	52	55	129	133	143	137
Tuberkulosehilfe	22	19	17	14	21	17	15	12	2	3	3	2
Blindenhilfe	1	1	2	2	0	0	1	1	1	1	1	1
Hilfe zur Pflege	429	442	463	451	205	216	227	224	225	228	237	227
Hilfe zur Weiterführung des Haushalts	14	13	13	12	13	12	13	12	1	0	0	0
Hilfe zur Überwindung besonderer sozialer Schwierigkeiten	16	14	17	18	4	3	6	6	12	11	11	12
Altenhilfe	32	32	30	28	21	21	21	21	10	11	9	7
Hilfe in anderen besonderen Lebenslagen	8	10	11	11	6	8	8	8	2	2	3	3
Insgesamt	**2 120**	**2 095**	**2 144**	**2 083**	**1 631**	**1 600**	**1 626**	**1 584**	**532**	**544**	**563**	**532**
Ausgaben in Mill. DM												
Hilfe zum Lebensunterhalt	3 816	3 921	4 339	4 795	3 222	3 313	3 665	4 077	594	608	673	718
Laufende Hilfe	.	.	.	.	2 674	2 702	2 979	3 332	.	.	.	.
Einmalige Hilfe	.	.	.	.	549	611	687	745	.	.	.	.
Hilfe in besonderen Lebenslagen	7 533	8 208	8 927	9 987	1 154	1 218	1 305	1 429	6 379	6 990	7 622	8 558
Hilfe zum Aufbau oder zur Sicherung der Lebensgrundlage	2	4	4	5	2	4	4	5	—	—	—	—
Ausbildungshilfe	38	28	27	27	33	24	24	24	6	4	3	3
Vorbeugende Gesundheitshilfe	100	99	100	104	6	6	7	6	94	93	94	98
Krankenhilfe[2])[3])	727	752	792	872	287	293	317	339	440	460	475	533
Hilfe für werdende Mütter und Wöchnerinnen	9	10	10	12	1	1	1	2	8	8	9	10
Eingliederungshilfe für Behinderte	2 114	2 420	2 666	3 041	113	132	126	150	2 001	2 289	2 540	2 891
Tuberkulosehilfe	73	68	72	65	52	46	42	41	21	22	31	24
Blindenhilfe	4	5	2	2	3	3	0	0	2	2	2	2
Hilfe zur Pflege	4 282	4 614	5 003	5 581	591	641	707	776	3 690	3 974	4 296	4 805
Hilfe zur Weiterführung des Haushalts	31	32	36	40	29	31	35	39	2	1	1	1
Hilfe zur Überwindung besonderer sozialer Schwierigkeiten	109	132	164	184	5	6	8	8	105	126	157	176
Altenhilfe	38	38	41	43	28	28	31	33	9	10	10	10
Hilfe in anderen besonderen Lebenslagen	5	6	8	11	3	4	5	5	2	2	3	6
Insgesamt[3])	**11 349**	**12 129**	**13 266**	**14 783**	**4 376**	**4 531**	**4 970**	**5 506**	**6 973**	**7 598**	**8 296**	**9 276**
davon:												
Schleswig-Holstein	560	598	658	736	201	221	235	266	358	377	424	470
Hamburg[3])	491	524	594	702	189	187	217	263	301	337	376	440
Niedersachsen	1 537	1 682	1 780	1 904	482	510	561	618	1 055	1 173	1 219	1 286
Bremen	238	249	266	305	127	128	127	145	111	120	139	160
Nordrhein-Westfalen	3 564	3 761	4 132	4 607	1 517	1 555	1 685	1 858	2 047	2 206	2 446	2 749
Hessen	1 001	1 070	1 202	1 319	407	421	487	499	594	648	715	820
Rheinland-Pfalz	488	522	566	645	201	210	223	246	288	312	343	399
Baden-Württemberg	1 164	1 242	1 407	1 560	374	389	447	494	790	853	960	1 066
Bayern	1 293	1 401	1 493	1 676	417	427	453	521	876	974	1 041	1 155
Saarland	199	217	232	255	85	94	102	112	115	123	130	143
Berlin (West)	813	863	936	1 073	375	389	433	484	438	474	503	590

1) Ohne Nichtseßhafte und ohne Empfänger von Pauschalhilfen, ferner ohne Gruppenverschickungen bei der vorbeugenden Gesundheitshilfe sowie ohne Personen, die nur einmalige Hilfe zum Lebensunterhalt erhielten. Personen, die Hilfe verschiedener Art erhielten, wurden bei jeder Hilfeart gezählt.

2) Einschl. Hilfe bei Schwangerschaft oder bei Sterilisation, Hilfe zur Familienplanung.

3) In Hamburg einschl. Geschlechtskrankenfürsorge.

18.11 Kriegsopferfürsorge*)

Hilfeart nach dem Bundesversorgungsgesetz (BVG)	Insgesamt				Darunter Leistungen an Sonderfürsorgeberechtigte gem. § 27e BVG			
	1978	1979	1980	1981	1978	1979	1980	1981
	Empfänger laufender Leistungen am Jahresende[1])							
Berufsfördernde Leistungen	6 589	5 858	5 735	4 663	1 838	1 747	1 946	1 409
Erziehungsbeihilfe	38 759	34 981	33 314	29 657	12 233	11 341	11 068	9 594
Ergänzende Hilfe zum Lebensunterhalt	35 895	34 253	34 762	34 250	1 664	1 534	1 538	1 507
Hilfen in besonderen Lebenslagen	108 559	111 077	115 424	113 770	11 464	12 437	13 280	13 399
	Einmalige Leistungen (Fälle) im Laufe des Jahres							
Berufsfördernde Leistungen	5 843	5 290	5 022	3 935	1 654	1 348	1 443	1 010
Erziehungsbeihilfe	37	41	178	60	4	14	94	16
Ergänzende Hilfe zum Lebensunterhalt	90 386	94 683	93 628	91 298	10 094	10 909	11 064	10 039
Erholungshilfe	118 992	116 960	114 544	121 834	19 918	19 387	20 102	19 586
Wohnungshilfe	1 133	1 048	946	694	726	674	628	449
Hilfen in besonderen Lebenslagen	45 886	46 289	47 026	46 038	8 637	7 652	6 877	6 747
Insgesamt	**262 277**	**264 311**	**261 344**	**263 859**	**41 033**	**39 984**	**40 208**	**37 847**
	Ausgaben in Mill. DM							
Berufsfördernde Leistungen	44	39	38	34	11	8	9	7
Erziehungsbeihilfe	142	143	145	133	44	45	45	40
Ergänzende Hilfe zum Lebensunterhalt	150	159	179	193	14	13	15	15
Erholungshilfe	72	80	85	95	13	15	16	17
Wohnungshilfe	5	4	5	4	3	3	3	2
Hilfen in besonderen Lebenslagen	512	578	659	751	27	27	31	33
Insgesamt	**925**	**1 003**	**1 111**	**1 209**	**112**	**111**	**119**	**114**

*) Nur Leistungen für Berechtigte im Inland.

1) Personen, die Hilfe verschiedener Art erhielten, wurden bei jeder Hilfeart gezählt.

18.12 Jugendhilfe

Maßnahmen / Ausgaben	1978	1979	1980	1981
Maßnahmen				
Minderjährige[1]) unter Pflegeaufsicht[2])	65 029	67 015	70 552	69 681
Amtspflegschaft	324 229	323 825	330 137	336 575
Amtsvormundschaft	70 989	68 515	67 554	65 963
Pflegschaft und Beistandschaft der Jugendämter	100 822	102 432	109 031	109 941
Erziehungsbeistandschaft	7 130	7 083	7 197	7 266
Freiwillige Erziehungshilfe	17 655	16 595	15 798	15 200
Fürsorgeerziehung	4 599	3 869	3 194	2 693
Maßnahmen für junge Volljährige[3])	1 408	1 502	1 545	1 605
Hilfe zur Erziehung für Minderjährige[4])	117 102	116 007	115 554	109 391
Hilfe zur Erziehung für junge Volljährige[5])	3 265	4 023	4 254	4 810
Vaterschaftsfeststellungen[6])	41 537	41 996	46 587	50 241
Mitwirkung bei Adoptionen[6])	11 224	9 905	9 298	9 091
Ausgaben in Mill. DM				
Aufwendungen[7]) ohne Pauschalzuschüsse für:				
Hilfe durch Familienpflege	317	331	373	402
Heimpflege	1 196	1 223	1 330	1 409
Kindertagesstätten	796	857	935	1 002
Erholungspflege und Freizeithilfen	191	213	242	244
Freiwillige Erziehungshilfe	459	475	508	531
Fürsorgeerziehung	110	108	103	88
Hilfe für junge Volljährige[3])	27	33	43	48
Sonstige Ausgaben[8])	159	187	200	199
Zuschüsse an Träger der freien Jugendhilfe[9])	1 172	1 332	1 579	1 757
Insgesamt[10])	**4 427**	**4 759**	**5 313**	**5 680**

Einrichtungen / Verfügbare Plätze	1978	1979	1980	1981
Einrichtungen				
Säuglings- und Kinderheime	1 067	1 084	1 098	1 107
Erziehungsheime	526	511	498	483
Sonder- und Beobachtungsheime	422	437	434	434
Kinderkrippen	937	1 000	995	1 025
Kindergärten[11])	23 565	23 916	24 011	24 149
Kinderhorte	3 106	3 109	3 026	3 096
Kur-, Heil-, Genesungs- und Erholungsheime für Minderjährige	418	403	378	347
Jugendbildungsstätten	357	415	398	418
Jugendwohnheime	707	707	729	727
Schülerwohnheime	435	425	411	410
Erziehungs- und Jugendberatungsstellen	1 016	1 084	1 119	1 202
Jugendbüchereien	6 639	6 566	6 506	6 295
Verfügbare Plätze				
Säuglings- und Kinderheime	42 885	42 028	40 451	38 839
Erziehungsheime	30 097	28 282	27 061	25 076
Sonder- und Beobachtungsheime	26 912	27 321	26 450	24 727
Kinderkrippen	25 895	26 772	26 104	26 098
Kindergärten[11])	1 401 400	1 390 723	1 393 708	1 396 546
Kinderhorte	101 668	104 517	105 673	107 368
Kur-, Heil-, Genesungs- und Erholungsheime für Minderjährige	33 060	32 192	29 427	27 124
Jugendbildungsstätten	33 004	31 485	29 812	30 090
Jugendwohnheime	41 482	40 216	41 421	40 844
Schülerwohnheime	35 879	35 635	34 370	33 950

1) Am Jahresende.
2) Pflegekinder in Familienpflege, ohne von der Aufsicht widerruflich befreite Kinder.
3) Gemäß § 75a des Gesetzes für Jugendwohlfahrt (JWG).
4) Gemäß § 5 Abs. 1 Nr. 3, 4 und 8 und § 6 Abs. 1 und 2 JWG.
5) Gemäß § 6 Abs. 3 JWG.
6) Im Laufe des Jahres.
7) Für die von den Jugendwohlfahrtsbehörden durchgeführten Maßnahmen.
8) Einschl. Hilfen für Mutter und Kind vor und nach der Geburt, Jugendberufshilfen, Beratung in Fragen der Ehe, Familie und Jugend, Außerschulische Bildung, Vormundschaftswesen u. a.
9) Gemäß § 5 Abs. 4 JWG.
10) Ohne Allgemeine Verwaltungskosten der Jugendbehörden sowie ohne Aufwendungen für Investitionen.
11) Schulkindergärten, die in der Regel von bereits schulpflichtigen Kindern besucht werden, sind in Tabelle 16.1, S. 344 dargestellt.

18.13 Behinderte am 31. 12. 1981*)

Gegenstand der Nachweisung	Insgesamt	Davon im Alter von . . . bis unter . . . Jahren							
		unter 4	4 — 15	15 — 25	25 — 35	35 — 45	45 — 55	55 — 65	65 und mehr
				Insgesamt					
Verlust oder Teilverlust von Gliedmaßen . . .	132 035	127	826	3 339	3 959	7 336	15 000	52 983	48 465
Funktionseinschränkung von Gliedmaßen . . .	800 060	1 210	11 202	29 586	38 326	68 421	125 570	240 630	284 615
Funktionseinschränkung der Wirbelsäule und des Rumpfes, Deformierung des Brustkorbes	786 692	253	2 485	12 612	23 318	74 939	171 133	261 963	239 989
Blindheit und Sehbehinderung	214 880	404	4 272	9 679	10 828	16 832	26 027	43 457	103 381
Sprach- oder Sprechstörungen, Taubheit, Schwerhörigkeit, Gleichgewichtsstörungen	166 546	466	8 424	10 792	9 062	13 816	23 977	39 932	60 077
Kleinwuchs, Entstellungen u. a.	98 167	50	269	928	1 999	10 422	24 642	31 138	28 719
Beeinträchtigung der Funktion von inneren Organen bzw. Organsystemen	1 917 317	1 897	12 891	24 115	43 378	124 059	332 649	572 981	805 347
Querschnittlähmung, zerebrale Störungen, geistig-seelische Behinderungen, Suchtkrankheiten	518 674	3 838	38 612	74 894	60 315	62 636	74 786	88 096	115 497
Sonstige und ungenügend bezeichnete Behinderungen	640 296	1 288	7 381	16 180	26 090	73 359	163 077	220 156	132 765
Insgesamt . . .	**5 274 667**[1])	**9 533**	**86 362**	**182 125**	**217 775**	**451 820**	**956 861**	**1 551 336**	**1 818 855**
Männlich	2 815 674	4 985	49 484	106 370	127 176	252 762	553 797	928 461	792 639
Weiblich	2 458 993	4 548	36 878	75 755	90 599	199 058	403 064	622 875	1 026 216
				davon: **mit einer Minderung der Erwerbsfähigkeit von 50 vH und mehr**					
Verlust oder Teilverlust von Gliedmaßen . . .	129 391	101	720	3 130	3 616	6 704	14 406	52 422	48 292
Funktionseinschränkung von Gliedmaßen . . .	705 024	1 044	9 274	21 231	27 048	50 397	102 400	218 584	275 046
Funktionseinschränkung der Wirbelsäule und des Rumpfes, Deformierung des Brustkorbes	614 296	233	2 028	7 767	12 707	41 857	111 045	209 561	229 098
Blindheit und Sehbehinderung	183 285	338	3 056	5 575	5 918	10 789	19 549	38 377	99 683
Sprach- oder Sprechstörungen, Taubheit, Schwerhörigkeit, Gleichgewichtsstörungen	151 377	449	7 584	9 203	7 553	11 515	20 366	36 456	58 251
Kleinwuchs, Entstellungen u. a.	92 320	38	213	743	1 778	9 803	22 732	29 060	27 953
Beeinträchtigung der Funktion von inneren Organen bzw. Organsystemen	1 742 796	1 725	11 518	18 404	30 580	91 322	276 758	524 407	788 082
Querschnittlähmung, zerebrale Störungen, geistig-seelische Behinderungen, Suchtkrankheiten	503 583	3 820	38 094	72 798	58 321	59 620	70 764	85 433	114 733
Sonstige und ungenügend bezeichnete Behinderungen	371 130	1 123	6 474	10 933	13 619	27 419	66 568	132 413	112 581
Zusammen . . .	**4 493 202**[2])	**8 871**	**78 961**	**149 784**	**161 140**	**309 426**	**704 588**	**1 326 713**	**1 753 719**
Männlich	2 415 766	4 628	45 348	86 006	92 901	177 160	422 361	818 078	769 284
Weiblich	2 077 436	4 243	33 613	63 778	68 239	132 266	282 227	508 635	984 435
				mit einer Minderung der Erwerbsfähigkeit von 30 bis unter 50 vH					
Verlust oder Teilverlust von Gliedmaßen . . .	2 644	26	106	209	343	632	594	561	173
Funktionseinschränkung von Gliedmaßen . . .	95 036	166	1 928	8 355	11 778	18 024	23 170	22 046	9 569
Funktionseinschränkung der Wirbelsäule und des Rumpfes, Deformierung des Brustkorbes	172 396	20	457	4 845	10 611	33 082	60 088	52 402	10 891
Blindheit und Sehbehinderung	31 595	66	1 216	4 104	4 910	6 043	6 478	5 080	3 698
Sprach- oder Sprechstörungen, Taubheit, Schwerhörigkeit, Gleichgewichtsstörungen	15 169	17	840	1 589	1 509	2 301	3 611	3 476	1 826
Kleinwuchs, Entstellungen u. a.	5 847	12	56	185	221	619	1 910	2 078	766
Beeinträchtigung der Funktion von inneren Organen bzw. Organsystemen	174 521	172	1 373	5 711	12 798	32 737	55 891	48 574	17 265
Querschnittlähmung, zerebrale Störungen, geistig-seelische Behinderungen, Suchtkrankheiten	15 091	18	518	2 096	1 994	3 016	4 022	2 663	764
Sonstige und ungenügend bezeichnete Behinderungen	269 166	165	907	5 247	12 471	45 940	96 509	87 743	20 184
Zusammen . . .	**781 465**[3])	**662**	**7 401**	**32 341**	**56 635**	**142 394**	**252 273**	**224 623**	**65 136**
Männlich	399 908	357	4 136	20 364	34 275	75 602	131 436	110 383	23 355
Weiblich	381 557	305	3 265	11 977	22 360	66 792	120 837	114 240	41 781

*) Mit einer Minderung der Erwerbsfähigkeit (MdE) von 30 vH und mehr.
[1]) Ohne 211 572 Behinderte in Bayern, für die eine Aufgliederung nicht möglich ist.
[2]) Ohne 176 464 Behinderte mit einer MdE von 50 vH und mehr in Bayern, für die eine Aufgliederung nicht möglich ist.
[3]) Ohne 35 108 Behinderte mit einer MdE von 30 bis unter 50 vH in Bayern, für die eine Aufgliederung nicht möglich ist.

18.14 Rehabilitationsmaßnahmen 1980*)

18.14.1 Nach Alter und Stellung im Beruf der Rehabilitanden

Stellung im Beruf (vor der Rehabilitation) / Trägerschaft	Insgesamt	Davon im Alter von ... bis unter ... Jahren						
		unter 20	20—30	30—40	40—50	50—60	60—65	65 und mehr
Nicht erwerbstätig	144 943	67 978	12 519	5 913	11 787	23 746	7 839	15 161
Erwerbstätig	937 164	13 889	87 617	136 768	274 015	351 763	62 462	10 650
in Ausbildung	9 807	5 206	3 489	341	374	397	—	—
ungelernte Arbeiter	211 839	2 245	21 403	30 139	65 728	79 190	11 705	1 429
Facharbeiter	333 397	1 618	34 684	54 049	107 075	116 316	17 608	2 047
Angestellte	324 121	999	24 835	46 700	86 820	135 161	27 798	1 808
Beamte	1 466	3	453	259	256	407	80	8
Selbständige[1])	46 029	377	1 109	4 050	12 130	18 988	4 999	4 376
ohne Angabe	10 505	3 441	1 644	1 230	1 632	1 304	272	982
Insgesamt	**1 082 107**	**81 867**	**100 136**	**142 681**	**285 802**	**375 509**	**70 301**	**25 811**
davon:								
Unfallversicherung	74 992	5 119	8 643	11 236	18 310	18 742	4 500	8 442
Rentenversicherung	823 484	4 102	43 262	106 603	243 995	343 618	64 548	17 356
Hauptfürsorgestellen	263	12	160	54	12	23	2	—
Bundesanstalt für Arbeit	183 368	72 634	48 071	24 788	23 485	13 126	1 251	13

18.14.2 Nach Stellung im Beruf und Ursache der Behinderung der Rehabilitanden

Ursache der Behinderung	Insgesamt	Nicht erwerbstätig	Erwerbstätig							
			zusammen	nach der Stellung im Beruf (vor der Rehabilitation)						ohne Angabe
				in Ausbildung	ungelernte Arbeiter	Facharbeiter	Angestellte	Beamte	Selbständige[1])	
Angeborene Behinderung	79 192	31 774	47 418	1 360	13 707	26 517	5 456	34	214	130
Erworbene Behinderung	1 002 915	113 169	889 746	8 447	198 132	306 880	318 665	1 432	45 815	10 375
davon durch:										
Krankheiten	831 060	68 839	762 221	3 571	167 709	257 718	301 643	1 114	29 238	1 228
Berufskrankheiten	11 383	311	11 072	510	1 239	6 286	1 842	10	296	889
Arbeitsunfälle[2])	74 501	786	73 715	1 998	14 620	25 429	8 035	65	15 702	7 866
Verkehrsunfälle	7 621	1 369	6 252	620	1 674	2 393	1 358	42	103	62
andere Unfälle	5 404	853	4 551	166	1 537	1 664	1 054	38	67	25
Kriegs- und Wehrdienstbeschädigungen	1 818	94	1 724	10	261	653	617	94	51	38
Sonstige Ursachen	71 128	40 917	30 211	1 572	11 092	12 737	4 116	69	358	267
Insgesamt	**1 082 107**	**144 943**	**937 164**	**9 807**	**211 839**	**333 397**	**324 121**	**1 466**	**46 029**	**10 505**
Männlich	673 860	63 414	610 446	6 688	122 804	287 558	155 405	1 157	28 776	8 058
Weiblich	408 247	81 529	326 718	3 119	89 035	45 839	168 716	309	17 253	2 447

18.14.3 Nach Art der Behinderung der Rehabilitanden

Pos. Nr. der ICD[3])	Art der Behinderung	Medizinische Rehabilitation			Berufsfördernde Rehabilitation[4])		
		insgesamt	männlich	weiblich	insgesamt	männlich	weiblich
000—136	Infektiöse und parasitäre Krankheiten	27 119	18 515	8 604	36 937	31 178	5 759
240—289	Störungen der Drüsen mit innerer Sekretion, Ernährungs- und Stoffwechselkrankheiten, Krankheiten des Blutes und der blutbildenden Organe	38 446	22 785	15 661	3 297	2 406	891
290—389	Seelische Störungen, Krankheiten des Nervensystems und der Sinnesorgane	110 974	57 534	53 440	43 257	28 006	15 251
	Krankheiten						
390—458	des Kreislaufsystems	123 377	86 054	37 323	7 092	5 548	1 544
460—519	der Atmungsorgane	50 964	35 144	15 820	2 947	2 419	528
520—578	der Verdauungsorgane	39 100	29 591	9 509	3 918	3 424	494
580—599	der Nieren und der ableitenden Harnwege	8 132	4 574	3 558	1 732	1 190	542
710—738	des Skeletts, der Muskeln und des Bindegewebes	281 081	152 344	128 737	59 964	44 681	15 283
760—766	Postoperative Zustände	36 023	22 173	13 850	772	685	87
770—777	Amputationen	1 108	954	154	3 284	2 861	423
810—819	Knochenbrüche der oberen Gliedmaßen	15 938	10 767	5 171	1 226	1 039	187
820—829	Knochenbrüche der unteren Gliedmaßen	20 819	15 988	4 831	3 299	2 941	358
restl. Pos.	Sonstige Krankheiten oder Schäden	86 692	44 511	42 181	74 346	46 285	28 061
000—999	**Insgesamt**	**839 773**	**500 934**	**338 839**	**242 071**	**172 663**	**69 408**

*) Im Berichtsjahr abgeschlossene Maßnahmen, einschl. der Rehabilitationsmaßnahmen, bei denen die Bundesanstalt für Arbeit als Mitträger beteiligt war. – Methodische Hinweise in »Wirtschaft und Statistik«, 4/1982, S. 320 ff.

1) Einschl. Landwirte, deren Ehegatten, Mithelfende Familienangehörige und einschl. sonstiger Beschäftigter in der Landwirtschaft.

2) Einschl. Wegeunfälle sowie Verkehrsunfälle, die Arbeitsunfälle sind.

3) Internationale Klassifikation der Krankheiten, Verletzungen und Todesursachen 1968.

4) Einschl. der Rehabilitationsmaßnahmen, die sowohl eine medizinische als auch eine berufsfördernde Rehabilitation umfassen. Ohne 263 Rehabilitationsmaßnahmen der Hauptfürsorgestellen.

18.15 Wohngeld 1981*)

18.15.1 Empfänger von Wohngeld nach Familieneinkommen, Haushaltsgröße und Höhe des Wohngeldes

Monatliches Familieneinkommen[1]) mehr als . . . bis . . . DM / Haushaltsgröße	Insgesamt	Davon mit monatlichem Wohngeld von . . . bis unter . . . DM: unter 25	25 — 50	50 — 75	75 — 100	100 — 150	150 — 200	200 — 250	250 — 300	300 — 400	400 — 500	500 und mehr	Durchschnittliches monatliches Wohngeld
	1 000	%											DM
Insgesamt	**1 609,0**	**9,3**	**14,5**	**15,9**	**14,3**	**22,1**	**11,9**	**5,8**	**3,0**	**2,4**	**0,6**	**0,2**	**110**
davon:													
Empfänger von													
Mietzuschuß	1 487,9	9,9	15,0	16,3	14,5	22,2	11,4	5,4	2,6	2,0	0,5	0,1	105
Lastenzuschuß	121,1	2,0	8,5	10,6	11,2	21,6	17,4	11,6	7,0	6,3	2,3	1,4	162
nach dem monatlichen Familieneinkommen													
bis 250	67,5	2,0	6,1	9,0	12,6	25,3	19,0	13,5	6,6	4,2	1,4	0,4	155
250 — 500	371,4	1,6	6,4	12,2	14,7	29,1	19,7	8,2	3,8	3,2	0,8	0,2	137
500 — 750	497,5	4,3	16,9	20,9	18,2	24,3	7,8	3,5	2,0	1,6	0,4	0,1	100
750 — 1 000	331,5	29,8	21,2	15,3	8,7	11,4	6,5	3,3	1,8	1,4	0,4	0,2	74
1 000 — 1 500	169,6	12,3	16,9	14,5	13,1	17,7	10,2	6,9	3,9	3,3	0,9	0,4	111
1 500 — 2 000	123,9	1,3	10,9	13,1	13,8	25,9	17,1	9,2	4,3	2,9	0,8	0,5	135
2 000 — 3 000	46,9	0,0	19,0	19,4	16,7	20,6	12,4	5,4	3,1	2,2	0,8	0,5	114
3 000 — 4 000	0,7	—	11,1	18,9	16,5	21,9	13,7	5,6	4,5	3,9	1,9	1,9	139
4 000 und mehr	0,0	—	—	—	7,1	35,7	28,6	—	—	—	14,3	14,3	280
nach der Haushaltsgröße													
Haushalte													
von Alleinstehenden	976,4	13,5	17,4	18,7	15,7	22,2	9,1	2,6	0,6	0,1	0,0	0,0	84
mit 2 Familienmitgliedern	261,1	5,9	13,1	13,7	14,0	23,2	15,3	8,7	4,3	1,8	0,1	0,0	118
mit 3 Familienmitgliedern	115,2	2,1	9,6	10,5	10,3	19,8	16,5	13,1	8,6	8,3	1,1	0,0	158
mit 4 Familienmitgliedern	133,3	0,3	9,6	12,3	13,1	23,3	16,0	10,1	6,3	6,7	2,0	0,3	152
mit 5 Familienmitgliedern	70,2	0,2	5,7	9,0	10,8	22,3	18,4	13,2	8,3	8,3	3,0	0,7	175
mit 6 Familienmitgliedern und mehr	52,7	0,1	2,3	4,2	6,0	16,1	17,5	14,8	12,0	14,7	7,3	5,1	239

18.15.2 Empfänger von Wohngeld nach sozialer Stellung und abzusetzenden Beträgen

Soziale Stellung / Haushaltsgröße	Insgesamt	Davon mit abzusetzenden monatlichen Beträgen[2]) von . . . bis unter . . . DM: unter 100	100 — 200	200 — 300	300 — 400	400 — 600	600 — 900	900 — 1 200	1 200 und mehr	Durchschnittliche(s) monatliche(s): Bruttoeinnahmen[3])	abzusetzende Beträge[2])	Familieneinkommen[4])	bereinigte Einnahmen[5])	Wohngeld
	1 000	%								DM				
Insgesamt	**1 609,0**	**8,2**	**19,9**	**14,5**	**12,2**	**16,3**	**12,6**	**8,0**	**8,2**	**1 317**	**524**	**793**	**1 298**	**110**
Erwerbstätiger	304,5	0,8	2,7	3,5	4,8	10,6	20,8	27,2	29,6	2 477	1 035	1 442	2 405	133
davon:														
Selbständiger	10,6	4,2	8,7	9,0	9,6	18,1	20,9	13,7	15,7	1 877	775	1 103	1 844	190
Beamter	31,5	0,2	0,2	0,6	1,7	3,2	18,8	43,4	31,9	2 876	1 153	1 723	2 763	123
Angestellter	69,9	0,6	2,7	4,3	6,8	16,2	22,7	23,2	23,5	2 302	955	1 347	2 225	119
Arbeiter	192,5	0,8	2,7	3,3	4,3	9,4	20,5	26,7	32,2	2 509	1 059	1 450	2 442	136
Erwerbslose	75,6	5,0	25,0	18,9	13,3	14,4	12,3	5,9	5,2	1 201	448	752	1 192	146
Nichterwerbspersonen	1 228,9	10,2	23,9	17,0	14,0	17,9	10,6	3,4	3,1	1 037	402	635	1 030	102
davon:														
Rentner	961,1	9,5	26,6	16,6	14,5	17,7	10,1	2,7	2,3	1 044	385	659	1 039	89
Pensionär	38,4	10,7	12,1	21,2	15,0	19,1	11,9	4,7	5,2	1 061	478	583	1 046	106
Empfänger von														
Sozialhilfe[6])	64,5	24,2	15,6	20,8	13,8	12,6	6,5	2,8	3,5	774	341	432	768	119
Kriegsopferfürsorge[6])	0,6	7,7	30,7	23,0	14,5	11,9	7,0	2,3	3,0	699	344	355	698	135
Student	20,2	15,3	25,9	16,9	10,3	18,6	9,3	2,3	1,5	939	353	586	918	141
Sonstiger	144,0	7,8	12,2	16,7	11,4	20,6	15,8	7,8	7,5	1 114	531	583	1 105	175
nach der Haushaltsgröße														
Haushalte														
von Alleinstehenden	976,4	13,0	28,7	18,0	13,9	15,3	7,8	1,6	1,8	920	342	579	915	84
mit 2 Familienmitgliedern	261,1	1,6	14,0	18,8	18,3	26,3	14,9	4,0	2,2	1 251	464	787	1 238	118
mit 3 Familienmitgliedern	115,2	0,3	2,2	6,7	7,7	28,6	37,7	12,7	4,1	1 623	682	941	1 589	158
mit 4 Familienmitgliedern	133,3	0,1	0,2	0,9	3,3	7,2	26,3	46,7	15,4	2 432	988	1 445	2 366	152
mit 5 Familienmitgliedern	70,2	0,1	0,2	0,2	0,3	3,0	10,4	30,2	55,7	2 876	1 271	1 605	2 804	175
mit 6 Familienmitgliedern und mehr	52,7	0,1	0,1	0,3	0,2	0,6	4,7	9,2	84,9	3 428	1 689	1 739	3 355	239

*) Stand Jahresende.

1) Nach dem Wohngeldgesetz (WoGG) ist Familieneinkommen der Gesamtbetrag der Jahreseinkommen, die von allen zum Haushalt gehörenden Familienmitgliedern erzielt werden, abzüglich Werbungskosten u.ä. Außer Betracht bleiben bestimmte Einnahmen, soweit sie steuerfrei sind; darüber hinaus werden spezielle Freibeträge gewährt. – Berechnet als 12. Teil des Familieneinkommens im Jahr.

2) Bei der Einkommensermittlung nach den §§ 12 bis 17 WoGG nicht zu berücksichtigende Beträge.

3) Alle Einnahmen der zum Haushalt rechnenden Familienmitglieder einschl. der Beträge nach den §§ 12 bis 17 WoGG.

4) Bruttoeinnahmen minus abzusetzende Beträge (siehe auch Fußnote 1).

5) Bruttoeinnahmen minus Aufwendungen zur Erwerbung, Sicherung und Erhaltung der Einnahmen (§ 12 WoGG) sowie der Einnahmen zur Verringerung der Miete oder Belastung (§ 13 WoGG).

6) Bezug von Sozialhilfe oder Kriegsopferfürsorge vom Antragsteller und von allen Familienmitgliedern als einziges Einkommen.

18.15 Wohngeld 1981*)

18.15.3 Empfänger von Wohngeld nach den bereinigten Einnahmen und Höhe der Miete/Belastung

Monatliche bereinigte Einnahmen[1]) mehr als .... bis ... DM / Haushaltsgröße	Insgesamt	Davon mit einer monatlichen Miete/Belastung von ... bis unter ... DM: unter 100	100 — 150	150 — 200	200 — 250	250 — 300	300 — 400	400 — 500	500 — 600	600 — 800	800 und mehr	Durchschnittl. monatl. Miete/Belastung
	1 000	%										DM
Insgesamt	**1 609,0**	**2,4**	**8,1**	**15,0**	**17,9**	**15,7**	**19,7**	**10,2**	**5,5**	**4,1**	**1,3**	**304**
davon:												
Empfänger von												
Mietzuschuß	1 487,9	2,5	8,4	15,9	19,1	16,7	20,6	10,2	4,4	1,9	0,3	283
Lastenzuschuß	121,1	1,8	4,1	3,9	3,4	3,8	9,2	11,0	18,3	30,7	13,8	556
Empfänger von Mietzuschuß												
bis 500	113,3	16,6	22,5	22,0	16,5	11,1	8,8	2,1	0,4	0,1	0,0	186
500 — 750	268,2	5,0	17,3	23,7	22,2	15,9	12,9	2,4	0,4	0,1	0,0	216
750 — 1 000	343,2	0,9	9,5	20,6	23,3	19,2	19,9	5,3	1,1	0,2	0,0	251
1 000 — 1 500	463,9	0,3	3,7	13,9	22,2	21,3	25,3	9,5	2,8	0,9	0,1	287
1 500 — 2 000	123,4	0,1	1,4	5,9	11,8	15,3	30,7	21,0	9,4	4,0	0,4	361
2 000 — 3 000	123,9	0,0	1,0	3,6	4,7	6,2	24,6	32,3	18,1	8,2	1,3	430
3 000 — 4 000	39,2	0,0	0,3	0,9	1,8	2,7	13,5	30,9	29,4	17,4	3,0	504
4 000 — 5 000	6,1	0,7	1,3	3,5	4,8	4,8	12,2	20,3	24,1	22,5	5,8	504
5 000 und mehr	6,8	2,6	7,9	12,1	14,7	13,2	19,2	13,9	8,5	6,0	1,8	332
Empfänger von Lastenzuschuß												
bis 500	3,3	29,6	29,5	14,2	7,9	5,5	6,9	3,0	1,5	1,4	0,5	174
500 — 750	6,5	10,8	26,3	18,0	12,1	10,1	13,6	5,1	2,2	1,1	0,6	221
750 — 1 000	8,1	3,7	15,7	16,7	12,8	12,5	19,6	10,4	4,6	3,2	0,9	282
1 000 — 1 500	14,0	1,1	6,0	9,5	9,9	11,1	23,6	16,9	11,5	7,5	2,9	375
1 500 — 2 000	8,9	0,2	1,2	2,3	4,0	5,6	17,3	19,6	23,4	18,2	8,1	510
2 000 — 3 000	41,3	0,0	0,1	0,3	0,5	1,3	6,3	13,1	28,6	38,3	11,5	615
3 000 — 4 000	30,8	0,0	0,0	0,1	0,3	0,4	2,4	6,9	17,3	50,6	21,8	695
4 000 — 5 000	6,1	0,0	0,0	0,1	0,3	0,4	2,1	5,0	8,8	35,4	47,9	782
5 000 und mehr	2,1	0,2	1,2	0,4	0,9	1,3	2,7	5,2	11,4	27,8	48,9	793
Empfänger von Wohngeld insgesamt nach den monatlichen bereinigten Einnahmen												
bis 500	116,6	16,9	22,7	21,8	16,2	10,9	8,7	2,1	0,5	0,2	0,0	185
500 — 750	274,7	5,1	17,5	23,5	22,0	15,8	12,9	2,5	0,5	0,1	0,0	217
750 — 1 000	351,3	1,0	9,7	20,5	23,1	19,1	19,9	5,4	1,1	0,3	0,0	252
1 000 — 1 500	477,9	0,3	3,8	13,8	21,8	21,0	25,3	9,7	3,1	1,1	0,2	290
1 500 — 2 000	132,3	0,1	1,4	5,7	11,3	14,7	29,8	20,9	10,4	4,9	0,9	371
2 000 — 3 000	165,2	0,0	0,7	2,8	3,6	4,9	20,0	27,5	20,7	15,8	3,8	476
3 000 — 4 000	70,0	0,0	0,2	0,6	1,1	1,7	8,6	20,3	24,1	32,1	11,3	588
4 000 — 5 000	12,2	0,4	0,7	1,8	2,5	2,6	7,1	12,6	16,5	29,0	26,9	644
5 000 und mehr	8,9	2,1	6,3	9,4	11,5	10,4	15,3	11,8	9,2	11,1	12,9	441
nach der Haushaltsgröße												
Haushalte												
von Alleinstehenden	976,4	3,7	12,0	21,6	24,0	18,7	15,9	3,3	0,6	0,1	0,0	232
mit 2 Familienmitgliedern	261,1	0,8	3,7	8,6	15,0	18,9	32,7	14,7	4,1	1,3	0,2	316
mit 3 Familienmitgliedern	115,2	0,3	1,6	3,9	6,7	9,6	28,7	27,3	15,8	5,2	1,0	401
mit 4 Familienmitgliedern	133,3	0,1	0,6	1,4	2,7	4,5	19,6	27,8	22,3	17,8	3,3	487
mit 5 Familienmitgliedern	70,2	0,1	0,5	1,2	2,1	3,7	14,3	22,2	20,4	29,3	6,3	541
mit 6 Familienmitgliedern und mehr	52,7	0,1	0,6	1,6	2,9	4,0	13,1	18,8	18,4	21,1	19,4	579

18.15.4 Empfänger von Wohngeld nach Ausstattung der Wohnung, Bezugsfertigkeit und Miete/Belastung je m^2

Ausstattung der Wohnung / Bezugsfertigkeit	Insgesamt	Davon mit einer monatlichen Miete/Belastung je m² Wohnfläche von ... bis unter ... DM: unter 3,00	3,00 — 3,50	3,50 — 4,00	4,00 — 4,50	4,50 — 5,00	5,00 — 5,50	5,50 — 6,00	6,00 — 7,00	7,00 — 8,00	8,00 — 9,00	9,00 — 10,00	10,00 und mehr	Durchschnittl. monatl. Miete/Belastung je m²
	1 000	%												DM
Empfänger von Wohngeld														
Ohne Sammelheizung und Bad	97,6	41,4	21,2	13,9	8,7	4,6	3,2	1,7	2,1	1,1	0,7	0,4	1,0	3,23
Mit Sammelheizung oder Bad	393,3	12,5	14,4	17,4	14,6	10,0	6,9	4,2	5,0	2,8	2,1	1,6	8,5	4,31
Mit Sammelheizung und Bad	1 118,1	3,2	3,2	5,6	9,5	12,6	15,2	13,9	19,1	7,9	3,5	1,9	4,4	5,51
Insgesamt	**1 609,0**	**7,8**	**7,0**	**9,0**	**10,7**	**11,5**	**12,5**	**10,8**	**14,6**	**6,2**	**3,0**	**1,8**	**5,2**	**5,14**
Empfänger von Mietzuschuß														
Ohne Sammelheizung und Bad	95,7	40,6	21,6	14,1	8,8	4,6	3,2	1,7	2,2	1,1	0,7	0,4	1,0	3,26
Mit Sammelheizung oder Bad	379,7	11,4	14,5	17,7	14,8	10,1	7,0	4,2	5,0	2,8	2,1	1,7	8,7	4,36
Mit Sammelheizung und Bad	1 012,5	2,3	3,0	5,5	9,5	12,8	15,6	14,2	19,4	7,8	3,4	1,9	4,6	5,55
Zusammen	**1 487,9**	**7,1**	**7,2**	**9,1**	**10,8**	**11,6**	**12,6**	**10,8**	**14,6**	**6,1**	**2,9**	**1,7**	**5,4**	**5,15**
dar. Hauptmieter														
Zusammen	**1 338,5**	**7,6**	**7,7**	**9,8**	**11,6**	**12,3**	**13,3**	**11,4**	**14,9**	**5,7**	**2,4**	**1,2**	**2,0**	**5,03**
nach der Ausstattung der Wohnung														
Ohne Sammelheizung und Bad	91,3	41,5	22,0	14,4	8,9	4,6	3,1	1,6	1,9	0,8	0,5	0,3	0,5	3,22
Mit Sammelheizung oder Bad	310,6	13,4	17,3	20,9	17,4	11,4	7,5	4,1	3,9	1,5	0,8	0,5	1,3	4,02
Mit Sammelheizung und Bad	936,6	2,3	3,1	5,7	9,9	13,4	16,3	14,8	19,8	7,6	3,2	1,5	2,3	5,48
nach der Bezugsfertigkeit von Wohnraum														
Wohnraum von ... bis ... errichtet														
bis 20. 6. 1948[2])	307,8	18,0	13,6	13,8	13,8	11,2	9,4	6,3	7,2	3,0	1,5	0,8	1,4	4,23
21. 6. 1948[2]) — 1965	538,4	6,6	9,2	13,0	15,2	15,6	14,0	10,1	9,7	3,1	1,5	0,7	1,4	4,73
1966 — 1971	219,1	2,8	2,9	4,4	7,1	11,1	16,5	16,7	23,1	8,1	3,3	1,6	2,4	5,59
1972 — 1977	211,8	1,7	2,1	3,3	5,4	7,9	13,0	15,6	28,7	12,6	4,7	2,1	3,0	5,95
1978 und später	61,4	1,5	1,8	3,3	6,2	9,7	16,9	16,2	22,1	10,4	5,1	2,6	4,1	5,91

*) Stand Jahresende.

1) Alle Einnahmen der zum Haushalt rechnenden Familienmitglieder (einschl. der Beträge nach § 12a und §§ 14 bis 17 Wohngeldgesetz), jedoch ohne die Aufwendungen zur Erwerbung, Sicherung und Erhaltung der Einnahmen (§ 12 WoGG) sowie die Einnahmen zur Verringerung der Miete oder Belastung (§ 13 WoGG). – Berechnet als 12. Teil des Familieneinkommens im Jahr.

2) Berlin: 24. 6. 1948, Saarland: 1. 4. 1948.

18.16 Lastenausgleich

18.16.1 Empfänger von Kriegsschadenrente und laufenden Beihilfen

Nach Jahren

Empfänger (Berechtigte)[1]	1. 1.							
	1976	1977	1978	1979	1980	1981	1982	1983
Vertriebene	308 376	288 113	269 804	253 197	236 203	220 749	204 892	190 110
Kriegssachgeschädigte	14 974	13 349	11 935	10 664	9 499	8 492	7 479	6 574
Währungs-/Ostgeschädigte	26 083	21 805	18 554	16 094	13 565	11 597	9 760	8 315
Flüchtlinge[2])	14 434	13 949	13 340	12 781	12 167	11 531	10 857	10 155
Sonstige Geschädigte[3])	3 736	3 740	3 724	3 763	3 824	3 865	3 822	3 718
Insgesamt	**367 603**	**340 956**	**317 357**	**296 499**	**275 258**	**256 234**	**236 810**	**218 872**

Am 1. 1. 1983 nach Ländern

Empfänger (Berechtigte)[1])	Schleswig-Holstein	Hamburg	Niedersachsen	Bremen	Nordrhein-Westfalen	Hessen	Rheinland-Pfalz	Baden-Württemberg	Bayern	Saarland	Berlin (West)
Vertriebene	14 371	1 855	37 909	1 412	38 467	17 652	5 399	30 696	40 358	312	1 679
Kriegssachgeschädigte	188	417	561	166	2 081	438	304	500	725	751	443
Währungs-/Ostgeschädigte	379	283	1 204	77	1 748	599	547	997	2 106	12	363
Flüchtlinge[2])	717	266	1 939	108	3 177	816	426	1 267	702	33	704
Sonstige Geschädigte[3])	169	64	792	153	847	191	136	538	396	18	414
Insgesamt	**15 824**	**2 885**	**42 405**	**1 916**	**46 320**	**19 696**	**6 812**	**33 998**	**44 287**	**1 126**	**3 603**

18.16.2 Leistungen des Lastenausgleichs bis zum 31. 12. 1982

Ausgezahlte Beträge in Mill. DM

Ausgleichsleistung	Insgesamt	Nach dem Lastenausgleichsgesetz[4])	Nach anderen Gesetzen[5])
Hauptentschädigung[6])	26 621	26 113	508
Kriegsschadenrente und laufende Beihilfen (ohne Härtefonds)	44 721	44 480	241
Wohnraumhilfe[7])	5 611	5 611	—
Härtefonds	2 942	2 942	—
Währungsausgleich	1 113	1 113	—
Altsparerentschädigung	4 966	4 531	435
Landwirtschaftliche Darlehen nach § 46 Abs. 3 Bundesvertriebenengesetz	497	497	—
Förderung des Wohnungsbaues für Umsiedler	225	225	—
Hausratentschädigung	9 258	9 122	136
Aufbaudarlehen[8])			
Gewerbliche Wirtschaft und freie Berufe	1 866	1 790	76
Landwirtschaft	1 879	1 838	41
Wohnungsbau	6 924	6 628	296
Arbeitsplatzdarlehen[8])	282	282	—
Sonstige Förderungsmaßnahmen			
Ausbildungshilfe	1 064	1 064	—
Heimförderung	188	188	—
Sonderaktionen[9])	543	543	—
Entschädigung nach dem Wertpapierbereinigungsschlußgesetz	74	74	—
Insgesamt	**108 774**	**107 041**[10])	**1 733**

[1]) Empfänger (ohne zuschlagsberechtigte Ehegatten und Kinder) nachstehender Leistungsarten: Unterhaltshilfe, Entschädigungsrente, Beihilfe zum Lebensunterhalt, besondere laufende Beihilfe, Unterhaltsbeihilfe. Berechtigte, die mehrere dieser Leistungsarten gleichzeitig empfingen, sind nur einmal erfaßt.

[2]) Inhaber des Flüchtlingsausweises C einschl. übriger Geschädigter im Sinne der Zweiten Verordnung über Ausgleichsleistungen nach dem Lastenausgleichsgesetz (2. LeistungsDV-LA).

[3]) Berechtigte nach dem Flüchtlingshilfegesetz (FlüHG), § 10 des 14. Gesetzes zur Änderung des Lastenausgleichsgesetzes (14. ÄndG LAG), Reparationsschädengesetz (RepG), § 301 b Lastenausgleichsgesetz (LAG) und ohne Angabe.

[4]) Einschl. des dem LAG vorangegangenen Soforthilfegesetzes (SHG).

[5]) FlüHG, Allgemeines Kriegsfolgengesetz (AKG), § 10 des 14. ÄndG LAG, Kriegsgefangenenentschädigungsgesetz (KgfEG), Häftlingshilfegesetz (HHG) und (seit 1969) RepG (einschl. der vorangegangenen Überbrückungsrichtlinien).

[6]) Hauptentschädigung nach dem LAG: Barerfüllung zuzüglich Tilgung und Verzinsung von Deckungsforderungen für unbare Erfüllung. Nach anderen Gesetzen: Barerfüllung der Entschädigung nach dem RepG.

[7]) Einschl. Darlehen aus Umstellungsgrundschulden und sonstiger Wohnungsbauförderungsdarlehen an Länder.

[8]) Darlehen an einzelne Geschädigte bzw. Betriebe.

[9]) Darlehen an Kreditinstitute (z. T. in Beteiligungen umgewandelt), besondere Arten von Darlehen im Saarland und kleinere Aktionen nach dem SHG und LAG, z. B. Darlehen in der Form von Liquiditätskrediten. Diese Angaben werden nach dem Bruttoprinzip nachgewiesen.

[10]) Unter Einbeziehung der »sonstigen Ausgaben« (hauptsächlich zur Vorfinanzierung der Leistungen) betragen die Gesamtauszahlungen aus dem Ausgleichsfonds 121 072 Mill. DM.

Quelle: Bundesausgleichsamt, Bad Homburg v. d. H.

18.16 Lastenausgleich

18.16.3 Festgestellte Schäden bis zum 31. 12. 1982

Vermögensart	Anzahl	Mill. RM
Land- und forstwirtschaftliches Vermögen	1 922 155	13 375
Grundvermögen	2 748 904	19 250
Betriebsvermögen	1 106 762	14 012
Gegenstände der Berufsausübung und der Forschung	150 810	128
Reichsmarkspareinlagen[1])	1 680 947	7 107
Andere privatrechtliche geldwerte Ansprüche	945 882	4 180
Anteile und Geschäftsguthaben	138 729	2 279
Insgesamt[2])	**8 694 189**	**60 331**

Geschädigtengruppe	Anzahl	Mill. RM
Vertreibungsschäden	6 064 080	36 127
Kriegssachschäden	1 700 303	12 553
Schäden im Sinne des Beweissicherungs- und Feststellungsgesetzes[3])	656 804	9 795
Ostschäden	169 813	788
Reparationsschäden	103 189	1 068
Insgesamt[2])	**8 694 189**	**60 331**

18.16.4 Zuerkennung und Erfüllung der Hauptentschädigung bis zum 31. 12. 1982

Gegenstand der Nachweisung	Einheit	Insgesamt	Vertreibungsschäden	Kriegssachschäden	Schäden im Sinne des BFG[3])	Ostschäden	Reparationsschäden
Ansprüche auf Hauptentschädigung							
Zuerkannt	Anzahl	5 174 203	3 348 491	1 216 385	460 857	77 646	70 824
Vollerfüllt	Anzahl	4 977 911	3 189 113	1 205 625	437 884	76 680	68 609
Nicht oder erst teilweise erfüllt	Anzahl	196 292	159 378	10 760	22 973	966	2 215
dar. durch Kriegsschadenrente vorläufig in Anspruch genommen[4])	Anzahl	138 074	119 305	4 276	13 230	441	822
Grundbeträge der Hauptentschädigung							
Zuerkannt	Mill. DM	23 750	16 058	4 015	3 207	179	291
Erfüllt	Mill. DM	22 640	15 225	3 985	2 973	176	281
Nicht erfüllt	Mill. DM	1 110	833	30	234	3	10
dar. durch Kriegsschadenrente vorläufig in Anspruch genommen[4])	Mill. DM	974	767	19	181	2	5
Erfüllungsbeträge der Hauptentschädigung							
Barerfüllung[5])	Mill. DM	20 972	11 910	3 759	4 607	203	493
Grundbeträge	Mill. DM	12 925	7 264	2 508	2 753	128	272
Zinszuschläge[6])	Mill. DM	8 047	4 646	1 251	1 854	75	221
Begründung von Forderungen	Mill. DM	4 038	3 118	878	—	42	—
Grundbeträge	Mill. DM	3 371	2 583	752	—	36	—
Zinszuschläge	Mill. DM	667	535	126	—	6	—
Umwandlung von Darlehen[7])	Mill. DM	2 314	1 703	482	120	5	4
Grundbeträge	Mill. DM	1 791	1 308	406	71	4	2
Zinszuschläge	Mill. DM	523	395	76	49	1	2
Anrechnung von Kriegsschadenrente[4])	Mill. DM	5 800	5 153	417	211	11	8
Grundbeträge	Mill. DM	4 554	4 070	320	150	8	6
Zinszuschläge	Mill. DM	1 246	1 083	97	61	3	2
Insgesamt	Mill. DM	**33 124**	**21 884**	**5 536**	**4 938**	**261**	**505**
Grundbeträge	Mill. DM	22 643	15 225	3 986	2 974	177	281
Zinszuschläge	Mill. DM	10 481	6 659	1 550	1 964	84	224

[1]) Nach dem Feststellungsgesetz (FG) festgestellte Verluste an Sparguthaben Vertriebener. Weitere 1 918 245 verlorene Sparguthaben mit einem Gesamtbetrag von 4 175 Mill. RM wurden ohne Feststellung nach dem FG aufgrund des Währungsausgleichsgesetzes (WAG) festgestellt und entschädigt.

[2]) Außerdem festgestellte Hausratsverluste 7 498 315, davon: Vertreibungsschäden 4 341 375, Kriegsschäden 3 123 810, Ostschäden 33 130.

[3]) Vermögensschäden in Mitteldeutschland, in der späteren sowjetischen Besatzungszone Deutschlands und im Sowjetsektor von Berlin sowie in der heutigen DDR und Berlin (Ost), die nach dem Beweissicherungs- und Feststellungsgesetz (BFG) festgestellt und nach § 15a Lastenausgleichsgesetz (LAG) entschädigt werden.

[4]) Einschl. laufender Beihilfen.

[5]) Einschl. Erfüllung durch Verrechnung.

[6]) Einschl. vorwegerfüllter Mindesterfüllungsbeträge an Empfänger laufender Kriegsschadenrente, für die kein gesonderter Nachweis vorhanden ist.

[7]) Einschl. sonstiger Maßnahmen.

Quelle: Bundesausgleichsamt, Bad Homburg v. d. H.

19.1 Entwicklung der Ausgaben der öffentlichen Haushalte nach Aufgabenbereichen*)

Rechnungsjahr	Insgesamt	Darunter									
		Verteidigung	Öffentl. Sicherheit und Ordnung, Rechtsschutz	Schulen, Hochschulen, übriges Bildungswesen	Wissenschaft, Forschung, Entwicklung außerh. d. Hochschulen	Kulturelle Angelegenheiten	Soziale Sicherung	Gesundheit, Sport und Erholung	Wohnungswesen und Raumordnung¹)	Wirtschaftsförderung²)	Verkehr und Nachrichtenwesen
	Mill. DM										
1951	37 401	7 907	1 602	2 579	136	405	9 411	1 356	3 984	2 395	1 520
1953	44 307	5 529	2 008	3 544	183	485	12 648	1 571	4 644	2 434	2 079
1955	51 229	6 078	2 312	4 196	223	594	13 715	1 921	5 281	2 892	3 000
1957	66 352	7 483	2 755	5 401	412	681	17 514	2 440	6 073	5 367	3 876
1959	76 574	9 519	3 076	6 536	575	818	20 101	2 917	7 319	4 913	5 359
1961	95 275	13 175	3 707	8 196	1 350	1 141	22 151	3 773	7 588	6 339	6 853
1963	116 766	19 433	4 546	10 548	1 102	1 341	24 191	5 022	8 987	8 570	9 807
1964	128 109	19 008	4 870	12 299	1 462	1 426	27 805	5 723	10 033	9 519	10 888
1965	140 581	18 899	5 313	14 283	1 590	1 512	31 302	6 339	10 316	10 242	11 316
1966	146 722	19 489	5 729	15 479	1 824	1 593	32 433	6 861	10 039	9 826	11 664
1967	155 944	21 024	5 946	16 316	2 107	1 577	34 968	7 125	9 270	10 295	12 669
1968	159 190	17 514	6 298	17 459	2 214	1 628	35 910	7 607	9 279	12 005	13 118
1969	174 723	19 886	6 996	20 304	2 470	1 764	37 249	8 442	9 322	12 942	15 289
1970	196 330	19 831	7 889	24 784	2 819	2 134	40 355	10 208	10 727	14 417	17 585
1971	225 182	21 840	9 285	31 287	3 584	2 444	45 242	12 638	12 568	12 102	19 851
1972	251 271	24 843	10 338	35 651	4 017	2 707	50 326	14 867	14 094	12 977	20 807
1973	277 665	27 342	11 813	40 427	4 527	3 042	52 123	16 577	15 709	14 015	21 646
1974 a)	316 504	30 734	13 957	47 281	5 186	3 589	61 970	20 209	18 196	14 046	24 063
1974 b)	448 250	30 734	13 903	49 351	5 600	2 691	189 073	20 266	18 496	16 192	23 012
1975	511 710	32 357	15 253	53 830	6 241	3 039	232 719	21 957	19 185	17 369	23 656
1976	542 047	33 662	16 038	54 921	6 385	3 260	249 378	23 583	21 994	17 825	23 091
1977	576 293	34 336	17 364	57 411	7 255	3 585	267 431	23 743	21 519	19 692	24 423
1978	622 259	36 667	18 678	61 327	8 076	3 948	283 530	26 365	24 090	25 003	26 941
1979	671 251	38 582	20 313	66 294	9 486	4 408	299 704	28 906	27 963	26 854	30 689
1980	722 866	40 938	22 225	73 008	10 266	5 099	319 880	32 317	31 196	29 193	31 331
1981³)	770 640	44 202	23 470	76 479	10 616	5 289	345 430	34 127	33 200	27 071	31 224
	DM je Einwohner										
1951	*742*	*157*	*32*	*51*	*3*	*8*	*187*	*27*	*79*	*48*	*30*
1953	*865*	*108*	*39*	*69*	*4*	*9*	*247*	*31*	*91*	*48*	*41*
1955	*982*	*116*	*44*	*80*	*4*	*11*	*263*	*37*	*101*	*55*	*57*
1957	*1 260*	*142*	*52*	*103*	*8*	*13*	*332*	*46*	*115*	*102*	*74*
1959	*1 419*	*176*	*57*	*121*	*11*	*15*	*372*	*54*	*136*	*91*	*99*
1961	*1 696*	*235*	*66*	*146*	*24*	*20*	*394*	*67*	*135*	*113*	*122*
1963	*2 027*	*337*	*79*	*183*	*19*	*23*	*420*	*87*	*156*	*149*	*170*
1964	*2 198*	*326*	*84*	*211*	*25*	*24*	*477*	*98*	*172*	*163*	*187*
1965	*2 381*	*320*	*90*	*242*	*27*	*26*	*530*	*107*	*175*	*173*	*197*
1966	*2 459*	*327*	*96*	*259*	*31*	*27*	*543*	*115*	*168*	*165*	*195*
1967	*2 605*	*351*	*99*	*273*	*35*	*26*	*584*	*119*	*155*	*172*	*212*
1968	*2 646*	*291*	*105*	*290*	*37*	*27*	*597*	*126*	*154*	*200*	*218*
1969	*2 872*	*327*	*115*	*334*	*41*	*29*	*612*	*139*	*153*	*213*	*251*
1970	*3 194*	*323*	*128*	*403*	*46*	*35*	*656*	*166*	*174*	*235*	*286*
1971	*3 674*	*356*	*151*	*510*	*58*	*40*	*738*	*206*	*205*	*197*	*324*
1972	*4 074*	*403*	*168*	*578*	*65*	*44*	*816*	*241*	*229*	*210*	*337*
1973	*4 481*	*441*	*191*	*652*	*73*	*49*	*841*	*268*	*254*	*226*	*349*
1974 a)	*5 102*	*495*	*225*	*762*	*84*	*58*	*999*	*326*	*293*	*226*	*388*
1974 b)	*7 225*	*495*	*224*	*795*	*90*	*43*	*3 048*	*327*	*298*	*261*	*371*
1975	*8 276*	*523*	*247*	*871*	*101*	*49*	*3 764*	*355*	*310*	*281*	*383*
1976	*8 812*	*547*	*261*	*893*	*104*	*53*	*4 054*	*383*	*358*	*290*	*375*
1977	*9 387*	*559*	*283*	*935*	*118*	*58*	*4 356*	*387*	*350*	*321*	*398*
1978	*10 149*	*598*	*305*	*1 000*	*132*	*64*	*4 625*	*430*	*393*	*408*	*439*
1979	*10 944*	*629*	*331*	*1 081*	*155*	*72*	*4 886*	*471*	*456*	*438*	*500*
1980	*11 742*	*665*	*361*	*1 186*	*167*	*83*	*5 196*	*525*	*507*	*474*	*509*
1981³)	*12 497*	*717*	*381*	*1 240*	*172*	*86*	*5 602*	*553*	*538*	*439*	*506*

*) Bund, Lastenausgleichsfonds, ERP-Sondervermögen (ab 1962), Länder und Gemeinden/Gv. (ab 1961 einschl. Saarland); ab 1974 (b) einschl. Sozialversicherungsträger, Bundesanstalt für Arbeit, Zusatzversorgungskassen, Organisationen ohne Erwerbszweck, kommunale Zweckverbände sowie Finanzierungsanteile der Europäischen Gemeinschaften. – Einschl. teilweise geschätzter Ausgaben der Krankenhäuser und Hochschulkliniken mit kaufmännischem Rechnungswesen.

¹) Einschl. kommunaler Gemeinschaftsdienste.

²) Ernährung, Landwirtschaft und Forsten, Energie- und Wasserwirtschaft, Gewerbe, Dienstleistungen.

³) Vorläufiges (teilweise geschätztes) Ergebnis.

a) Hinsichtlich Methode und Berichtskreis den Vorjahren angepaßt.

b) Neue Darstellungsmethode sowie Änderungen in der Abgrenzung der Aufgabenbereiche. Siehe hierzu auch Vorbemerkung S. 410.

19.2 Entwicklung der Ausgaben und Einnahmen der öffentlichen Haushalte nach Arten*)

Rechnungsjahr	Ausgaben¹) insgesamt	Ausgaben¹) darunter Personalausgaben	Ausgaben¹) darunter Laufender Sachaufwand	Ausgaben¹) darunter Zinsausgaben	Ausgaben¹) darunter Renten und Unterstützungen	Ausgaben¹) darunter Baumaßnahmen	Ausgaben¹) darunter Vermögensübertragungen	Einnahmen¹) insgesamt	Einnahmen¹) darunter Steuern und steuerähnliche Abgaben	Einnahmen¹) darunter Gebühren, sonstige Entgelte	Einnahmen¹) darunter Einnahmen aus wirtschaftlicher Tätigkeit	Einnahmen¹) darunter Einnahmen der Kapitalrechnung	Netto-Kreditaufnahme
	Mill. DM												
1951	37 401	8 686	12 921	765	5 987	2 573	142	36 082	29 561	2 011	2 119	328	572
1953	44 307	11 434	11 269	1 061	5 921	3 489	1 563	44 658	36 726	2 805	2 483	699	2 517
1955	51 229	13 315	11 914	1 525	6 408	4 872	1 486	53 798	44 071	3 194	3 122	987	1 349
1957	66 352	17 373	14 118	1 709	7 398	5 654	1 774	62 053	50 537	4 119	3 365	1 248	1 840
1959	76 574	19 501	17 557	2 107	6 983	8 215	3 042	74 758	61 089	4 817	3 617	2 230	1 777
1961	95 275	24 703	22 770	2 615	8 027	10 517	2 680	95 606	79 288	5 597	4 294	2 597	2 117
1963	116 766	30 264	27 975	2 839	9 208	15 214	3 571	111 346	92 430	6 685	4 528	3 198	5 539
1964	128 109	33 035	29 075	3 130	11 583	18 196	4 238	121 903	100 841	7 595	4 788	3 721	6 033
1965	140 581	37 344	28 864	3 577	14 037	18 790	4 927	130 307	106 934	8 448	4 968	4 580	7 829
1966	146 722	41 323	29 287	4 459	14 922	18 982	4 508	138 118	113 538	9 428	5 186	4 007	6 758
1967	155 944	43 922	31 075	5 557	15 496	18 366	5 371	142 379	116 109	10 262	5 435	4 544	14 412
1968	159 190	46 672	28 909	5 748	15 741	18 694	6 257	151 811	122 960	10 912	5 959	5 492	10 708
1969	174 723	52 918	30 190	6 356	16 176	21 262	7 690	177 192	146 581	11 832	6 767	5 462	2 459
1970	196 330	61 484	31 713	6 864	18 663	25 797	9 837	188 305	155 005	13 097	7 203	5 932	6 302
1971	225 182	73 457	35 377	7 703	21 328	30 395	11 359	209 819	171 811	15 385	7 856	6 324	13 710
1972	251 271	81 974	39 947	8 814	23 182	31 929	12 579	237 114	195 697	17 816	7 311	6 837	16 291
1973	277 665	94 014	44 861	10 556	24 768	32 981	13 620	268 656	223 029	20 036	8 112	6 945	11 391
1974a)	316 504	108 839	50 864	12 544	28 281	36 502	16 243	288 806	237 124	23 597	9 287	7 590	22 810
1974b)	448 250	115 580	97 152	12 732	122 349	38 104	15 161	425 458	366 200	21 941	8 748	10 578	23 001
1975	511 710	126 433	109 649	14 838	152 988	38 687	15 710	445 437	382 545	25 485	8 430	10 758	54 231
1976	542 047	133 184	117 790	18 130	164 679	37 445	16 903	495 683	427 414	28 691	10 080	11 573	47 154
1977	576 293	141 866	123 644	20 936	177 525	35 826	18 495	542 542	470 217	30 592	10 739	11 935	31 986
1978	622 259	150 892	134 130	22 089	187 553	39 000	21 361	581 870	501 818	33 384	13 139	12 909	40 917
1979	671 251	161 075	145 360	25 085	199 109	43 353	23 528	626 361	538 931	35 417	15 237	13 716	43 671
1980	722 866	173 945	158 840	29 664	211 524	48 994	23 589	671 450	577 290	37 751	17 019	14 924	54 086
1981²)	770 640	184 993	171 674	36 723	228 754	46 712	23 616	702 601	598 532	40 905	20 243	16 361	69 906
	DM je Einwohner												
1951	*742*	*172*	*256*	*15*	*119*	*51*	*3*	*716*	*587*	*40*	*42*	*7*	*11*
1953	*865*	*223*	*220*	*21*	*116*	*68*	*31*	*872*	*717*	*55*	*48*	*14*	*49*
1955	*982*	*255*	*228*	*29*	*123*	*93*	*28*	*1 031*	*844*	*61*	*60*	*19*	*26*
1957	*1 260*	*330*	*268*	*32*	*140*	*107*	*34*	*1 178*	*959*	*78*	*64*	*24*	*35*
1959	*1 419*	*361*	*325*	*39*	*129*	*152*	*56*	*1 385*	*1 132*	*89*	*67*	*41*	*33*
1961	*1 696*	*440*	*405*	*47*	*143*	*187*	*48*	*1 702*	*1 411*	*100*	*76*	*46*	*38*
1963	*2 027*	*525*	*486*	*49*	*160*	*264*	*62*	*1 933*	*1 604*	*116*	*79*	*55*	*96*
1964	*2 198*	*567*	*499*	*54*	*199*	*312*	*73*	*2 091*	*1 730*	*130*	*82*	*64*	*104*
1965	*2 381*	*633*	*489*	*61*	*238*	*318*	*83*	*2 207*	*1 811*	*143*	*84*	*78*	*133*
1966	*2 459*	*692*	*491*	*75*	*250*	*318*	*76*	*2 314*	*1 903*	*158*	*87*	*67*	*113*
1967	*2 605*	*734*	*519*	*93*	*259*	*307*	*90*	*2 378*	*1 939*	*171*	*91*	*76*	*241*
1968	*2 646*	*776*	*480*	*96*	*262*	*311*	*104*	*2 523*	*2 044*	*181*	*99*	*91*	*178*
1969	*2 872*	*870*	*496*	*104*	*266*	*349*	*126*	*2 912*	*2 409*	*194*	*111*	*90*	*40*
1970	*3 194*	*1 000*	*516*	*112*	*304*	*420*	*160*	*3 063*	*2 521*	*213*	*117*	*96*	*103*
1971	*3 674*	*1 198*	*577*	*126*	*348*	*496*	*185*	*3 423*	*2 803*	*251*	*128*	*103*	*224*
1972	*4 074*	*1 329*	*648*	*143*	*376*	*518*	*204*	*3 845*	*3 173*	*289*	*119*	*111*	*264*
1973	*4 481*	*1 517*	*724*	*170*	*400*	*532*	*220*	*4 335*	*3 599*	*323*	*131*	*112*	*184*
1974a)	*5 102*	*1 754*	*820*	*202*	*456*	*588*	*262*	*4 655*	*3 822*	*380*	*150*	*122*	*368*
1974b)	*7 225*	*1 863*	*1 566*	*205*	*1 972*	*614*	*244*	*6 858*	*5 903*	*354*	*141*	*171*	*371*
1975	*8 276*	*2 045*	*1 773*	*240*	*2 474*	*626*	*254*	*7 204*	*6 187*	*412*	*136*	*174*	*877*
1976	*8 872*	*2 165*	*1 915*	*295*	*2 677*	*609*	*275*	*8 058*	*6 948*	*466*	*164*	*188*	*767*
1977	*9 387*	*2 311*	*2 014*	*341*	*2 891*	*584*	*301*	*8 837*	*7 659*	*498*	*175*	*194*	*521*
1978	*10 149*	*2 461*	*2 188*	*360*	*3 059*	*636*	*348*	*9 491*	*8 185*	*545*	*214*	*211*	*667*
1979	*10 944*	*2 626*	*2 370*	*409*	*3 246*	*707*	*384*	*10 212*	*8 786*	*577*	*248*	*224*	*712*
1980	*11 742*	*2 826*	*2 580*	*482*	*3 436*	*796*	*383*	*10 907*	*9 378*	*613*	*276*	*242*	*879*
1981²)	*12 497*	*3 000*	*2 784*	*596*	*3 710*	*758*	*383*	*11 394*	*9 706*	*663*	*328*	*265*	*1 134*

*) Siehe Fußnote *) S. 412.
¹) Ohne besondere Finanzierungsvorgänge.
²) Vorläufiges (teilweise geschätztes) Ergebnis.

a) Hinsichtlich Methode und Berichtskreis den Vorjahren angepaßt.
b) Neue Darstellungsmethode infolge Erweiterung des Berichtskreises. Siehe hierzu auch Vorbemerkung S. 410.

19.6 Rechnungsmäßige Ausgaben und Einnahmen der öffentlichen

Mill.

Lfd. Nr.	Art der Ausgaben/Einnahmen	Insgesamt 1979	Insgesamt 1980	Bund 1979	Bund 1980	Lastenausgleichsfonds, ERP-Sondervermögen, EG-Anteile 1979	Lastenausgleichsfonds, ERP-Sondervermögen, EG-Anteile 1980	Sozialversicherung 1979	Sozialversicherung 1980
									Ausgaben
1	Personalausgaben	161 075	173 945	30 267	32 244	—	—	7 002	7 513
2	Laufender Sachaufwand	145 360	158 840	24 971	26 551	20	18	76 982	84 697
3	Zinsausgaben	25 567	30 113	11 259	13 969	321	154	19	34
4	an öffentlichen Bereich	482	449	—	—	—	—	0	0
5	an andere Bereiche	25 085	29 664	11 259	13 969	321	154	19	34
6	Laufende Zuweisungen und Zuschüsse	379 330	403 723	101 392	108 624	12 787	13 113	178 087	186 806
7	an öffentlichen Bereich	134 288	143 950	54 912	61 089	34	31	29 389	28 795
8	dar. an Sozialversicherung	63 417	67 140	33 836	38 071	—	—	29 362	28 755
9	an Organisationen ohne Erwerbszweck[1])	3 684	3 865	3 025	3 114	—	—	—	—
10	an Sondervermögen Krankenhäuser	1 009	1 234	—	—	—	—	—	—
11	an andere Bereiche	240 349	254 674	43 455	44 421	12 753	13 082	148 698	158 011
12	dar. Renten, Unterstützungen u. ä.	199 109	211 524	26 546	27 341	1 617	1 551	148 515	157 705
13	Schuldendiensthilfen	4 189	4 421	1 334	1 468	—	—	1	1
14	an öffentlichen Bereich[3])	1 011	960	370	377	—	—	—	—
15	an andere Bereiche	3 178	3 461	964	1 091	—	—	1	1
16	abzüglich Zahlungen von gleicher Ebene	138 816	150 784	—	—	—	—	29 367	28 760
17	**Ausgaben der laufenden Rechnung**	**576 704**	**620 257**	**169 224**	**182 856**	**13 128**	**13 285**	**232 723**	**250 291**
18	Baumaßnahmen	43 353	48 994	6 661	6 563	—	—	—	—
19	Erwerb von unbeweglichen Sachen	7 072	7 537	621	542	—	—	—	—
20	Erwerb von beweglichen Sachen	5 751	6 691	809	1 262	—	—	—	—
21	Zuweisungen und Zuschüsse für Investitionen, Vermögensübertragungen	49 241	50 788	21 212	20 213	569	498	—	—
22	an öffentlichen Bereich	23 526	24 444	8 856	8 645	—	—	—	—
23	an Organisationen ohne Erwerbszweck[1])	614	685	499	559	—	—	—	—
24	an Sondervermögen Krankenhäuser	1 573	2 070	—	—	—	—	—	—
25	an andere Bereiche	23 528	23 589	11 857	11 009	569	498	—	—
26	Darlehen	12 996	14 409	5 253	5 245	2 620	3 215	—	—
27	an öffentlichen Bereich[3])	2 217	2 365	1 453	1 399	409	545	—	—
28	an andere Bereiche	10 779	12 044	3 800	3 846	2 211	2 670	—	—
29	Erwerb von Beteiligungen	2 929	2 856	1 284	900	122	130	—	—
30	Tilgungsausgaben an öffentlichen Bereich	1 370	1 252	—	—	20	—	—	—
31	abzüglich Zahlungen von gleicher Ebene	28 165	29 918	—	—	—	—	—	—
32	**Ausgaben der Kapitalrechnung**	**94 547**	**102 609**	**35 838**	**34 723**	**3 331**	**3 844**	—	—
33	**Insgesamt (ohne besondere Finanzierungsvorgänge)**	**671 251**	**722 866**	**205 063**	**217 579**	**16 459**	**17 129**	**232 723**	**250 291**
									Einnahmen
34	Steuern	342 711	364 900	167 413	177 542	10 371	10 713	—	—
35	Steuerähnliche Abgaben	196 220	212 390	0	0	1 029	893	194 662	210 891
36	Einnahmen aus wirtschaftlicher Tätigkeit	15 237	17 019	4 232	4 565	2	3	250	273
37	Zinseinnahmen	7 291	8 522	1 007	863	505	563	4 115	4 898
38	vom öffentlichen Bereich	585	614	205	199	80	87	255	284
39	von anderen Bereichen	6 706	7 908	802	664	425	476	3 860	4 614
40	Laufende Zuweisungen und Zuschüsse, Schuldendiensthilfen	148 003	159 636	917	1 269	1 806	1 501	64 427	68 716
41	vom öffentlichen Bereich[3])	138 231	150 170	403	748	1 803	1 498	61 280	66 461
42	von anderen Bereichen	9 772	9 466	514	521	3	3	3 147	2 255
43	Sonstige laufende Einnahmen	41 999	44 843	3 132	3 096	13	17	300	313
44	dar. Gebühren, sonstige Entgelte	35 417	37 751	1 538	1 659	—	—	0	0
45	abzüglich Zahlungen von gleicher Ebene	138 816	150 784	—	—	—	—	29 367	28 760
46	**Einnahmen der laufenden Rechnung**	**612 645**	**656 526**	**176 701**	**187 336**	**13 726**	**13 690**	**234 386**	**256 331**
47	Veräußerung von Sachvermögen	4 156	4 546	122	136	3	—	—	—
48	Zuweisungen und Zuschüsse für Investitionen, Vermögensübertragungen	28 999	31 178	151	198	50	50	—	—
49	vom öffentlichen Bereich	24 629	26 277	117	173	50	50	—	—
50	von anderen Bereichen	4 370	4 901	34	25	—	—	—	—
51	Darlehensrückflüsse	6 414	6 560	2 135	2 231	2 095	2 000	—	—
52	vom öffentlichen Bereich[3])	1 493	1 320	871	741	357	351	—	—
53	von anderen Bereichen	4 921	5 240	1 264	1 490	1 738	1 649	—	—
54	Veräußerung von Beteiligungen	268	237	61	48	4	11	—	—
55	Schuldenaufnahmen beim öffentlichen Bereich	2 043	2 321	—	—	—	—	—	—
56	abzüglich Zahlungen von gleicher Ebene	28 165	29 918	—	—	—	—	—	—
57	**Einnahmen der Kapitalrechnung**	**13 716**	**14 924**	**2 470**	**2 614**	**2 151**	**2 062**	—	—
58	**Insgesamt (ohne besondere Finanzierungsvorgänge)**	**626 361**	**671 450**	**179 171**	**189 949**	**15 877**	**15 752**	**234 386**	**256 331**

Fußnoten siehe S. 422 f.

Haushalte nach Arten und Aufgabenbereichen

DM

Organisationen ohne Erwerbszweck[1])		Länder				Gemeinden und Gemeindeverbände				Zweckverbände				Lfd. Nr.
		zusammen		dar. Krankenhäuser[2])		zusammen		dar. Krankenhäuser[2])		zusammen		dar. Krankenhäuser[2])		
1979	1980	1979	1980	1979	1980	1979	1980	1979	1980	1979	1980	1979	1980	
nach Arten														
2 223	2 454	80 804	87 439	2 102	3 003	39 489	42 888	8 554	9 413	1 289	1 407	398	470	1
1 255	1 458	16 964	18 330	841	1 361	23 874	26 382	3 800	4 310	1 294	1 404	174	203	2
3	3	7 931	8 947	—	4	5 664	6 580	155	215	370	427	12	14	3
—	—	212	210	—	3	245	211	49	3	25	28	0	0	4
3	3	7 719	8 737	—	1	5 419	6 369	106	212	345	399	12	14	5
693	586	47 878	51 860	37	42	38 302	42 041	154	142	190	693	1	2	6
—	—	28 696	30 568	37	42	21 150	22 864	154	142	107	603	1	2	7
—	—	147	227	—	—	67	80	—	—	4	8	—	—	8
—	—	636	728	—	—	23	23	—	—	—	—	—	—	9
—	—	723	811	—	—	286	423	—	—	—	—	—	—	10
693	586	17 824	19 753	—	—	16 843	18 731	—	—	83	90	—	—	11
—	—	8 423	9 550	—	—	13 994	15 363	—	—	14	14	—	—	12
—	—	2 672	2 744	—	—	181	206	—	—	1	1	—	—	13
—	—	592	527	—	—	48	54	—	—	1	1	—	—	14
—	—	2 080	2 217	—	—	133	152	—	—	0	0	—	—	15
—	—	3 114	3 277	—	—	17 409	18 808	—	—	34	65	—	—	16
4 174	**4 501**	**153 135**	**166 041**	**2 980**	**4 410**	**90 102**	**99 289**	**12 663**	**14 080**	**3 109**	**3 867**	**585**	**690**	17
227	309	6 728	7 625	148	239	27 928	32 447	949	1 091	1 809	2 051	119	114	18
100	72	877	945	28	5	5 420	5 921	73	22	54	57	6	0	19
429	446	1 744	1 990	89	144	2 644	2 865	548	609	125	129	33	25	20
17	20	23 945	26 162	—	34	3 455	3 827	7	18	44	67	0	0	21
—	—	12 887	13 891	—	31	1 745	1 855	—	10	37	53	—	—	22
—	—	116	126	—	—	—	—	—	—	—	—	—	—	23
—	—	1 365	1 859	—	—	208	211	—	—	—	—	—	—	24
17	20	9 577	10 286	—	3	1 501	1 761	7	8	7	14	0	0	25
7	11	4 347	4 937	10	9	752	990	9	8	16	10	0	0	26
—	—	256	279	—	—	95	137	—	—	4	5	—	—	27
7	11	4 091	4 658	10	9	657	853	9	8	12	5	0	0	28
4	4	697	770	7	3	782	1 026	2	3	41	27	1	1	29
0	+1	616	601	0	—	667	602	37	8	67	49	0	0	30
—	—	262	423	—	—	1 393	1 406	—	—	11	22	—	—	31
786	**862**	**38 691**	**42 607**	**283**	**433**	**40 254**	**46 272**	**1 625**	**1 759**	**2 145**	**2 367**	**159**	**141**	32
4 960	**5 363**	**191 826**	**208 648**	**3 263**	**4 842**	**130 356**	**145 562**	**14 288**	**15 839**	**5 254**	**6 234**	**744**	**831**	33
nach Arten														
—	—	123 825	129 385	—	—	41 102	47 260	—	—	0	—	—	—	34
—	—	453	523	—	—	77	83	—	—	0	—	—	—	35
276	332	4 745	5 796	—	—	5 633	5 947	—	—	100	104	—	—	36
11	18	613	699	—	—	1 004	1 428	—	—	36	53	—	—	37
—	—	16	16	—	—	25	25	—	—	4	4	—	—	38
11	18	597	683	—	—	979	1 403	—	—	32	49	—	—	39
3 837	4 085	27 647	29 389	486	632	47 362	51 983	565	590	2 007	2 691	15	44	40
3 684	3 865	25 320	26 870	486	632	43 836	48 098	565	590	1 905	2 629	15	44	41
153	220	2 327	2 519	—	—	3 526	3 885	—	—	102	62	—	—	42
203	208	10 759	11 337	2 515	3 767	26 211	28 415	11 848	13 177	1 382	1 456	576	632	43
—	—	9 224	9 575	2 387	3 418	23 542	25 312	11 167	12 169	1 113	1 204	518	590	44
—	—	3 114	3 277	—	—	17 409	18 808	—	—	34	65	—	—	45
4 327	**4 643**	**164 928**	**173 853**	**3 001**	**4 399**	**103 980**	**116 307**	**12 413**	**13 767**	**3 490**	**4 240**	**591**	**676**	46
6	9	365	359	1	5	3 637	4 023	52	196	24	19	2	1	47
647	722	9 519	9 567	243	397	17 246	19 181	1 017	1 325	1 386	1 459	105	137	48
614	685	9 337	9 357	243	397	13 289	14 710	1 017	1 325	1 222	1 302	105	137	49
33	37	182	210	—	—	3 957	4 471	—	—	164	157	—	—	50
4	4	1 584	1 643	2	10	587	670	14	6	11	12	0	0	51
—	—	134	136	—	—	124	85	—	—	7	6	—	—	52
4	4	1 450	1 507	2	10	463	585	14	6	4	6	0	0	53
2	2	30	32	—	—	149	137	—	—	23	7	—	—	54
—	0	1 074	1 180	0	0	871	1 005	61	22	99	136	0	0	55
—	—	262	423	—	—	1 393	1 406	—	—	11	22	—	—	56
658	**737**	**12 308**	**12 357**	**246**	**412**	**21 096**	**23 610**	**1 144**	**1 549**	**1 531**	**1 610**	**108**	**139**	57
4 985	**5 380**	**177 235**	**186 209**	**3 247**	**4 810**	**125 075**	**139 918**	**13 557**	**15 317**	**5 021**	**5 850**	**699**	**815**	58

19.6 Rechnungsmäßige Ausgaben und Einnahmen der öffentlichen

Mill.

Lfd. Nr.	Art der Ausgaben/Einnahmen	Insgesamt 1979	Insgesamt 1980	Bund 1979	Bund 1980	Lastenausgleichsfonds, ERP-Sondervermögen, EG-Anteile 1979	Lastenausgleichsfonds, ERP-Sondervermögen, EG-Anteile 1980	Sozialversicherung 1979	Sozialversicherung 1980
									Finanzierungs
1	Ausgaben insgesamt	671 251	722 866	205 063	217 579	16 459	17 129	232 723	250 291
2	Einnahmen insgesamt	626 361	671 450	179 171	189 949	15 877	15 752	234 386	256 331
3	Saldo der haushaltstechnischen Verrechnungen u. ä. (Mehreinnahmen +, Mehrausgaben −)	− 547	− 298	− 210	+ 26	− 47	—	− 319	− 336
4	**Finanzierungssaldo**	**−45 437**	**−51 714**	**−26 102**	**−27 604**	**−628**	**−1 377**	**+1 344**	**+5 704**
	Besondere Finanzierungsvorgänge								
5	Ausgaben	57 697	65 862	28 931	32 496	1 054	389	5 818	9 632
6	Schuldentilgung am Kreditmarkt	45 002	49 468	28 931	32 496	1 054	389	—	—
7	Rückzahlung von inneren Darlehen	42	35	—	—	—	—	—	—
8	Zuführungen an Rücklagen	8 961	13 559	—	—	—	—	4 563	9 150
9	Abwicklung von Fehlbeträgen aus Vorjahren	3 692	2 801	—	—	—	—	1 254	482
10	Einnahmen	98 441	113 242	55 033	60 100	1 567	1 541	4 474	3 928
11	Schuldenaufnahmen am Kreditmarkt	88 673	103 554	54 590	59 613	1 567	1 541	—	—
12	Innere Darlehen	22	25	—	—	—	—	—	—
13	Münzeinnahmen	443	487	443	487	—	—	—	—
14	Entnahmen aus Rücklagen	8 829	8 526	—	—	—	—	4 469	3 925
15	Abwicklung von Überschüssen aus Vorjahren	474	650	—	—	—	—	5	3
16	Finanzstatistischer Abschluß	− 4 693	− 4 335	—	—	−115	− 225	—	—
									Nettoausgaben nach
17	Politische Führung und zentrale Verwaltung	25 804	27 958	5 207	5 494	0	0	—	—
18	dar.: Hochbauverwaltung	3 029	3 280	212	220	—	—	—	—
19	Steuer- und Finanzverwaltung	8 455	8 963	1 946	2 058	—	—	—	—
20	Auswärtige Angelegenheiten	11 763	12 571	7 013	7 368	4 644	5 077	—	—
21	dar. Wirtschaftliche Zusammenarbeit	5 160	5 411	5 068	5 318	65	60	—	—
22	Verteidigung	38 582	40 938	38 579	40 937	—	—	—	—
23	Öffentliche Sicherheit und Ordnung	13 603	14 899	1 413	1 426	+ 1	—	—	—
24	Rechtsschutz	6 709	7 325	161	166	—	—	—	—
25	Schulen und vorschulische Bildung	42 788	46 707	52	49	+ 12	+ 11	—	—
26	dar.: Allgemeinbildende Schulen	32 086	34 767	—	—	+ 12	+ 11	—	—
27	Berufliche Schulen	5 335	6 158	—	—	—	—	—	—
28	Hochschulen	16 065	17 751	854	868	—	—	—	—
29	dar. Hochschulkliniken	6 300	7 029	164	140	—	—	—	—
30	Förderung des Bildungswesens	5 229	6 069	2 113	2 548	—	—	—	—
31	Sonstiges Bildungswesen	2 212	2 481	628	550	—	—	—	—
32	Wissenschaft, Forschung, Entwicklung außerhalb der Hochschulen	9 486	10 266	7 184	7 666	3	3	—	—
33	Kulturelle Angelegenheiten	4 408	5 099	125	130	—	—	—	—
34	Soziale Sicherung, soziale Kriegsfolgeaufgaben, Wiedergutmachung	299 704	319 880	68 977	74 868	202	395	200 113	211 820
35	dar.: Sozialversicherung	232 059	247 341	31 759	35 276	—	—	200 113	211 820
36	Familien-, Sozial- und Jugendhilfe	40 632	44 142	19 025	19 934	—	—	—	—
37	Soziale Leistungen für Folgen von Krieg und politischen Ereignissen	17 507	17 913	13 864	14 915	190	383	—	—
38	Förderung der Vermögensbildung	3 285	3 255	2 315	2 256	—	—	—	—
39	Gesundheit, Sport und Erholung	28 906	32 317	1 525	1 413	180	294	—	—
40	dar. Krankenhäuser	20 098	22 286	975	813	+ 4	+ 3	—	—
41	Wohnungswesen, Raumordnung, Städtebauförderung	12 825	14 372	1 710	1 733	+ 4	—	—	—
42	Kommunale Gemeinschaftsdienste	15 138	16 824	98	125	—	—	—	—
43	Wirtschaftsförderung	26 854	29 193	7 639	8 774	8 767	9 198	—	—
44	dar. Ernährung, Landwirtschaft und Forsten	11 940	12 070	2 155	2 139	6 567	6 524	—	—
45	Verkehr und Nachrichtenwesen	30 689	31 331	14 440	13 771	48	28	—	—
46	dar. Straßen einschl. Verwaltung	22 311	23 086	8 303	7 856	+ 3	+ 3	—	—
47	Wirtschaftsunternehmen	21 903	21 276	14 645	12 713	—	—	—	—
48	Allgemeines Grund- und Kapitalvermögen, Sondervermögen	5 837	6 389	274	230	—	—	—	—
49	Allgemeine Finanzwirtschaft	52 745	59 217	30 830	34 888	343	158	443	486
50	dar.: Schulden	24 951	29 077	11 785	14 505	343	158	19	35
51	Versorgung	24 780	26 747	9 116	9 628	—	—	424	452
52	**Insgesamt**	**671 251**	**722 866**	**203 466**	**215 718**	**14 169**	**15 142**	**200 556**	**212 306**

1) Soweit in der Finanzstatistik erfaßt.
2) Krankenhäuser und Hochschulkliniken mit kaufmännischem Rechnungswesen.
3) Einschl. Zahlungen an bzw. von Krankenhäusern und Hochschulkliniken mit kaufmännischem Rechnungswesen.

Haushalte nach Arten und Aufgabenbereichen

DM

Organisationen ohne Erwerbszweck[1])		Länder				Gemeinden und Gemeindeverbände				Zweckverbände				Lfd. Nr.
		zusammen		dar. Krankenhäuser[2])		zusammen		dar. Krankenhäuser[2])		zusammen		dar. Krankenhäuser[2])		
1979	1980	1979	1980	1979	1980	1979	1980	1979	1980	1979	1980	1979	1980	
übersicht														
4 960	5 363	191 826	208 648	3 263	4 842	130 356	145 562	14 288	15 839	5 254	6 234	744	831	1
4 985	5 380	177 235	186 209	3 247	4 810	125 075	139 918	13 557	15 317	5 021	5 850	699	815	2
+ 1	+ 1	+ 26	+ 12	—	—	+ 2	− 1	—	—	+ 0	− 0	—	—	3
+26	**+18**	**−14 565**	**−22 428**	**−16**	**−32**	**−5 280**	**−5 645**	**−732**	**−522**	**−232**	**−385**	**−45**	**−16**	4
62	63	9 712	11 328	—	—	11 416	11 304	179	241	705	652	12	9	5
2	1	8 866	10 393	—	—	5 745	5 858	179	241	404	331	12	9	6
—	—	—	—	—	—	42	34	—	—	1	1	—	—	7
59	61	550	568	—	—	3 568	3 553	—	—	222	228	—	—	8
1	0	295	367	—	—	2 062	1 859	—	—	78	92	—	—	9
36	45	23 360	32 760	—	—	13 157	13 999	169	221	814	870	15	24	10
0	7	22 208	31 546	—	—	9 671	10 193	169	221	637	655	15	24	11
—	—	—	—	—	—	19	24	—	—	3	1	—	—	12
—	—	—	—	—	—	—	—	—	—	—	—	—	—	13
11	13	708	592	—	—	3 467	3 782	—	—	174	214	—	—	14
25	25	444	622	—	—	—	—	—	—	—	—	—	—	15
− 0	+ 0	− 916	− 996	−16	−32	−3 539	−2 950	−742	−543	−123	−167	−42	− 2	16
Aufgabenbereichen[4])														
1	1	9 992	10 859	—	—	10 414	11 418	—	—	190	188	—	—	17
—	—	611	698	—	—	2 196	2 353	—	—	10	9	—	—	18
—	—	4 775	5 093	—	—	1 675	1 760	—	—	58	51	—	—	19
73	79	32	47	—	—	—	—	—	—	—	—	—	—	20
2	2	25	30	—	—	—	—	—	—	—	—	—	—	21
4	2	—	—	—	—	—	—	—	—	—	—	—	—	22
—	—	8 980	9 812	—	—	3 199	3 650	—	—	11	11	—	—	23
—	—	6 548	7 159	—	—	—	—	—	—	—	—	—	—	24
—	—	31 484	34 062	—	—	11 278	12 619	—	—	+ 13	+ 13	—	—	25
—	—	24 205	25 997	—	—	7 932	8 821	—	—	+ 40	+ 41	—	—	26
—	—	3 855	4 265	—	—	1 466	1 883	—	—	13	10	—	—	27
0	1	15 210	16 882	600	839	—	—	—	—	—	—	—	—	28
—	—	6 136	6 889	600	839	—	—	—	—	—	—	—	—	29
8	9	2 461	2 734	—	—	626	752	—	—	21	26	—	—	30
30	27	845	1 059	—	—	694	827	—	—	16	18	—	—	31
422	560	1 678	1 816	—	—	200	222	—	—	—	—	—	—	32
9	11	2 073	2 391	—	—	2 178	2 543	—	—	23	25	—	—	33
28	36	13 575	13 812	58	57	16 782	18 920	—	—	27	29	—	—	34
—	—	187	245	—	—	—	—	—	—	—	—	—	—	35
14	18	6 984	7 752	—	—	14 581	16 409	—	—	26	29	—	—	36
0	0	3 047	2 050	58	57	407	565	—	—	—	—	—	—	37
—	—	970	999	—	—	—	—	—	—	—	—	—	—	38
3	3	7 188	8 247	1 812	2 807	19 367	21 704	12 009	13 191	643	657	594	616	39
—	—	5 047	5 922	1 812	2 807	13 461	14 927	12 009	13 191	619	628	594	616	40
0	0	7 642	8 790	—	—	3 469	3 837	—	—	9	12	—	—	41
—	—	1 405	1 363	—	—	12 964	14 499	—	—	671	838	—	—	42
32	31	8 921	9 466	—	—	1 440	1 659	—	—	55	64	—	—	43
4	3	2 806	2 986	—	—	401	412	—	—	8	7	—	—	44
—	—	8 906	9 283	—	—	7 291	8 242	—	—	5	8	—	—	45
—	—	6 716	6 984	—	—	7 291	8 242	—	—	5	8	—	—	46
—	—	3 102	3 729	—	—	3 796	4 515	—	—	360	319	—	—	47
—	—	1 269	1 410	—	—	4 290	4 741	—	—	4	7	—	—	48
52	56	28 009	31 870	63	110	+6 974	+8 296	558	649	42	55	30	34	49
—	—	7 089	8 055	0	0	5 390	5 999	61	22	326	325	0	0	50
—	—	11 221	12 385	21	107	3 949	4 207	427	449	71	76	18	19	51
662	**813**	**159 322**	**174 790**	**2 534**	**3 814**	**91 014**	**101 852**	**12 567**	**13 840**	**2 062**	**2 244**	**624**	**649**	52

[4]) Mehreinnahmen (+).

19.7 Ausgaben der öffentlichen Haushalte für ausgewählte Aufgabenbereiche 1980*)

Mill. DM

Aufgabenbereich	Insgesamt	Bund[1])	Länder, Gemeinden/Gv. und Zweckverbände								Stadtstaaten			Sonstige öffentliche Haushalte[2])
			Schleswig-Holstein	Niedersachsen	Nordrhein-Westfalen	Hessen	Rheinland-Pfalz	Baden-Württemberg	Bayern	Saarland	Hamburg	Bremen	Berlin (West)	
Öffentliche Sicherheit und Ordnung, Rechtsschutz														
Bundesgrenzschutz, Polizei	10 135	1 257	361	925	2 070	747	439	1 150	1 490	149	456	167	925	—
Sonstige Öffentliche Sicherheit und Ordnung	4 764	169	216	636	1 390	420	213	585	632	74	189	91	149	—
Ordentliche Gerichte und Staatsanwaltschaften	5 030	91	226	566	1 416	458	260	668	743	77	202	73	250	—
Sonstiger Rechtsschutz	2 295	75	66	213	632	196	96	292	350	36	111	41	186	—
Insgesamt	**22 225**	**1 593**	**870**	**2 339**	**5 509**	**1 821**	**1 008**	**2 693**	**3 216**	**336**	**958**	**372**	**1 510**	—
dar.: Gemeinden/Gv.	3 650	—	203	568	1 246	359	181	503	526	64	—	—	—	—
Zweckverbände	11	—	0	0	—	—	+0	2	9	+0	—	—	—	—
Schulen und vorschulische Bildung														
Kindergärten	2 026	—	44	139	634	257	141	412	330	29	—	40	0	—
Grund- und Hauptschulen	16 366	+11	636	1 892	4 584	1 259	1 066	2 284	3 326	296	426	120	486	—
Sonderschulen	3 080	—	127	335	850	227	188	506	541	49	109	43	103	—
Realschulen	3 745	—	308	353	1 091	343	186	702	617	70	—	—	74	—
Gymnasien	8 776	—	384	728	2 661	867	482	1 294	1 630	135	333	1	263	—
Gesamtschulen	2 800	—	29	1 093	300	383	118	35	75	3	115	430	219	—
Berufliche Schulen	6 158	—	220	809	1 491	503	286	1 136	1 090	104	232	23	265	—
Unterrichtsverwaltung und Sonstiges	3 757	49	72	627	1 383	182	132	615	298	40	146	55	156	—
Insgesamt	**46 707**	**38**	**1 819**	**5 977**	**12 994**	**4 021**	**2 600**	**6 985**	**7 908**	**726**	**1 360**	**711**	**1 567**	—
dar.: Gemeinden/Gv.	12 619	—	557	2 186	3 783	1 075	733	1 802	2 317	167	—	—	—	—
Zweckverbände	+13	—	+4	3	+7	2	11	6	+24	+0	—	—	—	—
Hochschulen														
Universitäten	8 247	619	169	973	1 547	686	312	1 415	1 180	140	269	85	852	—
Hochschulkliniken[3])	7 029	140	359	595	1 863	704	260	952	1 076	191	359	—	531	—
Gesamthochschulen	719	11	—	—	568	98	—	0	42	—	—	—	—	—
Fachhochschulen	1 256	53	39	98	333	112	67	202	159	12	74	45	63	—
Übrige Hochschulen und Sonstiges	500	44	23	26	88	8	30	155	35	4	19	7	60	1
Insgesamt	**17 751**	**868**	**590**	**1 690**	**4 398**	**1 609**	**670**	**2 724**	**2 491**	**347**	**720**	**137**	**1 506**	**1**
Übriges Bildungswesen														
Förderungsmaßnahmen für Schüler	1 801	1 085	21	95	171	42	80	112	146	14	12	9	14	—
Förderungsmaßnahmen für Studierende[4])	2 581	1 463	23	99	324	109	25	181	176	13	50	21	89	9
Schülerbeförderung	1 687	—	58	285	509	142	52	225	397	6	3	2	6	—
Sonstiges Bildungswesen[5])	2 481	550	84	245	680	154	84	223	232	15	57	36	95	27
Insgesamt	**8 550**	**3 098**	**186**	**723**	**1 685**	**446**	**241**	**741**	**950**	**50**	**121**	**68**	**204**	**36**
dar.: Gemeinden/Gv.	1 579	—	69	196	779	84	89	122	230	10	—	—	—	—
Zweckverbände	44	—	3	2	18	+0	0	2	19	—	—	—	—	—
Soziale Sicherung, soziale Kriegsfolgeaufgaben, Wiedergutmachung														
Verwaltung	3 705	331	138	402	1 026	294	172	379	414	49	132	66	303	—
Sozialversicherung	247 341	35 276	6	18	+0	13	10	21	25	5	21	1	126	211 820
Kindergeld, Mutterschutz, Wohngeld	20 205	19 261	55	117	355	70	38	79	102	12	39	22	55	—
Sozialhilfeleistungen	14 606	225	631	1 900	4 497	1 344	736	1 639	1 690	270	509	238	926	—
Einrichtungen der Sozialhilfe	1 809	—	130	205	474	140	74	273	218	6	168	31	90	—
Jugendhilfeleistungen	2 824	201	94	282	937	235	124	293	257	47	89	44	219	—
Einrichtungen der Jugendhilfe	1 815	7	64	135	400	203	46	159	137	12	228	36	390	—
Förderung der freien Wohlfahrtspflege und Jugendhilfe	2 883	240	92	302	772	130	194	536	368	42	16	24	148	18
Leistungen und Einrichtungen der Kriegsopferversorgung	11 843	11 569	18	46	4	6	14	14	141	3	13	6	8	—
Lastenausgleich	1 931	1 488	17	46	123	46	24	71	75	2	21	5	11	—
Sonstige soziale Leistungen für Folgen von Krieg und politischen Ereignissen	4 139	2 241	56	176	584	203	78	282	259	23	34	16	187	0
Arbeitsmarktpolitik und Arbeitsschutz	2 551	1 725	3	29	425	36	19	96	93	26	21	16	45	17
Förderung der Vermögensbildung	3 255	2 256	34	122	217	94	68	203	210	16	11	9	14	—
Sonstige soziale Sicherung	973	444	20	14	53	12	17	201	119	8	30	1	54	0
Insgesamt	**319 880**	**75 263**	**1 358**	**3 793**	**9 867**	**2 827**	**1 616**	**4 247**	**4 107**	**520**	**1 334**	**517**	**2 576**	**211 856**
dar.: Gemeinden/Gv.	18 920	—	738	1 844	7 531	2 184	931	2 853	2 570	268	—	—	—	—
Zweckverbände	29	—	9	9	+0	0	1	9	1	0	—	—	—	—

Fußnoten siehe S. 425.

19.7 Ausgaben der öffentlichen Haushalte für ausgewählte Aufgabenbereiche 1980*)

Mill. DM

Aufgabenbereich	Insgesamt	Bund[1])	Länder, Gemeinden/Gv. und Zweckverbände: Schleswig-Holstein	Niedersachsen	Nordrhein-Westfalen	Hessen	Rheinland-Pfalz	Baden-Württemberg	Bayern	Saarland	Stadtstaaten: Hamburg	Bremen	Berlin (West)	Sonstige öffentliche Haushalte[2])
Gesundheit, Sport und Erholung														
Krankenhäuser[6])	22 286	809	797	2 409	3 736	2 026	1 040	4 081	4 300	303	906	433	1 446	—
Sonstige Einrichtungen und Maßnahmen des Gesundheitswesens	1 758	83	74	196	439	125	86	211	242	25	82	37	155	3
Sport und Erholung	7 224	78	223	742	2 022	627	359	1 441	1 092	113	118	69	339	—
Reinhaltung von Luft, Wasser und Erde	1 050	737	9	14	131	21	2	31	90	3	6	2	5	0
Insgesamt	**32 317**	**1 707**	**1 103**	**3 361**	**6 328**	**2 799**	**1 487**	**5 765**	**5 724**	**443**	**1 111**	**541**	**1 944**	**3**
dar.: Gemeinden/Gv.	21 704	—	816	2 787	4 912	2 510	1 153	4 563	4 613	350	—	—	—	—
Zweckverbände	657	—	62	85	189	14	13	23	271	0	—	—	—	—
Wohnungswesen, Raumordnung und kommunale Gemeinschaftsdienste														
Wohnungswesen	8 285	1 240	46	520	2 351	593	236	762	1 170	42	194	119	1 010	0
Raumordnung, Landesplanung, Vermessungswesen	3 808	1	123	413	1 238	340	252	661	602	77	54	20	28	—
Städtebauförderung	2 279	492	241	75	819	63	22	224	103	6	43	9	182	—
Abwasserbeseitigung	7 755	19	291	876	2 082	705	311	1 549	1 402	107	301	69	43	—
Abfallbeseitigung	3 002	+3	136	285	789	359	153	444	465	80	199	40	53	—
Straßenreinigung	769	—	26	63	227	78	29	125	129	11	11	5	64	—
Schlacht- und Viehhöfe	305	—	1	21	61	26	9	54	106	3	15	3	5	—
Sonstige kommunale Gemeinschaftsdienste	4 994	109	106	445	1 204	573	309	958	740	92	113	113	232	—
Insgesamt	**31 197**	**1 858**	**970**	**2 699**	**8 771**	**2 738**	**1 320**	**4 778**	**4 718**	**418**	**930**	**379**	**1 618**	**0**
dar.: Gemeinden/Gv.	18 336	—	588	2 043	5 557	2 012	983	3 620	3 271	262	—	—	—	—
Zweckverbände	850	—	92	24	234	55	18	123	211	93	—	—	—	—
Wirtschaftsförderung														
Ernährung, Landwirtschaft und Forsten	12 070	2 139	172	389	636	273	262	628	927	25	28	10	53	6 527
Energie- und Wasserwirtschaft, Kulturbau	4 829	1 697	113	262	876	183	207	574	761	15	112	9	19	—
Bergbau, Verarbeitendes Gewerbe und Baugewerbe	4 696	3 713	53	24	787	6	3	18	35	18	11	0	5	23
Regionale Wirtschaftsförderung	4 637	2 034	150	528	352	113	189	402	595	96	49	73	55	—
Sonstiges Gewerbe und Dienstleistungen	2 961	1 867	71	96	387	41	37	104	199	10	25	56	64	4
Insgesamt	**29 193**	**11 449**	**559**	**1 299**	**3 039**	**616**	**699**	**1 726**	**2 518**	**164**	**225**	**149**	**196**	**6 555**
dar.: Gemeinden/Gv.	1 659	—	67	239	392	133	166	379	253	29	—	—	—	—
Zweckverbände	64	—	+0	11	35	+0	1	+0	18	+0	—	—	—	—
Verkehr und Nachrichtenwesen														
Verwaltung für Straßen- und Brückenbau[7])	696	—	67	69	1	83	66	122	115	17	48	24	85	—
Bundesautobahnen	3 736	3 642	—	17	—	34	21	1	19	3	+2	—	1	—
Bundes- und Landesstraßen	6 268	2 669	114	281	1 130	361	317	679	641	56	16	4	—	—
Kreisstraßen	1 756	—	105	408	316	104	257	170	368	28	—	—	—	—
Gemeindestraßen	10 193	1 401	334	884	1 917	643	503	1 760	2 173	119	165	81	214	—
Sonstiges Straßenwesen	437	140	6	18	106	29	15	76	29	5	8	2	4	—
Verwaltung der Wasserstraßen und Häfen	291	252	1	16	—	—	—	1	—	—	20	—	0	—
Wasserstraßen und Häfen	1 958	1 370	34	139	51	2	15	2	68	21	255	+10	11	—
Förderung der Schiffahrt	308	308	—	—	—	—	0	—	0	—	—	—	—	—
Sonstiges Verkehrs- und Nachrichtenwesen	5 688	4 016	29	70	840	185	32	206	125	22	58	22	84	—
Insgesamt	**31 331**	**13 799**	**690**	**1 902**	**4 361**	**1 440**	**1 224**	**3 016**	**3 538**	**270**	**567**	**123**	**400**	—
dar.: Gemeinden/Gv.	8 242	—	373	1 102	1 862	720	663	1 709	1 687	127	—	—	—	—
Zweckverbände	8	—	2	1	—	—	+0	3	2	—	—	—	—	—

*) Nettoausgaben; Mehreinnahmen (+).
1) Einschl. Lastenausgleichsfonds und ERP-Sondervermögen.
2) Sozialversicherung, Organisationen ohne Erwerbszweck und EG-Anteile.
3) Einschl. Ausgaben der Hochschulkliniken mit kaufmännischem Rechnungswesen.
4) Einschl. Studentenwohnraumförderung.
5) Volkshochschulen, Bibliothekswesen, übrige außerschulische Jugend- und Erwachsenenbildung.
6) Einschl. Ausgaben der Krankenhäuser mit kaufmännischem Rechnungswesen.
7) Ohne kommunale Ausgaben.

19.8 Ausgaben der öffentlichen Haushalte für Investitionen und Investitionsförderungsmaßnahmen 1980*)

Mill. DM

Art der Ausgaben / Aufgabenbereich	Insgesamt	Bund[1])	Länder, Gemeinden/Gv. und Zweckverbände: Schleswig-Holstein	Niedersachsen	Nordrhein-Westfalen	Hessen	Rheinland-Pfalz	Baden-Württemberg	Bayern	Saarland	Stadtstaaten: Hamburg	Bremen	Berlin (West)	Sonstige öffentliche Haushalte[2])
nach Arten														
Baumaßnahmen	48 994	6 563	1 603	4 359	10 134	3 945	2 398	8 432	8 299	578	860	538	975	309
Erwerb von unbeweglichen Sachen	7 537	542	221	789	2 046	314	335	1 373	1 352	57	74	80	282	72
Erwerb von beweglichen Sachen	6 691	1 262	209	574	1 224	436	297	886	903	75	132	65	181	446
Erwerb von Beteiligungen usw.	2 856	1 030	60	141	302	161	34	300	359	22	38	22	382	4
Darlehen an andere Bereiche	12 044	6 516	211	518	892	685	235	679	1 148	56	59	111	923	11
Zuschüsse für Investitionen an andere Bereiche	19 852[3])	8 049	429	1 330	4 308	626	492	1 603	2 117	169	269	119	446	20
Insgesamt	**97 974**	**23 961**	**2 733**	**7 712**	**18 905**	**6 169**	**3 793**	**13 274**	**14 176**	**959**	**1 433**	**935**	**3 190**	**863**
dar.: Gemeinden/Gv.	44 826	—	1 661	5 259	12 760	3 981	2 454	9 243	8 922	546	—	—	—	—
Zweckverbände	2 281	—	110	93	349	237	105	484	837	66	—	—	—	—
nach Aufgabenbereichen														
Schulen und vorschulische Bildung	7 210	—	285	1 068	1 526	569	419	1 452	1 323	66	129	113	260	—
darunter:														
Grund- und Hauptschulen	1 687	—	91	115	423	95	160	331	374	27	25	10	35	—
Sonderschulen	599	—	15	58	133	48	45	126	129	8	18	6	14	—
Realschulen	398	—	43	—	116	12	7	118	93	7	—	—	2	—
Gymnasien	957	—	50	0	292	82	54	219	213	4	33	—	9	—
Gesamtschulen	1 207	—	5	523	155	176	90	35	76	1	4	87	54	—
Hochschulen	2 676	1	94	231	759	206	99	532	379	31	94	25	224	1
darunter:														
Universitäten	1 296	—	24	210	182	68	59	331	223	16	38	16	128	—
Hochschulkliniken	1 028	—	61	16	416	93	25	153	116	14	43	—	92	—
Gesamthochschulen	155	—	—	—	115	28	—	—	11	—	—	—	—	—
Fachhochschulen	171	1	5	3	43	17	15	36	28	1	13	8	3	—
Wissenschaft, Forschung, Entwicklung außerhalb der Hochschulen	2 428[4])	1 458	5	33	70	9	2	48	35	1	7	15	38	830
Soziale Sicherung, soziale Kriegsfolgeaufgaben, Wiedergutmachung	3 969	186	135	421	981	344	240	675	687	47	72	36	146	2
dar. Förderung der Vermögensbildung	1 989	—	67	238	435	189	136	406	419	32	22	18	25	—
Gesundheit, Sport und Erholung	7 250	168	223	678	1 443	690	332	1 644	1 393	79	109	71	422	0
dar. Krankenhäuser	3 700	3	108	330	647	399	153	819	789	35	64	43	309	—
Wohnungswesen, Raumordnung, Städtebauförderung	8 453	30	260	556	3 187	754	312	912	1 331	85	91	41	895	—
Kommunale Gemeinschaftsdienste	9 620	—	278	909	2 402	940	487	2 132	1 996	146	249	65	14	—
davon:														
Abwasserbeseitigung	7 513	—	226	696	1 943	677	334	1 704	1 569	110	207	48	—	—
Abfallbeseitigung	461	—	15	44	117	44	16	73	116	7	18	9	1	—
Übrige kommunale Gemeinschaftsdienste	1 645	—	37	169	343	219	137	354	312	29	24	8	13	—
Wirtschaftsförderung	10 331	5 271	396	764	1 017	228	332	627	1 179	141	131	136	108	0
dar. Ernährung, Landwirtschaft und Forsten	1 745	32	75	227	207	101	148	307	614	10	1	4	18	0
Verkehr und Nachrichtenwesen	20 918	7 475	543	1 478	3 386	1 229	976	2 448	2 594	196	328	84	181	—
darunter:														
Bundesautobahnen	3 310	3 230	—	0	—	45	33	—	0	2	—	—	—	—
Bundes- und Landesstraßen	5 493	2 168	100	194	1 262	324	282	564	527	54	13	6	—	—
Kreisstraßen	1 591	—	98	249	385	112	138	286	306	17	—	—	—	—
Gemeindestraßen	7 329	—	303	958	1 341	713	492	1 357	1 688	113	117	75	171	—
Wirtschaftsunternehmen	7 795	2 918	122	350	1 261	348	74	625	1 238	29	65	165	600	—
darunter:														
Versorgungsunternehmen	1 197	0	50	87	119	134	26	256	478	1	21	2	24	—
Verkehrsunternehmen	4 525	2 680	11	108	743	69	0	10	542	1	15	161	184	—
Kombinierte Versorgungs- und Verkehrsunternehmen	469	—	27	22	149	12	8	165	87	—	—	—	—	—
Sonstige Aufgabenbereiche	17 322[5])	6 454	392	1 224	2 873	852	520	2 179	2 021	138	158	184	302	29

*) In der Abgrenzung der Haushaltssystematik von Bund und Ländern; einschl. Ausgaben der Krankenhäuser und Hochschulkliniken mit kaufmännischem Rechnungswesen.
[1]) Einschl. Lastenausgleichsfonds und ERP-Sondervermögen.
[2]) Organisationen ohne Erwerbszweck.
[3]) Ohne 126 Mill. DM nicht aufteilbare Zuschüsse der Länder an Organisationen ohne Erwerbszweck.
[4]) Desgl. 122 Mill. DM.
[5]) Desgl. 4 Mill. DM.

19.9 Personalausgaben der öffentlichen Haushalte 1980*)

Mill. DM

Art der Personalausgaben / Aufgabenbereich	Insgesamt	Bund	Länder, Gemeinden/Gv. und Zweckverbände: Schleswig-Holstein	Niedersachsen	Nordrhein-Westfalen	Hessen	Rheinland-Pfalz	Baden-Württemberg	Bayern	Saarland	Stadtstaaten: Hamburg	Bremen	Berlin (West)	Sonstige öffentliche Haushalte[1])
nach Arten														
Aufwendungen für Abgeordnete und ehrenamtlich Tätige	916	147	36	99	162	60	55	92	172	15	11	10	17	41
Bezüge der Beamten und Richter[2])	54 825	4 611	1 924	5 374	13 026	4 278	2 722	7 215	8 530	861	1 815	792	2 615	1 061
Bezüge der Soldaten und Angehörigen des Zivilschutzkorps	10 242	10 242	—	—	—	—	—	—	—	—	—	—	—	—
Angestelltenvergütungen	51 284	3 921	1 705	5 007	10 718	4 059	2 040	6 643	6 287	739	1 755	703	2 877	4 829
Arbeiterlöhne	20 066	4 050	643	1 758	3 891	1 556	752	2 358	2 670	298	606	300	797	387
Beschäftigungsentgelte u. dgl., nicht aufteilbare Personalausgaben	6 570	575	72	390	722	243	357	668	198	67	69	49	132	3 027
Beihilfen und Unterstützungen	4 089	948	110	313	999	234	191	428	498	52	126	50	83	56
Personalbezogene Sachausgaben	1 119	490	28	74	159	51	19	81	96	6	30	11	2	72
Versorgungsbezüge u. dgl.	24 833[3])	7 259	738	1 918	4 041	1 612	930	2 245	2 948	285	849	229	1 284	494
Insgesamt	**173 945**	**32 244**	**5 257**	**14 932**	**33 718**	**12 093**	**7 066**	**19 730**	**21 400**	**2 323**	**5 260**	**2 145**	**7 808**	**9 967**
dar.: Gemeinden/Gv.	42 888	—	1 712	5 121	13 942	4 498	2 268	6 933	7 693	720	—	—	—	—
Zweckverbände	1 407	—	73	157	371	92	49	113	519	34	—	—	—	—
nach Aufgabenbereichen														
Politische Führung und zentrale Verwaltung	21 037	3 415	710	1 987	4 833	1 585	1 107	2 546	2 756	364	518	280	931	2
darunter:														
Innere Verwaltung	4 926	37	160	602	1 317	507	299	779	841	87	103	34	159	—
Hochbauverwaltung[4])	3 172	24	135	361	1 196	212	180	404	402	48	70	37	103	—
Steuer- und Finanzverwaltung	7 572	1 509	228	681	1 592	565	396	928	976	107	224	88	277	—
Auswärtige Angelegenheiten	625	385	—	—	0	0	—	2	2	—	—	—	1	235
Öffentliche Sicherheit und Ordnung	10 787	943	404	1 058	2 531	826	459	1 213	1 543	163	528	201	918	—
dar. Bundesgrenzschutz, Polizei	8 085	928	283	727	1 633	598	348	906	1 209	127	389	141	795	—
Rechtsschutz	5 254	126	197	577	1 449	482	264	669	775	82	230	86	315	—
Schulen und vorschulische Bildung	31 771	—	1 254	4 029	8 798	2 808	1 740	4 931	5 029	557	1 016	512	1 097	—
darunter:														
Grund- und Hauptschulen	12 577	—	428	1 631	3 569	1 000	769	1 769	2 358	233	319	94	406	—
Sonderschulen	2 024	—	99	251	579	156	97	336	274	36	80	33	82	—
Realschulen	2 974	—	238	352	800	318	145	615	382	57	—	—	67	—
Gymnasien	6 389	—	292	615	1 798	635	341	997	1 098	117	259	1	237	—
Gesamtschulen	1 128	—	2	305	144	112	8	7	16	1	96	300	138	—
Hochschulen	11 174	4	384	1 177	2 794	1 133	447	1 829	1 603	251	447	121	982	2
darunter:														
Universitäten	5 608	—	118	692	1 241	524	216	984	862	116	199	83	572	—
Hochschulkliniken	3 858	—	219	386	889	449	159	556	580	122	182	—	315	—
Gesamthochschulen	453	—	—	—	367	67	—	—	19	—	—	—	—	—
Fachhochschulen	889	4	28	79	226	82	48	166	117	9	50	32	48	—
Übriges Bildungswesen	875	11	41	103	287	74	27	69	70	7	32	19	69	68
Wissenschaft, Forschung, Entwicklung außerhalb der Hochschulen	3 058	467	45	77	162	57	19	116	137	5	35	10	33	1 895
Kulturelle Angelegenheiten	1 900	—	52	152	550	180	90	292	357	31	27	25	111	33
Soziale Sicherung, soziale Kriegsfolgeaufgaben, Wiedergutmachung	12 585	55	251	563	1 406	465	214	600	601	62	415	131	720	7 102
dar. Sozialversicherung	7 061	—	—	—	—	—	—	—	—	—	—	—	—	7 061
Gesundheit, Sport und Erholung	15 025	32	599	1 767	3 002	1 351	670	2 578	2 783	248	602	272	1 112	9
dar. Krankenhäuser	11 711	—	485	1 402	1 911	1 086	527	2 161	2 379	183	494	237	846	—
Wohnungswesen, Raumordnung, Städtebauförderung	2 405	—	83	289	815	206	141	378	334	45	57	27	31	0
Kommunale Gemeinschaftsdienste	3 977	—	124	414	1 189	404	176	645	590	73	215	95	50	—
Wirtschaftsförderung	2 063	207	97	168	258	197	148	343	499	20	42	12	29	43
Verkehr und Nachrichtenwesen	3 604	1 004	149	358	399	196	182	397	566	50	190	28	86	—
dar. Straßen einschl. Verwaltung[5])	2 426	—	145	315	399	196	182	396	566	50	71	21	86	—
Allgemeine Finanzwirtschaft[6])	28 201	7 877	840	2 051	5 087	1 844	1 172	2 694	3 295	336	897	287	1 316	505
Übrige Aufgabenbereiche	19 604	17 717[7])	27	161	156	286	210	428	462	29	9	40	7	74

*) Einschl. Ausgaben der Krankenhäuser und Hochschulkliniken mit kaufmännischem Rechnungswesen.
1) Sozialversicherung, Organisationen ohne Erwerbszweck.
2) Einschl. der Bezüge des Bundespräsidenten, Bundeskanzlers, Ministerpräsidenten usw.
3) Darunter 3 887 Mill. DM. Versorgung nach G 131 (siehe hierzu Vorbemerkung S. 411).
4) Einschl. kommunaler Tiefbauverwaltung.
5) Ohne kommunale Tiefbauverwaltung.
6) Versorgungsbezüge u. dgl., zentral nachgewiesene Beihilfen und Unterstützungen.
7) Darunter Verteidigung 17 697 Mill. DM.

19.11 Personal der öffentlichen Haushalte

19.11.1 Öffentlicher Dienst nach Beschäftigungsbereichen*)

Stichtag 30. 6. — Beschäftigungsbereich	Insgesamt	Vollbeschäftigte				Teilzeitbeschäftigte			
		zusammen	Beamte und Richter	Angestellte	Arbeiter	zusammen	Beamte und Richter	Angestellte	Arbeiter
				Insgesamt					
1978	4 261 500	3 696 400	1 668 100	1 237 300	791 000	565 100	45 400	261 700	258 000
1979	4 367 900	3 769 600	1 687 500	1 274 000	808 100	598 300	51 000	282 000	265 300
1980	4 419 800	3 801 400	1 694 400	1 295 900	811 100	618 400	62 800	288 800	266 800
1981	4 498 079	3 846 624	1 712 224	1 315 533	818 867	651 455	71 538	306 678	273 239
1982¹)	4 531 399	3 849 911	1 726 621	1 313 477	809 813	681 488	99 101	308 803	273 584
				davon 1982: **Unmittelbarer öffentlicher Dienst**					
Gebietskörperschaften	3 391 682	2 838 749	1 227 664	1 067 561	543 524	552 933	92 062	267 449	193 422
Bund²)	332 056	317 004	114 155	91 401	111 448	15 052	482	11 008	3 562
Länder	1 872 261	1 588 717	968 078	461 839	158 800	283 544	89 177	152 716	41 651
Schleswig-Holstein	67 841	57 294	36 078	16 279	4 937	10 547	3 799	5 423	1 325
Niedersachsen	205 368	167 001	104 252	49 042	13 707	38 367	10 866	23 871	3 630
Nordrhein-Westfalen	411 713	342 014	245 236	83 452	13 326	69 699	27 347	38 991	3 361
Hessen	154 846	137 067	83 224	39 958	13 885	17 779	6 881	7 831	3 067
Rheinland-Pfalz	100 781	86 681	55 222	22 891	8 568	14 100	3 277	8 548	2 275
Baden-Württemberg	258 518	219 074	141 598	59 550	17 926	39 444	17 328	14 959	7 157
Bayern	284 965	252 499	171 115	57 873	23 511	32 466	10 768	17 776	3 922
Saarland	32 392	28 280	16 795	8 843	2 642	4 112	794	2 529	789
Hamburg	112 242	90 831	39 079	40 097	11 655	21 411	3 648	11 044	6 719
Bremen	50 712	39 278	17 322	16 300	5 656	11 434	1 465	4 785	5 184
Berlin (West)	192 883	168 698	58 157	67 554	42 987	24 185	3 004	16 959	4 222
Gemeinden/Gv.	1 187 365	933 028	145 431	514 321	273 276	254 337	2 403	103 725	148 209
Schleswig-Holstein	53 587	40 971	5 568	22 608	12 795	12 616	91	5 596	6 929
Niedersachsen	149 821	108 307	15 239	64 859	28 209	41 514	152	18 454	22 908
Nordrhein-Westfalen	345 333	278 070	56 273	147 980	73 817	67 263	688	24 837	41 738
Hessen	126 476	100 914	12 302	59 164	29 448	25 562	119	12 006	13 437
Rheinland-Pfalz	65 829	51 823	7 793	28 374	15 656	14 006	57	4 621	9 328
Baden-Württemberg	210 708	158 120	19 309	91 084	47 727	52 588	341	21 203	31 044
Bayern	217 325	179 396	26 827	92 206	60 363	37 929	946	16 321	20 662
Saarland	18 286	15 427	2 120	8 046	5 261	2 859	9	687	2 163
Kommunale Zweckverbände	42 564	31 224	2 016	19 304	9 904	11 340	29	4 263	7 048
Deutsche Bundesbahn	335 622	332 205	185 037	7 728	139 440	3 417	301	682	2 434
Deutsche Bundespost	525 840	437 506	288 374	43 438	105 694	88 334	6 388	22 049	59 897
Zusammen	**4 295 708**	**3 639 684**	**1 703 091**	**1 138 031**	**798 562**	**656 024**	**98 780**	**294 443**	**262 801**
				Mittelbarer öffentlicher Dienst³)					
Sozialversicherungsträger⁴)	175 631	156 614	11 603	134 994	10 017	19 017	177	10 314	8 526
Krankenversicherung	86 389	76 160	164	75 103	893	10 229	3	4 763	5 463
Unfallversicherung	20 122	17 975	221	17 012	742	2 147	2	1 575	570
Rentenversicherung	57 570	52 464	9 697	35 631	7 136	5 106	162	3 268	1 676
Knappschaftsversicherung	11 550	10 015	1 521	7 248	1 246	1 535	10	708	817
Bundesanstalt für Arbeit	58 617	52 281	11 769	39 323	1 189	6 336	137	3 983	2 216
Träger der Zusatzversorgung⁵)	1 443	1 332	158	1 129	45	111	7	63	41
Zusammen	**235 691**	**210 227**	**23 530**	**175 446**	**11 251**	**25 464**	**321**	**14 360**	**10 783**

*) Bis einschl. 1980 bereinigte Zahlen.
¹) Vorläufiges Ergebnis.
²) Ohne Soldaten.
³) Soweit erfaßt.
⁴) Unter Aufsicht des Bundes bzw. der Länder.
⁵) Des Bundes, der Länder und Gemeinden/Gv.

19.11 Personal der öffentlichen Haushalte

19.11.2 Gebietskörperschaften am 30. 6. 1982 nach Aufgabenbereichen*)

Aufgabenbereich	Insgesamt	Vollbeschäftigte				Teilzeitbeschäftigte			
		zusammen	Beamte und Richter	Angestellte	Arbeiter	zusammen	Beamte und Richter	Angestellte	Arbeiter
Bund[1])									
Verwaltung	328 661	313 651	114 108	90 745	108 798	15 010	482	10 991	3 537
Allgemeine Dienste	287 029	274 803	103 008	75 110	96 685	12 226	405	9 163	2 658
Politische Führung und zentrale Verwaltung, auswärtige Angelegenheiten	74 797	71 298	49 446	17 136	4 716	3 499	270	2 231	998
dar. Steuer- und Finanzverwaltung	43 881	41 971	34 584	5 073	2 314	1 910	204	852	854
Verteidigung	180 060	172 233	28 402	54 904	88 927	7 827	113	6 385	1 329
Öffentliche Sicherheit und Ordnung	30 107	29 384	23 970	2 469	2 945	723	5	435	283
Rechtsschutz	2 065	1 888	1 190	601	97	177	17	112	48
Bildungswesen, Wissenschaft, Forschung, kulturelle Angelegenheiten	10 376	9 233	2 192	5 234	1 807	1 143	18	873	252
Soziale Sicherung, soziale Kriegsfolgeaufgaben, Wiedergutmachung	1 179	1 059	346	662	51	120	4	97	19
Gesundheit, Sport und Erholung	607	533	205	288	40	74	2	70	2
Ernährung, Landwirtschaft und Forsten	677	575	106	388	81	102	1	57	44
Energie- und Wasserwirtschaft, Gewerbe, Dienstleistungen	3 777	3 493	1 575	1 763	155	284	12	263	9
Verkehrs- und Nachrichtenwesen	25 016	23 955	6 676	7 300	9 979	1 061	40	468	553
Rechtlich unselbständige Wirtschaftsunternehmen	3 395	3 353	47	656	2 650	42	—	17	25
Zusammen	**332 056**	**317 004**	**114 155**	**91 401**	**111 448**	**15 052**	**482**	**11 008**	**3 562**
Länder									
Verwaltung	1 668 611	1 410 344	953 855	362 517	93 972	258 267	89 117	135 605	33 545
Allgemeine Dienste	595 181	554 592	398 120	139 641	16 831	40 589	6 513	21 740	12 336
Politische Führung und zentrale Verwaltung	236 664	217 234	127 870	83 006	6 358	19 430	4 207	10 180	5 043
dar. Steuer- und Finanzverwaltung	128 568	116 666	83 087	31 704	1 875	11 902	3 611	5 589	2 702
Öffentliche Sicherheit und Ordnung	215 456	208 734	175 865	24 120	8 749	6 722	229	2 668	3 825
Rechtsschutz	143 061	128 624	94 385	32 515	1 724	14 437	2 077	8 892	3 468
Bildungswesen, Wissenschaft, Forschung, kulturelle Angelegenheiten	882 031	684 120	515 153	140 514	28 453	197 911	81 940	101 647	14 324
dar. Schulen	646 712	511 120	460 067	48 449	2 604	135 592	81 546	46 621	7 425
Soziale Sicherung, soziale Kriegsfolgeaufgaben, Wiedergutmachung	59 699	49 893	12 163	32 231	5 499	9 806	350	6 404	3 052
Gesundheit, Sport und Erholung	21 811	18 405	2 895	9 123	6 387	3 406	117	2 347	942
Wohnungswesen, Raumordnung und kommunale Gemeinschaftsdienste	31 400	29 498	9 330	9 908	10 260	1 902	63	1 119	720
Ernährung, Landwirtschaft und Forsten	24 168	22 038	8 658	10 255	3 125	2 130	102	1 198	830
Energie- und Wasserwirtschaft, Gewerbe, Dienstleistungen	12 673	11 780	3 310	5 763	2 707	893	15	452	426
Verkehrs- und Nachrichtenwesen	41 648	40 018	4 226	15 082	20 710	1 630	17	698	915
Rechtlich unselbständige Wirtschaftsunternehmen	61 358	58 155	7 644	10 485	40 026	3 203	4	1 152	2 047
Krankenhäuser[2])	142 292	120 218	6 579	88 837	24 802	22 074	56	15 959	6 059
Zusammen	**1 872 261**	**1 588 717**	**968 078**	**461 839**	**158 800**	**283 544**	**89 177**	**152 716**	**41 651**
Gemeinden/Gv.[3])									
Verwaltung	867 692	658 388	139 365	328 937	190 086	209 304	2 365	76 004	130 935
Allgemeine Verwaltung	186 000	148 100	56 500	83 100	8 500	37 900	900	20 600	16 400
dar. Finanzverwaltung	48 500	41 600	16 500	24 600	500	6 900	150	6 350	400
Öffentliche Sicherheit und Ordnung	67 000	59 900	27 600	30 600	1 700	7 100	100	6 300	700
Schulen	141 400	45 300	8 900	27 500	8 900	96 100	700	17 000	78 400
Wissenschaft, Forschung, Kulturpflege	39 800	30 200	2 300	21 100	6 800	9 600	50	4 600	4 950
Soziale Sicherung	128 600	100 200	17 900	71 900	10 400	28 400	370	16 600	11 430
Gesundheit, Sport, Erholung	77 200	62 400	3 500	21 500	37 400	14 800	100	4 000	10 700
Bau- und Wohnungswesen, Verkehr	142 500	133 500	19 700	59 200	54 600	9 000	100	5 200	3 700
Öffentliche Einrichtungen, Wirtschaftsförderung	85 200	78 800	3 000	14 000	61 800	6 400	40	1 700	4 660
Rechtlich unselbständige Wirtschaftsunternehmen	74 335	68 305	2 067	22 206	44 032	6 030	3	1 555	4 472
Krankenhäuser[2])	245 338	206 335	3 999	163 178	39 158	39 003	35	26 166	12 802
Zusammen	**1 187 365**	**933 028**	**145 431**	**514 321**	**273 276**	**254 337**	**2 403**	**103 725**	**148 209**

*) Vorläufiges Ergebnis.
1) Ohne Soldaten.
2) Mit kaufmännischer Buchführung.
3) Aufgabenbereiche innerhalb der Verwaltung geschätzt.

19.11 Personal der öffentlichen Haushalte

19.11.3 Sonstige juristische Personen und rechtlich selbständige Wirtschaftsunternehmen am 30. 6. 1982 nach Beschäftigungsbereichen*)

Beschäftigungsbereich	Insgesamt	Vollbeschäftigte				Teilzeitbeschäftigte			
		zusammen	Beamte	Angestellte	Arbeiter	zusammen	Beamte	Angestellte	Arbeiter
Sonstige juristische Personen[1])									
Forschungseinrichtungen	38 997	33 952	934	27 149	5 869	5 045	34	4 118	893
Einrichtungen außerhalb der Forschung	45 797	29 655	1 967	23 403	4 285	16 142	185	7 594	8 363
Bund[2])	8 472	7 084	184	6 527	373	1 388	2	1 172	214
Länder[3])	37 325	22 571	1 783	16 876	3 912	14 754	183	6 422	8 149
Insgesamt	**84 794**	**63 607**	**2 901**	**50 552**	**10 154**	**21 187**	**219**	**11 712**	**9 256**
dagegen am 30. 6. 1981	86 493	65 854	2 675	51 901	11 278	20 639	161	11 070	9 408
Rechtlich selbständige Wirtschaftsunternehmen[4])									
Versorgungsunternehmen	150 539	144 646	—	70 606	74 040	5 893	—	2 015	3 878
Verkehrsunternehmen	76 988	74 469	—	21 523	52 946	2 519	—	854	1 665
Kombinierte Versorgungs- und Verkehrsunternehmen	33 118	32 354	—	12 790	19 564	764	—	319	445
Sonstige	91	80	—	24	56	11	—	4	7
Insgesamt	**260 736**	**251 549**	—	**104 943**	**146 606**	**9 187**	—	**3 192**	**5 995**
dagegen am 30. 6. 1981	261 049	251 954	—	104 075	147 879	9 095	—	3 096	5 999

19.11.4 Versorgungsempfänger des öffentlichen Dienstes am 1. 2. 1982 nach dem Dienstverhältnis

Art der Versorgungsempfänger / Laufbahngruppe	Unmittelbarer öffentlicher Dienst							Mittelbarer öffentlicher Dienst				
	insgesamt	Gebietskörperschaften				Deutsche Bundesbahn	Deutsche Bundespost[6])	insgesamt	Bundesanstalt für Arbeit	Sozialversicherungsträger[7])		
		zusammen	Bund	Länder	Gemeinden/ Gv.[5])					zusammen	Bund	Länder
Allgemeine Versorgungsempfänger[8])												
Empfänger von Ruhegehalt	547 111	315 425	27 545	230 880	57 000	142 619	89 067	14 353	2 668	11 685	3 174	8 511
Beamte und Richter	540 628	309 015	27 545	229 470	52 000	142 553	89 060	5 762	2 620	3 142	827	2 315
Dienstordnungsangestellte[9])	12	5	—	5	—	—	7	8 435	—	8 435	2 341	6 094
Angestellte und Arbeiter	6 471	6 405	—	1 405	5 000	66	—	156	48	108	6	102
Empfänger von Witwen-/Witwergeld	415 948	241 236	22 320	167 416	51 500	108 172	66 540	12 288	2 475	9 813	2 708	7 105
Beamte und Richter	409 325	234 660	22 310	165 350	47 000	108 128	66 537	4 553	2 380	2 173	342	1 831
Dienstordnungsangestellte[9])	14	11	—	11	—	—	3	7 569	—	7 569	2 362	5 207
Angestellte und Arbeiter	6 609	6 565	10	2 055	4 500	44	—	166	95	71	4	67
Empfänger von Waisengeld	44 699	28 947	3 012	21 435	4 500	9 001	6 751	1 248	219	1 029	330	699
Beamte und Richter	44 654	28 922	3 012	21 410	4 500	8 987	6 745	529	219	310	95	215
Dienstordnungsangestellte[9])	6	—	—	—	—	—	6	711	—	711	235	476
Angestellte und Arbeiter	39	25	—	25	—	14	—	8	—	8	—	8
Insgesamt	**1 007 758**	**585 608**	**52 877**	**419 731**	**113 000**	**259 792**	**162 358**	**27 889**	**5 362**	**22 527**	**6 212**	**16 315**
Beamte und Richter	994 607	572 597	52 867	416 230	103 500	259 668	162 342	10 844	5 219	5 625	1 264	4 361
Dienstordnungsangestellte[9])	32	16	—	16	—	—	16	16 715	—	16 715	4 938	11 777
Angestellte und Arbeiter	13 119	12 995	10	3 485	9 500	124	—	330	143	187	10	177
Versorgungsempfänger nach Kap. I des Gesetzes zu Art. 131 des Grundgesetzes[10])												
Empfänger von Ruhegehalt	63 237	58 759	1 401	57 358	—	3 002	1 476	1 172	121	1 051	18	1 033
Empfänger von Witwen-/Witwergeld	142 776	120 806	4 318	116 488	—	16 004	5 966	3 536	563	2 973	6	2 967
Empfänger von Waisengeld	3 142	2 760	69	2 691	—	280	102	65	7	58	—	58
Insgesamt	**209 155**	**182 325**	**5 788**	**176 537**	—	**19 286**	**7 544**	**4 773**	**691**	**4 082**	**24**	**4 058**
Beamte und Richter	100 111	73 281	5 593	67 688	—	19 286	7 544	3 567	660	2 907	3	2 904
Dienstordnungsangestellte[9])	38	38	29	9	—	—	—	88	—	88	20	68
Angestellte und Arbeiter	4 432	4 432	—	4 432	—	—	—	1 117	31	1 086	—	1 086
Ehem. Berufssoldaten und Reichsarbeitsdienstführer	104 574	104 574	166	104 408	—	—	—	1	—	1	1	—

*) Vorläufiges Ergebnis.
1) Sonstige juristische Personen des öffentlichen oder privaten Rechts, die überwiegend aus öffentlichen Mitteln finanziert werden.
2) Überwiegend vom Bund finanziert.
3) Überwiegend von den Ländern finanziert.
4) Rechtlich selbständige staatliche und kommunale Verkehrs- und Versorgungsunternehmen.
5) Geschätzt; einschl. kommunaler Zweckverbände.
6) Einschl. Bundesministerium für das Post- und Fernmeldewesen.
7) Unter Aufsicht des Bundes bzw. der Länder.
8) Einschl. Versorgungsempfänger nach Kap. II des Gesetzes zu Art. 131 des Grundgesetzes (verdrängte öffentliche Bedienstete ehemaliger Dienststellen, deren Aufgaben übernommen wurden).
9) Angestellte, die aufgrund einer Dienstordnung nach beamtenrechtlichen Vorschriften oder Grundsätzen versorgt werden.
10) Verdrängte öffentliche Bedienstete weggefallener Dienststellen.

19.12 Ergebnisse der Steuerstatistiken

19.12.1 Lohnsteuer

Jahr	Steuerpflichtige[1])		Bruttolohn		Jahreslohnsteuer	
	1 000	1961 = 100	Mill. DM	1961 = 100	Mill. DM	1961 = 100
1961	20 669	*100*	129 008	*100*	9 028	*100*
1965	22 363	*108*	189 557	*147*	14 606	*162*
1968	18 744[2])	*91*	216 142	*168*	18 752	*208*
1971	20 551[2])	*99*	340 685	*264*	39 783	*441*
1974	20 806[2])	*101*	470 623	*365*	68 103	*754*
1977	20 306[2])	*98*	558 603	*433*	85 379	*946*
1980	21 072[2])	*102*	688 121	*533*	101 833	*1 128*

19.12.2 Einkommensteuer

Jahr	Steuerpflichtige[3])		Gesamtbetrag der Einkünfte		Festgesetzte Einkommensteuer	
	1 000	1961 = 100	Mill. DM	1961 = 100	Mill. DM	1961 = 100
1961	3 277	*100*	63 794	*100*	13 008	*100*
1965	3 990	*122*	94 771	*149*	18 739	*144*
1968	4 842	*148*	119 491	*187*	22 337	*172*
1971	6 920	*211*	220 485	*346*	44 095	*339*
1974	8 695	*265*	324 555	*509*	67 706	*520*
1977	7 978	*243*	351 574	*551*	82 692	*636*

19.12.3 Körperschaftsteuer

Jahr	Steuerpflichtige[4])		Gesamtbetrag der Einkünfte		Festgesetzte Körperschaftsteuer	
	1 000	1961 = 100	Mill. DM	1961 = 100	Mill. DM	1961 = 100
1961	39	*100*	15 738	*100*	6 046	*100*
1965	43	*109*	18 550	*118*	6 784	*112*
1968	45	*114*	23 244	*148*	8 147	*135*
1971	53	*135*	23 284	*148*	8 088	*134*
1974	65	*164*	28 673	*182*	9 348	*155*
1977	91	*232*	46 017	*292*	19 906	*329*

19.12.4 Vermögensteuer

Jahr	Steuerpflichtige[5])		Gesamt-Inlandsvermögen		Jahressteuerschuld	
	1 000	1960 = 100	Mill. DM	1960 = 100	Mill. DM	1960 = 100
1960	482	*100*	143 317	*100*	1 212	*100*
1966	542	*112*	219 216	*153*	1 937	*160*
1969[6])	598	*124*	271 873	*190*	2 445	*202*
1972	660	*137*	305 651	*213*	2 768	*228*
1974	542	*113*	424 199	*296*	2 513	*207*
1977	641	*133*	593 732	*414*	4 424	*365*

19.12.5 Einheitswerte der gewerblichen Betriebe

Jahr	Gewerbebetriebe[7])		Rohbetriebsvermögen		Einheitswert	
	1 000	1960 = 100	Mill. DM	1960 = 100	Mill. DM	1960 = 100
1960	986	*100*	478 288	*100*	135 029	*100*
1966	1 150	*117*	852 673	*178*	204 557	*151*
1969[6])	1 105	*112*	1 059 148	*221*	239 376	*177*
1972	1 102	*112*	1 527 371	*319*	276 252	*205*
1974	1 111	*113*	1 624 745	*339*	351 409	*261*
1977	1 204	*122*	2 454 222	*513*	488 533	*362*

19.12.6 Umsatzsteuer

Jahr	Steuerpflichtige[8])		Steuerbarer Umsatz[9])		Umsatzsteuervorauszahlung	
	1 000	1960 = 100	Mill. DM	1960 = 100	Mill. DM	1960 = 100
1960	1 745	*100*	711 031	*100*	16 443	*100*
1966	1 696	*97*	1 090 474	*153*	24 827	*151*
1970	1 625	*93*	1 430 400	*201*	26 871	*163*
1974	1 585	*91*	2 059 684	*290*	33 321	*203*
1978	1 666	*96*	2 584 688	*364*	44 402	*270*
1980	1 689	*97*	3 160 966	*445*	53 528	*326*

1) Veranlagte und nichtveranlagte Lohnsteuerpflichtige.
2) Ehegatten mit beiderseitigem Bruttolohn werden grundsätzlich als ein Steuerpflichtiger gezählt.
3) Mit Einkommen veranlagte unbeschränkt Steuerpflichtige.
4) Bis 1971 steuerbelastete, ab 1974 steuerbelastete und nichtsteuerbelastete Steuerpflichtige.
5) Steuerbelastete und Steuerbefreite.
6) In der Bundeskonzentration 1969 ist ein geschätztes Landesergebnis enthalten.
7) Nur Betriebe, für die ein Einheitswert von mindestens 1 000 DM festgestellt worden ist.
8) Nur Steuerpflichtige mit Jahresumsätzen 1960: ab 8 500 DM, 1966: ab 12 500 DM, 1970 bis 1978: ab 12 000 DM, 1980: ab 20 000 DM; 1966 außerdem Handelsvertreter, Makler und Freie Berufe mit Umsätzen ausschließlich aus freiberuflicher Tätigkeit ab 20 500 DM.
9) Ohne Umsatzsteuer. – 1960 und 1966 einschl. Umsatzsteuer.

19.13 Lohnsteuer 1980

19.13.1 Veranlagte und nichtveranlagte Lohnsteuerpflichtige*)

Bruttolohn von . . . bis unter . . . DM	Steuerklassen insgesamt			Steuerklasse I			Steuerklasse II		
	Steuer-pflichtige	Bruttolohn	Jahres-lohnsteuer	Steuer-pflichtige	Bruttolohn	Jahres-lohnsteuer	Steuer-pflichtige	Bruttolohn	Jahres-lohnsteuer
	1 000	Mill. DM		1 000	Mill. DM		1 000	Mill. DM	
unter 2 400	1 567,1	1 885	8	593,3	825	3	508,3	514	1
2 400 — 4 800	981,1	3 492	21	535,0	1 875	6	148,6	519	4
4 800 — 7 200	727,3	4 344	33	469,2	2 825	9	92,8	549	7
7 200 — 9 600	631,7	5 263	95	418,7	3 478	61	81,1	683	10
9 600 — 12 000	574,8	6 210	211	301,3	3 254	158	143,0	1 553	18
12 000 — 16 000	1 040,1	14 471	729	498,6	6 944	528	300,7	4 165	95
16 000 — 20 000	1 040,8	18 819	1 422	524,1	9 469	960	222,8	4 023	236
20 000 — 25 000	1 697,3	38 434	3 699	859,0	19 447	2 362	326,0	7 356	616
25 000 — 36 000	4 674,8	142 467	16 717	1 527,9	45 420	7 168	636,9	19 182	2 291
36 000 — 50 000	4 006,7	169 729	23 322	577,7	23 876	5 111	291,1	12 010	2 124
50 000 — 75 000	3 202,2	190 829	31 813	147,3	8 509	2 350	90,8	5 270	1 355
75 000 — 100 000	662,5	55 958	12 368	17,2	1 444	487	10,7	896	289
100 000 und mehr	265,9	36 221	11 394	6,7	920	374	5,3	796	324
Insgesamt	**21 072,4**	**688 121**	**101 833**	**6 476,0**	**128 283**	**19 580**	**2 858,0**	**57 516**	**7 371**

Bruttolohn von . . . bis unter . . . DM	Steuerklasse III (ohne V)			Steuerklasse III/V (ohne nicht zusammengeführte Einzelfälle)			Steuerklasse IV/IV (ohne nicht zusammengeführte Einzelfälle)		
	Steuer-pflichtige	Bruttolohn	Jahres-lohnsteuer	Steuer-pflichtige	Bruttolohn	Jahres-lohnsteuer	Steuer-pflichtige	Bruttolohn	Jahres-lohnsteuer
	1 000	Mill. DM		1 000	Mill. DM		1 000	Mill. DM	
unter 2 400	412,8	490	3	4,1	6	0	1,8	3	0
2 400 — 4 800	277,2	1 027	9	6,5	24	1	3,5	12	0
4 800 — 7 200	148,9	873	13	8,0	48	2	4,2	25	1
7 200 — 9 600	114,4	953	19	9,3	79	3	5,7	48	1
9 600 — 12 000	112,7	1 211	25	10,4	112	4	5,0	54	2
12 000 — 16 000	204,8	2 855	82	22,3	315	11	9,9	139	5
16 000 — 20 000	247,9	4 496	182	30,2	547	25	12,2	221	11
20 000 — 25 000	432,6	9 823	599	53,0	1 202	74	22,1	501	33
25 000 — 36 000	2 050,5	63 355	5 914	340,9	10 797	974	108,6	3 417	321
36 000 — 50 000	1 737,0	72 671	8 716	952,2	41 280	4 910	446,2	19 789	2 438
50 000 — 75 000	937,3	55 587	8 887	897,9	53 053	8 127	1 128,3	68 373	11 084
75 000 — 100 000	195,9	16 585	3 661	162,8	13 723	2 813	275,9	23 304	5 116
100 000 und mehr	114,9	16 922	5 562	57,3	7 552	2 204	81,7	10 027	2 928
Insgesamt	**6 986,8**	**246 847**	**33 672**	**2 555,0**	**128 737**	**19 147**	**2 105,1**	**125 914**	**21 937**

Bruttolohn von . . . bis unter . . . DM	Nicht zusammengeführte Einzelfälle der Steuerklasse V			Nicht zusammengeführte Einzelfälle der Steuerklasse IV		
	Steuer-pflichtige	Bruttolohn	Jahres-lohnsteuer	Steuer-pflichtige	Bruttolohn	Jahres-lohnsteuer
	1 000	Mill. DM		1 000	Mill. DM	
unter 2 400	34,3	33	1	12,5	14	0
2 400 — 4 800	5,6	19	2	4,8	17	0
4 800 — 7 200	2,1	12	2	2,0	11	0
7 200 — 9 600	1,5	13	2	1,1	9	0
9 600 — 12 000	1,6	17	3	0,9	10	1
12 000 — 16 000	2,4	33	6	1,4	20	2
16 000 — 20 000	1,3	23	5	2,3	41	4
20 000 — 25 000	0,7	15	4	3,9	89	11
25 000 — 36 000	0,4	11	3	9,6	285	46
36 000 — 50 000	0,1	4	1	2,4	100	22
50 000 — 75 000	0,0	1	0	0,6	35	10
75 000 — 100 000	0,0	0	0	0,1	6	2
100 000 und mehr	0,0	0	0	0,0	5	2
Insgesamt	**49,9**	**181**	**27**	**41,7**	**642**	**100**

*) Ehegatten mit beiderseitigem Bruttolohn werden grundsätzlich als e i n Steuerpflichtiger gezählt.

19.13 Lohnsteuer 1980

19.13.2 Lohnsteuerpflichtige mit maschinellem Lohnsteuer-Jahresausgleich*)

Bruttolohn von ... bis unter ... DM	Steuerklassen insgesamt			Steuerklasse I		
	Steuerpflichtige	Bruttolohn	Jahreslohnsteuer	Steuerpflichtige	Bruttolohn	Jahreslohnsteuer
	1 000	Mill. DM		1 000	Mill. DM	
unter 2 400	387,2	532	—	373,1	510	—
2 400 — 4 800	385,7	1 365	0	355,6	1 255	0
4 800 — 7 200	340,3	2 046	0	302,8	1 820	0
7 200 — 9 600	396,9	3 318	43	351,5	2 934	42
9 600 — 12 000	327,2	3 538	136	271,2	2 930	133
12 000 — 16 000	590,5	8 257	505	454,5	6 332	467
16 000 — 20 000	670,7	12 127	1 012	477,9	8 634	861
20 000 — 25 000	1 171,9	26 579	2 677	761,8	17 236	2 066
25 000 — 36 000	2 606,2	77 852	8 008	772,7	21 382	3 021
36 000 — 50 000	1 737,9	72 942	8 252	3,6	139	14
50 000 — 75 000	670,9	37 104	5 213	0,1	4	0
75 000 — 100 000	0,7	56	5	—	—	—
100 000 und mehr	0,0	1	0	—	—	—
Insgesamt	**9 286,3**	**245 716**	**25 851**	**4 124,7**	**63 176**	**6 606**

Bruttolohn von ... bis unter ... DM	Steuerklasse II			Steuerklasse III (ohne V)		
	Steuerpflichtige	Bruttolohn	Jahreslohnsteuer	Steuerpflichtige	Bruttolohn	Jahreslohnsteuer
	1 000	Mill. DM		1 000	Mill. DM	
unter 2 400	6,8	11	—	6,9	11	—
2 400 — 4 800	14,4	53	—	13,8	51	—
4 800 — 7 200	18,5	112	—	15,5	93	—
7 200 — 9 600	22,7	192	0	17,8	150	—
9 600 — 12 000	29,7	323	3	20,0	216	0
12 000 — 16 000	76,0	1 077	33	45,2	639	4
16 000 — 20 000	101,9	1 844	105	69,2	1 257	38
20 000 — 25 000	178,7	4 050	326	187,0	4 284	238
25 000 — 36 000	294,6	8 544	804	1 227,4	38 057	3 364
36 000 — 50 000	19,8	756	61	951,0	39 493	4 547
50 000 — 75 000	0,0	2	0	230,1	12 599	1 772
75 000 — 100 000	—	—	—	0,4	36	3
100 000 und mehr	—	—	—	0,0	1	0
Insgesamt	**763,2**	**16 963**	**1 334**	**2 784,5**	**96 886**	**9 968**

Bruttolohn von ... bis unter ... DM	Steuerklasse III/V			Steuerklasse IV/IV		
	Steuerpflichtige	Bruttolohn	Jahreslohnsteuer	Steuerpflichtige	Bruttolohn	Jahreslohnsteuer
	1 000	Mill. DM		1 000	Mill. DM	
unter 2 400	0,3	1	—	0,1	0	—
2 400 — 4 800	1,3	5	—	0,6	2	—
4 800 — 7 200	2,4	14	—	1,1	7	—
7 200 — 9 600	3,4	28	—	1,6	13	—
9 600 — 12 000	4,3	47	—	2,0	22	—
12 000 — 16 000	10,0	141	0	4,8	68	0
16 000 — 20 000	15,1	273	5	6,6	120	2
20 000 — 25 000	31,1	708	32	13,3	302	14
25 000 — 36 000	237,3	7 528	625	74,2	2 341	194
36 000 — 50 000	447,6	18 552	1 991	316,0	14 001	1 638
50 000 — 75 000	26,2	1 432	181	414,4	23 067	3 259
75 000 — 100 000	0,1	5	0	0,2	16	2
100 000 und mehr	0,0	0	0	0,0	0	0
Insgesamt	**778,9**	**28 734**	**2 834**	**834,9**	**39 958**	**5 109**

*) Ehegatten mit beiderseitigem Bruttolohn werden grundsätzlich als e i n Steuerpflichtiger gezählt.

19.13 Lohnsteuer 1980

19.13.3 Lohnsteuerpflichtige mit maschineller Veranlagung*)

Bruttolohn von ... bis unter ... DM	Steuerklassen insgesamt			Steuerklasse I		
	Steuerpflichtige	Bruttolohn	Jahreslohnsteuer	Steuerpflichtige	Bruttolohn	Jahreslohnsteuer
	1 000	Mill. DM		1 000	Mill. DM	
unter 2 400	103,1	141	6	13,9	19	2
2 400 — 4 800	200,7	774	16	15,1	54	4
4 800 — 7 200	136,5	803	26	14,8	88	6
7 200 — 9 600	115,5	965	38	13,4	112	9
9 600 — 12 000	121,3	1 304	54	13,2	142	13
12 000 — 16 000	231,0	3 219	163	22,4	313	34
16 000 — 20 000	227,1	4 098	293	25,1	454	56
20 000 — 25 000	336,5	7 615	698	53,6	1 222	164
25 000 — 36 000	1 803,5	56 792	7 816	697,6	22 362	3 869
36 000 — 50 000	2 156,9	92 148	14 430	565,8	23 398	5 021
50 000 — 75 000	2 497,1	151 757	26 264	145,9	8 427	2 328
75 000 — 100 000	658,0	55 581	12 288	17,0	1 431	483
100 000 und mehr	264,2	35 969	11 310	6,6	911	371
Insgesamt	**8 851,5**	**411 166**	**73 402**	**1 604,5**	**58 934**	**12 360**

Bruttolohn von ... bis unter ... DM	Steuerklasse II			Steuerklasse III (ohne V)		
	Steuerpflichtige	Bruttolohn	Jahreslohnsteuer	Steuerpflichtige	Bruttolohn	Jahreslohnsteuer
	1 000	Mill. DM		1 000	Mill. DM	
unter 2 400	27,2	36	1	60,1	84	3
2 400 — 4 800	28,4	103	3	151,9	597	8
4 800 — 7 200	24,3	144	5	90,2	527	12
7 200 — 9 600	22,8	192	8	70,4	586	18
9 600 — 12 000	28,5	309	12	71,3	763	24
12 000 — 16 000	62,8	878	41	129,4	1 797	73
16 000 — 20 000	57,4	1 035	77	124,9	2 255	133
20 000 — 25 000	75,1	1 691	166	178,5	4 039	309
25 000 — 36 000	276,8	8 746	1 267	694,9	21 459	2 215
36 000 — 50 000	258,0	10 714	1 971	705,9	29 849	3 761
50 000 — 75 000	89,2	5 183	1 333	685,8	41 780	6 925
75 000 — 100 000	10,5	885	286	193,9	16 415	3 628
100 000 und mehr	5,2	786	320	114,1	16 794	5 519
Insgesamt	**966,4**	**30 700**	**5 489**	**3 271,1**	**136 945**	**22 628**

Bruttolohn von ... bis unter ... DM	Steuerklasse III/V			Steuerklasse IV/IV		
	Steuerpflichtige	Bruttolohn	Jahreslohnsteuer	Steuerpflichtige	Bruttolohn	Jahreslohnsteuer
	1 000	Mill. DM		1 000	Mill. DM	
unter 2 400	1,2	2	0	0,6	1	0
2 400 — 4 800	3,5	13	1	1,8	7	0
4 800 — 7 200	4,7	28	2	2,5	15	1
7 200 — 9 600	5,4	46	3	3,5	30	1
9 600 — 12 000	5,7	62	4	2,6	29	2
12 000 — 16 000	11,7	164	11	4,8	67	4
16 000 — 20 000	14,3	258	19	5,4	97	8
20 000 — 25 000	20,9	473	41	8,4	190	18
25 000 — 36 000	100,9	3 185	341	33,2	1 040	123
36 000 — 50 000	499,8	22 519	2 893	127,5	5 668	784
50 000 — 75 000	868,0	51 403	7 911	708,1	44 964	7 767
75 000 — 100 000	162,0	13 657	2 800	274,6	23 192	5 092
100 000 und mehr	57,0	7 501	2 188	81,3	9 978	2 912
Insgesamt	**1 755,1**	**99 311**	**16 213**	**1 254,3**	**85 276**	**16 712**

*) Ehegatten mit beiderseitigem Bruttolohn werden grundsätzlich als e i n Steuerpflichtiger gezählt.

19.13 Lohnsteuer 1980

19.13.4 Steuerbelastete und nichtsteuerbelastete Lohnsteuerpflichtige*)

Einkünfte aus nichtselbständiger Arbeit von ... bis unter ... DM	Steuerpflichtige	Bruttolohn	Einbehaltene Lohnsteuer	Jahres-Lohnsteuer	Nachrichtlich: Vermögenswirksame Leistungen nach dem 3. Vermögensbildungsges. Fälle¹)	Nachrichtlich: Vermögenswirksame Leistungen Betrag	Nachrichtlich: Arbeitnehmersparzulage Fälle¹)	Nachrichtlich: Arbeitnehmersparzulage Betrag
	1 000	Mill. DM	Mill. DM	Mill. DM	1 000	Mill. DM	1 000	Mill. DM
Steuerbelastete und Nichtsteuerbelastete insgesamt								
negativ oder 0	1 347,6	1 480	36	8	46,8	15	45,0	4
1 — 4 000	1 609,1	6 322	269	42	515,9	196	501,9	57
4 000 — 8 000	1 278,4	11 045	508	138	641,3	315	629,1	93
8 000 — 12 000	1 001,0	12 850	940	541	561,2	278	544,9	81
12 000 — 16 000	1 039,0	17 744	1 614	1 152	637,5	332	619,3	98
16 000 — 25 000	3 164,4	75 354	8 921	7 450	2 468,3	1 416	2 414,3	424
25 000 — 32 000	3 083,2	96 615	13 066	11 555	2 817,6	1 672	2 440,7	451
32 000 — 50 000	5 244,6	227 033	34 614	31 684	5 951,4	3 546	4 671,7	867
50 000 — 75 000	2 596,1	164 675	30 455	28 941	3 512,9	2 129	2 079,7	392
75 000 — 100 000	498,3	44 521	10 598	10 365	541,2	321	35,8	7
100 000 — 250 000	201,5	26 872	8 419	8 346	138,5	80	3,3	1
250 000 — 500 000	8,1	2 653	1 155	1 157	1,6	1	0,0	0
500 000 und mehr	1,2	958	428	454	0,2	0	0,0	0
Insgesamt	**21 072,4**	**688 121**	**111 021**	**101 833**	**17 834,4**	**10 301**	**13 985,7**	**2 474**
Steuerbelastete								
negativ oder 0	36,5	48	8	8	4,0	1	3,7	0
1 — 4 000	128,5	535	42	42	43,4	14	41,5	4
4 000 — 8 000	472,0	4 158	278	138	289,6	144	285,5	43
8 000 — 12 000	802,3	10 216	839	541	477,9	240	468,4	71
12 000 — 16 000	978,1	16 661	1 563	1 152	609,3	319	592,2	94
16 000 — 25 000	3 139,4	74 775	8 889	7 450	2 454,7	1 409	2 401,1	421
25 000 — 32 000	3 078,3	96 465	13 060	11 555	2 815,3	1 671	2 438,6	451
32 000 — 50 000	5 238,7	226 780	34 610	31 684	5 949,5	3 545	4 670,0	867
50 000 — 75 000	2 593,6	164 514	30 453	28 941	3 512,1	2 128	2 079,1	392
75 000 — 100 000	497,5	44 451	10 597	10 365	541,1	321	35,8	7
100 000 — 250 000	201,0	26 807	8 418	8 346	138,5	80	3,3	1
250 000 — 500 000	8,1	2 645	1 155	1 157	1,6	1	0,0	0
500 000 und mehr	1,2	954	428	454	0,2	0	0,0	0
Zusammen	**17 175,2**	**669 008**	**110 340**	**101 833**	**16 837,1**	**9 872**	**13 019,1**	**2 349**
Nichtsteuerbelastete								
negativ oder 0	1 311,1	1 432	28	×	42,8	14	41,3	4
1 — 4 000	1 480,6	5 788	227	×	472,5	182	460,4	53
4 000 — 8 000	806,4	6 888	230	×	351,7	171	343,5	50
8 000 — 12 000	198,7	2 634	100	×	83,3	39	76,5	11
12 000 — 16 000	60,8	1 083	51	×	28,2	13	27,1	4
16 000 — 25 000	25,0	579	31	×	13,6	7	13,2	2
25 000 — 32 000	4,8	150	6	×	2,3	1	2,2	0
32 000 — 50 000	5,9	253	4	×	1,9	1	1,7	0
50 000 — 75 000	2,5	161	2	×	0,8	1	0,6	0
75 000 — 100 000	0,8	69	1	×	0,2	0	0,1	0
100 000 — 250 000	0,5	65	1	×	0,0	0	0,0	0
250 000 — 500 000	0,0	8	—	×	—	—	—	—
500 000 und mehr	0,0	4	—	×	0,0	0	0,0	0
Zusammen	**3 897,2**	**19 113**	**680**	×	**997,3**	**429**	**966,6**	**125**

*) Ehegatten mit beiderseitigem Bruttolohn werden grundsätzlich als ein Steuerpflichtiger gezählt.

¹) Fallzählung erfolgt nach tatsächlicher Inanspruchnahme. Ehegatten mit beiderseitigem Bruttolohn werden somit nur dann als zwei Fälle nach dem zusammengerechneten Bruttolohn erfaßt, wenn beide Ehegatten vermögenswirksame Leistungen bzw. Arbeitnehmer-Sparzulage erhielten.

19.13 Lohnsteuer 1980

19.13.5 Lohnsteuerfälle (Individualnachweis)

Bruttolohn von ... bis unter ... DM	Steuerfälle insgesamt			Darunter Ehegatten mit beiderseitigem Bruttolohn in Steuerklassen III/V und IV/IV		
	Steuerfälle	Bruttolohn	Einbehaltene Lohnsteuer	Steuerfälle	Bruttolohn	Einbehaltene Lohnsteuer
	1 000	Mill. DM		1 000	Mill. DM	
	Männliche und weibliche Steuerfälle insgesamt					
unter 2 400	1 927,5	2 339	117	366,3	463	52
2 400 — 4 800	1 336,8	4 791	341	365,6	1 335	190
4 800 — 7 200	1 003,2	5 990	478	288,2	1 719	268
7 200 — 9 600	928,0	7 759	721	311,3	2 623	426
9 600 — 12 000	939,3	10 159	1 087	379,8	4 115	686
12 000 — 16 000	1 759,8	24 564	2 850	751,9	10 547	1 786
16 000 — 20 000	1 694,5	30 558	3 886	696,3	12 507	2 119
20 000 — 25 000	2 573,4	58 279	7 627	951,2	21 548	3 413
25 000 — 36 000	7 116,7	216 191	30 746	2 891,5	87 938	13 460
36 000 — 50 000	4 265,9	177 434	29 304	1 657,6	68 774	12 083
50 000 — 75 000	1 730,4	101 692	19 852	554,4	32 290	6 715
75 000 — 100 000	297,9	25 168	6 148	74,1	6 237	1 608
100 000 und mehr	158,9	23 198	7 853	32,0	4 555	1 558
Insgesamt	**25 732,5**	**688 121**	**111 010**	**9 320,1**	**254 651**	**44 365**
	Männliche Steuerfälle / Ehemänner					
unter 2 400	875,9	1 119	48	69,7	86	6
2 400 — 4 800	571,4	2 016	120	55,1	196	20
4 800 — 7 200	433,6	2 589	168	42,4	252	29
7 200 — 9 600	396,5	3 305	235	38,7	324	39
9 600 — 12 000	290,1	3 126	295	38,5	415	50
12 000 — 16 000	495,5	6 916	721	72,3	1 014	124
16 000 — 20 000	595,2	10 799	1 134	98,7	1 791	217
20 000 — 25 000	1 249,0	28 442	3 309	280,9	6 459	802
25 000 — 36 000	5 261,2	161 428	21 712	1 963,0	60 651	8 547
36 000 — 50 000	3 614,3	150 522	23 557	1 391,9	57 832	9 603
50 000 — 75 000	1 587,0	93 507	17 658	507,9	29 664	5 980
75 000 — 100 000	286,4	24 201	5 834	70,6	5 942	1 507
100 000 und mehr	154,1	22 504	7 600	30,5	4 326	1 475
Zusammen	**15 810,3**	**510 474**	**82 390**	**4 660,1**	**168 954**	**28 399**
	Weibliche Steuerfälle / Ehefrauen					
unter 2 400	1 051,7	1 221	69	296,6	377	47
2 400 — 4 800	765,4	2 775	221	310,6	1 138	171
4 800 — 7 200	569,6	3 400	310	245,8	1 467	239
7 200 — 9 600	531,5	4 453	486	272,6	2 299	387
9 600 — 12 000	649,2	7 033	792	341,3	3 700	636
12 000 — 16 000	1 264,3	17 648	2 129	679,5	9 533	1 663
16 000 — 20 000	1 099,3	19 758	2 752	597,6	10 716	1 902
20 000 — 25 000	1 324,4	29 837	4 318	670,3	15 089	2 611
25 000 — 36 000	1 855,6	54 762	9 033	928,5	27 287	4 913
36 000 — 50 000	651,7	26 911	5 748	265,7	10 942	2 481
50 000 — 75 000	143,4	8 186	2 193	46,5	2 626	735
75 000 — 100 000	11,5	968	314	3,5	295	100
100 000 und mehr	4,8	693	253	1,5	229	83
Zusammen	**9 922,2**	**177 647**	**28 619**	**4 660,1**	**85 697**	**15 966**

19.14 Einheitswerte der gewerblichen Betriebe 1977

19.14.1 Gewerbliche Betriebe und Einheitswert nach Einheitswertgruppen und Rechtsformen

Einheitswertgruppe von ... bis unter ... DM	Gewerbliche Betriebe insgesamt		Natürliche Personen		Nichtnatürliche Personen							
					zusammen		Aktiengesellschaften, Kommanditgesellschaften auf Aktien		Bergrechtliche Gewerkschaften		Gesellschaften mit beschränkter Haftung	
	Betriebe	Einheitswert	Betriebe	Einheitswert	Betriebe	Einheitswert	Betriebe	Einheitswert	Betriebe	Einheitswert	Betriebe	Einheitswert
	Anzahl	1 000 DM	Anzahl	1 000 DM	Anzahl	1 000 DM	Anzahl	1 000 DM	Anzahl	1 000 DM	Anzahl	1 000 DM
unter 3 000	42 115	83 192	37 732	74 453	4 383	8 739	5	8	6	8	2 122	4 303
3 000 — 6 000	71 810	325 977	59 935	270 359	11 875	55 618	8	37			8 376	39 714
6 000 — 10 000	110 135	870 865	97 931	774 720	12 204	96 145	22	176			7 089	55 302
10 000 — 20 000	201 085	2 934 657	171 414	2 474 333	29 671	460 324	28	427	34	449	18 148	290 221
20 000 — 30 000	141 216	3 420 102	103 517	2 541 562	37 699	878 540	45	1 068			28 168	643 152
30 000 — 40 000	85 988	2 977 867	70 728	2 451 284	15 260	526 583	34	1 300	6	209	7 482	256 195
40 000 — 50 000	64 842	2 901 126	53 266	2 383 801	11 576	517 325			—	—	4 846	215 799
50 000 — 70 000	94 381	5 588 761	76 481	4 531 395	17 900	1 057 366	19	1 129	10	592	6 623	386 253
70 000 — 100 000	89 958	7 538 032	71 829	6 010 138	18 129	1 527 894	36	3 067	6	522	5 062	426 716
100 000 — 150 000	87 709	10 706 912	66 056	8 058 650	21 653	2 648 262	52	6 079	4	430	5 543	661 824
150 000 — 250 000	78 838	15 153 622	53 446	10 202 733	25 392	4 950 889	47	9 271	8	1 575	4 882	948 173
250 000 — 500 000	61 438	21 331 282	31 816	10 772 418	29 622	10 558 864	71	25 255	9	3 528	4 983	1 760 437
500 000 — 1 Mill.	33 145	23 110 051	9 852	6 616 060	23 293	16 493 991	90	67 804	5	3 351	3 843	2 720 204
1 Mill. — 2,5 Mill.	23 146	35 753 419	3 264	4 739 136	19 882	31 014 283	173	299 557	5	7 647	3 500	5 531 180
2,5 Mill. — 5 Mill.	8 807	30 698 489	617	2 098 807	8 190	28 599 682	216	797 632			1 883	6 644 451
5 Mill. — 10 Mill.	4 758	32 962 700	163	1 108 873	4 595	31 853 827	222	1 588 236	4	27 094	1 231	8 556 571
10 Mill. — 20 Mill.	2 541	35 038 122	46	613 160	2 495	34 424 962	237	3 355 622			811	11 263 308
20 Mill. — 50 Mill.	1 534	46 824 183	14	418 183	1 520	46 406 000	223	7 040 741	3	90 235	496	15 081 616
50 Mill. und mehr	992	210 314 118	5	548 114	987	209 766 004	385	120 030 124	4	1 112 906	283	48 639 945
Insgesamt	**1 204 438**	**488 533 477**	**908 112**	**66 688 179**	**296 326**	**421 845 298**	**1 913**	**133 227 533**	**104**	**1 248 546**	**115 371**	**104 125 364**

Einheitswertgruppe von ... bis unter ... DM	noch: Nichtnatürliche Personen											
	Erwerbs- und Wirtschaftsgenossenschaften		Versicherungsvereine auf Gegenseitigkeit		Kreditanstalten des öffentlichen Rechts		Offene Handelsgesellschaften, Kommanditgesellschaften und ähnliche Gesellschaften		Betriebe im Eigentum von juristischen Personen des öffentlichen Rechts		Sonstige nichtnatürliche Personen	
	Betriebe	Einheitswert	Betriebe	Einheitswert	Betriebe	Einheitswert	Betriebe	Einheitswert	Betriebe	Einheitswert	Betriebe	Einheitswert
	Anzahl	1 000 DM	Anzahl	1 000 DM	Anzahl	1 000 DM	Anzahl	1 000 DM	Anzahl	1 000 DM	Anzahl	1 000 DM
unter 3 000	51	96	—	—	—	—	2 036	4 012	7	14	156	298
3 000 — 6 000	59	278					3 171	14 401	22	101	228	1 038
6 000 — 10 000	111	889	5	93	3	41	4 566	36 488	22	169	386	3 054
10 000 — 20 000	314	4 689					10 379	153 206	47	663	746	10 973
20 000 — 30 000	238	5 930			—	—	8 677	214 444	37	899	520	12 725
30 000 — 40 000	180	6 196	4	162	—	—	7 198	250 265	26	898	346	12 075
40 000 — 50 000	165	7 395			—	—	6 299	282 286	25	1 129	225	9 999
50 000 — 70 000	254	14 885	6	371	—	—	10 603	631 531	56	3 282	329	19 323
70 000 — 100 000	292	24 393	8	667	—	—	12 426	1 047 439	36	3 058	263	22 032
100 000 — 150 000	389	48 377	4	488	—	—	15 356	1 893 960	67	8 290	238	28 814
150 000 — 250 000	762	153 159	8	1 551	—	—	19 355	3 772 490	113	22 281	217	42 389
250 000 — 500 000	1 462	536 655	12	4 454	6	2 403	22 628	8 059 888	244	90 091	207	76 153
500 000 — 1 Mill.	1 613	1 149 663	19	13 541	7	5 689	17 193	12 161 542	382	274 292	141	97 905
1 Mill. — 2,5 Mill.	1 320	2 044 033	18	31 495	58	104 230	14 153	21 953 190	553	876 316	102	166 635
2,5 Mill. — 5 Mill.	528	1 788 837			93	340 654	5 111	17 751 810	299	1 057 919	44	160 305
5 Mill. — 10 Mill.	202	1 370 829	33	262 409	151	1 117 888	2 584	17 800 582	168	1 156 151	27	192 961
10 Mill. — 20 Mill.	89	1 192 908			153	2 159 749	1 088	14 825 195	84	1 168 540	22	298 820
20 Mill. — 50 Mill.	43	1 321 264	18	563 870	104	3 131 977	548	16 513 836	51	1 582 879	34	1 079 582
50 Mill. und mehr	18	3 028 988	11	946 711	58	9 315 220	188	22 073 418	24	2 793 726	16	1 824 966
Insgesamt	**8 090**	**12 699 464**	**146**	**1 825 812**	**633**	**16 177 851**	**163 559**	**139 439 983**	**2 263**	**9 040 698**	**4 247**	**4 060 047**

20.2 Ausgaben ausgewählter privater Haushalte

Pro

Lfd. Nr.	Art der Ausgaben	Haushaltstyp 1[1])				
		1978	1979	1980	1981	1982
1	Erfaßte Haushalte (Anzahl)	153	158	163	158	158
						Ausgaben für den
2	Nahrungs- und Genußmittel	36,8	34,6	33,5	33,5	33,0
3	Nahrungsmittel[2])	30,4	28,8	28,1	28,1	27,8
	darunter:					
4	tierischen Ursprungs[3])	15,6	14,6	13,8	13,9	13,6
5	pflanzlichen Ursprungs[4])	11,1	10,5	10,2	10,2	9,7
6	Genußmittel[5])	6,4	5,8	5,4	5,4	5,2
7	Kleidung, Schuhe	6,8	6,4	6,8	5,8	5,6
8	Oberbekleidung	3,7	3,3	3,9	3,1	3,0
9	Sonstige Bekleidung	1,8	1,8	1,7	1,6	1,6
10	Schuhe	1,3	1,3	1,2	1,1	1,0
11	Wohnungsmieten u. ä.[6])	22,4	22,6	22,4	22,9	22,9
12	Elektrizität, Gas, Brennstoffe u. ä.	7,2	9,0	8,8	9,3	9,9
13	Elektrizität	3,0	3,6	3,2	3,2	3,8
14	Gas	1,0	1,4	1,4	1,5	1,5
15	Kohlen und sonstige feste Brennstoffe	1,1	1,1	1,0	1,0	0,9
16	Flüssige Brennstoffe (ohne Kraftstoffe)	0,5	0,7	0,9	0,8	0,9
17	Zentralheizung und Warmwasser	1,6	2,3	2,3	2,8	2,9
18	Übrige Waren und Dienstleistungen für die Haushaltsführung	8,6	8,4	8,7	8,1	7,8
	darunter:					
19	Möbel	0,8	0,6	0,9	0,6	0,7
20	Teppiche und sonstiger Fußbodenbelag, Matratzen	0,4	0,4	0,5	0,5	0,3
21	Sonstige Heimtextilien, Haushaltswäsche	0,9	1,0	1,1	1,0	0,8
22	Heiz- und Kochgeräte[7]), Beleuchtungskörper	0,6	0,3	0,4	0,4	0,3
23	Elektrische Haushaltsmaschinen und -geräte	0,8	0,7	0,6	0,8	0,7
24	Nichtelektrische Haushaltsmaschinen und -geräte	0,9	0,9	1,0	0,9	0,8
25	Reinigungs- und Pflegemittel, sonstige Verbrauchsgüter für die Haushaltsführung	1,3	1,2	1,2	1,3	1,3
26	Dienstleistungen für die Haushaltsführung[8])	1,4	1,3	1,4	1,2	1,2
27	Blumen, Waren und Dienstleistungen für die Gartenpflege und Nutztierhaltung	1,0	1,0	1,0	1,0	1,0
28	Waren und Dienstleistungen für Verkehrszwecke, Nachrichtenübermittlung	6,0	7,1	7,2	7,7	7,6
29	Aufwendungen für eigene Kraftfahrzeuge u. ä.[9])	1,3	2,4	2,7	3,0	3,0
30	Kraftfahrzeuge und Fahrräder	0,2	0,6	0,5	0,4	0,7
31	Kraftstoffe	0,5	0,8	1,1	1,1	1,1
32	Sonstige Ge- und Verbrauchsgüter für eigene Kraftfahrzeuge u. ä.	0,2	0,2	0,3	0,4	0,3
33	Dienstleistungen für eigene Kraftfahrzeuge u. ä.[10]), fremde Reparaturen und Änderungen	0,5	0,8	0,8	1,1	0,9
34	Fremde Verkehrsleistungen	2,5	2,1	2,1	2,0	1,9
35	Nachrichtenübermittlung[11])	2,2	2,6	2,4	2,7	2,7
36	Waren und Dienstleistungen für die Körper- und Gesundheitspflege	4,6	4,3	4,9	4,6	4,9
37	Waren und Dienstleistungen für die Körperpflege	2,5	2,5	2,5	2,6	2,6
38	dar. Dienstleistungen für die Körperpflege	1,3	1,3	1,2	1,2	1,3
39	Waren und Dienstleistungen für die Gesundheitspflege	2,2	1,8	2,4	2,0	2,3
40	dar. Dienstleistungen für die Gesundheitspflege	1,0	0,7	1,3	0,9	1,3
41	Waren und Dienstleistungen für Bildungs- und Unterhaltungszwecke	4,8	4,7	4,6	4,8	5,1
	darunter:					
42	Rundfunk-, Fernseh- und Phonogeräte[12])	1,0	0,7	0,6	0,8	1,0
43	Bücher[13]), Zeitungen, Zeitschriften	1,8	1,8	1,8	1,8	1,8
44	Kosten für Theater, Kino und Sportveranstaltungen	0,1	0,1	0,2	0,2	0,1
45	Persönliche Ausstattung; sonstige Waren und Dienstleistungen[14])	2,8	3,0	3,1	3,3	3,3
	darunter:					
46	Uhren und echter Schmuck	0,2	0,2	0,2	0,2	0,2
47	Dienstleistungen des Beherbergungsgewerbes	0,9	0,8	1,3	1,1	1,1
48	Pauschalreisen	0,8	0,8	0,6	0,6	0,7
49	**Insgesamt**	**100**	**100**	**100**	**100**	**100**

[1]) Haushaltstypen siehe Vorbemerkung S. 447.
[2]) Einschl. fertiger Mahlzeiten und Verzehr in Gaststätten und Kantinen.
[3]) Einschl. pflanzlicher Fette und Öle.
[4]) Ohne pflanzliche Fette und Öle.
[5]) Soweit nicht im Gaststättenverzehr enthalten.
[6]) Einschl. Mietwert der Eigentümerwohnungen, Untermieten u. ä.
[7]) Öfen und Herde, sonstige Heiz- und Kochgeräte.
[8]) Ohne Fremdreparaturen an der Wohnung.

für den Privaten Verbrauch je Haushalt und Monat

zent

Haushaltstyp 2[1])					Haushaltstyp 3[1])					Lfd. Nr.
1978	1979	1980	1981	1982	1978	1979	1980	1981	1982	
393	387	381	386	378	414	415	428	439	424	1
Privaten Verbrauch										
29,2	27,9	28,1	27,4	26,9	22,8	21,8	22,0	21,8	21,9	2
24,9	23,8	24,0	23,6	23,1	19,6	18,9	19,0	19,0	19,1	3
11,4	10,6	10,7	10,4	10,1	8,1	7,6	7,5	7,6	7,6	4
8,0	7,6	7,7	7,7	7,5	6,2	5,9	6,0	6,1	6,0	5
4,3	4,1	4,1	3,8	3,8	3,3	3,0	3,0	2,8	2,7	6
9,2	8,9	9,3	9,2	8,5	9,8	9,3	9,3	9,0	9,0	7
5,2	5,1	5,3	5,2	4,8	6,1	5,8	5,6	5,4	5,4	8
2,0	1,9	1,9	1,9	1,9	1,9	1,8	1,8	1,9	1,9	9
2,0	1,9	2,1	2,0	1,8	1,8	1,7	1,8	1,7	1,7	10
15,8	15,5	16,4	16,4	16,5	15,2	14,9	15,5	15,6	15,8	11
5,0	6,4	6,5	6,4	7,0	4,3	5,4	5,4	5,2	5,9	12
2,1	2,4	2,3	2,2	2,6	1,7	1,9	1,7	1,7	2,0	13
0,7	0,8	1,0	0,9	1,1	0,5	0,6	0,7	0,8	1,1	14
0,2	0,2	0,2	0,2	0,2	0,1	0,1	0,1	0,1	0,1	15
0,7	1,4	1,4	1,4	1,3	0,9	1,6	1,6	1,4	1,3	16
1,3	1,5	1,6	1,6	1,8	1,2	1,3	1,3	1,3	1,3	17
9,2	9,3	9,4	9,3	9,5	10,6	10,4	10,8	9,8	9,0	18
2,1	2,5	2,4	2,2	2,6	3,5	3,4	3,6	3,0	2,6	19
0,6	0,5	0,5	0,6	0,5	0,7	0,8	0,8	0,6	0,5	20
0,6	0,6	0,8	0,7	0,6	0,8	0,7	0,7	0,7	0,7	21
0,4	0,5	0,4	0,5	0,6	0,5	0,5	0,5	0,5	0,4	22
0,9	0,8	0,8	0,9	0,8	0,8	0,7	0,7	0,7	0,7	23
1,1	1,1	1,2	1,2	1,2	1,3	1,3	1,3	1,2	1,2	24
1,3	1,3	1,3	1,3	1,3	1,0	1,0	1,0	1,0	1,0	25
0,5	0,5	0,4	0,4	0,4	0,6	0,6	0,6	0,6	0,5	26
1,0	1,0	1,1	1,0	0,9	1,1	1,1	1,1	1,1	1,1	27
15,4	16,3	14,0	14,7	15,2	15,6	16,8	15,3	16,3	16,5	28
12,2	13,0	10,9	11,5	12,0	12,0	13,4	11,8	12,8	13,0	29
6,3	7,1	4,4	4,8	5,6	5,3	6,8	4,8	5,5	5,8	30
3,2	3,2	3,7	4,0	3,8	3,5	3,4	3,8	4,2	3,9	31
0,8	0,8	0,7	0,9	0,8	0,8	0,7	0,8	0,8	0,8	32
1,9	1,9	2,0	1,9	1,8	2,5	2,4	2,4	2,3	2,4	33
1,4	1,4	1,3	1,3	1,3	1,6	1,6	1,8	1,8	1,8	34
1,8	1,9	1,8	1,9	1,9	1,9	1,8	1,7	1,7	1,7	35
3,0	3,1	3,0	3,3	3,3	6,1	6,0	6,1	6,6	6,6	36
2,1	2,1	2,2	2,3	2,4	2,2	2,1	2,1	2,1	2,1	37
0,7	0,7	0,7	0,7	0,7	0,8	0,8	0,7	0,7	0,7	38
0,9	0,9	0,8	1,0	1,0	3,9	3,9	4,0	4,6	4,5	39
0,4	0,4	0,3	0,4	0,4	3,0	3,0	3,0	3,6	3,4	40
8,5	8,3	8,6	8,6	8,8	10,0	9,6	9,9	9,7	9,6	41
1,4	1,4	1,1	1,2	1,4	1,4	1,3	1,2	1,1	1,2	42
1,4	1,4	1,4	1,5	1,6	1,8	1,7	1,7	1,8	1,8	43
0,5	0,5	0,5	0,5	0,5	0,6	0,6	0,6	0,6	0,6	44
4,7	4,3	4,8	4,9	4,2	5,6	5,9	5,9	5,9	5,8	45
0,3	0,3	0,3	0,3	0,3	0,4	0,4	0,3	0,3	0,3	46
2,3	2,4	2,3	2,4	2,3	3,1	3,1	3,2	3,2	3,0	47
1,3	0,8	1,4	1,3	0,8	1,0	1,2	1,3	1,2	1,3	48
100	**100**	**100**	**100**	**100**	**100**	**100**	**100**	**100**	**100**	49

[9]) Einschl. Anschaffungskosten, ohne Abschreibungen und ohne Kraftfahrzeugsteuer und Kraftfahrtversicherung.
[10]) Einschl. Garagenmiete und Mietwert für Eigentümergaragen.
[11]) Post-, Telegramm- und Fernsprechgebühren.
[12]) Einschl. Zubehörteile.
[13]) Einschl. Broschüren.
[14]) Dienstleistungen der Banken und Versicherungen, des Beherbergungsgewerbes, Pauschalreisen, sonstige Waren und Dienstleistungen.

20.3 Ausgaben ausgewählter privater Haushalte für Nahrungs- und Genußmittel 1982 je Haushalt und Monat

Art der Ausgaben	Haushaltstyp 1[1])			Haushaltstyp 2[1])			Haushaltstyp 3[1])		
	Menge	Aufwand		Menge	Aufwand		Menge	Aufwand	
	g[2])	DM	%	g[2])	DM	%	g[2])	DM	%
Nahrungsmittel tierischen Ursprungs[3])	.	177,27	41,3	.	272,14	37,6	.	311,94	34,9
Fleisch und Fleischwaren	10 013	105,00	24,5	15 528	163,28	22,5	14 974	175,95	19,7
dar.: Kalbfleisch	111	1,44	0,3	69	0,91	0,1	100	1,53	0,2
Rindfleisch	1 191	15,17	3,5	1 301	16,31	2,3	1 429	20,61	2,3
Schweinefleisch	1 921	18,73	4,4	3 486	32,66	4,5	3 159	34,22	3,8
Geflügel	1 296	8,22	1,9	1 388	7,69	1,1	1 349	9,21	1,0
Hackfleisch	587	6,32	1,5	1 215	11,98	1,7	1 300	13,38	1,5
Wurst und Wurstwaren	3 139	38,02	8,9	5 664	68,87	9,5	5 074	67,06	7,5
Magerer und fetter Speck	326	3,54	0,8	346	4,07	0,6	350	4,20	0,5
Schinken	293	5,52	1,3	499	9,52	1,3	633	12,75	1,4
Fische und Fischwaren	1 004	8,74	2,0	1 192	10,76	1,5	1 241	12,55	1,4
dar. frische und tiefgekühlte Fische	458	3,83	0,9	400	3,53	0,5	459	4,19	0,5
Eier (Stück)	38	8,55	2,0	56	12,14	1,7	60	13,82	1,5
Milch	.	19,70	4,6	.	36,06	5,0	.	42,26	4,7
dar.: Vollmilch (Liter)	7,6	7,61	1,8	17,8	17,40	2,4	18,9	19,08	2,1
Kondensmilch, Tubensahne	1 411	4,23	1,0	1 019	2,94	0,4	778	2,30	0,3
Sahne	527	2,63	0,6	940	4,64	0,6	1 313	6,70	0,7
Käse	2 269	15,26	3,6	3 348	26,55	3,7	4 663	38,77	4,3
Weich-, Hart- und Schnittkäse	1 077	12,01	2,8	2 018	22,43	3,1	2 730	32,84	3,7
Frischer Käse (Quark)	1 192	3,25	0,8	1 330	4,12	0,6	1 933	5,93	0,7
Butter	1 301	12,29	2,9	1 412	13,20	1,8	1 999	18,71	2,1
Speisefette, tierische und gemischte (ohne Butter)	1 606	6,33	1,5	2 609	8,57	1,2	2 212	7,86	0,9
dar. Margarine	1 355	5,21	1,2	2 281	7,18	1,0	1 918	6,53	0,7
Speiseöle	340	1,41	0,3	429	1,59	0,2	462	2,02	0,2
Nahrungsmittel pflanzlichen Ursprungs[4])	.	126,31	29,4	.	202,97	28,0	.	246,73	27,6
Brot und Backwaren	9 980	40,55	9,5	15 401	63,47	8,8	16 443	72,16	8,1
Schwarz- und Mischbrot	5 742	15,54	3,6	8 762	23,55	3,3	8 957	25,67	2,9
Weißbrot und Weizenkleingebäck	2 565	10,71	2,5	4 191	18,45	2,5	4 819	22,15	2,5
Feingebäck und Dauerbackwaren	1 673	14,30	3,3	2 448	21,47	3,0	2 667	24,35	2,7
Mehl, Nährmittel, Kartoffelerzeugnisse	3 078	12,14	2,8	6 374	26,99	3,7	6 993	29,60	3,3
dar.: Weizenmehl	1 351	1,54	0,4	2 059	2,16	0,3	2 260	2,43	0,3
Teigwaren	482	1,87	0,4	1 085	3,38	0,5	1 068	3,50	0,4
Reis	273	0,83	0,2	456	1,33	0,2	621	1,86	0,2
Kochfertige Suppen und Soßen	.	3,25	0,8	.	5,44	0,8	.	5,93	0,7
Kartoffeln (kg)	10,3	6,31	1,5	9,9	5,81	0,8	9,6	6,35	0,7
Gemüse und Gemüsekonserven	8 694	21,56	5,0	11 695	30,10	4,2	14 322	40,51	4,5
Frischgemüse	6 153	14,61	3,4	7 166	16,87	2,3	9 333	24,50	2,7
Gemüsekonserven, Trockengemüse[5])	2 339	6,18	1,4	4 067	11,38	1,6	4 398	13,35	1,5
Tiefgekühltes Gemüse	202	0,77	0,2	461	1,85	0,3	591	2,66	0,3
Obst, Obstkonserven, Marmelade	10 139	25,16	5,9	13 304	33,97	4,7	17 218	47,45	5,3
dar.: Frischobst	8 511	19,13	4,5	10 840	24,44	3,4	14 013	33,84	3,8
Obstkonserven, Trockenobst[6])	1 183	4,07	0,9	1 504	4,05	0,6	1 891	5,64	0,6
Marmelade	444	1,93	0,4	522	2,16	0,3	745	3,32	0,4
Zucker	2 075	3,99	0,9	2 741	5,18	0,7	3 096	5,89	0,7
Süßwaren, Honig, Kakaoerzeugnisse	1 810	16,59	3,9	4 499	37,44	5,2	5 130	44,77	5,0
dar.: Honig	283	2,11	0,5	272	1,99	0,3	373	2,82	0,3
Schokolade	672	7,96	1,9	1 357	14,49	2,0	1 597	18,02	2,0
Kakaoerzeugnisse (ohne Schokolade)	49	0,38	0,1	283	1,79	0,2	333	2,25	0,3
Sonstige Nahrungsmittel[7])	.	58,06	13,5	.	147,50	20,4	.	223,42	25,0
dar.: Obst- und Gemüsesäfte	.	3,00	0,7	.	11,13	1,5	.	13,87	1,6
Alkoholfreie Getränke	.	10,31	2,4	.	23,21	3,2	.	23,61	2,6
Fertige Mahlzeiten[8])	.	4,31	1,0	.	8,82	1,2	.	10,04	1,1
Verzehr in Gaststätten[9])	.	36,01	8,4	.	97,49	13,5	.	168,16	18,8
Nahrungsmittel zusammen	.	**361,64**	**84,3**	.	**622,61**	**86,0**	.	**782,10**	**87,5**
Bohnenkaffee	896	18,27	4,3	1 025	20,04	2,8	1 106	21,95	2,5
Tee[10])	31	0,91	0,2	49	1,39	0,2	87	2,73	0,3
Alkoholische Getränke	.	29,76	6,9	.	56,10	7,7	.	70,42	7,9
Wein (Liter)	1,6	7,48	1,7	3,1	13,20	1,8	5,4	28,07	3,1
Bier (Liter)	7,7	12,05	2,8	17,2	25,42	3,5	13,6	21,24	2,4
Branntwein und Likör	.	8,27	1,9	.	13,95	1,9	.	14,86	1,7
Sekt, Schaumwein (Liter)	0,3	1,95	0,5	0,5	3,53	0,5	0,8	6,25	0,7
Tabakwaren	.	18,35	4,3	.	24,10	3,3	.	16,90	1,9
dar.: Tabak	50	3,30	0,8	38	2,85	0,4	24	2,07	0,2
Zigarren (Stück)	5	1,39	0,3	1	0,46	0,1	2	0,68	0,1
Zigaretten (Stück)	79	12,74	3,0	122	20,15	2,8	86	13,88	1,6
Genußmittel zusammen[11])	.	**67,29**	**15,7**	.	**101,63**	**14,0**	.	**112,00**	**12,5**
Insgesamt	.	**428,93**	**100**	.	**724,24**	**100**	.	**894,10**	**100**

[1]) Haushaltstypen siehe Vorbemerkung S. 447.
[2]) Soweit in der Vorspalte nicht anders angegeben.
[3]) Einschl. pflanzlicher Fette und Öle.
[4]) Ohne pflanzliche Fette und Öle.
[5]) Ohne tiefgekühltes Gemüse.
[6]) Ohne tiefgekühltes Obst.
[7]) Einschl. fertiger Mahlzeiten und Verzehr in Gaststätten und Kantinen.
[8]) Auch tiefgekühlt oder als Konserven.
[9]) Einschl. Verzehr in Kantinen.
[10]) Ohne Kräuter-, Pfefferminztee und andere teeähnliche Erzeugnisse.
[11]) Soweit nicht im Gaststättenverzehr enthalten.

20.4 Jährliche Aufwendungen ausgewählter privater Haushalte für Urlaubs- und Erholungsreisen*)

DM

Jahr	Insgesamt		Von den Aufwendungen für Urlaubs- und Erholungsreisen je Haushalt mit Reisen entfielen auf					
	je Haushalt	je Haushalt mit Urlaubs- u. Erholungsreisen	Pauschalreisen	sonstige Reisen	davon			
					Unterkunft und Verpflegung	eigenes Kraftfahrzeug	fremde Verkehrsmittel	sonstige Aufwendungen
			Haushaltstyp 1					
1979	309,24	932,63	302,19	630,44	494,36	41,62	79,98	14,48
1980	383,28	989,28	219,91	769,37	579,20	53,89	122,65	13,63
1981	379,44	926,42	207,43	718,99	549,64	45,12	110,46	13,77
1982	424,68	1 085,97	274,02	811,94	638,88	41,12	110,16	21,79
			Haushaltstyp 2					
1979	1 370,28	1 963,93	301,32	1 662,61	1 330,50	153,41	126,93	51,77
1980	1 561,56	2 220,57	568,58	1 651,99	1 319,92	156,48	121,84	53,75
1981	1 560,96	2 299,31	576,77	1 722,54	1 391,11	162,09	117,72	51,61
1982	1 479,36	2 109,37	374,89	1 734,48	1 379,78	174,87	124,91	54,92
			Haushaltstyp 3					
1979	2 836,80	3 319,52	621,78	2 697,74	2 087,34	259,78	249,81	100,82
1980	3 131,64	3 574,15	654,79	2 919,36	2 180,48	296,92	340,20	101,76
1981	3 212,04	3 763,52	682,77	3 080,76	2 311,23	309,61	359,24	100,67
1982	3 249,24	3 785,60	764,05	3 021,54	2 264,20	326,31	313,87	117,16

*) Haushaltstypen siehe Vorbemerkung S. 447.

20.5 Laufende monatliche Aufwendungen ausgewählter privater Haushalte für die Kraftfahrzeughaltung*)

DM

Jahr	Insgesamt		Von den Aufwendungen für die Kraftfahrzeughaltung je Haushalt mit Kraftfahrzeug entfielen auf					
	je Haushalt	je Haushalt mit Kraftfahrzeug	Kraftstoffe	sonstige Gebrauchs- und Verbrauchsgüter	Garagenmieten	sonstige Dienstleistungen, fremde Reparaturen	Kraftfahrzeugsteuer	Kraftfahrtversicherung
			Haushaltstyp 2					
1979	187,28	230,82	92,81	23,74	19,21	33,67	20,74	40,65
1980	202,91	246,21	109,51	22,88	22,47	34,98	17,23	39,13
1981	219,96	261,24	119,80	28,41	23,18	31,83	18,44	39,57
1982	220,57	260,55	120,17	27,83	22,73	32,28	18,06	39,48
			Haushaltstyp 3					
1979	309,96	323,20	130,05	31,08	27,85	61,52	26,02	46,68
1980	327,11	338,99	150,99	31,20	29,89	60,78	21,22	44,90
1981	351,00	362,56	170,61	33,70	30,09	58,45	22,46	47,24
1982	357,77	372,71	167,87	36,21	31,53	67,46	23,31	46,32

*) Ohne Anschaffungskosten und ohne Abschreibungen. – Haushaltstypen siehe Vorbemerkung S. 447.

20.6 Aufwendungen ausgewählter privater Haushalte für Freizeitgüter je Haushalt und Monat*)

DM

Jahr	Insgesamt	Davon entfielen auf										
		Urlaub	Freizeitgüter (ohne Urlaub)									
			zusammen	Bücher, Broschüren, Zeitungen, Zeitschriften	Rundfunk, Fernsehen u. ä. einschl. Gebühren	Kraftfahrzeug[1])	Sport und Camping	Gartenpflege und Tierhaltung	Spiele und Spielzeug	Besuch von Bildungs- und Unterhaltungsstätten[2])	Fotografieren, Filmen[3])	sonstiger Freizeitbedarf
				Haushaltstyp 1								
1979	93,13	25,77	67,36	19,80	16,84	7,55	1,57	11,82	1,46	1,07	1,13	6,12
1980	106,86	31,94	74,92	20,49	17,78	9,65	2,43	13,48	1,04	1,39	1,10	7,56
1981	112,00	31,62	80,38	22,09	20,39	11,56	1,61	14,46	1,13	1,60	0,92	6,62
1982	122,53	35,39	87,14	23,43	25,02	10,82	1,94	15,15	1,25	1,30	0,85	7,38
				Haushaltstyp 2								
1979	369,49	114,19	255,30	31,78	45,89	53,57	26,78	28,00	15,69	9,80	8,52	35,27
1980	405,66	130,13	275,53	35,21	42,53	58,14	32,20	32,24	17,45	10,30	7,74	39,72
1981	422,89	130,08	292,81	38,03	44,72	63,29	34,72	31,44	19,86	10,69	7,60	42,46
1982	428,48	123,28	305,20	43,90	53,22	63,11	28,28	31,07	19,62	11,04	9,20	45,76
				Haushaltstyp 3								
1979	682,76	236,40	446,36	62,30	63,51	87,48	51,32	48,28	21,81	19,61	14,42	77,63
1980	737,33	260,97	476,36	65,89	61,38	91,63	59,45	50,11	22,72	20,51	17,10	87,57
1981	756,70	267,67	489,03	69,56	61,93	98,70	58,74	51,70	23,25	20,55	15,73	88,87
1982	765,20	270,77	494,43	73,04	66,98	100,34	54,45	53,35	23,28	21,80	15,88	85,31

*) Haushaltstypen siehe Vorbemerkung S. 447.
1) 30% der laufenden monatlichen Aufwendungen für das Kraftfahrzeug außerhalb des Urlaubs.
2) Ohne Besuch von Sportveranstaltungen.
3) Ohne Kosten für Entwickeln und Kopieren, die im sonstigen Freizeitbedarf enthalten sind.

20.7 Ausstattung ausgewählter privater Haushalte mit ausgewählten langlebigen Gebrauchsgütern*)

Prozent

Art der Gebrauchsgüter	Haushaltstyp 1[1])				Haushaltstyp 2[1])				Haushaltstyp 3[1])			
	1979	1980	1981	1982	1979	1980	1981	1982	1979	1980	1981	1982
Gebrauchsgüter für Verkehrszwecke und Nachrichtenübermittlung												
Personenkraftwagen	19,0	19,6	18,8	24,5	81,9	82,2	83,8	85,4	95,9	96,3	96,0	95,9
Motorrad, Moped, Mofa, Mokick	/	/	2,5	1,3	9,2	9,2	9,6	10,6	6,9	7,1	9,1	8,6
Fahrrad	33,1	31,3	34,4	39,4	95,2	95,3	96,8	95,5	96,9	97,9	97,7	98,8
Telefon	63,8	73,0	77,5	82,6	81,2	86,4	89,6	90,2	96,9	97,9	98,8	98,8
Gebrauchsgüter für Bildungs- und Unterhaltungszwecke												
Schwarzweiß-Fernsehgerät	62,0	57,1	52,5	45,2	58,3	57,1	52,4	51,6	69,9	64,3	61,8	61,5
Farbfernsehgerät	45,4	51,5	57,5	63,2	69,2	73,8	78,7	81,5	60,8	67,1	69,8	77,5
Video-Recorder	.	.	.	0,6	.	.	.	6,1	.	.	.	4,5
Rundfunkgerät	84,0	82,8	81,3	83,2	87,3	83,5	79,5	80,4	89,5	87,1	88,3	86,1
Stereo-Rundfunkgerät (einschl. Lautsprecher)	/	11,0	15,6	15,5	26,5	33,5	39,1	40,5	36,4	40,6	44,0	47,6
Stereo-Kompaktanlage (einschl. Lautsprecher)	/	6,7	5,6	7,7	24,9	29,3	34,6	37,3	31,1	40,1	43,3	45,2
Sonstige Phonokombination	8,6	6,1	3,8	3,2	12,2	10,2	10,9	11,6	17,0	15,0	15,2	15,1
Plattenspieler	24,5	31,3	32,5	34,2	66,9	66,2	63,3	58,7	76,8	72,6	72,8	74,9
Spulen-Tonbandgerät	12,9	11,7	10,6	11,6	36,4	35,1	32,7	31,5	36,8	37,3	35,6	36,1
Cassetten-Recorder	14,7	21,5	23,8	23,2	61,8	71,2	73,1	69,3	66,5	73,7	76,6	81,6
Fotoapparat	44,8	50,9	55,6	58,7	96,2	96,3	95,7	97,1	97,6	98,6	98,6	99,0
Schmalfilmkamera	/	/	1,9	3,9	25,2	23,0	22,6	23,5	33,0	35,5	35,8	36,8
Schmalfilmprojektor	/	/	3,1	3,2	23,9	21,2	21,5	22,0	30,6	32,3	33,7	34,0
Diaprojektor	9,2	9,8	12,5	14,8	42,0	42,9	41,5	45,0	62,4	63,4	63,0	63,2
Schreibmaschine	36,8	41,7	43,8	45,8	66,9	70,2	69,1	68,8	84,7	85,5	87,1	90,7
Wohnwagen	/	/	1,3	0,6	5,1	4,5	4,0	3,7	3,1	3,7	4,4	4,8
Camping-Zelt	/	/	0,6	1,3	12,5	14,1	15,2	15,6	16,0	18,2	19,4	21,8
Motor-, Segelboot	/	/	/	/	/	/	2,1	2,4	3,3	5,5	4,4	3,8
Gebrauchsgüter für die Haushaltsführung												
Kühlschrank	92,6	90,2	88,1	86,5	88,0	84,0	82,7	81,7	87,3	87,6	85,0	86,6
Gefrierschrank, -truhe	27,0	30,7	31,3	31,6	66,7	63,4	65,2	66,1	68,2	72,6	73,3	76,6
Kühl- und Gefrierkombination	/	/	8,8	12,3	14,2	17,0	20,7	20,4	16,3	16,8	20,4	20,1
Geschirrspülmaschine	/	/	1,3	1,9	21,6	25,7	28,2	30,4	59,6	62,4	65,8	68,9
Grillgerät, elektrisch	23,9	27,0	28,8	31,0	44,3	43,5	45,5	44,4	41,9	41,7	42,9	43,3
Küchenmaschine, elektrisch	19,0	17,8	20,6	24,5	33,6	40,3	37,8	36,2	36,4	35,3	40,5	44,7
Handrührer oder -mixer, elektrisch	77,3	80,4	79,4	77,4	93,4	92,7	93,9	93,1	88,8	88,7	92,3	90,4
Kaffeemaschine, elektrisch	53,4	58,3	61,9	61,3	79,1	82,2	86,4	87,3	78,9	83,6	84,8	84,0
Kaffeemühle, elektrisch	69,3	69,3	65,0	67,1	81,4	81,9	78,2	78,6	78,9	77,9	76,8	75,4
Nähmaschine, elektrisch	31,9	33,7	34,4	36,1	71,2	75,9	77,6	74,3	77,0	79,0	82,0	81,6
Nähmaschine, mechanisch	38,7	36,8	35,6	35,5	8,4	9,2	6,4	6,6	8,4	8,3	8,9	8,9
Bügelmaschine, elektrisch	9,2	9,8	10,0	8,4	18,3	18,3	17,8	19,0	22,2	22,1	24,1	23,4
Waschvollautomat, elektrisch	54,6	60,7	63,1	60,0	75,6	78,8	79,8	76,2	68,9	71,0	74,7	73,9
Waschkombination, elektrisch	22,1	22,1	18,8	21,9	22,6	20,4	19,7	22,2	27,5	28,1	24,4	24,9
Wäscheschleuder, elektrisch	49,7	48,5	51,9	46,5	32,1	31,9	30,1	26,7	23,9	22,4	22,7	23,0
Staubsauger, elektrisch	95,1	96,9	98,8	94,8	99,2	99,0	98,7	98,4	99,5	99,8	99,8	98,1
Heimwerker, elektrisch	12,3	14,1	14,4	16,8	38,7	41,1	41,5	43,7	57,7	57,8	59,5	62,4
Rasierapparat, elektrisch	64,4	65,6	66,3	71,0	83,7	85,1	79,0	84,1	81,8	83,2	82,4	81,1
Elektroherd	70,6	70,6	75,6	62,6	80,7	82,5	82,4	85,4	89,7	89,6	89,2	89,2
Gasherd	31,3	30,7	25,6	25,2	19,8	17,8	18,9	16,4	11,2	12,0	11,7	11,2
Kohlenherd	30,1	24,5	25,0	24,5	6,9	7,1	8,2	6,9	/	/	1,2	/
Elektroheißwasserbereiter	36,8	38,7	36,3	44,5	42,7	44,5	46,0	46,6	48,8	40,8	38,4	40,0
Gasheißwasserbereiter	16,6	16,0	15,0	14,8	18,3	17,3	17,6	17,7	13,6	14,7	15,2	18,7

*) Stand: jeweils Dezember.

[1]) Haushaltstypen siehe Vorbemerkung S. 447.

Wirtschaftsrechnungen

Anteile der Ausgabengruppen an den Gesamtausgaben für den Privaten Verbrauch 1982

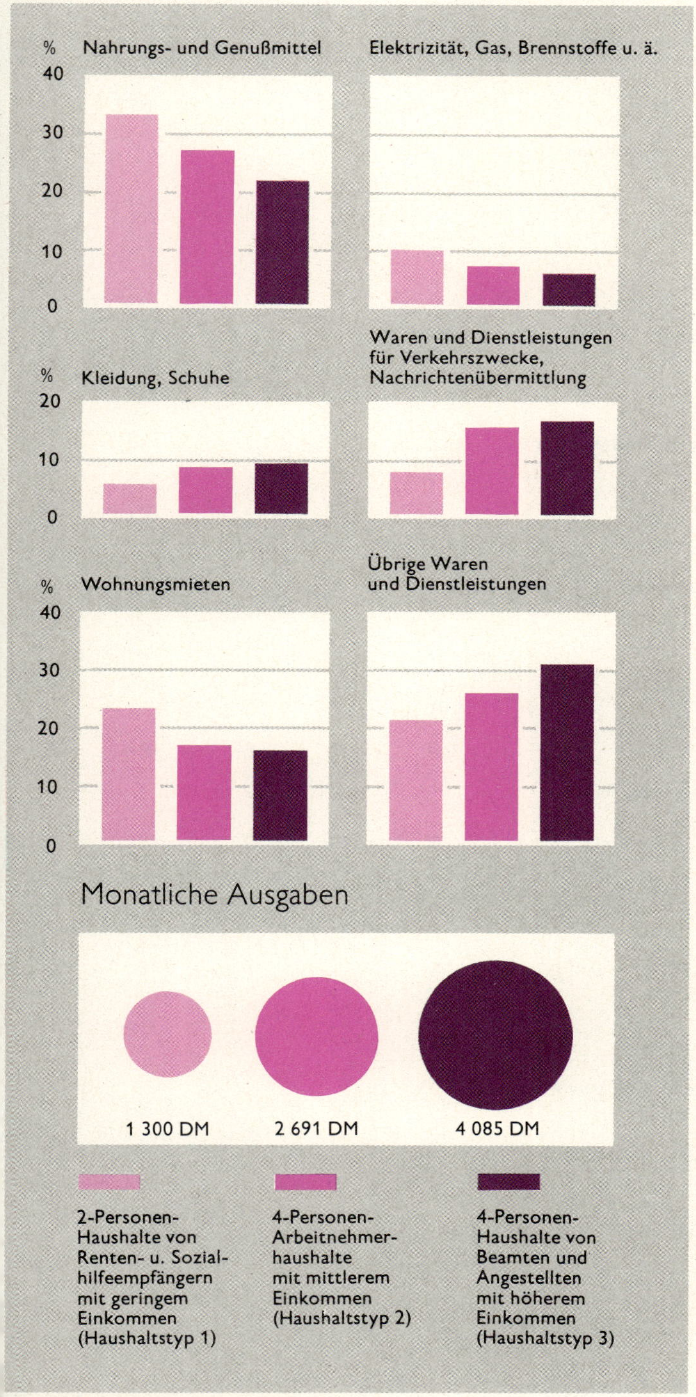

Statistisches Bundesamt 83 0257

Ausstattung mit ausgewählten langlebigen Gebrauchsgütern 1982

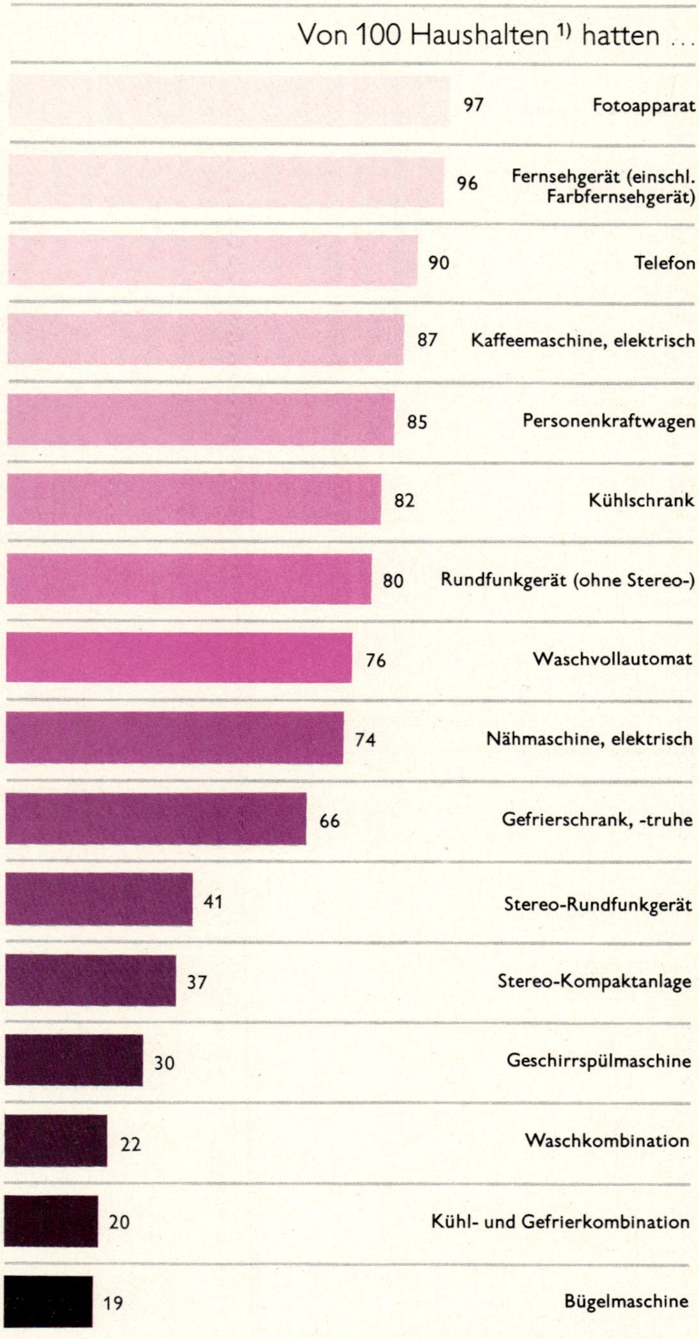

1) 4-Personen-Arbeitnehmerhaushalte mit mittlerem Einkommen (Haushaltstyp 2).

20.8 Haushaltsbruttoeinkommen privater Haushalte 1978 je Haushalt und Monat*)

Gegenstand der Nachweisung	Zahl der Haushalte	Haushaltsbruttoeinkommen									
		insgesamt	aus unselbständiger Arbeit	davon entfielen auf			aus Unternehmertätigkeit[1])	aus Vermögen		aus öffentlichen Renten, Pensionen, sonstigen staatlichen Transfers	aus übrigen Quellen[2])
				Bezugsperson	Ehegatte	Kinder, übrige Haushaltsmitglieder		zusammen	darunter aus Vermietung und Verpachtung		
	1 000	DM									
Haushalte insgesamt	**22 050**	**3 416**	**1 958**	**1 517**	**300**	**141**	**402**	**270**	**211**	**695**	**91**
		nach dem Haushaltsnettoeinkommen									
Haushaltsnettoeinkommen von ... bis unter ... DM											
unter 800	1 140	677	(32)	(31)	/	/	25	36	22	520	64
800 — 1 200	2 169	1 038	95	92	/	/	29	66	46	786	62
1 200 — 1 400	1 096	1 376	265	256	/	/	28	98	69	913	72
1 400 — 1 600	1 175	1 654	493	474	(8)	(11)	40	114	79	936	71
1 600 — 1 800	1 269	1 957	823	780	(28)	(15)	65	138	99	857	74
1 800 — 2 000	1 217	2 244	1 150	1 084	46	(20)	57	144	101	815	78
2 000 — 2 200	1 228	2 518	1 434	1 329	69	36	103	173	126	735	73
2 200 — 2 500	1 822	2 868	1 822	1 619	152	51	107	187	138	674	78
2 500 — 3 000	2 827	3 419	2 311	1 910	305	96	182	239	183	602	85
3 000 — 3 500	2 453	4 080	2 842	2 162	506	174	246	298	234	593	101
3 500 — 4 000	1 809	4 752	3 354	2 449	652	253	356	354	282	581	107
4 000 — 5 000	2 100	5 606	3 772	2 677	702	393	590	471	384	649	124
5 000 — 20 000	1 744	8 748	4 032	2 714	789	529	2 993	905	749	659	159
		nach der sozialen Stellung der Bezugsperson									
Landwirt	479	3 866	461	(53)	(53)	355	2 486	529	463	368	22
Selbständiger[3])	1 262	7 081	808	113	516	179	5 200	737	621	279	57
Beamter	1 416	4 555	3 848	3 238	518	92	84	294	229	178	151
Angestellter	4 503	4 622	3 982	3 400	466	116	73	286	220	197	84
Arbeiter	5 303	3 737	3 160	2 476	451	233	57	226	183	229	65
Nichterwerbstätiger	9 088	1 920	197	29	78	90	40	205	151	1 370	108
		nach der Haushaltsgröße									
Haushalte mit ... Personen											
1	6 143	1 666	591	587	(2)	(2)	89	125	85	787	74
2	6 672	3 271	1 651	1 146	440	65	273	273	203	967	107
3	3 990	4 306	2 940	2 229	476	235	514	315	252	444	93
4	3 317	4 805	3 252	2 637	369	246	768	365	304	328	92
5 und mehr	1 928	5 261	3 112	2 365	278	469	986	461	398	615	87
		Prozent									
Haushalte insgesamt	×	***100***	***57,3***	***44,4***	***8,8***	***4,1***	***11,8***	***7,9***	***6,2***	***20,3***	***2,7***
		nach dem Haushaltsnettoeinkommen									
Haushaltsnettoeinkommen von ... bis unter ... DM											
unter 800	×	*100*	*(4,7)*	*(4,6)*	/	/	*3,7*	*5,3*	*3,2*	*76,8*	*9,5*
800 — 1 200	×	*100*	*9,2*	*8,9*	/	/	*2,8*	*6,4*	*4,4*	*75,7*	*6,0*
1 200 — 1 400	×	*100*	*19,3*	*18,6*	/	/	*2,0*	*7,1*	*5,0*	*66,4*	*5,2*
1 400 — 1 600	×	*100*	*29,8*	*28,7*	*(0,5)*	*(0,7)*	*2,4*	*6,9*	*4,8*	*56,6*	*4,3*
1 600 — 1 800	×	*100*	*42,1*	*39,9*	*(1,4)*	*(0,8)*	*3,3*	*7,1*	*5,1*	*43,8*	*3,8*
1 800 — 2 000	×	*100*	*51,2*	*48,3*	*2,0*	*(0,9)*	*2,5*	*6,4*	*4,5*	*36,3*	*3,5*
2 000 — 2 200	×	*100*	*56,9*	*52,8*	*2,7*	*1,4*	*4,1*	*6,9*	*5,0*	*29,2*	*2,9*
2 200 — 2 500	×	*100*	*63,5*	*56,5*	*5,3*	*1,8*	*3,7*	*6,5*	*4,8*	*23,5*	*2,7*
2 500 — 3 000	×	*100*	*67,6*	*55,9*	*8,9*	*2,8*	*5,3*	*7,0*	*5,4*	*17,6*	*2,5*
3 000 — 3 500	×	*100*	*69,7*	*53,0*	*12,4*	*4,3*	*6,0*	*7,3*	*5,7*	*14,5*	*2,5*
3 500 — 4 000	×	*100*	*70,6*	*51,5*	*13,7*	*5,3*	*7,5*	*7,4*	*5,9*	*12,2*	*2,3*
4 000 — 5 000	×	*100*	*67,3*	*47,8*	*12,5*	*7,0*	*10,5*	*8,4*	*6,8*	*11,6*	*2,2*
5 000 — 20 000	×	*100*	*46,1*	*31,0*	*9,0*	*6,0*	*34,2*	*10,3*	*8,6*	*7,5*	*1,8*
		nach der sozialen Stellung der Bezugsperson									
Landwirt	×	*100*	*11,9*	*(1,4)*	*(1,4)*	*9,2*	*64,3*	*13,7*	*12,0*	*9,5*	*0,6*
Selbständiger[3])	×	*100*	*11,4*	*1,6*	*7,3*	*2,5*	*73,4*	*10,4*	*8,8*	*3,9*	*0,8*
Beamter	×	*100*	*84,5*	*71,1*	*11,4*	*2,0*	*1,8*	*6,5*	*5,0*	*3,9*	*3,3*
Angestellter	×	*100*	*86,2*	*73,6*	*10,1*	*2,5*	*1,6*	*6,2*	*4,8*	*4,3*	*1,8*
Arbeiter	×	*100*	*84,6*	*66,3*	*12,1*	*6,2*	*1,5*	*6,0*	*4,9*	*6,1*	*1,7*
Nichterwerbstätiger	×	*100*	*10,3*	*1,5*	*4,1*	*4,7*	*2,1*	*10,7*	*7,9*	*71,4*	*5,6*
		nach der Haushaltsgröße									
Haushalte mit ... Personen											
1	×	*100*	*35,5*	*35,2*	*(0,1)*	*(0,1)*	*5,3*	*7,5*	*5,1*	*47,2*	*4,4*
2	×	*100*	*50,5*	*35,0*	*13,5*	*2,0*	*8,3*	*8,3*	*6,2*	*29,6*	*3,3*
3	×	*100*	*68,3*	*51,8*	*11,1*	*5,5*	*11,9*	*7,3*	*5,9*	*10,3*	*2,2*
4	×	*100*	*67,7*	*54,9*	*7,7*	*5,1*	*16,0*	*7,6*	*6,3*	*6,8*	*1,9*
5 und mehr	×	*100*	*59,2*	*45,0*	*5,3*	*8,9*	*18,7*	*8,8*	*7,6*	*11,7*	*1,7*

*) Ergebnis der Einkommens- und Verbrauchsstichprobe 1978. – Ohne Haushalte von Ausländern und ohne Privathaushalte in Anstalten sowie ohne Haushalte mit einem monatlichen Haushaltsnettoeinkommen von 20 000 DM und mehr. – Methodische Hinweise in »Wirtschaft und Statistik«, 9/1982, S. 659ff.

1) Einschl. Einkommen aus freiberuflicher Tätigkeit u. ä.
2) Ohne Einnahmen aus Auflösung von Vermögen und Kreditaufnahme.
3) Gewerbetreibender, freiberuflich Tätiger.

21.2 Index der durchschnittlichen bezahlten Wochenstunden und Bruttoverdienste der Arbeiter in der Industrie*)

umbasiert auf 1976 = 100

Durchschnitt	Bezahlte Wochenstunden			Bruttostundenverdienste			Bruttowochenverdienste		
	insgesamt	Männer	Frauen	insgesamt	Männer	Frauen	insgesamt	Männer	Frauen
Industrie[1])									
1969	106,0	106,5	103,5	51,6	51,9	50,0	54,8	55,3	51,7
1970	106,1	106,8	103,0	59,2	59,7	56,7	63,0	63,8	58,4
1971	104,3	104,8	101,9	65,7	66,2	63,1	68,6	69,3	64,3
1972	103,3	103,6	101,7	71,6	72,0	69,2	74,0	74,6	70,3
1973	103,3	103,7	101,7	79,1	79,5	77,0	81,8	82,4	78,3
1974	101,2	101,5	100,0	87,2	87,4	85,7	88,3	88,7	85,7
1975	98,1	98,3	97,1	94,0	94,1	93,8	92,3	92,4	91,0
1976	100	100	100	100	100	100	100	100	100
1977	100,2	100,2	100,6	107,1	107,1	107,3	107,3	107,2	107,9
1978	100,3	100,2	100,6	112,8	112,7	113,5	113,1	112,9	114,1
1979	101,0	101,1	101,0	119,3	119,4	119,4	120,6	120,6	120,5
1980	100,3	100,1	100,9	127,2	127,3	126,9	127,5	127,4	127,9
1981	99,2	99,1	99,5	134,4	134,4	134,1	133,3	133,2	133,4
1982	98,0	97,9	98,7	140,6	140,6	140,5	137,7	137,6	138,7
darunter:									
Bergbau									
1978	100,0	100,0	.	110,6	110,6	.	110,4	110,4	.
1979	101,2	101,2	.	117,8	117,8	.	119,2	119,2	.
1980	100,9	100,9	.	128,8	128,8	.	129,6	129,6	.
1981	101,3	101,3	.	138,9	138,9	.	140,6	140,6	.
1982	100,5	100,5	.	144,4	144,4	.	145,0	145,0	.
Grundstoff- und Produktionsgüterindustrien									
1978	100,5	100,6	100,1	112,4	112,3	114,0	113,0	112,9	114,1
1979	101,5	101,5	100,9	118,8	118,8	119,0	120,6	120,6	120,2
1980	100,7	100,6	100,6	125,6	125,6	125,6	126,5	126,5	126,4
1981	99,1	99,1	99,7	132,2	132,2	133,1	131,1	131,0	132,8
1982	97,9	97,7	99,3	138,7	138,6	139,8	135,8	135,5	139,0
Investitionsgüterindustrien									
1978	100,4	100,2	100,8	113,0	112,9	113,8	113,4	113,2	114,6
1979	100,8	100,7	101,4	119,2	119,1	120,1	120,1	119,9	121,7
1980	100,7	100,6	101,3	127,2	127,1	128,0	128,0	127,7	129,5
1981	99,1	99,1	99,2	133,5	133,3	134,8	132,3	132,1	133,7
1982	97,9	97,7	98,9	140,2	139,9	142,0	137,0	136,6	140,2
Verbrauchsgüterindustrien									
1978	100,5	100,4	100,6	113,2	113,1	113,3	113,7	113,6	114,0
1979	100,4	99,9	101,0	119,2	119,3	119,0	119,5	119,2	120,1
1980	100,1	99,5	100,9	126,5	126,6	126,3	126,4	125,9	127,4
1981	98,8	98,0	99,7	133,6	133,5	133,8	131,8	130,9	133,3
1982	97,5	96,7	98,5	139,4	139,3	139,6	135,8	134,8	137,5
Nahrungs- und Genußmittelindustrien									
1978	99,0	98,8	99,4	113,0	113,0	113,0	111,9	111,7	112,4
1979	98,9	98,7	99,3	118,8	118,7	118,9	117,4	117,2	118,2
1980	98,6	98,3	99,3	125,7	125,4	126,7	123,9	123,3	125,8
1981	98,6	98,4	99,1	133,4	133,2	134,0	131,6	131,2	132,9
1982	98,0	97,8	98,2	140,1	139,9	140,9	137,2	136,9	138,5
Hoch- und Tiefbau (einschl. Handwerk)									
1978	100,2	100,2	.	113,0	113,0	.	113,1	113,1	.
1979	103,1	103,1	.	121,3	121,3	.	124,8	124,8	.
1980	99,4	99,4	.	130,4	130,4	.	129,5	129,5	.
1981	99,5	99,5	.	138,7	138,7	.	137,9	137,9	.
1982	98,2	98,2	.	144,0	144,0	.	141,4	141,4	.

*) Berechnungsmethode in »Wirtschaft und Statistik«, 1/1966, S. 24ff., 7/1972, S. 410f. und 12/1979, S. 865ff. — Durchschnitt errechnet aus 4 Erhebungsmonaten (Januar, April, Juli, Oktober).

[1]) Einschl. Hoch- und Tiefbau, dieser mit Handwerk.

21.3 Durchschnittliche Wochenarbeitszeiten und Bruttoverdienste der Arbeiter in der Industrie*)

21.3.1 Nach Leistungsgruppen und Industriezweigen 1982**)

Industriezweig	Bezahlte Wochenstunden				Bruttostundenverdienste				Bruttowochenverdienste			
	insgesamt	Leistungsgruppe 1	Leistungsgruppe 2	Leistungsgruppe 3	insgesamt	Leistungsgruppe 1	Leistungsgruppe 2	Leistungsgruppe 3	insgesamt	Leistungsgruppe 1	Leistungsgruppe 2	Leistungsgruppe 3
	Stunden				DM							
Männliche Arbeiter												
Industrie[1])	41,1	41,3	40,7	41,0	15,66	16,49	14,86	13,23	642	681	603	542
Energiewirtschaft und Wasserversorgung	41,1	41,2	41,0	40,9	17,71	17,90	16,24	14,64	728	737	666	600
Bergbau	41,1	41,1	41,1	40,3	16,98	17,85	15,14	12,32	694	731	623	496
Steinkohlenbergbau	40,8	40,9	40,7	39,8	17,09	18,04	14,94	11,81	695	734	606	469
Braun- und Pechkohlenbergbau	43,0	43,0	43,0	42,8	17,45	18,11	16,78	15,21	748	777	720	649
Erzbergbau	41,2	41,3	41,1	40,1	15,18	15,75	13,89	12,14	624	648	569	488
Kali- und Steinsalzbergbau sowie Salinen	39,8	39,7	40,7	39,3	15,07	15,36	13,73	12,43	590	599	553	477
Gewinnung von Erdöl, Erdgas u. ä., Sonstiger Bergbau	43,2	43,2	43,4	42,9	16,19	17,27	14,37	13,29	700	746	624	571
Grundstoff- und Produktionsgüterindustrien	41,2	41,4	41,0	41,3	15,78	16,61	15,38	13,88	650	687	630	572
Industrie der Steine und Erden	42,5	42,7	42,4	41,8	15,01	15,56	14,73	13,50	644	672	631	570
Eisen- und Stahlindustrie[2])	40,6	40,7	40,3	41,0	15,49	16,27	15,10	14,16	622	656	603	575
NE-Metallerzeugung und -gießerei	41,5	41,6	41,3	41,5	15,44	16,20	15,08	14,11	638	674	622	584
Mineralölverarbeitung	40,8	40,8	40,6	41,0	20,01	20,67	17,98	15,92	816	844	730	653
Chemische Industrie (ohne Chemiefaserindustrie)	41,2	41,2	41,1	41,3	16,70	17,52	16,09	13,32	686	722	660	551
Chemiefaserindustrie	40,8	40,9	40,6	41,5	17,09	17,35	17,37	15,56	694	706	704	641
Sägewerke und holzbearbeitende Industrie	41,6	42,0	41,5	40,8	13,60	14,23	13,53	12,05	568	598	564	494
Holzschliff, Zellstoff, Papier und Pappe erzeugende Industrie	43,5	43,9	43,3	42,9	15,82	16,64	15,42	14,30	687	729	664	613
Gummi- und asbestverarbeitende Industrie	40,5	41,4	40,1	40,6	15,36	16,29	15,03	13,10	623	674	603	532
Investitionsgüterindustrien	40,8	41,3	40,0	40,6	15,80	16,49	14,99	13,29	642	679	594	539
Stahl- und Leichtmetallbau	43,0	43,3	42,1	41,6	16,28	16,84	14,72	13,10	701	730	620	544
Maschinenbau[3])	40,9	41,2	40,3	40,1	15,59	16,21	14,38	13,24	636	667	578	530
Straßenfahrzeugbau	40,0	40,9	38,6	40,6	17,24	17,92	16,70	14,36	681	730	630	580
Schiffbau	43,2	43,3	42,0	42,0	16,10	16,34	13,60	11,98	692	703	569	501
Luftfahrzeugbau	41,2	41,1	41,8	40,3	16,56	16,86	13,87	12,12	680	691	577	483
Elektrotechnische Industrie[4])	40,7	40,9	40,3	40,3	14,99	15,78	13,84	13,15	609	645	557	528
Feinmechanische und optische sowie Uhrenindustrie	40,0	40,0	40,1	39,1	14,67	15,31	13,60	12,46	586	612	544	487
EBM-Warenindustrie, Stahlverformung, Oberflächenveredlung und Härtung	41,5	41,6	41,4	41,3	14,45	15,41	14,01	12,86	598	640	578	530
Herstellung von Büromaschinen, Datenverarbeitungsgeräten und -einrichtungen	40,4	40,5	40,3	40,3	15,19	16,08	14,28	12,71	614	653	576	514
Verbrauchsgüterindustrien	41,1	41,1	41,0	41,0	14,70	15,82	13,82	12,66	603	651	568	519
Feinkeramische Industrie	40,8	40,7	40,7	41,0	13,63	14,32	13,66	12,60	554	581	554	514
Glasindustrie	41,1	41,7	40,8	40,4	15,28	16,41	14,80	13,48	629	683	604	546
Holzverarbeitende Industrie	39,9	40,2	39,5	39,2	15,05	15,86	14,24	12,82	599	636	562	502
Musikinstrumenten-, Spiel-, Schmuckwaren- und Sportgeräte-Industrie	40,1	40,4	39,7	39,9	14,13	15,25	13,15	11,60	566	614	521	460
Papier- und pappeverarbeitende Industrie	42,7	42,6	42,4	43,8	14,14	15,40	13,46	12,75	601	653	568	558
Druckerei- und Vervielfältigungsindustrie	41,7	41,5	42,1	41,9	16,96	17,84	15,54	13,58	708	741	656	569
Kunststoffverarbeitende Industrie	41,4	41,5	41,3	41,6	14,40	15,41	13,86	12,98	597	640	573	539
Ledererzeugende Industrie	43,5	43,7	43,5	43,1	13,62	14,58	13,41	12,06	590	635	582	518
Lederverarbeitende Industrie	40,0	39,9	40,5	38,8	12,94	13,86	12,55	10,47	517	551	507	406
Schuhindustrie	40,3	40,5	40,3	39,8	12,91	14,01	12,46	9,94	520	566	502	396
Textilindustrie	41,4	41,6	41,3	40,8	13,24	14,02	12,77	11,66	546	582	526	474
Bekleidungsindustrie	40,0	39,5	40,8	40,1	13,51	14,40	12,85	12,05	538	565	523	479
Nahrungs- und Genußmittelindustrien	44,3	44,3	44,6	43,6	14,64	15,50	13,99	12,79	649	688	624	557
Hoch- und Tiefbau (einschl. Handwerk)	40,7	40,8	40,7	40,4	15,44	16,21	14,59	13,12	631	664	596	530
Weibliche Arbeiter												
Industrie[1])	39,1	39,2	39,0	39,3	11,38	12,42	11,55	11,08	444	486	448	434
darunter:												
Chemische Industrie (ohne Chemiefaserindustrie)	39,7	40,0	39,7	39,6	12,36	14,31	12,84	11,42	490	574	509	451
Maschinenbau[3])	38,9	39,0	39,0	38,9	11,93	13,66	12,20	11,62	464	533	474	452
Elektrotechnische Industrie[4])	39,0	39,7	39,1	39,0	11,68	13,01	11,66	11,64	456	516	455	453
EBM-Warenindustrie, Stahlverformung, Oberflächenveredlung und Härtung	39,6	40,8	39,4	39,6	11,31	12,22	11,38	11,23	446	498	449	444
Papier- und pappeverarbeitende Industrie	39,4	39,3	39,4	39,4	10,29	11,52	10,57	9,84	404	451	415	387
Schuhindustrie	39,1	39,4	38,9	39,2	10,41	11,45	10,65	9,62	406	451	415	375
Textilindustrie	38,9	39,0	38,9	38,7	10,74	11,69	10,87	10,05	416	455	421	388
Bekleidungsindustrie	38,2	37,9	38,2	38,5	10,35	10,98	10,41	9,67	395	416	396	370
Nahrungs- und Genußmittelindustrien	40,2	40,4	40,3	40,2	10,29	11,92	11,10	9,98	415	483	448	401

*) Durchschnitt errechnet aus 4 Erhebungsmonaten (Januar, April, Juli, Oktober).
**) Systematik der Wirtschaftszweige, Stand 1970, Fassung für die Verdiensterhebung.
1) Einschl. Hoch- und Tiefbau, dieser mit Handwerk.
2) Eisenschaffende Industrie, Eisen-, Stahl- und Tempergießerei, Ziehereien und Kaltwalzwerke.
3) Ohne Herstellung von Büromaschinen, Geräten und Einrichtungen für die automatische Datenverarbeitung.
4) Ohne Herstellung von Geräten und Einrichtungen für die automatische Datenverarbeitung.

21.3 Durchschnittliche Wochenarbeitszeiten und Bruttoverdienste der Arbeiter in der Industrie*)

21.3.2 Nach Ländern 1982

Land	Bezahlte Wochenstunden			Bruttostundenverdienste			Bruttowochenverdienste		
	insgesamt	Männer	Frauen	insgesamt	Männer	Frauen	insgesamt	Männer	Frauen
	Stunden			DM					
Schleswig-Holstein	40,9	41,2	39,4	14,89	15,65	11,08	610	646	437
Hamburg	41,5	41,7	40,1	16,97	17,69	12,14	704	737	486
Niedersachsen	40,0	40,3	38,5	15,13	15,77	11,74	601	631	449
Bremen	41,6	41,8	40,1	15,45	16,04	11,24	641	669	451
Nordrhein-Westfalen	41,3	41,6	39,4	15,17	15,76	11,23	626	654	441
Hessen	40,5	40,8	39,3	15,01	15,70	11,59	606	638	454
Rheinland-Pfalz	41,0	41,4	39,1	14,64	15,39	11,01	600	639	430
Baden-Württemberg	40,6	41,0	39,2	14,93	15,82	11,80	606	649	462
Bayern	40,2	40,7	38,8	13,93	14,89	10,92	561	606	424
Saarland	40,6	40,7	39,1	15,31	15,78	11,10	618	640	433
Berlin (West)	40,0	40,5	38,9	14,76	15,89	11,65	592	643	453
Bundesgebiet	**40,7**	**41,1**	**39,1**	**14,89**	**15,66**	**11,38**	**606**	**642**	**444**

21.3.3 Nach Industriezweigen**)

Durchschnitt	Bezahlte Wochenstunden			Bruttostundenverdienste			Bruttowochenverdienste		
	insgesamt	Männer	Frauen	insgesamt	Männer	Frauen	insgesamt	Männer	Frauen
	Stunden			DM					
Industrie[1])									
1980	41,6	42,1	40,0	13,41	14,16	10,25	559	596	408
1981	41,2	41,6	39,4	14,19	14,94	10,83	584	622	428
1982	40,7	41,1	39,1	14,89	15,66	11,38	606	642	444
Energiewirtschaft und Wasserversorgung									
1980	41,2	41,2	40,2	15,78	15,91	11,53	652	656	464
1981	41,2	41,2	40,2	16,69	16,83	12,25	688	693	493
1982	41,1	41,1	40,1	17,59	17,71	12,92	723	728	518
Bergbau									
1980	41,1	41,1	.	15,14	15,14	.	621	621	.
1981	41,4	41,4	.	16,25	16,25	.	671	671	.
1982	41,1	41,1	.	16,98	16,98	.	694	694	.
Steinkohlenbergbau									
1980	40,7	40,7	.	15,23	15,23	.	619	619	.
1981	41,0	41,0	.	16,36	16,36	.	670	670	.
1982	40,8	40,8	.	17,09	17,09	.	695	695	.
Braun- und Pechkohlenbergbau									
1980	43,0	43,0	.	15,57	15,57	.	668	668	.
1981	42,9	42,9	.	16,61	16,61	.	710	710	.
1982	43,0	43,0	.	17,45	17,45	.	748	748	.
Erzbergbau									
1980	41,6	41,6	.	13,64	13,64	.	567	567	.
1981	41,7	41,7	.	14,49	14,49	.	604	604	.
1982	41,2	41,2	.	15,18	15,18	.	624	624	.
Kali- und Steinsalzbergbau sowie Salinen									
1980	42,4	42,4	.	13,78	13,78	.	584	584	.
1981	42,8	42,8	.	14,70	14,70	.	628	628	.
1982	39,8	39,8	.	15,07	15,07	.	590	590	.
Gewinnung von Erdöl, Erdgas u. ä., Sonstiger Bergbau									
1980	43,4	43,4	.	14,39	14,39	.	625	625	.
1981	43,4	43,4	.	15,51	15,51	.	672	672	.
1982	43,2	43,2	.	16,19	16,19	.	700	700	.
Grundstoff- und Produktionsgüterindustrien									
1980	42,1	42,4	40,0	13,92	14,26	10,93	586	603	438
1981	41,5	41,7	39,7	14,70	15,05	11,60	611	629	460
1982	41,0	41,2	39,5	15,43	15,78	12,20	633	650	481
Industrie der Steine und Erden									
1980	44,6	44,7	40,7	13,67	13,70	11,05	612	613	448
1981	43,4	43,4	40,1	14,40	14,44	11,80	629	631	473
1982	42,5	42,5	39,6	14,96	15,01	12,34	640	644	487

*) Durchschnitt errechnet aus 4 Erhebungsmonaten (Januar, April, Juli, Oktober).
**) Systematik der Wirtschaftszweige, Stand 1970, Fassung für die Verdiensterhebung.

[1]) Einschl. Hoch- und Tiefbau, dieser mit Handwerk.

21.3 Durchschnittliche Wochenarbeitszeiten und Bruttoverdienste der Arbeiter in der Industrie*)

21.3.3 Nach Industriezweigen**)

Durchschnitt	Bezahlte Wochenstunden			Bruttostundenverdienste			Bruttowochenverdienste		
	insgesamt	Männer	Frauen	insgesamt	Männer	Frauen	insgesamt	Männer	Frauen
	Stunden			DM					
Eisen- und Stahlindustrie[1])									
1980	42,0	42,0	40,2	14,00	14,13	10,60	587	591	426
1981	41,3	41,3	39,5	14,62	14,74	11,13	604	610	440
1982	40,5	40,6	39,2	15,37	15,49	11,72	617	622	455
NE-Metallerzeugung und -gießerei									
1980	42,5	42,7	40,6	13,72	14,07	10,70	582	600	434
1981	41,5	41,8	39,4	14,42	14,77	11,32	599	617	447
1982	41,3	41,5	39,6	15,08	15,44	11,85	621	638	469
Mineralölverarbeitung									
1980	41,1	41,1	40,2	17,63	17,75	12,71	724	729	511
1981	40,8	40,8	40,2	18,83	18,95	13,61	770	775	546
1982	40,8	40,8	40,1	19,89	20,01	14,32	813	816	574
Chemische Industrie (ohne Chemiefaserindustrie)									
1980	41,2	41,5	39,9	14,13	14,90	11,05	581	618	440
1981	41,1	41,4	39,9	15,03	15,84	11,75	619	658	469
1982	40,9	41,2	39,7	15,85	16,70	12,36	647	686	490
Chemiefaserindustrie									
1980	40,5	40,6	39,9	14,99	15,35	11,71	605	622	466
1981	40,4	40,5	39,5	16,00	16,37	12,51	648	665	496
1982	40,7	40,8	40,0	16,73	17,09	13,09	680	694	522
Sägewerke und holzbearbeitende Industrie									
1980	42,9	43,1	40,6	12,25	12,44	10,11	526	537	410
1981	41,9	42,2	39,0	12,96	13,14	10,76	542	554	417
1982	41,4	41,6	38,6	13,44	13,60	11,38	558	568	439
Holzschliff, Zellstoff, Papier und Pappe erzeugende Industrie									
1980	43,4	43,9	40,0	13,73	14,10	10,13	596	618	406
1981	43,4	43,8	40,2	14,59	14,99	10,71	634	656	431
1982	43,1	43,5	39,4	15,43	15,82	11,27	664	687	442
Gummi- und asbestverarbeitende Industrie									
1980	41,2	41,5	40,0	13,30	13,94	11,08	547	578	442
1981	40,2	40,5	39,3	14,02	14,68	11,70	565	596	460
1982	40,3	40,5	39,4	14,68	15,36	12,26	590	623	482
Investitionsgüterindustrien									
1980	41,6	42,0	40,0	13,62	14,32	10,81	567	602	432
1981	41,0	41,4	39,2	14,34	15,04	11,38	589	623	447
1982	40,5	40,8	39,1	15,08	15,80	11,99	609	642	466
Stahl- und Leichtmetallbau									
1980	43,6	43,7	40,5	14,65	14,72	10,66	640	643	431
1981	43,3	43,4	39,9	15,39	15,46	11,22	667	672	451
1982	42,9	43,0	40,1	16,20	16,28	11,71	695	701	468
Maschinenbau[2])									
1980	42,5	42,7	40,3	13,97	14,24	10,82	594	608	436
1981	41,6	41,8	39,3	14,64	14,90	11,36	610	623	445
1982	40,8	40,9	38,9	15,34	15,59	11,93	624	636	464
Straßenfahrzeugbau									
1980	40,7	40,8	39,7	15,28	15,56	12,86	622	635	509
1981	40,4	40,5	39,2	16,09	16,38	13,57	653	668	534
1982	39,8	40,0	38,6	16,94	17,24	14,28	666	681	543
Schiffbau									
1980	44,1	44,2	40,1	14,53	14,57	11,10	643	646	447
1981	44,8	44,8	41,1	15,23	15,28	11,71	683	686	480
1982	43,2	43,2	39,9	16,07	16,10	12,49	689	692	494
Luftfahrzeugbau									
1980	41,7	41,9	40,2	14,59	14,92	11,17	607	624	449
1981	41,6	41,7	40,2	15,44	15,79	11,72	643	660	472
1982	41,1	41,2	40,1	16,20	16,56	12,38	663	680	496
Elektrotechnische Industrie[3])									
1980	40,9	41,6	39,9	12,33	13,55	10,56	504	563	421
1981	40,1	40,9	39,0	13,01	14,25	11,11	523	583	434
1982	40,0	40,7	39,0	13,73	14,99	11,68	548	609	456
Feinmechanische und optische sowie Uhrenindustrie									
1980	40,6	41,2	39,9	12,09	13,26	10,48	491	546	418
1981	39,8	40,4	39,0	12,76	13,98	11,02	508	565	431
1982	39,6	40,0	39,0	13,41	14,67	11,53	530	586	451

*) Durchschnitt errechnet aus 4 Erhebungsmonaten (Januar, April, Juli, Oktober).
**) Systematik der Wirtschaftszweige, Stand 1970, Fassung für die Verdiensterhebung.
1) Eisenschaffende Industrie, Eisen-, Stahl- und Tempergießerei, Ziehereien und Kaltwalzwerke.
2) Ohne Herstellung von Büromaschinen, Geräten und Einrichtungen für die automatische Datenverarbeitung.
3) Ohne Herstellung von Geräten und Einrichtungen für die automatische Datenverarbeitung.

21.3 Durchschnittliche Wochenarbeitszeiten und Bruttoverdienste der Arbeiter in der Industrie*)

21.3.3 Nach Industriezweigen**)

Durchschnitt	Bezahlte Wochenstunden			Bruttostundenverdienste			Bruttowochenverdienste		
	insgesamt	Männer	Frauen	insgesamt	Männer	Frauen	insgesamt	Männer	Frauen
	Stunden			DM					
EBM-Warenindustrie, Stahlverformung, Oberflächenveredlung und Härtung									
1980	42,1	42,7	40,3	12,51	13,22	10,18	526	563	409
1981	41,4	41,9	39,7	13,12	13,84	10,73	543	580	426
1982	41,0	41,5	39,6	13,76	14,45	11,31	563	598	446
Herstellung von Büromaschinen, Datenverarbeitungsgeräten und -einrichtungen									
1980	40,4	40,9	39,6	12,56	13,53	11,03	508	554	437
1981	39,6	40,0	39,0	13,27	14,23	11,73	528	572	458
1982	39,9	40,4	39,2	14,22	15,19	12,59	569	614	495
Verbrauchsgüterindustrien									
1980	41,2	42,2	39,8	11,84	13,36	9,66	487	563	385
1981	40,6	41,6	39,3	12,51	14,08	10,23	508	587	403
1982	40,1	41,1	38,8	13,08	14,70	10,67	525	603	413
Feinkeramische Industrie									
1980	41,1	41,9	40,0	11,40	12,52	9,90	468	524	395
1981	40,8	41,8	39,7	12,04	13,22	10,46	492	552	414
1982	40,0	40,8	39,1	12,48	13,63	10,91	498	554	426
Glasindustrie									
1980	41,4	41,7	40,0	13,11	13,80	9,58	541	575	383
1981	40,7	41,0	39,3	13,86	14,58	10,22	565	601	403
1982	40,8	41,1	39,2	14,55	15,28	10,72	595	629	422
Holzverarbeitende Industrie									
1980	41,6	42,0	39,9	13,08	13,65	10,52	544	574	418
1981	40,5	40,9	38,9	13,87	14,46	11,16	560	590	433
1982	39,6	39,9	38,2	14,43	15,05	11,57	570	599	441
Musikinstrumenten-, Spiel-, Schmuckwaren- und Sportgeräte-Industrie									
1980	40,2	41,0	39,4	11,35	12,74	9,73	456	522	383
1981	40,0	40,6	39,4	11,99	13,52	10,24	480	548	404
1982	39,6	40,1	39,0	12,54	14,13	10,71	495	566	417
Papier- und pappeverarbeitende Industrie									
1980	42,0	43,1	40,1	11,55	12,80	9,21	484	552	369
1981	41,9	43,0	39,9	12,21	13,47	9,79	511	580	391
1982	41,5	42,7	39,4	12,87	14,14	10,29	533	601	404
Druckerei- und Vervielfältigungsindustrie									
1980	42,0	42,4	40,5	14,63	15,57	10,72	615	659	434
1981	41,7	42,0	40,3	15,29	16,24	11,21	637	682	452
1982	41,4	41,7	40,2	15,99	16,96	11,82	663	708	476
Kunststoffverarbeitende Industrie									
1980	41,5	42,1	40,1	11,85	12,95	9,47	489	544	379
1981	40,9	41,5	39,5	12,59	13,74	10,09	514	571	399
1982	40,8	41,4	39,4	13,20	14,40	10,56	538	597	415
Ledererzeugende Industrie									
1980	42,8	43,9	40,6	11,48	12,28	9,75	492	540	397
1981	43,0	44,1	40,5	12,25	13,03	10,44	525	575	422
1982	42,6	43,5	40,5	12,77	13,62	10,79	542	590	438
Lederverarbeitende Industrie									
1980	39,7	40,8	39,1	9,87	11,70	8,77	391	477	342
1981	39,7	40,7	39,2	10,47	12,41	9,28	416	505	363
1982	39,2	40,0	38,7	10,91	12,94	9,66	426	517	373
Schuhindustrie									
1980	40,3	41,1	39,8	10,16	11,61	9,30	409	478	371
1981	39,8	40,5	39,4	10,87	12,42	9,98	433	504	393
1982	39,6	40,3	39,1	11,33	12,91	10,41	447	520	406
Textilindustrie									
1980	41,1	42,5	39,8	10,91	12,02	9,75	448	510	388
1981	40,4	41,8	39,0	11,51	12,66	10,30	464	530	401
1982	40,1	41,4	38,9	12,03	13,24	10,74	483	546	416
Bekleidungsindustrie									
1980	39,7	41,9	39,4	9,86	12,43	9,42	392	520	371
1981	39,4	41,3	39,0	10,41	13,09	9,97	408	539	388
1982	38,4	40,0	38,2	10,80	13,51	10,35	415	538	395
Nahrungs- und Genußmittelindustrien									
1980	43,3	44,4	40,7	12,02	13,11	9,26	521	584	376
1981	43,3	44,5	40,6	12,79	13,92	9,81	555	622	399
1982	43,1	44,3	40,2	13,47	14,64	10,29	581	649	415
Hoch- und Tiefbau (einschl. Handwerk)									
1980	41,3	41,3	/	14,02	14,03	/	582	582	/
1981	41,3	41,3	/	14,89	14,89	/	615	615	/
1982	40,7	40,7	/	15,44	15,44	/	631	631	/

*) Durchschnitt errechnet aus 4 Erhebungsmonaten (Januar, April, Juli, Oktober).

**) Systematik der Wirtschaftszweige, Stand 1970, Fassung für die Verdiensterhebung.

21.4 Durchschnittliche Wochenarbeitszeiten und Bruttoverdienste der männlichen Arbeiter im Handwerk*)

Monat	Bezahlte Wochenstunden				Bruttostundenverdienste				Bruttowochenverdienste			
	insgesamt	Vollgesellen	Junggesellen	Übrige Arbeiter	insgesamt	Vollgesellen	Junggesellen	Übrige Arbeiter	insgesamt	Vollgesellen	Junggesellen	Übrige Arbeiter
	Stunden				DM							
					Gewerbezweige insgesamt							
1980 November	41,9	41,9	41,4	42,3	13,30	13,92	11,08	11,89	557	583	459	503
1981 Mai	41,7	41,7	41,3	42,1	13,83	14,42	11,60	12,37	577	602	479	521
November	41,6	41,6	41,2	42,1	13,94	14,56	11,71	12,53	580	607	483	527
1982 Mai	41,4	41,3	41,1	41,8	14,38	14,99	12,10	12,94	595	620	497	541
November	41,2	41,2	41,0	41,8	14,42	15,05	12,15	13,03	595	620	499	545
					Maler und Lackierer							
1980 November	41,0	41,0	40,8	42,0	13,71	13,96	11,85	12,35	563	572	483	519
1981 Mai	41,1	41,0	40,9	41,6	14,24	14,45	12,42	13,08	585	593	508	544
November	41,0	41,0	40,5	41,9	14,36	14,62	12,42	13,28	589	599	503	556
1982 Mai	41,0	40,9	40,7	42,4	14,78	15,01	12,86	13,71	605	614	524	581
November	40,7	40,7	40,4	41,7	14,91	15,16	13,04	13,83	607	617	526	577
					Schlosser							
1980 November	42,7	42,9	42,1	42,5	13,27	13,96	11,56	12,04	567	599	487	512
1981 Mai	42,7	42,8	42,0	42,6	13,97	14,66	12,18	12,63	596	628	511	538
November	42,4	42,4	42,0	42,6	13,92	14,65	12,10	12,67	590	621	508	540
1982 Mai	42,0	42,1	41,8	41,8	14,34	15,05	12,52	12,95	602	634	523	541
November	41,8	41,9	41,5	41,6	14,28	15,00	12,44	13,04	596	628	516	543
					Kraftfahrzeugmechaniker							
1980 November	41,0	41,0	40,8	41,7	12,62	13,34	10,44	11,38	518	547	426	474
1981 Mai	41,0	41,0	40,7	41,6	13,17	13,83	10,95	11,70	540	567	446	487
November	40,8	40,8	40,5	41,4	13,24	13,94	11,08	11,78	540	568	449	487
1982 Mai	40,8	40,8	40,7	41,4	13,71	14,38	11,47	12,04	560	587	467	498
November	40,6	40,6	40,4	41,3	13,66	14,35	11,40	12,18	555	583	460	502
					Klempner, Gas- und Wasserinstallateure							
1980 November	41,7	41,8	41,3	41,3	14,15	14,71	11,81	12,66	589	614	488	523
1981 Mai	41,6	41,6	41,3	42,0	14,69	15,29	12,29	13,12	611	636	508	551
November	41,5	41,6	40,9	41,6	14,85	15,43	12,51	13,29	616	642	511	553
1982 Mai	41,1	41,1	40,6	41,5	15,26	15,87	12,74	13,63	627	653	518	565
November	41,2	41,1	40,9	42,0	15,35	15,94	12,88	13,89	632	656	526	583
					Zentralheizungs- und Lüftungsbauer							
1980 November	42,3	42,4	41,7	42,1	14,19	14,92	11,93	12,38	600	633	497	521
1981 Mai	41,5	41,6	41,3	41,4	14,70	15,41	12,42	12,85	611	641	513	532
November	41,8	41,8	41,5	41,7	14,91	15,59	12,60	13,32	623	652	523	556
1982 Mai	41,2	41,1	41,0	41,7	15,23	15,91	13,01	13,59	627	654	533	566
November	41,4	41,5	40,9	41,7	15,31	16,02	13,01	13,96	634	664	533	582
					Elektroinstallateure							
1980 November	42,0	42,1	40,9	42,5	13,02	13,40	11,02	12,51	546	565	450	531
1981 Mai	42,0	42,1	41,1	42,6	13,55	14,02	11,49	12,95	569	590	472	552
November	41,8	41,9	41,0	42,5	13,69	14,15	11,58	12,95	573	594	474	551
1982 Mai	41,7	41,8	41,1	42,3	14,20	14,74	11,99	13,44	592	616	492	568
November	41,3	41,3	40,9	41,9	14,27	14,75	12,12	13,62	589	609	495	570
					Tischler							
1980 November	42,3	42,3	41,9	42,3	13,35	14,01	11,20	12,11	564	593	470	513
1981 Mai	41,7	41,8	41,6	41,3	13,86	14,46	11,80	12,50	578	605	491	516
November	41,8	42,0	41,8	41,3	13,87	14,52	11,81	12,63	580	609	493	521
1982 Mai	41,1	41,1	41,2	40,9	14,39	14,92	12,28	13,30	592	614	507	544
November	41,4	41,3	41,7	41,4	14,38	14,99	12,38	13,27	595	620	516	549
					Bäcker							
1980 November	43,0	43,0	42,2	43,4	12,41	13,29	9,98	10,66	533	572	421	462
1981 Mai	42,8	42,8	41,8	43,4	12,85	13,68	10,43	11,26	549	586	436	489
November	42,7	42,7	41,9	43,5	13,15	14,03	10,70	11,69	561	599	449	508
1982 Mai	42,4	42,5	41,8	42,6	13,53	14,41	11,02	11,99	574	613	460	511
November	42,2	42,3	41,5	42,6	13,55	14,51	11,07	12,09	572	613	460	514
					Fleischer							
1980 November	42,1	42,0	41,7	43,1	12,81	13,76	10,25	10,90	540	578	428	470
1981 Mai	42,0	41,9	41,5	43,5	13,25	14,15	10,69	11,30	557	593	444	491
November	41,9	41,8	41,5	43,2	13,44	14,40	10,90	11,53	563	602	452	498
1982 Mai	41,8	41,6	41,4	42,8	13,87	14,80	11,24	11,93	579	616	466	511
November	41,5	41,4	41,2	42,6	13,89	14,90	11,28	11,96	576	617	464	509

*) Nach dem Verzeichnis der Gewerbe, die als Handwerk betrieben werden können (Anlage A der Handwerksordnung vom 28. 12. 1965).

Löhne

Durchschnittliche Bruttowochenverdienste der Arbeiter in der Industrie

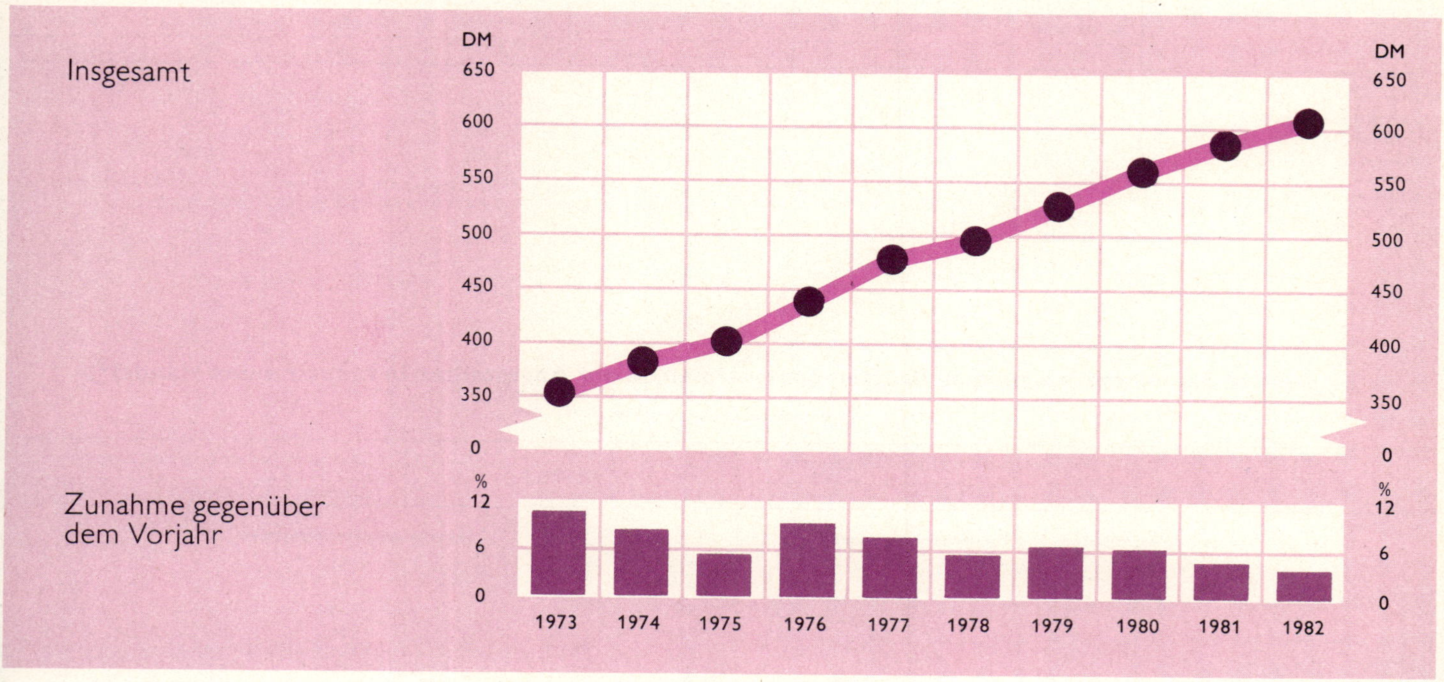

1982 nach ausgewählten Zweigen

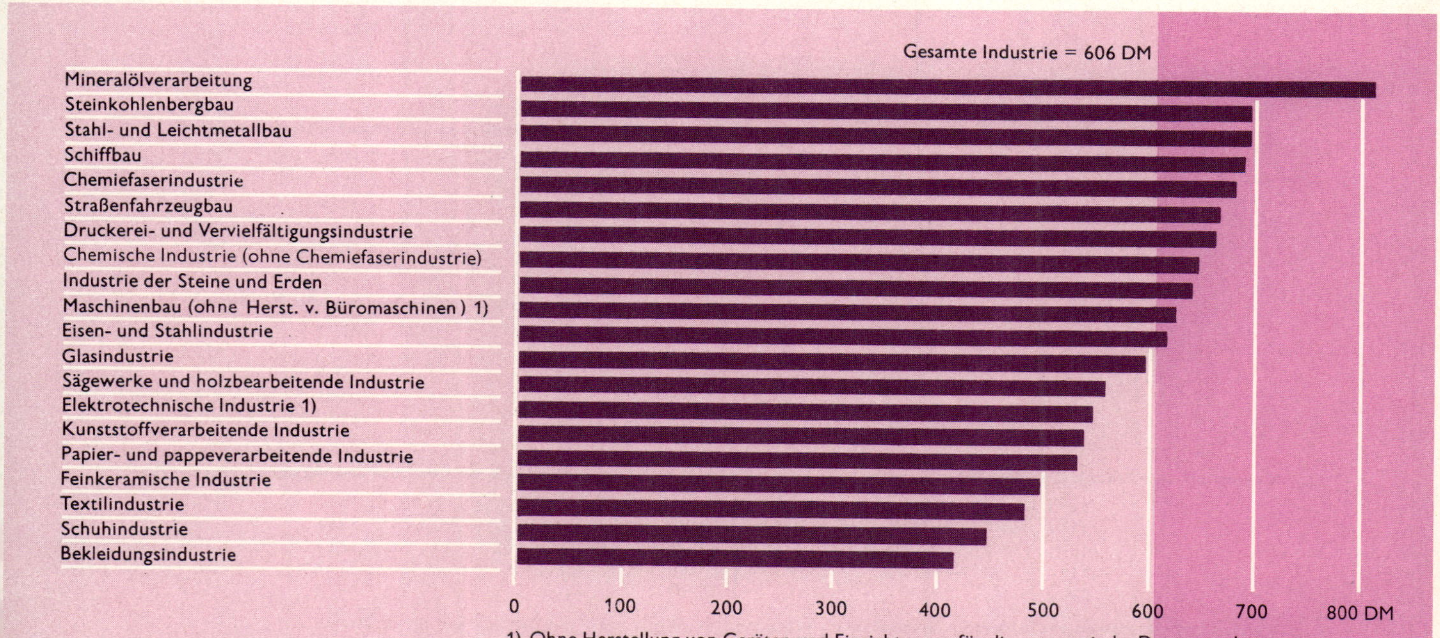

1) Ohne Herstellung von Geräten und Einrichtungen für die automatische Datenverarbeitung.

Statistisches Bundesamt 83 0258

21.5 Durchschnittliche Brutto-Barverdienste und Arbeitsstunden der männlichen landwirtschaftlichen Arbeitskräfte*)

Arbeitergruppe	September 1979		September 1980		September 1981		September 1982	
	Brutto-Barverdienst¹)	Bezahlte Stunden	Brutto-Barverdienst¹)	Bezahlte Stunden	Brutto-Barverdienst¹)	Bezahlte Stunden	Brutto-Barverdienst¹)	Bezahlte Stunden
	DM	Anzahl	DM	Anzahl	DM	Anzahl	DM	Anzahl
Arbeiter im Stundenlohn								
Qualifizierte Arbeiter	10,27	216,1	11,14	228,0	11,72	220,4	12,30	217,5
Landarbeiter	9,59	215,8	10,24	228,3	10,82	219,0	11,23	215,7
Nichtqualifizierte Arbeiter	8,12	202,4	8,79	207,0	9,33	200,0	9,80	209,4

*) Bundesgebiet ohne Hamburg, Bremen, Saarland und Berlin. – In Betrieben mit 50 ha und mehr landwirtschaftlicher Nutzfläche.

1) Einschl. aller Zulagen und Zuschläge und der für Sachleistungen einbehaltenen Lohnbestandteile, jedoch ausschließlich des Wertes kostenlos gewährter Sachleistungen.

21.6 Index der durchschnittlichen Bruttomonatsverdienste der Angestellten in Industrie und Handel*)

umbasiert auf 1976 = 100

Durchschnitt	Kaufmännische und technische Angestellte		
	insgesamt	männlich	weiblich
Industrie¹), Handel, Kreditinstitute und Versicherungsgewerbe			
1969	53,0	53,9	50,9
1970	59,7	60,5	57,6
1971	65,8	66,5	63,9
1972	71,5	72,1	70,1
1973	78,8	79,3	77,6
1974	86,9	87,2	86,1
1975	94,0	94,0	93,9
1976	100	100	100
1977	106,9	106,8	107,0
1978	113,0	112,9	113,5
1979	119,9	119,8	120,3
1980	128,3	128,1	128,7
1981	134,7	134,4	135,6
1982	141,1	140,7	142,4
Industrie¹)			
1978	113,1	112,9	113,9
1979	119,8	119,7	120,4
1980	128,0	127,9	128,4
1981	134,4	134,2	135,1
1982	140,7	140,4	142,1
darunter: **Bergbau**			
1978	110,9	110,9	111,7
1979	119,3	119,4	117,7
1980	128,8	129,0	126,0
1981	136,1	136,2	133,1
1982	140,7	140,8	139,1
Grundstoff- und Produktionsgüterindustrien			
1978	113,2	113,0	114,3
1979	119,6	119,5	120,4
1980	127,5	127,4	127,6
1981	134,1	134,0	134,7
1982	140,2	139,9	141,2
Investitionsgüterindustrien			
1978	113,3	113,3	113,8
1979	120,2	120,2	120,3
1980	128,6	128,6	128,6
1981	134,2	134,2	134,4
1982	141,4	141,3	141,8
Verbrauchsgüterindustrien			
1978	113,6	113,3	114,3
1979	120,3	120,0	121,2
1980	128,3	127,8	129,8
1981	135,4	134,6	137,5
1982	141,5	140,4	144,3
Nahrungs- und Genußmittelindustrien			
1978	113,0	112,8	113,8
1979	119,7	119,5	120,3
1980	127,4	127,2	128,2
1981	135,2	134,9	136,1
1982	141,7	141,3	143,1
Hoch- und Tiefbau (einschl. Handwerk)			
1978	112,1	111,9	113,3
1979	119,2	119,1	119,9
1980	127,3	127,2	128,2
1981	134,5	134,3	136,3
1982	138,3	137,8	142,0
Handel, Kreditinstitute und Versicherungsgewerbe			
1978	113,0	112,8	113,2
1979	120,1	120,0	120,3
1980	128,9	128,8	128,9
1981	135,4	134,9	136,0
1982	141,8	141,3	142,6

*) Einschl. Kreditinstitute und Versicherungsgewerbe. – Berechnungsmethode in »Wirtschaft und Statistik«, 1/1966, S. 24 ff., 7/1972, S. 410 ff. und 12/1979, S. 865 ff. – Durchschnitte errechnet aus 4 Erhebungsmonaten (Januar, April, Juli, Oktober). – Systematik der Wirtschaftszweige, Stand 1970, Fassung für die Verdiensterhebung.

1) Einschl. Hoch- und Tiefbau, dieser mit Handwerk.

21.7 Durchschnittliche Bruttomonatsverdienste der Angestellten in Industrie und Handel*)

21.7.1 Nach Beschäftigungsarten, Leistungsgruppen und Wirtschaftszweigen 1982**)

DM

Wirtschaftszweig	Kaufmännische Angestellte					Technische Angestellte				
	insgesamt	Leistungsgruppe				insgesamt	Leistungsgruppe			
		II	III	IV	V		II	III	IV	V
Männliche Angestellte										
Industrie[1]), Handel, Kreditinstitute und Versicherungsgewerbe	3 565	4 515	3 256	2 456	2 191	4 032	4 708	3 674	2 961	2 524
Industrie[1])	3 922	4 780	3 467	2 635	2 258	4 087	4 741	3 702	3 014	2 629
Energiewirtschaft und Wasserversorgung	3 634	4 748	3 434	2 630	2 294	4 103	4 903	3 774	2 750	2 476
Bergbau	4 044	4 653	3 396	2 909	2 852	4 713	5 462	4 216	3 661	3 317
Steinkohlenbergbau	4 085	4 592	3 226	2 902	2 304	4 805	5 513	4 328	3 758	3 359
Braun- und Pechkohlenbergbau	3 948	5 080	3 720	3 360	2 965	4 476	5 196	4 186	3 132	/
Erzbergbau	3 436	4 065	3 213	(2 292)	/	3 988	4 542	3 630	3 013	/
Kali- und Steinsalzbergbau sowie Salinen	3 914	4 669	3 369	(2 621)	/	4 100	4 908	3 745	3 218	/
Gewinnung von Erdöl, Erdgas u. ä., Sonstiger Bergbau	4 129	5 023	3 528	2 724	(2 595)	4 873	5 756	4 074	2 912	/
Grundstoff- und Produktionsgüterindustrien	4 041	4 810	3 559	2 696	2 398	4 117	4 797	3 791	3 095	2 521
Industrie der Steine und Erden	3 786	4 539	3 505	2 723	2 692	3 864	4 511	3 614	2 883	2 623
Eisen- und Stahlindustrie[2])	3 787	4 254	3 072	2 487	2 276	4 078	4 412	3 661	2 840	(2 767)
NE-Metallerzeugung und -gießerei	3 941	4 666	3 381	2 632	(2 179)	4 027	4 641	3 710	3 058	(2 342)
Mineralölverarbeitung	5 083	5 930	4 026	3 153	2 736	4 959	5 795	4 401	3 517	(2 935)
Chemische Industrie (ohne Chemiefaserindustrie)	4 167	5 085	3 693	2 767	2 390	4 163	5 122	3 844	3 131	2 448
Chemiefaserindustrie	3 895	5 021	3 484	2 787	/	4 171	5 078	3 967	3 291	/
Sägewerke und holzbearbeitende Industrie	3 551	4 406	3 404	2 477	2 093	3 593	4 141	3 394	2 897	/
Holzschliff, Zellstoff, Papier und Pappe erzeugende Industrie	4 071	4 898	3 509	2 570	(2 091)	4 404	5 106	4 247	3 306	(2 722)
Gummi- und asbestverarbeitende Industrie	3 714	4 671	3 331	2 664	2 197	3 848	4 572	3 520	2 917	(2 810)
Investitionsgüterindustrien	4 069	4 847	3 458	2 582	2 237	4 118	4 721	3 664	2 933	2 635
Stahl- und Leichtmetallbau	3 899	4 569	3 380	2 661	1 943	4 143	4 629	3 709	2 895	2 431
Maschinenbau[3])	3 866	4 608	3 380	2 513	2 221	4 016	4 595	3 604	2 860	2 361
Straßenfahrzeugbau	4 407	5 338	3 740	2 798	2 480	4 592	5 259	4 045	3 169	2 867
Schiffbau	3 602	4 584	3 255	2 508	/	3 879	4 689	3 573	2 923	/
Luftfahrzeugbau	4 190	4 967	3 484	2 521	/	4 210	4 863	3 589	2 867	/
Elektrotechnische Industrie[4])	4 059	4 758	3 340	2 565	2 228	4 134	4 702	3 576	2 872	2 859
Feinmechanische und optische sowie Uhrenindustrie	3 911	4 789	3 531	2 559	2 266	3 779	4 574	3 515	2 972	2 566
EBM-Warenindustrie, Stahlverformung, Oberflächenveredlung und Härtung	3 800	4 597	3 423	2 585	2 190	3 800	4 382	3 570	2 993	2 687
Herstellung von Büromaschinen, Datenverarbeitungsgeräten und -einrichtungen	5 126	5 688	3 778	2 631	(1 879)	4 114	4 565	3 900	3 367	/
Verbrauchsgüterindustrien	3 714	4 639	3 456	2 495	2 126	3 651	4 366	3 469	2 951	2 588
Feinkeramische Industrie	3 692	4 885	3 437	2 352	2 117	3 509	4 509	3 269	2 667	/
Glasindustrie	3 639	4 852	3 332	2 505	1 965	3 831	4 596	3 575	2 831	/
Holzverarbeitende Industrie	3 733	4 762	3 364	2 569	1 989	3 602	4 269	3 411	2 905	2 466
Musikinstrumenten-, Spiel-, Schmuckwaren- und Sportgeräte-Industrie	3 778	4 532	3 499	2 493	/	3 463	4 038	3 320	2 773	/
Papier- und pappeverarbeitende Industrie	3 844	4 647	3 548	2 489	2 071	3 757	4 369	3 560	2 991	(2 654)
Druckerei- und Vervielfältigungsindustrie	3 892	4 644	3 709	2 704	2 116	4 064	4 628	3 878	3 454	2 900
Kunststoffverarbeitende Industrie	3 743	4 624	3 420	2 446	2 213	3 775	4 536	3 562	2 946	2 858
Ledererzeugende Industrie	3 943	4 332	3 915	(2 710)	/	3 637	4 219	3 517	3 021	/
Lederverarbeitende Industrie	3 357	4 218	3 165	2 300	(2 017)	3 198	3 669	3 120	2 597	/
Schuhindustrie	3 382	4 222	3 197	2 159	(1 776)	3 246	3 896	3 124	2 796	(2 437)
Textilindustrie	3 578	4 559	3 344	2 442	2 060	3 390	4 181	3 291	2 871	2 564
Bekleidungsindustrie	3 618	4 579	3 362	2 489	2 350	3 324	4 034	3 077	2 686	2 282
Nahrungs- und Genußmittelindustrien	3 596	4 658	3 382	2 816	2 209	3 858	4 487	3 626	3 098	2 674
Hoch- und Tiefbau (einschl. Handwerk)	3 766	4 504	3 411	2 409	2 007	4 214	4 839	3 903	3 113	2 615
Handel, Kreditinstitute und Versicherungsgewerbe	3 316	4 273	3 108	2 382	2 176	3 406	4 099	3 359	2 695	2 407
darunter:										
Großhandel	3 350	4 405	3 232	2 443	2 110	3 491	4 317	3 460	2 716	2 449
Einzelhandel	3 034	3 996	3 004	2 248	1 741	3 151	3 616	3 097	2 558	2 230
Kredit- und sonstige Finanzierungsinstitute	3 368	4 267	3 015	2 439	2 433	3 506	4 741	3 260	2 740	2 495
Versicherungsgewerbe	3 654	4 345	3 049	2 532	2 335	3 980	4 399	3 621	/	/
Weibliche Angestellte										
Industrie[1]), Handel, Kreditinstitute und Versicherungsgewerbe	2 430	3 615	2 753	2 056	1 844	2 735	4 031	2 980	2 343	1 963
Industrie[1])	2 672	3 897	2 963	2 261	1 872	2 782	4 119	3 034	2 394	1 993
Energiewirtschaft und Wasserversorgung	2 795	4 244	3 034	2 441	2 089	2 795	3 880	2 953	2 424	(1 932)

*) Einschl. Kreditinstitute und Versicherungsgewerbe. – Durchschnitt errechnet aus 4 Erhebungsmonaten (Januar, April, Juli, Oktober).
**) Systematik der Wirtschaftszweige, Stand 1970, Fassung für die Verdiensterhebung.
[1]) Einschl. Hoch- und Tiefbau, dieser mit Handwerk.
[2]) Eisenschaffende Industrie, Eisen-, Stahl- und Tempergießerei, Ziehereien und Kaltwalzwerke.
[3]) Ohne Herstellung von Büromaschinen, Geräten und Einrichtungen für die automatische Datenverarbeitung.
[4]) Ohne Herstellung von Geräten und Einrichtungen für die automatische Datenverarbeitung.

21.7 Durchschnittliche Bruttomonatsverdienste der Angestellten in Industrie und Handel*)

21.7.1 Nach Beschäftigungsarten, Leistungsgruppen und Wirtschaftszweigen 1982**)

DM

Wirtschaftszweig	Kaufmännische Angestellte insgesamt	Kaufmännische Angestellte Leistungsgruppe II	III	IV	V	Technische Angestellte insgesamt	Technische Angestellte Leistungsgruppe II	III	IV	V
					Weibliche Angestellte					
Bergbau	2 849	3 747	2 963	2 341	2 204	3 094	(4 402)	3 342	2 677	/
dar. Steinkohlenbergbau	2 796	3 670	2 770	2 274	1 869	2 997	(4 426)	3 307	2 709	/
Grundstoff- und Produktionsgüterindustrien	2 854	3 992	3 098	2 305	1 964	3 012	4 629	3 257	2 475	2 080
darunter:										
Industrie der Steine und Erden	2 601	3 640	2 832	2 214	1 964	2 618	(3 660)	2 976	2 245	(2 085)
Eisen- und Stahlindustrie[2])	2 613	3 670	2 772	2 118	1 882	2 731	3 689	2 735	2 210	(2 010)
NE-Metallerzeugung und -gießerei	2 720	3 885	2 945	2 333	1 980	2 853	4 008	3 056	2 412	/
Mineralölverarbeitung	3 547	4 790	3 683	2 963	2 477	3 347	(4 792)	3 441	2 715	/
Chemische Industrie (ohne Chemiefaserindustrie)	2 983	4 150	3 206	2 375	1 993	3 059	4 874	3 305	2 507	2 060
Chemiefaserindustrie	2 973	4 478	3 269	2 407	/	3 092	(4 712)	3 355	2 610	/
Holzschliff, Zellstoff, Papier und Pappe erzeugende Industrie	2 732	3 974	3 006	2 215	1 879	2 764	(4 539)	3 048	2 335	(2 081)
Gummi- und asbestverarbeitende Industrie	2 653	4 088	2 927	2 288	1 917	2 716	(4 466)	2 999	2 360	2 231
Investitionsgüterindustrien	2 700	3 981	2 988	2 296	1 877	2 725	4 125	3 001	2 389	1 993
Stahl- und Leichtmetallbau	2 672	3 762	2 822	2 217	1 859	2 602	3 857	2 804	2 268	2 075
Maschinenbau[3])	2 610	3 873	2 913	2 245	1 828	2 540	3 970	2 828	2 334	1 965
Straßenfahrzeugbau	2 968	4 433	3 272	2 502	2 011	3 066	4 382	3 343	2 606	2 311
Schiffbau	2 473	3 809	2 897	2 097	1 944	2 316	/	2 857	2 036	/
Luftfahrzeugbau	2 793	4 141	3 094	2 357	(1 890)	2 881	4 369	3 157	2 382	/
Elektrotechnische Industrie[4])	2 744	4 019	2 974	2 312	1 892	2 849	4 178	3 038	2 421	1 970
Feinmechanische und optische sowie Uhrenindustrie	2 607	3 859	2 927	2 313	1 874	2 566	3 831	2 846	2 422	1 962
EBM-Warenindustrie, Stahlverformung, Oberflächenveredlung und Härtung	2 524	3 742	2 841	2 216	1 891	2 487	3 843	2 824	2 301	1 977
Herstellung von Büromaschinen, Datenverarbeitungsgeräten und -einrichtungen	3 023	4 622	3 219	2 295	1 866	3 036	4 387	3 414	2 618	/
Verbrauchsgüterindustrien	2 411	3 572	2 746	2 135	1 846	2 622	3 601	2 803	2 299	1 898
Feinkeramische Industrie	2 503	3 932	2 947	2 216	1 838	2 644	(3 669)	2 873	2 354	(1 935)
Glasindustrie	2 472	3 730	2 850	2 228	1 753	2 589	(3 939)	2 862	2 302	(2 009)
Holzverarbeitende Industrie	2 271	3 312	2 607	2 102	1 738	2 359	/	2 627	2 159	1 791
Musikinstrumenten-, Spiel-, Schmuckwaren- und Sportgeräte-Industrie	2 386	3 622	2 672	2 197	1 828	2 532	/	2 775	2 405	(2 068)
Papier- und pappeverarbeitende Industrie	2 451	3 615	2 675	2 103	1 863	2 537	(3 811)	2 794	2 285	1 846
Druckerei- und Vervielfältigungsindustrie	2 626	3 782	2 900	2 229	2 048	2 744	(3 627)	3 054	2 374	1 981
Kunststoffverarbeitende Industrie	2 479	3 536	2 824	2 187	1 869	2 562	(3 821)	2 891	2 341	1 918
Ledererzeugende Industrie	2 477	/	2 799	2 197	(1 738)	(2 603)	/	/	(2 361)	/
Lederverarbeitende Industrie	2 184	3 243	2 416	1 854	1 625	2 335	(3 009)	(2 341)	(1 947)	/
Schuhindustrie	2 046	3 252	2 456	1 826	1 481	2 558	(3 413)	2 670	2 272	/
Textilindustrie	2 346	3 519	2 737	2 120	1 907	2 603	3 966	2 858	2 259	1 941
Bekleidungsindustrie	2 328	3 555	2 610	2 078	1 787	2 654	3 504	2 712	2 299	1 852
Nahrungs- und Genußmittelindustrien	2 540	3 800	2 826	2 217	1 847	2 633	3 791	2 815	2 354	2 230
Hoch- und Tiefbau (einschl. Handwerk)	2 569	3 570	2 893	2 076	1 570	2 765	3 876	3 156	2 267	(1 610)
Handel, Kreditinstitute und Versicherungsgewerbe	2 296	3 448	2 615	1 953	1 832	2 288	3 572	2 383	1 875	1 599
darunter:										
Großhandel	2 303	3 417	2 603	2 030	1 790	2 252	(3 799)	2 894	1 933	(1 708)
Einzelhandel	1 977	3 219	2 274	1 772	1 547	2 290	3 553	2 190	1 813	(1 382)
Kredit- und sonstige Finanzierungsinstitute	2 606	3 686	2 770	2 292	2 066	2 720	/	(2 814)	/	/
Versicherungsgewerbe	2 806	3 770	2 865	2 430	2 108	2 713	/	(2 859)	/	/

21.7.2 Nach Ländern 1982

DM

Land	Kaufmännische und technische Angestellte insgesamt	männlich	weiblich	Kaufmännische Angestellte zusammen	männlich	weiblich	Männliche technische Angestellte
Schleswig-Holstein	3 062	3 533	2 301	2 829	3 349	2 294	3 805
Hamburg	3 430	3 890	2 757	3 304	3 828	2 748	4 025
Niedersachsen	3 170	3 647	2 327	2 899	3 428	2 312	3 973
Bremen	3 201	3 613	2 399	2 907	3 330	2 393	4 016
Nordrhein-Westfalen	3 329	3 840	2 431	3 031	3 639	2 416	4 081
Hessen	3 333	3 748	2 565	3 083	3 562	2 548	3 991
Rheinland-Pfalz	3 154	3 682	2 267	2 810	3 410	2 238	3 990
Baden-Württemberg	3 405	3 890	2 508	3 065	3 669	2 481	4 096
Bayern	3 187	3 687	2 395	2 886	3 448	2 372	3 961
Saarland	3 213	3 742	2 228	2 828	3 419	2 220	4 124
Berlin (West)	3 196	3 715	2 560	2 939	3 468	2 540	4 039
Bundesgebiet	**3 286**	**3 777**	**2 447**	**2 997**	**3 565**	**2 430**	**4 032**

Fußnoten siehe S. 473.

21.7 Durchschnittliche Bruttomonatsverdienste der Angestellten in Industrie und Handel*)

21.7.3 Nach Wirtschaftszweigen**)

DM

Durchschnitt	Kaufmännische und technische Angestellte			Kaufmännische Angestellte			Männliche technische Angestellte
	insgesamt	männlich	weiblich	zusammen	männlich	weiblich	
Industrie[1]), Handel, Kreditinstitute und Versicherungsgewerbe							
1980	2 965	3 421	2 202	2 703	3 224	2 185	3 664
1981	3 126	3 598	2 325	2 848	3 393	2 308	3 846
1982	3 286	3 777	2 447	2 997	3 565	2 430	4 032
Industrie[1])							
1980	3 320	3 648	2 416	3 001	3 525	2 404	3 716
1981	3 497	3 839	2 548	3 170	3 727	2 535	3 899
1982	3 677	4 028	2 687	3 340	3 922	2 672	4 087
Energiewirtschaft und Wasserversorgung							
1980	3 325	3 528	2 543	3 020	3 288	2 543	3 697
1981	3 511	3 734	2 674	3 181	3 473	2 674	3 916
1982	3 674	3 912	2 795	3 323	3 634	2 795	4 103
Bergbau							
1980	3 879	4 072	2 575	3 307	3 652	2 566	4 249
1981	4 115	4 320	2 728	3 488	3 855	2 713	4 510
1982	4 310	4 522	2 867	3 659	4 044	2 849	4 713
Steinkohlenbergbau							
1980	3 978	4 158	2 559	3 370	3 714	2 555	4 337
1981	4 206	4 400	2 688	3 536	3 902	2 680	4 597
1982	4 400	4 604	2 806	3 694	4 085	2 796	4 805
Braun- und Pechkohlenbergbau							
1980	3 670	3 814	2 677	3 255	3 488	2 660	3 977
1981	3 909	4 068	2 852	3 476	3 737	2 829	4 227
1982	4 136	4 304	3 021	3 674	3 948	2 991	4 476
Erzbergbau							
1980	3 168	3 432	2 070	2 685	3 069	2 089	3 631
1981	3 328	3 604	2 152	2 842	3 246	2 186	3 811
1982	3 532	3 790	2 421	3 061	3 436	2 443	3 988
Kali- und Steinsalzbergbau sowie Salinen							
1980	3 645	3 823	2 675	3 211	3 523	2 658	3 936
1981	3 874	4 056	2 869	3 422	3 747	2 855	4 170
1982	3 892	4 049	3 014	3 580	3 914	3 000	4 100
Gewinnung von Erdöl, Erdgas u. ä., Sonstiger Bergbau							
1980	3 710	4 025	2 600	3 158	3 628	2 582	4 208
1981	4 026	4 367	2 812	3 387	3 888	2 783	4 577
1982	4 302	4 653	2 997	3 608	4 129	2 967	4 873
Grundstoff- und Produktionsgüterindustrien							
1980	3 390	3 701	2 582	3 162	3 629	2 557	3 749
1981	3 582	3 904	2 736	3 350	3 847	2 710	3 946
1982	3 754	4 085	2 882	3 523	4 041	2 854	4 117
Industrie der Steine und Erden							
1980	3 240	3 533	2 344	2 999	3 458	2 341	3 593
1981	3 406	3 704	2 482	3 177	3 651	2 482	3 748
1982	3 533	3 830	2 602	3 316	3 786	2 601	3 864
Eisen- und Stahlindustrie[2])							
1980	3 380	3 652	2 387	3 028	3 456	2 381	3 775
1981	3 514	3 794	2 486	3 154	3 602	2 480	3 914
1982	3 679	3 967	2 619	3 317	3 787	2 613	4 078
NE-Metallerzeugung und -gießerei							
1980	3 337	3 656	2 481	3 001	3 523	2 474	3 726
1981	3 499	3 826	2 603	3 169	3 734	2 591	3 874
1982	3 665	3 998	2 734	3 343	3 941	2 720	4 027
Mineralölverarbeitung							
1980	4 135	4 438	3 107	4 002	4 463	3 123	4 411
1981	4 414	4 729	3 329	4 273	4 760	3 346	4 698
1982	4 690	5 022	3 529	4 561	5 083	3 547	4 959
Chemische Industrie (ohne Chemiefaserindustrie)							
1980	3 415	3 752	2 689	3 247	3 731	2 673	3 766
1981	3 626	3 982	2 857	3 453	3 974	2 841	3 989
1982	3 795	4 165	3 000	3 622	4 167	2 983	4 163
Chemiefaserindustrie							
1980	3 505	3 711	2 706	3 124	3 507	2 680	3 772
1981	3 727	3 950	2 857	3 312	3 736	2 830	4 012
1982	3 887	4 113	3 000	3 456	3 895	2 973	4 171

*) Einschl. Kreditinstitute und Versicherungsgewerbe. – Durchschnitt errechnet aus 4 Erhebungsmonaten (Januar, April, Juli, Oktober).

**) Systematik der Wirtschaftszweige, Stand 1970, Fassung für die Verdiensterhebung.

1) Einschl. Hoch- und Tiefbau, dieser mit Handwerk.

2) Eisenschaffende Industrie, Eisen-, Stahl- und Tempergießerei, Ziehereien und Kaltwalzwerke.

21.7 Durchschnittliche Bruttomonatsverdienste der Angestellten in Industrie und Handel*)

21.7.3 Nach Wirtschaftszweigen**)

DM

Durchschnitt	Kaufmännische und technische Angestellte			Kaufmännische Angestellte			Männliche technische Angestellte
	insgesamt	männlich	weiblich	zusammen	männlich	weiblich	
Sägewerke und holzbearbeitende Industrie							
1980	2 951	3 252	2 034	2 773	3 218	2 033	3 292
1981	3 100	3 408	2 153	2 921	3 380	2 153	3 437
1982	3 262	3 571	2 289	3 077	3 551	2 285	3 593
Holzschliff, Zellstoff, Papier und Pappe erzeugende Industrie							
1980	3 481	3 860	2 448	3 102	3 631	2 443	4 024
1981	3 715	4 108	2 606	3 328	3 897	2 601	4 257
1982	3 862	4 265	2 735	3 485	4 071	2 732	4 404
Gummi- und asbestverarbeitende Industrie							
1980	3 120	3 398	2 350	2 882	3 318	2 342	3 455
1981	3 329	3 616	2 507	3 079	3 535	2 501	3 673
1982	3 505	3 794	2 658	3 256	3 714	2 653	3 848
Investitionsgüterindustrien							
1980	3 388	3 713	2 433	3 036	3 651	2 432	3 739
1981	3 558	3 889	2 554	3 196	3 844	2 552	3 909
1982	3 760	4 105	2 703	3 386	4 069	2 700	4 118
Stahl- und Leichtmetallbau							
1980	3 415	3 687	2 409	2 985	3 529	2 426	3 735
1981	3 574	3 859	2 526	3 131	3 706	2 540	3 904
1982	3 783	4 088	2 661	3 289	3 899	2 672	4 143
Maschinenbau[1])							
1980	3 319	3 627	2 362	2 917	3 504	2 371	3 672
1981	3 466	3 789	2 461	3 046	3 666	2 471	3 830
1982	3 647	3 979	2 602	3 214	3 866	2 610	4 016
Straßenfahrzeugbau							
1980	3 746	4 060	2 661	3 325	3 878	2 654	4 144
1981	3 965	4 283	2 807	3 546	4 147	2 800	4 346
1982	4 205	4 535	2 975	3 769	4 407	2 968	4 592
Schiffbau							
1980	3 328	3 547	2 194	2 774	3 248	2 216	3 617
1981	3 472	3 698	2 315	2 915	3 423	2 336	3 758
1982	3 607	3 829	2 448	3 072	3 602	2 473	3 879
Luftfahrzeugbau							
1980	3 476	3 749	2 458	3 057	3 725	2 439	3 756
1981	3 711	3 994	2 634	3 270	3 959	2 619	4 002
1982	3 924	4 206	2 811	3 487	4 190	2 793	4 210
Elektrotechnische Industrie[2])							
1980	3 394	3 725	2 483	3 038	3 651	2 472	3 753
1981	3 559	3 894	2 606	3 197	3 836	2 595	3 914
1982	3 771	4 113	2 759	3 389	4 059	2 744	4 134
Feinmechanische und optische sowie Uhrenindustrie							
1980	3 104	3 448	2 330	2 839	3 547	2 338	3 413
1981	3 272	3 622	2 453	2 993	3 729	2 460	3 584
1982	3 459	3 813	2 601	3 165	3 911	2 607	3 779
EBM-Warenindustrie, Stahlverformung, Oberflächenveredlung und Härtung							
1980	3 090	3 449	2 271	2 825	3 404	2 273	3 480
1981	3 235	3 605	2 386	2 973	3 584	2 388	3 619
1982	3 417	3 800	2 521	3 150	3 800	2 524	3 800
Herstellung von Büromaschinen, Datenverarbeitungsgeräten und -einrichtungen							
1980	3 837	4 177	2 669	3 984	4 673	2 670	3 737
1981	3 996	4 345	2 816	4 140	4 838	2 818	3 905
1982	4 239	4 589	3 023	4 410	5 126	3 023	4 114
Verbrauchsgüterindustrien							
1980	2 944	3 346	2 206	2 737	3 345	2 177	3 346
1981	3 108	3 529	2 330	2 901	3 553	2 299	3 510
1982	3 249	3 678	2 443	3 044	3 714	2 411	3 651
Feinkeramische Industrie							
1980	2 946	3 261	2 267	2 830	3 353	2 256	3 179
1981	3 116	3 447	2 402	2 981	3 525	2 389	3 378
1982	3 255	3 596	2 514	3 132	3 692	2 503	3 509
Glasindustrie							
1980	3 049	3 394	2 235	2 789	3 291	2 231	3 471
1981	3 225	3 596	2 369	2 951	3 502	2 353	3 667
1982	3 381	3 752	2 482	3 083	3 639	2 472	3 831
Holzverarbeitende Industrie							
1980	2 969	3 348	2 079	2 748	3 357	2 076	3 344
1981	3 140	3 545	2 186	2 929	3 595	2 182	3 503
1982	3 253	3 660	2 274	3 049	3 733	2 271	3 602

*) Einschl. Kreditinstitute und Versicherungsgewerbe. – Durchschnitt errechnet aus 4 Erhebungsmonaten (Januar, April, Juli, Oktober).
**) Systematik der Wirtschaftszweige, Stand 1970, Fassung für die Verdiensterhebung.

1) Ohne Herstellung von Büromaschinen, Geräten und Einrichtungen für die automatische Datenverarbeitung.
2) Ohne Herstellung von Geräten und Einrichtungen für die automatische Datenverarbeitung

21.7 Durchschnittliche Bruttomonatsverdienste der Angestellten in Industrie und Handel*)

21.7.3 Nach Wirtschaftszweigen**)

DM

Durchschnitt	Kaufmännische und technische Angestellte			Kaufmännische Angestellte			Männliche technische Angestellte
	insgesamt	männlich	weiblich	zusammen	männlich	weiblich	
Musikinstrumenten-, Spiel-, Schmuckwaren- und Sportgeräte-Industrie							
1980	2 791	3 257	2 168	2 596	3 350	2 156	3 197
1981	2 948	3 439	2 296	2 753	3 575	2 287	3 353
1982	3 074	3 589	2 399	2 894	3 778	2 386	3 463
Papier- und pappeverarbeitende Industrie							
1980	3 031	3 414	2 219	2 846	3 397	2 216	3 434
1981	3 200	3 603	2 327	3 021	3 627	2 323	3 580
1982	3 383	3 800	2 458	3 206	3 844	2 451	3 757
Druckerei- und Vervielfältigungsindustrie							
1980	3 252	3 705	2 396	2 920	3 575	2 381	3 790
1981	3 408	3 868	2 520	3 079	3 757	2 507	3 941
1982	3 538	3 994	2 639	3 222	3 892	2 626	4 064
Kunststoffverarbeitende Industrie							
1980	3 044	3 402	2 245	2 793	3 377	2 235	3 419
1981	3 213	3 590	2 368	2 955	3 574	2 356	3 599
1982	3 375	3 762	2 487	3 102	3 743	2 479	3 775
Ledererzeugende Industrie							
1980	3 054	3 342	2 226	2 849	3 438	2 219	3 289
1981	3 227	3 532	2 365	2 994	3 619	2 354	3 490
1982	3 411	3 744	2 486	3 226	3 943	2 477	3 637
Lederverarbeitende Industrie							
1980	2 561	3 008	1 960	2 409	3 027	1 944	2 989
1981	2 735	3 205	2 100	2 583	3 242	2 090	3 166
1982	2 802	3 281	2 193	2 673	3 357	2 184	3 198
Schuhindustrie							
1980	2 626	2 991	1 903	2 447	3 060	1 839	2 939
1981	2 785	3 169	2 031	2 609	3 255	1 968	3 102
1982	2 909	3 307	2 113	2 723	3 382	2 046	3 246
Textilindustrie							
1980	2 828	3 172	2 170	2 640	3 237	2 122	3 136
1981	2 966	3 323	2 288	2 791	3 419	2 241	3 265
1982	3 095	3 461	2 393	2 922	3 578	2 346	3 390
Bekleidungsindustrie							
1980	2 659	3 143	2 191	2 578	3 243	2 088	3 046
1981	2 813	3 327	2 326	2 735	3 456	2 216	3 202
1982	2 944	3 470	2 441	2 871	3 618	2 328	3 324
Nahrungs- und Genußmittelindustrien							
1980	3 014	3 312	2 286	2 915	3 241	2 277	3 496
1981	3 190	3 502	2 427	3 087	3 428	2 416	3 701
1982	3 345	3 669	2 549	3 243	3 596	2 540	3 858
Hoch- und Tiefbau (einschl. Handwerk)							
1980	3 495	3 799	2 350	2 835	3 416	2 340	3 901
1981	3 685	4 005	2 496	3 004	3 628	2 484	4 106
1982	3 795	4 120	2 581	3 115	3 766	2 569	4 214
Handel, Kreditinstitute und Versicherungsgewerbe							
1980	2 542	3 020	2 064	2 517	3 014	2 064	3 070
1981	2 676	3 167	2 180	2 648	3 162	2 182	3 237
1982	2 811	3 325	2 295	2 784	3 316	2 296	3 406
darunter: **Großhandel**							
1980	2 746	3 090	2 086	2 706	3 084	2 086	3 125
1981	2 871	3 219	2 200	2 824	3 205	2 201	3 297
1982	3 005	3 371	2 303	2 954	3 350	2 303	3 491
Einzelhandel							
1980	2 132	2 760	1 787	2 097	2 741	1 782	2 886
1981	2 254	2 912	1 890	2 217	2 892	1 886	3 037
1982	2 361	3 049	1 981	2 323	3 034	1 977	3 151
Kredit- und sonstige Finanzierungsinstitute							
1980	2 702	3 047	2 360	2 701	3 047	2 360	3 150
1981	2 835	3 200	2 476	2 834	3 200	2 476	3 322
1982	2 985	3 369	2 606	2 985	3 368	2 606	3 506
Versicherungsgewerbe							
1980	2 895	3 280	2 510	2 895	3 280	2 510	3 292
1981	3 060	3 465	2 649	3 059	3 464	2 649	3 657
1982	3 238	3 655	2 806	3 236	3 654	2 806	3 980

*) Einschl. Kreditinstitute und Versicherungsgewerbe. – Durchschnitt errechnet aus 4 Erhebungsmonaten (Januar, April, Juli, Oktober).

**) Systematik der Wirtschaftszweige, Stand 1970, Fassung für die Verdiensterhebung.

21.8 Arbeitskosten im Produzierenden Gewerbe 1981*)

Art der Arbeitskosten / Wirtschaftszweig¹)	Arbeitskosten								
	Arbeitnehmer			je Arbeitnehmer²)		je Arbeiter²)		je Angestellten²)	
	insgesamt	Arbeiter	Angestellte						
	Mill. DM			DM	%³)	DM	%³)	DM	%³)
in Unternehmen insgesamt									
Entgelt für geleistete Arbeit	226 792	138 605	88 187	*26 630*	*100*	*22 946*	*100*	*35 615*	*100*
Personalnebenkosten	171 173	107 925	63 248	*20 099*	*75,5*	*17 867*	*77,9*	*25 543*	*71,7*
Sonderzahlungen	33 770	19 782	13 988	*3 965*	*14,9*	*3 275*	*14,3*	*5 649*	*15,9*
dar. Vermögenswirksame Leistungen	4 182	2 912	1 270	*491*	*1,8*	*482*	*2,1*	*513*	*1,4*
Vergütung arbeitsfreier Tage	56 154	36 418	19 737	*6 594*	*24,8*	*6 029*	*26,3*	*7 971*	*22,4*
Urlaub, gesetzliche Feiertage u. a.	43 729	27 202	16 527	*5 135*	*19,3*	*4 504*	*19,6*	*6 675*	*18,7*
Krankheit	12 425	9 216	3 210	*1 459*	*5,5*	*1 526*	*6,7*	*1 296*	*3,6*
Aufwendungen für Vorsorgeeinrichtungen	66 266	40 984	25 282	*7 781*	*29,2*	*6 785*	*29,6*	*10 210*	*28,7*
darunter:									
Arbeitgeberbeiträge zur Sozialversicherung	52 318	35 186	17 132	*6 143*	*23,1*	*5 825*	*25,4*	*6 919*	*19,4*
Betriebliche Altersversorgung	13 702	5 657	8 045	*1 609*	*6,0*	*937*	*4,1*	*3 249*	*9,1*
Aufwendungen für berufliche Bildung	5 810	4 320	1 490	*682*	*2,6*	*715*	*3,1*	*602*	*1,7*
Sonstige Personalnebenkosten	9 172	6 422	2 751	*1 077*	*4,0*	*1 063*	*4,6*	*1 111*	*3,1*
Insgesamt	**397 965**	**246 530**	**151 434**	***46 728***	***175,5***	***40 813***	***177,9***	***61 159***	***171,7***
und zwar: **in Unternehmen mit 10 bis 49 Arbeitnehmern⁴)**									
Entgelt für geleistete Arbeit	31 778	23 954	7 824	*23 426*	*100*	*22 084*	*100*	*28 783*	*100*
Personalnebenkosten	19 961	15 638	4 323	*14 715*	*62,8*	*14 417*	*65,3*	*15 902*	*55,2*
Sonderzahlungen	3 185	2 282	903	*2 348*	*10,0*	*2 104*	*9,5*	*3 321*	*11,5*
dar. Vermögenswirksame Leistungen	545	426	119	*402*	*1,7*	*392*	*1,8*	*438*	*1,5*
Vergütung arbeitsfreier Tage	6 690	5 198	1 492	*4 932*	*21,1*	*4 792*	*21,7*	*5 489*	*19,1*
Urlaub, gesetzliche Feiertage u. a.	5 492	4 165	1 327	*4 049*	*17,3*	*3 840*	*17,4*	*4 882*	*17,0*
Krankheit	1 197	1 033	165	*882*	*3,8*	*952*	*4,3*	*606*	*2,1*
Aufwendungen für Vorsorgeeinrichtungen	7 944	6 271	1 673	*5 856*	*25,0*	*5 782*	*26,2*	*6 154*	*21,4*
darunter:									
Arbeitgeberbeiträge zur Sozialversicherung	7 515	5 977	1 538	*5 540*	*23,6*	*5 510*	*25,0*	*5 660*	*19,7*
Betriebliche Altersversorgung	404	277	127	*298*	*1,3*	*255*	*1,2*	*467*	*1,6*
Aufwendungen für berufliche Bildung	1 426	1 237	189	*1 051*	*4,5*	*1 141*	*5,2*	*696*	*2,4*
Sonstige Personalnebenkosten	715	649	66	*527*	*2,2*	*598*	*2,7*	*241*	*0,8*
Zusammen	**51 739**	**39 592**	**12 147**	***38 141***	***162,8***	***36 501***	***165,3***	***44 685***	***155,2***
in Unternehmen mit 1 000 Arbeitnehmern und mehr⁴)									
Entgelt für geleistete Arbeit	106 731	58 833	47 898	*28 909*	*100*	*24 062*	*100*	*38 413*	*100*
Personalnebenkosten	91 062	52 782	38 280	*24 665*	*85,3*	*21 587*	*89,7*	*30 700*	*79,9*
Sonderzahlungen	18 885	10 429	8 456	*5 115*	*17,7*	*4 265*	*17,7*	*6 782*	*17,7*
dar. Vermögenswirksame Leistungen	2 002	1 332	670	*542*	*1,9*	*545*	*2,3*	*537*	*1,4*
Vergütung arbeitsfreier Tage	28 706	17 401	11 305	*7 775*	*26,9*	*7 117*	*29,6*	*9 066*	*23,6*
Urlaub, gesetzliche Feiertage u. a.	21 899	12 573	9 326	*5 931*	*20,5*	*5 142*	*21,4*	*7 479*	*19,5*
Krankheit	6 807	4 827	1 979	*1 844*	*6,4*	*1 974*	*8,2*	*1 587*	*4,1*
Aufwendungen für Vorsorgeeinrichtungen	35 043	19 368	15 675	*9 492*	*32,8*	*7 921*	*32,9*	*12 571*	*32,7*
darunter:									
Arbeitgeberbeiträge zur Sozialversicherung	24 480	15 276	9 204	*6 631*	*22,9*	*6 248*	*26,0*	*7 381*	*19,2*
Betriebliche Altersversorgung	10 403	4 005	6 398	*2 818*	*9,7*	*1 638*	*6,8*	*5 131*	*13,4*
Aufwendungen für berufliche Bildung	2 690	1 891	798	*729*	*2,5*	*774*	*3,2*	*641*	*1,7*
Sonstige Personalnebenkosten	5 739	3 693	2 045	*1 554*	*5,4*	*1 510*	*6,3*	*1 640*	*4,3*
Zusammen	**197 793**	**111 615**	**86 178**	***53 573***	***185,3***	***45 649***	***189,7***	***69 112***	***179,9***
in ausgewählten Wirtschaftszweigen									
Mineralölverarbeitung	2 947	1 106	1 842	*80 844*	*194,8*	*63 732*	*194,8*	*96 377*	*194,8*
Erzeugung und erste Bearbeitung von Metallen	18 523	12 647	5 876	*49 792*	*183,4*	*44 668*	*185,7*	*66 115*	*178,9*
Be- und Verarbeitung von Steinen und Erden; Herstellung und Verarbeitung von Glas	13 277	9 197	4 080	*43 576*	*166,9*	*39 475*	*167,6*	*56 902*	*165,4*
Chemische Industrie (ohne Chemiefaserindustrie)	29 936	12 791	17 145	*56 618*	*181,3*	*45 052*	*184,3*	*70 031*	*179,1*
Herstellung von Metallerzeugnissen (ohne Maschinen- und Fahrzeugbau)	30 004	20 659	9 345	*44 550*	*171,0*	*40 499*	*174,2*	*57 198*	*164,3*
Maschinenbau	44 817	25 320	19 497	*48 642*	*172,6*	*43 041*	*177,7*	*58 535*	*166,5*
Elektrotechnik	43 236	21 470	21 766	*47 754*	*178,2*	*38 252*	*182,2*	*63 252*	*174,5*
Bau von Kraftwagen und deren Einzelteilen	37 122	25 282	11 840	*53 221*	*189,0*	*47 288*	*193,7*	*72 698*	*179,8*
Schiffbau	2 828	2 014	814	*51 838*	*177,5*	*48 398*	*181,6*	*62 906*	*168,1*
Nahrungs- und Genußmittelgewerbe	20 548	11 922	8 625	*41 980*	*165,4*	*36 896*	*165,3*	*51 856*	*165,6*
Textilgewerbe	9 090	6 176	2 915	*34 375*	*162,5*	*30 102*	*163,8*	*49 161*	*159,9*
Schuh- und Bekleidungsgewerbe	7 564	5 417	2 147	*30 119*	*160,7*	*26 541*	*161,9*	*45 641*	*157,8*
Papier- und Pappeerzeugung und -verarbeitung; Druckerei- und Verlagsgewerbe	19 653	11 054	8 599	*46 536*	*167,7*	*40 587*	*168,6*	*57 340*	*166,4*
Verarbeitung von Gummi und Kunststoffen	12 132	7 642	4 490	*41 722*	*166,7*	*36 151*	*169,1*	*56 557*	*162,9*
Baugewerbe	47 929	38 877	9 052	*41 741*	*170,3*	*40 011*	*173,5*	*51 266*	*157,9*

*) Ergebnis der Arbeitskostenerhebung 1981.
¹) Allgemeine Systematik der Wirtschaftszweige in den Europäischen Gemeinschaften (NACE), Ausgabe 1970.
²) Teilzeitbeschäftigte wurden im Verhältnis 1 zu 0,6 in Vollbeschäftigte umgerechnet.
³) Bezogen auf das Entgelt für geleistete Arbeit.
⁴) Voll- und teilzeitbeschäftigte Arbeiter und Angestellte ohne Auszubildende.

21.9 Arbeitskosten im Groß- und Einzelhandel, in Kreditinstituten und im Versicherungsgewerbe 1981*)

Art der Arbeitskosten	Arbeitskosten im (in)											
	Groß-handel	Einzel-handel	Kredit-instituten	Ver-sicherungs-gewerbe	Großhandel		Einzelhandel		Kreditinstituten		Versicherungs-gewerbe	
	insgesamt				je Arbeitnehmer¹)							
	Mill. DM				DM	%²)	DM	%²)	DM	%²)	DM	%²)
	in Unternehmen insgesamt											
Entgelt für geleistete Arbeit	20 410	20 366	12 225	5 047	26 627	100	20 238	100	27 360	100	29 719	100
Personalnebenkosten	12 660	13 425	11 641	4 668	16 516	62,0	13 341	65,9	26 053	95,2	27 484	92,5
Sonderzahlungen	2 381	2 347	2 822	1 094	3 106	11,7	2 332	11,5	6 315	23,1	6 442	21,7
dar. Vermögenswirksame Leistungen	299	262	216	102	390	1,5	261	1,3	484	1,8	602	2,0
Vergütung arbeitsfreier Tage	4 316	4 566	2 997	1 290	5 630	21,1	4 538	22,4	6 708	24,5	7 596	25,6
Urlaub, gesetzliche Feiertage u. a.	3 504	3 624	2 402	1 020	4 571	17,2	3 601	17,8	5 374	19,7	6 007	20,2
Krankheit	812	943	596	270	1 059	4,0	937	4,6	1 334	4,9	1 589	5,3
Aufwendungen für Vorsorgeeinrichtungen	5 014	4 910	4 467	1 892	6 541	24,6	4 879	24,1	9 997	36,5	11 139	37,5
darunter:												
Arbeitgeberbeiträge zur Sozialversicherung	4 190	4 357	2 640	1 121	5 467	20,5	4 330	21,4	5 910	21,6	6 599	22,2
Betriebliche Altersversorgung	795	547	1 812	760	1 038	3,9	543	2,7	4 055	14,8	4 474	15,1
Aufwendungen für berufliche Bildung	526	1 086	635	161	687	2,6	1 080	5,3	1 422	5,2	949	3,2
Sonstige Personalnebenkosten	423	516	720	230	552	2,1	512	2,5	1 611	5,9	1 357	4,6
Insgesamt	**33 070**	**33 790**	**23 865**	**9 715**	**43 143**	**162,0**	**33 579**	**165,9**	**53 413**	**195,2**	**57 203**	**192,5**
	darunter: **in Unternehmen mit 10 bis 49 Arbeitnehmern**³)											
Entgelt für geleistete Arbeit	6 926	5 873	1 102	60	26 024	100	19 393	100	27 120	100	29 772	100
Personalnebenkosten	3 892	3 355	826	51	14 624	56,2	11 079	57,1	20 314	74,9	25 624	86,1
Sonderzahlungen	706	463	189	12	2 653	10,2	1 528	7,9	4 648	17,1	6 141	20,6
dar. Vermögenswirksame Leistungen	96	85	24	1	361	1,4	281	1,4	585	2,2	537	1,8
Vergütung arbeitsfreier Tage	1 354	1 145	234	14	5 087	19,5	3 781	19,5	5 757	21,2	7 038	23,6
Urlaub, gesetzliche Feiertage u. a.	1 140	973	202	12	4 284	16,5	3 213	16,6	4 968	18,3	5 841	19,6
Krankheit	214	172	32	2	803	3,1	568	2,9	790	2,9	1 197	4,0
Aufwendungen für Vorsorgeeinrichtungen	1 523	1 236	308	22	5 724	22,0	4 082	21,0	7 571	27,9	11 072	37,2
darunter:												
Arbeitgeberbeiträge zur Sozialversicherung	1 410	1 194	235	12	5 298	20,4	3 943	20,3	5 777	21,3	6 177	20,7
Betriebliche Altersversorgung	110	40	69	10	412	1,6	132	0,7	1 699	6,3	4 784	16,1
Aufwendungen für berufliche Bildung	203	460	74	1	764	2,9	1 519	7,8	1 818	6,7	415	1,4
Sonstige Personalnebenkosten	105	51	21	2	397	1,5	169	0,9	520	1,9	959	3,2
Zusammen	**10 818**	**9 229**	**1 928**	**111**	**40 649**	**156,2**	**30 473**	**157,1**	**47 434**	**174,9**	**55 396**	**186,1**
	in Unternehmen mit 1 000 Arbeitnehmern und mehr³)											
Entgelt für geleistete Arbeit	2 484	8 578	5 688	3 665	28 131	100	20 272	100	28 487	100	29 696	100
Personalnebenkosten	1 896	6 541	5 981	3 429	21 477	76,3	15 456	76,2	29 955	105,2	27 779	93,5
Sonderzahlungen	381	1 334	1 465	821	4 315	15,3	3 151	15,5	7 339	25,8	6 656	22,4
dar. Vermögenswirksame Leistungen	38	105	110	75	433	1,5	248	1,2	553	1,9	608	2,0
Vergütung arbeitsfreier Tage	583	2 120	1 512	949	6 603	23,5	5 009	24,7	7 573	26,6	7 691	25,9
Urlaub, gesetzliche Feiertage u. a.	457	1 615	1 183	746	5 170	18,4	3 816	18,8	5 926	20,8	6 044	20,4
Krankheit	127	505	329	203	1 433	5,1	1 193	5,9	1 647	5,8	1 647	5,5
Aufwendungen für Vorsorgeeinrichtungen	775	2 336	2 342	1 349	8 780	31,2	5 521	27,2	11 731	41,2	10 932	36,8
darunter:												
Arbeitgeberbeiträge zur Sozialversicherung	507	1 907	1 233	823	5 742	20,4	4 507	22,2	6 175	21,7	6 670	22,5
Betriebliche Altersversorgung	250	429	1 106	516	2 829	10,1	1 013	5,0	5 538	19,4	4 184	14,1
Aufwendungen für berufliche Bildung	67	369	280	129	761	2,7	871	4,3	1 404	4,9	1 048	3,5
Sonstige Personalnebenkosten	90	382	381	179	1 018	3,6	904	4,5	1 908	6,7	1 452	4,9
Zusammen	**4 380**	**15 119**	**11 669**	**7 094**	**49 608**	**176,3**	**35 728**	**176,2**	**58 442**	**205,2**	**57 475**	**193,5**

*) Ergebnis der Arbeitskostenerhebung 1981.
¹) Teilzeitbeschäftigte wurden im Verhältnis 1 zu 0,6 in Vollbeschäftigte umgerechnet.
²) Bezogen auf das Entgelt für geleistete Arbeit.
³) Voll- und teilzeitbeschäftigte Arbeiter und Angestellte ohne Auszubildende.

21.10 Index der tariflichen Wochenarbeitszeiten und der Tariflöhne der Arbeiter in der gewerblichen Wirtschaft und bei Gebietskörperschaften*)

1976 = 100

Durchschnitt	Tarifliche Wochenarbeitszeiten			Stundenlöhne			Wochenlöhne		
	insgesamt	Männer	Frauen	insgesamt	Männer	Frauen	insgesamt	Männer	Frauen
Insgesamt									
1973	100,7	100,8	100,6	77,6	77,8	76,3	78,2	78,4	76,8
1974	100,5	100,5	100,3	86,8	87,0	86,1	87,2	87,4	86,4
1975	100,1	100,1	100,0	94,7	94,8	94,7	94,8	94,9	94,7
1976	100	100	100	100	100	100	100	100	100
1977	100,0	100,0	100,0	106,9	107,0	107,2	106,9	107,0	107,2
1978	100,0	100,0	99,9	112,7	112,7	112,9	112,7	112,7	112,8
1979	99,9	99,9	99,9	119,0	119,1	118,6	118,9	119,0	118,5
1980	99,9	99,9	99,9	126,7	126,9	125,8	126,6	126,8	125,7
1981	99,9	99,9	99,8	133,9	134,2	132,7	133,8	134,1	132,4
1982	99,8	99,8	99,7	139,8	140,0	138,7	139,5	139,7	138,3
darunter: **Energiewirtschaft und Wasserversorgung**									
1979	100,0	100,0	—	116,2	116,2	—	116,2	116,2	—
1980	100,0	100,0	—	123,0	123,0	—	123,0	123,0	—
1981	100,0	100,0	—	128,4	128,4	—	128,4	128,4	—
1982	100,0	100,0	—	133,5	133,5	—	133,5	133,5	—
Bergbau									
1979	100,0	100,0	—	118,2	118,2	—	118,2	118,2	—
1980	100,0	100,0	—	129,3	129,3	—	129,3	129,3	—
1981	100,0	100,0	—	139,6	139,6	—	139,6	139,6	—
1982	100,0	100,0	—	145,7	145,7	—	145,7	145,7	—
Herstellung von Grundstoffen und Produktionsgütern									
1979	99,9	99,9	100,0	117,8	117,8	118,0	117,7	117,7	118,0
1980	99,9	99,9	100,0	124,5	124,6	124,2	124,4	124,5	124,2
1981	99,9	99,9	100,0	131,5	131,5	131,4	131,4	131,4	131,4
1982	99,9	99,9	100,0	137,7	137,7	137,3	137,6	137,6	137,3
Herstellung von Investitionsgütern									
1979	100,0	100,0	100,0	118,5	118,5	118,9	118,5	118,5	118,9
1980	100,0	100,0	100,0	125,7	125,6	126,1	125,7	125,6	126,1
1981	100,0	100,0	100,0	132,1	132,0	132,4	132,1	132,0	132,4
1982	100,0	100,0	100,0	137,8	137,8	138,3	137,8	137,8	138,3
Herstellung von Verbrauchsgütern (ohne Herstellung und Verarbeitung von Glas, Polsterei und Dekorateurgewerbe)									
1979	100,0	100,0	100,0	118,3	118,6	117,8	118,3	118,6	117,8
1980	100,0	100,0	100,0	125,6	126,1	124,9	125,6	126,1	124,9
1981	100,0	100,0	100,0	133,0	133,6	132,2	133,0	133,6	132,2
1982	100,0	100,0	100,0	138,9	139,6	138,1	138,9	139,6	138,1
Nahrungs- und Genußmittelgewerbe									
1979	99,6	99,6	99,7	119,1	119,1	119,3	118,7	118,6	118,9
1980	99,6	99,5	99,7	126,3	126,2	126,7	125,8	125,6	126,3
1981	99,5	99,4	99,7	134,0	133,9	134,3	133,3	133,1	133,9
1982	99,5	99,4	99,6	140,3	140,2	140,7	139,6	139,4	140,1
Baugewerbe (ohne Spezialbau, Stukkateurgewerbe, Gipserei und Verputzerei, Bauhilfsgewerbe)									
1979	100,0	100,0	—	122,9	122,9	—	122,9	122,9	—
1980	100,0	100,0	—	132,2	132,2	—	132,2	132,2	—
1981	100,0	100,0	—	141,3	141,3	—	141,3	141,3	—
1982	100,0	100,0	—	146,7	146,7	—	146,7	146,7	—
Handel (ohne Handelsvermittlung)									
1979	99,9	99,9	100,0	120,6	120,1	121,8	120,5	119,9	121,8
1980	99,9	99,8	100,0	128,7	128,2	130,0	128,6	127,9	130,0
1981	99,9	99,8	100,0	136,3	135,7	137,7	136,2	135,4	137,7
1982	99,9	99,8	100,0	142,4	141,8	144,1	142,3	141,5	144,1
Verkehr und Nachrichtenübermittlung									
1979	99,3	99,3	100,0	116,1	116,2	114,3	115,2	115,3	114,3
1980	98,9	98,8	100,0	123,7	123,9	120,7	122,3	122,4	120,7
1981	98,8	98,7	100,0	129,1	129,3	125,1	127,5	127,7	125,1
1982	98,3	98,2	100,0	135,1	135,4	129,9	132,8	132,9	129,9
Gebietskörperschaften									
1979	100,0	100,0	100,0	114,3	114,3	114,5	114,3	114,3	114,5
1980	100,0	100,0	100,0	120,6	120,6	120,9	120,6	120,6	120,9
1981	100,0	100,0	100,0	125,0	125,0	125,3	125,0	125,0	125,3
1982	100,0	100,0	100,0	129,9	129,8	130,1	129,9	129,8	130,1

*) Berechnungsmethode in »Wirtschaft und Statistik«, 11/1974, S. 760 ff. und 12/1979, S. 865 ff. – Durchschnitt errechnet aus 4 Monatswerten (Januar, April, Juli, Oktober). – Systematik der Wirtschaftszweige, Ausgabe 1961, Fassung für die Statistik der Tariflöhne und -gehälter.

21.11 Index der tariflichen Wochenarbeitszeiten und der Tarifgehälter der Angestellten in der gewerblichen Wirtschaft und bei Gebietskörperschaften*)

1976 = 100

Durchschnitt	Tarifliche Wochenarbeitszeiten insgesamt	Tarifliche Wochenarbeitszeiten Männer	Tarifliche Wochenarbeitszeiten Frauen	Monatsgehälter insgesamt	Monatsgehälter Männer	Monatsgehälter Frauen
			Insgesamt			
1973	101,7	101,4	101,8	78,7	78,6	78,7
1974	101,0	100,8	101,1	87,7	87,6	87,8
1975	100,0	100,0	100,0	95,0	94,9	95,1
1976	100	100	100	100	100	100
1977	100,0	100,0	100,0	106,5	106,6	106,4
1978	100,0	100,0	100,0	111,8	111,8	111,8
1979	99,9	99,9	99,9	117,3	117,4	117,2
1980	99,9	99,9	99,9	124,2	124,3	124,2
1981	99,9	99,9	99,9	130,6	130,7	130,4
1982	99,9	99,9	99,9	136,3	136,4	136,1
			davon: **Energiewirtschaft und Wasserversorgung**			
1979	100,0	100,0	100,0	115,9	115,8	116,2
1980	100,0	100,0	100,0	122,7	122,6	123,1
1981	100,0	100,0	100,0	127,9	127,8	128,5
1982	100,0	100,0	100,0	132,9	132,8	133,5
			Bergbau			
1979	100,0	100,0	100,0	117,1	117,1	117,1
1980	100,0	100,0	100,0	124,5	124,5	124,1
1981	99,9	99,9	99,9	133,1	133,1	131,4
1982	99,8	99,8	99,8	141,0	141,3	137,2
			Herstellung von Grundstoffen und Produktionsgütern			
1979	100,0	100,0	100,0	117,3	117,3	117,4
1980	100,0	100,0	100,0	123,6	123,5	123,6
1981	100,0	100,0	100,0	130,3	130,3	130,5
1982	100,0	100,0	100,0	136,2	136,2	136,4
			Herstellung von Investitionsgütern			
1979	100,0	100,0	100,0	118,1	118,1	118,2
1980	100,0	100,0	100,0	125,0	124,9	125,2
1981	100,0	100,0	100,0	131,3	131,2	131,5
1982	100,0	100,0	100,0	137,2	137,1	137,4
			Herstellung von Verbrauchsgütern (ohne Herstellung und Verarbeitung von Glas, Polsterei und Dekorateurgewerbe)			
1979	100,0	100,0	100,0	117,9	117,9	117,9
1980	100,0	100,0	100,0	125,1	125,1	125,1
1981	100,0	100,0	100,0	132,4	132,4	132,4
1982	100,0	100,0	100,0	138,6	138,4	138,9
			Nahrungs- und Genußmittelgewerbe			
1979	99,9	99,9	99,8	118,5	118,5	118,7
1980	99,8	99,9	99,7	125,4	125,3	125,7
1981	99,8	99,9	99,7	133,0	132,9	133,2
1982	99,8	99,9	99,5	139,1	139,0	139,4
			Baugewerbe (ohne Spezialbau, Stukkateurgewerbe, Gipserei und Verputzerei, Bauhilfsgewerbe)			
1979	100,0	100,0	100,0	118,0	117,9	118,1
1980	100,0	100,0	100,0	125,0	125,0	125,2
1981	100,0	100,0	100,0	133,2	133,2	133,0
1982	100,0	100,0	100,0	138,4	138,5	138,1
			Handel, Kreditinstitute und Versicherungsgewerbe			
1979	100,0	100,0	100,0	118,7	118,7	118,8
1980	100,0	100,0	100,0	126,4	126,4	126,5
1981	100,0	100,0	100,0	133,4	133,4	133,5
1982	100,0	100,0	100,0	139,4	139,3	139,6
			Verkehr und Nachrichtenübermittlung			
1979	98,7	98,5	98,9	116,4	116,8	115,8
1980	98,2	97,9	98,5	123,4	124,1	122,7
1981	97,8	97,5	98,3	130,3	131,7	128,6
1982	97,3	96,9	97,7	136,2	137,7	134,3
			Gebietskörperschaften			
1979	100,0	100,0	100,0	114,1	114,1	114,1
1980	100,0	100,0	100,0	120,5	120,5	120,4
1981	100,0	100,0	100,0	124,8	124,8	124,7
1982	100,0	100,0	100,0	129,5	129,6	129,5

*) Berechnungsmethode in »Wirtschaft und Statistik«, 11/1974, S. 760ff. und 12/1979, S. 865ff. – Durchschnitt errechnet aus 4 Monatswerten (Januar, April, Juli, Oktober). – Systematik der Wirtschaftszweige, Ausgabe 1961, Fassung für die Statistik der Tariflöhne und -gehälter.

21.12 Index der Tariflöhne in der Landwirtschaft*)

1976 = 100

Durchschnitt	Gesamtlöhne			Stundenlöhne				Monatslöhne[1])		
	Arbeiter insgesamt	Arbeiter für schwere[2]) Arbeiten	Arbeiter für leichte[3]) Arbeiten	Facharbeiter	Landarbeiter	Angelernte Arbeiter für schwere Arbeiten	Angelernte Arbeiter für leichte Arbeiten	Landarbeiter	Angelernte Arbeiter für schwere Arbeiten	Angelernte Arbeiter für leichte Arbeiten
1973	73,4	73,5	73,4	72,6	74,5	74,6	73,5	72,9	72,7	73,4
1974	84,1	84,2	83,9	84,0	84,4	84,5	84,0	84,4	83,9	83,8
1975	90,7	90,7	90,5	90,6	90,8	90,9	90,8	90,8	90,5	90,4
1976	100	100	100	100	100	100	100	100	100	100
1977	107,9	107,9	107,8	108,6	108,7	108,6	108,7	107,2	107,4	107,3
1978	113,6	113,7	113,6	114,5	114,5	114,4	114,4	112,8	113,1	113,1
1979	120,8	120,8	120,6	122,8	122,9	122,8	122,9	118,9	119,3	119,3
1980	129,4	129,5	129,0	132,0	132,0	131,9	131,8	127,0	127,5	127,5
1981	135,4	135,6	134,9	138,9	138,7	138,7	138,6	132,2	133,0	133,0
1982	142,4	142,6	141,8	146,7	146,7	146,5	146,5	138,3	139,2	139,3

*) Bundesgebiet (ohne Hamburg, Bremen, Saarland und Berlin). – Berechnungsmethode in »Wirtschaft und Statistik«, 11/1958, S. 596ff. und 12/1964, S. 740f. – Durchschnitt errechnet aus 4 Monatswerten (Januar, April, Juli, Oktober).

1) Einschl. des Wertes für Kost und Unterkunft.
2) Einschl. Fach- und Landarbeiter.
3) Ohne Fach- und Landarbeiter.

21.13 Monatliche Dienstbezüge der Bundesbeamten ab 1. 7. 1983*)

DM

Besoldungsgruppe[1])	Erste Dienstaltersstufe		Höchste Dienstaltersstufe		Besoldungsgruppe[1])	Erste Dienstaltersstufe		Höchste Dienstaltersstufe	
	Ledige	Verheiratete[2])	Ledige	Verheiratete[2])		Ledige	Verheiratete[2])	Ledige	Verheiratete[2])
16	3 919,33	4 154,44	6 546,99	6 782,10	8	2 059,89	2 288,96	2 803,70	3 032,77
15	3 593,69	3 828,80	5 865,47	6 100,58	7	1 995,31	2 224,38	2 575,88	2 804,95
14	3 263,01	3 498,12	5 181,81	5 416,92	6	1 893,46	2 122,53	2 363,20	2 592,27
13	3 289,02	3 524,13	4 768,94	5 004,05	5[3])	1 823,07	2 052,14	2 229,96	2 459,03
12	2 918,63	3 153,74	4 289,35	4 524,46	4	1 755,49	1 984,56	2 112,43	2 341,50
11	2 736,66	2 971,77	3 886,25	4 121,36	3	1 713,38	1 942,45	2 021,90	2 250,97
10	2 447,42	2 682,53	3 483,14	3 718,25	2	1 639,33	1 868,40	1 931,38	2 160,45
9[3])	2 295,42	2 530,53	3 099,22	3 334,33	1	1 581,28	1 810,35	1 840,88	2 069,95

*) Nach dem »Bundesbesoldungs- und -versorgungsanpassungsgesetz 1983«.
1) Nach der Besoldungsordnung A.
2) Mit Ortszuschlag für einen Beamten mit einem Kind.
3) Ohne Spitzenämter.

21.14 Monatsvergütungen der Angestellten des Bundes und der Länder ab 1. 7. 1983*)

DM

Vergütungsgruppe[1])	Anfangsvergütung		Endvergütung		Vergütungsgruppe[1])	Anfangsvergütung		Endvergütung	
	Ledige	Verheiratete[2])	Ledige	Verheiratete[2])		Ledige	Verheiratete[2])	Ledige	Verheiratete[2])
I	4 260,78	4 497,03	6 594,78	6 831,03	Vb	2 395,62	2 631,87	3 183,00	3 419,25
Ia	3 979,99	4 216,24	5 787,48	6 023,73	Vc	2 235,04	2 465,23	2 884,09	3 114,28
Ib	3 613,00	3 849,25	5 356,26	5 592,51	VIa	2 149,99	2 380,18	2 834,55	3 064,74
IIa	3 379,03	3 615,28	4 847,06	5 083,31	VIb	2 149,99	2 380,18	2 671,24	2 901,43
IIb	3 202,90	3 439,15	4 472,68	4 708,93	VII	2 038,21	2 268,40	2 439,17	2 669,36
III	3 014,20	3 250,45	4 373,92	4 610,17	VIII	1 932,76	2 162,95	2 228,70	2 458,89
IVa	2 797,66	3 033,91	4 045,46	4 281,71	IXa	1 863,18	2 093,37	2 132,26	2 362,45
IVb	2 617,81	2 854,06	3 537,17	3 773,42	IXb	1 815,97	2 046,16	2 056,86	2 287,05
Va	2 395,62	2 631,87	3 245,40	3 481,65	X	1 729,37	1 959,56	1 975,00	2 205,19

*) Die Angestelltenvergütungen werden in der Zeit vom 1. 3. 1983 bis 31. 8. 1984 gestaffelt erhöht, und zwar vom 1. 3. bis 30. 6. 1983 um 2%, vom 1. 7. 1983 bis 29. 2. 1984 um weitere 0,5% und vom 1. 3. bis 31. 8. 1984 nochmals um 0,5%.

1) Nach dem Bundes-Angestelltentarifvertrag.
2) Mit Ortszuschlag für einen Angestellten mit einem Kind.

22 Preise

22.0 Vorbemerkung

Die Ergebnisse der amtlichen Preisstatistik werden zum Teil als Durchschnittspreise in absoluter Höhe und zum Teil in Form von Meß- und Indexzahlen dargeboten. Dabei sind die Meß- und Indexzahlen die zuverlässigeren und damit wichtigeren Ergebnisse. Die veröffentlichten absoluten Preise können im allgemeinen nur als grobe Anhaltspunkte angesehen werden. Wirklich sichere Angaben über das absolute Preisniveau würden andere Erhebungsverfahren und vor allem eine viel größere Auswahl von Einzelpreisen (einzelner Berichtsstellen) voraussetzen.

Wichtig für die Beurteilung der Höhe eines Preises sind vor allem Art und Qualität der Ware bzw. Leistung, die Handelsstufe (Erzeugerpreis, Verbraucherpreis usw.), die Frachtlage (ab Werk, frei Haus usw.), der Marktort bzw. Geltungsbereich, die Abnahmemenge (Mengenrabatt) und die Zahlungsbedingungen. Ändern sich bei einer Ware oder Leistung diese Merkmale von einem Zeitpunkt zum anderen, so sind die absoluten Preisangaben nicht mehr miteinander vergleichbar. Um die echten Preisbewegungen zum Ausdruck zu bringen, werden Meßzahlen (Preis im Basisjahr = 100) berechnet, in denen durch ein besonderes Verfahren alle Preisveränderungen ausgeschaltet werden, die auf Qualitätsveränderungen oder auf Änderungen der Lieferungs- und Zahlungsbedingungen u. dgl. zurückzuführen sind. Faßt man die Meßzahlen für einen bestimmten Bereich (z. B. für die vom Produzierenden Gewerbe verkauften Erzeugnisse oder für den Warenverkauf des Einzelhandels oder für den Einkauf von Betriebsmitteln durch die Landwirtschaft) zusammen und gibt ihnen »Gewichte« entsprechend der Umsatz- oder der Ausgabenbedeutung der einzelnen Güter, so läßt sich als gewogener Durchschnitt aus den einzelnen Meßzahlen ein Preisindex für den gesamten Bereich oder für Teilbereiche ermitteln.

Als zusammenfassender Ausdruck für die Preisentwicklung in ganzen Bereichen sind die Preisindizes wichtige Instrumente der Wirtschaftsbeobachtung. Sie spiegeln die Wirklichkeit aber nur dann zutreffend wider, wenn die in den Indizes berücksichtigten Waren und Leistungen ausreichend repräsentativ sind und die Umsatz- oder Ausgabenstruktur, aus der die »Gewichte« abgeleitet wurden, möglichst zeitnah ist. Wenn Preisindizes aussagekräftig bleiben sollen, müssen daher die Güterauswahl und die Wägungszahlen von Zeit zu Zeit überprüft und den Veränderungen angepaßt werden.

Die Preisindizes sind entweder Indizes der Einkaufspreise (Index der Einfuhrpreise, Index der Einkaufspreise landwirtschaftlicher Betriebsmittel, Preisindex für die Lebenshaltung) oder Indizes der Verkaufspreise (z. B. Indizes der Erzeugerpreise landwirtschaftlicher und gewerblicher Produkte, Index der Ausfuhrpreise, Index der Einzelhandelspreise).

Die folgende Übersicht zeigt, für welche Bereiche (Wirtschaftsstufen und Güterarten) und auf welcher methodischen Grundlage Preisindizes berechnet werden. Weitere methodische Erläuterungen sowie fachlich und zum Teil regional tiefer gegliederte Ergebnisse enthalten die Veröffentlichungen der Fachserie 17 »Preise« (siehe hierzu auch »Fundstellennachweis«, S. 750 ff.).

Index	Basiszeitraum	Gliederung	Reihen (W = Waren, L = Leistungen)	Gewichtungsgrundlage
		Preisindizes in der Land- und Forstwirtschaft		
Index der Einkaufspreise landwirtschaftlicher Betriebsmittel	1976 = 100	11 Warengruppen in weiterer Unterteilung nach Warenzweigen	4 965 (für 180 W u. L)	Betriebsausgaben der Landwirtschaft 1976
Index der Erzeugerpreise landwirtschaftlicher Produkte	1976 = 100	17 Warengruppen pflanzlicher und tierischer Produkte	1 103 (für 145 W)	Verkaufserlöse der Landwirtschaft 1976
Index der Erzeugerpreise forstwirtschaftlicher Produkte aus den Staatsforsten	umbasiert auf 1970 = 100	4 Sorten Rohholz aus Staatsforsten	159 (für 34 W)	Verkaufserlöse der Forstwirtschaft im Fwj 1962
		Preisindizes im Produzierenden Gewerbe		
Index der Grundstoffpreise (Erzeugerpreise und Importeureinstandspreise)	1976 = 100	20 Warengruppen und 63 Warenuntergruppen (Gliederung nach dem produktionswirtschaftlichen Zusammenhang)	9 119 (für 1 427 W)	Verkaufserlöse der Land- und Forstwirtschaft sowie der Fischerei, Umsatzwerte des Großhandels, Produktionswerte des Produzierenden Gewerbes (abzüglich Ausfuhrwerte), Einfuhrwerte (zuzüglich Einfuhrabgaben) 1976
		6 Warengruppen und 19 Warenuntergruppen (Gliederung nach dem Grad der Bearbeitung, getrennt nach inländischer und ausländischer Herkunft)		
		10 Warengruppen in weiterer Unterteilung nach Warenuntergruppen und -arten (Gliederung nach dem vorwiegenden Verwendungszweck)		
Index der Erzeugerpreise gewerblicher Produkte (Inlandsabsatz)	1980 = 100	34 Warengruppen in weiterer Unterteilung nach Warenzweigen und -klassen	15 605 (für 2 327 W)	Umsatzwerte des Produzierenden Gewerbes (Inlandsabsatz) 1980
		Preisindizes für Bauwerke		
Preisindizes für Bauwerke	1980 = 100	Neubau — konventionell —: Bauleistungen am Bauwerk für: 19 Bauwerksarten 38 Bauarbeiten	28 000 (für 220 L)	Herstellungskosten von Bauwerken 1980
	1980 = 100	Neubau — vorgefertigt — : 1 Fertighausindex (halbjährliche Berechnung)		Fertighausumsätze 1980
	1980 = 100	Instandhaltung : 4 Arten		Instandhaltungskosten von Wohngebäuden 1980
		Indizes der Großhandels-, Einzelhandels- und Verbraucherpreise		
Index der Großhandelsverkaufspreise	1976 = 100	14 Wirtschaftsgruppen und 76 -klassen, getrennt nach einzelwirtschaftl. und genossenschaftl. Großhandel (institutionelle Gliederung)	9 000 (für 1 155 W)	Umsatzwerte des Großhandels 1976
		32 Hauptgruppen und 371 Warenuntergruppen (Warengliederung nach dem produktionswirtschaftlichen Zusammenhang)		
		10 Hauptbereiche und 77 Warengruppen (Gliederung nach dem Warenverzeichnis für die Binnenhandelsstatistik, Ausgabe 1978)		

Index	Basiszeitraum	Gliederung	Reihen (W = Waren, L = Leistungen)	Gewichtungsgrundlage
Index der Einzelhandelspreise (Verkaufspreise)	1976 = 100	9 Wirtschaftsgruppen sowie -untergruppen und -klassen (institutionelle Gliederung) 8 Hauptgruppen sowie Gruppen und Untergruppen (Warengliederung nach dem Güterverzeichnis für den Privaten Verbrauch, Ausgabe 1963) 10 Hauptbereiche sowie Warengruppen (Gliederung nach dem Warenverzeichnis für die Binnenhandelsstatistik, Ausgabe 1978)	über 200 000 (für insgesamt 800 W u. L)	Umsatzwerte des Einzelhandels 1976
Preisindizes für die Lebenshaltung				
alle privaten Haushalte	1976 = 100	9 Hauptgruppen sowie Gruppen und Untergruppen nach der Verwendung sowie nach Dauerhaftigkeit und Wert der Güter		Ausgaben für die Lebenshaltung 1973
4-Personen-Haushalte von Angestellten und Beamten mit höherem Einkommen	1976 = 100			Ausgaben für die Lebenshaltung 1976
4-Personen-Arbeitnehmerhaushalte mit mittlerem Einkommen	1976 = 100			
2-Personen-Haushalte von Renten- und Sozialhilfeempfängern	1976 = 100			
einfache Lebenshaltung eines Kindes	1976 = 100	9 Hauptgruppen		Bedarfsschema für die Lebenshaltung 1976
Indizes der Ein- und Ausfuhrpreise				
Index der Einfuhrpreise	1976 = 100	3 Warengruppen der Land-, Forstwirtschaft und Fischerei 31 Warengruppen des Produzierenden Gewerbes 11 Warengruppen nach der Außenhandelsstatistik sowie weitere Unterteilungen 9 Warengruppen nach dem Internationalen Warenverzeichnis für den Außenhandel (SITC – Rev. II)	5 598	Einfuhrwerte 1976
Index der Ausfuhrpreise	1976 = 100		5 889	Ausfuhrwerte 1976
Indizes der Post- und Fernmeldegebühren				
Indizes der Post- und Fernmeldegebühren	1970 = 100	6 Leistungsbereiche in weiterer Unterteilung nach Teilbereichen und Einzelleistungen	835 (für 149 L)	Gebühreneinnahmen der Deutschen Bundespost 1970

Die Preisindizes werden monatlich berechnet. Ausnahmen bilden die Baupreisindizes, die vierteljährlich ermittelt, sowie die Indizes der Post- und Fernmeldegebühren, die bei Gebührenänderungen neu berechnet werden.

Die Erzeugerpreise werden monatlich für landwirtschaftliche, forstwirtschaftliche, gartenbauliche und gewerbliche Produkte erhoben. Sie stammen von Erzeugerfirmen, Marktverwaltungen, Preisnotierungskommissionen usw. In der Regel handelt es sich um Preise auf der ersten Vermarktungsstufe. Die Frachtlage richtet sich nach dem jeweiligen Handelsbrauch.

Die vierteljährlich ermittelten Baupreise sind Preise für einzelne Bauleistungen und stammen aus Abschlüssen zwischen Bauherren und Bauunternehmern. Die Statistik der Kaufwerte für Bauland basiert auf den bei den Finanzämtern vorhandenen Unterlagen über die im Berichtszeitraum verkauften Baugrundstücke. Da sich die für einen bestimmten Berichtszeitraum ausgewiesenen durchschnittlichen Quadratmeterpreise auf andere, u. U. weniger begehrte Grundstücke beziehen als die entsprechenden Durchschnittswerte früherer Zeiträume, läßt sich die tatsächliche Preisentwicklung beim Bauland aus diesen Angaben nicht unmittelbar erkennen.

Die Großhandelsverkaufspreise werden nicht nur von den Unternehmen des Großhandels gemeldet, und zwar monatlich, sondern z. B. auch auf Großhandelsmärkten ermittelt. Die Verbraucherpreise sind überwiegend Einzelhandelsverkaufspreise (einschl. der Preise von Warenhäusern, Verbrauchermärkten, Konsumgenossenschaften und Versandhandelsunternehmen), ferner Preise für Waren und Leistungen des Handwerks, Strom- und Gastarife, Beförderungstarife, Eintrittspreise für Oper, Theater und Kino, Pauschalpreise für Urlaubsreisen usw. Die Preise beziehen sich auf örtlich gängige Ausführungen und Qualitäten. Nur wenige Einzelhandelspreise sind nicht Einkaufspreise von privaten Haushalten, sondern von Unternehmen u. dgl.

Die Ein- und Ausfuhrpreise beziehen sich auf die Güter des deutschen Außenhandels; sie werden bei Firmen und Fachverbänden erfragt. Die Einfuhrpreise sind Einkaufspreise für Auslandsgüter cif bzw. frei deutsche Grenze (unverzollt, unversteuert). Bei den Preisen für EG-Marktordnungsgüter bleiben Abschöpfungsbeträge u. dgl. unberücksichtigt. Auch die Ausfuhrpreise gelten frei Grenze. Sowohl die Einfuhr- als auch die Ausfuhrpreise sind Preise, zu denen im betreffenden Monat Geschäfte abgeschlossen wurden. Es handelt sich also nicht um Preise im Zeitpunkt des Grenzübergangs der Ware.

Die Angaben über Eisenbahnfahrpreise und -frachten, über Frachtsätze des Straßengüterverkehrs mit Kraftfahrzeugen sowie über Kundensätze des Spediteursammelgutverkehrs mit Eisenbahn und Kraftwagen zeigen die Entwicklung der Tarife in Form von Zwölfmonatsmitteln. Die Kundensätze waren bis einschl. Juni 1975 durch staatliche Preisordnungen geregelt, danach liegen ihnen Preisempfehlungen des Bundesverbandes Spedition und Lagerei e. V., Bonn, zugrunde. Bei den Frachtsätzen der Binnenschiffahrt handelt es sich um die Zwölfmonatsmittel der durch die Frachtenausschüsse beschlossenen und vom Bundesministerium für Verkehr genehmigten Frachtsätze ohne Transportversicherung und Kleinwasserzuschläge.

22.1 Index der Einkaufspreise landwirtschaftlicher Betriebsmittel (Ausgabenindex)*)

1976 = 100

Betriebsmittel	Gewichtung[1])	Durchschnitt									
		1978		1979		1980		1981		1982	
		a)	b)	a)	b)	a)	b)	a)	b)	a)	b)
Betriebsmittel insgesamt	**1 000**	**100,8**	**101,7**	**106,0**	**107,2**	**112,7**	**114,3**	**121,9**	**123,5**	**127,0**	**128,8**
Waren und Dienstleistungen für die laufende Produktion	781,77	98,8	99,5	104,4	105,4	111,2	112,6	121,5	122,9	126,1	127,7
Dünge- und Bodenverbesserungsmittel	104,90	98,0	98,9	100,0	101,3	108,7	110,6	121,3	123,4	127,5	129,8
darunter:											
Einnährstoffdünger	54,26	99,6	100,5	100,7	102,0	109,2	111,1	122,9	125,1	130,1	132,5
Kalkammonsalpeter	36,43	100,0	100,9	101,4	102,8	110,5	112,5	125,7	128,0	132,3	134,7
Thomasphosphat	8,59	91,3	92,2	87,7	88,9	92,3	93,9	102,8	104,6	112,3	114,4
Kaliumchlorid	6,04	106,2	107,2	109,6	111,1	116,8	119,0	125,7	128,1	133,3	135,8
Branntkalk	3,20	105,4	106,4	110,6	112,1	124,6	126,9	139,4	141,9	147,2	149,9
Mehrnährstoffdünger	45,11	95,8	96,6	97,3	98,6	104,8	106,7	116,6	118,7	122,3	124,6
NPK-Dünger	27,05	96,6	97,5	98,2	99,5	106,0	107,9	118,0	120,2	123,5	125,8
PK-Dünger	13,45	94,7	95,6	96,3	97,6	102,9	104,7	113,0	115,0	119,1	121,2
NP-Dünger	4,61	93,8	94,7	95,2	96,5	103,9	105,8	118,7	120,8	125,1	127,3
Futtermittel	290,62	92,9	93,2	93,8	94,4	97,5	98,3	105,9	106,8	106,0	106,9
darunter:											
Futtergetreide	21,51	97,5	97,9	97,8	98,4	98,4	99,2	102,4	103,1	106,7	107,5
Mischfuttermittel	217,34	94,5	95,0	94,7	95,4	98,0	98,9	107,0	108,0	106,9	107,9
Rindviehmischfutter	76,15	89,8	90,3	90,5	91,2	94,0	94,9	105,5	106,5	104,9	105,9
Schweinemischfutter	89,09	96,1	96,5	95,4	96,1	98,7	99,6	106,4	107,5	106,1	107,2
Geflügelmischfutter	52,10	98,6	99,1	99,6	100,3	102,7	103,6	110,2	111,2	111,0	112,0
Saatgut	24,38	96,6	96,9	97,4	97,9	100,0	100,6	104,3	104,9	108,5	109,3
Getreidesaatgut	6,63	110,9	111,3	111,3	111,9	111,2	111,9	115,2	116,0	120,8	121,7
Hackfrüchtesaatgut	9,77	61,1	61,3	66,4	66,7	71,5	71,9	76,0	76,4	77,9	78,3
Futterpflanzensaatgut	2,33	174,3	175,1	153,6	154,5	147,9	149,0	149,2	150,2	148,5	149,5
Gemüsesaatgut	0,51	116,0	116,2	118,9	119,7	124,0	125,2	145,5	147,6	151,8	154,7
Zierpflanzensaatgut	5,14	108,3	108,8	110,7	111,4	115,5	116,5	119,6	120,7	128,7	129,8
Nutz- und Zuchtvieh	53,62	99,2	98,8	100,4	99,8	100,0	99,2	102,6	101,3	110,6	109,8
dar.: Färsen	10,34	112,0	111,5	114,7	114,0	111,1	110,2	112,1	110,6	119,2	118,2
Kälber	5,62	111,0	110,8	112,8	112,5	100,2	99,8	99,5	98,9	110,2	109,8
Ferkel	18,06	87,2	86,8	89,0	88,4	90,7	89,9	97,7	96,3	113,0	112,0
Geflügel	10,51	99,7	99,2	98,8	98,1	103,1	102,1	102,8	101,4	101,5	100,6
Pflanzenschutzmittel	13,96	79,8	80,6	78,3	79,3	78,2	79,6	92,8	94,5	102,8	104,7
dar.: Fungizide	2,11	86,6	87,4	92,2	93,5	92,7	94,4	103,8	105,7	120,6	122,7
Insektizide	1,12	86,8	87,6	84,8	86,0	84,7	86,2	93,4	95,1	97,9	99,7
Herbizide	9,35	76,8	77,5	73,4	74,4	73,2	74,5	90,1	91,7	91,2	92,9
Brenn- und Treibstoffe (einschl. Schmierstoffe und elektrischer Strom)	93,67	100,5	101,8	130,2	131,0	151,0	151,5	175,4	175,3	185,8	185,3
Kohle	0,51	107,0	108,0	113,7	115,3	128,2	130,5	143,8	146,4	152,5	155,2
Heizöl	18,57	96,7	97,6	168,8	171,1	196,0	199,5	231,9	236,1	243,9	248,2
Treibstoffe[2])	33,53	98,1	100,0	137,0	136,2	173,0	170,1	207,6	201,9	217,9	211,2
Schmierstoffe	16,29	104,0	104,9	107,5	109,0	117,6	119,7	124,3	126,6	129,0	131,3
Elektrischer Strom	24,77	104,2	105,2	107,4	108,8	109,8	111,8	123,8	126,1	136,8	139,3
Allgemeine Wirtschaftsausgaben	78,47	105,8	106,5	110,1	111,2	115,9	117,4	122,9	124,5	128,4	130,1
Unterhaltung der Wirtschaftsgebäude	29,66	108,8	109,8	114,9	116,4	124,5	126,7	132,9	135,3	139,9	142,5
Unterhaltung der Maschinen und Geräte (einschl. technische Hilfsmaterialien)	92,49	110,7	111,7	116,2	117,8	123,2	125,4	130,7	133,1	138,2	140,7
Reparaturen (ohne Autoreparaturen)	65,67	112,1	113,1	117,8	119,4	124,5	126,7	132,1	134,5	139,8	142,3
Ergänzungsbauten an Maschinen und Geräten	9,91	110,4	111,4	115,8	117,4	121,1	123,3	127,5	129,8	135,4	137,9
Technische Hilfsmaterialien	8,03	105,8	106,8	109,0	110,5	115,7	117,8	121,5	123,7	128,1	130,5
Ausgaben für Autoreparaturen	8,88	105,7	106,7	111,2	112,7	122,7	124,9	132,8	135,1	138,9	141,4
Neubauten und neue Maschinen	218,23	108,1	109,1	111,9	113,4	118,0	120,1	123,4	125,6	130,4	132,8
Neubau landw. Betriebsgebäude	42,41	111,9	112,9	120,9	122,5	134,1	136,6	142,4	145,0	146,8	149,5
Neuanschaffung größerer Maschinen (einschl. Kfz.)	175,82	107,2	108,2	109,7	111,2	114,1	116,1	118,9	121,0	126,5	128,7
Ackerschlepper (Vierradschlepper)	50,67	108,6	109,5	111,5	113,0	115,1	117,1	120,2	122,4	126,5	128,8
Einachsschlepper u.a. -motorgeräte	1,57	108,7	109,7	112,5	114,0	119,1	121,2	125,5	127,8	131,9	134,2
Landmaschinen und Geräte	103,08	106,5	107,5	108,7	110,1	113,4	115,4	118,2	120,2	126,4	128,7
für Bodenbearbeitung	9,69	107,8	108,7	110,6	112,1	115,5	117,6	119,9	122,1	129,8	132,1
zum Säen, Pflanzen und Pflegen	5,25	111,0	112,0	113,7	115,2	120,2	122,3	123,5	125,6	130,5	132,8
für Düngung und Pflanzenschutz	10,00	105,8	106,7	106,5	107,9	111,2	113,2	117,3	119,4	124,7	126,9
für Erntebergung	36,49	105,2	106,1	107,8	109,3	111,2	113,2	116,6	118,7	125,6	127,9
für Futtermittelbereitung	1,85	107,6	108,6	111,4	113,0	112,8	114,9	117,9	120,0	126,9	129,1
für Förderzwecke	10,42	108,2	109,1	112,5	114,0	118,7	120,9	125,2	127,5	136,2	138,6
für Milchwirtschaft	4,44	106,9	107,9	108,3	109,8	113,1	115,2	115,9	118,0	124,5	126,8
Verschiedene Maschinen und Einrichtungen	24,94	106,6	107,5	107,4	108,6	113,1	114,8	116,5	118,3	122,4	124,4
Kraftfahrzeuge (einschl. Anhänger)	20,50	107,2	108,2	110,4	111,9	114,9	117,0	118,4	120,5	126,2	128,5

*) Berechnungsmethode in »Wirtschaft und Statistik«, 9/1980, S. 604 ff. – Stichtag: überwiegend 15. eines jeden Monats.
[1]) Wägung für die Indexreihe ohne Umsatz-(Mehrwert-)steuer.
[2]) Unter Berücksichtigung der Betriebsbeihilfe für Dieselkraftstoff.
a) Ohne Umsatz-(Mehrwert-)steuer.
b) Einschl. Umsatz-(Mehrwert-)steuer.

22.2 Index der Erzeugerpreise landwirtschaftlicher Produkte*)

1976 = 100

Produkt	Gewichtung[1])	Durchschnitt[2]) 1978 a)	1978 b)	1979 a)	1979 b)	1980 a)	1980 b)	1981 a)	1981 b)	1982 a)	1982 b)
Landwirtschaftliche Produkte insgesamt	**1 000**	**95,5**	**95,1**	**96,9**	**96,3**	**99,3**	**98,5**	**104,6**	**103,3**	**107,3**	**106,4**
ohne Sonderkulturerzeugnisse	878,91	94,5	94,1	95,7	95,1	97,3	96,4	102,1	100,7	106,6	105,6
Pflanzliche Produkte	278,30	91,8	91,5	94,3	93,9	99,7	99,1	104,7	103,6	102,2	101,4
ohne Sonderkulturerzeugnisse	157,21	83,3	82,9	85,5	85,1	89,0	88,2	90,4	89,1	94,0	93,1
Getreide	73,10	97,4	97,0	97,2	96,6	98,3	97,4	101,2	99,8	105,4	104,4
Brotroggen	9,73	96,4	95,9	96,0	95,5	98,3	97,4	99,6	98,2	103,7	102,7
Futterroggen	0,06	96,3	95,9	96,7	96,3	97,9	97,0	98,9	97,5	104,5	103,5
Brotweizen	34,64	98,6	98,1	98,1	97,6	100,0	99,1	102,2	100,8	106,0	105,0
Futterweizen	1,43	98,5	98,1	98,9	98,3	99,3	98,4	101,1	99,7	105,1	104,1
Futtergerste	14,19	94,5	94,1	96,0	95,4	96,5	95,6	97,8	96,4	103,3	102,3
Braugerste	7,29	97,8	97,4	97,1	96,5	94,5	93,6	104,7	103,2	108,7	107,7
Futterhafer	3,80	97,1	96,6	92,9	92,3	94,4	93,6	99,0	97,6	101,9	100,9
Futtermais	1,96	101,6	101,1	102,8	102,1	103,4	102,5	109,2	107,7	111,8	110,7
Saatgut	11,29	77,2	76,8	79,5	78,8	82,2	81,4	84,3	83,1	86,8	86,0
Hackfrüchte	60,57	69,0	68,6	72,7	72,3	77,0	76,3	77,5	76,3	81,0	80,2
darunter:											
Speisekartoffeln	26,90	25,7	25,6	33,5	33,4	39,7	39,3	37,1	36,5	37,0	36,7
Zuckerrüben	31,55	103,3	102,8	103,7	103,2	106,7	105,6	109,5	107,9	116,2	115,0
Ölpflanzen (Raps)	3,34	104,4	103,9	106,0	105,5	108,1	107,0	114,0	112,4	119,3	118,2
Heu und Stroh	8,91	64,1	63,8	77,2	76,6	96,0	95,1	87,7	86,5	88,7	87,9
Heu (Wiesenheu)	7,35	60,4	60,1	75,2	74,7	92,9	92,0	86,1	84,9	85,7	85,0
Stroh (Weizenstroh)	1,56	81,6	81,2	86,4	85,8	110,6	109,6	95,1	93,8	102,7	101,8
Sonderkulturerzeugnisse	121,09	102,9	102,6	105,6	105,4	113,6	113,3	123,4	122,4	112,9	112,1
Genußmittelpflanzen	5,00	124,9	124,3	165,3	164,5	195,6	193,8	172,9	170,5	147,1	145,7
Tabak	1,28	102,2	101,7	106,8	106,2	109,3	108,2	110,3	108,8	113,7	112,6
Hopfen	3,72	132,7	132,1	185,4	184,6	225,3	223,4	194,4	191,7	158,7	157,2
Obst	22,31	107,8	107,3	99,2	98,7	92,1	91,3	136,6	134,6	130,5	129,2
Gemüse	14,93	86,1	85,8	90,1	89,5	99,7	98,8	103,8	102,4	100,7	99,8
Weinmost	25,85	89,3	90,0	93,7	95,4	114,1	116,2	116,0	118,1	77,5	79,0
Baumschulerzeugnisse	11,24	114,0	113,5	116,9	116,1	121,1	120,0	130,6	128,8	134,9	133,7
Forstbaumschulerzeugnisse	2,10	112,8	112,3	117,5	116,5	119,8	118,7	135,8	134,0	143,7	142,3
Obstbaumschulerzeugnisse	0,65	118,7	118,1	117,1	116,5	122,3	121,2	128,8	126,9	132,3	131,1
Ziergehölzbaumschulerzeugnisse	8,49	113,9	113,4	116,8	116,0	121,4	120,3	129,4	127,7	133,0	131,7
Schnittblumen und Topfpflanzen	41,76	109,1	108,6	111,7	110,9	117,9	116,8	120,0	118,4	119,7	118,6
Schnittblumen	18,79	107,7	107,2	105,0	104,2	113,9	112,8	115,5	113,9	118,1	117,0
darunter:											
Treibrosen	2,61	119,4	118,8	121,8	121,0	129,6	128,4	133,5	131,7	130,5	129,3
Treibnelken	1,24	104,2	103,7	109,2	108,5	119,9	118,7	126,7	124,9	126,1	124,9
Chrysanthemen	4,06	103,4	102,9	107,0	106,4	111,2	110,1	114,3	112,7	117,5	116,4
Gladiolen	1,54	100,5	100,1	106,3	105,6	119,5	118,4	125,1	123,4	132,3	131,0
Freesien	1,01	106,5	106,0	100,9	100,0	111,0	109,9	112,2	110,6	119,4	118,2
Gerbera	2,12	108,7	108,3	86,1	85,4	92,9	91,9	94,3	93,0	102,8	101,8
Iris	2,96	107,5	107,0	99,8	99,1	114,2	113,2	110,4	108,9	115,9	114,9
Orchideen	2,12	104,7	104,2	101,0	100,2	101,7	100,8	103,9	102,5	96,2	95,3
Topfpflanzen	22,97	110,2	109,8	117,2	116,5	121,2	120,1	123,7	122,1	120,9	119,8
darunter:											
Cyclamen	3,74	109,3	108,9	115,6	115,0	122,3	121,2	125,9	124,3	124,2	123,1
Azaleen	2,58	120,6	120,0	131,7	130,7	134,0	132,7	128,0	126,3	129,9	128,7
Pelargonien	7,42	107,4	106,9	116,1	115,2	122,4	121,4	126,1	124,6	123,5	122,4
Gummibäume (Ficus »decora«)	0,15	111,9	111,3	115,8	115,0	125,7	124,6	127,4	125,7	128,3	127,2
Topfchrysanthemen	2,31	108,5	108,1	98,7	98,2	95,8	95,0	99,7	98,5	92,5	91,8
Begonien	1,47	108,3	107,8	114,2	113,3	119,0	117,9	118,8	117,2	118,3	117,2

Fußnoten siehe S. 487.

22.2 Index der Erzeugerpreise landwirtschaftlicher Produkte*)

1976 = 100

Produkt	Gewichtung[1])	Durchschnitt[2])									
		1978		1979		1980		1981		1982	
		a)	b)	a)	b)	a)	b)	a)	b)	a)	b)
Tierische Produkte	721,70	96,9	96,5	98,0	97,3	99,1	98,2	104,6	103,2	109,3	108,4
Schlachtvieh	395,10	94,4	94,0	95,3	94,6	95,5	94,6	103,2	101,8	109,9	108,8
Großschlachtvieh	380,07	94,2	93,8	95,0	94,3	95,1	94,2	102,9	101,5	109,9	108,9
Rinder	159,27	101,7	101,2	101,8	101,2	101,4	100,4	106,4	105,0	114,5	113,4
Bullen	87,14	101,0	100,5	101,1	100,4	100,7	99,7	105,7	104,3	113,9	112,9
Kühe	50,48	102,1	101,6	102,5	101,8	102,1	101,1	107,2	105,7	114,5	113,4
Färsen	21,65	103,4	102,9	103,2	102,5	102,6	101,7	107,7	106,2	116,7	115,7
Kälber	10,13	107,9	107,4	107,7	107,0	100,5	99,5	106,0	104,6	111,7	110,6
Schweine	208,95	87,8	87,4	89,1	88,5	89,9	89,1	99,9	98,5	106,3	105,3
Schafvieh, geschlachtet	1,72	99,5	99,0	100,2	99,6	101,2	100,3	122,0	120,3	120,8	119,7
Schlachtgeflügel, lebend	15,03	99,3	98,8	102,8	102,1	106,8	105,8	111,9	110,4	108,0	107,0
Nutz- und Zuchtvieh	43,48	100,3	99,9	101,2	100,6	99,8	98,9	102,7	101,3	111,1	110,1
Milch[3])	231,10	103,5	103,2	105,4	104,7	105,2	104,4	107,1	105,8	113,3	112,5
Eier	48,70	82,4	82,0	80,1	79,5	96,9	96,0	104,2	102,7	82,8	82,1
Wolle	0,27	88,6	88,2	95,3	94,6	96,2	95,2	99,1	97,7	104,5	103,5
Bienenhonig	3,05	104,1	103,7	115,1	114,3	121,5	120,3	127,3	125,6	127,4	126,3

*) Berechnungsmethode in »Wirtschaft und Statistik«, 9/1980, S. 604ff.
[1]) Wägung für die Indexreihe ohne Umsatz-(Mehrwert-)steuer.
[2]) Die Jahresdurchschnitte wurden berechnet durch Wägung der Vierteljahresdurchschnittsmeßzahlen der einzelnen Waren mit den entsprechenden Vierteljahresumsätzen im Kalenderjahr 1976.
[3]) Ohne die ab 16. 9. 1977 zu leistende EG-Mitverantwortungsabgabe.
a) Ohne Umsatz-(Mehrwert-)steuer und ohne Aufwertungsausgleich.
b) Einschl. pauschalierter Umsatz-(Mehrwert-)steuer und Aufwertungsausgleich.

22.3 Index der Erzeugerpreise forstwirtschaftlicher Produkte aus den Staatsforsten*)

umbasiert auf 1970 = 100

Produkt	Gewichtung	Durchschnitt[1])									
		1978		1979		1980		1981		1982	
		a)	b)	a)	b)	a)	b)	a)	b)	a)	b)
Rohholz insgesamt	**1 000**	**160,8**	**163,2**	**168,0**	**170,8**	**187,9**	**191,6**	**204,8**	**208,8**	**193,3**	**197,1**
Stammholz	790,44	168,9	171,3	177,6	180,5	195,5	199,3	207,0	211,1	191,8	195,5
Eiche B	75,58	290,1	294,3	313,7	318,6	326,9	333,2	321,4	327,6	294,2	299,9
Rotbuche A	4,23	175,2	177,7	186,2	189,1	204,4	208,3	218,7	222,9	218,5	222,6
Rotbuche B	85,34	168,1	170,4	182,2	185,0	197,1	200,9	213,5	217,6	211,9	215,9
Fichte/Tanne B	501,87	157,9	160,2	165,2	168,0	185,4	189,1	199,0	202,9	181,1	184,6
Kiefer B	123,42	139,7	141,8	141,0	143,3	154,5	157,6	164,9	168,1	157,8	161,0
Grubenholz	37,51	132,7	134,7	136,4	138,8	152,4	155,3	166,8	170,1	158,2	161,3
Fichte/Tanne	20,27	136,7	138,7	142,4	144,8	157,4	160,4	175,7	179,1	162,9	166,0
Kiefer	17,24	127,9	129,9	129,4	131,7	146,5	149,4	156,4	159,6	152,7	155,7
Faserholz	91,13	127,6	129,6	129,8	132,0	150,2	153,1	180,1	183,6	186,4	190,1
Rotbuche	34,34	132,0	134,0	136,4	138,7	163,1	166,4	209,8	213,9	226,6	231,0
Fichte/Tanne	56,79	125,0	126,9	125,8	128,0	142,4	145,1	162,1	165,3	162,1	165,3
Brennholz	80,92	132,3	134,3	132,5	134,7	173,3	176,7	228,6	233,1	232,5	237,0
Laub-	67,04	130,7	132,7	131,0	133,2	175,6	179,1	232,9	237,5	237,5	242,2
Nadel-	13,88	140,3	142,3	139,5	141,7	162,0	165,2	208,1	212,1	208,1	212,1

*) Berechnungsmethode in »Wirtschaft und Statistik«, 5/1966, S. 330ff.
[1]) Die Kalenderjahresdurchschnitte wurden berechnet durch Wägung der Vierteljahresdurchschnittsmeßzahlen der einzelnen Güteklassen mit den jeweiligen Vierteljahresumsätzen.
a) Ohne Umsatz-(Mehrwert-)steuer.
b) Einschl. pauschalierter Umsatz-(Mehrwert-)steuer.

22.4 Erzeugerpreise für Getreide*)

Preise frei Verladestation in DM je t

Durchschnitt[1]	Brotweizen						Brotroggen					
	Hannover	Köln	Frankfurt	Stuttgart	München	Nürnberg	Hannover	Köln	Frankfurt	Stuttgart	München	Nürnberg
1975	434,55[2]	433,28[2]	424,49	415,21	448,70	426,05	413,75	419,00[2]	418,86[2]	414,38	441,25	430,00
1976	469,58	470,19[2]	461,91	455,83	470,33	474,79	454,17	456,67[2]	458,28	458,33	482,50	478,33
1977	467,73[2]	463,06[2]	463,10[2]	463,18[2]	466,67	471,44[2]	449,00[2]	452,50[2]	449,00[2]	453,18[2]	481,94	476,52[2]
1978	461,82[2]	462,93[2]	459,06[2]	460,50[2]	476,81	463,73[2]	432,73[2]	450,50[2]	445,50[2]	446,00[2]	475,14	460,15[2]
1979	469,09[2]	468,00[2]	457,28[2]	456,75[2]	472,71	462,05[2]	435,42	453,50[2]	444,32	443,13[2]	473,55	461,21[2]
1980	472,08	476,35	462,16[2]	467,50[2]	485,42	470,68[2]	441,25	457,50[2]	457,05[2]	461,14[2]	496,38	477,88[2]
1981	488,33	480,48[2]	480,38[2]	473,00[2]	486,30	472,82	447,08	463,60[2]	465,88[2]	472,09[2]	489,03	473,56
1982	508,50	505,00[2]	491,48[2]	489,50[2]	498,61	490,38	469,17	486,91[2]	478,05[2]	477,87[2]	502,22	475,95

Durchschnitt[1]	Futtergerste						Braugerste	Futterhafer					
	Hannover	Köln	Frankfurt	Stuttgart	München	Nürnberg	München	Hannover	Köln	Frankfurt	Stuttgart	München	Nürnberg
1975	394,17	387,92	376,25[2]	384,79	380,21	379,17	439,30	373,64[2]	376,70[2]	384,48[2]	376,04	379,79	403,75
1976	424,17	435,63[2]	412,71	430,42	412,71	411,67	492,71	419,58	420,28[2]	416,15	415,83	423,75	452,50
1977	431,67	434,22[2]	407,16[2]	431,14[2]	404,45	415,30[2]	494,58	426,25	415,94[2]	425,00[2]	438,18[2]	427,71	462,88[2]
1978	405,45[2]	403,75[2]	390,31	397,50	418,06	408,54[2]	490,76	400,00[2]	393,89[2]	400,00[2]	417,50[2]	436,87	437,34[2]
1979	429,17	414,55[2]	393,38[2]	411,25	433,75	411,31	491,04	377,08	399,17[2]	380,00[2]	370,91[2]	425,11	423,36
1980	426,25	423,41	405,11[2]	416,36[2]	434,16	413,18[2]	493,18	398,64[2]	402,50[2]	381,14[2]	386,82	432,02	424,24[2]
1981	429,38	430,73[2]	421,84[2]	424,09[2]	434,17	422,38	544,52	426,67	421,75[2]	425,63[2]	414,09[2]	443,73[2]	440,43[2]
1982	461,67[2]	457,96	438,07[2]	450,00[2]	446,46	445,85	557,64	440,00[2]	427,27[2]	430,00	425,00[2]	446,70	451,62

*) Standardqualität. – Ohne Umsatz-(Mehrwert-)steuer und ohne Aufwertungsausgleich.
[1]) Errechnet aus 12 Monatspreisen.
[2]) Durchschnitt aus weniger als 12 Monatspreisen.

22.5 Erzeugerpreise für Schlachtvieh*)

Preise frei Marktort in DM je dt Lebendgewicht

Durchschnitt[1]	Bullen, Kl. A					Kühe, Kl. B				
	Hamburg	Frankfurt	Mannheim	Stuttgart	München	Hamburg	Frankfurt	Mannheim	Stuttgart	München
1975	384,90	402,95[2]	419,46[2]	404,65	407,63	291,89	300,83	296,53[2]	308,55	320,78
1976	400,14	408,35	419,06	405,51	403,60	294,40	304,46	300,33	306,55	320,43
1977	401,85	426,13	433,76	415,94	417,82	305,87	320,57	316,77	320,48	334,68
1978	396,73	412,70	429,70	408,14	412,17	294,18	313,07	306,63	312,58	326,47
1979	398,43	412,85	428,29	409,01	412,98	297,08	313,03	305,23	309,63	325,90
1980	391,87	410,45	428,09	407,72	409,96	297,88	305,75	307,87	305,18	325,46
1981	411,78	424,25	453,10	427,09	433,49	309,98	319,57	319,00	314,93	341,59
1982	431,67	454,92	494,41	463,16	465,72	328,89	336,88	341,63	335,97	368,05

Durchschnitt[1]	Färsen, Kl. A					Kälber, Kl. A	Schweine, Kl. c			
	Hamburg	Frankfurt	Mannheim	Stuttgart	München	München	Frankfurt	Mannheim	Stuttgart	München
1975	340,46[2]	348,86[2]	349,12[2]	368,03	372,34	547,74	323,39	331,05[2]	314,44	306,10
1976	346,74	354,26	347,12	362,84	363,69	547,92	343,07	357,36	333,78	326,90
1977	352,03	371,43	359,87	383,58	384,21	558,03	342,09	346,94	327,68	312,97
1978	344,93	369,84	360,87[2]	388,57	385,43	573,58	315,65	317,66	338,31	283,17
1979	346,49	368,03	361,79	386,28	382,32	571,97	318,78	319,98	309,67	290,43
1980	339,33	365,40	364,32	382,71	381,57	549,62	330,34	332,17	321,42	299,33
1981	360,77	379,12	379,07	395,63	406,40	584,18	366,08	368,83	349,28	326,72
1982	388,80	418,49	411,46	427,33	440,79	605,57	389,53	397,38	373,00	349,32

*) Ohne Umsatz-(Mehrwert-)steuer und ohne Aufwertungsausgleich.
[1]) Errechnet aus 12 Monatspreisen.
[2]) Durchschnitt aus weniger als 12 Monatspreisen.

22.6 Index der Grundstoffpreise*)

1976 = 100

Warengliederung	Gewichtung	Durchschnitt 1975	1976	1977	1978	1979	1980	1981	1982
Grundstoffe insgesamt	**1 000**	**94,0**	**100**	**100,9**	**98,3**	**107,1**	**120,4**	**133,6**	**138,0**
inländische Grundstoffe	648,59	94,4	100	100,3	100,0	106,5	115,5	124,9	131,6
importierte Grundstoffe	351,41	92,7	100	101,9	95,1	108,1	129,6	149,8	149,9
nach dem produktionswirtschaftlichen Zusammenhang[1])									
Grundstoffe aus der Land- und Forstwirtschaft, Fischerei	**134,10**	**89,5**	**100**	**107,9**	**100,6**	**103,2**	**105,3**	**112,0**	**114,6**
Grundstoffe aus der Landwirtschaft	120,57	.	100	107,2	98,3	100,4	101,4	108,1	111,8
pflanzlichen Ursprungs	59,44	.	100	113,5	100,2	102,3	102,5	109,5	112,6
tierischen Ursprungs (einschl. Schlachtvieh)	61,13	.	100	101,1	96,5	98,5	100,4	106,7	111,1
Grundstoffe aus der Forstwirtschaft	12,43	.	100	113,8	121,1	129,1	142,2	149,2	140,4
Rohholz	11,21	94,6	100	115,6	123,7	131,0	144,5	152,2	144,0
Naturkautschuk	1,10	71,9	100	97,9	99,1	115,1	125,2	121,0	103,7
Andere Grundstoffe aus der Forstwirtschaft	0,12	.	100	90,1	80,8	81,5	87,8	122,8	141,5
Grundstoffe aus der Fischerei	1,10	91,9	100	117,7	116,5	121,0	113,3	118,0	122,5
Grundstoffe aus dem Produzierenden Gewerbe	**865,90**	**95,2**	**100**	**99,8**	**97,9**	**107,7**	**122,8**	**137,0**	**141,6**
Elektrischer Strom, Gas, Fernwärme und Wasser	71,09	.	100	101,5	105,1	107,7	117,1	136,3	151,2
Grundstoffe aus dem Bergbau (ohne Erdgas)	122,32	.	100	99,5	93,1	109,1	155,7	201,2	202,0
Kohle und Koks	37,84	93,6	100	100,1	106,7	111,1	127,4	145,0	154,1
Erdöl, roh	70,44	91,9	100	100,5	88,1	112,0	181,8	248,1	244,0
Erze	11,99	99,1	100	93,1	81,1	88,9	100,0	114,8	118,4
Andere Grundstoffe aus dem Bergbau	2,05	.	100	90,0	87,0	88,7	109,2	133,9	132,5
Mineralölerzeugnisse	53,70	94,5	100	99,3	94,5	119,4	144,5	179,4	181,0
Rohbenzin, Kraftstoffe und Heizöle	46,78	.	100	99,1	93,9	121,6	145,2	180,0	180,2
Flüssiggas (Propan)	1,20	.	100	102,1	101,3	107,3	157,7	195,4	210,8
Schmiermittel	2,99	.	100	100,1	103,8	106,1	131,8	155,6	167,9
Andere Mineralölerzeugnisse	2,73	.	100	99,7	91,8	100,3	140,5	187,2	197,5
Steine und Erden, Asbestwaren, Schleifmittel	43,93	98,4	100	104,0	107,3	112,7	122,3	131,1	139,5
Eisen und Stahl	132,78	.	100	95,0	96,0	101,9	103,2	105,4	116,8
Roheisen und Ferrolegierungen	20,17	.	100	98,9	98,3	101,3	101,1	101,4	113,5
Stahlhalbzeug	16,99	.	100	97,4	94,5	97,9	102,6	106,9	122,0
Walzstahl	54,03	.	100	96,0	97,0	99,5	104,7	106,7	117,7
Stahlschrott	13,62	.	100	78,7	79,1	110,9	95,3	86,4	91,7
Stahlrohre	13,16	.	100	90,2	99,0	103,0	100,3	110,3	121,6
Anderer bearbeiteter Stahl	14,81	.	100	102,6	103,7	106,4	111,7	117,6	130,5
NE-Metalle und -Metallhalbzeug (einschl. Edelmetalle)	58,32	90,7	100	98,9	92,4	113,8	136,4	135,4	125,4
Chemische Erzeugnisse	105,31	100,3	100	98,5	95,7	107,6	118,6	129,3	134,2
Glas	12,15	96,8	100	102,5	104,1	104,7	114,8	121,3	124,8
Schnittholz, Sperrholz und sonstiges bearbeitetes Holz	21,60	93,7	100	106,2	105,0	113,0	129,3	131,9	130,2
Holzschliff, Zellstoff, Papier und Pappe	26,17	103,2	100	95,6	86,9	93,9	105,0	115,5	116,1
Kunststofferzeugnisse	19,37	97,5	100	101,4	101,2	107,8	115,9	119,0	122,2
Leder	3,92	86,4	100	104,1	104,2	133,3	122,4	122,1	133,2
Textilien	39,28	91,8	100	100,9	98,2	102,8	109,0	114,6	118,7
Grundstoffe aus dem Ernährungsgewerbe	30,10	92,0	100	105,8	101,3	103,2	104,3	113,1	114,9
Andere Grundstoffe aus dem Produzierenden Gewerbe	125,86	.	100	101,6	102,0	107,2	115,9	122,2	127,4
nach dem Grad der Bearbeitung[2])									
Rohstoffe	**294,37**	**90,3**	**100**	**102,0**	**95,4**	**106,4**	**126,6**	**148,4**	**150,1**
inländische	146,16	91,0	100	99,5	98,9	106,7	112,9	121,6	126,8
importierte	148,21	89,4	100	104,5	91,9	106,0	140,2	174,9	173,1
Rohstoffe der Ernährungswirtschaft[3])	102,88	90,1	100	108,4	99,2	100,6	101,4	107,6	112,1
Rohstoffe der gewerblichen Wirtschaft[4])	191,49	90,4	100	98,5	93,3	109,4	140,2	170,4	170,5
dar. Altmaterial und Reststoffe	33,44	.	100	86,0	80,5	105,9	106,0	102,0	99,4
Halbwaren und Fertigwaren-Vorerzeugnisse	**705,63**	**96,2**	**100**	**100,4**	**99,5**	**107,4**	**117,8**	**127,5**	**133,0**
inländische	502,43	96,1	100	100,6	100,4	106,5	116,2	125,8	133,0
importierte	203,20	96,9	100	99,9	97,4	109,7	121,9	131,5	133,0
Halbwaren und Fertigwaren-Vorerzeugnisse der Ernährungswirtschaft	38,82	97,7	100	104,0	99,4	101,5	104,2	111,6	113,3
der gewerblichen Wirtschaft	666,81	96,2	100	100,2	99,5	107,8	118,7	128,4	134,2
Halbwaren (einschl. elektrischer Strom und Gas)	253,17	.	100	99,6	98,4	110,2	125,0	140,0	145,4
Vorerzeugnisse (einschl. technische Hilfsstoffe)	413,64	.	100	100,5	100,2	106,3	114,7	121,2	127,2

Fußnoten siehe S. 490.

22.6 Index der Grundstoffpreise*)

1976 = 100

Warengliederung	Gewichtung	Durchschnitt 1975	1976	1977	1978	1979	1980	1981	1982
nach dem vorwiegenden Verwendungszweck[5])									
Grundstoffe für das Verarbeitende Gewerbe[6])	**675,93**	.	**100**	**100,5**	**95,7**	**105,2**	**119,1**	**131,6**	**134,3**
Grundstoffe für das Ernährungsgewerbe[7])	141,70	90,9	100	107,2	99,3	100,9	102,1	118,7	112,4
Nahrungsmittel-Grundstoffe	92,96	.	100	104,0	100,3	101,3	102,5	107,8	111,5
Genußmittel-Grundstoffe	24,28	.	100	122,1	100,3	101,3	101,7	109,2	117,4
Mischfutter-Grundstoffe	24,46	.	100	104,6	95,3	98,9	101,5	111,8	111,0
Grundstoffe für das sonstige Verarbeitende Gewerbe	534,23	.	100	98,7	94,7	106,4	123,7	137,7	140,1
darunter:									
Textile Spinnstoffe, Garne, Gewebe, Gewirke	51,82	.	100	99,5	96,2	100,6	106,8	113,3	117,2
Häute, Felle und Leder	8,40	.	100	102,9	98,7	121,9	115,8	116,7	120,0
Rohholz und bearbeitetes Holz[8])	25,73	.	100	109,6	111,7	119,4	135,6	139,8	134,5
Holzschliff, Zellstoff, Papier und Pappe[9])	23,54	103,2	100	95,7	86,5	93,2	103,7	115,2	115,7
Eisenerze, Eisen und Stahl[8])	114,81	.	100	95,1	93,7	99,6	102,0	103,8	115,1
NE-Metallerze und NE-Metalle[8])[10])	72,26	.	100	98,6	92,0	111,7	131,4	131,8	123,3
Bergbauliche Erzeugnisse zur Weiterverarbeitung	72,49	.	100	100,2	88,1	111,4	179,7	244,9	240,8
Mineralölprodukte zur Weiterverarbeitung	19,30	.	100	89,2	85,1	97,4	113,8	137,3	139,9
Anorganische Grundstoffe und Chemikalien	11,05	98,8	100	101,2	101,7	105,6	114,9	129,9	137,4
Organische Grundstoffe und Chemikalien	25,99	103,5	100	95,5	88,9	115,1	126,4	144,6	144,2
Farbstoffe und Farben[8])	5,77	.	100	100,8	100,8	104,6	112,7	119,7	124,8
Pharmazeutische Grundstoffe	3,77	.	100	102,4	104,1	105,0	116,4	128,2	135,6
Kunststoffe	27,76	.	100	97,0	92,8	105,2	118,4	122,6	127,3
Halbzeug und Einzelteile aus Kunststoff[8])[9])	5,26	.	100	101,9	104,2	108,0	114,8	119,3	123,8
Kautschuk, auch bearbeitet	6,89	.	100	102,4	103,2	110,4	122,1	130,1	135,7
Grundstoffe für das Baugewerbe[6])	**141,65**	.	**100**	**101,5**	**104,1**	**109,2**	**117,8**	**125,6**	**132,5**
Mineralische Baustoffe	39,85	99,0	100	104,1	107,7	113,1	122,5	130,5	138,4
darunter:									
Natursteine, Sand u. dgl., auch bearbeitet	5,00	.	100	102,4	104,6	110,9	120,6	129,7	136,5
Zement, Baukalk, Gipserzeugnisse, Transportbeton	13,73	.	100	105,5	109,1	114,7	125,0	136,0	150,7
Grobkeramische Baustoffe	4,93	.	100	105,3	108,3	114,8	124,2	129,1	135,5
Kalksandsteine	1,33	98,2	100	105,6	110,8	116,6	129,6	137,2	145,3
Betonerzeugnisse für den Hochbau	5,63	.	100	103,6	107,6	114,9	123,3	129,6	131,8
Betonerzeugnisse für den Tief- und Straßenbau	4,19	.	100	101,0	106,2	110,8	118,7	122,3	123,7
Baumaterial aus Holz	5,39	95,3	100	108,7	110,9	118,9	130,8	135,3	136,3
Baumaterial aus Metall	18,43	.	100	96,8	101,9	105,9	112,5	118,7	131,1
Installationsmaterial für Wasser, Gas, Heizung	21,74	.	100	95,4	100,3	106,4	109,5	117,3	125,3
Elektro-Installationsmaterial	31,70	.	100	101,6	100,9	104,2	111,2	117,1	120,6
Glas für das Baugewerbe	6,52	.	100	104,7	108,1	110,6	118,4	125,0	125,8
Bitumen	1,93	101,2	100	102,9	94,4	103,8	149,1	200,7	218,1
Dachpappe	1,17	.	100	109,6	106,5	111,9	139,9	154,3	158,9
Lacke, Anstrich- und Bautenschutzmittel	11,16	94,7	100	105,6	108,4	116,6	131,5	142,0	150,4
Tapeten aus Papier	1,46	.	100	100,0	100,5	101,8	110,5	114,3	114,8
Wand- und Bodenbeläge aus Kunststoff	0,96	.	100	100,3	100,2	108,0	118,2	120,8	126,4
Fensterprofile und -rahmen aus Kunststoff	0,54	.	100	94,5	95,4	97,8	105,4	107,2	107,8
Andere Bauelemente aus Kunststoff	0,80	.	100	105,3	106,2	110,7	120,2	123,1	125,5
Energie, Brenn- und Treibstoffe[11])	**136,71**	.	**100**	**102,2**	**104,5**	**114,8**	**130,6**	**154,7**	**164,6**
Elektrischer Strom	52,48	95,6	100	100,6	104,5	107,7	111,9	123,7	134,3
Gas	14,65	86,7	100	104,9	107,8	108,2	140,5	188,8	219,7
Fernwärme	1,76	.	100	102,4	106,0	107,6	123,0	150,4	171,0
Kohle und Koks	37,84	93,6	100	100,1	106,7	111,1	127,4	145,0	154,1
Flüssige Kraft- und Brennstoffe (ohne Flüssiggas)	28,28	.	100	105,7	99,6	137,3	166,0	208,5	206,7
Kernbrennstoffe	1,70	.	100	110,2	109,9	106,3	113,1	145,5	151,8
Betriebsstoffe	**45,71**	.	**100**	**100,8**	**100,5**	**105,6**	**117,1**	**125,4**	**130,6**
Verpackungsmaterial	39,32	.	100	100,9	100,1	105,5	116,8	123,7	128,0
aus Metall	6,91	.	100	107,7	108,4	110,2	117,6	123,4	131,5
aus Glas	4,33	.	100	98,5	97,1	94,0	109,1	115,6	121,5
aus Holz	1,70	.	100	110,7	112,6	115,5	125,9	127,9	129,3
aus Papier und Pappe	19,42	.	100	97,9	96,7	103,8	116,3	125,7	129,3
aus Kunststoff	6,96	.	100	101,6	100,1	110,4	119,8	122,6	125,0
Schmiermittel aus mineralischen Ölen	2,99	.	100	100,1	103,8	106,1	131,8	155,6	167,9
Wasser	3,40	91,6	100	100,3	102,0	105,6	108,1	118,7	127,9

*) Berechnungsmethode in »Wirtschaft und Statistik«, 7/1982, S. 497 ff.
1) In Anlehnung an das Systematische Güterverzeichnis für Produktionsstatistiken, Ausgabe 1982.
2) In Anlehnung an die Gliederung nach Warengruppen und -untergruppen der Ernährungswirtschaft und der gewerblichen Wirtschaft des Außenhandels.
3) Einschl. Schlachtvieh.
4) Einschl. Wasser.
5) In Anlehnung an die Systematik der Wirtschaftszweige, Ausgabe 1979 und eine Zusatzgliederung zum Warenverzeichnis für den Material- und Wareneingang, Ausgabe 1978.
6) Ohne Energie, Brenn-, Treib- und Betriebsstoffe.
7) Einschl. Tabakverarbeitung.
8) Ohne Baumaterial.
9) Ohne Verpackungsmaterial.
10) Einschl. NE-Metallhalbzeug und Edelmetalle.
11) Einschl. Brennstoffe für die Energie- und Ortsgaserzeugung.

22.7 Index der Erzeugerpreise gewerblicher Produkte (Inlandsabsatz)*)

1980 = 100

Warengliederung[1])	Gewichtung	Durchschnitt[2]) 1976	1977	1978	1979	1980	1981	1982
Gewerbliche Erzeugnisse								
einschl. elektr. Strom, Gas, Fernwärme und Wasser	**1 000**	**85,4**	**87,7**	**88,7**	**93,0**	**100**	**107,8**	**114,1**
ohne elektr. Strom, Gas, Fernwärme und Wasser	**885,85**	**85,6**	**88,0**	**88,7**	**93,2**	**100**	**106,3**	**111,5**
Investitionsgüter[3])	141,46	85,9	89,5	92,3	95,5	100	104,4	110,5
Verbrauchsgüter[3]) (ohne Nahrungs- und Genußmittel)								
einschl. Mineralölerzeugnisse	163,50	81,4	83,0	84,8	91,7	100	108,2	111,8
ohne Mineralölerzeugnisse	125,46	86,9	89,5	91,9	94,7	100	104,5	109,0
Elektrischer Strom, Gas, Fernwärme und Wasser	**114,15**	**83,9**	**85,8**	**88,8**	**90,5**	**100**	**119,5**	**134,7**
Elektrischer Strom[4])	64,91	88,7	89,5	93,3	95,7	100	111,8	122,2
bei Abgabe an:								
Private Haushalte	14,92	91,0	91,4	94,5	97,4	100	112,8	124,9
Landwirtschaftliche Betriebe	1,26	90,8	91,2	94,6	97,7	100	112,2	123,9
Gewerbliche Betriebe	7,30	92,2	92,6	95,5	98,4	100	109,4	118,0
Sonderabnehmer, Strom in Niederspannung	2,94	88,6	89,3	92,9	95,7	100	110,2	119,1
Sonderabnehmer, Strom in Hochspannung	17,38	88,4	89,0	92,6	95,6	100	111,5	121,7
Ortsgas und Erdgas	40,10	74,1	78,2	80,2	80,2	100	134,0	158,1
Ortsgas	2,42	76,1	80,6	81,4	82,1	100	118,9	137,5
Erdgas	37,68	74,1	78,1	80,3	80,3	100	134,9	159,4
Fernwärme	2,36	81,4	83,3	86,5	87,7	100	121,6	137,7
Wasser	6,78	90,7	92,6	95,0	97,3	100	107,3	115,6
bei Abgabe an:								
Private Haushalte	3,69	88,9	91,7	93,4	96,9	100	108,7	116,8
Industrie (Trinkwasserqualität)	1,55	91,5	91,8	93,4	96,6	100	108,0	115,7
Bergbauliche Erzeugnisse (ohne Erdgas)	**22,56**	**77,1**	**77,5**	**82,5**	**85,2**	**100**	**115,8**	**124,7**
darunter:								
Steinkohle und Steinkohlenbriketts	10,70	76,7	76,8	83,5	86,7	100	113,4	121,4
Braunkohle, Braunkohlenbriketts	2,00	73,4	73,4	79,5	86,9	100	119,8	140,5
Inländisches Erdöl (roh)	1,82	64,1	66,3	63,8	60,4	100	157,6	178,4
Stein- und Hüttensalz	0,20	92,9	93,9	94,9	98,3	100	103,5	111,5
Erzeugnisse des Verarbeitenden Gewerbes	**863,29**	**85,8**	**88,3**	**88,9**	**93,5**	**100**	**106,0**	**111,1**
Erzeugnisse des Grundstoff- und Produktionsgütergewerbes	**264,96**	**81,8**	**81,7**	**81,0**	**89,6**	**100**	**109,7**	**113,9**
Mineralölerzeugnisse[5])	64,78	65,8	65,4	64,5	81,1	100	121,3	123,2
darunter:								
Kraftstoffe	35,17	75,7	73,8	74,6	85,4	100	118,3	117,6
dar. Motorenbenzin	23,64	77,0	74,4	76,1	84,4	100	121,0	117,6
Heizöle	19,86	53,6	54,3	51,3	79,8	100	124,7	127,7
Heizöl, extra leicht	14,41	49,8	50,0	48,0	82,3	100	119,4	126,3
Heizöl, schwer	5,45	61,1	62,9	58,0	74,4	100	138,6	131,1
Bitumen	2,88	68,0	69,3	62,9	68,9	100	135,0	146,2
Steine und Erden, Asbestwaren, Schleifmittel	29,36	82,0	85,1	87,9	92,3	100	106,4	112,7
darunter:								
Natursteine	2,17	.	.	.	.	100	103,8	106,4
Sand und Kies	1,84	81,9	83,2	84,8	90,8	100	110,1	117,6
Schlacken und Schlackenerzeugnisse	0,60	81,1	81,1	82,3	85,8	100	116,5	124,0
Zement und zementähnliche Bindemittel	3,21	82,5	88,2	90,3	92,7	100	110,7	127,4
Bearbeiteter Kalk	1,00	82,1	85,2	88,1	91,5	100	110,1	119,3
Erzeugnisse aus Gips	0,59	87,7	90,1	91,6	92,7	100	106,3	109,4
Transportbeton	3,88	76,2	80,1	84,1	91,3	100	106,3	114,0
Grobkeramische Erzeugnisse	4,62	79,4	83,2	85,2	91,5	100	105,1	110,6
Ziegeleierzeugnisse	2,09	74,0	78,7	81,8	89,4	100	105,5	108,7
dar. Hintermauerlochziegel (HLZ)	0,76	74,9	79,4	81,5	88,6	100	103,4	104,6
Grobsteinzeug	0,21	80,2	85,7	89,4	93,7	100	105,4	115,1
Feuerfeste Erzeugnisse	2,32	.	.	.	.	100	104,7	111,9
Betonerzeugnisse (einschl. Kalksandsteine)	6,04	82,0	84,3	88,2	93,1	100	104,0	105,9
darunter:								
Kalksandsteine	0,59	77,3	81,6	85,7	90,2	100	106,0	112,2
Betonerzeugnisse für den Hochbau	3,36	81,3	84,2	87,5	93,3	100	104,8	106,6
darunter:								
Baustoffe aus Bims	0,24	64,3	66,6	70,1	87,5	100	108,9	110,3
Betonfertigteile	1,63	83,8	86,4	90,8	94,9	100	104,8	106,0
Betonerzeugnisse für den Tief- und Straßenbau	1,89	84,2	84,8	89,5	93,4	100	102,1	103,0
Asbestwaren	1,20	.	.	.	.	100	105,8	105,8

*) Stichtag: überwiegend 21. eines jeden Monats.
1) In Anlehnung an das Systematische Warenverzeichnis für die Industriestatistik, Ausgabe 1975.
2) Ohne Umsatz-(Mehrwert-)steuer.
3) Fertigerzeugnisse nach ihrer vorwiegenden Verwendung, entsprechend der Warengliederung des Index der gewerblichen Bruttoproduktion für Investitions- und Verbrauchsgüter.
4) In den Preisindizes für elektrischen Strom ist die Ausgleichsabgabe nach dem 3. Verstromungsgesetz berücksichtigt.
5) Ab Dezember 1978 einschl. Bevorratungsabgabe.

22.7 Index der Erzeugerpreise gewerblicher Produkte (Inlandsabsatz)*)

1980 = 100

Warengliederung[1])	Gewichtung	Durchschnitt[2])						
		1976	1977	1978	1979	1980	1981	1982
Eisen und Stahl	31,52	97,2	93,4	93,5	96,3	100	103,7	116,2
darunter:								
Roheisen	0,37	98,4	98,4	97,4	96,9	100	100,0	101,3
Walzstahl	17,28	96,3	91,5	92,3	94,4	100	102,4	114,8
darunter:								
Formstahl	0,75	96,6	89,1	91,6	92,4	100	111,2	133,0
Stabstahl aus Massenstahl (ohne Betonstahl)	1,22	97,8	88,1	92,7	93,1	100	99,7	115,3
aus Edelstahl	1,29	84,4	85,9	84,1	92,8	100	104,0	108,8
Betonstahl	0,79	92,9	85,5	91,4	95,5	100	101,9	103,9
Walzdraht	2,18	92,1	80,7	90,3	93,2	100	100,6	113,8
Warmband (Bandstahl)	1,61	94,4	93,2	96,5	98,1	100	103,1	121,5
Grobblech	3,68	96,6	86,1	93,0	95,2	100	99,9	120,2
Feinblech, kalt gewalzt, unlegiert	2,24	89,4	89,7	90,7	93,9	100	101,7	113,1
Weiterverarbeiteter Walzstahl	3,58	89,5	93,1	94,3	96,1	100	106,5	120,2
NE-Metalle und -Metallhalbzeug	18,24	76,6	77,2	73,6	87,5	100	99,4	93,2
NE-Metalle und Edelmetalle, roh	9,22	70,6	70,0	67,8	84,7	100	98,3	88,4
NE-Metallhalbzeug und Edelmetallhalbzeug	9,02	85,2	87,3	81,7	91,8	100	100,6	98,1
dar. Halbzeug aus Kupfer und Kupferlegierungen	4,71	91,9	86,4	81,3	93,8	100	101,5	97,9
Gießereierzeugnisse	10,28	85,9	88,7	89,3	93,6	100	104,3	109,7
darunter:								
Eisen-, Stahl- und Temperguß	7,16	85,4	88,0	90,1	93,6	100	104,7	111,3
Eisenguß	4,20	85,2	87,8	90,1	93,6	100	104,1	110,2
Gußeisen mit Kugelgraphit	0,74	91,5	93,2	93,2	95,0	100	104,6	109,4
Stahlguß	1,58	82,5	85,2	87,8	92,2	100	106,9	116,0
Temperguß	0,64	85,7	90,3	92,4	94,7	100	103,4	109,1
Erzeugnisse der Ziehereien und Kaltwalzwerke	7,89	94,6	92,8	92,9	95,9	100	102,0	109,3
Chemische Erzeugnisse	74,90	88,0	87,1	85,7	92,8	100	108,8	113,7
Anorganische Grundstoffe und Chemikalien	6,52	87,7	89,7	91,6	93,2	100	112,7	121,3
Organische Grundstoffe und Chemikalien	14,79	80,8	76,2	71,0	90,3	100	117,0	118,3
Düngemittel, Saaten- und Pflanzenschutzmittel sowie Schädlingsbekämpfungsmittel	3,69	106,4	95,8	92,6	92,3	100	113,0	117,7
Kalkammonsalpeter, 26% N	1,06	91,0	91,7	92,3	93,7	100	117,6	125,0
Mehrnährstoffdünger	1,12	92,2	88,6	89,0	91,5	100	112,7	117,4
Chemische Erzeugnisse zur Weiterverarbeitung	28,58	88,8	88,1	85,8	92,5	100	105,7	112,4
darunter:								
Kunststoffe und synthetischer Kautschuk	12,44	87,0	85,1	80,3	91,4	100	104,3	110,2
Chemiefasern	3,00	100,6	94,3	92,1	96,9	100	106,0	114,4
Farbstoffe, Farben, Lacke und verwandte Erzeugnisse	7,46	83,9	86,5	87,9	91,7	100	105,7	112,3
Chemische Erzeugnisse zum Verbrauch	21,32	89,2	91,5	93,3	94,7	100	105,4	109,2
darunter:								
Pharmazeutische Erzeugnisse	10,82	86,0	89,3	92,5	95,2	100	105,7	108,8
dar. human-pharmazeutische Spezialitäten	9,01	86,0	89,2	92,5	95,4	100	105,6	108,2
Wasch-, Spül- und Reinigungsmittel	2,24	99,9	100,0	100,2	98,8	100	103,4	104,7
Körperpflegemittel	3,14	.	.	.	.	100	105,1	110,7
Flachglas	0,94	.	.	.	.	100	111,0	114,2
Glasfaser	1,01	95,4	96,7	90,0	88,3	100	105,4	105,0
Schnittholz, Sperrholz und sonstiges bearbeitetes Holz	9,24	75,1	81,2	81,2	85,5	100	101,6	98,2
darunter:								
Nadelschnittholz	3,81	71,4	80,9	82,3	88,0	100	101,1	96,0
Laubschnittholz	0,89	70,2	79,7	85,3	91,3	100	102,3	103,5
Sperrholz	0,75	78,1	83,0	83,7	88,6	100	101,7	101,4
Holzspanplatten, roh oder geschliffen	2,01	75,9	77,2	74,1	77,4	100	101,7	97,4
Holzspanplatten, kunststoffbeschichtet	1,39	90,1	92,3	88,3	87,6	100	101,8	99,6
Holzschliff, Zellstoff, Papier und Pappe[3])	8,27	89,9	88,9	85,8	91,3	100	109,0	111,6
Zellstoff	0,34	108,2	98,8	80,0	88,3	100	113,6	118,1
Papier, unveredelt	6,89	88,6	88,0	85,9	91,6	100	108,4	110,8
dar. Druck- und Schreibpapier	4,23	90,8	91,2	89,6	94,3	100	110,7	113,1
Pappe, unveredelt	1,04	89,8	89,2	85,6	89,6	100	111,8	115,1
Gummiwaren	8,53	85,1	87,4	86,6	90,7	100	108,3	115,0
Bereifungen	3,96	88,5	89,8	86,4	90,0	100	109,0	114,2
Weichgummiwaren	4,57	81,9	85,0	86,6	91,1	100	107,7	115,6

*) Stichtag: überwiegend 21. eines jeden Monats.
[1]) In Anlehnung an das Systematische Warenverzeichnis für die Industriestatistik, Ausgabe 1975.
[2]) Ohne Umsatz-(Mehrwert-)steuer.
[3]) Ohne Preisrepräsentanten für Holzschliff.

22.7 Index der Erzeugerpreise gewerblicher Produkte (Inlandsabsatz)*)

1980 = 100

Warengliederung[1])	Gewichtung	Durchschnitt[2]) 1976	1977	1978	1979	1980	1981	1982
Erzeugnisse des Investitionsgüter produzierenden Gewerbes	**306,49**	**87,5**	**90,7**	**92,8**	**95,5**	**100**	**104,1**	**110,0**
Erzeugnisse der Stahlverformung	13,93	86,1	90,1	91,8	94,4	100	103,5	110,8
Stahlbauerzeugnisse und Schienenfahrzeuge	19,16	83,3	86,3	89,8	93,8	100	105,5	115,5
darunter:								
Stahl- und Leichtmetallkonstruktionen	11,45	86,1	88,7	90,4	94,1	100	105,9	116,6
Weichen, Kreuzungen u. ä., Gleismaterial	0,23	87,7	90,1	92,1	94,5	100	104,2	112,7
Dampfkessel, Behälter und Rohrleitungen	5,43	79,0	82,6	88,5	93,1	100	105,4	115,3
Eisenbahnwagen	1,37	91,9	95,0	96,0	97,7	100	103,0	108,3
Maschinenbauerzeugnisse (einschl. Ackerschlepper)	71,48	84,2	88,5	91,6	95,0	100	105,1	111,4
darunter:								
Gewerbliche Arbeitsmaschinen	42,56	83,9	88,2	91,4	95,2	100	105,0	111,4
darunter:								
Metallbearbeitungsmaschinen der spanabhebenden Formung	5,04	79,8	84,8	89,1	93,8	100	105,8	111,8
darunter:								
Drehmaschinen, Außengewindeschneidmaschinen und Abstechmaschinen	0,83	81,1	86,3	89,3	94,4	100	106,5	112,1
Revolverdrehmaschinen und Drehautomaten	0,92	78,9	84,2	89,0	94,2	100	106,6	114,8
Bohrmaschinen und Innengewindeschneidmaschinen	0,40	80,9	86,6	91,5	95,7	100	104,5	108,8
Fräsmaschinen, Waagrecht-Bohr- und -Fräswerke	1,10	78,9	84,6	88,7	93,3	100	105,4	109,0
Schleif-, Läpp- und Poliermaschinen	1,13	81,2	84,3	89,4	94,0	100	105,2	111,5
Metallbearbeitungsmaschinen der spanlosen Formung	2,23	82,9	87,5	90,5	94,6	100	105,8	112,7
darunter:								
Pressen mit mechanischem Antrieb	0,48	89,2	93,0	93,8	96,5	100	106,0	112,0
Pressen mit hydraulischem Antrieb	0,43	81,5	85,8	88,9	93,0	100	104,6	110,7
Blechbearbeitungsmaschinen	0,47	80,5	85,2	89,3	94,1	100	107,5	116,3
Drahtbe- und -verarbeitungsmaschinen	0,41	80,6	86,4	89,9	95,9	100	105,5	110,8
Industrieöfen	0,24	.	.	.	.	100	106,1	112,7
Gießereimaschinen	0,37	81,3	87,0	90,5	94,2	100	106,6	112,6
Prüfmaschinen	0,40	.	.	.	.	100	105,9	111,6
Holzbe- und -verarbeitungsmaschinen	1,54	83,8	87,9	91,8	95,7	100	104,5	111,1
Flüssigkeitspumpen	2,33	87,3	91,2	94,1	95,9	100	104,6	111,1
Verdichter und Vakuumpumpen, Druckluftgeräte, -werkzeuge und -bremsen	1,49	83,2	88,0	91,9	95,2	100	105,6	112,3
Maschinen für die Verarbeitung von Gummi und Kunststoff	2,16	83,7	88,3	91,8	94,8	100	104,1	110,3
Baumaschinen	3,91	87,9	91,5	93,7	96,1	100	103,8	108,8
Nahrungsmittelmaschinen	1,36	82,6	86,9	90,7	95,1	100	106,0	114,8
Maschinen für verwandte Gebiete der Nahrungsmittelherstellung	2,74	82,7	87,8	92,0	95,0	100	107,5	115,3
Maschinen und Einrichtungen für den Bergbau	1,72	84,7	89,4	92,2	95,5	100	104,2	113,8
Fördermittel	5,15	89,6	92,8	94,2	96,3	100	104,5	111,0
Papier- und Druckereimaschinen	4,16	77,7	82,9	87,2	94,4	100	104,3	110,3
Textilmaschinen	2,13	88,8	91,8	93,8	97,0	100	104,6	110,7
Kraftmaschinen[3])	3,41	84,7	88,6	90,6	92,5	100	108,0	112,6
Landmaschinen	2,16	88,4	91,7	94,3	96,8	100	104,6	112,3
Ackerschlepper	2,42	84,8	89,4	93,4	96,6	100	105,2	110,7
Armaturen	4,68	83,5	88,7	91,3	94,0	100	104,3	110,3
Zahnräder und Getriebe	2,29	82,8	88,3	92,0	95,1	100	105,8	112,8
Wälzlager	2,32	87,1	88,9	93,4	95,6	100	104,8	109,6
Straßenfahrzeuge	73,59	86,4	90,0	92,6	95,7	100	103,6	110,4
darunter:								
Kraftwagen und Krafträder und Fahrräder mit Hilfsmotor sowie Verbrennungsmotoren für Krafträder	49,23	85,9	89,5	92,6	96,1	100	103,2	109,5
darunter:								
Personenkraftwagen	33,60	87,1	90,2	93,1	96,5	100	102,4	109,0
Liefer- und Lastkraftwagen	9,83	82,7	87,9	91,3	95,1	100	105,3	110,2
Krafträder und Fahrräder mit Hilfsmotor sowie Verbrennungsmotoren für Krafträder	0,54	89,7	91,6	93,7	95,4	100	104,3	108,9
Teile (einschl. Zubehör) für Kraftwagen und Kraftwagenmotoren	19,05	88,3	91,7	93,2	95,8	100	104,0	111,9
Kraftwagenanhänger	1,79	84,4	89,5	92,5	94,0	100	105,3	111,8
Fahrräder	0,47	78,7	84,8	84,3	86,9	100	108,6	112,9
Boote und Jachten	0,05	84,5	86,3	88,2	92,9	100	103,6	108,8
Elektrotechnische Erzeugnisse	79,95	92,7	94,2	94,9	96,4	100	103,5	107,3
Geräte und Einrichtungen der Elektrizitätserzeugung und -umwandlung	9,49	90,3	93,5	95,2	96,9	100	102,8	107,2
darunter:								
Elektromotoren und -generatoren	5,10	.	.	.	.	100	103,4	108,4
Transformatoren	1,69	88,1	91,5	93,3	96,9	100	103,6	109,2

*) Stichtag: überwiegend 21. eines jeden Monats.
1) In Anlehnung an das systematische Warenverzeichnis für die Industriestatistik, Ausgabe 1975.
2) Ohne Umsatz-(Mehrwert-)steuer.
3) Ottomotoren, Dieselmotoren, Dampf- und Gasturbinen.

22.7 Index der Erzeugerpreise gewerblicher Produkte (Inlandsabsatz)*)

1980 = 100

Warengliederung[1])	Gewichtung	Durchschnitt[2])						
		1976	1977	1978	1979	1980	1981	1982
Geräte und Einrichtungen der Elektrizitätsverteilung	14,68	87,9	88,7	89,1	93,0	100	104,8	108,0
darunter:								
Hochspannungsschaltgeräte und -anlagen ab 1 000 V	1,43	91,0	95,0	97,3	98,4	100	102,2	109,4
Niederspannungsschaltgeräte und -anlagen unter 1 000 V	4,76	85,7	90,0	93,4	95,4	100	104,4	108,8
Installationsgeräte bis 1 000 V	2,57	87,8	91,2	93,8	92,6	100	105,8	110,1
Isolierte Drähte und Leitungen	3,02	89,7	83,8	79,0	86,7	100	105,9	105,5
Kabel	2,77	88,7	87,2	86,2	92,9	100	104,4	106,8
Elektrische Geräte für Gewerbe und Haushalt	13,31	92,8	94,0	94,8	96,3	100	104,8	109,7
darunter:								
Elektrowerkzeuge bis 2 kW	1,40	.	.	.	.	100	105,3	108,4
Elektrowärmegeräte und -einrichtungen für den Haushalt	3,42	92,4	93,2	94,0	95,6	100	104,4	108,5
Elektromotorische Wirtschaftsgeräte für Gewerbe und Haushalt	3,07	95,1	95,9	96,1	96,7	100	103,8	109,1
Elektrische Haushaltswaschmaschinen und -geräte	2,23	92,9	95,1	95,8	96,3	100	105,6	112,7
Elektrische Leuchten (einschl. Glüh- und Entladungslampen)	3,62	89,3	92,4	95,2	96,6	100	102,2	106,5
Nachrichtentechnische Geräte und Einrichtungen	9,50	91,1	93,4	95,0	97,1	100	102,4	105,5
Rundfunk-, Fernseh-, phonotechnische Geräte und Einrichtungen u. ä.	13,16	107,8	105,4	102,4	100,0	100	100,5	101,3
dar. Rundfunk- und Fernsehempfangsgeräte und -einrichtungen	6,84	112,0	107,2	103,5	100,5	100	100,7	101,2
Elektrische Meß-, Prüf-, Regel-, Steuerungsgeräte und -einrichtungen	7,35	85,8	89,7	93,1	96,3	100	105,0	110,3
Andere elektrotechnische Erzeugnisse	8,84	87,0	90,5	92,8	95,5	100	105,2	111,7
darunter:								
Elektromedizinische Geräte und Einrichtungen	2,19	83,8	87,5	91,3	95,2	100	105,9	112,9
Elektrische Ausrüstung für Kraftfahrzeuge und Verbrennungsmotoren	4,42	89,8	92,8	94,8	96,8	100	104,0	110,2
Feinmechanische und optische Erzeugnisse; Uhren	9,90	88,6	92,1	94,2	96,5	100	103,5	107,4
Optische Erzeugnisse	1,64	88,8	93,5	95,3	97,4	100	103,0	106,3
Foto-, Projektions- und kinotechnische Erzeugnisse	1,15	96,0	97,8	98,9	98,7	100	102,3	103,7
Feinmechanische Erzeugnisse	2,84	86,5	89,6	91,9	95,4	100	104,5	108,5
Medizinmechanische Erzeugnisse	3,20	.	.	.	.	100	104,6	110,2
Uhren	1,07	.	.	.	.	100	99,3	101,9
Eisen-, Blech- und Metallwaren	30,27	84,9	89,4	91,5	94,8	100	104,6	110,8
Werkzeuge	2,51	83,6	87,9	91,9	95,2	100	104,5	109,9
Heiz- und Kochgeräte	1,19	89,9	92,2	94,6	96,6	100	104,2	109,1
Blechwaren, Blechkonstruktionen und Feinstblechpackungen	14,16	85,2	88,7	91,1	94,6	100	104,7	111,3
Schlösser und Beschläge	3,82	83,1	88,8	92,0	95,3	100	105,1	114,2
Schneidwaren und Bestecke	0,87	82,3	85,6	89,5	93,7	100	105,3	111,0
Metallwaren und Metallkurzwaren	7,72	85,2	91,8	91,8	94,8	100	104,3	108,7
Büromaschinen; Datenverarbeitungsgeräte und -einrichtungen	5,52	118,3	114,9	109,3	102,5	100	100,5	104,0
Büromaschinen	1,12	101,0	99,9	98,3	97,4	100	102,8	104,4
Geräte und Einrichtungen für die automatische Datenverarbeitung	4,40	126,2	121,7	114,0	104,3	100	99,9	103,9
Fertigteilbauten im Hochbau	2,64	.	.	.	.	100	103,2	107,9
Erzeugnisse des Verbrauchsgüter produzierenden Gewerbes	**157,83**	**85,1**	**87,6**	**89,0**	**93,4**	**100**	**104,9**	**109,0**
Musikinstrumente, Spielwaren, Sportgeräte, Schmuck, belichtete Filme, Füllhalter u. ä.	4,85	69,3	71,7	74,9	81,4	100	104,4	106,6
darunter:								
Großmusikinstrumente	0,20	77,1	81,5	88,3	94,2	100	108,1	115,4
Musikwerke, Saiten-, Blas- und sonstige Kleinmusikinstrumente	0,24	79,3	84,4	88,4	93,1	100	106,3	115,2
Spielwaren	1,27	86,0	88,9	91,5	93,4	100	109,5	114,8
Turn- und Sportgeräte	0,48	91,1	93,3	94,1	96,1	100	102,3	106,0
Schmuck, Gold- und Silberschmiedewaren	1,27	45,6	47,5	51,8	62,9	100	102,3	98,8
Erzeugnisse der Foto- und Filmlabors, Füllhalter, Stempel, Waren aus natürlichen Schnitz- und Formstoffen	1,39	.	.	.	.	100	101,6	103,5
Feinkeramische Erzeugnisse	2,96	85,0	88,7	91,9	94,6	100	106,5	111,9
darunter:								
Haushalts-, Wirtschafts- und Ziergegenstände aus Porzellan und Porelit	0,82	77,4	82,5	88,2	91,3	100	109,8	118,2
Keramische Installationsgegenstände für sanitäre und hygienische Zwecke	0,36	85,5	89,1	91,6	95,6	100	108,4	109,9
Wand- und Bodenfliesen	0,92	.	.	.	.	100	103,1	106,4
Hohlglas und veredeltes Flachglas	5,65	84,3	87,0	89,1	90,4	100	105,8	109,4
Holzwaren	28,20	80,2	84,9	88,3	93,3	100	105,7	110,9
darunter:								
Bauelemente aus Holz	4,45	81,4	85,6	87,5	93,5	100	105,5	111,8
Zimmer- und Küchenmöbel aus Holz, auch Polstermöbel	15,59	79,6	84,1	88,3	93,0	100	106,1	111,1
Büromöbel	1,44	80,1	84,0	88,4	93,7	100	105,9	111,1
Spezialmöbel und Innenausbauten aus Holz	2,31	.	.	.	.	100	105,9	112,7

*) Stichtag: überwiegend 21. eines jeden Monats.
[1]) In Anlehnung an das Systematische Warenverzeichnis für die Industriestatistik, Ausgabe 1975.
[2]) Ohne Umsatz-(Mehrwert-)steuer.

22.7 Index der Erzeugerpreise gewerblicher Produkte (Inlandsabsatz)*)

1980 = 100

Warengliederung[1])	Gewichtung	Durchschnitt[2]) 1976	1977	1978	1979	1980	1981	1982
Papier- und Pappewaren	14,84	87,2	86,3	86,4	91,2	100	107,8	111,7
darunter:								
Buchbinderische Erzeugnisse, Geschäftsbücher, Bürohilfsmittel, Lernmittel und Kalender	1,63	85,4	87,6	89,7	94,0	100	106,1	111,5
Papiersäcke, Tüten und Beutel, Zellstoffwatte-, Filtrierpapier- und Kreppapierwaren, Rollen u.ä.	5,61	90,3	89,6	89,2	92,8	100	107,2	112,3
Wellpappe, Kartonagen, Hartpapierwaren, Stanz- und Prägeerzeugnisse aus Papier und Pappe; Faltschachteln	6,34	84,8	82,6	82,4	89,1	100	109,5	112,4
Druckereierzeugnisse	20,72	84,1	87,8	90,8	94,5	100	104,6	108,1
dar. Bücher	1,70	82,9	86,3	90,6	95,4	100	106,3	110,3
Kunststofferzeugnisse	25,46	85,4	86,8	85,9	92,9	100	102,4	105,3
darunter:								
Halbzeug aus Kunststoff	8,68	89,6	90,3	86,7	93,3	100	100,9	103,3
Einzelteile aus Kunststoff	9,05	.	.	.	.	100	103,8	107,2
Verpackungsmittel, Lager- und Transportbehälter aus Kunststoff	4,47	.	.	.	.	100	101,8	103,0
Sonstige Fertigerzeugnisse aus Kunststoff	3,26	80,3	82,5	83,1	91,2	100	103,9	108,3
Leder	0,96	83,2	87,3	88,2	104,7	100	99,4	105,4
dar.: Oberleder	0,34	81,6	86,2	87,4	105,2	100	104,6	112,2
Unterleder	0,06	84,5	93,9	95,6	113,7	100	99,9	107,8
Lederwaren und Schuhe	6,01	78,0	82,7	86,4	92,0	100	104,5	107,9
Lederwaren (einschl. Reiseartikel)	1,82	79,8	83,4	87,8	92,8	100	104,4	108,3
Schuhe	4,19	77,1	82,4	85,7	91,6	100	104,6	107,7
Textilien	27,49	92,4	93,0	91,9	95,4	100	105,0	109,9
darunter:								
Garn	6,64	.	.	.	.	100	106,5	111,9
Spinnstoffwaren	2,49	.	.	.	.	100	104,9	110,3
Meterware	5,79	92,3	94,6	91,4	95,1	100	104,7	109,6
Heim- und Haustextilien sowie verwandte Erzeugnisse	5,86	90,1	92,7	93,3	96,1	100	103,8	108,6
Wirk- und Strickwaren	6,71	87,8	90,7	93,2	95,6	100	104,9	109,3
Bekleidung	20,69	86,7	90,1	92,9	95,6	100	105,1	109,2
dar.: Oberbekleidung, veredelte Rauch- und Pelzwaren	15,51	86,6	89,8	93,0	95,6	100	105,0	109,0
Wäsche für Herren und Damen	0,96	84,2	87,6	91,3	95,2	100	104,6	110,2
Erzeugnisse des Nahrungs- und Genußmittelgewerbes	**134,01**	**91,8**	**98,1**	**97,4**	**97,7**	**100**	**104,6**	**110,8**
Erzeugnisse des Ernährungsgewerbes	122,53	92,9	98,2	97,4	97,7	100	104,9	109,7
darunter:								
Mahl- und Schälmühlenerzeugnisse	2,99	100,4	100,1	98,0	99,0	100	104,8	108,3
Nährmittel	2,95	92,4	96,8	99,0	98,8	100	104,7	109,1
Stärke und Stärkeerzeugnisse	0,81	111,5	114,9	108,7	102,3	100	121,2	129,1
Brot	2,46	86,8	90,1	94,3	96,5	100	104,4	107,8
Zucker (einschl. Nebenprodukte)	4,25	91,0	91,6	91,3	95,7	100	104,9	109,6
Verarbeitetes Obst und Gemüse	4,34	88,9	96,1	98,4	98,5	100	106,8	110,2
Süßwaren	9,05	82,2	91,6	98,4	97,8	100	101,4	104,1
darunter:								
Schokoladenerzeugnisse	4,43	83,2	90,4	96,9	97,2	100	101,4	104,0
Speiseeis	1,60	91,8	96,3	96,9	98,6	100	103,2	110,0
Erzeugnisse der Ölmühlen	3,28	101,6	111,9	98,3	99,8	100	112,4	106,4
Margarine	2,00	90,0	96,4	95,9	96,9	100	105,3	107,5
Milch, Butter und Käse	15,93	93,3	95,3	96,8	98,0	100	104,6	109,4
darunter:								
Bearbeitete Milch	4,07	92,6	94,1	95,7	97,0	100	105,0	110,3
Butter	4,97	94,8	97,3	98,6	99,3	100	104,2	109,3
Schnittkäse	1,24	94,8	97,3	99,7	100,3	100	103,9	109,2
Joghurt, auch mit Zusätzen	1,08	89,0	90,9	92,2	95,2	100	105,9	110,6
Dauermilch und Milchpräparate, Schmelzkäse und Kasein	4,59	92,2	94,0	95,7	98,0	100	104,7	111,3
Fleisch und Fleischerzeugnisse	19,67	96,8	96,9	97,2	97,0	100	106,2	113,1
darunter:								
Fleisch, frisch	7,24	101,2	100,7	98,2	97,8	100	107,6	117,0
Fleischwaren	9,27	94,3	94,8	96,3	95,8	100	106,1	112,7
Wurst-, Fleisch- und Mischkonserven	1,92	91,4	92,1	93,7	96,0	100	104,3	110,2
Fisch und Fischerzeugnisse	1,70	77,0	83,5	97,0	96,8	100	109,3	114,4
Röstkaffee	5,59	97,5	130,4	106,2	95,6	100	96,3	103,0
Bier (Vollbier, untergärig mit einem Stammwürzegehalt von 11 bis 14%)	11,40	88,9	92,2	94,5	97,0	100	105,3	110,3
Braumalz, hell	1,01	102,6	104,3	97,8	98,3	100	111,9	121,2
Spiritus	0,23	.	.	.	.	100	100,5	102,9
Spirituosen	5,35	89,4	98,0	98,0	98,0	100	108,8	119,7
Traubenschaumwein	1,43	94,0	95,4	96,1	96,9	100	102,3	111,1
Tafelwässer und süße alkoholfreie Erfrischungsgetränke	4,91	96,9	97,0	97,1	98,7	100	102,3	105,5
Gewürze	0,73	100,5	115,1	111,2	98,2	100	105,8	113,8
Futtermittel	8,50	100,6	101,3	95,4	97,1	100	106,3	107,7
Tabakwaren	11,48	83,9	97,5	97,3	98,1	100	101,2	122,6

*) Stichtag: überwiegend 21. eines jeden Monats.
[1]) In Anlehnung an das Systematische Warenverzeichnis für die Industriestatistik, Ausgabe 1975.
[2]) Ohne Umsatz-(Mehrwert-)steuer.

22.8 Erzeugerpreise ausgewählter gewerblicher Produkte

DM je Mengeneinheit

Ware	Mengen-einheit	Durchschnitt[1]) 1975	1976	1977	1978	1979	1980	1981	1982
Wasser, ab Werk									
Abgabe an Haushalte (bei Abnahme von 10 m^3)	1 m^3	1,13	1,25	1,27	1,30	1,33	1,38	1,51	1,63
Abgabe an Industrie (Trinkwasserqualität, bei Abnahme von 1 000 m^3)	1 m^3	1,00	1,09	1,11	1,13	1,17	1,20	1,31	1,42
Steinkohle, ab Zeche									
Ruhr-Revier									
Fett/Nuß 4	1 t	151,00	163,00	163,00	178,00	185,17	221,67	255,50	267,50
Gasflamm-Kohle	1 t	130,50	148,00	148,00	163,00	167,67	191,25	215,88	231,25
Fett-Kohle (Kraftwerkskohle)	1 t	136,00	153,00	153,00	168,00	174,17	199,33	225,33	241,25
Kokskohle II	1 t	152,00	158,30	158,30	168,30	174,47	200,05	226,72	240,75
Große CS-Briketts[2])[3])	1 t	177,00	189,00	189,00	201,00	207,67	256,00	283,25	290,25
Kleine CS-Briketts[2])[4])	1 t	177,00	189,00	189,00	201,00	207,67	256,00	283,25	290,25
Aachener Revier									
Fettkohle-Stücke	1 t	157,00	167,00	167,00	183,00	189,67	224,83	261,04	284,17
¾ Fettkohle-Stücke	1 t	157,00	167,00	167,00	183,00	189,67	229,00	272,96	287,00
gew. Feinkohle, Eßkohle	1 t	140,00	157,00	157,00	174,17	183,67	214,50	240,46	263,17
gew. Feinkohle, Magerkohle	1 t	140,00	157,00	157,00	174,17	183,67	214,50	240,46	263,17
Saar-Revier									
Fettkohle (gew. Feinkohle)	1 t	172,50	180,00	180,00	190,00	197,67	222,83	251,17	273,17
Edelflammkohle (gew. Feinkohle)	1 t	138,00	156,00	156,00	170,50	178,33	205,50	234,17	256,17
Braunkohle									
Braunkohlen-Briketts (Hausbrand)[2])[5]), frei ab Lager Frechen	1 t	65,30	70,50	70,50	79,75	83,80	90,47	108,92	123,38
Ruhr-Koks, Hochofenkoks 3, ab Zeche	1 t	246,00	258,00	258,00	274,00	283,33	322,25	349,83	363,00[6])
Mineralölerzeugnisse (einschl. Verbrauchsteuer)									
Normalbenzin (Markenbenzin) in Tankkraftwagen, bei Abgabe an									
Großhandel, Abnahmemenge 15 — 20 m^3	1 hl	67,41	72,46	68,93	69,11	79,26	92,83	113,12	111,65
Großverbraucher, Abnahmemenge 5 — 7 m^3	1 hl	.	74,31	70,46	70,64	81,25	94,90	114,59	113,17
Dieselkraftstoff bei Lieferung an									
Großhandel[7])	1 hl	63,49	66,10	65,86	64,69	79,45	91,42	103,30	107,92
Gewerbliche Verbraucher[8])	1 hl	65,25	67,54	67,18	66,20	81,10	93,14	104,82	109,17
Heizöl									
extra leicht, bei Lieferung an Verbraucher[9])	1 hl	.	.	.	27,04	47,17	55,46	65,10	69,00
schwer, bei Lieferung an gewerbliche Verbraucher[10])	1 t	205,25	219,76	226,00	210,30	265,94	355,92	490,75	465,26
Portlandzement PZ 35 F, lose, nach DIN 1164, frei Empfangsstation[11])	1 t	933,78	940,39	971,37	979,71	1 007,15	1 094,14	108,49	124,67
Roheisen (unter Berücksichtigung des gewährten Treuerabattes), 2,0 — 3,0% Si, Frachtbasis Oberhausen-West									
Hämatit	1 t	480,42	465,00	465,00	455,00	450,00	470,00	470,00	480,00
Gießerei I[12])	1 t	494,58	475,00	475,00	465,00	460,00	480,00	480,00	490,00
Walzstahl[13])									
Formstahl[14]), Frachtbasis Oberhausen/Saarbrücken	1 t	653,00	766,42	707,07	726,33	732,65	793,08	882,03	1 055,33
Stabstahl aus Massenstahl[14]), Frachtbasis Oberhausen/Saarbrücken	1 t	737,05	827,97	745,78	785,33	788,02	847,08	844,93	976,80
Walzdraht[14]), Frachtbasis Oberhausen/Saarbrücken	1 t	650,47	713,31	624,69	699,28	721,83	773,97	778,86	876,06
Grobblech[15]), Liste A									
im Warmbreitbandbereich, Frachtbasis Essen/Saarbrücken	1 t	.	741,67	704,58	763,33	769,17	810,83	796,25	944,00
im Quartobereich, Frachtbasis Essen/Saarbrücken	1 t	.	809,50	736,58	802,83	808,50	845,83	852,92	1 035,42
Feinblech[15]), Frachtbasis Essen	1 t	761,13	879,21	881,92	892,33	923,58	984,00	1 000,67	1 113,17
Stahlschrott 2[16]), frei Empfangsstation	1 t	175,83	190,83	177,08	180,00	240,42	211,67	187,50	200,83

1) Ohne Umsatz-(Mehrwert-)steuer.
2) Einschl. Saisonzu- und -abschläge.
3) 1975 große Ruhr-Eierkohle.
4) 1975 kleine Ruhr-Eierkohle.
5) Ab Lager Frechen.
6) Hochofenkoks 4.
7) Bei einem Zahlungsziel von 30–60 Tagen, frei Zielort.
8) Bei Abnahme von 50–70 hl, frei Verbrauchsstelle.
9) In Tankkraftwagen, 40–50 hl pro Auftrag.
10) Frei Betrieb im Bereich von 30 Straßenkilometern ab Stadtmitte; Normalware (Schwefelanteil nicht unter 1,5%), bei Abnahme von 15–200 t im Monat.
11) Bis einschl. 1980 Portlandzement nach DIN 1164, einschl. Verpackung, 10 t.
12) 1975 Gießerei III.
13) Marktpreise einschl. durchschnittlicher Güte-, Abmessungs- und Dienstleistungszuschläge, abzüglich aller Rabatte, ohne Abgaben für die eisenverbrauchende Wirtschaft in Berlin (West) von 0,50 DM je t.
14) Bei Abnahme von 30 t je Posten.
15) Bei Abnahme von 25 t je Posten.
16) Bis einschl. 1976 Stahlschrott 0.

22.8 Erzeugerpreise ausgewählter gewerblicher Produkte

DM je Mengeneinheit

Ware	Mengeneinheit	Durchschnitt[1] 1975	1976	1977	1978	1979	1980	1981	1982
NE-Metalle und Edelmetalle									
Aluminium, hüttenrein, 99,5 % Al, frei Verbraucherwerk[2] . . .	1 dt	250,00	260,42	285,00	290,00	278,04	331,95	325,97	295,05
Elektrolytkupfer für Leitzwecke, DEL-Notiz, bei Abnahme von 10 t, ab Lager/Hütte	1 dt	310,88	360,85	311,76	280,25	371,48	407,47	403,63	370,78
Blei[3]), 99,97 % Pb	1 dt	101,77	112,41	143,68	131,95	220,71	164,47	164,83	132,22
Zink[3]), roh, 98 % Zn	1 dt	183,08	179,59	137,51	118,74	136,05	138,45	192,19	180,77
Feinsilber, bei Ankauf durch die Scheideanstalten	1 kg	351,29	352,86	346,28	349,44	641,29	1 208,41	750,11	607,46
NE-Metallhalbzeug									
Kupferbleche 1 × 1 000 × 2 000 mm, ohne Verpackung, ab Werk	1 dt	468,48	541,39	518,23	488,86	575,96	641,64	616,71	591,85
Kupferrohre, ohne Verpackung, ab Werk	1 dt	708,85	806,61	717,94	682,60	825,54	809,55	748,77	725,21
Messingbleche und -bänder[4]), durchschnittlicher Marktpreis bei Abnahme von mittleren Mengen, ohne Verpackung, frei Empfangsstation	1 dt	444,31	491,47	472,08	443,92	518,58	559,58	569,11	550,30
Walzblei, frei Empfangsstation	1 dt	170,26	176,22	209,04	191,41	286,23	246,46	235,05	204,63
Düngemittel, frei Empfangsstation									
Einnährstoffdünger									
Kalkammonsalpeter, 26 % N[5]), ...	1 dt Ware	105,68	109,91	110,86	112,68	│ 29,31	31,96	37,00	39,10
Mehrnährstoffdünger									
NPK-Dünger, 13 % N, 13 % P_2O_5, 21 % K_2O	1 dt Ware	38,26	37,79	36,59	36,74	37,59	40,86	45,63	47,84
NPK-Dünger, 15 % N, 15 % P_2O_5, 15 % K_2O	1 dt Ware	39,40	38,83	37,16	37,28	38,06	41,78	47,38	49,77
NP-Dünger, 20 % N, 20 % P_2O_5	1 dt Ware	43,34	41,67	39,13	38,95	39,67	43,92	51,51	54,05
Schnittholz, Erzeugerpreise gegenüber Großabnehmern bei Abnahme von 30 m^3 und mehr, ab Sägewerk[6])									
Nadelschnittholz									
Bauholz, Schnittklasse A/B, Stärke bis 19 cm, Länge bis 8 m	1 m^3	274,30	293,19	335,13	353,63	380,35	426,77	435,94	418,55
Bretter Fi/Ta, Güteklasse III, parallel besäumt oder prismiert, Stärke bis 24 mm, Länge 3 — 6 m, Breite 8 — 17 cm . .	1 m^3	188,47	207,11	233,33	228,13	240,25	279,50	281,60	254,64
Bohlen Fi/Ta, Güteklasse III, parallel besäumt oder prismiert, Stärke 33 mm und mehr, Länge 3 — 6 m	1 m^3	267,86	291,08	333,67	338,43	362,08	412,32	412,87	388,02
Laubschnittholz									
Buchenblockware, ungedämpft, einige Monate gelagert, Güteklasse II nach DIN 68 369 (A/B-Schnittware); Stärke 35 — 50 mm, Länge 3 m und mehr, Mittendurchmesser ca. 35 — 49 cm	1 m^3	.	.	274,04	296,60	315,03	348,54	351,53	348,60
Buchengestellware, ungedämpft, einige Monate gelagert, aus Rundholz bis 39 cm Mittendurchmesser; Stärke 26 — 32 mm, Länge 3 m und mehr	1 m^3	.	.	216,96	231,36	243,30	261,69	257,92	254,37
Eichenblockware, ca. 70 % Richtsortiment I, ca. 30 % Richtsortiment II, ca. 6 Monate gelagert; Stärke 35 — 50 mm, Länge 3 m und mehr, Mittendurchmesser ca. 35 — 49 cm . .	1 m^3	708,34	772,04	897,92	951,74	1 008,05	1 068,62	1 074,72	1 056,34
Sulfitzellstoff, I a, gebleicht, frei Empfangsstation[7])	1 dt	102,41	102,14	89,21	79,06	85,81	96,87	110,29	116,94
Markenbutter, 84 % Fettgehalt, bei Abgabe an den Großhandel, abgepackt in 250-g-Packungen, frei Empfangsstation	1 dt	730,91	776,82	797,25	807,46	813,51	819,69	855,85	895,71
Margarine[4]), Spitzensorte, bei Abgabe an den Großhandel, ab Werk	50 kg	150,16	128,59	135,76	135,01	136,37	146,02	155,77	159,46
Zucker, Grundsorte (Kat. 2), einschl. Zuschlag für Verpackung in 50-kg-Papiersäcken, bei Abnahme von 10 — 100 t, einschl. Zuckersteuer, ab Werk	1 dt	123,34	123,70	126,02	128,02	129,93	134,44	141,57	149,20

[1]) Ohne Umsatz-(Mehrwert-)steuer.
[2]) Bis einschl. 1978 überwiegend Listenpreise, die zeitweise unterschritten wurden.
[3]) Umrechnungswerte der Londoner Börsennotierung.
[4]) 1980 Änderung der Berichtsgrundlage.
[5]) Bis einschl. 1978 1 dt N.
[6]) Bis einschl. 1976 bei Abnahme von 15 m^3 und mehr.
[7]) Bis einschl. 1978 ungebleicht, absolut trocken.

22.9 Preisindizes für Bauwerke*)

22.9.1 Preisindex für Wohngebäude (Bauleistungen am Bauwerk)

1980 = 100

Durchschnitt	Index	Durchschnitt	Index	Durchschnitt	Index	Durchschnitt[1])	Index	Durchschnitt[1])[2])	Index	Durchschnitt[1])[2])	Index
1913	7,6	1926	12,6	1938	10,4	1950	19,1	1962	34,9	1974	70,5
1914	8,1	1927	12,8	1939	10,5	1951	22,2	1963	36,7	1975	72,1
1915	9,2	1928	13,4	1940	10,7	1952	23,6	1964	38,4	1976	74,6
1916	10,1	1929	13,6	1941	11,2	1953	22,8	1965	40,1	1977	78,2
1917	12,5	1930	13,0	1942	12,1	1954	22,9	1966	41,3	1978	83,1
1918	17,4	1931	11,9	1943	12,4	1955	24,2	1967	40,4	1979	90,4
1919	28,5	1932	10,1	1944	12,6	1956	24,8	1968	42,2	1980	100
1920	81,3	1933	9,6	1945	13,1	1957	25,7	1969	44,6	1981	105,9
1921	138	1934	10,0	1946	14,0	1958	26,5	1970	52,0	1982	108,9
1922/23[3])	.	1935	10,0	1947	16,3	1959	27,9	1971	57,3		
1924	10,5	1936	10,0	1948	21,5	1960	30,0	1972	61,2		
1925	13,0	1937	10,2	1949	20,1	1961	32,2	1973	65,7		

22.9.2 Preisindizes für Neubau und Instandhaltung

1980 = 100

Gegenstand der Nachweisung	Durchschnitt[1])[2])						
	1976	1977	1978	1979	1980	1981	1982
Neubau – konventionell							
Wohngebäude							
Bauleistungen am Bauwerk für:							
Wohngebäude	74,6	78,2	83,1	90,4	100	105,9	108,9
Einfamiliengebäude	74,0	77,8	82,7	90,2	100	105,8	108,6
Mehrfamiliengebäude	74,8	78,4	83,1	90,4	100	105,9	109,0
Gemischtgenutzte Gebäude	75,1	78,6	83,4	90,4	100	105,8	109,2
Nichtwohngebäude							
Bauleistungen am Bauwerk für:							
Bürogebäude	75,8	79,3	83,9	90,6	100	106,1	110,0
Landwirtschaftliche Betriebsgebäude	74,1	77,9	82,8	90,2	100	105,8	108,9
Gewerbliche Betriebsgebäude	76,5	79,7	83,9	90,7	100	106,1	110,4
Stahlbeton	75,3	78,5	83,1	90,2	100	106,1	109,7
Stahlbau	77,6	80,8	84,8	91,3	100	106,1	111,2
Sonstige Bauwerke							
Bauleistungen für:							
Straßenbau	73,4	75,4	80,3	88,7	100	102,6	100,3
Bundesautobahnen	73,9	75,9	80,8	89,1	100	102,5	100,2
Landes- und Bundesstraßen	73,0	74,9	79,9	88,3	100	102,8	100,4
Brücken im Straßenbau	75,3	78,3	83,4	91,0	100	104,3	106,0
Ortskanäle	73,7	76,3	81,6	90,0	100	102,7	100,9
Staudämme	74,2	77,0	82,3	90,8	100	102,3	100,2
Neubau – vorgefertigt							
Bauleistungen für:							
Einfamiliengebäude							
mit Unterkellerung	75,3	79,3	84,8	91,8	100	108,9	116,9
ohne Unterkellerung	75,6	79,1	84,4	90,8	100	108,4	114,1
Instandhaltung von Wohngebäuden							
Bauleistungen für:							
Einfamiliengebäude mit Schönheitsreparaturen	78,7	82,3	86,5	91,9	100	106,6	111,9
Mehrfamiliengebäude							
mit Schönheitsreparaturen	78,5	82,3	86,5	91,9	100	106,6	111,6
ohne Schönheitsreparaturen	78,7	82,4	86,4	91,7	100	106,5	111,8
Schönheitsreparaturen in einer Wohnung	77,9	81,7	86,9	92,4	100	106,8	111,0

*) Konventionelle Bauart, mit Ausnahme der Einfamiliengebäude in vorgefertigter Bauart. – Tab. 22.9.1: 1913 bis 1944 Reichsgebiet (jeweiliger Gebietsstand); 1945 bis 1959 Bundesgebiet (ohne Saarland und Berlin); 1960 bis 1965 Bundesgebiet ohne Berlin. – Berechnungsmethode in »Wirtschaft und Statistik«, 4/1983, S. 312 ff.

1) Ab 1952 errechnet aus 4 Erhebungsmonaten (Februar, Mai, August, November).
2) Ab 1968 einschl. Umsatz-(Mehrwert-)steuer.
3) Für 1922 und 1923 wurden wegen der sprunghaften Entwertung der Mark keine Durchschnittsindizes veröffentlicht.

22.10 Kaufwerte für Bauland

Gegenstand der Nachweisung	Baulandarten insgesamt			Baureifes Land			Rohbauland			Sonstiges Bauland[1])		
	Fälle	Fläche	Kaufwert	Fälle	Fläche	Kaufwert	Fälle	Fläche	Kaufwert	Fälle	Fläche	Kaufwert
	Anzahl	1 000 m²	DM/m²	Anzahl	1 000 m²	DM/m²	Anzahl	1 000 m²	DM/m²	Anzahl	1 000 m²	DM/m²
1975	96 744	107 905	*35,09*	75 333	68 439	*44,08*	14 412	23 081	*21,71*	6 999	16 384	*16,39*
1976	102 908	111 156	*39,98*	81 261	74 034	*48,80*	14 462	23 512	*25,14*	7 185	13 610	*17,64*
1977	108 263	120 877	*43,80*	86 747	81 415	*53,98*	14 269	23 910	*26,13*	7 247	15 552	*17,68*
1978	117 771	146 796	*46,58*	94 270	93 883	*59,91*	15 838	29 565	*28,65*	7 663	23 348	*15,66*
1979	108 021	137 402	*53,87*	84 504	85 528	*69,17*	16 004	32 596	*31,69*	7 513	19 277	*23,53*
1980	97 624	118 365	*62,43*	76 221	74 122	*82,01*	13 865	27 225	*32,88*	7 538	17 019	*24,41*
1981	79 245	91 807	*72,66*	61 641	57 548	*96,07*	10 919	21 215	*36,55*	6 685	13 043	*28,06*
1982 1. Vierteljahr	15 331	14 947	*79,14*	10 995	9 266	*105,51*	1 891	3 045	*44,06*	2 445	2 636	*27,01*
2. Vierteljahr	18 361	18 144	*76,83*	13 063	10 803	*106,85*	2 414	3 865	*42,36*	2 884	3 477	*21,88*
3. Vierteljahr	15 947	16 533	*81,64*	12 038	10 134	*110,30*	1 869	3 261	*41,97*	2 040	3 138	*30,33*
1981 nach Gemeindegrößenklassen												
Gemeinden mit . . . bis unter . . . Einwohnern												
unter 2 000	12 468	13 044	*34,70*	9 182	8 501	*43,14*	2 014	3 533	*20,96*	1 272	1 010	*11,72*
2 000 — 5 000	15 818	17 689	*49,13*	11 602	10 637	*66,15*	3 033	5 049	*25,58*	1 183	2 004	*18,09*
5 000 — 10 000	15 687	16 915	*62,24*	12 206	11 043	*78,24*	2 223	4 081	*36,15*	1 258	1 792	*23,03*
10 000 — 20 000	14 234	16 666	*71,89*	11 716	11 041	*91,32*	1 635	3 590	*38,00*	883	2 035	*26,22*
20 000 — 50 000	11 240	13 312	*84,55*	9 102	8 164	*115,31*	1 158	2 257	*47,37*	980	2 891	*26,71*
50 000 — 100 000	4 509	6 005	*105,89*	3 633	3 629	*141,95*	470	1 434	*61,43*	406	943	*34,68*
100 000 — 200 000	2 828	3 505	*136,88*	2 194	2 083	*194,29*	214	568	*68,17*	420	855	*42,60*
200 000 — 500 000	1 420	2 589	*133,27*	1 181	1 261	*216,68*	96	602	*65,20*	143	726	*44,80*
500 000 und mehr	1 041	2 081	*245,92*	825	1 190	*379,54*	76	103	*150,09*	140	787	*56,48*
1981 nach Baugebieten												
Geschäftsgebiet	70	156	*183,88*	64	155	*184,48*	1	1	.	5	1	*75,90*
Geschäftsgebiet mit Wohngebiet	1 262	1 597	*253,60*	1 121	1 377	*285,45*	13	123	*60,32*	128	97	*44,80*
Wohngebiet	54 388	56 414	*86,27*	44 688	40 762	*103,53*	7 170	14 014	*42,48*	2 530	1 638	*31,35*
geschlossene Bauweise	5 387	4 753	*126,05*	5 147	4 302	*136,62*	64	368	*21,57*	176	82	*40,64*
offene Bauweise	49 001	51 661	*82,61*	39 541	36 460	*99,63*	7 106	13 646	*43,04*	2 354	1 556	*30,86*
Industriegebiet	2 026	10 380	*32,01*	128	531	*63,29*	81	350	*32,13*	1 817	9 498	*30,26*
Dorfgebiet	21 499	23 260	*44,60*	15 640	14 723	*57,94*	3 654	6 728	*24,00*	2 205	1 810	*12,66*
1981 nach Grundstücksgrößenklassen												
Grundstücke von . . . bis unter . . . m²												
unter 100	4 254	194	*77,02*	1 572	78	*144,02*	322	17	*34,35*	2 360	99	*31,34*
100 — 300	5 078	1 029	*136,38*	3 356	711	*182,88*	672	134	*42,06*	1 050	183	*25,05*
300 — 500	7 728	3 141	*148,06*	6 514	2 660	*166,84*	743	298	*55,16*	471	183	*26,50*
500 — 1 000	42 388	31 393	*79,90*	36 940	27 285	*85,86*	4 839	3 671	*41,34*	609	436	*31,74*
1 000 — 3 000	15 962	23 255	*71,51*	11 742	16 335	*86,50*	3 036	4 736	*37,95*	1 184	2 184	*32,24*
3 000 und mehr	3 835	32 795	*57,29*	1 517	10 479	*113,38*	1 307	12 359	*34,09*	1 011	9 958	*27,04*
1981 nach ausgewählten Großstädten												
Aachen	22	30	*291,58*	.	30	*291,80*	.	.	.	.	.	.
Augsburg	53	205	*146,18*	.	132	*183,82*	.	.	.	.	.	.
Berlin (West)	48	44	*528,66*	.	44	*529,78*	.	.	.	.	.	.
Bielefeld	87	84	*122,40*	.	75	*130,02*	.	.	.	.	.	.
Bochum	144	472	*72,95*	.	92	*251,21*	.	87	*17,89*	.	293	*33,09*
Bonn	76	76	*317,22*	.	75	*318,28*	.	.	.	.	.	.
Bremen	77	159	*137,80*	.	106	*157,96*	.	10	*76,69*	.	43	*102,18*
Dortmund	221	354	*76,93*	.	125	*171,11*	.	20	*39,11*	.	209	*24,08*
Düsseldorf	53	110	*419,92*	.	91	*482,38*	.	.	.	.	19	*119,30*
Duisburg	96	172	*134,89*	.	144	*146,38*	.	.	.	.	26	*74,20*
Essen	62	117	*201,85*	.	69	*287,41*	.	.	.	.	47	*76,58*
Frankfurt am Main	30	29	*417,54*	.	25	*452,65*	.	.	.	.	.	.
Freiburg im Breisgau	122	173	*251,81*	.	92	*421,18*	.	13	*123,21*	.	68	*45,23*
Gelsenkirchen	67	213	*80,80*	.	151	*101,28*	.	9	*32,56*	.	53	*30,30*
Hagen	42	80	*129,16*	.	22	*331,12*	.	.	.	.	11	*25,97*
Hamburg	86	159	*131,65*	.	154	*130,20*	.	.	.	.	.	.
Hannover	66	70	*192,23*	66	70	*192,23*	.	.	.	.	.	.
Karlsruhe	122	98	*243,52*	.	65	*308,23*	.	32	*112,42*	.	.	.
Kassel	20	16	*168,48*	.	15	*167,08*	.	.	.	.	.	.
Kiel	94	500	*51,14*	.	67	*131,58*	.	318	*38,54*	.	115	*39,02*
Köln	118	475	*78,25*	.	99	*267,94*	.	.	.	.	367	*25,17*
Krefeld	28	15	*217,46*	.	14	*225,40*	.	.	.	.	.	.
Ludwigshafen am Rhein	33	69	*142,74*	.	29	*286,23*	.	9	*45,53*	.	30	*34,06*
Lübeck	39	43	*148,68*	.	29	*202,77*	.	.	.	.	13	*36,72*
Mannheim	92	115	*168,14*	.	79	*216,03*	.	27	*39,05*	.	.	.
Mülheim a.d. Ruhr	21	14	*266,65*	.	13	*295,67*	.	.	.	.	2	*41,82*
München	109	276	*696,25*	.	200	*893,37*	.	42	*155,04*	.	34	*204,89*
Nürnberg	24	38	*286,28*	.	23	*383,17*	.	.	.	.	.	.
Oberhausen	38	129	*89,47*	.	47	*169,68*	.	.	.	.	82	*43,75*
Solingen	85	93	*227,21*	.	73	*222,12*	.	7	*125,26*	.	12	*320,59*
Stuttgart	123	159	*588,54*	.	105	*742,86*	.	17	*289,11*	.	37	*283,79*
Wiesbaden	61	123	*244,50*	.	34	*337,95*	.	51	*306,08*	.	38	*76,92*
Wuppertal	22	18	*331,00*	.	18	*332,55*	.	.	.	.	.	.

[1]) Industrieland, Land für Verkehrszwecke und Freiflächen.

22.11 Index der Großhandelsverkaufspreise*)

22.11.1 Nach Wirtschaftszweigen

1976 = 100

Nr. der Systematik[1])	Wirtschaftsgliederung (Gh. m. = Großhandel mit)	Gewichtung	Durchschnitt[2])							
			1975	1976	1977	1978	1979	1980	1981	1982
40/41	**Großhandel insgesamt**	**1 000**	**94,5**	**100**	**101,8**	**101,0**	**108,0**	**116,5**	**126,1**	**133,4**
	einzelwirtschaftlich	929,61	94,5	100	101,6	100,8	108,3	117,2	127,1	134,6
	genossenschaftlich	70,39	94,2	100	104,5	102,6	103,0	106,9	113,0	117,8
401	Gh. m. Getreide, Futter- und Düngemitteln, Tieren	121,57	90,8	100	101,9	98,4	100,3	104,9	111,7	115,5
	darunter mit:									
401 14	Getreide, Saaten, Futtermitteln	69,77	88,7	100	101,1	96,4	98,4	101,9	108,4	110,5
401 17	Düngemitteln	10,34	96,3	100	109,7	113,4	117,4	128,5	138,3	147,5
401 51	lebendem Vieh	17,12	94,9	100	99,5	93,8	93,5	94,9	101,7	109,2
402	Gh. m. textilen Rohstoffen und Halbwaren, Häuten usw.	11,70	.	100	100,0	96,5	113,7	99,5	109,6	116,2
	darunter mit:									
402 14	Wolle, Tierhaaren	1,81	82,3	100	99,5	93,8	98,7	104,9	125,1	124,1
402 50	Häuten, Fellen	3,74	55,0	100	102,6	106,8	145,5	92,4	104,1	124,2
402 70	Leder	1,80	83,1	100	103,7	104,2	122,5	117,2	116,1	123,1
404	Gh. m. technischen Chemikalien, Rohdrogen, Kautschuk	11,27	99,1	100	96,9	90,3	99,8	109,8	114,9	116,2
405	Gh. m. festen Brennstoffen, Mineralölerzeugn.	153,31	90,1	100	97,1	97,0	124,7	149,6	177,6	182,4
	darunter mit:									
405 40	festen Brennstoffen	21,78	91,9	100	100,1	106,5	117,0	134,7	152,0	159,9
405 70	Mineralölerzeugnissen	127,55	89,7	100	96,5	95,2	125,9	152,1	182,0	186,2
406	Gh. m. Erzen, Stahl, NE-Metallen usw.	114,83	94,7	100	90,7	92,1	97,9	101,7	106,1	122,1
	darunter mit:									
406 45	Eisen (oh. Roheisen) und Stahl und -halbzeug	87,45	95,7	100	89,5	94,2	96,8	99,0	104,6	127,6
406 71	NE-Metallen	20,43	87,8	100	94,6	87,3	106,8	114,7	113,5	104,6
407	Gh. m. Holz, Baustoffen, Installationsbedarf	56,90	96,8	100	104,1	105,9	111,4	123,8	131,5	138,2
	darunter mit:									
407 14	Schnittholz	5,59	95,2	100	107,8	108,3	112,2	127,2	130,3	128,6
407 40	Baustoffen, Bauelem. aus mineral. Stoffen	29,03	96,6	100	104,3	106,7	113,2	126,2	136,7	147,3
407 81	Installationsbedarf für Gas und Wasser	8,29	99,7	100	102,7	104,5	109,2	116,2	121,1	128,3
408	Gh. m. Altmaterial, Reststoffen	16,23	90,3	100	86,0	80,7	105,8	106,1	101,0	99,9
	darunter mit:									
408 31	Eisen- und Stahlschrott	14,09	.	100	85,1	80,8	106,0	103,5	100,7	100,1
408 35	NE-Metallschrott	1,04	.	100	92,4	82,5	103,2	113,1	114,9	104,4
411	Gh. m. Nahrungsmitteln, Getränken, Tabakwaren	242,00	95,2	100	109,4	105,4	105,3	110,7	118,5	127,1
	darunter mit:									
411 25	Gemüse, Obst, Früchten	31,34	98,7	100	115,1	105,9	102,0	121,1	143,5	157,7
411 41	Milcherzeugnissen, Fettwaren	28,09	95,0	100	103,1	104,3	105,1	107,3	111,5	116,2
411 55	Fleisch, Fleischwaren	19,51	95,6	100	99,5	96,4	95,8	96,5	103,2	110,0
411 87	Bier, alkoholfreien Getränken	8,89	100,0	100	103,7	105,6	109,9	112,0	119,8	126,8
411 90	Tabakwaren	15,93	98,4	100	117,3	116,9	119,2	122,0	122,5	147,6
412	Gh. m. Textilien, Bekleidung, Schuhen, Lederwaren	30,49	99,4	100	106,2	110,2	113,7	120,2	127,1	134,5
	darunter mit:									
412 10	Textilien, Bekleidung, Schuhen, Lederwaren, o. a. S.	7,08	99,7	100	107,1	111,6	115,4	122,0	128,9	136,0
412 45	Pullovern, Säuglingsbekleidung, Kurzwaren u. ä.	6,60	97,6	100	105,0	107,7	110,3	114,5	121,8	129,1
412 71	Heimtextilien, Bodenbelägen	7,58	99,6	100	104,0	106,3	109,9	115,2	121,5	129,7
412 80	Schuhen	2,25	96,3	100	106,3	111,5	118,3	125,0	128,6	131,7
413	Gh. m. Metallwaren, Einrichtungsgegenständen	64,58	.	100	102,2	103,4	104,9	111,8	117,9	123,5
	darunter mit:									
413 11	Metall- und Kunststoffwaren, o. a. S.	5,19	98,1	100	104,1	107,0	110,3	119,6	126,6	135,5
413 20	elektrotechnischen Erzeugnissen, a. n. g.	18,27	99,7	100	101,6	101,8	103,8	110,2	115,6	119,8
413 71	Rundfunk-, Fernseh- und phonotechnischen Geräten	13,65	105,5	100	97,6	94,6	89,0	87,8	90,3	89,7
413 80	Lacken, Farben, Tapeten	7,44	97,7	100	103,1	105,6	110,3	120,5	129,2	137,8
414	Gh. m. feinmechanischen und optischen Erzeugnissen, Schmuck usw.	10,26	.	100	100,8	101,8	104,8	118,9	118,7	122,5
	darunter mit:									
414 65	Edelmetallwaren, Schmuck u. ä.	2,51	98,1	100	101,1	106,3	115,2	153,4	138,0	138,0
416	Gh. m. Fahrzeugen, Maschinen, techn. Bedarf	103,03	.	100	103,7	105,8	109,2	114,6	119,2	125,9
	darunter mit:									
416 11	Kraftwagen	54,26	95,7	100	103,7	106,5	110,5	115,8	120,3	128,0
416 14	Kraftfahrzeugteilen und -reifen	15,47	97,9	100	104,6	106,9	110,0	118,7	124,8	131,0
416 42	Baumaschinen, Baugeräten	8,04	96,4	100	103,9	106,4	109,8	114,3	118,1	121,9
418	Gh. m. pharmazeut., kosmet. u. ä. Erzeugn.	27,44	99,1	100	102,5	105,9	108,7	113,7	119,1	122,9
	darunter mit:									
418 10	pharmazeutischen Erzeugnissen	20,89	99,2	100	102,4	106,1	108,8	113,5	118,4	121,0
418 35	Laborbedarf, sonstigen medizinischen und orthopädischen Artikeln	2,80	96,1	100	105,4	109,7	117,1	125,9	136,8	146,7
418 60	kosmet. Erzeugn., Körperpflegemitteln	3,05	99,1	100	100,4	101,4	101,8	104,4	109,5	115,3
419	Gh. m. Papier, Druckerzeugnissen, Waren verschiedener Art, o. a. S.	36,39	.	100	100,5	101,1	106,0	113,5	122,1	130,4
	darunter mit:									
419 11	Schreib- und Druckpapier	6,47	119,6	100	101,0	100,4	102,1	105,7	119,0	127,9
419 17	Schreib- und Papierwaren, Schul- und Büroartikeln	3,65	102,9	100	101,0	101,5	104,9	112,4	121,0	129,5
419 82	Rohstoffen und Halbwaren, o. a. S.	6,51	94,9	100	97,7	98,2	110,1	118,9	127,5	137,3
419 83	Fertigwaren, o. a. S.	6,28	97,9	100	103,5	104,4	107,2	115,1	122,4	128,7

*) Berechnungsmethode in »Wirtschaft und Statistik«, 7/1979, S. 475 ff.
[1]) Systematik der Wirtschaftszweige, Ausgabe 1979, Kurzbezeichnungen.
[2]) Ohne Umsatz-(Mehrwert-)steuer.

22.11 Index der Großhandelsverkaufspreise*)

22.11.2 Nach dem produktionswirtschaftlichen Zusammenhang der Waren**)

1976 = 100

Warengliederung	Gewichtung	Durchschnitt[1])							
		1975	1976	1977	1978	1979	1980	1981	1982
Großhandel insgesamt	**1 000**	**94,5**	**100**	**101,8**	**101,0**	**108,0**	**116,5**	**126,1**	**133,4**
Erzeugnisse der Landwirtschaft	134,03	88,8	100	107,5	98,9	99,2	104,9	115,2	122,6
darunter:									
Getreide	49,71	91,8	100	101,0	100,0	100,5	102,4	105,9	109,2
Kartoffeln (ohne Pflanzkartoffeln)	4,59	37,8	100	49,3	27,6	38,8	38,8	48,8	52,0
Rohkaffee	7,74	49,8	100	166,2	100,3	95,6	86,2	84,5	95,5
Frischobst und Südfrüchte	25,94	107,8	100	125,0	116,4	103,9	130,6	155,8	185,0
Frischgemüse	8,28	83,2	100	98,3	86,1	100,4	107,4	133,3	110,2
Lebende Tiere	19,01	94,9	100	99,5	93,8	93,5	94,9	101,7	109,2
Erzeugnisse der Fischerei	2,52	93,5	100	114,4	116,9	121,1	119,8	125,2	133,7
Bergbauliche Erzeugnisse	34,60	93,6	100	99,4	104,1	107,9	123,0	137,4	144,5
dar. Kohle, Briketts und Koks	28,94	92,3	100	100,2	107,9	112,8	128,8	144,0	151,4
Mineralölerzeugnisse	123,11	89,2	100	96,2	94,1	128,0	155,6	187,2	191,2
darunter:									
Motorenbenzin	50,53	85,9	100	91,1	91,0	108,0	130,4	160,0	156,9
Dieselkraftstoff	25,05	94,2	100	99,0	96,8	126,5	150,7	172,3	179,4
Heizöl, leicht	33,31	90,3	100	99,9	95,9	166,1	201,8	240,6	255,4
Heizöl, schwer	8,45	93,2	100	101,5	93,2	120,8	160,9	218,0	211,5
Steine und Erden, Asbestwaren	38,64	97,0	100	109,4	113,6	118,9	131,5	139,6	150,9
Eisen und Stahl	99,02	95,8	100	88,6	93,2	97,6	98,6	103,4	125,6
NE-Metalle und -Metallhalbzeug	33,08	86,9	100	95,1	87,0	105,7	113,5	112,0	103,8
darunter:									
Aluminium, auch legiert	5,15	83,2	100	108,9	107,7	125,6	135,4	122,3	111,8
Kupfer, auch legiert	11,56	88,4	100	87,1	78,2	97,8	107,3	108,0	100,1
NE-Metallhalbzeug	6,84	88,7	100	97,3	89,3	101,1	108,0	104,0	102,8
Bearbeitungsabfälle und Schrott aus NE-Metallen	6,99	82,9	100	92,6	80,9	103,2	113,0	115,9	103,7
Gießereierzeugnisse	5,41	94,1	100	91,1	88,0	103,8	112,7	114,6	116,1
Erzeugnisse der Ziehereien und Kaltwalzwerke und der Stahlverformung	11,00	98,1	100	104,3	107,2	110,1	123,7	130,8	142,0
Maschinenbauerzeugnisse	23,90	96,5	100	105,1	107,9	111,1	115,7	121,2	127,3
Straßenfahrzeuge	54,40	95,8	100	103,7	106,6	110,4	115,2	119,6	127,2
dar. Personenkraftwagen	42,22	95,6	100	103,6	106,4	110,5	115,2	119,2	127,1
Elektrotechnische Erzeugnisse	40,17	101,0	100	100,9	100,5	100,2	104,4	108,8	112,0
dar. Rundfunk-, Fernseh-, phonotechnische Geräte und Einrichtungen u. ä.	16,33	105,9	100	97,4	94,0	88,2	86,6	88,8	88,1
Feinmechanische und optische Erzeugnisse; Uhren	6,71	97,4	100	100,3	100,3	101,0	104,3	107,1	109,9
Eisen-, Blech- und Metallwaren	14,59	95,4	100	105,4	108,2	112,8	120,8	128,4	135,9
Spielwaren, Schmuck, Füllhalter u. ä.	3,95	98,1	100	102,2	106,1	113,3	142,8	135,7	139,9
Chemische Erzeugnisse	64,52	98,5	100	100,2	100,3	104,6	112,8	120,5	125,7
darunter:									
Düngemittel	15,86	97,0	100	98,8	99,8	103,5	112,3	125,0	132,3
Pharmazeutische Erzeugnisse	20,51	.	100	102,7	106,6	109,3	114,2	119,0	122,0
Büromaschinen; Datenverarbeitungsgeräte und -einrichtungen	3,95	100,0	100	96,7	92,0	87,9	81,4	78,7	77,3
Feinkeramische Erzeugnisse	4,40	95,4	100	105,2	111,7	116,3	125,3	136,0	146,2
Glas und Glaswaren	4,35	95,1	100	105,4	109,3	115,7	127,0	136,8	142,5
Schnittholz, Sperrholz und sonstiges bearbeitetes Holz	11,91	.	100	107,6	107,8	111,6	129,4	135,0	131,7
Holzwaren	6,54	96,7	100	105,4	109,4	114,9	125,4	132,6	139,2
Papier und Pappe	9,37	.	100	99,7	97,6	102,8	109,9	117,3	124,8
Papier- und Pappewaren	5,64	100,2	100	100,3	101,1	101,8	107,9	115,3	122,4
Druckereierzeugnisse	6,76	93,3	100	102,3	103,9	107,5	116,4	123,3	129,2
Kunststofferzeugnisse	2,49	97,4	100	103,4	107,6	112,5	120,1	126,0	132,8
Gummiwaren	6,92	99,3	100	105,5	106,2	108,8	120,6	127,2	131,7
Leder	1,80	83,1	100	103,7	104,2	122,5	117,2	116,1	123,1
Lederwaren und Schuhe	2,56	96,2	100	105,5	110,1	116,4	122,6	125,9	129,2
Textilien	25,52	97,3	100	103,9	105,5	109,0	114,0	121,1	127,6
darunter:									
Heim- und Haustextilien sowie verwandte Erzeugnisse	9,55	99,5	100	104,2	106,4	110,2	115,6	122,0	130,3
Wirk- und Strickwaren	9,94	97,7	100	105,2	107,9	110,7	114,5	121,1	127,9
Bekleidung, Haus-, Bett- und Tischwäsche	7,73	106,6	100	110,0	117,0	120,2	131,5	139,8	148,5
Erzeugnisse des Ernährungsgewerbes	188,59	95,5	100	104,6	102,7	103,7	106,9	113,1	117,3
darunter:									
Nährmittel (ohne Teigwaren)	5,79	96,4	100	103,5	106,2	110,0	116,8	124,6	129,7
Zucker (einschl. Zuckerrübenschnitzel)	10,07	100,0	100	100,4	100,8	104,7	109,5	115,8	121,5
Schokoladenerzeugnisse	5,27	97,8	100	111,9	121,1	119,6	122,5	126,4	127,7
Butter	22,74	93,7	100	102,5	104,1	104,9	105,7	109,6	115,0
Käse	8,02	96,3	100	104,1	105,7	106,3	111,0	115,5	120,7
Ölkuchen und -schrote	7,99	79,0	100	104,6	84,4	88,8	92,1	110,9	104,7
Margarine	5,47	111,2	100	106,5	106,0	106,5	110,6	116,4	121,4
Schweinefleisch in Hälften	9,80	94,6	100	96,2	88,7	88,3	88,7	97,4	103,6
Rindfleisch in Hälften	8,10	96,8	100	102,0	101,1	100,2	101,0	105,8	113,4
Schlachtgeflügel	10,47	88,4	100	100,1	97,1	100,5	109,6	111,5	105,8
Kaffee	3,45	83,6	100	141,3	117,9	105,1	108,9	102,9	109,8
Bier	7,30	100,7	100	103,8	106,6	112,0	114,7	124,3	130,7
Spirituosen	13,73	98,9	100	112,7	112,6	112,4	113,6	124,4	136,8
Tafelwasser und süße alkoholfreie Erfrischungsgetränke	4,67	98,9	100	101,3	100,7	103,8	105,6	108,6	114,9
Tabakwaren	21,82	98,3	100	117,4	117,0	119,3	122,1	122,4	148,1
dar. Zigaretten	21,00	98,3	100	117,4	117,0	119,3	122,2	122,4	147,8

*) Berechnungsmethode in »Wirtschaft und Statistik«, 7/1979, S. 475ff.

**) In Anlehnung an das Systematische Warenverzeichnis für die Industriestatistik, Ausgabe 1975 bzw. an das Güterverzeichnis für die Land- und Forstwirtschaft, Fischerei, Ausgabe 1978.

[1]) Ohne Umsatz-(Mehrwert-)steuer.

22.11 Index der Großhandelsverkaufspreise*)

22.11.3 Nach dem Warenverzeichnis für die Binnenhandelsstatistik

1976 = 100

Nr. der Systematik¹)	Warengliederung	Gewichtung	Durchschnitt²) 1977	1978	1979	1980	1981	1982
	Großhandel insgesamt	**1 000**	**101,8**	**101,0**	**108,0**	**116,5**	**126,1**	**133,4**
	darunter:							
00	Fleisch, Wurst, Fische, Fischerzeugnisse	33,34	100,7	98,1	99,0	102,0	107,2	110,5
01	Obst, Gemüse (ohne tiefgefr., diät. und Konserven)	39,52	110,7	100,2	96,8	116,1	139,2	153,7
02	Milch, Käse, Speisefette und -öle, Eier	46,57	103,7	103,7	104,4	107,9	112,6	115,6
03	Tiefgefrorene und gefrorene Erzeugnisse, Speiseeis³)	3,07	100,6	99,5	100,5	102,1	104,4	106,6
04	Nährmittel (ohne Suppen, tiefgefr. und diätetische)	10,58	105,5	108,2	110,3	113,4	117,9	122,2
05	Suppen, Gewürze, Brotaufstrich, Zucker	16,27	102,8	103,7	104,9	109,0	115,2	120,6
06	Fleisch-³), Wurst-³) und Fischkonserven, Marinaden	2,58	103,9	115,5	116,3	120,5	123,6	125,0
07	Obst- und Gemüsekonserven (ohne diätetische)	11,71	104,9	96,3	93,7	97,8	108,5	116,2
08	Süßwaren (ohne Kakaopulver und diät. Süßwaren)	11,10	107,4	114,0	114,1	118,1	122,8	126,4
10	Weine, Schaumweine (ohne für Diabetiker), Spirituosen	20,39	110,4	110,4	112,1	114,2	124,3	135,7
11	Biere, alkoholfreie Getränke (ohne diätetische)	11,97	102,8	104,3	108,8	111,2	118,2	124,5
12	Kaffee, Tee, Kakao, Tabakwaren	26,54	121,5	120,4	120,6	122,8	121,7	143,5
15	Wasch-, Putz- und Reinigungsmittel	2,56	102,6	103,2	104,6	111,4	118,9	129,0
16	Hygieneartikel, Verbandstoffe, Kinderkörperpflegemittel	2,39	99,4	99,3	98,9	107,2	118,5	125,8
17	Feinseifen, Desodorantien, Haut-, Haarpflegemittel	2,11	99,0	99,4	100,1	102,3	106,6	111,4
19	Haus-, Tisch- und Bettwäsche, Bettwaren	1,84	106,7	111,6	117,0	128,1	134,0	138,8
20	Heimtextilien (ohne Bodenbeläge)	4,32	102,9	104,3	106,5	110,9	116,5	121,5
21	Bodenbeläge	5,05	105,1	108,1	113,1	119,2	126,3	137,5
23	Herrenoberbekleidung ab Größe 38	3,08	104,8	101,5	103,9	109,7	111,0	112,6
24	Damenoberbekleidung ab Größe 34	1,54	124,8	145,6	153,3	183,7	196,8	216,1
25	Kinderoberbekleidung ab Größe 104 bis einschl. 176	2,16	106,0	116,7	118,5	127,6	141,4	153,0
26	Pullover u. ä., gewirkt, gestrickt, Säuglingsbekleidung	3,30	107,1	108,3	109,9	111,9	120,8	129,1
27	Herren-, Damen- und Kinderwäsche, Miederwaren³)	1,72	105,7	109,5	115,4	119,2	123,7	128,8
28	Kurzwaren, Handarbeiten	1,65	105,9	111,4	116,4	123,4	134,1	142,5
29	Strumpfwaren, Bekleidungszubehör³), Schirme³), Stöcke³)	5,14	103,9	107,1	109,8	114,7	120,6	127,0
31	Herrenschuhe (ohne Sportschuhe)	0,71	105,7	106,2	111,3	117,5	120,8	124,6
32	Damenschuhe (ohne Sportschuhe)	1,13	105,5	110,7	117,0	122,9	125,9	128,9
37	Rundfunk-, Fernseh- und phonotechnische Geräte	16,20	97,3	93,9	87,9	86,3	88,4	87,7
38	Geräte und Einrichtungen der Elektrizitätserzeugung und -verteilung	8,78	103,6	105,3	112,5	127,3	134,1	140,8
39	Elektrotechnische Erzeugnisse, a. n. g.	3,64	105,0	108,5	110,2	112,9	117,6	123,0
40	Foto- und Kinogeräte, fototechn. und -chem. Material	2,27	95,5	88,9	81,3	83,8	89,7	91,9
41	Feinmechanische und optische Erzeugnisse, a. n. g.	3,30	104,6	105,8	108,8	112,6	116,2	120,0
42	Uhren (ohne Armaturbrettuhren, Uhrenradios)	2,43	99,5	101,0	104,7	109,9	110,7	113,9
43	Schmuck, Gold- und Silberschmiedewaren, Edelsteine	1,67	102,0	109,6	121,6	179,7	154,5	152,6
45	Spielwaren, Fest- und Scherzartikel, a. n. g.	2,67	103,3	104,8	108,6	115,7	123,5	131,6
49	Schul-³), Laden-³), Wohn- und Küchenmöbel	4,56	106,0	110,7	117,4	128,5	136,7	144,8
52	Papier, Pappe	8,47	100,7	100,0	102,5	107,4	119,9	128,1
56	Druckereierzeugnisse (ohne Musikalien, bedruckte Behälter)	6,76	102,3	103,9	107,5	116,4	123,3	129,2
58	Büromaschinen, ADV-Geräte und -Einrichtungen, Büromöbel	4,88	99,4	96,9	95,0	91,7	91,2	91,3
59	Eisenerze, Roheisen, Stahl, Stahlhalbzeug, Gußeisen	96,80	89,4	93,6	96,0	98,6	104,5	127,1
60	NE-Metalle und -halbzeug, Edelmetalle und -halbzeug	26,82	95,7	88,2	105,3	112,6	110,7	103,6
61	Werkzeuge, a. n. g.	5,38	106,1	109,6	115,6	124,8	133,3	139,4
62	Maschinen-, Elektrowerkzeuge, Baugeräte, Behälter, a. n. g.	1,64	105,0	106,2	111,8	119,3	124,1	128,9
63	Beschläge und Schlösser, Eisenkurzwaren	10,41	104,8	108,0	111,0	124,7	132,0	143,3
66	Tafel-, Küchen- u. ä. Haushaltsgeräte	5,55	105,2	109,9	113,2	121,6	131,5	140,8
67	Heizgeräte, Kühlmöbel, Waschmaschinen für den Haushalt	7,86	102,0	102,8	104,0	108,6	114,7	120,3
68	Installationsgeräte und -material für Wasser, Gas und Heizung	8,43	104,4	105,8	109,6	116,3	121,3	128,4
69	Holz, Bauelemente aus Holz, Metall und Kunststoff	14,20	107,0	107,6	111,3	127,5	132,9	130,6
70	Baustoffe, mineralische Bauelemente, Flachglas, Fertigteilbauten³)	39,51	109,3	113,3	118,3	131,9	141,0	152,6
72	Anstrichfarben (ohne Künstlerfarben, Lacke)	1,43	105,1	108,4	115,1	128,9	141,3	152,2
74	Lacke und Lackfarben (einschl. Polituren)	1,73	103,1	105,3	111,0	122,9	133,7	143,2
76	Tapeten (einschl. Wand- und Deckenbeläge)	2,10	100,8	103,7	104,9	112,9	117,9	124,1
77	Kraftwagen, -teile, -zubehör, Bereifung, a. n. g.	64,71	103,7	106,5	110,0	115,4	119,9	127,1
80	Landmaschinen	8,82	106,0	109,1	111,8	114,9	120,7	128,9
81	Werkzeug-, Bau-, Textil-³) und Nähmaschinen³)	10,96	104,3	106,8	110,4	115,8	121,2	125,6
82	Maschinen, a. n. g.	1,20	100,3	101,4	107,1	111,6	119,4	129,0
83	Technischer Spezialbedarf, Verpackungsmittel, a. n. g.	4,69	102,2	99,9	101,1	103,9	107,7	117,3
85	Orthopädische und medizinische Erzeugnisse, Dentalbedarf, Laborgeräte	2,34	106,1	111,0	118,9	127,7	139,0	148,7
87	Arzneimittel und sonstige pharmazeutische Erzeugnisse, a. n. g.	18,37	102,7	106,9	109,7	114,2	118,5	120,4
90	Chemische Grundstoffe und Chemikalien	9,78	96,5	89,8	97,9	106,8	111,9	111,2
91	Kunststoffe, Salz, a. n. g., Rohdrogen, Kautschuk³)	2,63	97,6	91,3	102,6	115,5	119,1	126,5
92	Feste Brennstoffe, Mineralölerzeugnisse	152,05	97,0	96,7	125,1	150,5	179,0	183,6
93	Textile Rohstoffe, Vorerzeugnisse, Häute, Felle, Leder	11,70	100,0	96,5	113,7	99,5	109,6	116,2
94	Gebrauchtwaren, Schrott, Altmaterial, a. n. g.	17,58	86,0	79,4	105,4	106,6	102,2	98,9
95	Lebendes Vieh und Geflügel³)	19,01	99,5	93,8	93,5	94,9	101,7	109,2
97	Pflanzen (einschließlich Baumschulerzeugnisse)	3,17	106,6	113,3	116,2	132,2	128,9	131,2
98	Saaten, Rohstoffe für Nahrungsmittel; Futter- und Düngemittel	100,23	105,8	96,8	98,3	101,2	107,7	110,8

*) Berechnungsmethode in »Wirtschaft und Statistik«, 7/1979, S. 475 ff.
¹) Warenverzeichnis für die Binnenhandelsstatistik, Ausgabe 1978.
²) Ohne Umsatz-(Mehrwert-)steuer.
³) Ohne Preisrepräsentanten für diese Warenart.

22.12 Index der Einzelhandelspreise*)

22.12.1 Nach Wirtschaftszweigen

1976 = 100

Nr. der Systematik[1])	Wirtschaftsgliederung (Eh. m. = Einzelhandel mit)	Gewichtung	Durchschnitt[2])							
			1975	1976	1977	1978	1979	1980	1981	1982
43	**Einzelhandel insgesamt**	**1 000**	**96,9**	**100**	**103,9**	**106,4**	**110,1**	**116,1**	**122,2**	**128,6**
	darunter:									
43 1, 43 04	Eh. m. Nahrungs- und Genußmitteln u. ä.	339,11	96,4	100	105,6	106,5	107,7	111,8	117,1	125,0
	darunter mit:									
43 10, 43 04	Nahrungs- und Genußmitteln u. ä., o. a. S.	287,69	96,4	100	104,8	105,8	106,9	111,2	116,7	123,4
43 14 0	Kartoffeln, Gemüse, Obst	4,48	89,9	100	104,5	100,0	101,9	111,2	121,4	125,4
43 14 1	Milch, Fettwaren, Eiern	4,04	97,2	100	103,2	104,5	105,5	109,3	114,8	119,6
43 14 2	Fischen, Fischerzeugnissen	1,37	95,8	100	106,7	112,3	113,7	118,1	124,1	130,5
43 14 4	Süßwaren	2,12	96,4	100	107,4	110,7	111,1	114,0	117,2	122,0
43 14 5	Kaffee, Tee, Kakao	2,68	91,1	100	123,7	117,1	109,6	114,5	113,7	119,5
43 16	Getränken	8,25	98,8	100	104,5	106,7	108,4	111,2	117,4	125,3
43 19	Tabakwaren	27,31	97,0	100	113,1	113,7	116,3	119,4	120,7	143,2
43 2	Eh. m. Textilwaren, Schuhen	152,90	96,9	100	104,5	109,2	114,1	120,7	126,8	132,4
	davon mit:									
43 20–27	Textilwaren	131,97	97,2	100	104,2	108,7	113,1	118,8	124,6	130,2
	darunter mit:									
43 20	Textilwaren, o. a. S.	44,99	97,1	100	104,4	108,9	113,1	118,8	124,7	130,4
43 22	Oberbekleidung (ohne Wirk- und Strickwaren)	62,25	96,9	100	104,3	109,0	113,9	119,6	125,4	130,8
43 23	Wäsche, Wirk-, Strick- u. ä. Waren	11,81	97,3	100	104,0	108,3	112,5	118,0	123,9	130,0
43 28	Schuhen, Schuhwaren	20,93	95,6	100	106,6	112,5	120,4	132,9	140,5	145,8
43 3	Eh. m. Metallwaren, Hausrat, Wohnbedarf, a. n. g.[3])	68,15	97,3	100	103,8	107,8	112,1	120,2	128,6	134,8
	darunter mit:									
43 30	Metall- und Kunststoffwaren, a. n. g.[3])	16,40	97,7	100	102,8	105,8	108,5	114,6	120,1	125,6
43 33	Haushaltskeramik und -glaswaren	2,78	95,9	100	104,9	109,7	114,2	123,8	132,1	139,3
43 36 0	Möbeln	48,97	97,4	100	104,0	108,4	113,2	121,8	131,2	137,6
43 4	Eh. m. Elektro- und optischen Erzeugnissen, Uhren	49,40	99,3	100	100,5	102,1	104,4	114,5	118,2	120,8
	darunter mit:									
43 40	Elektroerzeugnissen	22,37	100,1	100	99,6	99,6	99,1	100,9	103,2	105,9
43 5	Eh. m. Papierwaren, Druckerzeugnissen	18,81	97,4	100	103,3	106,1	107,9	112,0	118,0	125,0
43 6	Eh. m. pharmazeutischen, kosmetischen u. ä. Erzeugnissen	62,60	97,8	100	102,6	104,6	107,8	112,8	118,1	121,9
	darunter in:									
43 60 0	Apotheken	43,82	97,8	100	102,9	105,0	109,0	114,6	120,3	123,4
43 60 4	Drogerien	13,72	97,9	100	101,9	103,5	104,9	108,6	113,0	118,0
43 7	Eh. m. Kohle, Mineralölerzeugnissen	35,62	92,6	100	100,2	102,0	134,6	154,0	177,2	184,9
	davon mit/in:									
43 70	Brennstoffen	28,58	92,3	100	100,8	102,6	139,2	158,7	181,8	191,4
43 75	Tankstellen (in eigenem Namen)	7,04	93,8	100	98,1	99,8	116,0	135,2	158,2	158,3
43 8	Eh. m. Fahrzeugen, Maschinen, Büroeinrichtungen	92,61	97,4	100	102,8	106,3	109,9	115,1	119,1	126,0
	darunter mit:									
43 80	Fahrzeugen	81,43	97,0	100	103,1	106,7	110,5	115,8	119,8	127,0
43 9	Eh. m. sonstigen Waren	19,59	96,1	100	102,1	104,8	108,3	114,5	120,9	125,5

*) Der Index bezieht sich nur auf die Umsätze der Einzelhandelsgeschäfte, nicht auch auf die Einzelhandelsumsätze anderer Unternehmen. Berechnungsmethode in »Wirtschaft und Statistik«, 11/1979, S. 808 ff.

1) Systematik der Wirtschaftszweige, Ausgabe 1961, Kurzbezeichnungen.
2) Einschl. Umsatz-(Mehrwert-)steuer.
3) Ohne 43 30 8 = Einzelhandel mit Jagdartikeln.

22.12 Index der Einzelhandelspreise*)

22.12.2 Nach dem Güterverzeichnis für den Privaten Verbrauch

1976 = 100

Warengliederung¹)	Gewichtung	Durchschnitt²) 1975	1976	1977	1978	1979	1980	1981	1982
Einzelhandel insgesamt	**1 000**	**96,9**	**100**	**103,9**	**106,4**	**110,1**	**116,1**	**122,2**	**128,6**
Nahrungs- und Genußmittel	345,42	96,1	100	105,9	106,6	107,7	111,8	117,0	125,0
Nahrungsmittel	247,53	96,1	100	103,0	104,3	105,8	110,2	116,1	121,5
Fleisch und Fleischwaren	50,69	93,7	100	101,7	103,3	103,4	106,8	111,5	118,9
Fische und Fischwaren	9,03	97,9	100	103,6	109,4	111,1	114,3	118,9	124,2
Eier	4,43	90,9	100	103,6	98,2	96,4	107,0	118,3	113,3
Milch, Käse, Butter	39,57	95,6	100	102,6	104,5	106,0	108,9	114,6	120,1
Speisefette und -öle (ohne Butter)	10,79	108,6	100	103,1	106,5	109,1	113,6	119,2	123,9
Brot und Backwaren	22,18	97,5	100	103,5	107,0	111,0	117,1	123,6	129,6
Mehl, Nährmittel, Kartoffelerzeugnisse	25,40	99,1	100	102,2	103,4	104,8	108,4	113,2	118,2
Kartoffeln	4,69	49,6	100	64,3	50,0	58,1	63,9	71,1	75,3
Gemüse und Obst	39,79	98,0	100	110,0	107,2	108,0	115,9	125,8	130,7
Frischgemüse	10,13	89,8	100	101,1	86,2	98,8	106,8	122,8	110,0
Gemüsekonserven	10,50	96,7	100	110,1	107,7	107,9	111,3	119,3	127,0
Frischobst	13,16	103,3	100	120,2	124,0	115,7	129,4	138,4	154,7
Obstkonserven, Trockenobst	3,43	100,2	100	101,9	103,7	105,0	107,7	112,3	117,3
Marmelade	2,57	97,5	100	103,8	107,1	109,5	113,2	118,1	122,6
Zucker, Süßwaren	24,81	98,2	100	103,3	108,1	109,6	112,2	116,0	120,0
Gewürze und ähnliche Back- und Speisezutaten	3,98	98,4	100	102,2	104,3	105,8	109,0	113,4	118,0
Alkoholfreie Getränke	12,17	98,8	100	102,0	105,9	107,5	109,9	113,7	119,5
Genußmittel	97,89	96,6	100	113,1	112,5	112,5	115,8	119,1	133,9
Bohnenkaffee	13,22	87,2	100	134,7	121,7	108,9	114,8	110,7	116,3
Echter Tee	3,17	96,5	100	106,1	112,5	113,2	116,3	119,6	124,1
Alkoholische Getränke	44,31	99,3	100	105,9	107,9	109,3	112,0	120,1	129,6
Tabakwaren	37,19	97,0	100	114,6	114,6	117,6	120,6	120,9	146,1
Kleidung, Schuhe	197,55	97,0	100	104,3	108,9	113,6	120,0	125,9	131,5
Oberbekleidung	121,61	97,1	100	104,3	108,6	113,0	118,4	124,0	129,6
Herren- und Knabenoberbekleidung	49,05	97,6	100	104,2	108,0	112,1	117,2	122,4	127,6
Damen- und Mädchenoberbekleidung	72,56	96,8	100	104,3	109,0	113,7	119,2	125,1	131,0
Sonstige Bekleidung	48,12	97,4	100	103,5	107,6	111,7	117,0	122,6	128,3
Schuhe	27,12	95,9	100	106,2	112,1	119,5	131,9	139,7	144,9
Brennstoffe	24,54	92,3	100	100,9	102,7	146,1	166,8	192,3	203,3
Übrige Waren für die Haushaltsführung	171,63	97,8	100	103,2	106,8	110,1	116,6	123,7	129,6
Möbel	53,62	97,2	100	104,1	108,5	113,6	122,5	132,4	138,9
Heimtextilien, Haushaltswäsche	36,39	98,8	100	103,6	108,2	110,5	115,7	122,2	128,5
Heiz- und Kochgeräte, Beleuchtungskörper	9,64	98,0	100	102,2	104,4	106,1	110,2	115,0	120,4
Haushaltsmaschinen und -geräte	38,20	98,0	100	102,7	105,9	108,7	115,8	122,2	128,1
dar. langlebige, hochwertige elektrische Haushaltsmaschinen und -geräte	12,82	100,6	100	100,2	101,3	101,7	104,5	108,8	113,7
Tapeten, Farben, Baustoffe	4,87	97,0	100	102,3	105,0	106,9	113,1	118,8	123,9
Sonstige Waren für die Haushaltsführung	28,91	97,2	100	102,0	104,4	106,6	110,8	115,4	119,7
Waren für Verkehrszwecke	94,04	96,9	100	102,5	105,9	110,6	117,6	123,7	129,9
Kraftfahrzeuge und Fahrräder	64,74	96,3	100	103,7	108,0	112,2	117,0	120,4	128,5
Kraftstoffe	11,16	94,4	100	97,7	99,7	110,9	130,7	153,1	152,0
Sonstige Waren für eigene Kraftfahrzeuge u. ä.	18,14	100,6	100	100,8	102,2	104,6	111,5	117,2	121,5
Waren für die Körper- und Gesundheitspflege	65,70	98,1	100	102,2	104,2	107,3	112,2	117,5	121,3
Waren für die Körperpflege	20,81	98,9	100	100,9	102,2	103,6	107,2	111,8	116,9
Waren für die Gesundheitspflege	44,89	97,6	100	102,8	105,1	109,0	114,6	120,2	123,3
Waren für Bildungs- und Unterhaltungszwecke	79,36	99,0	100	100,8	102,0	102,4	104,9	108,8	112,9
Rundfunk-, Fernseh- und Phonogeräte und deren Zubehörteile	21,49	101,5	100	98,4	96,7	94,1	93,3	94,7	96,4
Foto- und Kinoapparate und deren Zubehörteile	5,48	100,8	100	99,1	98,6	97,6	97,4	98,0	98,7
Bücher, Zeitungen, Zeitschriften	14,71	95,1	100	104,4	107,9	109,2	112,4	119,2	125,9
Sonstige Waren für Bildungs- und Unterhaltungszwecke	37,68	99,2	100	101,1	103,2	105,2	109,7	114,3	119,2
Persönliche Ausstattung; sonstige Waren	21,76	98,8	100	101,4	104,9	111,1	133,2	138,2	140,0
Uhren, echter Schmuck	11,07	100,4	100	98,9	102,0	110,3	147,1	152,0	150,9
Sonstige persönliche Ausstattung	10,69	96,9	100	104,0	107,9	111,9	118,7	124,0	128,6

*) Der Index bezieht sich nur auf die Umsätze der Einzelhandelsgeschäfte, nicht auch auf die Einzelhandelsumsätze anderer Unternehmen. Berechnungsmethode in »Wirtschaft und Statistik«, 11/1979, S. 808 ff.

1) Güterverzeichnis für den Privaten Verbrauch, Ausgabe 1963.
2) Einschl. Umsatz-(Mehrwert-)steuer.

22.12 Index der Einzelhandelspreise*)

22.12.3 Nach dem Warenverzeichnis für die Binnenhandelsstatistik

1976 = 100

Nr. der Systematik[1])	Warengliederung	Gewichtung	Durchschnitt[2]) 1977	1978	1979	1980	1981	1982
	Einzelhandel insgesamt	**1 000**	**103,9**	**106,4**	**110,1**	**116,1**	**122,2**	**128,6**
	nach Hauptbereichen							
	Nahrungsmittel, Getränke, Tabakwaren	345,42	105,9	106,6	107,7	111,8	117,0	125,0
	Textilien, Bekleidung, Pelzwaren, Schuhe, Leder- und Galanteriewaren	246,94	104,2	108,7	113,1	119,3	125,3	131,1
	Elektrotechnische, feinmechanische und optische Erzeugnisse, a. n. g., Uhren, Schmuck, Spielwaren, Musikinstrumente	67,88	100,1	101,1	102,6	110,4	113,7	116,2
	Möbel, Antiquitäten[3]), Holz-, Korb-[3]), Kork-[3]), Flecht-[3]), Schnitz-[3]) und Formstoffwaren, a. n. g.	52,56	104,1	108,6	113,6	122,6	132,6	139,1
	Papier, Papierwaren, Schreib- und Zeichenartikel, Büroorganisationsmittel[3]), -maschinen und -möbel[3])	27,21	101,7	103,9	105,4	109,2	114,8	120,7
	Eisenwaren, Hausrat, Installationsmaterial[3]), Baustoffe[3]), Holz[3])	42,47	102,8	106,0	108,6	115,2	121,5	127,3
	Fahrzeuge, Maschinen[3]), technischer Bedarf[3]), Anstrichfarben, Tapeten	93,09	103,1	106,6	110,2	115,5	119,5	126,6
	Wasch-, Putz-, Körperpflegemittel, medizinische Erzeugnisse[3]), Arzneimittel	76,73	101,9	103,7	106,6	111,2	116,3	120,1
	Rohstoffe[3]), Brennstoffe, Mineralölerzeugnisse, Schrott[3]), Altmaterial[3])	37,08	100,0	101,9	134,1	154,1	177,9	185,1
	Lebende Tiere, Pflanzen, pflanzliche und tierische Rohstoffe für Nahrungsmittel	10,62	102,5	105,5	108,3	112,6	117,9	121,3
	nach ausgewählten Warengruppen							
00	Fleisch, Wurst, Fische, Fischerzeugnisse	38,91	102,0	104,0	104,2	108,0	112,8	121,2
01	Obst, Gemüse (ohne tiefgefrorenes, diätetisches und Konserven)	28,16	103,9	98,0	100,1	110,4	121,6	125,3
02	Milch, Käse, Speisefette und -öle, Eier	55,52	102,7	104,3	105,8	109,6	115,7	120,2
03	Tiefgefrorene und gefrorene Erzeugnisse, Speiseeis	13,30	103,2	105,3	105,9	108,6	113,7	118,8
04	Nährmittel (ohne Suppen, tiefgefrorene und diätetische)	17,36	102,4	104,0	105,8	109,7	114,5	119,5
05	Suppen, Gewürze, Brotaufstrich, Zucker	17,48	101,7	103,2	104,8	108,1	113,3	118,6
06	Fleisch-, Wurst- und Fischkonserven, Marinaden	10,96	101,2	103,9	105,1	107,5	111,0	115,7
07	Obst- und Gemüsekonserven (ohne diätetische)	10,82	109,8	107,5	107,6	110,7	118,5	126,6
08	Süßwaren (ohne Kakaopulver und diätetische Süßwaren)	20,78	103,0	107,5	109,0	112,0	116,0	119,7
10	Weine, Schaumweine (ohne solche für Diabetiker), Spirituosen	30,95	107,5	109,4	110,5	113,1	122,3	133,4
11	Biere, alkoholfreie Getränke (ohne diätetische)	24,36	101,9	105,2	107,1	109,7	114,5	120,3
12	Kaffee, Tee, Kakao, Tabakwaren	56,28	118,5	116,3	115,4	119,0	118,4	136,8
13	Backwaren (ohne tiefgefrorene, diätetische und Dauerbackwaren)	15,32	104,5	108,6	113,7	121,1	128,1	134,5
15	Wasch-, Putz- und Reinigungsmittel	14,00	101,2	102,9	104,3	107,7	111,7	116,1
16	Hygieneartikel, Verbandstoffe, Kinderkörperpflegemittel	7,14	100,0	100,5	101,7	106,7	112,3	117,7
17	Feinseifen, Desodorantien, Haut-, Haarpflegemittel	9,56	100,3	101,2	102,5	104,8	108,5	113,4
19	Haus-, Tisch- und Bettwäsche, Bettwaren	15,78	105,6	112,9	115,2	119,8	127,1	135,0
20	Heimtextilien (ohne Bodenbeläge)	11,67	103,1	107,4	110,1	115,3	121,7	127,9
21	Bodenbeläge	11,71	101,5	102,8	105,4	111,3	117,0	121,5
23	Herrenoberbekleidung ab Größe 38	29,24	103,7	107,6	111,6	116,5	121,8	126,6
24	Damenoberbekleidung ab Größe 34	35,11	104,6	109,8	114,4	120,0	126,0	131,7
25	Kinderoberbekleidung ab Größe 104 bis einschl. 176	15,70	104,5	109,1	115,8	122,7	129,5	135,4
26	Pullover, Westen u. ä., gewirkt oder gestrickt, Säuglingsbekleidung	21,55	104,2	108,8	114,0	119,6	126,1	133,6
27	Herren-, Damen- und Kinderwäsche, Miederwaren	21,36	103,5	107,5	111,0	116,2	121,8	127,6
29	Strumpfwaren, Bekleidungszubehör, Schirme, Stöcke[3])	20,36	103,1	107,7	112,2	117,8	123,0	128,1
31	Herrenschuhe (ohne Sportschuhe)	7,14	106,0	111,9	119,8	132,3	140,6	145,9
32	Damenschuhe (ohne Sportschuhe)	11,52	107,0	112,9	120,5	133,2	140,8	145,9
33	Kinderschuhe (ohne Sportschuhe), Schuhzubehör	7,67	106,2	112,6	120,2	132,8	141,0	146,6
34	Leder- und Täschnerwaren, a. n. g.	8,11	105,3	110,1	115,1	123,5	129,7	135,2
36	Sportbekleidung, Sportschuhe (ohne Straßenschuhe)	16,22	104,2	107,5	110,9	115,9	119,6	124,5
37	Rundfunk-, Fernseh- und phonotechnische Geräte	21,49	98,4	96,7	94,1	93,3	94,7	96,4
39	Elektrotechnische Erzeugnisse, a. n. g.	10,33	101,4	103,3	104,9	108,7	112,7	117,4
40	Foto- und Kinogeräte, fototechnisches und -chemisches[3]) Material	8,48	99,6	99,2	98,6	101,0	103,3	106,0
42	Uhren (ohne Armaturbrettuhren und Uhrenradios)	4,86	98,7	98,4	98,3	98,6	98,2	98,6
43	Schmuck, Gold- und Silberschmiedewaren, Edelsteine	8,17	99,6	104,7	116,6	167,6	175,1	174,2
45	Spielwaren, Fest- und Scherzartikel[3]), a. n. g.	9,48	102,3	105,3	108,4	113,3	117,9	122,6
47	Musikinstrumente (ohne phonotechnische Geräte und Musikspielwaren), Musikalien[3])	1,80	103,9	109,1	113,5	119,5	125,7	132,1
49	Schul-[3]), Laden-[3]), Wohn- und Küchenmöbel	51,69	104,2	108,6	113,7	122,8	132,8	139,4
54	Schreib-, Zeichen- und Malgeräte, Lernmittel[3]), a. n. g. (ohne Druckereierzeugnisse), Zeichenmaschinen[3])	2,99	100,9	102,8	105,5	111,4	117,2	122,6
56	Druckereierzeugnisse (ohne Musikalien, bedruckte Behälter)	14,71	104,4	107,9	109,2	112,4	119,2	125,9
58	Büromaschinen, Datenverarbeitungsgeräte und -einrichtungen[3]), Büromöbel[3])	3,49	91,5	88,1	86,7	87,1	87,4	87,9
65	Spielplatzgeräte[3]), Camping- und Sportartikel, Handelswaffen[3]), Bastelsätze[3])	4,39	101,3	103,3	105,0	107,7	112,0	115,6
66	Tafel-, Küchen- u. ä. Haushaltsgeräte (ohne elektrische)	14,32	104,5	109,4	114,1	126,2	135,4	142,7
67	Heizgeräte, Kühlmöbel, Waschmaschinen für den Haushalt	12,33	100,4	101,5	102,1	105,5	110,6	116,1
77	Kraftwagen, Kraftwagenteile und -zubehör, a. n. g., Bereifungen, a. n. g.	78,70	103,1	106,8	110,6	115,7	119,4	126,7
78	Zweiräder, Zweiradteile und -zubehör, a. n. g.	3,18	103,4	107,2	109,6	117,3	127,0	133,3
87	Arzneimittel und sonstige pharmazeutische Erzeugnisse, a. n. g.	41,50	102,8	105,0	109,1	114,7	120,4	123,4
92	Feste Brennstoffe, Mineralölerzeugnisse	36,83	100,0	101,8	134,3	154,4	178,4	185,5

*) Der Index bezieht sich nur auf die Umsätze der Einzelhandelsgeschäfte, nicht auch auf die Einzelhandelsumsätze anderer Unternehmen. Berechnungsmethode in »Wirtschaft und Statistik, 11/1979, S. 808 ff.

1) Warenverzeichnis für die Binnenhandelsstatistik, Ausgabe 1978.
2) Einschl. Umsatz-(Mehrwert-)steuer.
3) Ohne Preisrepräsentanten für diese Warenart.

22.13 Preisindex für die Lebenshaltung

22.13.1 Alle privaten Haushalte*)

1976 = 100

Untergruppe[1])	Gewichtung	Durchschnitt							
		1975	1976	1977	1978	1979	1980	1981	1982
Lebenshaltung insgesamt	**1 000**	**95,9**	**100**	**103,7**	**106,5**	**110,9**	**117,0**	**123,9**	**130,5**
Ohne besonders ernte-, saison- und witterungsabhängige Nahrungsmittel sowie ohne Blumen und Kohle	972,19	.	100	103,8	106,7	111,1	117,1	124,0	130,6
Besonders ernte-, saison- und witterungsabhängige Nahrungsmittel sowie Blumen und Kohle	27,81	.	100	100,7	97,6	102,0	111,2	121,8	124,9
Ohne besonders ernte-, saison- und witterungsabhängige Nahrungsmittel	979,91	95,9	100	103,7	106,7	111,1	117,1	124,0	130,6
Besonders ernte-, saison- und witterungsabhängige Nahrungsmittel	20,09	89,8	100	100,1	94,5	98,6	107,6	118,9	121,6
nach Waren, Leistungen und Wohnungsnutzung									
Verbrauchs- und Gebrauchsgüter	640,13	96,1	100	103,3	105,7	110,0	116,5	123,7	130,3
Nahrungsmittel	175,03	95,4	100	102,4	103,6	105,4	109,9	115,8	121,3
Besonders ernte-, saison- und witterungsabhängige Nahrungsmittel	20,09	89,8	100	100,1	94,5	98,6	107,6	118,9	121,6
Sonstige Nahrungsmittel	154,94	96,0	100	102,7	104,8	106,2	110,2	115,4	121,3
Andere Verbrauchs- und Gebrauchsgüter	465,10	96,5	100	103,7	106,5	111,8	119,0	126,7	133,6
dar. Andere Verbrauchs- und Gebrauchsgüter ohne Blumen, Kohle und Heizöl	444,84	96,9	100	103,8	106,7	110,1	116,7	123,7	130,4
Dienstleistungen und Reparaturen	221,01	95,6	100	104,9	108,9	114,0	119,5	127,1	133,8
darunter:									
Gastgewerbeleistungen	38,66	95,4	100	105,5	111,6	117,5	123,9	131,7	137,6
Verzehr in Gaststätten	34,68	95,4	100	105,5	111,4	117,1	123,1	130,5	136,2
Übernachtung	3,98	96,0	100	105,6	113,4	121,5	130,8	141,8	150,2
Handwerkerleistungen (ohne Bauhandwerker)	22,50	94,1	100	105,9	112,8	120,2	130,1	139,3	146,0
Verkehrsleistungen	13,82	93,9	100	105,1	110,8	115,1	121,3	134,3	148,1
Unterricht und Kindergartenbesuch	11,02	93,6	100	103,8	106,7	109,6	113,0	120,2	132,7
Wohnungs- und Garagennutzung	138,86	95,3	100	103,3	106,3	109,6	115,0	120,1	126,2
nach Hauptgruppen, Gruppen und Untergruppen (Verwendungszweck)									
Nahrungs- und Genußmittel	266,72	95,6	100	104,9	106,4	108,2	112,7	118,2	125,5
Nahrungsmittel	175,03	95,4	100	102,4	103,6	105,4	109,9	115,8	121,3
Tierischen Ursprungs	85,06	94,0	100	102,0	103,5	104,0	107,7	112,9	119,2
Pflanzlichen Ursprungs	77,13	96,8	100	102,9	103,7	106,8	112,6	119,6	124,3
Fleisch und Fleischwaren	55,87	93,3	100	101,5	103,1	103,3	106,7	111,2	119,0
Frisches Fleisch	29,14	92,5	100	100,7	101,8	101,2	104,3	108,6	116,3
Fleischwaren	26,73	94,1	100	102,4	104,6	105,7	109,3	114,1	121,9
Fische und Fischwaren	3,76	97,3	100	104,3	111,6	113,4	117,0	121,8	126,6
Eier	4,79	90,9	100	103,5	98,1	96,3	107,0	118,3	113,1
Milch, Käse, Butter	21,72	95,6	100	102,4	104,3	105,7	108,7	114,0	119,5
Speisefette und -öle (ohne Butter)	4,38	108,6	100	103,0	106,4	109,0	113,5	118,9	123,6
Brot und Backwaren	23,90	97,0	100	104,1	108,1	112,8	119,5	126,2	132,4
dar. Brot und Kleingebäck	15,23	96,4	100	104,8	109,0	114,6	122,4	129,9	136,9
Mehl, Nährmittel, Kartoffelerzeugnisse	9,35	98,5	100	103,0	103,8	105,2	108,6	113,2	118,0
Kartoffeln	3,96	49,5	100	64,3	50,1	58,2	63,9	71,1	75,3
Gemüse und Obst	23,19	101,5	100	107,7	104,9	107,4	115,1	125,5	129,0
darunter:									
Frischgemüse	6,74	96,0	100	99,8	90,0	100,9	108,3	122,5	111,0
Frischobst	8,47	104,3	100	115,9	116,4	113,6	125,6	137,0	149,8
Zucker, Süßwaren	12,17	98,1	100	103,5	108,5	109,9	112,3	116,2	120,4
Gewürze und ähnliche Back- und Speisezutaten	3,77	98,5	100	102,0	104,4	106,3	109,5	114,0	118,8
Alkoholfreie Getränke	8,17	98,9	100	101,4	104,5	106,0	108,4	112,1	117,6
Genußmittel	57,01	96,6	100	112,7	111,9	111,8	115,2	118,1	131,8
darunter:									
Bohnenkaffee	8,82	87,2	100	134,4	121,6	108,9	114,8	110,8	116,4
Alkoholische Getränke	27,70	99,2	100	104,2	106,5	108,3	111,2	118,4	126,2
Tabakwaren	19,99	96,9	100	114,9	114,9	117,9	120,8	121,0	146,5
Verzehr in Gaststätten	34,68	95,4	100	105,5	111,4	117,1	123,1	130,5	136,2
Kleidung, Schuhe	87,46	96,7	100	104,8	109,4	114,2	120,8	126,8	132,5
Oberbekleidung	54,39	96,8	100	104,8	109,3	113,7	119,2	124,9	130,7
Herren- und Knabenoberbekleidung	18,79	97,2	100	104,7	108,6	112,8	118,4	124,1	129,9
Damen- und Mädchenoberbekleidung	35,60	96,5	100	104,9	109,7	114,2	119,7	125,4	131,2
Sonstige Bekleidung	18,42	97,2	100	103,5	107,6	111,4	116,6	122,6	128,4
Schuhe, Zubehör und Reparaturen	14,65	95,6	100	106,2	111,9	119,6	131,8	139,2	144,3
darunter:									
Schuhe	13,37	95,8	100	106,2	111,9	119,7	132,2	139,6	144,7
Reparaturen	1,16	93,7	100	105,9	111,6	118,0	127,1	133,5	138,0
Wohnungsmieten	133,27	95,2	100	103,4	106,4	109,8	115,4	120,4	126,4
Altbauwohnungen	42,25	94,8	100	104,2	107,9	111,6	117,8	123,8	130,2
Neubauwohnungen	91,02	95,6	100	102,9	105,7	109,0	114,3	118,9	124,6
Sozialer Wohnungsbau	30,25	94,6	100	103,1	105,9	109,4	116,1	121,3	127,9
Freifinanzierter Wohnungsbau	60,77	96,3	100	102,9	105,7	108,8	113,4	117,7	123,0

Fußnoten siehe S. 507.

22.13 Preisindex für die Lebenshaltung

22.13.1 Alle privaten Haushalte*)

1976 = 100

Untergruppe[1])	Gewichtung	Durchschnitt							
		1975	1976	1977	1978	1979	1980	1981	1982
nach Hauptgruppen, Gruppen und Untergruppen (Verwendungszweck)									
Elektrizität, Gas, Brennstoffe	49,13	93,6	100	100,9	103,3	124,8	137,6	157,8	171,0
Elektrizität	25,83	95,8	100	100,8	104,7	107,5	111,7	125,2	136,9
Gas und Flüssiggas	8,29	91,9	100	102,4	105,9	107,3	126,1	147,8	166,2
Kohlen und sonstige feste Brennstoffe	2,47	94,6	100	102,4	108,1	115,3	130,8	146,6	155,4
Flüssige Brennstoffe (ohne Kraftstoffe)	12,54	90,8	100	99,8	97,7	174,1	199,7	234,0	247,3
Übrige Waren und Dienstl. für die Haushaltsführung	100,10	97,1	100	103,2	106,8	110,2	116,7	123,7	129,3
darunter:									
Möbel	28,97	97,1	100	104,3	108,8	113,9	123,1	133,2	140,0
Heimtextilien, Haushaltswäsche	15,86	98,6	100	104,0	109,1	111,7	117,1	124,0	130,5
Heiz- und Kochgeräte, Beleuchtungskörper	5,23	98,1	100	102,3	104,5	106,5	110,6	115,6	121,1
Haushaltsmaschinen und -geräte (ohne Heiz- und Kochgeräte)	17,72	97,8	100	102,4	105,2	107,8	113,5	118,8	124,2
Wäscherei und Reinigung	5,36	93,8	100	104,3	108,9	114,2	121,2	127,9	134,1
Waren und Dienstl. für Verkehrszwecke, Nachrichtenüberm.	147,53	95,8	100	102,1	105,1	110,0	116,8	125,2	130,9
Kraftfahrzeuge und Fahrräder	63,02	96,3	100	103,6	107,7	111,9	116,5	119,5	127,3
Kraftstoffe	27,04	93,5	100	97,2	99,4	109,8	129,4	154,2	151,4
Sonstige Waren und Dienstl. für eigene Kraftfahrzeuge u. ä.	26,03	96,4	100	103,5	107,5	112,2	120,4	127,8	134,8
Fremde Verkehrsleistungen	13,82	93,9	100	105,1	110,8	115,1	121,3	134,3	148,1
darunter:									
Örtliche Verkehrsmittel	7,33	89,7	100	105,7	111,8	116,1	121,0	131,6	143,7
Bundesbahn	5,08	99,5	100	103,9	110,0	115,2	122,0	139,0	156,8
Nachrichtenübermittlung	17,62	100,2	100	100,0	96,6	96,2	89,3	90,3	93,2
Fernsprechgebühren	14,30	100,3	100	100,1	95,8	91,1	82,7	83,8	83,5
Andere Postgebühren	3,32	100,0	100	100,0	100,0	117,9	117,9	118,0	134,8
Waren und Dienstl. für die Körper- und Gesundheitspflege	43,16	95,6	100	103,9	108,0	112,6	119,1	126,0	131,7
Gebrauchsgüter für die Körperpflege	1,76	97,6	100	103,3	106,7	109,3	114,1	119,5	124,9
Verbrauchsgüter für die Körperpflege	10,30	98,9	100	100,8	102,1	103,6	106,5	110,6	115,4
Friseurleistungen	7,38	93,5	100	106,7	114,1	122,2	131,3	141,2	149,1
Gebrauchsgüter für die Gesundheitspflege	2,07	96,5	100	103,2	106,9	109,3	114,0	118,6	122,7
Verbrauchsgüter für die Gesundheitspflege	4,70	97,9	100	103,0	105,3	109,3	115,2	120,9	124,3
Präparate zur inneren Anwendung	4,20	98,1	100	102,9	105,1	109,3	115,0	120,8	123,8
Präparate zur äußeren Anwendung	0,50	97,2	100	103,6	106,7	109,5	116,2	121,5	128,1
Arzt-, Krankenhaus- und sonstige Dienstleistungen	16,95	93,9	100	105,1	110,0	115,6	123,5	131,7	138,0
Waren und Dienstl. für Bildungs- und Unterhaltungszwecke	78,73	97,0	100	101,7	103,4	106,1	108,9	113,0	118,2
darunter:									
Rundfunk-, Fernseh- und Phonogeräte (ohne Zubehörteile)	14,19	101,5	100	98,2	96,5	93,7	92,7	93,7	94,4
Foto- und Kinoapparate (ohne Zubehörteile)	1,55	100,7	100	99,0	98,6	97,7	97,5	97,4	97,7
Bücher, Zeitungen, Zeitschriften	12,72	94,4	100	104,8	109,0	111,3	115,5	122,6	130,5
Kosten für Theater, Kino und Sportveranstaltungen	2,32	94,0	100	106,2	111,3	117,1	123,5	129,7	138,8
Sonstige Waren und Dienstleistungen für Bildungs- und Unterhaltungszwecke	44,75	97,2	100	101,9	104,0	108,7	112,5	117,0	122,9
Persönliche Ausstattung; sonstige Waren und Dienstleistungen	93,90	96,9	100	105,4	109,4	114,5	123,2	131,3	137,5
Persönliche Ausstattung	9,39	98,7	100	101,1	104,8	112,0	140,2	145,4	146,6
Sonstige Dienstleistungen	84,51	96,6	100	105,8	109,9	114,7	121,3	129,7	136,5
dar. Gesellschaftsreisen	38,20	94,3	100	104,7	109,7	115,5	125,4	136,7	145,0
Kfz-Anschaffung und -Unterhaltung (Kraftfahrer-Preisindex)[2]) (Sonderrechnung aus dem Preisindex für die Lebenshaltung aller privaten Haushalte)									
Kfz-Anschaffung und -Unterhaltung	131,63	96,2	100	102,4	105,6	111,4	119,0	127,1	131,8
darunter:									
Personenkraftwagen	60,28	96,1	100	103,6	107,9	112,1	116,7	119,6	127,6
Motorräder	1,86	97,6	100	100,9	103,1	104,8	106,7	110,1	111,5
Kraftstoffe	27,04	93,5	100	97,2	99,4	109,8	129,4	154,2	151,4
Ersatzteile, Zubehör und Autopflegemittel	7,27	99,4	100	101,0	102,5	105,4	113,7	120,7	125,3
Reparaturen, Inspektion, Wagenwäsche	11,33	94,3	100	105,7	112,6	120,4	131,4	140,9	147,2
Garagenmiete	5,59	98,1	100	101,4	102,9	104,0	107,0	110,7	122,1
Fahrschule	1,31	95,4	100	106,7	110,8	115,7	122,6	128,6	136,5
Kfz-Haftpflichtversicherung	11,58	100,0	100	106,8	106,8	115,6	114,1	116,5	118,5
Kfz-Steuer	5,37	100,0	100	100,0	100,0	100,0	100,0	100,0	100,0

*) Lebenshaltungsausgaben von rund 2 326 DM monatlich nach den Verbrauchsverhältnissen von 1976. Berechnungsmethode in »Wirtschaft und Statistik«, 11/1979, S. 808 ff.

[1]) Nach dem Güterverzeichnis für den Privaten Verbrauch, Ausgabe 1963.

[2]) Kraftfahrzeuge, Kraftstoffe, sonstige Waren und Dienstleistungen für eigene Kraftfahrzeuge, Kfz-Haftpflichtversicherung, Kfz-Steuer.

22.13 Preisindex für die Lebenshaltung

22.13.2 Ausgewählte Haushaltstypen*)

1976 = 100

Durchschnitt	Lebenshaltung		Hauptgruppe[1])								
	insgesamt	ohne saison-abhängige Waren[2])	Nahrungs- und Genußmittel	Kleidung, Schuhe	Wohnungsmieten[3])	Elektrizität, Gas, Brennstoffe	Übrige Waren und Dienstleistungen für die Haushaltsführung	Waren und Dienstleistungen für Verkehrszwecke, Nachrichtenübermittlung	Waren und Dienstleistungen für Körper- und Gesundheitspflege	Waren und Dienstleistungen für Bildungs- und Unterhaltungszwecke	Persönliche Ausstattung; sonstige Waren und Dienstleistungen
4-Personen[4])-Haushalte von Angestellten und Beamten mit höherem Einkommen[5])											
Gewichtung	1 000	975,72	228,54	90,81	138,46	42,51	90,70	170,09	56,07	90,56	92,26
1975	95,9	.	95,5	96,6	95,2	93,7	97,3	95,8	95,4	96,8	96,3
1976	100	100	100	100	100	100	100	100	100	100	100
1977	103,7	103,7	104,9	104,9	103,1	100,8	103,3	102,2	104,1	102,0	106,1
1978	106,7	106,8	106,7	109,4	106,1	102,7	106,9	105,3	108,2	104,0	110,7
1979	111,1	111,3	108,8	113,9	109,5	126,5	110,5	110,2	112,7	106,4	115,7
1980	117,3	117,5	113,3	120,4	114,8	140,1	117,2	117,2	119,3	109,8	124,0
1981	124,5	124,5	119,0	126,2	119,8	161,6	124,4	125,9	126,2	114,2	132,6
1982	130,9	131,0	126,1	131,6	125,7	175,3	130,1	131,3	131,6	119,7	139,6
4-Personen[4])-Arbeitnehmerhaushalte mit mittlerem Einkommen[6])											
Gewichtung	1 000	969,97	302,66	86,01	149,44	49,90	90,27	136,46	28,41	90,31	66,54
1975	95,8	.	95,3	96,6	95,0	94,1	97,5	95,3	96,5	97,2	97,2
1976	100	100	100	100	100	100	100	100	100	100	100
1977	103,5	103,6	104,7	104,9	103,3	100,9	103,1	101,9	103,3	101,7	105,4
1978	106,1	106,4	106,1	109,6	106,2	103,4	106,6	104,9	106,9	103,5	108,8
1979	110,2	110,5	108,0	114,6	109,7	120,6	109,9	110,0	110,8	106,1	113,8
1980	116,0	116,2	112,4	121,5	115,4	132,4	116,2	117,5	116,3	109,2	119,5
1981	122,8	122,9	118,0	127,6	120,4	151,8	123,1	127,3	122,4	113,3	126,1
1982	129,2	129,4	125,3	133,3	126,5	165,0	128,7	132,3	127,8	118,2	131,0
2-Personen-Haushalte von Renten- und Sozialhilfeempfängern[7])											
Gewichtung	1 000	935,96	388,12	62,80	222,88	76,36	89,09	54,17	34,95	46,57	25,06
1975	95,2	.	94,4	96,6	94,7	94,0	98,3	97,5	96,2	96,8	96,4
1976	100	100	100	100	100	100	100	100	100	100	100
1977	103,5	103,8	104,5	104,8	103,3	101,1	103,0	100,7	104,0	101,8	105,7
1978	105,7	106,3	105,1	109,7	106,3	104,4	106,4	102,3	107,9	104,0	109,4
1979	109,3	109,8	106,5	114,7	109,7	118,2	109,5	106,0	112,5	108,2	113,4
1980	114,8	115,0	111,0	121,3	115,4	128,7	115,4	108,6	118,7	111,2	120,2
1981	121,4	121,3	116,7	127,4	120,5	145,8	121,7	116,9	125,3	115,3	126,7
1982	128,0	128,1	123,3	132,8	126,5	157,9	126,9	125,5	131,0	119,8	131,1
Einfache Lebenshaltung eines Kindes[8])											
Gewichtung	1000	—	484,31	224,91	115,68	32,69	41,46	25,91	42,48	25,88	6,68
1975	93,9	—	92,0	96,6	94,4	94,8	97,5	91,5	96,8	96,5	—
1976	100	—	100	100	100	100	100	100	100	100	100
1977	102,7	—	101,5	104,8	103,8	101,1	103,5	104,4	102,5	103,0	105,2
1978	105,1	—	102,0	109,6	107,0	103,8	107,5	109,4	105,6	105,7	109,5
1979	109,2	—	104,5	114,9	110,7	126,4	110,6	118,7	108,8	108,2	114,7
1980	115,0	—	109,2	122,1	117,1	140,2	116,5	123,7	113,9	112,0	123,4
1981	121,8	—	115,3	128,5	122,7	160,0	123,1	134,9	120,0	117,4	130,0
1982	127,9	—	120,6	134,1	129,2	172,1	128,9	150,1	126,3	124,3	136,1

*) Berechnungsmethode in »Wirtschaft und Statistik«, 11/1979, S. 808ff. und 4/1980, S. 236ff.
1) Nach dem Güterverzeichnis für den Privaten Verbrauch, Ausgabe 1963.
2) Ohne besonders ernte-, saison- und witterungsabhängige Nahrungsmittel sowie ohne Blumen und Kohle.
3) Bei dem Preisindex für die einfache Lebenshaltung eines Kindes sind neben den Altbauwohnungen nur solche Neubauwohnungen erfaßt, die im Rahmen des sozialen Wohnungsbauprogramms erstellt wurden.
4) Darunter 2 Kinder, mindestens eins unter 15 Jahren.
5) Lebenshaltungsausgaben von monatlich rd. 3 298 DM im Jahre 1976.
6) Lebenshaltungsausgaben von monatlich rd. 2 053 DM im Jahre 1976.
7) Lebenshaltungsausgaben von monatlich rd. 889 DM im Jahre 1976.
8) Bedarfsstruktur 1976 für den Mindestunterhalt von Kindern im 1. bis zum 18. Lebensjahr; Hauptgruppe »Nahrungs- und Genußmittel« enthält nur Nahrungsmittel.

22.14 Preisindex für die Lebenshaltung in langjähriger Übersicht*)

1976 = 100

Durchschnitt	Index	Durchschnitt	Index	Durchschnitt	Index	Durchschnitt	Index	Durchschnitt	Index	Durchschnitt	Index
1924	30,8	1934	28,5	1944	33,3	1953	49,9	1963	60,3	1973	84,6
1925	33,5	1935	29,0	1945	34,5	1954	50,0	1964	61,8	1974	90,3
1926	33,5	1936	29,3	1946	37,7	1955	50,8	1965	63,8	1975	95,8
1927	34,8	1937	29,5	1947	40,3	1956	52,1	1966	66,1	1976	100
1928	35,8	1938	29,6	1948 1. Hj	42,5	1957	53,2	1967	67,0	1977	103,5
1929	36,3	1939	29,8	1948 2. Hj	49,8	1958	54,3	1968	67,9	1978	106,1
1930	34,9	1940	30,7	1949	49,2	1959	54,8	1969	69,3	1979	110,2
1931	32,1	1941	31,4	1950	46,2	1960	55,6	1970	71,5	1980	116,0
1932	28,4	1942	32,2	1951	49,7	1961	56,9	1971	75,2	1981	122,8
1933	27,8	1943	32,6	1952	50,8	1962	58,6	1972	79,2	1982	129,2

*) Gebildet durch Verkettung der verschiedenen vom Statistischen Reichsamt und vom Statistischen Bundesamt für Arbeitnehmerhaushalte mit mittlerem Einkommen berechneten Indizes.

Preise

Ausgewählte Preisindizes 1976 = 100

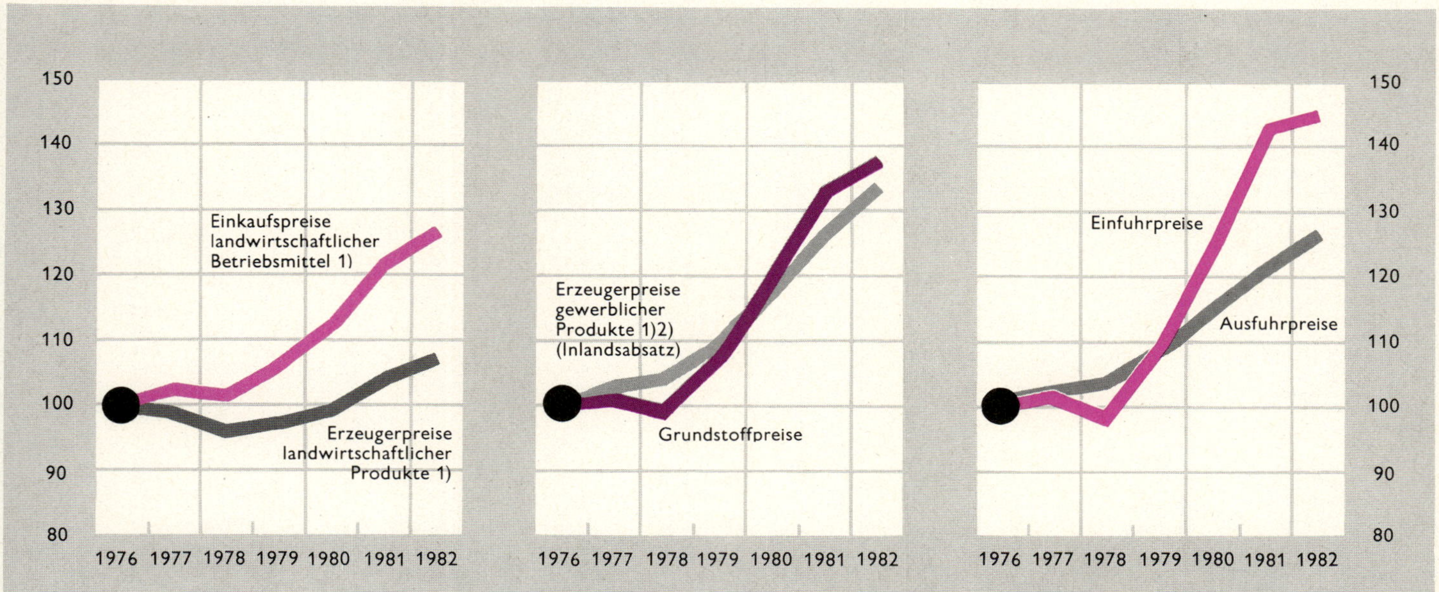

1) Ohne Umsatz-(Mehrwert-)steuer. – 2) Originalbasis 1980 = 100.

Preisindex für die Lebenshaltung – Alle privaten Haushalte – 1976 = 100

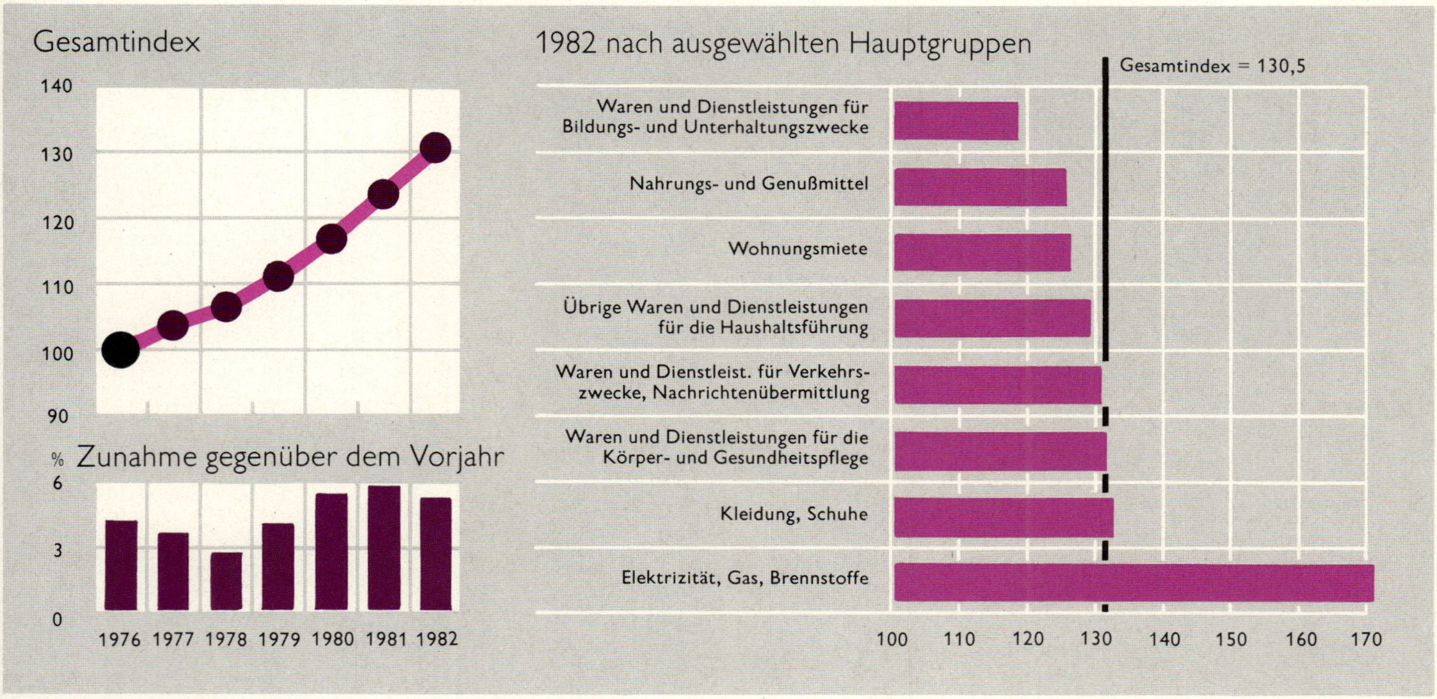

Statistisches Bundesamt 83 0259

22.15 Verbraucherpreise für ausgewählte Waren und Leistungen*)

DM

Ware	Mengeneinheit	Durchschnitt[1])[2])							
		1975	1976	1977	1978	1979	1980	1981	1982
		Nahrungs- und Genußmittel							
Rindfleisch zum Kochen	1 kg	8,32	8,83	8,83	9,50	9,04	9,20	9,50	10,34
Rindfleisch zum Schmoren/Braten[3])	1 kg	13,91	14,78	14,92	15,18	15,28	15,66	16,20	17,52
Schweinefleisch, Kotelett, ohne Filet	1 kg	10,15	11,13	11,08	11,08	10,81	11,20	11,66	12,46
Kalbsschnitzel	1 kg	22,40	24,60	25,00	25,50	25,80	26,60	27,30	28,90
Brathähnchen (Tiefkühlkost)	1 kg	4,48	4,78	4,84	4,80	4,79	4,98	5,21	5,31
Streichmettwurst (Braunschweiger Art)	1 kg	10,48	11,20	11,48	11,65	11,70	12,16	12,84	13,87
Jagdwurst, mittlere Qualität	1 kg	10,97	11,78	12,11	12,54	12,70	13,23	13,92	14,98
Gekochter Schinken (Hinterschinken)	1 kg	17,41	18,59	19,07	19,60	19,87	20,60	21,50	22,90
Bauchspeck, geräuchert, mager	1 kg	8,61	9,27	9,57	9,88	9,83	10,14	10,69	11,77
Seelachsfilet	1 kg	6,30	6,75	7,37	8,29	8,23	8,77	9,21	9,53
Deutsche Eier, Güteklasse A, Gewichtsklasse 3	10 St	2,21	2,43	2,51	2,37	2,29	2,53	2,79	2,64
Frische Vollmilch, in standfesten Packungen, 3,5% Fettgehalt	1 l	1,06	1,09	1,11	1,11	1,11	1,14	1,19	1,24
Käse, Edamer oder Gouda	1 kg	9,58	10,02	10,35	10,69	10,76	11,04	11,47	11,93
Deutsche Markenbutter	250 g	2,09	2,21	2,26	2,28	2,31	2,34	2,46	2,58
Pflanzen-Margarine	250 g	1,21	1,09	1,10	1,12	1,11	1,16	1,22	1,25
Ortsübliches Roggenbrot	1 kg	2,02	2,11	2,21	2,30	2,42	2,58	2,73	2,87
Helles Mischbrot	1 kg	2,07	2,14	2,24	2,33	2,45	2,61	2,75	2,89
Weizenmehl, Type 405	1 kg	1,16	1,17	1,22	1,22	1,23	1,30	1,37	1,43
Haferflocken, I. Sorte	1 kg	2,87	2,96	3,08	3,14	3,25	3,34	3,45	3,62
Speiseerbsen, geschält	1 kg[4])	1,51	1,31	1,23	1,20	1,19	1,20	1,22	2,61
Kartoffeln, Handelsklasse I	2½ kg	1,65	3,14	1,97	1,43	1,76	1,87	2,18	2,35
Weißkohl, Handelsklasse II[5])	1 kg	0,89	1,32	1,15	0,88	1,12	1,04	1,39	1,23
Mohrrüben, Handelsklasse II[5])	1 kg	1,47	1,37	1,80	1,22	1,42	1,60	1,89	1,65
Tomaten, Handelsklasse II[5])	1 kg	3,26	3,33	3,19	3,49	3,24	3,89	4,11	3,79
Tafeläpfel, Handelsklasse I	1 kg	2,08	1,96	2,59	2,59	2,24	2,55	2,69	3,28
Apfelsinen, Handelsklasse II[5])	1 kg	1,89	1,93	2,06	2,06	2,28	2,35	2,61	2,71
Zucker, Kristallraffinade	1 kg	1,65	1,64	1,65	1,66	1,67	1,72	1,81	1,90
Apfelsaft, mittlere Qualität	1 l	1,07	1,05	1,09	1,16	1,18	1,20	1,25	1,37
Bohnenkaffee, ungemahlen, in Packungen, mittlere Qualität	500 g[6])	4,20	4,98	7,10	6,21	5,44	5,75	5,52	10,81
Flaschenbier, gängige Sorte	0,5 l	0,78	0,77	0,78	0,80	0,81	0,82	0,86	0,90
Doppelkorn oder Tafelaquavit, 38%	0,7 l	8,50	8,51	9,52	9,57	9,65	9,91	11,00	12,33
Weinbrand, gute Qualität	0,7 l	10,70	10,81	11,93	12,12	12,15	12,30	13,59	15,11
Tabak, Feinschnitt, gängige Preislage	50 g	1,98	2,10	2,61	2,61	2,68	2,78	2,83	3,66
		Sonstige Waren und Leistungen							
Straßenanzug für Herren, zweiteilig, reine Schurwolle (IWS), gute Verarbeitung	1 St	274,00	281,00	291,00	310,00	321,00	333,00	346,00	359,00
synthetische Faser mit Schurwolle, mittlere Qualität	1 St	239,00	243,00	252,00	266,00	276,00	285,00	297,00	307,00
Herren-Hose, synthetische Faser mit Schurwolle	1 St	66,20	68,20	72,30	77,50	81,90	86,60	91,10	95,20
Berufsanzug (Overall), Köper oder Drell	1 St	37,70	38,90	41,00	44,20	46,30	49,10	52,60	54,90
Herren-Pullover, reine Schurwolle (IWS)	1 St	56,20	57,90	60,80	64,10	67,40	69,60	72,50	76,10
Damen-Kleid, zweiteilig, reine Schurwolle (IWS)[7])	1 St	176,00	181,00	193,00	205,00	216,00	230,00	242,00	260,00
Mädchen-Kleid, Baumwolle oder Mischgewebe[8])	1 St	35,60	37,30	39,50	44,80	48,70	52,40	56,20	58,90
Kleider-Schürze, Baumwolle	1 St	23,40	24,10	25,40	26,80	28,20	29,70	31,20	32,70
Herren-Oberhemd, reine Baumwolle, pflegeleicht, gute Qualität[9])	1 St	29,40	30,60	32,50	42,70	44,10	46,30	48,80	50,40
Herren-Unterhemd ohne Arm, Baumwolle	1 St	8,25	8,28	8,59	9,05	9,30	9,66	10,24	10,80
Herren-Unterhose, Slip, Baumwolle, Markenware	1 St	9,02	9,37	9,56	10,03	10,20	10,57	11,20	11,72
Damen-Nachthemd, Batist, gute Qualität	1 St	25,10	26,10	27,50	29,40	31,30	34,00	36,30	40,40
Herren-Hut, Haarfilz	1 St	43,00	45,00	48,20	51,50	54,90	58,70	62,40	65,80
Damen-Handschuhe, Venyl, gute Verarbeitung[10])	1 P	31,10	32,40	34,50	37,90	41,40	45,90	49,10	15,19
Strickgarn, reine Schurwolle, farbig	100 g	6,08	6,24	6,24	6,42	6,36	6,44	6,90	7,55
Herren-Kniestrümpfe (-Socken, knielang), Mischgewebe[11])	1 P	7,61	7,90	8,35	8,84	9,30	9,72	10,21	10,84
Damen-Feinstrumpfhose, I. Wahl[12])	1 St	3,98	4,00	4,05	4,18	4,22	4,34	4,51	4,88
Schlafdecke, reine Schurwolle (IWS)	1 St	129,00	132,00	139,00	147,00	149,00	155,00	164,00	176,00
Inlett für Oberbetten, Makoköper	1 m	15,27	15,85	16,91	17,51	18,02	19,06	20,30	21,40
Geschirrtuch, Halbleinen	1 St	3,38	3,50	3,69	3,97	4,15	4,43	4,73	5,01
Bettbezug-Garnitur, Buntdamast, reine Baumwolle[13])	1 Garnitur	43,50	45,10	47,70	63,20	66,30	69,80	73,80	77,40
Bettlaken, Baumwolle[14])	1 St	23,80	24,00	24,30	21,20	21,70	23,10	24,00	25,30
Aktentasche, Bügelmappe aus Vollrindleder	1 St	87,10	94,80	104,00	119,00	132,00	151,00	163,00	177,00
Kollegmappe, synthetisches Material	1 St	23,30	25,20	27,70	31,70	34,50	39,00	41,50	44,70
Herren-Straßenschuhe, Rindbox	1 P	53,90	56,20	59,70	63,70	69,40	79,30	82,80	85,70
Damen-Straßenschuhe, Boxcalf	1 P	73,00	77,60	83,50	89,70	96,20	107,00	111,00	115,00
Kinder-Schuhe, Rindbox	1 P	40,30	41,90	44,30	46,50	50,00	55,90	58,60	60,50
Wohnzimmertisch, furniert	1 St	268,00	276,00	292,00	316,00	342,00	382,00	429,00	473,00
Kleiderschrank, Typen-Reihenschrank, 225 cm breit	1 St	369,00	380,00	403,00	417,00	435,00	477,00	517,00	549,00
Klappcouch, dreisitzig	1 St	520,00	536,00	576,00	627,00	662,00	731,00	805,00	888,00
Auflegematratze, Federkern, einteilig	1 St	212,00	218,00	229,00	240,00	249,00	266,00	284,00	299,00
Suppenteller, Porzellan, weiß	1 St	2,96	3,19	3,40	3,80	4,02	4,45	4,96	5,95
Porzellantasse mit Untertasse	1 St	3,06	3,28	3,45	3,73	3,91	4,27	4,76	5,25

Fußnoten siehe S. 511.

22.15 Verbraucherpreise für ausgewählte Waren und Leistungen*)

DM

Ware bzw. Leistung	Mengeneinheit	Durchschnitt[1])[2])							
		1975	1976	1977	1978	1979	1980	1981	1982
Kunststoffeimer, etwa 10 l Inhalt	1 St	2,70	2,72	2,78	3,09	3,41	3,98	4,26	4,75
Dauerbrandofen, Warmluftallesbrenner, aus emailliertem Guß[15])	1 St	574,00	610,00	623,00	643,00	675,00	745,00	782,00	791,00
Kochtopf mit Deckel, für Elektroherd, Edelstahl	1 St	50,70	51,70	53,10	54,20	55,30	59,70	64,20	69,00
Eßbesteck, vierteilig, rostfreier Stahl	1 St	17,57	17,89	18,63	19,30	20,10	22,10	24,70	26,80
Herren-Quarzarmbanduhr, Edelstahlgehäuse, mit Stahlband[16])	1 St	115,00	120,00	121,00	119,00	119,00	120,00	118,00	161,00
Damen-Quarzarmbanduhr, Doublé oder Stahlgehäuse, mit Lederband[17])	1 St	79,60	81,00	81,30	81,80	83,40	84,50	82,90	112,00
Reglerbügeleisen mit Kontrollampe, etwa 1 000 Watt	1 St	31,40	31,90	32,40	32,50	32,90	34,40	36,20	39,00
Formwärmflasche aus Gummi	1 St	6,41	6,83	7,09	7,25	7,33	7,73	8,26	8,70
Briefblock, DIN A 4, 50 Blatt	1 St	1,97	1,87	1,86	1,85	1,87	1,98	2,12	2,35
Tageszeitung (örtlich bevorzugte)	1 Monatsbezug	10,47	11,28	11,91	12,67	13,30	14,15	15,14	16,29
Steinkohlenbriketts, inländische Herkunft[18])[19])	50 kg	17,42	18,58	18,84	19,79	21,00	24,70	27,40	28,10
Braunkohlenbriketts[18])	50 kg	10,90	11,50	11,82	12,63	13,63	14,87	16,88	17,98
Brennholz, ofenfertig	50 kg	11,57	12,75	13,23	13,97	14,54	16,45	18,35	19,97
Extra leichtes Heizöl, bei Abnahme von 5 000 l (Tankware)	1 hl	28,70	31,70	31,50	30,70	54,80	62,00	73,40	77,70
Normalbenzin, Markenware, Selbstbedienung[20])	10 l	8,32	8,74	8,49	8,74	9,57	11,32	13,72	13,24
Haarschneiden für Herren	1mal	5,80	6,27	6,76	7,32	7,88	8,54	9,25	10,00
Frisieren (Waschen und Legen) für Damen	1mal	8,87	9,57	10,32	11,22	12,08	13,03	14,03	14,74
Besohlen mit Ledersohlen, ein Paar Herrenschuhe[21])	1mal	19,73	21,10	22,40	24,20	25,60	27,70	29,30	22,80
Anfertigung eines sportlichen Kleides für Damen[22])	1mal	153,00	166,00	177,00	190,00	206,00	221,00	231,00	241,00
Gas, mit Grund- (Verrechnungs-) und Arbeitspreis	1000 kWh[23])	24,80	26,50	27,00	47,90	48,90	56,80	66,70	92,20
Elektrischer Strom, Grund- und Arbeitspreis	75 kWh	20,30	21,30	21,40	21,10	21,70	22,30	24,80	27,00
Straßenbahn- oder Omnibus-Einzelfahrt ohne Umsteigen[24])	1 Fahrt	1,02	1,18	1,26	1,33	1,38	1,43	1,56	1,72

*) Nach dem Güterverzeichnis für den Privaten Verbrauch, Ausgabe 1963.
1) Infolge geringer Qualitätsschwankungen sowie Änderungen der Güterauswahl jeweils im Januar 1978 und 1982 sind die Preise aus den einzelnen Jahren nicht immer voll vergleichbar.
2) Einschl. Umsatz-(Mehrwert-)steuer.
3) Ohne Knochen.
4) Bis einschl. 1981: 500 g.
5) Bis einschl. 1981 Handelsklasse I.
6) Bis einschl. 1981: 250 g.
7) Bis einschl. 1981 Jersey.
8) Bis einschl. 1981 Baumwolle.
9) Bis einschl. 1977 mittlere Qualität, bis einschl. 1981 Mako-Popeline.
10) Bis einschl. 1981 Nappa, gefüttert.
11) Bis einschl. 1977 Wolle.
12) Bis einschl. 1981 mittlere Qualität.
13) Bis einschl. 1977 Bettbezug.
14) Bis einschl. 1977 Mischgewebe.
15) Mit automatischem Regler.
16) Bis einschl. 1981 Armbanduhr, 17 Steine, mit Lederband.
17) Bis einschl. 1981 Armbanduhr, Doublé, 17 Steine.
18) Bei Abnahme von 500 kg, frei Keller.
19) Bis einschl. 1981 Anthrazit-Eierbriketts.
20) 1975 Mischpreis aus mit Bedienung und Selbstbedienung.
21) Bis einschl. 1981 auch mit Absätzen.
22) Preis ohne Stoff, aber mit einfachen Zutaten.
23) Bis einschl. 1977: 277 Megakalorien, 1978 bis einschl. 1981: 781,392 kWh.
24) Im Durchschnitt einer jeweils viel befahrenen kurzen, mittleren und langen Strecke, ohne Berücksichtigung evtl. Sondervergünstigungen für kleinere Personengruppen oder für bestimmte Tageszeiten usw.

22.16 Kommunale Gebühren für Wasser, Abwasserbeseitigung, Müllabfuhr und Straßenreinigung für private Haushalte

1976 = 100

Tarif bzw. Gebühr	Durchschnitt							
	1975	1976	1977	1978	1979	1980	1981	1982
Allgemeine Wassertarife (ohne Gewerbe- und Sondertarife)								
Grund- und Arbeitspreis bei einer monatlichen Abnahmemenge von								
6 m³	89,7	100	103,1	106,5	110,1	116,3	123,8	133,4
15 m³	90,5	100	103,0	105,8	109,2	114,5	121,2	129,7
20 m³	91,0	100	103,0	105,6	108,9	114,0	120,6	128,8
Abwasserbeseitigung								
Jahresgebühr für 1 m³ bei Abnahme einer								
kleineren	86,6	100	108,1	114,6	118,2	129,1	140,5	153,2
größeren	83,9	100	107,6	114,7	118,8	129,1	140,6	152,9
Frischwassermenge								
Müllabfuhr								
Jahresgebühr für die einmalige wöchentliche Leerung einer ortsüblichen Tonne mit einem								
kleineren	89,7	100	105,0	108,9	111,9	118,2	123,6	132,4
größeren	87,5	100	104,0	108,0	109,9	115,0	120,4	125,2
Inhalt								
Straßenreinigung								
Jahresgebühr für einen Meter Straßenfront oder für eine andere Bezugseinheit bei								
zweimaliger	84,4	100	103,8	105,5	107,4	114,1	123,5	131,3
sechsmaliger	84,5	100	103,9	105,6	107,5	110,7	119,3	126,6
Reinigung in der Woche								

22.17 Index der Einfuhrpreise*)

1976 = 100

Produkt	Gewichtung	Durchschnitt 1975	1976	1977	1978	1979	1980	1981	1982
Einfuhrgüter insgesamt	**1 000**	**94,2**	**100**	**101,5**	**97,7**	**109,1**	**125,3**	**142,9**	**145,0**
Güter aus EG-Ländern[1])	477,39	95,4	100	100,5	99,6	110,2	120,1	131,3	134,9
Güter aus Drittländern	522,61	93,1	100	102,4	96,1	108,1	130,2	153,5	154,3
dar.: Güter aus anderen industrial. westl. Ländern	261,25	.	100	99,8	97,8	103,5	114,1	125,5	127,3
Güter aus Entwicklungsländern (ohne OPEC)	101,01	.	100	110,5	98,2	106,2	112,1	122,5	124,9
Güter aus OPEC-Ländern	114,60	.	100	101,4	88,8	112,9	176,1	238,0	233,0
nach Warengruppen der Außenhandelsstatistik[2])									
Güter der Ernährungswirtschaft	169,77	92,4	100	108,8	98,5	99,7	103,7	111,6	112,7
Lebende Tiere	2,68	95,5	100	105,9	102,3	103,1	107,6	110,3	111,3
Nahrungsmittel tierischen Ursprungs	40,87	92,9	100	103,0	99,6	100,6	106,4	113,2	113,2
Nahrungsmittel pflanzlichen Ursprungs[3])	102,18	96,8	100	105,6	97,4	99,3	103,7	112,8	111,9
Genußmittel	24,04	72,4	100	132,8	101,1	99,2	98,4	104,0	115,3
Güter der Gewerblichen Wirtschaft	830,23	94,6	100	100,0	97,6	111,0	129,7	149,3	151,6
Rohstoffe	170,85	91,9	100	99,2	88,1	107,0	157,1	205,4	201,7
Halbwaren	161,46	93,9	100	98,0	94,7	130,6	153,4	180,6	185,2
Fertigwaren	497,92	96,5	100	100,9	101,7	106,0	112,7	119,9	123,6
Vorerzeugnisse	148,09	95,9	100	99,9	100,0	108,7	116,7	123,6	127,9
Enderzeugnisse	349,83	96,6	100	101,3	102,4	104,9	111,0	118,3	121,7
nach der vorwiegenden Verwendungsart[4])									
Grundstoffe[5])	538,16	92,6	100	101,3	94,4	108,8	133,0	157,4	158,4
Grundstoffe für die Landwirtschaft	37,05	92,0	100	99,3	87,7	93,4	98,1	112,7	108,3
Grundstoffe für das Verarbeitende Gewerbe	501,11	92,7	100	101,4	94,9	110,0	135,6	160,7	162,1
Investitionsgüter	82,44	94,7	100	100,0	101,8	103,0	107,9	116,1	118,9
Verbrauchsgüter[6])	178,79	95,0	100	101,8	102,2	120,8	129,0	141,8	146,1
Nahrungs- und Genußmittel	75,71	96,9	100	104,0	100,5	99,9	106,3	113,8	116,3
Zubehör, Einzel- u. Ersatzteile, Hilfs- u. Verpackungsmittel[7])	124,90	98,4	100	101,2	101,1	102,9	110,1	117,3	120,4
nach Hauptverbrauchssektoren[4])									
Güter für die Land- und Forstwirtschaft[8])	41,14	91,8	100	99,9	89,9	95,3	100,3	114,7	111,6
Güter für das Produzierende Gewerbe	683,33	93,7	100	101,2	96,6	108,1	128,4	148,9	150,7
Güter für den Privaten Verbrauch	275,53	95,9	100	102,4	101,6	113,6	121,6	132,1	135,9
Nahrungsmittel	68,14	96,4	100	103,9	99,7	99,2	105,6	112,8	115,1
Andere Verbrauchs- und Gebrauchsgüter	207,39	95,5	100	101,9	102,2	118,3	126,8	138,5	142,8
nach dem produktionswirtschaftlichen Zusammenhang[9])									
Erzeugnisse der Land- und Forstwirtschaft, Fischerei	**113,88**	**87,8**	**100**	**110,5**	**96,4**	**98,1**	**102,8**	**110,4**	**111,2**
Landwirtschaftliche Erzeugnisse	105,98	.	100	110,7	95,4	96,7	101,1	108,9	109,9
dar.: Rohkaffee	11,90	48,5	100	161,5	96,8	91,8	84,2	87,0	100,7
Getreide	15,83	99,3	100	88,8	84,6	88,5	96,0	110,4	105,4
Ölfrüchte zur Ernährung	12,69	94,5	100	114,3	98,1	102,7	96,5	113,2	106,2
Frischgemüse	8,99	94,1	100	100,8	86,5	96,3	101,9	112,9	108,1
Frischobst	13,68	109,9	100	115,0	115,7	108,4	120,7	123,4	134,6
Forstwirtschaftliche Erzeugnisse	5,28	.	100	102,7	102,9	113,8	126,0	129,3	125,1
Fischereierzeugnisse	2,62	89,2	100	115,4	122,1	122,1	124,0	130,3	133,0
Erzeugnisse des Produzierenden Gewerbes	**886,12**	**95,1**	**100**	**100,3**	**97,9**	**110,5**	**128,2**	**147,1**	**149,4**
Bergbauliche Erzeugnisse	**153,88**	**93,0**	**100**	**100,1**	**91,5**	**112,3**	**170,4**	**231,1**	**232,8**
Erzeugnisse des Kohlenbergbaues	3,86	103,9	100	98,6	96,5	101,1	120,5	148,9	149,7
Eisenerze einschl. Abbrände	11,39	100,7	100	91,9	78,7	77,9	94,9	111,9	125,3
NE-Metallerze und Schwefelkies	8,67	94,1	100	94,7	84,1	103,2	106,8	118,7	109,2
Erdöl, roh	112,87	91,7	100	100,4	87,6	112,8	182,9	248,2	242,4
Erdgas	14,69	85,9	100	110,3	136,4	148,4	192,9	295,6	353,7
Andere bergbauliche Erzeugnisse einschl. Torf	2,40	126,1	100	84,9	80,1	81,3	109,2	136,2	129,4
Erzeugnisse des Verarbeitenden Gewerbes	**732,24**	**95,8**	**100**	**100,4**	**99,2**	**110,1**	**119,4**	**129,4**	**131,8**
Erzeugnisse des Grundstoff- und Produktionsgütergewerbes	286,94	95,8	100	97,6	94,1	117,3	132,2	146,3	148,1
Mineralölerzeugnisse	54,19	90,2	100	97,5	90,9	158,7	180,8	224,3	230,7
dar.: Motorenbenzin	5,93	83,3	100	87,6	88,5	158,3	175,3	217,7	215,3
Dieselkraftstoff	1,92	92,6	100	99,0	90,5	168,9	184,9	229,9	241,8
Heizöl, leicht	26,78	91,8	100	101,5	94,2	182,7	197,1	240,1	252,6
Heizöl, schwer	4,76	90,0	100	105,2	87,8	127,5	171,4	228,8	215,9
Steine und Erden, Asbestwaren, Schleifmittel	12,22	.	100	103,3	104,8	109,1	120,2	132,4	139,4
Eisen und Stahl	43,55	95,4	100	95,4	98,6	105,7	107,4	109,3	120,3
darunter:									
Ferrolegierungen	4,62	120,0	100	92,6	87,3	112,4	109,1	112,1	111,2
Stahlhalbzeug	5,08	96,6	100	95,2	96,2	100,3	101,4	103,5	113,4
Walzstahl	29,40	92,2	100	96,2	101,1	105,0	108,3	110,1	124,2
darunter:									
Form- und Stabstahl	9,57	90,4	100	91,5	100,8	103,7	107,6	109,5	125,0
Stahlblech, warm- und kaltgewalzt	12,34	91,9	100	99,7	101,7	104,7	109,3	109,6	124,2
Stahlschrott	1,75	89,0	100	81,3	84,1	115,9	101,7	97,2	95,8

*) Berechnungsmethode in »Wirtschaft und Statistik«, 2/1981, S. 89 ff.
1) Ohne Griechenland, das noch bei den Drittländern enthalten ist.
2) Warenverzeichnis für die Außenhandelsstatistik, Ausgabe 1976.
3) Einschl. Blumen, Zier-, Heil- und Duftpflanzen sowie Mineralwasser.
4) Classification statistique et tarifaire pour le commerce international, Ausgabe 1963.
5) Ernährungswirtschaftliche und gewerbliche Rohstoffe, Halbwaren und Vorerzeugnisse mit Grundstoffcharakter.
6) Ohne Nahrungs- und Genußmittel sowie ohne Blumen.
7) Einschl. Blumen.
8) Ohne Brenn- und Treibstoffe.
9) In Anlehnung an das Güterverzeichnis für die Land- und Forstwirtschaft, Fischerei, Ausgabe 1978 bzw. das Systematische Warenverzeichnis für die Industriestatistik, Ausgabe 1975.

22.17 Index der Einfuhrpreise*)

1976 = 100

Produkt	Gewichtung	Durchschnitt							
		1975	1976	1977	1978	1979	1980	1981	1982
NE-Metalle und -Metallhalbzeug (einschl. Edelmetalle und deren Halbzeug)	40,07	93,2	100	98,2	93,4	121,6	160,6	157,0	142,8
NE-Metalle und deren Halbzeug	32,66	87,9	100	96,9	88,4	108,7	120,3	128,3	119,7
dar.: Aluminium, auch legiert	4,23	89,6	100	110,4	101,3	116,3	140,3	149,9	139,1
Kupfer, auch legiert	7,24	85,9	100	85,7	76,9	100,4	111,4	110,9	102,4
Edelmetalle und deren Halbzeug	7,41	114,2	100	103,9	115,3	178,9	338,3	283,7	244,7
Gießereierzeugnisse	1,62	93,6	100	95,4	95,1	105,9	111,8	116,8	118,3
Erzeugnisse der Ziehereien und Kaltwalzwerke	4,69	99,1	100	101,0	100,5	102,9	108,1	111,6	122,4
Chemische Erzeugnisse	84,73	97,9	100	97,5	94,0	107,6	116,5	128,4	130,5
dar.: Anorganische Grundstoffe und Chemikalien	9,32	97,4	100	103,7	102,7	106,1	117,0	139,0	142,3
Organische Grundstoffe und Chemikalien	26,08	97,6	100	94,4	86,4	114,0	121,0	137,7	135,7
Kunststoffe und synthetischer Kautschuk	17,07	97,6	100	95,5	92,1	108,8	118,7	122,5	125,1
Chemiefasern	3,74	99,6	100	99,4	94,7	98,5	103,2	104,8	112,5
Pharmazeutische Erzeugnisse	7,53	97,8	100	101,0	103,6	106,0	115,2	128,0	135,0
Schnittholz, Sperrholz und sonstiges bearbeitetes Holz	10,71	91,2	100	103,5	99,9	111,5	124,7	126,5	125,4
dar. Schnittholz	6,12	89,4	100	101,9	97,0	111,1	123,3	122,1	119,8
Holzschliff, Zellstoff, Papier und Pappe	25,48	103,2	100	94,3	83,8	89,9	100,4	116,5	117,3
dar.: Papierzellstoff	8,07	102,3	100	88,1	65,8	75,8	90,7	113,4	109,8
Papier, unveredelt	11,99	104,0	100	97,4	93,7	97,2	105,4	118,4	121,8
Gummiwaren	9,68	.	100	100,5	100,2	103,5	113,9	127,3	121,4
Erzeugnisse des Investitionsgüter produzierenden Gewerbes	213,05	96,0	100	100,5	101,3	102,5	107,3	115,0	118,5
Erzeugnisse der Stahlverformung	3,14	.	100	105,7	104,5	110,0	118,3	135,8	138,6
Stahlbauerzeugnisse	3,66	98,0	100	100,1	107,6	112,6	125,2	132,0	140,9
Maschinenbauerzeugnisse (einschl. Ackerschlepper)	48,54	94,6	100	102,2	104,9	108,5	115,4	126,3	130,8
dar.: Metallbearbeitungsmaschinen	3,54	93,5	100	98,8	106,0	108,2	112,7	124,2	130,1
Maschinen für die Bauwirtschaft	3,78	92,4	100	102,6	104,8	113,4	122,2	135,1	138,8
Maschinen für die Land- und Milchwirtschaft[1])	4,08	90,0	100	105,1	109,4	112,7	120,5	133,4	141,3
Straßenfahrzeuge (ohne Ackerschlepper)	52,78	95,5	100	100,0	101,8	104,2	109,1	113,8	117,1
dar.: Personenkraftwagen	30,72	94,2	100	99,2	100,7	103,1	107,9	112,8	115,4
Teile für Kraftfahrzeuge und deren Motoren	12,82	101,8	100	101,2	103,2	104,9	111,0	114,5	118,9
Elektrotechnische Erzeugnisse	59,95	98,3	100	100,5	100,0	100,6	103,7	110,4	113,4
Feinmechanische und optische Erzeugnisse; Uhren	13,49	95,5	100	99,6	100,0	97,6	103,7	110,9	110,5
Eisen-, Blech- und Metallwaren	15,74	94,8	100	101,9	102,0	101,5	107,1	114,9	120,4
Büromasch.; Datenverarbeitungsgeräte und -einrichtungen	15,75	96,4	100	95,9	92,1	86,5	87,0	97,6	100,1
Erzeugnisse des Verbrauchsgüter produzierenden Gewerbes	156,14	95,2	100	103,3	105,1	111,0	118,6	124,6	127,7
Musikinstrumente, Spielwaren, Sportgeräte, Schmuck u. ä.	9,65	103,8	100	105,0	116,1	131,3	173,7	176,0	168,0
Feinkeramische Erzeugnisse	3,64	98,1	100	102,4	105,1	109,2	122,0	131,1	129,9
Glas und Glaswaren	5,71	95,2	100	103,2	106,2	108,7	114,5	121,0	121,0
Holzwaren	9,27	96,4	100	105,0	108,2	113,9	119,4	126,3	127,5
Papier- und Pappewaren	4,08	99,3	100	100,3	100,0	102,3	107,7	116,1	119,5
Druckereierzeugnisse	3,04	96,5	100	100,9	97,9	100,2	101,8	107,8	114,0
Kunststofferzeugnisse	11,02	100,0	100	100,4	101,8	105,5	110,7	113,3	117,1
Leder	3,83	86,2	100	103,4	102,3	138,3	122,6	123,8	139,5
Lederwaren und Schuhe	12,52	94,4	100	103,9	105,2	112,9	125,0	130,6	136,1
Textilien	58,66	93,3	100	103,7	103,2	107,5	113,5	120,4	124,0
dar. Gewebe (Meterware ohne Bodenbeläge)	15,81	.	100	103,8	105,1	109,2	114,2	119,9	124,5
Bekleidung	34,72	94,5	100	102,9	106,9	111,0	114,6	121,0	124,8
Erzeugnisse des Nahrungs- und Genußmittelgewerbes	76,11	96,2	100	104,4	100,7	102,5	106,2	115,8	116,4
dar. Erzeugnisse des Ernährungsgewerbes	75,56	96,1	100	104,5	100,7	102,5	106,2	115,7	116,2
darunter:									
Verarbeitetes Obst	6,53	97,4	100	108,1	112,6	113,3	115,8	127,3	133,6
Verarbeitetes Gemüse	6,63	86,8	100	108,1	98,6	93,7	93,1	109,5	113,6
Süßwaren	4,25	92,7	100	111,8	118,1	121,2	121,9	125,5	126,5
Milch und Milcherzeugnisse	9,71	95,3	100	103,7	105,0	105,3	109,4	114,2	118,8
Pflanzliche Öle zur Ernährung	2,37	113,3	100	116,8	111,5	113,8	101,2	121,9	102,4
Ölkuchen und Extraktionsschrote	5,72	83,9	100	104,0	83,6	91,8	93,0	107,8	103,6
Fleisch und Fleischerzeugnisse[2])	21,70	94,4	100	99,5	94,5	96,9	101,4	108,5	109,7
dar.: Schweinefleisch	5,72	91,2	100	97,7	90,2	88,0	91,5	96,2	101,2
Rind- und Kalbfleisch	5,26	100,1	100	100,4	96,2	102,3	105,4	114,0	118,3

nach dem Internationalen Warenverzeichnis für den Außenhandel[3])

Produkt	Gewichtung	1975	1976	1977	1978	1979	1980	1981	1982
Nahrungsmittel u. lebende Tiere vorwieg. zur Ernährung	133,49	.	100	109,0	97,7	98,6	102,9	110,6	111,9
Getränke und Tabak	11,76	.	100	102,0	104,5	105,5	109,6	118,6	130,7
Rohstoffe (ausgen. Nahrungsmittel u. mineral. Brennstoffe)	97,94	.	100	99,0	89,4	96,9	106,2	117,8	116,9
Mineral. Brennstoffe, Schmiermittel u. verw. Erzeugnisse	185,64	.	100	100,3	92,6	128,8	181,8	242,9	245,8
Tierische und pflanzliche Öle, Fette und Wachse	5,51	.	100	116,8	108,0	113,3	102,7	124,9	116,4
Chemische Erzeugnisse	75,94	.	100	96,9	93,7	108,3	116,9	128,5	130,0
Bearb. Waren, vorwieg. nach Beschaffenheit gegliedert	195,95	.	100	100,2	100,2	108,9	118,7	124,3	126,7
Maschinenbau- und elektrotechn. Erzeugnisse, Fahrzeuge	174,36	.	100	100,5	101,3	102,8	107,4	115,0	118,2
Sonstige bearbeitete Waren	115,19	.	100	102,4	104,0	107,9	115,3	120,6	124,1

*) Berechnungsmethode in »Wirtschaft und Statistik«, 2/1981, S. 89 ff.
1) Einschl. Ackerschlepper.
2) Einschl. Schlachtnebenprodukte.
3) Internationales Warenverzeichnis für den Außenhandel (SITC II), Ausgabe 1976.

22.18 Index der Ausfuhrpreise*)

1976 = 100

Produkt	Gewichtung	Durchschnitt 1975	1976	1977	1978	1979	1980	1981	1982
Ausfuhrgüter insgesamt	**1 000**	**96,3**	**100**	**101,7**	**103,3**	**108,2**	**115,1**	**121,3**	**126,5**
Güter für EG-Länder¹)	457,50	96,2	100	101,7	103,1	108,0	114,7	120,8	126,0
Güter für Drittländer	542,50	96,2	100	101,8	103,6	108,4	115,4	121,8	126,8
dar. Güter für andere industrial. westl. Länder	312,87	.	100	102,0	103,5	108,2	115,3	121,9	126,8
nach Warengruppen der Außenhandelsstatistik²)									
Güter der Ernährungswirtschaft	46,46	96,8	100	104,6	104,1	107,3	113,9	122,1	120,9
Lebende Tiere	2,33	94,4	100	97,8	99,7	99,7	99,0	99,0	103,8
Nahrungsmittel tierischen Ursprungs	16,32	98,8	100	106,0	108,5	109,7	112,7	121,3	125,8
Nahrungsmittel pflanzlichen Ursprungs³)	21,29	97,9	100	101,0	97,6	101,1	106,7	114,5	114,0
Genußmittel	6,52	91,8	100	115,5	115,4	124,2	146,1	157,5	137,1
Güter der Gewerblichen Wirtschaft	953,54	96,1	100	101,6	103,3	108,2	115,1	121,3	126,7
Rohstoffe	22,39	93,7	100	99,1	98,0	103,1	109,6	120,8	126,2
Halbwaren	72,33	96,7	100	97,4	95,7	110,5	125,1	134,2	135,1
Fertigwaren	858,82	96,2	100	102,0	104,1	108,2	114,4	120,2	126,0
Vorerzeugnisse	186,56	96,9	100	97,4	98,7	106,9	115,1	121,8	127,3
Enderzeugnisse	672,26	96,0	100	103,3	105,6	108,6	114,2	119,8	125,6
nach der vorwiegenden Verwendungsart⁴)									
Grundstoffe⁵)	312,73	96,9	100	97,6	97,7	106,5	115,9	123,5	127,0
Grundstoffe für die Landwirtschaft	12,44	108,7	100	97,4	92,1	96,1	105,9	119,0	118,3
Grundstoffe für das Verarbeitende Gewerbe	300,29	96,5	100	97,6	97,9	106,9	116,3	123,7	127,3
Investitionsgüter	263,50	94,6	100	104,2	107,2	110,4	115,7	121,0	127,5
Verbrauchsgüter⁶)	144,65	95,7	100	102,8	105,4	108,4	115,3	121,1	125,7
Nahrungs- und Genußmittel	29,17	98,8	100	108,3	108,8	109,9	113,3	119,1	123,2
Zubehör, Einzel- u. Ersatzteile, Hilfs- u. Verpackungsmittel⁷)	249,95	97,2	100	102,9	104,6	107,8	113,4	119,3	125,5
nach Hauptverbrauchssektoren⁴)									
Güter für die Land- und Forstwirtschaft⁸)	27,64	101,5	100	101,1	99,7	103,8	111,9	121,7	125,1
Güter für das Produzierende Gewerbe	797,32	96,0	100	101,3	102,9	108,2	115,1	121,3	126,6
Güter für den Privaten Verbrauch	175,04	96,1	100	104,0	106,3	108,9	115,4	121,3	125,8
Nahrungsmittel	28,04	99,3	100	109,5	110,3	111,1	114,7	120,9	124,6
Andere Verbrauchs- und Gebrauchsgüter	147,00	95,7	100	102,9	105,5	108,5	115,5	121,4	126,0
nach dem produktionswirtschaftlichen Zusammenhang⁹)									
Erzeugnisse der Land- und Forstwirtschaft, Fischerei	**12,68**	**93,6**	**100**	**96,8**	**96,8**	**106,7**	**112,1**	**122,2**	**117,9**
Landwirtschaftliche Erzeugnisse	11,27	93,0	100	94,8	93,6	103,7	108,4	119,6	116,0
Forstwirtschaftliche Erzeugnisse	1,18	97,7	100	108,8	113,1	128,8	144,6	145,9	132,6
Fischereierzeugnisse	0,23	112,6	100	131,2	169,8	138,2	127,4	128,7	135,9
Erzeugnisse des Produzierenden Gewerbes	**987,32**	**96,3**	**100**	**101,8**	**103,5**	**108,2**	**115,1**	**121,3**	**126,6**
Bergbauliche Erzeugnisse	**19,14**	**96,2**	**100**	**98,0**	**96,6**	**98,0**	**110,4**	**124,9**	**131,6**
Erzeugnisse des Kohlenbergbaues	16,52	95,1	100	98,4	97,0	97,9	110,0	123,7	131,3
dar.: Steinkohle, roh	8,86	94,4	100	98,6	96,3	97,4	110,3	126,0	134,8
Steinkohlenkoks	7,27	95,9	100	97,9	97,4	97,8	108,9	119,4	125,3
Kali-, Stein-, Hütten- und Salinensalz	1,48	109,8	100	91,9	91,6	94,5	112,0	135,9	133,7
Andere bergbauliche Erzeugnisse einschl. Torf	1,14	96,2	100	101,1	97,5	103,1	114,2	128,8	132,6
Erzeugnisse des Verarbeitenden Gewerbes	**968,18**	**96,2**	**100**	**101,9**	**103,6**	**108,4**	**115,2**	**121,2**	**126,5**
Erzeugnisse des Grundstoff- u. Produktionsgütergewerbes	271,37	97,6	100	96,9	97,0	106,4	116,6	123,9	128,2
Mineralölerzeugnisse	7,84	90,2	100	99,3	95,2	128,0	168,2	201,4	202,1
dar.: Heizöl, leicht	0,75	87,8	100	99,2	95,7	148,6	194,6	233,6	241,1
Heizöl, schwer	1,32	86,1	100	102,7	94,6	124,5	168,3	214,0	199,9
Steine und Erden, Asbestwaren, Schleifmittel	11,05	.	100	104,1	106,8	110,6	118,7	126,1	132,2
Eisen und Stahl	60,16	96,2	100	89,0	94,6	101,4	104,0	111,2	121,9
darunter:									
Stahlhalbzeug	5,43	87,2	100	94,8	97,5	104,8	109,1	115,7	123,6
Walzstahl	25,58	93,2	100	87,9	94,4	100,1	104,3	111,0	124,3
darunter:									
Form- und Stabstahl	9,55	91,6	100	87,9	96,1	101,6	107,0	114,2	123,9
Stahlblech, warm- und kaltgewalzt	13,11	89,0	100	87,2	93,1	98,7	101,9	107,7	123,3
NE-Metalle und -Metallhalbzeug (einschl. Edelmetalle und deren Halbzeug)	21,06	93,0	100	98,3	93,3	116,5	143,7	136,9	129,0
NE-Metalle und deren Halbzeug	17,52	90,0	100	97,7	89,8	105,2	117,1	119,2	114,7
dar. Kupferhalbzeug	5,40	91,6	100	90,0	78,8	91,9	104,4	105,8	104,0
Edelmetalle und deren Halbzeug	3,54	106,3	100	100,8	110,6	172,8	275,2	224,6	200,2
Gießereierzeugnisse	3,18	97,4	100	101,0	98,4	100,1	104,9	107,7	114,3
Erzeugnisse der Ziehereien und Kaltwalzwerke	8,37	106,1	100	98,8	99,0	101,1	107,1	110,6	120,7
Zieherei- und Kaltwalzwerkserzeugnisse (ohne Draht)	4,28	107,6	100	98,9	99,7	101,7	107,5	110,0	122,6
Kaltgezogener Draht und Drahterzeugnisse	4,09	104,3	100	98,7	98,2	100,4	106,6	111,1	118,6
Chemische Erzeugnisse	137,06	99,4	100	98,5	97,2	106,5	116,4	124,8	127,8
dar.: Anorganische Grundstoffe und Chemikalien	10,17	100,5	100	100,9	101,6	106,8	119,7	130,4	135,0
Organische Grundstoffe und Chemikalien	35,05	99,3	100	95,5	91,3	107,4	115,7	125,9	128,3
Kunststoffe und synthetischer Kautschuk	26,09	93,2	100	97,5	99,4	116,8	130,5	138,8	140,8
Chemiefasern	7,96	102,5	100	90,7	87,6	93,8	99,5	106,6	115,4
Farbstoffe, Farben und Lacke	15,21	94,1	100	104,1	105,2	108,3	117,7	126,0	129,8

*) Berechnungsmethode in »Wirtschaft und Statistik«, 2/1981, S. 89 ff.
¹) Ohne Griechenland, das noch bei den Drittländern enthalten ist.
²) Warenverzeichnis für die Außenhandelsstatistik, Ausgabe 1976.
³) Einschl. Blumen, Zier-, Heil- und Duftpflanzen sowie Mineralwasser.
⁴) Classification statistique et tarifaire pour le commerce international, Ausgabe 1963.
⁵) Ernährungswirtschaftliche und gewerbliche Rohstoffe, Halbwaren und Vorerzeugnisse mit Grundstoffcharakter.
⁶) Ohne Nahrungs- und Genußmittel sowie ohne Blumen.
⁷) Einschl. Blumen.
⁸) Ohne Brenn- und Treibstoffe.
⁹) In Anlehnung an das Güterverzeichnis für die Land- und Forstwirtschaft, Fischerei, Ausgabe 1978 bzw. das Systematische Warenverzeichnis für die Industriestatistik, Ausgabe 1975.

22.18 Index der Ausfuhrpreise*)

1976 = 100

Produkt	Gewichtung	Durchschnitt 1975	1976	1977	1978	1979	1980	1981	1982
Schnittholz, Sperrholz und sonstiges bearbeitetes Holz	3,98	94,9	100	107,9	108,3	113,0	124,1	127,2	125,9
Zellstoff, Papier und Pappe	8,35	102,3	100	98,6	95,2	99,8	109,0	117,9	123,0
Gummiwaren	10,32	.	100	101,9	102,0	103,6	110,1	118,0	122,7
Erzeugnisse des Investitionsgüter produzierenden Gewerbes	542,55	95,4	100	103,8	106,5	109,4	114,6	120,0	126,2
Erzeugnisse der Stahlverformung	8,17	101,9	100	103,4	104,0	105,7	112,4	117,9	123,6
Stahlbauerzeugnisse	13,35	97,1	100	103,2	106,6	111,0	116,5	120,8	130,1
Maschinenbauerzeugnisse (einschl. Ackerschlepper)	201,41	95,2	100	104,9	108,1	111,8	117,6	123,6	130,5
darunter:									
Metallbearbeitungsmaschinen	25,53	94,8	100	104,8	109,1	113,8	120,1	126,6	134,0
Kraftmaschinen	14,46	92,0	100	105,7	108,8	111,1	116,7	125,4	133,4
Pumpen, Druckluftgeräte u. dgl.	15,83	94,7	100	105,2	108,1	110,8	116,1	120,5	127,0
Baumaschinen	10,35	96,4	100	104,2	106,5	108,0	112,0	115,3	120,7
Land- und milchwirtschaftliche Maschinen[1])	14,08	94,5	100	104,6	106,6	110,7	117,2	124,8	131,4
Krane, Hebezeuge und Fördermittel	12,26	96,6	100	107,2	111,2	115,9	121,3	126,6	131,1
Papier- und Druckereimaschinen	10,73	95,5	100	105,9	109,1	113,3	119,3	125,0	132,2
Textilmaschinen	9,21	94,7	100	105,4	109,0	113,5	117,7	123,4	130,8
Straßenfahrzeuge (ohne Ackerschlepper)	149,19	93,3	100	103,6	107,3	110,8	116,9	123,3	130,0
darunter:									
Personenkraftwagen	70,90	91,8	100	103,1	107,5	111,5	117,4	123,5	130,0
Liefer- und Lastkraftwagen	11,82	95,4	100	107,2	110,7	113,4	121,0	126,7	133,1
Teile für Kraftfahrzeuge und deren Motoren	33,63	95,2	100	103,6	106,8	110,2	115,7	122,5	130,4
Elektrotechnische Erzeugnisse	103,90	97,0	100	102,3	103,2	104,4	107,4	111,7	115,9
darunter:									
Geräte und Einrichtungen der Elektrizitätserzeugung	14,33	96,9	100	104,6	105,8	108,6	113,2	117,9	123,2
Geräte und Einrichtungen der Elektrizitätsverteilung	13,04	95,7	100	104,2	106,3	110,2	117,0	122,9	127,8
Elektrische Verbrauchergeräte	17,34	96,6	100	102,3	103,2	104,4	107,8	112,9	117,4
Nachrichtentechnische Geräte und Einrichtungen	9,63	95,3	100	101,3	104,0	105,0	104,8	106,1	108,3
Rundfunk-, Fernseh-, phonotechnische Geräte und Einrichtungen	25,40	100,8	100	98,8	97,0	94,6	94,3	95,1	97,2
Elektrische Meß-, Prüf-, Steuerungs- und Regelgeräte	8,91	95,7	100	104,7	108,3	111,7	117,3	126,0	133,6
Feinmechanische und optische Erzeugnisse; Uhren	20,30	96,3	100	103,1	105,6	108,4	113,0	117,5	122,0
Eisen-, Blech- und Metallwaren	29,41	.	100	105,6	108,7	112,9	120,0	125,7	132,6
Büromasch.; Datenverarbeitungsgeräte und -einrichtungen	16,82	101,1	100	99,4	97,3	95,0	94,9	94,3	95,4
Büromaschinen	5,26	101,8	100	100,1	101,9	102,1	101,2	101,6	109,3
Datenverarbeitungsgeräte und -einrichtungen	11,56	.	100	99,1	95,2	91,9	92,1	91,0	89,1
Erzeugnisse des Verbrauchsgüter produzierenden Gewerbes	116,64	97,2	100	102,9	104,6	108,5	115,0	120,4	125,3
Musikinstrumente, Spielwaren, Sportgeräte, Schmuck, Füllhalter und ähnliches	8,64	.	100	104,5	112,2	118,2	137,4	142,1	146,7
Feinkeramische Erzeugnisse	4,65	.	100	105,1	109,5	112,3	119,5	127,1	133,0
Glas und Glaswaren	5,86	96,6	100	103,7	105,1	106,9	114,8	123,5	129,0
Holzwaren	10,46	97,3	100	106,1	109,6	114,9	124,4	132,7	138,4
Papier- und Pappewaren	5,32	100,2	100	98,3	98,4	101,5	108,9	115,7	121,0
Druckereierzeugnisse	7,23	96,3	100	102,2	106,6	109,8	113,8	121,8	128,5
Kunststofferzeugnisse	16,45	98,4	100	101,0	100,1	106,0	112,6	114,9	117,8
dar. Halbzeug aus Kunststoff	7,40	100,0	100	100,8	99,3	107,1	115,2	117,5	120,5
Leder	1,62	82,6	100	103,6	104,3	125,7	120,4	122,8	134,7
Lederwaren und Schuhe	3,22	95,1	100	106,0	110,4	116,8	125,2	134,2	140,3
Textilien	40,44	98,5	100	102,1	102,1	104,3	108,2	113,0	117,5
dar. Gewebe (Meterware ohne Bodenbeläge)	14,15	98,8	100	103,6	103,9	105,5	109,4	113,4	116,4
Bekleidung	12,75	96,3	100	105,0	107,0	110,4	115,4	119,6	124,9
dar. Oberbekleidung aus Gewebe	7,28	96,2	100	104,9	108,0	111,0	115,1	120,5	124,7
Erzeugnisse des Nahrungs- und Genußmittelgewerbes	37,62	96,9	100	107,0	106,4	108,6	114,1	121,8	121,7
Erzeugnisse des Ernährungsgewerbes	36,22	96,6	100	107,3	106,8	109,0	114,5	122,0	121,4
dar. Fleisch und Fleischerzeugnisse	5,04	97,9	100	102,0	101,8	102,7	108,1	121,2	123,6
Tabakwaren	1,40	105,9	100	99,6	96,2	99,5	104,6	116,8	131,4
nach dem Internationalen Warenverzeichnis für den Außenhandel[2])									
Nahrungsmittel u. lebende Tiere vorwieg. zur Ernährung	37,35	.	100	104,3	104,2	107,7	115,5	123,4	121,3
Getränke und Tabak	4,54	.	100	104,1	103,0	105,0	109,3	118,1	126,9
Rohstoffe (ausgen. Nahrungsmittel u. mineral. Brennstoffe)	21,74	.	100	96,4	95,7	105,9	109,0	115,3	116,9
Mineral. Brennstoffe, Schmiermittel u. verw. Erzeugnisse	26,16	.	100	98,5	96,2	107,9	128,8	148,4	153,6
Tierische und pflanzliche Öle, Fette und Wachse	4,65	.	100	105,7	99,7	101,0	97,2	108,4	101,0
Chemische Erzeugnisse	126,92	.	100	98,8	97,8	107,5	117,2	125,4	128,3
Bearb. Waren, vorwieg. nach Beschaffenheit gegliedert	219,73	.	100	98,8	100,5	106,2	112,8	118,1	124,8
Maschinenbau- und elektrotechn. Erzeugnisse, Fahrzeuge	464,90	.	100	103,7	106,3	109,2	114,2	119,6	125,6
Sonstige bearbeitete Waren	92,88	.	100	103,8	106,5	109,9	117,9	123,5	128,3

*) Berechnungsmethode in »Wirtschaft und Statistik«, 2/1981, S. 89 ff.
[1]) Einschl. Ackerschlepper.
[2]) Internationales Warenverzeichnis für den Außenhandel (SITC II), Ausgabe 1976.

22.19 Einfuhrpreise

DM

Ware und Handelsbedingungen	Mengen-einheit	Durchschnitt 1975	1976	1977	1978	1979	1980	1981	1982
Rohkaffee									
kenianischer, Typ A, cif Hamburg	1 dt	444,68	900,91	1 333,79	849,14	820,16	759,38	812,87	845,73[1])
salvadorianischer, Hochgewächs, gewaschen, cif Hamburg	1 dt	376,09	782,87	1 270,78	781,13	706,59	640,23	677,48	770,00
Rohkakao, Konsum-, von der Elfenbeinküste, good fermented, cif Hamburg	1 dt	381,06	599,45	1 130,79	737,54	618,08	488,34	471,30	429,96
Weichweizen, amerikanischer, Hartwinter II, cif Nordseehäfen	1 dt	38,81	36,08	26,28	28,63	33,85	38,72[1])	46,86	45,68[1])
Futtermais, amerikanischer, gelb II/III, cif Nordseehäfen	1 dt	32,98	31,35	24,97	23,20	25,19	27,65	34,30	29,93
Reis, amerikanischer, Langkorn, halbroh, cif Nordseehäfen	1 dt	104,78	75,82	83,60	89,21	79,86	90,51	125,61	100,79
Kopra, philippinische, cif Nordseehäfen	1 dt	62,42	69,15	93,88	94,11	122,49	82,24	84,71[1])	76,43
Sojabohnen, amerikanische, gelb II, cif Nordseehäfen	1 dt	54,11	58,35	65,05	53,78	54,55	55,88	65,44	59,12
Rohbaumwolle									
türkische, Izmir Nr. 1, cif Bremen	1 dt	288,70	438,99	402,42[1])	321,57	324,70	378,70	436,10	429,41
amerikanische, strict middling 1 1/16 inch, cif Bremen	1 dt	314,14	437,01	370,60	310,31	303,56	380,71	432,97	403,86
Naturkautschuk, malaysischer, Ribbed smoked sheets Nr. 1, ab Kai Hamburg	1 dt	156,34	212,15	206,35	212,31	247,73[1])	278,29	267,25	220,54
Tafeläpfel, italienische, Sortendurchschnitt, frei deutsche Grenze	1 dt	87,64	64,99	101,64	111,46	68,92	83,41	77,82	100,00
Bananen, mittelamerikanische, Cavendish/Valery, cif Nordseehäfen	1 t	691,64	686,58	719,76	611,50	634,59	754,29	953,84	972,62
Rohwolle, australische, Merino A-Vliese, cif Bremen	1 kg	9,65	10,49	10,25	9,19	9,91	11,38	14,49	14,88
Kuhhäute, amerikanische, gesalzen, leichte Packer, cif Hamburg	1 kg	1,59	2,42	2,43	2,76	3,93	2,33	2,72	2,88
Steinkohle, amerikanische, Koks-A, cif Nordseehäfen	1 t	179,50	168,73	160,43	132,47	119,31	130,75	170,63	162,37
Eisenerz									
schwedisches, Kiruna-D, ca. 59% Fe im Feuchten, Körnung: 40% unter 5 mm, frei deutsche Grenze[2])	1 t	94,61	85,70	79,58	59,69	62,60	76,12	84,59[1])	56,69[1])
brasilianisches, Itabira-Standard-Sinterfeed, ca. 61,5% Fe im Feuchten, Körnung: 100% unter 5 mm, frei deutsche Grenze[3])	1 t	56,10	55,24	50,12	38,83	42,90	49,51	57,61[1])	63,40[1])
Erdöl, roh									
libysches, 36,0° — 37,5° API, via Pipeline frei Grenze	1 t	222,86	242,50	246,03	210,93	310,88	506,44	693,16	655,56
britisches, 35,0° — 36,6° API, cif Nordseehäfen	1 t	.	.	.	.	.	.	638,10	621,18
saudi-arabisches, 33,5° — 38,0° API, cif Nordseehäfen	1 t	216,88	232,50	231,49	208,80	242,81	398,54	583,35	646,20[1])
Motorenbenzin, verschiedene Herkünfte, ROZ 90/92, fob Binnenschiff Rotterdam[4])	1 t	294,05	355,84[1])	314,01	318,47	608,46	656,63	806,67	795,34
Heizöl, verschiedene Herkünfte, extra leicht, frei deutsche Grenze	1 t	256,19	280,93	282,55	257,63	467,67	557,44	683,78	711,35
Rohaluminium, kanadisches, Hütten-, Ingots, cif europäische Häfen[5])	1 dt	211,58	243,58	257,14	234,04	255,60	311,44	395,50	424,65
Kupfer, verschiedene Herkünfte, Drahtbarren, ab Lagerhaus Hamburg	1 dt	303,35	353,27	304,46	273,13	363,51	398,95	393,46	359,09
Rohzinn, verschiedene Herkünfte, Minimum 99,75% Sn, in Barren, ab Lagerhaus Hamburg	1 dt	1 684,33	1 906,53	2 499,55	2 577,92	2 828,75	3 047,78	3 201,41	3 105,57
Nickel, verschiedene Herkünfte, Marktpreis, cif europäische Häfen	1 dt	1 009,85	1 154,36	1 045,65	835,23	1 034,22	1 200,03	1 354,43	1 172,15
Schnittholz									
skandinavisches, Fichten-/Tannen-, Battens, unsortiert, cif Nordseehäfen	1 m³	342,56	406,63	396,94	357,10	395,27	467,14	452,44	415,64
amerikanisches, Oregonpine-Bohlen, 3 inch stark, nach R-Liste, cif Nordseehäfen	1 m³	566,71	699,53	662,36	645,42	897,47	930,35	916,81	946,00
Papierzellstoff, skandinavischer,									
Sulfit-, aus Nadelholz, gebleicht, cif Nordseehäfen	1 dt[6])	109,68	104,78	90,31	66,03	78,73	96,24	122,97	115,26
Sulfat-, aus Nadelholz, gebleicht, cif Nordseehäfen	1 dt[6])	108,62	105,31	90,81	69,07	80,46	97,57	123,86	117,30
Sulfat-, aus Laubholz, gebleicht, cif Nordseehäfen	1 dt[6])	108,20	103,27	86,09	64,91	76,19	92,53	117,77	108,72
Palmöl, verschiedene Herkünfte, cif Nordseehäfen	1 dt	102,32	101,67	124,27	120,36	120,05	106,19	127,33	108,09
Sonnenblumenöl, verschiedene Herkünfte, ab Tank Rotterdam	1 dt	177,79	145,07	148,51	135,69	140,22	115,08	146,07	128,26
Sojaschrot, amerikanischer, extrahiert, cif Nordseehäfen	1 dt	38,09	50,08	55,17	43,50	44,93	47,13	57,20	53,67
Schnittkäse, niederländischer Gouda, 48% Fett i. T., frei deutsche Grenze	1 kg	5,26	5,29	5,67	5,48	5,52	6,06	6,10	6,17
Fleisch									
Vorderviertel von Bullen, französische, I. Qualität, gekühlt, frei deutsche Grenze	1 kg	5,59	5,48[1])	5,32	5,24	5,23	5,08	5,69	6,07
Mastpoulets, niederländische, 950 — 1 000 g, ohne Innereien, bratfertig, frei Empfänger	1 kg	2,97	3,32	3,20	3,01	3,10	3,21	3,41	3,07
Fischöl, verschiedene Herkünfte, cif Nordseehäfen	1 dt	83,41	94,89	110,55	90,02	81,61	81,76	91,27	82,96
Fischmehl, peruanisches, 64 — 65% Protein, cif Nordseehäfen	1 dt	61,56[1])	106,71[1])	111,43	87,32	77,33	98,55	111,80	92,22

[1]) Durchschnitt aus weniger als 12 Monatszahlen berechnet.
[2]) Bis einschl. 1981 Kiruna-Pellets, ca. 64% Fe im Feuchten, Körnung: 12–14 mm.
[3]) Bis einschl. 1977 Itabira Pebble, ca. 65% Fe im Feuchten, Körnung: 0–75 mm.
[4]) Ab 1976 Bleigehalt 0,15 g/l.
[5]) Listenpreise, die am freien Markt zeitweilig erheblich unter- oder überschritten werden können.
[6]) Lufttrocken (90 : 100).

22.20 Eisenbahnfahrpreise für Personen*)

Tarifsatz	Durchschnitt 1976	1977	1978	1979	1980	1981	1982
Kilometersätze in Pf							
1. Klasse bis 50 km[1])	17,81	18,43	19,52	19,97	20,29	23,34	27,11
über 50 km	18,74	18,74	19,52	19,97	20,29	23,34	26,43
2. Klasse bis 50 km[1])	11,13	11,52	12,40	12,91	13,47	15,56	18,08
über 50 km	11,71	11,71	12,40	12,91	13,47	15,56	17,62
Streckensätze für Hin- und Rückfahrt[2]) in DM							
1. Klasse 50 km[1])	16,80	17,33	18,27	18,70	18,80	21,36	24,63
100 km	40,00	40,00	41,67	43,50	44,00	46,93	51,67
200 km	74,00	74,00	75,67	77,50	78,00	84,85	93,50
500 km	176,00	176,00	176,00	179,00	180,00	201,40	220,83
2. Klasse 50 km[1])	10,40	10,67	11,47	11,90	12,33	14,17	16,30
100 km	24,00	24,00	25,67	27,50	28,00	30,93	33,83
200 km	46,00	46,00	47,67	49,50	50,00	55,85	61,67
500 km	110,00	110,00	111,67	115,00	119,33	133,62	147,17

Tarifzuschlag bzw. -gebühr	Durchschnitt 1976	1977	1978	1979	1980	1981	1982
Zuschläge für einfache Fahrt[3]) in DM							
Schnellzüge							
1. u. 2. Klasse bis 50 km	3,00	3,00	3,00	3,00	3,00	3,00	3,00
TEE-/IC-Züge[4])							
1. Klasse	10,00	10,00	10,00	10,00	10,00	10,00	10,00
IC-Züge[4])							
2. Klasse	10,00[5])	6,95	3,81	3,00	3,17	5,00	5,00
Liegewagen; Liegekarte[6])							
im Binnenverkehr	15,83	16,92	17,00	17,00	17,83	19,67	21,67
im Verkehr zwischen Dtsch. Bundesbahn u. Dtsch. Reichsbahn	15,83	16,92	17,00	17,00	17,83	18,83	20,67
Gebühr für einfache Fahrt[3]) in DM							
Schnellzüge u. Kurswagen 1. und 2. Klasse Platzkarte[7])	2,50	2,50	2,50	2,88	3,00	3,00	3,42

*) Bundesgebiet ohne Berlin. – Einschl. Umsatz-(Mehrwert-)steuer.
[1]) Ohne Schnellzug-Zuschlag.
[2]) Gewöhnliche Fahrpreise (Rückfahrkarten); über 200 km: Ermäßigte Fernrückfahrkarten (Vorzugskarten bzw. Ferienkarten).
[3]) Bei allen Entfernungen, ausgenommen bei Schnellzügen.
[4]) Bei Lösung entsprechender Zuschlagskarten besteht Anspruch auf unentgeltliche Platzreservierung.
[5]) Am 30. 5. 1976 Einführung der 2. Wagenklasse in IC-Zügen.
[6]) Zuschlag für die Reservierung und Benutzung eines Liegeplatzes.
[7]) Platzreservierungsgebühr für Einzelreisende.

22.21 Eisenbahnfrachten für Güter*)

22.21.1 Frachtsätze

Frachtgewicht	Durchschnitt 1976	1977	1978	1979	1980	1981	1982
Stückgutfrachten in DM je Sendung (Entfernung 221—240 km)							
50 kg	14,70	15,07	16,09	16,90	17,97	19,65	21,15
100 kg	23,90	24,47	26,10	27,40	29,20	30,93	32,88
250 kg	46,70	47,80	51,00	53,55	57,03	59,85	64,75
500 kg	76,10	77,87	83,07	87,30	92,87	99,58	107,95
750 kg	102,50	104,93	112,01	117,70	125,17	129,33	137,70
1 000 kg	122,00	125,00	133,50	140,00	149,00	155,53	164,73
1 500 kg	167,00	170,73	181,76	190,88	203,20	213,26	226,16

Güterklasse[1])	Durchschnitt 1976	1977	1978	1979	1980	1981	1982
25-t-Frachtsätze für Wagenladungen in DM je dt (Entfernung 211—220 km)							
A/I	3,58	3,63	3,73	3,84	4,11	4,41	4,61
B/II/III	3,22	3,26	3,35	3,45	3,69	3,96	4,14
IV	3,16	3,19	3,29	3,39	3,62	3,88	4,06
V	3,05	3,08	3,17	3,26	3,49	3,74	3,91
C	2,96	2,99	3,07	3,16	3,38	3,63	3,80

22.21.2 Wagenladungsfrachten für Transporte ausgewählter Güter von den Hauptversand- nach den Hauptempfangsgebieten**)

DM je Tonne

Frachtgut	Versand-ort	Empfangs-ort	Entfernung in km	Durchschnitt 1976	1977	1978	1979	1980	1981	1982
Mais	Nordenham	— Regensburg	750	64,85	66,45	68,40	62,98	54,30	53,97	53,38
Futtermittel	Bremen	— Regensburg	681	51,20	52,10	52,10	52,10	52,10	51,18	50,11
Steinkohle	Gelsenkirchen	— Hamburg	345	29,43	30,80	31,38	33,15	34,85	37,35	39,20
Braunkohle, roh	Niederaußem	— Düsseldorf	52	9,83	10,20	10,41	11,00	11,59	12,38	13,00
Braunkohlebriketts	Frechen	— Hamm (Westf.)	147	21,29	22,30	22,76	24,10	25,38	27,05	27,80
Erdöl, roh[2])	Barenburg	— Misburg (Han.)	104	6,85	6,90	7,20	7,38	7,87	8,30	8,70
Benzin[2])	Hemmingstedt	— Hannover-Linden	295	.	15,70	16,40	16,40	17,40	18,30	19,70
Heizöl, leicht[2])	Karlsruhe	— Stuttgart	100	6,60	6,40	6,70	6,70	7,00	7,30	7,70
Heizöl, schwer[2])	Ingolstadt	— Burglengenfeld	159	7,83	11,20	11,20	11,20	11,85	13,20	14,20
Kalksteine	Herrlingen	— Heilbronn	146	17,13	17,30	17,90	18,25	19,33	20,43	20,50
Eisenerz[2])	Emden	— Dortmund-Evíng	229	8,27	8,48	8,60	8,95	9,57	9,83	10,23
Röhren aus Stahl	Mülheim (Ruhr)	— Bremen	260	18,40	18,50	19,00	19,47	20,20	21,00	21,60
Breitbandstahl[2])	Oberhausen	— Bochum	32	7,58	7,63	7,90	8,08	8,50	8,84	9,30
Feinblech	Oberhausen	— Fallersleben	322	38,35	38,80	38,60	35,88	37,77	39,49	41,27
Walzdraht aus Stahl	Duisburg	— Hamm (Westf.)	85	13,90	13,90	14,46	14,97	15,47	15,91	16,41
Eisenschrott[3])	Nürnberg	— Sulzbach	70	14,68	14,83	15,20	15,70	16,80	18,00	18,83
Bauxit, roh[2])	Köln-Niehl	— Quadrath-Ichendorf	30	6,50	6,50	6,70	6,80	6,90	7,40	7,80
Kalidüngemittel	Neuhof (Fulda)	— Hildesheim	237	24,20	24,30	24,97	26,30	27,77	29,53	31,10
Papier und Pappe	Baienfurt	— Hüsten	604	64,30	64,80	64,80	66,73	71,08	76,13	81,77
Elektr. Apparate[4])	Offenbach (Main)	— Hamburg	510	43,40	43,40	44,20	44,90	46,70	48,10	50,00
Fahrzeuge	Fallersleben	— Darmstadt	413	80,38	80,90	84,20	85,45	90,25	96,15	102,43

*) Bundesgebiet ohne Berlin. – Ohne Umsatz-(Mehrwert-)steuer. – Die Angaben in Tabelle 22.21.1 beziehen sich auf die repräsentative Entfernung.
**) Die Wagenladungsfrachten beziehen sich im allgemeinen auf Frachtsätze der 25-t-Klasse für Transporte in Einzelgüterwagen bzw. Wagengruppen.
[1]) Regelklasse = A bis C; Montanklasse = I bis V.
[2]) In geschlossenen Zügen.
[3]) Zur Wiedergewinnung von Metall.
[4]) Und Maschinen; 20-t-Sätze.

22.22 Frachtsätze des Straßengüterfernverkehrs mit Kraftfahrzeugen*)

Frachtgewicht	Durchschnitt 1976	1977	1978	1979	1980	1981	1982
Stückgutfrachten in DM je Sendung (Entfernung 261 – 280 km)							
100 kg	24,40	24,90	26,40	27,20	28,80	30,13	31,80
250 kg	52,60	53,73	57,10	58,80	62,18	65,19	68,69
750 kg	119,10	121,65	129,30	133,25	140,98	147,73	155,66
1 000 kg	143,40	146,48	155,70	160,38	169,60	177,59	187,25

*) Bundesgebiet ohne Berlin. – Ohne Umsatz-(Mehrwert-)steuer.

Güterklasse[1])	Durchschnitt 1976	1977	1978	1979	1980	1981	1982
20-t-Frachtsätze für Wagenladungen in DM je dt (Entfernung 261 – 270 km)							
A/B	5,08	5,14	5,28	5,44	5,80	6,09	6,42
E	4,78	4,85	4,99	5,15	5,48	5,76	6,07
F	4,17	4,23	4,36	4,49	4,78	5,02	5,30

1) Regelklasse.

22.23 Kundensätze des Spediteursammelgutverkehrs mit Eisenbahn und Kraftwagen*)

DM je dt

Frachtgewicht	Durchschnitt 1976[1])	1977	1978	1979	1980	1981	1982
Entfernung 141 – 160 km							
100 kg	22,00	23,19	24,68	25,55	27,30	29,52	31,82
250 kg	17,40	18,35	19,54	20,18	21,59	23,44	25,26
750 kg	13,21	14,00	14,71	15,21	16,29	17,66	19,05
über 1 000 kg	11,22	11,83	12,28	12,67	13,57	14,69	15,83
Entfernung 341 – 360 km							
100 kg	29,50	30,88	32,93	34,08	36,48	39,07	41,58
250 kg	24,56	25,77	27,38	28,36	30,41	32,56	34,65
750 kg	18,45	19,42	20,48	21,19	22,73	24,36	25,93
über 1 000 kg	15,30	15,99	16,64	17,19	18,42	19,73	21,02

*) Bundesgebiet ohne Berlin. – Ohne Umsatz-(Mehrwert-)steuer.

1) Siehe Vorbemerkung S. 484.

22.24 Frachtsätze der Binnenschiffahrt*)

DM je Tonne

Frachtgut	Versand-ort	Empfangs-ort	Entfernung in km	Durchschnitt 1976	1977	1978	1979	1980	1981	1982
Getreide	Hamburg	Düsseldorf	791	21,14	19,64	19,01	20,54	22,45	23,99	25,13
	Hamburg	Braunschweig	392	13,51	13,08	12,06	12,67	13,51	14,29	14,83
	Hamburg	Berlin (West)	345	22,51	25,76	26,50	27,92	29,68	31,33	32,47
	Bremen	Köln-Niehl	477	13,83	16,04	16,51	17,85	19,39	20,69	21,57
	Bremen	Mannheim	732	18,08	20,92	21,48	23,62	26,16	28,31	29,60
	Bremen	Heilbronn	895	22,50	26,08	27,50	30,74	33,79	36,39	38,02
	Emden	Köln-Deutz	396	13,21	15,30	15,68	16,91	18,52	19,64	20,59
	Emden	Nürnberg	1 043	30,34	35,12	35,94	39,31	43,66	46,90	49,29
	Emden	Mannheim	656	17,54	20,28	20,75	22,79	25,44	27,35	28,83
	Emden	Heilbronn	766	22,01	26,08	27,51	29,95	33,07	35,36	37,28
Stammholz	Bremen	Getmold	171	12,43	13,05	13,37	14,28	15,23	16,12	16,76
Bimskies	Vallendar/Brohl	Braunschweig	586/612	16,66	17,22	17,63	19,05	20,62	21,78	22,80
	Vallendar/Brohl	Nürnberg	557/583	19,29	20,29	20,89	22,72	25,00	27,00	28,54
	Vallendar/Brohl	Heilbronn	279/305	11,15	11,54	11,73	12,91	14,35	15,43	16,27
Rheinkies	Emmerich	Dortmund	119	5,26	5,12	5,21	5,61	6,21	6,64	6,95
	Emmerich	Hannover	342	11,33	11,41	11,60	12,60	13,85	14,77	15,48
Salz	Borth	Leverkusen	107	5,62	5,70	5,78	6,29	6,88	7,36	7,71
Erz	Emden	Dortmund	269	8,04	8,14	8,20	8,65	9,66	10,24	10,67
Steinkohle	Hamburg	Berlin (West)	345	15,41	15,88	16,47	17,52	18,84	20,03	20,79
	Ruhr-Kanalhäfen	Hannover	299	14,22	15,33	15,58	16,38	17,56	18,50	19,42
	Ruhr-Kanalhäfen	Berlin (West)	694	27,63	29,09	29,55	31,30	33,95	35,84	37,21
	Rhein-/Ruhrhäfen	Frankfurt am Main	320	15,70	16,10	16,34	17,54	18,86	20,19	21,19
	Rhein-/Ruhrhäfen	Nürnberg	741	27,61	27,63	28,11	30,81	33,67	36,30	38,26
	Rhein-/Ruhrhäfen	Mannheim	353	15,34	15,95	16,18	17,46	18,83	20,22	21,24
	Rhein-/Ruhrhäfen	Heilbronn	463	20,01	20,71	21,03	22,74	24,58	26,35	27,63
	Rhein-/Ruhrhäfen	Karlsruhe	421	18,22	18,28	18,54	20,08	21,75	23,42	24,64
Braunkohle[1])	Wesseling	Frankfurt am Main	209	13,36	13,43	13,63	14,72	16,02	17,02	17,80
	Wesseling	Würzburg	424	19,67	20,07	20,41	22,50	24,97	26,68	28,02
	Wesseling	Mannheim	242	13,12	13,40	13,59	14,76	16,16	17,23	18,04
	Wesseling	Heilbronn	352	18,17	18,45	18,74	20,43	22,42	23,90	25,00
	Wesseling	Karlsruhe	310	16,21	16,23	16,47	17,95	19,75	21,13	22,17
Mineralöl[2])	Hamburg	Berlin-Spandau	345	19,46	20,32	21,09	21,60	23,83	25,38	26,62
	Bremen-Oslebshausen	Duisburg-Ruhrort	431	27,16	27,99	28,63	29,11	31,75	33,52	35,15
	Bremen-Oslebshausen	Mannheim	779	39,71	40,94	41,81	42,80	47,13	50,04	52,49
	Bremen-Oslebshausen	Heilbronn	895	47,31	48,75	49,79	50,91	55,97	59,37	62,28
	Frankfurt am Main	Nürnberg	419	26,31	27,07	27,65	28,06	30,50	32,12	33,71
Eisen/Stahl (ab 300 t)	Rhein-/Ruhrhäfen	Würzburg	535	24,39	24,64	25,09	27,75	30,89	32,98	34,69
	Rhein-/Ruhrhäfen	Mannheim	353	16,46	16,46	16,70	18,25	20,13	21,57	22,63
	Rhein-/Ruhrhäfen	Heilbronn	463	22,56	22,70	23,09	25,11	27,57	29,45	30,93
	Rhein-/Ruhrhäfen	Karlsruhe	421	20,61	20,61	20,91	22,85	25,19	26,99	28,32

*) Einschl. Schiffahrtsabgaben, ohne Transportversicherung, Werft- und Ufergelder sowie gegebenenfalls ohne Kleinwasserzuschläge; ohne Umsatz-(Mehrwert-)steuer.

1) Einschl. Briketts.
2) Tarifgruppe II, ohne Schiffahrtsabgaben.

22.25 Indizes der Post- und Fernmeldegebühren*)

1970 = 100

Ausgewählter Dienst- bzw. Teildienstzweig	Gewichtung[1])	Durchschnitt							Ausgewählte Stichtage		
		1976	1977	1978	1979	1980	1981	1982	1. 4. 1980	1. 1. 1981	1. 7. 1982
Postdienst	**1000**	**183,5**	**183,4**	**184,5**	**216,3**	**217,3**	**218,2**	**250,2**	**217,3**	**218,2**	**281,1**
Inlandsverkehr	872,58	192,0	192,0	193,3	226,4	227,5	228,6	262,0	227,5	228,6	294,1
Auslandsverkehr	127,42	124,9	124,6	124,8	147,4	147,3	147,1	169,5	147,4	147,1	191,6
Briefdienst	676,97	182,5	182,5	182,5	221,6	221,6	221,5	256,0	221,6	221,5	290,6
darunter:											
Briefe	401,07	174,7	174,7	174,7	209,7	209,6	209,6	244,6	209,7	209,6	279,8
Postkarten	45,87	198,4	198,4	198,4	247,9	247,9	247,9	272,5	247,9	247,9	297,3
Drucksachen	54,79	236,5	236,5	236,5	310,2	310,2	310,2	359,8	310,2	310,2	409,4
Briefdrucksachen	21,07	199,2	199,2	199,2	249,7	249,7	249,7	298,7	249,7	249,7	347,6
Massendrucksachen	47,73	234,4	234,4	234,4	290,4	290,4	290,4	326,1	290,4	290,4	361,7
Büchersendungen	6,67	137,8	137,8	137,8	182,2	182,2	182,2	218,5	182,2	182,2	254,9
Warensendungen	9,57	201,6	201,6	201,6	263,9	263,9	263,9	311,4	263,9	263,9	358,9
Wurfsendungen	4,81	205,7	205,7	205,7	173,4	173,4	173,4	191,1	173,4	173,4	208,7
Einschreiben[2])	20,25	175,0	175,0	175,0	187,5	187,5	187,5	218,8	187,5	187,5	250,0
Nachnahmen[3])	9,66	175,2	175,2	175,2	188,2	188,2	188,2	201,0	188,2	188,2	213,7
Eilzustellung[2])	12,35	167,9	167,9	167,9	217,9	217,9	217,9	267,9	217,9	217,9	317,9
Luftpostbeförderung[2])	24,61	84,1	84,1	84,1	84,1	84,1	84,1	84,1	84,1	84,1	84,1
Postzustellungsaufträge	10,26	150,0	150,0	150,0	200,0	200,0	200,0	225,0	200,0	200,0	250,0
Päckchendienst	70,47	187,6	187,6	187,6	217,0	217,0	217,0	249,6	217,0	217,0	282,2
Paketdienst	208,98	182,5	182,3	182,4	195,4	195,4	196,7	221,3	195,4	196,7	245,9
darunter:											
Pakete	108,05	168,7	168,5	168,7	177,6	177,6	180,1	201,3	177,6	180,1	222,5
Postgüter	56,96	185,2	185,2	185,2	197,5	197,5	197,5	225,5	197,5	197,5	253,5
Luftpostbeförderung[2])	5,53	89,0	87,7	85,8	76,0	76,0	76,0	82,6	76,0	76,0	89,3
Zustellung	25,19	250,0	250,0	250,0	283,3	283,3	283,3	325,0	283,3	283,3	366,7
Nachnahmen[3])	4,88	173,9	173,9	173,9	188,1	188,1	188,1	200,5	188,1	188,1	212,9
Zeitungsdienst	43,58	196,3	196,3	221,0	233,7	255,4	277,1	299,1	255,4	277,0	299,9
darunter:											
Postzeitungsvertrieb	29,33	198,5	198,5	223,6	240,4	266,1	293,1	317,5	266,1	293,1	317,5
Postzeitungsgut	5,89	188,8	188,8	216,0	243,1	258,2	273,4	279,5	258,2	273,4	285,6
Streifbandzeitungen	5,17	167,3	167,3	200,6	225,3	241,3	249,2	287,1	241,3	249,2	287,2
Gelddienst	**1000**	**215,5**	**215,5**	**215,3**	**239,0**	**239,3**	**239,5**	**260,0**	**239,3**	**239,5**	**282,1**
Inlandsverkehr	954,87	218,5	218,6	218,4	241,9	242,2	242,4	263,0	242,2	242,4	285,2
Auslandsverkehr	45,13	150,5	150,5	150,5	178,1	178,1	178,1	196,3	178,1	178,1	214,6
darunter:											
Postanweisungsdienst	93,55	251,9	251,9	251,9	299,5	299,5	299,5	343,2	299,5	299,5	386,8
Rentendienst	190,02	143,1	143,1	143,1	143,1	143,1	143,1	143,1	143,1	143,1	143,1
Zahlungsanweisungsdienst	141,16	454,6	454,6	454,6	506,9	506,9	506,9	576,9	506,9	506,9	646,9
Zahlkartendienst	236,58	222,2	222,2	222,2	265,5	265,5	265,5	299,0	265,5	265,5	332,4
Postreisedienst[4])	**1000**	**171,9**	**186,3**	**197,8**	**210,3**	**226,5**	**256,7**	**292,4**	**229,0**	**229,0**	**298,7**
Allgemeiner Reiseverkehr	507,48	181,3	194,6	201,8	214,4	235,2	265,9	296,1	238,5	238,5	300,9
Berufs- und Schülerverkehr	492,52	162,3	177,8	193,8	206,0	217,7	247,2	288,5	219,3	219,3	296,5
Postscheckdienst[5])	**1000**	**172,9**	**171,1**	**171,0**	**181,8**	**181,8**	**181,8**	**208,4**	**181,8**	**181,8**	**235,0**
Telegrafendienst	**1000**	**135,9**	**135,8**	**129,1**	**126,6**	**125,0**	**124,1**	**123,8**	**124,4**	**124,4**	**124,3**
Inlandsverkehr	544,28	163,5	163,5	151,2	146,0	145,9	146,1	146,3	145,9	145,9	146,6
Auslandsverkehr	455,72	102,9	102,7	102,7	103,5	99,9	97,8	96,8	98,8	98,6	97,8
Telegrammdienst	285,26	142,3	142,3	142,3	149,2	149,2	149,5	151,6	149,2	149,2	153,6
Telexdienst	607,61	131,2	131,0	120,0	112,1	109,4	108,0	106,6	108,5	108,5	106,6
Überlassung von Telegrafenleitungen	72,43	156,8	156,8	156,8	159,5	159,6	157,9	157,6	159,6	158,9	157,6
Sonstige Telegrafendienste[6])	34,70	121,8	121,8	122,6	126,0	126,2	125,7	125,6	125,8	125,7	125,6
Telefongespräche[7])	**1000**	**127,1**	**127,0**	**124,4**	**120,7**	**103,7**	**98,1**	**97,2**	**99,3**	**98,5**	**97,3**
Inlandsgespräche	928,34	128,7	128,7	125,8	123,0	105,3	99,3	98,4	100,6	99,8	98,5
Ortsgespräche[8])	196,59	126,8	126,8	126,8	126,8	131,8	133,0	134,0	131,6	132,4	133,9
Ferngespräche	731,75	129,2	129,2	125,6	122,0	98,2	90,3	88,8	92,2	91,1	89,0
Auslandsgespräche	71,66	106,0	105,5	105,2	91,0	83,3	81,7	81,4	82,4	81,9	81,4
Telefonanschlüsse[9])	**1000**	**185,6**	**186,0**	**174,1**	**161,2**	**160,0**	**160,0**	**160,0**	**160,0**	**160,0**	**160,0**
Einrichtung[10])	57,87	182,2	188,6	204,5	197,8	177,3	177,3	177,3	177,3	177,3	177,3
Bereithaltung[11])	942,13	185,8	185,8	172,2	158,9	158,9	158,9	158,9	158,9	158,9	158,9

*) Berechnungsmethode in der ehemaligen Fachserie M, Reihe 7, Preise für Verkehrsleistungen, 1. Vierteljahr 1976, S. 5 und 6.
1) Gewogen nach den Gebühreneinnahmen 1970.
2) Nur Zuschläge.
3) Vorzeigegebühren.
4) Gebühren im Postreisedienst einschl. Umsatz-(Mehrwert-)steuer. Ab 1. 7. 1981 Teil der Omnibus-Verkehrsgemeinschaft Bahn/Post (OVG).
5) Überweisungsdienst, Formblätter, Postscheckverzeichnisse und Kontoführungsgebühren.
6) Datexdienst, Bildtelegrafendienst.
7) Ohne Berücksichtigung der zum 1. 1. 1980 gewährten Gutschrift von DM 30,– und des ab 1. 4. 1980 gewährten Dauerrabattes in Höhe des Wertes von 20 Gesprächseinheiten pro Monat.
8) Ab 1. 1. 1980 = Orts- und Nahgespräche.
9) Teilnehmer-Hauptanschlüsse.
10) Zusammenfassung von Neuanschließungs-, Wiederanschließungs- und Übernahmegebühr.
11) Monatliche Grundgebühr.

23 Volkswirtschaftliche Gesamtrechnungen

23.0 Vorbemerkung

Allgemeiner Überblick

Die Volkswirtschaftlichen Gesamtrechnungen haben die Aufgabe, ein möglichst umfassendes, übersichtliches, hinreichend gegliedertes, quantitatives **Gesamtbild** des wirtschaftlichen Geschehens zu geben, in das alle Wirtschaftseinheiten (Personen, Institutionen) mit ihren für die Beschreibung des Wirtschaftsablaufs wichtigen wirtschaftlichen Tätigkeiten und damit verbundenen Vorgängen einbezogen sind. Um das Bild übersichtlich zu gestalten, wird die Vielzahl der Wirtschaftseinheiten und ihrer Tätigkeiten usw. zu großen Gruppen zusammengefaßt. Die Ergebnisse der amtlichen Volkswirtschaftlichen Gesamtrechnungen werden in Form eines geschlossenen **Kontensystems** mit doppelter Verbuchung aller nachgewiesenen Vorgänge und in einer Reihe von **Tabellen**, die das Kontensystem ergänzen, dargestellt. In den Tabellen werden die Kontenpositionen teils tiefer untergliedert, teils nach besonderen Gesichtspunkten zusammengefaßt, teils in sonstiger Hinsicht erweitert (Angaben in konstanten Preisen, je Einwohner usw.).

Die in diesem Jahrbuch dargestellten Ergebnisse der Volkswirtschaftlichen Gesamtrechnungen für die Jahre ab 1960 sind gegenüber den in früheren Jahrbüchern veröffentlichten Angaben **revidiert** worden. Diese Revision hatte hauptsächlich zum Ziel, die Ergebnisse wichtiger Statistiken, die nur in mehrjährigen Abständen durchgeführt werden, in die Berechnungen einzuarbeiten. Darüber hinaus wurden die Berechnungen in konstanten Preisen vom Basisjahr 1970 auf das Basisjahr 1976 umgestellt. Einen vollständigen Überblick über die Revision gibt der im Oktober 1982 in der Fachserie 18 erschienene Sonderbeitrag »Revidierte Ergebnisse 1960 bis 1981«.

Die folgenden, knapp gefaßten Erläuterungen beziehen sich nur auf wichtige Zusammenhänge und Tatbestände der Volkswirtschaftlichen Gesamtrechnungen. Ausführliche Erläuterungen zum Inhalt und Aufbau der Volkswirtschaftlichen Gesamtrechnungen sowie detaillierte Ergebnisse enthalten die Jahreshefte der Fachserie 18, Reihe 1 »Konten und Standardtabellen« (siehe hierzu auch »Fundstellennachweis«, S. 750 ff.).

Zur **Volkswirtschaft** der Bundesrepublik Deutschland wird die wirtschaftliche Betätigung aller Wirtschaftseinheiten gerechnet, die ihren ständigen Sitz bzw. Wohnsitz im Bundesgebiet haben. Für die Abgrenzung ist im allgemeinen die Staatsangehörigkeit ohne Bedeutung, ebenso ist es unerheblich, welche Rechtsform die Wirtschaftseinheiten haben. Ständig im Inland befindliche Produktionsstätten, Verwaltungseinrichtungen usw. zählen deshalb zu den inländischen Wirtschaftseinheiten, unabhängig von den Eigentumsverhältnissen; umgekehrt gehören ständig im Ausland gelegene Produktionsstätten, Verwaltungseinrichtungen usw. im Eigentum von Inländern nicht zu den inländischen Wirtschaftseinheiten. Ausnahmen von dieser Regel bilden u. a. diplomatische und konsularische Vertretungen sowie Streitkräfte.

Als kleinste **Darstellungseinheit** dienen in den Konten und damit zusammenhängenden Tabellen Institutionen, die selbst bilanzieren (Unternehmen) bzw. die eine eigene Haushalts- und ggf. Vermögensrechnung aufstellen (z. B. Gebietskörperschaften, Kirchen, private Haushalte). Die Zusammenfassung der kleinsten Darstellungseinheiten zu Gruppen richtet sich in erster Linie nach der Art und Kombination der in ihnen vereinigten Tätigkeiten, ihrer Stellung zum Markt und ihren Finanzierungsmöglichkeiten. Die drei großen im Kontensystem unterschiedenen **Sektoren** sind die **Unternehmen** (hierzu gehören auch landwirtschaftliche Betriebe, Handwerksbetriebe, Ein- und Verkaufsvereinigungen, Kreditinstitute, Versicherungsunternehmen sowie Arbeitsstätten der Freien Berufe, die Deutsche Bundesbahn, die Deutsche Bundespost und sonstige Unternehmen, die dem Staat gehören, unabhängig von ihrer Rechtsform, ferner die Wohnungsvermietung einschl. der Nutzung von Eigentümerwohnungen), der **Staat** (Gebietskörperschaften und Sozialversicherung) sowie **Private Haushalte und private Organisationen ohne Erwerbszweck** (Kirchen, religiöse und weltanschauliche Vereinigungen, karitative, kulturelle, wissenschaftliche – soweit überwiegend von privaten Haushalten finanziert – und im Erziehungswesen tätige Organisationen, politische Parteien, Gewerkschaften, Sportvereine, gesellige Vereine usw.). Die Gesamtheit der Wirtschaftseinheiten, die ihren ständigen Sitz (Wohnsitz) außerhalb der Bundesrepublik Deutschland haben, wird – internationalem Brauch folgend – als **»Übrige Welt«** bezeichnet.

Um die in den Volkswirtschaftlichen Gesamtrechnungen dargestellten wirtschaftlichen **Tätigkeiten** und damit verbundenen **Vorgänge** übersichtlich darstellen zu können, sind folgende **Konten** eingerichtet:

Ein zusammengefaßtes Güterkonto (Konto 0), das einen umfassenden Überblick über die Herkunft und Verwendung der Güter in der Volkswirtschaft gibt,

Sektorkonten, die für jeden Sektor folgende Ausschnitte des wirtschaftlichen Geschehens zeigen:

- Kontengruppe 1: Produktion von Waren und Dienstleistungen,
- Kontengruppe 2: Entstehung von Erwerbs- und Vermögenseinkommen,
- Kontengruppe 3: Verteilung der Erwerbs- und Vermögenseinkommen,
- Kontengruppe 4: Umverteilung der Einkommen,
- Kontengruppe 5: Verwendung der Einkommen,
- Kontengruppe 6: Vermögensbildung,
- Kontengruppe 7: Veränderung der Forderungen und Verbindlichkeiten,

ein zusammengefaßtes Konto der übrigen Welt (Konto 8), das alle wirtschaftlichen Vorgänge zwischen inländischen Wirtschaftseinheiten und der übrigen Welt enthält.

Über die Darstellung der Ergebnisse in den Konten und damit zusammenhängenden Tabellen hinaus geben die **Input-Output-Tabellen** einen tief gegliederten Nachweis der produktions- und gütermäßigen Verflechtung in der Volkswirtschaft. Als Darstellungseinheiten werden in den Input-Output-Tabellen nach produktionsrelevanten Merkmalen abgegrenzte »homogene Produktionseinheiten« verwendet. Sie werden zu **Produktionsbereichen** zusammengefaßt, die jeweils ausschließlich und vollständig die Güter einer **Gütergruppe** produzieren.

Erläuterungen zu wichtigen Positionen

Das **Sozialprodukt** gibt in zusammengefaßter Form ein Bild der wirtschaftlichen Leistung einer Volkswirtschaft. Bei seiner Berechnung und Darstellung wird zwischen Entstehungs-, Verteilungs- und Verwendungsseite unterschieden.

Von seiner **Entstehung** her gesehen wird das **Sozialprodukt** über das Inlandsprodukt berechnet, d. h. man zieht vom Inlandsprodukt die Erwerbs- und Vermögenseinkommen ab, die an die übrige Welt geflossen sind, und fügt umgekehrt die Erwerbs- und Vermögenseinkommen hinzu, die von inländischen Personen bzw. Institutionen aus der übrigen Welt bezogen worden sind **(Saldo der Erwerbs- und Vermögenseinkommen zwischen Inländern und der übrigen Welt).** Das Inlandsprodukt und das Sozialprodukt werden im allgemeinen sowohl »brutto« als auch »netto« (d. h. nach Abzug der Abschreibungen) berechnet und dargestellt. Diese vier Größen können zu Marktpreisen und zu Faktorkosten bewertet werden, d. h. entweder einschl. oder ohne »indirekte Steuern (abzüglich Subventionen)«.

Das **Bruttoinlandsprodukt** ergibt sich aus der um die unterstellten Entgelte für Bankdienstleistungen verminderten Summe der Bruttowertschöpfung der einzelnen Sektoren bzw. Wirtschaftsbereiche zuzüglich der nichtabzugsfähigen Umsatzsteuer (Aufkommen an Steuern vom Umsatz sowie einbehaltene Umsatzsteuer aufgrund von gesetzlichen Sonderregelungen) und der Einfuhrabgaben, die vom Staat oder von Institutionen der Europäischen Gemeinschaften (übrige Welt) auf eingeführte Güter erhoben werden. Die **Bruttowertschöpfung der Wirtschaftsbereiche** wird in der Regel durch Abzug der Vorleistungen von den Produktionswerten ermittelt.

Die **Produktionswerte** der Unternehmen stellen den Wert der Verkäufe von Waren und Dienstleistungen aus eigener Produktion sowie von Handelsware an andere (in- und ausländische) Wirtschaftseinheiten dar, vermehrt um den Wert der Bestandsveränderung an Halb- und Fertigwaren aus eigener Produktion und um den Wert der selbsterstellten Anlagen. Zu den Verkäufen rechnen in den Volkswirtschaftlichen Gesamtrechnungen auch die Einnahmen aus der Vermietung von Wohnungen (einschl. der Nutzung von Eigentümerwohnungen) und von gewerblichen Anlagen sowie der Eigenverbrauch der Unternehmer (im eigenen Unternehmen produzierte und im privaten Haushalt des Unternehmers verbrauchte Erzeugnisse). Der Wert der Verkäufe schließt die in Rechnung gestellte Umsatzsteuer nicht ein. Der Produktionswert des Staates und der privaten Organisationen ohne Erwerbszweck wird, da deren Leistungen der Allgemeinheit überwiegend ohne spezielles Entgelt zur Verfügung gestellt werden, durch Addition der Aufwandsposten dieser Institutionen ermittelt. Hierzu rechnen die geleisteten Einkommen aus unselbständiger Arbeit an die bei ihnen Beschäftigten, die von ihnen gezahlten Produktionssteuern, ferner Abschreibungen und Vorleistungen.

Unter **Vorleistungen** ist der Wert der Güter (Waren und Dienstleistungen) zu verstehen, die inländische Wirtschaftseinheiten von anderen (in- und ausländischen) Wirtschaftseinheiten bezogen und im Berichtszeitraum im Zuge der Produktion verbraucht haben. Die Vorleistungen umfassen außer Rohstoffen, sonstigen Vorprodukten, Hilfs- und Betriebsstoffen, Brenn- und Treibstoffen und anderen Materialien auch Handelsware, Bau- und sonstige Leistungen für laufende Reparaturen, Transportkosten, Postgebühren, Anwaltskosten, gewerbliche Mieten, Benutzungsgebühren für öffentliche Einrichtungen usw. Der Wert der Vorleistungen schließt die nichtabzugsfähige Umsatzsteuer ein (Mehrwert- und Einfuhrumsatzsteuer, die das verbrauchende Unternehmen nicht als Vorsteuer abziehen kann).

Abschreibungen messen die Wertminderung des reproduzierbaren Anlagevermögens im Lauf der Periode durch Verschleiß und wirtschaftliches Veralten. Vorzeitiges Ausscheiden von Anlagen durch Schadenfälle ist im Wert der Abschreibungen berücksichtigt. Straßen, Brücken, Wasserwege u. ä. Güter des Staates mit schwer bestimmbarer Nutzungsdauer werden internationalem Brauch entsprechend nicht abgeschrieben. Die Abschreibungen in den Volkswirtschaftlichen Gesamtrechnungen sind zu Wiederbeschaffungspreisen bewertet.

Zu den **indirekten Steuern** zählen alle Steuern und ähnlichen Abgaben, die bei der Gewinnermittlung abzugsfähig sind (nicht gemeint ist die Abzugsfähigkeit als Sonderausgaben). Sie umfassen Produktionssteuern, nichtabzugsfähige Umsatzsteuer und Einfuhrabgaben. Zu den Produktionssteuern gehören die Verbrauchsteuern (soweit nicht auf Einfuhren erhoben), ferner Realsteuern und Verwaltungsgebühren. Einfuhrabgaben sind Zölle, Verbrauchsteuern und Abschöpfungsbeträge auf eingeführte Güter.

Unter **Subventionen** versteht man in den Volkswirtschaftlichen Gesamtrechnungen Zuschüsse, die der Staat im Rahmen der Wirtschafts- und Sozialpolitik für laufende Produktionszwecke gewährt, sei es zur Beeinflussung der Marktpreise oder zur Stützung von Produktion und Einkommen.

Die **Nettowertschöpfung** (Nettoinlandsprodukt zu Faktorkosten) enthält die in den Sektoren entstandenen Einkommen aus unselbständiger Arbeit und Einkommen aus Unternehmertätigkeit und Vermögen. Die von den Arbeitgebern geleisteten **Einkommen aus unselbständiger Arbeit** umfassen die Bruttolöhne und -gehälter, die tatsächlichen Arbeitgeberbeiträge zur Sozialversicherung, an Lebensversicherungsunternehmen und an Pensionskassen, ferner unterstellte Sozialbeiträge, die den Gegenwert der sozialen Leistungen darstellen, die von Arbeitgebern an gegenwärtig oder früher beschäftigte Arbeitnehmer gezahlt oder als unverfallbare Forderung gutgeschrieben werden. Die im Unternehmenssektor entstandenen **Einkommen aus Unternehmertätigkeit und Vermögen** ergeben sich nach Abzug der geleisteten Einkommen aus unselbständiger Arbeit von der Nettowertschöpfung des Sektors. Sie schließen, funktional gesehen, einen kalkulatorischen Unternehmerlohn sowie das Entgelt für das eingesetzte eigene und fremde Sach- und Geldkapital der Unternehmen und für die unternehmerische Leistung ein. Zu den im Unternehmenssektor entstandenen Einkommen aus Unternehmertätigkeit und Vermögen zählen u. a. auch Einkommen von Landwirten, Handwerkern und freiberuflich Tätigen sowie die Einkommen aus Wohnungsvermietung.

Das **Volkseinkommen** (Nettosozialprodukt zu Faktorkosten) ist die Summe aller Erwerbs- und Vermögenseinkommen, die Inländern letztlich zugeflossen sind. Es umfaßt – in der Gliederung nach Sektoren – die Erwerbs- und Vermögenseinkommen der privaten Haushalte und privaten Organisationen ohne Erwerbszweck (nach Abzug der Zinsen auf Konsumentenschulden), die Unternehmer- und Vermögenseinkommen des Staates (nach Abzug der Zinsen auf öffentliche Schulden) und die unverteilten Gewinne der Unternehmen mit eigener Rechtspersönlichkeit.

Erhöht man den Anteil der **privaten Haushalte** und privaten Organisationen ohne Erwerbszweck am Volkseinkommen um die Renten, Pensionen, Unterstützungen und ähnliche Zahlungen, die die privaten Haushalte usw. vom Staat, von Unternehmen und von der übrigen Welt bezogen haben, und zieht man von dieser Summe die von ihnen an den Staat und an Unternehmen geleisteten direkten Steuern, Sozialbeiträge und sonstigen laufenden Übertragungen sowie die an die übrige Welt geleisteten laufenden Übertragungen ab, ergibt sich das **verfügbare Einkommen** des Haushaltssektors. Das verfügbare Einkommen der privaten Haushalte wird in den Konten und in Tabelle 23.10 einschließlich der nichtentnommenen Gewinne der Unternehmen ohne eigene Rechtspersönlichkeit dargestellt. Dasselbe gilt für die Ersparnis der privaten Haushalte, die man erhält, wenn man vom verfügbaren Einkommen den Privaten Verbrauch abzieht.

Auf der **Verwendungsseite** des Sozialprodukts werden der Private Verbrauch, der Staatsverbrauch, die Bruttoinvestitionen (Anlageinvestitionen, Vorratsveränderung) und der Außenbeitrag unterschieden.

Als **Privater Verbrauch** werden die Waren- und Dienstleistungskäufe der inländischen privaten Haushalte für Konsumzwecke und der Eigenverbrauch der privaten Organisationen ohne Erwerbszweck bezeichnet. Neben den tatsächlichen Käufen, zu denen u. a. Entgelte für häusliche Dienste gehören, sind auch bestimmte unterstellte Käufe einbegriffen, wie z. B. der Eigenverbrauch der Unternehmer, der Wert der Nutzung von Eigentümerwohnungen sowie Deputate der Arbeitnehmer. Der Verbrauch auf Geschäftskosten wird nicht zum Privaten Verbrauch gerechnet, sondern zu den Vorleistungen der Unternehmen. Nicht enthalten sind ferner Käufe von Grundstücken und Gebäuden, die zu den Anlageinvestitionen zählen.

Der **Staatsverbrauch** entspricht den Aufwendungen des Staates für Verwaltungsleistungen, die der Allgemeinheit ohne spezielles Entgelt zur Verfügung gestellt werden. Er ergibt sich nach Abzug der Verkäufe sowie der selbsterstellten Anlagen vom Produktionswert des Staates, der anhand der laufenden Aufwendungen der Institutionen des Staatssektors gemessen wird. Zu den laufenden Aufwendungen für Verteidigungszwecke wird auch der Erwerb von militärischen Bauten und dauerhaften militärischen Ausrüstungen gerechnet. Sachleistungen der Sozialversicherung, der Sozialhilfe usw. an private Haushalte zählen zum Staatsverbrauch.

Die **Anlageinvestitionen** umfassen die Käufe neuer Anlagen (einschl. alle eingeführten und selbsterstellten Anlagen) sowie von gebrauchten Anlagen und Land nach Abzug der Verkäufe von gebrauchten Anlagen und Land. Die Käufe und Verkäufe von gebrauchten Anlagen und Land saldieren sich weitgehend in der Volkswirtschaft, mit Ausnahme der Verkäufe von Anlageschrott, gebrauchten Ausrüstungsgütern an private Haushalte (Kraftwagen) und an die übrige Welt (Kraftwagen, Schiffe u. a.). Als Anlagen werden in diesem Zusammenhang alle dauerhaften reproduzierbaren Produktionsmittel angesehen, mit Ausnahme dauerhafter militärischer Güter und dauerhafter Güter, die in den Privaten Verbrauch eingehen. Als dauerhaft gelten in den Volkswirtschaftlichen Gesamtrechnungen diejenigen Produktionsmittel, deren Nutzungsdauer mehr als ein Jahr beträgt und die normalerweise aktiviert werden. Ausgenommen sind geringwertige Güter, vor allem solche, die periodisch wiederbeschafft werden, auch wenn sie eine längere Nutzungsdauer als ein Jahr haben (z. B. kleinere Werkzeuge, Reifen, Büromittel). Größere Reparaturen, die zu einer wesentlichen Steigerung des Wertes einer Anlage führen, sind dagegen Bestandteile der Anlageinvestitionen. Der Nachweis der Anlageinvestitionen nach Wirtschaftsbereichen in Tabelle 23.19.2 bezieht sich nur auf den Erwerb von neuen Anlagen (einschl. selbsterstellte Anlagen).

Die **Vorratsveränderung** wird anhand von Bestandsangaben für Vorräte berechnet, die zunächst von Buchwerten auf eine konstante Preisbasis (1976) umgerechnet werden. Die Differenz zwischen Anfangs- und Endbeständen zu konstanten Preisen wird anschließend mit jahresdurchschnittlichen Preisen bewertet. Die so ermittelte Vorratsveränderung ist frei von Scheingewinnen und -verlusten, die aus preisbedingten Änderungen der Buchwerte resultieren.

Der **Außenbeitrag** ergibt sich als Saldo zwischen der Ausfuhr und der Einfuhr von Waren und Dienstleistungen. Als **Ausfuhr** und **Einfuhr** gelten alle Waren- und Dienstleistungsumsätze mit Wirtschaftseinheiten, die ihren ständigen Sitz (Wohnsitz) außerhalb des Bundesgebietes haben. Auf dem Güterkonto umfassen die Aus- und Einfuhr – im Gegensatz zur Verwendungsseite des Sozialprodukts – keine Erwerbs- und Vermögenseinkommen zwischen Inländern und der übrigen Welt. Die Berechnung geht von den Zahlen des Generalhandels aus, jedoch sind die von Ausländern auf deutsche Zollager genommenen und wiederausgeführten Waren abgesetzt. Der Wert der eingeführten Waren wird mittels Schätzung vom Grenzwert auf den Wert frei Grenze des exportierenden Landes umgerechnet; die im Gesamtwert enthaltenen Fracht- und Versicherungskosten ausländischer Transport- und Versicherungsunternehmen sind in die Dienstleistungskäufe einbezogen.

Bei den in Tabelle 23.17 dargestellten **Preisindizes** für die Verwendungsseite des Bruttosozialprodukts handelt es sich um Preisindizes mit wechselnder Wägung, denen der »Warenkorb« des jeweiligen Berichtsjahres zugrunde liegt. Sie zeigen die Preisentwicklung des Berichtsjahres gegenüber 1976, dem Basisjahr für die Berechnung des Sozialprodukts in konstanten Preisen. Die Preisentwicklung gegenüber dem jeweiligen Vorjahr läßt sich aus ihnen – wegen der wechselnden Wägung – nur mit Einschränkungen ablesen. Der Preisindex für das Bruttosozialprodukt stellt die Preisentwicklung der von der Wirtschaft erbrachten Produktionsleistung dar, die als Differenz aller von der Volkswirtschaft erzeugten Waren und Dienstleistungen und der Summe aller Vorleistungen, zu denen auch eingeführte Güter gehören, errechnet wird (unter Berücksichtigung des Saldos der Erwerbs- und Vermögenseinkommen zwischen Inländern und der übrigen Welt). Auf die Preise der Güter, die in die letzte inländische Verwendung (Privater Verbrauch, Staatsverbrauch, Anlageinvestitionen und Vorratsveränderung) eingehen, wirkt sich neben der im Sozialprodukt zum Ausdruck kommenden Preisentwicklung der Produktionsleistungen der Inländer auch die häufig hiervon abweichende Preisentwicklung der eingeführten Waren und Dienstleistungen aus.

Die in Tabelle 23.5 dargestellten Meßzahlen über das Bruttoinlandsprodukt bzw. die Bruttowertschöpfung zu konstanten Preisen je durchschnittlich Erwerbstätigen werden vielfach als Maßstab für die Entwicklung der **»Produktivität«** in der Volkswirtschaft verwendet; sie sind jedoch nicht unproblematisch und können nur als grobes Orientierungsmittel dienen. Es ist zu beachten, daß bei dieser Berechnung der gesamte »reale« Ertrag der wirtschaftlichen Tätigkeit ausschließlich auf den Produktionsfaktor Arbeit bezogen wird, obgleich das Produkt aus dem Zusammenwirken sämtlicher Produktionsfaktoren (also auch des Kapitals und der unternehmerischen Leistung) entsteht. Außerdem ist die Zahl der Erwerbstätigen (Selbständige, Mithelfende Familienangehörige und beschäftigte Arbeitnehmer bei inländischen Institutionen) nur ein sehr grober Maßstab für die aufgewendete Arbeit usw. Die Entwicklung der Meßzahlen wird ferner u. a. durch Änderungen in der Struktur der Wirtschaft beeinflußt.

Das **reproduzierbare Sachvermögen** in Tabelle 23.20 umfaßt das gesamte in der Produktion eingesetzte Sachvermögen mit Ausnahme des Grund und Bodens. Auch das Gebrauchsvermögen der privaten Haushalte und die militärisch genutzten dauerhaften Güter sind in den Angaben nicht enthalten. Das reproduzierbare Anlagevermögen (Ausrüstungen und Bauten) wird mit Hilfe einer Kumulationsmethode, ausgehend von den in den Volkswirtschaftlichen Gesamtrechnungen nachgewiesenen Anlageinvestitionen, berechnet. Bei der Anwendung des Bruttokonzepts (Bruttoanlagevermögen) werden die Anlagen mit ihrem Neuwert ohne Berücksichtigung der Wertminderung dargestellt, während beim Nettokonzept (Nettoanlagevermögen) die seit dem Investitionszeitpunkt angelaufenen Abschreibungen abgezogen sind. In Tabelle 23.20 ist das Nettoanlagevermögen mit den am jeweiligen Jahresanfang geltenden Wiederbeschaffungspreisen bewertet, das Bruttoanlagevermögen ist in Preisen von 1976 nachgewiesen. Die Vorratsbestände sind bei den gewerblichen Bereichen zu Buchwerten, bei der Landwirtschaft zu Jahresanfangswerten und beim Staat zu Jahresdurchschnittspreisen erfaßt. – Der Kapitalkoeffizient ist das Verhältnis zwischen dem im Jahresdurchschnitt eingesetzten Bruttoanlagevermögen (Kapitalstock) und dem Bruttoinlandsprodukt bzw. der unbereinigten Bruttowertschöpfung. Bezieht man das Bruttoanlagevermögen auf die jahresdurchschnittliche Zahl der Erwerbstätigen, erhält man die Kapitalintensität.

Bei den in Tabelle 23.23 nachgewiesenen Angaben handelt es sich um Ergebnisse der Input-Output-Rechnung für 1978 zu Ab-Werk-Preisen. Tabelle 23.1 zeigt eine stark aggregierte **Input-Output-Tabelle** nach 12 Produktionsbereichen. Die in diesen Tabellen dargestellten Güter aus inländischer Produktion sind zu Ab-Werk-Preisen (ohne Umsatzsteuer) und die eingeführten Güter zu Ab-Zoll-Preisen (Einfuhrwert zuzüglich Zölle und Einfuhrabgaben ohne Einfuhrumsatzsteuer) bewertet. Die vom Käufer neben dem Ab-Werk- bzw. Ab-Zoll-Preis zu zahlenden Handels- und Verkehrsleistungen werden in den Zeilen für Handels- und Verkehrsleistungen zusammengefaßt nachgewiesen. Beim Handel werden dabei nur die Handelsspannen (Handelsumsatz abzüglich des Einstandswertes der Handelsware) einbezogen. Die Abgrenzung der in den Input-Output-Tabellen dargestellten Tatbestände unterscheidet sich in einigen Punkten von derjenigen in der Entstehungs- und Verwendungsrechnung des Sozialprodukts. Hierzu zählen neben der erwähnten Nettodarstellung der Handelstätigkeit u. a. die Einbeziehung bestimmter firmeninterner Lieferungen und Leistungen. Diese Unterschiede in den Konzepten wirken sich auf die Produktionswerte und Vorleistungen sowie auf die Ausfuhr und Einfuhr von Waren und Dienstleistungen in jeweils gleicher Höhe aus, so daß das Sozialprodukt hiervon nicht betroffen wird. Tabelle 23.2 enthält die **letzte Verwendung** von Waren und Dienstleistungen nach Verwendungskategorien in der Gliederung nach 58 Gütergruppen.

23.1 Konten der Volkswirtschaftlichen Gesamtrechnungen

Mill. DM

0 Zusammengefaßtes Güterkonto

Buchungs-Nr.	Position	Gegenbuchungs-Nr.	1980[1])	1981[1])	Buchungs-Nr.	Position	Gegenbuchungs-Nr.	1980[1])	1981[1])
0.10	Produktionswerte		3 788 040	3 910 580	0.60	Vorleistungen		2 416 600	2 481 280
	Unternehmen	1–1.60	3 410 600	3 505 790		Unternehmen	1–1.10	2 238 270	2 288 760
	Staat	2–1.60	339 480	364 200		Staat	2–1.10	167 360	180 760
	Private Haushalte	3–1.61	1 490	1 490		Private Organisationen o. E.	3–1.10	10 970	11 760
	Private Organisationen o. E.	3–1.65	36 470	39 100	0.70	Letzter Verbrauch		1 133 040	1 193 830
0.20	Einfuhr von Waren und Dienstleistungen	8.60	409 860	448 840		0.71 Privater Verbrauch	3–5.10	834 650	874 080
0.30	Nichtabzugsfähige Umsatzsteuer	2–4.62	96 180	100 610		0.711 Käufe der privaten Haushalte	3–5.11	823 570	862 330
0.40	Einfuhrabgaben	2–4.63	13 450	14 030		0.715 Eigenverbrauch der privaten Organisationen o. E.	3–5.15	11 080	11 750
						0.75 Staatsverbrauch	2–5.10	298 390	319 750
					0.80	Bruttoinvestitionen		355 480	337 880
						0.81 Anlageinvestitionen		337 980	339 280
						Unternehmen[2])	1–6.21	282 840	286 630
						Staat	2–6.21	55 140	52 650
						0.85 Vorratsveränderung		17 500	–1 400
						Unternehmen	1–6.25	17 000	–1 600
						Staat	2–6.25	500	200
					0.90	Ausfuhr von Waren und Dienstleistungen	8.10	402 410	461 070
	Gesamtes Aufkommen von Gütern aus der Produktion und Einfuhr		**4 307 530**	**4 474 060**		**Gesamte Verwendung von Gütern**		**4 307 530**	**4 474 060**

1 Unternehmen

1–1 Produktionskonto

Buchungs-Nr.	Position	Gegenbuchungs-Nr.	1980[1])	1981[1])	Buchungs-Nr.	Position	Gegenbuchungs-Nr.	1980[1])	1981[1])
1–1.10	Vorleistungen[3])	0.60	2 238 270	2 288 760	1–1.60	Produktionswert	0.10	3 410 600	3 505 790
1–1.49	Bruttowertschöpfung[3])	1–2.50	1 172 330	1 217 030					
	Summe		**3 410 600**	**3 505 790**		**Summe**		**3 410 600**	**3 505 790**

1–2 Einkommensentstehungskonto

Buchungs-Nr.	Position	Gegenbuchungs-Nr.	1980[1])	1981[1])	Buchungs-Nr.	Position	Gegenbuchungs-Nr.	1980[1])	1981[1])
1–2.10	Abschreibungen	1–6.70	161 520	175 140	1–2.50	Bruttowertschöpfung[3])	1–1.49	1 172 330	1 217 030
1–2.20	Geleistete Produktionssteuern an den Staat	2–4.61	83 140	83 140	1–2.70	Empfangene Subventionen vom Staat	2–4.10	30 030	28 880
1–2.49	Beitrag zum Nettoinlandsprodukt zu Faktorkosten (Nettowertschöpfung)	1–3.50	957 700	987 630					
	Summe		**1 202 360**	**1 245 910**		**Summe**		**1 202 360**	**1 245 910**

1–3 Einkommensverteilungskonto

Buchungs-Nr.	Position	Gegenbuchungs-Nr.	1980[1])	1981[1])	Buchungs-Nr.	Position	Gegenbuchungs-Nr.	1980[1])	1981[1])
1–3.10	Geleistete Einkommen aus unselbständiger Arbeit		653 350	680 540	1–3.50	Beitrag zum Nettoinlandsprodukt zu Faktorkosten (Nettowertschöpfung)	1–2.49	957 700	987 630
	an private Haushalte	3–3.60	650 720	677 750	1–3.70	Empfangene Einkommen aus Unternehmertätigkeit und Vermögen		61 270	76 410
	an die übrige Welt	8.71	2 630	2 790		vom Staat	2–3.20	23 100	29 590
1–3.20	Geleistete Einkommen aus Unternehmertätigkeit und Vermögen		323 200	335 020		von privaten Haushalten[2])	3–3.20	14 040	17 650
	an den Staat	2–3.70	15 280	19 470		von der übrigen Welt	8.25	24 130	29 170
	an private Haushalte[2])	3–3.70	285 330	283 280					
	an die übrige Welt	8.75	22 590	32 270					
1–3.49	Anteil am Volkseinkommen (unverteilte Gewinne[4]))	1–4.50	42 420	48 480					
	Summe		**1 018 970**	**1 064 040**		**Summe**		**1 018 970**	**1 064 040**

[1]) Vorläufiges Ergebnis.
[2]) Einschl. private Organisationen ohne Erwerbszweck.
[3]) Bereinigte Ergebnisse (Vorleistungen um unterstellte Entgelte für Bankdienstleistungen erhöht, Bruttowertschöpfung entsprechend vermindert).
[4]) Unternehmen mit eigener Rechtspersönlichkeit.

23.1 Konten der Volkswirtschaftlichen Gesamtrechnungen

Mill. DM

1 Unternehmen

1-4 Einkommensumverteilungskonto[2])

Buchungs-Nr.	Position	Gegenbuchungs-Nr.	1980[1])	1981[1])	Buchungs-Nr.	Position	Gegenbuchungs-Nr.	1980[1])	1981[1])
1-4.20	Geleistete direkte Steuern an den Staat	2-4.70	26 380	25 660	1-4.50	Anteil am Volkseinkommen (unverteilte Gewinne)	1-3.49	42 420	48 480
1-4.35	Soziale Leistungen		19 000	20 370	1-4.80	Empfangene Sozialbeiträge von privaten Haushalten	3-4.30	27 470	28 780
	an private Haushalte	3-4.85	18 910	20 270	1-4.90	Sonstige empfangene laufende Übertragungen		41 310	45 190
	an die übrige Welt	8.83	90	100		von Unternehmen	1-4.40	10 220	11 230
1-4.40	Sonstige geleistete laufende Übertragungen		39 860	43 930		vom Staat	2-4.40	3 680	3 670
	an Unternehmen	1-4.90	10 220	11 230		von privaten Haushalten[3])	3-4.40	26 810	29 620
	an den Staat	2-4.90	2 690	2 760		von der übrigen Welt	8.35	600	670
	an private Haushalte[3])	3-4.90	26 120	28 930					
	an die übrige Welt	8.85	830	1 010					
1-4.49	Verfügbares Einkommen	1-5.50	25 960	32 490					
	Summe		**111 200**	**122 450**		**Summe**		**111 200**	**122 450**

1-5 Einkommensverwendungskonto[2])

Buchungs-Nr.	Position	Gegenbuchungs-Nr.	1980[1])	1981[1])	Buchungs-Nr.	Position	Gegenbuchungs-Nr.	1980[1])	1981[1])
1-5.49	Ersparnis	1-6.50	25 960	32 490	1-5.50	Verfügbares Einkommen	1-4.49	25 960	32 490
	Summe		**25 960**	**32 490**		**Summe**		**25 960**	**32 490**

1-6 Vermögensveränderungskonto

Buchungs-Nr.	Position	Gegenbuchungs-Nr.	1980[1])	1981[1])	Buchungs-Nr.	Position	Gegenbuchungs-Nr.	1980[1])	1981[1])
1-6.20	Bruttoinvestitionen		299 840	285 030	1-6.50	Ersparnis	1-5.49	25 960	32 490
	1-6.21 Anlageinvestitionen[3])	0.81	282 840	286 630	1-6.60	Nichtentnommene Gewinne der Unternehmen ohne eigene Rechtspersönlichkeit	3-6.10	−20 620	−41 700
	1-6.25 Vorratsveränderung	0.85	17 000	− 1 600	1-6.70	Abschreibungen[3])	1-2.10 3-2.10	164 050	177 900
1-6.30	Geleistete Vermögensübertragungen		19 720	20 390	1-6.80	Empfangene Vermögensübertragungen		57 650	58 610
	an Unternehmen	1-6.80	420	330		von Unternehmen	1-6.30	420	330
	an den Staat	2-6.80	4 530	4 930		vom Staat	2-6.30	23 210	22 570
	an private Haushalte[3])	3-6.80	14 770	15 130		von privaten Haushalten[3])	3-6.30	34 020	35 710
1-6.49	Finanzierungssaldo	1-7.50	−92 520	−78 120					
	Summe		**227 040**	**227 300**		**Summe**		**227 040**	**227 300**

1-7 Finanzierungskonto

Buchungs-Nr.	Position	Gegenbuchungs-Nr.	1980[1])	1981[1])	Buchungs-Nr.	Position	Gegenbuchungs-Nr.	1980[1])	1981[1])
1-7.10	Veränderung der Forderungen[4])	.	227 290	277 460	1-7.50	Finanzierungssaldo	1-6.49	−92 520	−78 120
					1-7.60	Veränderung der Verbindlichkeiten[4])	.	320 550	355 820
					1-7.99	Statistische Differenz	.	− 740	− 240
	Summe		**227 290**	**277 460**		**Summe**		**227 290**	**277 460**

2 Staat

2-1 Produktionskonto

Buchungs-Nr.	Position	Gegenbuchungs-Nr.	1980[1])	1981[1])	Buchungs-Nr.	Position	Gegenbuchungs-Nr.	1980[1])	1981[1])
2-1.10	Vorleistungen	0.60	167 360	180 760	2-1.60	Produktionswert	0.10	339 480	364 200
2-1.49	Bruttowertschöpfung	2-2.50	172 120	183 440					
	Summe		**339 480**	**364 200**		**Summe**		**339 480**	**364 200**

2-2 Einkommensentstehungskonto

Buchungs-Nr.	Position	Gegenbuchungs-Nr.	1980[1])	1981[1])	Buchungs-Nr.	Position	Gegenbuchungs-Nr.	1980[1])	1981[1])
2-2.10	Abschreibungen	2-6.70	9 300	10 140	2-2.50	Bruttowertschöpfung	2-1.49	172 120	183 440
2-2.20	Geleistete Produktionssteuern an den Staat	2-4.61	240	240					
2-2.49	Beitrag zum Nettoinlandsprodukt zu Faktorkosten (Nettowertschöpfung)	2-3.50	162 580	173 060					
	Summe		**172 120**	**183 440**		**Summe**		**172 120**	**183 440**

[1]) Vorläufiges Ergebnis.
[2]) Nur Vorgänge, die sich auf Unternehmen mit eigener Rechtspersönlichkeit beziehen.
[3]) Einschl. private Organisationen ohne Erwerbszweck.
[4]) Nach Berechnungen der Deutschen Bundesbank.

23.1 Konten der Volkswirtschaftlichen Gesamtrechnungen

Mill. DM

2 Staat

2-3 Einkommensverteilungskonto

Buchungs-Nr.	Position	Gegenbuchungs-Nr.	1980[1]	1981[1]	Buchungs-Nr.	Position	Gegenbuchungs-Nr.	1980[1]	1981[1]
2-3.10	Geleistete Einkommen aus unselbständiger Arbeit		162 580	173 060	2-3.50	Beitrag zum Nettoinlandsprodukt zu Faktorkosten (Nettowertschöpfung)	2-2.49	162 580	173 060
	an private Haushalte	3-3.60	162 560	173 040	2-3.70	Empfangene Vermögenseinkommen		16 420	20 590
	an die übrige Welt	8.71	20	20		von Unternehmen	1-3.20	15 280	19 470
2-3.20	Geleistete Vermögenseinkommen (Zinsen auf öffentliche Schulden)		28 790	35 400		vom Staat	2-3.20	1 090	1 090
	an Unternehmen	1-3.70	23 100	29 590		von der übrigen Welt	8.25	50	30
	an den Staat	2-3.70	1 090	1 090					
	an private Haushalte[2]	3-3.70	3 830	3 950					
	an die übrige Welt	8.75	770	770					
2-3.49	Anteil am Volkseinkommen	2-4.50	−12 370	−14 810					
	Summe		**179 000**	**193 650**		**Summe**		**179 000**	**193 650**

2-4 Einkommensumverteilungskonto

Buchungs-Nr.	Position	Gegenbuchungs-Nr.	1980[1]	1981[1]	Buchungs-Nr.	Position	Gegenbuchungs-Nr.	1980[1]	1981[1]
2-4.10	Geleistete Subventionen an Unternehmen	1-2.70	30 030	28 880	2-4.50	Anteil am Volkseinkommen	2-3.49	−12 370	−14 810
2-4.35	Soziale Leistungen		248 760	269 730	2-4.60	Empfangene indirekte Steuern		193 030	198 040
	an private Haushalte	3-4.85	243 970	264 600	2-4.61	Produktionssteuern		83 400	83 400
	an die übrige Welt	8.83	4 790	5 130		von Unternehmen	1-2.20	83 140	83 140
2-4.40	Sonstige geleistete laufende Übertragungen		29 100	31 100		vom Staat	2-2.20	240	240
	an Unternehmen	1-4.90	3 680	3 670		von priv. Organisationen o.E.	3-2.20	20	20
	an private Organisationen o.E.	3-4.90	8 400	8 940	2-4.62	Nichtabzugsfähige Umsatzsteuer	0.30	96 180	100 610
	an die übrige Welt	8.85	17 020	18 490	2-4.63	Einfuhrabgaben	0.40	13 450	14 030
2-4.49	Verfügbares Einkommen	2-5.50	323 910	324 690	2-4.70	Empfangene direkte Steuern		187 950	188 360
						von Unternehmen	1-4.20	26 380	25 660
						von privaten Haushalten[2]	3-4.20	161 390	162 660
						von der übrigen Welt	8.31	180	40
					2-4.80	Empfangene Sozialbeiträge		247 240	267 150
						von privaten Haushalten	3-4.30	246 510	266 370
						von der übrigen Welt	8.32	730	780
					2-4.90	Sonstige empfangene laufende Übertragungen		15 950	15 660
						von Unternehmen	1-4.40	2 690	2 760
						von privaten Haushalten[2]	3-4.40	5 500	5 930
						von der übrigen Welt	8.35	7 760	6 970
	Summe		**631 800**	**654 400**		**Summe**		**631 800**	**654 400**

2-5 Einkommensverwendungskonto

Buchungs-Nr.	Position	Gegenbuchungs-Nr.	1980[1]	1981[1]	Buchungs-Nr.	Position	Gegenbuchungs-Nr.	1980[1]	1981[1]
2-5.10	Staatsverbrauch	0.75	298 390	319 750	2-5.50	Verfügbares Einkommen	2-4.49	323 910	324 690
2-5.49	Ersparnis	2-6.50	25 520	4 940					
	Summe		**323 910**	**324 690**		**Summe**		**323 910**	**324 690**

2-6 Vermögensveränderungskonto

Buchungs-Nr.	Position	Gegenbuchungs-Nr.	1980[1]	1981[1]	Buchungs-Nr.	Position	Gegenbuchungs-Nr.	1980[1]	1981[1]
2-6.20	Bruttoinvestitionen		55 640	52 850	2-6.50	Ersparnis	2-5.49	25 520	4 940
2-6.21	Anlageinvestitionen	0.81	55 140	52 650	2-6.70	Abschreibungen	2-2.10	9 300	10 140
2-6.25	Vorratsveränderung	0.85	500	200	2-6.80	Empfangene Vermögensübertragungen		7 230	6 990
2-6.30	Geleistete Vermögensübertragungen		33 680	31 660		von Unternehmen	1-6.30	4 530	4 930
	an Unternehmen	1-6.80	23 210	22 570		von privaten Haushalten[2]	3-6.30	2 560	1 970
	an private Haushalte[2]	3-6.80	7 060	6 860		von der übrigen Welt	8.37	140	90
	an die übrige Welt	8.87	3 410	2 230					
2-6.49	Finanzierungssaldo	2-7.50	−47 270	−62 440					
	Summe		**42 050**	**22 070**		**Summe**		**42 050**	**22 070**

2-7 Finanzierungskonto

Buchungs-Nr.	Position	Gegenbuchungs-Nr.	1980[1]	1981[1]	Buchungs-Nr.	Position	Gegenbuchungs-Nr.	1980[1]	1981[1]
2-7.10	Veränderung der Forderungen[3]	.	8 640	14 530	2-7.50	Finanzierungssaldo	2-6.49	−47 270	−62 440
					2-7.60	Veränderung der Verbindlichkeiten[3]	.	55 190	76 490
					2-7.99	Statistische Differenz	.	720	480
	Summe		**8 640**	**14 530**		**Summe**		**8 640**	**14 530**

[1]) Vorläufiges Ergebnis.
[2]) Einschl. private Organisationen ohne Erwerbszweck.
[3]) Nach Berechnungen der Deutschen Bundesbank.

23.1 Konten der Volkswirtschaftlichen Gesamtrechnungen

Mill. DM

3 Private Haushalte und private Organisationen ohne Erwerbszweck

3-1 Produktionskonto

Buchungs-Nr.	Position	Gegenbuchungs-Nr.	1980[1])	1981[1])	Buchungs-Nr.	Position	Gegenbuchungs-Nr.	1980[1])	1981[1])
3-1.10	Vorleistungen der privaten Organisationen o. E.	0.60	10 970	11 760	3-1.60	Produktionswert		37 960	40 590
3-1.49	Bruttowertschöpfung	3-2.50	26 990	28 830	3-1.61	Private Haushalte	0.10	1 490	1 490
					3-1.65	Private Organisationen o. E.	0.10	36 470	39 100
	Summe		**37 960**	**40 590**		**Summe**		**37 960**	**40 590**

3-2 Einkommensentstehungskonto

Buchungs-Nr.	Position	Gegenbuchungs-Nr.	1980[1])	1981[1])	Buchungs-Nr.	Position	Gegenbuchungs-Nr.	1980[1])	1981[1])
3-2.10	Abschreibungen der privaten Organisationen o. E.	1-6.70	2 530	2 760	3-2.50	Bruttowertschöpfung	3-1.49	26 990	28 830
3-2.20	Geleistete Produktionssteuern der privaten Organisationen o. E. an den Staat	2-4.61	20	20					
3-2.49	Beitrag zum Nettoinlandsprodukt zu Faktorkosten (Nettowertschöpfung)	3-3.50	24 440	26 050					
	Summe		**26 990**	**28 830**		**Summe**		**26 990**	**28 830**

3-3 Einkommensverteilungskonto

Buchungs-Nr.	Position	Gegenbuchungs-Nr.	1980[1])	1981[1])	Buchungs-Nr.	Position	Gegenbuchungs-Nr.	1980[1])	1981[1])
3-3.10	Geleistete Einkommen aus unselbständiger Arbeit an private Haushalte	3-3.60	24 440	26 050	3-3.50	Beitrag zum Nettoinlandsprodukt zu Faktorkosten (Nettowertschöpfung)	3-2.49	24 440	26 050
3-3.20	Geleistete Vermögenseinkommen (Zinsen auf Konsumentenschulden) an Unternehmen	1-3.70	14 040	17 650	3-3.60	Empfangene Einkommen aus unselbständiger Arbeit		841 700	881 220
3-3.49	Anteil am Volkseinkommen	3-4.50	1 117 800	1 152 230		von Unternehmen	1-3.10	650 720	677 750
						vom Staat	2-3.10	162 560	173 040
						von privaten Haushalten[2])	3-3.10	24 440	26 050
						von der übrigen Welt	8.21	3 980	4 380
					3-3.70	Empfangene Einkommen aus Unternehmertätigkeit und Vermögen		290 140	288 660
						von Unternehmen	1-3.20	285 330	283 280
						vom Staat	2-3.20	3 830	3 950
						von der übrigen Welt	8.25	980	1 430
	Summe		**1 156 280**	**1 195 930**		**Summe**		**1 156 280**	**1 195 930**

3-4 Einkommensumverteilungskonto[3])

Buchungs-Nr.	Position	Gegenbuchungs-Nr.	1980[1])	1981[1])	Buchungs-Nr.	Position	Gegenbuchungs-Nr.	1980[1])	1981[1])
3-4.20	Geleistete direkte Steuern an den Staat	2-4.70	161 390	162 660	3-4.50	Anteil am Volkseinkommen	3-3.49	1 117 800	1 152 230
3-4.30	Geleistete Sozialbeiträge		277 440	298 720	3-4.80	Empfangene Sozialbeiträge von privaten Haushalten	3-4.30	3 290	3 390
	an Unternehmen[4])	1-4.80	27 470	28 780	3-4.85	Empfangene soziale Leistungen		264 770	286 910
	an den Staat	2-4.80	246 510	266 370		von Unternehmen[4])	1-4.35	18 910	20 270
	an private Haushalte[2])	3-4.80	3 290	3 390		vom Staat	2-4.35	243 970	264 600
	an die übrige Welt	8.82	170	180		von privaten Haushalten[2])	3-4.35	1 600	1 740
3-4.35	Soziale Leistungen an private Haushalte	3-4.85	1 600	1 740		von der übrigen Welt	8.33	290	300
3-4.40	Sonstige geleistete laufende Übertragungen		43 110	47 880	3-4.90	Sonstige empfangene laufende Übertragungen		34 800	38 230
	an Unternehmen[4])	1-4.90	26 810	29 620		von Unternehmen[4])	1-4.40	26 120	28 930
	an den Staat	2-4.90	5 500	5 930		vom Staat	2-4.40	8 400	8 940
	an die übrige Welt	8.85	10 800	12 330		von der übrigen Welt	8.35	280	360
3-4.49	Verfügbares Einkommen	3-5.50	937 120	969 760					
	Summe		**1 420 660**	**1 480 760**		**Summe**		**1 420 660**	**1 480 760**

3-5 Einkommensverwendungskonto[3])

Buchungs-Nr.	Position	Gegenbuchungs-Nr.	1980[1])	1981[1])	Buchungs-Nr.	Position	Gegenbuchungs-Nr.	1980[1])	1981[1])
3-5.10	Privater Verbrauch	0.71	834 650	874 080	3-5.50	Verfügbares Einkommen	3-4.49	937 120	969 760
3-5.11	Käufe der privaten Haushalte	0.711	823 570	862 330					
3-5.15	Eigenverbrauch der priv. Organisationen o. E.	0.715	11 080	11 750					
3.5.49	Ersparnis	3-6.50	102 470	95 680					
	Summe		**937 120**	**969 760**		**Summe**		**937 120**	**969 760**

1) Vorläufiges Ergebnis.
2) Einschl. private Organisationen ohne Erwerbszweck.
3) Einschl. der Vorgänge, die sich auf Unternehmen ohne eigene Rechtspersönlichkeit beziehen.
4) Unternehmen mit eigener Rechtspersönlichkeit.

23.1 Konten der Volkswirtschaftlichen Gesamtrechnungen

Mill. DM

3 Private Haushalte und private Organisationen ohne Erwerbszweck

3-6 Vermögensveränderungskonto

Buchungs-Nr.	Position	Gegenbuchungs-Nr.	1980[1])	1981[1])	Buchungs-Nr.	Position	Gegenbuchungs-Nr.	1980[1])	1981[1])
3-6.10	Nichtentnommene Gewinne der Unternehmen ohne eigene Rechtspersönlichkeit	1-6.60	−20 620	−41 700	3-6.50	Ersparnis	3-5.49	102 470	95 680
3-6.30	Geleistete Vermögensübertragungen		36 990	38 080	3-6.80	Empfangene Vermögensübertragungen		21 850	22 020
	an Unternehmen	1-6.80	34 020	35 710		von Unternehmen	1-6.30	14 770	15 130
	an den Staat	2-6.80	2 560	1 970		vom Staat	2-6.30	7 060	6 860
	an die übrige Welt	8.87	410	400		von der übrigen Welt	8.37	20	30
3-6.49	Finanzierungssaldo	3-7.50	107 950	121 320					
	Summe		**124 320**	**117 700**		**Summe**		**124 320**	**117 700**

3-7 Finanzierungskonto

Buchungs-Nr.	Position	Gegenbuchungs-Nr.	1980[1])	1981[1])	Buchungs-Nr.	Position	Gegenbuchungs-Nr.	1980[1])	1981[1])
3-7.10	Veränderung der Forderungen[3])	.	120 380	128 620	3-7.50	Finanzierungssaldo	3-6.49	107 950	121 320
					3-7.60	Veränderung der Verbindlichkeiten[3])	.	12 430	7 300
	Summe		**120 380**	**128 620**		**Summe**		**120 380**	**128 620**

8 Zusammengefaßtes Konto der übrigen Welt

Buchungs-Nr.	Position	Gegenbuchungs-Nr.	1980[1])	1981[1])	Buchungs-Nr.	Position	Gegenbuchungs-Nr.	1980[1])	1981[1])
8.10	Käufe von Waren und Dienstleistungen	0.90	402 410	461 070	8.60	Verkäufe von Waren und Dienstleistungen	0.20	409 860	448 840
8.20	Geleistete Erwerbs- und Vermögenseinkommen		29 140	35 010	8.70	Empfangene Erwerbs- und Vermögenseinkommen		26 010	35 850
8.21	Einkommen aus unselbständiger Arbeit				8.71	Einkommen aus unselbständiger Arbeit		2 650	2 810
	an private Haushalte	3-3.60	3 980	4 380		von Unternehmen	1-3.10	2 630	2 790
8.25	Einkommen aus Unternehmertätigkeit und Vermögen		25 160	30 630		vom Staat	2-3.10	20	20
	an Unternehmen	1-3.70	24 130	29 170	8.75	Einkommen aus Unternehmertätigkeit und Vermögen		23 360	33 040
	an den Staat	2-3.70	50	30		von Unternehmen	1-3.20	22 590	32 270
	an private Haushalte[2])	3-3.70	980	1 430		vom Staat	2-3.20	770	770
8.30	Geleistete Übertragungen		10 000	9 240	8.80	Empfangene Übertragungen		37 520	39 870
8.31	Direkte Steuern				8.82	Sozialbeiträge			
	an den Staat	2-4.70	180	40		von privaten Haushalten	3-4.30	170	180
8.32	Sozialbeiträge				8.83	Soziale Leistungen		4 880	5 230
	an den Staat	2-4.80	730	780		von Unternehmen	1-4.35	90	100
8.33	Soziale Leistungen					vom Staat	2-4.35	4 790	5 130
	an private Haushalte	3-4.85	290	300	8.85	Sonstige laufende Übertragungen		28 650	31 830
8.35	Sonstige laufende Übertragungen		8 640	8 000		von Unternehmen	1-4.40	830	1 010
	an Unternehmen	1-4.90	600	670		vom Staat	2-4.40	17 020	18 490
	an den Staat	2-4.90	7 760	6 970		von privaten Haushalten[2])	3-4.40	10 800	12 330
	an private Haushalte[2])	3-4.90	280	360	8.87	Vermögensübertragungen		3 820	2 630
8.37	Vermögensübertragungen		160	120		vom Staat	2-6.30	3 410	2 230
	an den Staat	2-6.80	140	90		von privaten Haushalten[2])	3-6.30	410	400
	an private Haushalte[2])	3-6.80	20	30	8.90	Veränderung der Verbindlichkeiten[3])	.	29 860	49 940
8.40	Veränderung der Forderungen[3])	.	61 710	68 940	8.99	Statistische Differenz	.	10	−240
	Aufwendungen der übrigen Welt		**503 260**	**574 260**		**Erträge der übrigen Welt**		**503 260**	**574 260**

[1]) Vorläufiges Ergebnis.
[2]) Einschl. private Organisationen ohne Erwerbszweck.
[3]) Nach Berechnungen der Deutschen Bundesbank.

23.2 Sozialprodukt, Volkseinkommen und Einkommen aus unselbständiger Arbeit

Jahr	Bruttosozialprodukt			Nettosozialprodukt			Bruttoeinkommen aus unselbständiger Arbeit		Bruttolohn- und -gehaltsumme		Netto-lohn- und -gehalt-summe
				zu Markt-preisen	zu Faktorkosten (Volkseinkommen)						
	in jeweiligen Preisen		in Preisen von 1976	in jeweiligen Preisen			ins-gesamt	Anteil am Volksein-kommen	ins-gesamt	monatl. je durchschnittl. beschäftigten Arbeitnehmer	
	insgesamt	je Einwohner	insgesamt			je Einwohner					
	Mrd. DM	DM	Mrd. DM			DM	Mrd. DM	%	Mrd. DM	DM	Mrd. DM
1960	303,0	5 466	613,4	279,4	240,1	4 332	144,4	60,1	124,5	512	104,9
1961	331,4	5 898	643,1	304,3	260,8	4 641	162,8	62,4	140,4	565	117,4
1962	360,5	6 343	671,7	329,3	282,1	4 963	180,1	63,9	155,5	616	129,3
1963	382,1	6 658	692,5	347,1	297,8	5 189	193,1	64,9	166,9	654	138,1
1964	419,6	7 238	738,5	380,6	327,3	5 645	211,2	64,5	183,8	713	151,2
1965	458,2	7 817	778,7	414,9	358,4	6 115	234,1	65,3	203,1	778	168,3
1966	487,4	8 240	799,3	439,6	379,8	6 421	252,1	66,4	218,0	835	178,3
1967	493,7	8 327	798,9	443,2	380,7	6 422	251,8	66,1	217,9	862	177,4
1968	533,7	8 970	847,9	480,0	418,1	7 027	270,4	64,7	232,8	916	187,0
1969	597,8	9 952	911,6	539,6	462,9	7 707	304,1	65,7	261,1	1 000	206,5
1970	675,7	11 141	957,5	607,7	530,4	8 745	360,6	68,0	307,9	1 153	238,6
1971	751,8	12 267	988,1	674,3	588,2	9 598	409,1	69,6	348,2	1 284	265,2
1972	825,1	13 379	1 029,0	739,7	645,3	10 464	450,3	69,8	380,7	1 402	290,7
1973	918,9	14 827	1 075,9	824,3	721,9	11 648	510,9	70,8	428,6	1 559	316,7
1974	985,6	15 883	1 080,8	879,1	773,0	12 456	563,1	72,9	469,6	1 729	342,4
1975	1 028,9	16 641	1 063,9	913,0	803,1	12 988	587,0	73,1	485,7	1 839	355,2
1976	1 123,0	18 251	1 123,0	999,0	879,2	14 289	631,2	71,8	518,0	1 968	369,5
1977	1 196,3	19 484	1 154,1	1 063,8	936,0	15 244	675,6	72,2	555,7	2 102	392,1
1978	1 290,0	21 035	1 194,0	1 147,2	1 009,3	16 458	720,9	71,4	591,7	2 215	421,8
1979	1 395,3	22 740	1 241,6	1 239,0	1 087,0	17 715	776,7	71,5	636,2	2 340	455,4
1980[1]	1 484,2	24 107	1 264,3	1 310,9	1 147,9	18 644	841,7	73,3	687,8	2 494	484,8
1981[1]	1 543,1	25 017	1 261,9	1 355,1	1 185,9	19 226	881,2	74,3	717,2	2 613	503,5
1982[1]	1 600,0	25 958	1 248,6	1 399,5	1 226,6	19 900	901,4	73,5	732,6	2 719	508,6

[1]) Vorläufiges Ergebnis.

23.3 Wertschöpfung, Inlandsprodukt und Sozialprodukt

Mill. DM

Gegenstand der Nachweisung	1970	1974	1975	1976	1977	1978	1979	1980[1])	1981[1])	1982[1])
in jeweiligen Preisen										
Wertschöpfung und Inlandsprodukt										
Bruttowertschöpfung	627 970	921 260	958 930	1 046 500	1 118 130	1 196 140	1 293 000	1 371 440	1 429 300	1 486 970
+ Nichtabzugsfähige Umsatzsteuer[2])	39 910	54 430	57 310	61 560	65 550	75 980	86 780	96 180	100 610	101 020
+ Einfuhrabgaben[3])	7 420	8 890	10 270	11 630	12 430	13 020	12 700	13 450	14 030	14 470
= Bruttoinlandsprodukt	675 300	984 580	1 026 510	1 119 690	1 196 110	1 285 140	1 392 480	1 481 070	1 543 940	1 602 460
− Abschreibungen	68 030	106 460	115 940	123 980	132 450	142 800	156 320	173 350	188 040	200 460
= Nettoinlandsprodukt zu Marktpreisen	607 270	878 120	910 570	995 710	1 063 660	1 142 340	1 236 160	1 307 720	1 355 900	1 402 000
− Indirekte Steuern[4]) abzüglich Subventionen	77 270	106 180	109 900	119 790	127 870	137 890	152 030	163 000	169 160	172 920
Indirekte Steuern[4])	89 050	125 040	130 280	141 670	152 370	167 300	182 920	193 030	198 040	201 370
Subventionen	11 780	18 860	20 380	21 880	24 500	29 410	30 890	30 030	28 880	28 450
= Nettoinlandsprodukt zu Faktorkosten (Nettowertschöpfung)	530 000	771 940	800 670	875 920	935 790	1 004 450	1 084 130	1 144 720	1 186 740	1 229 080
Inlandsprodukt und Sozialprodukt										
Bruttoinlandsprodukt	675 300	984 580	1 026 510	1 119 690	1 196 110	1 285 140	1 392 480	1 481 070	1 543 940	1 602 460
+ Saldo der Erwerbs- und Vermögenseinkommen zwischen Inländern und der übrigen Welt	+400	+1 020	+2 390	+3 310	+190	+4 860	+2 820	+3 130	−840	−2 460
= Bruttosozialprodukt	675 700	985 600	1 028 900	1 123 000	1 196 300	1 290 000	1 395 300	1 484 200	1 543 100	1 600 000
− Abschreibungen	68 030	106 460	115 940	123 980	132 450	142 800	156 320	173 350	188 040	200 460
= Nettosozialprodukt zu Marktpreisen	607 670	879 140	912 960	999 020	1 063 850	1 147 200	1 238 980	1 310 850	1 355 060	1 399 540
− Indirekte Steuern[4]) abzügl. Subventionen	77 270	106 180	109 900	119 790	127 870	137 890	152 030	163 000	169 160	172 920
= Nettosozialprodukt zu Faktorkosten (Volkseinkommen)	530 400	772 960	803 060	879 230	935 980	1 009 310	1 086 950	1 147 850	1 185 900	1 226 620
in Preisen von 1976										
Wertschöpfung und Inlandsprodukt										
Bruttowertschöpfung	895 400	1 012 350	991 740	1 046 500	1 078 470	1 111 530	1 158 740	1 179 430	1 180 110	1 171 340
+ Nichtabzugsfähige Umsatzsteuer[2])	53 390	58 760	59 510	61 560	63 250	64 950	67 760	68 120	68 400	65 700
+ Einfuhrabgaben[3])	7 810	8 580	10 180	11 630	12 260	13 050	12 680	14 250	14 210	13 660
= Bruttoinlandsprodukt	956 600	1 079 690	1 061 430	1 119 690	1 153 980	1 189 530	1 239 180	1 261 800	1 262 720	1 250 700
− Abschreibungen	91 750	115 700	119 900	123 980	128 290	132 990	138 340	144 160	149 700	154 400
= Nettoinlandsprodukt zu Marktpreisen	864 850	963 990	941 530	995 710	1 025 690	1 056 540	1 100 840	1 117 640	1 113 020	1 096 300
Inlandsprodukt und Sozialprodukt										
Bruttoinlandsprodukt	956 600	1 079 690	1 061 430	1 119 690	1 153 980	1 189 530	1 239 180	1 261 800	1 262 720	1 250 700
+ Saldo der Erwerbs- und Vermögenseinkommen zwischen Inländern und der übrigen Welt	+900	+1 110	+2 470	+3 310	+120	+4 470	+2 420	+2 500	−820	−2 100
= Bruttosozialprodukt	957 500	1 080 800	1 063 900	1 123 000	1 154 100	1 194 000	1 241 600	1 264 300	1 261 900	1 248 600
− Abschreibungen	91 750	115 700	119 900	123 980	128 290	132 990	138 340	144 160	149 700	154 400
= Nettosozialprodukt zu Marktpreisen	865 750	965 100	944 000	999 020	1 025 810	1 061 010	1 103 260	1 120 140	1 112 200	1 094 200

[1]) Vorläufiges Ergebnis.
[2]) Aufkommen an Steuern vom Umsatz sowie einbehaltene Umsatzsteuer aufgrund von gesetzlichen Sonderregelungen.
[3]) Einfuhrzölle, Verbrauchsteuern auf Einfuhren, Abschöpfungsbeträge und Währungsausgleichsbeträge auf eingeführte landwirtschaftliche Erzeugnisse, jedoch ohne Einfuhrumsatzsteuer.
[4]) Produktionssteuern, nichtabzugsfähige Umsatzsteuer, Einfuhrabgaben.

Bruttosozialprodukt

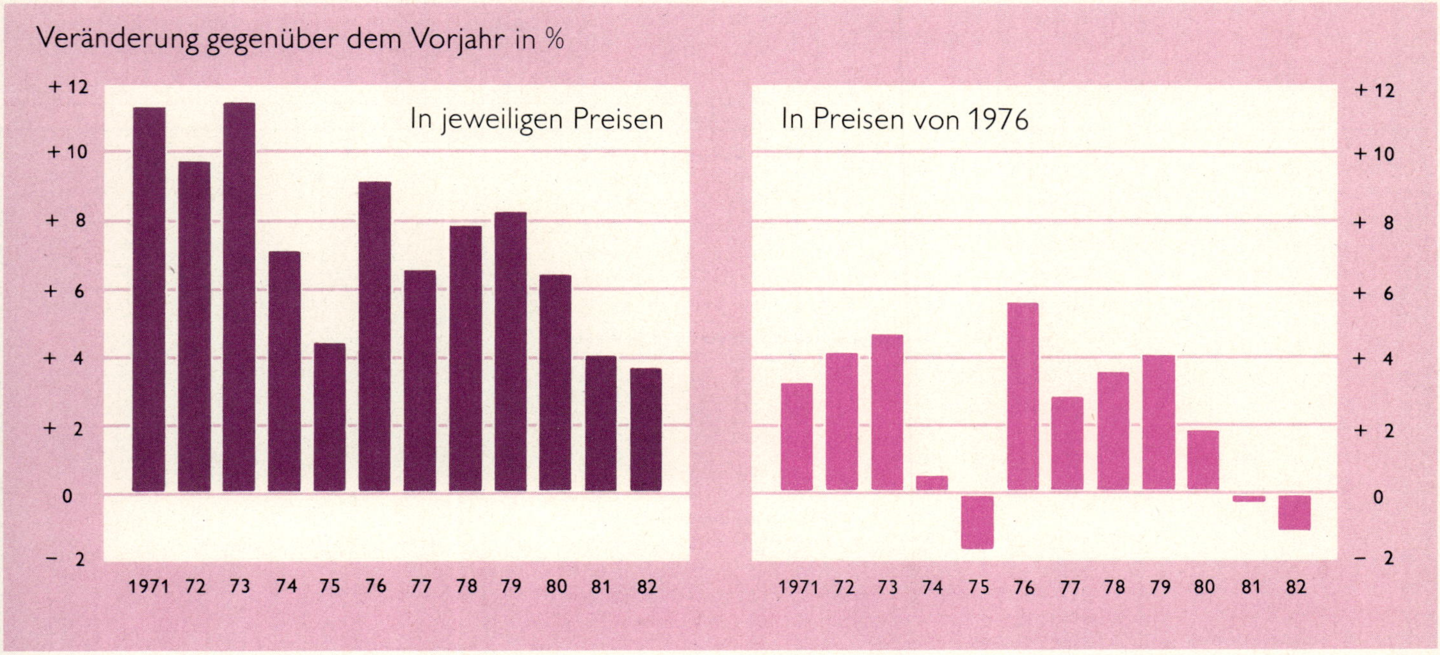

Struktur 1982

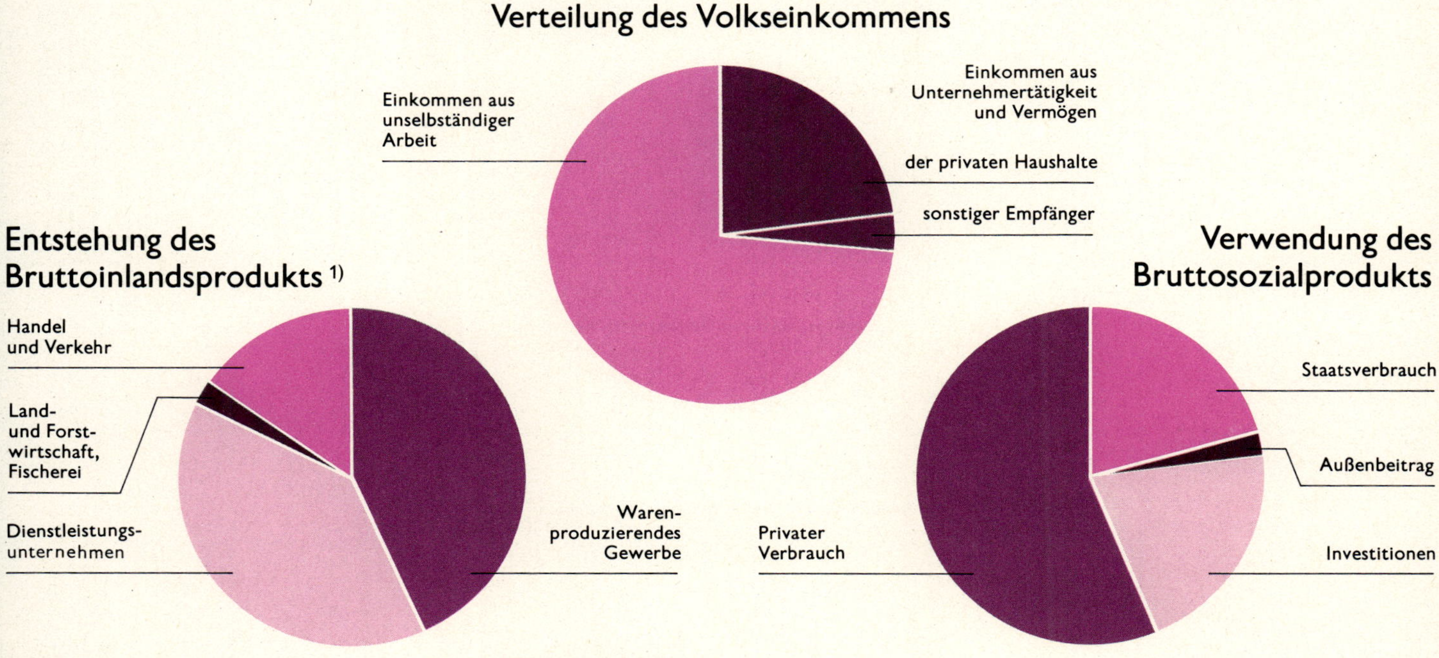

1) Bruttowertschöpfung.

Statistisches Bundesamt 83 0260

23.4 Produktionswerte, Vorleistungen und Wertschöpfung nach zusammengefaßten Wirtschaftsbereichen*)

Mill. DM

Jahr	Produktionswert	Vorleistungen	Bruttowertschöpfung (Sp. 1 – Sp. 2)	Abschreibungen	Produktionssteuern abzüglich Subventionen	Nettowertschöpfung (Nettoinlandsprodukt zu Faktorkosten)		
						zusammen (Sp. 3 – Sp. 4 und 5)	Entstandene Einkommen	
							aus unselbständiger Arbeit	aus Unternehmertätigkeit und Vermögen
	1	2	3	4	5	6	7	8
Land- und Forstwirtschaft, Fischerei								
1970	39 060	17 280	21 780	4 520	−1 980	19 240	3 530	15 710
1974	48 380	22 460	25 920	6 180	−1 510	21 250	4 350	16 900
1975	51 820	23 350	28 470	6 760	−2 300	24 010	4 550	19 460
1976	57 520	26 980	30 540	7 090	−2 190	25 640	4 950	20 690
1977	60 100	28 740	31 360	7 530	−1 530	25 360	5 430	19 930
1978	60 730	28 780	31 950	7 980	−1 200	25 170	5 870	19 300
1979	62 260	31 690	30 570	8 500	−1 030	23 100	6 430	16 670
1980[1])	64 300	33 780	30 520	9 120	− 620	22 020	6 880	15 140
1981[1])	68 480	35 920	32 560	9 690	− 370	23 240	7 360	15 880
Energie- und Wasserversorgung, Bergbau								
1970	46 850	24 130	22 720	4 820	650	17 250	11 270	5 980
1974	74 020	40 390	33 630	7 320	1 590	24 720	16 930	7 790
1975	85 920	48 250	37 670	8 200	2 800	26 670	18 590	8 080
1976	96 880	54 370	42 510	8 870	3 120	30 520	19 730	10 790
1977	99 970	57 190	42 780	9 540	3 060	30 180	21 000	9 180
1978	106 940	61 440	45 500	10 160	2 460	32 880	21 950	10 930
1979	119 530	70 520	49 010	10 870	1 590	36 550	23 950	12 600
1980[1])	135 870	84 610	51 260	11 790	1 570	37 900	26 000	11 900
1981[1])	157 530	97 880	59 650	...	...	...	27 530	...
Verarbeitendes Gewerbe								
1970	647 990	388 540	259 450	22 300	24 850	212 300	155 610	56 690
1974	930 570	574 950	355 620	34 710	34 700	286 210	223 790	62 420
1975	923 510	569 450	354 060	38 190	33 330	282 540	227 390	55 150
1976	1 029 830	640 130	389 700	40 480	36 010	313 210	247 100	66 110
1977	1 071 270	656 850	414 420	42 190	38 060	334 170	266 540	67 630
1978	1 113 200	673 740	439 460	44 410	39 700	355 350	283 550	71 800
1979	1 234 160	759 780	474 380	47 450	42 360	384 570	304 150	80 420
1980[1])	1 324 100	833 930	490 170	51 140	41 610	397 420	327 970	69 450
1981[1])	1 337 000	842 400	494 600	...	...	...	338 050	...
Baugewerbe								
1970	95 880	44 330	51 550	2 840	1 070	47 640	32 520	15 120
1974	131 360	64 660	66 700	4 020	1 690	60 990	46 840	14 150
1975	126 820	63 630	63 190	4 230	1 630	57 330	45 330	12 000
1976	134 600	66 890	67 710	4 280	1 710	61 720	48 030	13 690
1977	142 760	70 410	72 350	4 360	2 010	65 980	49 190	16 790
1978	153 750	75 920	77 830	4 430	2 140	71 260	52 840	18 420
1979	175 320	87 180	88 140	4 640	2 100	81 400	58 740	22 660
1980[1])	195 750	96 720	99 030	5 040	1 910	92 080	64 420	27 660
1981[1])	196 600	97 140	99 460	...	...	...	65 260	...
Handel								
1970	499 360	433 960	65 400	4 650	1 170	59 580	33 010	26 570
1974	727 370	635 900	91 470	6 860	3 390	81 220	53 360	27 860
1975	747 170	649 780	97 390	7 470	3 040	86 880	56 280	30 600
1976	828 110	720 420	107 690	7 830	2 730	97 130	61 520	35 610
1977	876 670	761 120	115 550	8 440	1 990	105 120	66 630	38 490
1978	928 470	802 240	126 230	9 120	760	116 350	72 390	43 960
1979	1 012 810	874 530	138 280	9 870	1 170	127 240	77 800	49 440
1980[1])	1 043 790	899 550	144 240	10 820	860	132 560	85 730	46 830
1981[1])	1 046 670	899 780	146 890	...	...	...	90 150	...
Verkehr, Nachrichtenübermittlung								
1970	68 030	29 960	38 070	7 320	−1 310	32 060	24 640	7 420
1974	103 130	45 550	57 580	11 480	−5 890	51 990	40 920	11 070
1975	107 110	47 170	59 940	12 470	−5 740	53 210	42 150	11 060
1976	116 840	51 400	65 440	13 430	−5 270	57 280	43 890	13 390
1977	125 110	55 020	70 090	14 210	−5 360	61 240	45 880	15 360
1978	131 330	57 270	74 060	15 220	−6 920	65 760	48 160	17 600
1979	144 340	63 730	80 610	16 430	−6 340	70 520	50 800	19 720
1980[1])	153 310	69 350	83 960	17 980	−5 140	71 120	54 540	16 580
1981[1])	159 640	72 430	87 210	...	...	...	57 380	...
Kreditinstitute, Versicherungsunternehmen								
1970	32 750	11 200	21 550	880	1 610	19 060	11 980	7 080
1974	61 800	20 100	41 700	1 510	3 290	36 900	21 850	15 050
1975	67 650	21 520	46 130	1 670	3 950	40 510	23 970	16 540
1976	71 130	23 260	47 870	1 850	4 360	41 660	25 460	16 200
1977	77 630	25 360	52 270	2 030	5 020	45 220	27 100	18 120
1978	84 300	27 460	56 840	2 250	4 960	49 630	28 790	20 840
1979	91 070	29 920	61 150	2 450	4 810	53 890	31 310	22 580
1980[1])	99 330	32 550	66 780	2 740	5 080	58 960	34 620	24 340
1981[1])	113 770	35 020	78 750	3 030	5 440	70 280	36 650	33 630

Fußnoten siehe S. 531.

23.4 Produktionswerte, Vorleistungen und Wertschöpfung nach zusammengefaßten Wirtschaftsbereichen*)

Mill. DM

Jahr	Produktionswert	Vorleistungen	Bruttowertschöpfung (Sp. 1 – Sp. 2)	Abschreibungen	Produktionssteuern abzüglich Subventionen	Nettowertschöpfung (Nettoinlandsprodukt zu Faktorkosten): zusammen (Sp. 3 – Sp. 4 und 5)	Entstandene Einkommen aus unselbständiger Arbeit	Entstandene Einkommen aus Unternehmertätigkeit und Vermögen
	1	2	3	4	5	6	7	8
Wohnungsvermietung[2])[3])								
1970	44 910	10 870	34 040	12 640	440	20 960	.	.
1974	68 100	13 800	54 300	20 580	1 010	32 710	.	.
1975	75 200	14 660	60 540	21 740	730	38 070	.	.
1976	81 520	16 170	65 350	23 280	600	41 470	.	.
1977	87 070	17 410	69 660	25 340	720	43 600	.	.
1978	91 980	18 480	73 500	27 920	380	45 200	.	.
1979	97 170	21 140	76 030	31 580	860	43 590	.	.
1980[1])	104 430	22 880	81 550	35 980	750	44 820	.	.
1981[1])	111 420	24 410	87 010	39 220	420	47 370	.	.
Sonstige Dienstleistungen[3])								
1970	97 590	38 790	58 800	3 850	3 340	51 610	18 490	54 080
1974	160 360	62 560	97 800	7 060	4 420	86 320	30 410	88 620
1975	176 740	70 040	106 700	7 870	4 690	94 140	33 290	98 920
1976	193 890	75 060	118 830	8 940	5 320	104 570	37 630	108 410
1977	214 130	82 630	131 500	10 190	5 690	115 620	41 350	117 870
1978	237 010	91 310	145 700	11 890	6 370	127 440	44 920	127 720
1979	261 700	101 020	160 680	14 040	6 780	139 860	49 180	134 270
1980[1])	289 720	110 520	179 200	16 910	7 090	155 200	53 190	146 830
1981[1])	314 680	119 610	195 070	...	...	...	58 160	...
Unternehmen zusammen[4])								
1970	1 572 420	1 017 000	555 420	63 820	29 840	461 760	291 050	170 710
1974	2 305 090	1 514 340	790 750	99 720	42 690	648 340	438 450	209 890
1975	2 361 940	1 544 840	817 100	108 600	42 130	666 370	451 550	214 820
1976	2 610 320	1 713 700	896 620	116 050	46 390	734 180	488 310	245 870
1977	2 754 710	1 796 720	957 990	123 830	49 660	784 500	523 120	261 380
1978	2 907 710	1 882 470	1 025 240	133 380	48 650	843 210	558 470	284 740
1979	3 198 360	2 089 220	1 109 140	145 830	52 300	911 010	602 360	308 650
1980[1])	3 410 600	2 238 270	1 172 330	161 520	53 110	957 700	653 350	304 350
1981[1])	3 505 790	2 288 760	1 217 030	175 140	54 260	987 630	680 540	307 090
Staat								
1970	118 220	55 660	62 560	3 270	90	59 200	59 200	—
1974	213 400	100 360	113 040	5 220	160	107 660	107 660	—
1975	237 070	114 320	122 750	5 700	180	116 870	116 870	—
1976	252 490	122 820	129 670	6 180	200	123 290	123 290	—
1977	266 550	128 030	138 520	6 730	210	131 580	131 580	—
1978	287 300	139 410	147 890	7 370	220	140 300	140 300	—
1979	311 310	152 330	158 980	8 220	230	150 530	150 530	—
1980[1])	339 480	167 360	172 120	9 300	240	162 580	162 580	—
1981[1])	364 200	180 760	183 440	10 140	240	173 060	173 060	—
Private Haushalte und private Organisationen ohne Erwerbszweck								
1970	14 050	4 060	9 990	940	10	9 040	9 040	—
1974	24 090	6 620	17 470	1 520	10	15 940	15 940	—
1975	26 500	7 420	19 080	1 640	10	17 430	17 430	—
1976	28 260	8 050	20 210	1 750	10	18 450	18 450	—
1977	30 240	8 620	21 620	1 890	20	19 710	19 710	—
1978	32 390	9 380	23 010	2 050	20	20 940	20 940	—
1979	34 890	10 010	24 880	2 270	20	22 590	22 590	—
1980[1])	37 960	10 970	26 990	2 530	20	24 440	24 440	—
1981[1])	40 590	11 760	28 830	2 760	20	26 050	26 050	—
Alle Wirtschaftsbereiche[4])								
1970	1 704 690	1 076 720	627 970	68 030	29 940	530 000	359 290	170 710
1974	2 542 580	1 621 320	921 260	106 460	42 860	771 940	562 050	209 890
1975	2 625 510	1 666 580	958 930	115 940	42 320	800 670	585 850	214 820
1976	2 891 070	1 844 570	1 046 500	123 980	46 600	875 920	630 050	245 870
1977	3 051 500	1 933 370	1 118 130	132 450	49 890	935 790	674 410	261 380
1978	3 227 400	2 031 260	1 196 140	142 800	48 890	1 004 450	719 710	284 740
1979	3 544 560	2 251 560	1 293 000	156 320	52 550	1 084 130	775 480	308 650
1980[1])	3 788 040	2 416 600	1 371 440	173 350	53 370	1 144 720	840 370	304 350
1981[1])	3 910 580	2 481 280	1 429 300	188 040	54 520	1 186 740	879 650	307 090

*) Systematik der Wirtschaftszweige, Ausgabe 1979, Fassung für Volkswirtschaftliche Gesamtrechnungen, Kurzbezeichnungen.
1) Vorläufiges Ergebnis.
2) Einschl. Nutzung von Eigentümerwohnungen.
3) Die im Bereich »Wohnungsvermietung« entstandenen Einkommen (Spalten 7 und 8) sind im Bereich »Sonstige Dienstleistungen« enthalten.
4) Die hier nachgewiesenen Gesamtgrößen weichen von den Summen der Vorleistungen, der Bruttowertschöpfung, der Nettowertschöpfung und der Einkommen aus Unternehmertätigkeit und Vermögen der Unternehmensbereiche dadurch ab, daß die Vorleistungen der Kreditinstitute um unterstellte Entgelte für Bankdienstleistungen erhöht und die Bruttowertschöpfung, die Nettowertschöpfung sowie die entstandenen Einkommen aus Unternehmertätigkeit und Vermögen der Kreditinstitute entsprechend vermindert sind.

23.5 Bruttowertschöpfung nach Wirtschaftsbereichen, Bruttoinlandsprodukt

Wirtschaftsgliederung[1])	1970	1976	1977	1978	1979	1980[2])	1981[2])	1982[2])
				In jeweiligen Preisen Mill. DM				
Land- und Forstwirtschaft, Fischerei	**21 780**	**30 540**	**31 360**	**31 950**	**30 570**	**30 520**	**32 560**	**36 320**
Landwirtschaft	18 970	26 680	26 750	27 150	25 530	25 040	...	...
Gewerbliche Gärtnerei und Tierhaltung, Forstwirtschaft, Fischerei	2 810	3 860	4 610	4 800	5 040	5 480	...	...
Warenproduzierendes Gewerbe	**333 720**	**499 920**	**529 550**	**562 790**	**611 530**	**640 460**	**653 710**	**674 280**
Energie- und Wasserversorgung, Bergbau	22 720	42 510	42 780	45 500	49 010	51 260	59 650	...
Elektrizitäts-, Gas-, Fernwärme- und Wasserversorgung	14 500	30 560	31 930	34 950	37 000	37 860	...	...
Elektrizitäts- und Fernwärmeversorgung usw.	12 050	25 980	26 900	29 280	30 900	30 850	...	...
Gasversorgung	1 050	1 560	1 890	2 600	2 850	3 660	...	...
Wasserversorgung	1 400	3 020	3 140	3 070	3 250	3 350	...	...
Bergbau	8 220	11 950	10 850	10 550	12 010	13 400	...	...
Kohlenbergbau	7 040	10 420	9 310	9 360	10 680	11 910	...	...
Übriger Bergbau	1 180	1 530	1 540	1 190	1 330	1 490	...	...
Verarbeitendes Gewerbe	259 450	389 700	414 420	439 460	474 380	490 170	494 600	...
Chemische Industrie, Herstellung und Verarbeitung von Spalt- und Brutstoffen	23 780	39 310	40 290	41 870	46 700	43 020	...	...
Mineralölverarbeitung	10 990	18 180	18 000	20 760	27 800	28 080	...	...
Herstellung von Kunststoffwaren	4 430	7 350	7 820	8 250	9 970	11 040	...	...
Gummiverarbeitung	3 450	4 650	4 970	4 930	5 390	5 740	...	...
Gewinnung und Verarbeitung von Steinen und Erden	9 220	12 310	12 080	12 810	14 400	14 830	...	...
Feinkeramik	1 330	1 910	1 990	2 140	2 170	2 380	...	...
Herstellung und Verarbeitung von Glas	2 520	3 270	3 720	3 710	4 070	4 560	...	...
Eisenschaffende Industrie	10 320	14 380	13 420	14 200	16 470	16 900	...	...
NE-Metallerzeugung, NE-Metallhalbzeugwerke	3 020	3 640	3 940	4 340	4 250	4 720	...	...
Gießerei	3 860	4 600	4 890	5 050	5 610	5 940	...	...
Ziehereien, Kaltwalzwerke, Stahlverformung usw.	7 790	10 260	10 760	11 030	12 090	12 310	...	...
Stahl- und Leichtmetallbau, Schienenfahrzeugbau	4 590	7 200	8 410	9 470	9 040	10 520	...	...
Maschinenbau	29 080	46 300	47 060	49 970	53 640	56 530	...	...
Herstellung von Büromaschinen, ADV-Geräten u. -Einrichtungen	3 660	5 710	6 450	6 240	6 210	6 650	...	...
Straßenfahrzeugbau, Reparatur von Kraftfahrzeugen usw.	22 800	39 520	43 730	47 930	52 490	51 270	...	...
Schiffbau	1 320	2 810	2 780	2 340	2 240	2 430	...	...
Luft- und Raumfahrzeugbau	870	1 610	1 660	2 250	2 710	3 270	...	...
Elektrotechnik, Reparatur von Haushaltsgeräten	26 560	42 730	47 720	48 870	51 720	55 600	...	...
Feinmechanik, Optik, Herstellung von Uhren	4 440	8 260	8 900	9 680	10 040	11 240	...	...
Herstellung von Eisen-, Blech- und Metallwaren	9 280	12 650	14 570	15 090	15 840	16 320	...	...
Herstellung von Musikinstrumenten, Spielwaren, Füllhaltern usw.	1 830	2 760	3 170	3 290	3 290	3 200	...	...
Holzbearbeitung	1 670	2 420	2 540	2 610	2 670	3 020	...	...
Holzverarbeitung	6 980	11 550	13 100	13 830	14 730	15 320	...	...
Zellstoff-, Holzschliff-, Papier- und Pappeerzeugung	1 910	2 840	2 850	3 350	3 530	3 600	...	...
Papier- und Pappeverarbeitung	3 660	4 600	5 220	5 270	5 440	5 430	...	...
Druckerei, Vervielfältigung	6 170	9 190	8 930	9 800	10 880	11 080	...	...
Ledergewerbe	3 010	3 210	3 340	3 420	3 530	3 930	...	...
Textilgewerbe	10 830	11 370	11 910	12 360	12 400	12 620	...	...
Bekleidungsgewerbe	6 740	8 160	8 340	8 840	8 910	9 150	...	...
Ernährungsgewerbe (ohne Getränkeherstellung)	16 630	25 370	29 830	32 000	32 510	35 040	...	...
Getränkeherstellung	8 990	11 080	11 030	11 930	11 750	11 750	...	...
Tabakverarbeitung	7 720	10 500	11 000	11 830	11 890	12 680	...	...
Baugewerbe	51 550	67 710	72 350	77 830	88 140	99 030	99 460	...
Bauhauptgewerbe	37 700	44 580	46 170	50 340	57 300	65 020	...	...
Ausbaugewerbe	13 850	23 130	26 180	27 490	30 840	34 010	...	...
Handel und Verkehr	**103 470**	**173 130**	**185 640**	**200 290**	**218 890**	**228 200**	**234 100**	**239 850**
Handel	65 400	107 690	115 550	126 230	138 280	144 240	146 890	...
Großhandel, Handelsvermittlung	33 900	50 670	53 600	57 900	65 580	68 750	...	...
Einzelhandel	31 500	57 020	61 950	68 330	72 700	75 490	...	...
Verkehr, Nachrichtenübermittlung	38 070	65 440	70 090	74 060	80 610	83 960	87 210	...
Eisenbahnen	9 190	11 480	11 270	11 570	12 480	12 860	...	...
Schiffahrt, Wasserstraßen, Häfen	3 250	4 620	4 580	4 480	4 930	5 430	...	...
Deutsche Bundespost	11 730	25 740	28 070	30 180	32 400	33 010	...	...
Übriger Verkehr	13 900	23 600	26 170	27 830	30 800	32 660	...	...
Dienstleistungsunternehmen	**114 390**	**232 050**	**253 430**	**276 040**	**297 860**	**327 530**	**360 830**	**395 300**
Kreditinstitute, Versicherungsunternehmen	21 550	47 870	52 270	56 840	61 150	66 780	78 750	...
Kreditinstitute	17 000	36 850	39 600	43 190	47 090	52 100	62 570	...
Versicherungsunternehmen	4 550	11 020	12 670	13 650	14 060	14 680	16 180	...
Wohnungsvermietung[3])	34 040	65 350	69 660	73 500	76 030	81 550	87 010	...
Sonstige Dienstleistungen	58 800	118 830	131 500	145 700	160 680	179 200	195 070	...
Gastgewerbe, Heime	8 410	14 150	15 340	16 380	17 480	18 830	...	...
Bildung, Wissenschaft, Kultur usw., Verlagsgewerbe	7 760	13 500	14 750	15 630	17 280	19 040	...	...
Gesundheits- und Veterinärwesen	10 000	25 020	26 370	28 430	30 660	33 410	...	...
Übrige Dienstleistungen	32 630	66 160	75 040	85 260	95 260	107 920	...	...
Unternehmen zusammen	**573 360**	**935 640**	**999 980**	**1 071 070**	**1 158 850**	**1 226 710**	**1 281 200**	**1 345 750**

Fußnoten siehe S. 534.

23.5 Bruttowertschöpfung nach Wirtschaftsbereichen, Bruttoinlandsprodukt

Wirtschaftsgliederung[1])	1970	1976	1977	1978	1979	1980[2])	1981[2])	1982[2])
				in jeweiligen Preisen **Mill. DM**				
Staat, private Haushalte und private Organisationen ohne Erwerbszweck	**72 550**	**149 880**	**160 140**	**170 900**	**183 860**	**199 110**	**212 270**	**219 130**
Staat	**62 560**	**129 670**	**138 520**	**147 890**	**158 980**	**172 120**	**183 440**	**188 950**
Gebietskörperschaften	59 200	122 270	130 780	139 750	150 130	162 630	173 280	178 390
Sozialversicherung	3 360	7 400	7 740	8 140	8 850	9 490	10 160	10 560
Private Haushalte und private Organisationen ohne Erwerbszweck	**9 990**	**20 210**	**21 620**	**23 010**	**24 880**	**26 990**	**28 830**	**30 180**
Private Haushalte (häusliche Dienste)	1 070	1 320	1 370	1 390	1 460	1 490	1 490	...
Private Organisationen ohne Erwerbszweck	8 920	18 890	20 250	21 620	23 420	25 500	27 340	...
Alle Wirtschaftsbereiche (unbereinigt)	**645 910**	**1 085 520**	**1 160 120**	**1 241 970**	**1 342 710**	**1 425 820**	**1 493 470**	**1 564 880**
darunter:								
Unternehmen ohne Wohnungsvermietung	539 320	870 290	930 320	997 570	1 082 820	1 145 160	1 194 190	...
Produktionsunternehmen[4])	551 810	887 770	947 710	1 014 230	1 097 700	1 159 930	1 202 450	...
Handwerk[5])	73 330	104 440	115 260	119 990	131 320	143 300	...	...
– Unterstellte Entgelte für Bankdienstleistungen	17 940	39 020	41 990	45 830	49 710	54 380	64 170	77 910
Alle Wirtschaftsbereiche (bereinigt)[6])	**627 970**	**1 046 500**	**1 118 130**	**1 196 140**	**1 293 000**	**1 371 440**	**1 429 300**	**1 486 970**
darunter:								
Unternehmen	555 420	896 620	957 990	1 025 240	1 109 140	1 172 330	1 217 030	1 267 840
Kreditinstitute	−940	−2 170	−2 390	−2 640	−2 620	−2 280	−1 600	...
+ Nichtabzugsfähige Umsatzsteuer[7])	39 910	61 560	65 550	75 980	86 780	96 180	100 610	101 020
+ Einfuhrabgaben[8])	7 420	11 630	12 430	13 020	12 700	13 450	14 030	14 470
= **Bruttoinlandsprodukt**	**675 300**	**1 119 690**	**1 196 110**	**1 285 140**	**1 392 480**	**1 481 070**	**1 543 940**	**1 602 460**
				in Preisen von 1976 Mill. DM				
Land- und Forstwirtschaft, Fischerei	**30 250**	**30 540**	**32 330**	**33 280**	**31 940**	**32 350**	**33 760**	**36 900**
Landwirtschaft	26 790	26 680	28 290	29 250	27 860	28 180	...	...
Gewerbliche Gärtnerei und Tierhaltung, Forstwirtschaft, Fischerei	3 460	3 860	4 040	4 030	4 080	4 170	...	...
Warenproduzierendes Gewerbe	**445 750**	**499 920**	**511 090**	**519 840**	**545 870**	**549 650**	**540 630**	**526 550**
Energie- und Wasserversorgung, Bergbau	35 860	42 510	43 260	45 420	48 700	48 300	48 740	...
Elektrizitäts-, Gas-, Fernwärme- und Wasserversorgung	19 720	30 560	32 200	34 700	36 540	36 650	...	...
Elektrizitäts- und Fernwärmeversorgung usw.	16 050	25 980	26 860	28 930	30 530	30 640	...	...
Gasversorgung	1 320	1 560	2 200	2 840	3 090	3 060	...	...
Wasserversorgung	2 350	3 020	3 140	2 930	2 920	2 950	...	...
Bergbau	16 140	11 950	11 060	10 720	12 160	11 650	...	...
Kohlenbergbau	13 300	10 420	9 550	9 340	10 630	10 420	...	...
Übriger Bergbau	2 840	1 530	1 510	1 380	1 530	1 230	...	...
Verarbeitendes Gewerbe	343 300	389 700	399 200	404 280	423 670	425 910	419 740	...
Chemische Industrie, Herstellung und Verarbeitung von Spalt- und Brutstoffen	27 920	39 310	41 070	41 440	45 100	40 830	...	...
Mineralölverarbeitung	17 720	18 180	17 730	18 250	19 540	21 260	...	...
Herstellung von Kunststoffwaren	5 080	7 350	7 490	7 900	9 130	9 510	...	...
Gummiverarbeitung	4 880	4 650	4 960	4 910	5 220	5 260	...	...
Gewinnung und Verarbeitung von Steinen und Erden	10 380	12 310	11 530	11 790	12 850	12 530	...	...
Feinkeramik	1 920	1 910	1 920	1 970	1 960	2 070	...	...
Herstellung und Verarbeitung von Glas	3 170	3 270	3 600	3 560	3 760	3 890	...	...
Eisenschaffende Industrie	14 800	14 380	14 410	13 980	15 020	15 360	...	...
NE-Metallerzeugung, NE-Metallhalbzeugwerke	2 690	3 640	3 710	3 900	3 600	3 880	...	...
Gießerei	5 290	4 600	4 710	4 670	5 140	5 210	...	...
Ziehereien, Kaltwalzwerke, Stahlverformung usw.	10 180	10 260	10 300	10 290	10 970	10 880	...	...
Stahl- und Leichtmetallbau, Schienenfahrzeugbau	6 310	7 200	8 610	9 300	8 010	9 000	...	...
Maschinenbau	42 550	46 300	43 460	43 900	46 360	45 910	...	...
Herstellung von Büromaschinen, ADV-Geräten und -Einrichtungen	3 550	5 710	6 670	7 150	7 660	8 460	...	...
Straßenfahrzeugbau, Reparatur von Kraftfahrzeugen usw.	32 660	39 520	43 430	44 410	47 790	45 770	...	...
Schiffbau	2 230	2 810	2 580	2 120	2 050	2 330	...	...
Luft- und Raumfahrzeugbau	1 260	1 610	1 620	2 020	2 320	2 740	...	...
Elektrotechnik, Reparatur von Haushaltsgeräten	32 850	42 730	45 700	45 580	47 160	49 750	...	...
Feinmechanik, Optik, Herstellung von Uhren	6 160	8 260	8 480	8 620	8 940	9 850	...	...
Herstellung von Eisen-, Blech- und Metallwaren	12 940	12 650	13 970	13 780	14 060	13 910	...	...
Herstellung von Musikinstrumenten, Spielwaren, Füllhaltern usw.	2 830	2 760	3 100	3 090	3 070	2 770	...	...
Holzbearbeitung	2 310	2 420	2 450	2 410	2 450	2 360	...	...
Holzverarbeitung	9 680	11 550	12 170	11 860	12 000	12 020	...	...
Zellstoff-, Holzschliff-, Papier- und Pappeerzeugung	2 690	2 840	2 910	3 080	3 250	3 320	...	...
Papier- und Pappeverarbeitung	4 910	4 600	5 150	5 010	5 110	5 270	...	...
Druckerei, Vervielfältigung	8 560	9 190	8 610	8 860	9 580	9 440	...	...
Ledergewerbe	3 960	3 210	3 030	2 940	2 930	2 890	...	...
Textilgewerbe	11 970	11 370	11 390	11 270	11 200	11 020	...	...
Bekleidungsgewerbe	8 820	8 160	8 060	8 070	8 190	8 070	...	...
Ernährungsgewerbe (ohne Getränkeherstellung)	23 610	25 370	25 690	26 490	27 410	28 070	...	...
Getränkeherstellung	9 550	11 080	10 520	10 940	11 000	11 130	...	...
Tabakverarbeitung	9 870	10 500	10 170	10 720	10 840	11 150	...	...
Baugewerbe	66 590	67 710	68 630	70 140	73 500	75 440	72 150	...
Bauhauptgewerbe	44 330	44 580	44 050	44 950	46 970	47 870	...	...
Ausbaugewerbe	22 260	23 130	24 580	25 190	26 530	27 570	...	...

Fußnoten siehe S. 534.

23.5 Bruttowertschöpfung nach Wirtschaftsbereichen, Bruttoinlandsprodukt

Wirtschaftsgliederung[1])	1970	1976	1977	1978	1979	1980[2])	1981[2])	1982[2])
			in Preisen von 1976 **Mill. DM**					
Handel und Verkehr	**147 080**	**173 130**	**182 350**	**190 850**	**200 100**	**203 500**	**200 470**	**196 420**
Handel	91 740	107 690	113 380	117 870	121 230	121 440	116 290	...
Großhandel, Handelsvermittlung	46 140	50 670	53 840	56 550	58 590	58 520	...	...
Einzelhandel	45 600	57 020	59 540	61 320	62 640	62 920	...	...
Verkehr, Nachrichtenübermittlung	55 340	65 440	68 970	72 980	78 870	82 060	84 180	...
Eisenbahnen	13 510	11 480	10 940	11 040	12 210	11 870	...	...
Schiffahrt, Wasserstraßen, Häfen	3 750	4 620	4 650	4 510	4 500	4 470	...	...
Deutsche Bundespost	19 200	25 740	28 030	30 970	33 930	37 500	...	...
Übriger Verkehr	18 880	23 600	25 350	26 460	28 230	28 220	...	...
Dienstleistungsunternehmen	**179 410**	**232 050**	**243 780**	**257 830**	**269 360**	**279 790**	**288 750**	**295 080**
Kreditinstitute, Versicherungsunternehmen	35 710	47 870	51 250	54 960	58 870	60 320	63 020	...
Kreditinstitute	27 040	36 850	40 130	43 570	46 980	48 140	49 950	...
Versicherungsunternehmen	8 670	11 020	11 120	11 390	11 890	12 180	13 070	...
Wohnungsvermietung[3])	49 760	65 350	67 630	69 550	70 580	72 370	74 000	...
Sonstige Dienstleistungen	93 940	118 830	124 900	133 320	139 910	147 100	151 730	...
Gastgewerbe, Heime	13 150	14 150	14 370	14 490	14 680	15 070	...	...
Bildung, Wissenschaft, Kultur usw., Verlagsgewerbe	12 400	13 500	14 040	14 600	15 200	15 800	...	...
Gesundheits- und Veterinärwesen	16 530	25 020	25 200	26 120	26 810	27 650	...	...
Übrige Dienstleistungen	51 860	66 160	71 290	78 110	83 220	88 580	...	...
Unternehmen zusammen	**802 490**	**935 640**	**969 550**	**1 001 800**	**1 047 270**	**1 065 290**	**1 063 610**	**1 054 950**
Staat, private Haushalte und private Organisationen ohne Erwerbszweck	**121 230**	**149 880**	**151 650**	**156 240**	**161 280**	**165 080**	**168 950**	**170 140**
Staat	**103 960**	**129 670**	**131 240**	**135 290**	**139 600**	**142 830**	**146 210**	**146 980**
Gebietskörperschaften	98 240	122 270	123 760	127 690	131 610	134 790	138 090	138 780
Sozialversicherung	5 720	7 400	7 480	7 600	7 990	8 040	8 120	8 200
Private Haushalte und private Organisationen ohne Erwerbszweck	**17 270**	**20 210**	**20 410**	**20 950**	**21 680**	**22 250**	**22 740**	**23 160**
Private Haushalte (häusliche Dienste)	1 720	1 320	1 290	1 260	1 230	1 190	1 130	...
Private Organisationen ohne Erwerbszweck	15 550	18 890	19 120	19 690	20 450	21 060	21 610	...
Alle Wirtschaftsbereiche (unbereinigt)	**923 720**	**1 085 520**	**1 121 200**	**1 158 040**	**1 208 550**	**1 230 370**	**1 232 560**	**1 225 090**
darunter:								
Unternehmen ohne Wohnungsvermietung	752 730	870 290	901 920	932 250	976 690	992 920	989 610	...
Produktionsunternehmen[4])	766 780	887 770	918 300	946 840	988 400	1 004 970	1 000 590	...
Handwerk[5])	100 700	104 440	109 980	111 030	114 810	116 420	...	...
− Unterstellte Entgelte für Bankdienstleistungen	28 320	39 020	42 730	46 510	49 810	50 940	52 450	53 750
Alle Wirtschaftsbereiche (bereinigt)[6])	**895 400**	**1 046 500**	**1 078 470**	**1 111 530**	**1 158 740**	**1 179 430**	**1 180 110**	**1 171 340**
darunter:								
Unternehmen	774 170	896 620	926 820	955 290	997 460	1 014 350	1 011 160	1 001 200
Kreditinstitute	−1 280	−2 170	−2 600	−2 940	−2 830	−2 800	−2 500	...
+ Nichtabzugsfähige Umsatzsteuer[7])	53 390	61 560	63 250	64 950	67 760	68 120	68 400	65 700
+ Einfuhrabgaben[8])	7 810	11 630	12 260	13 050	12 680	14 250	14 210	13 660
= **Bruttoinlandsprodukt**	**956 600**	**1 119 690**	**1 153 980**	**1 189 530**	**1 239 180**	**1 261 800**	**1 262 720**	**1 250 700**
			Bruttoinlandsprodukt bzw. Bruttowertschöpfung in Preisen von 1976 je durchschnittlich Erwerbstätigen (Produktivität) 1970 = 100					
Bruttoinlandsprodukt	*100*	*121,8*	*125,7*	*128,8*	*132,4*	*133,5*	*134,5*	*135,6*
Bruttowertschöpfung	*100*	*121,6*	*125,5*	*128,6*	*132,3*	*133,3*	*134,3*	*135,7*
darunter:								
Warenproduzierendes Gewerbe	*100*	*127,8*	*131,1*	*133,0*	*138,1*	*138,1*	*139,1*	*140,7*

1) Systematik der Wirtschaftszweige, Ausgabe 1979, Fassung für Volkswirtschaftliche Gesamtrechnungen, Kurzbezeichnungen.
2) Vorläufiges Ergebnis.
3) Einschl. Nutzung von Eigentümerwohnungen.
4) Unternehmen ohne Kreditinstitute und Versicherungsunternehmen.
5) Ohne handwerkliche Nebenbetriebe.
6) Die bereinigten Ergebnisse unterscheiden sich von den unbereinigten hinsichtlich der unterstellten Entgelte für Bankdienstleistungen.
7) Aufkommen an Steuern vom Umsatz sowie einbehaltene Umsatzsteuer aufgrund von gesetzlichen Sonderregelungen.
8) Einfuhrzölle, Verbrauchsteuern auf Einfuhren, Abschöpfungsbeträge und Währungsausgleichsbeträge auf eingeführte landwirtschaftliche Erzeugnisse, jedoch ohne Einfuhrumsatzsteuer.

23.6 Bruttoinlandsprodukt nach Ländern

Land	1970	1975	1978	1979[1])	1980[1])	1981[1]) insgesamt	1981[1]) insgesamt	1981[1]) je Einwohner
	Mill. DM						%	DM
Schleswig-Holstein	23 073	37 856	46 053	49 287	53 446	56 045	*3,6*	*21 425*
Hamburg	33 752	50 120	59 946	66 002	71 408	75 359	*4,9*	*45 928*
Niedersachsen	67 755	104 005	131 556	141 269	151 996	159 564	*10,3*	*21 973*
Bremen	11 027	16 428	19 477	20 968	22 194	23 308	*1,5*	*33 648*
Nordrhein-Westfalen	193 735	292 327	355 322	383 621	405 558	419 207	*27,0*	*24 588*
Hessen	62 304	96 431	122 750	133 309	139 696	146 393	*9,4*	*26 117*
Rheinland-Pfalz	36 245	55 104	69 133	75 365	81 277	85 511	*5,5*	*23 478*
Baden-Württemberg	105 887	158 894	199 687	217 798	233 497	241 961	*15,6*	*26 086*
Bayern	108 863	168 474	216 523	234 596	253 155	265 126	*17,1*	*24 230*
Saarland	10 090	16 338	19 874	22 135	23 829	24 968	*1,6*	*23 450*
Berlin (West)	26 021	38 054	46 058	49 589	52 865	55 408	*3,6*	*29 289*
Bundesgebiet[2])	**678 750**	**1 034 030**	**1 286 380**	**1 393 940**	**1 488 920**	**1 552 850**	***100***	***25 175***

1) Vorläufiges Ergebnis.
2) Die Angaben beziehen sich wegen der Vergleichbarkeit mit den Ländereregebnissen noch auf den Stand der Volkswirtschaftlichen Gesamtrechnungen vor der Revision im Sommer 1982 (siehe »Wirtschaft und Statistik«, 8/82, S. 551 ff.).

Quelle: Arbeitskreis Volkswirtschaftliche Gesamtrechnungen der Länder

23.7 Bruttowertschöpfung zusammengefaßter Wirtschaftsbereiche nach Ländern*)

Land	Jahr	Land- und Forstwirtschaft, Fischerei	Warenproduzierendes Gewerbe	Handel und Verkehr	Dienstleistungsunternehmen	Staat, private Haushalte[1])	Land- und Forstwirtschaft, Fischerei	Warenproduzierendes Gewerbe	Handel und Verkehr	Dienstleistungsunternehmen	Staat, private Haushalte[1])
		Mill. DM					%[2])				
Schleswig-Holstein	1970	1 944	9 529	3 691	4 297	3 850	*8,3*	*40,9*	*15,8*	*18,4*	*16,5*
	1981[3])	2 993	22 378	8 218	13 351	10 477	*5,2*	*39,0*	*14,3*	*23,3*	*18,2*
Hamburg	1970	248	12 499	8 898	7 161	3 017	*0,8*	*39,3*	*28,0*	*22,5*	*9,5*
	1981[3])	299	25 120	18 938	20 181	7 900	*0,4*	*34,7*	*26,1*	*27,9*	*10,9*
Niedersachsen	1970	4 314	33 244	10 757	11 304	9 032	*6,3*	*48,4*	*15,7*	*16,5*	*13,2*
	1981[3])	7 271	73 068	21 406	33 759	26 617	*4,5*	*45,1*	*13,2*	*20,8*	*16,4*
Bremen	1970	108	4 912	2 884	1 665	1 021	*1,0*	*46,4*	*27,2*	*15,7*	*9,6*
	1981[3])	90	9 809	5 030	4 741	3 198	*0,4*	*42,9*	*22,0*	*20,7*	*14,0*
Nordrhein-Westfalen	1970	3 919	111 408	29 808	31 745	18 429	*2,0*	*57,0*	*15,3*	*16,3*	*9,4*
	1981[3])	5 672	200 449	63 157	100 045	55 175	*1,3*	*47,2*	*14,9*	*23,6*	*13,0*
Hessen	1970	1 815	30 007	10 375	14 117	6 521	*2,9*	*47,8*	*16,5*	*22,5*	*10,4*
	1981[3])	2 037	57 385	24 010	46 603	19 068	*1,4*	*38,5*	*16,1*	*31,3*	*12,8*
Rheinland-Pfalz	1970	1 778	19 996	4 974	5 393	4 348	*4,9*	*54,8*	*13,6*	*14,8*	*11,9*
	1981[3])	2 155	45 781	10 565	16 013	12 253	*2,5*	*52,8*	*12,2*	*18,5*	*14,1*
Baden-Württemberg	1970	3 496	62 896	14 338	16 772	9 490	*3,3*	*58,8*	*13,4*	*15,7*	*8,9*
	1981[3])	4 405	130 697	29 874	52 042	29 764	*1,8*	*53,0*	*12,1*	*21,1*	*12,1*
Bayern	1970	5 222	56 975	16 767	19 814	11 848	*4,7*	*51,5*	*15,2*	*17,9*	*10,7*
	1981[3])	8 796	122 040	39 162	66 340	33 817	*3,3*	*45,2*	*14,5*	*24,6*	*12,5*
Saarland	1970	164	5 307	1 759	1 719	1 259	*1,6*	*52,0*	*17,2*	*16,8*	*12,3*
	1981[3])	179	13 786	3 260	4 785	3 570	*0,7*	*53,9*	*12,7*	*18,7*	*14,0*
Berlin (West)	1970	62	13 938	4 448	4 334	3 725	*0,2*	*52,6*	*16,8*	*16,4*	*14,1*
	1981[3])	114	28 076	7 599	11 080	10 132	*0,2*	*49,3*	*13,3*	*19,4*	*17,8*
Bundesgebiet[4])	**1970**	**23 070**	**360 710**	**108 700**	**118 320**	**72 540**	**3,4**	**52,8**	**15,9**	**17,3**	**10,6**
	1981[3])	**34 010**	**728 590**	**231 220**	**368 940**	**211 970**	**2,2**	**46,3**	**14,7**	**23,4**	**13,5**

*) Systematik der Wirtschaftszweige, Ausgabe 1979, Fassung für Volkswirtschaftliche Gesamtrechnungen.
1) Einschl. privater Organisationen ohne Erwerbszweck.
2) Anteil an der Bruttowertschöpfung aller Wirtschaftsbereiche je Land.
3) Vorläufiges Ergebnis.
4) Die Angaben beziehen sich wegen der Vergleichbarkeit mit den Ländereregebnissen noch auf den Stand der Volkswirtschaftlichen Gesamtrechnungen vor der Revision im Sommer 1982 (siehe »Wirtschaft und Statistik«, 8/82, S. 551 ff.).

Quelle: Arbeitskreis Volkswirtschaftliche Gesamtrechnungen der Länder

23.8 Nettoinlandsprodukt zu Faktorkosten und Volkseinkommen

Mill. DM

Gegenstand der Nachweisung	1970	1976	1977	1978	1979	1980[1])	1981[1])	1982[1])
Nettoinlandsprodukt zu Faktorkosten (Nettowertschöpfung)	530 000	875 920	935 790	1 004 450	1 084 130	1 144 720	1 186 740	1 229 080
Einkommen aus unselbständiger Arbeit	359 290	630 050	674 410	719 710	775 480	840 370	879 650	899 550
Einkommen aus Unternehmertätigkeit und Vermögen	170 710	245 870	261 380	284 740	308 650	304 350	307 090	329 530
+ Erwerbs- und Vermögenseinkommen von der übrigen Welt	9 930	18 130	17 970	22 020	24 970	29 140	35 010	38 710
Einkommen aus unselbständiger Arbeit	2 190	3 290	3 410	3 550	3 710	3 980	4 380	4 790
Einkommen aus Unternehmertätigkeit und Vermögen	7 740	14 840	14 560	18 470	21 260	25 160	30 630	33 920
– Erwerbs- und Vermögenseinkommen an die übrige Welt	9 530	14 820	17 780	17 160	22 150	26 010	35 850	41 170
Einkommen aus unselbständiger Arbeit	840	2 100	2 250	2 370	2 490	2 650	2 810	2 940
Einkommen aus Unternehmertätigkeit und Vermögen	8 690	12 720	15 530	14 790	19 660	23 360	33 040	38 230
Volkseinkommen (Nettosozialprodukt zu Faktorkosten)	**530 400**	**879 230**	**935 980**	**1 009 310**	**1 086 950**	**1 147 850**	**1 185 900**	**1 226 620**
nach Einkommensarten								
Einkommen aus unselbständiger Arbeit	360 640	631 240	675 570	720 890	776 700	841 700	881 220	901 400
Bruttolohn- und -gehaltsumme	307 900	518 000	555 700	591 700	636 220	687 800	717 200	732 570
Nettolohn- und -gehaltsumme	238 600	369 520	392 150	421 760	455 430	484 830	503 490	508 570
Sozialbeiträge der Arbeitnehmer und Lohnsteuer	69 300[2])	148 480	163 550	169 940	180 790	202 970	213 710	224 000
Sozialbeiträge der Arbeitgeber	52 740	113 240	119 870	129 190	140 480	153 900	164 020	168 830
Einkommen aus Unternehmertätigkeit und Vermögen	169 760	247 990	260 410	288 420	310 250	306 150	304 680	325 220
Öffentliche Abgaben auf Einkommen aus Unternehmertätigkeit und Vermögen	35 320[2])	60 860	72 260	73 560	76 130	74 700	70 750	70 460
Saldo der sonstigen laufenden Übertragungen[3])	–2 840	–7 300	–6 160	–8 300	–10 370	–12 720	–12 510	–11 540
Nettoeinkommen aus Unternehmertätigkeit u. Vermögen	137 280	194 430	194 310	223 160	244 490	244 170	246 440	266 300
Entnommene Gewinne und Vermögenseinkommen	113 810	182 260	187 720	198 640	220 690	238 830	255 650	265 790
der privaten Haushalte[4])[5])	111 600	189 430	197 600	207 970	230 280	251 200	270 460	280 170
des Staates[6])	2 210	–7 170	–9 880	–9 330	– 9 590	–12 370	–14 810	–14 380
Nichtentnommene Gewinne[7])	23 470	12 170	6 590	24 520	23 800	5 340	– 9 210	510
nach Sektoren und Einkommensarten								
Private Haushalte[4])	512 610	853 890	912 280	973 590	1 043 800	1 117 800	1 152 230	. . .
Einkommen aus unselbständiger Arbeit	360 640	631 240	675 570	720 890	776 700	841 700	881 220	901 400
Einkommen aus Unternehmertätigkeit und Vermögen	155 310	229 770	244 390	261 290	277 640	290 140	288 660	. . .
Einkommen aus Unternehmertätigkeit	131 930	185 060	194 830	211 290	218 790	215 420	198 840	. . .
Vermögenseinkommen	23 380	44 710	49 560	50 000	58 850	74 720	89 820	94 900
abzüglich der Zinsen auf Konsumentenschulden	3 340	7 120	7 680	8 590	10 540	14 040	17 650	19 210
Unternehmen								
Unverteilte Gewinne d. Unternehmen m. eig. Rechtspers.	15 580	32 510	33 580	45 050	52 740	42 420	48 480	. . .
Staat	2 210	–7 170	–9 880	–9 330	– 9 590	–12 370	–14 810	–14 380
Vermögenseinkommen[8])	8 760	10 270	10 530	12 190	14 500	16 420	20 590	29 810
abzüglich der Zinsen auf öffentliche Schulden	6 550	17 440	20 410	21 520	24 090	28 790	35 400	44 190

[1]) Vorläufiges Ergebnis.
[2]) Einschl. des rückzahlbaren Konjunkturzuschlags.
[3]) Saldo der Schadenversicherungstransaktionen im Unternehmenssektor, Saldo der unterstellten Sozialbeiträge und der sozialen Leistungen der Unternehmen sowie Saldo der tatsächlichen Sozialbeiträge und der sozialen Leistungen der Versicherungsunternehmen, per Saldo geleistete laufende Übertragungen der Unternehmen an den Staat und an die übrige Welt.
[4]) Einschl. privater Organisationen ohne Erwerbszweck.
[5]) Nach Abzug der Zinsen auf Konsumentenschulden.
[6]) Nach Abzug der Zinsen auf öffentliche Schulden.
[7]) Unverteilte Gewinne der Unternehmen mit eigener Rechtspersönlichkeit und nichtentnommene Gewinne der Unternehmen ohne eigene Rechtspersönlichkeit, beide nach Abzug von Steuern u. ä.
[8]) Einschl. der Einkommen aus brutto in den Haushalten der Gebietskörperschaften gebuchten öffentlichen Unternehmen.

23.9 Einkommen je Einwohner, je Erwerbstätigen und je beschäftigten Arbeitnehmer

DM

Gegenstand der Nachweisung	1970	1976	1977	1978	1979	1980[1])	1981[1])	1982[1])
Volkseinkommen								
je Einwohner	8 745	14 289	15 244	16 458	17 715	18 644	19 226	19 900
je durchschnittlich Erwerbstätigen	19 889	34 357	36 638	39 274	41 743	43 641	45 397	47 788
Erwerbs- und Vermögenseinkommen der privaten Haushalte[2])								
je Einwohner	8 452	13 877	14 858	15 875	17 011	18 156	18 680	. . .
je durchschnittlich Erwerbstätigen	19 222	33 367	35 710	37 884	40 086	42 499	44 108	. . .
Bruttoeinkommen aus unselbständiger Arbeit je durchschnittlich beschäftigten Arbeitnehmer								
jährlich	16 211	28 772	30 667	32 379	34 278	36 618	38 520	40 143
monatlich	1 351	2 398	2 556	2 698	2 856	3 051	3 210	3 345
Bruttolohn- und -gehaltsumme je durchschnittlich beschäftigten Arbeitnehmer								
jährlich	13 841	23 611	25 226	26 577	28 078	29 943	31 350	32 624
monatlich	1 153	1 968	2 102	2 215	2 340	2 494	2 613	2 719
Nettolohn- und -gehaltsumme je durchschnittlich beschäftigten Arbeitnehmer								
jährlich	10 726	16 843	17 802	18 944	20 099	21 092	22 009	22 648
monatlich	894	1 404	1 483	1 579	1 675	1 758	1 834	1 887

[1]) Vorläufiges Ergebnis.
[2]) Einschl. privater Organisationen ohne Erwerbszweck. – Nach Abzug der Zinsen auf Konsumentenschulden; vor Abzug der direkten Steuern.

23.10 Einkommen der privaten Haushalte und seine Verwendung*)

Mill. DM

Gegenstand der Nachweisung	1970	1976	1977	1978	1979	1980[1])	1981[1])	1982[1])
Bruttoeinkommen aus unselbständiger Arbeit	360 640	631 240	675 570	720 890	776 700	841 700	881 220	901 400
+ Bruttoeinkommen aus Unternehmertätigkeit und Vermögen	155 310	229 770	244 390	261 290	277 640	290 140	288 660	...
Entnommene Gewinne und Vermögenseinkommen[2])	114 940	196 550	205 280	216 560	240 820	265 240	288 110	299 380
Nichtentnommene Gewinne der Unternehmen ohne eigene Rechtspersönlichkeit	18 230	− 7 500	− 7 080	− 1 460	− 8 890	− 20 620	− 41 700	...
Direkte Steuern u. ä. auf Einkommen aus Unternehmertätigkeit und Vermögen[3])	22 140[4])	40 720	46 190	46 190	45 710	45 520	42 250	40 660
= **Erwerbs- und Vermögenseinkommen**	**515 950**	**861 010**	**919 960**	**982 180**	**1 054 340**	**1 131 840**	**1 169 880**	**1 241 950**
− Zinsen auf Konsumentenschulden	3 340	7 120	7 680	8 590	10 540	14 040	17 650	19 210
= **Anteil der privaten Haushalte am Volkseinkommen**	**512 610**	**853 890**	**912 280**	**973 590**	**1 043 800**	**1 117 800**	**1 152 230**	**1 222 740**
+ Empfangene laufende Übertragungen	108 470	235 960	250 700	264 660	282 480	302 860	328 530	349 350
dar. Soziale Leistungen	94 460	209 880	222 970	233 820	248 080	264 770	286 910	304 520
− Geleistete laufende Übertragungen	174 880	367 010	394 690	414 920	443 430	483 540	511 000	532 350
dar.: Direkte Steuern[3])[5])	60 440[4])	125 100	140 040	141 990	147 280	161 390	162 660	166 130
Sozialbeiträge	95 380	208 750	220 280	235 450	255 380	277 440	298 720	313 420
= **Verfügbares Einkommen nach der Umverteilung**	**446 200**	**722 840**	**768 290**	**823 330**	**882 850**	**937 120**	**969 760**	...
− **Privater Verbrauch**	**368 850**	**633 500**	**680 940**	**725 340**	**778 980**	**834 650**	**874 080**	**899 230**
= **Ersparnis**	**77 350**	**89 340**	**87 350**	**97 990**	**103 870**	**102 470**	**95 680**	...
+ Empfangene Vermögensübertragungen[6])	8 260	19 340	19 540	19 790	20 060	21 850	22 020	19 960
− Geleistete Vermögensübertragungen	12 710	28 930	30 560	33 200	35 090	36 990	38 080	37 310
− Nichtentnommene Gewinne der Unternehmen ohne eigene Rechtspersönlichkeit	18 230	− 7 500	− 7 080	− 1 460	− 8 890	− 20 620	− 41 700	...
= **Finanzierungssaldo**	**+54 670**	**+87 250**	**+83 410**	**+86 040**	**+97 730**	**+107 950**	**+121 320**	**+122 650**
Veränderung der Forderungen[7])	59 020	101 770	98 560	104 460	118 200	120 380	128 620	131 790
Bargeld und Sichteinlagen	3 470	6 070	11 520	12 240	4 830	3 780	−1 960	7 020
Termingelder und Spareinlagen	27 070	44 530	42 760	43 770	44 230	46 980	38 220	53 040
Geldanlage bei Bausparkassen	5 430	6 560	6 450	7 250	7 720	6 270	5 690	4 820
Geldanlage bei Versicherungen	7 750	17 040	18 790	21 030	22 830	25 450	27 660	31 760
Erwerb von Wertpapieren	11 590	19 570	12 440	11 500	27 630	24 640	46 320	23 080
Sonstige Forderungen	3 720	8 010	6 610	8 660	10 980	13 260	12 690	12 080
Veränderung der Verbindlichkeiten[7])	4 350	14 620	15 150	18 420	20 470	12 430	7 300	9 130
Kurzfristige Bankkredite	1 090	2 990	3 740	3 550	4 640	4 620	2 650	2 990
Längerfristige Bankkredite	2 880	11 120	10 970	14 370	15 090	6 690	2 970	4 910
Darlehen der Versicherungen	340	220	220	380	600	970	1 500	1 220
Sonstige Verbindlichkeiten	50	280	220	120	140	160	170	10

*) Private Haushalte einschl. privater Organisationen ohne Erwerbszweck.
1) Vorläufiges Ergebnis.
2) Vor Abzug der Zinsen auf Konsumentenschulden.
3) Vor Abzug der Investitionszulagen.
4) Einschl. des rückzahlbaren Konjunkturzuschlags.
5) Vor Abzug der Arbeitnehmersparzulage (ab 1976).
6) Einschl. Arbeitnehmersparzulage (ab 1976).
7) Nach Berechnungen der Deutschen Bundesbank.

23.11 Privater Verbrauch

Verwendungszweck[1])	1970	1975	1976	1977	1978	1979	1980[2])	1981[2])
	in jeweiligen Preisen (Mill. DM)							
Käufe der privaten Haushalte im Inland	361 020	566 900	614 820	659 600	701 820	752 280	803 880	843 380
Nahrungs- und Genußmittel[3])	107 970	154 310	165 260	173 520	181 670	190 460	204 280	212 340
Kleidung, Schuhe	39 080	58 280	60 860	65 130	68 970	71 770	77 040	77 700
Wohnungsmieten u. ä.[4])	44 910	75 200	81 520	87 070	91 980	97 170	104 430	111 420
Elektrizität, Gas, Brennstoffe u. ä.	13 650	23 960	27 110	27 320	29 660	38 450	40 360	44 880
Übr. Waren u. Dienstleistungen f. d. Haushaltsführung	43 830	67 340	71 880	78 530	82 550	87 790	94 860	97 150
Waren und Dienstleistungen für Verkehrszwecke, Nachrichtenübermittlung	50 570	82 200	94 680	105 770	115 450	123 310	129 020	136 440
Waren und Dienstleistungen für die Körper- und Gesundheitspflege	16 130	25 300	27 230	28 730	30 570	32 900	35 900	37 700
Waren und Dienstleistungen für Bildungs- und Unterhaltungszwecke	26 880	45 730	48 650	52 580	56 200	61 110	64 550	67 740
Persönliche Ausstattung; sonstige Waren und Dienstleistungen[5])	18 000	34 580	37 630	40 950	44 770	49 320	53 440	58 010
+ Privater Verbrauch von Inländern in der übrigen Welt	10 850	22 860	24 010	26 580	29 860	33 210	38 630	41 710
− Privater Verbrauch von Gebietsfremden im Inland	8 740	12 580	13 830	14 400	15 920	16 700	18 940	22 760
= Käufe der inländischen privaten Haushalte	363 130	577 180	625 000	671 780	715 760	768 790	823 570	862 330
+ Eigenverbrauch der priv. Organisationen o. Erwerbszweck	5 720	8 360	8 500	9 160	9 580	10 190	11 080	11 750
= **Privater Verbrauch insgesamt**	**368 850**	**585 540**	**633 500**	**680 940**	**725 340**	**778 980**	**834 650**	**874 080**
	DM je Einwohner							
Privater Verbrauch insgesamt	***6 082***	***9 470***	***10 296***	***11 090***	***11 827***	***12 695***	***13 557***	***14 171***
dar. Käufe der inländischen privaten Haushalte	*5 987*	*9 335*	*10 157*	*10 941*	*11 671*	*12 529*	*13 377*	*13 980*
	in Preisen von 1976 (DM je Einwohner)							
Privater Verbrauch insgesamt	***8 592***	***9 868***	***10 296***	***10 704***	***11 104***	***11 444***	***11 579***	***11 413***
dar. Käufe der inländischen privaten Haushalte	*8 430*	*9 726*	*10 157*	*10 563*	*10 963*	*11 301*	*11 432*	*11 263*

1) Hauptgruppen des Güterverzeichnisses für den Privaten Verbrauch, Ausgabe 1963.
2) Vorläufiges Ergebnis.
3) Einschl. Verzehr in Gaststätten.
4) Einschl. Mietwert der Eigentümerwohnungen.
5) Dienstleistungen des Beherbergungsgewerbes, der Banken, der Versicherungen u. a.

23.12 Laufende Einnahmen und Ausgaben, Ersparnis und Investitionen des Staates

Mill. DM

Gegenstand der Nachweisung	1970	1976	1977	1978	1979	1980[1])	1981[1])	1982[1])
Laufende Einnahmen	**259 740**	**493 470**	**539 580**	**574 390**	**617 400**	**660 590**	**689 800**	**722 950**
Empfangene Vermögenseinkommen	8 760	10 270	10 530	12 190	14 500	16 420	20 590	29 810
Empfangene laufende Übertragungen	250 980	483 200	529 050	562 200	602 900	644 170	669 210	693 140
Steuern u. ä.	161 890	285 500	317 020	334 790	358 430	380 980	386 400	394 630
Indirekte Steuern	89 050	141 670	152 370	167 300	182 920	193 030	198 040	201 370
Direkte Steuern[2])	72 840[3])	143 830	164 650	167 490	175 510	187 950	188 360	193 260
Sozialbeiträge	84 940	187 790	199 830	212 080	228 890	247 240	267 150	282 420
Tatsächliche Sozialbeiträge	78 210	173 910	184 990	196 170	211 910	228 930	247 270	262 330
Unterstellte Sozialbeiträge	6 730	13 880	14 840	15 910	16 980	18 310	19 880	20 090
Sonstige laufende Übertragungen	4 150	9 910	12 200	15 330	15 580	15 950	15 660	16 090
− **Laufende Ausgaben**	**220 330**	**478 290**	**511 900**	**548 390**	**589 600**	**635 070**	**684 860**	**722 780**
Zinsen auf öffentliche Schulden	6 550	17 440	20 410	21 520	24 090	28 790	35 400	44 190
Geleistete laufende Übertragungen	107 310	238 580	256 820	274 330	291 990	307 890	329 710	348 270
Subventionen	11 780	21 880	24 500	29 410	30 890	30 030	28 880	28 450
Soziale Leistungen	88 170	197 800	210 050	220 190	233 520	248 760	269 730	287 120
Sonstige laufende Übertragungen	7 360	18 900	22 270	24 730	27 580	29 100	31 100	32 700
Staatsverbrauch	106 470	222 270	234 670	252 540	273 520	298 390	319 750	330 320
Käufe von Gütern für die laufende Produktion (Vorleistungen)	55 660	122 820	128 030	139 410	152 330	167 360	180 760	189 390
Bruttowertschöpfung	62 560	129 670	138 520	147 890	158 980	172 120	183 440	188 950
Geleistete Einkommen aus unselbständiger Arbeit	59 200	123 290	131 580	140 300	150 530	162 580	173 060	177 930
Produktionssteuern	90	200	210	220	230	240	240	230
Abschreibungen	3 270	6 180	6 730	7 370	8 220	9 300	10 140	10 790
abzüglich: Verkäufe von Verwaltungsleistungen[4])	11 750	30 220	31 880	34 760	37 790	41 090	44 450	48 020
= **Ersparnis**	**39 410**	**15 180**	**27 680**	**26 000**	**27 800**	**25 520**	**4 940**	**170**
+ Abschreibungen	3 270	6 180	6 730	7 370	8 220	9 300	10 140	10 790
+ Empfangene Vermögensübertragungen	2 470	7 390	6 260	5 890	6 220	7 230	6 990	6 080
− Geleistete Vermögensübertragungen	12 510	27 970	30 100	28 120	31 040	33 680	31 660	31 860
− Bruttoinvestitionen	31 290	39 440	39 730	43 560	49 550	55 640	52 850	48 280
Anlageinvestitionen	31 090	39 240	39 430	43 360	49 550	55 140	52 650	48 280
Käufe von neuen Anlagen[4])	29 780	37 020	37 410	41 140	46 990	52 500	50 270	46 240
Käufe abzüglich Verkäufe von gebrauchten Anlagen und Land	1 310	2 220	2 020	2 220	2 560	2 640	2 380	2 040
Vorratsveränderung	200	200	300	200	—	500	200	—
= **Finanzierungssaldo**	**1 350**	**−38 660**	**−29 160**	**−32 420**	**−38 350**	**−47 270**	**−62 440**	**−63 100**
Veränderung der Forderungen[5])	9 950	7 870	7 780	12 050	4 170	8 640	14 530	8 070
Bargeld und Sichteinlagen	3 830	− 8 420	− 640	4 110	80	− 3 230	− 1 030	1 240
Termingelder und Spareinlagen	3 740	8 030	4 040	3 220	2 050	9 600	10 190	3 950
Geldanlagen bei Bausparkassen und Versicherungen	100	180	60	50	240	160	70	40
Erwerb von Wertpapieren	1 350	900	—	2 520	2 220	870	680	1 210
Sonstige Forderungen	940	7 190	4 320	2 150	− 420	1 240	4 610	1 620
Veränderung der Verbindlichkeiten[5])	8 600	46 560	37 030	44 490	42 550	55 190	76 490	69 650
Absatz von Geldmarktpapieren	− 660	− 3 860	130	20	− 450	− 2 160	4 720	8 860
Absatz festverzinslicher Wertpapiere	740	15 540	19 950	11 650	7 600	2 140	− 4 300	24 930
Kurzfristige Bankkredite	1 280	850	450	− 1 690	30	5 680	5 410	− 1 250
Längerfristige Bankkredite	7 590	28 040	15 360	32 170	31 240	24 230	43 240	23 140
Darlehen der Bausparkassen und Versicherungen	460	2 250	1 470	2 260	4 350	3 090	2 150	2 470
Sonstige Verbindlichkeiten	− 820	3 730	− 330	80	− 230	22 210	25 260	11 500
Statistische Differenz	—	− 30	− 90	− 20	− 30	+ 720	+ 480	+ 1 520

[1]) Vorläufiges Ergebnis.
[2]) Vor Abzug der Investitionszulagen und ab 1976 der Arbeitnehmersparzulage.
[3]) Einschl. des rückzahlbaren Konjunkturzuschlags.
[4]) Einschl. selbsterstellter Anlagen.
[5]) Nach Berechnungen der Deutschen Bundesbank.

23.13 Laufende Ausgaben, Bruttoinvestitionen und Vermögensübertragungen des Staates nach Aufgabenbereichen

Mill. DM

Gegenstand der Nachweisung	1970	1974	1975	1976	1977	1978	1979	1980[1])
Allgemeine staatliche Verwaltung	18 910	33 820	36 720	37 820	42 380	46 500	52 670	57 610
Allgemeine Verwaltung	11 950	19 450	20 360	20 360	22 010	23 840	25 700	28 060
Auswärtige Angelegenheiten	4 200	8 820	10 730	11 880	14 300	15 720	18 490	20 430
Allgemeine Forschung	2 760	5 550	5 630	5 580	6 070	6 940	8 480	9 120
Verteidigung	20 430	30 930	33 250	35 160	34 670	37 260	39 600	42 310
Öffentliche Sicherheit und Ordnung	9 190	16 020	17 460	18 330	19 790	21 290	23 150	25 330
Unterrichtswesen	27 060	50 720	55 380	56 600	59 620	63 470	68 920	75 820
Schulen und vorschulische Erziehung	20 380	36 630	39 880	41 460	43 920	47 080	51 200	55 820
Hochschulen	5 230	9 890	10 450	10 500	10 790	10 840	11 600	12 710
Sonstiges Unterrichtswesen	1 450	4 200	5 050	4 640	4 910	5 550	6 120	7 290
Gesundheitswesen	28 630	58 580	67 590	71 920	75 710	81 370	87 920	96 720
Anstalten und Einrichtungen des Gesundheitswesens	10 430	22 890	25 180	26 580	28 560	30 840	33 240	36 650
Sonstiges Gesundheitswesen	18 200	35 690	42 410	45 340	47 150	50 530	54 680	60 070
Soziale Sicherung	103 250	172 890	211 180	227 850	242 400	252 100	266 110	282 830
Sozialversicherung und -hilfe	100 720	167 440	205 220	221 820	236 520	245 660	258 830	274 310
Soziale Hilfswerke	2 530	5 450	5 960	6 030	5 880	6 440	7 280	8 520
Wohnungswesen, Stadt- und Landesplanung, Gemeinschaftsdienste	7 930	13 660	13 150	14 620	14 070	15 840	19 070	21 320
Wohnungswesen	1 450	2 510	2 380	3 040	3 170	3 020	3 800	3 860
Stadt- und Landesplanung	2 300	4 590	4 880	5 170	5 220	5 780	6 580	7 420
Gemeinschaftsdienste, Umweltschutz	4 180	6 560	5 890	6 410	5 680	7 040	8 690	10 040
Erholung und Kultur	3 900	7 380	8 160	8 410	8 650	9 610	10 860	12 570
Energiegewinnung und -versorgung	900	1 950	2 740	3 000	3 680	5 080	6 370	6 370
Land- und Forstwirtschaft, Fischerei	8 270	8 040	8 870	9 190	10 350	12 000	12 080	12 030
Warenproduzierendes Gewerbe (ohne Wasser- und Energiegewinnung und -versorgung)	150	440	470	350	300	530	740	1 010
Verkehr und Nachrichtenübermittlung	21 150	30 710	31 530	30 740	33 100	37 290	40 720	40 350
Sonstige Wirtschaftsförderung, -ordnung und -aufsicht	4 640	9 090	9 980	14 930	15 560	14 890	15 320	18 340
Sonstige Ausgaben	6 550	12 170	14 220	17 440	20 470	21 550	24 090	28 790
Insgesamt	**260 960**	**446 400**	**510 700**	**546 360**	**580 750**	**618 780**	**667 620**	**721 400**
davon:								
Laufende Ausgaben	220 330	383 090	445 760	478 290	511 900	548 390	589 600	635 070
Bruttoinvestitionen[2])	28 120	41 690	42 180	40 100	38 750	42 270	46 980	52 650
Vermögensübertragungen	12 510	21 620	22 760	27 970	30 100	28 120	31 040	33 680

[1]) Vorläufiges Ergebnis.

[2]) Die Angaben für die Bruttoinvestitionen des Staates in der Gliederung nach Aufgabenbereichen stellen kassenmäßige Ausgaben dar.

23.14 Staatsverbrauch nach Aufgabenbereichen

Mill. DM

Gegenstand der Nachweisung	1970	1974	1975	1976	1977	1978	1979	1980[1])
Allgemeine staatliche Verwaltung	12 630	21 500	22 960	23 230	25 120	27 130	29 060	31 380
Allgemeine Verwaltung	10 210	17 200	18 410	18 830	20 150	21 490	22 780	24 610
Auswärtige Angelegenheiten	490	610	680	650	800	1 010	780	860
Allgemeine Forschung	1 930	3 690	3 870	3 750	4 170	4 630	5 500	5 910
Verteidigung	19 760	29 960	32 250	34 110	33 670	36 140	38 330	40 980
Öffentliche Sicherheit und Ordnung	8 600	14 650	15 930	16 880	18 280	19 590	21 180	23 050
Unterrichtswesen	19 390	36 540	40 680	43 420	46 930	50 650	55 370	60 280
Schulen und vorschulische Erziehung	15 280	27 720	30 780	33 180	36 250	39 170	42 880	46 620
Hochschulen	3 220	7 010	7 780	8 140	8 680	9 300	10 050	11 010
Sonstiges Unterrichtswesen	890	1 810	2 120	2 100	2 000	2 180	2 440	2 650
Gesundheitswesen	26 430	54 110	62 900	67 280	70 910	75 900	82 030	90 170
Anstalten und Einrichtungen des Gesundheitswesens	8 580	19 080	21 130	22 520	24 440	26 000	28 050	30 790
Sonstiges Gesundheitswesen	17 850	35 030	41 770	44 760	46 470	49 900	53 980	59 380
Soziale Sicherung	8 120	15 380	16 750	17 960	19 150	20 710	22 330	25 050
Sozialversicherung und -hilfe	6 820	12 690	13 820	14 770	15 780	16 920	18 320	20 490
Soziale Hilfswerke	1 300	2 690	2 930	3 190	3 370	3 790	4 010	4 560
Wohnungswesen, Stadt- und Landesplanung, Gemeinschaftsdienste	2 380	4 370	4 250	4 010	4 030	4 620	5 240	5 730
Wohnungswesen	250	330	400	410	440	470	530	550
Stadt- und Landesplanung	1 950	3 680	3 820	3 960	4 130	4 430	4 670	5 190
Gemeinschaftsdienste, Umweltschutz	180	360	30	−360	−540	−280	40	−10
Erholung und Kultur	1 940	3 550	4 080	4 380	4 800	5 260	5 920	6 640
Energiegewinnung und -versorgung	60	140	210	200	130	140	210	160
Land- und Forstwirtschaft, Fischerei	980	1 490	1 490	1 570	1 650	1 730	1 850	1 950
Warenproduzierendes Gewerbe (ohne Wasser- und Energiegewinnung und -versorgung)	50	70	40	60	60	90	110	160
Verkehr und Nachrichtenübermittlung	5 070	6 880	7 380	7 400	7 990	8 440	9 550	10 210
Sonstige Wirtschaftsförderung, -ordnung und -aufsicht	1 060	1 570	1 610	1 770	1 950	2 140	2 340	2 630
Insgesamt	**106 470**	**190 210**	**210 530**	**222 270**	**234 670**	**252 540**	**273 520**	**298 390**

[1]) Vorläufiges Ergebnis.

23.15 Umverteilung von Einkommen und Vermögen über den Staat

Mill. DM

Gegenstand der Nachweisung	1970	1976	1977	1978	1979	1980[1])	1981[1])	1982[1])
Empfangene Übertragungen von anderen Sektoren und der übrigen Welt								
Laufende Übertragungen	250 980	483 200	529 050	562 200	602 900	644 170	669 210	693 140
Indirekte Steuern	89 050	141 670	152 370	167 300	182 920	193 030	198 040	201 370
Direkte Steuern[2])	72 840[3])	143 830	164 650	167 490	175 510	187 950	188 360	193 260
Sozialbeiträge	84 940	187 790	199 830	212 080	228 890	247 240	267 150	282 420
Tatsächliche Sozialbeiträge	78 210	173 910	184 990	196 170	211 910	228 930	247 270	262 330
Unterstellte Sozialbeiträge	6 730	13 880	14 840	15 910	16 980	18 310	19 880	20 090
Sonstige laufende Übertragungen	4 150	9 910	12 200	15 330	15 580	15 950	15 660	16 090
Vermögensübertragungen	2 470	7 390	6 260	5 890	6 220	7 230	6 990	6 080
dar.: Steuern	850	1 060	900	940	1 010	1 010	1 090	1 270
Sonstige Vermögensübertragungen[4])	—	2 560	1 560	1 140	1 030	1 550	880	—
Empfangene Übertragungen insgesamt	**253 450**	**490 590**	**535 310**	**568 090**	**609 120**	**651 400**	**676 200**	**699 220**
von Unternehmen	56 730	92 310	104 200	109 260	117 870	116 740	116 490	120 410
Produktionssteuern	41 620	68 270	74 160	78 060	83 190	83 140	83 140	85 630
Produktionssteuern (ohne Verwaltungsgebühren)	40 480	66 060	71 830	75 620	80 640	80 490	80 330	82 660
Verwaltungsgebühren	1 140	2 210	2 330	2 440	2 550	2 650	2 810	2 970
Direkte Steuern[5])	12 310[3])	18 410	24 430	25 340	28 000	26 380	25 660	27 160
Sonstige laufende Übertragungen	850	1 880	1 980	2 160	2 630	2 690	2 760	2 910
Vermögensübertragungen	1 950[6])	3 750	3 630	3 700	4 050	4 530	4 930	4 710
vom Staat								
Produktionssteuern	90	200	210	220	230	240	240	230
von privaten Organisationen ohne Erwerbszweck								
Produktionssteuern	10	10	20	20	20	20	20	20
von privaten Haushalten	147 370	319 780	345 940	360 220	382 620	415 960	436 930	455 300
Direkte Steuern[2])	60 440[3])	125 100	140 040	141 990	147 280	161 390	162 660	166 130
Sozialbeiträge	84 760	187 230	199 220	211 440	228 210	246 510	266 370	281 610
Tatsächliche Sozialbeiträge	78 030	173 350	184 380	195 530	211 230	228 200	246 490	261 520
Unterstellte Sozialbeiträge	6 730	13 880	14 840	15 910	16 980	18 310	19 880	20 090
Sonstige laufende Übertragungen	1 650	3 830	4 220	4 710	5 090	5 500	5 930	6 290
Vermögensübertragungen	520	3 620	2 460	2 080	2 040	2 560	1 970	1 270
Steuern (Erbschaftsteuer)	520	1 060	900	940	1 010	1 010	1 090	1 270
Sonstige Vermögensübertragungen[4])	—	2 560	1 560	1 140	1 030	1 550	880	—
von der übrigen Welt	1 920	5 100	6 960	9 370	8 900	8 810	7 880	7 770
Direkte Steuern	90	320	180	160	230	180	40	−30
Sozialbeiträge	180	560	610	640	680	730	780	810
Sonstige laufende Übertragungen	1 650	4 200	6 000	8 460	7 860	7 760	6 970	6 890
Vermögensübertragungen	–	20	170	110	130	140	90	100
Nichtabzugsfähige Umsatzsteuer[7])	39 910	61 560	65 550	75 980	86 780	96 180	100 610	101 020
Einfuhrabgaben	7 420	11 630	12 430	13 020	12 700	13 450	14 030	14 470
Geleistete Übertragungen an andere Sektoren und die übrige Welt								
Laufende Übertragungen	107 310	238 580	256 820	274 330	291 990	307 890	329 710	348 270
Subventionen	11 780	21 880	24 500	29 410	30 890	30 030	28 880	28 450
Soziale Leistungen	88 170	197 800	210 050	220 190	233 520	248 760	269 730	287 120
Sonstige laufende Übertragungen	7 360	18 900	22 270	24 730	27 580	29 100	31 100	32 700
Vermögensübertragungen	12 510	27 970	30 100	28 120	31 040	33 680	31 660	31 860
Geleistete Übertragungen insgesamt	**119 820**	**266 550**	**286 920**	**302 450**	**323 030**	**341 570**	**361 370**	**380 130**
an Unternehmen	21 260	42 420	46 110	51 460	56 310	56 920	55 120	56 010
Subventionen	11 780	21 880	24 500	29 410	30 890	30 030	28 880	28 450
Sonstige laufende Übertragungen	1 420	2 480	2 860	3 100	3 420	3 680	3 670	3 760
Vermögensübertragungen	8 060	18 060	18 750	18 950	22 000	23 210	22 570	23 800
an private Organisationen ohne Erwerbszweck								
Laufende Übertragungen	2 400	5 170	5 710	6 440	7 370	8 400	8 940	9 510
an private Haushalte	89 690	202 600	216 020	223 940	236 130	251 030	271 460	287 570
Soziale Leistungen	85 720	193 850	205 800	215 760	228 970	243 970	264 600	281 750
Soziale Leistungen im Zusammenhang mit tatsächlichen Sozialbeiträgen	59 970	137 190	146 910	153 630	162 780	174 060	188 210	203 920
Soziale Leistungen, für die Sozialbeiträge unterstellt werden	11 650	21 260	22 500	23 700	25 070	26 880	28 530	29 210
Sonstige soziale Leistungen	14 100	35 400	36 390	38 430	41 120	43 030	47 860	48 620
Vermögensübertragungen	3 970	8 750	10 220	8 180	7 160	7 060	6 860	5 820
an die übrige Welt	6 470	16 360	19 080	20 610	23 220	25 220	25 850	27 040
Soziale Leistungen	2 450	3 950	4 250	4 430	4 550	4 790	5 130	5 370
Sonstige laufende Übertragungen	3 540	11 250	13 700	15 190	16 790	17 020	18 490	19 430
Vermögensübertragungen	480	1 160	1 130	990	1 880	3 410	2 230	2 240

1) Vorläufiges Ergebnis.
2) Vor Abzug der Investitionszulagen und ab 1976 der Arbeitnehmersparzulage.
3) Einschl. des rückzahlbaren Konjunkturzuschlags.
4) Beitragsnachentrichtungen an die Rentenversicherungen aufgrund des Rentenreformgesetzes vom Oktober 1972.
5) Von Unternehmen mit eigener Rechtspersönlichkeit. – Vor Abzug der Investitionszulagen. – Ab 1976 einschl. Ablösungsbeträge im Rahmen des Lastenausgleichs.
6) Einschl. 330 Mill. DM Ablösungsbeträge im Rahmen des Lastenausgleichs.
7) Aufkommen an Steuern vom Umsatz sowie einbehaltene Umsatzsteuer aufgrund von gesetzlichen Sonderregelungen.

23.16 Verwendung des Sozialprodukts

Verwendungsart	1970	1976	1977	1978	1979	1980[1])	1981[1])	1982[1])
				in jeweiligen Preisen Mill. DM				
Privater Verbrauch	368 850	633 500	680 940	725 340	778 980	834 650	874 080	899 230
Staatsverbrauch	106 470	222 270	234 670	252 540	273 520	298 390	319 750	330 320
Verbrauch für zivile Zwecke	86 710	188 160	201 000	216 400	235 190	257 410	274 510	282 740
Verteidigungsaufwand	19 760	34 110	33 670	36 140	38 330	40 980	45 240	47 580
Bruttoinvestitionen	186 250	238 240	251 910	274 690	331 820	355 480	337 880	333 950
Anlageinvestitionen	172 050	226 040	243 010	266 790	304 820	337 980	339 280	328 550
Ausrüstungen	65 880	86 320	95 690	106 370	119 660	127 870	128 750	124 840
Bauten	106 170	139 720	147 320	160 420	185 160	210 110	210 530	203 710
Vorratsveränderung	+14 200	+12 200	+ 8 900	+ 7 900	+27 000	+17 500	− 1 400	+ 5 400
Letzte inländische Verwendung von Gütern	661 570	1 094 010	1 167 520	1 252 570	1 384 320	1 488 520	1 531 710	1 563 500
Ausfuhr[2])	152 930	312 600	329 760	349 720	383 210	431 550	496 080	535 040
Letzte Verwendung von Gütern	814 500	1 406 610	1 497 280	1 602 290	1 767 530	1 920 070	2 027 790	2 098 540
Einfuhr[2])	138 800	283 610	300 980	312 290	372 230	435 870	484 690	498 540
Nachrichtlich: Außenbeitrag (Ausfuhr minus Einfuhr)	+14 130	+28 990	+28 780	+37 430	+10 980	− 4 320	+11 390	+36 500
Bruttosozialprodukt	**675 700**	**1 123 000**	**1 196 300**	**1 290 000**	**1 395 300**	**1 484 200**	**1 543 100**	**1 600 000**
				% des Bruttosozialprodukts				
Privater Verbrauch	*54,6*	*56,4*	*56,9*	*56,2*	*55,8*	*56,2*	*56,6*	*56,2*
Staatsverbrauch	*15,8*	*19,8*	*19,6*	*19,6*	*19,6*	*20,1*	*20,7*	*20,6*
Bruttoinvestitionen	*27,6*	*21,2*	*21,1*	*21,3*	*23,8*	*24,0*	*21,9*	*20,9*
Außenbeitrag	*2,1*	*2,6*	*2,4*	*2,9*	*0,8*	*− 0,3*	*0,7*	*2,3*
				in Preisen von 1976 Mill. DM				
Privater Verbrauch	521 090	633 500	657 210	681 000	702 190	712 870	703 970	688 100
Staatsverbrauch	175 820	222 270	224 380	233 200	241 420	248 090	252 980	252 690
Bruttoinvestitionen	251 380	238 240	243 820	253 250	286 710	286 610	260 840	251 360
Anlageinvestitionen	231 280	226 040	234 720	246 150	264 010	272 410	261 940	247 260
Ausrüstungen	88 310	86 320	93 270	101 000	110 670	113 450	109 630	101 770
Bauten	142 970	139 720	141 450	145 150	153 340	158 960	152 310	145 490
Vorratsveränderung	+20 100	+12 200	+ 9 100	+ 7 100	+22 700	+14 200	− 1 100	+ 4 100
Letzte inländische Verwendung von Gütern	948 290	1 094 010	1 125 410	1 167 450	1 230 320	1 247 570	1 217 790	1 192 150
Ausfuhr[2])	215 930	312 600	323 450	336 940	353 470	374 000	405 630	419 670
Letzte Verwendung von Gütern	1 164 220	1 406 610	1 448 860	1 504 390	1 583 790	1 621 570	1 623 420	1 611 820
Einfuhr[2])	206 720	283 610	294 760	310 390	342 190	357 270	361 520	363 220
Nachrichtlich: Außenbeitrag (Ausfuhr minus Einfuhr)	+ 9 210	+28 990	+28 690	+26 550	+11 280	+16 730	+44 110	+56 450
Bruttosozialprodukt	**957 500**	**1 123 000**	**1 154 100**	**1 194 000**	**1 241 600**	**1 264 300**	**1 261 900**	**1 248 600**

[1]) Vorläufiges Ergebnis.
[2]) Waren und Dienstleistungen einschl. Erwerbs- und Vermögenseinkommen.

23.17 Preisentwicklung des Sozialprodukts*)

1976 = 100

Verwendungsart	1970	1975	1976	1977	1978	1979	1980[1])	1981[1])	1982[1])
Privater Verbrauch	70,8	96,0	100	103,6	106,5	110,9	117,1	124,2	130,7
Staatsverbrauch	60,6	96,2	100	104,6	108,3	113,3	120,3	126,4	130,7
Anlageinvestitionen	74,4	96,9	100	103,5	108,4	115,5	124,1	129,5	132,9
Ausrüstungen	74,6	96,3	100	102,6	105,3	108,1	112,7	117,4	122,7
Bauten	74,3	97,3	100	104,1	110,5	120,8	132,2	138,2	140,0
Letzte inländische Verwendung von Gütern	69,8	96,3	100	103,7	107,3	112,5	119,3	125,8	131,1
Ausfuhr[2])	70,8	96,6	100	102,0	103,8	108,4	115,4	122,3	127,5
Letzte Verwendung von Gütern	70,0	96,4	100	103,3	106,5	111,6	118,4	124,9	130,2
Einfuhr[2])	67,1	94,9	100	102,1	100,6	108,8	122,0	134,1	137,3
Bruttosozialprodukt	70,6	96,7	100	103,7	108,0	112,4	117,4	122,3	128,1

*) Preisindex mit wechselnder Gewichtung (Warenkorb des jeweiligen Berichtsjahres).
[1]) Vorläufiges Ergebnis.
[2]) Waren und Dienstleistungen einschl. Erwerbs- und Vermögenseinkommen.

23.18 Bruttoinvestitionen der Produktionsunternehmen und ihre Finanzierung*)

Mill. DM

Gegenstand der Nachweisung	1970	1975	1976	1977	1978	1979	1980[1])	1981[1])
Anlageinvestitionen[2])	137 860	164 340	181 280	198 320	218 710	250 720	276 870	280 250
Vorratsveränderung	+13 970	− 7 160	+11 940	+ 8 530	+ 7 630	+26 930	+ 16 810	− 1 800
Bruttoinvestitionen	**151 830**	**157 180**	**193 220**	**206 850**	**226 340**	**277 650**	**293 680**	**278 450**
Eigene Finanzierungsmittel	96 830	121 780	146 610	152 750	178 010	189 520	184 130	177 300
Unverteilte Gewinne der Unternehmen mit eigener Rechtspersönlichkeit	− 740	− 1 820	4 990	− 2 060	7 440	11 490	2 030	1 800
Nichtentnommene Gewinne der Unternehmen ohne eigene Rechtspersönlichkeit	18 230	−12 720	− 7 500	− 7 080	− 1 460	− 8 890	− 20 620	−41 700
Saldo der Vermögensübertragungen	+15 460	+27 750	+33 170	+38 200	+38 850	+41 270	+ 41 410	+42 330
Abschreibungen[2])	63 880	108 570	115 950	123 690	133 180	145 650	161 310	174 870
Fremde Finanzierungsmittel (Finanzierungsdefizit)	55 000	35 400	46 610	54 100	48 330	88 130	109 550	101 150
Veränderung der Forderungen[3])	22 760	31 590	45 830	41 900	52 750	45 830	38 600	60 040
Bargeld und Sichteinlagen	12 450	13 870	7 220	11 120	20 910	4 210	10 780	20 760
Termingelder und Spareinlagen	2 260	3 610	11 270	15 370	14 720	12 290	2 950	11 420
Geldanlage bei Bausparkassen und Versicherungen	1 120	2 320	2 350	1 370	1 220	620	− 930	150
Erwerb von Wertpapieren	2 660	5 000	6 930	3 760	4 460	11 350	7 810	5 710
Sonstige Forderungen	4 290	6 780	18 070	10 270	11 450	17 370	17 990	22 000
Veränderung der Verbindlichkeiten[3])	78 070	65 640	92 470	96 590	100 930	133 960	151 440	157 110
Absatz von Wertpapieren	4 050	3 400	4 620	2 850	3 440	1 890	6 960	4 320
Kurzfristige Bankkredite	12 160	− 9 610	9 920	9 160	10 180	27 530	28 560	21 560
Längerfristige Bankkredite	28 920	35 900	40 740	47 200	61 030	68 210	61 920	57 170
Darlehen der Bausparkassen und Versicherungen	9 500	10 610	11 060	11 800	13 080	19 440	21 070	21 750
Sonstige Verbindlichkeiten	23 440	25 350	26 140	25 580	13 200	16 900	32 940	52 320
Statistische Differenz	− 310	1 350	− 30	− 590	150	—	− 3 290	+ 4 080

*) Unternehmen ohne Kreditinstitute und Versicherungsunternehmen; einschl. Wohnungsvermietung.
1) Vorläufiges Ergebnis.
2) Einschl. der Investitionen bzw. Abschreibungen privater Organisationen ohne Erwerbszweck.
3) Nach Berechnungen der Deutschen Bundesbank.

23.19 Anlageinvestitionen

23.19.1 Nach Anlagearten und Sektoren

Mill. DM

Gegenstand der Nachweisung	1970	1976	1977	1978	1979	1980[1])	1981[1])	1982[1])
Anlageinvestitionen								
Erwerb neuer Anlagen[2])	174 090	229 480	246 590	270 620	308 590	342 220	345 100	334 090
Käufe abzüglich Verkäufe von gebrauchten Anlagen	−2 040	−3 440	−3 580	−3 830	−3 770	−4 240	−5 820	−5 540
Insgesamt	**172 050**	**226 040**	**243 010**	**266 790**	**304 820**	**337 980**	**339 280**	**328 550**
	nach Anlagearten							
Ausrüstungsinvestitionen	**65 880**	**86 320**	**95 690**	**106 370**	**119 660**	**127 870**	**128 750**	**124 840**
Neue Ausrüstungen	67 920	89 760	99 270	110 200	123 430	132 110	134 570	130 380
Fahrzeuge	13 580	18 900	21 540	24 310	25 310	27 020	29 140	...
Maschinen und sonstige Ausrüstungen	54 340	70 860	77 730	85 890	98 120	105 090	105 430	...
Käufe abzüglich Verkäufe von gebrauchten Ausrüstungen (einschl. Anlageschrott)	−2 040	−3 440	−3 580	−3 830	−3 770	−4 240	−5 820	−5 540
Bauinvestitionen (= Neue Bauten)	**106 170**	**139 720**	**147 320**	**160 420**	**185 160**	**210 110**	**210 530**	**203 710**
Wohnbauten	45 440	64 980	70 170	76 320	88 290	100 140	101 300	98 510
nachrichtlich: Wohnungen	43 170	61 080	65 750	71 060	81 750	92 530	93 600	91 030
Sonstige Bauten	60 730	74 740	77 150	84 100	96 870	109 970	109 230	105 200
	nach Sektoren und Anlagearten							
Unternehmen und private Organisationen ohne Erwerbszweck	**140 960**	**186 800**	**203 580**	**223 430**	**255 270**	**282 840**	**286 630**	**280 270**
Unternehmen	137 670	182 940	199 650	219 180	250 510	277 600	281 040	274 700
Private Organisationen ohne Erwerbszweck	3 290	3 860	3 930	4 250	4 760	5 240	5 590	5 570
Ausrüstungsinvestitionen	63 690	82 780	91 730	101 950	114 710	122 470	123 770	120 270
Neue Ausrüstungen	65 660	86 150	95 220	105 690	118 370	126 600	129 480	125 690
Käufe abzüglich Verkäufe von gebrauchten Ausrüstungen (einschl. Anlageschrott)	−1 970	−3 370	−3 490	−3 740	−3 660	−4 130	−5 710	−5 420
Bauinvestitionen	77 270	104 020	111 850	121 480	140 560	160 370	162 860	160 000
Neue Bauten	78 650	106 310	113 960	123 790	143 230	163 120	165 350	162 160
Käufe abzüglich Verkäufe von Land	−1 380	−2 290	−2 110	−2 310	−2 670	−2 750	−2 490	−2 160
Staat	**31 090**	**39 240**	**39 430**	**43 360**	**49 550**	**55 140**	**52 650**	**48 280**
Ausrüstungsinvestitionen	2 190	3 540	3 960	4 420	4 950	5 400	4 980	4 570
Neue Ausrüstungen	2 260	3 610	4 050	4 510	5 060	5 510	5 090	4 690
Käufe abzüglich Verkäufe von gebrauchten Ausrüstungen	− 70	− 70	− 90	− 90	− 110	− 110	− 110	− 120
Bauinvestitionen	28 900	35 700	35 470	38 940	44 600	49 740	47 670	43 710
Neue Bauten	27 520	33 410	33 360	36 630	41 930	46 990	45 180	41 550
Käufe abzüglich Verkäufe von Land	1 380	2 290	2 110	2 310	2 670	2 750	2 490	2 160

1) Vorläufiges Ergebnis.
2) Einschl. selbsterstellter Anlagen.

23.19 Anlageinvestitionen

23.19.2 Nach Wirtschaftsbereichen

Mill. DM

Wirtschaftsgliederung[1])	1970	1975	1976	1977	1978	1979	1980[2])	1981[2])
				Neue Anlagen				
Land- und Forstwirtschaft, Fischerei	**5 720**	**6 880**	**7 780**	**8 960**	**9 630**	**10 010**	**9 510**	**8 950**
Landwirtschaft	5 440	6 540	7 460	8 580	9 200	9 560	9 010	8 460
Gewerbliche Gärtnerei und Tierhaltung, Forstwirtschaft, Fischerei	280	340	320	380	430	450	500	490
Warenproduzierendes Gewerbe	**54 090**	**57 590**	**61 080**	**63 980**	**67 980**	**76 750**	**86 480**	...
Energie- und Wasserversorgung, Bergbau	8 130	16 790	16 220	15 080	16 170	17 100	19 730	...
Elektrizitäts-, Gas-, Fernwärme- und Wasserversorgung	7 120	14 740	13 800	12 920	14 210	14 990	17 310	...
Bergbau	1 010	2 050	2 420	2 160	1 960	2 110	2 420	...
Verarbeitendes Gewerbe[3])	41 510	37 400	41 120	44 560	46 620	53 180	60 380	...
Chemische Industrie, Herstellung und Verarbeitung von Spalt- und Brutstoffen	6 570	5 950	5 840	6 200	5 720	6 360	7 090	...
Mineralölverarbeitung	1 000	1 530	1 270	1 470	1 520	1 050	1 430	...
Herstellung von Kunststoffwaren	860	720	960	1 140	1 230	1 570	1 680	...
Gummiverarbeitung	620	380	440	510	500	590	670	...
Gewinnung und Verarbeitung von Steinen und Erden	1 880	1 290	1 650	1 900	2 160	2 440	2 640	...
Feinkeramik	180	110	150	200	200	190	200	...
Herstellung und Verarbeitung von Glas	460	360	440	530	590	530	600	...
Eisenschaffende Industrie	2 680	2 910	3 830	2 370	1 590	2 250	3 020	...
NE-Metallerzeugung, NE-Metallhalbzeugwerke	870	550	470	520	610	740	770	...
Gießerei	480	420	470	460	530	550	630	...
Ziehereien, Kaltwalzwerke, Stahlverformung usw.	980	840	1 100	1 100	1 040	1 170	1 370	...
Stahl- und Leichtmetallbau, Schienenfahrzeugbau	360	530	550	570	560	740	760	...
Maschinenbau	3 610	3 050	3 440	3 690	4 300	4 780	5 540	...
Herstellung von Büromaschinen, ADV-Geräten und -Einrichtungen	1 100	1 180	1 150	1 310	1 290	1 650	1 770	...
Straßenfahrzeugbau, Reparatur von Kraftfahrzeugen usw.	4 510	3 520	3 630	4 850	6 230	8 100	9 470	...
Schiffbau	130	430	290	200	210	250	210	...
Luft- und Raumfahrzeugbau	140	150	230	200	230	300	460	...
Elektrotechnik, Reparatur von Haushaltsgeräten	3 120	3 460	3 520	4 070	4 240	4 790	5 540	...
Feinmechanik, Optik, Herstellung von Uhren	410	430	450	510	630	680	830	...
Herstellung von Eisen-, Blech- und Metallwaren	1 180	950	1 080	1 350	1 440	1 500	1 670	...
Herstellung von Musikinstrumenten, Spielwaren, Füllhaltern usw.	170	170	190	260	270	340	310	...
Holzbe- und -verarbeitung	1 290	1 000	1 320	1 560	1 710	1 820	1 730	...
Papiererzeugung und -verarbeitung	1 500	950	1 130	1 240	1 240	1 580	2 220	...
Druckerei, Vervielfältigung	780	680	850	1 010	1 350	1 320	1 440	...
Ledergewerbe	240	140	190	190	210	250	250	...
Textilgewerbe	1 520	1 020	1 200	1 200	1 200	1 410	1 390	...
Bekleidungsgewerbe	440	340	380	380	420	460	380	...
Ernährungsgewerbe	4 290	4 140	4 730	5 370	5 170	5 440	5 960	...
Tabakverarbeitung	140	200	170	200	230	330	350	...
Baugewerbe	4 450	3 400	3 740	4 340	5 190	6 470	6 370	...
Bauhauptgewerbe	3 870	2 890	3 100	3 420	4 320	5 420	5 250	...
Ausbaugewerbe	580	510	640	920	870	1 050	1 120	...
Handel und Verkehr	**23 900**	**28 760**	**31 870**	**34 580**	**37 040**	**39 830**	**42 600**	...
Handel	8 790	10 090	12 680	14 290	14 540	15 810	16 600	...
Großhandel, Handelsvermittlung	4 320	4 250	5 270	5 810	6 470	7 100	7 380	...
Einzelhandel	4 470	5 840	7 410	8 480	8 070	8 710	9 220	...
Verkehr, Nachrichtenübermittlung	15 110	18 670	19 190	20 290	22 500	24 020	26 000	...
Verkehr	9 980	12 050	13 180	14 150	15 240	15 510	15 540	...
Deutsche Bundespost	5 130	6 620	6 010	6 140	7 260	8 510	10 460	...
Dienstleistungsunternehmen	**57 370**	**78 600**	**87 950**	**97 820**	**110 680**	**130 350**	**146 000**	...
Kreditinstitute, Versicherungsunternehmen	2 780	4 550	4 870	4 670	4 350	4 340	5 610	6 000
Kreditinstitute	1 990	3 430	3 480	3 350	2 820	2 860	3 840	4 080
Versicherungsunternehmen	790	1 120	1 390	1 320	1 530	1 480	1 770	1 920
Wohnungsvermietung[4])	43 170	55 740	61 080	65 750	71 060	81 750	92 530	93 600
Sonstige Dienstleistungen	11 420	18 310	22 000	27 400	35 270	44 260	47 860	...
Unternehmen zusammen	**141 080**	**171 830**	**188 680**	**205 340**	**225 330**	**256 940**	**284 590**	**289 360**
Staat, private Organisationen ohne Erwerbszweck	**33 010**	**41 120**	**40 800**	**41 250**	**45 290**	**51 650**	**57 630**	**55 740**
Staat	29 780	37 450	37 020	37 410	41 140	46 990	52 500	50 270
Private Organisationen ohne Erwerbszweck	3 230	3 670	3 780	3 840	4 150	4 660	5 130	5 470
Alle Wirtschaftsbereiche[5])	**174 090**	**212 950**	**229 480**	**246 590**	**270 620**	**308 590**	**342 220**	**345 100**
dar. Unternehmen ohne Wohnungsvermietung	97 910	116 090	127 600	139 590	154 270	175 190	192 060	195 760

Fußnoten siehe S. 545.

23.19 Anlageinvestitionen

23.19.2 Nach Wirtschaftsbereichen

Mill. DM

Wirtschaftsgliederung[1])	1970	1975	1976	1977	1978	1979	1980[2])	1981[2])
				Neue Ausrüstungen				
Land- und Forstwirtschaft, Fischerei	**4 440**	**5 460**	**6 230**	**7 240**	**7 840**	**8 190**	**7 630**	**7 170**
Landwirtschaft	4 210	5 180	5 970	6 930	7 480	7 810	7 200	6 750
Gewerbliche Gärtnerei und Tierhaltung, Forstwirtschaft, Fischerei	230	280	260	310	360	380	430	420
Warenproduzierendes Gewerbe	**39 450**	**42 910**	**45 800**	**47 360**	**50 900**	**56 570**	**62 530**	...
Energie- und Wasserversorgung, Bergbau	4 240	9 520	8 570	7 550	8 090	7 920	8 900	...
Elektrizitäts-, Gas-, Fernwärme- und Wasserversorgung	3 450	7 740	6 580	5 800	6 530	6 290	6 990	...
Bergbau	790	1 780	1 990	1 750	1 560	1 630	1 910	...
Verarbeitendes Gewerbe[3])	31 360	30 560	34 050	36 230	38 370	43 090	48 260	...
Chemische Industrie, Herstellung und Verarbeitung von Spalt- und Brutstoffen	5 050	4 820	4 790	5 020	4 730	5 150	5 710	...
Mineralölverarbeitung	760	1 400	1 150	1 350	1 380	910	1 250	...
Herstellung von Kunststoffwaren	650	600	800	920	1 010	1 250	1 360	...
Gummiverarbeitung	450	340	380	430	430	500	590	...
Gewinnung und Verarbeitung von Steinen und Erden	1 620	1 100	1 460	1 660	1 880	2 140	2 270	...
Feinkeramik	130	90	110	150	150	140	150	...
Herstellung und Verarbeitung von Glas	360	290	380	440	500	450	500	...
Eisenschaffende Industrie	2 270	2 490	3 350	1 990	1 370	1 870	2 620	...
NE-Metallerzeugung, NE-Metallhalbzeugwerke	670	470	410	450	530	630	650	...
Gießerei	390	360	400	400	450	460	530	...
Ziehereien, Kaltwalzwerke, Stahlverformung usw.	760	690	940	880	840	940	1 060	...
Stahl- und Leichtmetallbau, Schienenfahrzeugbau	260	410	410	430	440	500	550	...
Maschinenbau	2 550	2 450	2 790	2 900	3 370	3 810	4 190	...
Herstellung von Büromaschinen, ADV-Geräten und -Einrichtungen	940	930	980	1 180	1 150	1 450	1 480	...
Straßenfahrzeugbau, Reparatur von Kraftfahrzeugen usw.	3 200	2 970	3 010	4 000	5 100	6 340	7 240	...
Schiffbau	70	260	160	100	130	160	140	...
Luft- und Raumfahrzeugbau	90	100	170	140	170	220	270	...
Elektrotechnik, Reparatur von Haushaltsgeräten	2 250	2 750	2 920	3 290	3 530	4 130	4 780	...
Feinmechanik, Optik, Herstellung von Uhren	280	350	380	400	520	560	670	...
Herstellung von Eisen-, Blech- und Metallwaren	800	770	880	1 090	1 170	1 200	1 290	...
Herstellung von Musikinstrumenten, Spielwaren, Füllhaltern usw.	120	120	160	210	220	270	250	...
Holzbe- und -verarbeitung	900	740	960	1 110	1 240	1 300	1 210	...
Papiererzeugung und -verarbeitung	1 140	800	940	1 020	1 030	1 300	1 850	...
Druckerei, Vervielfältigung	590	580	760	850	1 130	1 130	1 170	...
Ledergewerbe	150	120	140	140	150	170	160	...
Textilgewerbe	1 210	870	1 020	1 010	1 020	1 180	1 130	...
Bekleidungsgewerbe	260	230	270	270	310	330	290	...
Ernährungsgewerbe	3 320	3 300	3 800	4 240	4 210	4 330	4 620	...
Tabakverarbeitung	120	160	130	160	210	270	280	...
Baugewerbe	3 850	2 830	3 180	3 580	4 440	5 560	5 370	...
Bauhauptgewerbe	3 430	2 490	2 730	2 960	3 790	4 800	4 550	...
Ausbaugewerbe	420	340	450	620	650	760	820	...
Handel und Verkehr	**13 960**	**17 790**	**19 450**	**21 540**	**23 750**	**25 190**	**26 390**	...
Handel	5 270	6 880	8 150	9 510	10 010	10 340	10 700	...
Großhandel, Handelsvermittlung	2 760	2 900	3 490	3 850	4 440	4 680	4 800	...
Einzelhandel	2 510	3 980	4 660	5 660	5 570	5 660	5 900	...
Verkehr, Nachrichtenübermittlung	8 690	10 910	11 300	12 030	13 740	14 850	15 690	...
Verkehr	6 760	8 090	8 580	9 240	9 920	10 160	9 840	...
Deutsche Bundespost	1 930	2 820	2 720	2 790	3 820	4 690	5 850	...
Dienstleistungsunternehmen	**7 110**	**10 910**	**13 850**	**18 200**	**22 260**	**27 400**	**28 960**	...
Kreditinstitute, Versicherungsunternehmen	930	1 470	1 630	1 770	1 880	2 070	2 320	2 480
Kreditinstitute	820	1 230	1 390	1 470	1 600	1 730	1 920	2 050
Versicherungsunternehmen	110	240	240	300	280	340	400	430
Sonstige Dienstleistungen	6 180	9 440	12 220	16 430	20 380	25 330	26 640	...
Unternehmen zusammen	**64 960**	**77 070**	**85 330**	**94 340**	**104 750**	**117 350**	**125 510**	**128 380**
Staat, private Organisationen ohne Erwerbszweck	**2 960**	**4 520**	**4 430**	**4 930**	**5 450**	**6 080**	**6 600**	**6 190**
Staat	2 260	3 750	3 610	4 050	4 510	5 060	5 510	5 090
Private Organisationen ohne Erwerbszweck	700	770	820	880	940	1 020	1 090	1 100
Alle Wirtschaftsbereiche[5])	**67 920**	**81 590**	**89 760**	**99 270**	**110 200**	**123 430**	**132 110**	**134 570**

Fußnoten siehe S. 545.

23.19 Anlageinvestitionen

23.19.2 Nach Wirtschaftsbereichen

Mill. DM

Wirtschaftsgliederung[1])	1970	1975	1976	1977	1978	1979	1980[2])	1981[2])
				Neue Bauten				
Land- und Forstwirtschaft, Fischerei	**1 280**	**1 420**	**1 550**	**1 720**	**1 790**	**1 820**	**1 880**	**1 780**
Landwirtschaft	1 230	1 360	1 490	1 650	1 720	1 750	1810	1 710
Gewerbliche Gärtnerei und Tierhaltung, Forstwirtschaft, Fischerei	50	60	60	70	70	70	70	70
Warenproduzierendes Gewerbe	**14 640**	**14 680**	**15 280**	**16 620**	**17 080**	**20 180**	**23 950**	...
Energie- und Wasserversorgung, Bergbau	3 890	7 270	7 650	7 530	8 080	9 180	10 830	...
Elektrizitäts-, Gas-, Fernwärme- und Wasserversorgung	3 670	7 000	7 220	7 120	7 680	8 700	10 320	...
Bergbau	220	270	430	410	400	480	510	...
Verarbeitendes Gewerbe[3])	10 150	6 840	7 070	8 330	8 250	10 090	12 120	...
Chemische Industrie, Herstellung und Verarbeitung von Spalt- und Brutstoffen	1 520	1 130	1 050	1 180	990	1 210	1 380	...
Mineralölverarbeitung	240	130	120	120	140	140	180	...
Herstellung von Kunststoffwaren	210	120	160	220	220	320	320	...
Gummiverarbeitung	170	40	60	80	70	90	80	...
Gewinnung und Verarbeitung von Steinen und Erden	260	190	190	240	280	300	370	...
Feinkeramik	50	20	40	50	50	50	50	...
Herstellung und Verarbeitung von Glas	100	70	60	90	90	80	100	...
Eisenschaffende Industrie	410	420	480	380	220	380	400	...
NE-Metallerzeugung, NE-Metallhalbzeugwerke	200	80	60	70	80	110	120	...
Gießerei	90	60	70	60	80	90	100	...
Ziehereien, Kaltwalzwerke, Stahlverformung usw.	220	150	160	220	200	230	310	...
Stahl- und Leichtmetallbau, Schienenfahrzeugbau	100	120	140	140	120	240	210	...
Maschinenbau	1 060	600	650	790	930	970	1 350	...
Herstellung von Büromaschinen, ADV-Geräten und -Einrichtungen	160	250	170	130	140	200	290	...
Straßenfahrzeugbau, Reparatur von Kraftfahrzeugen usw.	1 310	550	620	850	1 130	1 760	2 230	...
Schiffbau	60	170	130	100	80	90	70	...
Luft- und Raumfahrzeugbau	50	50	60	60	60	80	190	...
Elektrotechnik, Reparatur von Haushaltsgeräten	870	710	600	780	710	660	760	...
Feinmechanik, Optik, Herstellung von Uhren	130	80	70	110	110	120	160	...
Herstellung von Eisen-, Blech- und Metallwaren	380	180	200	260	270	300	380	...
Herstellung von Musikinstrumenten, Spielwaren, Füllhaltern usw.	50	50	30	50	50	70	60	...
Holzbe- und -verarbeitung	390	260	360	450	470	520	520	...
Papiererzeugung und -verarbeitung	360	150	190	220	210	280	370	...
Druckerei, Vervielfältigung	190	100	90	160	220	190	270	...
Ledergewerbe	90	20	50	50	60	80	90	...
Textilgewerbe	310	150	180	190	180	230	260	...
Bekleidungsgewerbe	180	110	110	110	110	130	90	...
Ernährungsgewerbe	970	840	930	1 130	960	1 110	1 340	...
Tabakverarbeitung	20	40	40	40	20	60	70	...
Baugewerbe	600	570	560	760	750	910	1 000	...
Bauhauptgewerbe	440	400	370	460	530	620	700	...
Ausbaugewerbe	160	170	190	300	220	290	300	...
Handel und Verkehr	**9 940**	**10 970**	**12 420**	**13 040**	**13 290**	**14 640**	**16 210**	...
Handel	3 520	3 210	4 530	4 780	4 530	5 470	5 900	...
Großhandel, Handelsvermittlung	1 560	1 350	1 780	1 960	2 030	2 420	2 580	...
Einzelhandel	1 960	1 860	2 750	2 820	2 500	3 050	3 320	...
Verkehr, Nachrichtenübermittlung	6 420	7 760	7 890	8 260	8 760	9 170	10 310	...
Verkehr	3 220	3 960	4 600	4 910	5 320	5 350	5 700	...
Deutsche Bundespost	3 200	3 800	3 290	3 350	3 440	3 820	4 610	...
Dienstleistungsunternehmen	**50 260**	**67 690**	**74 100**	**79 620**	**88 420**	**102 950**	**117 040**	...
Kreditinstitute, Versicherungsunternehmen	1 850	3 080	3 240	2 900	2 470	2 270	3 290	3 520
Kreditinstitute	1 170	2 200	2 090	1 880	1 220	1 130	1 920	2 030
Versicherungsunternehmen	680	880	1 150	1 020	1 250	1 140	1 370	1 490
Wohnungsvermietung[4])	43 170	55 740	61 080	65 750	71 060	81 750	92 530	93 600
Sonstige Dienstleistungen	5 240	8 870	9 780	10 970	14 890	18 930	21 220	...
Unternehmen zusammen	**76 120**	**94 760**	**103 350**	**111 000**	**120 580**	**139 590**	**159 080**	**160 980**
Staat, private Organisationen ohne Erwerbszweck	**30 050**	**36 600**	**36 370**	**36 320**	**39 840**	**45 570**	**51 030**	**49 550**
Staat	27 520	33 700	33 410	33 360	36 630	41 930	46 990	45 180
Private Organisationen ohne Erwerbszweck	2 530	2 900	2 960	2 960	3 210	3 640	4 040	4 370
Alle Wirtschaftsbereiche[5])	**106 170**	**131 360**	**139 720**	**147 320**	**160 420**	**185 160**	**210 110**	**210 530**
dar. Unternehmen ohne Wohnungsvermietung	32 950	39 020	42 270	45 250	49 520	57 840	66 550	67 380

[1]) Systematik der Wirtschaftszweige, Ausgabe 1979, Fassung für Volkswirtschaftliche Gesamtrechnungen, Kurzbezeichnungen.
[2]) Vorläufiges Ergebnis.
[3]) Einschl. des produzierenden Handwerks.
[4]) Einschl. Nutzung von Eigentümerwohnungen.
[5]) Einschl. selbsterstellter Anlagen.

23.20 Reproduzierbares Sachvermögen nach Vermögensarten und Wirtschaftsbereichen

Vermögensart / Wirtschaftsbereich	1970	1976	1977	1978	1979	1980[1])	1981[1])	1982[1])
Nettoanlagevermögen und Vorratsbestände zu Wiederbeschaffungspreisen[2])								
Mill. DM								
Nettoanlagevermögen[3])	1 718 150	3 205 720	3 431 480	3 700 490	4 046 290	4 587 800	5 075 990	5 403 610
Ausrüstungen	315 520	559 000	586 670	619 070	657 070	709 640	770 020	829 200
Bauten[3])	1 402 630	2 646 720	2 844 810	3 081 420	3 389 220	3 878 160	4 305 970	4 574 410
dar. Öffentlicher Tiefbau[3])	245 240	470 990	503 780	550 760	616 230	722 440	802 960	835 960
Vorratsbestände[4])	163 200	272 100	297 100	309 500	321 200	361 200	395 500	...
Reproduzierbares Sachvermögen insgesamt[3])	**1 881 350**	**3 477 820**	**3 728 580**	**4 009 990**	**4 367 490**	**4 949 000**	**5 471 490**	...
darunter: Nettoanlagevermögen nach Wirtschaftsbereichen								
Unternehmen	1 329 280	2 456 760	2 625 630	2 822 320	3 071 270	3 458 070	3 820 930	4 081 720
Land- und Forstwirtschaft, Fischerei	68 170	103 290	109 330	115 100	122 380	132 860	144 540	147 230
Elektrizitäts-, Gas-, Fernwärme- u. Wasserversorgung	71 110	139 350	149 610	159 880	173 720	192 290	211 620	...
Bergbau	13 210	17 890	19 240	20 210	21 070	22 430	23 730	...
Verarbeitendes Gewerbe	239 030	399 210	411 420	425 850	447 010	481 410	517 110	...
Baugewerbe	19 320	31 410	31 850	32 890	34 870	38 720	42 170	...
Handel	64 060	113 000	121 440	131 360	142 630	158 920	174 290	...
Verkehr, Nachrichtenübermittlung	99 780	187 000	196 670	207 150	222 830	244 310	264 860	...
Kreditinstitute, Versicherungsunternehmen	24 150	50 570	55 400	60 750	66 810	74 250	81 250	...
Wohnungsvermietung	652 610	1 246 270	1 342 420	1 457 600	1 595 510	1 820 920	2 021 050	2 163 350
Sonstige Dienstleistungen	77 840	168 770	188 250	211 530	244 440	291 960	340 310	...
Staat[3])	356 080	687 080	739 040	806 280	896 340	1 040 450	1 156 640	1 216 750
Private Organisationen ohne Erwerbszweck	32 790	61 880	66 810	71 890	78 680	89 280	98 420	105 140
Bruttoanlagevermögen in Preisen von 1976 nach Wirtschaftsbereichen[2])								
Mill. DM								
Insgesamt								
Unternehmen	2 839 590	3 713 070	3 837 110	3 966 800	4 102 700	4 251 140	4 403 830	4 545 910
Land- und Forstwirtschaft, Fischerei	182 300	197 080	199 100	201 730	204 500	207 100	208 660	209 210
Elektrizitäts-, Gas-, Fernwärme- u. Wasserversorgung	141 590	203 960	214 550	223 660	233 220	242 490	252 640	...
Bergbau	35 460	34 700	35 430	35 820	35 970	36 160	36 490	...
Verarbeitendes Gewerbe	544 410	715 420	729 900	744 640	757 840	772 980	790 330	...
Baugewerbe	44 740	55 910	55 670	55 680	56 220	57 670	58 730	...
Handel	132 690	172 630	179 200	186 610	193 520	200 780	207 680	...
Verkehr, Nachrichtenübermittlung	221 860	306 560	317 380	328 390	340 260	352 180	364 040	...
Kreditinstitute, Versicherungsunternehmen	45 650	67 530	71 690	75 430	78 600	81 560	85 240	...
Wohnungsvermietung	1 347 740	1 724 650	1 781 470	1 839 680	1 898 870	1 961 360	2 025 740	2 087 200
Sonstige Dienstleistungen	143 150	234 630	252 720	275 160	303 700	338 860	374 280	...
Staat	570 320	788 670	823 430	857 150	892 010	928 360	965 430	999 310
Private Organisationen ohne Erwerbszweck	63 890	85 660	88 840	91 880	94 960	98 140	101 320	104 510
Alle Wirtschaftsbereiche	**3 473 800**	**4 587 400**	**4 749 380**	**4 915 830**	**5 089 670**	**5 277 640**	**5 470 580**	**5 649 730**
Ausrüstungen								
Unternehmen	720 730	973 350	1 003 450	1 036 520	1 073 560	1 116 860	1 160 050	1 197 450
Land- und Forstwirtschaft, Fischerei	78 090	88 870	90 140	91 940	93 920	95 850	96 840	96 970
Elektrizitäts-, Gas-, Fernwärme- u. Wasserversorgung	61 060	89 300	92 900	95 280	97 980	100 100	102 290	...
Bergbau	21 560	20 780	21 300	21 500	21 490	21 480	21 620	...
Verarbeitendes Gewerbe	322 710	437 810	447 100	455 840	463 710	472 800	483 280	...
Baugewerbe	33 010	38 480	37 720	37 040	36 950	37 690	38 040	...
Handel	49 750	63 860	66 170	69 270	72 350	75 350	78 060	...
Verkehr, Nachrichtenübermittlung	113 740	153 390	157 660	161 940	167 120	172 740	178 470	...
Kreditinstitute, Versicherungsunternehmen	6 390	11 410	12 410	13 460	14 500	15 670	16 970	...
Sonstige Dienstleistungen	34 420	69 450	78 050	90 250	105 540	125 180	144 480	...
Staat	28 840	43 140	45 240	47 550	50 060	52 790	55 580	57 700
Private Organisationen ohne Erwerbszweck	8 910	12 590	12 970	13 340	13 700	14 050	14 360	14 600
Alle Wirtschaftsbereiche	**758 480**	**1 029 080**	**1 061 660**	**1 097 410**	**1 137 320**	**1 183 700**	**1 229 990**	**1 269 750**

Fußnoten siehe S. 547.

23.20 Reproduzierbares Sachvermögen nach Vermögensarten und Wirtschaftsbereichen

Vermögensart / Wirtschaftsbereich	1970	1976	1977	1978	1979	1980[1])	1981[1])	1982[1])
Bruttoanlagevermögen in Preisen von 1976 nach Wirtschaftsbereichen[2])								
Mill. DM								
Bauten								
Unternehmen	2 118 860	2 739 720	2 833 660	2 930 280	3 029 140	3 134 280	3 243 780	3 348 460
Land- und Forstwirtschaft, Fischerei	104 210	108 210	108 960	109 790	110 580	111 250	111 820	112 240
Elektrizitäts-, Gas-, Fernwärme- u. Wasserversorgung	80 530	114 660	121 650	128 380	135 240	142 390	150 350	...
Bergbau	13 900	13 920	14 130	14 320	14 480	14 680	14 870	...
Verarbeitendes Gewerbe	221 700	277 610	282 800	288 800	294 130	300 180	307 050	...
Baugewerbe	11 730	17 430	17 950	18 640	19 270	19 980	20 690	...
Handel	82 940	108 770	113 030	117 340	121 170	125 430	129 620	...
Verkehr, Nachrichtenübermittlung	108 120	153 170	159 720	166 450	173 140	179 440	185 570	...
Kreditinstitute, Versicherungsunternehmen	39 260	56 120	59 280	61 970	64 100	65 890	68 270	...
Wohnungsvermietung	1 347 740	1 724 650	1 781 470	1 839 680	1 898 870	1 961 360	2 025 740	2 087 200
Sonstige Dienstleistungen	108 730	165 180	174 670	184 910	198 160	213 680	229 800	...
Staat	541 480	745 530	778 190	809 600	841 950	875 570	909 850	941 610
Private Organisationen ohne Erwerbszweck	54 980	73 070	75 870	78 540	81 260	84 090	86 960	89 910
Alle Wirtschaftsbereiche	**2 715 320**	**3 558 320**	**3 687 720**	**3 818 420**	**3 952 350**	**4 093 940**	**4 240 590**	**4 379 980**
dar. Öffentlicher Tiefbau	336 920	478 420	500 220	521 270	543 460	566 580	589 870	610 950
Kapitalkoeffizient[5])								
Alle Wirtschaftsbereiche	*3,7*	*4,2*	*4,2*	*4,2*	*4,2*	*4,3*	*4,4*	*4,6*
darunter:								
Unternehmen[6])	*3,6*	*4,0*	*4,0*	*4,0*	*4,0*	*4,1*	*4,2*	*4,4*
darunter:								
Land- und Forstwirtschaft, Fischerei	*6,1*	*6,5*	*6,2*	*6,1*	*6,4*	*6,4*	*6,2*	*5,7*
Energie- und Wasserversorgung, Bergbau	*5,0*	*5,7*	*5,9*	*5,8*	*5,6*	*5,9*	...	...
Verarbeitendes Gewerbe	*1,6*	*1,9*	*1,8*	*1,9*	*1,8*	*1,8*	...	...
Baugewerbe	*0,7*	*0,8*	*0,8*	*0,8*	*0,8*	*0,8*	...	...
Handel	*1,5*	*1,6*	*1,6*	*1,6*	*1,6*	*1,7*	...	...
Verkehr, Nachrichtenübermittlung	*4,1*	*4,8*	*4,7*	*4,6*	*4,4*	*4,4*	...	...
Kreditinstitute, Versicherungsunternehmen	*1,3*	*1,5*	*1,4*	*1,4*	*1,4*	*1,4*	...	...
Sonstige Dienstleistungen	*1,6*	*2,1*	*2,1*	*2,2*	*2,3*	*2,4*	...	...
Kapitalintensität[7])								
1 000 DM								
Alle Wirtschaftsbereiche	*134,3*	*182,9*	*189,6*	*195,1*	*199,5*	*204,7*	*213,3*	*223,8*
darunter:								
Unternehmen	*127,0*	*178,3*	*184,9*	*190,7*	*195,5*	*200,8*	*210,1*	*221,7*
darunter:								
Land- und Forstwirtschaft, Fischerei	*81,5*	*117,8*	*126,1*	*132,2*	*139,1*	*144,8*	*148,6*	*151,5*
Energie- und Wasserversorgung, Bergbau	*327,3*	*481,9*	*505,4*	*532,9*	*551,1*	*566,6*	...	...
Verarbeitendes Gewerbe	*55,8*	*81,1*	*82,7*	*84,2*	*85,4*	*86,8*	...	...
Baugewerbe	*19,9*	*28,3*	*28,7*	*28,4*	*27,7*	*27,9*	...	...
Handel	*40,7*	*52,3*	*53,7*	*55,4*	*57,0*	*58,6*	...	...
Verkehr, Nachrichtenübermittlung	*162,4*	*213,4*	*223,9*	*232,3*	*238,3*	*243,9*	...	...
Kreditinstitute, Versicherungsunternehmen	*79,2*	*101,0*	*106,6*	*110,3*	*111,2*	*112,7*	...	...
Sonstige Dienstleistungen	*64,0*	*94,6*	*100,9*	*108,8*	*117,2*	*126,2*	...	...

1) Vorläufiges Ergebnis.
2) Bestand am Jahresanfang.
3) Ohne Berücksichtigung von Abschreibungen auf den öffentlichen Tiefbau.
4) Vorratsbestände der gewerblichen Bereiche zu Buchwerten, der Landwirtschaft zu Jahresanfangswerten und des Staates zu Jahresdurchschnittspreisen.
5) Verhältnis Kapitalstock zu Bruttoinlandsprodukt in Preisen von 1976.
6) Verhältnis Kapitalstock zu unbereinigter Bruttowertschöpfung in Preisen von 1976.
7) Kapitalstock je Erwerbstätigen (Jahresdurchschnitt).

23.21 Wirtschaftliche Vorgänge mit der übrigen Welt

Mill. DM

Gegenstand der Nachweisung	1970	1976	1977	1978	1979	1980[1])	1981[1])	1982[1])
				in jeweiligen Preisen				
Ausfuhr	**152 930**	**312 600**	**329 760**	**349 720**	**383 210**	**431 550**	**496 080**	**535 040**
Waren	122 800	252 610	267 870	278 480	306 790	343 850	392 330	424 550
in das Ausland	120 480	248 520	263 730	274 110	302 250	338 740	386 980	418 380
in die Deutsche Demokratische Republik u. nach Berlin (Ost)	2 320	4 090	4 140	4 370	4 540	5 110	5 350	6 170
Dienstleistungen	20 200	41 860	43 920	49 220	51 450	58 560	68 740	71 780
in das Ausland	19 880	41 270	43 130	48 400	50 570	57 500	67 650	70 910
in die Deutsche Demokratische Republik u. nach Berlin (Ost)	320	590	790	820	880	1 060	1 090	870
Erwerbs- und Vermögenseinkommen von der übrigen Welt	9 930	18 130	17 970	22 020	24 970	29 140	35 010	38 710
Einfuhr	**138 800**	**283 610**	**300 980**	**312 290**	**372 230**	**435 870**	**484 690**	**498 540**
Waren	101 120	213 940	225 040	231 290	278 800	329 750	357 530	365 530
aus dem Ausland	99 230	210 250	221 280	227 590	274 390	324 360	351 700	359 100
aus der Deutschen Demokratischen Republik und Berlin (Ost)	1 890	3 690	3 760	3 700	4 410	5 390	5 830	6 430
Dienstleistungen	28 150	54 850	58 160	63 840	71 280	80 110	91 310	91 840
aus dem Ausland	27 690	53 640	56 840	62 390	69 770	78 330	89 490	89 930
aus der Deutschen Demokratischen Republik und Berlin (Ost)	460	1 210	1 320	1 450	1 510	1 780	1 820	1 910
Erwerbs- und Vermögenseinkommen an die übrige Welt	9 530	14 820	17 780	17 160	22 150	26 010	35 850	41 170
Außenbeitrag (Saldo aus Ausfuhr und Einfuhr)	**+14 130**	**+28 990**	**+28 780**	**+37 430**	**+10 980**	**− 4 320**	**+11 390**	**+36 500**
Saldo der Warenumsätze	+21 680	+38 670	+42 830	+47 190	+27 990	+14 100	+34 800	+59 020
Saldo der Dienstleistungsumsätze	− 7 950	−12 990	−14 240	−14 620	−19 830	−21 550	−22 570	−20 060
Saldo der Erwerbs- und Vermögenseinkommen	+ 400	+ 3 310	+ 190	+ 4 860	+ 2 820	+ 3 130	− 840	− 2 460
Laufende Übertragungen								
von der übrigen Welt	2 420	5 900	7 730	10 280	9 760	9 840	9 120	9 260
an die übrige Welt	12 770	24 960	27 270	29 630	31 880	33 700	37 240	38 570
Saldo der laufenden Einnahmen und Ausgaben	+ 3 780	+ 9 930	+ 9 240	+18 080	−11 140	−28 180	−16 730	+ 7 190
Vermögensübertragungen								
von der übrigen Welt	20	40	190	130	150	160	120	120
an die übrige Welt	660	1 370	1 410	1 270	2 200	3 820	2 630	2 690
Finanzierungssaldo	**+ 3 140**	**+ 8 600**	**+ 8 020**	**+16 940**	**−13 190**	**−31 840**	**−19 240**	**+ 4 620**
Veränderung der Forderungen gegenüber der übrigen Welt[2])	36 370	45 230	37 860	57 210	27 700	29 860	49 940	41 850
Erwerb von Wertpapieren	3 520	3 180	8 260	7 700	7 330	10 910	10 940	15 010
Auslandsposition der Deutschen Bundesbank	24 040	9 670	9 690	24 660	− 6 270	−17 940	− 4 760	7 070
Kurzfristige Bankkredite	− 40	2 740	− 1 270	2 310	2 330	7 300	12 000	− 3 140
Längerfristige Bankkredite	4 180	11 530	10 980	10 570	6 570	10 320	7 890	7 000
Geldanlagen bei Bausparkassen und Versicherungen	10	100	70	220	400	410	80	330
Sonstige Forderungen	4 660	18 020	10 140	11 750	17 350	18 860	23 790	15 580
Veränderung der Verbindlichkeiten gegenüber der übrigen Welt[2])	33 370	36 860	30 100	40 280	41 020	61 710	68 940	36 990
Bargeld und Sichteinlagen	800	4 520	950	5 610	3 000	3 990	− 2 270	3 170
Termingelder und Spareinlagen	10 400	10 350	11 450	22 380	26 050	2 860	8 130	− 1 880
Darlehen der Bausparkassen und Versicherungen	30	110	150	170	620	570	210	− 80
Absatz von Wertpapieren	2 420	5 880	2 590	3 800	4 800	2 280	1 650	4 580
Auslandsposition der Deutschen Bundesbank	1 020	40	− 410	4 490	− 680	8 910	− 2 260	2 500
Sonstige Verbindlichkeiten[3])	18 700	15 970	15 400	3 830	7 240	43 090	63 480	28 710
Statistische Differenz	− 140	− 230	− 260	− 10	− 130	− 10	+ 240	+ 240
				in Preisen von 1976				
Ausfuhr	**215 930**	**312 600**	**323 450**	**336 940**	**353 470**	**374 000**	**405 630**	**419 670**
Waren	174 080	252 610	263 720	269 780	285 340	300 880	324 700	336 620
Dienstleistungen	27 110	41 860	42 520	46 740	45 950	48 740	53 170	53 720
Erwerbs- und Vermögenseinkommen von der übrigen Welt	14 740	18 130	17 210	20 420	22 180	24 380	27 760	29 330
Einfuhr	**206 720**	**283 610**	**294 760**	**310 390**	**342 190**	**357 270**	**361 520**	**363 220**
Waren	155 070	213 940	221 440	235 490	260 050	270 870	266 060	266 700
Dienstleistungen	37 810	54 850	56 230	58 950	62 380	64 520	66 880	65 090
Erwerbs- und Vermögenseinkommen an die übrige Welt	13 840	14 820	17 090	15 950	19 760	21 880	28 580	31 430
Außenbeitrag (Saldo aus Ausfuhr und Einfuhr)	**+ 9 210**	**+28 990**	**+28 690**	**+26 550**	**+11 280**	**+16 730**	**+44 110**	**+56 450**
Saldo der Warenumsätze	+19 010	+38 670	+42 280	+34 290	+25 290	+30 010	+58 640	+69 920
Saldo der Dienstleistungsumsätze	−10 700	−12 990	−13 710	−12 210	−16 430	−15 780	−13 710	−11 370
Saldo der Erwerbs- und Vermögenseinkommen	+ 900	+ 3 310	+ 120	+ 4 470	+ 2 420	+ 2 500	− 820	− 2 100

1) Vorläufiges Ergebnis.
2) Nach Berechnungen der Deutschen Bundesbank.
3) Einschl. des Gegenpostens zu den zugeteilten Sonderziehungsrechten.

23.22 Veränderung und Bestände von Forderungen und Verbindlichkeiten 1981 nach Sektoren*)

Mill. DM

Gegenstand der Nachweisung	Insgesamt	Inländische Sektoren						Übrige Welt
		zusammen	Private Haushalte[1])	Unternehmen			Staat	
				zusammen	Produktionsunternehmen	Kreditinstitute, Versicherungsunternehmen		
				Veränderung der Forderungen und Verbindlichkeiten				
Forderungen (Geldvermögensbildung)	**489 550**	**420 610**	**128 620**	**277 460**	**60 040**	**217 420**	**14 530**	**68 940**
Bargeld und Sichteinlagen	15 020	17 290	− 1 960	20 270	20 760	− 490	− 1 030	− 2 270
Termingelder	77 190	69 390	40 860	17 370	12 020	5 350	11 160	7 800
Spareinlagen	−3 880	− 4 210	− 2 640	− 600	− 600	—	− 970	330
Geldanlage bei Bausparkassen	6 070	5 960	5 690	260	80	180	10	110
Geldanlage bei Versicherungen	27 890	27 790	27 660	70	70	—	60	100
Erwerb von Geldmarktpapieren	5 910	5 890	660	5 230	90	5 140	—	20
Erwerb festverzinslicher Wertpapiere	72 900	74 350	47 090	27 240	− 1 190	28 430	20	− 1 450
Erwerb von Aktien	10 230	7 150	− 1 430	7 920	6 810	1 110	660	3 080
Auslandsposition der Deutschen Bundesbank	−7 020	− 4 760	—	− 4 760	—	− 4 760	—	− 2 260
Kurzfristige Bankkredite	43 670	43 670	—	43 670	—	43 670	—	—
Längerfristige Bankkredite	113 110	113 110	—	113 110	—	113 110	—	—
Darlehen der Bausparkassen	11 070	11 070	—	11 070	—	11 070	—	—
Darlehen der Versicherungen	14 610	14 610	—	14 610	—	14 610	—	—
Sonstige Forderungen	102 780	39 300	12 690	22 000	22 000	—	4 610	63 480
Verbindlichkeiten (Kreditaufnahme und Aktienemission)	**489 550**	**439 610**	**7 300**	**355 820**	**157 110**	**198 710**	**76 490**	**49 940**
Bargeld und Sichteinlagen	15 020	15 020	—	15 020	—	15 020	—	—
Termingelder	77 190	77 190	—	77 190	—	77 190	—	—
Spareinlagen	−3 880	− 3 880	—	− 3 880	—	− 3 880	—	—
Geldanlage bei Bausparkassen	6 080	6 080	—	6 080	—	6 080	—	—
Geldanlage bei Versicherungen	27 900	27 900	—	27 900	—	27 900	—	—
Absatz von Geldmarktpapieren	5 900	5 810	—	1 090	80	1 010	4 720	90
Absatz festverzinslicher Wertpapiere	72 900	66 770	—	71 070	640	70 430	− 4 300	6 130
Emission von Aktien	10 240	5 520	—	5 520	3 600	1 920	—	4 720
Auslandsposition der Deutschen Bundesbank	−7 020	− 2 260	—	− 2 260	—	− 2 260	—	− 4 760
Kurzfristige Bankkredite	43 670	31 670	2 650	23 610	21 560	2 050	5 410	12 000
Längerfristige Bankkredite	113 110	105 220	2 970	59 010	57 170	1 840	43 240	7 890
Darlehen der Bausparkassen	11 070	11 010	—	11 070	10 920	150	− 60	60
Darlehen der Versicherungen	14 600	14 580	1 500	10 870	10 830	40	2 210	20
Sonstige Verbindlichkeiten	102 760	78 970	170	53 540	52 320	1 220	25 260	23 790
Nettoveränderung der Forderungen (+) bzw. der Verbindlichkeiten (−)	—	**−19 000**	**+121 320**	**− 78 360**	**− 97 080**	**+18 720**	**− 61 960**	**+19 000**
				Bestände an Forderungen und Verbindlichkeiten[2])				
Forderungen (Geldvermögen)	**5 620 100**	**5 122 100**	**1 606 600**	**3 222 200**	**615 600**	**2 606 600**	**293 300**	**498 000**
Bargeld und Sichteinlagen	348 600	324 500	132 300	179 000	174 400	4 600	13 200	24 200
Termingelder	705 200	577 500	200 400	212 600	117 900	94 700	164 500	127 600
Spareinlagen	505 800	500 800	490 600	5 800	5 800	—	4 400	5 100
Geldanlage bei Bausparkassen	119 400	118 400	113 900	3 400	1 400	2 000	1 100	1 000
Geldanlage bei Versicherungen	306 500	305 400	277 000	27 900	27 900	—	500	1 200
Geldanlage in Geldmarktpapieren	20 000	17 400	3 500	13 900	1 500	12 400	0	2 500
Geldanlage in festverzinslichen Wertpapieren	646 200	622 700	238 600	366 200	34 200	332 000	17 900	23 400
Geldanlage in Aktien	181 300	142 200	31 000	96 000	69 600	26 400	15 200	39 100
Auslandsposition der Deutschen Bundesbank	92 400	80 300	—	80 300	—	80 300	—	12 100
Kurzfristige Bankkredite	411 300	411 300	—	411 300	—	411 300	—	—
Längerfristige Bankkredite	1 378 700	1 378 700	—	1 378 700	—	1 378 700	—	—
Darlehen der Bausparkassen	129 000	129 000	—	129 000	—	129 000	—	—
Darlehen der Versicherungen	135 300	135 300	—	135 300	—	135 300	—	—
Sonstige Forderungen	640 600	378 700	119 400	182 900	182 900	—	76 400	261 900
Verbindlichkeiten und Aktienumlauf	**5 620 100**	**5 080 100**	**142 900**	**4 377 800**	**1 847 200**	**2 530 600**	**559 400**	**540 000**
Bargeld und Sichteinlagen	348 600	348 600	—	348 600	—	348 600	—	—
Termingelder	705 200	705 200	—	705 200	—	705 200	—	—
Spareinlagen	505 800	505 800	—	505 800	—	505 800	—	—
Geldanlage bei Bausparkassen	119 400	119 400	—	119 400	—	119 400	—	—
Geldanlage bei Versicherungen	306 500	306 500	—	306 500	—	306 500	—	—
Verbindlichkeiten aus Geldmarktpapieren	20 000	19 600	—	8 900	4 000	4 900	10 700	400
Verbindlichkeiten aus festverzinslichen Wertpapieren	646 200	609 800	—	509 300	29 200	480 100	100 500	36 400
Umlauf von Aktien	181 300	130 700	—	130 700	111 900	18 800	—	50 600
Auslandsposition der Deutschen Bundesbank	92 400	12 100	—	12 100	—	12 100	—	80 300
Kurzfristige Bankkredite	411 300	335 600	41 200	272 300	267 700	4 600	22 100	75 700
Längerfristige Bankkredite	1 378 700	1 272 100	89 400	844 900	836 700	8 200	337 800	106 500
Darlehen der Bausparkassen	129 000	128 700	—	126 800	125 700	1 100	1 800	300
Darlehen der Versicherungen	135 300	134 000	7 600	96 800	96 500	300	29 600	1 300
Sonstige Verbindlichkeiten	640 600	452 000	4 600	390 600	375 500	15 100	56 800	188 600
Nettoforderungen (+) bzw. Nettoverbindlichkeiten (−)	—	**42 000**	**1 463 700**	**−1 155 600**	**−1 231 600**	**76 000**	**−266 100**	**−42 000**

*) Vorläufiges Ergebnis. − Nach Berechnungen der Deutschen Bundesbank.
1) Einschl. privater Organisationen ohne Erwerbszweck.
2) Stand Jahresende. − Aus den Angaben über die Veränderung der Forderungen und Verbindlichkeiten im Jahr und die Bestände am Jahresende können Angaben über die Bestände am Jahresanfang nicht ermittelt werden, da die Bestandsänderung außer den eigentlichen finanziellen Transaktionen in der Regel Bewertungsänderungen, Umbuchungen u. dgl. einschließt.

23.23 Input-Output-Tabelle

23.23.1 Inländische Produk

Mill.

Lfd. Nr.	Verwendung / Aufkommen	Input der Produk							
		Gew. von Erzeugnissen der Land- und Forstwirtschaft, Fischerei	Gew. von Energie, Wasser, Bergbauerzeugnissen	H. v. chem., Mineralöl- und Kunststofferzeugnissen, Gew. und Verarbeitung von Steinen und Erden	Erzeugung und Bearbeitung von Eisen, Stahl, NE-Metallen	H. v. Stahl- und Maschinenbauerzeugnissen, ADV-Anlagen, Fahrzeugen	H. v. elektrotechnischen, feinmechanischen und optischen Erzeugnissen, EBM-Waren	H. v. Holz-, Papier-, Leder- und Textilerzeugnissen	H. v. Nahrungs- und Genußmitteln
		1	2	3	4	5	6	7	8
									Vorleistungen aus inländischer
	Output[1]) der Produktionsbereiche (Zeile 1 bis Zeile 12)								
1	Gewinnung von Erzeugnissen der Land- und Forstwirtschaft, Fischerei	13 706	84	640	16	36	83	4 941	47 055
2	Gewinnung von Energie, Wasser, Bergbauerzeugnissen	928	28 502	30 619	11 809	3 601	1 864	3 490	2 119
3	Herstellung von chemischen Erzeugnissen, Mineralöl- und Kunststofferzeugnissen, Gewinnung und Verarbeitung von Steinen und Erden	5 819	3 985	65 720	4 197	11 900	7 427	10 839	4 929
4	Erzeugung und Bearbeitung von Eisen, Stahl, NE-Metallen	269	1 562	3 022	75 574	35 492	16 635	630	60
5	Herstellung von Stahl- und Maschinenbauerzeugnissen, ADV-Anlagen, Fahrzeugen	1 166	4 571	4 574	3 035	53 123	2 370	1 914	1 282
6	Herstellung von elektrotechnischen, feinmechanischen und optischen Erzeugnissen, EBM-Waren	402	1 696	2 492	1 230	18 112	19 502	2 071	1 914
7	Herstellung von Holz-, Papier-, Leder- und Textilerzeugnissen	397	487	4 381	448	2 898	2 498	37 638	3 166
8	Herstellung von Nahrungs- und Genußmitteln	5 337	67	1 816	98	164	99	727	28 286
9	Erstellung von Bauten	220	1 935	308	117	322	93	174	142
10	Leistungen des Handels, des Verkehrs und der Nachrichtenübermittlung	4 108	2 712	13 847	13 282	13 705	6 496	11 332	10 655
11	Dienstleistungen der Banken und Versicherungen, sonstige marktbestimmte Dienstleistungen	1 893	2 462	12 887	3 073	14 808	8 447	8 887	5 018
12	Nichtmarktbestimmte Dienstleistungen	440	190	1 226	257	1 110	338	361	505
13	**Vorleistungen der Produktionsbereiche (Spalte 1 bis Spalte 13) bzw. letzte Verwendung von Gütern (Spalte 14 bis Spalte 19) ohne Umsatzsteuer**	**34 685**	**48 253**	**141 532**	**113 136**	**155 271**	**65 852**	**83 004**	**105 131**
14	Nichtabzugsfähige Umsatzsteuer	—	—	—	—	—	—	—	—
15	**Vorleistungen der Produktionsbereiche (Spalte 1 bis Spalte 13) bzw. letzte Verwendung von Gütern (Spalte 14 bis Spalte 19) einschl. nichtabzugsfähiger Umsatzsteuer**	**34 685**	**48 253**	**141 532**	**113 136**	**155 271**	**65 852**	**83 004**	**105 131**
									Bruttowert
16	Abschreibungen	7 901	10 648	11 540	5 115	10 437	5 699	5 276	4 925
17	Produktionssteuern abzüglich Subventionen	−1 347	2 517	18 203	685	2 731	1 654	1 369	14 038
18	Einkommen aus unselbständiger Arbeit	5 433	21 541	47 166	26 359	84 940	55 668	41 590	20 869
19	Einkommen aus Unternehmertätigkeit und Vermögen	19 133	13 326	7 552	2 501	13 599	10 662	10 919	14 156
20	**Bruttowertschöpfung zu Marktpreisen**	**31 120**	**48 032**	**84 461**	**34 660**	**111 707**	**73 683**	**59 154**	**53 988**
									Aufkommen an Gütern aus in
21	Produktionswert	65 805	96 285	225 993	147 796	266 978	139 535	142 158	159 119
22	Einfuhr gleichartiger Güter zu Ab-Zoll-Preisen	27 603	30 295	49 115	19 935	34 007	28 000	38 317	20 985
23	**Gesamtes Aufkommen an Gütern**	**93 408**	**126 580**	**275 108**	**167 731**	**300 985**	**167 535**	**180 475**	**180 104**

*) Hinweise zum Aufbau der Tabelle 23.23.1 (siehe auch Erläuterungen in der Vorbemerkung S. 520 und S. 522): In den Zeilen 1 bis 13 wird gezeigt, wie das gesamte Aufkommen an Gütern in der Gliederung nach 12 Gütergruppen (Spalte 20, siehe auch Zeile 23) aus inländischer Produktion (siehe Zeile 21) und aus der Einfuhr (siehe Zeile 22) verwendet wird. Dabei wird zwischen der intermediären Verwendung als Vorleistungen der Produktionsbereiche (Spalten 1 bis 13) und der letzten Verwendung (Spalten 14 bis 19) unterschieden. In den Spalten 1 bis 12 der Tabelle werden die Inputs der hier dargestellten Produktionsbereiche gezeigt, und zwar in den Zeilen 1 bis 12 der Verbrauch an Vorleistungen in der Gliederung nach Gütergruppen und in den Zeilen 16 bis 20 die Bruttowertschöpfung und ihre Komponenten (Abschreibungen, Produktionssteuern abzüglich Subventionen, Einkommen aus unselbständiger Arbeit und Einkommen aus Unternehmertätigkeit und Vermögen). Die Angaben

1978 zu Ab-Werk-Preisen

tion und Einfuhr*)

DM

tionsbereiche					Letzte Verwendung von Gütern							
Erstellung von Bauten	Leistungen des Handels, Verkehrs und der Nachrichtenübermittlung	Dienstleistungen d. Banken und Versich., sonstige marktbest. Dienstleistungen	Nichtmarktbestimmte Dienstleistungen	zusammen	Privater Verbrauch im Inland	Staatsverbrauch	Anlageinvestitionen	Vorratsveränderung	Ausfuhr von Waren und Dienstleistungen	zusammen	Gesamte Verwendung von Gütern	Lfd. Nr.
9	10	11	12	13	14	15	16	17	18	19	20	
Produktion und Einfuhr												
139	343	5 698	1 693	74 434	15 611	—	240	500	2 623	18 974	93 408	1
926	5 802	5 986	4 134	99 780	17 945	—	—	1 776	7 079	26 800	126 580	2
27 352	11 918	9 090	16 241	179 417	42 864	—	13	2 823	49 991	95 691	275 108	3
6 218	1 318	370	303	141 453	84	—	1 129	570	24 495	26 278	167 731	4
5 188	9 451	2 324	9 631	98 629	34 593	—	68 366	744	98 653	202 356	300 985	5
6 239	3 788	6 834	9 126	73 406	17 760	—	30 330	310	45 729	94 129	167 535	6
6 741	7 581	12 513	4 649	83 397	71 950	—	5 093	−1 772	21 807	97 078	180 475	7
99	1 954	18 879	4 708	62 234	105 604	—	—	633	11 633	117 870	180 104	8
10 003	1 422	7 606	3 857	26 199	1 812	—	129 736	—	6 276	137 824	164 023	9
9 117	18 584	12 987	10 591	127 416	142 854	—	12 043	2 316	27 434	184 647	312 063	10
5 586	31 936	90 644	45 568	231 209	185 590	—	6 360	—	11 939	203 889	435 098	11
434	1 164	5 290	31 621	42 936	23 533	252 540	—	—	461	276 534	319 470	12
78 042	**95 261**	**178 221**	**142 122**	**1 240 510**	**660 200**	**252 540**	**253 310**	**7 900**	**308 120**	**1 482 070**	**2 722 580**	13
—	281	4 167	6 572	11 020	51 200	—	13 480	—	280	64 960	75 980	14
78 042	**95 542**	**182 388**	**148 694**	**1 251 530**	**711 400**	**252 540**	**266 790**	**7 900**	**308 400**	**1 547 030**	**2 798 560**	15
schöpfung												
4 666	24 385	42 796	9 412	142 800	×	×	×	×	×	×	×	16
2 143	−5 384	12 044	237	48 890	×	×	×	×	×	×	×	17
55 768	123 354	75 895	161 127	719 710	×	×	×	×	×	×	×	18
18 976	65 698	108 218	—	284 740	×	×	×	×	×	×	×	19
81 553	**208 053**	**238 953**	**170 776**	**1 196 140**	×	×	×	×	×	×	×	20
ländischer Produktion und Einfuhr												
159 595	303 595	421 341	319 470	2 447 670	×	×	×	×	×	×	×	21
4 428	8 468	13 757	—	274 910	×	×	×	×	×	×	×	22
164 023	**312 063**	**435 098**	**319 470**	**2 722 580**	×	×	×	×	×	×	×	23

über die intermediäre und die letzte Verwendung enthalten keine Umsatzsteuer. Die nichtabzugsfähige Umsatzsteuer ist in einer gesonderten Zeile (Zeile 14) ausgewiesen. Die Vorleistungen (Zeile 15) und die Bruttowertschöpfung (Zeile 20) ergeben den Produktionswert der Produktionsbereiche (Zeile 21). Die Spalten 14 bis 19 zeigen in den Zeilen 1 bis 12 die Zusammensetzung der Kategorien der letzten Verwendung von Waren und Dienstleistungen (Privater Verbrauch im Inland, Staatsverbrauch, Anlageinvestitionen, Vorratsveränderung und Ausfuhr) nach Gütergruppen. Weitere Erläuterungen zum Inhalt und Aufbau der Input-Output-Tabellen enthält die Fachserie 18 »Volkswirtschaftliche Gesamtrechnungen«, Reihe 2 »Input-Output-Tabellen«.

[1]) Einschl. Einfuhr gleichartiger Güter.

23.23 Input-Output-Tabelle 1978 zu Ab-Werk-Preisen

23.23.2 Letzte Verwendung von Waren und Dienstleistungen nach Gütergruppen*)

Mill. DM

Gütergruppe	Privater Verbrauch	Staatsverbrauch	Bruttoinvestitionen		Ausfuhr von Waren und Dienstleistungen	Insgesamt	Nachrichtlich: Einfuhr von Waren und Dienstleistungen[1])
			insgesamt	darunter Anlageinvestitionen			
Produkte der Landwirtschaft	14 836	—	443	—	2 121	17 400	24 778
Produkte der Forstwirtschaft, Fischerei usw.	775	—	297	240	502	1 574	2 825
Elektrizität, Dampf, Warmwasser	12 872	—	—	—	449	13 321	638
Gas	4 142	—	—	—	7	4 149	—
Wasser	—	—	—	—	47	47	1
Kohle, Erzeugnisse des Kohlenbergbaus	845	—	1 487	—	4 571	6 903	1 072
Bergbauerzeugnisse (ohne Kohle, Erdöl und Erdgas)	86	—	56	—	653	795	3 741
Erdöl, Erdgas	—	—	233	—	1 352	1 585	24 843
Chemische Erzeugnisse, Spalt- und Brutstoffe	10 083	—	603	—	34 981	45 667	21 148
Mineralölerzeugnisse	25 335	—	1 103	—	2 467	28 905	17 476
Kunststofferzeugnisse	2 140	—	282	—	4 521	6 943	2 851
Gummierzeugnisse	1 341	—	20	—	2 576	3 937	2 271
Steine und Erden, Baustoffe usw.	1 622	—	787	13	2 828	5 237	2 860
Feinkeramische Erzeugnisse	1 485	—	− 3	—	1 102	2 584	1 136
Glas und Glaswaren	858	—	44	—	1 516	2 418	1 373
Eisen und Stahl	—	—	312	—	14 190	14 502	9 490
NE-Metalle, NE-Metallhalbzeug	—	—	454	331	5 536	5 990	8 286
Gießereierzeugnisse	—	—	933	798	803	1 736	351
Erzeugnisse der Ziehereien, Kaltwalzwerke usw.	84	—	—	—	3 966	4 050	1 808
Stahl- und Leichtmetallbauerzeugnisse, Schienenfahrzeuge	—	—	9 897	9 056	3 693	13 590	712
Maschinenbauerzeugnisse	453	—	32 109	31 929	46 835	79 397	11 734
Büromaschinen, ADV-Geräte und -Einrichtungen	119	—	6 329	6 334	3 548	9 996	3 955
Straßenfahrzeuge	33 860	—	17 350	17 363	39 527	90 737	13 402
Wasserfahrzeuge	153	—	2 298	2 598	2 499	4 950	801
Luft- und Raumfahrzeuge	8	—	1 127	1 086	2 551	3 686	3 403
Elektrotechnische Erzeugnisse	5 987	—	22 156	21 875	28 002	56 145	15 892
Feinmechanische und optische Erzeugnisse, Uhren	3 865	—	2 424	2 475	5 182	11 471	3 706
EBM-Waren	2 252	—	5 779	5 626	10 171	18 202	4 675
Musikinstrumente, Spielwaren, Sportgeräte, Schmuck usw.	5 656	—	281	354	2 374	8 311	3 727
Holz	395	—	− 23	—	869	1 241	2 788
Holzwaren	17 513	—	4 492	4 702	2 796	24 801	2 809
Zellstoff, Holzschliff, Papier, Pappe	202	—	76	—	2 053	2 331	5 145
Papier- und Pappewaren	1 993	—	133	—	1 383	3 509	924
Erzeugnisse der Druckerei und Vervielfältigung	161	—	99	—	1 988	2 248	972
Leder, Lederwaren, Schuhe	9 102	—	− 272	—	1 197	10 027	4 245
Textilien	15 899	—	− 170	391	8 359	24 088	13 714
Bekleidung	26 685	—	−1 014	—	3 162	28 833	7 720
Nahrungsmittel (ohne Getränke)	80 615	—	793	—	10 600	92 008	17 876
Getränke	13 497	—	− 58	—	533	13 972	2 662
Tabakwaren	11 492	—	− 102	—	500	11 890	447
Hoch- und Tiefbauleistungen u. ä.	—	—	84 915	84 915	6 229	91 144	4 395
Ausbauleistungen	1 812	—	44 821	44 821	47	46 680	33
Dienstleistungen des Großhandels u. ä., Rückgewinnung	22 631	—	12 150	10 687	16 835	51 616	2 407
Dienstleistungen des Einzelhandels	85 627	—	—	—	—	85 627	—
Dienstleistungen der Eisenbahnen	4 295	—	693	223	1 012	6 000	388
Dienstleistungen der Schiffahrt, Wasserstraßen, Häfen	375	—	101	—	6 882	7 358	2 961
Dienstleistungen des Postdienstes und Fernmeldewesens	13 430	—	—	—	145	13 575	249
Dienstleistungen des sonstigen Verkehrs	16 496	—	1 415	1 133	2 560	20 471	2 463
Dienstleistungen der Kreditinstitute	3 410	—	—	—	350	3 760	61
Dienstleistungen der Versicherungen (ohne Sozialversicherung)	14 430	—	—	—	163	14 593	111
Dienstleistungen der Gebäude- und Wohnungsvermietung	93 708	—	—	—	3 146	96 854	72
Marktbestimmte Dienstleistungen des Gastgewerbes und der Heime	24 914	—	—	—	1 403	26 317	3 765
Dienstleistungen der Wissenschaft und Kultur und der Verlage	14 664	—	—	—	878	15 542	3 128
Marktbestimmte Dienstleistungen des Gesundheits- und Veterinärwesens	7 026	—	—	—	1 216	8 242	442
Sonstige marktbestimmte Dienstleistungen	27 438	—	6 360	6 360	4 783	38 581	6 178
Dienstleistungen der Gebietskörperschaften	9 754	174 760	—	—	461	184 975	—
Dienstleistungen der Sozialversicherung	—	77 780	—	—	—	77 780	—
Dienstleistungen der privaten Organisationen ohne Erwerbszweck, häusliche Dienste	13 779	—	—	—	—	13 779	—
Alle Gütergruppen ohne Umsatzsteuer	**660 200**	**252 540**	**261 210**	**253 310**	**308 120**	**1 482 070**	**274 910**
Nichtabzugsfähige Umsatzsteuer	51 200	—	13 480	13 480	280	64 960	.
Alle Gütergruppen einschl. nichtabzugsfähiger Umsatzsteuer	**711 400**	**252 540**	**274 690**	**266 790**	**308 400**	**1 547 030**	.

*) Ergebnis der Input-Output-Rechnung. – Abgegrenzt nach dem Inlandskonzept (siehe auch Erläuterungen in der Vorbemerkung S. 520 und 522).

[1]) Gesamte Einfuhr zu Ab-Zoll-Preisen.

24 Zahlungsbilanz

24.0 Vorbemerkung

Die Zahlungsbilanz gibt ein zusammengefaßtes Bild der wirtschaftlichen Transaktionen zwischen In- und Ausländern. Sie gliedert sich in Leistungsbilanz und Kapitalbilanz. In der **Leistungsbilanz** werden alle Waren- und Dienstleistungsumsätze und Übertragungen dargestellt, die im Berichtszeitraum stattgefunden haben. Unter den Übertragungen sind die Gegenbuchungen zu den Güter- und Kapitalbewegungen zu finden, die unentgeltlich erfolgt sind. In der **Kapitalbilanz** werden die Bewegungen des langfristigen Kapitalverkehrs teils brutto, d. h. getrennt nach Zunahme (Neuanlage) und Abnahme (Tilgung, Liquidation) von Ansprüchen bzw. Verbindlichkeiten, teils auch netto, d. h. als Saldo der Zu- und Abnahme von Ansprüchen bzw. Verbindlichkeiten, dargestellt. Der kurzfristige Kapitalverkehr zeigt die Bestandsveränderungen an kurzfristigen Ansprüchen und Verbindlichkeiten. Als Saldo der Kapitalbilanz erhält man die Zu- (+) oder Abnahme (−) des Netto-Auslandsvermögens.

Die Zahlungsbilanz ist, wie jedes geschlossene Buchhaltungssystem, formal stets ausgeglichen. In der hier gewählten Darstellung gilt für den **rechnerischen Zusammenhang** zwischen den erwähnten zwei Teilen der Zahlungsbilanz folgende Gleichung:

Saldo der Leistungsbilanz − Saldo der Kapitalbilanz = Ungeklärte Beträge.

Vorzeichen sind im Prinzip nur bei Salden und Bestandsveränderungen gesetzt worden. In der Kapitalbilanz bedeutet ein **Plus**zeichen bei Bestandsveränderungen stets eine **Erhöhung** von Ansprüchen oder von Verbindlichkeiten und ein **Minus**zeichen deren **Verminderung.** (Bei Salden aus Veränderungen von Ansprüchen und Verbindlichkeiten bedeutet ein Pluszeichen stets eine Nettovermögens-Zunahme und ein Minuszeichen eine Nettovermögens-Abnahme.)

Um das Verständnis der Kapitalbilanz zu erleichtern, wurde in den beiden detaillierten Tabellen 24.1 und 24.2 eine Darstellung gewählt, die von der üblichen Form etwas abweicht. Üblicherweise werden auf der linken Seite alle Vermögensabnahmen nachgewiesen (also sowohl die Abnahme von Ansprüchen wie die Zunahme von Verbindlichkeiten) und entsprechend auf der rechten Seite alle Vermögenszunahmen. In den genannten Tabellen ist die Kapitalbilanz dagegen in Ansprüche (rechts) und Verbindlichkeiten (links) gegliedert worden. Im Zusammenhang mit dieser Umstellung wurden auch die Vorzeichen in der Weise gesetzt, daß − wie oben bereits geschildert − jede Bestandserhöhung mit einem Pluszeichen, jede Verminderung mit einem Minuszeichen erscheint, und zwar auch dann, wenn es sich um Verbindlichkeiten handelt.

Ansprüche sind wirtschaftliche Rechte gegen das Vermögen fremder Volkswirtschaften. (In der Tabelle über den langfristigen privaten Kapitalverkehr mit dem Ausland auf S. 557 werden sie als »Deutsche Kapitalanlagen im Ausland« bezeichnet.) **Verbindlichkeiten** sind alle Anrechte auf Teile des deutschen Volksvermögens, die sich in der Hand von Ausländern befinden (»Ausländische Kapitalanlagen im Inland«). Zu den kurzfristigen Ansprüchen (Verbindlichkeiten) rechnen insbesondere Bankguthaben und Geldmarktpapiere. Zu den langfristigen Ansprüchen (Verbindlichkeiten) gehören die Forderungen mit mehr als einjähriger Laufzeit und alle Eigentumsrechte, wie z. B. Aktien, GmbH-Anteile oder das Eigentum an Zweigniederlassungen.

Die Gliederung des Kapitalverkehrs nach Sektoren folgt der Systematik des Internationalen Währungsfonds. Sie ist der Sektorengliederung in den Volkswirtschaftlichen Gesamtrechnungen angenähert und erleichtert die Analyse der Kapitalbewegungen, da für den Kapitalmarkt der einzelnen Sektoren jeweils ganz spezifische Gesichtspunkte entscheidend sind. Es werden folgende Sektoren unterschieden: Unternehmen (ohne Deutsche Bundesbank und Geschäftsbanken) und private Haushalte, Staat, Geschäftsbanken, Deutsche Bundesbank. Eine Trennung der privaten Haushalte von den Unternehmen ist bisher aus technischen Gründen nicht möglich. Zu den Unternehmen rechnen auch die Unternehmen in öffentlichem Besitz, wie etwa die Deutsche Bundesbahn und die Deutsche Bundespost. Der Sektor »Staat« umfaßt den Bund einschl. Lastenausgleichsfonds und ERP-Sondervermögen, die Länder, Gemeinden und Gemeindeverbände sowie die Sozialversicherung.

Die regionale Gliederung des Warenverkehrs wird nach Herstellungsländern (Einfuhr) und Verbrauchsländern (Ausfuhr) vorgenommen. Die übrigen außenwirtschaftlichen Vorgänge werden im Grundsatz dem Land zugerechnet, in dem der ausländische Transaktionspartner wirtschaftlich ansässig ist. Beim langfristigen Kapitalverkehr besteht insofern eine Ausnahme, als beim Handel mit ausländischen Wertpapieren die Zuordnung nicht nach dem Land des Kontrahenten, sondern nach dem Land des Emittenten erfolgt. Im kurzfristigen Kapitalverkehr werden im allgemeinen nur die Bestandsveränderungen an Ansprüchen und Verbindlichkeiten gegenüber ausländischen Banken usw. erfaßt und entsprechend regional gegliedert. Es werden also z. B. Veränderungen von Guthaben eines Inländers bei einer Bank in Frankreich als Devisenein- bzw. -ausgänge gegenüber Frankreich erfaßt, unabhängig davon, auf welche Währung (Franc, Dollar, Pfund Sterling o. ä.) das Guthaben lautet, und gleichgültig, ob z. B. Erhöhungen des Guthabens aus Einzahlungen durch Franzosen oder Angehörige eines dritten Landes resultieren. Eine Berichtigung um Zahlungen, die zwischen In- und Ausländern aus Guthaben in einem dritten Land geleistet werden, ist ab 1969 aufgrund der starken Zunahme der multilateralen Zahlungen im Zusammenhang mit spekulativen Geldbewegungen nicht mehr möglich. Die Währungsreserven der Deutschen Bundesbank und der Restposten der Zahlungsbilanz (Ungeklärte Beträge) werden deshalb nicht mehr in regionaler Gliederung nachgewiesen.

24.1 Entwicklung der Zahlungsbilanz*)

Mill. DM

Gegenstand der Nachweisung	1979	1980	1981	1982	1979	1980	1981	1982
	Leistungsbilanz							
	Ausfuhr bzw. Einnahmen				**Einfuhr bzw. Ausgaben**			
Warenverkehr (fob-Werte)¹)	**304 345**	**339 464**	**388 443**	**420 345**	**272 327**	**320 578**	**348 041**	**356 595**
Dienstleistungsverkehr	**77 874**	**88 624**	**107 591**	**115 151**	**99 839**	**111 507**	**135 823**	**142 744**
Reiseverkehr	10 617	11 921	14 080	13 629	32 212	36 992	39 629	39 501
Seefrachten²)	6 220	7 013	8 512	8 257	6 131	6 173	7 832	7 258
Binnenschiffs- und LKw-Frachten	1 065	1 162	1 260	1 410	2 241	2 356	2 401	2 470
Sonstige Frachten	1 231	1 595	1 741	1 822	167	182	241	218
Personenbeförderung	2 958	3 493	4 327	4 716	3 428	3 860	4 652	4 510
Hafendienste³)	3 193	4 061	4 781	4 939	4 471	5 154	6 258	6 457
Sonstige Transportleistungen⁴)	557	798	775	929	965	1 203	1 552	1 283
Versicherungen	2 619	2 723	4 567	4 519	3 180	3 747	5 493	5 362
Provisionen, Werbe- und Messekosten	1 533	1 743	1 940	2 282	6 762	7 297	8 591	9 430
Lizenzen und Patente	961	1 101	1 233	1 361	2 516	2 624	2 666	2 702
Kapitalerträge	20 145	23 106	28 939	32 188	17 057	18 883	29 149	34 544
Arbeitsentgelte⁵)	3 920	4 209	5 031	6 308	5 667	6 774	7 603	8 054
Bauleistungen, Montagen, Ausbesserungen	6 013	7 056	9 169	8 619	4 379	4 823	6 214	6 732
Regierung	905	1 039	802	843	2 898	3 386	3 506	4 017
Leistungen für ausländische militärische Dienststellen⁶)	9 190	10 290	12 655	15 043	—	—	—	—
Andere Dienstleistungen	6 747	7 313	7 780	8 287	7 768	8 053	10 036	10 208
Übertragungen (unentgeltliche Leistungen)	**11 360**	**11 592**	**11 100**	**11 324**	**32 601**	**36 137**	**37 963**	**39 413**
Private Übertragungen								
Überweisungen ausländischer Gastarbeiter	—	—	—	—	6 950	7 450	7 900	7 800
Andere private Übertragungen	930	1 216	1 457	1 660	4 022	4 761	5 477	6 069
Staatliche Übertragungen								
Wiedergutmachungsleistungen	—	—	—	—	1 513	1 645	1 788	1 732
Europäische Gemeinschaften	8 452	8 415	7 614	7 601	12 439	12 956	14 184	15 035
Sonstige internationale Organisationen	12	8	3	8	1 503	1 280	1 413	1 451
Andere staatliche Übertragungen	1 966	1 953	2 026	2 055	6 173	8 045	7 200	7 326
Insgesamt	**393 579**	**439 680**	**507 134**	**546 820**	**404 767**	**468 222**	**521 828**	**538 752**
Saldo der Leistungsbilanz	**−11 189**	**−28 541**	**−14 693**	**+ 8 067**	—	—	—	—
	Kapitalbilanz							
	Veränderung der Verbindlichkeiten				**Veränderung der Ansprüche**			
Unternehmen und private Haushalte⁷)								
Langfristiges Kapital⁸)	+31 988	+11 086	+14 922	+ 5 096	+18 436	+26 546	+24 125	+26 324
Kurzfristiges Kapital	+ 6 190	+19 944	+22 573	+ 9 234	+11 513	+12 304	+14 413	+ 6 465
Staat								
Langfristiges Kapital	+ 892	+23 103	+21 908	+ 9 151	+ 2 401	+ 2 316	+ 3 887	+ 4 082
Kredit- und Darlehensgewährung	2 494	25 575	27 886	28 862	5 051	5 806	6 057	5 596
Tilgungen und Rückkäufe	1 602	2 472	5 977	19 711	2 650	3 490	2 171	1 514
Kurzfristiges Kapital	− 482	− 345	+ 3 116	+ 1 214	− 173	+ 14	+ 625	+ 1 098
Geschäftsbanken⁸)								
Guthaben bzw. Einlagen	+ 5 835	− 1 662	+ 919	+ 3 759	+ 1 742	+ 7 101	+11 207	− 4 392
Deutsche Bundesbank⁹)	—	—	—	—	− 7 288	−25 730	+ 1 278	+ 2 667
Ausgleichsposten zur Auslandsposition der Bundesbank¹⁰)	− 2 334	+ 2 164	+ 3 561	− 411	—	—	—	—
Insgesamt	**+42 089**	**+54 290**	**+66 999**	**+28 043**	**+26 631**	**+22 551**	**+55 535**	**+36 244**
Zunahme des Netto-Auslandsvermögens (+)	—	—	—	—	**−15 458**	**−31 739**	**−11 464**	**+ 8 201**
Ungeklärte Beträge⁷)¹¹)	—	—	—	—	**+ 4 269**	**+ 3 198**	**− 3 228**	**− 133**

*) Nach Berechnungen der Deutschen Bundesbank (Stand: April 1983).

¹) Spezialhandel zuzüglich Ergänzungen zum Warenverkehr (Transithandel (netto), Lagerverkehr auf inländische Rechnung u. a.). – Die Einfuhr wurde von den cif-Werten der Außenhandelsstatistik auf fob-Werte umgerechnet. – In der regionalen Gliederung: Einfuhr nach Herstellungsländern, Ausfuhr nach Verbrauchsländern.

²) Einnahmen und Ausgaben ohne die Einfuhrfrachten, die von deutschen Importeuren an deutsche Reeder gezahlt werden.

³) bis ⁸) siehe S. 555 und ⁹) bis ¹⁸) S. 556.

24.2 Regionale Gliederung der Zahlungsbilanz 1981*)

Mill. DM

Gegenstand der Nachweisung	Insgesamt	EG-Länder[12])	Andere europäische Länder[13])	Staatshandelsländer in Europa und Asien	Vereinigte Staaten[14])	Andere außereuropäische Industrieländer[15])	OPEC-Länder	Entwicklungsländer[16])	Internationale Organisationen[12])	Regional nicht aufteilbar
Leistungsbilanz										
Ausfuhr bzw. Einnahmen										
Waren[1])	**388 303**	**179 602**	**74 457**	**19 931**	**26 807**	**16 686**	**35 205**	**35 569**	**—**	**46**
Dienstleistungen	**107 943**	**36 179**	**15 101**	**3 335**	**25 407**	**5 757**	**10 151**	**8 723**	**3 218**	**73**
Reiseverkehr	14 291	6 565	4 164	74	2 015	842	329	250	—	52
Seefrachten[2])	8 512	3 299	1 025	334	1 040	1 016	453	1 345	—	—
Binnenschiffs- und LKw-Frachten	1 260	624	230	60	81	51	106	109	—	—
Sonstige Frachten	1 741	444	427	80	297	178	49	266	—	—
Personenbeförderung	4 327	1 096	848	62	764	517	346	693	—	—
Hafendienste[3])	4 781	2 095	646	491	770	166	162	451	—	0
Sonstige Transportleistungen[4])	775	354	213	49	24	6	35	96	—	0
Versicherungen	4 567	1 533	613	20	1 587	337	168	292	—	16
Provisionen, Werbe- und Messekosten	1 939	841	382	83	110	172	91	204	51	4
Lizenzen und Patente	1 233	292	202	47	302	246	24	120	—	0
Kapitalerträge	29 248	9 139	3 457	1 414	7 920	1 120	1 404	3 067	1 727	0
Arbeitsentgelte[5])	4 960	1 196	903	103	800	200	407	273	1 078	0
Bauleistungen, Montagen, Ausbesserungen	9 169	867	386	329	127	165	6 327	968	—	0
Regierungseinnahmen	772	113	70	10	57	32	23	106	360	—
Leistungen für ausländische militärische Dienststellen[6])	12 655	3 975	—	—	8 332	347	—	—	—	—
Andere Dienstleistungen	7 713	3 745	1 534	178	1 180	364	226	483	2	0
Übertragungen	**11 082**	**9 471**	**847**	**13**	**382**	**110**	**53**	**202**	**3**	**0**
Private Übertragungen										
Renten, Pensionen, Unterstützungszahlungen	372	222	137	0	7	1	1	4	—	0
Andere private Übertragungen	1 085	403	205	12	309	52	40	64	0	—
Staatliche Übertragungen										
Internationale Organisationen	7 617	7 614	—	—	—	—	—	—	3	—
Andere staatliche Übertragungen	2 008	1 233	506	1	67	55	13	134	—	0
Insgesamt	**507 328**	**225 252**	**90 405**	**23 279**	**52 596**	**22 553**	**45 409**	**44 494**	**3 221**	**119**
Saldo der Leistungsbilanz	**−16 578**	**−13 389**	**−3 605**	**+2 228**	**+5 475**	**−4 155**	**− 179**	**−2 466**	**+ 61**	**− 547**
Kapitalbilanz										
Veränderung der Verbindlichkeiten										
Unternehmen und private Haushalte[7])										
Langfristige Verbindlichkeiten[8])	+16 101	+ 7 443	+ 206	+ 14	+2 794	+1 395	+ 2 623	+1 543	+ 86	− 1
Kurzfristige Verbindlichkeiten	+22 573	+11 629	+1 587	+ 23	+ 243	− 80	+ 207	+ 815	—	+8 149
Staat										
Langfristige Verbindlichkeiten	+21 908	+ 7 010	+ 286	—	+ 349	+ 19	+14 353	+ 209	−319	—
Kreditaufnahme	27 886	10 298	1 140	—	573	22	15 047	619	187	—
Tilgungen und Rückläufe	5 977	3 288	854	—	224	2	694	410	505	—
Kurzfristige Verbindlichkeiten	+ 3 116	+ 2 175	+ 47	—	+ 800	—	+ 9	+ 82	+ 3	—
Geschäftsbanken[8])										
Verbindlichkeiten gegenüber ausländischen Banken	− 3 328	− 2 963	− 511	− 420	+ 263	+ 704	− 283	− 631	−625	+1 138
Verbindlichkeiten gegenüber ausländischen Nichtbanken	+ 4 247	+ 693	+1 914	+ 33	+ 23	+ 190	+ 410	+ 773	+210	+ 1
Deutsche Bundesbank[17])	+ 3 561	.	.	.	.	.	.	.	.	.
Insgesamt	**+68 178**	.	.	.	.	.	.	.	.	.

*) Nach Berechnungen der Deutschen Bundesbank (Stand: Juli 1982; die Angaben stimmen daher nicht mit Tabelle 24.1 überein, die nach dem Stand vom April 1983 berechnet ist). Abweichungen in den Summen, soweit sich einzelne Transaktionen regional nicht zuordnen lassen. Fußnoten [1]) und [2]) siehe S. 554.

[3]) Einschl. Schiffs- und Flugzeugbedarf, Notreparaturen und Eisenbahntransportnebenkosten.

[4]) Einschl. Reparaturen an Transportmitteln.

[5]) Einschl. Arbeitsentgelte von ein- und auspendelnden Grenzarbeitnehmern, jedoch ohne Arbeitsentgelte der ausländischen Arbeitnehmer, die wirtschaftlich als Inländer anzusehen sind; Lohnüberweisungen der ausländischen Arbeitnehmer in die Heimatländer sind bei den Übertragungen berücksichtigt.

[6]) Einnahmen aus Warenlieferungen und Dienstleistungen.

[7]) Die private Kreditgewährung im Rahmen des Warenhandels ist z. T. in den »Ungeklärten Beträgen« enthalten. Über den langfristigen privaten Kapitalverkehr siehe Tabelle 24.3.

[8]) Der langfristige Kapitalverkehr der Geschäftsbanken ist in dem der Unternehmen enthalten. – Aufgliederung des langfristigen privaten Kapitalverkehrs siehe Tabelle 24.3.

[9]) bis [18]) siehe S. 556.

24.2 Regionale Gliederung der Zahlungsbilanz 1981*)

Mill. DM

Gegenstand der Nachweisung	Insgesamt	EG-Länder[12])	Andere europäische Länder[13])	Staatshandelsländer in Europa und Asien	Vereinigte Staaten[14])	Andere außereuropäische Industrieländer[15])	OPEC-Länder	Entwicklungsländer[16])	Internationale Organisationen[12])	Regional nicht aufteilbar
					Leistungsbilanz					
					Einfuhr bzw. Ausgaben					
Waren[1])	**347 970**	**164 751**	**49 281**	**17 948**	**28 287**	**21 198**	**35 709**	**30 796**	**—**	**0**
Dienstleistungen	**137 701**	**55 036**	**35 831**	**2 750**	**16 630**	**4 836**	**8 851**	**11 931**	**1 744**	**90**
Reiseverkehr	40 301	16 753	17 788	668	2 450	758	143	1 656	—	85
Seefrachten[2])	7 832	1 698	942	337	1 718	1 054	548	1 536	—	—
Binnenschiffs- und LKw-Frachten	2 401	1 843	482	76	0	0	0	—	—	—
Sonstige Frachten	242	82	44	6	48	20	11	32	—	—
Personenbeförderung	4 652	1 347	1 195	252	794	343	122	598	—	1
Hafendienste[3])	6 258	2 784	674	158	1 107	485	222	827	—	—
Sonstige Transportleistungen[4])	1 552	606	215	45	100	83	22	480	—	—
Versicherungen	5 494	2 038	915	49	1 628	284	140	440	—	—
Provisionen, Werbe- und Messekosten	8 594	2 546	2 144	116	418	331	1 356	1 683	0	0
Lizenzen und Patente	2 666	756	564	11	1 288	37	1	9	—	0
Kapitalerträge	30 361	14 204	6 015	218	3 743	617	2 906	2 428	227	3
Arbeitsentgelte[5])	7 589	4 133	1 610	69	1 062	132	314	263	5	0
Bauleistungen, Montagen, Ausbesserungen	6 215	1 430	1 029	226	516	313	2 300	402	—	0
Regierungsausgaben	3 506	536	215	51	752	94	83	264	1 511	0
Andere Dienstleistungen	10 039	4 281	2 000	469	1 006	285	685	1 313	—	0
Übertragungen	**38 236**	**18 854**	**8 897**	**353**	**2 206**	**672**	**1 028**	**4 233**	**1 417**	**577**
Private Übertragungen										
Renten, Pensionen, Unterstützungszahlungen	2 582	265	314	75	269	169	75	933	2	480
Überweisungen ausländischer Arbeitnehmer	8 300	1 805	6 090	—	40	20	10	260	—	75
Andere private Übertragungen	2 768	826	462	105	311	111	852	99	2	0
Staatliche Übertragungen										
Wiedergutmachungsleistungen	1 788	431	99	1	480	107	2	668	—	—
Internationale Organisationen	15 597	14 184	—	—	—	—	—	—	1 413	—
Renten, Pensionen, Unterstützungszahlungen	3 578	917	1 190	132	628	219	7	485	—	—
Zuwendungen an Entwicklungsländer	1 891	4	44	29	0	2	77	1 714	—	21
Andere staatliche Übertragungen	1 731	422	697	11	477	46	4	73	0	0
Insgesamt	**523 907**	**238 641**	**94 009**	**21 051**	**47 123**	**26 706**	**45 588**	**46 960**	**3 161**	**667**
					Kapitalbilanz					
					Veränderungen der Ansprüche					
Unternehmen und private Haushalte[7])										
Langfristige Ansprüche[8])	+24 685	+8 776	+3 070	− 57	+3 884	+3 303	+1 216	+3 579	+898	+ 15
Kurzfristige Ansprüche	+14 413	− 395	+ 631	+ 4	+ 19	+ 344	+ 587	+ 223	—	+13 001
Staat										
Langfristige Ansprüche	+ 3 887	+ 18	+ 839	+504	− 248	+ 58	+ 400	+2 195	+120	—
Kreditgewährung	6 057	176	1 234	519	18	71	597	3 321	121	—
Tilgungen und Rückkäufe	2 171	158	395	15	266	12	197	1 126	1	—
Kurzfristige Ansprüche	+ 625	− 134	− 44	—	+ 291	—	—	− 14	+525	—
Geschäftsbanken[8])										
Forderungen an ausländische Banken	+11 638	+9 855	− 35	+101	+ 486	+ 425	− 353	+1 142	− 1	+ 18
Forderungen an ausländische Nichtbanken	+ 763	+ 788	+ 45	+ 41	− 85	+ 60	+ 23	− 88	− 21	—
Sonstige Forderungen[18])	− 1 194	− 16	+ 3	—	+ 1	—	—	+ 1	—	− 1 183
Deutsche Bundesbank[9])	+ 1 278	.	.	.	.	.	.	.	.	.
Insgesamt	**+56 095**	.	.	.	.	.	.	.	.	.
Zunahme des Netto-Auslandsvermögens (+)	**−12 083**	.	.	.	.	.	.	.	.	.
Ungeklärte Beträge[7])[11])	**− 4 494**	.	.	.	.	.	.	.	.	.

*) Nach Berechnungen der Deutschen Bundesbank (Stand: Juli 1982; die Angaben stimmen daher nicht mit Tabelle 24.1 überein, die nach dem Stand vom April 1983 berechnet ist). Abweichungen in den Summen, soweit sich einzelne Transaktionen regional nicht zuordnen lassen. Fußnoten [1]) und [2]) siehe S. 554 und [3]) bis [8]) S. 555.

9) Veränderung der Netto-Auslandsaktiva der Bundesbank, einschl. Neubewertung der Auslandsposition der deutschen Bundesbank und Veränderungen der Reserveposition im IWF.

10) Gegenposten zu Veränderungen der Auslandsposition der Deutschen Bundesbank aufgrund der Zuteilung von IWF-Sonderziehungsrechten und Neubewertungen der Auslandsposition.

11) In diesem Posten schlagen sich vor allem die statistisch nicht erfaßten Veränderungen in den Zahlungsbedingungen im Außenhandel (terms of payment) nieder.

12) Die Organisationen der Europäischen Gemeinschaften werden bei den EG-Ländern und nicht bei den Internationalen Organisationen nachgewiesen.

13) Andorra, Färöer, Finnland, Island, Norwegen, Österreich, Schweden, Schweiz, Vatikanstadt und europäische Entwicklungsländer.

14) Einschl. Panamakanal-Zone und Puerto Rico.

15) Australien, Japan, Kanada, Neuseeland und Südafrika einschl. Namibia (Südwestafrika).

16) Nach dem Länderverzeichnis des Development Assistance Committee (DAC) bei der OECD (ohne europäische Entwicklungsländer, OPEC-Länder und Staatshandelsländer). – Siehe Vorbemerkung zu Tabelle 24.4, S. 558.

17) Ausgleichsposten zur Auslandsposition der Deutschen Bundesbank.

18) Einschl. der Veränderung des Goldbestandes der Kreditinstitute.

24.3 Langfristiger privater Kapitalverkehr mit dem Ausland*)

Mill. DM

24.3.1 Veränderung der deutschen Kapitalanlagen im Ausland

Zusammenfassung

Form der deutschen Kapitalanlagen	Zugang 1978	Zugang 1979	Zugang 1980	Zugang 1981	Zugang 1982	Abgang 1978	Abgang 1979	Abgang 1980	Abgang 1981	Abgang 1982
Beteiligungen[1])	10 613	12 169	11 441	13 541	11 449	3 371	4 031	4 020	3 433	2 753
Dividendenwerte[2])	5 902	5 091	8 449	9 339	7 524	5 251	5 860	8 074	9 280	7 167
Festverzinsliche Wertpapiere	35 723	29 850	36 591	36 447	74 602	32 170	26 124	29 253	30 316	63 595
Kredite und Darlehen[3])	28 836	30 467	35 079	36 077	32 097	20 067	24 002	25 074	29 992	27 305
Sonstige Kapitalanlagen[4])	684	1 060	1 600	1 875	1 649	40	185	193	128	176
Insgesamt	**81 757**	**78 637**	**93 160**	**97 279**	**127 321**	**60 898**	**60 201**	**66 614**	**73 149**	**100 997**

Nach Ländergruppen[5])

Form der deutschen Kapitalanlagen	Zugang EG-Länder	Zugang Andere europ. Länder	Zugang Vereinigte Staaten	Zugang Entwicklungsländer	Zugang Übrige Länder	Abgang EG-Länder	Abgang Andere europ. Länder	Abgang Vereinigte Staaten	Abgang Entwicklungsländer	Abgang Übrige Länder
					1980					
Beteiligungen[1])	2 950	1 433	4 398	1 578	1 079	666	739	1 098	508	352
Dividendenwerte[2])	1 169	570	4 358	85	2 267	1 501	422	4 087	112	1 951
Festverzinsliche Wertpapiere	11 574	6 153	3 146	4 183	11 535	9 535	5 281	811	3 314	10 313
Kredite und Darlehen[3])	13 641	5 838	1 583	5 033	8 984	8 417	4 631	1 205	4 827	5 993
Sonstige Kapitalanlagen[4])	431	544	349	43	235	33	145	5	1	11
Insgesamt	**29 765**	**14 538**	**13 833**	**10 921**	**24 100**	**20 152**	**11 218**	**7 205**	**8 761**	**18 621**
					1981					
Beteiligungen[1])	4 322	1 531	4 497	2 350	1 341	1 461	358	986	346	228
Dividendenwerte[2])	929	543	4 338	138	3 391	1 097	384	4 263	94	3 444
Festverzinsliche Wertpapiere	8 297	4 275	5 408	5 162	13 305	7 467	3 903	2 981	4 551	11 415
Kredite und Darlehen[3])	17 020	5 023	2 258	3 907	7 869	12 254	4 211	4 834	3 043	5 650
Sonstige Kapitalanlagen[4])	532	594	467	56	225	46	39	20	1	22
Insgesamt	**31 099**	**11 967**	**16 968**	**11 614**	**26 132**	**22 324**	**8 896**	**13 084**	**8 034**	**20 757**

24.3.2 Veränderung der ausländischen Kapitalanlagen in der Bundesrepublik Deutschland

Zusammenfassung

Form der ausländischen Kapitalanlagen	Zugang 1978	Zugang 1979	Zugang 1980	Zugang 1981	Zugang 1982	Abgang 1978	Abgang 1979	Abgang 1980	Abgang 1981	Abgang 1982
Beteiligungen[1])	6 517	6 961	5 032	7 197	8 059	3 388	3 936	4 598	4 451	4 991
Dividendenwerte[2])	7 803	5 711	6 492	8 976	7 852	4 765	3 879	5 922	6 511	7 349
Festverzinsliche Wertpapiere	8 679	11 219	7 716	8 429	16 417	8 555	7 183	7 422	9 882	14 194
Kredite und Darlehen[3])	26 125	36 805	30 120	39 056	34 873	11 144	13 696	20 184	27 865	35 346
Sonstige Kapitalanlagen[4])	80	133	22	155	25	147	147	169	182	250
Insgesamt	**49 204**	**60 829**	**49 382**	**63 812**	**67 225**	**28 000**	**28 841**	**38 295**	**48 891**	**62 129**

Nach Ländergruppen[5])

Form der ausländischen Kapitalanlagen	Zugang EG-Länder	Zugang Andere europ. Länder	Zugang Vereinigte Staaten	Zugang Entwicklungsländer	Zugang Übrige Länder	Abgang EG-Länder	Abgang Andere europ. Länder	Abgang Vereinigte Staaten	Abgang Entwicklungsländer	Abgang Übrige Länder
					1980					
Beteiligungen[1])	2 583	1 131	1 125	325	285	1 460	555	639	607	60
Dividendenwerte[2])	2 151	1 424	172	744	2 001	1 961	2 606	137	222	995
Festverzinsliche Wertpapiere	3 597	872	416	1 898	933	4 381	1 136	281	925	698
Kredite und Darlehen[3])	16 266	4 997	868	3 993	3 996	10 152	4 145	626	3 037	2 224
Sonstige Kapitalanlagen[4])	7	13	0	1	2	37	63	25	29	15
Insgesamt	**24 604**	**8 437**	**2 582**	**6 961**	**7 213**	**17 992**	**8 506**	**1 708**	**4 819**	**3 992**
					1981					
Beteiligungen[1])	3 359	1 400	2 724	177	387	1 884	760	1 055	76	84
Dividendenwerte[2])	3 554	1 491	302	673	2 956	2 255	2 385	147	353	1 373
Festverzinsliche Wertpapiere	5 345	633	727	761	963	6 160	861	337	2 228	297
Kredite und Darlehen[3])	21 059	6 421	2 058	6 061	3 185	15 663	5 659	1 454	3 470	1 610
Sonstige Kapitalanlagen[4])	140	7	5	1	1	52	83	28	3	15
Insgesamt	**33 458**	**9 953**	**5 816**	**7 673**	**7 493**	**26 014**	**9 747**	**3 021**	**6 130**	**3 377**

*) Berechnungen der Deutschen Bundesbank. Die zusammenfassenden Angaben beziehen sich auf den Stand April 1983 bzw. Juli 1982 (für regionale Angaben).
[1]) Einschl. Beteiligungen in Form von Aktien.
[2]) Aktien, soweit nicht Beteiligungen; einschl. Investmentzertifikate.
[3]) Nur Kredite und Darlehen, für die bei Vertragsabschluß eine Laufzeit von mehr als zwölf Monaten vereinbart wurde.
[4]) Es handelt sich im wesentlichen um den Erwerb von Grundbesitz.
[5]) Siehe Tabelle 24.2, Fußnoten [12]) bis [16]).

24.4 Leistungen der Bundesrepublik Deutschland an Entwicklungsländer*) und multilaterale Stellen

Die Angaben werden vom Bundesministerium für wirtschaftliche Zusammenarbeit nach einem Schema der OECD/DAC (Development Assistance Committee) zusammengestellt. Sie sind, da sie teilweise auf anderen Unterlagen beruhen, mit den Angaben in der Zahlungsbilanz nicht voll vergleichbar. Einerseits sind in der Zahlungsbilanz auch Leistungen enthalten, die nach den OECD/DAC-Richtlinien nicht berücksichtigt werden. Andererseits sind bestimmte in der DAC-Statistik zu erfassende Leistungen nach den Konzepten der Zahlungsbilanzstatistik nicht aufzunehmen.

Nettoleistungen in Mill. DM

Gegenstand der Nachweisung	1950 bis 1975	1976	1977	1978	1979	1980	1981	1982
Öffentliche Leistungen	**45 923**	**4 117**	**4 127**	**5 160**	**6 423**	**7 620**	**8 704**	**8 997**
Öffentliche Entwicklungszusammenarbeit[1]	38 432	4 009	3 985	4 714	6 219	6 476	7 192	7 681
Bilateral[2]	30 048	2 629	2 399	3 134	4 039	4 219	5 074	5 502
Zuschüsse	14 184	1 289	1 378	1 576	2 470	4 098	3 050	3 227
Technische Zusammenarbeit[3]	8 631	1 114	1 208	1 371	1 534	1 799	1 986	2 114
Sonstige Zuschüsse[4]	5 553	175	170	205	936	2 299[5]	1 064	1 113
Kredite und sonstige Kapitalleistungen	15 864	1 340	1 021	1 558	1 569	121[5]	2 024	2 275
Multilateral[6]	8 384	1 380	1 586	1 580	2 180	2 257	2 118	2 179
Zuschüsse an								
die Vereinten Nationen	1 404	192	200	240	255	292	307	358
die Europäische Wirtschaftsgemeinschaft[7]	3 287	504	514	322	584	849	987	942
sonstige Einrichtungen	46	12	53	66	299	23	27	89
Kapitalanteile / Subskriptionen an								
der Weltbankgruppe[8]	3 077	439	669	782	680	946	680	716
regionalen Entwicklungsbanken	280	176	136	160	349	134	112	77
Kredite	290	57	14	10	13	13	5	− 3
Sonstige öffentliche Leistungen[9]	7 491	108	142	446	204	1 144	1 512	1 316
Bilateral[2]	4 844	39	134	437	201	1 149	1 512	1 362
Kredite der Kreditanstalt für Wiederaufbau	3 921	27	4	176	−128	344	695	1 462
Refinanzierungen des Bundesministeriums der Finanzen	859	−22	99	248	293	760	756	−118
Darlehen der deutschen Gesellschaft für wirtschaftliche Zusammenarbeit	64	34	31	13	36	45	61	18
Multilateral[10]	2 647	69	8	9	3	−5	—	− 46
Private Leistungen	**48 264**	**9 784**	**9 998**	**10 025**	**7 015**	**11 688**	**9 580**	**7 932**
Private Entwicklungshilfe[11]	2 445	515	522	570	714	764	839	949
Private Leistungen zu marktüblichen Bedingungen	45 819	9 269	9 476	9 455	6 301	10 924	8 741	6 983
Bilateral[2]	39 971	6 927	7 383	7 816	4 600	8 462	7 958	6 074
Direktinvestitionen	24 703	1 927	1 964	2 059	1 499	2 867	3 056	2 411
Neuanlagen		1 227	1 364	1 509	949	2 567	2 806	2 341
Reinvestierte Gewinne		700	600	550	550	300	250	70
Wertpapierinvestitionen, Kredite und Kapitalanlagen		2 864	5 017	4 148	1 456	3 073	2 797	3 235
Öffentlich garantierte private Exportkredite	15 268	2 136	402	1 609	1 645	2 522	2 105	428
Multilateral[12]	5 848	2 342	2 093	1 639	1 701	2 462	783	909
Insgesamt	**94 187**	**13 901**	**14 125**	**15 185**	**13 438**	**19 308**	**18 284**	**16 929**

(24 703 gilt zusammen für Direktinvestitionen, Neuanlagen, Reinvestierte Gewinne sowie Wertpapierinvestitionen, Kredite und Kapitalanlagen.)

*) Nach dem Länderverzeichnis des Development Assistance Committee (DAC) bei der OECD.

1) Leistungen an Entwicklungsländer und multilaterale Einrichtungen, die von öffentlichen Stellen einschl. der Zentralregierung und den übrigen Gebietskörperschaften oder von deren ausführenden Organen gewährt werden, wobei jede Transaktion folgende Bedingungen zu erfüllen hat:
- sie muß in erster Linie der Förderung der wirtschaftlichen Entwicklung und der Hebung des Lebensstandards in den Entwicklungsländern dienen,
- sie muß zu vergünstigten finanziellen Bedingungen erbracht werden, d. h. ihr Zuschußelement muß mindestens 25% betragen.

2) Leistungen, die von einem Geberland unmittelbar an ein Entwicklungsland oder an einen regionalen Zusammenschluß von Entwicklungsländern vergeben werden.

3) Unter technischer Zusammenarbeit ist zu verstehen: Leistungen für Studenten, Praktikanten, Fachkräfte und Entwicklungshelfer; die Lieferung von Ausrüstungen und Material für Forschungs-, Ausbildungs- und Demonstrationszwecke; sonstige Zusammenarbeit wie technische Unterstützung und Beratungsdienste auf vertraglicher Basis.

4) Vor allem Zuschüsse im Rahmen finanzieller Zusammenarbeit sowie für Nahrungsmittelhilfe, Verwaltungskosten und humanitäre Hilfe.

5) Infolge Schuldenerlaß an Least Developed Countries (LLDC), Umbuchung früher gewährter Kredite auf Zuschüsse und Gegenbuchung bei Krediten als Rückzahlung in Höhe von rd. 1,5 Mrd. DM.

6) Leistungen, die von den Geberländern über die auf dem Entwicklungssektor tätigen internationalen Organisationen (z. B. Weltbank, UN, EG) vergeben werden.

7) Überwiegend Zuschüsse an den Europäischen Entwicklungsfonds sowie Nahrungsmittelhilfe im Rahmen des Welternährungsprogramms.

8) Weltbank, Internationale Finanzkooperation und Internationale Entwicklungsorganisation.

9) Alle öffentlichen Leistungen, die eine der Bedingungen von Official Development Assistance (ODA) nicht erfüllen.

10) Erwerb der von internationalen Organisationen emittierten Wertpapiere durch öffentliche Stellen (z. B. durch die Deutsche Bundesbank) sowie Gewährung von Krediten.

11) Zuschüsse nichtstaatlicher Organisationen (z. B. Kirchen, Stiftungen, Verbände) aus Eigenmitteln und Spenden an Entwicklungsländer.

12) Emissionen von Schuldtiteln multilateraler Finanzierungsinstitutionen am deutschen Kapitalmarkt sowie Kreditaufnahmen bei deutschen Banken.

24.5 Direktinvestitionen

Angaben über unmittelbare und mittelbare deutsche Direktinvestitionen im Ausland und über unmittelbare und mittelbare ausländische Direktinvestitionen in der Bundesrepublik Deutschland werden von der Deutschen Bundesbank seit Ende 1976 jährlich ermittelt und veröffentlicht. Sie geben Auskunft über den Stand der Kapitalverflechtung der deutschen Wirtschaft mit dem Ausland auf der Grundlage internationaler Unternehmensbeteiligungen. Als Direktinvestitionen werden der Anteil am Nominalkapital und an den Rücklagen eines ausländischen (bzw. inländischen) Unternehmens, der einem Inländer (bzw. einem Ausländer) zuzurechnen ist, sowie alle Kredite und Darlehen, die dieser Anteilseigner dem Unternehmen gewährt hat, bezeichnet. Untergrenze für die Erfasssung als Direktinvestition ist eine Beteiligung von 25 % des Nominalkapitals oder der Stimmrechte. Die aus den Beständen zum jeweiligen Jahresende ableitbaren Bestandsveränderungen werden nicht nur durch Neuinvestitionen und Liquidationen bestimmt, sondern auch durch die Entwicklung von Gewinnen und Verlusten bei Investitionsobjekten sowie durch Änderungen der Währungsrelationen, d. h. Faktoren, die sich nicht in grenzüberschreitenden Kapitalbewegungen niederschlagen. (Ausführliche methodische Erläuterungen enthält der Monatsbericht der Deutschen Bundesbank, 31. Jg. 4/1979, S. 26 ff.)

24.5.1 Unmittelbare und mittelbare ausländische Direktinvestitionen in der Bundesrepublik Deutschland

Mill. DM

Wirtschaftszweig	Stand am Jahresende										
	1976	1977	1978	1979	1980	darunter unmittelbare Direktinvestitionen					
						zusammen	darunter				
							Vereinigte Staaten	Niederlande	Schweiz	Großbrit. u. Nordirl.	Frankreich
Bergbau[1])	642	642	1 176	1 146	1 938	335	234	73	—	—	.[8])
Verarbeitendes Gewerbe	51 946	50 434	53 472	54 715	55 611	42 719	22 622	4 706	6 557	2 827	1 302
Chemische Industrie	8 003	8 381	8 861	9 128	9 241	6 934	2 899	405	1 546	496	228
Mineralölverarbeitung	8 051	6 991	7 898	9 298	9 540	8 514	5 740	1 170	86	.[8])	.[8])
Kunststoff-, Gummi- und Asbestverarbeitung	2 024	2 324	2 256	2 321	2 591	2 011	755	80	475	254	122
Gewinnung und Verarbeitung von Steinen und Erden, Feinkeramik und Glasgewerbe	1 993	2 119	1 958	2 121	2 297	729	323	.[8])	105	85	37
Eisen- und Stahlerzeugung[2])	3 342	2 979	3 327	3 042	3 382	2 564	117	1 477	85	15	325
Maschinenbau[3])	5 137	4 927	4 974	4 740	4 501	3 332	1 466	466	718	120	103
Herstellung von Büromaschinen, Datenverarbeitungsgeräten und -einrichtungen	...	...	...	...	3 271	3 264	3 058	.[8])	.[8])	.[8])	.[8])
Straßenfahrzeugbau	5 550	5 175	5 113	4 746	3 642	3 082	2 775	88	.[8])	.[8])	42
Elektrotechnik[4])	7 524	7 759	8 119	8 204	5 647	3 787	2 021	321	874	69	210
Feinmechanik und Optik, Herstellung von EBM-Waren usw.[5])	1 990	2 037	2 109	2 205	2 283	1 895	1 150	126	345	76	70
Nahrungs- und Genußmittelgewerbe[6])	3 565	3 341	3 563	3 490	3 590	2 632	1 065	184	967	97	58
Sonstige Unternehmen des Verarbeitenden Gewerbes	4 767	4 401	5 294	5 420	5 626	3 975	1 253	326	1 141	124	94
Baugewerbe	372	289	298	270	280	209	.[8])	42	74	.[8])	.[8])
Handel	10 777	11 385	12 384	14 431	14 704	10 955	2 406	911	1 311	594	1 479
Verkehr und Nachrichtenübermittlung	1 069	1 314	1 166	1 158	1 160	670	91	181	131	20	53
Kreditinstitute	3 481	4 087	4 297	4 660	4 877	4 614	1 714	298	24	394	403
Beteiligungsgesellschaften und sonstige Vermögensverwaltung[7])	6 547	6 552	7 802	8 899	9 422	8 361	1 648	1 749	814	1 494	984
Sonstige Dienstleistungen[7])	3 546	3 966	4 679	5 025	4 965	3 284	699	339	920	622	143
Sonstige Unternehmen	519	536	474	755	814	525	.[8])	149	133	.[8])	107
Insgesamt	**78 899**	**79 205**	**85 748**	**91 059**	**93 771**	**71 672**	**29 460**	**8 448**	**9 964**	**5 967**	**4 485**

[1]) Einschl. Mineralölgewinnung.
[2]) Einschl. Stahlverformung.
[3]) Bis 1979 einschl. Herstellung von Büromaschinen.
[4]) Bis 1979 einschl. Herstellung von Datenverarbeitungsgeräten und -einrichtungen.
[5]) Einschl. Herstellung von Musikinstrumenten, Spielgeräten, Spiel- und Schmuckwaren.
[6]) Ohne Tabakverarbeitung.
[7]) Einschl. Finanzierungsinstitutionen, Versicherungsgewerbe, Grundstücks- und Wohnungswesen.
[8]) Aus Gründen der Geheimhaltung von Einzelangaben nicht veröffentlicht, aber in den Summen enthalten.

24.5 Direktinvestitionen

24.5.2 Unmittelbare und mittelbare deutsche Direktinvestitionen im Ausland

Mill. DM

Anlageland	Stand am Jahresende										
	1976	1977	1978	1979	1980[1])	darunter Wirtschaftszweig des ausländischen Investitionsobjekts					
						Chemische Industrie	Maschinenbau[2])	Elektrotechnik	Handel	Kreditinstitute	Beteiligungsgesellschaften und sonstige Vermögensverwaltung
Industrialisierte westliche Länder	36 024	39 590	45 013	54 575	64 657	12 420	5 517	4 474	15 395	4 754	4 500
EG-Länder	16 818	18 197	20 616	24 049	28 587	3 556	1 762	1 415	8 265	4 306	2 373
Belgien	2 619	2 674	2 823	2 795	3 032	908	319	246	755	74	49
Dänemark	.	.	.	664	720	.	.	.	.	.	.
Frankreich	4 743	4 891	5 877	7 085	8 659	1 081	847	401	3 736	284	257
Großbritannien und Nordirland	1 362	1 483	2 023	2 550	3 289	413	205	202	1 429	94	29
Irland	.	.	.	324	416	.	.	.	.	.	.
Italien	1 279	1 315	1 434	1 770	2 562	287	160	331	1 014	.[3])	187
Luxemburg	2 171	2 885	3 580	4 344	4 887	.[3])	.[3])	8	37	3 748	123
Niederlande	4 039	4 253	4 065	4 517	5 022	720	98[4])	150	889	70	1 718
Übrige europäische Länder	8 944	9 811	10 045	11 508	12 601	1 682	1 048	1 647	3 109	349	703
darunter:											
Griechenland	295	380	336	375	466	.	.	.	.	.	.
Norwegen	.	.	.	199	236	.	.	.	.	.	.
Österreich	2 161	2 365	2 510	2 793	3 031	281	293	398	987	.[3])	25
Portugal	324	300	326	248	289	.	.	.	.	.	.
Schweden	493	417	482	529	551	.	.	.	.	.	.
Schweiz	3 215	4 143	3 918	4 129	4 684	175	254	254	1 266	231	660
Spanien	2 022	1 764	2 006	2 827	2 990	949	370	502	335	97	17
Türkei	.	.	.	155	143	.	.	.	.	.	.
Außereuropäische industrialisierte Länder	10 262	11 582	14 352	19 018	23 469	7 182	2 707	1 412	4 021	99	1 424
darunter:											
Australien	395	440	501	596	830	.	.	.	.	.	.
Japan	490	605	831	825	998	.	.	.	.	.	.
Kanada	1 823	1 578	1 479	1 761	2 331	240	26[4])	89	248	—	186
Südafrika	967	804	857	1 160	1 462	242	614	209	139	—	59
Vereinigte Staaten	6 577	8 140	10 669	14 659	17 823	6 251	1 905	951	2 873	77	1 165
Entwicklungsländer[5])	7 713	7 867	9 164	9 583	12 252	1 809	4 181	1 190	779	578	368
in Afrika	764	802	879	912	983	40	.[3])	13	159	.[3])	1
darunter:											
Ägypten	.	153	175	209	278	.	.	.	.	.	.
Kanarische Inseln	.	162	161	227	220	.	.	.	.	.	.
in Amerika	6 124	6 220	7 151	7 448	9 609	1 645	4 074	948	375	.[3])	271
darunter:											
Argentinien	552	527	625	887	1 347	.	.	.	.	.	.
Brasilien	4 559	4 721	5 442	4 945	5 570	875	2 859	570	128	.[3])	86
Mexico	234	330	509	774	1 290	.	.	.	.	.	.
in Asien und Ozeanien	825	845	1 134	1 223	1 660	124	59[4])	229	245	501	96
darunter:											
Hongkong	.	121	135	179	263	.	.	.	.	.	.
Indien	.	143	157	170	205	.	.	.	.	.	.
Singapur	.	262	331	368	574	.	.	.	.	.	.
OPEC-Länder	1 856	2 142	2 016	2 018	2 172	156	130[4])	129	.[3])	.[3])	—
darunter:											
Algerien	.	276	211	270	304	.	.	.	.	.	.
Iran	.	553	584	517	441	.	.	.	.	.	.
Libyen	.	171	153	78	137	.	.	.	.	.	.
Nigeria	.	592	524	527	617	.	.	.	.	.	.
Venezuela	.	237	210	263	232	.	.	.	.	.	.
Staatshandelsländer	.	.	.	73	86	—	.[3])	—	.[3])	.[3])	—
Regional nicht aufteilbar[6])	2 784	2 521	3 892	3 288	4 167	.	.	.	.	.	.
Insgesamt	**48 377**	**52 120**	**60 085**	**69 537**	**83 334**	**14 385**	**9 885**	**5 793**	**16 376**	**5 341**	**4 868**

[1]) Vorläufiges Ergebnis.
[2]) Einschl. Straßenbaufahrzeuge, ohne Herstellung von Büromaschinen.
[3]) Aus Gründen der Geheimhaltung von Einzelangaben nicht veröffentlicht, aber in den Summen enthalten.
[4]) Angaben unvollständig.
[5]) Ohne europäische Entwicklungsländer, OPEC-Länder und Staatshandelsländer.
[6]) Kredite der abhängigen Holdinggesellschaften an andere ausländische verbundene Unternehmen.

25 Umweltschutz

25.0 Vorbemerkung

In diesem Abschnitt werden die Ergebnisse der Statistiken über die Abfallbeseitigung, die Wasserversorgung und Abwasserbeseitigung sowie über die Investitionen für Umweltschutz dargestellt, die wichtige Basisdaten zur Beurteilung der Umweltsituation, der ökologischen Belastungen und ihren Veränderungen liefern. Die rechtliche Grundlage für diese Erhebungen bildet das »Gesetz über Umweltstatistiken« vom 15. 8. 1974 (BGBl. I S. 1938). Eine Neufassung des Gesetzes (Fassung der Bekanntmachung vom 14. 3. 1980, BGBl. I S. 311) führte zu Änderungen, die sich in den Erhebungen ab 1979 auswirken; eine ausführliche Darstellung der Ergebnisse erfolgt in der Fachserie 19 »Umweltschutz« (siehe hierzu auch »Fundstellennachweis«, S. 750 ff.).

Abfallbeseitigung

Die Statistik der öffentlichen Abfallbeseitigung liefert u. a. Angaben über Art und Ort der Abfallbeseitigungsanlagen, Art und Menge der Abfälle sowie über die Zahl der von der öffentlichen Abfallbeseitigung erfaßten Einwohner. Sie wird ab 1975 in zweijährlichen Abständen durchgeführt, wobei die Erhebung 1979 durch Rechtsverordnung um ein Jahr verschoben wurde.

Die öffentliche Abfallbeseitigung wird durch Körperschaften des öffentlichen Rechts oder von ihnen beauftragte Dritte vorgenommen. Als beseitigungspflichtig gelten – je nach Landesrecht – die Kreise, kreisfreien Städte und Gemeinden. Während in einigen Ländern die Kreise und kreisfreien Städte für die gesamte Abfallbeseitigung zuständig sind, ist bei den übrigen Ländern die Abfallbeseitigung in der Weise aufgeteilt, daß die Gemeinden für das Einsammeln und den Transport, die Kreise und kreisfreien Städte für die Beseitigung der Abfälle verantwortlich sind.

Zu den Anlagen der Abfallbeseitigung gehören Deponien, in denen Abfälle oberirdisch abgelagert, Müllverbrennungsanlagen, in denen Abfälle verbrannt, und Kompostierungsanlagen, in denen Abfälle auf natürlichem Wege in Kompost umgewandelt werden.

Die Statistik der Abfallbeseitigung im Produzierenden Gewerbe und in Krankenhäusern erfaßt Art, Menge und Beseitigung von Abfällen in Betrieben dieser Bereiche. Sie wird ebenfalls ab 1975 in zweijährlichen Abständen durchgeführt, wobei auch hier die Erhebung 1979 durch Rechtsverordnung um ein Jahr verschoben wurde.

Abfälle im Sinne der Erhebung sind alle in einem Betrieb angefallenen Rückstände oder sonstige unerwünschte Stoffe, die nicht zum Produktionsprogramm des Betriebes gehören, und deren er sich entledigen will. Es kann sich sowohl um feste als auch um flüssige (soweit sie nicht in Gewässer oder Abwasseranlagen eingeleitet werden) und pastöse Stoffe (Schlämme aller Art) sowie gefaßte Gase handeln.

In den Tabellen werden Abfälle einschl. Rückstände aus Vorbehandlungsanlagen nachgewiesen, soweit diese vom Betrieb abgegeben oder in eigenen Deponien abgelagert wurden. Dabei wird teilweise dargestellt, ob die Abfallmengen in eigenen Deponien abgelagert oder im Rahmen der öffentlichen Müllabfuhr abgeholt, zu außerbetrieblichen Anlagen abgefahren oder an weiterverarbeitende Betriebe oder Altstoffhandel abgegeben werden.

Wasserversorgung und Abwasserbeseitigung

Die Statistik der öffentlichen Wasserversorgung und Abwasserbeseitigung erfaßt u. a. Gewinnung, Bezug und Abgabe von Wasser, die Zahl der versorgten Einwohner sowie Menge und Ableitung des Abwassers. Sie wird in vierjährlichem Abstand durchgeführt. Auskunftspflichtig sind Anstalten und Körperschaften des öffentlichen Rechts, Inhaber oder Leiter von Unternehmen und anderen Einrichtungen, die Anlagen der öffentlichen Wasserversorgung und Abwasserbeseitigung betreiben.

Die Statistiken der Wasserversorgung und Abwasserbeseitigung im Bergbau und im Verarbeitenden Gewerbe sowie bei Wärmekraftwerken für die öffentliche Versorgung werden in zweijährlichem Abstand durchgeführt.

Die Angaben beziehen sich in der Regel auf folgende Einheiten:

- Wärmekraftwerke für die öffentliche Versorgung
- Betriebe des Bergbaus und Verarbeitenden Gewerbes von Unternehmen des Produzierenden Gewerbes mit 20 Beschäftigten und mehr.

Die Statistik bringt u. a. Daten über Gewinnung, Bezug und Nutzung von Wasser sowie Menge und Ableitung des Abwassers.

Als **Grundwasser** gilt unterirdisch anstehendes Wasser ohne natürlichen Austritt.

Oberflächenwasser ist Wasser natürlicher oder künstlicher oberirdischer Gewässer (z. B. Fluß-, Seen- und Talsperren).

Uferfiltrat ist Wasser, das den Wassergewinnungsanlagen durch das Ufer eines Flusses oder Sees im Untergrund nach relativ kurzer Bodenpassage zusickert und sich mit dem anstehenden Grundwasser vermischt. Es wird in seiner Beschaffenheit wesentlich von der des Oberflächenwassers bestimmt und unterliegt deshalb in der Regel größeren Schwankungen der Temperatur, des Geruchs, des Geschmacks und/oder der chemischen und bakteriologischen Eigenschaften.

Die **Wassernutzung** setzt sich aus Einfach-, Mehrfach- und Kreislaufnutzung zusammen. Mehrfachnutzung liegt vor, wenn Wasser nacheinander für verschiedene Zwecke genutzt wird. Kreislaufnutzung liegt vor, wenn Wasser laufend umgewälzt und für denselben Zweck genutzt wird. Die Menge des genutzten Kreislaufwassers ergibt sich aus der Multiplikation der im Durchschnitt dauernd vorhandenen Wassermenge mit den Umläufen.

Letztverbraucher sind Haushalte, gewerbliche Unternehmen und sonstige Abnehmer (z. B. Anstalten wie Krankenhäuser und Schulen, Behörden und kommunale Einrichtungen, Bundeswehr), mit denen die öffentlichen Wasserversorgungsunternehmen die abgegebenen Wassermengen unmittelbar ab- oder verrechnen.

Unter **Direkteinleitung** wird die Abwassermenge verstanden, die unbehandelt oder nach einer Behandlung unmittelbar in ein Oberflächengewässer bzw. in den Untergrund abgeleitet wird.

Als **Indirekteinleitung** wird die Abwassermenge angesehen, die unbehandelt oder nach Behandlung in die öffentliche Kanalisation bzw. an andere Betriebe abgeleitet wird.

Investitionen für Umweltschutz

In der Statistik der Investitionen für Umweltschutz werden Zugänge an Sachanlagen, die dem Schutz der Umwelt dienen, bei Unternehmen des Produzierenden Gewerbes und ihren Betrieben erfaßt. Sie wird ab 1975 jährlich durchgeführt.

Umweltschutzinvestitionen sind Zugänge an Sachanlagen zum Schutz vor schädigenden Einflüssen, die bei der Produktionstätigkeit entstehen (produktionsbezogene Investitionen), sowie zur Herstellung von Erzeugnissen, die bei Verwendung oder Verbrauch eine geringere Umweltbelastung hervorrufen (produktbezogene Investitionen). Zu den produktbezogenen Investitionen zählen nur solche, die aufgrund gesetzlicher oder behördlicher Vorschriften bzw. Auflagen erfolgt sind.

Die Umweltschutzinvestitionen umfassen den Wert der Bruttozugänge an erworbenen und für eigene Rechnung selbst erstellten (einschl. der noch im Bau befindlichen) Sachanlagen für Zwecke des Umweltschutzes. Kosten der Finanzierung, des Erwerbs von Beteiligungen, Wertpapieren usw., des Erwerbs von Konzessionen, Patenten, Lizenzen usw. und des Erwerbs von ganzen Unternehmen sind nicht enthalten.

Bei den Investitionen für Umweltschutz wird unterschieden zwischen den Bereichen Abfallbeseitigung, Gewässerschutz, Lärmbekämpfung und Luftreinhaltung.

In dem Bereich der **Abfallbeseitigung** handelt es sich um Investitionen für Anlagen und Einrichtungen zum Sammeln und Befördern, Behandeln, Lagern und Ablagern von Abfällen.

Die Investitionen für **Gewässerschutz** umfassen Anlagen und Einrichtungen, die zur Verminderung der Abwasserfracht und zum Schutz der Oberflächengewässer und des Grundwassers bestimmt sind.

Der **Lärmbekämpfung** dienen Investitionen für Anlagen und Einrichtungen zur Beseitigung, Verringerung oder Vermeidung von Geräuschen, ohne Investitionen für Arbeitsschutz.

Die Investitionen für Anlagen und Einrichtungen der **Luftreinhaltung** dienen der Beseitigung, Verringerung oder Vermeidung von luftfremden Stoffen in Abluft/Abgas; ausgenommen Investitionen für Arbeitsschutz.

25.1 Abfallbeseitigung

25.1.1 An Anlagen der öffentlichen Abfallbeseitigung angelieferte Abfallmengen nach Art der Anlagen

Jahr / Art der Anlage	Anlagen	Angelieferte Abfallmengen					
		insgesamt[1]	im Rahmen der öffentlichen Müllabfuhr			durch andere öffentliche Einrichtungen[2]	sonstiger Anlieferer[3]
			zusammen	davon durch			
				öffentliche Einrichtungen	beauftragte Privatunternehmen		
	Anzahl	1 000 t					
1975	4 616[4]	58 722	26 487	15 295	11 192	4 084	28 151
1977	2 865[4]	64 377	28 529	15 411	13 117	2 967	32 882
1980[5]	3 035[4]	83 638	26 463	13 075	13 388	6 227	50 948
davon (1980):							
Deponien	2 920	74 839	20 394	8 924	11 471	5 283	49 162
Müllverbrennungsanlagen	44	6 487	5 179	3 874	1 305	284	1 025
Kompostierungsanlagen	16	505	443	179	264	37	25
Sonstige Anlagen[6]	55	1 806	447	99	348	623	736
Außerdem:							
Umladestationen	106	2 909	1 954	956	999	295	660
Sammelstellen für Gewerbeabfälle	4	54	1	—	1	—	53

25.1.2 An Anlagen der öffentlichen Abfallbeseitigung angelieferte Abfallmengen nach Abfallarten

1 000 t

Jahr / Abfallart	Insgesamt[1]	Davon angeliefert an					Außerdem an Umladestationen und Sammelstellen für Gewerbeabfälle angeliefert
		Deponien	Müllverbrennungsanlagen	andere Anlagen			
				zusammen	Kompostierungsanlagen	sonstige Anlagen[6]	
1975	58 722	53 159	5 086	477	430	47	703
1977	64 377	57 754	5 424	1 199	537	662	1 366
1980[5]	83 638	74 839	6 487	2 312	505	1 806	2 963
davon (1980):							
Hausmüll, hausmüllähnliche Gewerbeabfälle, Sperrmüll, Straßenkehricht, Marktabfälle	32 616	25 794	6 253	569	442	127	2 497
Bodenaushub, Bauschutt, Straßenaufbruch	44 244	43 729	4	511	—	511	227
Sonstige feste produktionsspezifische Abfälle aus Industrie und Gewerbe	2 575	2 456	87	33	0	33	32
Stichfeste Schlämme aus Industrie und Gewerbe	672	462	7	203	7	197	1
Sonstige nicht stichfeste Schlämme aus Industrie und Gewerbe	354	201	—	153	—	153	9
Stichfeste Schlämme aus kommunalen Kläranlagen	1 036	981	30	25	22	3	4
Nicht stichfeste Schlämme aus kommunalen Kläranlagen	425	112	81	232	33	199	8
Fäkalien (aus Hauskläranlagen und Sickergruben)	70	50	—	20	1	19	—
Kanal- und Sinkkastenschlamm	167	162	—	5	0	5	2
Abscheidegut aus Benzin-, Öl- und Fettabscheidern	31	23	1	7	0	6	3
Ölgetränktes und sonstig verunreinigtes Erdreich; Aufsaugmassen aus Unfällen mit Öl und sonstigen wassergefährdenden Stoffen	97	59	13	25	—	25	3
Flüssige Abfälle	31	14	6	11	—	11	40
Schlacke aus Müllverbrennungsanlagen	1 024	512	—	513	—	513	132
Kompost	41	41	—	—	—	—	—
Krankenhausabfälle	21	17	4	0	0	—	—
Sonstige Abfälle	234	226	2	6	—	6	5
Außerdem:							
Altreifen (in Stück)	504 748	266 620	81 764	156 364	35	156 329	9 638
Autowracks (in Stück)	58 584	884	—	57 700	—	57 700	—

1) Ohne an Umladestationen und Sammelstellen für Gewerbeabfälle angelieferte Abfallmengen; ohne Altreifen und Autowracks.
2) Öffentliche Anstalten und Einrichtungen, die z. B. Straßen reinigen, Kläranlagen betreiben, Kanäle, Sinkkästen und Sandfänge reinigen.
3) Private Transportunternehmen, soweit sie nicht Abfälle im Rahmen der öffentlichen Müllabfuhr anliefern, sowie Haushalte und Gewerbebetriebe, die ihre Abfälle selbst anfahren.
4) Behandlungs- und Beseitigungsanlagen; ohne Umladestationen und Sammelstellen für Gewerbeabfälle.
5) Vorläufiges Ergebnis.
6) Z. B. Sonderabfalldeponien, chemische oder physikalische Behandlungsanlagen.

25.1 Abfallbeseitigung

25.1.3 Betriebe und Abfallmengen im Produzierenden Gewerbe und in Krankenhäusern 1980 nach Wirtschaftsbereichen*)

Wirtschaftsgliederung[1]) (H. v. = Herstellung von)	Betriebe[2])			Abfallmengen[3])				
	insgesamt	darunter mit Beseitigungsanlagen		insgesamt	von Betrieben			
					mit Beseitigungsanlagen			ohne Beseitigungsanlagen
					zusammen	in eigenen Deponien abgelagert	abgeholt, abgefahren oder abgegeben[4])	
	Anzahl		%[5])	1 000 t				
Produzierendes Gewerbe[6])	70 345	5 685	*8,1*	202 685	63 452	38 126	25 327	139 233
Elektrizitäts-, Gas-, Fernwärme- und Wasserversorgung	3 160	108	*3,4*	6 230	964	137	827	5 266
Bergbau	316	46	*14,6*	3 662	2 472	2 073	398	1 191
Verarbeitendes Gewerbe	47 865	4 594	*9,6*	64 662	35 750	19 740	16 010	28 912
Grundstoff- und Produktionsgütergewerbe	9 695	1 413	*14,6*	39 477	27 699	17 382	10 317	11 778
Mineralölverarbeitung	89	30	*33,7*	282	203	42	161	79
Gewinnung und Verarbeitung von Steinen und Erden	3 877	549	*14,2*	12 254	9 101	8 748	353	3 153
Eisenschaffende Industrie	178	42	*23,6*	7 042	5 488	2 610	2 878	1 554
NE-Metallerzeugung, NE-Metallhalbzeugwerke	209	49	*23,4*	1 425	871	594	277	554
Gießerei	550	87	*15,8*	2 851	1 250	965	285	1 601
Ziehereien, Kaltwalzwerke, Mechanik, a. n. g.	455	27	*5,9*	337	104	10	94	233
Chemische Industrie	1 624	178	*11,0*	10 733	8 839	3 914	4 926	1 894
Holzbearbeitung	2 256	376	*16,7*	2 327	507	29	478	1 821
Zellstoff-, Holzschliff-, Papier- und Pappeerzeugung	177	60	*33,9*	1 839	1 246	422	824	593
Gummiverarbeitung	280	15	*5,4*	388	90	48	42	298
Investitionsgüter produzierendes Gewerbe	18 293	1 380	*7,5*	10 875	4 236	517	3 719	6 639
Stahlverformung, Oberflächenveredlung, Härtung	1 208	151	*12,5*	806	128	18	111	678
Stahl- und Leichtmetallbau, Schienenfahrzeugbau	1 408	28	*2,0*	510	82	4	78	428
Maschinenbau	5 294	373	*7,0*	3 106	1 141	223	917	1 965
Straßenfahrzeugbau	2 779	269	*9,7*	3 083	1 997	228	1 769	1 086
Schiffbau	134	5	*3,7*	254	26	—	26	228
Luft- und Raumfahrzeugbau	63	11	*17,5*	68	23	.[11])	.[11])	45
Elektrotechnik	3 236	230	*7,1*	1 855	602	26	575	1 254
Feinmechanik, Optik, H. v. Uhren	1 484	87	*5,9*	214	85	—	85	129
H. v. Eisen-, Blech- und Metallwaren	2 566	215	*8,4*	901	125	.[11])	.[11])	775
H. v. Büromaschinen, Datenverarbeitungsgeräten und -einrichtungen	121	11	*9,1*	79	28	—	28	51
Verbrauchsgüter produzierendes Gewerbe	15 121	1 614	*10,7*	5 133	1 136	253	883	3 997
H. v. Musikinstrumenten, Spielwaren, Füllhaltern usw.[7])	769	117	*15,2*	65	11	—	11	54
Feinkeramik	209	54	*25,8*	363	223	147	76	140
Herstellung und Verarbeitung von Glas	364	40	*11,0*	505	186	75	111	319
Holzverarbeitung	2 678	1 120	*41,8*	862	424	6	419	438
Papier- und Pappeverarbeitung	934	46	*4,9*	1 156	71	.[11])	.[11])	1 085
Druckerei, Vervielfältigung	2 009	90	*4,5*	729	85	—	85	643
H. v. Kunststoffwaren	1 962	62	*3,2*	558	52	7	46	506
Ledererzeugung[8])	197	12	*6,1*	77	10	.[11])	.[11])	67
Lederverarbeitung[9])	797	6	*0,8*	90	0	—	0	89
Textilgewerbe	2 212	54	*2,4*	570	72	.[11])	.[11])	498
Bekleidungsgewerbe[10])	2 990	13	*0,4*	159	1	—	1	158
Nahrungs- und Genußmittelgewerbe	4 756	187	*3,9*	9 177	2 679	1 588	1 091	6 498
Ernährungsgewerbe	4 672	181	*3,9*	9 129	2 667	1 588	1 079	6 462
Tabakverarbeitung	84	6	*7,1*	48	12	—	12	36
Baugewerbe	19 004	937	*4,9*	128 131	24 267	16 175	8 091	103 864
Hoch- und Tiefbau	12 096	784	*6,5*	122 951	22 397	14 555	7 842	100 555
Spezialbau	450	12	*2,7*	4 299	1 851	.[11])	.[11])	2 447
Stukkateurgewerbe, Gipserei, Verputzerei	422	—	—	149	—	—	—	149
Zimmerei, Dachdeckerei	830	75	*9,0*	297	13	.[11])	.[11])	284
Bauinstallation	3 348	21	*0,6*	229	2	—	2	227
Ausbaugewerbe (ohne Bauinstallation)	1 858	45	*2,4*	205	3	—	3	202
Krankenhäuser	3 109	1 109	*35,7*	920	423	0	423	497
Insgesamt	**73 454**	**6 794**	**9,2**	**203 605**	**63 875**	**38 126**	**25 749**	**139 730**

*) Vorläufiges Ergebnis.
1) Systematik der Wirtschaftszweige, Fassung für Umweltstatistiken (SYUM), Kurzbezeichnungen.
2) Stichtag: 31. 12. 1980.
3) Einschl. Rückstände aus Vorbehandlungsanlagen, soweit vom Betrieb abgegeben oder in eigenen Deponien abgelagert.
4) Im Rahmen der öffentlichen Müllabfuhr abgeholt, zu außerbetrieblichen Anlagen abgefahren oder an weiterverarbeitende Betriebe oder Altstoffhandel abgegeben.
5) Anteil an Betrieben insgesamt.
6) Betriebe von Unternehmen der Elektrizitäts-, Gas- und Fernwärmeversorgung und Betriebe von Unternehmen der Wasserversorgung mit einer jährlichen Wasserabgabe von 200 000 m³ und mehr; Betriebe des Bergbaus, Verarbeitenden Gewerbes und Baugewerbes von Unternehmen des Produzierenden Gewerbes mit im allgemeinen 20 Beschäftigten und mehr sowie Betriebe des Bergbaus, Verarbeitenden Gewerbes und Baugewerbes mit 20 Beschäftigten und mehr von Unternehmen außerhalb des Produzierenden Gewerbes.
7) Einschl. Reparatur von Uhren, Schmuck und sonstigen Gebrauchsgütern (ohne elektrische Geräte).
8) Einschl. Verarbeitung von Fellen und Pelzen.
9) Einschl. Reparatur von Schuhen, Gebrauchsgütern aus Leder u. ä..
10) Ohne Verarbeitung von Fellen und Pelzen.
11) Aus Gründen der Geheimhaltung von Einzelangaben nicht veröffentlicht, aber in der Gesamtsumme enthalten.

25.1 Abfallbeseitigung

25.1.4 Abfallmengen im Produzierenden Gewerbe und in Krankenhäusern 1980 nach Abfallhauptgruppen*)

1 000 t

Abfallhauptgruppen	insgesamt	Produzierendes Gewerbe[1])									Krankenhäuser
		zusammen	Elektrizitäts-, Gas-, Fernwärme- und Wasserversorgung	Bergbau	Verarbeitendes Gewerbe					Baugewerbe	
					zusammen	Grundstoff- und Produktionsgütergewerbe	Investitionsgüter produzierendes Gewerbe	Verbrauchsgüter produzierendes Gewerbe	Nahrungs- und Genußmittelgewerbe		
Bauschutt, Bodenaushub	141 171	141 079	1 526	849	12 689	10 439	1 584	332	333	126 015	92
Ofenausbruch, Hütten- und Gießereischutt	1 830	1 830	4	.[2])	1 818	1 749	61	7	—	.[2])	—
Formsand, Kernsand, Stäube, andere feste mineralische Abfälle	7 237	7 210	8	66	6 944	5 385	949	482	128	192	27
Asche, Schlacke, Ruß aus der Verbrennung	6 884	6 801	3 922	1 856	995	847	85	47	16	28	82
Metallurgische Schlacken und Krätzen	2 719	2 719	—	—	.[2])	2 675	39	5	.[2])	.[2])	—
Metallabfälle	6 449	6 446	49	240	5 878	1 417	4 333	85	43	279	2
Oxide, Hydroxide, Salze, radioaktive Abfälle, sonstige feste produktionsspezifische Abfälle	398	397	0	.[2])	.[2])	306	33	57	.[2])	.[2])	1
Säuren, Laugen, Schlämme, Laborabfälle, Chemikalienreste, Detergentien, sonstige flüssige produktionsspezifische Abfälle	6 082	6 069	8	21	6 038	5 478	379	148	33	2	13
Lösungsmittel, Farben, Lacke, Klebstoffe	371	371	0	0	364	113	196	54	0	7	0
Mineralölabfälle, Ölschlämme, Phenole	1 273	1 272	17	33	1 103	555	465	35	47	119	1
Kunststoff-, Gummi- und Textilabfälle	1 110	1 106	0	9	1 072	427	108	506	30	25	4
Schlämme aus Wasseraufbereitung	894	894	523	34	311	182	38	53	39	25	—
Sonstige Schlämme (einschl. Abwasserreinigung)	10 197	10 149	54	333	9 553	5 815	206	139	3 393	210	48
Hausmüllähnliche Gewerbeabfälle (Küchen- und Kantinenabfälle, Abfälle aus Belegschaftsunterkünften, Kehricht, Gartenabfälle)	6 799	6 227	97	147	5 449	1 196	2 235	1 323	695	535	572
Papier- und Pappeabfälle	1 434	1 434	17	0	1 415	175	20	1 185	34	2	0
Sonstige organische Abfälle	8 584	8 562	4	53	7 820	2 643	133	663	4 381	685	23
Krankenhausspezifische Abfälle	54	—	—	—	—	—	—	—	—	—	54
Abfälle a.n.g.	119	118	1	.[2])	98	72	10	12	3	.[2])	2
Insgesamt	**203 605**	**202 685**	**6 230**	**3 662**	**64 662**	**39 477**	**10 875**	**5 133**	**9 177**	**128 131**	**920**

*) Vorläufiges Ergebnis. – Abfallmengen einschl. Rückstände aus Vorbehandlungsanlagen, soweit vom Betrieb abgegeben oder in eigenen Deponien abgelagert.

[1]) Betriebe von Unternehmen der Elektrizitäts-, Gas- und Fernwärmeversorgung und Betriebe von Unternehmen der Wasserversorgung mit einer jährlichen Wasserabgabe von 200 000 m³ und mehr; Betriebe des Bergbaus, Verarbeitenden Gewerbes und Baugewerbes von Unternehmen des Produzierenden Gewerbes mit im allgemeinen 20 Beschäftigten und mehr sowie Betriebe des Bergbaus, Verarbeitenden Gewerbes und Baugewerbes mit 20 Beschäftigten und mehr von Unternehmen außerhalb des Produzierenden Gewerbes.

[2]) Aus Gründen der Geheimhaltung nicht veröffentlicht, aber in der Gesamtsumme enthalten.

25.2 Wasserversorgung und Abwasserbeseitigung 1979

25.2.1 Wasseraufkommen

Nr. der Systematik[1])	Wirtschaftsgliederung / Land / Wassereinzugsgebiet	Betriebe	Eigengewinnung zusammen	Grundwasser	Quellwasser	Oberflächenwasser	Uferfiltrat	Fremdbezug
		Anzahl	Mill. m³					
	Insgesamt	**57 153**	**41 791**	**5 850**	**723**	**34 287**	**932**	**2 870**
	nach Wirtschaftszweigen							
	Öffentliche Versorgung	8 345	4 966	2 985	610	1 028	343	1 362
21–69	Bergbau und Verarbeitendes Gewerbe	48 626	11 313	2 793	106	7 837	576	1 216
21	Bergbau	331	2 602	1 382	5	1 210	5	154
	darunter:							
2111	Steinkohlenbergbau und -brikettherstellung, Kokerei	135	1 293	231	0	1 056	5	145
2114	Braunkohlenbergbau und -brikettherstellung	32	1 106	1 086	—	20	—	7
2150	Kali- und Steinsalzbergbau, Salinen	25	153	24	4	125	—	2
22–69	Verarbeitendes Gewerbe	48 295	8 710	1 411	102	6 627	571	1 061
	Grundstoff- und Produktionsgütergewerbe	11 021	7 482	912	53	5 975	542	685
	darunter:							
22	Mineralölverarbeitung	92	425	47	0	253	126	23
25	Gewinnung und Verarbeitung von Steinen und Erden	3 902	415	155	14	237	9	20
27	Eisenschaffende Industrie	175	1 489	117	9	1 341	22	111
28	NE-Metallerzeugung, NE-Metallhalbzeugwerke	214	267	36	0	222	9	45
29	Gießerei	555	86	7	1	76	2	16
40	Chemische Industrie	1 633	3 901	387	5	3 159	351	427
55	Zellstoff-, Holzschliff-, Papier- und Pappeerzeugung	184	801	119	22	638	23	11
	Investitionsgüter produzierendes Gewerbe	17 028	406	127	16	257	5	176
	darunter:							
32	Maschinenbau	5 283	61	32	9	17	3	37
33	Straßenfahrzeugbau	2 722	253	42	1	209	0	44
	Verbrauchsgüter produzierendes Gewerbe	15 380	447	150	10	280	7	78
	darunter:							
58	H. v. Kunststoffwaren	1 940	63	29	3	31	0	12
63	Textilgewerbe	2 269	306	82	5	216	3	23
	Nahrungs- und Genußmittelgewerbe	4 866	375	222	23	114	16	123
68	dar. Ernährungsgewerbe	4 775	372	219	23	114	16	122
ex 1011, ex 1012	Wärmekraftwerke für die öffentliche Versorgung	182	25 512	71	7	25 422	13	292
	nach Ländern							
	Schleswig-Holstein	2 113	1 705	263	3	1 439	—	42
	Hamburg	1 021	1 337	151	—	1 166	20	42
	Niedersachsen	5 114	5 784	628	33	5 116	7	212
	Bremen	412	1 566	20	—	1 546	0	46
	Nordrhein-Westfalen	12 947	10 782	2 168	60	7 854	700	1 325
	Hessen	4 552	5 183	440	67	4 657	19	270
	Rheinland-Pfalz	3 238	1 999	256	67	1 648	27	90
	Baden-Württemberg	11 732	5 918	609	213	4 980	117	494
	Bayern	14 174	5 366	984	273	4 067	42	253
	Saarland	649	980	130	6	844	—	76
	Berlin (West)	1 201	1 171	201	0	970	—	20
	nach Wassereinzugsgebieten							
	Donau	10 248	4 197	883	259	3 024	32	211
	Rhein	32 183	23 773	3 414	380	19 110	869	2 225
	Ems	1 957	708	188	1	517	2	39
	Weser	6 668	6 907	563	70	6 266	9	251
	Elbe	4 399	4 811	580	10	4 200	20	117
	Küste und Meer	1 698	1 395	222	3	1 170	—	27

[1]) Systematik der Wirtschaftszweige, Fassung für Umweltstatistiken (SYUM), Kurzbezeichnungen.

25.2 Wasserversorgung und Abwasserbeseitigung 1979

25.2.2 Wassernutzung der Betriebe im Bergbau und Verarbeitenden Gewerbe und bei Wärmekraftwerken für die öffentliche Versorgung

Nr. der Systematik[1])	Wirtschaftsgliederung	Betriebe	Im Betrieb eingesetztes Wasser	Genutztes Wasser insgesamt	Genutztes Wasser dar. Kühlwasser	Einfach genutztes Wasser	Mehrfach genutztes Wasser	Im Kreislauf genutztes Wasser	Darunter Kühlwasser
		Anzahl	Mill. m³						
21–69	Bergbau und Verarbeitendes Gewerbe	48 626	10 783	37 407	30 354	9 451	1 396	26 561	22 086
21	Bergbau	331	1 362	6 307	5 427	1 237	34	5 036	4 301
	darunter:								
2111	Steinkohlenbergbau und -brikettherstellung, Kokerei	135	1 173	5 858	5 073	1 068	9	4 781	4 071
2114	Braunkohlenbergbau und -brikettherstellung	32	7	198	178	2	—	195	178
2150	Kali- und Steinsalzbergbau, Salinen	25	148	189	147	136	11	31	25
22–69	Verarbeitendes Gewerbe	48 295	9 421	31 100	24 927	8 213	1 362	21 525	17 785
	Grundstoff- und Produktionsgütergewerbe	11 021	7 836	25 538	21 296	6 750	1 239	17 549	15 087
	darunter:								
22	Mineralölverarbeitung	92	429	2 662	2 538	366	10	2 286	2 205
25	Gewinnung und Verarbeitung von Steinen und Erden	3 902	378	523	112	358	9	157	77
27	Eisenschaffende Industrie	175	1 526	6 282	5 886	1 159	365	4 757	4 541
28	NE-Metallerzeugung, NE-Metallhalbzeugwerke	214	305	766	589	279	17	470	347
29	Gießerei	555	101	324	283	91	5	223	201
40	Chemische Industrie	1 633	4 176	11 675	10 741	3 794	531	7 350	7 194
55	Zellstoff-, Holzschliff-, Papier- und Pappeerzeugung	184	795	2 657	607	598	277	1 783	66
	Investitionsgüter produzierendes Gewerbe	17 028	573	2 260	1 537	534	36	1 690	1 173
	darunter:								
32	Maschinenbau	5 283	95	397	288	90	2	304	242
33	Straßenfahrzeugbau	2 722	294	1 214	807	277	7	922	574
	Verbrauchsgüter produzierendes Gewerbe	15 380	521	1 577	1 002	478	44	1 056	697
	darunter:								
58	H. v. Kunststoffwaren	1 940	75	369	319	67	2	298	263
63	Textilgewerbe	2 269	327	557	382	313	21	223	175
	Nahrungs- und Genußmittelgewerbe	4 866	491	1 725	1 091	452	43	1 230	828
68	dar. Ernährungsgewerbe	4 775	486	1 688	1 064	448	20	1 198	803
ex 1011, ex 1012	Wärmekraftwerke für die öffentliche Versorgung	182	25 717	45 732	43 642	25 386	.	20 356	18 386
	Insgesamt	**48 808**	**36 500**	**83 139**	**73 996**	**34 837**	**1 396**	**46 916**	**40 472**

25.2.3 Wasserabgabe der öffentlichen Wasserversorgungsunternehmen

Land	Wasserabgabe insgesamt	an Letztverbraucher zusammen	an Letztverbraucher dar. an Haushalte		zur Weiterverteilung[2])	Wasserwerkseigenverbrauch und Verluste
	Mill. m³			1 000 Einwohner	Mill. m³	
Schleswig-Holstein	220	166	116	2 387,8	36	18
Hamburg	145	133	109	1 631,5	2	10
Niedersachsen	631	443	323	6 899,2	143	45
Bremen	50	44	34	695,1	2	3
Nordrhein-Westfalen	1 992	1 450	864	16 473,5	415	127
Hessen	651	379	269	5 561,5	223	49
Rheinland-Pfalz	301	224	176	3 622,4	38	40
Baden-Württemberg	1 155	608	442	9 111,9	410	138
Bayern	966	759	467	10 430,6	96	111
Saarland	96	67	44	1 065,7	17	12
Berlin (West)	178	171	106	1 902,3	—	7
Bundesgebiet	**6 385**	**4 443**	**2 951**	**59 781,5**	**1 382**	**560**

1) Systematik der Wirtschaftszweige, Fassung für Umweltstatistiken (SYUM), Kurzbezeichnungen. 2) Die Angaben enthalten Mehrfachzählungen.

25.2 Wasserversorgung und Abwasserbeseitigung 1979

25.2.4 Abwasserableitung

Mill. m³

Nr. der Systematik[1])	Wirtschaftsgliederung / Land	Direkteinleitung		Indirekteinleitung	
		unbehandelt	behandelt	unbehandelt	behandelt
	Insgesamt	**33 881**	**9 423**	**881**	**172**
	nach Wirtschaftszweigen				
	Öffentliche Abwasserbeseitigung	272	7 236	×	×
21–69	Bergbau und Verarbeitendes Gewerbe	8 207	2 157	848	155
21	Bergbau	2 015	303	50	6
	darunter:				
2111	Steinkohlenbergbau und -brikettherstellung, Kokerei	983	239	48	6
2114	Braunkohlenbergbau und -brikettherstellung	896	15	1	—
2150	Kali- und Steinsalzbergbau, Salinen	116	23	0	—
22–69	Verarbeitendes Gewerbe	6 193	1 854	798	149
	Grundstoff- und Produktionsgütergewerbe	5 389	1 747	328	69
	darunter:				
22	Mineralölverarbeitung	170	224	8	2
25	Gewinnung und Verarbeitung von Steinen und Erden	313	49	11	1
27	Eisenschaffende Industrie	757	625	39	5
28	NE-Metallerzeugung, NE-Metallhalbzeugwerke	242	18	12	12
29	Gießerei	77	2	12	0
40	Chemische Industrie	3 294	598	186	26
55	Zellstoff-, Holzschliff-, Papier- und Pappeerzeugung	467	221	29	15
	Investitionsgüter produzierendes Gewerbe	323	24	173	32
	darunter:				
32	Maschinenbau	39	1	48	3
33	Straßenfahrzeugbau	225	11	41	10
	Verbrauchsgüter produzierendes Gewerbe	275	36	137	30
	darunter:				
58	H. v. Kunststoffwaren	43	8	11	6
63	Textilgewerbe	197	8	83	19
	Nahrungs- und Genußmittelgewerbe	206	46	159	18
68	dar. Ernährungsgewerbe	204	46	157	18
ex 1011, ex 1012	Wärmekraftwerke für die öffentliche Versorgung	25 401	30	33	17
	nach Ländern				
	Schleswig-Holstein	1 459	181	18	5
	Hamburg	1 031	349	17	2
	Niedersachsen	5 013	626	70	11
	Bremen	1 227	371	6	0
	Nordrhein-Westfalen	8 085	3 611	412	71
	Hessen	4 564	720	47	11
	Rheinland-Pfalz	1 508	538	23	12
	Baden-Württemberg	4 983	1 458	113	26
	Bayern	4 253	1 356	147	30
	Saarland	780	136	9	1
	Berlin (West)	978	77	19	3

[1]) Systematik der Wirtschaftszweige, Fassung für Umweltstatistiken (SYUM), Kurzbezeichnungen.

25.3 Investitionen für Umweltschutz im Produzierenden Gewerbe*)

Jahr — Wirtschaftsgliederung[1]) (H. v. = Herstellung von)	Unternehmen		Investitionen						
				darunter für Umweltschutz					
	insgesamt	mit Umweltschutzinvestitionen	insgesamt[2])	zusammen		Abfallbeseitigung	Gewässerschutz	Lärmbekämpfung	Luftreinhaltung
	Anzahl		1 000 DM		%[3])	1 000 DM			
1977	65 679	6 551	57 209 543	2 279 514	*4,0*	202 534	748 940	207 123	1 120 917
1978	65 771	5 746	59 566 870	2 188 424	*3,7*	172 200	686 355	201 193	1 128 676
1979	66 381	5 564	66 861 033	2 097 894	*3,1*	159 651	772 780	200 914	964 550
1980	66 377	5 409	76 759 017	2 673 924	*3,5*	220 231	914 657	247 254	1 291 781
davon (1980):									
Elektrizitäts-, Gas-, Fernwärme- und Wasserversorgung	3 024	115	16 344 893	461 858	*2,8*	30 729	88 490	22 422	320 217
Bergbau	79	18	2 506 028	110 081	*4,4*	8 501	39 478	13 121	48 981
Verarbeitendes Gewerbe	36 545	4 511	52 713 503	2 066 218	*3,9*	172 811	784 871	195 600	912 936
Grundstoff- und Produktionsgütergewerbe	5 223	1 219	16 772 742	1 363 166	*8,1*	96 565	522 788	96 250	647 564
Mineralölverarbeitung	55	32	1 310 137	133 798	*10,2*	1 840	61 755	10 027	60 177
Gewinnung und Verarbeitung von Steinen und Erden	1 958	377	2 362 559	174 767	*7,4*	7 289	9 354	17 470	140 655
Eisenschaffende Industrie	105	42	2 789 958	282 908	*10,1*	4 508	58 190	25 091	195 119
NE-Metallerzeugung, NE-Metallhalbzeugwerke	154	61	714 723	39 277	*5,5*	1 412	9 155	2 174	26 536
Gießerei	466	133	566 942	32 688	*5,8*	3 482	2 586	4 281	22 340
Ziehereien, Kaltwalzwerke, Mechanik, a. n. g.	445	46	272 139	4 071	*1,5*	126	1 288	772	1 886
Chemische Industrie[4])	1 194	350	6 542 574	573 221	*8,8*	51 807	314 557	30 789	176 067
Holzbearbeitung	505	84	354 017	24 160	*6,8*	6 332	2 952	2 132	12 744
Zellstoff-, Holzschliff-, Papier- und Pappeerzeugung	137	59	1 235 738	87 161	*7,1*	18 273	61 031	2 326	5 530
Gummiverarbeitung	204	35	623 955	11 116	*1,8*	1 499	1 919	1 188	6 510
Investitionsgüter produzierendes Gewerbe	14 885	1 629	23 691 784	399 767	*1,7*	40 127	156 933	56 292	146 416
Stahlverformung, Oberflächenveredlung, Härtung	1 112	228	808 581	32 380	*4,0*	1 455	13 603	10 428	6 892
Stahl- und Leichtmetallbau, Schienenfahrzeugbau	1 259	76	659 530	5 843	*0,9*	563	645	2 159	2 477
Maschinenbau	4 537	464	5 077 941	52 898	*1,0*	4 150	12 264	9 966	26 518
Straßenfahrzeugbau	2 007	210	7 765 775	162 325	*2,1*	21 714	65 110	16 889	58 612
Schiffbau	116	17	193 500	3 045	*1,6*	33	2 385	177	450
Luft- und Raumfahrzeugbau	39	7	432 289	3 903	*0,9*	422	2 399	119	963
Elektrotechnik	2 272	237	5 026 252	69 632	*1,4*	4 919	25 157	7 081	32 474
Feinmechanik, Optik, H. v. Uhren	1 288	91	654 953	5 724	*0,9*	377	2 631	942	1 774
H. v. Eisen-, Blech- und Metallwaren	2 181	286	1 466 568	36 366	*2,5*	6 200	11 815	7 889	10 462
H. v. Büromaschinen, Datenverarbeitungsgeräten und -einrichtungen	74	13	1 606 395	27 652	*1,7*	295	20 923	641	5 793
Verbrauchsgüter produzierendes Gewerbe	12 599	1 151	7 097 743	158 402	*2,2*	29 998	37 454	15 802	75 148
H. v. Musikinstrumenten, Spielwaren, Füllhaltern usw.[5])	.[7])	67	254 565	2 990	*1,2*	159	1 740	214	877
Feinkeramik	155	37	179 158	5 440	*3,0*	68	1 455	90	3 827
Herstellung und Verarbeitung von Glas	295	52	533 041	11 424	*2,1*	1 871	3 392	1 000	5 161
Holzverarbeitung	2 489	381	963 105	50 123	*5,2*	15 492	3 068	2 233	29 329
Papier- und Pappeverarbeitung	784	88	773 974	14 497	*1,9*	2 987	4 094	2 725	4 692
Druckerei, Vervielfältigung	1 842	115	1 151 829	12 842	*1,1*	845	2 325	1 509	8 163
H. v. Kunststoffwaren	1 642	166	1 411 755	24 247	*1,7*	6 059	3 709	2 950	11 530
Ledererzeugung	67	20 }	200 331 (Ledererzeugung und Lederverarbeitung zusammen)	2 883 }	*1,9* (Ledererzeugung und Lederverarbeitung zusammen)	129	1 940	208	605
Lederverarbeitung[6])	.[7])	26 }		857 }		52	154	352	299
Textilgewerbe	1 620	163	1 292 950	30 632	*2,4*	2 222	15 020	2 923	10 467
Bekleidungsgewerbe	2 435	36	337 035	2 466	*0,7*	113	557	1 598	198
Nahrungs- und Genußmittelgewerbe	3 838	512	5 151 234	144 882	*2,8*	6 121	67 696	27 256	43 809
Ernährungsgewerbe	3 792	502	4 839 135	140 840	*2,9*	5 475	67 151	25 730	42 484
Tabakverarbeitung	46	10	312 098	4 042	*1,3*	646	544	1 525	1 326
Baugewerbe	26 729	765	5 194 593	35 766	*0,7*	8 189	1 818	16 112	9 647
Bauhauptgewerbe	12 943	532	4 567 771	30 952	*0,7*	6 342	1 523	15 289	7 798
Ausbaugewerbe	13 786	233	626 823	4 814	*0,8*	1 847	296	823	1 849

*) Unternehmen des Bergbaus und Verarbeitenden Gewerbes mit 20 Beschäftigten und mehr; in der Elektrizitäts- und Gasversorgung alle Unternehmen, in der Fernwärmeversorgung Unternehmen mit einer Wärmeleistung von mindestens 20,9 GJ/h (5 Gcal/h) oder mit einer Versorgungsleistung von mindestens 500 Wohnungen und in der Wasserversorgung Unternehmen mit einer jährlichen Wasserabgabe von 200 000 m³ und mehr; im Bauhauptgewerbe Unternehmen mit 20 Beschäftigten und mehr, im Ausbaugewerbe Unternehmen mit 10 Beschäftigten und mehr.

1) Systematik der Wirtschaftszweige, Fassung für Umweltstatistiken (SYUM), Kurzbezeichnungen.

2) Bruttoanlageinvestitionen.

3) Anteil an den Investitionen insgesamt.

4) Einschl. Herstellung und Verarbeitung von Spalt- und Brutstoffen.

5) Einschl. Reparatur von Uhren, Schmuck und sonstigen Gebrauchsgütern (ohne elektrische Geräte).

6) Einschl. Reparatur von Schuhen, Gebrauchsgütern aus Leder u. ä.

7) Aus Gründen der Geheimhaltung nicht veröffentlicht, aber in der Gesamtsumme enthalten.

26 Wirtschaftsorganisationen und Berufsverbände

26.1 Industrie- und Handelskammern am 1. 1. 1982*)

Industrie- und Handelskammer[1])	Wohnbevölkerung	Eingetragene Unternehmen[2])	Nicht eingetragene Unternehmen[3])
	1 000	Anzahl	
Schleswig-Holstein			
Industrie- und Handelskammer			
zu Flensburg	563	5 957	12 426
zu Kiel	1 082	9 530	19 274
zu Lübeck	974	8 433	19 552
Hamburg			
Handelskammer Hamburg	1 637	31 238	36 742
Niedersachsen			
Industrie- und Handelskammer			
Braunschweig	896	5 424	19 144
für Ostfriesland und Papenburg (Emden)	442	3 879	8 104
Hannover-Hildesheim (Hannover)	2 547	21 405	43 467
Lüneburg-Wolfsburg (Lüneburg)	1 010	7 279	16 030
Oldenburgische (Oldenburg [Oldenburg])	888	9 365	11 118
Osnabrück – Emsland (Osnabrück)	777	7 407	13 218
Stade für den Elbe-Weser-Raum	706	6 161	12 450
Bremen			
Handelskammer Bremen	553	10 794	9 872
Industrie- und Handelskammer Bremerhaven	138	1 226	1 600
Nordrhein-Westfalen			
Industrie- und Handelskammer			
zu Aachen	1 146	8 115	23 200
für das südöstliche Westfalen zu Arnsberg	537	4 901	13 315
Ostwestfalen zu Bielefeld	1 488	17 227	24 927
zu Bochum	742	5 245	10 938
Bonn	760	7 069	17 221
Lippe zu Detmold	328	3 544	5 652
zu Dortmund	1 166	9 124	20 289
Niederrheinische Industrie- und Handelskammer Duisburg-Wesel-Kleve zu Duisburg	1 232	8 358	21 503
Industrie- und Handelskammer			
zu Düsseldorf	1 072	15 198	18 949
für Essen, Mülheim a. d. Ruhr, Oberhausen zu Essen	1 051	8 006	17 410
Südwestfälische Industrie- und Handelskammer zu Hagen	823	9 585	18 387
Industrie- und Handelskammer			
zu Köln	2 030	20 584	43 314
Mittlerer Niederrhein Krefeld-Mönchengladbach-Neuss (Krefeld)	1 157	12 569	16 167
zu Münster	2 421	21 104	38 170
Industrie- und Handelskammer			
Siegen	408	3 848	7 908
Wuppertal-Solingen-Remscheid (Wuppertal)	684	9 106	14 907
Hessen			
Industrie- und Handelskammer			
Darmstadt	946	7 157	18 460
zu Dillenburg	164	1 496	4 235
Frankfurt am Main	1 018	16 645	23 268
Friedberg/Hessen	263	2 342	5 934
Fulda	191	1 579	3 596
Gießen	313	2 549	6 016
Hanau-Gelnhausen-Schlüchtern (Hanau)	366	3 399	6 681
Kassel	1 181	8 386	30 234
Limburg a. d. Lahn	151	1 257	5 586
Offenbach am Main	407	5 579	7 309
Wetzlar[4])	156	1 158	3 477
Wiesbaden	455	4 255	7 893
Rheinland-Pfalz			
Industrie- und Handelskammer			
zu Koblenz	1 363	13 385	29 492
für die Pfalz in Ludwigshafen am Rhein	1 291	9 935	24 410
für Rheinhessen (Mainz)	516	5 617	13 149
Trier	471	3 826	12 178
Baden-Württemberg			
Industrie- und Handelskammer			
Mittlerer Neckar (Stuttgart)	2 374	22 178	32 277
Heilbronn	715	6 082	10 435
Ostwürttemberg (Heidenheim an der Brenz)	400	2 862	8 500[5])
Mittlerer Oberrhein (Karlsruhe)	871	8 078	15 381
Rhein-Neckar (Mannheim)	1 035	10 488	11 603
Nordschwarzwald (Pforzheim)	503	5 359	12 293
Südlicher Oberrhein (Freiburg im Breisgau)	867	8 472	11 531
Schwarzwald-Baar-Heuberg (Villingen-Schwenningen)	437	3 770	7 709
Hochrhein-Bodensee (Konstanz)	566	4 587	7 796
Reutlingen	587	5 603	10 916
Ulm	413	3 122	7 863
Bodensee-Oberschwaben (Weingarten)	518	4 306	11 300[5])
Bayern			
Industrie- und Handelskammer			
Aschaffenburg	321	2 782	6 710
für Augsburg und Schwaben (Augsburg)	1 471	10 679	37 741
für Oberfranken (Bayreuth)	922	7 147	22 327
zu Coburg	128	1 334	2 627
Lindau/Bodensee	69	764	741
für München und Oberbayern (München)	3 672	42 825	90 066
Nürnberg	1 527	12 227	14 680
für Niederbayern in Passau	916	5 949	22 271
Regensburg	1 055	5 726	26 293
Würzburg-Schweinfurt (Würzburg)	877	6 044	18 920
Saarland			
Industrie- und Handelskammer			
des Saarlandes (Saarbrücken)	1 063	8 238	16 585
Berlin (West)			
Industrie- und Handelskammer zu Berlin	1 889	17 976	45 894

*) Neben dem Zusammenschluß für das Bundesgebiet im Deutschen Industrie- und Handelstag bestehen in den Ländern (außer Berlin, Hamburg, Bremen und Saarland) Arbeitsgemeinschaften (Hessen, Rheinland-Pfalz, Baden-Württemberg, Bayern) bzw. Vereinigungen (Niedersachsen und Nordrhein-Westfalen) bzw. ein Verband (Schleswig-Holstein) der Industrie- und Handelskammern des betreffenden Landes.

[1]) Ist die Bezeichnung der Kammer mit dem Sitz nicht identisch, wird dieser in Klammern angeführt.

[2]) Im Handels- bzw. Genossenschaftsregister. Einschl. der gleichzeitig in den Rollen der Handwerkskammern geführten.

[3]) Ohne die in den Rollen der Handwerkskammern geführten.

[4]) Ohne ruhende Firmen.

[5]) Geschätzt.

Quelle: Deutscher Industrie- und Handelstag, Bonn und Statistisches Bundesamt, Wiesbaden

26.2 Handwerkskammern am 1. 1. 1982

Handwerkskammer	Wohnbevölkerung	Handwerksbetriebe¹)	Innungen des Bezirks
	1 000	Anzahl	
Schleswig-Holstein			
Handwerkskammer			
Flensburg	810	7 030	126
Lübeck	1 810	12 353	179
Hamburg			
Handwerkskammer			
Hamburg	1 637	11 225	51
Niedersachsen			
Handwerkskammer			
für Ostfriesland (Aurich)	414	3 150	71
Braunschweig	896	6 050	123
Hannover	1 686	12 752	161
Hildesheim	852	7 070	167
Lüneburg-Stade (Lüneburg und Stade)	1 716	13 736	266
Oldenburg (Oldenburg)	897	7 933	123
Osnabrück-Emsland (Osnabrück)	805	7 067	115
Bremen			
Handwerkskammer			
Bremen	691	4 574	56
Nordrhein-Westfalen			
Handwerkskammer			
Aachen	1 146	9 594	118
Arnsberg	1 098	9 560	154
Ostwestfalen-Lippe zu Bielefeld	1 816	17 293	206
Dortmund	2 579	15 696	186
Düsseldorf	5 197	36 036	432
zu Köln	2 790	19 641	151
Münster	2 421	17 107	240
Hessen			
Handwerkskammer			
Rhein-Main (Darmstadt und Frankfurt am Main)	2 387	20 041	187
Kassel	1 431	14 089	236
Wiesbaden	1 794	18 161	244
Rheinland-Pfalz			
Handwerkskammer			
der Pfalz (Kaiserslautern)	1 290	12 153	179
Koblenz	1 363	13 884	196
Rheinhessen (Mainz)	517	4 308	76
Trier	471	4 664	87
Baden-Württemberg			
Handwerkskammer			
Freiburg im Breisgau	1 058	10 660	137
Heilbronn	715	9 626	89
Karlsruhe	1 275	13 044	138
Konstanz	812	9 046	94
Mannheim	1 035	9 204	100
Reutlingen	801	9 913	118
Stuttgart	2 374	23 818	222
Ulm	1 217	13 537	155
Bayern			
Handwerkskammer			
für Schwaben (Augsburg)	1 540	16 548	163
für Oberfranken (Bayreuth)	922	10 435	135
Coburg	128	1 472	25
für Oberbayern (München)	3 672	37 424	223
für Mittelfranken (Nürnberg)	1 527	15 086	146
Niederbayern/Oberpfalz (Passau und Regensburg)	1 971	22 703	212
für Unterfranken (Würzburg)	1 198	12 701	121
Saarland			
Handwerkskammer			
des Saarlandes (Saarbrücken)	1 063	8 198	46
Berlin (West)			
Handwerkskammer			
Berlin (West)	1 889	11 550	45

¹) Wegen der Doppelzählungen siehe Fußnoten 2 und 3 in Tabelle 26.1.

Quelle: Deutscher Handwerkskammertag, Bonn und Statistisches Bundesamt, Wiesbaden

26.3 Landwirtschaftskammern am 1. 1. 1983*)

Landwirtschaftskammer	Sitz	Landwirtschaftlich genutzte Fläche (LF)¹)²)	Landwirtschaftliche Betriebe¹)²)	Beratungsstellen³)	Beratungskräfte insgesamt⁴)	Darunter für Betriebs- und Marktwirtschaft⁵)	Darunter für pflanzliche und tierische Erzeugung⁶)	Darunter für Verbesserung der Agrarstruktur⁷)	Darunter für Hauswirtschaft⁸)
		1 000 ha	1 000	Anzahl					
Schleswig-Holstein	Kiel	1 093	32	57	291	183	62	10	36
Hamburg	Hamburg	16	1	4	8	2	5	—	1
Hannover⁹)	Hannover	1 751	69	89	304	162	94	12	36
Weser-Ems	Oldenburg (Oldenb.)	993	51	265	614	286	245	30	53
Bremen	Bremen	10	0	2	3	1	2	—	—
Westfalen-Lippe¹⁰)	Münster	1 069	66	20	364	147	129	18	57
Rheinland¹¹)	Bonn	568	31	18	338	164	117	6	32
Rheinland-Pfalz	Bad Kreuznach	731	59	33	113	32	65	12	4
Saarland	Saarbrücken	69	5	1	17	2	14	1	—
Berlin (West)	Berlin (West)	1	0	1	1	1	—	—	—
	Insgesamt	**6 301**	**314**	**490**	**2 053**	**980**	**733**	**89**	**219**

*) Ohne Hessen, Baden-Württemberg und Bayern, wo Landwirtschaftskammern auf der Grundlage der Selbstverwaltung nicht bestehen. Die Arbeiten werden dort von der Landesregierung bzw. von den Landesbauernverbänden durchgeführt.
¹) Ergebnis der Bodennutzungserhebung 1982.
²) Mit 1 ha LF und mehr.
³) Auch in Verbindung mit Landwirtschaftsschulen, Beratungsringen und Hauswirtschaft.
⁴) Einschl. Beratungskräfte, die zeitweise Unterricht erteilen.
⁵) Einschl. Landtechnik, landwirtschaftlichen Bauwesens und sozio-ökonomischer Berater.
⁶) Einschl. Pflanzenschutz, Tiergesundheit, Gartenbau und Fischerei.
⁷) Einschl. Umweltschutz.
⁸) Einschl. Beratungskräfte, die zeitweise Unterricht erteilen, und sozio-ökonomischer Beraterinnen einschl. ländlich-hauswirtschaftlicher Beraterinnen für die Ernährungsberatung/Verbraucherberatung.
⁹) RB Braunschweig, Hannover, Lüneburg.
¹⁰) RB Münster, Detmold, Arnsberg; zugleich höhere Forstbehörde.
¹¹) RB Düsseldorf, Köln; zugleich höhere Forstbehörde.

Quelle: Verband der Landwirtschaftskammern, Bonn und Statistisches Bundesamt, Wiesbaden

26.4 Mitgliedsverbände des Deutschen Bauernverbandes am 1. 1. 1983*)

Verband	Sitz	Mitgliedsverbände¹)
Badischer Landwirtschaftlicher Hauptverband e. V.	Freiburg im Breisgau	18
Bauernverband Hamburg e. V.	Hamburg	—
Bauernverband Rheinhessen e. V.	Mainz	2
Bauernverband Saar e. V.	Saarbrücken	6
Bauernverband Schleswig-Holstein e. V.	Rendsburg	17
Bauern- und Winzerverband Rheinland-Nassau e. V.	Koblenz	15
Bauernverband Württemberg-Baden e. V.	Stuttgart	19
Bayerischer Bauernverband	München	73
Bremischer Landwirtschaftsverband e. V.	Bremen	—
Hessischer Bauernverband e. V.	Friedrichsdorf	38
Landesbauernverband für Württemberg und Hohenzollern e. V.	Ravensburg	13
Landesverband des Niedersächsischen Landvolkes e. V.	Hannover	58
Pfälzische Bauern- und Winzerschaft e. V.	Kaiserslautern	8
Rheinischer Landwirtschafts-Verband e. V.	Bonn	17
Westfälisch-Lippischer Landwirtschaftsverband e. V.	Münster	21

*) Neben den Landesbauernverbänden als Träger sind dem Deutschen Bauernverband e. V. noch 34 Fachverbände mit Sitz und Stimme in der Mitgliederversammlung angeschlossen. Es handelt sich dabei im wesentlichen um Spitzenverbände des Pflanzenbaues und der Tierzucht sowie von Wirtschaftsgruppen und Organisationen, die durch ihre Tätigkeit mit der Landwirtschaft verbunden sind.

¹) Es handelt sich hier um die Kreisverbände der Bauernverbände mit zusammen rund 900 000 Einzelmitgliedern. Die Kreisverbände sind teilweise, wie z. B. in Bayern, keine selbständigen Untergliederungen.

Quelle: Deutscher Bauernverband, Bonn

26.5 Mitgliedsverbände des Bundesverbandes der Deutschen Industrie am 1. 1. 1983

Verband	Sitz	Landesverbände bzw. -gruppen	Angeschlossene Fachverbände bzw. -gemeinschaften
Elektrizitäts- und Gasversorgung			
Deutsche Verbundgesellschaft e. V.	Heidelberg	—	—
Bergbau			
Wirtschaftsvereinigung Bergbau e. V.	Bonn	—	16
Wirtschaftsverband Erdöl- und Erdgasgewinnung e. V.	Hannover	—	—
Grundstoff- und Produktionsgüterindustrien			
Bundesverband Steine und Erden e. V.	Frankfurt am Main	3	22
Wirtschaftsvereinigung Eisen- und Stahlindustrie	Düsseldorf	—	5
Wirtschaftsvereinigung Ziehereien und Kaltwalzwerke	Düsseldorf	—	4
Wirtschaftsvereinigung Metalle e. V.	Düsseldorf	—	5
Deutscher Gießereiverband	Düsseldorf	7	3
Mineralölwirtschaftsverband e. V.	Hamburg	—	—
Verband der Chemischen Industrie e. V.	Frankfurt am Main	8	32
Vereinigung Deutscher Sägewerksverbände e. V.	Wiesbaden	13	5
VDP – Verband Deutscher Papierfabriken e. V.	Bonn	6	23
Wirtschaftsverband der deutschen Kautschukindustrie e. V. (W. d. K.)	Frankfurt am Main	—	—
Investitionsgüterindustrien			
Wirtschaftsverband Stahlbau und Energietechnik (SET)	Köln	—	6
Verband Deutscher Maschinen- und Anlagenbau e. V. (VDMA)	Frankfurt am Main	9	37¹)
Verband der Automobilindustrie e. V. (VDA)	Frankfurt am Main	8	—
Verband der Deutschen Schiffbauindustrie e. V.	Hamburg	3	—
Zentralverband der Elektrotechnischen Industrie e. V. (ZVEI)	Frankfurt am Main	11	31
Verband der Deutschen Feinmechanischen und Optischen Industrie e. V.	Köln	9	6
Wirtschaftsverband Stahlverformung e. V.	Hagen	1	9
Wirtschaftsverband Eisen, Blech und Metall verarbeitende Industrie e. V.	Düsseldorf	2	15
Bundesverband der Deutschen Luftfahrt, Raumfahrt- und Ausrüstungsindustrie e. V.	Bonn	—	—
Verbrauchsgüterindustrien			
Arbeitsgemeinschaft Keramische Industrie e. V.	Frankfurt am Main	—	4
Bundesverband Glasindustrie und Mineralfaserindustrie e. V.	Düsseldorf	—	4
Hauptverband der Deutschen Holzindustrie und verwandter Industriezweige e. V.	Wiesbaden	13	16²)
Arbeitsgemeinschaft Industriengruppe	³)	—	6
Hauptverband der Papier, Pappe und Kunststoffe verarbeitenden Industrie e. V. (HPV)	Frankfurt am Main	10	20
Bundesverband Druck e. V.	Wiesbaden	11	—
Gesamtverband kunststoffverarbeitende Industrie e. V. (GKV)	Frankfurt am Main	1	4
Arbeitsgemeinschaft Schuhe/Leder	Offenbach am Main	6	—
Bundesverband Bekleidungsindustrie e. V.	Köln	11	11
Gesamtverband der Textilindustrie in der Bundesrepublik Deutschland – Gesamttextil – e. V.	Frankfurt am Main	8	29
Nahrungs- und Genußmittelindustrien			
Bundesvereinigung der Deutschen Ernährungsindustrie e. V.	Bonn	—	35
Verein der Zuckerindustrie	Bonn	3	—
Verband der Cigarettenindustrie	Hamburg	—	—
Bauindustrie			
Hauptverband der Deutschen Bauindustrie e. V.	Wiesbaden	13	9

¹) Außerdem 16 Arbeitsgemeinschaften.
²) Außerdem 7 Fachabteilungen.
³) Wechselnd, z. Z. Nürnberg.

Quelle: Bundesverband der Deutschen Industrie, Köln

26.6 Fachorganisationen des Handwerks am 1. 1. 1982*)

Fachverband[1])	Sitz	Landes-innungs-verbände	In-nungen
Augenoptiker (BIV), ZV der	Düsseldorf	7	28
Bäckerhandwerks e. V., ZV des Deutschen	Bad Honnef	10	384
Baugewerbes e. V., ZV des Deutschen	Bonn	26	712
Bekleidungshandwerks e. V., BV des	München	8	215
Bestattungsgewerbes e. V., BV des Deutschen	Düsseldorf	2	—
Boots- und Schiffbauer-Verband, Deutscher	Hamburg	—	10
Buchbinder-Innungen (BIV), Bund Deutscher	München	5	52
Buchdrucker-Innungen, AG der	Lübeck	—	8
Büchsenmacher-Handwerk, BIV für das	Köln	2	6
Bürotechnik (BIV), BV	Düsseldorf	3	25
Bürsten- und Pinselhersteller sowie Zurichter- und Zulieferbetriebe, ZV der	Bechhofen	1	7
Privatbrauereien, BV mittelständischer	Bonn	2	10
Dachdeckerhandwerks e. V., Fachverband Dach-, Wand- und Abdichtungstechnik, ZV des Deutschen	Köln	8	177
Damenschneider-Handwerk, BIV für das	Heidelberg	7	71
Drechsler-Handwerks e. V., V des Deutschen	Fürth/Bay.	2	26
Elektrohandwerke, ZV der Deutschen	Frankfurt am Main	8	336
Faß- und Weinküfer-Handwerks e. V. (BFV), V des Deutschen	München	2	16
Fleischer-Verband e. V., Deutscher	Frankfurt am Main	8	375
Flexografen-Handwerk, BI für das	Wiesbaden	—	1
Friseur-Handwerks (BIV), ZV des Deutschen	Köln	10	354
Gebäudereiniger-Handwerks, BIV des	Bonn	5	32
Gerüstbau, BV	Düsseldorf	2	—
Getränkeschankanlagen e. V., FV	Krefeld	—	—
Glaserhandwerks, BIV des	Hadamar	8	85
Glockengießereien, V Deutscher	Düsseldorf	—	—
Graveure, Galvaniseure, Gürtler und verwandter Berufe, BIV der	Solingen	1	35
Holz- und Kunststoffverarbeitenden Handwerks, (BIV für das Tischlerhandwerk), BV des	Wiesbaden	8	364
Hörgeräte-Akustiker (ZFV), BI der	Mainz	—	1
Juwelier-, Gold- und Silberschmiede-Handwerk, ZV für das	Bremen	3	48
Kälteanlagenbauerhandwerks, BIV des Deutschen	Düsseldorf	1	9
Karosserie- und Fahrzeugtechnik e. V., ZV	Frankfurt am Main	7	86
Klavierbauer e. V., B Deutscher	Köln	—	—
Konditorenbund (BIV), Deutscher	Mönchengladbach	9	86
Korbmacher-Handwerks, BIV des Deutschen	Lichtenfels	2	7
Kraftfahrzeug-Handwerks, ZV des	Bonn	10	201
Kürschnerhandwerks (BIV), ZV des	Bad Homburg v. d. H.	1	35
Landmaschinen-Handwerks, BIV des Deutschen	Bonn	7	57
Maler- und Lackiererhandwerks, HV des deutschen	Frankfurt am Main	12	372
Mechaniker-Handwerke (BIV), ZV Deutscher	München	8	137
Messerschmiede, Fachverband für Schleiftechnik, BIV der	Krefeld	—	17
Metall, Vereinigung Deutscher Metallhandwerke, BV	Essen	10	438
Modellbauerhandwerks, BIV des Deutschen	Dortmund	2	14
Modistenhandwerk, BIV für das	Düsseldorf	2	23
Mühlen- und Müllereimaschinenbauer, ZV der	Nürnberg	—	—
Müllerbund e. V., Deutscher	Bonn	5	63
Musikinstrumentenmacher-Handwerk, BIV für das	Kassel	2	17
Orthopädie-Technik, BIV für	Dortmund	1	17
Orthopädieschuhtechnik, BIV für	Hannover	4	25
Parkett- und Fußbodentechnik, BIV Parkettlegerhandwerk und Bodenleger-gewerbe, ZV	Bonn	—	21
Photographen, CV Deutscher	Düsseldorf	4	47
Raumausstatterhandwerks, BIV des Raum-ausstatter- und Sattlerhandwerks, ZV des	Frankfurt am Main	7	256
Rolladen und Sonnenschutz e. V., BV	Düren	—	12
Sanitär, Heizung, Klima (BIV), ZV	Sankt Augustin	10	368
Schornsteinfegerhandwerks (BIV), ZIV des	Düsseldorf	8	39
Schuhmacher-Handwerks, BIV des Deutschen	Düsseldorf	9	233
Seiler-, Segel- und Netzmacher-Handwerks e. V., BV des Deutschen	Ulm	—	8
Steinmetz-, Stein- und Holzbildhauerhand-werks, BIV des Deutschen	Frankfurt am Main	10	92
Stricker-, Sticker- und Weberhandwerk, BIV für das	Deggendorf	1	17
Textilreinigungs-Verband, Deutscher	Bonn	6	39
Töpferhandwerks, BFG des Deutschen	Baden-Baden	1	7
Uhren, Schmuck und Zeitmeßtechnik, BIV des Uhrmacherhandwerks, ZV für	Königstein im Taunus	7	123
Vulkaniseur-Handwerks, BFV für Reifentechnik und -gewerbe, ZV des Deutschen	Darmstadt	1	15
Werbetechnik, BIV Schilder- und Lichtreklamehersteller, ZV	Düsseldorf	1	9
Zahntechniker-Innungen (BIV), V Deutscher	Frankfurt am Main	4	20
Zinngießerhandwerks e. V., BV des Deutschen	München	1	2

*) Die Übersicht gibt nur Aufschluß über den Bestand an Landesinnungsverbänden und Innungen, aber nicht über die organisatorische Zugehörigkeit der Innungen zu den Landesinnungsverbänden oder der Landesinnungsverbände zu den Zentralfachverbänden.

[1]) AG = Arbeitsgemeinschaft, B = Bund, BV = Bundesverband, BFG = Bundesfachgruppe, BFV = Bundesfachverband, BI = Bundesinnung, BIV = Bundesinnungsverband, FV = Fachverband, HV = Hauptverband, V = Verband, ZFV = Zentralfachverband, ZIV = Zentralinnungsverband, ZV(CV) = Zentralverband.

Quelle: Deutscher Handwerkskammertag, Bonn

26.7 Mitgliedsverbände des Bundesverbandes der Freien Berufe am 1. 1. 1983*)

Mitglied	Sitz	Landesverbände, -gruppen
Bundesärztekammer[1])	Köln	12
Kassenärztliche Bundesvereinigung[2])	Köln	18
Hartmannbund — Verband der Ärzte Deutschlands e.V.	Bonn	11
Verband der niedergelassenen Ärzte Deutschlands e.V. (NAV)	Köln	10
Bundesverband der Knappschaftsärzte e.V.	Gelsenkirchen	5
Verband der Privatärztlichen Verrechnungsstellen und Ärztlichen Buchführungs- und Steuerstellen e.V.	Mülheim a.d. Ruhr	13
Stiftung zur Förderung der wissenschaftlichen Forschung über Wesen und Bedeutung der Freien Berufe	Köln	—
Bundesverband der Deutschen Zahnärzte e.V.	Köln	18
Kassenzahnärztliche Bundesvereinigung[2])	Köln	17
Freier Verband Deutscher Zahnärzte e.V.	Bonn	12
Bundesverband praktischer Tierärzte e.V.	Gießen	11
Arbeitsgemeinschaft der Berufsvertretungen Deutscher Apotheker (ABDA)	Frankfurt am Main	24
Deutscher Verband für Physiotherapie – Zentralverband der Krankengymnasten (ZVK) e.V.	München	10
Verband Physikalische Therapie e.V.	Bonn	9
Deutscher Anwaltsverein e.V.	Bonn	11
Bundesrechtsanwaltskammer[2])	Bonn	23
Bundesnotarkammer[2])	Köln	16
Patentanwaltskammer[2])	München	—
Bundesverband Deutscher Patentanwälte e.V.	Stuttgart	—
Wirtschaftsprüferkammer[2])	Düsseldorf	—
Institut d. Wirtschaftsprüfer in Deutschland e.V.	Düsseldorf	—
Bundessteuerberaterkammer[2])	Bonn	16
Deutscher Steuerberaterverband e.V.	Bonn	13
Hauptverband der landwirtschaftlichen Buchstellen und Sachverständigen e.V. (HLBS)	Bonn	6
Bund Deutscher Architekten (BDA)	Bonn	11
Vereinigung Freischaffender Architekten Deutschlands e.V. (VFA)	Bonn	9
Bund Deutscher Landschafts-Architekten e.V. (BDLA)	Bonn	9
Bundesvereinigung der Prüfingenieure für Baustatik	Stuttgart	11
Verein Selbständiger Revisionsingenieure e.V. (VSR)	Kalkar	—
Verband Beratender Ingenieure e.V. (VBI)	Essen	11
Verband Selbständiger Ingenieure e.V. (VSI)	Hamburg	8
Bund der Öffentlich bestellten Vermessungsingenieure e.V. (BDVI)	Köln	10
Arbeitsgemeinschaft Selbständiger Vermessungsingenieure	Leer	—
Ingenieurverband Wasser- und Abfallwirtschaft e.V. (INGEWA)	Mainz	2
Vereinigung d. unabhäng. freiberufl. Versicherungs- u. Wirtschaftsmathematiker in der Bundesrepublik Deutschland e.V.	Grünwald	—
Bund Technischer Experten e.V. (BTE)	Bremen	—
Interexpert	Stuttgart	—
Verein Technischer Immissionsschutz-Beauftragter e.V.	Bad Honnef	—
Bundesverband unabhängiger Betriebs- und REFA-Berater e.V. (BUR)	Stuttgart	—
Bundesverband der Wirtschaftsberater	Köln	—
Bundesverband Deutscher Unternehmensberater e.V. (BDU)	Bonn	—
Bundesverband der Sozialrechts- und Rentenberater e.V. (BSR)	Hannover	—
Berufsverband Deutscher Psychologen	Bonn	11
Bundesverband d. Dolmetscher u. Übersetzer (BDÜ)	Bonn	10
Internationaler Verband der Konferenzdolmetscher (AIIC) Regionalgruppe Deutschland	München	—
Bund Freischaffender Foto-Designer e.V. (BFF)	Stuttgart	5
Bund Deutscher Grafik-Designer e.V. (BDG)	Düsseldorf	17
Verband Deutscher Industrie-Designer e.V.	Düsseldorf	—
Allianz Deutscher Grafik-Designer e.V. (AGD)	Bremen	—
Selbständige Design-Studios	Saarbrücken	—
Allgemeiner Deutscher Tanzlehrerverband	Wuppertal	—
Fachgruppe freiberuflicher Chemiker in der Gesellschaft Deutscher Chemiker	Taunusstein	—
Bundesverband d. freiberufl. u. unabhängigen Sachverständigen f. d. Kraftfahrzeugwesen e.V. (BVSK)	Königswinter	15
Verband Deutscher Schiffahrtssachverständiger e.V.	Hamburg	—
Bundesverband öffentlich bestellter und vereidigter Sachverständiger e.V.	Bonn	12
Deutscher Kommunikationsverband e.V. (BDW)	Bonn	8
Deutsche Public-Relations-Gesellschaft e.V. (DPRG)	Köln	7
Freier Deutscher Autorenverband	München	—

*) Ohne Landesverbände und Arbeitsgemeinschaften der Freien Berufe in den Ländern.
[1]) Arbeitsgemeinschaft der westdeutschen Ärztekammern.
[2]) Körperschaft des öffentlichen Rechts.

Quelle: Bundesverband der Freien Berufe, Bonn

26.8 Bundesfachverbände der Hauptgemeinschaft des Deutschen Einzelhandels am 1. 1. 1983

Verband[1])	Sitz	Mitgliedsverbände
Bundesfachverbände		
Beleuchtungs- und Elektro-Einzelhandels e.V., BV des	Köln	12
Briefmarkenhandels (APHV), BV des Deutschen	Köln	12
Bürowirtschaft e.V. (BBW), BV	Köln	14
Drogisten e.V., V Deutscher	Köln	12
Eisenwaren- und Hausrathandels e.V. (FDE), FV des Deutschen	Düsseldorf	12
Farben, Lacke, Tapeten und Heimwerkerbedarf e.V., BV	Köln	12
Foto-Fachhandels e.V., BV des Deutschen	Köln	12
Glas-, Porzellan- und Keramik-Einzelhandels e.V., BV des	Köln	12
Juweliere und Uhrenfachgeschäfte e.V., BV der	Königstein im Taunus	12
Lebensmittel-Einzelhandels e.V., HV des Deutschen	Bonn	12
Lederhändler e.V., BV Deutscher	Koblenz	12
Lederwaren-Einzelhandels e.V. (BLE), BV des Deutschen	Köln	12
Möbelhandels e.V., BV des Deutschen	Köln	12
Musikfachgeschäfte e.V., GV Deutscher	Bonn	—
Nähmaschinenhändler e.V. (VDN), V Deutscher	Bielefeld	12
Radio- und Fernseh-Fachverband e.V., Deutscher	Köln	12
Reformhäuser e.V. (refo), BV Deutscher	Oberursel (Taunus)	12
Sanitätsfachhandels e.V., BV des	Köln	12
Schuheinzelhandels e.V., BV des Deutschen	Köln	12
Seifen- und Parfümerieeinzelhandels e.V., BV des	Recklinghausen	12
Spielwaren-, Modellbau-, Kinderwagen- und Korbwaren-Einzelhandels e.V., HV des	Köln	12
Sportgeschäfte e.V., V Deutscher	Wiesbaden	12
Tabakwaren-Einzelhandels e.V., BV des	Köln	12
Tankstellen- und Garagengewerbes e.V. (BTG), BV des Deutschen	Minden	12
Tapeten- und Bodenbelaghandels e.V. (FDTB), FV des Deutschen	Köln	12
Textil-Einzelhandels e.V., BV des Deutschen	Köln	12
Zoologischer Fachgeschäfte Deutschlands e.V., ZV	Dietzenbach	12
Zweiradhandels e.V. (VDZ), V des Deutschen	Bielefeld	12
Überfachliche Bundesverbände		
Lebensmittel-Filialbetriebe e.V., AG der	Bonn	—
Mittel- und Großbetriebe des Einzelhandels e.V., BAG der	Köln	10

[1]) AG = Arbeitsgemeinschaft, BAG = Bundesarbeitsgemeinschaft, BV = Bundesverband, FV = Fachverband, GV = Gesamtverband, HV = Hauptverband, V = Verband, ZV = Zentralverband.

Quelle: Hauptgemeinschaft des Deutschen Einzelhandels, Köln

26.9 Mitgliedsverbände des Bundesverbandes des Deutschen Groß- und Außenhandels am 1. 1. 1983

Verband[1])	Sitz	Landesverbände bzw. -gruppen	Fachverbände bzw. -gemeinschaften
Gewerblicher Sektor			
Augenoptik-Feinmechanik e. V. (DGA), Deutscher Groß- und Außenhandelsverband	Stuttgart	—	—
Baustoffhandels e. V. (BDB), BV des Deutschen	Köln	6	—
Buch-, Zeitungs- und Zeitschriften-Grossisten e. V., V Deutscher	Köln	—	—
Chemikalien-Groß- und Außenhandels e. V., V des Deutschen	Köln	—	—
Drogen- und Chemikalien-Groß- und Außenhandel beteiligten Firmen e. V., Vg der am	Hamburg	—	—
Edelsteinen und Perlen e. V., BV der Importeure und Exporteure von	Frankf. a. M.	—	—
Eisen- u. Metallwaren-Großhandels e. V., GV d. Dtsch.	Hamburg	2	—
Eisen- und Metallwaren e. V., BV der Exporteure von	Düsseldorf	—	—
Elektro-Großhandels e. V. (VEG), BV des	Dortmund	13	—
Exporthandels e.V., BV des Deutschen	Hamburg	—	5
Flachglas-Großhandels e. V. (bfg), BV des Deutschen	Köln	—	—
Floristen- und Gärtnerbedarf (GFG) e. V., GHV für	Düsseldorf	—	—
Flüssiggas e. V. (VFG), V für	Kronberg/Ts	—	—
Glas, Porzellan, Keramik, Groß- und Außenhandel e. V., BV	Köln	—	—
Häute- und Fellhandels e. V. (VDH), V des Deutschen	Frankf. a. M.	—	—
Harz, Terpentinöl und Lackrohstoffen e. V., Vn des Deutschen Einfuhrgroßhandels von	Hamburg	—	—
Heimtextilien e. V., GHV	Frankf. a. M.	6	—
Heizungs-, Lüftungs- und Klimabedarf e. V. (DGH), Deutscher Großhändlerverband für	Hamburg	—	—
Herrenhut- und Mützen-Großhändler e. V., V der	Frankf. a. M.	—	—
Holzeinfuhrhäuser e. V., Vn Deutscher	Hamburg	—	—
Holzhandel e. V., BV Deutscher	Wiesbaden	5	2
kosmet. Einfuhrfirmen e. V., Vg der	Düsseldorf	—	—
Kraftfahrzeugteile- u. Zweiradgroßhändler e. V., V der	Ratingen	—	—
Krankenpflege- und Laborbedarf e. V. (VGKL), V des Deutschen Groß- und Außenhandels für	Köln	—	—
Leder-Groß- und Außenhandels e. V. (GdL), GV des deutschen	Frankf. a. M.	—	—
Maschinen- und Werkzeug-Großhandels e. V. (FDM), FV des Deutschen	Bonn	—	—
Metallhändler e. V., Vn Deutscher	Bonn	—	—
Metallhalbzeug e. V., WV Großhandel	Bonn	—	—
Mineralöl e. V. (AFM), Außenhandelsverband für	Hamburg	—	—
Mineralölunternehmen e. V. (UNITI), BV mittelständischer	Hamburg	8	—
Möbelgroßhändler und Auslieferungslager e. V. (BMA), BV der	Köln	—	5
Molkerei- und Käserei-Einrichtungen und -Bedarf e. V., V der Fachfirmen für	Hannover	—	—
Papiergroßhandels e. V., BV des Deutschen	Mühlh./Ruhr	7	—
pharmazeutischen Großhandels e. V., BV des	Frankf. a. M.	—	—
Rohstoffe, Gummi und Plastic e. V., FV	Hannover	—	—
Rundfunk- und Fernseh-Fachgroßhändler e. V. (VDRG), V Deutscher	Köln	—	—
Sanitär-Fachhandels e. V. (VSI), BV des	Bonn	10	—
Schmuckwaren-Großhandels e. V., BV des	Stuttgart	5	—
Schreib-, Papierwaren u. Bürobedarf e. V. (GVS), GHV	Frankf. a. M.	6	3
Schuhgroßhändler e. V. (VdS), V deutscher	Frankf. a. M.	—	—
Spielwaren u. Geschenkartikel e. V. (GSG), GHZV für	München	—	—
Stahlhandel e. V. (BDS), BV deutscher	Düsseldorf	—	—
Tabakwaren-Großhändler und Automatenaufsteller e. V. (BDTA), BV Deutscher	Köln	11	—
Textilgroßhandels e. V., GV des Deutschen	Düsseldorf	8	—
Uhren und uhrentechnischen Bedarf e. V., BGHV für	Eschborn	—	—
Verschnürungs- und Verpackungsmittel e. V., BV	Ulm	—	—
Werkzeug-Großhandel e. V. (FWG), FV	Bonn	—	—
Wollhandels e. V., Vg des	Bremen	—	—
Ernährungssektor			
Backbedarf- und Mehlgroßhandels e. V., V des Dtsch.	Köln	—	—
Bier- u. Getränkefachgroßhandels e. V., BV des dtsch.	Düsseldorf	7	—
Blumen-Groß- u. Importhandels e.V. (BGI), V d. Dtsch.	Düsseldorf	6	—
Dünge- und Pflanzenbehandlungsmitteln e. V. (BGDP), BV des Großhandels mit	Bonn	4	—
Eier-Groß- und Außenhandels e. V., ZV des	Bonn	—	—
Fleischereibedarf-Großhandel e. V., BFV	Wuppertal	7	—
Frucht-Import- und -Großhandels e. V. (BAF), BAG Deutscher Verbände des	Hamburg	3	—
Früchte-Import und -Großhandels e. V., ZV des Dtsch.	Bonn	—	6
Getreide-, Futter- und Düngemittelhandels e. V., ZV des Deutschen	Bonn	12	—
Hamburger Börse e. V., Waren-Verein der	Hamburg	—	—
Honighandel beteiligten Firmen des Bundesgebietes e. V., Vg der am	Bremen	—	—
Hopfenkaufleute und Hopfenveredler e. V., V der	Nürnberg	—	—
Kaffee-Verband e. V., Deutscher	Hamburg	—	—
Kühlhäuser und Eisfabriken e. V., FV der	Bonn	—	—
Landmaschinenhandels e. V., HV des Deutschen	Bonn	9	—
Molkereiprodukten e. V. (GROMO), BV des Groß- und Außenhandels mit	Bonn	6	—
Nahrungsmittelgroßhandels e. V. (VDN), V des Dtsch.	Bonn	9	—
Oelen, Fetten und Oelrohstoffen e. V. (GROFOR), Deutscher V des Großhandels mit	Hamburg	—	—
Salzgroßhandels e. V., V des	Duisburg	—	—
Vieh und Fleisch e. V., V des Deutschen Groß- und Außenhandels mit	Bonn	—	—
Zuckerhandels e. V., V des Deutschen	Bonn	—	—

[1]) AG = Arbeitsgemeinschaft, BAG = Bundesarbeitsgemeinschaft, BFV = Bundesfachverband, BGHV = Bundesgroßhandelsverband, BV = Bundesverband, FHV = Fachhandelsverband, FV = Fachverband, GHV = Großhandelsverband, GHZV = Großhandelszentralverband, GV = Gesamtverband, HV = Hauptverband, V = Verband, Vg = Vereinigung, Vn = Verein, WV = Wirtschaftsverband, ZV = Zentralverband.

Quelle: Bundesverband des Deutschen Groß- und Außenhandels, Bonn

26.10 Fachverbände der Centralvereinigung Deutscher Handelsvertreter- und Handelsmakler-Verbände am 1. 1. 1983

Verband	Sitz	Landesfachgemeinschaften
CDH-Bundesfachgemeinschaft Holz und Baubedarf	Köln	13
CDH-Bundesfachgemeinschaft Maschinen und Industrieausrüstung	Köln	11
Fachverband der Landmaschinen-Handelsvertreter der CDH	Köln	8
Fachverband der Elektro-Handelsvertreter der CDH	Köln	12
Verband der Photo-Handelsvertreter der CDH	Köln	9
Fachverband der Handelsvertreter für Glas, Keramik, Kunstgewerbe der CDH	Köln	15
Fachverband der Möbel-Handelsvertreter der CDH	Köln	15
Fachverband der Handelsvertreter für Pharmazie, Drogerie, Parfümerie der CDH	Köln	7
Fachverband Deutscher Papier-Handelsvertreter der CDH	Köln	9
Fachverband der Handelsvertreter für Papier-, Pappe- und Kunststoffverarbeitung der CDH	Köln	11
Fachverband der Handelsvertreter für Eisenwaren und Haushaltsbedarf der CDH	Köln	15
Fachverband der Sportartikel-Handelsvertreter der CDH	Köln	8
Hauptverband Deutscher Textil-Handelsvertreter der CDH	Köln	15
Fachverband der Schuh-Handelsvertreter der CDH	Köln	11
Fachverband der Lederwaren-Handelsvertreter der CDH	Köln	11
Hauptverband Deutscher Handelsvertreter für Nahrungs- und Genußmittel der CDH	Köln	15
Verband der Handelsvertreter für Tabakerzeugnisse (VHT) der CDH	Köln	8
CDH-Bundesfachverband Deutscher Handelsvertreter der Medizin-, Labor- und Dental-Industrie	Köln	—

Quelle: Centralvereinigung Deutscher Handelsvertreter- und Handelsmakler-Verbände (CDH), Köln

26.11 Mitgliedsverbände der Bundesvereinigung der Deutschen Arbeitgeberverbände am 1. 1. 1983

Fachverband	Sitz	Mitgliedsverbände
Landwirtschaft		
Gesamtverband der Deutschen Land- und Forstwirtschaftlichen Arbeitgeberverbände e. V.	Bonn	15
Bergbau		
Wirtschaftsvereinigung Bergbau e. V.	Bonn	15
Gesamtverband des deutschen Steinkohlenbergbaus	Essen	4
Unternehmensverband Ruhrbergbau	Essen	—
Unternehmensverband Saarbergbau	Saarbrücken	—
Deutscher Braunkohlen-Ind.-Verein e. V.	Köln	—
Wirtschaftsverband Erdöl- und Erdgasgewinnung e. V.	Hannover	—
Kaliverein e. V.	Hannover	—
Verarbeitende Industrie (ohne Bauindustrie)		
Sozialpolitische Arbeitsgemeinschaft Steine und Erden	Frankfurt am Main	19
Bundesverband der Deutschen Kalkindustrie e. V.	Köln	4
Gesamtverband der metallindustriellen Arbeitgeberverbände e. V. Gesamtmetall	Köln	13
Bundesarbeitgeberverband Chemie e. V.	Wiesbaden	12
Arbeitgeberverband der Deutschen Kautschukindustrie (ADK)	Hannover	3
Arbeitsgemeinschaft Keramische Industrie e. V.	Frankfurt am Main	6
Bundesverband Glasindustrie und Mineralfaserindustrie e. V.	Düsseldorf	4
Vereinigung Deutscher Sägewerksverbände e. V.	Wiesbaden	12
Hauptverband der Deutschen Holzindustrie und verwandter Industriezweige e. V.	Wiesbaden	28
Vereinigung der Arbeitgeberverbände der Deutschen Papierindustrie e. V.	Bonn	8
Hauptverband der Papier, Pappe und Kunststoffe verarbeitenden Industrie e. V. – Sozialpolitischer Hauptausschuß –	Frankfurt am Main	12
Bundesverband Druck e. V.	Wiesbaden	11
Verband der Deutschen Lederindustrie e. V.	Frankfurt am Main-Höchst	—
Hauptverband der Deutschen Schuhindustrie e. V.	Offenbach am Main	6
Arbeitgeberkreis Gesamttextil im Gesamtverband der Textilindustrie in der Bundesrepublik Deutschland e. V.	Frankfurt am Main	8
Bundesvereinigung der Arbeitgeber im Bundesverband Bekleidungsindustrie e. V.	Köln	11
Arbeitgebervereinigung Nahrung und Genuß	Bonn	21
Verein der Zuckerindustrie	Bonn	3
Verband Deutscher Ölmühlen e. V.	Bonn	—
Arbeitgeberverband der Cigarettenindustrie	Hamburg	—
Bundesverband der Zigarrenindustrie e. V.	Bonn	—
Bauindustrie		
Hauptverband der Deutschen Bauindustrie e. V.	Wiesbaden	16
Handwerk		
Zentralverband des Deutschen Baugewerbes e. V.	Bonn	24
Bundesvereinigung der Fachverbände des Deutschen Handwerks	Bonn	51
Handel, Banken, Versicherungen, Verkehr		
Hauptgemeinschaft des Deutschen Einzelhandels e. V.	Köln	12
Bundesarbeitsgemeinschaft der Mittel- und Großbetriebe des Einzelhandels e. V.	Köln	12
Bundesverband des Deutschen Groß- und Außenhandels e. V.	Bonn	12
Zentralverband der genossenschaftlichen Großhandels- und Dienstleistungsunternehmen e. V.	Bonn	5
Arbeitgeberverband des privaten Bankgewerbes e. V.	Köln	—
Arbeitgeberverband der Versicherungsunternehmungen in Deutschland	München	—
Arbeitgeberverband der deutschen Binnenschiffahrt e. V.	Duisburg	—
Arbeitgeberverband Deutscher Eisenbahnen e. V. – Eisenbahnen, Berg- und Seilbahnen, Kraftverkehrsbetriebe –	Köln	—
Verband Deutscher Reeder e. V.	Hamburg	—
Verband Deutscher Küstenschiffseigner	Hamburg	—
Deutscher Hotel- und Gaststättenverband e. V. (DEHOGA)	Bonn	14
Sonstiges Gewerbe		
Verband privater Städtereinigungsbetriebe e. V.	Köln	—
Verband Deutscher Zeitschriftenverleger e. V.	Bonn	6
Bundesverband Deutscher Zeitungsverleger e. V. (Herausgeber der deutschen Tageszeitungen)	Bonn	9
Vereinigung der Arbeitgeberverbände energie- und versorgungswirtschaftlicher Unternehmungen (VAEU)[1]	Hannover	6

[1]) Gastmitglied.

Quelle: Bundesvereinigung der Deutschen Arbeitgeberverbände, Köln

26.12 Mitgliedsverbände der Vereinigung der kommunalen Arbeitgeberverbände am 30. 6. 1982

Mitgliedverband[1])	Beschäftigte im Bereich des Verbandes						
	insgesamt	Angestellte		Arbeiter		Praktikanten	Schüler(innen) in der Krankenpflege und -pflegehilfe
		zusammen	dar. Auszubildende	zusammen	dar. Auszubildende		
Schleswig-Holstein	59 159	35 694	1 716	22 178	292	545	742
Hamburg	1 196	398	6	798	11	—	—
Niedersachsen	174 152	106 884	4 199	61 581	612	1 916	3 771
Nordrhein-Westfalen	396 429	232 983	9 551	155 495	2 192	3 394	4 557
Hessen	141 095	87 188	2 667	49 506	788	1 127	3 274
Rheinland-Pfalz	74 577	43 346	2 286	29 298	546	448	1 485
Baden-Württemberg	213 920	129 345	4 004	77 133	1 126	1 974	5 468
Bayern	234 244	139 161	4 005	86 983	1 254	1 514	6 586
Saarland	20 995	10 715	182	9 603	158	177	500
Berlin (West)	48 802	—	—	48 802	2 263	—	—
Bundesgebiet	**1 364 569**	**785 714**	**28 616**	**541 377**	**9 242**	**11 095**	**26 383**

[1]) Die Stadtstaaten sind nur teilweise (Hamburg nur Bedienstete des Flughafens, Berlin (West) nur Arbeiter, oder gar nicht (Bremen) in der Vereinigung der kommunalen Arbeitgeberverbände organisiert.

Quelle: Vereinigung der kommunalen Arbeitgeberverbände (VKA), Köln

26.13 Gewerkschaftsmitglieder*)

26.13.1 Deutscher Gewerkschaftsbund

Stichtag 31. 12. / Gewerkschaft	Mitglieder			Arbeiter		Angestellte		Beamte	
	insgesamt	männlich	weiblich	zusammen	weiblich	zusammen	weiblich	zusammen	weiblich
1979	7 843 565	6 302 733	1 540 832	5 387 356	813 735	1 609 960	602 931	846 249	124 166
1980	7 882 527	6 286 253	1 596 274	5 376 454	838 326	1 658 121	628 734	847 952	129 214
1981	7 957 512	6 306 739	1 650 773	5 410 578	854 014	1 703 449	664 618	843 485	132 141
1982	7 849 003	6 199 604	1 649 399	5 319 430	842 919	1 701 657	677 202	827 916	129 278
davon (1982):									
Bau, Steine, Erden	530 960	508 541	22 419	487 771	15 280	43 189	7 139	—	—
Bergbau und Energie	367 835	360 541	7 294	320 417	1 712	47 206	5 582	212	—
Chemie, Papier, Keramik	643 079	521 190	121 889	523 297	89 938	119 782	31 951	—	—
Druck und Papier	145 271	112 165	33 106	118 486	24 009	26 785	9 097	—	—
Eisenbahner Deutschlands	392 484	372 944	19 540	197 783	10 589	9 171	4 480	185 530	4 471
Erziehung und Wissenschaft	185 651	90 570	95 081	—	—	45 745	27 308	139 906	67 773
Gartenbau, Land- und Forstwirtschaft	42 632	37 787	4 845	36 946	4 278	2 941	548	2 745	19
Handel, Banken und Versicherungen	360 340	158 760	201 580	51 451	16 088	308 889	185 492	—	—
Holz und Kunststoff	156 453	136 465	19 988	145 417	17 079	11 036	2 909	—	—
Kunst	47 925	39 980	7 945	—	—	47 925	7 945	—	—
Leder	52 719	29 010	23 709	49 659	22 795	3 060	914	—	—
Metall	2 576 471	2 207 198	369 273	2 189 279	274 896	387 192	94 377	—	—
Nahrung, Genuß, Gaststätten	265 276	179 901	85 375	212 250	60 933	53 026	24 442	—	—
Öffentliche Dienste, Transport und Verkehr	1 179 650	850 683	328 967	584 689	96 836	505 816	221 699	89 145	10 432
Polizei	169 092	156 033	13 059	9 113	2 760	16 925	7 652	143 054	2 647
Deutsche Postgewerkschaft	456 930	322 460	134 470	143 506	55 848	46 100	34 686	267 324	43 936
Textil-Bekleidung	276 235	115 376	160 859	249 366	149 878	26 869	10 981	—	—

26.13.2 Deutsche Angestellten-Gewerkschaft

Stichtag 31. 12. / Gruppe	Mitglieder	
	insgesamt	männlich
1979	487 743	305 565
1980	494 874	306 270
1981	499 439	305 318
1982	501 037	302 841
davon (1982):		
Kaufmännische Angestellte	212 637	103 185
Bank- und Sparkassenangestellte	44 667	29 206
Versicherungsangestellte	26 074	16 932
Angestellte im öffentlichen Dienst	133 535	74 784
Technische Angestellte und Beamte	56 879	52 079
Meister	15 322	15 186
Schiffahrtsangestellte	6 471	6 276
Bergbauangestellte	5 452	5 193

26.13.3 Deutscher Handels- und Industrieangestellten-Verband

Stichtag 30. 9.	Mitglieder	
	insgesamt	männlich
1979	61 414	44 712
1980	62 758	45 436
1981	63 647	46 053
1982	63 851	46 120

26.13.4 Deutscher Beamtenbund (Bund der Gewerkschaften des öffentlichen Dienstes)

Stichtag 30. 9.	Mitglieder	
	insgesamt	männlich
1979	824 412	618 381
1980	821 012	619 884
1981	820 262	609 952
1982	812 515	603 558

*) Die Zusammenstellung umfaßt nicht sämtliche vorhandenen Berufsverbände.

Quelle: Angaben der betreffenden Gewerkschaften

Anhang 1: Deutsche Demokratische Republik und Berlin (Ost)

Allgemeine Vorbemerkungen

Dieser Abschnitt enthält ausgewählte Ergebnisse aus dem »Statistischen Jahrbuch 1982 der Deutschen Demokratischen Republik«, die an einigen Stellen durch neuere Angaben aus anderen amtlichen Veröffentlichungen der Deutschen Demokratischen Republik (abgekürzt DDR) ergänzt wurden.

Bei der Benutzung der Zahlen ist zu beachten, daß die Statistik der DDR vielfach mit anderen Bezeichnungen oder systematischen Gruppierungen als die Statistik der Bundesrepublik Deutschland arbeitet. Ein Vergleich ist deshalb – wenn man von den Zahlen aus der Bevölkerungsstatistik absieht – oft nur mit Einschränkungen möglich. Die Vorbemerkungen zu den einzelnen Abschnitten enthalten Hinweise auf unterschiedliche Erhebungsmethoden und Begriffsabgrenzungen. Inhaltlich mit den Bundesergebnissen übereinstimmende, aber mit anderen Bezeichnungen versehene Zahlen aus der DDR wurden auf die in der Bundesrepublik Deutschland übliche Terminologie abgestellt.

Da bei den meisten der hier nachgewiesenen Sachverhalte keine regionalen Aufgliederungen vorgenommen werden können, beziehen sich die Angaben in sämtlichen Tabellen auf die DDR und Berlin (Ost).

1 Geographische Angaben

1.1 Ortshöhenlagen ausgewählter Orte*)

Ort	Höhe in m über NN	Ort	Höhe in m über NN
Annaberg-Buchholz	610	Mühlhausen	215
Cottbus	72	Neustrelitz	65
Dessau	61	Nordhausen	210
Dresden	113	Oberhof	806
Eisenach	215	Oberwiesenthal	920
Erfurt	200	Plauen	360
Frankfurt/Oder	25	Prenzlau	21
Gera	205	Rostock	13
Görlitz	210	Schwerin	40
Greifswald	7	Stendal	33
Halberstadt	115	Stralsund	5
Halle/Saale	100	Weimar	255
Jena	145	Wittenberg	71
Karl-Marx-Stadt	309	Wittenberge	23
Leipzig	118	Zittau	244
Magdeburg	50	Zwickau	267

*) Höhe des Ortsmittelpunktes über Normal-Null.

1.2 Inseln*)

Insel	Fläche in km²
Rügen	926,4
Usedom[1])	354,2
Poel	37,0
Ummanz	19,7
Hiddensee	18,6
Große und Kleine Kirr	3,5
Koos	1,5
Pulitz	1,2
Großer und Kleiner Werder	1,2
Görmitz	1,1
Oie (Barther Bodden)	0,9
Vilm	0,9
Oehe	0,7
Greifswalder Oie	0,6
Riether Werder	0,6
Langenwerder	0,5

*) Inseln mit einer Fläche über 0,5 km².
[1]) Anteil der DDR.

1.3 Bodenerhebungen (Berge)*)

Berg	Gebirge bzw. Landschaft	Höhe in m über NN
Fichtelberg	Erzgebirge	1 214
Brocken	Harz	1 142
Auersberg	Erzgebirge	1 018
Großer Beerberg	Thüringer Wald	982
Schneekopf	Thüringer Wald	978
Großer Rammelsberg	Erzgebirge	963
Großer Inselsberg	Thüringer Wald	916
Kahleberg	Erzgebirge	901
Kieferle	Thüringer Wald	868
Kickelhahn	Thüringer Wald	861
Pöhlberg	Erzgebirge	832
Geising	Erzgebirge	824
Lausche	Lausitzer Gebirge	793
Kapellenberg	Elstergebirge	759
Hochwald	Lausitzer Gebirge	748
Großer Zschirnstein	Elbsandsteingebirge	561
Großer Winterberg	Elbsandsteingebirge	551

*) Berge über 500 m Normal-Null.

1.4 Flüsse

Fluß	Länge insgesamt	Länge darunter schiffbar	Einzugsbereich
	km	km	km²
Elbe[1])	566	566	83 101
Schwarze Elster	181	—	5 498
Mulde mit Freiberger und Zwickauer Mulde	433	—	7 386
Saale	427	95	23 737
Unstrut	192	71	6 350
Weiße Elster	257	—	5 100
Bode	169	—	3 300
Havel	343	228	24 273
Spree	382	147	10 100
Elde	184	184	2 944
Oder[1])	162	162	4 399
Lausitzer Neiße[1])	199	15	1 225

[1]) Innerhalb der DDR.

1.5 Schiffahrtskanäle

Kanal	Länge	Schleusen bzw. Hebewerke
	km	Anzahl
Oder-Spree-Kanal	83,7	5
Oder-Havel-Kanal	82,8	2
Mittellandkanal[1])	62,6	1
Elbe-Havel-Kanal	56,4	3
Teltowkanal	37,8	1
Havelkanal	34,9	1

[1]) Innerhalb der DDR.

1.6 Seen

See	Bezirk	Fläche	Größte Tiefe	Mittlere Tiefe	Höhe über NN
		km²	m		
Müritz	Neubrandenburg	116,8	33	6,3	62
Schweriner See	Schwerin	63,4	54	13	38
Plauer See	Schwerin	38,7	27,5	8	62
Kummerower See	Neubrandenburg	32,6	30	8	0,3
Kölpinsee	Neubrandenburg	20,7	30,6	3,9	62
Tollensesee	Neubrandenburg	17,4	34	17,3	15
Krakower See	Schwerin	15,9	27,5	8,5	48
Malchiner See	Neubrandenburg	14,3	16	2,5	0,6
Scharmützelsee	Frankfurt	13,8	28	9,2	38
Schwielochsee	Frankfurt	13,5	8	3,6	41
Ruppiner See	Potsdam	8,5	24	12	40
Werbellinsee	Frankfurt	7,9	54	27	43
Gr. Müggelsee	Berlin	7,4	8	6	32
Schwielowsee	Potsdam	6,7	9	4	29,5
Arendsee	Magdeburg	5,4	49,5	29,7	21

1.7 Talsperren*)

Stauanlage[1])		Fluß (Flußgebiet)	Stauraum[2])	Stauhöhe[2])	Jahr der Inbetriebnahme	Hauptnutzung[3])
			Mill m³	m		
TS	Bleiloch	Saale	215,0	59	1932	HWS, B, El
TS	Hohenwarte	Saale	182,0	66	1941	HWS, B, El
TS	Rappbode	Rappbode (Bode)	109,1	87	1959	HWS, T, El
TS	Eibenstock	Zwickauer Mulde	76,9	54	1982	HWS, T
TS	Pöhl	Trieb (Weiße Elster)	62,0	45	1964	HWS, B, El
Sp	Borna	Pleiße (Weiße Elster)	49,4	15	1979	HWS, B
TS	Bautzen	Spree	44,6	15	1975	HWS, B, El
TS	Spremberg	Spree	42,7	11	1965	HWS, B
TS	Kelbra	Helme	35,6	6	1970	HWS, B
TS	Zeulenroda	Weida (Weiße Elster)	28,9	33	1975	HWS, T
TS	Schönbrunn	Schleuse (Werra)	23,2	62	1975	HWS, T
TS	Saidenbach	Saidenbach (Flöha, Mulde)	22,4	47	1933	T
TS	Lehnmühle	Wilde Weißeritz (Elbe)	21,9	42	1931	HWS, T, El
Sp	Witznitz	Wyhra und Eula (Pleiße)	21,5	11	1954	HWS, B
TS	Quitzdorf	Schwarzer Schöps (Spree)	20,6	8	1972	HWS, B
RHB	Straußfurt	Unstrut	19,2	7	1962	HWS
Sp	Dossespeicher Kyritz	Dosse	18,3	6	1979	B
Sp	Niemtsch	Schwarze Elster	18,0	2	1974	HWS, B
TS	Ohra	Ohra (Unstrut)	17,5	51	1967	HWS, T, El
TS	Dröda	Feilebach (Weiße Elster)	17,3	39	1972	HWS, T
TS	Klingenberg	Wilde Weißeritz (Elbe)	16,4	31	1914	HWS, T, El
TS	Rauschenbach	Flöha	15,2	39	1967	HWS, T, B
Sp	Muldenstein	Mulde	15,0	3	1976	HWS
TS	Lichtenberg	Gimmlitz (Mulde)	14,4	39	1975	HWS, T
Sp	Lohsa	Kleine Spree	13,6	6	1971	HWS, B
TS	Gottleuba	Gottleuba (Elbe)	13,0	50	1974	HWS, T
TS	Kriebstein	Zschopau (Mulde)	11,6	22	1930	B, El
TS	Pirk	Weiße Elster	10,0	14	1938	HWS, B, El
RHB	Stöhna	Pleiße (Weiße Elster)	10,0	7	1976	HWS

*) Talsperren, Speicheranlagen und Rückhaltebecken mit einem Stauraum von 10 Mill. m³ und mehr.
[1]) TS = Talsperre; Sp = Speicher; RHB = Rückhaltebecken.
[2]) Hochwasserstauhöhe (Vollstau).
[3]) HWS = Hochwasserschutz; T = Trinkwasserversorgung; B = Betriebswasserversorgung (durch direkte Lieferung in Gräben oder Leitungen) oder Niedrigwasseraufhöhung; El = Wasserkraftnutzung (Elektroenergieerzeugung).

2 Bevölkerung

2.1 Bevölkerungsentwicklung

1 000

Jahresende	Bevölkerung	Jahresende	Bevölkerung	Jahresende	Bevölkerung	Jahresende	Bevölkerung
1939[1])	16 745	1955	17 832	1965	17 040	1975	16 820
1946	18 488	1956	17 604	1966	17 071	1976	16 767
1947	19 102	1957	17 411	1967	17 090	1977	16 758
1948	19 044	1958	17 312	1968	17 087	1978	16 751
1949	18 793	1959	17 286	1969	17 075	1979	16 740
1950[1])	18 388	1960	17 188	1970[1])	17 068	1980	16 740
1951	18 350	1961	17 079	1971	17 054	1981[2])	16 732
1952	18 300	1962	17 136	1972	17 011		
1953	18 112	1963	17 181	1973	16 951		
1954	18 002	1964[1])	17 004	1974	16 891		

[1]) Ergebnis der Volkszählungen vom 17. 5. 1939, 31. 8. 1950, 31. 12. 1964 und 1. 1. 1971.
[2]) Vorläufiges Ergebnis der Volkszählung vom 31. 12. 1981.

2.2 Fläche und Wohnbevölkerung

Gegenstand der Nachweisung	Einheit	31. 12. 1981
Fläche	km²	108 333
Stadtkreise	Anzahl	28
Landkreise	Anzahl	191
Gemeinden	Anzahl	7 548
Wohnbevölkerung[1])	1 000	16 732
männlich	1 000	7 865
	%	*47,0*
weiblich	1 000	8 868
	%	*53,0*
Einwohner je km²	Anzahl	*154*

[1]) Vorläufiges Ergebnis der Volkszählung vom 31. 12. 1981.

2.3 Gemeinden und Wohnbevölkerung am 31. 12. 1981 nach Gemeindegrößenklassen

Gemeinden mit ... bis unter ... Einwohnern	Gemeinden		Wohnbevölkerung[1])	
	Anzahl	%	1 000	%
unter 500	3 420	*45,3*	1 032,1	*6,2*
500 — 1 000	2 017	*26,7*	1 423,6	*8,5*
1 000 — 2 000	1 081	*14,3*	1 487,7	*8,9*
2 000 — 3 000	345	*4,6*	834,6	*5,0*
3 000 — 5 000	281	*3,7*	1 074,4	*6,4*
5 000 — 10 000	183	*2,4*	1 264,8	*7,6*
10 000 — 20 000	105	*1,4*	1 454,7	*8,7*
20 000 — 50 000	81	*1,1*	2 478,2	*14,8*
50 000 — 100 000	20	*0,3*	1 314,6	*7,9*
100 000 und mehr	15	*0,2*	4 367,8	*26,1*
Insgesamt	**7 548**	***100***	**16 732,5**	***100***

[1]) Vorläufiges Ergebnis der Volkszählung vom 31. 12. 1981.

2.4 Wohnbevölkerung der Gemeinden mit 50 000 Einwohnern und mehr am 30. 6. 1981

1 000

Gemeinde	Bezirk	Wohnbevölkerung	Gemeinde	Bezirk	Wohnbevölkerung	Gemeinde	Bezirk	Wohnbevölkerung
Altenburg	Leipzig	55,5	Görlitz	Dresden	81,0	Plauen	Karl-Marx-Stadt	78,6
Berlin (Ost)	Berlin (Ost)	1 157,6	Gotha	Erfurt	57,8	Potsdam	Potsdam	132,0
Brandenburg (Havel)	Potsdam	94,9	Greifswald	Rostock	61,6	Riesa	Dresden	52,3
Cottbus	Cottbus	114,8	Halle/Saale	Halle	232,4	Rostock	Rostock	234,5
Dessau	Halle	103,0	Halle-Neustadt	Halle	93,8	Schwedt/Oder	Frankfurt	54,8
Dresden	Dresden	516,6	Hoyerswerda	Cottbus	70,6	Schwerin	Schwerin	122,2
Eberswalde-Finow	Frankfurt	53,3	Jena	Gera	104,3	Stralsund	Rostock	75,1
Eisenach	Erfurt	50,8	Karl-Marx-Stadt	Karl-Marx-Stadt	317,7	Weimar	Erfurt	64,0
Erfurt	Erfurt	212,0	Leipzig	Leipzig	561,9	Wismar	Rostock	57,6
Frankfurt (Oder)	Frankfurt	80,7	Magdeburg	Magdeburg	289,3	Wittenberg	Halle	54,1
Freiberg	Karl-Marx-Stadt	51,6	Merseburg /Saale	Halle	50,7	Zwickau	Karl-Marx-Stadt	121,8
Gera	Gera	126,1	Neubrandenburg	Neubrandenburg	79,7			

2.5 Wohnbevölkerung am 31. 12. 1980 nach Altersgruppen und Familienstand*)

1 000

Alter von ... bis unter ... Jahren	Männlich	Weiblich	Insgesamt	Ledig		Verheiratet		Verwitwet		Geschieden	
				männlich	weiblich	männlich	weiblich	männlich	weiblich	männlich	weiblich
unter 18	2 110,5	2 007,2	4 117,7	2 110,5	2 007,2	—	—	—	—	—	—
18 — 25	980,3	928,9	1 909,1	752,8	500,5	215,8	404,4	0,1	0,2	11,6	23,3
25 — 30	674,2	636,3	1 310,6	161,1	76,4	473,6	511,4	0,4	2,2	39,1	46,3
30 — 40	1 028,7	1 009,5	2 038,2	92,3	57,0	859,1	850,5	2,2	9,5	75,2	92,6
40 — 50	1 180,6	1 177,3	2 358,0	55,4	65,0	1 041,9	973,1	8,8	36,2	74,6	103,0
50 — 60	760,3	1 039,7	1 800,0	15,6	91,0	701,6	740,6	15,5	125,7	27,6	82,3
60 — 65	211,3	366,9	578,2	3,3	27,5	194,1	205,4	8,5	105,3	5,5	28,7
65 und mehr	911,6	1 719,3	2 630,9	17,4	114,8	687,6	503,3	189,2	997,9	17,4	103,3
Insgesamt	**7 857,5**	**8 885,2**	**16 742,7**	**3 208,3**	**2 939,4**	**4 173,8**	**4 188,7**	**224,6**	**1 277,6**	**250,9**	**479,5**

*) Statistische Differenzen wurden nicht ausgeglichen, daher Abweichungen zu anderen Tabellen möglich.

2.6 Eheschließungen, Geborene, Gestorbene und Ehelösungen

2.6.1 Grundzahlen

Jahr	Eheschließungen	Lebendgeborene insgesamt	Lebendgeborene und zwar männlich	Lebendgeborene und zwar nichtehelich	Totgeborene insgesamt	Totgeborene darunter nichtehelich	Gestorbene insgesamt	Gestorbene und zwar männlich	Gestorbene und zwar im 1. Lebensjahr	Gestorbene und zwar im 1. Lebensmonat	Überschuß der Geborenen (+) bzw. Gestorbenen (−)	Gerichtliche Ehelösungen
1950	214 744	303 866	157 247	38 859	6 739	1 249	219 582	108 428	21 923	10 072	+84 284	49 860
1960	167 583	292 285	150 746	33 991	4 765	672	233 759	114 496	11 381	6 176	+59 226	24 540
1970	130 723	236 929	121 601	31 522	2 502	356	240 821	112 721	4 382	3 086	− 3 892	27 407
1971	130 205	234 870	120 938	35 506	2 336	373	234 953	108 945	4 230	2 915	− 83	30 831
1972	133 575	200 443	103 135	32 475	1 858	297	234 425	108 784	3 537	2 358	−33 982	34 766
1973	137 419	180 336	92 718	28 197	1 638	289	231 960	107 991	2 806	2 051	−51 624	38 544
1974	138 816	179 127	92 030	29 178	1 461	302	229 062	106 101	2 844	2 137	−49 935	41 615
1975	142 130	181 798	93 655	29 340	1 431	250	240 389	110 117	2 885	2 139	−58 591	41 632
1976	144 590	195 483	100 364	31 696	1 438	273	233 733	106 756	2 727	2 067	−38 250	44 803
1977	147 402	223 152	114 914	35 202	1 692	325	226 233	103 738	2 920	2 140	− 3 081	43 137
1978	141 063	232 151	119 518	40 256	1 647	303	232 332	106 235	3 044	2 207	− 127	43 296
1979	136 884	235 233	121 415	46 086	1 647	374	232 742	106 670	3 039	2 204	+ 2 491	44 735
1980	134 195	245 132	125 668	55 998	1 646	435	238 254	107 909	2 958	2 145	+ 6 878	44 794
1981[1])	128 174	237 543	121 907	...	1 651	...	232 265	104 173	2 923	...	+ 5 278	48 567

[1]) Vorläufiges Ergebnis.

2.6.2 Verhältniszahlen

Jahr	Durchschnittliche Bevölkerung	Eheschließungen	Lebendgeborene	Gestorbene	Überschuß der Geborenen (+) bzw. Gestorbenen (−)	Gerichtliche Ehelösungen	Nichtehelich Lebendgeborene	Gestorbene im 1. Lebensjahr	Gestorbene im 1. Lebensmonat	Totgeborene je 1 000 Lebend- und Totgeborene	Knaben je 1 000 lebendgeborene Mädchen
	1 000	je 1 000 Einwohner					je 1 000 Lebendgeborene				
1950	18 388,2	*11,7*	*16,5*	*11,9*	*+4,6*	*2,7*	*127,9*	*72,1*	*33,1*	*21,7*	*1 072*
1960	17 240,5	*9,7*	*17,0*	*13,6*	*+3,4*	*1,4*	*116,0*	*38,8*	*21,1*	*16,0*	*1 068*
1970	17 058,2	*7,7*	*13,9*	*14,1*	*−0,2*	*1,6*	*133,0*	*18,5*	*13,0*	*10,4*	*1 054*
1971	17 061,0	*7,6*	*13,8*	*13,8*	*±0*	*1,8*	*151,2*	*18,0*	*12,4*	*9,8*	*1 062*
1972	17 043,0	*7,8*	*11,8*	*13,8*	*−2,0*	*2,0*	*162,0*	*17,6*	*11,8*	*9,2*	*1 060*
1973	16 979,6	*8,1*	*10,6*	*13,7*	*−3,0*	*2,3*	*156,4*	*15,6*	*11,4*	*9,0*	*1 058*
1974	16 924,7	*8,2*	*10,6*	*13,5*	*−3,0*	*2,5*	*162,9*	*15,9*	*11,9*	*8,1*	*1 057*
1975	16 850,1	*8,4*	*10,8*	*14,3*	*−3,5*	*2,5*	*161,4*	*15,9*	*11,8*	*7,8*	*1 063*
1976	16 786,1	*8,6*	*11,6*	*13,9*	*−2,3*	*2,7*	*162,1*	*14,0*	*10,6*	*7,3*	*1 055*
1977	16 765,2	*8,8*	*13,3*	*13,5*	*−0,2*	*2,6*	*157,7*	*13,1*	*9,6*	*7,5*	*1 062*
1978	16 756,1	*8,4*	*13,9*	*13,9*	*±0*	*2,6*	*173,4*	*13,1*	*9,5*	*7,1*	*1 061*
1979	16 744,7	*8,2*	*14,0*	*13,9*	*+0,1*	*2,7*	*195,9*	*12,9*	*9,4*	*7,0*	*1 067*
1980	16 737,2	*8,0*	*14,6*	*14,2*	*+0,4*	*2,7*	*228,4*	*12,1*	*8,8*	*6,7*	*1 052*
1981[1])	16 736,0	*7,7*	*14,2*	*13,9*	*+0,3*	*2,9*	...	*12,3*	...	*6,9*	*1 054*

[1]) Vorläufiges Ergebnis.

2.7 Eheschließende nach dem bisherigen Familienstand

Jahr	Eheschließende insgesamt	männlich – Familienstand vor der Eheschließung: ledig	männlich – verwitwet	männlich – geschieden	weiblich – Familienstand vor der Eheschließung: ledig	weiblich – verwitwet	weiblich – geschieden
1950	214 744	158 586	20 363	35 795	153 843	39 636	21 265
1960	167 583	136 594	10 035	20 954	143 611	8 587	15 385
1970	130 723	103 452	6 314	20 957	108 426	4 649	17 648
1971	130 205	104 298	5 863	20 044	108 726	4 375	17 104
1972	133 575	106 983	5 449	21 143	111 497	4 084	17 994
1973	137 419	109 633	5 267	22 519	113 911	3 841	19 667
1974	138 816	109 857	5 075	23 884	113 807	3 823	21 186
1975	142 130	112 005	4 773	25 352	115 743	3 651	22 736
1976	144 590	113 616	4 576	26 398	116 903	3 594	24 093
1977	147 402	114 864	4 446	28 092	118 357	3 410	25 635
1978	141 063	110 600	3 923	26 540	113 645	3 227	24 191
1979	136 884	107 715	3 592	25 577	110 591	2 925	23 368
1980	134 195	105 547	3 422	25 226	107 721	2 785	23 689

3 Erwerbstätigkeit

3.0 Vorbemerkung

Erwerbstätige: Alle im Arbeitsprozeß stehenden Personen. Sie werden nach der Stellung im Betrieb untergliedert in:

Arbeiter und Angestellte: Arbeitskräfte, die in einem Arbeitsrechtsverhältnis zu einem Betrieb, einer Einrichtung, einer Verwaltung, einer Produktionsgenossenschaft, einem Rechtsanwaltskollegium, einer ein Gewerbe oder eine freiberufliche Tätigkeit ausübenden Person stehen. Hierzu gehören auch Heimarbeiter und nicht ständig Erwerbstätige, jedoch nicht die Lehrlinge.

Lehrlinge: Jugendliche, mit denen ein Lehrvertrag für Ausbildungsberufe bzw. ein Ausbildungsvertrag zum Erwerb des Abschlusses auf einem Teilgebiet eines Ausbildungsberufes abgeschlossen ist. Einschl. im Lehrverhältnis stehende Jugendliche in den Abiturklassen der Berufsschule.

Mitglieder von Produktionsgenossenschaften und Rechtsanwaltskollegien: Von der Mitgliederversammlung einer Produktionsgenossenschaft bzw. eines Rechtsanwaltskollegiums als Mitglied aufgenommene Personen, soweit sie mitarbeitende Mitglieder sind.

Selbständig Erwerbstätige: Komplementäre, Inhaber, Mitinhaber und Pächter von Betrieben, die selbst im Betrieb tätig sind, sowie nicht im Arbeitsrechtsverhältnis stehende Personen, die ein Gewerbe oder eine freiberufliche Tätigkeit ausüben.

Mithelfende Familienangehörige: Familienangehörige des Komplementärs, Inhabers, Mitinhabers oder Pächters eines Betriebes, die ohne Arbeitsrechtsverhältnis im Betrieb mitarbeiten und keine lohnsteuerpflichtigen und sozialversicherungspflichtigen Lohneinkünfte vom Betrieb beziehen. Sinngemäß gilt dies auch für Familienangehörige der freiberuflich Tätigen und der sonstigen, ein Gewerbe ausübenden Personen. Familienangehörige, die in einem Arbeitsrechtsverhältnis zum Betrieb stehen, zählen als Arbeiter oder Angestellte dieses Betriebes. Ausschließlich in der persönlichen Hauswirtschaft tätige Familienangehörige von Mitgliedern landwirtschaftlicher Produktionsgenossenschaften sind nicht einbezogen.

Eigentumsform der Betriebe

Sozialisierte Betriebe: Volkseigene und genossenschaftliche Betriebe (Produktionsgenossenschaften, Vereinigung der gegenseitigen Bauernhilfe, Konsumgenossenschaften, Rechtsanwaltskollegien).

Betriebe mit staatlicher Beteiligung: Fast ausschließlich in der Rechtsform der Kommanditgesellschaft, dadurch gebildet, daß sich die Deutsche Investitionsbank oder volkseigene Betriebe als Kommanditisten an bis dahin privaten Betrieben beteiligen.

Privatbetriebe: Insbesondere freiberuflich Tätige und private Haushalte.

3.1 Erwerbstätige nach Wirtschaftsbereichen, Stellung im Beruf und Eigentumsform der Betriebe

1 000

Gegenstand der Nachweisung	Stichtag 30. 9.					
	1976	1977	1978	1979	1980	1981
	Erwerbstätige (ohne Lehrlinge)					
Männlich	4 020	4 025	4 052	4 082	4 119	4 169
Weiblich	3 999	4 033	4 066	4 102	4 106	4 127
Insgesamt	**8 018**	**8 058**	**8 118**	**8 184**	**8 225**	**8 296**
	nach Wirtschaftsbereichen					
Land- und Forstwirtschaft	878	874	877	876	879	885
Bergbau, Energiewirtschaft, Verarbeitendes Gewerbe	3 332	3 342	3 358	3 379	3 387	3 417
Baugewerbe	566	572	577	580	583	584
Handel, Gaststättengewerbe	848	844	841	846	850	850
Verkehr und Nachrichtenübermittlung	605	609	611	611	613	614
Sonstige Wirtschaftsbereiche	1 789	1 818	1 853	1 893	1 914	1 946
	nach Stellung im Beruf					
Arbeiter und Angestellte	7 071	7 128	7 193	7 258	7 300	7 365
Mitglieder von Produktionsgenossenschaften und Rechtsanwaltskollegien	761	749	744	743	746	752
Selbständige[1])	186	182	181	182	180	179
	nach Eigentumsform der Betriebe					
Sozialisierte Betriebe	7 554	7 604	7 668	7 737	7 782	7 850
Volkseigene	6 338	6 394	6 463	6 530	6 571	6 634
Genossenschaftliche	1 216	1 210	1 205	1 207	1 210	1 216
Betriebe mit staatlicher Beteiligung	53	52	53	52	51	52
Privatbetriebe	411	402	398	395	393	394
	Lehrlinge					
Insgesamt	**465**	**493**	**503**	**500**	**492**	**467**

[1]) Einschl. Mithelfende Familienangehörige.

3.2 Erwerbstätige am 30. 9. 1981 nach Stellung im Beruf und Wirtschaftsbereichen

1 000

Wirtschaftsbereich	Erwerbstätige insgesamt	Erwerbstätige ohne Lehrlinge				Lehrlinge
		zusammen	Arbeiter und Angestellte	Mitglieder von Produktions-genossenschaften und Rechtsanwalts-kollegien	Selbständige und Mithelfende Familienangehörige	
Land- und Forstwirtschaft	915	885	287	592	6	30
Bergbau, Energiewirtschaft, Verarbeitendes Gewerbe	3 660	3 417	3 263	71	84	243
Baugewerbe	650	584	516	53	16	66
Handel, Gaststättengewerbe	899	850	812	—	38	49
Verkehr und Nachrichtenübermittlung	655	614	606	—	8	41
Sonstige Wirtschaftsbereiche	1 984	1 946	1 882	37	27	38
Insgesamt	**8 763**	**8 296**	**7 365**	**752**	**179**	**467**

4 Land- und Forstwirtschaft

4.0 Vorbemerkung

Betriebe: Die Angaben beziehen sich auf die sozialisierten Betriebe, deren Anteil an der gesamten landwirtschaftlichen Nutzfläche rd. 94 % beträgt.

Eigentumsform der Betriebe

Volkseigene Güter: Landwirtschaftliche Großbetriebe; sie sind juristische Personen und Rechtsträger des ihnen übertragenen Volkseigentums.

Landwirtschaftliche Produktionsgenossenschaft (LPG): Zusammenschluß von Bauern, Landarbeitern und sonstigen Berufsangehörigen zu einem kollektiven landwirtschaftlichen Betrieb zwecks gemeinsamer Bewirtschaftung und Nutzung der eingebrachten und vom Staat bereitgestellten Bodenflächen und Produktionsmittel. Unterschieden werden nach dem Grad der Vergesellschaftung der Bodenflächen und Produktionsmittel die Typen I, II und III. Der Typ III stellt die höchste Form der Kollektivierung dar. Im einzelnen sind die Typen wie folgt abgegrenzt:

Typ I: Genossenschaftliche Bewirtschaftung und Nutzung des von den Mitgliedern eingebrachten Ackerlandes, das Eigentum der Mitglieder bleibt. Die Mitgliederversammlung der LPG kann beschließen, daß auch Grünland, Dauerkulturen oder Wald einzubringen sind und die Viehhaltung genossenschaftlich erfolgen soll.

Typ II: Genossenschaftliche Bewirtschaftung und Nutzung des von den Mitgliedern eingebrachten Acker- und Grünlandes, der Dauerkulturen (Obstanlagen, Hopfen usw.) sowie sonstiger nutzbarer Flächen, die Eigentum der Mitglieder bleiben. Die von den Mitgliedern eingebrachten und von der Genossenschaft erworbenen Traktoren, Zugtiere, landwirtschaftlichen Maschinen und Geräte sind genossenschaftliches Eigentum.

Die Mitgliederversammlung legt fest, wie und in welchem Zeitabschnitt die etwa bereits vorhandene genossenschaftliche Viehhaltung durch Einbringung weiterer Tiere aus der persönlichen Viehhaltung, insbesondere des Zuchtviehs und der Nachzucht, sowie durch Zukauf verstärkt wird. Ferner übergibt jedes Mitglied der Genossenschaft Maschinen, Geräte und Zugtiere, die für die genossenschaftliche Wirtschaft erforderlich sind.

Typ III: Genossenschaftliche Bewirtschaftung und Nutzung der von den Mitgliedern eingebrachten land- und forstwirtschaftlichen Flächen, die Eigentum der Mitglieder bleiben. Genossenschaftliches Eigentum und genossenschaftliche Nutzung der Traktoren, Maschinen, Geräte und Wirtschaftsgebäude sowie des Zucht- und Nutzviehs wie im Statut festgelegt. Jedes Mitglied hat je Hektar der eingebrachten Bodenfläche bzw. der auf seinen Namen eingetragenen Bodenfläche einen Inventarbeitrag zu leisten. Das eingebrachte tote und lebende Inventar wird auf diesen Inventarbeitrag angerechnet.

Gärtnerische Produktionsgenossenschaft: Zusammenschluß von vorwiegend Einzelgärtnern, Gartenbau- und Landarbeitern zu einem kollektiven gärtnerischen Betrieb zwecks gemeinsamer Bewirtschaftung und Nutzung der eingebrachten und vom Staat bereitgestellten Bodenflächen und Produktionsmittel. Der Grad der Vergesellschaftung entspricht dem Typ III der LPG.

Produktionsgenossenschaft werktätiger Fischer: Zusammenschluß von Einzelfischern und Fischereiarbeitern zu einem kollektiven Fischereibetrieb zwecks gemeinsamer Bewirtschaftung und Nutzung der eingebrachten und der vom Staat übernommenen Gewässer sowie der übrigen Produktionsmittel. Ohne die Genossenschaften der See- und Küstenfischerei.

Ernteerträge: Tatsächlicher Ernteertrag nach Drusch und Rodung ohne Berücksichtigung des durch Lagerung eintretenden Schwundes und sonstiger Verluste (Speicherverluste).

4.1 Betriebe und landwirtschaftliche Nutzfläche sowie Mitglieder landwirtschaftlicher Genossenschaften in der sozialisierten Landwirtschaft

Jahr	Sozialisierte Landwirtschaft						
	insgesamt	davon					
		volkseigene Güter	landwirtschaftliche Produktionsgenossenschaften		kooperative Einrichtungen[1])	gärtnerische Produktions-genossen-schaften	Produktionsgen. werktätiger Fischer, Pelztier- u. Zierfischzüchter
			Pflanzen-produktion	Tier-produktion			
Betriebe Anzahl							
1976	5 353	450	161	3 421	1 024	241	56
1977	5 057	450	329	3 165	833	229	51
1978	4 900	487	752	3 015	379	217	50
1979	4 816	474	972	2 944	161	215	50
1980	4 763	469	1 047	2 899	87	213	48
1981	4 748	479	1 101	2 868	36	215	49
Landwirtschaftliche Nutzfläche 1 000 ha							
1976	5 938,6	120,0	929,7	165,9	4 674,0	18,8	×
1977	5 940,4	187,4	1 703,6	78,2	3 888,0	19,3	×
1978	5 932,5	381,7	3 624,9	78,2	1 807,1	17,1	×
1979	5 930,6	404,5	4 639,3	58,8	787,3	17,0	×
1980	5 922,9	407,8	4 978,3	54,9	441,6	16,8	×
1981	5 917,2	435,8	5 235,9	56,0	150,0	17,7	×
Mitglieder landwirtschaftlicher Genossenschaften[2]) Anzahl							
1976	843 244	.	73 702	460 814	284 754	23 060	914
1977	834 446	.	132 944	445 941	231 338	23 279	944
1978	830 411	.	266 489	429 533	110 408	23 017	964
1979	830 326	.	321 739	422 617	61 256	23 718	996
1980	826 713	.	337 846	419 616	43 797	24 452	1 002
1981	833 528	.	353 044	421 759	31 886	25 781	1 058

[1]) Kooperative Abteilungen und zwischengenossenschaftliche bzw. zwischenbetriebliche Einrichtungen der Pflanzenproduktion.

[2]) Ohne zwischenbetriebliche Einrichtungen der Waldwirtschaft. – Pflanzen- und Tierproduktion ohne in kooperative Einrichtungen und volkseigene Betriebe delegierte Mitglieder.

4.2 Maschinenbestand der sozialisierten Landwirtschaft

Jahresende	Traktoren			Lastkraft-wagen	Anhänger für Traktoren und Lastkraft-wagen	Stalldung-streuer	Mähdrescher	Kartoffel-sammelroder	Rüben-rodelader
	insgesamt	bis unter 29,4 kW	29,4 kW und mehr						
1976	137 718	48 792	88 926	44 025	236 078	14 346	12 288	8 867	4 536
1977	137 445	44 489	92 956	45 707	237 967	13 675	13 134	8 626	4 025
1978	139 515	41 392	98 123	47 861	239 913	12 956	13 192	8 251	3 587
1979	142 592	39 220	103 372	50 418	250 454	12 482	13 368	8 126	3 106
1980	144 502	38 276	106 226	51 590	257 516	12 227	13 582	7 894	2 863
1981	147 384	38 224	109 160	53 453	262 930	12 486	14 072	8 017	2 655

4.3 Düngemittellieferung an die Landwirtschaft*)

Wirtschaftsjahr	Stickstoff (N)	Phosphor (P_2O_5)	Kali (K_2O)	Kalk (CaO)	Stickstoff (N)	Phosphor (P_2O_5)	Kali (K_2O)	Kalk (CaO)
	1 000 t				kg je ha landw. Nutzfläche			
1975/76	725,6	401,7	683,6	1 300,0	*115,3*	*63,8*	*108,6*	*206,5*
1976/77	739,9	443,6	591,2	1 202,0	*117,6*	*70,5*	*94,0*	*191,1*
1977/78	810,6	415,0	398,5	1 077,0	*129,0*	*66,1*	*63,4*	*171,5*
1978/79	720,1	422,9	526,7	980,0	*114,7*	*67,3*	*83,9*	*156,0*
1979/80	792,1	406,3	529,0	1 136,8	*126,4*	*64,8*	*84,4*	*181,3*
1980/81	747,1	403,2	543,2	1 187,5	*119,3*	*64,4*	*86,7*	*189,6*

*) Reinnährstoffgehalt.

4.4 Wirtschaftsfläche nach Nutzungs- bzw. Kulturarten

1 000 ha

Jahresmitte	Wirtschaftsfläche insgesamt	Landwirtschaftliche Nutzfläche	Darunter			Forsten und Holzungen
			Ackerland	Wiesen (ohne Streuwiesen)	Weiden (ohne Hutungen)	
1976	10 832,8	6 292,9	4 751,8	643,6	563,1	2 951,0
1977	10 832,8	6 291,2	4 770,8	630,2	545,1	2 953,6
1978	10 832,5	6 281,7	4 775,9	625,7	529,6	2 952,5
1979	10 832,5	6 280,1	4 767,3	624,9	522,5	2 951,0
1980	10 832,7	6 269,1	4 760,0	608,3	532,2	2 954,7
1981	10 832,7	6 263,8	4 741,4	599,7	547,5	2 961,6

Jahresmitte	Ödland (kultivierbar)	Unland (unkultivierbar)	Abbauland	Gewässer	Korbweidenanlagen	Sonstige Flächen
1976	73,6	142,0	80,3	215,5	2,3	1 075,2
1977	72,1	141,3	82,0	217,4	2,3	1 072,9
1978	71,9	142,0	82,2	220,7	2,3	1 079,2
1979	71,4	140,1	85,3	222,2	2,1	1 080,3
1980	71,0	139,1	85,4	224,9	1,9	1 086,6
1981	70,3	137,7	87,2	227,1	1,7	1 083,3

4.5 Anbau und Ernte ausgewählter Feldfrüchte

Jahr	Getreide (einschl. Körnermais) insgesamt	Darunter		Kartoffeln	Zuckerrüben	Ölfrüchte (einschl. Samen der Faserpflanzen)	Grün- und Silomais[1]	Futterpflanzen[1] (ohne Mais)
		Winterweizen	Wintergerste					
				Anbaufläche **1 000 ha**				
1976	2 541	741	505	599	267	137	363	473
1977	2 520	716	570	587	269	134	404	509
1978	2 543	658	575	579	261	135	355	536
1979	2 490	701	532	549	254	124	384	586
1980	2 526	694	574	513	250	134	365	603
1981	2 485	620	566	505	261	136	365	624
				Ertrag **dt je ha**				
1976	*32,2*	*35,9*	*40,8*	*113,7*	*191,1*	*24,0*	*186,1*	*259,2*
1977	*34,5*	*40,1*	*43,4*	*175,6*	*319,1*	*23,6*	*364,8*	*391,2*
1978	*38,6*	*46,3*	*43,6*	*186,3*	*289,6*	*24,4*	*234,8*	*353,6*
1979	*35,6*	*43,9*	*35,3*	*222,9*	*263,4*	*17,3*	*351,1*	*351,7*
1980	*38,1*	*44,0*	*43,2*	*179,7*	*281,0*	*23,6*	*313,6*	*405,2*
1981	*35,7*	*44,4*	*37,5*	*205,6*	*307,6*	*21,7*	*367,6*	*403,6*
				Erntemenge **1 000 t**				
1976	8 190	2 662	2 060	6 816	5 106	327	6 748	12 264
1977	8 696	2 869	2 473	10 313	8 578	317	14 734	19 911
1978	9 822	3 047	2 510	10 777	7 569	330	8 342	18 940
1979	8 857	3 073	1 879	12 243	6 695	215	13 496	20 619
1980	9 626	3 051	2 479	9 214	7 034	317	11 434	24 450
1981	8 863	2 754	2 125	10 378	8 043	293	13 434	25 187

[1]) Ertrag und Erntemenge in Grünmasse berechnet.

4.6 Viehbestand

1 000

Jahresende	Pferde	Rindvieh		Schweine		Schafe		Ziegen	Geflügel		Bienenvölker
		insgesamt	Kühe	insgesamt	Zuchtsauen	insgesamt	Mutterschafe		insgesamt	Legehennen[1])	
1976	68	5 471	2 146	11 291	1 131	1 870	745	42	48 445	26 365	475
1977	66	5 549	2 158	11 757	1 152	1 927	768	34	48 258	26 350	444
1978	66	5 572	2 141	11 734	1 196	1 965	801	29	50 240	26 266	419
1979	66	5 596	2 125	12 132	1 248	1 979	817	25	51 444	26 500	414
1980	70	5 723	2 138	12 871	1 258	2 038	854	24	51 611	26 844	422
1981	76	5 749	2 122	12 869	1 185	2 169	852	23	54 392	26 025	445

[1]) Über 6 Monate alt.

5 Produzierendes Gewerbe

5.0 Vorbemerkung

Industrie

In den Angaben für die Industrie ist die Energie- und Wasserwirtschaft enthalten.

Betriebe: Als Betrieb zählt die selbständig bilanzierende Einheit; es kann sich um einen räumlich zusammenhängenden oder um einen aus mehreren, örtlich getrennten Betriebsteilen bestehenden Betrieb handeln. Vorübergehend nicht produzierende Betriebe (Saisonbetriebe) werden in die Zahl der Betriebe einbezogen.

Erfaßt werden sämtliche Betriebe, deren wirtschaftlicher Schwerpunkt in der industriellen Produktion (ohne Bauproduktion) liegt. Die in der Industrieberichterstattung erfaßten Betriebe haben in der Regel mehr als 10 Beschäftigte. Kleinere Betriebe werden der sog. »Kleinindustrie« zugeordnet und beim Handwerk erfaßt.

Arbeiter und Angestellte: Siehe Vorbemerkung zum Abschnitt 3.

Industriebereiche: Die Ergebnisse der Industriestatistik in der DDR sind nach 10 Industriebereichen zusammengefaßt. Eine Umrechnung auf die in der Bundesrepublik Deutschland gebräuchlichen systematischen Gruppierungen ist nicht möglich.

Produktionswerte: Die Berechnung der industriellen Bruttoproduktion und des Index der industriellen Produktion ist von der in der Bundesrepublik Deutschland üblichen so verschieden, daß von einer Wiedergabe dieser Ergebnisse abgesehen wird.

Produktion ausgewählter Erzeugnisse: Produktion einschl. des innerbetrieblichen Eigenverbrauchs.

Bei einem Vergleich mit den Ergebnissen der Bundesrepublik Deutschland ist zu berücksichtigen, daß in der Bundesrepublik Deutschland nur die Waren nachgewiesen werden, die in Betrieben mit im allgemeinen 20 Beschäftigten und mehr hergestellt werden und zum Absatz bestimmt sind (Ausnahme: im wesentlichen Grundstoffe, für die die Gesamtproduktion ermittelt wird).

Bauwirtschaft

Betriebe: Erfaßt sind sämtliche Betriebe, deren Haupttätigkeit die Herstellung von Gebäuden und baulichen Anlagen sowie deren Instandsetzung und Instandhaltung ist. Als Betrieb zählt die selbständig bilanzierende Einheit. Hierbei kann es sich um einen räumlich zusammenhängenden oder um einen aus mehreren, örtlich getrennten Betriebsteilen bestehenden Betrieb handeln.

Beschäftigte (Erwerbstätige), Arbeiter und Angestellte: Siehe Vorbemerkung zum Abschnitt 3.

Handwerk

Eigentumsform der Betriebe

Produktionsgenossenschaften des Handwerks: Zusammenschlüsse selbständiger Handwerker und von Inhabern von Kleinindustriebetrieben sowie deren Beschäftigten (einschl. Heimarbeiter) zum Zwecke gemeinsamer Produktions-, Reparatur- und Dienstleistung auf der Grundlage der genossenschaftlichen Organisation ihrer Arbeit, wobei die Mitglieder einer Produktionsgenossenschaft untereinander gleichberechtigt sind und den Ertrag ihrer Arbeit nach dem Leistungsprinzip verteilen.

Private Handwerksbetriebe: Private Betriebe, deren Inhaber die Meisterprüfung abgelegt haben und die in die Handwerksrolle eingetragen sind, sowie Betriebe, deren Inhaber in die Gewerberolle eingetragen sind (auch als Kleinindustrie bezeichnet). In der Regel dürfen nicht mehr als 10 Arbeiter und Angestellte (»fremde Arbeitskräfte«) – bei Beschäftigung von Schwerbeschädigten 11 – beschäftigt sein. Ein Lehrling je Lehrjahr wird der Beschäftigtenzahl nicht zugerechnet.

Leistung

Produktion ohne Bauleistungen: Aus eigenem Material hergestellte und zum Absatz bestimmte Erzeugnisse sowie Erzeugnisse aus Kundenmaterial ohne den Wert des vom Auftraggeber gelieferten Materials; Bearbeitung von Kundenmaterial oder -erzeugnissen, ohne daß daraus neue Erzeugnisse entstehen.

Dienstleistungen: z. B. auf dem Gebiet der Körperpflege und Hygiene.

Nicht in die Leistung einbezogen ist der Verkauf von fertig bezogener Handelsware (dazu gehört auch Fleisch, das nicht aus eigener Schlachtung stammt). Die Bewertung der Leistung erfolgt zu Herstellerabgabepreisen.

5.1 Betriebe, Arbeiter und Angestellte sowie Produktionsarbeiter der Industrie nach Industriebereichen

Jahr Industriebereich	Betriebe am 31. 12.		Arbeiter und Angestellte (ohne Lehrlinge) im Jahresdurchschnitt				
			männlich	weiblich	insgesamt		darunter Produktionsarbeiter
	Anzahl	%	1 000			%	1 000
1976	7 254	*100*	1 744,4	1 347,7	3 092,1	*100*	1 974,5
1977	6 480	*100*	1 752,1	1 359,2	3 111,3	*100*	1 972,8
1978	6 213	*100*	1 757,0	1 368,2	3 125,2	*100*	1 976,9
1979	5 707	*100*	1 769,6	1 375,3	3 144,9	*100*	1 980,7
1980	5 031	*100*	1 783,7	1 366,7	3 150,4	*100*	1 983,0
1981	4 332	*100*	1 804,5	1 366,9	3 171,4	*100*	1 993,4
davon (1981):							
Energie- und Brennstoffindustrie	51	*1,2*	151,5	63,6	215,1	*6,8*	134,0
Chemische Industrie	308	*7,1*	194,2	144,7	338,9	*10,7*	197,5
Metallurgie	44	*1,0*	99,3	37,5	136,8	*4,3*	86,3
Baumaterialienindustrie	196	*4,5*	68,2	26,5	94,7	*3,0*	67,0
Wasserwirtschaft	16	*0,4*	16,0	6,9	22,9	*0,7*	14,2
Maschinen- und Fahrzeugbau	1 438	*33,2*	648,4	288,1	936,5	*29,5*	552,9
Elektrotechnik, Elektronik, Gerätebau	366	*8,4*	230,7	205,6	436,3	*13,8*	249,6
Leichtindustrie (ohne Textilindustrie)	1 059	*24,4*	190,2	299,3	489,5	*15,4*	351,4
Textilindustrie	254	*5,9*	65,8	159,8	225,6	*7,1*	166,4
Lebensmittelindustrie	600	*13,8*	139,9	135,0	274,9	*8,7*	174,1

5.2 Betriebe, Arbeiter und Angestellte sowie Bruttoproduktion der Industrie 1980 nach Betriebsgrößenklassen*)

Betriebe mit ... bis ... Arbeitern und Angestellten	Betriebe am 31. 12.		Arbeiter und Angestellte¹)		Industrielle Bruttoproduktion²)	
	Anzahl	%	Anzahl	%	Mill. M	%
unter 25	395	*7,9*	7 173	*0,2*	621	*0,2*
26 — 50	672	*13,4*	24 884	*0,8*	2 161	*0,7*
51 — 100	836	*16,6*	61 311	*2,0*	6 252	*1,9*
101 — 200	802	*15,9*	115 495	*3,7*	12 147	*3,7*
201 — 500	1 011	*20,1*	324 743	*10,3*	30 587	*9,3*
501 — 1 000	538	*10,7*	376 831	*12,0*	34 232	*10,5*
1 001 — 2 500	491	*9,8*	776 749	*24,7*	72 157	*22,1*
2 501 — 5 000	201	*4,0*	692 650	*22,0*	71 164	*21,7*
5 001 — 10 000	66	*1,3*	463 921	*14,8*	62 166	*19,0*
10 001 — 20 000	16	*0,3*	219 979	*7,0*	25 263	*7,7*
20 001 und mehr	3	*0,1*	80 007	*2,5*	10 454	*3,2*
Insgesamt	**5 031**	***100***	**3 143 743**	***100***	**327 204**	***100***

*) Gründe für die Differenz zur Tab. 5.1 lassen sich aus den verfügbaren Quellen nicht erkennen.
¹) Ohne Lehrlinge, Jahresdurchschnitt.
²) Bewertung der Industrieproduktion zu konstanten Preisen, denen die Betriebspreise vom 1. 1. 1980 zugrunde liegen.

5.3 Produktion ausgewählter industrieller Erzeugnisse

Erzeugnis	Mengeneinheit	1976	1977	1978	1979	1980	1981
Energie							
Elektroenergie	Mill. kWh	89 150	91 996	95 963	96 845	98 808	100 720
Stadtgas	Mill. m³	5 502	5 763	6 177	6 467	6 203	5 932
Bergbauliche Erzeugnisse							
Braunkohle (Förderung)	1 000 t	246 897	253 705	253 264	256 063	258 097	266 734
Braunkohlenbriketts	1 000 t	48 679	48 749	48 468	48 698	49 693	49 803
Braunkohlenkoks	1 000 t	5 485	5 260	5 171	5 171	5 335	5 538
Steine und Erden							
Zement	1 000 t	11 344	12 102	12 521	12 273	12 440	12 204
Ziegelsteine, Normalformat	Mill. St	1 347	1 346	1 307	1 229	1 230	1 242
Schotter	1 000 t	8 218	8 359	8 477	9 829	10 353	9 803
Betonsteinerzeugnisse	1 000 t	24 595	26 192	26 027	24 884	26 062	25 167
Eisen und Stahl							
Roheisen	1 000 t	2 528	2 628	2 560	2 386	2 459	2 441
Rohstahl (Blöcke und Stränge)¹)	1 000 t	6 732	6 850	6 976	7 023	7 308	7 467
Walzstahl, warmgewalzt²)	1 000 t	4 593	4 802	5 002	5 100	5 128	5 061
Eisen-, Stahl- und Temperguß							
Grau-, Temper- und Stahlformguß	1 000 t	1 306	1 316	1 322	1 328	1 325	1 318
dar. Stahlformguß	1 000 t	238	242	240	233	235	237
Chemische Erzeugnisse							
Hochdruckpolyäthylen	1 000 t	.	58	59	64	86	131
Schwefelsäure, ber. auf H_2SO_4	1 000 t	957	927	971	952	958	948
Kaliumhydroxid, ber. auf KOH	1 000 t	49	48	49	49	48	48
Soda, ber. auf Na_2CO_3	1 000 t	829	840	852	860	866	878
Salzsäure, ber. auf HCl	1 000 t	107	108	103	105	106	104
Ätznatron, ber. auf NaOH	1 000 t	441	423	415	548	626	631
Kalidünger, ber. auf K_2O	1 000 t	3 161	3 229	3 323	3 395	3 422	3 460

Fußnoten siehe S. 590.

5.3 Produktion ausgewählter industrieller Erzeugnisse

Erzeugnis	Mengeneinheit	1976	1977	1978	1979	1980	1981
Ammoniak, ber. auf NH_3	1 000 t	1 361	1 374	1 383	1 312	1 436	1 463
Calciumcarbid, Basis 300 Liter C_2H_2/kg	1 000 t	1 248	1 211	1 223	1 200	1 199	1 187
Azeton	1 000 t	22	23	23	23	25	25
Kalzinierte Tonerde, ber. auf Al_2O_3	1 000 t	44	39	38	41	43	45
Stickstoffdünger, ber. auf N	1 000 t	776	839	892	875	943	967
Phosphordünger, ber. auf P_2O_5	1 000 t	423	403	413	411	370	360
Streptomycin	kg	.	12 251	13 052	13 480	14 570	16 478
Plaste und synthetische Harze	1 000 t	679	734	762	779	861	998
Zellwolle, baumwoll- und wollartig	1 000 t	137	133	129	125	123	126
Synthetische Faserstoffe	1 000 t	118	124	131	136	139	146
Mineralölerzeugnisse							
Benzin	1 000 t	2 982	3 083	3 237	3 274	3 333	3 442
Dieselkraftstoff[3])	1 000 t	5 108	5 401	5 603	5 961	6 119	5 614
Gummi- und Asbestwaren							
Kraftfahrzeugdecken	1 000 St	6 432	6 652	6 728	6 890	7 067	7 026
Schnittholz, Sperrholz und sonstiges bearbeitetes Holz							
Spanplatten	1 000 m³	662	677	713	766	735	701
Hartfaserplatten	1 000 m³	217	222	266	274	281	280
Stahlbauerzeugnisse							
Eisenbahn-Personenwagen	St	1 720	1 765	1 521	1 547	1 479	1 612
Eisenbahn-Güterwagen	St	5 430	5 587	5 527	5 274	4 455	4 808
Freiform- und Gesenkschmiedestücke	1 000 t	521	513	522	528	540	550
Maschinenbauerzeugnisse							
Hebezeuge und Fördermittel (ohne Bagger)	Mill. M	2 038	2 176	2 356	2 788	2 954	3 149
Maschinen und Anlagen f. d. chem. Industrie	Mill. M	899	966	1 071	1 405	1 473	1 590
Spanabhebende Werkzeugmaschinen	Mill. M	1 412	1 579	1 706	1 926	2 043	2 176
Lufttechnische Anlagen	Mill. M	598	595	601	693	706	745
Kältetechnische Anlagen	Mill. M	911	1 004	1 092	1 194	1 265	1 341
Werkzeuge der Umformtechnik	Mill. M	.	. .	237	270	300	345
Verzahnmaschinen	St	551	467	525	551	562	489
Masch. und Anlagen f. d. Textil-, Bekleidungs- und Lederindustrie	Mill. M	870	863	923	1 123	1 278	1 349
Spinnmaschinen	St	594	379	391	463	378	483
Autokrane	St	.	.	.	1 069	1 101	1 179
Landwirtschaftliche Maschinen	Mill. M	2 945	3 324	3 337	4 232	4 785	5 226
Elektrische Brückenkrane	St	1 013	1 041	1 069	1 105	1 195	945
Pumpen und Verdichter	Mill. M	.	.	788	1 037	1 124	1 237
Rechen- und Fakturiermaschinen	1 000 St	150	181	223	298	335	407
Haushaltsnähmaschinen	1 000 St	206	216	233	239	242	255
Straßenfahrzeuge							
Personenkraftwagen	1 000 St	164	167	171	171	177	180
Lastkraftwagen	1 000 St	36	37	37	37	37	39
Motorräder (ohne Motorroller)	1 000 St	82	66	71	78	81	79
Mopeds und Kleinroller	1 000 St	174	171	179	180	180	188
Fahrräder	1 000 St	560	576	606	614	614	628
Elektrotechnische Erzeugnisse							
Leistungstransformatoren	1 000 St	10	11	11	12	12	13
Haushaltskühlschränke	1 000 St	554	561	609	613	637	655
Staubsauger	1 000 St	840	968	995	1 002	1 048	1 167
Elektrische Haushaltswaschmaschinen	1 000 St	390	406	427	433	468	485
Elektrische Haushaltsherde	1 000 St	125	157	157	161	168	181
Rundfunkempfänger	1 000 St	1 122	1 126	1 103	964	915	964
Fernsehempfänger einschl. Fernsehkomb.	1 000 St	560	525	487	584	578	619
Bildröhren	1 000 St	628	638	644	647	653	675

Fußnoten siehe S. 590.

5.3 Produktion ausgewählter industrieller Erzeugnisse

Erzeugnis	Mengeneinheit	1976	1977	1978	1979	1980	1981
Optische Erzeugnisse; Uhren							
Fotoapparate	1 000 St	844	876	872	921	979	955
dar. Spiegelreflexkameras	1 000 St	351	364	366	381	406	386
Ferngläser	1 000 St	193	208	222	253	248	248
Uhren	Mill. M	274	298	309	318	359	421
Wecker	1 000 St	3 870	3 778	3 720	3 941	4 066	4 359
Feinkeramische Erzeugnisse							
Haushaltsporzellan einschl. Hotelporzellan	1 000 t	.	.	39	38	39	39
Glas							
Fensterglas	1 000 m²	20 498	23 868	23 488	23 956	23 296	24 741
Papier und Pappe							
Zellstoff, 100% trocken	1 000 t	424	445	485	495	514	506
Papier	1 000 t	799	763	812	827	842	860
Karton und Pappe	1 000 t	401	402	391	394	400	398
Papier- und Pappewaren							
Tapeten	1 000 t	37	41	46	48	49	52
Zeitungen	Mill. St	3 031	3 058	3 044	3 145	3 086	3 179
Textilien							
Garne[4])	1 000 t	288	279	255	272	272	272
Gewebe[5])	1 000 m²	1 059 640	1 101 630	1 084 398	1 089 485	1 165 559	1 182 327
darunter:							
Streichgarngewebe (Wolle)	1 000 m²	12 739	11 785	11 433	11 430	12 092	11 890
Baumwoll- und baumwollartige Gewebe[6])	1 000 m²	426 060	419 135	427 272	416 338	431 774	437 950
Kammgarn- und Halbkammgarngewebe (Wolle)	1 000 m²	25 815	26 908	26 072	26 727	26 791	27 028
Möbelstoffe	1 000 m²	34 405	34 928	35 897	36 293	34 945	34 355
Tülle und Gardinen	1 000 m²	137 266	138 152	139 157	137 622	137 352	137 520
Strümpfe und Socken	1 000 P	291 314	302 133	306 634	316 793	322 044	338 199
Untertrikotagen	1 000 St	163 005	170 417	172 614	174 869	177 151	181 789
Erzeugnisse der Ernährungsindustrie							
Mehl[7])	1 000 t	1 332	1 324	1 319	1 327	1 330	1 344
Teigwaren	1 000 t	53	55	58	61	61	63
Nährmittel[8])	1 000 t	136	135	134	136	138	133
Weißzucker	1 000 t	667	697	754	792	733	818
Obst- und Gemüsekonserven[9])	1 000 t	188	208	207	70	59	37
Marmeladen und Fruchtgelees	1 000 t	56	52	56	57	55	56
Brot und Kleingebäck	1 000 t	789	766	801	836	845	867
Dauerbackwaren	1 000 t	82	79	82	86	90	93
Zuckerwaren	1 000 t	84	80	82	84	88	92
Butter	1 000 t	278	273	281	276	280	273
Kondensmilch	1 000 t	116	118	118	120	115	120
Trockenmilch	1 000 t	176	181	183	177	171	163
Margarine	1 000 t	179	172	170	169	172	175
Pflanzenöl, raffiniert	1 000 t	223	229	244	241	244	248
Fleisch (einschl. Geflügel)	1 000 t	1 451	1 467	1 480	1 498	1 550	1 601
Fleisch- und Wurstwaren	1 000 t	408	412	425	435	442	443
Bier	1 000 hl	21 202	21 705	22 297	23 061	23 633	24 091
Spirituosen	1 000 hl	1 564	1 684	1 814	1 972	2 095	2 221
Alkoholfreie Getränke	1 000 hl	12 057	12 178	12 919	13 031	13 094	13 993
Tabakwaren							
Zigaretten	Mill. St	19 828	21 661	23 504	24 841	26 008	26 004
Zigarren und Zigarillos	Mill. St	973	917	799	760	706	554

[1]) Einschl. Flüssigstahl für Formguß.
[2]) Einschl. Halbzeug für nahtlose Rohre sowie für Schmiede- und Preßteile.
[3]) Einschl. Petroleum.
[4]) Kammgarne, Streichgarne, 3- und 4-Zylinder-Baumwollgarne u. a. m.
[5]) Ohne Raumtextilien.
[6]) Einschl. Mull und Gaze.
[7]) Einschl. Weizengrieß.
[8]) Einschl. Reis, ohne Weizengrieß.
[9]) Ab 1979 ohne Gemüsekonserven.

5.4 Betriebe, Beschäftigte und Leistung des Handwerks 1981 nach Handwerkszweigen und Eigentumsform der Betriebe

Handwerkszweig	Betriebe[1])			Beschäftigte ohne Lehrlinge[1])			Lehrlinge in Produktionsgenossenschaften[1])
	insgesamt	Produktionsgenossenschaften	Privatbetriebe	insgesamt	in Produktionsgenossenschaften	in Privatbetrieben	
	Anzahl						
Produzierendes Handwerk	61 481	1 269	60 212	256 303	68 144	188 159	6 443
Chemie	673	12	661	4 081	928	3 153	11
Herstellung und Bearbeitung von Baustoffen	702	13	689	2 209	239	1 970	9
Vorfertigung der Bauwirtschaft	324	8	316	1 280	199	1 081	1
Maschinen- und Fahrzeugbau	13 515	340	13 175	59 585	18 588	40 997	1 822
Elektrotechnik, Elektronik	7 621	321	7 300	42 890	21 245	21 645	2 155
Feinmechanik und Optik	1 505	8	1 497	5 654	316	5 338	26
Holzbearbeitung	11 931	193	11 738	33 969	7 015	26 954	651
Zellstoff und Papier	89	—	89	488	—	488	—
Polygraphie	2 137	16	2 121	7 890	557	7 333	35
Kulturwaren	1 495	16	1 479	5 926	1 738	4 188	25
Konfektion	5 236	88	5 148	11 913	4 226	7 687	612
Leder, Schuhe, Rauchwaren	4 603	107	4 496	14 169	4 658	9 511	372
Glas und Feinkeramik	487	5	482	1 640	159	1 481	12
Wirkereien und Strickereien	328	2	326	915	149	766	—
Fleischverarbeitung	2 424	66	2 358	20 593	3 536	17 057	266
Übriges produzierendes Handwerk	8 411	74	8 337	43 101	4 591	38 510	446
Bauhandwerk	14 054	1 072	12 982	89 732	52 966	36 766	5 232
Dienstleistungshandwerk	10 365	402	9 963	63 550	37 337	26 213	3 066
Insgesamt	**85 900**	**2 743**	**83 157**	**409 585**	**158 447**	**251 138**	**14 741**

Handwerkszweig	Leistung				Von den gesamten Leistungen entfielen auf	
	insgesamt	darunter				
		Produktion ohne Bauleistungen	Bauleistungen	Dienstleistungen	Produktionsgenossenschaften[2])	Privatbetriebe[3])
	Mill. Mark					
Produzierendes Handwerk	12 191	6 945	522	4 655	4 040	8 151
Chemie	235	87	0	144	35	200
Herstellung und Bearbeitung von Baustoffen	77	61	4	13	11	66
Vorfertigung der Bauwirtschaft	47	43	2	2	9	38
Maschinen- und Fahrzeugbau	3 190	543	113	2 507	1 266	1 924
Elektrotechnik, Elektronik	2 092	608	258	1 211	1 202	890
Feinmechanik und Optik	270	145	—	122	12	258
Holzbearbeitung	1 026	624	142	257	274	752
Zellstoff und Papier	12	11	—	0	—	12
Polygraphie	163	70	0	92	16	147
Kulturwaren	141	112	—	27	33	108
Konfektion	160	68	—	89	77	83
Leder, Schuhe, Rauchwaren	335	163	3	168	126	209
Glas und Feinkeramik	45	38	0	7	5	40
Wirkereien und Strickereien	23	18	—	2	4	19
Fleischverarbeitung	2 685	2 679	0	1	776	1 909
Übriges produzierendes Handwerk	1 690	1 674	—	13	194	1 496
Bauhandwerk	3 788	186	3 483	106	2 337	1 451
Dienstleistungshandwerk	962	11	5	936	593	369
Insgesamt	**16 941**	**7 142**	**4 010**	**5 697**	**6 970**	**9 971**

1) Stand: Jahresende.
2) Einschl. Projektierungs- und Handelsleistungen.
3) Einschl. Betriebsleistungen der 1981 gelöschten Betriebe.

5.5 Betriebe und Beschäftigte der Bauindustrie und des Bauhandwerks

Jahr	Insgesamt		Bauindustrie		Bauhandwerk	
	Betriebe am 31. 12.	Beschäftigte[1]) ohne Lehrlinge	Betriebe am 31. 12.	Beschäftigte[1]) ohne Lehrlinge	Betriebe am 31. 12.	Beschäftigte[1]) ohne Lehrlinge
	Anzahl	1 000	Anzahl	1 000	Anzahl	1 000
1976	13 622	516	976	430	12 646	86
1977	14 124	521	862	435	13 262	86
1978	14 665	525	793	438	13 872	86
1979	14 784	530	779	443	14 005	87
1980	14 813	535	751	446	14 062	89
1981	14 665	536	611	446	14 054	90

[1]) Industrie: Nur beschäftigte Arbeiter und Angestellte im Jahresdurchschnitt;
Handwerk: Beschäftigte am Jahresende.

6 Bautätigkeit und Wohnungen

6.0 Vorbemerkung

Wohngebäude: Gebäude, das mindestens zur Hälfte Wohnzwecken dient. Bei Gebäudekomplexen (wie Doppel- und Reihenhäusern) zählt jeder Teil mit eigenem Treppenhaus als Gebäude.

Wohnung: Ein oder mehrere Räume, die Wohnzwecken dienen und einen eigenen Wohnungseingang unmittelbar vom Treppenhaus, von einem Vorraum des Hauses oder von außen und eine eigene Küche oder Kochnische haben. Von Privathaushalten bewohnte Wohnungseinheiten ohne Küche bzw. Kochnische (z. B. moderne Einraumwohnungen in Appartementhäusern) werden ebenfalls als Wohnungen gezählt. Ausgewiesen sind Wohnungen in Wohngebäuden, unabhängig von ihrer Nutzung, sowie bewohnte Wohnungen in Nichtwohngebäuden und Behelfsunterkünften.

Wohnraum: Für Wohnzwecke bestimmter Raum mit einer Mindestfläche von 6 m² und einer Mindesthöhe von 2 m.

Ausstattung: Unter dem Begriff Zentralheizung sind zusammengefaßt: Fernheizung, Zentralheizung, Etagenheizung sowie Ofenheizung für Strom, Gas, Öl, z. B. Nachtspeicheröfen, Außenwandheizer. Warmwasserversorgung bedeutet Entnahme von Warmwasser aus Boilern oder Durchlauferhitzern (Strom, Gas) bzw. aus einer zentralen Anlage, z. B. aus einem Fernheizwerk.

6.1 Fertiggestellte Wohnungen

Jahr	Neubau, Umbau, Ausbau			Von 100 neugebauten Wohnungen hatten				
	insgesamt	Neubau	Modernisierung	Zentralheizung	Warmwasser	Gasanschluß	Elektroherd	Bad bzw. Duschecke
1976	150 617	103 091	47 526	*90,9*	*100*	*27,7*	*71,7*	*100*
1977	162 745	106 826	55 919	*93,0*	*100*	*23,1*	*76,9*	*100*
1978	167 799	111 909	55 890	*94,8*	*100*	*22,4*	*77,6*	*100*
1979	162 743	117 355	45 388	*96,6*	*100*	*14,5*	*85,2*	*100*
1980	169 223	120 206	49 017	*96,0*	*100*	*10,8*	*89,1*	*100*
1981	185 350	125 731	59 619	*97,0*	*100*	*8,7*	*91,3*	*100*

6.2 Bestand an Wohngebäuden und Wohnungen am 1. 1. 1971*)

1 000

Gegenstand der Nachweisung	Insgesamt	Gegenstand der Nachweisung	Insgesamt
Wohngebäude	**2 254**	Wohnungen in Wohngebäuden	
errichtet bis 1899	963	nach dem Baualter	
1900 bis 1945	935	errichtet bis 1899	2 288
1946 und später	355	1900 bis 1945	2 431
		1946 und später	1 252
Bestand an Wohnungen	**6 057**		
Wohnfläche je Wohnung in m²	58	nach der Ausstattung[1])	
		Zentralheizung	632
Wohnungen in Wohngebäuden	**5 971**	Gasanschluß	3 211
nach der Größe		Bad oder Duschraum	2 312
1 Raum	666	Wasserleitung in der Wohnung	4 906
2 Räume	2 199	Innentoilette	2 495
3 Räume	2 003		
4 Räume	756		
5 und mehr Räume	347		

*) Ergebnisse der Wohnraum- und Gebäudezählung 1971.

1) Durch Mehrfachzählung keine Summenbildung möglich.

6.3 Modernisierung von Wohnungen

Jahr	Wohnungen insgesamt	Darunter modernisierte Wohnungen: zusammen	darunter nach Modernisierungsarten: Kategorie I (Wasseranschluß, Innentoilette, Abwasserbeseitigung)	Kategorie II (wie Kat. I und zusätzlich Dusche, Bad, Warmwasserbereitung)	Kategorie III (wie Kat. II und zusätzlich modernes Heizsystem)
	1 000	%			
1975	6 446	*100*	*17,3*	*61,9*	*20,8*
1976	6 535	*100*	*16,9*	*58,7*	*24,4*
1977	6 622	*100*	*14,8*	*58,0*	*27,2*
1978	6 449[1])	*100*	*13,0*	*53,7*	*33,3*
1979	6 539	*100*	*11,6*	*51,1*	*37,3*
1980	6 539[2])	*100*	*12,8*	*55,3*	*31,9*
1981	6 569[3])	*100*	*13,8*	*58,0*	*28,2*

1) Ergebnis der Zwischenzählung vom 1. 1. 1978.
2) Fortschreibungsergebnis vom 1. 1. 1979.
3) Vorläufiges Ergebnis.

7 Einzelhandel und Gaststätten

7.0 Vorbemerkung

Der Einzelhandel umfaßt den gesamten Warenverkauf an Letztverbraucher. In der Bundesrepublik Deutschland rechnen dagegen zum Einzelhandel nur Unternehmen, deren Hauptfunktion der Absatz von Handelswaren an letzte Verbraucher ist.

Einzelhandels-Verkaufsstellen: Läden (Hauptgeschäfte und Filialen), Verkaufsstände, Verkaufszüge und übriger ambulanter Handel, Betriebsverkaufsstellen, nichtlandwirtschaftliche Produktions- und Dienstleistungsbetriebe (z. B. Industrieläden, Schlachthöfe), die Einzelhandelsumsatz tätigen. Ausgenommen sind nur die zeitweise eingerichteten Sonderverkaufsstellen für Veranstaltungen und die Stände auf Bauernmärkten.

Eigentumsform der Betriebe: Der sozialisierte Einzelhandel umfaßt den volkseigenen, konsumgenossenschaftlichen und sonstigen sozialisierten Einzelhandel.

Kommissionshandel: Als (privater) Kommissionshandel wird die Tätigkeit von privaten Einzelhändlern bezeichnet, die mit dem sozialisierten Groß- und Einzelhandel einen Kommissionsvertrag abgeschlossen haben. Durch den Kommissionsvertrag wird dem Einzelhändler eine Gleichstellung mit dem Staatlichen Handel geboten. Er verpflichtet sich, keine Geschäfte mehr auf eigene Rechnung durchzuführen. Der Kommissionshändler ist nicht mehr einkommen-, sondern lohnsteuerpflichtig.

Einzelhandelsumsatz: Verkauf von Konsumgütern (Nahrungs- und Genußmittel, Industriewaren) an Endverbraucher in Verkaufseinrichtungen aller Eigentumsformen (Verkaufsstellen, Gaststätten, Kioske, ambulanter Handel, Versandhandel). Nicht zum Einzelhandelsumsatz rechnen die Umsätze im Rahmen der Arbeiterversorgung, der Schul- und Kinderspeisung in Gaststätten des nichtöffentlichen Netzes sowie die Abgabe von Medikamenten, optischen und orthopädischen Heilmitteln und dergleichen, soweit sie als Leistungen der Sozialversicherung vom Verbraucher nicht bezahlt werden.

7.1 Einzelhandel und Gaststätten

Eigentumsform	Einzelhandel		Gaststätten	
	Verkaufsstellen 31. 12. 1977	Umsatz 1981	Betriebe 31. 12. 1978	Umsatz 1981
	Anzahl	Mill. Mark	Anzahl	Mill. Mark
Sozialisierte Betriebe	70 155	82 542	24 132	7 905
dar. konsumgenossenschaftlich	31 934	.	6 162	.
Kommissionshandel[1])	9 958	5 231	7 672	1 295
Privatbetriebe[2])	29 527	5 245	2 112	272
Insgesamt	**109 640**	**93 018**	**33 916**	**9 472**

[1]) Einschl. Betriebe mit staatlicher Beteiligung. [2]) Einschl. Handwerk mit Einzelhandel.

8 Außenhandel

8.0 Vorbemerkung

Ein- und Ausfuhr: Bezüge (Import) von Handelswaren aus dem Ausland oder aus der Bundesrepublik Deutschland sowie Lieferung (Export) von Handelswaren in das Ausland oder in die Bundesrepublik Deutschland. Als Bezugs- und Absatzgebiete werden die Einkaufs- bzw. Käuferländer nachgewiesen.

Nicht einbezogen sind kostenlose Lieferungen von Waren (Geschenke, Hilfssendungen, Proben usw.); Waren, die für Messen, Ausstellungen usw. bestimmt sind und wieder in das Ursprungsland zurückgebracht werden; Waren für Konsignationen (diese werden erst zum Zeitpunkt des Verkaufs als Ex- bzw. Import erfaßt); Tiere für Rennen; Spielfilme zum Kopieren, die anschließend wieder zurückgesandt werden; Handelsmuster, Kataloge, Preislisten usw.; Waren zur Reparatur, die nach der Reparatur zurückgesandt werden; Verpackungsmaterial, Behälter usw., die nach Entleerung wieder in das Ursprungsland zurückgehen; persönliches Reisegepäck, Geschenksendungen (auf dem Postweg), Umzugsgut, Gepäck und Gegenstände (dienstliche und persönliche) für Botschaften, diplomatische Missionen, Vertretungen und Konsulate; Gold als Zahlungsmittel, Zahlungen für technische Hilfe usw.; Transit ausländischer Waren.

Wertangaben: Die Werte enthalten den Warenpreis zuzüglich aller Fracht- und Nebenkosten im Lieferland (frei Grenze Lieferland bzw. fob-Verschiffungshafen). Die Werte werden in Valuta-Mark (VM) angegeben.

Während in der Außenhandelsstatistik der Bundesrepublik Deutschland der Warenverkehr mit der Deutschen Demokratischen Republik und Berlin (Ost) nicht enthalten ist, wird von der Deutschen Demokratischen Republik der Handel mit der Bundesrepublik Deutschland in die Außenhandelsdaten einbezogen. Angaben über den »Warenverkehr mit der Deutschen Demokratischen Republik und Berlin (Ost)« nach der Statistik der Bundesrepublik Deutschland sind auf S. 245 in Mill. DM dargestellt.

8.1 Ein- und Ausfuhr

Jahr	Tatsächliche Werte					Index des Volumens[1])	
	insgesamt			je Einwohner			
	Einfuhr	Ausfuhr	Ein- (−) bzw. Ausfuhr- (+) überschuß	Einfuhr	Ausfuhr	Einfuhr	Ausfuhr
	Mill. Valuta-Mark			Valuta-Mark		1976 = 100	
1976	45 921	39 536	−6 385	*2 739*	*2 358*	*100*	*100*
1977	49 882	41 844	−8 038	*2 977*	*2 497*	*105*	*104*
1978	50 712	46 168	−4 544	*3 026*	*2 755*	*105*	*111*
1979	56 425	52 420	−4 005	*3 370*	*3 131*	*111*	*122*
1980	62 970	57 131	−5 839	*3 762*	*3 413*	.	.
1981	67 000	65 927	−1 073	*4 003*	*3 939*	.	.

[1]) Umbasiert (von 1975 = 100).

8.2 Außenhandelsumsatz nach Ländergruppen und ausgewählten Ländern

Land	1976	1977	1978	1979	1980	1981	
	Mill. Valuta-Mark						%
Sozialistische Länder	**57 330,1**	**65 463,8**	**69 846,3**	**74 891,1**	**79 809,8**	**88 543,9**	***66,6***
COMECON-Länder	54 876,9	62 512,1	66 611,9	71 595,2	75 290,2	84 343,1	*63,5*
Albanien	63,2	71,0	74,9	115,3	115,0	121,2	*0,1*
Bulgarien	2 767,8	3 241,9	3 298,7	3 397,1	3 789,7	4 059,7	*3,1*
Kuba	805,0	958,0	967,5	1 027,3	1 096,8	1 550,0	*1,2*
Mongolei	68,7	83,0	84,0	92,4	101,1	113,4	*0,1*
Polen	7 476,8	7 744,1	8 125,3	8 005,1	7 714,2	7 316,2	*5,5*
Rumänien	3 043,3	3 548,3	3 884,7	3 886,7	3 867,8	4 091,3	*3,1*
Sowjetunion	27 785,1	32 455,7	34 907,3	39 271,1	42 608,8	49 888,3	*37,5*
Tschechoslowakei	7 519,7	8 403,5	8 941,8	9 134,2	9 306,0	10 097,9	*7,6*
Ungarn	5 104,2	5 739,7	6 010,1	6 318,4	6 368,1	6 861,2	*5,2*
Vietnam	243,1	266,9	317,6	347,6	322,7	243,9	*0,2*
Andere sozialistische Länder							
China, Volksrepublik	634,0	783,5	943,5	842,2	869,9	548,0	*0,4*
Jugoslawien	1 709,0	2 082,7	2 155,4	2 324,2	2 811,7	2 856,1	*2,1*
Korea, Dem. Volksrepublik	110,2	85,5	134,6	120,0	144,6	157,8	*0,1*
Industrialisierte westliche Länder	**24 208,1**	**21 758,4**	**22 005,4**	**28 283,4**	**32 959,8**	**37 840,7**	***28,5***
darunter:							
Australien	68,3	96,7	80,9	109,3	110,8	126,5	*0,1*
Belgien – Luxemburg	903,2	919,6	727,0	1 024,3	1 569,4	1 806,8	*1,4*
Bundesrepublik Deutschland	7 360,0	7 751,0	7 972,7	8 708,7	10 077,3	11 047,2	*8,3*
Dänemark	340,0	401,6	468,8	478,6	450,0	462,5	*0,3*
Finnland	334,4	355,1	289,3	659,8	639,0	515,6	*0,4*
Frankreich	1 669,4	1 066,1	1 357,4	1 971,3	2 177,2	3 214,9	*2,4*
Griechenland	229,9	388,8	284,7	487,8	346,5	271,1	*0,2*
Großbritannien und Nordirland	2 612,2	1 295,3	1 401,7	2 108,1	1 757,3	1 711,8	*1,3*
Italien	710,1	596,5	944,2	1 153,9	1 002,0	1 246,9	*0,9*
Japan	161,9	248,3	389,0	1 328,4	1 040,6	985,8	*0,7*
Kanada	294,2	170,7	76,0	77,6	48,1	64,6	*0,0*
Niederlande	1 158,0	1 227,9	1 130,1	1 466,6	1 752,0	2 206,5	*1,7*
Norwegen	245,9	358,9	303,6	164,1	147,4	149,6	*0,1*
Österreich	844,2	870,2	835,0	1 114,2	1 956,7	2 591,6	*1,9*
Schweden	1 152,2	1 189,6	1 073,7	1 004,5	1 486,5	1 584,1	*1,2*
Schweiz	1 402,0	1 815,7	1 406,2	1 802,5	2 543,5	2 518,7	*1,9*
Spanien	109,9	88,1	153,1	144,0	167,7	284,9	*0,2*
Türkei	111,5	101,2	120,3	147,7	168,8	137,6	*0,1*
Vereinigte Staaten	2 241,6	829,1	1 079,8	1 353,1	1 909,1	1 357,6	*1,0*
Entwicklungsländer	**3 918,3**	**4 504,1**	**5 027,7**	**5 670,1**	**7 331,2**	**6 542,3**	***4,9***
darunter:							
Ägypten	559,2	546,3	442,2	520,7	306,8	295,0	*0,2*
Algerien	120,3	101,3	324,0	247,4	538,9	249,7	*0,2*
Angola	.	236,0	233,7	311,6	275,0	198,5	*0,1*
Argentinien	47,3	169,9	148,8	292,1	219,0	238,0	*0,2*
Äthiopien	0,2	278,2	316,5	63,3	132,3	62,4	*0,0*
Brasilien	498,7	462,9	507,4	470,9	599,0	661,3	*0,5*
Indien	348,1	339,3	472,1	377,6	443,0	594,8	*0,4*
Indonesien	28,5	41,7	39,9	65,5	70,8	92,5	*0,1*
Irak	779,0	595,0	724,7	912,3	1 502,4	712,7	*0,5*
Iran	96,9	120,8	159,5	156,0	548,2	608,4	*0,5*
Kolumbien	120,0	153,1	102,2	167,6	220,8	143,1	*0,1*
Libanon	67,9	35,7	55,2	64,9	107,7	124,1	*0,1*
Libyen	63,3	84,8	13,3	54,7	502,0	494,7	*0,4*
Malaysia	28,1	48,4	52,9	78,7	84,4	49,2	*0,0*
Marokko	37,6	47,1	71,2	52,0	61,4	39,5	*0,0*
Mexiko	33,9	44,2	49,6	87,9	210,7	263,1	*0,2*
Mosambik	.	24,9	130,5	227,3	274,5	368,0	*0,3*
Nigeria	19,4	19,3	14,4	31,3	47,5	148,3	*0,1*
Peru	126,3	232,7	157,8	191,2	33,8	56,8	*0,0*
Syrien	348,6	344,4	405,7	436,6	388,3	429,8	*0,3*
Tunesien	15,4	29,2	25,3	44,1	60,7	15,1	*0,0*
Insgesamt	**85 456,5**	**91 726,3**	**96 879,4**	**108 844,6**	**120 100,8**	**132 926,9**	***100***

8.3 Einfuhr ausgewählter Erzeugnisse

Warenbezeichnung	Einheit	1976	1977	1978	1979	1980	1981
Ernährungswirtschaft							
Nahrungsmittel tierischen Ursprungs							
Seefische, frisch und gefroren	1 000 t	16	4	2	2	7	6
Fischkonserven	1 000 t	5	3	3	2	1	2
Nahrungsmittel pflanzl. Ursprungs							
Weizen	1 000 t	1 691	1 100	687	811	476	794
Gerste	1 000 t	795	581	806	1 161	564	582
Mais	1 000 t	2 346	940	1 229	1 201	3 161	1 823
Reis	1 000 t	42	45	43	44	44	42
Gemüse, Konsum, frisch	1 000 t	121	135	114	96	83	92
Obst (einschl. Trockenobst)	1 000 t	198	210	209	98	105	115
Südfrüchte (einschl. getrocknete)	1 000 t	305	306	288	238	182	215
Gemüsekonserven	1 000 t	115	111	102	105	98	108
Obstkonserven	1 000 t	69	71	73	74	71	71
Kakaobohnen	1 000 t	23	22	24	22	21	22
Ölfrüchte	1 000 t	50	61	101	91	50	50
Pflanzliche Öle und Fette	1 000 t	104	111	132	106	112	109
Genußmittel							
Rohkaffee	1 000 t	50	51	52	54	54	57
Tee	1 000 t	1	2	2	2	2	3
Fermentierter Tabak und Rauchtabak	1 000 t	16	18	19	20	26	18
Zigaretten	Mill. St	7 676	6 679	6 529	6 159	5 072	3 974
Bier	1 000 hl	208	207	203	204	204	156
Wein und Sekt	1 000 hl	1 466	1 671	1 641	1 803	1 771	1 889
Gewerbliche Wirtschaft							
Rohstoffe							
Schurwolle, gewaschen	1 000 t	13	15	12	13	13	14
Baumwolle, entkernt	1 000 t	79	102	86	84	99	86
Naturkautschuk	1 000 t	40	37	35	33	37	37
Steinkohle (einschl. Anthrazit)	1 000 t	6 096	6 058	5 936	8 657	6 828	5 361
Erdöl	1 000 t	18 036	19 042	19 925	20 694	21 876	22 734
Chromerz	1 000 t	49	43	52	45	40	49
Eisenerze, Fe-Inhalt	1 000 t	2 053	2 267	2 046	2 033	2 088	2 335
Bauxit	1 000 t	261	198	252	134	121	67
Halbwaren							
Schnittholz	1 000 m^3	1 184	1 555	1 484	1 238	1 303	1 446
Stahlroheisen	1 000 t	628	619	774	654	676	647
Steinkohlenkoks	1 000 t	2 927	3 065	2 596	2 961	3 136	2 438
Phosphordünger, ber. auf P_2O_5	1 000 t	49	29	21	22	25	26
Zellstoff[1])	1 000 t	212	200	178	161	177	143
Fertigwaren – Vorerzeugnisse							
Obertrikotagen[2])	1 000 VM	64 985	51 061	58 720	48 008	41 774	35 330
Baumwoll-, Woll- und Seidengewebe	1 000 VM	350 897	404 086	383 154	414 383	450 123	436 553
Papier	1 000 t	229	226	220	234	231	229
Anorganische Chemikalien	1 000 VM	304 235	352 084	425 370	581 231	546 710	478 918
Grobbleche	1 000 t	615	611	533	521	565	575
Feinbleche, warmgewalzt	1 000 t	76	107	81	62	69	70
Stabstahl	1 000 t	601	566	547	478	429	478
Stahlrohre, II. Verarbeitungsstufe	1 000 t	306	324	333	339	322	328
Fertigwaren – Enderzeugnisse							
Straßenschuhe	1 000 P	4 590	4 855	2 471	1 956	2 675	2 647
Spanabhebende Werkzeugmaschinen	1 000 VM	516 200	540 272	503 154	546 076	620 486	656 509
Hebezeuge und Fördermittel	1 000 VM	450 733	551 609	627 051	705 637	793 900	1 004 984
Maschinen und Ausrüstungen für die Datenverarbeitung und Bürotechnik	1 000 VM	516 801	578 880	613 280	614 313	640 231	630 586
Diesellokomotiven	St	142	100	122	73	70	129
Wälzlager	1 000 VM	149 263	151 650	156 185	161 840	196 525	230 500
Personenkraftwagen	St	94 776	82 612	94 153	58 338	62 339	48 082
Lastkraftwagen (einschl. Speziallastkraftwagen)	St	7 813	10 521	7 618	7 618	9 863	7 665
Omnibusse	St	1 652	1 733	1 807	1 443	1 359	803
Traktoren	St	6 050	7 259	7 231	6 626	6 969	4 632
Rundfunk- und Fernsehempfänger	1 000 St	469	603	382	366	275	448
Erzeugnisse der pharmazeut. Industrie	1 000 VM	268 845	285 016	323 403	354 125	385 649	422 858
Energie							
Elektroenergie[3])	Mill. kWh	1 453	2 654	4 008	3 963	4 150	4 160
Erdgas	Mill. m^3	3 360	3 551	3 617	4 330	6 431	6 265

[1]) Trockengehalt von 100% (absolut trocken).
[2]) Einschl. Badebekleidung und Trainingsartikel.
[3]) Einschl. Elektroenergieaustausch zwischen COMECON-Ländern.

8.4 Ausfuhr ausgewählter Erzeugnisse

Warenbenennung	Einheit	1976	1977	1978	1979	1980	1981
Ernährungswirtschaft							
Bier	1 000 hl	354	418	474	385	401	480
Spirituosen	1 000 hl	80	90	91	97	64	75
Gewerbliche Wirtschaft							
Rohstoffe							
Braunkohlenbriketts	1 000 t	2 287	2 243	2 211	1 806	2 212	2 789
Gips, gebrannt	1 000 t	77	77	69	80	79	103
Schlämmkreide	1 000 t	49	46	37	28	43	41
Kaolin, roh und geschlämmt	1 000 t	108	83	87	106	134	16
Steinsalz	1 000 t	1 102	1 145	1 213	1 232	1 210	1 272
Halbwaren							
Essigsäure	1 000 t	35	40	41	35	37	31
Benzin (ohne Rohbenzin)	1 000 t	416	423	385	393	425	484
Dieselkraftstoff (ohne Rohdieselkraftstoff)	1 000 t	1 027	1 055	984	929	1 201	636
Kalirohsalze und Kalidüngemittel, ber. auf K_2O	1 000 t	2 428	2 740	2 744	2 745	2 817	2 860
Natriumsulfat, kristallisiert	1 000 t	73	84	81	74	62	71
Fertigwaren – Vorerzeugnisse							
Baumwoll-, Woll- und Seidengewebe	1 000 VM	226 812	253 844	311 579	339 034	336 020	364 757
Möbelstoffe	1 000 m²	14 656	13 300	13 285	11 774	11 508	55 129
Polyvinylchlorid	1 000 t	17	23	39	31	64	110
Natriumcarbonat	1 000 t	296	298	275	296	312	374
Fertigwaren – Enderzeugnisse							
Strumpfwaren	1 000 P	169 080	175 691	180 946	164 876	169 611	194 229
Oberbekleidung für Herren	1 000 VM	206 500	266 217	269 572	266 674	326 551	337 225
Oberbekleidung für Damen	1 000 VM	154 819	174 462	175 243	164 196	184 985	210 678
Oberbekleidung für Knaben und Mädchen	1 000 VM	56 686	63 498	60 680	55 278	70 120	77 820
Leibwäsche (einschl. Miederwaren)	1 000 VM	118 071	129 590	133 333	137 956	136 098	128 303
Unter- und Obertrikotagen[1])	1 000 VM	330 452	368 631	368 124	352 219	359 536	407 002
Erzeugnisse der Glas- und Feinkeramikindustrie	1 000 VM	417 600	473 666	479 391	511 384	576 253	629 776
Kabel und Leitungen	1 000 VM	312 499	341 805	392 611	402 373	455 723	478 837
Baumaschinen	1 000 VM	329 504	339 869	395 068	451 182	503 508	648 364
Spanabhebende Werkzeugmaschinen	1 000 VM	1 177 790	1 387 766	1 554 617	1 631 078	1 986 006	1 592 638
Kaltumformende Werkzeugmaschinen und Scheren	1 000 VM	367 200	479 286	548 018	577 059	586 919	649 505
Nähmaschinen für den Hausbedarf	1 000 St	131	132	151	152	146	114
Landmasch. und Traktoren	1 000 VM	1 737 706	2 070 707	2 215 487	2 379 365	2 490 044	2 629 982
Hebezeuge und Fördermittel	1 000 VM	1 022 071	1 115 747	1 259 076	1 333 285	1 484 126	1 608 512
Buchungs-, Fakturiermaschinen und Abrechnungsautomaten	1 000 VM	592 925	615 771	635 987	729 658	742 992	845 967
Masch. und Ausrüstungen für die Lebensmittelindustrie	1 000 VM	376 000	510 979	631 422	734 360	687 933	741 894
Chemieausrüstungen	1 000 VM	487 700	583 827	786 548	915 169	948 820	677 806
Masch. und Ausrüstungen für die Textil-, Bekleidungs- und Lederindustrie	1 000 VM	746 900	847 138	1 003 116	1 022 587	1 075 034	1 034 129
Masch. und Ausrüstungen für die polygraph. und papierverarbeitende Industrie	1 000 VM	348 100	381 958	458 322	440 189	492 350	528 791
Personenkraftwagen	St	81 025	77 378	92 183	89 056	84 824	82 418
Lastkraftwagen (einschl. Speziallastkraftwagen)	St	24 221	21 448	23 489	27 318	27 302	29 850
Motorräder über 50 cm³ Zyl.-Inhalt	1 000 St	45	37	39	46	52	40
Eisenbahn-Personenwagen	St	1 157	1 148	1 199	1 304	1 207	1 441
See- und Küstenschiffe	St	23	21	23	30	27	40
Rundfunkempfänger	1 000 St	226	268	220	210	151	155
Hand- und Bodenstaubsauger	1 000 VM	28 660	36 018	38 101	41 401	43 173	54 775
Spiegelreflexkameras	1 000 St	283	290	298	299	331	299
Sonstige Kameras	1 000 St	232	186	190	193	190	187
Fotochemische Erzeugnisse	1 000 VM	416 107	432 442	412 828	425 437	436 645	584 878
Möbel und Polsterwaren (ohne Metallmöbel)	1 000 VM	654 660	654 551	807 644	911 285	945 891	1 043 168
Pharmazeutika	1 000 VM	300 448	380 477	457 674	563 895	694 854	860 626
Spielwaren	1 000 VM	260 400	277 291	318 557	331 513	355 672	392 116
Energie							
Elektroenergie[2])	Mill. kWh	1 140	2 148	3 195	2 679	2 685	2 445

[1]) Einschl. Badebekleidung und Trainingsartikel.

[2]) Einschl. Elektroenergieaustausch zwischen COMECON-Ländern.

9 Verkehr

9.1 Länge der Verkehrswege am 31. 12. 1981

Art des Verkehrsweges	km	Art des Verkehrsweges	km
Eisenbahnstrecken, Betriebslänge	14 233	Straßen des überörtlichen Verkehrs	47 530
und zwar: elektrifiziert	1 808	Staatsstraßen	13 106
Vollspurbahnen	13 935	dar. Autobahnen	1 720
Schmalspurbahnen	298	Bezirksstraßen	34 424
Benutzte Binnenwasserstraßen	2 302	Rohrleitungen	1 301

9.2 Personenverkehr nach Verkehrszweigen

Mill.

Verkehrszweig	Beförderte Personen				Geleistete Personenkilometer			
	1978	1979	1980	1981	1978	1979	1980	1981
Eisenbahnverkehr[1])	623	613	607	601	22 320	22 284	23 142	23 026
Straßenverkehr	3 446	3 474	3 490	3 488	30 540	30 703	29 609	29 141
Straßenbahnverkehr[2])	1 416	1 408	1 409	1 418	5 184	5 161	5 336	5 463
Omnibusverkehr[3])	2 030	2 066	2 081	2 069	25 356	25 542	24 273	23 678
Binnenschiffsverkehr	8	8	7	8	227	219	205	206
Seeschiffsverkehr	0	0	0	0	60	44	.	.
Luftverkehr	1	1	1	1	1 802	1 848	2 053	2 130
Insgesamt	**4 078**	**4 096**	**4 105**	**4 098**	**54 948**	**55 097**	**55 015**	**54 573**

1) »Deutsche Reichsbahn«.
2) Einschl. Obusverkehr und U-Bahn.
3) Einschl. kommunaler Verkehrsbetriebe und Werkverkehr mit Kraftfahrzeugen.

9.3 Güterverkehr nach Verkehrszweigen

Verkehrszweig	Beförderte Güter				Geleistete Tonnenkilometer			
	1978	1979	1980	1981	1978	1979	1980	1981
	Mill. t				Mill. tkm			
Eisenbahnverkehr[1])	300	302	312	315	53 017	54 375	56 395	55 767
Straßenverkehr mit Lastkraftfahrzeugen[2])	741	731	730	693	21 225	21 567	21 021	19 920
Gewerblicher Verkehr	180	167	167	163	9 721	9 696	9 739	9 423
Fernverkehr	27	27	26	24	5 794	5 912	5 769	5 425
Nahverkehr	153	139	141	139	3 927	3 784	3 970	3 998
Werkverkehr	561	564	563	530	11 503	11 871	11 282	10 497
Binnenschiffsverkehr[3])	16	15	16	17	2 265	1 933	2 159	2 359
Seeschiffsverkehr	12	12	13	13	62 766	65 713	70 651	71 081
Luftverkehr	0	0	0	0	62	67	67	66
Rohrleitungsverkehr	40	41	42	39	4 719	4 924	5 002	4 759
Insgesamt	**1 108**	**1 101**	**1 112**	**1 076**	**144 054**	**148 579**	**155 294**	**153 952**

1) »Deutsche Reichsbahn«. – Transportleistung in Tariftonnenkilometern.
2) Transportleistung einschl. Rollverkehr der volkseigenen Kraftverkehrs- und Speditionsbetriebe.
3) Einschl. Transportmenge und Transportleistung der vom VEB Deutsche Binnenreederei befrachteten Binnenschiffe anderer Länder.

9.4 Bestand an zugelassenen Kraftfahrzeugen und Kraftfahrzeuganhängern*)

1 000

Jahr	Kraftfahrzeuge						Kleinkrafträder (Mopeds)	Motorisierte Fahrzeuge insgesamt	Anhängefahrzeuge
	zusammen	Krafträder	Personenkraftwagen	Kraftomnibusse	Lastkraftwagen[1])	Zugmaschinen und Traktoren			
1976	3 935	1 335	2 052	23	313	212	2 203	6 138	783
1977	4 130	1 322	2 237	24	333	214	.	4 130	833
1978	4 301	1 309	2 392	52[2])	327[2])	221	.	4 301	909
1979	4 445	1 299	2 533	53	334	226	.	4 445	980
1980	4 613	1 305	2 678	51	348	231	.	4 613	1 044
1981	4 757	1 304	2 812	52	357	232	.	4 757	1 102

*) Stichtagszahlen (ohne Angabe des Stichtages im Statistischen Jahrbuch der DDR).
1) Einschl. Spezialkraftfahrzeuge.
2) 1978 wurden rund 29 000 Fahrzeuge, im wesentlichen Kleinbusse, neu zugeordnet.

9.5 Straßenverkehrsunfälle

Gegenstand der Nachweisung	1975	1976	1977	1978	1979	1980	1981
Straßenverkehrsunfälle[1])	54 997	60 221	59 492	56 417	52 839	50 972	50 067
Getötete	2 141	2 324	2 419	2 252	2 023	1 718	1 699
Verletzte	47 000	50 425	50 151	47 357	43 943	40 744	40 493

[1]) Mit Personenschaden bzw. mit einem Sachschaden von über 300 Mark.

9.6 Leistungen der Post

Art der Leistung	Einheit	1979	1980	1981
Postdienst				
Briefsendungen[1])	Mill. St	1 242	1 256	1 249
Päckchen	Mill. St	18	18	17
Paket- und Wertsendungen[2])	Mill. St	37	37	38
Zahlungsdienst				
Postanweisungen, Zahlkarten und Einzahlungsaufträge	Mill. St	35	35	35
Postscheckdienst				
Zahl der Konten[3])	1 000	199	197	184
Guthaben auf den Konten[4])	Mill. Mark	1 293	1 410	1 492
Postsparkassendienst[3])				
Zahl der Konten	1 000	2 502	2 493	2 486
Guthaben auf den Konten	Mill. Mark	3 165	3 234	3 271
Fernsprechdienst und Telegrafie				
Ortsgespräche	Mill.	1 382	1 281	1 285
Ferngespräche	Mill.	664	676	698
Telegramme	Mill.	12	12	12
Rundfunkgenehmigungen[3])				
Ton-Rundfunk	1 000	6 342	6 409	6 459
Fernseh-Rundfunk	1 000	5 634	5 731	5 811

[1]) Gewöhnliche und eingeschriebene Briefsendungen (ohne Postwurfsendungen).
[2]) Einschl. Wertpakete.
[3]) Stand am Jahresende.
[4]) Jahresdurchschnitt.

10 Geld und Kredit

10.0 Vorbemerkung

Wechselkurse: Die Mark der DDR ist eine reine »Binnenwährung«; nach § 12 des Devisengesetzes der DDR vom 19. 12. 1973 ist die Ausfuhr und Einfuhr von Zahlungsmitteln der Mark verboten. Sie wird im internationalen Devisenhandel als Devise nicht gehandelt.

Von der »Staatsbank der Deutschen Demokratischen Republik« sind für kommerzielle und nichtkommerzielle Transaktionen folgende Umrechnungssätze der Mark zum US-Dollar (nicht gültig für den Handel mit der Bundesrepublik Deutschland) festgesetzt worden:

31. 12. 1982 1 US-$ = 2,37 M; ab 1. 2. 1983 1 US-$ = 2,46 M.

Bei Angaben über den Außenhandel wird nicht die Mark verwendet, sondern die »Valuta-Mark« (VM), bei der es sich lediglich um eine Verrechnungseinheit handelt (siehe Abschnitt 8).

10.1 Geldumlauf*)

Jahr	März	Juni	September	Dezember	
	insgesamt				je Einwohner
	Mill. Mark				Mark
1976	11 411	11 154	11 188	10 488	*625*
1977	11 966	11 856	11 913	11 313	*675*
1978	12 447	12 388	12 450	11 909	*711*
1979	13 096	13 013	13 050	12 372	*739*
1980	13 576	13 243	13 102	12 250	*732*
1981	13 441	13 072	12 953	12 315	*736*

*) Monatsende.

10.2 Spareinlagenbestand*)

Jahr	Insgesamt	Davon bei Sparkassen	Davon bei Genossenschaftskassen für Handwerk und Gewerbe, Reichsbahnsparkassen	Davon bei Bank für Landwirtschaft und Nahrungsgüterwirtschaft sowie bei Bäuerlichen Handelsgenossenschaften	Davon bei Post- und Postscheckämtern	Davon bei übrigen Kreditinstituten	Je Einwohner
	Mill. Mark						Mark
1976	80 210	63 020	6 005	7 889	3 222	74	4 784
1977	86 083	67 971	6 369	8 161	3 472	110	5 137
1978	92 046	72 974	6 737	8 495	3 692	148	5 495
1979	96 958	77 025	7 048	8 813	3 882	190	5 792
1980	99 730	79 337	7 219	8 962	3 996	216	5 958
1981	102 960	82 089	7 406	9 141	4 078	246	6 153

*) Einschl. Giro-, Lohn- und Gehaltskonten.

11 Unterricht und Bildung

11.0 Vorbemerkung

Allgemeinbildende polytechnische Oberschule: Wird pflichtmäßig von psychisch und physisch normal entwickelten Kindern vom vollendeten 6. Lebensjahr an besucht. Sie umfaßt 10 Schuljahrgänge, vermittelt gleichzeitig berufliche Grundkenntnisse und führt Vorbereitungsklassen (9. und 10. Klasse) für die erweiterte polytechnische Oberschule.

Erweiterte polytechnische Oberschule: Baut auf die zehnklassige allgemeinbildende polytechnische Oberschule auf und besteht aus der 11. und 12. Klasse. Sie bereitet die Schüler auf ihre berufliche Tätigkeit vor und vermittelt die Hochschulreife.

Sonderschulen: Für Kinder mit psychischen und physischen Schädigungen (z. B. Blindenschulen, Gehörlosenschulen, Hilfsschulen).

Berufsschulen: Betriebsberufsschulen, Betriebsschulen, Kommunale Berufsschulen. Berufsschulen sind Teilzeitschulen mit 12 bis 14 Unterrichtsstunden an zwei bis drei Wochentagen. Die mindestens zweijährige Berufsschulpflicht erstreckt sich auf die Jugendlichen vom vollendeten 16. bis 18. Lebensjahr und besteht bis zur Lehrabschlußprüfung bzw. bis zum Erreichen des Zieles der Berufsschule.

Im Anschluß an den Pflichtbesuch der allgemeinbildenden polytechnischen Oberschulen besteht Berufsschulpflicht, sofern nicht die erweiterte polytechnische Oberschule besucht wird.

Fachschulen: Bildungseinrichtungen, an denen mittlere Fachkräfte ausgebildet und weitergebildet werden (z. B. Ingenieure). Voraussetzung für die Aufnahme eines Fachschulstudiums sind der erfolgreiche Abschluß der zehnklassigen allgemeinbildenden polytechnischen Oberschule, eine abgeschlossene Berufsausbildung sowie entsprechende Berufspraxis.

Hochschulen: Universitäten, Technische Hochschulen, Medizinische Akademien, Landwirtschaftliche Hochschulen, Hochschulen für Wirtschafts- und Staatswissenschaften, Pädagogische Hochschulen, Kunsthochschulen, sonstige Hochschulen.

Die Studenten an den Hochschulen sind nach »Wissenschaftszweigen« und »Fachrichtungsgruppen« gegliedert. Studenten, die das Lehrfach zum Studienziel haben, sind geschlossen unter der Position »Pädagogische Grundstudienrichtungen aller Wissenschaftszweige« nachgewiesen.

Das zum Hochschulstudium erforderliche Abitur kann außer an einer erweiterten Oberschule oder einer Spezialschule auch über Berufsschulen, Betriebs- und Dorfakademien sowie über Volkshochschulen und Abendlehrgänge erreicht werden. Die Studierenden an Ingenieur- und Fachschulen erwerben nach dreijährigem Fachschulstudium mit der Abschlußprüfung ebenfalls die Hochschulreife.

Direktstudium: Überwiegende Durchführung des Studiums ohne gleichzeitige Berufsarbeit.

Fernstudium: Durchführung des Studiums ohne wesentliche Unterbrechung der Berufsarbeit.

Neuzulassungen: Erstmalig zum Studium immatrikulierte Studenten.

Absolventen: Studenten, die das Studium mit Erfolg beendet haben.

11.1 Schulen und Hochschulen

Schulgattung	Jahresende					
	1976	1977	1978	1979	1980	1981
Schulen						
Allgemeinbildende polytechnische Oberschulen	5 037	5 053	5 064	5 073	5 106	5 127
Erweiterte polytechnische Oberschulen	284	284	283	282	282	276
Sonderschulen	556	553	535	523	518	501
Berufsschulen	977	973	979	981	977	973
Fachschulen	233	233	234	236	237	240
Hochschulen	54	53	53	53	53	54
Schüler und Studenten						
Allgemeinbildende polytechnische Oberschulen[1]	2 532 924	2 480 952	2 420 494	2 314 201	2 203 991	2 106 463
Erweiterte polytechnische Oberschulen	47 562	46 836	46 024	46 454	46 927	46 051
Sonderschulen	68 672	66 630	64 892	62 908	61 406	60 201
Berufsschulen	433 600	452 817	463 108	462 236	459 485	448 386
Fachschulen	159 955	162 460	164 632	169 608	171 825	173 411
Hochschulen[2]	130 201	129 615	127 473	129 055	129 970	130 633

[1]) Einschl. Vorbereitungsklassen für die erweiterte polytechnische Oberschule. [2]) Ohne Ausländer.

11.2 Studenten an Hochschulen 1981 nach Wissenschaftszweigen und ausgewählten Fachrichtungsgruppen*)

Wissenschaftszweig / Fachrichtungsgruppe	Insgesamt			Darunter					
				Direktstudium			Fernstudium		
	Studenten	Neuzulassungen	Absolventen	Studenten	Neuzulassungen	Absolventen	Studenten	Neuzulassungen	Absolventen
Mathematik/Naturwissenschaften	8 145	1 949	1 439	7 706	1 865	1 342	—	—	—
dar.: Chemie	2 681	666	477	2 625	655	465	—	—	—
Physik	1 533	356	318	1 455	341	301	—	—	—
Mathematik	933	237	265	854	224	245	—	—	—
Psychologie	918	183	137	868	177	120	—	—	—
Biologie	898	206	120	762	178	96	—	—	—
Pharmazie	780	189	82	779	189	82	—	—	—
Technische Wissenschaften	38 865	9 056	6 339	33 514	7 891	5 533	4 062	854	547
dar.: Elektrotechnik/Elektronik	11 022	2 615	2 209	9 206	2 227	1 955	1 387	287	196
Maschinenwesen	10 255	2 335	794	8 696	1 984	533	1 229	267	190
Bauwesen	7 406	2 014	1 430	6 620	1 864	1 307	623	110	78
Medizin	13 577	2 545	1 994	12 710	2 412	1 875	—	—	—
Agrarwissenschaften	8 117	1 798	1 032	6 983	1 600	872	935	143	127
dar.: Pflanzen- und Tierproduktion	5 702	1 207	632	4 881	1 072	520	705	107	91
Lebensmitteltechnologie	938	207	168	777	189	136	111	—	24
Wirtschaftswissenschaften	17 707	4 048	3 725	11 371	2 668	2 398	4 633	828	839
Philosophisch-historische Wissenschaften, Staats- und Rechtswissenschaften	8 561	1 710	1 737	3 659	884	766	2 161	154	488
dar.: Rechtswissenschaften	3 390	544	746	2 061	528	444	1 312	14	300
Staats-, Gesellschafts- und Geschichtswissenschaften	3 124	756	549	373	81	70	128	24	27
Kultur-, Kunst- und Sportwissenschaften	2 874	599	531	2 196	508	358	667	89	172
dar.: Sportwissenschaften	2 101	430	419	1 704	389	293	388	40	126
Kulturwissenschaften	440	104	59	214	55	26	226	49	33
Theologie	453	107	54	453	107	54	—	—	—
Literatur- und Sprachwissenschaften	2 271	565	379	1 887	496	285	182	31	34
dar.: Sprachmittler	1 082	329	157	1 082	329	157	—	—	—
Journalistik	686	152	132	501	120	98	182	31	34
Philologische Fachrichtungen	503	84	90	304	47	30	—	—	—
Kunst	3 056	802	570	2 530	613	392	354	138	105
dar.: Musik	1 810	467	323	1 436	355	221	214	63	33
Darstellende, bildende und angewandte Kunst	1 168	277	191	1 074	258	171	82	17	16
Pädagogische Fachrichtungsgruppen aller Wissenschaftszweige	27 007	8 139	5 720	24 013	6 769	5 079	554	127	437
dar.: Oberschullehrer	22 100	6 308	4 759	21 856	6 192	4 656	—	—	4
Lehrkräfte für den Berufstheoretischen Unterricht	1 852	475	389	1 268	335	276	463	98	113
Lehrer für Sonderschulen und Sonderschuleinrichtungen	1 568	885	429	370	122	54	24	—	303
Insgesamt	**130 633**	**31 318**	**23 520**	**107 022**	**25 813**	**18 954**	**13 548**	**2 364**	**2 749**
männlich	66 826	15 635	11 963	50 794	12 290	8 823	10 061	1 710	1 934
weiblich	63 807	15 683	11 557	56 228	13 523	10 131	3 487	654	815

*) Stand: Jahresende. – Ohne Ausländer.

12 Gesundheitswesen

12.1 Neuerkrankungen an ausgewählten meldepflichtigen Krankheiten

Jahr	Lebensmittelvergiftung (Salmonellose)	Übertragbare Genickstarre	Übertragbare Hirnhaut- und Gehirnentzündung	Typhus und Paratyphus	Übertragbare Ruhr	Diphtherie	Scharlach	Hepatitis infectiosa	Tuberkulose insgesamt	Tuberkulose darunter Atmungsorgane	Syphilis	Gonorrhoe
						Anzahl						
1976	3 788	107	3 607	207	5 003	—	33 540	6 348	5 742	4 624	417	41 386
1977	5 709	95	6 441	150	2 454	—	32 449	4 653	4 988	3 908	574	45 209
1978	8 814	123	3 120	80	2 801	—	30 133	3 620	4 798	3 708	970	49 514
1979	7 463	118	3 421	85	3 293	—	24 354	6 802	4 189	3 281	912	50 638
1980	6 584	156	4 924	125	1 500	—	25 713	2 976	4 067	3 173	951	50 861
1981[1]	8 349	183	5 698	74	3 032	—	34 572	2 800	3 853	3 103	758	50 302
						je 100 000 Einwohner						
1976	*22,6*	*0,6*	*21,5*	*1,2*	*29,8*	—	*200,0*	*37,9*	*34,2*	*27,6*	*2,5*	*246,8*
1977	*34,1*	*0,6*	*38,4*	*0,9*	*14,6*	—	*193,6*	*27,8*	*29,8*	*23,3*	*3,4*	*269,8*
1978	*52,6*	*0,7*	*18,6*	*0,5*	*16,7*	—	*179,9*	*21,6*	*28,6*	*22,1*	*5,8*	*295,6*
1979	*44,6*	*0,7*	*20,4*	*0,5*	*19,7*	—	*145,5*	*40,6*	*25,0*	*19,6*	*5,4*	*302,5*
1980	*39,3*	*0,9*	*29,4*	*0,8*	*9,0*	—	*153,6*	*17,9*	*24,3*	*19,0*	*5,7*	*303,8*
1981[1]	*49,9*	*1,1*	*34,1*	*0,4*	*18,1*	—	*206,6*	*16,7*	*23,0*	*18,5*	*4,5*	*300,6*

[1]) Vorläufiges Ergebnis.

12.2 Sterbefälle 1980 nach ausgewählten Todesursachen

Todesursache	Insgesamt	Männlich	Weiblich	Insgesamt	Männlich[1])	Weiblich[1])
	Anzahl			je 100 000 Einwohner		
Insgesamt	**238 254**	**107 908**	**130 346**	***1 423,3***	***1 373,4***	***1 467,4***
darunter:						
Infektiöse und parasitäre Krankheiten (ohne Tuberkulose)	342	152	190	*2,0*	*1,9*	*2,1*
Tuberkulose	623	390	233	*3,7*	*5,0*	*2,6*
dar. Tuberkulose der Atmungsorgane	423	267	156	*2,5*	*3,4*	*1,8*
Bösartige Neubildungen	35 995	17 736	18 259	*215,0*	*225,7*	*205,6*
Diabetes mellitus	5 167	1 654	3 513	*30,9*	*21,1*	*39,5*
Hirngefäßkrankheiten	21 234	7 816	13 418	*126,9*	*99,5*	*151,1*
Krankheiten des Kreislaufsystems	141 039	57 820	83 219	*842,6*	*735,9*	*936,9*
Lungenentzündung	4 578	1 995	2 583	*27,4*	*25,4*	*29,1*
Magen- und Zwölffingerdarmgeschwüre	1 460	899	561	*8,7*	*11,4*	*6,3*
Unfallfolgen	6 806	4 096	2 710	*40,7*	*52,1*	*30,5*

[1]) Bezogen auf jeweils 100 000 Einwohner gleichen Geschlechts.

12.3 Berufstätige Ärzte, Zahnärzte und Apotheker*)

Jahresende	Ärzte Anzahl	Ärzte je 100 000 Einwohner	Zahnärzte Anzahl	Zahnärzte je 100 000 Einwohner	Apotheker Anzahl	Apotheker je 100 000 Einwohner
1976	32 097	*191,4*	8 108	*48,4*	3 498	*20,9*
1977	31 776[1])	*189,7*	8 347	*49,8*	3 429	*20,5*
1978	32 397	*193,4*	8 864	*52,9*	3 481	*20,8*
1979	33 089	*197,7*	9 289	*55,5*	3 524	*21,1*
1980	33 894	*202,5*	9 709	*58,0*	3 549	*21,2*
1981	34 626	*206,9*	10 093	*60,3*	3 566	*21,3*

*) Hauptberuflich tätige voll- und teilzeitbeschäftigte Ärzte, Zahnärzte und Apotheker.

[1]) Wegen Einführung des 6. Studienjahres in der Fachrichtung Medizin erfolgten keine Neuzugänge von Absolventen.

12.4 Krankenhäuser und planmäßige Betten

12.4.1 Nach Eigentumsformen

Jahr	Insgesamt		Staatliche Krankenhäuser		Private Krankenhäuser			
					von Religionsgemeinschaften		von sonstigen Eigentümern	
	Krankenhäuser	Betten	Krankenhäuser	Betten	Krankenhäuser	Betten	Krankenhäuser	Betten
1976	571	180 466	482	167 469	81	12 541	8	456
1977	563	178 555	474	165 625	82	12 538	7	392
1978	559	177 386	472	164 509	82	12 521	5	356
1979	554	176 300	466	163 506	83	12 438	5	356
1980	549	171 895	464	159 828	80	11 711	5	356
1981	550	171 157	466	159 058	79	11 743	5	356

12.4.2 Betten 1981 nach Fachrichtungen

Fachrichtung	1981	Fachrichtung	1981
Allgemein (einschl. Beobachtungsbetten)	340	Urologie	3 153
Innere Medizin	36 356	Röntgenologie	1 648
Chirurgie	31 519	Zahn-, Mund-, Kiefererkrankungen	519
Gynäkologie	10 442	Chronisch Kranke	4 323
Geburtshilfe (Entbindungsbetten)	7 522	Orthopädie	5 528
Kinderkrankheiten (ohne Frühgeburten)	14 292	Neurologie	3 114
Frühgeburten	1 524	Psychiatrie	30 090
Infektionskrankheiten	4 437	Tuberkulose	4 610
Augenkrankheiten	2 777	Rekonvaleszenz	422
Hals-, Nasen-, Ohrenkrankheiten	3 868	Intensivtherapie	1 481
Hautkrankheiten	2 926	Interdisziplinäre Wachstation	86
Venerologie	180	**Insgesamt**	**171 157**

13 Öffentliche Finanzen und Sozialleistungen

13.0 Vorbemerkung

Staatshaushalt: Haushalte sämtlicher Finanzträger (Staat, Bezirke, Kreise, Gemeinden). Der Haushalt der Sozialversicherung ist in der DDR Bestandteil des Staatshaushaltes, in der Bundesrepublik Deutschland dagegen vom Staatshaushalt getrennt. Die wichtigsten Einnahmequellen des Staatshaushaltes sind neben den Verbrauchsabgaben die bei der »volkseigenen Wirtschaft« erhobene Produktions- und Dienstleistungsabgabe sowie die Handelsabgabe und die (Netto-)Gewinnabführung.

Sozialversicherung: Im Gegensatz zur Bundesrepublik Deutschland sind in der DDR alle Zweige der Sozialversicherung (Kranken-, Unfall-, Renten- sowie Arbeitslosenversicherung) zusammengefaßt. Träger der Sozialversicherung für Arbeiter und Angestellte ist der Freie Deutsche Gewerkschaftsbund, Verwaltung für Sozialversicherung, dessen Einnahmen und Ausgaben in Tabelle 13.2 nachgewiesen sind. Die Staatliche Versicherung der DDR ist Sozialversicherungsträger für Mitglieder von Produktionsgenossenschaften, für Gewerbetreibende, freiberuflich Tätige und sonstige Selbständige. Für die genannten Personenkreise sowie für Schüler und Studenten besteht Versicherungspflicht. Von der Versicherungspflicht befreit sind Personen, deren Einkommen weniger als 75,– M monatlich beträgt. Eine freiwillige zusätzliche Versicherung ist möglich.

Renten und Pflegegelder: Anspruch auf Rente hat jeder Sozialversicherte bei Invalidität, im Alter, für die Folgen von Arbeitsunfällen oder von anerkannten Berufskrankheiten. Anspruch auf Rente haben außerdem die Hinterbliebenen eines Sozialversicherten.

In der Tabelle 13.4 sind die Renten und Pflegegelder aller Sozialversicherten und die Sozialversicherungsrenten für Arbeiter und Angestellte ausgewiesen.

Vollrenten und Halbrenten: Vollrentenempfänger entsprechen einer Rente beziehenden Person. Rentenempfänger mit Anspruch auf zwei gleichartige Renten erhalten nur die höhere Rente voll und die zweite Rentenleistung gekürzt, und zwar in Höhe von 50% bei Unfallrenten bzw. 25% bei allen übrigen Renten. Die höhere Rente wird als Vollrente, die andere ausgezahlte Rente als Halbrente statistisch erfaßt.

Rentenbeträge: Die Rentenbeträge enthalten verschiedene Zuschläge, z. B. Ehegattenzuschläge, Kinderzuschläge. Nicht enthalten sind die zusätzliche Altersversorgung sowie die ausgewiesenen Pflegegelder.

Bergmannsrenten: Renten, die bei Eintritt der Berufsunfähigkeit als Bergmann bis zum Erreichen der Altersgrenze gezahlt werden; ihre Höhe richtet sich nach der Zahl der Berufsjahre als Bergmann.

Haushaltsrenten: Renten, die als direkte Ausgabe des Staatshaushalts an einen durch Verordnung bestimmten Personenkreis von Kriegsinvaliden, Wehrmachtsgeschädigten usw. gezahlt werden.

Pflegegelder werden an Rentner mit eigenem Rechtsanspruch gezahlt, wenn sie völlig arbeitsunfähig sind und einer Pflege durch dritte Personen bedürfen.

13.1 Einnahmen und Ausgaben des Staatshaushalts

Mill. Mark

Jahr	Einnahmen[1])	Ausgaben[1])				
		insgesamt[2])	darunter für			
			Bildungswesen[3]) (einschl. Hoch- und Fachschulen)	Gesundheits- und Sozialwesen	Sozialversicherung und Renten	Kultur[3]) (einschl. Rundfunk und Fernsehen)
1975	114 662	114 160	8 276	7 888	21 358	1 953
1976	117 588	117 128	8 907	8 297	22 195	2 044
1977	124 543	124 103	9 273	8 609	24 653	2 132
1978	132 612	132 103	9 539	8 911	26 565	2 189
1979	140 633	140 223	9 675	9 259	27 375	2 269
1980	160 652	160 283	9 836	9 533	29 410	2 287
1981	167 466	167 159	10 605	10 020	29 612	2 428

1) Ohne Fonds der Volksvertretungen.
2) Ohne Investitionen.
3) Ohne Ausgaben für Forschungszwecke.

13.2 Einnahmen und Ausgaben der Sozialversicherung*)

Mill. Mark

Einnahmen — Art der Ausgaben	1976	1977	1978	1979	1980	1981
			Einnahmen			
Insgesamt	**10 558**	**11 044**	**12 498**	**13 031**	**13 299**	**13 669**
dar. Pflichtbeiträge	9 416	9 627	10 826	11 136	11 254	11 420
			Ausgaben			
Insgesamt	**18 498**	**20 568**	**22 352**	**23 116**	**24 785**	**25 086**
Für soziale Zwecke	12 316	13 915	15 363	15 666	17 064	17 076
darunter:						
Sozialversicherungsrenten	9 938	11 232	11 212	11 269	12 449	12 400
Kranken-, Haus- und Taschengeld[1])	1 735	1 753	3 052	3 223	3 360	3 371
Für gesundheitliche Zwecke[2])	5 881	6 336	6 667	7 122	7 378	7 656
dar. Arzneien, Heil- und Hilfsmittel[3])	1 885	1 964	2 067	2 247	2 342	2 494
Sonstige Leistungen und Ausgaben	301	317	322	328	343	351
dar. Kur- und Erholungsstätten	207	221	228	232	249	257

*) Sozialversicherung der Arbeiter und Angestellten.
1) 1978 einschl. Lohnausgleich und Verbesserung der Leistungen der Sozialversicherung.
2) U. a. Behandlung durch Ärzte und Zahnärzte, Zahnersatz, Zahnreparaturen, ambulante und stationäre Behandlung in staatlichen und privaten Einrichtungen.
3) Ohne Arzneien, Heil- und Hilfsmittel, die bei stationärer Behandlung abgegeben werden.

13.3 Sozialfürsorge*)

Dezember	Unterstützungsempfänger			Durchschnittsbetrag je Person[2])
	insgesamt	Rentner[1])	Nichtrentner	
	Anzahl			Mark
1976	20 682	5 187	15 495	*140,92*
1977	19 823	6 142	13 681	*141,57*
1978	19 499	6 471	13 028	.
1979	16 614	5 951	10 663	.
1980	17 172	6 435	10 737	.
1981	15 236	5 943	9 293	.

*) Ohne Personen, die nur Pflegegeld, Blindengeld oder Sonderpflegegeld erhalten.
1) Einschl. Rentnerehegatten, die Mietbeihilfe oder Teilunterstützung erhalten.
2) Laufende Unterstützungen, ohne Ehegatten- und Kinderzuschläge.

13.4 Renten und Pflegegelder*)

Rentenart / Pflegegeld	Fälle 1978	Fälle 1979	Fälle 1980	Fälle 1981	Durchschnittsbetrag je Fall 1978	1979	1980	1981
	1 000				Mark			
	Insgesamt							
Unfallrenten	160,0	.	.	.	.	.	.	.
Invalidenrenten[1])	264,7	264,1	263,4	231,5	.	.	.	.
Altersrenten[2])	2 815,7	2 804,8	2 792,6	2 760,7	.	.	.	.
Witwen-(Witwer-)Renten	242,4	211,7	198,6	188,8	.	.	.	.
Voll- und Halbwaisenrenten	140,8	136,1	132,1	127,7	.	.	.	.
Teilrenten	1 101,1	1 107,4	1 116,4	1 117,1	.	.	.	.
Pflegegelder	467,6	483,3	490,5	491,4	.	.	.	.
	darunter Sozialversicherungsrenten für Arbeiter und Angestellte							
Invalidenrenten[1])	225,6	226,6	227,3	231,5	*307,17*	*339,76*	*341,01*	*342,85*
Altersrenten[2])	2 320,0	2 317,1	2 311,8	2 311,8	*297,45*	*336,77*	*337,05*	*337,37*

*) Stand: jeweils Dezember.
[1]) Ohne Invalidenaltersrenten.
[2]) Einschl. Invalidenaltersrenten.

14 Wirtschaftsrechnungen und Versorgung

14.0 Vorbemerkung

Die **Ausgaben** von Haushalten verschiedener sozioökonomischer Bevölkerungsgruppen (Arbeiter, Angestellte, Mitglieder landwirtschaftlicher Produktionsgenossenschaften vom Typ III und Rentner) werden durch repräsentative Haushaltsbefragungen ermittelt. Dabei werden die Ausgaben durch Anschreibungen der Haushalte während eines ganzen Jahres erfaßt; an der Erhebung sind rund 6 800 Haushalte beteiligt. Bei den dargestellten Ergebnissen sind aus Vergleichsgründen die Ausgabengruppen nicht – wie im Jahrbuch der DDR – auf das Haushaltsnettoeinkommen, sondern auf den bezahlten Verbrauch von Waren und Leistungen bezogen, der in seiner Abgrenzung ungefähr dem Privaten Verbrauch in den Wirtschaftsrechnungen der Bundesrepublik Deutschland (s. Tabelle 20.2, S. 450) entspricht.

Die Ergebnisse über die **Ausstattung** privater Haushalte mit langlebigen Gebrauchsgütern basieren nicht auf Haushaltsbefragungen. Sie werden vielmehr kumulativ aus dem jährlichen Inlandsverbrauch, dividiert durch die Zahl der Haushalte, ermittelt. Abschreibungen werden berücksichtigt.

14.1 Ausgaben für den privaten Verbrauch in Arbeiter- und Angestelltenhaushalten 1981

Prozent

Art der Ausgaben	Haushalte insgesamt	mit ... Personen 1	2	3	4	5 und mehr
Ausgaben für Waren	85,0	80,3	84,1	85,3	85,9	86,2
Nahrungsmittel	30,6	28,6	28,5	30,0	31,4	36,2
Genußmittel	11,9	11,6	13,3	12,0	10,7	11,3
Schuhe, Täschner- und Sattlerwaren	2,9	3,2	2,6	2,9	2,9	3,3
Textilien und Bekleidung	12,0	13,1	12,1	12,1	11,5	11,4
Sonstige Industriewaren	27,6	23,8	27,6	28,3	29,4	24,0
Ausgaben für Leistungen	15,1	19,7	15,9	14,7	14,1	13,8
darunter:						
Verkehrsleistungen	1,4	2,1	1,5	1,4	1,3	1,5
Mieten	3,3	4,6	3,2	3,2	3,1	3,4
Strom, Gas, Wasser, Heizung aller Art	1,9	2,0	1,8	1,8	1,8	2,0
Reparaturen	2,1	1,8	2,5	2,0	2,2	1,5
Bildung, Unterhaltung, Erholung	4,1	6,1	4,2	4,1	3,7	3,3
Insgesamt	**100**	**100**	**100**	**100**	**100**	**100**

14.2 Ausstattung privater Haushalte mit ausgewählten langlebigen Gebrauchsgütern

Stand: 31. Dezember

Art der Gebrauchsgüter	Von 100 Haushalten waren ... mit Gebrauchsgütern vorstehender Art ausgestattet 1975	1976	1977	1978	1979	1980	1981
Personenkraftwagen[1])	26,2	28,8	31,6	34,1	36,3	36,8	39,0
Motorräder, Motorroller[1])	19,5	19,1	18,9	18,7	18,5	18,4	18,4
Mopeds[1])	30,9	32,9	34,3	.	.	.	.
Rundfunkempfänger	96,3	96,9	97,8	98,2	99,0	99,0	99,0
Fernsehempfänger	81,6	83,6	85,1	86,5	88,0	88,1	89,2
Haushaltskühlschränke	84,7	89,7	94,6	98,6	99,0	99,0	99,0
Haushaltswaschmaschinen	73,0	75,7	77,6	78,8	79,9	80,4	83,4

[1]) Stand: 30. September.

15 Löhne und Gehälter

15.0 Vorbemerkung

Arbeitseinkommen: Bruttolohnsumme, die sich zusammensetzt aus tariflichem Grundlohn, bei Stücklohn dem Mehrleistungslohn für Arbeitsnormerfüllung, bei Zeitlohn den Mehrleistungsprämien sowie Zuschlägen und Zusatzlöhnen; Prämien aus dem Betriebsprämienfonds; Prämien für Materialeinsparung auf Grund persönlicher Konten; Lohn- und Sonderzuschläge sowie Ehegatten- und Kinderzuschläge; Weihnachtsgratifikationen. Die Angaben beziehen sich nur auf sozialisierte Betriebe, in denen die Arbeitseinkommen höher sind als in den übrigen Betrieben.

Erfaßter Personenkreis: Vollbeschäftigte Arbeiter und Angestellte und vollbeschäftigte Produktionsarbeiter in sozialisierten Betrieben. Arbeiter und Angestellte, die während des Jahres erkrankt waren, lt. Arbeitsvertrag verkürzt arbeiteten, sonstige lohnmindernde Ausfallzeiten hatten oder die im Laufe des Jahres eingetreten oder ausgeschieden sind, werden auf Vollbeschäftigte umgerechnet.

15.1 Durchschnittliches monatliches Arbeitseinkommen der Arbeiter und Angestellten in sozialisierten Betrieben nach ausgewählten Wirtschaftsbereichen*)

Mark

Wirtschaftsbereich	Arbeiter und Angestellte					Produktionsarbeiter bzw. gleichgestelltes Personal				
	1977	1978	1979	1980	1981	1977	1978	1979	1980	1981
Land- und Forstwirtschaft										
Volkseigene Güter	897	917	947	967	1 000	884	908	934	955	986
Staatliche Forstwirtschaftsbetriebe	938	960	999	1 021	1 033	946	963	1 005	1 019	1 033
Industrie und Energiewirtschaft (ohne Bau)										
Alle sozialisierten Betriebe	953	989	1 020	1 038	1 064	939	973	1 002	1 018	1 041
Bauindustrie										
Volkseigene Betriebe	996	1 022	1 037	1 041	1 067	989	1 017	1 028	1 029	1 052
Handel										
Sozialisierter Großhandel	829	843	869	887	906	814	828	853	880	893
Sozialisierter Einzelhandel	810	823	846	864	883	792	807	830	847	864
Verkehr										
Volkseigene Betriebe (ohne Post)	1 049	1 086	1 127	1 127	1 153	1 069	1 114	1 152	1 150	1 169
Post- und Fernmeldewesen	862	883	904	928	953	819	839	860	879	909

*) Einschl. Heimarbeiter, ohne Lehrlinge.

15.2 Durchschnittliches monatliches Arbeitseinkommen der Arbeiter und Angestellten in sozialisierten Betrieben der Industrie nach Industriebereichen*)

Mark

Industriebereich	Arbeiter und Angestellte				Produktionsarbeiter bzw. gleichgestelltes Personal			
	1978	1979	1980	1981	1978	1979	1980	1981
Energie- und Brennstoffindustrie	1 090	1 121	1 153	1 193	1 086	1 118	1 151	1 189
Chemische Industrie	1 043	1 079	1 088	1 110	1 027	1 051	1 061	1 079
Metallurgie	1 102	1 133	1 153	1 162	1 122	1 148	1 160	1 162
Baumaterialienindustrie	992	1 019	1 031	1 045	1 003	1 031	1 042	1 053
Wasserwirtschaft	902	921	940	973	882	898	914	940
Maschinen- und Fahrzeugbau	1 026	1 055	1 070	1 096	1 023	1 050	1 060	1 081
Elektrotechnik, Elektronik, Gerätebau	997	1 034	1 051	1 081	954	987	999	1 025
Leichtindustrie (ohne Textilindustrie)	883	912	938	960	864	895	916	933
Textilindustrie	859	887	903	938	840	866	881	915
Lebensmittelindustrie	939	967	982	1 005	951	981	995	1 016
Insgesamt	**989**	**1 020**	**1 038**	**1 064**	**973**	**1 002**	**1 018**	**1 041**

*) Einschl. Heimarbeiter, ohne Lehrlinge.

16 Preise

16.0 Vorbemerkung

Die Preise werden – von wenigen Ausnahmen abgesehen – in der DDR behördlich festgesetzt. Dabei wird zwischen Außenhandels- und Binnenpreisen unterschieden. Bei den Angaben in diesem Abschnitt handelt es sich um Binnenpreise.

Index der Verkaufserlöse landwirtschaftlicher Erzeugnisse

Erfaßt werden die Erlöse, die der Erzeuger landwirtschaftlicher Produkte für den Gesamtverkauf seiner Erzeugnisse effektiv erzielt. Die Verkaufserlöse enthalten die einheitlichen Erzeugerpreise sowie Preiszu- und -abschläge für Qualitätsunterschiede, unterschiedliche Liefer- sowie bestimmte Produktionsbedingungen.

Wohnungsbaupreise

Preis, der alle Geldaufwendungen umfaßt, die dem Auftraggeber zur Fertigstellung des bautechnischen Teils eines Bauvorhabens entstehen. Zum Baupreis gehören: der Bauabgabepreis, die Gebühren für Projektierungsleistungen, die Preise bzw. Gebühren für sonstige Leistungen bei der Vorbereitung der Investition sowie weitere vom Auftraggeber veranlaßte Maßnahmen und Leistungen, Aufwendungen des Auftraggebers für Koordinierung und Leistung, soweit kein Hauptauftragnehmer eingesetzt ist.

Einzelhandels- bzw. Verbraucherpreisindizes

Dem Index der Einzelhandelsverkaufspreise sowie der Leistungspreise und Tarife für die Bevölkerung liegt ein Wägungsschema zugrunde, das sich auf die Struktur der Einzelhandelsumsätze bzw. die Ausgaben privater Haushalte 1975 bezieht.

Einzelhandelspreise

Der Vergleich der absoluten Preisangaben mit den für das Bundesgebiet ermittelten Preisen wird durch die z. T. erheblichen Qualitätsunterschiede sowie durch die Tatsache gestört, daß in der DDR auch in den letzten Jahren Waren großer Verbrauchsbedeutung nicht immer und überall von der Bevölkerung gekauft werden konnten.

16.1 Index der Verkaufserlöse ausgewählter landwirtschaftlicher Erzeugnisse*)

1970 = 100

Erzeugnis	1976	1977	1978	1979	1980	1981
Pflanzliche Erzeugnisse[1])	**105,9**	**104,8**	**109,4**	**107,5**	**108,4**	**119,0**
Getreide	94,8	97,4	98,2	97,8	97,4	101,7
Weizen	96,3	98,8	98,7	98,1	99,1	99,5
Roggen	97,7	98,8	100,0	100,0	97,2	107,6
Braufähige und Braugerste	88,0	97,2	97,0	96,3	95,4	95,8
Sonstige Gerste	97,4	98,7	99,8	99,1	96,6	101,0
Hafer	90,1	91,4	91,8	92,1	92,6	92,1
Sonstiges Getreide[2])	82,9	73,6	88,7	88,7	126,9	168,6
Ölfrüchte[3])	97,8	98,7	101,7	106,1	100,6	101,1
Kartoffeln[4])	131,2	131,1	139,1	136,0	135,1	145,6
Zuckerrüben	96,5	97,7	97,7	104,7	99,4	97,7
Obst	120,5	117,8	143,1	100,7	111,4	112,8
Gemüse	112,4	95,0	101,0	107,2	118,2	114,7
Tierische Produkte	**107,3**	**107,2**	**107,2**	**107,5**	**107,3**	.
Schlachtgeflügel	94,8	93,1	94,2	93,5	94,0	97,0
Schlachtschweine	101,7	102,0	101,9	102,4	102,6	102,7
Schlachtrinder und sonstiges Rindvieh	117,3	117,1	116,8	117,8	115,6	128,1
Milch[5])	111,1	111,3	111,2	111,3	111,2	.
Eier	98,8	97,9	97,9	98,1	99,1	99,4
Insgesamt	**107,0**	**106,7**	**107,7**	**107,5**	**107,7**	.

*) Durchschnittliche Verkaufserlöse je Produktionseinheit.
1) Einschl. Saatgut.
2) Einschl. Körnermais.
3) Einschl. Samen der Faserpflanzen.
4) Einschl. Saatkartoffeln.
5) 3,5% Fettgehalt.

17 Volkswirtschaftliche Gesamtrechnungen

17.0 Vorbemerkung

Die Volkswirtschaftlichen Gesamtrechnungen der DDR richten sich, wie die aller Staatshandelsländer, an dem vom Rat für gegenseitige Wirtschaftshilfe (RGW) herausgegebenen System volkswirtschaftlicher Bilanzen auf der Grundlage des Konzepts der materiellen Produktion (»System of Material Product Balances« – MPS) aus. Dieses System weicht in seinen Begriffen, Definitionen und Abgrenzungen erheblich von dem System Volkswirtschaftlicher Gesamtrechnungen der Vereinten Nationen (»A System of National Accounts« – SNA) ab, das den Volkswirtschaftlichen Gesamtrechnungen der Bundesrepublik Deutschland zugrunde liegt.

Bruttoprodukt (Gesellschaftliches Gesamtprodukt): Gesamtheit der erzeugten materiellen Güter (Waren und »produktive« Dienstleistungen), berechnet als Summe der Bruttoproduktionswerte aller zu den Bereichen der »materiellen Produktion« gehörenden Betriebe zu Verkaufspreisen (einschl. Verbrauchsabgaben und Akzisen; produktgebundene Preisstützungen sind hinzugesetzt). Bei den Bereichen der »materiellen Produktion« handelt es sich um die Land- und Forstwirtschaft, das Warenproduzierende Gewerbe (Bergbau, Energiewirtschaft, Verarbeitendes Gewerbe, Baugewerbe), den Handel, den Verkehr und die Nachrichtenübermittlung sowie – von den Dienstleistungsbereichen – um das Gaststättengewerbe, die Projektierungs- und Rechenbetriebe, die Verlage, die Wäschereien, die Färbereien und chemische Reinigungsanstalten und sogenannte hauswirtschaftliche Reparaturkombinate und -betriebe sowie die Warenproduktion der geologischen Untersuchungsbetriebe und die produktiven Leistungen der Filmstudios. Nicht zu den Bereichen der »materiellen Produktion« zählen u. a. die Kreditinstitute und das Versicherungsgewerbe, die Wohnungsvermietung, das dienstleistende Handwerk und alle sonstigen zuvor nicht genannten Dienstleistungsunternehmen, ferner der Staat, die privaten Organisationen ohne Erwerbscharakter und die häuslichen Dienste. Die einzelnen Wirtschaftsbereiche der »materiellen Produktion« sind z. T. anders abgegrenzt als in den Volkswirtschaftlichen Gesamtrechnungen der Bundesrepublik Deutschland.

Verbrauch von Produktionsmitteln: Intermediärer Verbrauch der zu den Bereichen der »materiellen Produktion« rechnenden Betriebe (ohne die von außerhalb der Bereiche der »materiellen Produktion« bezogenen Dienstleistungen) zuzüglich der Abschreibungen auf »Grundmittel« (reproduzierbares Anlagevermögen der Bereiche der »materiellen Produktion«) sowie Mieten und Pachten.

Nettoprodukt: Zieht man vom »Gesellschaftlichen Gesamtprodukt« (»Bruttoprodukt«) den »Verbrauch von Produktionsmitteln« ab, erhält man das »Nettoprodukt«. In grober Annäherung entspricht das »Nettoprodukt« eines Bereiches etwa seinem Beitrag zum Nettoinlandsprodukt zu Marktpreisen nach der Definition der Volkswirtschaftlichen Gesamtrechnungen für die Bundesrepublik Deutschland (siehe S. 520 ff.), vorausgesetzt, daß der Bereich in beiden Fällen gleich abgegrenzt ist und Bewertungsunterschiede nicht ins Gewicht fallen. Um das »Nettoprodukt« eines Bereiches seinem Beitrag zum Nettoinlandsprodukt noch weiter anzugleichen, müßte man den Wert der von Wirtschaftsbereichen außerhalb der »materiellen Produktion« (z. B. von Banken oder Versicherungen) bezogenen Dienstleistungen abziehen. Da die Dienstleistungskäufe von Wirtschaftsbereichen außerhalb der »materiellen Produktion« bei der Berechnung des Nettoprodukts der einzelnen Bereiche nicht abgesetzt werden, enthält die Summe der »Nettoprodukte« noch die Erlöse aus dem Absatz von Dienstleistungen an den Bereich der »materiellen Produktion«. Das gesamte »Nettoprodukt« umfaßt deshalb in gewissem Umfang auch die von den Bereichen außerhalb der »materiellen Produktion« erbrachten Beiträge zum Nettoinlandsprodukt zu Marktpreisen, allerdings nur, soweit diese Beiträge auf Leistungen für den Bereich der »materiellen Produktion« zurückgehen. Andererseits ist zu berücksichtigen, daß die im »Nettoprodukt« enthaltenen Erlöse dieser Dienstleistungsbereiche nicht um die ihnen entsprechenden Vorleistungskäufe und Abschreibungen gekürzt sind. Trotzdem wird man sagen können, daß der Unterschied zwischen dem Beitrag eines Bereiches außerhalb der »materiellen Produktion« zum »Nettoprodukt« und seinem Nettoinlandsprodukt zu Marktpreisen desto größer sein wird, je höher der Anteil der Leistungen ist, die für private und/oder öffentliche Haushalte erbracht wurden. Zum überwiegenden Teil bzw. völlig dürften im gesamten Nettoprodukt die Beiträge des Staates (im Sinne der Volkswirtschaftlichen Gesamtrechnungen für die Bundesrepublik Deutschland) und der Wohnungsnutzung fehlen; sehr viel geringer wird der Unterschied z. B. bei den Banken und bestimmten Versicherungen anzusetzen sein.

Produziertes Nationaleinkommen: Zieht man vom Nettoprodukt die sogenannten »Verrechnungen« ab, erhält man das »Produzierte Nationaleinkommen«. Bei den »Verrechnungen« handelt es sich um Preisstützungen aus öffentlichen Mitteln, die in das Bruttoprodukt der abgebenden Betriebe einbezogen sind, aber im Wert des »Verbrauchs von Produktionsmitteln« der abnehmenden Betriebe nicht enthalten sind. Das »Produzierte Nationaleinkommen« darf begrifflich nicht mit dem Volkseinkommen gleichgesetzt werden, wie es in den Volkswirtschaftlichen Gesamtrechnungen der Bundesrepublik Deutschland definiert ist. Das Volkseinkommen ist gleich der Summe aller von Inländern bezogenen Erwerbs- und Vermögenseinkommen; solche Einkommen sind im »Produzierten Nationaleinkommen« nur enthalten, wenn sie im Bereich der »materiellen Produktion« entstanden oder unmittelbar auf Käufe bei Wirtschaftsbereichen außerhalb der »materiellen Produktion« zurückzuführen sind. Das »Produzierte Nationaleinkommen« kann, da die »Verrechnungen« nicht nach Wirtschaftsbereichen aufgeteilt werden, nur als Gesamtgröße für alle Bereiche gezeigt werden.

Im Inland verwendetes Nationaleinkommen: Das »im Inland verwendete Nationaleinkommen« ist die Summe aus »Akkumulation« und »individueller« und »gesellschaftlicher Konsumtion«.

Akkumulation: Die »Akkumulation« besteht aus den Nettoinvestitionen im Bereich der »materiellen Produktion«, den Investitionen außerhalb des Bereichs der »materiellen Produktion« und der Veränderung der Bestände an »materiellen Umlaufmitteln« (d. h. Vorratsveränderungen, vermutlich einschl. der vom Staat unterhaltenen Gütervorräte, sowie der Wald- und Viehbestandsveränderung); Generalreparaturen werden nicht einbezogen.

Individuelle Konsumtion: Käufe der Bevölkerung für individuelle Zwecke von den Bereichen der »materiellen Produktion« zuzüglich des Wertes des Eigenverbrauchs in der Landwirtschaft und der Deputate in der Industrie, der Gemeinschaftsverpflegung und der Sachleistungen der Sozialversicherung. Dieser Posten unterscheidet sich wesentlich vom Privaten Verbrauch in den Volkswirtschaftlichen Gesamtrechnungen der Bundesrepublik Deutschland. In der »individuellen Konsumtion« fehlen alle Käufe der privaten Haushalte bei Bereichen außerhalb der »materiellen Produktion«. Umgekehrt sind die Sachleistungen der Sozialversicherung eingeschlossen, die in der Bundesrepublik Deutschland nicht zum Privaten Verbrauch gehören. An Stelle der Wohnungsmieten sind lediglich die Reparaturen am Wohnungsbestand einbezogen.

Gesellschaftliche Konsumtion: Dies ist der Verbrauch von Waren und Dienstleistungen, die aus dem Bereich der »materiellen Produktion« stammen, in Einrichtungen zur kulturellen und sozialen Betreuung der Bevölkerung sowie in Einrichtungen zur Befriedigung gesamtgesellschaftlicher Bedürfnisse. Die Einrichtungen zur Betreuung der Bevölkerung erstrecken sich auf das Bildungs-, Gesundheits- und Sozialwesen, auf den kulturell-künstlerischen Bereich, auf Sport und Erholung u. ä. Bei den Einrichtungen zur Befriedigung gesamtgesellschaftlicher Bedürfnisse handelt es sich um solche der Wissenschaft und Forschung, um staatliche Verwaltungsstellen sowie um Einrichtungen für sonstige Dienstleistungen, die der Bevölkerung nicht unmittelbar zur Verfügung stehen. In den Volkswirtschaftlichen Gesamtrechnungen der Bundesrepublik Deutschland gibt es keinen Posten, mit dem die »Gesellschaftliche Konsumtion« unmittelbar verglichen werden könnte. Die Angaben der folgenden Tabellen beziehen sich auf Werte in »vergleichbaren« Preisen, wobei das Kosten- und Preisniveau des Jahres 1980 zugrunde gelegt wurde.

17.1 Bruttoprodukt und produziertes Nationaleinkommen

Mill. Mark

Jahr	Bruttoprodukt	Verbrauch von Produktionsmitteln	Nettoprodukt (Sp. 1–Sp. 2)	Beiträge der Wirtschaftsbereiche zum Nettoprodukt						Verrechnungen	Produziertes Nationaleinkommen (Sp. 3–Sp. 10)
				Land- und Forstwirtschaft	Bergbau, Energiewirtschaft, Verarbeitendes Gewerbe	Baugewerbe	Handel, Gaststättengewerbe	Verkehr und Nachrichtenübermittlung	Übrige Bereiche der »materiellen Produktion«		
1960	195 160	115 136	80 024	13 510	47 963	4 507	8 088	3 915	2 041	3 344	76 680
1961	201 050	119 235	81 815	11 788	50 911	4 621	8 197	4 183	2 115	3 905	77 910
1962	210 290	126 385	83 905	11 626	52 973	4 857	8 279	4 010	2 160	3 895	80 010
1963	219 890	132 873	87 017	12 663	54 960	4 683	8 345	4 164	2 202	4 167	82 850
1964	235 350	143 341	92 009	13 095	57 812	5 318	8 866	4 478	2 440	5 069	86 940
1965	249 480	152 826	96 654	14 047	60 358	5 722	9 393	4 491	2 643	5 674	90 980
1966	263 720	162 160	101 560	14 740	63 522	6 140	9 853	4 594	2 711	6 140	95 420
1967	279 960	172 717	107 243	15 498	67 142	6 496	10 306	4 805	2 996	6 673	100 570
1968	298 140	185 026	113 114	15 473	71 305	7 236	10 759	5 012	3 329	7 414	105 700
1969	315 290	196 805	118 485	14 474	76 011	7 786	11 717	5 141	3 356	7 285	111 200
1970	333 640	208 798	124 842	14 954	80 496	8 167	12 221	5 614	3 390	7 412	117 430
1971	350 070	220 013	130 057	14 277	84 690	8 549	13 001	6 008	3 532	7 417	122 640
1972	369 890	232 626	137 264	15 753	89 126	8 865	13 786	6 128	3 606	7 694	129 570
1973	390 520	246 049	144 471	15 827	94 513	9 255	14 567	6 404	3 905	7 641	136 830
1974	416 290	262 743	153 547	16 906	100 470	9 690	15 636	6 737	4 108	7 867	145 680
1975	438 840	277 497	161 343	16 522	106 646	10 262	16 147	7 263	4 503	8 563	152 780
1976	459 870	292 523	167 347	14 669	112 781	10 812	16 675	7 594	4 816	9 292	158 055
1977	481 160	305 274	175 886	16 378	117 801	11 292	17 501	7 822	5 092	9 846	166 040
1978	501 260	318 760	182 500	15 856	123 271	11 542	18 162	8 143	5 526	10 320	172 180
1979	520 260	330 523	189 737	16 673	129 084	11 466	18 589	8 253	5 672	10 587	179 150
1980	541 765	343 735	198 030	16 619	136 120	11 725	19 185	8 334	6 047	10 970	187 060
1981	563 900	356 050	207 850	17 040	143 660	12 290	19 950	8 580	6 330	11 890	195 960

17.2 Brutto- und Nettoprodukt der Wirtschaftsbereiche 1981

Mill. Mark

Wirtschaftsbereich	Bruttoprodukt	Verbrauch von Produktionsmitteln	Davon		Nettoprodukt
			Abschreibungen auf Grundmittel sowie Mieten und Pachten	Verbrauch von Material und produktiven Dienstleistungen	
Land- und Forstwirtschaft	49 680	32 640	3 010	29 630	17 040
Bergbau, Energiewirtschaft, Verarbeitendes Gewerbe	403 360	259 700	14 473	245 227	143 660
Baugewerbe	41 690	29 400	1 220	28 180	12 290
Handel, Gaststättengewerbe	27 605	7 655	1 250	6 405	19 950
Verkehr und Nachrichtenübermittlung	30 235	21 655	3 317	18 338	8 580
Übrige Bereiche der »materiellen Produktion«	11 330	5 000	690	4 310	6 330
Insgesamt	**563 900**	**356 050**	**23 960**	**332 090**	**207 850**

17.3 Im Inland verwendetes Nationaleinkommen

Prozent

Jahr	Im Inland verwendetes National-einkommen	Akkumulation	Konsumtion			
			zusammen	individuelle	gesellschaftliche	darunter lebensstandard-wirksam
1960	100	19,3	80,7	70,9	9,8	4,3
1965	100	21,2	78,8	68,7	10,1	4,4
1966	100	22,6	77,4	67,4	10,0	4,5
1967	100	22,9	77,1	66,7	10,4	4,6
1968	100	21,3	78,7	67,5	11,2	5,0
1969	100	23,5	76,5	65,5	11,0	4,9
1970	100	25,6	74,4	63,5	10,9	4,6
1971	100	24,3	75,7	64,1	11,6	4,8
1972	100	23,7	76,3	64,4	11,9	5,0
1973	100	24,5	75,5	63,7	11,8	5,0
1974	100	24,3	75,7	63,5	12,2	5,3
1975	100	23,4	76,6	63,9	12,7	5,6
1976	100	24,2	75,8	62,9	12,9	5,6
1977	100	24,3	75,7	62,6	13,1	5,7
1978	100	22,7	77,3	64,0	13,3	5,7
1979	100	21,3	78,7	65,6	13,1	5,8
1980	100	22,7	77,3	64,9	12,4	5,6
1981	100	21,9	78,1	65,6	12,5	5,7

17.4 Investitionen*)

Mill. Mark

Jahr	Insgesamt	Land- und Forstwirtschaft	Bergbau, Energie-wirtschaft, Verarbeitendes Gewerbe	Baugewerbe	Handel, Gaststätten-gewerbe	Verkehr und Nachrichten-übermittlung	Sonstige produzierende Bereiche	Nicht-produzierende Bereiche
1960	17 910	2 125	8 535	468	509	1 883	81	4 309
1961	18 077	2 390	8 401	416	636	2 099	83	4 052
1962	18 524	2 318	8 822	367	549	2 317	87	4 064
1963	18 925	2 624	9 366	278	476	2 032	90	4 059
1964	20 717	2 570	10 701	414	646	2 060	99	4 227
1965	22 624	3 026	12 045	453	978	2 127	106	3 889
1966	24 180	3 375	12 572	589	1 151	2 115	114	4 264
1967	26 422	3 651	13 064	780	1 416	2 491	132	4 888
1968	29 340	4 217	13 659	952	1 692	2 679	243	5 898
1969	34 035	4 749	16 100	1 205	1 768	3 027	257	6 929
1970	36 427	4 721	18 243	1 189	1 690	3 174	542	6 868
1971	36 889	4 827	18 880	968	1 553	3 093	362	7 206
1972	38 492	4 701	20 152	953	1 305	3 167	335	7 879
1973	41 756	4 929	22 199	997	1 198	3 453	387	8 593
1974	44 034	5 376	22 062	1 265	1 443	4 208	414	9 266
1975	46 030	5 414	22 331	1 602	1 681	4 796	449	9 757
1976	49 414	5 571	24 166	1 981	1 729	5 066	564	10 337
1977	52 192	5 764	25 793	1 925	2 221	4 491	645	11 353
1978	53 643	5 573	27 189	1 813	2 099	4 306	537	12 126
1979	54 370	5 335	28 168	1 483	1 875	4 876	362	12 271
1980	54 512	5 313	29 338	1 388	1 647	4 606	331	11 889
1981	55 200	5 300	29 800	1 300	1 510	4 840	375	12 075

*) Sämtliche Zugänge an Anlagen sowohl in den Bereichen der »materiellen Produktion« als auch außerhalb der »materiellen Produktion«; ohne Generalreparaturen.

Anhang 2: Internationale Übersichten

Allgemeine Vorbemerkungen

Nachweis der Länder

In der Tabelle 3.1 »Fläche und Bevölkerung der Länder der Erde« (S. 636 ff.) sind alle selbständigen Staaten sowie abhängigen bzw. unter Treuhandverwaltung stehenden Gebiete aufgeführt.

Die Länder werden in der Gliederung nach Erdteilen in alphabetischer Reihenfolge genannt. Ausgenommen hiervon sind die »Zusammenfassenden Übersichten« (S. 628 ff.), in denen die Länder nach ihrer Zugehörigkeit zu den Europäischen Gemeinschaften (EG), zur Organisation für wirtschaftliche Zusammenarbeit und Entwicklung (OECD) und zum Rat für gegenseitige Wirtschaftshilfe (COMECON) gruppiert sind.

Vollmitglieder der bekanntesten europäischen Wirtschaftsorganisationen

EG[1])

(Europäische Gemeinschaften)

Belgien
Bundesrepublik Deutschland
Dänemark
Frankreich
Griechenland
Großbritannien und Nordirland
Irland
Italien
Luxemburg
Niederlande

EFTA[2])

(Europäische Freihandels-Assoziation)

Island
Norwegen
Österreich
Portugal
Schweden
Schweiz

OECD[3])

(Organisation für wirtschaftliche Zusammenarbeit und Entwicklung)

Mitglieder der EG
Mitglieder der EFTA

außerdem:
Australien
Finnland
Japan
Kanada
Neuseeland
Spanien
Türkei
Vereinigte Staaten

COMECON – RGW[4])

(Rat für gegenseitige Wirtschaftshilfe)

Albanien
Bulgarien
Deutsche Demokratische Republik und Berlin (Ost)
Kuba
Mongolei
Polen
Rumänien
Sowjetunion
Tschechoslowakei
Ungarn
Vietnam

[1]) EGKS am 25. 7. 1952, EURATOM und EWG am 1. 1. 1958 in Kraft getreten; bilden seit 1. 7. 1967 organisatorisch eine Einheit. Dänemark, Großbritannien und Nordirland (frühere Mitglieder der EFTA) sowie Irland sind seit 1. 1. 1973 Vollmitglieder, Griechenland ist seit 1. 1. 1981 Vollmitglied.

[2]) In Kraft getreten am 3. 5. 1960.

[3]) Am 30. 9. 1961 wurde die OECD bei gleichzeitiger Auflösung des Europäischen Wirtschaftsrates (OEEC) gegründet. Der OECD gehören seit der Gründung die 18 OEEC-Staaten sowie Kanada und die Vereinigten Staaten an. Japan ist seit 28. 4. 1964, Finnland seit 28. 1. 1969, Australien seit 7. 6. 1971, Neuseeland seit 29. 5. 1973 Vollmitglied.

[4]) Gegründet 1949. Albanien, Mitglied seit Februar 1949, ist praktisch seit 1962 ausgeschieden. Die Mongolei ist Mitglied seit Juni 1962. Die Deutsche Demokratische Republik und Berlin (Ost) Mitglied seit September 1950. Jugoslawien ist seit 1964 assoziiertes Mitglied.

Ausgewählte amtliche internationale Organisationen

COMECON	=	Council for Mutual Economic Assistance, Moskau Rat für gegenseitige Wirtschaftshilfe (RGW)
ECE	=	Economic Commission for Europe, Genf Wirtschaftskommission der Vereinten Nationen für Europa
EFTA	=	European Free Trade Association, Genf Europäische Freihandels-Assoziation
EG	=	Europäische Gemeinschaften[1]):
EGKS[1])	=	Europäische Gemeinschaft für Kohle und Stahl, Luxemburg
EURATOM[1])	=	Europäische Atomgemeinschaft, Brüssel
EWG[1])	=	Europäische Wirtschaftsgemeinschaft, Brüssel
FAO[2])	=	Food and Agriculture Organization of the United Nations, Rom Ernährungs- und Landwirtschaftsorganisation der Vereinten Nationen
GATT[2])	=	General Agreement on Tariffs and Trade, Genf Allgemeines Zoll- und Handelsabkommen
IATA	=	International Air Transport Association, Genf-Cointrin Internationaler Luftverkehrsverband
IBRD[2])	=	International Bank for Reconstruction and Development, Washington Internationale Bank für Wiederaufbau und Entwicklung (Weltbank)
ICAO[2])	=	International Civil Aviation Organization, Montreal Internationale Zivilluftfahrt-Organisation
IDA[2])	=	International Development Association, Washington Internationale Entwicklungsorganisation
IFC[2])	=	International Finance Corporation, Washington Internationale Finanz-Corporation
ILO[2])	=	International Labour Organization, Genf Internationale Arbeitsorganisation (IAO)
IMF[2])	=	International Monetary Fund, Washington Internationaler Währungsfonds (IWF)
IRF	=	International Road Federation, Genf Internationale Straßen-Liga
NATO	=	North Atlantic Treaty Organization, Brüssel Organisation des Nordatlantikvertrages
OECD	=	Organization for Economic Co-operation and Development, Paris Organisation für wirtschaftliche Zusammenarbeit und Entwicklung (ehem. OEEC)
UIC	=	Union internationale des chemins de fer, Paris Internationaler Eisenbahnverband
UN	=	United Nations, New York Vereinte Nationen (VN)
UNESCO[2])	=	United Nations Educational, Scientific and Cultural Organization, Paris Organisation der Vereinten Nationen für Erziehung, Wissenschaft und Kultur
WHO[2])	=	World Health Organization, Genf Weltgesundheitsorganisation

[1]) Bilden seit 1. 7. 1967 organisatorisch eine Einheit.

[2]) Autonome Organisation im Rahmen der Vereinten Nationen.

Gebietsstand und Länderbezeichnungen

Im allgemeinen beziehen sich die Angaben über die Länder in den »Internationalen Übersichten« auf die Gebietseinheiten, die sich auf Grund der **gegenwärtigen tatsächlichen** (de facto) Grenzen ergeben. Abweichungen hiervon sind – wenn es sich nicht um unbedeutende Gebietsveränderungen handelt – in den Tabellen besonders vermerkt. Die Form der Darstellung schließt in keiner Weise eine Bestätigung oder Anerkennung des politischen Status eines Landes oder der Grenzen seines Gebietes ein.

Durch Erlangung der Unabhängigkeit sind bei Länderbezeichnung und Gebietsstand zahlreiche Veränderungen eingetreten. In nachstehender Übersicht werden vor allem die wichtigsten Gebietsveränderungen, die sich ab 1960 ergeben haben, in den Fußnoten der Tabellen jedoch nicht immer besonders vermerkt sind, zusammen mit den neuen Länderbezeichnungen aufgeführt.

Äquatorialguinea: Unabhängig seit 12. 12. 1968; ehem. spanische Afrika-Provinzen Rio Muni und Fernando Póo.

Algerien: Unabhängig seit 3. 7. 1962; ehem. französisch.

Angola: Unabhängig seit 11. 11. 1975; ehem. portugiesische Überseeprovinz im südwestlichen Teil Afrikas.

Antigua und Barbuda: Unabhängig seit 1. 11. 1981; ehem. britisch.

Bahamas: Unabhängig seit 10. 7. 1973 (Inselgruppe im Karibischen Meer); ehem. britische Kronkolonie mit Übergangsstatus.

Bahrain: Völlige Unabhängigkeit seit 14. 8. 1971; ehem. Scheichtum unter britischer Schutzherrschaft.

Bangladesch: Unabhängig seit 17. 12. 1971; ehem. als Ostpakistan Teil der Islamischen Republik Pakistan.

Barbados: Unabhängig seit 30. 11. 1966; ehem. britisch.

Belize: Unabhängig seit 21. 9. 1981; ehem. Britisch-Honduras.

Benin: Mit Wirkung vom 1. 12. 1975 Umwandlung der Staatsbezeichnung der bisherigen Republik Dahome in Volksrepublik Benin. (Der Name geht zurück auf das Königreich Benin, das bis zum Ende des 19. Jahrhunderts an der Westküste Afrikas bestanden hat.) Unabhängig seit 1. 8. 1960.

Bhutan: Völlige Unabhängigkeit seit der Aufnahme in die Vereinten Nationen am 12. 2. 1971; ehem. unter indischer Schutzherrschaft.

Botsuana: Unabhängig seit 30. 9. 1966; ehem. britisch (Betschuanaland).

Burundi: Unabhängig seit 1. 7. 1962; ehem. belgisch (Teilgebiet von Ruanda-Urundi).

Dominica: Unabhängig seit 3. 11. 1978; ehem. Teil der seit 1967 mit Großbritannien assoziierten westindischen Staaten.

Dschibuti: Unabhängig seit 27. 6. 1977; ehem. Territorium der Afar und Issa, zuvor Französische Somaliküste.

Elfenbeinküste: Unabhängig seit 7. 8. 1960; ehem. französisch.

Fidschi: Unabhängig seit 10. 10. 1970 (Inselgruppe im Pazifischen Ozean); ehem. britisch.

Gabun: Unabhängig seit 17. 8. 1960; ehem. französisch.

Gambia: Unabhängig seit 18. 2. 1965; ehem. britisch. Seit Februar 1982 Mitgliedstaat der Konföderation Senegambia.

Grenada: Unabhängig seit 7. 2. 1974; ehem. Teil der Inseln vor dem Winde, gehörte seit 1967 mit den übrigen Leeward- sowie den Windward-Inseln zu den unter dem »West Indies Act« assoziierten Staaten.

Guinea-Bissau: Unabhängig seit 10. 9. 1974; ehem. portugiesische Überseeprovinz in Nordwestafrika.

Guyana: Unabhängig seit 26. 5. 1966; ehem. britisch (Britisch-Guayana).

Indonesien: Am 29. 6. 1976 Integration des Ostteils der Insel Timor (bisher Port.-Timor) in den indonesischen Staatsverband. Ost-Timor wurde 27. Provinz Indonesiens.

Jamaika: Unabhängig seit 6. 8. 1962; ehem. britisch.

Jemen, Demokratische Volksrepublik: Umbenennung der Volksrepublik Südjemen in Demokratische Volksrepublik Jemen am 30. 11. 1970 durch Verfassungsänderung. Die am 30. 11. 1967 gegründete ehemalige Volksrepublik Südjemen umfaßt die Föderation Südarabien (ehemalige britische Kronkolonie Aden und 17 Scheichtümer bzw. Sultanate), das ehemalige britische Protektorat Ostaden (Hadramaut) sowie die Inseln Kamaran und Perim.

Kamerun: Unabhängig seit 1. 1. 1960 und ab 1. 10. 1961 Bundesrepublik Kamerun. Das Staatsgebiet umfaßt Ost-Kamerun, ehemals französisches Treuhandgebiet, sowie West-Kamerun, südlicher Teil des ehemals britischen Treuhandgebietes. – Seit 1972 zentralistische »Vereinigte Republik Kamerun«.

Kamputschea: Umbenennung Kambodschas nach Inkrafttreten der neuen Verfassung vom 14. 12. 1975 in »Demokratisches Kamputschea«. Kambodscha wurde am 9. 11. 1953 unabhängig. Bezeichnung von 1971–75: Khmer-Republik.

Kap Verde: Unabhängig seit 5. 7. 1975 (Inselgruppe vor der westafrikanischen Küste); ehem. portugiesisch.

Katar: Völlige Unabhängigkeit seit 1. 9. 1971; ehem. unter britischer Schutzherrschaft.

Kenia: Unabhängig seit 12. 12. 1963; ehem. britisch.

Kiribati: Unabhängig seit 11. 7. 1979. Die Republik Kiribati – ehem. Gilbert-Inseln – gehörte zu der britischen Kolonie Gilbert- und Ellice-Inseln im Südpazifik.

Komoren: Einseitige Unabhängigkeitserklärung des aus 4 Inseln bestehenden französischen Überseeterritoriums im Indischen Ozean am 6. 7. 1975. Die Insel Mayotte sprach sich in einem Referendum am 8. 2. 1976 für das Verbleiben bei Frankreich aus; sie wird von einem Vertreter der französischen Regierung verwaltet.

Kongo: Umbenennung der Republik Kongo-Brazzaville in Volksrepublik Kongo am 31. 12. 1969 durch Verfassungsänderung. Das ehemalige Kongo-Brazzaville war Mitglied der Französischen Gemeinschaft und erhielt am 15. 8. 1960 die volle Unabhängigkeit.

Kuwait: Unabhängig seit 19. 6. 1961; ehem. britisch.

Lesotho: Unabhängig seit 4. 10. 1966; ehem. britisch (Basutoland).

Madagaskar: Unabhängig seit 26. 6. 1960; ehem. französisch.

Malawi: Unabhängig seit 6. 7. 1964; unter der Bezeichnung Njassaland vom 1. 8. 1953 bis 31. 12. 1963 Teil der Föderation Rhodesien und Njassaland; ehem. britisch.

Malaysia: Unabhängig seit 16. 9. 1963; das Staatsgebiet umfaßt die 11 Staaten des ehemaligen Malaiischen Bundes (unabhängig bereits seit 31. 8. 1957) sowie die ehem. britischen Besitzungen Sabah (Nord-Borneo) und Sarawak. Vom 16. 9. 1963 bis 8. 8. 1965 gehörte auch Singapur der Föderation Malaysia an.

Malediven: Unabhängig seit 26. 7. 1965 (Inselgruppe im Indischen Ozean); ehem. britisch.

Mali: Unabhängig seit 22. 9. 1960; ehem. französisch. Mali und Senegal bildeten vorübergehend von Januar 1959 bis 22. 9. 1960 die Föderation Mali.

Malta: Unabhängig seit 21. 9. 1964; ehem. britisch.

Mauretanien: Unabhängig seit 28. 11. 1960; ehem. französisch.

Mauritius: Unabhängig seit 12. 3. 1968; ehem. britisch.

Mosambik: Unabhängig seit 25. 6. 1975; ehem. portugiesische Überseeprovinz im südöstlichen Teil Afrikas.

Nauru: Unabhängig seit 31. 1. 1968; Pazifikinsel, zuletzt unter australischer, britischer und neuseeländischer Treuhandverwaltung.

Niger: Unabhängig seit 3. 8. 1960; ehem. französisch (Niger-Kolonie).

Nigeria: Unabhängig seit 1. 10. 1960; ehem. britisch. Das Staatsgebiet umfaßt die frühere Nord-, West- und Ostregion Nigeria sowie den nördlichen Teil des ehemaligen Treuhandgebietes Britisch-Kamerun.

Obervolta: Unabhängig seit 5. 8. 1960; ehem. französisch.

Oman: Umbenennung des Sultanats Maskat und Oman am 9. 8. 1970.

Pakistan: Das Staatsgebiet umfaßt nach der Unabhängigkeitserklärung von Bangladesch (17. 12. 1971) nur noch das ehemalige Westpakistan.

Papua-Neuguinea: Völlige Unabhängigkeit des zuletzt von Australien verwalteten Territoriums am 16. 9. 1975; innere Autonomie bereits seit Dezember 1973.

Ruanda: Unabhängig seit 1. 7. 1962; ehem. belgisch (Teilgebiet von Ruanda-Urundi).

Salomonen: Unabhängig seit 7. 7. 1978. Das ehem. britische Protektorat erhielt 1960 eine eigene Verfassung und am 2. 1. 1976 die innere Autonomie.

Sambia: Unabhängig seit 24. 10. 1964; unter der Bezeichnung Nordrhodesien vom 1. 8. 1953 bis 31. 12. 1963 Teil der Föderation Rhodesien und Njassaland; früher britisch.

Samoa: Kurzbezeichnung für den seit 1. 1. 1962 bestehenden unabhängigen Staat Westsamoa.

São Tomé und Príncipe: Unabhängig seit 12. 7. 1975 (Inseln vor der Westküste Afrikas im Golf von Guinea); ehem. portugiesisch.

Senegal: Unabhängig seit 20. 8. 1960; ehem. französisch. Seit Februar 1982 Mitgliedstaat der Konföderation Senegambia.

Seschellen: Seit 28. 6. 1976 unabhängige Republik im Rahmen des Commonwealth.

Sierra Leone: Unabhängig seit 27. 4. 1961; ehem. britisch.

Simbabwe: Unabhängig seit 18. 4. 1980. Die ehemalige britische Kronkolonie Südrhodesien, vom 1. 8. 1953 bis 31. 12. 1963 Teil der Föderation Rhodesien und Njassaland, erhielt nach deren Auflösung den Status einer Kolonie mit Selbstverwaltung innerhalb des Commonwealth. Am 2. März 1970 einseitige Proklamation zur selbständigen Republik Rhodesien. Nach Abhaltung allgemeiner Wahlen und Einsetzung einer Mehrheitsregierung endgültige Entlassung in die Unabhängigkeit.

Singapur: Unabhängig seit 9. 8. 1965. Der schon einmal am 3. 6. 1959 unabhängig gewordene Staat gehörte vom 16. 9. 1963 bis 8. 8. 1965 der Föderation Malaysia an.

Somalia: Die Republik Somalia wurde am 1. 7. 1960 gegründet. Das Staatsgebiet vereinigt das am 26. 6. 1960 unabhängig gewordene Britische Protektorat Somaliland (= Nordsomalia) und das am 1. 7. 1960 unabhängig gewordene, unter UN-Treuhandverwaltung stehende ehemalige italienische Somalia (= Südsomalia).

Sri Lanka: Die ehemalige britische Kolonie Ceylon erhielt 1948 die volle Unabhängigkeit. Mit dem Inkrafttreten der neuen Verfassung am 22. 5. 1972 wurde Ceylon zur Republik erklärt und gab sich den Namen Sri Lanka.

St. Lucia: Unabhängig seit 22. 2. 1979; ehem. Teil der seit 1967 mit Großbritannien assoziierten westindischen Staaten.

St. Vincent und die Grenadinen: Unabhängig seit 27. 10. 1979; ehem. Teil der seit 1967 mit Großbritannien assoziierten westindischen Staaten.

Surinam: Unabhängig seit 25. 11. 1975; ehem. niederländische Besitzung an der Nordküste Südamerikas (ehemals Niederländisch-Guayana).

Swasiland: Unabhängig seit 6. 9. 1968; ehem. britisch.

Tansania: Zusammenschluß von Tanganjika und Sansibar seit 26. 4. 1964 zur Vereinigten Republik Tanganjika und Sansibar, deren Bezeichnung ab 29. 10. 1964 Republik Tansania lautet; ehem. stand Tanganjika (unabhängig seit 9. 12. 1961) unter britischer UN-Treuhandverwaltung, Sansibar (unabhängig seit 9. 12. 1963) war britisch.

Togo: Unabhängig seit 27. 4. 1960; ehem. Treuhandgebiet Französisch-Togo.

Tonga: Unabhängig seit 5. 6. 1970; ehem. britisch.

Trinidad und Tobago: Unabhängig seit 31. 8. 1962; ehem. britisch.

Tschad: Unabhängig seit 11. 8. 1960; ehem. französisch.

Tuvalu: Unabhängig seit 1. 10. 1978. Die Inselgruppe Tuvalu – ehem. Ellice-Inseln – gehörte zu der britischen Kolonie Gilbert- und Elliceinseln im Südpazifik.

Uganda: Unabhängig seit 9. 10. 1962; ehem. britisch.

Vanuatu: Unabhängig seit 30. 7. 1980; Inselgruppe Neue Hebriden (12 große, etwa 60 kleine Inseln) im südwestlichen Pazifik, ehem. Kondominium von Großbritannien und Frankreich.

Vereinigte Arabische Emirate: Proklamation der Föderation am 2. 12. 1971 durch sechs Emirate am Persischen Golf: Abu Dhabi, Adschman, Dubai, Fudscheira, Schardscha und Kalba, Umm al-Kaiwain. Erweiterung am 12. 12. 1971 durch den Beitritt von Ras-al-Chaima. Ehem. Trucial Oman bzw. Föderation Arabischer Emirate.

Vietnam: Wiedervereinigung Nord- und Südvietnams am 2. 7. 1976 und Proklamation der »Sozialistischen Republik Vietnam«.

Westirian: Das ehemalige Niederländisch-Neuguinea stand vom 1. 10. 1962 unter UN-Treuhandverwaltung (Westneuguinea) und ist seit 1. 5. 1963 Teil des indonesischen Staatsgebiets. Gegenwärtige Bezeichnung: Irian Jaya.

Zaire: Umbenennung der Demokratischen Republik Kongo in »Republik Zaire« am 27. 10. 1971. Die ehemalige Republik Kongo wurde am 30. 6. 1968 unabhängig und umfaßt das Gebiet des früheren Belgisch-Kongo.

Zentralafrikanische Republik: Das Gebiet, vormals ein Teil Französisch-Äquatorialafrikas, erhielt 1958 als Mitglied der Französischen Gemeinschaft den Namen Zentralafrikanische Republik und wurde am 13. 8. 1960 unabhängig. Am 4. 12. 1976 Proklamation zum Kaiserreich. Am 21. 9. 1979 Auflösung des Kaiserreiches und Wiederherstellung der Republik.

Zypern: Unabhängig seit 16. 8. 1960; ehem. britisch.

Globalzahlen

Globalzahlen in den Tabellen können mit »Insgesamt« oder »Welt« bezeichnet sein. Ist die Globalzahl die Summe der in der Tabelle aufgeführten Länder, wird dies durch das Wort »Insgesamt« gekennzeichnet; sind auch die nicht aufgeführten Länder in der Summe enthalten, erscheint vor der Globalzahl das Wort »Welt«. Fehlende Einzelangaben sind dann teilweise durch Schätzungen ersetzt.

Methodische Änderungen

Ein senkrechter bzw. waagerechter Strich, der zwei zeitlich aufeinanderfolgende Angaben voneinander trennt, weist auf eine zwischen den betreffenden Zeitpunkten oder Zeiträumen erfolgte methodische oder sonstige Änderung bei der Erfassung und damit auf die Bedingtheit des Vergleichs hin.

Quellen

Dem Internationalen Teil liegt vorwiegend Material des Statistischen Amtes der Vereinten Nationen (UN) zugrunde. Soweit zweckmäßig, wurden auch Originalquellen der nationalen Statistischen Ämter und des Statistischen Amtes der Europäischen Gemeinschaften (SAEG) herangezogen. Außerdem wurden Veröffentlichungen der Sonderorganisationen der Vereinten Nationen und der sonstigen internationalen Organisationen, bei den Preisen darüber hinaus Marktnotierungen und Zeitschriftenberichte verwendet. Aus Raumgründen sind nur die wichtigsten Quellen aufgeführt[1]). Angaben für die Bundesrepublik Deutschland sind grundsätzlich der nationalen Statistik entnommen (siehe hierzu auch Quellennachweis, S. 741 ff.).

Die vom Statistischen Bundesamt herausgegebenen auslandsstatistischen Veröffentlichungen sind ebenfalls im Quellennachweis auf S. 747 enthalten.

Mehrere Sachgebiete

Bulletin Mensuel de Statistique, Institut National de la Statistique et des Etudes Economiques (INSEE), Paris
Demographic Yearbook, UN, New York
Economic Survey of Europe, ECE, Genf
International Financial Statistics, IMF, Washington
International Labour Review, ILO, Genf
Main Economic Indicators, OECD, Paris
Monatsbulletin der Allgemeinen Statistik, SAEG, Brüssel/Luxemburg
Monthly Bulletin of Statistics, FAO, Rom
Monthly Bulletin of Statistics, UN, New York
Production Yearbook, FAO, Rom
Rubber Statistical Bulletin, International Rubber Study Group, London
Statesman's Year-Book (The), Macmillan, London
Statistical publications (The), Commonwealth Economic Committee, London
Statistical Yearbook, UN, New York
Statistische Studien und Erhebungen, SAEG, Brüssel/Luxemburg
Wool Intelligence Bulletin, International Wool Textile Organization, London
Yearbook of Forest Products, FAO, Rom
Yearbook of Labour Statistics, ILO, Genf

Bevölkerung

Statistical Papers, UN, New York
Serie A: Population and Vital Statistics

Land- und Forstwirtschaft, Fischerei

Fertilizer Yearbook, FAO, Rom
Yearbook of Fishery Statistics, FAO, Rom

Produzierendes Gewerbe

International Petroleum Annual, Washington
Minerals Yearbook, Bureau of Mines, Washington
Monatsbulletin Elektrizität, SAEG, Brüssel/Luxemburg
Quarterly Statistical Review, The Cotton Board, Manchester
Statistical Bulletin, International Tin Council, London
Statistical Papers, UN, New York
Serie J: World Energy Supplies
Sugar Yearbook, International Sugar Council, London
World Metal Statistics, World Bureau of Metal Statistics Ltd., London

Bautätigkeit

Annual Bulletin of Housing and Building Statistics for Europe, ECE, Genf

Außenhandel

Direction of Trade, IMF, Washington
Statistics of Foreign Trade, Serie A, OECD, Paris
Yearbook of International Trade Statistics, UN, New York

Verkehr

Annuaire Statistique des Transports, Ministère des Travaux Publics et des Transports, Paris
Annual Bulletin of Transport Statistics for Europe, ECE, Genf
Basic Road Statistics, Great Britain and Northern Ireland, British Road Federation, London
Bestands-Statistik der Kraftfahrzeuge in Österreich, Österreichisches Statistisches Zentralamt, Wien
Digest of Statistics, ICAO, Montreal
Internationale Eisenbahnstatistik, UIC, Paris
Lloyd's Register of Shipping, Statistical Tables, Lloyd's, London
Motorfahrzeugbestand in der Schweiz, Eidgenössisches Statistisches Amt, Bern
Welt-Straßen-Statistik, Internationaler Straßenverband (IRF), Genf
Statistics of Road Traffic Accidents in Europe, UN, New York

Reiseverkehr

Tourism Policy and International Tourism in OECD Member Countries, OECD, Paris

Geld und Kredit

Sparkassen international, Internationales Institut der Sparkassen, Genf

Bildung und Kultur

Statistical Yearbook, UNESCO, Paris

Gesundheitswesen

World Health Statistics Annual, WHO, Genf

Löhne und Gehälter

Department of Employment Gazette, London
Die Volkswirtschaft, Eidgenöss. Volkswirtschaftsdepartement, Bern
Employment and Earnings, U. S. Department of Labor, Washington
Irish Statistical Bulletin, Central Statistics Office, Dublin
Monthly Labour Statistics and Research Bulletin, Labour Statistics and Research Division, Minister's Secretariat, Ministry of Labour, Japan
Sozialstatistik, SAEG, Brüssel/Luxemburg
Statistiska Meddelanden, Statistiska Centralbyran, Stockholm

Preise

Detailpriser, Danmarks Statistik, Kopenhagen
Deutsche Schiffahrtszeitung, Seehafenverlag Erik Blumenfeld, Hamburg
Fairplay, International Shipping Weekly, London
Financial Times (The), London
IATA-Passenger Tariff, Deutsche Lufthansa, Köln
Indeks, Savezny Zavod za Statistiku, Belgrad
Journal of Commerce (The), New York
Landbrugsraadets Meddelelser, Danske Landbrugs Hovedorganisationer, Kopenhagen-Axelborg
Lloyd's List, Lloyd's, London
Maandstatistiek van de Prijzen, Central Bureau voor de Statistiek, Voorburg [Den Haag]
Maritime Research. Weekly Newsletter, New York
Metal Bulletin (The), Metal Information Bureau Ltd., London
Metal Statistics, American Metal Market, New York
Norwegian Shipping News, Oslo
Petroleum Times, International Petrol Organisation Industrial Press, London
Public Ledger (The) & Daily Freight Register, United Kingdom Publications Ltd., London
Sosiaalinen Aikakauskirja, Sosiaaliministeriön, Helsinki
Statistiske Efterretninger, Danmarks Statistik, Kopenhagen
British Business, Department of Trade and Industry, London
Wool Record (The), Th. Skinner & Co, Ltd., Bradford

Volkswirtschaftliche Gesamtrechnungen

Jahrbuch Volkswirtschaftliche Gesamtrechnungen, SAEG, Brüssel
National Accounts of OECD Countries, OECD, Paris
Yearbook of National Accounts Statistics, UN, New York

Zahlungsbilanzen

Balance of Payments Yearbook, IMF, Washington
Development co-operation, OECD, Paris
Statistical Abstract of the United States, U.S. Department of Commerce, Washington
Survey of Current Business, U.S. Department of Commerce, Washington

---

1) Erläuterungen zu den Abkürzungen enthält die Übersicht, »Ausgewählte amtliche internationale Organisationen«, S. 615.

Internationale Maß- und Gewichtseinheiten*)

soweit sie in den Internationalen Übersichten verwendet werden

Einheit	Abkürzung	Wert in metrischen Einheiten	Wert in amerikanisch-britischen Einheiten
Längenmaße			
1 Zentimeter	cm	1 cm	0,393 701 in
1 Meter	m	100 cm	3,280 840 ft
1 Kilometer	km	1 000 m	0,621 371 mi
1 inch	in(")	2,54 cm	1 in
1 foot	ft(')	0,3048 m	12 in
1 yard	yd	0,9144 m	3 ft
1 mile[1])	mi	1,609 344 km	1 760 yds
1 international nautical mile	int. n. mi	1,852 km	6 076,115 49 ft
Flächenmaße			
1 Quadratzentimeter	cm^2	1 cm^2	0,155 000 sq in
1 Quadratmeter	m^2	10 000 cm^2	10,763 91 sq ft
1 Quadratkilometer	km^2	100 ha	0,386 102 sq mi
1 square inch	in^2	6,4516 cm^2	1 in^2
1 square foot	ft^2	0,092 903 m^2	144 in^2
1 square yard	yd^2	0,836 127 m^2	9 ft^2
1 acre	ac	0,404 686 ha	4 840 yds^2
1 square mile	mi^2	2,589 988 km^2	640 acs
Raummaße			
1 Kubikzentimeter	cm^3	1 cm^3	0,061 024 in^3
1 Kubikdezimeter	dm^3	1 000 cm^3	61,023 74 in^3
1 Kubikmeter	m^3	1 000 dm^3	35,314 667 ft^3
1 Bruttoregistertonne[2])	BRT	2,831 684 7 m^3	100 ft^3
1 Nettoregistertonne[3])	NRT	2,831 684 7 m^3	100 ft^3
1 cubic inch	in^3	16,387 064 cm^3	1 in^3
1 cubic foot	ft^3	28,316 847 dm^3	1 728 in^3
1 cubic yard	yd^3	0,764 554 9 m^3	27 ft^3
Flüssigkeitsmaße			
1 Liter	l	$\frac{1}{1\,000}$ m^3	0,264 179 45 US gal. 0,219 968 79 imp. gal.
1 Hektoliter	hl	100 l	26,417 945 US gal. 21,996 879 imp. gal.
1 liquid pint (Vereinigte Staaten)	liq. pt	0,473 163 l	1 liq. pt
1 imperial pint (Großbritannien und Nordirland)	imp. pt	0,568 262 l	1 imp. pt
1 liquid quart (Vereinigte Staaten)	liq. pt	0,946 326 l	2 liq. pts
1 imperial quart (Großbritannien und Nordirland)	imp. qt	1,136 524 l	2 imp. pts
1 gallon (Vereinigte Staaten)	gal.	3,785 306 l	4 liq. qts
1 imperial gallon (Großbritannien und Nordirland)	imp. gal.	4,546 099 l	4 imp. qts
1 barrel[4])	bl.	158,982 852 l	42 US gal.
Gewichte			
1 Gramm	g	$\frac{1}{1\,000}$ kg	0,035 273 96 (avdp.) oz
1 Kilogramm	kg	1 000 g	2,204 622 62 (avdp.) lbs
1 Dezitonne	dt	100 kg	2,204 622 62 US cwt 1,968 413 01 brit. cwt
1 Tonne	t	1 000 kg	1,102 311 31 sh t 0,984 206 52 l t
1 avoirdupois ounce	(avdp.) oz	28,349 523 g	1 (avdp.) oz
1 troy ounce[5])	troy oz	31,103 477 g	1 troy oz
1 avoirdupois pound	(avdp.) lb	453,592 37 g	16 (avdp.) oz
1 troy pound[5])	troy lb	373,241 722 g	12 troy oz
1 (short)hundredweight	sh cwt	45,359 237 kg	100 (avdp.) lbs
1 (long)hundredweight	cwt	50,802 345 kg	112 (avdp.) lbs
1 short ton (net ton)	sh t	0,907 184 74 t	2 000 (avdp.) lbs
1 long ton (gross ton)	l t	1,016 046 91 t	2 240 (avdp.) lbs
Maße für Verkehrsleistungen			
1 Personenkilometer	Pkm	1 Pkm	0,621 371 pass. mi
1 Tonnenkilometer	tkm	1 tkm	0,684 944 sh t mi 0,611 558 l t mi
1 passenger mile	pass. mi	1,609 344 Pkm	1 pass. mi
1 short ton mile	sh t mi	1,459 972 tkm	1 sh t mi
1 long ton mile	l t mi	1,635 169 tkm	1 l t mi

*) Berechnet auf Grund der Neufestsetzung der metrischen Gegenwerte für die Maß- und Gewichtseinheiten »Yard«, »Inch« und »Pound« vom 1. 7. 1959 nach Unterlagen des U. S. Department of Commerce, National Bureau of Standards, Washington.
1) British oder Statute mile.
2) Maßeinheit für die Kapazität des gesamten Raumes zwischen Spanten und Deck eines Schiffes einschl. aller allseitig geschlossenen Räume auf Deck, die für Ladung, Ausrüstung, Passagiere und Mannschaften verfügbar sind.
3) Maßeinheit für den Rauminhalt eines Schiffes, der nach Abzug der Räume für Antriebsmaschinen, Brennstoff usw. für Ladung und Passagiere wirklich zur Verfügung steht.
4) Maßeinheit für Erdöl.
5) Gewicht für Edelmetall, Juwelen und Apothekerwaren.

Währungseinheiten*)

Land	Währungsbezeichnung	Kurzform
Europa		
Bundesrepublik Deutschland	Deutsche Mark = 100 Deutsche Pfennig	DM Pf
Deutsche Demokratische Republik und Berlin (Ost)	Mark der Deutschen Demokratischen Republik = 100 Pfennig	M Pf
Albanien	Lek = 100 Qindarka	
Belgien	Belgischer Franc = 100 Centimes	bfr c
Bulgarien	Lew = 100 Stótinki	Lw St
Dänemark	Dänische Krone = 100 Øre	dkr
Finnland	Finnmark = 100 Penniä	Fmk p
Frankreich	Französischer Franc = 100 Centimes	FF c
Gibraltar	Gibraltar-Pfund = 100 New Pence	Gib£ p
Griechenland	Drachme = 100 Lepta	Dr.
Großbritannien und Nordirland	Pfund Sterling = 100 New Pence	£ p
Irland	Irisches Pfund = 100 New Pence	Ir£ p
Island	Isländische Krone = 100 Aurar	ikr
Italien	Italienische Lira = 100 Centesimi	Lit Cent.
Jugoslawien	Jugoslaw. Dinar = 100 Para	Din p
Luxemburg	Luxemburg. Franc = 100 Centimes	lfr c
Malta	Malta-Pfund = 100 Cents = 1 000 Mils	£M c m
Niederlande	Holländischer Gulden = 100 Cents	hfl c, ct
Norwegen	Norwegische Krone = 100 Øre	nkr Ø
Österreich	Schilling = 100 Groschen	S Gr, g
Polen	Zloty = 100 Groszy	Zl Gr, gr
Portugal	Escudo = 100 Centavos	Esc c, ctvs
Rumänien	Leu = 100 Bani	l
Schweden	Schwedische Krone = 100 Öre	skr
Schweiz	Schweizer Franken = 100 Rappen = 100 Centimes	sfr Rp c
Sowjetunion	Rubel = 100 Kopeken	Rbl
Spanien	Peseta = 100 Céntimos	Pta cts
Tschechoslowakei	Tschechoslow. Krone = 100 Haléřů	Kčs h
Türkei	Türkisches Pfund = 100 Kuruş	TL. krş.
Ungarn	Forint = 100 Filler	Ft f
Afrika		
Ägypten	Ägyptisches Pfund = 100 Piasters = 1 000 Milliemes	ägypt£ PT
Äquatorialguinea	Ekwele	Bipk.
Äthiopien	Birr = 100 Cents	Br ct.
Algerien	Algerischer Dinar = 100 Centimes	DA CT
Benin	CFA-Franc = 100 Centimes	 c
Botsuana	Pula = 100 Thebe	P t
Burundi	Burundi-Franc = 100 Centimes	F. Bu.
Elfenbeinküste	CFA-Franc = 100 Centimes	 c
Gabun	CFA-Franc = 100 Centimes	 c
Gambia	Dalasi = 100 Bututs	D b
Ghana	Cedi = 100 Pesewas	₵ p
Guinea	Syli = 100 Cauris	SY
Kamerun	CFA-Franc = 100 Centimes	 c
Kenia	Kenia-Schilling = 100 Cents	K. Sh. cts
Kongo	CFA-Franc = 100 Centimes	 c
Lesotho	Loti (Plural: Maloti) = 100 Lisente	M s
Liberia	Liberian. Dollar = 100 Cents	Lib$ c
Libyen	Libyscher Dinar = 1 000 Dirhams	LD.
Madagaskar	Madagaskar-Franc = 100 Centimes	FMG c
Malawi	Malawi-Kwacha = 100 Tambala	MK t
Mali	Mali-Franc = 100 Centimes	F. M. C, c
Marokko	Dirham = 100 Centimes	DH C
Mauretanien	Ouguiya = 5 Khoums	UM KH
Mauritius	Mauritius-Rupie = 100 Cents	MR c
Niger	CFA-Franc = 100 Centimes	 c
Nigeria	Naira = 100 Kobo	₦ k
Obervolta	CFA-Franc = 100 Centimes	 c
Ruanda	Ruanda-Franc = 100 Centimes	F. Rw
Sambia	Kwacha = 100 Ngwee	K N
Senegal	CFA-Franc = 100 Centimes	 c
Sierra Leone	Leone = 100 Cents	Le c
Simbabwe[1])	Simbabwe-Dollar = 100 Cents	Z.$ c
Somalia	Somalischer Schilling = 100 Centesimi	So. Sh. Cnt.
Sudan	Sudanesisches Pfund = 100 Piastres = 1 000 Milliemes	sud£ PT. mm., mms.
Südafrika	Rand = 100 Cents	R c
Swasiland	Lilangeni (Plural: Emalangeni) = 100 Cents	E c
Tansania	Tansania-Schilling = 100 Cents	T. Sh. Ct.
Togo	CFA-Franc = 100 Centimes	 c
Tschad	CFA-Franc = 100 Centimes	 c
Tunesien	Tunesischer Dinar = 1 000 Millimes	tD M
Uganda	Uganda-Schilling = 100 Cents	U. Sh. Ct.
Zaire	Zaïre = 100 Makuta (Singular: Likuta) = 10 000 Sengi	Z K s
Zentralafrikanische Republik	CFA-Franc = 100 Centimes	 c

Fußnoten siehe S. 621.

Währungseinheiten*)

Land	Währungsbezeichnung	Kurzform
Amerika		
Argentinien	Argentinischer Peso = 100 Centavos	argent $ c
Bolivien	Peso Boliviano = 100 Centavos	$ b cts
Brasilien	Cruzeiro = 100 Centavos	Cr $
Chile	Chilenischer Peso = 100 Centavos	chil $
Costa Rica	Costa-Rica-Colón = 100 Céntimos	₡ c
Dominikanische Republik	Dominikanischer Peso = 100 Centavos	dom $ cts
Ecuador	Sucre = 100 Centavos	s/. Ctvs
El Salvador	El-Salvador-Colón = 100 Centavos	¢
Guatemala	Quetzal = 100 Centavos	Q c, cts
Guyana	Guyana-Dollar = 100 Cents	G$ ¢
Haiti	Gourde = 100 Centimes	Gde. cts.
Honduras	Lempira = 100 Centavos	L cts.
Jamaika	Jamaika-Dollar = 100 Cents	J $ c
Kanada	Kanadischer Dollar = 100 Cents	kan $ c
Kolumbien	Kolumbianischer Peso = 100 Centavos	kol $ c, cvs
Kuba	Kubanischer Peso = 100 Centavos	kub $ ¢
Mexiko	Mexikanischer Peso = 100 Centavos	mex $ C, cts
Nicaragua	Córdoba = 100 Centavos	C $ c, cts
Panama	Balboa = 100 Centésimos	B/. c, cts
Paraguay	Guaraní = 100 Céntimos	₲ cts
Peru	Sol = 100 Centavos	S/. cents.
Surinam	Suriname-Gulden = 100 Cents	Sf
Trinidad und Tobago	Trinidad-und-Tobago-Dollar = 100 Cents	TT $ cts
Uruguay	Uruguayischer Neuer Peso = 100 Centésimos	urug N $ cts
Venezuela	Bolívar = 100 Céntimos	Bs c, cts
Vereinigte Staaten	US-Dollar = 100 Cents	US-$ c, ¢
Westindische Assoziierte Staaten	Ostkaribischer Dollar = 100 Cents	E C $
Asien		
Afghanistan	Afghani = 100 Puls	Af Pl
Bangladesch	Taka = 100 Poisha	Tk. ps.
Birma	Kyat = 100 Pyas	K P
China (Taiwan)	Neuer Taiwan-Dollar = 100 Cents	NT $ ¢
China, Volksrepublik	Renminbi ¥uan = 10 Jiao = 100 Fen	RMB. ¥
Hongkong	Hongkong-Dollar = 100 Cents	HK $ c
Indien	Indische Rupie = 100 Paise	iR P.
Indonesien	Rupiah = 100 Sen	Rp. S
Irak	Irak-Dinar = 1 000 Fils	ID
Iran	Rial = 100 Dinars	Rl. D.
Israel	Schekel = 100 New Agorot	IS
Japan	Yen = 100 Sen	¥
Jemen, Arabische Republik	Jemen-Rial = 100 Fils	Y. Rl
Jemen, Demokratische Volksrepublik	Jemen-Dinar = 1 000 Fils	YD
Jordanien	Jordan-Dinar = 1 000 Fils	JD. FLS
Kamputschea	Riel = 100 Sen	៛
Korea, Demokratische Volksrepublik	Won = 100 Chon	
Korea, Republik	Won = 100 Chon	₩
Kuwait	Kuwait-Dinar = 1 000 Fils (100 Fils = 1 Dirham)	KD.
Laotische Demokratische Volksrepublik	Kip	
Libanon	Libanesisches Pfund = 100 Piastres	L £ P. L.
Malaysia	Malaysischer Ringgit = 100 Sen	M $ c
Mongolei	Tugrug = 100 Mongo	Tug.
Nepal	Nepalesische Rupie = 100 Paisa (50 Paisa = 1 Mohur)	NR P.
Pakistan	Pakistanische Rupie = 100 Paisa	pR Ps
Philippinen	Philippinischer Peso = 100 Centavos	₱ c
Saudi-Arabien	Saudi Riyal = 20 Qirshes = 100 Hallalas	S. Rl.
Singapur	Singapur-Dollar = 100 Cents	S $ c
Sri Lanka	Sri-Lanka-Rupie = 100 Sri Lanka Cents	S. L. Re. S. L. Cts.
Syrien	Syrisches Pfund = 100 Piastres	syr £ PS
Thailand	Baht = 100 Stangs	฿ St., Stg.
Vereinigte Arabische Emirate	Dirham = 100 Fils	DH
Vietnam	Dong = 10 Hào = 100 Xu	D
Zypern	Zypern-Pfund = 1 000 Mils	Z £ m
Australien und Ozeanien		
Australien	Australischer Dollar = 100 Cents	$ A c
Fidschi	Fidschi-Dollar = 100 Cents	$ F c
Neuseeland	Neuseeland-Dollar = 100 Cents	NZ $ c
Tonga	Pa'anga = 100 Seniti	T $ s
Westsamoa	Tala = 100 Sene	WS $ s

*) Stand: Jahresende 1982.

1) Ehem. Südrhodesien.

Sonstige Abkürzungen sowie Zeichenerklärung siehe S. 18.

1 Geographische und meteorologische Angaben

Geographische Angaben: Bearbeitet vom Institut für Angewandte Geodäsie, Frankfurt am Main

Meteorologische Angaben: Bearbeitet vom Deutschen Wetterdienst, Zentralamt Offenbach am Main und vom Seewetteramt Hamburg

1.1 Planetarische Übersicht

Die Erde im Planetensystem der Sonne

Planeten			Durchmesser	Monde	Mittl. Entfernung von der Sonne	Mittl. Entfernung von der Erde	Dauer eines Umlaufs um die Sonne	
			km	Anzahl	Mill. km		Jahre	Tage
Erde und erdähnliche Planeten	Merkur	innere Planeten	4 700	—	58	91		88
	Venus		12 300	—	108	41		225
	Erde		**12 756**	**1**	**149**	×		**365**
	Mars	äußere Planeten	6 900	2	228	79	1	321
große Planeten	Jupiter		142 000	12	778	629	11	315
	Saturn		120 000	10	1 428	1 279	29	167
	Uranus		50 700	5	2 873	2 724	84	4
	Neptun		44 600	2	4 502	4 375	164	280
	Pluto		3 000	—	5 917	5 768	248	315

Gliederung der Erdoberfläche

Erdoberfläche insgesamt	**510,1 Mill. km²**
Landfläche	29 %
auf der nördlichen Halbkugel in % der Halbkugelfläche	39 %
auf der südlichen Halbkugel in % der Halbkugelfläche	19 %
Wasserfläche	71 %
auf der nördlichen Halbkugel in % der Halbkugelfläche	61 %
auf der südlichen Halbkugel in % der Halbkugelfläche	81 %
Vergletscherte und mit Eis bedeckte Landfläche	11 %
in % der Landfläche auf der nördlichen Halbkugel	2 %
in % der Landfläche auf der südlichen Halbkugel	29 %

Gliederung der Lufthülle

Höhenangaben in km für mittlere Breiten

Troposphäre (Temperaturabnahme mit der Höhe)	ca.	*0 — 12*
Grundschicht (Peplos)	ca.	0 — 2
obere Begrenzung: Peplopause		
Advektionsschicht	ca.	2 — 12
Tropopause	ca.	10 — 12
Stratosphäre (Temperaturkonstanz)	ca.	*12 — 30*
Mesosphäre (zunächst Temperaturzunahme, dann wieder Abnahme)	ca.	*30 — 80*
untere Mesosphäre (Temperaturzunahme)	ca.	30 — 50
obere Mesosphäre (Temperaturabnahme)	ca.	50 — 80
D-Schicht	ca.	70 — 80
Mesopause	ca.	80
Iono- bzw. Thermosphäre (Temperaturzunahme)	ca.	*80 — 400*
E-Schicht	ca.	110
F_1-Schicht	ca.	180 — 250
F_2-Schicht	ca.	200 — 400
Exosphäre	ca.	*über 400*

Ausgewählte Größenzahlen der Erde*)

Länge des Äquators	40 075,161 km
Halbmesser des Äquators	6 378,160 km
Länge eines Meridians	40 007,818 km
Halbe Erdachse	6 356,775 km
Länge eines Wendekreises	36 778,000 km
Länge eines Polarkreises	15 996,280 km
1° geographische Länge	
am Äquator	111,319 892 km
in 23° Breite	102,522 907 km
in 30° Breite	96,486 630 km
in 48° Breite	74,625 626 km
in 60° Breite	55,800 206 km
in 67° Breite	43,620 040 km

Volumen der Erdkugel	1 083 319,7 Mill. km³
Umfang der Erdbahn	939 120 000 km
Mittlere Entfernung der Erde von der Sonne	149 504 000 km
Mittlere Entfernung des Mondes von der Erde	384 400 km
1° geographische Breite	
in 0° — 1° Breite	110,574 741 km
in 45° — 46° Breite	111,141 945 km
in 89° — 90° Breite	111,694 305 km
Dauer einer Drehung der Erde um sich selbst	23 h 56 min 04 s
Dauer eines Umlaufs der Erde um die Sonne	365 d 5 h 48 min 46 s
Mittlere Geschwindigkeit der Erde beim Umlauf um die Sonne	29 760 m/s

*) Erddimensionen nach IUGG (Internationale Union für Geodäsie und Geophysik) 1967.

1.2 Fläche und Bevölkerung der Erdteile*)

Erdteil	Fläche¹)	Bevölkerung (Jahresmitte, geschätzt)							Einwohner je km²
		1950	1960	1970	1979	1980	1981	1982²)	1982²)
	1 000 km²	Mill.							Anzahl
Erde insgesamt	**135 837**	**2 501**	**2 986**	**3 678**	**4 336**	**4 432**	**4 508**	**4 581**	***34***
Europa	10 532³)	572	591	646	679	682	684	691	*66*
dar.: Sowjetunion, europäischer Teil	5 571	.	165	183	193	194	195	196	*35*
Türkei, europäischer Teil	24	.	2	3	4	4	4	4	*166*
Afrika	30 330	219	273	354	456	470	484	505	*17*
Amerika	42 082⁴)	330	414	509	603	612	622	640	*15*
Nord- und Mittelamerika	24 249⁴)	219	268	318	364	372	376	386	*16*
Südamerika	17 832	111	146	191	239	240	246	254	*14*
Asien	44 383	1 368	1 692	2 148	2 575	2 645	2 695	2 721	*61*
dar.: Sowjetunion, asiatischer Teil	16 831	.	48	61	71	72	73	74	*4*
Türkei, asiatischer Teil	757	.	26	32	40	41	41	42	*55*
Australien und Ozeanien	8 510	13	16	20	23	23	23	24	*3*

*) 1950 ist die Sowjetunion insgesamt in der Summe »Europa« und die Türkei insgesamt in der Summe »Asien« enthalten.

¹) Letzte verfügbare Vermessungsergebnisse bzw. Schätzungen. – Von der gesamten festen Erdoberfläche (Landflächen einschl. Binnengewässer) mit etwa 147 900 000 km² fehlen hauptsächlich noch wenig erforschte antarktische Gebiete (etwa 10 — 14 Mill. km²).

²) Vorläufiges Ergebnis.

³) Ohne Grönland.

⁴) Einschl. Grönland mit rd. 2 176 000 km².

1.3 Bodenerhebungen (Berge)

Berg	Höhe[1])	Gebirge	Land bzw. Staat
Europa			
Montblanc	4 807	Montblancgruppe	Frankreich/Italien
Dufourspitze (Monte Rosa)	4 634	Walliser Alpen	Schweiz/Italien
Dom (Mischabel)	4 545	Walliser Alpen	Schweiz
Weißhorn	4 506	Walliser Alpen	Schweiz
Matterhorn	4 478	Walliser Alpen	Schweiz/Italien
Finsteraarhorn	4 274	Berner Alpen	Schweiz
Jungfrau	4 158	Berner Alpen	Schweiz
Barre des Écrins	4 103	Pelvouxgruppe	Frankreich
Gran Paradiso	4 061	Grajische Alpen	Italien
Piz Bernina	4 049	Berninagruppe	Schweiz
Ortler	3 899	Ortlergruppe	Italien
Monte Viso	3 841	Cottische Alpen	Italien
Großglockner	3 797	Hohe Tauern	Österreich
Wildspitze	3 774	Ötztaler Alpen	Österreich
Dammastock	3 630	Urner Alpen	Schweiz
Tödi	3 623	Glarner Alpen	Schweiz
Monte Adamello	3 554	Adamellogruppe	Italien
Mulhacén	3 478	Sierra Nevada	Spanien
Pico de Aneto	3 404	Pyrenäen	Spanien
Marmolada	3 343	Dolomiten	Italien
Ätna[2])	3 263		Italien (Sizilien)
Parseierspitze	3 036	Lechtaler Alpen	Österreich
Hoher Dachstein	2 995	Dachsteingruppe	Österreich
Zugspitze	2 962	Wettersteingebirge	Bundesrep. Deutschl./ Österreich
Musala	2 925	Rila	Bulgarien
Corno Grande	2 914	Abruzzen	Italien
Olymp	2 911		Griechenland
Triglav	2 863	Julische Alpen	Jugoslawien
Jezercë	2 692	Prokletije	Albanien
Gerlachovský štít (Gerlsdorfer Spitze)	2 654	Hohe Tatra	Tschechoslowakei
Peña Vieja	2 648	Kantabrisches Gebirge (Picos de Europa)	Spanien
Moldoveanul	2 543	Südkarpaten	Rumänien
Glittertind	2 472	Jotunheimen	Norwegen
Pico Alto	2 320	Pico (Insel)	Portugal (Azoren)
Kebnekajse	2 123		Schweden
Hvannadalshnúkur[2])	2 119	Öraefajökull	Island
Estrêla	1 991	Serra da Estrêla	Portugal
Narodnaja	1 894	Ural	Sowjetunion
Puy de Sancy	1 886	Mont Dore	Frankreich
Newtontoppen	1 712	Westspitzbg. (Insel)	Norwegen (Spitzbg.)
Ben Nevis	1 343	Schottisches Hochland	Großbr. u. Nordirl.
Vesuv[2])	1 277		Italien
Afrika			
Kibo[2])	5 895	Kilimandscharo	Tansania
Mawensi[2])	5 270	Kilimandscharo	Tansania
Mount Kenya (Batian)[2])	5 199	Keniamassiv	Kenia
Margherita	5 109	Ruwenzori	Uganda/Zaire
Ras Daschen	4 620	Simen	Äthiopien
Meru[2])	4 565		Tansania
Karisimbi	4 507	Virungavulkane	Zaire/Ruanda
Mount Elgon[2])	4 321		Kenia/Uganda
Dschebel Tubkal	4 167	Hoher Atlas	Marokko
Kamerunberg (Fako)[2])	4 070		Kamerun
Pico de Teide[2])	3 718	Teneriffa (Insel)	Spanien (Kanaren)
Thabana Ntlenyana (Thabantshonyana)	3 482	Drakensberge	Lesotho
Emi Koussi	3 415	Tibesti	Tschad
Piton des Neiges[2])	3 069		Réunion
Maromokotro	2 884	Tsaratananamassiv	Madagaskar
Amerika			
Nordamerika			
Mount McKinley	6 194	Alaska Range	Verein. Staaten (Alaska)
Mount Logan	5 951	Saint Elias Mountains	Kanada
Mount Saint Elias	5 489	Saint Elias Mountains	Alaska/Kanada
Mount Fairweather	4 663	Saint Elias Mountains	Alaska/Kanada
Mount Whitney	4 418	Sierra Nevada	Vereinigte Staaten (Kaliforn.)
Mount Elbert	4 399	Rocky Mountains	Vereinigte Staaten (Colorado)
Mount Rainier[2])	4 392	Kaskadengebirge	Vereinigte Staaten (Washingt.)
Mount Shasta[2])	4 317	Kaskadengebirge	Vereinigte Staaten (Kaliforn.)
Mount Robson	3 954	Rocky Mountains	Kanada
Gunnbjörn Fjeld	3 700		Grönland (Ostgrönl.)
Mount Doonerak	3 060	Brooks Range	Verein. Staaten (Alaska)
Mount Saint Helens[2])	2 950	Kaskadengebirge	Verein. Staaten (Washingt.)
Mount Mitchell	2 037	Blue Ridge	Verein. Staaten (Nordkarol.)
Mittelamerika			
Citlaltépetl (Pik v. Orizaba)[2])	5 700	Sierra Madre Oriental	Mexiko
Volcán Popocatépetl[2])	5 452		Mexiko
Ixtaccíhuatl	5 286		Mexiko
Nevado de Toluca	4 577	Cordillera Volcánica	Mexiko
Nevado de Colima	4 265		Mexiko
Volcán de Tajumulco[2])	4 211		Guatemala
Volcán Acatenango	3 976		Guatemala
Volcán de Colima[2])	3 960		Mexiko
Cerro Chirripó Grande	3 819		Costa Rica
Volcán de Chiriquí[2])	3 477		Panama
Pico Duarte	3 175	Cordillera Central	Dominikan. Republik
Cerro la Encantada	3 069	Sierra San Pedro Mártir	Mexiko
Volcán Paricutín	2 774	Cordillera Volcánica	Mexiko
Blue Mountain Peak	2 256		Jamaika
Pico Turquino	2 005	Sierra Maestra	Kuba
Montagne Pelée[2])	1 397		Martinique
Südamerika			
Aconcagua	6 959	Anden	Argentinien
Nevado de Illimani	6 882	Anden	Bolivien
Nevado Ojos del Salado	6 880	Anden	Argentinien/Chile
Cerro Tupungato	6 800	Anden	Argentinien/Chile
Cerro Mercedario	6 770	Anden	Argentinien
Nevado Huascarán	6 768	Anden	Peru
Cerro de Tocorpuri	6 755	Anden	Bolivien/Chile
Nudo Coropuna	6 613	Anden	Peru
Nevado de Ancohuma	6 550	Anden	Bolivien
Nevado Sajama[2])	6 520	Anden	Bolivien
Nudo de Ampato[2])	6 310	Anden	Peru
Chimborazo[2])	6 267	Anden	Ecuador
Cumbre de Mejicana	6 250	Sierra de Famatina	Argentinien
Cotopaxi[2])	5 896	Anden	Ecuador
Volcán Misti[2])	5 835	Anden	Peru
Pico Cristóbal Colón	5 775	Sierra Nevada de Santa Marta	Kolumbien
Nevado del Huila[2])	5 750	Anden	Kolumbien
Pico Bolívar	5 002	Cordillera de Mérida	Venezuela
Cerro San Valentín	4 058	Patagon. Kordillere	Chile
Pico da Neblina	3 014	Bergland von Guayana	Brasilien/Venezuela
Pico da Bandeira	2 890	Serra do Castelo	Brasilien
Asien			
Tschomolungma (Sagarmatha, Mount Everest)	8 848	Himalaja	Volksrepublik China (Tibet)/Nepal
K 2 (Tschogori, Godwin Austen)	8 610	Karakorum	Pakistan (Kaschmir)
Kantschindschunga	8 598	Himalaja	Indien (Sikkim)/Nepal
Makalu	8 475	Himalaja	Volksrepublik China (Tibet)/Nepal
Nanga Parbat	8 126	Himalaja	Pakistan (Kaschmir)
Ullug Mustag	7 723	Kuenlun	Volksrepublik China (Sinkiang/Tibet)
Kungurtag	7 719	Kuenlun	Volksrepublik China (Sinkiang)
Tiritsch Mir	7 699	Hindukusch	Pakistan
Minyag Gongkar (Gongga Schan)	7 590	Dahsue Schan	Volksrepublik China
Mustag Ata	7 555	Kuenlun	Volksrepublik China
Pik Kommunisma	7 495	Pamir	Sowjetunion
Pik Pobedy	7 439	Tienschan	Sowjetunion/Volksrep. China (Sinkiang)
Gaurisankar	7 145	Himalaja	Nepal/Volksrepublik China (Tibet)
Pik Lenin	7 134	Transalai	Sowjetunion
Schule Schan	6 346	Nan Schan	Volksrepublik China
Elbrus	5 633	Kaukasus	Sowjetunion
Demawend[2])	5 604	Elbursgebirge	Iran
Großer Ararat[2])	5 165	Armenisches Hochland	Türkei
Belucha	4 506	Altai	Sowjetunion
Kuh-e Dinar	4 276	Sagrosgebirge	Iran
Kinabalu	4 101		Malaysia (Sabah)
Erciyas dağı (Erdschias)	3 916	Anatolische Hochebene	Türkei
Kerinci[2])	3 805	Barisangebirge	Indonesien (Sumatra)
Fudschijama[2])	3 776		Japan (Hondo)
Hadur Schuaib	3 760		Arab. Repub. Jemen
Semeru[2])	3 676	Tenggergebirge	Indonesien (Java)
Pobeda	3 147	Tscherskigebirge	Sowjetunion
Apo[2])	2 954		Philippinen (Mindanao)
Australien und Ozeanien			
Gunung Jaya (Carstenszspitze)	5 029	Maokegebirge	Indonesien (Westirian)
Mount Wilhelm	4 694	Bismarckgebirge	Papua-Neuguinea
Mauna Kea[2])	4 206		Ver. Staaten (Hawaii)
Mount Cook	3 764	Neuseeländische Alpen	Neuseeland (Südinsel)
Mount Balbi[2])	2 952		Papua-Neuguinea (Bougainville)
Ruapehu[2])	2 797		Neuseeland (Nordinsel)
Mount Sinewit	2 438		Papua-Neuguinea (Neubritannien)
Mount Kosciusko	2 230	Australische Alpen	Australien (Neusüdwales)
Mauga Silisili[2])	1 858		Samoa (Savai'i)
Tomaniive (Mount Victoria)	1 324		Fidschi (Viti Levu)
Antarktis			
Mount Vinson	5 140	Sentinelgebirge	Marie-Byrd-Land
Mount Kirkpatrick	4 530	Königin-Alexandra-Kette	Victorialand
Mount Markham	4 350	Königin-Alexandra-Kette	Victorialand
Mount Erebus[2])	3 794	Rossinsel	Victorialand

[1]) Höhe in m über Meeresspiegel.

[2]) In geologisch jüngster Zeit (Quartär) noch tätiger Vulkan.

1.4 Flüsse

Fluß	Länge	Einzugsbereich	Einmündungsgewässer
	km	1 000 km^2	
Europa			
Wolga	3 685	1 360	Kaspisches Meer
Donau	2 858	817	Schwarzes Meer
Dnjepr	2 285	504	Schwarzes Meer
Kama	2 032	507	Wolga
Don	1 970	422	Asowsches Meer
Petschora	1 809	322	Nordpolarmeer
Oka	1 480	245	Wolga
Belaja	1 420	142	Kama
Dnjestr	1 411	72	Schwarzes Meer
Nördliche Dwina (mit Suchona)	1 326	357	Weißes Meer
Rhein	1 320	252	Nordsee
Wjatka	1 314	129	Kama
Elbe	1 165	144	Nordsee
Desna	1 130	89	Dnjepr
Wytschegda	1 130	121	Nördliche Dwina
Weichsel	1 086	194	Ostsee
Donez	1 053	99	Don
Düna (Westliche Dwina)	1 020	88	Ostsee
Loire	1 020	121	Atlantischer Ozean
Tajo (Tejo)	1 007	80	Atlantischer Ozean
Theiß	966[1])	153	Donau
Maas	933[2])	49	Nordsee
Ebro	910	84	Mittelmeer
Duero (Douro)	895	98	Atlantischer Ozean
Memel	879	98	Ostsee[3])
Oder	860[4])	119	Ostsee
Bug (Südlicher Bug mit Ingul)	856	75	Schwarzes Meer
Rhône	813	99	Mittelmeer
Guadiana	778	68	Atlantischer Ozean
Bug (Narew-Bug)	776	39	Narew
Seine	776	79	Kanal
Pripjet	775	122	Dnjepr
Maros (Mieresch, Mures)	756	30	Theiß
Weser (mit Werra)	732[5])	46	Nordsee
Götaälv (mit Klarälv)	720	43	Kattegat
Drau	719	40	Donau
Save	712	95	Donau
Warthe	700	54	Oder
Guadalquivir	657	57	Atlantischer Ozean
Po	652	75	Adriatisches Meer
Pruth (Prut)	632	27	Donau
Glåma	587	42	Skagerrak
Garonne	575	85	Golf von Biskaya
Torneälv[6]) (mit Muonioälv)	570	40	Ostsee
Main	524	27	Rhein
Dalälv	520	29	Ostsee
Mosel	514	28	Rhein
Maritza	514	35	Ägäisches Meer
Inn	510	26	Donau
Morava (mit Südlicher Morava)	500	39	Donau
Kemijoki	494	54	Ostsee
Umeälv	460	27	Ostsee
Waag	459	15	Donau
Angermanälv	450	30	Ostsee
San	444	17	Weichsel
Narew	438	73	Weichsel
Schelde	430	20	Nordsee
Moldau	425	28	Elbe
Etsch (Adige)	415	15	Adriatisches Meer
Tiber	393	17	Tyrrhenisches Meer
Shannon	368	12	Atlantischer Ozean
Themse	346	16	Nordsee
Severn	336	21	Atlantischer Ozean
Arno	241	8	Ligurisches Meer
Afrika			
Nil (mit Kagera)	6 671	2 870	Mittelmeer
Zaire (Kongo)	4 374	3 690	Atlantischer Ozean
Niger	4 184	2 092	Atlantischer Ozean
Sambesi	2 736	1 330	Indischer Ozean
Oranje (Orange)	2 092	1 020	Atlantischer Ozean
Cubango (Okawango)	1 800	800	Okawangosumpf
Webi Ganane (Dschuba)	1 650	196	Indischer Ozean
Limpopo	1 600	440	Indischer Ozean
Volta	1 600	388	Atlantischer Ozean
Senegal	1 430	441	Atlantischer Ozean
Schari (Chari)	1 400	700	Tschad
Rovuma	1 100	145	Indischer Ozean
Rufidschi (Rufiji)	800	178	Indischer Ozean
Amerika			
Nordamerika			
Mississippi (mit Missouri)	5 971	3 230	Golf von Mexiko
Mackenzie (mit Peace River)	4 241[7])	1 787	Nordpolarmeer
St. Lorenz (St. Lawrence)	3 058[8])	1 269[9])	Atlantischer Ozean
Rio Grande (Río Bravo del Norte)	3 034	570	Golf von Mexiko
Yukon	2 849	848	Stiller Ozean
Nelson (mit Saskatchewan)	2 575	1 132	Hudson Bay
Arkansas	2 348	416	Mississippi
Colorado	2 333	428	Golf von Kalifornien
Ohio	2 102	528	Mississippi
Columbia	2 000	822	Stiller Ozean
Hudson	492	35	Atlantischer Ozean
Südamerika			
Amazonas	6 437	7 180	Atlantischer Ozean
Paraná (mit La Plata)	4 264	3 100	Atlantischer Ozean
São Francisco	3 199	630	Atlantischer Ozean
Tocantins[10])	2 699	840	Atlantischer Ozean
Orinoco	2 575	1 086	Atlantischer Ozean
Paraguay	2 549	1 150	Paraná
Uruguay[11])	1 609	306	La Plata
Magdalena	1 538	250	Karibisches Meer
Asien			
Jangtsekiang	5 472	1 808	Ostchinesisches Meer
Hwangho	4 667	745	Gelbes Meer
Amur (mit Schilka und Onon)	4 345	1 855	Ochotskisches Meer
Ob (mit Katun)	4 345	2 975	Nordpolarmeer (Karasee)
Lena	4 313	2 490	Nordpolarmeer (Laptewsee)
Irtysch	4 248	1 643	Ob
Mekong	4 184	810	Südchinesisches Meer
Jenissei (mit Angara)	4 129[12])	2 580	Nordpolarmeer (Karasee)
Euphrat	3 597	673	Persischer Golf[13])
Syrdarja (mit Naryn)	2 991	465	Aralsee
Indus (Sindh)	2 897	960	Arabisches Meer
Brahmaputra	2 896[14])	935	Golf von Bengalen
Tarim (mit Jarkend und Aksu)	2 750	1 000	Lop-nor
Amudarja (mit Pjandsch, Wachan und Waschdschir)	2 539	465	Aralsee
Ural	2 535	231	Kaspisches Meer
Kolyma	2 513	647	Nordpolarmeer (Ostsibirische See)
Ganges (Ganga)	2 511[15])	1 125	Golf von Bengalen
Saluen	2 414	325	Indischer Ozean
Irawadi	2 092	430	Indischer Ozean
Tigris	1 899	375	Persischer Golf[16])
Angara (Obere Tunguska)	1 852	1 039	Jenissei
Kura	1 515	188	Kaspisches Meer
Godavari	1 445	290	Golf von Bengalen
Kızılırmak	1 151	77	Schwarzes Meer
Selenga	1 024	447	Baikalsee
Ussuri (mit Ulache)	909	187	Amur
Kuban	907	51	Asowsches Meer
Terek	623	43	Kaspisches Meer
Jordan	322	—	Totes Meer
Australien und Ozeanien			
Darling	2 740	520	Murray
Murray	2 570	1 160	Große Australische Bucht

[1]) Vor der Begradigung (Korrektion) 1 429 km.
[2]) Mit Mündung.
[3]) Mit den beiden Hauptmündungen Gilge und Ruß in das Kurische Haff.
[4]) Von der Quelle bis zur Einmündung in das »Papenwasser« (Beginn des Oderhaffs); bis zur Mündung der Fahrrinne in die Ostsee bei Swinemünde insgesamt 912 km.
[5]) Bis Bremerhaven, davon die Werra 292 km.
[6]) Finnisch: Tornionjoki; Muonionjoki.
[7]) Vom Austritt aus dem Großen Sklavensee an. – Davon Peace River 1 912 km.
[8]) Von den Quellen des St. Louis River (Minnesota) an.
[9]) Unterhalb des Ontariosees.
[10]) Benutzt das Mündungsdelta z. T. mit dem Amazonas zusammen.
[11]) Vereinigt sich mit dem Paraná zum La Plata.
[12]) Dazu Länge des Mündungstrichters 435 km; schiffbar bis Igarka mit Hochseeschiffen.
[13]) Nach seiner Vereinigung mit dem Tigris zum Schatt el Arab.
[14]) Benutzt das Mündungsdelta z. T. mit dem Ganges gemeinsam.
[15]) Benutzt das Mündungsdelta z. T. mit dem Brahmaputra gemeinsam.
[16]) Nach seiner Vereinigung mit dem Euphrat zum Schatt el Arab.

1.5 Seen*)

See	Fläche	Größte bekannte Tiefe	Mittlere Tiefe	Seespiegelhöhe über Normal-Null	Land bzw. Staat
	km²	m			
Europa					
Ladogasee	17 703	225	52	4	Sowjetunion (Karelische ASSR/RSFSR)[1])
Onegasee	9 609	100	32	33	Sowjetunion (Karelische ASSR/RSFSR)[1])
Vänersee	5 584[2])	100	33	44	Schweden
Saimaseenkomplex	4 400[2])	58	28	76	Finnland
Peipussee (mit Pleskauer See)	3 550	14	8	31	Sowjetunion (Estnische SSR/RSFSR)[1])
Vättersee	1 899[2])	119	39	88	Schweden
Saimasee[3])	1 460	58	28	76	Finnland
Segosero	1 200	99	.	109	Sowjetunion (Karelische ASSR)[1])
Mälarsee	1 140[2])	64	15	0 — 1	Schweden
Beloje Osero (Weißer See)	1 125	11	.	113	Sowjetunion (Gebiet Wologda)
Inarisee	1 085[2])	>95	seicht	114	Finnland
Päijänne	1 065[2])	93	17	78	Finnland
Oulujärvi	900	34	7	122	Finnland
Pielinen	850	.	.	94	Finnland
Ilmensee	610[4]) bis 2 100	10	.	18	Sowjetunion (Gebiet Nowgorod)
Plattensee (Balaton)	592	11	3	104	Ungarn
Genfer See	581	310	154	372	Schweiz/Frankreich
Kallavesi	564	.	.	82	Finnland
Bodensee	539	252	90	395	Deutschland/Schweiz/Österreich
Hjälmarsee (Hjälmaren)	500	18	.	23	Schweden
Storsjö (im Jämtland)	456	74	.	292	Schweden
Gardasee	370	346	136	65	Italien
Mjösensee	366	443	187	121	Norwegen
Skutarisee	356	44	5	12	Albanien/Jugoslawien
Neusiedler See	max. 356[5])	<2	<1	115	Österreich/Ungarn
Siljansee (mit Orsasjö)	354[2])	120	27	161	Schweden
Lough Neagh	320	34	11	15	Großbritannien (Nordirland)
Torneträsk	317[2])	168	48	341	Schweden
Prespasee	278	54	19	853	Jugoslawien/Albanien/Griechenland
Ohridsee	270	286	146	687	Jugoslawien/Albanien
Hornavan	251[2])	221	77	418	Schweden
Neuenburger See	218	153	64	429	Schweiz
Lago Maggiore	216	372	175	193	Italien/Schweiz
Femundsee	202	130	.	662	Norwegen
Afrika					
Viktoriasee[6])	69 484	81	40	1 134	Tansania/Uganda/Kenia
Tanganjikasee (Tansaniasee)	32 893	1 417	.	772	Tansania/Burundi/Zaire/Sambia
Malawisee (Njassasee)	29 604	678	273	472	Malawi/Tansania/Mosambik
Tschad (Tchad, Chad)	16 316[7])	7	2	239	Niger/Tschad/Kamerun/Nigeria
Turkanasee (Rudolfsee)	6 405	73	.	375	Kenia/Sudan/Äthiopien
Mobutu-Sese-Seko-See (Albertsee)	5 374	51	.	619	Zaire/Uganda
Amerika					
Nordamerika					
Oberer See (Lake Superior)	82 103	405	148	183	Vereinigte Staaten/Kanada
Huronsee	59 570	229	60	176	Vereinigte Staaten/Kanada
Michigansee	57 757	281	84	176	Vereinigte Staaten
Großer Bärensee (Great Bear Lake)	31 329	413	.	156	Kanada (Nordwestterritorien)
Großer Sklavensee (Great Slave Lake)	28 570	614	.	156	Kanada (Nordwestterritorien)
Eriesee	25 667	64	18	174	Vereinigte Staaten/Kanada
Winnipegsee	24 390	18	.	217	Kanada (Manitoba)
Ontariosee	19 554	244	80	75	Kanada/Vereinigte Staaten
Athabascasee	7 936	124	.	213	Kanada (Alberta/Saskatchewan)
Rentiersee (Reindeer Lake)	6 651	.	.	337	Kanada (Saskatchewan/Manitoba)
Winnipegosissee	5 374	12	.	253	Kanada (Manitoba)
Mittelamerika					
Nicaraguasee	8 029	70	14	31	Nicaragua
Südamerika					
Maracaibosee	13 512	35	.	0	Venezuela
Titicacasee	8 288	281	103	3 810	Peru/Bolivien
Asien					
Kaspisches Meer (Kaspisee)	371 793	995	206	−28[8])	Sowjetunion/Iran
Aralsee	65 527	68	17	53	Sowjetunion (Kasachstan/Usbekistan)
Baikalsee	30 510	1 620	700	455	Sowjetunion (Ostsibirien)
Balchaschsee	18 428	26	.	340	Sowjetunion (Kasachstan)
Issyk-kul	6 099	702	320	1 609	Sowjetunion (Kirgisistan)
Kuku-nor	5 000	38	.	3 205	China, Volksrepublik (Tsinghai)
Taimyrsee	4 560	26	.	6	Sowjetunion (Nordsibirien)
Urmiasee (Resa'iehsee)	4 701	15	.	1 274	Iran
Australien und Ozeanien					
Eyresee	9 323[9])	1	seicht	−16	Australien (Südaustralien)
Torrenssee	5 776[9])	.	seicht	28	Australien (Südaustralien)
Gairdnersee	4 766	.	.	34	Australien (Südaustralien)

*) Auswahl der bekannteren natürlichen Seen.
[1]) ASSR: Autonome Sozialistische Sowjetrepublik; RSFSR: Russische Sozialistische Föderative Sowjetrepublik.
[2]) Ohne Inseln.
[3]) Teil des Saima-Seenkomplexes.
[4]) Bei mittlerem und maximalem Wasserstande.
[5]) Flachsee stark wechselnder Flächengröße, im Mittel 320 km² (1855—1868 völlig ausgetrocknet, seit 1871 wieder angefüllt, neuerdings wieder Rückgang).
[6]) 3 km unterhalb des Stromaustritts aus dem Viktoriasee bei Owen Falls wurde eine Staudamm- und Kraftwerkanlage errichtet (1954), die eine Hebung des Seespiegels um 1 m im Verlauf von 20 Jahren und damit eine beträchtliche Flächenerweiterung des Sees bewirkt hat.
[7]) Abflußlos, Flächengröße stark schwankend.
[8]) Seit 1929 Seespiegelabsenkung auf −28 m mit starker Änderung des Küstenverlaufs.
[9]) Salzsee stark wechselnder Flächengröße, häufig nur trockene Salzpfanne.

1.6 Größte Meerestiefen*)

Ozean, Meer, Nebenmeer	Größte Tiefe in m
Atlantischer Ozean	**9 219**
Arktische Becken	5 449
Eurasisches Becken (Litketiefe)	5 449
Kanadisches Becken	4 994
Makarowbecken	4 000
Grönländisches Becken (Schwedentiefe)	4 846
Norwegisches Becken	3 960
Westatlantisches Becken	9 219
Südantillenbecken	7 756
Südsandwichgraben (Meteortiefe)	8 264
Nordamerikanisches Becken	6 995
Puerto-Rico-Graben (Milwaukeetiefe)	9 219
Guayanabecken	6 671
Brasilianisches Becken	6 537
Argentinisches Becken	6 212
Neufundlandbecken	5 883
Labradorbecken	4 459
Ostatlantische Becken	7 856
Kapverdisches Becken	7 292
Kanarisches Becken	6 501
Westeuropäisches Becken	6 325
Sierra-Leone-Becken	6 040
Angolabecken	6 013
Iberisches Becken	5 834
Guineabecken	5 695
Kapbecken	5 457
Atlantisch-Indisches Südpolar-Becken	6 972
Nebenmeere:	
Amerikanisches Mittelmeer	7 680
Venezolanisches Becken	5 649
Yukatanbecken (ohne Tiefseegraben)	4 950
Kaimangraben	7 680
Kolumbianisches Becken	4 535
Mexikanisches Becken	4 376
Baffinmeer	2 377
Hudsonmeer	218
Sankt-Lorenz-Golf	549
Europäisches Mittelmeer	5 121
Ionisches Becken (Calypsotiefe)	5 121
Levantinisches Becken	4 517
Algerisch-Provençalisches Becken	4 389
Tyrrhenisches Becken	3 758
Schwarzes Meer	2 245
Marmarameer	1 355

Ozean, Meer, Nebenmeer	Größte Tiefe in m
Nordsee (Norwegische Rinne)	725
Ostsee (Landsorttiefe)	459
Indischer Ozean	**7 455**
Westliche Indische Becken	6 400
Madagaskarbecken	6 400
Arabisches Becken	5 875
Somalibecken	5 824
Natalbecken	5 778
Agulhasbecken	5 742
Südwestindisches Becken	5 605
Maskarenenbecken	5 349
Omanbecken	4 153
Östliche Indische Becken	7 455
Südostindisches Becken (Diamantinatiefe)	6 857
Nordaustralisches Becken (Berlintiefe)	6 840
Cuvierbecken	6 656
Nordwestaustralisches Becken	6 460
Sundagraben (Planettiefe)	7 455
Westaustralisches Becken	6 350
Keelingbecken	6 335
Zentralindisches Becken	6 090
Südaustralisches Becken	6 019
Indisch-Antarktisches Becken	6 089
Nebenmeere:	
Rotes Meer	2 604
Persischer/Arabischer Golf	170
Andamanenbecken	4 198
Stiller Ozean (Pazifischer Ozean)	**11 034**
Westpazifisches Becken	10 540
Neuhebridenbecken und -graben	7 570
Santa-Cruz-Becken und -Graben	7 388
Ostkarolinenbecken	6 950
Salomonenbecken	5 419
Bougainvillegraben	9 140
Philippinenbecken	6 501
Riukiugraben (Mandschutiefe)	7 507
Philippinengraben	10 540
Galatheatiefe	10 540
Cape-Johnson-Tiefe	10 497
Emdentiefe	10 400
Fidschibecken und -graben	6 150
Ostaustralisches Becken (Tasmanbecken)	5 943
Westkarolinenbecken	5 798
Palaugraben	8 138
Yapgraben	8 597
Korallenbecken	4 842

Ozean, Meer, Nebenmeer	Größte Tiefe in m
Zentralpazifische Becken	11 034
Zentralpazifisches Großbecken	7 599
Nordpazifisches Großbecken	7 407
Aleutengraben	7 822
Nordwestpazifisches Becken	7 374
Kurilengraben (Witjastiefe)	10 542
Japangraben	8 142
Boningraben	9 810
Ramapotiefe	10 374
Südpazifisches Großbecken	7 310
Tongagraben	10 882
Witjastiefe II	10 882
Horizontiefe	10 647
Kermadecgraben (Witjastiefe III)	10 047
Marianenbecken	6 681
Marianengraben	11 034
Witjastiefe I	11 034
Triestetiefe	10 916
Challengertiefe II	10 899
Pazifisch-Antarktisches Becken	5 290
Tuamotubecken	5 190
Ostpazifische Becken	8 066
Guatemalagraben	6 662
Chilebecken	5 470
Atacamagraben	8 066
Guatemalabecken	5 312
Perubecken	5 298
Perugraben	6 262
Kalifornisches Becken	4 645
Ostasiatische Randmeer-Becken	5 210
Ochotskisches Becken	5 210
Japanisches Becken	4 225
Aleutenbecken	4 096
Ostchinesisches Becken	2 719
Australasiatische Mittelmeer-Becken	7 440
Floresbecken	6 961
Celebesbecken (Sulawesibecken)	6 220
Nördliches Bandabecken	5 800
Sulubecken	5 580
Südchinesisches Becken	5 559
Südliches Bandabecken	5 400
Webertiefe	7 440
Burubecken	5 319
Bacanbecken	4 971
Gorontalobecken	4 180
Morotaibecken	3 890
Sawubecken	3 759
Arubecken	3 680
Arafurasee mit Timorsee und Timorgraben	3 310
Halmaherabecken	2 072

*) Stand Ende 1972. – Quelle: Haack Kleiner Atlas »Die Erde« 1973.

1.7 Seeschiffahrtskanäle

Kanal	Verbindung	Eröffnungsjahr	Länge km	Tiefe¹) m	Schleusen Anzahl	Tragfähigkeit Schiffe bis ... t
Weißmeer-Ostsee-Kanal	Bjelomorsk (Weißes Meer)-Powenez (Onegasee)	1933	227	5,0	19	3 000
Sankt-Lorenz-Seeweg	Montreal-Ontariosee	1959	204²)	8	7	Seeschiffe
Sueskanal	Mittelmeer-Rotes Meer (Indischer Ozean) (Port Said-Sues)	1869	161	12,9	—	Seeschiffe
Moskaukanal	Moskau-Wolga (Dubna)	1937	128	5,5	11	18 000
Wolga-Don-Kanal (Leninkanal)	Schwarzes Meer/Don-Kaspisches Meer/Wolga (Kalatsch am Don/Zimljansker Stausee-Wolgograd-Krasnoarmeisk/Wolga)	1952	101	.	13	10 000
Nord-Ostsee-Kanal	Nordsee-Ostsee (Brunsbüttel-Kiel-Holtenau)	1895	98,7	11,3	2	Seeschiffe³)
Houstonkanal	Golf von Mexiko (Galveston)-Houston	1940	91,2	10,3	—	Seeschiffe
Panamakanal	Atlantischer Ozean (Karibische See)-Pazifischer Ozean (Colón-Balboa)	1914	81,3	12,5 —13,7	6	Seeschiffe
Amsterdam-Rhein-Kanal	Waal (Rhein)-Nordseekanal-(Tiel-Amsterdam)	1952	72	4,2	4	4 300
Manchesterkanal	Irische See (Eastham)-Manchester	1894	58	8,5	5	15 000
Wellandkanal	Eriesee (Port Colborne)-Ontariosee (St. Catharines-Port Dalhousie)	1931	45	8,8	8	Seeschiffe⁴)
Nieuwe Waterweg	Nordsee-Nieuwe Maas (Hoek van Holland-Maassluis)	1872	10	12,2	—	Seeschiffe
Brüssel-Rupel-Kanal	Brüssel-Willebroeck (Antwerpen-Nordsee)	1922	32	6,4	4	6 000
Cape-Cod-Kanal	Cape Cod Bay-Buzzards Bay	1914	13	9,7	—	Seeschiffe
Nordseekanal	Amsterdam-Nordsee (IJmuiden)	1876	27	15,0	4	Seeschiffe
Lake Washington-Kanal	Puget Sound (Stiller Ozean)-Lake Washington	1934	12,8	9,2	1	Seeschiffe
Brügger Seekanal	Brügge-Nordsee (Zeebrugge)	1907	12	8,5	—	6 000
Kanal von Korinth	Ionisches Meer (Golf von Korinth)-Ägäisches Meer	1893	6,5	7,0	—	10 000

¹) Mittlere bzw. auch Mindesttiefe.
²) Länge unter Einschluß der Großen Seen: 3 775 km.
³) Höchstzulässiger Tiefgang 9,5 m.
⁴) Höchstzulässiger Tiefgang 7,6 m.

1.8 Klimatische Verhältnisse ausgewählter Orte der Erde

Die Ziffern hinter den Temperatur-, Niederschlags- und Bewölkungsangaben in den Monatsspalten bezeichnen die jeweiligen Monate (z. B. −3,1/2 = −3,1°C im Februar; oder 3/5,7 = 3 mm im Mai und im Juli), Buchstaben dagegen bedeuten: W = Winter, S = Sommer, mM = mehrere Monate.

Ort	Land bzw. Staat	Geogr. Breite in Grad N bzw. S	Stationshöhe in m über Meeresspiegel	Mittlere Lufttemperatur in °C			Mittlerer Niederschlag in mm			Mittlere Bewölkung in %	
				Jahr	kältester Monat	wärmster Monat	Jahr	nassester Monat	trockenster Monat	heiterster Monat	trübster Monat
Europa											
Mitteleuropa											
Hamburg	Bundesrep. Deutschland	53° 35′ N	13	8,6	− 0,0/1	17,3/7	714	84/8	38/3	61/9	84/12
Warschau	Polen	52° 15′ N	110	7,9	− 3,3/1,2	18,7/7	581	92/7	30/10	52/9	81/12
Essen	Bundesrep. Deutschland	51° 30′ N	154	9,6	1,5/1	17,5/7	933	99/7	49/3	61/5,9	80/12
Prag	Tschechoslowakei	50° 05′ N	263	9,0	− 0,9/1	19,0/7	487	70/7	21/2	54/8,9	80/11
Wien	Österreich	48° 15′ N	203	9,3	− 1,4/1	19,4/7	660	83/7	40/1	49/8,9	80/12
München	Bundesrep. Deutschland	48° 10′ N	515	7,9	− 2,4/1	17,2/7	910	137/7	44/12	56/9	79/11,12
Belgrad	Jugoslawien	44° 50′ N	132	11,8	− 0,2/1	22,6/7	701	100/6	50/2,3	37/7	77/12
Osteuropa											
Archangelsk	Sowjetunion	64° 30′ N	13	1,4	−11,7/1,2	16,3/7	530	70/9	30/2,3,4	62/7	85/11
Leningrad	Sowjetunion	59° 55′ N	4	4,6	− 7,9/2	18,4/7	603	80/8	30/3	50/6	84/11
Moskau	Sowjetunion	55° 45′ N	156	4,4	− 9,9/1	19,0/7	624	88/7,8	30/2	49/7	85/11
Bukarest	Rumänien	44° 25′ N	82	10,9	− 2,8/1	23,2/7	580	92/6	40/W	36/8	74/12
Nordeuropa											
Bergen	Norwegen	60° 25′ N	43	7,2	1,3/2	14,2/7	1 944	240/10	80/5	59/6	72/12
Stockholm	Schweden	59° 20′ N	44	6,6	− 3,1/2	17,8/7	555	80/8	30/3	51/6	79/12
Westeuropa											
London	Großbrit. u. Nordirl.	51° 30′ N	5	10,6	4,3/1	17,7/7	593	60/11	40/3,4	60/9	74/1
Brüssel	Belgien	50° 50′ N	100	9,9	2,2/1	17,5/7	820	100/7	40/5	67/5,9	81/12
Paris	Frankreich	48° 50′ N	75	11,5	3,5/1	19,5/7	619	64/8	35/3	49/8	72/12
Genf	Schweiz	46° 15′ N	405	9,9	1,1/1	19,2/7	852	100/9	50/4	43/7	82/12
Südeuropa											
Rom	Italien	41° 55′ N	51	16,2	7,5/1	25,6/7	760	115/10	9/7	19/8	58/12
Istanbul	Türkei	41° 00′ N	40	13,9	5,3/2	23,4/8	672	104/12	19/8	25/8	77/1
Madrid	Spanien	40° 25′ N	660	13,9	5,0/1	24,1/7	440	53/10	11/7	21/7	52/12
Lissabon	Portugal	38° 45′ N	77	16,6	10,8/1	22,5/8	708	111/1	3/7,8	20/8	53/12
Athen	Griechenland	38° 00′ N	107	18,0	9,5/1	27,6/8	395	65/12	3/7	13/8	65/1
Afrika											
Tripolis	Libyen	32° 55′ N	22	19,4	12,2/1	26,0/8	384	90/12	0/7,8	14/7	58/3
Kairo	Ägypten	30° 05′ N	20	20,8	12,3/1	27,7/7	26	5/1	0/7	4/8	51/12
Khartum	Sudan	15° 35′ N	380	29,0	23,0/1	33,0/5,6	164	72/8	0/W	7/12	44/8
Kinshasa	Zaire	4° 20′ S	290	25,3	22,0/7	26,8/4	1 371	235/11	1/7	60/3,4	90/9
Pretoria	Südafrika	25° 45′ S	1 369	17,2	10,8/6,7	21,5/12,1	785	127/1	8/7	13/6	58/2
Durban	Südafrika	29° 55′ S	5	20,6	16,6/7	23,9/1	1 008	130/3	28/7	25/7	64/mM
Kapstadt	Südafrika	33° 55′ S	17	16,5	12,1/7	21,7/2	508	110/6	15/1	32/1,2	57/2
Amerika											
Winnipeg	Kanada	49° 55′ N	240	2,6	−17,5/1	20,2/7	517	80/6	20/2	48/8	80/11
Montreal	Kanada	45° 30′ N	57	6,5	− 9,2/1	21,3/7	1 048	102/mM	70/4	54/8	74/11
Chicago	Vereinigte Staaten	41° 50′ N	186	10,6	− 4,0/1	23,7/7	830	100/6	40/2	49/9	72/mM
New York	Vereinigte Staaten	40° 40′ N	3	11,9	0,4/2	23,7/7	1 083	110/8	80/11	50/10	62/1
Washington	Vereinigte Staaten	38° 55′ N	22	13,8	3,1/2	25,4/7	1 050	120/8	70/10,11	52/10	71/1
San Francisco	Vereinigte Staaten	37° 45′ N	16	13,7	10,0/1	16,5/9	517	100/12,1	4/7,8	32/7	62/1
New Orleans	Vereinigte Staaten	30° 00′ N	3	21,3	13,3/1	28,6/8	1 620	180/7	90/10	37/10	64/7
Mexiko (Stadt)	Mexiko	19° 25′ N	2 309	14,7	11,6/1	17,4/5	766	163/7	6/1,2	51/3	78/6
Caracas	Venezuela	10° 35′ N	920	20,5	18,8/1	22,0/5	826	120/10	10/3	54/2	74/6
Colón	Panama	9° 20′ N	8	26,8	26,2/11	27,0/5	3 308	566/11	38/3	52/2,3	85/6,7
Quito	Ecuador	0° 15′ S	2 880	14,3	13,7/7	14,8/1	1 115	99/1	20/7	42/7	75/3
La Paz	Bolivien	16° 30′ S	3 632	11,4	9,4/7	12,7/11	555	139/1	4/6	20/6	73/2
Rio de Janeiro	Brasilien	22° 55′ S	60	23,0	20,4/7	26,1/2	1 139	144/1,2	45/6,7,8	48/8	73/12
Santiago de Chile	Chile	33° 30′ S	520	14,7	8,6/6	20,6/1	363	80/6	7/mM	17/2	56/6
Buenos Aires	Argentinien	34° 40′ S	25	16,5	10,0/7	23,5/1	981	120/4	54/6	40/mM	58/6
Asien											
Werchojansk	Sowjetunion	67° 35′ N	100	−17,3	−50,3/1	13,6/7	135	30/7,8	0/W	31/2	66/8,9
Omsk	Sowjetunion	55° 00′ N	85	− 1,2	−22,0/1	18,3/7	320	50/6,7,8	10/2,3	51/3	71/10
Wladiwostok	Sowjetunion	43° 10′ N	28	− 4,4	−14,2/1	20,8/8	598	120/8	7/1	28/1	77/7
Taschkent	Sowjetunion	41° 15′ N	478	12,8	− 1,6/2	25,6/7	370	70/3	8/8,9	9/8	64/1
Ankara	Türkei	39° 55′ N	902	11,7	− 0,1/1	23,3/8	360	50/5	8/8	18/8	71/12
Peking	China, Volksrepublik	39° 55′ N	37	11,7	− 4,7/1	26,0/7	632	254/7	3/12,1	29/2	55/7
Teheran	Iran	35° 40′ N	1 191	16,6	3,8/1	29,8/7	208	37/1	2/8	9/7	53/2
Tokio	Japan	35° 40′ N	6	13,8	3,0/1	26,4/8	1 625	220/10	59/1	41/12,1	82/6
Bagdad	Irak	33° 20′ N	34	22,6	9,1/1	34,4/7	140	28/2,3	0/S	3/8	46/mM
Neu-Delhi	Indien	28° 40′ N	216	24,8	13,9/1	33,6/6	715	211/7	7/4	9/10	63/7,8
Kalkutta	Indien	22° 35′ N	10	26,3	19,5/12,1	30,4/4,5	1 604	330/7,8	9/12	20/12,1	85/7,8
Victoria	Hongkong	22° 20′ N	33	22,2	15,0/2	27,8/7,8	2 265	479/6	17/12	52/10	82/3
Bombay	Indien	18° 55′ N	11	26,8	23,8/1	29,7/5	1 810	620/7	9/W	13/2,3	90/7
Manila	Philippinen	14° 35′ N	16	27,1	25,0/12,1	28,6/5	2 069	440/8	10/2	41/4	80/mM
Madinat asch-Scha'ab	Jemen, Dem. Volksrep.	12° 50′ N	4	28,9	25,3/1	32,8/6	40	10/12,1,3	0/S	20/10	50/1,2
Ho-Tschi-Minh-Stadt[1]	Vietnam	10° 45′ N	10	27,8	26,2/12,1	29,7/4	1 989	338/9	9/2	42/2	82/7
Singapur	Singapur	1° 20′ N	17	27,2	25,6/12,1	27,8/5,6	2 414	258/12	169/7	58/mM	68/1
Jakarta	Indonesien	6° 10′ S	8	26,9	26,2/1,2	27,4/9,10	1 755	335/1	50/8	45/8	76/1,2
Australien und Ozeanien											
Honolulu	Vereinigte Staaten	21° 20′ N	4	24,0	22,2/1,2	25,8/8,9	610	110/1	20/7	47/9	62/2
Sydney	Australien	33° 55′ S	41	17,2	11,7/7	22,3/1	1 181	140/4	70/9,10,11	40/8	59/1,2
Melbourne	Australien	37° 45′ S	35	17,7	9,5/7	19,8/1,2	653	70/10	47/mM	50/1,2	67/6

[1]) Ehem. Saigon.

2 Zusammenfassende

2.1 Die Bundesrepublik Deutschland im Rahmen

Falls keine Angaben für 1981 vorliegen, sind die letzten verfügbaren Ergebnisse aufgenommen worden. Ergebnisse für 1982 blieben aus Gründen der Vergleichbarkeit unberücksichtigt; diese sind – soweit verfügbar – in den Tabellen der nachfolgenden Abschnitte, S. 636 ff., abgedruckt. Unterschiede der statistischen Begriffe, des Erhebungsverfahrens und der Bearbeitungsmethoden schränken die Vergleichbarkeit der Angaben von Land zu Land selbst bei denjenigen statistischen Tatbeständen und Vorgängen mehr oder weniger stark ein, bei denen in Überein-

Lfd. Nr.	Land	Bevölkerung[1])							
		Fläche	Bevölkerung				Lebendgeborene	Gestorbene	Überschuß der Geborenen (+) bzw. Gestorbenen (−)
			insgesamt	unter 15 Jahre	über 65 Jahre	Einwohner je km²			
		1 000 km²	1 000	%	%	Anzahl	je 1 000 Einwohner	je 1 000 Einwohner	je 1 000 Einwohner
1	Bundesrepublik Deutschland	249	61 666	*17*	*15*	*248*	*10,1*	*11,7*	*− 1,6*
2	Belgien	31	9 860	*20*	*14*	*323*	*12,7*	*11,2*	*+ 1,5*
3	Dänemark	43	5 122	*20*	*15*	*119*	*10,4*	*11,0*	*− 0,6*
4	Frankreich	547	53 958	*22*	*14*	*99*	*14,9*	*10,3*	*+ 4,6*
5	Griechenland[1])	132	9 730	*22*	*13*	*74*	*14,4*	*8,9*	*+ 5,5*
6	Großbritannien und Nordirland	244	55 833	*21*	*15*	*229*	*13,1*	*11,8*	*+ 1,3*
7	Irland	70	3 440	*31*	*11*	*49*	*21,0*	*9,4*	*+11,6*
8	Italien	301	57 198	*22*	*13*	*190*	*10,9*	*9,5*	*+ 1,4*
9	Luxemburg	3	363	*18*	*14*	*141*	*12,0*	*11,1*	*+ 0,9*
10	Niederlande	41	14 246	*21*	*12*	*349*	*12,5*	*8,1*	*+ 4,4*
1–10	**EG**	**1 661**	**271 416**	.	.	***163***	.	.	.
11	Finnland	337	4 798	*20*	*12*	*14*	*13,2*	*9,1*	*+ 4,1*
12	Island	103	230	*27*	*10*	*2*	*18,8*	*7,2*	*+11,6*
13	Norwegen	324	4 100	*21*	*15*	*13*	*12,8*	*9,9*	*+ 2,9*
14	Österreich	84	7 555	*20*	*15*	*90*	*12,5*	*12,3*	*+ 0,2*
15	Portugal	92	9 930	*27*	*10*	*108*	*16,4*	*9,9*	*+ 6,5*
16	Schweden	450	8 324	*19*	*17*	*19*	*11,3*	*11,1*	*+ 0,2*
17	Schweiz	41	6 470	*19*	*14*	*157*	*11,5*	*9,3*	*+ 2,2*
18	Spanien	505	37 650	*26*	*11*	*75*	*14,2*	*7,6*	*+ 6,6*
19	Türkei	781	45 820	*39*	*5*	*59*	*34,9*	*10,2*	*+24,7*
20	Kanada	9 976	24 210	*22*	*10*	*2*	*15,4*	*7,1*	*+ 8,3*
21	Vereinigte Staaten	9 363	229 810	*31*	*12*	*25*	*15,9*	*8,7*	*+ 7,2*
22	Japan	372	117 578	*24*	*9*	*316*	*13,1*	*6,2*	*+ 6,9*
23	Australien	7 682	14 856	*25*	*10*	*2*	*15,8*	*7,3*	*+ 8,5*
24	Neuseeland	269	3 130	*27*	*10*	*12*	*16,3*	*8,0*	*+ 8,3*
1–24	**OECD**	**32 040**	**785 877**	.	.	***25***	.	.	.
25	Jugoslawien (mit OECD und COMECON assoziert)	256	22 551	*24*	*9*	*88*	*16,7*	*9,0*	*+ 7,7*
26	Albanien	29	2 800	*30*	*6*	*97*	.	.	.
27	Bulgarien	111	8 890	*22*	*12*	*80*	*14,1*	*11,1*	*+ 3,0*
28	Deutsche Demokratische Republik und Berlin (Ost)	108	16 736	*20*	*15*	*155*	*14,2*	*13,9*	*+ 0,3*
29	Polen	313	35 940	*24*	*10*	*115*	*18,9*	*9,2*	*+ 9,7*
30	Rumänien	238	22 460	*27*	*10*	*94*	*17,0*	*10,0*	*+ 7,0*
31	Sowjetunion	22 402	269 000	*25*	*10*	*12*	*18,7*	*10,3*	*+ 8,4*
32	Tschechoslowakei	128	15 310	*24*	*12*	*120*	*15,5*	*11,7*	*+ 3,8*
33	Ungarn	93	10 711	*22*	*13*	*115*	*13,3*	*13,5*	*− 0,2*
26–33	**COMECON**[2])	**23 422**	**404 398**	.	.	***17***	.	.	.
34	**Welt**	**135 837**	**4 508 000**	.	.	***33***	.	.	.

[1]) Ab 1. 1. 1981 Vollmitglied der EG.
[2]) Europäische Mitgliedsländer.

Bevölkerung:
[1]) Erläuterungen, vor allem zur Berichtszeit, siehe Tabellen 3.1, S. 636, 3.3, S. 641 f. und 3.4, S. 643.

Übersichten

wichtiger internationaler Organisationen 1981

stimmung mit den Quellen die Bildung der Summen für die Organisationen vertretbar erschien. Die nachstehenden Angaben sind mit den Angaben der in den einzelnen Sachgebietsabschnitten aufgeführten Tabellen wegen des unterschiedlichen Quellenmaterials nicht immer voll vergleichbar.

Erwerbstätigkeit						Land- und Forstwirtschaft, Fischerei[1])				
Erwerbsquote[1])	Erwerbstätige in (im) Land- und Forstwirtschaft, Fischerei	Erwerbstätige in (im) Produzierenden Gewerbe[2])	Erwerbstätige in (im) Handel und Verkehr[3])	Erwerbstätige in (im) sonstigen Wirtschaftsbereichen	Arbeitslosenquote[4])	Landwirtschaftliche Fläche	darunter Ackerland und Dauerkulturen	Landwirtschaftliche Erzeugnisse: Getreide	Landwirtschaftliche Erzeugnisse: Kartoffeln	Lfd. Nr.
%	% der Erwerbstätigen				%	1 000 ha	%	1 000 t		
45	5,2	43,0	19,5	32,3	5,5	12 248	61,2	22 826	7 585	1
42	2,6	28,7	23,4	45,3	11,6	1 585	55,4	2 016	1 426	2
52	6,7	29,6	20,3	43,4	9,2	2 905	91,3	7 277	1 053	3
43	7,8	31,3	20,6	40,3	7,8	31 526	59,1	44 998	6 480	4
36	30,4	30,0[5])	39,2[6])		2,7	9 181	42,8	4 955	953	5
47	2,8	36,3	60,0		11,3	18 469	37,9	19 623	6 213	6
34	19,2	31,2	49,6		13,5	5 802	16,8	1 821	1 100	7
40	13,4[7])	37,5[8])	49,2		8,4	17 601	70,8	18 404	2 879	8
44	5,7	38,4[5])	55,9[6])		1,6	.[2])	.[2])	.[2])	.[2])	9
39	6,0	30,9	25,3	37,8	9,0	2 021	42,6	1 276	6 445	10
.	.	.	.	.	.	**101 338**	**54,2**	**123 196**	**34 134**	1–10
50	10,7	32,7	20,9	35,7	5,3	2 563	93,6	2 412	478	11
52	12,1	37,1	21,2	29,5	0,4	2 282	0,4	.	9	12
48	8,3	29,2[5])	26,0	36,6[6])	2,0	938	86,6	1 135	452	13
42	10,1	39,2	24,3	26,4	2,4	3 675	44,5	4 358	1 310	14
46	23,9	34,8	15,5	26,1	8,2	4 080	87,0	1 082	936	15
52	5,5	29,6	20,2	44,8	2,5	3 704	80,4	5 723	1 213	16
47	7,0	39,3	53,6		0,2	2 021	19,6	819	1 048	17
36	18,2	35,2	46,6		15,0	31 530	65,0	11 638	5 571	18
43	55,1	15,8	8,7	20,4	.	38 179	74,6	25 523	2 900	19
48	4,9	24,7	22,3	48,1	7,6	68 200	65,0	50 896	2 621	20
48	3,4	28,8	25,0	42,8	7,6	428 163	44,5	333 746	15 358	21
49	9,8	34,0	28,3	27,9	2,2	5 461	89,4	13 832	3 095	22
46	6,5	30,6	62,8		5,8	496 300	.	23 649	849	23
42	10,6	30,5	23,8	35,1	3,8	14 609	3,1	915	278	24
.	.	.	.	.	.	**1 203 043**	**29,6**	**598 924**	**70 252**	1–24
46	.	.	.	.	.	14 285	55,2	15 247	2 774	25
43	.	.	.	.	.	1 310	57,3	872	140	26
52	.	.	.	.	.	6 185	67,6	8 440	407	27
52	10,7	48,2	17,6	23,5	.	6 271	80,3	8 863	10 378	28
56	.	.	.	.	.	18 947	78,6	19 724	42 562	29
55	.	.	.	.	.	14 964	70,1	19 300	4 500	30
50	.	.	.	.	.	605 666	38,3	154 406	72 000	31
51	13,1	48,8[5])	16,1	22,0[6])	.	6 851	75,4	9 454	3 665	32
47	22,1	40,8[5])	17,7	19,4[6])	.	6 627	80,5	12 878	1 608	33
.	.	.	.	.	.	**666 821**	**41,7**	**233 937**	**135 260**	26–33
.	.	.	.	.	.	**4 568 900**	**31,8**	**1 650 305**	**254 528**	34

Erwerbstätigkeit:
1) Anteil der Erwerbspersonen an der Bevölkerung.
2) Einschl. Baugewerbe.
3) Einschl. Gaststättengewerbe.
4) Anteil der Arbeitslosen an den Erwerbspersonen.
5) Einschl. Energiewirtschaft und Wasserversorgung.
6) Ohne Energiewirtschaft und Wasserversorgung.
7) Einschl. Bergbau, Gewinnung von Steinen und Erden.
8) Ohne Bergbau, Gewinnung von Steinen und Erden.

Land- und Forstwirtschaft, Fischerei:
1) Erläuterungen, vor allem zur Berichtszeit, siehe S. 649 ff.
2) Die Angaben für Luxemburg sind unter Belgien nachgewiesen.

2.1 Die Bundesrepublik Deutschland im Rahmen

Falls keine Angaben für 1981 vorliegen, sind die letzten verfügbaren Ergebnisse aufgenommen worden. Ergebnisse für 1982 blieben aus Gründen der Vergleichbarkeit unberücksichtigt; diese sind – soweit verfügbar – in den Tabellen der nachfolgenden Abschnitte, S. 636 ff., abgedruckt. Unterschiede der statistischen Begriffe, des Erhebungsverfahrens und der Bearbeitungsmethoden schränken die Vergleichbarkeit der Angaben von Land zu Land selbst bei denjenigen statistischen Tatbeständen und Vorgängen mehr oder weniger stark ein, bei denen in Überein-

Lfd. Nr.	Land	Land- und Forstwirtschaft, Fischerei[1]					Produ			
		Landwirtschaftliche Erzeugnisse		Viehbestand		Fischfänge	Index der Produktion			
		Kuhmilch	Fleisch	Rinder	Schweine		insgesamt	Bergbau	Verarbeitendes Gewerbe	Elektrizitäts- und Gasversorgung
		1 000 t		1 000		1 000 t	1976 = 100			
1	Bundesrepublik Deutschland	24 858	4 600	15 070	22 553	300	108	99	108	114
2	Belgien	4 030	1 141	3 116	5 099	46	103[2]	76	104	107
3	Dänemark	5 037	1 341	2 933	9 856	2 405	107	.	107	95
4	Frankreich	33 700	5 514	23 553	11 629	765	105	86	104	136
5	Griechenland[1]	714	525	899	1 000	106	117	106	116	109
6	Großbritannien und Nordirland	15 862	3 019	13 137	7 828	811	100	254	88	109
7	Irland	4 803	565	6 696	1 096	149	125[3]	115	125	.
8	Italien	10 490	3 541	8 734	8 928	445	113	94	114	110
9	Luxemburg	.	.	.	.	.	97	33	99	92
10	Niederlande	12 148	2 014	5 191	10 315	340	101	82	107	101[4]
1–10	**EG**	**111 642**	**22 260**	**79 329**	**78 304**	**5 367**	**107**	**132**	**105**	**117**
11	Finnland	3 190	328	1 766	1 506	141	128	108	127	134[4]
12	Island	132	25	60	12	1 515	.	.	.	.
13	Norwegen	1 960	208	988	690	2 398	125	251	100	116
14	Österreich	3 530	624	2 517	3 706	4	116	87	118	123
15	Portugal	697	462	1 000	3 430	265	136	102	155	136
16	Schweden	3 496	555	1 939	2 723	237	95	79	95	99
17	Schweiz	3 700	471	1 954	2 071	4	114	.	115	142[4]
18	Spanien	6 063	2 614	4 531	10 692	1 240	109	175	106	119
19	Türkei	3 600	938	15 894	13	430	.	.	.	.
20	Kanada	8 025	2 438	12 468	9 554	1 305	112	94	113	126
21	Vereinigte Staaten	60 161	24 996	114 321	64 512	3 635	116	125	116	112
22	Japan	6 620	3 021	4 385	10 065	10 410	132	96	132	120
23	Australien	5 326	2 626	25 168	2 430	136	109[5]	.	106[5][6]	134[5]
24	Neuseeland	6 580	1 204	8 230	418	98	.	.	.	.
1–24	**OECD**	**224 722**	**62 770**	**274 550**	**190 126**	**27 185**	**114**	**127**	**114**	**117**
25	Jugoslawien (mit OECD und COMECON assoziiert)	4 600	1 430	5 474	7 867	58	.	.	.	.
26	Albanien	280	59	476	125	4	.	.	.	.
27	Bulgarien	1 885	659	1 796	3 808	126	.	.	.	.
28	Deutsche Demokratische Republik und Berlin (Ost)	8 202	1 821	5 723	12 871	244	.	.	.	.
29	Polen	15 350	2 370	11 797	18 480	640	.	.	.	.
30	Rumänien	4 649	1 790	6 258	11 542	174	.	.	.	.
31	Sowjetunion	88 374	15 227	115 057	73 382	9 412	.	.	.	.
32	Tschechoslowakei	5 974	1 449	5 002	7 894	16	.	.	.	.
33	Ungarn	2 678	1 462	1 918	8 330	34	.	.	.	.
26–33	**COMECON**[2]	**127 392**	**24 837**	**148 027**	**136 432**	**10 650**	.	.	.	.
34	**Welt**	**429 140**	**142 589**	**1 213 103**	**776 686**	**72 191**	**116**[7]	**106**[7]	**117**[7]	**121**[7]

[1]) Ab 1. 1. 1981 Vollmitglied der EG.
[2]) Europäische Mitgliedsländer.

Land- und Forstwirtschaft, Fischerei:
[1]) Erläuterungen, vor allem zur Berichtszeit, siehe S. 649 ff. – Die Angaben für Luxemburg sind unter Belgien nachgewiesen.

wichtiger internationaler Organisationen 1981

stimmung mit den Quellen die Bildung der Summen für die Organisationen vertretbar erschien. Die nachstehenden Angaben sind mit den Angaben der in den einzelnen Sachgebietsabschnitten aufgeführten Tabellen wegen des unterschiedlichen Quellenmaterials nicht immer voll vergleichbar.

zierendes Gewerbe[1])											
Produktion ausgewählter Erzeugnisse											Lfd. Nr.
Steinkohle	Elektrizität	Motoren- und Flugbenzin	Dieselöle	Eiseninhalt von Eisenerzen	Roheisen u. Hochofen-Ferro-legierungen	Rohstahl	Stickstoff-haltige Dünge-mittel	Papier und Pappe	Personen-kraft-wagen	Vom Stapel gelaufene Schiffe	
1 000 t	Mrd. kWh	1 000 t					1 000 t-N	1 000 t	1 000	1 000 BRT	
88 460	369	20 161	11 896	476	31 876	41 610	1 322	8 132	3 590	665	1
6 136	48	5 138	8 012	—	9 809	12 283	743	930	216	223	2
—	18	1 057	2 545	—	—	612	138	203	—	367	3
18 589	264	17 846	12 192	6 801	17 274	21 245	1 640	5 148	2 612	246	4
—	22	1 811	3 942	549	40	909	311	288	—	65	5
125 301	260	17 198	20 045	158	9 461	15 321	1 167	3 419	955	342	6
69	11	186	189	—	—	33	190	72	—	0	7
256	173	15 022	25 042	51	12 319	24 778	1 388	4 914	1 254	237	8
—	1	—	—	125	2 889	3 790	—	—	—	—	9
—	61	7 227	13 589	—	4 600	5 472	1 624	1 665	78	175	10
238 811	**1 227**	**84 730**	**97 452**	**8 160**	**88 268**	**126 053**	**8 523**	**24 771**	**8 705**	**2 320**	1–10
—	41	2 051	3 916	570	1 965	2 419	281	6 002	—	311	11
—	3	—	—	—	—	—	9	—	—	2	12
313	92	1 133	3 482	2 642	570	847	428	1 373	—	272	13
—	43	10 932	6 957	975	3 477	4 656	300	1 670	7	—	14
184	14	1 085	2 049	20	314	555	180	484	14	13	15
28	100	2 368	4 629	14 400	1 770	3 770	180	6 131	229	362	16
—	48	1 103	1 683	—	33	934	33	920	—	—	17
14 268	111	5 337	10 508	4 205	6 259	12 896	960	2 589	858	604	18
4 104	25	2 113	3 525	1 613	1 996	2 425	463	365	—	24	19
21 736	378	30 074	23 403	30 300	9 743	15 027	1 755	13 414	803	121	20
697 608	2 365	282 047	134 452	46 025	66 742	112 135	11 788	60 280	6 253	306	21
17 687	523	25 874	34 559	240	80 048	101 676	1 202	16 980	6 974	9 139	22
96 686	101	10 932	6 957	60 060	6 830	7 635	223	1 430	329	13	23
1 944	23	1 263	678	2 015	—	222	—	711	—	0	24
1 093 369	**5 094**	**461 042**	**334 250**	**171 225**	**268 015**	**391 250**	**26 325**	**137 120**	**24 172**	**13 487**	1–24
384	60	2 367	3 073	1 678	2 817	3 976	391	1 180	187	285	25
—	2	...	...	—	—	—	70	8	—	—	26
246	37	...	...	561	1 514	2 482	730	426	15	129	27
...	101	3 442	5 614	13	2 432	7 467	967	1 249	180	75	28
163 022	115	2 785	4 249	32	9 880	15 719	1 290	1 124	240	349	29
8 286	70	4 986	6 738	600	8 857	13 025	1 707	855	9	191	30
481 324	1 325	...	...	130 905	107 766	148 517	10 155	8 954	1 324	103	31
27 513	73	...	...	505	9 903	15 271	618	1 201	181	—	32
3 066	24	2 361	3 524	105	2 193	3 643	651	458	—	—	33
...	**1 747**	...	...	**132 721**	**142 545**	**206 124**	**16 188**	**14 275**	**1 949**	**847**	26–33
2 757 000	**8 167**	...	...	**501 700**	**500 400**	**711 000**	**62 697**	...	**27 720**	**17 032**	34

Produzierendes Gewerbe:
[1]) Erläuterungen, vor allem zur Berichtszeit, siehe Tab. 6.1 und 6.2, S. 659 ff.
[2]) Ohne Gasversorgung.
[3]) Ohne Elektrizitäts- und Gasversorgung.
[4]) Einschl. Wasserversorgung.
[5]) Wirtschaftsjahr 1. 7. 80 – 30. 6. 81.
[6]) Einschl. Kohlenbergbau.
[7]) Ohne Angaben für Albanien, China (Volksrepublik), Korea (Demokratische Volksrepublik) und Vietnam.

2.1 Die Bundesrepublik Deutschland im Rahmen

Falls keine Angaben für 1981 vorliegen, sind die letzten verfügbaren Ergebnisse aufgenommen worden. Ergebnisse für 1982 blieben aus Gründen der Vergleichbarkeit unberücksichtigt; diese sind – soweit verfügbar – in den Tabellen der nachfolgenden Abschnitte, S. 636 ff., abgedruckt. Unterschiede der statistischen Begriffe, des Erhebungsverfahrens und der Bearbeitungsmethoden schränken die Vergleichbarkeit der Angaben von Land zu Land selbst bei denjenigen statistischen Tatbeständen und Vorgängen mehr oder weniger stark ein, bei denen in Überein-

Lfd. Nr.	Land	Außen								
		Einfuhr					Ausfuhr			
		insgesamt	darunter aus			je Einwohner	insgesamt	darunter nach		
			industrial. westlichen Ländern	Entwicklungsländern	Staatshandelsländern			industrial. westlichen Ländern	Entwicklungsländern	Staatshandelsländern
		Mill. DM				DM	Mill. DM			
1	Bundesrepublik Deutschland	369 179	277 963	71 647	19 287	*5 985*	396 898	304 917	70 558	19 545
2	Belgien	138 873	111 995	23 112	3 700	*13 588*	124 838	105 577	15 154	2 791
3	Dänemark	39 712	34 146	3 963	1 603	*7 756*	36 236	29 993	5 491	747
4	Frankreich	271 830	181 904	75 224	12 479	*5 035*	228 817	158 140	60 878	9 789
5	Griechenland[1])	19 844	13 453	5 009	1 380	*2 044*	9 604	5 632	3 106	858
6	Großbritannien und Nordirland	229 814	183 135	41 535	4 629	*4 102*	223 425	162 592	52 765	4 919
7	Irland	23 948	22 249	1 283	286	*6 962*	17 593	15 085	2 101	174
8	Italien	201 138	122 397	67 044	11 633	*3 515*	170 184	112 305	49 202	6 426
9	Luxemburg	.	.	.	.	.	.	.	.	.
10	Niederlande	148 402	107 163	34 655	6 580	*10 414*	154 388	129 623	17 820	3 403
1–10	**EG**	**1 442 740**	**1 054 405**	**323 472**	**61 577**	***5 311*[2])**	**1 361 983**	**1 023 864**	**277 075**	**48 652**
11	Finnland	32 072	20 113	3 377	8 582	*6 682*	31 649	20 063	3 096	8 488
12	Island	2 307	2 000	88	220	*10 030*	2 022	1 570	291	160
13	Norwegen	35 341	31 596	2 574	961	*8 620*	40 646	36 717	3 288	640
14	Österreich	47 489	36 036	5 688	5 764	*6 323*	35 798	26 512	5 032	4 254
15	Portugal	22 120	15 344	6 093	649	*2 228*	9 372	7 364	1 576	208
16	Schweden	65 157	52 128	9 910	3 118	*7 831*	64 397	51 178	10 631	2 587
17	Schweiz	69 162	59 898	6 302	2 960	*10 640*	60 381	45 310	12 831	2 237
18	Spanien	72 504	37 284	33 013	2 195	*1 926*	45 961	28 181	15 243	1 952
19	Türkei	20 034	9 696	8 539	1 799	*442*	10 626	5 175	4 669	779
20	Kanada	146 676	125 024	20 540	931	*6 058*	154 330	130 763	15 861	6 170
21	Vereinigte Staaten	617 776	332 650	276 610	8 509	*2 651*	528 250	306 835	201 240	17 969
22	Japan	318 276	111 902	190 116	16 244	*2 705*	343 317	167 579	154 238	21 501
23	Australien	53 630	38 402	13 554	1 028	*3 609*	49 070	24 759	14 477	3 505
24	Neuseeland	12 901	9 756	2 978	154	*4 122*	12 049	7 820	3 227	853
1–24	**OECD**	**2 958 185**	**1 936 234**	**902 854**	**114 691**	***3 749*[2])**	**2 749 851**	**1 883 690**	**722 775**	**119 955**
25	Jugoslawien (mit OECD und COMECON assoziiert)	35 611	18 890	5 524	11 196	*1 581*	24 699	7 863	4 576	12 260
26	Albanien	.	.	.	.	.	.	.	.	.
27	Bulgarien	24 533	5 210	1 529	17 794	*2 760*	24 273	3 866	4 408	16 000
28	Deutsche Demokratische Republik und Berlin (Ost)	45 885	.	.	.	*2 741*	45 150	.	.	.
29	Polen	34 975	10 534	2 227	21 913	*974*	29 943	9 367	2 583	16 958
30	Rumänien	28 155	9 389	8 340	9 976	*1 254*	28 499	10 505	7 959	9 718
31	Sowjetunion	164 889	65 853	30 389	68 645	*616*	178 545	61 881	34 721	81 830
32	Tschechoslowakei	33 128	8 725	1 857	22 545	*2 164*	33 619	8 059	3 360	22 120
33	Ungarn	20 627	8 891	1 887	9 849	*1 926*	19 691	6 587	2 429	10 675
26–33	**COMECON**[2])	**352 192**[3])	.	.	.	***932***[3])	**359 720**[3])	.	.	.
34	**Welt**	**4 579 000**	.	.	.	.	**4 442 000**	.	.	.

[1]) Ab 1. 1. 1981 Vollmitglied der EG.
[2]) Europäische Mitgliedsländer.

Außenhandel:

[1]) Erläuterungen siehe Vorbemerkung und Fußnoten S. 671 ff. – Die Angaben für Luxemburg sind unter Belgien ausgewiesen.

[2]) Einschl. des Intra-Handels (Warenverkehr der EG-Länder bzw. der OECD-Länder untereinander); ohne Intra-Handel bei der EG: Einfuhr 2 775, Ausfuhr 2 462, bei der OECD: Einfuhr 1 336, Ausfuhr 1 162.

[3]) Ohne Angaben für Albanien.

wichtiger internationaler Organisationen 1981

stimmung mit den Quellen die Bildung der Summen für die Organisationen vertretbar erschien. Die nachstehenden Angaben sind mit den Angaben der in den einzelnen Sachgebietsabschnitten aufgeführten Tabellen wegen des unterschiedlichen Quellenmaterials nicht immer voll vergleichbar.

handel[1])						Verkehr			Geld und Kredit[1])			
	Ein- (−) bzw. Ausfuhr- (+) überschuß											
		darunter im Handel mit								Gold-	Devisen-	
je Einwohner	insgesamt	industrial. westlichen Ländern	Entwicklungsländern	Staatshandelsländern	je Einwohner	Personenkraftwagen[1])	Fernsprechstellen[2])	Bestand der Handelsflotten[1])	Bargeldumlauf	bestände		Lfd. Nr.
DM	Mill. DM				DM	je 1 000 Einwohner		1 000 BRT	Mrd.[2])	Mill. troy oz	Mill. SZR	
6 435	+ 27 720	+26 953	− 1 050	+ 258	*+ 450*	*384*	*463*[3])	7 708	84	95	34 406	1
12 215	− 14 035	− 6 418	− 7 958	− 909	*−1 373*	*320*	*332*	1 917	371	34	3 236	2
7 077	− 3 476	− 4 153	+ 1 528	− 856	*− 679*	*267*	*569*	5 048	14	1,6	1 911	3
4 238	− 43 013	−23 764	− 14 346	− 2 690	*− 797*	*366*	*372*	11 455	161	82	17 162	4
989	− 10 240	− 7 821	− 1 903	− 522	*−1 055*	*94*	*266*	42 005	264	4	822	5
3 988	− 6 389	−20 543	+ 11 230	+ 290	*− 114*	*282*	*415*	25 419	11	19	11 003	6
5 114	− 6 355	− 7 164	+ 818	− 112	*−1 847*	*225*	*172*	268	739	0,4	2 112	7
2 974	− 30 954	−10 092	− 17 842	− 5 207	*− 541*	*313*	*301*	10 641	29 612	67	15 995	8
.	.	.	.	.	.	*477*	*539*	.	.	.	.	9
10 834	+ 5 986	+22 460	− 16 835	− 3 177	*+ 420*	*323*	*453*	5 467	22	44	6 934	10
5 014[2])	**− 80 757**	**−30 541**	**− 46 358**	**−12 925**	***− 297***[2])	.	.	**109 928**	.	.	.	1–10
6 594	− 423	− 50	− 281	− 94	*− 88*	*267*	*447*	2 445	5	1,3	1 073	11
8 791	− 285	− 430	+ 203	− 60	*−1 239*	*374*	*444*	183	406	0,05	185	12
9 914	+ 5 305	+ 5 121	+ 714	− 321	*+1 294*	*312*	*402*	21 675	20	1,2	4 963	13
4 767	− 11 691	− 9 524	− 656	− 1 510	*−1 557*	*306*	.	62	73	21	4 131	14
944	− 12 748	− 7 980	− 4 517	− 441	*−1 284*	*100*	.	1 377	189	22	410	15
7 740	− 760	− 950	+ 721	− 531	*− 91*	*348*	*744*	4 034	36	6	2 704	16
9 289	− 8 781	−14 588	+ 6 529	− 723	*−1 351*	*376*	*677*	315	25	83	11 613	17
1 221	− 26 543	− 9 103	− 17 770	− 243	*− 705*	*212*	*280*	8 134	1 333	15	8 759	18
234	− 9 408	− 4 521	− 3 870	− 1 020	*− 207*	*15*	.	1 664	280	4	1 104	19
6 375	+ 7 654	+ 5 739	− 4 679	+ 5 239	*+ 316*	*428*	*648*	3 159	11	20	2 544	20
2 267	− 89 526	−25 815	− 75 370	+ 9 460	*− 384*	*535*	*770*	18 908	127	264	8 397	21
2 918	+ 25 041	+55 677	− 35 878	+ 5 257	*+ 213*	*209*	*424*	40 835	18 584	24	21 234	22
3 302	− 4 560	−13 643	+ 923	+ 2 477	*− 307*	*465*	*440*	1 768	5 533	8	1 138	23
3 850	− 852	− 1 936	+ 249	+ 699	*− 272*	*430*	*545*	244	684	0,02	532	24
3 485	**−208 334**	**−52 544**	**−180 079**	**+ 5 264**	***− 264***[2])	.	.	**214 731**	.	.	.	1–24
1 097	− 10 912	−11 027	− 948	+ 1 064	*− 485*	*84*	.	2 541	149	2	1 300	25
.	.	.	.	.	.	.	.	56	.	.	.	26
2 730	− 260	− 1 344	+ 2 879	− 1 794	*− 29*	.	*116*	1 194	.	.	.	27
2 697	− 735	.	.	.	*− 44*	*168*	*176*	1 570	...	...	...	28
834	− 5 032	− 1 167	+ 356	− 4 955	*− 140*	*73*	*88*	3 579	.	.	.	29
1 269	+ 344	+ 1 116	− 381	− 258	*+ 15*	.	.	2 032	.	.	.	30
667	+ 13 656	− 3 972	+ 4 332	+13 185	*+ 51*	.	*80*	23 493	.	.	.	31
2 196	+ 491	− 666	+ 1 503	− 425	*+ 32*	*162*	*196*	185	.	.	.	32
1 839	− 936	− 2 304	+ 542	+ 826	*− 87*	*103*	*107*	83	.	.	.	33
952[3])	**+ 7 528**[3])	.	.	.	***+ 20***[3])	.	.	**34 733**	.	.	.	26–33
.	**−137 000**	.	.	.	.	.	.	**420 835**	.	.	.	34

Verkehr:
[1]) Erläuterungen, vor allem zur Berichtszeit, siehe Tabellen 9.2, S. 682 und 9.5, S. 684.
[2]) 1978.
[3]) 1980.

Geld und Kredit:
[1]) Stand am Jahresende. − Erläuterungen siehe S. 690. − Die Angaben für Luxemburg sind unter Belgien nachgewiesen (Landeswährung: 1 bfr = 1 lfr).
[2]) In Landeswährung; siehe auch S. 620 f.

2.1 Die Bundesrepublik Deutschland im Rahmen

Falls keine Angaben für 1981 vorliegen, sind die letzten verfügbaren Ergebnisse aufgenommen worden. Ergebnisse für 1982 blieben aus Gründen der Vergleichbarkeit unberücksichtigt; diese sind – soweit verfügbar – in den Tabellen der nachfolgenden Abschnitte, S. 636 ff., abgedruckt. Unterschiede der statistischen Begriffe, des Erhebungsverfahrens und der Bearbeitungsmethoden schränken die Vergleichbarkeit der Angaben von Land zu Land selbst bei denjenigen statistischen Tatbeständen und Vorgängen mehr oder weniger stark ein, bei denen in Über-

Lfd. Nr.	Land	Bildung und Kultur: Hörfunkempfänger[1])	Bildung und Kultur: Fernsehempfänger[1])	Gesundheitswesen[1]): Einwohner je Arzt	Gesundheitswesen[1]): Krankenhausbetten je 10 000 Einwohner	Öffentliche Finanzen[1]): Staatsausgaben	Öffentliche Finanzen[1]): Staatseinnahmen	Öffentliche Finanzen[1]): Schuldenstand[2])
		je 1 000 Einwohner		Anzahl		Mrd. Landeswährung[3])		
1	Bundesrepublik Deutschland	344[2])[3])	316[2])[3])	451	116	233,0	195,0	269,0
2	Belgien	452[3])	293[3])	444	89	1 334,6	1 036,2	2 439,1
3	Dänemark	377[3])	358[3])	512	87	161,5	127,6	192,9
4	Frankreich	337[3])	292[3])	613	106	764,3	700,0	346,5
5	Griechenland[1])	307	147	453	64	621,5	429,7	821,9
6	Großbritannien und Nordirland	931	394	653	87	90,1	81,3	120,5
7	Irland	371	223	831	105	4,7	3,6	9,1
8	Italien	240[3])	231[3])	485	104	149 246	105 343	258 290
9	Luxemburg	512	245	878	122	54,2	51,4	29,9
10	Niederlande	308[3])	293[3])	583	101	142,1	123,4	118,5
1–10	**EG**	.	.	.	.	.	.	.
11	Finnland	525	316	623	153	55,4	51,8	21,5
12	Island	579[3])	270[3])	591	172	5,9	6,0	...
13	Norwegen	327	288	541	148	98,3	100,9	107,6
14	Österreich	352[3])	282[3])	428	113	256,3	231,3	...
15	Portugal	160	122	704	53	410,7	275,0	...
16	Schweden	.	374[3])	563	149	195,1	134,1	295,6
17	Schweiz	355[3])	312[3])	498	114	17,6	17,4	16,6
18	Spanien	258	253	557	54	2 764	2 513	...
19	Türkei	97[3])	70[3])	1 773	20	1 525	1 485	...
20	Kanada	1 104	466	563	87	71,5	64,0	...
21	Vereinigte Staaten	2 040	635	595	63	688,2	628,2	1 034,7
22	Japan	777	245	845	106	46 800	34 500	110 300
23	Australien	...	383	650	124	.	.	.
24	Neuseeland	888	278	731	102	.	.	.
1–24	**OECD**	.	.	.	.	.	.	.
25	Jugoslawien (mit OECD und COMECON assoziiert)	209[3])	189[3])	761	60	.	.	.
26	Albanien	75	2	991	62	.	.	.
27	Bulgarien	...	196[3])	443	87	.	.	.
28	Deutsche Demokratische Republik und Berlin (Ost)	376[3])	...	506	105	.	.	.
29	Polen	240[3])	216[3])	605	76	.	.	.
30	Rumänien	145[3])	163[3])	738	92	.	.	.
31	Sowjetunion	473	303	289	121	.	.	.
32	Tschechoslowakei	291[3])	256[3])	395	123	.	.	.
33	Ungarn	243[3])	249[3])	434	88	.	.	.
26–33	**COMECON**[2])	.	.	.	.	.	.	.
34	**Welt**	.	.	.	.	.	.	.

[1]) Ab 1. 1. 1981 Vollmitglied der EG.
[2]) Europäische Mitgliedsländer.

Bildung und Kultur:
[1]) 1979.
[2]) Nur gebührenpflichtige Empfangsgeräte.
[3]) Erteilte Genehmigungen.

Gesundheitswesen:
[1]) 1979.

Öffentliche Finanzen:
[1]) Erläuterungen siehe Fußnoten S. 701.
[2]) Zentralregierungen ohne Gebietskörperschaften.
[3]) Siehe S. 620f.

Löhne:
[1]) Meßzahlen der durchschnittlichen Bruttostundenverdienste der Arbeiter im verarbeitenden Gewerbe.

wichtiger internationaler Organisationen 1981

einstimmung mit den Quellen die Bildung der Summen für die Organisationen vertretbar erschien. Die nachstehenden Angaben sind mit den Angaben der in den einzelnen Sachgebietsabschnitten aufgeführten Tabellen wegen des unterschiedlichen Quellenmaterials nicht immer voll vergleichbar.

Löhne	Preise		Verbrauch		Bruttoinlandsprodukt zu Marktpreisen[1])						Lfd. Nr.
Meßzahlen der Verdienste[1])	Index der Großhandelspreise	Preisindex für die Lebenshaltung	Stahl[1])[2]) (Rohstahlbasis)	Energie[1])[3]) (SKE)	in jeweiligen Preisen	Anteile: Privater Verbrauch	Anteile: Staatsverbrauch	Anteile: Investitionen	Anteile: Außenbeitrag	in konstanten Preisen	
1976 = 100	1976 = 100	1976 = 100	kg je Einwohner	kg je Einwohner	1970 = 100	in % des Bruttoinlandsprodukts	in % des Bruttoinlandsprodukts	in % des Bruttoinlandsprodukts	in % des Bruttoinlandsprodukts	1970 = 100	
134	126	124	549	5 727	150	56,5	20,7	21,9	+ 0,8	119	1
151[2])	122	134	324	6 037	155	65,8	19,0	18,4	− 3,2	114	2
159[2])	168	168	344	5 224	191	56,3	27,7	15,4	+ 0,6	114	3
189[2])	151	170	373	4 351	213	65,0	15,8	20,9	− 1,6	118	4
292	241	233	207	2 137	303	67,8	17,8	24,5	− 8,0	123	5
188[2])	189	188	247	4 942	237	60,6	22,3	14,2	+ 2,9	106	6
212[3])	186	197	126	2 955	278	63,8	22,0	28,8	−14,6	123	7
254[2])	204	218	458	3 318	318	62,6	18,1	21,2	− 1,9	121	8
137[2])	.	132	.[4])	14 906	165	60,5	17,5	27,1	− 5,0	111	9
134[2])	143	132	328	6 208	159	60,6	17,9	17,7	+ 3,7	113	10
.	.	.	.	.	.	.	.	.	.	.	1–10
166[4])	165	163	445	5 135	208	54,5	19,1	24,3	+ 1,6	119	11
.	.	646	.	4 743	1 080	62,0	11,8	27,1	− 0,9	126	12
148[5])[6])	154	156	445	6 437	221	47,4	19,0	25,6	+ 8,0	127	13
139[6])	127	129	360	4 160	161	56,3	18,4	26,1	− 0,8	119	14
.	284	270	122	1 097	.	69,6	14,9	34,6	−19,0	.	15
158[7])	159	168	497	5 269	190	52,5	29,3	18,5	− 0,4	106	16
127[5])[8])	112	118	429	3 708	132	62,6	12,5	25,9	− 1,0	111	17
.	218	228	239	2 539	285	69,8	11,8	20,4	− 2,1	111	18
.	880	892	73	737	1 235	70,2	12,6	23,6	− 6,4	120	19
159	169	159	541	10 241	204	55,5	19,5	23,9	+ 1,3	121	20
153	160	160	508	10 410	189	63,9	18,1	18,8	− 0,8	121	21
139[9])	127	132	629	3 494	168	57,8	10,2	31,2	+ 0,8	132	22
155	169	160	416	4 160	204	60,1	17,1	25,9	− 3,9	118	23
202	215	197	260	3 453	251	59,7	17,4	25,3	− 3,0	103	24
.	.	.	.	.	.	.	.	.	.	.	1–24
284	247	288	254	2 049	309[2])	56,8[2])	5,1[2])	42,8[2])	−10,8[2])	131[2])	25
.	.	.	57[5])	1 164	.	.	.	.	.	.	26
133	.	.	312	5 678	.	.	.	.	.	.	27
.	.	.	583	7 408	.	65,6[3])	12,5[3])	21,9[3])	—	128	28
176	.	.	542	5 586	.	79,9	12,8	10,3	− 3,0	.	29
.	.	.	544	4 593	.	—	.	.	.	142[2])	30
112	.	.	566[6])	5 595	133	75,3		23,0	+ 1,7	128	31
117	.	111	729	6 482	116	69,2	7,5	19,5	+ 3,8	119	32
141	.	135	330	3 850	161	68,8	7,9	23,3	+ 0,1	121	33
.	.	.	.	**5 572**	.	.	.	.	.	.	26–33
.	.	.	.	**1 955**	.	.	.	.	.	.	34

2) Durchschnitt aus April und Oktober.
3) Durchschnitt aus März und September.
4) Einschl. Bergbau und Energiewirtschaft.
5) Männliche Arbeiter.
6) Einschl. Bergbau.
7) An Stelle Durchschnitt: 2. Vierteljahr.
8) An Stelle Durchschnitt: Oktober.
9) Bruttomonatsverdienste.

Verbrauch:
1) 1980.
2) Erzeugung plus Einfuhr minus Ausfuhr, ohne Vorratsveränderungen.
3) Erzeugung plus Einfuhr minus Ausfuhr, Zunahme der Vorräte, Bunkerkohle.
4) Die Angaben für Luxemburg sind unter Belgien nachgewiesen.
5) 1977.
6) 1976.

Bruttoinlandsprodukt zu Marktpreisen:
1) Erläuterungen siehe S. 723 ff.
2) 1980.
3) In konstanten Preisen.

3 Bevölkerung

3.1 Fläche und Bevölkerung der Länder der Erde*)

Land	Hauptstadt bzw. Verwaltungssitz	Fläche[1])	Ergebnis der letzten Volkszählung		Fortgeschriebene bzw. geschätzte Zahlen		
			Zeitpunkt	Bevölkerung[2])	Jahresmitte	Bevölkerung[2]) insgesamt	Bevölkerung[2]) je km^2
		km^2		1 000		1 000	Anzahl
Erde	—	**135 837 000**	.	.	**1982**	**4 581 000**	**34**
Europa[3])	—	**4 937 000**	.	.	**1982**	**490 000**	**99**
Bundesrepublik Deutschland	Bonn	248 687	27. 5. 1970	60 651	1982	61 638	248
Deutsche Dem. Rep. u. Berlin (Ost)	Berlin (Ost)	108 333	31. 12. 1981	16 732	1981	16 736	155
Albanien	Tirana	28 748	Jan. 1979	2 595	1981	2 800	97
Andorra	Andorra la Vella	453	Nov. 1954	6	1981	30	66
Belgien	Brüssel	30 513	1. 3. 1981	9 849	1981	9 860	323
Bulgarien	Sofia	110 912	2. 12. 1975	8 730	1981	8 890	80
Dänemark[4])	Kopenhagen	43 069	1. 7. 1976	5 073	1982	5 120	119
Färöer	Thorshavn	1 399	22. 9. 1977	42	1982	40	29
Finnland	Helsinki	337 032[5])	31. 12. 1975	4 718	1982	4 826	14
Frankreich	Paris	547 026	4. 3. 1982	54 310	1982	54 194	99
Griechenland	Athen	131 944	5. 4. 1981	9 707	1981	9 730	74
Großbritannien und Nordirland	London	244 046	5./6. 4. 1981	55 676	1981	55 833	229
davon: England und Wales	London	151 126	5./6. 4. 1981	49 011	1981	49 011	124
Schottland	Edinburgh	78 772	5./6. 4. 1981	5 117	1981	5 117	65
Nordirland	Belfast	14 148	5./6. 4. 1981	.	1981	1 509	107
Kanalinseln	St. Helier/ St. Peter Port	195	5./6. 4. 1981	133	1981	133	682
Insel Man	Douglas	588	4. 4. 1976	60	1981	60	102
Gibraltar	—	6	6. 10. 1970	27	1981	30	5 000
Irland	Dublin	70 283	5. 4. 1981	3 440	1982	3 480	50
Island	Reykjavík	103 000	1. 12. 1970	205	1981	230	2
Italien	Rom	301 225	25. 10. 1981	56 244	1982	56 259	187
Jugoslawien	Belgrad	255 804	1. — 15. 4. 1981	22 350	1982	22 690	89
Liechtenstein	Vaduz	157	1. 12. 1978	26	1981	30	191
Luxemburg	Luxemburg	2 586	31. 3. 1981	365	1981	363	141
Malta[6])	Valletta	316	26. 11. 1967	316	1981	370	1 171
Monaco	Monaco	1,49	Febr. 1975	25	1981	30	20 134
Niederlande	Amsterdam/Den Haag	41 160[7])	28. 2. 1971	13 046	1982	14 310	348
Norwegen[8])	Oslo	324 219[9])	1. 11. 1980	4 091	1981	4 100	13
Arktische Gebiete[10])	—	62 422	1. 11. 1960	3	1981	.	.
Österreich	Wien	83 849	12. 5. 1981	7 555	1982	7 571	90
Polen	Warschau	312 677	7. 12. 1978	35 061	1982	36 230	116
Portugal[11])	Lissabon	92 082	16. 3. 1981	9 784	1982	10 060	109
Rumänien	Bukarest	237 500	5. 1. 1977	21 560	1981	22 460	94
San Marino	San Marino	61	30. 11. 1976	19	1981	21	344
Schweden	Stockholm	449 964[12])	1. 11. 1975	8 209	1982	8 330	19
Schweiz	Bern	41 288	2. 12. 1980	6 366	1981	6 470	157
Spanien[13])	Madrid	504 782	1. 3. 1981	37 682	1982	37 930	75
Tschechoslowakei	Prag	127 869	1. 11. 1980	15 277	1982	15 370	120
Ungarn	Budapest	93 030	1. 1. 1980	10 710	1981	10 711	115
Vatikanstadt	—	0,44	30. 4. 1948	1	1980	1	2 273
Sowjetunion	Moskau	22 402 200	17. 1. 1979	262 436	1982	268 844	12
dar. in Europa	—	5 571 000	.	.	.	.	.
Türkei	Ankara	780 576	12. 10. 1980	45 218	1982	46 310	59
dar. in Europa	—	23 623	.	.	.	.	.
Grönland (autonome Region Dänemarks)	Godthåb	2 175 600	26. 10. 1976	50	1982	50	0
Afrika	—	**30 330 000**	.	.	**1982**	**505 000**	**17**
Ägypten	Kairo	1 001 449[14])	22./23. 11. 1976	36 626	1982	44 670	45
Äquatorialguinea	Malabo	28 051	Juli — Okt. 1971	.	1981	370	13
Äthiopien	Addis Abeba	1 221 900	.	.	1982	32 780	27
Algerien[15])	Algier	2 381 741	12. 2. 1977	17 422	1981	19 300	8
Angola	Luanda	1 246 700	15. 12. 1970	5 646	1981	7 260	6
Benin	Porto-Novo	112 622	20. — 30. 3. 1979	3 338	1982	3 620	32
Botsuana	Gaborone	600 372	12. — 26. 8. 1981	937	1981	850	1
Burundi	Bujumbura	27 834	16. — 30. 8. 1979	3 922	1981	4 350	156
Dschibuti	Dschibuti	22 000	1960/1961	81	1980	119	5
Elfenbeinküste	Abidjan	322 463	30. 4. 1975	6 710	1981	8 300	26
Gabun	Libreville	267 667	1969/1970	475	1981	560	2
Gambia[16])	Banjul	11 295	21. 4. 1973	493	1981	620	55
Ghana	Accra	238 537	1. 3. 1970	8 559	1981	12 060	51
Guinea	Conakry	245 857	1. 11. 1972	5 143	1981	5 150	21
Guinea-Bissau	Bissau	36 125	16. — 29. 4. 1979	777	1981	580	16
Kamerun	Jaunde	475 442	9. 4. 1976	7 663	1980	8 500	18
Kap Verde	Praia	4 033	Juni 1980	296	1981	330	82

*) Für den Nachweis der Erdteil-Gesamtzahlen waren politische Gesichtspunkte maßgebend. Nach geographischen Gesichtspunkten gebildete Summen enthält Tabelle 1.2, S. 622. In Tabelle 3.1 sind alle selbständigen Staaten sowie die abhängigen und unter Treuhandverwaltung stehenden Gebiete aufgeführt.

1) Letzte verfügbare Vermessungsergebnisse bzw. Schätzungen. — Von der gesamten festen Erdoberfläche (Landflächen einschl. Binnengewässer) mit etwa 147 900 000 km^2 fehlen hauptsächlich noch wenig erforschte antarktische Gebiete (etwa 10 bis 14 Mill. km^2).

2) Europäische Länder vorwiegend Wohnbevölkerung, übrige Länder vorwiegend ortsanwesende Bevölkerung. Ohne fremde Streitkräfte im Lande bzw. ohne eigene Streitkräfte, die sich z. Z. außerhalb des Landes befinden.

3) Ohne Sowjetunion, Türkei und Grönland (siehe Fußnote*)).

4) Ohne Färöer und Grönland.

5) Gesamtfläche; Landfläche 305 475 km^2.

6) Einschl. Gozo (67 km^2) sowie Comino (3 km^2).

7) Einschl. Binnengewässer.

8) Ohne arktische Gebiete.

9) Gesamtfläche; Landfläche 307 988 km^2.

10) Svalbard (Spitzbergen, Bäreninsel usw.) 62 050 km^2; Jan Mayen 373 km^2.

11) Einschl. Azoren, 2 335 km^2, Bevölkerung: 248 042 und Madeira, 797 km^2, Bevölkerung: 256 782 sowie einschl. der Mündungsgebiete des Tejo, Sado und Rio de Aveiro mit insgesamt 440 km^2.

12) Gesamtfläche; Landfläche 411 479 km^2.

13) Einschl. Balearen, 5 014 km^2, Bevölkerung: 655 909 und Kanarische Inseln, 7 273 km^2, Bevölkerung: 1 367 646 sowie einschl. der Stadtgebiete von Ceuta und Melilla, Bevölkerung: 118 857.

14) Bewohntes, kultiviertes Gebiet: 35 580 km^2; 1 180 Einwohner je km^2.

15) Einschl. der im Ausland lebenden Staatsbürger (1977: rd. 1 Million).

16) Konföderation, Wirtschafts- und Währungsunion mit Senegal.

3.1 Fläche und Bevölkerung der Länder der Erde*)

Land	Hauptstadt bzw. Verwaltungssitz	Fläche[1])	Ergebnis der letzten Volkszählung		Fortgeschriebene bzw. geschätzte Zahlen		
			Zeitpunkt	Bevölkerung[2])	Jahresmitte	Bevölkerung[2]) insgesamt	Bevölkerung[2]) je km²
		km²		1 000		1 000	Anzahl
Kenia	Nairobi	582 646	August 1979	15 322	1981	17 150	*29*
Komoren[3])	Moroni	2 171	Juli — Sept. 1966	244	1981	370	*170*
Kongo	Brazzaville	342 000	7. 2. 1974	1 300	1981	1 580	*5*
Lesotho	Maseru	30 355	12. 4. 1976	1 214	1981	1 340	*44*
Liberia	Monrovia	111 369	1. 2. 1974	1 503	1981	2 040	*18*
Libyen	Tripolis	1 759 540	1979	3 245	1981	3 100	*2*
Madagaskar	Antananarivo	587 041	Febr. — Dez. 1975	7 604	1981	8 960	*15*
Malawi	Lilongwe	118 484	20. 9. 1977	5 547	1982	6 280	*53*
Mali	Bamako	1 240 000	16. 12. 1976	6 525	1982	7 340	*6*
Marokko	Rabat	446 550	September 1982	.	1981	21 800	*49*
Mauretanien	Nuakschott	1 030 700	22. 12. 1976	1 481	1981	1 680	*2*
Mauritius[4])	Port Louis	2 045	30. 6. 1972	851	1981	940	*460*
Mosambik	Maputo	801 590	1. 8. 1980	12 130	1981	10 760	*13*
Niger	Niamey	1 267 000	20. 11. 1977	5 098	1981	5 480	*4*
Nigeria	Lagos	923 768	25. 11. 1973	79 759	1981	79 680	*86*
Obervolta	Wagadugu	274 200	1. — 7. 12. 1975	5 638	1981	6 250	*23*
Ruanda	Kigali	26 338	15. — 16. 8. 1978	4 819	1981	5 110	*194*
Sambia	Lusaka	752 614	1. 9. 1980	5 680	1981	5 960	*8*
São Tomé und Príncipe	São Tomé	964	30. 9. 1970	74	1981	90	*93*
Senegal[5])	Dakar	196 192	16. 4. 1976	4 908	1981	5 810	*30*
Seschellen	Victoria	280	1. 8. 1977	62	1982	60	*214*
Sierra Leone	Freetown	71 740	8. 12. 1974	3 002	1981	3 570	*50*
Simbabwe[6])	Harare	390 580	21. 4. — 11. 5. 1969	5 099	1981	7 600	*19*
Somalia	Mogadischu	637 657	Februar 1975	.	1981	4 900	*8*
Sudan	Khartum	2 505 813	3. 4. 1973	14 114	1981	18 900	*8*
Südafrika[7])	Pretoria/Kapstadt	1 221 037	6. 5. 1980	27 918	1980	29 290	*24*
Swasiland	Mbabane	17 363	25. 8. 1976	495	1982	590	*34*
Tansania	Daressalam	945 087	26. 8. 1978	17 528	1980	17 400	*18*
Togo	Lomé	56 785	1. 3. — 30. 4. 1970	1 997	1981	2 710	*48*
Tschad	N'Djaména	1 284 000	Dez. 63 — Aug. 1964	3 254	1981	4 550	*4*
Tunesien	Tunis	163 610	8. 5. 1975	5 572	1981	6 510	*40*
Uganda	Kampala	236 036	18. 8. 1969	9 459	1981	13 620	*58*
Zaire	Kinshasa	2 345 409	Mai 55 — Febr. 1958	12 769	1980	26 380	*11*
Zentralafrikanische Republik	Bangui	622 984	8. — 22. 12. 1975	2 055	1981	2 350	*4*
Abhängige Gebiete							
Großbritannien und Nordirland:							
St. Helena[8])	Jamestown	419	31. 10. 1976	5	1980	6	*14*
Frankreich:							
Mayotte[9])	Dzaoudzi	375	1978	47	1980	50	*133*
Réunion	Saint-Denis	2 510	16. 10. 1974	477	1982	520	*207*
Westsahara[10])	—	266 000	31. 12. 1970	76	1979	165	*1*
Gebiet unter südafrikanischer Treuhandverwaltung:							
Namibia[11])	Windhuk	824 292	6. 5. 1970	762	1980	1 310	*2*
Amerika[12])	—	**39 906 000**	.	.	**1982**	**640 000**	***16***
Nord- und Mittelamerika	—	22 073 000	.	.	1982	386 000	*17*
Antigua und Barbuda[13])	St. John's	442	7. 4. 1970	66	1982	80	*181*
Bahamas	Nassau	13 935	12. 5. 1980	223	1981	250	*18*
Barbados	Bridgetown	431	12. 5. 1980	249	1981	270	*626*
Belize[14])	Belmopan	22 965	12. 5. 1980	145	1981	170	*7*
Costa Rica	San José	50 700	14. 5. 1973	1 872	1982	2 320	*46*
Dominica	Roseau	751	7. 4. 1970	71	1981	80	*107*
Dominikanische Republik	Santo Domingo	48 734	Dezember 1981	5 648	1981	5 580	*114*
El Salvador	San Salvador	21 041	1979	4 365	1981	4 940	*235*
Grenada	St. George's	344	7. 4. 1970	94	1981	110	*320*
Guatemala	Guatemala-Stadt	108 889	26. 3. 1981	6 044	1982	7 700	*71*
Haiti	Port-au-Prince	27 750	1975	4 584	1981	5 100	*184*
Honduras	Tegucigalpa	112 088	6. 3. 1974	2 657	1982	3 960	*35*
Jamaika	Kingston	10 991	7. 4. 1970	1 849	1981	2 220	*202*
Kanada	Ottawa	9 976 139[15])	3. 6. 1981	24 105	1982	24 603	*2*
Kuba	Havanna	114 524	11. — 20. 9. 1981	9 706	1981	9 706	*85*
Mexiko	Mexiko-Stadt	1 972 547[16])	4. 6. 1980	67 296	1981	71 190	*36*
Nicaragua	Managua	130 000	20. 4. 1971	1 878	1981	2 820	*22*
Panama	Panama-Stadt	77 082	11. 5. 1980	1 830	1982	2 040	*26*
St. Lucia	Castries	616	7. 4. 1970	101	1981	120	*195*
St. Vincent und die Grenadinen	Kingstown	388	7. 4. 1970	87	1981	100	*258*
Trinidad und Tobago	Port of Spain	5 130	12. 5. 1980	1 060	1981	1 190	*232*
Vereinigte Staaten	Washington	9 363 123[17])	1. 4. 1980	226 505[18])	1982	232 000	*25*

Fußnoten: *) sowie [1]) und [2]) siehe S. 636.
[3]) Ohne Mayotte.
[4]) Ohne Nebengebiete Rodrigues und andere kleinere Inseln, Fläche zus.: 180 km², Bevölkerung 1981 (geschätzt): 33 327.
[5]) Konföderation, Wirtschafts- und Währungsunion mit Gambia.
[6]) Ehem. Südrhodesien.
[7]) Ohne Walfischbucht; Fläche 1 124 km², Bevölkerung 1970: 23 461. – Einschl. Angaben für die Homelands Transkei, Bophuthatswana, Venda und Ciskei, die inzwischen in die Unabhängigkeit entlassen wurden.
[8]) Einschl. der Nebengebiete Ascension, 88 km², sowie Tristan da Cunha, 104 km² und weiterer kleinerer Inseln mit zus. 105 km².
[9]) Insel der Komoren-Gruppe, durch Volksentscheid bei Frankreich verblieben.
[10]) Seit 12. 1. 1976 von Marokko und Mauretanien besetzt.
[11]) Einschl. Walfischbucht.
[12]) Ohne Grönland (rd. 2 176 000 km²), jedoch einschl. US-Bundesstaat Hawaii.
[13]) Ehem. westindische Staaten.
[14]) Ehem. britisch Honduras.
[15]) Gesamtfläche; Landfläche 9 220 975 km².
[16]) Einschl. Inseln (5 363 km²).
[17]) Gesamtfläche.
[18]) Einschl. US-Streitkräfte in Übersee.

3.1 Fläche und Bevölkerung der Länder der Erde*)

Land	Hauptstadt bzw. Verwaltungssitz	Fläche[1])	Ergebnis der letzten Volkszählung		Fortgeschriebene bzw. geschätzte Zahlen		
			Zeitpunkt	Bevölkerung[2])	Jahresmitte	Bevölkerung[2]) insgesamt	Bevölkerung[2]) je km²
		km²		1 000		1 000	Anzahl
Südamerika	—	17 832 000	.	.	1982	254 000	*14*
Argentinien	Buenos Aires	2 766 889	22. 10. 1980	27 863	1982	28 430	*10*
Bolivien	La Paz/Sucre	1 098 581	29. 9. 1976	4 648	1981	5 920	*5*
Brasilien	Brasília	8 511 965	1. 9. 1980	119 025[3])	1982	127 700[3])	*15*
Chile	Santiago de Chile	756 945	1972	10 045	1982	11 490	*15*
Ecuador	Quito	283 561	8. 6. 1974	6 522[3])	1981	8 640	*31*
Guyana	Georgetown	214 969	7. 4. 1970	702	1981	900	*4*
Kolumbien	Bogotá	1 138 914	24. 10. 1973	22 552	1981	28 780	*25*
Paraguay	Asunción	406 752	9. 7. 1972	2 358	1982	3 370	*8*
Peru	Lima	1 285 216	12. 7. 1981	17 031	1982	18 790	*15*
Surinam	Paramaribo	163 265	Juli 1980	352[4])	1981	400	*3*
Uruguay	Montevideo	176 215	21. 5. 1975	2 788	1981	2 930	*17*
Venezuela	Caracas	912 050	2. 11. 1971	10 722[3])	1981	14 310	*16*
Abhängige Gebiete							
Großbritannien und Nordirland:							
Antarktis-Territorium[5])	—	5 244	.	.	1979	0	*0*
Bermuda	Hamilton	53	12. 5. 1980	68	1981	50	*943*
Falklandinseln	Port Stanley	12 173[6])	7. 12. 1980	2	1980	2	*0*
Jungferninseln, Brit.-	Road Town	153	7. 4. 1970	10	1980	13	*85*
Kaimaninseln	Georgetown	259	7. 4. 1970	11	1980	12	*46*
Montserrat	Plymouth	98	12. 5. 1980	12	1981	10	*102*
Westindische assoziierte Staaten[7])	—	357	7. 4. 1970	64	1980	44	*123*
Turks- und Caicosinseln	Grand Turk	430	12. 5. 1980	7	1980	7	*16*
Frankreich:							
Guadeloupe[8])	Basse-Terre	1 779	16. 10. 1974	325	1981	330	*186*
Guayana, Franz.-	Cayenne	91 000	4. 3. 1982	73	1981	67	*7*
Martinique	Fort-de-France	1 102	16. 10. 1974	325	1981	310	*281*
St. Pierre und Miquelon	Saint-Pierre	242	18. 2. 1974	6	1980	6	*25*
Niederlande:							
Antillen, Niederländische[9])	Willemstad	961	31. 12. 1971	218	1981	260	*271*
Vereinigte Staaten:							
Jungferninseln, Amerikanische[10])	Charlotte Amalie	344	1. 4. 1980	95[11])	1980	95	*276*
Puerto Rico	San Juan	8 897	1. 4. 1980	3 188	1981	3 240	*364*
Asien[12])	—	**27 576 000**	.	.	**1982**	**2 672 000**	***96***
Afghanistan	Kabul	647 497	23. 6. 1979	13 051	1982	16 790	*26*
Bahrain	Manama	622	April 1981	359	1981	359	*577*
Bangladesch	Dacca	143 998	5. 3. 1981	87 052	1982	92 620	*643*
Bhutan	Thimbu	47 000	Nov./Dez. 1969	1 035	1980	1 298	*28*
Birma	Rangun	676 552	31. 3. 1973	28 886	1981	36 170	*54*
China (Taiwan)[13])	Taipeh	35 981	16. 12. 1966	13 383	1982	18 458	*513*
China, Volksrepublik[14])	Peking	9 560 980	1. 7. 1982	1 008 175	1982	1 008 175	*105*
Indien[15])	Neu-Delhi	3 287 590	1. 3. 1981	683 810	1982	713 800	*217*
Indonesien[16])	Jakarta	2 027 087	31. 10. 1980	147 489	1981	150 520	*74*
Irak	Bagdad	434 924	17. 10. 1977	12 000	1981	13 530	*31*
Iran	Teheran	1 648 000	Nov. 1976	33 592	1982	40 240	*24*
Israel	Jerusalem	20 770	20. 5. 1972	3 148	1982	4 020	*194*
Japan	Tokio	372 313	1. 10. 1980	117 057	1982	118 693	*319*
Jemen, Arabische Republik	Sana	195 000	1. 2. 1975	5 238	1981	5 940	*31*
Jemen, Dem. Volksrep.	Aden	332 968	14. 5. 1973	1 590	1982	2 090	*6*
Jordanien	Amman	97 740	11. 11. 1979	2 152	1981	3 240	*33*
Kamputschea	Phnom Penh	181 035	17. 4. 1962	5 729	1980	6 750	*37*
Katar	Doha	11 000	März 1970	.	1981	250	*23*
Korea, Dem. Volksrep.	Pjöngjang	120 538	.	.	1981	18 320	*152*
Korea, Republik	Seoul	98 484	1. 11. 1980	37 449	1982	39 330	*399*
Kuwait	Kuwait	17 818	April 1980	1 356	1982	1 560	*88*
Laos	Vientiane	236 800	Febr./März 1975	.	1981	3 810	*16*
Libanon	Beirut	10 400	15. 11. 1970	2 126	1981	2 690	*259*
Malaysia	Kuala Lumpur	329 749	10./11. 6. 1980	.	1981	14 420	*44*
Malediven[17])	Male	298	1. 1. 1978	143	1981	160	*537*
Mongolei	Ulan-Bator	1 565 000	5. 1. 1979	1 595	1982	1 732	*1*
Nepal	Katmandu	140 797	22. 6. 1981	15 020	1981	15 020	*107*
Oman[18])	Maskat	212 457	.	.	1981	920	*4*

Fußnoten: *) sowie [1]) und [2]) siehe S. 636.
[3]) Ohne indianische Dschungelbevölkerung.
[4]) Einschl. Indianer- und Negerstämme.
[5]) Gegründet am 3. 3. 1962; umfaßt die ehemaligen Nebengebiete der Falklandinseln südlich des 60. Breitengrades und den Teil des antarktischen Kontinents zwischen dem 20. und 80. Längengrad.
[6]) Ohne Süd-Georgia (3 755 km²) u. a.
[7]) Umfaßt St. Christopher (St. Kitts), Nevis, Anguilla.
[8]) Marie-Galante, Désirade, Les Saintes, Petite Terre, St. Bartélemy u. St. Martin (Nordteil).
[9]) Aruba, 190 km², Bevölkerung: 63 000; Curaçao, 443 km², Bevölkerung: 147 000; Bonaire, Saba, St. Eustatius u. St. Martin (Südteil).
[10]) St. Croix, St. John, St. Thomas.
[11]) Einschl. US-Streitkräfte.
[12]) Ohne Sowjetunion, jedoch einschl. Türkei, Irian Jaya (Westirian) sowie Gaza-Streifen.
[13]) Einschl. Pescadoresinseln.
[14]) Einschl. Tibet (autonome Region), 1 221 600 km², Bevölkerung am 1. 7. 1982: 1 892 393, Hauptstadt Lhasa.
[15]) Einschl. des indischen Teils (Fläche: 138 995 km², Bevölkerung 1981: 4 981 600) von Dschammu-Kaschmir, dessen politischer Status noch unbestimmt ist, sowie einschl. Sikkim (Bevölkerung 1981: 315 682).
[16]) Einschl. Irian Jaya (Westirian). – Ab 1976 einschl. Osttimor (jetzt Loro Sae, Fläche: 14 925 km², Bevölkerung 1980: 760 000).
[17]) Etwa 2 000 Koralleninseln.
[18]) Einschl. Kuria-Muria-Inseln.

3.1 Fläche und Bevölkerung der Länder der Erde*)

Land	Hauptstadt bzw. Verwaltungssitz	Fläche[1])	Ergebnis der letzten Volkszählung		Fortgeschriebene bzw. geschätzte Zahlen		
			Zeitpunkt	Bevölkerung[2])	Jahresmitte	Bevölkerung[2]) insgesamt	Bevölkerung[2]) je km²
		km²		1 000		1 000	Anzahl
Pakistan[3])	Islamabad	803 943	15. 3. 1981	83 782	1982	87 130	*108*
Philippinen	Manila	300 000	1. 5. 1980	47 900	1982	50 700	*169*
Saudi-Arabien	Riad	2 149 690	9. — 14. 9. 1974	7 013	1981	9 320	*4*
Singapur	Singapur	581	24. 6. 1980	2 414	1982	2 472	*4 251*
Sri Lanka	Colombo	65 610	17. 3. 1981	14 850	1981	14 990	*228*
Syrien[4])	Damaskus	185 180	23. 9. 1970	6 305	1982	9 660	*52*
Thailand	Bangkok	514 000	1. 4. 1980	44 278	1982	48 450	*94*
Vereinigte Arabische Emirate	Abu Dhabi	83 600	16. 12. 1980	1 040	1981	760	*9*
Vietnam	Hanoi	329 556	1. — 10. 10. 1979	52 742	1981	54 970	*167*
Zypern	Nikosia	9 251	1. 4. 1973	632	1982	650	*70*
Abhängige Gebiete							
Großbritannien und Nordirland:							
Brunei	Bandar Seri Begawan	5 765	26. 8. 1981	193	1981	190	*33*
Hongkong[5])	Victoria	1 045	9. 3. 1981	4 987	1982	5 233	*5 008*
Portugal:							
Macau[6])	Macau	16	15. 12. 1970	249	1981	290	*18 125*
Australien und Ozeanien[7])	—	**8 510 000**	.	.	**1982**	**24 000**	**3**
Australien	Canberra	7 682 300	30. 6. 1981	14 927	1982	15 111	*2*
Fidschi	Suva	18 274	13. 9. 1976	588	1981	650	*36*
Kiribati[8])	Bairiki	728	12. 12. 1978	58	1981	60	*82*
Nauru	Yaren	21	22. 1. 1977	7	1980	8	*381*
Neuseeland	Wellington	268 676[9])	24. 3. 1981	3 180	1982	3 160	*12*
Papua-Neuguinea[10])	Port Moresby	461 691	22. 9. 1980	3 007	1981	3 010	*7*
Salomonen[11])	Honiara	28 446	7. 2. 1976	197	1981	240	*8*
Samoa	Apia	2 842	3. 11. 1976	152	1981	160	*56*
Tonga	Nuku'alofa	699	30. 11. 1976	90	1981	100	*143*
Tuvalu[12])	Funafuti	158	27./28. 5. 1979	7	1979	7	*242*
Vanúatú[13])	Vila	14 763	15. — 16. 1. 1979	112	1981	120	*8*
Abhängige Gebiete							
Australien:							
Kokosinseln	Bantam	14	30. 6. 1981	1	1979	1	*71*
Norfolkinsel	Kingston	36	30. 6. 1981	2	1980	2	*56*
Weihnachtsinsel	Flying Fish Cove	135	30. 6. 1981	3	1980	3	*22*
Großbritannien und Nordirland:							
Pitcairninsel	Adamstown	5	30. 12. 1978	0,1	1980	0	.
Frankreich:							
Neukaledonien[14])	Numéa	19 058	23. 4. 1976	133	1981	140	*7*
Polynesien, Franz.-[15])	Papéete (Tahiti)	4 000	29. 4. 1977	137	1981	150	*38*
Neuseeland:							
Cookinseln	Avarua	236	1. 12. 1976	18	1982	20	*85*
Niue	Alofi	259	29. 9. 1976	4	1980	3	*12*
Tokelau	Fakaofo	10	25. 10. 1976	2	1980	2	*200*
Vereinigte Staaten:							
Guam[16])	Agaña	549	1. 4. 1980	106	1981	100	*182*
Samoa, Amerik.-[16])	Fagatogo	197	1. 4. 1980	32	1980	32	*162*
Sonstige[17])	—	14	1. 4. 1980	.	1979	5	*357*
Gebiete unter Treuhandverwaltung							
Pazifische Inseln (amerikanisch)[18])	—	1 779[19])	1. 4. 1980	.	1979	139	*78*

Fußnoten *) sowie [1]) und [2]) siehe S. 636.
[3]) Ohne Dschammu-Kaschmir (222 802 km², davon 83 807 km² bei Pakistan), dessen politischer Status noch unbestimmt ist, sowie ohne Baltistan, Gilgit, Junagadh und Manavadar.
[4]) Einschl. Palästinaflüchtlinge (1977: 193 000).
[5]) Umfaßt die Insel Hongkong mit der Hauptstadt Victoria, Kaulun und die gepachteten »Neuen Territorien«.
[6]) Stadt Macau sowie Inseln Taipa und Coloane.
[7]) Ohne Irian Jaya (Westirian), das als indonesisches Staatsgebiet bei Asien nachgewiesen ist.
[8]) Ehem. Gilbertinseln, einschl. Weihnachts-, Fanning-, Ocean- und Washingtoninseln sowie Phoenixinseln ohne Canton und Enderbury.
[9]) Landfläche; Gesamtfläche einschl. Inselgebiete und Ross Dependency: 683 568 km².
[10]) Ostteil der Insel Neuguinea, Bismarckarchipel, Bougainville und Buka (Salomon-Inselgruppe) und etwa 600 kleinere Inseln.
[11]) Ohne Bougainville und Buka.
[12]) Ehem. Ellice-Inseln.
[13]) Ehem. Neue Hebriden.
[14]) Einschl. Wallis und Futuna (Überseeterritorium) und Chesterfield- und Huoninseln.
[15]) Einschl. Austral-, Gambier-, Gesellschafts-, Marquesas-, Rapa- und Tuamotu-Inseln.
[16]) Einschl. US-Streitkräfte.
[17]) Midway, Wake und einige weitere kleine Inseln.
[18]) Karolinen-, Marianen- und Marshallinseln. Volksabstimmung am 17. 6. 1975 zugunsten der Umwandlung der Marianeninseln in ein Territorium der Vereinigten Staaten. — Die Palau-Inseln, zu den westlichen Karolinen gehörend, erhielten am 1. 1. 1981 als Republik Belau innere Autonomie.
[19]) Nur Fläche bewohnter Inseln.

3.2 Millionenstädte der Erde

Stadt	Land	Jahr	Stadtgebiet[1])	Städt. Agglomeration[2])
			Bevölkerung in 1 000	
Europa				
Amsterdam	Niederlande	1980	717	1 015
Athen	Griechenland	1981	885	3 016
Barcelona	Spanien	1982	1 721	
Belgrad	Jugoslawien	1981	1 145	1 580
Berlin (West)	Bundesrepublik Deutschland	1982	1 879	...
Berlin (Ost)	Deutsche Demokratische Republik	1981	1 158	...
Birmingham	Großbritannien und Nordirland	1981	1 007	2 244
Brüssel	Belgien	1981	...	1 000
Budapest	Ungarn	1982	2 062	...
Bukarest	Rumänien	1981	1 787	1 929
Charkow	Sowjetunion	1982	1 503	...
Dnjepropetrowsk	Sowjetunion	1982	1 114	...
Donezk	Sowjetunion	1982	1 047	...
Glasgow	Großbritannien und Nordirland	1981	766	1 713
Gorki	Sowjetunion	1982	1 373	...
Hamburg	Bundesrepublik Deutschland	1982	1 630	...
Istanbul	Türkei	1980	2 773	4 871
Kasan	Sowjetunion	1982	1 023	...
Kiew	Sowjetunion	1982	2 297	...
Kopenhagen	Dänemark	1981	645	1 377[3])
Kuibyschew	Sowjetunion	1982	1 244	...
Leeds	Großbritannien und Nordirland	1981	705	1 682
Leningrad	Sowjetunion	1982	4 202	4 719
Lissabon	Portugal	1981	812	2 062
Liverpool	Großbritannien und Nordirland	1981	510	1 713
London	Großbritannien und Nordirland	1981	2 497	6 696
Lyon	Frankreich	1982	418	1 170
Madrid	Spanien	1982	3 272	
Mailand	Italien	1981	1 649	
Manchester	Großbritannien und Nordirland	1981	449	2 624
Marseille	Frankreich	1982	879	1 080
Minsk	Sowjetunion	1982	1 370	...
Moskau	Sowjetunion	1982	8 111	8 301
München	Bundesrepublik Deutschland	1982	1 288	...
Neapel	Italien	1981	1 213	
Odessa	Sowjetunion	1982	1 085	...
Paris	Frankreich	1982	2 183	8 510
Prag	Tschechoslowakei	1982	1 182	...
Rom	Italien	1981	2 922	
Rotterdam	Niederlande	1980	...	1 018
Sofia	Bulgarien	1981	1 070	
Stockholm	Schweden	1982	649	1 398
Swerdlowsk	Sowjetunion	1982	1 252	...
Turin	Italien	1981	1 136	
Ufa	Sowjetunion	1982	1 023	...
Warschau	Polen	1982	1 612	...
Wien	Österreich	1982	1 505	
Afrika				
Abidjan	Elfenbeinküste	1980	...	1 500
Accra	Ghana	1980	1 176	1 575
Addis Abeba	Äthiopien	1980	1 277	...
Alexandrien	Ägypten	1980	3 000	
Algier	Algerien	1980	...	3 250
Casablanca	Marokko	1980	...	2 173
Dakar	Senegal	1980	...	1 048
Giseh	Ägypten	1976	1 247	...
Johannesburg	Südafrika	1980	1 441	...
Kairo	Ägypten	1980	5 500	14 200
Kapstadt	Südafrika	1980	1 108	
Khartum	Sudan	1980	...	1 620
Kinshasa	Zaire	1980	3 682	
Lagos	Nigeria	1980	...	4 100
Tripolis	Libyen	1981	1 000	
Tunis	Tunesien	1978	...	1 100
Amerika				
Anaheim	Vereinigte Staaten	1980	222	1 932
Atlanta	Vereinigte Staaten	1980	425	2 030
Baltimore	Vereinigte Staaten	1980	787	2 174
Belém	Brasilien	1980	934	1 000
Belo Horizonte	Brasilien	1980	1 775	2 535
Bogotá	Kolumbien	1980	4 080	
Boston	Vereinigte Staaten	1980	563	2 763
Brasilia	Brasilien	1980	...	1 177
Buenos Aires	Argentinien	1980	2 908	10 796
Buffalo	Vereinigte Staaten	1980	358	1 243
Cali	Kolumbien	1980	1 318	
Caracas	Venezuela	1980	...	3 500
Chicago	Vereinigte Staaten	1980	3 005	7 102
Cincinnati	Vereinigte Staaten	1980	385	1 401
Cleveland	Vereinigte Staaten	1980	574	1 899
Columbus	Vereinigte Staaten	1980	565	1 093
Curitiba	Brasilien	1980	1 026	1 441
Dallas	Vereinigte Staaten	1980	904	2 975
Denver	Vereinigte Staaten	1980	568	1 620
Detroit	Vereinigte Staaten	1980	1 203	4 353
Fortaleza	Brasilien	1980	1 309	1 581
Fort Lauderdale	Vereinigte Staaten	1980	270	1 014
Guadalajara	Mexiko	1979	1 906	...
Guatemala-Stadt	Guatemala	1981	...	1 500
Guayaquil	Ecuador	1981	1 169	...
Havanna	Kuba	1981	1 925	...
Houston	Vereinigte Staaten	1980	1 594	2 905
Indianapolis	Vereinigte Staaten	1980	701	1 167
Kansas City	Vereinigte Staaten	1980	448	1 327
Lima	Peru	1979	5 000	
Los Angeles	Vereinigte Staaten	1980	2 967	7 478
Medellin	Kolumbien	1980	1 519	
Mexiko-Stadt	Mexiko	1980	...	15 000
Miami	Vereinigte Staaten	1980	347	1 626
Milwaukee	Vereinigte Staaten	1980	636	1 397
Minneapolis	Vereinigte Staaten	1980	371	2 114
Monterrey	Mexiko	1979	1 065	...
Montevideo	Uruguay	1980	1 299	...
Montreal	Kanada	1981	...	2 828
Nassau-Suffolk	Vereinigte Staaten	1980	...	2 606
Netzahualcóyotl	Mexiko	1979	2 331	...
Newark	Vereinigte Staaten	1980	329	1 965
New Orleans	Vereinigte Staaten	1980	557	1 187
New York	Vereinigte Staaten	1980	7 071	9 120
Nova Iguaçu	Brasilien	1980	1 095	
Philadelphia	Vereinigte Staaten	1980	1 688	4 717
Phoenix	Vereinigte Staaten	1980	765	1 508
Pittsburgh	Vereinigte Staaten	1980	424	2 264
Portland	Vereinigte Staaten	1980	366	1 242
Pôrto Alegre	Brasilien	1980	1 126	2 232
Recife	Brasilien	1980	1 205	2 346
Rio de Janeiro	Brasilien	1980	5 093	9 019
Riverside	Vereinigte Staaten	1980	378	1 557
Sacramento	Vereinigte Staaten	1980	276	1 014
Salvador	Brasilien	1980	1 501	1 766
San Antonio	Vereinigte Staaten	1980	785	1 072
San Diego	Vereinigte Staaten	1980	876	1 862
San Francisco	Vereinigte Staaten	1980	679	3 253
San Jose	Vereinigte Staaten	1980	637	1 295
San Juan	Puerto Rico[4])	1980	425	1 087
Santiago de Chile	Chile	1980	...	4 314
Santo Domingo	Domin. Republik	1981	1 318	1 556
São Paulo	Brasilien	1980	8 491	12 578
Seattle	Vereinigte Staaten	1980	494	1 607
St. Louis	Vereinigte Staaten	1980	453	2 355
Tampa	Vereinigte Staaten	1980	272	1 569
Toronto	Kanada	1981	...	2 999
Vancouver	Kanada	1978	...	1 173
Washington	Vereinigte Staaten	1980	638	3 060

Fußnoten siehe S. 641.

3.2 Millionenstädte der Erde

Stadt	Land	Jahr	Stadtgebiet[1])	Städt. Agglomeration[2])
			Bevölkerung in 1 000	
Asien				
Achmadabad	Indien	1981	2 025	2 515
Aleppo	Syrien	1980	1 863	...
Alma-Ata	Sowjetunion	1982	1 001	...
Ankara	Türkei	1980	2 203	
Bagdad	Irak	1980		3 300
Baku	Sowjetunion	1982	1 060	...
Bandung	Indonesien	1980	1 463	
Bangalur	Indien	1981	2 483	2 914
Bangkok	Thailand	1980	5 000	
Basra	Irak	1980	...	1 250
Beirut	Libanon	1979	1 200	
Bombay	Indien	1981	8 227	
Chittagong	Bangladesch	1981	1 388	
Colombo	Sri Lanka	1981	...	1 412
Dacca	Bangladesch	1981	3 459	
Damaskus	Syrien	1981	1 251	...
Delhi	Indien	1981	4 865	5 714
Dschidda	Saudi-Arabien	1981	1 300	...
Erewan	Sowjetunion	1982	1 076	...
Faisalbad	Pakistan	1981	...	1 092
Fukuoka	Japan	1982	1 121	
Fuschun	China, Volksrepublik	1970	2 000	
Haiderabad	Indien	1981	2 142	2 528
Haiphong	Vietnam	1979	1 279	
Hanoi	Vietnam	1979	2 571	
Harbin	China, Volksrepublik	1977	2 100	
Ho-Tschi-Minh-Stadt[5])	Vietnam	1979	3 420	
Hongkong	Britische Besitzung	1982	5 233	
Inchon	Korea, Republik	1980	1 085	...
Jaipur	Indien	1981	967	1 005
Jakarta	Indonesien	1980	6 503	
Jokohama	Japan	1982	2 848	
Kalkutta	Indien	1981	3 292	9 166
Kanpur	Indien	1981	1 531	1 688
Kanton	China, Volksrepublik	1977	5 000	
Kaohsiung	China (Taiwan)	1982	1 240	
Karachi	Pakistan	1981	3 515	5 103
Kawasaki	Japan	1982	1 055	
Kitakyushu	Japan	1982	1 065	
Kioto	Japan	1982	1 480	
Kobe	Japan	1982	1 383	
Kuala-Lumpur	Malaysia	1978	...	1 200
Lahore	Pakistan	1981	2 165	2 922
Lucknow	Indien	1981	876	1 007
Lüta	China, Volksrepublik	1977	4 200	
Madras	Indien	1981	3 266	4 277
Manila	Philippinen	1980	1 626	2 992
Medan	Indonesien	1980	1 379	
Mossul	Irak	1980	...	1 500
Nagoja	Japan	1982	2 093	
Nagpur	Indien	1981	1 215	1 298
Nanking	China, Volksrepublik	1977	3 000	
Nowosibirsk	Sowjetunion	1982	1 356	...
Omsk	Sowjetunion	1982	1 061	...
Osaka	Japan	1982	2 623	
Peking	China, Volksrepublik	1982	3 630	9 230
Perm	Sowjetunion	1982	1 028	...
Pjöngjang	Korea, Dem. Volksrep.	1981	...	1 700
Poona	Indien	1981	1 203	1 685
Pusan	Korea, Republik	1980	3 160	
Rangun	Birma	1977	...	3 300
Riad	Saudi-Arabien	1980	1 000	
Sapporo	Japan	1982	1 465	
Schanghai	China, Volksrepublik	1982	5 540	11 860
Schenjang (Mukden)	China, Volksrepublik	1977	4 400	
Semarang	Indonesien	1980	1 027	
Seoul	Korea, Republik	1980	8 367	
Sian	China, Volksrepublik	1970	1 500	
Singapur	Singapur	1982	2 472	
Surabaja	Indonesien	1980	2 028	
Taegu	Korea, Republik	1980	1 607	...
Taipeh	China (Taiwan)	1982	2 304	
Taiyüan	China, Volksrepublik	1977	7 000	
Taschkent	Sowjetunion	1982	1 901	...
Teheran	Iran	1980	...	6 000
Tel Aviv-Jaffa	Israel	1981	...	1 500
Tientsin	China, Volksrepublik	1982	2 620	7 760
Tiflis	Sowjetunion	1982	1 110	...
Tokio	Japan	1982	8 336	
Tschangtschun	China, Volksrepublik	1970	1 200	
Tscheljabinsk	Sowjetunion	1982	1 066	...
Tschengtu	China, Volksrepublik	1970	1 250	...
Tschungking	China, Volksrepublik	1977	6 000	
Tsingtau	China, Volksrepublik	1970	1 300	...
Wuhan	China, Volksrepublik	1977	3 500	
Australien und Ozeanien				
Brisbane	Australien	1981	1 087	
Melbourne	Australien	1981	2 804	
Sydney	Australien	1981	3 281	

1) Innerhalb der Gemeindegrenzen.
2) Stadtgebiet einschl. Umlandgemeinden.
3) Einschl. Frederiksberg und Gentofte.
4) Abhängiges Gebiet der Vereinigten Staaten.
5) Ehem. Saigon.

3.3 Bevölkerung nach dem Alter*)

Land	Jahr	Bevölkerung im Alter von ... bis unter ... Jahren														
		unter 15		15 — 30		30 — 45		45 — 65		65 und mehr[1])		unter 15	15 — 30	30 — 45	45 — 65	65 und mehr[1])
		insg.	weibl.	insg.	weibl.	insg.	weibl.	insg.	weibl.	insg.	weibl.					
		1 000										%				
Europa																
Bundesrepublik Deutschland	1981	10 604	5 173	14 623	7 086	13 047	6 341	14 069	7 539	9 370	6 052	*17*	*24*	*21*	*23*	*15*
Deutsche Demokratische Republik und Berlin (Ost)	1981	3 259	1 588	4 065	1 977	3 350	1 663	3 486	1 956	2 576	1 689	*20*	*24*	*20*	*21*	*15*
Belgien	1980	1 999	978	2 346	1 145	1 873	922	2 227	1 144	1 410	848	*20*	*24*	*19*	*23*	*14*
Bulgarien	1981	1 969	958	1 880	920	1 805	901	2 208	1 122	1 045	571	*22*	*21*	*20*	*25*	*12*
Dänemark[2])	1981	1 020	498	1 157	565	1 107	542	1 087	556	748	434	*20*	*22*	*22*	*21*	*15*
Finnland	1981	957	468	1 157	565	1 087	530	1 025	545	586	376	*20*	*24*	*23*	*21*	*12*
Frankreich	1982	11 851	5 788	12 663	6 224	10 837	5 258	11 813	6 041	7 182	4 411	*22*	*23*	*20*	*22*	*13*
Griechenland	1981	2 179	1 053	2 105	1 031	1 879	964	2 282	1 188	1 284	713	*22*	*22*	*19*	*24*	*13*
Großbritannien und Nordirland	1981	11 828	5 754	12 611	6 161	10 762	5 334	12 480	6 400	8 328	5 071	*21*	*23*	*19*	*22*	*15*
Irland	1979	1 030	503	823	403	558	272	560	299	361	198	*31*	*24*	*16*	*18*	*11*
Island	1981	62	30	64	31	42	21	41	20	23	13	*27*	*28*	*18*	*17*	*10*
Italien	1980	12 402	6 039	12 641	6 205	11 516	5 772	12 839	6 689	7 742	4 534	*22*	*22*	*20*	*23*	*13*
Jugoslawien	1981	8 241	2 697	8 482	2 787	6 728	2 231	7 331	2 537	3 096	1 135	*24*	*25*	*20*	*22*	*9*
Liechtenstein	1981	6	3	7	4	6	3	4	2	2	1	*22*	*28*	*24*	*17*	*9*
Luxemburg	1981	68	33	86	43	77	37	84	43	50	30	*18*	*24*	*21*	*23*	*14*
Malta	1982	79	38	85	42	71	37	49[3])	27[3])	39[4])	22[4])	*25*	*26*	*22*	*15*[3])	*12*[4])
Niederlande	1981	3 074	1 502	3 652	1 787	3 049	1 476	2 843	1 451	1 668	988	*21*	*26*	*21*	*20*	*12*
Norwegen	1981	885	432	940	458	804	391	863	436	617	356	*21*	*23*	*20*	*21*	*15*
Österreich	1981	1 505	734	1 760	865	1 513	751	1 587	871	1 142	731	*20*	*23*	*20*	*21*	*15*
Polen	1981	8 861	4 329	9 219	4 508	5 001	2 488	9 415	4 960	3 566	2 205	*24*	*26*	*14*	*26*	*10*

Fußnoten siehe S. 642.

3.3 Bevölkerung nach dem Alter*)

Land	Jahr	Bevölkerung im Alter von . . . bis unter . . . Jahren: unter 15 insg.	unter 15 weibl.	15 — 30 insg.	15 — 30 weibl.	30 — 45 insg.	30 — 45 weibl.	45 — 65 insg.	45 — 65 weibl.	65 und mehr[1] insg.	65 und mehr[1] weibl.	unter 15	15 — 30	30 — 45	45 — 65	65 und mehr[1]
		1 000										%				
Rumänien	1981	6 031	2 948	4 867	2 389	4 311	2 155	4 876	2 533	2 268	1 298	27	22	19	22	10
Schweden	1981	1 586	774	1 721	841	1 785	869	1 853	938	1 378	782	19	21	21	22	17
Schweiz	1980	1 222	596	1 471	723	1 402	687	1 389	717	882	528	19	23	22	22	14
Spanien	1982	9 533	4 653	9 068	4 454	6 850	3 422	8 341	4 312	4 182	2 488	25	24	18	22	11
Tschechoslowakei	1980	3 718	1 816	3 490	1 706	3 046	1 516	3 142	1 653	1 887	1 138	24	23	20	21	12
Türkei	1982	18 416	9 023	13 821	6 522	7 619	3 691	6 233	3 067	2 016	1 073	38	29	16	13	4
Ungarn	1981	2 356	1 144	2 312	1 132	2 163	1 090	2 454	1 305	1 428	854	22	22	20	23	13
Afrika																
Algerien	1979	8 568	4 202	4 881	2 402	2 330	1 255	1 872	1 001	726	398	46	27	13	10	4
Äthiopien	1982	14 890	7 288	8 012	4 132	5 347	2 720	3 371	1 579	1 155	517	45	25	16	10	4
Gambia	1980	251	127	166	82	107	50	64	31	13	7	42	27	18	11	2
Kamerun	1982	3 811	1 901	2 340	1 166	1 450	722	1 011	516	270	148	43	26	16	11	3
Marokko	1980	9 082	4 515	5 355	2 677	2 944	1 466	2 024	1 016	533	286	46	27	15	10	2
Sambia	1981	2 732	1 352	1 558	778	853	457	479[3]	251[3]	247[4]	133[4]	47	27	14	8[3]	4[4]
Tunesien	1981	2 742	1 345	1 801	913	888	468	849	418	286	124	42	27	14	13	4
Zaire	1980	12 930	6 364	7 480	3 736	4 478	2 321	3 023	1 649	770	458	45	26	16	10	3
Amerika																
Argentinien	1980	7 544	3 710	4 509[5]	2 213[5]	7 243[6]	3 579[6]	5 381	2 734	2 359	1 294	28	16[5]	27[6]	20	9
Brasilien[7]	1980	49 972	24 716	34 657	17 417	19 630	10 058	14 634	7 407	4 139	2 176	41	28	16	12	3
Dominikanische Rep.	1980	2 586	1 285	1 378	722	799	396	500	235	169	84	48	25	15	9	3
Ecuador	1981	3 946	1 937	2 287	1 133	1 254	626	880	445	277	147	46	26	15	10	3
Honduras	1981	1 822	907	1 000	497	521	260	372	186	106	55	48	26	13	10	3
Jamaika	1981	550[8]	262[8]	917[9]	463[9]	198[10]	98[10]	373[11]	199[11]	168	89	25[8]	42[9]	9[10]	17[11]	7
Kanada	1981	5 481	2 670	6 836	3 396	5 007	2 488	4 658	2 371	2 361	1 350	22	28	21	19	10
Kolumbien	1980	10 869	5 353	8 246	4 058	4 120	2 076	2 835	1 475	824	442	40	31	15	11	3
Kuba	1980	3 190	1 560	2 694	1 322	1 879	928	1 497	742	710	340	32	27	19	15	7
Panama[12]	1980	715	351	511	254	301	148	218	105	80	40	39	28	17	12	4
Peru	1982	7 961	3 951	5 216	2 591	2 920	1 462	2 047	1 032	646	339	42	28	16	11	3
Surinam	1980	187[13]	93[13]	57[14]	29[14]	49	26	42	21	20	10	53[13]	16[14]	14	12	5
Trinidad und Tobago	1980	361	179	326	165	168	83	150	72	57	30	34	31	16	14	5
Venezuela[7]	1981	5 910	2 906	3 013[5]	1 496[5]	3 314[6]	1 693[6]	1 546	767	450	241	42	21[5]	23[6]	11	3
Vereinigte Staaten	1981	71 604[13]	35 049[13]	41 798[14]	20 890[14]	45 187	22 931	44 465	23 321	26 253	15 693	31[13]	18[14]	20	19	12
Asien																
Afghanistan	1980	7 163	3 492	4 161	2 016	2 568	1 233	1 657	831	390	213	45	26	16	10	3
Bangladesch	1980	45 353	19 581	24 062	11 605	12 417	6 018	9 055	4 388	2 275	1 090	46	27	14	10	3
Birma	1979	13 330	6 624	8 239	4 114	5 719	2 893	4 464	2 330	1 161	594	41	25	17	14	3
China (Taiwan)	1981	5 731	2 779	5 702	2 785	3 126	1 525	2 778	1 199	799	399	32	31	17	15	4
Indien[15]	1980	262 656	127 659	183 152	88 394	113 140	55 118	81 886	38 112	22 762	10 985	40	28	17	12	3
Indonesien[16]	1982	57 879	28 692	42 703	21 313	23 431	11 995	19 119	9 890	4 808	2 727	39	29	16	13	3
Israel	1981	1 322	643	1 010	496	687	346	618	324	341	182	33	25	17	16	9
Japan	1982	27 330	13 310	24 480	12 070	28 730	14 340	26 640	13 900	11 270	6 550	23	21	24	23	9
Korea, Republik	1981	13 413	6 566	12 708	6 244	7 210	3 567	5 503	2 871	1 597	917	33	31	18	14	4
Malaysia[17]	1979	4 362	2 135	3 526	1 746	1 800	900	1 268	646	447	228	38	31	16	11	4
Pakistan[18]	1981	38 613	18 521	19 869	9 695	13 240	6 568	10 853	4 919	3 289	1 417	45	23	15	13	4
Singapur	1982	633	305	844	410	525	259	349	171	121	66	26	34	21	14	5
Syrien[19]	1981	4 465	2 195	2 541	1 219	1 153	581	871	430	283	148	48	27	12	9	3
Vietnam	1980	22 429	11 332	14 012	7 248	8 591	4 442	6 764	3 549	1 945	1 106	42	26	16	12	4
Zypern	1980	155	75	180	87	125	63	107	56	62	33	24	29	20	17	10
Australien und Ozeanien																
Australien	1981	3 726	1 819	3 834	1 889	3 049	1 498	2 863	1 429	1 455	842	25	26	20	19	10
Neuseeland	1981	853	418	823	406	604	301	583	292	318	184	27	26	19	18	10

*) Teilweise Schätzungen.
1) Einschl. »Alter unbekannt«.
2) Ohne Färöer und Grönland.
3) 45 bis unter 60 Jahre.
4) 60 Jahre und mehr.
5) 15 bis unter 25 Jahre.
6) 25 bis unter 45 Jahre.
7) Ohne indianische Dschungelbevölkerung.
8) Unter 10 Jahre.
9) 10 bis unter 30 Jahre.
10) 30 bis unter 40 Jahre.
11) 40 bis unter 65 Jahre.
12) Ohne Panamakanal-Zone.
13) Unter 20 Jahre.
14) 20 bis unter 30 Jahre.
15) Einschl. des indischen Teils von Dschammu-Kaschmir; ohne Sikkim.
16) Ohne Irian Jaya (Westirian) und Osttimor.
17) Nur Westmalaysia.
18) Ohne Dschammu-Kaschmir.
19) Einschl. Palästinaflüchtlinge.

3.4 Eheschließungen, Geborene und Gestorbene*)

Land	Jahr	Eheschließungen		Lebendgeborene		Gestorbene (ohne Totgeborene) insgesamt		Gestorbene im 1. Lebensjahr		Überschuß der Lebendgeborenen (+) bzw. Gestorbenen (−)	
		1 000	je 1 000 Einwohner	1 000	je 1 000 Einwohner	1 000	je 1 000 Einwohner	1 000	je 1 000 Lebendgeb.	1 000	je 1 000 Einwohner
Europa											
Bundesrepublik Deutschland	1982	361,6	5,9	621,2	10,1	715,9	11,6	6,8	10,9	− 94,7	− 1,5
Deutsche Demokratische Republik und Berlin (Ost)	1981	128,2	7,7	237,5	14,2	232,3	13,9	2,9	12,3	+ 5,3	+ 0,3
Belgien	1981	64,2	6,5	124,8	12,7	113,3	11,2	1,4	11,7	+ 11,5	+ 1,5
Bulgarien	1981	66,5	7,5	124,3	14,1	95,4	11,1	2,4	18,9	+ 28,9	+ 3,0
Dänemark[1])	1981	25,4	5,0	53,1	10,4	56,4	11,0	0,4	7,9	− 3,3	− 0,6
Finnland	1981	30,1	6,3	63,6	13,2	44,4	9,1	0,4	6,5	+ 19,2	+ 4,1
Frankreich	1982	312,0	5,8	800,0	14,8	545,0	10,1	.	9,5	+ 255,0	+ 4,7
Griechenland	1981	66,8	6,9	139,7	14,4	86,3	8,9	2,3	16,4	+ 53,4	+ 5,5
Großbritannien und Nordirland	1981	397,8	7,1	730,9	13,1	658,2	11,8	8,2	11,2	+ 72,7	+ 1,3
Irland	1981	.	6,0	72,3	21,0	32,4	9,4	.	10,6	+ 39,9	+11,6
Island	1981	1,4	5,9	4,4	18,8	1,6	7,2	0,0	6,0	+ 2,8	+11,6
Italien	1981	313,7	5,5	621,8	10,9	542,2	9,5	8,8	14,1	+ 79,6	+ 1,4
Jugoslawien	1981	.	7,7	377,1	16,7	202,3	9,0	11,6	30,6	+ 174,8	+ 7,7
Luxemburg	1982	2,1	5,8	4,3	11,9	4,1	11,5	0,0	12,1	+ 0,2	+ 0,4
Niederlande	1981	85,6	6,0	178,6	12,5	115,5	8,1	1,5	8,3	+ 63,1	+ 4,4
Norwegen	1981	21,7	5,8	52,4	12,8	40,5	9,9	0,4	7,5	+ 11,9	+ 2,9
Österreich	1982	47,4	6,3	94,3	12,5	90,7	12,0	1,2	12,8	+ 3,7	+ 0,5
Polen	1981	322,7	9,0	678,7	18,9	328,9	9,2	14,0	20,6	+ 349,8	+ 9,7
Portugal	1980	.	7,4	161,0	16,4	97,7	9,9	.	21,2	+ 63,3	+ 6,5
Rumänien	1981	183,0	8,2	381,1	17,0	224,6	10,0	10,9	28,6	+ 156,5	+ 7,0
Schweden	1982	37,8	4,6	94,1	11,3	92,0	11,1	0,7	7,0	+ 1,9	+ 0,2
Schweiz	1981	35,8	5,6	73,7	11,5	59,8	9,3	0,6	7,6	+ 14,0	+ 2,2
Sowjetunion	1981	2 724,0[2])	10,3[2])	4 998,0	18,7	2 752,0	10,3	2,4[3])	16,6[3])	+2 246,0	+ 8,4
Spanien[4])	1981	199,1	5,3	532,3	14,2	286,4	7,6	5,5	10,3	+ 245,9	+ 6,6
Tschechoslowakei	1981	116,6	7,6	237,0	15,5	179,1	11,7	4,0	16,8	+ 57,9	+ 3,8
Ungarn	1982	75,6	7,1	133,6	12,5	144,1	13,5	2,6	20,0	− 10,5	− 1,0
Afrika											
Ägypten	1981	.	.	1 641,1	37,6	440,0	10,1	124,9[5])	76,4[5])	+1 201,1	+27,5
Algerien	1980	127,1	6,8	759,7	40,7	142,7	7,7	48,7	64,1	+ 617,0	+33,0
Mauritius[6])	1981	.	8,6	24,9	25,1	6,8	6,8	0,9	35,0	+ 18,1	+18,3
Südafrika[7])	1980	45,2	10,0	74,8	16,5	37,7	8,3	1,0	13,0	+ 37,1	+ 8,2
Tunesien	1981	49,2	7,6	221,7	34,1	36,5	5,6	8,3[8])	40,3[8])	+ 185,2	+38,5
Amerika											
Brasilien[9])	1980	948,2[10])	.	2 769,5	23,3	809,2	6,8	188,6	68,1	+1 960,3	+16,5
Chile	1981	92,5	8,2	287,3	25,4	72,0	6,4	8,2[2])	33,0[2])	+ 215,3	+19,0
Costa Rica	1980	16,5[8])	7,8[8])	66,1	29,4	9,3	4,1	1,3	19,1	+ 56,8	+25,3
Guatemala	1980	29,5[5])	4,2[5])	303,6	41,8	51,8	7,1	20,0	65,9	+ 251,8	+34,7
Jamaika	1981	7,0	3,2	59,0	26,8	13,5	6,1	0,9[8])	16,2[8])	+ 45,5	+20,6
Kanada	1981	181,6	7,5	370,2	15,4	170,9	7,1	3,9[2])	10,4[2])	+ 199,3	+ 8,3
Kuba	1981	65,3[5])	6,7[5])	136,2[11])	13,9[11])	57,9	5,9	2,5	18,5	+ 78,3	+ 8,0
Nicaragua	1980	17,2	6,4	120,6	44,6	28,6	10,6	12,3	101,7	+ 92,0	+34,0
Uruguay	1981	22,3[2])	7,7	53,6	18,3	27,8	9,5	1,8	34,1	+ 25,8	+ 8,8
Venezuela[9])	1980	95,0[5])	7,0[5])	494,4	35,5	77,2	5,5	15,6	31,6	+ 417,2	+30,0
Vereinigte Staaten	1981	2 438,0	10,6	3 646,0	15,9	1 987,0	8,7	42,7	11,7	+1 659,0	+ 7,2
Asien											
China (Taiwan)	1981	167,2	9,3	412,8	23,0	86,8	4,8	.	10,1[2])	+ 326,0	+18,2
Israel	1981	29,6	7,3	93,3	23,6	26,2	6,6	1,4	14,6	+ 67,1	+17,0
Japan[12])	1981	777,0	6,6	1 525,0	13,1	721,0	6,2	10,9	7,1	+ 804,0	+ 6,9
Korea, Rep.	1981	407,0[2])	10,7[2])	906,1	23,4	255,7	6,6	33,0[2])	37,0[2])	+ 650,4	+16,8
Singapur	1981	25,0[10])	10,2[10])	42,3	17,0	12,9	5,3	0,5	10,7	+ 29,4	+11,7
Sri Lanka	1980	.	.	407,2	27,6	89,3	6,1	.	.	+ 317,9	+21,5
Zypern	1981	5,1[2])	8,1[2])	13,1	20,6	5,3	8,3	0,2	16,0	+ 7,8	+12,3
Australien und Ozeanien											
Australien	1981	.	7,6	235,8	15,8	109,0	7,3	2,3	10,0	+ 126,8	+ 8,5
Neuseeland	1981	23,7	7,5	50,8	16,3	25,1	8,0	0,6	11,7	+ 25,7	+ 8,3

*) Die absoluten Zahlen sind, soweit in den auf S. 618 aufgeführten Quellen nicht enthalten, aufgrund der Verhältnis- und Bevölkerungszahlen errechnet. – Die Erfassung der natürlichen Bevölkerungsbewegung ist in den außereuropäischen Ländern weitgehend unvollständig.
1) Ohne Angaben für Färöer und Grönland.
2) 1980.
3) 1974.
4) Ohne Angaben für Ceuta und Melilla.
5) 1979.
6) Ohne Agalega und St. Brandon.
7) Nur weiße Bevölkerung.
8) 1978.
9) Ohne indianische Dschungelbevölkerung.
10) Nur registrierte Eheschließungen.
11) Nur registrierte Lebendgeborene.
12) Nur japanische Staatsangehörige im Lande.

3.5 Lebenserwartung nach dem Alter

Land	Sterbetafel (m = männlich w = weiblich)		Bei vollendetem Alter von . . . Jahren 0	1	5	10	20	30	40	50	60	70
			beträgt die Lebenserwartung . . . Jahre									
Europa												
Bundesrepublik Deutschland	1979/1981	m	69,9	69,9	66,1	61,2	51,6	42,3	32,9	24,2	16,4	10,0
		w	76,6	76,4	72,6	67,7	57,9	48,2	38,6	29,4	20,7	12,9
Deutsche Demokratische Republik und Berlin (Ost)	1980	m	68,7	68,7	64,9	60,0	50,4	41,1	31,8	23,1	15,4	9,1
		w	74,6	74,4	70,6	65,7	55,9	46,2	36,6	27,4	18,8	11,4
Belgien	1976	m	68,9	69,1	65,4	60,5	46,3[1]	36,8[2]	27,6[3]	19,2[4]	12,3[5]	7,3[6]
		w	75,5	75,5	71,8	66,8	52,2[1]	42,5[2]	33,1[3]	24,2[4]	16,0[5]	9,2[6]
Bulgarien	1979	m	68,6	69,1	65,5	60,6	46,4[1]	37,0[2]	28,0[3]	19,8[4]	12,9[5]	7,5[6]
		w	74,0	74,2	70,5	65,6	51,0[1]	41,4[2]	31,9[3]	22,9[4]	14,8[5]	8,3[6]
Dänemark[7]	1980/1981	m	71,1	70,8	67,0	62,1	52,4	43,0	33,7	24,8	17,0	10,7
		w	77,2	76,8	72,9	68,0	58,2	48,4	38,9	29,8	21,5	13,9
Finnland	1980	m	69,2	68,7	64,9	60,0	50,3	40,9	31,8	23,1	15,6	9,8
		w	77,6	77,1	73,2	68,3	58,4	48,6	39,0	29,5	20,7	12,7
Frankreich	1981	m	70,4	70,2	.	.	51,9	.	.	.	17,4	.
		w	78,5	78,1	.	.	59,6	.	.	.	22,3	.
Griechenland	1978	m	72,9	73,5	69,7	64,8	50,5[1]	41,0[2]	31,6[3]	22,9[4]	15,3[5]	9,5[6]
		w	77,6	78,0	74,1	69,2	54,6[1]	44,8[2]	35,2[3]	26,0[4]	17,5[5]	10,3[6]
Großbritannien und Nordirland												
England und Wales	1979	m	70,2	70,2	66,4	61,5	47,1[1]	37,5[2]	28,1[3]	19,6[4]	12,6[5]	7,4[6]
		w	76,2	76,2	72,4	67,4	52,7[1]	43,0[2]	33,5[3]	24,6[4]	16,7[5]	9,9[6]
Nordirland	1978	m	68,4	68,5	64,7	59,9	45,6[1]	36,2[2]	26,9[3]	18,8[4]	12,1[5]	6,8[6]
		w	74,7	74,8	71,0	66,2	51,5[1]	41,8[2]	32,3[3]	23,5[4]	15,7[5]	9,0[6]
Schottland	1979	m	68,2	68,1	64,3	59,4	45,0[1]	35,5[2]	26,4[3]	18,3[4]	11,8[5]	6,9[6]
		w	74,4	74,4	70,5	65,6	50,9[1]	41,2[2]	31,8[3]	23,3[4]	15,7[5]	9,4[6]
Irland	1977	m	69,5	69,7	65,9	61,0	46,7[1]	37,1[2]	27,8[3]	19,4[4]	12,5[5]	7,2[6]
		w	74,5	74,6	70,8	65,9	51,2[1]	41,5[2]	32,0[3]	23,2[4]	15,3[5]	8,8[6]
Island	1979	m	74,2	73,6	69,8	65,1	51,0[1]	41,6[2]	32,3[3]	23,8[4]	16,4[5]	10,1[6]
		w	79,8	79,2	75,4	70,4	55,9[1]	46,0[2]	36,5[3]	27,7[4]	19,7[5]	12,4[6]
Italien	1974/1977	m	69,7	70,3	66,5	61,6	52,0	42,5	33,1	24,3	16,5	10,2
		w	75,9	76,3	72,5	67,6	57,8	48,0	38,4	29,1	20,3	12,5
Luxemburg	1979	m	69,0	69,1	65,2	60,3	46,1[1]	36,9[2]	27,7[3]	19,3[4]	12,5[5]	7,4[6]
		w	76,2	75,7	71,9	67,0	52,5[1]	42,9[2]	33,4[3]	24,4[4]	16,2[5]	9,3[6]
Malta	1980	m	68,5	68,8	65,0	60,2	50,5	40,8	31,1	22,4	14,1	7,9
		w	72,7	72,6	68,8	63,9	54,0	44,3	34,4	25,3	16,4	9,5
Niederlande	1980	m	72,4	72,2	68,3	63,4	53,7	44,2	34,6	25,5	17,4	11,0
		w	79,2	78,8	74,9	70,0	60,2	50,4	40,7	31,3	22,5	14,5
Norwegen	1979/1980	m	72,3	71,9	68,1	63,2	53,6	44,2	34,7	25,7	17,7	11,2
		w	79,0	78,6	74,7	69,7	59,9	50,1	40,4	31,0	22,1	14,1
Österreich	1981	m	69,2	69,2	65,4	60,6	51,1	41,9	32,6	24,0	16,4	10,0
		w	76,6	76,4	72,6	67,6	57,8	48,0	38,5	29,2	20,5	12,7
Polen	1980	m	66,0	.	.	53,1[8]	.	39,2	26,2[3]	.	15,2	.
		w	74,4	.	.	61,2[8]	.	46,6	32,4[3]	.	19,4	.
Portugal	1979	m	67,4	68,4	.	60,0	50,6	41,5	32,4	23,7	16,1	9,4
		w	74,7	75,4	.	66,9	57,2	47,6	38,0	28,7	20,1	12,1
Rumänien	1978	m	67,3	68,6	65,1	60,3	46,1[1]	36,9[2]	28,1[3]	20,0[4]	13,1[5]	7,8[6]
		w	72,4	73,4	69,9	65,1	50,5[1]	41,0[2]	31,7[3]	22,8[4]	14,9[5]	8,4[6]
Schweden	1981	m	76,1	75,2	71,2	66,2	56,3	46,5	36,8	27,1	18,3	10,7
		w	82,1	81,2	77,2	72,2	62,2	52,3	42,4	32,6	23,1	14,3
Schweiz	1979	m	74,4	72,4	68,3	63,4	49,2[1]	39,8[2]	30,5[3]	21,9[4]	14,4[5]	8,6[6]
		w	79,1	78,6	74,8	69,9	55,3[1]	45,5[2]	36,0[3]	26,9[4]	18,4[5]	11,0[6]
Spanien	1977	m	71,2	71,5	67,7	62,9	48,5[1]	39,1[2]	29,9[3]	21,4[4]	14,0[5]	8,2[6]
		w	77,2	77,3	73,5	68,6	53,9[1]	44,2[2]	34,6[3]	25,5[4]	17,0[5]	9,8[6]
Tschechoslowakei	1980	m	66,8	67,3	63,5	58,6	49,0	39,6	30,3	21,9	14,8	9,0
		w	74,0	74,3	70,5	65,6	55,7	46,0	36,3	27,1	18,6	11,4
Ungarn	1980	m	66,0	66,7	62,8	58,0	48,3	39,0	30,1	22,0	15,1	9,4
		w	73,2	73,7	70,0	65,0	55,2	45,5	36,0	27,1	18,9	11,7
Afrika												
Ägypten	1980	m	54,1	61,0	61,6	57,0	47,6	38,4	29,4	21,1	13,8	7,4
		w	56,8	63,2	66,3	61,7	52,2	42,8	33,5	24,3	15,8	8,1
Algerien	1978	m	55,8	62,0	60,9	57,1	48,8	40,4	31,9	23,6	16,1	9,7
		w	58,1	64,2	63,2	59,3	50,7	42,3	34,1	25,8	18,1	10,7

Fußnoten siehe S. 645.

3.5 Lebenserwartung nach dem Alter

Land	Sterbetafel (m = männlich w = weiblich)		Bei vollendetem Alter von ... Jahren 0	1	5	10	20	30	40	50	60	70
			beträgt die Lebenserwartung ... Jahre									
Malawi	1970/1972	m	40,9	47,9	60,8	59,9	51,5	44,3	46,8	30,7	24,4	.
		w	44,2	49,2	57,6	58,0	54,5	47,2	40,8	35,8	30,1	.
Mauritius	1979	m	61,5	62,9	59,4	54,6	40,4[1])	31,3[2])	23,0[3])	15,8[4])	10,0[5])	5,9[6])
		w	70,3	71,3	67,9	63,1	48,7[1])	39,3[2])	30,3[3])	21,8[4])	14,5[5])	8,5[6])
Seschellen	1974/1978	m	64,6	66,0	63,2	58,4	49,0	39,9	31,1	22,8	15,6	9,6
		w	71,1	72,6	69,7	65,0	55,5	46,3	37,1	28,1	19,7	12,2
Amerika												
Bahamas	1977	m	67,3	68,5	64,8	59,9	45,8[1])	36,5[2])	28,2[3])	20,1[4])	14,0[5])	9,4[6])
		w	73,4	74,1	70,4	65,5	51,1[1])	41,7[2])	33,2[3])	24,3[4])	17,5[5])	11,4[6])
Bolivien	1975/1980	m	48,4	.	57,2	53,2	44,9	37,5	29,9	22,5	15,8	10,1
		w	53,1	.	60,4	56,2	47,7	39,9	31,9	24,2	17,1	11,0
Brasilien	1975/1980	m	60,7	.	61,1	57,1	48,2	39,8	31,3	23,1	15,5	9,3
		w	66,7	.	65,4	61,0	51,7	42,8	33,9	25,3	17,3	10,4
Chile	1978	m	65,1	67,0	63,4	58,7	44,6[1])	35,6[2])	27,2[3])	19,7[4])	13,0[5])	7,8[6])
		w	72,3	73,8	70,2	65,4	51,0[1])	41,5[2])	32,4[3])	23,9[4])	16,3[5])	9,9[6])
Costa Rica	1978	m	71,5	72,3	68,7	63,8	49,7[1])	40,5[2])	31,5[3])	23,0[4])	15,3[5])	9,3[6])
		w	76,1	76,6	72,9	68,0	53,4[1])	43,8[2])	34,5[3])	25,5[4])	17,4[5])	10,6[6])
Ecuador	1975/1980	m	58,0	.	61,7	57,3	48,5	40,2	31,9	29,0	16,7	10,4
		w	62,0	.	64,0	59,5	50,4	41,8	33,3	25,1	17,5	10,9
El Salvador	1975/1980	m	60,0	.	62,8	59,0	50,0	41,3	32,8	24,7	17,5	11,4
		w	64,5	.	66,7	62,8	53,5	44,7	36,0	27,7	19,7	12,3
Guatemala	1975/1980	m	52,5	.	57,9	54,1	45,4	37,5	29,9	22,6	15,8	10,1
		w	54,6	.	59,1	55,2	46,4	38,3	30,6	23,1	16,2	10,2
Kanada	1977	m	70,5	70,5	66,7	61,8	47,8[1])	38,5[2])	29,4[3])	21,2[4])	14,3[5])	8,9[6])
		w	78,2	78,1	74,3	69,4	54,8[1])	45,1[2])	35,7[3])	26,8[4])	18,7[5])	11,7[6])
Kuba	1975/1980	m	70,3	.	68,4	63,6	54,1	44,8	35,7	26,9	18,8	11,7
		w	73,5	.	71,0	66,2	56,6	47,1	37,7	28,7	20,3	12,8
Mexiko	1975/1980	m	63,6	.	64,2	59,7	50,3	41,5	33,1	25,1	18,0	11,9
		w	67,4	.	67,6	63,1	53,6	44,4	35,6	27,1	19,3	12,6
Uruguay	1978	m	66,8	68,8	65,2	60,3	46,1[1])	36,7[2])	27,7[3])	19,9[4])	13,3[5])	8,2[6])
		w	73,7	75,3	71,6	66,7	52,2[1])	42,7[2])	33,4[3])	24,7[4])	16,7[5])	10,1[6])
Venezuela	1975/1980	m	64,6	.	64,0	59,4	50,4	41,8	33,2	25,0	17,7	11,4
		w	68,3	.	66,8	62,2	52,9	44,0	35,2	26,7	18,9	12,1
Vereinigte Staaten	1980	m	70,0	70,0	.	56,4[8])	47,3[1])	38,1[2])	29,1[3])	21,0[4])	14,1[5])	8,8[6])
		w	77,6	77,5	.	63,8[8])	54,1[1])	44,5[2])	35,1[3])	26,4[4])	18,5[5])	11,6[6])
Asien												
China (Taiwan)	1981	m	69,7	.	.	61,0	51,5	42,3	33,3	24,8	17,0	10,7
		w	74,6	.	.	65,7	56,0	46,4	36,9	27,7	19,3	12,1
Hongkong[9])	1979	m	70,2	70,3	66,6	61,7	47,2[1])	37,9[2])	28,9[3])	20,7[4])	13,8[5])	9,2[6])
		w	77,5	77,4	73,8	68,9	54,3[1])	44,6[2])	35,2[3])	26,2[4])	18,2[5])	11,8[6])
Israel[10])	1979	m	72,3	.	68,6	63,7	54,0	44,5	34,9	25,8	17,8	11,1
		w	75,8	.	71,9	67,0	57,1	47,3	37,7	28,3	19,7	12,3
Japan[11])	1980	m	73,3	72,9	69,1	64,3	54,5	45,0	35,5	26,5	18,3	11,1
		w	78,8	78,4	74,5	69,6	59,7	50,0	40,3	30,9	22,0	13,8
Malaysia[12])	1978	m	67,1	68,2	.	60,1	50,7	.	32,4	.	16,9	.
		w	72,7	73,4	.	65,4	55,7	.	37,1	.	20,6	.
Korea, Republik	1978/1979	m	62,7	63,7	60,3	55,6	46,2	37,2	28,1	19,9	12,7	7,7
		w	69,1	71,0	68,2	63,5	53,9	44,4	35,0	26,2	17,9	10,8
Singapur	1979	m	68,2	68,2	64,4	59,4	45,1[1])	35,6[2])	26,4[3])	18,2[4])	11,5[5])	6,1[6])
		w	73,8	73,7	69,9	65,0	50,4[1])	40,8[2])	31,4[3])	22,6[4])	14,9[5])	8,6[6])
Syrien	1976/1979	m	63,8	66,9	64,3	59,9	50,9	42,0	32,7	23,9	16,2	10,2
		w	64,7	67,1	64,4	60,1	50,9	42,1	32,8	24,1	16,2	10,4
Australien und Ozeanien												
Australien	1979	m	70,9	70,8	67,0	62,1	48,0[1])	38,6[2])	29,3[3])	20,9[4])	13,8[5])	8,5[6])
		w	77,9	77,8	74,0	69,0	54,4[1])	44,7[2])	35,2[3])	26,3[4])	18,1[5])	11,0[6])
Neuseeland	1978	m	69,7	69,8	66,1	61,2	47,2[1])	37,7[2])	28,6[3])	20,3[4])	13,3[5])	8,2[6])
		w	76,4	76,2	72,4	67,5	52,9[1])	43,3[2])	34,0[3])	25,3[4])	17,3[5])	10,6[6])

[1]) Vollendetes Alter von 25 Jahren.
[2]) Vollendetes Alter von 35 Jahren.
[3]) Vollendetes Alter von 45 Jahren.
[4]) Vollendetes Alter von 55 Jahren.
[5]) Vollendetes Alter von 65 Jahren.
[6]) Vollendetes Alter von 75 Jahren.
[7]) Ohne Färöer und Grönland.
[8]) Vollendetes Alter von 15 Jahren.
[9]) Britische Besitzung.
[10]) Nur jüdische Bevölkerung.
[11]) Nur japanische Staatsangehörige im Lande.
[12]) Nur Westmalaysia.

4 Erwerbstätigkeit

4.0 Vorbemerkung

Die Angaben beziehen sich auf die Erwerbspersonen, das sind alle beschäftigten Personen (Arbeitgeber, Personen, die auf eigene Rechnung arbeiten, Lohn- und Gehaltsempfänger und, soweit Unterlagen vorliegen, Mithelfende Familienangehörige) sowie die Arbeitslosen zum Zeitpunkt der Zählung. Nicht zu den Erwerbspersonen zählen Schüler, Hausfrauen ohne eigenen Beruf, Personen, die von ihrem Vermögen, von Renten, Pensionen oder Unterstützung leben, sowie Anstaltsinsassen. Soweit nicht besonders vermerkt, sind Soldaten inbegriffen, nicht jedoch Personen, die erstmals Arbeit suchen.

Die Vergleichbarkeit der Angaben von Land zu Land wird u. a. beeinträchtigt durch unterschiedliche Definitionen, Erfassungs- und Zuordnungsmethoden. Dies gilt besonders für die Mithelfenden Familienangehörigen, die definitorisch nicht einheitlich abgegrenzt und häufig nicht bzw. nicht vollständig als Erwerbspersonen gezählt werden. Hierdurch wird vor allem der Vergleich der in der Landwirtschaft beschäftigten Personen gestört.

Hinsichtlich der Gliederung nach der Stellung im Beruf bestehen Unterschiede in der Behandlung der Geschäftsführer bzw. Betriebsleiter und Direktoren, die in den meisten Ländern den Gehaltsempfängern, in anderen aber den Selbständigen zugerechnet werden. In manchen Ländern sind die Personen einzelner Wirtschaftsbereiche überhaupt nicht nach der Stellung im Beruf erfaßt. — Bei der Erfassung nach Wirtschaftsbereichen gliedert eine Reihe von Ländern ihre Zählungsergebnisse nach der Internationalen Systematik der Wirtschaftszweige (International Standard Industrial Classification of all Economic Activities), die 1948 vom Wirtschafts- und Sozialausschuß der Vereinten Nationen angenommen und 1958 sowie 1968 revidiert wurde; andere behalten die Systematik der Volkszählung bei. Die Arbeitslosen werden in den meisten Ländern dem Wirtschaftsbereich und der Stellung im Beruf zugeordnet, denen sie nach ihrer letzten Beschäftigung zugehörten. Bei einigen Ländern fehlt allerdings die entsprechende Aufgliederung; hier sind die Arbeitslosen unter »Tätigkeitsbereich nicht hinreichend bekannt« aufgeführt.

4.1 Bevölkerung nach der Erwerbstätigkeit

Land	Jahr	Bevölkerung			Darunter Erwerbspersonen			Von der Bevölkerung		
								insgesamt	männlich	weiblich
		insgesamt	männlich	weiblich	zusammen	männlich	weiblich	waren Erwerbspersonen		
		1 000						%		
Europa										
Bundesrepublik Deutschland[1])	1982	61 660	29 495	32 166	28 335	17 421	10 914	46	59	34
Deutsche Demokratische Republik und Berlin (Ost)	1981	16 736	7 864	8 872	8 763[2])	4 435[2])	4 328[2])	52	56	49
Belgien	1981	9 859	4 817	5 042	4 161	2 592	1 570	42	54	31
Dänemark	1981	5 129	2 529	2 600	2 674	1 486	1 188	52	59	46
Finnland	1981	4 811	2 327	2 484	2 402[3])	1 280[3])	1 122[3])	50[3])	55[3])	45[3])
Frankreich	1981	53 858	26 389	27 470	23 346	14 274	9 072	43	54	33
Großbritannien und Nordirland	1981	55 830	.	.	26 063	15 978	10 084	47	.	.
Island	1981	232	117	115	121	70	50	52	60	44
Italien	1981	57 200	.	.	23 100[4])	15 337	7 763	40[4])	.	.
Jugoslawien	1981	22 520	.	.	10 326	.	.	46	.	.
Luxemburg	1980	365	.	.	161	114	47	44	.	.
Niederlande	1981	14 209	7 049	7 160	5 464	3 739	1 725	39	53	24
Norwegen	1981	4 100	2 031	2 069	1 971	1 150	822	48	57	40
Österreich	1981	7 508	3 556	3 952	3 147	1 930	1 217	42	54	31
Polen	1981	35 902	.	.	19 941	.	.	56	.	.
Portugal	1981	9 496	4 496	5 000	4 366	2 554	1 812	46	57	36
Schweden	1981	8 323	4 119	4 204	4 332[3])[4])	2 342[3])	1 991[3])	52[3])[4])	57[3])	47[3])
Schweiz	1981	6 470	.	.	3 060	1 982	1 078	47	.	.
Sowjetunion	1981	267 735	.	.	134 684	.	.	50	.	.
Spanien	1981	37 650	.	.	13 391	9 573	3 818	36	.	.
Türkei	1980	44 737	23 067	21 670	19 027	12 614	6 413	43	55	30
Ungarn	1981	10 710	.	.	5 015	2 762	2 253	47	.	.
Afrika										
Algerien	1981	19 590	.	.	4 347	.	.	22	.	.
Burundi	1980	4 171	1 986	2 185	1 923	1 028	895	46	52	41
Kamerun	1982	8 882	4 429	4 453	3 543	2 214	1 329	40	50	30
Sambia	1981	5 869	2 898	2 971	1 824	1 311	513	31	45	17
Seschellen	1981	64	32	32	39	23	16	61	70	52
Togo	1980	2 476	1 190	1 286	1 019	570	448	41	48	35
Amerika										
Chile	1981	11 294	.	.	3 760	.	.	33	.	.
Ecuador	1981	8 644	4 356	4 288	2 808	2 058	750	33	47	18
Honduras	1981	3 821	1 916	1 905	1 124	942	182	29	49	10
Kanada	1982	24 603	.	.	11 665[5])	6 859	4 806	47[5])	.	.
Nicaragua	1980	2 703	1 325	1 378	864[6])	681	183	32[6])	51	13
Panama[7])	1980	1 825	926	899	548	396	152	30	43	17
Paraguay	1981	3 270	.	.	1 291	.	.	39	.	.
Peru	1982	18 790	9 416	9 374	5 978	4 270	1 707	32	45	18
Venezuela	1981	14 233	7 131	7 102	4 561	3 317	1 244	32	47	18
Vereinigte Staaten	1981	229 800	.	.	110 812	63 939	46 873	48	.	.
Puerto Rico[8])	1982	2 435	1 151	1 284	1 045	682	363	43	59	28
Asien										
China (Taiwan)	1981	12 404	6 496	5 908	8 343	5 500	2 843	67	85	48
Hongkong[9])	1981	5 035	2 589	2 446	2 502	1 602	899	50	62	37
Israel	1981	3 950	1 974	1 976	1 349[4])	853	496	34[4])	43	25
Japan	1981	117 670	57 950	59 720	57 070	34 980	22 090	49	60	37
Korea, Republik	1981	38 723	19 539	19 184	14 710[4])	9 213	5 496	38[4])	47	29
Kuwait	1980	1 358	777	581	484	422	62	36	54	11
Malaysia[10])	1979	11 401	5 747	5 654	4 375	2 800	1 575	38	49	28
Pakistan[11])	1982	85 864	44 744	41 120	26 635	23 381	3 254	31	52	8
Zypern	1981	640	.	.	208	135	73	33	.	.
Australien und Ozeanien										
Australien	1981	14 860	.	.	6 823	4 322	2 501	46	.	.
Neuseeland	1981	3 180[12])	1 580	1 601	1 331[13])	876	456	42[13])	55	29

1) Ergebnis des Mikrozensus, April 1982.
2) Nur Berufs-(Erwerbs-)tätige.
3) Personen im Alter von 15 (bzw. 16) bis unter 75 Jahren.
4) Ohne Soldaten.
5) Ohne Yukon und Nordwestgebiete sowie ohne Soldaten und Indianer in Reservaten.
6) Ohne Arbeitslose.
7) Einschl. Panamakanal-Zone.
8) Abhängiges Gebiet der Vereinigten Staaten.
9) Britische Besitzung.
10) Nur Westmalaysia.
11) Ohne Angaben für Dschammu-Kaschmir.
12) Einschl. Maoris; ohne Armeeangehörige in Übersee.
13) Personen, die zumindest 20 Stunden in der Woche gearbeitet haben.

4.2 Erwerbspersonen nach Wirtschaftsbereichen und Stellung im Beruf*)

1 000

Stellung im Beruf	Insgesamt	Land- und Forstwirtschaft, Jagd und Fischerei	Bergbau, Gewinnung von Steinen und Erden	Verarbeitendes Gewerbe (ohne Baugewerbe)	Energiewirtschaft und Wasserversorgung	Baugewerbe	Handel und Gaststättengewerbe	Verkehrswesen, Lagerung und Nachrichtenwesen	Kreditinstitute, Versicherungsgewerbe und Immobilien	Öffentliche Verwaltung, soziale Aufgaben und Dienstleistungen	Nicht ausreichend beschriebene Tätigkeiten
Bundesrepublik Deutschland 1982[1])											
Selbständige	2 324	483	6	352	1	183	642	86	221	350	—
Mithelfende Familienangehörige	818	601	1	47	0	18	97	7	15	33	—
Lohn- und Gehaltsempfänger[2])	23 633	262	353	8 363	272	1 882	3 075	1 433	1 428	6 568	—
Insgesamt	**26 774**	**1 346**	**359**	**8 762**	**273**	**2 082**	**3 813**	**1 525**	**1 664**	**6 950**	—
Belgien 1981											
Selbständige	489	79	0	46	0	42	207	12	37	66	.
Mithelfende Familienangehörige	133	19	0	11	.	5	71	4	6	17	.
Lohn- und Gehaltsempfänger[2])	3 539	11	28	847	33	213	420	261	211	1 079	436[3])
Insgesamt	**4 161**	**109**	**28**	**904**	**33**	**260**	**698**	**277**	**254**	**1 162**	**436[3])**
Dänemark 1981											
Selbständige	290	100	0	29	.	29	63	16	17	36	.
Mithelfende Familienangehörige	67	28	0	7	.	6	15	2	3	6	.
Lohn- und Gehaltsempfänger[2])	2 317	51	2	542	16	177	293	154	144	816	122[5])
Insgesamt	**2 674[4])**	**179**	**2**	**579**	**16**	**212**	**370**	**172**	**164**	**858**	**122[5])**
Frankreich 1981											
Selbständige[6])	3 568	1 451	4	255	1	331	830	59	154	484	.
Mithelfende Familienangehörige	.	.				.	.	.	.	.	.
Lohn- und Gehaltsempfänger[2])	19 402	349	137	5 003	187	1 462	2 575	1 273	1 414	4 997	2 005[8])
Insgesamt	**22 970[7])**	**1 800**	**141**	**5 258**	**188**	**1 793**	**3 405**	**1 331**	**1 568**	**5 481**	**2 005[8])**
Norwegen 1981[9])											
Selbständige	204	83		11		31	27	16	7	28	1
Mithelfende Familienangehörige	57	42		2		1	8	1	—	2	1
Lohn- und Gehaltsempfänger[2])	1 702	38		409		118	298	160	94	542	43[10])
Insgesamt	**1 971[7])**	**164**		**425**		**150**	**335**	**178**	**102**	**573**	**45[10])**
Österreich 1981[9])											
Selbständige[6])	516	278	—	56	—	14	112	13	15	28	—
Mithelfende Familienangehörige	.	.		.	.	.	.	.	.	.	.
Lohn- und Gehaltsempfänger[2])	2 631	41	16	882	35	265	451	187	147	601	6
Insgesamt	**3 147**	**319**	**16**	**938**	**35**	**279**	**563**	**200**	**162**	**629**	**6**
Portugal 1981[9])											
Selbständige	689	348	—	78	—	40	145	12	10	43	.
Mithelfende Familienangehörige	565	474	—	18	—	4	57	—	—	5	.
Lohn- und Gehaltsempfänger[2])	3 082	210	20	965	22	357	308	139	81	708	261[11])
Insgesamt	**4 366**	**1 044**	**21**	**1 090**	**22**	**407**	**521**	**156**	**93**	**765**	**261[11])**
Schweden 1981[9])											
Selbständige	315	133	—	22	—	31	50	24	14	40	—
Mithelfende Familienangehörige	21	17	—	1	—	—	2	—	—	1	—
Lohn- und Gehaltsempfänger[2])	3 998	87	14	962	37	256	531	268	267	1 467	109[12])
Insgesamt	**4 332[4])[7])**	**237**	**14**	**984**	**37**	**288**	**583**	**293**	**282**	**1 508**	**109[12])**
Ungarn 1981											
Selbständige	118	33		33		20	12	6		14	
Mithelfende Familienangehörige	139	128		2		1	6	0		2	
Lohn- und Gehaltsempfänger[2])	4 757	948		1 619		372	470	394		954	
Insgesamt	**5 014**	**1 109**		**1 654**		**393**	**488**	**400**		**970**	
Kanada 1982[13])											
Selbständige	963	255	—	26	—	85	179	37	16	328	36[14])
Mithelfende Familienangehörige	119	78	—	—	—	5	18	—	—	11	—
Lohn- und Gehaltsempfänger[2])	10 584	168	160	1 912	113	458	1 632	702	611	3 634	1 195[14])
Insgesamt	**11 665**	**500**	**161**	**1 940**	**113**	**548**	**1 829**	**740**	**628**	**3 973**	**1 233[14])**
Venezuela 1981[9])											
Selbständige	1 208	320	1	131	1	106	371	136	27	114	1[15])
Mithelfende Familienangehörige	140	79	0	9	0	1	46	1	1	3	0[15])
Lohn- und Gehaltsempfänger[2])	3 212	248	55	590	50	325	423	192	185	1 088	56[15])
Insgesamt	**4 561**	**648**	**56**	**729**	**50**	**432**	**840**	**330**	**213**	**1 205**	**57[15])**
Vereinigte Staaten 1981											
Selbständige	8 897	1 690	27	370	13	1 202	1 924	290	780	2 600	.
Mithelfende Familienangehörige	656	267	2	28	1	41	170	11	26	109	.
Lohn- und Gehaltsempfänger[2])	101 259	1 794	1 160	23 349	1 459	5 706	20 086	5 213	8 299	31 070	3 124[16])
Insgesamt	**110 812**	**3 749**	**1 189**	**23 747**	**1 473**	**6 949**	**22 179**	**5 515**	**9 107**	**33 779**	**3 124[16])**

Fußnoten siehe S. 648.

4.2 Erwerbspersonen nach Wirtschaftsbereichen und Stellung im Beruf*)

1 000

Stellung im Beruf	Ins-gesamt	Land- und Forst-wirtschaft, Jagd und Fischerei	Bergbau, Gewin-nung von Steinen und Erden	Verarbei-tendes Gewerbe (ohne Bau-gewerbe)	Energie-wirtschaft und Wasser-ver-sorgung	Bau-gewerbe	Handel und Gast-stätten-gewerbe	Verkehrs-wesen, Lagerung und Nach-richten-wesen	Kredit-institute, Versiche-rungs-gewerbe und Immo-bilien	Öffentliche Ver-waltung, soziale Aufgaben und Dienst-leistungen	Nicht aus-reichend beschrie-bene Tätig-keiten
Israel 1981[9])											
Selbständige	256	46		42	0	18	57	26	18	48	1[18])
Mithelfende Familienangehörige	25	9		3	—	1	10	0	1	1	0[18])
Lohn- und Gehaltsempfänger[2])	1 068	24		262	14	64	89	60	95	415	45[18])
Insgesamt	**1 349**[17])	**78**		**306**	**14**	**83**	**157**	**87**	**114**	**464**	**46**[18])
Japan 1981[9])											
Selbständige	9 430	2 610	—	1 620	—	910	2 440	150	240	1 440	.
Mithelfende Familienangehörige	5 920	2 500	—	710	—	290	1 820	30	60	500	.
Lohn- und Gehaltsempfänger[2])	41 730	460	90	11 520	310	4 240	8 480	3 260	3 020	8 970	1 380[19])
Insgesamt	**57 070**	**5 570**	**100**	**13 850**	**310**	**5 440**	**12 740**	**3 440**	**3 320**	**10 920**	**1 380**[19])
Korea, Republik 1981											
Selbständige	4 733	2 270	5	449	—	57	1 538	94	76	244	.
Mithelfende Familienangehörige	2 691	2 015	1	94	—	4	538	3	3	33	.
Lohn- und Gehaltsempfänger[2])	7 288	521	118	2 330	33	815	701	518	301	1 290	661[20])
Insgesamt	**14 710**[17])	**4 806**	**124**	**2 872**	**33**	**875**	**2 777**	**615**	**380**	**1 567**	**661**[20])
Pakistan 1982[21])											
Selbständige	11 527	6 222	8	1 693	5	380	2 050	438	46	670	15
Mithelfende Familienangehörige	7 265	5 932	—	627	—	23	462	67	—	154	—
Lohn- und Gehaltsempfänger[2])	7 843	1 372	28	1 410	185	864	334	710	172	1 770	998[22])
Insgesamt	**26 635**	**13 526**	**36**	**3 730**	**190**	**1 267**	**2 846**	**1 215**	**218**	**2 594**	**1 013**[22])

*) Nach der Internationalen Systematik der Wirtschaftszweige der Vereinten Nationen (ISIC) 1968.
1) Ergebnis des Mikrozensus, April 1982; nur Erwerbstätige.
2) Arbeiter, Angestellte und Beamte sowie Personen, deren Stellung im Beruf unbestimmt ist.
3) Darunter 399 093 Arbeitslose und 31 639 Militärangehörige.
4) Personen im Alter von 15 (bzw. 16) bis unter 75 Jahren.
5) Darunter 50 917 Arbeitslose und 29 786 Militärangehörige.
6) Einschl. Mithelfende Familienangehörige.
7) Ohne Wehrpflichtige.
8) Darunter 1 696 000 Arbeitslose und 309 300 Militärangehörige.
9) Differenzen durch Rundungen.
10) Darunter 40 000 Arbeitslose.
11) Darunter 164 000 erstmals Arbeitsuchende und 97 000 Militärangehörige.
12) Darunter 10 000 erstmals Arbeitsuchende und 98 000 Arbeitslose.
13) Ohne Yukon und Nordwestgebiete sowie ohne Militärangehörige und Indianer in Reservaten. – Differenzen, da Angaben unter 4 000 nicht ausgewiesen sind.
14) Darunter 70 000 erstmals Arbeitsuchende und 1 125 000 Arbeitslose.
15) Darunter 40 168 erstmals Arbeitsuchende und 16 994 Arbeitslose bzw. Personen, deren Tätigkeit unbekannt ist.
16) Davon 982 000 erstmals Arbeitsuchende und 2 142 000 Militärangehörige.
17) Ohne Militärangehörige.
18) Darunter 34 300 erstmals Arbeitsuchende und 11 700 Arbeitslose bzw. Personen, deren Tätigkeit unbekannt ist.
19) Darunter 1 260 000 Arbeitslose.
20) Nur Arbeitslose.
21) Ohne Angaben für Dschammu-Kaschmir.
22) Darunter 944 000 Arbeitslose.

4.3 Streiks und Aussperrungen

Land	Streiks und Aussperrungen			Beteiligte Arbeitnehmer			Verlorene Arbeitstage		
	1979	1980	1981	1979	1980	1981	1979	1980	1981
	Anzahl			1 000					
Bundesrepublik Deutschland	40	132	297	77	45	253	483	128	58
Belgien	215	132	...	56	27	...	615	222	...
Dänemark	218	225	94	157	62	53	173	187	652
Finnland	1 715	2 182	1 591	225	407	489	243	1 606	659
Frankreich	3 121	2 118	2 442	967	501	329	3 657	1 674	1 535
Großbritannien und Nordirland	2 080	1 330	1 338	4 608	834	1 513	29 474	11 964	4 266
Irland	140	130	117	50	31	32	1 465	412	434
Italien	2 000	2 238	2 204	16 236	13 825	8 227	27 530	16 457	10 527
Niederlande	57	18	11	37	26	9	309	57	24
Norwegen	10	35	17	3	19	4	7	104	29
Schweden	207	208	67	32	747	99	29	4 479	209
Schweiz	8	5	1	0,5	4	0	2	6	0
Spanien	2 680	.	.	5 713	.	.	18 917	.	.
Kanada	1 050	1 028	1 048	463	441	339	7 834	8 975	8 879
Vereinigte Staaten	4 827	3 885	2 568	1 727	1 366	1 081	34 754	33 289	24 730
Indien	3 048	2 797	2 270	2 874	1 674	1 252	43 854	20 804	26 464
Israel	117	84	.	250	91	.	539	217	.
Japan	1 153	1 133	955	450	563	247	930	1 001	554
Australien	2 042	2 429	2 915	1 863	1 173	1 250	3 964	3 320	4 192
Neuseeland	523	352	289	158	108	79	382	360	245

5 Land- und Forstwirtschaft, Fischerei

5.1 Hauptarten der Bodennutzung 1980*)

1 000 ha

Land	Fläche		Landfläche nach Hauptnutzungsarten				
	insgesamt	darunter Landfläche[1])	Landwirtschaftliche Fläche			Waldfläche[4])	Sonstige Fläche[5])
			zusammen	Ackerland[2])	Dauergrünland[3])		
Europa							
Bundesrepublik Deutschland	24 864[6])	24 440[6])	12 248[7])	7 494[7])	4 754[7])	7 318[6])	.
Deutsche Demokratische Republik und Berlin (Ost)	10 833	10 608	6 271	5 036	1 235	2 955	1 382
Albanien	2 875	2 740	1 310	750	560	1 242	188
Belgien[8])	3 310	3 282	1 585	878	707	702	995
Bulgarien	11 091	11 055	6 185	4 181	2 004	3 845	1 025
Dänemark[9])	4 307	4 237	2 905	2 653	252	493	839
Finnland	33 703	30 547	2 563	2 399	164[10])	23 321	4 663
Frankreich	54 703	54 563	31 526	18 643	12 883	14 582	8 455
Griechenland	13 194	13 080	9 181	3 926	5 255	2 619	1 280
Großbritannien und Nordirland	24 482	24 160	18 469	6 996	11 473	2 102	3 589
Irland	7 028	6 889	5 802	972	4 830	320	767
Island	10 300	10 025	2 282	8	2 274	120	7 623
Italien	30 123	29 402	17 601	12 465	5 136	6 346	5 455
Jugoslawien	25 580	25 540	14 285	7 884	6 401	9 290	1 965
Niederlande	3 731	3 396	2 021	861	1 160	291	1 084
Norwegen	32 422	30 787	938	812	126	8 330	21 519
Österreich	8 385	8 273	3 675	1 635	2 040	3 282	1 316
Polen	31 268	30 454	18 947	14 901	4 046	8 684	2 823
Portugal	9 208	9 164	4 080[11])	3 550[11])	530	3 641	1 443
Rumänien	23 750	23 034	14 964	10 497	4 467	6 337	1 733
Schweden	44 996	41 162	3 704	2 979	725	26 424	11 034
Schweiz	4 129	3 977	2 021	396	1 625	1 052	904
Sowjetunion	2 240 220[12])	2 227 200	605 666[13])	231 966	373 700[13])	920 000	701 534
Spanien	50 478	49 954	31 530	20 510	11 020	15 270	3 154
Tschechoslowakei	12 787	12 549	6 851	5 169	1 682	4 578	1 120
Türkei	78 058	77 076	38 179	28 479	9 700	20 199	18 698
Ungarn	9 303	9 234	6 627	5 333	1 294	1 610	997
Afrika							
Ägypten	100 145	99 545	.	2 855	.	2	96 688[14])
Äthiopien	122 190	110 100	59 280	13 880	45 400	26 750	24 070
Algerien	238 174	238 174	43 830	7 509	36 321	4 384	189 960
Angola	124 670	124 670	32 500	3 500	29 000	53 760	38 410
Botsuana	60 037	58 537	45 360	1 360	44 000	962	12 215
Elfenbeinküste	32 246	31 800	6 880	3 880	3 000	9 880	15 040
Gabun	26 767	25 767	5 152	452	4 700	20 000	615
Ghana	23 854	23 002	6 230	2 760	3 470	8 770	8 002
Kamerun	47 544	46 944	15 230	6 930	8 300	25 640	6 074
Kenia	58 265	56 925	6 035	2 275	3 760	2 530	48 360
Kongo	34 200	34 150	10 669	669	10 000	21 360	2 121
Libyen	175 954	175 954	15 080	2 080	13 000	600	160 274
Madagaskar	58 704	58 154	37 000	3 000	34 000	13 470	7 684
Malawi	11 848	9 408	4 160	2 320	1 840	4 470	778
Mali	124 000	122 000	32 050	2 050	30 000	8 000	81 950
Marokko	44 655	44 630	20 219	7 719	12 500	5 195	19 216
Mauretanien	103 070	103 040	39 445	195	39 250	15 134	48 461
Mosambik	80 159	78 409	47 080	3 080	44 000	15 460	15 869
Niger	126 700	126 670	13 018	3 350	9 668	2 900	110 752
Nigeria	92 377	91 077	51 285	30 385	20 900	14 900	24 892
Obervolta	27 420	27 380	12 563	2 563	10 000	7 200	7 617
Sambia	75 261	74 072	40 108	5 108	35 000	20 450	13 514
Senegal	19 619	19 200	10 925	5 225	5 700	5 318	2 957
Sierra Leone	7 174	7 162	3 970	1 766	2 204	2 060	1 132
Somalia	63 766	62 734	29 916	1 066	28 850	8 860	23 958
Sudan	250 581	237 600	68 417	12 417	56 000	48 940	120 243
Südafrika	122 104[15])	122 104	94 082	13 572	80 510	4 600	23 422
Tansania	94 509	88 604	40 160	5 160	35 000	42 138	6 306
Tschad	128 400	125 920	48 150	3 150	45 000	20 500	57 270
Tunesien	16 361	15 536	7 250	4 700	2 550	490	7 796
Uganda	23 604	19 971	10 680	5 680	5 000	6 060	3 231
Zaire	234 541	226 760	15 535	6 314	9 221	177 610	33 615
Zentralafrikanische Republik	62 298	62 298	4 945	1 945	3 000	39 690	17 663

Fußnoten siehe S. 650.

5.1 Hauptarten der Bodennutzung 1980*)

1 000 ha

Land	Fläche		Landfläche nach Hauptnutzungsarten				
	insgesamt	darunter Landfläche[1])	Landwirtschaftliche Fläche			Waldfläche[4])	Sonstige Fläche[5])
			zusammen	Ackerland[2])	Dauergrünland[3])		
Amerika							
Argentinien	276 689	273 669	178 400	35 200	143 200	60 050	35 219
Bolivien	109 858	108 439	30 420	3 370	27 050	56 200	21 819
Brasilien	851 197	845 651	220 950	61 950	159 000	575 000	49 701
Chile	75 695	74 880	17 410	5 530	11 880[10])	15 460	42 010
Dominikanische Republik	4 873	4 838	2 740	1 230	1 510[10])	635	1 463
Ecuador	28 356	27 684	5 180	2 620	2 560	14 550	7 954
Guatemala	10 889	10 843	2 704	1 834	870[10])	4 550	3 589
Honduras	11 209	11 189	5 157	1 757	3 400	4 060	1 972
Kanada	997 614	922 107	68 200	44 350	23 850	326 129	527 778
Kolumbien	113 891	103 870	35 650	5 650	30 000	53 300	14 920
Kuba	11 452	11 452	5 723	3 200[16])	2 523	1 900	3 829
Mexiko	197 255	192 304	97 829	23 330	74 499	48 500	45 975
Nicaragua	13 000	11 875	4 936	1 516	3 420	4 480	2 459
Paraguay	40 675	39 730	17 520	1 920	15 600	20 600	1 610
Peru	128 522	128 000	30 520	3 400	27 120	70 900	26 580
Uruguay	17 622	17 362	15 729	1 910	13 819[10])	560	1 073
Venezuela	91 205	88 205	20 955	3 755	17 200	34 990	32 260
Vereinigte Staaten	936 312	912 680	428 163	190 624	237 539	284 464	200 053
Asien							
Afghanistan	64 750	64 750	58 050	8 050	50 000	1 900	4 800
Bangladesch	14 400	13 391	9 745	9 145	600	2 196	1 450
Birma	67 655	65 774	10 384	10 023	361	32 167	23 223
China, Volksrepublik[17])	959 696	930 496	319 200	99 200	220 000	116 400	494 896
Indien[18])	328 759	297 319	181 130	169 130	12 000	67 480	48 709
Indonesien	190 435	181 135	31 500	19 500	12 000	121 800	27 835
Irak	43 492	43 397	9 450	5 450	4 000	1 500	32 447
Iran	164 800	163 600	59 950	15 950	44 000	18 000	85 650
Israel	2 077	2 033	1 231	413	818	116	686
Japan	37 231	37 103	5 461	4 881	580	25 011	6 631
Jemen, Arabische Republik	19 500	19 500	9 790	2 790	7 000	1 600	8 110
Jemen, Demokratische Volksrepublik	33 297	33 297	9 272	207	9 065	2 450	21 575
Jordanien	9 774	9 718	1 480	1 380	100	125	8 113
Kamputschea	18 104	17 652	3 626	3 046	580	13 372	654
Korea, Demokratische Volksrepublik	12 054	12 041	2 290	2 240	50	8 970	781
Korea, Republik	9 848	9 819	2 244	2 196	48	6 565	1 010
Laos	23 680	23 080	1 680	880	800	13 000	8 400
Malaysia	32 975	32 855	4 337	4 310	27	22 390	6 128
Mongolei	156 500	156 500	124 587	1 182	123 405	15 178	16 735
Nepal	14 080	13 680	4 116	2 330	1 786	4 450	5 114
Pakistan[19])	80 394	77 872	25 320	20 320	5 000	2 800	49 752
Philippinen	30 000	29 817	10 920	9 920	1 000	12 300	6 597
Saudi-Arabien	214 969	214 969	86 105	1 105	85 000	1 601	127 263
Sri Lanka	6 561	6 474	2 586	2 147	439	2 383	1 505
Syrien	18 518	18 405	14 062	5 684	8 378	466	3 877
Thailand	51 400	51 177	18 278	17 970	308	15 790	17 109
Vietnam	32 956	32 536	10 925	6 055	4 870	10 330	11 281
Australien und Ozeanien							
Australien	768 685	761 793	496 300	.	.	107 000	158 493
Neuseeland	26 868	26 867	14 609	453	14 156	7 092	5 166

*) Bei Vergleichen ist zu beachten, daß die Begriffsabgrenzungen von Land zu Land sehr unterschiedlich sind.
1) Ohne Binnengewässer.
2) Einschl. Gartenland, Brache und Dauerkulturen (Obst- und Rebanlagen, Kaffee- und Teeplantagen u. ä.).
3) Flächen, auf denen ständig (mindestens 5 Jahre) Futterpflanzen wild wachsen oder angebaut werden (Prärie, Grasland).
4) Mit natürlichem Baumbewuchs oder mit Forstpflanzen bestandene Flächen, einschl. Waldflächen, die abgeholzt sind, aber in absehbarer Zeit wieder aufgeforstet werden.
5) Bebaute Flächen, Park- und Grünanlagen, Ödland usw.
6) Ergebnis der Flächenerhebung 1979.
7) Ergebnis der Bodennutzungshaupterhebung 1980.
8) Einschl. Angaben für Luxemburg.
9) Ohne Angaben für Färöer und Grönland.
10) In landwirtschaftlichen Betrieben.
11) Einschl. 800 000 ha Unterkulturen bei Dauerkulturen und Waldflächen.
12) Einschl. Weißes und Asowsches Meer.
13) Ohne Rentierweiden.
14) Einschl. Hutungen.
15) Ohne Walfischbucht.
16) Nur staatlicher Sektor.
17) Einschl. Angaben für China (Taiwan).
18) Einschl. Angaben für Dschammu-Kaschmir und Sikkim.
19) Ohne Angaben für Dschammu-Kaschmir.

5.2 Düngemittellieferungen für den Verbrauch in der Landwirtschaft*)

100 t Nährstoff

Land	Stickstoff (N)			Phosphat (P_2O_5)[1]			Kali (K_2O)		
	1978	1979	1980	1978	1979	1980	1978	1979	1980
Europa									
Bundesrepublik Deutschland[2]	13 541	14 775	15 508	9 062	9 130	8 375	11 783	12 064	11 441
Deutsche Dem. Rep. u. Berlin (Ost)	7 840	7 476	7 518	4 309	4 164	3 887	4 551	5 485	4 965
Belgien[2][3]	1 967	1 978	1 937	1 133	1 035	1 024	1 607	1 645	1 420
Bulgarien	3 763	4 206	4 500	3 286	3 414	2 910	327	583	887
Dänemark[2]	3 799	3 939	3 741	1 356	1 332	1 110	1 726	1 707	1 422
Finnland[2]	1 833	1 962	1 969	1 521	1 500	1 502	1 365	1 436	1 419
Frankreich	19 780[2]	21 348[2]	21 465[2]	19 499[4]	19 838[4]	17 730[4]	16 896[4]	17 859[4]	16 892[4]
Griechenland	3 412	3 561	3 333	1 957	1 807	1 576	426	442	359
Großbritannien und Nordirland[5]	12 220	13 140	12 400	4 250	4 600	4 040	4 260	4 610	4 100
Irland[2]	2 636	2 475	2 751	1 841	1 557	1 447	2 214	1 891	1 811
Italien[2]	10 427	11 068	10 121	8 119	8 311	7 358	3 840	4 169	3 724
Jugoslawien	4 250	4 400	4 170	2 200	2 200	2 090	2 100	2 100	1 980
Niederlande[2]	4 433	4 861	4 828	807	841	828	1 066	1 237	1 135
Norwegen[2]	1 085	1 132	1 025	635	663	618	846	874	801
Österreich[2]	1 540	1 580	1 597	960	997	993	1 423	1 452	1 483
Polen[2]	12 970	13 125	13 000	9 385	9 679	8 500	13 316	13 543	13 600
Portugal[2]	1 386	1 550	1 365	736	794	813	355	416	413
Rumänien	8 210	7 860	6 463	5 220	5 190	4 760	1 370	1 260	1 010
Schweden[5]	2 560	2 563	2 439	1 377	1 292	1 230	1 296	1 217	1 169
Sowjetunion	76 580	74 670	82 620	53 600	54 800	55 900	53 940	44 110	49 040
Spanien[2]	8 706	9 082	9 019	4 608	4 824	4 761	2 881	2 944	2 841
Tschechoslowakei[2]	6 280	6 300	6 750	4 650	4 910	4 950	6 560	6 240	5 600
Türkei	7 738	7 695	6 315	6 541	6 714	4 922	250	283	490
Ungarn	5 701	5 701	5 368	4 096	4 303	3 902	5 597	5 014	4 722
Afrika									
Ägypten[6]	4 905	5 000	5 540	869	975	1 020	38	67	75
Äthiopien	99	160	240	190	212	317	2	1	2
Algerien	576	603	889	867	820	1 159	338	276	358
Kenia	254	201	248	165	102	259	91	80	90
Marokko	807	1 008	1 226	723	779	955	330	445	408
Nigeria	350	624	922	229	309	562	140	150	255
Sambia	352	497	525	130	143	170	60	40	108
Senegal[2]	103	80	60	137	130	76	113	80	50
Simbabwe[7]	553	591	928	346	370	446	230	163	288
Südafrika	3 789	4 030	4 664	4 069	4 124	4 514	1 301	1 265	1 397
Tansania	129	230	228	104	45	94	60	25	33
Tunesien	235	270	188	277	290	400	40	40	46
Amerika									
Argentinien	477	589	627	499	594	442	94	118	60
Brasilien	7 059	7 834	9 056	15 196	16 762	19 858	9 909	11 034	13 066
Chile	500	507	465	659	575	566	135	126	131
Costa Rica	409	394	405	110	127	130	280	270	200
Dominikanische Republik	279	343	282	158	176	106	134	200	130
Ecuador	404	433	407	210	160	143	100	200	176
El Salvador	842	506	476	233	181	120	40	60	50
Guatemala	520	582	519	233	220	230	200	202	180
Kanada[2]	8 346	8 310	9 140	6 300	6 260	6 340	3 450	3 633	3 689
Kolumbien	1 337	1 510	1 520	795	732	760	630	700	755
Kuba	2 250	2 804	2 694	588	582	722	1 672	1 258	1 873
Mexiko	7 522	8 261	8 785	2 587	2 478	2 524	557	605	748
Nicaragua	350	178	300	90	48	150	45	3	92
Peru	993	861	823	163	147	171	102	94	111
Uruguay	144	218	211	396	655	562	40	45	36
Venezuela	915	970	1 130	591	714	776	462	537	505
Vereinigte Staaten[8]	97 202	103 479	106 905	50 855	49 274	49 201	56 649	56 654	56 638
Asien									
Bangladesch[2]	2 278	2 602	2 722	1 010	1 178	1 219	274	293	292
China, Volksrepublik	92 800	106 410	121 117	20 552	20 490	27 444	2 338	3 921	4 784
Indien[9]	29 863	34 442	35 220	9 646	10 154	10 911	5 601	5 455	6 176
Indonesien	5 490	6 204	8 650	1 379	1 511	2 774	765	842	870
Iran[2]	1 672	2 370	2 748	1 194	1 978	2 972	10	30	.
Israel[2]	376	357	408	242	208	190	218	213	223
Japan[2]	7 230	7 770	6 140	7 750	8 310	6 900	7 230	7 360	5 120
Korea, Dem. Volksrepublik	5 350	5 400	5 500	1 270	1 270	1 270	1 047	822	522
Korea, Republik	4 616	4 439	4 470	2 356	2 157	1 950	1 737	1 915	1 830
Malaysia[2]	1 095	1 377	1 393	905	1 011	1 188	1 686	1 958	1 949
Pakistan[2]	6 843	7 758	8 070	1 879	2 011	1 901	76	96	96
Philippinen	2 054	2 267	2 248	498	519	534	566	637	558
Sri Lanka	792	851	916	247	344	277	303	343	460
Thailand	1 535	1 600	1 540	1 044	1 214	1 016	300	441	354
Vietnam	2 090	1 210	1 560	1 300	300	446	273	364	460
Australien und Ozeanien									
Australien[2]	2 150	2 450	2 480	8 654	9 080	8 530	1 120	1 310	1 280
Neuseeland[2]	249	223	210	4 150	4 163	3 450	1 432	1 077	950
Welt	**537 488**	**572 848**	**603 356**	**306 283**	**311 503**	**314 890**	**244 573**	**239 679**	**242 642**

*) An die Landwirtschaft gelieferte oder in der Landwirtschaft verbrauchte Mengen.
1) Einschl. Rohphosphate zur unmittelbaren Anwendung.
2) Wirtschaftsjahr Juli bis Juni.
3) Einschl. Angaben für Luxemburg.
4) Wirtschaftsjahr Mai bis April.
5) Wirtschaftsjahr Juni bis Mai.
6) Wirtschaftsjahr November bis Oktober.
7) Ehem. Südrhodesien.
8) Einschl. Angaben für Puerto Rico.
9) Wirtschaftsjahr April bis März.

5.3 Anbau und Ernte von

Lfd. Nr.	Land	Weizen[1])			Roggen			Gerste		
		Fläche	Ertrag je ha	Ernte-menge	Fläche	Ertrag je ha	Ernte-menge	Fläche	Ertrag je ha	Ernte-menge
		1 000 ha	dt	1 000 t	1 000 ha	dt	1 000 t	1 000 ha	dt	1 000 t
	Europa									
1	Bundesrepublik Deutschland	1 632	*51,0*	8 313	484	*35,7*	1 729	2 044	*42,5*	8 687
2	Deutsche Demokratische Republik und Berlin (Ost)	675	*43,6*	2 942	656	*27,4*	1 797	964	*36,0*	3 476
3	Belgien[3])	179	*52,7*	943	9	*40,0*	36	173	*47,6*	823
4	Bulgarien	1 032	*43,0*	4 443	27	*12,7*	34	382	*36,8*	1 406
5	Dänemark[4])	148	*56,4*	835	51	*40,8*	208	1 545	*39,1*	6 044
6	Finnland	108	*21,8*	235	41	*15,7*	64	570	*19,0*	1 080
7	Frankreich	4 753	*48,1*	22 858	117	*29,2*	342	2 579	*39,7*	10 231
8	Griechenland	987	*27,9*	2 750	3	*16,7*	5	321	*24,6*	790
9	Großbritannien und Nordirland	1 491	*58,4*	8 707	6	*40,0*	24	2 329	*43,9*	10 227
10	Irland	44	*56,4*	250	0	*24,4*	1	330	*42,4*	1 400
11	Italien	3 258	*27,1*	8 828	14	*22,2*	31	338	*29,1*	983
12	Jugoslawien	1 386	*30,8*	4 270	54	*13,9*	75	310	*23,2*	720
13	Österreich	274	*37,4*	1 025	101	*31,7*	320	362	*33,7*	1 220
14	Polen	1 418	*29,7*	4 203	3 002	*22,4*	6 731	1 294	*27,4*	3 540
15	Rumänien	2 106	*25,3*	5 325	35	*11,4*	40	920	*28,0*	2 580
16	Schweden	220	*48,4*	1 066	52	*34,4*	180	678	*36,1*	2 452
17	Sowjetunion	59 232[5])	*13,5*[5])	80 000[5])	7 551	*11,3*	8 500	31 781	*12,3*	39 000
18	Spanien	2 623	*13,0*	3 409	216	*9,8*	212	3 415	*13,9*	4 757
19	Tschechoslowakei	1 090	*39,7*	4 329	171	*31,6*	542	996	*34,1*	3 400
20	Türkei	9 288	*18,4*	17 050	410	*12,9*	530	2 965	*19,9*	5 900
21	Ungarn	1 151	*40,1*	4 614	74	*15,7*	116	286	*31,6*	903
	Afrika									
22	Ägypten	588	*33,0*	1 938	.	.	.	38	*27,1*	103
23	Algerien	2 000	*7,0*	1 400	.	.	.	900	*8,3*	750
24	Kenia	97	*22,2*	214	.	.	.	85	*9,4*	80
25	Marokko	1 647	*5,4*	892	2	*10,0*	2	2 228	*4,7*	1 039
26	Simbabwe[6])	41	*46,3*	190	.	.	.	10	*25,0*	25
27	Südafrika	1 790	*13,1*	2 340	36	*2,2*	8	69	*14,1*	97
	Amerika									
28	Argentinien	5 790	*13,6*	7 900	162	*9,2*	149	115	*11,5*	132
29	Brasilien	1 921	*11,5*	2 207	22	*11,2*	24	91	*11,1*	101
30	Chile	432	*15,9*	686	9	*10,5*	9	46	*19,9*	91
31	Kanada	12 427	*20,0*	24 802	445	*20,8*	927	5 475	*25,1*	13 724
32	Kolumbien	39	*16,0*	62	.	.	.	36	*15,7*	56
33	Mexiko	861	*37,0*	3 189	.	.	.	274	*20,4*	559
34	Peru	100	*11,7*	117	1	*8,0*	1	170	*9,4*	160
35	Vereinigte Staaten	32 759	*23,2*	76 026	282	*16,8*	473	3 703	*28,1*	10 414
	Asien									
36	Afghanistan	2 600	*11,5*	3 000	.	.	.	320	*10,9*	350
37	Bangladesch	591	*18,5*	1 093	.	.	.	19	*6,3*	12
38	China, Volksrepublik[7])	27 601	*21,2*	58 493	900	*11,1*	1 000	1 501	*22,7*	3 400
39	Indien[8])	22 104	*16,5*	36 460	.	.	.	1 821	*12,3*	2 242
40	Irak	1 200	*9,2*	1 100	.	.	.	750	*8,0*	600
41	Iran	6 300	*10,5*	6 600	.	.	.	1 400	*9,3*	1 300
42	Japan	224	*26,2*	587	1	*10,0*	1	122	*31,3*	383
43	Korea, Demokratische Volksrepublik	160	*25,0*	400	35	*15,7*	55	210	*19,1*	400
44	Korea, Republik	20	*28,5*	57	3	*16,7*	5	361	*24,9*	897
45	Pakistan[9])	6 920	*16,3*	11 303	.	.	.	167	*7,9*	131
46	Syrien	1 253	*16,7*	2 086	.	.	.	1 346	*10,4*	1 406
	Australien und Ozeanien									
47	Australien	11 880	*13,8*	16 372	25	*4,0*	10	2 680	*13,1*	3 510
48	Neuseeland	87	*42,1*	368	0	*24,0*	1	75	*43,1*	324
49	**Welt**	**239 188**	***18,9***	**452 452**	**15 229**	***16,1***	**24 482**	**81 107**	***19,1***	**154 615**

*) In dieser und den folgenden Tabellen werden Angaben für Kalenderjahre nachgewiesen, in denen die gesamte oder der überwiegende Teil der Ernte eingebracht wurde.

1) Soweit vorhanden einschl. Spelz.

2) Ohne Süßkartoffeln und Jamswurzeln.

3) Einschl. Angaben für Luxemburg.

4) Ohne Angaben für Färöer und Grönland.

Getreide und Kartoffeln 1981*)

Hafer			Körnermais			Reis			Kartoffeln²)			
Fläche	Ertrag je ha	Ernte-menge	Fläche	Ertrag je ha	Ernte-menge	Fläche	Ertrag je ha	Ernte-menge	Fläche	Ertrag je ha	Ernte-menge	Lfd. Nr.
1 000 ha	dt	1 000 t	1 000 ha	dt	1 000 t	1 000 ha	dt	1 000 t	1 000 ha	dt	1 000 t	
682	39,3	2 678	129	64,8	832	.	.	.	246	308,9	7 585	1
172	34,8	598	1	44,6	3	.	.	.	505	205,6	10 378	2
41	39,3	161	4	62,5	25	.	.	.	43	331,8	1 426	3
46	13,6	62	563	42,6	2 401	16	43,5	71	36	111,5	407	4
44	40,0	176	.	.	.	.	.	.	36	290,8	1 053	5
434	23,2	1 008	.	.	.	.	.	.	37	129,5	478	6
500	35,5	1 774	1 570	57,0	8 956	5	40,0	21	215	301,4	6 480	7
49	16,7	82	159	78,6	1 250	16	46,3	74	53	181,0	953	8
144	43,0	619	1	10,0	1	.	.	.	192	324,1	6 213	9
24	38,0	89	.	.	.	.	.	.	34	323,2	1 100	10
222	19,0	422	998	72,1	7 197	169	49,5	837	153	188,8	2 879	11
194	16,0	311	2 297	42,7	9 807	8	50,0	40	291	95,3	2 774	12
92	33,2	304	189	72,7	1 374	.	.	.	50	263,9	1 310	13
1 156	23,6	2 731	20	39,7	79	.	.	.	2 258	188,5	42 562	14
63	9,5	60	3 150	35,6	11 200	25	26,0	65	286	157,1	4 500	15
472	38,5	1 816	.	.	.	.	.	.	43	284,1	1 213	16
12 470	11,2	14 000	3 545	22,6	8 000	634	37,9	2 400	6 854	105,1	72 000	17
463	9,6	445	431	49,9	2 151	69	63,9	441	337	165,3	5 571	18
160	26,9	431	174	42,8	745	.	.	.	200	183,0	3 665	19
180	18,1	325	580	20,7	1 200	70	41,4	290	180	161,1	2 900	20
55	30,6	169	1 185	59,1	6 998	13	26,9	35	88	183,8	1 608	21
.	.	.	602	44,4	2 673	401	55,8	2 234	67	180,6	1 210	22
160	6,3	100	1	10,0	1	0	28,6	1	80	78,0	622	23
7	10,0	7	1 124	18,4	2 070	9	47,1	40	48	76,0	365	24
52	5,2	27	362	2,5	90	5	34,0	17	28	140,0	396	25
.	.	.	1 330	21,2	2 814	0	15,0	0	2	100,0	23	26
220	4,1	89	7 000	20,9	14 660	1	23,1	3	50	140,0	700	27
299	11,4	339	3 394	38,0	12 900	82	35,0	286	117	192,6	2 247	28
83	11,8	98	11 491	18,4	21 098	6 066	13,6	8 261	171	111,8	1 911	29
80	16,3	131	126	41,3	518	31	31,8	100	90	112,0	1 007	30
1 561	20,4	3 188	1 136	59,4	6 743	.	.	.	111	237,2	2 621	31
2	25,0	5	629	14,0	880	413	43,5	1 799	160	131,7	2 100	32
96	11,0	106	8 150	18,1	14 766	180	35,8	644	67	129,5	868	33
1	8,5	1	316	18,6	587	150	47,6	712	199	84,2	1 679	34
3 809	19,4	7 375	30 199	69,0	208 312	1 539	54,6	8 408	498	308,2	15 358	35
.	.	.	470	17,0	798	230	20,7	475	21	127,9	272	36
.	.	.	2	7,0	1	10 100	20,2	20 422	102	97,8	999	37
400	15,0	600	20 537	29,3	60 101	33 667	43,5	146 292	1 505	80,0	12 039	38
.	.	.	5 800	12,1	7 000	40 000	20,5	82 000	732	131,1	9 599	39
.	.	.	35	25,7	90	80	31,3	250	7	145,7	108	40
.	.	.	42	11,9	50	320	46,9	1 500	82	86,5	706	41
5	16,3	8	1	30,0	3	2 310	55,5	12 824	126	246,4	3 095	42
85	16,5	140	380	57,9	2 200	800	61,3	4 900	130	123,1	1 600	43
.	.	.	33	43,8	145	1 224	57,5	7 032	41	135,1	554	44
.	.	.	726	13,8	1 004	1 989	24,4	4 860	38	103,5	396	45
2	8,9	2	36	25,1	89	.	.	.	18	152,3	272	46
1 390	11,7	1 620	56	31,1	173	104	70,0	728	36	237,7	849	47
13	40,0	52	21	84,3	177	.	.	.	8	365,3	278	48
26 404	**16,3**	**42 956**	**133 972**	**33,6**	**450 432**	**143 761**	**28,7**	**412 166**	**17 846**	**142,6**	**254 528**	49

5) Ohne Spelz.
6) Ehem. Südrhodesien.
7) Einschl. Angaben für China (Taiwan).
8) Einschl. Angaben für Dschammu-Kaschmir und Sikkim.
9) Ohne Angaben für Dschammu-Kaschmir.

5.4 Anbau und Ernte ausgewählter landwirtschaftlicher Erzeugnisse*)

Land	Fläche 1980	Fläche 1981	Erntemenge 1980	Erntemenge 1981
	1 000 ha		1 000 t	
Tabak				
Bundesrepublik Deutschland[1])	3	3	7	8
Bulgarien	108	106	122	133
Frankreich	19	19	46	47
Griechenland	89	90	117	122
Italien	61	59	126	123
Jugoslawien	57	56	57	63
Polen	52	48	56	87
Rumänien	44	47	37	40
Sowjetunion	179	167	290	300
Spanien	20	21	37	38
Türkei	230	154	234	146
Ungarn	14	15	15	21
Malawi	87	78	59	52
Simbabwe[2])	66	40	125	70
Südafrika	38	38	35	30
Argentinien	58	47	62	52
Brasilien	309	287	406	362
Dominik. Republik	27	27	37	40
Kanada	45	47	107	116
Kolumbien	29	30	47	49
Kuba	19	54	8	34
Mexiko	50	43	77	66
Paraguay	15	9	21	9
Vereinigte Staaten	373	395	810	935
Bangladesch	45	51	40	47
Birma	61	62	53	55
China, Volksrep.[3])	608	629	840	872
Indien[4])	425	428	439	456
Indonesien	172	168	84	82
Japan	61	59	141	138
Korea, Republik	46	41	93	87
Pakistan[5])	50	43	78	67
Philippinen	56	55	39	39
Thailand	153	152	87	87
Welt	**4 086**	**3 984**	**5 220**	**5 256**
Sojabohnen				
Rumänien	363	309	448	268
Sowjetunion	854	864	525	500
Argentinien	2 030	1 880	3 500	3 770
Brasilien	8 774	8 485	15 156	14 978
Kanada	283	279	713	607
Kolumbien	78	44	155	89
Mexiko	155	378	312	712
Paraguay	475	403	737	630
Vereinigte Staaten	27 461	26 858	48 772	54 436
China, Volksrep.[3])	7 515	8 030	7 906	9 341
Indonesien	732	811	653	687
Japan	142	149	174	212
Korea, Republik	188	202	216	257
Thailand	105	125	100	132
Welt	**50 799**	**50 571**	**81 026**	**88 551**
Erdnüsse[6])				
Gambia	100	100	80	130
Kamerun	350	350	110	120
Malawi	250	250	177	180
Mali	200	200	130	190
Mosambik	180	170	90	80
Niger	169	170	100	120
Nigeria	600	600	570	580
Senegal	1 057	1 000	489	900
Simbabwe[2])	160	240	81	239
Sudan	960	950	810	800
Südafrika	280	280	375	316
Uganda	230	230	220	150
Zaire	465	474	313	320
Zentralafrikanische Republik	122	122	123	125
Argentinien	279	200	293	239
Brasilien	313	244	483	355
Vereinigte Staaten	566	604	1 044	1 809
Birma	456	490	343	439
China, Volksrep.[3])	2 453	2 521	3 686	3 908
Indien[4])	6 905	7 500	5 020	6 200
Indonesien	507	519	793	842
Thailand	98	117	129	147
Vietnam	108	100	98	80
Welt	**18 621**	**19 280**	**17 123**	**19 891**
Zuckerrüben				
Bundesrepublik Deutschland	395	445	19 122[7])	24 380[7])
Deutsche Dem. Rep. und Berlin (Ost)	250	261	7 034	8 043
Belgien[8])	117	135	5 926	8 000
Dänemark	76	79	3 010	3 225
Frankreich	545	620	26 347	31 800
Großbritannien und Nordirland	212	211	7 380	7 395
Italien	291	318	13 478	17 500
Jugoslawien	128	146	5 213	6 224
Niederlande	121	130	5 931	7 061
Österreich	51	59	2 587	3 007
Polen	460	468	10 139	15 867
Rumänien	238	245	5 562	5 409
Sowjetunion	3 710	3 633	79 559	60 600
Spanien	183	219	6 908	7 921
Tschechoslowakei	215	216	7 258	6 942
Türkei	269	358	6 766	11 000
Ungarn	104	104	3 941	4 719
Vereinigte Staaten	480	498	21 321	24 864
Welt	**8 977**	**9 345**	**263 007**	**282 185**
Zuckerrohr				
Südafrika	215	217	14 062	19 530
Argentinien	314	323	17 200	15 500
Brasilien	2 605	2 803	148 651	155 571
Kolumbien	290	300	26 100	25 900
Kuba	1 361	1 400	62 374	67 000
Mexiko	546	545	36 480	35 975
Vereinigte Staaten	297	305	24 460	24 864
China, Volksrep.[3])	652	700	31 978	38 268
Indien[4])	2 610	2 648	128 833	150 522
Pakistan[5])	719	825	27 498	32 359
Philippinen	425	420	19 846	20 450
Thailand	416	480	12 827	18 652
Australien	288	310	23 976	25 160
Welt	**13 249**	**13 819**	**720 750**	**780 779**
Weintrauben[9])				
Bundesrepublik Deutschland	89[10])	89[10])	616[11])	952[11])
Bulgarien	175	151	952	1 107
Frankreich	1 173	1 173	10 400	8 800
Griechenland	185	185	1 603	1 603
Italien	1 377	1 377	13 245	10 888
Jugoslawien	260	260	1 574	1 313
Österreich	54	54	439	297
Portugal	373	373	1 360	900
Rumänien	259	298	1 313	1 755
Sowjetunion	1 323	1 400	6 626	6 500
Spanien	1 724	1 700	6 722	5 239
Türkei	820	820	3 600	3 700
Ungarn	168	168	898	628
Ägypten	22	23	280	300
Algerien	192	192	462	462
Südafrika	120	105	1 273	1 275
Argentinien	312	320	3 060	2 700
Brasilien	57	57	446	661
Chile	108	110	960	980
Vereinigte Staaten	300	300	5 076	4 044
Afghanistan	72	71	467	460
Indien[4])	10	10	196	210
Iran	182	191	950	1 004
Japan	30	30	323	339
Australien	65	68	865	743
Welt	**9 997**	**10 101**	**66 871**	**60 258**
Baumwolle[12])				
Griechenland	139	128	312	347
Sowjetunion	3 147	3 168	9 962	9 683
Türkei	672	670	1 300	1 275
Ägypten	523	495	1 400	1 370
Sudan	412	397	333	290
Tansania	364	378	149	167
Argentinien	568	277	485	282
Brasilien	2 064	2 064	1 785	1 915
El Salvador	85	58	186	117
Guatemala	122	102	464	392
Kolumbien	217	155	353	255
Mexiko	372	355	980	950
Nicaragua	45	94	70	211
Paraguay	260	324	228	330
Peru	149	134	280	255
Vereinigte Staaten	5 348	5 593	6 478	9 099
Afghanistan	50	80	65	100
China, Volksrep.[3])	4 920	5 300	8 121	9 000
Indien[4])	8 000	8 000	3 900	4 080
Iran	145	150	180	262
Israel	62	64	204	244
Pakistan[5])	2 109	2 161	2 144	2 250
Syrien	139	163	323	408
Welt	**32 975**	**33 386**	**42 113**	**45 689**

Fußnote *) siehe S. 652.
[1]) Angaben des Bundesverbandes deutscher Tabakpflanzer e. V.
[2]) Ehem. Südrhodesien.
[3]) Einschl. Angaben für China (Taiwan).
[4]) Einschl. Angaben für Dschammu-Kaschmir und Sikkim.
[5]) Ohne Angaben für Dschammu-Kaschmir.
[6]) Ungeschält.
[7]) Bei den Zuckerfabriken angelieferte Menge.
[8]) Einschl. Angaben für Luxemburg.
[9]) Tafeltrauben, Trauben zur Weingewinnung und zur Trocknung.
[10]) Im Ertrag stehende Rebfläche.
[11]) Errechnet auf Grund der Weinmosternte.
[12]) Rohbaumwolle, nicht entkörnt.

5.5 Produktion pflanzlicher und tierischer Erzeugnisse*)

1 000 t

Land	1979	1980	1981
Kaffee			
Äthiopien	189	187	198
Angola	60	43	29
Elfenbeinküste	277	250	333
Kamerun	101	102	90
Kenia	75	91	91
Madagaskar	82	85	85
Tansania	52	52	68
Uganda	120	123	145
Zaire	80	88	75
Brasilien	1 333	1 061	2 038
Costa Rica	99	109	120
Dominikanische Republik	60	60	52
Ecuador	90	69	86
El Salvador	180	165	161
Guatemala	156	156	173
Haiti	25	27	32
Honduras	75	76	74
Kolumbien	713	724	808
Mexiko	223	208	217
Nicaragua	51	61	56
Peru	105	95	95
Venezuela	61	61	55
Indien[1])	110	150	120
Indonesien	253	310	310
Philippinen	115	145	160
Papua-Neuguinea	44	50	53
Welt	**5 003**	**4 824**	**6 007**
Tee			
Sowjetunion	118	130	137
Türkei	102	96	40
Kenia	99	90	91
Malawi	33	30	32
Mosambik	20	18	18
Tansania	18	17	16
Argentinien	29	36	23
Bangladesch	37	40	40
China, Volksrepublik[2])	304	328	368
Indien[1])	552	577	565
Indonesien	89	101	107
Iran	28	19	22
Japan	98	102	102
Sri Lanka	208	191	210
Welt	**1 821**	**1 862**	**1 860**
Kakao			
Äquatorialguinea	6	8	8
Elfenbeinküste	379	400	445
Gabun	4	4	4
Ghana	296	250	230
Kamerun	123	120	115
Liberia	3	4	7
Nigeria	160	155	160
Sierra Leone	9	7	7
Togo	14	16	15
Zaire	4	3	4
Brasilien	309	319	304
Costa Rica	10	5	3
Dominikanische Republik	36	28	32
Ecuador	77	91	80
Haiti	3	3	3
Kolumbien	32	36	38
Mexiko	38	38	32
Trinidad und Tobago	3	2	3
Venezuela	15	13	14
Indonesien	8	9	11
Malaysia	28	32	40
Philippinen	4	6	4
Papua-Neuguinea	27	31	31
Welt	**1 631**	**1 625**	**1 636**
Naturkautschuk[3])			
Elfenbeinküste	19	22	22
Kamerun	17	17	17
Liberia	75	77	77
Nigeria	56	45	43
Zaire	29	28	28
Brasilien	25	28	30
Birma	15	16	16
China, Volksrepublik[2])	98	102	128
Indien[1])	147	155	150
Indonesien	947	1 020	868
Kamputschea	10	10	11
Malaysia	1 617	1 552	1 529
Philippinen	55	68	72
Sri Lanka	153	133	133
Thailand	531	501	490
Vietnam	43	45	48
Welt	**3 858**	**3 840**	**3 685**
Wolle[4])			
Bundesrepublik Deutschland[5])	2	2	2
Deutsche Dem. Rep. und Berlin (Ost)	5	6	6
Bulgarien	18	18	18
Frankreich	12	11	11
Großbritannien und Nordirland	35	39	39
Irland	7	7	8
Rumänien	22	22	24
Sowjetunion	283	277	276
Spanien	12	11	11
Türkei	33	33	34
Algerien	10	10	10
Marokko	6	6	6
Südafrika	51	51	50
Argentinien	91	91	89
Brasilien	19	19	19
Chile	10	10	11
Peru	6	7	7
Uruguay	40	48	50
Vereinigte Staaten	25	26	26
Afghanistan	13	13	13
China, Volksrepublik[2])	92	106	99
Indien[1])	23	23	23
Irak	8	8	8
Iran	9	9	9
Mongolei	12	12	12
Pakistan[6])	24	25	26
Syrien	9	10	8
Australien	426	426	410
Neuseeland	234	252	254
Welt	**1 627**	**1 679**	**1 661**
Fleisch[7])			
Bundesrepublik Deutschland[8])	4 594	4 689	4 600
Deutsche Dem. Rep. und Berlin (Ost)[5])	1 717	1 783	1 821
Belgien[9])	1 098	1 136	1 141
Dänemark[10])	1 258	1 319	1 341
Frankreich	5 244	5 360	5 514
Großbritannien und Nordirland	2 983	3 071	3 019
Italien	3 417	3 548	3 541
Jugoslawien	1 418	1 400	1 430
Niederlande	1 853	1 902	2 014
Polen	3 009	2 916	2 370
Rumänien	1 767	1 774	1 790
Sowjetunion	15 511	14 981	15 227
Spanien	2 343	2 456	2 614
Tschechoslowakei	1 394	1 427	1 449
Ungarn	1 370	1 441	1 462
Südafrika	1 112	1 070	1 008
Argentinien	3 937	3 721	3 748
Brasilien	4 224	4 495	4 597
Kanada	2 253	2 398	2 438
Kolumbien	811	764	834
Mexiko	1 481	1 662	1 723
Vereinigte Staaten	23 899	24 638	24 996
China, Volksrepublik[2])	21 468	22 753	23 481
Indien[1])	824	870	916
Japan	2 950	3 028	3 021
Philippinen	696	736	762
Australien	3 000	2 667	2 626
Neuseeland	1 068	1 130	1 204
Welt	**137 182**	**140 421**	**142 589**

Fußnote *) siehe S. 652.
1) Einschl. Angaben für Dschammu-Kaschmir und Sikkim.
2) Einschl. Angaben für China (Taiwan).
3) Latex in Trockengewicht.
4) Reinbasis (gewaschen).
5) Quelle: FAO, Rom.
6) Ohne Angaben für Dschammu-Kaschmir.
7) Im allgemeinen Gesamtfleischerzeugung (ohne Innereien und Schlachtfett) von gewerblichen und Hausschlachtungen aus einheimischem Viehbestand, einschl. eingeführter lebender Tiere, ausgedrückt in Schlachtgewicht.
8) Nur von Tieren inländischer Herkunft.
9) Einschl. Angaben für Luxemburg.
10) Ohne Angaben für Färöer und Grönland.

5.6 Holzeinschlag 1980

1 000 m³

Land	Laubholz¹)	Nadelholz¹)	Laub- und Nadelholz						
			insgesamt²)	Nutzholz				Brennholz²)
				zusammen	Säge- und Furnierholz	Faser- und Grubenholz	sonstiges Nutzholz	
Bundesrepublik Deutschland³)	8 357	21 970	30 327	30 327⁴)	18 347	11 825⁴)	155	.
Deutsche Dem. Rep. und Berlin (Ost)	.	.	10 282⁵)	9 401⁶)	3 805⁶)	2 728⁶)	2 868⁶)	737⁵)
Finnland	7 509	40 452	47 961	43 989	23 684	19 035	1 270	3 972
Frankreich	16 609	14 220	30 829	28 029	18 239	8 981	809	2 800
Jugoslawien	11 087	5 656	16 743	12 614	7 605	2 016	2 993	4 129
Österreich	2 471	12 356	14 827	13 414	9 386	3 379	649	1 413
Polen	4 235	17 171	21 406	19 645	11 528	6 425	1 692	1 761
Rumänien	13 989	7 295	21 284	16 405	9 510	4 510	2 385	4 879
Schweden	6 841	46 570	53 411	49 011	22 201	26 310	500	4 400
Sowjetunion	58 500	297 500	356 000	278 200	151 000	48 200	79 000	77 800
Spanien	4 480	7 257	11 737	10 651	3 178	7 087	386	1 086
Tschechoslowakei	4 425	13 962	18 387	16 623	9 483	5 308	1 832	1 764
Türkei	8 085	14 966	23 051	7 309	5 150	1 614	545	15 742
Äthiopien	21 362	2 050	24 330	1 436	195	—	1 241	22 894
Elfenbeinküste	11 114	—	11 942	5 483	4 980	—	503	6 459
Kenia	17 050	1 242	27 364	1 164	369	166	629	26 200
Mali	29 419	—	29 419	269	10	—	259	29 150
Mosambik	11 238	—	11 664	836	192	—	644	10 828
Nigeria	93 088	—	99 484	7 360	5 081	35	2 244	92 124
Sudan	23 913	—	34 377	1 532	41	—	1 491	32 845
Südafrika⁷)	11 939	4 819	16 758	9 758	3 113	6 310	335	7 000
Tansania	34 021	230	34 887	992	290	—	702	33 895
Zaire	10 280	—	10 280	2 260	303	—	1 957	8 020
Brasilien	156 315	31 819	217 324	42 918	29 664	8 580	4 674	174 406
Kanada	14 840	146 527	161 366	155 843	115 704	38 998	1 141	5 523
Kolumbien	39 769	500	42 783	3 005	2 306	584	115	39 778
Mexiko	3 066	8 498	12 200	6 345	3 472	2 738	135	5 855
Vereinigte Staaten	88 509	233 756	322 265	308 115	185 200	110 415	12 500	14 150
Birma	26 582	—	26 582	2 964	1 909	—	1 055	23 618
China, Volksrepublik⁸)	119 035	105 593	224 628	68 060	35 990	16 042	16 028	156 568
Indien	197 426	7 831	214 671	8 616	3 387	2 458	2 771	206 055
Indonesien	155 934	626	157 184	24 162	21 800	40	2 322	133 022
Japan	13 496	20 232	34 034	32 145	21 079	10 004	1 062	1 889
Korea, Republik	40 162	28 185	68 437	2 720	1 692	850	178	65 717
Malaysia	41 592	10	43 486	32 625	31 479	613	533	10 861
Philippinen	35 213	—	35 213	9 157	6 352	820	1 985	26 056
Thailand	34 847	—	38 015	4 881	2 428	—	2 453	33 134
Vietnam	64 454	112	64 566	2 739	1 312	—	1 427	61 827
Australien	12 188	4 151	16 501	15 339	8 334	6 432	573	1 162
Welt	**1 750 919**	**1 171 766**	**3 020 306**	**1 393 471**	**841 481**	**375 994**	**175 996**	**1 626 835**

1) Ohne Holz für die Holzkohlengewinnung.
2) Einschl. Holz für die Holzkohlengewinnung.
3) Quelle: Bundesministerium für Ernährung, Landwirtschaft und Forsten.
4) Einschl. Brennholz.
5) Einschl. Eigenverbrauch.
6) Ohne Eigenverbrauch.
7) Einschl. Angaben für Lesotho und Namibia (ehem. Südwestafrika).
8) Einschl. Angaben für China (Taiwan).

5.7 Fischfänge*)

1 000 t

Land	1979	1980	Land	1979	1980	Land	1979	1980
Bundesrepublik Deutschland¹)	343,2	299,5	Marokko	279,9	297,7	Bangladesch	646,0	650,0
Deutsche Dem. Rep. u. Berlin (Ost)	226,8	244,2	Namibia⁴)	331,4	213,0	Birma	565,3	585,1
Dänemark²)	2 094,2	2 405,1	Nigeria	535,4	479,6	China, Volksrepublik	4 054,3	4 240,0
Frankreich¹)	732,2	765,4	Senegal⁵)	302,8	359,2	Indien	2 339,5	2 423,5
Großbritannien und Nordirland³)	889,6	811,0	Südafrika⁶)	654,4	639,5	Indonesien	1 766,2	1 853,2
Island	1 645,3	1 514,9	Tansania	180,3	247,3	Japan	9 945,0	10 410,4
Italien	426,1	444,5				Korea, Demokratische Volksrepublik	1 330,0	1 400,0
Niederlande	323,7	340,4	Argentinien	565,9	383,9	Korea, Republik	2 162,5	2 091,1
Norwegen	2 650,2	2 398,2	Brasilien	855,1	850,0	Malaysia	696,3	736,7
Polen	601,2	640,0	Chile	2 632,3	2 816,7	Pakistan	300,4	279,3
Portugal	241,9	265,2	Ecuador	644,3	671,3	Philippinen	1 475,2	1 556,6
Sowjetunion	9 114,0	9 412,1	Kanada	1 411,2	1 305,3	Thailand	1 716,4	1 650,0
Spanien	1 205,1	1 240,0	Mexiko	877,0	1 240,2	Vietnam	1 013,5	1 013,5
			Peru	3 681,2	2 731,4			
Ghana	227,3	224,1	Vereinigte Staaten	3 510,9	3 634,5	**Welt**	**71 265,6**	**72 190,8**

*) Fangmengen der nationalen Hochsee-, Küsten- und Binnenfischerei, angelandet im In- und Ausland. Einschl. Krebs- und Weichtiere, aber ohne Wassersäugetiere und Wasserpflanzen.
1) Ohne Binnenfischerei.
2) Einschl. Angaben für Färöer und Grönland.
3) Ohne Kanalinseln und Insel Man.
4) Ehem. Südwestafrika. Einschl. Anlandungen südafrikanischer Fischereifahrzeuge in Lüderitz und Walfischbucht.
5) Einschl. Fänge ausländischer Fischereifahrzeuge.
6) Ohne die Anlandungen nationaler Fischereifahrzeuge in Lüderitz und Walfischbucht.

5.8 Viehbestand 1981*)

1 000

Land	Pferde	Rinder		Schweine	Schafe	Ziegen	Hühner
		insgesamt	Milchkühe				
Europa							
Bundesrepublik Deutschland	382	15 070	5 469	22 553	1 179	.	84 260
Deutsche Demokratische Republik und Berlin (Ost)	70	5 723	2 138	12 871	2 038	24	51 611
Belgien[1])	35	3 116	1 040	5 099	115	6	28 341
Dänemark[2])	60	2 933	1 016	9 856	56	.	15 016
Frankreich	317	23 553	10 011	11 629	12 980	1 241	185 965
Großbritannien und Nordirland	140	13 137	3 285	7 828	32 091	6	122 639
Irland	77	6 696	1 449	1 096	3 363	31	8 102
Italien	273	8 734	3 706	8 928	9 277	1 009	110 000
Jugoslawien	580	5 474	2 703	7 867	7 384	125	65 187
Niederlande	60	5 191	2 380	10 315	815	32	85 051
Polen	1 780	11 797	5 714	18 480	3 886	30	76 051
Rumänien	566	6 258	2 200	11 542	15 865	347	89 200
Sowjetunion	5 700	115 057	43 389	73 382	141 573	5 914	967 000
Spanien	242	4 531	1 853	10 692	14 887	2 170	52 500
Tschechoslowakei	45	5 002	1 865	7 894	910	57	45 269
Türkei	794	15 894	6 200	13	48 630	19 043	58 584
Afrika							
Äthiopien	1 535	26 100	2 758	18	23 300	17 200	53 500
Kenia	2	11 500	1 900	80	4 700	4 580	17 250
Madagaskar	1	10 150	51	700	620	1 400	15 000
Mali	139	5 134	510	45	6 350	7 000	12 500
Marokko	310	3 240	1 300	11	14 840	6 200	23 000
Niger	235	3 300	481	32	2 850	7 200	7 800
Nigeria	250	12 500	1 250	1 150	12 000	25 000	130 000
Obervolta	70	2 800	560	180	1 900	2 900	11 300
Somalia	1	3 950	454	9	10 200	16 500	3 000
Sudan	20	18 794	1 917	8	18 174	12 872	27 510
Südafrika	225	12 200	920	1 320	31 650	5 330	31 000
Tansania	.	12 701	2 273	165	3 856	5 784	24 000
Tschad	150	3 800	780	6	2 300	2 300	3 300
Uganda	.	5 000	1 000	250	1 075	2 160	13 300
Amerika							
Argentinien	3 000	54 235	2 777	3 900	30 000	3 000	40 000
Bolivien	410	4 100	46	1 500	8 900	3 050	8 800
Brasilien	6 300	93 000	14 200	35 000	17 500	8 000	448 000
Chile	450	3 745	750	1 150	6 185	600	25 000
Kanada	350	12 468	2 230	9 554	488	26	82 493
Kolumbien	1 710	24 251	2 072	2 245	2 427	652	31 000
Kuba	829	6 000	850	2 000	365	100	25 387
Mexiko	6 502	35 655	8 800	12 900	7 990	7 185	153 358
Paraguay	330	5 400	88	1 310	430	135	13 300
Peru	653	3 895	735	2 100	14 671	1 950	38 000
Uruguay	530	11 356	518	450	20 429	12	8 000
Venezuela	482	10 939	1 122	2 287	336	1 381	43 761
Vereinigte Staaten	9 928	114 321	10 919	64 512	12 936	1 380	392 110
Asien							
Afghanistan	412	3 800	1 100	.	20 000	3 000	20 500
Bangladesch	45	35 000	3 920	.	1 070	11 800	73 000
Birma	120	8 600	945	2 200	230	625	24 000
China, Volksrepublik[3])	11 100	52 595	8 011	310 251	106 627	80 868	861 393
Indien[4])	760	182 000	26 000	10 200	41 500	71 800	147 000
Indonesien	617	6 435	41	3 296	4 196	7 946	110 000
Iran	350	8 183	2 084	57	34 316	13 673	71 796
Japan	24	4 385	1 457	10 065	16	62	286 284
Nepal	.	6 930	441	357	2 397	2 525	22 412
Pakistan[5])	509	15 084	2 474	.	28 468	32 808	65 718
Thailand	167	4 469	4	3 616	21	38	56 043
Australien und Ozeanien							
Australien	489	25 168	1 830	2 430	134 407	216	44 355
Neuseeland	70	8 230	2 000	418	71 239	53	6 444
Welt	**66 192**	**1 213 103**	**222 862**	**776 686**	**1 130 552**	**468 143**	**6 453 392**

*) Wirtschaftsjahr Oktober 1980 bis September 1981.
1) Einschl. Angaben für Luxemburg.
2) Ohne Angaben für Färöer und Grönland.
3) Einschl. Angaben für China (Taiwan).
4) Einschl. Angaben für Dschammu-Kaschmir und Sikkim.
5) Ohne Angaben für Dschammu-Kaschmir.

5.9 Maschinenbestand in der Landwirtschaft*)

Land	1978	1979	1980
Schlepper[1])			
Bundesrepublik Deutschland[2])	1 456 210	1 463 131	1 465 256
Deutsche Demokratische Republik und Berlin (Ost)[3])	139 515	142 592	144 502
Albanien	10 200	10 400	10 600
Belgien[4])	109 706	113 605	115 878
Bulgarien	64 417	63 445	61 968
Dänemark[5])	189 913	189 746	189 426
Finnland	201 000	204 000	212 000
Frankreich	1 413 000	1 424 500	1 503 703
Griechenland	122 268	132 000	141 500
Großbritannien und Nordirland	480 280	508 174	512 494
Irland	130 000	135 000	140 000
Island	12 300	12 700	13 200
Italien	953 197	998 000	1 072 168
Jugoslawien	341 972	385 116	415 655
Niederlande	168 000	172 957	178 000
Norwegen	121 150	138 000	148 000
Österreich	307 637	309 000	313 000
Polen	514 460	573 149	619 353
Portugal	61 484	66 064	70 000
Rumänien	138 840	139 750	146 592
Schweden	187 000	185 000	181 000
Schweiz	86 950	88 500	90 000
Sowjetunion	2 515 000	2 540 000	2 562 000
Spanien	455 675	491 595	529 384
Tschechoslowakei	139 744	138 251	136 661
Türkei	369 420	401 935	435 281
Ungarn	57 977	57 057	55 452
Ägypten	23 500	24 500	25 000
Äthiopien	3 850	3 900	3 950
Algerien	42 147	42 500	43 693
Angola	10 000	10 200	10 300
Elfenbeinküste	2 850	3 000	3 100
Ghana	3 350	3 400	3 500
Kenia	6 449	6 650	6 750
Libyen	12 000	13 000	14 000
Marokko	23 000	23 800	24 500
Mosambik	5 650	5 700	5 750
Nigeria	8 100	8 300	8 600
Sambia	4 400	4 500	4 600
Simbabwe[6])	19 800	20 000	20 200
Sudan	10 000	10 500	11 000
Südafrika	179 639	180 000	180 400
Tansania	18 400	18 500	18 600
Tunesien	32 000	33 000	34 000
Argentinien	173 000	171 400	166 700
Brasilien	300 000	320 000	330 000
Chile	34 500	34 550	34 600
Costa Rica	5 850	5 900	5 950
Dominikanische Republik	3 000	3 050	3 150
Ecuador	5 564	5 650	5 750
El Salvador	3 150	3 250	3 300
Guatemala	3 900	3 950	4 000
Guyana	3 420	3 440	3 460
Honduras	3 080	3 160	3 250
Kanada	656 897	665 000	675 000
Kolumbien	26 500	27 500	28 423
Kuba	66 349	70 374	68 300
Mexiko	108 259	114 000	120 000
Panama	3 900	3 950	4 000
Paraguay	3 000	3 100	3 200
Peru	13 300	13 600	13 900
Puerto Rico	4 171	3 839	3 664
Uruguay	27 900	28 000	28 200
Venezuela	35 000	37 000	38 000
Vereinigte Staaten	4 839 000	4 810 000	4 775 000
Birma	8 173	8 661	9 273
China, Volksrepublik[7])	557 358	666 823	740 000
Indien[8])	334 138	378 714	418 116
Indonesien	11 800	12 300	13 000
Irak	21 800	22 000	22 200
Iran	55 000	57 000	58 000
Israel	24 300	25 600	27 000
Japan	1 095 860	1 095 800	1 095 750
Korea, Demokratische Volksrepublik	28 000	29 000	30 000
Malaysia	7 658	7 888	8 050
Mongolei	9 600	9 600	9 700
Pakistan[9])	42 000	44 000	46 000
Philippinen	15 000	16 000	17 000
Sri Lanka	18 755	21 536	24 263
Syrien	23 329	25 340	27 544
Thailand	33 000	35 000	37 000
Vietnam	23 897	23 900	24 500
Zypern	10 500	10 700	10 800
Australien	332 000	332 000	332 000
Neuseeland	88 500	87 000	92 349
Welt	**20 282 083**	**20 793 393**	**21 307 412**
Mähdrescher			
Bundesrepublik Deutschland[10])	.	154 960[11])	.
Deutsche Demokratische Republik und Berlin (Ost)[3])	13 192	13 368	13 582
Belgien[4])	10 220	9 610	9 500
Bulgarien	10 545	10 281	9 682
Dänemark[5])	40 323	39 213	38 781
Finnland	43 000	44 000	45 000
Frankreich	147 800	149 900	142 400
Griechenland	5 744	6 058	6 400
Großbritannien und Nordirland	57 650	57 564	45 720
Italien	30 589	31 500	35 185
Jugoslawien	10 735	9 552	8 868
Niederlande	6 400	6 200	6 000
Norwegen	15 607	16 387	17 000
Österreich	31 858	31 700	31 400
Polen	29 709	35 442	39 302
Rumänien	48 933	49 688	44 055
Schweden	51 000	51 000	51 000
Schweiz	5 350	5 500	5 600
Sowjetunion	700 000	706 000	722 000
Spanien	43 368	44 669	45 000
Tschechoslowakei	18 678	18 245	17 771
Türkei	11 771	12 583	13 667
Ungarn	14 847	14 483	14 071
Algerien	4 000	4 050	4 100
Südafrika	24 000	25 000	26 000
Argentinien	43 000	43 500	44 000
Brasilien	34 000	35 000	36 000
Chile	8 000	8 100	8 200
Kanada	167 698	169 000	170 000
Mexiko	14 000	14 500	15 000
Uruguay	5 450	5 500	5 550
Vereinigte Staaten	664 000	667 000	669 000
China, Volksrepublik[7])	18 987	23 026	26 000
Irak	5 300	5 350	5 400
Japan	638 400	747 100	883 900
Australien	58 000	57 900	57 700
Neuseeland	4 350	4 300	4 315
Welt	**3 253 462**	**3 390 639**	**3 536 085**

*) Stand: Jahresende oder erstes Viertel des folgenden Jahres.
1) Rad- und Raupenschlepper, ohne einachsige Vielzweckgeräte.
2) Angaben des Kraftfahrt-Bundesamtes, Stand 31. 12.
3) Bestand (einschl. Verarbeitungs-, Reparatur- und Baubetriebe) in der sozialisierten Landwirtschaft.
4) Einschl. Angaben für Luxemburg.
5) Ohne Angaben für Färöer und Grönland.
6) Ehem. Südrhodesien.
7) Einschl. Angaben für China (Taiwan).
8) Einschl. Angaben für Dschammu-Kaschmir und Sikkim.
9) Ohne Angaben für Dschammu-Kaschmir.
10) Im Alleinbesitz der Betriebe.
11) Zusammengestellt anhand der Anträge auf Gasölverbilligung.

6 Produzierendes Gewerbe

6.1 Index der Produktion für das Produzierende Gewerbe

umbasiert auf 1976 = 100

Der Index umfaßt die Bereiche Bergbau, Verarbeitendes Gewerbe und Elektrizitäts- und Gasversorgung, nicht jedoch das Baugewerbe und die Fernwärme- und Wasserversorgung. Im Unterschied zu der in der Bundesrepublik Deutschland gebräuchlichen Abgrenzung enthält der Bergbau im Ausland meist auch die Gewinnung von Steinen und Erden; dagegen sind die Kokereien und Brikettfabriken im Verarbeitenden Gewerbe mit enthalten. – Den hier dargestellten Indizes liegen Mengenreihen der Produktion zugrunde, die mit Werten der Nettoproduktion gewogen werden.

Bundesrepublik Deutschland[1] (Originalbasis 1976)

Indexgruppe	1977	1978	1979	1980	1981
Insgesamt	103	104	110	110	108
Bergbau	95	94	98	98	99
Verarbeitendes Gewerbe	103	105	110	110	108
Eisenschaffende Industrie	95	100	111	107	104
Chemische Industrie	101	106	112	107	108
Investitionsgüter produzierendes Gewerbe	105	105	110	113	113
Maschinenbau	100	100	105	108	108
Elektrotechnik	107	108	110	114	112
Textilgewerbe	98	95	98	96	88
Nahrungs- und Genußmittelgewerbe	100	103	105	107	110
Elektrizitäts- und Gasversorgung	101	108	114	113	114

Belgien (Originalbasis 1970)

Indexgruppe	1977	1978	1979	1980	1981
Insgesamt	100	102	107	105	103
Bergbau[2]	94	85	79	82	76
Verarbeitendes Gewerbe	100	103	108	106	104
Eisenschaffende Industrie	93	105	114	106	114
Chemische Industrie[3]	106	110	118	111	113
Investitionsgüter produzierendes Gewerbe	101	104	109	105	...
Maschinenbau	99	99	107	104	...
Elektrotechnik	98	102	101	99	92
Textilgewerbe	87	84	91	93	91
Nahrungs- und Genußmittelgewerbe	102	103	106	109	113
Elektrizitätsversorgung	99	107	110	113	107

Dänemark (Originalbasis 1968)

Indexgruppe	1977	1978	1979	1980	1981
Insgesamt	101	103	107	107	107
Eisenschaffende Industrie[4]	106	120	108	108	102
Chemische Industrie	104	105	111	114	116
Investitionsgüter produzierendes Gewerbe	103	105	109	111	110
Maschinenbau	102	103	105	106	106
Elektrotechnik	104	107	120	116	113
Textilgewerbe	91	92	95	94	96
Nahrungs- und Genußmittelgewerbe	103	104	107	114	119
Elektrizitätsversorgung	108	100	106	122	95

Finnland (Originalbasis 1975)

Indexgruppe	1977	1978	1979	1980	1981
Insgesamt	101	106	117	126	128
Bergbau	109	113	121	127	108
Verarbeitendes Gewerbe	99	104	115	124	127
Eisenschaffende Industrie[5]	122	152	168	177	171
Chemische Industrie	97	105	117	129	134
Papier- und Pappeerzeugung und -verarbeitung	99	111	126	133	134
Investitionsgüter produzierendes Gewerbe	95	93	102	115	122
Maschinenbau	100	99	109	121	131
Elektrotechnik	97	93	101	120	122
Textilgewerbe	96	94	104	105	101
Nahrungs- und Genußmittelgewerbe	98	105	111	118	122
Elektrizitäts- und Gasversorgung[6]	111	119	127	134	134

Frankreich (Originalbasis 1970)

Indexgruppe	1977	1978	1979	1980	1981
Insgesamt	102	104	109	107	105
Bergbau[7]	96	94	92	89	86
Verarbeitendes Gewerbe[7]	102	104	109	109	104
Eisenschaffende Industrie	97	101	104	103	94
Chemische Industrie	105	108	119	114	115
Investitionsgüter produzierendes Gewerbe	103	105	108	113	109
Maschinenbau	101	106	110	114	...
Elektrotechnik	105	108	103	115	117
Textilgewerbe[8]	97	95	96	91	86
Nahrungs- und Genußmittelgewerbe	102	106	107	108	109
Elektrizitäts- und Gasversorgung	105	113	120	129	136

Griechenland (Originalbasis 1970)

Indexgruppe	1977	1978	1979	1980	1981
Insgesamt	103	110	117	118	117
Bergbau	104	101	108	107	106
Verarbeitendes Gewerbe	102	109	116	117	116
Eisenschaffende Industrie[9]	83	104	109	110	94
Chemische Industrie	103	117	116	117	118
Investitionsgüter produzierendes Gewerbe	102	100	105	114	119
Maschinenbau	96	87	82	70	72
Elektrotechnik	100	102	109	127	130
Textilgewerbe	98	104	112	111	110
Nahrungs- und Genußmittelgewerbe	106	119	126	127	126
Elektrizitäts- und Gasversorgung	107	119	107	109	109

Großbritannien und Nordirland (Originalbasis 1975)

Indexgruppe	1977	1978	1979	1980	1981
Insgesamt	105	108	112	104	100
Bergbau	149	185	234	240	254
Verarbeitendes Gewerbe	101	102	103	94	88
Eisenschaffende Industrie[5]	99	98	100	64	72
Chemische Industrie	103	104	106	98	97
Investitionsgüter produzierendes Gewerbe	102	102	101	96	87
Maschinenbau	99	97	96	90	81
Elektrotechnik	104	110	116	116	110
Textilgewerbe[8]	98	96	94	77	69
Nahrungs- und Genußmittelgewerbe	101	103	105	104	101
Elektrizitäts- und Gasversorgung[6]	104	107	113	110	109

Italien (Originalbasis 1970)

Indexgruppe	1977	1978	1979	1980	1981
Insgesamt	101	103	110	116	113
Bergbau	95	95	102	98	94
Verarbeitendes Gewerbe	101	103	110	117	114
Eisenschaffende Industrie[10]	100	103	106	112	111
Chemische Industrie	100	109	116	120	118
Investitionsgüter produzierendes Gewerbe	104	108	112	124	125
Maschinenbau	106	103	104	117	110
Elektrotechnik	104	106	108	120	110
Textilgewerbe	97	93	105	110	107
Nahrungs- und Genußmittelgewerbe	101	103	111	115	115
Elektrizitäts- und Gasversorgung	102	107	110	113	110

1) Von Kalenderunregelmäßigkeiten bereinigt.
2) Ohne Erzbergbau, Erdöl- und Erdgasgewinnung.
3) Einschl. Herstellung von Kunststoffwaren.
4) Einschl. Ziehereien, Kaltwalzwerke, NE-Metallerzeugung und Gießerei.
5) Einschl. Ziehereien, Kaltwalzwerke, Eisen-, Stahl- und Tempergießerei.
6) Einschl. Wasserversorgung.
7) Gewinnung von Steinen und Erden im Verarbeitenden Gewerbe, Kokereien und Brikettfabriken im Bergbau mitenthalten.
8) Einschl. Herstellung von Chemiefasern.
9) Einschl. Ziehereien, Kaltwalzwerke und Gießerei.
10) Einschl. Ziehereien und Kaltwalzwerke.

6.1 Index der Produktion für das Produzierende Gewerbe

umbasiert auf 1976 = 100

Indexgruppe	1977	1978	1979	1980	1981
Niederlande (Originalbasis 1975)					
Insgesamt	100	101	104	103	101
Bergbau	100	91	96	89	82
Verarbeitendes Gewerbe	101	103	105	107	107
Eisenschaffende Industrie[1])	96	103	104	105	104
Chemische Industrie	102	105	115	112	113
Investitionsgüter produzierendes Gewerbe[2])	101	102	103	106	108
Elektrotechnik	100	104	110	123	123
Textilgewerbe	94	90	92	89	80
Nahrungs- und Genußmittelgewerbe	101	104	109	110	115
Elektrizitäts- und Gasversorgung[3])	100	106	107	103	101
Norwegen (Originalbasis 1975)					
Insgesamt	99	109	116	125	125
Bergbau	109	175	210	256	251
Verarbeitendes Gewerbe	99	97	99	101	100
Eisenschaffende Industrie[4])	84	85	99	94	86
Chemische Industrie	101	101	115	119	120
Investitionsgüter produzierendes Gewerbe	97	95	94	97	98
Maschinenbau	98	96	107	112	119
Elektrotechnik	100	96	91	94	95
Textilgewerbe	106	94	96	100	94
Nahrungs- und Genußmittelgewerbe	104	104	106	109	110
Elektrizitäts- und Gasversorgung	91	101	111	105	116
Österreich (Originalbasis 1976)					
Insgesamt	104	107	114	118	116
Bergbau[5])	95	98	103	96	87
Verarbeitendes Gewerbe[6])	104	107	115	119	118
Eisenschaffende Industrie[7])	93	101	110	102	97
Chemische Industrie[8])	107	111	120	126	127
Investitionsgüter produzierendes Gewerbe[9])	107	112	121	127	123
Elektrotechnik	112	117	125	130	136
Textilgewerbe	101	97	102	107	106
Nahrungs- und Genußmittelgewerbe	105	106	112	115	119
Elektrizitäts- und Gasversorgung[10])	107	109	116	120	123
Schweden (Originalbasis 1968)					
Insgesamt[11])	95	93	99	99	95
Bergbau	85	72	86	87	79
Verarbeitendes Gewerbe	95	94	99	99	95
Eisenschaffende Industrie[4])	89	92	108	102	94
Chemische Industrie	95	99	104	99	101
Papier- und Pappeerzeugung und -verarbeitung	95	103	110	107	105
Investitionsgüter produzierendes Gewerbe	95	91	98	99	97
Maschinenbau	96	94	102	103	97
Elektrotechnik	97	91	99	102	106
Textilgewerbe	91	81	80	78	72
Nahrungs- und Genußmittelgewerbe	98	98	99	101	99
Schweiz (Originalbasis 1963)					
Insgesamt[12])	106	106	108	114	114
Verarbeitendes Gewerbe	104	105	107	112	115
Chemische Industrie[13])	99	103	107	109	121
Herstellung von Uhren[14])	106	96	80	84	74
Textilgewerbe[15])	101	101	105	106	104
Nahrungs- und Genußmittelgewerbe	104	104	106	111	111
Elektrizitäts- und Gasversorgung[3])	126	117	125	132	142

Indexgruppe	1977	1978	1979	1980	1981
Chile (Originalbasis 1968)					
Insgesamt[16])	110	118	128	135	135
Eisenschaffende Industrie[4])	116	125	145	160	143
Chemische Industrie	126	125	142	161	170
Investitionsgüter produzierendes Gewerbe	125	161	178	199	186
Maschinenbau	139	93	123	106	62
Elektrotechnik	111	150	176	202	192
Textilgewerbe	110	120	118	99	79
Nahrungs- und Genußmittelgewerbe	102	106	110	118	116
Kanada (Originalbasis 1971)					
Insgesamt	102	106	111	110	112
Bergbau	104	97	106	108	94
Verarbeitendes Gewerbe	101	107	111	108	113
Eisenschaffende Industrie	103	116	124	126	117
Chemische Industrie	106	116	120	123	131
Papier- und Pappeerzeugung und -verarbeitung	101	111	118	117	119
Investitionsgüter produzierendes Gewerbe	101	106	110	113	112
Maschinenbau	106	112	131	130	141
Elektrotechnik	95	97	105	103	110
Textilgewerbe	104	108	117	113	114
Nahrungs- und Genußmittelgewerbe	101	103	106	108	111
Elektrizitäts- und Gasversorgung	107	112	119	122	126
Vereinigte Staaten (Originalbasis 1967)					
Insgesamt	107	113	117	113	116
Bergbau	104	109	110	116	125
Verarbeitendes Gewerbe	107	113	118	113	116
Eisenschaffende Industrie[4])	99	108	108	88	95
Chemische Industrie	110	117	124	122	127
Papier- und Pappeerzeugung und -verarbeitung	103	109	113	114	117
Investitionsgüter produzierendes Gewerbe	108	116	123	117	120
Maschinenbau	106	114	121	120	127
Elektrotechnik	111	121	133	131	136
Textilgewerbe	99	101	105	100	100
Nahrungs- und Genußmittelgewerbe	104	107	111	112	114
Elektrizitäts- und Gasversorgung	104	107	110	113	112
Indien (Originalbasis 1970)					
Insgesamt	105	113	114	115	125
Bergbau	102	104	108	105	124
Verarbeitendes Gewerbe	106	113	114	115	124
Eisenschaffende Industrie[4])	103	103	97	93	104
Chemische Industrie	110	118	121	118	133
Maschinenbau	109	123	124	134	144
Elektrotechnik	112	116	126	131	139
Textilgewerbe	98	104	104	109	111
Nahrungs- und Genußmittelgewerbe	109	122	114	115	127
Elektrizitätsversorgung	103	115	121	123	137
Japan (Originalbasis 1975)					
Insgesamt[11])	104	111	120	128	132
Bergbau	103	106	101	100	96
Verarbeitendes Gewerbe	104	111	120	128	132
Eisenschaffende Industrie[4])	99	101	112	114	107
Chemische Industrie	105	118	127	129	129
Papier- und Pappeerzeugung und -verarbeitung	102	107	115	116	108
Investitionsgüter produzierendes Gewerbe	107	115	128	148	161
Maschinenbau	107	114	128	138	139
Elektrotechnik	106	121	138	165	200
Textilgewerbe[17])	98	98	99	98	96
Nahrungs- und Genußmittelgewerbe	104	106	109	108	109
Elektrizitäts- und Gasversorgung[3])	105	111	116	118	120

1) Einschl. Ziehereien, Kaltwalzwerke, NE-Metallerzeugung und NE-Metallhalbzeugwerke.
2) Einschl. Gießerei.
3) Einschl. Wasserversorgung.
4) Einschl. Ziehereien, Kaltwalzwerke, Eisen-, Stahl- und Tempergießerei.
5) Einschl. Mineralölverarbeitung und Gewinnung von Magnesit.
6) Ohne Mineralölverarbeitung und Gewinnung von Magnesit.
7) Ohne Ferrolegierungswerke.
8) Einschl. Ferrolegierungswerke, Gummiverarbeitung und Herstellung von Kunststoffwaren.
9) Einschl. Ziehereien und Kaltwalzwerke.
10) Einschl. Fernwärmeversorgung.
11) Ohne Elektrizitäts- und Gasversorgung.
12) Ohne Bergbau.
13) Einschl. Mineralölverarbeitung, ohne Herstellung von Chemiefasern.
14) Einschl. Herstellung von Schmuckwaren und optischen Geräten.
15) Einschl. Herstellung von Chemiefasern, ohne Wirkerei und Strickerei.
16) Nur Verarbeitendes Gewerbe.
17) Einschl. Bekleidungsgewerbe.

6.2 Produktion ausgewählter Erzeugnisse im Bergbau und Verarbeitenden Gewerbe

Förderung von Steinkohle
1 000 t

Land	1979	1980	1981
Bundesrep. Deutschland	86 319	87 146	88 460
Deutsche Dem. Rep. u. Berlin (Ost)	50	...	...
Belgien	6 124	6 325	6 136
Frankreich	18 611	18 136	18 589
Großbritannien 1)	120 637	128 208	125 301
Irland	63	65	69
Jugoslawien	434	388	384
Norwegen	280	283	313
Polen	201 004	193 121	163 022
Portugal	179	177	184
Rumänien	8 108	8 060	8 286
Sowjetunion	496 486	492 920	481 324
Spanien	11 496	12 732	14 268
Tschechoslowakei	28 463	28 201	27 513
Türkei	4 464	3 600	4 104
Ungarn	3 002	3 065	3 066
Südafrika	103 458	112 730	130 388
Argentinien	732	396	504
Brasilien	4 644	5 244	5 496
Chile	888	756	840
Kanada	18 612	20 175	21 736
Vereinigte Staaten	670 488	710 388	697 608
Indien	103 452	109 104	123 012
Japan	17 643	18 027	17 687
Australien	83 136	81 270	96 686
Neuseeland	1 728	1 920	1 944
Welt 2) 3)	**2 688 100**	**2 733 406**	**2 757 000**

Förderung von Braunkohle
1 000 t

Land	1979	1980	1981
Bundesrep. Deutschland	130 579	129 833	130 619
Deutsche Dem. Rep. u. Berlin (Ost)	256 063	258 097	266 734
Bulgarien	27 924	29 904	28 980
Frankreich	2 454	2 585	2 945
Griechenland	23 388	23 004	27 313
Italien	2 123	1 934	1 958
Jugoslawien	41 680	46 614	51 539
Österreich	2 741	2 865	3 061
Polen	38 083	36 866	35 616
Rumänien	25 589	27 103	28 641
Sowjetunion	161 145	159 940	156 500
Spanien	10 032	15 708	20 676
Tschechoslowakei	93 731	92 529	93 096
Türkei	11 065	13 639	15 889
Ungarn	22 757	22 636	22 876
Kanada	14 581	16 513	18 349
Vereinigte Staaten	38 016	42 307	46 410
Australien	32 544	32 892	32 103
Neuseeland	209	208	212
Welt 2) 3)	**1 068 446**	**1 080 335**	**1 021 000**

Zechen- und Hüttenkoks
1 000 t

Land	1979	1980	1981
Bundesrep. Deutschland	26 501	28 494	27 914
Deutsche Dem. Rep. u. Berlin (Ost) 4)	5 171	5 335	5 538
Belgien	6 408	6 048	6 004
Frankreich	11 451	11 118	10 723
Großbrit. u. Nordirl.	12 524	10 058	9 060
Italien	7 502	8 283	8 071
Niederlande	2 530	2 455	2 242
Österreich	1 689	1 729	1 652
Polen 5)	20 037	19 850	17 918
Schweden	1 153	1 189	1 094
Sowjetunion	86 500	86 000	...
Tschechoslowakei	10 458	10 323	10 323
Südafrika	5 338	5 566	...
Kanada 5)	5 773	5 292	4 657
Vereinigte Staaten 5)	51 455	45 403	42 110
Japan	50 912	50 960	50 691
Australien	5 545	5 487	5 087

Elektrizitätserzeugung insgesamt 6)
Mrd. kWh

Land	1979	1980	1981
Bundesrep. Deutschland	372	369	369
Deutsche Dem. Rep. u. Berlin (Ost)	97	99	101
Belgien	50	51	48
Bulgarien	32	35	37
Dänemark	21	26	18
Frankreich	231	247	264
Griechenland	21	21	22
Großbrit. u. Nordirl.	280	266	260
Italien	173	177	173
Jugoslawien	55	59	60
Niederlande	62	62	61
Norwegen	89	84	92
Österreich	41	42	43
Polen	122	123	115
Rumänien	65	67	70
Schweden	92	93	100
Schweiz	43	47	48
Sowjetunion	1 239	1 295	1 325
Spanien	105	110	111
Tschechoslowakei	68	73	73
Ungarn	25	24	24
Südafrika	90	99	114
Brasilien	126	139	142
Kanada	353	367	378
Mexiko	63	67	74
Vereinigte Staaten	2 319	2 356	2 365
Japan	522	514	523
Australien	91	96	101
Welt 2) 3)	**7 991**	**8 044**	**8 167**

darunter:

in Kernkraftwerken 6)
Mrd. kWh

Land	1979	1980	1981
Bundesrep. Deutschland	40	44	54
Deutsche Dem. Rep. u. Berlin (Ost)	10	12	12
Belgien	11	12	12
Frankreich	38	58	100
Großbrit. u. Nordirl.	35	33	34
Italien	2	2	3
Niederlande	3	4	3
Schweden	20	25	36
Schweiz	12	14	15
Sowjetunion	48	60	...
Spanien	6	5	10
Kanada	33	36	37
Vereinigte Staaten	270	266	289
Japan	69	82	87

in Werken für die öffentliche Versorgung 6)
Mrd. kWh

Land	1979	1980	1981
Bundesrep. Deutschland	299	298	302
Deutsche Dem. Rep. u. Berlin (Ost)	67	71	82
Belgien	46	47	45
Bulgarien	26	29	28
Dänemark	20	24	...
Frankreich	188	188	160
Griechenland	20	21	21
Großbrit. u. Nordirl.	261	249	247
Irland	10	10	10
Italien	141	147	144
Jugoslawien	52	56	...
Niederlande	56	56	55
Österreich	34	35	36
Polen	99	104	99
Tschechoslowakei	53	58	59
Ungarn	23	23	23
Kanada	317	328	339
Vereinigte Staaten	2 243	2 281	2 288
Japan	522	543	...

Gaserzeugung in Gaswerken
Mill. m^3

Land	1979	1980	1981
Bundesrep. Deutschland 7)	640	608	454
Deutsche Dem. Rep. u. Berlin (Ost)	6 467	6 203	5 532
Belgien	2	2	1
Dänemark	317	316	299
Frankreich	199	459	...
Großbrit. u. Nordirl.	216	204	...
Irland	297	223	203
Norwegen	16	13	12
Österreich	67	63	...
Polen	403	361	333
Schweiz	53	51	39
Tschechoslowakei	3 102	3 185	...
Japan	2 821	2 683	...
Australien	1 236	1 470	...

Gaserzeugung in Kokereien
Mill. m^3

Land	1979	1980	1981
Bundesrep. Deutschland 7)	6 069	6 509	6 435
Belgien	2 703	2 527	615
Frankreich	5 220	5 059	...
Großbrit. u. Nordirl.	4 253	3 297	...
Italien	3 175	3 407	3 453
Niederlande	1 050	1 137	...
Österreich	655	593	...
Polen	7 390	6 329	6 172
Tschechoslowakei	4 268	4 181	...
Vereinigte Staaten	23 622	20 994	19 113
Japan	829	899	...
Australien	2 399	2 297	...

1) Ohne Nordirland.
2) Ohne Angaben für Volksrepublik China.
3) Schätzung.
4) Braunkohlenkoks.
5) Einschl. Gaskoks.
6) Vorwiegend Nettoerzeugung.
7) Heizwert = 35 169 kJ/m^3.

6.2 Produktion ausgewählter Erzeugnisse im Bergbau und Verarbeitenden Gewerbe

Erdöl[1]) – 1 000 t

Land	1979	1980	1981
Bundesrep. Deutschland	4 774	4 631	4 459
Frankreich	1 200	1 416	1 676
Großbrit. u. Nordirl.	77 537	78 427	88 318
Italien	1 714	1 825	1 487
Niederlande	1 581	1 568	1 606
Österreich	1 728	1 476	1 338
Rumänien	12 324	11 511	11 644
Sowjetunion	585 565	603 207	608 820
Ägypten	26 604	29 448	31 800
Algerien	53 700	47 412	39 528
Libyen	100 884	88 320	55 116
Argentinien	24 276	25 284	25 536
Brasilien	8 040	8 844	10 368
Chile	1 010	1 500	. . .
Kanada	73 248	70 404	62 688
Kolumbien	6 408	6 504	6 924
Mexiko	75 480	96 852	115 404
Peru	9 456	9 648	9 552
Trinidad und Tobago	11 088	10 980	9 780
Venezuela	124 032	115 164	111 576
Vereinigte Staaten	420 816	421 824	421 800
Indonesien	78 072	77 628	78 660
Irak	168 444	129 864	44 892
Iran	153 264	73 776	65 988
Japan	480	503	456
Katar	24 504	22 896	19 608
Kuwait	126 000	85 536	56 712
Saudi-Arabien	475 968	495 720	490 800
Vereinigte Arabische Emirate[2])	192 708	84 180	73 584

Benzine[3])[4]) – 1 000 t

Land	1979	1980	1981
Bundesrep. Deutschland	21 909	21 812	20 161
Deutsche Dem. Rep. u. Berlin (Ost)	3 274	3 333	3 442
Belgien	5 382	5 843	5 138
Frankreich	18 995	18 179	17 846
Großbrit. u. Nordirl.	16 266	16 675	17 198
Italien	16 691	15 419	15 022
Niederlande	8 007	8 110	7 227
Österreich	10 977	10 539	10 932
Rumänien	4 884	4 765	4 986
Schweden	2 464	2 723	2 368
Spanien	5 469	5 555	5 337
Südafrika	3 164	3 700	. . .
Argentinien	4 647	5 281	. . .
Brasilien	9 959	8 178	. . .
Kanada	31 089	31 381	30 074
Kolumbien	1 808	2 217	. . .
Mexiko	10 697	13 673	. . .
Trinidad und Tobago	1 776	1 810	. . .
Venezuela	5 612	7 070	. . .
Vereinigte Staaten	300 936	286 078	282 047
Bahrein	1 088	1 043	. . .
Indien	1 569	1 459	. . .
Iran	3 201	3 150	. . .
Japan	25 434	25 228	25 874
Philippinen	1 721	1 382	. . .
Saudi-Arabien	2 491	2 800	. . .
Australien	10 977	10 539	10 932

Dieselöle[4]) – 1 000 t

Land	1979	1980	1981
Bundesrep. Deutschland	12 096	11 710	11 896
Belgien	10 644	9 847	8 012
Frankreich	14 632	14 219	12 192
Großbrit. u. Nordirl.	25 482	22 171	20 045
Italien	30 273	25 215	25 042
Niederlande	19 851	17 100	13 589
Österreich	7 404	7 138	6 957
Rumänien	7 279	7 475	6 738
Schweden	5 285	6 005	4 629
Spanien	11 165	10 777	10 508
Ägypten	2 260	2 350	. . .
Südafrika	4 500	4 600	. . .
Argentinien	6 775	7 574	. . .
Brasilien	15 350	16 322	. . .
Kanada	27 032	26 651	23 403
Mexiko	11 802	11 942	. . .
Trinidad und Tobago	1 624	1 916	. . .
Venezuela	7 737	9 294	. . .
Vereinigte Staaten	162 146	138 280	134 452
Bahrein	3 927	3 282	. . .
Indien	9 519	8 134	. . .
Iran	5 409	5 050	. . .
Japan	36 920	35 745	34 559
Kuwait	4 269	3 900	. . .
Saudi-Arabien	5 312	5 420	. . .
Australien	7 404	7 138	6 957

Heizöle[4]) – 1 000 t

Land	1979	1980	1981
Bundesrep. Deutschland	60 427	52 990	43 825
Belgien	10 517	10 217	9 120
Frankreich	67 888	59 135	45 018
Großbrit. u. Nordirl.	32 056	27 225	22 060
Italien	48 233	39 303	37 390
Niederlande	20 125	16 668	13 395
Österreich	4 289	3 342	3 263
Rumänien	10 119	10 231	8 445
Schweden	6 905	7 738	5 661
Spanien	22 486	22 860	22 351
Ägypten	5 540	6 416	. . .
Südafrika	3 380	3 500	. . .
Argentinien	8 421	7 812	. . .
Brasilien	17 100	16 810	. . .
Kanada	18 939	17 205	15 245
Kolumbien	2 304	2 500	. . .
Mexiko	13 143	17 488	. . .
Trinidad und Tobago	6 573	6 450	. . .
Venezuela	30 764	26 959	. . .
Vereinigte Staaten	112 586	101 819	84 828
Bahrein	4 655	4 085	. . .
Indien	6 285	6 113	. . .
Iran	14 100	10 000	. . .
Japan	91 675	81 175	68 522
Kuwait	9 983	8 080	. . .
Saudi-Arabien	14 377	14 480	. . .
Australien	4 289	3 342	3 263

Erdgas[5]) – Mill. m³

Land	1979	1980	1981
Bundesrep. Deutschland	20 362	18 662	19 058
Frankreich	7 769	7 536	7 084
Italien	13 464	12 460	13 964
Niederlande	92 908	87 513	79 958
Rumänien	32 780	33 850	35 540
Sowjetunion	406 014	434 926	464 920
Kanada	81 833	74 784	97 833
Mexiko[6])	20 533	25 095	28 620
Venezuela	13 523	14 200	12 800
Vereinigte Staaten	556 797	547 883	554 819
Japan	2 746	2 197	2 102

Eiseninhalt von Eisenerzen[7]) – 1 000 t

Land	1979	1980	1981
Bundesrep. Deutschland	529	596	476
Deutsche Dem. Rep. u. Berlin (Ost)	21	16	13
Bulgarien	672	603	561
Finnland	510	535	570
Frankreich	9 778	8 972	6 801
Großbrit. u. Nordirl.	1 115	207	158
Italien	90	79	51
Jugoslawien	1 616	1 576	1 678
Luxemburg	183	161	125
Norwegen	2 760	2 475	2 642
Österreich	992	1 046	975
Polen[8])	75	31	32
Portugal	28	30	20
Rumänien	656	607	600
Schweden[9])	16 502	16 855	14 400
Sowjetunion	130 462	132 171	130 905
Spanien	4 414	4 432	4 205
Tschechoslowakei	523	501	505
Algerien	1 710	1 892	1 944
Liberia	14 100	12 475	12 580
Mauretanien	6 090	5 590	5 200
Südafrika	19 880	16 580	17 840
Brasilien	59 520	68 192	62 980
Chile	5 140	5 366	4 480
Kanada[10])	36 370	30 605	30 300
Mexiko	5 577	5 722	6 130
Venezuela	8 389	8 785	8 460
Vereinigte Staaten	53 130	42 950	46 025
China, Volksrepublik[11])	39 200	40 320	39 200
Indien	25 115	25 780	25 950
Japan	267	258	240
Malaysia	196	208	295
Philippinen	1	1	0
Australien	56 870	60 140	60 060
Welt	**517 300**	**511 200**	**501 700**

Manganinhalt von Manganerzen[12]) – 1 000 t

Land	1977	1978	1979
Bulgarien	11	11	11
Italien	3	3	3
Rumänien	18	18	18
Sowjetunion	3 008	3 170	3 334
Ungarn	36	34	38
Gabun	959	859	1 000
Ghana	122	128	136
Marokko	57	63	68
Südafrika	2 093	1 767	2 107
Zaire	120	—	10
Brasilien	566	742	495
Mexiko	175	188	180
Vereinigte Staaten[13])	25	37	31
China, Volksrep.[11])	300	300	360
Indien	653	567	614
Japan	45	37	32
Australien	667	619	800
Welt	**9 510**	**9 190**	**9 830**

[1]) Rohöl (ohne Naturbenzin, Schieferöl).
[2]) Nur Angaben für Abu Dhabi und Dubai.
[3]) Motoren-, Flugbenzin und leichter Flugturbinenkraftstoff.
[4]) Aus der Mineralölverarbeitung.
[5]) Naturgasgewinnung ohne Einpreß-(repressured-gas) und ohne abgefackeltes Gas.
[6]) Einschl. Einpreß- und abgefackeltes Gas.
[7]) Einschl. manganhaltiger Eisenerze, jedoch ohne Schwefelkies; teilweise geschätzt.
[8]) Einschl. geringer Mengen Schwefelkies.
[9]) Ohne Eisenschwamm.
[10]) Ausfuhr.
[11]) Schätzung.
[12]) Mn-Inhalt der geförderten Erze, teilweise Schätzung; nur hochwertige Erze.
[13]) Versand ab Grube.

6.2 Produktion ausgewählter Erzeugnisse im Bergbau und Verarbeitenden Gewerbe

Förderung von Chromerzen Cr_2O_3-Inhalt[1]

1 000 t

Land	1976	1977	1978
Albanien	340	370	390
Finnland	163	218	187
Sowjetunion	880	910	960
Türkei	351	329	259
Madagaskar	88	68	50
Simbabwe[2])	305	300	300
Südafrika	1 087	1 460	1 380
Indien	195	170	125
Iran	75	80	80
Japan	7	6	3
Zypern	5	7	7
Philippinen	158	200	200
Welt	**4 033**	**4 423**	**4 269**

Kupferinhalt von Erzen oder Konzentraten

1 000 t

Land	1979	1980	1981
Finnland	41	37	38
Irland	5	4	4
Jugoslawien	111	117	111
Norwegen	29	29	28
Polen	340	343	308
Schweden	46	43	51
Sowjetunion[3])	1 130	1 130	1 140
Spanien	43	48	57
Türkei	31	21	25
Sambia	588	596	587
Südafrika	203	212	211
Zaire	400	460	505
Chile	1 061	1 068	1 081
Kanada	636	716	718
Mexiko	107	175	230
Peru	397	367	328
Vereinigte Staaten	1 444	1 181	1 538
Japan	60	53	52
Philippinen	298	305	302
Australien	238	244	226
Papua-Neuguinea	171	147	165
Welt	**7 900**	**7 800**	**8 300**

Bleiinhalt von Erzen oder Konzentraten

1 000 t

Land	1979	1980	1981
Bulgarien	108	100	96
Frankreich	29	29	19
Irland	71	59	29
Italien	28	24	21
Jugoslawien	130	121	119
Polen	57	47	44
Schweden	82	72	85
Sowjetunion[3])	590	580	570
Spanien	75	89	83
Marokko	111	115	116
Namibia	41	48	47
Argentinien	32	33	34
Kanada	342	297	332
Mexiko	161	152	150
Peru	184	189	187
Vereinigte Staaten	537	562	455
China, Volksrep.[3])	155	160	160
Japan	47	45	47
Australien	422	398	393
Welt	**3 625**	**3 600**	**3 465**

Zinkinhalt von Erzen[4]) **oder Konzentraten**

1 000 t

Land	1979	1980	1981
Bulgarien	75	70	65
Finnland	54	58	54
Frankreich	37	37	37
Irland	212	229	117
Italien	66	58	42
Jugoslawien	102	95	89
Österreich	23	22	20
Polen	237	217	201
Schweden	169	167	181
Sowjetunion[3])	1 020	1 000	1 010
Spanien	144	179	176
Namibia	29	25	36
Zaire	73	67	76
Kanada	1 203	1 059	1 096
Mexiko	251	243	216
Peru	491	488	497
Vereinigte Staaten	294	348	343
Japan	243	238	242
Australien	529	495	504
Welt	**6 345**	**6 170**	**6 100**

Zinninhalt von Erzen oder Konzentraten

1 000 t

Land	1979	1980	1981
Deutsche Dem. Rep. u. Berlin (Ost)[3])	1,6	1,8	1,6
Großbrit. u. Nordirl.	2,4	3,0	3,9
Portugal	0,2	0,3	0,4
Sowjetunion[3])	18,0	17,0	16,0
Nigeria	2,7	2,5	2,4
Südafrika	2,7	2,4	2,4
Zaire	3,3	3,2	2,5
Argentinien	0,4	0,6	0,4
Bolivien	27,8	27,3	27,7
Brasilien	6,6	6,9	8,3
China, Volksrep.[3])	17,0	16,0	16,0
Indonesien	29,4	32,5	35,2
Japan	0,7	0,5	0,5
Malaysia[5])	63,0	61,4	60,0
Thailand	34,0	33,7	31,5
Australien	12,6	11,6	12,9
Welt	**237,2**	**235,5**	**235,2**

Nickelinhalt von Erzen oder Konzentraten

1 000 t

Land	1979	1980	1981
Finnland	6	6	7
Griechenland	15	15	12
Sowjetunion	145	143	145
Simbabwe[2])	19	14	15
Südafrika	25	26	25
Dominikanische Republik	25	15	18
Kanada	126	195	155
Kuba[3])	32	38	40
Vereinigte Staaten	14	13	11
Indonesien	36	41	46
Australien	70	74	74
Neukaledonien	80	87	78
Welt	**680**	**750**	**700**

Goldinhalt der Erzförderung[6])

kg

Land	1979	1980	1981
Finnland	881	1 300	1 244
Frankreich	1 682	1 555	1 524
Jugoslawien	4 323	4 292	4 292
Portugal	333	275	342
Schweden	2 177	2 177	2 177
Sowjetunion[3])	253 804	258 159	262 047
Ghana	11 259	10 980	10 264
Südafrika	703 473	673 996	656 941
Zaire	2 177	1 243	2 177
Brasilien	9 930	40 435	37 324
Chile	3 465	6 836	9 238
Dominikanische Republik	10 979	11 496	12 845
Kanada	51 142	50 620	47 045
Kolumbien	8 378	15 876	16 640
Mexiko	5 921	6 096	5 754
Nicaragua	1 900	1 866	1 555
Peru	4 406	4 631	6 843
Vereinigte Staaten	29 996	30 164	42 859
China, Volksrep.[3])	6 221	6 998	52 876
Indien	2 637	2 452	2 488
Japan	3 970	3 183	3 089
Philippinen	16 646	18 350	20 839
Australien	18 566	16 921	16 485
Papua-Neuguinea	19 611	14 050	16 806
Welt	**1 205 850**	**1 217 422**	**1 268 549**

Silberinhalt der Erzförderung

Tonnen

Land	1979	1980	1981
Frankreich	75	74	53
Jugoslawien	162	149	137
Polen[3])	702	766	640
Schweden	176	166	175
Spanien	97	178	192
Sowjetunion[3])	1 550	1 550	1 580
Südafrika[7])	101	222	237
Bolivien[8])	179	190	205
Chile	272	298	330
Kanada	1 147	1 070	1 203
Mexiko[9])	1 537	1 473	1 655
Peru	1 331	1 340	1 318
Vereinigte Staaten	1 185	974	1 265
Japan	271	268	279
Australien	832	767	723
Welt	**10 930**	**10 700**	**11 270**

Schwefelkies[10])

1 000 t

Land	1979	1980	1981
Italien	804	859	681
Jugoslawien	452	607	652
Norwegen	241	379	413
Portugal	349	387	333
Spanien	2 366	3 564	...
Südafrika	243	493	502
Kanada[11])	12	12	12
Japan	300	311	293

Förderung von Bauxit

1 000 t

Land	1979	1980	1981
Frankreich	1 970	1 892	1 828
Griechenland	2 866	3 286	3 216
Italien	26	23	19
Jugoslawien	3 012	3 138	3 249
Sowjetunion[3])	6 500	6 400	6 400
Ungarn	2 976	2 914	2 950
Guinea[3])	14 653	13 427	12 833
Dominikanische Rep.[12])	524	510	405
Guayana[12])	3 354	3 052	1 907
Haiti[12])	560	461	539
Jamaika[12])	11 505	12 064	11 606
Surinam	4 741	4 903	4 006
Vereinigte Staaten[12])	1 821	1 559	1 486
Indien	1 951	1 785	1 913
Indonesien	1 052	1 249	1 203
Malaysia[5])	386	920	701
Australien	27 585	27 583	25 541
Welt	**90 405**	**93 230**	**88 275**

1) Cr_2O_3-Inhalt geschätzt.
2) Ehem. Südrhodesien.
3) Schätzung.
4) Ohne Zinkinhalt von Schwefelkies.
5) Nur Angaben für Westmalaysia.
6) Feingoldinhalt der geförderten Erze; in einigen Fällen Raffinadegewinnung.
7) Ohne Angaben für Namibia.
8) Ausfuhr.
9) Hüttenproduktion.
10) Einschl. Schwefelkieskonzentrate als Nebenprodukt der Cu-, Pb- und Zn-Erzaufbereitung sowie in einigen Ländern Kupferkies.
11) Absatz.
12) Trockengewicht.

6.2 Produktion ausgewählter Erzeugnisse im Bergbau und Verarbeitenden Gewerbe

Naturphosphate[1])
1 000 t

Land	1979	1980	1981
Sowjetunion[2])	28 405	29 450	30 950
Ägypten	623	658	700
Algerien	1 084	1 025	858
Marokko	20 032	18 224	19 696
Südafrika	19 296	19 536	17 712
Tunesien	4 184	4 502	4 925
Vereinigte Staaten	51 611	54 415	53 624
Israel	2 086	2 307	1 919
Jordanien	2 825	3 911	3 523
Welt	**132 913**	**138 393**	**138 630**

Asbest[3])
1 000 t

Land	1979	1980	1981
Italien	144	158	137
Sowjetunion[2])	2 020	2 150	2 220
Südafrika	249	278	237
Kanada[4])	1 492	1 291	1 120
Vereinigte Staaten	93	80	76
Welt[5])	**4 890**	**4 887**	**4 726**

Zement
1 000 t

Land	1979	1980	1981
Bundesrep. Deutschland	35 659	34 551	31 498
Deutsche Dem. Rep. u. Berlin (Ost)	12 273	12 440	12 204
Belgien	7 704	7 487	6 684
Bulgarien	5 400	5 364	5 448
Dänemark	2 412	1 915	1 602
Finnland	1 749	1 800	1 787
Frankreich	28 825	29 100	28 222
Griechenland	12 060	12 672	13 260
Großbrit. u. Nordirl.	16 140	14 808	12 732
Irland	2 064	1 812	...
Italien	38 802	41 333	41 553
Jugoslawien	9 081	9 315	9 779
Luxemburg	300	300	300
Niederlande	3 701	3 744	3 316
Norwegen	2 197	2 093	1 782
Österreich	5 653	5 457	5 288
Polen	19 180	18 428	14 226
Portugal	5 136	5 748	6 036
Rumänien	15 598	15 611	14 748
Schweden	2 342	2 523	2 331
Schweiz	3 934	4 248	4 344
Sowjetunion	123 000	125 000	127 000
Spanien	28 056	28 008	28 752
Tschechoslowakei	10 257	10 546	10 646
Türkei	13 788	12 876	15 036
Ungarn	4 857	4 660	4 635
Ägypten	3 108	3 012	3 432
Südafrika	6 199	7 125	8 100
Argentinien	6 612	7 128	6 912
Brasilien	24 876	27 192	26 052
Chile	1 416	1 584	1 860
Kanada	11 001	10 349	9 540
Kolumbien	4 260	4 356	4 500
Mexiko	15 144	16 260	17 844
Vereinigte Staaten[4])	70 080	67 884	64 920
Indien	18 250	17 700	20 772
Japan	87 804	87 957	84 828
Korea, Republik	16 428	15 636	15 612
Australien[6])	5 112	5 496	5 734
Welt[7])	**806 000**	**760 000**	**734 000**

Roheisen und Hochofen-Ferrolegierungen
1 000 t

Land	1979	1980	1981
Bundesrep. Deutschland	35 167	33 873	31 876
Deutsche Dem. Rep. u. Berlin (Ost)	2 386	2 458	2 432
Belgien	10 875	9 905	9 809
Bulgarien[8])	1 452	1 539	1 514
Finnland[8])	2 038	2 019	1 965
Frankreich	19 415	19 159	17 274
Großbrit. u. Nordirl.	13 030	6 412	9 461
Italien	11 398	12 219	12 319
Jugoslawien[8])	2 360	2 425	2 817
Luxemburg[8])	3 801	3 568	2 889
Niederlande[8])	4 814	4 328	4 600
Norwegen[9])	650	618	570
Österreich[8])	3 702	3 485	3 477
Polen	11 104	11 510	9 880
Portugal	363	299	314
Rumänien[8])	8 879	9 012	8 857
Schweden[8])[10])	2 906	2 435	1 770
Sowjetunion	108 998	107 282	107 766
Spanien[8])	6 454	6 379	6 259
Tschechoslowakei	9 530	9 819	9 903
Ungarn	2 369	2 214	2 193
Simbabwe[11])	300	350	350
Südafrika[8])	7 031	7 210	7 369
Argentinien[8])	1 938	1 806	1 740
Brasilien[8])	11 918	12 960	11 017
Chile[8])	611	648	582
Kanada[8])	10 906	10 893	9 743
Mexiko[8])	5 027	5 267	5 483
Venezuela	1 327	2 133	2 215
Vereinigte Staaten	78 928	62 343	66 742
China, Volksrep.	36 530	35 400	34 000
Indien[8])	8 767	8 509	9 474
Japan[8])	83 825	87 041	80 048
Korea, Dem. Volksrepublik	3 200	3 400	3 500
Korea, Republik	5 063	5 577	7 928
Australien[8])	7 811	6 960	6 830
Welt	**531 100**	**507 900**	**500 400**

Rohstahl[12])
1 000 t

Land	1979	1980	1981
Bundesrep. Deutschland	46 040	43 838	41 610
Deutsche Dem. Rep. u. Berlin (Ost)	7 024	7 308	7 467
Belgien	13 442	12 321	12 283
Bulgarien	2 482	2 567	2 482
Dänemark	804	734	612
Finnland	2 464	2 508	2 419
Frankreich	23 360	23 172	21 245
Griechenland	813	870	909
Großbrit. u. Nordirl.	21 464	11 278	15 321
Irland	72	2	33
Italien	24 250	26 501	24 778
Jugoslawien	3 537	3 634	3 976
Luxemburg	4 950	4 619	3 790
Niederlande	5 806	5 272	5 472
Norwegen	921	866	847
Österreich	4 917	4 624	4 656
Polen	19 218	19 484	15 719
Portugal	649	583	555
Rumänien	12 909	13 175	13 025
Schweden	4 731	4 237	3 770
Schweiz[2])	886	929	934
Sowjetunion	149 087	147 931	148 517
Spanien	12 254	12 643	12 896
Tschechoslowakei	14 817	14 925	15 271
Türkei	2 396	2 536	2 425
Ungarn	3 909	3 764	3 643
Südafrika	8 875	9 078	8 991
Argentinien[13])	3 203	2 687	2 526
Brasilien	13 893	15 337	13 226
Chile[13])	657	715	641
Kanada	16 078	15 891	15 027
Mexiko[13])	7 117	7 065	7 605
Vereinigte Staaten[14])	126 530	103 790	112 135
China, Volksrep.	34 430	37 040	35 600
Indien	10 126	9 514	10 780
Japan	111 748	111 395	101 676
Korea, Dem. Volksrepublik	3 500	5 800	5 500
Korea, Republik	7 610	8 558	10 753
Australien	8 147	7 594	7 635
Welt	**747 200**	**718 700**	**711 000**

Raffinadekupfer[15])
1 000 t

Land	1979	1980	1981
Bundesrep. Deutschland	382	374	387
Deutsche Dem. Rep. u. Berlin (Ost)[2])	51	51	55
Belgien[16])	369	374	428
Bulgarien	62	63	62
Finnland	43	40	34
Frankreich	45	46	46
Großbrit. u. Nordirl.	122	161	136
Italien	16	12	24
Jugoslawien	138	131	133
Polen	336	357	327
Schweden	62	56	62
Sowjetunion[2])	1 480	1 450	1 460
Spanien	141	154	152
Sambia	564	607	564
Südafrika	152	148	145
Zaire[17])	103	144	151
Chile	780	811	776
Kanada	397	505	477
Mexiko	101	102	68
Peru	230	231	209
Vereinigte Staaten	1 976	1 686	1 984
China, Volksrep.[2])[18])	292	289	294
Japan	984	1 014	1 050
Australien	174	181	192
Welt	**9 340**	**9 360**	**9 650**

Raffinadeblei[19])
1 000 t

Land	1979	1980	1981
Bundesrep. Deutschland	373	350	348
Belgien[20])	92	106	102
Bulgarien	120	118	123
Dänemark	30	24	26
Frankreich	220	219	228
Großbrit. u. Nordirl.	368	325	333
Italien	126	134	133
Jugoslawien	111	102	86
Niederlande	30	28	20
Polen	84	85	69
Schweden	47	42	29
Sowjetunion[2])	780	780	800
Spanien[21])	127	121	117
Namibia	42	43	42
Argentinien	34	42	35
Brasilien	98	85	66
Kanada	252	231	238
Mexiko	171	149	156
Peru	91	87	84
Vereinigte Staaten	1 226	1 150	1 068
China, Volksrep.[2])	170	175	175
Japan	283	305	317
Australien	258	233	240
Welt	**5 560**	**5 390**	**5 310**

1) Rohmaterialien mit einem P_2O_5-Gehalt von 10 bis 35 %.
2) Schätzung.
3) Unverarbeitete Asbestfasern und -pulver.
4) Versand.
5) Ohne einige kleine asbesterzeugende Länder.
6) Berichtsjahre enden am 30. 6. des angegebenen Jahres.
7) Ohne Angaben für Volksrepublik China.
8) Nur Roheisen.
9) Ohne Ferrolegierungen.
10) Ohne Eisenschwamm.
11) Ehem. Südrhodesien.
12) Gesamte Rohstahlerzeugung (Rohstahlblöcke und Flüssigstahl für Stahlguß) ohne Schweißstahl.
13) Nur Rohstahlblöcke.
14) Einschl. Erzeugung der unabhängigen Stahlgießerei.
15) Elektrolytisches und feuerraffiniertes Primär- und Sekundärkupfer (ohne Umschmelzkupfer).
16) Einschl. Kupferkathoden aus Zaire, die in Oolen nochmals raffiniert wurden.
17) Ohne exportierte Kupferkathoden, die in Belgien nochmals raffiniert wurden.
18) Einschl. Angaben für Dem. Volksrep. Korea.
19) Weich- und Hartblei (Primär- und Sekundärerzeugung), ohne Umschmelzblei.
20) Einschl. Umschmelzblei.
21) Nur Primärerzeugung.

6.2 Produktion ausgewählter Erzeugnisse im Bergbau und Verarbeitenden Gewerbe

Land	1979	1980	1981
Zink[1]) 1 000 t			
Belgien[2])	253	247	235
Bulgarien	89	91	90
Finnland	147	147	140
Frankreich[2])	249	253	257
Großbrit. u. Nordirl.	77	87	82
Italien	203	207	181
Jugoslawien	99	85	96
Niederlande	154	170	177
Norwegen	78	79	80
Österreich	23	22	23
Polen[3])	209	217	167
Sowjetunion[4])	1 085	1 060	1 060
Spanien	183	152	179
Zaire	44	44	58
Kanada	580	592	619
Mexiko	162	145	127
Peru	68	64	129
Vereinigte Staaten	526	370	393
China, Volksrepublik	160	155	160
Japan	789	735	670
Australien	310	306	301
Welt	**6 445**	**6 160**	**6 200**
Zinn[5]) 1 000 t			
Bundesrep. Deutschland[6])	4,1	2,3	1,8
Deutsche Dem. Rep. u. Berlin (Ost)[4])	1,6	1,8	1,5
Belgien	2,2	2,8	0,1
Großbrit. u. Nordirl.	11,4	11,4	12,9
Portugal	0,4	0,4	0,4
Sowjetunion[4])	18,0	17,0	16,0
Spanien	4,5	3,1	3,4
Nigeria	2,9	2,7	2,4
Südafrika	1,6	2,2	2,2
Zaire	0,4	0,2	0,5
Bolivien	15,7	17,5	20,0
Brasilien	10,3	9,0	7,8
Vereinigte Staaten	6,3	4,7	3,7
China, Volksrepublik[4])	16,0	15,0	16,0
Indonesien	27,7	30,5	32,6
Japan	1,2	1,3	1,3
Malaysia[7])	73,1	71,3	70,3
Singapur[4])	4,0	4,0	4,0
Thailand	33,0	34,7	32,6
Australien	5,9	5,2	4,7
Welt	**244,3**	**240,1**	**238,6**
Hüttenaluminium 1 000 t			
Bundesrep. Deutschland	742	731	729
Frankreich	395	432	436
Griechenland	141	146	146
Großbrit. u. Nordirl.	359	374	339
Italien	269	271	274
Niederlande	256	258	262
Norwegen	673	662	663
Österreich	93	94	94
Polen	97	95	66
Rumänien	236	259	230
Schweiz	83	86	82
Sowjetunion[4])	2 350	2 400	2 400
Spanien	259	386	397
Ghana	169	188	190
Brasilien	238	261	256
Kanada	864	1 074	1 118
Venezuela	205	325	312
Vereinigte Staaten	4 557	4 654	4 489
China, Volksrepublik[4])	360	358	358
Indien	209	185	213
Japan	1 010	1 091	771
Australien	270	303	379
Welt	**15 170**	**16 060**	**15 690**
Schwefelsäure (berechnet auf H_2SO_4) 1 000 t			
Bundesrep. Deutschland	4 136	3 900	3 945
Deutsche Dem. Rep. u. Berlin (Ost)	952	958	948
Finnland	1 022	1 020	1 095
Frankreich	4 957	4 950	4 412
Großbrit. u. Nordirl.	3 498	3 380	2 860
Italien	2 955	2 629	2 412
Jugoslawien	1 047	1 186	1 248
Niederlande	2 326	2 354	2 305
Polen	2 982	3 019	2 776
Portugal	638	515	413
Sowjetunion	22 908	23 028	24 100
Spanien	2 950	3 052	...
Kanada	3 686	4 294	4 117
Vereinigte Staaten	43 204	44 272	40 361
Indien	2 228	2 217	2 134
Japan	6 582	6 777	6 572
Australien[8])	1 940	2 175	1 963
Salzsäure (berechnet auf HCl) 1 000 t			
Bundesrep. Deutschland	945	891	888
Deutsche Dem. Rep. u. Berlin (Ost)	105	106	104
Frankreich	244	230	231
Spanien	145	139	...
Vereinigte Staaten	2 803	2 626	2 216
Japan	528	570	565
Natriumcarbonat (Soda) (berechnet auf Na_2CO_3) 1 000 t			
Bundesrep. Deutschland	1 401	1 411	1 189
Deutsche Dem. Rep. u. Berlin (Ost)	860	866	878
Frankreich	1 549	1 549	.
Jugoslawien	164	129	147
Rumänien	893	837	926
Sowjetunion	4 782	4 780	4 860
Spanien	548	686	...
Japan	1 354	1 355	1 178
Chlor 1 000 t			
Bundesrep. Deutschland	3 202	2 997	3 010
Frankreich	1 286	1 257	1 749
Italien[9])	867	828	709
Polen[9])	329	309	303
Schweden	348	315	298
Spanien	460	428	...
Kanada	717	781	...
Vereinigte Staaten[9])	11 091	10 150	9 577
Japan	729	763	764
Australien[8])	112	...	...
Natriumhydroxid (Ätznatron) 1 000 t			
Bundesrep. Deutschland	3 415	3 176	3 209
Deutsche Dem. Rep. u. Berlin (Ost)	548	626	631
Frankreich	1 450	1 333	1 315
Italien	986	953	848
Jugoslawien[10])	102	136	177
Polen	454	433	417
Sowjetunion	2 680	2 755	2 800
Spanien	496	448	410
Argentinien	110	104	106
Vereinigte Staaten	11 587	10 273	9 648
Indien	566	548	612
Japan	3 021	3 158	2 872
Australien[8])	135	139	...
Salpetersäure (berechnet auf HNO_3) 1 000 t			
Italien	1 070	1 011	1 005
Jugoslawien	666	691	725
Polen	2 002	1 882	1 932
Spanien	1 187	1 266	...
Vereinigte Staaten	7 678	7 921	8 199
Stickstoffhaltige Düngemittel[11]) (berechnet auf N) 1 000 t			
Bundesrep. Deutschland	1 346	1 478	1 322
Deutsche Dem. Rep. u. Berlin (Ost)[12])	875	943	967
Belgien	756	743	...
Frankreich	1780	1 640	...
Großbrit. u. Nordirl.	1 316	1 167	...
Italien	1 524	1 388	...
Niederlande	1 612	1 624	...
Norwegen	452	428	...
Österreich	275	300	...
Sowjetunion	9 074	10 155	...
Vereinigte Staaten	11 180	11 788	...
Indien	2 224	2 164	...
Japan	1 458	1 202	...
Welt	**59 725**	**62 697**	...
Superphosphat[11]) (berechnet auf P_2O_5) 1 000 t			
Bundesrep. Deutschland	37	41	39
Bulgarien[12])	282	217	...
Dänemark	25	...	...
Italien	196	170	...
Jugoslawien[12])	116	96	...
Niederlande	178	153	...
Schweden	11	20	...
Spanien	107	122	...
Mexiko	158	...	...
Japan	126	109	...
Australien	919	800	...
Neuseeland	411	380	...
Calciumcarbid 1 000 t			
Bundesrep. Deutschland	452	457	432
Deutsche Dem. Rep. u. Berlin (Ost)	1 200	1 199	1 187
Frankreich	97	91	87

1) Hüttenproduktion aus Erzen oder Konzentraten.
2) Einschl. Sekundärzink.
3) Einschl. geringer Mengen Sekundärzink.
4) Schätzung.
5) Primärzinn.
6) Reinzinn (einschl. Sekundärzinn).
7) Nur Angaben für Westmalaysia.
8) Wirtschaftsjahre enden am 30. 6. des angegebenen Jahres.
9) Gasförmig.
10) 96–98 % NaOH.
11) Düngejahre beginnen meist am 1. 7. des angegebenen Jahres.
12) Kalenderjahre.

6.2 Produktion ausgewählter Erzeugnisse im Bergbau und Verarbeitenden Gewerbe

Land	1979	1980	1981
Italien	27	...	...
Jugoslawien	36	38	40
Norwegen	94	88	...
Polen	473	455	...
Rumänien	318	279	...
Schweden	30	32	23
Sowjetunion	791	766	699
Vereinigte Staaten[1]	244	236	...
Japan	570	550	495

Zellulosische Fasern
1 000 t

Land	1979	1980	1981
Bundesrep. Deutschland[2]	138	143	149
Deutsche Dem. Rep. u. Berlin (Ost)	130	132	...
Belgien[3]	27	22	15
Frankreich	59	50	43
Großbrit. u. Nordirl.	139	109	103
Italien	39	28	24
Norwegen	29	28	28
Österreich	99	101	102
Polen	57	61	44
Schweden	37	35	35
Sowjetunion	337	345	346
Spanien	45	40	38
Brasilien	26	25	25
Kanada	31	30	28
Mexiko	10	11	11
Vereinigte Staaten	252	204	211
Japan	290	278	274
Welt	**2 195**	**2 083**	**2 091**

Zellulosische Fäden
1 000 t

Land	1979	1980	1981
Bundesrep. Deutschland	.[4]	.[4]	.[4]
Deutsche Dem. Rep. u. Berlin (Ost)	35	37	...
Frankreich	19	16	11
Großbrit. u. Nordirl.	59	37	27
Italien	38	37	35
Niederlande[3]	36	38	39
Österreich	12	15	15
Polen	27	25	20
Sowjetunion	298	305	298
Spanien	13	13	13
Tschechoslowakei	22	20	18
Brasilien	24	26	21
Kanada	14	14	14
Mexiko	17	17	17
Vereinigte Staaten	169	161	39
Japan	114	119	119
Welt	**1 177**	**1 162**	**1 104**

Synthetische Fasern und Fäden[5]
1 000 t

Land	1979	1980	1981
Bundesrep. Deutschland	786	736	768
Deutsche Dem. Rep. u. Berlin (Ost)	133	139	142
Belgien[3]	136	104	106
Frankreich	224	192	201
Großbrit. u. Nordirl.	381	288	249

Land	1979	1980	1981
Italien	360	355	436
Schweiz	79	84	84
Sowjetunion	476	550	564
Kanada	122	122	110
Vereinigte Staaten	3 487	3 245	3 278
Japan	1 365	1 357	1 330
Welt	**10 618**	**10 501**	**10 739**

Synthetischer Kautschuk
1 000 t

Land	1979	1980	1981
Bundesrep. Deutschland	416	409	415
Deutsche Dem. Rep. u. Berlin (Ost)	150	150	155
Frankreich	541	511	487
Großbrit. u. Nordirl.	277	212	190
Italien	291	258	245
Niederlande	238	212	211
Polen	130	118	111
Kanada	283	253	263
Vereinigte Staaten	2 528	2 009	2 021
Japan	1 107	1 094	1 010
Australien	43	46	45

Kunststoffe[6]
1 000 t

Land	1979	1980	1981
Bundesrep. Deutschland	7 318	6 787	6 611
Deutsche Dem. Rep. u. Berlin (Ost)	779	859	998
Belgien	1 969	1 835	1 943
Frankreich	2 764	2 572	2 420
Großbrit. u. Nordirl.	2 647	2 260	2 051
Italien	2 565	2 477	2 154
Niederlande	2 032	1 975	2 152
Österreich	431	483	504
Polen	570	666	586
Sowjetunion[7]	3 504	3 028	3 404
Tschechoslowakei	853	894	913
Argentinien	172	149	136
Vereinigte Staaten	13 866	12 418	13 069
Japan[8]	6 964	6 422	5 886
Australien	618	709	...

Personenkraftwagendecken
1 000 St

Land	1979	1980	1981
Bundesrep. Deutschland	34 571	33 622	31 200
Deutsche Dem. Rep. u. Berlin (Ost)[9]	6 890	7 067	7 026
Frankreich	43 440	44 292	37 800
Großbrit. u. Nordirl.	23 609	22 899	20 829
Italien[10]	147 871	152 092	133 723
Schweden	3 205	2 444	1 924
Tschechoslowakei	3 018	3 123	3 229
Südafrika	2 961	3 731	3 923
Vereinigte Staaten	168 028	130 861	149 789
Japan[9]	115 612	131 459	127 782
Australien[11][12]	7 361	7 530	6 847

Schnittholz
(Nadel- und Laubschnittholz)
1 000 m³

Land	1979	1980	1981
Bundesrep. Deutschland	10 245	10 348	9 270
Deutsche Dem. Rep. u. Berlin (Ost)[13]	2 233	2 255	2 270
Belgien	590	600	565
Dänemark[7]	800	800	800
Finnland	9 650	10 230	8 260
Frankreich	9 369	9 842	8 740
Großbrit. u. Nordirl.	1 764	1 554	1 571
Italien	2 276	2 632	2 319
Jugoslawien	4 272	4 206	4 212
Luxemburg	33	34	36
Niederlande	246	337	300
Norwegen	2 355	2 311	2 460
Österreich	6 519	6 739	6 427
Schweden	11 197	11 273	10 476
Schweiz	1 560	1 700	1 745
Sowjetunion[7]	99 600	98 200	...
Spanien	2 777	2 012	2 339
Argentinien	613	840	...
Brasilien	14 070	14 070	...
Kanada	44 809	44 324	39 671
Vereinigte Staaten[13]	87 464	75 300	70 123
Japan	39 586	36 920	34 068
Australien[12]	2 919	2 065	...
Welt	**443 797**	**425 249**	...

Holzschliff (lufttrocken 90 : 100)
1 000 t

Land	1979	1980	1981
Bundesrep. Deutschland	1 117	1 129	1 215
Deutsche Dem. Rep. u. Berlin (Ost)[7]	250	250	250
Belgien	125	130	128
Finnland	2 238	2 349	2 485
Frankreich	453	419	528
Großbrit. u. Nordirl.	172	164	78
Italien	557	533	493
Niederlande	146	201	164
Norwegen	914	901	911
Österreich	220	221	225
Polen	143	145	123
Schweden	1 981	1 960	1 901
Schweiz	174	182	196
Sowjetunion[7]	1 710	1 729	...
Kanada	7 414	7 510	7 636
Vereinigte Staaten	3 977	4 433	4 569
Japan	1 757	1 757	...
Welt	**26 607**	**26 805**	...

Zellstoff[14] (lufttrocken 90 : 100)
1 000 t

Land	1979	1980	1981
Bundesrep. Deutschland	810	828	742
Deutsche Dem. Rep. u. Berlin (Ost)	545	566	557
Belgien	241	259	252
Dänemark[15][16]	59	64	65
Finnland	4 488	4 606	4 549
Frankreich	1 475	1 410	1 319
Großbrit. u. Nordirl.	152	122	...
Italien[15]	231	244	272
Jugoslawien[17]	503	491	521
Norwegen	614	583	707

1) Absatzproduktion.
2) Einschl. zellulosischer Fäden.
3) Angaben für Benelux-Länder.
4) Bei zellulosischen Fasern enthalten.
5) Auf Polyamid-, Polyvinyl-, Polyester- und Polypropylenbasis u. ä.
6) Abgewandelte Naturstoffe, Kondensations- und Polymerisationsprodukte.
7) Schätzung.
8) Ca. 60 % der Gesamtproduktion.
9) Kraftfahrzeugdecken insgesamt.
10) Angaben in Tonnen.
11) Einschl. Kraftrad-, Omnibus- und Luftfahrzeugdecken.
12) Berichtsjahre enden am 30. 6. des angegebenen Jahres.
13) Einschl. Schwellen.
14) Aus Holz, Stroh und anderen Faserstoffen einschl. Halbzellstoff.
15) Nur aus Holz.
16) Absatz.
17) Ohne Halbzellstoff.

6.2 Produktion ausgewählter Erzeugnisse im Bergbau und Verarbeitenden Gewerbe

Land	1979	1980	1981
Österreich	998	997	979
Polen	494	526	456
Portugal	252	273	...
Schweden	6 754	6 411	6 363
Schweiz	98	103	100
Sowjetunion	7 047	7 123	...
Tschechoslowakei	587	583	...
Kanada	12 112	12 458	11 656
Vereinigte Staaten	39 655	40 328	...
Japan	7 902	7 902	...
Welt	**93 386**	**95 486**	...

Papier und Pappe

1 000 t

Land	1979	1980	1981
Bundesrep. Deutschland	7 900	7 958	8 132
Deutsche Dem. Rep. u. Berlin (Ost)	1 221	1 242	1 249
Belgien	887	898	930
Dänemark[1]	197	195	203
Finnland	5 546	5 720	6 002
Frankreich	5 261	5 151	5 148
Großbrit. u. Nordirl.	4 253	3 817	3 419
Italien	5 101	4 924	4 914
Jugoslawien	1 032	1 125	1 180
Niederlande	1 711	1 704	1 665
Norwegen	1 400	1 373	1 373
Österreich	1 559	1 635	1 670
Polen	1 248	1 277	1 124
Portugal	495	463	484
Schweden	6 281	6 182	6 131
Schweiz	887	914	920
Sowjetunion	8 729	8 733	8 954
Spanien	2 252	2 572	2 589
Tschechoslowakei	1 147	1 183	1 201
Kanada	13 486	13 414	...
Vereinigte Staaten	60 413	59 712	60 280
Japan	17 861	18 088	16 980
Welt	**170 785**	**174 186**	...

darunter: Zeitungsdruckpapier

1 000 t

Land	1979	1980	1981
Bundesrep. Deutschland	600	593	670
Deutsche Dem. Rep. u. Berlin (Ost)	105	106	107
Belgien	99	102	102
Finnland	1 330	1 346	1 557
Frankreich	280	260	228
Großbrit. u. Nordirl.	364	364	118
Italien	272	277	234
Jugoslawien	84	45	52
Niederlande	120	178	183
Norwegen	566	588	696
Österreich	171	178	178
Schweden	1 484	1 534	1 605
Schweiz	196	210	...
Sowjetunion	1 420	1 535	1 532
Kanada	8 756	8 626	8 946
Vereinigte Staaten	3 444	4 238	4 788
Japan	2 566	2 674	2 575
Welt	**25 345**	**29 640**	**29 520**

Drehmaschinen

St

Land	1979	1980	1981
Bundesrep. Deutschland	13 671	14 882	13 761
Deutsche Dem. Rep. u. Berlin (Ost)[2]	...	...	...
Bulgarien	7 634	8 880	...
Frankreich[3])[4]	3 708	3 175	...
Großbrit. u. Nordirl.[1]	17 563	15 073	...
Österreich	3 625	2 307	3 019
Rumänien	7 393	7 779	...
Tschechoslowakei	7 083	7 359	...
Ungarn	1 985	1 808	1 912
Vereinigte Staaten[3]	20 107	17 937	16 904
Japan	20 226	22 703	...

Zugmaschinen[5]

1 000 St

Land	1979	1980	1981
Bundesrep. Deutschland	131	120	119
Frankreich	54	48	47
Großbrit. u. Nordirl.[1]	126	111	...
Italien	121	135	117
Jugoslawien	50	51	55
Österreich	8	11	12
Rumänien	62	71	68
Schweden	14	16	...
Sowjetunion	557	555	559
Spanien	49	40	...
Tschechoslowakei	35	33	32
Vereinigte Staaten	221	166	160
Japan	266	228	199

Haushaltsnähmaschinen

1 000 St

Land	1979	1980	1981
Bundesrep. Deutschland[6]	407	385	304
Deutsche Dem. Rep. u. Berlin (Ost)	239	242	255
Frankreich[6]	155	162	...
Italien	731	754	553
Jugoslawien	140	127	...
Polen	364	409	383
Rumänien	86	95	...
Schweden	184	174	...
Sowjetunion	1 317	1 323	...
China (Taiwan)[7]	2 076	2 193	2 997
Indien[7]	335	361	334
Japan[6]	2 178	2 341	1 927
Korea, Republik	381	319	247

Schreibmaschinen

1 000 St

Land	1979	1980	1981
Bundesrep. Deutschland[8]	975	934	740
Bulgarien	128	158	...
Großbrit. u. Nordirl.[1])[8]	...	...	...
Italien[8]	537	601	459
Jugoslawien	260	264	300
Schweden[8]	124	124	...
Tschechoslowakei	66	75	...

Land	1979	1980	1981
Vereinigte Staaten[3])[8]	1 925	1 592	1 479
Indien	93	94	96
Japan[8]	1 932	2 588	2 998

Personenkraftwagen[9]

1 000 St

Land	1979	1980	1981
Bundesrep. Deutschland	3 943	3 530	3 590
Deutsche Dem. Rep. u. Berlin (Ost)	171	177	180
Frankreich	3 221	2 939	2 612
Großbrit. u. Nordirl.	1 070	924	955
Italien[10]	1 481	1 445	1 254
Niederlande	90	81	78
Schweden[11]	310	256	229
Sowjetunion	1 314	1 327	1 324
Tschechoslowakei	182	184	181
Kanada	961	847	803
Vereinigte Staaten	8 434	6 376	6 253
Indien[12]	43	47	61
Japan	6 176	7 038	6 974
Welt	**31 360**	**28 880**	**27 720**

Lastkraftwagen und Omnibusse[13]

1 000 St

Land	1979	1980	1981
Bundesrep. Deutschland[14]	297	334	292
Deutsche Dem. Rep. u. Berlin (Ost)	40	40	42
Frankreich	392	440	407
Großbrit. u. Nordirl.	408	389	230
Italien	151	167	183
Niederlande	16	17	12
Österreich	6	7	7
Schweden[11]	62	67	...
Sowjetunion	861	874	876
Tschechoslowakei	47	49	49
Kanada	644	524	...
Vereinigte Staaten	3 046	1 633	1 700
Indien[12]	58	66	80
Japan[15]	3 387	3 903	3 994

Vom Stapel gelaufene Schiffe[16]

1 000 BRT

Land	1979	1980	1981
Bundesrep. Deutschland	385	462	665
Belgien	121	99	223
Dänemark	229	227	367
Finnland	230	198	311
Frankreich	717	328	246
Großbrit. u. Nordirl.	610	244	342
Irland	2	7	0
Italien	151	168	237
Niederlande	193	125	175
Norwegen	256	319	272
Schweden	452	338	362
Spanien	519	509	604
Vereinigte Staaten	771	558	306
Japan	4 317	7 288	9 139
Welt[17]	**11 788**	**13 935**	**17 032**
Dampfschiffe	1 681	800	...
Motorschiffe	10 107	13 135	...

1) Absatz.
2) Ohne Revolverdrehmaschinen und Drehautomaten.
3) Versand.
4) Ohne Mehrspindelautomaten und Karusselldrehmaschinen.
5) Ackerschlepper (ohne Einachsschlepper u. ä.) und Straßenzugmaschinen.
6) Nur Oberteile.
7) Einschl. Industrienähmaschinen.
8) Einschl. Schreibautomaten und Spezialschreibmaschinen.
9) Einschl. Kombinationskraftwagen, auch dreirädrig. Ohne komplette Teilesätze, zur Ausfuhr bestimmt.
10) Ohne Militärkraftfahrzeuge.
11) Einschl. kompletter Teilesätze, zur Ausfuhr bestimmt.
12) Einschl. Zusammenbau.
13) Nutzfahrzeuge.
14) Ohne Straßenzugmaschinen.
15) Ohne Kommunalfahrzeuge.
16) Handelsschiffe von 100 BRT und mehr einschl. Segelschiffe mit Hilfsmotor.
17) Ohne Angaben für Sowjetunion und Volksrepublik China.

6.2 Produktion ausgewählter Erzeugnisse im Bergbau und Verarbeitenden Gewerbe

Rundfunkempfangsgeräte[1])

1 000 St

Land	1979	1980	1981
Bundesrep. Deutschland	4 472	3 707	2 845
Deutsche Dem. Rep. u. Berlin (Ost)	964	915	965
Belgien[2])	1 784	2 246	1 357
Bulgarien	53	51	60
Frankreich[2])	2 773	2 141	2 266
Großbrit. u. Nordirl.[3])	1 309	853	. . .
Jugoslawien	135	126	160
Polen	2 661	2 696	2 798
Rumänien	757	863	698
Sowjetunion	8 452	8 478	8 704
Tschechoslowakei	254	250	239
Ungarn	257	271	180
Südafrika	921	978	1 040
Vereinigte Staaten[2])	11 741	7 672	7 661
China, Volksrepublik	13 807	30 040	. . .
China (Taiwan)	8 720	9 490	9 657
Japan	13 910	15 343	15 196
Korea, Republik	4 772	4 143	5 126
Australien[4])	163	. . .	. . .

Fernsehempfangsgeräte

1 000 St

Land	1979	1980	1981
Bundesrep. Deutschland	4 105	4 425	4 610
Deutsche Dem. Rep. u. Berlin (Ost)	584	578	619
Belgien[2])	608	746	747
Frankreich[2])	1 854	1 928	1 961
Großbrit. u. Nordirl.[3])	2 470	2 364	. . .
Italien	2 031	1 984	1 541
Jugoslawien	599	543	510
Polen	915	900	764
Rumänien	574	541	498
Sowjetunion	7 271	7 528	8 190
Tschechoslowakei	450	389	398
Ungarn	421	418	424
Vereinigte Staaten[2])	9 534	10 320	10 359
China, Volksrepublik	1 329	2 492	4 800
China (Taiwan)	6 699	7 041	6 923
Japan	13 577	15 205	14 578
Korea, Republik	5 867	6 819	7 696
Australien[4])	284	325	373

Elektrische Waschmaschinen

1 000 St

Land	1979	1980	1981
Bundesrep. Deutschland[5])	1 653	1 660	1 758
Deutsche Dem. Rep. u. Berlin (Ost)	433	468[6])	485[6])
Belgien[2])[7])	153	179	266
Frankreich[2])	1 912	1 955	1 810
Großbrit. u. Nordirl.[3])[5])	1 309	1 319	. . .
Italien	3 202	3 440	3 293
Österreich	44	56	67
Polen	754	809	712
Sowjetunion	3 661	3 825	3 928
Ungarn	219	233	256
Kanada[2])	418	402	418
Vereinigte Staaten[2])	8 590	7 686	7 420
China (Taiwan)	458	375	329
Japan	4 360	4 879	4 759
Australien[4])	356	362	328

Elektrische Kühlschränke[8])

1 000 St

Land	1979	1980	1981
Bundesrep. Deutschland[9])	2 931	3 009	2 786
Deutsche Dem. Rep. u. Berlin (Ost)	613	637	655
Dänemark	125	90	81
Großbrit. u. Nordirl.[3])[9])	1 233	1 240	. . .
Italien[9])	5 606	5 974	5 737
Polen	765	694	553
Rumänien	446	376	400
Sowjetunion	5 953	5 925	5 933
Tschechoslowakei	370	353	380
Kanada[2])[9])	942	927	920
Vereinigte Staaten[2])	7 685	6 939	6 780
China (Taiwan)	513	414	447
Japan	4 773	4 282	4 206
Korea, Republik	1 445	652	932
Australien[4])	247	274	328

Flachglas

1 000 m²

Land	1979	1980	1981
Deutsche Dem. Rep. u. Berlin (Ost)[10])	23 956	23 296	24 741
Jugoslawien	29 271	16 737	. . .
Österreich	3 107	3 764	2 926
Sowjetunion[10])	255 000	245 000	. . .
Tschechoslowakei	40 783	39 132	34 312
Indien	24 960	23 148	22 920
Japan	354 749	376 182	320 590

1 000 t

Land	1979	1980	1981
Bundesrep. Deutschland	768	845	787
Frankreich	675	689	669
Italien	613	574	600
Polen	508	459	400

Straßenschuhe[11])

Mill. Paar

Land	1979	1980	1981
Bundesrep. Deutschland	57	59	56
Deutsche Dem. Rep. u. Berlin (Ost)	40	40	41
Belgien[12])	4	4	3
Dänemark	6	7	7
Frankreich[12])	73	. . .	. . .
Großbrit. u. Nordirl.[13])	92	85	86
Niederlande[13])	10	9	8
Österreich	11	12	13
Polen[14])	140	141	126
Sowjetunion[14])	740	744	739
Kanada	30	26	28
Vereinigte Staaten[14])	398	397	305

Baumwollgarn[15])

1 000 t

Land	1979	1980	1981
Bundesrep. Deutschland	161	170	148
Belgien	46	46	40
Bulgarien	85	88	85
Dänemark[3])	2	2	2
Finnland	10	11	8
Frankreich	170	171	149
Griechenland[16])	114	119	122
Großbrit. u. Nordirl.	86	72	51
Italien	211	172	161
Jugoslawien	120	117	118
Niederlande	19	16	12
Norwegen	2	2	2
Österreich	18	18	18
Polen	212	217	201
Portugal[16])	101	100	100
Rumänien	175	184	. . .
Schweden	5	5	5
Schweiz	40	42	42
Sowjetunion	1 623	1 636	1 646
Tschechoslowakei	134	136	137
Türkei[17])	44	41	42
Ungarn	61	60	59
Ägypten[16])	218	232	249
Südafrika	55	64	67
Argentinien	85	74	57
Kanada	35	. . .	. . .
Vereinigte Staaten	1 117	1 081	935
China (Taiwan)	323	350	352
Hongkong[16])	185	164	128
Indien	952	1 058	1 015
Japan	508	504	456
Korea, Republik	245	266	245
Pakistan[4])[16])	328	368	389
Australien[4])	22	22	22

Wollgarn[15])

1 000 t

Land	1979	1980	1981
Bundesrep. Deutschland	56	60	52
Deutsche Dem. Rep. u. Berlin (Ost)[18])	13	13	. . .
Belgien	75	80	79
Bulgarien	36	36	33
Dänemark[3])	4	5	7
Frankreich[19])	138	147	125
Griechenland	13	11	. . .
Großbrit. u. Nordirl.	174	141	131
Irland[19])	12	9	7
Italien[19])	286	275	. . .
Jugoslawien	43	54	56
Niederlande	9	9	7
Norwegen	4	4	4
Österreich	8	10	10
Polen	107	106	89
Portugal[16])	5	5	3
Schweden	2	3	3
Sowjetunion	450	457	453
Spanien	32	. . .	. . .
Tschechoslowakei	56	57	57
Ungarn[16])	12	12	13
Vereinigte Staaten[18])	399	362	356
Israel[19])	8	8	7
Japan	124	119	113
Australien[4])	20	20	20
Neuseeland	18	19	19

1) Aller Art, auch kombiniert mit Phono- und/oder Tonbandgeräten.
2) Versand.
3) Absatz.
4) Berichtsjahre enden am 30. 6. des angegebenen Jahres.
5) Nur Haushaltswaschmaschinen (Vollautomaten).
6) Waschmaschinen aller Art.
7) Einschl. Wäscheschleudern und Geschirrspülmaschinen.
8) Haushaltskühlschränke.
9) Einschl. Haushaltsgefrierschränke und -truhen.
10) Nur Fensterglas.
11) Ganz oder teilweise aus Leder.
12) Einschl. Schuhe aus Gummi und Kunststoff.
13) Einschl. Sandalen und Sandaletten.
14) Einschl. sonstiger Lederschuhe.
15) Einschl. Mischgarn.
16) Ohne Mischgarn.
17) Nur staatliche Betriebe.
18) Nur Kammgarn.
19) Produktion der Wollspinnereien.

6.2 Produktion ausgewählter Erzeugnisse im Bergbau und Verarbeitenden Gewerbe

Baumwollgewebe[1])

Land	1979	1980	1981
Mill. m²			
Bundesrep. Deutschland[2])	748	791	518
Deutsche Dem. Rep. u. Berlin (Ost)	263	276	287
Dänemark[3])	13	8	6
Jugoslawien[2])	418	386	377
Rumänien	707	748	...
Sowjetunion	6 996	7 068	7 171
Ungarn	311	332	320
Südafrika	176	199	226
Hongkong[4])	718	660	616
Japan	2 340	2 202	2 067
Korea, Republik[4])	317	358	403
Pakistan[4])	341	342	316
Mill. lfd. m			
Bulgarien	347	349	353
Großbrit. u. Nordirl.	350	314	276
Polen	884	884	784
Tschechoslowakei	551	562	574
Türkei[4])[5])	223	188	227
Ägypten	686	632	631
Vereinigte Staaten	3 600	3 660	3 556
China (Taiwan)[4])	754	807	822
Indien[6])	7 531	8 314	8 120
1 000 t			
Belgien	52	51	48
Finnland	14	14	12
Frankreich[2])	169	161	158
Irland	3	3	...
Italien	130	138	146
Niederlande[2])	26	23	17
Norwegen	2	3	2
Portugal[4])	54	62	66
Schweden	10	9	8
Schweiz	22	23	21

Wollgewebe[1])

Land	1979	1980	1981
Mill. m²			
Bundesrep. Deutschland[7])	97	109	95
Deutsche Dem. Rep. u. Berlin (Ost)	38	39	39
Dänemark[3])	3	2	2
Großbrit. u. Nordirl.[8])	138	118	97
Jugoslawien	75	92	96
Niederlande	12	10	9
Rumänien	125	128	...
Sowjetunion	774	762	768
Ungarn	24	27	29
Japan	326	294	291
Korea, Republik	73	60	58
Australien[9])	8	9	10
Mill. lfd. m			
Bulgarien	36	46	38
Polen	122	121	106
Tschechoslowakei	58	59	60
China (Taiwan)[4])	1	1	1
1 000 t			
Belgien	31	36	35
Frankreich[7])	25	22	19
Italien[10])	213	212	...
Österreich	5	6	5
Portugal	9	10	9
Schweden[10])	1	1	...
Schweiz[10])	6	7	...
Spanien	26	24	...
Vereinigte Staaten	53	59	...

Gewirkter oder gestrickter Stoff

Land	1979	1980	1981
1 000 t			
Bundesrepublik Deutschland[11])	66	64	55
Belgien	9	9	9
Dänemark[3])	5	6	6
Frankreich	41	38	48
Großbrit. u. Nordirl.[3])	66	61	...
Jugoslawien	29	30	31
Niederlande	9	7	7
Österreich[6])	4	3	2
Portugal	15	20	17
Schweden	6	4	5
Südafrika	23	27	29
Vereinigte Staaten	796	725	645
Japan	178	170	175
Neuseeland	5	5	7

Rübenzucker

Land	1979	1980	1981
1 000 t Rohzuckerwert			
Bundesrepublik Deutschland[12])	2 745	2 643	3 116
Deutsche Dem. Rep. u. Berlin (Ost)	674	690	681
Belgien	908	820	800
Dänemark	432	460	474
Frankreich[12])	4 625	4 531	5 794
Großbrit. u. Nordirl.	1 138	1 238	1 061
Italien	1 564	1 816	...
Jugoslawien	885	730	860
Niederlande	912	858	1 000
Österreich	408	441	449
Polen	1 724	1 155	1 824
Rumänien	600	600	553
Schweden	358	333	370
Sowjetunion	7 927	7 250	6 200
Spanien	931	964	1 066
Tschechoslowakei	908	841	850
Türkei	1 060	1 140	1 211
Ungarn	541	509	584
Kanada	133	92	99
Vereinigte Staaten	2 781	2 744	3 179
Welt	**34 531**	**33 182**	**35 677**

Rohrzucker

Land	1979	1980	1981
1 000 t Rohzuckerwert			
Ägypten	600	620	550
Südafrika	2 143	1 780	1 987
Argentinien	1 411	1 716	1 624
Brasilien	7 362	8 270	8 726
Dominik. Rep.	1 200	1 013	1 108
Kolumbien	1 107	1 247	1 212
Kuba	7 800	6 805	7 926
Mexiko	3 095	2 719	2 642
Peru	695	537	479
Vereinigte Staaten[13])	2 654	2 569	2 455
China (Taiwan)	924	764	843
China, Volksrep.	2 250	2 250	2 850
Indien	6 080	4 528	5 991
Indonesien	1 200	1 171	1 200
Philippinen	2 390	2 332	2 376
Australien	2 961	3 415	3 509
Welt	**54 675**	**51 448**	**56 255**

Margarine

Land	1979	1980	1981
1 000 t			
Bundesrep. Deutschland	509	511	518
Deutsche Dem. Rep. u. Berlin (Ost)	169	172	175
Belgien	150	159	150
Dänemark[3])	95	98	103
Finnland	38	37	52
Frankreich	156	165	165
Großbrit. u. Nordirl.	359	383	398
Niederlande	209	228	230
Norwegen	76	76	70
Österreich	46	47	48
Polen	180	184	201
Schweden	116	117	119
Sowjetunion	1 273	1 263	1 361
Kanada	128	129	142
Vereinigte Staaten	2 553	2 593	2 552
Japan	217	222	242
Australien[9])	131	132	139

Butter

Land	1979	1980	1981
1 000 t			
Bundesrep. Deutschland	460	479	447
Deutsche Dem. Rep. u. Berlin (Ost)	276	280	288
Belgien und Luxemburg	105	97	102
Dänemark	131	113	102
Finnland	74	74	75
Frankreich	540	536	640
Großbrit. u. Nordirl.	161	169	171
Irland	122	111	121
Italien	74	71	70
Niederlande	203	179	180
Schweden	40	41	41
Sowjetunion	1 325	1 278	1 277
Tschechoslowakei	120	128	132
Südafrika	19	18	16
Argentinien	33	29	29
Kanada	101	106	105
Vereinigte Staaten	447	519	558
Australien[9])	105	84	79
Neuseeland[14])	249	249	249

1) Einschl. Mischgewebe.
2) Ganz oder überwiegend aus Baumwollgarn.
3) Absatz.
4) Ohne Mischgewebe.
5) Nur staatliche Betriebe.
6) Ohne handwerkliche Produktion.
7) Ganz oder überwiegend aus Wollgarn.
8) Versand.
9) Berichtsjahre enden am 30. 6. des angegebenen Jahres.
10) Produktion der Wollwebereien.
11) Für eigene Rechnung; ohne Gardinenstoff.
12) Verbrauchszucker.
13) Einschl. Angaben für Hawaii und Puerto Rico.
14) Berichtsjahre enden im Mai des angegebenen Jahres.

7 Bautätigkeit

7.1 Beschäftigte im Baugewerbe

1 000

Zugrunde gelegt ist das Baugewerbe (Bauindustrie und Bauhauptgewerbe einschl. Baunebengewerbe) in der Abgrenzung der Internationalen Systematik der Wirtschaftszweige (ISIC) der Vereinten Nationen. Die Zahlen beziehen sich auf Erwerbstätige (Selbständige, Mithelfende Familienangehörige und Abhängige). Die Angaben sind grundsätzlich Jahresdurchschnitte; Erhebungsstichtage sind in den Anmerkungen nachgewiesen.

Land	1974	1975	1976	1977	1978	1979	1980	1981
Bundesrepublik Deutschland[1]	2 135	1 921	1 836	1 792	1 815	1 891	1 909	1 887
Belgien[1][2]	295	295	299	300	296	299	290	260
Bulgarien[3]	316	317	313	330	339	342	341	342
Finnland[4][5]	187	189	161	154	151	150	149	156
Frankreich[1]	1 977	1 896	1 882	1 877	1 842	1 823	1 824	1 793
Großbritannien und Nordirland[1][2]	1 767	1 703	1 672	1 606	1 636	1 699	1 672	1 539
Irland[1][6]	85	89	76	88	82	101	. . .	. . .
Italien[4][7]	1 840	1 840	1 575	1 982	2 011	2 021	2 061	2 117
Jugoslawien[3][8]	452	487	509	541	578	613	632	632
Norwegen[4]	147	147	148	156	163	151	146	150
Österreich[4][9]	278	269	266	274	274	271	268	. . .
Sowjetunion	10 339	10 574	10 716	10 880	11 034	11 156	11 240	. . .
Schweden[4]	294	290	294	297	290	284	287	288
Spanien[4]	1 280	1 274	1 219	1 241	1 160	1 087	. . .	. . .
Tschechoslowakei[1]	611	622	626	631	635	641	641	632
Ungarn[1]	415	418	419	415	414	408	398	386
Kanada[4][10]	586	603	635	633	632	640	619	645
Vereinigte Staaten	5 517	5 093	5 255	5 612	6 166	6 437	6 215	6 060
Japan[4]	4 640	4 790	4 920	4 990	5 200	5 360	5 480	5 440
Australien[4]	506	511	494	482	485	466	483	472
Neuseeland[1]	92	112	112	108	104	95	82	87

1) Schätzung.
2) Juni.
3) Sozialisierte Betriebe.
4) Nach Stichprobenerhebungen.
5) Ab 1976 neuer Berichtskreis.
6) April.
7) Ab 1977 neuer Berichtskreis und neue Zuordnung der Wirtschaftsgruppen.
8) Durchschnitt März und September.
9) Juli.
10) Ab 1975 neuer Berichtskreis.

7.2 Wohnungsbautätigkeit

Land	Fertiggestellte Wohnungen						Wohnfläche	
	insgesamt		in Ein- und Zweifamilienhäusern		in Mehrfamilienhäusern			
	1980	1981	1980	1981	1980	1981	1980	1981
	1 000		%				m² je Wohnung	
Bundesrepublik Deutschland	389,0	365,5	68,6	65,1	31,4	34,9	101,6	101,8
Deutsche Demokratische Republik und Berlin (Ost)	169,2	185,4	15,8	17,1	84,2	82,9	62,7	63,1
Belgien[1]	48,6	. . .	70,0	. . .	30,0	. . .	171,8	. . .
Bulgarien	74,3	71,4	15,9	15,0	84,1	75,0	59,0	61,7
Dänemark	30,3	21,6	76,8	71,0	23,2	29,0	116,5[2]	103,2[2]
Finnland	48,6	45,6	. . .	37,1	. . .	62,9	84,4	. . .
Frankreich	378,4	390,1	66,1	63,9	33,9	36,1	. . .	. . .
Großbritannien und Nordirland	251,0	214,8	72,5	72,7	27,5	27,3	. . .	. . .
Irland	27,8	28,9	96,4	96,5	3,6	3,5	100,3	101,3
Luxemburg	2,0	. . .	72,1	. . .	27,9	. . .	124,2	. . .
Niederlande	. . .	. . .	79,0	75,0	21,0	25,0	101,0	. . .
Norwegen	37,3	33,9	84,8	. . .	15,2	. . .	96,8	. . .
Österreich	. . .	52,2	. . .	40,6	. . .	59,4	. . .	89,0
Polen	216,5	186,4	25,7	24,8	74,3	75,2	64,0	63,9
Schweden[3]	51,4	51,6	69,1	65,9	30,9	34,1	113,4	110,6
Schweiz	42,9	45,7	41,5[4]	36,4[4]	58,5	63,6	. . .	. . .
Sowjetunion	2 004,0	2 023,0	. . .	. . .	. . .	. . .	52,4	52,4
Spanien	262,9	233,0	. . .	. . .	. . .	. . .	. . .	. . .
Tschechoslowakei	134,2	102,0	25,2	30,8	74,8	69,2	73,8[3][5]	71,3[3][5]
Ungarn	89,1	77,0	40,4	43,1	59,6	56,9	67,0	69,6
Vereinigte Staaten[3]	1 500,8	1 265,7	67,1	68,6	32,9	31,4	. . .	. . .

1) Baubeginne.
2) Nur Wohngebäude.
3) Nur Neubau.
4) Nur in Einfamilienhäusern.
5) Ohne Räume unter 8 m² und Küchen unter 12 m².

8 Außenhandel

8.0 Vorbemerkung

Im allgemeinen beziehen sich die Angaben auf den Spezialhandel im jeweiligen Kalenderjahr. Die Einfuhr wird überwiegend »cif« und die Ausfuhr »fob« bewertet. In den Gesamtsummen sind auch die Werte der nicht nach Ländern und Ländergruppen aufteilbaren Ein- und Ausfuhrwerte (z. B. Schiffsbedarf) enthalten. Wichtige Abweichungen werden kenntlich gemacht. Die Summen für die Erdteile wurden im Statistischen Bundesamt errechnet.

Der Warenverkehr der Bundesrepublik Deutschland mit der Deutschen Demokratischen Republik und Berlin (Ost) wird in einer gesonderten Statistik nachgewiesen (siehe Abschnitt 11, S. 245) und ist in den Ergebnissen über den Außenhandel nicht enthalten.

Als Außenhandel der »Staatshandelsländer« wird der Außenhandel Albaniens, Bulgariens, der Deutschen Demokratischen Republik und Berlins (Ost), Polens, Rumäniens, der Tschechoslowakei, Ungarns, der Sowjetunion, der Volksrepublik China, der Mongolei, der Demokratischen Volksrepublik Korea und der ehemaligen Demokratischen Republik Vietnam bzw. der Sozialistischen Republik Vietnam zusammengefaßt.

Umrechnungskurs (Jahresdurchschnitt) 1 US-$ = . . . DM: 1962 – 1968 = 4,00; 1969 = 3,94; 1970 = 3,66; 1971 = 3,49; 1972 = 3,22; 1973 = 2,675; 1974 = 2,59; 1975 = 2,46; 1976 = 2,52; 1977 = 2,32; 1978 = 2,01; 1979 = 1,83; 1980 = 1,82; 1981 = 2,26; 1982 = 2,43. Die Angaben für die Jahre 1980 bis 1982 sind vorläufig.

8.1 Welthandel

Jahr	Welt: einschl. Staatshandelsländer[1]) Wert Mill. DM	Welt: ohne Staatshandelsländer Wert Mill. DM	Welt: ohne Staatshandelsländer Wert-[2]) index 1976 = 100	Welt: ohne Staatshandelsländer Durchschnittswert-[3]) index 1976 = 100	Welt: ohne Staatshandelsländer Volumen-[3]) index 1976 = 100	Europa: ohne Staatshandelsländer Wert Mill. DM	Europa: ohne Staatshandelsländer Wert-[2]) index 1976 = 100	Außereuropa: ohne Staatshandelsländer Wert Mill. DM	Außereuropa: ohne Staatshandelsländer Wert-[2]) index 1976 = 100
Einfuhr									
1962	599 200	528 400	*23*	*41*	*36*	264 920	*24*	263 480	*23*
1963	649 200	573 600	*25*	*41*	*38*	294 200	*26*	279 400	*24*
1964	727 600	643 600	*28*	*42*	*42*	330 520	*29*	313 080	*27*
1965	790 000	699 600	*31*	*43*	*45*	358 840	*32*	340 760	*29*
1966	856 240	768 400	*34*	*43*	*49*	388 760	*35*	379 640	*33*
1967	901 000	807 200	*35*	*43*	*51*	401 800	*36*	405 400	*35*
1968	999 520	898 000	*39*	*43*	*58*	442 240	*39*	455 760	*39*
1969	1 128 542	1 007 915	*44*	*44*	*64*	510 306	*45*	497 609	*43*
1970	1 198 650	1 071 648	*47*	*47*	*71*	555 300	*49*	516 348	*44*
1971	1 274 120	1 141 840	*50*	*49*	*74*	587 400	*52*	554 440	*48*
1972	1 378 500	1 232 500	*54*	*52*	*81*	640 000	*57*	592 500	*51*
1973	1 575 000	1 411 000	*62*	*64*	*90*	744 300	*66*	666 700	*57*
1974	2 203 600	2 001 000	*87*	*91*	*94*	996 500	*88*	1 004 500	*86*
1975	2 216 400	1 971 400	*86*	*99*	*89*	971 600	*86*	999 800	*86*
1976	2 549 300	2 289 900	*100*	*100*	*100*	1 126 800	*100*	1 163 100	*100*
1977	2 684 100	2 421 200	*106*	*110*	*104*	1 172 200	*104*	1 249 000	*107*
1978	2 696 200	2 425 100	*106*	*120*	*110*	1 179 500	*105*	1 245 600	*107*
1979	3 077 000	2 791 000	*122*	*142*	*118*	1 402 000	*124*	1 389 000	*119*
1980	3 733 000	3 407 000	*149*	*173*	*119*	1 680 000	*149*	1 727 000	*148*
1981	4 579 000	4 162 000	*182*	*170*	*119*	1 847 000	*164*	2 315 000	*199*
1982	4 617 000	4 179 600	*183*	*162*	*117*	1 895 000	*168*	2 284 600	*196*
Ausfuhr									
1962	566 200	496 400	*22*	*40*	*35*	233 120	*23*	263 280	*21*
1963	616 400	541 600	*24*	*40*	*37*	254 560	*25*	287 040	*23*
1964	689 920	608 800	*27*	*41*	*41*	284 800	*28*	324 000	*26*
1965	745 640	658 800	*29*	*42*	*44*	316 120	*31*	342 680	*28*
1966	815 200	722 400	*32*	*42*	*48*	345 440	*34*	376 960	*30*
1967	858 760	759 200	*34*	*43*	*50*	363 640	*36*	395 560	*32*
1968	957 040	849 200	*38*	*42*	*56*	406 560	*40*	442 640	*36*
1969	1 077 712	957 046	*42*	*43*	*63*	468 744	*46*	488 302	*39*
1970	1 144 866	1 020 774	*45*	*45*	*68*	505 100	*50*	515 674	*41*
1971	1 219 780	1 089 800	*48*	*48*	*73*	546 550	*54*	543 250	*44*
1972	1 336 300	1 197 500	*53*	*52*	*79*	605 400	*60*	592 100	*48*
1973	1 541 100	1 384 100	*61*	*65*	*89*	690 600	*68*	693 500	*56*
1974	2 176 600	1 987 800	*88*	*91*	*94*	877 500	*87*	1 110 300	*89*
1975	2 146 800	1 936 200	*86*	*98*	*89*	896 200	*88*	1 040 000	*83*
1976	2 491 900	2 258 800	*100*	*100*	*100*	1 013 200	*100*	1 245 600	*100*
1977	2 608 500	2 359 500	*104*	*109*	*104*	1 078 000	*106*	1 281 500	*103*
1978	2 613 900	2 364 800	*105*	*120*	*109*	1 129 900	*112*	1 234 900	*99*
1979	3 010 000	2 739 000	*121*	*141*	*117*	1 287 500	*127*	1 451 500	*117*
1980	3 651 500	3 336 000	*148*	*169*	*120*	1 480 000	*146*	1 856 500	*149*
1981	4 442 000	4 028 000	*178*	*165*	*119*	1 690 000	*167*	2 324 000	*187*
1982	4 466 000	4 002 000	*177*	*159*	*116*	1 764 000	*174*	2 238 000	*180*

1) Angaben für die Staatshandelsländer teilweise geschätzt.
2) DM-Berechnung.
3) US-$-Berechnung (Umbasierungen: 1970 = 100 bis 1967, 1975 = 100 ab 1968).

8.2 Einfuhr wichtigster Länder*)

Land	1979	1980	1981	1982	1982	1981	1982
	Mill. DM				%	DM je Einwohner	
Vereinigte Staaten	400 511	467 711	617 776	592 794	12,8	2 651	...
Bundesrepublik Deutschland	292 040	341 380	369 179	376 464	8,2	5 985	6 111
Japan	201 498	254 603	318 276	318 894	6,9	2 705	2 694
Frankreich	195 281	244 477	271 830	280 373	6,1	5 035	5 173
Großbritannien und Nordirland	187 782	214 582	229 814	242 203	5,2	4 102	...
Italien	139 370	178 576	201 138	208 786	4,5	3 515	...
Sowjetunion	105 721	124 711	164 889	188 996	4,1	616	...
Niederlande	123 125	139 938	148 402	152 069	3,3	10 414	10 627
Kanada	96 298	105 027	146 676	133 203	2,9	6 058	5 414
Belgien–Luxemburg	110 140	129 569	138 873	140 522	3,0	13 588	...
Saudi-Arabien	44 765	54 910	79 651	...	...	8 546	...
Spanien	46 427	61 699	72 504	...	...	1 926	...
Schweiz	53 631	65 790	69 162	69 488	1,5	10 640	...
Schweden	52 299	60 835	65 157	67 126	1,5	7 831	8 058
Singapur	32 278	43 685	62 312	68 468	1,5	25 538	...
Korea, Republik	37 142	40 571	59 057	59 095	1,3	1 525	...
Hongkong	31 361	40 793	55 778	...	...	10 831	...
Mexiko	21 955	35 521	54 617	...	...	767	...
Brasilien	36 242	45 428	54 419	51 074	1,1	448	...
Australien	30 000	36 155	53 630	58 903	1,3	3 609	...
Zusammen	**2 237 866**	**2 685 961**	**3 233 140**	...	...	×	×
Übrige Länder	839 134	1 047 039	1 345 860	...	...	×	×
Welt	**3 077 000**	**3 733 000**	**4 579 000**	**4 617 000**	***100***	×	×

*) Geordnet nach der Höhe der Einfuhr 1981.

8.3 Ausfuhr wichtigster Länder*)

Land	1979	1980	1981	1982	1982	1981	1982
	Mill. DM				%	DM je Einwohner	
Vereinigte Staaten	332 723	401 824	528 250	515 840	11,6	2 267	...
Bundesrepublik Deutschland	314 469	350 328	396 898	427 741	9,6	6 435	6 943
Japan	188 425	235 767	343 317	335 486	7,5	2 918	2 834
Saudi-Arabien	116 073	198 626	271 742	...	...	29 157	...
Frankreich	179 265	201 775	228 817	224 415	5,0	4 238	4 141
Großbritannien und Nordirland	165 621	208 173	223 425	236 254	5,3	3 988	...
Sowjetunion	118 513	139 138	178 545	211 624	4,7	667	...
Italien	132 193	141 306	170 184	178 313	4,0	2 974	...
Niederlande	116 511	134 445	154 388	160 934	3,6	10 834	11 246
Kanada	100 864	114 851	154 330	166 241	3,7	6 375	6 757
Belgien–Luxemburg	102 632	116 420	124 838	127 342	2,9	12 215	...
Schweden	50 394	56 033	64 397	64 968	1,5	7 740	7 799
Schweiz	48 293	53 637	60 381	63 015	1,4	9 289	...
Brasilien	27 897	36 641	52 642	49 025	1,1	433	...
Indonesien	28 530	39 874	50 305	...	...	334	...
Hongkong	27 735	35 878	49 127	...	...	9 539	...
Australien	33 788	40 071	49 070	53 829	1,2	3 302	...
Korea, Republik	27 544	31 859	48 033	52 879	1,2	1 241	...
Singapur	26 047	35 263	47 386	50 435	1,1	19 420	...
China, Volksrepublik	24 992	33 013	46 653	52 488	1,2	46	...
Zusammen	**2 162 509**	**2 604 922**	**3 242 728**	...	...	×	×
Übrige Länder	847 491	1 046 578	1 199 272	...	...	×	×
Welt	**3 010 000**	**3 651 500**	**4 442 000**	**4 466 000**	***100***	×	×

*) Geordnet nach der Höhe der Ausfuhr 1981.

8.4 Einfuhr nach Erdteilen und ausgewählten Ländern

Land	Insgesamt				Anteil der Bundesrepublik Deutschland				
	1978	1979	1980	1981	1978	1979	1980	1981	
	Mill. DM								%
OECD[1])	1 781 231	2 111 423	2 521 367	2 958 185	203 871	231 194	255 438	280 526	*10,8*
EG[1])	924 276	1 117 016	1 323 314	1 442 740	124 969	146 852	160 750	173 652	*16,2*
Europa	**1 424 500**	**1 654 000**	**1 964 000**	**2 210 000**	**193 300**	**221 600**	**245 800**	**265 300**	***12,0***
darunter:									
Bundesrepublik Deutschland	243 707	292 040	341 380	369 179	×	×	×	×	×
Deutsche Demokratische Rep. u. Berlin (Ost)[2])[3])[4])	24 716	24 952	29 436	45 885	×	×	×	×	×
Belgien-Luxemburg	97 018	110 140	129 569	138 873	22 434	24 302	25 553	26 385	*19,0*
Bulgarien[3])[4])	15 379	15 581	17 563	24 533	696	664	841	1 201	*4,9*
Dänemark[5])	29 701	33 695	35 364	39 712	6 108	6 592	6 507	7 356	*18,5*
Finnland[4])	15 808	20 844	28 451	32 072	2 130	2 690	3 581	3 900	*12,1*
Frankreich	164 548	195 281	244 477	271 830	31 302	35 176	39 682	43 363	*16,0*
Griechenland	15 386	17 557	19 167	19 844	2 412	2 638	2 671	3 897	*19,6*
Großbritannien und Nordirland[4])	157 633	187 782	214 582	229 814	17 388	22 538	23 869	26 872	*11,7*
Irland[4])	14 276	18 026	20 261	23 948	1 020	1 345	1 400	1 804	*7,5*
Island	1 354	1 510	1 820	2 307	155	162	181	265	*11,5*
Italien	110 781	139 370	178 576	201 138	19 646	24 432	29 989	32 069	*15,9*
Jugoslawien	20 077	26 709	29 987	35 611	3 622	5 501	4 977	5 521	*15,5*
Niederlande	106 612	123 125	139 938	148 402	27 071	29 829	31 079	31 906	*21,5*
Norwegen[4])	22 985	25 130	30 852	35 341	3 279	3 572	4 269	5 191	*14,7*
Österreich	32 111	37 022	44 435	47 489	13 938	15 683	18 128	18 463	*38,9*
Polen[3])[4])	32 339	32 179	34 743	34 975	2 227	2 116	2 358	1 983	*5,7*
Portugal	10 335	11 911	16 913	22 120	1 435	1 480	1 969	2 411	*10,9*
Rumänien[3])[4])	17 909	19 975	24 025	28 155	1 455	1 769	1 540	1 603	*5,7*
Schweden[4])	41 300	52 299	60 835	65 157	7 611	9 055	10 196	10 525	*16,2*
Schweiz	47 821	53 631	65 790	69 162	13 827	15 360	18 194	19 484	*28,2*
Sowjetunion[3])[4])	101 598	105 721	124 711	164 889	5 790	6 376	8 383	8 469	*5,1*
Spanien	37 447	46 427	61 699	72 504	3 740	4 448	5 089	5 922	*8,2*
Tschechoslowakei[3])[4])	25 255	26 101	27 570	33 128	1 533	1 678	1 529	1 695	*5,1*
Türkei	9 003	9 051	13 782	20 034	1 481	1 034	1 457	2 056	*10,3*
Ungarn[4])	15 884	15 873	16 806	20 627	1 966	1 929	1 967	2 454	*11,9*
Afrika	**129 400**	**126 000**	**169 000**	**246 000**	**15 900**	**14 100**	**17 700**	**24 400**	***9,9***
darunter:									
Ägypten	13 521	7 022	8 845	19 847	1 501	768	852	2 028	*10,2*
Äthiopien[4])	915	1 055	1 314	1 668	127	105	125	123	*7,4*
Algerien	17 451	15 425	19 190	23 956	3 068	2 793	2 624	2 816	*11,8*
Angola	1 639	1 519	2 459	3 705	160	146	205	182	*4,9*
Benin	537	807	1 411	2 002	41	41	32	53	*2,6*
Burundi	197	278	300	374	20	. . .	25	26	*7,0*
Elfenbeinküste[4])	4 655	4 372	5 486	5 388	336	218	242	235	*4,4*
Gabun	1 238	1 015	1 621	2 160	54	48	68	83	*3,8*
Gambia[4])	201	260	297	283	14	20	16	17	*6,0*
Ghana[4])	1 996	2 210	2 101	2 675	300	209	234	243	*9,1*
Guinea	492	410	656	794	11	15	27	47	*5,9*
Kamerun	2 121	2 325	2 800	3 228	169	177	238	178	*5,5*
Kenia[4])	3 440	3 037	4 249	4 398	457	337	386	342	*7,8*
Kongo	504	735	1 068	1 787	28	40	48	60	*3,4*
Liberia	966	927	972	1 079	106	103	91	110	*10,2*
Libyen[4])	9 251	9 720	12 441	35 030	1 180	1 393	1 657	3 380	*9,6*
Madagaskar	888	1 164	1 091	1 116	124	108	112	87	*7,8*
Malawi[4])	681	728	801	814	22	38	41	65	*8,0*
Mali	440	672	781	825	27	58	51	35	*4,2*
Marokko	5 963	6 966	7 612	9 727	409	417	445	471	*4,8*
Mauretanien	364	474	521	599	39	26	26	50	*8,3*
Mauritius[4])	1 000	1 035	1 117	1 252	42	38	41	33	*2,6*
Mosambik	853	512	1 199	1 748	63	30	66	51	*2,9*
Niger	785	531	848	1 016	37	41	73	103	*10,1*
Nigeria[4])	25 644	22 690	30 600	42 036	2 873	2 304	3 658	4 904	*11,7*
Obervolta	384	563	652	764	23	35	27	32	*4,2*
Réunion	1 191	1 424	1 530	1 779	29	33	42	37	*2,1*
Ruanda	358	348	442	431	39	40	38	30	*7,0*
Sambia[3])	1 222	1 382	2 035	2 366	135	106	142	151	*6,4*
Senegal	1 469	1 625	1 715	2 340	83	75	63	74	*3,2*
Sierra Leone[4])	527	544	608	741	32	44	56	45	*6,1*
Simbabwe[3])[4])[6])	1 192	1 720	2 406	3 358	. . .	. . .	. . .	241	*7,2*
Somalia	485	525	501	450	51	38	50	66	*14,7*
Sudan[4])	2 408	2 031	2 729	3 456	237	217	253	241	*7,0*
Südafrika[3])[4])	14 502	21 592	33 846	47 605	2 947	2 846	4 352	6 091	*12,8*
Tansania[4])	2 245	1 984	2 205	2 706	245	241	222	283	*10,5*
Togo	765	948	1 002	1 349	70	49	57	44	*3,3*
Tschad	420	256	235	309	9	11	6	10	*3,2*
Tunesien[4])	4 258	5 201	6 410	7 867	523	515	606	811	*10,3*
Uganda[4])	619	306	891	892	63	19	54	78	*8,7*
Zaire	1 184	1 093	1 532	1 519	181	273	281	236	*15,5*
Zentralafrikanische Republik	115	122	147	199	8	4	4	7	*3,5*

Fußnoten siehe S. 674.

8.4 Einfuhr nach Erdteilen und ausgewählten Ländern

Land	Insgesamt 1978	Insgesamt 1979	Insgesamt 1980	Insgesamt 1981	Anteil der Bundesrepublik Deutschland 1978	Anteil 1979	Anteil 1980	Anteil 1981	Anteil 1981
	Mill. DM								%
Amerika	**608 000**	**666 000**	**795 000**	**1 047 000**	**33 000**	**33 500**	**36 200**	**44 400**	**4,2**
darunter:									
Argentinien	7 706	12 247	19 184	21 301	819	1 132	1 792	2 566	12,0
Bahamas[4])	7 237	7 227	8 949	11 994	18	18	19	107	0,9
Barbados[4])	630	776	934	1 266	17	18	15	16	1,3
Bolivien	1 705	1 760	1 516	1 865	153	148	73	179	9,6
Brasilien	30 183	36 242	45 428	54 419	2 426	2 718	3 169	2 666	4,9
Chile	5 601	7 718	10 593	14 383	410	493	574	857	6,0
Costa Rica	2 194	2 646	2 905	2 793	119	134	135	125	4,5
Dominikanische Republik[3])[4])	1 728	1 930	2 596	3 277	67	53	68	76	2,3
Ecuador[4])	3 277	3 634	4 094	5 077	323	302	298	376	7,4
El Salvador	2 073	1 852	1 776	2 228	108	89	53	52	2,3
Guadeloupe	852	1 095	1 237	1 330	25	32	35	41	3,1
Guatemala	2 584	2 492	2 909	3 782	218	194	158	244	6,5
Guayana, Französisch	385	459	464	565	6	14	7	8	1,4
Guyana	561	580	664	985	13	10	8	11	1,1
Haiti[4])	444	458	1 088	1 326	20	17	19	18	1,4
Honduras	1 365	1 519	1 836	2 145	47	36	52	45	2,1
Jamaika[4])	1 756	1 835	2 144	3 329	39	39	31	53	1,6
Kanada[3])[4])	87 302	96 298	105 027	146 676	2 103	2 422	2 242	3 014	2,1
Kolumbien	5 885	5 911	8 486	11 709	531	376	608	584	5,0
Kuba	9 421	9 332	11 463	...	147	339	188	...	...
Martinique	1 000	1 236	1 412	1 679	30	29	35	39	2,3
Mexiko[4])	15 197	21 955	35 521	54 617	1 077	1 407	1 769	2 689	4,9
Nicaragua[4])	1 192	659	1 605	1 651	65	22	51	56	3,4
Niederländische Antillen	7 603	6 222	17 648	22 549	45	37	72	94	0,4
Panama	1 894	2 172	2 636	3 480	49	55	47	91	2,6
Paraguay[3])	640	790	900	1 144	53	58	61	93	8,1
Peru	3 218	3 825	4 684	8 595	315	327	392	854	9,9
Trinidad und Tobago	3 954	3 851	5 783	7 040	81	92	79	84	1,2
Uruguay	1 882	2 146	3 006	3 614	135	174	203	225	6,2
Venezuela[3])[4])	21 334	17 601	20 198	27 405	1 739	1 230	1 380	1 731	6,3
Vereinigte Staaten[4])	368 017	400 511	467 711	617 776	21 232	21 246	22 308	26 934	4,4
Asien	**494 300**	**588 000**	**754 000**	**1 002 000**	**33 100**	**33 600**	**35 800**	**49 700**	**5,0**
darunter:									
Bahrain	4 108	4 531	6 341	9 320	191	124	97	196	2,1
Bangladesch[4])	2 443	2 813	4 751	5 862	113	166	188	267	4,6
Birma[4])	621	584	641	843	81	145	128	109	12,9
Brunei	555	721	1 168	1 331	13	15	11	25	1,9
China (Taiwan)	22 164	27 036	35 914	47 911	828	1 163	1 315	1 461	3,0
China, Volksrepublik[4])	22 512	28 676	35 499	43 871	1 990	2 729	2 426	3 478	7,9
Hongkong[4])	27 037	31 361	40 793	55 778	889	1 014	1 053	1 363	2,4
Indien[4])	15 990	16 679	25 644	34 088	1 271	1 241	1 354	2 249	6,6
Indonesien	13 448	13 146	19 719	29 995	1 194	840	1 247	2 045	6,8
Irak	8 468	9 150	25 334	42 262	1 607	2 085	3 604	6 568	15,5
Iran	20 699	17 821	22 295	28 250	6 767	2 786	3 016	3 640	12,9
Israel	11 800	13 672	14 604	18 064	1 195	1 406	1 439	1 900	10,5
Japan[4])	158 250	201 498	254 603	318 276	4 003	4 717	4 542	5 392	1,7
Jemen, Arabische Republik[4])	2 579	2 562	3 372	3 839	111	182	198	176	4,6
Jordanien	3 013	3 566	4 358	7 117	394	415	433	812	11,4
Katar[4])	2 380	2 607	2 539	4 405	441	438	156	248	5,6
Korea, Republik	30 082	37 142	40 571	59 057	987	1 542	1 159	1 518	2,6
Kuwait	9 254	9 523	11 929	19 436	838	760	1 024	1 409	7,2
Macau	500	641	990	1 183	2	5	4	7	0,6
Malaysia[4])	11 916	14 331	19 694	29 678	734	852	1 067	1 171	3,9
Pakistan[4])	6 604	7 432	9 738	12 227	437	401	440	689	5,6
Philippinen[4])	10 168	11 239	15 097	17 965	396	505	629	759	4,2
Saudi-Arabien	41 048	44 765	54 910	79 651	4 430	4 913	4 986	7 600	9,5
Singapur[4])	26 228	32 278	43 685	62 312	990	1 195	1 427	1 723	2,8
Sri Lanka[4])	1 818	2 658	3 704	4 077	81	144	130	205	5,0
Syrien	4 899	6 087	7 506	10 538	528	539	812	991	9,4
Thailand[4])	10 771	13 111	17 207	22 632	623	711	731	964	4,3
Vereinigte Arabische Emirate[4])	10 824	12 737	16 103	21 804	1 128	1 030	915	1 401	6,4
Zypern[4])	1 504	1 830	2 187	2 507	112	142	165	180	7,2
Australien und Ozeanien	**40 000**	**43 000**	**51 000**	**74 000**	**2 500**	**2 600**	**2 700**	**3 400**	**4,6**
darunter:									
Australien[3])[4])	28 385	30 000	36 155	53 630	1 970	2 136	2 165	2 881	5,4
Fidschi[4])	716	860	1 022	1 428	9	11	11	6	0,4
Neukaledonien	586	660	849	922	21	22	25	22	2,4
Neuseeland[4])	7 013	8 275	9 980	12 901	442	337	367	436	3,4
Papua-Neuguinea[3])[4])	1 359	1 442	1 862	2 522	14	14	23	22	0,9
Polynesien, Französisch	810	871	996	1 234	23	22	34	30	2,4
Welt	**2 696 200**	**3 077 000**	**3 733 000**	**4 579 000**	**277 800**	**305 400**	**338 200**	**387 200**	**8,5**

1) Der Anteil der Bundesrepublik Deutschland ist errechnet aus den Summen der Einfuhren der EG- und OECD-Länder ohne die Einfuhr der Bundesrepublik Deutschland.
2) Ohne den Warenverkehr mit der Bundesrepublik Deutschland.
3) Einfuhr fob.
4) Generalhandel.
5) 1978 Generalhandel.
6) Ehem. Südrhodesien.

8.5 Ausfuhr nach Erdteilen und ausgewählten Ländern

Land	Insgesamt 1978	Insgesamt 1979	Insgesamt 1980	Insgesamt 1981	Anteil der Bundesrepublik Deutschland 1978	1979	1980	1981	1981
	Mill. DM								%
OECD[1])	1 725 079	1 938 634	2 264 679	2 749 851	170 209	199 547	229 532	250 233	*10,6*
EG[1])	920 721	1 057 159	1 208 136	1 361 983	116 625	138 011	153 985	164 686	*17,1*
Europa	**1 354 000**	**1 531 500**	**1 759 000**	**2 051 000**	**158 000**	**188 500**	**214 700**	**232 800**	***11,4***
darunter:									
Bundesrepublik Deutschland	284 907	314 469	350 328	396 898	×	×	×	×	×
Deutsche Demokratische Rep. u. Berlin (Ost)[2])[3])	22 767	22 976	25 930	45 150	×	×	×	×	×
Belgien-Luxemburg	90 034	102 632	116 420	124 838	20 530	23 127	24 879	25 236	*20,2*
Bulgarien[3])	15 031	16 230	18 877	24 273	255	293	486	562	*2,3*
Dänemark[4])	23 469	26 245	30 910	36 236	3 933	4 536	5 833	6 026	*16,6*
Finnland[3])	17 229	20 450	25 735	31 649	1 736	2 250	2 715	2 871	*9,1*
Frankreich	153 754	179 265	201 775	228 817	26 759	30 875	32 438	33 944	*14,8*
Griechenland	6 784	7 096	9 358	9 604	1 412	1 367	1 675	1 746	*18,2*
Großbritannien und Nordirland[3])	143 681	165 621	208 173	223 425	11 946	16 423	21 575	24 054	*10,8*
Irland[3])	11 419	13 127	15 421	17 593	955	1 149	1 486	1 646	*9,4*
Island	1 288	1 447	1 695	2 022	102	121	167	130	*6,4*
Italien	112 657	132 193	141 306	170 184	21 440	25 002	25 866	26 394	*15,5*
Jugoslawien	11 399	12 944	17 687	24 699	950	1 408	1 533	1 959	*7,9*
Niederlande	100 800	116 511	134 445	154 388	31 062	35 532	40 233	45 640	*29,6*
Norwegen[3])	20 153	24 644	33 636	40 646	1 591	3 848	5 603	6 969	*17,1*
Österreich	24 470	28 325	31 810	35 798	7 119	8 578	9 803	10 420	*29,1*
Polen[3])	28 370	29 736	30 934	29 943	2 071	2 245	2 661	2 479	*8,3*
Portugal	4 882	6 137	8 425	9 372	637	782	1 140	1 167	*12,5*
Rumänien[3])	16 234	17 795	20 750	28 499	1 293	1 646	1 768	2 052	*7,2*
Schweden[3])	43 754	50 394	56 033	64 397	4 806	5 681	6 812	7 204	*11,2*
Schweiz	47 300	48 293	53 637	60 381	8 537	9 514	10 561	11 196	*18,5*
Sowjetunion[3])	104 961	118 513	139 138	178 545	4 407	6 196	8 677	11 365	*6,4*
Spanien	26 336	33 299	37 905	45 961	2 809	3 437	3 883	3 958	*8,6*
Tschechoslowakei[3])	23 611	24 152	27 102	33 619	1 275	1 439	1 810	2 036	*6,1*
Türkei	4 599	4 138	5 295	10 626	1 018	905	1 099	1 454	*13,7*
Ungarn[3])	12 754	14 527	15 793	19 691	1 089	1 382	1 548	1 734	*8,8*
Afrika	**110 900**	**155 000**	**217 000**	**195 000**	**11 000**	**16 500**	**19 800**	**22 000**	***11,3***
darunter:									
Ägypten	3 492	3 367	5 544	7 306	145	176	144	167	*2,3*
Äthiopien[3])	615	775	773	845	73	49	66	90	*10,7*
Algerien	12 707	18 194	28 435	26 704	1 695	2 084	3 535	5 326	*19,9*
Angola	2 676	2 562	3 103	3 942	12	10	5	53	*1,3*
Benin	41	93	126	81	1	11	21	8	*9,9*
Burundi	135	192	98	161	5	26	7	21	*13,0*
Elfenbeinküste[3])	4 672	4 588	5 407	5 734	227	266	541	379	*6,6*
Gabun	2 223	2 927	4 742	4 963	142	263	380	287	*5,8*
Gambia[3])	78	106	56	61	0	0	1	2	*3,3*
Ghana[3])	2 203	2 269	2 099	1 985	233	172	247	188	*9,5*
Guinea	603	599	760	968	36	76	109	175	*18,1*
Kamerun	1 614	2 065	2 404	2 506	115	90	144	146	*5,8*
Kenia[3])	1 926	2 023	2 519	2 585	294	298	276	297	*11,5*
Kongo	237	895	1 435	2 349	11	. . .	93	262	*11,2*
Liberia	978	982	1 093	1 196	219	251	263	299	*25,0*
Libyen[3])	19 464	29 419	40 273	35 389	2 076	4 346	5 079	7 417	*21,0*
Madagaskar	777	720	732	756	58	55	67	68	*9,0*
Malawi[3])[5])	359	408	490	615	24	37	38	45	*7,3*
Mali	215	278	341	350	26	27	30	25	*7,1*
Marokko	3 038	3 428	4 374	5 164	324	369	357	375	*7,3*
Mauretanien	247	269	353	585	26	48	38	36	*6,2*
Mauritius[3])	639	689	792	800	15	20	31	52	*6,5*
Mosambik	221	183	854	1 033	22	17	34	31	*3,0*
Niger	292	384	886	672	18	82	136	39	*5,8*
Nigeria[3])	19 813	33 074	44 785	45 675	2 450	4 337	5 016	3 451	*7,6*
Obervolta	84	140	164	170	9	7	10	9	*5,3*
Réunion	234	256	237	242	1	1	1	2	*0,8*
Ruanda	139	211	133	332	11	. . .	1	. . .	. . .
Sambia	1 634	2 519	2 259	2 645	196	232	185	113	*4,3*
Senegal	754	843	754	939	21	28	21	15	*1,6*
Sierra Leone[3])	231	375	399	344	26	. . .	. . .	. . .	. . .
Simbabwe[3])[6])	1 799	2 185	2 590	2 902	. . .	. . .	134	239	*8,2*
Somalia	214	203	257	452	0	1	2	0	*0,0*
Sudan[3])	1 071	979	1 081	1 487	77	40	49	85	*5,7*
Südafrika[3])	16 951	32 308	46 627	. . .	1 577	2 026	1 903	. . .	. . .
Tansania[3])	919	957	977	1 305	144	156	134	201	*15,4*
Togo	472	399	610	777	38	56	44	57	*7,3*
Tschad	211	106	266	318	14	17	18	35	*11,0*
Tunesien[3])	2 191	3 277	4 065	4 947	354	344	524	465	*9,4*
Uganda[3])	704	565	878	717	40	45	36	38	*5,3*
Zaire	3 403	2 423	2 983	1 496	255	177	. . .	. . .	. . .
Zentralafrikanische Republik	145	146	210	308	3	. . .	1	. . .	. . .

Fußnoten siehe S. 676.

8.5 Ausfuhr nach Erdteilen und ausgewählten Ländern

Land	Insgesamt 1978	Insgesamt 1979	Insgesamt 1980	Insgesamt 1981	Anteil der Bundesrepublik Deutschland 1978	1979	1980	1981	1981
	Mill. DM								%
Amerika	**504 000**	**588 000**	**706 000**	**928 000**	**23 600**	**26 000**	**31 400**	**35 300**	**3,8**
darunter:									
Argentinien	12 867	14 288	14 599	14 247	825	796	741	801	5,6
Bahamas³)	2 851	6 396	4 477	3 998	485	582	608	58	1,5
Barbados³)	261	276	391	497	2	2	1	2	0,4
Bolivien	1 454	1 573	1 880	2 054	70	69	51	78	3,8
Brasilien	25 444	27 897	36 641	52 642	2 135	2 040	2 434	2 976	5,7
Chile	4 790	6 887	8 769	8 932	679	1 092	1 075	789	8,8
Costa Rica	1 637	1 710	1 877	2 260	235	201	213	283	12,5
Dominikanische Republik³)	1 214	1 370	1 281	2 685	7	1	3	2	0,1
Ecuador³)	3 002	3 684	4 561	5 741	164	130	74	66	1,1
El Salvador	1 705	1 888	1 310	1 790	310	380	88	...	...
Guadeloupe	225	207	195	208	1	1	2	2	1,0
Guatemala	2 190	2 187	2 766	2 771	273	191	229	226	8,2
Guayana, Französisch	15	31	46	80	0	0	.	1	1,3
Guyana	581	536	708	782	24	18	37	48	6,1
Haiti	320	366	629	753	2	...	16	22	2,9
Honduras	1 188	1 341	1 480	1 718	153	154	186	163	9,5
Jamaika³)	1 495	1 491	1 756	2 201	8	10	13	13	0,6
Kanada³)	92 591	100 864	114 851	154 330	1 322	1 923	2 231	2 449	1,6
Kolumbien	6 151	6 241	7 180	7 209	1 359	1 246	1 349	1 272	17,6
Kuba	8 957	8 860	10 084	10 622	75	56	105	61	0,6
Martinique	251	243	213	301	4	5	7	6	2,0
Mexiko³)	10 931	15 657	27 860	45 293	325	396	466	576	1,3
Nicaragua³)	1 298	1 026	753	1 196	183	100	101	80	6,7
Niederländische Antillen	5 187	5 673	8 189	10 137	51	87	72	128	1,3
Panama	492	534	637	712	58	42	32	55	7,7
Paraguay	516	558	565	669	79	85	70	74	11,1
Peru	3 884	6 357	6 022	7 356	183	233	333	260	3,5
Trinidad und Tobago	4 100	4 777	7 420	8 419	19	21	11	33	0,4
Uruguay	1 371	1 455	1 927	2 746	162	235	249	278	10,1
Venezuela³)	18 466	25 911	34 991	45 247	313	244	369	429	0,9
Vereinigte Staaten³)	286 490	332 723	401 824	528 250	13 983	15 514	19 947	23 225	4,4
Asien	**605 900**	**690 000**	**916 000**	**1 203 000**	**24 900**	**29 700**	**38 200**	**45 800**	**3,8**
darunter:									
Bahrain	3 805	3 940	6 570	9 824	14	6	.	12	0,1
Bangladesch³)	962	1 211	1 438	1 788	15	28	27	29	1,6
Birma³)	488	664	846	1 028	16	21	11	12	1,2
Brunei	3 641	4 848	6 838	9 043	0	...	0	0	0,0
China (Taiwan)	25 501	29 469	36 055	51 101	1 151	1 359	1 958	2 048	4,0
China, Volksrepublik³)	20 136	24 742	33 013	46 653	734	978	1 294	1 774	3,8
Hongkong³)	23 113	27 735	35 878	49 127	1 990	2 485	2 936	3 035	6,2
Indien³)	13 294	12 831	15 248	18 247	765	689	972	1 279	7,0
Indonesien	23 403	28 530	39 874	50 305	455	618	708	540	1,1
Irak	22 239	39 349	52 067	23 798	412	604	1 059	177	0,7
Iran	44 616	36 366	26 010	23 838	4 215	3 861	3 112	1 527	6,4
Israel	7 888	8 330	10 078	12 801	684	766	998	906	7,1
Japan³)	195 978	188 425	235 767	343 317	7 345	7 807	10 476	13 487	3,9
Jemen, Arabische Republik³)	15	27	41	87	0	...	1	1	1,1
Jordanien	593	736	1 022	1 654	0	...	4	14	0,8
Katar³)	4 759	6 585	10 345	12 862	42	120	76	205	1,6
Korea, Republik	25 516	27 544	31 859	48 033	1 332	1 547	1 593	1 818	3,8
Kuwait	21 037	33 701	37 191	39 769	225	289	388	623	1,6
Macau	517	709	983	1 443	102	117	187	224	15,5
Malaysia³)	14 899	20 274	23 587	29 118	538	742	850	668	2,3
Pakistan³)	2 996	3 762	4 766	6 511	180	232	260	260	4,0
Philippinen³)	6 802	8 420	10 534	12 932	290	414	464	543	4,2
Saudi-Arabien	81 839	116 073	198 626	271 742	2 084	3 279	6 038	10 202	3,8
Singapur³)	20 369	26 047	35 263	47 386	673	887	1 061	1 205	2,5
Sri Lanka³)	1 605	1 794	1 909	2 340	60	106	101	140	6,0
Syrien	2 117	3 011	3 836	4 753	221	107	37	...	...
Thailand³)	8 149	9 701	11 840	15 635	340	394	490	513	3,3
Vereinigte Arabische Emirate³)	18 189	24 983	39 425	45 742	625	1 922	2 482	2 281	5,0
Zypern³)	691	835	970	1 263	14	19	25	42	3,3
Australien und Ozeanien	**39 100**	**45 500**	**53 500**	**65 000**	**1 600**	**1 600**	**1 600**	**1 600**	**2,2**
darunter:									
Australien³)	28 978	33 788	40 071	49 070	977	959	879	774	1,6
Fidschi³)	409	470	686	703	3	1	0	2	0,3
Neukaledonien	428	690	748	775	12	0	.	.	.
Neuseeland³)	7 516	8 548	9 859	12 049	190	217	231	243	2,0
Papua-Neuguinea	1 520	1 764	1 880	1 923	367	397	471	513	11,5
Polynesien, Französisch	74	53	55	66	1	0	.	0	0,0
Welt	**2 613 900**	**3 010 000**	**3 651 500**	**4 442 000**	**219 100**	**262 300**	**305 700**	**337 500**	**7,6**

¹) Der Anteil der Bundesrepublik Deutschland ist errechnet aus den Summen der Ausfuhren der EG- und OECD-Länder ohne die Ausfuhr der Bundesrepublik Deutschland.
²) Ohne den Warenverkehr mit der Bundesrepublik Deutschland.
³) Generalhandel.
⁴) 1978 Generalhandel.
⁵) Ab 1980 Ausfuhr heimischer Waren.
⁶) Ehem. Südrhodesien. – Ab 1981 Ausfuhr heimischer Waren.

8.6 Einfuhr ausgewählter Länder nach Ländergruppen

Mill. DM

Land	Jahr	Insgesamt[1])	Industrialisierte westliche Länder[2])					Entwicklungsländer[3])				Staatshandelsländer[4])
			zusammen	EG-Länder	andere europäische Länder	Vereinigte Staaten und Kanada	übrige Länder	zusammen	darunter Afrika	darunter Amerika	darunter Asien	
OECD	1981	2 958 185	1 936 234	996 731	243 232	465 058	231 212	902 854	169 004	181 347	548 162	114 691
EG	1981	1 442 740	1 054 405	688 865	163 325	139 606	62 610	323 472	86 724	48 040	187 109	61 577
Europa												
Bundesrepublik Deutschland	1981	369 179	277 963	174 784	53 700	31 666	17 814	71 647	22 391	11 200	37 418	19 287
Belgien-Luxemburg	1981	138 873	111 995	85 766	10 369	11 130	4 731	23 112	5 089	2 977	15 026	3 700
Bulgarien[5])[6])	1981	24 533	5 210	2 911	1 499	544	256	1 529	.	.	.	17 794
Dänemark	1981	39 712	34 146	18 782	9 649	3 776	1 939	3 963	691	1 339	1 924	1 603
Finnland[6])	1981	32 072	20 113	10 417	5 800	2 638	1 257	3 377	271	775	2 315	8 582
Frankreich	1981	271 830	181 904	122 740	24 743	24 192	10 229	75 224	19 646	8 981	46 074	12 479
Griechenland	1981	19 844	13 453	9 938	1 288	1 104	1 123	5 009	2 698	343	1 969	1 380
Großbritannien und Nordirland[6])	1981	229 814	183 135	98 509	34 401	33 513	16 712	41 535	7 096	6 635	27 451	4 629
Irland[6])	1981	23 948	22 249	16 990	1 286	3 145	827	1 283	185	206	892	286
Island	1981	2 307	2 000	1 025	588	205	182	88	18	28	42	220
Italien	1981	201 138	122 397	83 674	17 343	15 828	5 551	67 044	21 320	10 928	34 768	11 633
Jugoslawien	1981	35 611	18 890	12 629	3 288	2 332	642	5 524	2 532	824	2 168	11 196
Niederlande	1981	148 402	107 163	77 682	10 546	15 252	3 684	34 655	7 608	5 431	21 587	6 580
Norwegen[6])	1981	35 341	31 596	16 156	8 861	3 948	2 631	2 574	254	1 080	1 228	961
Österreich	1981	47 489	36 036	28 008	4 298	2 178	1 552	5 688	1 587	753	3 337	5 764
Polen[5])[6])	1981	34 975	10 534	5 561	2 234	2 216	523	2 227	307	1 356	564	21 913
Portugal	1981	22 120	15 344	8 402	3 247	2 780	914	6 093	1 145	1 246	3 692	649
Rumänien[5])[6])	1981	28 155	9 389	4 883	1 636	2 246	624	8 340	1 972	704	5 664	9 976
Schweden[6])	1981	65 157	52 128	31 650	11 953	5 870	2 656	9 910	1 397	2 075	6 403	3 118
Schweiz	1981	69 162	59 898	45 454	5 870	5 605	2 969	6 302	1 522	1 339	3 435	2 960
Sowjetunion[5])[6])	1981	164 889	65 853	23 566	23 622	9 521	9 144	30 389	3 725	15 912	10 355	68 645
Spanien	1981	72 504	37 284	21 067	3 024	10 612	2 581	33 013	7 729	8 699	16 454	2 195
Tschechoslowakei[5])[6])	1981	33 128	8 725	3 843	3835	522	525	1 857	181	985	691	22 545
Türkei	1981	20 034	9 696	5 581	2 048	1 501	565	8 539	2 061	272	6 205	1 799
Ungarn[6])	1981	20 627	8 891	4 832	3 145	553	362	1 887	293	891	703	9 849
Afrika												
Ägypten	1980	8 845	6 852	3 512	985	1 783	572	872	68	216	588	794
Algerien	1980	19 190	16 984	12 015	2 171	1 937	862	1 453	533	688	232	753
Elfenbeinküste[6])	1979	4 372	3 280	2 420	251	332	277	744	234	215	296	134
Kamerun	1980	2 800	2 338	1 896	126	160	155	374	137	108	129	87
Liberia	1981	1 079	787	335	59	342	51	265	23	12	230	27
Libyen[6])	1980	12 441	11 246	7 959	1 355	861	1 071	474	69	76	328	581
Marokko	1980	7 612	5 094	3 381	965	639	108	1 939	162	196	1 581	546
Sudan[6])	1980	2 729	1 606	1 184	101	214	106	957	93	136	728	161
Südafrika[5])[6])	1981	47 605	32 194	17 103	2 204	7 405	5 483	3 426	820	547	2 059	111
Tunesien[6])	1980	6 410	5 232	4 077	589	486	80	905	137	116	651	256
Amerika												
Argentinien	1980	19 184	13 293	4 861	1 904	4 500	2 028	5 865	171	4 131	1 544	27
Brasilien	1981	54 419	23 097	7 380	1 911	10 329	3 476	29 768	4 469	7 924	17 375	1 554
Chile	1980	10 593	6 293	1 609	465	3 060	1 159	3 501	503	2 513	484	60
Dominikanische Republik[5])[6])	1980	2 596	1 756	229	78	1 228	221	837	0	777	59	3
Kanada[5])[6])	1981	146 676	125 024	11 869	2 857	100 768	9 529	20 540	1 513	9 233	9 763	931
Kolumbien	1980	8 486	6 442	1 470	604	3 548	821	1 827	0	1 738	88	215
Mexiko[6])	1980	35 521	30 865	4 641	1 537	22 802	1 885	1 627	0	1 599	27	258
Uruguay	1980	3 006	1 095	538	95	318	144	1 850	255	1 132	463	61
Vereinigte Staaten[6])	1981	617 776	332 650	98 657	24 224	105 828	103 941	276 610	57 776	92 220	126 183	8 509
Asien												
China (Taiwan)	1981	47 911	31 605	3 593	895	11 389	15 727	16 144	808	1 145	14 175	.
China, Volksrepublik[6])	1981	43 871	33 812	6 238	1 324	12 272	13 978	7 099	.	.	.	2 961
Hongkong[6])	1981	55 778	28 572	6 410	1 582	6 182	14 399	14 855	151	358	14 335	12 178
Indien[6])	1979	16 679	8 603	4 100	605	2 209	1 689	5 053	393	192	4 466	1 483
Indonesien	1980	19 719	12 827	2 632	415	2 741	7 040	6 340	234	202	5 904	551
Israel	1981	18 064	12 584	6 370	1 724	3 888	602	648	35	364	248	162
Japan[6])	1981	318 276	111 902	17 064	4 820	67 360	22 657	190 116	6 832	14 957	167 093	16 244
Korea, Republik	1981	59 057	37 071	4 349	1 201	14 873	16 649	18 787	465	1 636	16 606	.
Pakistan[6])	1980	9 738	4 958	2 102	275	1 453	1 127	4 173	86	183	3 903	608
Saudi-Arabien	1980	54 910	44 830	19 200	3 697	11 245	10 688	8 011	858	408	6 740	1 582
Singapur[6])	1981	62 312	28 775	6 092	1 263	8 166	13 254	31 523	640	348	30 461	2 014
Thailand[6])	1980	17 207	9 877	2 205	586	3 105	3 981	6 325	100	194	6 031	948
Australien und Ozeanien												
Australien[5])[6])	1981	53 630	38 402	10 347	2 044	13 532	12 480	13 554	131	528	12 224	1 028
Neuseeland[6])	1981	12 901	9 756	2 169	273	2 627	4 688	2 978	44	102	2 679	154

1) Einschl. Schiffs- und Luftfahrzeugbedarf, Polargebiete und Nicht ermittelte Länder.
2) OECD-Länder, Jugoslawien, Malta, Südafrika.
3) Afrika ohne Südafrika, Amerika ohne Vereinigte Staaten und Kanada, Asien ohne Japan und ohne Staatshandelsländer, Ozeanien.
4) Staatshandelsländer in Europa und Asien.
5) Einfuhr fob.
6) Generalhandel.

8.7 Ausfuhr ausgewählter Länder nach Ländergruppen

Mill. DM

Land	Jahr	Insgesamt[1])	Industrialisierte westliche Länder[2]) zusammen	EG-Länder	andere europäische Länder	Vereinigte Staaten und Kanada	übrige Länder	Entwicklungsländer[3]) zusammen	darunter Afrika	Amerika	Asien	Staatshandelsländer[4])
OECD	1981	2 749 851	1 883 690	1 024 523	276 612	414 868	167 686	722 775	156 412	184 926	376 490	119 955
EG	1981	1 361 983	1 023 864	693 197	185 433	102 610	42 627	277 075	100 183	45 478	130 474	48 652
Europa												
Bundesrepublik Deutschland	1981	396 898	304 917	186 034	76 185	28 716	13 982	70 558	18 832	13 755	37 877	19 545
Belgien-Luxemburg	1981	124 838	105 577	87 641	10 316	5 859	1 762	15 154	5 143	1 841	8 149	2 791
Bulgarien[5])	1981	24 273	3 866	2 427	1 308	92	39	4 408	.	.	.	16 000
Dänemark	1981	36 236	29 993	16 871	9 511	2 206	1 406	5 491	1 467	1 627	2 387	747
Finnland[5])	1981	31 649	20 063	11 128	6 847	1 388	699	3 096	881	656	1 559	8 488
Frankreich	1981	228 817	158 140	110 350	27 477	14 349	5 964	60 878	30 050	9 669	20 577	9 789
Griechenland	1981	9 604	5 632	4 157	481	877	117	3 106	1 203	44	1 859	858
Großbritannien und Nordirland[5])	1981	223 425	162 592	92 223	26 933	30 915	12 521	52 765	15 570	7 546	29 500	4 919
Irland[5])	1981	17 593	15 085	12 283	995	1 420	387	2 101	1 064	492	542	174
Island	1981	2 022	1 570	633	468	435	35	291	276	6	9	160
Italien	1981	170 184	112 305	73 371	21 712	12 817	4 406	49 202	21 165	7 705	20 287	6 426
Jugoslawien	1981	24 699	7 863	5 720	1 109	932	102	4 576	1 981	180	2 415	12 260
Niederlande	1981	154 388	129 623	110 267	11 823	5 451	2 082	17 820	5 689	2 799	9 296	3 403
Norwegen[5])	1981	40 646	36 717	28 690	5 680	1 683	665	3 288	1 031	1 023	1 229	640
Österreich	1981	35 798	26 512	18 913	5 836	1 104	659	5 032	1 838	627	2 561	4 254
Polen[5])	1981	29 943	9 367	5 671	2 625	874	198	2 583	929	559	1 095	16 958
Portugal	1981	9 372	7 364	5 034	1 550	583	196	1 576	991	231	353	208
Rumänien[5])	1981	28 499	10 505	6 310	2 486	1 500	208	7 959	1 843	563	5 554	9 718
Schweden[5])	1981	64 397	51 178	29 845	14 671	4 721	1 941	10 631	2 242	2 548	5 835	2 587
Schweiz	1981	60 381	45 310	29 279	7 577	5 445	3 009	12 831	2 428	3 064	7 318	2 237
Sowjetunion[5])	1981	178 545	61 881	37 101	21 443	728	2 609	34 721	.	.	.	81 830
Spanien	1981	45 961	28 181	19 736	3 720	3 497	1 228	15 243	5 647	4 820	4 768	1 952
Tschechoslowakei[5])	1981	33 619	8 059	4 110	3 507	251	192	3 360	990	687	1 683	22 120
Türkei	1981	10 626	5 175	3 397	1 067	623	88	4 669	1 319	61	3 289	779
Ungarn[5])	1981	19 691	6 587	3 387	2 738	366	97	2 429	744	262	1 423	10 675
Afrika												
Ägypten	1980	5 544	3 604	2 528	503	442	131	1 146	56	94	995	744
Algerien	1980	28 435	27 355	11 309	1 496	13 668	882	538	237	242	58	543
Elfenbeinküste[5])	1979	4 588	3 680	2 890	214	449	128	659	585	17	57	160
Kamerun	1980	2 404	2 298	1 434	75	726	64	93	68	3	21	13
Liberia[5])	1981	1 196	1 122	761	51	298	12	50	31	14	6	24
Libyen[5])	1980	40 273	35 545	15 813	4 865	14 322	545	2 864	66	2 397	401	1 179
Marokko	1980	4 374	3 101	2 438	517	79	67	684	153	161	369	522
Sudan[5])	1980	1 081	563	344	93	33	93	378	28	.	349	141
Tunesien[5])	1980	4 065	3 616	2 914	111	590	2	315	131	51	133	80
Amerika												
Argentinien	1980	14 599	6 729	4 021	969	1 344	395	4 589	399	3 615	573	3 281
Brasilien	1981	52 642	29 116	13 408	2 365	9 947	3 396	18 647	4 139	10 132	4 371	4 074
Chile	1980	8 769	5 750	3 231	401	1 191	928	2 449	.	2 058	391	205
Dominikanische Republik[5])	1980	1 281	1 023	148	42	818	16	252	47	205	0	6
Kanada[5])	1981	154 330	130 763	16 002	2 398	101 677	10 685	15 861	2 447	7 565	5 801	6 170
Kolumbien	1980	7 180	5 499	2 342	834	2 051	272	1 410	105	1 272	33	270
Mexiko[5])	1980	27 860	22 907	1 826	2 108	17 928	1 044	3 453	0	2 520	933	256
Uruguay	1980	1 927	839	579	58	163	38	939	89	719	131	147
Vereinigte Staaten[5])	1981	528 250	306 835	118 341	29 218	89 415	69 860	201 240	18 469	95 151	87 006	17 969
Asien												
China (Taiwan)	1981	51 101	34 281	5 857	645	19 815	7 965	16 119	1 774	2 155	12 016	.
China, Volksrepublik[5])	1981	46 653	21 362	5 639	954	3 808	10 961	22 851	.	.	.	2 441
Hongkong[5])	1981	49 127	29 879	9 072	1 769	14 732	4 306	14 506	1 842	1 470	11 049	4 673
Indien[5])	1979	12 831	7 292	3 629	475	1 605	1 583	3 741	729	40	2 962	1 797
Indonesien	1980	39 874	31 005	2 532	144	7 884	20 445	8 608	102	1 739	6 755	261
Israel	1981	12 801	9 238	4 370	1 178	2 853	837	1 519	280	414	826	83
Japan[5])	1981	343 317	167 579	42 683	11 416	95 588	17 891	154 238	17 215	22 983	113 109	21 501
Korea, Republik	1981	48 033	30 254	6 097	1 545	13 948	8 663	15 054	2 908	1 762	10 305	.
Pakistan[5])	1980	4 766	1 827	906	229	279	413	2 354	295	82	1 977	584
Saudi-Arabien	1980	198 626	154 551	69 353	13 149	34 657	37 392	41 732	2 660	6 467	32 602	113
Singapur[5])	1981	47 386	19 691	4 992	721	6 673	7 305	26 500	2 049	1 176	22 331	1 195
Thailand[5])	1980	11 840	6 864	3 050	349	1 542	1 924	4 395	402	78	3 906	581
Australien und Ozeanien												
Australien[5])	1981	49 070	24 759	5 058	596	4 408	14 697	14 477	1 331	418	10 889	3 505
Neuseeland[5])	1981	12 049	7 820	2 587	135	1 691	3 406	3 227	114	295	2 290	853

1) Einschl. Schiffs- und Luftfahrzeugbedarf, Polargebiete und Nicht ermittelte Länder.
2) OECD-Länder, Jugoslawien, Malta, Südafrika.
3) Afrika ohne Südafrika, Amerika ohne Vereinigte Staaten und Kanada, Asien ohne Japan und ohne Staatshandelsländer, Ozeanien.
4) Staatshandelsländer in Europa und Asien.
5) Generalhandel.

8.8 Einfuhr ausgewählter Länder nach Teilen des Internationalen Warenverzeichnisses für den Außenhandel*)

Mill. DM

Land	Jahr	Insgesamt	Nahrungsmittel, leb. Tiere vorw. zur Ernährung	Getränke und Tabak	Rohstoffe (ohne Nahrungsm., mineral. Brennst.)	Mineral. Brennst., Schmiermittel u. dgl.	Tierische u. pflanzl. Öle, Fette u. Wachse	Chemische Erzeugnisse	Bearbeitete Waren vorw. nach Beschaffenheit gegliedert	Maschinenbauerz., elektrot. Erz. und Fahrzeuge	Sonstige bearbeitete Waren
OECD	1981	2 958 185	254 328	28 993	208 074	833 380	11 146	199 491	424 037	682 587	272 328
EG	1981	1 442 740	147 160	15 248	99 938	356 441	7 610	116 330	229 582	312 129	137 818
Europa											
Bundesrepublik Deutschland	1981	369 179	36 585	3 803	26 327	89 776	1 726	27 469	59 201	72 592	41 349
Belgien-Luxemburg	1981	138 873	13 223	1 533	10 117	28 386	662	11 832	27 448	29 934	11 450
Dänemark	1981	39 712	4 045	358	2 262	9 552	224	3 890	7 184	8 272	3 373
Finnland[1])	1981	32 072	1 862	170	1 673	9 869	52	2 863	4 622	8 681	2 219
Frankreich	1981	271 830	23 260	2 449	14 795	78 682	1 640	23 450	41 976	60 168	25 127
Griechenland	1981	19 844	2 015	101	1 246	4 374	49	1 956	3 744	5 549	774
Großbritannien und Nordirland[1])	1981	229 814	26 373	3 428	17 069	32 756	1 200	16 408	40 776	60 964	27 662
Irland[1])	1981	23 948	2 779	240	746	3 522	110	2 519	4 106	6 582	2 797
Island	1981	2 307	184	34	160	380	8	153	428	659	299
Italien	1981	201 138	21 611	1 424	18 045	69 786	686	15 865	23 721	40 033	9 715
Jugoslawien	1981	35 611	1 744	37	3 699	8 557	236	4 580	5 865	9 854	1 031
Niederlande	1981	148 402	17 269	1 912	9 331	39 607	1 313	12 941	21 426	28 035	15 571
Norwegen[1])	1981	35 341	2 019	213	2 927	5 113	53	2 239	6 000	12 103	4 572
Österreich	1981	47 489	2 687	212	3 079	8 875	214	4 367	8 696	13 015	6 316
Portugal	1981	22 120	2 987	86	1 917	5 414	46	2 168	2 873	5 851	753
Schweden[1])	1981	65 157	3 908	463	2 964	16 200	193	5 317	10 197	17 657	7 866
Schweiz	1981	69 162	4 902	1 048	2 426	8 480	128	7 292	14 175	17 803	12 869
Spanien	1981	72 504	5 450	844	7 987	30 880	263	5 484	5 373	12 662	3 524
Tschechoslowakei[1])[2])	1981	33 128	2 496	306	3 489	7 755	110	2 499	3 401	11 601	1 276
Türkei	1981	20 034	311	0	1 015	8 858	236	2 978	2 028	4 409	191
Ungarn[1])	1981	20 627	1 613	190	1 672	3 432	27	2 850	3 835	5 794	1 121
Afrika											
Ägypten	1980	8 845	2 286	171	625	96	394	835	1 789	2 417	228
Algerien	1980	19 190	3 550	71	763	480	343	1 740	4 506	6 991	709
Elfenbeinküste[1])	1979	4 372	565	81	42	501	10	391	913	1 533	273
Kamerun	1980	2 800	193	36	69	327	11	339	689	951	183
Libyen[1])	1980	12 441	2 100	66	229	81	233	668	3 004	4 727	1 332
Marokko	1980	7 612	1 223	63	686	1 797	199	676	1 159	1 608	199
Réunion	1981	1 779	403	46	44	174	15	168	268	394	199
Simbabwe[1])[2])[3])	1981	3 358	50	7	109	724	28	464	642	1 070	57
Tunesien[1])	1980	6 410	740	34	456	1 324	95	480	1 435	1 473	337
Amerika											
Argentinien	1979	12 247	769	82	873	2 029	17	1 893	1 852	4 017	714
Brasilien	1981	54 419	4 013	34	1 876	27 481	99	5 128	4 587	10 017	1 159
Dominikanische Republik[1])[2])	1980	2 596	301	12	109	659	83	351	412	577	92
Guadeloupe	1981	1 330	277	67	27	56	11	125	226	335	193
Kanada[1])[2])	1981	146 676	9 013	616	7 693	18 029	209	8 067	18 300	69 331	13 090
Kolumbien	1980	8 486	696	90	341	1 033	189	1 284	1 276	3 187	331
Martinique	1981	1 679	319	41	23	317	14	136	235	346	221
Trinidad und Tobago	1980	5 783	537	64	115	2 181	34	290	819	1 447	286
Vereinigte Staaten[1])	1981	617 776	37 354	7 725	27 238	190 837	1 185	22 334	88 929	163 139	62 329
Asien											
China (Taiwan)	1981	47 911	3 235	214	5 961	12 385	113	4 391	5 451	13 574	2 439
China, Volksrepublik[1])	1981	43 871	7 216	423	8 005	165	198	5 216	8 042	11 689	1 111
Hongkong[1])	1981	55 778	5 641	830	2 264	4 420	172	3 652	16 184	13 019	9 344
Indien[1])	1979	16 679	544	2	1 180	5 533	901	1 943	3 512	2 614	390
Indonesien	1980	19 719	2 339	76	894	3 192	16	2 284	3 737	6 614	519
Israel	1981	18 064	1 722	73	1 056	4 631	38	1 204	4 018	4 262	779
Japan[1])	1981	318 276	34 175	1 790	46 461	164 217	711	14 011	21 474	19 922	13 140
Katar[1])	1980	2 539	339	31	128	31	10	135	457	1 100	307
Korea, Republik	1981	59 057	6 148	153	8 204	17 548	309	4 766	6 276	13 425	1 921
Kuwait	1979	9 523	1 287	166	197	66	22	363	2 372	3 383	1 561
Malaysia[1])	1979	14 331	1 717	155	704	1 726	.	1 483	2 472	5 293	664
Pakistan[1])	1980	9 738	669	5	505	2 625	576	1 333	1 356	2 471	195
Saudi-Arabien	1980	54 910	6 681	698	960	352	296	2 174	15 100	21 561	6 495
Singapur[1])	1981	62 312	3 499	302	2 969	21 215	772	2 948	8 643	17 624	3 651
Sri Lanka[1])	1980	3 704	742	7	58	900	6	309	645	925	99
Syrien	1979	6 087	755	27	195	1 505	38	539	1 436	1 386	199
Thailand[1])	1980	17 207	605	135	880	5 242	135	1 954	2 454	4 240	458
Zypern[1])	1981	2 507	341	39	54	540	22	176	653	489	175
Australien und Ozeanien											
Australien[1])[2])	1981	53 630	1 752	429	1 958	7 263	190	4 404	8 985	21 088	6 400
Neuseeland[1])	1981	12 901	564	115	638	2 524	48	1 484	2 375	4 138	942

*) Standard International Trade Classification (SITC – Rev. I, Ausgabe 1961, bzw. Rev. II, Ausgabe 1975).
[1]) Generalhandel.
[2]) Einfuhr fob.
[3]) Ehem. Südrhodesien.

8.9 Ausfuhr ausgewählter Länder nach Teilen des Internationalen Warenverzeichnisses für den Außenhandel*)

Mill. DM

Land	Jahr	Insgesamt	Nahrungsmittel, leb. Tiere vorw. zur Ernährung	Getränke und Tabak	Rohstoffe (ohne Nahrungsm., mineral. Brennst.)	Mineral. Brennst., Schmiermittel u. dgl.	Tierische u. pflanzl. Öle, Fette u. Wachse	Chemische Erzeugnisse	Bearbeitete Waren, vorw. nach Beschaffenh. gegliedert	Maschinenbauerz., elektrot. Erz. und Fahrzeuge	Sonstige bearbeitete Waren
OECD	1981	2 749 851	258 972	32 883	157 204	214 393	12 136	258 007	505 769	1 004 017	245 465
EG	1981	1 361 983	128 747	21 557	39 673	131 121	5 625	156 923	268 170	447 432	138 809
Europa											
Bundesrepubik Deutschland	1981	396 898	18 915	2 260	7 975	16 080	1 756	49 454	76 934	177 513	36 114
Belgien-Luxemburg	1981	124 838	11 920	877	3 403	11 349	574	14 638	39 783	27 331	8 785
Dänemark	1981	36 236	10 973	356	2 520	1 157	275	2 814	4 402	8 881	4 555
Finnland[1])	1981	31 649	1 153	189	5 293	1 336	27	1 840	11 723	6 410	3 666
Frankreich	1981	228 817	31 039	6 427	8 186	10 920	771	27 439	47 131	75 866	20 205
Griechenland	1981	9 604	1 987	482	683	913	74	438	3 260	457	1 251
Großbritannien und Nordirland[1])	1981	223 425	10 314	5 785	5 502	42 412	287	24 478	34 045	74 024	21 366
Irland[1])	1981	17 593	5 371	458	660	115	25	2 334	2 151	3 811	1 959
Island	1981	2 022	1 551	0	23	.	75	7	288	10	61
Italien	1981	170 184	9 741	2 496	3 451	10 862	408	11 784	40 777	54 663	35 825
Jugoslawien	1981	24 699	2 096	519	1 252	495	22	3 078	5 456	7 043	4 623
Niederlande	1981	154 388	28 487	2 416	7 293	37 313	1 455	23 544	19 687	24 886	8 749
Norwegen[1])	1981	40 646	2 547	21	1 712	20 467	233	2 380	6 948	5 195	1 026
Österreich	1981	35 798	1 340	197	2 679	632	25	3 309	13 017	9 819	4 753
Portugal	1981	9 372	491	481	978	663	86	558	2 952	1 179	1 863
Schweden[1])	1981	64 397	1 397	52	7 305	2 942	141	3 530	17 228	26 714	4 420
Schweiz	1981	60 381	1 677	318	948	70	38	12 442	11 746	19 440	13 644
Spanien	1981	45 961	6 845	924	1 464	2 415	746	3 279	13 839	11 621	4 792
Tschechoslowakei[1])	1981	33 619	1 088	214	1 581	1 576	6	2 004	5 966	17 318	3 850
Türkei	1981	10 626	3 779	902	1 526	242	178	225	2 424	471	878
Ungarn[1])	1981	19 691	4 210	434	833	934	213	2 022	2 565	6 076	2 175
Afrika											
Ägypten	1980	5 544	346	9	977	3 562	.	35	556	5	53
Algerien	1980	28 435	32	187	101	27 995	.	30	86	3	1
Elfenbeinküste[1])	1979	4 588	3 023	10	855	206	99	41	186	105	33
Kamerun	1980	2 404	1 126	10	384	737	13	3	108	17	5
Libyen[1])	1980	40 273	.	.	.	40 256	.	.	5	10	3
Marokko	1980	4 374	1 173	19	1 801	212	52	448	366	26	276
Réunion	1981	242	200	11	1	1	.	12	4	7	4
Simbabwe[1])[2])[3])	1981	2 902	428	734	544	34	3	38	780	63	90
Tunesien[1])	1980	4 065	160	19	153	2 134	112	538	188	92	664
Amerika											
Argentinien	1979	14 288	7 486	89	2 102	89	966	502	1 600	935	512
Brasilien	1981	52 642	17 936	872	7 518	2 664	1 986	2 218	6 659	9 523	2 462
Dominikanische Republik[1])	1980	1 281	873	63	42	.	1	76	200	8	18
Guadeloupe	1981	208	163	17	2	.	.	4	6	12	6
Kanada[1])	1981	154 330	16 692	1 143	27 140	22 403	471	9 044	27 632	44 452	3 953
Kolumbien	1980	7 180	5 085	49	374	204	.	169	669	169	409
Martinique	1981	301	76	19	3	135	.	10	12	37	8
Trinidad und Tobago	1980	7 420	134	18	4	6 954	1	200	37	39	27
Vereinigte Staaten[1])	1981	528 250	68 457	6 587	47 443	23 231	3 955	47 883	46 631	216 364	37 851
Asien											
China (Taiwan)	1981	51 101	3 649	32	915	1 029	4	1 253	11 655	13 081	19 477
China, Volksrepublik[1])	1981	46 653	6 200	127	4 132	11 082	188	2 844	9 975	2 304	7 896
Hongkong[1])	1981	49 127	1 265	264	1 703	218	27	1 744	8 380	10 238	25 001
Indien[1])	1979	12 831	3 524	260	1 338	46	102	378	4 715	884	1 537
Indonesien	1980	39 874	2 349	110	6 496	28 653	518	153	1 119	198	219
Israel	1981	12 801	1 541	17	761	40	15	1 927	4 857	2 339	1 285
Japan[1])	1981	343 317	3 580	353	3 371	1 291	217	15 131	76 222	211 790	28 458
Katar[1])	1980	10 345	.	.	.	9 700	.	310	335	.	.
Korea, Republik	1981	48 033	2 989	270	642	359	33	1 542	16 306	10 649	15 002
Kuwait	1979	33 701	110	31	94	30 248	4	1 683	536	698	289
Malaysia[1])	1979	20 274	906	.	7 556	3 633	2 524	111	2 775	2 125	503
Pakistan[1])	1980	4 766	1 083	13	993	336	1	37	1 824	111	351
Saudi-Arabien	1980	198 626	133	55	34	196 977	3	187	240	848	109
Singapur[1])	1981	47 386	2 273	186	3 922	15 166	877	1 665	3 926	12 603	3 123
Sri Lanka[1])	1980	1 909	866	6	377	341	6	11	82	13	205
Syrien	1979	3 011	119	19	471	2 172	0	8	112	41	67
Thailand[1])	1980	11 840	5 276	124	1 697	75	20	87	2 572	707	810
Zypern[1])	1981	1 263	280	124	71	72	13	37	188	88	387
Australien und Ozeanien											
Australien[1])	1981	49 070	14 692	131	14 810	7 432	208	997	5 330	2 645	944
Neuseeland[1])	1981	12 049	6 024	28	2 839	148	111	459	1 619	475	347

*) Standard International Trade Classification (SITC – Rev. I, Ausgabe 1961, bzw. Rev. II, Ausgabe 1975).
[1]) Generalhandel.
[2]) Ausfuhr heimischer Waren.
[3]) Ehem. Südrhodesien.

9 Verkehr

9.1 Eisenbahnen

Fahrzeuge: Betriebsfähige Fahrzeuge, die den Eisenbahnen des öffentlichen Verkehrs zur Verfügung stehen. Ohne Straßen-, Vorort-, Hoch- und Untergrundbahnen sowie ohne Feld-, Zahnrad- und Drahtseilbahnen. Einschl. privateigener Fahrzeuge, soweit sie in den Registern der Eisenbahnverwaltungen geführt werden.

Zu den Lokomotiven rechnen nicht die Triebwagen.

Zu den Personen- und Packwagen zählen auch Triebwagen und bahneigene Postwagen.

Bei den Güterwagen sind Packwagen und Wagen, die ausschließlich für den Dienstverkehr bestimmt sind, nicht einbezogen.

Verkehrsleistungen: Nationaler und internationaler Verkehr auf allen Linien des betreffenden Landes, ohne Eisenbahnen, die ausschließlich innerhalb von Städten, Industriewerken, Pflanzungen, Bergwerken usw. verkehren.

Personenkilometer: Zahl der beförderten Personen (ohne kostenfrei befördertes Militär-, Regierungs- und Eisenbahnpersonal) mal mittlere Reiseweite.

Tariftonnenkilometer: Tarifgewicht mal Tarifentfernung aller in Güterzügen beförderten Güter, mit Ausnahme des Dienstgut-, Post- und Gepäckverkehrs sowie der kostenfreien Regierungstransporte.

Jahr	Einsatzbestand an Fahrzeugen[1])			Verkehrsleistungen	
	Lokomotiven	Personen- und Packwagen	Güterwagen	Personen-km	Tarif-tkm
	Anzahl			Mill.	
Europa					
Bundesrepublik Deutschland[2])					
1979	5 798	18 192	280 412	39 380	65 055
1980	5 797	17 956	272 224	40 499	63 593
Belgien					
1979	1 141	3 614	39 810	6 955	8 572
1980	1 147	3 658	37 803	6 963	8 035
Dänemark					
1979	290	103	9 010	1 989	1 701
1980	300	103	.	3 353	1 619
Finnland					
1979	462	1 148	21 313	3 020	7 355
1980	476	1 150	21 351	3 216	8 324
Frankreich					
1979	4 674	15 496	215 135	53 333	69 915
1980	4 648	15 372	214 559	54 251	68 724
Griechenland					
1979	194	686	10 238	1 531	838
1980	194	657	10 459	1 464	811
Großbritannien und Nordirland					
1979	2 593	19 594	.	32 030	19 893
1980	2 566	19 385	.	31 704	17 640
Italien					
1979	3 195	13 035	134 574	39 688	17 607
1980	3 193	12 708	133 165	39 587	18 233
Jugoslawien					
1979	1 444	3 431	43 503	10 134	25 831
1980	1 431	3 331	43 103	10 392	24 926
Luxemburg					
1979	70	99	3 410	242	712
1980	70	100	3 146	246	664
Niederlande					
1979	451	1 920	11 224	8 514	3 376
1980	447	1 933	10 379	8 910	3 468
Norwegen					
1979	252	953	10 197	2 265	3 011
1980	254	928	10 022	2 394	3 003
Österreich					
1979	1 194	4 282	33 089	7 241	10 659
1980	1 199	4 430	34 333	7 380	10 960
Portugal					
1979	315	1 138	5 298	5 635	872
1980	311	1 130	5 485	6 077	1 001
Schweden					
1979	1 212	.	41 322	5 978	16 685
1980	1 215	2 074	40 916	6 787	15 903
Schweiz[3])					
1979	1 055	4 500	33 823	8 601	7 232
1980	1 064	4 245	33 538	9 167	7 385
Spanien					
1979	1 157	3 704	38 422	16 609	10 193
1980	1 154	3 632	38 368	13 527	10 463
Türkei					
1979	994	1 742	22 542	6 799	5 548
1980	1 009	1 823	20 888	6 011	4 996
Afrika					
Kamerun[4])					
1979	53	104	1 570	205	550
1980	.	.	.	.	.
Marokko					
1979	194	337	9 446	803	3 795
1980	194	292	9 605	936	3 780
Südafrika[5])					
1979	4 854	13 462	173 297	.	84 119
1980	4 925	13 543	169 396	.	96 772
Amerika					
Kanada[6])					
1979	1 203	.	57 205	.	85 877
1980	1 197	.	56 421	.	85 221
Vereinigte Staaten[7])					
1979	28 041	2 651	1 404 472	18 024	1 316 983
1980	.	.	.	.	.
Asien					
Indien[5])					
1979	11 085	29 208	.	192 946	143 870
1980	11 071	29 379	.	198 642	144 559
Israel[5])					
1979	58	73	1 489	222	768
1980	59	65	1 617	264	828
Japan[5])					
1979	3 872	25 529	101 522	194 690	41 759
1980	3 753	25 206	100 891	193 143	36 483

[1]) Durchschnitt.
[2]) Nur Deutsche Bundesbahn. Die Angaben weichen von denjenigen auf S. 277 ff. ab, da sie nach der Methode des Internationalen Eisenbahnverbandes zusammengestellt sind.
[3]) Schweizerische Bundesbahn und Berner Alpenbahn.
[4]) Geschäftsjahr: 1. 7. bis 30. 6.
[5]) Geschäftsjahr: 1. 4. bis 31. 3.
[6]) Kanadische Pazifik-Eisenbahn.
[7]) Nur Ergebnisse der Eisenbahnen I. Klasse (rd. 96% aller Strecken).

9.2 Bestand an Kraftfahrzeugen*)

Land	Jahresende	Insgesamt	Darunter Personenkraftwagen	Darunter Kraftomnibusse	Darunter Lastkraftwagen	Personenkraftwagen	Lastkraftwagen
		1 000				je 1 000 Einwohner	
Europa							
Bundesrepublik Deutschland	1981	25 463	23 681	71	1 294	384	21
Deutsche Demokratische Republik und Berlin (Ost)	1981	3 306	2 812	52	357	168	21
Belgien	1980	3 477	3 159	20	268	320	27
Dänemark	1981	1 764	1 367	8	243	267	47
Finnland	1981	1 454	1 279	9	155	267	32
Frankreich	1981	22 466	19 750	61	2 521	366	47
Griechenland	1981	1 384	912	17	454	94	47
Großbritannien ohne Nordirland	1981	17 122	15 267	110	1 737	282	32
Irland	1981	844	775	3	67	225	19
Island	1980	96	86	1	9	374	37
Italien	1981	19 410	17 900	60	1 450	313	25
Jugoslawien	1979	.	1 863	19	129	84	6
Luxemburg	1981	189	173	1	11	477	31
Niederlande	1981	4 950	4 600	12	317	323	22
Norwegen	1981	1 450	1 279	13	159	312	39
Österreich	1981	2 530	2 313	9	190	306	25
Polen	1981	3 343	2 634	68	641	73	18
Portugal	1979	1 079	995	8	63	100	6
Schweden	1981	3 396	2 893	13	186	348	22
Schweiz	1980	2 673[1])	2 394	11	168	376	26
Spanien	1981	9 410	7 943	43	1 397	212	37
Tschechoslowakei	1981	3 000	2 476	32	298	162	19
Türkei	1979	1 060	659	91	310	15	7
Ungarn	1981	1 281	1 105	23	130	103	12
Afrika							
Ägypten	1981	.	411	20	.	9	.
Algerien	1981	839	574	8	248	30	13
Kenia	1980	142	114	5	24	7	1
Marokko	1979	604	414	7	157	20	8
Nigeria	1980	346	215	95	33	3	0
Senegal	1978	101	73	6	20	13	4
Südafrika	1981	.	2 446	.	908	84	31
Tunesien	1981	265	132	6	127	20	19
Amerika							
Argentinien	1978	4 110	2 866	.	1 244[2])	109	47
Brasilien	1981	10 647	9 566	126	955	80	8
Chile	1981	736	505	21	210	45	19
Dominikanische Republik	1981	169	102	6	57	18	10
Kanada	1980	13 212	10 256	53	2 903	428	121
Kolumbien	1981	840	672	57	111	23	4
Mexiko	1981	6 585	4 808	95	1 683	68	24
Panama	1979	128	97	5	26	53	14
Venezuela	1981	2 297	1 501	32	763	105	53
Vereinigte Staaten	1980	155 890	121 724	529	33 637	535	148
Asien							
China (Taiwan)	1980	803	718	19	67	41	4
Hongkong	1981	303	228	11	64	45	13
Indien	1979	1 873	1 035	127	440	2	1
Israel	1981	564	459	8	96	116	24
Japan	1981	39 632	24 612	231	14 752	209	125
Jordanien	1980	121	90	2	27	28	9
Kuwait	1981	591	435	9	146	298	100
Malaysia	1981	.	797	14	167	55	12
Pakistan	1981	229	164	29	36	2	0
Saudi-Arabien	1981	1 419	757	73	588	81	63
Sri Lanka	1981	218	126	23	67	8	4
Thailand	1980	650	413	14	207	9	4
Australien und Ozeanien							
Australien	1981	7 465	6 911	42	399	465	27
Neuseeland	1981	1 621	1 346	5	262	430	84

*) Ohne motorisierte Zweiräder und landwirtschaftliche Zugmaschinen.
1) Einschl. landwirtschaftlicher Zugmaschinen.
2) Einschl. Kraftomnibusse.

9.3 Bestand an Binnenschiffen

Land	Jahr	Güterschiffe mit eigener Triebkraft zusammen Schiffe	Güterschiffe mit eigener Triebkraft zusammen Tragfähigkeit	darunter Tankschiffe Schiffe	darunter Tankschiffe Tragfähigkeit	Güterschiffe ohne eigene Triebkraft zusammen Schiffe	ohne eigene Triebkraft zusammen Tragfähigkeit	darunter Tankkähne Schiffe	darunter Tankkähne Tragfähigkeit	Schlepper und Schubboote Masch.-Leistung
		Anzahl	1 000 t	Anzahl	1 000 t	Anzahl	1 000 t	Anzahl	1 000 t	1 000 kW
Bundesrepublik Deutschland	1979	3 367	2 890	553	663	711	901	107	108	140
	1980	3 190	2 825	534	649	622	847	91	97	131
	1981	3 032	2 743	499	609	577	805	81	78	121
Belgien	1979	2 917	1 641	345	229	193	229	14	16	34
	1980	2 811	1 607	333	219	190	237	13	16	52
	1981	2 678	1 568	333	224	186	247	13	19	42
Frankreich	1979	4 091	1 622	345	177	1 237	931	133	184	174
	1980	4 013	1 596	337	172	1 211	941	135	184	128
	1981	3 962	1 581	329	169	1 230	972	136	183	129
Jugoslawien	1979	57	36	10	6	894	704	167	176	76
	1980	65	45	11	7	905	717	169	177	80
	1981	74	56	11	7	891	711	169	177	82
Niederlande[1])	1979	5 521	3 572	440	482	780	1 155	45	72	325
	1980	5 515	3 649	440	478	925	1 311	39	64	311
	1981	5 521	3 740	435	491	920	1 355	41	72	294
Österreich	1979	42	49	10	10	130	141	29	29	10
	1980	44	49	9	10	150	147	28	28	12
	1981	46	50	9	10	152	150	28	28	12
Polen	1979	330	154	2	2	1 180	510	—	—	100
	1980	329	153	2	2	1 171	510	—	—	102
	1981	307	143	2	2	1 043	464	—	—	86
Schweiz	1979	296	404	127	203	98	188	18	33	19
	1980	288	397	126	198	100	202	22	38	20
	1981	312	431	141	214	106	214	21	33	23
Tschechoslowakei	1979	104	67	—	—	342	310	35	43	59
	1980	99	64	—	—	352	325	34	42	70
	1981	106	69	—	—	358	325	34	42	80

1) Nur effektiv eingesetzte Binnenflotte.

9.4 Güterverkehr auf Binnenwasserstraßen*)

Land	Jahr	Versand insgesamt	Versand darunter nach dem Ausland	Empfang insgesamt	Empfang darunter aus dem Ausland	Internationaler Durchgangsverkehr	Güterbeförderung insgesamt[1])	Effektivtonnenkilometer
		1 000 t						Mill.
Bundesrepublik Deutschland[2])	1979	138 147	54 442	178 999	92 294	13 046	246 487	50 987
	1980	134 694	52 831	174 203	92 339	13 952	240 986	51 435
	1981	128 427	52 008	167 438	91 020	12 268	231 715	50 010
Deutsche Demokratische Republik und Berlin (Ost)	1979	10 894	2 193	12 246	3 545	338	14 777	1 933
	1980	11 946	2 350	13 775	4 178	194	16 319	2 159
	1981	12 466	2 806	13 574	3 914	250	16 630	2 359
Belgien	1979	51 893	30 814	66 267	45 198	4 311	101 392	5 909
	1980	52 529	32 323	64 312	44 106	4 294	100 929	5 853
	1981	49 979	31 301	62 125	43 447	3 777	97 203	5 442
Frankreich	1979	73 470	22 497	62 671	11 698	7 694	92 862	11 898
	1980	72 267	21 293	63 184	12 210	7 720	92 197	12 151
	1981	66 068	20 049	56 358	10 339	7 164	83 571	11 068
Jugoslawien	1979	23 662	773	28 172	5 283	7 329	36 274	8 658
	1980	23 858	612	26 511	3 265	6 965	34 088	7 580
	1981	21 369	655	22 639	1 925	7 824	31 118	7 532

Fußnoten siehe S. 684.

9.4 Güterverkehr auf Binnenwasserstraßen*)

Land	Jahr	Versand insgesamt	Versand darunter nach dem Ausland	Empfang insgesamt	Empfang darunter aus dem Ausland	Internationaler Durchgangsverkehr	Güterbeförderung insgesamt[1])	Effektivtonnenkilometer
		1 000 t						Mill.
Niederlande	1979	190 358	103 240	135 729	48 611	29 324	268 293	33 472
	1980	191 810	103 085	138 028	49 303	28 156	269 269	33 478
	1981	178 286	96 494	128 604	46 812	28 701	253 799	31 792
Österreich	1979	2 229	1 157	5 426	4 354	1 048	7 631	1 547
	1980	2 076	1 246	5 341	4 511	1 028	7 615	1 556
	1981	2 214	1 392	4 716	3 894	1 059	7 168	1 428
Polen	1979	23 049	994	22 158	103	—	23 152	2 035
	1980	22 122	736	21 511	125	23	22 270	2 325
	1981	16 389	662	15 838	111	320	16 820	1 913
Schweiz	1979	301	301	8 319	8 319	696	9 316	54
	1980	257	257	8 807	8 807	681	9 745	57
	1981	259	259	8 323	8 323	680	9 262	53
Tschechoslowakei	1979	6 678	1 428	6 651	1 401	—	8 079	3 150
	1980	8 333	1 631	8 252	1 549	—	9 883	3 444
	1981	8 872	1 525	8 917	1 571	—	10 442	3 636

*) Die Zahlen beziehen sich auf alle Güter, die von Schiffen aller Flaggen in den Häfen des betreffenden Landes geladen oder gelöscht worden sind.
[1]) Die Güterbeförderung setzt sich zusammen aus dem Empfang insgesamt + Versand nach dem Ausland + Internationaler Durchgangsverkehr.
[2]) Die Zahlenangaben über den Versand nach bzw. Empfang aus dem Ausland enthalten auch den Verkehr mit der Deutschen Demokratischen Republik und Berlin (Ost).

9.5 Bestand der Handelsflotten*)

1 000 BRT

Land	1981 insgesamt	1981 darunter Tanker	1982 insgesamt	1982 darunter Tanker
Europa				
Bundesrepublik Deutschland	7 708	2 624	7 707	2 652
Deutsche Demokratische Republik und Berlin (Ost)	1 570	175	1 439	56
Belgien	1 917	287	2 271	274
Bulgarien	1 194	338	1 248	338
Dänemark	5 048	2 519	5 214	2 557
Finnland	2 445	1 225	2 377	1 135
Frankreich	11 455	7 400	10 771	6 557
Griechenland	42 005	13 794	40 035	13 175
Großbritannien und Nordirland	25 419	12 154	22 505	10 371
Irland	268	14	239	15
Italien	10 641	4 361	10 375	4 128
Jugoslawien	2 541	267	2 532	231
Niederlande	5 467	2 299	5 393	2 181
Norwegen	21 675	11 847	21 862	11 698
Polen	3 579	547	3 651	547
Portugal	1 377	755	1 402	769
Rumänien	2 032	340	2 203	384
Schweden	4 034	1 761	3 788	1 616
Schweiz	315	3	315	2
Sowjetunion	23 493	4 758	23 789	4 805
Spanien	8 134	4 920	8 131	4 919
Türkei	1 664	434	2 128	709
Afrika				
Ägypten	599	103	636	106
Liberia	74 906	45 287	70 718	41 223
Somalia	35	—	18	—
Südafrika	731	38	776	38
Amerika				
Argentinien	2 307	744	2 256	748
Bermuda	499	174	474	173
Brasilien	5 133	1 721	5 678	1 773
Chile	564	121	495	36
Kanada[1])	3 159	284	3 213	304
Kolumbien	297	31	314	31
Mexiko	1 135	499	1 252	565
Panama	27 657	7 650	32 600	8 723
Peru	826	147	836	147
Venezuela	742	300	911	458
Vereinigte Staaten[1])[2])	18 908	8 125	19 111	8 220
Asien				
China (Taiwan)	1 888	360	2 226	487
China, Volksrepublik[3])	7 653	1 123	8 057	1 179
Indien	6 020	1 165	6 213	1 257
Indonesien	1 745	267	1 847	318
Israel	581	0	676	1
Japan	40 836	17 503	41 594	17 296
Korea, Republik	5 142	1 296	5 529	1 104
Kuwait	2 317	1 311	2 014	1 188
Pakistan	507	—	580	43
Philippinen	2 540	599	2 774	577
Singapur	6 888	2 586	7 183	2 583
Zypern	1 819	193	2 150	560
Australien und Ozeanien				
Australien	1 768	392	1 875	392
Neuseeland	244	52	205	52
Welt	**420 835**	**171 697**	**424 742**	**166 828**

*) Stand jeweils am 30. 6. – Nur Schiffe mit mechanischem Antrieb und mit einem Bruttoraumgehalt von 100 Reg.-Tons und mehr (1 RT = 2,83 m³), einschl. der Segelschiffe mit Hilfsantrieb.
[1]) Einschl. der Handelsschiffe auf den Großen Seen.
[2]) Einschl. der Reserveflotte (etwa 1,8 Mill. BRT).
[3]) Unvollständige Zahlen.

9.6 Güterverkehr über See mit dem Ausland

1 000 t

Land	1976		1977		1978[1]	
	Versand	Empfang	Versand	Empfang	Versand	Empfang
Europa						
Bundesrepublik Deutschland[2][3][4]	29 035	110 929	32 377	104 159	35 028	104 519
Deutsche Demokratische Republik und Berlin (Ost)	3 218	11 620	3 504	11 940	...	...
Belgien[5][6]	33 843	60 128	38 689	57 728	37 701	58 694
Dänemark[7]	7 231	30 935	7 174	33 378	8 249	34 512
Finnland	11 997	23 316	14 087	25 630	15 639	25 723
Frankreich	30 411	188 099	34 767	183 909	...	...
Griechenland	13 246	25 948	14 569	24 083	16 001	27 248
Großbritannien und Nordirland[8]	62 779	179 989	77 628	158 242	90 685	152 774
Italien	31 090	217 961	36 379	217 569	43 694	223 964
Jugoslawien	4 013	16 174	4 705	16 493	4 507	18 196
Niederlande	82 530	255 785	77 010	248 132	73 042	246 450
Norwegen[9]	34 218	21 966	29 765	21 794	35 303	21 246
Polen[3][5]	35 816	23 558	37 798	23 990	38 761	27 175
Portugal[10]	4 264	14 636	4 296	15 655	4 467	14 611
Schweden[11]	32 358	55 071	30 843	52 770	34 209	48 481
Sowjetunion[12]	143 850	41 218	154 023	33 104	150 916	43 521
Spanien	23 812	84 207	...	...	...	...
Türkei[13]	3 978	22 368	6 674	20 516	...	...
Afrika						
Ägypten[6]	3 396	12 429	9 299	14 506	6 900	12 360
Algerien	46 345	9 687	45 492	12 828	49 829	13 498
Libyen	90 208	8 451	92 892	...	...	...
Marokko	17 341	7 903	18 399	8 193	20 597	9 890
Südafrika[5][14]	23 897	9 482	30 321	7 992	47 160	1 848
Amerika						
Argentinien[12]	15 299	9 154	23 807	10 619	23 352	8 375
Brasilien[15]	89 689	61 652	81 856	62 067	87 517	69 790
Kanada[16]	114 815	56 475	119 770	58 882	116 522	61 793
Mexiko	14 278	7 166	20 450	8 353	22 455	11 654
Trinidad und Tobago	21 160	13 258	20 834	14 861	...	...
Peru[9]	9 745	7 068	10 356	5 787	10 287	2 693
Vereinigte Staaten[3][16][17]	258 168	488 221	250 198	568 138	274 988	549 283
Asien						
Hongkong[3]	5 967	17 374	6 525	19 112	6 923	20 909
Indien[5][18]	36 153	28 989	31 263	26 798	31 041	29 264
Indonesien[6][12]	83 717	12 042	95 298	13 908	101 262	13 334
Iran[19][20]	283 525	13 642	262 032	15 046	220 326	14 536
Israel[14]	3 630	5 076	4 655	5 023	5 212	5 650
Japan	76 481	575 631	78 612	582 305	81 140	557 833
Korea, Republik	14 311	41 447	16 814	51 498	16 039	61 843
Pakistan[21]	2 273	7 690	2 357	7 215	2 811	8 918
Philippinen	11 203	16 428	14 819	19 543	14 077	20 568
Singapur	20 599	38 308	24 674	40 473	28 964	45 552
Syrien[22]	16 992	7 375	8 766	7 735	...	...
Thailand	12 665	13 087	15 310	17 009	...	...
Australien und Ozeanien						
Australien[4][21]	157 608	24 456	167 118	28 330	166 333	26 717
Neuseeland	8 315	10 090	9 162	10 247	10 333	9 659

1) Vorläufiges Ergebnis.
2) Einschl. des Verkehrs mit der Deutschen Demokratischen Republik und Berlin (Ost).
3) Einschl. Seeumschlag.
4) Einschl. Post.
5) Einschl. Bunkermaterial.
6) Einschl. Proviant.
7) Ohne internationalen Fährverkehr.
8) Ohne Verpackungsmaterial.
9) Ohne Transitverkehr, Verpackungsmaterial und Re-Exporte.
10) Einschl. Passagier-Gepäck.
11) Ohne Verladungen schwedischen Eisenerzes in Narvik.
12) Ohne Transitverkehr und Verpackungsmaterial.
13) Ohne Nutzholz.
14) Ohne Öltransporte.
15) Einschl. Post und Passagiergepäck; ohne Transitverkehr und Verpackungsmaterial.
16) Einschl. des internationalen Verkehrs auf dem St.-Lorenz-Strom.
17) Einschl. des internationalen Verkehrs auf den Großen Seen.
18) Zwölf Monate beginnend am 1. April des angegebenen Jahres.
19) Einschl. der landseitigen Im- und Exporte.
20) Zwölf Monate beginnend am 21. März des angegebenen Jahres.
21) Zwölf Monate endend am 30. Juni des angegebenen Jahres.
22) Bis 1977 einschl. des in Banias verschifften irakischen Öls.

9.7 Luftverkehr*)

Mill. km

Land	Flugkilometer			Personenkilometer			Fracht- Effektivtonnenkilometer			Post- Effektivtonnenkilometer		
	1979	1980	1981	1979	1980	1981	1979	1980	1981	1979	1980	1981
Europa												
Bundesrepublik Deutschland	541	548	544	61 515	63 321	64 418	2 605	2 582	2 630	204	211	220
Belgien	54	55	51	4 819	4 852	5 202	395	395	442	11	11	13
Dänemark	35	33	31	3 327	3 296	3 189	120	116	121	13	14	15
Finnland	32	36	37	1 982	2 139	2 513	42	48	52	4	5	5
Frankreich	279	276	268	32 783	34 130	36 718	1 912	1 986	2 128	119	107	111
Griechenland	42	40	40	5 132	5 062	5 197	62	61	68	6	7	7
Großbritannien und Nordirland[1])	416	426	393	52 426	56 746	59 219	1 263	1 427	1 576	178	176	179
Irland	24	22	20	2 212	2 049	2 270	98	89	84	2	3	2
Island	15	11	10	2 035	1 295	1 116	38	23	25	3	3	4
Italien	133	140	126	12 859	14 096	13 720	483	523	476	19	24	22
Jugoslawien	36	35	31	3 230	2 984	3 024	37	38	53	1	.	.
Luxemburg	4	3	2	200	55	57	0	0	0	.	—	.
Niederlande	99	109	107	14 013	14 643	15 652	868	947	1 046	42	50	55
Norwegen	59	58	55	4 070	4 068	4 078	125	120	125	16	15	17
Österreich	21	22	23	1 089	1 120	1 235	12	12	14	3	3	4
Polen	35	35	31	2 313	2 232	2 138	14	14	13	4	5	6
Portugal	39	39	39	3 959	3 459	4 040	117	106	101	7	6	8
Schweden	68	66	66	5 298	5 342	5 409	182	175	178	19	21	21
Schweiz	94	98	97	10 325	10 831	11 627	407	422	453	27	32	37
Spanien	161	164	155	15 188	15 517	15 999	377	390	426	28	28	29
Tschechoslowakei	29	25	23	1 734	1 539	1 470	15	12	12	3	2	2
Türkei	24	15	20	2 027	1 103	1 813	15	10	18	.	.	.
Afrika												
Ägypten	28	31	34	2 644	2 870	3 269	28	29	39	1	2	2
Äthiopien	12	11	12	548	647	760	23	25	21	1	1	1
Marokko	21	21	18	1 851	1 868	1 866	33	26	30	.	1	1
Südafrika	64	67	73	8 361	8 920	9 354	237	251	311	20	22	22
Tunesien	14	14	15	1 348	1 241	1 439	11	12	13	1	1	1
Amerika												
Argentinien	84	94	91	6 941	7 935	7 035	137	179	196	9	15	20
Bolivien	13	14	13	860	944	963	34	38	44	0	0	1
Brasilien	187	203	198	14 465	15 572	16 304	572	588	645	.	23	17
Chile	21	25	29	1 550	1 875	2 220	85	145	153	3	4	5
Kanada	312	338	343	33 986	36 169	35 608	670	689	713	124	127	129
Kolumbien	50	45	49	4 196	4 189	4 288	183	148	204	5	5	5
Mexiko	125	157	164	11 535	13 870	14 709	114	132	137	4	3	4
Peru	24	25	24	1 754	1 974	1 755	35	40	48	1	1	1
Venezuela	61	65	59	3 826	4 318	4 636	107	149	—	1	2	2
Vereinigte Staaten	4 338	4 413	4 165	411 440	409 066	395 884	8 621	8 371	8 302	1 772	1 948	1 655
Asien												
Birma	6	6	6	203	218	229	1	2	2	.	.	.
China, Volksrepublik	56	47	56	3 465	3 578	4 780	123	121	155	.	.	.
Indien	82	85	88	9 801	10 765	12 170	298	366	411	31	35	37
Indonesien	69	88	97	4 625	5 907	7 407	76	122	156	.	6	5
Israel	34	30	30	5 569	4 727	4 969	286	295	298	4	4	4
Japan	371	365	372	50 412	51 217	55 707	1 725	1 871	2 113	87	95	115
Libanon	46	43	38	1 505	1 571	1 438	590	532	466	4	3	5
Philippinen	46	42	45	4 673	5 959	6 686	107	150	195	.	5	4
Sri Lanka	2	8	10	130	691	1 439	2	10	27	0	1	2
Thailand	36	42	46	4 689	6 276	7 354	176	239	265	7	9	11
Australien und Ozeanien												
Australien	195	199	194	24 742	25 206	24 522	528	523	556	48	54	52
Neuseeland	51	52	49	5 531	5 725	5 730	176	186	200	8	8	8
Welt	**9 058**	**9 298**	**9 035**	**1 048 410**	**1 088 027**	**1 116 419**	**28 049**	**29 108**	**30 585**	**3 430**	**3 680**	**3 800**

*) Die Angaben über den gewerblichen Luftverkehr der Bundesrepublik Deutschland enthalten den Linien- sowie den gewerblichen Gelegenheitsverkehr der deutschen und ausländischen Luftverkehrsgesellschaften, soweit er die Flughäfen der Bundesrepublik Deutschland berührt. Für die Berechnung der Verkehrsleistungen wurden im Auslandsverkehr die Entfernungen bis zu den nächsten Auslandsflughäfen in Rechnung gestellt. – Die Angaben für die übrigen Länder sind der Veröffentlichung der International Civil Aviation Organization (ICAO) »Digest of Statistics« entnommen und beziehen sich auf den Fluglinienverkehr der konzessionierten nationalen Luftverkehrsgesellschaften (einschl. der im Ausland beflogenen Strecken). – Wegen der Uneinheitlichkeit der einzelnen Statistiken, z. B. hinsichtlich der Behandlung der Verkehrsart, der nichtzahlenden Fluggäste, des Freigepäcks und der Post, ist ein genauer Vergleich der Länder untereinander nicht ohne weiteres möglich.

[1]) Nur britische Luftverkehrsgesellschaften.

9.8 Nachrichtenverkehr

Land	Briefsendungen[1])				Übermittelte Telegramme[2])				Fernsprechstellen[3])	
	Inlandsverkehr		nach dem Ausland		Inlandsverkehr		nach dem Ausland			
	1977	1978	1977	1978	1977	1978	1977	1978	1977	1978
	Mill.				1 000					
Europa										
Bundesrepublik Deutschland	10 447	11 141	441	429	7 173	6 840	3 612	3 433	22 932	24 743
Belgien	2 581	2 941	194	203	...	...	596	523	3 100	3 271
Dänemark	1 268[4])	...	53[4])	...	444	404	273	248	2 718[5])	2 907[5])
Finnland	676	643	34	42	657	688	161	145	2 032	2 127
Frankreich	11 801	...	464	...	11 641	11 348	3 286	3 030	17 519	19 870
Griechenland	283	294	64	66	5 400	5 394	960	797	2 320	2 487
Großbritannien und Nordirland[4])	8 840	9 337	639	620	3 201	3 281	5 286	4 597	23 182	24 935
Irland	320	...	85	...	353	353	224	211	519	554
Italien	5 035	5 190	328	368	20 097	21 213	3 217	2 823	16 125	17 088
Jugoslawien	644	665	88	90	11 585	...	1 044	...	1 556	...
Luxemburg	46	49	20	20	98	72	51	47	186	192
Niederlande	3 737	3 913	305	309	642	612	828	748	5 845	6 341
Norwegen	1 008[6])	1 064[6])	35[6])	36[6])	986	903	260	227	1 555	1 636
Österreich	1 618	1 673	210	215	1 259	...	471	...	2 443	...
Portugal	462	431	42	41	1 618	...	447	...	1 175	...
Schweden	2 551	2 631	80	76	209	178	368	313	5 930	6 160
Schweiz	2 929	3 020	206	212	763	789	992	930	4 145	4 292
Sowjetunion	5 069[7])	5 925[7])	.	.	478 535[7])	492 631[7])	.	.	19 600	20 943
Spanien	3 578	3 618	394	403	16 289	16 224	986	860	9 528	10 311
Türkei	608	...	83	...	...	...	...	...	1 379	...
Afrika										
Ägypten	206	185	60	54	.	.	.	.	473	...
Algerien	218	219	26	28	1 921	2 019	495	475	298	346
Madagaskar	.	100	.	19	...	...	...	...	29	...
Marokko	101	105	34	29	630	632	323	242	210	216
Nigeria	959	976	66	110	.	.	.	.	128[8])	.
Südafrika	1 383	1 483	85	91	11 292[4])	11 073[4])	734[4])	624[4])	2 191[4])	2 320[4])
Amerika										
Argentinien	...	...	...	...	15 337	13 756	364	376	2 342	2 404
Brasilien	2 178	2 760	51	59	17 396	...	360	360	4 836	5 525
Chile	68	86	16	21	4 984	...	142	...	467	...
Kanada	5 638[4])	5 867[4])	138[4])	121[4])	2 312	1 871	1 298	1 163	14 488	15 283
Mexiko	...	...	...	...	44 634	46 761	454	478	3 712	4 140
Paraguay	.	.	.	.	151	183	57	56	43	48
Venezuela	.	.	.	.	.	.	.	.	...	...
Vereinigte Staaten	.	...	.	...	37 610[9])	42 643[9])	7 290[9])	7 294[9])	162 072[8])	169 027[8])
Asien										
Indien[4])	7 421	7 707	155	170	65 199	...	5 942	...	2 096	...
Indonesien	189	208	12	12	4 403	...	526	...	347	...
Israel[4])	316	...	72	...	543	517	416	318	993	1 051
Japan[4])	12 417	...	99	...	38 890	39 192	2 540	2 356	48 646	51 077
Pakistan	552	...	22	...	...	...	...	...	...	...
Singapur	116	123	44	50	4	5	895	819	395	475
Sri Lanka	580	591	22	30	5 685	5 404	676	325	74	74
Thailand	184	213	13	15	5 885	6 377	405	369	367	409
Australien und Ozeanien										
Australien[6])	2 069	2 282	85	81	10 397	8 966	2 082	1 944	5 835	6 266
Neuseeland[4])	578	588	38	37	3 595	3 099	914	837	1 674	1 715

[1]) Gewöhnliche und eingeschriebene Briefe sowie Luftpostbriefe, Postkarten, Drucksachen, Geschäftspapiere, kleine Warenmustersendungen, Päckchen, Phonopost-Schallplattensendungen. Einschl. gebührenfreier Postsendungen, ohne gewöhnliche Pakete, Wertpakete und -briefe. Transitpost ist unter Auslandsbriefen nicht erfaßt.
[2]) Im allgemeinen alle Telegrammarten einschl. Kabeltelegramme und Radiogramme.
[3]) Alle öffentlichen und privaten Fernsprechanschlüsse (einschl. Nebenanschlüsse), die einer zentralen Vermittlungsstelle angeschlossen sind.
[4]) Berichtsjahr, das am 1. 4. des angegebenen Jahres beginnt.
[5]) Einschl. Färöer und Grönland.
[6]) Berichtsjahr, das am 1. 7. des Vorjahres beginnt.
[7]) Gesamtzahl Inlands- und Auslandsverkehr.
[8]) Quelle: American Telephone and Telegraph Company.
[9]) Ohne Hawaii.

9.9 Straßenverkehrsunfälle mit Personenschaden und Verunglückte

Land	Jahr	Unfälle mit Personenschaden	Getötete[1]) insgesamt	Getötete darunter Fußgänger	Getötete darunter Führer und Mitfahrer von Fahrrädern	Getötete darunter Führer und Mitfahrer von motorisierten Zweirädern	Getötete darunter Führer und Mitfahrer von Personenkraftwagen	Verletzte insgesamt	Verletzte darunter Fußgänger	Verletzte darunter Führer und Mitfahrer von Fahrrädern	Verletzte darunter Führer und Mitfahrer von motorisierten Zweirädern	Verletzte darunter Führer und Mitfahrer von Personenkraftwagen
Bundesrepublik Deutschland	1980	379 235	13 041	3 095	1 142	1 997	6 440	500 463	56 451	50 436	96 370	279 649
	1981	362 617	11 674	2 620	1 069	1 918	5 778	475 944	53 106	53 229	93 297	259 269
Belgien	1980	60 758	2 396	507	241	349	1 227	82 304	6 593	8 211	14 664	49 256
	1981	59 024	2 216	425	243	289	1 187	79 588	6 385	8 351	13 925	47 545
Dänemark	1980	12 334	690	138	84	131	300	15 061	1 749	2 544	3 497	6 275
	1981	11 257	662	148	87	127	257	13 649	1 591	2 568	2 798	5 666
Finnland	1980	6 790	551	139	107	64	202	8 442	1 205	1 253	939	4 428
	1981	7 173	555	131	104	76	212	9 072	1 328	1 333	951	4 745
Frankreich	1980	241 049	12 384	2 182	656	2 298	6 587	333 593	41 880	13 353	90 410	174 895
	1981	.	.	.	.	.	.	.	.	.	.	.
Griechenland	1980	18 233	1 225	382	33	204	392	25 443	5 620	480	5 884	9 524
	1981	19 841	1 354	390	24	243	420	27 707	5 868	460	6 922	10 382
Großbritannien[2])	1980	257 282	6 239	2 035	316	1 187	2 360	329 635	62 851	24 766	70 399	145 128
	1981	253 521	6 069	1 949	317	1 149	2 398	326 551	60 429	25 298	68 750	148 377
Irland	1980	5 683	564	208	36	48	249	8 504	1 507	410	967	5 075
	1981	5 591	572	215	49	62	219	8 283	1 439	435	930	4 963
Italien	1980	163 770	8 537	1 812	637	1 671	3 807	222 873	26 771	8 399	58 442	117 829
	1981	165 721	8 072	1 568	613	1 695	3 644	225 242	25 490	8 293	62 794	117 752
Jugoslawien	1978	45 257	5 349	1 890	397	381	2 071	65 439	15 418	3 518	6 618	34 138
	1979	48 896	5 544	1 867	410	461	2 098	67 128	15 511	3 786	7 242	34 415
Luxemburg	1980	1 577	98	31	2	9	56	2 283	271	61	183	1 768
	1981	.	.	.	.	.	.	.	.	.	.	.
Niederlande	1980	49 396	1 997	295	426	321	910	56 623	5 400	12 742	16 895	20 084
	1981	46 656	1 807	293	356	264	851	53 505	5 158	12 662	15 378	18 921
Norwegen	1980	7 848	362	82	22	47	185	10 248	1 569	1 000	1 459	5 458
	1981	8 072	338	86	29	44	160	10 480	1 618	1 040	1 494	5 596
Österreich	1980	46 214	1 742	399	75	275	927	62 625	7 081	4 838	13 926	33 802
	1981	46 690	1 695	321	102	304	890	62 518	6 947	5 110	15 449	32 286
Portugal	1980	.	2 328	.	.	.	.	41 176	.	.	.	.
	1981	.	2 310	.	.	.	.	46 489	.	.	.	.
Schweden	1980	15 231	848	133	112	77	469	19 246	1 892	2 283	2 412	11 623
	1981	14 801	784	135	76	85	432	18 554	1 860	2 323	2 434	10 726
Schweiz	1980	25 649	1 246	262	77	273	595	32 326	4 076	2 306	8 910	15 944
	1981	25 245	1 165	269	72	279	479	31 702	3 949	2 493	9 728	14 304
Spanien	1980	67 803	5 017	1 164	94	578	2 693	107 675	15 627	1 099	15 245	66 504
	1981	66 998	4 930	1 118	114	532	2 662	106 145	15 081	1 394	15 348	65 107
Tschechoslowakei	1980	24 138	1 905	806	180	182	600	29 976	7 476	2 163	4 157	12 873
	1981	24 189	1 815	731	142	184	628	30 106	7 465	2 403	4 227	12 980
Ungarn	1980	18 994	1 630	642	219	267	378	23 827	5 496	2 311	4 979	8 699
	1981	18 308	1 603	614	219	248	398	23 257	5 085	2 461	4 924	8 437
Vereinigte Staaten	1980	2 298 000	51 091	8 070	965	5 144	27 449	3 410 000	108 000	76 000	177 000	2 548 000
	1981	.	49 268	7 836	935	4 874	26 545	.	.	.	.	.

1) Innerhalb 30 Tagen Gestorbene; Portugal: an der Unfallstelle Getötete und beim Transport ins Krankenhaus Verstorbene. Innerhalb . . . Gestorbene: Spanien: 24 Stunden, Griechenland und Österreich: 3 Tage, Frankreich: 6 Tage, Italien: 7 Tage.

2) Ohne Nordirland.

10 Reiseverkehr

10.1 Auslandsgäste 1981 nach Herkunftsländern

10.1.1 Einreisen über die Grenze

1 000

Herkunftsland	Grenzübertritte einreisender Auslandsgäste in						
	Griechenland[1]	Japan	Portugal[1][2]	Spanien	Türkei	Kanada[1]	Vereinigte Staaten[1]
Bundesrepublik Deutschland	625	41	238	4 561	155	204	700
Belgien und Luxemburg	79	6	41	1 077[3]	13[3]	20	.
Dänemark	132	6	19	387	8	14	.
Frankreich	296	28	204	10 659	97	121	330
Griechenland	×	3	.[4]	.[4]	120	14	.
Großbritannien und Nordirland	965	122	357	4 064	60	494	1 225
Irland	23	2	26	.[4]	.[5]	15	.
Italien	225	15	40	559	68	53	.
Jugoslawien	629	1	.[4]	35	58	13	.
Niederlande	170	12	103	1 381	23	81	.
Norwegen	96	7	16	211	4	9	.
Österreich	147	5	15	218	42	13	.
Portugal	5	3	×	9 377	.[5]	12	.
Schweden	252	11	53	466	12	24	.
Schweiz	144	10	31	726	17	45	.
Spanien	32	8	1 120	1 735[6]	16	11	.
Türkei	39	2	.[4]	.[4]	×	3	.
Übrige europäische Länder	324	18	23	901	209	43	1 295
Kanada	66	45	36	136	12	×	10 936
Vereinigte Staaten	321	353	86	772	104	10 988	×
Mittel- und Südamerika	50	53	82	602	24	238	5 965
Übrige Länder	474	832	76	2 262	363	445	2 635
Insgesamt	**5 094**	**1 583**	**2 566**	**40 129**	**1 405**	**12 860**	**23 086**

10.1.2 Übernachtungen in Beherbergungsstätten

1 000

Herkunftsland	Übernachtungen von Auslandsgästen in						
	Bundesrepublik Deutschland	Dänemark	Frankreich[7]	Jugoslawien	Niederlande[7]	Österreich	Schweiz
Bundesrepublik Deutschland	×	4 102	2 302	17 598	1 448	65 989	17 539
Belgien und Luxemburg	1 126	.[5]	577	643[3]	251	2 979	3 083
Dänemark	1 009	×	200	378	96	788	210
Frankreich	1 198	147	×	1 347	427	1 920	3 039
Griechenland	178	.[5]	.[4]	148	.[4]	114	144
Großbritannien und Nordirland	1 954	425	1 840	2 661	1 171	2 682	2 467
Irland	56	.[5]	.[8]	.[4]	45	24	67
Italien	809	118	1 308	2 869	209	831	1 130
Jugoslawien	356	.[5]	.[4]	×	.[4]	443	119
Niederlande	4 621	686	921	2 586	×	10 338	4 357
Norwegen	287	867	.[4]	255	85	95	89
Österreich	817	.[5]	163	4 174	.[4]	×	563
Portugal	68	.[5]	.[4]	.[4]	.[9]	22	93
Schweden	743	1 310	.[4]	360	205	1 158	297
Schweiz	911	.[5]	557	877	154	1 379	×
Spanien	311	.[5]	693	.[4]	151	156	429
Türkei	210	.[5]	.[4]	124	.[4]	43	140
Übrige europäische Länder	1 275	.[5]	1 202	4 630	273	859	397
Kanada	210	.[5]	301	65	110	151	229
Vereinigte Staaten	2 469	363	2 010	341	669	1 170	1 979
Mittel- und Südamerika	445	.[5]	1 087	.[5]	202	203	534
Übrige Länder	2 278	905	2 870	639	687	1 176	2 288
Insgesamt	**21 331**	**8 923**	**16 031**	**39 695**	**6 183**	**92 520**	**39 193**

[1] Ohne Ausflügler.
[2] Nur Januar bis September.
[3] Nur Belgien.
[4] In »Übrige europäische Länder« enthalten.
[5] In »Übrige Länder« enthalten.
[6] Im Ausland lebende Spanier.
[7] Nur Hotels und hotelähnliche Unterkünfte.
[8] In »Großbritannien und Nordirland« enthalten.
[9] In »Spanien« enthalten.

11 Geld und Kredit

11.1 Bargeldumlauf, Bankeinlagen, Gold- und Devisenbestände der Zentralnotenbanken*)

Land	Währungseinheit	Bargeldumlauf und Bankeinlagen				Goldbestand[3])		Devisenbestand[4])	
		Bargeldumlauf[1])		Bankeinlagen[2])		1980	1981	1980	1981
		1980	1981	1980	1981	Mill. troy oz[5])		Mill. SZR[6])	
Europa									
Bundesrepublik Deutschland	Mrd. DM	84[7])	84[7])	159	159[7])	95	95	4 405	34 406
Deutsche Dem. Rep. u. Berlin (Ost)	Mill. M	12 250	.	99 730[8])	.	.	.	.	.
Belgien-Luxemburg	Mrd. bfrs	364	371	442	453[8])	34	34	5 147	3 236
Dänemark	Mrd. dkr	12	14	71	79	1,6	1,6	2 407	1 911
Finnland	Mill. Fmk	4 305	5	10 674	12	1	1,3	1 308	1 073
Frankreich	Mrd. FF	144	161	527	617	82	82	19 867	17 162
Griechenland	Mrd. Dr.	212	264	97	114	4	4	830	822
Großbritannien und Nordirland	Mill. £	10 425	11	20 805	24	19	19	14 699	11 003
Irland	Mill. Ir£	663	739	1 023	1 004	0,4	0,4	2 095	2 112
Island	Mill. ikr	224	406	786	1 222	0,05	0,05	125	185
Italien	Mrd. Lit	25 301	29 612	146 022	158 466	67	67	16 977	15 995
Jugoslawien	Mrd. Din	116	149	351	422	2	2	1 075	1 300
Niederlande	Mrd. hfl	22	22	44	41	44	44	8 181	6 934
Norwegen	Mrd. nkr	19	20	27	32	1,2	1,2	4 383	4 963
Österreich	Mrd. S	72	73	73	68	21	21	3 738	4 131
Portugal	Mrd. Esc	165	189	339	361	22	22	589	410
Schweden	Mrd. skr	34	36	...	45	6	6	2 314	2 704
Schweiz	Mrd. sfr	25	25	49	59	83	83	12 018	11 613
Spanien	Mrd. Ptas	1 185	1 333	2 913	3 297	15	15	8 865	8 759
Türkei	Mrd. TL.	...	280	...	...	4	4	999	1 104
Afrika									
Ägypten	Mill. ägypt£	3 407	4 301	1 452	2 012	2,5	2,5	820	990
Äthiopien	Mill. Br	1 029	1 039	188	648	0,3	0,3	59	219
Ghana	Mill. ₵	3 521	6 050	2 564	3 364	0,25	0,3	154	127
Kamerun	Mrd. CFA-Francs	78	102	130	157	0,03	0,01	136	61
Marokko	Mill. DH	9 807	11 133	15 684	17 883	0,7	0,7	312	196
Nigeria	Mill. ₦	3 186	3 862	5 926	5 982	0,7	0,7	7 522	2 662
Südafrika	Mill. R	1 861	2 273	6 537	9 000	12	9	404	350
Amerika									
Argentinien	Mrd. argent$	16 418	30 207	19 740	...	4	4	4 749	2 122
Bolivien	Mill. $b	9 461	10 352	5 233	6 735	0,76	0,8	83	86
Brasilien	Mrd. Cr$	291	...	1 079	...	1,9	2,2	3 953	5 059
Chile	Mill. chil$	35 625	44 736	43 249	29 385	1,7	1,7	2 382	2 680
Ecuador	Mill. s/.	15 285	17 414	38 858	45 354	0,4	0,4	754	490
Guatemala	Mill. Q	381	405	490	454	0,5	0,5	309	118
Haiti	Mill. Gde.	418	487	507	...	0,02	0,02	13	21
Kanada	Mrd. kan$	10	11	25	22	21	20	1 616	2 544
Kolumbien	Mrd. kol$	84	102	129	155	2,8	3,4	3 588	3 802
Mexiko	Mrd. mex$	195	283	282	352	2	2,3	2 108	3 187
Paraguay	Mill. ₲	31 175	31 150	31 189	31 282	0,04	0,04	571	652
Uruguay	Mill. urugN$	5 103	6 145	4 887	4 508	3	...	229	...
Venezuela	Mill. Bs	12 338	13 525	42 150	48 293	11,5	11,5	4 418	6 084
Vereinigte Staaten	Mrd. US-$	117	127	306	318	264	264	7 946	8 397
Asien									
Indien	Mrd. iR	126	137	78	95	8,6	8,6	4 738	3 234
Iran	Mrd. Rls	108	.	150	.	.	.	.	.
Israel	Mill. IS	2 128	4 413	4 878	8 102	1,2	1,2	2 593	3 004
Japan	Mrd. ¥	17 475	18 584	52 097	57 923	24	24	16 910	21 234
Jordanien	Mill. JD.	352	412	229	289	1,02	1,07	820	591
Korea, Republik	Mrd. ₩	1 856	2 025	1 951	1 961	0,3	0,3	2 283	2 250
Malaysia	Mill. M$	4 748	5 100	4 999	5 914	2,3	2,3	3 226	3 278
Pakistan	Mill. pR	32 482	34 485	34 189	37 899	1,8	1,9	366	571
Philippinen	Mill. ₱	10 180	11 630	12 360	11 890	1,9	1,7	2 231	1 888
Sri Lanka	Mill. S.L.Res	4 181	4 823	5 152	5 126	0,06	0,06	192	261
Syrien	Mill. syr£	13 422	...	8 432	...	0,8	0,8	247	...
Thailand	Mrd. ฿	46	48	24	24	2,5	2,5	1 217	1 438
Australien und Ozeanien									
Australien	Mill $A	4 975	5 533	12 245	12 530	8	8	1 070	1 138
Neuseeland	Mill. NZ$	577	684	2 057	2 309	0,02	0,02	249	532

*) Stand am Jahresende.
[1]) Die im Umlauf befindlichen Noten und Münzen ohne die Bestände der Emissions-Institute und der Geschäftsbanken (Currency Outside Banks).
[2]) Nicht gesperrte Einlagen (Scheck-Depositen bzw. Sichteinlagen) bei der Zentralbank und den Geschäftsbanken. Eingeschlossen sind z. B. Einlagen bei Anstalten der Post, wenn über diese Einlagen durch Scheck verfügt werden kann. Ohne Termineinlagen.
[3]) Brutto-Bestände der Schatzämter, Zentralbanken, Stabilisierungsfonds und anderer staatlicher Stellen. Ohne Goldeinlagen bei dem Internationalen Währungsfonds (IWF) sowie bei der Internationalen Bank für Wiederaufbau.
[4]) Kurzfristige ausländische Bruttoguthaben der Zentralbanken: Ausländische Zahlungsmittel, Bankguthaben im Ausland. Guthaben aus Zahlungs- und Verrechnungsabkommen, Auslandswechseln und kurzfristigen Schuldverschreibungen (mit einer ursprünglichen Fälligkeit von 1 Jahr und weniger). Ohne Ziehungsrechte bei dem IWF; noch nicht in Anspruch genommene Tranchen von Auslandsanleihen sowie ähnliche Ansprüche auf Auslandskredite.
[5]) 1 troy ounze = 31,103477 Gramm.
[6]) Sonderziehungsrechte (1 SZR im Januar 1983 = 1,08645 US$ bzw. 2,65909 DM).
[7]) Einschl. der im Ausland befindlichen Noten und Münzen.
[8]) Nur Spareinlagenbestand (einschl. Giro-, Lohn- und Gehaltskonten) bei den Kreditinstituten.

11.2 Spareinlagen*)

Land	Währungs-einheit	1974	1975	1976	1977	1978	1979	1980	1981
Europa									
Bundesrepublik Deutschland[1]	Mill. DM	334 070	408 364	454 051	495 032	535 277	562 480	588 129	599 833
Deutsche Demokratische Republik und Berlin (Ost)	Mill. M	70 218	75 315	80 210	86 083	92 046	96 958	99 730	102 960
Belgien[1]	Mill. bfrs	951 400	1 230 700	1 468 770	1 627 700	1 808 300	2 581 900	2 774 268	3 040 199
Dänemark[2]	Mill. dkr	51 729	66 309	90 646	99 399	102 862	112 927	129 888	144 728
Finnland	Mill. Fmk	28 371	33 317	37 295	42 151	48 033	55 904	65 244	74 857
Frankreich[1]	Mill. FF	341 363	600 153[2]	725 160	847 710	975 000	1 129 760	1 282 180	1 419 680
Großbritannien und Nordirland[2]	Mill. £	136 327	136 353	63 656	73 080	82 689	100 520	80 317	91 454
Italien	Mrd. Lit	40 399	54 912	74 420	90 794	108 380	127 786	142 806	157 416
Niederlande[1]	Mill. hfl	52 611	61 667	70 279	84 656	102 299	116 202	127 230	140 598
Norwegen[2]	Mill. nkr	45 984	54 048	63 178	74 317	84 933	98 220	111 723	708 315
Österreich[1]	Mill. S	231 593	277 051	375 572	419 720	490 454	556 350	613 384	1 270 254
Portugal[2]	Mill. Esc	194 717	206 800	245 399	326 714	448 315	632 317	907 806	228 162
Schweden	Mill. skr	95 977	131 545	124 989	134 546	145 160	178 488	203 662	164 282
Schweiz[1]	Mill. sfr	79 339	95 109	131 418	142 822	154 397	159 449	162 222	10 963
Spanien	Mrd. Ptas	2 857	3 396	4 054	4 871	6 168	7 606	9 153	91 454
Amerika									
Kolumbien	Mill. kol$	9 632	12 153	13 287[3]	...	...	...	...	...
Vereinigte Staaten[2]	Mill. US-$	758 360	845 516	851 963	946 018	1 017 443	1 093 073	1 242 650	1 242 650
Asien									
Japan[1][3]	Mrd. ¥	82 956	101 302[2]	227 242[4]	260 450[4]	297 492	185 121	207 389	231 461
Thailand[1][2]	Mill. B	66 751	79 924	102 444	127 496	151 709	170 553	212 198	257 141
Australien und Ozeanien									
Australien[4]	Mill. $A	20 333	23 814	27 242	32 562	35 202	39 151	44 282	49 539
Neuseeland	Mill. NZ$	2 447	2 421	2 689	2 940	3 816	5 012	5 771	6 746

*) Im allgemeinen Spareinlagen bei lokalen Sparkassen, Post- und Staatssparkassen, Geschäftsbanken, Kreditgenossenschaften, Bausparkassen und sonstigen Geldinstituten; Stand am Jahresende.
1) Einschl. Sparbriefe.
2) Einschl. Termineinlagen.
3) Zum 31. 3.
4) Zum 30. 6.

11.3 Diskontsätze der Zentralbanken im Verkehr mit Geschäftsbanken*)

Land	%	Gültig ab
Europa		
Bundesrepublik Deutschland	7	29. 2. 1980
	7½	19. 9. 1980
	7	27. 8. 1982
	6	22. 10. 1982
	5	3. 12. 1982
	4	18. 3. 1983
Belgien-Luxemburg	14	8. 4. 1982
	13½	29. 7. 1982
	12½	9. 9. 1982
	12	21. 10. 1982
	11½	12. 11. 1982
Dänemark	10	30. 11. 1982
Finnland	8½	1. 6. 1982
Frankreich	9½	31. 8. 1977
Großbritannien und Nordirland[1]	17	15. 11. 1979
	16	3. 7. 1980
	14	24. 11. 1980
	12	11. 3. 1981
	1)	—
Irland	12,85	22. 10. 1982
	14,35	23. 12. 1982
Island	28	Juni 1980
Italien	19	23. 3. 1981
	18	25. 8. 1982
Niederlande	8	19. 3. 1982
	7	27. 8. 1982
	6	22. 10. 1982
	5½	8. 11. 1982
	5	3. 12. 1982
Norwegen	9	30. 11. 1979
Österreich	4¾	3. 12. 1982
Portugal	19	20. 4. 1982
Schweden	10	12. 3. 1982
Schweiz	4½	3. 12. 1982
Spanien	8	26. 7. 1977
Türkei	31½	1. 5. 1981
Afrika		
Ägypten	13	Juli 1982
Ghana	10½	Juni 1982
Südafrika	13½	15. 12. 1981
Amerika		
Brasilien	33	Juli 1978
	47	Januar 1981
Costa Rica	49	März 1981
Ecuador	8	März 1976
	8	23. 1. 1970
Kanada[2]	10,97	26. 11. 1982
	11,05	3. 12. 1982
	10,26	24. 12. 1982
	10,05	31. 12. 1982
Venezuela	13	Sept. 1982
Vereinigte Staaten[3]	10½	16. 8. 1982
	10	27. 8. 1982
	9½	12. 10. 1982
	9	22. 11. 1982
	8½	14. 12. 1982
Asien		
Indien	9	22. 7. 1974
	10	11. 7. 1981
Japan	9	19. 3. 1980
	8¼	20. 8. 1980
	7¼	6. 11. 1980
	6¼	18. 3. 1981
	5½	11. 12. 1981
Korea, Republik	5	7. 5. 1982
Pakistan	5½	29. 3. 1982
	10	7. 6. 1977
Sri Lanka[4]	14	August 1981
Australien und Ozeanien		
Neuseeland	13	Juli 1981

*) Ohne Sonderkonditionen bei bestimmten Refinanzierungsgeschäften (z. B. beim Rediskont von Exportwechseln).
1) Bis 19. 8. 1981 »Minimum lending rate«; am 20. 8. 1981 hat die Bank von England die Bekanntgabe eingestellt.
2) Flexibler Diskontsatz (durchschnittlicher wöchentlicher Schatzwechsel-Emissionssatz plus ¼ Prozentpunkt).
3) Diskontsatz der Federal Reserve Bank of New York.
4) Satz für die Lombardierung von Staatspapieren.

11.4 Diskontsätze für Schatzwechsel und Geldmarktsätze*)

Prozent

Land	Diskontsätze / Geldmarktsätze	1974	1975	1976	1977	1978	1979	1980	1981
Europa									
Bundesrepublik Deutschland[1])	Geldmarktsätze	8,87	4,40	3,89	4,14	3,36	5,87	9,06	11,30
Belgien[2])	Geldmarktsätze	9,25	4,63	8,31	5,49	5,23	7,97	11,22	11,46
Frankreich	Geldmarktsätze	12,91	7,92	8,56	9,07	7,98	9,04	11,85	15,30
Großbritannien und Nordirland[3])	Tender rates 91 Tage	11,37	10,18	11,12	7,68	8,51	12,98	15,11	13,03
Niederlande[4])[5])	Tender rates 3 Monate	9,20	4,17	7,28	3,80	6,24	9,03	10,13	11,01
Schweiz[6])	Geldmarktsätze	3,39	3,47	1,20	2,11	...	...	...	...
Afrika									
Südafrika[7])	Tender rates 91 Tage	5,41	6,12	7,43	7,87	7,81	5,26	4,65	9,60
Amerika									
Kanada[8])	Tender rates 3 Monate	7,83	7,40	8,87	7,33	8,67	11,68	12,80	17,72
Vereinigte Staaten[9])	Tender rates 3 Monate	7,87	5,82	4,99	5,27	7,22	10,04	11,62	14,08
Asien									
Indien[10])	Geldmarktsätze	13,50	10,40	11,31	10,18	8,05	8,47	7,24	8,60
Japan	Geldmarktsätze	12,54	10,67	6,98	5,68	4,36	5,86	10,93	7,44
Pakistan[11])	Geldmarktsätze	10,33	9,87	9,37	10,87	10,41	8,83	8,63	9,27

*) Jahresdurchschnittliche Diskontsätze der Schatzwechsel, die laufend (Tab rates) oder zu einem bestimmten Datum (Tender rates) ausgegeben werden. – Jahresmittel der Geldmarktsätze für Ausleihungen auf dem freien Markt für den angegebenen Berichtszeitraum.
1) Tagesgeld.
2) Gewogenes Mittel der Tagesgeldsätze.
3) Gewogenes Mittel der Diskontierungssätze 91tägiger Schatzwechsel, zugeteilt durch wöchentliche Ausleihungen.
4) Einfaches Mittel der täglichen Kurse für alle Arten von Papieren 3 Monate vor ihrer Fälligkeit.
5) Geldmarktsätze.
6) Einfaches Mittel der Höchst- und Niedrigstsätze jeder Woche für Ausleihungen von Bank zu Bank.
7) Gewogenes Mittel der Diskontierungssätze 91tägiger Schatzwechsel, zugeteilt in wöchentlichen Submissionen.
8) Gewogenes Mittel der Angebotskurse neuer 3monatiger Schatzwechsel, die jeden Donnerstag ausgegeben werden.
9) Ungewogener Ausgabekurs der 3monatigen Schatzwechsel, die im Berichtszeitraum ausgegeben werden.
10) Gewogenes Mittel der Höchst- und Niedrigstsätze jeder Woche in Bombay.
11) Ausleihungen zwischen den Banken in Karatschi.

11.5 Index der Aktienkurse*)

umbasiert auf 1976 = 100

Land	Durchschnitt 1974	1975	1976	1977	1978	1979	1980	1981
Europa								
Bundesrepublik Deutschland[1])	80,3	91,3	100	99,9	107,1	104,6	99,3	102,9
Belgien	112,9	107,5	100	91,4	93,5	102,2	100,0	80,6
Dänemark	69,5	76,3	100	102,3	96,9	93,1	85,5	143,5
Finnland	123,5	111,5	100	81,9	79,3	96,8	102,9	106,0
Frankreich[2])	93,4	101,1	100	80,2	104,9	131,3	154,0	135,6
Großbritannien und Nordirland	66,8	83,4	100	128,2	144,4	164,1	175,4	197,7
Irland[3])	96,9	95,7	100	125,6	190,0	204,1	200,0	207,5
Italien[1])[3])	163,5	121,4	100	80,7	81,8	100,8	128,0	194,3
Niederlande	105,3	104,2	100	90,3	90,0	81,3	69,6	73,7
Norwegen	134,6	96,2	100	76,9	65,4	91,3	110,6	108,7
Österreich[4])	99,5	98,9	100	96,2	91,5	89,2	92,2	82,1
Schweden[3])	80,0	87,0	100	87,7	92,1	91,1	99,3	149,1
Schweiz[5])	100,9	90,6	100	105,2	101,3	112,1	106,3	96,6
Spanien[3])	134,7	115,7	100	68,6	55,4	47,7	44,4	56,6
Afrika								
Südafrika	103	100	100	93	107	144	213	210
Amerika								
Kanada	103,3	98,3	100	91,0	99,7	144,4	197,1	191,9
Kolumbien[1])[3])	92,4	81,2	100	141,6	209,5	271,2	234,4	275,9
Mexiko[1])	86,2	77,3	100	...	...	...	...	...
Peru	109,5	95,2	100	158,1	235,2	218,1	397,6	416,2
Venezuela[1])	75,4	85,6	100	104,4	72,8	58,9	47,9	41,6
Vereinigte Staaten[1])	81,3	84,4	100	94,8	92,8	109,4	117,6	126,1
Asien								
Indien	114,2	94,0	100	102,5	119,2	136,4	147,2	180,6
Israel[3])	70,3	81,3	100	170,1	253,1	361,8	971,6	1 598,3
Japan[1])[3])	88,4	89,7	100	108,4	119,5	129,5	137,8	158,7
Pakistan[3])	77,3	98,3	100	127,2	144,4	166,8	154,0	152,4
Australien und Ozeanien								
Australien[3])[6])	73,2	80,5	100	95,9	108,8	133,8	199,9	208,2
Neuseeland	99,1	91,7	100	90,8	99,1	107,3	135,8	...

*) Errechnet aus den Kursnotierungen von Stammaktien, die an den führenden Börsen des betreffenden Landes gehandelt werden und einen repräsentativen Querschnitt der industriellen Unternehmen darstellen. Ein Gesamtindex, der Versorgungswirtschaft, Verkehr, Handel und Geldinstitute mit einschließt, wird für einige Länder gebracht, für die kein Industrieindex vorliegt. – Quelle: International Financial Statistics, IWF, Washington. – Soweit nichts anderes vermerkt, umgerechnet von der Basis 1975 = 100.
1) Originalbasis 1972 = 100. – Durchschnitt der Tagesnotierungen.
2) Notierungen an der Börse von Paris.
3) Gesamtindex.
4) Freitagnotierung in Wien.
5) Kurs von 53 Aktien in 3 Städten.
6) Stammaktien.

11.6 Darlehen der Weltbank

Mill. US-$

Hauptaufgabe der Weltbank ist es, langfristige, verzinsliche Darlehen für produktive Projekte zu gewähren, die zum wirtschaftlichen Wachstum ihrer weniger entwickelten Mitgliedsländer beitragen. Die Bank gibt ihre Mittel entweder an die Regierungen der Mitgliedsländer oder an öffentliche oder private Institutionen, die eine Garantie ihrer Regierung beibringen müssen. Schwerpunkte der finanzierten Projekte liegen auf dem Gebiet der Energieversorgung, des Transport- und Verkehrswesens, der Industrie und der Landwirtschaft. Die Mittel für die Vergabe von Darlehen beschafft sich die Weltbank außer durch Einsatz ihrer Eigenmittel vor allem durch Inanspruchnahme der Kapitalmärkte der Welt sowie bilateral bei öffentlichen oder privaten Institutionen.

Empfänger	Ausgezahlte Darlehen (brutto)			Rückzahlungen			Ausgezahlte Darlehen	Rückzahlungen	Restschuld
	1980	1981	1982	1980	1981	1982	1946 — 1982		31. 12. 82
Europa	**938,2**	**1 124,6**	**1 373,8**	**288,2**	**318,1**	**388,2**	**8 959,3**	**3 510,6**	**5 448,7**
darunter:									
Belgien	—	—	—	—	—	—	76,0	76,2	− 0,2
Dänemark	—	—	—	2,3	2,1	2,7	85,0	91,3	− 6,3
Finnland	—	—	—	17,7	12,6	8,2	302,2	341,0	−38,7
Frankreich	—	—	—	—	—	—	250,0	250,0	0,0
Irland	9,9	4,8	1,7	11,6	10,4	10,5	150,3	57,2	93,2
Island	—	—	—	2,2	2,4	2,0	47,0	22,6	24,4
Italien	—	—	—	11,8	—	—	398,0	465,6	−67,6
Jugoslawien	281,4	217,9	330,3	79,8	98,4	121,9	2 246,5	597,5	1 649,0
Norwegen	—	—	—	5,3	4,8	4,2	145,0	142,7	2,3
Portugal	55,8	36,4	91,1	12,5	14,2	24,5	282,7	93,1	189,6
Rumänien	242,5	378,4	413,0	25,6	43,1	66,3	1 630,8	144,3	1 486,4
Spanien	8,0	11,9	3,2	40,2	39,7	40,0	404,2	296,5	107,7
Türkei	312,6	451,5	500,2	52,5	64,8	80,0	2 338,5	401,9	1 936,5
Afrika	**741,3**	**771,3**	**967,1**	**223,4**	**218,9**	**246,8**	**7 650,1**	**2 249,3**	**5 400,8**
darunter:									
Ägypten	168,5	130,9	100,1	7,0	11,3	21,2	716,9	118,7	598,3
Äthiopien	0,1	—	—	5,4	4,1	3,9	108,6	63,4	45,2
Algerien	38,9	41,9	28,5	15,0	18,1	20,7	428,1	157,0	271,1
Gabun	0,1	0,1	0,2	2,5	2,2	1,7	65,6	52,1	13,5
Ghana	24,6	18,8	10,0	4,6	4,3	6,7	169,7	40,8	128,8
Kenia	45,2	54,9	87,8	11,7	11,7	14,7	485,3	63,5	421,8
Marokko	63,7	99,3	134,1	36,3	36,5	35,3	944,1	264,8	679,3
Nigeria	62,9	74,4	144,3	32,5	30,5	31,3	894,5	232,9	661,5
Sambia	27,7	17,9	19,9	17,0	14,2	17,6	449,5	108,8	340,7
Sudan	1,3	5,7	2,5	5,5	3,9	3,5	136,7	94,3	42,4
Südafrika	—	—	—	—	—	—	241,8	239,2	2,6
Zaire	23,3	0,3	—	7,6	7,0	5,5	191,6	124,3	67,3
Amerika	**1 594,7**	**1 713,6**	**1 977,0**	**488,0**	**531,3**	**655,2**	**14 572,8**	**4 663,0**	**9 909,8**
darunter:									
Argentinien	71,1	119,7	83,1	40,6	44,9	56,7	800,8	311,8	489,0
Brasilien	343,2	387,0	623,2	115,0	137,1	208,3	3 777,3	1 108,3	2 669,1
Chile	14,1	30,0	32,3	10,5	12,5	14,2	374,3	193,9	180,4
Costa Rica	29,4	22,3	19,7	9,1	8,8	11,2	272,8	80,4	192,3
Ecuador	34,0	54,1	41,2	12,2	12,7	17,9	275,6	109,2	166,4
El Salvador	10,4	14,9	11,4	4,1	4,3	4,5	162,1	61,8	100,3
Kolumbien	217,7	250,6	277,2	81,7	80,1	93,4	2 026,9	739,6	1 287,3
Mexiko	421,8	460,0	407,8	110,5	112,4	135,9	3 603,6	1 000,6	2 602,9
Nicaragua	12,1	32,1	17,4	5,0	7,0	5,9	187,0	61,3	125,7
Peru	139,6	76,3	84,5	17,1	20,5	22,3	679,3	216,5	462,9
Uruguay	4,4	6,2	21,5	9,4	10,4	6,5	217,3	157,5	59,8
Venezuela	0,5	—	—	32,5	33,1	19,4	342,2	290,6	51,6
Asien	**1 388,0**	**1 865,8**	**2 501,3**	**574,9**	**526,3**	**594,6**	**15 944,0**	**5 522,5**	**10 421,5**
darunter:									
Birma	—	—	—	—	—	—	33,1	37,4	− 4,3
China (Taiwan)	—	—	—	22,7	21,7	20,3	309,8	202,0	107,8
Indien	195,8	240,3	427,9	106,4	66,3	72,2	2 528,8	1 307,1	1 221,6
Indonesien	331,2	314,2	504,6	38,2	43,5	71,0	1 921,4	189,0	1 732,4
Iran	4,0	0,2	—	72,0	52,4	47,5	1 022,7	656,2	366,5
Israel	14,3	13,1	3,2	19,1	14,9	13,6	283,8	206,6	77,2
Japan	—	—	—	64,9	51,5	28,3	857,0	839,2	17,9
Korea, Republik	253,9	366,8	704,1	72,9	96,4	125,2	2 971,7	421,3	2 550,4
Malaysia	80,1	106,1	123,9	32,9	37,4	40,4	870,7	230,9	639,8
Pakistan	16,0	7,2	58,9	37,8	32,9	35,6	793,0	515,2	277,8
Philippinen	228,7	441,1	250,9	43,5	38,9	58,4	1 804,2	307,2	1 497,0
Singapur	7,3	2,3	—	10,7	10,7	10,2	179,4	85,9	93,5
Sri Lanka	0,4	—	4,6	2,9	2,2	1,6	77,5	46,3	31,3
Thailand	145,3	288,8	369,5	32,7	34,2	42,5	1 594,1	335,4	1 258,7
Australien und Ozeanien	**7,6**	**11,8**	**16,0**	**27,2**	**13,4**	**14,8**	**646,1**	**519,3**	**126,8**
darunter:									
Australien	—	—	—	8,9	5,8	6,1	417,7	398,3	19,4
Neuseeland	—	—	—	14,5	3,5	3,3	101,5	98,7	2,8
Papua-Neuguinea	1,9	1,5	2,7	3,0	9,0	3,1	67,1	16,3	50,9
International Finance Corporation[1]	**35,6**	**103,1**	**39,5**	**24,4**	**26,6**	**27,0**	**660,5**	**162,8**	**497,7**
Insgesamt	**4 705,4**	**5 590,1**	**6 874,8**	**1 626,1**	**1 634,6**	**1 926,5**	**48 432,8**	**16 627,5**	**31 805,3**

[1]) Aufgabe der International Finance Corporation (Teil der Weltbankgruppe) ist die Unterstützung der wirtschaftlichen Entwicklung durch Förderung produktiver privater Unternehmen in ihren Mitgliedsländern, insbesondere in den weniger entwickelten Ländern der Welt.

11.7 Quoten und Ziehungen der Mitgliedsländer beim Internationalen Währungsfonds

Die Mitgliedsländer des Internationalen Währungsfonds (IWF) sind im Bedarfsfall zur Ziehung von Fremdwährungsbeträgen beim Allgemeinen Konto des Fonds berechtigt. Diejenigen Mitglieder des Fonds, die auch Teilnehmer an der Sonderziehungsrechts-Abteilung sind, können außerdem zur Beschaffung benötigter Devisen auf die ihnen zugeteilten Sonderziehungsrechte zurückgreifen.

Ziehungen beim Allgemeinen Konto erfolgen in der Form eines Kaufs ausländischer Währung beim Fonds gegen Hergabe entsprechender Beträge der eigenen Landeswährung. Spätestens nach drei bis fünf Jahren (bei Sonderfazilitäten teilweise auch später) müssen die dem Fonds überlassenen Landeswährungsbeträge gegen Sonderziehungsrechte oder für den Fonds akzeptable Fremdwährung zurückgekauft werden, insoweit nicht zwischenzeitlich der Bestand des Fonds in der betreffenden Währung durch Ziehungen anderer Länder vermindert worden ist. Der Fonds erhält die für seine Operationen erforderlichen Mittel aus Einzahlungen auf die Kapitalanteile (Quoten) der Mitgliedsländer, wobei im allgemeinen 25% der Quote in Sonderziehungsrechten (bis zum 31. 3. 1978 in Gold) und 75% in Landeswährung eingezahlt werden müssen. Die Höhe der Ziehungsrechte jedes Mitglieds ist grundsätzlich dadurch begrenzt, daß der Bestand des Fonds an einer Währung 200% der Quote des betreffenden Landes nicht übersteigen darf. Bei Inanspruchnahme von Sonderfazilitäten kann diese Grenze jedoch weit überschritten werden.

Sonderziehungsrechte werden den Teilnehmern an der Sonderziehungsrechts-Abteilung auf Beschluß des IWF seit dem 1. 1. 1970 entsprechend dem weltweiten Bedarf an zusätzlichen Reserven zugeteilt, wobei die Quoten als Zuteilungsschlüssel dienen. Die vom Fonds »designierten« zahlungsbilanz- und reservestarken Teilnehmer sind verpflichtet, maximal bis zum Doppelten ihrer kumulativen Nettozuteilung zusätzlich Sonderziehungsrechte von anderen Teilnehmern im Tausch gegen konvertible Währung entgegenzunehmen.

Mitgliedsland	Allgemeines Konto					Sonderziehungsrechts-Abteilung				
	Quoten der Mitgliedsländer am 31. 12. 1982	Ziehungen (Käufe) der Mitgliedsländer		Netto-Inanspruchnahme der Fondsmittel[1]) (Stand am 31. 12. 1982)	Bestände an Landeswährungen am 31. 12. 1982[2])	Zuteilungen (Stand am 31. 12. 1982)	Netto-Empfang oder -Verwendung		Bestand am 31. 12. 1982	
		1981	1982				1981	1982		
	Mill. SZR[3])				% der Quoten	Mill. SZR[3])				% der Zuteilungen
Europa	**20 769,0**	**1 299,7**	**1 515,8**	**4 008,6**	***88,1***	**7 767,6**	**99,7**	**697,4**	**7 330,7**	***94,4***
darunter:										
Bundesrepublik Deutschland	3 234,0	—	—	—	*50,7*	1 210,8	−280,3	479,6	1 862,1	*153,8*
Belgien	1 335,0	—	—	—	*77,5*	485,3	40,4	44,1	672,0	*138,5*
Dänemark	465,0	—	—	—	*78,6*	178,9	3,4	3,8	176,4	*98,6*
Finnland	393,0	—	—	14,4	*83,9*	142,7	16,1	− 19,9	104,3	*73,1*
Frankreich	2 878,5	—	—	—	*69,8*	1 079,9	150,9	−192,8	887,3	*82,2*
Griechenland	277,5	—	—	—	*80,0*	103,5	− 18,7	− 0,1	—	—
Großbritannien und Nordirland	4 387,5	—	—	51,6	*69,1*	1 913,1	106,4	208,7	1 060,7	*55,4*
Italien	1 860,0	—	—	—	*66,1*	702,4	25,3	38,6	711,4	*101,3*
Jugoslawien	415,5	554,0	554,0	1 590,3	*482,0*	155,2	33,5	− 71,9	—	—
Niederlande	1 422,0	—	—	—	*65,7*	530,3	55,6	180,0	771,7	*145,5*
Norwegen	442,5	—	—	—	*46,1*	167,8	7,5	89,0	284,3	*169,5*
Österreich	495,0	—	—	—	*56,1*	179,1	− 21,4	40,8	226,5	*126,5*
Portugal	258,0	—	14,0	9,8	*84,9*	53,3	− 8,8	− 6,4	2,3	*4,2*
Schweden	675,0	—	—	—	*78,8*	246,5	4,4	8,8	233,3	*94,6*
Spanien	835,5	—	—	4,8	*76,0*	298,8	31,2	−132,8	185,8	*62,2*
Türkei	300,0	400,0	300,0	1 319,2	*539,7*	112,3	− 20,2	− 0,1	0,1	*0,1*
Afrika	**4 752,5**	**1 875,9**	**2 667,7**	**5 258,4**	***201,9***	**1 577,2**	**33,9**	**−191,6**	**540,3**	***34,3***
darunter:										
Ägypten	342,0	—	47,0	52,0	*115,2*	135,9	− 23,0	− 0,1	0,1	*0,1*
Ghana	159,0	—	8,5	19,4	*112,2*	63,0	− 10,3	− 0,4	0,2	*0,3*
Marokko	225,0	192,8	433,3	787,7	*450,1*	85,7	− 14,4	− 0,9	0,5	*0,6*
Südafrika	636,0	—	902,2	795,0	*225,0*	220,4	35,1	− 16,4	99,1	*45,0*
Sudan	132,0	165,6	71,8	454,3	*444,1*	52,2	− 8,5	− 0,5	—	—
Zaire	228,0	194,6	131,6	383,1	*268,0*	86,3	− 0,8	− 0,6	—	—
Amerika	**20 328,7**	**560,8**	**1 856,1**	**2 676,8**	***79,2***	**7 730,1**	**302,5**	**323,9**	**5 564,6**	***72,0***
darunter:										
Argentinien	802,5	—	137,4	—	*88,7*	318,4	35,9	−347,1	—	—
Brasilien	997,5	—	498,8	498,8	*124,0*	358,7	19,5	−387,8	0,3	*0,1*
Chile	325,5	—	—	5,7	*80,1*	121,9	− 8,7	1,3	17,7	*14,5*
Kanada	2 035,5	—	—	—	*84,4*	779,3	−334,3	− 85,3	64,2	*8,2*
Kolumbien	289,5	—	—	—	*39,5*	114,3	14,4	43,0	162,4	*142,1*
Mexiko	802,5	—	361,7	200,6	*125,0*	290,0	− 14,6	−147,6	5,3	*1,8*
Peru	246,0	—	299,9	588,8	*339,4*	91,3	− 16,6	20,1	29,9	*32,7*
Vereinigte Staaten	12 607,5	—	—	—	*56,2*	4 899,5	615,2	1 240,6	4 759,1	*97,1*
Asien	**13 590,0**	**3 292,2**	**2 417,8**	**7 266,0**	***125,1***	**3 728,5**	**124,3**	**491,6**	**4 193,8**	***112,5***
darunter:										
Bangladesch	228,0	106,0	131,2	374,1	*260,8*	47,1	− 15,7	0,7	0,8	*1,6*
Indien	1 717,5	300,0	1 500,0	2 066,0	*199,1*	681,2	− 25,2	−128,9	339,4	*49,8*
Indonesien	720,0	—	—	—	*69,7*	239,0	41,0	54,7	281,9	*118,0*
Irak	234,1	—	—	—	*52,2*	68,5	10,5	− 39,5	74,2	*108,4*
Iran	660,0	—	—	—	*89,3*	244,1	5,8	8,6	299,8	*122,8*
Israel	307,5	25,6	—	27,2	*108,8*	106,4	29,1	− 0,1	0,5	*0,5*
Japan	2 488,5	—	—	—	*57,7*	891,7	129,8	233,7	1 895,4	*212,6*
Pakistan	427,5	482,9	455,2	1 056,5	*333,4*	170,0	− 3,2	− 2,6	45,9	*27,0*
Philippinen	315,0	200,0	—	755,3	*339,8*	116,6	− 19,8	0,8	2,5	*2,1*
Thailand	271,5	531,0	64,4	636,2	*334,3*	84,7	7,7	− 30,1	22,2	*26,3*
Australien und Ozeanien	**1 619,6**	**53,1**	**326,5**	**100,1**	***105,8***	**630,0**	**− 10,2**	**12,1**	**115,3**	***18,3***
Insgesamt	**61 059,8**	**7 081,7**	**8 783,9**	**19 309,6**	***102,7***	**21 433,4**	**550,2**	**1 333,4**	**17 744,6**	***82,8***

[1]) Durch Ziehungen, die den Bestand des Fonds an der Währung des betreffenden Mitglieds auf mehr als 100% seiner Quote ansteigen lassen, entstehen Rückzahlungsverpflichtungen, die durch Rückkäufe der Landeswährung mit Sonderziehungsrechten (SZR) bzw. Fremdwährung zu erfüllen sind. Die Rückzahlungsverpflichtungen können aber auch dadurch abgebaut werden, daß der Fonds die Währung des »Kreditnehmers« bei Ziehungen anderer Länder einsetzt und damit seinen Bestand an dieser Währung wieder verringert.

[2]) Einschl. der Bestände im Zusammenhang mit der Inanspruchnahme von Sonderfazilitäten.

[3]) Die SZR sind ausgedrückt in Werteinheiten, die dem Wert eines gewogenen Mittels der Währungen der wichtigsten am Welthandel beteiligten Länder entsprechen (Korbbewertung). Bis zum 31. 3. 78 entsprach 1 SZR der Goldparität des US-$ vor dem Währungsabkommen vom 18. 12. 1971 (1 US-$ = 0,888671 g Feingold).

12 Bildung und Kultur

12.1 Schüler und Studenten nach Bildungsbereichen

1 000

Die bildungsstatistischen Daten in diesem Abschnitt sind entsprechend der Internationalen Standardklassifikation des Bildungswesens (ISCED) der UNESCO nicht nach Schularten, sondern nach Bildungsbereichen gegliedert. Die Vergleichbarkeit der Angaben von Land zu Land wird jedoch durch unterschiedliche Bildungssysteme, Erfassungs- und Zuordnungsmethoden beeinträchtigt.

Dem Primarbereich sind die Schulen zugeordnet, die – normalerweise beginnend mit dem 6. Lebensjahr – im Rahmen der allgemeinen Schulpflicht eine Grundausbildung von mindestens vier, im Durchschnitt aber von etwa sechs Jahren Dauer vermitteln.

Der Sekundarbereich umfaßt in der Regel zwei Bildungsabschnitte (Sekundarbereich I und II). Der längere Abschnitt (Sekundarbereich I) endet in den meisten Ländern mit Erfüllung der allgemeinen Schulpflicht. Der sich anschließende kürzere Abschnitt (Sekundarbereich II) vermittelt einen weiterführenden Abschluß.

Der Tertiärbereich umfaßt die Ausbildungsgänge nach Erfüllung der allgemeinen Schulpflichtzeit, die an den jeweils letzten Abschluß einer Ausbildung im Sekundarbereich II anschließen.

Im allgemeinen beziehen sich die Angaben auf öffentliche und private Schulen. Außer Betracht bleiben die Sonderschulen und die Einrichtungen der Erwachsenenbildung (Abendschulen und Fernunterricht).

Für die Bundesrepublik Deutschland siehe Vorbemerkung S. 342 f.

Land	Jahr	1)	Primar-	Sekundar- bereich	Tertiär-
Europa					
Bundesrepublik Deutschland	1979	i	3 003	6 594	1 152[2])
		w	1 465	3 288	470[2])
Deutsche Demokratische Republik und Berlin (Ost)	1979	i	2 314[3])	509	386[4])[5])
		w	1 168[3])	.	220[4])[5])
Dänemark	1978	i	448	354[6])	105
		w	.	180[6])	49
Finnland	1979	i	390	448	84[5])
		w	190	232	42[5])
Frankreich	1979	i	4 651	5 008	1 021[5])
		w	2 257	2 579	493[5])
Griechenland	1978	i	923	710	121
		w	445	313	47
Großbritannien und Nordirland	1978	i	5 327	5 381	760[7])
		w	2 597	2 652	272[7])
Italien	1979	i	4 518	5 289	1 091[5])
		w	.	.	450[5])
Jugoslawien	1979	i	1 423	2 414	447
		w	688	1 126	179
Niederlande	1979	i	1 380	1 385	329[5])
		w	681	658	117[5])
Norwegen	1979	i	395	356	76[5])
		w	193	176	34[5])
Österreich	1979	i	421	726	119[5])
		w	205	359	48[5])
Polen	1979	i	4 113[3])	1 715	607[4])
		w	.	861	.
Portugal	1977	i	1 220	500	85
		w	584	250	36
Rumänien	1979	i	3 122[3])	924	193[4])
		w	1 523[3])	438	.
Schweden	1979	i	677	591	199[5])
		w	330	304	90[5])
Schweiz	1979	i	506[8])	426[6])	80
		w	244[8])	210[6])	23
Sowjetunion	1979	i	33 576[3])	10 217[4])	5 110[4])[5])
		w	.	.	.
Spanien	1977	i	3 602	3 502	663
		w	1 749	1 705	264
Tschechoslowakei	1979	i	1 875[3])	376	191
		w	921[3])	232	78
Türkei	1978	i	5 571	2 075	320
		w	2 513	669	79
Ungarn	1979	i	1 128[3])	199	106[4])[5])
		w	548[3])	115	53[4])[5])
Afrika					
Ägypten	1979	i	4 435	2 593	493[9])[10])
		w	1 771	969	149[9])[10])
Algerien	1979	i	3 061	933	57
		w	1 275	354	.
Ghana	1978	i	1 295[10])	614	10[11])
		w	570[10])	234	1[11])
Kamerun	1978	i	1 254	199	9[7])
		w	568	69	1[7])
Kenia	1978	i	3 232[10])	367[6])	10
		w	.	.	.
Sudan	1979	i	1 428	358	26[5])
		w	579	124	6[5])
Amerika					
Argentinien	1978	i	3 680[7])	1 293	478
		w	1 811[7])	685	239
Brasilien	1977	i	20 567	2 438	1 251[5])
		w	10 096	1 303	.
Chile	1979	i	2 236	536	127
		w	1 095	285	50
Kanada	1979	i	2 206	2 388[6])	831[5])
		w	1 075	1 182[6])	406[5])
Mexiko	1979	i	14 283[10])	4 285[10])	698[5])
		w	6 855[10])	1 917[10])	200[5])
Peru	1978	i	3 126[10])	1 090[10])	210
		w	.	.	.
Vereinigte Staaten	1977	i	25 652[8])[10])	20 342	11 286
		w	.	.	5 497
Asien					
Indien	1977	i	69 750	25 427[6])[10])	4 555[9])
		w	27 213	7 859[6])[10])	1 110[9])
Indonesien	1978	i	22 025	4 468	296[9])
		w	10 177	1 748	83[9])
Iran	1977	i	5 021	2 203[6])	156
		w	1 952	841[6])	49
Israel	1978	i	583	183	87
		w	286	95	40
Japan	1979	i	11 629[8])	9 481[8])[12])	2 432[5])[13])
		w	5 668[8])	4 648[8])[12])	799[5])[13])
Pakistan	1978	i	6 564[10])	2 155[10])	148[7])
		w	1 733[10])	527[10])	40[7])
Thailand	1977	i	6 956	1 325[9])	217
		w	3 307	620[9])	92
Australien und Ozeanien					
Australien	1979	i	1 681[14])	1 098	317
		w	821[14])	543	142
Neuseeland	1979	i	390[8])	356[8])	85
		w	190[8])	176[8])	33

1) i = insgesamt, w = weiblich.
2) Einschl. Schulen der beruflichen Fortbildung.
3) Die Angaben beziehen sich auf Schüler bis zur 8., teilweise bis zur 9. oder 10. Klassenstufe.
4) Einschl. Abendschulen und Fernunterricht.
5) 1978.
6) Unvollständiges Ergebnis.
7) 1977.
8) Einschl. Sonderschulen.
9) 1976.
10) Geschätztes Ergebnis.
11) 1979.
12) Einschl. Teilzeitschüler.
13) Einschl. Fernunterricht.
14) Einschl. Elementarstufe und Sonderschulen.

12.2 Hörfunk und Fernsehen 1979

1 000

Land	Hörfunk-empfänger Anzahl	Hörfunk-empfänger je 1 000 Einwohner	Fernseh-empfänger Anzahl	Fernseh-empfänger je 1 000 Einwohner
Europa				
Bundesrepublik Deutschland[1])[2])	21 152	344	19 422	316
Deutsche Demokratische Republik und Berlin Ost[2])	6 288	376	...	...
Belgien[2])	4 451	452	2 885	293
Bulgarien[2])	...	...	1 750	196
Dänemark[2])	1 929	377	1 830	358
Finnland	2 500	525	1 508	316
Frankreich[2])	18 000	337	15 609	292
Griechenland	2 900	307	1 385	147
Großbritannien und Nordirland	52 000	931	22 000	394
Irland	1 250	371	750	223
Island[2])	132	579	62	270
Italien[2])	13 634	240	13 170	231
Jugoslawien[2])	4 634	209	4 189	189
Luxemburg	186	512	89	245
Niederlande[2])	4 315	308	4 111	293
Norwegen	1 332	327	1 173	288
Österreich[2])	2 640	352	2 114	282
Polen[2])	8 555	240	7 708	216
Portugal	1 575	160	1 203	122
Rumänien[2])	3 195	145	3 588	163
Spanien	9 600	258	9 424	253
Schweden[2])	.	.	3 103	374
Schweiz[2])	2 250	355	1 973	312
Sowjetunion	125 000	473	80 000	303
Tschechoslowakei[2])	4 431	291	3 910	256
Ungarn[2])	2 600	243	2 667	249
Afrika				
Ägypten	5 400	132	1 300	32
Algerien	3 220	168	750	39
Angola	125	18	2	0
Äthiopien	220	7	25	1
Burundi	150	34	—	—
Gabun	96	176	9	16
Gambia	64	109	—	—
Ghana	1 200	106	50	4
Guinea	121	25	—	—
Kamerun	750	91	—	—
Kenia	532	35	60	4
Kongo	92	61	—	—
Liberia	319	177	21	11
Libyen	131	46	160	56
Madagaskar	1 150	135	...	...
Malawi	250	43	—	—
Mali	90	14	—	—
Marokko	2 100	108	750	39
Mauretanien	110	69	—	—
Mauritius[2])	184	196	69	73
Mosambik[2])	255	25	2	0
Nigeria	5 500	74	450	6
Obervolta	110	16	7	1
Réunion	100	204	76	155
Sambia	125	22	60	11
Senegal	300	54	...	...
Simbabwe[3])	...	...	70	10
Somalia	80	23	—	—
Sudan	1 325	74	105	6
Südafrika	...	...	1 966	69

Land	Hörfunk-empfänger Anzahl	Hörfunk-empfänger je 1 000 Einwohner	Fernseh-empfänger Anzahl	Fernseh-empfänger je 1 000 Einwohner
Tansania	500	28	6	0
Tschad	100	23	—	—
Tunesien[2])	587	95	300	48
Uganda	250	19	72	5
Zaire	...	...	8	0
Amerika				
Argentinien	...	...	4 715	176
Bahamas	99	442	31	139
Brasilien	35 000	295	15 000	126
Chile	3 239	297	1 225	112
Costa Rica	180	82	161	73
Dominikanische Republik	215	41	300	57
Ecuador	...	...	400	49
El Salvador	1 508	340	276	62
Guatemala	285	40	...	...
Haiti	101	21	15	3
Honduras	176	49	49	14
Jamaika	718	332	167	77
Kanada	26 142	1 104	11 040	466
Kolumbien	3 005	114	2 000	76
Kuba	2 575	263	1 114	114
Mexiko	20 000	288	7 500	108
Nicaragua	650	262	...	...
Panama	285	152	220	117
Paraguay	186	63	57	19
Peru	2 500	145	850	49
Uruguay	1 630	566	362	126
Venezuela	...	...	1 710	127
Vereinigte Staaten	450 000	2 040	140 000	635
Asien				
Birma	700	21	—	—
Hongkong	2 530	516	1 044	213
Indien[2])	...	...	680	1
Indonesien	6 000	40	...	...
Irak	2 000	157	600	47
Iran	...	...	2 000	54
Israel	802	212	580	153
Japan	90 000	777	28 439	245
Jemen	105	18	1	0
Jordanien	536	174	165	53
Korea, Republik	...	...	5 661	151
Kuwait	520	409	540	425
Libanon	2 000	648	600	194
Malaysia	2 000	150	850	64
Pakistan	5 250	66	750	9
Philippinen	2 100	45	1 000	21
Singapur[2])	423	179	500	212
Sri Lanka[2])	700	47	—	—
Syrien	...	...	377	45
Thailand	5 900	128	800	17
Zypern	300	483	100	161
Australien und Ozeanien				
Australien	...	...	5 515	383
Neuseeland	2 750	888	860	278

[1]) Nur gebührenpflichtige Empfangsgeräte.
[2]) Erteilte Genehmigungen.
[3]) Ehem. Südrhodesien.

13 Gesundheitswesen

13.1 Sterbefälle nach Todesursachen

je 100 000 Einwohner

Pos.-Nr. der ICD[1])	Todesursache	Bundesrepublik Deutschland	Deutsche Dem. Rep. und Berlin (Ost)	Belgien[2])	Bulgarien	Dänemark[3])	Finnland[4])	Frankreich[2])[5])	Griechenland	Großbritannien u. Nordirland	Irland
		1979	1978	1977	1978	1979	1977	1978	1978	1978	1977
B 1	Cholera	—	—	—	—	—	—	—	—	—	—
B 2	Typhus (Typhus abdominalis)	0,0	0,0	0,0	—	—	—	0,0	—	0,0	—
B 3	Bakterielle Ruhr und Amöbeninfektion	0,0	0,0	0,0	0,2	—	—	.	—	0,0	0,0
B 4	Enteritis und sonstige Durchfallkrankheiten	0,3	0,8	0,7	1,1	0,7	1,3	1,6	1,8	0,6	1,5
B 5	Tuberkulose der Atmungsorgane	2,5	2,7	3,1	4,8	0,8	2,6	3,4	3,5	1,1	3,0
B 6	Sonstige Formen der Tuberkulose, einschl. der Spätfolgen	1,0	2,2	0,3	0,6	0,9	3,2	1,2	1,8	0,8	2,5
B 7	Pest	—	—	—	—	—	—	—	—	—	—
B 8	Diphtherie	0,0	—	—	—	—	—	0,0	—	—	—
B 9	Keuchhusten	0,0	—	—	0,0	—	—	0,0	0,0	0,0	—
B 10	Durch Streptokokken hervorgerufene Rachenkrankheiten und Scharlach	—	—	0,0	—	—	—	0,0	—	0,0	0,0
B 11	Meningokokkeninfektion	0,2	0,1	0,2	0,2	0,1	0,3	0,2	0,5	0,2	0,5
B 12	Akute Poliomyelitis	0,0	0,0	0,0	—	—	—	0,0	—	—	—
B 13	Pocken	—	—	—	—	—	—	—	—	—	—
B 14	Masern	0,0	0,0	0,0	0,0	0,0	—	0,0	0,0	0,0	0,2
B 15	Fleckfieber und sonstige Rickettsiosen	0,0	—	—	—	—	—	0,0	—	0,0	—
B 16	Malaria	0,0	—	0,0	—	—	0,0	0,0	0,0	0,0	—
B 17	Syphilis (Lues) und ihre Folgeerscheinungen	0,2	0,2	0,2	—	0,1	0,3	0,1	0,3	0,2	—
B 18	Alle sonstigen infektiösen und parasitären Krankheiten	3,4	1,7	4,3	3,4	2,1	2,2	8,5	3,8	2,0	2,5
B 19	Bösartige Neubildungen, einschl. der Neubildungen der lymphatischen und blutbildenden Organe	252,1	220,7	255,8	142,7	262,4	179,8	228,2	168,8	257,0	187,8
B 20	Gutartige Neubildungen und Neubildungen unbekannten Charakters	7,6	3,4	2,1	4,2	3,8	3,3	7,8	0,8	2,4	2,2
B 21	Diabetes mellitus	23,4	22,9	31,0	11,0	11,4	15,3	15,8	31,6	10,0	10,8
B 22	Avitaminosen und sonstige Ernährungsmangelkrankheiten	.	3,7	6,0	0,0	0,4	0,3	8,9	0,6	0,4	0,4
B 23	Anämien	1,5	3,2	1,9	0,7	1,3	1,3	2,5	3,0	2,5	2,7
B 24	Meningitis	0,6	0,6	0,4	1,3	0,9	0,8	1,1	0,7	0,6	1,0
B 25	Akutes rheumatisches Fieber	0,1	0,4	0,0	1,6	0,0	0,1	0,1	0,0	0,1	0,1
B 26	Chronische rheumatische Herzkrankheiten	3,3	8,0	2,8	7,9	5,0	9,9	5,1	4,3	11,2	9,6
B 27	Bluthochdruck	23,2	119,2	11,4	15,2	6,6	12,1	14,7	13,8	13,7	15,0
B 28	Ischämische Herzkrankheiten	203,8	166,5	168,1	228,4	339,7	270,4	95,2	102,0	331,0	270,3
B 29	Sonstige Formen von Herzkrankheiten	144,1	89,5	114,7	24,0	26,8	54,7	95,2	65,9	49,4	59,5
B 30	Hirngefäßkrankheiten	167,5	87,6	140,3	236,8	96,7	109,2	129,1	158,1	152,2	139,3
B 31	Grippe	1,4	1,3	1,6	2,7	3,9	3,8	6,6	2,8	2,9	3,5
B 32	Pneumonie	22,4	18,2	22,9	53,1	33,2	40,4	15,6	19,0	102,1	54,7
B 33	Bronchitis, Emphysem und Asthma	37,0	52,9	25,6	40,7	32,1	23,4	13,6	24,1	47,8	52,3
B 34	Magen- und Zwölffingerdarmgeschwür	6,2	9,3	4,7	5,9	7,0	3,7	4,4	3,5	8,3	7,1
B 35	Appendizitis	1,0	2,1	0,3	0,7	0,5	0,6	0,8	0,2	0,4	0,5
B 36	Darmverschluß und Eingeweidebruch	5,7	6,2	4,3	3,2	3,3	3,1	8,3	4,5	4,4	3,3
B 37	Leberzirrhose	27,5	14,1	13,3	9,5	10,5	5,4	30,8	12,6	4,2	3,3
B 38	Nephritis und Nephrose	.	3,4	2,0	2,6	1,7	3,7	1,2	11,2	6,8	7,6
B 39	Prostatahypertrophie[6])	22,2	65,9	11,3	16,5	15,8	11,6	18,0	16,4	1,7	18,8
B 40	Fehlgeburt[7])	2,7	2,6	0,8	10,3	—	—	1,6	—	0,0	—
B 41	Sonstige Komplikationen der Schwangerschaft, bei der Entbindung und im Wochenbett[7])	19,2	18,5	9,8	17,6	11,8	7,6	13,8	19,8	0,1	11,7
B 42	Angeborene Mißbildungen	4,6	7,0	5,7	6,1	6,5	6,0	4,8	8,5	7,3	13,8
B 43	Geburtsverletzungen, Regelwidrigkeit der Geburt und sonstige durch Anoxie und Hypoxie hervorgerufene Zustände[7])	263,1	195,6	224,0	540,9	240,5	222,4	179,9	559,4	4,0	375,5
B 44	Sonstige Ursachen der perinatalen Mortalität[7])	376,6	494,9	439,9	110,7	112,7	199,5	90,1	502,8	2,5	246,9
B 45	Symptome und mangelhaft bezeichnete Todesursachen	26,8	—	102,3	60,4	33,7	2,6	78,5	80,8	6,0	11,2
B 46	Alle sonstigen Todesursachen	112,9	462,5	130,4	106,0	95,5	84,3	146,4	74,1	114,6	92,8
BE 47	Kraftfahrzeugunfälle	20,9	58,9	24,8	14,1	14,3	14,8	20,5	20,9	14,1	17,9
BE 48	Alle sonstigen Unfälle	25,3		34,0	29,7	24,0	36,3	48,5	25,3	19,0	27,5
BE 49	Selbstmord und Selbstbeschädigung	21,5	—	19,1	13,6	25,8	25,8	17,2	2,9	8,1	4,6
BE 50	Alle sonstigen Gewalteinwirkungen	3,2	—	2,0	3,4	4,5	6,3	4,5	1,0	4,7	3,1
B 1–BE 50	**Insgesamt**	**1 160,0**	**1 386,6**	**1 146,2**	**1 048,8**	**1 062,6**	**934,3**	**1 026,6**	**872,0**	**1 194,8**	**1 027,7**

1) Internationale Klassifikation der Krankheiten, Verletzungen und Todesursachen (ICD) 1968, Liste B; Bundesrepublik Deutschland: ICD 1979 weitgehend der Liste B angeglichen.
2) Einschl. Angehörige der im Ausland stationierten Streitkräfte.
3) Ohne Angaben für Färöer und Grönland.
4) Einschl. der im Ausland gestorbenen Personen.
5) Ohne Säuglinge, die vor ihrer Registrierung starben.
6) Je 100 000 männliche Einwohner im Alter von 50 Jahren und mehr.
7) Je 100 000 Lebendgeborene.

13.1 Sterbefälle nach Todesursachen

je 100 000 Einwohner

Pos.-Nr. der ICD[1])	Todesursache	Italien	Luxemburg[2])	Niederlande[3])	Norwegen[3])	Österreich	Polen	Portugal	Rumänien	Schweden	Schweiz
		1976	1978	1978	1979	1979	1979	1975	1978	1979	1979
B 1	Cholera	—	—	—	—	—	—	0,1	—	—	—
B 2	Typhus (Typhus abdominalis)	0,0	—	—	—	—	—	0,3	—	—	—
B 3	Bakterielle Ruhr und Amöbeninfektion	0,0	—	—	—	—	0,0	0,0	0,2	—	0,0
B 4	Enteritis und sonstige Durchfallkrankheiten	1,4	1,1	0,3	1,3	0,0	1,0	4,7	3,0	0,0	0,5
B 5	Tuberkulose der Atmungsorgane	3,8	0,6	0,3	0,5	5,4	8,6	8,6	3,9	1,7	1,5
B 6	Sonstige Formen der Tuberkulose, einschl. der Spätfolgen	0,4	0,8	1,0	1,8	1,1	1,2	1,0	0,3	1,4	0,5
B 7	Pest	—	—	—	—	—	—	—	—	—	—
B 8	Diphtherie	0,0	—	—	—	—	—	0,3	0,0	—	—
B 9	Keuchhusten	0,0	—	—	—	—	0,0	0,1	0,1	—	—
B 10	Durch Streptokokken hervorgerufene Rachenkrankheiten und Scharlach	0,0	—	—	—	—	0,0	0,1	.	—	0,0
B 11	Meningokokkeninfektion	0,1	0,6	0,1	0,7	0,1	0,1	0,9	0,1	0,2	0,1
B 12	Akute Poliomyelitis	—	—	—	—	—	—	0,0	—	—	—
B 13	Pocken	—	—	—	—	—	—	—	—	—	—
B 14	Masern	0,1	—	0,0	—	0,0	0,0	1,1	1,2	0,0	0,0
B 15	Fleckfieber und sonstige Rickettsiosen	—	—	—	—	—	—	0,0	—	—	0,0
B 16	Malaria	0,0	—	—	—	0,0	—	0,1	—	0,0	—
B 17	Syphilis (Lues) und ihre Folgeerscheinungen	0,2	0,3	0,2	0,2	0,1	0,1	0,2	0,0	0,1	0,2
B 18	Alle sonstigen infektiösen und parasitären Krankheiten	2,4	3,3	2,3	3,4	1,5	5,1	5,7	2,5	3,4	3,2
B 19	Bösartige Neubildungen, einschl. der Neubildungen der lymphatischen und blutbildenden Organe	198,3	249,4	213,4	211,7	251,7	160,9	129,9	131,6	243,9	216,8
B 20	Gutartige Neubildungen und Neubildungen unbekannten Charakters	3,5	0,6	4,2	6,8	4,3	5,6	0,6	4,7	3,0	3,7
B 21	Diabetes mellitus	21,5	37,3	11,1	8,7	17,4	11,1	8,4	4,5	12,3	18,5
B 22	Avitaminosen und sonstige Ernährungsmangelkrankheiten	0,1	1,9	0,2	0,5	0,1	0,1	1,6	0,1	0,3	0,5
B 23	Anämien	1,4	0,8	1,2	1,7	1,9	0,8	1,4	0,3	0,9	1,4
B 24	Meningitis	0,8	0,3	0,8	0,9	1,6	1,2	1,8	1,4	0,8	0,6
B 25	Akutes rheumatisches Fieber	0,1	—	—	—	0,1	0,3	0,5	0,0	—	0,1
B 26	Chronische rheumatische Herzkrankheiten	7,7	5,5	2,9	15,3	9,6	8,2	7,6	11,7	9,8	3,2
B 27	Bluthochdruck	27,2	35,1	6,5	12,5	22,8	19,1	17,5	61,6	4,2	22,4
B 28	Ischämische Herzkrankheiten	160,1	138,6	188,2	264,1	279,3	92,9	84,4	106,7	398,2	134,9
B 29	Sonstige Formen von Herzkrankheiten	105,1	90,6	60,7	47,0	80,2	102,3	48,4	158,3	26,4	135,5
B 30	Hirngefäßkrankheiten	137,6	135,6	88,7	133,4	182,8	66,5	229,5	145,4	109,8	107,1
B 31	Grippe	2,3	3,0	3,8	4,5	2,1	0,3	4,0	0,4	0,9	3,6
B 32	Pneumonie	25,7	16,0	20,6	65,4	28,9	19,5	43,4	55,6	38,9	20,4
B 33	Bronchitis, Emphysem und Asthma	36,6	21,3	29,3	20,4	21,7	26,3	30,1	63,7	20,8	21,0
B 34	Magen- und Zwölffingerdarmgeschwür	6,7	5,5	3,8	5,1	9,1	5,7	5,7	3,1	7,7	4,9
B 35	Appendizitis	0,6	0,6	0,5	0,5	1,2	1,0	0,6	0,4	0,4	0,5
B 36	Darmverschluß und Eingeweidebruch	5,8	7,5	3,7	4,5	6,2	3,9	4,6	3,1	3,9	3,2
B 37	Leberzirrhose	34,2	26,5	5,2	5,2	30,7	11,8	34,6	24,7	12,2	13,5
B 38	Nephritis und Nephrose	3,7	1,1	2,0	2,4	3,6	7,0	11,3	6,8	2,9	3,0
B 39	Prostatahypertrophie[4])	31,1	10,8	19,9	17,0	.	.	11,4	35,7	11,5	14,3
B 40	Fehlgeburt[5])	1,2	—	1,1	—	—	0,9	5,6	107,8	1,0	—
B 41	Sonstige Komplikationen der Schwangerschaft, bei der Entbindung und im Wochenbett[5])	22,9	73,7	9,7	13,6	12,8	13,7	37,3	21,4	—	11,1
B 42	Angeborene Mißbildungen	6,0	4,1	6,1	5,5	5,4	11,6	8,6	8,8	5,3	5,8
B 43	Geburtsverletzungen, Regelwidrigkeit der Geburt und sonstige durch Anoxie und Hypoxie hervorgerufene Zustände[5])	542,4	171,9	262,6	79,5	431,9	605,3	443,1	522,3	162,1	201,4
B 44	Sonstige Ursachen der perinatalen Mortalität[5])	650,6	122,8	115,1	207,4	208,4	316,1	825,5	66,2	142,3	123,6
B 45	Symptome und mangelhaft bezeichnete Todesursachen	32,3	59,9	38,4	50,6	32,4	78,0	160,9	1,5	5,0	11,4
B 46	Alle sonstigen Todesursachen	80,9	219,3	72,1	80,5	118,2	172,4	80,1	79,4	104,7	85,7
BE 47	Kraftfahrzeugunfälle	20,0	29,0	16,7	11,2	28,0	—	35,0		12,1	19,8
BE 48	Alle sonstigen Unfälle	24,7	31,2	18,3	35,6	39,6	54,6	28,4		31,5	28,2
BE 49	Selbstmord und Selbstbeschädigung	5,7	18,2	9,7	12,1	25,1	12,8	8,5	66,5	20,5	24,5
BE 50	Alle sonstigen Gewalteinwirkungen	2,4	4,1	1,7	2,1	3,5	6,5	2,3		9,6	1,8
B 1–BE 50	**Insgesamt**	**980,2**	**1 155,2**	**821,0**	**1 022,3**	**1 225,7**	**916,3**	**1 039,0**	**969,3**	**1 097,9**	**903,9**

1) Internationale Klassifikation der Krankheiten, Verletzungen und Todesursachen 1968, Liste B.
2) Nur Staatsangehörige.
3) Einschl. der im Ausland gestorbenen Personen.
4) Je 100 000 männliche Einwohner im Alter von 50 Jahren und mehr.
5) Je 100 000 Lebendgeborene.

13.1 Sterbefälle nach Todesursachen

je 100 000 Einwohner

Pos.-Nr. der ICD[1])	Todesursache	Spanien[2])	Tschechoslowakei	Ungarn	Ägypten	Kenia	Südafrika[3])	Chile	Ecuador[4])	Guatemala	Kanada[5])
		1978	1978	1978	1977	1970	1971	1979	1977	1977	1978
B 1	Cholera	—	—	—	—	0,0	—	—	—	—	—
B 2	Typhus (Typhus abdominalis)	0,0	—	—	0,8	23,2	0,1	0,5	1,2	3,5	—
B 3	Bakterielle Ruhr und Amöbeninfektion	0,0	0,0	0,0	0,1	1,2	0,3	0,0	0,8	3,8	0,0
B 4	Enteritis und sonstige Durchfallkrankheiten	1,5	0,3	1,2	7,2	41,3	92,2	8,4	106,2	205,6	0,9
B 5	Tuberkulose der Atmungsorgane	5,0	3,9	8,5	5,2	4,6	16,0	11,8	14,7	11,5	0,6
B 6	Sonstige Formen der Tuberkulose, einschl. der Spätfolgen	0,6	0,4	2,9	0,4	0,8	3,0	1,6	1,9	4,1	0,4
B 7	Pest	—	—	—	—	0,0	—	—	—	—	—
B 8	Diphtherie	0,0	—	—	0,7	0,1	0,3	0,2	0,2	0,2	0,0
B 9	Keuchhusten	0,0	—	—	0,1	50,6	0,9	0,0	13,4	19,5	0,0
B 10	Durch Streptokokken hervorgerufene Rachenkrankheiten und Scharlach	0,0	—	—	0,0	0,1	0,0	0,0	—	0,1	0,0
B 11	Meningokokkeninfektion	1,5	0,0	0,2	0,4	0,0	1,0	.	—	.	0,2
B 12	Akute Poliomyelitis	0,0	—	—	0,3	0,3	0,0	—	0,2	0,2	0,0
B 13	Pocken	—	—	—	—	8,4	—	.	—	0,0	—
B 14	Masern	0,1	0,0	—	2,5	18,7	8,2	1,3	25,6	70,0	0,0
B 15	Fleckfieber und sonstige Rickettsiosen	—	—	—	—	0,0	0,0	.	—	0,0	—
B 16	Malaria	0,0	—	—	0,0	6,5	0,2	—	0,4	13,4	0,0
B 17	Syphilis (Lues) und ihre Folgeerscheinungen	0,4	0,2	0,4	0,1	0,2	1,0	0,1	0,2	0,3	0,1
B 18	Alle sonstigen infektiösen und parasitären Krankheiten	6,2	2,9	2,9	12,6	9,4	8,6	7,5	21,3	43,0	2,0
B 19	Bösartige Neubildungen, einschl. der Neubildungen der lymphatischen und blutbildenden Organe	152,4	228,6	252,3	18,7	6,1	110,3	100,5	34,5	23,8	158,4
B 20	Gutartige Neubildungen und Neubildungen unbekannten Charakters	0,5	3,6	5,0	0,5	0,1	0,5	2,2	3,4	0,4	1,3
B 21	Diabetes mellitus	19,3	18,3	16,7	5,9	1,0	8,2	15,0	5,4	3,6	12,4
B 22	Avitaminosen und sonstige Ernährungsmangelkrankheiten	0,5	0,1	0,1	2,0	8,3	4,0	8,8	17,1	32,2	0,8
B 23	Anämien	1,5	1,2	0,8	1,5	5,0	1,8	1,4	13,1	17,6	1,5
B 24	Meningitis	1,2	1,2	1,5	1,3	6,0	4,2	2,8	3,9	4,7	0,5
B 25	Akutes rheumatisches Fieber	0,1	—	0,0	1,1	0,1	0,3	0,1	0,5	0,1	0,1
B 26	Chronische rheumatische Herzkrankheiten	10,4	11,0	19,2	15,7	0,9	5,0	4,7	2,0	0,4	5,1
B 27	Bluthochdruck	4,8	7,1	62,3	25,1	2,0	23,0	3,2	5,1	2,1	6,4
B 28	Ischämische Herzkrankheiten	79,3	277,2	272,6	14,7	0,1	147,7	64,4	17,1	9,6	215,6
B 29	Sonstige Formen von Herzkrankheiten	82,6	15,5	45,2	71,9	2,8	33,5	27,3	38,0	25,6	20,2
B 30	Hirngefäßkrankheiten	134,1	195,5	188,0	8,2	18,6	94,9	64,3	23,7	11,7	64,7
B 31	Grippe	5,4	2,1	7,4	0,5	0,0	2,1	4,0	13,6	69,8	2,2
B 32	Pneumonie	27,8	42,6	13,2	43,5	38,7	83,2	46,3	49,5	113,6	19,7
B 33	Bronchitis, Emphysem und Asthma	23,4	57,3	46,5	63,4	9,5	29,2	12,1	52,0	18,3	12,5
B 34	Magen- und Zwölffingerdarmgeschwür	4,5	6,7	10,9	0,9	0,3	4,5	3,0	3,5	1,5	2,7
B 35	Appendizitis	0,5	1,0	1,9	0,2	0,0	0,4	0,6	1,0	0,5	0,3
B 36	Darmverschluß und Eingeweidebruch	4,4	5,5	6,8	1,7	1,7	2,8	3,5	5,5	2,6	2,6
B 37	Leberzirrhose	22,5	18,8	23,1	9,3	4,1	13,1	33,6	5,4	9,3	12,1
B 38	Nephritis und Nephrose	6,8	8,1	7,9	4,6	0,6	5,5	8,9	7,3	1,1	2,6
B 39	Prostatahypertrophie[6])	14,0	49,0	45,1	.	.	.	35,9	.	3,4	4,1
B 40	Fehlgeburt[7])	0,8	1,8	2,4	7,1	15,0	15,6	25,1	19,7	11,2	—
B 41	Sonstige Komplikationen der Schwangerschaft, bei der Entbindung und im Wochenbett[7])	12,2	7,9	19,6	77,7	188,1	51,6	40,9	178,8	72,7	6,4
B 42	Angeborene Mißbildungen	8,0	8,8	10,5	7,6	5,7	9,5	9,6	5,2	4,7	7,0
B 43	Geburtsverletzungen, Regelwidrigkeit der Geburt und sonstige durch Anoxie und Hypoxie hervorgerufene Zustände[7])	240,8	523,1	954,4	25,6	2,2	1 190,2	919,3	272,3	245,8	270,4
B 44	Sonstige Ursachen der perinatalen Mortalität[7])	430,8	470,1	472,8	1 069,7	618,2	1 272,4	418,6	613,4	601,2	232,1
B 45	Symptome und mangelhaft bezeichnete Todesursachen	38,3	12,1	0,5	276,6	28,8	35,3	70,7	123,6	197,7	10,1
B 46	Alle sonstigen Todesursachen	105,6	116,3	161,2	482,4	45,0	74,7	59,2	67,5	49,0	76,7
BE 47	Kraftfahrzeugunfälle	18,1	18,2	19,8	1,7	1,0	45,1	11,0	21,6	16,0	22,0
BE 48	Alle sonstigen Unfälle	21,1	42,6	49,1	18,7	5,2	32,9	14,3	33,8	0,9	25,5
BE 49	Selbstmord und Selbstbeschädigung	4,1	21,4	43,2	0,3	0,2	10,8	5,8	3,1	0,3	14,8
BE 50	Alle sonstigen Gewalteinwirkungen	0,9	2,6	2,4	26,6	11,4	12,7	41,0	7,6	49,7	6,2
B 1 – BE 50	**Insgesamt**	**807,0**	**1 155,5**	**1 312,7**	**1 179,5**	**382,3**	**978,8**	**682,6**	**782,8**	**1 082,3**	**716,4**

[1]) Internationale Klassifikation der Krankheiten, Verletzungen und Todesursachen 1968, Liste B.
[2]) Ohne Angaben für Ceuta und Melilla.
[3]) Ohne Bantuneger.
[4]) Ohne indianische Nomadenstämme.
[5]) Einschl. Kanadier, die in den Vereinigten Staaten – ohne Amerikaner, die in Kanada – verstorben sind.
[6]) Je 100 000 männliche Einwohner im Alter von 50 Jahren und mehr.
[7]) Je 100 000 Lebendgeborene.

13.1 Sterbefälle nach Todesursachen

je 100 000 Einwohner

Pos.-Nr. der ICD[1])	Todesursache	Kolumbien	Mexiko	Uruguay	Venezuela	Vereinigte Staaten	Israel	Japan	Philippinen	Australien	Neuseeland
		1970	1976	1978	1978	1978	1978	1978	1976	1978	1978
B 1	Cholera	—	—	—	—	—	—	0,0	1,1	—	—
B 2	Typhus (Typhus abdominalis)	0,9	2,2	0,0	0,1	0,0	—	0,0	1,5	—	—
B 3	Bakterielle Ruhr und Amöbeninfektion	2,7	4,0	0,0	1,3	0,0	0,2	0,0	2,1	0,0	—
B 4	Enteritis und sonstige Durchfallkrankheiten	59,8	82,2	14,0	28,2	0,9	3,5	2,0	35,8	1,1	1,3
B 5	Tuberkulose der Atmungsorgane	10,9	11,8	3,8	5,4	1,0	0,4	6,9	67,8	0,5	0,7
B 6	Sonstige Formen der Tuberkulose, einschl. der Spätfolgen	1,6	1,3	1,3	1,0	0,3	0,9	0,3	4,6	0,3	1,2
B 7	Pest	—	—	—	—	—	—	—	—	—	—
B 8	Diphtherie	0,8	0,1	—	0,0	0,0	—	—	1,5	—	—
B 9	Keuchhusten	3,0	3,8	1,0	0,3	0,0	—	0,0	0,3	0,0	0,1
B 10	Durch Streptokokken hervorgerufene Rachenkrankheiten und Scharlach	0,0	0,1	0,0	—	0,0	—	—	0,0	0,0	—
B 11	Meningokokkeninfektion	0,1	0,0	0,4	0,1	0,2	0,3	0,0	0,3	0,1	0,2
B 12	Akute Poliomyelitis	0,7	0,2	—	0,0	0,0	—	—	0,5	—	—
B 13	Pocken	0,1	—	—	—	—	—	—	—	—	—
B 14	Masern	10,2	9,9	0,2	2,4	0,0	0,1	0,2	11,7	0,1	0,0
B 15	Fleckfieber und sonstige Rickettsiosen	1,1	0,0	—	—	0,0	0,1	—	—	—	—
B 16	Malaria	2,9	0,0	—	0,1	0,0	0,0	0,0	2,3	—	—
B 17	Syphilis (Lues) und ihre Folgeerscheinungen	0,4	0,2	0,5	0,3	0,1	0,1	0,2	0,1	0,1	0,1
B 18	Alle sonstigen infektiösen und parasitären Krankheiten	19,7	17,4	10,7	17,4	5,8	8,6	2,4	29,1	2,0	2,6
B 19	Bösartige Neubildungen, einschl. der Neubildungen der lymphatischen und blutbildenden Organe	42,4	36,3	209,3	53,4	181,9	128,0	131,6	30,4	153,6	168,7
B 20	Gutartige Neubildungen und Neubildungen unbekannten Charakters	4,4	2,4	3,6	1,7	2,3	3,7	5,4	1,6	1,2	1,3
B 21	Diabetes mellitus	6,6	18,8	22,0	11,4	15,5	10,0	8,5	3,0	12,2	11,0
B 22	Avitaminosen und sonstige Ernährungsmangelkrankheiten	21,5	9,7	8,1	4,1	1,3	0,3	0,4	25,6	0,5	0,4
B 23	Anämien	11,4	6,4	2,5	3,2	1,5	1,1	1,3	3,8	1,5	0,8
B 24	Meningitis	6,8	3,5	2,7	4,3	0,7	1,3	0,8	6,5	0,5	0,7
B 25	Akutes rheumatisches Fieber	0,9	0,3	0,2	0,2	0,1	—	0,2	0,1	0,1	0,2
B 26	Chronische rheumatische Herzkrankheiten	2,7	2,5	3,2	1,5	6,1	4,6	3,2	5,4	5,7	6,9
B 27	Bluthochdruck	9,8	4,2	13,5	8,0	7,3	5,0	16,4	19,3	9,1	10,1
B 28	Ischämische Herzkrankheiten	32,1	20,4	169,4	49,6	294,3	181,0	39,9	31,9	228,3	224,4
B 29	Sonstige Formen von Herzkrankheiten	41,1	50,1	51,2	23,2	29,1	23,1	50,4	19,8	29,4	26,2
B 30	Hirngefäßkrankheiten	27,8	21,3	119,8	32,2	80,5	82,3	146,6	11,5	99,3	96,4
B 31	Grippe	6,0	8,9	1,9	1,5	1,9	0,6	0,6	6,4	0,7	0,8
B 32	Pneumonie	50,8	89,1	18,4	30,3	24,9	18,2	24,7	108,7	15,6	34,5
B 33	Bronchitis, Emphysem und Asthma	30,4	18,7	19,9	6,9	10,0	6,4	10,7	16,5	31,3	38,8
B 34	Magen- und Zwölffingerdarmgeschwür	4,0	4,4	3,4	2,0	2,5	3,1	5,1	10,6	4,1	4,4
B 35	Appendizitis	0,9	0,6	1,0	0,7	0,3	0,3	0,2	1,0	0,3	0,3
B 36	Darmverschluß und Eingeweidebruch	3,2	3,8	5,6	2,8	2,6	3,2	2,2	3,6	2,1	3,0
B 37	Leberzirrhose	3,0	19,7	9,0	7,4	13,8	5,8	14,1	4,2	8,3	4,5
B 38	Nephritis und Nephrose	6,1	7,2	4,7	5,2	4,1	7,6	5,8	9,1	4,8	4,0
B 39	Prostatahypertrophie[2])	.	8,8	.	11,0	3,4	14,0	5,3	3,2	6,5	6,0
B 40	Fehlgeburt[3])	1,2	6,3	.	12,8	0,5	1,1	0,6	8,4	0,4	—
B 41	Sonstige Komplikationen der Schwangerschaft, bei der Entbindung und im Wochenbett[3])	8,8	101,9	.	52,3	9,1	8,6	21,5	133,2	6,2	9,8
B 42	Angeborene Mißbildungen	6,5	7,4	10,6	10,8	5,9	14,6	4,9	8,0	7,2	8,1
B 43	Geburtsverletzungen, Regelwidrigkeiten der Geburt und sonstige durch Anoxie und Hypoxie hervorgerufene Zustände[3])	.	434,6	.	766,0	351,3	351,0	160,3	404,7	163,7	258,7
B 44	Sonstige Ursachen der perinatalen Mortalität[3])	.	519,6	.	349,5	309,7	340,2	227,7	1 023,5	366,2	190,1
B 45	Symptome und mangelhaft bezeichnete Todesursachen	53,5	72,5	67,4	78,5	14,4	49,0	30,1	71,1	6,2	5,7
B 46	Alle sonstigen Todesursachen	56,4	62,8	102,8	34,5	91,5	56,1	40,9	47,0	65,4	68,6
BE 47	Kraftfahrzeugunfälle	9,3	18,3	7,2	36,7	24,0	13,9	10,5	4,1	26,9	22,1
BE 48	Alle sonstigen Unfälle	25,3	21,4	36,8	24,8	24,4	15,8	15,7	20,3	19,5	25,0
BE 49	Selbstmord und Selbstbeschädigung	2,7	1,7	10,5	4,6	12,5	5,6	17,7	0,8	11,2	10,4
BE 50	Alle sonstigen Gewalteinwirkungen	21,2	44,7	2,1	12,8	11,3	7,4	2,5	15,3	2,7	2,6
B 1–BE 50	**Insgesamt**	**638,8**	**731,1**	**979,3**	**552,3**	**883,4**	**681,2**	**609,1**	**691,9**	**761,0**	**794,2**

[1]) Internationale Klassifikation der Krankheiten, Verletzungen und Todesursachen 1968, Liste B.
[2]) Je 100 000 männliche Einwohner im Alter von 50 Jahren und mehr.
[3]) Je 100 000 Lebendgeborene.

14 Öffentliche Finanzen

14.1 Ausgaben, Einnahmen und Schuldenstand

Mrd. Landeswährung*)

Land	Haushaltsjahr[1])	Insgesamt[2])			Staat (Bund)			Nachgeordnete Gebietskörperschaften[3])		
		Ausgaben[4])	Einnahmen[4])	Schuldenstand[5])	Ausgaben[4])	Einnahmen[4])	Schuldenstand[5])	Ausgaben[4])	Einnahmen[4])	Schuldenstand[5])
Bundesrepublik Deutschland	1981	542,3	465,7	534,1	233,0	195,0	269,0	368,3	331,9	253,2
	1982	566,0	489,0	608,5	246,5	206,0	309,0	379,0	344,0	286,0
	1983	583,0	505,0	684,0	253,8	212,0	350,5	389,5	357,5	318,5
Belgien	1981	1 686,0	1 263,0	...	1 334,6	1 036,2	2 439,1	251,4	226,8	...
	1982	...	...	...	1 582,8	1 158,8	...	...	...	...
	1983	...	...	...	1 701,3	1 278,2	...	...	...	...
Dänemark	1981	234,0	197,8	217,6	161,5	127,6	192,9	141,3	139,0	24,7
	1982	...	...	...	187,9	140,1	...	...	...	...
Finnland	1981	76,6	72,5	32,2	55,4	51,8	21,5	34,9	34,4	10,7
	1982	...	...	...	62,4	58,3	...	...	...	...
Frankreich	1980	857,6	817,7	449,8[6])	637,1	613,3	279,8	220,5	204,4	170,0[6])
	1981	...	...	...	764,3	700,0	346,5	...	...	...
	1982	...	...	...	808,4	712,9	...	...	...	...
Griechenland	1981	...	...	...	621,5	429,7	821,9	...	...	...
	1982	...	...	...	895,0	648,2	915,1	...	...	...
	1983	...	...	...	1 159,0	870,6	...	...	...	...
Großbritannien und Nordirland	1981/82	104,2	94,0	144,6	90,1	81,3	120,5	33,0	31,6	23,1
	1982/83	...	...	...	98,2	88,9	...	...	...	...
Irland	1981	4,8	3,7	9,1	4,7	3,6	9,1	1,6	1,6	...
	1982	...	...	...	5,4	4,4	...	...	...	...
Island	1981	...	...	...	5,9	6,0	...	...	...	...
	1982	...	...	...	7,9	8,0	...	...	...	...
Italien	1981	170 028	121 152	271 600	149 246	105 343	258 290	59 373	54 400	13 310
	1982	...	...	...	205 930	149 800	271 673	...	...	...
	1983	...	...	...	246 000	167 000	...	...	...	...
Japan	1981/82	68 900	55 000	131 600[6])	46 800	34 500	110 300	41 900	40 300	21 300[6])
	1982/83	...	...	...	47 600	33 300	...	...	...	...
Kanada	1980	118,1	109,7	...	60,8	50,1	118,5	57,3	59,6	...
	1981	136,2	130,7	...	71,5	64,0	...	64,7	66,7	...
Luxemburg	1981	70,5	64,4	39,6[6])	54,2	51,4	29,9	17,8	14,5	9,7[6])
	1982	...	...	...	55,2	52,8	...	...	...	...
	1983	...	...	...	58,8	57,3	...	...	...	...
Niederlande	1981	155,8	133,9	173,3	142,1	123,4	118,5	64,8	58,8	54,8
	1982	...	...	...	152,0	124,1	146,0	...	...	...
	1983	...	...	...	156,3	125,1	...	...	...	...
Norwegen	1981	139,8	140,0	134,1	98,3	100,9	107,6	52,0	49,6	26,5
	1982	...	...	...	111,9	111,0	...	...	...	...
	1983	...	...	...	125,6	119,9	...	...	...	...
Österreich	1980	416,7	388,3	370,1	239,5	210,2	261,2	208,6	209,5	108,9
	1981	...	...	...	256,3	231,3	...	...	...	...
	1982	...	...	...	283,4	251,8	...	...	...	...
Portugal	1981	467,4	330,5	871,4	410,7	275,0	...	46,9	46,0	...
	1982	546,2	419,6	...	484,3	350,3	...	56,5	53,0	...
Schweden	1981	314,5	254,6	343,6	195,1	134,1	295,6	163,3	163,8	48,0
	1982	350,4	282,1	...	218,4	148,0	...	177,1	179,2	...
Schweiz	1981	48,9	47,7	49,1	17,6	17,4	16,6	40,2	39,2	32,5
	1982	...	...	...	18,9	17,8	...	...	...	...
Spanien	1981	3 310	2 900	...	2 764	2 513	...	494	500	...
	1982	3 875	3 404	...	3 752	3 192	...	592	605	...
Türkei	1981	...	...	...	1 525	1 485	...	...	...	...
	1982	...	...	...	2 110	2 004	...	...	...	...
Vereinigte Staaten[7])	1981	985,5	957,3	1 388,7[6])	688,2	628,2	1 034,7	385,0	416,8	350,0[6])
	1982	...	...	...	725,3	665,9	...	...	...	...

*) Siehe hierzu S. 620 f.
[1]) Haushaltsansätze.
[2]) Soweit möglich ohne Doppelzählungen (Überweisungen der Gebietskörperschaften untereinander).
[3]) Gliedstaaten (z. B. Länder) in Bundesstaaten sowie mittlere Gebietskörperschaften (z. B. Provinzen) und untere Gebietskörperschaften (Gemeinden, Gemeindeverbände); bei mehreren Staaten einschl. Doppelzählungen.
[4]) Bei Ausgaben ohne Schuldentilgung, bei Einnahmen ohne Schuldenaufnahmen.
[5]) Kurz-, mittel- und langfristige Inlands- und Auslandsverschuldung jeweils am Ende des Zeitraums. Ohne Verschuldung der Gebietskörperschaften untereinander.
[6]) Schätzung.
[7]) Einschl. Einnahmen und Ausgaben der Sozialversicherung, die im Bundeshaushalt enthalten sind.

Quelle: Bundesministerium der Finanzen, Bonn

14.2 Ausgaben und Einnahmen des Staates (Bundes) nach Hauptgruppen*)

14.2.1 Ausgaben

Prozent

Land	Haushaltsjahr[1])	Von den Ausgaben des Staates (Bundes) entfallen auf[2])							
		Zinsendienst	Verteidigung[3])	Sozial- und Gesundheitswesen[4])	Erziehung, Wissenschaft, Forschung, Kultur	Land- und Forstwirtschaft, Fischerei	Sonstige Wirtschaftsförderung[5])	Verkehrs- und Nachrichtenwesen	Sonstiges[6])
Bundesrepublik Deutschland	1983	11,1	19,1	34,4	5,5	0,7[7])	2,5	5,0	21,7[8])
Belgien	1979	8,2	7,9	26,7	20,7	1,2	3,7	15,9	15,7
Dänemark	1978	7,3	6,7	46,5	12,4	5,9	6,1	3,5	11,6
Finnland	1982	3,4	5,7	27,1	17,5	12,4	3,8	9,9	20,2
Frankreich	1981	6,4	16,1	21,6	23,1	2,7	5,3	4,5	20,3
Griechenland	1981	9,1	15,0	11,5	9,0	14,4	.[9])	.[9])	41,0[10])
Großbritannien und Nordirland	1981	15,7	18,0	37,6	2,8	1,7	4,5	2,7	17,0
Irland	1982	20,1	4,2	37,2	13,9	7,5	6,0	2,2	8,9
Island	1980	2,4	.[11])	40,1	16,2	13,6	4,4	9,9	13,4
Italien	1980	17,4	6,4	21,2	11,4	1,2	6,1	7,6	28,7
Japan	1982/83	16,7	6,7	30,3	12,6	5,6	2,1	6,2	19,8
Kanada	1981/82	19,4	8,7	34,7	8,0	2,2	6,5	4,5	16,0[10])
Luxemburg	1982	3,4	3,4	31,8	15,8	2,9	4,4	25,2	13,1
Niederlande	1983	11,0	9,9	20,6	27,8	1,9	6,2	8,0	14,6
Norwegen	1982	8,2	10,2	18,1	10,9	8,9	15,7	11,2	16,8
Österreich	1981	8,6	4,2	27,5	15,2	3,0	2,8	14,3	24,4
Portugal	1982	18,6	9,6	16,3	13,7	2,8	1,3	2,9	34,8
Schweden	1981/82	11,0	8,3	27,5	14,4		14,7		24,1
Schweiz	1982	6,2	22,7	24,8	9,7	9,0	1,4	16,4	9,8
Spanien	1981	2,0	11,9	10,5	16,6	4,5	5,6	7,6	41,3
Türkei	1981	.[9])	18,7	3,7[12])	10,3	5,8	1,9	0,9	58,7[10])
Vereinigte Staaten	1981/82	13,7	25,8	44,7[13])	4,8	1,2	1,6	2,9	5,3

14.2.2 Einnahmen

Prozent

Land	Haushaltsjahr[1])	Von den Einnahmen des Staates (Bundes) entfallen auf[14])							
		Einkommen- und Körperschaftsteuern	Gewerbesteuern und ähnliche Abgaben[15])	Vermögen- und Erbschaftsteuern[15])	Allgemeine Umsatzsteuern	Verbrauch- und Aufwandsteuern[16])	Sonstige Steuern[17])	Zölle	Sonstiges[18])
Bundesrepublik Deutschland	1983	37,8	1,0	—	27,8	20,2	1,9	0,0	11,3
Belgien	1981	57,9	—	1,0	26,3	8,3	2,1	0,0	4,4
Dänemark	1981	36,7	—	1,6	32,9	22,2	2,0	1,0[19])	3,6
Finnland	1982	32,0	—	0,7	26,9	24,8	3,0	1,5	11,1
Frankreich	1982	35,5	2,6	1,3	41,2	9,8	4,7	0,0	4,9
Griechenland	1982	23,7	—	2,9	21,6	31,4	4,6	1,4[19])	14,4
Großbritannien und Nordirland	1981	45,2	4,9	0,6	17,6	15,6	3,7	1,4[19])	11,0
Irland	1982	39,0	—	0,3	18,7	26,3	2,5	1,7	11,5
Island	1980	14,0	—	2,5	34,8	13,6	14,9	17,6	2,6
Italien	1983	44,5	—	1,5	25,3	8,2	3,4	0,1	17,0
Japan	1982/83	68,8	—	1,8	3,9	15,1	3,9	1,9	4,6
Kanada	1981/82	63,5	—	—	11,5	6,3		7,4	11,3
Luxemburg	1982	49,6	—	1,9	13,7	11,1	6,8	0,0	16,9
Niederlande	1983	36,7	—	1,3	18,6	6,4	4,5	1,5[19])	31,0
Norwegen	1983	29,1	—	0,9	36,0	15,9	0,4	0,7	17,0
Österreich	1981	22,8	2,5	2,4	30,0	10,1	5,4	1,7	25,1
Portugal	1982	28,9	—	8,4	23,3	9,4	2,2	4,7	23,1
Schweden	1981/82	35,5	—	1,0	29,1	19,8	1,2	0,9	12,5
Schweiz	1982	31,5	—	0,6	30,9	18,0	4,2	8,5	6,3
Spanien	1981	40,2	—	2,8	8,1	20,9	3,0	8,4	16,6
Türkei	1982	54,2	—	1,4	9,8	5,0	12,7	3,7	13,2
Vereinigte Staaten	1981/82	55,1	—	1,1	—	6,9	—	1,4	35,5[13])

*) Für die Einnahmen mußten bei einigen Ländern andere statistische Unterlagen und andere Vergleichsjahre verwendet werden als für die Ausgaben.
[1]) Haushaltsansätze bzw. Rechnung.
[2]) Gesamtausgaben des Staates (Bundes) ohne Überweisung an Unterverbände, soweit nichts anderes vermerkt.
[3]) Einschl. Zivilverteidigung und Verteidigungsforschung.
[4]) Einschl. Kriegsfolgelasten, Umweltschutz u. ä.; ohne Wohnungsbau u. ä.
[5]) Ohne öffentliche Unternehmen.
[6]) Insbesondere allgemeine Verwaltung, Finanzverwaltung, Justiz, auswärtige Angelegenheiten, Entwicklungshilfe, Wohnungsbau.
[7]) Ohne Bundesanteil »Verbesserung der Agrarstruktur«.
[8]) Einschl. Zuweisung zum Berliner Haushalt.
[9]) Bei »Sonstiges« enthalten.
[10]) Einschl. Zuweisungen an Unterverbände.
[11]) Eigene Verteidigungsausgaben nicht feststellbar.
[12]) Z. T. bei »Sonstiges« enthalten.
[13]) Einschl. Sozialversicherung, die im Bundeshaushalt enthalten ist.
[14]) Ohne Kreditaufnahme.
[15]) In mehreren Ländern werden diese Steuern ausschließlich oder teilweise als Steuern der nachgeordneten Gebietskörperschaften erhoben und sind insoweit hier nicht erfaßt.
[16]) Der Hauptanteil entfällt auf Mineralöl-, Branntwein- und Tabaksteuern; außerdem die in jedem Land nach Anzahl und Aufkommen sehr unterschiedlichen sonstigen Verbrauch- und Aufwandsteuern.
[17]) Insbesondere Kapitalverkehr- und Grundsteuern.
[18]) Insbesondere Einnahmen aus Vermögensbesitz, Vermögensveräußerung, wirtschaftlicher Tätigkeit u. a. m.
[19]) Einschl. EG-Anteile.

Quelle: Bundesministerium der Finanzen, Bonn

15 Löhne und Gehälter

15.0 Vorbemerkung

Der Abgrenzung, Bezeichnung und Reihenfolge der Wirtschaftszweige liegt im allgemeinen die »Internationale Systematik der Wirtschaftszweige (ISIC)« der Vereinten Nationen zugrunde. Da die Angaben in den Tabellen 15.1 bis 15.4 sowohl nationalen als auch internationalen Quellen entnommen sind, entstehen Abweichungen, die in den Fußnoten erläutert werden. Die Verdienste enthalten im allgemeinen alle baren Beträge vor Abzug von Steuern, Sozialversicherungs- und anderen Beiträgen.

15.1 Durchschnittliche Bruttoverdienste der Arbeiter

Monat	Dänemark (Durchschnittliche Bruttostundenverdienste der Arbeiter insgesamt in dkr)													
	Bergbau	Verarbeitende Industrie												
		insgesamt	darunter											
			Textilindustrie	Holzindustrie[1])	Papierindustrie[2])	Druckgewerbe	Lederindustrie	Gummiverarbeitung[3])	Chemische Industrie	Metallerzeugung	EBM-Waren-Industrie	Maschinenbau	Elektrotechnische Industrie	Fahrzeugbau
1976 Oktober . .	33,62	34,57	29,94	30,66	40,97	43,11	29,24	32,88	34,51	38,72	32,22	33,82	32,38	37,93
1977 Oktober . .	37,02	37,72	32,71	32,90	45,03	47,15	33,53	36,30	38,73	41,89	34,97	36,38	35,17	39,61
1978 Oktober . .	40,57	42,54	36,69	37,53	51,86	54,69	36,14	40,94	43,75	45,03	39,67	41,43	39,58	44,80
1979 Oktober . .	44,57	46,28	41,03	41,41	57,73	61,85	40,49	46,25	47,01	50,66	43,27	44,54	43,99	42,72
1980 Oktober . .	48,35	50,28	44,13	44,81	63,17	68,12	45,19	49,49	50,81	52,05	46,79	48,83	47,76	53,18
1981 Oktober . .	53,18	55,45	48,90	48,99	68,89	72,15	47,97	54,84	57,10	59,29	51,64	53,54	52,44	57,63

Durchschnitt	Finnland (Durchschnittliche Bruttostundenverdienste erwachsener Arbeiter insgesamt in Fmk)													
	Verarbeitende Industrie													
	insgesamt	darunter												
		Nahrungsmittelindustrie	Textilindustrie	Bekleidungsindustrie	Holzindustrie	Möbelindustrie	Papierindustrie	Druckgewerbe	Lederindustrie	Gummiverarbeitung	Chemische Industrie[4])	Verarb. v. Steinen u. Erden	Metallerzeugung	EBM-Waren-Industrie[5])
1976	13,41	12,41	10,67	9,76	11,99	11,91	14,85	14,31	10,02	11,98	13,14	13,58	14,97	14,44
1977	14,60	14,31	11,40	10,51	13,27	12,94	15,90	16,26	10,93	12,81	14,22	14,81	16,52	15,54
1978	15,69	15,16	12,16	11,31	14,44	13,95	17,31	17,38	11,82	13,98	15,27	15,84	17,98	16,55
1979	17,49	17,06	13,59	12,68	16,33	15,39	19,59	19,58	12,97	15,63	17,13	17,55	20,27	18,34
1980	19,74	19,10	15,44	14,39	18,63	17,21	22,64	21,85	15,08	17,40	19,50	19,85	23,22	20,46
1981	22,25	21,48	17,83	16,70	20,66	19,24	25,85	25,11	17,38	19,53	23,18	22,28	25,98	22,87

Monat	Frankreich (Durchschnittliche Bruttostundenverdienste der Arbeiter insgesamt in FF)													
	Bergbau	Verarbeitende Industrie												Baugewerbe
		insgesamt	darunter											
			Textilindustrie	Holzindustrie[1])	Papierindustrie	Druckgewerbe	Lederindustrie	Chemische Industrie	Metallerzeugung	EBM-Waren-Industrie	Maschinenbau	Elektrotechnische Industrie	Fahrzeugbau	
1976 Oktober . .	16,35	13,87	11,78	12,36	14,73	16,45	11,08	15,52	15,81	13,10	14,87	13,49	16,56	13,76
1977 Oktober . .	18,04	15,61	13,02	14,05	16,69	18,00	12,71	17,42	17,71	14,61	16,86	15,23	19,33	15,57
1978 Oktober . .	20,06	17,49	14,74	15,60	18,67	20,80	14,20	20,13	19,59	16,41	18,61	17,33	20,82	17,35
1979 Oktober . .	22,66	19,56	16,34	17,53	21,42	22,95	16,03	22,70	21,16	18,54	20,84	19,44	23,46	19,62
1980 Oktober . .	25,90	22,72	18,72	20,19	24,69	26,36	18,38	26,51	24,50	21,77	24,17	22,72	26,98	22,86
1981 Oktober . .	29,15	26,14	21,99	23,41	28,16	31,36	21,15	29,98	27,59	24,77	27,97	26,20	30,68	26,40

Monat	Griechenland (Durchschnittliche Bruttostundenverdienste der Arbeiter insgesamt in Dr.)													
	Verarbeitende Industrie													
	insgesamt	darunter												
		Textilindustrie	Bekleidungsindustrie[6])	Holzindustrie	Papierindustrie	Druckgewerbe	Lederindustrie	Gummiverarbeitung	Chemische Industrie	Metallerzeugung	EBM-Waren-Industrie	Maschinenbau	Elektrotechnische Industrie	Fahrzeugbau
1976 November .	44,66	45,21	38,53	44,96	50,41	58,58	47,34	42,85	49,71	76,74	48,34	45,74	48,48	62,18
1977 November .	53,99	51,70	44,10	52,30	59,30	77,80	56,90	52,40	59,40	93,70	59,60	54,50	57,20	73,00
1978 November .	66,74	65,39	54,08	65,96	71,65	96,97	69,23	65,55	75,87	119,50	75,87	71,60	72,24	94,22
1979 November .	80,50	79,37	66,56	82,44	89,96	116,74	84,03	79,00	89,66	143,25	92,03	85,15	87,78	109,39
1980 November .	102,40	99,30	84,90	105,40	112,30	153,50	103,50	100,70	116,90	178,90	115,50	107,20	108,10	140,50
1981 November .	130,25	125,80	104,00	129,80	138,50	170,70	132,08	129,50	151,30	223,30	149,30	137,50	130,30	184,40

Fußnoten siehe S. 705.

15.1 Durchschnittliche Bruttoverdienste der Arbeiter

Monat	Großbritannien und Nordirland (Durchschnittliche Bruttostundenverdienste der Arbeiter insgesamt in £)													
	Bergbau	Verarbeitende Industrie												Baugewerbe
		insgesamt	darunter											
			Textilindustrie	Bekleidungsindustrie	Holzindustrie[1])	Papierindustrie[2])	Druckgewerbe	Lederindustrie	Chemische Industrie	Metallerzeugung	EBM-Waren-Industrie	Maschinenbau	Fahrzeugbau	
1976 Oktober . .	1,41	1,42	1,21	0,93	1,34	1,54	1,51	1,09	1,51	1,63	1,38	1,46	1,59	1,44
1977 Oktober . .	1,56	1,53	1,31	1,03	1,47	1,68	1,78	1,20	1,63	1,76	1,50	1,59	1,66	1,58
1978 Oktober . .	1,76	1,76	1,48	1,15	1,68	1,96	2,10	1,38	1,89	2,04	1,73	1,83	1,92	1,75
1979 Oktober . .	2,10	2,05	1,71	1,38	1,96	2,37	2,54	1,58	2,24	2,33	2,01	2,13	2,15	2,01
1980 Oktober . .	.	2,37	1,98	1,59	2,29	2,93	3,23	1,95	2,67	2,76	2,29	2,44	2,61	2,49
1981 Oktober . .	.	2,68	2,16	1,75	2,51	3,38	3,73	2,12	2,99	3,09	2,55	2,73	2,90	2,69

Monat	Irland (Durchschnittliche Bruttostundenverdienste der Arbeiter insgesamt in Ir£)													
	Bergbau	Verarbeitende Industrie												
		insgesamt	darunter											
			Textilindustrie	Holzindustrie[1])	Papierindustrie	Druckgewerbe	Lederindustrie	Chemische Industrie[7])	Metallerzeugung	EBM-Waren-Industrie	Maschinenbau	Elektrotechnik	Fahrzeugbau	Feinmech. und Optik
1976 September.	1,406	1,262	1,117	1,104	1,349	1,534	1,181	1,405	1,475	1,256	1,232	1,144	1,546	1,216
1977 September.	1,597	1,473	1,320	1,199	1,604	1,827	1,425	1,704	1,650	1,438	1,460	1,265	2,002	1,379
1978 September.	1,865	1,700	1,469	1,334	1,849	2,129	1,611	1,985	1,824	1,656	1,636	1,538	2,122	1,625
1979 September.	2,161	2,010	1,713	1,535	2,321	2,507	1,942	2,410	2,137	1,972	1,963	1,850	2,337	1,899
1980 September.	2,540	2,320	2,000	1,870	2,560	2,930	2,270	2,840	2,420	2,260	2,230	2,110	2,850	2,250
1981 September.	3,200	2,770	2,410	2,250	3,230	3,480	2,950	3,400	2,970	2,680	2,550	2,480	3,240	2,680

Monat	Italien (Durchschnittliche Bruttostundenverdienste der Arbeiter insgesamt in Lit)													
	Bergbau	Verarbeitende Industrie												Baugewerbe
		insgesamt	darunter											
			Textilindustrie	Holzindustrie[1])	Papierindustrie	Druckgewerbe	Lederindustrie	Chemische Industrie	Metallerzeugung	EBM-Waren-Industrie	Maschinenbau	Elektrotechnische Industrie	Fahrzeugbau	
1976 Oktober . .	2 071	1 967	1 741	1 700	2 142	2 280	1 693	2 185	2 248	1 863	2 052	1 972	2 122	2 024
1977 Oktober . .	2 544	2 401	2 132	2 103	2 701	2 840	2 105	2 662	2 643	2 261	2 460	2 392	2 481	2 496
1978 Oktober . .	3 115	2 778	2 398	2 430	3 455	3 387	2 494	3 164	3 100	2 617	2 837	2 686	2 844	3 091
1979 Oktober . .	3 567	3 259	2 874	2 861	4 125	3 898	2 928	3 770	3 641	3 086	3 366	3 155	3 359	3 594
1980 Oktober . .	4 365	3 907	3 403	3 411	4 586	4 373	3 555	4 411	4 249	3 798	4 076	3 859	4 062	4 321
1981 Oktober . .	5 432	4 846	4 292	4 363	5 507	5 484	4 407	5 362	5 340	4 672	4 980	4 831	5 091	5 405

Durchschnitt	Österreich (Durchschnittliche Bruttomonatsverdienste der Arbeiter insgesamt in S)													
	Verarbeitende Industrie													
	insgesamt	darunter												
		Nahrungsmittelindustrie[8])	Textilindustrie	Bekleidungsindustrie	Holzindustrie[1])	Papierindustrie	Lederindustrie	Chemische Industrie[9])	Verarb. v. Steinen u. Erden	Metallerzeugung[10])	EBM-Waren-Industrie	Maschinenbau	Elektrotechnische Industrie	Fahrzeugbau
1976	9 553	9 988	6 798	5 703	8 899	12 054	6 855	10 163	10 581	10 869	9 256	10 751	8 869	9 731
1977	10 355	10 845	7 298	6 214	9 671	13 046	7 414	11 051	11 600	11 685	9 992	11 632	9 690	10 594
1978	10 942	11 342	7 738	6 575	10 481	13 735	7 809	11 817	12 436	12 379	10 481	12 374	10 321	10 992
1979	11 586	11 996	8 156	6 802	11 024	14 674	8 072	12 391	13 119	12 869	10 930	13 072	10 900	11 927
1980	12 495	12 787	8 798	7 197	11 634	15 618	8 597	13 533	13 970	14 025	11 799	14 063	11 715	12 368
1981	13 255	13 744	9 628	7 836	12 209	16 967	9 415	14 401	14 823	14 964	12 410	14 970	12 494	13 486

Fußnoten siehe S. 705.

15.1 Durchschnittliche Bruttoverdienste der Arbeiter

Vierteljahr	Schweden (Durchschnittliche Bruttostundenverdienste der Arbeiter insgesamt in skr)													
	Bergbau	Verarbeitende Industrie												Baugewerbe
		insgesamt	darunter											
			Textilindustrie	Holzindustrie[1])	Papierindustrie	Druckgewerbe	Lederindustrie	Chemische Industrie[9])	Metallerzeugung	EBM-Waren-Industrie	Maschinenbau	Elektrotechnische Industrie	Fahrzeugbau	
1976 2. Vj	32,67	27,31	.	25,56	30,03	31,38	.	26,49	30,05	.	.	.	.	31,17
1977 2. Vj	36,24	29,51	25,75	27,63	32,00	34,64	27,06	28,64	31,86	29,28	29,35	28,55	30,98	34,60
1978 2. Vj	39,97	33,03	29,19	31,33	35,86	38,46	29,69	32,19	35,46	32,36	32,74	31,73	34,34	37,91
1979 2. Vj	41,46	36,01	32,03	33,68	40,00	41,88	32,90	35,18	39,32	35,10	35,26	34,41	37,05	41,07
1980 2. Vj	45,54	39,63	35,69	37,02	44,87	46,66	36,29	39,08	43,06	38,64	38,87	37,87	40,37	45,72
1981 2. Vj	49,85	43,18	38,94	40,38	48,68	48,96	39,17	42,62	46,19	41,69	42,52	41,39	44,65	49,59

Monat	Schweiz (Durchschnittliche Bruttostundenverdienste erwachsener männlicher Arbeiter in sfr)													
	Bergbau	Verarbeitende Industrie												Baugewerbe
		insgesamt	darunter											
			Nahrungsmittelindustrie	Textilindustrie	Bekleidungsindustrie	Holzindustrie[1])	Papierindustrie	Druckgewerbe	Lederindustrie	Chemische Industrie	Verarb. v. Steinen u. Erden	Metallindustrie	Uhrenindustrie	
1976 Oktober ..	12,46	12,80	12,28	11,82	11,51	12,05	12,85	15,40	12,06	15,16	12,72	12,79	12,13	11,61
1977 Oktober ..	13,16	13,37	12,76	12,39	11,62	12,58	13,32	15,96	12,55	15,50	13,27	13,29	12,31	12,80
1978 Oktober ..	13,50	13,82	13,25	12,86	12,22	12,94	13,95	17,01	13,06	15,91	13,65	13,66	13,34	12,87
1979 Oktober ..	13,49	14,30	13,85	13,35	12,85	13,35	14,55	18,20	13,61	16,35	14,04	14,07	13,72	13,27
1980 Oktober ..	14,18	15,13	14,56	14,04	13,57	14,06	15,26	19,38	14,53	17,32	14,72	14,90	14,82	13,86
1981 Oktober ..	14,97	16,20	15,47	15,03	14,41	14,96	16,61	21,15	15,37	18,64	15,54	15,93	16,09	14,61

Durchschnitt	Vereinigte Staaten (Durchschnittliche Bruttostundenverdienste der Arbeiter insgesamt in US-$)													
	Bergbau	Verarbeitende Industrie												Baugewerbe
		insgesamt	darunter											
			Textilindustrie	Holzindustrie	Papierindustrie	Druckgewerbe	Lederindustrie[6])	Chemische Industrie	Metallerzeugung	EBM-Waren-Industrie	Maschinenbau	Elektrotechnische Industrie	Fahrzeugbau	
1976	6,46	5,22	3,69	4,72	5,47	5,71	3,40	5,91	6,77	5,49	5,79	4,96	6,62	7,71
1977	6,94	5,68	3,99	5,10	5,96	6,12	3,61	6,43	7,40	5,91	6,26	5,39	7,29	8,10
1978	7,67	6,17	4,30	5,60	6,52	6,51	3,89	7,02	8,20	6,35	6,78	5,82	7,91	8,66
1979	8,49	6,70	4,66	6,07	7,13	6,94	4,22	7,60	8,98	6,85	7,32	6,32	8,53	9,27
1980	9,17	7,27	5,07	6,55	7,84	7,53	4,58	8,30	9,77	7,45	8,00	6,94	9,35	9,94
1981	10,05	7,99	5,52	7,00	8,60	8,18	4,99	9,12	10,81	8,20	8,81	7,62	10,39	10,80

Durchschnitt	Japan (Durchschnittliche Bruttomonatsverdienste der Arbeiter insgesamt in 1 000 ¥)													
	Bergbau	Verarbeitende Industrie												Baugewerbe
		insgesamt	darunter											
			Textilindustrie	Holzindustrie	Papierindustrie	Druckgewerbe	Lederindustrie	Chemische Industrie	Metallerzeugung[10])	EBM-Waren-Industrie	Maschinenbau	Elektrotechnische Industrie	Fahrzeugbau	
1975	182,5	144,9	100,4	115,9	152,4	178,6	116,6	173,9	205,6	153,0	161,1	124,1	168,4	122,6
1976	199,3	162,3	114,2	128,9	175,6	203,7	127,9	195,6	225,7	163,1	183,3	141,9	194,0	134,7
1977	221,0	177,1	121,0	137,1	188,7	221,4	138,4	211,2	247,1	179,7	203,3	153,7	213,8	150,3
1978	235,1	189,7	132,7	146,5	202,1	241,1	148,2	223,7	257,0	193,9	214,9	170,8	222,6	164,3
1979	246,6	199,8	144,4	162,7	214,7	248,8	155,5	250,2	275,7	204,3	232,8	176,7	238,7	177,4
1980	262,7	213,3	154,3	174,5	223,8	268,3	160,0	267,7	301,5	213,0	252,1	185,4	261,4	189,6

1) Einschl. Möbelindustrie.
2) Einschl. Druckerei- und Verlagsgewerbe.
3) Einschl. Kunststoffverarbeitung.
4) Einschl. Herstellung von Erdöl-, Kohle- und Kunststofferzeugnissen.
5) Einschl. Maschinenbau.
6) Einschl. Schuhindustrie.
7) Einschl. Chemiefaserindustrie.
8) Einschl. Getränke- und Tabakindustrie.
9) Einschl. Herstellung von Erdöl-, Kohle-, Gummi- und Kunststofferzeugnissen.
10) Eisenschaffende Industrie.

15.2 Durchschnittliche Arbeitszeiten der Arbeiter

Frankreich (Angebotene Wochenstunden[1]) der Arbeiter insgesamt)

Monat	Bergbau	Verarbeitende Industrie insgesamt	darunter Textilindustrie	Bekleidungsindustrie	Holzindustrie[2])	Papierindustrie	Druckgewerbe	Lederindustrie	Chemische Industrie	Verarb. v. Steinen u. Erden	Metallerzeugung	Maschinenbau	Elektrotechnische Industrie	Baugewerbe
1976 Oktober . .	40,8	41,6	41,0	40,5	42,9	40,6	41,8	41,7	40,2	42,0	41,6	41,8	41,3	44,4
1977 Oktober . .	40,4	41,2	40,3	40,3	42,4	40,3	41,6	40,9	40,2	41,3	40,2	41,3	41,0	43,3
1978 Oktober . .	40,1	40,9	40,4	40,4	41,8	40,0	41,2	40,5	40,2	41,1	40,4	40,9	40,6	42,6
1979 Oktober . .	40,1	40,8	40,4	40,3	41,5	40,2	40,9	40,6	40,1	41,0	41,0	40,8	40,2	42,3
1980 Oktober . .	39,9	40,6	39,8	40,1	41,2	40,0	40,6	39,8	40,1	40,7	40,7	40,7	40,3	42,1
1981 Oktober . .	39,8	40,3	39,8	40,1	40,6	39,8	40,1	39,8	40,1	40,4	40,5	40,2	40,1	41,6

Griechenland (Durchschnittlich bezahlte Wochenstunden der Arbeiter insgesamt)

Monat	Verarbeitende Industrie insgesamt	darunter Textilindustrie	Bekleidungsindustrie[3])	Holzindustrie	Papierindustrie	Druckgewerbe	Lederindustrie	Gummiverarbeitung	Chemische Industrie	Metallerzeugung	EBM-Waren-Industrie	Maschinenbau	Elektrotechnische Industrie	Fahrzeugbau
1976 November.	41,9	42,5	40,8	43,0	42,9	43,3	43,3	41,4	44,0	44,8	43,0	42,8	41,9	43,9
1977 November.	41,0	41,4	38,7	43,1	42,4	43,8	43,2	40,9	43,3	45,2	43,3	43,1	40,0	42,2
1978 November.	41,2	43,3	41,3	44,0	43,2	43,1	43,6	39,2	44,4	46,5	43,4	39,6	41,2	42,4
1979 November.	41,2	40,6	37,7	41,7	39,8	40,1	43,3	40,7	41,9	44,7	41,5	39,2	41,0	43,7
1980 November.	40,7	40,1	38,4	41,6	40,6	42,1	41,5	40,2	42,0	44,1	41,4	40,7	40,1	44,0
1981 November.	39,5	39,7	40,0	39,2	40,8	42,2	41,1	39,0	41,4	43,5	40,6	40,1	40,0	42,4

Großbritannien und Nordirland (Angebotene Wochenstunden[1]) der Arbeiter insgesamt)

Monat	Bergbau	Verarbeitende Industrie insgesamt	darunter Textilindustrie	Bekleidungs-Industrie	Holzindustrie[2])	Papierindustrie	Druckgewerbe	Lederindustrie	Chemische Industrie	Metallerzeugung	EBM-Waren-Industrie	Maschinenbau	Elektrotechnische Industrie	Baugewerbe
1976 Oktober . .	46,1	41,7	40,6	37,0	41,9	42,6	42,1	40,0	42,8	43,4	41,6	42,2	40,3	44,0
1977 Oktober . .	46,8	41,8	40,2	37,1	42,0	43,1	42,8	40,0	42,9	42,9	41,5	42,4	40,4	44,3
1978 Oktober . .	46,9	41,7	40,6	36,9	42,1	44,3	42,9	40,0	43,1	43,0	41,7	41,9	40,7	44,5
1979 Oktober . .	46,5	41,5	40,2	36,9	42,2	44,4	42,1	39,9	43,1	42,5	41,1	41,9	40,4	44,5
1980 Oktober . .	47,7	40,1	39,0	36,6	40,8	43,4	41,5	40,0	41,9	38,3	38,5	40,2	39,6	43,7
1981 Oktober . .	45,9	40,9	40,3	37,2	41,5	45,2	40,2	40,6	42,3	41,1	40,7	40,1	39,7	43,5

Irland (Durchschnittlich geleistete Wochenarbeitsstunden der Arbeiter insgesamt)

Monat	Bergbau	Verarbeitende Industrie insgesamt	darunter Textilindustrie	Holzindustrie[2])	Papierindustrie	Druckgewerbe	Lederindustrie	Chemische Industrie[4])	Metallerzeugung	EBM-Waren-Industrie	Maschinenbau	Elektrotechnik	Fahrzeugbau	Feinmech. und Optik
1976 September.	44,9	42,3	39,9	42,7	44,2	41,2	42,6	42,8	39,9	42,6	42,4	40,0	43,1	40,1
1977 September.	47,2	42,6	39,6	41,3	44,3	40,6	43,2	42,6	41,1	43,7	42,2	40,2	42,5	42,6
1978 September.	45,0	42,3	40,1	41,4	44,8	40,4	41,3	44,3	41,9	42,3	42,0	40,1	41,7	41,9
1979 September.	43,5	42,4	40,5	40,7	45,0	40,8	42,5	44,1	41,9	43,3	42,6	40,2	42,0	38,8
1980 September.	44,2	41,1	38,6	40,4	43,2	41,1	42,7	43,5	37,2	41,0	37,7	39,3	41,9	39,9
1981 September.	46,0	41,6	39,3	41,0	44,7	40,8	43,3	43,7	43,2	41,7	38,9	40,6	39,5	39,5

Fußnoten siehe S. 707.

15.2 Durchschnittliche Arbeitszeiten der Arbeiter

Monat	Italien (Angebotene Wochenstunden[1]) der Arbeiter insgesamt)													
	Bergbau	Verarbeitende Industrie												Baugewerbe
		insgesamt	darunter											
			Textilindustrie	Holzindustrie[2])	Papierindustrie	Druckgewerbe	Lederindustrie	Chemische Industrie	Metallerzeugung	EBM-Waren-Industrie	Maschinenbau	Elektrotechnische Industrie	Fahrzeugbau[5])	
1976 September	41,3	41,7	41,6	41,8	41,9	41,4	41,7	41,7	41,4	41,8	41,9	41,8	41,7	41,3
1977 September	41,4	41,6	41,2	41,6	41,7	41,5	41,5	41,8	41,4	41,7	41,8	41,7	41,7	41,1
1978 Oktober	38,7	39,4	38,8	39,9	39,5	39,4	39,7	39,3	39,3	39,9	39,8	39,6	39,7	39,4
1979 Oktober	39,9	39,7	39,3	40,4	40,0	39,6	40,1	39,4	39,7	40,0	40,0	39,9	39,9	39,4
1980 Oktober	39,4	38,4	37,8	39,6	39,1	39,3	39,3	38,9	39,5	39,3	39,7	37,6	39,9	39,4
1981 Oktober	39,4	38,5	37,6	39,4	39,0	39,4	39,3	38,7	39,0	39,3	39,2	37,6	39,7	39,4

Durchschnitt	Österreich (Durchschnittlich geleistete Monatsarbeitsstunden der Arbeiter insgesamt)													
	Verarbeitende Industrie[6])													
	insgesamt	darunter												
		Nahrungsmittelindustrie[7])	Textilindustrie	Bekleidungsindustrie	Holzindustrie[2])	Papierindustrie	Lederindustrie	Chemische Industrie[8])	Verarb. v. Steinen u. Erden[9])	Metallerzeugung[10])	EBM-Waren-Industrie	Maschinenbau	Elektrotechnische Industrie	Fahrzeugbau
1976	148,9	161,0	144,8	140,6	152,8	151,8	144,6	146,6	149,1	141,6	145,4	145,6	145,6	145,7
1977	146,9	157,8	134,4	127,8	143,1	145,1	132,1	142,4	141,8	130,9	137,6	139,0	142,7	129,9
1978	145,0	153,6	128,3	120,7	133,3	138,8	125,7	130,5	133,1	133,7	126,5	131,6	130,9	121,6
1979	145,5	150,5	127,3	122,3	134,6	140,2	133,3	129,8	132,6	134,0	127,1	131,5	131,4	122,0
1980	146,0	150,4	128,1	118,1	131,2	136,3	129,1	131,3	128,0	129,6	126,7	131,6	130,5	122,1
1981	144,7	155,3	141,1	136,5	128,7	148,3	138,3	138,0	132,4	143,3	132,2	148,0	142,5	139,9

Durchschnitt	Vereinigte Staaten (Durchschnittlich bezahlte Wochenstunden der Arbeiter insgesamt)													
	Bergbau	Verarbeitende Industrie												Baugewerbe
		insgesamt	darunter											
			Textilindustrie	Holzindustrie	Papierindustrie	Druckgewerbe	Lederindustrie[3])	Chemische Industrie	Metallerzeugung	EBM-Waren-Industrie	Maschinenbau	Elektrotechnische Industrie	Fahrzeugbau	
1976	42,4	40,1	40,1	39,9	42,5	37,5	37,4	41,6	40,8	40,8	41,2	40,0	41,7	36,8
1977	43,4	40,3	40,4	39,8	42,9	37,7	36,9	41,7	41,3	41,0	41,5	40,4	42,5	36,5
1978	43,4	40,4	40,4	39,8	42,9	37,6	37,1	41,9	41,8	41,0	42,1	40,3	42,2	36,8
1979	43,0	40,2	40,4	39,4	42,6	37,5	36,5	41,9	41,4	40,7	41,8	40,3	41,1	37,0
1980	43,3	39,7	40,1	38,5	42,2	37,1	36,7	41,5	40,1	40,4	41,0	39,8	40,6	37,0
1981	43,7	39,8	39,6	38,7	42,5	37,3	36,8	41,6	40,5	40,3	40,9	39,9	40,9	36,9

Durchschnitt	Japan (Durchschnittlich geleistete Monatsarbeitsstunden der Arbeiter insgesamt)													
	Bergbau	Verarbeitende Industrie												Baugewerbe
		insgesamt	darunter											
			Textilindustrie	Holzindustrie	Papierindustrie	Druckgewerbe	Lederindustrie	Chemische Industrie	Metallerzeugung[10])	EBM-Waren-Industrie	Maschinenbau	Elektrotechnische Industrie	Fahrzeugbau	
1975	184	167	172	173	166	185	174	159	163	168	164	160	169	181
1976	185	174	176	183	174	187	176	162	168	180	175	171	177	180
1977	186	174	173	184	175	187	177	163	169	180	177	169	179	182
1978	188	176	177	188	176	189	179	163	169	181	178	172	177	185
1979	190	178	179	190	180	191	177	165	174	186	182	175	181	184
1980	190	179	179	189	178	191	176	165	176	185	183	175	186	185

1) Diese basieren auf einer feiertagsfreien Arbeitswoche und sind nicht beeinflußt durch persönliche Ausfallzeiten der Arbeiter (z. B. Krankheit).
2) Einschl. Möbelindustrie.
3) Einschl. Schuhindustrie.
4) Einschl. Chemiefaserindustrie.
5) Ohne Kraftfahrzeugbau.
6) Einschl. Bergbau.
7) Einschl. Getränke- und Tabakindustrie.
8) Einschl. Herstellung von Erdöl-, Kohle-, Gummi- und Kunststofferzeugnissen.
9) Ohne Glasindustrie.
10) Eisen- und Stahlerzeugung.

15.3 Meßzahlen der durchschnittlichen Bruttoverdienste bzw. Tariflöhne der Arbeiter

1976 = 100

Land	Verdienst-, Lohnart[1])	Erfaßter Personenkreis[2])	Erfaßter Wirtschaftsbereich[3])	Durchschnitt							
				1974	1975	1976	1977	1978	1979	1980	1981
				Durchschnittliche Bruttoverdienste							
Europa											
Bundesrepublik Deutschland	St. V.	mw[4])	VI	87	94	100	107	113	119	127	134
Belgien[5])	St. V.	mw[4])	VI	76	90	100	110	116	126	138	151
Bulgarien	M. V.	mw[4])[6])	Bg, VI, E	95	99	100	103	107	125	126	133
Dänemark[5])	St. V.	mw[4])	VI	78	90	100	109	123	134	145	160
Finnland	St. V.	mw[7])	Bg, VI, E	71	86	100	109	117	130	147	166
Frankreich[5])	St. V.	mw[4])	VI	75	86	100	113	126	141	164	188
Griechenland	St. V.	mw	VI	62	78	100	121	149	180	229	292
Großbritannien und Nordirland[5])	St. V.	mw[4])	VI	71	89	100	108	124	145	167	189
Irland[8])	St. V.	mw	VI	66	87	100	117	135	159	184	220
Italien[5])	St. V.	mw[4])	VI	63	79	100	122	141	166	199	246
Jugoslawien	M. V.	mw[6])	VI	72	88	100	118	140	170	211	284
Luxemburg[5])	St. V.	mw[4])	VI	80	87	100	108	115	120	129	135
Niederlande[5])	St. V.	mw[4])	VI	81	92	100	110	116	121	127	135
Norwegen	St. V.	m[7])	Bg, VI	72	86	100	111	120	123	135	148
Österreich	St. V.	mw	Bg, VI	78	92	100	109	115	122	129	139
Polen	M. V.	mw[4])[6])	VI	75	91	100	108	114	123	141	176
Rumänien	M. V.	mw[6])	Bg, VI, E	98	95	100	107	119	125	136	.
Schweden[9])	St. V.	mw[7])	VI	.	.	100	108	118	132	145	158
Schweiz[5])	St. V.	m[7])	VI	92	98	100	104	108	112	118	127
Sowjetunion	M. V.	mw[6])[7])	Bg, VI	92	95	100	102	105	107	110	112
Tschechoslowakei	M. V.	mw[4])	VI	93	97	100	104	107	110	113	117
Türkei[8])	T. V.	mw[6])	VI	56	71	100	101	177	241	.	.
Ungarn	M. V.	mw[4])	VI	89	94	100	109	118	124	132	141
Amerika											
Chile[10])	M. V.	mw	VI	.	26	100	280	483	710	1 090	1 463
Kanada	St. V.	mw	VI	76	88	100	111	119	129	142	159
Mexiko	M. V.	mw	VI	65	80	100	131	151	176	212	280
Venezuela	M. V.	mw	VI	85	97	100	109	124	144	173	195
Vereinigte Staaten	St. V.	mw	VI	85	93	100	109	118	128	139	153
Asien											
Japan	M. V.	mw	VI	80	89	100	109	117	123	131	139
Korea, Republik	M. V.	mw[6])	VI	58	74	100	134	180	231	284	341
Singapur[11])	St. V.	mw	VI	82	95	100	105	112	124	139	163
Australien und Ozeanien											
Australien[5])	St. V.	m[6])[7])	VI	79	88	100	111	118	131	147	155
Neuseeland[12])	St. V.	mw[6])	VI	78	87	100	113	132	151	171	202
				Tarifliche Lohnsätze							
Europa											
Bundesrepublik Deutschland	St. L.	mw[4])	Bg, VI, Bau, E, H, V, D	87	95	100	107	113	119	127	134
Belgien	St. L.	mw[7])	VI	75	89	100	109	115	122	134	145
Finnland	St. L.	mw	VI	72	87	100	109	117	131	147	166
Frankreich[13])	St. L.	mw	VI	72	87	100	114	128	145	165	190
Großbritannien und Nordirland	St. L.	mw	VI	64	83	100	105	124	142	167	183
Italien	St. L.	mw[7])	VI	65	83	100	128	149	177	216	268
Österreich	W. L.	mw[7])	VI	.	.	100	109	115	122	129	139
Australien und Ozeanien											
Australien[14])	St. L.	m[7])	VI	79	87	100	110	119	126	140	159

[1]) St. V. = Stundenverdienst, T. V. = Tagesverdienst, M. V. = Monatsverdienst, St. L. = tariflicher Stundenlohn, W. L. = tariflicher Wochenlohn.
[2]) m = männliche Arbeiter, mw = Arbeiter insgesamt.
[3]) Bg = Bergbau, VI = Verarbeitende Industrie, Bau = Baugewerbe, E = Energiewirtschaft, H = Handel, V = Verkehr, D = Dienstleistungen.
[4]) Ohne Auszubildende.
[5]) Oktober.
[6]) Einschl. Angestellte.
[7]) Ohne Jugendliche.
[8]) September.
[9]) 2. Vierteljahr.
[10]) April.
[11]) August.
[12]) Ab 1980: Februar.
[13]) 1. 1.
[14]) 31. 12.

15.4 Durchschnittliche Bruttoverdienste der Angestellten

Monat	Großbritannien und Nordirland (Durchschnittliche Bruttowochenverdienste in £)													
	Verarbeitende Industrie													
	insgesamt		Textilindustrie		Holzindustrie[1])		Chemische Industrie		Metallerzeugung		Maschinenbau		Fahrzeugbau[2])	
	männlich	weiblich	männlich	weiblich	männlich	weiblich	männlich	weiblich	männlich	weiblich	männlich	weiblich	männlich	weiblich
1975 Oktober . .	72,9	39,0	68,1	34,8	68,4	33,9	83,9	42,6	75,2	39,9	68,1	36,3	73,1	43,4
1976 Oktober . .	79,0	44,4	74,9	39,9	74,6	38,4	89,0	48,1	81,3	45,1	75,3	42,2	80,2	49,9
1977 Oktober . .	86,7	48,6	82,3	43,9	81,4	41,6	96,9	52,9	88,7	47,0	84,1	46,5	88,1	53,8
1978 Oktober . .	100,7	55,8	94,4	49,4	94,5	49,2	110,2	60,7	99,4	55,3	97,6	53,1	104,2	63,4
1979 Oktober . .	118,1	65,3	110,7	57,6	112,0	57,2	131,7	72,0	116,4	63,4	112,8	61,2	119,8	72,0
1980 Oktober . .	141,2	78,4	128,0	67,5	128,4	66,5	160,0	86,8	136,7	76,5	134,2	72,7	146,5	88,0

Monat	Schweden (Durchschnittliche Bruttomonatsverdienste in skr)													
	Bergbau		Verarbeitende Industrie										Baugewerbe	
			insgesamt		Holzindustrie[1])		Chemische Industrie[3])		Metallerzeugung		EBM-Waren-Industrie[4])			
	männlich	weiblich	männlich	weiblich	männlich	weiblich	männlich	weiblich	männlich	weiblich	männlich	weiblich	männlich	weiblich
1976 August . . .	6 805	4 722	6 186	4 254	5 523	3 853	6 250	4 400	6 513	4 405	6 227	4 209	5 824	4 082
1977 August . . .	7 329	5 254	6 769	4 736	6 095	4 282	6 843	4 897	7 070	4 862	6 799	4 675	6 447	4 567
1978 August . . .	7 730	5 748	7 164	5 073	6 520	4 631	7 278	5 275	7 385	5 215	7 196	4 994	6 892	4 826
1979 August . . .	8 065	5 847	7 684	5 461	6 943	4 921	7 848	5 701	8 041	5 639	7 698	5 365	7 391	5 201
1980 August . . .	8 974	6 455	8 437	6 024	7 702	5 440	8 712	6 302	8 766	6 196	8 437	5 908	8 145	5 655
1981 August . . .	9 372	6 790	.	.	8 212	5 866	9 294	6 789	9 277	6 646	8 951	6 336	8 777	6 066

Monat	Schweiz (Durchschnittliche Bruttomonatsverdienste in sfr)													
	Verarbeitende Industrie												Baugewerbe	
	insgesamt		Textilindustrie		Druckgewerbe		Chemische Industrie		Metallindustrie		Uhrenindustrie			
	männlich	weiblich	männlich	weiblich	männlich	weiblich	männlich	weiblich	männlich	weiblich	männlich	weiblich	männlich	weiblich
1976 Oktober . .	3 246	2 075	3 052	1 979	3 364	2 151	3 598	2 524	3 256	2 096	2 966	1 943	3 170	2 425
1977 Oktober . .	3 360	2 201	3 173	2 083	3 464	2 290	3 690	2 613	3 362	2 166	3 032	2 000	3 488	2 255
1978 Oktober . .	3 472	2 288	3 293	2 170	3 610	2 393	3 801	2 699	3 474	2 256	3 173	2 125	3 520	2 330
1979 Oktober . .	3 569	2 362	3 404	2 239	3 779	2 496	3 808	2 733	3 574	2 335	3 256	2 184	3 648	2 393
1980 Oktober . .	3 774	2 505	3 615	2 347	4 015	2 664	4 022	2 903	3 781	2 476	3 474	2 354	3 827	2 542
1981 Oktober . .	3 996	2 664	3 781	2 484	4 281	2 837	4 283	3 107	3 995	2 620	3 779	2 585	4 018	2 627

Durchschnitt	Japan (Durchschnittliche Bruttomonatsverdienste der Angestellten insgesamt in 1 000 ¥)												
	Bergbau	Verarbeitende Industrie											Baugewerbe
		insgesamt	Textilindustrie	Holzindustrie	Papierindustrie	Druckgewerbe	Lederindustrie	Chemische Industrie	Eisenschaffende Industrie	EBM-Waren-Industrie	Maschinenbau	Elektrotechnische Industrie	Fahrzeugbau	
1975	232,3	202,0	170,4	171,5	196,1	241,4	176,1	224,6	252,5	192,1	200,1	191,6	211,9	191,4
1976	247,9	226,8	190,3	187,4	220,0	279,4	196,2	246,4	272,3	205,3	224,7	221,2	241,8	211,7
1977	270,3	248,3	197,6	193,4	238,6	303,4	213,7	271,6	300,5	226,3	248,8	244,6	264,0	237,9
1978	280,6	263,6	217,1	204,8	253,7	323,1	226,0	287,0	307,2	242,7	258,5	264,4	276,6	256,9
1979	304,3	283,1	237,9	222,7	267,6	339,9	235,3	316,8	335,9	271,0	283,7	280,3	288,3	276,7
1980	320,4	305,2	254,9	239,0	285,5	373,3	246,9	340,7	367,7	291,1	304,8	304,0	317,3	293,6

1) Einschl. Möbelindustrie.
2) Kraftfahrzeugbau.
3) Einschl. Herstellung von Erdöl-, Kohle-, Gummi- und Kunststofferzeugnissen.
4) Einschl. Maschinenbau.

16

16.1 Index der Großhandelspreise

umbasiert auf

Die Indizes der Großhandels- und Erzeugerpreise messen die zeitliche Veränderung der Preise für einen feststehenden Korb von ausgewählten Waren. Die für die Berechnung der Indizes verwendeten Preise stellen meist Erzeuger- oder Börsenpreise dar, bei eingeführten Waren Importeinkaufs- oder -verkaufspreise. Die den einzelnen Warengruppen bzw. Waren zugeteilten Gewichte ergeben sich aus dem anteiligen Wert einer Warengruppe oder Ware am jeweiligen Gesamtumsatz bzw. an der Gesamtproduktion. Die Abkürzungen in der Spalte »Warengruppen« geben die in den betreffenden Indizes enthaltenen Waren oder Warengruppen nach der Gliederung des »Systematischen Warenverzeichnisses für die

Lfd. Nr.	Land	Berichtsort bzw. Zahl der Berichtsorte	Waren bzw. Warengruppen[1])	Original-Basis	Zahl der Waren	Erhebungszeitpunkt[2])	1966	1967
							Index der Großhandelspreise	
	Europa							
1	Bundesrepublik Deutschland[3])	–	. . . Ba Be Mi E M Ma C Ho K Ha T N	1980	2 326[4])	ME	67,7	67,1
2	Belgien	–	La . . Ba Be Mi . M . C Ho K Ha T N	1936 — 1938	135	MM	62,3	61,6
3	Dänemark		La . . Ba Be Mi . M Ma C Ho K Ha T N	1975	1 070[4])	ME	49	50
4	Finnland[3])	–	. . . . Be Mi E M Ma C Ho K Ha T N	1975	.	D	.	.
5	Frankreich	–	. . . Ba . . . M . C Ho K Ha T .	1962	524	ME	53,8	53,3
6	Griechenland	Athen/Piräus	La In R . Be Mi . . . . N	1967	102	D	44,3	44,0
7	Großbritannien und Nordirland[3])	–	. . . . Be Mi . M Ma C Ho K Ha T N	1975	. [4])	D	39,5	39,9
8	Irland	–	. . . . Be . . M Ma C Ho K Ha T N	1975	. [4])	MM	36,0	37,3
9	Italien	–	La . . Ba Be Mi . M Ma C Ho K Ha T N	1980	233	D	37,6	37,5
10	Jugoslawien[3])	–	. . . Ba Be Mi E M Ma C Ho K Ha T N	.	1 100[4])	D	36	37
11	Niederlande[3])	–	. . . Ba Be Mi . M Ma C Ho K Ha T N	1975	.	ME	.	.
12	Norwegen	–	La . . Ba Be Mi E M Ma C Ho K Ha T N	1981	.	MM	54	55
13	Österreich	–	La . . Ba Be Mi . M Ma C Ho K Ha T N	1976	368	MM	62,9	64,4
14	Portugal	Lissabon	La . . Ba Be Mi . M . C Ho K Ha T N	1948	236	MM	42	43
15	Schweden[3])	–	. . . . Be . . M Ma C Ho K Ha T N	1968	542[4])	D	51	51
16	Schweiz	–	La . . Ba Be Mi E M . C Ho K Ha T N	1963	800	ME	70,4	70,6
17	Spanien[3])	–	. . . Ba Be Mi E M Ma C Ho K Ha T N	1974	. [4])	D	.	.
18	Türkei	–	La . . Ba Be Mi . M . C Ho . Ha T N	1963	90	D	28,9	31,1
	Afrika							
19	Ägypten	–	La . . Ba Be Mi . M Ma C Ho . Ha T N	Juli 65 — Juni 66	440	D	.	66,3
20	Gabun	Libreville	La . . Ba . Mi E M Ma C Ho . Ha T N	Juni 1966	113	D	41,6	42,6
21	Marokko	Casablanca	La . . Ba Be . . M . C Ho . Ha T N	1939	69	MA	58,5	59,5
22	Südafrika	–	La . . Ba Be Mi E M Ma C Ho K Ha T N	1975	. [4])	D	44,8	45,9
23	Tunesien	–	La . . Ba Be Mi E M . C Ho K Ha T N	1970	. [4])	D	57,5	59,7
	Amerika							
24	Argentinien	–	La . . Ba Be Mi . M Ma C Ho K Ha T N	1960	300[4])	D	0,8	1,0
25	Brasilien	–	La . . Ba Be Mi . M . C Ho K Ha T N	1977	243	D	11,2	14,0
26	Chile	Santiago	La . . Ba Be . . . . T N	Dez. 1974	288	D	.	.
27	Costa Rica	San José	La In . Ba . Mi . . . C . . Ha T N	1966	290	D	34,3	35,5
28	Dominikanische Republik	Santo Domingo	La . R . . Mi . . . . N	1941	56	D	57,5	59,1
29	El Salvador	San Salvador	La In . Ba . Mi . . . . N	1955	91	.	44,3	44,9
30	Guatemala	Guatemala-Stadt	La . . Ba . Mi . . . . T N	1950	71	MM	51,2	51,3
31	Kanada[3])	–	. . . Ba . Mi . M Ma C Ho K Ha T N	1971	. [4])	MM	54,8	55,9
32	Kolumbien	9	La . . . Be Mi . M Ma C Ho K Ha T N	1970	358	MM	21,7	23,2
33	Mexiko	Mexiko-Stadt	La . . Ba Be . E M . C Ho . . . N	1978	210	D	.	44,1
34	Venezuela	–	La . . Ba Be Mi E M Ma C Ho . Ha T N	1968	. [4])	D	57,9	58,7
35	Vereinigte Staaten	–	La . . Ba Be Mi E M Ma C Ho K Ha T N	1967	2 772[4])	MM	54,6	54,7
	Asien							
36	China (Taiwan)	–	La . . Ba . Mi E M Ma C Ho K Ha T N	1976	952[4])	D	52,4	53,8
37	Indien	–	La . . . Be Mi E M Ma C Ho K Ha T N	April 70 — März 71	360[4])	D	.	.
38	Irak	Bagdad	La . . Ba . . . M . C Ho . . T N	1962	47	D	58,8	63,2
39	Iran	–	La . . Ba Be Mi . M Ma C . . Ha T N	März 74 — März 75	160[4])	D	.	.
40	Israel[3])	–	. . . . Be Mi . M Ma C Ho K Ha T N	1977	1 000[4])	MM	21,9	22,2
41	Japan	–	La . . Ba Be Mi E M Ma C Ho K Ha T N	1980	1 185	D	55,9	57,0
42	Korea, Republik	–	La . . Ba Be Mi E M Ma C Ho K . T N	1980	848	D	.	29,7
43	Pakistan	–	La . . . Be Mi E M Ma C Ho K Ha T N	1969 — 1970	120	D	.	.
44	Philippinen	Manila	La . . . Be . . M Ma C Ho K Ha T N	1972	242	MM	28,3	29,6
45	Syrien	–	La . . Ba Be Mi . M . C Ho . Ha T N	1962	122	MM	46,8	51,5
46	Thailand	–	La . . Ba . Mi . . Ma C Ho K Ha T N	1976	600	D	51,2	55,0
	Australien und Ozeanien							
47	Australien	–	. . . . . Mi . M Ma C Ho K Ha T N	Juli 68 — Juni 69	. [4])	MM	.	.
48	Neuseeland	–	. . . . . Mi . M Ma C Ho K Ha T N	4. Vj. 1977	. [4])	vj	40,5	41,7
							Index der Welt	
49	Bundesrepublik Deutschland Index des HWWA – Institut für Wirtschaftsforschung – Hamburg	–	La . . . Be Mi . M . . Ho K Ha T N	1975	31	tägl.	29,1	28,0
50	Großbritannien und Nordirland Reuters' Index	.	La . . . . . . M . . . K . T .	18. 9. 1931	17[6])	tägl.	31,6	30,6
51	Vereinigte Staaten – Moody's Index	5	La . . . . . . M . . . K Ha T .	31. 12. 1931	15[7])	tägl.	48,3	45,0

[1]) La = landwirtschaftliche Erzeugnisse einschl. Fischerei- und Gartenbauerzeugnisse, In = industrielle Erzeugnisse (Warenzusammensetzung nicht näher bekannt), R = Rohstoffe und Halbwaren, ohne nähere Aufteilung nach Waren bzw. Warengruppen, Ba = Bau-, Be = Bergbauerzeugnisse, Mi = Mineralöle und -erzeugnisse, E = Energieerzeugung, M = Metalle und -erzeugnisse, Ma = Maschinen und Fahrzeuge, C = Chemikalien, Pharmazeutika, Düngemittel, Ho = Holz, Holzwaren, Papier und Pappe, K = Kautschuk, -erzeugnisse, Harze und Wachse, Ha = Häute, Felle, Leder und -erzeugnisse, T = Textilrohstoffe, Textilerzeugnisse einschl. Bekleidung, N = Nahrungsmittel, Genußmittel und Getränke, Futtermittel.

Preise

bzw. Erzeugerpreise gewerblicher Produkte

1976 = 100

Industriestatistik« in der Bundesrepublik Deutschland an; die tatsächliche Gliederung in dem betreffenden Index nach Indexgruppen kann indes anders sein. Infolge unterschiedlicher Gewichtung, Warenauswahl und -qualität, Handelsstufe, Besteuerung, Erhebungs- und Berechnungsmethode u. a. m. sind die Indizes von Land zu Land nicht vergleichbar. – Teilweise mußten Umbasierungen von Originalzahlen ohne Dezimalstellen vorgenommen werden, so daß geringfügige Abweichungen gegenüber anderen Umrechnungen auftreten können.

1968	1969	1970	1971	1972	1973	1974	1975	1976	1977	1978	1979	1980	1981	1982	Lfd. Nr.
bzw. Erzeugerpreise gewerblicher Produkte															
66,6	67,8	71,2	74,2	76,2	81,3	92,2	96,4	100	102,7	103,9	108,9	117,1	126,2	133,6	1
61,8	64,8	67,9	67,6	70,3	79,0	92,2	93,4	100	102,4	100,5	106,8	113,0	122,2	131,6	2
51	53	57	59	63	72	88	93	100	107	112	123	144	168	185	3
.	.	.	.	.	.	.	93,6	100	109,2	114,3	125,5	145,4	165,1	177,6	4
52,4	58,1	62,4	63,7	66,7	76,5	98,7	93,1	100	105,6	110,2	124,8	135,8	150,7	167,3	5
43,9	45,1	46,3	47,4	49,3	61,3	82,9	88,7	100	111,4	119,2	145,5	190,0	240,6	...	6
41,5	43,1	46,1	50,3	52,9	56,9	69,7	85,3	100	119,8	130,7	146,6	170,5	188,7	204,9	7
39,0	41,7	43,9	46,1	49,4	56,3	67,6	84,5	100	117,7	128,4	143,6	159,2	185,7	207,8	8
37,7	39,1	42,0	43,4	45,2	53,3	75,0	81,4	100	116,6	126,4	146,0	175,2	204,3	232,7	9
37	38	42	48	53	60	77	94	100	110	119	134	171	247	309	10
.	.	.	.	.	.	.	92,3	100	104,6	103,9	111,8	125,6	142,6	152,6	11
56	57	62	63	66	71	85	92	100	106	111	120	138	154	163	12
65,0	66,5	69,7	73,3	76,2	77,2	88,8	94,5	100	103,0	104,0	108,4	117,7	127,2	131,2	13
45	47	48	49	52	58	74	84	100	129	170	220	234	284	...	14
52	54	58	59	62	69	85	92	100	108	115	127	145	159	178	15
70,6	72,7	75,7	77,4	80,1	88,7	103,0	100,7	100	100,3	96,9	100,5	105,7	111,9	114,7	16
.	.	.	.	.	.	81,0	88,3	100	120,2	139,9	160,3	188,3	217,6	...	17
32,6	34,5	36,7	42,6	50,3	60,5	78,6	86,5	100	124,1	187,1	308,4	643,1	879,6	1 106,6	18
67,8	68,9	70,5	73,2	73,6	76,5	90,5	97,3	100	109,7	122,6	137,1	181,0	183,6	...	19
44,1	46,8	52,3	54,3	57,0	60,8	72,0	85,9	100	114,9	...	...	...	...	...	20
54,9	55,7	60,0	62,5	63,8	74,9	92,3	95,8	100	114,2	...	...	...	...	...	21
46,5	47,5	49,0	51,3	55,4	62,8	74,1	86,9	100	112,9	123,9	142,8	166,9	189,7	...	22
61,5	62,4	64,9	69,6	70,7	74,4	90,2	98,8	100	104,9	108,1	116,0	128	144,6	...	23
1,1	1,1	1,3	1,8	3,2	4,8	5,7	16,7	100	249,5	613,6	1 529,8	2 684,0	5 624,4	...	24
17,4	20,9	25,5	30,7	36,4	42,4	54,8	69,8	100	142,5	196,1	305,6	631,1	1 313,8	...	25
.	.	.	.	.	0,5	5,4	31,1	100	186,0	266,0	397,4	554,5	604,9	648,4	26
37,2	38,8	41,3	43,9	46,3	53,9	75,3	91,5	100	107,6	115,9	136,1	168,6	...	...	27
63,1	60,5	60,6	60,6	62,3	71,1	85,6	106,7	100	113,6	112,3	127,7	145,8	147,7	...	28
44,3	44,1	48,0	45,4	48,2	58,2	72,9	74,3	100	147,3	118,0	133,8	137,3	...	...	29
53,6	55,3	56,7	57,5	57,4	65,6	80,5	90,5	100	113,0	117,1	129,2	149,8	167,4	...	30
57,1	59,2	60,6	61,9	64,7	71,9	85,6	95,1	100	107,9	117,8	134,8	153,0	168,6	178,7	31
24,6	26,3	28,3	31,5	37,3	47,7	64,9	81,4	100	126,7	149,0	190,5	236,6	293,5	...	32
45,0	46,1	48,9	50,8	52,2	60,4	73,7	81,8	100	141,2	163,4	193,4	240,5	299,5	467,5	33
59,7	60,7	61,6	63,7	66,0	70,1	82,1	93,3	100	110,4	118,5	129,4	155,4	176,9	...	34
56,0	58,2	60,4	62,7	65,1	73,5	87,5	95,6	100	106,2	114,4	128,8	147,0	160,4	163,6	35
55,4	55,2	56,8	56,8	59,4	72,9	102,5	97,3	100	102,8	106,4	121,1	147,2	158,4	157,3	36
.	.	58,2	60,4	65,5	76,3	98,1	102,0	100	107,5	107,3	119,8	143,9	161,3	...	37
60,2	61,8	67,8	72,2	69,6	72,5	81,6	90,2	100	106,9	...	...	...	...	...	38
.	57,3	59,4	63,0	67,0	74,4	86,7	91,8	100	117,1	130,3	...	...	...	...	39
22,7	23,1	24,7	27,0	30,1	35,8	54,2	76,4	100	138,6	212,0	379,9	895,9	1 989,8	...	40
57,3	58,6	60,8	60,3	60,8	70,4	92,5	95,2	100	101,9	99,3	106,6	125,5	127,2	129,5	41
32,2	34,3	37,5	40,7	46,4	49,6	70,6	89,2	100	109,0	121,8	144,6	200,9	241,7	253,0	42
.	.	43,6	46,3	48,4	56,1	74,5	92,1	100	111,3	118,3	126,3	138,1	156,3	...	43
30,5	30,7	36,7	43,2	47,6	58,8	86,9	91,6	100	109,9	117,5	138,9	164,3	...	...	44
49,8	48,9	52,3	57,9	54,9	72,8	83,0	88,9	100	108,9	125,9	133,6	153,6	218,3	...	45
52,7	54,4	54,2	54,4	58,7	72,1	92,8	96,2	100	107,8	115,8	128,8	154,7	...	...	46
53,1[5])	54,3	56,7	59,4	62,3	67,7	78,0	89,8	100	110,2	119,2	136,8	156,0	169,2	...	47
44,3	46,6	49,8	54,4	58,6	63,8	69,2	82,8	100	117,5	132,6	155,0	185,3	214,6	...	48
marktpreise															
27,9	30,0	29,7	30,7	33,7	48,6	97,1	93,1	100	109,2	108,1	142,3	210,4	224,1	212,8	49
34,7	37,4	39,2	36,8	41,6	72,7	91,7	78,3	100	110,3	102,3	111,6	121,2	118,3	109,4	50
44,5	48,4	50,2	45,8	51,3	71,6	97,7	93,3	100	108,1	113,9	134,1	154,1	131,7	122,0	51

[2]) MA = Monatsanfang, MM = Monatsmitte, ME = Monatsende, D = Monatsdurchschnitt, vj = vierteljährlich.
[3]) Index der Erzeugerpreise gewerblicher Produkte.
[4]) Der Index enthält Fertigwaren mit einem Gewicht von etwa 20% und mehr des Gesamtgewichtes.
[5]) Durchschnitt der Monate Juli — Dezember.
[6]) Weizen, Mais, Reis, Zucker, Kakao, Kaffee, Rindfleisch, Erdnüsse, Kopra, Sojabohnen, Wolle, Baumwolle, Kautschuk, Kupfer, Blei, Zink, Zinn.
[7]) Weizen, Mais, Schweine, Zucker, Kaffee, Kakao, Wolle, Baumwolle, Seide, Häute, Kautschuk, Stahlschrott, Kupfer, Blei, Silber.

16.2 Preisindex für

umbasiert auf

Lfd. Nr.	Land	Berichtsort bzw. Zahl der Berichtsorte	Waren bzw. Dienstleistungen[1])										Originalbasis	Erhebungszeitpunkt[2])	1966	1967
	Europa															
1	Bundesrepublik Deutschland[3])	118	N	G	K	W	E	H	V	Kö	B	.	1976	MM	65,4	66,5
2	Belgien	62	N	G	K	W	E	H	V	Kö	B	.	Juli 74—Juni 75	MM	53,8	55,3
3	Dänemark	200	N	G	K	W	E	H	V	Kö	B	S	1975	.	46,1	49,4
4	Finnland	33	N	G	K	W	E	H	V	Kö	B	.	1977	MM	41,7	43,9
5	Frankreich[4])	108	N	G	K	W	E	H	V	Kö	B	.	1970	MM[5])	49,7	51,0
6	Griechenland	17	N	G	K	W	E	H	V	Kö	B	.	1974	D	45,9	46,7
7	Großbritannien und Nordirland	200	N	G	K	W	E	H	V	Kö	B	.	Januar 1974[4])	MM	38,6	39,7
8	Irland	120	N	G	K	W	E	H	V	Kö	B	.	November 1975	VjM	36,2	37,4
9	Island	Reykjavik	N	G	K	W	E	H	V	Kö	B	S	Januar 1981	MA	.	.
10	Italien	20	N	G	K	W	E	H	V	Kö	B	S	1980	D	44,2	45,8
11	Jugoslawien	93	N	G	K	W	E	H	V	Kö	B	.	.	D	27	29
12	Luxemburg	9	N	G	K	.	E	H	V	Kö	B	.	1965	MA	57,3	58,5
13	Malta	.	N	G	K	W	E	H	V	Kö	B	.	1974	.	.	.
14	Niederlande	101	N	G	K	W	E	H	V	Kö	B	S	1975	MM	50,4	52,2
15	Norwegen	100	N	G	K	W	E	H	V	Kö	B	.	1979	MM	49,7	51,9
16	Österreich	20	N	G	K	W	E	H	V	Kö	B	.	1976	MM	57,0	59,3
17	Portugal	25[6])	N	G	K	W	E	H	V	Kö	B	.	1976	MM	33,2	34,5
18	Schweden	70	N	G	K	W	E	H	V	Kö	B	.	1980[4])	MM	52,9	55,2
19	Schweiz	33–122	N	G	K	W	E	H	V	Kö	B	.	September 1977	D[5])	60,0	62,4
20	Spanien	.	N	G	K	W	E	H	.	.	.	S	1976	D[5])	39,9	42,5
21	Türkei	Istanbul	N	G	K	W	E	H	V	Kö	B	.	1963	D	26,4	30,2
22	Ungarn	.	N	G	K	W	E	H	.	.	.	S	1967	D[5])	.	.
	Afrika															
23	Ägypten	9[7])	N	G	K	W	E	H	V	Kö	.	S	Juli 66—Juni 67	D	60,4	61,1
24	Äthiopien	Addis Abeba	N	G	K	W	E	H	V	Kö	B	.	1963	.	.	.
25	Elfenbeinküste[8])	Abidjan	N	G	K	.	E	H	.	Kö	.	S	1960	D	50,8	51,3
26	Gabun[9])	Libreville	N	G	K	.	E	H	V	Kö	.	S	Juni 1972	MM	46,9	48,3
27	Ghana	.	N	G	K	W	E	H	V	Kö	.	S	1977	D[5])	26,8	24,7
28	Kamerun[8])	Jaunde	N	G	K	.	E	H	V	Kö	B	S	Mai 1966	D[5])	53,3	55,0
29	Kenia[10])	Nairobi	N	G	K	.	E	H	V	Kö	B	S	Jan.—Juni 1975	ME	.	.
30	Liberia	Monrovia	N	G	K	W	E	H	.	Kö	.	S	Sept.—Nov. 1964	.	.	.
31	Madagaskar[8])	Antananarivo	N	G	K	W	E	H	.	Kö	.	S	Aug. 71—Juli 72	MA	51,1	52,5
32	Marokko	Casablanca	N	G	K	W	E	.	V	Kö	.	S	Mai 72—April 73	D	62,5	62,0
33	Niger[8])	Niamey	N	G	K	.	E	H	.	Kö	.	S	Nov.—Dez. 1964	D	58,3	63,9
34	Nigeria[9])	alle Großstädte	N	G	K	W	E	H	V	.	.	S	1975	D	.	.
35	Sambia[9])	8	N	G	K	W	E	H	.	.	.	S	1975	MM	.	.
36	Senegal	Dakar	N	G	K	W	E	H	V	Kö	B	.	1967	D[5])	.	.
37	Sudan	3	N	G	K	W	E	.	.	Kö	.	S	Januar 1970	D	.	.
38	Südafrika	12[11])	N	G	K	W	E	H	V	Kö	B	S	1975	MA	50,4	52,1
39	Tansania	18	N	G	K	W	E	H	V	Kö	B	S	Juli 1969	D[5])	.	.
40	Tschad[8])[9])	N'djamena	N	G	K	.	E	H	V	Kö	B	S	Dezember 1973	MM	55,6	57,4
41	Tunesien	Tunis	N	G	K	W	E	H	V	Kö	B	S	1977	MM	66,3	68,3
42	Zaire	Kinshasa	N	G	K	.	E	H	V	Kö	B	S	1969	MM	.	.
	Amerika															
43	Argentinien	Buenos Aires	N	G	K	W	E	H	V	Kö	B	S	1974	D	.	.
44	Brasilien	Rio de Janeiro	N	G	K	W	E	H	V	Kö	B	S	1977	MA	11	15
45	Chile	Santiago	N	G	K	W	E	H	V	Kö	B	.	1978	D	.	.
46	Dominikanische Republik	Santo Domingo	N	G	K	W	E	H	V	Kö	B	S	1969	D[5])	52,3	53,3
47	Ecuador[12])	12	N	G	K	W	E	H	V	Kö	B	.	Mai 78—April 79	ME	39,7	41,2
48	El Salvador	San Salvador	N	G	K	W	E	H	.	.	.	S	1978	D	57,9	58,8
49	Guatemala	Guatemala Stadt	N	G	K	W	E	.	.	.	.	S	1975	MM	56,2	56,5
50	Jamaika	Kingston	N	G	K	W	E	H	V	Kö	B	S	Januar 1975	ME	35,5	36,7
51	Kanada	33	N	G	K	W	E	H	V	Kö	B	S	1971	MA	56,1	58,1
52	Kolumbien	.	N	G	K	W	E	H	.	.	.	S	Dez. 1978	D	.	.
53	Mexiko[9])	.	N	G	K	W	E	H	V	Kö	B	S	1978	D	.	.
54	Paraguay	Asunción	N	G	K	W	E	H	.	Kö	.	S	1964	D[5])	53,6	54,3
55	Peru	Lima und Callao	N	G	K	W	E	H	.	.	.	S	1979	MM[5])	28,3	31,1
56	Uruguay	Montevideo	N	G	K	W	E	H	V	Kö	B	S	März 1973	.	.	.
57	Venezuela	Caracas	N	G	K	W	E	H	.	.	.	S	1968	D	66,2	66,2
58	Vereinigte Staaten	85	N	G	K	W	E	H	V	Kö	B	S	1967	MM	57,0	58,7
	Asien															
59	China (Taiwan)	alle Großstädte	N	G	K	W	E	H	.	Kö	B	S	1976	D	.	.
60	Indien	50	N	G	K	W	E	H	V	Kö	B	.	1960	D[5])	.	.
61	Indonesien[14])[15])	17	N	.	K	W	.	.	.	.	.	S	April 77—März 78	.	.	.
62	Irak[13])	17[16])	N	G	K	W	E	H	.	Kö	.	S	1963	D	57,5	59,3
63	Iran	.	N	G	K	W	E	H	V	Kö	B	.	April 74—März 75	MM	53,0	54,2
64	Israel	76	N	G	K	W	E	H	V	Kö	B	S	1980	D	22,9	23,2
65	Japan	162	N	G	K	W	E	H	V	Kö	B	.	1980	D	42,8	44,5
66	Korea, Republik[17])	alle Großstädte	N	G	K	W	E	H	V	Kö	B	.	1980	D	28,2	31,3
67	Malaysia	90	N	G	K	W	E	H	V	.	B	S	1967	MM	.	67,6
68	Pakistan	12	N	G	K	W	E	H	.	.	.	S	Juli 69—Juni 70	D	.	.
69	Philippinen[18])	.	N	G	K	W	E	.	V	Kö	.	S	1972	D[5])	.	.
70	Sri Lanka	Colombo	N	G	K	W	E	H	V	Kö	B	.	1952	D	56,0	57,2
71	Thailand	Bangkok	N	G	K	W	E	H	V	Kö	B	S	1976	D	57,3	59,6
	Australien und Ozeanien															
72	Australien	8	N	G	K	W	E	H	V	Kö	B	.	1980—1981	vj	47,7	49,3
73	Neuseeland	25	N	G	K	W	E	H	V	Kö	B	.	4. Viertelj. 1980	D[5])	42,5	45,0

[1]) Abkürzungen: N = Nahrungsmittel, G = Genußmittel, K = Kleidung, Schuhe, W = Wohnungsmiete, E = Elektrizität, Gas, Brennstoffe, H = Waren und Dienstleistungen für die Haushaltsführung, V = Waren und Dienstleistungen für Verkehrszwecke, Nachrichtenübermittlung, Kö = Waren und Dienstleistungen für die Körper- und Gesundheitspflege, B = Waren und Dienstleistungen für Bildungs- und Unterhaltungszwecke, S = Sonstige Waren und Dienstleistungen, nicht näher bestimmbar (hierbei besteht die Möglichkeit, daß Waren und Dienstleistungen der durch einen Punkt als fehlend gekennzeichneten Gruppen in dieser Gruppe enthalten sind).

[2]) MA = Monatsanfang, MM = Monatsmitte, ME = Monatsende, D = Monatsdurchschnitt, VjM = Vierteljahresmitte, vj = vierteljährlich.

[3]) Preisindex für die Lebenshaltung aller privaten Haushalte.

[4]) Jährlich erfolgen Korrekturen am Wägungsschema.

die Lebenshaltung

1976 = 100

1968	1969	1970	1971	1972	1973	1974	1975	1976	1977	1978	1979	1980	1981	1982	Lfd. Nr.
67,6	68,9	71,2	74,9	79,1	84,6	90,5	95,9	100	103,7	106,5	110,9	117,0	123,9	130,5	1
56,8	59,0	61,3	63,9	67,4	72,1	81,2	91,6	100	107,1	111,9	116,9	124,7	134,2	145,9	2
53,4	55,3	58,9	62,3	66,4	72,7	83,7	91,7	100	111,1	122,2	134,0	150,6	168,2	185,2	3
47,3	48,4	50,7	52,9	57,3	63,5	74,2	87,5	100	112,6	121,4	130,5	145,6	163,1	178,3	4
53,3	56,7	59,7	63,0	66,9	71,8	81,6	91,2	100	109,4	119,3	132,1	150,0	170,1	190,0	5
46,9	48,0	49,4	50,9	53,1	61,3	77,8	88,2	100	112,1	126,5	150,2	187,5	233,4	282,4	6
41,5	43,7	46,5	50,9	54,6	59,5	69,1	85,8	100	115,8	125,5	142,3	167,9	187,8	203,9	7
39,2	42,0	45,5	49,6	53,9	60,0	70,1	84,7	100	113,6	122,3	138,5	163,7	197,2	230,9	8
.	22	25	27	29	35	50	75	100	130	188	271	427	645,8	968,2	9
46,4	47,7	50,1	52,5	55,5	61,5	73,2	85,6	100	117,0	131,2	150,6	182,5	218,1	254,0	10
30	33	36	42	49	59	72	88	100	115	130	157	204	288	380	11
60,1	61,4	64,3	67,3	70,8	75,1	82,3	91,1	100	106,7	110,0	115,0	122,3	132,1	144,9	12
.	72,1	74,8	76,5	79,1	85,2	91,4	97,0	100	109,9	115,2	123,4	142,9	159,2	...	13
54,1	58,1	60,5	65,1	70,3	76,1	83,5	91,8	100	106,4	110,9	115,7	123,8	132,3	140,1	14
53,7	55,4	61,3	65,1	69,8	75,0	82,0	91,6	100	109,1	118,0	123,6	137,1	155,7	173,4	15
60,9	62,8	65,5	68,6	72,9	78,5	85,9	93,2	100	105,5	109,3	113,3	120,5	128,7	135,7	16
36,1	38,6	41,0	44,4	48,3	53,9	69,6	83,8	100	125,9	155,4	193,0	225,0	269,9	331,3	17
56,3	57,8	61,9	66,4	70,4	75,2	82,6	90,7	100	111,4	122,5	131,4	149,4	167,5	181,8	18
63,9	65,5	67,9	72,3	77,2	83,9	92,1	98,3	100	101,3	102,4	106,0	110,3	117,5	124,1	19
44,5	45,5	48,1	52,1	56,4	62,9	72,7	85,0	100	124,5	149,1	172,5	199,4	228,4	261,2	20
32,0	33,6	36,2	43,1	49,7	56,7	70,3	85,1	100	126,0	204,0	333,6	648,1	891,8	1 183,2	21
.	82,0	83,1	84,8	87,2	90,1	91,8	95,3	100	103,9	108,7	118,4	129,2	135,1	...	22
63,3	65,4	67,9	70,0	71,5	74,5	82,6	90,6	100	112,7	125,2	137,6	166,1	183,4	...	23
.	59,4	65,4	65,7	61,7	67,2	73,1	77,8	100	116,7	133,4	154,7	161,6	171,6	181,1	24
53,2	54,4	57,2	59,5	61,7	64,2	74,6	88,7	100	113,0	135,5	147,6	160,2	181,6	...	25
50,1	52,2	54,0	56,0	60,0	66,8	74,7	84,6	100	111,9	121,4	129,2	141,9	156,3	...	26
26,6	28,6	29,4	32,3	35,5	41,8	49,4	64,1	100	216,5	376,0	578,6	868,4	1 880,3	...	27
56,1	57,0	58,5	60,8	64,5	68,8	80,3	91,7	100	109,7	118,3	126,9	138,4	148,4	...	28
.	.	.	.	62,7	67,8	77,9	92,2	100	111,4	122,9	131,7	146,8	167,4	211,4	29
.	55,6	56,0	56,1	58,3	69,8	83,4	94,7	100	106,2	114,0	126,7	145,3	156,4	...	30
53,9	59,3	62,4	66,3	70,5	72,1	79,7	90,6	100	108,9	117,0	129,8	147,2	182,8	...	31
62,3	64,1	64,9	67,6	70,1	73,0	85,5	91,9	100	113,7	124,6	134,5	149,0	169,8	...	32
66,5	67,8	70,7	73,3	74,7	76,4	82,3	91,0	100	109,4	121,0	141,9	155,1	...	...	33
.	.	.	.	.	.	.	84,6	100	114,0	142,9	164,0	183,4	207,5	...	34
.	.	60,6	64,2	67,8	72,9	79,4	86,1	100	117,1	131,4	146,3	163,1	180,1	...	35
.	50,7	52,6	54,4	57,8	64,9	75,1	98,9	100	111,3	115,1	137,2	...	145,2	...	36
.	.	47,4	48,1	53,3	62,9	79,3	98,3	100	116,8	139,9	183,0	...	...	...	37
53,0	54,6	57,4	60,9	64,9	71,0	79,3	90,0	100	111,3	123,4	139,8	159,0	183,2	210,2	38
.	48,2	49,9	52,2	56,2	62,1	74,4	93,6	100	111,6	124,5	141,4	184,2	231,4	...	39
58,0	60,2	65,4	69,3	71,4	75,2	83,6	96,7	100	108,4	121,6	...	...	...	...	40
70,0	72,9	73,6	77,8	79,5	83,0	86,7	94,9	100	106,7	112,5	121,1	133,3	145,3	...	41
.	20,3	22,8	24,1	22,2	32,3	42,9	55,3	100	169,0	250,9	523,5	743,8	1 003,4	...	42
.	.	.	.	.	5,2	6,5	18,4	100	276,0	760,5	1 973,5	3 962,2	8 101,7	...	43
18	22	27	33	38	43	55	70	100	144	199	304,4	556,6	1 144,0	2 264,9	44
.	.	.	.	.	.	7	32	100	192	269	359	484,7	580,1	637,8	45
54,3	53,2	55,3	57,7	62,2	71,6	81,0	92,8	100	112,9	116,8	127,6	148,9	160,2	...	46
43,0	45,7	48,1	52,1	56,2	63,5	78,3	90,4	100	113,0	126,2	139,2	157,3	135,9	158,0	47
60,3	60,1	61,8	62,0[13])	63,1	67,2	78,4	93,4	100	111,8	127,0	146,7	172,1	197,6	220,8	48
57,5	58,8	60,2	60,0	60,2	68,8	79,9	90,3	100	112,6	121,5	135,5	150,0	167,2	...	49
38,9	41,3	45,3	48,4	51,2	61,4	77,6	90,6	100	111,7	149,3	190,8	239,7	276,2	...	50
60,4	63,2	65,3	67,2	70,4	75,7	83,9	93,0	100	108,0	117,7	128,4	141,4	159,1	176,3	51
.	34,1	36,6	40,6	46,0	55,0	68,0	82,9	100	131,4	155,9	193,5	241,6	304,3	...	52
45,0	46,5	48,9	51,5	54,1	60,6	75,0	86,4	100	128,9	151,5	179,1	226,2	289,5	460,0	53
54,7	55,9	55,4	58,2	63,5	71,7	89,7	95,7	100	109,4	121,0	155,1	189,9	214,6	225,6	54
37,1	39,4	41,3	44,2	47,3	51,8	60,6	74,9	100	138,0	217,9	365,4	581,5	1 020,1	1 677,7	55
.	.	.	5,8	10,3	20,7	36,6	66,4	100	158,2	228,7	381,5	623,7	836,0	994,8	56
67,0	68,7	70,4	72,7	74,8	77,9	84,3	93,0	100	107,8	115,5	129,7	157,7	183,0	201,3	57
61,1	64,4	68,2	71,1	73,5	78,1	86,6	94,5	100	106,5	114,6	127,6	144,8	159,8	169,9	58
50,4	53,0	54,9	56,4	58,1	62,9	92,7	97,6	100	107,4	113,2	124,3	147,9	172,0	178,9	59
.	59,1	62,2	64,2	68,2	79,7	102,6	108,5	100	108,5	111,1	118,2	131,8	144,9	...	60
.	.	.	.	.	.	.	.	100	.	.	132,4	156,3	175,4	...	61
60,7	64,1	66,9	69,3	72,9	76,5	82,8	90,8	100	109,2	114,1	...	...	...	...	62
54,3	56,3	57,2	59,6	63,4	69,7	79,6	89,8	100	127,2	141,9	157,0	189,5	235,4	...	63
23,7	24,3	25,8	28,9	32,6	39,1	54,7	76,1	100	134,6	202,7	361,4	834,9	1 810,1	3 989,2	64
46,8	49,3	53,1	56,3	58,8	65,8	81,8	91,5	100	108,1	112,2	116,2	125,5	131,6	135,1	65
34,8	38,3	43,2	48,5	54,2	55,9	69,1	87,3	100	110,2	126,1	148,9	191,4	237,1	249,7	66
67,5	67,2	68,5	69,6	71,8	79,4	93,2	97,5	100	104,7	109,9	113,8	121,5	133,2	...	67
.	.	.	.	49,5	59,8	77,2	93,3	100	110,1	117,5	128,6	143,6	163,4	...	68
.	.	.	.	.	63,9	85,7	91,6	100	109,9	117,9	137,4	161,6	181,6	...	69
60,5	65,0	68,9	70,7	75,2	82,4	92,6	98,8	100	101,2	113,5	125,8	158,5	187,1	...	70
60,9	62,2	62,6	63,9	66,5	74,2	91,5	95,3	100	108,4	117,9	130,0	155,9	176,7	186,3	71
50,6	52,1	54,1	57,4	60,8	66,5	76,6	88,1	100	112,3	121,2	132,2	145,7	159,8	177,6	72
47,1	49,4	52,6	58,0	62,2	67,1	74,6	85,5	100	114,3	127,9	145,5	170,5	196,8	228,4	73

5) Unterschiedliche Preiserhebung je nach Art der Waren oder Dienstleistungen.
6) Bis einschl. 1977 Lissabon.
7) Bis einschl. 1967 Kairo.
8) Index für Europäer.
9) Höhere Einkommensgruppe.
10) Mittlere Einkommensgruppe.
11) Bis einschl. 1980 11 Städte.
12) Bis einschl. 1981 Quito.
13) Durchschnitt aus weniger als 12 Monatswerten.
14) Indexzahlen auf Originalbasis, nicht umbasiert.
15) Bis einschl. 1977 Jakarta.
16) Bis einschl. 1972 Bagdad.
17) Bis August 1978 Seoul.
18) Bis einschl. 1979 Manila.

16.3 Preise für Welthandelsgüter

Ware und Marktort	Währungs- und Mengeneinheit	Durchschnitt[1])						
		1976	1977	1978	1979	1980	1981	1982
Weizen, Can. Western Red Spring 1, 13,5% Protein, Exportpreis Winnipeg	kan. $ je t	148,87	123,76	154,16	202,70	226,55	235,06	203,81
Mais, gelb 2, erstnotierter Monat, Chicago	c je 56 lbs	273,25	230,22	235,40	266,89	312,52	325,49	253,68
Reis, amerikan. Langkorn-, halbroh, cif Nordseehäfen	DM je dt	75,82	83,60	89,21	79,86	90,51	125,61	100,79
Bananen, mittelamerikan. Cavendish/Valery, cif Nordseehäfen	DM je t	686,58	719,76	611,50	634,59	754,29	953,84	972,62
Kopra, philippinisch/indonesisch, cif nordeurop. Häfen, London	$ je t	277,03	403,91	479,60	670,74	448,92	373,85	311,85
Sojabohnen, gelb 2, erstnotierter Monat, Chicago	c je 60 lbs	590,08	710,63	660,57	719,48	719,85	711,80	606,19
Fischöl, Menhadenöl, roh, in Tanks, fob Baltimore New York	c je lb	17,10	15,99	16,00	22,84	19,95	20,68	17,04
Fischmehl, peruanisch/chilen., 64/65% Protein, c & f Rotterdam	hfl je dt	110,38	124,79	106,47	92,85	111,70	133,80	112,79
Rinder, junge Kühe, prima, Lebendgewicht, Kopenhagen	dkr je kg	6,52	7,03	7,71	7,74	8,66	9,85	11,37
Rohzucker, 96°, ISC-Preis, fob and stowed karibische Häfen, New York	c je lb	11,54	8,10	7,77	9,63	28,63	16,88	8,34
Rohkaffee, Columbia Mild Arabica, ICO-Preis, ex.dock, New York	c je lb	157,67	240,18	185,15	182,59	179,07	144,58[2])	148,49
Rohkakao, Ghana, gut fermentiert, Terminverschiffung, London	£ je t	1 377,50	2 891,04	1 931,57	1 568,94	1 122,48	1 016,71	1 011,54
Wolle, Schweiß-, Typ 78, erstnotierter Monat, Sydney	Ac je kg	281,08	338,70	342,72	402,16	461,39	490,41	528,08
Baumwolle, amerikan. strict middling 1 1/16″, cif-Index, Liverpool[3])	US$-c je lb	77,46	71,29	71,55	77,11	93,43	84,20	72,61
Rohjute, Bangladesch Grad C (BWC), cif Kontinent, London	$ je 2 240 lbs	383,72	419,01	464,11	422,72	388,98	406,67	354,28
Naturkautschuk, RSS I, in Ballen, Erzeugerverkaufspreis, fob Singapur	M $ c je kg	199,12	203,00	229,97	279,23	313,25	258,64	201,39
Steinkohle, amerikan. Kokskohle A, cif Nordseehäfen	DM je t	168,73	160,43	132,47	119,31	130,75	170,63	162,37
Erdöl								
Arabian Light, fob Ras Tanura, Saudi-Arabien, 34—34,9° API	$ je barrel	12,38	12,99	12,99	17,26	28,67	32,50	34,00
Nigerian Light, 37—37,9° API, fob Bonny, Nigeria	$ je barrel	13,71	14,22	14,15	20,77	35,57	38,60	36,00
Motorenbenzin								
98 Oktan »R«, premium, in Schiffsladungen, Exportpreis fob Aruba, Niederländ. Antillen	US-c je gallon	38,54	42,83	44,31	66,91	100,73	103,20	101,06
90/92 Oktan, max. 0,15 g Pb/l, fob Leichter Rotterdam/Amsterdam, EG-Basis	$ je t	142,78	136,22	160,53	329,64	357,21	357,15	326,78
Gasöl, mind. 53 DI, fob Leichter Rotterdam/Amsterdam, EG-Basis	$ je t	106,82	117,51	126,51	308,50	308,87	300,78	290,90
Eisenerz, schwedisch, Kiruna Pellets, frei deutsche Grenze	DM je t	85,70	79,58	59,69	62,60	76,12	84,59[2])	56,69[2])
Stabstahl, Betonrundstahl, Exportpreis fob, Montanunion	$ je t	204,11	191,46	238,93	322,43	311,25	247,47	211,82
Grobblech, ab 4,76 mm, Exportpreis fob, Montanunion	$ je t	221,66	198,46	273,30	314,48	332,14	329,64	321,27
Stahlschrott, heavy melting steel Nr. 1, frei Verbraucher, Pittsburgh/Philadelphia/Chicago	$ je 2 240 lbs	77,68	63,21	76,10	97,88	91,31	91,50	63,30
Aluminium, min. 99,5% Al, Ingots, Kassapreis, Übernahme im Lagerhaus	£ je t	.	.	.	755,09	765,54	622,98	566,64
Elektrolytkupfer, Drahtbarren, Kassapreis, Übernahme im Lagerhaus, London	£ je t	780,56	750,70	709,84	935,77	940,85	864,28	846,40
Blei, raffin. Weich- 99,97% Pb, Kassapreis, Übernahme im Lagerhaus, London	£ je t	249,82	353,62	342,55	566,42	390,70	362,17	310,71
Zink, Ingots, 98% Zn, Kassapreis, Übernahme im Lagerhaus, London	£ je t	394,36	338,17	308,39	349,99	326,89	423,48	425,11
Zinn, 99,75% Sn, Kassapreis, Übernahme im Lagerhaus, London	£ je t	4 242,39	6 171,49	6 697,38	7 282,05	7 223,71	7 065,08	7 315,37
Nickel, Elektrolyt-Kathoden, 99% Ni, frei Käuferwerk, Vereinigte Staaten[4])	c je lb	225,25	235,70[2])	209,10	270,70	341,50	342,90	320,00
Quecksilber, min. 99,99% Hg, in Flaschen, cif europäische Häfen, London	$ je 76 lbs	92,76	139,95	131,68	291,90	398,10	417,34	377,15
Silber, 999/1 000, in Barren, New York	c je 31,103 g	435,35	462,30	540,09	1 109,38	2 063,16	1 051,84	794,73
Gold, 1 000/1 000, in Barren, London	$ je 31,103 g	124,83	147,71	193,35	307,30	612,95	460,02	375,91
Holz, Fichte 63×175 mm u/s, Exportnotierung fob Nederbottens-Distrikt, Schweden	skr je m³	637	677	691	788	961	893	956
Papier-Sulfitzellstoff, gebleicht, Exportdurchschnittspreis fob, Schweden	skr je t	1 705	1 524	1 371	1 731	2 069	2 403	2 568
Zeitungsdruckpapier, Standard, in Rollen Kontraktpreis frei Käufer, Vereinigte Staaten	$ je 2 000 lbs	276,9	301,5	315,5	345,2	388,5	428,5	440,7

1) Durchschnitt jeweils errechnet aus 12 Monatswerten. – 1982 zum Teil vorläufiges Ergebnis.
2) Aus weniger als 12 Monatswerten errechnet.
3) Durchschnittspreis der hauptsächlich angebotenen Provenienzen.
4) Bis Juli 1977 ab Raffinerie Port Colborne.

16.4 Einzelhandelspreise bzw. Preis-Meßzahlen ausgewählter Waren

Dänemark (Landesmittel aus 200 Gemeinden) – Preise in dkr

Durchschnitt	Fleisch: Rind-, Bug, o. Knochen	Fleisch: Kalb- (Braten)	Fleisch: Schweine- (Braten)	Fisch: Dorsch	Fisch: Heringsfilet, ungesalzen[1])	Eier, frisch, Kl. B (60 – 65 g)	Milch, Karton/Schlauch	Käse, 30 %, »Danbo«	Butter, gesalzen	Margarine, Stand.-Qual.	Brot: Roggen-	Brot: Misch-	Weizenmehl	Kartoffeln	Zwiebeln	Zucker	Bohnenkaffee, I. Qual.	Bayer. Bier, Steuerkl. I
	1 kg					10 St	1 l	1 kg			1 kg							½ Fl.
1976	28,83	31,66	29,29	8,92	9,01	6,58	2,45	23,35	21,21	7,21	2,92	5,50	3,18	3,23[2])	6,04	4,29	43,43	2,49
1977	31,31	33,54	31,01	11,00	9,76	7,54	2,75	26,10	22,55	8,17	3,31	6,40	3,47	2,41[2])	6,07	7,74	65,07	2,79
1978	34,20	37,30	33,97	12,97	12,32	8,26	2,89	30,92	20,55	7,76	3,70	7,42	4,23	1,95[2])	5,32	8,70	63,55	2,99
1979	35,62	39,28	35,00	14,23	24,72	8,61	3,06	31,27	20,93	8,10	4,03	8,24	4,43	2,33[2])	6,39	9,08	57,53	3,13
1980	39,19	43,32	38,24	15,30	26,01	9,71	3,49	35,90	23,85	8,33	4,58	9,34	4,72	2,72[2])	8,07	9,84	60,97	3,31
1981	45,63	51,43	44,07	17,05	27,06	11,03	3,89	40,16	27,92	9,22	5,19	10,62	5,31	3,17[2])	8,49	10,67	57,61	3,58
1982	50,85	57,14	49,47	19,11	27,66	11,74	4,44	44,52	31,54	9,98	5,45	11,84	5,65	3,24[2])	7,90	12,21	64,47	3,81

Finnland (Landesmittel aus 33 Städten) – Preise in Fmk

Durchschnitt	Fleisch: Rind-, Schulter	Fleisch: Schweine-, frisch	Würstchen, »Frankfurter«	Heringe: frisch	Heringe: gesalzen	Eier	Vollmilch	Käse, vollfett, »Emmentaler«	Molkereibutter, I. Qual.	Margarine	Brot: Roggen-	Brot: Weiß-	Weizenmehl	Haferflocken	Kartoffeln	Orangen	Würfelzucker	Bohnenkaffee
	1 kg						1 l	1 kg	500 g	250 g	400 g		2 kg	1 kg				500 g
1976	17,02	12,25	16,12	3,06	10,57	7,23	1,55	16,75	8,10	2,04	1,34	1,76	5,30	3,04	1,13	3,11	4,58	10,71
1977	20,39	13,62	18,60	3,24	13,70	7,47	1,78	19,62	9,53	2,49	1,62	2,11	5,88	3,52	1,16	3,72	4,49	18,98
1978	21,95	14,09	19,42	3,20	17,76	8,15	1,84	20,48	9,92	2,60	1,69	2,20	6,22	3,76	1,22	4,02	4,51	17,30
1979	22,39	14,45	19,67	4,08	17,98	9,35	1,95	21,77	10,44	2,76	1,84	2,42	6,47	4,16	1,45	4,34	4,54	14,68
1980	25,65	15,61	21,66	4,62	19,07	10,85	2,17	24,63	11,87	3,18	2,19	2,87	8,04	4,77	2,08	4,90	6,13	15,44
1981	28,89	17,59	24,35	4,85	19,13	12,47	2,43	28,07	13,47	3,95	2,58	3,38	9,95	5,72	2,03	5,70	7,66	14,09
1982[4])	33,33	19,94	27,06	5,08	19,03	13,78	2,74	31,61	15,33	4,57	2,99	3,86	11,21	6,75	4,52	5,82	7,01	14,78

Frankreich (Paris) – Preise in FF

Durchschnitt	Fleisch: Rind-, Rippenst., zugerichtet	Fleisch: Kalb-, Brust (mit Knochen)	Fleisch: Schweine-, Kamm (mit Knochen)	Schinken, gek. »de Paris«	Schellfisch	Eier, frisch	Milch, frisch, pasteur., i. Fl.	Käse, 45 %, »Emmentaler«	Molkereibutter	Margarine	Erdnußöl	Weißbrot, »Parisien«	Weizenmehl	Teigwaren	Kartoffeln	Zwiebeln	Würfelzucker	Rotwein, Tafel-, 11° i. Fl.[3])
	1 kg					12 St	1 l	1 kg	250 g		1 l	400 g	1 kg	500 g	1 kg			1 l
1976	32,03	17,13	17,26	29,66	8,46	6,06	1,69	20,17	4,02	1,78	6,24	1,50	2,60	2,04	1,62	3,10	2,79	2,57
1977	35,76	17,91	17,77	30,98	9,91	6,85	1,86	21,48	4,32	2,07	7,34	1,66	2,80	2,08	0,92	2,73	2,88	2,76
1978	38,54	18,92	19,14	33,80	10,71	7,03	2,04	24,07	4,63	2,19	8,42	1,88	3,03	2,27	0,73	1,90	3,16	3,04
1979	41,12	19,47	19,87	37,15	11,36	7,00	2,26	25,73	4,88	2,37	8,69	2,12	3,28	2,59	1,26	2,64	3,40	3,48
1980	44,57	21,72	24,30	39,47	12,20	7,73	2,51	27,31	5,33	2,53	7,75	2,44	3,64	2,83	1,34	3,50	3,83	3,61
1981	51,77	25,08	27,65	44,40	13,70	8,65	2,88	31,81	6,00	2,78	10,58	2,70	4,01	3,21	1,54	3,82	4,35	4,39
1982	59,81	28,80	30,58	56,65	16,05	8,51	3,35	37,53	6,55	3,09	10,40	3,04	4,43	3,48	1,79	3,47	4,87	5,10

Griechenland (Stadtgebiet Athen – Piräus) – Preise in Dr.

Durchschnitt	Geflügel	Fisch: Kabeljau, gesalzen	Fisch: Heringe, geräuchert	Käse: Hart-	Käse: Weich-	Eier	Milch, Kondens- in Dosen	Butter	Olivenöl	Weißbrot	Reis	Teigwaren	Kartoffeln	Zucker	Bohnenkaffee	Anzugstoff, Wolle	Seife grün
	1 kg					1 St	410 g	1 kg				500 g	1 kg			1 m	1 kg
1976	.	84,2	79,6	103,3	72,6	.	.	.	69,0	10,5	18,8	.	9,8	21,5	199,2	687,1	23,4
1977	.	96,6	100,0	114,3	79,4	.	.	.	76,7	12,2	21,2	.	10,2	21,7	337,9	731,6	24,4
1978	55,7	105,6	140,7	134,0	92,7	3,0	18,4	143,3	89,3	13,9	22,8	16,1	11,7	22,3	273,1	846,5	24,7
1979	65,3	118,1	155,2	154,7	106,2	3,4	21,2	165,3	102,9	16,2	23,3	19,3	14,9	22,6	321,8	965,1	24,8
1980	79,1	161,5	167,0	182,0	128,0	4,2	25,9	192,7	121,0	21,7	28,5	26,0	17,2	30,4	360,0	1 088,5	29,8
1981	105,9	213,5	197,8	254,1	179,9	5,9	32,9	267,9	143,4	26,3	45,3	32,7	22,8	42,9	336,5	1 565,3	41,1
1982[4])	130,6	235,3	209,0	323,3	231,0	7,0	39,3	304,0	172,0	30,0	57,2	39,5	26,8	43,2	427,0	2 023,3	50,7

[1]) Bis einschl. 1978 Heringe, frisch.
[2]) Durchschnitt aus weniger als 12 Monatswerten.
[3]) Bis 1980: 10°.
[4]) Juni.

16.4 Einzelhandelspreise bzw. Preis-Meßzahlen ausgewählter Waren

Durchschnitt	Großbritannien und Nordirland (Landesmittel aus 200 Städten) – Preise in p																	
	Fleisch			Bacon, geräuchert	Fisch		Eier, mittlere Größe	Milch	Käse, »Cheddar«	Butter, neuseel.[1]	Margarine[2]	Weißbrot, geschn., verpackt[3]	Mehl[4]	Kartoffeln, weiß	Zwiebeln	Zucker	Bohnenkaffee, Extrakt[5]	Tee[5]
	Rind-, Rumpsteak	Schweine-, Eisbein	Lamm-, Keule, imp.		Kabeljau Filet	Schell- Filet												
	1 lb						12 St	1 pint	1 lb	500 g	250 g	800 g	1,5 kg	1 lb		1 kg	100 g	125 g
1976[6]	135,4	66,2	69,8	86,7	64,5	67,6	37,8	8,7	49,2	40,6	11,9	17,5	20,2	11,8	14,2	23,1[7]	52,3	11,2
1977	154,3	70,3	88,3	91,4	86,2	87,0	42,4	11,1	63,0	51,3	14,6	21,3	27,8	7,7[6]	13,5	26,0	109,4	24,9
1978	176,7	76,2	97,0	100,7	92,5	97,6	39,1	12,5	69,8	56,8	14,8	25,5	35,1	4,8[6]	9,4	27,8	113,5	24,8
1979[6]	203,9	84,7	105,6	115,6	104,5	112,6	57,8	14,1	82,3	72,6	15,1	29,2	36,1	6,2	12,0	31,5	100,6	22,8
1980	230,2	92,3	113,6	128,0	108,4	115,2	63,8	16,5	95,1	83,6	16,2	33,7	38,6	6,2	15,0	35,7	100,5	25,1
1981[6]	251,3	97,0	125,1	137,7	111,0	116,9	69,7	18,5	105,5	88,2	16,5	37,0	41,2	7,3	16,4	39,3	95,1	28,2
1982	272,8	103,2	137,5	151,4	119,2	120,3	72,6	20,2	113,8	97,2	16,9	37,1	42,7	9,2	14,5	43,5	97,4	28,5

Durchschnitt	Irland (Landesmittel aus 120 Städten) – Preise in p																	
	Fleisch			Bacon	Schinken, gekocht	Fisch		Eier	Milch, frisch	Käse	Molkereibutter	Margarine	Weißbrot	Weizenmehl	Kartoffeln	Zwiebeln	Zucker[7]	Tee, gute Qual.
	Rind-, Lende	Schweine-, Schulter	Hammel-, Keule			Kabeljau, Kotelett	Weiß-, Filet											
	1 lb							12 St	1 pint	1 lb		½ lb	800 g	2 kg	3½ lbs	1 lb	1 kg	¼ lb
1976	103,6	61,9	73,9	65,6	125,0	51,8	39,7	50,6	7,3	62,5	47,6	13,3	17,7	36,8	30,3	16,8	23,4	14,4
1977	129,4	73,0	86,8	72,9	141,6	71,2	57,4	58,7	8,0	71,5	53,0	17,0	21,9	42,3	22,1	17,7	27,3	22,6
1978	153,4	80,2	105,0	76,5	160,0	80,8	68,0	57,2	8,5	86,4	57,0	16,2	25,8	48,0	15,3	14,6	31,2	28,5
1979	178,5	83,8	130,5	76,4	181,0	92,5	76,3	65,8	11,8	97,0	65,9	17,1	28,4	55,7	34,8	18,4	34,2	27,9
1980	187,5	88,7	134,3	77,6	197,7	96,9	78,3	72,2	13,6	104,2	64,7	18,1	36,0	61,4	29,6	21,9	39,1	28,9
1981[8]	222,8	96,9	155,5	85,1	217,7	102,8	83,7	85,6	15,2	109,1	65,6	20,4	37,6	62,2	32,6	32,1	42,4	30,5
1982[8]	264,1	118,1	178,7	98,3	254,1	120,3	90,8	90,9	15,2	123,9	68,6	20,5	38,7	65,5	60,9	28,5	52,3	32,2

Durchschnitt	Italien (Landesmittel aus 20 Regionen)																
	Fleisch		Schinken, roh	Salami	Geflügel	Fische, frisch	Eier	Vollmilch	Käse, »Parmesan«	Butter	Olivenöl	Brot	Reis	Teigwaren	Bohnen, getr.	Kartoffeln	Zucker	Bohnenkaffee
	Rind-	Schweine-, o. Kn.																
	1980 = 100																	
1976	60,6	65,1	54,1	57,4	69,0	46,4	60,7	56,7	52,3	64,6	72,9	47,0	57,1	53,5	68,4	112,9	60,2	55,1
1977	68,1	71,7	62,1	66,6	76,0	55,4	69,9	73,1	75,6	74,5	84,3	55,6	81,1	60,1	75,4	98,8	70,1	105,5
1978	75,8	76,2	67,7	72,4	82,3	67,2	77,4	76,7	90,5	79,1	86,1	64,3	94,5	70,2	85,4	71,4	77,4	99,8
1979	84,2	82,5	82,7	80,8	89,3	81,2	81,6	86,7	106,4	85,5	89,6	74,5	96,2	78,9	91,7	91,9	86,5	95,3
1980	100	100	100	100	100	100	100	100	100	100	100	100	100	100	100	100	100	100
1981	118,8	115,8	113,3	119,0	121,2	119,3	117,4	117,7	106,4	119,5	110,0	120,9	116,5	113,7	120,8	110,1	110,5	102,8
1982[13]	137,0	132,5	126,2	140,6	136,9	135,6	124,9	141,8	124,3	137,5	119,5	140,0	159,0	126,7	145,5	202,7	123,8	110,2

Durchschnitt	Österreich (Landesmittel aus 20 Städten)[9] – Preise in S																	
	Fleisch			Extrawurst	Kabeljaufilet, tiefgek.	Eier	Vollmilch	Schmelzkäse	Teebutter	Margarine	Mischbrot[10]	Weizenmehl	Langkornreis[11]	Honig	Kartoffeln, mehlig	Normalkristallzucker[12]	Bohnenkaffee	Weißwein
	Rind-, Vorderes	Kalb-, Schulter	Schweine-, Bauch															
	1 kg			100 g	1 kg	1 St	1 l	3 St	250 g	250 g	1 kg			500 g	1 kg		250 g	2 l
1976	46,40	119,00	46,30	5,14	61,10	1,84	7,00	.	14,80	.	8,85	8,13	12,70	.	6,22	9,47	26,25	.
1977	.	.	.	.	.	.	.	.	.	.	.	.	.	.	.	.	.	.
1978	65,95	126,82	49,20	5,72	74,36	2,08	8,00	12,80	16,21	5,56	9,75	8,74	.	22,78	4,50	10,34	38,21	39,54
1979	66,56	129,56	48,19	5,78	73,06	2,09	8,74	13,77	17,75	5,67	10,17	9,22	12,56	22,52	4,66	10,83	33,61	36,78
1980	68,60	135,00	48,90	5,95	76,10	2,18	9,67	14,90	18,60	5,90	10,73	9,82	12,80	23,60	4,81	11,30	34,00	36,60
1981	74,10	146,00	55,00	6,40	81,20	2,28	10,00	15,80	19,20	5,96	11,70	10,50	15,20	24,40	5,97	11,60	32,60	39,90
1982	78,00	152,00	59,50	6,70	88,20	2,40	10,50	16,80	19,80	6,30	12,30	11,20	16,70	25,00	5,82	12,60	33,20	45,10

1) Bis einschl. 1979: 1 lb.
2) Bis einschl. 1979: ½ lb.
3) Bis einschl. 1979: 1¾ lbs.
4) Bis einschl. 1979: 3 lbs.
5) Bis einschl. 1979: 4 oz.
6) Durchschnitt aus weniger als 12 Monatswerten.
7) 1976: 2 lbs.
8) Mai.
9) 1976: 10 Städte.
10) 1976 Schwarzbrot.
11) 1976 ∅ Siam Patna/Splendor.
12) 1976 Feinkristallzucker.
13) Juni.

16.4 Einzelhandelspreise bzw. Preis-Meßzahlen ausgewählter Waren

Durchschnitt	Schweden (Landesmittel aus 70 Bezirken) – Preise in skr																		
	Fleisch			Speck	Fisch		Eier	Vollmilch, in Flaschen	Käse, 45 %	Butter	Margarine	Kuchenbrot	Weizenmehl	Haferflocken	Kartoffeln	Zucker	Bohnenkaffee	Bier, Pilsener
	Rind-, Koch-	Kalb-, Mittelstück	Schweine-, Kotelett		Dorsch	Strömling												
	1 kg							1 l	1 kg	500 g		550 g	2 kg	750 g	2 kg		1 kg	⅓ l
1976	19,90	29,13	22,34	19,89	13,20	4,66	9,41	1,43	17,25	6,58	4,09	3,32	4,73	2,65	4,18	6,52	23,73	1,52
1977	22,56	32,05	24,63	20,15	13,90	4,88	10,54	1,62	18,88	6,98	4,39	3,51	4,46	2,86	3,62	7,12	36,51	1,67
1978	25,27	36,09	26,72	20,92	15,14	5,86	10,81	1,93	21,54	7,11	4,67	3,74	5,43	3,11	3,86	7,71	37,08	1,91
1979	25,94	38,11	28,28	22,26	15,32	6,28	11,03	2,07	22,74	7,38	5,12	3,92	5,66	3,34	4,27	8,23	32,96	2,00
1980[1])	28,74	40,40	30,49	24,48	17,77	6,36	12,57	2,37	24,37	7,79	5,65	4,24	6,06	3,56	5,45	9,35	36,11	2,18
1981[1])	33,86	46,43	38,97	30,86	19,58	7,55	14,76	2,74	29,88	9,78	6,89	5,05	7,43	4,72	7,11	10,18	32,28	2,53
1982	38,53	50,31	44,38	39,24	20,74	8,07	15,84	3,38	33,37	11,22	8,07	5,84	8,42	5,12	5,77	11,72	40,26	2,70

Durchschnitt	Schweiz (Landesmittel aus 33–122 Städten) – Preise in sfr																	
	Fleisch			Speck, geräuchert, mager	Eier, Trinkinländische	Vollmilch	Käse, »Emmentaler«[2])	Tafelbutter[3])	Speisefett, in Tafeln[4])	Erdnußöl	Ruchbrot[5])	Weizenmehl	Reis, glaciert, mittl. Qual.[6])	Teigwaren, mit Ei	Kartoffeln	Kristallzucker, verpackt	Lösl. Kaffeepulver, mit Coffein[7])	Tee, »Ceylon-Pekoe«, verpackt
	Rind-, Braten	Kalb-, 1. Qualität	Schweine-, mager															
	ohne Knochen											verpackt						
	1 kg				1 St	1 l	100 g	200 g	500 g	1 l	500 g	1 kg		500 g	1 kg		200 g	100 g
1976	21,35	24,33	17,82	9,57	0,34	1,08	13,29	2,68	3,95	4,67	1,96	1,39	2,21	2,27	0,98	1,77	3,52	2,23
1977[8])	20,21	23,21	16,29	9,23	0,36	1,08	13,69	2,68	3,86	4,53	1,96	1,34	2,12	2,02	1,00	1,45	5,33	2,26
1978	20,02	23,37	15,85	9,14	0,37	1,30	1,35	2,70	3,71	4,53	1,11	1,30	2,38	1,75	0,92	1,23	13,78	3,20
1979	20,09	23,70	16,30	9,59	0,36	1,33	1,34	2,74	3,65	4,46	1,11	1,30	2,25	1,70	0,89	1,16	11,36	3,13
1980[1])	19,12	22,87	14,67	9,51	0,37	1,35	1,37	2,81	3,65	4,27	1,20	1,35	2,18	1,71	1,29	1,51	11,47	3,09
1981[1])	21,09	24,16	16,60	9,71	0,41	1,40	1,45	3,02	3,84	4,87	1,25	1,38	2,26	1,92	1,14	2,11	10,58	3,11
1982	22,64	26,33	17,28	10,81	0,43	1,47	1,55	3,10	4,03	5,10	1,51	1,82	2,52	2,04	1,03	1,48	10,98	3,23

Durchschnitt	Südafrika (Kapstadt) – Preise in c																	
	Fleisch				Bacon, geschn.	Stockfisch, gefroren	Eier, groß	Vollmilch, frei Haus	Käse, »Cheddar«	Butter, 1. Qual.	Margarine, gelb	Weißbrot	Mehl	Kartoffeln	Zwiebeln, getr.	Zucker, weiß, verpackt	Kaffee, gemahlen	Tee, »Ceylon«
	Rind-, Rumpsteak	Schweine-, Kotelett	Lamm-															
			Keule	Schulter														
	1 kg				250 g	400 g	12 St	1 l	1 kg	500 g	250 g	900 g	2,5 kg	1 kg		2,5 kg	500 g	250 g
1976	259,3	180,4	229,9	191,7	57,4[8])	55,5[8])	42,7	25,6	171,7	68,2	28,1	17,3	67,6	25,5	31,5	43,3	101,6	64,3
1977	269,6	179,0	222,4	188,0	59,1	62,9	49,1	26,0	176,2	72,5	27,5	20,0	77,4	26,8	26,9	65,1[8])	150,9[8])	98,5[8])
1978[8])	286,7	199,4	243,2	206,8	74,1	71,7	61,3	29,2	204,9	85,0	32,3	25,5	83,0	27,6	35,3	.	.	.
1979[8])	310,3	227,0	265,5	220,7	86,4	86,7	65,3	33,8	251,7	107,6	38,4	26,0		38,0	32,4	.	.	.
1980[8])	371,3	283,3	295,4	256,0	97,4	106,6	80,3	36,1	278,9	109,9	40,4	31,0	.	40,3	37,6	115,0	198,7	132,6
1981[1])	541,0	375,0	431,0	355,0	131,0	106,0	91,0	46,0	307,0	138,0	47,0	31,0	124,8	38,0	55,0	128,0	193,0	142,0
1982[1])	647,0	393,0	458,0	413,0	155,0	118,0	97,0	49,0	369,0	156,0	51,0	42,0	141,0	43,0	43,0	139,0	216,0	142,0

Durchschnitt	Japan (Tokio) – Preise in ¥																	
	Fleisch		Fisch		Eier	Milch, in Flaschen	Butter, gute Qualität, verpackt	Speiseöl, in Flaschen[9])	Weißbrot, mittlere Qualität	Reis, gute Qualität	Kartoffeln, weiße	Weißkohl	Karotten	Zwiebeln	Mandarinen, 1 St ca. 110 g	Äpfel, 1 St ca. 200 g	Zucker, weiß	Tee, grün, mittl. Qual.
	Rind-	Schweine-	Thun-	Pferdemakrelen														
	mittlere Qualität																	
	100 g				1 kg	0,20 l	225 g	700 g	1 kg	10 kg	1 kg							100 g
1976	316,17	168,42	325,83	117,42	338,75	52,17	308,00	178,83	266,25	3 720,00	140,92	138,33	207,00	166,75	265,00[8])	424,22[8])	267,17	382,33
1977	314,83	159,17	352,00	168,67	365,33	53,00	319,58	178,75	286,42	4 124,17	151,92	125,42	190,58	151,17	320,50[8])	489,83[8])	241,83	406,58
1978	309,08	156,83	333,92	193,33	312,17	54,25	343,00	339,33	288,66	4 380,00	156,17	133,17	189,75	134,17	324,63[8])	407,00[8])	232,67	427,83
1979	315,08	150,00	356,83	192,75	320,58	56,00	342,25	313,92	288,08	4 394,33	159,92	112,92	241,67	141,67	328,13[8])	505,88[8])	232,92	441,42
1980[8])	340,00	143,00	395,00	179,00	338,00	56,00	343,00	317,00	323,00	4 418,00	248,00	94,00	203,00	143,00		588,00	272,00	458,00
1981[1])	335,00	154,00	387,00	208,00	375,00	57,00	346,00	313,00	319,00	4 554,00	244,00	145,00	245,00	232,00	...	662,00	281,00	470,00
1982[1])	338,00	158,00	431,00	177,00	336,00	57,00	346,00	309,00	348,00	4 756,00	223,00	126,00	221,00	121,00	...	510,00	262,00	506,00

1) Juni.
2) Bis einschl. 1977: 1 kg; ab 1978 Sortenwechsel.
3) Bis einschl. 1977 Vorzugsbutter.
4) Bis einschl. 1979 rein pflanzlich.
5) Bis einschl. 1977: 1 kg.
6) Bis einschl. 1979 gute Qualität.
7) Bis einschl. 1977: 250 g; ab 1978 Sortenwechsel.
8) Durchschnitt aus weniger als 12 Monatswerten.
9) Bis einschl. 1977: 450 g.

16.5 Internationaler Vergleich der Preise für die Lebenshaltung*)

Kaufkraft ausgewählter ausländischer Währungen im Verhältnis zur DM

Die Verbrauchergeldparitäten sind Ergebnisse von Preisvergleichen für Waren und Dienstleistungen der Lebenshaltung zwischen ausländischen Staaten und Gebieten und der Bundesrepublik Deutschland. Den Berechnungen werden eine repräsentative Güterauswahl – ohne Wohnungsmiete – und (bei der Parität nach deutschem Schema) die Struktur der Verbrauchsausgaben der privaten Haushalte in der Bundesrepublik Deutschland zugrunde gelegt. Eine Parität nach ausländischem Schema wurde nur dann berechnet, wenn detaillierte Angaben über die Struktur der Ausgaben von Haushalten vorlagen, deren Lebensstandard in etwa dem europäischen entspricht. Der unmittelbare Preisvergleich bezieht sich auf einen bestimmten Monat bzw. Zeitraum. Fort- bzw. Rückrechnungen werden mittels der Preisindizes der Lebenshaltung für die Bundesrepublik Deutschland und das jeweilige Land vorgenommen. Nähere methodische Erläuterungen siehe »Wirtschaft und Statistik«, 11/54, S. 516ff. und 8/61, S. 443ff. bzw. 6/68, S. 292ff., 1/69, S. 47, 6/69, S. 338 und 1/70, S. 44ff. zu den Neuberechnungen (ohne Miete), 4/69, S. 204ff. bzw. 6/69, S. 337ff. und 1/70, S. 45 zu den Reisegeldparitäten.

16.5.1 Verbrauchergeldparitäten für allgemeine Zwecke sowie Devisenkurse

Land (Berichtsort)	Währungseinheit	Verbrauchsschema bzw. Devisenkurs	Durchschnitt 1973	1974	1975	1976	1977	1978	1979	1980	1981	1982
			Der ausländischen Währungseinheit entsprechen ... DM									
Europa												
Belgien (Brüssel)	100 bfrs	deutsches Schema	7,51	7,15	6,71	6,42	6,24	6,14	6,14	6,08	6,01	5,82
		Devisenkurs	6,84	6,65	6,69	6,52	6,48	6,38	6,25	6,22	6,09	5,32
Dänemark (Kopenhagen)	100 dkr	deutsches Schema[1]	50,15	46,57	│35,41[2]	34,08	31,88	29,69	28,16	26,22	24,75	23,65
		dänisches Schema[1]	51,76	48,06	│41,19[2]	39,64	37,08	34,53	32,75	30,50	28,79	27,51
		Devisenkurs	44,05	42,54	42,85	41,66	38,70	36,44	34,87	32,25	31,74	29,14
Finnland	100 Fmk	deutsches Schema[1]	78,84	72,36	64,66	59,43	54,71	52,17	50,73	47,97	45,36	43,71
		finnisches Schema[1]	91,98	84,41	75,43	69,32	63,82	60,86	59,17	55,96	52,92	50,98
		Devisenkurs	69,62	68,73	67,03	65,30	57,79	48,86	47,17	48,82	52,45	50,60
Frankreich (Paris)	100 FF	deutsches Schema	63,18	59,41	56,26	53,67	50,91	47,91	45,11	41,94	39,38	36,99
		franz. Schema	69,95	65,78	62,29	59,42	56,37	53,05	49,95	46,44	43,60	40,96
		Devisenkurs	59,74	53,89	57,41	52,77	47,26	44,58	43,08	43,01	41,64	37,00
Griechenland (Athen)	100 Dr.	deutsches Schema	10,07	8,51	7,91	7,34	6,80	6,19	5,43	4,61	3,94	3,39
		Devisenkurs	8,96	8,55	7,64	6,84	6,27	5,43	4,92	4,26	4,08	3,62
Großbritannien (London)	1 £	deutsches Schema[1]	9,18	8,46	│6,41[2]	5,74	5,15	4,88	4,49	4,02	3,84	3,73
		britisches Schema[1]	10,37	9,56	│7,51[2]	6,73	6,03	5,72	5,26	4,71	4,50	4,37
		Devisenkurs	6,51	6,06	5,45	4,55	4,05	3,85	3,89	4,23	4,56	4,24
Irland (Dublin)	1 Ir£	deutsches Schema	.	.	6,35	5,62	5,12	4,83	4,45	3,98	3,50	3,15
		irisches Schema	.	.	8,24	7,29	6,64	6,27	5,77	5,16	4,54	4,08
		Devisenkurs	.	.	5,43	4,50	4,05	3,83	3,75	3,74	3,64	3,45
Italien (Rom)	1 000 Lit	deutsches Schema	5,89	5,26	4,75	4,24	3,74	3,42	3,13	2,72	2,42	2,18
		italien. Schema	7,08	6,33	5,71	5,10	4,50	4,11	3,76	3,28	2,90	2,62
		Devisenkurs	4,57	3,99	3,77	3,04	2,63	2,37	2,21	2,12	1,99	1,80
Jugoslawien (Belgrad)	100 Din	deutsches Schema	23,14	20,28	17,07	15,71	14,23	12,83	11,11	8,90	6,63	5,26
		Devisenkurs	17,32	16,37	14,35	13,91	12,74	10,95	9,69	7,46	6,25	4,88
Luxemburg (Stadt)	100 lfrs	deutsches Schema	8,24	8,07	7,72	7,35	7,15	7,12	7,11	7,06	6,94	6,68
		Devisenkurs	6,84	6,65	6,69	6,52	6,48	6,38	6,25	6,22	6,09	5,32
Niederlande	100 hfl	deutsches Schema	107,65	104,99	│101,71[3]	97,78	95,24	93,89	93,99	92,52	92,03	91,72
		niederländ. Schema	119,63	116,68	│111,42[3]	107,12	104,34	102,86	102,97	101,35	100,83	100,49
		Devisenkurs	95,40	96,37	97,30	95,27	94,61	92,83	91,37	91,46	90,61	90,90
Norwegen (Oslo)	100 nkr	deutsches Schema[1]	45,52	│38,65[2]	36,22	34,64	32,95	31,22	31,10	29,73	27,73	26,20
		norweg. Schema[1]	51,70	│46,77[2]	43,83	41,92	39,88	37,78	37,63	35,98	33,55	31,71
		Devisenkurs	46,26	46,86	47,10	46,14	43,63	38,34	36,21	36,78	39,38	37,71
Österreich	100 S	deutsches Schema	15,43	15,06	14,73	14,44	14,24	14,12	14,23	14,10	14,03	14,03
		österreich. Schema	17,27	16,86	16,49	16,17	15,94	15,81	15,93	15,78	15,71	15,71
		Devisenkurs	13,65	13,86	14,13	14,04	14,05	13,84	13,71	14,05	14,19	14,23
Polen (Warschau)	100 Zl	deutsches Schema[1]	18,65	18,87	19,42	19,44	19,32	18,27	│7,87[2]	7,34	6,04	2,85
		Devisenkurs	.	.	.	.	.	6,17[4]	5,91	5,95	6,67	2,86
Portugal (Lissabon)	100 Esc	deutsches Schema	11,38	│11,62[3]	10,22	8,96	7,39	6,47	5,31	4,76	4,21	3,65
		Devisenkurs	10,93	10,27	9,68	8,39	6,11	4,60	3,76	3,64	3,68	3,07

Fußnoten siehe S. 720.

16.5 Internationaler Vergleich der Preise für die Lebenshaltung*)

16.5.1 Verbrauchergeldparitäten für allgemeine Zwecke sowie Devisenkurse

Land (Berichtsort)	Währungseinheit	Verbrauchsschema bzw. Devisenkurs	Durchschnitt 1973	1974	1975	1976	1977	1978	1979	1980	1981	1982
			Der ausländischen Währungseinheit entsprechen . . . DM									
Schweden	100 skr	deutsches Schema[1])	60,02	58,43	56,40	53,46	49,86	46,51	45,28	42,01	39,68	38,50
		schwed. Schema[1])	63,43	61,74	59,60	56,49	52,69	49,14	47,84	44,39	41,93	40,68
		Devisenkurs	60,96	58,35	59,28	57,80	52,00	44,46	42,77	42,94	44,75	38,89
Schweiz	100 sfr	deutsches Schema	77,56	75,37	79,54[3])	82,25	84,40	85,54	85,52	86,29	85,68	86,00
		schweizer. Schema	83,29	80,94	84,98[3])	87,87	90,17	91,39	91,37	92,19	91,54	91,88
		Devisenkurs	84,01	87,01	95,25	100,75	96,84	112,92	110,23	108,48	115,25	119,72
Spanien	100 Ptas	deutsches Schema	5,46	5,08	4,99[3])	4,43	3,68	3,15	2,84	2,62	2,43	2,24
		Devisenkurs	4,57	4,50	4,29	3,77	3,09	2,62	2,73	2,54	2,45	2,22
Türkei (Ankara)	100 TL.	deutsches Schema[1])	32,19	29,84	26,56	23,85	14,53[2])	9,97	6,65	3,24	2,57	2,10
		Devisenkurs	.	19,00[5])	17,00[5])	15,00[5])	13,00[5])	8,58	.	2,32	2,04	1,50
Afrika												
Kamerun (Jaunde und Duala) . .	1 000 CFA-Francs	deutsches Schema	8,77	8,06	7,42	7,16	6,78	6,46	6,24	6,08	6,02	. . .
		Devisenkurs	11,95	10,77	11,48	10,55	9,45	8,92	8,62	8,60	8,33	7,40
Kenia (Nairobi)	100 K.Sh.	deutsches Schema	34,58	32,28	28,86	27,19	25,83	24,17	23,58	22,29	20,80	. . .
		Devisenkurs	38,04	36,02	33,44	29,95	28,00	25,93	24,43	24,60	24,99	22,13
Südafrika	1 R	deutsches Schema[1])	5,56	5,33	4,98	4,68	4,37	4,04	2,90[2])	2,67	2,46	2,27
		Devisenkurs	3,83	3,79	3,31	2,88	2,66	2,28	2,17	2,36	2,57	2,24
Tansania (Daressalam) . .	100 T.Sh.	deutsches Schema	52,03	44,76	37,60	36,77	34,23	31,49	28,95	23,47	20,08	16,60
		Devisenkurs	37,87	35,94	33,34	29,85	28,03	25,89	22,14	22,30	27,32	26,10
Amerika												
Argentinien (Buenos Aires)	1 000 argent $	deutsches Schema	396,78	340,61	125,48	23,83	10,19	3,58	1,44	0,75	0,39	0,15
		Devisenkurs	.	.	.	.	4,60[4])	2,50	1,42	0,99	.	.
Chile (Santiago)	1000 chil Esc bzw. 100 chil $[6])	deutsches Schema	.	2,40	54,49	18,28	9,94	7,40	5,87	4,63	4,14	4,00
		Devisenkurs	.	.	.	.	9,64[4])	6,29	4,90	4,65	5,80	4,94
Kanada	1 kan $	deutsches Schema[1])	2,48	2,40	2,29	2,23	2,14	2,02	1,93	1,85	1,74	1,65
		kanad. Schema[1])	3,35	3,23	3,09	3,01	2,89	2,72	2,60	2,49	2,35	2,23
		Devisenkurs	2,66	2,65	2,42	2,55	2,19	1,76	1,57	1,55	1,89	1,97
Mexiko (Mexiko-Stadt) .	100 mex $	deutsches Schema[1])	28,80	24,52	22,22	20,00	16,46	14,44	12,80	10,68	8,81	5,89
		Devisenkurs	21,24	20,61	19,77	17,31	10,18	8,75	8,00	7,95	9,24	.
Peru (Lima)	1 000 S/.	deutsches Schema	77,59	71,15	60,18	46,29	34,42	22,05	13,62	9,10	5,45	3,51
		Devisenkurs	.	.	.	.	.	12,80[5])	8,07	6,28	5,31	3,48
Vereinigte Staaten (Washington)	1 US-$	deutsches Schema	2,69	2,58	2,52	2,50	2,43	2,33	2,22	2,11	2,08	2,07
		amerikan. Schema	3,55	3,41	3,34	3,31	3,21	3,08	2,94	2,79	2,75	2,74
		Devisenkurs	2,66	2,59	2,46	2,52	2,32	2,01	1,83	1,82	2,26	2,43
Asien												
Israel (Tel Aviv)	100 I £ bzw. 100 IS[7])	deutsches Schema	79,65[4])	62,29	46,23	36,34	27,40	18,55	11,51	. . .	. . .	. . .
		israelisches Schema	102,49	80,16	59,50	46,76	35,25	23,87	14,81	. . .	. . .	. . .
		Devisenkurs	63,20	58,30	38,70	31,40	22,80	11,30	7,47	36,96	20,54	10,47

Fußnoten siehe S. 720.

16.5 Internationaler Vergleich der Preise für die Lebenshaltung*)

16.5.1 Verbrauchergeldparitäten für allgemeine Zwecke sowie Devisenkurse

Land (Berichtsort)	Währungs-einheit	Verbrauchsschema bzw. Devisenkurs	Durchschnitt 1973	1974	1975	1976	1977	1978	1979	1980	1981	1982
			Der ausländischen Währungseinheit entsprechen . . . DM									
Australien und Ozeanien												
Australien (Sydney) . . .	1 $A	deutsches Schema	4,21	3,92	3,63	| 2,72[3])	2,52	2,39	2,28	2,18	2,11	2,00
		austral. Schema	4,97	4,64	4,29	| 3,71[3])	3,44	3,26	3,11	2,97	2,88	2,73
		Devisenkurs	3,77	3,68	3,22	3,04	2,57	2,28	2,04	2,09	2,59	2,45
Neuseeland (Wellington)	1 NZ$	deutsches Schema	4,60	4,47	4,15	| 2,67[3])	2,40	2,18	1,97	1,75	1,62	1,49
		neuseel. Schema	5,43	5,28	4,90	| 3,81[3])	3,43	3,11	2,81	2,50	2,31	2,13
		Devisenkurs	3,60	3,59	2,96	2,48	2,25	2,07	1,86	1,78	1,95	1,81

16.5.2 Reisegeldparitäten und Devisenkurse

Land	Währungs-einheit	Parität bzw. Devisenkurs[8])	Sommer 1979	Winter 1979/80	Sommer 1980	Winter 1980/81	Sommer 1981	Winter 1981/82	Sommer 1982	Winter 1982/83
			Der ausländischen Währungseinheit entsprechen . . . DM							
Dänemark	100 dkr	Parität	28,17	27,55	26,53	26,39	25,32	24,94	24,21	23,70
		Devisenkurs	34,69	32,02	32,34	32,51	31,82	30,59	28,71	28,40
Frankreich	100 FF	Parität	46,95	45,25	43,29	42,37	40,65	39,37	38,17	37,04
		Devisenkurs	42,96	42,69	43,16	43,26	41,81	39,36	35,82	35,28
Großbritannien und Nordirland	1 £	Parität	4,46	4,18	3,97	3,88	3,82	3,80	3,65	3,63
		Devisenkurs	4,10	3,90	4,24	4,83	4,56	4,32	4,28	3,76
Italien	1 000 Lit	Parität	3,08	2,82	2,67	2,50	2,39	2,29	2,15	2.04
		Devisenkurs	2,24	2,14	2,11	2,11	2,01	1,87	1,78	1,74
Jugoslawien	100 Din	Parität	13,64	12,25	10,99	9,02	8,26	7,40	6,38	. . .
		Devisenkurs	9,57	8,82	6,54	6,61	6,25	5,34	5,01	3,67
Luxemburg	100 lfrs	Parität	7,27	7,15	7,20	7,09	7,07	6,89	6,69	6,55
		Devisenkurs[9])	6,01	5,98	6,18	6,21	5,67	5,27	4,94	4,87
Niederlande	100 hfl	Parität	95,24	94,34	93,46	92,59	92,59	91,74	91,74	92,59
		Devisenkurs	91,11	90,58	91,86	92,03	90,07	91,25	90,88	90,83
Österreich	100 S	Parität	14,38	14,17	14,15	14,04	14,13	14,07	14,13	14,08
		Devisenkurs	13,68	13,92	14,12	14,12	14,25	14,27	14,22	14,24
Schweiz	100 sfr	Parität	89,38	89,40	90,30	90,09	89,53	91,16	89,73	90,39
		Devisenkurs	110,43	108,21	108,39	110,38	115,39	124,33	117,59	121,39
Spanien	100 Ptas	Parität	2,71	2,55	2,48	2,39	2,29	2,20	2,10	2,21
		Devisenkurs	2,77	2,61	2,47	2,49	2,50	2,33	2,21	1,89

*) Ausführliche Bezeichnungen der Währungseinheiten siehe S. 620f. – Hinweise zur Berechnungsmethode und Aussage der internationalen Kaufkraftvergleiche siehe Jahreshefte der Fachserie 17, Reihe 10.
1) Berechnung einschl. Miete.
2) Neuberechnung ohne Miete; mit den vorhergehenden Angaben nicht vergleichbar.
3) Neuberechnung.
4) Durchschnitt errechnet aus weniger als 12 Monatswerten.
5) Gerundete Werte.
6) Bis Sept. 1975 chilEsc; ab 29. 9. 1975 chilenischer Peso; Wertverhältnis: 1000 chilEsc = 1 chil$.
7) Bis Febr. 1980 Israel. Pfund; ab 22. Febr. 1980 Schekel; Wertverhältnis: 10 I£ = 1 IS.
8) Die Devisenkurse beziehen sich auf August bzw. Januar im jeweiligen Berichtszeitraum.
9) Finanzkurse.

16.6 Preisindex für Baustoffe und Bauwerke*)

umbasiert auf 1976 = 100

Land (Berichtsort)	Originalbasis	Zahl der Waren / Bauwerkstyp[1])	Durchschnitt 1974	1975	1976	1977	1978	1979	1980	1981	1982
Baustoffe[2])											
Bundesrepublik Deutschland[3])	1976	104	.	.	100	101,5	104,1	109,2	117,8	125,6	132,5
Belgien	1953	13	83,9	91,1	100	106,8	110,2	113,6	118,0	124,9	134,9
Dänemark[4])	1. 1. 1968	21	86	95	100	109	117	129	147	166	184
Finnland[4])	1980	.	84,5	92,6	100	114,6	121,2	133,0	152,7	167,9	179,8
Frankreich	1962	.	79,2	90,1	100	104,9	114,7	132,3	156,7	183,5	203,9
Großbritannien und Nordirland	1975	.	69,9	81,5	100	119,3	128,7	148,7	177,8	192,7	209,1
Irland	1975	.	70,2	84,5	100	117,8	126,2	145,2	177,1	206,2	222,9
Italien[4])	1980	.	81,6	86,0	100	113,8	124,8	148,6	189,6	227,0	...
Jugoslawien	.	.	79	94	100	109	119	139	172	253	304
Niederlande	1977	30	88	93	100	111	116	121	131	139	...
Norwegen (Oslo)	1981	.	88	94	100	107	113	118	133	147	157
Österreich (Wien)[4])	1945	15	85,9	93,8	100	105,3	108,9	113,3	123,6	137,8	152,1
Portugal (Lissabon)[4])	1. Vj 1949	.	72,5	80,1	100	132,1	166,7	192,5	241,2	289,9	...
Schweden[4])	1968	.	82,6	89,2	100	110,8	120,4	132,2	151,6	167,9	185,2
Schweiz	1963	.	104,4	103,1	100	99,1	99,5	100,6	107,2	113,5	119,1
Spanien	1974	15	80,1	87,8	100	121,5	144,2	163,5	195,3	250,1	...
Türkei	1963	10	65,9	71,6	100	167,4	251,3	437,1	823,5	964,9	...
Ägypten	Juli 1965/ Juni 1966	35	78,5	94,5	100	110,6	132,8	205,5	219,1	247,1	...
Marokko (Casablanca)	1939	5	99,2	88,2	100	130,4	...	...	...	...	...
Südafrika	1975	.	69,8	85,1	100	112,0	123,1	143,4	165,7	185,3	...
Argentinien (Buenos Aires)[4])	1980	rd. 45	4	17	100	190	487	1 276	2 541	5 125	...
Brasilien	1977	.	58,0	71,9	100	137,7	189,0	310,9	691,6	1 392,4	...
Guatemala (Guatemala-Stadt)	1950	10	64,3	77,5	100	118,8	137,4	156,3	175,9	184,1	...
Kanada[4])	1971	.	88,0	91,0	100	107,6	119,9	134,8	140,0	153,6	...
Mexiko (Mexiko-Stadt)	1970	19	67,8	83,6	100	125,8	158,7	197,2	269,6	342,0	...
Venezuela	1968	.	81,4	99,3	100	108,1	124,0	137,0	145,0	...	...
Vereinigte Staaten	1967	rd. 70	85,7	92,7	100	109,2	121,6	133,9	141,9	150,8	153,4
China (Taiwan)	1976	39	92,7	97,5	100	102,3	112,1	135,5	159,0	157,8	...
Irak (Bagdad)	1962	14	66,2	83,7	100	...	...	...	...	...	...
Iran	März 1974/ März 1975	.	59,1	78,7	100	128,2	136,9	...	...	...	...
Israel[4])	April 1975	.	58,5	80,1	100	131,0	206,6	398,5	.	2 102,8	...
Japan	1975	94	101,7	94,4	100	104,1	107,4	120,6	134,7	129,3	...
Korea, Republik	1980	.	78,2	93,9	100	109,8	117,4	155,4	228,3	260,5	250,5
Syrien	1962	.	87,3	86,6	100	105,2	160,6	153,1	202,0	296,8	...
Australien	Juli 1966/ Juni 1967	72	75,8	88,7	100	110,4	117,2	128,2	147,5	162,6	...
Neuseeland	4. Vj 1977	.	66,3	84,8	100	116,8	134,7	153,3	187,3	222,9	...
Bauwerke											
Bundesrepublik Deutschland	1980	W	94,4	96,7	100	104,9	111,3	121,1	134,0	141,9	146,0
	1980	B	94,8	96,8	100	104,6	110,7	119,5	131,9	140,0	145,1
	1980	G	93,7	96,2	100	104,3	109,8	118,7	130,8	138,8	144,5
Belgien	1914	W	75,9	90,4	100	112,4	123,9	133,5	142,0	148,6	...
Dänemark	1. 1. 1968	W	83	94	100	109	117	129	146	163	182
Finnland	1980	W	82,7	92,0	100	113,1	119,3	131,1	148,8	163,8	175,1
Frankreich	4. Vj 1953	W	79,2	89,6	100	109,3	118,9	131,6	149,7	163,6	...
Großbritannien und Nordirland	1975	[5])	75	92	100	108	120	148	186	198	...
Irland	1975	W	.	85,8	100	117,2	129,1	149,3	179,6	205,0	226,2
Italien	1980	W	70,9	83,7	100	119,4	135,6	161,8	202,2	248,5	292,0
Luxemburg	1970	W	80,6	92,6	100	105,7	109,5	116,3	127,6	137,7	149,2
Niederlande	1969	W	85	92	100	109	120	132	141	146	...
Norwegen (Oslo)	1978	W	82	90	100	109	116	119	128	141	154
	Jan. 1965	W[6])	81	90	100	108	114	117	128	141	150
Österreich (Wien)	1945	W[7])	75,6	89,1	100	113,3	122,0	130,0	140,3	153,0	165,5
Portugal (Lissabon)	1. Vj 1949	W	76,8	86,2	100	122,7	140,4	160,6	197,6	240,8	...
Schweden	1968	W	75,5	86,3	100	115,4	124,9	136,1	155,5	174,4	186,0
Schweiz (Zürich)	1. 10. 1966	W	107,6	105,6	100	101,8	104,8	108,3	117,1	127,8	136,1
Argentinien (Buenos Aires)	1980	W	6	22	100	197	468	1 222	2 555	5 033,6	...
Kanada	1971	W	83,9	89,7	100	109,3	119,6	131,7	138,8	152,2	...
	1971	G	82,1	90,8	100	108,4	116,6	129,5	141,2	154,9	...
Vereinigte Staaten	1977	W	86,6	92,4	100	109,0	118,8	129,7	136,6	148,2	...
	1977	B[8])	84,3	92,6	100	108,2	115,3	124,1	135,4	148,7	...
	1977	G	83,5	92,2	100	108,0	116,1	126,5	138,0	151,3	...

*) Siehe Vorbemerkung zum Index der Großhandels- bzw. Erzeugerpreise S. 710, die sinngemäß auch für den Preisindex für Baustoffe und Bauwerke gilt.
1) W = Wohngebäude, B = Bürogebäude, G = Gewerbliche Betriebsgebäude.
2) Im allgemeinen Gruppe »Baustoffe« des Index der Großhandelspreise.
3) Gruppe »Grundstoffe für das Baugewerbe« des Index der Grundstoffpreise.
4) Gruppe »Baustoffe« des Preisindex für Wohngebäude.
5) Hoch- und Tiefbauten aller Art.
6) Holzhaus.
7) Wohnungsrohbau, ohne Innenausbau.
8) Einschl. Mietshäuser und Hotelbauten.

16.7 Index der Seefrachtraten

Land	Charterform — Gütergruppe — Schiffsklasse[1]	Originalbasis = 100	Durchschnitt 1975	1976	1977	1978	1979	1980	1981	1982
			Linienfahrt[2]							
Bundesrepublik Deutschland	Insgesamt	1965	179	188	201	211	234	250	276	281
	Stückgut	1965	176	186	199	209	230	246	272	277
	Massengut	1965	195	201	213	223	254	277	301	306
			Trampfahrt							
Bundesrepublik Deutschland	Zeitcharter[3]									
	10 000 — 80 000 tdw	2. Halbj. 1972	117	118	104	133	214	294	234	135
	10 000 — 25 000 tdw	2. Halbj. 1972	151	150	142	166	229	311	271	167
	25 001 — 80 000 tdw	2. Halbj. 1972	113	122	99	131	232	317	235	127
Großbritannien	Reisecharter	1976	95	100	86	110	176	236	187	107
	Zeitcharter[3][4] insgesamt	1976	89	100	81	112	194	266	200	104
	12 000 — 19 999 tdw	1976	107	100	103	115	151	208	194	115
	20 000 — 34 999 tdw	1976	98	100	88	108	172	242	193	100
	35 000 — 49 999 tdw	1976	79	100	81	117	202	294	219	144
	50 000 — 84 999 tdw	1976	80	100	68	111	213	290	209	95
	über 85 000 tdw	1976	61	100	73	118	271	321	217	103
Norwegen	Reisecharter[2]	7. 65 — 6. 66[5]	119	112	111	117	150	179	164	133
	Zeitcharter[3] 10 000 — 50 000 tdw	1971	171	175	164	195	276	382	334	204
Vereinigte Staaten	Trampfahrt insgesamt	1972	193	174	166	195	302	369	320	223
	Reisecharter Getreide	1972	183	165	157	188	307	378	324	225
	sonstiges Massengut	1972	215	192	187	212	303	351	311	243
	Zeitcharter[3]									
	1 bis 2 Monate Reisedauer	1972	138	138	127	161	231	313	256	170
	2 bis 3 Monate Reisedauer	1972	149	144	125	149	224	303	261	157
	über 6 Monate Reisedauer	1972	169	164	159	162	237	300	279	199
			Tankerfahrt							
Bundesrepublik Deutschland	Reisecharter insgesamt	Worldscale[6]	74	74	72	97	166	123	85	82
	Rohöl	Worldscale[6]	52	50	50	66	118	88	61	62
	Ölprodukte	Worldscale[6]	101	109	118	146	308	217	142	120
Großbritannien	Reise-[7] und Zeitcharter[3][7]									
	16 500 — 24 999 tdw	Worldscale[6]	146[8]	132	152	155	255	235	195	173
	25 000 — 44 999 tdw	Worldscale[6]	128[8]	118	115	116	200	185	147	130
	45 000 — 79 999 tdw	Worldscale[6]	83	77	75	72	124	108	85	72
	80 000 — 159 999 tdw	Worldscale[6]	63	57	55	53	81	73	60	51
	160 000 — 319 999 tdw	Worldscale[6]	57	50	48	45	52	47	41	39
Norwegen	Reisecharter									
	weniger als 30 000 tdw (Ölprodukte)	Worldscale[6]	106	117	128	162	338	237	149	126
	(Rohöl)	Worldscale[6]	101	109	122	152	332	232	145	129
	30 000 — 59 999 tdw (Rohöl/Ölprod.)	Worldscale[6]	70	82	85	108	217	146	89	78
	60 000 — 149 999 tdw (Rohöl)	Worldscale[6]	43	50	47	64	118	90	56	49
	150 000 tdw und mehr (Rohöl)	Worldscale[6]	22	29	25	29	47	37	28	26

1) tdw = tons dead weight.
2) Umbasiert auf 1970 = 100.
3) Schiffsmieten.
4) Für Rundreisen und für periodische Beschäftigung bis zu 24 Monate insgesamt.
5) Durchschnitt Juli 1965 bis Juni 1966.
6) Tankergrundraten-Tarif der Worldwide Tanker Nominal Freight Scale. Wegen steigender Bunker- und Hafenkosten jeweils zum Jahresbeginn, ab 1980 zum 1. 1. und zum 1. 7. revidiert.
7) Mittel des Zeitraumes vom 16. 11. des Vorjahres bis zum 15. 11. des nachgewiesenen Jahres des Average Freight Rate Assessment, London, für Rohöltransporte (in Tankern von 16 500 bis 44 999 tdw).
8) Durchschnitt 16. 7. bis 15. 11. 1975.

16.8 Preise im Luftverkehr für Hin- und Rückflug ab Frankfurt am Main*)

DM

Von Frankfurt am Main nach: Land	Zielort	Tarifart	Durchschnitt 1975	1976	1977	1978	1979	1980	1981	1982
Bundesrepublik Deutschland	Berlin (West)[1]	Normaltarif[2]	220	235	249	264	254	281	310	338
		Seniorentarif[3]	165	176	187	198	179	194	217	238
		Studententarif	157	168	179	190	177	194	217	238
		Tarif für Jugendliche	165	176	187	198	179	194	217	238
		Wochenendtarif	.	.	.	.	158[4]	178	199	219
	Hamburg	Normaltarif[2]	299	322	340	355	376	417	445	477
		Wochenendtarif[5]	197	197	208	218	231	256	271	287
Großbritannien	London	Normaltarif[2]	550	570	592	615	648	683	737	808
		Wochenendtarif[5]	395	404	427	423	330	380	416	452
Japan	Tokio	Normaltarif[2]	5 168	4 833	4 622	4 772	5 186	5 912	6 260	6 576
Spanien	Madrid	Ausflugtarif[5]	654	675	706	742	806	886	914	985
	Palma (Mallorca)	Bungalow-Tarif	.	.	.	380[6]	419	506	561	613
Südafrika	Johannesburg	Ausflugtarif[5]	2 421	2 411	2 507	2 640	2 985	3 628	3 839	4 238
Türkei	Istanbul	Ausflugtarif[5]	906	933	960	988	1 073	1 209	1 270	1 375
Vereinigte Staaten[7]	New York	Normaltarif[2]	2 008	2 031	2 037	2 037	2 129	2 231	2 681	3 081
		Ausflugtarif[5]	1 345	1 389	1 570	1 627	1 656	1 626	1 654	1 883
		Holiday-Tarif	.	.	.	954[6]	943	1 063	1 162	1 252

*) Aufgrund von Beschlüssen der International Air Transport Association (IATA) anwendbare maßgebende Verkaufspreise für Flugpassagen im Linienverkehr, und zwar für die Beförderung je einer Person einschl. des festgelegten Freigepäcks und einer Luftstraßengebühr von 1% des Flugpreises.
1) Unter Berücksichtigung des Regierungszuschusses.
2) Sparklasse (Economy- bzw. Touristenklasse) ohne Berücksichtigung von Rabatten und temporären Sonderermäßigungen.
3) Anwendungsperiode ganzjährig, kann jedoch nur dienstags, mittwochs und donnerstags sowie zwischen Sonnabend 12 Uhr und Sonntag 12 Uhr in Anspruch genommen werden.
4) Tarif eingeführt am 1. 6. 1979.
5) Sonderflugpreis.
6) Tarif eingeführt am 1. 4. 1978.
7) Bei der Berechnung wurden die im Nordatlantikverkehr während der Hochsaison (westwärts: vom 15. Mai bis zum 14. September eines jeden Jahres) erhöhten Flugpreise berücksichtigt.

17 Volkswirtschaftliche Gesamtrechnungen

17.0 Vorbemerkung

Tabelle 17.1 gibt einen Überblick über die Entwicklung des Bruttoinlandsprodukts in jeweiligen und in konstanten Preisen sowie in konstanten Preisen je Einwohner für ausgewählte europäische und außereuropäische Länder. In Tabelle 17.2 werden die Entstehung und Verwendung des Bruttoinlandsprodukts sowie die Verteilung des Volkseinkommens in 10 wichtigen Ländern in den Jahren 1979 bis 1981 dargestellt.

Als Quellen dienten, mit Ausnahme der Angaben für die Bundesrepublik Deutschland und einige weitere Länder, die einschlägigen Veröffentlichungen der Vereinten Nationen, der OECD und des Internationalen Währungsfonds (IWF), die im wesentlichen übereinstimmen (siehe S. 618).

Die in den Tabellen aufgeführten Länder folgen bei der Aufstellung der Volkswirtschaftlichen Gesamtrechnungen weitgehend den Empfehlungen der Vereinten Nationen (A System of National Accounts and Supporting Tables – SNA –, New York 1964, bzw. revidierte Fassung von 1968.

Die sozialistisch-kommunistischen Länder berechnen das Produzierte Nationaleinkommen nach dem System of Material Product Balances – MPS –, New York 1969). Aufgrund gewisser Abweichungen in den Definitionen und Abgrenzungen, Unterschieden im statistischen Grundmaterial, Besonderheiten der Rechts- und Wirtschaftsordnungen usw. der einzelnen Länder sind die Zahlen von Land zu Land jedoch nur mit Einschränkungen vergleichbar. – Zur Erläuterung der Begriffe wird auf die Vorbemerkung zu den Volkswirtschaftlichen Gesamtrechnungen der Bundesrepublik Deutschland (siehe S. 520ff.) bzw. der Deutschen Demokratischen Republik (siehe S. 610f.) hingewiesen, die den Empfehlungen der Vereinten Nationen im großen und ganzen entsprechen.

Sämtliche Zahlen sind in Landeswährung angegeben. Eine Umrechnung in eine einheitliche Währung (z. B. Deutsche Mark, US-$) wird mangels geeigneter Umrechnungsschlüssel nicht vorgenommen. Die Angaben für 1981 und teilweise auch für 1980 sind vorläufig.

17.1 Bruttoinlandsprodukt zu Marktpreisen

Land	Währungseinheit	1970	1976	1977	1978	1979	1980	1981
				in jeweiligen Preisen				
Europa								
Bundesrepublik Deutschland	Mrd. DM	675,3	1 119,7	1 196,1	1 285,1	1 392,5	1 481,1	1 543,9
Belgien	Mrd. bfrs	1 262,1	2 574,6	2 780,3	2 984,5	3 182,0	3 415,9	3 530,3
Bulgarien[1])	Mill. Lw	10 527	15 145	15 486	16 338	17 666	20 509	21 933
Dänemark	Mrd. dkr	118,6	251,2	279,3	311,4	346,9	373,3	414,1
Finnland	Mrd. Fmk	44,9	115,0	127,1	139,9	162,0	186,8	212,0
Frankreich	Mrd. FF	782,6	1 678,0	1 884,6	2 141,1	2 439,6	2 758,7	3 094,4
Griechenland	Mrd. Dr.	298,9	824,9	963,7	1 161,4	1 428,9	1 710,6	2 033,9
Großbritannien und Nordirland	Mrd. £	50,9	124,2	143,4	165,0	192,9	225,5	247,7
Irland	Mill. Ir£	1 620,2	4 570,2	5 491,7	6 436,6	7 448,1	8 719,0	10 376,0
Island	Mill. ikr	436,6	2 732,4	3 903,1	5 937,0	8 704,1	13 841,0	21 345,0
Italien	Mrd. Lit	62 883	156 657	190 083	222 254	270 198	339 068	398 125
Jugoslawien[2])	Mrd. Din	157,2	592,6	734,3	901,8	1 165,4	1 553,1	2 194,0
Luxemburg	Mill. lfrs	54 043	99 504	101 869	112 084	123 322	135 200	143 202
Niederlande	Mrd. hfl	114,6	240,2	274,9	297,0	316,0	335,9	350,5
Norwegen	Mrd. nkr	79,9	170,7	191,5	213,1	238,7	283,5	328,0
Österreich	Mrd. S	375,9	724,8	796,2	842,3	918,7	999,0	1 058,3
Polen[1])	Mrd. Zl	.	1 602,3	1 736,1	1 902,6	1 935,4	1 986,6	2 154,7
Portugal	Mrd. Esc	177,3	467,7	625,8	787,3	991,3	1 231,5	1 465,4
Schweden	Mrd. skr	170,8	338,6	367,3	409,2	458,2	522,0	569,2
Schweiz	Mrd. sfr	90,7	142,0	145,8	151,7	158,5	170,3	185,6
Sowjetunion[1])	Mrd. Rbl	289,9	385,7	405,6	426,3	440,6	462,2	482,1
Spanien	Mrd. Ptas	2 576,2	7 234,2	9 178,4	11 230,7	13 130,5	15 154,5	17 175,9
Tschechoslowakei[1])	Mrd. Kčs	311,1	412,2	410,1	432,8	455,6	482,5	467,9
Türkei	Mrd. TL.	145,5	663,9	863,0	1 274,8	2 155,9	4 325,5	6 411,2
Ungarn[1])	Mrd. Ft	274,9	434,9	479,2	517,6	559,5	586,4	638,4
Afrika								
Ägypten	Mill. ägypt£	.	6 705	8 210	9 782	12 475	16 623	20 727
Burundi	Mill. F.Bu.	21 476	39 454	49 979	56 059	72 489	89 358	100 477
Kenia	Mill. K.Sh.	11 499	29 072	37 198	41 164	45 532	52 511	60 464
Liberia	Mill. Lib$	.	631,7	706,2	773,7	880,5	916,6	841,4
Marokko	Mrd. DH	20,0	42,4	49,8	55,2	62,0	70,0	77,5
Sambia	Mill. K	1 278	1 872	1 952	2 203	2 598	2 986	2 990
Senegal	Mrd. CFA-Francs	240,1	459,3	483,6	494,7	581,1	613,5	...
Simbabwe[3])	Mill. R.$	1 080	2 179	2 216	2 339	2 780	3 531	4 528
Südafrika[4])	Mill. R	12 908	30 908	34 536	39 850	47 715	62 642	71 194
Tansania[5])	Mill. T.Sh.	9 173	23 620	29 952	33 240	36 460	39 674	43 371
Togo	Mrd. CFA-Francs	73,2	136,3	168,8	192,1	216,2	238,9	255,2
Tunesien	Mill. tD	758	1 932	2 202	2 486	2 935	3 525	4 061
Amerika								
Argentinien	Mrd. argent. $	88	7 546	20 840	51 798	139 106	281 700	...
Bolivien	Mill. $b	12 370	56 447	65 220	76 474	92 056	134 987	...
Brasilien	Mrd. Cr$	210,1	1 680,2	2 523,1	3 729,8	6 239,4	13 104,3	26 441,0
Chile	Mrd. chil$	0,1	128,7	287,8	487,5	772,2	1 071,0	1 281,7
Costa Rica	Mill. ₡	6 524	20 676	26 331	30 194	34 584	41 406	57 176
Ecuador	Mrd. s/.	35,0	132,9	166,4	191,3	235,9	284,2	335,7
El Salvador	Mill. ¢	2 571	5 706	7 167	7 692	8 619	8 944	8 786
Guatemala	Mill. Q	1 904	4 365	5 481	6 071	6 903	7 879	8 663
Haiti[6])	Mill. Gde.	1 656	4 395	4 952	5 023	5 544	6 871	7 761
Honduras	Mill. L	1 446	2 626	3 321	3 814	4 378	4 976	5 389
Jamaika	Mill. J$	1 171,1	2 715,4	2 994,2	3 763,7	4 301,1	4 757,1	5 207,0
Kanada	Mrd. kan$	86,5	192,9	211,9	234,7	267,3	298,1	340,8
Kolumbien	Mrd. kol$	130,4	534,0	718,5	916,6	1 195,4	1 584,3	2 005,0
Mexiko	Mrd. mex$	444,3	1 371,0	1 849,3	2 337,4	3 067,5	4 276,5	...
Panama[7])	Mill. B/.	1 046	2 004	2 171	2 458	2 840	3 391	...
Paraguay	Mrd. ₲	74,9	214,1	263,6	322,5	430,5	560,5	708,7
Peru	Mrd. S/.	267,1	830,4	1 143,1	1 842,2	3 398,3	5 606,5	9 834,1
Uruguay	Mill. urugN$	601	12 638	19 915	30 930	57 625	94 094	126 469
Venezuela	Mrd. Bs	52,3	135,3	155,9	171,0	210,2	256,2	291,0
Vereinigte Staaten	Mrd. US-$	988,7	1 705,9	1 903,1	2 140,4	2 382,2	2 599,0	2 906,3

[1]) Produziertes Nationaleinkommen.
[2]) Materielles Bruttoinlandsprodukt (Produziertes Nationaleinkommen zuzügl. Abschreibungen).
[3]) Ehem. Südrhodesien.
[4]) Einschl. Namibia (ehem. Südwestafrika).
[5]) Nur das ehem. Tanganjika.
[6]) Rechnungsjahre, die am 30. 9. der angegebenen Jahre enden.
[7]) Ohne Kanalzone.

17.1 Bruttoinlandsprodukt zu Marktpreisen

Land	Währungseinheit	Basisjahr	1970	1976	1977	1978	1979	1980	1981
			in jeweiligen Preisen						
Asien									
Indien[1])	Mrd. iR	×	402,6	803,4	901,0	974,4	1 061,5	1 256,8	. . .
Indonesien	Mrd. Rp.	×	3 340	15 467	19 033	22 746	32 025	45 446	53 677
Israel	Mill. IS	×	1 961	10 861	15 329	25 219	47 168	107 890	254 860
Japan	Mrd. ¥	×	73 285	165 851	184 460	202 638	218 616	234 949	249 101
Korea, Republik	Mrd. ₩	×	2 672	13 357	17 123	23 030	29 357	35 381	44 776
Pakistan[2])	Mrd. pR	×	50,5	149,5	173,7	196,1	236,5	279,6	327,1
Philippinen	Mrd. ₱	×	42,4	133,9	154,0	178,2	220,5	266,0	307,1
Syrien	Mill. syr£	×	6 848	24 915	27 265	32 696	39 302	52 301	63 422
Thailand	Mrd. ฿	×	136,1	337,6	393,0	470,0	556,2	684,9	803,2
Zypern	Mill. Z£	×	226,6	332,4	426,0	510,6	625,3	749,6	867,0
Australien und Ozeanien									
Australien[2])	Mill. $A	×	33 737	83 144	90 300	102 050	114 525	130 726	148 708
Neuseeland[1])	Mill. NZ$	×	5 832	13 792	15 217	17 541	20 966	24 127	28 832
			in konstanten Preisen						
Europa									
Bundesrepublik Deutschland	Mrd. DM	1976	956,6	1 119,7	1 154,0	1 189,5	1 239,2	1 261,8	1 262,7
Deutsche Demokratische Republik und Berlin (Ost)[3])	Mrd. M	1980	117,4	158,1	166,0	172,2	179,2	187,1	196,0
Belgien	Mrd. bfrs	1975	1 909,0	2 400,9	2 418,2	2 491,3	2 551,2	2 628,0	2 580,9
Dänemark	Mrd. dkr	1975	196,2	230,4	235,7	239,9	248,7	246,0	246,2
Finnland	Mrd. Fmk	1975	84,1	102,1	102,5	104,8	112,8	119,6	121,2
Frankreich	Mrd. FF	1970	782,6	1 001,2	1 031,7	1 070,8	1 106,3	1 118,9	1 120,7
Griechenland	Mrd. Dr.	1970	298,9	406,7	420,6	448,8	465,4	472,6	469,4
Großbritannien und Nordirland	Mrd. £	1975	94,2	108,2	109,6	113,6	115,5	113,2	111,0
Irland	Mill. Ir£	1975	3 041,4	3 799,8	4 058,3	4 297,3	4 402,7	4 526,9	4 576,9
Island	Mill. ikr	1969[4])	375	521	12 280	12 770	13 300	13 841	14 150
Italien	Mrd. Lit	1970	62 883	75 011	76 435	78 488	82 337	85 577	85 445
Jugoslawien[5])	Mrd. Din	1972	217,9	301,2	325,3	347,8	372,3	381,0	. . .
Luxemburg	Mill. lfrs	1975	72 499	88 298	88 849	92 881	96 569	98 170	96 400
Niederlande	Mrd. hfl	1975[6])	179,3	220,6	274,9	282,3	288,3	291,0	287,6
Norwegen	Mrd. nkr	1975	.	158,8	164,5	172,0	180,7	187,8	189,2
Österreich	Mrd. S	1976	571,5	724,8	756,3	760,3	796,6	822,1	822,4
Polen[3])	Mrd. Zl	1977	.	1 610	1 691	1 741	1 701	1 639	1 441
Portugal	Mrd. Esc	1975	303,6	402,2	425,8	440,2	469,2	488,4	490,9
Schweden	Mrd. skr	1975	262,9	303,3	297,3	301,3	314,2	320,2	318,1
Schweiz	Mrd. sfr	1970	90,7	93,1	95,3	95,7	98,1	102,6	104,6
Spanien	Mrd. Ptas	1975	4 600,0	6 199,5	6 404,0	6 519,0	6 531,5	6 629,9	6 652,5
Tschechoslowakei[3])	Mrd. Kčs	1977[7])	.	388	405	422	435	448	446
Türkei	Mrd. TL.	1968	123,8	253,2	266,0	197,2	205,5	203,9	212,9
Ungarn[3])	Mrd. Ft	1976	301,0	425,0	460,0	480,7	491,9	488,7	498,9
Afrika									
Kenia	Mill. K.Sh.	1975	18 159	25 159	27 550	29 587	30 771	31 676	. . .
Liberia	Mill. Lib$	1975	.	633,9	628,6	653,4	682,2	649,9	617,6
Marokko	Mrd. DH	1969	19,4	27,3	28,9	29,6	31,0	32,4	. . .
Sambia	Mill. K	1970	1 278	1 500	1 428	1 455	1 329	1 370	1 345
Südafrika[8])	Mill. R	1975	22 467	27 857	27 942	28 782	29 989	32 425	. . .
Tansania[9])[10])	Mill. T.Sh.	1966	7 680	10 188	10 989	10 925	11 291	11 561	11 149
Togo	Mrd. CFA-Francs	1970	73,2	80,2	84,6	93,2	98,8	94,3	88,4
Tunesien	Mill. tD	1972	824	1 394	1 462	1 552	1 663	1 773	1 888
Amerika									
Argentinien	Mrd. argent$	1970	88,0	100,8	107,3	103,6	111,0	111,7	105,0
Bolivien	Mill. $b	1970	12 370	17 418	18 151	18 760	19 104	19 220	. . .
Brasilien	Mrd. Cr$	1975	641,1	1 154,0	1 216,9	1 275,2	1 360,5	1 467,6	1 416,3
Chile	Mrd. chil$	1977	283,1	261,9	287,8	311,4	337,2	362,6	381,9
Costa Rica	Mill. ₡	1966	5 574	7 885	8 587	9 125	9 576	9 648	9 208
Ecuador	Mrd. s/.	1975	62,9	117,7	125,4	133,6	140,4	147,2	153,5
El Salvador	Mill. ¢	1975	3 432	4 655	4 938	5 254	5 164	4 702	4 255
Guatemala	Mill. Q	1958	1 793	2 527	2 724	2 860	2 995	3 107	3 134
Haiti[11])	Mill. Gde.	1975	.	3 696	3 733	3 886	4 096	4 330	4 345
Honduras	Mill. L	1966	1 297	1 572	1 752	1 890	2 007	2 065	2 080
Jamaika	Mill. J$	1975	2 402,8	2 456,0	2 415,4	2 407,0	2 371,7	2 243,2	2 288,9
Kanada	Mrd. kan$	1971	89,1	120,2	123,1	127,9	132,0	132,7	137,7
Kolumbien	Mrd. kol$	1970	130,4	183,3	192,2	209,4	220,1	229,3	235,0
Mexiko	Mrd. mex$	1970	444,3	635,8	657,7	712,0	777,2	841,9	. . .
Panama[12])	Mill. B/.	1960	894	1 134	1 185	1 262	1 351	1 418	1 469
Paraguay	Mrd. ₲	1977	157,8	233,7	263,6	292,2	323,5	360,4	390,9
Peru	Mrd. S/.	1973	352,6	450,0	449,7	447,5	465,9	483,8	502,9
Uruguay	Mill. urugN$	1978	25 857	29 043	29 384	30 930	32 838	34 727	34 280
Venezuela	Mrd. Bs	1968	50,9	70,0	74,8	77,2	77,7	76,6	77,4
Vereinigte Staaten	Mrd. US-$	1975	1 360,9	1 614,0	1 698,6	1 778,1	1 819,9	1 814,7	1 856,3
Asien									
Indien[1])	Mrd. iR	1970	402,6	473,5	511,9	543,8	517,9	551,8	. . .
Indonesien	Mrd. Rp.	1975	8 585	13 513	14 697	15 850	16 841	18 505	19 910
Israel	Mill. IS	1975	.	8 312	8 329	8 826	9 290	9 349	. . .
Japan	Mrd. ¥	1975	117 844	155 653	163 836	172 076	180 906	188 797	194 746

1) Rechnungsjahre, die am 1. 4. der angegebenen Jahre beginnen.
2) Rechnungsjahre, die am 1. 7. der angegebenen Jahre beginnen.
3) Produziertes Nationaleinkommen.
4) Ab 1977 in Preisen von 1980.
5) Materielles Bruttoinlandsprodukt (Produziertes Nationaleinkommen zuzügl. Abschreibungen).
6) Ab 1977 in Preisen von 1977.
7) In Preisen vom 1. 1. 1977.
8) Einschl. Namibia (ehem. Südwestafrika).
9) Bruttoinlandsprodukt zu Faktorkosten.
10) Nur das ehem. Tanganjika.
11) Rechnungsjahre, die am 30. 9. der angegebenen Jahre enden.
12) Ohne Kanalzone.

17.1 Bruttoinlandsprodukt zu Marktpreisen

Land	Währungseinheit	Basisjahr	1970	1976	1977	1978	1979	1980	1981
					in konstanten Preisen				
Korea, Republik	Mrd. ₩	1975	6 315	11 333	12 472	13 885	14 870	14 342	15 493
Pakistan[1])	Mrd. pR	1959	35,9	45,6	49,2	50,8	55,8	59,5	63,5
Philippinen	Mrd. ₱	1972	51,0	73,0	78,0	82,8	87,7	92,8	...
Syrien	Mill. syr£	1975	10 922	22 393	21 832	23 734	24 991	27 294	29 686
Thailand	Mrd. ฿	1972	150,1	221,2	237,2	261,1	276,9	292,9	315,1
Zypern	Mill. Z£	1973	.	264,0	301,9	325,6	354,3	374,6	383,2
Australien und Ozeanien									
Australien[1])	Mill. $A	1979	88 211	107 109	108 076	113 216	114 525	118 927	122 729
					in konstanten Preisen je Einwohner				
Europa									
Bundesrepublik Deutschland	DM	1976	15 772	18 197	18 794	19 397	20 196	20 495	20 471
Deutsche Demokratische Republik und Berlin (Ost)[2])	M	1980	6 884	9 416	9 904	10 276	10 699	11 176	11 709
Belgien	bfr	1975	197 620	244 490	246 000	253 180	259 000	266 530	261 750
Dänemark	dkr	1975	39 797	45 444	46 306	47 039	48 574	48 047	48 086
Finnland	Fmk	1975	18 243	21 586	21 624	22 063	23 697	25 021	25 250
Frankreich	FF	1970	15 415	18 930	19 437	20 098	20 686	20 832	20 769
Griechenland	Dr.	1970	34 005	44 351	45 372	47 949	49 249	49 025	48 342
Großbritannien und Nordirland	£	1975	1 700	1 936	1 962	2 034	2 067	2 023	1 988
Irland	Ir£	1975	1 034	1 176	1 241	1 298	1 306	1 331	1 330
Island	ikr	1969[3])	1 875	2 368	55 818	58 045	57 826	60 178	61 522
Italien	Lit	1970	1 171 880	1 335 430	1 353 790	1 384 020	1 446 790	1 499 510	1 493 790
Jugoslawien[4])	Din	1972	10 697	13 964	14 936	15 831	16 801	17 055	17 180
Luxemburg	lfr	1975	213 230	245 270	246 800	258 000	268 250	272 690	267 780
Niederlande	hfl	1975[5])	13 761	16 020	19 848	20 251	20 549	20 580	20 182
Norwegen	nkr	1975	.	39 404	40 718	42 365	44 398	45 917	46 146
Österreich	S	1976	76 918	96 511	100 570	101 240	106 210	109 470	109 510
Polen[2])	Zl	1977	.	46 857	48 732	49 729	48 242	│46 065	40 139
Portugal	Esc	1975	33 584	41 593	│43 717	44 918	47 683	49 433	49 436
Schweden	skr	1975	32 699	36 898	36 036	36 389	37 901	38 532	38 233
Schweiz	sfr	1970	14 653	14 661	15 055	15 095	15 425	16 107	│16 167
Spanien	Pta	1975	136 180	172 350	176 180	177 240	175 670	177 130	176 690
Tschechoslowakei[2])	Kčs	1977[6])	.	26 005	26 946	27 873	28 543	29 262	29 131
Türkei	TL.	1968	3 505	6 188	6 368	4 625	4 721	4 588	4 693
Ungarn[2])	Ft	1976	29 110	40 094	43 192	45 009	45 972	45 630	46 583
Afrika									
Kenia	K.Sh.	1975	1 617	1 817	1 921	1 991	2 009	1 923	1 983
Marokko	DH	1969	1 267	1 531	1 574	1 565	1 592	1 616	...
Sambia	K	1970	301	292	269	266	235	235	226
Tansania[7])[8])	T.Sh.	1966	579	│ 621	649	626	628	│ 645	602
Togo	CFA-Francs	1970	37 347	35 022	36 000	38 672	40 000	│35 856	32 620
Tunesien	tD	1972	161	│ 242	247	255	267	278	290
Amerika									
Argentinien	argent$	1970	3 705	3 869	4 054	3 851	4 064	4 031	3 738
Bolivien	$b	1970	2 509	│3 463	3 518	3 540	3 505	3 432	...
Brasilien	Cr$	1975	6 929	10 731	11 042	11 291	11 755	12 373	11 652
Chile	chil$	1977	30 213	25 256	27 280	29 021	30 879	32 667	33 826
Costa Rica	₡	1966	3 222	3 923	4 148	4 304	4 413	4 288	4 056
Ecuador	s/.	1975	10 554	16 101	16 587	16 911	17 376	17 629	17 766
El Salvador	¢	1975	972	1 130	1 159	1 208	1 163	990	861
Guatemala	Q	1958	340	│ 393	411	418	425	428	419
Honduras	L	1966	491	491	528	549	564	560	545
Jamaika	J$	1975	1 285	1 181	1 150	1 135	1 103	1 034	1 031
Kanada	kan$	1971	4 179	5 219	5 288	5 445	5 570	5 538	5 688
Kolumbien	kol$	1970	6 352	7 534	7 673	8 167	8 350	8 464	...
Mexiko	mex$	1970	8 765	10 201	│10 306	10 814	11 528	12 140	...
Panama[9])	B/.	1960	612	659	669	697	730	746	757
Paraguay	₲	1977	68 609	84 065	91 847	98 384	105 370	113 690	119 540
Peru	S/.	1973	26 216	28 284	27 488	26 605	26 946	27 210	27 511
Uruguay	urugN$	1978	9 202	10 191	10 274	10 740	11 363	11 934	11 700
Venezuela	Bs	1968	4 951	5 663	5 871	5 884	5 747	5 507	5 409
Vereinigte Staaten	US-$	1975	6 637	7 402	7 712	7 988	8 086	7 971	8 078
Asien									
Indien[10])	iR	1970	743	768	814	848	792	828	...
Indonesien	Rp.	1975	70 248	97 750	104 450	110 720	115 680	125 010	132 270
Israel	IS	1975	.	2 355	2 307	2 392	2 451	2 416	...
Japan	¥	1975	1 139 690	1 380 270	1 438 920	1 497 620	1 561 280	1 616 690	1 655 300
Korea, Republik	₩	1975	195 870	316 120	342 540	375 570	396 220	376 230	400 130
Pakistan[1])	pR	1959	583	615	645	646	689	714	740
Philippinen	₱	1972	1 384	1 684	1 756	1 820	1 883	1 917	...
Syrien	syr£	1975	1 745	2 901	2 722	2 849	2 889	3 039	3 189
Thailand	฿	1972	4 127	5 149	5 386	5 789	6 001	6 209	6 547
Zypern	Z£	1973	.	433	495	525	571	595	599
Australien und Ozeanien									
Australien[1])	$A	1979	6 929	7 591	7 568	7 840	7 844	8 030	8 155

1) Rechnungsjahre, die am 1. 7. der angegebenen Jahre beginnen.
2) Produziertes Nationaleinkommen.
3) Ab 1977 in Preisen von 1980.
4) Materielles Bruttoinlandsprodukt (Produziertes Nationaleinkommen zuzügl. Abschreibungen).
5) Ab 1977 in Preisen von 1977.
6) In Preisen vom 1. 1. 1977.
7) Bruttoinlandsprodukt zu Faktorkosten.
8) Nur das ehem. Tanganjika.
9) Ohne Kanalzone.
10) Rechnungsjahre, die am 1. 4. der angegebenen Jahre beginnen.

17.2 Sozialprodukt und Volksein

in jeweiligen

Lfd. Nr.	Gegenstand der Nachweisung	Bundesrepublik Deutschland[1]			Belgien		
		1979	1980	1981	1979	1980	1981
		Mrd. DM			Mrd. bfrs		
							Sozial
1	**Bruttoinlandsprodukt zu Marktpreisen**	**1 392,5**	**1 481,1**	**1 543,9**	**3 182,0**	**3 415,9**	**3 530,3**
2	+ Saldo der Erwerbs- und Vermögenseinkommen zwischen Inländern und der übrigen Welt	+ 2,8	+ 3,1	− 0,8	− 8,6	−26,2	−35,5
3	**Bruttosozialprodukt zu Marktpreisen**	**1 395,3**	**1 484,2**	**1 543,1**	**3 173,4**	**3 389,7**	**3 494,8**
4	− Abschreibungen	156,3	173,4	188,0	300,1	310,9	323,0
5	**Nettosozialprodukt zu Marktpreisen**	**1 239,0**	**1 310,9**	**1 355,1**	**2 873,2**	**3 078,8**	**3 171,8**
6	− Indirekte Steuern (abzüglich Subventionen)	152,0	163,0	169,2	264,1	290,0	300,4
7	**Nettosozialprodukt zu Faktorkosten (Volkseinkommen)**	**1 087,0**	**1 147,9**	**1 185,9**	**2 609,2**	**2 788,8**	**2 871,4**
							Entstehung des
8	Land- und Forstwirtschaft, Fischerei	30,6	30,5	32,6	73,2	74,1	.
9	Bergbau, Gewinnung von Steinen und Erden	12,0[4]	13,4[4]	59,7[4]	15,7	17,9	.
10	Energiewirtschaft und Wasserversorgung	37,0	37,9		96,5	109,3	.
11	Verarbeitendes Gewerbe	474,4	490,2	494,6	858,0	883,2	.
12	Baugewerbe	88,1	99,0	99,5	235,6	269,1	.
13	Handel, Gaststätten- und Beherbergungsgewerbe	155,8	163,1	146,9[5]	393,4[5]	398,4[5]	.
14	Verkehr und Nachrichtenübermittlung	80,6	84,0	87,2	267,5	302,6	.
15	Übrige Bereiche[6]	414,5	453,4	508,9	1 321,2[7]	1 428,8[7]	.
16	Einfuhrabgaben	12,7	13,5	14,0			.
17	**Bruttoinlandsprodukt zu Marktpreisen**	**1 392,5**[9]	**1 481,1**[9]	**1 543,9**[9]	**3 261,1**	**3 483,2**	.
							Verteilung des
18	Einkommen aus unselbständiger Arbeit	775,5	840,0	879,7	1 898,7	2 065,1	2 162,4
19	Betriebsüberschuß (Einkommen aus Unternehmertätigkeit und Vermögen)	308,7	304,4	307,1	719,1	749,9	744,5
20	Saldo der Erwerbs- und Vermögenseinkommen zwischen Inländern und der übrigen Welt	+ 2,8	+ 3,1	− 0,8	− 8,6	−26,2	−35,5
21	**Nettosozialprodukt zu Faktorkosten (Volkseinkommen)**	**1 087,0**	**1 147,9**	**1 185,9**	**2 609,2**	**2 788,8**	**2 871,4**
22	Indirekte Steuern (abzüglich Subventionen)	152,0	163,0	169,2	264,1	290,0	300,4
23	**Nettosozialprodukt zu Marktpreisen**	**1 239,0**	**1 310,9**	**1 355,1**	**2 873,2**	**3 078,8**	**3 171,8**
24	Saldo der laufenden Übertragungen zwischen inländischen Wirtschaftseinheiten und der übrigen Welt	−22,1	−23,9	−28,1	−22,3	−34,0	−43,5
25	**Verfügbares Einkommen**	**1 216,9**	**1 287,0**	**1 326,9**	**2 850,9**	**3 044,8**	**3 128,3**
							Verwendung des
26	Privater Verbrauch	779,0	834,7	874,1	1 997,0	2 168,0	2 324,6
27	Staatsverbrauch	273,5	298,4	319,8	564,1	617,0	670,0
28	Anlageinvestitionen	304,8	338,0	339,3	656,6	725,4	631,8
29	Vorratsveränderung	+27,0	+17,5	− 1,4	+19,4	+ 4,3	+17,1
30	Ausfuhr von Waren und Dienstleistungen	358,2	402,4	461,1	1 891,8	2 159,6	2 420,2
31	− Einfuhr von Waren und Dienstleistungen	350,1	409,9	448,8	1 947,0	2 258,4	2 533,4
32	**Bruttoinlandsprodukt zu Marktpreisen**	**1 392,5**	**1 481,1**	**1 543,9**	**3 182,0**	**3 415,9**	**3 530,3**

1) Nähere Angaben siehe S. 520.
2) Einschl. der indirekten Steuern (netto) an internationale Organisationen.
3) Für Belgien, Frankreich und Großbritannien und Nordirland noch unrevidierte Angaben.
4) Die Gewinnung von Steinen und Erden ist im Bereich »Verarbeitendes Gewerbe« enthalten.
5) Das Gaststätten- und Beherbergungsgewerbe ist in der Position »Übrige Bereiche« enthalten.

kommen ausgewählter Länder

Preisen

	Dänemark			Frankreich			Großbritannien und Nordirland			Lfd. Nr.
	1979	1980	1981	1979	1980	1981	1979	1980	1981	
	Mill. dkr			Mrd. FF			Mill. £			
produkt										
	346 893	**373 297**	**414 109**	**2 439,6**	**2 758,7**	**3 094,4**	**192 946**	**225 539**	**247 719**	1
	−6 584	−9 300	−13 063	+13,5	+18,2	+17,5	+1 434	+ 204	+ 534	2
	340 309	**363 997**	**401 046**	**2 453,1**	**2 776,9**	**3 111,9**	**194 380**	**225 743**	**248 253**	3
	29 370	33 670	38 000	275,7[2])	317,8[2])	369,5[2])	22 243	27 223	30 613	4
	310 938	**330 327**	**363 046**	**2 177,4**	**2 459,1**	**2 742,4**	**172 137**	**198 520**	**217 640**	5
	54 567	57 972	62 600	306,0	352,3	385,9	24 739	30 745	36 673	6
	256 372	**272 355**	**300 446**	**1 871,4**	**2 106,8**	**2 356,5**	**147 398**	**167 775**	**180 967**	7
Inlandsprodukts[3])										
	16 070	16 933	19 799	114,0	114,4	.	3 935	4 296	.	8
				17,6	21,9	.	7 826	10 871	.	9
}	62 162	66 612	73 879	46,3	58,2	.	4 552	5 803	.	10
				661,4	722,5	.	44 989	48 060	.	11
	21 314	19 745	19 058	160,9	182,9	.	11 743	13 025	.	12
	50 316	54 125	59 944	290,5	331,6	.	17 519[5])	19 328[5])	.	13
	24 685	26 311	29 963	135,2	152,6	.	13 649	15 410	.	14
}	172 345	189 570	211 465	1 013,5	1 170,8	.	87 694[7])[8])	108 190[7])[8])	.	15
						.			.	16
	346 893	**373 297**	**414 109**	**2 439,4**	**2 754,9**	.	**191 907**	**224 983**	.	17
Volkseinkommens										
	193 130	212 136	229 529	1 327,6	1 526,6	1 734,5	115 401	136 306	147 455	18
	69 825	69 519	83 980	530,3	562,1	604,4	32 543	33 575	34 758	19
	−6 584	−9 300	−13 063	+13,5	+18,2	+17,5	+1 434	+ 204	+ 534	20
	256 372	**272 355**	**300 446**	**1 871,4**	**2 106,8**	**2 356,5**	**147 398**[7])	**167 775**[7])	**180 967**[7])	21
	54 567	57 972	62 600	306,0	352,3	385,9	24 739	30 745	36 673	22
	310 938	**330 327**	**363 046**	**2 177,4**	**2 459,1**	**2 742,4**	**172 137**	**198 520**	**217 640**	23
	+ 58	− 394	− 2 331	−13,5	− 6,5	− 9,2	−2 254	−2 107	−1 956	24
	310 996	**329 933**	**360 715**	**2 163,9**	**2 452,7**	**2 733,1**	**169 883**	**196 413**	**215 684**	25
Inlandsprodukts										
	195 814	210 454	232 960	1 518,0	1 745,6	2 010,6	116 324	134 843	150 033	26
	86 834	100 104	114 660	362,7	419,3	488,2	38 379	48 490	55 223	27
	72 471	68 322	65 046	521,0	597,1	654,6	34 469	39 411	39 377	28
	+1 577	−1 509	− 1 082	+34,3	+44,8	− 9,2	+2 995	−2 706	−4 160	29
	101 444	122 131	147 258	535,6	616,0	727,9	55 773	63 780	68 328	30
	111 248	126 205	144 735	532,2	664,1	777,8	54 994	58 279	61 082	31
	346 893	**373 297**	**414 109**	**2 439,6**	**2 758,7**	**3 094,4**	**192 946**	**225 539**	**247 719**	32

[6]) Ohne unterstellte Entgelte für Bankdienstleistungen.
[7]) Einschl. einer statistischen Differenz.
[8]) Einschl. indirekter Steuern (netto).

[9]) Die Summe aus der Bruttowertschöpfung der Bereiche und der Einfuhrabgaben ist um die nichtabzugsfähige Umsatzsteuer kleiner als das Bruttoinlandsprodukt zu Marktpreisen.

17.2 Sozialprodukt und Volksein

in jeweiligen

Lfd. Nr.	Gegenstand der Nachweisung	Irland 1979	Irland 1980	Irland 1981	Italien 1979	Italien 1980	Italien 1981
		Mill. Ir£			Mrd. Lit		
	Sozial						
1	**Bruttoinlandsprodukt zu Marktpreisen**	**7 448**	**8 719**	**10 376**	**270 198**	**339 068**	**398 125**
2	+ Saldo der Erwerbs- und Vermögenseinkommen zwischen Inländern und der übrigen Welt	−168	−224	−340	+ 591	+ 492	−2 443
3	**Bruttosozialprodukt zu Marktpreisen**	**7 280**	**8 495**	**10 036**	**270 789**	**339 560**	**395 682**
4	− Abschreibungen	347[1])	519[1])	753[1])	26 434	32 666	40 749
5	**Nettosozialprodukt zu Marktpreisen**	**6 932**	**7 976**	**9 283**	**244 355**	**306 894**	**354 933**
6	− Indirekte Steuern (abzüglich Subventionen)	879	1 123	1 424	18 849	26 287	29 892
7	**Nettosozialprodukt zu Faktorkosten (Volkseinkommen)**	**6 054**	**6 853**	**7 859**	**225 506**	**280 607**	**325 041**
	Entstehung des						
8	Land- und Forstwirtschaft, Fischerei	.	.	.	18 610	21 595	23 358
9	Bergbau, Gewinnung von Steinen und Erden	.	.	.			
10	Energiewirtschaft und Wasserversorgung	.	.	.	95 490	118 989	133 109
11	Verarbeitendes Gewerbe	.	.	.			
12	Baugewerbe	.	.	.	20 081	25 847	31 869
13	Handel, Gaststätten- und Beherbergungsgewerbe	.	.	.	40 992	51 675	60 460
14	Verkehr und Nachrichtenübermittlung	.	.	.	15 701	20 932	25 788
15	Übrige Bereiche[4])	.	.	.	71 305	89 022	111 267
16	Einfuhrabgaben	.	.	.	8 019	11 008	12 274
17	**Bruttoinlandsprodukt zu Marktpreisen**	**7 448**	**8 719**	**10 376**	**270 198**	**339 068**	**398 125**
	Verteilung des						
18	Einkommen aus unselbständiger Arbeit	4 369	5 342	6 235	148 895	183 734	224 865
19	Betriebsüberschuß (Einkommen aus Unternehmertätigkeit und Vermögen)	1 853	1 735	1 964	76 020	96 381	102 619
20	Saldo der Erwerbs- und Vermögenseinkommen zwischen Inländern und der übrigen Welt	−168	−224	−340	+ 591	+ 492	−2 443
21	**Nettosozialprodukt zu Faktorkosten (Volkseinkommen)**	**6 054**	**6 853**	**7 859**	**225 506**	**280 607**	**325 041**
22	Indirekte Steuern (abzüglich Subventionen)	879	1 123	1 424	18 849	26 287	29 892
23	**Nettosozialprodukt zu Marktpreisen**	**6 932**	**7 976**	**9 283**	**244 355**	**306 894**	**354 933**
24	Saldo der laufenden Übertragungen zwischen inländischen Wirtschaftseinheiten und der übrigen Welt	+170	+233	+232	+ 409	+1 000	+ 617
25	**Verfügbares Einkommen**	**7 103**	**8 209**	**9 515**	**244 764**	**307 894**	**355 550**
	Verwendung des						
26	Privater Verbrauch	4 724	5 562	6 623	165 226	208 232	249 098
27	Staatsverbrauch	1 449	1 877	2 279	43 890	55 636	71 985
28	Anlageinvestitionen	2 306	2 518	3 089	50 927	67 016	80 836
29	Vorratsveränderung	+160	− 64	−104	+6 545	17 973	+3 610
30	Ausfuhr von Waren und Dienstleistungen	3 943	4 642	5 513	75 318	84 964	107 204
31	− Einfuhr von Waren und Dienstleistungen	5 134	5 816	7 024	71 708	94 753	114 608
32	**Bruttoinlandsprodukt zu Marktpreisen**	**7 448**	**8 719**	**10 376**	**270 198**	**339 068**	**398 125**

[1]) Einschl. der indirekten Steuern (netto) an internationale Organisationen.

[2]) Einschl. einer statistischen Differenz.

kommen ausgewählter Länder

Preisen

	Niederlande			Japan			Vereinigte Staaten			Lfd. Nr.
	1979	1980	1981	1979	1980	1981	1979	1980	1981	
	Mill. hfl			Mrd. ¥			Mrd. US-$			
produkt										
	315 960	**335 850**	**350 540**	**218 616**	**234 949**	**249 101**	**2 382**	**2 599**	**2 906**	1
	− 360	− 920	−1 290	+ 279	− 77	−568	+43	+46	+49	2
	315 600	**334 930**	**349 250**	**218 895**	**234 872**	**248 533**	**2 425**	**2 645**	**2 955**	3
	29 290	32 490	35 650	28 939	31 516	33 629	303	346	387	4
	286 310	**302 440**	**313 600**	**188 943**[2])	**203 166**[2])	**214 385**[2])	**2 122**	**2 299**	**2 568**	5
	29 800	32 030	33 050	13 258	14 308	14 992	180	202	239	6
	256 510	**270 410**	**280 550**	**175 686**	**188 858**	**199 392**	**1 942**	**2 097**	**2 329**	7
Inlandsprodukts										
	11 330	11 790	14 290	9 508	8 935	.	74	67	78	8
				1 267	1 379	.	67	95	128	9
	81 270	86 340	92 730	4 796	6 825	.	58	66	77	10
				65 847	71 079	.	568	587	651	11
	21 510	23 300	22 490	20 148	21 480	.	117	123	129	12
	45 000	46 490	46 240	28 144[3])	29 195[3])	.	414	441	491	13
	20 280	21 600	22 640	15 018	16 188	.	153	168	187	14
	} 136 570	146 330	152 150	72 942[2])	78 943[2])	.	} 931[2])	1 052[2])	1 166[2])	15
				946	924	.				16
	315 960	**335 850**	**350 540**	**218 616**	**234 949**	**249 101**	**2 382**	**2 599**	**2 906**	17
Volkseinkommens										
	184 430	195 690	199 540	117 682	128 271	138 533	1 469	1 611	1 782	18
	72 440	75 640	82 300	57 724	60 664	61 427	432	435	500	19
	− 360	− 920	−1 290	+ 279	− 77	−568	+43	+46	+49	20
	256 510	**270 410**	**280 550**	**175 686**	**188 858**	**199 392**	**1 942**[2])	**2 097**[2])	**2 329**[2])	21
	29 800	32 030	33 050	13 258	14 308	14 992	180	202	239	22
	286 310	**302 440**	**313 600**	**188 943**	**203 166**	**214 385**	**2 122**	**2 299**	**2 568**	23
	−1 510	−2 480	−3 550	− 172	− 254	−300	− 6	− 7	− 7	24
	284 800	**299 960**	**310 050**	**188 771**	**202 911**	**214 085**	**2 116**	**2 292**	**2 561**	25
Inlandsprodukts										
	192 430	204 940	212 550	127 066	136 779	143 921	1 510	1 674	1 858	26
	57 170	60 360	62 880	21 486	23 532	25 326	415	472	526	27
	66 490	69 720	66 430	70 248	75 193	76 950	472	481	519	28
	+1 500	+2 300	−4 400	+1 817	+1 595	+842	+14	− 8	+26	29
	155 060	177 030	204 480	25 627	32 887	38 514	217	265	282	30
	156 690	178 500	191 400	27 629	35 036	36 451	246	285	304	31
	315 960	**335 850**	**350 540**	**218 616**	**234 949**	**249 101**	**2 382**	**2 599**	**2 906**	32

[3]) Das Gaststätten- und Beherbergungsgewerbe ist in der Position »Übrige Bereiche« enthalten. [4]) Ohne unterstellte Entgelte für Bankdienstleistungen.

18 Zahlungs

18.0 Vor

Die folgenden Angaben sind den »Balance of Payments Statistics« des Internationalen Währungsfonds (IWF) entnommen. Dabei wurde die zusammenfassende Darstellung (Aggregated Presentation) des IWF zugrunde gelegt, jedoch wurden die Vorzeichen im Bereich der Kapitalbilanz in der Weise geändert, daß die ausgewiesenen Salden eine Nettozunahme (+) oder Nettoabnahme (−) der Ansprüche gegenüber dem Ausland anzeigen. Rechnerisch gilt stets: Saldo der Leistungsbilanz = Saldo der Kapitalbilanz + Ungeklärte Beträge.

18.1 Zusammengefaßte Zahlungs

Mill.

Lfd. Nr.	Gegenstand der Nachweisung	Bundesrepublik Deutschland		Belgien-Luxemburg		Dänemark		Finnland	
		1980	1981	1979	1980	1980	1981	1980	1981
	Leistungsbilanz								
	Warenverkehr[1])								
1	Ausfuhr	142 500	145 060	38 166	42 635	12 900	13 670	10 869	11 840
2	Einfuhr	135 550	130 900	41 721	46 859	14 453	14 456	11 153	11 249
3	Saldo	+ 6 950	+14 160	−3 555	−4 223	−1 553	− 786	− 284	+592
	Dienstleistungsverkehr								
4	Ausfuhr (Einnahmen)	39 410	42 050	19 169	26 080	5 657	5 983	2 506	3 038
5	Einfuhr (Ausgaben)	48 660	52 060	17 274	24 859	6 017	6 648	3 195	3 810
6	Saldo	− 9 250	−10 010	+1 895	+1 221	− 360	− 665	− 689	−772
	Übertragungen (Salden)								
7	Private Übertragungen	− 4 190	− 4 160	− 260	− 286	− 68	− 104	− 15	− 9
8	Staatliche Übertragungen	− 6 130	− 6 050	− 423	− 731	+ 86	− 28	− 78	− 80
9	Zusammen	−10 320	−10 210	− 683	−1 017	+ 18	− 132	− 93	− 89
10	**Saldo der Leistungsbilanz**	**−12 620**	**− 6 050**	**−2 343**	**−4 019**	**−1 895**	**−1 582**	**−1 066**	**−268**
	Kapitalbilanz (Salden)								
11	Direktinvestitionen	+ 2 520	+ 2 450	+ 156	−1 032	+ 70	+ 34	+ 79	+105
12	Portfolioinvestitionen	+ 2 920	+ 2 000	− 477	− 533	+ 66	− 57	− 177	−304
	Sonstiger Kapitalverkehr								
13	Langfristiger Kapitalverkehr	− 8 030	− 7 880	− 84	−1 497	−2 087	−1 123	+ 63	−270
14	Kurzfristiger Kapitalverkehr	+ 850	− 2 010	+ 223	− 485	− 332	− 53	−1 131	+708
15	Übrige Kapitaltransaktionen[2])	− 4 190	+ 2 990	−1 601	+ 332	− 68	+ 17	—	− 3
16	Ausgleichsposten zu den Währungsreserven[3])	+ 30	− 2 680	−1 480	−2 042	− 75	− 155	− 82	− 70
17	Währungsreserven[4])	− 7 940	+ 800	+ 582	+1 643	+ 199	− 467	+ 297	−117
18	**Saldo der Kapitalbilanz**	**−13 840**	**− 4 330**	**−2 681**	**−3 614**	**−2 227**	**−1 804**	**− 951**	**+ 49**
19	**Ungeklärte Beträge**	**+ 1 210**	**− 1 720**	**+ 339**	**− 405**	**+ 332**	**+ 222**	**− 115**	**−317**

Lfd. Nr.	Gegenstand der Nachweisung	Jugoslawien		Niederlande		Norwegen		Österreich	
		1979	1980	1980	1981	1980	1981	1980	1981
	Leistungsbilanz								
	Warenverkehr[1])								
1	Ausfuhr	5 259	6 898	51 852	53 590	14 337	15 665	13 221	13 375
2	Einfuhr	9 950	10 613	52 888	50 143	12 866	13 127	18 188	17 422
3	Saldo	−4 691	−3 716	−1 036	+3 447	+1 471	+2 538	−4 967	−4 047
	Dienstleistungsverkehr								
4	Ausfuhr (Einnahmen)	2 656	3 595	21 778	23 792	7 379	8 688	10 819	10 616
5	Einfuhr (Ausgaben)	3 670	4 942	21 941	23 299	7 634	8 799	7 114	7 921
6	Saldo	−1 014	−1 347	− 163	+ 493	− 255	− 111	+3 705	+2 695
	Übertragungen (Salden)								
7	Private Übertragungen	+2 875	+3 304	− 631	− 594	− 42	− 25	− 45	+ 87
8	Staatliche Übertragungen	− 2	− 2	− 312	− 667	− 321	− 359	− 24	− 25
9	Zusammen	+2 873	+3 302	− 943	−1 261	− 363	− 384	− 69	+ 62
10	**Saldo der Leistungsbilanz**	**−2 833**	**−1 760**	**−2 141**	**+2 679**	**+ 853**	**+2 044**	**−1 330**	**−1 291**
	Kapitalbilanz (Salden)								
11	Direktinvestitionen	—	—	+1 074	+1 664	+ 150	− 247	− 106	− 76
12	Portfolioinvestitionen	.	.	−2 428	− 900	+ 111	+ 725	−1 203	−1 539
	Sonstiger Kapitalverkehr								
13	Langfristiger Kapitalverkehr	− 781	−1 388	+1 383	+1 146	+ 448	+ 303	+ 890	+ 811
14	Kurzfristiger Kapitalverkehr	−2 039	− 951	−4 065	+ 497	− 890	+ 834	−1 787	− 524
15	Übrige Kapitaltransaktionen[2])	− 194	− 55	− 64	+ 53	—	—	—	—
16	Ausgleichsposten zu den Währungsreserven[3])	− 26	− 61	−2 497	+ 505	− 88	− 271	− 32	− 9
17	Währungsreserven[4])	−1 039	− 115	+3 366	−1 107	+1 542	+ 630	+1 059	+ 415
18	**Saldo der Kapitalbilanz**	**−4 079**	**−2 570**	**−3 231**	**+1 858**	**+1 273**	**+1 974**	**−1 179**	**− 922**
19	**Ungeklärte Beträge**	**+1 245**	**+ 811**	**+1 090**	**+ 821**	**− 420**	**+ 70**	**− 151**	**− 371**

*) Im Berichtszeitraum sind die SZR (siehe Vorbemerkung) in Werteinheiten ausgedrückt, die der Goldparität des US-$ vor dem Währungsabkommen vom 18. 12. 1971 (1 US-$ = 0,888671 g Feingold) entsprechen.

1) Warenverkehr (fob). Abweichungen von der Außenhandelsstatistik sind auf Umrechnungen von cif- auf fob-Werte, Berichtigungen bzw. Ergänzungen und auf Umrechnungen in unterschiedliche Rechnungseinheiten zurückzuführen.

2) Verbindlichkeiten gegenüber ausländischen Währungsbehörden und staatlich geförderte Kreditaufnahme zum Zahlungsbilanzausgleich.

bilanzen

bemerkung

Die Abgrenzungen entsprechen weitgehend den methodischen Vorgaben im »Balance of Payments Manual« des IWF. Ein unmittelbarer Vergleich zur Zahlungsbilanz der Bundesrepublik Deutschland im nationalen Teil dieses Jahrbuchs (S. 554) ist jedoch u. a. wegen der Umrechnung in Sonderziehungsrechte (SZR), des unterschiedlichen Tabellenaufbaus und anderer Darstellungsformen und -schwerpunkte nicht ohne weiteres möglich.

bilanzen ausgewählter Länder

SZR*)

Frankreich[5])		Griechenland		Großbritannien und Nordirland		Irland		Island		Italien		Lfd. Nr.
1980	1981	1980	1981	1980	1981	1979	1980	1980	1981	1980	1981	
82 634	85 580	3 145	4 045	85 140	87 271	5 407	6 400	707	763	59 038	63 454	1
92 152	93 176	7 418	8 614	82 866	81 929	7 174	8 030	691	787	71 650	72 601	2
− 9 518	− 7 596	−4 273	−4 569	+2 274	+ 5 342	−1 767	−1 630	+16	− 24	−12 612	−9 147	3
41 092	49 364	3 286	3 768	42 998	45 763	1 292	1 600	225	278	21 635	21 790	4
34 408	44 321	1 553	2 279	36 201	37 214	1 711	2 173	299	376	17 499	20 379	5
+ 6 684	+ 5 043	+1 733	+1 489	+6 797	+ 8 549	− 419	− 573	−74	− 98	+ 4 136	+1 411	6
− 1 883	− 1 929	+ 835	+ 918	− 491	− 477	+ 72	+ 95	− 2	− 1	+ 1 052	+1 193	7
− 1 320	− 1 671	—	+ 139	−3 251	− 2 857	+ 815	+ 840	− 1	− 1	− 118	− 607	8
− 3 203	− 3 600	+ 835	+1 057	−3 742	− 3 334	+ 887	+ 935	− 3	− 2	+ 934	+ 586	9
− 6 036	**− 6 153**	**−1 705**	**−2 023**	**+5 327**	**+10 557**	**−1 299**	**−1 268**	**−61**	**−124**	**− 7 541**	**−7 150**	10
− 222	+ 1 837	− 517	− 441	+1 580	+ 7 346	− 261	− 220	−17	− 45	+ 123	+ 215	11
− 171	+ 420	—	—	+4 831	+ 7 029	+ 154	− 69	—	—	+ 715	+ 342	12
+ 6 795	+ 4 631	−1 020	− 915	+2 231	+ 2 140	− 384	− 444	−99	−122	− 3 265	−7 649	13
−13 279	−11 828	− 364	− 178	−1 486	− 4 360	− 296	−1 040	− 3	− 34	− 5 949	− 138	14
− 381	− 945	—	—	−2 049	+ 3 468	—	—	—	—	− 315	− 277	15
− 4 466	+ 591	+ 115	− 30	−1 086	− 1 258	− 84	+ 7	− 6	− 10	+ 487	+ 655	16
+ 9 526	− 3 797	+ 102	− 109	+1 506	− 2 836	− 372	+ 564	+32	+ 71	− 62	−1 114	17
− 2 198	**− 9 091**	**−1 684**	**−1 673**	**+5 527**	**+11 529**	**−1 243**	**−1 202**	**−93**	**−140**	**− 8 266**	**−7 966**	18
− 3 839	**+ 2 937**	**− 23**	**− 349**	**− 200**	**− 972**	**− 57**	**− 67**	**+32**	**+ 16**	**+ 724**	**+ 816**	19

Portugal		Rumänien		Schweden		Schweiz		Spanien		Türkei		Lfd. Nr.
1980	1981	1980	1981	1980	1981	1980	1981	1980	1981	1980	1981	
3 522	3 442	8 470	10 488	23 536	24 001	22 478	23 096	15 780	17 454	2 240	4 002	1
6 615	7 722	9 746	10 401	25 253	23 909	27 012	25 875	24 800	25 961	5 349	6 666	2
−3 093	−4 279	−1 276	+ 87	−1 717	+ 91	−4 535	−2 779	−9 020	−8 506	−3 109	−2 664	3
1 738	1 976	873	1 024	6 931	7 659	10 499	11 941	10 262	11 334	754	1 296	4
1 770	2 344	1 456	1 818	7 646	9 309	5 512	6 060	6 792	8 450	2 051	2 828	5
− 32	− 368	− 583	− 794	− 715	−1 650	+4 987	+5 881	+3 470	+2 884	−1 297	−1 532	6
+2 300	+2 464	.	.	− 249	− 207	− 539	− 747	+1 584	+1 440	+1 667	+2 190	7
+ 6	—	.	.	− 765	− 717	− 337	− 121	− 4	− 6	+ 18	+ 18	8
+2 306	+2 464	.	.	−1 014	− 924	− 876	− 868	+1 580	+1 434	+1 685	+2 208	9
− 819	**−2 183**	**−1 859**	**− 706**	**−3 446**	**−2 482**	**− 423**	**+2 234**	**−3 971**	**−4 189**	**−2 721**	**−1 987**	10
− 110	− 132	.	.	+ 294	+ 467	.	.	− 908	−1 221	− 67	− 98	11
+ 6	− 3	.	.	+ 204	− 367	+5 431	+7 797	—	− 88	—	—	12
− 439	− 916	−1 362	− 723	− 161	+ 749	+3 173	+ 384	−2 318	−2 243	+1 274	+ 683	13
+ 387	+ 54	− 345	+1 175	− 617	−1 232	+ 154	−2 805	− 809	−1 071	− 456	+ 3	14
+ 278	− 22	+ 36	− 950	−4 120	−2 728	− 1	+ 567	+ 7	− 419	−2 626	−1 471	15
− 16	+ 32	− 35	− 49	− 81	− 261	+ 480	− 334	+ 120	− 609	− 94	− 131	16
+ 2	− 114	− 153	− 159	—	+ 403	− 200	− 265	− 737	+ 45	+ 142	− 268	17
+ 108	**−1 101**	**−1 859**	**− 706**	**−4 481**	**−2 969**	**+9 037**	**+5 344**	**−4 645**	**−5 606**	**−1 827**	**−1 282**	18
− 927	**−1 083**	**+ 1**	**+ 1**	**+1 036**	**+ 486**	**−9 460**	**−3 109**	**+ 676**	**+1 418**	**− 893**	**− 705**	19

[3]) Gegenbuchungen zur Zuteilung von Sonderziehungsrechten, zu den Goldgeschäften der Währungsbehörden mit Inländern sowie zum Ausgleich bewertungsbedingter Änderungen der Währungsreserven.

[4]) Veränderung der Bestände einschl. bewertungsbedingter Änderungen.

[5]) Transaktionen Frankreichs, Monacos und der überseeischen Besitzungen mit der übrigen Welt einschl. der übrigen Länder des Franc-Gebiets.

18.1 Zusammengefaßte Zahlungs

Mill.

Lfd. Nr.	Gegenstand der Nachweisung	Ungarn		Ägypten		Äthiopien		Kenia	
		1980	1981	1980	1981	1980	1981	1980	1981
	Leistungsbilanz								
	Warenverkehr[1])								
1	Ausfuhr	6 821	7 542	2 961	3 391	322	316	955	868
2	Einfuhr	6 930	7 509	5 235	6 715	499	536	1 841	1 633
3	Saldo	−110	+ 33	−2 274	−3 324	−177	−220	−887	−765
	Dienstleistungsverkehr								
4	Ausfuhr (Einnahmen)	998	1 220	2 046	2 491	118	134	592	586
5	Einfuhr (Ausgaben)	1 369	2 055	2 252	2 871	171	187	568	521
6	Saldo	−371	−835	− 206	− 380	− 53	− 53	+ 24	+ 65
	Übertragungen (Salden)								
7	Private Übertragungen	+ 37	+ 41	+2 145	+1 891	+ 14	+ 20	+ 20	+ 10
8	Staatliche Übertragungen	.	.	—	—	+ 41	+ 38	+ 87	+ 65
9	Zusammen	+ 37	+ 41	+2 145	+1 891	+ 55	+ 58	+107	+ 75
10	**Saldo der Leistungsbilanz**	**−443**	**−761**	**− 336**	**−1 812**	**−175**	**−215**	**−757**	**−626**
	Kapitalbilanz (Salden)								
11	Direktinvestitionen	− 3	− 2	− 416	− 633	—	—	− 46	− 51
12	Portfolioinvestitionen	.	.	− 4	− 6	—	—	− 1	—
	Sonstiger Kapitalverkehr								
13	Langfristiger Kapitalverkehr	−598	−838	− 311	−1 081	− 46	−208	−271	−191
14	Kurzfristiger Kapitalverkehr	−344	+479	− 47	− 31	− 76	−106	− 95	− 93
15	Übrige Kapitaltransaktionen[2])	.	.	− 68	− 98	− 8	− 0	−131	− 99
16	Ausgleichsposten zu den Währungsreserven[3])	—	—	+ 13	+ 294	+ 2	− 22	− 14	+ 64
17	Währungsreserven[4])	+412	−444	+ 524	− 151	− 74	+115	−135	−210
18	**Saldo der Kapitalbilanz**	**−533**	**−805**	**− 309**	**−1 706**	**−202**	**−221**	**−693**	**−580**
19	**Ungeklärte Beträge**	**+ 90**	**+ 44**	**− 27**	**− 105**	**+ 27**	**+ 5**	**− 64**	**− 45**

Lfd. Nr.	Gegenstand der Nachweisung	Südafrika[5])		Tansania		Tunesien		Uganda	
		1980	1981	1979	1980	1980	1981	1979	1980
	Leistungsbilanz								
	Warenverkehr[1])								
1	Ausfuhr	19 625	17 376	421	390	1 387	1 786	307	245
2	Einfuhr	14 038	17 506	741	821	2 199	2 670	206	351
3	Saldo	+5 587	− 130	−320	−431	−812	−884	+102	−106
	Dienstleistungsverkehr								
4	Ausfuhr (Einnahmen)	2 737	3 116	117	156	969	1 010	13	12
5	Einfuhr (Ausgaben)	5 755	6 865	199	259	704	832	94	101
6	Saldo	−3 018	−3 749	− 82	−103	+265	+178	− 81	− 89
	Übertragungen (Salden)								
7	Private Übertragungen	+ 72	+ 76	+ 23	+ 13	+220	+284	− 13	+ 1
8	Staatliche Übertragungen	+ 220	+ 283	+112	+ 57	+ 78	+ 40	+ 23	+ 65
9	Zusammen	+ 292	+ 359	+135	+ 70	+298	+324	+ 10	+ 66
10	**Saldo der Leistungsbilanz**	**+2 862**	**−3 521**	**−267**	**−464**	**−249**	**−382**	**+ 31**	**−129**
	Kapitalbilanz (Salden)								
11	Direktinvestitionen	.	.	—	—	−180	−249	− 1	− 2
12	Portfolioinvestitionen	+ 238	+ 63	—	—	+ 2	+ 2	—	—
	Sonstiger Kapitalverkehr								
13	Langfristiger Kapitalverkehr	+ 202	− 53	−174	−107	−177	−293	− 71	− 32
14	Kurzfristiger Kapitalverkehr	+ 981	−1 032	+ 58	+ 59	+ 61	+ 55	− 10	+ 15
15	Übrige Kapitaltransaktionen[2])	− 15	− 7	− 93	−138	+ 13	− 7	− 9	−144
16	Ausgleichsposten zu den Währungsreserven[3])	− 91	− 108	+ 2	− 7	+ 23	+ 65	− 5	− 5
17	Währungsreserven[4])	+ 525	− 837	− 46	− 44	+ 47	− 2	− 20	− 26
18	**Saldo der Kapitalbilanz**	**+1 840**	**−1 974**	**−253**	**−237**	**−211**	**−429**	**−116**	**−194**
19	**Ungeklärte Beträge**	**+1 021**	**−1 546**	**− 14**	**−228**	**− 38**	**+ 47**	**+146**	**+ 64**

*) Im Betriebszeitraum sind die SZR (siehe Vorbemerkung) in Werteinheiten ausgedrückt, die der Goldparität des US-$ vor dem Währungsabkommen vom 18. 12. 1971 (1 US-$ = 0,888671 g Feingold) entsprechen.

[1]) Warenverkehr (fob). Abweichungen von der Außenhandelsstatistik sind auf Umrechnungen von cif- auf fob-Werte, Berichtigungen bzw. Ergänzungen und auf Umrechnungen in unterschiedliche Rechnungseinheiten zurückzuführen.

bilanzen ausgewählter Länder

SZR*)

Malawi		Marokko		Nigeria		Sambia		Simbabwe[6])		Somalia		Lfd. Nr.
1980	1981	1980	1981	1980	1981	1980	1981	1980	1981	1980	1981	
226	242	1 855	1 936	19 603	14 534	1 021	934	1 111	1 227	102	149	1
262	238	2 897	3 256	12 258	14 867	862	885	1 009	1 298	309	276	2
− 36	+ 4	−1 041	−1 320	+7 346	− 334	+159	+ 49	+102	− 71	−206	−128	3
54	64	658	679	1 529	1 274	104	102	200	192	49	70	4
176	193	1 565	1 844	4 585	5 029	568	628	440	633	97	121	5
−122	−129	− 907	−1 165	−3 056	−3 755	−464	−526	−240	−441	− 48	− 51	6
− 5	− 4	+ 772	+ 838	− 315	− 376	−140	− 99	− 91	−104	+ 44	+ 45	7
+ 38	+ 41	+ 86	+ 84	− 129	− 111	+ 7	+ 20	+ 48	+ 77	+110	+108	8
+ 33	+ 37	+ 858	+ 922	− 444	− 487	−133	− 79	− 43	− 27	+154	+153	9
−124	**− 87**	**−1 091**	**−1 564**	**+3 846**	**−4 576**	**−436**	**−553**	**−182**	**−539**	**−101**	**− 25**	10
− 5	.	− 69	− 50	− 262	− 40	.	.	− 1	− 3	—	—	11
.	.	—	—	—	—	+ 2	.	+ 21	+ 26	—	—	12
− 78	.	− 976	−1 046	− 771	− 677	−228	.	+ 21	− 97	− 59	− 38	13
+ 20	.	+ 186	− 62	− 58	+ 38	−107	.	− 18	−353	− 6	.	14
− 4	− 1	− 40	− 117	—	—	−172	.	—	—	− 15	− 21	15
− 2	+ 19	+ 25	+ 17	− 452	+ 665	− 15	− 14	− 44	+ 24	− 3	− 3	16
− 20	− 39	− 208	− 254	+3 814	−4 678	+ 12	−333	− 23	− 28	− 11	+ 6	17
− 89	**− 21**	**−1 082**	**−1 512**	**+2 271**	**−4 692**	**−508**	.	**− 44**	**−431**	**− 94**	**− 56**	18
− 36	**− 66**	**− 9**	**− 53**	**+1 575**	**+ 117**	**+ 71**	.	**−138**	**−106**	**− 8**	**+ 30**	19

Zentralafrikanische Republik		Argentinien		Bolivien		Brasilien		Chile		Costa Rica		Lfd. Nr.
1979	1980	1980	1981	1980	1981	1980	1981	1980	1981	1980	1981	
95	104	6 162	7 778	724	775	15 474	19 795	3 615	3 358	770	873	1
103	137	7 221	6 962	523	578	17 634	18 742	4 202	5 562	1 056	925	2
− 8	−33	−1 058	+ 816	+201	+196	− 2 160	+ 1 054	− 587	−2 203	−287	− 51	3
29	27	2 444	2 220	90	101	2 418	3 096	1 207	1 823	167	184	4
94	78	5 078	6 402	425	573	10 216	14 293	2 221	3 787	401	470	5
−65	−51	−2 634	−4 182	−335	−472	− 7 798	−11 197	−1 014	− 1 964	−234	−286	6
− 6	− 7	+ 18	− 3	+ 6	+ 11	+ 97	+ 158	+ 46	+ 38	+ 15	+ 23	7
+67	+96	—	—	+ 37	+ 21	+ 32	+ 8	+ 41	+ 47	− 4	− 0	8
+61	+89	+ 18	− 3	+ 43	+ 32	+ 129	+ 166	+ 87	+ 85	+ 11	+ 23	9
−12	**+ 5**	**−3 675**	**−3 370**	**− 91**	**−243**	**− 9 829**	**− 9 976**	**−1 514**	**−4 083**	**−509**	**−315**	10
−17	−16	− 607	− 765	− 32	− 51	− 1 186	− 1 965	− 131	− 319	− 37	− 39	11
—	—	− 118	− 957	+ 2	—	− 272	+ 1	—	—	− 96	− 1	12
−13	+28	−2 733	−6 375	−144	−340	− 4 005	− 8 140	−1 592	−2 846	−177	− 97	13
− 4	+ 3	+1 647	+7 173	− 14	+ 42	− 1 790	− 884	− 709	− 879	− 30	+386	14
− 1	− 7	− 83	− 69	+ 10	−173	− 185	− 42	− 58	− 59	−295	−455	15
− 3	+ 2	− 162	− 132	− 11	− 15	− 282	− 515	− 72	− 248	+ 43	+ 10	16
+18	+12	−1 857	−2 461	−103	+ 22	− 2 378	+ 1 087	+1 086	+ 366	+ 27	− 54	17
−20	**+22**	**−3 913**	**−3 586**	**−292**	**−515**	**−10 098**	**−10 458**	**−1 476**	**−3 985**	**−565**	**−250**	18
+ 8	**−17**	**+ 238**	**+ 214**	**+201**	**+272**	**+ 270**	**+ 481**	**− 38**	**− 97**	**+ 55**	**− 65**	19

[2]) Verbindlichkeiten gegenüber ausländischen Währungsbehörden und staatlich geförderte Kreditaufnahme zum Zahlungsbilanzausgleich.
[3]) Gegenbuchungen zur Zuteilung von Sonderziehungsrechten, zu den Goldgeschäften der Währungsbehörden mit Inländern sowie zum Ausgleich bewertungsbedingter Änderungen der Währungsreserven.
[4]) Veränderung der Bestände einschl. bewertungsbedingter Änderungen.
[5]) Einschl. Namibia (ehem. Südwestafrika).
[6]) Ehem. Südrhodesien.

18.1 Zusammengefaßte Zahlungs

Mill.

Lfd. Nr.	Gegenstand der Nachweisung	Ecuador 1980	Ecuador 1981	El Salvador 1979	El Salvador 1980	Guatemala 1980	Guatemala 1981	Guyana 1980	Guyana 1981
	Leistungsbilanz								
	Warenverkehr[1])								
1	Ausfuhr	1 955	2 158	948	744	1 167	1 094	299	294
2	Einfuhr	1 722	2 003	726	697	1 131	1 310	297	339
3	Saldo	+232	+ 155	+221	+ 48	+ 36	−215	+ 2	− 45
	Dienstleistungsverkehr								
4	Ausfuhr (Einnahmen)	332	387	173	150	241	199	17	22
5	Einfuhr (Ausgaben)	1 080	1 412	334	301	488	553	117	132
6	Saldo	−748	−1 025	−161	−151	−247	−354	−100	−110
	Übertragungen (Salden)								
7	Private Übertragungen	.	.	+ 35	+ 13	+ 83	+ 76	+ 1	+ 4
8	Staatliche Übertragungen	+ 23	+ 21	+ 5	+ 24	+ 1	+ 1	− 1	− 4
9	Zusammen	+ 23	+ 21	+ 40	+ 37	+ 84	+ 77	− 1	− 1
10	**Saldo der Leistungsbilanz**	**−493**	**− 849**	**+100**	**− 66**	**−126**	**−492**	**− 98**	**−156**
	Kapitalbilanz (Salden)								
11	Direktinvestitionen	− 54	− 51	+ 8	− 5	− 85	−108	− 0	− 1
12	Portfolioinvestitionen	—	—	+ 4	+ 1	− 3	− 0	− 2	—
	Sonstiger Kapitalverkehr								
13	Langfristiger Kapitalverkehr	−533	− 862	− 57	− 82	−102	−247	− 24	− 55
14	Kurzfristiger Kapitalverkehr	−128	+ 212	+ 83	+ 57	+242	+111	− 3	− 7
15	Übrige Kapitaltransaktionen[2])	− 39	+ 93	—	−139	—	—	− 37	− 80
16	Ausgleichsposten zu den Währungsreserven[3])	− 39	− 63	− 4	− 7	− 17	− 35	− 2	− 9
17	Währungsreserven[4])	+246	− 251	− 99	− 51	−175	−225	− 30	− 13
18	**Saldo der Kapitalbilanz**	**−547**	**− 922**	**− 65**	**−226**	**−140**	**−504**	**− 98**	**−165**
19	**Ungeklärte Beträge**	**+ 53**	**+ 73**	**+166**	**+160**	**+ 14**	**+ 12**	**+ 0**	**+ 9**

Lfd. Nr.	Gegenstand der Nachweisung	Panama 1980	Panama 1981	Paraguay 1980	Paraguay 1981	Peru 1980	Peru 1981	Surinam 1980	Surinam 1981
	Leistungsbilanz								
	Warenverkehr[1])								
1	Ausfuhr	288	291	308	338	2 996	2 760	395	402
2	Einfuhr	1 025	1 237	519	655	2 355	3 227	349	434
3	Saldo	−737	−946	−211	−317	+641	− 467	+46	−32
	Dienstleistungsverkehr								
4	Ausfuhr (Einnahmen)	2 495	3 340	225	281	732	816	96	109
5	Einfuhr (Ausgaben)	1 996	2 926	234	287	1 430	1 778	192	182
6	Saldo	+499	+414	− 9	− 6	−698	− 962	−96	−73
	Übertragungen (Salden)								
7	Private Übertragungen	− 41	− 42	+ 2	+ 2	.	.	+ 5	+ 3
8	Staatliche Übertragungen	+ 32	+ 42	+ 1	+ 3	+103	+ 143	+57	+81
9	Zusammen	− 9	− 0	+ 3	+ 5	+103	+ 143	+62	+84
10	**Saldo der Leistungsbilanz**	**−248**	**−532**	**−217**	**−318**	**+ 47**	**−1 286**	**+12**	**−21**
	Kapitalbilanz (Salden)								
11	Direktinvestitionen	− 35	− 39	− 24	− 33	− 21	− 226	− 8	−29
12	Portfolioinvestitionen	− 12	− 22	—	—	—	—	—	+ 1
	Sonstiger Kapitalverkehr								
13	Langfristiger Kapitalverkehr	−180	−180	−123	−110	+ 94	− 235	− 0	+ 1
14	Kurzfristiger Kapitalverkehr	+330	+128	−201	−219	−375	− 232	+ 1	− 3
15	Übrige Kapitaltransaktionen[2])	—	—	+ 0	− 4	−297	− 72	—	—
16	Ausgleichsposten zu den Währungsreserven[3])	− 7	− 13	− 19	− 58	+ 2	− 231	− 3	−17
17	Währungsreserven[4])	+ 15	− 50	+136	+ 94	+500	− 445	+23	+27
18	**Saldo der Kapitalbilanz**	**+111**	**−176**	**−231**	**−330**	**− 97**	**−1 441**	**+13**	**−20**
19	**Ungeklärte Beträge**	**−359**	**−358**	**+ 15**	**+ 11**	**+144**	**+ 155**	**− 1**	**− 0**

*) Im Berichtszeitraum sind die SZR (siehe Vorbemerkung) in Werteinheiten ausgedrückt, die der Goldparität des US-$ vor dem Währungsabkommen vom 18. 12. 1971 (1 US-$ = 0,888671 g Feingold) entsprechen.

[1]) Warenverkehr (fob). Abweichungen von der Außenhandelsstatistik sind auf Umrechnungen von cif- auf fob-Werte, Berichtigungen bzw. Ergänzungen und auf Umrechnungen in unterschiedliche Rechnungseinheiten zurückzuführen.

bilanzen ausgewählter Länder

SZR*)

Haiti[5])		Honduras		Jamaika		Kanada		Kolumbien		Mexiko		Lfd. Nr.
1980	1981	1980	1981	1980	1981	1980	1981	1980	1981	1980	1981	
165	125	653	665	740	826	51 930	61 339	3 144	2 652	12 484	16 786	1
244	296	733	762	798	1 100	45 956	55 724	3 396	4 061	14 257	19 656	2
−79	−171	− 80	− 97	− 58	−274	+5 974	+ 5 615	− 252	−1 409	−1 773	− 2 870	3
71	86	90	101	353	446	7 829	9 121	1 100	1 444	6 508	8 730	4
140	154	270	284	492	563	15 350	19 588	1 418	1 781	10 738	17 089	5
−69	− 68	−180	−183	−139	−117	−7 521	−10 467	− 318	− 337	−4 230	− 8 359	6
+40	+ 61	+ 6	+ 8	+ 63	+105	+ 506	+ 702	+ 75	+ 76	+ 101	+ 106	7
+28	+ 54	+ 11	+ 16	+ 7	+ 1	+ 314	+ 407	+ 20	+ 22	+ 111	+ 154	8
+68	+115	+ 17	+ 24	+ 70	+106	+ 820	+ 1 109	+ 95	+ 98	+ 212	+ 260	9
−80	**−124**	**−243**	**−257**	**−128**	**−286**	**− 728**	**− 3 743**	**− 475**	**−1 648**	**−5 791**	**−10 969**	10
−10	− 15	− 5	+ 3	− 21	+ 10	+2 718	+ 7 292	− 179	− 177	−1 417	− 1 912	11
—	—	—	+ 0	—	—	−3 310	− 7 313	+ 3	—	+ 55	− 554	12
−39	− 53	−180	−179	− 96	− 59	+1 025	− 404	− 644	− 886	−4 207	−10 635	13
+14	+ 0	− 9	− 21	+ 25	+ 8	− 554	−10 299	− 318	− 371	−2 561	− 3 431	14
− 6	− 0	− 22	− 3	−129	+ 52	− 484	+ 462	+ 7	+ 30	+ 38	.	15
− 3	− 4	− 8	+ 1	− 26	− 8	− 180	− 248	− 306	− 171	− 232	− 567	16
−20	− 25	− 52	− 49	+ 56	−177	− 318	+ 410	+1 119	+ 530	+ 932	+ 1 505	17
−64	**− 97**	**−276**	**−248**	**−191**	**−174**	**−1 103**	**−10 100**	**− 318**	**−1 045**	**−7 392**	**−15 594**	18
−17	**− 28**	**+ 31**	**− 9**	**+ 63**	**−112**	**+ 374**	**+ 6 359**	**− 157**	**− 603**	**+1 601**	**+ 4 625**	19

Trinidad und Tobago		Uruguay		Venezuela		Vereinigte Staaten		Bangladesch		Birma		Lfd. Nr.
1979	1980	1979	1980	1980	1981	1980	1981	1980	1981	1980	1981	
1 277	1 986	610	813	14 637	16 842	172 350	200 280	610	668	328	447	1
1 026	1 385	903	1 282	8 357	10 497	191 800	224 110	1 807	2 068	603	729	2
+251	+600	−293	−468	+6 280	+6 345	−19 440	−23 820	−1 198	−1 400	−275	−283	3
455	637	356	411	2 444	3 925	90 570	116 050	221	215	51	78	4
701	913	346	494	4 754	6 515	64 340	82 560	423	479	103	136	5
−246	−276	+ 10	− 83	−2 310	−2 590	+26 230	+33 490	− 202	− 264	− 52	− 58	6
− 23	− 33	+ 1	+ 2	− 321	− 325	− 620	− 540	+ 231	+ 340	+ 6	+ 4	7
− 14	− 17	+ 4	+ 5	− 16	− 39	− 5 010	− 5 570	+ 588	+ 459	+ 56	+ 67	8
− 37	− 50	+ 5	+ 7	− 337	− 364	− 5 630	− 6 110	+ 819	+ 799	+ 62	+ 71	9
− 33	**+274**	**−276**	**−545**	**+3 633**	**+3 391**	**+ 1 170**	**+ 3 550**	**− 581**	**− 865**	**−265**	**−269**	10
− 73	−128	−167	−222	− 42	− 136	+ 4 310	−10 920	.	.	.	.	11
+ 3	+ 5	+ 24	+ 5	−1 007	+ 53	− 2 300	− 2 450	.	.	.	.	12
−161	− 45	−135	− 94	+ 104	+ 104	+ 4 440	+ 2 230	− 368	− 447	−284	−267	13
+ 44	− 8	− 64	−256	+3 693	+ 128	+23 800	+36 810	+ 18	− 136	+ 0	− 3	14
—	—	− 9	+ 18	—	—	−12 350	− 3 820	− 122	− 2	− 15	− 0	15
+ 28	− 71	− 37	− 74	− 255	− 668	− 790	− 630	− 31	− 13	− 11	− 6	16
+238	+557	+107	+148	+ 218	+2 783	+ 6 190	+ 3 930	− 96	− 222	+ 75	− 27	17
+ 79	**+310**	**−281**	**−475**	**+2 711**	**+2 264**	**+23 300**	**+25 150**	**− 599**	**− 820**	**−235**	**−303**	18
−113	**− 36**	**+ 4**	**− 69**	**+ 923**	**+1 128**	**−22 140**	**−21 600**	**+ 18**	**− 45**	**− 31**	**+ 34**	19

[2]) Verbindlichkeiten gegenüber ausländischen Währungsbehörden und staatlich geförderte Kreditaufnahme zum Zahlungsbilanzausgleich.

[3]) Gegenbuchungen zur Zuteilung von Sonderziehungsrechten, zu den Goldgeschäften der Währungsbehörden mit Inländern sowie zum Ausgleich bewertungsbedingter Änderungen der Währungsreserven.

[4]) Veränderung der Bestände einschl. bewertungsbedingter Änderungen.

[5]) Rechnungsjahre, die jeweils am 30. 9. enden.

18.1 Zusammengefaßte Zahlungs

Mill.

Lfd. Nr.	Gegenstand der Nachweisung	Indonesien		Israel		Japan		Jemen, Arabische Republik	
		1980	1981	1980	1981	1980	1981	1980	1981
	Leistungsbilanz								
	Warenverkehr[1])								
1	Ausfuhr	16 720	19 880	4 461	5 026	97 420	127 080	10	9
2	Einfuhr	9 680	14 119	7 044	8 204	95 770	109 860	1 436	1 470
3	Saldo	+7 040	+5 761	−2 583	−3 178	+ 1 650	+17 220	−1 427	−1 461
	Dienstleistungsverkehr								
4	Ausfuhr (Einnahmen)	343	542	3 318	4 176	24 200	33 820	261	300
5	Einfuhr (Ausgaben)	5 228	7 023	3 749	4 767	32 920	45 340	296	343
6	Saldo	−4 885	−6 481	− 431	− 591	− 8 720	−11 520	− 35	− 43
	Übertragungen (Salden)								
7	Private Übertragungen	—	—	+ 771	+ 918	− 180	− 180	+ 821	+ 661
8	Staatliche Übertragungen	+ 42	+ 96	+1 514	+1 520	− 990	− 1 190	+ 112	+ 284
9	Zusammen	+ 42	+ 96	+2 285	+2 438	− 1 170	− 1 370	+ 933	+ 945
10	**Saldo der Leistungsbilanz**	**+2 197**	**− 624**	**− 729**	**−1 330**	**− 8 250**	**+ 4 340**	**− 528**	**− 559**
	Kapitalbilanz (Salden)								
11	Direktinvestitionen	− 141	− 113	+ 65	+ 351	+ 1 620	+ 4 010	− 26	− 34
12	Portfolioinvestitionen	− 36	− 41	− 67	− 344	− 7 230	− 6 400	—	—
	Sonstiger Kapitalverkehr								
13	Langfristiger Kapitalverkehr	−1 476	−1 699	− 811	− 872	+ 3 800	+ 8 030	− 341	− 168
14	Kurzfristiger Kapitalverkehr	+ 632	+ 239	− 641	−1 406	−12 710	− 3 980	+ 63	− 11
15	Übrige Kapitaltransaktionen[2])	—	—	—	—	—	—	—	—
16	Ausgleichsposten zu der Währungsreserven[3])	+ 587	− 486	− 4	− 38	− 620	− 1 880	− 77	− 75
17	Währungsreserven[4])	+1 144	+ 80	+ 381	+ 569	+ 4 500	+ 4 880	− 78	− 180
18	**Saldo der Kapitalbilanz**	**+ 710**	**−2 020**	**−1 077**	**−1 740**	**−10 640**	**+ 4 660**	**− 459**	**− 468**
19	**Ungeklärte Beträge**	**+1 487**	**+1 395**	**+ 347**	**+ 411**	**+ 2 390**	**− 320**	**− 69**	**− 91**

Lfd. Nr.	Gegenstand der Nachweisung	Philippinen		Saudi-Arabien		Singapur		Sri Lanka	
		1980	1981	1980	1981	1980	1981	1980	1981
	Leistungsbilanz								
	Warenverkehr[1])								
1	Ausfuhr	4 449	4 844	77 384	93 866	13 877	16 536	816	903
2	Einfuhr	5 934	6 749	21 696	28 842	17 211	21 871	1 418	1 436
3	Saldo	−1 485	−1 905	+55 688	+65 023	−3 334	−5 339	−602	−533
	Dienstleistungsverkehr								
4	Ausfuhr (Einnahmen)	1 597	2 463	8 656	12 651	5 099	7 675	214	261
5	Einfuhr (Ausgaben)	2 014	2 927	26 340	31 919	2 949	3 779	331	410
6	Saldo	− 417	− 464	−17 684	−19 268	+2 150	+3 896	−117	−149
	Übertragungen (Salden)								
7	Private Übertragungen	+ 230	+ 275	− 3 123	− 3 976	− 35	− 41	+105	+172
8	Staatliche Übertragungen	+ 104	+ 126	− 3 072	− 3 510	− 4	− 5	+104	+135
9	Zusammen	+ 334	+ 401	− 6 195	− 7 486	− 39	− 46	+209	+307
10	**Saldo der Leistungsbilanz**	**−1 568**	**−1 969**	**+31 809**	**+38 269**	**−1 224**	**−1 484**	**−510**	**−375**
	Kapitalbilanz (Salden)								
11	Direktinvestitionen	− 30	− 342	+ 2 455	− 2 863	−1 282	−1 524	− 33	− 42
12	Portfolioinvestitionen	− 3	− 3	+18 130	+22 412	+ 10	+ 10	.	.
	Sonstiger Kapitalverkehr								
13	Langfristiger Kapitalverkehr	− 717	−1 109	+ 457	+ 1 203	+ 81	− 106	−127	−278
14	Kurzfristiger Kapitalverkehr	−1 765	− 578	+ 7 734	+ 9 380	− 105	− 522	− 90	− 4
15	Übrige Kapitaltransaktionen[2])	− 50	− 33	—	—	—	—	− 42	+ 7
16	Ausgleichsposten zu der Währungsreserven[3])	− 181	− 571	− 706	− 1 181	− 223	− 566	− 24	− 2
17	Währungsreserven[4])	+ 920	+ 271	+ 3 738	+ 9 319	+ 732	+1 337	−177	− 47
18	**Saldo der Kapitalbilanz**	**−1 826**	**−2 365**	**+31 808**	**+38 270**	**− 787**	**−1 371**	**−493**	**−366**
19	**Ungeklärte Beträge**	**+ 258**	**+ 397**	.	.	**− 437**	**− 114**	**− 18**	**− 10**

*) Im Berichtszeitraum sind die SZR (siehe Vorbemerkung) in Werteinheiten ausgedrückt, die der Goldparität des US-$ vor dem Währungsabkommen vom 18. 12. 1971 (1 US-$ = 0,888671 g Feingold) entsprechen.

1) Warenverkehr (fob). Abweichungen von der Außenhandelsstatistik sind auf Umrechnungen von cif- auf fob-Werte, Berichtigungen bzw. Ergänzungen und auf Umrechnungen in unterschiedliche Rechnungseinheiten zurückzuführen.

bilanzen ausgewählter Länder

SZR*)

Jordanien 1980	Jordanien 1981	Korea, Republik 1980	Korea, Republik 1981	Kuwait 1980	Kuwait 1981	Malaysia 1980	Malaysia 1981	Nepal 1980	Nepal 1981	Pakistan 1980	Pakistan 1981	Lfd. Nr.
441	631	13 231	17 759	16 182	13 300	9 887	9 407	78	118	1 975	2 303	1
1 637	2 420	16 599	20 642	5 190	5 984	8 155	9 686	252	307	4 183	4 804	2
−1 196	−1 789	−3 368	−2 883	+10 992	+ 7 316	+1 733	− 279	−174	−188	−2 208	−2 501	3
864	1 171	4 122	5 610	6 131	8 807	1 284	1 479	130	143	562	640	4
898	1 288	5 191	6 904	2 848	3 127	3 211	3 543	70	82	945	1 105	5
− 34	− 117	−1 069	−1 294	+ 3 283	+ 5 680	−1 927	−2 064	+ 60	+ 61	− 383	− 465	6
+ 511	+ 793	+ 307	+ 360	− 532	− 584	− 101	− 145	+ 26	+ 32	+1 704	+1 861	7
+1 005	+1 080	+ 39	+ 69	− 682	− 742	+ 17	+ 19	+ 57	+ 74	+ 179	+ 307	8
+1 516	+1 873	+ 346	+ 429	− 1 214	− 1 326	− 84	− 126	+ 83	+106	+1 883	+2 168	9
+ **287**	− **32**	**−4 090**	**−3 748**	**+13 061**	**+11 669**	− **278**	**−2 469**	− **30**	− **21**	− **708**	− **798**	10
− 24	− 121	+ 4	− 50	+ 313	− 30	− 673	−1 117	—	—	− 45	− 91	11
—	—	− 31	− 52	+ 253	+ 246	+ 8	− 959	—	—	—	—	12
− 58	− 59	−1 495	−2 970	− 537	− 210	− 74	− 144	− 32	− 48	− 476	− 405	13
− 172	− 73	−3 051	− 912	+ 9 525	+ 8 731	− 319	− 161	+ 15	− 11	+ 1	− 148	14
—	—	—	—	—	—	+ 3	—	− 4	− 0	− 460	0	15
− 88	+ 22	− 185	− 490	− 96	− 175	− 114	− 276	− 19	+ 7	− 52	− 25	16
+ 430	+ 118	+ 412	+ 233	+ 901	+ 414	+ 471	− 113	+ 12	+ 31	+ 333	− 150	17
+ **88**	− **113**	**−4 346**	**−4 241**	**+10 359**	+ **8 976**	− **698**	**−2 770**	− **28**	− **21**	− **699**	− **819**	18
+ **198**	+ **82**	+ **254**	+ **495**	+ **2 702**	+ **2 693**	+ **420**	+ **302**	− **3**	− **1**	− **9**	+ **22**	19

Syrien 1979	Syrien 1980	Thailand 1980	Thailand 1981	Zypern 1980	Zypern 1981	Australien 1980	Australien 1981	Neuseeland[5]) 1980	Neuseeland[5]) 1981	Papua-Neuguinea 1980	Papua-Neuguinea 1981	Lfd. Nr.
1 275	1 623	4 957	5 847	376	430	16 633	18 031	4 271	4 769	756	716	1
2 365	3 081	6 416	7 569	827	884	15 484	20 104	3 848	4 718	784	864	2
−1 090	−1 458	−1 459	−1 722	−451	−454	+1 150	−2 073	+ 422	+ 51	− 28	−148	3
363	350	1 344	1 592	468	562	3 342	3 992	1 019	1 403	80	109	4
552	657	1 928	2 581	261	293	7 345	8 839	2 073	2 463	416	467	5
− 189	− 307	− 584	− 989	+207	+269	−4 003	−4 847	−1 054	−1 060	−336	−358	6
+ 87	+ 105	+ 347	+ 447	+ 25	+ 23	+ 226	+ 264	+ 74	+ 64	− 81	−110	7
+1 259	+1 168	+ 103	+ 101	+ 31	+ 30	− 498	− 600	− 40	− 46	+205	+238	8
+1 346	+1 273	+ 450	+ 548	+ 56	+ 53	− 272	− 336	+ 34	+ 18	+124	+128	9
+ **67**	− **492**	**−1 593**	**−2 164**	**−188**	**−132**	**−3 125**	**−7 256**	− **598**	− **990**	**−240**	**−378**	10
—	—	− 143	− 247	− 65	− 66	−1 011	−1 583	− 71	.	− 46	− 77	11
—	—	− 74	− 38	.	.	−1 228	− 324	.	.	− 0	+ 1	12
− 58	+ 19	−1 395	−1 733	−102	− 94	− 824	−4 075	+ 706	+ 598	− 32	−218	13
− 22	− 331	+ 47	− 84	− 26	− 42	+ 39	− 230	− 101	.	+ 4	− 12	14
.	.	− 34	+ 2	—	—	+ 85	− 204	−1 315	−1 293	− 11	− 0	15
− 13	− 22	− 52	− 43	+ 1	+ 4	− 100	− 174	− 14	+ 29	− 10	− 54	16
+ 148	− 176	− 75	+ 73	+ 28	+ 87	+ 453	+ 171	+ 87	+ 99	− 43	+ 19	17
+ **55**	− **510**	**−1 726**	**−2 070**	**−164**	**−111**	**−2 586**	**−6 419**	− **708**	− **567**	**−138**	**−341**	18
+ **12**	+ **18**	+ **133**	− **94**	− **24**	− **20**	− **538**	− **838**	+ **109**	− **424**	**−101**	− **38**	19

[2]) Verbindlichkeiten gegenüber ausländischen Währungsbehörden und staatlich geförderte Kreditaufnahme zum Zahlungsbilanzausgleich.

[3]) Gegenbuchungen zur Zuteilung von Sonderziehungsrechten, zu den Goldgeschäften der Währungsbehörden mit Inländern sowie zum Ausgleich bewertungsbedingter Änderungen der Währungsreserven.

[4]) Veränderung der Bestände einschl. bewertungsbedingter Änderungen.

[5]) Die Rechnungsjahre beginnen jeweils am 1. April.

18.2 Staatliche Auslandshilfe der Vereinigten Staaten in der Nachkriegszeit*)

Mill. US-$

Gegenstand der Nachweisung	Juli 1945 — Dez. 1955	1956 — 1965	1966 — 1975	1976	1977	1978	1979	1980[1])
Wirtschaftliche technische Hilfe[2])	28 871	17 675	21 748	2 268	2 283	2 676	3 036	3 898
Kredite (nur wirtschaftliche)[3])	9 183	9 827	15 664	3 222	2 822	3 639	3 239	4 584
Wirtschaftshilfe und -kredite	**38 054**	**27 503**	**37 412**	**5 490**	**5 105**	**6 315**	**6 275**	**8 482**
Westeuropa	24 770	− 951	140	182	− 51	334	−118	394
darunter:								
Bundesrepublik Deutschland	3 907	− 852	−111	− 22	− 14	− 14	− 14	− 14
Frankreich	5 477	−1 238	− 92	− 41	− 27	− 45	− 48	− 31
Großbritannien und Nordirland	6 923	− 532	−546	− 18	−152	−142	−123	178
Italien	2 795	120	80	− 13	1	− 8	− 17	184
Jugoslawien	860	1 042	85	78	23	39	− 25	22
Spanien	195	685	417	18	33	157	134	159
Osteuropa	1 097	501	226	166	214	424	206	− 285
dar. Polen	425	555	− 75	142	135	343	129	− 243
Naher Osten und Südasien	3 163	12 338	12 530	2 409	2 661	2 633	3 250	4 582
darunter:								
Ägypten	41	1 009	271	233	417	619	890	1 466
Griechenland	1 324	330	221	121	172	162	24	− 52
Indien	399	4 796	3 791	120	46	81	94	164
Iran	211	477	706	−109	−105	−170	−158	0
Israel	390	483	2 176	1 405	1 476	1 306	1 539	1 849
Pakistan	178	2 416	2 044	253	84	44	18	65
Türkei	385	1 418	1 026	57	83	175	334	525
Afrika (ohne Ägypten)	143	2 096	3 358	509	578	620	748	1 095
darunter:								
Marokko	7	443	382	105	37	57	31	39
Tunesien	2	392	344	13	33	30	10	50
Zaire	0	248	321	37	117	61	100	144
Ferner Osten und Pazifik	6 754	7 785	10 819	1 081	720	1 240	973	830
darunter:								
China (Taiwan)	450	862	514	145	69	52	171	388
Indonesien	246	437	1 280	333	163	178	214	137
Japan	2 302	238	−463	58	− 48	46	− 69	− 49
Korea, Republik	1 358	2 517	2 017	344	250	698	228	101
Philippinen	833	297	497	109	151	120	141	32
Vietnam[4])	245	2 088	4 359	—	—	—	—	—
Mittel- und Südamerika, Kanada	1 151	4 469	6 367	518	433	293	361	685
darunter:								
Argentinien	86	294	− 5	20	6	− 8	− 29	− 30
Bolivien	77	275	239	30	32	61	36	29
Brasilien	470	1 200	1 456	145	41	− 36	− 17	− 28
Chile	85	651	691	− 71	12	− 32	−184	− 68
Kolumbien	31	386	796	21	1	7	− 6	6
Mexiko	226	177	304	34	75	17	103	180
Peru	42	212	239	43	96	71	95	− 2
Venezuela	6	146	107	− 22	− 19	− 3	13	18
Internationale Organisationen und übrige Gebiete	976	1 265	3 971	626	550	769	854	1 180
Kapitalanlagen bei internationalen Finanzierungsinstituten	**635**	**655**	**2 719**	**1 102**	**870**	**867**	**551**	**800**
Militärische Schenkungen	**16 445**	**19 159**	**28 720**	**1 339**	**766**	**817**	**910**	**1 533**
Westeuropa	9 580	6 554	892	93	71	118	123	171
Griechenland, Naher Osten und Südasien	2 061	3 873	4 007	927	523	604	712	1 240
Afrika (ohne Ägypten)	7	166	225	17	9	7	5	5
Ferner Osten und Pazifik	4 403	7 618	23 165	280	145	74	57	110
Mittel- und Südamerika, Kanada	236	712	384	16	13	14	6	7
Internationale Organisationen und übrige Gebiete	159	237	47	6	5	0	6	—
Insgesamt	**55 134**	**47 317**	**68 852**	**7 931**	**6 741**	**7 998**	**7 736**	**10 815**

*) Es handelt sich um Salden aus Zahlungen und Rückzahlungen. Negative Zahlen bedeuten, daß die Rückzahlungen überwiegen. – Die regionale Gliederung folgt hier derjenigen im »Statistical Abstract of the United States« 1980.

1) Vorläufiges Ergebnis.

2) Wirtschaftliche technische Hilfe wird als unentgeltliche Übertragung gewährt, für die eine Rückzahlung nicht erwartet wird oder die den Empfänger lediglich dazu verpflichtet, die Vereinigten Staaten oder andere Länder bei der Verfolgung gemeinsamer Ziele zu unterstützen.

3) Kredite (nur wirtschaftliche) sind nach einer Reihe von Jahren, gewöhnlich mit Zinsen, zurückzuzahlen; einschl. wirtschaftlicher Schenkungen, die später in Kredite umgewandelt wurden.

4) Nur Südvietnam.

18.3 Private direkte Kapitalanlagen der Vereinigten Staaten im Ausland*)

Mill. US-$

Private direkte Kapitalanlagen sind Eigentumsrechte amerikanischer Personen bzw. Institutionen (Unternehmen, Organisationen ohne Erwerbszweck) an Unternehmen im Ausland. Einbezogen sind Beteiligungen an Kapitalgesellschaften, Personengesellschaften usw., der Wert von Verkaufsbüros amerikanischer Unternehmen im Ausland sowie von Grundstücken für gewerbliche Zwecke. Nicht enthalten sind u. a. alle Beteiligungen von Einzelpersonen an Unternehmen im Ausland in Höhe von weniger als US-$ 25 000, privater Grundstücksbesitz und alle Forderungen, die nicht Eigentumsrechte sind. Den Angaben liegen im allgemeinen die Buchwerte zugrunde. Beteiligungen an Aktiengesellschaften sind teilweise auch zu Börsenkursen bewertet. Die Umrechnung von nationaler Währung in US-$ erfolgte anhand der jeweils gültigen Wechselkurse.
Die jährlichen Zugänge umfassen die Netto-Kapitalausfuhr aus den Vereinigten Staaten und die Wiederanlage von unverteilten Gewinnen der ausländischen Tochtergesellschaften. Gewinne oder Verluste bei der Liquidation von Unternehmen, Neubewertungen von Anlagevermögen und statistische Korrekturen in der Abgrenzung der direkten zu den anderen langfristigen privaten Kapitalanlagen sind nicht berücksichtigt. Die jährlichen Zugänge weichen deshalb von den Bestandsveränderungen der gleichen Periode ab.

Land	Bestände am Jahresende					Davon (1981) in den Bereichen			
	1977	1978	1979	1980	1981	Bergbau und Metallerzeugung	Erdölwirtschaft	Verarbeitende Industrie	Übrige Bereiche
Europa	62 552	70 647	83 056	96 539	101 318	31	22 458	45 534	33 296
darunter:									
Bundesrepublik Deutschland	...	...	...	15 418	16 077	—	3 282	10 312	2 483
Belgien-Luxemburg	...	...	...	6 911	6 902	.[2])	802[1])	3 415	2 405[1])
Dänemark	...	...	...	1 266	1 362	0	786	260	283[1])
Frankreich	...	...	...	9 348	9 102	2	.[2])	5 501	1 787[1])
Großbritannien und Nordirland	...	...	...	28 605	30 086	.[2])	8 052	13 357	7 273[1])
Italien	...	...	...	5 399	5 356	0	1 091	3 372	893
Niederlande	...	...	...	8 138	8 775	0	3 295	3 203	2 277
Norwegen	...	...	...	1 679	2 300	15	1 977	160	149
Schweden	...	...	...	1 476	1 403	0	590	531	282
Schweiz	...	...	...	11 280	12 437	0	249	997	11 193
Spanien	...	...	...	2 678	2 877	−18	224	1 882	788
Afrika	...	...	...	6 128	6 918	630	2 732[3])	1 666	1 185[1])
darunter:									
Liberia	...	...	...	335	259	31	13	—	215
Libyen	...	...	...	575	500	0	473	16	12
Südafrika	...	...	...	2 350	2 636	199	.[2])	1 218	515[1])
Amerika	...	...	...	83 860	85 840	5 276	15 204	35 420	29 940
darunter:									
Argentinien	...	...	...	2 494	2 735	69	483	1 570	613
Brasilien	...	...	...	7 703	8 253	152	422	5 420	2 259
Chile	...	...	...	536	834	.[2])	98	112	169[1])
Kanada	35 052	36 396	40 662	44 978	46 957	3 360	10 705	19 658	13 233
Kolumbien	...	...	...	1 012	1 178	.[2])	318	574	138[1])
Mexiko	...	...	...	5 989	6 962	77	189	5 140	1 054[1])
Panama	...	...	...	3 171	3 671	—	601	302	2 767
Peru	...	...	...	1 665	1 928	.[2])	.[2])	106	101[1])
Venezuela	...	...	...	1 908	2 175	—	126	1 156	580[1])
Asien	...	...	...	16 861	19 751	.[2])	6 638	6 383	4 867[1])
darunter:									
Naher Osten	...	...	...	2 113	1 958	.[2])	718	197	574[1])
Indien	...	...	...	398	431	0	44	322	21[1])
Japan	...	...	...	6 243	6 807	0	1 737	3 277	1 442[1])
Philippinen	...	...	...	1 259	1 294	—	251	554	235[1])
Australien und Ozeanien	...	...	...	8 240	9 395	1 320	1 508[1])	3 476	2 218[1])
Internationale Gesellschaften	4 070	3 913	3 700	3 951	4 122	—	2 627	—	1 495
Welt ...	**145 990**	**162 727**	**187 858**	**215 578**	**227 342**	**7 404**	**52 107**	**92 480**	**75 355**

Wirtschaftsbereich	Jährliche Zugänge (netto)								
	1973	1974	1975	1976	1977	1978	1979	1980	1981
Erdölwirtschaft	1 594	−3 496	4 877	2 421	1 696	1 848	8 864	2 037	2 094
Verarbeitende Industrie	5 970	6 797	4 752	5 158	4 147	7 462	9 140	9 694	2 933
Übrige Bereiche	3 789	5 750	4 615	4 370	6 050	6 747	7 218	7 506	3 664
Insgesamt ...	**11 353**	**9 052**	**14 244**	**11 949**	**11 893**	**16 056**	**25 222**	**19 238**	**8 691**

*) Die vorliegenden Zahlen sind mit den Angaben in früheren Jahrbüchern aufgrund einer Revision nicht vergleichbar. Revidierte Angaben in tiefer regionaler Gliederung bis 1979 liegen noch nicht vor.
1) Angaben unvollständig.
2) Aus Gründen der Geheimhaltung von Einzelangaben nicht veröffentlicht, aber in den Summen enthalten.
3) Ohne Südafrika.

18.4 Staatliche und private Leistungen an Entwicklungsländer*)

Mill. US-$

Jahr	Staatliche Transaktionen				Private Transaktionen				
	zusammen	mit Entwicklungsländern		mit internationalen Fonds und Entwicklungsbanken	zusammen	mit Entwicklungsländern			mit internationalen Entwicklungsbanken[3])
		Schenkungen und ähnliche unentgeltliche Leistungen[1])	Kredite und sonstige Kapitalleistungen			Schenkungen	Langfristige Kapitalanlagen[2])	Garantierte Exportkredite	
Geberländer der OECD									
1978	25 381	9 403	8 953	7 026	45 248	1 675	31 943	9 400	2 228
1979	25 714	11 703	7 766	6 245	49 687	1 997	36 195	9 408	2 088
1980	32 536	14 124	9 363	9 050	42 816	2 386	27 472	11 490	1 469
1981	32 243	13 184	11 568	7 490	55 797	2 018	39 351	10 593	3 836
darunter: **Bundesrepublik Deutschland**[4])[5])									
1978	2 569	785	993	791	4 992	284	2 604	1 288	816
1979	3 505	1 348	966	1 191	3 827	389	1 612	897	928
1980	4 197	2 257	700	1 240	6 437	421	3 271	1 389	1 356
1981	3 850	1 349	1 564	937	4 237	371	2 589	931	346
1982	3 702	1 326	1 478	897	3 246	371	2 325	176	374
Belgien									
1978	592	280	83	229	2 203	32	1 311	866	– 6
1979	671	352	129	190	1 632	41	1 179	418	– 6
1980	780	356	281	144	2 116	45	1 483	593	– 6
1981	645	296	136	213	2 185	37	1 439	714	– 5
Frankreich									
1978	3 168	2 050	764	355	4 761	20	2 748	1 993	—
1979	3 687	2 552	563	571	5 077	24	2 971	1 801	282
1980	4 853	2 973	1 178	701	6 778	36	3 996	2 637	110
1981	4 629	2 856	1 140	632	6 840	32	3 771	3 023	15
Großbritannien und Nordirland									
1978	1 821	808	402	611	7 517	56	6 790	672	—
1979	2 298	1 179	177	942	10 788	108	9 407	1 273	—
1980	1 688	1 387	−224	526	10 299	120	8 435	1 745	—
1981	2 548	1 348	335	866	7 566	101	6 450	1 014	—
Italien									
1978	611	51	194	366	2 632	0	50	2 582	—
1979	750	63	430	256	3 305	0	457	2 848	—
1980	1 183	112	470	601	2 827	3	355	2 469	—
1981	1 206	190	522	494	2 508	1	200	2 307	—
Niederlande									
1978	1 094	710	100	284	1 598	56	1 361	187	– 5
1979	1 475	850	183	442	543	65	318	170	– 11
1980	1 660	917	340	403	706	79	261	358	9
1981	1 524	823	335	367	687	85	354	200	49
Kanada									
1978	1 492	627	470	396	879	87	871	– 67	– 12
1979	1 468	406	611	450	815	96	795	– 42	– 34
1980	1 736	459	877	401	1 746	102	1 682	– 39	1
1981	1 464	491	535	437	2 637	103	2 500	37	– 3
Vereinigte Staaten									
1978	6 952	2 060	2 702	2 190	9 218	931	9 064	−209	– 568
1979	5 771	2 452	2 711	608	13 037	1 029	12 132	166	– 290
1980	8 250	2 975	2 503	2 772	5 602	1 301	4 492	901	−1 092
1981	6 699	3 164	2 069	1 466	19 676	1 018	16 771	933	954
Japan									
1978	4 368	383	3 138	847	6 336	19	5 015	412	890
1979	2 895	608	1 801	486	4 708	19	3 406	643	641
1980	4 831	702	2 898	1 231	1 984	26	1 566	74	318
1981	6 194	810	4 350	1 033	6 038	27	3 699	712	1 600

*) Einschl. Leistungen an multilaterale Stellen; bei allen Transaktionen wird jeweils nur der Saldo nachgewiesen. Bei Schenkungen sind also Rückschenkungen der Empfängerländer abgesetzt, bei Krediten die Tilgungen, bei Kapitalbeteiligungen die Liquidationen.
1) Zum Beispiel technische Hilfe, Reparationen, Wiedergutmachung.
2) Direkte Kapitalanlagen einschl. Wiederanlage von Kapitalerträgen, Kauf von Wertpapieren und anderer langfristiger Kapitalanlagen.
3) Emissionen von Schuldtiteln multilateraler Finanzierungsinstitutionen am Kapitalmarkt sowie Kreditaufnahme bei Banken.
4) Detaillierte Darstellung der deutschen Entwicklungshilfe siehe S. 558.
5) Den Angaben liegt ein durchschnittlicher Umrechnungskurs von 1978: 1 US-$ = DM 2,0084; 1979: 1 US-$ = DM 1,8330; 1980: 1 US-$ = DM 1,8158; 1981: 1 US-$ = DM 2,2610; 1982: 1 US-$ = DM 2,4287 zugrunde.

Quelle: OECD, Paris und Bundesministerium für wirtschaftliche Zusammenarbeit, Bonn

Quellennachweis

Der Quellennachweis statistischer Daten im Statistischen Jahrbuch soll das umfangreiche Zahlenangebot der amtlichen Statistik systematisch erschließen. Insofern ergänzt er das Sachregister (vgl. S. 763ff.), das den alphabetischen Einstieg ermöglicht. Beide Suchhilfen streben auf ihre Weise an, die Zusammenhänge im statistischen System transparenter zu machen und den Zugang zu den statistischen Daten zu erleichtern.

Der Quellennachweis gliedert sich in zwei Hauptteile, und zwar den Veröffentlichungsnachweis, in dem die wichtigsten Publikationen des Statistischen Bundesamtes, der Bundesministerien bzw. anderer Bundesbehörden und der Statistischen Landesämter zusammengestellt sind (Hinweise auf ausländische Quellen enthalten die Internationalen Übersichten auf S. 618) und in einen Fundstellennachweis. Dieser dokumentiert zunächst Abhandlungen von grundlegender Bedeutung aus der Monatszeitschrift des Statistischen Bundesamtes »Wirtschaft und Statistik« zu Fragen der rechtlichen Grundlagen und der Organisation der amtlichen Statistik sowie der Methoden und Systematiken. Hieran schließt sich eine nach den Abschnitten des Jahrbuchs geordnete Darbietung der wichtigsten Ergebnisveröffentlichungen sowie ausgewählter Textdarstellungen des Statistischen Bundesamtes an. Damit findet der Benutzer an einer Stelle alle wichtigen Quellen, in denen zusätzliche Informationen zu den einzelnen Kapiteln des Statistischen Jahrbuches angeboten werden. Den umfassendsten Überblick über Zielsetzungen, Grundlagen, Methoden und Ergebnisse der statistischen Arbeit vermittelt die Veröffentlichung »Das Arbeitsgebiet der Bundesstatistik (Ausgabe 1981)«, die neben zusammenfassenden Abhandlungen als Kernstück einen Katalog sämtlicher Bundesstatistiken u. a. mit Angaben über die Rechtsgrundlagen, die Periodizität, den Kreis der Befragten, den Berichtsweg sowie über Art, Gliederung und Fundstelle der Ergebnisse enthält. Alle verfügbaren Publikationen des Statistischen Bundesamtes sind im einzelnen in dem jährlich erscheinenden Veröffentlichungsverzeichnis dokumentiert, zu dem jeweils auch eine englische und französische Fassung herausgegeben wird. Neuerscheinungen werden wöchentlich im »Bundesanzeiger« und im »Statistischen Wochendienst« sowie monatlich in »Wirtschaft und Statistik« angekündigt. Hinsichtlich der Dokumentation von Textbeiträgen aus »Wirtschaft und Statistik« sei außerdem auf das jährlich erscheinende Systematische Inhaltsverzeichnis zu dieser Zeitschrift verwiesen, das den Zeitraum ab 1949 abdeckt. Alle Veröffentlichungen – auch solche, die inzwischen vergriffen oder inhaltlich überholt sind – können im Statistischen Bundesamt oder in größeren Bibliotheken und Archiven eingesehen werden. Für Auskünfte steht in begrenztem Umfang auch der Allgemeine Auskunftsdienst des Statistischen Bundesamtes zur Verfügung.

1 Veröffentlichungsnachweis

1.1 Veröffentlichungen des Statistischen Bundesamtes

Die Veröffentlichungen des Statistischen Bundesamtes gliedern sich in die drei großen Kategorien:

- Zusammenfassende Veröffentlichungen,
- Fachserien,
- Systematische Verzeichnisse.

Ergänzend werden Veröffentlichungen zur Statistik des Auslandes, Karten und fremdsprachige Veröffentlichungen herausgegeben.

Die Zusammenfassenden Veröffentlichungen enthalten Ergebnisse aus mehreren oder allen Arbeitsgebieten des Amtes (vgl. 1.1.1). Neben den Allgemeinen Querschnittsveröffentlichungen mit einem umfassenden, aber komprimierten Zahlenangebot gibt es Thematische Querschnittsveröffentlichungen, die Material für bestimmte Bereiche zusammentragen oder es bestimmten Personengruppen zuordnen, Veröffentlichungen zu Organisations- und Methodenfragen sowie Kurzbroschüren und Faltblätter.

Die Ergebnisse einzelner Statistiken werden im System der Fachserien (vgl. 1.1.2) veröffentlicht, das nach großen Sachgebieten gegliedert ist.

Systematische Verzeichnisse (vgl. 1.1.3) sind Hilfsmittel für die einheitliche Zuordnung von Tatbeständen in den Statistiken und für eine dem Erhebungs- und Darstellungszweck entsprechende Gliederung der Ergebnisse. Sie enthalten nur in Ausnahmefällen Zahlenangaben.

Angaben aus Großzählungen werden vom Statistischen Bundesamt zum Teil auch in thematische Karten (vgl. 1.1.4) umgesetzt.

Die Veröffentlichungsgruppe Statistik des Auslandes (vgl. 1.1.5) weist gewisse Besonderheiten auf, da sie sowohl Allgemeine Querschnittsveröffentlichungen als auch eine eigene Fachserie »Auslandsstatistik« mit fünf Veröffentlichungsreihen umfaßt.

Von einigen Veröffentlichungen gibt es auch fremdsprachige Ausgaben.

1.1.1 Zusammenfassende Veröffentlichungen

Allgemeine Querschnittsveröffentlichungen

Statistisches Jahrbuch für die Bundesrepublik Deutschland
Umfassendes Nachschlagewerk mit den wichtigsten Angaben aus allen Arbeitsgebieten der amtlichen Statistik in der Bundesrepublik Deutschland. Anhang 1 enthält ausgewählte Ergebnisse für die Deutsche Demokratische Republik, Anhang 2 Internationale Übersichten.

Wirtschaft und Statistik
Monatszeitschrift mit Aufsätzen über methodische Fragen sowie mit textlichen Darstellungen von Ergebnissen neuer und wichtiger laufender Statistiken unter Verwendung von zahlreichen grafischen Darstellungen; außerdem Tabellenteil mit regelmäßig wiederkehrenden und einmaligen Übersichten sowie mit Ergänzungen zu Aufsätzen im Textteil.
Ausgewählte methodische Aufsätze aus dieser Zeitschrift erscheinen auch in englischer Übersetzung in der Reihe »Studies on Statistics«.

Statistischer Wochendienst
Diese besonders aktuelle Veröffentlichung enthält ausgewählte Ergebnisse aus kurzfristigen Statistiken, die in der Berichtswoche angefallen sind.

Indikatoren zur Wirtschaftsentwicklung (Zeitreihen mit Saisonbereinigung)
Für wichtige Konjunkturindikatoren werden in dieser monatlich erscheinenden Veröffentlichung Originalwerte sowie saison- und arbeitstäglich bereinigte Werte jeweils für die letzten 13 Monate gebracht. Ausgewählte Tatbestände werden außerdem für längere Zeiträume durch Grafiken veranschaulicht.

Wirtschaft in Zahlen
Der Band gibt in leicht verständlicher Form einen Überblick über das wirtschaftliche Geschehen in der Bundesrepublik Deutschland. Im Vordergrund steht dabei die Betrachtung der einzelnen Wirtschaftsbereiche und ihres Beitrags zur gesamtwirtschaftlichen Leistung. (Ausgabe 1983 in Vorbereitung.)

Bevölkerung und Wirtschaft 1872 bis 1972
Entwicklungsreihen für das Deutsche Reich und die Bundesrepublik Deutschland aus allen Bereichen des gesellschaftlichen, wirtschaftlichen und sozialen Lebens, verbunden mit einer Abhandlung über die Wandlungen im Programm und in den Aufgaben der amtlichen Statistik in den letzten 100 Jahren. (Erschienen 1972, vergriffen.)

Lange Reihen zur Wirtschaftsentwicklung
Zeitreihen zur Beurteilung der Wirtschaftsentwicklung seit 1950. Die Veröffentlichung enthält außer einigen Eckdaten über Bevölkerung und Erwerbstätigkeit die wichtigsten Ergebnisse der laufenden Wirtschaftsstatistiken in mittlerer fachlicher Tiefengliederung. Neben den Grundzahlen werden auch Prozent-, Bezugs- und Meßzahlen sowie Veränderungsraten ausgewiesen; zur Veranschaulichung ausgewählter Bereiche wurden Graphiken aufgenommen. (Erscheint zweijährlich; letzte Ausgabe 1982.)

Bevölkerungsstruktur und Wirtschaftskraft der Bundesländer
Jährlich erscheinende Veröffentlichung mit Entwicklungsreihen über wichtige Bevölkerungs- und Wirtschaftsdaten in länderweiser Gliederung. (Letzte Ausgabe 1982.)

Datenreport
In der Schriftenreihe der Bundeszentrale für politische Bildung (Band 195) ist 1983 der Datenreport als populäre Darstellung erschienen. Das Statistische Bundesamt kommentiert darin eine Fülle von Zahlen und Fakten über die Bundesrepublik Deutschland aus allen seinen Arbeitsgebieten.

Thematische Querschnittsveröffentlichungen

Frauen in Familie, Beruf und Gesellschaft

Diese erstmals 1951 erschienene Veröffentlichung wird nunmehr bereits zum sechsten Mal in neugestalteter, aktualisierter Fassung herausgegeben.

Nach Themenbereichen geordnet wird umfassendes Zahlenmaterial über die Situation der Frau, ergänzt durch zahlreiche Schaubilder und eine textliche Kommentierung, dargeboten. (Erschienen 1983.)

Die Lebensverhältnisse älterer Menschen

Zusammenstellung ausgewählter Strukturdaten über die Generation der über 60jährigen in Zahl, Text und Schaubild. (Erschienen 1977.)

Die Situation der Kinder in der Bundesrepublik Deutschland

Veröffentlichung zum »Internationalen Jahr des Kindes 1979« mit Angaben aus allen Lebensbereichen über die Altersgruppe der unter 15jährigen. Der ausführliche Tabellenteil ist durch Texte und Schaubilder angereichert. (Erschienen 1979.)

Zur Situation der Behinderten in der Bundesrepublik Deutschland

Zusammenstellung von Strukturdaten zum »Internationalen Jahr der Behinderten 1981«.

Das Wohnen in der Bundesrepublik Deutschland

Kommentierte Eckdaten über Gebäude und Wohnungen in der Gliederung nach Baualter, Belegung, Ausstattung und Miete aus der Wohnungsstichprobe 1978. (Ausgabe 1981.)

Ausgewählte Zahlen für die Bauwirtschaft

Diese monatlich erscheinende Veröffentlichung vermittelt durch Zusammenführung von Material aus der Bauberichterstattung, den Statistiken der Bautätigkeit und verschiedenen anderen Quellen einen Überblick über die gesamte Bauwirtschaft, vom Einsatz der Produktionsfaktoren bis zum fertigen Bauergebnis.

Ausgewählte Zahlen zur Energiewirtschaft

Monatliche und jährliche Übersichten zur Erzeugung und zum Verbrauch im gesamten Energiebereich.

Bildung im Zahlenspiegel

Nach Bildungsbereichen gegliederte Zusammenfassung der für die Bildungsplanung wichtigsten statistischen Daten aus einer Vielzahl von Erhebungen. (Jährliche Erscheinungsfolge, letzte Ausgabe 1983.)

Organisations- und Methodenfragen

Das Arbeitsgebiet der Bundesstatistik (Ausgabe 1981)

Dieses Nachschlagewerk enthält Abhandlungen über die Grundlagen der statistischen Arbeit und als Kernstück einen einheitlich gegliederten Katalog aller Fachstatistiken. In den Anhang wurden wichtige Materialien und ergänzende Übersichten aufgenommen. Für den Benutzer, der nicht an Einzelheiten interessiert ist, wurde eine Kurzausgabe mit stark gestrafftem Katalogteil herausgegeben. Hierzu ist auch eine englische Fassung (»Survey of German Federal Statistics«) erschienen; eine französische Ausgabe (»Aperçu de la Statistique Fédérale Allemande«) wird als Arbeitsunterlage vorbereitet.

Die Arbeiten des Statistischen Bundesamtes 1976–1981

Dieser Bericht für den Statistischen Beirat gibt in mehrjährigen Abständen einen Überblick über Stand und Entwicklung des statistischen Arbeitsprogramms sowie über Schwerpunkte und Probleme der Amtsarbeit.

Gegenwarts- und Zukunftsaufgaben der amtlichen Statistik

Darstellung der Ziele, Aufgaben und Probleme der Bundesstatistik, herausgegeben anläßlich des hundertjährigen Bestehens der zentralen amtlichen Statistik in Deutschland. Hierzu gibt es auch eine englische und eine französische Fassung. (Erschienen 1972.)

Stichproben in der amtlichen Statistik

Eine Neuauflage dieser inzwischen vergriffenen umfassenden Darstellung der theoretischen Grundlagen und praktischen Anwendung des Stichprobenverfahrens in der amtlichen Statistik aus dem Jahre 1960 befindet sich in Vorbereitung. Ausgewählte Abschnitte aus dieser Veröffentlichung wurden auch ins Englische übersetzt und sind als Nr. 13 der Reihe »Studies on Statistics« erschienen.

Kurzbroschüren

Zahlenkompaß

Diese jährlich erscheinende Broschüre im handlichen Taschenformat bringt eine Auswahl der wichtigsten Eckzahlen aus allen Arbeitsgebieten der amtlichen Statistik mit Vergleichsdaten für zurückliegende Berichtsjahre. Verfügbar ist auch eine englische, französische und spanische Ausgabe. (Letzte Ausgabe 1983.)

Im Blickpunkt: Der Mensch (Zahlen über das Leben in der Bundesrepublik Deutschland)

Diese prägnante und leicht verständliche Zusammenstellung vermittelt eine Fülle von statistischen Informationen über die Lebensverhältnisse in der Bundesrepublik Deutschland. (Ausgabe 1980.)

Haushaltsgeld – woher, wohin?

Populäre Darstellung der wichtigsten Ergebnisse aus den laufenden Wirtschaftsrechnungen und der Einkommens- und Verbrauchsstichprobe 1978. (Erschienen 1982.)

1.1.2 Fachserien

Die Ergebnisse der einzelnen Statistiken werden unmittelbar nach Abschluß der Aufbereitungsarbeiten im System der Fachserien des Statistischen Bundesamtes veröffentlicht, das nach 19 großen Sachgebieten gegliedert ist. Damit liegt das Material zeitnah und nach Quellen geordnet vor. Jede Fachserie umfaßt Veröffentlichungsreihen zu laufenden Statistiken, die im Bedarfsfall durch Sonderbeiträge ergänzt werden. Die Reihentitel bezeichnen das engere Aufgabengebiet einer Statistik; innerhalb einer Reihe kann eine weitere Aufgliederung in Einzel- bzw. Untertitel erfolgen (zur Zitierweise vgl. S. 750). Die Ergebnisse von Zählungen bzw. größeren Erhebungen werden innerhalb der Fachserie als Einzelveröffentlichungen herausgegeben. An die Stelle des Reihentitels tritt in diesen Fällen die Bezeichnung der Zählung.

Reihe	Fachserien- bzw. Reihentitel	Erscheinungsfolge
Fachserie 1:	**Bevölkerung und Erwerbstätigkeit**	
	Veröffentlichungsreihen	
Reihe 1	Gebiet und Bevölkerung	vj[1]), j[2])
1. S	Sonderbeiträge	
1. S. 2	Allgemeine Sterbetafel für die Bundesrepublik Deutschland	unr
Reihe 2	Ausländer	j
Reihe 3	Haushalte und Familien	j
Reihe 4	Erwerbstätigkeit	
4.1	Struktur der Erwerbsbevölkerung	
4.1.1	Stand und Entwicklung der Erwerbstätigkeit	j
4.1.2	Beruf, Ausbildung und Arbeitsbedingungen der Erwerbstätigen	2j
4.2	Sozialversicherungspflichtig beschäftigte Arbeitnehmer	vj, j
4.3	Streiks und Aussperrungen	unr
4. S	Sonderbeiträge (vorgesehen)	
	Einzelveröffentlichungen	
	Volkszählung vom 27. Mai 1970 (26 Hefte)	ein
	Wahl zum 10. Deutschen Bundestag am 6. März 1983 (3 Hefte und 1 Sonderheft)	4j
	Wahl der Abgeordneten des Europäischen Parlaments aus der Bundesrepublik Deutschland am 10. Juni 1979 (7 Hefte, 1 Sonderheft)	5j

[1]) Zusammenfassung der bis einschl. 1981 gesondert erschienenen Berichte »Stand und Entwicklung der Bevölkerung« und »Bevölkerungsbewegung«.

[2]) Bis Berichtsjahr 1980 sind gesonderte Jahresberichte »Bevölkerung nach Alter und Familienstand« und »Bevölkerungsbewegung« erschienen.

Reihe	Fachserien- bzw. Reihentitel	Erscheinungsfolge
Fachserie 2:	**Unternehmen und Arbeitsstätten**	
	Veröffentlichungsreihen	
Reihe 1	Kostenstruktur in ausgewählten Wirtschaftszweigen	
1.1	Kostenstruktur im Handwerk	4j
1.2	Großhandel, Handelsvertreter und Handelsmakler, Verlagswesen	
1.2.1	Kostenstruktur im Großhandel, bei Buch- u. ä. Verlagen	4j
1.2.2	Kostenstruktur bei Handelsvertretern und Handelsmaklern	4j
1.3	Kostenstruktur im Einzelhandel	4j
1.4	Kostenstruktur im Gastgewerbe	4j
1.5	Verkehrsgewerbe	
1.5.1	Kostenstruktur der nichtbundeseigenen Eisenbahnen, des öffentlichen Straßenverkehrs, der Reiseveranstaltung und Reisevermittlung (Reisebüros)	4j
1.5.2	Kostenstruktur des gewerblichen Güterkraftverkehrs, der Speditionen und Lagereien, der Binnenschiffahrt (Güterbeförderung) und der See- und Küstenschiffahrt	4j
1.6	Freie Berufe	
1.6.1	Kostenstruktur bei Ärzten, Zahnärzten, Tierärzten	4j
1.6.2	Kostenstruktur bei Rechtsanwälten und Notaren, bei Wirtschaftsprüfern, Steuerberatern und Steuerbevollmächtigten, bei Architekten und Beratenden Ingenieuren	4j
Reihe 2	Kapitalgesellschaften	
2.1	Abschlüsse der Aktiengesellschaften	j
Reihe 3	Abschlüsse der öffentlichen Versorgungs- und Verkehrsunternehmen	j
Reihe 4	Zahlungsschwierigkeiten	
4.1	Insolvenzverfahren	m
4.2	Finanzielle Abwicklung der Insolvenzverfahren	j
	Einzelveröffentlichungen	
	Arbeitsstättenzählung vom 27. Mai 1970 (9 Hefte, 2 Sonderhefte)	ein
Fachserie 3:	**Land- und Forstwirtschaft, Fischerei**	
	Veröffentlichungsreihen	
Reihe 1	Ausgewählte Zahlen für die Agrarwirtschaft	j
Reihe 2	Betriebs-, Arbeits- und Einkommensverhältnisse	
2.1	Betriebe	
2.1.1	Betriebsgrößenstruktur	j
2.1.2	Bodennutzung der Betriebe	2j
2.1.3	Viehhaltung der Betriebe	2j
2.1.4	Betriebssysteme und Standardbetriebseinkommen	2j
2.1.5	Sozialökonomische Verhältnisse	2j
2.1.6	Besitzverhältnisse in den landwirtschaftlichen Betrieben	2j
2.1.7	Außerbetriebliche Einkommen und Arbeitsverhältnisse für ausgewählte Betriebsgruppen	2j
2.2	Arbeitskräfte	j
2.3	Technische Betriebsmittel	3j
2.4	Kaufwerte für landwirtschaftlichen Grundbesitz	j
2. S	Sonderbeiträge	
2. S.1	Methodische Grundlagen der Agrarberichterstattung	ein
Reihe 3	Bodennutzung und pflanzliche Erzeugung	j
3.1	Bodennutzung	
3.1.1	Gliederung der Gesamtflächen	2j
3.1.2	Landwirtschaftlich genutzte Flächen	jV,j
3.1.3	Gemüseanbauflächen	jV,j
3.1.4	Baumobstflächen	5j
3.1.5	Rebflächen	j
3.1.6	Anbau von Zierpflanzen	3j
3.1.7	Baumschulen, Baumschulflächen und Pflanzenbestände	j
3.2	Pflanzliche Erzeugung	
3.2.1	Wachstum und Ernte – Feldfrüchte, Gemüse, Obst, Trauben –	unr
3.2.2	Weinerzeugung und -bestand	j
Reihe 4	Viehbestand und tierische Erzeugung	j
4.1	Viehbestand	unr
4.2	Tierische Erzeugung	
4.2.1	Schlachtungen und Fleischgewinnung	vj
4.2.2	Milcherzeugung und -verwendung	j
4.2.3	Erzeugung von Geflügel	hj
4.3	Fleischbeschau und Geflügelfleischuntersuchung	j
4.4	(unbesetzt)	
4.5	Hochsee- und Küstenfischerei; Bodenseefischerei	m,j
	Einzelveröffentlichungen	
	Landwirtschaftszählung 1971 (17 Hefte)	ein
	Landwirtschaftszählung 1979 (4 Hefte erschienen, 2 weitere Hefte vorgesehen)	ein
	Gartenbauerhebung 1972/73 (2 Hefte)	ein
	Forsterhebung 1972 (1 Heft)	ein
	Binnenfischereierhebung 1972 (1 Heft)	ein
	Weinbauerhebung 1979/80 (1 Heft)	ein
Fachserie 4:	**Produzierendes Gewerbe**	
	Veröffentlichungsreihen	
Reihe 1	Zusammenfassende Daten für das Produzierende Gewerbe (vorgesehen)	j
Reihe 2	Indizes für das Produzierende Gewerbe	
2.1	Indizes der Produktion und der Arbeitsproduktivität, Produktion ausgewählter Erzeugnisse im Produzierenden Gewerbe	mE,m
2.2	Indizes des Auftragseingangs, des Umsatzes und des Auftragsbestands für das Verarbeitende Gewerbe und für das Bauhauptgewerbe	m
Reihe 3	Produktion im Produzierenden Gewerbe	
3.1	Produktion im Produzierenden Gewerbe nach Gütern und Gütergruppen	vj,j
3.2	Produktion im Produzierenden Gewerbe nach Wirtschaftszweigen und Erzeugnisgruppen	j
Reihe 4	Bergbau und Verarbeitendes Gewerbe	
4.1	Beschäftigung, Umsatz u. ä. der Unternehmen und Betriebe im Bergbau und im Verarbeitenden Gewerbe	
4.1.1	Beschäftigung, Umsatz und Energieversorgung der Unternehmen und Betriebe im Bergbau und im Verarbeitenden Gewerbe	m,jV,j
4.1.2	Betriebe, Beschäftigte und Umsatz im Bergbau und im Verarbeitenden Gewerbe nach Beschäftigtengrößenklassen	j
4.1.3	Regionale Verteilung der Betriebe im Bergbau und im Verarbeitenden Gewerbe und deren Beschäftigte	4j
4.1.4	Beschäftigung und Umsatz der Betriebe im Bergbau und im Verarbeitenden Gewerbe nach Bundesländern (vorgesehen)	j
4.2	Beschäftigung, Umsatz und Investitionen der Unternehmen und Betriebe im Bergbau und im Verarbeitenden Gewerbe – Investitionen –	jV
4.2.1	Beschäftigung, Umsatz und Investitionen der Unternehmen im Bergbau und im Verarbeitenden Gewerbe	j
4.2.2	Beschäftigung, Umsatz und Investitionen der Betriebe im Bergbau und im Verarbeitenden Gewerbe	j
4.3	Kostenstruktur der Unternehmen im Bergbau und im Verarbeitenden Gewerbe	
4.3.1	Kostenstruktur der Unternehmen im Bergbau, Grundstoff- und Produktionsgütergewerbe	j
4.3.2	Kostenstruktur der Unternehmen im Investitionsgüter produzierenden Gewerbe	j
4.3.3	Kostenstruktur der Unternehmen im Verbrauchsgüter produzierenden Gewerbe und im Nahrungs- und Genußmittelgewerbe	j
Reihe 5	Baugewerbe	
5.1	Beschäftigung, Umsatz und Gerätebestand der Betriebe im Baugewerbe	j
5.2	Beschäftigung, Umsatz und Investitionen der Unternehmen im Baugewerbe	einV,j
5.3	Kostenstruktur der Unternehmen im Baugewerbe	j
Reihe 6	Energie- und Wasserversorgung	
6.1	Beschäftigung, Umsatz, Investitionen und Kostenstruktur der Unternehmen in der Energie- und Wasserversorgung	j
6.2	(unbesetzt)	
6.3	(unbesetzt)	
6.4	Stromerzeugungsanlagen der Betriebe im Bergbau und im Verarbeitenden Gewerbe	j
Reihe 7	Handwerk	
7.1	Beschäftigte und Umsatz im Handwerk	vj,j[1])
Reihe 8	Fachstatistiken	
8.1	Eisen und Stahl (Eisenerzbergbau, Eisen schaffende Industrie, Eisen-, Stahl- und Tempergießerei)	mV,m,vj

[1]) Ab Berichtsjahr 1981 eingestellt.

Reihe	Fachserien- bzw. Reihentitel	Erscheinungsfolge
8.2	Düngemittelversorgung	m,j
8.3	Rohholz und Holzhalbwaren	vj[1])
Reihe S	Sonderbeiträge	
S. 1	Neuberechnung der Produktionsindizes und des Index der Arbeitsproduktivität auf Basis 1976	ein
S. 3	Beschäftigte und Umsatz im Handwerk 1978 und 1979 – mit Einführung in die neue Handwerksberichterstattung auf der Basis der Handwerkszählung 1977 –	ein
S. 4	Beschäftigte, Lohn- und Gehaltsumme sowie Umsatz der Unternehmen im Bergbau und im Verarbeitenden Gewerbe	ein
S. 5	Material- und Wareneingang im Bergbau und im Verarbeitenden Gewerbe	unr
S. 6	Material- und Wareneingang im Baugewerbe	unr
	Einzelveröffentlichungen	
	Zensus im Produzierenden Gewerbe 1979 (3 Hefte erschienen, 4 weitere Hefte vorgesehen)	ein
	Handwerkszählung 1977 (1 Vorbericht und 3 Hefte)	ein
Fachserie 5:	**Bautätigkeit und Wohnungen**	
	Veröffentlichungsreihen	
Reihe 1	Bautätigkeit	j
Reihe 2	Bewilligungen im sozialen Wohnungsbau	j
Reihe 3	Bestand an Wohnungen	j
Reihe S	Sonderbeiträge	
S. 1	Baustatistische Reihen 1960 bis 1980	ein
S. 2	Städtebauliche Festsetzungen und Bautätigkeit – Ergebnisse der Baugenehmigungsstatistik 1980/81 nach siedlungsstrukturellen Gemeindetypen	unr
S. 3	Regionale Schwerpunkte der Wohnungsbauförderung 1976 bis 1980	ein
	Einzelveröffentlichungen	
	Gebäude- und Wohnungszählung vom 25. Oktober 1968 (8 Hefte, 1 Sonderheft)	ein
	1 %-Wohnungsstichprobe 1978 (6 Hefte erschienen, 1 weiteres Heft vorgesehen)	ein
Fachserie 6:	**Handel, Gastgewerbe, Reiseverkehr**	
	Veröffentlichungsreihen	
Reihe 1	Großhandel	
1.1	Beschäftigte und Umsatz im Großhandel (Meßzahlen)	m
1.2	Beschäftigung, Umsatz, Wareneinkauf, Lagerbestand und Investitionen im Großhandel (vorgesehen)	j
1.3	Warensortiment sowie Bezugs- und Absatzwege im Großhandel (vorgesehen)	unr
Reihe 1. S	Sonderbeiträge	
1. S. 1	Umstellung auf neues Berichtssystem mit Zusammenfassung der Monatsergebnisse 1981 (vorgesehen)	ein
Reihe 2	Handelsvermittlung	
	Beschäftigung, Umsatz, Wareneinkauf, Lagerbestand und Investitionen in der Handelsvermittlung (vorgesehen)	j
Reihe 3	Einzelhandel	
3.1	Beschäftigte und Umsatz im Einzelhandel (Meßzahlen)	m
3.2	Beschäftigung, Umsatz, Wareneinkauf, Lagerbestand und Investitionen im Einzelhandel (vorgesehen)	j
3.3	Warensortiment sowie Bezugs- und Absatzwege im Einzelhandel (vorgesehen)	unr
Reihe 3. S	Sonderbeiträge	
3. S. 1	Umstellung auf neues Berichtssystem mit Zusammenfassung der Monatsergebnisse 1981 (vorgesehen)	ein
Reihe 4	Gastgewerbe	
4.1	Beschäftigte und Umsatz im Gastgewerbe (Meßzahlen)	m
4.2	Beschäftigung, Umsatz, Wareneinkauf, Lagerbestand und Investitionen im Gastgewerbe (vorgesehen)	j
4.3	Warensortiment im Gastgewerbe (vorgesehen)	unr
Reihe 4. S	Sonderbeiträge	
4. S. 1	Umstellung auf neues Berichtssystem mit Zusammenfassung der Monatsergebnisse 1981 (vorgesehen)	ein
Reihe 5	Warenverkehr mit Berlin (West)	j
Reihe 6	Warenverkehr mit der Deutschen Demokratischen Republik und Berlin (Ost)	m,j
Reihe 7	Reiseverkehr	
7.1	Übernachtungen in Beherbergungsstätten	m
7.2	Beherbergungskapazität	6j
7.3	Urlaubs- und Erholungsreisen	j
7.4	Grenzüberschreitender Reiseverkehr	j
7. S	Sonderbeiträge (vorgesehen)	
	Einzelveröffentlichungen	
	Handels- und Gaststättenzählung 1979 1. Großhandel (3 Hefte); 2. Handelsvermittlung (3 Hefte); 3. Einzelhandel (4 Hefte); 4. Gastgewerbe (2 Hefte)	ein
Fachserie 7:	**Außenhandel**	
	Veröffentlichungsreihen	
Reihe 1	Zusammenfassende Übersichten für den Außenhandel	m,j
Reihe 2	Außenhandel nach Waren und Ländern (Spezialhandel)	m
2.1	Lagerverkehr, Übergang von Waren aus dem Veredelungsverkehr in den freien Verkehr, Zollerträge, Ausfuhr (Spezialhandel) von Waren ausländischen Ursprungs	j
Reihe 3	Außenhandel nach Ländern und Warengruppen (Spezialhandel)	hj
3.1	Einfuhr nach Herstellungs- und Einkaufsländern und Warengruppen	j
3.2	Ausfuhr nach Verbrauchs- und Käuferländern und Warengruppen	j
Reihe 4	Außenhandel mit ausgewählten Waren	
4.1	Ein- und Ausfuhr von Mineralöl (Generalhandel)	m
Reihe 5	Außenhandel mit ausgewählten Ländern	
5.1	Außenhandel mit den Entwicklungsländern (Spezialhandel)	j
5.2	Handel mit den Staatshandelsländern	2j
Reihe 6	Durchfuhr im Seeverkehr und Seeumschlag	j
Reihe 7	Außenhandel nach Ländern und Warengruppen der Industriestatistik (Spezialhandel)	j
Reihe 8	Außenhandel nach dem Internationalen Warenverzeichnis für den Außenhandel (SITC – Rev. II) und Ländern (Spezialhandel)	j
Reihe S	Sonderbeiträge	
S. 1	Neuberechnung des Außenhandelsvolumens und der Außenhandelsindizes auf Basis 1976	unr
S. 2	Außenhandel nach dem Internationalen Warenverzeichnis für den Außenhandel (SITC – Rev. II) von 1970 bis 1980	unr
Fachserie 8:	**Verkehr**	
	Veröffentlichungsreihen	
Reihe 1	Güterverkehr der Verkehrszweige	vj,j
Reihe 2	Eisenbahnverkehr	m,j
Reihe 3	Straßenverkehr	
3.1	Straßen, Brücken, Parkeinrichtungen	5j
3.2	Personenverkehr der Straßenverkehrsunternehmen	m,j
3.3	Straßenverkehrsunfälle	m,j
3. S	Sonderbeiträge (vorgesehen)	
Reihe 4	Binnenschiffahrt	m,j
Reihe 5	Seeschiffahrt	m,j
Reihe 6	Luftverkehr	m,j
Fachserie 9:	**Geld und Kredit**	
	Veröffentlichungsreihen	
Reihe 1	(unbesetzt)	
Reihe 2	Aktienmärkte	m
Fachserie 10:	**Rechtspflege**	
	Veröffentlichungsreihen	
Reihe 1	Ausgewählte Zahlen für die Rechtspflege	j
Reihe 2	Zivilgerichte und Strafgerichte	j
Reihe 3	Strafverfolgung	j
Reihe 4	Strafvollzug	j
Reihe 5	Bewährungshilfe	j
Reihe S	Sonderbeiträge (vorgesehen)	

[1]) Wird ab Berichtsjahr 1982 nur noch als Arbeitsunterlage vom Statistischen Bundesamt herausgegeben.

Reihe	Fachserien- bzw. Reihentitel	Erscheinungsfolge
Fachserie 11:	**Bildung und Kultur**	
	Veröffentlichungsreihen	
Reihe 1	Allgemeines Schulwesen	j
Reihe 2	Berufliches Schulwesen	j
Reihe 3	Berufliche Bildung	j
Reihe 4	Hochschulen	
4.1	Studenten an Hochschulen	hjV,hj
4.2	Prüfungen an Hochschulen	j
4.3	(unbesetzt)	
4.4	Personal an Hochschulen	j
4.5	Finanzen der Hochschulen	j
Reihe 5	Presse	j
Reihe 6	Filmwirtschaft	2j
Reihe 7	Ausbildungsförderung	j
Reihe S	Sonderbeiträge	
S. 1	Wissenschaftliches und künstlerisches Personal an Hochschulen 1977	ein
Fachserie 12:	**Gesundheitswesen**	
	Veröffentlichungsreihen	
Reihe 1	Ausgewählte Zahlen für das Gesundheitswesen	j
Reihe 2	Meldepflichtige Krankheiten	j
Reihe 3	Schwangerschaftsabbrüche	j
Reihe 4	Todesursachen	vj[1]),j
Reihe 5	Berufe des Gesundheitswesens	j
Reihe 6	Krankenhäuser	j
Reihe S	Sonderbeiträge	
S. 2	Ausgaben für Gesundheit 1970–1980	unr
S. 3	Fragen zur Gesundheit	unr
Fachserie 13:	**Sozialleistungen**	
	Veröffentlichungsreihen	
Reihe 1	Versicherte in der Kranken- und Rentenversicherung	j
Reihe 2	Sozialhilfe	j
Reihe 3	Kriegsopferfürsorge	j
Reihe 4	Wohngeld	j
Reihe 5	Behinderte und Rehabilitationsmaßnahmen	
5.1	Behinderte	2j
5.2	Rehabilitationsmaßnahmen	j
Reihe 6	Jugendhilfe	j
Reihe S	Sonderbeiträge	
S. 5	Hilfe zur Pflege	ein
S. 6	Laufende Leistungen der Hilfe zum Lebensunterhalt	ein
Fachserie 14:	**Finanzen und Steuern**	
	Veröffentlichungsreihen	
Reihe 1	Haushaltsansätze	j[2])
Reihe 2	Vierteljahreszahlen zur öffentlichen Finanzwirtschaft	vj
Reihe 3	Rechnungsergebnisse	
3.1	Rechnungsergebnisse des öffentlichen Gesamthaushalts	j
3.2	Rechnungsergebnisse der staatlichen Haushalte	j[3])
3.3	Rechnungsergebnisse der kommunalen Haushalte	j
3.4	Rechnungsergebnisse der öffentlichen Haushalte für Bildung, Wissenschaft und Kultur	j
3.5	Rechnungsergebnisse der öffentlichen Haushalte für soziale Sicherung und für Gesundheit, Sport, Erholung	j
3.6	(unbesetzt)	j
3.7	Rechnungsergebnisse der öffentlichen Haushalte für Verkehr und Nachrichtenwesen	j[4])
3.8	Rechnungsergebnisse der öffentlichen Haushalte für Wirtschaftsförderung	j[5])
Reihe 4	Steuerhaushalt	vj
4. S	Sonderbeiträge	
4. S. 1	Kassenmäßige Steuereinnahmen 1967 bis 1976	ein
Reihe 5	Schulden der öffentlichen Haushalte	j
Reihe 6	Personal des öffentlichen Dienstes	j
Reihe 7	Einkommen- und Vermögensteuern	
7.1	Einkommensteuer	3j
7.2	Körperschaftsteuer	3j
7.3	Lohnsteuer	3j
7.4	Vermögensteuer	unr
7.5	Einheitswerte	
7.5.1	Einheitswerte der gewerblichen Betriebe	unr
7.5.2	Einheitswerte des Grundvermögens	unr
7.5.3	Einheitswerte des land- und forstwirtschaftlichen Vermögens (vorgesehen)	unr
Reihe 8	Umsatzsteuer	2j
Reihe 9	Verbrauchsteuern	
9.1	Tabaksteuer	
9.1.1	Absatz von Tabakwaren und Zigarettenhüllen	vj
9.1.2	Tabakgewerbe	j
9.2	Biersteuer	
9.2.1	Absatz von Bier	m
9.2.2	Brauwirtschaft	j
9.3	Mineralölsteuer	vj[6]),j
9.4	Branntweinmonopol	j
9.5	Schaumweinsteuer	j
9.6	Kleinere Verbrauchsteuern	
9.6.1	Essigsäuresteuer	j[4])
9.6.2	Leuchtmittelsteuer	j[4])
9.6.3	Salzsteuer	j
9.6.4	Spielkartensteuer	j[4])
9.6.5	Zuckersteuer	j
9.6.6	Zündwarensteuer	j[4])
Reihe 10	Realsteuern	
10.1	Realsteuervergleich	j
10.2	Gewerbesteuer	
10.2.2	Ertrag und Kapital	unr
Fachserie 15:	**Wirtschaftsrechnungen**	
	Veröffentlichungsreihen	
Reihe 1	Einnahmen und Ausgaben ausgewählter privater Haushalte	vj,j
Reihe S	Sonderbeiträge (vorgesehen)	
	Einzelveröffentlichungen	
	Einkommens- und Verbrauchsstichprobe 1978 (4 Hefte erschienen, 3 weitere Hefte vorgesehen)	ein
Fachserie 16:	**Löhne und Gehälter**	
	Veröffentlichungsreihen	
Reihe 1	Arbeiterverdienste in der Landwirtschaft	j
Reihe 2	Arbeitnehmerverdienste in Industrie und Handel	
2.1	Arbeiterverdienste in der Industrie	vjE,vj
2.2	Angestelltenverdienste in Industrie und Handel	vjE,vj
Reihe 3	Arbeiterverdienste im Handwerk	hj
Reihe 4	Tariflöhne und Tarifgehälter	
4.1	Tariflöhne	hj
4.2	Tarifgehälter	hj
4.3	Index der Tariflöhne und -gehälter	vj
4.4	Dienstbezüge der Bundesbeamten	unr
	Einzelveröffentlichungen	
	Gehalts- und Lohnstrukturerhebung 1978 (1 Heft)	unr
	Personal- und Personalnebenkostenerhebungen (2 Hefte)	unr

[1]) Ab Berichtsjahr 1982 nur noch jährlich.
[2]) Ab Berichtsjahr 1981 eingestellt.
[3]) Wird ab Berichtsjahr 1980 nur noch als Arbeitsunterlage vom Statistischen Bundesamt herausgegeben.
[4]) Ab Berichtsjahr 1980 eingestellt.
[5]) Ab Berichtsjahr 1979 eingestellt.
[6]) Ab Berichtsjahr 1982 in »Ausgewählte Zahlen zur Energiewirtschaft« enthalten.

Reihe	Fachserien- bzw. Reihentitel	Erscheinungsfolge
Fachserie 17:	**Preise**	
	Veröffentlichungsreihen	
Reihe 1	Preise und Preisindizes für die Land- und Forstwirtschaft ...	m,j
Reihe 2	Preise und Preisindizes für gewerbliche Produkte (Erzeugerpreise) ...	m,j
Reihe 3	Index der Grundstoffpreise ...	m,j
Reihe 4	Meßzahlen für Bauleistungspreise und Preisindizes für Bauwerke ...	vjE,vj
Reihe 5	Kaufwerte für Bauland ...	vj,j
Reihe 6	Index der Großhandelsverkaufspreise ...	m,j
Reihe 7	Preise und Preisindizes für die Lebenshaltung ...	mE,m,j
Reihe 8	Preise und Preisindizes für die Ein- und Ausfuhr ...	m,j
Reihe 9	Preise für Verkehrsleistungen ...	j
Reihe 10	Internationaler Vergleich der Preise für die Lebenshaltung ..	m,j
Reihe S	Sonderbeiträge (vorgesehen)	
Fachserie 18:	**Volkswirtschaftliche Gesamtrechnungen**	
	Veröffentlichungsreihen	
Reihe 1	Konten und Standardtabellen[1]) ...	jV,j
Reihe 2	Input-Output-Tabellen ...	unr
Reihe S	Sonderbeiträge	
S. 3	Ergebnisse der Volkswirtschaftlichen Gesamtrechnungen 1960 bis 1976 nach Wirtschaftsbereichen und Gütergruppen ...	ein
S. 4	Ausgaben des Staates nach Aufgabenbereichen in den Volkswirtschaftlichen Gesamtrechnungen 1970 bis 1978 ...	ein
S. 5	Revidierte Ergebnisse 1960 bis 1981 ...	unr
Fachserie 19:	**Umweltschutz**	
	Veröffentlichungsreihen	
Reihe 1	Abfallbeseitigung	
1.1	Öffentliche Abfallbeseitigung ...	2j
1.2	Abfallbeseitigung im Produzierenden Gewerbe und in anderen Bereichen ...	2j
Reihe 2	Wasserversorgung und Abwasserbeseitigung	
2.1	Öffentliche Wasserversorgung und Abwasserbeseitigung ...	4j
2.2	Wasserversorgung und Abwasserbeseitigung im Bergbau und Verarbeitenden Gewerbe und bei Wärmekraftwerken für die öffentliche Versorgung ...	2j
Reihe 3	Investitionen für Umweltschutz im Produzierenden Gewerbe	j

1.1.3 Systematische Verzeichnisse

Unternehmens- und Betriebssystematiken

Systematik der Wirtschaftszweige

Systematik der Wirtschaftszweige mit Erläuterungen (Ausgabe 1979)

Systematik der Wirtschaftszweige mit Betriebs- und ähnlichen Benennungen (Ausgabe 1979)

Alphabetisches Verzeichnis der Betriebs- und ähnlichen Benennungen zur Systematik der Wirtschaftszweige (Ausgabe 1979)

Verzeichnis der Aktiengesellschaften und der Gesellschaften mit beschränkter Haftung (Stand 31. 12. 1971; vergriffen)

Gütersystematiken

Systematisches Güterverzeichnis für Produktionsstatistiken (Ausgabe 1982)

Kommentare für: Mineralölerzeugnisse; elektrotechnische Erzeugnisse; chemische Erzeugnisse; Büromaschinen, Datenverarbeitungsgeräte und -einrichtungen; Süßwaren und Dauerbackwaren

Alphabetisches Warenverzeichnis für die Industriestatistik (Ausgabe 1975; vergriffen)[2])

Warenverzeichnis für den Material- und Wareneingang im Produzierenden Gewerbe (WE) (Ausgabe 1978)

Warenverzeichnis für die Außenhandelsstatistik (Ausgabe 1983)

Internationales Warenverzeichnis für den Außenhandel (SITC II) (Ausgabe 1976)

Gegenüberstellung des Warenverzeichnisses für die Industriestatistik (WI) mit dem Warenverzeichnis für die Außenhandelsstatistik (WA) (Ausgabe 1981)

Güterverzeichnis für die Verkehrsstatistik (Ausgabe 1969)

Güterverzeichnis für den Privaten Verbrauch (Ausgabe 1963)[3])

Systematik der Bauwerke (Ausgabe 1978)

Warenverzeichnis für die Binnenhandelsstatistik (Ausgabe 1978)

Personensystematiken

Klassifizierung der Berufe (Systematisches und alphabetisches Verzeichnis der Berufsbenennungen) (Ausgabe 1975)

Internationale Standardklassifikation der Berufe (ISCO) (Deutsche Ausgabe 1968)

Handbuch der Internationalen Klassifikation der Krankheiten, Verletzungen und Todesursachen (ICD) (Ausgabe 1968; vergriffen)[4])

Verzeichnis der Religionsbenennungen (Ausgabe 1970)

Staatsangehörigkeits- und Gebietsschlüssel (Ausgabe 1982)

Regionalsystematiken

Amtliches Gemeindeverzeichnis für die Bundesrepublik Deutschland (Ausgabe 1971)

Amtliche Schlüsselnummern und Bevölkerungsdaten der Gemeinden und Verwaltungsbezirke in der Bundesrepublik Deutschland (Ausgabe 1982)

Alphabetisches Länderverzeichnis für die Außenhandelsstatistik (Stand: 1. 1. 1983)

Verzeichnis der Verkehrsbezirke und Häfen (Ausgabe 1980)

Sonstige Systematiken

Verzeichnis der Krankenhäuser in der Bundesrepublik Deutschland (Ausgabe 1978)

1.1.4 Kartographische Darstellungen

In Verbindung mit Zählungen, die nur in längeren Abständen stattfinden, gibt das Statistische Bundesamt thematische Karten im Mehrfarbendruck heraus. Bisher sind 6 Kartenblätter zur Wohnungszählung 1968, 9 Kartenblätter zur Arbeitsstättenzählung 1970, 8 Kartenblätter zur Volks- und Berufszählung 1970, 6 Kartenblätter zur Landwirtschaftszählung 1971 und 3 Kartenblätter zur Handels- und Gaststättenzählung 1979 erschienen.

[1]) Vierteljährliche Veröffentlichung vorgesehen.
[2]) Ausgabe 1982 vorgesehen; Titel: Alphabetisches Güterverzeichnis für Produktionsstatistiken.
[3]) Ausgabe 1982 vorgesehen; Titel: Systematik der Einnahmen und Ausgaben der privaten Haushalte.
[4]) Eine Neuausgabe 1979 (9. Revision) ist vom Bundesministerium für Jugend, Familie und Gesundheit herausgegeben worden.

1.1.5 Statistik des Auslandes

Allgemeine Auslandsstatistik

Internationale Monatszahlen

Ausgewählte Tatbestände im Ländervergleich.

Länderberichte

Zusammenstellung und Kommentierung des jeweils neuesten Zahlenmaterials für ausgewählte Länder oder Ländergruppen (unregelmäßig).

Länderkurzberichte

Darbietung von zeitnahen statistischen Angaben über die wirtschaftliche sowie gesellschaftliche Struktur und Entwicklung fast aller selbständigen Staaten der Erde (jährlich 48 Berichte).

Fachserie Auslandsstatistik

Veröffentlichungsreihen

Reihe 1 **Bevölkerung und Erwerbstätigkeit im Ausland**

1.1 Stand und Entwicklung der Bevölkerung im Ausland (unr)

1.2 Natürliche Bevölkerungsbewegung im Ausland (unr)

1.3 Streiks und Aussperrungen im Ausland (unr)

Reihe 2 **Produzierendes Gewerbe im Ausland**

2.1 Betriebe, Beschäftigung, Umsatz und Produktionswerte des Produzierenden Gewerbes im Ausland (unr)

2.2 Produktion ausgewählter Erzeugnisse des Verarbeitenden Gewerbes im Ausland (unr)

2. S Sonderbeiträge

Reihe 3 **Außenhandel des Auslandes**

3.1 Außenhandel der Staatshandelsländer[1]) (unr)

Reihe 4 **Löhne und Gehälter im Ausland**

4.1 Arbeitnehmerverdienste im Ausland (j)

4.2 Tariflöhne und -gehälter im Ausland (j)

Reihe 5 **Preise und Preisindizes im Ausland** (m,j)

1.1.6 Fremdsprachige Veröffentlichungen

Englisch

Survey of German Federal Statistics (Ausgabe 1981)

Present and Future Tasks of Official Statistics (Ausgabe 1972)

Statistical Compass (Ausgabe 1983)

Foreign Trade according to the Standard International Trade Classification (SITC – Rev. II) – Special Trade (Ausgabe 1981)

Studies on Statistics (bis No. 36; No. 1 bis 21 und 23 vergriffen)

Französisch

Aperçu de la statistique fédérale allemande (Ausgabe 1976)

Tâches actuelles et futures de la statistique officielle (Ausgabe 1972; vergriffen)

Boussole des chiffres (Ausgabe 1983)

Spanisch

Guía Estadística (Ausgabe 1983)

Dreisprachig

Dreisprachiges Verzeichnis statistischer Fachausdrücke (Deutsch – Englisch – Französisch – Ausgabe 1969)

Verzeichnis wichtiger internationaler Abkürzungen (Deutsch – Englisch – Französisch – Ausgabe 1981)

[1]) Letzter Bericht noch unter dem Titel »Ostblockländer« erschienen.

1.2 Veröffentlichungen von Bundesministerien und anderen Bundesbehörden

Ergebnisse der von Bundesministerien und anderen Bundesbehörden bearbeiteten Statistiken erscheinen in erster Linie in den nachstehend aufgeführten Publikationen. Eine Auswahl der wichtigsten Zahlen wird auch in das »Statistische Jahrbuch« übernommen.

Herausgeber	Veröffentlichung
Meteorologische Angaben	
Deutscher Wetterdienst	Deutsches Meteorologisches Jahrbuch (Bundesrepublik) Wetterkarte Europäischer Wetterbericht Die Großwetterlagen Europas Die Witterung in Übersee Monatlicher Witterungsbericht Jahresbericht Das Klima der Bundesrepublik Deutschland Klimadaten von Europa Marine Climatological Summary Ergebnisse von Strahlungsmessungen in der Bundesrepublik Deutschland Agrarmeteorologischer Wochenhinweis für das Gebiet der Bundesrepublik Deutschland Sonderbeobachtungen des Meteorologischen Observatoriums Hohenpeißenberg (Ozonmessungen)
Erwerbstätigkeit	
Bundesanstalt für Arbeit	Amtliche Nachrichten (monatlich) mit Sonderheften als Beilage (u. a. Jahreszahlen zur Arbeitsstatistik)
Land- und Forstwirtschaft, Fischerei	
Bundesministerium für Ernährung, Landwirtschaft und Forsten	Statistisches Jahrbuch über Ernährung, Landwirtschaft und Forsten Agrarbericht (agrar- und ernährungspolitischer Bericht der Bundesregierung) Agrarstrukturbericht Tierseuchenbericht Jahresbericht über die Deutsche Fischwirtschaft Statistische Reihe »BML Daten-Analysen« Statistischer Monatsbericht Ertragslage des Garten- und Weinbaues Statistischer Bericht über die Milch- und Molkereiwirtschaft Abschlußbericht über die Besondere Ernteermittlung bei Getreide und Kartoffeln Futterwirtschaft Landwirtschaftliche Erzeugerpreise, Zukaufspreise und Absatzwege Die Molkereistruktur im Bundesgebiet
Energie- und Wasserwirtschaft	
Bundesministerium für Wirtschaft	Öffentliche Elektrizitätsversorgung der Bundesrepublik Deutschland Vierteljahresbericht über die Elektrizitätswirtschaft in der Bundesrepublik Deutschland Die Elektrizitätswirtschaft in der Bundesrepublik Deutschland Bericht über die Gaswirtschaft in der Bundesrepublik Deutschland Die Entwicklung der Gaswirtschaft in der Bundesrepublik Deutschland Daten zur Entwicklung der Energiewirtschaft in der Bundesrepublik Deutschland
Bautätigkeit und Wohnungen	
Bundesministerium für Raumordnung, Bauwesen und Städtebau	Bundesbaublatt
Straßenverkehr	
Bundesministerium für Verkehr	Verkehr in Zahlen Straßenbaubericht Verkehrsstärkekarten Forschung Straßenbau und Straßenverkehrstechnik (Schriftenreihe) Allgemeiner Statistischer Dienst Straßenverkehrszählungen (Schriftenreihe)
Kraftfahrt-Bundesamt	Statistische Mitteilungen Der Bestand an Kraftfahrzeugen und Kraftfahrzeuganhängern Neuzulassungen – Besitzumschreibungen – Löschungen von Kraftfahrzeugen und Kraftfahrzeuganhängern Auswertung des Verkehrszentralregisters als Mittel der Effizienzkontrolle
Bundesanstalt für den Güterfernverkehr	Unternehmen und Fahrzeuge des gewerblichen Güter- und Möbelfernverkehrs Unternehmen und Fahrzeuge des gewerblichen Güternahverkehrs Unternehmen und Fahrzeuge des Werkfernverkehrs Grenzüberschreitender gewerblicher Güterverkehr deutscher Kraftfahrzeuge nach obligatorischen Tarifen und Sonderabmachungen (Vierteljahresberichte)
Bundesanstalt für den Güterfernverkehr/ Kraftfahrt-Bundesamt	Statistische Mitteilungen des Kraftfahrt-Bundesamtes und der Bundesanstalt für den Güterfernverkehr Gemeinsame Jahresberichte der Bundesanstalt für den Güterfernverkehr und des Kraftfahrt-Bundesamtes
Luftverkehr	
Luftfahrt-Bundesamt	Monatsbericht, Angezeigte Unfälle bei dem Betrieb von Luftfahrzeugen Ergebnisse der fachlichen Untersuchung von Unfällen bei dem Betrieb von Luftfahrzeugen
Nachrichtenverkehr	
Bundesministerium für das Post- und Fernmeldewesen	Geschäftsbericht
Posttechnisches Zentralamt	Bezirksstatistik des Kalenderjahres . . . Monatliche Bezirksstatistik
Geld und Kredit	
Deutsche Bundesbank	Monatsberichte Statistische Beihefte zu den Monatsberichten, Reihe 1 bis 5
Bundesaufsichtsamt für das Versicherungswesen	Geschäftsbericht »Veröffentlichungen«
Versicherungen	
Bundesaufsichtsamt für das Versicherungswesen	Geschäftsbericht »Veröffentlichungen«
Deutsche Bundesbank	Monatsberichte
Rechtspflege	
Bundesministerium der Justiz	Bundesanzeiger
Bundesministerium für Arbeit und Sozialordnung	Bundesarbeitsblatt Hauptergebnisse der Arbeits- und Sozialstatistik
Bundeskriminalamt	Polizeiliche Kriminalstatistik
Gesundheitswesen	
Bundesministerium für Jugend, Familie und Gesundheit	Handbuch der Internationalen Klassifikation der Krankheiten, Verletzungen und Todesursachen (ICD) 1979, 9. Revision, Band I Systematisches Verzeichnis, Band II Alphabetisches Verzeichnis Daten des Gesundheitswesens Schriftenreihe
Bundesministerium für Arbeit und Sozialordnung	Jahresberichte
Bundesgesundheitsamt	Bundesgesundheitsblatt
Sozialleistungen	
Bundesministerium für Arbeit und Sozialordnung	Bundesarbeitsblatt Jahresberichte Hauptergebnisse der Arbeits- und Sozialstatistik
Bundesanstalt für Arbeit	Amtliche Nachrichten (monatlich) mit Sonderheften als Beilage (u. a. Jahreszahlen zur Arbeitsstatistik)
Bundesausgleichsamt	Amtliches Mitteilungsblatt Statistische Berichte Vierteljahresberichte
Finanzen und Steuern	
Bundesministerium der Finanzen	Finanzbericht Dokumentation des Bundesministeriums der Finanzen Ministerialblatt
Bundesministerium der Finanzen und Bundesministerium für Wirtschaft Bundesministerium der Justiz	Bundesanzeiger
Löhne und Gehälter	
Bundesministerium für Arbeit und Sozialordnung	Bundesarbeitsblatt
Deutsche Bundesbank	Monatsberichte
Zahlungsbilanz	
Deutsche Bundesbank	Monatsberichte Statistische Beihefte zu den Monatsberichten, Reihe 3, Zahlungsbilanzstatistik
Bundesministerium der Justiz	Bundesanzeiger

1.3 Statistische Berichte der Statistischen Landesämter

An dieser Stelle werden nur die wichtigsten Gruppen von »Statistischen Berichten« genannt. Weitere Einzelheiten enthält das »Gesamtverzeichnis Statistischer Berichte der Statistischen Landesämter«. Die Statistischen Berichte sind weitgehend einheitlich gestaltet und enthalten zumeist auch Ergebnisse für kleinere regionale Einheiten (insbesondere Regierungsbezirke und Kreise). Die folgende Übersicht kann nur eine erste Orientierung vermitteln.

Kennziffer	Sachgebiet und Veröffentlichungsgruppe
A	**Bevölkerung und Erwerbstätigkeit**
A I 1 bis 5, 7 bis 8	Bevölkerungsstand
A II 1 bis 2	Natürliche Bevölkerungsbewegung
A III 1 bis 2	Wanderungen
A IV 1 bis 6, 8 bis 10	Gesundheitswesen
A V 1 bis 2	Gebiet
A VI 1 bis 2, 4 bis 5	Erwerbstätigkeit
B	**Unterricht und Bildung, Rechtspflege, Wahlen**
B I 1 bis 4	Allgemeinbildende Schulen
B II 1 bis 2, 4 bis 5	Berufsbildende Schulen
B III 1 bis 6	Hochschulen
B IV 1 bis 2	Erwachsenenbildung
B V 1, 3 bis 8	Sonstige kulturelle Einrichtungen und Veranstaltungen, Jugend, Sport
B VI 1 bis 7	Rechtspflege
B VII 1 bis 5	Wahlen
C	**Land- und Forstwirtschaft, Fischerei**
C I 1 bis 9	Bodennutzung und Anbau
C II 1 bis 7	Wachstumsstand und Ernte
C III 1 bis 6	Viehwirtschaft
C IV 1 bis 9	Betriebswirtschaft
C V	Forstwirtschaft
D	**Unternehmen und Arbeitsstätten**
D I 1 bis 2	Laufende Statistiken der Unternehmen (bzw. Arbeitsstätten)
E	**Produzierendes Gewerbe**
E I 1 bis 9	Bergbau, Verarbeitendes Gewerbe
E II 1 bis 3	Bauhauptgewerbe
E III 1 bis 3	Ausbaugewerbe
E IV 1 bis 3	Energie- und Wasserversorgung
E V 1	Handwerk
F	**Bautätigkeit, Wohnungswesen**
F I	(unbesetzt)
F II 1 bis 5, 7, 10 bis 11	Wohnungswesen
F III 1	Grundeigentum
G	**Handel und Gastgewerbe**
G I 1 bis 3	Binnenhandel
G II 1 bis 2	Warenverkehr mit der Deutschen Demokratischen Republik einschl. Berlin (Ost) und mit Berlin (West)
G III 1 bis 3	Außenhandel
G IV 1 bis 3	Fremdenverkehr, Gastgewerbe
H	**Verkehr**
H I 1 bis 2, 4 bis 8	Straßen- und Schienenverkehr
H II 1 bis 2	Schiffsverkehr
H III 1	Luftverkehr
J	**Geld und Kredit**
J I 1 bis 2, 4	Geld und Kredit
K	**Öffentliche Sozialleistungen**
K I 1 bis 4	Sozialhilfe und Jugendhilfe
K II 1	Sozialversicherung
K III 1, 3	Behinderte
K IV 1 bis 2	Soziale Einrichtungen
L	**Finanzen und Steuern**
L I 1 bis 3, 7	Staatsfinanzen
L II 2 bis 5, 7 bis 9	Gemeindefinanzen
L III 1 bis 3	Schulden und Personal
L IV 1 bis 11	Steuern
M	**Preise und Preisindizes**
M I 1 bis 2, 4 bis 7	Preise und Preisindizes
N	**Löhne und Gehälter**
N I 1 bis 4	Effektiv-Verdienste
N II 1	Tariflöhne und Tarifgehälter
O	**Verbrauch**
O I 1	Wirtschaftsrechnungen
O II 1 bis 3, 5	Einkommens- und Verbrauchsstichprobe
P	**Volkswirtschaftliche Gesamtrechnungen**
P I 1 bis 2	Ländergebnisse
P II 1 bis 2	Kreisergebnisse
Q	**Umweltschutz**
Q I 1 bis 3	Wasserversorgung und Abwasserbeseitigung
Q II 1 bis 3	Abfallbeseitigung
Q III 1 bis 2	Investitionen für Umweltschutz
Q IV 1	Umweltbelastungen anderer Art
Z	**Zusammenfassende Berichte**

2 Fundstellennachweis

Wie bereits bei der allgemeinen Erläuterung der Zielsetzungen angedeutet (vgl. S. 741), soll der Fundstellennachweis dem Benutzer der einzelnen Abschnitte des Statistischen Jahrbuchs Hinweise auf weiterführendes Material des Statistischen Bundesamtes geben. Deshalb ist auch er der Gliederung des Statistischen Jahrbuchs angepaßt. In der Sammelposition »Abhandlungen« sind fachübergreifende Beiträge von allgemeiner Bedeutung aus der Monatszeitschrift »Wirtschaft und Statistik« aufgenommen worden, die sich nicht eindeutig einem Jahrbuchabschnitt zuordnen lassen.

Innerhalb der Nachweisungen zu den einzelnen Jahrbuchabschnitten werden zunächst die Veröffentlichungen zu den Zählungen aufgeführt, und zwar getrennt nach Ergebnissen und kommentierenden Einzelbeiträgen in »Wirtschaft und Statistik«. In entsprechender Gliederung schließen sich die Hinweise auf Veröffentlichungen zu den einzelnen Sachgebieten an, wobei hier zwischen »Laufender Berichterstattung« und »Ausgewählten Einzelbeiträgen« unterschieden wird. Im Rahmen der laufenden Berichterstattung wird zuerst auf die Veröffentlichungen in den Fachserien, dann auf die in »Wirtschaft und Statistik« hingewiesen; bei den ausgewählten Einzelbeiträgen werden zunächst Sonderbeiträge (S) im Rahmen der Fachserien, die ergänzende tabellarische Übersichten, methodische Erläuterungen oder textliche Auswertungen enthalten, gebracht; es folgen wichtige Aufsätze aus »Wirtschaft und Statistik«. Veröffentlichungen, die sich auf den gesamten Jahrbuchabschnitt beziehen, sind – soweit vorhanden – den einzelnen Sachgebieten vorangestellt.

Hinweise auf das in anderen »Querschnittsveröffentlichungen« des Amtes enthaltene Material aus den verschiedenen Statistiken sind aus Platzgründen unterblieben.

Grundsätzlich sind nur die seit 1979 erschienenen Veröffentlichungen bzw. Beiträge aufgeführt. Wichtige methodische Aufsätze aus der Zeit vor 1979 sind jedoch vor allem in den »Abhandlungen« berücksichtigt. Der Anschluß an die vor 1979 erschienenen Veröffentlichungen läßt sich über die Quellennachweise in früheren Jahrgängen des Statistischen Jahrbuchs herstellen.

Zitierweise

Fachserien werden abgekürzt mit ihrer Nummer zitiert, an die sich Reihen- sowie ggf. Einzel- und Untertitel anschließen (z. B. Fachs. 3/4.3.1 = Fachserie 3, Reihe 4, Einzeltitel 3, Untertitel 1). Der Umstieg von den Nummern auf die Titel der Fachserien läßt sich über die Zusammenstellung auf S. 742 ff. vollziehen.

Für »Wirtschaft und Statistik« wird die Kurzbezeichnung »WiSta« verwendet. »WiSta (Tab.)« bedeutet, daß nur im Tabellenteil der Zeitschrift Ergebnisse nachgewiesen werden.

In der Spalte »Erscheinungsfolge« bedeuten: m = monatlich, vj = vierteljährlich, j = jährlich, unr = unregelmäßig, ein = einmalig. In Klammern ist jeweils der Jahrgang, bei »Wirtschaft und Statistik« zusätzlich die Heftnummer angegeben, die letzte Ergebnisse enthalten.

Sonderbeiträge werden mit einem S abgekürzt.

2.1 Abhandlungen

Titel	WiSta
Rechtliche Grundlagen	
Zum Entwurf eines Gesetzes über die Statistik für Bundeszwecke	11/52
Zu den Rechtsgrundlagen der Bundesstatistiken	6/55
Erstes Gesetz zur Änderung statistischer Rechtsvorschriften in Kraft getreten	7/80
Zur Novellierung des Bundesstatistikgesetzes	8/80
Das Vertrauen in die Geheimhaltung statistischer Angaben	8/50
Zur Frage der Auskunfts- und Geheimhaltungspflicht in der amtlichen Statistik	3/54
Neue Strafbestimmungen für die Verletzung der statistischen Geheimhaltungspflicht	4/75
Die Rechtsgrundsätze für statistische Erhebungen in den Mitgliedstaaten der Europäischen Gemeinschaften	4/70
Organisationsfragen der Statistik	
Die Organisation der amtlichen Statistik in der Bundesrepublik	6/50
Zur Gründung des Interministeriellen Ausschusses für Koordinierung und Rationalisierung der Statistik	9/51
Möglichkeiten und Maßnahmen zur Rationalisierung der amtlichen Statistik	3/53
Die statistische Arbeit der Vereinten Nationen	5/53
Zum Ablauf einer Bundesstatistik	6/54
Zum Einsatz von Großrechenanlagen in der amtlichen Statistik	6/58
Zum Beginn des Einsatzes einer Großrechenanlage im Statistischen Bundesamt	7/62
Zum Aufbau der Veröffentlichungen des Statistischen Bundesamtes	8/62
Methodische und fachübergreifende Fragen	
Gegenwarts- und Zukunftsaufgaben der amtlichen Statistik	11/72
Referate zum Thema »Messung der Lebensqualität und amtliche Statistik« anläßlich der 21. Tagung des Statistischen Beirats	8/74
Zur Entwicklung von Systemen sozialer Indikatoren bei den internationalen Organisationen	10/81
Referate zum Thema »Interdependenzen zwischen amtlicher Statistik und empirischer Sozialwissenschaft« anläßlich der 29. Tagung des Statistischen Beirats	12/82
Zur Datenbasis und Datendokumentation des Statistischen Informationssystems des Bundes	5/82
Feststellung der Belastung von Unternehmen der gewerblichen Wirtschaft durch Bundesstatistiken	1/82
Repräsentative Erhebungen und Aufbereitungen in der amtlichen Statistik	4/52
Über den Umfang und die Genauigkeit von Stichproben	1/58
Stand der Anwendung des Stichprobenverfahrens in der amtlichen Statistik	11/60
Der Mikrozensus als neues Instrument zur Erfassung sozial-ökonomischer Tatbestände	4/57
Das neue Schema der Sozio-ökonomischen Gliederung	5/70
Stichprobenplan des Mikrozensus ab 1972	11/73
Zur Wahl eines einheitlichen Basiszeitraumes für Indexberechnungen	4/51
Störungen der kurzfristigen Wirtschaftsbeobachtung durch jahreszeitliche und andere wiederkehrende Einflüsse	4/57
Unternehmen, fachliche Unternehmensteile und örtliche Einheiten als Grundlage für die statistische Darstellung wirtschaftlicher Tatbestände	12/57
Möglichkeiten und praktische Anwendung des Rotationssystems in den Wirtschaftsstatistiken	10/82
Ausbau der Konzentrationsstatistiken im Produzierenden Gewerbe	5/83
Gedanken zur regionalen Gliederung in der Wirtschaftsstatistik	4/55
Ausbau der Regionalstatistik	8/71
Konsequenzen der Gebietsreform für die Regionalstatistik	10/80
Schwerpunkte der Zusammenarbeit des Statistischen Bundesamtes mit internationalen Organisationen 1976–1981	4/82
Methode der Zeitreihenanalyse	1/73
Weiterentwicklung des Verfahrens der Zeitreihenanalyse	2/75
Systematiken	
Grundsätze der systematischen Klassifizierung wirtschaftlicher Tatbestände	3/52
Betriebskennzeichnung durch Betriebsnummern	7/53
Über die Gruppierung von Waren nach dem Verarbeitungsgrad, dem Verwendungszweck und der Dauerhaftigkeit	7/56
Systematisches Güterverzeichnis für den Privaten Verbrauch	2/62
Die Klassifizierung der Berufe 1970	1/70
Zur 9. Revision der Internationalen Klassifikation der Krankheiten, Verletzungen und Todesursachen (ICD/9)	11/79
Revision der Systematik der Wirtschaftszweige (WZ 1979)	7/80

2.2 Zu den einzelnen Abschnitten des Jahrbuchs*)

Titel bzw. Sachgebiet	Veröffentlichung	Erscheinungsfolge (Letzte Ausgabe)
3 Bevölkerung		
Volkszählung vom 27. 5. 1970		
Ergebnisse	Fachserie 1	unr (etwa alle 10 Jahre)
Ausgewählte Strukturdaten für Bund und Länder	Heft 1	
Ausgewählte Strukturdaten für nichtadministrative Gebietseinheiten	Heft 2	
Zusammengefaßte Daten über Bevölkerung und Erwerbstätigkeit für Bund und Länder	Heft 3	
Zusammengefaßte Daten über Bevölkerung und Erwerbstätigkeit für nichtadministrative Gebietseinheiten	Heft 4	
Bevölkerung und Bevölkerungsentwicklung nach Alter und Familienstand	Heft 5	
Bevölkerung nach der Religionszugehörigkeit	Heft 6	
Geburten	Heft 7	
Bevölkerung in Haushalten	Heft 8	
Bevölkerung in Familien	Heft 9	
Kinder und Jugendliche in Familien	Heft 10	
Bevölkerung in Anstalten	Heft 11	
Ältere Mitbürger	Heft 12	
Bevölkerung nach dem Ausbildungsstand, demographischen Merkmalen und Beteiligung am Erwerbsleben	Heft 13	
Bevölkerung nach dem Ausbildungsstand, ausgewählten Fachrichtungen und Nettoerwerbseinkommen	Heft 14	
Bevölkerung nach überwiegendem Lebensunterhalt und Beteiligung am Erwerbsleben	Heft 15	
Erwerbstätigkeit von Frauen und Müttern	Heft 16	
Erwerbstätige in wirtschaftlicher Gliederung nach Wochenarbeitszeit und weiterer Tätigkeit	Heft 17	
Erwerbstätige in wirtschaftlicher Gliederung und nach Nettoerwerbseinkommen	Heft 18	
Erwerbstätige in sozialer, sozio-ökonomischer und beruflicher Gliederung	Heft 19	
Erwerbstätige nach Beruf und Alter	Heft 20	
Pendler	Heft 21	
Vertriebene und Deutsche aus der DDR	Heft 22	
Ausländer	Heft 23	
Zählungsergebnisse für den internationalen Vergleich	Heft 24	
Methodische und praktische Vorbereitung sowie Durchführung der Volkszählung 1970	Heft 25	
Untersuchungen zur Methode und Genauigkeit der Volkszählung 1970	Heft 26	
Ausgewählte Einzelbeiträge		
Das Gesamtkonzept des Zählungswerkes	WiSta	8/67
Die Vorbereitung der Volks- und Berufszählung	WiSta	10/67
Die Volkszählung	WiSta	4/70
Die Bevölkerung des Bundesgebietes	WiSta	12/71
Bevölkerungsentwicklung 1961 bis 1970	WiSta	8/72
Bevölkerungsentwicklung in Stadt und Land 1961 bis 1970	WiSta	11/72
Bevölkerung in Stadtregionen	WiSta	5/74
Regionale Gliederung der Bevölkerung nach der Religionszugehörigkeit	WiSta	12/72
Bevölkerung der Bundesrepublik Deutschland nach Alter, Geschlecht und Familienstand im internationalen Vergleich	WiSta	7/74
Die Frauen nach der Kinderzahl	WiSta	6/74
Kinderzahl der Frauen in erster Ehe	WiSta	9/74
Erst- und Zweitehen und Kinderzahl der Frauen	WiSta	1/75
Erwerbsbeteiligung der Ausländer im Vergleich zur deutschen Erwerbsbevölkerung	WiSta	11/73
Berufliche Gliederung der deutschen Erwerbstätigen	WiSta	6/74
Altersstruktur der Erwerbsbevölkerung in wirtschaftlicher und sozialer Gliederung	WiSta	10/73
Ausbildungsstand der Erwerbsbevölkerung	WiSta	3/74
Die wirtschaftliche Gliederung der Auszubildenden	WiSta	3/74
Die zeitliche Beanspruchung der Frauen durch Erwerbstätigkeit	WiSta	3/74
Volkszählung 1983 [1])		
Konzept der Volks-, Berufs- und Arbeitsstättenzählung 1981[2])	WiSta	6/78
Fragenkatalog und Tabellenprogramm der Volks- und Berufszählung 1981[2])	WiSta	1/79
Gebäude- und wohnungsstatistische Fragen im Rahmen der Volkszählung 1981[2]) – Stand der Vorbereitung Anfang 1979	WiSta	5/79
Gebiet und Bevölkerung		
Gebiet und Bevölkerung	Fachs. 1/1	vj,j(81)
Amtliche Schlüsselnummern und Bevölkerungsdaten der Gemeinden und Verwaltungsbezirke in der Bundesrepublik Deutschland	Regionalsystematik	j(82)
Bevölkerungsstand und -veränderung	WiSta(Tab)	m,j
Bevölkerungsentwicklung	WiSta	j(7/82)
Haushalte und Familien		
Laufende Berichterstattung		
Haushalte und Familien	Fachs. 1/3	j(81)
Ausgewählte Einzelbeiträge		
Entwicklung der Zahl der deutschen Privathaushalte 1961 bis 1990	WiSta	9/79
Entwicklung der Privathaushalte nach Zahl und Struktur im Mai 1975	WiSta	7/76
Kinderzahl ausgewählter Bevölkerungsgruppen	WiSta	5/78
Kinderzahl der Ehen in den Ländern des Bundesgebietes	WiSta	8/78
Kinderzahl ausgewählter Ehejahrgänge	WiSta	8/76
Haus- und Wohnungseigentum der Familien im April 1977	WiSta	3/79
Ausländer		
Laufende Berichterstattung		
Ausländer	Fachs. 1/2	j(82)
Ausländer im Bundesgebiet	WiSta	j(1/83)
Eheschließungen, Ehescheidungen, Geburten und Sterbefälle von Ausländern	WiSta	j(2/83)
Ausgewählte Einzelbeiträge		
Haushalte von Ausländern in der Bundesrepublik Deutschland (1972 und 1977)	WiSta	1/79
Familien von Ausländern in der Bundesrepublik Deutschland 1978	WiSta	12/79
Natürliche Bevölkerungsbewegung		
Laufende Berichterstattung		
Gebiet und Bevölkerung	Fachs. 1/1	vj,j(81)
Allgemeine Sterbetafel für die Bundesrepublik Deutschland	Fachs. 1/1.S.2	unr(72)
Natürliche Bevölkerungsbewegung	WiSta(Tab)	m,j
Bevölkerungsentwicklung	WiSta	j(7/82)
Ehescheidungen	WiSta	j(12/82)
Ausgewählte Einzelbeiträge		
Die Bedeutung von Veränderungen der Geburtenhäufigkeit und Sterblichkeit für die Entwicklung und den Altersaufbau der Bevölkerung	WiSta	3/67
Voraussichtliche Bevölkerungsentwicklung bis 1990	WiSta	12/75, 6/76
Der Rückgang der Geburtenhäufigkeit in regionaler Sicht	WiSta	5/73
Veränderung der Geburtenabstände und Auswirkungen auf die Geburtenentwicklung	WiSta	11/73
Gründe des Geburtenrückgangs 1966 bis 1975 und für »Nullwachstum« erforderliche Kinderzahl der Ehen	WiSta	6/77
Geburtenhäufigkeit in den Kreisen des Bundesgebietes 1961, 1970 und 1974	WiSta	6/77
Demographische Ursachen des Geburtenrückgangs	WiSta	3/79
Laufende Beobachtung und Analyse der Veränderungen der Geburtenhäufigkeit	WiSta	8/81
Lebend- und Totgeborene sowie gestorbene Säuglinge nach Körperlänge und Gewicht bei der Geburt 1972 und 1973	WiSta	1/76
Entwicklung der Säuglingssterblichkeit und ihre Einflußgrößen	WiSta	1/78
Heiratstafel Lediger 1972/74 – Querschnitt- und Längsschnittergebnisse für die deutsche Bevölkerung	WiSta	12/76
Heiratstafeln Verwitweter und Geschiedener 1972/1974 für die deutsche Bevölkerung	WiSta	9/79

*) Die Abschnitte 1, 2, 5, 24 und 26 sind nicht aufgeführt, weil hierzu keine Veröffentlichungen des Statistischen Bundesamtes vorliegen.

[1]) Die Zählung war für den 27. 4. 1983 vorgesehen; aufgrund des Urteils des Bundesverfassungsgerichts vom 13. 4. 1983 wurde die Durchführung bis zur endgültigen Entscheidung über die eingereichten Verfassungsbeschwerden ausgesetzt.

[2]) Zunächst sollte die Zählung bereits 1981 stattfinden.

Titel bzw. Sachgebiet	Veröffentlichung	Erscheinungsfolge (Letzte Ausgabe)
Ausgewählte Daten zur Entwicklung von Eheschießungen und Geburtenzahlen	WiSta	1/82
Ehen im April 1977 nach dem Einkommen des Mannes	WiSta	3/79
Ehescheidungen 1977 nach altem Recht	WiSta	1/79
Allgemeine Sterbetafel 1970/72	WiSta	7/74
Sterblichkeit im internationalen Vergleich	WiSta	11/74

Räumliche Bevölkerungsbewegung

Titel bzw. Sachgebiet	Veröffentlichung	Erscheinungsfolge (Letzte Ausgabe)
Laufende Berichterstattung		
Gebiet und Bevölkerung	Fachs. 1/1	vj,j(81)
Bevölkerungsentwicklung	WiSta	j(7/82)
Ausgewählte Einzelbeiträge		
Die Bedeutung der Wanderungen für die Bevölkerungsentwicklung	WiSta	4/75
Umfang und Struktur der Wanderungen von Ausländern zwischen dem Bundesgebiet und dem Ausland 1968 bis 1978	WiSta	1/80
Einbürgerungen 1974	WiSta	8/75

Vertriebene und Aussiedler

Titel bzw. Sachgebiet	Veröffentlichung	Erscheinungsfolge (Letzte Ausgabe)
Vertriebene und Flüchtlinge (Bevölkerungsstatistische Ergebnisse)	[1])	j(74)

4 Wahlen

Titel bzw. Sachgebiet	Veröffentlichung	Erscheinungsfolge (Letzte Ausgabe)
Wahl der Abgeordneten des Europäischen Parlaments aus der Bundesrepublik Deutschland am 10. 6. 1979	Fachserie 1	5j
Zusammensetzung des derzeitigen Europäischen Parlaments sowie Ergebnisse der letzten Wahlen zu den nationalen Parlamenten der Mitgliedstaaten der Europäischen Gemeinschaften und der Bundes- und Landtagswahlen seit 1946	Heft 1	
Strukturdaten für die kreisfreien Städte und Landkreise	Heft 2	
Vergleichszahlen aus früheren Wahlen für die kreisfreien Städte und Landkreise	Heft 3	
Vorläufige Ergebnisse nach Ländern, Sitzverteilung und vorläufig Gewählte	Heft 4	
Endgültige Ergebnisse nach kreisfreien Städten und Landkreisen, Sitzverteilung und Abgeordnete	Heft 5	
Wahlbeteiligung und Stimmabgabe der Männer und Frauen nach dem Alter	Heft 6	
Textliche Auswertung der Wahlergebnisse	Heft 7	
Die Bewerber und Ersatzbewerber für die Wahl der Abgeordneten des Europäischen Parlaments aus der Bundesrepublik Deutschland	Sonderheft	
Wahl zum 10. Deutschen Bundestag am 6. 3. 1983	Fachserie 1	4j
Ergebnisse		
Ergebnisse und Vergleichszahlen früherer Bundestags- und Landtagswahlen sowie Strukturdaten für die Bundestagswahlkreise 1983	Heft 1	
Vorläufige Ergebnisse nach Wahlkreisen	Heft 2	
Endgültige Ergebnisse nach Wahlkreisen	Heft 3	
Die Wahlbewerber für die Wahl zum 10. Deutschen Bundestag	Sonderheft	
Ausgewählte Einzelbeiträge		
Daten zur Wahl zum 10. Deutschen Bundestag am 6. 3. 1983	WiSta	1/83
Endgültiges Ergebnis der Wahl zum 10. Deutschen Bundestag am 6. 3. 1983	WiSta	3/83

6 Erwerbstätigkeit

Ergebnisse der Berufszählung vom 27. 5. 1970 siehe Volkszählung

Erwerbspersonen und Erwerbstätige

Titel bzw. Sachgebiet	Veröffentlichung	Erscheinungsfolge (Letzte Ausgabe)
Laufende Berichterstattung		
Stand und Entwicklung der Erwerbstätigkeit	Fachs. 1/4.1.1	j(81)
	WiSta	j(3/83, 5/83)
Beruf, Ausbildung und Arbeitsbedingungen der Erwerbstätigen	Fachs. 1/4.1.2	2j(80)
Ausgewählte Einzelbeiträge		
Das Gesamtsystem der Erwerbstätigkeitsstatistik	WiSta	6/75
Erwerbstätigkeit und Ausbildung	WiSta	9/78
Berufe der Erwerbstätigen nach Wirtschaftszweigen	WiSta	11/78
Beruf und Altersstruktur der Erwerbstätigen im April 1978	WiSta	10/79
Zusammenhänge zwischen Beruf, Ausbildungsabschluß und sozialer Stellung der Erwerbstätigen im April 1978	WiSta	12/79
Entwicklung der Erwerbstätigkeit nach Berufen	WiSta	7/81
Beruf und Tätigkeitsmerkmale der Erwerbstätigen	WiSta	6/82
Entwicklung der Erwerbstätigkeit 1970 bis 1981 – Ergebnis einer Revision der Erwerbstätigenzahlen	WiSta	11/82
Krankenversicherungsschutz der erwerbstätigen Bevölkerung 1978	WiSta	7/79
Die Entwicklung der Erwerbstätigkeit der Frauen und ihre Einflußfaktoren	WiSta	3/73
Heirat, Ehedauer und Erwerbstätigkeit der Frauen im April 1971	WiSta	4/75
Erwerbstätigkeit von Müttern mit jüngeren Kindern im April 1974	WiSta	7/75
Unterbrechung und Wiederaufnahme der Erwerbstätigkeit von Frauen im Juli 1974	WiSta	4/76
Aspekte der Erwerbstätigkeit von Frauen im Juli 1974	WiSta	2/77
Erwerbstätigkeit verheirateter Frauen	WiSta	8/78
Teilzeitbeschäftigte Frauen	WiSta	9/78
Auszubildende 1977	WiSta	12/78
Erwerbstätigkeit von Ausländern 1978/79	WiSta	10/80

Personal im öffentlichen Dienst

Titel bzw. Sachgebiet	Veröffentlichung	Erscheinungsfolge (Letzte Ausgabe)
Laufende Berichterstattung		
Personal des öffentlichen Dienstes	Fachs. 14/6	j(80)
	WiSta	j(8/82)
Personal im Bundesdienst	WiSta	j(11/82)
Ausgewählte Einzelbeiträge		
Personal im Bereich öffentliche Sicherheit und Ordnung am 30. 6. 1974	WiSta	1/76
Altersstruktur des Personals im öffentlichen Dienst am 30. 6. 1977	WiSta	7/79
Personal in Ausbildung im öffentlichen Dienst am 30. 6. 1975	WiSta	4/76
Personal des unmittelbaren öffentlichen Dienstes am 30. 6. 1977	WiSta	4/78
Personalfluktuation im unmittelbaren öffentlichen Dienst 1978/79	WiSta	11/80
Altersstruktur der Bundesbediensteten	WiSta	11/78
Personalfluktuation im Bundesdienst 1978/79	WiSta	2/80
Versorgungsempfänger des öffentlichen Dienstes am 1. 2. 1980	WiSta	6/80

Beschäftigte, Arbeitslose, Streiks

Titel bzw. Sachgebiet	Veröffentlichung	Erscheinungsfolge (Letzte Ausgabe)
Laufende Berichterstattung		
Sozialversicherungspflichtig beschäftigte Arbeitnehmer	Fachs.1/4.2	vj,j(81)
Streiks und Aussperrungen	Fachs.1/4.3	unr(82)
	WiSta	j(2/83)
Arbeitslose, offene Stellen und Vermittlungen, Kurzarbeiter	WiSta(Tab)	m
Ausgewählte Einzelbeiträge		
Erste Ergebnisse der neuen Beschäftigtenstatistik	WiSta	3/76
Sozialversicherungspflichtig beschäftigte Arbeitnehmer 1981	WiSta	12/82
Struktur und Entwicklung des Versichertenbestandes der gesetzlichen Rentenversicherung seit 1972 (Ergebnisse des Mikrozensus)	WiSta	3/81
Zur Abgrenzung und Struktur der Erwerbslosigkeit	WiSta	1/79
Erwerbslosigkeit im Haushaltszusammenhang	WiSta	9/81

7 Unternehmen und Arbeitsstätten

Titel bzw. Sachgebiet	Veröffentlichung	Erscheinungsfolge (Letzte Ausgabe)
Arbeitsstättenzählung vom 27. 5. 1970	Fachserie 2	unr(etwa alle 10 Jahre)
Ergebnisse		
Einführung in die methodischen und systematischen Grundlagen der nichtlandwirtschaftlichen Arbeitsstättenzählung	Heft 1	
Nichtlandwirtschaftliche Arbeitsstätten (örtliche Einheiten) und Beschäftigte	Heft 2	

[1]) Letzte verfügbare Ergebnisse in früherer Fachserie A, Reihe 4.

Titel bzw. Sachgebiet	Veröffentlichung	Erscheinungsfolge (Letzte Ausgabe)
Nichtlandwirtschaftliche Arbeitsstätten (örtliche Einheiten) nach Beschäftigtengrößenklassen, Beschäftigte nach der Stellung im Betrieb	Heft 3	
Nichtlandwirtschaftliche Arbeitsstätten (örtliche Einheiten), Lohn- und Gehaltsummen nach Gemeinde- und Beschäftigtengrößenklassen	Heft 4	
Nichtlandwirtschaftliche Arbeitsstätten (örtliche Einheiten), Beschäftigte, Lohn- und Gehaltsummen in den Ländern und deren Verwaltungsbezirken	Heft 5	
Nichtlandwirtschaftliche Unternehmen (Wirtschaftseinheiten) nach Rechtsformen und Beschäftigtengrößenklassen	Heft 6	
Nichtlandwirtschaftliche Unternehmen (Wirtschaftseinheiten) mit Lohn- und Gehaltsummen nach Beschäftigtengrößenklassen	Heft 7	
Zusammenhänge zwischen den nichtlandwirtschaftlichen Unternehmen (Wirtschaftseinheiten) und ihren Arbeitsstätten (örtlichen Einheiten)	Heft 8	
Nichtlandwirtschaftliche Arbeitsstätten (örtliche Einheiten), Unternehmen (Wirtschaftseinheiten) und Beschäftigte 1970, 1961, 1950 und 1939	Heft 9	
Nichtlandwirtschaftliche Arbeitsstätten (örtliche Einheiten), Beschäftigte, Lohn- und Gehaltsummen in den Stadtregionen und ihren Zonen	Sonderheft 1	
Nichtlandwirtschaftliche Arbeitsstätten (örtliche Einheiten), Beschäftigte, Lohn- und Gehaltsummen in sonstigen nichtadministrativen Gebietseinheiten	Sonderheft 2	
Ausgewählte Einzelbeiträge		
Das Gesamtkonzept des Zählungswerkes	WiSta	8/67
Die Vorbereitung der Arbeitsstättenzählung	WiSta	1/69
Arbeitsstätten und Beschäftigte	WiSta	4/72
Die Größe der Arbeitsstätten nach ihrer Beschäftigtenzahl	WiSta	9/72
Beschäftigte der Arbeitsstätten nach Geschlecht und Stellung im Betrieb	WiSta	1/73
Lohn- und Gehaltsummen der Arbeitsstätten	WiSta	3/73

Arbeitsstättenzählung 1983[1])

Titel bzw. Sachgebiet	Veröffentlichung	Erscheinungsfolge (Letzte Ausgabe)
Konzept der Volks-, Berufs- und Arbeitsstättenzählung 1981[2])	WiSta	6/78
Fragenkatalog und Tabellenprogramm der Arbeitsstättenzählung 1981[2])	WiSta	2/79

Unternehmen und Arbeitsstätten

Titel bzw. Sachgebiet	Veröffentlichung	Erscheinungsfolge (Letzte Ausgabe)
Zahl und Nominalkapital der Kapitalgesellschaften	WiSta	6/81
Umsätze nach Rechtsformen der Unternehmen (Ergebnis der Umsatzsteuerstatistik 1974)	WiSta	7/76

Kostenstruktur[3])

Titel bzw. Sachgebiet	Veröffentlichung	Erscheinungsfolge (Letzte Ausgabe)
Laufende Berichterstattung		
Handwerk	Fachs.2/1.1	4j(78)
Großhandel, Handelsvertreter und Handelsmakler, Verlagswesen	Fachs.2/1.2	
Großhandel, Buch- u. ä. Verlage	Fachs.2/1.2.1	4j(80)
Handelsvertreter und Handelsmakler	Fachs.2/1.2.2	4j(80)
Einzelhandel	Fachs.2/1.3	4j(77)
Gastgewerbe	Fachs.2/1.4	4j(77)
Verkehrsgewerbe	Fachs.2/1.5	
Nichtbundeseigene Eisenbahnen, öffentlicher Straßenverkehr, Reiseveranstaltung und Reisevermittlung (Reisebüros)	Fachs.2/1.5.1	4j(79)
Gewerblicher Güterkraftverkehr, Spedition und Lagerei, Binnenschiffahrt (Güterbeförderung), See- und Küstenschiffahrt	Fachs.2/1.5.2	4j(79)
Freie Berufe	Fachs.2/1.6	
Ärzte, Zahnärzte, Tierärzte	Fachs.2/1.6.1	4j(79)
Rechtsanwälte und Notare, prüfende sowie wirtschafts- und steuerberatende Berufe, Architekten und Beratende Ingenieure	Fachs.2/1.6.2	4j(79)
Ausgewählte Einzelbeiträge		
Kostenstruktur im Handwerk	WiSta	12/80

Abschlüsse der Unternehmen

Titel bzw. Sachgebiet	Veröffentlichung	Erscheinungsfolge (Letzte Ausgabe)
Abschlüsse der Aktiengesellschaften	Fachs.2/2.1	j(79)
Jahresabschlüsse von Unternehmen, für die das Publizitätsgesetz gilt	WiSta	j(8/82)
Jahresabschlüsse von Konzernen, für die das Publizitätsgesetz gilt	WiSta	j(10/82)
Jahresabschlüsse von Aktiengesellschaften des Produzierenden Gewerbes	WiSta	j(3/83)
Dividende der Aktiengesellschaften	WiSta	j(9/82)
Abschlüsse der öffentlichen Versorgungs- und Verkehrsunternehmen	Fachs.2/3	j(79)

Zahlungsschwierigkeiten

Titel bzw. Sachgebiet	Veröffentlichung	Erscheinungsfolge (Letzte Ausgabe)
Insolvenzverfahren	Fachs.2/4.1	m
	WiSta(Tab)	m
	WiSta	j(2/83)
Finanzielle Abwicklung der Insolvenzverfahren	Fachs.2/4.2	j(80)
	WiSta	j(6/82)

8 Land- und Forstwirtschaft, Fischerei

Gesamtüberblick

Titel bzw. Sachgebiet	Veröffentlichung	Erscheinungsfolge (Letzte Ausgabe)
Ausgewählte Zahlen für die Agrarwirtschaft	Fachs.3/1	j(82)

Landwirtschaftszählung 1971

Titel bzw. Sachgebiet	Veröffentlichung	Erscheinungsfolge (Letzte Ausgabe)
Landwirtschaftszählung 1971	Fachserie 3	unr(etwa alle 10 Jahre)
Ergebnisse		
Erhebungsprogramm und Organisation	Heft 1	
Hauptnutzungsarten, Hauptproduktionsrichtung und Größenstruktur der Betriebe	Heft 2	
Rechtsform der Betriebe, Bodennutzung	Heft 3	
Viehhaltung	Heft 4	
Betriebsklassifizierung und Betriebseinkommen	Heft 5	
Besitzverhältnisse, Teilstücke	Heft 6	
Arbeitsverhältnisse	Heft 7	
Betriebsinhaber und Familienangehörige nach Beschäftigten- und Altersgruppen	Heft 8	
Maschinenverwendung	Heft 9	
Gewerbebetriebe, vertragliche Bindungen, Zimmervermietung	Heft 10	
Landwirtschaftliche und nichtlandwirtschaftliche Ausbildung, Haushaltsstruktur, soziale Sicherung, außerbetriebliches Einkommen	Heft 11	
Absatzwege, Auslastung der Vollerntemaschinen, Neu- und Umbauten	Heft 12	
Ergebnisse zur sozialökonomischen Gliederung der Betriebe, Buchführung	Heft 13	
Betriebseinkommen, außerbetriebliches Einkommen und Arbeit in den sozialökonomischen Betriebstypen	Heft 14	
Gesamtüberblick über das Aufbereitungs- und Darstellungsprogramm	Heft 15	
Zusammenschlüsse landwirtschaftlicher Betriebe, Erzeugergemeinschaften, Lohnmaschinen-Unternehmen	Heft 16	
Ausgewählte Strukturdaten über Betriebs-, Besitz- und Arbeitsverhältnisse für nichtadministrative Gebietseinheiten und für Kreise	Heft 17	
Ausgewählte Einzelbeiträge		
Die Landwirtschaftszählung 1971	WiSta	5/71
Methode und Ergebnisse der Grunderhebung	WiSta	1/72
Organisationskonzept, Verfahren und Ergebnisse der Landwirtschaftszählung	WiSta	8/74
Hauptproduktionsrichtung, Hauptnutzungsarten und Flächengliederung der Betriebe in der Land- und Forstwirtschaft	WiSta	7/72
Rechtsformen und Besitzarten der Betriebe in der Land- und Forstwirtschaft	WiSta	10/72
Klassifizierung der land- und forstwirtschaftlichen Betriebe und deren Betriebseinkommen	WiSta	4/73
Betriebliche Zusammenschlüsse in der Land- und Forstwirtschaft	WiSta	7/74
Besitzverhältnisse in der Landwirtschaft	WiSta	7/75
Altersgliederung der Betriebsinhaber und ihrer Familienangehörigen	WiSta	10/74
Lohnmaschinen-Unternehmen in der Landwirtschaft	WiSta	5/73
Bodennutzung in den landwirtschaftlichen Betrieben	WiSta	10/72
Viehhaltung in den landwirtschaftlichen Betrieben	WiSta	9/72
Regionalergebnisse über Bodennutzung und Viehhaltung	WiSta	7/73
Betriebe mit Baumobstflächen 1972	WiSta	4/75
Arrondierung und Zersplitterung der Flächen der Betriebe	WiSta	7/75

[1]) Die Zählung war für den 27. 4. 1983 vorgesehen; aufgrund des Urteils des Bundesverfassungsgerichts vom 13. 4. 1983 wurde die Durchführung bis zur endgültigen Entscheidung über die eingereichten Verfassungsbeschwerden ausgesetzt.

[2]) Zunächst sollte die Zählung bereits 1981 stattfinden.

[3]) Ohne Produzierendes Gewerbe; siehe hierzu Abschnitt 9.

Titel bzw. Sachgebiet	Veröffentlichung	Erscheinungsfolge (Letzte Ausgabe)
Maschinenverwendung in der Landwirtschaft	WiSta	10/75
Die Verbindung landwirtschaftlicher Betriebe mit verarbeitenden Nebenbetrieben, gewerblicher Viehhaltung und Gewerbebetrieben	WiSta	11/75
Landwirtschaftliche Betriebe mit Zimmervermietung an Urlaubs- und Erholungsreisende	WiSta	11/75
Von Vollerntemaschinen abgeerntete Flächen	WiSta	1/76
Gebäudeinvestitionen in den landwirtschaftlichen Betrieben	WiSta	1/76
Landwirtschaftszählung 1979	Fachserie 3	unr (etwa alle 10 Jahre)
Ergebnisse		
Arbeitsverhältnisse in den land- und forstwirtschaftlichen Betrieben	Heft 1	
Betriebe nach dem Schwerpunkt ihrer Viehhaltung	Heft 2	
Besitzverhältnisse, Zimmervermietung, Wohnhausausstattung	Heft 3	
Landwirtschaftliche und nichtlandwirtschaftliche Ausbildung, Haushaltsstruktur, soziale Sicherung	Heft 4	
(Heft 5 und 6 in Vorbereitung)		
Ausgewählte Einzelbeiträge		
Konzept der Landwirtschaftszählung 1979	WiSta	4/79
Rechtsformen der landwirtschaftlichen Betriebe	WiSta	4/82
Landwirtschaftliche Betriebe mit Zimmervermietung an Ferien- und Kurgäste	WiSta	4/82
Forstbetriebe und Waldflächen	WiSta	6/82
Ausbildung und soziale Sicherung in den landwirtschaftlichen Betrieben	WiSta	8/82
Gartenbauerhebung 1972/73	Fachserie 3	ein
Betriebe mit Anbau von Gartengewächsen zum Verkauf	Heft 1	
Betriebe mit Baumobstflächen	Heft 2	
Methode und Ergebnisse der Gartenbauerhebung 1972/73	WiSta	6/75
Forsterhebung 1972	Fachserie 3	ein
Strukturverhältnisse in der Forstwirtschaft	Heft 1	
Binnenfischereierhebung 1972	Fachserie 3	ein
Binnenfischerei 1972	WiSta	9/74
Weinbauerhebung 1979/80	Fachserie 3	ein
Methode und Ergebnisse der Weinbauerhebung 1979/80	WiSta	11/81
Betriebe und Arbeitskräfte		
Laufende Berichterstattung		
Betriebsgrößenstruktur	Fachs.3/2.1.1	j(82)
Bodennutzung der Betriebe	Fachs.3/2.1.2	2j(81)
Viehhaltung der Betriebe	Fachs.3/2.1.3	2j(81)
Betriebssysteme und Standardbetriebseinkommen	Fachs.3/2.1.4	2j(81)
	WiSta	2j(11/82)
Sozialökonomische Verhältnisse	Fachs.3/2.1.5	2j(81)
Besitzverhältnisse in den landwirtschaftlichen Betrieben	Fachs.3/2.1.6	2j(81)
Außerbetriebliche Einkommen und Arbeitsverhältnisse für ausgewählte Betriebsgruppen	Fachs.3/2.1.7	2j(81)
Arbeitskräfte	Fachs.3/2.2	j(82)
Technische Betriebsmittel	Fachs.3/2.3	3j(81)
Kaufwerte für landwirtschaftlichen Grundbesitz	Fachs.3/2.4	j(81)
	WiSta	j(11/82)
Ausgewählte Einzelbeiträge		
Methodische Grundlagen der Agrarberichterstattung	Fachs.3/2.S1	ein(79)
Programm und Organisation der Agrarberichterstattung	WiSta	8/76
Besitzverhältnisse der landwirtschaftlichen Betriebe 1979	WiSta	11/81
Struktur der Bodennutzung in den landwirtschaftlichen Betrieben 1979 und ihre Veränderung seit 1971	WiSta	3/82
Struktur der Bodennutzung und Besitzverhältnisse der landwirtschaftlichen Betriebe 1981	WiSta	8/82

[1]) Jährlich ca. 14 Berichte.
[2]) 2 Berichte.

Titel bzw. Sachgebiet	Veröffentlichung	Erscheinungsfolge (Letzte Ausgabe)
Viehhaltung in den landwirtschaftlichen Betrieben (1979)	WiSta	3/82
Landwirtschaftliche Betriebe mit Buchführung 1979	WiSta	3/82
Größenstruktur landwirtschaftlicher Betriebe und Forstbetriebe 1980 und deren Entwicklung seit 1970	WiSta	3/81
Landwirtschaftliche Betriebe in der Gliederung nach betrieblichen und außerbetrieblichen Einkommen 1979	WiSta	6/82
Außerbetriebliches Einkommen in den landwirtschaftlichen Betrieben 1980	WiSta	2/83
EWG-Strukturerhebung in der Landwirtschaft 1966/67 und ihre Durchführung in der Bundesrepublik Deutschland	WiSta	5/70
Bodennutzung und Ernte		
Laufende Berichterstattung		
Bodennutzung und pflanzliche Erzeugung	Fachs.3/3	j(82)
Bodennutzung		
Gliederung der Gesamtflächen	Fachs.3/3.1.1	4j(81)
Landwirtschaftlich genutzte Flächen	Fachs.3/3.1.2	j(82)
	WiSta(Tab)	j
	WiSta	j(9/82)
Gemüseanbauflächen	Fachs.3/3.1.3	j(82)
	WiSta	j(11/82)
Baumobstflächen	Fachs.3/3.1.4	5j(77)
	WiSta	5j(7/78)
Rebflächen	Fachs.3/3.1.5	j(81)
Anbau von Zierpflanzen	Fachs.3/3.1.6	3j(81)
	WiSta(Tab)	3j
	WiSta	3j(2/82)
Baumschulen, Baumschulflächen und Pflanzenbestände	Fachs.3/3.1.7	j(82)
Pflanzliche Erzeugung		
Wachstum und Ernte – Feldfrüchte, Gemüse, Obst, Trauben –	Fachs.3/3.2.1	unr[1])
	WiSta	j(11/82)
	WiSta	j(4/83)
Weinerzeugung und -bestand	Fachs.3/3.2.2	j[2]) (82)
Ausgewählte Einzelbeiträge		
Flächenerhebung 1981	WiSta	4/82
Obstanbauerhebung 1977	WiSta	7/78
Probleme der Ernteberichterstattung	WiSta	7/78
Neuordnung der Bodennutzungs- und Ernteerhebung	WiSta	1/79
Viehwirtschaft und Fischerei		
Laufende Berichterstattung		
Viehbestand und tierische Erzeugung	Fachs.3/4	j(81)
Viehbestand	Fachs.3/4.1	unr[3])
	WiSta(Tab)	vj
	WiSta	j(2/83)
Tierseuchen	WiSta(Tab)	m
Tierische Erzeugung		
Schlachtungen und Fleischgewinnung	Fachs. 3/4.2.1	vj
	WiSta (Tab)	m
	WiSta	j(3/83)
Milcherzeugung und -verwendung	Fachs. 3/4.2.2	j(81)
Erzeugung von Geflügel	Fachs. 3/4.2.3	hj
	WiSta (Tab)	m
Fleischbeschau und Geflügelfleischuntersuchung	Fachs. 3/4.3	j(81)
Hochsee- und Küstenfischerei; Bodenseefischerei	Fachs. 3/4.5	m,j(81)
	WiSta (Tab)	m
	WiSta	j(6/82)
Ausgewählte Einzelbeiträge		
Methode der Schlachtungs- und Schlachtgewichtsstatistik	WiSta	6/82
Milcherzeugung und -verwendung	WiSta	3/78
Düngemittelerzeugung und -versorgung	*siehe Abschnitt »Prod. Gewerbe«*	

9 Produzierendes Gewerbe

Titel bzw. Sachgebiet	Veröffentlichung	Erscheinungsfolge (Letzte Ausgabe)
Zensus im Produzierenden Gewerbe 1967		
Ergebnisse	Fachserie 4	ein
Öffentliche Energie- und Wasserversorgung	Heft 1	
Industrie ohne Bauindustrie		
Unternehmens- und Betriebsergebnisse nach Industriezweigen	Heft 2	
Industrie ohne Bauindustrie		
Unternehmens- und Betriebsergebnisse nach Industriezweigen und Größenklassen	Heft 3	

[3]) Jährlich 4 Berichte.

Titel bzw. Sachgebiet	Veröffentlichung	Erscheinungsfolge (Letzte Ausgabe)
Baugewerbe Unternehmensergebnisse nach Zweigen und Größenklassen	Heft 4	
Produzierendes Gewerbe Unternehmens- und Betriebsergebnisse nach Zweigen	Heft 5	
Produzierendes Gewerbe Unternehmens- und Betriebsergebnisse nach Zweigen und Größenklassen	Heft 6	
Industrie ohne Bauindustrie Produktionsergebnisse nach Industriezweigen und Erzeugnisgruppen	Heft 7	
Industrie ohne Bauindustrie Material- und Wareneingang nach Industriezweigen	Heft 8	
Industrie ohne Bauindustrie Betriebsergebnisse nach Kreisen und nichtadministrativen Raumeinheiten	Sonderheft	
Ausgewählte Einzelbeiträge		
Einführung und Methode	WiSta	8/71
Ergebnisse für den Teilbereich »Industrie ohne Bauindustrie«	WiSta	9/71
Öffentliche Energie- und Wasserversorgung	WiSta	4/69
Zensus im Baugewerbe (Methode des Zensus und Ergebnis für das Bauhauptgewerbe)	WiSta	9/71
Zensus im Produzierenden Gewerbe 1979	Fachserie 4	ein
Ergebnisse		
Bergbau und Verarbeitendes Gewerbe Investitionen und Vorräte der Unternehmen und Betriebe nach Wirtschaftszweigen und Größenklassen	Heft 2	
Baugewerbe Beschäftigung, Umsatz, Investitionen, Brutto- und Nettoproduktionswerte der Unternehmen nach Wirtschaftszweigen und Größenklassen	Heft 6	
Energie- und Wasserversorgung Beschäftigung, Umsatz, Investitionen, Brutto- und Nettoproduktionswerte der Unternehmen nach Wirtschaftszweigen und Größenklassen	Heft 7	
(Heft 1, 3 bis 5 in Vorbereitung)		
Ausgewählte Einzelbeiträge		
Einführung und Methoden	WiSta	1/81
Ergebnisse des Zensus im Bergbau und Verarbeitenden Gewerbe	WiSta	12/82
Handwerkszählung 1977		
Ergebnisse	Fachserie 4	ein
Unternehmen, Beschäftigte und Umsatz	Vorbericht	
Methodische Einführung; Unternehmen nach Wirtschaftszweigen	Heft 1	
Unternehmen nach Wirtschaftszweigen und Größenklassen	Heft 2	
Unternehmen nach Gewerbezweigen; Nebenbetriebe	Heft 3	
Regionale Verteilung des Handwerks	Sonderheft	
Ausgewählte Einzelbeiträge		
Unternehmen, Beschäftigte und Umsatz des Handwerks	WiSta	1/78
Methode der Zählung und Strukturdaten nach Wirtschaftszweigen	WiSta	8/78
Strukturdaten nach Gewerbezweigen	WiSta	9/78
Produzierendes Gewerbe insgesamt		
Laufende Berichterstattung		
Indizes der Produktion und der Arbeitsproduktivität, Produktion ausgewählter Erzeugnisse im Produzierenden Gewerbe	Fachs. 4/2.1 WiSta (Tab)	m m
Produktion im Produzierenden Gewerbe nach Gütern und Gütergruppen	Fachs. 4/3.1	vj,j(82)
nach Wirtschaftszweigen und Erzeugnisgruppen	Fachs. 4/3.2 WiSta (Tab) WiSta	j(81) m hj,j(2/83)
Ausgewählte Einzelbeiträge		
Die Neuordnung der Statistik des Produzierenden Gewerbes	WiSta	7/76
Technische Aspekte des Aufbaus einer Kartei für Unternehmen und Betriebe im Produzierenden Gewerbe	WiSta	8/76
Kartei im Produzierenden Gewerbe als Aufbereitungsinstrument und Untersuchungsobjekt	WiSta	11/80
Ausbau der Konzentrationsstatistiken im Produzierenden Gewerbe	WiSta	5/83
Die amtliche Statistik im Dienste der Produktivitätsmessung	WiSta	6/53
Neuberechnung der Produktionsindizes und des Index der Arbeitsproduktivität auf Basis 1976	Fachs. 4/S. 1	ein(81)
Zur Neuberechnung der Produktions- und Produktivitätsindizes im Produzierenden Gewerbe auf Basis 1976	WiSta	5/81
Methode der Kostenstrukturerhebungen im Produzierenden Gewerbe	WiSta	11/77
Investitionen 1976 im Produzierenden Gewerbe	WiSta	10/78
Personalkosten im Produzierenden Gewerbe 1978	WiSta	5/81
Bergbau und Verarbeitendes Gewerbe		
Laufende Berichterstattung		
Beschäftigung, Umsatz und Energieversorgung der Unternehmen und Betriebe im Bergbau und Verarbeitenden Gewerbe	Fachs. 4/4.1.1 WiSta (Tab) WiSta	m,j(81) m,j j(4/83)
Betriebe, Beschäftigte und Umsatz im Bergbau und im Verarbeitenden Gewerbe nach Beschäftigungsgrößenklassen	Fachs. 4/4.1.2	j(81)
Regionale Verteilung der Betriebe im Bergbau und im Verarbeitenden Gewerbe und deren Beschäftigte	Fachs. 4/4.1.3	4j(78)
Beschäftigung, Umsatz und Investitionen der Unternehmen und Betriebe im Bergbau und im Verarbeitenden Gewerbe – Investitionen – (Vorbericht)	Fachs. 4/4.2	j(81)
Beschäftigung, Umsatz und Investitionen der Unternehmen im Bergbau und im Verarbeitenden Gewerbe	Fachs. 4/4.2.1	j(80)
Beschäftigung, Umsatz und Investitionen der Betriebe im Bergbau und im Verarbeitenden Gewerbe	Fachs. 4/4.2.2	j(80)
Kostenstruktur der Unternehmen im Bergbau, Grundstoff- und Produktionsgütergewerbe	Fachs. 4/4.3.1	j(80)
Kostenstruktur der Unternehmen im Investitionsgüter produzierenden Gewerbe	Fachs. 4/4.3.2	j(80)
Kostenstruktur der Unternehmen im Verbrauchsgüter produzierenden Gewerbe und im Nahrungs- und Genußmittelgewerbe	Fachs. 4/4.3.3	j(80)
Material- und Wareneingang im Bergbau und im Verarbeitenden Gewerbe	Fachs. 4/S. 5 WiSta	unr(78) unr(12/81)
Indizes der Arbeitsproduktivität	WiSta	unr(6/81)
Indizes des Auftragseingangs, des Umsatzes und des Auftragsbestands für das Verarbeitende Gewerbe und für das Bauhauptgewerbe	Fachs. 4/2.2 WiSta (Tab) WiSta	m m j(4/83)
Ausgewählte Einzelbeiträge		
Untersuchungen zur Homogenität und Heterogenität der Industrieunternehmen	WiSta	10/70
Beschäftigte, Lohn- und Gehaltsumme sowie Umsatz der Unternehmen im Bergbau und im Verarbeitenden Gewerbe	Fachs. 4/S. 4	ein(77)
Umstellung des kurzfristigen Berichtssystems im Bergbau und im Verarbeitenden Gewerbe – Jahresergebnisse 1978 für Beschäftigte und Umsatz	WiSta	6/79
Kostenstruktur der Unternehmen im Bergbau und im Verarbeitenden Gewerbe	WiSta	12/77
Zur Problematik der Statistik über den Auftragseingang in der Industrie	WiSta	11/75
Zur Neuberechnung der Indizes des Auftragseingangs und des Auftragsbestands für das Verarbeitende Gewerbe auf Basis 1976	WiSta	9/80
Zur Aussage des Index über den Auftragsbestand in der Industrie	WiSta	10/71
Baugewerbe		
Laufende Berichterstattung		
Ausgewählte Zahlen für die Bauwirtschaft	[1]	m
Struktur des Bauhauptgewerbes	WiSta	j(2/83)
Bauhauptgewerbe und Ausbaugewerbe	WiSta (Tab) WiSta	m hj,j(9/82,3/83)
Beschäftigung, Umsatz und Investitionen der Unternehmen im Baugewerbe	Fachs. 4/5.2 WiSta	j(82), j(7/82)
Beschäftigung, Umsatz und Gerätebestand der Betriebe im Baugewerbe	Fachs. 4/5.1	j(82)

[1]) Erscheint als thematische Querschnittsveröffentlichung.

Titel bzw. Sachgebiet	Veröffentlichung	Erscheinungsfolge (Letzte Ausgabe)
Kostenstruktur der Unternehmen im Baugewerbe	Fachs. 4/5.3 WiSta	j(82) j(7/82)
Material- und Wareneingang im Baugewerbe 1978 ...	Fachs. 4/S. 6 WiSta	unr(78) unr(2/81)
Indizes des Auftragseingangs, des Umsatzes und des Auftragsbestands für das Verarbeitende Gewerbe und für das Bauhauptgewerbe	Fachs. 4/2.2 WiSta (Tab)	m m
Produktionsindex für das Baugewerbe, Bauhauptgewerbe und Ausbaugewerbe	Fachs. 4/2.1 WiSta (Tab)	m vj
Ausgewählte Einzelbeiträge		
Regionaler Wirkungsbereich der Betriebe im Bauhauptgewerbe	WiSta	6/80
Unternehmens- und Investitionserhebung im Baugewerbe 1978	WiSta	8/80
Neue kurzfristige Erhebungen im Ausbaugewerbe	WiSta	8/79
Auftragseingangs- und Auftragsbestandsindizes für das Bauhauptgewerbe auf Basis 1976	WiSta	4/81
Geräteeinsatz im Bauhauptgewerbe 1950 bis 1981 ..	WiSta	11/82
Energie- und Wasserversorgung		
Laufende Berichterstattung		
Ausgewählte Zahlen zur Energiewirtschaft	[1])	m
Beschäftigung, Umsatz, Investitionen und Kostenstruktur der Unternehmen in der Energie- und Wasserversorgung	Fachs. 4/6.1 WiSta	j(80) unr(9/79)
Stromerzeugung und -versorgung	Fachs. 4/2.1 Fachs. 4/4.1.1 WiSta (Tab)	m m,j(81), m
Stromerzeugungsanlagen der Betriebe im Bergbau und im Verarbeitenden Gewerbe	Fachs. 4/6.4	j(81)
Stromverbrauch im Bergbau und im Verarbeitenden Gewerbe	Fachs. 4/4.1.1 WiSta (Tab)	m,j(81) m
Gaserzeugung	Fachs. 4/2.1	m
Gasverbrauch im Bergbau und im Verarbeitenden Gewerbe	Fachs. 4/4.1.1 WiSta (Tab)	m,j(81) m
Heizölerzeugung	Fachs. 4/2.1 WiSta (Tab)	m m
Heizölverbrauch im Bergbau und im Verarbeitenden Gewerbe	Fachs. 4/4.1.1	m,j(81)
Öffentliche Wasserversorgung und Abwasserbeseitigung	Fachs. 19/2.1	4j(75)
Wasserversorgung und Abwasserbeseitigung in der Wirtschaft	Fachs. 19/2.2	2j(79)
Ausgewählte Einzelbeiträge		
Entwicklung der industriellen Kraftwirtschaft	WiSta	10/81
Wasserversorgung und Abwasserbeseitigung der Industrie 1973	WiSta	10/76
Handwerk		
Laufende Berichterstattung		
Beschäftigte und Umsatz im Handwerk	Fachs. 4/7.1 WiSta (Tab) WiSta	vj vj j(4/83)
Ausgewählte Einzelbeiträge		
Beschäftigte und Umsatz im Handwerk 1978 und 1979 ..	Fachs. 4/S. 3	ein(79)
Neugestaltung der Handwerksberichterstattung auf Basis 1976	WiSta	12/79
Kostenstruktur im Handwerk (1978)	WiSta	12/80
Fachstatistiken		
Laufende Berichterstattung		
Eisen und Stahl	Fachs. 4/8.1	m,vj
Düngemittelversorgung	Fachs. 4/8.2 WiSta	m,j(82) unr(11/81)
Rohholz und Holzhalbwaren	Fachs. 4/8.3	vj[2])
Ausgewählte Einzelbeiträge		
Eisen- und Stahlindustrie 1974	WiSta	2/75

[1]) Erscheint als thematische Querschnittsveröffentlichung.
[2]) Wird ab Berichtsjahr 1982 nur noch als Arbeitsunterlage vom Statistischen Bundesamt herausgegeben.

10 Bautätigkeit und Wohnungen

Titel bzw. Sachgebiet	Veröffentlichung	Erscheinungsfolge (Letzte Ausgabe)
Gebäude- und Wohnungszählung vom 25. 10. 1968		
Ergebnisse	Fachserie 5	ein
Methodische Grundlagen	Heft 1	
Ausgewählte Strukturdaten nach Kreisen	Heft 2	
Ausgewählte Strukturdaten nach Ländern, Gemeindegrößenklassen und Großstädten	Heft 3	
Gebäude und Wohnungen nach Baualter, Größe und Ausstattung	Heft 4	
Wohnungen nach Baualter der Gebäude, Ausstattung und Besitzverhältnis	Heft 5	
Wohnungen und Wohngelegenheiten nach Raumzahl, Belegung und Ausstattung, Öffentliche Förderung	Heft 6	
Bewohnte Mietwohnungen in Wohngebäuden nach Miete, Ausstattung und Größe der Wohnung	Heft 7	
Wohnparteien nach ihrer Unterbringung, sozialer Stellung und Personenzahl	Heft 8	
Ausgewählte Strukturdaten nach Stadtregionen	Sonderheft	
Ausgewählte Einzelbeiträge		
Zum Konzept der Gebäude- und Wohnungszählung ...	WiSta	5/68
Das Programm der Gebäude- und Wohnungszählung ...	WiSta	10/68
Erfahrungen der Zähler bei der Gebäude- und Wohnungszählung	WiSta	9/69
Die Wohnsituation in größeren Städten	WiSta	9/69
Gebäude, Wohnungen, Wohnparteien	WiSta	5/70
Gebäude und Wohnungen nach Art, Alter und Ausstattung	WiSta	8/70
Wohnungen nach Art, Alter und Ausstattung	WiSta	7/71
Wohnungen nach Besitzverhältnis, Belegung und öffentlicher Förderung	WiSta	11/70
Eigentumswohnungen	WiSta	12/71
Struktur und Ausstattung der Zweitwohnungen	WiSta	9/71
Wohnungsbelegung	WiSta	11/71
Wohnparteien in Wohnungen und Wohngelegenheiten	WiSta	11/70
Die Wohngelegenheiten und ihre Bewohner	WiSta	5/72
Unterbringung und soziale Schichtung der Wohnparteien	WiSta	12/71
Wohnverhältnisse der großen Haushalte	WiSta	1/72
Wohnverhältnisse junger Ehepaare	WiSta	11/71
Wohnverhältnisse der älteren Menschen	WiSta	10/71
1 %-Wohnungsstichprobe 1978		
Ergebnisse	Fachserie 5	ein
Grundlagen der Erhebung	Heft 1	
Ausgewählte Strukturdaten	Heft 2	
Gebäude- und Wohneinheiten – Struktur, Belegung, Modernisierung –	Heft 3	
Wohnungsmiete und Mietbelastung der Haushalte	Heft 4	
Wohnungsversorgung der Haushalte und Familien	Heft 5	
Wohnumfeld – Infrastrukturversorgung und Umwelteinflüsse	Heft 6	
Ausgewählte Ergebnisse nach siedlungsstrukturellen Gemeindetypen (vorgesehen)	Heft 7	
Ausgewählte Einzelbeiträge[3])		
Zum Konzept der Wohnungsstichprobe 1978	WiSta	7/77
Bestand und Struktur der Gebäude und Wohnungen	WiSta	5/80
Modernisierungsmaßnahmen an Wohngebäuden 1973 bis 1978	WiSta	1/81
Haushalte von Wohngeldbeziehern im Vergleich zur Gesamtheit der Haushalte	WiSta	3/82
Bautätigkeit		
Laufende Berichterstattung		
Bautätigkeit (Genehmigungen, Fertigstellungen, Überhang, Abgänge)	Fachs.5/1[4]) WiSta(Tab) WiSta	j(81) m j(4/83)
Ausgewählte Strukturdaten der Bautätigkeitsstatistik	WiSta	j(7/82)
Bewilligungen im Sozialen Wohnungsbau	Fachs.5/2 WiSta	j(81) j(9/82)
Ausgewählte Einzelbeiträge		
Baustatistische Reihen 1960 bis 1980	Fachs.5/S.1	ein(80)
Erste Ergebnisse der neuen Bautätigkeitsstatistik (1979)	WiSta	10/80
Städtebauliche Festsetzungen und Bautätigkeit – Ergebnisse der Baugenehmigungsstatistik 1980/81 nach siedlungsstrukturellen Gemeindetypen –	Fachs.5/S.2 WiSta	unr(81) 10/81

[3]) Siehe auch Querschnittsveröffentlichung »Das Wohnen in der Bundesrepublik Deutschland«.
[4]) Siehe auch Querschnittsveröffentlichung »Ausgewählte Zahlen für die Bauwirtschaft«.

Titel bzw. Sachgebiet	Veröffentlichung	Erscheinungsfolge (Letzte Ausgabe)
Neugestaltung der Bewilligungsstatistik im sozialen Wohnungsbau	WiSta	3/75
Regionale Schwerpunkte der Wohnungsbauförderung 1976 bis 1980	Fachs.5/S.3	ein(80)
	WiSta	10/82
Gebäudestruktur und Bebauungsdichte im Wohnungsbau	WiSta	4/82

Wohnungen

Laufende Berichterstattung

Titel bzw. Sachgebiet	Veröffentlichung	Erscheinungsfolge (Letzte Ausgabe)
Bestand an Wohnungen	Fachs.5/3	j(81)
	WiSta	j(8/79)
Wohngeld	Fachs.13/4	j(81)
	WiSta	j(8/81)

Ausgewählte Einzelbeiträge

Titel bzw. Sachgebiet	Veröffentlichung	Erscheinungsfolge (Letzte Ausgabe)
Gebäude- und wohnungsstatistische Fragen im Rahmen der Volkszählung 1981[1]) – Stand der Vorbereitung Anfang 1979	WiSta	5/79
Bestand an Wohngebäuden und Wohnungen am Jahresende 1976	WiSta	8/77
Haus- und Wohnungseigentum der Familien im April 1977	WiSta	3/79
Entwicklung der Kostenmiete im öffentlich geförderten sozialen Wohnungsbau seit 1962	WiSta	5/76
Kostenmiete im öffentlich geförderten sozialen Wohnungsbau 1975 bis 1977	WiSta	3/79
Verminderung der Mietbelastung durch die Wohngeldgewährung	WiSta	11/75
Tätigkeit der Wohngeldbewilligungsstellen und Wohngeldansprüche 1976	WiSta	5/77
Empfänger von Wohngeld in öffentlich geförderten und nicht öffentlich geförderten Wohnungen (1975)	WiSta	5/77
Entwicklung des Wohngelds 1978 nach der Vierten Wohngeldnovelle	WiSta	7/80
Entwicklung des Wohngelds nach der Fünften Wohngeldnovelle	WiSta	2/83
Wohnverhältnisse und Mieten im April 1980 – Ergebnis der Mikrozensus-Ergänzungserhebung –	WiSta	11/82

11 Handel, Gastgewerbe, Reiseverkehr

Handels- und Gaststättenzählung 1979

Titel bzw. Sachgebiet	Veröffentlichung	Erscheinungsfolge (Letzte Ausgabe)
Ergebnisse	Fachserie 6	ein
Großhandel		
Unternehmen des Großhandels	Heft 1	
Mehrbetriebsunternehmen des Großhandels	Heft 2	
Arbeitsstätten des Großhandels	Heft 3	
Handelsvermittlung		
Unternehmen der Handelsvermittlung	Heft 1	
Mehrbetriebsunternehmen der Handelsvermittlung	Heft 2	
Arbeitsstätten der Handelsvermittlung	Heft 3	
Einzelhandel		
Unternehmen des Einzelhandels	Heft 1	
Mehrbetriebsunternehmen sowie Unternehmen nach Betriebsformen des Einzelhandels	Heft 2	
Arbeitsstätten des Einzelhandels	Heft 3	
Ladengeschäfte des Einzelhandels	Heft 4	
Gastgewerbe		
Unternehmen des Gastgewerbes	Heft 1	
Mehrbetriebsunternehmen und Arbeitsstätten des Gastgewerbes	Heft 2	

Ausgewählte Einzelbeiträge

Titel bzw. Sachgebiet	Veröffentlichung	Erscheinungsfolge (Letzte Ausgabe)
Methode der Zählung und erste Ergebnisse für Unternehmen	WiSta	12/80
Erste Ergebnisse für Arbeitsstätten	WiSta	5/82

Handel und Gastgewerbe

Laufende Berichterstattung

Titel bzw. Sachgebiet	Veröffentlichung	Erscheinungsfolge (Letzte Ausgabe)
Großhandel		
Beschäftigte und Umsatz im Großhandel (Meßzahlen)	Fachs.6/1.1	m
	WiSta	j(4/81)
Beschäftigung, Umsatz, Wareneinkauf, Lagerbestand und Investitionen im Großhandel (vorgesehen)	Fachs.6/1.2	j(79)
Einzelhandel		
Beschäftigte und Umsatz im Einzelhandel (Meßzahlen)	Fachs.6/3.1	m
	WiSta(Tab)	m
	WiSta	j(4/81)
Beschäftigung, Umsatz, Wareneinkauf, Lagerbestand und Investitionen im Einzelhandel (vorgesehen)	Fachs.6/3.2	j(79)
Gastgewerbe		
Beschäftigte und Umsatz im Gastgewerbe (Meßzahlen)	Fachs.6/4.1	m
	WiSta	j(5/81)
Beschäftigung, Umsatz, Wareneinkauf, Lagerbestand und Investitionen im Gastgewerbe (vorgesehen)	Fachs.6/4.2	j(79)

Ausgewählte Einzelbeiträge

Titel bzw. Sachgebiet	Veröffentlichung	Erscheinungsfolge (Letzte Ausgabe)
Reduzierte Stichproben – dargestellt am Beispiel der Erhebung im Handel und Gastgewerbe	WiSta	7/71
Über Zusammenhänge zwischen Totalzählungen und zeitverschobenen Ergänzungserhebungen – dargestellt am Beispiel der Handels- und Gaststättenzählung 1968/69	WiSta	12/73
Neues statistisches Berichtssystem im Handel und Gastgewerbe	WiSta	11/78

Sonstiger Handel

Titel bzw. Sachgebiet	Veröffentlichung	Erscheinungsfolge (Letzte Ausgabe)
Warenverkehr mit Berlin (West)	Fachs.6/5	j(82)
	WiSta(Tab)	m
Warenverkehr mit der Deutschen Demokratischen Republik und Berlin (Ost)	Fachs.6/6	m,j(82)
	WiSta(Tab)	m
	WiSta	j(3/83)

Reiseverkehr

Laufende Berichterstattung

Titel bzw. Sachgebiet	Veröffentlichung	Erscheinungsfolge (Letzte Ausgabe)
Übernachtungen in Beherbergungsstätten (Inlandsreiseverkehr)	Fachs.6/7.1	m
im Sommerhalbjahr	WiSta	j(2/80)
im Winterhalbjahr	WiSta	j(8/80)
Beherbergungskapazität	Fachs.6/7.2	6j(80)
	WiSta	unr(10/80)
Urlaubs- und Erholungsreisen	Fachs.6/7.3	j(81)
Grenzüberschreitender Reiseverkehr	Fachs.6/7.4	j(82)

Ausgewählte Einzelbeiträge

Titel bzw. Sachgebiet	Veröffentlichung	Erscheinungsfolge (Letzte Ausgabe)
Inhalt und Aufbau der neuen Statistik der Beherbergung im Reiseverkehr	WiSta	12/80
Ausgaben für Urlaubs- und Erholungsreisen (1978/79)	WiSta	10/80
Urlaubs- und Erholungsreiseverkehr 1979/80	WiSta	12/81

12 Außenhandel

Außenhandel insgesamt

Laufende Berichterstattung

Titel bzw. Sachgebiet	Veröffentlichung	Erscheinungsfolge (Letzte Ausgabe)
Zusammenfassende Übersichten für den Außenhandel	Fachs.7/1	m,j(81)
	WiSta	vj,j(1/83)

Ausgewählte Einzelbeiträge

Titel bzw. Sachgebiet	Veröffentlichung	Erscheinungsfolge (Letzte Ausgabe)
Methodische Änderungen in der Außenhandelsstatistik	WiSta	2/74, 4/75
Neuberechnung des Außenhandelsvolumens und der Außenhandelsindizes auf Basis 1976	Fachs.7/S.1	unr(79)
	WiSta	1/79
Außenhandel nach dem Internationalen Warenverzeichnis für den Außenhandel (SITC-Rev. II)[2]) 1970 bis 1980	Fachs.7/S.2	unr(80)

Spezialhandel (Ein- und Ausfuhr)

Titel bzw. Sachgebiet	Veröffentlichung	Erscheinungsfolge (Letzte Ausgabe)
nach Warennummern	Fachs.7/2	m
Indexwerte, Durchschnittswerte, Volumenwerte	Fachs.7/1	m,j(81)
nach Waren- und Ländergruppen	Fachs.7/1	m,j(81)
	Fachs.7/3	hj
	WiSta(Tab)	m
	WiSta	vj(2/83)
nach Investitions- und Verbrauchsgütern	Fachs.7/1	m,j(81)
nach dem Warenverzeichnis für die Industriestatistik	Fachs.7/1	m,j(81)
	Fachs.7/7	j(82)
nach dem Internationalen Warenverzeichnis für den Außenhandel (SITC-Rev. II)[2])	Fachs.7/1	m,j(81)
	Fachs.7/8	j(81)
nach Einkaufs- und Käuferländern	Fachs.7/1	m,j(81)
	Fachs.7/3	hj

[1]) Die Zählung sollte zunächst bereits 1981 stattfinden und war dann für den 27. 4. 1983 vorgesehen; aufgrund des Urteils des Bundesverfassungsgerichts vom 13. 4. 1983 wurde die Durchführung bis zur endgültigen Entscheidung über die eingereichten Verfassungsbeschwerden ausgesetzt.

[2]) Außerdem jährliche Nachweise mit Angaben für die Herstellungs- und Verbrauchsländer in englischer Sprache unter dem Titel »Foreign Trade according to the Standard International Trade Classification (SITC-Rev. II) – Special Trade«.

Titel bzw. Sachgebiet	Veröffentlichung	Erscheinungsfolge (Letzte Ausgabe)
nach Herstellungs- und Verbrauchsländern	Fachs.7/1	m,j(81)
	Fachs.7/3	hj
	WiSta(Tab)	m
	WiSta	j(2/83)
Einfuhr nach Herstellungs- und Einkaufsländern und Warengruppen	Fachs.7/3.1	j(81)
Ausfuhr nach Verbrauchs- und Käuferländern und Warengruppen	Fachs.7/3.2	j(81)
Außenhandel mit den Entwicklungsländern	Fachs.7/5.1	j(81)
Außenhandel mit den außereuropäischen Entwicklungsländern	WiSta	j(6/82)
Handel mit den Staatshandelsländern	Fachs.7/5.2	2j(80)
Handelswege im Außenhandel	WiSta	j(6/82)
Ausfuhr von Waren ausländischen Ursprungs; Zollsollerträge	Fachs.7/2.1	j(81)
Generalhandel		
nach Warengruppen	Fachs.7/1	m,j(81)
nach Herstellungs- und Verbrauchsländern bzw. Einkaufs- und Käuferländern	Fachs.7/1	m,j(81)
Einfuhr nach Grenzabschnitten und Verkehrszweigen	Fachs.7/1	m,j(81)
	WiSta	j(7/82)
Einfuhr nach Zielländern	Fachs.7/1	m,j(81)
Einfuhr und Ausfuhr von Mineralöl	Fachs.7/4.1	m
Sonstiger Außenhandel		
Lagerverkehr	Fachs.7/2.1	j(81)
Veredelungsverkehr	Fachs.7/1	m,j(81)
	Fachs.7/2	m
	Fachs.7/2.1	j(81)
	Fachs.7/3	hj
Durchfuhr im Seeverkehr und Seeumschlag	Fachs.7/6	j(81)

13 Verkehr

Titel bzw. Sachgebiet	Veröffentlichung	Erscheinungsfolge (Letzte Ausgabe)
Verkehrswirtschaft aller Verkehrszweige		
Laufende Berichterstattung		
Verkehrswirtschaft	WiSta	j(3/83)
Personen- und Güterverkehr	WiSta(Tab)	m
Güterverkehr der Verkehrszweige	Fachs.8/1	vj,j(81)
	WiSta(Tab)	vj
Ausgewählte Einzelbeiträge		
Öffentliche Ausgaben für Verkehr und Nachrichtenwesen 1976	WiSta	12/78
Eisenbahnverkehr		
Unternehmen, Beschäftigte, Einnahmen und Bestände an Fahrzeugen und Verkehrseinrichtungen	Fachs.8/2	m,j(81)
	WiSta	j(8/82)
Personen- und Güterverkehr	WiSta(Tab)	m
	WiSta	j(8/82)
Straßenverkehr		
Laufende Berichterstattung		
Straßen, Brücken, Parkeinrichtungen	Fachs.8/3.1	5j(76)
	WiSta	unr(12/77)
Bestand an Kraftfahrzeugen	WiSta(Tab)	hj
Zulassungen von Kraftfahrzeugen	WiSta(Tab)	m
Unternehmen, Beschäftigte, Umsätze und Bestand an Fahrzeugen im Straßenpersonenverkehr	Fachs.8/3.2	m,j(81)
	WiSta	j(7/82)
Betriebs- und Verkehrsleistungen im Straßenpersonenverkehr	Fachs.8/3.2	m,j(81)
	WiSta(Tab)	m,vj
	WiSta	j(7/82)
Fernverkehr mit Lastkraftfahrzeugen	WiSta(Tab)	m
Ausgewählte Einzelbeiträge		
Straßennetz am 1. 1. 1976	WiSta	8/77
Öffentliche Ausgaben für Straßen 1975	WiSta	2/78
Güternahverkehr mit Lastkraftfahrzeugen 1978	WiSta	8/80
Binnenschiffahrt		
Zusammenfassender Überblick	WiSta	j(7/82)
Bestand an Binnenschiffen	Fachs.8/4	j(81)
Güterverkehr auf Binnenwasserstraßen	Fachs. 8/4	m,j(81)
	WiSta (Tab)	m
Güterumschlag in Binnenhäfen	Fachs. 8/4	m,j(81)
Unternehmen, Beschäftigte, Umsatz und Transportkapazität der Binnenschiffahrt	WiSta	j(5/82)
Tonnenkilometrische Leistungen auf Binnenwasserstraßen	Fachs. 8/4	m,j(81)
	WiSta (Tab)	m
Seeschiffahrt		
Zusammenfassender Überblick	WiSta	unr(7/77)
Bestand an Seeschiffen	Fachs. 8/5	m,j(81)
Schiffs- und Güterverkehr über See	Fachs. 8/5	m,j(81)
	WiSta (Tab)	m
Güterumschlag in den Seehäfen	Fachs. 8/5	m,j(81)
Tonnenkilometrische Leistungen im Seeverkehr	Fachs. 8/5	m,j(81)
Schiffs- und Güterverkehr auf dem Nord-Ostsee-Kanal	Fachs. 8/5	m,j(81)
Bordpersonal auf Schiffen der Bundesrepublik Deutschland	Fachs. 8/5	m,j(81)
Luftverkehr		
Zusammenfassender Überblick	WiSta	j(4/83)
Unternehmen, Beschäftigte, Umsatz und Bestand an Luftfahrzeugen	Fachs. 8/6	m,j(81)
Verkehr auf Flugplätzen, Güter- und Personenverkehr mit Luftfahrzeugen, personen- und tonnenkilometrische Leistungen im Luftverkehr	Fachs. 8/6	m,j(81)
	WiSta (Tab)	m
Rundfunk, Nachrichtenverkehr, Rohrfernleitungen		
Hörfunk- und Fernsehteilnehmer	WiSta (Tab)	m
Deutsche Bundespost	WiSta (Tab)	m
Güterverkehr in Rohrfernleitungen (rohes Erdöl)	WiSta (Tab)	m
Verkehrsunfälle		
Bahnbetriebsunfälle	Fachs. 8/2	m,j(81)
Straßenverkehrsunfälle	Fachs. 8/3.3	m,j(81)
	WiSta(Tab)	m
	WiSta	j(3/83)
Schiffsunfälle auf Binnenwasserstraßen	Fachs. 8/4	m,j(81)
Flugbetriebsunfälle	Fachs. 8/6	m,j(81)
	WiSta	j(4/83)
Straßenverkehrsunfälle der Kinder 1972	WiSta	10/73

14 Geld und Kredit, Versicherungen

Titel bzw. Sachgebiet	Veröffentlichung	Erscheinungsfolge (Letzte Ausgabe)
Geld und Kredit		
Laufende Berichterstattung		
Geldvolumen, Währungsreserven, Kredite und Einlagen	WiSta(Tab)	m
Schuldverschreibungen der Boden- und Kommunalkreditinstitute	WiSta	j(4/83)
Bauspargeschäft	WiSta	j(9/81)
Kursbewegung am Aktienmarkt	WiSta	hj(1/83)
Kursdurchschnitt festverzinslicher Wertpapiere	WiSta(Tab)	m
Aktienmärkte	Fachs. 9/2	m
	WiSta(Tab)	m
	WiSta	j(7/82)
Hypothekarkredit	WiSta	j(7/82)
Ausgewählte Einzelbeiträge		
Boden- und Kommunalkreditinstitute 1979	WiSta	4/80
Anlageformen der vermögenswirksamen Leistungen nach dem Dritten Vermögensbildungsgesetz	WiSta	12/74
Vermögenswirksames Sparen 1977	WiSta	12/79
Neuberechnung des Index der Aktienkurse auf Basis 1965 und 1972	WiSta	6/67,12/74

15 Rechtspflege

Titel bzw. Sachgebiet	Veröffentlichung	Erscheinungsfolge (Letzte Ausgabe)
Laufende Berichterstattung		
Ausgewählte Zahlen für die Rechtspflege	Fachs. 10/1	j(81)
Zivilgerichte und Strafgerichte	Fachs. 10/2	j(81)
Strafverfolgung	Fachs. 10/3	j(81)
Strafvollzug	Fachs. 10/4	j(81)
Bewährungshilfe	Fachs. 10/5	j(81)
Ausgewählte Einzelbeiträge		
Straffälligkeit 1955 bis 1977	WiSta	8/79

16 Bildung und Kultur

Gesamtüberblick

Titel bzw. Sachgebiet	Veröffentlichung	Erscheinungsfolge (Letzte Ausgabe)
Bildung im Zahlenspiegel	[1]	j(83)

Schulen

Titel bzw. Sachgebiet	Veröffentlichung	Erscheinungsfolge (Letzte Ausgabe)
Laufende Berichterstattung		
Allgemeines Schulwesen	Fachs. 11/1	j(81)
Berufliches Schulwesen	Fachs. 11/2	j(81)
Ausgewählte Einzelbeiträge		
Allgemeines Schulwesen im Schuljahr 1977/78	WiSta	12/78
Einschulungen an Grundschulen 1957/58 bis 1978/79	WiSta	4/80
Soziale Herkunft der Schüler an den allgemeinbildenden Schulen (1972)	WiSta	5/74
Familienstruktur und Ausbildungswege der Kinder (1972)	WiSta	6/74
Die Schulabgänger mit Realschulabschluß (1957 bis 1971)	WiSta	11/74
Die Schulabgänger mit Hochschulreife 1957 bis 1982	WiSta	9/74
Schulabgänger aus der Sekundarstufe II mit Hochschulreife 1970 bis 1979	WiSta	6/81
Studien- und Berufswünsche der Abiturienten 1972 bis 1981	WiSta	10/81
Studienreferendare und Studienassessoren für das Lehramt an Gymnasien (1957 bis 1978)	WiSta	3/79
Berufliches Schulwesen im Schuljahr 1977/78	WiSta	7/79

Berufliche Bildung

Titel bzw. Sachgebiet	Veröffentlichung	Erscheinungsfolge (Letzte Ausgabe)
Gesamtergebnisse	Fachs. 11/3	j(81)
Auszubildende	WiSta	j(9/82)

Hochschulen

Titel bzw. Sachgebiet	Veröffentlichung	Erscheinungsfolge (Letzte Ausgabe)
Laufende Berichterstattung		
Studenten an Hochschulen	Fachs. 11/4.1	semesterweise
Wintersemester	WiSta	semesterweise (5/82)
Sommersemester	WiSta	semesterweise (10/82)
Prüfungen an Hochschulen	Fachs. 11/4.2	j(81)
	WiSta	3/81
Personal an Hochschulen	Fachs. 11/4.4	j(81)
Hochschulfinanzen	WiSta	j(8/82)
Ausgewählte Einzelbeiträge		
Durchführung des Hochschulstatistikgesetzes	WiSta	8/74
Deutsche Studienanfänger 1973 bis 1977	WiSta	11/78
Ausländische Studenten 1971 bis 1976	WiSta	12/76
Prüfungen an Hochschulen (1977 bis 1981)	WiSta	5/83
Habilitationen 1981	WiSta	2/83
Personal an Hochschulen 1972 bis 1980	WiSta	4/82
Wissenschaftliches und künstlerisches Personal an Hochschulen 1977	Fachs. 11/S. 1	ein(77)
	WiSta	12/80
Erfassung der Hochschulfinanzen nach dem Hochschulstatistikgesetz	WiSta	1/76

Forschung

Titel bzw. Sachgebiet	Veröffentlichung	Erscheinungsfolge (Letzte Ausgabe)
Methodische Probleme und statistische Möglichkeiten zur Messung von Forschungsaktivitäten	WiSta	10/77

Ausbildungsförderung

Titel bzw. Sachgebiet	Veröffentlichung	Erscheinungsfolge (Letzte Ausgabe)
Ausbildungsförderung nach dem Bundesausbildungsförderungsgesetz (BAföG)	Fachs. 11/7	j(81)

Presse und Filmwirtschaft

Titel bzw. Sachgebiet	Veröffentlichung	Erscheinungsfolge (Letzte Ausgabe)
Laufende Berichterstattung		
Presse	Fachs. 11/5	j(80)
	WiSta	j(11/82)
Filmwirtschaft	Fachs. 11/6	2j(79)
	WiSta	2/81
Ausgewählte Einzelbeiträge		
Der Aufbau einer Pressestatistik	WiSta	5/77
Zur regionalen Verbreitung der Abonnementszeitungen	WiSta	7/79
Der Aufbau einer Statistik der Filmwirtschaft	WiSta	4/75

17 Gesundheitswesen

Gesamtergebnisse

Titel bzw. Sachgebiet	Veröffentlichung	Erscheinungsfolge (Letzte Ausgabe)
Ausgewählte Zahlen für das Gesundheitswesen	Fachs. 12/1	j(80)

[1]) Erscheint als thematische Querschnittsveröffentlichung.

Krankheiten, Verletzungen, Todesursachen

Titel bzw. Sachgebiet	Veröffentlichung	Erscheinungsfolge (Letzte Ausgabe)
Laufende Berichterstattung		
Meldepflichtige Krankheiten	Fachs. 12/2	j(81)
	WiSta	unr(6/79)
Tuberkulose	WiSta	unr(3/82)
Todesursachen	Fachs. 12/4	vj,j(80)
	WiSta	unr(5/82)
Ausgewählte Einzelbeiträge		
Fragen zur Gesundheit	Fachs. 12/S. 3	unr(78)
Fragen zur Gesundheit (Ergebnis des Mikrozensus April 1980)	WiSta	2/83
Zur 9. Revision der Internationalen Klassifikation der Krankheiten, Verletzungen und Todesursachen (ICD/9)	WiSta	11/79
Zeitreihenanalyse der Erkrankungen an ausgewählten meldepflichtigen übertragbaren Krankheiten	WiSta	5/74
Kranke und unfallverletzte Personen, Körpergewicht und Rauchgewohnheiten als Risikofaktoren	WiSta	12/80
Zur gesundheitlichen Situation der Kinder	WiSta	4/79
Sterblichkeit im internationalen Vergleich	WiSta	11/74

Schwangerschaftsabbrüche

Titel bzw. Sachgebiet	Veröffentlichung	Erscheinungsfolge (Letzte Ausgabe)
Schwangerschaftsabbrüche	Fachs. 12/3	j(81)
	WiSta	j(5/82)
Schwangerschaftsabbruchstatistik – Inhalt und Methode einer neuen Bundesstatistik –	WiSta	10/76

Medizinische Versorgung

Titel bzw. Sachgebiet	Veröffentlichung	Erscheinungsfolge (Letzte Ausgabe)
Laufende Berichterstattung		
Berufe des Gesundheitswesens	Fachs. 12/5	j(81)
	WiSta	j(3/83)
Krankenhäuser (Betten, Personal, Krankenbewegung)	Fachs. 12/6	j(81)
	WiSta	j(4/83)
Ausgewählte Einzelbeiträge		
Ausgaben für Gesundheit 1970 bis 1980	Fachs. 12/S. 2	unr(80)
	WiSta	8/82
Darstellung des öffentlichen Krankenhausbereichs in der Finanzstatistik	WiSta	1/80
Zur kinderärztlichen Versorgung 1960 bis 1976	WiSta	6/78

18 Sozialleistungen

Sozialversicherung

Titel bzw. Sachgebiet	Veröffentlichung	Erscheinungsfolge (Letzte Ausgabe)
Laufende Berichterstattung		
Gesetzliche Krankenversicherung	Fachs. 13/1	j(81)
	WiSta(Tab)	m
Gesetzliche Unfallversicherung	WiSta(Tab)	hj
Rentenversicherung der Arbeitnehmer	Fachs. 13/1	j(81)
Arbeitslosenversicherung und Arbeitslosenhilfe	WiSta(Tab)	m
Ausgewählte Einzelbeiträge		
Rentenempfänger nach Art und Häufigkeit des Rentenbezugs (1977)	WiSta	6/78
Struktur und Entwicklung des Versichertenbestandes der gesetzlichen Rentenversicherung seit 1972 (Ergebnisse des Mikrozensus)	WiSta	3/81

Soziale Hilfen und Dienste

Titel bzw. Sachgebiet	Veröffentlichung	Erscheinungsfolge (Letzte Ausgabe)
Laufende Berichterstattung		
Sozialhilfe	Fachs. 13/2	j(80)
Aufwand	WiSta	j(11/82)
Empfänger	WiSta	j(4/82)
Jugendhilfe	Fachs. 13/6	j(81)
	WiSta	j(12/82)
Wohngeld	Fachs. 13/4	j(81)
Ausgewählte Einzelbeiträge		
Laufende Leistungen der Hilfe zum Lebensunterhalt	Fachs. 13/S. 6	ein(81)
Laufende Hilfe zum Lebensunterhalt 1981	WiSta	3/83
Hilfe zur Pflege	Fachs. 13/S. 5	ein(77)
Empfänger von Hilfe zur Pflege 1977	WiSta	10/79
Leistungen der Sozialhilfe für Pflegebedürftige 1977	WiSta	3/80
Einrichtungen der Jugendhilfe 1976	WiSta	1/78
Personal in der Jugendhilfe 1974	Fachs. 13/S. 4	ein(74)
Kindertagesstätten 1963 bis 1975	WiSta	8/77
Adoptionen und Vaterschaftsfeststellungen 1963 bis 1974	WiSta	4/76

Titel bzw. Sachgebiet	Veröffentlichung	Erscheinungsfolge (Letzte Ausgabe)
Kriegsopferversorgung		
Kriegsopferfürsorge	Fachs. 13/3	j(81)
	WiSta	j(11/82)
Entwicklung und Struktur der Kriegsopferfürsorge 1963 bis 1973	WiSta	2/75
Behinderte, Rehabilitation		
Behinderte	Fachs. 13/5.1	2j(81)
Behinderte 1981	WiSta	2j(9/82)
Rehabilitationsmaßnahmen	Fachs. 13/5.2	j(80)
	WiSta	j(4/82)
Strukturdaten über Behinderte (1976)	WiSta	3/79
Körperlich, geistig und seelisch behinderte Personen (1976)	WiSta	8/78

19 Finanzen und Steuern

Titel bzw. Sachgebiet	Veröffentlichung	Erscheinungsfolge (Letzte Ausgabe)
Öffentliche Haushalte		
Laufende Berichterstattung		
Haushaltsansätze	Fachs. 14/1	j(80)[1]
Haushaltsplanungen	WiSta	hj(6/82, 1/83)
Vierteljahreszahlen zur öffentlichen Finanzwirtschaft	Fachs. 14/2	vj
	WiSta	hj(10/82, 4/83)
Rechnungsergebnisse		
des öffentlichen Gesamthaushalts	Fachs. 14/3.1	j(80)
der kommunalen Haushalte	Fachs. 14/3.3	j(80)
der öffentlichen Haushalte für Bildung, Wissenschaft und Kultur	Fachs. 14/3.4	j(80)
für Soziale Sicherung und für Gesundheit, Sport, Erholung	Fachs. 14/3.5	j(80)
für Verkehr und Nachrichtenwesen	Fachs. 14/3.7	j(79)[2]
	WiSta	unr(10/79)
Steuerhaushalt	Fachs. 14/4	vj,j(80)[1]
	WiSta	j(6/81)
Bund und Länder	WiSta(Tab)	m
Gemeinden	WiSta(Tab)	vj
Schulden von Bund, Ländern und Gemeinden	Fachs. 14/2	vj
	Fachs. 14/5	j(81)
	WiSta	hj,j(6/82, 10/82, 3/83)
Ausgaben und Einnahmen der öffentlichen Haushalte, Nettokreditaufnahme, fundierte Schulden, Gemeindesteuern	Fachs. 14/2	vj
	WiSta(Tab)	vj
Ausgewählte Einzelbeiträge		
Die Neugestaltung der Finanzstatistik ab 1970	WiSta	11/70
Finanzplanung von Bund und Ländern 1980 bis 1984	WiSta	1/81
Kommunale Finanzplanungen 1981 bis 1985 (Erste Ergebnisse)	WiSta	3/82
Kommunalfinanzen 1950 bis 1980	WiSta	1/82
Finanzen von Bund und Ländern 1950 bis 1981	WiSta	2/83
Hochschulfinanzen 1980	WiSta	8/82
Ausgaben für Gesundheit 1970 bis 1980	WiSta	8/82
Darstellung des öffentlichen Krankenhausbereichs in der Finanzstatistik	WiSta	1/80
Kassenmäßige Steuereinnahmen 1967 bis 1976	Fachs. 14/4.S.1	ein(76)
Personal		
Laufende Berichterstattung		
Personal des öffentlichen Dienstes	Fachs. 14/6	j(80)
	WiSta	j(8/82)
Versorgungsempfänger des öffentlichen Dienstes	WiSta	j(6/82)
Ausgewählte Einzelbeiträge		
Die Personalstatistiken nach der Novellierung des Finanzstatistischen Gesetzes	WiSta	4/75
Altersstruktur des Personals im öffentlichen Dienst am 30. 6. 1977	WiSta	7/79
Personal der öffentlichen Haushalte, Beschäftigte und Ausgaben 1965–1980	WiSta	12/82
Frauen im öffentlichen Dienst am 30. 6. 1974	WiSta	5/75
Personal in Ausbildung im öffentlichen Dienst	WiSta	4/76
Personal des unmittelbaren öffentlichen Dienstes am 30. 6. 1977	WiSta	4/78
Personalfluktuation im unmittelbaren öffentlichen Dienst 1978/79	WiSta	11/80
Personal im Bundesdienst am 30. 6. 1982	WiSta	11/82
Personalfluktuation im Bundesdienst 1978/79	WiSta	2/80
Altersstruktur der Bundesbediensteten	WiSta	11/78
Personal im Bereich Öffentliche Sicherheit und Ordnung	WiSta	1/76

[1] Ab Berichtsjahr 1981 eingestellt.
[2] Ab Berichtsjahr 1980 eingestellt.

Titel bzw. Sachgebiet	Veröffentlichung	Erscheinungsfolge (Letzte Ausgabe)
Steuern		
Laufende Berichterstattung		
Einkommensteuer	Fachs. 14/7.1	3j(77)
	WiSta	3j(12/81)
Körperschaftsteuer	Fachs. 14/7.2	3j(77)
Lohnsteuer	Fachs. 14/7.3	3j(77)
	WiSta	3j(12/81)
Vermögensteuer	Fachs. 14/7.4	unr(77)
	WiSta	unr(3/82)
Einheitswerte der gewerblichen Betriebe	Fachs. 14/7.5.1	unr(74)
	WiSta	unr(10/82)
Einheitswerte des Grundvermögens	Fachs. 14/7.5.2	unr(64)
Umsatzsteuer	Fachs. 14/8	2j(80)
	WiSta	2j(10/82)
Verbrauchsteuern	WiSta(Tab)	m
Tabaksteuer	Fachs. 14/9.1.1	vj
	Fachs. 14/9.1.2	j(81)
Biersteuer	Fachs. 14/9.2.1	m
	Fachs. 14/9.2.2	j(81)
Mineralölsteuer	Fachs. 14/9.3	vj[3],j(81)
Branntweinmonopol	Fachs. 14/9.4	j(81)
Schaumweinsteuer	Fachs. 14/9.5	j(82)
Salzsteuer	Fachs. 14/9.6.3	j(81)
Zuckersteuer	Fachs. 14/9.6.5	j(82)
Realsteuervergleich	Fachs. 14/10.1	j(81)
	WiSta	j(11/82)
Ausgewählte Einzelbeiträge		
Stand und Probleme der Statistiken des Einkommens	WiSta	1/55
Einheitliche Schichtung der Lohn- und Einkommensteuerpflichtigen nach der Höhe ihrer steuerlichen Einkünfte 1968	WiSta	8/73
Die Statistik der Neubewertung des Grundbesitzes	WiSta	8/70
Die Auswirkungen des Mehrwertsteuersystems auf die Wirtschaftsstatistiken	WiSta	12/67

20 Wirtschaftsrechnungen und Versorgung

Titel bzw. Sachgebiet	Veröffentlichung	Erscheinungsfolge (Letzte Ausgabe)
Einkommens- und Verbrauchsstichprobe 1978	Fachs. 15	unr
Ergebnisse		
Ausstattung privater Haushalte mit ausgewählten langlebigen Gebrauchsgütern	Heft 1	
Vermögensbestände und Schulden privater Haushalte	Heft 2	
Aufwendungen privater Haushalte für Nahrungs- und Genußmittel; Mahlzeiten außer Haus	Heft 3	
Einnahmen und Ausgaben privater Haushalte	Heft 4	
Aufwendungen privater Haushalte für den Privaten Verbrauch	Heft 5	vorgesehen
Einkommensverteilung und Einkommensbezieher in privaten Haushalten	Heft 6	vorgesehen
Aufgabe, Methode und Durchführung	Heft 7	vorgesehen
Ausgewählte Einzelbeiträge		
Einkommens- und Verbrauchsstichprobe (Methode)	WiSta	9/77
Probleme der Erfassung von Vermögensbeständen privater Haushalte in Einkommens- und Verbrauchsstichproben	WiSta	4/81
Werbung der Haushalte für die Einkommens- und Verbrauchsstichprobe	WiSta	7/78
Aufwendungen privater Haushalte für Nahrungs- und Genußmittel 1978	WiSta	6/80
Teilnahme am Kantinenessen	WiSta	10/79
Verzehr außer Haus im Jahr 1978	WiSta	11/80
Ausstattung privater Haushalte mit ausgewählten langlebigen Gebrauchsgütern	WiSta	4/79
Wohnverhältnisse und Wohnungsmieten privater Haushalte	WiSta	7/79
Privates Grundvermögen 1978	WiSta	6/81
Ausgewählte Vermögensbestände und Schulden privater Haushalte am Jahresende 1978	WiSta	4/81
Haushalte mit ausgewählten staatlichen Transferzahlungen 1978	WiSta	8/81
Personen mit ausgewählten staatlichen Transferzahlungen 1978	WiSta	9/81
Wertpapiervermögen privater Haushalte 1978	WiSta	5/82
Einkommenserzielung und -verwendung 1978 nach Haushaltsgruppen	WiSta	11/82
Nichterwerbstätigenhaushalte im Jahr 1978	WiSta	1/83
Ausgewählte Aufwendungen für den Privaten Verbrauch 1978	WiSta	4/83

[3] Ab Berichtsjahr 1982 eingestellt; künftig in »Ausgewählte Zahlen zur Energiewirtschaft« enthalten.

Titel bzw. Sachgebiet	Veröffentlichung	Erscheinungsfolge (Letzte Ausgabe)
Wirtschaftsrechnungen privater Haushalte		
Laufende Berichterstattung		
Laufende Wirtschaftsrechnungen	WiSta	j(5/82)
Einnahmen und Ausgaben ausgewählter Haushalte *(nach 3 Haushaltstypen)*	Fachs. 15/1	vj,j(81)
Ausgewählte Einzelbeiträge		
Möglichkeiten und Grenzen der laufenden Wirtschaftsrechnungen	WiSta	6/72
Das Verfahren der laufenden Wirtschaftsrechnungen von 1950 bis 1964 und ab 1965	WiSta	8/65
Sieben Jahrzehnte Wirtschaftsrechnungen in der amtlichen Statistik (zur Neubearbeitung der Ergebnisse der Wirtschaftsrechnungen 1937)	WiSta	10/69
Einfluß der sozialen Stellung des Haushaltsvorstandes auf Einnahmen und Ausgaben ausgewählter privater Haushalte	WiSta	11/78
Zur Problematik der Ermittlung des Unterhaltsbedarfs und der Unterhaltungskosten eines Kindes	WiSta	5/74
Wirtschaftsrechnungen ausgewählter privater Hauhalte im internationalen Vergleich – dargestellt am Beispiel Großbritanniens und der Bundesrepublik Deutschland	WiSta	4/83
Versorgung und Verbrauch		
Statistische Probleme bei der Erfassung des Verbrauchs von Nahrungs- und Genußmitteln in privaten Haushalten	WiSta	11/74
Verbrauch ausgewählter Nahrungs- und Genußmittel – Ergebnisse der Verbrauchsteuerstatistiken 1963 bis 1972 –	WiSta	2/74
Einkaufsmöglichkeiten und Einkaufsverhalten in Großstädten	WiSta	4/74
Ausgewählte Daten zum Energieverbrauch der privaten Haushalte	WiSta	2/74

21 Löhne und Gehälter

Titel bzw. Sachgebiet	Veröffentlichung	Erscheinungsfolge (Letzte Ausgabe)
Gehalts- und Lohnstrukturerhebungen		
Ergebnisse		
Arbeiter- und Angestelltenverdienste im Produzierenden Gewerbe, im Groß- und Einzelhandel, bei Kreditinstituten und im Versicherungsgewerbe	Fachs. 16	unr(78)
Ausgewählte Einzelbeiträge		
Struktur und Arbeitszeiten der vollbeschäftigten Arbeiter im Produzierenden Gewerbe (1972)	WiSta	11/75
Gewerblich Auszubildende und teilzeitbeschäftigte Arbeiter im Produzierenden Gewerbe (1972)	WiSta	11/75
Verdienste der vollbeschäftigten Arbeiter im Produzierenden Gewerbe 1972	WiSta	12/75
Schichtung der Arbeiterverdienste 1978	WiSta	8/81
Schichtung der Angestelltenverdienste 1978	WiSta	2/83
Erhebungen über die Arbeitskosten		
Ergebnisse	Fachserie 16	
Aufwendungen der Arbeitgeber im Produzierenden Gewerbe	Heft 1	unr(78)
Aufwendungen der Arbeitgeber im Groß- und Einzelhandel sowie im Bank- und Versicherungsgewerbe	Heft 2	unr(78)
Ausgewählte Einzelbeiträge		
Personalkosten im Produzierenden Gewerbe 1978	WiSta	5/81
Personalkosten im Groß- und Einzelhandel sowie im Bank- und Versicherungsgewerbe 1978	WiSta	11/81
Arten und Umfang der betrieblichen Altersversorgung 1976	WiSta	10/78
Tatsächliche Arbeitsverdienste		
Laufende Berichterstattung		
Industrie und Handel	WiSta(Tab)	vj
	WiSta	j(3/83)
	WiSta	j(10/82)
Arbeiter	Fachs. 16/2.1	vj
Angestellte	Fachs. 16/2.2	vj
Landwirtschaft	Fachs. 16/1	j(82)
Handwerk	Fachs. 16/3	hj
	WiSta(Tab)	hj
Ausgewählte Einzelbeiträge		
Ergebnisse der Verdiensterhebung in Industrie und Handel nach dem neuen und alten Berichterstatterkreis	WiSta	10/73
Die Jahresverdiensterhebung in Industrie und Handel	WiSta	1/75
Die Neugestaltung der laufenden Verdienststatistik in der Landwirtschaft	WiSta	9/76

Titel bzw. Sachgebiet	Veröffentlichung	Erscheinungsfolge (Letzte Ausgabe)
Tariflöhne und -gehälter		
Laufende Berichterstattung		
Zusammenstellung einer Auswahl der bestehenden Tarifverträge für		
Tariflöhne	Fachs. 16/4.1	hj
Tarifgehälter	Fachs. 16/4.2	hj
Dienstbezüge der Bundesbeamten	Fachs. 16/4.4	unr(82)
Index der Tariflöhne und Tarifgehälter		
Gewerbliche Wirtschaft und Gebietskörperschaften	Fachs. 16/4.3	vj
	WiSta(Tab)	vj
	WiSta	j(3/83)
Landwirtschaft	Fachs. 16/4.3	vj
	WiSta	j(3/83)
Ausgewählte Einzelbeiträge		
Die Indizes der tariflichen Stundenlöhne, Monatsgehälter und Wochenarbeitszeiten auf Basis 1970	WiSta	11/74
Tariflöhne und Tarifgehälter 1979	WiSta	3/80
Neuberechnung eines Index der tariflichen Wochenarbeitszeit in der gewerblichen Wirtschaft und in der öffentlichen Verwaltung	WiSta	8/60
Indizes in der Lohnstatistik auf der Basis 1976	WiSta	12/79

22 Preise

Titel bzw. Sachgebiet	Veröffentlichung	Erscheinungsfolge (Letzte Ausgabe)
Gesamtergebnisse		
Preisentwicklung	WiSta	m,j(1/83)
Zur Praxis des zeitlichen Vergleichs bei der Ermittlung von Preisreihen	WiSta	11/61
Qualitätsänderungen und Preisindizes	WiSta	10/63
Zur Neuberechnung der Preisindizes auf Basis 1980	WiSta	3/83
Preisindizes in der Land- und Forstwirtschaft		
Preise und Preisindizes für die Land- und Forstwirtschaft	Fachs. 17/1	m,j(81)
	WiSta(Tab)	m
Kaufwerte für landwirtschaftlichen Grundbesitz	Fachs. 3/2.4	j(81)
Index der Erzeugerpreise forstwirtschaftlicher Produkte auf der Basis 1962	WiSta	5/66
Zur Neuberechnung der Preisindizes für die Landwirtschaft auf Basis 1976	WiSta	9/80
Preisindizes im Produzierenden Gewerbe		
Preise und Preisindizes für gewerbliche Produkte (Erzeugerpreise)	Fachs. 17/2	m,j(82)
	WiSta(Tab)	m
Index der Grundstoffpreise	Fachs. 17/3	m,j(82)
	WiSta(Tab)	m
Zur Neuberechnung des Index der Grundstoffpreise auf Basis 1976	WiSta	7/82
Zur Neuberechnung des Index der Erzeugerpreise gewerblicher Produkte auf Basis 1980	WiSta	3/83
Preisindizes für Bauwerke		
Meßzahlen für Bauleistungspreise und Preisindizes für Bauwerke	Fachs. 17/4	vj
	WiSta(Tab)	vj
Kaufwerte für Bauland	Fachs. 17/5	vj,j(81)
	WiSta(Tab)	vj
Neuberechnung der Baupreisindizes auf Basis 1980	WiSta	4/83
Zur Neuberechnung der Baupreisindizes für Einfamilien-Fertighäuser auf Basis 1980	WiSta	8/82
Indizes der Großhandels-, Einzelhandels- und Verbraucherpreise		
Laufende Berichterstattung		
Index der Großhandelsverkaufspreise	Fachs. 17/6	m,j(82)
	WiSta(Tab)	m
Index der Einzelhandelspreise	Fachs. 17/7	m,j(81)
	WiSta(Tab)	m
Preise und Preisindizes für die Lebenshaltung	Fachs. 17/7	m,j(81)
	WiSta(Tab)	m
Kommunale Gebühren für Wasser, Abwasserbeseitigung, Müllabfuhr und Straßenreinigung	Fachs. 17/7	m,j(81)
Internationaler Vergleich der Preise für die Lebenshaltung	Fachs. 17/10	m,j(81)
Ausgewählte Einzelbeiträge		
Index der Großhandelsverkaufspreise auf Basis 1976	WiSta	7/79
Zur Aussagekraft von Preisindexziffern der Lebenshaltung	WiSta	1/60
Sonderrechnungen zum Preisindex für die Lebenshaltung und zur Statistik der Verbraucherpreise	WiSta	2/64
Der neue Preisindex für die Lebenshaltung – Umstellung auf Verbrauchsverhältnisse von 1962 und die neue Gütersystematik	WiSta	8/64

Titel bzw. Sachgebiet	Veröffentlichung	Erscheinungsfolge (Letzte Ausgabe)
Zur Neuberechnung der Preisindizes für die Lebenshaltung und des Index der Einzelhandelspreise auf Basis 1976	WiSta	11/79
Zur Neuberechnung des Preisindex für die einfache Lebenshaltung eines Kindes auf Basis 1976	WiSta	4/80
Zwischenörtlicher Vergleich des Verbraucherpreisniveaus in 31 Städten	WiSta	6/79
Internationaler Vergleich von Verbraucherpreisen	WiSta	6/68
Zur erstmaligen Berechnung von Reisegeldparitäten	WiSta	4/69
Zur Berechnungsmethode und Aussagebedeutung der internationalen Kaufkraftvergleiche	WiSta	8/81

Indizes der Ein- und Ausfuhrpreise

Titel bzw. Sachgebiet	Veröffentlichung	Erscheinungsfolge (Letzte Ausgabe)
Preise und Preisindizes für die Ein- und Ausfuhr	Fachs. 17/8 WiSta(Tab)	m,j(82) m
Zur Neuberechnung der Außenhandelspreisindizes auf Basis 1976	WiSta	2/81

Verkehrstarife, Frachtraten, Post- und Fernmeldegebühren

Titel bzw. Sachgebiet	Veröffentlichung	Erscheinungsfolge (Letzte Ausgabe)
Preise für Verkehrsleistungen	Fachs. 17/9	vj

23 Volkswirtschaftliche Gesamtrechnungen

Laufende Berichterstattung

Titel bzw. Sachgebiet	Veröffentlichung	Erscheinungsfolge (Letzte Ausgabe)
Konten und Standardtabellen	Fachs. 18/1	j(81)
Input-Output-Tabellen	Fachs. 18/2	unr(75)
Ausgaben des Staates nach Aufgabenbereichen in den Volkswirtschaftlichen Gesamtrechnungen 1970 bis 1978	Fachs. 18/S. 4	ein(78)
Revidierte Ergebnisse 1960 bis 1981	Fachs. 18/S. 5	unr(81)
Volkswirtschaftliche Gesamtrechnungen	WiSta(Tab) WiSta	vj hj,j(3/83)
Sozialprodukt	WiSta	j(1/83)

Ausgewählte Einzelbeiträge

Titel bzw. Sachgebiet	Veröffentlichung	Erscheinungsfolge (Letzte Ausgabe)
Die Neuberechnung des Sozialprodukts 1950 bis 1954	WiSta	3/57
Das Sozialprodukt 1950 bis 1956 in konstanten Preisen	WiSta	11/57
Das Kontensystem für die Volkswirtschaftlichen Gesamtrechnungen der Bundesrepublik Deutschland		
1. Teil: Das angestrebte Kontensystem	WiSta	6/60
2. Teil: Das ausgefüllte vereinfachte Kontensystem	WiSta	10/60
Das Einkommen der privaten Haushalte und seine Verwendung	WiSta	12/60
Der Staat als Teil der Volkswirtschaft	WiSta	3/61
Preisindizes in der Sozialproduktsberechnung	WiSta	1/63
Der Private Verbrauch nach Verwendungszwecken und Lieferbereichen	WiSta	12/63
Halbjahresergebnisse der Sozialproduktsberechnung	WiSta	12/65
Einkommen aus unselbständiger Arbeit und Einkommen aus Unternehmertätigkeit und Vermögen nach Wirtschaftsbereichen	WiSta	9/66
Die Behandlung der Umsatz-(Mehrwert-)steuer in den Volkswirtschaftlichen Gesamtrechnungen	WiSta	9/68
Revidierte Konten der Volkswirtschaftlichen Gesamtrechnungen	WiSta	6/70
Die Versicherungsunternehmen in den Volkswirtschaftlichen Gesamtrechnungen	WiSta	7/70
Das reproduzierbare Anlagevermögen in Preisen von 1962	WiSta	10/71
Zur Behandlung der unterstellten Bankgebühr in den Volkswirtschaftlichen Gesamtrechnungen	WiSta	7/72
Das reproduzierbare Sachvermögen zu Anschaffungs- und zu Wiederbeschaffungspreisen	WiSta	11/72
Input-Output-Tabelle 1970	WiSta	3/74
Vermögenseinkommen und Unternehmensgewinne 1960 bis 1972	WiSta	4/74
Private Organisationen ohne Erwerbscharakter als Teil des Haushaltssektors in den Volkswirtschaftlichen Gesamtrechnungen	WiSta	10/76
Methoden der Berechnung der Anlageinvestitionen in den Volkswirtschaftlichen Gesamtrechnungen	WiSta	12/77
Vierteljahresergebnisse der Sozialproduktsberechnung ab 1968	WiSta	1/78
Einkommen aus Wohnungsvermietung 1960 bis 1977	WiSta	5/78
Anlageinvestitionen nach Wirtschaftsbereichen	WiSta	12/78
Reproduzierbares Anlagevermögen nach Wirtschaftsbereichen	WiSta	6/79
Ergebnisse der Volkswirtschaftlichen Gesamtrechnungen für Zwecke der sektoralen Strukturberichterstattung	WiSta	10/79
Ausgaben des Staates nach Aufgabenbereichen in den Volkswirtschaftlichen Gesamtrechnungen	WiSta	3/80
Vierteljahresergebnisse der Volkswirtschaftlichen Gesamtrechnungen über Erwerbstätige und Einkommen aus unselbständiger Arbeit (1968–1980)	WiSta	4/81
Einkommensverteilung und -verwendung nach Haushaltsgruppen (1962–1980)	WiSta	2/82
Revision der Volkswirtschaftlichen Gesamtrechnungen 1960 bis 1981	WiSta	8/82
Entwicklung der Erwerbstätigkeit 1970 bis 1981	WiSta	11/82
Altersaufbau des Anlagevermögens nach Wirtschaftsbereichen	WiSta	4/83

25 Umweltschutz

Laufende Berichterstattung

Titel bzw. Sachgebiet	Veröffentlichung	Erscheinungsfolge (Letzte Ausgabe)
Öffentliche Abfallbeseitigung	Fachs. 19/1.1	2j(77)
Abfallbeseitigung im Produzierenden Gewerbe und in anderen Bereichen	Fachs. 19/1.2	2j(77)
Öffentliche Wasserversorgung und Abwasserbeseitigung	Fachs. 19/2.1	4j(79)
Wasserversorgung und Abwasserbeseitigung in der Wirtschaft und bei Wärmekraftwerken für die öffentliche Versorgung	Fachs. 19/2.2	2j(79)
Investitionen für Umweltschutz im Produzierenden Gewerbe	Fachs. 19/3	j(80)

Ausgewählte Einzelbeiträge

Titel bzw. Sachgebiet	Veröffentlichung	Erscheinungsfolge (Letzte Ausgabe)
Umweltstatistik – ein Instrument der Umweltplanung	WiSta	4/74
Wasserversorgung und Abwasserbeseitigung der Industrie 1973	WiSta	10/76

Zu Anhang 2 »Internationale Übersichten«

Allgemeine Auslandsstatistik

Titel bzw. Sachgebiet	Veröffentlichung	Erscheinungsfolge (Letzte Ausgabe)
Zusammenfassende Darstellungen über verschiedene Sachgebiete für ausgewählte Länder	Internationale Monatszahlen	m
Übersichten über einzelne Länder	Länderberichte Länderkurzberichte	unr jährlich 48 Berichte

Auslandsstatistische Fachgebiete

Die verschiedenen auslandsstatistischen Fachgebiete sind innerhalb der Fachserie Auslandsstatistik (abgekürzt: FA) nach Fachreihen gegliedert; einige ausgewählte Daten werden auch als Anhang in den Fachserien 8 bzw. 17 nachgewiesen.

Titel bzw. Sachgebiet	Veröffentlichung	Erscheinungsfolge (Letzte Ausgabe)
Stand und Entwicklung der Bevölkerung im Ausland	FA 1.1	unr(81)
Natürliche Bevölkerungsbewegung im Ausland	FA 1.2	unr(79)
Streiks und Aussperrungen im Ausland	FA 1.3	j(81)
Produzierendes Gewerbe im Ausland		
Produktion ausgewählter Erzeugnisse des Verarbeitenden Gewerbes im Ausland 1977–1981	FA 2.2	unr(81)
Betriebe, Beschäftigung, Umsatz und Produktionswerte des Produzierenden Gewerbes im Ausland	FA 2.1	unr(78)
Industrie in den außereuropäischen Ländern	FA 2.S.1	ein(70)
Industrie in den europäischen Ländern	FA 2.S.2	ein(73)
Produzierendes Gewerbe in den OECD-Ländern	FA 2.S.3	ein(75)
Außenhandel der Staatshandelsländer[1]	FA 3.1	unr(72)
Straßenverkehrsunfälle in ausgewählten Ländern	8/3.3	m,j(81)
Morbiditätsstatistiken im Ausland	WiSta	1/69
Sterblichkeit im internationalen Vergleich	WiSta	11/74
Arbeitnehmerverdienste im Ausland	FA 4.1	j(81)
Tariflöhne und -gehälter im Ausland	FA 4.2	j(82)
Preise und Preisindizes (Erzeuger-, Großhandels-, Einzelhandelspreise) im Ausland	FA 5	m,j(81)
Internationaler Vergleich der Preise für die Lebenshaltung (Verbrauchergeldparitäten)	Fachs.17/10 WiSta	m,j(81) 6/68, 1/70, 6/71
Verkehrspreise (Frachttarife, Frachtraten)	Fachs.17/9	vj
Volkswirtschaftliche Gesamtrechnungen (unr)	Internationale Monatszahlen	m
Zahlungsbilanzen (unr)	Internationale Monatszahlen	m

[1]) Ausgabe 1972 noch unter dem Titel »Außenhandel der Ostblockländer« erschienen.

Sachregister

Die *kursiv* gesetzten Seitenzahlen beziehen sich auf den Anhang 1 »Deutsche Demokratische Republik und Berlin (Ost)«, die mit einem * gekennzeichneten auf den Anhang 2 »Internationale Übersichten«.

Erzeugnisse sind nur dann aufgeführt, wenn es sich um wichtige industrielle oder landwirtschaftliche Produkte handelt. In diesen Fällen wird auf die entsprechende Warengruppe bzw. den Oberbegriff verwiesen. Länder- oder Gebietsnamen erscheinen nicht.

Aus Gründen der Übersichtlichkeit sind im allgemeinen die Seiten angegeben, auf denen innerhalb eines Abschnittes die umfassendsten Angaben zu dem betreffenden Stichwort zu finden sind. Es empfiehlt sich daher, auch die vorangehenden und nachfolgenden Seiten des gleichen Abschnittes auf weiteres Zahlenmaterial zu diesem Stichwort durchzusehen.

Seite

A

G

W

Das Veröffentlichungsprogramm des Statistischen Bundesamtes auf einen Blick

Zusammenfassende Veröffentlichungen

Allgemeine Querschnittsveröffentlichungen

Thematische Querschnittsveröffentlichungen

Veröffentlichungen zu Organisations- und Methodenfragen

Kurzbroschüren

Fachserien

1 Bevölkerung und Erwerbstätigkeit
2 Unternehmen und Arbeitsstätten
3 Land- und Forstwirtschaft, Fischerei
4 Produzierendes Gewerbe
5 Bautätigkeit und Wohnungen
6 Handel, Gastgewerbe, Reiseverkehr
7 Außenhandel
8 Verkehr
9 Geld und Kredit
10 Rechtspflege
11 Bildung und Kultur
12 Gesundheitswesen
13 Sozialleistungen
14 Finanzen und Steuern
15 Wirtschaftsrechnungen
16 Löhne und Gehälter
17 Preise
18 Volkswirtschaftliche Gesamtrechnungen
19 Umweltschutz

Systematische Verzeichnisse

Unternehmens- und Betriebssystematiken

Gütersystematiken

Personensystematiken

Regionalsystematiken

Karten

Statistik des Auslandes

Fremdsprachige Veröffentlichungen

Eine ausführliche Darstellung enthält der Veröffentlichungsnachweis auf S. 741 ff.

Über aktuelle Ergebnisse aus der amtlichen Statistik berichten laufend:

Wirtschaft und Statistik

Erscheinungsfolge: monatlich · Umfang etwa 130 Seiten · Format: DIN A 4 · Einzelheft: DM 12,– · Jahresbezugspreis (12 Hefte, Jahrgang 1983): DM 136,–

Diese Zeitschrift des Statistischen Bundesamtes bringt jeden Monat in Wort, Zahl und Graphik die neuesten Informationen der amtlichen Statistik über das wirtschaftliche und soziale Leben in der Bundesrepublik Deutschland. Die fundierten Angaben sind als Basismaterial und Entscheidungshilfe unentbehrlich.

Statistischer Wochendienst

Erscheinungsfolge: wöchentlich · Umfang: 20 Seiten · Format: DIN A 5 · Preis: DM 1,70

Diese Veröffentlichung enthält alle in der Berichtswoche neu angefallenen Ergebnisse laufender Statistiken mit Vergleichen zu vorangegangenen Zeiträumen. Sie ist damit für alle unentbehrlich, die unmittelbar nach Vorliegen der Zahlen im Statistischen Bundesamt über das Material verfügen wollen.

Wichtige Informationen für den eiligen Leser bietet der

Zahlenkompaß

Die jährlich erscheinende Broschüre im handlichen Taschenformat (Preis: DM 3,–) bringt eine Auswahl wichtiger Eckdaten aus allen Sachgebieten mit Vergleichsdaten für zurückliegende Jahre. Verfügbar ist auch eine englische, französische und spanische Ausgabe.

Bestellkarte

Liefern Sie mir (uns)

☐ **Veröffentlichungsverzeichnis des Statistischen Bundesamtes** (kostenlose Zusendung)

☐ **Wirtschaft und Statistik**
zum Jahresabonnement (DM 136,–) ab ______

☐ ______ Exemplar(e) (Einzelpreis DM 12,–), und zwar Heft Nr. ______

Statistischer Wochendienst

☐ ______ Exemplar(e) (Einzelpreis DM 1,70) ab ______

nachfolgend genannte Veröffentlichung(en) des Statistischen Bundesamtes

☐ ______
(Titel) (Zahl der Exemplare)

☐ ______
(Titel) (Zahl der Exemplare)

______
(Ort und Tag) (Unterschrift)

Versandkosten werden gesondert berechnet. Preise z. Z. der Drucklegung. Änderungen vorbehalten.

Zusätzlich möchten wir auf folgende Querschnittsveröffentlichungen aufmerksam machen:

Wirtschaft in Zahlen

Umfang ca. 250 Seiten mit etwa 65 Schaubildern · Format: DIN A 5 · Preis ca. DM 28,– · Erscheint im September 1983

Ein leicht verständlicher Überblick über das wirtschaftliche Geschehen in der Bundesrepublik Deutschland. Im Vordergrund steht die Betrachtung der einzelnen Wirtschaftsbereiche und ihres Beitrags zur gesamtwirtschaftlichen Leistung.

Lange Reihen zur Wirtschaftsentwicklung

Erscheinungsfolge: 2jährlich, letzte Ausgabe 1982 · Umfang 228 Seiten · Format: DIN A 4 · Preis: DM 16,80

Zahlenmaterial zur Beurteilung der längerfristigen Wirtschaftsentwicklung (ab 1950), das auch als Basis für mittel- und langfristige Vorausschätzungen dienen kann. Neben den Grunddaten über Bevölkerung, Erwerbstätigkeit, Wirtschaft und Staat werden auch Prozent-, Bezugs- und Meßzahlen sowie Veränderungsraten nachgewiesen.

Bevölkerungsstruktur und Wirtschaftskraft der Bundesländer

Erscheinungsfolge: jährlich, letzte Ausgabe 1982 · Umfang 216 Seiten · Format: DIN A 4 · Preis: DM 17,70

Nach Bundesländern gegliedertes, ausgewähltes Zahlenmaterial aus allen Bereichen der amtlichen Statistik; Bevölkerungs- und Wirtschaftsdaten bilden dabei den Schwerpunkt. Um längerfristige Vergleiche zu ermöglichen, wurde besonderes Gewicht auf den Nachweis der zeitlichen Entwicklung gelegt.

Name, Anschrift mit Postleitzahl

____

____

____

____

Kunden-Nr. ____________________

Bitte freimachen

Verlag
W. Kohlhammer GmbH
Abt. Veröffentlichungen des
Statistischen Bundesamtes
Postfach 42 11 20

6500 Mainz 42